Springer-Lehrbuch

H. Hahn D. Falke P. Klein (Hrsg.)

Medizinische Mikrobiologie

Unter Mitarbeit von K. Miksits

Mit 207 Abbildungen und 183 Tabellen

Springer-Verlag
Berlin Heidelberg New York
London Paris Tokyo
Hong Kong Barcelona
Budapest

Prof. Dr. med. Helmut Hahn
Institut für Medizinische Mikrobiologie
und Infektionsimmunologie, Freie Universität Berlin
Hindenburgdamm 27, 1000 Berlin 45

Prof. Dr. med. Dietrich Falke
Abteilung für experimentelle Virologie
Institut für Medizinische Mikrobiologie
Universität Mainz, Hochhaus am Augustusplatz
W-6500 Mainz

em. Prof. Dr. med. Paul Klein
Institut für Medizinische Mikrobiologie
Universität Mainz, Hochhaus am Augustusplatz
W-6500 Mainz

ISBN 3-540-19389-8 Springer-Verlag Berlin Heidelberg New York

Die Deutsche Bibliothek – CIP-Einheitsaufnahme
Medizinische Mikrobiologie/H. Hahn . . . (Hrsg.).
Berlin; Heidelberg; New York; London; Paris; Tokyo; Hong Kong; Barcelona;
Budapest: Springer, 1991 (Springer-Lehrbuch)
ISBN 3-540-19389-8
NE: Hahn, Helmut [Hrsg.]

Satz: Brühlsche Universitätsdruckerei, Gießen Druck und Bindearbeiten: Appl, Wemding

15/3130-5 4 3 2 1 0 – Gedruckt auf säurefreiem Papier

Vorwort

Kaum ein medizinisches Fach bereitet dem angehenden Arzt im Hinblick auf den Zugang so viele Schwierigkeiten wie die Medizinische Mikrobiologie. Das liegt daran, daß das Spektrum der Problemstellungen bei dieser Disziplin extrem breit gefächert ist – reicht es doch von der Molekularbiologie bis zur klinischen Problematik. Die Student(inn)en verlieren sich beim Studium häufig in Einzelheiten der Erregereigenschaften und der Labormethoden; das Verständnis dafür, warum und wie pathogene Mikroorganismen Krankheiten erzeugen und wie der Körper sich gegen den Erreger zur Wehr setzt, kommt häufig zu kurz.

Herausgeber und Autoren waren dementsprechend bestrebt, der Darstellung von Kausalverhältnissen und -abläufen eine deutliche Vorrangstellung einzuräumen. Dabei sind die Belange der praktischen Zusammenarbeit zwischen Klinik und mikrobiologischem Laboratorium ausführlich berücksichtigt worden. Naturgemäß durfte die Beschreibung der wichtigsten Erregereigenschaften nicht zu kurz kommen. Wir hoffen jedoch, daß eine Überfrachtung des Textes mit zusammenhanglosen Detailinformationen vermieden werden konnte. Das Buch ist mithin nicht als Nachschlagewerk gedacht, sondern in erster Linie als Lernhilfe für den Studenten bzw. die Studentin.

Herausgeber und Autoren sind einer großen Zahl von Kolleginnen und Kollegen für kritische Stellungnahmen und Hinweise verpflichtet: Herr Professor F. Müller, Hamburg, las das Syphiliskapitel, Herr Professor Braun, Tübingen, gab Hinweise zum Kapitel „Aufbau von Bakterien", Herr Professor Menzel, Bad Saarow, las Korrektur der Abschnitte I –VI. Frau Dr. U. Janßen bemühte sich um die Organisation der Abbildungen; nützliche Hinweise stammen von Frau Dr. Wagner, Herrn Professor Fleischer sowie den Herren Dres Daeschlein, Liesenfeld und Herrn cand. med. Dobrick. Ihnen allen sei herzlich gedankt.

Sehr zu Dank verpflichtet sind wir den geduldigen Mitarbeiterinnen und Mitarbeitern des Springer-Verlages, allen voran Frau Anne Repnow, Frau Eva Blum, Frau Manuela Wolf und Herrn Klemens Schwind.

Besonderer Dank gebührt unseren Sekretärinnen: Frau Luise Northe, Frau Margarete Hoffmann, Frau Annelore Häusler, Frau Helga Frühauf, Frau Sonja Winkler, Frau Krüger sowie Herr Lothar Bernau haben sich unermüdlich der Arbeit des Manuskriptschreibens unterzogen, oft unter anstrengenden Bedingungen.

Berlin und Mainz, im September 1991

H. Hahn D. Falke P. Klein

Inhaltsverzeichnis

I Einleitung

1 Gegenstand und Aufgabenstellung der Medizinischen Mikrobiologie *(P. Klein, H. Hahn)* ... 3
2 Ursprung der Medizinischen Mikrobiologie *(P. Klein, H. Hahn)* ... 5

II Allgemeine Bakteriologie

1 Die Bakterienzelle *(H. Hahn, P. Klein, P. Giesbrecht)* ... 11
2 Methoden der optischen Darstellung von Bakterien *(P. Klein)* ... 25
3 Die Bakterienkultur und ihre Grundlagen *(P. Klein, H. Hahn)* ... 30
4 Bakterienphysiologie *(P. Klein, H. Hahn)* ... 42
5 Bakteriengenetik *(R. E. Streeck)* ... 48
6 Stellung der Bakterien in der belebten Natur *(O. Kandler)* ... 64
7 Sterilisation und Desinfektion *(H. Rüden, W.-D. Kampf)* ... 71
8 Epidemiologie *(K.-D. Zastrow, H. Rüden)* ... 84

III Beziehungen zwischen Mikroorganismus und Makroorganismus

1 Allgemeine Infektionslehre *(K. Großgebauer, H. Hahn, P. Klein)* ... 93
2 Virulenzfaktoren von Bakterien *(S. Bhakdi, H. Hahn)* ... 107
3 Resistenz und Immunität *(H. Hahn)* ... 118
4 Physiologische Bakterienflora *(W. Bär)* ... 120

IV Immunologie

1 Grundbegriffe *(S. H. E. Kaufmann)* ... 131
2 Die Zellen des Immunsystems *(S. H. E. Kaufmann)* ... 134
3 Organe des Immunsystems *(S. H. E. Kaufmann)* ... 140
4 Antikörper und Antigene *(S. H. E. Kaufmann)* ... 144
5 Komplement *(S. H. E. Kaufmann)* ... 162
6 Antigen-Antikörper-Reaktion: Grundlagen serologischer Methoden *(S. H. E. Kaufmann)* ... 168
7 Haupt-Histokompatibilitäts-Komplex *(S. H. E. Kaufmann)* ... 179
8 T-Zellen *(S. H. E. Kaufmann)* ... 182
9 Mononukleäre Phagozyten und Antigen-präsentierende Zellen *(S. H. E. Kaufmann)* 195
10 Immunpathologie *(S. H. E. Kaufmann)* ... 203
11 Infektabwehr *(S. H. E. Kaufmann)* ... 215

V Prinzipien der Infektionsdiagnostik
(K. Großgebauer, H. Hahn, P. Klein)

1 Klinische Diagnose einer Infektion ... 229
2 Gewinnung und Versand von mikrobiologischem Untersuchungsmaterial ... 230
3 Labordiagnostische Verfahren zur Identifizierung von Mikroorganismen ... 233

VI Spezielle Bakteriologie

1 Staphylokokken *(H. Hahn)* ... 249
2 Streptokokken und Enterokokken *(H. Hahn, R. Ratei, K. Miksits)* ... 261
3 Neisserien *(H. Hahn)* ... 286
4 Enterobakterien: Allgemeines und fakultativ pathogene Arten *(H. Hahn)* ... 299
5 Enterobakterien: Obligat pathogene Arten *(H. Hahn)* ... 309
6 Vibrionen *(H. Hahn)* ... 331
7 Campylobacter und Helicobacter *(H. Hahn, M. Warrelmann, K. Vogt)* ... 339
8 Pseudomonas *(H. Hahn)* ... 343

9 Acinetobacter und Moraxella *(H. Hahn)* .. 350
10 Hämophile Bakterien *(H. Hahn)* 353
11 Gardnerella vaginalis *(H. Hahn)* 360
12 Bordetellen *(H. Hahn, U. Janßen)* 361
13 Legionellen *(H. Hahn)* 367
14 Brucellen *(H. Hahn)* 372
15 Yersinia pestis *(H. Hahn)* 377
16 Francisellen *(H. Hahn, U. Janßen)* 383
17 Pasteurella multocida *(H. Hahn)* 387
18 Korynebakterien *(H. Hahn)* 389
19 Listerien *(H. Hahn)* 397
20 Erysipelothrix rhusiopathiae *(H. Hahn)* ... 404
21 Bacillus *(H. Hahn, K. Vogt)* 406
22 Nocardien *(K. Miksits)* 411
23 Obligat anaerobe und mikroaerophile Kokken *(A. C. Rodloff)* 414
24 Obligat anaerobe und mikroaerophile nicht-sporenbildende grampositive Stäbchen *(A. C. Rodloff)* 417
25 Obligat anaerobe gramnegative Stäbchen (Bacteroidaceae) *(A. C. Rodloff)* 420
26 Obligat anaerobe sporenbildende Stäbchen (Clostridien) *(A. C. Rodloff)* 427
27 Mykobakterien *(H. Hahn)* 435
28 Treponemen *(H. Hahn)* 456
29 Borrelien *(H. Hahn)* 472
30 Leptospiren *(H. Hahn)* 476
31 Rickettsien (Rickettsiazeen) *(H. Hahn)* ... 480
32 Mykoplasmen und Ureaplasmen *(H. Hahn)* 485
33 Chlamydien *(H. Hahn)* 490
34 Streptobacillus moniliformis, Spirillum minus (Rattenbißfieber) *(K. Miksits)* 497

VII Klinische Syndrome und antibakterielle Chemotherapie

1 Sepsis *(C. Tauchnitz)* 501
2 Bakterielle (mikrobielle) Endokarditis *(C. Tauchnitz)* 508
3 Mikrobiell bedingte Entzündungen des Zentralnervensystems *(W. Opferkuch)* 513
4 Pneumonien *(W. Opferkuch)* 522
5 Harnwegsinfektionen *(C. Tauchnitz)* 528
6 Gynäkologische Infektionen *(C. Tauchnitz)* 532
7 Infektionsbedingte Gastroenteritis und Enterokolitis *(W. Opferkuch)* 538
8 Cholezystitis und Cholangitis *(C. Tauchnitz)* 544
9 Peritonitis *(C. Tauchnitz)* 547
10 Haut- und Weichteilinfektionen *(C. Tauchnitz)* 551
11 Osteomyelitis und Arthritis *(C. Tauchnitz)* 556
12 Nosokomiale Infektionen *(C. Tauchnitz)* .. 560
13 Der abwehrgeschwächte Patient *(C. Tauchnitz)* 565
14 Klinisches Bild der HIV-Infektion *(H. Hahn)* 570
15 Antibakterielle Chemotherapie *(C. Simon)* 588

VIII Allgemeine Virologie

1 Virusbegriff – Struktur und Systematik *(D. Falke)* 613
2 Nukleinsäure als Informationsträger und Virusgenetik *(D. Falke)* 621
3 Stadien der Virusvermehrung *(D. Falke)* .. 626
4 Pathogenität – Infektionsverlauf *(D. Falke)* 634
5 Beziehung zwischen Viren und bösartigen Geschwülsten (1): Grundbegriffe der allgemeinen Onkologie *(D. Falke)* 646
6 Beziehung zwischen Viren und bösartigen Geschwülsten (2): Molekularbiologie der Onkogenese *(K. Mölling)* 654
7 Epidemiologie *(D. Falke)* 676
8 Interferon *(D. Falke)* 680
9 Virus-Chemotherapie *(D. Falke)* 684
10 Labormethoden der Virologie *(D. Falke)* .. 689

IX Spezielle Virologie

1 Picorna-Viren *(D. Falke)* 705
2 Myxo-Viren *(D. Falke)* 717
3 Corona-Viren *(D. Falke)* 734
4 Toga-Viren *(D. Falke)* 736
5 Röteln-Virus *(D. Falke)* 743
6 Tollwut-Virus *(D. Falke)* 748
7 Arena-Viren *(D. Falke)* 754
8 Retro-Viren *(D. Falke)* 757
9 Virusbedingte Gastroenteritis *(D. Falke)* .. 772
10 Parvo-Viren: das Parvo-Virus B19 *(D. Falke)* 778
11 Papova-Viren *(D. Falke)* 781
12 Adeno-Viren *(D. Falke)* 788
13 Herpes-Gruppe *(D. Falke)* 791
14 Virushepatitis *(D. Falke)* 815
15 Pocken-Viren *(D. Falke)* 832
16 Slow Virus Diseases und Krankheiten mit unklarer Ätiologie *(D. Falke)* 839
17 Tabellenanhang *(D. Falke)* 842

X Mykologie

1 Allgemeine Mykologie: Pilze *(H. C. Korting)* 851
2 Spezielle Mykologie: Pilzerkrankungen *(H. C. Korting)* 860

XI Parasitologie

1 Trypanosomiasen *(K. Janitschke)* 881
2 Leishmaniasen *(K. Janitschke)* 883
3 Trichomoniasis *(K. Janitschke)* 886
4 Giardiasis *(K. Janitschke)* 888
5 Amöbiasis *(K. Janitschke)* 890
6 Malaria *(K. Janitschke)* 893
7 Pneumozystose *(K. Janitschke)* 896
8 Toxoplasmose *(K. Janitschke)* 898
9 Kryptosporidiose *(K. Janitschke)* 901
10 Schistosomiasis (Bilharziose) *(K. Janitschke)* 903
11 Bandwurmbefall *(K. Janitschke)* 906
12 Echinokokkose *(K. Janitschke)* 908
13 Trichuriasis *(K. Janitschke)* 910
14 Trichinellose *(K. Janitschke)* 912
15 Strongyloidiasis *(K. Janitschke)* 914
16 Ankylostomiasis *(K. Janitschke)* 916
17 Enterobiose *(K. Janitschke)* 918
18 Askaridose *(K. Janitschke)* 920
19 Filariasis *(K. Janitschke)* 922

Anhang: Impfempfehlungen der Ständigen Impfkommission des Bundesgesundheitsamtes . . 925

Literaturverzeichnis 931

Sachverzeichnis 937

Autorenverzeichnis

Dr. med. Werner Bär
Institut für Medizinische Mikrobiologie
Medizinische Hochschule Hannover
Konstanty-Gutschow-Str. 8
W-3000 Hannover 61

Prof. Dr. med. Sucharit Bhakdi
Institut für Medizinische Mikrobiologie
Universität Mainz
Hochhaus am Augustusplatz
W-6500 Mainz

Dr. med. Georg Daeschlein
Institut für Medizinische Mikrobiologie
und Infektionsimmunologie
Freie Universität Berlin
Hindenburgdamm 27
1000 Berlin 45

Prof. Dr. med. Dietrich Falke
Abt. für experimentelle Virologie
Institut für Medizinische Mikrobiologie
Universität Mainz
Hochhaus am Augustusplatz
W-6500 Mainz

Prof. Dr. rer. nat. Peter Giesbrecht
Robert-Koch-Institut
Nordufer 20
1000 Berlin 65

Prof. Dr. med. Klaus Großgebauer
Institut für Medizinische Mikrobiologie
und Infektionsimmunologie
Freie Universität Berlin
Hindenburgdamm 27
1000 Berlin 45

Prof. Dr. med. Helmut Hahn
Institut für Medizinische Mikrobiologie
und Infektionsimmunologie
Freie Universität Berlin
Hindenburgdamm 27
1000 Berlin 45

Prof. Dr. med. vet. Klaus Janitschke
Abteilung für klinische Parasitologie
Robert-Koch-Institut
Nordufer 20
1000 Berlin 65

Dr. med. Ute Janßen
Institut für Medizinische Mikrobiologie
und Infektionsimmunologie
Freie Universität Berlin
Hindenburgdamm 27
1000 Berlin 45

Prof. Dr. rer. nat. Wolfgang-Dietrich Kampf
Institut für Hygiene
Freie Universität Berlin
Hindenburgdamm 27
1000 Berlin 45

em. Prof. Dr. rer. nat. Otto Kandler
Botanisches Institut
Universität München
Menzinger Str. 67
W-8000 München 19

Prof. Dr. rer. nat. Stefan H. E. Kaufmann
Abteilung für Immunologie
Universität Ulm
Oberer Eselsberg
W-7900 Ulm

em. Prof. Dr. rer. nat. Paul Klein
Institut für Medizinische Mikrobiologie
Universität Mainz
Hochhaus am Augustusplatz
W-6500 Mainz

PD Dr. med. Hans-Christian Korting
Dermatologische Klinik und Poliklinik
Universität München
Frauenlobstr. 9-11
W-8000 München 2

Dr. med. Klaus Miksits
Institut für Medizinische Mikrobiologie
und Infektionsimmunologie
Freie Universität Berlin
Hindenburgdamm 27
1000 Berlin 45

Prof. Dr. rer. nat. Karin Mölling
Max-Planck-Institut für Molekulargenetik
Ihnestr. 73
1000 Berlin 33

Prof. Dr. med. Wolfgang Opferkuch
Institut für Medizinische Mikrobiologie
Universität Bochum
Universitätsstr. 150
W-4630 Bochum

Dr. med. Richard Ratei
Institut für Medizinische Mikrobiologie
und Infektionsimmunologie
Freie Universität Berlin
Hindenburgdamm 27
1000 Berlin 45

Prof. Dr. med. Arne C. Rodloff
Paul-Ehrlich-Institut
des Bundesgesundheitsamtes
Paul-Ehrlich-Straße 51
W-6070 Langen

Prof. Dr. med. Henning Rüden
Institut für Hygiene
Freie Universität Berlin
Hindenburgdamm 27
1000 Berlin 45

Prof. Dr. med. Claus Simon
Universitätskinderklinik
Universität Kiel
Schwanerweg 20
W-2300 Kiel

Prof. Dr. rer. nat. Rolf E. Streeck
Institut für Medizinische Mikrobiologie
Universität Mainz
Hochhaus am Augustusplatz
W-6500 Mainz

Prof. Dr. med. Christian Tauchnitz
Ev.-Luth. Diakonissenhaus Leipzig
Georg-Schwarz-Str. 49
O-7033 Leipzig

Dr. med. Konstanze Vogt
Institut für Medizinische Mikrobiologie
und Infektionsimmunologie
Freie Universität Berlin
Hindenburgdamm 27
1000 Berlin 45

Dr. med. Mechthild Warrelmann
Institut für Medizinische Mikrobiologie
und Infektionsimmunologie
Freie Universität Berlin
Hindenburgdamm 27
1000 Berlin 45

Prof. Dr. med. Klaus-Dieter Zastrow
Institut für Sozialmedizin und Epidemiologie
des Bundesgesundheitsamtes
General-Pape-Str. 61-66
1000 Berlin 42

I
Einleitung

1 Gegenstand und Aufgabenstellung der Medizinischen Mikrobiologie

P. Klein, H. Hahn

1.1 Gegenstand der Medizinischen Mikrobiologie

Die Medizinische Mikrobiologie ist ein Teilgebiet der Medizin. Sie befaßt sich mit der ursächlichen Rolle von Kleinlebewesen (Mikroorganismen) bei der Entstehung von Störungen im Funktionsablauf des menschlichen Organismus. Störungen dieser Art entstehen durch Ansiedlung und Vermehrung von Keimen im Sinne des Parasitismus; sie treten als Infektionskrankheit in Erscheinung. Demgemäß betrachtet man die ***parasitierenden Mikroorganismen*** als Krankheitserreger; das befallene Individuum wird als „Wirt" oder als „Makroorganismus" bezeichnet.

Tatsächlich liefert das Gebiet der bakteriellen Infektionen besonders klare und einprägsame Beispiele zur Darstellung von allgemeinen Gesetzlichkeiten. Es eignet sich daher in hohem Maße zur Einführung in die Lehre von den ***Infektionskrankheiten***. Daraus ergibt sich eine Vorzugsstellung der Bakteriologie, die sich im Unterricht bis zum heutigen Tag erhalten hat.

Die Krankheitserreger stammen entweder aus der Umwelt oder aber aus der physiologischen Standortflora des betroffenen Individuums selbst.

Tabelle 1.1. Vereinfachtes Schema von Infektionserregern

Organisation und Größe	Agens
Azellulär (bis 200nm Durchmesser)	Prionen Viren
Einzellig (200–2000 nm Durchmesser)	
Prokaryonten	Chlamydien, Mykoplasmen, Rickettsien u. a. Bakterien
Eukaryonten	Pilze (Hefen), Protozoen
Mehrzellige eukaryonte Parasiten	Pilze (Fadenpilze), Würmer

Ein großer Teil der Krankheitserreger (Tabelle 1.1) gehört zu den einzelligen Mikroorganismen; es sind entweder ***Bakterien***, ***Pilze*** oder ***Protozoen***. Ein anderer Teil wird zu den subzellulären Partikeln gerechnet; dies gilt für die ***Viren*** und die ***Prionen***. Schließlich können auch vielzellige Organismen (Metazoen) als Krankheitserreger in Erscheinung treten; hierher gehören die parasitischen ***Würmer***. – Archaebakterien und Bakterien sind Prokaryonten. Pilze werden zum Pflanzenreich gerechnet, während Protozoen und Metazoen zum Tierreich gehören.

Metazoen sollten, wörtlich genommen, nicht zum Gegenstand der Medzinischen Mikrobiologie gehören. Man behandelt sie aber trotzdem im Rahmen dieses Faches; die von ihnen hervorgerufenen Krankheiten entstehen durch Infektion: Sie sind die Folge eines echten dauerhaften Parasitismus. Überdies beruht ihre Bekämpfung auf Prinzipien, die in gleicher Form für mikrobiell verursachte Krankheiten gelten.

Die in der Alltagssprache als Ungeziefer bezeichneten Arthropoden (Läuse, Wanzen, Zecken, Milben u. a.) können in diese Analogie nicht einbezogen werden: Von einer Infektionskrankheit im Sinne eines andauernden Parasitismus kann man allenfalls beim Milbenbefall sprechen. In der Dermatologie bezeichnet man deshalb die durch Biß oder Stich von Arthropoden hervorgerufenen Erscheinungen als Epizoonosen. Arthropoden spielen andererseits eine überaus wichtige Rolle als Überträger von Krankheitserregern. Die Kenntnis ihrer Biologie bildet vielfach die Grundlage zur wirksamen Bekämpfung von Infektionskrankheiten.

1.2 Aufgabenstellung

Die Aufgabenstellung der Medizinischen Mikrobiologie wird von zwei Grundfragen bestimmt. Die eine bezieht sich auf die ***biologischen Besonderheiten der Krankheitserreger***. Die andere betrifft diejenigen Vorgänge, welche im Wirtsorganismus ausgelöst und als Infektion bezeichnet werden; es sind dies ***Schädigungsprozesse*** und Abwehrreaktionen. Die Schädigungsprozesse sind die direkte Ursache der Krankheit; in ihrer Gesamtheit werden sie als Pathogenese bezeichnet. Die Abwehrreaktionen können zur Milderung der Krankheit, zur Heilung und zur Immunität führen. Manchmal schädigen sie den Wirtsorganismus selbst; dann spricht man von Immunpathogenese.

Die Kenntnis von den biologischen Besonderheiten der Krankheitserreger, von der Natur der Schädigung und vom Wesen der Abwehrvorgänge ist von großer Bedeutung für die Bekämpfung der Infektionskrankheiten. Die zu diesem Zweck eingeleiteten Maßnahmen beziehen sich zu einem großen Teil auf das erkrankte Individuum, zum anderen Teil auf die gesamte Bevölkerung und deren Lebensraum.

Im einzelnen unterscheidet man

- Die exakte Bestimmung der Krankheitsursache: ***Erregerdiagnose***
- Die ***Kausalbehandlung*** des Kranken durch Antibiotika bzw. Antikörper
- Die ***Infektionsverhütung***. Hierzu gehören:
  - Die Verminderung der Erreger-Emission vom Infizierten durch dessen Isolierung und durch Desinfektion seiner Ausscheidungen
  - DieVerkleinerung des Erreger-Reservoirs, z. B. durch Rattenbekämpfung bei der Pest
  - Die Unterbrechung des Übertragungsvorganges. Beispiele: Überprüfung und Elimination von kontaminierten Lebens- und Arzneimitteln; gezielte Vernichtung von übertragungsfähigen Arthropoden (Vektoren), z. B. bei der Schlafkrankheit
  - Prophylaktische Schutzimpfung, Beispiele: Hepatitis B, Poliomyelitis, Diphtherie
  - Prophylaktische Gabe von Chemotherapeutika bei Exponierten, z. B. bei Malariagefahr
- Die ***epidemiologische Analyse***. Sie liefert die Möglichkeit, Vorkommen und Ausbreitung von Infektionskrankheiten innerhalb eines größeren Gebietes zu analysieren und daraus Gesetzlichkeiten abzuleiten.

Das Gebiet der Medizinischen Mikrobiologie überlappt sich mit einschlägigen Kapiteln aus der Parasitologie, der Immunologie, der Hygiene, der Pathologie, der Pharmakologie und der Klinik.

2 Ursprung der Medizinischen Mikrobiologie

P. Klein, H. Hahn

Die Geschichte der medizinischen Bakteriologie beginnt mit dem exemplarischen Beweis durch ***Robert Koch*** (1876), daß eine übertragbare Krankheit – der Milzbrand – durch Besiedlung des Organismus mit einer besonderen Bakterienspezies entsteht. Die anhand des Milzbrandes aufgefundene Kausalbeziehung zwischen Bakterien und Krankheit konnte schnell verallgemeinert werden: Innerhalb weniger Jahre erwies sich die bakterielle Infektion als Ursache zahlreicher Krankheiten. Die Rolle der nicht zu den Bakterien gehörenden Krankheitserreger ist in ihrer vollen Bedeutung erst erkannt worden, als die Lehre von den bakteriellen Infektionskrankheiten fest begründet war.

Robert Koch hatte Vorläufer: 1841 wies der Wiener Dermatologe Ferdinand v. Hebra im Selbstversuch den ursächlichen Zusammenhang zwischen der Krätzmilbe und der Krätze nach.

Die Lehre von den Bakterien als Krankheitserregern konnte erst auf dem Boden einer vorher entwickelten Wissenschaft begründet werden. Diese hatte als vormedizinische Mikrobiologie nicht nur den Beweis für die Existenz einer bis dahin unbekannten Art von Lebewesen geliefert; ihre Vertreter hatten darüber hinaus die fundamentale Rolle der Mikroorganismen für die Vorgänge der Gärung, der Fäulnis und der Verrottung erkannt. Als ***Gärung*** bezeichnet man herkömmlicherweise die enzymatische Spaltung von niedermolekularen Kohlenhydraten; für Zellulose benutzt man das Wort ***Verrottung***, während für den Abbau von Eiweißstoffen die Bezeichnung ***Fäulnis*** üblich ist. Der Ausdruck „Verwesung" bezieht sich auf tierisches Material schlechthin. Es war die Ähnlichkeit zwischen den Fäulnisvorgängen und den Erscheinungsbildern bei gewissen Krankheiten, die den entscheidenden Anstoß dazu gegeben hat, ansteckende Krankheiten mit Mikroorganismen in Verbindung zu bringen. In diesem Sinne kann man die Medizinische Mikrobiologie als Tochter der naturkundlich orientierten Mikrobiologie betrachten. Diese hat sich in der Folge, unabhängig vom medizinischen Anwendungsbereich, weiterentwickelt. Die naturwissenschaftlich-technische Mikrobiologie gliedert sich heute in zahlreiche Einzelgebiete; ihre Anwendung bei der Großproduktion organischer Stoffe (Antibiotika, Vitamine, Säuren, Enzyme), in der Landwirtschaft und beim Umweltschutz ist für die moderne Industriegesellschaft unentbehrlich.

Die vormedizinische Mikrobiologie hat ihren Ursprung in der Entdeckung der Kleinlebewesen durch ***Antoni van Leeuwenhoek*** (1632–1723). Der in Delft lebende Amateur-Linsenschleifer hat als erster Bakterien gesehen. Um 1670 konnte er mit einem selbstgebauten „Mikroskop" in Gestalt einer äußerst starken Lupe u. a. feststellen, daß in Wasser, Speichel und anderen Flüssigkeiten „kleine Tierchen" existieren; besonders reichlich waren sie im Zahnbelag anzutreffen. In den folgenden 170 Jahren sind die Beobachtungen von van Leeuwenhoek unter Beibehaltung ihres deskriptiven Charakters erweitert und systematisiert, aber nicht vertieft worden. So kannte man um 1840 einige Parasiten (Krätzmilbe, Muscardine, Trichomonaden, Favus- und Soorpilz); man hatte sie an ihren natürlichen Standorten gefunden, beschrieben und voneinander unterschieden. Bis in die Mitte des 19. Jahrhunderts glaubte man, daß sie durch „Urzeugung" (generatio spontanea) an ihrem Fundort entstünden.

Als ***generatio spontanea*** bezeichnet man eine Jahrhunderte alte, naiv-poetische Theorie zur Frage der Entstehung von Leben. Hiernach können Lebewesen jederzeit spontan und direkt aus totem Material entstehen (Abb. 2.1). Im Sinne dieser Vorstellung sollten aus Käse Maden entstehen; faulender Weizen sollte Mäuse erzeugen; Fleischsuppe sollte sich in Bakterien verwandeln. Um die Mitte des 19. Jahrhunderts waren zwar die offenkundigsten Fehlbeispiele für die Urzeugungslehre fallengelassen worden; so hatte man z. B. erkannt, daß sich in Fleisch Maden nur dann entwickeln, wenn darauf Fliegeneier abgelegt werden. Für die Mikroorganismen aber galt die Urzeugungs-

Abb. 2.1. Beispiel für Urzeugung: Spontane Entstehung von Fliegen aus eiternden Wunden. (Aus Wonnecke von Kaub, Hortus Sanitatis, 1517)

theorie nach wie vor. Ihre endgültige Widerlegung ist nach Vorarbeiten des italienischen Geistlichen ***Lazzaro Spallanzani*** (1729–1799) schließlich durch den französischen Chemiker ***Louis Pasteur*** (1822–1895) erfolgt.

Spallanzani hatte in der Mitte des 18. Jahrhunderts bewiesen, daß eine organische Stoffe enthaltende Lösung (Medium) dann von Mikroorganismen frei bleibt, wenn sie gekocht und anschließend verschlossen gehalten wird. Pasteur zeigte um die Mitte des 19. Jahrhunderts, daß sich in einem gekochten Medium Mikroorganismen nur dann entwickeln, wenn sie von außen hineingebracht werden, sei es durch Verunreinigung der geöffneten Flasche aus der Luft oder aber durch künstliche Beimpfung mit Material aus einem bakterienhaltigen Medium.

Damit ist um die Mitte des vorigen Jahrhunderts ein Lehrsatz begründet worden, der bis zum heutigen Tage für alle Lebensformen gleichermaßen gilt. Er lautet: ***Leben kann nur weitergegeben werden, aber nicht „de novo" entstehen.*** Dieser Satz hat in Verbindung mit der Entdeckung der Zelle als Grundelement organischen Lebens (Schwann und Schleiden, 1839) zu dem berühtem Wort des deutschen Pathologen ***Virchow*** (1821–1902) geführt: „Omnis cellula e cellula". Die heute diskutierte Frage, auf welche Weise das Leben im Laufe der Erdgeschichte entstanden ist, hat mit der alten Lehre von der generatio spontanea nichts zu tun. Die in unseren Tagen vertretene Auffassung vom Lebensursprung aus unbelebtem Material als einem komplexen naturhistorischen Vorgang wird von den klassischen Arbeiten, die zur Widerlegung der alten Urzeugungslehre führten, nicht berührt.

In weiteren Arbeiten legte Pasteur den Grundstein für die Entwicklung der experimentellen Mikrobiologie mit naturwissenschaftlich-ökologischer Blickrichtung. Er entwickelte ein Verfahrenssystem zur Kultivierung und Fortzüchtung von Bakterien, insbesondere zur kulturellen Trennung verschiedener Bakterienspezies aus einem Keimgemisch. In den Jahren nach 1857 bewies er die kausale Bedeutung von Mikroorganismen (Bakterien und Hefen) für die Vorgänge der Fäulnis und der Gärung. Am Beispiel der Gärung zeigte er, daß verschiedene Arten von Mikroorganismen jeweils verschiedenartige Umsetzungen bewirken (alkoholische Gärung, Essiggärung, Milchsäuregärung). Er hat damit die artgebundene Charakteristik der biochemischen Leistung von Mikroorganismen entdeckt.

Die strikte Gebundenheit von biologischen Merkmalen an eine einzige Art (Spezies) wird mit dem Wort ***Spezifität*** zum Ausdruck gebracht: Seit Pasteur wissen wir, daß die Essigsäuregärung eine spezifische Leistung der Essigsäurebakterien ist. Der biochemisch gefaßte Spezifitätsbegriff ist von der medizinischen Bakteriologie später übernommen worden. Er taucht dort in Gestalt des Lehrsatzes von der pathogenetischen Spezifität auf.

Pasteur hat sich intensiv mit der Frage beschäftigt, ob man, in Analogie zu den Vorgängen der Gärung und der Fäulnis, die übertragbaren Krankheiten als Folge einer Besiedlung des Organismus mit Bakterien erklären könne. Die Beweispriorität kommt in dieser Hinsicht aber nicht ihm zu, sondern dem deutschen Landarzt ***Robert Koch*** (1843–1910). Auf den Erkenntnissen Kochs fußend, hat Pasteur später das ***Prinzip der aktiven Immunisierung*** mit lebenden, virulenzgedrosselten Bakterien entdeckt. Schließlich hat er am Beispiel der Tollwut als erster nach Jenner die Möglichkeit einer Schutzimpfung gegen Viruskrankheiten aufgezeigt.

Im Jahre 1876 konnte Robert Koch exakt beweisen, daß der ***Milzbrand*** der Haustiere nur dann entsteht, wenn diese mit einer besonderen Spezies von Bakterien infiziert werden. Er zeigte, daß sich die in den tierischen Organismus eingebrachten Bakterien vermehren und daß erst diese Vermehrung zur Krankheit führt; er wies weiterhin nach, daß die für den Milzbrand verantwortlichen Bakterien aus erkrankten Tieren in künstliche Kulturmedien verbracht und dort über lange Zeit hindurch fortgezüchtet werden können, ohne daß sie ihre Fähigkeit, beim Tier Milzbrand zu erzeugen, einbüßen. – Diese und spätere Arbeiten fußten auf einer gänzlich neuen Verfahrenstechnik, die von Koch ausgearbeitet worden war: Neben wesentlichen Verbesserungen der Färbemethodik hat Koch ein neuartiges System der ***Reinkultur*** geschaffen. Die von ihm inaugurierten Methoden bilden auch heute noch die Grundlage für das medizinisch-bakteriologische Arbeiten.

Die Erkennung des Milzbrandes als Infektionskrankheit hat das „goldene Zeitalter der Bakteriologie" eröffnet. Man betrachtete die beim Milzbrand aufgeklärten Kausalverhältnisse als Paradigma für die Entstehung aller übertragbaren Krankheiten. Die nach dem Kochschen Muster angesetzten Arbeiten führten schnell zu einem breiten Erfolg. R. Koch selbst identifizierte in dieser Zeit die Erreger der ***Tuberkulose*** und der ***Cholera***. Die Tabelle 2.1 veranschaulicht die schnelle Folge der Entdeckungen. Aufgeklärt wurde zwischen den Jahren 1876 und 1906 u. a. die Ursache der in Tabelle 2.1 erwähnten Krankheiten.

Die Frage, ob seuchenhaft auftretende Krankheiten durch ein übertragbares, vermehrungsfähiges Agens (Contagium animatum, lat. belebter Ansteckungsstoff) verursacht werden, ist schon vor Robert Koch diskutiert worden, z. T. schon von van Leeuwenhoek. Angesichts der verschiedenartigen Verbreitungsmodi von Krankheiten wie Malaria, Pocken und Syphilis nahm man neben dem belebten Ansteckungsstoff noch andere, unbelebte Kausalfaktoren an, z. B. in Gestalt der ***Miasmen*** (Miasma, grch. Verunreinigung). Als Miasmen bezeichnete man krankheitserzeugende, quasi-immaterielle Ausdünstungen aus dem Boden, aus Sümpfen oder von Leichen. Malaria (mala aria, ital. schlechte Luft) schien durch Miasmen zustandezukommen, während für die Syphilis eher ein Ansteckungsstoff in Betracht kam.

Tabelle 2.1. Krankheiten, deren Erreger zwischen 1876 und 1906 entdeckt wurden.

Milzbrand	1876
Gonorrhoe	1879
Typhus	1880/84
Tuberkulose	1882
Erysipel	1882/83
Diphtherie	1884
Cholera	1883
Tetanus	1884
Pest	1894
Aktinomykose	1891
Gasbrand	1892
Syphilis	1905
Keuchhusten	1906

Nach einer kritischen Literaturauswertung zog ***J. Henle*** (1809–1885) den Schluß, daß bei der Übertragung von Krankheiten jeweils ein spezifischer Ansteckungsstoff vom Kranken auf den Gesunden gelange. Er folgerte, daß dieser Ansteckungsstoff reproduktionsfähig, also belebt sein müsse und verwies in diesem Zusammenhang auf die schon damals diskutierte Rolle von Pilzen bei der alkoholischen Gärung und bei der Muscardine-Krankheit der Seidenraupen; diese Beispiele brachte er in Verbindung mit dem Vorkommen von Milben bei Krätze und von Pilzen bei Favus.

Aus Henles Arbeit ergeben sich für die Beweisführung einige Folgerungen. Diese sind von Robert Koch aufgegriffen, verdeutlicht und mit Hilfe der inzwischen entwickelten Experimentalmethoden konkretisiert worden. Im Jahr 1882 formulierte R. Koch die Grundsätze seiner Beweisführung in allgemeiner Form. Hieraus sind die Lehrsätze entstanden, die als ***Henle-Kochsche Postulate*** weltweit bekannt geworden sind (s. S. 99).

Der österreichisch-ungarische Geburtshelfer ***I. Semmelweis*** (1818–1865) hatte lange vor Kochs Arbeiten erkannt, daß das ***Kindbettfieber*** (Puerperalsepsis) vom Leichnam der an dieser Krankheit verstorbenen Wöchnerin auf die gesunde Kreißende übertragen werden kann (1847). Als Vehikel für die Übertragung des Krankheitsgiftes erkannte er die Hand des Arztes, der zuerst die Autopsie bei der verstorbenen Wöchnerin ausführt und anschließend die Gebärende vaginal untersucht. Semmelweis konnte diese ***Übertragungskette*** unterbrechen: Er machte es den Ärzten zur Pflicht, sich vor der vaginalen Untersuchung die Hände mit Chlorwasser (Hypochlorit) zu waschen. Diese Maßnahme senkte die Sterblichkeit an Kindbettfieber wesentlich. Damit ist Semmelweis zum Wegbereiter der modernen ***Infektionsprophylaxe*** geworden. Er wird von der Nachwelt als „Retter der Mütter" bezeichnet.

Der englische Chirurg ***Joseph Lister*** (1827–1912) übertrug um 1865 die Thesen Pasteurs über die mikrobielle Ursache der Fäulnis auf die postoperative ***Septikämie*** (Wundeiterung mit folgender Allgemeinerkrankung. Sepsis grch. Fäulnis; Septikämie, grch. Kunstwort, ins Blut gelangte Fäulnis). Er faßte die hierbei auftretenden Wundveränderungen als Ausdruck von intravital ablaufenden Fäulnisvorgängen auf. Durch reichlichen Gebrauch von bakterienabtötenden Stoffen (Desinfektionsmitteln) suchte er dem angenommenen Fäulnisvorgang und dessen Übertragung entgegenzuwirken: Er verordnete den Patienten Carbol-Kompressen und suchte durch Carbolsprays der Übertragung im Operationssaal entgegenzuwirken. Dieses Arbeitsprinzip war zu seiner Zeit sehr erfolgreich. Heute hat es nur noch historische Bedeutung. Lister nannte sein System ***„Antiseptik"*** (grch. Kunstwort, gegen Fäulnis gerichtet). Als „antiseptisch" bezeichnet man z.T. heute noch solche Chemikalien, welche eine bakteriostatische Wirkung entfalten.

Mit dem Wort ***„Aseptik"*** (grch. Kunstwort, etwa: frei von jeder Fäulnis) bezeichnet man das heute gültige Arbeitsprinzip zur Verhütung der Infektion von Operationswunden. Dabei wird durch ***Sterilisation*** alles, was mit der Wunde des Patienten in Berührung kommt, vorher gänzlich keimfrei gemacht, z. B. Instrumente, Gummihandschuhe, Wundtücher, Tupfer, Nahtmaterial. Das Ziel der Aseptik ist die absolute Ausschaltung jeder Infektionsmöglichkeit beim Setzen der Operationswunde (Prinzip der „Non-Infektion"). Dazu gehört das Bestreben, auch im engeren und weiteren Umkreis der Operationsstelle möglichst große Keimarmut zu erzielen und zu bewahren (Desinfektion der Haut, sterilisierte Kittel, Gesichtsmasken, Staubbekämpfung). Das System der „Aseptik" ist in der zweiten Hälfte des vorigen Jahrhunderts von ***Gustav Neuber*** (1850–1932) begründet und durch den deutschen Chirurgen ***Ernst von Bergmann*** (1836–1907) weiterentwickelt worden. Ziel der Aseptik ist die komplikationslose (ohne Eiterung, „steril") verlaufende Wundheilung [Heilung „per primam intentionem" (lat. beim ersten Anlauf)].

II
Allgemeine Bakteriologie

1 Die Bakterienzelle

H. Hahn, P. Klein, P. Giesbrecht

INHALTSÜBERSICHT

1.1 Definition von Bakterien 11
1.2 Morphologische Grundformen der Bakterien 11
1.3 Aufbau der Bakterienzelle 12
1.3.1 Allgemein verbreitete Bestandteile 13
1.3.2 Der Aufbau der Zellhülle bei gramnegativen Bakterien 17
1.3.3 Der Zellhüllenaufbau grampositiver Bakterien 19
1.3.4 Die Zellhülle der Mykobakterien 19
1.3.5 Funktionen der Zellhülle 19
1.3.6 Zellhüllen-abbauende Enzyme 20
1.3.7 Zellhüllenlose Bakterien 20
1.3.8 Kapseln 20
1.3.9 Geißeln 21
1.3.10 Pili (Fimbrien) 22
1.3.11 Sporen 22
1.3.12 Intrazelluläre Depot-Granula 24
1.3.13 Aufbau der Spirochätenzelle 24

1.1 Definition von Bakterien

Als ***Bakterien*** bezeichnet man einzellige Mikroorganismen, die einen für Prokaryonten typischen Zellaufbau aufweisen (Tabelle 1.1). So fehlt bei Bakterien im Vergleich zu den eukaryonten Zellen die ***Kernmembran***; weiterhin fehlen der Nucleolus, das endoplasmatische Reticulum, Golgi-Apparat, Lysosomen, Chloroplasten, Mitochondrien und Mikrotubuli. Andererseits besitzen Bakterien häufig eine komplexe ***Zellhülle***, die bei den Eukaryonten fehlt. Die Größe der meisten Bakterien liegt – bezogen auf den kleineren Zelldurchmesser – zwischen 0,2 µm und 2 µm.

1.2 Morphologische Grundformen der Bakterien

Die gestaltliche Vielfalt der für die Medizin wichtigen Bakterien läßt sich auf drei Grundformen zurückführen (Abb. 1.1). Es sind dies:

- Kokken (Kugelbakterien),
- Stäbchen,
- Schraubenförmige Bakterien (Spirochäten und Spirillen).

Übergänge zwischen den einzelnen Grundformen werden häufig angetroffen und dementsprechend bezeichnet (z. B. kokkoide Stäbchen).

Kokken

Kokken (grch. Kugeln, Beeren) sind runde oder ovale Bakterien. Ihr Durchmesser liegt bei 1 µm. Aus der Bouillonkultur präpariert, zeigen Kokken u. U. eine typische Lagerung zueinander. Sie können in Paaren, in Vierergruppen oder in größeren Haufen liegen. Man unterscheidet dementsprechend ***Diplokokken*** (grch. Doppelbeeren), ***Tetraden*** (grch. Vierlinge) und ***Staphylokokken*** (grch. Traubenbeeren). In anderen Fällen bilden sie kurze oder lange Ketten. Kettenbildende Kokken werden als ***Streptokokken*** (grch. Kettenbeeren) bezeichnet.

Stäbchen

Bei stäbchenförmigen Bakterien ist eine Achse länger als die andere Achse. Die Achsenlängen liegen zwischen 0,5 µm und 5 µm. Man kennt plumpe (kokkoide) und schlanke Stäbchen; Escherichia coli ist z. B. plump, während Mycobacterium tuberculosis schlank ist. – An ihren Polen sind die Stäbchen entweder zugespitzt (z. B. fusiforme [lat. spindelförmige] Bakte-

Tabelle 1.1. Funktionelle und strukturelle Differenzen zwischen Eukaryonten und Prokaryonten

Eigenschaften	Eukaryonten	Prokaryonten
Anwesenheit einer Kernmembran	+	–
Chromosomen enthalten Histone	+	–
Vorhandensein von:		
– Nucleolus	+	–
– endoplasmatischem Retikulum	+	–
– Golgi-Apparat	+	–
– Lysosomen	+	–
– Chloroplasten	+	–
– Ribosomen	80S und 70 S	70S
– Mikrotubuli	+	–
– Peptidoglycan in der Zellwand	–	+/–
Phagozytose	+	–
Pinocytose	+	–
Zytoplasmafluß und amöboide Bewegung	+	–
Lysosomen, Vakuolen	+	–
Zytoplasmatische Membran	+	+
Sterole in der Membran	+	selten +

rien), abgerundet (z. B. E. coli) oder rechteckig (z. B. Milzbrandbazillen).

Hinsichtlich ihrer Lage zueinander bieten die Stäbchen entweder das Bild von isoliert liegenden Einzelzellen, z. B. bei Typhusbakterien, oder aber von typischen Ketten, z. B. bei Milzbrandbazillen. In anderen Fällen sieht man palisadenförmig aneinandergelagerte Stäbchen, z. B. Pseudodiphtheriebakterien oder aber Stäbchen, die miteinander spitze oder rechte Winkel bilden (Diphtheriebakterien).

Andere Stäbchen zeigen bei gewissen Färbemethoden zusätzlich eine zentrale Aufhellung; man spricht von bipolarer Färbung (Sicherheitsnadelform). Dieses Bild ist charakteristisch für den Pesterreger (Yersinia pestis).

Gebrauch der Termini „Bacillus" und „Clostridium". Der Ausdruck ***Bazillen*** (bacillus, lat. Stäbchen) wird für *sporenbildende, aerob* wachsende Bakterien in Stäbchenform verwendet.

Von ***Clostridien*** spricht man im Falle von ***obligat anaerob*** wachsenden, *sporenbildenden* Stäbchen. Es muß also heißen: Milzbrand-Bazillen, Gasbrand-Clostridien. Andererseits sollte im Deutschen stets der Terminus ***„Tuberkulosebakterien"*** verwendet werden. (Im französischen Sprachgebrauch hingegen bedeutet „infection bacillaire" stets eine Tuberkulose).

Schraubenförmige Bakterien

Bei den schraubenförmigen Bakterien, die voll ausgebildete Windungen zeigen, unterscheidet man vier Gruppen:

- ***Spirillen*** zeigen sich im Lebendpräparat als *starre*, sehr schlanke Gebilde mit mehreren weiten Windungen (Spirillum, grch. Windung).
- ***Borrelien*** sind *flexible*, äußerst schlanke Gebilde mit mehreren weiten Windungen (Borrel, französischer Bakteriologe).
- ***Treponemen*** zeigen bei extremer Schlankheit zahlreiche ***enge*** Windungen (Korkenziehermuster) und sind zum blitzschnellen Abknicken in der Längsachse fähig. Prototyp ist der Syphiliserreger ***Treponema pallidum*** (Treponema, grch. gedrehter Faden).
- ***Leptospiren*** sind aktiv-flexible, kleiderbügelförmige, extrem schlanke Fäden, die äußerst feine, kaum wahrnehmbare Primärwindungen und grobe Sekundärwindungen zeigen. Prototyp ist der Erreger der Leptospirosen, ***Leptospira interrogans*** (Leptos, grch. klein, schmal, zart).

[Zu den schraubenförmigen Bakterien rechnete man früher auch die kurzen Stäbchen, die deutlich gekrümmt sind, also einen Teil einer imaginären Schraube repräsentieren. Prototyp dieser Form ist der kommaförmige Cholera-Erreger ***Vibrio comma***.]

1.3 Aufbau der Bakterienzelle

Die Architektur der Bakterienzelle (Abb. 1.2) unterscheidet sich in mehrfacher Hinsicht von den Zellen höherer Organismen. – Für den Mediziner ist die Tatsache wichtig, daß der Bakterienzelle die als Organellen bezeichneten Bestandteile einer höheren Zelle (wie z. B. Mitochondrien und Plastide) fehlen. Andererseits weisen Bakterienzellen gewisse Bestandteile auf, die in der animalen Zelle, insbesondere bei Warmblütern, nicht vorkommen.

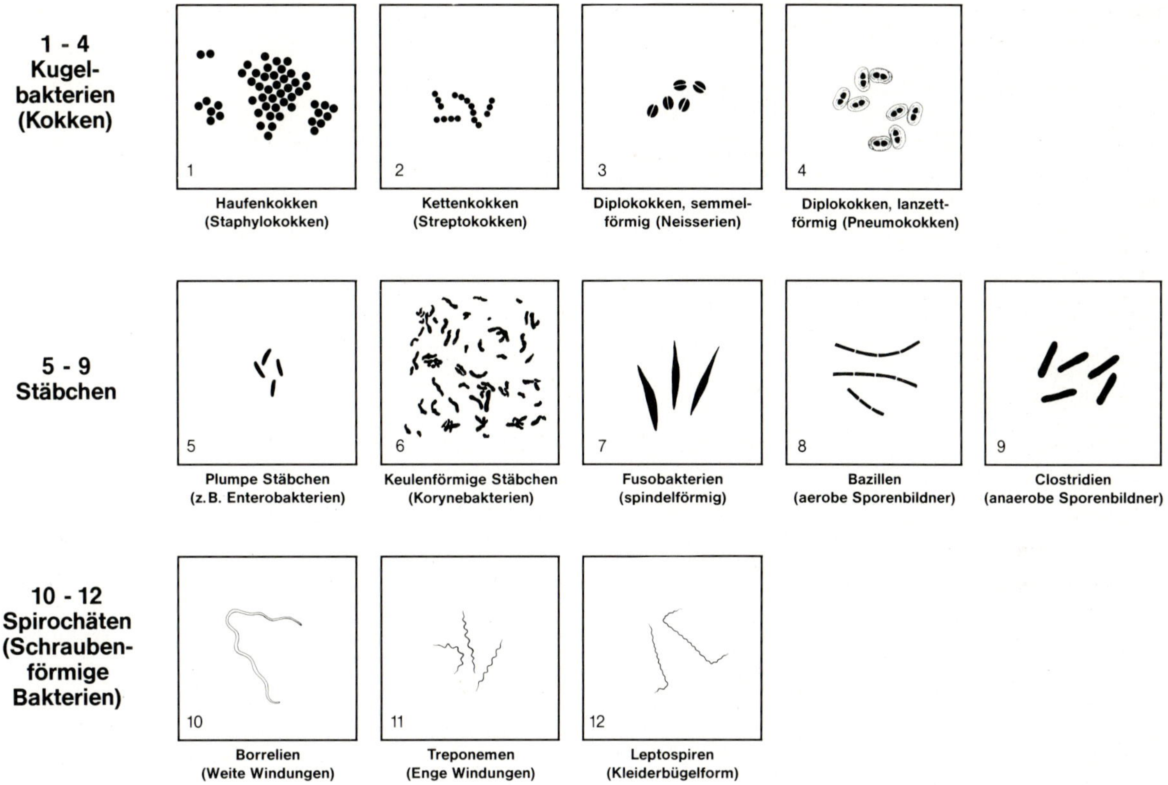

Abb. 1.1. Grundformen medizinisch relevanter Bakterien

1.3.1 Allgemein verbreitete Bestandteile

Zellkern-Äquivalent

Die merkmalkodierende DNA ist *nicht*, wie bei der eukaryonten Zelle, in Form eines membranumgebenen Zellkerns organisiert (Eukaryont = „richtiger" Kern), sondern liegt als zirkulärer DNA-Faden vor. Dieser ist zu einer periodischen Struktur spiralisiert und gefaltet. Ein solches „Bakterienchromosom" ist direkt vom Zytoplasma umgeben und an einer Stelle mit der Zytoplasmamembran verbunden. Es stellt das Genom der Bakterienzelle dar und wird als ***Kernäquivalent*** oder Nukleoid bezeichnet.

Plasmid

Zusätzlich zu dem Kernäquivalent tragen viele Bakterien ringförmige doppelsträngige DNA-Strukturen im Zytoplasma, die ebenfalls Erbinformation enthalten und als Plasmide bezeichnet werden. Sie haben große Bedeutung als Überträger von Resistenzmerkmalen gegen Antibiotika. In der Gentechnologie spielen sie eine wichtige Rolle als Überträgervehikel *(Vektor)* von künstlich eingebrachtem genetischen Material.

Zytoplasma

Im Zytoplasma der Bakterienzelle findet man weder Mitochondrien noch Chloroplasten. Die bei höheren Organismen mitochondrial lokalisierten Enzyme der biologischen Oxidation sind bei Bakterien Bestandteil der Zytoplasmamembran. Die membranös-kanalikuläre Grundstruktur des Zytoplasmas – bei der animalen Zelle als endoplasmatisches Reticulum bekannt – fehlt bei der Bakterienzelle weitgehend, desgleichen der Golgi-Apparat. Die Bakterienzelle besitzt ganz spezielle Ribosomen als Orte der Proteinsynthese (70S- statt der 80S-Ribosomen bei Eukaryonten). Die Ribosomen der Bakterienzelle weisen jedoch keinen Strukturzusammenhang mit den Grenzflächen des endoplasmatischen Reticulums auf, wie dies für höhere Organismen typisch ist. Wenn der Bakterienzelle intraplasmatische Membranstrukturen auch nicht gänzlich fehlen, so läßt sie doch den hohen

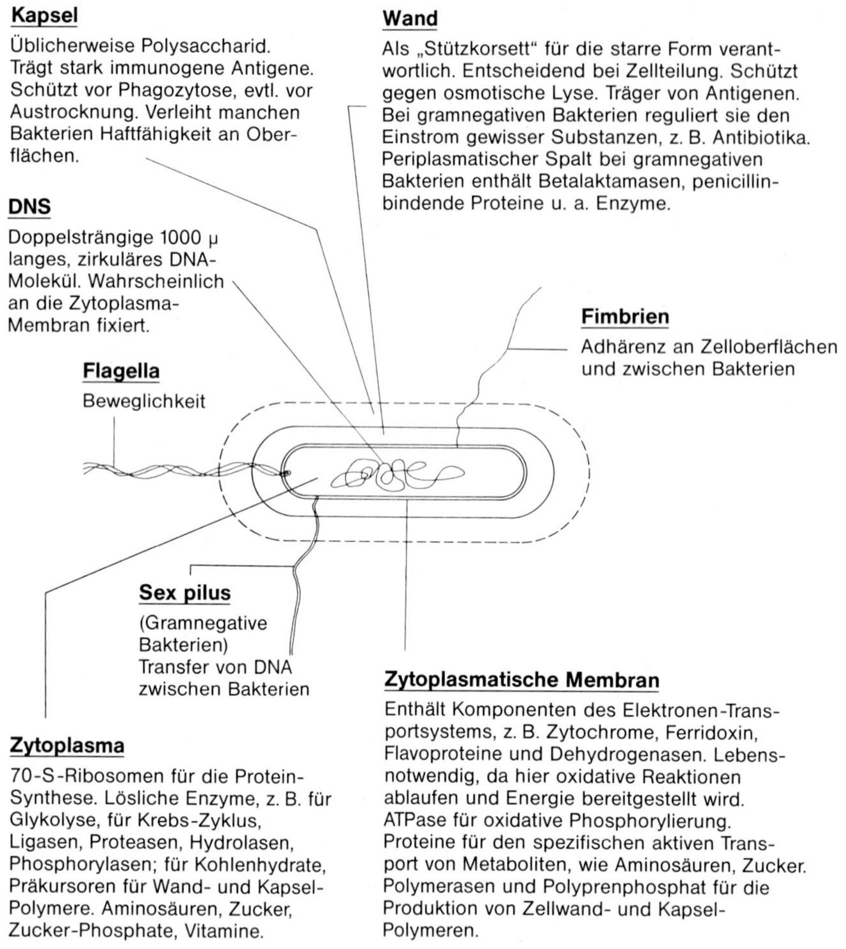

Abb. 1.2. Allgemeiner Aufbau von Bakterienzellen. (Nach Rogers 1983, mit Genehmigung)

Grad an Unterteilung in Kompartimente vermissen, wie ihn die Eukaryontenzelle aufweist.

Zytoplasmamembran (Zellmembran)

Die Zytoplasmamembran der Bakterienzelle entspricht in ihrem Aufbau dem typischen Bild einer sogenannten „Unit Membrane“, einer Doppelschichtstruktur aus Lipiden mit hydrophoben Fettsäureketten in der Mitte und den hydrophilen Lipidgrenzschichten nach außen (Abb. 1.3). Zahlreiche Membran-Proteinmoleküle sind in die Doppelschicht eingelagert, die die Membran ganz durchqueren können (Transportproteine), oder ihr aufgelagert sind. Die bakterielle Zytoplasmamembran unterscheidet sich von derjenigen der Animalzelle in ihrer Lipid- und Proteinzusammensetzung. Sie ist Sitz der Enzyme für den Elektronentransport und für die oxidative Phosphorylierung. Die Zellmembran tritt damit gewissermaßen an die Stelle der Mitochondrien. Die Bakterien-Zytoplasmamembran kann sich an bestimmten Stellen, insbesondere im Bereich präsumptiver Querwände, zu komplexen Membrankörpern einfalten, die als Mesosomen (Mesosom, gr. = Zwischenkörper) bezeichnet werden. Derartigen Membrankörpern wird eine wichtige Rolle bei der Zellteilung zugeschrieben.

Penicillin-bindende Proteine. Der Zytoplasmamembran aufliegend und durch einen Teil ihres Moleküls in ihr verankert, finden sich bakterienspezifische Proteine, die an der Synthese der Mureinschicht beteiligt sind. Einige von ihnen weisen eine hohe Affinität für β-Laktam-Antibiotika (Penicilline und Cephalosporine) auf. Man nennt sie daher penicillinbindende Proteine (PBP) (s. Abb. 1.3).

Unter den bisher nachgewiesenen enzymatischen Funktionen der PBP findet man Carboxypeptidase-,

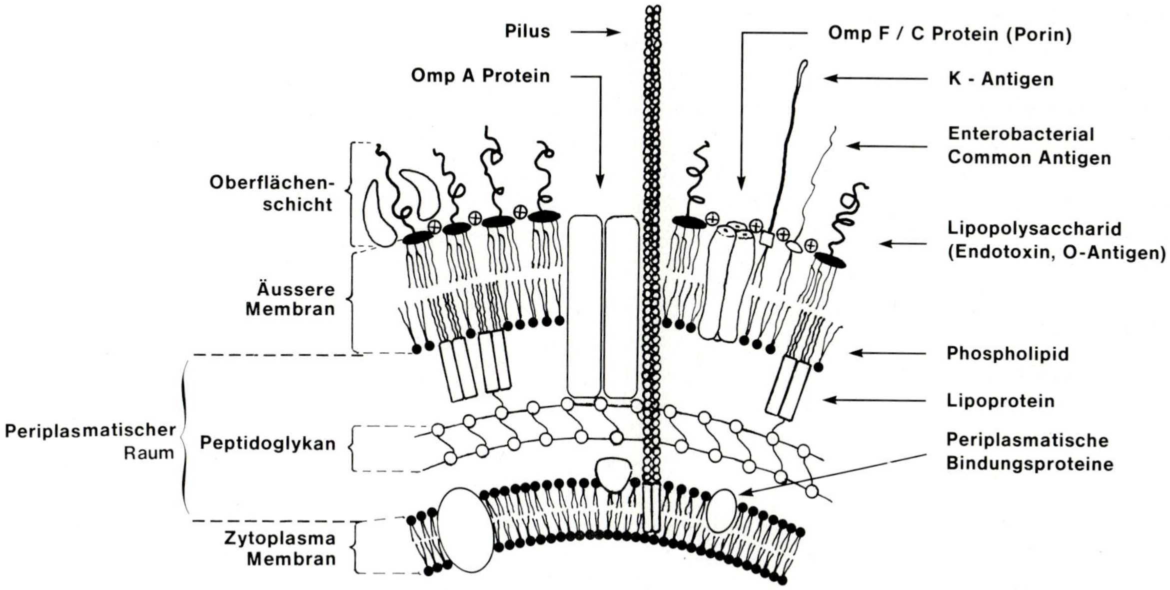

Abb. 1.3. Schematische Darstellung der Zellhülle eines gramnegativen Bakteriums aus der Gruppe der Enterobakteriazeen (Omp = Outer Membrane Protein)

Transpeptidase-, Endopeptidase-, und Transglycosylaseaktivität, also Enzymeigenschaften, die für die Synthese und die Modifizierung des Mureins bakterieller Zellwände von Bedeutung sind.

Die antibakterielle Wirkung der β-Laktam-Antibiotika setzt voraus, daß sie stabile, kovalente Komplexe mit den PBP bilden. Auf diese Weise kommt eine dauerhafte Blockierung der PBP zustande. Resistenz gegen β-Laktam-Antibiotika kann daher – neben der Bildung von β-Laktamasen – auch darauf beruhen, daß Bakterien veränderte PBP bilden, deren Affinität gegenüber β-Laktam-Antibiotika gering ist.

Zellhüllenaufbau der Bakterien

Aufgrund ihres stark unterschiedlichen Zellhüllenaufbaues werden die medizinisch interessierenden Bakterien in zwei große Gruppen eingeteilt. Da der unterschiedliche Zellhüllenaufbau gleichzeitig die Ursache für das unterschiedliche Färbeverhalten bei der Färbung nach Gram darstellt, werden die meisten medizinisch relevanten Bakterien entweder als ***grampositive*** oder als ***gramnegative*** Bakterien bezeichnet. Der Zellhüllenaufbau grampositiver und gramnegativer

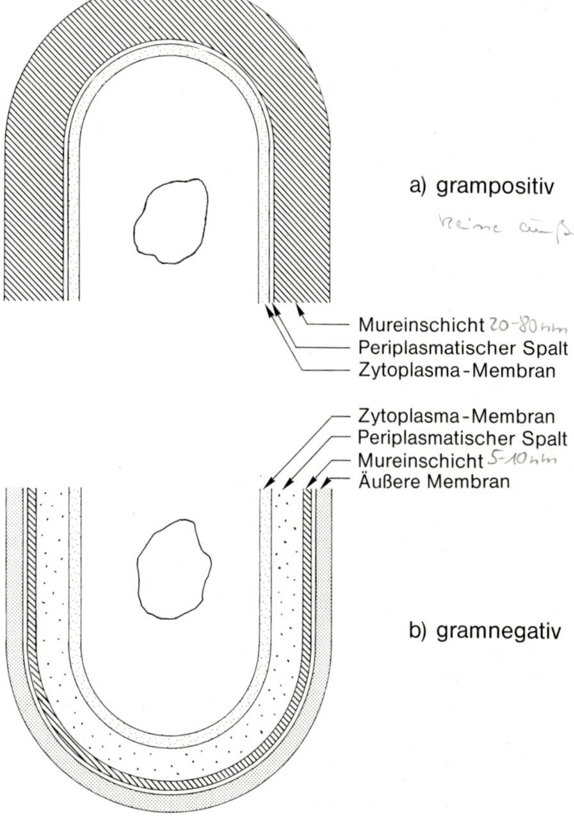

Abb. 1.4. Zellhüllenaufbau grampositiver und gramnegativer Bakterien

Bakterien ist in Abb. 1.4 schematisch dargestellt. Man erkennt, daß beide Zellhüllen als gemeinsame und wichtigste Komponente eine Murein- oder ***Peptidoglycanschicht*** aufweisen, die der Zytoplasmamembran aufliegt. Daneben gibt es noch eine dritte Gruppe von Bakterien, die keine Zellhülle besitzen und die daher eine Sonderstellung einnehmen, die Mykoplasmen.

Peptidoglycan. Die für fast alle Bakterien typische Zellhülle (Ausnahme: Archaebakterien) verleiht den Bakterien in doppelter Hinsicht eine Sonderstellung: Einmal fehlt den Warmblütern eine Zellhülle überhaupt, zum anderen weist die Bakterienzellhülle, wenn man sie mit den Zellhüllen anderer Lebewesen vergleicht, eine besondere Struktur auf: Sie enthält ein netzwerkartig angelegtes und als Sack ausgebildetes Riesenmolekül (Sacculus), dessen Baumaterial entweder als Peptidoglycan oder als ***Murein*** (lat. murus = die Mauer) bezeichnet wird.

Beim Aufbau des Peptidoglycans werden Polymere aus Amino-Zuckern durch Peptid-Seitenketten querverbunden. Das Peptidoglycan der Bakterienzellhülle ist somit ein Heteropolymer (Abb. 1.5): Die Zuckerketten enthalten zwei Grundeinheiten, die im Aufbau des Stranges alternieren: das N-Acetylglucosamin und dessen Milchsäureäther, die N-Acetylmuraminsäure. Die alternierende Folge dieser glykosidisch verbundenen Bausteine ergibt lineare Zuckerstränge, die in der Regel nur ca. 10–100 Disaccharideinheiten enthalten und damit zu kurz sind, um die gesamte Bakterienzelle zu umspannen. Für die Stabilität des Netzwerks ist es daher entscheidend, daß die einzelnen Zuckerketten untereinander durch Oligopeptide verbunden werden. Durch die Transpeptidierung dieser Oligopeptide entsteht ein Netzwerk aus miteinander verwobenen Mureinfäden; es umschließt die Bakterienzelle als eine Art Riesenmolekül. Seine Form und die mechanische Stabilität gegenüber dem im Zellinnern herrschenden hohen osmotischen Druck (bis zu 25 atü!) sind für zahlreiche Eigenschaften der Bakterienzelle ausschlaggebend.

Chemisch gesehen ist der Ansatzpunkt für die quervernetzenden Oligopeptide an der Zuckerkette die Carboxylgruppe des Milchsäureäthers. Bei der Quervernetzung durch die Oligopeptide spielen die Diaminosäuren Lysin und Ornithin bzw. Diaminobuttersäure sowie die im Tier- und Pflanzenreich fehlende Diaminopimelinsäure eine besondere Rolle. Durch Bildung einer Peptidbindung mit dem C-terminalen D-Alanin eines benachbarten Peptidstranges bewirken sie die Querverbindung. D-Alanin fehlt bei allen Eukaryonten. Da die Energie für diesen Vorgang durch Abspaltung eines weiteren D-Alanins aus der gleichen Peptidkette aufgebracht wird, bezeichnet man diesen Vorgang auch als Transpeptidierung.

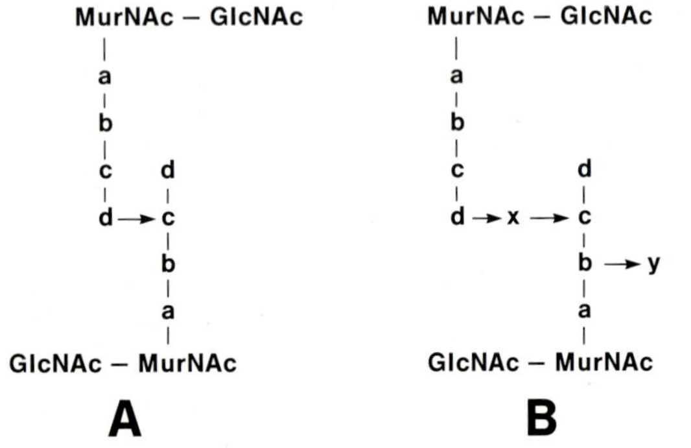

Abb. 1.5. Allgemeine Struktur der Peptidoglykan-Quervernetzung. **A**) Bei den meisten gramnegativen Bakterien und Bazillen sind die Tetrapeptidketten direkt durch Peptidbindung verbunden, z. B. 4. Aminosäure des einen Tetrapeptids mit der 3. Aminosäure der 2. Kette. **B**) Quervernetzung über eine Interpeptidbrücke x; z. B. 5 Glycinmoleküle bei Staphylococcus aureus; zusätzlich z. B. bei Staphylococcus aureus ein Amid-Substituent (y) = NH_2. **MurNAc** = N-Acetyl-Muraminsäure; **GlcNAc** = N-Acetyl-Glucosamin; **a, b, c, d** = Peptid-Untereinheiten; **y** = Amid-Substituent an der Carboxylgruppe von iso-Glutamat oder hydroxy-Glutamat

Periplasmatischer Raum. Die zytoplasmatische Membran und die äußere Zellhülle erscheinen im elektronenmikroskopischen Bild durch den sogenannten ***periplasmatischen Raum*** (auch periplasmatischer Spalt genannt) getrennt (Abb. 1.3). Dieser ist das durch die äußere Zellhülle nach außen und die zytoplasmatische Membran nach innen begrenzte Kompartiment gramnegativer und grampositiver Bakterien.

Bei vielen gramnegativen Bakterien befinden sich im periplasmatischen Raum die ***β-Laktamasen***. Diese Enzyme können β-Laktam-Antibiotika zerstören (s. Abb. 1.3). Bei gramnegativen Bakterien ist das Zusammenwirken dieser Enzyme, im Verein mit der verringerten Diffusion der β-Laktam-Antibiotika in den periplasmatischen Raum, Ursache für die oftmals hohe Resistenz gegen Vertreter dieser Antibiotikaklasse. Ein gut wirksames, ideales β-Laktam-Antibiotikum sollte also geringes Molekulargewicht und hohe Hydrophilie (beides fördert eine schnelle Diffusion durch die äußere Membran) sowie hohe β-Laktamase-Stabilität aufweisen.

1.3.2 Der Aufbau der Zellhülle bei gramnegativen Bakterien

Die Zellhülle der gramnegativen Bakterien (s. Abb. 1.3) zeigt einen mehrschichtigen Aufbau: Über der Zytoplasmamembran befindet sich eine dünne Grundschicht aus Murein und ein darüber liegender zusätzlicher, kovalent gebundener membranartiger Teil, die sogenannte äußere Membran („outer membrane"). Die ***Murein-Grundschicht*** besteht – im Gegensatz zu den grampositiven Bakterien – aus einer mono- oder oligomolekularen Schicht von Molekülen. Wahrscheinlich beträgt ihre Dicke nur ca. 5–10 nm, während sie bei grampositiven Bakterien 20–80 nm beträgt. Die äußere Membran enthält als charakteristische Bestandteile die für Mediziner hochinteressanten *Lipopolysaccaride (LPS)*.

Äußere Membran

Die ***äußere Membran*** der Zellhülle von gramnegativen Bakterien ist im Vergleich zur Zytoplasmamembran hinsichtlich ihrer Lipidmatrix *asymmetrisch* (Abb. 1.3 u. 1.4): Während die innere Hälfte ihrer Doppelschicht in Analogie zur Zytoplasmamenbran aus ***Phospholipiden*** aufgebaut ist, findet man in der äußeren Lamellenhälfte die ***Lipopolysaccharide*** als den typischen Bestandteil dieser Zusatzmembran.

Chemischer Aufbau der Lipopolysaccharide (LPS)

Die nur bei gramnegativen Bakterien vorhandenen Lipopolysaccharide sind im Hinblick auf ihren chemischen Aufbau gut untersucht. Es lassen sich drei makromolekulare Anteile voneinander unterscheiden, die man, von außen nach innen, als Regionen I bis III, bzw. als ***O-Antigen***, als ***Kernpolysaccharid*** und als ***Lipid A*** bezeichnet (Abb. 1.6).

O-Antigene der LPS (Region I). Die O-Antigene bestehen meistens aus Einheiten von drei bis maximal 20 Hexosemolekülen. Diese weisen zum Teil eine Struktur auf, die nur bei besonderen Bakterienspezies vorkommt.

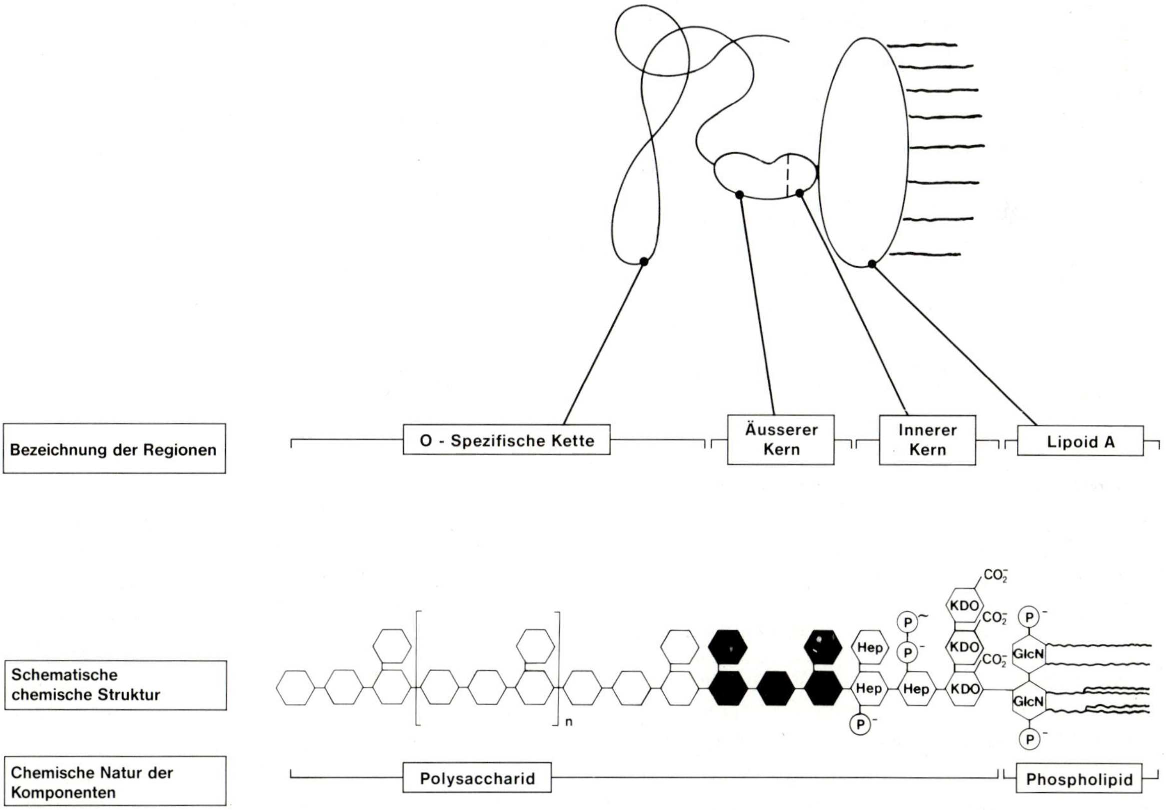

Abb. 1.6. Struktur des Lipopolysaccharids von Enterobakteriazeen

Die O-Antigene zeigen eine gelartige, ungeordnete Struktur; sie liegen der Oberfläche der äußeren Membran als Knäuel auf und bedingen die Oberflächen-Hydrophilie der Bakterienzelle. Bakterien, die O-Antigene besitzen, bilden in flüssigen Kulturmedien eine gleichmäßige Suspension und auf festen Kulturmedien glänzende Kolonien. Man nennt O-antigentragende Stämme daher auch ***S-Formen*** (von engl. smooth = glatt, glänzend). Wenn die S-Formen durch Mutation ihre O-Antigene verlieren, so entstehen ***R-Formen***. Diese Varianten exponieren neben der Kernpolysaccharidschicht das hydrophobe Lipid A. Sie wachsen daher in flüssigen Kulturmedien unter Zusammenballung und bilden auf festen Kulturmedien nicht-glänzende, „rauhe" Kolonien (daher der Name R-Formen).

Die für den Mediziner interessanteste Eigenschaft der O-Antigene besteht darin, daß sie zur Bildung hochspezifischer Antikörper Anlaß geben. Diese Antikörper werden als Reagenz verwendet, wenn Unterschiede im Antigenaufbau bei gramnegativen Bakterienarten nachgewiesen werden sollen, sie spielen deshalb in der bakteriologischen Routinediagnostik eine Rolle. Besonders weit entwickelt ist die Speziesbestimmung durch Bestimmung der O-Antigene bei Salmonellen.

Kernpolysaccharid der LPS (Region II). Das Kernpolysaccharid besteht aus zwei Untereinheiten, dem inneren und dem äußeren Kernpolysaccharid. Der äußere Anteil des Kernpolysaccharids baut sich aus Galaktose und N-acetyl-Glucosamin auf. Das innere Kernpolysaccharid weist als Besonderheit einen LPS-spezifischen Zucker, das Keto-desoxy-oktonat (KDO) auf (s. Abb. 1.6). KDO ist für die Funktion der äußeren Zellmembran unentbehrlich; sein Verlust ist mit dem Leben der gramnegativen Bakterienzelle nicht vereinbar. Daneben findet man Heptose, Phosphat und Äthanolamin. Das Kernpolysaccharid ist, im Gegensatz zu den O-Antigen-Seitenketten, bei vielen gramnegativen Bakterien weitgehend gleichartig aufgebaut. Es ist über das KDO mit dem Lipidanteil des LPS, dem Lipid A verbunden.

Lipid A der LPS (Region III). Die Struktur von Lipid A ist bei Enterobakteriazeen und anderen gramnegativen Bakterien weitgehend identisch. Lipid A ist für die meisten pathophysiologischen Wirkungen der LPS verantwortlich; darüber hinaus bildet es den „Membran-Anker" des LPS und trägt zu der Funktion der äußeren Membran als Permeationsbarriere entscheidend bei.

Das Lipid A ist ein amphiphiles Molekül. Die hydrophile Kopfgruppe besteht aus zwei β-1-6-glykosidisch verknüpften N-acetyl-Glucosamin-Molekülen, die zusätzlich zumindest zwei Phosphatreste und ggf. weitere polare Gruppen, wie z. B. Äthanolamin, enthalten. Vier-Hydroxy-Fettsäureketten sind als hydrophober Anteil mit der Kopfgruppe verbunden. Typisch ist die Substitution von einigen Hydroxy-Fettsäuren mit weiteren Fettsäureketten, so daß auf ein Molekül Lipid A insgesamt 6–7 Fettsäuresubstituenten entfallen.

Pathophysiologische Wirkungen der LPS-Endotoxine

Die LPS von gramnegativen Bakterien werden auch als ***Endotoxine*** bezeichnet. Hierbei bedeutet die Vorsilbe Endo-, daß es sich bei diesen Molekülen um integrale Baubestandteile der Bakterienzellen handelt (endo = innen), die in der Regel erst dann frei werden, wenn die Bakterienzelle zerfällt.

Als Exotoxine bezeichnet man im Gegensatz hierzu diejenigen Bakterientoxine, die in die Umgebung abgegeben werden, ohne daß hierbei die strukturelle Integrität der Bakterienzelle in Mitleidenschaft gezogen wird; Beispiele für Exotoxine sind das Diphtherie-Toxin, das Botulinus-Toxin oder das Tetanus-Toxin (s. S. 110ff).

Der Begriff Endotoxin hat sich für das gesamte LPS-Molekül eingebürgert, obwohl genaugenommen im wesentlichen das Lipid A für die toxischen Wirkungen verantwortlich ist. Bei Infektionen durch opportunistische gramnegative Bakterien ist Endotoxin, im engeren Sinn also das Lipid A, der hauptsächliche Virulenzfaktor. Gelangt bei einem Patienten mit einer durch gramnegative Bakterien hervorgerufenen Infektion (z. B. einer Sepsis oder Peritonitis) Endotoxin in den allgemeinen Kreislauf, so ergibt sich eine Reihe folgenschwerer Wirkungen, wie Fieber, Hypotonie, Entzündung, septischer Schock (s. S. 109).

Lipoprotein, Porine

Neben dem LPS enthält die äußere Zellmembran Lipoprotein und Proteine (Abb. 1.3). Das Lipoprotein kann eine Brückenstruktur zwischen äußerer Membran und dem Mureinnetzwerk ausbilden, wenn es mit seiner Proteinkomponente an den Peptidteil (Diaminopimelinsäure) des Mureins gebunden vorliegt, während seine Lipidkomponente in die äußere Membran eingelagert ist.

In der äußeren Membran findet man ferner Proteine mit Poren-Funktion. Sie werden als ***Porine*** bezeichnet (s. Abb. 1.3) und spielen für die selektive

Permeabilität der äußeren Membran eine besondere Rolle.

1.3.3 Der Zellhüllenaufbau grampositiver Bakterien

Bei grampositiven Bakterien ist die Peptidoglycanschicht dreidimensional, d. h. *mehrschichtig* angelegt (s. Abb. 1.4). Ihre Dicke kann diejenige der Peptidoglycanschicht von gramnegativen Bakterien bis zum 40fachen übertreffen. Die Zellwand stellt in diesem Falle bis zu 70% des Trockengewichts dar. Den grampositiven Erregern fehlt andererseits die dem Peptidoglycan-Sacculus aufgelagerte äußere Membran, wie sie für gramnegative Bakterien charakteristisch ist.

Wenn auch bei grampositiven Bakterien die äußere Membran der Zellhülle mit ihren LPS- und Lipoproteinschichten auch fehlt, so können ihrer Peptidoglycanschicht dennoch weitere Schichten aufgelagert sein: So ist der Peptidoglycan-Sacculus bei den A-Streptokokken nach außen hin von zwei aufeinanderfolgenden Schichten bedeckt: Unmittelbar auf dem Sacculus liegt das gruppenbestimmende Polysaccharid; auf diesem liegt wiederum das typenbestimmende Protein M. Bei Staphylokokken trägt der Sacculus zusätzlich das Protein A.

Des weiteren kommt in der Zellwand grampositiver Bakterien noch die ***Lipoteichonsäure*** vor (= Polyglycerolphosphatkette), die über ein Glykolipid in der Außenseite der Zytoplasmamembran verankert ist; sie tritt durch die Zellwand und erscheint an der Zelloberfläche.

1.3.4 Die Zellhülle der Mykobakterien

Die Zellwand der Mykobakterien und der Nocardien weist ein typisches Peptidoglycangerüst auf. Die Besonderheit des Zellhüllenaufbaues liegt hier aber in dem sehr hohen *Lipidgehalt*: Lipide stellen einen Gewichtsanteil von 60%, während ihr Anteil bei gramnegativen Zellhüllen nur 20% und bei grampositiven Zellhüllen nur 4% beträgt. Da ein großer Teil der Lipide von Mykobakterien als echte Wachse, d. h. als Fettsäure-Ester langkettiger Alkohole vorliegt, spricht man von der ***Wachshülle*** der Mykobakterien.

1.3.5 Funktionen der Zellhülle

Stützelement (Exoskelett)

Die Zellhülle ist das formgebende Stützelement (Exoskelett) der Bakterienzelle. Sie ist für die Tatsache verantwortlich, daß Bakterien durch Filter einer bestimmten Porengröße (0,2 μ) zurückgehalten werden. Zellhüllenlose Bakterien können Filter dieser Art passieren. – Die Zellhülle bietet *mechanischen Schutz* vor Schwankungen des osmotischen Druckes im Milieu und verhindert, daß die Bakterienzelle infolge des in ihrem Innern herrschenden osmotischen Druckes platzt. Man kann sie in dieser Hinsicht mit dem Lederüberzug eines Fußballs vergleichen. Fehlt die Zellhülle, so genügt ein geringfügiger Abfall des osmotischen Druckes im umgebenden Milieu, um die Zelle durch Einströmen von Wasser aufzublähen und dadurch zum Platzen zu bringen (hyposmotische Zytolyse).

Färberische Eigenschaften

Die Zellhülle bestimmt die färberischen Eigenschaften der Bakterienzelle. Dies gilt insbesondere für die Gramfärbung und für die Ziehl-Neelsen-Färbung: Farbstoffkomplexe, die sich nach dem getrennten Eindringen von deren Komponenten auf der Ebene der Plasmamembran bilden, werden am Austreten gehindert.

Permeabilitätsbarriere

In gewissem Umfang kann die Zellhülle als Permeabilitätsbarriere für größere Moleküle wirken; dies gilt besonders für die Zellhülle von gramnegativen Bakterien. So werden zytoplasmatische Membranen bereits durch 0,001% des Detergens Natriumdodecylsulfat desintegriert, während gramnegative Bakterien davon bis zu 5% vertragen. Die geringe Permeabilität der äußeren Membran ist auch verantwortlich für die Tatsache, daß viele Antibiotika, die gegenüber grampositiven Bakterien gut wirksam sind, gegen eine Reihe gramnegativer Bakterien überhaupt nicht oder nur in sehr hohen Dosen zur Wirkung gelangen. Hydrophobe Antibiotika werden besonders behindert. Dies liegt an der speziellen Anordnung der Lipid-A-Komponente des LPS in der äußeren Zellmembran. Hydrophile Antibiotika können die äußere Membran nur dann durchdringen, wenn ihr Molekulargewicht deutlich unter 600–1000 Dalton liegt; sie diffundieren durch die wassergefüllten Poren der Porin-Kanalproteine hindurch.

Eine weitere Funktion der Proteine in der äußeren Membran besteht darin, daß sie als Rezeptoren für Phagen und Bakteriocine (s. S. 122) wirken.

Träger von Virulenzfaktoren

Die Zellhülle ist bei einigen Spezies als Träger von Virulenzfaktoren anzusehen. Hierher gehören vornehmlich solche Außenstrukturen, welche die Phagozytose behindern, aber auch die Endotoxine.

Beeinflussung des Immunsystems

Die Zellhülle vermittelt im Falle einer Infektion den ersten und unmittelbaren Kontakt mit dem Wirtsorganismus und dessen Abwehrsystem. Es ist daher nicht erstaunlich, daß nahezu alle Zellhüllkomponenten die unspezifische Abwehr und das spezifische Immunsystem beeinflussen können. So leitet in vielen Fällen ihr Kontakt mit den Phagozyten die ***Phagozytose*** ein, und es wird das ***Komplementsystem*** aktiviert. Lipopolysaccharide sind hochwirksame ***Adjuvanzien***: Sie stimulieren das B-Zell-System.

Die Zellhülle ist Sitz von ***Antigenen***. Diese sind bei einigen Spezies für die Identifizierung maßgebend. Antikörper, die mit Zellhüllantigenen reagieren, sind spezifische Auslöseelemente für die humorale Keimvernichtung (Bakteriolyse, Serumbakterizidie).

Sitz von Phagenrezeptoren

Bei zahlreichen Bakterien ist die Zellhülle Sitz von Phagenrezeptoren. In manchen Fällen erlaubt das Rezeptormosaik eine von den Antigeneigenschaften unabhängige Feinst-Typisierung (***Lysotypie***, s. S. 342).

1.3.6 Zellhüllen-abbauende Enzyme

Die Bakterienzellhülle kann durch bestimmte Enzyme, die Peptidoglycan-Hydrolasen, abgebaut werden. Einige dieser Enzyme greifen an den Glykosidbindungen des Mureinfadens an (***Glycosaminidasen und Muraminidasen***), andere attackieren die Peptidbrücken (***Endopeptidasen***). Zum ersten Typ gehört das ***Lysozym,*** das in der Tränenflüssigkeit, dem Speichel und in Phagozyten des Menschen vorkommt. Es spielt eine Rolle bei der unspezifischen Abwehr des Organismus gegen Bakterien.

1.3.7 Zellhüllenlose Bakterien

Ein Abbau der Zellhülle oder die Blockade ihrer Synthese führt bei Bakterien nicht unbedingt zum Zelltod: Bakterien können ohne Zellhülle leben, sich vermehren und sogar Sporen bilden, wenn sie entsprechende Milieubedingungen vorfinden. Man unterscheidet hier zwei Situationen:

Experimentell erzeugter Zellhüllendefekt: Sphäroplasten und Protoplasten

Man bezeichnet Bakterien, bei denen die unvollständige (defekte) Zellhülle ihre formgebende Funktion verloren hat, als ***Sphäroplasten***. Sphäroplasten tragen noch Zellhüllenreste auf ihrer Oberfläche. Läßt sich bei den Bakterien keinerlei Zellhüllenrest mehr nachweisen, so spricht man von ***Protoplasten***. Die beiden Termini werden ohne Rücksicht darauf benutzt, ob die betreffenden Bakterien vermehrungsfähig sind oder nicht. Im Experiment kann man zellhüllenlose Bakterien dadurch erzeugen, daß man die Züchtung in Gegenwart von Penicillin vornimmt. Eine zweite Möglichkeit besteht darin, daß man grampositive Bakterien mit Lysozym behandelt.

Natürlich vorkommende Zellhüllenlosigkeit

L-Formen als zellhüllenlose Varianten. Bei gewissen zellhüllentragenden Spezies (z. B. Meningokokken, Streptokokken) kommen vermehrungsfähige Spontanmutanten vor, die ihre Zellhülle verloren haben (L-Formen). Mit geeigneten Kulturmedien kann man die von diesen Mutanten abstammenden Populationen isolieren und weiterzüchten. Somit sind ***L-Formen*** natürlicherweise vorkommende, fortzüchtbare zellhüllenlose Varianten von zellhüllentragenden Bakterien-Spezies.

Mykoplasmen als zellhüllenfreie Spezies. Es gibt Bakterien, bei denen die Zellhüllenlosigkeit genetisch fixiert und somit ein taxonomisch relevantes Merkmal ist. Die hierher gehörigen Spezies werden als ***Mykoplasmen*** bezeichnet. Das Merkmal fehlender Zellhülle ist taxonomisch so bedeutsam, daß man in der Systematik die Mykoplasmen in einer eigenen Abteilung (Division III) den Eubakterien (Division I und II) gegenüberstellt.

1.3.8 Kapseln

Bei einigen Bakterien-Spezies ist die Zellhülle außen von einer relativ scharf abgegrenzten, u. U. sehr dicken Schicht eines homogenen, stark lichtbrechenden, aber kaum färbbaren Materials umgeben. Diese Schicht wird als Bakterienkapsel bezeichnet. Das Material der Kapsel ist in der Regel ein hochvisköses, aus Zuckern oder Aminosäuren aufgebautes Polymer, das nicht kovalent an die Zellhülle gebunden ist. Die Kapsel ist für die Bakterien nicht lebenswichtig: Kapsellose Mutanten sind vermehrungsfähig.

Kapseln als Virulenzfaktor

Die für den Mediziner instruktivsten Beispiele für die Kapselfunktion werden von den Pneumokokken und den Milzbrandbazillen geliefert. Die Pneumokokkenkapsel des Typs III besteht z. B. aus einem Polymer von Cellobiuronsäure, einem Disaccharid aus Glukose und Glucuronsäure. Das Kapselmaterial der Milzbrandbazillen ist ein Polymer aus Glutaminsäure.

Die Kapsel ist bei diesen Krankheitserregern entscheidend für deren Virulenz: Sie schützt die von ihr umschlossene Bakterienzelle vor der Phagozytose durch Makrophagen und neutrophile Granulozyten. – Bei Pneumokokken sind kapsellose Stämme stets avirulent.

Kapseln als Antigene

Bei den bekapselten Bakterien ist das Kapselmaterial in der Regel als starkes Antigen wirksam; die gegen die Kapsel gerichteten Antikörper leiten nach ihrer Bindung an die Kapsel die ***Opsonisierung*** der betroffenen Bakterien ein. Bei einigen Spezies und Typen haben die Kapseln das Vermögen, die Opsonisierung ohne die Mitwirkung von Antikörpern einzuleiten. Die Rolle der Kapsel als Virulenzfaktor und als Antigen ist bei den kapseltragenden Arten allerdings verschieden stark ausgeprägt: Am eindeutigsten läßt sie sich für die Pneumokokken beweisen. Immunogen wirksame Kapseln sind ferner bei Haemophilus influenzae, bei Bordetella pertussis und bei Klebsiella pneumoniae sowie bei einigen Stämmen von E. coli vorhanden. Immunogene Außenstrukturen mit den Eigenschaften einer Kapsel findet man außerdem bei Meningokokken, Brucellen und Yersinien.

1.3.9 Geißeln

Bakteriengeißeln sind fadenförmige Gebilde; sie entspringen einem innerhalb der Zytoplasmamembran lokalisierten Granulum (Basalkörper) und treten durch die Zellhülle hindurch nach außen. Ihre Dicke beträgt etwa 0,01 μ, ihre Länge übertrifft den Zelldurchmesser in der Regel um ein Vielfaches (Abb. 1.7).

Die Geißeln setzen sich aus mehreren spiralig umeinander gewundenen Fibrillen zusammen, die ihrerseits aus einem, ***Flagellin*** genannten, kontraktilen Protein bestehen. Flagellin ähnelt dem Myosin des Muskels. Es ist um einen axialen Hohlraum angeordnet.

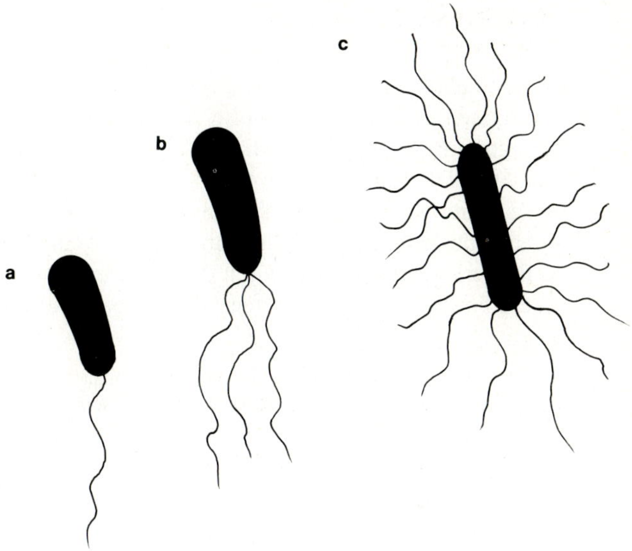

Abb. 1.7. Formen der Begeißelung: **a** monotrich, **b** lophotrich, **c** peritrich

Geißeln als H-Antigene

Die in den Geißeln der gramnegativen Stäbchen lokalisierten Antigene werden zusammenfassend als H-Antigene bezeichnet. Diese Bezeichnung leitet sich von der Tatsache ab, daß sich die besonders stark beweglichen Proteusbakterien bei Verimpfung auf feste Agarplatten auf deren Oberfläche ausbreiten und den Eindruck einer angehauchten Glasplatte hervorrufen. Man hat danach sämtliche Geißelantigene als H-Antigene (von Hauch) benannt, auch wenn die Beweglichkeit der anderen Spezies nicht so stark ausgeprägt ist wie bei Proteus. Analog dazu leitet sich die Bezeichnung O-Antigen von dem Befund „ohne Hauch" ab.

Formen der Begeißelung. Manche Bakterien besitzen nur eine einzige Geißel; diese sitzt an einem Pol der Bakteriezelle, z. B. bei Vibrio cholerae (polare Begeißelung). Bei anderen Bakterien, z. B. bei Pseudomonas, entspringt an einem der beiden Pole ein einziges aus mehreren Geißeln bestehendes Büschel (lophotriche Begeißelung). Sitzen Geißeln an jedem der beiden Pole, spricht man von bipolarer Begeißelung (amphitrich). Schließlich gibt es Bakterien, die rundum (peritrich) begeißelt sind (Salmonellen, Escherichia coli) (Abb. 1.7).

Funktion der Geißeln: Träger der aktiven Motilität

Die Geißeln dienen der Bakterienzelle als Organellen der aktiven Bewegung. Mit Hilfe des Mikroskops ist die aktive Bewegung in flüssigem Milieu gut zu beobachten. Die Bakterien bewegen sich stetig und mit erkennbarer Richtung über längere Strecken des Gesichtsfeldes hinweg. Demgegenüber zeigen geißellose Bakterien lediglich das durch die Brownsche Molekularbewegung hervorgerufene Zittern (passive Bewegung).

Eine besondere Form der Beweglichkeit findet man bei den schraubenförmigen Bakterien (Treponemen, Leptospiren, Borrelien): Träger der Motorik ist hier das System der innerhalb der äußeren Hülle liegenden Achsenfäden (s. S. 24).

Die Bewegung der Bakterien kommt bei der polaren Begeißelung durch eine schiffsschrauben-ähnliche Aktion der Geißeln zustande. Bei der peritrichen Begeißelung wirken die seitlichen Geißelfäden möglicherweise wie die Flossen eines Fisches. Die Rotationsgeschwindigkeit der polaren Geißeln liegt bei 40 Umdrehungen pro Sekunde. Der Bakterienleib dreht sich dabei langsamer im Gegensinne. Die Bewegungsgeschwindigkeit der Bakterienzelle ist hoch; sie liegt im allgemeinen bei Werten bis zu 25 µm/sec, also beim Mehrfachen ihrer Länge. Bei Vibrionen kann sie ausnahmsweise Werte von 200 µm/sec erreichen. Dies liegt daran, daß sich gewundene Bakterien wie ein Korkenzieher durch das Medium schrauben.

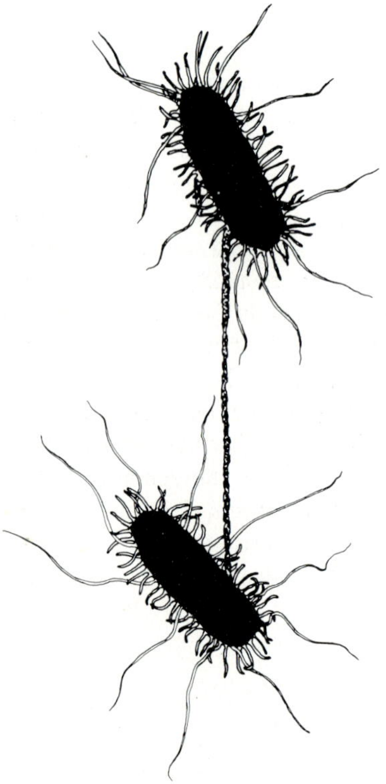

Abb. 1.8. Verbindung zweier Bakterien („männlich“–„weiblich“) bei der Konjugation mittels eines Sexpilus des „männlichen“ Bakteriums. Der Sexpilus ist durch die Auflagerung des Phagen sichtbar gemacht.

1.3.10 Pili (Fimbrien)

Man bezeichnet als ***Pili*** dünne und im Vergleich zu Geißeln kurze und starre Gebilde, die an der zytoplasmatischen Membran der Bakterienzelle inserieren und durch die Zellhülle hindurch drahtartig ins Milieu hineinragen (***Abb. 1.8***). Die Pili haben mit den Geißeln nichts zu tun; sie finden sich bei begeißelten Bakterien ebenso wie bei unbegeißelten. Sie sind röhrenförmig ausgebildet und bestehen aus einem als ***Pilin*** bezeichneten Protein. Ihr Durchmesser liegt bei etwa 5 nm (0,005 µm), ihre Länge zwischen 0,5 und 5 µm.

Funktionen der Pili

Zwei Funktionen werden den Pili zugeschrieben:

- ***Adhäsine***. Bei gewissen Arten sind die Pili als Haftungsorganellen (Adhäsine) für die Ansiedlung im Wirtsorganismus maßgebend. Bei Gonokokken reagieren sie z. B. spezifisch mit bestimmten Rezeptoren der Wirtszellmembran der Zielzellen und verankern die Bakterienzelle daran.
- ***Sex-Pili***. Bei den primitiven Sexualvorgängen zwischen Bakterien (Konjugation) dienen spezialisierte, größere Pili („Sex-Pili“) als Anhaftungsorganellen der Sexualpartner, möglicherweise aber auch als Verbindungsröhren zwischen dem „männlichen“ (F^+) DNA-Spender und dem „weiblichen“ (F^-) DNA-Empfänger (s. Abb. 1.8). Der ***F-Faktor*** kodiert für die Sex-Pili; er ist Plasmid-gebunden. F^+-Zellen besitzen jeweils nur ein bis zwei Sex-Pili (s. Abb. 1.8).

1.3.11 Sporen

Begriffsbestimmung, Vorkommen

Sporen (Endosporen) sind Zellformen mit extrem herabgesetztem Stoffwechsel (*hypometabolische* Zellformen), die sich bei manchen Bakteriengattungen, den sogenannten Sporenbildnern, aus der teilungsfähigen Normalform der Bakterienzelle (der *vegetati-*

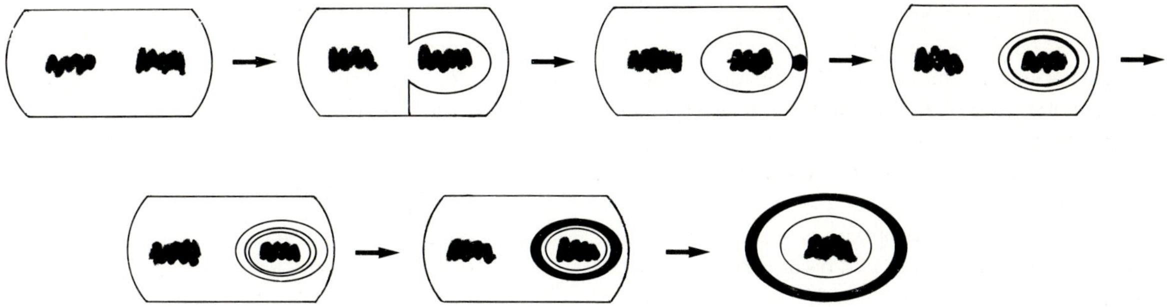

Abb. 1.9. Schematische Darstellung des Modus der Sporenbildung

ven Form) entwickeln. Sie sind gegen Austrocknung, Hitze, Chemikalien und Strahlen widerstandsfähig. Sporen lassen sich als Dauer- und ***Überlebensformen*** der Bakterienzelle ansehen. Für die Medizinische Mikrobiologie sind nur zwei sporenbildende Gattungen wichtig; beide gehören zu den grampositiven Stäbchen: Es sind einmal die als ***Bazillen*** bezeichneten aeroben Sporenbildner und zum anderen die als ***Clostridien*** bezeichneten obligat anaeroben Sporenbildner.

Pilzsporen sind keine Dauerformen. Sie dienen der Vermehrung und Verbreitung, sind also in dieser Hinsicht dem Samen der höheren Pflanzen gleichzusetzen. Bei Protozoen bezieht sich der Ausdruck „Sporulation" nicht auf die Bildung von Dauerformen, sondern auf infektiöse Stadien im Entwicklungszyklus.

Modus der Sporenbildung

Die Sporenbildung wird durch Knappheit an Nährstoffen oder durch Anhäufung von wachstumsbehindernden Metaboliten im Milieu ausgelöst. Austrocknung löst die Sporenbildung nicht aus. Die Versporung der Bakterienzelle (Abb. 1.9) wird durch eine Einschnürung der Zytoplasmamembran eingeleitet, die das Zytoplasma in zwei ungleiche Teile separiert. Der mit dem Zellgenom assoziierte Teil des Zytoplasmas retrahiert sich unter starkem Wasserverlust und bildet einen von der inneren und der äußeren Sporenmembran umgebenen runden Körper, die ***Vorspore***; die innere Sporenmembran bildet dann eine dünne Sporenzellwand, und die äußere Sporenmembran bildet die sogenannte ***Sporen-Rinde*** (***Cortex***). Sporenzellwand und Sporenrinde bilden die innere Sporenhülle. Der andere Teil des Zytoplasmas, der sich um die Vorspore herumgelegt hat, hüllt die Vorspore ein und synthetisiert die äußeren ***Sporenhüllen (Exosporium)***. Auf diese Weise entsteht in einer Bakterienzelle jeweils nur eine einzige Spore. Diese liegt als rundes oder ovales Gebilde in der Mitte (*mittelständig*) oder an einem Ende (*endständig*) der stäbchenförmigen Vegetativform. Deren Zellwand wird nach der Versporung enzymatisch abgebaut (Abb. 1.10).

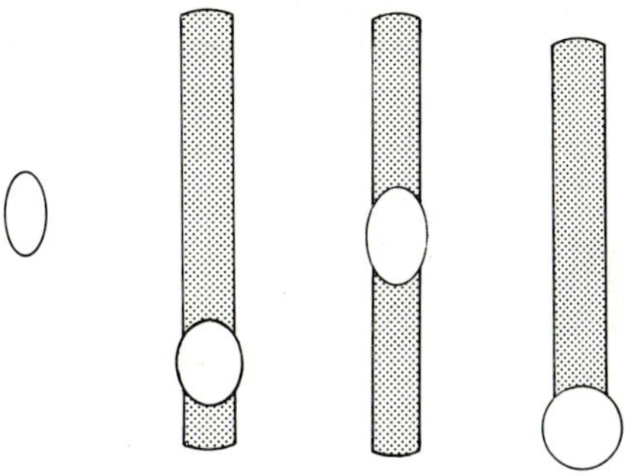

Abb. 1.10. Lage der Sporen

Die Spore besteht also aus einem ***Zytoplasma-DNA-Konzentrat***, welches von mehreren festen Schichten umgeben ist. Sie enthält das gesamte Bakteriengenom und eine Reihe von Funktionsträgern des Zytoplasmas, z. B. Enzyme, in stabilisiertem Zustand. Als stabilisierende Faktoren wirken neben der Dehydratation wahrscheinlich der hohe Gehalt der Spore an ***Dipicolinsäure*** und an Ca^{++}. Dipicolinsäure ist ein Di-Carboxy-Pyridin; sie wird nur in Sporen angetroffen. Ihre chemische Funktion ist unbekannt. Der Versporungsvorgang ist äußerst energieaufwendig; trotzdem sind die Bakterien bei der Versporung vom Milieu unabhängig, da sie gespeicherte Energieträger verwenden (endotrophe Sporulation).

Besondere Eigenschaften der Spore: Resistenz und Lebensdauer

Die Produkte der Versporung fallen durch ihre Resistenz gegen feuchte Hitze deutlich aus dem Rahmen des in der Biologie Bekannten. Während vegetative Formen bei 80 °C nach einer 10 Minuten dauernden Exposition absterben, widerstehen alle Sporen dieser

(x) Starkwandiger Druckkessel zur Durchführung chem. Umsetzungen bei hohem Druck u. erhöhter Temperatur

und anderen, weit höheren Temperaturbelastungen. Einige Sporen halten mehrstündiges Kochen aus. (Bacillus stearothermophilus wird zum Testen von Autoklaven benutzt). Die Halbwertszeit einer Sporensuspension beträgt unter natürlichen Temperaturverhältnissen zumindest einige Jahrzehnte. Bei extrem niedrigen Temperaturen (flüssiger Stickstoff) verlängert sich die Lebensdauer vermutlich bis ins Unbegrenzte. – Bakteriensporen können sich nicht unmittelbar vermehren. Sie müssen zuerst durch „Auskeimen" eine Zelle der Vegetativform bilden; erst diese ist dann vermehrungsfähig.

Für die Thermoresistenz werden folgende Faktoren als wichtig erachtet: Dipicolinsäure (Stabilisator), extreme Wasserarmut der Spore und auffallend niedriger Guanosin-Cytosin-Gehalt (ca. 25%). Bakterielle Sporen sind nur mäßig resistent gegen UV-Licht.

Lage der Sporen

Bei Sporenbildnern kann die Sporenbildung, wie z.B. bei Milzbrandbazillen, mittelständig sein, während sie bei Tetanusclostridien endständig ist: Es entsteht das Bild des Trommelschlegels. – Bei anderen sporenbildenden Bakterien setzt sich die endständige Spore nicht scharfgeknickt gegen die vegetative Mutterzelle ab, sondern allmählich geschweift: Es entsteht die Tennisschlägerform. Diese ist typisch für Clostridium perfringens, den Erreger des Gasbrandes, und Cl. botulinum, den Bildner des bakteriellen Konservengiftes.

1.3.12 Intrazelluläre Depot-Granula

Im Zytoplasma der Bakterienzelle werden bei vielen Spezies Reservestoffe in Form von Granula eingelagert. Neben Glykogen und Stärke findet man Lipide meist in granulärer Form als Polyhydroxybuttersäure (PHB). Diese Substanz wird auch als „Bakterienfett" bezeichnet, da sie ausschließlich bei Prokaryonten vorkommt.

Die Speicherstoffe werden bei Knappheit des betreffenden Nahrungsstoffes aufgebraucht. Eine gewisse Sonderstellung nehmen Polyphosphatspeicher ein. Ihr morphologischer Ausdruck sind metachromatische Granula, die sog. Volutin-Granula; diese spielen als charakteristische Struktur-Elemente der Diphtheriebakterien eine bedeutende Rolle bei deren Diagnose (Polkörperchen oder Babes-Ernstsche Granula, s. S. 391).

1.3.13 Aufbau der Spirochätenzelle

Die eigentliche Spirochätenzelle wird gelegentlich als „protoplasmatischer Zylinder" bezeichnet. Sie setzt sich aus Zytoplasma, zytoplasmatischer Membran und Zellhülle zusammen. Die Zellhülle besteht aus einer Peptidoglykanschicht und einer sich nach außen anschließenden Lipoproteinmembran.

Die Spirochäten unterscheiden sich durch zwei Besonderheiten von anderen Bakterien:

- Ihre Zellhülle ist von einer ***äußeren Hülle*** umgeben, die Kohlenhydrate, Proteine, Lipide und wahrscheinlich auch Lipopolysaccharid enthält.
- Sogenannte Achsenfäden, auch ***Axialfilamente*** genannt, winden sich unter der äußeren Hülle helixartig um den protoplasmatischen Zylinder herum. Die Axialfilamente bestehen aus kontraktilen Proteinen. Ihre Zahl pro Bakterienzelle schwankt – je nach Gattung – von 3 bis 20. Sie nehmen ihren Ausgang von Basalkörperchen im Zytoplasma, wobei sich jeweils ein Ende eines Axialfilaments in einem Basalkörperchen verankert, während das andere Ende frei bleibt (Abb. 1.11).

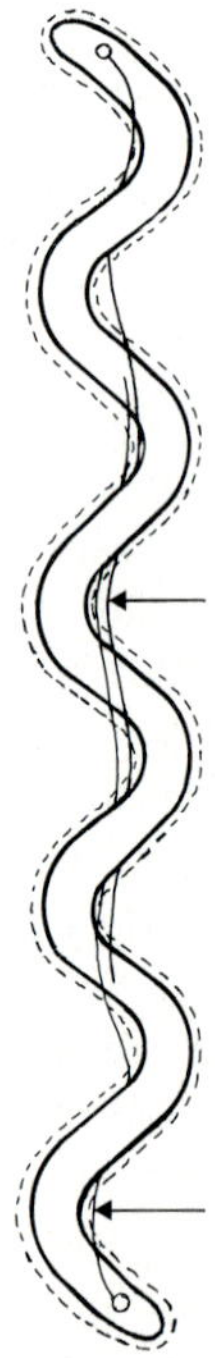

Abb. 1.11. Schematischer Aufbau einer Spirochätenzelle. Man beachte das fibrilläre Bündel (*Pfeil*), das außerhalb der Zytoplasmamembran verläuft

Die Axialfilamente entsprechen zwar den Geißeln anderer Bakterien; sie stellen aber keine echten Geißeln dar, da sie nicht frei in die Umgebung des Bakteriums ragen, sondern innerhalb der äußeren Hülle verbleiben. Sie sind für die Beweglichkeit der Spirochäten und ihre spiralige Form verantwortlich.

2 Methoden der optischen Darstellung von Bakterien

P. Klein

INHALTSÜBERSICHT

2.1 Einzelverfahren der lichtmikroskopischen Direktdarstellung 25
2.2 Grenzen der lichtmikroskopischen Darstellung 26
2.3 Verwendung verschiedener Beleuchtungssysteme 26
2.4 Anfertigung eines Objektträger-Trocken-Präparates 26
2.5 Fixierung 26
2.6 Färbung 27
2.6.1 Farben 27
2.6.2 Färbeverfahren 27
2.6.3 Erkennung der Kapsel 28
2.6.4 Darstellungsmethoden der Begeißelung 28

Zur optischen Darstellung von Bakterien eignen sich das Lichtmikroskop und das Elektronenmikroskop.

Der ***Lichtmikroskopie*** kommt im Hinblick auf die vorläufige Bestimmung und die systematische Einordnung (Diagnose) von Bakterien praktisch ein Monopol zu. Daneben haben lichtmikroskopische Verfahren bei der Schnelldiagnose mancher bakteriell verursachter Erkrankungen – eitrige Meningitis, Gasbrand, offene Tuberkulose – Bedeutung.

Die ***elektronenoptischen Methoden*** dienen vornehmlich allgemeinzytologischen Fragestellungen. Für die Artbestimmung werden sie nicht verwendet. Lediglich in der Virologie wird das Elektronenmikroskop zur Routinediagnose eingesetzt.

2.1 Einzelverfahren der lichtmikroskopischen Direktdarstellung

Für die *lichtmikroskopische Direktdarstellung* („Bakterioskopie“) von Krankheitserregern existieren folgende Möglichkeiten:

- **Nativpräparat**: Darstellung des ungefärbten, lebenden Erregers durch direkte Untersuchung des frischen, unveränderten Patientenmaterials auf dem Objektträger.
  - Im ***Hellfeldverfahren*** (gewöhnliche Beleuchtung)
    Beispiel: Darstellung von Entamoeba histolytica im Stuhl des Ruhrkranken.
  - Im ***Dunkelfeldverfahren***
    Beispiel: Untersuchung der Reiz-Lymphe bei primärer Syphilis auf Treponemen (s. S. 465).
- **Gefärbtes Präparat**: Darstellung des abgetöteten und gefärbten Erregers durch Untersuchung von Patienten- oder Kulturmaterial auf dem Objektträger.
  - ***Einfache Färbung*** (Alkalisches Methylenblau, Fuchsin)
    Beispiel: Darstellung der für die Angina Plaut-Vincenti typischen Bakterien im Rachenabstrich-Objektträgerpräparat.
  - ***Komplexe Färbung*** (Gramfärbung; Ziehl-Neelsen-Färbung)
    Beispiele: Direktdarstellung von Staphylokokken und von Streptokokken im Eiter; von Meningokokken und von Pneumokokken im Liquor; von Gonokokken im Urethralsekret (Gramfärbung). Direktdarstellung von Tuberkulosebakterien im Sputum-Objektträger-Präparat durch die Ziehl-Neelsen-Färbung oder Auraminfärbung.
  - ***Immunspezifische Färbung*** („Sandwich“)
    Beispiele: Direktdarstellung von Syphilis-Spirochaeten, von Keuchhustenbakterien, von Gonokokken im Krankenmaterial durch Färbung mit fluorescein-gekoppelten Antikörpern. Diese

Färbung ermöglicht den optischen Nachweis von speziesbestimmenden Antigenen.

- **Negativ-Kontrastdarstellung**
  Beispiel: Darstellung von Pneumokokken im Tuschepräparat (Direktpräparat aus Liquor oder aus Eiter).

2.2 Grenzen der lichtmikroskopischen Darstellung

Die *Leistungsfähigkeit des Lichtmikroskops* wird u. a. durch die Wellenlänge des verwendeten Lichtes bestimmt. Für die in der Bakteriologie übliche Technik gelten folgende Grenzen: Es können Einzelheiten bis zu der Dimension von 0,2 μm (200 nm) zur Darstellung gebracht werden. Damit kann man die kleinsten Bakterienarten (Rickettsien) gerade noch darstellen. Auch große Viruspartikel fallen noch in den Auflösungsbereich des Lichtmikroskopes (Vacciniaviruspartikel messen etwa 0,3 μm).

2.3 Verwendung verschiedener Beleuchtungssysteme

Die ***Dunkelfeldbeleuchtung*** beruht auf folgendem Prinzip: Die Lichtstrahlen der Beleuchtungsquelle gehen nicht senkrecht durch Kondensor, Objekt und Objektiv: Sie passieren den Kondensor und das Präparat nahezu waagerecht und gehen am Objektiv vorbei. Ins Objektiv fallen damit nur solche Strahlen, die durch Abbeugung des Hauptstrahls am Objekt sekundär entstehen (Huygenssches Prinzip).

Das Objekt (z. B. Syphilis-Treponemen oder Leptospiren) erscheint bei dieser Technik leuchtend auf dunklem Hintergrund. Die Dunkelfeldbeleuchtung ist eine Anwendung des Tyndall-Prinzips (Streuung des Lichts beim Durchtritt durch trübe Medien) auf die Mikroskopie. Eine Alternative ist die Phasen-Kontrast-Mikroskopie, ein Verfahren, bei dem die sehr geringen Phasenänderungen, die das Licht beim Durchtritt durch das Objekt erfährt, sichtbar gemacht werden.

Für die Verwendung der Beleuchtung im ***Hellfeld*** und im ***Dunkelfeld*** gelten folgende Erfahrungssätze:

- Bei ***gefärbten Präparaten*** wird Hellfeldbeleuchtung mit Aufblendung verwendet. Bei der Betrachtung von fluoreszierenden Objekten empfiehlt sich manchmal die Dunkelfeldbeleuchtung.
- Das ***ungefärbte Lebendpräparat*** wird mit der Dunkelfeldbeleuchtung untersucht. Diese Technik wird bei denjenigen Erregern verwendet, die sich nicht gut anfärben lassen (Spirochäten, Leptospiren), aber durch ihre Beweglichkeit auffallen. In einigen Fällen (Beweglichkeitsprüfung, Suche nach Amöbentrophozoiten) wird die Hellfeldbeleuchtung mit Abblendung benutzt.

2.4 Anfertigung eines Objektträger-Trocken-Präparates

Ein bakteriologisches Objektträger-Präparat wird wie folgt angefertigt:

- ***Markierung des Objektträgers***. Der Objektträger wird waagerecht gehalten. Mit Fettstift malt man auf die untere Fläche einen Fünfpfennigstückgroßen Kreis in die Mitte.
- Der ***Ausstrich*** erfolgt, indem man innerhalb des kreisförmig bezeichneten Areals auf der Oberseite des Objektträgers die Bakteriensuspension mit der Öse verteilt und trocknen läßt.

2.5 Fixierung

Die ***Fixierung*** des getrockneten Präparates erfolgt aus zwei Gründen:

- Die auf den Objektträger ausgestrichenen, angetrockneten Bakterien sind ohne Fixierung leicht abwaschbar. Durch Fixierung werden sie mit dem Objektträger fest verbunden (angeklebt).
- Die Färbebereitschaft von getrockneten Bakterien ist gering. Die Fixierung setzt farbbindende Strukturen der Zelle frei.

Die Fixierung bakeriologischer Präparate erfolgt in der Regel durch Hitze. Das an der Luft getrocknete Präparat wird mit der bakterienhaltigen Seite nach oben (!) dreimal zügig durch die Bunsenbrennerflamme gezogen. Es erfolgt hierbei eine Erhitzung auf 70–80 °C, die das Bakterieneiweiß zum Koagulieren bringt. Dies ist gleichbedeutend mit einem Fixierungseffekt. Gleichzeitig werden die Bakterien abgetötet (jedoch nicht die Sporen).

2.6 Färbung

2.6.1 Farben

Zur diagnostischen Färbung verwendet man stets wäßrige Farblösungen. Folgende Farbstoffe kommen zur Anwendung:

Methylenblau

- ***Alkalisch-wäßrige Lösung*** (Löfflers Methylenblau). Hohe Färbekraft gegenüber nahezu allen Bakterien. Die Form der Bakterien läßt sich hierbei besonders scharf darstellen (Lanzettform; Kaffeebohnenform usw.). Die Methode ist als „Such-Färbung“ zu verstehen, d. h. hohe Empfindlichkeit bei geringer Differenzierungskraft. Moderne Alternative: Acridin-Orange.
- ***Saure Lösung***. Färbt Bakterien nicht intensiv an; lediglich die Polkörnchen der Diphtherie-Bakterien gehen mit dem Farbstoff eine feste Bindung ein. Deshalb verwendet man saures Methylenblau als spezifisches Reagens in der Neisser-Färbung von Diphtheriebakterien.

Basische Anilinfarben (zur Gramfärbung)

Vertreter: Gentianaviolett, Kristallviolett; sie werden in einem Phenol-Wassergemisch gelöst.

Saure Anilinfarben

Vertreter: Fuchsin (bei der Tb-Färbung mit Phenolzusatz); Safranin.

2.6.2 Färbeverfahren

2.6.2.1 Gramfärbung

Die Färbung nach Gram ist letzten Endes ein zytochemisches Verfahren. Ihr Ausfall gibt Auskunft über die Stärke der Peptidoglykanschicht. Bei grampositiven Bakterien ist diese Schicht wesentlich stärker als bei gramnegativen Bakterien. Der Ausfall der Gramfärbung ist von fundamentalem Interesse für die Einordnung der Bakterien in die Systematik (s. S. 67).

Das Prinzip der Gramfärbung läßt sich folgendermaßen zusammenfassen:

- Grampositive Keime verankern basische Anilinfarben nach Beizung mit Jod so fest, daß die Farbe mit Alkohol nicht mehr herausgelöst werden kann.
- Gramnegative Keime binden basische Anilinfarben nach Beizung mit Jod nur locker: Die Farbe läßt sich mit Alkohol herauswaschen.

Bei der Gramfärbung wird das fixierte Präparat nacheinander mit folgenden Reagenzien behandelt:

- ***Gentianaviolett*** oder ***Kristallviolett*** mit Phenolzusatz (2 min). Die Farbe lagert sich locker an alle Bakterien an. Farbe nur abkippen, nicht spülen!
- ***Lugolsche Lösung*** (Jod-Jodkali in Wasser) als Beize (2 min): Die lockere Bindung des Farbstoffes verfestigt sich bei den grampositiven Keimen; bei den gramnegativen Keimen bleibt die Farbbindung an die Zelle auch jetzt noch locker. Lösung abkippen, nicht spülen!
- ***Alkohol*** als differenzierendes Mittel: Die Farbe kann nur bei gramnegativen Keimen herausgewaschen werden. Der Objektträger wird im Alkoholbad geschwenkt, bis keine Farbwolken mehr abgehen, dann schnell mit Wasser spülen!
- ***Fuchsin*** (1 min). Anschließend spülen. Die durch Alkohol entfärbten gramnegativen Keime werden rot gefärbt (Gegenfärbung), die mit Gentianaviolett beladenen grampositiven Keime bleiben blau.
- Mit Filtrierpapier Feuchtigkeit vom Objektträger abtupfen. ***Trocknung*** an der Luft vollenden.

Der verschiedene Ausfall der Gramfärbung hat folgende Gründe: Die ***Anilinfarbe*** und die ***Beize*** können, wenn sie für sich allein appliziert werden, beide die Zellwand durchdringen. Sie reagieren dann in Nähe der Zellmembran miteinander und bilden größere Komplexe. Diese können während der Alkoholdifferenzierung die gramnegative Zellwand nach außen passieren, während sie von der grampositiven Zellwand zurückgehalten werden.

2.6.2.2 Neisser-Färbung

Prinzip: Durch das Verfahren nach Neisser werden die charakteristischen ***Polkörnchen*** (Polkörperchen) der ***Korynebakterien*** (Diphtheriebakterien u. a.) spezifisch angefärbt. Alle übrigen Zellstrukturen werden mit einem indifferenten Farbstoff dargestellt.

Ausführung: Das fixierte Präparat wird nacheinander mit folgenden Reagenzien behandelt:

- Essigsaures Methylenblau (Neisserlösung I) zur Darstellung der Polkörnchen (1 min); nicht spülen!

- Chrysoidin (oder Bismarckbraun) (Neisserlösung II) zur Darstellung der übrigen Zellstrukturen (1 min); ohne Spülung mit Filtrierpapier abtupfen und an der Luft trocknen lassen.

2.6.2.3 *Ziehl-Neelsen-Färbung*

Die Ziehl-Neelsen-Färbung ist ein Spezialverfahren zur Darstellung von ***Mykobakterien***, insbesondere von M. tuberculosis.

Prinzip: Mit der Ziehl-Neelsen-Färbung testet man Bakterien auf ***Säurefestigkeit***. Säurefest ist eine Bakterienzelle dann, wenn sie Carbol-Fuchsin bei 100 °C so fest verankert, daß die Farbbindung auch durch Salzsäure-Alkohol (96% Alkohol mit drei Volumenprozent HCl) nicht gesprengt werden kann.

Ausführung: Das fixierte Präparat wird nacheinander mit folgenden Reagenzien behandelt:

- ***Carbol-Fuchsin***. Die Farblösung wird auf dem waagerecht liegenden Objektträger dreimal kurz an den Siedepunkt gebracht (Bunsenbrenner).
- ***HCl-Alkohol-Mischung*** (Differenzierung; 1–2 min)
- ***Alkalisches Methylenblau*** (Gegenfärbung; 3 min). Die säurefesten Bakterien erscheinen rot, die nicht säurefesten Bakterien blau.

2.6.3 Erkennung der Kapsel

Eine Kapsel kann man kulturell und mikroskopisch auf Grund folgender Erscheinungen annehmen:

Kultur

In der Kultur ruft sie die glänzende, spiegelglatte Beschaffenheit der Kolonie-Oberfläche hervor (***smooth-forms, S-Formen***). Dagegen wachsen die kapsellosen Varianten mit rauher, stumpfer Kolonie-Oberfläche (***Rauh-Formen, R-Formen***). Die Bezeichnung R/S-Form gilt für Bakterien, ohne daß der Typ des Kapselaufbaus berücksichtigt wird.

Negativkontrast im Mikroskop

Mikroskopisch erkennt man die Kapsel als nicht färbbaren, lichtbrechenden Hof um die Bakterienzelle. – In einem auf dem Objektträger liegenden Film aus Tusche oder anfärbbarem Eiweißmaterial (Eiter) stellen sich die Kapseln als ovale Aussparungen dar (Negativ-Kontrast). Die Schichtdicke der Kapsel beträgt das 3–5-fache des Zelldurchmessers. Die Kapsel der Pneumokokken ist auch im Gram-Präparat zu sehen; sie imponiert als ungefärbte Aussparung um die Zelle.

Kapselquellung

Bringt man im ungefärbten Lebendpräparat Pneumokokken der S-Form mit einem homologen, kapselspezifischen Antiserum zusammmen, so resultiert eine deutliche Volumenvergrößerung der Kapsel. Diese Erscheinung wird als ***Kapselquellung*** bezeichnet (Neufeldsche Kapselquellungsreaktion, s. S. 280).

2.6.4 Darstellungsmethoden der Begeißelung

Die Feststellung, ob ein gegebener Bakterienstamm begeißelt ist oder nicht, ist gegebenenfalls für die Artenbestimmung wichtig.

Folgende Methoden der optischen Darstellung kommen hierbei in Betracht:

- Die ***Untersuchung auf Beweglichkeit***
- Die ***Optische Darstellung*** (in der Praxis wenig gebräuchlich):
  - Nach Spezialfärbungen mit dem Lichtmikroskop;
  - Nach entsprechender Präparation mit dem Elektronenmikroskop.

2.6.4.1 *Prüfung der Beweglichkeit im hängenden Tropfen*

Die Untersuchung im hängenden Tropfen geschieht folgendermaßen: Es wird mit der Platinöse ein kleiner Tropfen einer jungbewachsenen Bouillon (zwei bis drei Stunden nach Beimpfung) auf ein Deckglas gebracht. Das Deckglas wird anschließend so über die Mulde eines Hohlschiff-Objektträgers geklebt, daß der Tropfen nach unten hängt. Man stellt mit einem starken Trockenobjekt den lichtbrechenden Rand des Tropfens ein und beobachtet nach Abblendung bzw. Tiefstellung des Kondensors.

Befund bei aktiver Motilität (Beweglichkeit). Die lichtbrechenden Bakterien passieren „zielstrebig“ und mit erheblicher Schnelligkeit des Gesichtsfeld von Rand zu Rand.

Befund bei Fehlen der aktiven Motilität (Unbeweglichkeit). Die Bakterien führen zitternde Bewegungen mit geringer Amplitude aus (Brownsche Molekularbewegung); sie bewegen sich nicht von Rand zu Rand, sondern „treten auf der Stelle".

Einige Bakterienspezies zeigen ein charakteristisches Temperaturoptimum für die Ausbildung der Beweglichkeit. So muß man Listerien bei 22 °C züchten, wenn die maximale Beweglichkeit demonstriert werden soll.

2.6.4.2 Prüfung auf Schwärmfähigkeit in halbfestem Agar (s. S. 34).

3 Die Bakterienkultur und ihre Grundlagen

P. Klein, H. Hahn

INHALTSÜBERSICHT

3.1 Drei Verwendungsformen des Kulturmediums: fest, flüssig, halbfest 30
3.1.1 Flüssige Kulturmedien 30
3.1.2 Feste Kulturmedien 31
3.1.3 Halbfeste Kulturmedien 31
3.2 Die Reinkultur 31
3.2.1 Zweck der Reinkultur 32
3.2.2 Die Gewinnung einer Reinkultur 32
3.2.3 Die Kolonie als Klon: Kolonie-Merkmale 33
3.2.4 Die Fortzüchtung 33
3.2.5 Reinkultur und Mischkultur aus medizinischem Untersuchungsmaterial .. 33
3.3 Keimzählung 33
3.3.1 Zählung durch Subkultur 33
3.3.2 Zählung durch optische Verfahren 34
3.3.3 Medizinische Anwendung der Keimzählung 34
3.4 Prüfung auf Schwärmfähigkeit in halbfestem Agar 34
3.5 Die verschiedenen Typen von Kulturmedien 35
3.5.1 Definierbare und nichtdefinierbare Kulturmedien 35
3.5.2 Minimal-, Optimal-, Selektiv- und Differentialmedien. Bunte Reihe ... 35
3.6 Physikalisch-chemische Beschaffenheit des Nährbodens 38
3.6.1 Der pH-Wert des Nährbodens 38
3.6.2 Osmotischer Druck 38
3.7 Aerobier, Fakultativ-Anaerobier, obligate Anaerobier 38
3.8 Herstellung von anaeroben Kulturbedingungen 40
3.9 Rückwirkung der wachsenden Kultur auf das Redoxpotential 40
3.10 Anaerobe Verhältnisse in vivo 40

Die als ***Züchtung*** oder ***Kultivierung*** bezeichneten Verfahren zielen darauf ab, Bakterien außerhalb ihres natürlichen Standortes zur Vermehrung zu bringen. Zum Zwecke der Züchtung überträgt man von dem bakterienhaltigen Material eine Probe in ein künstlich hergestelltes Kulturmedium und hält dieses dann über längere Zeit bei konstanten Bedingungen. Die Verbringung des bakterienhaltigen Materials in das Kulturmedium wird ***Verimpfung*** (Beimpfung) oder ***Inokulation*** (lat. Pfropfen) genannt; man verwendet dafür eine Impföse bzw. Impfnadel aus Platin. Für die Verwahrung des beimpften Kulturmediums in der Wärme werden die Ausdrücke ***Bebrütung*** oder ***Inkubation*** (lat. Daraufliegen, Bebrüten) verwendet; hierzu dienen Brutschränke.

Nach Abschluß der Inkubation enthält das beimpfte Kulturmedium eine durch Vermehrung entstandene Bakterienpopulation. Ein in dieser Art bewachsenes Kulturmedium wird als ***Kultur*** bezeichnet.

3.1 Drei Verwendungsformen des Kulturmediums: fest, flüssig, halbfest

Das für die Kultivierung verwendete Kulturmedium wird in drei Formen angeboten, nämlich flüssig, fest oder halbfest (Abb. 3.1).

3.1.1 Flüssige Kulturmedien

Das flüssige Kulturmedium ist eine wäßrige Lösung, welche den Nährstoffbedürfnissen der zu züchtenden Bakterienspezies entsprechen soll; sie enthält neben

Mineralstoffen die notwendigen Aufbaustoffe und das energieliefernde Substrat. Man benutzt als flüssige Kulturmedien die ***Nährbouillon.***

Die wichtigsten Bestandteile der Nährbouillon sind:

- ***Fleischwasser*** (Fleischsuppe oder verdünnter Fleischextrakt) als Lieferant von Koenzymen und von anorganischen Ionen. An ihre Stelle kann Hefeextrakt treten
- ***Pepton*** als Lieferant von Aminosäuren; es wird aus tierischen oder pflanzlichem Eiweiß (Schlachthofmaterial; Sojabohnen) durch Hydrolyse hergestellt
- ***Glukose*** (Dextrose) als Lieferant von Energie. Die Glukose kann u. U. weggelassen werden. Zahlreiche Bakterien können zur Energiegewinnung auf aliphatische Aminosäuren zurückgreifen; diese werden zuerst desaminiert und dann weiter abgebaut.

3.1.2 Feste Kulturmedien

Agar-Platte

Ein festes Kulturmedium besteht im einfachsten Fall aus einer Nährbouillon, die durch einen Gehalt von etwa 2% (Gewichtsprozent) Agar eine gelartige Beschaffenheit besitzt (Konsistenz von Fleischwurst). Das feste Kulturmedium wird in einer Petrischale in einer etwa 3 mm hohen Schicht zur Erstarrung gebracht und ist dann zur Beimpfung fertig.

Agar ist ein Polysaccharid, welches aus Seetang gewonnen wird. Das getrocknete Handelsprodukt sieht fadenförmig-strähnig und dabei glasklar aus. In Wasser ergibt der Agar bei 100 °C eine Lösung von hoher Viskosität. Diese erstarrt bei 45 °C zum Gel (Schmelzpunkt 100 °C, Erstarrungspunkt 45 °C). In Gelform bildet der Agar ein Gitter- bzw. Maschenwerk, welches in seinen kommunizierenden Hohlräumen die Nährbouillon einschließt. Agar ist ***kein*** Nährstoff, er dient lediglich der Verfestigung der Bouillon.

Bakterien, welche auf das feste Kulturmedium gelangen, werden durch Adhäsivkräfte an Ort und Stelle festgehalten: Sie können nicht weggeschwemmt, wohl aber durch die in den Spalten des Agars enthaltene Bouillon ernährt werden.

3.1.3 Halbfeste Kulturmedien

Eine Mittelstellung zwischen festen und flüssigen Kulturmedien nehmen die halbsteifen (halbflüssigen) Kulturmedien ein. Ihr Agargehalt beträgt etwa 1/5 des Gehaltes bei festen Kulturmedien. Halbfeste Medien dienen vorwiegend zur Prüfung auf aktive Motilität (s. S. 34).

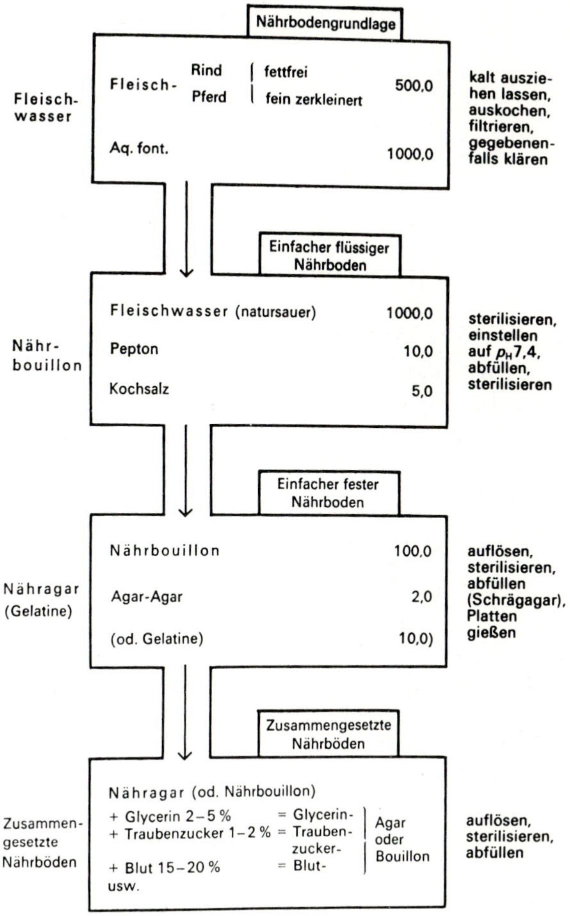

Abb. 3.1 Zusammensetzung und Zubereitung von Kulturmedien für Bakterien

3.2 Die Reinkultur

Die Beschäftigung mit Bakterien – sei es zur Diagnose einer Infektion oder zu wissenschaftlichen Zwecken – setzt voraus, daß die Bakterien in ***Reinkultur*** vorliegen (Abb. 3.2). Biologisch gesehen, ist eine Reinkultur ein ***Klon***, d. h. sie besteht aus einer großen Zahl von untereinander gleichen Abkömmlingen einer einzigen Mutterzelle.

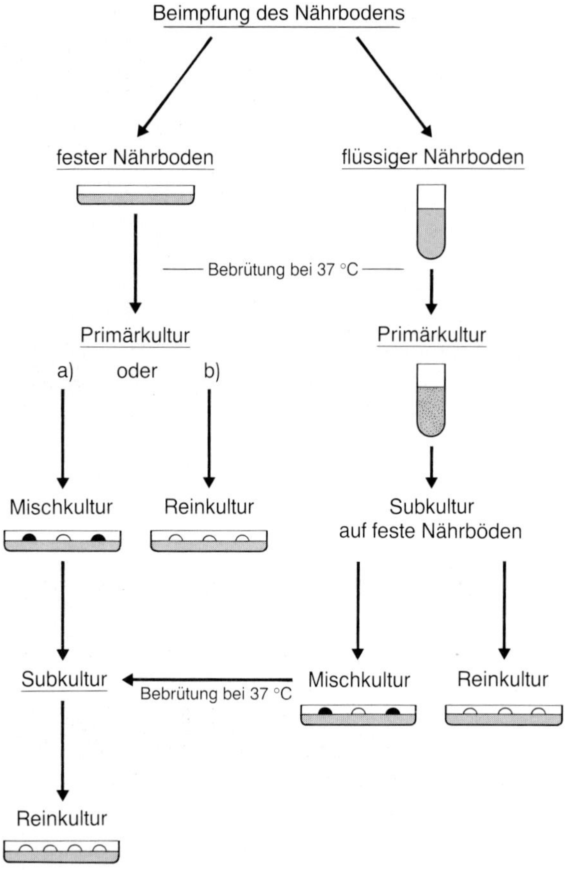

Abb. 3.2 Herstellung einer Reinkultur

3.2.1 Zweck der Reinkultur

Für den Mediziner ist die Reinkultur in folgenden Fällen unerläßlich:

- **Zum diagnostischen Erfassen des Erregers** bei Infektionen, insbesondere dann, wenn der mikroskopische Direktnachweis nicht gelingt oder nicht möglich ist; desgleichen zur Sterilitätskontrolle im Rahmen der Infektionsprophylaxe sowie zur Keimzählung.
  Beispiele: Der Nachweis von Diphtherie- und von Typhusbakterien ist nur kulturell möglich. Die Prüfung einer Infusionslösung auf Sterilität kann nur durch Kultur erfolgen; das gleiche gilt für die Zählung der lebenden Keime in einer Keimprobe.
- **Zur Merkmalfeststellung**: Speziesbestimmende Eigenschaften ergeben sich oft aus Eigentümlichkeiten des Wachstums oder des Stoffwechsels. Man spricht in diesem Zusammenhang von ***kultureller Differenzierung***. Darüber hinaus ist die Züchtung Voraussetzung für die Bestimmung weiterer Merkmale, z. B. des Antigenaufbaus, der Toxinabscheidung oder Resistenz gegen Antibiotika.
- **Zur Gewinnung größerer Mengen von Bakterien** oder Bakterienprodukten (z. B. Toxinen). Diese werden zur Herstellung von Impfstoff oder von biologischen Reagenzien, z. B. zur serologischen Merkmalbestimmung gebraucht.

3.2.2 Die Gewinnung einer Reinkultur

Die Gewinnung einer Reinkultur umfaßt drei Arbeitsgänge:

- **Die Primärkultur**. Dabei überträgt man erstmals Keime von einer Probe des Patienten auf ein oder mehrere Kulturmedien. Die Anzüchtung ergibt die ersten außerhalb des Wirtsorganismus entstandenen Keimgenerationen.
- **Die Isolierung**. Häufig enthält die Primärkultur ein Gemisch aus verschiedenen Keimspezies, von denen nur eine einzige diagnostisch interessant ist. Eben diese Spezies muß kloniert, d. h. von den anderen Keimen abgetrennt und isoliert zum Wachstum gebracht werden. Gelingt dieses Vorhaben, so bezeichnet man die resultierende Population als ***Reinkultur***.
  Die Isolierung besteht aus zwei Arbeitsgängen:
  - ***Verimpfung*** der flüssigen Primärkultur oder des Patientenmaterials auf ein ***festes Kulturmedium*** mit anschließender ***Bebrütung***.
  - Eine Vermehrung der isolierten Bakterien erreicht man durch Überimpfung einer auf dem festen Kulturmedium erschienenen ***Einzelkolonie*** in ein flüssiges oder festes Kulturmedium und anschließende Bebrütung (Abb. 3.3).

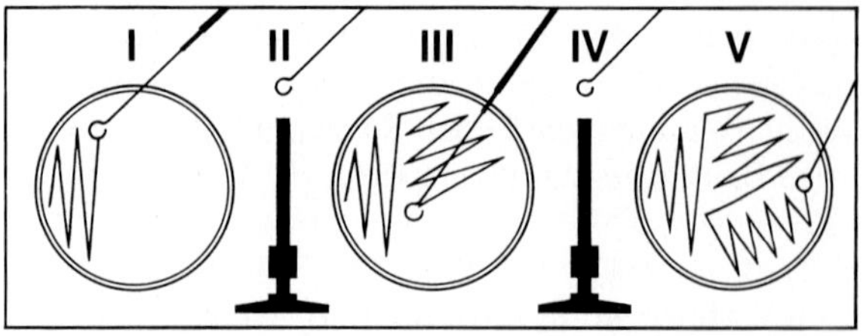

Abb. 3.3 Technik des Ausstreichens von Untersuchungsmaterial. **a** nicht fraktioniert, **b** fraktioniertes Ausstreichen: „Drei-Ösen-Ausstrich"

3.2.3 Die Kolonie als Klon: Kolonie-Merkmale

Die auf dem festen Kulturmedium liegenden Bakterien werden durch Adhäsivkräfte in ihrer Position festgehalten. Andererseits erlaubt das Medium der darauf liegenden Bakterienzelle die Vermehrung, wobei deren Nachkommen wiederum an Ort und Stelle festgehalten werden. Es entsteht so am Lageort der ursprünglich verimpften Bakterienzelle ein Haufen von dichtgepackten Nachkommen. Dieser „Bakterienberg“ (Abb. 3.4) ist mit freiem Auge sichtbar; er kann bis zu mehreren Millimetern im Durchmesser betragen. Man bezeichnet ihn als ***Kolonie***.

Die am Anfang des ***Impfstrichs*** entstehenden Kolonien sind eng benachbart oder sie konfluieren sogar zu einem ***Bakterienrasen***. Zur Klonierung sucht man deshalb am Ende des Impfstrichs nach Einzelkolonien. In der Praxis kann man mit genügender Wahrscheinlichkeit davon ausgehen, daß eine Einzelkolonie einem Klon entspricht. Aussehen und Beschaffenheit der Kolonie sind bei vielen Bakterienspezies charakteristisch: Das Koloniebild ist für die Artbestimmung häufig wegweisend (s. S. 236).

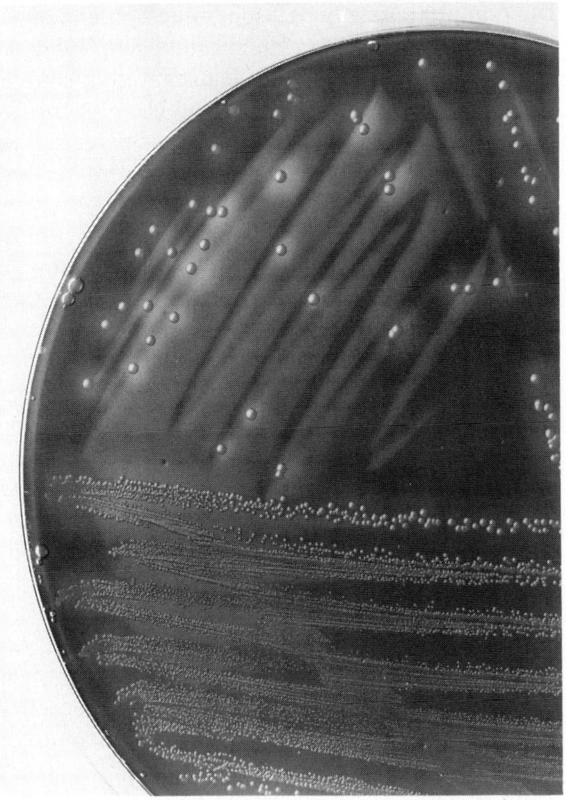

Abb. 3.4 Einzelkolonien von Streptococcus pneumoniae

3.2.4 Die Fortzüchtung

Hat man eine Reinkultur erhalten, so verimpft man deren Material je nach Bedarf auf neue Kulturmedien. Aus der ursprünglichen Reinkultur entstehen auf diese Weise neue Nachkommens-Generationen (Subkulturen). Man bezeichnet eine subkultivierte Reinkultur als ***Stamm*** (engl. strain). Um einen Stamm dauernd am Leben zu erhalten, muß man ihn in regelmäßigen Zeitabständen von einem Kulturmedium auf das nächste überimpfen. Auf diese Weise durchläuft der Stamm zahlreiche aufeinanderfolgende Wachstumszyklen. Diese werden als ***Passagen*** bezeichnet. Nicht selten verändern sich hierbei die Merkmale der Population durch Mutation und Selektion (s. S. 57ff).

3.2.5 Reinkultur und Mischkultur aus medizinischem Untersuchungsmaterial

Bei der Verarbeitung von menschlichem Material ist manchmal schon bei der Anzüchtung eine Reinkultur zu erwarten (Liquor, Gelenkpunktat). Oft sind im Untersuchungsmaterial aber mehrere Spezies vorhanden. Die Anzüchtung ergibt dann ein Keimgemisch, aus dem die interessierenden Erreger herausisoliert werden können, nachdem man Einzelkolonien erhalten hat.

3.3 Keimzählung

Will man die Keimdichte einer Bakterienpopulation bestimmen, so kann man nach zwei Verfahrensprinzipien vorgehen.

3.3.1 Zählung durch Subkultur

Dieses Verfahren erfaßt nur die Zahl der vermehrungsfähigen (koloniebildenden) Keime. Beim Vorliegen von Aggregaten (Streptokokken) zeigt sie nur einen Bruchteil der tatsächlich vorhandenen lebenden Zellen an. Deshalb spricht man vorsichtigerweise nicht von „Zellzahl“, sondern vom Gehalt an „koloniebildenden Einheiten“ (KBE). Nachteil dieser Methode: Das Ergebnis liegt erst nach ca. 24 h vor.

Die Gußplattenmethode. Abgestufte Verdünnungen der Keimsuspension werden mit flüssigem Nähragar von 50 °C vermischt; die Mischungen werden jeweils in eine Petrischale ausgegossen und nach Erstarrung bebrütet. Es entstehen in der Tiefe der so hergestellten Agar-Gußplatte Kolonien. Die Zählung wird bei derjenigen Platte vorgenommen, welche die geeignete Keimverdünnung enthält. Die für diese Platte ermittelte Koloniezahl wird mit dem Verdünnungsfaktor multipliziert und ergibt so die Keimdichte der Originalsuspension.

Die Plattierung. Von abgestuften Verdünnungen der Keimsuspension wird jeweils eine Menge von 0,01 ml (kalibrierte Ösen oder Pipetten) auf die Oberfläche einer Agarplatte gebracht und zur Verteilung mit der Öse oder mit einem L-förmigen Glasstab (Drigalski-Spatel) verrieben. Es entstehen bei der Bebrütung Oberflächen-Kolonien, die gezählt werden können.

Die Membranfilter-Methode. Von den abgestuften Keimverdünnungen wird jeweils ein festliegendes Volumen (z. B. 10 ml) durch poröse Membranfilter gesaugt. Die Porenweite der Membranfilter liegt unter dem Durchmesser der Bakterien. Die Bakterien bleiben auf der Oberseite der Filtermembran als Einzelindividuen liegen. Man legt die mit Bakterien „garnierte" Filtermembran so auf eine Agarplatte, daß ihre Unterseite sich mit der Agaroberfläche berührt. Durch Kapillarkräfte saugt sich das Maschenwerk des Membranfilters mit der im Agar-Gel eingeschlossenen Bouillon voll; es entstehen bei Bebrütung auf der Oberseite des Membranfilters Kolonien, die gezählt werden können. Diese Methode dient vor allem zur Bestimmung von geringen Keimzahlen pro Volumen.

3.3.2 Zählung durch optische Verfahren

Vorteil: Das Ergebnis ist sofort verfügbar.

Das Zählkammerverfahren. Eine geeignete Verdünnung der Keimsuspension wird in einer Zählkammer eingeschlossen. Die Keimzählung wird mikroskopisch in der gleichen Form vorgenommen wie eine Leukozytenzählung.

Das photometrische Verfahren. Die Lichtabsorption einer Keimsuspension wird photometrisch gemessen und mit der Absorption einer Leerkontrolle verglichen. Als Standard dient eine Suspension mit bekannter Keimzahl oder bekanntem Gehalt an Keimstickstoff per ml. Das Verfahren kann auch im Sinne der Streulichtmessung (Nephelometrie) angesetzt werden. Als Variante kann die Methode nach McFarland bezeichnet werden (Vergleich mit einer definierten Bariumsulfat-Suspension).

Die automatische Partikelzählung. Man läßt die einzelnen Zellen durch einen dünnen Kanal einzeln passieren und zählt sie elektronisch (Coulter-Counter).

3.3.3 Medizinische Anwendung der Keimzählung

Die Keimzählung wird in der Medizinischen Bakteriologie u. a. in folgenden Fällen verwendet:

- In der ***Urin-Diagnostik.*** Zur Ermittlung der Grenzzahlen (s. S. 237).
- Bei der ***Untersuchung von Trinkwasser und Milch***. Die Keimzahl ist für die Beurteilung durch den Hygieniker von ausschlaggebender Bedeutung. Man verwendet für Wasser häufig Membranfilterverfahren.
- Bei der ***Herstellung von Impfstoffen und serologischen Reagentien*** muß die Keimzahl standardisiert werden. Hier wird vielfach das optische Verfahren angewendet.

3.4 Prüfung auf Schwärmfähigkeit in halbfestem Agar

Die Untersuchung auf Beweglichkeit im halbfesten Agar beruht auf dem Schwärmphänomen. Halbfest ist ein Agar, wenn er sich nach dem Erkalten in dem umgekehrten Reagenzglas gerade eben noch halten kann, ohne herauszufließen (Konsistenz von „Wackelpudding"). Der zu prüfende Bakterienstamm wird mit einem senkrechten Stich in die Tiefe eines halbfesten Agars verimpft. Es wird 18–24 Std. bebrütet.

Befund. Bei aktiv beweglichen Bakterien ist die ganze Agarsäule im Röhrchen diffus getrübt. – Bei unbeweglichen Bakterien bleibt die Agarsäule klar; lediglich der Impf-Einstich ist durch Bakterienwachstum getrübt.

Erklärung: Bewegliche (begeißelte) Bakterien breiten sich von der Impfstelle ausgehend in halbfestem Agar aus: Sie schwärmen. – Bakterien können – mit einer wichtigen Ausnahme – in normal steifem Agar nicht ausschwärmen. Die Ausnahme wird durch *Proteus-Bakterien* gebildet: Diese Gattung schwärmt sogar in festem Agar aus. Auf der festen Kulturplatte zeigt sich dies diagnostisch wichtige Zeichen als *„Terrassenbildung"*: Von der beimpften Stelle ausgehend, breitet sich über die ganze Plattenoberfläche ein dünner Bakterienrasen aus; in diesem sind die als „Terrassen" bezeichneten Ringzonen durch konzentrisch und unregelmäßig verlaufende Linien deutlich voneinander abgegrenzt.

3.5 Die verschiedenen Typen von Kulturmedien

Je nach den Untersuchungszielen des mit Bakterien arbeitenden Mikrobiologen kommen verschiedene Typen von Kulturmedien zum Einsatz.

3.5.1 Definierbare und nichtdefinierbare Kulturmedien

Ein Kulturmedium, das einem gegebenen Bakterienstamm das Wachstum ermöglichen soll, kann in zweierlei Form hergestellt werden:

Chemisch definierte Kulturmedien enthalten außer einem Gemisch von genau einwägbaren, niedermolekularen Nährstoffen (Aminosäuren, Vitaminen, Salzen, Zuckern usw.) nur Wasser. Ihre Zusammensetzung ist deklarierbar. Sie werden auch als „synthetische Kulturmedien" bezeichnet.

Komplexe Kulturmedien enthalten hochmolekulare Stoffe, z. B. aus Peptonen, Eiweiß, Fleischextrakt. Die Zusammensetzung dieser Substanzen kann chemisch nicht exakt angegeben werden: Sie ist „nicht definierbar", d. h. sie kann von Charge zu Charge verschieden sein (Problem der Standardisierung).

Chemisch definierte Kulturmedien werden vornehmlich vom Biochemiker und vom Genetiker benutzt. In der Medizinischen Mikrobiologie benutzt man fast durchweg komplexe Kulturmedien. Das chemisch definierte Kulturmedium wird meistens im Sinne eines Minimal-Kulturmediums verwendet, während mit komplexen Kulturmedien, zumindest für den interessierenden Keim, optimale Milieubedingungen angestrebt werden.

3.5.2 Minimal-, Optimal-, Selektiv- und Differentialmedien. Bunte Reihe

Minimalmedien

Ein Minimalmedium enthält nur diejenigen Nährstoffe, deren Zufuhr von außen für den Keim notwendig ist (Wuchsstoffe).

Läßt man aus dem Gemisch des Minimalmediums auch nur eine einzige Komponente weg, so wird das Wachstum unmöglich. Minimalmedien sind ***stets chemisch definierbar.*** Das Minimalmedium hält die Bakterien quasi auf der Stufe des Existenzminimums. Für jede Spezies ist die Zusammensetzung „ihres" Minimalmediums charakteristisch. Häufig variieren die Bedürfnisse auch innerhalb einer Spezies von Stamm zu Stamm.

Optimalmedien

Ein Optimalmedium enthält nicht nur die essentiellen Nährstoffe, sondern darüber hinaus ein reichhaltiges Angebot an solchen Stoffen, deren Synthese der Keim eigentlich selbst vollziehen könnte. Optimalmedien können als ***chemisch definierte oder*** als ***komplexe*** Kulturmedien hergestellt werden. Das Optimalmedium nimmt den Keimen Synthesearbeit ab, „verwöhnt" sie. Außer Nährstoffen muß man dem Optimalmedium gelegentlich auch hochmolekulare Substanzen (z. B. Albumin oder Serum) zusetzen. Hierdurch werden wachstumshemmende Stoffe, die z. B. als Stoffwechselprodukte der sich vermehrenden Bakterien im Kulturmedium entstehen, gebunden und unwirksam gemacht.

Beispiele:

- Tuberkulosebakterien lassen sich nur dann gut züchten, wenn das Kulturmedium frei von wachstumsbehindernden Spurenstoffen ist und darüber hinaus wachstumsbeschleunigende Stubstanzen enthält. Diese Forderungen werden mit einem Spezialmedium erfüllt, das Glyzerin, Asparagin, Albumin und Eigelb enthält (Tb-Eiermedium).
- Diphtheriebakterien wachsen besonders gut und charakteristisch auf einem Kulturmedium aus koaguliertem Serum-Eiweiß (Löfflers Serum-Kulturmedium).

- Hämophilus influenzae benötigt u. a. Hämatin und daneben NAD bzw. NADP (Kodehydrogenase I bzw. II). Diesen Anforderungen genügt man, indem man hitzebehandelte Blutplatten (Kochblutplatten) verwendet.

Selektivmedien

Diese enthalten Stoffe, die selektiv für einzelne Keimarten wachstumshemmend sind. Dadurch werden in heterogenen Gemischen einzelne Keimarten am Wachstum gehindert, während sich andere Spezies vermehren. Es resultiert eine selektive Begünstigung der unempfindlichen Keime. Das Ziel der Selektion ist, die diagnostisch interessanten Keime anzureichern, um sie von belanglosen Kommensalen (z. B. im Stuhl) zu trennen.

Beispiele:

- ***Das Clauberg-Medium***. Bei der Verarbeitung eines auf Diphtherie verdächtigen Rachenabstrichs verimpft man das Material auf einen Nährboden, der Kalium-Tellurit enthält (Clauberg-Medium). Der größte Teil der nicht interessierenden Mundbakterien wird dadurch im Wachstum gehemmt. Die Diphtherie-Bakterien können dort aber Kolonien bilden; diese sind durch metallisches Tellur schwarz gefärbt. Die verdächtigen Kolonien werden dann auf ein Optimalmedium überimpft.
- ***Die Tetrathionat-Bouillon***. Bei der Untersuchung von Stuhl auf Salmonellen verimpft man das Material in ein flüssiges Anreicherungsmedium, das als selektionierendes Agens Kalium-Tetrathionat enthält. Der größte Teil der physiologischen Stuhlbakterien wird an der Vermehrung gehindert, nicht dagegen Salmonellen. Fazit: Es erfolgt eine selektive Anreicherung der Kultur mit Salmonellen.

Differentialmedien

Diese Nährböden enthalten solche Stoffe, die durch einzelne Bakterienspezies metabolisiert werden können, durch andere aber nicht (Differentialsubstrat). Der Abbau des Differentialsubstrates wird durch das Auftauchen typischer Stoffwechselprodukte angezeigt; hierzu verwendet man meistens Farbindikatoren. Das Differentialmedium dient der Erkennung von diagnostisch wichtigen oder charakteristischen Stoffwechselleistungen. Es liefert einen Beitrag zur Speziesbestimmung (Diagnose).

Beispiele:

- ***Die Endo-Platte.*** Sie enthält Laktose als Substrat und schwefligsaures Fuchsin als Indikator. Beim Abbau von Laktose entsteht Acetaldehyd, welcher den farblosen Indikator zu nativem Fuchsin konvertiert. Die Kolonien der laktosespaltenden Keime zeigen dementsprechend einen intensiv-roten, metallisch glänzenden Hof, den sogenannten Fuchsinglanz.
- ***Die Blutplatte.*** Sie ist für viele der pathogenen Keimarten ein Optimalmedium. Die in ihr enthaltenen Serumproteine inaktivieren wachstumshemmende Spurenstoffe in der Bouillon. Die Erythrozyten liefern Vorprodukte für die Synthese von Enzymen der Oxidation und der Dehydrogenation. Das von den Erythrozyten gelieferte NAD ist aber nur kurze Zeit verfügbar; es wird enzymatisch abgebaut. Erhitzt man die Blutplatte, so wird das NAD-abbauende Enzym zerstört, und der NAD-Gehalt bleibt stabil.

Zusätzlich hat die Blutplatte die Eigenschaften eines Differentialmediums, denn sie gestattet, hämolysierende von nicht-hämolysierenden Keimen zu unterscheiden. Gewisse Erreger sondern nämlich Stoffwechselprodukte ab, die das makroskopische Aussehen einer Erythrozytensuspension, wie sie im Blutagar vorliegt, verändern können; dies zeigt sich als Vergrünung oder gar als vollständige ***Hämolyse.*** Bei diesen Bakterien wird sich auf die Blutplatte rings um die Kolonie ein Hof bilden. Dieser wird als „Hämolysehof" (Abb. 3.5) bezeichnet. Nach dem Aussehen dieses Hofes unterscheidet man

- ***α-Hämolyse***. Der Hof bleibt undurchsichtig, ist aber grünlich verfärbt und breit. Hämoglobin wird in Methämoglobin umgewandelt durch Freisetzung von H_2O_2 durch Streptokokkenstämme, die ansonsten keine Hämolysine bilden. Die Zellmembran der Erythrozyten bleibt dabei weitgehend intakt, was man bei Betrachtung des Hofes unter dem Mikroskop bei geringer Vergrößerung erkennt.
- ***β-Hämolyse***. Der Hof ist glasklar-durchsichtig und zeigt nur eine gelblich-rote Tingierung. Bei mikroskopischer Betrachtung erkennt man keine intakten roten Blutzellen mehr; d. h. die Lyse der einzelnen Erythrozyten ist vollständig.
- ***γ-Hämolyse***. Der Hof ist sehr schmal und zeigt sich als leicht aufgehellte Zone dicht um den Kolonierand. Der Ausdruck wird nur selten verwendet.

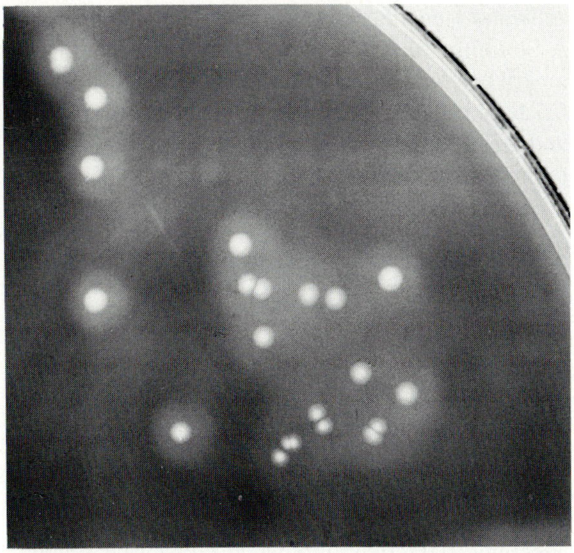

Abb. 3.5 Kolonien β-hämolysierender Streptokokken auf Blutagar (Photographie wurde dankenswerterweise von Prof. Paul Quie zur Verfügung gestellt)

γ-Hämolyse wird i. A. mit einem Fehlen der Hämolyse gleichgesetzt.

Die Hämolyse ist bei einigen Bakterien, z. B. Streptokokken, ein wichtiges Identifikationsmerkmal.

Stellung der Differentialnährböden in der Diagnostik: Verdächtige-unverdächtige Keime

Die Differentialnährböden werden in der Diagnostik auf zwei Ebenen eingesetzt:

- Bei der ***Primärverarbeitung*** des Untersuchungsmaterials vom Kranken (Stuhl, Urin, Sputum usw.) verwendet man feste Differentialnährböden. Dabei kann man durch das charakteristische Aussehen solche Kolonien, die keinesfalls dem gesuchten Erreger entsprechen, als unverdächtig ausschließen. Übrig bleiben die verdächtigen Kolonien, diese werden weiterverarbeitet. – Im Falle der Primärverarbeitung von Stuhl hat das Differentialmedium in der Regel auch selektionierende Eigenschaften.
- Bei der ***Weiterverarbeitung*** einer verdächtigen Kolonie prüft man deren metabolische Fähigkeiten im einzelnen. – Dies geschieht durch Verimpfung in eine Reihe von flüssigen oder festen Differentialmedien mit verschiedenen Einzelsubstraten („Bunte Reihe"). Dazu kommt, falls erforderlich, die Prüfung auf Beweglichkeit.

Bunte Reihe

Als „Bunte Reihe" bezeichnet man eine ***größere Zahl von verschiedenen Differentialmedien***, die jeweils ein anderes Substrat als angebotenen Nährstoff und dazu einen geeigneten Indikator enthalten. Ziel der Durchführung einer „Bunten Reihe" ist die Ermittlung der unterschiedlichen biochemischen Leistungen einzelner Bakterienarten. Die Metabolisierung des Substrates durch die verimpften Bakterien wird durch den Farbumschlag des Indikators angezeigt. Es ergeben sich von Röhrchen zu Röhrchen, je nach Spezies, verschiedene Farbkombinationen. So wird u. a. geprüft auf:

- Umwandlung von Tryptophan zu Indol,
- Abspaltung von H_2S aus Cystein oder Methionin,
- Säurebildung aus Saccharose, Dextrose und Laktose,
- Freisetzung von NH_3 aus Harnstoff,
- Gasbildung aus Dextrose,
- Umwandlung von Glukose in Acetyl-Methyl-Carbinol (Voges-Proskauer-Test).

Es ergibt sich eine Reihe von positiven oder negativen Einzelreaktionen. Der Reaktionsausfall ergibt für bestimmte Spezies charakteristische Muster.

Für die Differenzierung der gramnegativen Darmbakterien verwendet man eine sehr große Zahl von verschiedenen Stoffwechseltests. Die „Bunte Reihe" wird dadurch sehr lang. Durch Übergang auf kleine Flüssigkeitsvolumina und Benutzung von Kunststoffplatten mit kleinen Näpfchen kann man den Aufwand in Grenzen halten.

Stellung der Bunten Reihe im diagnostischen Ablauf

Die Bunte Reihe kann in zweierlei Form diagnostisch eingesetzt werden:

- Zum Ausschluß diagnostisch uninteressanter Keime. Bei der Suche nach Salmonellen und Shigellen im Stuhl werden von den Selektiv-Differentialmedien einzelne Kolonien als „verdächtig" angezeigt, die bei der anschließenden Untersuchung in der Bunten Reihe dann doch als unverdächtig erkannt werden. Bei den weiterhin verdächtigen Keimen kann mit der „Bunten Reihe" die vorläufige Diagnose „Salmonellen oder Shigellen" gestellt werden. Die endgültige Diagnose wird durch die serologische Untersuchung erbracht.
- Als Hilfe zur endgültigen Diagnose (Beispiele: E. coli). Hier entscheidet der Reaktionsausfall der Bunten Reihe über die Differentialdiagnose zwi-

schen Keimen, die sonst nur schwer unterschieden werden können.

3.6 Physikalisch-chemische Beschaffenheit des Nährbodens

Von den Meßgrößen, mit denen man den physikochemischen Zustand des Kulturmediums charakterisiert, haben die folgenden Parameter Bedeutung:
- Wasserstoffionenkonzentration (pH),
- Osmotischer Druck,
- Redoxpotential,
- Temperatur.

3.6.1 Der pH-Wert des Nährbodens

Im allgemeinen vertragen die meisten Bakterien Schwankungen des Nährboden-pH-Wertes zwischen pH=6 und pH=8. Das Optimum liegt für die meisten Spezies bei pH 7,5. Ein deutlich nach dem Alkali-Bereich hin verschobenes Optimum zeigen die Choleravibrionen; sie wachsen am besten bei pH-Werten zwischen 9,0 und 9,5. Da unter diesen Bedingungen andere Darmbakterien zumeist schlecht gedeihen, nutzt man diese Eigenschaft der Choleravibrionen in Form eines alkalischen Selektivnährbodens (z. B. alkalisches Peptonwasser) zur Anzüchtung aus. – Bakterien, die sich ihre Energie durch Glukosevergärung beschaffen, säuern den Nährboden. Die pH-Werte fallen bis auf Werte von pH 5,5. Soll dies vermieden werden, so muß man den Nährboden puffern oder aber den Zucker weglassen; die dann erfolgende Nutzung der Aminosäuren als Energiequelle erniedrigt den pH-Wert nicht.

3.6.2 Osmotischer Druck

Alle zellwandtragenden Bakterien sind gegen Schwankungen des osmotischen Druckes bemerkenswert unempfindlich. Diese Eigenschaft erklärt sich aus der stützenden Funktion der starren Zellwand gegenüber der osmotisch beanspruchten Plasmamembran (s. S. 19). Dagegen sind zellwandlose Bakterien (Protoplasten, Sphäroplasten, L-Formen, Mykoplasmen) gegen Veränderungen des osmotischen Druckes äußerst empfindlich; sie sind leicht zum Platzen zu bringen. – Im Hinblick auf das Wachstum wirken sich höhere Salzkonzentrationen allerdings auch auf zellwandtragende Bakterien aus. So können z. B. A-Streptokokken, Viridans-Streptokokken und Pneumokokken bei einem Kochsalzgehalt des Milieus von 6,5% nicht mehr wachsen, wohl aber Enterokokken und Staphylokokken. Diese Eigenschaft wird zur Differenzierung ausgenutzt.

3.7 Aerobier, Fakultativ-Anaerobier, obligate Anaerobier

Die Fähigkeit der Bakterien, Luftsauerstoff als *finalen Elektronenakzeptor* zu benutzen, ergibt in Verbindung mit der Oxidationsempfindlichkeit ihres Stoffwechsels ein Ordnungsprinzip, welches für die Züchtung, aber auch für die Taxonomie hochbedeutsam ist. An Hand dieser Kriterien lassen sich die medizinisch wichtigen Bakterien in folgende Kategorien einteilen (Abb. 3.6):

Obligate Aerobier

Für diese Bakterien ist die Verwendung des Luftsauerstoffes bei der Energiegewinnung essentiell; die aus der *Gärung* gewonnene Energie reicht ihnen nicht aus. Sie vermehren sich nur in Gegenwart von O_2 bzw. bei stark positivem Redoxpotential. Ihr *Cytochromsystem* ist hochentwickelt. Beispiele: ***Tuberkulosebakterien, Choleravibrionen, Pseudomonas aeruginosa, Brucellen.***

Fakultative Anaerobier

Diese Bakterien können in Abwesenheit von O_2 ebenso wachsen wie in dessen Gegenwart: Der zur oxibiontischen Energiegewinnung dienende Enzymapparat ist bei ihnen so schwach entwickelt, daß sie trotz der geringen Energieausbeute bei der Vergärung auf die oxidative Energiegewinnung verzichten können; ihr Cytochromsystem ist lückenhaft oder es fehlt. Dagegen besitzen sie vielfach *Flavoenzyme*, mit deren Hilfe sie Sauerstoff als Elektronenakzeptor verwenden können. Diese Reaktion ergibt über die Bildung von H_2O_2 zwar Energie; ihr Ausmaß ist aber gering. Die fakultativen Anaerobier sind vom Redoxpotential des Kulturmediums weitgehend unabhängig. Sie werden auch als aerotolerante Anaerobier bezeichnet: Sie vertragen Sauerstoff, sind aber in ihrer Energiegewinnung auf den anaeroben Weg der Gärung eingestellt. Beispiele: ***Staphylokokken, Streptokokken, Pneumokokken, die Mehrzahl der gramnegativen Bakterien.***

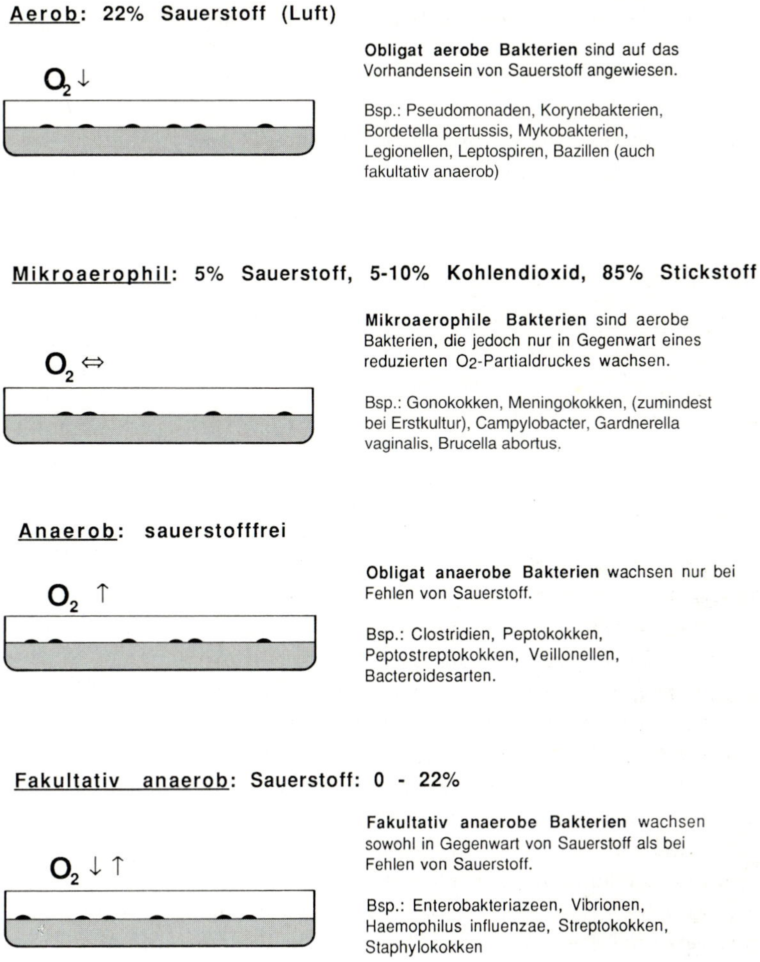

Abb. 3.6 Definition der Begriffe aerob, mikroaerophil, anaerob und fakultativ anaerob

Obligate Anaerobier

Diese Bakterien wachsen nur in Abwesenheit von Sauerstoff bzw. bei einem Redoxpotential unterhalb von rH=13,0. Ihr Enzymsystem ist gänzlich auf anaerobe Energiegewinnung eingestellt. Einige von ihnen bilden in Gegenwart von Luftsauerstoff über die Flavoenzyme hochgiftige Vorstufen des Wasserstoffsuperoxids; diese werden bei fakultativen Anaerobiern mit Hilfe der Superoxid-Dismutase in das relativ unschädliche H_2O_2 überführt. Obligate Anaerobier besitzen dieses Enzym nicht; dies führt zur Kumulation der toxischen H_2O_2-Vorstufen und zum Zelltod.

Das Redoxoptimum ist für die einzelnen Vertreter der obligaten Anaerobier verschieden. Es gibt neben den „strengen" Anaerobiern, die einen rH-Wert von weniger als rH=13 verlangen, auch solche, die sich schon bei rH-Werten unterhalb von rH=19 vermehren (Tolerante Anaerobier). Als strenge Anaerobier gelten ***Tetanusclostridien***, die ***gramnegativen Bacteroides-Arten***, während gewisse ***Gasbrandclostridien*** (Cl. welchii) auch bei weniger negativem Redox-Potential gedeihen. Die zuletzt genannten Vertreter bilden den Übergang zu der Klasse der Mikroaerophilen.

Mikro-Aerophile

Hierher gehören Bakterien, die nicht zu den obligaten Anaerobiern zählen, aber doch ein mäßig negatives Redox-Potential zur optimalen Vermehrung benötigen. Das O_2-verwendende Cytochromsystem fehlt ihnen ebenso wie den obligaten Anaerobiern, zu denen sie einen Übergang bilden. Dazu gehören einige Vertreter der ***Gasbrandgruppe*** und ***Actinomyces israelii***. – Eine große Reihe von Erregern, die man zu den fakultativen Anaerobiern zählt, wächst bei Verminderung der Sauerstoffspannung besser als bei voller Belüftung, z. B. Streptokokken und Pneumokokken. Der Begriff „mikro-aerophil“ ist nicht scharf umrissen. Im angelsächsischen Schrifttum benutzen manche Autoren die Bezeichnung *„Moderate Anaerobes“*.

3.8 Herstellung von anaeroben Kulturbedingungen

In einem Kulturmedium, das zur Züchtung von obligaten Anaerobiern dienen soll, müssen „anaerobe Bedingungen“ geschaffen werden. Hierbei ist das Ziel, in der flüssigen Phase des Kulturmediums ein negatives Redox-Potential zu erzielen (s. S. 39, 414ff).

Dazu gibt es drei Wege:

- ***Zusatz von reduzierenden Stoffen***. Man kann den flüssigen Kulturmedien reduzierende Substanzen zusetzen; diese bewirken dann das erstrebte niedrige rH. Eine mit Na-Thioglycolat versetzte Bouillon wird mit einer Spur Agar etwas viskös gemacht und erhält einen Zusatz von Methylenblau oder Resazurin als Indikatoren. Der Farbumschlag zur weißen Leukoform erfolgt unterhalb eines Wertes von rH=14. Unter dem Einfluß des reduzierenden Thioglycolats entfärbt sich der Indikator in der Tiefe des Röhrchens, während er in der Nähe der Bouillon-Oberfläche vom Luftsauerstoff zur blauen bzw. roten Form oxidiert wird. Die „Leukoform“ des Indikators zeigt somit an, in welchem Teil des Röhrchens anaerobe Bedingungen herrschen. Die durch den Agarzusatz bedingte Viskosität der Lösung verhindert einen allzu schnellen Transport des Sauerstoffs durch Konvektionsströmung von der Oberfläche in die Tiefe des Röhrchens.
- ***„Gaspak“-Methode***. Eine z. Zt. vielgebrauchte Methode besteht darin, in dem verschlossenen Topf H_2-Gas zu erzeugen und durch einen Schwermetallkatalysator in H_2O überzuführen. Hierbei wird der Sauerstoff im Topfinnern verbraucht („Gaspak“). O_2-Armut kann auch durch biologischen Verbrauch (Fortner-Verfahren), durch alkalisches Pyrogallol oder durch Abbrennen einer Flamme (Kerzentopf) erreicht werden.
- ***Abfüllen von Kulturmedien unter anaeroben Bedingungen***. Durch Kochen bzw. Autoklavieren wird O_2 aus der Lösung getrieben. Wenn man unter anaeroben Bedingungen (z. B. N_2-Strom) abfüllt, bleibt das Kulturmedium anaerob.

Die Anzüchtung von anaeroben Bakterien gehört heute zu den Routineuntersuchungen des Mikrobiologen. Seit Einführung des GASPAK-Systems, der präreduzierten, anaerob sterilisierten Nährmedien und der „VPI Roll-Tube“-Methode hat die Isolierung von Anaerobiern einen erheblichen Aufschwung genommen.

3.9 Rückwirkung der wachsenden Kultur auf das Redoxpotential

Alle obligaten und fakultativen Anaerobier sowie die Mikroaerophilen senken beim Wachstum das Redoxpotential des Kulturmediums, sofern nicht intensiv belüftet wird. Der Effekt erklärt sich durch die Tatsache, daß beim Stoffwechsel dieser Bakterien die Reduktionsvorgänge überwiegen. Wenn das Potential einer Bouillon vor dem Beimpfen um rH=26 liegt, so verändert es sich beim Wachstum von Escherichia coli bis zu Werten von rH=7. Eine größere Einsaat von obligaten Anaerobiern kann vor Einsetzen des Wachstums das Potential zu Negativwerten hin verschieben und so das Wachstum u. U. auch in solchen Kulturmedien ermöglichen, die von Haus aus einen zu großen rH-Wert besitzen. Man pflegt zu sagen, daß sich obligate Anaerobier u. U. ihr Milieu selbst schaffen oder es durch reduzierende Begleitkeime schaffen lassen.

3.10 Anaerobe Verhältnisse in vivo

Im ***Wirtsorganismus*** können unter bestimmten Voraussetzungen ***anaerobe Bedingungen*** entstehen. Dies ist die Vorbedingung für ein Angehen der Infektion mit obligaten Anaerobiern.

Im Stoffwechsel der animalen Gewebe sind zahlreiche Redoxsysteme enthalten, die bei Störungen das Redoxpotential der Gewebe nach der negativen (reduzierenden) Seite hin verschieben. Begünstigt wird dies durch folgende Umstände:

– ***Gewebezertrümmerung bei Traumata***. Im Sinne der chirurgischen „Wundtoilette“ müssen zur Prophylaxe die geschädigten Gewebeteile soweit wie möglich entfernt werden.

- Bei Schlagaderkompression über längere Zeit hinweg
- Bei Kälteeinwirkung
- Bei Durchblutungsstörungen.

Fakultative Anaerobier entfalten, wenn sie in genügender Zahl stoffwechseln, eine ***stark reduzierende Aktivität***. Auf dieser Basis können sie als Wegbereiter für die nachfolgende Infektion mit Anaerobiern dienen. Dies ist vor allem bei der Aktinomykose der Fall: Mundbakterien der physiologischen Flora siedeln sich in der Tiefe von kleinen Mundverletzungen zusammen mit den pathogenen Actinomycesbakterien an und schaffen diesen das optimale Milieu.

4 Bakterienphysiologie

P. Klein, H. Hahn

INHALTSÜBERSICHT

4.1 Modus der Bakterienvermehrung 42
4.1.1 Binäre Teilung 42
4.1.2 Vermehrungsfunktion 42
4.1.3 Die Wachstumskurve 43
4.1.4 Die Wachstumsgeschwindigkeit 44
4.1.5 Einsaatgröße 44
4.1.6 Ruhende Kultur 44
4.2 Stoffwechsel von Bakterien 45
4.2.1 Nährstoffbedürfnisse 45
4.2.2 Energiebeschaffung: Phototrophie und Chemotrophie 45
4.2.3 Bedarf an Aufbaustoffen 46

4.1 Modus der Bakterienvermehrung

4.1.1 Binäre Teilung

Die Vermehrung der Bakterienzelle erfolgt bei der überwiegenden Mehrzahl der Spezies durch *binäre Zellteilung*. (Eine Ausnahme hiervon bilden Aktinomyzeten, bei denen sich z. T. Filamente ausbilden, die dann sekundär in mehrere stäbchenförmige Einzelzellen zerfallen.) Unter entsprechenden Bedingungen teilt sich eine ***Mutterzelle*** in zwei ***Tochterzellen***; diese teilen sich nach einem gewissen Zeitintervall von neuem in jeweils zwei Zellen usw. Stäbchenförmige Bakterien teilen sich stets *transversal*, d. h. quer zur Längsachse. Dies ist an der gelegentlich auftretenden Kettenbildung zu demonstrieren; ein besonders charakteristisches Bild ergibt sich in dieser Hinsicht bei Milzbrandbazillen. Die Kettenbildung bei Streptokokken deutet darauf hin, daß auch kugelige Bakterien die Teilungsebene konstant beibehalten. Andererseits liefern die Staphylokokken ein Beispiel dafür, daß die Teilungsebene nicht immer konstant zu sein braucht: Im Gegensatz zur Kettenbildung bei Streptokokken kommt es bei Staphylokokken nicht zur Ausbildung von Ketten; es entstehen vielmehr Haufen.

4.1.2 Vermehrungsfunktion

Unterstellt man, daß die durchgehend binäre Teilung sofort nach der Verimpfung beginnt und daß alle neu entstandenen Bakterienzellen sich wiederum teilen, sobald sie ein bestimmtes Alter erreicht haben, so ergibt sich als Idealfunktion eine *geometrische Progression* des Musters 1, 2, 4, 8, 16, 32 usw. Diese kann durch die Beziehung

$$Z_n = Z_o \cdot 2^n$$

ausgedrückt werden, wobei Z_n die nach n Generationen resultierende Bakterienzahl bedeutet, während Z_o die Zahl der in das Kulturmedium eingebrachten Keime angibt ***(exponentielles Wachstum)***. Bei regelmäßiger Generationsfolge ist die Beziehung zwischen der Bebrütungszeit t und der Zahl n durch die Beziehung $\boldsymbol{n} = \boldsymbol{t} \cdot \boldsymbol{c}$ gegeben. Hierbei bedeutet $\boldsymbol{c}$ die Zahl der Verdoppelungen pro Zeiteinheit. Damit ergibt sich

$$Z_n = Z_o \cdot 2^{t \cdot c}$$

$$\log Z_n = (c \cdot \log 2) \cdot t + \log Z_o$$

Dies bedeutet, daß sich der Logarithmus der Bakterienzahl als lineare Funktion der Zeit darstellen läßt, denn der Ausdruck $\boldsymbol{c} \cdot \log 2$ ist eine von den Versuchsbedingungen abhängige Konstante. Damit ergibt sich für die Wachstumskurve eine Gerade, wenn man Z_n als Ordinatenwert und t als Abszissenwert in einem Koordinatensystem mit logarithmisch geteilter Achse einträgt (halblogarithmische Darstellung); es liegt eine *Reaktion 1. Ordnung* vor.

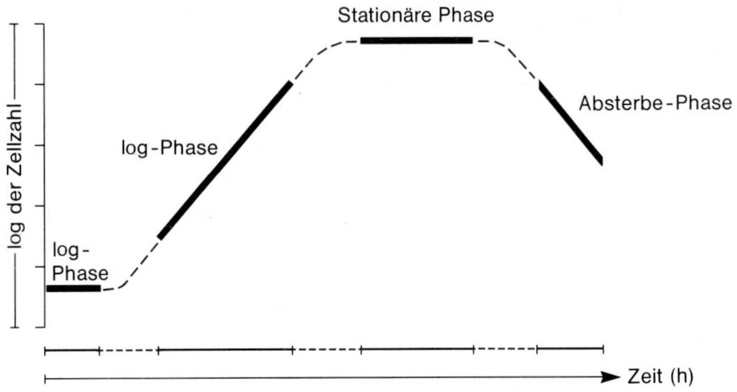

Abb. 4.1 Wachstumskurve einer Bakterienpopulation in einem Kulturmedium

4.1.3 Die Wachstumskurve

Verimpft man eine kleine Menge von reingezüchteten Bakterien in ein neues Kulturmedium und bebrütet dieses bei konstanter Temperatur, so ändert sich die Bakterienzahl in typischer Weise. Bestimmt man die Zahl der subkulturfähigen („lebenden") Zellen in regelmäßigen Zeitabständen, so ergibt sich, wenn man die Ergebnisse halblogarithmisch darstellt, eine Kurve, die sich als Abfolge von sechs Stadien darstellt (Abb. 4.1).

Die Vermehrungsstadien

- Die ***Latenzphase*** (Anpassungsphase, engl. „lag period"). Die beim Zeitpunkt Null eingeimpfte Zahl von Bakterien bleibt trotz günstiger Wachstumsbedingungen über einen gewissen Zeitraum hinweg unverändert. Um die im Milieu vorhandenen Nährstoffe verwenden zu können, müssen die Bakterien die dazu notwendigen Enzyme erst synthetisieren. Dies geschieht während des Kontaktes mit den zu verarbeitenden Substraten im Sinne der ***Enzyminduktion*** und benötigt Zeit. Zu dieser Erklärung paßt die Tatsache, daß in Vermehrung begriffene Bakterien, die in eine andere Charge des gleichen Kulturmediums verimpft werden, mit der Vermehrung sofort, d. h. ohne Latenzperiode fortfahren. – Während der Latenzphase werden die Bakterien immer größer; sie erreichen ihr Maximum gegen Ende der Latenzphase.

Die Länge der Latenzperiode wird nicht allein vom Stoffwechselzustand der Einsaat bestimmt. So kann bei extrem kleinen Inokula das Wachstum einsetzen, sobald durch den Stoffwechsel der verimpften Bakterien eine Minimalmenge von CO_2 entstanden ist. Diese ist für das Wachstum unentbehrlich; CO_2 wirkt als Quasi-Katalysator bei der Fettsäuresynthese mit. Im komplexen Kulturmedium sind häufig wachstumshemmende Stoffe, z. T. als Verunreinigung, vorhanden, etwa als Peroxide, als Metallionen, als Detergentien oder als Fettsäuren. Das Wachstum der Einsaat kann in diesen Fällen erst beginnen, wenn die im Ruhestoffwechsel befindlichen Einsaatkeime diese Hemmstoffe inaktivieren; im Fall der Peroxide geschieht dies durch Produktion von stark reduzierenden Substanzen oder von Katalase. Die übrigen Hemmstoffe werden durch Zugabe von adsorbierenden Proteinen (Albumin oder Serum) aus der flüssigen Phase eliminiert.

- Die ***Beschleunigungsphase*** („Anfahrphase"). Die Vermehrung beginnt langsam und steigert sich stetig. Die Bakterien werden kleiner.
- Die ***logarithmische oder exponentielle Phase*** ("Phase der vollen Fahrt"). Die Wachstumsgeschwindigkeit hat ihr Maximum erreicht und verändert sich in dieser Phase nicht („log-phase").
- Die ***Verlangsamungsphase*** („Bremsphase"). Die Wachstumsgeschwindigkeit nimmt stetig ab und strebt gegen Null zu.
- Die ***stationäre*** Phase. Die gemessene Vermehrungsgeschwindigkeit ist auf Null reduziert. Die Populationsgröße verändert sich nicht. Diese Situation kann als Wachstumsstillstand aller Zellen eintreten oder als Gleichgewicht zwischen Absterberate und Vermehrungsrate („steady state"). Als Ursache des Wachstumsstillstands kommen verschiedene Faktoren in Betracht. In vielen Fällen wird derjenige Wuchsstoff, welcher in dem Kulturmedium durch Verzehr als erster verschwindet, zum wachstumslimitierenden Faktor. In anderen Fällen wird das Wachstum durch die Akkumulation von nicht abbaubaren Metaboliten im Milieu gehemmt;

hier sind vor allem die bei der Zuckervergärung anfallenden Säuren zu nennen.

- Die ***Phase des Absterbens***. Die Zahl der lebenden Keime verringert sich ständig. Die Ursache für das Absterben ist weitgehend unbekannt. In dieser Phase kann es u. U. zum versteckten Wachstum kommen, wenn durch Autolyse von abgestorbenen Bakterienzellen das Kulturmedium mit verknappten Wuchsstoffen wieder angereichert wird.

4.1.4 Die Wachstumsgeschwindigkeit

Als Wachstumsgeschwindigkeit bezeichnet man die Zahl der pro Zeiteinheit neu gebildeten Zellen. Als Maß dafür dient die mit dem Symbol ***c*** bezeichnete Generationsrate; dieser Wert gibt die Zahl der Verdoppelungen pro Zeiteinheit an. Als Zeiteinheit nimmt man meistens die Stunde. Der reziproke Wert der Generationsrate wird als Verdoppelungszeit (1/c) bezeichnet. Diese Größe gibt an, wieviele Zeiteinheiten für die Verdoppelung der Keimzahl gebraucht werden. Graphisch imponiert die Wuchsgeschwindigkeit als Steigung (Neigung) der halblogarithmisch gezeichneten Wachstumskurve; sie kann zeichnerisch oder – durch Benutzung der Wachstumsformel – rechnerisch ermittelt werden.

Die Wuchsgeschwindigkeit in der logarithmischen Phase hängt von den folgenden drei Hauptfaktoren ab:

- **Eigenheiten der gezüchteten Bakterien**. In einer dextrose-haltigen Bouillon vermehren sich zahlreiche Bakterien sehr schnell. So kann die Generationsrate von E. coli oder von Staphylococcus aureus dem Wert c = 4 zustreben, was einer Verdoppelungszeit von 15 min. entspricht. – Im Gegensatz hierzu liegt die Generationsrate von Tuberkulosebakterien bei Werten von etwa 0.05, d. h. die Verdoppelungszeit beträgt etwa 20 Stunden. – In der Mitte zwischen diesen Extremen liegen die relativ langsam wachsenden Gonokokken, Keuchhustenbakterien, Actinomyces israelii und Leptospiren.
- **Zusammensetzung und Beschaffenheit des Kulturmediums**. In einem Minimalmedium (s. S. 35) ist das Wachstum stets langsamer als in einem Optimalmedium. Ein reichhaltiges Angebot von allen denkbaren Essentialmetaboliten wird die Wuchsgeschwindigkeit deshalb steigern, weil zeitraubende Syntheseschritte entfallen. Ähnliche Erwägungen gelten für die Energiebeschaffung. In einem zuckerfreien Kulturmedium müssen für Energiegewinnung aliphatische Aminosäuren desaminiert werden; die so entstandenen Carbonsäuren werden dann in die Abbauzyklen der Kohlenhydrate eingeschleust. Bei Anwesenheit von Dextrose kann deren Energie sofort verwendet werden; dies führt zu einer Steigerung der Wuchsgeschwindigkeit. – Die meisten Bakterien erreichen ihre maximale Wuchsgeschwindigkeit bei pH 7,4.
- **Bebrütungstemperatur**. Die Wuchsgeschwindigkeit der Kultur hängt von der Temperatur ab; für die meisten Bakterien liegt das Temperaturoptimum zwischen 37° und 43 °C. Jenseits dieser Marken nimmt die Wachstumsgeschwindigkeit wieder ab. Bei Temperaturen von unter 4 °C und über 50 °C stellen die meisten Bakterien das Wachstum ein.

Von besonderem Interesse sind Bakterien, die noch bei 0 °C langsames Wachstum zeigen. Hierher gehören einige Pseudomonas-Arten. Dies ist für die Lebensmittelfrischhaltung bedeutsam. Bei der Lagerung von Blutkonserven muß man ebenfalls mit der Vermehrung von kältetoleranten Mikroorganismen rechnen. – Einige Bakterienspezies wachsen noch bei 55 °C und halten in ihrer Vegetationsform Temperaturen bis zu 90 °C aus (thermophile Bakterien). Extrem thermophile Bakterien (Archaebakterien) zeigen Temperaturtoleranz bei über 100 °C!

4.1.5 Einsaatgröße

Einige Bakterienspezies verlangen eine Minimaleinsaat, die nicht unterschritten werden darf, wenn die Verimpfung „angehen“ soll. Typisch für diesen Fall ist die Situation der Leptospiren: Hier müssen auch bei Verwendung von Optimalmedien relativ hohe Einsaatmengen verimpft werden, wenn es zur Vermehrung kommen soll. Die Gründe hierfür liegen in besonderen Bedürfnissen oder Empfindlichkeiten der Spezies; diese decken sich z. T. mit den Faktoren, welche für die Länge der Latenzzeit maßgeblich sind (s. S. 43).

4.1.6 Ruhende Kultur

Die Bakterien einer wachsenden Kultur können durch Entzug der Aufbaustoffe am weiteren Wachstum gehindert werden, ohne daß sie absterben. Man entnimmt hierzu eine Probe, wäscht die darin enthaltenen Bakterien in der Zentrifuge und resuspendiert sie in einer glukosehaltigen Pufferlösung. Die Bakterien können durch Verwendung der angebotenen Glukose ihren ***Betriebsstoffwechsel*** notdürftig bestreiten, während der ***Baustoffwechsel*** ruht. Man bezeichnet eine Population, die sich in diesem Zustand befindet, als ruhende Kultur. Die Keimzahl einer in Ruhe befindlichen Population verändert sich über längere Zeit kaum. Gibt man zu der ruhenden Kultur aber eine geeignete Lösung von Aufbaustoffen, so geht die Kultur aus dem Zustand der Ruhe schnell in die logarithmische Wachstumsphase über. Die ruhende Kultur ist gegenüber bakteriziden Antibiotika insgesamt weniger empfindlich als die wachsende Kultur.

4.2 Stoffwechsel von Bakterien

4.2.1 Nährstoffbedürfnisse

Zum Wachstum brauchen Bakterien
- Energiequellen
- Ausgangsmaterial für den Aufbau der komplexen Zellbestandteile
- Anorganische Ionen zur Aufrechterhaltung des physikochemischen Milieus innerhalb der Zelle.

4.2.2 Energiebeschaffung: Phototrophie und Chemotrophie

Die für die Lebenserhaltung notwendige Energie beziehen die Bakterien entweder durch direkte Verwertung von Licht mit Hilfe von Chlorophyll oder durch exoenergische chemische Reaktionen in Gestalt von Elektronenübertragungen; im ersten Fall spricht man von ***phototrophen*** (phototroph, grch. durch Licht ernährbar), im zweiten Fall von ***chemotrophen*** (chemotroph, grch. durch chemische Stoffe ernährbar).

4.2.2.1 Chemische Energiespender: Lithotrophie und Organotrophie

Die chemotrophen Bakterien haben entweder das Vermögen, anorganische Stoffe als Elektronendonator zu benutzen, oder sie müssen zu diesem Zwecke organische Stoffe verwenden. Im ersten Fall spricht man von ***lithotrophen*** (lithotroph, grch. durch Gestein [Mineralien] ernährbar) und im zweiten Fall von ***organotrophen*** Bakterien (organotroph, grch. durch organisches Material ernährbar).

Wesen der Lithotrophie

Manche der lithotrophen Bakterien gewinnen Energie aus der Oxidation von Fe^{++} zu Fe^{+++}; andere oxidieren NH_3 zu HNO_2; andere wiederum überführen HNO_2 in HNO_3 oder S in H_2SO_4. Als Elektronenakzeptor dient bei solchen Prozessen Sauerstoff oder ein hierzu geeignetes Material, z. B. NO_3 oder Fe^{+++} oder SO_4^{--}. Die lithotrophen Bakterien spielen im Haushalt der Natur als Bodenbakterien eine bedeutende Rolle. In der Medizin sind sie ohne Belang. Einige Bakterien (z. B. Alcaligenes) können die Knallgasreaktion induzieren, also gasförmigen Wasserstoff als Elektronen- und Energiequelle nutzen.

4.2.2.2 Energiegewinnung bei Krankheitserregern

Die medizinisch bedeutsamen Bakterien sind, wie schon erwähnt, chemotroph; da sie als Elektronenquelle nur organisches Material verwerten können, gehören sie innerhalb der Chemotrophie zu den organotrophen Energieverwertern. Man kann sie somit als ***chemo-organotroph*** bezeichnen. Als letzten Elektronenakzeptor benutzen sie beim energieliefernden Abbau von organischen Stoffen entweder anorganische Verbindungen oder wiederum organische Stoffe. Im ersten Fall spricht man von ***respiratorischer Energiegewinnung (Atmung)***, im zweiten Fall von ***fermentativer Energiegewinnung (Gärung)***. Beide Fundamentalprozesse liefern schließlich das energiereiche ATP. Wird O_2 als Elektronenakzeptor verwendet, so spricht man von „aerober" Atmung, bei Verwendung von anderen, anorganischen Elektronenakzeptoren (z. B. Nitrat) spricht man von „anaerober" Atmung.

Glukose als allgemein verwertbare Energiequelle: Gärung und Atmung

So gut wie alle medizinisch wichtigen Bakterien können Glukose als Energiequelle verwerten. Viele dieser Bakterien können die Glukose nur anoxibiontisch vergären. Es entsteht in diesem Falle als zentrales Zwischenprodukt zunächst Brenztraubensäure; anschließend entstehen je nach Spezies Milchsäure, Ameisensäure, Essigsäure, Acetyl-Methyl-Carbinol (Acetoin), Butylalkohol u. a. Die Energie wird also nur durch Substratphosphorylierung gewonnen. Der gesamte Prozeß wird als ***Gärung*** bezeichnet. – Verfügt die Bakterienzelle neben dem zuckervergärenden Enzymsystem noch über das Zytochromsystem, so entstehen aus der im Zuge der Glycolyse anfallenden Brenztraubensäure unter Verwendung eines finalen anorganischen Elektronenakzeptors schließlich CO_2 und H_2O. Diesen Vorgang nennt man ***Zellatmung***. Die Energieausbeute ist bei der Atmung wesentlich höher als bei der Vergärung. Die Energie wird hier letzten Endes durch Atmungskettenphosphorylierung gewonnen.

Außer der von allen Spezies verwertbaren Glukose kommen als organische Energiequelle zahlreiche Kohlenhydrate in Betracht, u. a. auch höhere Alkohole und aliphatische Karbonsäuren; diese entstehen u. a. durch Desaminierung von Aminosäuren. Die Verwertungsmöglichkeit für solche Energieträger ist von Spezies zu Spezies verschieden ausgebildet.

4.2.2.3 Endprodukte bei der Energiegewinnung: Säurebildung

Steht einer wachsenden Bakterienpopulation ein energetisch verwertbarer Zucker zur Verfügung, so wird dieser zunächst im Sinne der Glykolyse zu Säure abgebaut. Bei vielen Krankheitserregern verläuft der darauf folgende Oxidativ-Abbau sehr langsam, er ist unvollkommen oder er fehlt gänzlich. Es häufen sich dann die bei der Vergärung entstehenden Säuren an. Dies wird bei der Bestimmung von Merkmalen zum Zwecke der Speziesdiagnose ausgenutzt. So weiß man, daß Typhusbakterien typischerweise Laktose nicht verwerten, während Escherichia coli dazu meistens in der Lage ist. Dieses Merkmal nutzt man für die Diagnose aus: Setzt man einer Nährlösung als einziges Kohlenhydrat Laktose mit einem säureanzeigenden Farbindikator zu, so bleibt beim Wachstum von Typhusbakterien der pH-Wert der Kultur unverändert; beim Wachstum von E. coli zeigt der Farbumschlag des Indikators dagegen die Säurebildung an. E. coli kann durch ihre β-Galaktosidase den Milchzucker in zwei Hexosen, nämlich in D-Glukose und D-Galaktose spalten. Damit ergibt sich in Gestalt der Glukose zumindest ein weiter verwertbares Kohlenhydrat; dieses wird anoxidativ zu Säuren abgebaut. Den Typhusbakterien fehlt die β-Galaktosidase: Die Laktose wird nicht gespalten, und die Säurebildung bleibt aus. In Analogie zur Laktose verwendet man zur Merkmalsdifferenzierung noch zahlreiche andere Kohlenhydrate, z. B. Saccharose, Maltose, Mannitol u. a.

4.2.2.4 Gasbildung

Das im Zuge der oxidativen Zuckerabbau-Phase entstehende Kohlendioxid ist so stark wasserlöslich, daß es physikalisch nicht in Erscheinung tritt: Die Bildung von Gasblasen bleibt aus. – Einige Bakterienspezies (meist aus der Familie der Enterobacteriaceae) haben jedoch das Vermögen, die beim anoxibiontischen Zuckerabbau anfallende Ameisensäure in CO_2 und H_2 zu überführen. Der hierbei anfallende Wasserstoff ist in der Nährbodenflüssigkeit kaum löslich; er läßt sich mit Hilfe eines Gasröhrchens als Gasblase nachweisen. Auf diese Weise kann man u. U. die Typhusbakterien von den übrigen Salmonellen abgrenzen, und diese wieder von der Mehrzahl der Ruhrbakterien. Charakteristischerweise bilden ***Gasbrandclostridien*** große Mengen von gasförmigem Wasserstoff. Dieser erscheint nicht nur als diagnostisch wichtiges Merkmal in der Kultur, sondern auch in vivo: In dem vom Gasbrand befallenen Gewebe entstehen zahllose Gasblasen; diese werden bei der Palpation durch das charakteristische Knistern (Crepitation, lat. Knarren) wahrgenommen. – Im Darm des Menschen entsteht durch bakterielle Umsetzung ebenfalls Wasserstoffgas. Daneben entsteht durch Reduktion (Hydrierung) von Schwefelverbindungen gasförmiger Schwefelwasserstoff H_2S. Bei der Merkmalsbestimmung von Darmbakterien wird die Fähigkeit, H_2S zu bilden, diagnostisch bewertet: Salmonellen bilden z. B. fast immer H_2S, während Ruhrbakterien dazu nicht im Stande sind.

4.2.3 Bedarf an Aufbaustoffen

Für den Aufbaustoffwechsel benötigen alle Bakterien die Zufuhr größerer Mengen an Hauptelementen; es sind dies Wasserstoff, Sauerstoff, Kohlenstoff und Stickstoff. Daneben muß die Nährlösung Zusatzelemente K, Fe, Ca, Mg, P, S und Cl in Form anorganischer Ionen enthalten. Schließlich werden je nach Spezieseigentümlichkeit daneben noch die sogenannten Spurenelemente benötigt, wie Zink, Kobalt, Mangan, u. a. Die Form, in der die Hauptelemente Stickstoff und Kohlenstoff angeboten werden müssen, ist von Spezies zu Spezies sehr verschiedenartig.

4.2.3.1 Autotrophie: Lückenlose Breite der Synthesekompetenz

Als eine Extremform der Bedürfnislosigkeit kann man die Lebensweise derjenigen Bakterien ansehen, welche Mineralien nicht nur als Energiequelle nutzen (Lithotrophie, s. S. 45), sondern ihren Aufbaustoffwechsel gänzlich mit anorganischem Material bestreiten; diese Bakterien begnügen sich mit anorganischem Kohlenstoff (CO_2) und mit anorganischem Stickstoff (z. B. als NH_4^+ oder gar als N_2). Bakterien dieses Anspruchstyps werden als ***autotroph*** (grch. selbsternährend) bezeichnet. Als Non-plus-ultra der Anspruchslosigkeit gelten einige der zur Photosynthese befähigten schwefelfreien Purpurbakterien (z. B. Rhodospirillum rubrum); sie beziehen nicht nur ihren Stickstoff (als N_2), sondern auch ihren Kohlenstoff (als CO_2) gänzlich aus der Luft und dazu noch ihre Energie in physikalischer Form von der Sonne. Die autotrophen Bakterien verfügen über einen enorm vielseitigen Syntheseapparat; sie sind durch die Breite ihrer Enzymgarnitur befähigt, aus den allereinfachsten Bausteinen alle Verbindungen herzustellen, aus denen das Zellprotoplasma besteht.

4.2.3.2 Heterotrophie: Lücken im Syntheseprogramm

Von den medizinisch wichtigen Bakterien gehört keine einzige Spezies in strengem Sinne zu dem autotrophen Ernährungstyp, wenn auch einige Spezies dessen Verhalten nahekommen. So ist Escherichia coli dazu fähig, mit anorganischem Stickstoff in Gestalt von Ammoniak allein auszukommen; dieser Keim benötigt aber eine organische Kohlenstoffquelle, z. B. in Gestalt von Glukose. Bakterien, die im Hinblick auf ihren Baustoffwechsel die Zufuhr von organischen Verbindungen benötigen – sei es auch nur von einer einzigen – nennt man ***heterotroph*** (grch. andersartige Nahrung gebrauchend).

Heterotrophe Bakterien verfügen nicht über das breite Enzymarsenal der autotrophen; sie haben in ihrem Syntheseapparat „Fertigungslücken“. Dies bedeutet, daß einige für den Aufbau des Protoplasmas unentbehrliche (essentielle) Verbindungen nicht synthetisiert werden können; werden diese der Zelle nicht von außen zugeführt, so ist das Wachstum unmöglich. Substanzen dieser Art nennt man ***Wuchsstoffe***.

4.2.3.3 Metabolit – Essentieller Metabolit – Wuchsstoff

Als ***Metabolit*** bezeichnet man jede Substanz, die im Stoffwechselprozeß verarbeitet wird oder anfällt; hierunter fallen u. a. alle Abbau- und Syntheseprodukte. ***Essentiell*** ist ein Metabolit, wenn er für den Ablauf der Stoffwechselprozesse unerläßlich ist. Für autotrophe Bakterien ist z. B. das selbstgefertigte Tryptophan ein essentieller Metabolit; das gleiche gilt auch für die durch Abbau von Zucker anfallende Brenztraubensäure. Für zahlreiche Bakterien (Brucellen, Gonokokken, Streptokokken) ist CO_2 ein essentieller Metabolit. ***Nicht essentielle*** Metaboliten sind z. B. für Proteusbakterien Ammoniak, für Pneumokokken die Milchsäure oder für Escherichia coli das Indol; diese Substanzen fallen als Endprodukte (Schlacken) an und werden nicht weiterverwertet.

Als ***Wuchsstoff*** bezeichnet man unter Bezugnahme auf einen bestimmten Bakterienstamm einen essentiellen Metaboliten, zu dessen Herstellung die Zelle selbst nicht fähig ist. Die für den betreffenden Stamm als Wuchsstoff erkannte Verbindung muß im Milieu zur Verfügung stehen, wenn es zur Vermehrung kommen soll. Für Diphtheriebakterien ist Tryptophan ein Wuchsstoff, dagegen nicht für Escherichia coli. Für beide Spezies ist aber Tryptophan ein essentieller Metabolit. Der Begriff „essentieller Metabolit“ ist hiernach dem Begriff „Wuchsstoff“ übergeordnet: Nicht alle essentiellen Metaboliten sind Wuchsstoffe, aber alle Wuchsstoffe sind essentielle Metaboliten.

4.2.3.4 Anspruchslose, anspruchsvolle und nicht-züchtbare Keime

Der Wuchsstoffbedarf der medizinisch wichtigen Bakterien ist von Spezies zu Spezies und zuweilen von Stamm zu Stamm verschieden. Einige Bakterienspezies benötigen nur einen oder zwei Wuchsstoffe (anspruchslose Keime), andere verlangen dagegen ein Wuchsstoffangebot, welches neben dem größten Teil der Aminosäuren noch zahlreiche Verbindungen anderer Art (prosthetische Gruppen für Enzyme; Purine) umfaßt. Erreger dieser Art werden mit dem Ausdruck „anspruchsvoll“ gekennzeichnet. Als Beispiel seien die Gonokokken und die Keuchhustenbakterien genannt. Bei einigen Erregern ist das Stoffwechselbedürfnis offenbar so beschaffen, daß es mit Hilfe der in der Praxis zur Verfügung stehenden Nährböden nicht gedeckt werden kann. Bakterien dieser Art sind ***nicht züchtbar***. Hierher gehören z. B. die Erreger der Syphilis, der Lepra, der Chlamydien-Infektionen und des Fleckfiebers. Zur Vermehrung dieser Keime muß man sie in den lebenden Organismus bzw. auf lebende Zellen verimpfen.

5 Bakteriengenetik

R. E. Streeck

INHALTSÜBERSICHT

5.1 Einleitung 48
5.2 Struktur und Replikation von DNA 48
5.3 Träger genetischer Information in Bakterien 49
5.3.1 Das Bakterien-Chromosom 49
5.3.2 Plasmide 49
5.3.3 Bakteriophagen 50
5.4 Austausch genetischer Information zwischen Bakterien 51
5.4.1 Konjugation 51
5.4.2 Transformation 52
5.4.3 Transduktion 52
5.5 Rekombination 53
5.6 Transposons 54
5.7 Genetische Organisation der DNA in Bakterien 55
5.8 Mutationen und ihre Folgen 57
5.9 Ames-Test 59
5.10 Gentechnik 59
5.11 Einige klassische Experimente der Bakteriengenetik 61
5.11.1 Fluktuationstest (Luria und Delbrück, 1943) 61
5.11.2 Transformation von Pneumokokken (Avery, MacLeod und McCarthy, 1944) 62
5.11.3 Das Waring-Blender-Experiment (Hershey und Chase, 1952) 62
5.11.4 Cis-Trans-Test (Benzer, 1954) 63
5.11.5 Semikonservative Replikation von DNA (Meselson und Stahl, 1958) 63

5.1 Einleitung

In der Genetik untersucht man den Zusammenhang zwischen den Eigenschaften von Organismen oder Zellen und ihren Genen. Seitdem durch die Arbeiten von G. Mendel, T. H. Morgan u.a. bekannt war, daß sich Merkmale von Pflanzen und Tieren auf bestimmte Elemente in ihren Chromosomen zurückführen lassen, die man Gene nannte, hat man versucht zu verstehen, woraus Gene bestehen und wie sie wirken. Die Beantwortung dieser Fragen gelang in den Jahren von 1940 bis etwa 1960, als man Bakterien und ihre Viren, die Bakteriophagen, zum Gegenstand genetischer Untersuchungen machte. Bakterien haben gegenüber Pflanzen und Tieren den Vorteil, daß sie sich leicht in Lösungen und auf Nährböden züchten lassen, eine kurze Generationszeit besitzen, haploid sind und daß man Veränderungen ihrer Gene leicht erkennen kann. Wir verdanken der Bakteriengenetik die grundlegenden Erkenntnisse über die Natur des Trägers genetischer Information, die DNA, über die Transkription der Gene in mRNA und ihre Translation in Protein und über die Regulation der Genexpression durch DNA-bindende Proteine. Auf der Grundlage der in der Bakteriengenetik gewonnenen Einsichten beginnt man heute, auch die Genetik der Pflanzen und Tiere auf molekularer Grundlage zu verstehen.

In den folgenden Kapiteln sind einige wesentliche Aspekte der Bakteriengenetik dargestellt. Sie beschränken sich zur Hauptsache auf Escherichia coli und stellen die molekularen Grundlagen in den Mittelpunkt der Darstellung, soweit diese bekannt sind.

5.2 Struktur und Replikation von DNA

Die chemischen Bestandteile von DNA sind der Zucker Desoxyribose, Phosphorsäure und die Purinbzw. Pyrimidinbasen Adenin (A), Guanin (G), Cytosin (C) und Thymin (T). Das Rückgrat der DNA wird von einer Kette alternierender Desoxyribose- und Phosphorsäure-Gruppen gebildet, die über 3'-OH- und 5'-OH-Gruppen aufeinanderfolgender Zucker miteinander verknüpft sind. Das eine Ende eines solchen DNA-Stranges hat eine 5'-Phosphat-Gruppe, das andere eine freie 3'-OH-Gruppe. Jede Desoxyribose ist N-glykosidisch am C-Atom Nr. 1 mit einer der vier Basen verknüpft. Das Desoxyribose-Phosphorsäure-Rückgrat ist in allen DNAs gleich und trägt keine genetische Information. Diese beruht allein auf der Reihenfolge der Basen.

Die meisten natürlich vorkommenden DNAs liegen in Form einer ***Doppelhelix*** vor. Sie besteht aus zwei sich um eine gemeinsame Achse windenden Einzelsträngen, die durch Wasserstoffbrücken-Bindungen zwischen den im Inneren der Helix liegenden Basen zusammengehalten werden. Infolge der räumlichen Struktur der Basen und der Doppelhelix können nur A und T sowie G und C stabile Basenpaare bilden. A in einem Strang ist daher immer mit T im anderen Strang gepaart usw. Infolgedessen sind die beiden DNA-Stränge zueinander komplementär, d. h. die Reihenfolge der Basen in einem Strang legt auch die Reihenfolge der Basen im anderen Strang fest. Die beiden Einzelstränge der Doppelhelix winden sich mit einer Periodizität von 10 Basenpaaren um ihre gemeinsame Achse und haben entgegengesetzte 5'→3'-Orientierung (sog. B-Form).

Neben dieser am häufigsten anzutreffenden DNA-Form gibt es einige *seltenere DNA-Strukturen.* Eine Reihe von Bakteriophagen besitzt einzelsträngige DNA. Plasmide bestehen aus zirkularer, doppelsträngiger DNA, die infolge zusätzlicher Verdrillung ein kompaktes „Superknäuel" bildet. Die rechtsgängige B-Form der DNA geht unter gewissen Bedingungen in eine linksgängige Doppelhelix über (sog. Z–Form). Die in der B-Form starre, stäbchenförmige DNA kann an bestimmten Sequenzen geknickt sein, usw.

Die genetische Information von Bakterien oder Viren muß im Laufe ihrer Vermehrung in Form identischer Kopien an die *Nachkommen* weitergegeben werden. Dies geschieht durch semikonservative Replikation der DNA. Hierbei werden die beiden Stränge der DNA-Doppelhelix aufgedrillt, und an jedem von ihnen wird ein komplementärer Strang Schritt für Schritt neu synthetisiert. Auf diese Weise entstehen zwei DNA-Doppelstränge, von denen jeder aus einem alten und einem neuen Strang besteht. An der DNA-Synthese sind mehrere Enzyme beteiligt, von denen ***DNA-Polymerase*** das wichtigste ist. DNA-Polymerasen katalysieren die Verknüpfung von Nukleosidtriphosphaten an einer DNA-„Vorlage" unter Abspaltung von Diphosphat. Darüber hinaus besitzt die E. coli DNA-Polymerase I Nuklease-Aktivität, mit deren Hilfe falsch synthetisierte, d. h. nichtkomplementäre Basenpaare aus der neuen DNA-Sequenz wieder herausgeschnitten werden können („Korrekturlesen").

5.3 Träger genetischer Information in Bakterien

5.3.1 Das Bakterien-Chromosom

Genetische Information kann in Bakterien in verschiedenen DNAs gespeichert sein. Die eigentliche bakterielle DNA, die die für das jeweilige Bakterium charakteristischen und für sein Überleben wichtigen Gene trägt, wird auch als ***Bakterien-Chromosom*** bezeichnet. Daneben können Bakterien extrachromosomale DNAs enthalten, sog. ***Plasmide***, die zusätzliche Gene besitzen. Schließlich können Bakterien von ***Bakteriophagen*** infiziert sein, deren genetische Information meistens die Zerstörung der Bakterienzellen herbeiführt.

Das am besten charakterisierte ***Bakterien-Chromosom*** ist das von Escherichia coli. Es besteht aus einem einzigen, etwa 4.7 x 10^6 Basenpaaren langen, zirkularen DNA-Molekül. Nimmt man für ein durchschnittliches Gen eine Länge von etwa 10^3 Basenpaaren an, so kommt man für E. coli auf etwa 4 x 10^3 Gene. Hiervon sind bis heute etwa 10^3 identifiziert worden. Die Replikation des Bakterien-Chromosoms beginnt immer an einer spezifischen Sequenz (ori) und ist mit der Vermehrung der Bakterien durch Zellteilung koordiniert.

5.3.2 Plasmide

Plasmide sind zirkular-doppelsträngige DNA-Moleküle, deren Größe und Anzahl pro Bakterium sehr unterschiedlich sein kann. Die kleinsten bekannten Plasmide sind nur 800 Basenpaare lang, die größten bis zu 300 000 Basenpaare. Während die großen Plasmide häufig nur in einer Kopie pro Bakterienzelle vorliegen, können von den kleinen bis zu 100 und in

Ausnahmefällen bis zu 1 000 Kopien vorkommen. Die Replikation der Plasmide ist unabhängig von der der chromosomalen DNA. Bei der Zellteilung werden die vorhandenen Plasmide mehr oder weniger zufällig auf die beiden Tochterzellen verteilt.

Die genetische Information der Plasmide ist für das Überleben der Bakterien unter normalen Bedingungen im allgemeinen entbehrlich. Man kann plasmidfreie Bakterien isolieren, die in geeignetem Milieu normal wachsen. Häufig tragen Plasmide Gene, die Bakterien in einer feindlichen Umgebung einen Selektionsvorteil gegenüber den plasmidfreien Bakterien verschaffen. Hierzu gehören *Resistenz gegen Antibiotika* und Schwermetalle, die Fähigkeit zur Produktion von Toxinen, die andere Bakterien abtöten, die Fähigkeit, auf ungewöhnlichen chemischen Verbindungen zu wachsen und diese abzubauen, usw. Viele der größeren Plasmide tragen zusätzlich Gene, die ihre Übertragung auf andere Bakterien derselben oder einer verwandten Spezies ermöglichen.

Zu den medizinisch bedeutsamsten Plasmiden gehören die sog. ***Resistenztransfer-Faktoren (RTF)***. Sie tragen Gene, die Bakterien resistent gegen Antibiotika machen, wie z. B. Penicillin, Tetracyclin, Streptomycin, Sulfonamide. Häufig tragen die RTF Gene für mehrere dieser Resistenzen auf einmal. Resistenz-Gene codieren für Enzyme, die die Antibiotika modifizieren und dadurch inaktivieren. So beruht z. B. die Resistenz gegen Penicilline auf der Synthese eines plasmid-codierten Enzyms, das spezifisch den β-Lactam-Ring der Penicilline hydrolysiert. Auch durch Veränderungen in ihrer Membran können Bakterien Resistenz gegen Antibiotika erwerben, wenn hierdurch die Aufnahme der Antibiotika in die Bakterien unterbunden wird. Veränderung der penicillin-bindenden Proteine (PBP) → siehe S. 15

5.3.3 Bakteriophagen

Bakteriophagen sind die Viren der Bakterien. Sie sind im Grunde nichts als genetische Information (in Form von DNA oder RNA) in einer Protein-Verpackung. Sie können nur in Bakterien vermehrt werden und sind hierfür auf den Proteinsynthese-Apparat der Bakterien angewiesen. Infiziert ein Phage ein Bakterium, so wird seine DNA oder RNA von der Bakterienzelle aufgenommen, während die oft recht komplexe Proteinhülle auf der Zellmembran zurückbleibt. Wird die genetische Information des Phagen in der Zelle abgelesen, kommt es zur Bildung neuer Phagen, die die Bakterien schließlich zerstören (lysieren). In der phagen-infizierten Zelle wird zunächst die Phagen-DNA (oder RNA) repliziert, später werden die Proteine der Phagen-Hülle gebildet, die sich mit der DNA zu Phagenköpfen und schließlich zu kompletten Phagen assoziieren. Durch Lyse der Bakterien freigesetzte Phagen infizieren weitere Bakterien, und der ganze Vorgang wiederholt sich (Abb. 5.1).

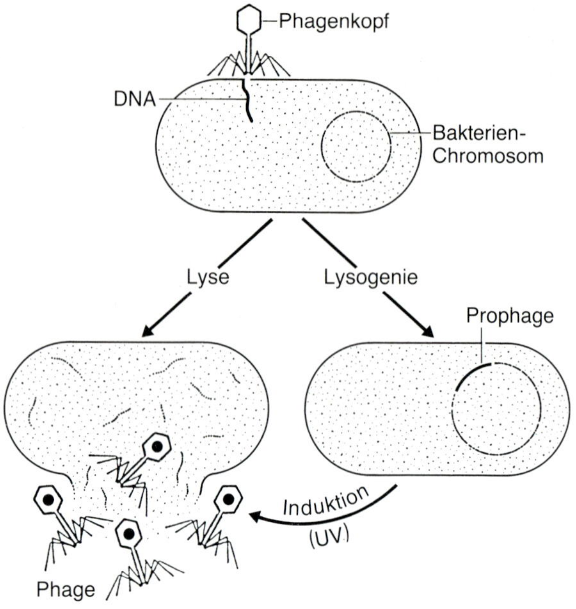

Abb. 5.1. Lytische Vermehrung von Bakteriophagen und lysogener Zustand von Bakterien

Bakteriophagen kennt man für sehr viele Bakterien; am besten untersucht sind die von E. coli. Die einfachsten unter ihnen besitzen nur 4 Gene (Qβ, MS2, R17 u. a.). Zu den bekanntesten E. coli-Phagen gehört der ***Bakteriophage Lambda*** (λ), dessen 48 500 Basenpaare lange DNA-Sequenz vollständig aufgeklärt wurde. Der Phage λ hat in der Geschichte der Genetik und der Molekularbiologie häufig als Paradigma für die Aufklärung der molekularen Mechanismen zahlreicher genetischer Grundphänomene gedient.

Der Phage λ kann E. coli nicht nur lytisch infizieren. Es kann auch vorkommen, daß nach einer Infektion die gesamte λ-DNA in das Bakterien-Chromosom integriert und dann wie ein normales E. coli Gen vererbt wird (***Prophage***). In diesem Zustand (***Lysogenie***) sind die Phagengene abgeschaltet, lediglich der sog. *λ-Repressor* wird synthetisiert. Werden solche Bakterien mit UV-Strahlen behandelt, so wird der Repressor inaktiviert und der Prophage „induziert". Die Phagen-DNA wird aus dem Bakterien-Chromosom ausgeschnitten, und es kommt erneut zu einem Zyklus lytischer Vermehrung. Die Umschaltung zwischen lysogener Integration von λ-DNA und lytischer Vermehrung von λ-Phagen wird durch mehrere genetische Kontrollen reguliert.

Man kennt Phagen, die sich ähnlich wie λ verhalten, auch bei anderen Bakterien. Ein Beispiel hierfür ist der Bakteriophage β, der das Gen für das Diphtherietoxin trägt. Er kann Corynebakterium diphtheriae entweder lytisch infizieren oder in den Toxin-produzierenden Bakterien in Form eines Prophagen vorkommen.

5.4 Austausch genetischer Information zwischen Bakterien

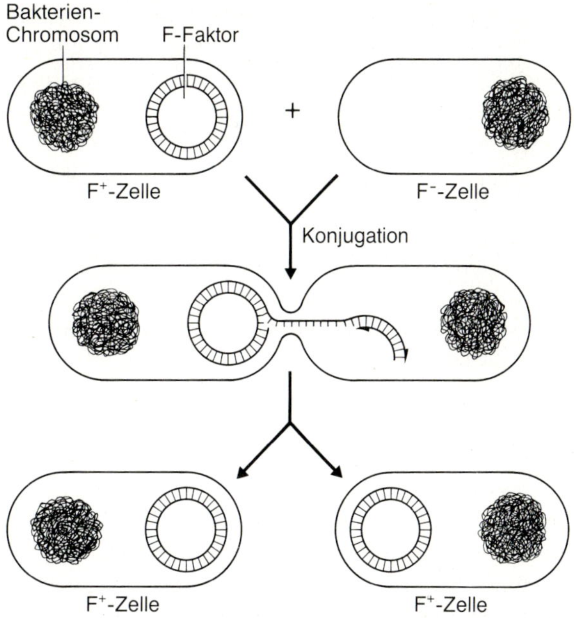

Abb. 5.2. Übertragung eines F-Faktors durch Konjugation

5.4.1 Konjugation

Gewisse Bakterienstämme besitzen die Fähigkeit, Kopien der eigenen DNA auf andere Bakterien zu übertragen. Für diesen Vorgang wurde der Begriff ***Konjugation*** geprägt (Abb. 5.2). Die Fähigkeit zur DNA-Übertragung durch Konjugation wird durch Plasmide vererbt. In E. coli wird das entsprechende Plasmid als ***F-Faktor*** bezeichnet. In den Spender-Bakterien liegt der F-Faktor entweder in freier Form als Plasmid vor (F^+) oder in integrierter Form als Bestandteil des Bakterienchromosoms (Hfr). Als Empfänger der DNA treten nur solche Bakterien auf, die selbst keinen F-Faktor besitzen (F^-).

Kreuzt man F^-- mit F^+-Bakterien, so wird eine Kopie des F-Plasmids übertragen. In der Konjugation von F^- mit Hfr-Stämmen dagegen kommt es zur Übertragung des F-Faktors (oder eines Teils hiervon) mitsamt der daranhängenden chromosomalen DNA. Läuft die Konjugation ungestört ab, kann hierbei das gesamte E. coli-Chromosom übertragen werden, ein Vorgang der bei 37 °C 90–100 min benötigt. Kräftiges Schütteln der Bakterienkultur, z. B. in einem Küchenmixer, führt zum Abbruch der Konjugation, so daß nur ein Teil der Gene des Hfr-Stammes auf den F^--Stamm übertragen wird. Unterbricht man die Konjugation zu verschiedenen Zeitpunkten und bestimmt die jeweils übertragenen Gene, so läßt sich hiermit eine *Genkarte* aufstellen: die zeitliche Reihenfolge der Übertragung entspricht der Reihenfolge der Gene im Chromosom. Durch Verwendung von Hfr-Stämmen, in denen der F-Faktor an verschiedenen Stellen in das Bakterien-Chromosom integriert ist, läßt sich die Genauigkeit einer solchen Genkarte verbessern.

In der Konjugation wird die Verbindung zwischen F^+- oder Hfr- und F^--Zellen durch einen sog. ***F-Pilus*** hergestellt, eine hohlzylinderförmige Ausstülpung der Donorzellen. Er besteht aus Untereinheiten eines einzigen Proteins (Pilin). F^--Zellen, die ein F-Plasmid aufgenommen haben, werden hierdurch selbst zu F^+-Zellen. Mischt man daher die Kulturen eines F^-- und eines F^+-Stammes, so werden alle Bakterien der Kultur F^+.

Das integrierte F-Plasmid kann gelegentlich spontan aus dem Bakterienchromosom wieder freigesetzt werden, wodurch Hfr-Stämme in die F^+-Form übergehen. Hierbei können flankierende Bakteriengene mitausgeschnitten werden. Die dabei entstehenden F'-Plasmide sind mit transduzierenden Phagen zu vergleichen (s. Kap. 5.4.3). Durch Übertragung eines solchen F'-Plasmids lassen sich partiell diploide Bakterien herstellen.

Plasmid-vererbte Konjugationssysteme sind unter gram-negativen und gram-positiven Bakterien weit verbreitet. Während in gram-negativen Bakterien die Konjugation wie in E. coli durch Pili eingeleitet wird, scheint in gram-positiven Bakterien ein „klebriges"

Membranprotein der Donor-Zellen für die Paarbildung wichtig zu sein, dessen Synthese durch ein von Rezipienten-Zellen ausgeschiedenes Polypeptid induziert wird.

Zu den durch Konjugation übertragbaren Plasmiden gehören auch die Resistenztransferfaktoren (RTF). Sie tragen mehrere Gene für die Komponenten ihres eigenen Konjugationssystems. Die zunehmende Ausbreitung der Resistenzen gegen Antibiotika ist auf die Übertragung der RTF durch Konjugation und auf die Selektion der resistenten Stämme durch Antibiotika zurückzuführen.

5.4.2 Transformation

Bakterielle Gene können auch in Form freier DNA zwischen Bakterien ausgetauscht werden. Zahlreiche Bakterien können fremde DNA aus ihrer Umgebung aufnehmen und in ihre eigene DNA integrieren (***Transformation***). Es war die Entdeckung dieses Phänomens, mit dessen Hilfe 1944 der Nachweis gelang, daß DNA, und nicht Protein materieller Träger der genetischen Information ist. Avirulente Stämme von Streptococcus pneumoniae wurden virulent, wenn sie mit Extrakten abgetöteter virulenter Stämme behandelt wurden. Als aktives Prinzip dieser genetisch stabilen Transformation wurde von Avery und seinen Mitarbeitern die DNA der virulenten Bakterien identifiziert. Heute weiß man, daß Transformationen bei zahlreichen gram-positiven und gram-negativen Bakterien vorkommen. Einige Bakterien, z. B. Hämophilus und Neisseria, besitzen besondere Membranproteine, die für die Aufnahme von DNA eine Rolle spielen und dafür sorgen, daß nur DNA verwandter Spezies aufgenommen werden kann. In Hämophilus bindet dieses Protein an spezifische Oligonukleotidsequenzen, die in Hämophilus-DNA relativ häufig, in anderen DNAs sehr selten sind.

Die Aufnahme freier DNA setzt einen besonderen Zustand der Bakterienmembran voraus, den man als ***Kompetenz*** bezeichnet. Bei vielen Bakterien läßt sich Kompetenz künstlich erzeugen, wenn man sie mit Ca^{2+} behandelt. Auch E. coli läßt sich auf diese Weise transformieren, wenn die transformierende DNA sich in E. coli autonom vermehren kann, wie das für Plasmide und Phagen-DNAs zutrifft. Diese Technik bildet heute eine der Grundlagen der molekularen Genetik. Sie erlaubt es, jedes beliebige DNA-Stück nach Einbau in ein Plasmid oder Phagen-DNA in Bakterien einzuführen und somit die Wirkung einzelner Gene auf die Eigenschaften der Bakterien zu untersuchen.

5.4.3 Transduktion

Schließlich kann genetische Information auch mit Hilfe von Bakteriophagen zwischen Bakterien ausgetauscht werden. Hierzu kann es kommen, wenn beim Einpacken der Phagen-DNA in die Proteinhülle des Phagenkopfes bakterielle Gene miteingepackt werden und diese Phagen dann andere Bakterien infizieren. Dieser Vorgang heißt ***Transduktion***.

Es werden zwei Arten transduzierender Phagen unterschieden. Phagen wie λ, deren DNA als Prophage in das Bakterien-Chromosom eingebaut werden kann, können gelegentlich einige bakterielle Gene gegen eigene austauschen, wenn beim Herausschneiden des Prophagen der Schnitt nicht genau an den Enden der Phagen-DNA verläuft. Allerdings können auf diese Weise nur wenige Gene übertragen werden, denn der Phage λ wird nur an wenigen Stellen in das E. coli-Chromosom integriert, und nur die flankierenden Gene können transduziert werden. Außerdem ist die Kapazität der Phagenköpfe für die Aufnahme zusätzlicher DNA begrenzt. Dennoch haben transduzierende λ-Phagen in der Entwicklung der molekularen Genetik eine große Rolle gespielt, da mit ihrer Hilfe erstmals einzelne E. coli-Gene isoliert werden konnten.

Der Bakteriophage P1 kann E. coli-Gene transduzieren, ohne als Prophage in das Bakterien-Chromosom integriert zu werden. Bei der lytischen Vermehrung dieser Phagen wird die bakterielle DNA durch Nukleasen zu kleineren Bruchstücken abgebaut. Solche Bruchstücke können in Phagenköpfe gepackt werden, wenn sie die passende Größe haben. Die entsprechenden Phagen sind defekt, weil ihnen eigene Gene fehlen; sie sind nicht mehr vermehrungsfähig. Da sie aber intakte Proteinhüllen besitzen, können sie Bakterien infizieren und dabei die Bruchstücke der DNA ihrer Wirtszellen transduzieren. Der Abbau der bakteriellen DNA in den P1-infizierten Zellen ist nicht auf bestimmte Regionen des Chromosoms beschränkt, so daß durch P1 das gesamte E. coli-Chromosom in Form einzelner Bruchstücke transduziert werden kann. Die Analyse der DNA einzelner transduzierender Phagen kann somit darüber Aufschluß geben, welche Gene im E. coli-Chromosom benachbart sind. Hiermit kann also die Reihenfolge von Genen festgestellt, eine Genkarte angelegt werden. Diese Methode ist eine wirkungsvolle Ergänzung der Aufstellung von Genkarten durch Konjugation.

5.5 Rekombination

Wie von der Konjugation und der Transformation der Bakterien bekannt ist, können Gene aus der aufgenommenen DNA stabil in die bakterielle DNA eingebaut und an die Nachkommen weitergegeben werden. Hierzu müssen die DNA-Moleküle gespalten und neu verknüpft werden. Dieser Vorgang der ***Rekombination***, der mit einem Austausch genetischer Information zwischen den DNA-Molekülen verbunden ist, spielt in der Genetik eine wichtige Rolle. Nahezu alle lebenden Zellen enthalten Rekombinationsenzyme. Rekombination wird nicht nur zwischen chromosomalen DNAs beobachtet, sondern z. B. auch zwischen Phagen-DNAs. Infiziert man E. coli mit zwei verschiedenen λ-Phagen, kann man nach der Lyse der Bakterien Phagen finden, die Gene von beiden Phagen besitzen. Auch intramolekulare Rekombination zwischen verschiedenen Regionen einer DNA ist möglich. Sie führen zu einem Platzwechsel von Genen innerhalb der DNA. Ein weiteres Beispiel für Rekombination ist die Integration eines Prophagen oder eines F-Plasmids in die chromosomale DNA.

Der Mechanismus der Rekombination in Bakterien ist nur in seinen Grundzügen bekannt. Voraussetzung für eine Rekombination zwischen verschiedenen DNAs sind homologe Bereiche gleicher oder ähnlicher Nukleotidsequenz (***homologe Rekombination***). Liegen diese Bereiche in einzelsträngiger Form vor, kann sich ein Strang der einen DNA an den komplementären Strangbereich der anderen DNA binden und hierdurch eine Rekombination einleiten. Die Ausbildung einer solchen Struktur hat ihren Ausgangspunkt in Unterbrechungen eines DNA-Stranges, wie sie infolge Beschädigung der DNA oder als Überbleibsel der Replikation gelegentlich vorkommen. In E. coli hat man ein Rekombinationsenzym charakterisiert (Rec A), das an solche Bruchstellen bindet, unter ATP-Verbrauch die beiden Stränge der Doppelhelix aufwindet und das freie Ende an den komplementären Strang bindet. Im weiteren Verlauf der Rekombination entsteht eine überkreuzte Struktur (Abb. 5.3). In den Chromosomen höherer Zellen ist sie als Crossing-over zu beobachten. Schließlich folgt an der Überkreuzungsstelle die Spaltung und Neuverknüpfung der DNA-Stränge.

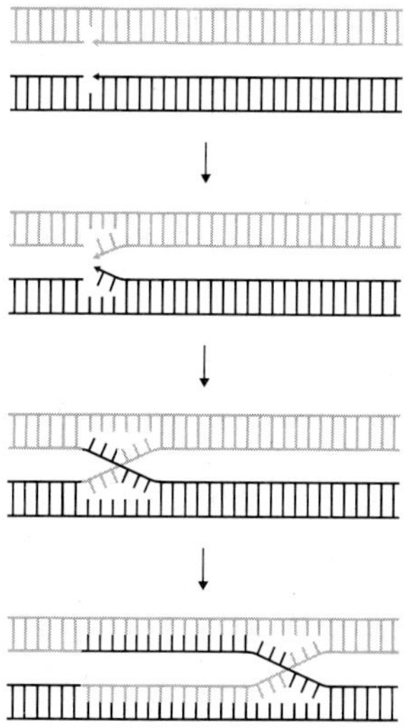

Abb. 5.3. Homologe Rekombination

Die Rekombination, durch die λ als Prophage integriert wird, verläuft nach einem anderen Mechanismus. Hier wird durch ein λ-Protein, Integrase, eine Rekombination zwischen einer definierten Oligonukleotidsequenz in der E. coli-DNA und einer entsprechenden Sequenz in der λ-DNA herbeigeführt (Abb. 5.4). Rekombination zwischen spezifischen DNA-Sequenzen gibt es auch in anderen Bakterien. Liegen solche Rekombinations-Sequenzen innerhalb desselben DNA-Moleküls, kann das zwischen ihnen liegende DNA-Segment umgedreht werden. Trägt das invertierte Segment regulatorische DNA-Sequenzen, z. B. einen Promotor (s. u.), wird die Genexpression hierdurch verändert. Ein Beispiel hierfür ist die sog. Phasenvariation in Salmonella, wo durch die Inversion eines DNA-Segments die Synthese eines Flagellen-Proteins ab- und die eines anderen angeschaltet wird.

Die Rekombination ist ein seltener Vorgang. Wäre dies nicht so, gäbe es keine stabilen Spezies. Wahrscheinlich hat die Rekombination aber im Laufe der Evolution im Sinne einer Beschleunigung gewirkt, da durch Rekombination Gene oder Teile von Genen neu kombiniert oder mehrere Gene auf einmal neu in eine DNA eingefügt werden können.

Die Rekombination kann dazu benutzt werden, die *Lage* eines Gens auf der Genkarte festzulegen. In erster Näherung ist die Häufigkeit der Rekombination zwischen zwei Genen ihrem Abstand proportional. Wenn die Brüche in der DNA, von denen ein Rekombinationsereignis seinen Ausgang nimmt, nach Zufallsgesetzen verteilt sind, dann nimmt die Wahr-

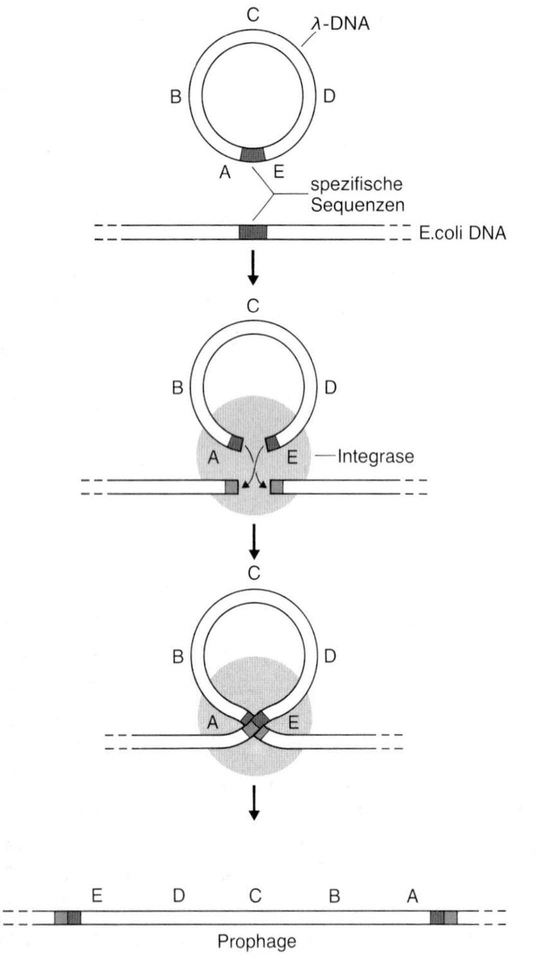

Abb. 5.4. Sequenzspezifische Rekombination: Integration des Phagen λ in das E. coli Chromosom (Lysogenie)

scheinlichkeit der Rekombination zwischen Genen um so mehr ab, je näher sie zusammenliegen. Im Prinzip können mit Hilfe der Rekombination auch verschiedene Mutationen (s. u.) innerhalb eines Gens kartiert werden. Dies gelingt aber nur, wenn eine wirkungsvolle Selektionsmethode zum Nachweis der sehr seltenen Rekombinanten zur Verfügung steht.

5.6 Transposons

In den DNAs vieler Bakterien gibt es Segmente, die ihren Platz gelegentlich ändern und die sich in Nukleotidsequenzen einschieben, zu denen sie keine Homologien besitzen. Diese mobilen genetischen Elemente, die es auch in höheren Organismen gibt, heißen ***Insertionssequenzen (IS)*** oder ***Transposons (Tn)***. Alle IS- und Tn-Elemente besitzen ein Gen für ein Enzym, Transposase, das alle Schritte der Transposition katalysiert. Außerdem tragen sie charakteristische Sequenzen an ihren Enden. Transposons besitzen darüber hinaus weitere Gene, z. B. für Antibiotikaresistenzen, die bei der Transposition mitumgelagert werden.

Im Zuge der Transposition kann entweder eine Kopie des Transposons an einer neuen Stelle in die DNA inseriert werden – dann bleibt das ursprüngliche Transposon an seinem Platz – oder das Transposon selbst wechselt den Platz und hinterläßt eine Deletion an der alten Stelle. Welcher Mechanismus bevorzugt wird, hängt von dem jeweiligen Transposon ab. Transposons können auch zwischen verschiedenen DNAs „springen“, z. B. von einem Plasmid in eine Phagen-DNA oder in das Bakterienchromosom.

Die Insertion eines Transposons in ein Gen bewirkt häufig dessen Inaktivierung. Dies macht man sich in der ***Transposon-Mutagenese*** zunutze. Um die Position eines Gens in einer bakteriellen DNA zu bestimmen oder dieses Gen zu isolieren, werden die Bakterien mit einem Plasmid transformiert, das ein Transposon trägt. Anschließend werden Mutanten isoliert, in denen das betreffende Gen defekt ist. In den meisten Mutanten beruht die Geninaktivierung auf einer Insertion des Transposons. Man kann daher davon ausgehen, daß die Sequenzen, die das Transposon in der chromosomalen DNA flankieren, dem gesuchten Gen entsprechen.

Große medizinische Bedeutung haben diejenigen Transposons, die Gene für Antibiotika-Resistenzen besitzen. Auf Grund ihrer Mobilität können sich solche Transposons in einer DNA ansammeln, was durch gleichzeitige Anwendung mehrerer Antibiotika in der medizinischen Therapie begünstigt wird. Dies erklärt, warum die Resistenztransferfaktoren meistens mehrere Resistenzgene tragen (Abb. 5.5).

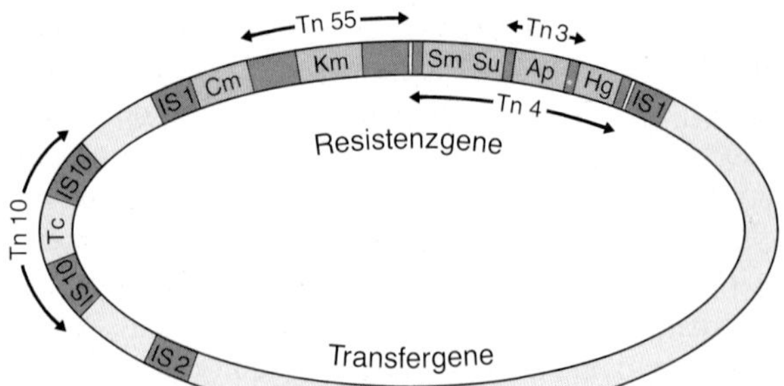

Abb. 5.5. Struktur eines Resistenztransferfaktors

5.7 Genetische Organisation der DNA in Bakterien

In der DNA von E. coli sind bis jetzt mehr als 900 Gene identifiziert und lokalisiert worden. Die Genkarte ist zirkular, wie das Bakterienchromosom selbst. Man ist übereingekommen, sie in 100 Abschnitte zu unterteilen, entsprechend der Zeit von 100 min, die die Übertragung des gesamten Chromosoms in einer Konjugation bei 37 °C in etwa dauert. In den Genen ist die Information für die Reihenfolge der Aminosäuren in den Proteinen und für die Reihenfolge der Nukleotide in den stabilen RNAs der Bakterienzelle, den ribosomalen und Transfer-RNAs, codiert.

Häufig sind die Gene für Enzyme, die das Bakterium für bestimmte Synthese- oder Abbauleistungen braucht, unmittelbar benachbart. Sie bilden ein sogenanntes ***Operon***. Beispiele hierfür sind das trp- und his-Operon mit den Genen der Enzyme für die Biosynthese der Aminosäuren Tryptophan und Histidin und das lac-Operon mit den Genen von Enzymen, die die Aufnahme und die Spaltung von Lactose ermöglichen. Für jedes Protein gibt es nur ein Gen; mehrere Gene gibt es dagegen für die ribosomalen RNAs und für die verschiedenen Transfer-RNAs, die über das Chromosom verteilt sind.

Die Genkarten verwandter Enterobakterien, Salmonella, Shigella, Enterobacter, sind ähnlich der von E. coli, die anderer Bakterien, wie Bacillus subtilis oder Pseudomonas aeruginosa, völlig verschieden. Abgesehen von der Gruppierung in Operons kann man keine Gesetzmäßigkeit in der Verteilung der Gene erkennen. Auch von zahlreichen Bakteriophagen hat man detaillierte Genkarten. Von den E. coli Phagen T7 und λ kennt man sogar die ganze DNA-Sequenz, so daß man die Lage aller Gene auf das Nukleotid genau angeben kann.

Die Auswertung der Information, die in der Basensequenz der DNA codiert ist, beginnt mit ihrer Umschreibung (***Transkription***) in RNA durch das Enzym ***RNA-Polymerase***. In jedem Abschnitt der Genkarte wird jeweils nur einer der beiden DNA-Stränge transkribiert (codogener Strang). Welcher von beiden DNA-Strängen eines Gens dies ist – und dies kann in verschiedenen Bereichen des Bakterienchromosoms unterschiedlich sein – wird durch die Wechselwirkung mit der RNA-Polymerase festgelegt. RNA-Polymerase bindet an den sogenannten ***Promotor***, einen Bereich von etwa 40 Nukleotiden vor der Startstelle der Transkription. Im Promotor muß das Hexanukleotid TATAAT oder eine Variante dieser Sequenz vorkommen. Die Effektivität des Promotors wird erhöht, wenn etwa zwanzig Nukleotide vorher die Sequenz TTGACA auftritt.

Mit der Bindung der RNA-Polymerase an den Promotor ist die Richtung der Transkription festgelegt. Das Enzym wandert in 3'→5'-Richtung über den codogenen DNA-Strang, so daß das 5'-Ende der komplementären RNA zuerst synthetisiert wird. Innerhalb eines Operons haben alle Gene die gleiche Richtung. Sie werden in eine gemeinsame RNA transkribiert. Die Transkription bricht ab, wenn ein weiteres spezifisches Signal erreicht wird, an dem das Enzym die DNA verläßt und die RNA von der DNA abdissoziiert.

Während die Transkription der Gene für Proteine und für die stabilen RNAs (rRNAs, tRNAs) bis hierher gleich verläuft, hängt das weitere Schicksal der RNAs davon ab, wofür sie codieren. Die sogenannten mRNAs werden, noch bevor ihre Synthese abgeschlossen ist, mit Ribosomen besetzt, an denen die Sequenz der Nukleotide mit Hilfe der tRNAs als Adaptoren in die Aminosäuresequenz der Proteine übersetzt wird (Translation). Die Halbwertszeit der mRNAs beträgt in E. coli nur 1,5 min. Noch bevor die Übersetzung in Protein abgeschlossen ist, werden sie vom 5'-Ende her schon wieder abgebaut, so daß Synthese, Translation und Abbau der mRNAs synchron ablaufen.

Die ribosomalen RNAs und die tRNAs werden zunächst in Form längerer Vorläufer synthetisiert, aus denen die „reifen“ Moleküle durch spezifische Nukleasen ausgeschnitten werden. Die rRNAs assoziieren sich mit den ribosomalen Proteinen zu Ribosomen und sind dann stabil. In den tRNAs werden mehrere Nukleotide modifiziert. Sie haben dann ebenfalls eine längere Lebensdauer.

Die Beziehung zwischen der Reihenfolge der Nukleotide in einer mRNA und der Reihenfolge der Aminosäuren im entsprechenden Protein ist durch den genetischen Code festgelegt. Drei aufeinanderfolgende Nukleotide, ein ***Triplett***, signalisieren eine Aminosäure. Für die meisten der zwanzig Aminosäuren gibt es mehrere synonyme Codons, für manche zwei, für andere vier, und für Leucin, Serin und Arginin codieren sogar jeweils sechs verschiedene Tripletts. Anfang und Ende desjenigen Teils der mRNA, der in Protein übersetzt wird, wird durch ein ***Start-*** und ein ***Stoppcodon*** abgegrenzt: AUG, gelegentlich GUG für den Start, UAA, UAG oder UGA für den Stopp. Die

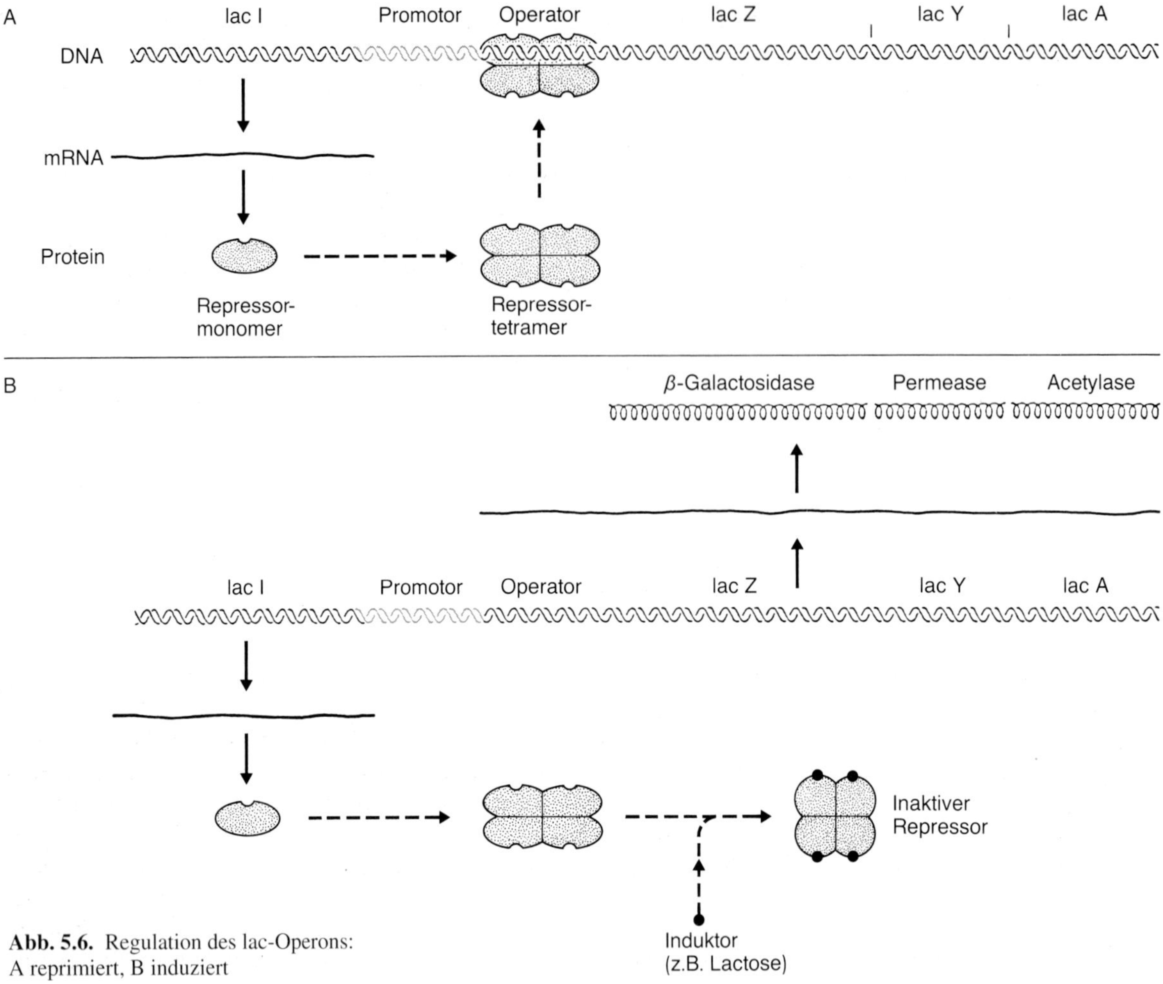

Abb. 5.6. Regulation des lac-Operons: A reprimiert, B induziert

meisten mRNAs tragen am 5'- und 3'-Ende Sequenzen, die nicht in Protein übersetzt werden. AUG ist zugleich einziges Codon für die Aminosäure Methionin. Woher „wissen" die Ribosomen, an welchem AUG-Codon die Proteinsynthese zu beginnen hat? Alle mRNAs tragen wenige Nukleotide vor einem AUG-Startcodon eine Sequenz, die komplementär ist zum 3'-Ende der kleinen (16 S) ribosomalen RNA. Durch Paarung der komplementären Sequenzen werden die Ribosomen an der richtigen Stelle an die mRNA gebunden.

Durch die Festlegung des Starts der Proteinsynthese ist auch das Leseraster festgelegt. Die auf das Startcodon folgende Basensequenz wird in nichtüberlappenden Dreierschritten abgelesen, bis ein Stoppcodon erreicht ist. (Ohne die genaue Festlegung des Anfangs könnte ja eine in einem Triplett-Code geschriebene Nukleotidsequenz in drei verschiedenen Leserastern dechiffriert werden, was jeweils drei verschiedenen Proteinen entspräche.) Das entscheidende Bindeglied zwischen der Nukleotid- und der Aminosäuresequenz sind die tRNAs, die einerseits durch spezifische Enzyme mit einer Aminosäure in energiereicher Bindung beladen werden können, andererseits über ihr Anticodon spezifisch die dieser Aminosäure zugeordneten Codons auf der mRNA erkennen.

Wie in höheren Organismen, so wird auch in Bakterien nur ein Teil der Gene ständig (konstitutiv) exprimiert. Viele andere werden bei „Bedarf" an- oder abgeschaltet. Diese Regulation der Genexpression wird durch Proteine (***Repressor***) vermittelt, die an ca. 20 Basenpaare lange, spezifische DNA-Sequenzen (***Operator***) binden. Ein Operator überlappt mit dem Startpunkt der Transkription. Ist ein Repressor an einen Operator gebunden, verhindert er den Start der Transkription dadurch, daß er den Zugang der RNA-Polymerase zum Promotor blockiert. Zu jedem Operon gehört eine spezifische Operator-Sequenz und ein spezifischer Repressor.

Für die Modulation der Repressor/Operator-Wechselwirkung gibt es in Bakterien verschiedene Mechanismen. Der Repressor des lac-Operons von E. coli, der vom lacI-Gen codiert wird, bindet in Form eines Tetramers nicht nur an den lac-Operator, sondern hat auch eine Bindungsstelle für Lactose. Enthält das Wachstumsmedium Lactose oder ein anderes β-Galactosid anstelle von Glucose, wird die Synthese der für die Aufnahme und Spaltung von Lactose erforderlichen Enzyme, die im lac-Operon codiert sind, induziert. Diese Induktion beruht auf einer Bindung von Lactose (***Induktor***) an den Lac-Repressor, wodurch dessen Konformation so geändert wird (Allosterie), daß seine Fähigkeit zur Bindung an den lac-Operator verlorengeht und RNA-Polymerase Zugang zum lac-Promotor erhält (Abb. 5.6). Auch der Trp-Repressor ist ein solches allosterisches Protein. Im Normalfall bindet der Trp-Repressor nicht an seinen Operator, und die Bakterien synthetisieren die für die Biosynthese von Tryptophan benötigten Enzyme. Dies wird jedoch überflüssig, wenn das Nährmedium Tryptophan enthält. Tryptophan bildet mit dem Trp-Repressor einen Komplex, der nun fest und spezifisch an den Operator des trp-Operons bindet, so daß die Transkription dieser Gene „abgeschaltet", reprimiert wird.

Zwei weitere Beispiele sollen die Vielfalt der Regulationsmechanismen erläutern. E. coli und andere Bakterien besitzen sogenannte SOS-Gene, die über das ganze Chromosom verteilt sind und die bei Schädigung der DNA durch UV-Strahlen u. a. angeschaltet werden. Sie codieren Enzyme für die Reparatur von DNA und sind im Normalfall alle durch einen Repressor abgeschaltet. Bei DNA-Schäden zeigen sich im allgemeinen einzelsträngige DNA-Bereiche. Diese erkennt ein weiteres E. coli-Protein (RecA), bindet daran, erfährt eine Konformationsumwandlung und besitzt nun Protease-Aktivität, durch die spezifisch der Repressor der SOS-Gene gespalten und inaktiviert wird.

Werden Bakterien längere Zeit über 42 °C erhitzt, werden fast alle Gene abgeschaltet, wenige andere aber neu angeschaltet, die sog. *Hitzeschock-Gene*, die den Bakterienzellen offenbar das Überleben bei höherer Temperatur ermöglichen sollen. Die selektive Induktion dieser Gene kommt dadurch zustande, daß eine neue Untereinheit der RNA-Polymerase gebildet wird, die spezifisch nur den Promotor der Hitzeschock-Gene erkennt und daher die Transkription nur dieser Gene herbeiführt.

Wie binden regulatorische Proteine spezifisch an bestimmte DNA-Sequenzen? Die DNA-Doppelhelix ist von einer großen und einer kleinen Furche durchzogen, die zwischen den Zucker-Phosphat-Ketten verlaufen. Die bisher charakterisierten Repressorproteine enthalten alle eine α-helicale Ausstülpung, die genau in die große Furche hineinpaßt. Dort wird sie durch Wasserstoffbrücken-Bindungen zwischen Seitenketten der Aminosäuren und einzelnen Basen gebunden. Die Spezifität dieser Bindung beruht also auf der Nukleotidsequenz an der Bindungsstelle, d. h. nur im Operator stehen genügend Wasserstoffbrücken zur Verfügung, um den Repressor genügend zu fixieren.

5.8 Mutationen und ihre Folgen

Veränderungen der Nukleotidsequenz einer DNA treten selten spontan auf, häufiger werden sie durch ***Mutagene*** induziert. Die Auswirkungen solcher Veränderungen der genetischen Information auf die Eigenschaften eines Bakteriums können sehr verschieden sein. Manche bleiben völlig unauffällig, andere bewirken drastische Veränderungen. Welcher Fall eintritt, hängt von der Art der Mutation, ihrer Position im jeweiligen Gen und dem mutierten Gen selbst ab.

Als ***Punktmutation*** bezeichnet man den Austausch eines einzelnen Basenpaares gegen ein anderes. Wird bei der Replikation einer bakteriellen DNA in einen Strang z. B. G anstelle von A eingebaut, enthält der gebildete Doppelstrang ein „falsches", instabiles GT-Basenpaar. In der nächsten Runde der Replikation werden bei der Synthese der komplementären Stränge C mit G sowie A mit T gepaart, so daß einer der gebildeten Doppelstränge ein GC-Paar, der andere das ursprüngliche AT-Paar enthält.

Als ***Deletion*** bezeichnet man den Verlust eines einzelnen oder mehrerer Nukleotide, als ***Insertion*** entsprechend Einschübe zusätzlicher DNA. Insertionen, die mehrere Tausend Basenpaare umfassen, entstehen z. B. durch Insertion eines Transposons.

Punktmutationen in einem Strukturgen für ein Protein bleiben phänotypisch stumm, wenn der Basenaustausch zu einem synonymen Codon führt, das derselben Aminosäure entspricht. So bewirken z. B. die Codons UCU, UCC, UCA und UCG in einer mRNA, denen im nicht-codierenden DNA-Strang TCT, TCC, TCA und TCG entsprechen, alle den Einbau der Aminosäure Serin in die entsprechende Position eines Proteins, d. h. Mutationen der dritten Base in einem dieser Codons haben keine Auswirkung auf die Aminosäuresequenz des Proteins.

Anders ist es mit Basenveränderungen in der ersten und zweiten Position. Der Austausch des C in der zweiten Position der vier Serin-Codons gegen U – dies entspricht in der DNA einer Mutation von C zu T – macht aus UCU und UCC die Phenylalanin-Codons UUU und UUC, aus UCG und UCA dagegen die Leucin-Codons UUG und UUA. Schließlich führt der Austausch des U in der ersten Position der Serin-Codons zu Codons für Prolin, Threonin oder Alanin, je nachdem ob C, A oder G an die Stelle von U treten.

Die räumliche Struktur eines Proteins und die mit ihr verbundene biologische Aktivität werden durch die Aminosäuresequenz festgelegt. Kommt es durch Punktmutationen zum Austausch einzelner Aminosäuren, so kann dies mehr oder weniger schwerwiegende Folgen für die Proteinstruktur haben. Substitutionen ähnlicher Aminosäuren gegeneinander, wie z. B. Leucin gegen Isoleucin, werden im allgemeinen toleriert. Bewirkt die Mutation dagegen den Austausch von Aminosäuren unterschiedlicher elektrischer Ladung oder Polarität, wie z. B. den Austausch von Glutaminsäure mit seiner negativ geladenen Seitenkette gegen die hydrophobe Aminosäure Valin (GUA → GAA), kann hiermit eine drastische Umfaltung des Proteins verbunden sein. Ein bekanntes Beispiel hierfür ist das *Sichelzell-Hämoglobin*, dessen veränderte räumliche Faltung und damit verbundene verringerte Kapazität zur Sauerstoff-Bindung auf einen Glutaminsäure/Valin-Austausch in der Position 6 der β-Kette zurückzuführen ist.

Zu dramatischen Konsequenzen für die Bakterienzelle kann es kommen, wenn durch Punktmutation aus einem Aminosäure-Codon ein Stopp-Codon entsteht, wie z. B. bei der Mutation des Tyrosin-Codons UAC zu UAG, einem der drei Stopp-Codons UAG, UAA und UGA, denen keine Aminosäure entspricht. In diesem Fall wird die Polypeptidkette an der Stelle des UAG-Codons vorzeitig abgebrochen, es entsteht ein verkürztes Protein. Fallen hierbei wesentliche Teile des Proteins weg, kann die biologische Aktivität des Proteins für die Zelle ganz ausfallen. Dies kann für die Zelle letal sein, wenn es sich um ein essentielles Protein handelt (Tabelle 5.1).

Insertionen und Deletionen führen häufiger als Punktmutationen zu drastischen Veränderungen der Aminosäuresequenzen der entsprechenden Proteine. Durch Einschub oder Verlust schon eines einzigen Basenpaares in ein Gen wird das gesamte auf die Mutation folgende Leseraster verschoben, d. h. alle auf die Mutation folgenden Codons werden um ein Nu-

Tabelle 5.1. Möglichkeiten der Auswirkung von Mutationen auf eine Aminosäuresequenz.

Wildtyp	5' CTC GTA ACC TCT CCC GGT TAC CGG 3'	
	3' GAG CAT TGG AGA GGG CCA ATG GCC 5'	DNA
	5' CUC GUA ACC UCU CCC GGU UAC CGG 3'	mRNA
	Leu Val Thr Ser Pro Gly Tyr Arg	Protein
Punktmutanten	AUC GAA ACC UCC CAC GGU UAG CGG	mRNA
	Ile Glu Thr Ser His Gly	Protein
	⊖ ↓ (nach GAA)	
Deletion	CUC GAA CCU CUC CCG GUU ACC GG	mRNA
	Leu Glu Pro Leu Pro Val Thr Gly	Protein
	⊖ ↓ (nach GAA) ⊕ ↓ (in CAC)	
Deletion/ Insertion	CUC GAA CCU CUC CAC GGU UAC CGG	mRNA
	Leu Glu Pro Leu His Gly Tyr Arg	Protein
	⊖ ↓ (nach CUC)	
Deletion	CUC UAA CCU CUC CCG GUU ACC GG	mRNA
	Leu	Protein

kleotid versetzt abgelesen. Dies bedeutet aber im allgemeinen die Synthese eines völlig veränderten Proteins, dessen Aminosäuresequenz mit dem ursprünglichen Protein nur noch im Bereich vor der Mutation übereinstimmt. Nur wenn die Länge der inserierten oder deletierten Sequenz einem Vielfachen von 3 entspricht, kommt es nicht zu einer Verschiebung des Leserasters, sondern statt dessen zum Verlust, bzw. zur Einfügung von Aminosäuren, die der Deletion entsprechen, bzw. von der Insertion codiert werden.

Bakterien besitzen Enzyme, mit deren Hilfe gewisse Schäden der DNA repariert und bestimmte Mutationen rückgängig gemacht werden können. Solche Schäden sind z. B. die bei der Bestrahlung mit UV-Licht entstehenden T-Dimere. E. coli und andere Bakterien verfügen über Nukleasen, die diese Produkte erkennen und aus der DNA ausschneiden. Auch die bei der DNA-Replikation auftretenden Fehler können durch „Korrekturlesen" der DNA-Polymerase selbst ausgebessert werden. Falsche Nukleotide können durch eine Nuklease-Aktivität der Polymerase ausgeschnitten und dann durch die richtigen ersetzt werden.

Gelegentlich beobachtet man, daß eine Mutante, die ein defektes Protein produziert, nach weiterer Mutagenese wieder aktive Formen dieses Proteins synthetisieren kann. Dies kann auf einer Rückmutation beruhen, durch die die ursprüngliche Nukleotidsequenz des Gens wiederhergestellt wird. Es kann aber auch durch eine zusätzliche, kompensatorische Mutation in demselben Gen bewirkt werden, wenn es zu einem zweiten Aminosäureaustausch kommt, durch den die für die biologische Aktivität erforderliche Faltung des Proteins annähernd wiederhergestellt wird.

Die Wirkung von Mutationen kann aber auch durch Mutationen in anderen Genen aufgehoben werden, was als Suppression bezeichnet wird. Ein Suppressor ist eine durch Mutation entstandene, veränderte tRNA. Ist z. B. durch Mutation ein Stopp-Codon in einem Gen entstanden, so bricht die Translation an dieser Stelle ab, weil es eine passende tRNA nicht gibt. Entsteht jedoch zufällig durch eine zweite Mutation in einem tRNA-Gen eine tRNA, deren Anticodon auf das Stopp-Codon paßt, so entstehen Proteine normaler Länge. In E. coli kennt man z. B. eine Mutante mit einer minoren, Tyrosin-spezifischen tRNA, deren verändertes Anticodon 3'-AUC-5' komplementär ist zum Stopp-Codon 5'-UAG-3'. In Bakterien, die diesen Suppressor enthalten, wird an der Stelle eines vorzeitigen Stopp-Codons Tyrosin in das entsprechende Protein eingebaut. Auch ein Suppressor für Rastermutationen ist bekannt, wiederum eine minore tRNA, deren Anticodon vier an Stelle von drei Nukleotiden umfaßt.

Mutationen in den flankierenden Kontrollregionen eines Strukturgens oder eines Operons beeinflussen häufig die Regulation der Expression dieser Gene. So kennt man z. B. Punktmutationen im lac-Operator, die eine feste Bindung des lac-Repressors an den Operator verhindern. In solchen Mutanten wird das lac-Operon ständig (konstitutiv) exprimiert. Mutationen im Strukturgen des lac-Repressors können denselben Effekt hervorrufen.

5.9 Ames-Test

Substanzen, die mutagen wirken, sind häufig auch karzinogen und umgekehrt. Es ist daher wichtig, die mutagene Wirkung der Stoffe zu kennen, die wir mit der Nahrung aufnehmen oder mit denen wir in Kontakt kommen. Hierfür hat B. Ames einen einfachen Test entwickelt, der sich der Bakteriengenetik bedient. Bakterien-Mutanten, die z. B. die Aminosäure Histidin nicht selbst synthetisieren können, können auf Nährböden, die kein Histidin enthalten, nicht wachsen. Behandelt man solche Bakterien mit einem Mutagen, so lassen sich meistens einige Bakterien isolieren, die die Fähigkeit des Wildtyps, auf Histidinfreiem Medium zu wachsen, wiedererlangt haben. Dies kann auf Rückmutationen beruhen (***Revertanten***) oder auf zusätzlichen Mutationen, durch die die Wirkung der ersten Mutation kompensiert oder supprimiert wird. Im Ames-Test werden etwa 10^8 Salmonella (his^-) Bakterien auf einer Histidin-freien Nährbodenplatte ausgestrichen, die die zu testende Substanz enthält. Die Zahl der Bakterienkolonien (his^+) ist dann ein direktes Maß für die mutagene Wirkung der Substanz. Da viele potentielle Mutagene ihre mutagene Wirkung erst nach Metabolisierung in der Leber entfalten, kann dies beim Ames-Test dadurch berücksichtigt werden, daß man die zu testenden Substanzen mit einem Leberextrakt vorbehandelt.

5.10 Gentechnik

In der klassischen Bakteriengenetik versuchte man, den Zusammenhang zwischen den Eigenschaften

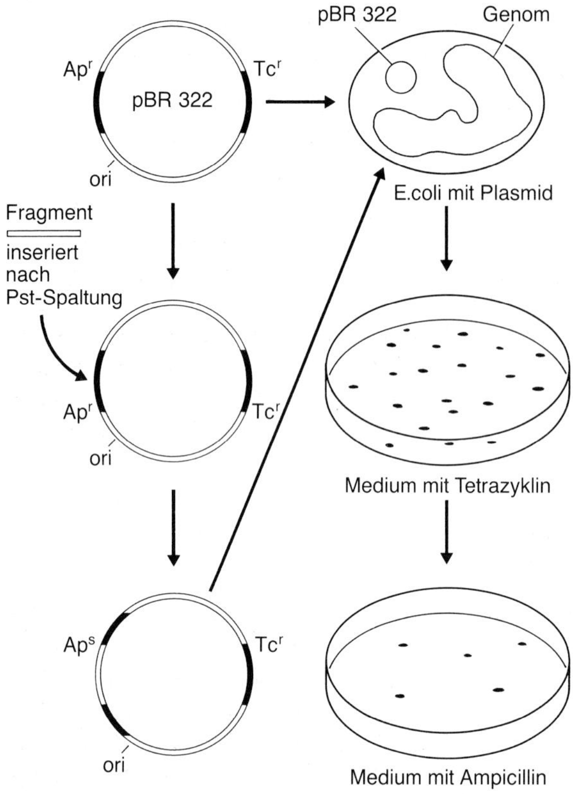

Abb. 5.7. Klonierung von DNA-Fragmenten durch Einbau in ein Plasmid

(***Phänotyp***) eines Bakteriums oder Bakteriophagen und seinen Genen (***Genotyp***) in der Weise aufzuklären, daß man unter einer großen Zahl von Mutanten, die man durch ungerichtete Mutagenese erhalten hatte, zunächst diejenige auswählte, deren Eigenschaften interessierten. Im zweiten Schritt wurde versucht, die für den Phänotyp dieser Mutante verantwortliche Mutation zu kartieren, d. h. in einem Gen zu lokalisieren. Der Weg der Analyse ging vom Phänotyp zum Genotyp.

Seit einigen Jahren ist man in der Lage, auch in umgekehrter Richtung vorzugehen: Gene können isoliert, gezielt mutiert und durch Transformation in Bakterien zurückgebracht werden. Somit ist man in der Lage zu prüfen, welche Auswirkungen der Austausch jedes einzelnen Basenpaares auf den Phänotyp hat.

Die Möglichkeit, einzelne Gene zu isolieren, geht auf die Entdeckung der ***Restriktionsnukleasen*** zurück. Diese Enzyme, die in vielen Bakterien vorkommen, erkennen spezifische, meist vier bis sechs Basenpaare lange DNA-Sequenzen. Durch Spaltung der DNA an diesen Sequenzen entstehen Fragmente, deren Länge durch den Abstand der Erkennungssequenzen bestimmt wird. Im allgemeinen sind sie einige Hundert bis Tausend Basenpaare lang, je nach Häufigkeit und Verteilung der Erkennungssequenzen im Genom. Die DNA-Fragmente können der Größe nach durch Elektrophorese voneinander getrennt und die auf ihnen lokalisierten Gene somit isoliert werden. Ihre Nukleotidsequenzen können bestimmt und Mutationen durch Vergleich der Sequenzen von Wildtyp und Mutanten identifiziert werden.

Größere Mengen eines Gens erhält man durch ***Klonierung***. Hierzu wird das DNA-Fragment, auf dem das jeweilige Gen liegt, in ein Plasmid oder eine Bakteriophagen-DNA (Vektor) eingebaut und durch Transformation in Bakterien gebracht, wo durch Replikation viele identische Kopien entstehen. Für den Einbau in den Vektor wird dieser durch eine Restriktionsnuklease geöffnet und anschließend in Gegenwart des Fragments mit Hilfe des Enzyms ***DNA-Ligase*** wieder geschlossen. Zu den bekanntesten Klonierungsvektoren gehörte das Plasmid pBR322. Es trägt außer den für die Replikation erforderlichen DNA-Sequenzen je ein Gen für Ampicillin- und Tetrazyklin-Resistenz, und in beiden Genen liegen Restriktionsspaltstellen. Verwendet man eine dieser Spaltstellen für den Einbau eines DNA-Fragments, so geht die Resistenz verloren, und Bakterien, die ein solches Plasmid erhalten, werden gegenüber dem Antibiotikum sensitiv (Abb. 5.7). Das zweite Resistenzgen bleibt dagegen intakt und kann zur Identifizierung von Bakterien dienen, die ein Plasmid aufgenommen haben. Wurde kein DNA-Fragment eingebaut, so sind die pBR322-enthaltenden Bakterien beiden Antibiotika gegenüber resistent.

Durch Klonierung können DNA-Fragmente, die ein bestimmtes Gen tragen, auch dann isoliert werden, wenn bei der Spaltung der DNA durch Restriktionsnukleasen mehr Fragmente entstehen als durch Elektrophorese voneinander getrennt werden können. In einem solchen Fall legt man sich zunächst eine „*Gen-Bank*“ an, indem man alle Fragmente in Vektoren einzubauen versucht. Isoliert man nach Transformation von Bakterien mit diesem Gemisch einzelne Bakterienkolonien, so enthalten die Vektoren in jeder dieser Einzelkolonien unterschiedliche DNA-Fragmente. Man braucht nur noch ein geeignetes Nachweisverfahren, um das gesuchte Gen zu identifizieren.

Isolierte Gene können mit chemischen oder enzymatischen Methoden verändert werden, auf diese Weise entstehen Mutationen in vitro. Durch Abbau der codierenden Sequenz mit Hilfe von Exonukleasen vom 3'- oder 5'-Ende her entstehen Gene, die für Proteine mit verkürztem N- oder C-Terminus codieren. Interne Deletionen können mit Hilfe von Restriktionsnukleasen erzeugt werden, die innerhalb des Gens spalten. Durch Kombination zweier Gene können Fusionsproteine, durch Insertion von Oligonukleotiden vergrößerte Proteine hergestellt werden. Die beiden komplementären Einzelstränge eines Gens kann man erhalten, wenn zum Klonieren einzelsträngige DNA-Phagen, wie M13, verwendet werden. Bei der enzymatischen Synthese der komplementären Stränge in vitro können Fehler herbeigeführt und somit Punktmutationen erzeugt werden. Schließlich sind die chemischen Verfahren zur Synthese von DNA inzwischen so verbessert worden, daß auch die Synthese ganzer Gene möglich geworden ist. Alle diese Methoden gestatten es, zahlreiche Mutationen in ein Gen einzuführen, deren Positionen genau bekannt sind.

Für die Expression der klonierten oder synthetisierten Gene sind besondere Wirt/Vektor-Systeme entwickelt worden. ***Expressionsvektoren*** enthalten effiziente, meist induzierbare Promotoren und liegen in Bakterien in hoher Kopienzahl vor. Mit ihrer Hilfe sind in E. coli schon Proteine in so großer Menge synthetisiert worden, daß sie mehr als 20% des gesamten bakteriellen Proteins ausmachten. Mit Hilfe dieser Verfahren können erstmals Proteine in größerer Menge gewonnen werden, die in der Natur nur in sehr geringen Konzentrationen vorkommen. Eine Reihe von Proteinen von therapeutischem Interesse sind auf diesem Weg schon hergestellt worden.

Auch der molekularbiologischen Forschung selbst sind durch die Gentechnik neue Wege erschlossen worden. Die für ein Verständnis der Genexpression wichtige *Wechselwirkung* zwischen DNA und DNA-bindenden, regulatorischen Proteinen kann erstmals mit biophysikalischen Methoden untersucht werden, da nach Klonierung der betreffenden Gene und ihrer Expression genügende Mengen sowohl der Proteine als auch der von ihnen regulierten Gene zur Verfügung stehen. Proteine, die bisher nur mühsam zu reinigen waren, können in solchen Mengen produziert werden, daß ihre Kristallisation und die Aufklärung der räumlichen Struktur in Angriff genommen werden können.

5.11 Einige klassische Experimente der Bakteriengenetik

5.11.1 Fluktuationstest (Luria und Delbrück, 1943)

Treten Veränderungen der genetischen Information, d. h. Mutationen, spontan und ungerichtet auf ***(Darwinismus)*** oder sind sie gerichtete Anpassungen an die Umwelt ***(Lamarckismus)***? Eine Antwort auf diese Frage gibt der ***Fluktuationstest*** von Luria und Delbrück: Läßt man eine Kultur von E. coli über Nacht wachsen und verteilt dann gleiche Anteile der Bakterienkultur auf Petrischalen mit Nährböden, die T1-Phagen enthalten, so kann man auf diesen Platten einige T1-resistente Bakterienkolonien isolieren, deren Anzahl auf allen Platten vergleichbar ist, d. h. um einen Mittelwert streut. Teilt man die Bakterien jedoch zuerst in mehrere kleine Kulturen, läßt jede für sich über Nacht wachsen und gibt sie dann auf T1-haltige Nährböden, erhält man ein völlig anderes Ergebnis. Auf einigen Platten ist die Zahl der resistenten Bakterienkolonien sehr niedrig, auf anderen sehr viel höher als man bei der Fluktuation um einen Mittelwert erwarten würden (Abb. 5.8). Die einzige plausible Erklärung hierfür ist, daß T1-resistente Mutanten zu verschiedenen Zeiten während der Übernachtkulturen aufgetreten sind, in einigen Röhrchen früh – sie enthalten dann relativ viele resistente Bakterien – in anderen spät oder überhaupt nicht. Wäre dagegen die T1-Resistenz eine erworbene Eigenschaft, d. h. eine Folge des Kontaktes mit T1-Phagen, hätte man auf allen Platten, wie im ersten Experiment, in etwa die gleiche Anzahl resistenter Bakterien erwartet.

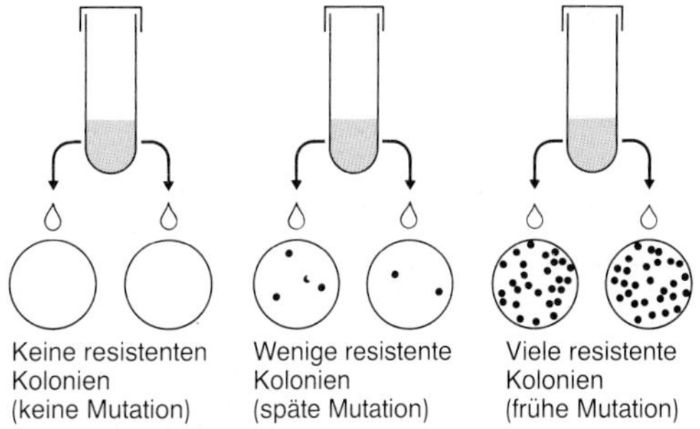

Abb. 5.8. Der Fluktuationstest von Luria und Delbrück

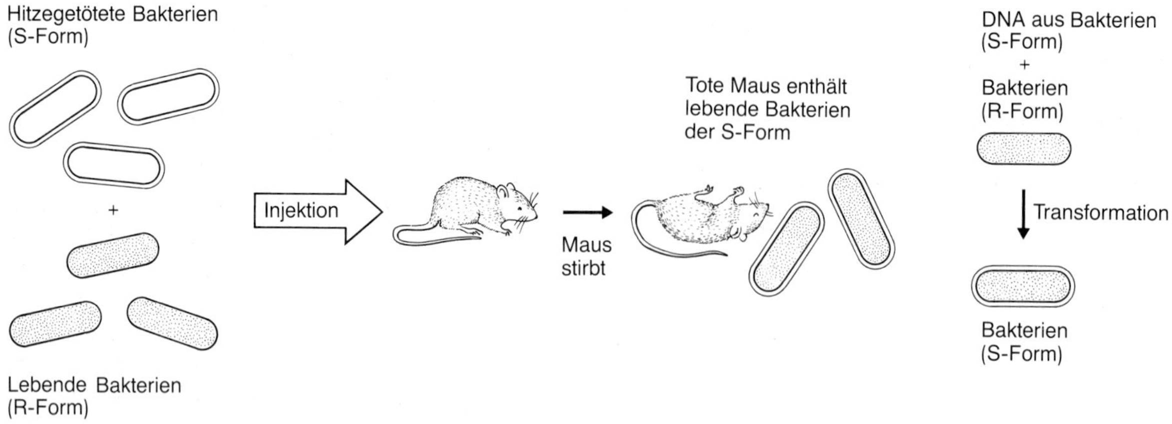

Abb. 5.9. Transformation von Pneumokokken (Griffith; Avery)

5.11.2 Transformation von Pneumokokken (Avery, MacLeod und McCarthy, 1944)

Mit diesem Versuch wiesen Avery und seine Mitarbeiter nach, daß DNA der Träger genetischer Information ist, und nicht Protein, wie zu seiner Zeit allgemein angenommen wurde. Als Testsystem verwendeten sie Streptococcus pneumoniae Bakterien, von denen sog. glatte (S), virulente Formen bekannt waren, die Mäuse töten konnten und avirulente, sog. rauhe (R) Formen. Griffith hatte 1928 beobachtet, daß man aus avirulenten Bakterien der R-Form virulente Bakterien der S-Form erhielt, wenn man sie zusammen mit abgetöteten Bakterien der S-Form Mäusen einspritzte. 1930 fand Avery, daß man die Umwandlung (Transformation) der R- in die S-Form auch ohne Mäuse erhielt, wenn Bakterien der R-Form in Gegenwart abgetöteter Bakterien der S-Form gezüchtet wurden (Abb. 5.9). In den folgenden Jahren bis 1944 wurde das transformierende Prinzip der inaktivierten S-Bakterien gereinigt und identifiziert. Gegen die Skepsis vieler Fachkollegen kam Avery zu dem Schluß, daß DNA das transformierende Prinzip sei. Da die transformierten Bakterien ihre neue Eigenschaft (S-Form) stabil vererben, folgt daraus, daß DNA Träger der Vererbung sein müsse.

5.11.3 Das Waring-Blender-Experiment (Hershey und Chase, 1952)

Dieses Experiment lieferte einen weiteren Beweis dafür, daß nicht Protein, sondern DNA Träger genetischer Information ist. Hershey und Chase infizierten E. coli Bakterien mit T4-Phagen, die entweder durch (^{32}P)-Phosphat in der DNA oder durch (^{35}S)-Methionin in der Proteinhülle radioaktiv markiert waren. Wurde die Bakterienkultur kurz nach der Infektion in einer Art Küchenmixer (Waring Blender) kräftig durchgerührt, so ließen sich die Phagenhüllen von den Bakterien abschütteln, nicht dagegen die DNA, die von den Bakterien aufgenommen wurde und bewirkte, daß sich in den Bakterien neue T4-Phagen bildeten. Die Proteinhülle eines Phagen bleibt also außen auf der Bakterienmembran sitzen und hat offenbar nur dafür zu sorgen, daß die DNA als Träger der geneti-

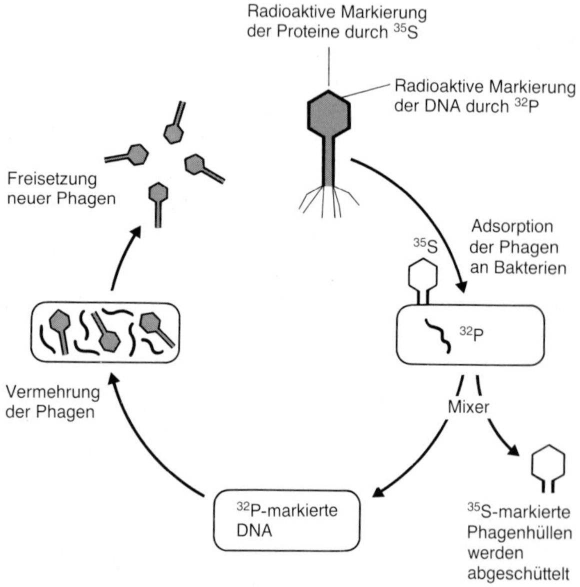

Abb. 5.10. DNA als genetisches Material von Bakteriophagen (Hershey und Chase)

schen Information in die Bakterien gelangt (Abb. 5.10).

5.11.4 Cis-Trans-Test (Benzer, 1954)

Der Cis-Trans-Test wurde ursprünglich für Drosophila entwickelt und wurde von Benzer für die Bakteriengenetik adaptiert. Mit Hilfe dieses Tests kann man prüfen, ob zwei Mutationen innerhalb desselben Gens liegen. Handelt es sich um Gene eines Bakteriophagen, so infiziert man Bakterien zunächst mit Phagen (Benzer arbeitete mit T4-Phagen), die beide Mutationen tragen (Doppelmutante, Cis-Konfiguration). Es können sich keine normalen (Wildtyp-) Phagen bilden, unabhängig davon, ob die Mutationen in einem oder in zwei verschiedenen Genen liegen. Infiziert man dagegen die Bakterien mit zwei Phagen, von denen jeder nur eine der beiden Mutationen trägt (Mischinfektion, Trans-Konfiguration), so können sich normale Phagen bilden, wenn die Mutationen in verschiedenen Genen liegen. Dagegen ist dies nach wie vor unmöglich, wenn sie in demselben Gen liegen. Liegen sie in verschiedenen Genen, so kann in der Trans-Konfiguration jeder Phage ein intaktes Genprodukt beisteuern (Komplementation).

5.11.5 Semikonservative Replikation von DNA (Meselson und Stahl, 1958)

Meselson und Stahl ließen E. coli Bakterien in einem Nährmedium mit $^{15}NH_4C1$ als einziger Stickstoffquelle wachsen. Der Einbau des schweren Stickstoff-Isotops in die Basen der Nukleinsäuren führt zu DNA, die etwas schwerer als die normale, ^{14}N-haltige DNA ist. „Leichte" und „schwere" DNA lassen sich mit Hilfe der Ultrazentrifuge in CsC1-Gradienten auf Grund ihrer unterschiedlichen Dichten voneinander trennen. Meselson und Stahl isolierten ^{15}N-markierte Bakterien und brachten sie in frisches Medium mit $^{14}NH_4C1$ als Stickstoffquelle. Zu verschiedenen Zeiten wurden dann Bakterien isoliert und ihre DNAs der Analyse im CsC1-Gradienten unterzogen. Dabei ergab sich, daß die DNA aller Bakterien nach einer Generationszeit eine mittlere Dichte hatte, d. h. zur Hälfte ^{15}N und zur Hälfte ^{14}N enthielt. Nach zwei Generationszeiten war 50% der DNA von mittlerer Dichte, 50% leicht. Dies ist nur dadurch zu erklären, daß die bei der Replikation entstandenen beiden DNA-Moleküle jeweils aus einem alten und einem neusynthetisierten Strang bestehen („semikonservative" Replikation).

6 Stellung der Bakterien in der belebten Natur

O. Kandler

INHALTSÜBERSICHT

6.1 Rolle im Stoffhaushalt der Natur 64
6.2 Stellung innerhalb des Stammbaums der Organismen 64
6.3 Grundprinzipien der Systematik (Taxonomie) 67
6.4 Hierarchische Ordnung und Nomenklatur 68
Zusammenfassung: Stellung der Bakterien in der Natur 69

6.1 Rolle im Stoffhaushalt der Natur

Bakterien sind teils ***Primärproduzenten***, teils ***Zersetzer***. Die Primärproduzenten bauen ihre Körpersubstanz mit Hilfe verschiedener chemo- und photoautotropher Stoffwechselmechanismen (vgl. Kap. 4) aus CO_2 und mineralischem bzw. atmosphärischem Stickstoff auf und schaffen damit zusammen mit den photoautotrophen Pflanzen die stoffliche Grundlage aller heterotrophen Organismen, wie z. B. Mensch und Tier.

Die Zersetzer bewirken durch ihre Stoffwechseltätigkeit die Mineralisierung der von den Primärproduzenten aufgebauten organischen Substanzen und schließen damit den *Stoffkreislauf* in der Natur. Sie sind die Hauptkomponenten der Mikroflora im Boden, im Wasser, in Fäkalien und organischer Substanz überhaupt. In der Regel vermögen Bakterien nur totes organisches Material zu zersetzen. Einige Vertreter haben aber durch die Entwicklung geeigneter Enzyme und Toxineigenschaften, sogenannter Virulenzfaktoren, die Fähigkeit erworben, lebende Organismen anzugreifen, zu parasitieren, abzutöten und vorzeitig der Zersetzung zuzuführen. Sie beschleunigen damit den Stoffkreislauf in der Natur. Einige der pathogenen Bakterien sind als Seuchenerreger wichtige Faktoren der „natürlichen" Regulation von Menschen- und Tierpopulationen, soweit sie nicht durch die Maßnahmen der Medizin und Hygiene außer Kraft gesetzt werden.

Die Grenze zwischen den rein saprophytischen und obligat parasitischen (pathogenen) Formen ist fließend. Beide Formen kommen in gradueller Abstufung nicht nur innerhalb der gleichen Gattung, sondern auch der gleichen Art vor. Dies ergibt sich aus der schrittweisen evolutionären Anpassung apathogener Saprophyten an die parasitische Lebensweise innerhalb der verschiedensten Verwandtschaftskreise, die auch heute noch nicht abgeschlossen ist. Auch die hochspezialisierten pathogenen Formen befinden sich noch in fortlaufender Koevolution mit ihren Wirtsorganismen und den sich verändernden Umweltbedingungen. Zu diesen gehören auch die hygienischen Maßnahmen und der Medikamenteneinsatz des Menschen, die zur evolutionären Anpassung, z. B. durch die Entwicklung neuer Resistenzmechanismen, führen.

6.2 Stellung innerhalb des Stammbaums der Organismen

Schon bei der ersten Aufstellung eines phylogenetischen Stammbaumes der Organismen durch den deutschen Zoologen ***Ernst Haeckel*** – er prägte das Wort Phylogenie – wurden die Bakterien als Repräsentanten einer frühen Stufe der Evolution betrachtet und daher zusammen mit anderen Einzellern, z. B. den Protozoen, zum Reich der Protisten gestellt (Protistos, grch. Erstlingswesen, Urwesen; der Begriff

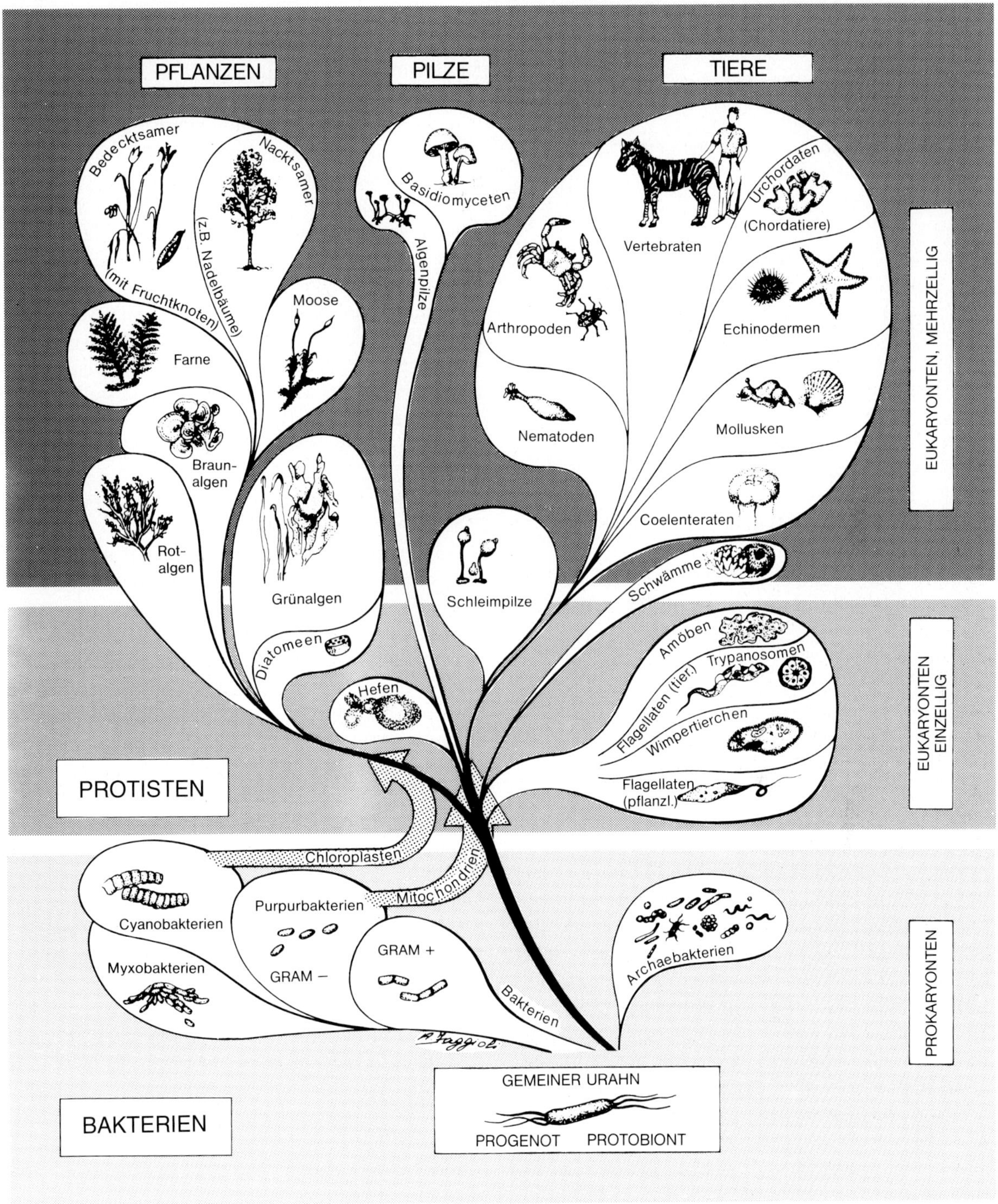

Abb. 6.1 Schematische Wiedergabe der fünf Reiche des Lebendigen nach der Einteilung von Whittaker. Drei Organisationsebenen lassen sich unterscheiden: die der Prokaryonten, der einzelligen Eukaryonten und der mehrzelligen Eukaryonten (Pilze, Pflanzen, Tiere)

Tabelle 6.1. Übersicht über die Bergey's Manual of Systematic Bacteriology 1984 berücksichtigten höheren Kategorien des Systems der Bakterien.

Reich:	Prokaryotae
Division I:	Gracilicutes (Bakterien mit dünner Zellwand)
Klasse I:	Nicht phototrophe, gramnegative Bakterien (z.B. Enterobakterien, Vibrionen, Neisserien)
Klasse II:	Phototrophe Bakterien ohne O_2-Bildung (Schwefelpurpurbakterien, grüne Schwefelbakterien)
Klasse III:	Phototrophe Bakterien mit O_2-Bildung (Blaualgen)
Division II:	Firmicutes (Bakterien mit dicker Zellwand)
Klasse I:	Einfache grampositive Bakterien (Sporenbildner, Laktobazillen, Listerien etc.)
Klasse II:	Verzweigte grampositive Bakterien (Aktinomyzeten, Streptomyzeten etc.)
Division III:	Tenericutes (Bakterien mit „weicher" Zellwand)
Klasse I:	Bakterien ohne Zellwand (Mycoplasmen)
Division IV:	Mendosicutes (Bakterien mit „fehlerhafter" Zellwand)
Klasse I:	Archaebakterien (extrem thermophile schwefelabhängige Bakterien, Methanbakterien, Halobakterien)

wurde von E. Haeckel 1868 geprägt). Dank der Elektronenmikroskopie und anderer, neuerer cytologischer Untersuchungsmethoden wissen wir heute, daß die Zellen der Bakterien und Cyanobakterien (früher Blaualgen genannt) eine einfachere Organisation aufweisen als die der Tiere, Pflanzen und vieler Einzeller, die früher zu den Protisten gestellt wurden. Da die Bakterien und Cyanobakterien nur ein einfaches „Kernäquivalent", aber keinen hochdifferenzierten echten Zellkern besitzen, werden sie unter dem Begriff „Prokaryonten" (grch. Vorstufe von Zellkernträgern) zusammengefaßt und den als „Eukaryonten" bezeichneten Organismen mit echtem Zellkern (Eukaryont, grch. echter Zellkernträger) gegenübergestellt (Abb. 6.1).

Die Aufklärung der phylogenetischen Beziehungen zwischen diesen beiden Gruppen ergab sich aus dem Sequenzvergleich ribosomaler RNA. Diese enthält viele „*konservative*" Abschnitte, die nur selten einer Mutation unterliegen. Solche wenig veränderten Nukleotidsequenzen lassen auch noch die Verwandtschaft zwischen größeren Bakteriengruppen erkennen, die sich im Laufe der Evolution durch zahlreiche Mutationen in anderen, sogenannten „*progressiven*" Abschnitten weit auseinanderentwickelt und verzweigt haben. Die Sequenzanalyse der sich rasch verändernden progressiven Abschnitte ergibt dagegen einen Einblick in die Abfolge der Verzweigungen und damit in die phylogenetischen Zusammenhänge innerhalb der einzelnen Großgruppen. Die Anzahl der Sequenzänderungen zwischen zwei Abzweigungsstellen, wird auch als ***phylogenetische*** Distanz bezeichnet und bei der graphischen Darstellung der Verwandtschaftsbeziehungen in einem Dendrogramm durch die Länge der Verbindungslinien zwischen den Verzweigungen ausgedrückt.

Das Ergebnis der Sequenzierung der ribosomalen 16S RNA von einer großen Zahl von Bakterien und höheren Organismen läßt erkennen, daß aus einer gemeinsamen primitiven Vorstufe (***Progenot*** = hypothetische Vorstufe der Organismen mit noch unvollständig stabilisiertem Genom, geringer Reproduktionstreue der DNA-Synthese – hohe Mutationsrate! – und häufigem noch wenig behindertem Genaustausch) drei Entwicklungslinien entsprangen, aus denen ein eukaryotischer und zwei prokaryotische Formenkreise hervorgingen (Abb. 6.1). Dementsprechend wurde vorgeschlagen, die Organismen in die drei Urreiche der ***Eukaryonten***, ***Eubakterien*** und ***Archaebakterien*** zu gliedern. Dieser Vorschlag hat aber bis heute noch keinen Niederschlag in der formalen Systematik gefunden, die noch an der Unterteilung in die beiden Reiche Eukaryotae und Prokaryotae festhält und die Archaebakterien nur als Klasse in die Division IV einordnet (Tabelle 6.1).

Nach heutiger Vorstellung besaßen die ersten Eukaryonten noch keine Mitochondrien und Chloroplasten. Diese entstanden erst im Laufe der Evolution durch die Aufnahme von Bakterien und Cyanobakterien in die primitive Eukaryontenzelle, wo sie über *Endosymbiosestadien* zu Mitochondrien bzw. Chloroplasten umgewandelt wurden. Die heutigen Eukaryonten sind also Chimären, d. h. Doppelwesen, mit eukaryotischem Cytoplasma und Zellkern, aber mit Organellen prokaryotischer Herkunft. Diese Vorstellung entspricht dem Befund, daß die Mitochondrien und Chloroplasten nicht nur eine eigene, vom Zellkern unabhängige DNA besitzen, sondern auch

Ribosomen, die in ihrer Struktur und in den Nukleotidsequenzen ihrer RNA den Ribosomen der Prokaryonten sehr viel näher stehen als den Ribosomen der Eukaryontenzelle.

Auch die Antibiotikaempfindlichkeit der beiden Organellen entspricht derjenigen der Bakterien, nicht derjenigen der cytoplasmatischen Komponenten und des Zellkerns der eukaryotischen Zelle. Von den beiden Gruppen der Prokaryonten umfassen die Archaebakterien nur einen zahlenmäßig beschränkten Formenkreis, der sich durch die Anpassung an extreme Umweltbedingungen (z. B. hohe Temperaturen bis zu 110 °C, gesättigte Salzlösungen) und ungewöhnliche Stoffwechselwege wie Methanbildung und Verwendung von elementarem Schwefel anstelle von O_2 als Elektronenakzeptor, auszeichnet. Es wird angenommen, daß es sich hier um Überreste ursprünglicher Anpassungen an die archaischen Bedingungen früherer Erdperioden handelt. Pathogene Formen sind bei Archaebakterien bis heute nicht bekannt. Von marginalem medizinischem Interesse sind lediglich die Methanbakterien, da sie als Kommensalen im Intestinaltrakt von Mensch und Tier sowie im Pansen der Wiederkäuer vorkommen.

Der weitaus größte Teil der bisher bekannten Bakterienarten, einschließlich der zu oxigener Photosynthese befähigten Cyanobakterien und aller pathogenen Bakterien, gehört zu den Eubakterien, die in den folgenden Kapiteln behandelt werden.

6.3 Grundprinzipien der Systematik (Taxonomie)

Das praktische Ziel jeder Systematik ist die Klassifizierung der Formenfülle einer Organismengruppe in systematische Einheiten (***Taxa***) und deren Ordnung nach einem Prinzip, das eine möglichst sichere Wiederauffindung und Identifizierung der verschiedenen Formen ermöglicht. Art und Gewichtung der zur Klassifizierung verwendeten Merkmale sowie die Nomenklatur, werden dabei durch Übereinkunft festgelegt. Die Gesamtheit der Verfahrensprinzipien, nach denen die Aufstellung eines Klassifizierungssystems erfolgt, wird zusammenfassend als ***Taxonomie*** bezeichnet. Die Klassifizierung aufgrund willkürlich festgelegter Merkmale führt zu „künstlichen Systemen", von denen im Laufe der Geschichte der Bakteriologie durch verschiedene Autoren eine Reihe unterschiedlicher Varianten entwickelt wurde.

Den künstlichen Systemen steht das Ideal des „*natürlichen Systems*" gegenüber. Darunter versteht man die Ordnung der Organismen entsprechend ihrer genealogischen Verwandtschaft. Ein derartiges System entspricht dem Gang der Evolution und ergibt einen *phylogenetischen Stammbaum*. Da man bei Tieren und Pflanzen relativ leicht morphologische Entwicklungsreihen erkennen kann, die über weite Strecken hinweg dem Verlauf der Evolution entsprechen, wurden diese Organismen schon seit Mitte des vorigen Jahrhunderts, zumindest teilweise, nach einem natürlichen System geordnet. Dagegen fehlte bei den Bakterien bis vor kurzem nahezu jede Voraussetzung für die Aufstellung eines natürlichen Systems.

Grundlage der Klassifizierung waren vorwiegend morphologische Merkmale, ergänzt durch charakteristische Wachstumsbedingungen, physiologische Leistungen und Inhaltsstoffe; neuerdings werden auch serologische Methoden, unter Verwendung von Antikörpern gegenüber verschiedenen Zellkomponenten zur Charakterisierung der Taxa benützt.

Mit all diesen Methoden konnten im Grunde nur Ähnlichkeiten, aber keine genealogischen Verwandtschaften festgestellt werden. In vielen Fällen entsprach zwar eine hohe Ähnlichkeit auch einer genealogischen Verwandtschaft, aber man konnte nicht mit Sicherheit entscheiden, ob es sich tatsächlich um Verwandtschaft oder nur um zufällige Konvergenz handelte.

Heute stehen mit den Methoden der Sequenzierung von Proteinen und von Nukleinsäuren wesentlich aussagekräftigere Methoden zur Bestimmung der genealogischen Verwandtschaft und damit zur Aufstellung wenigstens von Teilstammbäumen zur Verfügung.

Auf der Ebene der Art und Gattung tritt dazu die Methode der DNA/-DNA- bzw. der DNA/RNA-Hybridisierung. Dadurch kann zwar nicht direkt die Sequenz bestimmt werden. Jedoch ist das Ausmaß der Bildung von Doppelsträngen aus den isolierten einsträngigen Nukleinsäuren von zwei verschiedenen Bakterienstämmen ein sehr zuverlässiges Maß für die Sequenzähnlichkeit und damit für die Verwandtschaft der beiden Partner.

Speziell für die sichere Identifizierung von Einzelstämmen, wie sie in der medizinischen Bakteriologie zur eindeutigen Unterscheidung der pathogenen von apathogenen Stämmen wichtig ist, knüpft man heute an die Technik der sogenannten Nukleinsäure-Sonden große Erwartungen. Diese Sonden sind kurze

Stücke von DNA oder RNA mit Sequenzen, die sogar für spezifische Eigenschaften, z. B. Toxinbildung, charakteristisch sind und sich nur an die dafür codierenden Nukleinsäuresequenzen anlagern. Wahrscheinlich wird diese, heute noch in den Anfängen befindliche Technik, in den nächsten Jahren die Stammidentifizierung in der medizinisch-bakteriologischen Praxis wesentlich mitbestimmen.

6.4 Hierarchische Ordnung und Nomenklatur

Jedes System, gleichgültig ob es sich um ein künstliches oder natürliches handelt, basiert auf einer Hierarchie von systematischen Einheiten (Tabelle 1) und auf bestimmten Nomenklaturregeln. Sie sind niedergelegt im *„International Code of Nomenclature of Bacteria“*, der vom Internationalen Komitee für die Systematik der Bakterien herausgegeben und fortgeschrieben wird. Die Nomenklatur entspricht den Prinzipien der von Linné 1753 erstmals in seinem Buch 'Species Plantarum' konsequent angewandten binären Nomenklatur. Demnach trägt jede Art (Species) zwei Namen: den Gattungsnamen und den Artnamen. Beide sind nach den Regeln der lateinischen Sprache gebildet, z. B. ***Salmonella typhi***, d. h. die typhuserzeugende Art (Species) der Gattung ***Salmonella***. In der medizinischen Alltagssprache verwendet man häufig die sogenannten Trivialnamen. Statt ***„Diplococcus pneumoniae“*** sagt man „Pneumokokken“, statt ***„Neisseria gonorrhoeae“*** sagt man „Gonokokken“. Gegen den Gebrauch der Trivialbezeichnung ist nichts einzuwenden, wenn ihre Bedeutung feststeht.

Die Namen der höheren Taxa bis zur Ordnung, werden jeweils nach dem Namen einer darin enthaltenen typischen Gattung gebildet und mit einer bestimmten Endung versehen (Tabelle 6.1). Für höhere Taxa als die Ordnung werden charakterisierende Substantive verwendet.

Die Grundeinheit des Systems ist die Art. Sie umfaßt alle Stämme, die in ihren wesentlichen Merkmalen, die in der Erstbeschreibung der betreffenden Art angegeben sind, übereinstimmen. (Stamm = Reinkultur eines Einzelisolates. Stämme verschiedener Herkunft werden zur Unterscheidung mit Zahlen oder Buchstabenkombinationen versehen.)

Als wichtige Merkmale werden in der Regel Zell- und Kolonienmorphologie, färberisches Verhalten, Vorkommen besonderer Organellen, z. B. Geißeln, Wachstumsbedingungen, gewisse Stoffwechseleigenschaften wie Anaerobiose, Art der Fermentationsprodukte usw. angegeben. Der Typstamm der Art ist bei international zugänglichen Sammlungen hinterlegt und kann von dort bezogen werden, um im Zweifelsfall als Kontrollstamm zur Absicherung einer Bestimmung eingesetzt zu werden.

Die Festlegung der „wesentlichen“ Merkmale unterliegt einer gewissen Willkür des Autors, und die Abgrenzung zwischen den einzelnen Arten ist häufig problematisch. Art und Gewichtung der Merkmale unterliegen außerdem dem Fortschritt der Methodenentwicklung, wodurch immer mehr chemische und molekularbiologische Merkmale zugänglich werden. Heute ist eine weitgehende Objektivierung der Artabgrenzung durch die oben erwähnten Nukleinsäure-Hybridisierungen möglich. In der Regel werden alle Stämme, die mit dem Typstamm einer Art eine ***DNA/DNA-Ähnlichkeit*** von 70 bis 100% aufweisen, zur gleichen Art gestellt. Das Kriterium „DNA/DNA-Ähnlichkeit“ ersetzt damit innerhalb der Bakterien das zur Artabgrenzung im Tierreich übliche Merkmal „Kreuzbarkeit“.

Stämme, die trotz hoher Ähnlichkeit in einigen wichtigen Eigenschaften vom Merkmalspektrum der Art abweichen, können als *Unterart* zusammengefaßt werden und erhalten dann zusätzlich zum Artnamen einen zweiten, die Unterart kennzeichnenden Namen, z B. ***Lactobacillus delbrueckii*** subsp. ***bulgaricus***. Man benützt diese Möglichkeit besonders dann, wenn die Unterscheidung auch von praktischer, z. B. biotechnologischer oder medizinischer Bedeutung ist.

Eine noch niedrigere infraspezifische Kategorie ist die ***Varietät***. Man benützt sie für Stämme, die bei sonst weitgehender Übereinstimmung mit dem Typstamm nur in sehr speziellen Eigenschaften von der Art abweichen, z. B. durch Phagensensitivität, Toxinbildung usw. Je nachdem, welcher Art die abweichende Eigenschaft ist, werden die Bezeichnungen ***Phagovar***, ***Serovar***, ***Pathovar*** usw. (im medizinischen Schrifttum früher vielfach auch Phagotyp, Serotyp usw.) zur Charakterisierung der Varietäten verwendet.

Besteht die Abweichung in Wachstumseigenschaften, so ist die Bezeichnung ***Biovar*** (***Biotyp***) üblich. Zur Unterscheidung der Varietäten werden diese durch den Zusatz einer Nummer, einer Buchstabenkombination oder auch durch ein kennzeichnendes Wort charakterisiert, z. B. ***Salmonella choleraesuis*** biovar ***kunzendorf***.

Tabelle 6.2. Die systematischen Kategorien der Bakteriologie mit einem Anwendungsbeispiel

Kategorie	Taxon
Reich (Regnum)	Prokaryotae
Division (Divisio) = Abteilung oder Stamm (Phylum)	Firmicutes
Klasse (Classis)	Thallobacteria
Ordnung (Ordo)	Actinomycetales
Familie (Familia)	Mycobacteriaceae
Gattung (Genus)	Mycobacterium
Art (Species)	Mycobacterium tuberculosis

Mehrere Spezies, bei denen sich die speziesbestimmenden Merkmale nur teilweise decken, werden zu einer ***Gattung*** zusammengefaßt, und in Fortführung dieses Prinzips werden jeweils die nächsthöheren Taxa (Tabelle 6.2) gebildet.

Im Vergleich zur Realität eines Stammes und der noch recht konkreten Faßbarkeit der Art nehmen die Taxa der höheren Kategorie eines künstlichen Systems einen immer abstrakteren Charakter an. Die Zweifel an der Aussagekraft der höheren Kategorien eines künstlichen Systems wurden daher in den letzten Jahrzehnten so stark, daß bereits in der 1974 erschienenen 8. Auflage von Bergey's Manual of Determinative Bacteriology, dem internationalen Standardwerk der Bakteriensystematik, die konsequente Anwendung der höheren Kategorien unterblieb. In den meisten Fällen wurde nur noch die Kategorie bis zur Familie, vielfach sogar nur bis zur Gattung, verwendet. Auch die 1984 unter dem Titel "*Bergey's Manual of Systematic Bacteriology*" erschienene Fortsetzung dieses Werkes gibt nur eine Übersicht über die, nun auf der Basis der Zellwandstruktur neu definierten, Taxa der höchsten Kategorien (Tabelle 6.1). Für die weitere Detaildarstellung werden sogenannte mit Trivialnamen bezeichnete „***Sektionen***" gebildet: z. B. „Gramnegative aerobe Stäbchen", „Reguläre, nicht sporenbildende Grampositive Stäbchen". Sie enthalten meist nur Taxa bis zum Rang der Gattung, teils bis zur Familie und nur selten bis zur Ordnung (Tabelle 6.2).

Dieses Vorgehen spiegelt die derzeitige Umbruchsituation der Bakteriensystematik wider. Das geschwundene Vertrauen in die Aussagekraft höherer Kategorien bisheriger Definition kann durch die Neudefinition der höheren Taxa auf der Basis zuverlässiger Kenntnisse über die phylogenetischen Beziehungen nur schrittweise in einem jahrzehntelangen Prozeß wissenschaftlicher Diskussion wieder hergestellt werden.

Diese Jahre der Unsicherheit hinsichtlich der Definition der höheren Taxa bedeuten für die praktische Arbeit der medizinischen Bakteriologie keine Behinderung, denn hier ist die eindeutige Identifizierung und Benennung der pathogenen Arten und Varietäten entscheidend, und schon die Gattungszugehörigkeit ist nur von marginaler Bedeutung. Gerade für die Identifizierung dieser untersten Kategorien hat die molekularbiologische Forschung über die genealogische Verwandtschaft von Bakterien schon jetzt wesentlich verbesserte Methoden – Nukleinsäure-Hybridisierung, DNA- und RNA-Sonden – bereitgestellt.

Zusammenfassung: Stellung der Bakterien in der Natur

1. Bakterien sind sowohl am Aufbau (Chemo- und Photosynthese), als auch am Abbau (Mineralisation) organischer Substanz beteiligt und damit eine wesentliche Komponente des Stoffkreislaufes in der Natur.

Der Übergang von saprophytischen zu parasitischen und pathogenen Bakterien ist fließend. Er erfolgte innerhalb mehrerer Bakteriengruppen von sehr unterschiedlicher systematischer Stellung. Daher bilden die pathogenen Bakterien keine einheitliche systematische Gruppe, sondern sind über das ganze System verstreut.

2. Bakterien weisen einen einfacheren Aufbau des Zellkerns auf, als die höheren Organismen (Eukaryonten) und werden daher als Prokaryonten bezeichnet. Die Sequenzanalyse der Nukleinsäuren hat gezeigt, daß schon sehr früh in der Evolution eine Aufspaltung in die beiden prokaryotischen Urreiche der Eubakterien und der Archaebakterien sowie in das eukaryotische Urreich der höheren Organismen (Eukaryonten) erfolgte.

Das Urreich der Eubakterien hat zur weiteren Entwicklung der Eukaryonten die Mitochondrien und Chloroplasten beigesteuert. Diese Zellorganellen entstanden durch Integration von Eubakterien in das Cytoplasma der Eukaryonten.

Alle pathogenen Bakterien gehören zu den Eubakterien.

3. Zur Ordnung der Bakterien in ein übersichtliches System wurden ursprünglich verschiedene morphologische und physiologische Eigenschaften benützt. Derartige Merkmale lassen die natürliche (genealogische) Verwandtschaft nur bruchstückweise erkennen und führten daher nur zu „künstlichen" Systemen. Auch diese erfüllten weitgehend den praktischen Zweck der Identifizierung von Arten und der Unterscheidung pathogener von apathogenen Bakterienformen.

Die Sequenzanalyse von Nukleinsäuren lassen die genealogischen Verwandtschaftsbeziehungen erkennen und ermöglichen in zunehmendem Maße die Aufstellung eines „natürlichen" (phylogenetischen) Systems.

Die Technik der Nukleinsäurehybridisierung und die Entwicklung von hochspezifischen Nukleinsäuresonden, haben neue Wege zur Präzisierung und Vereinfachung der Identifizierung pathogener Keime eröffnet.

4. Jedes System der Bakterien beruht auf einer Hierarchie von systematischen Einheiten (Taxa). Die oberste Kategorie von Taxa ist die der Reiche, die unterste die der Arten. Um pathogene von nahe verwandten apathogenen Bakterienformen abzutrennen, ist häufig eine Untergliederung der Art in Unterarten oder Varietäten (pathovar, serovar etc.) notwendig.

Die Bezeichnung der Art erfolgt stets entsprechend der von Linné erstmals angewandten binären Nomenklatur (d. h. durch eine Kombination des Gattungs- und Artnamens). Die Regeln für die Bildung der Artnamen und die Bezeichnung der höheren Kategorien von Taxa sind im „International Code of Nomenclature of Bacteria" festgelegt.

Das umfassendste Handbuch der Systematik der Bakterien ist „Bergey's Manual of Systematic Bacteriology".

7 Sterilisation und Desinfektion

H. Rüden, W.-D. Kampf

INHALTSÜBERSICHT

7.1 Einführung ... 71
7.2 Sterilisation (Methoden, Verfahren, Anwendung) ... 72
7.2.1 Thermische Sterilisation ... 72
7.2.2 Strahlensterilisation ... 73
7.2.3 Chemische Sterilisation ... 74
7.2.4 Anwendung ... 76
7.2.5 Prüfverfahren ... 76
7.2.6 Weitere Verfahren zur Keimreduktion ... 77
7.3 Desinfektion (Methoden, Verfahren, Anwendung) ... 78
7.3.1 Physikalische Verfahren ... 78
7.3.2 Chemische Verfahren ... 78
7.3.3 Anwendung ... 81
7.3.4 Prüfverfahren ... 83

7.1 Einführung

Zur Verhütung und Bekämpfung von Infektionen sind Verfahren der Keimreduktion unerläßlich. Hierzu zählen insbesondere die Sterilisation und die Desinfektion.

Die ***Sterilisation*** beinhaltet die *Abtötung oder Entfernung aller lebensfähigen Formen von Mikroorganismen*; die ***Desinfektion*** hingegen impliziert eine *Keimreduktion* bzw. eine irreversible Inaktivierung eines erheblichen Teils der Mikroorganismenpopulation. Da es sich auch bei der Desinfektion um eine infektionsprophylaktische Maßnahme handelt, soll danach der Gegenstand frei von Krankheitserregern sein, so daß er nicht mehr infizieren kann. Die Desinfektion richtet sich jedoch nicht nur selektiv gegen Krankheitserreger, sondern auch gegen die übrigen Mikroorganismen. Der Grad der Keimreduktion muß demnach so groß sein, daß ein *Infektionsrisiko ausgeschlossen* ist. Sowohl bei der Sterilisation als auch bei der Desinfektion hängt der Erfolg von der Art der Mikroorganismen und des Verfahrens sowie dessen Parametern ab, wie Temperatur, Feuchtigkeit, Druck, Strahlendosis, Konzentration und Art des chemischen Wirkstoffes sowie Einwirkungszeit.

Resistenzstufen der Mikroorganismen

Wissenschaftlich gesehen kann auch die Sterilisation nur als ein Verfahren zur Keimreduktion angesehen werden, da – wie später gezeigt – die üblichen Sterilisationsverfahren nur die Sporen humanpathogener Bakterienarten, nicht hingegen die der thermophilen Bakterienarten erfassen, die für die Medizin nicht relevant sind.

Diese unterschiedliche Empfindlichkeit von Mikroorganismen hat daher innerhalb der Gruppe der Bakterien zu einer für die Praxis genügenden Einteilung in vier verschiedene, auf thermische Verfahren bezogene Resistenzstufen geführt. Gegenüber anderen Sterilisationsverfahren kann die Empfindlichkeit der einzelnen Arten anders sein.

Bei Exposition mit strömendem Dampf (100 °C) wird in der *Resistenzstufe 1* innerhalb von 1–2 min eine Abtötung/Inaktivierung von Viren, Bakterien (vegetative Formen) und Pilzen einschließlich Pilzsporen erreicht. Die Resistenzstufen 2, 3 und 4 betreffen nur noch die Dauerformen von Bakterien, die *Bakteriensporen.* Zur *Resistenzstufe 2* gehören die am wenigsten widerstandsfähigen Sporen z. B. der Spezies B. anthracis, zu deren Abtötung strömender Dampf mit einer Einwirkungszeit von 15 min erforderlich ist. Um die der *Resistenzstufe 3* angehörenden Sporen der Gattung Clostridium wie C. tetani, C. botulinum oder C. perfringens bzw. sog. native Erdsporen irreversibel zu schädigen, muß der strömende Dampf mehrere Stunden einwirken. Die *Resistenzstufe 4* hat in der Medizin keine Bedeutung, hierzu zählen thermophile, nicht humanpathogene Bakteriensporen, die strömendem Dampf über Stunden nicht zugänglich sind, sondern zu deren Inaktivierung gespannter gesättigter Wasserdampf von mindestens 134 °C über eine Dauer von mehr als 30 min erforderlich ist.

Der medizinische Einsatz determiniert das Verfahren. Werden Gegenstände invasiv eingesetzt, müssen diese sterilisiert sein. Eine Desinfektion ist ausreichend für nicht direkt mit dem Patienten in Kontakt kommende Gegenstände wie z. B. Narkosegrundgerät (ohne Schlauch- und Kreislaufsystem). Sowohl bei der Sterilisation als auch bei der Desinfektion ist den *physikalischen* vor den *chemischen Verfahren* der Vorzug zu geben, da die physikalischen Verfahren erstens ein größeres Maß an Sicherheit und Zuverlässigkeit bieten und zweitens umwelthygienisch und toxikologisch weniger bedenklich sind. Da jedoch auch die Materialverträglichkeit zu berücksichtigen ist, wird es nicht immer möglich sein, nur physikalische Verfahren einzusetzen (z. B. Händedesinfektion, Sterilisation und Desinfektion von thermolabilen Gütern).

7.2 Sterilisation (Methoden, Verfahren, Anwendung)

Nach dem Deutschen Arzneibuch bzw. der Pharmacopoea Europaea können die Anforderungen der Sterilisation mit folgenden Verfahren erfüllt werden:

- Physikalische Verfahren: Einsatz von Wärme (thermische Sterilisation), Einsatz ionisierender Strahlen (Strahlensterilisation)
- Chemische Verfahren: Einsatz von Gasen (chemische Sterilisation)

Die Abtötung der Mikroorganismen ist wesentlich von den Faktoren Zeit, Temperatur und ggf. Wirkstoff (chemische Stoffe) oder Wirkungsprinzip (Strahlen) abhängig. Da die Anzahl der solche Prozesse überlebenden Zellen unter der Einwirkung dieser Faktoren nach dem Maßstab dekadischer Logarithmen kontinuierlich abnimmt (***Reduktionsrate***), ist die Anfangskeimzahl eine wichtige Größe für den Erfolg der Maßnahme; d. h. die Reduktionsrate ist der Maßstab für die Wirksamkeit eines Verfahrens. Bei der Sterilisation wird in diesem Sinne die am weitesten gehende Keimzahlreduktion erreicht. In der Praxis wird eine Keimzahlreduktion um mindestens 6 Logarithmenstufen verlangt. Grundsätzlich sollen dabei ohne Einschränkung alle Mikroorganismenarten inaktiviert werden.

7.2.1 Thermische Sterilisation

Bei der thermischen Sterilisation kommen zwei Verfahren zur Anwendung: das ***Heißluft***- und das ***Druckkesselverfahren***.

7.2.1.1. Heißluftsterilisation

Das zur Heißluftsterilisation eingesetzte Gerät ist ein sog. Trockenschrank, in dem eine Innenlufttemperatur von mindestens 180 °C erforderlich ist. Der Betriebsablauf läßt sich in die *Anheizzeit*, die *Ausgleichszeit*, die *Einwirkungszeit* (Abtötungszeit) und die *Fallzeit* gliedern und ist weitestgehend von der Art des Geräts und des Sterilisationsgutes abhängig. Besonders die Anheizzeit vom Einschalten des Gerätes bis zum Erreichen der erforderlichen Innenlufttemperatur und die Ausgleichszeit bis zum Eintritt der erforderlichen Temperatur im Inneren des Sterilisationsgutes können durch Luftumwälzung und lockere Beschickung erheblich verkürzt werden. Aus diesem Grunde muß das Sterilisationsgut auch stets trocken eingebracht werden. Eine laufende Kontrolle der Innenlufttemperatur ist an einer möglichst kritischen Stelle erforderlich. Nach dem Deutschen Arzneibuch wird eine *Einwirkungszeit von 30 min bei 180 °C* oder *10 min bei 200 °C* empfohlen. Oberhalb von 200 °C kann es leicht zu Materialschäden kommen. Bei besonders empfindlichem Sterilisationsgut können auch niedrigere Temperaturen mit entsprechend längerer Einwirkungszeit angewendet werden.

Die Resistenz der Mikroorganismen gegen trockene Hitze ist sehr unterschiedlich, bisweilen recht hoch. Die Reihenfolge der Temperaturempfindlichkeit ist jedoch grundsätzlich die gleiche wie bei der Einwirkung feuchter Hitze. Während Entero- und Tollwutviren innerhalb kurzer Zeit bei nur 70–80 °C ihre Infektiosität verlieren, werden Hepatitis B-Viren erst bei 100 °C nach 10 min ultimativ inaktiviert. Die vegetativen Formen der Bakterien werden bereits bei 120 °C in höchstens 30 min abgetötet, bei 170 °C überleben sie nur wenige Minuten. Unter den Sporen der Bakterien finden sich die resistentesten Formen. Erdsporen (Resistenzstufe 3) werden bei 150 °C erst nach drei Stunden inaktiviert, bei 180 °C sind dazu noch 15 min erforderlich. Die Sporen der anderen humanpathogenen Bakterienarten sind z. T. weniger hitzestabil. Von den Pilzen sind die vegetativen Formen ebenso hitzeempfindlich wie die der Bakterien, dagegen sind die Sporen der Pilze nicht so temperaturresistent wie die Bakteriensporen.

7.2.1.2 Dampfdrucksterilisation

Der bei dem Druckkesselverfahren (Dampf-Sterilisator, Autoklav) angewendete gespannte (unter Überdruck stehende), gesättigte Wasserdampf stellt gegenüber der trockenen heißen Luft einen besseren Wärmeleiter dar. Von besonderem Vorteil ist aber das Aufquellen der Zellwände, wodurch die Mikroorganismen auch hitzeempfindlicher werden. Dadurch sind weniger hohe Temperaturen als im Heißluftsterilisator erforderlich, um die Mikroorganismen in einer wirtschaftlich vertretbaren Zeit zu inaktivieren. Diese „feuchte" Hitze schützt zu sterilisierendes textiles Material vor Verkohlungszeichen, erlaubt auch die Sterilisation sog. thermostabiler Kunststoffe und ermöglicht wegen des Druckes auch die Sterilisation wasserhaltiger Flüssigkeiten.

Das zur Dampfsterilisation eingesetzte Gerät ist ein Druckkessel, in dem die Temperatur des Wasserdampfes auf über 100 °C erhöht werden kann, wofür Drucke bis zu 4 atm/bar bzw. 3 atü erforderlich sind.

Der Betriebsablauf ist auch hier in *Anheizzeit, Ausgleichszeit, Einwirkungszeit (Ablötungszeit)* und *Fallzeit* gegliedert, wobei die Anheiz- und die Ausgleichszeit ebenfalls erheblich von der Bauart des Gerätes und dem Sterilisationsgut abhängig sind. Besonders wichtig ist es, die zunächst in dem Sterilisationsgut vorhandene Luft zu entfernen (*Vakuum im Pendelverfahren*), um dem Dampf das Eindringen in ggf. auch poröses Material zu ermöglichen und das Druck-Temperatur-Verhältnis zu optimieren.

Eine kontinuierliche Überprüfung der erreichten Innenlufttemperaturen ist nur mit eingedichteten Thermoelementen möglich, die dazu an kritische Stellen geführt werden. Nach dem Deutschen Arzneibuch wird bei einem *Druck von 1,961 bar (1 atü) und 120,6 °C* eine Einwirkungszeit von *20 min* empfohlen. Auch eine Sterilisation bei 2,942 bar (2 atü) und 133,9 °C mit einer Einwirkungszeit von 10 min und bei 3,923 bar (3 atü) und 144,0 °C mit einer Einwirkungszeit von 5 min ist möglich, wenn eine entsprechende Materialverträglichkeit gegeben ist. Die Beziehung Druck zu Temperatur besteht nur bei gesättigtem Wasserdampf in konstanten Größen. Bei verbliebenen „Luftinseln" wird bei dem entsprechenden Druck die Temperatur nicht erreicht.

Da die Mikroorganismen gegen feuchte Hitze allgemein wesentlich empfindlicher sind als gegen trockene, müssen nicht immer so hohe Temperaturen zur Abtötung angewendet werden. Alle Viren, mit Ausnahme der Hepatitis B-Viren, und die meisten vegetativen Formen der Bakterien und der Pilze sind bei 80 °C nach einer halben Stunde nicht mehr infektiös. Die Hepatitis B-Viren sind bei 100 °C bereits nach 5 min inaktiviert, die Sporen der Pilze werden bei dieser Temperatur erst nach 15–30 min abgetötet.

Bei den Sporen der Bakterien werden zwei Resistenzstufen gegen feuchte Hitze unterschieden: der charakteristische Keim für die geringere Resistenz sind die Sporen von Bacillus anthracis, deren Inaktivierungsparameter mit 100 °C für 15 min bzw. 105 °C für 5 min angegeben werden. Die größere Widerstandsfähigkeit findet man bei den Sporen der Clostridien-Arten, den Sporen von Bacillus (B.) stearothermophilus und von einigen anderen Arten. Zu deren Inaktivierung sind die für den Dampf-Sterilisator genannten Bedingungen erforderlich.

Darüber hinaus gibt es sog. hochthermoresistente Sporen. Sie werden von den bereits erwähnten thermophilen Bakterien gebildet, die zur Vermehrung 55 – 56 °C benötigen und somit nicht Erreger von Infektionskrankheiten sein können, aber unter entsprechenden Bedingungen Pyrogene bilden. Zur Abtötung dieser Sporen sind bei 134 °C bis zu sechs Stunden erforderlich. In der Sterilisationspraxis werden diese Keime nicht berücksichtigt.

7.2.2 Strahlensterilisation

Die Strahlensterilisationsverfahren beruhen auf der Einwirkung von ionisierenden Strahlen, die als Elektronenstrahlen oder energiereiche elektromagnetische Strahlen von Kathoden, Elektronenbeschleunigern oder radioaktiven Isotopen erzeugt oder abgegeben werden.

In der Sterilisationspraxis wird als Strahlenquelle meist ^{60}Co verwendet, dessen (hauptsächlich emittierte) γ-Strahlen Material gut durchdringen können, während die β-Strahlen bereits durch dünne Schichten resorbiert werden.

Die mikrobiologische Wirkung ist von der Dosiseinheit abhängig; sie wird in Gray (Gy) = 1 Joule/kg (J/kg) gemessen. Die frühere Bezeichnung der Dosiseinheit rad bzw. Mrad entsprach 10^{-2} J/kg bzw. 10^4 J/kg. Somit sind 1 Mrad = 10000 Gray (Gy) = 10 Kilogray (10 kGy). Kriterium für die Aufenthaltszeit des zu sterilisierenden Gutes unter einer Strahlungsquelle ist deren Dosisleistung. Ein mit gleichbleibender Geschwindigkeit „laufendes" Transportband führt das Gut durch die Strahlungszone, bis die für die Praxis empfohlene Dosis von *25 kGy = 2,5 Mrad* erreicht ist. Das Material kann sich während der Bestrahlung um einige Grade erwärmen, bedarf jedoch keiner weiteren Nachbehandlung. Die kontinuierliche Kontrolle erfolgt durch Dosimetrie.

Wegen der vorliegenden großen Energie der Strahlen und der hohen Strahlenleistung sind selbstverständlich die *Strahlenschutzmaßnahmen* außerordentlich aufwendig. Es gibt deshalb und wegen der hohen Kosten allgemein nur wenige dieser Anlagen, die meistens Lohnsterilisationen durchführen.

Die Resistenz der Mikroorganismen gegen ionisierende Strahlen ist ebenfalls sehr unterschiedlich. Die für die Inaktivierung erforderliche Dosis wird meist (noch) in Megarad (Mrad) angegeben.

Für die Abtötung der vegetativen Formen der Bakterien sowie der Pilze und der Pilzsporen sind 12 Kilogray (kGy) erforderlich, was 1,2 Megarad entspricht. Zahlreiche Arten sind noch weitaus empfindlicher. Eine besondere Ausnahme aber bildet Micrococcus (M.) radiodurans, der erst bei 60 kGy abgetötet wird. Die Sporen der Bakterien lassen sich meist mit einer Dosis von unter 20 kGy oder 2 Mrad, Clostridium (C.) botulinum A jedoch erst von 37 kGy oder 3,7 Mrad abtöten.

Für die Inaktivierung von Viren können sich eher Probleme ergeben, da deren Strahlenresistenz, z. B. für Poliomyelitis- oder Enzephalitis-Viren, mit bis zu 40 bzw. 45 kGy oder 4 bzw. 4,5 Mrad angegeben wird. Somit kann mit der in der Praxis eingesetzten Dosis von 25 kGy die Inaktivierung von Viren möglicherweise unvollständig sein. Zur Abtötung der anderen Mikroorganismen dürfte diese Dosis jedoch ausreichen.

Da es sich bei den der Strahlen-Sterilisation unterworfenen Objekten in der Regel um medizintechnische Artikel handelt, die industriell unter Fertigungsbedingungen hergestellt werden, für die hohe Anforderungen hinsichtlich Personalqualifikation, Räumlichkeiten und technische Ausrüstung und Beachtung besonderer Hygienemaßnahmen sowie Qualitätskontrolle (Grundregeln für die Herstellung von Arzneimitteln – GMP = Good Manufacturing Practice) gelten, haben sich wegen der genannten Lücke bezüglich der Viren bisher keine nachteiligen Folgen gezeigt.

7.2.3 Chemische Sterilisation

Für den Einsatz mikrobizider Gase zur Sterilisation sind heute Ethylenoxidgas und Formaldehydgas in Gebrauch. Das Deutsche Arzneibuch (9. Ausgabe 1986) sieht derzeit nur das Ethylenoxid als hinreichend sicher zur Abtötung von Mikroorganismen an. Für die Gassterilisation allgemein gilt, daß in organisches Material oder Kristalle eingeschlossene Mikroorganismen erheblich schwieriger abzutöten sind.

Ethylenoxidgas-Sterilisation

Der Vorteil der Sterilisation mit ***Ethylenoxidgas*** (EO) liegt in der niedrigen Temperatur, die es erlaubt, auf thermolabilen Werkstoffen die Keime abzutöten. Das Gas ist jedoch auch für den Menschen außerordentlich *giftig* und *kanzerogen* sowie in Mischung mit Luft oder Sauerstoff *hoch explosiv*. Deshalb ist eine besondere Konstruktion der Geräte mit entsprechenden Sicherheitseinrichtungen erforderlich, und das Gas wird als Gemisch von Ethylenoxid mit verschieden hohen Anteilen von Kohlendioxid, aber auch mit Methylformiat oder Freon^R (fluorierte Kohlenwasserstoffe) eingesetzt. Dabei wird je nach der Art des Verfahrens Vakuum von bis zu 40 Torr, Normaldruck oder Überdruck von bis zu 5 bar (6 atü) angewendet. Neben dem Druck sind die Temperatur, die Einwirkungszeit, die EO-Konzentration und die Feuchte für den Sterilisationserfolg von Bedeutung.

Die Temperatur wird je nach Verfahren zwischen 25 und 55 °C eingestellt. Die notwendige Einwirkungszeit kann bis zu 360 min betragen und muß wegen des Einflusses der anderen genannten Faktoren experimentell durch Bioindikatoren ermittelt werden. Die erforderliche EO-Konzentration ist außer von der Art der Mikroorganismen wesentlich von dem Material und der Bauweise des zu sterilisierenden Artikels abhängig und kann 400g EO/m^3, aber auch bis zu 1200g EO/m^3 betragen. Die erforderliche Feuchte erreicht man, indem das Wasser in Form von Dampf mit dem Gasgemisch eingeblasen wird oder durch Konditionieren (Befeuchten) des Gutes zuvor in einer Kammer mit 70 % rel. Luftfeuchte bei 40 °C.

Da das Gas in die Verpackungen und auch in Kunststoffe eingedrungen ist, aber vor Gebrauch der

Artikel auch wieder entweichen muß, ist eine längere Zwischenlagerzeit in gut belüfteten Räumen (*Desorption*) erforderlich. Diese Desorptionszeit kann bei kritischen Einsatzbereichen des Sterilisationsgutes (Implantate) bis zu mehreren Wochen betragen.

Der Betriebsablauf bei einem Ethylenoxid-Sterilisator ist anders als bei den thermischen Verfahren. Nach der vorgeschalteten Konditionierungsphase ist die Ausgleichszeit weniger auf Einstellung der Temperatur des Sterilisationsgutes ausgerichtet als vielmehr auf das Eindringen des Gases in das Innere des Sterilisationsgutes. Dieses erreicht man meist durch Einstellen eines Vorvakuums. Nach der Einwirkungszeit ist eine möglichst schnelle Desorption durch intensives Absaugen des Gases und Frischluftzufuhr, auch in Form von Pendelbewegungen, erforderlich. Erst danach schließt sich die weitere Desorptionszeit in gut durchlüfteten Räumen oder in Desorptionsschränken für zumindest einige Tage an.

Das Resistenzverhalten der Mikroorganismen gegenüber Ethylenoxidgas ist grundsätzlich anders als bei den bisher beschriebenen Sterilisationsverfahren. Hier sind es gerade die anaeroben Sporenbildner, die sich als am empfindlichsten erweisen. Wegen der sehr unterschiedlichen Betriebsbedingungen bei den zahlreichen Verfahren der Ethylenoxidgas-Sterilisation bezüglich Druck, Wirkstoffkonzentration, Temperatur und Einwirkungszeit liegen nur wenige wirklich vergleichbare Daten vor. Bei 25 °C erfordern Escherichia (E.) coli und Proteus (P.) vulgaris, aber auch Bacillus (B.) subtilis (globigii) und Aspergillus (A.) tamarii nur etwa 500 mg EO/l und 180 bis 240 Minuten zur Abtötung, während Streptococcus (S.) pyogenes 750 mg EO/l und Enterococcus (E.) faecium und auch Staphylococcus (S.) aureus sogar 1 000 mg EO/l und jeweils 360 Minuten zur Inaktivierung benötigen.

Bemerkenswert ist, daß im Gegensatz zur thermischen Sterilisation die Empfindlichkeit der Pilze und sporenbildenden Bakterien höher ist als die der anderen Bakterienarten, insbesondere der Kokken.

Formaldehydgas-Sterilisation

In den letzten Jahren wird zunehmend Formaldehyd in Gasform zur Sterilisation temperaturempfindlicher Materialien verwendet. Im Deutschen Arzneibuch DAB 9 ist dieses Verfahren derzeit nicht aufgenommen, jedoch werden die Anforderungen, die Prüfung auf Wirksamkeit und die entsprechenden Bioindikatoren und deren Anfertigungsweise in den Deutschen Normen DIN 58948, Teil 12, 13 und 14 beschrieben. Diese Norm gilt für Formaldehyd-Sterilisatoren mit einem Nutzraum von ≥ 150 dm^3, die im Unterdruck arbeiten.

Als Vorteile gegenüber der Ethylenoxid-Gas-Sterilisation wird die *geringere Toxizität* des Formaldehyds hervorgehoben, wodurch der Aufwand für die technische Sicherheit erheblich reduziert werden kann.

Das Gas kann zwar grundsätzlich an alle leicht zugängliche Stellen gelangen, hat aber ein bei weitem *schlechteres Diffusionsvermögen*, so daß es in poröses Material und englumige Räume schlecht eindringen kann. Die Durchlässigkeit der Kunststoffe für Formaldehyd und Wasserdampf ist in hohem Maße von der Art des Werkstoffes abhängig; abgeschlossene Räume können innerhalb der Einwirkungszeit nur ungenügend oder gar nicht erreicht werden.

Der Betriebsablauf beginnt mit einem *fraktionierten Vorvakuum* zwischen 50 und 200 mbar. Es sind mindestens 15 Pulsationen notwendig, um aus einer 2 %igen Formaldehyd-Lösung das Formaldehyd-Wasserdampf-Gemisch sicher in alle Hohlräume zu bringen. Durch gleichmäßige Temperierung des Sterilisationsraumes, wie auch des Sterilisationsgutes und der Kammerwände muß eine Kondensation des Formaldehydgases vermieden werden. Das Vorvakuum geht bei 200 mbar in die Einwirkungsphase von 60 Minuten über. Anschließend sind weitere Vakuumpulsationen erforderlich, um Wirkstoffrückstände zu entfernen. Die Betriebstemperatur liegt bei 60 °C an der Verträglichkeitsgrenze einiger Kunststoffe. Die Wirksamkeit ist entscheidend von der rel. Luftfeuchte abhängig, die mindestens 70 % betragen muß, jedoch 100 % erreichen soll, um eine größtmögliche Sicherheit zu gewährleisten. Darüber hinaus ist die Abtötung der Mikroorganismen wie bei den anderen Verfahren von Wirkstoffkonzentration, Temperatur und Zeit abhängig.

Bezüglich der Mikrobizidie wird die Sicherheit des Verfahrens unterschiedlich beurteilt. Das Resistenzverhalten verschiedener Mikroorganismenarten geht aus Keimträgerversuchen hervor. Escherichia (E.) coli, Pseudomonas (P.) aeruginosa, Proteus (P.) mirabilis und Candida (C.) albicans wurden durch Zugabe von 0,5 % Albumin unter erschwerten Bedingungen (Eiweißbelastung) in weniger als einer Minute abgetötet, Klebsiella (K.) pneumoniae konnte unter den gleichen Bedingungen in 5, Staphylococcus (S.) aureus und Enterococcus (E.) faecium in 10 Minuten inaktiviert werden. Für die Sporen von Bacillus (B.) subtilis waren dazu 30 Minuten und von Bacillus (B.) stearothermophilus 120 Minuten – beide unter Eiweißbelastung mit 10 Vol % Schafblut – erforderlich. Auch native Erdsporen waren ohne Eiweißbelastung nach 120 Minuten nicht mehr keimfähig.

7.2.4 Anwendung

Sterilisationsmöglichkeiten

Die Auswahl des Sterilisationsverfahrens wird in erster Linie von den Materialeigenschaften des Sterilisationsgutes bestimmt. Da das Druckkesselverfahren die beste Abtötungsmöglichkeit bietet, gilt der Grundsatz: alles *in den Autoklaven, was möglich ist!* Objekte von besonders hoher Thermostabilität werden im Heißluftgerät sterilisiert. Thermolabile Artikel können einer chemischen Sterilisation mit Ethylenoxidgas und mit Formaldehydgas unterzogen werden. Dieses Verfahren wird sowohl für industriell hergestellte Produkte zum einmaligen Gebrauch als auch in Kliniken und Laboratorien für wieder aufbereitete Gerätschaften angewendet. Wegen des hohen technischen Aufwandes und der Problematik des Strahlenschutzes eignet sich der Einsatz energiereicher Strahlen nur im Bereich der Industrie.

- So eignet sich das Heißluftverfahren zur Sterilisation von Instrumenten aus Metall, von Geräten und Behältern aus Glas, für wasserfreie Flüssigkeiten oder anderes thermostabiles Material.
- Textilien, Geräte aus Gummi oder thermostabilen Kunststoffen, thermostabile Medikamente und Flüssigkeiten, selbstverständlich auch Geräte aus Glas und Metall können im Autoklaven sterilisiert werden.
- Kunststoffartikel, thermolabile Werkstoffe, besonders auch industriell hergestellte Einmalprodukte, wie Spritzen, Infusions- und Transfusionsgeräte oder Katheter sind mit Ethylenoxidgas, bedingt auch mit Formaldehydgas, sterilisierbar.
- Die Strahlensterilisation ist ausschließlich für industriell gefertigte Produkte geeignet. So werden meistens Massenartikel zum einmaligen Gebrauch, wie Verbandstoffe, auch Alkohol-Tupfer, chirurgisches Nahtmaterial, Instrumente und Geräte aus Kunststoffen, aber auch aus Metall, wie Scheren, Skalpelle und Pinzetten in Einzelpackungen mit energiereichen Strahlen sterilisiert.

Verpackung des Sterilisationsgutes

Das zu sterilisierende Gut muß so verpackt sein, daß es nach dem Sterilisationsvorgang nicht rekontaminiert werden kann. Je nach Einsatzbereich und Verwendungszweck kann dazu eine zweifache oder sogar dreifache Verpackung notwendig sein. Die Verpackung muß außerdem in der Weise erfolgen, daß das Wirkungsprinzip (Temperatur) oder der Wirkstoff (Luft, Dampf, Gas) alle Stellen des Objektes erreichen kann. Verschließbare Behälter müssen bei der Heißluftsterilisation während des Sterilisationsvorganges geöffnet sein. Anschließend ist der Zutritt keimhaltiger Luft zu verhindern.

- Das Sterilisationsgut für die Heißluftsterilisation wird zweckmäßigerweise in Metallbehälter gebracht, die durch geeignete Öffnungen den ungehinderten Zutritt der Heißluft während der Sterilisation erlauben und danach verschlossen werden.
- Die Verpackungsbehälter für die Sterilisation im Autoklaven müssen den Dampfzutritt gestatten, anschließend aber keimdicht verschließbar sein, bzw. eine Rekontamination verhindern. Die Forderungen erfüllen in der Praxis besonders konstruierte Behälter mit Filterflächen oder verschiedenartige Verpackungen aus sog. Sterilisationspapier. Die Feuchtigkeit läßt sich durch eine Vakuumphase am Ende des Sterilisationsvorganges weitgehend entfernen.
- Die Verpackungen für die Ethylenoxid- und Formaldehyd-Gassterilisation bestehen aus Kunststoffolien oder Sterilisationspapier, welche einerseits gasdurchlässig, andererseits keimdicht sind.
- Bei der Strahlensterilisation bietet die Verpackung bezüglich der Durchdringbarkeit keine Probleme.

7.2.5 Prüfverfahren

Alle Sterilisationsvorgänge machen eine ständige Kontrolle erforderlich. Während des laufenden Betriebes werden die technischen Daten, wie Temperatur, Druck, Zeit, Dosis (Strahlensterilisation) oder Konzentration (chemische Sterilisation) kontinuierlich überprüft oder aufgezeichnet. Die Validierung der Prozesse gewährleistet bereits eine relativ hohe Sicherheit.

Chemoindikatoren auf der Verpackung, die ihre Farbe während des entsprechenden Sterilisationsvorgangs ändern, zeigen an, ob das Sterilisationsgut dem Verfahren ausgesetzt war. Andere Chemoindikatoren können zwischen die Packungen gebracht werden. Sie ändern den Farbton, wenn bei der thermischen Sterilisation die erforderliche Temperatur erreicht war. Graduell temperaturempfindliche Substanzen können auch Hinweise auf die Höhe und Dauer der erreichten Temperatur geben. *Maximalthermometer* zeigen die erreichte Temperatur genauer an, *Thermoelemente* auch deren Verlauf mit Hilfe eines Linienschreibers.

Bioindikatoren in Form von Keimträgern mit Mikroorganismen bestimmter Resistenz, an kritischen Stellen plaziert, sind die zuverlässigste Form der Kontrolle.

Die Bioindikatoren sind so im Sterilgut zu verteilen, daß Stellen erfaßt werden, an denen erfahrungsgemäß Sterilität besonders schwer zu erreichen ist. Die Überprüfung mit Bioindikatoren ist mindestens zweimal jährlich erforderlich. Sie muß außerdem nach größeren Reparaturen, Umbauten des Raumes oder Standortwechsel erfolgen.

Als Bioindikatoren werden Testkeime verwendet, deren Resistenz gegen die verschiedenen Wirkungsprinzipien oder Wirkstoffe der Sterilisationsverfahren eine solche Sicherheit bieten, daß unter praktischen Bedingungen und nach langjährigen Erfahrungen eine Reaktivierung vermehrungsfähiger Keime aus dem Sterilisationsgut ausgeschlossen ist. Als Testkeime dienen insbesondere Sporen von verschiedenen Bacillus-Arten (Dampfsterilisation: B. stearothermophilus, Heißluftsterilisation: B. subtilis, Ethylenoxidgas-Sterilisation: B. subtilis, Formaldehyd-Sterilisation: B. stearothermophilus) oder native Erdsporen, die für das jeweilige Verfahren ausgewählt und oft auf spezielle Weise präpariert worden sind (DIN 58946, Teil 4; DIN 58947, Teil 4; DIN 58948, Teil 8). Dabei ist zu beachten, daß die Träger der Testkeime bezüglich Material und Form dem Sterilisationsgut angepaßt sein müssen. Dies gilt in besonderem Maße für die Gassterilisation hinsichtlich der unterschiedlichen Durchlässigkeit der Kunststoffe.

7.2.6 Weitere Verfahren zur Keimreduktion

Tyndallisieren (fraktionierte Sterilisation)

Da verschiedene Materialien, insbesondere Nährböden, die Erhitzung auf die zur Abtötung bakterieller Sporen notwendige Temperatur nicht ohne Substanzveränderung vertragen, werden beim ***Tyndallisieren*** im ersten Arbeitsgang durch Erwärmung auf mindestens 70 °C zunächst die vegetativen Formen der Keime abgetötet. Darauf wird das Material bei 25 °C bis 30 °C etwa 24 h inkubiert, um den überlebenden Sporen Gelegenheit zum Auskeimen zu geben. Bei einem zweiten Arbeitsgang mit erneuter Erwärmung, soweit es das Material gestattet, werden dann die ausgekeimten Bakteriensporen abgetötet. Diese Vorgänge können auch mehrmals wiederholt werden.

Das Verfahren der Tyndallisierung ist zwar sehr zeitaufwendig, aber oft auch die einzige Möglichkeit, in temperaturempfindlichen Lösungen die Keimzahl wirksam zu reduzieren. Als Voraussetzung für einen ausreichenden Erfolg muß jedoch das Material für das Auskeimen der Sporen entsprechende Nährsubstanzen und darüber hinaus keine bakteriostatisch wirkenden Stoffe enthalten. Außerdem ist eine hohe Eingangskeimzahl zu vermeiden. Viren können mit diesem Verfahren nur bedingt inaktiviert werden.

Sterilfiltration

Aus Flüssigkeiten und Gasen können Mikroorganismen auch durch verschiedene Filtermaterialien mit entsprechend geringer Durchgangsmöglichkeit für Partikel entfernt werden. Wegen der geringen Durchflußrate ist die Anwendung von Druck bzw. Vakuum erforderlich.

Die Filter bestehen aus Kieselgur, Keramik, Zellulose- oder Glasfasern. Je nach der Art des Materials können dessen *Siebwirkung* und dessen *Adsorptionseffekt* genutzt werden. In erster Linie ist die *Porengröße* für die Wirksamkeit entscheidend. Auch bei größtmöglicher Gleichmäßigkeit des Materials treten einzelne sog. große Poren auf, durch die Keime hindurchschlüpfen können. Auch an ein Durchwachsen der Keime ist bei der Filtration von Flüssigkeiten zu denken.

Im allgemeinen werden Filter mit einer Porengröße von 0,45 µm bis 0,22 µm eingesetzt, die gegen Mikroorganismen bis zur Größenordnung von Bakterien gut wirksam sind. Bei kleineren Mikroorganismen, insbesondere natürlich Viren, treten bei der Sterilfiltration Schwierigkeiten auf. Durch Filter aus mehreren Schichten, bei denen sich die „großen Poren“ gegenseitig blockieren, kann die Wirkung erheblich verbessert werden.

Eine Prüfung der Filterwirksamkeit wird mit Mikroorganismen entsprechender Größe vorgenommen. Als Testorganismen werden für 0,45 µm-Filter

Serratia (S.) marcescens und für 0,22 µm-Filter Pseudomonas (P.) diminuta eingesetzt.

7.3 Desinfektion (Methoden, Verfahren, Anwendung)

Die Wirksamkeit eines Desinfektionsverfahrens wird neben den erwähnten desinfektionsspezifischen Parametern wie Temperatur, Einwirkungszeit und Konzentration und Art des Wirkstoffs durch weitere Faktoren bestimmt. So sind in Schmutzpartikeln wie Ausscheidungen oder Blut inkorporierte Mikroorganismen bei einer Desinfektion schlechter oder gar nicht erreichbar. Mikroorganismen sind im feuchten Zustand sehr viel besser Desinfektionsverfahren zugänglich als im trockenen Zustand. Auch gibt es hinsichtlich der einzelnen Mikroorganismen Wirksamkeitsunterschiede (***Bakterizidie***, ***Tuberkulozidie***, ***Sporizidie***). Im Vergleich zur Sterilisation wird zur Desinfektion eine *Keimzahlreduktion um 3 bis 5 Logarithmenstufen* verlangt.

7.3.1 Physikalische Verfahren

Bei der physikalischen Desinfektion werden zwei Verfahren eingesetzt: die Wasser(dampf)- und die UV-Strahlen-Desinfektion.

Thermische Desinfektion

Zur Abtötung bzw. Inaktivierung vegetativer Bakterienformen, Pilze/Pilzsporen und Viren wird Wasser mit einer Temperatur von 75 °C bzw. 95 °C oder strömender gesättigter Dampf von 100 °C benötigt. Sollen Sporen der Resistenzstufe 2 wie Milzbrandsporen erfaßt werden, eignet sich gesättigter, weitgehend luftfreier (≤ 10 %), gespannter Dampf von einer Temperatur von 105 °C oder 110 °C bei 1,2 oder 1,5 bar sowie Dampf von 75 °C unter einem Unterdruck von 0,5 bar, und zwar wie bei der Sterilisation in Dampfdruckkesseln.

Wegen der Thermolabilität einiger Werkstoffe können auch niedrigere Temperaturen (60 °C) eingesetzt werden – jedoch in Verbindung mit chemischen Desinfektionsmitteln – in Form der chemothermischen Desinfektion.

UV-Strahlen

Für eine wirksame Desinfektion mit UV-Strahlen ist die Emission im UV-C-Bereich bei 253,7 nm erforderlich, daneben ist die Bestrahlungsstärke und die Zeit in Abhängigkeit von der Trübung des zu desinfizierenden Mediums (Transmission) einzuhalten. Verunreinigungen wie Eiweiß- oder Schmutzpartikel beeinträchtigen das Eindringen der UV-Strahlen, d. h. die Strahlen werden vor Erreichen ihres Zieles – den Mikroorganismen – absorbiert.

Inwieweit die UV-Desinfektion einen für Mikroorganismen irreversiblen Vorgang darstellt – es ist mitunter eine Reaktivierung der teilgeschädigten Bakterien im Hellen wie im Dunklen nach UV-Desinfektion beobachtet worden –, ist unzureichend geklärt. Wenn die Einsatzbedingungen unter Berücksichtigung der möglichen Verfahrensfehler genau festgelegt sind, kann das UV-Desinfektionsverfahren als Alternative zur chemischen Desinfektion eingesetzt werden. Obgleich schon bei Dosen von 25 mWs/cm^2 Reduktionsraten von 6 Logarithmenstufen festgestellt wurden, können die erforderlichen Bestrahlungsdosen für manche Mikroorganismen in Wasser bis 100 mWs/cm^2 betragen.

7.3.2 Chemische Verfahren

Das Spektrum der chemischen Desinfektionswirkstoffe ist breit. Im folgenden werden jedoch nur die gängigen Wirkstoffe behandelt, die heute insbesondere in Krankenhaus und Praxis eingesetzt werden.

Um eine chemische Desinfektion erfolgreich durchzuführen, müssen die möglichen Störfaktoren ausreichend berücksichtigt werden.

Neben physikalischen Parametern wie pH- und Temperatur-Optimum (10°–25 °C) hängt die Wirksamkeit entscheidend davon ab, daß der Wirkstoff wäßrig gelöst den Wirkungsort erreicht; für in Luftblasen eingeschlossene Mikroorganismen ist die desinfizierende Wirkung weitgehend aufgehoben.

Weitere wirkungsbeeinträchtigende Faktoren können für bestimmte Wirkstoffe die Anwesenheit von Eiweiß (-> Eiweißfehler) oder Seife (-> Seifenfehler) sein, die durch Reaktion mit dem Wirkstoff die für die Abtötung der Mikroorganismen erforderliche Konzentration des Desinfektionsmittels heraufsetzen.

Alkohole

Es werden ***Ethanol*** (80 Vol %), ***2-Propanol*** (70 Vol %) und ***1-Propanol*** (60 Vol %) zur Desinfektion eingesetzt. Dabei steigt die mikrobizide Wirkung mit zunehmender Zahl der Kohlenstoffatome. Die Alkohole wirken innerhalb von 10–60 sec gegen vegetative Bakterienformen, Pilze, Pilzsporen und behüllte, lipophile Viren. Gegen unbehüllte hydrophile Viren (z. B. Poliomyelitis-, Rota-Virus) ist ihre Wirkung umstritten.

Gegen Bakteriensporen sind Alkohole unwirksam, weshalb alkoholische Präparate wegen der fehlenden Sporizidie sporenfrei durch Sterilfiltration hergestellt werden müssen. Alkohole wirken nicht in konzentrierter Lösung (z. B. 96 Vol % Ethanol), sondern *nur in wäßriger Lösung* (60–80 Vol %). Nimmt die Alkoholkonzentration weiter ab, ist die desinfizierende Wirkung nur gegeben, wenn die Einwirkungszeiten entsprechend (Minuten – Stunden) erhöht werden.

Alkoholdämpfe sind explosiv, weshalb ihr Einsatz auf kleine Flächen beschränkt bleiben sollte. Da Alkohole Irritationen auf der Haut auslösen können – ihr Haupteinsatzort ist die hygienische und chirurgische Händedesinfektion –, ist ein Zusatz von rückfettenden Substanzen oder die regelmäßige Verwendung von Hautpflegemitteln angezeigt.

Aldehyde

Zu den Aldehyden als Desinfektionswirkstoffe zählen Formaldehyd, Glutaraldehyd und Glyoxal.

Formaldehyd wird seit Jahrzehnten mit großem Erfolg zur Desinfektion verwandt, da es ein sehr breites Wirkungsspektrum aufweist: es erreicht vegetative Bakterienformen, Bakteriensporen (hohe Konzentrationen und lange Einwirkungszeiten), Pilze/Pilzsporen und Viren. Formaldehyd wird wäßrig gelöst zur Flächen-, Instrumenten- und Wäschedesinfektion und gasförmig bei einer rel. Luftfeuchte von mindestens 80 % zur Gerätedesinfektion eingesetzt. Da jedoch Formaldehyd *stark reizend* wirkt – die Geruchswahrnehmung kann schon bei Raumluftkonzentrationen von 0,05 ppm eintreten –, ist bei gasförmigem Einsatz eine anschließende Neutralisation mit Ammoniak notwendig. Formaldehyd wird derzeit als *potentielles Karzinogen* eingestuft, eine gesundheitliche Gefährdung ist jedoch bei sachgerechter Anwendung vor dem Hintergrund der frühzeitigen Wahrnehmung von toxikologisch noch nicht relevanten Raumluftkonzentrationen nicht gegeben. In Anwesenheit von Eiweißsubstanzen kann die Wirkung von Formaldehyd erheblich vermindert werden, weshalb es für die Desinfektion von Ausscheidungen keine Verwendung findet.

Glutaraldehyd hat ein ähnlich gutes Wirkungsspektrum wie Formaldehyd, wobei die sporizide Wirkung noch günstiger als bei Formaldehyd zu beurteilen ist. Da Glutaraldehyd nicht unbedeutende *materialkorrosive* Eigenschaften hat, ist der Einsatz als Einzelwirkstoff in einem Desinfektionsmittelpräparat selten, d. h. es wird z. B. mit anderen Aldehyden kombiniert angewandt. Glutaraldehyd ist derzeit nicht als mutagene oder kanzerogene Substanz bekannt, dennoch ist die Substitution von Formaldehyd durch Glutaraldehyd derzeit nicht aktuell, da Voraussetzungen wie ein erforderlicher alkalischer pH-Wert von 7,5–8,5 eine breite Anwendung einschränken. Glutaraldehyd besitzt wie Formaldehyd einen *Eiweißfehler* und kann wie Formaldehyd zur *Kontaktdermatitis* führen.

Glyoxal wird nur in Verbindung mit Formaldehyd und/oder Glutaraldehyd als Desinfizienz eingesetzt, da dieser Wirkstoff gegenüber Sporen und Viren keine so gute Wirksamkeit aufweist wie die anderen beiden Aldehyde – bei den gebräuchlichen Konzentrationen. Eine gesundheitliche Bedenklichkeit ist nicht bekannt, zumindest ist die Kanzerogenität nicht belegt. Die Anwesenheit von Eiweiß (Eiweißfehler) führt zu einer Wirksamkeitseinbuße.

Amphotenside

Amphotenside zählen zu den oberflächenaktiven Substanzen, die chemisch als amphotere, d. h. kat-, anionen- und zwitterionenaktive Verbindungen vorliegen. Das Wirkungsspektrum schließt die Bakteriensporen sowie die Viren weitgehend nicht ein. Über negative gesundheitliche Wirkungen sind Kenntnisse nicht vorhanden. Durch die Anwesenheit von Seifen wird die Wirksamkeit von Amphotensiden erheblich herabgesetzt (Seifenfehler).

Biguanide

Das Wirkungsspektrum der Biguanide [(Di-)guanidine] ist durch eine unzureichende Wirksamkeit gegen Mykobakterien, Bakteriensporen und Viren weitgehend begrenzt. Kenntnisse über Materialunverträglichkeiten liegen nicht vor. Ihr bisheriger Einsatz als Konservierungsmittel für Schneid- und Bohröle findet durch Anwendung als Desinfektionswirkstoffgruppe für Flächen- und Instrumentendesinfektion eine Erweiterung, zumindest in Kombination mit bewährten Wirkstoffgruppen wie Aldehyden. Über gesundheitsabträgliche Wirkungen liegen keine Erfahrungen vor.

Chlorabspaltende Verbindungen

Chlor wird zur Desinfektion gasförmig in Form von Chlordioxid-Gas (ClO_2) und Chlorgas (Cl_2) und als chlorabspaltende Verbindung in Form von Chloraminen, Hypochloritlösungen wie Natriumhypochlorit (NaOCl) und Chlorkalk – u. a. Calziumhypochlorit enthaltend – eingesetzt.

Chlor hat wie Formaldehyd ein *breites Wirkungsspektrum* gegen vegetative Bakterienformen, Bakteriensporen, Pilze, Pilzsporen sowie behüllte und unbehüllte Viren. Eiweiße und andere organische Substanzen führen zu einem Wirkungsverlust (Chlorzehrung), weshalb ihr Einsatz – unabhängig von materialkorrodierenden und farbstoffausbleichenden Substanzen – für stark verschmutzte Instrumente nicht opportun ist.

Chlor löst Irritationen auf der Haut aus, so daß eine regelmäßige Anwendung nicht empfohlen werden kann. Die chlorabspaltenden Verbindungen werden vorwiegend zur Wäschedesinfektion, aber auch in geringerem Umfang zur Instrumenten- und Flächendesinfektion eingesetzt. Das gasförmige Chlor hat seinen Einsatzbereich vorwiegend zur Desinfektion von Wasser in Form von Trink-, Oberflächen- und Abwasser sowie Badewasser.

Chlorhexidin

Chlorhexidin wird wegen seines eingeschränkten Wirkungsspektrums gegen Mykobakterien, Pilze und Viren in der Regel nicht als alleiniger Wirkstoff eingesetzt, sondern häufig in Kombination mit Wirkstoffgruppen wie Alkoholen. Sein Anwendungsbereich beschränkt sich auf die Hände- und Hautdesinfektion (mit Alkohol) sowie auf die Schleimhautantiseptik (ohne Alkohol). Über Hautunverträglichkeiten liegen keine negativen Erfahrungen vor.

Jodabspaltende Verbindungen

Jod weist ein breites Wirkungsspektrum auf gegen Bakterien und Bakteriensporen, Pilze und Pilzsporen, sowie – mit Einschränkungen – Viren. In der Vergangenheit wurde Jod als anorganische Lösung eingesetzt. Da jedoch diese Zubereitungsform zu allergischen Reaktionen führte, wird heute organisch gebundenes Jod bevorzugt, und zwar als ***Jodophore*** in Form des organischen Komplexes *Polyvinylpyrrolidon* (PVP). Die mikrobizide Wirkung setzt die Freisetzung von elementarem Jod aus dem PVP-Jod-Komplex voraus. Wenn auch aufgrund der breiten Wirkung Jodophore auch für die Instrumenten-, Wäsche- und Flächendesinfektion eingesetzt werden könnten, beschränkt sich die Anwendung auf die Haut und die Schleimhaut. Der erhebliche *Eiweißfehler* muß dabei berücksichtigt werden. Bislang sind keine nachteiligen gesundheitlichen Wirkungen bei kutaner Anwendung bekannt geworden, obgleich eine großflächige Anwendung auf der Haut beispielsweise bei Schwerverbrannten sowie seine Anwendung bei Vorliegen von Jodstoffwechselstörungen (Struma) oder bei Neugeborenen toxikologisch umstritten ist.

Säuren

Anorganische Säuren wie *Schwefelsäure* oder organische Säuren wie *Ameisensäure* werden zur Desinfektion als alleinige Wirkstoffgruppe in der Regel nicht eingesetzt, weil entweder eine Materialaggressivität (anorganische Säuren) oder ihr begrenztes Wirkungsspektrum (unzureichende Wirkung gegen Viren und bestimmte Bakterienarten wie Mykobakterien) gegen eine breite Anwendung beispielsweise zur Flächen- und Instrumentendesinfektion sprechen. Organische Säuren werden daher häufig wegen ihrer mikrobistatischen, nicht jedoch mikrobiziden Eigenschaften vorzugsweise zur Konservierung verwendet.

Peroxid-Verbindungen/Oxidantien

Die Peroxid-Verbindungen wirken durch die Freisetzung von Sauerstoff. Hierzu gehören Persäuren und Ozon als Desinfektionsmittel sowie Kaliumpermanganat und Wasserstoffperoxid als Antiseptika.

- Unter den Persäuren werden in erster Linie ***Peressigsäure***, ferner Perpropion- und Perameisensäure eingesetzt. Obgleich ihr Wirkungsspektrum sehr breit ist – es werden Bakterien und Bakteriensporen, Pilze und Pilzsporen sowie Viren abgetötet bzw. inaktiviert –, ist ihre Anwendung nicht sehr weit verbreitet. Die Gründe liegen in der *chemischen Instabilität* der Lösung (Sauerstoff wird vorzeitig freigesetzt), in der *Explosivität* und in den stark materialkorrodierenden Eigenschaften, so daß die Anwendungsbereiche Fläche und Instrumente weitgehend ausscheiden. Hingegen kann die Händedesinfektion ein Anwendungsbeispiel darstellen, sofern die chemische Instabilität und folglich die unzureichende Wirksamkeit ausgeschlossen werden können. Die Anwendung insbesondere der Peressigsäure ist derzeit auf osteuropäische Staaten beschränkt.
- ***Ozon*** mit einem ebenso breiten Wirkungsspektrum wie die Persäuren wird bevorzugt zur Desinfektion von Wasser, insbesondere von Badewasser und vereinzelt zur Wäschedesinfektion eingesetzt. Ozon wird wie Chlor durch die Anwesenheit orga-

nischer Substanzen in seiner Wirkung erheblich beeinträchtigt.

- Da ***Kaliumpermanganat*** aufgrund seiner toxischen Eigenschaften nur gering konzentriert verwendet werden kann, ist die Wirksamkeit weniger mikrobizid als vielmehr mikrobistatisch. Es wird daher nur als Antiseptikum beispielsweise zur Wund- oder zur Rachenspülung eingesetzt.
- ***Wasserstoffperoxid*** hat zwar gute mikrobizide und viruzide Eigenschaften, dennoch wird es – da andere besser wirkende Wirkstoffgruppen wie Alkohole oder PVP-Jod zur Verfügung stehen – nur als Schleimhautantiseptikum verwandt.

Phenolderivate

In der zweiten Hälfte des 19. Jahrhunderts wurde Phenol als Desinfektionswirkstoff zur Infektionsprophylaxe verwandt. Heute stehen nur noch Phenolderivate als ***halogenierte Phenole*** im Vordergrund, und zwar insbesondere chlorierte, aber auch bromierte Phenole. Ihre Einsatzgebiete sind begrenzt, da sie *Wirkungslücken* insbesondere bei den unbehüllten Viren und den Mykobakterien aufweisen. Aufgrund *toxischer Eigenschaften* (Resorptionsmöglichkeit über die Haut und über die Atemwege) kommt eine Anwendung als alleiniger Wirkstoff aufgrund der erforderlichen hohen Konzentration für die Hautdesinfektion nicht in Frage, wenn auch diese Verbindung als zusätzlicher oder weiterer Wirkstoff beispielsweise zur Wirkungssteigerung von Alkoholen Verwendung findet. Aufgrund der eingeschränkten Viruzidie finden Phenolderivate auch keine breite Anwendung in der Flächen- und Wäsche- sowie vor allem in der Instrumentendesinfektion.

Quaternäre Verbindungen

Quaternäre Verbindungen – auch als kationenaktive Verbindungen bezeichnet – haben eine *unzureichende Wirkung gegen gramnegative Bakterien* – also gegen die Mehrzahl der Erreger nosokomialer Infektionen wie P. aeruginosa und E. coli, gegen Mykobakterien, sowie gegen unbehüllte Viren. Sie werden daher trotz ihrer unumstritten guten humantoxikologischen, sowie nicht materialschädigenden Eigenschaften in der Regel nur als zusätzliche Wirkstoffgruppe für erprobte und breit wirkende Wirkstoffe wie Aldehyde und Alkohole eingesetzt. Aufgrund ihrer chemischen Nachbarschaft zu den anionenaktiven Verbindungen, den Seifen, ist ferner ihre bei Anwesenheit von Seifen herabgesetzte Wirksamkeit nachteilig zu beurteilen.

Schwermetallverbindungen

Schwermetalle werden nicht in elementarer Form, sondern nur als Salze eingesetzt. Hierbei stehen Quecksilber- und Silbersalze im Vordergrund.

- ***Quecksilbersalz*** z. B. als *Phenylquecksilberborat* kann zur Hautdesinfektion und zur Schleimhautantiseptik eingesetzt werden, allerdings in der Regel nur als zusätzlicher Wirkstoff. Eine Kombination mit Alkoholen ist wegen der dann vorhandenen remanenten Wirkung als vorteilhaft anzusehen, da Alkohole selbst wegen ihrer raschen Flüchtigkeit nur eine Sofortwirkung zeigen. Quecksilbersalze wirken gegen vegetative Bakterienformen und Pilze, hingegen gegen Viren nur eingeschränkt.
- Als ***Silbersalze*** werden *Silbernitrat* oder *Silberazetat* eingesetzt, und zwar zur Wasserdesinfektion und als Antiseptikum für Schleimhaut und Wunden. Seine Wirkung gegen Bakterien ist belegt, jedoch gegen Viren umstritten.

Die ferner teilweise desinfizierend wirkenden ***Zinnsalze*** – als organische Zinnverbindungen – und ***Kupfersalze*** (fungistatische Wirkung) spielen in der Desinfektion nur eine untergeordnete Rolle. In der Regel ist die desinfizierende Eignung nur im Zusammenwirken mit anderen Wirkstoffgruppen wie Aldehyden oder Alkoholen zu sehen.

7.3.3 Anwendung

7.3.3.1 Anwendungsbereiche

Hände

Da bei der *hygienischen* Händedesinfektion die Beseitigung der ***transienten Hautflora*** („Anflugflora") wie z. B. S. aureus oder S. enteritidis im Vordergrund steht, erfolgt zuerst die Desinfektion mit einem vorzugsweise alkoholhaltigen Desinfektionsmittel bei einer Einwirkungszeit von 30 oder 60 sec. Anschließend erfolgt erst das Waschen, da bei umgekehrter Reihenfolge die noch lebenden Keime beim Waschvorgang in die Umgebung gestreut werden.

Die *chirurgische* Händedesinfektion hat das Ziel, die transiente ebenso wie die ***residente Hautflora*** (dazu zählen u. a. S. epidermidis, Propionibacterium spec., Peptostreptococcus spec.) zu erfassen. Deshalb wird der Desinfektionsphase ein gründliches Waschen der Hände mit Bürsten der Nagelfalze vorangestellt, um oberflächliche Verunreinigungen zu entfernen. Die Wasch- und die Desinfektionsphase betragen jeweils mindestens 5 Minuten. Auch hier werden zur Desinfektion bevorzugt Alkohole verwendet.

Haut

In Abhängigkeit von der Art des Eingriffs (z. B. Injektion, endoskopischer Eingriff, Operation) sind zur Hautdesinfektion Zeiten von 30 sec bis 5 min einzuhalten. Zur Desinfektion werden in der Regel Alkohole bzw. Kombinationspräparate angewandt – bestehend aus der Hauptwirkstoffbasis Alkohol und weiteren Wirkstoffgruppen wie PVP-Jod oder Quecksilbersalze. Das Desinfektionsmittel kann eingerieben oder aufgesprüht (mit anschließendem Nachreiben) werden.

Schleimhaut

Aufgrund der zahlreichen, die Desinfektionsmittelwirkung beeinträchtigenden Faktoren wie Vorhandensein von organischen Verbindungen, Absorption des Wirkstoffes in den oberflächlichen Schichten und einer geringen Keimreduktion von weniger als 3 Logarithmen-Stufen wird hier statt Desinfektion der Begriff ***Schleimhautantiseptik*** verwendet. Als Antiseptikawirkstoffe stehen ***PVP-Jod*** und ***Chlorhexidindigluconat*** zur Verfügung.

Flächen und Oberflächen

Bei der mikrobiellen ***Dekontamination von Flächen*** werden bevorzugt Aldehyde, insbesondere Formaldehyd, eingesetzt. Das mechanische Vorgehen mit Wischen oder Scheuern ist dem Versprühen, Vernebeln oder Verdampfen vorzuziehen, da durch den Wischvorgang das Mittel gründlich aufgetragen wird und gleichzeitig die in Schmutzresten enthaltenen Mikroorganismen abgetötet und beseitigt werden.

Instrumente/Geräte/Endoskope

Die Desinfektion erfolgt entweder maschinell im Desinfektionsautomaten (thermisch oder chemothermisch) oder manuell im Tauchbadverfahren (chemisch).

Das maschinelle Verfahren ist gegenüber dem manuellen Verfahren als zuverlässiger zu beurteilen, sofern regelmäßige hygienisch-mikrobiologische Kontrollen des Desinfektionsautomaten durchgeführt werden. Auch aus Gründen der Infektionsprophylaxe für das Personal ist die maschinelle Aufbereitung zu bevorzugen, da hier die Desinfektion und Reinigung in einem Schritt erfolgen. Wenn jedoch nur die manuelle Aufbereitung von mikrobiell kontaminierten Gegenständen möglich ist (z. B. Thermostabilität nur unter 60 °C), sind wegen des bei der Aufbereitung bestehenden Infektionsrisikos für das Personal (z. B. für Hepatitis B) die Gegenstände erst zu desinfizieren und anschließend zu reinigen. Für die chemische Desinfektion sind bevorzugt aldehydhaltige Desinfektionsmittel wegen ihres breiten Wirkungsspektrums (einschl. Viruzidie) zu verwenden.

Bei maschineller Aufbereitung kann sich gegebenenfalls eine Sterilisation (z. B. für OP-Instrumente) anschließen. Bei manueller Aufbereitung muß im Anschluß an die Reinigung entweder eine Sterilisation (z. B. für OP-Instrumente) oder eine Desinfektion (z. B. für keine Sterilität erfordernde Gegenstände) erfolgen.

Textilien/Wäsche

Die Wäsche wird thermisch oder chemothermisch in Geräten desinfiziert. Die manuelle Tauchbaddesinfektion ist nur bei hitzeempfindlicher Wäsche wie Wolle erforderlich. Als Wirkstoffgruppen werden Aldehyde und chlorabspaltende Verbindungen eingesetzt.

Ausscheidungen

Eine Desinfektion von Ausscheidungen (Fäkalien, Urin, Sekrete, Exkrete) erfolgt mit chlor- oder phenolhaltigen Desinfektionsmitteln. Ihre Notwendigkeit ergibt sich *bei meldepflichtigen übertragbaren Krankheiten*, wenn bei einer anderen Art der Beseitigung von Ausscheidungen ein Infektionsrisiko ausgeht.

Raumdesinfektion

Eine Desinfektion eines Raumes z. B. eines Patientenzimmers durch *Vernebeln* oder *Verdampfen mit Formaldehyd* (5 g/m^3) ist nur dann angezeigt, wenn eine *hochkontagiöse und gefährliche Krankheit* wie virusbedingtes hämorrhagisches Fieber, z. B. Lassa-Fiber, aufgetreten ist. Bei anderen Erkrankungen, die nicht aerogen übertragen werden, so auch nach septischen Operationen (z. B. Gallenblasenempyem mit E. coli), ist eine *Wischdesinfektion* der kontaminierten Flächen ausreichend.

7.3.3.2 Desinfektionsverfahren

Für die Anwendung in Krankenhaus und Praxis stehen für den Bereich der Bundesrepuplik Deutschland zwei Listen über Desinfektionsmittel und -verfahren zur Verfügung:

- VII. Liste + Nachtrag der nach den „Richtlinien für die Prüfung chemischer Desinfektionsmittel" geprüften und von der Deutschen Gesellschaft für Hygiene und Mikrobiologie (DGHM) als wirksam befundenen Desinfektionsverfahren – Stand 30. 4. 1989 (***DGHM-Liste***)
- 11. Ausgabe der Liste der vom Bundesgesundheitsamt geprüften und anerkannten Desinfektionsmittel und -verfahren – Stand 1. 8. 1990 (***BGA-Liste***)

Die DGHM-Liste, die die Anwendungsbereiche

- Händedesinfektion (chirurgisch/hygienisch)
- Flächendesinfektion
- Instrumentendesinfektion
- Wäschedesinfektion

umfaßt, wird in der Regel zur Infektionsprophylaxe angewendet. Wenn jedoch die Voraussetzungen nach § 10 a des Bundesseuchengesetzes vorliegen, d. h. wenn durch an Gegenständen haftende Erreger meldepflichtiger übertragbarer Krankheiten eine Verbreitung der Krankheit zu befürchten ist, kann die zuständige Gesundheitsbehörde (z. B. Amtsarzt) zur Abwendung drohender Gefahren eine Desinfektion nach der BGA-Liste anordnen. Ein solches Vorgehen ist in der Regel aus seuchenrechtlichen Erwägungen nur im Entseuchungsfall zu erwarten. Aus diesem Grund werden in der BGA-Liste auch nur die Verfahren und die entsprechenden Anwendungsbereiche aufgeführt, die für die Seuchenbekämpfung von Bedeutung sind wie

- Thermische Desinfektionsverfahren
  - Auskochen
  - Verbrennen
  - Dampfdesinfektion
- Chemische Mittel und Verfahren
  - Wäschedesinfektion
  - Scheuerdesinfektion
  - Desinfektion von Ausscheidungen
  - Hygienische Händedesinfektion
- Besondere Verfahren
  - Wäschedesinfektion in Waschmaschinen
  - Instrumentendesinfektion in Reinigungsautomaten
  - Raumdesinfektion.

Bezüglich der chemischen Mittel und Verfahren besteht der Unterschied zwischen der DGHM- und der BGA-Liste darin, daß in der BGA-Liste sehr viel höhere Konzentrationen und erheblich längere Einwirkungszeiten vorgesehen sind.

7.3.4 Prüfverfahren

Ebenso wie die Sterilisationsverfahren sind die Desinfektionsverfahren zu kontrollieren.

Für das Desinfektionsgerät sind bei jedem Desinfektionsvorgang die Einhaltung der physikalischen Parameter wie Temperatur und Einwirkungszeit zu prüfen. Chemoindikatoren stehen im Gegensatz zur Sterilisation noch nicht zur Verfügung.

Für die *mikrobiologische Prüfung*, die *mindestens einmal jährlich* erfolgen soll, werden je nach Desinfektionsverfahren unterschiedliche Prüfkörper aus Textil oder Metall verwendet, die mit Testorganismen unter Zusatz von Blut kontaminiert werden. Als sehr resistente Testorganismen werden bevorzugt E. faecalis oder E. faecium verwendet (siehe BGA-Prüfvorschriften).

Für die chemischen Desinfektionsmittel stehen von der DGHM sowie vom BGA erlassene Prüfverfahren zur Verfügung, für die in umfassenden Versuchen die mikrobizide und – im Falle der BGA-Liste – auch die viruzide Wirksamkeit in vitro und in vivo belegt sind. Eine solche Prüfung ist die Voraussetzung für die Aufnahme von Desinfektionsmittelpräparaten in die jeweilige Liste.

Weiterführende Literatur

Deutsches Arzneibuch 9. Amtliche Ausgabe 1986 – Deutscher Apotheker Verlag Stuttgart/Govi-Verlag Frankfurt 1986

Deutsche Normen – Normen zur Sterilisation DIN 58946, 58947, 58948, 58950, 58952, 58953. Beuth-Verlag Berlin und Köln 1969 bis 1987

Horn, H., Weuffen, W., Wigert, H. (Hrsg.): Mikrobielle Umwelt und antimikrobielle Maßnahmen. Johann Ambrosius Barth Verlag, Leipzig 1980

Steuer, W., Lutz-Dettinger, U.: Leitfaden der Desinfektion, Sterilisation und Entwertung. Gustav Fischer Verlag, Stuttgart 1987, 5. Aufl.

Wallhäußer, K.-H.: Praxis der Sterilisation – Desinfektion – Konservierung – Keimidentifizierung – Betriebshygiene. Georg Thieme Verlag Stuttgart – New York 1984, 3. Aufl.

Weuffen, W., Gröscher, D., Kramer, A. (Hrsg.): Handbuch der Antiseptik. Gustav Fischer Verlag, Stuttgart 1980–1986

8 Epidemiologie

K.-D. Zastrow, H. Rüden

INHALTSÜBERSICHT

8.1 Grundbegriffe 84
8.2 Infektionsepidemiologie 84
8.3 Bundesseuchengesetz und Meldepflicht ... 85
8.4 Epidemiologische Situation 89

8.1 Grundbegriffe

Die Epidemiologie setzt sich mit den möglichen *Ursachen von Volkskrankheiten* auseinander. Der Begriff Epidemiologie bezieht sich auf alle Krankheiten, die bei der Bevölkerung *örtlich* oder *zeitlich gehäuft* auftreten, schließt also neben den übertragbaren Krankheiten, wie z. B. Typhus, die nicht übertragbaren Krankheiten, wie z. B. Diabetes mellitus, ein.

Da jedoch die nicht übertragbaren Krankheiten nicht mikrobiell bedingt sind, wird im folgenden nur die Infektionsepidemiologie behandelt, – die ursprünglich als Seuchenlehre bezeichnet wurde.

Die wichtigsten Begriffe der Epidemiologie sind:

- ***Epidemie:*** Gehäuftes, aber zeitlich und räumlich begrenztes Auftreten einer Infektionskrankheit in einer Bevölkerungsgruppe (z. B. Cholera in den Sommermonaten in Südeuropa).
- ***Endemie:*** Gehäuftes, räumlich begrenztes, aber zeitlich unbegrenztes Auftreten einer Infektionskrankheit einer Region (z. B. Cholera im indischen Subkontinent).
- ***Pandemie:*** Eine sich über Länder und Kontinente ausbreitende Epidemie (z. B. Influenza).
- ***Morbidität:*** Zahl der Erkrankten einer bestimmten Krankheit auf 10 000 oder 100 000 Einwohner.
- ***Mortalität:*** Zahl der Sterbefälle einer bestimmten Krankheit, bezogen auf 10 000 oder 100 000 Einwohner.
- ***Letalität:*** Zahl der Verstorbenen, bezogen auf die Zahl der Erkrankten einer bestimmten Krankheit (z. B. Cholera).
- ***Inzidenz:*** Zahl derjenigen, die in einem bestimmten Zeitraum an einer bestimmten Krankheit, bezogen auf 1 000, 10 000 oder 100 000 Probanden, erstmals erkranken.
- ***Prävalenz:*** Bestandszahl einer bestimmten Krankheit an einem Stichtag (bezogen auf 10 000 oder 100 000 Einwohner).

8.2 Infektionsepidemiologie

Die Epidemiologie der Infektionskrankheiten unterscheidet sich in erheblichem Maße von der Epidemiologie nicht übertragbarer Krankheiten. Dies ist darin begründet, daß bei Infektionskrankheiten in der Regel der *Erreger* nachweisbar und somit bekannt ist. Mit der Kenntnis des Erregers sind im allgemeinen auch seine speziellen Eigenschaften wie z. B. Aufbau, biochemisches Verhalten, Form der Vermehrung, bevorzugter Lebensraum, physiologischer Standort, Temperaturoptimum, Ernährungsoptimum, Resistenzverhalten und diagnostische Nachweismethode bekannt. Dies ist für die Erkennung, Verhütung und Bekämpfung von Infektionskrankheiten von wesentlicher Bedeutung.

Der Ursprung einer jeden Infektion ist eine ***Infektionsquell***e. Die primäre Infektionsquelle ist der Ort, an dem sich der Erreger aufhält und vermehrt. Das Verständnis der Epidemiologie setzt die Kenntnis der Infektionsquelle und des ***Übertragungsweges*** voraus. Mikroorganismen werden direkt oder indirekt übertragen. Werden Mikroorganismen von der Infektionsquelle auf dem Wege der *Tröpfcheninfektion*, durch *Muttermilch*, unter der *Geburt* oder durch *Ge-*

schlechtsverkehr übertragen, so ist der *direkte Kontakt* der Übertragungsweg.

Von *indirekter Übertragung* wird gesprochen, wenn kein direkter Kontakt zwischen der Infektionsquelle und dem potentiellen Wirt besteht. Eine bedeutsame Stellung nehmen hierbei *Lebensmittel* einschließlich Trinkwasser ein. Mikroorganismen können aber auch indirekt durch tote Gegenstände, Staub oder auf dem Luftwege übertragen werden.

Übertragungswege bzw. Erregerreservoire können sein:

- Luft (z. B. virusbedingtes hämorrhagisches Fieber)
- Wasser (z. B. Hepatitis A, Poliomyelitis, Cholera, Typhus)
- Boden (z. B. Tetanus)
- Tröpfchen (z. B. Masern, Röteln, Mumps, Windpocken)
- Blut (z. B. Hepatitis B, Lues)
- Stuhl (z. B. Hepatitis A, Poliomyelitis, Cholera, Typhus)
- Urin (z. B. Zytomegalie, Mumps)
- Sekrete (z. B. Speichel: Tollwut).

8.3 Bundesseuchengesetz und Meldepflicht

Der historische Begriff der Seuche bezeichnet das plötzliche Erkranken einer großen Anzahl von Lebewesen an einer schweren, ansteckenden Infektionskrankheit. Seuchen können hervorgerufen werden durch z. B. Bakterien, Viren oder Protozoen. Die Entdeckung der einzelnen Seuchenerreger durch Robert Koch, die sich darauf aufbauenden Forschungsergebnisse über die Methoden der Anzüchtung der Krankheitserreger und die Entwicklung von Verfahren zur Vernichtung der Krankkeitserreger durch physikalische und chemische Desinfektionsmittel und -methoden brachten neue Erkenntnisse, die eine erfolgreiche Seuchenbekämpfung, basierend auf der Seuchengesetzgebung, möglich machte.

In der Bundesrepublik Deutschland ist mit dem Gesetz zur Verhütung und Bekämpfung übertragbarer

Tabelle 8.1. Meldepflichtige übertragbare Krankheiten (nach §3 BSeuchG) in den alten Bundesländern der BRD einschließlich Berlin (West)

Meldung bei : Krankheitsverdacht, Erkrankung, Tod	Erkrankungen					
	1965	1970	1975	1980	1985	1989
Botulismus	77	44	35	33	26	8
Cholera	–	–	–	4	–	1
Enteritis infectiosa	6341	12847	31262	49400	46256	90750
davon						
a) Salmonellose	5913	12410	30728	48537	30566	63600
b) übrige Formen einschl. mikrobiell bedingter Lebensmittelvergiftung	428	437	534	863	15690	27150
Fleckfieber	–	–	–	1	4	3
Lepra	5	–	10	13	7	3
Milzbrand	15	2	4	2	–	1
Ornithose	258	238	172	186	161	193
Paratyphus A, B und C	640	540	248	212	167	124
Pest	–	–	–	–	–	–
Pocken	2	21	–	–	–	–
Poliomyelitis	48	15	24	7	4	4
Rückfallfieber	–	–	–	–	2	3
Shigellenruhr	1408	542	697	1272	1599	2034
Tollwut	4	–	2	–	–	–
Tularämie	15	1	6	6	1	1
Typhus abdominalis	744	477	252	352	227	204
Virusbedingtes hämorrhagisches Fieber	–	–	–	–	–	2 (Dengue-Fieber)

Krankheiten beim Menschen (***Bundes-Seuchengesetz***) ein Instrument zur Überwachung und Bekämpfung von Infektionskrankheiten gegeben. In § 2 des Bundesseuchengesetzes wird der betroffene Personenkreis unterschieden in

- krank
- krankheitsverdächtig
- ansteckungsverdächtig
- ausscheidungsverdächtig.

§ 3 des Bundesseuchengesetzes nennt diejenigen Krankheiten, die einer ***Meldepflicht*** unterliegen. Die Meldepflicht ist gegliedert in Meldung bei Krankheits*verdacht*, Meldung bei *Erkrankung* und Meldung bei *Tod* durch eine bestimmte Infektion.

§ 8 des Bundesseuchengesetzes regelt die Meldepflicht für nosokomiale Infektionen. Dieser § 8 soll dazu beitragen, daß nosokomialen Infektionen auch von Seiten des Gesundheitsamtes in vermehrtem Maße nachgegangen und den Krankenhäusern ggfs. fachlicher Rat vermittelt wird.

Das Bundesgesundheitsamt hat bereits 1976 die „Richtlinie zur Erkennung, Verhütung und Bekämp-

Tabelle 8.2. Meldepflichtige übertragbare Krankheiten (nach §3 BSeuchG) in den alten Bundesländern der BRD einschließlich Berlin (West)

Meldung bei : Erkrankung, Tod	Erkrankungen 1965	1970	1975	1980	1985	1989
Angeborene:						
• Zytomegalie	*	*	*	9	20	21
• Listeriose	*	*	*	5	31	40
• Lues	*	*	*	54	–	3
• Toxoplasmose	*	*	*	116	64	17
• Rötelnembryopathie	*	*	*	2	2	2
Brucellose	100	65	109	81	35	23
Diphtherie	307	57	37	19	4	4
Gelbfieber	–	–	–	–	–	–
Leptospirose	43	59	72	20	14	23
davon						
• Weilsche Krankheit	24	19	32	8	5	15
• übrige Formen	19	40	40	12	9	8
Malaria	48	64	180	572	527	946
Meningitis/Enzephalitis	2814	6787	6498	6120	4254	3029
davon						
• Meningokokken-Meningitis	1177	1800	1424	1145	725	545
• andere bakterielle Meningitiden	*	*	*	1198	1257	1088
• Virus-Meningoenzephalitis	*	*	*	756	772	518
• übrige Formen	*	*	*	3021	1500	878
Q-Fieber	28	29	54	41	62	56
Rotz	–	–	–	–	–	–
Trachom	15	14	1	15	5	2
Trichinose	2	12	2	9	4	6
Tuberkulose						
(aktive Form)	55010	48262	34070	25924	16973	12549
• der Atmungsorgane	46513	41459	28691	22236	14546	10878
• der übrigen Organe	8497	6803	5379	3688	2427	1671
Virushepatitis	19759	21770	20942	20011	15153	9763
davon						
• Hepatitis A	*	*	*	7302	7300	5007
• Hepatitis B	*	*	*	5313	6211	4102
nicht bestimmbare und übrige Formen	*	*	*	7396	1642	654
Anaerobe Wundinfektion	*	*	*	89	112	117
davon						
• Gasbrand/Gasoedem	*	*	*	74	100	106
• Tetanus	85	91	45	15	12	11

* Nicht meldepflichtig

fung von Krankenhausinfektionen" veröffentlicht, weil nicht zu übersehen war, daß zum damaligen Zeitpunkt ca. 500 000 Patienten von nosokomialen Infektionen betroffen waren. In der Richtlinie werden Krankenhausinfektionen folgendermaßen definiert: „Eine Krankenhausinfektion ist jede durch Mikroorganismen hervorgerufene Infektion, die im kausalen Zusammenhang mit einem Krankenhausaufenthalt steht, unabhängig davon, ob Krankheitssymptome bestehen oder nicht. Die ***epidemische Krankenhausinfektion*** liegt dann vor, wenn Infektionen mit einheitlichem Erreger im zeitlichen, im örtlichen und im kausalen Zusammenhang mit einem Krankenhausaufenthalt nicht nur vereinzelt auftreten". Eine Untersuchung der Deutschen Krankenhausgesellschaft aus dem Jahre 1988 ergab, daß die Rate der Infektionen in Akutkrankenhäusern zwischen 5,7 % und 6,3 % liegt. Damit ist die nosokomiale Infektion mit 720000 Fäl-

Tabelle 8.3. Meldepflichtige übertragbare Krankheiten (nach §3 BSeuchG) in den alten Bundesländern der BRD einschließlich Berlin (West)

Meldung bei: Tod	Todesfälle					
	1965	1970	1975	1980	1985	1989
Grippe (Influenza*)	2854	7192	2667	462	682	425
Keuchhusten	67	35	9	8	5	2
Masern	86	79	43	17	5	6
Puerperalsepsis	34	14	11	12	1	3
Scharlach	8	3	1	–	1	–

* 1965 und 1970: ICD 470–474; ab 1975: ICD 487

Tabelle 8.4. Meldepflichtige übertragbare Krankheiten (nach §3 BSeuchG) in den alten Bundesländern der BRD einschließlich Berlin (West)

Meldung bei : Krankheitsverdacht, Erkrankung, Tod	Todesfälle					
	1965	1970	1975	1980	1985	1989
Botulismus	1	5	4	2	1	1
Cholera	–	–	–	–	–	–
Enteritis infectiosa	18	41	76	120	90	102
davon						
• Salmonellose	14	39	73	117	89	100
• übrige Formen einschl. mikrobiell bedingter Lebensmittelvergiftung	4	2	3	3	1	2
Fleckfieber	–	–	1	–	–	1
Lepra	–	–	–	–	1	–
Milzbrand	–	–	–	–	–	–
Ornithose	3	3	1	2	–	2
Paratyphus A, B und C		8	2	3	2	–
Pest	–	–	–	–	–	–
Pocken	–	4	–	–	–	–
Poliomyelitis	6	1	–	–	–	–
Rückfallfieber	*	–	–	–	–	1
Shigellenruhr	11	1	–	1	1	–
Tollwut	4	–	2	–	–	–
Tularämie	2	–	–	–	–	–
Typhus abdominalis	11	6	6	6	3	2
Virusbedingtes hämorrhagisches Fieber	–	–	–	–	–	–

* Zahlenwert unbekannt

len die häufigste Infektionskrankheit in den alten Ländern der Bundesrepublik Deutschland.

Zur Meldung sind nach dem Bundesseuchengesetz in erster Linie der *behandelnde Arzt* verpflichtet sowie andere Personen, die mit der Behandlung oder der Pflege der Betroffenen beschäftigt sind. Mit dieser Maßnahme soll den Gesundheitsämtern die Möglichkeit gegeben werden, Maßnahmen zur Bekämpfung der Infektionskrankheiten einzuleiten. Durch kurzfristige Analyse der gemeldeten Zahlen können Erkenntnisse für die Berurteilung des Krankheitsgeschehens, die Ausbreitungstendenz und die zu ergreifenden Maßnahmen gewonnen werden. Mortalität, Morbidität, Letalität, Inzidenz und Prävalenz bestimmter Infektionskrankheiten können unter Anwendung des Bundesseuchengesetzes ermittelt werden. Dies ist für den behandelnden Arzt und die Mitarbeiter des öffentlichen Gesundheitsdienstes von ent-

Tabelle 8.5. Meldepflichtige übertragbare Krankheiten (nach §3 BSeuchG) in den alten Bundesländern der BRD einschließlich Berlin (West)

Meldung bei : Erkrankung, Tod	Todesfälle					
	1965	1970	1975	1980	1985	1989
Angeborene:						
• Zytomegalie	*	*	*	2	3	5
• Listeriose	*	*	*	**	**	**
• Lues	24	5	5	1	3	3
• Toxoplasmose	*	*	*	**	**	**
• Rötelnembryopathie	**	5	1	1	–	–
Brucellose	5	1	1	1	2	–
Diphtherie	6	3	3	2	1	2
Gelbfieber	–	–	–	–	–	–
Leptospirose	9	3	14	5	2	2
davon						
• Weilsche Krankheit	8	1	9	1	–	–
• übrige Formen	1	2	5	4	2	2
Malaria	5	3	5	8	22	22
Meningitis/Enzephalitis	237	341	276	221	217	133
davon						
• Meningokokken-Meningitis	143	177	136	99	88	37
• andere bakterielle Meningitiden						
• Virus-Meningoenzephalitis						
• übrige Formen	94	164	140	122	129	96
Q-Fieber	*	1	1	–	–	–
Rotz	*	–	–	–	–	–
Trachom	*	–	–	3	–	–
Trichinose	1	–	1	–	1	–
Tuberkulose (aktive Form)						
im Berichtsjahr der Zugänge	754	450	2791	1534	1001	830
a) der Atmungsorgane	707	419	2584	1367	877	731
b) der übrigen Organe	47	30	207	167	124	99
Virushepatitis	98	88	76	155	205	222
davon						
Hepatitis A	*	*	*	13	24	17
Hepatitis B	*	*	*	105	162	160
nicht bestimmbare und übrige Formen	*	*	*	37	19	45
Anaerobe Wundinfektion	*	*	*	39	39	42
davon						
Gasbrand/Gasoedem	*	*	*	29	33	36
Tetanus	103	82	24	10	6	6

* Nicht meldepflichtig
** Zahlenwert unbekannt

scheidender Bedeutung, weil mit Kenntnis dieser Faktoren die richtige und wirkungsvolle Strategie zur Verhinderung der Weiterverbreitung des Erregers erarbeitet werden kann. Aus der Kenntnis der Eigenschaft des Erregers und des möglichen Übertragungsweges ergeben sich die Maßnahmen, die eine Weiterverbreitung der Krankheitserreger unterbinden können (z. B. Desinfektion; Sterilisation; Verbrennen; Impfung; Schutzkleidung, z. B. Kittel, Mund-/Nasenschutz, Handschuhe; Aufklärung, z. B. bei Aids).

Der Begriff der „ Quarantäne“ ist in der Bundesrepublik Deutschland durch den Begriff Absonderung ersetzt worden. Quarantäne bezeichnete eine auf 40 Tage befristete Isolierung Ansteckungsverdächtiger oder an bestimmten Infektionskrankheiten erkrankter Personen.

Die Absonderung ist im § 37 des Bundesseuchengesetzes geregelt. Absonderungsmaßnahmen sind besonders wirksam bei Krankheiten, die auf dem Wege der Tröpfcheninfektion, auf dem Luftwege verbreitet oder für die es keine wirksamen Behandlungsmöglichkeiten zur schnellen Beseitigung der Ansteckungsfähigkeit gibt (z. B. alle Viruskrankheiten).

Ein generelles Vorgehen bei der Absonderung kann es nicht geben, weil es auf die Art der Erkrankung und ihre Verbreitungswege ankommt. In der Bundesrepublik Deutschland liegt die Entscheidung, ob ein Erkrankter abgesondert werden muß, bei der zuständigen Behörde. Dies ist in der Regel der für den Aufenthaltsort des Erkrankten zuständige Amtsarzt.

8.4 Epidemiologische Situation

Die ***epidemiologische Situation*** der in der Bundesrepublik Deutschland meldepflichtigen Erkrankungen ist in 5-Jahres-Abständen von 1965–1989 in den Tabellen 8.1–8.5 dargestellt. Bei der Meldepflicht im Verdachts-, Krankheits- und Todesfalle (Tabelle 8.1) nimmt die Enteritis infectiosa den ersten Rang ein. An zweiter und dritter Stelle stehen Shigellenruhr und Typhus abdominalis. Keine Erkrankungsfälle (Tabelle 8.1) wurden seit 1975 für Pest, Pocken und virusbedingtes hämorrhagisches Fieber und keine Todesfälle (Tabelle 8.4) neben den drei erwähnten Krankheiten ferner für Fleckfieber, Lepra, Rückfallfieber und Tularämie gemeldet.

Bei den nur im Krankheits- und Todesfall meldepflichtigen Erkrankungen stehen, wie Tabelle 8.2 zeigt, im Vordergrund die Tuberkulose, gefolgt von Virushepatitis A und Virushepatitis B. Keine Erkrankungen (Tabelle 8.2) wurden für Gelbfieber und Rotz und keine Todesfälle (Tabelle 8.5) neben diesen beiden Krankheiten zusätzlich für Listeriose (angeborene), Toxoplasmose (angeborene), Rötelnembryopathie und Q-Fieber gemeldet.

Legt man nun die gesetzliche Meldepflicht bei Tod durch Erkrankungen zugrunde (Tabelle 8.3), so nimmt in dieser Gruppe Influenza den Rang 1 ein, Scharlach liegt auf dem letzten Rang.

Weiterführende Literatur

Ackermann-Liebrich, U., Gutzwiller, F., Keil, U., Kunze, M.: Epidemiologie. Meducation foundation, Wien (1986)

Ahlbom, A., Norell, S.: Introduction to Modern Epidemiology. Epidemiology Resources Inc., Chestnut Hill (USA) (1990)

Buck, C., Llopis, A., Nájera, E., Terris, M.: The Challenge of Epidemiology. Pan American Health Organization. Washington (1988)

Farmer, R., Miller, D.: Lecture Notes on Epidemiology and Public Health Medicine. Blackwell Scientific Publications, Oxford (1991)

Schuhmacher, W., Meyn, E.: Bundes-Seuchengesetz. Deutscher Gemeindeverlag und Verlag W. Kohlhammer, Stuttgart (1990)

III
Beziehungen zwischen Mikroorganismus und Makroorganismus

1 Allgemeine Infektionslehre

K. Großgebauer, H. Hahn, P. Klein

INHALTSÜBERSICHT

1.1	Pathogenität	93
1.2	Virulenz	94
1.2.1	Virulenzsteigerung und -abschwächung	94
1.3	Infektion	96
1.3.1	Infektiosität	96
1.3.2	Unterteilungen des Infektionsbegriffes	96
1.3.3	Minimale infektionsauslösende Dosis	97
1.4	Kontamination	98
1.5	Kolonisation	98
1.6	Ermittlung des Kausalzusammenhangs zwischen angezüchtetem Keim und Infektionsätiologie	99
1.6.1	Die Henle-Koch-Postulate	99
1.6.2	Neuere Infektionsmarker	99
1.7	Pathogenese von Infektionen	100
1.7.1	Übertragungswege von Infektionserregern	100
1.7.2	Eintrittsmechanismen von Infektionserregern	100
1.7.3	Ausbreitung der Erreger im Körper	103
1.8	Autosterilisation	105
1.9	Ausscheider	105
1.10	Träger	105
1.11	Kontagiosität	105

Das Gebiet der Bakteriologie liefert besonders klare und einprägsame Beispiele zur Darstellung von allgemeinen Gesetzmäßigkeiten. Es eignet sich daher in hohem Maße zur Einführung in die Lehre von den Infektionskrankheiten. Grundbegriffe gelten somit zunächst für Bakterien, gegebenenfalls mit Einschränkungen für andere Mikroorganismen.

1.1 Pathogenität

Die Fähigkeit einer Spezies von Mikroorganismen, in einem Makroorganismus Krankheit zu erzeugen, nennt man Pathogenität.

Fakultativ pathogene Erreger (Opportunisten). Abgesehen von wenigen Beispielen (z. B. Laktobazillen der Döderleinschen Scheidenflora), kann fast jedes Mitglied der physiologischen Kolonisationsflora Infektionen und Krankheitsprozesse auslösen, sofern die Voraussetzungen beim Wirt erfüllt sind (Tabelle 1.1). Derartige Erreger bezeichnet man als ***fakultativ pathogene Erreger*** oder auch als ***Opportunisten***; denn sie bedürfen zur Auslösung von Krankheiten besonderer Gegebenheiten seitens des Makroorganismus (Tabelle 1.2), das heißt, infektionsbegünstigende Faktoren müssen vorliegen.

Beispielsweise ist die Empfänglichkeit des Menschen für Staphylococcus epidermidis normalerweise sehr niedrig, so daß es in der Regel nur zur oberflächlichen Besiedlung kommt (Mitglied der Haut-Standortflora). Beim Vorliegen infektionsbegünstigender Faktoren, z. B. Legen eines Venendauerkatheters, kann sich der Körper diesem Erreger gegenüber hochempfänglich verhalten.

Obligat pathogene Erreger. Im Gegensatz zu den fakultativ pathogenen gehören die sogenannten ***obligat pathogenen Erreger*** nicht zur physiologischen Kolonisationsflora. Sie haben das Vermögen, weithin unabhängig von der Abwehrlage des befallenen Individuums eine Infektion hervorzurufen (Tabelle 1.1). Wenn obligat pathogene Bakterien bei einem Menschen vorkommen, bemüht man sich in jedem Falle um ihre Eliminierung. Dies gilt auch für Keimträger und Ausscheider (s. S. 105).

Wirtsspektrum. Die Aussage „pathogen" bezieht sich auf eine gegebene Wirtsspezies; man spricht also

Tabelle 1.1. Beispiele für obligat pathogene und fakultativ pathogene Krankheitserreger

Obligat pathogen	Fakultativ pathogen (Opportunisten)
β-hämolysierende Streptokokken	Pneumokokken
N. gonorrhoeae	Staphylococcus, koagulasenegativ
C. diphtheriae (toxinbildende Stämme)	Enterokokken
Clostridium tetani	Escherichia coli (nicht toxinbildende Stämme)
Escherichia coli (toxinbildende Stämme)	Enterobacter
Salmonellen	Mycobacterium avium – intracellulare (M.A.I.)
Shigellen	Bacteroides fragilis
Yersinia enterocolitica	
Yersinia pseudotuberculosis	
Yersinia pestis	
Vibrio cholerae	
Mycobacterium tuberculosis	
Treponema pallidum	
Chlamydia trachomatis	
Tollwutviren	
Poliomyelitisviren	
Hepatitis A- und B-Viren	

von „menschenpathogenen“, „mäusepathogenen“ Erregern, d. h. der Wirt muß eine ***Empfänglichkeit*** für den Erreger aufweisen. So kommt der Erreger der Syphilis, Treponema pallidum, natürlicherweise nur beim Menschen vor, das gleiche gilt für das Poliomyelitisvirus oder HIV-1. Andere Erreger, wie z. B. das Tollwutvirus, rufen Krankheiten bei zahlreichen Wirtsspezies hervor: Der Umfang des Wirtsspektrums ist also erregerspezifisch; er kann breit und eng sein.

Die Kenntnis des Wirtsspektrums eines Erregers ist für die Humanmedizin vor allem unter dem Gesichtspunkt der Seuchenbekämpfung bedeutsam; denn menschenpathogene Erreger, die unter natürlichen Verhältnissen auch bei anderen Wirtsspezies vorkommen, haben in dem entsprechenden Tierbestand u. U. ihr Infektionsreservoir. So ist z. B. die Ratte ein Reservoir für die Erreger der Trichinose, der Pest und der Leptospirosen; im gleichen Sinne stellt der Fuchs ein Hauptreservoir für das Virus der Tollwut dar.

Macht die Artzugehörigkeit des exponierten Makroorganismus eine Infektion unmöglich, so spricht man von ***Unempfänglichkeit***: Die Maus ist unempfänglich für das Pockenvirus des Menschen, und der Mensch ist unempfänglich für das Mäusepockenvirus.

Disposition (lat. Bereitstellung). Über artgebundene Eigenschaften hinaus spielen für die Empfänglichkeit eine Rolle: erbliche Veranlagung, Unterkühlung, Erschöpfung, Fehlernährung, konsumierende Grundkrankheiten. Für die im Individuum begründeten Eigenschaften verwendet man die Ausdrücke ***Anfälligkeit*** oder ***Disposition***, wenn sie die Infektion begünstigen: Unterkühlung erhöht die Disposition für die Infektion mit Schnupfenviren, der Zuckerkranke ist vermehrt anfällig für Eitererreger.

1.2 Virulenz (lat. Giftigkeit)

Mit dem Ausdruck „Virulenz“ beschreibt man den Ausprägungsgrad der krankheitserzeugenden Eigenschaften eines gegebenen Stammes einer pathogenen Spezies. Virulenz beruht auf dem Besitz von ***Virulenzfaktoren***. Beispielsweise ist das Diphtherietoxin der Virulenzfaktor des Diphtherie-Erregers Corynebacterium diphtheriae. Ein Stamm von C. diphtheriae ist avirulent, wenn er kein Toxin bildet, wenig virulent, wenn er wenig, und hochvirulent, wenn er viel Toxin produziert. Pilustragende (P^+) Gonokokkenstämme sind virulent, da sie mittels ihrer Pili über Rezeptoren an den Säulenepithelzellen des Urogenitaltraktes adhärieren; piluslose (P^-) Stämme sind dazu nicht in der Lage: Sie sind avirulent. Virulenz ist also ein *Stammesmerkmal*. Virulente Stämme kann es nur bei einer pathogenen Spezies geben: Der Virulenzbegriff ist dem Pathogenitätsbegriff untergeordnet.

Die Virulenz läßt sich mit Hilfe der ***LD50*** (letale Dosis 50) messen. Die LD50 ist diejenige Dosis von Mikroorganismen, die bei 50 % eines infizierten Versuchstierkollektivs den Tod der Tiere herbeiführt.

1.2.1 Virulenzsteigerung und -abschwächung

Man kann die Virulenz verändern, indem man einzelne Stämme in künstlichen Nährmedien, in Gewebekulturen oder Tierpassagen über viele Generationen zur Vermehrung bringt. Auf diesem Wege ist in der Regel ein Virulenzverlust bei erhaltener Immunogenität erreichbar.

Tabelle 1.2. Beispiele für infektionsbegünstigende Faktoren

- *Grundleiden*
  Harnwegsobstruktionen, urologische Refluxleiden, Verbrennungskrankheit, Diabetes mellitus, Karzinom, Leukämien, Alkoholismus

- *Ärztliche diagnostische und therapeutische Eingriffe*
  Dauerkatheter (Vene, Blase), Operationen, Organtransplantationen, Hämodialyse, Peritonealdialyse, Antibiotika, Kortisone, Antimetaboliten, Strahlentherapie.

- I*mmundefekte* (s. auch oben)

  angeboren:
  – unspezifische: Defekte des Komplement- und Phagozytosesystems
  – spezifische: B- und T-Zelldefekte, auch kombiniert

  erworben:
  – durch Haut- und Schleimhautdefekte: Verbrennungen, Verletzungen, operative Wunden;
  – durch Stoffwechselstörungen: alkoholtoxische Zirrhose, Proteinverlust, Urämie, Diabetes mellitus;
  – durch Störungen der Immunregulation: Hämatologisch-onkologisch bedingt (u.a. Neutropenie bei Leukämie), postinfektiös, Autoaggressionskrankheit;
  – durch Therapie: immunsuppressive Therapie, s. oben;
  – duch Infektionen: HIV 1, Tuberkulose, Lepra, Influenzaviren, Viren der Herpesgruppe;
  – physiologisch: Neonatalzeit, frühe Kindheit, hohes Alter, Gravidität;

  Ausfall der B-Lymphozyten führt zu Infektionen mit
  extrazellulären, unspezifischen Eitererregern (u. a. Staphylococcus aureus, E. coli, Klebsiella-Arten, Proteus-Arten).

  Ausfall der T-Lymphozyten führt zu Infektionen mit
  fakultativ und obligat intrazellulären Keimarten (Mycobacterium tuberculosis, Mycobacterium des Aviumintracellular-Komplexes, Toxoplasma gondii, Pneumocystis carinii, Virusarten).

- *Nicht ausgeheilte Lokalinfektionen* (seltene Allgemeininfektionen)
  Operationswunden, Verletzungen, kryptogene Herde als Ausganspunkt einer Sepsis

- *Genetische Konstitution*
  Besitz von HlA-Faktoren

- *Risikogruppen* im Bereich sexuell übertragbarer Infektionen:
  Männliche promiske Homosexuelle, Bisexuelle, i.v. Fixer, Prostituierte (Beschaffungsprostitution) weisen hohes Risiko für AIDS auf.

- *Infektionssynergismus*
  Aktivierung von HIV 1 durch Herpes simplex-Viren? Influenzaviren als Schrittmacher bakterieller Superinfektionen.
  Mischinfektionen: z. B. E. coli-Bacteroides fragilis, Gardnerellen-Anaerobier.

- *Weitere Faktoren*
  Hoher Zuckerkonsum kann zur Darmmykose durch Sproßpilze führen, Feuchtstellen am Körper (interdigital, unter Mamma) können zu Pilzinfektionen Anlaß geben.
  Langzeiteinnahme von Kontrazeptiva, Vaginalspülungen, Intimsprays, Pessare, asymptomatisch infizierte Geburtswege der Mutter können zu Mykosen und anderen Infektionen führen.
  Fieberhafte Infektionen, Menstruation, Röntgenbestrahlung, Sonnenbrand, akute Gastritis, psychische Einwirkungen vermögen zu einer Exazerbation einer latenten Herpes simplex-Infektion zu führen.

- *Ko-Faktoren* (oft nicht definitiv abgeklärt)
  Bei der Genese von Tumoren, Leukämien und chronisch-degenerativen ZNS-Erkrankungen (z. B. multipler Sklerose) werden Ko-Faktoren infektiöser und nicht infektiöser Natur postuliert.
  – Biologische: z.B. Viren, Hormone, Spermien, chronische Infektionen
  – Chemische: z.B. Mutagen- und Karzinogenproduktion durch intestinale Bakterien.
  – Physikalische: z.B. UV-Licht (Melanombildung).

Pasteur hat als erster diese Erkenntnis zur Herstellung von attenuierten („abgeschwächten") Lebendimpfstoffen angewandt. Er stellte 1884 einen Tollwutimpfstoff durch intrazerebrale Serienpassagen des Virus beim Kaninchen her. Nach ungefähr 100 Kaninchenpassagen hatte das attenuierte Virus, Hunden subkutan eingespritzt, nur noch selten tödliche Wirkung.

Die Virulenz ist genetisch bedingt: In einem genügend großen Klon befinden sich stets einzelne Mikroorganismen, die durch Spontanmutation (Wahrscheinlichkeit 10^{-6} bis 10^{-9}) abweichende Eigenschaften im Hinblick auf den „Ahnherrn" des Klons und dessen übrige Nachkommen entwickelt haben. Spontanmutative Eigenschaftsveränderungen von einzelnen Erregern können sich im Hinblick auf die Virulenz ebenso einstellen wie im Hinblick auf die Resistenz gegen Antibiotika oder andere Merkmale. Die Virulenzveränderung kann plötzlich, d. h. als Einstufenvorgang (z. B. bei Pneumokokken), erfolgen. Andererseits verlieren Bakterien durch Passagen auf künstlichen Nährmedien häufig deshalb ihre Virulenz, weil unter dieser Bedingung der „Virulenzfaktor" im Vergleich zu den Mikroorganismen, die diesen Faktor nicht besitzen, keinen Vorteil bietet; er kann jetzt sogar eine Belastung darstellen. Die virulenten Stämme wachsen in diesem Falle langsamer und werden im Verlaufe der Passagen ausgedünnt.

1.3 Infektion

Unter Infektion (lat. inficere = etwas hineintun, vergiften) versteht man die Ansiedlung, das Wachstum und die Vermehrung von Mikroorganismen in einem Makroorganismus mit nachfolgenden Abwehr- und/oder geweblichen Schädigungsreaktionen desselben. (Aus dieser Definition ergibt sich, daß inerte Materialien – z. B. Luft, Wasser, Tisch etc. – nicht infiziert sein können. Hier spricht man von Kontamination.)

Infektion ist nicht gleichbedeutend mit Krankheit. Eine Infektion kann ***asymptomatisch*** (symptomlos) oder ***symptomatisch*** verlaufen. Erst dann, wenn im Rahmen einer Infektion Symptome vorliegen, d. h. wenn der Patient Beschwerden verspürt oder Veränderungen an sich wahrnimmt, oder wenn durch geeignete Methoden pathologische Veränderungen in der Funktion von Organen objektivierbar geworden sind, liegt eine Krankheit vor. So rufen Lebendimpfstoffe die Bildung von humoralen Antikörpern und/oder spezifischen T-Zellen hervor. Diese Veränderungen sind durch Labormethoden zwar objektiv meßbar; subjektiv bemerkt der Impfling aber nichts: Die Lebendimpfung hat eine asymptomatische Infektion ausgelöst, aber keine Krankheit. Die exakte Grenzziehung zwischen Infektion und Krankheit hängt daher nicht nur vom Nachweis subjektiver, sondern auch vom Nachweis objektiver Krankheitszeichen ab.

1.3.1 Infektiosität

Die Fähigkeit pathogener Mikroorganismen, eine Infektion zu erzeugen, bezeichnet man als Infektiosität. Die Infektiosität ist von Gattung zu Gattung unterschiedlich stark ausgeprägt. Die Virulenz der einzelnen Stämme geht demnach nicht mit der Infektiosität parallel. So zeigen beispielsweise die Poliomyelitisviren eine hohe Infektiosität, aber eine niedrige Virulenz: In Epidemiegebieten sind fast alle Individuen infiziert, was sich am Besitz spezifischer Antikörper nachweisen läßt, aber es erkrankt nur etwa jeder Tausendste der Infizierten manifest. Umgekehrt sind ***Lepra***bakterien von niedriger Infektiosität; aber die einzelnen Stämme zeigen hohe Virulenz; d. h. es infiziert sich nur ein kleiner Teil der Exponierten, aber jeder Infizierte erkrankt nach einer mehr oder weniger langen Inkubationszeit. Die Erreger der Pest zeigen sowohl eine hohe Infektiosität als auch eine hohe klinische Manifestationsrate.

1.3.2 Unterteilungen des Infektionsbegriffes

- ***Monoinfektionen*** werden durch eine einzige Erregerart hervorgerufen. So kann E. coli der Erreger einer akuten Zystitis sein.
- Eine ***Mischinfektion*** weist verschiedene Erregerarten in einem einzigen Infektionsbezirk auf. Beispielsweise kann eine Otitis externa durch Staphylokokken und Streptokokken hervorgerufen werden, und eine bakterielle Vaginose durch Gardnerella vaginalis und Anaerobier.
- Bei ***Mehrfachinfektionen*** werden verschiedene Erregerarten aus unterschiedlichen Infektionsbezirken eines Patienten isoliert, z. B. Gonokokken aus dem Urethralabstrich und Syphilis-Erreger aus dem Primäraffekt im Rektum oder Gonokokken

aus dem Urethralabstrich und Chlamydia trachomatis aus der Endozervix. Beide Beispiele können auch als „Doppelinfektionen" bezeichnet werden.

- Bei der ***Superinfektion*** schafft eine floride Infektion die Voraussetzung für das Angehen einer zweiten Infektion mit der gleichen oder einer anderen Keimart. So kann z. B. eine durch Influenzaviren geschädigte Lunge mit Staphylokokken oder Streptokokken superinfiziert werden.
- Im allgemeinen versteht man unter einer ***spezifischen Infektion*** eine solche, die durch obligat pathogene („spezifische") Erreger hervorgerufen wird und ein typisches Krankheitsbild induziert, d. h. eine Infektionskrankheit im engeren Sinne, hervorgerufen z. B. durch Tuberkulosebakterien, Syphiliserreger oder Gonokokken.
- Demgegenüber bezeichnet man Infektionen, denen diese klinische Spezifität und Erregerspezifität fehlen, als ***unspezifische Infektionen***. Sie werden folgerichtig durch unspezifische Erreger hervorgerufen. Auch heute spricht man z. B. von unspezifischen Eitererregern, unspezifischen Harnwegsinfektionen und unspezifischer Vaginitis (Vaginose).
- Unter einer ***primären*** Infektion versteht man zumeist eine Infektion, bei der kein infektionsbegünstigender Faktor nachgewiesen werden kann. Demgegenüber gibt es eine Vielzahl ***sekundärer Infektionen***, die erst auf dem Boden eines prädisponierenden Faktors entstehen. Sie stellen eine Art „Zweitkrankheit" dar. Die so definierte sekundäre Infektion kann in der Regel erst dann erfolgreich therapiert werden, wenn der infektionsbegünstigende Faktor beseitigt wurde (z. B. chirurgisch).
- Eine ***Krankenhausinfektion*** ist eine Infektion, die im kausalen Zusammenhang mit einem Krankenhausaufenthalt entsteht, unabhängig davon, ob Krankheitssymptome bestehen oder nicht (z. B. eine Urosepsis nach Prostatektomie bei einem Diabetiker). (nosokomiale Infektionen)
- Eine ***rezidivierende*** (rekurrierende) Infektion, z. B. der Harnwege, kann sein:
  - eine ***Re-Infektion*** = erneutes Auftreten einer bestimmten Krankheit, hervorgerufen durch eine andere Erregerart als die erste Infektion.

    So kann die Erstinfektion der oberen Harnwege durch E. coli hervorgerufen werden und die Re-Infektion durch Klebsiellen oder einen anderen E. coli-Stamm. Dieses Verhalten ist typisch für die rezidivierenden Harnwegsinfektionen der Frauen und Mädchen.
  - ein ***Relaps*** = erneutes Auftreten einer bestimmten Krankheit, hervorgerufen durch den gleichen Erregerstamm wie bei der ersten Infektion.

    Beispielsweise können Erstinfektionen und die folgende(n) Infektion(en) der Harnwege durch einen ganz bestimmten E. coli-Stamm hervorgerufen sein. Dieses Verhalten ist typisch für die persistierenden Infektionen in den Harnwegen, z. B. bei Vorliegen eines erregerhaltigen Steines oder bei chronischer Prostatitis. Hier hat sich ein Erregerherd ausgebildet.
- Darüber hinaus spricht man ganz allgemein von ***Rezidiven***, wenn latente Infektionen (deren Erreger jahre- und jahrzehntelang im Körper persistieren können), wieder auftreten. Beispiel: Rezidiv einer Herpes-simplex-Infektion.
- ***Exogene Infektionen*** werden durch Erreger ausgelöst, die von der Außenwelt (Mensch, Tier, inerte Gegenstände) an den Organismus herangetragen werden (Synonym: ***horizontale Infektion***). Hierher gehören Schmutz- und Schmierinfektionen, sexuell übertragbare Infektionen, Tröpfcheninfektionen und Infektionen durch Lebensmittel. Gehäufte exogene Infektionen können bei immungeschwächten Personen auftreten. So kommt es beim AID-Syndrom zu exogenen Lokalinfektionen durch Salmonellen, Campylobacter, Shigellen, Kryptokokken und Pneumozysten.
- Unter einer ***endogenen Infektion*** im engeren Sinne versteht man eine Infektion durch die physiologische und pathologische Kolonisationsflora. Dieser Infektionstyp wird in der Regel im immungeschwächten Organismus und nach diagnostisch-therapeutischen Eingriffen gesehen, setzt also infektionsbegünstigende Faktoren voraus. Daher befinden sich unter der Standortflora zahlreiche fakultativ pathogene Keimarten oder Opportunisten (s. unten). Unter einer endogenen Infektion im weiteren Sinne versteht man die Reaktivierung (Exazerbation) postinfektiös persistierender Erreger bzw. ihrer Infektionen, wie z. B. Tuberkulose, Toxoplasmose oder Herpesvirusinfektionen (Herpes simplex, Zytomegalie, Varizellen-Zoster u. a.). In diesen Fällen spricht man auch häufig von ***endogenen Reaktivierungen***.

1.3.3 Minimale infektionsauslösende Dosis

Die minimale Dosis, die beim Menschen bzw. beim Tier eine bestimmte Infektion auslöst (ID), schwankt

Tabelle 1.3. Beispiel für die Variationsbreite in der Dosis von Mikroorganismen, die zur Auslösung von Infektionen, Krankheit oder Tod im Wirt erforderlich sind

Mikroorganismus	Wirt	Infektionswege	Minimale infektöse Dosis (ID) krankheitserzeugende (KD) oder letale Dosis (LD)
Rhinovirus	Mensch	Nasenhöhle Konjunktiva Hintere Rachenwand	1 IGKD 50 [a](KD) 16 IGKD 50 (KD) 200 IGKD 50 (KD)
Salmonella typhi	Mensch	Oral	10^3 (KD)
Shigella dysenteriae	Mensch	Oral	10 (KD)
Vibrio cholerae	Mensch	Oral Oral (zusammen mit Bicarbonat)	10^8 (KD) 10^4 (KD)
Mycobacterium tuberculosis	Mensch	Inhalation	1-10 Bakterien (ID)

[a] Infektiöse Gewebekulturdosen (IGKD)

von Erreger zu Erreger. So kommen beim Menschen erst nach Kontakt mit relativ hohen Dosen von Typhus- oder Choleraerregern Infektionen zustande; andererseits kann schon ein einziges Tuberkulosebakterium eine Infektion auslösen. Die minimale infektionsauslösende Dosis hängt auch von Faktoren des Wirts ab. Beispielsweise sind zur Auslösung einer Cholera bei alkalisiertem Mageninhalt wegen der Säureempfindlichkeit von V. cholerae weit weniger Keime erforderlich als bei Patienten mit saurem Mageninhalt (Tabelle 1.3).

1.4 Kontamination

Unter ***Kontamination*** versteht man die Verunreinigung von Gegenständen, Untersuchungsproben und Körperteilen mit Erregern aus der belebten und unbelebten Umwelt.

Beispiele: Spontanurin kann bei der Gewinnung durch Kontakt mit den Schamhaaren mit E. coli, durch die Hand des Arztes bei Palpation am Patienten mit Staphylococcus aureus oder durch Berühren von Patientenblut mit Hepatitis-B-Viren kontaminiert werden.

Aus einer Kontamination kann sich eine Infektion entwickeln, wenn diese Erreger, etwa über eine Verletzung, in den Körper gelangen.

1.5 Kolonisation

Mit dem Begriff ***Kolonisation*** bezeichnet man die Dauerbesiedlung der Haut und Schleimhaut mit Mikroorganismen.

- Bei der ***physiologischen Kolonisation*** handelt es sich um die dauerhafte Ansiedlung der Normal- oder Standortflora.
- Bei der ***pathologischen Kolonisation*** handelt es sich um die Dauerbesiedlung von Haut und Schleimhäuten mit fakultativ pathogenen Keimspezies, die dort ortsfremd sind (Fremd- oder Sekundärbesiedlung). Letztere erfolgt vorwiegend beim Umgang mit Infizierten, z. B. im Krankenhausmilieu und bei ambulanter Pflege. Als Beispiele seien angeführt: Pilzbesiedlung von Schleimhäuten nach Antibikotikagaben, der Haut an Feuchtstellen (interdigital, submammal, genital), Besiedlung des Nasen-Rachen-Raumes mit Staphylococcus aureus bei Krankenhauspersonal und Säuglingen im Krankenhaus, Besiedlung der Vagina mit E. coli bei hormonaler Unterfunktion, Sproßpilzbesiedlung des Darmes bei hohem Zuckerkonsum. Die jeweils aktuelle Standortflora kann sich aus der physiologischen und pathologischen Kolonisationsflora zusammensetzen.

Sowohl die physiologische als auch die pathologische Kolonisation können die Vorstufe einer Infektion darstellen, wenn infektionsbegünstigende Faktoren vorliegen (s. endogene Infektionen).

1.6 Ermittlung des Kausalzusammenhangs zwischen angezüchtetem Keim und Infektionsätiologie

1.6.1 Die Henle-Koch-Postulate

Jakob Henle hatte im Jahre 1840 Postulate aufgestellt, die einen Infektionserreger als solchen erkennbar machen sollten. Robert Koch erweiterte und modifizierte diese Forderungen zu den sogenannten Henle-Koch-Postulaten im Jahre 1890 folgendermaßen:

- ***1. Postulat (Optischer Nachweis):*** Um als Erreger einer Infektionskrankheit erwiesen zu werden, müssen die Erreger mikroskopisch regelmäßig nachweisbar sein; beim Gesunden müssen sie stets fehlen.
- ***2. Postulat (Kultureller Nachweis):*** Die im Verdacht stehenden Mikroorganismen sollen vom Kranken auf einen unbelebten Nährboden übertragen werden; sie müssen sich dort unter Beibehaltung ihrer charakteristischen Eigenschaften über Generationen hinweg („in Passagen") fortzüchten lassen.
- ***3. Postulat (Pathogenitätsnachweis):*** Die außerhalb des Wirtes fortgezüchteten Mikroorganismen müssen, wenn sie einem geeigneten Versuchstier einverleibt werden, eine typische Krankheit erzeugen. Die experimentell erzeugte Krankheit muß der natürlich vorkommenden Krankheit gleichen. – Im Organismus der experimentell krank gemachten Tiere müssen die charakteristischen Mikroorganismen wiederum mikroskopisch und kulturell nachweisbar sein.

Die Henle-Koch-Postulate haben der klassischen Bakteriologie als Prüfstein für den Krankheitsbeweis gedient. Heute weiß man aber, daß sie nur für einen Teil der Infektionskrankheiten in Anspruch genommen werden können:

- Die Gültigkeit des 1. Postulates wird durch die Tatsache eingeschränkt, daß es *klinisch gesunde Träger* bzw. *Ausscheider von obligat pathogenen Erregern hoher Virulenz* gibt. Außerdem kommen z. B. in der Mundhöhle, auf der Haut und auf vielen Schleimhäuten des Menschen physiologischerweise Erreger vor, die man heute als „fakultativ pathogen" bezeichnet (s. oben).
- Das 2. Postulat gilt z. Zt. nicht für die Erreger der *Lepra* und *Syphilis*; in beiden Fällen ist eine Züchtung auf unbelebten Kulturmedien noch nicht gelungen. Diese Einschränkung muß auch für die *Chlamydien* und *Rickettsien* gemacht werden. Diese Erreger vermehren sich nur in lebenden Zellen.
- Das 3. Postulat gilt mit Einschränkung, wenn von Erregern mit engem Wirtsspektrum die Rede ist. So bleibt zum Beispiel der Tierversuch mit den *exklusiv menschenpathogenen* Gonokokken und Meningokokken auch heute noch unbefriedigend.
- Für Protozoen- und Viruskrankheiten können die Postulate, wenn überhaupt, nur in stark modifizierter Form gelten.

Aus diesen Gründen wird heute die Ätiologie einer Infektionskrankheit auch mittels neuerer „Infektionsmarker" ermittelt.

1.6.2 Neuere Infektionsmarker

Neuere „Infektionsmarker" zur kausalen Verknüpfung zwischen Erreger und Infektion sind:

- Nachweis spezifischer ***humoraler*** Antikörper (IgM, IgG); Kapsel- und Ektotoxinnachweise.
- Nachweis von Erregerantigenen mittels polyklonaler und/oder monoklonaler Antikörper.
- Nachweis von Nukleinsäure-Sequenzhomologien: mittels Hybridisierungstechniken, Polymerase-Kettenreaktion.
- Nachweis spezifisch stimulierter Lymphozyten.
- Nachweis bestimmter Virulenzfaktoren; z. B. bei „uropathogenen" E. coli-Keimen das Adhärenzvermögen an Uroepithelien, die Fähigkeit, eine D-Mannose-resistente Hämagglutination zu verursachen, Besitz bestimmter K- und O-Antigene, Produktion von Hämolysen und Colicinen.
- Nachweis „signifikanter" Keimzahlen. Am bekanntesten ist die Kass-Zahl von mehr als 10^5 Kolonie-bildenden Einheiten (KBE)/ml Mittelstrahlurin zur Erkennung von Harnwegsinfektionen.

- Beachtung epidemiologischer Daten (z. B. Aufstellung von Risikogruppen, Erkennen von Ko-Faktoren infektiöser und nicht-infektiöser Natur.
- Nachweis von Viren durch Immunelektronenmikroskopie.

1.7 Pathogenese von Infektionen

Die Pathogenese von exogenen Infektionen beginnt mit der *Übertragung* eines Erregers von einem infizierten Organismus oder aus der unbelebten Umgebung auf einen neuen Wirt. Dort muß sich der Erreger zunächst etablieren. Dies kann im Falle von Bakterien und Pilzen durch *Kolonisation* des Wirts geschehen. Eine Kolonisation setzt voraus, daß der Erreger an der Haut oder an den Schleimhäuten des Wirtsorganismus *haften* kann. Die Erreger können aber auch direkt, d. h. ohne daß eine Kolonisation vorausgeht, entweder über eine Verletzung ins Gewebe oder durch einen Arthropoden-Vektor in die Blutbahn verbracht werden (***parenterale Infektion***). Gelingt es dem Erreger, in den neuen Wirt einzudringen, so spricht man von ***Invasion***. Er kann sich über die Blutbahn ausbreiten und seine Zielorgane befallen (***Generalisation***). Abhängig von der Art des Erregers *scheidet* der infizierte Organismus in bestimmten Phasen seiner Infektion oder ständig den Keim in die Umgebung *aus*, der dann, geeignete Bedingungen vorausgesetzt, auf einen neuen Wirt übertragen werden kann.

Im folgenden werden die einzelnen Phasen dieser Ereignisabfolge genauer geschildert.

1.7.1 Übertragungswege von Infektionserregern

Infektionserreger können auf die verschiedenartigste Weise übertragen werden (Tabelle 1.4). Häufig gelangen die Erreger in den Nasen-Rachenraum durch *Tröpfcheninfektion*, d. h. durch Sprechen, Niesen, Husten. Zu den häufigsten Übertragungswegen zählen die durch *sexuelle Praktiken* vorgegebenen (z. B. genital-genital, genital-oral, genital-anal). Desweiteren sind Infektionen durch kontaminierte *Lebensmittel* häufig. Zu den zahlreichen *Schmutz- und Schmierinfektionen* zählen die sekundären Wundinfektionen, die oft durch *Bagatellverletzungen* bedingt sind. Auch durch *Tierkontakt* und *tierische Produkte*

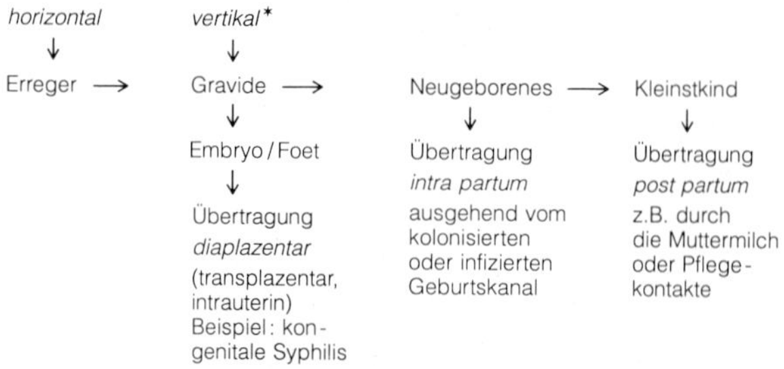

* Vertikale Infektion im weiteren Sinne

Abb. 1.1. Der Begriff der vertikalen Infektion

ist eine Übertragung von Infektionserregern möglich. Krankenhausinfektionen entstehen u. a. durch *Selbstinfektion* oder *Kreuzinfektionen* (Patient–ärztliches Personal und umgekehrt). Schließlich kennt man *kongenitale* Infektionen, d. h. solche, die intrauterin (z. B. diaplazentar) übertragen werden. Schließlich können Infektionen intra partum (im Geburtskanal) und post partum (z. B. über die Muttermilch) erworben werden.

Der Begriff der ***vertikalen Infektion*** wurde von L. Gross aufgrund spezieller Übertragungswege der Viren eingeführt. Unter einer vertikalen Infektion im engeren Sinne versteht man die genetische Übertragung eines Erregers (Virus), wobei das Virusgenom integraler Bestandteil der Spermien-DNS oder Ei-DNS wird. Eine Infektion der Keimbahn mit nachfolgender genetischer Virusübertragung ist bisher nur beim Tier nachgewiesen worden. Der Begriff der kongenitalen Infektion, z. B. im Falle der Syphilis, Toxoplasmose oder Listeriose ist daher dem der konnatalen oder hereditären Übertragung vorzuziehen (s. Abb. 1.1).

Zahlreiche Erreger weisen ***mehrere Übertragungswege*** auf. So kann Neisseria gonorrhoeae genital-genital, genital-oral, genital-anal und intra partum (natal) übertragen werden.

1.7.2 Eintrittsmechanismen von Infektionserregern

Ein Großteil der Krankheitserreger verfügt über charakteristische Mechanismen, die ihnen den Eintritt in den Makroorganismus ermöglichen (Abb. 1.2). Ihre Kenntnis stellt einen wichtigen Ansatzpunkt für die Seuchenbekämpfung dar.

Tabelle 1.4. Übertragungswege von Infektionserregern

Tröpfcheninfektion
respiratorische Viren: i. e. S.: Rhinoviren, Adenoviren, RS-Viren, Influenzaviren,
i. w. S.: Mumpsvirus, Masernvirus, Rötelnvirus, Enteroviren, Herpesviren
Scharlachstreptokokken, Haemophilus influenzae, Mycobacterium tuberculosis, Bordetella pertussis, Corynebacterium diphtheriae, Mycoplasma pneumoniae, Chlamydia psittaci

Aerosole
z. B. kontaminierte Wässer in Klimaanlagen und Befeuchtern: Legionellen

Lebensmittelinfektion
Salmonella typhi, Salmonella paratyphi, Enteritis-Salmonellen, Yersinia enterocolitica und Y. pseudotuberculosis, Shigellen, Vibrio cholerae („TPE, Ruhr und Cholera ißt und trinkt man"). Entamoeba histolytica, Toxoplasma gondii, Staphylococcus aureus, Clostridium botulinum (eigentlich eine Intoxikation), Brucellen, Hepatitis A

Schmutz- und Schmierinfektionen
unspezifische Eitererreger (z. B. Erreger sekundärer Wundinfektionen), Mycobacterium tuberculosis, Leprabakterien, Pilzarten (u. a. Epidermophyten)

Sexuell übertragene Infektionen
Geschlechtskrankheiten im Sinne des Gesetzes zur Bekämpfung der Geschlechtskrankheiten: Gonokokken, Treponema pallidum, Haemophilus ducreyi, Chlamydia trachomatis (Serotypen L_1-L_3);
sonstige sexuell übertragbare Infektionen: Chlamydia trachomatis (Serotypen D-K), Ureaplasma urealyticum, Trichomonas vaginalis, Candida albicans, Papillomviren, Herpes-simplex-Viren

Verletzungen
Clostridium tetani (Bagatellverletzungen) und Gasbranderreger, unspezifische Eitererreger, Streptokokken (Erysipel)

Tierkontakt
Chlamydia psittaci, Leptospiren, Malariaerreger, Toxoplasma gondii, Borrelia burgdorferi, Tollwutvirus, Rickettsien, Coxiella burnetii (Q-Fieber), Yersinia pestis, Arboviren

Tierische Produkte
Milzbrandbakterien, z. B. Leder, Haare (heute selten); Listerien z. B. Käse; Salmonellen, z. B. Entenei; Cryptococcus, z. B. Vogelkot

Intrauterine Infektion
a) aszendierend: Vagina – Zervix – Plazenta – Eihäute – Fruchtwasser – Fötus
b) diaplazentar (transplazentar), z. B. kongenitale Syphilis

Diaplazentare Infektion
Treponema pallidum, Toxoplasma gondii, Rötelnvirus, Zytomegalievirus, Listeria monocytogenes

Infizierter Geburtskanal (natal, intra partum)
Gonokokken, Chlamydia trachomatis, B-Streptokokken, Herpes-simplex-Viren

Postnatal (Säugling, Kleinkind)
über Muttermilch (Pflegekontakt)

Iatrogen (durch den Arzt)
Blut- und Organspende (z. B. Hepatitis B, HIV), Spritzen (intramuskulär), Katheter (Harnblase)

Krankenhausinfektion
Kreuzinfektion Patient → Pflegepersonal und umgekehrt (oft unspezifische Eitererreger), Personalhände, Instrumente, Selbstinfektion.

1.7.2.1 Haftung an Haut- und Schleimhautoberflächen

Manche Mikroorganismen besitzen spezifische Haftmechanismen, mittels derer sie sich an die Haut- oder Schleimhaut des gesunden Wirts anheften (adhärieren). Diesem Vorgang liegt eine strukurspezifische Reaktion zugrunde: Ein Rezeptor der Epithelzellmembran geht mit einem korrespondierenden Oberflächenelement der Bakterienzelle, ***Adhäsin*** genannt, eine Bindung ein (Abb. 1.3). Eine Haftung von Bakterien an Epithelzellen ist u. a. für die Erreger der Gonorrhoe, der eitrigen Angina, des Keuchhustens, der Cholera und der Ruhr nachgewiesen.

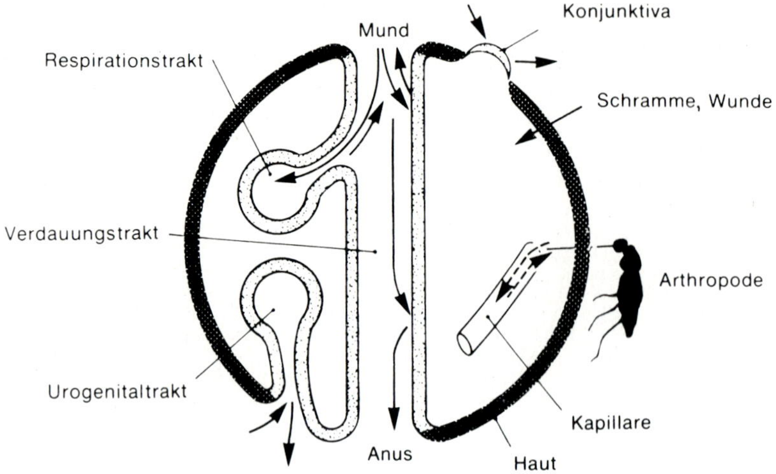

Abb. 1.2. Körperoberflächen als Stellen der Infektion und mikrobiellen Ausbreitung. (Aus Mims 1981)

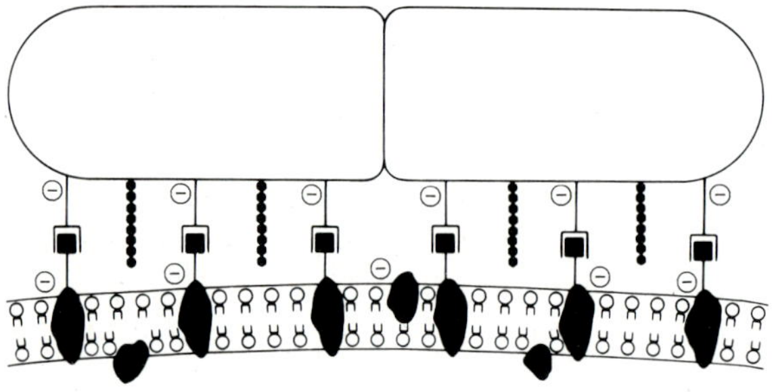

Abb. 1.3. Anhaften von Bakterien mittels spezifischer Adhäsine an entsprechenden Rezeptoren der Wirtszellmembran. Um die negative Ladung auf der Oberfläche der Bakterien und der Wirtszelle zu überwinden, werden hydrophobe Moleküle (die regelmäßigen schwarzen Strukturen in der Wirtszellmembran) in Richtung der hydrophoben Phospholipid-Moleküle (Kreise) in der Lipidmembran angezogen. Die unregelmäßigen schwarzen Strukturen sind Proteine oder Glykoproteine in der Wirtszellmembran. (Mit Genehmigung der University of Chicago Press)

Bei Gonokokken und anderen Bakterien haben sich ***Fimbrien*** als Adhäsine identifizieren lassen (s. S. 22). Fehlen diese oder blockiert man sie durch Zugabe von spezifischen Antikörpern, so verliert ein vorher virulenter Gonokokkenstamm seine Virulenz. Bei Streptokokken der Serogruppe A sind die Adhäsine in Form der ***Lipoteichonsäure*** auf einem Oberflächenprotein, der M-Substanz, lokalisiert. Fehlt Lipoteichonsäure, so unterbleibt die Haftung der A-Streptokokken an der Schleimhaut des Rachenepithels. Die auf dem M-Protein befindliche Lipoteichonsäure interagiert mit Fibronectin, das im Sinne eines Bindegliedes die Verbindung zwischen bakteriellem Adhäsin und Zielzell-Oberfläche herstellt (s. S. 266).

Haftung an der Darmwand

Von besonderer Bedeutung ist die Haftung von enterotoxinbildenden E. coli-Stämmen, von V. cholerae, von Shigellen und Yersinien an der Darmschleimhaut. Die Haftung hat zur Folge, daß die Erreger durch die Peristaltik des Darmes nicht weggeschwemmt werden. Im Falle von Infektionen durch enterotoxinbildende Bakterien werden die gebildeten Enterotoxine mit größter Effektivität an die Toxinrezeptoren der Zellmembran herangebracht; dadurch werden die Toxinmoleküle vor der Zerstörung bewahrt.

1.7.2.2 Rezeptoren auf Zielzellen

Primär vorhandene Rezeptoren

Der Rezeptor für viele Enterobakterien scheint als entscheidenden Bestandteil *Mannose* zu enthalten, denn Mannose ist in der Lage, durch kompetitive Bindung an das Adhäsin die Bindung zwischen gewissen Enterobakterien und dem Rezeptor zu blockieren. Man spricht demnach auch von ***mannoseempfindlichen (MS) Adhäsinen***. Wird die Interaktion nicht blockiert, so heißt das Adhäsin ***mannoseresistent (MR)***. Beispiele für MR-Adhäsine sind uropathogene und durchfallerzeugende Stämme von E. coli sowie Gonokokken.

Der Rezeptor für A-Streptokokken scheint albuminähnlicher Natur zu sein, während der Rezeptor für das Choleratoxin ein Gangliosid ist (s. S. 334).

Virusinduzierte Rezeptoren

Manche Virusinfektionen scheinen zur Ausprägung neuer Rezeptoren auf der Oberfläche der infizierten Zellen zu führen. So ist von der Influenza bekannt, daß sie zur bakteriellen Superinfektion prädisponiert. Offensichtlich erkennen die Bakterien dann virale Glykoproteine, die auf der Oberfläche der virusinfizierten Zielzelle exprimiert werden.

1.7.2.3 Organotropismus und Wirtsspezifität: Auswirkungen der Adhäsin-Rezeptor-Interaktion

Organotropismus

Organotropismus ist die altbekannte Tatsache, daß bestimmte Krankheitserreger in bestimmten Organen ansiedeln. Er läßt sich häufig auf *Adhäsin-Rezeptor-Interaktionen* zurückführen. Beispiele hierfür sind die Vorliebe von Bordetella pertussis für das Flimmerepithel des Respirationstraktes oder von Durchfallerregern für die Epithelzellen der Darmschleimhaut.

Wirtsspektrum

Auch das ***Wirtsspektrum*** der Erreger beruht auf Adhäsin-Rezeptor-Interaktionen. Beispielsweise ist die Gonorrhoe auf den Menschen beschränkt und die Diarrhoe durch E. coli K 88 auf Schweine. Infektionen durch E. coli, die die Kolonisationsfaktoren CFA/I und CFA/II besitzen, sowie durch A-Streptokokken kommen nur beim Menschen vor. Eine Behinderung der Bindung läßt sich durch Rezeptor-Analoge, durch Enzyme, die Adhäsine und Rezeptor zerstören, oder durch Antikörper gegen spezifische Oberflächenkomponenten erreichen.

Adhäsine und Infektion

Daß Adhäsion und Infektion kausal eng verknüpft sind, ist durch Untersuchungen belegt, die gezeigt haben, daß die Zellen empfänglicher Individuen Bakterien in signifikant höherer Zahl an sich binden als die Zellen nichtempfänglicher Individuen. Am überzeugendsten ließ sich dies am Modell der Infektion des Schweines mit E. coli K 88 demonstrieren: Nur diejenigen Versuchstiere, die den Rezeptor für K 88 im Bürstensaum ihrer Darmepithelzellen tragen, ließen sich infizieren und entwickelten Diarrhoen. Kreuzte man den Rezeptor heraus, verschwand die Empfänglichkeit – die Tiere wurden genetisch immun.

1.7.2.4 Parenterale Infektionen

Einige Mikroorganismen bedienen sich eines Arthropoden als Vektor, der sich mittels Bisses oder Stiches direkt in die Blutbahn einbringt, oder die Erreger gelangen durch Tierbiß oder andere, die Körperoberfläche durchbrechende Vorgänge (Fixer) in die Blutbahn.

1.7.2.5 Eintrittsforten der Opportunisten

Bei den fakultativ pathogenen Erregern opportunistischer Infektionen muß eine Schädigung des Wirts bzw. seiner Immunabwehr vorliegen (Tabelle 1.2). Diese Erreger entstammen größtenteils der physiologischen Kolonisationsflora; die Infektionen entstehen dann endogen. Opportunisten können aber auch der Umwelt entstammen.

1.7.3 Ausbreitung der Erreger im Körper

Je nach Verhalten des Infektionserregers im Körper lassen sich die folgenden pathogenetischen ***Grundtypen*** der Infektion unterscheiden: Die Lokalinfektion, die zyklische Allgemeininfektion und die Sepsis (Tabelle 1.5).

1.7.3.1 Lokalinfektion

Bei der lokalen Infektion verbleibt der Erreger an der Eintrittsstelle, vermehrt sich dort und ruft lokal Krankheitserscheinungen hervor. Lokalinfektionen können von fakultativ pathogenen wie auch von obligat pathogenen ***Erregern*** ausgelöst werden. So verursachen beispielsweise sowohl E. coli als auch Gonokokken Lokalinfektionen.

Lokalinfektionen weisen kein typisches Inkubationsstadium auf, sondern sie verlaufen lediglich im Stadium der Organmanifestation. Selbst bei apparentem Verlauf hinterlassen sie häufig *keine* dauerhafte Immunität (Ausnahme: Diphtherie, Tetanus). Serologische Verfahren sind meist ohne diagnostische Aussagekraft [Ausnahmen: Antistreptolysin-Titer (AST), Chlamydien-Antikörper].

Wenn Lokalinfektionen von toxinbildenden Bakterien verursacht sind, können ***toxische Fernwirkungen*** von ihnen ausgehen, z. B. bei der Diphtherie auf Niere und Herz. Lokalinfektionen können in Abhängigkeit von der Virulenz der Erreger und/oder der

Tabelle 1.5. Charakteristika pathogenetischer Grundtypen der Infektion

<table>
<tr><th>Lokalinfektion</th><th>Sepsis</th><th>Zyklische Allgemeininfektion</th></tr>
<tr><td>„falsche Inkubation, nicht genormte Inkubation
Krankheitsverlauf in einem Stadium (Stadium der Organmanifestation)
keine genormte Krankheitsdauer</td><td>keine Inkubationszeit, vom Sepsisherd (Ort der Lokalinfektion) oder von einem sekundär metastatisch entstandenen Herd gelangen Keime kurzfristig periodisch oder konstant in die Blutbahn
die klinischen Folgen der Keimeinschwemmung beherrschen das Krankheitsbild auf Dauer (Bakteriämie allein ist kein ausreichendes Kriterium für Sepsisdiagnose. Es werden zusätzlich gefordert: Dauer, Periodizität der Keimeinschwemmung sowie die resultierenden peripheren septischen Metastasen)
Sepsis ruft eine Vielzahl pathogenetisch gleicher, aber klinisch sehr verschiedenartiger Syndrome hervor. Es gibt keine spezifischen Sepsiserreger</td><td>weist einen „gesetzmäßigen“ normierten Stadienablauf auf:
Inkubation:
genormt
klinisch asymptomatisch
Erregerausscheidung bei einigen Infektionen möglich; dann oft in der zweiten Hälfte der Inkubationsphase.
Generalisation:
Ausbreitung des Erregers über Blut und Lymphe
Unspezifische Zeichen der Allgemeininfektion
Beginn der Kontagiosität
Organmanifestation:
Befall bestimmter Organe:
Leber, Hirn, Meningen, Haut usw.
Leitsymptome
Heilung/Tod</td></tr>
<tr><td colspan="2">Erregermenge von Einfluß auf Infektionsverlauf
Erregerisolierung nur am Ort des Infektionsgeschehens
hinterläßt oft keine Immunität
serologische Verfahren oft ohne diagnostische Beweiskraft</td><td>Erregermenge ohne Einfluß auf Infektionsablauf
Erregerisolierung abhängig vom Krankheitsstadium
hinterläßt in der Regel Immunität und Allergie
serologische Verfahren oft von großer diagnostischer Beweiskraft</td></tr>
</table>

Abwehrleistung des Wirts in eine Sepsis übergehen, so z. B. ein Furunkel in eine Staphylokokken-Sepsis.

Auch Viren können Lokalinfektionen erzeugen: So stellen Warzen, Konjunktivitiden, einige Respirationstraktinfektionen, sowie bestimmte Enteritiden Lokalinfektionen dar.

1.7.3.2 Zyklische Allgemeininfektion (Infektionskrankheit im engeren Sinne)

Bei einer zyklischen Allgemeininfektion gelangen die Erreger von ihrer Eintrittspforte aus zunächst in den lokalen Lymphknoten. Dort vermehren sie sich zu hohen Zahlen (*Inkubationsstadium oder Stadium I*). Anschließend dringen sie über die efferenten Lymphbahnen in die Blutbahn ein und werden durch den Körper verschleppt (*Generalisation oder Stadium II*), bevor sie in die typischen Zielorgane gelangen (*Stadium der Organmanifestation oder Stadium III*).

Das Infektionsgeschehen läuft systemisch ab und ist immer von den *Immunreaktionen* des Wirtes mitgeprägt. Es liegt ein *„gesetzmäßiger“, normierter Ablauf* vor mit den Stadien der Inkubation, Generalisation und Organmanifestation. Die Erreger sind immer obligat pathogen, z. B. die Erreger von Masern, Röteln, Windpocken, Syphilis, Tuberkulose und Typhus.

Das Inkubationsstadium ist in der Regel klinisch *asymptomatisch*, und der Patient ist meistens noch nicht kontagiös. In einzelnen Fällen kann es jedoch bereits in der Mitte oder am Ende des Inkubationsstadiums sowohl zu Prodromalerscheinungen als auch zur Erregerausscheidung kommen (Inkubationsausscheider bei Hepatitis A und Röteln).

Das Generalisationsstadium wird vom Kliniker auch als Prodromalstadium bezeichnet. In Abhängigkeit von der Erregerart oder der Disposition des Wirtes kann das Generalisationsstadium klinisch im Vordergrund stehen (z. B. Typhus abdominalis) oder unbemerkt (blande) verlaufen. Die klinischen Zeichen des Generalisationsstadiums sind meist uncharakteristisch (Fieber, Abgeschlagenheit, Gliederschmerz, Appetitlosigkeit u. a.).

Demgegenüber zeigt das Stadium der Organmanifestation lokalisierte klinische Symptome, wie z. B. Durchfall, Ikterus oder Pneumonie.

Zyklische Allgemeininfektionen weisen in einem je nach Erreger wechselnden Prozentsatz der Fälle asymptomatische Verläufe auf. Aber auch dann hinterlassen sie eine ***dauerhafte Immunität***. Serologische Verfahren sind wegen der regelmäßig stattfindenden Antikörper-Bildung häufig diagnostisch aussagekräftig.

1.7.3.3 Sepsis

Sepsis (Synonym: ***Septikämie***) ist der Sammelbegriff für alle „Infektionszustände, bei denen von einem Herd aus Bakterien oder Pilze konstant oder kurzfristig-periodisch in den Blutkreislauf gelangen und metastatische Absiedlungen erzeugen können, wobei die klinischen Folgen das Krankheitsbild beherrschen" (Höring u. Pohle 1981).

Die Sepsis ist *stets ein Zweit- und Folgegeschehen*. Sie tritt meist nach Lokalinfektionen auf. Ein lokaler Herd bei einer zyklischen Allgemeininfektion kann aber auch als Sepsisherd wirksam werden, z. B. im Falle der posttyphösen cholangiogenen oder osteomyelogenen Sepsis, oder bei der postpneumonischen Pneumokokkensepsis.

Die Beschreibung der Sepsis als nosologischer Einheit nach klinischen Kriterien ist im Gegensatz zur zyklischen Allgemeininfektion nicht möglich. Die Sepsis stellt vielmehr einen pathogenetischen Begriff dar, der sich aus der Trias: ***Herd, Generalisation und Absiedlung*** zusammensetzt. Die Sepsis kann sich daher vielgestaltig darstellen: Unklares Fieber, das länger andauert, Schüttelfröste, Absiedlung in viszeralen Organen, am Herzen, in den Gelenken, in der Lunge, in der Leber, im Gehirn und ein Milztumor lassen an Sepsis denken. Im schwersten Falle kann es zum septischen Schock kommen, der oft durch gramnegative Bakterien ausgelöst wird.

Die ***Anamnese*** spielt bei der Sepsisdiagnose eine große Rolle. So sind die vorangegangenen Infektionsprozesse, aber auch prädisponierende Grundleiden (Diabetes, Alkoholismus, endogene Intoxikationen, Tumorleiden, Therapie mit Kortisonen u. a.) zu ermitteln.

Eine Sepsis ist von der häufig auftretenden passageren ***Bakteriämie***, wie sie bei Zahnextraktionen oder bei Verbandswechsel auftritt, zu unterscheiden. Hier bestehen keine klinischen Krankheitssymptome. Nur wenige Bakteriämien gehen in eine Sepsis über. Es gibt keine Befundkonstellation, die zwingend zur Sepsis führt. Auch die Generalisation im Rahmen einer zyklischen Allgemein-Infektion ist keine Sepsis, sondern stellt eine passagere Bakteriämie dar. Viren rufen nie eine Sepsis hervor.

1.8 Autosterilisation

Wird der Erreger nach überstandener Infektion völlig eliminiert, spricht man von Autosterilisation.

1.9 Ausscheider

Wird demgegenüber *nach durchgemachter Infektion* der betreffende Erreger weiterhin *von einem Herd aus* über einen längeren Zeitraum ausgeschieden, spricht man bei der betreffenden Person von einem Ausscheider. Am bekanntesteten sind die Ausscheider nach überstandener Typhuserkrankung. Der § 3 des Bundesseuchengesetzes regelt den Umgang mit Ausscheidern.

1.10 Träger

Unter einem Träger wird im engeren Sinne eine Person verstanden, die Krankheitserreger trägt (pathologische Kolonisation) ohne jedoch Zeichen einer Infektion aufzuweisen. Die Infektionserreger werden in der Regel durch Kontakte mit Erkrankten akquiriert und können vom Träger weiterverbreitet werden. Der Trägerstatus kann die Vorstufe einer Infektion darstellen. Beispiele hierfür sind Meningokokken oder A-Streptokokken.

1.11 Kontagiosität (Ansteckungsfähigkeit)

Unter Kontagiosität oder Ansteckungsfähigkeit versteht man den Zustand des infizierten Makroorganismus, bei dem Erreger aktiv oder passiv nach außen verbreitet werden. In aller Regel ist eine Kontagiosität dort zu vermuten, wo das infizierte Gewebe Anschluß an die Außenwelt besitzt. Die Kontagiosität eines Infizierten ist typischerweise von Infektion zu Infektion unterschiedlich: Sie kann geringgradig oder hochgradig sein.

Es gibt eine Gruppe von Erregern, die nicht unmittelbar von Mensch zu Mensch übertragen wird; dies beruht auf der Notwendigkeit eines *Überträgers* (Fleckfieber, Malaria, Beulenpest, Rückfallfieber) oder geschieht, weil die Infektionsketten beim Menschen blind enden (Brucellosen, Kindbettfieber, Leptospirosen, Ornithose, Q-Fieber, Rotz, Toxoplasmose, Tetanus, Tularämie).

Da sich die Krankheitserreger im Infizierten sowohl bei symptomatischen als auch bei asymptomatischen Verläufen im Körper ausbreiten, können sowohl symptomatisch als auch asymptomatisch Infizierte kontagiös sein. Die Kontagiosität asymptomatisch Infizierter (z. B. weibliche Gonorrhoe-Patienten, mit Chlamydien oder Hepatitis B Infizierte) ist von großer praktischer Bedeutung, da asymptomatisch Infizierte den Arzt nicht aufsuchen, nicht saniert werden und daher eine wesentliche Quelle für die Verbreitung der Erreger darstellen können.

Auch die Kenntnis der Kontagiosität in der Inkubationszeit ist wichtig (z. B. bei Virushepatitis, Röteln); denn sie erlaubt eine Schätzung der Zeiträume, während derer eine Isolierung des Patienten, eine Desinfektionsprophylaxe und die Gewinnung erregerhaltigen Untersuchungsmaterials sinnvoll sind. Auch die Entscheidung, wann eine Person Gemeinschaftseinrichtungen wieder betreten kann, ohne andere zu gefährden, basiert auf der Kenntnis der Kontagiositätsdauer. Ihr ist in den Vorschriften des Bundesseuchengesetzes Rechnung getragen.

2 Virulenzfaktoren von Bakterien

S. Bhakdi, H. Hahn

INHALTSÜBERSICHT

2.1 Allgemeines 107
2.2 Adhäsine 107
2.3 Antiphagozytäre Faktoren 108
2.4 Invasivfaktoren 109
2.5 Mikrobielle Toxine: Biologische Stellung 109
2.5.1 Endotoxine 109
2.5.2 Exotoxine 110

2.1 Allgemeines

Die Virulenz pathogener Mikroorganismen beruht auf biologischen Einzeleigenschaften ***Virulenzfaktoren*** genannt, die im Genom der pathogenen Mikroorganismen vorgegeben sind.

Die Virulenzfaktoren kommen in zwei *Ausprägungsformen* vor:

- Als besondere *Strukturelemente* der Bakterienzelle, insbesondere an der Grenzschicht zur Umgebung (nicht-toxische Virulenzfaktoren); und
- als *Stoffwechselprodukte*: Diese werden in die Umgebung abgegeben (extrazelluläre bzw. toxische Virulenzfaktoren).

Biologische Funktionen der Virulenzfaktoren

Betrachtet man die Funktion der Virulenzfaktoren aus der Sicht des Mikroorganismus, so lassen sich ihnen vier biologische Aufgaben zuordnen:

- Sie fördern die Haftung (Adhäsion) der Mikroorganismen an der Eintrittspforte; sie wirken als ***Adhäsine***.
- Sie schützen die angesiedelten Mikroorganismen vor dem Angriff der Phagozyten: Sie wirken als ***Antiphagozytose-Faktoren***.
- Sie erleichtern die Verbreitung (Invasion) der Mikroorganismen im Körper: Sie wirken als ***Invasionsfaktoren***.
- Sie schädigen den Funktionsablauf des Wirtsorganismus: Sie wirken als ***Toxine***.

2.2 Adhäsine

Der erste Schritt in der Pathogenese einer Infektion ist die *Kolonisation*, die entweder auf der Haut oder auf Schleimhautoberflächen stattfindet. Die Kolonisation setzt voraus, daß der Mikroorganismus an der Oberfläche haften kann.

Die Haftung von Mikroorganismen beruht auf einer spezifischen Beziehung zwischen ***Adhäsinen*** und ***homologen Rezeptoren*** auf den Zellen des Zielgewebes (Tabelle 2.1).

Fimbrien als Adhäsine

Von besonderer Bedeutung ist die Haftung von Bakterien an Epithelzellen. Enterotoxinbildende E.-coli-Stämme, Salmonellen, Vibrio cholerae, Shigellen und Yersinien sind mit *haarförmigen Proteinstrukturen*, den sogenannten ***Fimbrien***, ausgestattet. Als Adhäsine ermöglichen sie erst die Besiedlung der Darmschleimhaut mit den genannten Bakterien.

Die Fimbrien der A-Streptokokken bestehen aus ***Lipoteichonsäure*** und ***M-Protein***. Lipoteichonsäure reagiert mit ***Fibronectin*** und letzteres mit der Zelloberfläche, so daß die Verbindung der Bakterien mit der Zell-Oberfläche hergestellt wird (s. S. 266).

Tabelle 2.1. Adhäsine und Rezeptoren von Bakterien

Bakterium	Adhäsin	Rezeptor
Streptococcus pyogenes	Lipoteichon-Säure M-Protein	Unbekannt
Escherichia coli: Klebsiella; Serratia; Shigella; Enterobacter; Salmonella; Citrobacter	Typ-I-Fimbrien	D-Mannose
E. coli (uropathogen)	Fimbrien	GalNac 1-3Gal Nacß1-3Gal 1-4Galß1-4GlcCer (Globotetraosylceramid)
E. coli CFA/I und CFA/II[a]	Fimbrien	?GalNacß1-4Gal 1-4Glc Cer (GM; Gangliosid)
E. coli K88	Fimbrien	?ß-D-Gal oder GalNac und GlcNac
E. coli K99 und 987	Fimbrien	?GalNacß1-4Galß1-4GlcCer
Vibrio cholerae	Fimbrien	Fukose und Mannose
Mycoplasma	Membran-Protein	Sialinsäure; Glykophorin
Neisseria gonorrhoeae	Fimbrien	Galß1-3GalNacß1-4Gal
Proteus	Fimbrien	Unbekannt
Bordetella pertussis	Fimbrien	Unbekannt
Pseudomonas aeruginosa	Fimbrien	Unbekannt

Gal = Galactose; GalNac = N-Acetylgalactosamin; Glc = Glucose; Cer = Ceramid.
[a] CFA = Kolonisationsfaktor-Antigen.

Weitere Adhäsine von Bakterien sind in Tabelle 2.1 aufgeführt.

2.3 Antiphagozytäre Faktoren

Kapseln

Einige Bakterien besitzen Oberflächenstrukturen, die geeignet sind, den Phagozytosevorgang durch Neutrophile und durch Makrophagen zu behindern; in diese Kategorie fallen die Kapseln und die Kapseläquivalente. ***Kapseln*** bestehen aus *hochpolymeren Zuckern* oder *Polypeptiden*. Sie kommen bei zahlreichen Erregern vor und zeigen morphologisch verschiedene Ausprägungen. Als klassische Beispiele seien *Pneumokokken* und *Milzbrandbazillen* erwähnt; deren kapsellose Stämme sind avirulent.

M-Substanz der A-Streptokokken

Den β-hämolysierenden Streptokokken der Gruppe A bietet das als ***M-Substanz*** bezeichnete *Oberflächenprotein* Phagozytoseschutz. Es ist Bestandteil der Fimbrien der A-Streptokokken. [Der andere Bestandteil der Fimbrien von A-Streptokokken ist Lipoteichonsäure (s. S. 266).] Die antiphagozytäre Wirkung des M-Proteins kann durch Bindung von spezifischen Antikörpern aufgehoben werden.

Protein A der grampositiven Staphylokokken

Koagulasepositive Staphylokokken (S. aureus) tragen auf ihrer Oberfläche das ***Protein A***. Dieses macht die Opsonisierung durch Antikörper zunichte. Das Protein A verbindet sich nämlich mit der für die Opsonisierung maßgebenden Struktur des Antikörpermoleküls und blockiert sie: Die Wirkung des Proteins A beruht auf seiner *Affinität zum Fc-Stück von Immunoglobulinen der Klasse IgG*. Als Folge der Protein-A-Bindung wird die opsonisierte Partikel unfähig, mit dem Fc-Rezeptor eine Verbindung einzugehen; der Phagozytose-Vorgang wird dadurch verhindert.

Leukozidine, Hämolysine

Leukozidine sind bakterielle Exoprodukte mit spezifisch schädigender Wirkung auf Leukozyten und schädigen somit die Phagozytose. Am bekanntesten ist das Leukozidin der koagulasepositiven Staphylokokken (s. S. 252). Ein äußerst wirksames Leukozidin ist die *Lecithinase des Gasbranderregers* (Cl. perfringens); sie zerstört die tierische Zellmembran. Dieses Enzym ist für die extreme Leukozytenarmut der von Gasbrand betroffenen Gewebe verantwortlich. Die als ***Hämolysine*** bekannten Exoprodukte der Staphylokokken, der A-Streptokokken und von E. coli schädigen gleichermaßen Erythrozyten und Leukozyten.

Koagulase

Staphylococcus aureus bildet ein ***Koagulase*** genanntes Enzym (s. S. 250), welches das Fibrinogen des Wirtes in Fibrin überführt. Auf der Oberfläche von *koagulase-bildenden Staphylokokken* erscheint hierdurch eine Schicht von ausgefälltem Fibrin. Diese Schicht hat antiphagozytäre Eigenschaften.

2.4 Invasivfaktoren

Unsere Kenntnisse über die biologischen Ursachen der Invasion sind noch gering. Zwei Faktoren werden in diesem Zusammenhang genannt: Die ***Streptokinase*** und die ***Hyaluronidase***.

- ***Streptokinase***
  Die Streptokinase ist ein Exoprodukt der A-Streptokokken. Sie leitet über die Aktivierung des Plasminogens den Abbau des Fibrins ein (Fibrinolyse). Dadurch wird ein wesentliches Element der geweblichen Eindämmungsschranke für Bakterien beeinträchtigt.
- ***Hyaluronidase***
  Als Exoprodukt von A-Streptokokken, Pneumokokken, Staphylokokken und Gasbrandclostridien tritt Hyaluronidase auf. Dieses, auch als ***„Spreading factor"*** bezeichnete Enzym baut die *Hyaluronsäure der Bindegewebsmatrix* ab. Die Gewebselemente verlieren hierdurch ihren Zusammenhalt; die Auflockerung führt zur Bildung von Spalten, die auch als Invasionsstraßen bezeichnet werden. (Es gibt allerdings hochinvasive Bakterien, die keine Hyaluronidase bilden können, wie Leptospiren, Treponemen. Hier spielt die Eigenbeweglichkeit für die Ausbreitung im Gewebe eine große Rolle – s. S. 267.)

Darüber hinaus kommt verschiedenen bakteriellen Proteasen, Lipasen und DNasen möglicherweise Bedeutung als Invasivfaktoren zu.

2.5 Mikrobielle Toxine: Biologische Stellung

Mikrobielle Toxine sind hochmolekulare Substanzen, die den Warmblüterorganismus in verschiedener Weise schädigen. Man teilt die Toxine herkömmlicherweise in ***Endotoxine*** und ***Exotoxine*** ein. Hierbei bedeutet die Vorsilbe „Endo", daß die Substanzen Bestandteile der bakteriellen Zelle, insbesondere der Zellwand sind, während Exotoxine als Stoffwechselprodukte in die Umgebung abgegeben werden.

2.5.1 Endotoxine

Lipopolysaccharide als Bestandteil der gramnegativen Zellwand

Die Endotoxine sind bakterielle Zellwandbestandteile (s. S. 17ff) und gelangen erst bei Autolyse der Bakterienzelle ins Milieu. Ihr Vorkommen ist auf gramnegative Bakterien beschränkt. Typische Beispiele bieten Salmonellen, Shigellen, Escherichia coli und Neisserien. Nach ihrem chemischen Aufbau sind die Endotoxine Lipopolysaccharide (LPS). Sie bilden zusammen mit Proteinen und Phospholipiden die äußere Zellmembran (s. S. 17ff).

Toxische Wirkung: Gleichartig, unspezifisch, mäßig wirksam

Während die einzelnen *Exotoxine* jeweils *typische* Erscheinungen auslösen, ist die Wirkung der *Endotoxine* unabhängig von der Herkunft und weitgehend *gleichartig*. Endotoxine unterscheiden sich von den Exotoxinen auch in der Wirkungsbreite: Sie können je nach Dosis und Versuchsanordnung eine Fülle von verschiedenartigen, z. T. schädlichen, z. T. aber auch nützlichen Erscheinungen hervorrufen (Tabelle 2.2). Ihre Wirkung ist unspezifisch. Die toxische Komponente der Endotoxinmoleküle ist das ***Lipoid A***.

Man unterscheidet bei Endotoxinen direkte und vermittelte Wirkungen. Als Reaktionspartner für Endotoxine dienen entweder Zellrezeptoren oder humorale Faktoren.

Die Endotoxinwirkungen im einzelnen:

- ***Freisetzung von Interleukin 1 und TNF: Fieber und T-Zell-Stimulation:*** Eine hervorstechende Eigenschaft der Endotoxine ist ihre Fähigkeit, Fieber auszulösen, d. h. als ***Pyrogene*** zu wirken. Die fiebersteigernde Wirkung von Endotoxin läßt sich beim Menschen in Dosen von 10^{-9} g/kg nachweisen. Der Mechanismus ist indirekt: Als von außen

Tabelle 2.2. Biologische Aktivitäten von freiem Lipoid A

Fiebererzeugung durch Aktivierung der Freisetzung von IL-1 aus Makrophagen
Leukopenie
Leukozytose
Knochenmarknekrose
Embryonale Knochenresorption
Komplementaktivierung
Hageman-Faktor-Aktivierung
Induzierung von Plasminogen-Aktivator
Resistenz gegenüber Infektionen über Makrophagen-Aktivierung
Adjuvans-Wirkung
Aktivierung von Zellmitosen
Induzierung von Tumornekrose-Faktor (TNF)

zugeführtes, sogenanntes exogenes Pyrogen reagiert das Endotoxin mit Rezeptoren der ***Makrophagen*** bzw. ihrer Vorläuferzellen, der ***Monozyten***. Die betroffenen Zellen schütten daraufhin das sogenannte endogene Pyrogen aus. Dessen *Identität mit* **Interleukin I** ist heute erwiesen. Interleukin I greift am Temperaturreglerzentrum des Hypothalamus an und setzt das Temperaturregler-Niveau herauf, so daß daraus die Fieberreaktion (s. S. 186, 200) resultiert. Daneben stimuliert Interleukin I die Vermehrung von T-Helferzellen bei der Immunantwort. Auch ***Tumornekrosefaktor (TNF)*** wird durch Endotoxinwirkung von Makrophagen freigesetzt. Seine Rolle beim septischen Schock ist in Kap. VII.1 diskutiert.

- ***Mitogenwirkung auf B-Zellen:*** Endotoxine reagieren direkt mit ***B-Zellrezeptoren*** und setzen dadurch einen starken Proliferationsreiz. Sie können hierdurch die Immunantwort im Sinne der Adjuvanswirkung verstärken.
- ***Resistenzsteigerung gegen Infektionen durch Makrophagenaktivierung:*** Endotoxine steigern die *unspezifische Infektionsabwehr* durch Aktivierung von Makrophagen. Im Experiment steigern sie auch die Strahlenresistenz.
- ***Bypass-Aktivierung des Komplementsystems:*** Endotoxine haben das Vermögen, das Komplementsystem unabhängig von Antikörpern zu aktivieren. Dies geschieht über das ***Properdinsystem*** (Bypass-Aktivierung, s. S. 165).
- ***Wirkung auf das Kinin- und das Gerinnungssystem:*** Besonders folgenschwer ist der Einfluß von Endotoxin auf das Kinin- und das Blutgerinnungssystem. Es kommt durch das Anstoßen des ***Kininsystems*** zu *Vasodilatation*, zu *Permeabilitätsstörungen* und zur Kontraktion der *glatten Muskelfasern*. Die Auswirkungen auf das Gerinnungssystem können zu einer schweren ***Verbrauchskoagulopathie*** mit diffusen Haut- und Schleimhautblutungen führen.

Die schwere oder gar tödliche Endotoxinvergiftung bietet das Bild eines ***Schocks*** mit peripherer Kreislaufbelastung, Blutungsneigung und Leukopenie. Sie kommt bei *Sepsis mit gramnegativen Erregern* vor. Eine besondere Form ist das meist zum Tode führende ***Waterhouse-Friderichsen-Syndrom*** nach Meningokokkeninfektion (s. S. 296).

2.5.2 Exotoxine

Weitere wichtige Virulenzfaktoren von Bakterien sind deren Exotoxine. Hier werden die Wirkprinzipien einiger besonders gut untersuchter Toxine erläutert, und es soll gezeigt werden, wie moderne Erkenntnisse in der Toxinforschung für die praktische Medizin genutzt werden können.

2.5.2.1 Chemischer Aufbau

Alle bakteriellen Exotoxine sind Eiweißstoffe. Manche Bakterien bilden nur ein, andere mehrere Toxine. Die typische Aminosäuresequenz jedes Toxinmoleküls ist für seine charakteristische biologische Wirkung verantwortlich.

In den vergangenen drei Jahrzehnten gelangen die Identifizierung und die Reinigung einer großen Anzahl von Exotoxinen, und bei einigen sind z. Z. detaillierte strukturelle Studien im Gange (Abb. 2.1).

2.5.2.2 Bildung der Exotoxine

Unter natürlichen Verhältnissen werden nur wenige Exotoxine außerhalb des lebenden Organismus gebildet, z. B. das Staphylokokken-Enterotoxin, das

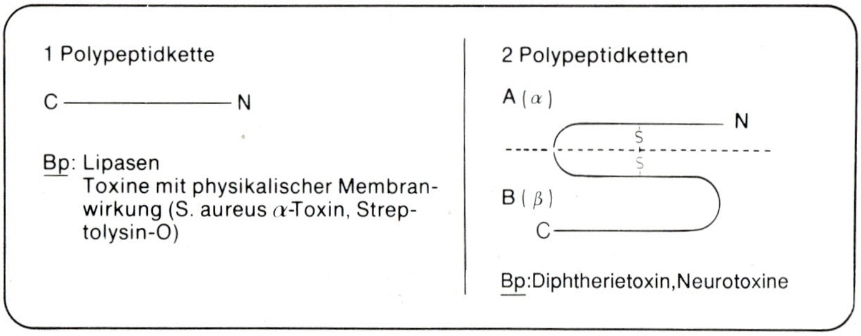

Abb. 2.1. Struktur von Exotoxinen. Die meisten Toxine bestehen entweder aus einer einzigen Polypeptidkette oder aus zwei über eine Disulfidbrücke miteinander verbundenen Polypeptiden

Botulinustoxin, das Enterotoxin des Bacillus cereus und das Aflatoxin von Aspergillus flavus. Vornehmlich in Nahrungsmitteln enthalten, gelangen sie präformiert in den Darm und lösen von hier aus eine Vergiftung aus, ohne daß es zur Infektion mit den giftbildenden Keimen kommt.

Die meisten übrigen Exotoxine werden unter natürlichen Verhältnissen von parasitisch lebenden Mikroorganismen, d. h. innerhalb des infizierten Wirtsorganismus, gebildet. Einige Bakterien synthetisieren ihr Exotoxin nur dann, wenn sie sich im Zustand der Lysogenie befinden, d. h. wenn ihr Genom einen Prophagen beherbergt, der das entsprechende Struktur-Gen enthält. Dies gilt sowohl für die Synthese des Diphtherietoxins als auch des Staphylokokken-Enterotoxins, des Botulinustoxins C und des Scharlachtoxins.

Erzeugung in der Kultur

Alle Exotoxine lassen sich in künstlichen Kulturmedien erzeugen. Ihre Bildung wird durch besondere Wachstumsbedingungen erleichtert oder ermöglicht. So braucht man z. B. für die Erzeugung von Tetanustoxin und von Gasbrandtoxin anaerobe Bedingungen; Diphtherietoxin wird nur in eisenarmen Kulturmedien gebildet. Die „klassischen" Exotoxine – Diphtherietoxin, Tetanustoxin und Botulinustoxin – werden heute industriell bei der Impfstoff-Herstellung erzeugt.

2.5.2.3 Antigeneigenschaften – Toxoide

Abgesehen von geringfügigen Ausnahmen sind alle Exotoxine als Antigene wirksam. Von großer Bedeutung ist die Immunisierung mit inaktivierten Exotoxinen: Durch Behandlung mit Formalin verlieren einige Exotoxine ihre Giftigkeit, während sie ihre Antigenität beibehalten. Solche Toxoide werden zur aktiven Schutzimpfung verwendet. Das Tetanustoxoid und das Diphtherietoxoid finden in der Humanmedizin allgemein Anwendung. (Das Botulinustoxoid wird bei Massenimpfung von Rindern eingesetzt.)

2.5.2.4 Lokale und systemische Wirkung

Im Hinblick auf die Beziehung zwischen dem Ort der Giftbildung bzw. der Eintrittspforte und dem betroffenen Organ unterscheidet man lokal wirksame und systemisch wirksame Toxine. Lokal wirksame Exotoxine sind die Enterotoxine von Staphylokokken, von E. coli und von V. cholerae. Systemisch wirken z. B. das Botulinustoxin und die Scharlachtoxine. Die Exotoxine der Gasbranderreger (α-Lecithinase u. a.) wirken sowohl lokal als auch systemisch. Das gleiche gilt für die Wirkung des Shigellen-Exotoxins beim Menschen.

Exotoxine greifen Zellen des Wirtssystems an. Sie schädigen dabei entweder die zelluläre Plasmamembran, d. h. sie wirken zytolytisch, oder sie beeinträchtigen eine zelluläre Funktion. Letzterer Mechanismus beinhaltet, daß das Toxin die Plasmamembran passieren und in die Zelle aufgenommen werden kann.

Membranschädigung

Eine Membranschädigung der Wirtszelle führt zur Zytolyse. Sie kann entweder durch einen *enzymatischen Angriff* des Toxins auf die Membranlipide oder aber durch *physikalische Interaktion* des Toxins mit der Membran zustande kommen (Abb. 2.2).

Enzymatische Wirkung. In diesen Fällen ist das Toxin selbst ein lipidspaltendes Enzym: Durch den

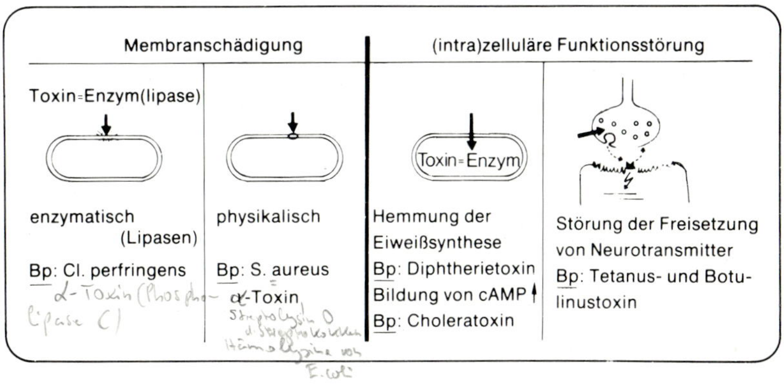

Abb. 2.2. Angriffsprinzipien von Exotoxinen. Membranschädigungen können enzymatisch oder physikalisch bedingt sein. Bei intrazellulären Angriffen wirken Toxine in der Regel als Enzyme. Neurotoxine stören die Freisetzung von Neurotransmittern; der Mechanismus dieses Vorganges ist noch ungeklärt

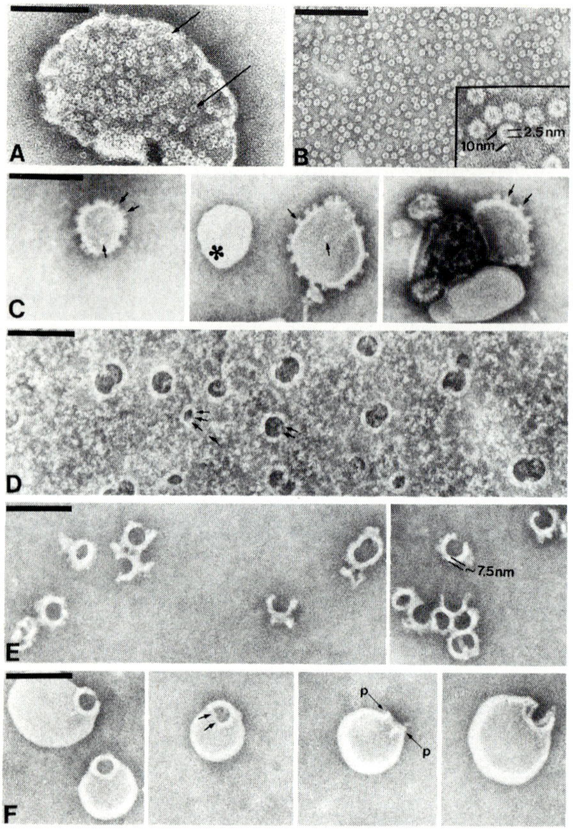

Abb. 2.3. **A** Rotes Blutkörperchen nach erfolgtem Angriff durch α-Toxin. Die Toxinporen sind als kleine Ringstrukturen auf der Oberfläche sichtbar. **B** Isolierte α-Toxin-Poren; jede Ringstruktur besteht aus sechs Toxinmolekülen. **C** Liposomen mit wiedereingebauten α-Toxin-Poren. **D** ***Streptolysin-O:*** Membran nach erfolgtem Angriff durch SLO: große heterogene Toxinringe bzw. Teilringstrukturen stellen sich dar. **E** Isolierte SLO-Poren; **F** Liposomen mit eingebauten SLO-Poren. Jede Pore beherbergt 25–80 Toxinmoleküle. Die Balken stellen 100 nm dar. (Aus Bhakdi und Tranum-Jensen 1984)

biochemischen Abbau der Membranlipide treten Funktionsstörungen der Membran auf. Diese verliert die Fähigkeit, das „innere Milieu" der Zelle aufrechtzuerhalten, und die Zelle geht schließlich zugrunde. Der klassische Vertreter dieser Toxingruppe ist die Phospholipase C (= α-Toxin) von Clostridium perfringens, dem Erreger des Gasbrandes (s. S. 427).

Physikalische Einwirkung. Eine Reihe anderer Toxine schädigt die Zellmembran, ohne daß eine enzymatische Wirkung auf Membranbestandteile bislang nachgewiesen werden konnte. Vielmehr gehen sie eine sehr enge Interaktion mit der Membran ein und führen zu einer physikalischen Störung der Membranstruktur (Abb. 2.1). Sie bestehen, soweit bekannt, stets aus *einer einzigen Polypeptidkette*. Ihre Molekulargewichte liegen im Bereich von 30–100 000. Klassische Vertreter dieser Gruppe sind das α-Toxin von S. aureus, das von Streptokokken gebildete Streptolysin O und das Hämolysin von E. coli.

Diese drei Toxine stellen Prototypen für eine Kategorie von solchen Zytolysinen dar, welche die Zellmembran durch Bildung von ***transmembranösen Poren*** schädigen.

- Im Falle von α-Toxin und Streptolysin O können bei der Porenbildung zwei Schritte unterschieden werden: Zunächst binden sich Toxinmonomere an die Zielzellmembran. Danach erfolgt durch Lateralaggregation die Bildung makromolekularer Toxinpolymere, die oft eine Ringstruktur aufweisen mit einem zentral gelegenen Kanal (Abb. 2.3). Durch die spontane Penetration dieser Strukturen in die Lipiddoppelschicht entstehen transmembranöse Poren, die eine freie Passage von kleinen Molekülen erlauben. Durch den Zusammenbruch des Membranpotentials und des inneren Ionenmilieus verliert die Zelle ihre Lebensfähigkeit. Bei Erythrozyten kommt es aufgrund des hohen intrazellulären onkotischen Druckes zu einer raschen Aufnahme von Wasser mit nachfolgender Schwellung und Platzen der Zellen. Das Streptolysin O ist der klassische Vertreter einer großen Gruppe von sauerstoff-labilen Zytolysinen, die sich primär an Cholesterinmoleküle binden und alle über den gleichen Mechanismus wirken. Zu dieser Gruppe gehören u. a. das Listeriolysin und das Perfringolysin.
- Im Gegensatz zu den oben genannten, polymerisierenden Zytolysinen bildet das Hämolysin von E. coli keine makromolekularen Komplexe. In diesem Fall scheint jede Pore durch die Penetration eines einzigen Toxinmoleküls in die Lipiddoppelschicht zustande zu kommen. Obwohl die Aminosäuresequenzen aller aufgeführten Porenbildner ermittelt worden sind, gibt es bis heute keine Erklärung auf molekularer Ebene für deren porenbildende Eigenschaften.

Die meisten Zytolysine greifen nur bestimmte Zellarten effizient an (zellulärer Tropismus). So stellen Thrombozyten, Monozyten und Endothelzellen bevorzugte Angriffsziele für S. aureus-α-Toxin dar, während das Hämolysin von E. coli bevorzugt Monozyten, polymorphkernige Neutrophile, und Endothelzellen und Nieren-Tubulusepithelzellen schädigt.

Die Membranschädigung durch einen Porenbildner führt in der Regel zu sekundären zellulären Reaktionen, die u. a. durch den Influx von Kalziumionen ausgelöst werden. Toxingeschädigte Plättchen wirken gerinnungsfördernd, während Monozyten zu einer erhöhten Abgabe von Zytokinen (IL-l) stimuliert werden. Die leukozide Wirkung von E. coli Hämolysin bedingt, daß die lokale Phagozytose-Abwehrleistung des Wirtsorganismus empfindlich beeinträchtigt wird.

Durch solche Beeinflussung von Zellfunktionen können Zytolysine schwerwiegende lokale und auch systemische Organdysfunktionen verursachen.

2.5.2.5 *Verschiedene Exotoxine und ihre Wirkungen*

Neurotoxine: Botulinus- und Tetanustoxin

Die klassischen Vertreter der Neurotoxine sind das von Clostridium tetani gebildete Tetanustoxin und das Botulinustoxin von Cl. botulinum. Sporen dieser anaeroben grampositiven Bakterien befinden sich weit verbreitet in der freien Natur.

Sporen von C. botulinum können verschiedene Lebensmittel kontaminieren (insbesondere Fleisch, Fisch, Wurst und Gemüse). Befinden sich solche Lebensmittel in einem sauerstoffarmen Milieu (z. B. Konserven), ohne daß eine ausreichende Sterilisierung vorgenommen wird, so kommt es zur Auskeimung der Sporen und zur Vermehrung der Bakterien mit Produktion des Botulinustoxins. Bei Nahrungsgenuß kann das Toxin dann über den Magen-Darm-Trakt in die Blutbahn gelangen.

Sporen von Cl. tetani können bekanntermaßen bei Verletzungen in offene Wunden geraten. Herrschen im Gewebe sauerstoffarme Bedingungen vor, kommt es ebenfalls zur Auskeimung der Sporen und zur Freisetzung des Toxins.

Sowohl das Tetanus- als auch das Botulinustoxin gelangen in der Regel über die Blutbahn an die motorischen Endplatten in der peripheren, quergestreiften Muskulatur (Abb. 2.4).

Während das ***Botulinustoxin*** direkt an den peripheren Nervenenden seine Wirkung entfaltet, diffundiert das ***Tetanustoxin*** retrograd in den Axonen zentralwärts, um nach längerer Zeit (Stunden bis Tage) die motorischen Vorderhornzellen im Rückenmark zu erreichen. Dort wird das Toxin in den synaptischen Raum um die Ganglienzelle transportiert und in die Nervenendigungen der umliegenden Neurone aufgenommen. Hier erst kommt es zur Wirkung. Das Toxin kann sich darüber hinaus über Interneurone im Rückenmark selbst ausbreiten.

Beide Neurotoxine stören die Freisetzung von Neurotransmittern aus Nervenendigungen. Botulinustoxin hemmt die Freisetzung von Acetylcholin aus den Nervenendigungen an der motorischen Endplatte in der peripheren Muskulatur. Folglich fehlen den Muskeln die Signale zur Kontraktion: Es kommt zur *generalisierten schlaffen Lähmung*.

Tetanustoxin dagegen hemmt die Freisetzung von Neurotransmittern aus Nervenzellen, welche die Tätigkeit der motorischen Vorderhornganglien im Rückenmark regulieren. Insbesondere kommt es zum Wegfall der hemmenden Einflüsse. Die Motoneuronen zeigen daher eine hochgradige Hyperaktivität; es kommt zum *generalisierten Spasmus* (***Tetanie***) der peripheren Muskulatur.

Obwohl dieser Grundmechanismus der Wirkung beider Neurotoxine bekannt ist, konnten die Vorgänge auf molekularer Ebene noch nicht aufgeklärt werden. Die Strukturen der Toxine ähneln sich sehr. Beide Toxine bestehen aus jeweils zwei *Polypeptidketten* (Kette A: MG 50 000; Kette B: MG 100 000), die über *Disulfidbrücken* miteinander verknüpft sind. Diese Grundstruktur findet man auch bei Toxinen, die in die Zellen aufgenommen werden und intrazellulär wirken

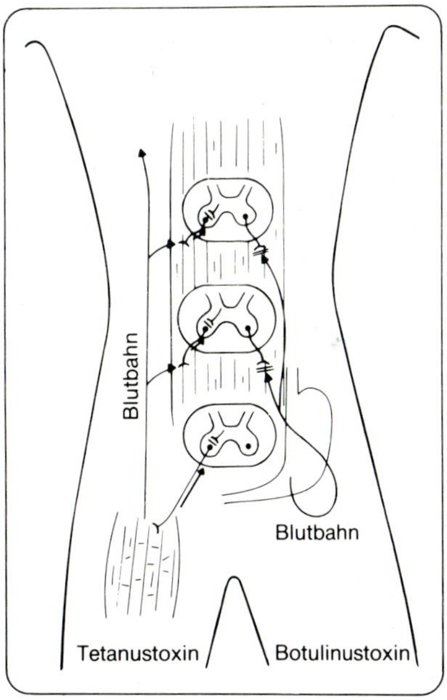

Abb. 2.4. Wirkmechanismen von Tetanus- und Botulinustoxin. Tetanustoxin gelangt vom Ort der Produktion über die Blutbahn an die peripheren Muskelendplatten (hier z. B. in der Rückenmuskulatur). Das Toxin wird in die Nervenzellen aufgenommen und gelangt durch retrograden axonalen Transport ins Rückenmark. Dort hemmt es in erster Linie die Regulation der Motoneuronentätigkeit (/). Die „Enthemmung" der Motoneuronen führt zur Tetanie. Ein Teil des Toxins kann auch unmittelbar vom Ort der Bildung über die Nerven ins Rückenmark gelangen (lokaler Tetanus, schematisch im untersten Teil der Abb. dargestellt). Botulinustoxin gelangt nach oraler Aufnahme über die Blutbahn ebenfalls an die motorischen Endplatten der quergestreiften Muskulatur. Dort stört es die Freisetzung des Acetylcholins (//); es kommt zur schlaffen Lähmung

(s. Abschnitt „Diphtherietoxin" und Abb. 2.1). Während bei anderen intrazellulär wirkenden Toxinen eine Spaltung der Nativmoleküle mit Freisetzung von enzymatisch wirksamen Bruchstücken nachgewiesen wurde (s. Abschnitte „Diphtherietoxin" und „Choleratoxin"), konnte eine solche intrazelluläre Fragmentierung der Neurotoxine bislang nicht festgestellt werden. Noch steht es nicht fest, ob diese Toxine sich zuerst an spezifische Rezeptoren der Nervenzellen binden, ob sie Enzyme darstellen, oder ob sie mit enzymatischen Vorgängen in den Nervenzellen interferieren.

Die ungewöhnliche Wirksamkeit beider Toxine, die in biochemisch kaum nachweisbarer Menge bereits ihre toxische Wirkung zeigen, ist eines ihrer hervorstechenden Merkmale.

Choleratoxin

Choleratoxin wird von Vibrio cholerae, einem kommaförmigen gramnegativen Stäbchen, gebildet. Die Keime werden mit *kontaminierter Nahrung* aufgenommen und gelangen in den Dünndarm, wo sie sich rasch vermehren. Das produzierte Toxin verursacht schwerste *wäßrige Durchfälle* (bis zu 20 l am Tag). Der Tod kann durch eine Austrocknung des Organismus eintreten.

Der Aufbau des Toxinmoleküls ist verhältnismäßig komplex. Das Nativmolekül (MG 84000) besteht aus einer Subeinheit A (MG 28000) und 5 Subeinheiten B (je MG 11000), die über nichtkovalente Bindungen zusammengefügt sind. Subeinheit A besteht wiederum aus 2 *Polypeptidketten*, die über *Disulfidbrücken* miteinander verbunden sind (Abb. 2.5).

Die initiale Bindung des Toxins an Zielzelloberflächen geschieht über die Subeinheit B. Diese bindet sich spezifisch an Ganglioside der Zellmembran, wobei jeder der fünf Subeinheiten jeweils eine Bindungsstelle für ein Gangliosidmolekül zugeschrieben wird. In der Folge kommt es zu einer Spaltung der A-Subeinheit in die Fragmente A_1 (MG 20000) und A_2 (MG 8000) durch Reduktion der Disulfidbrücke. Fragment A_1 gelangt in die Zelle, wo es als ein Enzym wirkt:

Es spaltet NAD^+ in ADP-Ribose und Nicotinamid (Abb. 2.6). Die anfallende ADP-Ribose wird nun an ein Regulator-Protein gekoppelt, welches seinerseits die Aktivität des Enzyms Adenylatzyklase reguliert. Dieses Enzym spaltet ATP unter Bildung von cAMP. Die Bindung des Cholera-A-Toxins an das Regulator-Protein bedingt eine Steigerung der Adenylatzyklaseaktivität. Der erhöhte cAMP-Spiegel in der Zelle ist verantwortlich für die Entgleisung des zellulären Wasser- und Elektrolythaushaltes: Die Zelle sezerniert fortlaufend Ionen und

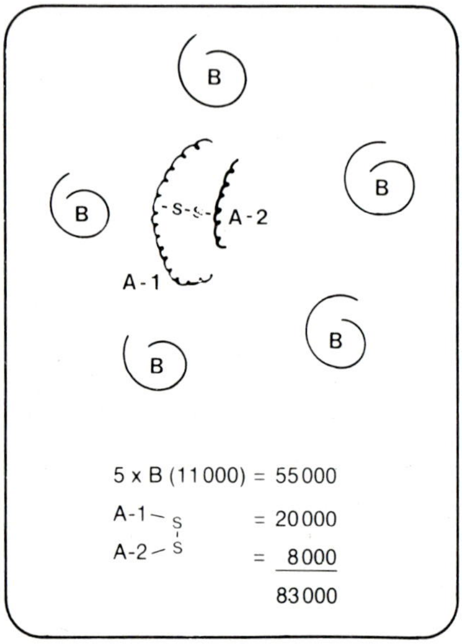

Abb. 2.5. Eine kompliziertere Struktur weist das Choleratoxin auf; die A- und B-Polypeptidketten sind nicht kovalent miteinander assoziiert

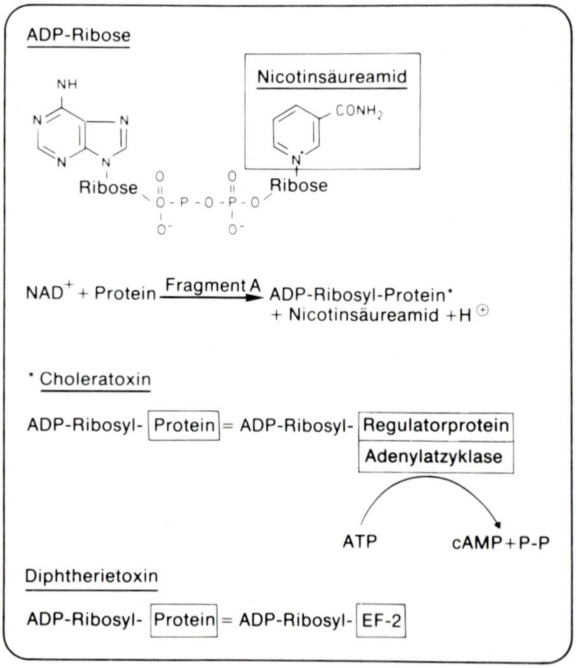

Abb. 2.6. Die Fragmente A von Cholera- und Diphtherietoxin spalten intrazelluläres NAD^+ in ADP-Ribose und Nicotinsäureamid. ADP-Ribose wird an ein Regulatorprotein der Adenylatzyklase (Choleratoxin) bzw. an den Elongationsfaktor-2 (Diphtherietoxin) gekoppelt. Dieser Vorgang führt zum Ausschalten der entsprechenden Proteine. Die Beeinträchtigung der Aktivität des Regulatorproteins durch Choleratoxin bedingt eine „Enthemmung" der Adenylatzyklase: cAMP wird in unmäßiger Menge gebildet und verursacht eine Entgleisung des zellulären Wasser-Elektrolythaushaltes. Das Ausschalten von Elongationsfaktor-2 bedingt einen Stillstand der Proteinsynthese in der Zelle

Wasser ins Darmlumen, es resultiert das klinische Bild der wäßrigen Diarrhöen. Bei der natürlichen Infektion stellen die Darmepithelien die unmittelbaren, wahrscheinlich einzigen Ziele des Toxins dar, weil die Choleravibrionen auf den Darmtrakt beschränkt bleiben. Im Experiment konnte jedoch die gleiche Wirkung des Toxins (Enthemmung der Adenylatzyklase, cAMP-bedingte Sekretion von Ionen und Wasser aus den Zellen) auch bei vielen anderen isolierten Zellarten demonstriert werden. Die Wirkung des Choleratoxins wird in Gegenwart spezifischer Antitoxin-Antikörper vollkommen unterbunden.

Neuerdings wurde erkannt, daß andere Bakterien, die Durchfallerkrankungen verursachen, ebenfalls Exotoxine produzieren, deren Struktur und Wirkungsweise dem Choleratoxin sehr ähnlich sind, so das hitzelabile Enterotoxin von E. coli, welches von einigen E. coli-Stämmen (ETEC, s. S. 311) gebildet wird und wohl für die außerordentlich verbreiteten Durchfallerkrankungen von Reisenden der Dritten Welt (Reisediarrhoe, „traveller's diarrhea") verantwortlich ist. Bei diesem Toxin konnte ebenfalls eine Wirkung über *Aktivierung der Adenylatzyklase* nachgewiesen werden.

Diphtherietoxin

Diphtherietoxin wird von Corynebacterium diphtheriae gebildet, wenn dieses mit bestimmten Phagen infiziert ist. Das Phagengenom trägt das „tox"-Gen, das für die Bildung des Toxins im Bakterium verantwortlich ist. Ein Bakterienstamm kann den Phagen und damit das tox-Gen verlieren: Damit verliert er auch die Fähigkeit der Toxinbildung und wird zu einem avirulenten Corynebakterium konvertiert.

In der Regel besiedeln die Corynebakterien die Schleimhäute des hinteren Rachenraums. Obwohl die Keime hier lokalisiert bleiben, kommt es bei der Diphtherie zur schweren Schädigung der inneren Organe. Diese Beobachtung führte Löffler bereits um die Jahrhundertwende zu der Schlußfolgerung, daß wohl ein lösliches Produkt der bakteriellen Erreger in die Blutbahn gelangen müsse, um entfernt vom Bildungsort seine Wirkung zu entfalten.

Das Diphtherietoxin wurde als jenes toxische Produkt identifiziert und der Mechanismus seiner Wirkung in den vergangenen 10 Jahren eingehend studiert. Das Toxin besteht aus *2 Polypeptidketten* (Subeinheiten) A und B (Abb. 2.1) mit MG 24 000 bzw. 38 000, die miteinander über eine *Disulfidbrücke* verbunden sind. Analog dem Choleratoxin bewirkt Subeinheit B die Bindung an die Membran der Zielzelle, während Fragment A den Weg ins Zytoplasma findet und dort als NAD^+-spaltendes Enzym fungiert. Folgende Vorgänge scheinen zur Aufnahme des Toxins in die Zelle zu führen (Abb. 2.7): Das Toxin bindet sich mit seinem Fragment B an spezifische Rezeptoren (möglicherweise ein Glykoprotein) an der äußeren Zellmembran. Das Toxin wird dann endozytiert: Die Membran stülpt sich ein und umschließt das

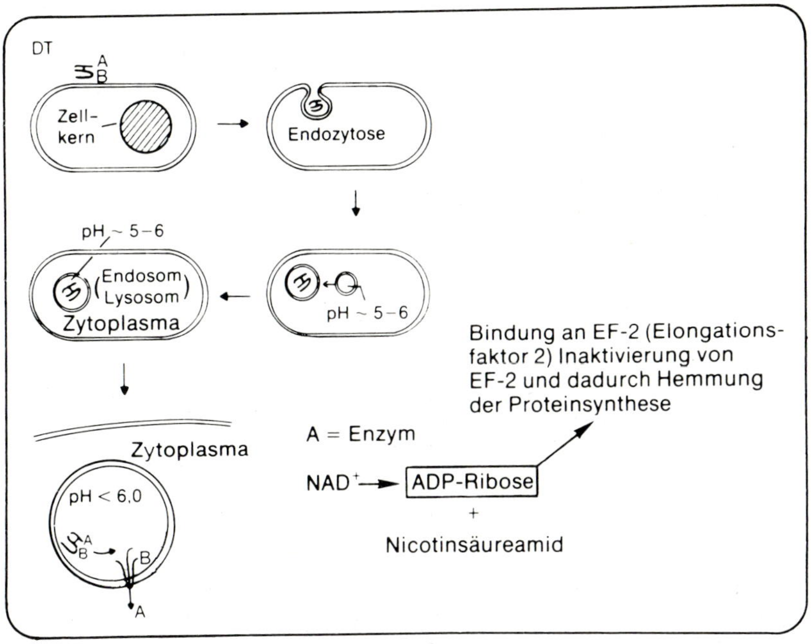

Abb. 2.7. Wahrscheinlicher Mechanismus der Aufnahme von Diphtherietoxin in die Zelle

Toxin. Die das Toxin enthaltenden Vesikel lösen sich ab (Abb. 2.7). Im Zytoplasma kommt es zur Fusion dieser Vesikel mit anderen endosomalen oder lysosomalen Vesikeln, deren Inhalt einen niedrigen pH aufweist. Durch den pH-Abfall (<6,0) des Milieus, in dem sich das Toxin befindet, treten Veränderungen in der Struktur der B-Kette ein. Diese wandelt sich spontan in ein lipidbindendes Protein um und stülpt sich möglicherweise in die endosomale Membran ein. Gleichzeitig wird die kovalente Disulfidbrücke zwischen Fragment A und B gelöst. Über einen noch nicht geklärten Mechanismus wird dann die A-Kette durch die Membran hindurch transportiert und gelangt ins Zytoplasma. Möglicherweise bildet Fragment B eine Pore, durch welche die A-Kette geschleust wird (Abb. 2.7).

Die Aufnahme von Diphtherietoxin in die Zelle zeigt Analogien zur Aufnahme einer Vielzahl anderer Substanzen [u. a. LDL, Transferrin, einiger Hormone, wie epidermal growth factor und Insulin, und auch einiger Viren (z. B. Influenzaviren)]. Auch hier finden die aufzunehmenden Substanzen bzw. Partikel über die Endozytose und Endosombildung ihren Weg in die Zelle. In den Endosomen werden die verschiedenen Liganden allerdings unterschiedlich weiterverarbeitet.

Fragment A des Diphtherietoxins ist – wie auch das Fragment A des Choleratoxins – ein NAD^+-spaltendes Enzym. Im Zellzytoplasma findet es sein Substrat. Die anfallende ADP-Ribose koppelt es in einem zweiten enzymatischen Schritt an den sogenannten Elongationsfaktor –2 (EF –2). Letzterer ist ein Protein,

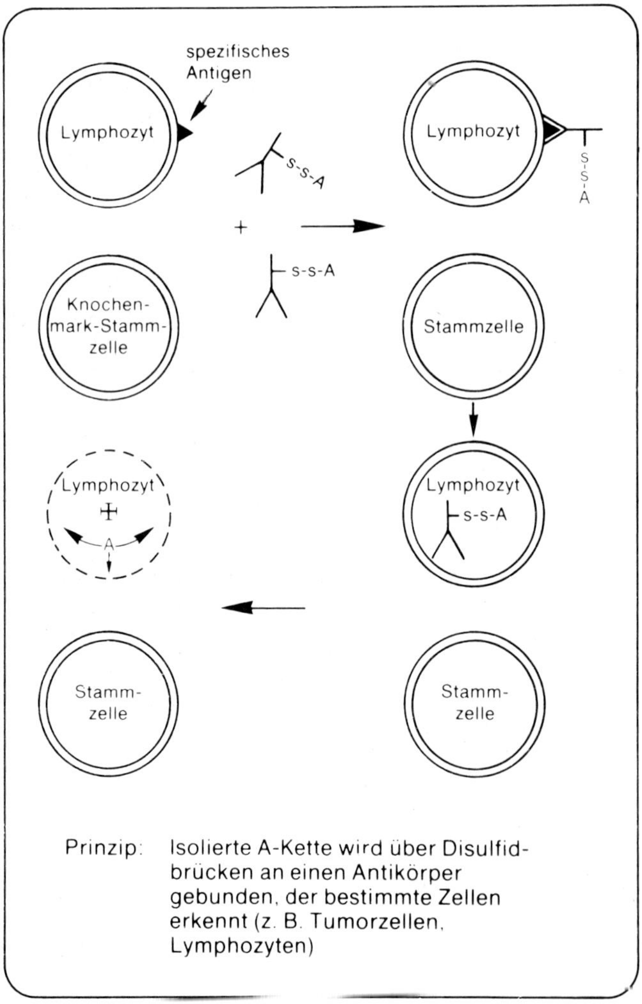

Abb. 2.8. Wirkprinzip von „Immunotoxinen". Hier soll veranschaulicht werden, wie reife Lymphozyten aus Knochenmark vielleicht zu entfernen wären. Eine solche Behandlung wäre für Knochenmarkstransplantationen von großer Wichtigkeit

welches für den Ablauf der Proteinsynthese in der Zelle notwendig ist. Das Anbringen von ADP-Ribose inaktiviert EF –2, so daß keine Proteinsynthese stattfinden kann. Von Fragment A genügt wahrscheinlich ein einziges Molekül, um die gesamte Proteinsynthese der Zelle enzymatisch zu unterbinden und eine Zelle zugrunde zu richten.

Eine Anzahl anderer Toxine übt über einen prinzipiell ähnlichen Mechanismus ihre zellschädigende Wirkung aus. Zu diesen, dem Diphtherietoxin analogen Toxinen, gehören zwei pflanzliche Toxine, Ricin und Abrin, die in den Samen von Ricinus communis bzw. Abrus precatorius vorkommen, und das Exotoxin A von Pseudomonas aeruginosa. All diesen, also auch den genannten pflanzlichen Toxinen gemeinsam ist das Vorliegen von zwei Polypeptidketten A und B, die über Disulfidbrücken verbunden sind.

Pseudomonas-Exotoxin-A

Pseudomonas-Exotoxinfragment A spaltet intrazelluläres NAD^+ und scheint wie das Diphtherietoxin ADP-Ribose an EF –2 zu koppeln und damit die Proteinsynthese zu hemmen.

Pertussistoxin

Auch das Pertussistoxin (s. S. 363) wirkt über eine Modulation einer Proteinfunktion durch dessen ADP-Ribosylierung und bewirkt eine Entgleisung der hormonabhängigen Adenylatzyklase-Regulation. In mancher Hinsicht zeigt dieses Toxin auffallende Analogien zum Choleratoxin. Auch das Pertussistoxin besteht aus einem Pentamer-Anteil (B), der für die Bindung an Zellen verantwortlich ist, und einer enzymatisch aktiven Subeinheit (A). Substrat für die ADP-Ribosylierung ist in diesem Fall ein G-Protein, welches als Inhibitor der Adenylatzyklase fungiert.

In jüngster Zeit wurde entdeckt, daß eine andere Gruppe von Exotoxinen (z. B. Botulinus-C_2-Toxin) die ADP-Ribosylierung von Actin bewirkt, und damit die Fähigkeit dieses Proteins zur Polymerisierung beeinträchtigt.

Immunotoxine

Nachdem das „Domänenprinzip" und die Wirkungsweise obiger Toxine bekannt waren, setzten Anstrengungen ein, die isolierten toxischen Fragmente A von Diphtherietoxin und Ricin an geeignete Liganden zu koppeln, um in einem Zellgemisch bestimmte Zellpopulationen selektiv abzutöten. Ein offensichtlicher Anwendungsbereich solcher „Hybridmoleküle" wäre die Tumortherapie. Hierfür müßte ein spezifisch gegen die Tumorzelle gerichteter Antikörper über eine Disulfidbindung an ein Toxin-A-Fragment gekoppelt werden. Der Antikörper würde nur an die Tumorzellen binden: Im Idealfall würde das A-Toxinfragment in die Tumorzelle aufgenommen werden und die Zelle abtöten. Sowohl am Fragment A des Diphtherietoxins sowie auch des Ricins ließ sich dieses Prinzip in vitro bereits in Modellversuchen realisieren (Abb. 2.8).

3 Resistenz und Immunität

H. Hahn

INHALTSÜBERSICHT

3.1 Resistenz 118
3.1.1 Haut und Schleimhäute 118
3.1.2 Systemische Resistenzfaktoren 119
3.2 Immunität 119
3.3 Kooperationsprinzip 119

Es gehört zum Wesen der Infektion, daß der befallene Organismus gegen den eingedrungenen Erreger reagiert. Das antiinfektiöse Potential des Wirtes setzt sich aus zwei wesensverschiedenen Komponenten zusammen. Sie werden als ***Resistenz*** und als ***Immunität*** bezeichnet.

3.1 Resistenz

Die Resistenz beruht auf antiinfektiösen ***Faktoren***, die in jedem Wirtsorganismus von Geburt an vorhanden sind und als solche unmittelbar auf die Erreger einwirken. Die Faktoren der Resistenz sind beim Gesunden stets funktionsfähig und sofort verfügbar. Ihre Zuständigkeitsbreite ist im Hinblick auf das Erregerspektrum groß: Sie sind gegen eine große Zahl der verschiedensten Mikroorganismen wirksam. Diese Eigenschaft wird durch das Wort „unspezifisch" zum Ausdruck gebracht.

3.1.1 Haut und Schleimhäute

Die äußere Haut und die Schleimhäute des Menschen sind gegenüber Mikroorganismen in besonderem Maße exponiert. Sieht man von den Krankheitserregern ab, die unmittelbar in die Blutbahn gelangen, z. B. Malaria, oder durch Wunden in die Tiefe des Gewebes eindringen, z. B. Gasbrand, so kann man feststellen, daß sich die Eintrittspforte für die meisten Erreger auf der Haut und auf den Schleimhäuten befindet. Im Vergleich zu der enormen Zahl von Mikroorganismen, die Zugang zu diesen Oberflächen haben oder physiologischerweise darauf siedeln, ist die zur Krankheit führende Erregerinvasion ein seltenes Ereignis. Haut und Schleimhäute üben nämlich die Funktion einer biologischen Barriere aus. Zur Invasion kommt es demzufolge nur dann, wenn die betreffende Erregerspezies für die Überwindung der örtlichen Hindernisse besonders ausgerüstet ist oder wenn wichtige Elemente der Barriere funktionell ausfallen.

Antiinfektions- Funktionen der Haut

Die gesunde Haut ist für die meisten Mikroorganismen undurchdringlich. Darüber hinaus wirkt die Haut durch ihren Gehalt an ungesättigten Fettsäuren („Säuremantel") selbst antibakteriell.

Antiinfektions- Funktionen der Schleimhäute

Die antiinfektiöse Eigenschaft der Schleimhäute entsteht aus dem Zusammenwirken folgender Einzelfaktoren:

- *Mechanischer Spüleffekt der von Schleimhaut bedeckten Körperareale:* Tränenflüssigkeit (Bindehautsack), Speichel (Mundhöhle), Harn (Urethra), Schleim in Verbindung mit epithelialer Zilienbewegung (Bronchien), Peristaltik des Darmes.
- *Antimikrobielle Wirkung von Sekreten:* Tränenflüssigkeit (Lysozym), Säuregehalt von Urin, Magensaft und Vaginalsekret.

Schutzfunktionen der physiologischen Flora-Kolonisationsresistenz

Mundhöhle, Rachen und Speiseröhre, Darm, Vagina sowie die äußere Haut sind physiologischerweise von Bakterien besiedelt (s. S. 120ff).

Die physiologische Besiedlung dieser Flächen stellt ein ökologisches System von großer Stabilität dar. Erreger, die in dieses System eindringen, werden durch bakteriellen ***Antagonismus*** (Konkurrenz um Nahrung und Ausscheidung von antibakteriellen Stoffen) vernichtet oder an der Vermehrung gehindert. Man bezeichnet diese Funktion der physiologischen Bakterienflora als ***Kolonisationsresistenz***. Bei der Therapie mit Antibiotika wird das ökologische Gleichgewicht des Systems u. U. gestört und seine Schutzfunktion vermindert.

3.1.2 Systemische Resistenzfaktoren

Wenn es einem Mikroorganismus gelingt, die äußeren Invasionsbarrieren der Haut und der Schleimhäute zu überwinden und in das Körperinnere einzudringen, werden die systemisch wirksamen Resistenzfaktoren wirksam. Diese beruhen auf zellulären und auf humoralen Funktionen. Das zelluläre System umfaßt die phagozytierenden ***Monozyten bzw. Makrophagen*** und polymorphkernigen Leukozyten. Zu den humoralen Resistenzsystemen gehören ***das Komplement, das Kininsystem*** und das ***Blutgerinnungssystem***. Zu den humoralen Trägern der unspezifischen Abwehr zählt man auch das ***Interferon***.

3.2 Immunität

Antikörper und T-Zellen

Die Immunität beruht auf dem Besitz spezifischer Antikörper und von spezifisch reagiblen T-Lymphozyten. Diese Effektoren sind im Wirtsorganismus nicht von vornherein vorhanden; sie werden erst im Verlauf der Infektion gebildet. Die Bildung der Effektoren wird durch die Antigene des Erregers angeregt. Die Immunantwort ist also im Gegensatz zur Resistenz erworben [die vom mütterlichen Organismus stammende Antikörper-Ausstattung („Leih-Immunität") des Neugeborenen bleibt hierbei außer Betracht].

Spezifität. Die antimikrobielle Wirkungsbreite der Immunitätsfaktoren ist außerordentlich gering: Antikörper und T-Zellen reagieren im Prinzip nur mit denjenigen Erregerantigenen, die zu ihrer Bildung Anlaß gegeben haben. Diese weitgehende Wirkungsexklusivität der Effektoren wird durch den Terminus ***„spezifisch"*** zum Ausdruck gebracht. Zugleich ist die Effektivität der Immunitätsfaktoren sehr groß: Der geringen Wirkungsbreite steht eine hohe Leistungsfähigkeit gegenüber.

Wirkung von Antikörpern und T-Zellen. Antikörper der entsprechenden Spezifität besitzen die Fähigkeit, mikrobielle Toxine zu neutralisieren oder Oberflächen zu opsonisieren, d. h. für Phagozyten besser erkennbar zu machen. Spezifische T-Lymphozyten vermögen die Keimvernichtung durch Makrophagen zu steigern, indem sie diese aktivieren und ihre Ansammlung am Infektionsort im Sinne der Granulombildung steigern.

3.3 Kooperationsprinzip

Bei den antimikrobiellen Prozessen, die durch spezifische Effektoren in Gang gesetzt werden, spielen die systemischen Resistenzfaktoren die Rolle eines obligaten Kooperationspartners: Die Vorgänge bei der Keimvernichtung fallen auch bei der spezifischen Abwehr letztendlich in die funktionelle Zuständigkeit der Resistenzfaktoren. So sind z. B. spezifische Antikörper für sich allein unfähig, Bakterien abzutöten. Ihre Wirkung besteht darin, daß sie die betroffene Bakterienzelle opsonisieren und damit angreifbar für Phagozyten machen. In diesem Sinne wirken die Antikörper bei ihrem Zusammenspiel mit den humoralen und zellulären Resistenzfaktoren als erkennendes und ziel-markierendes Agens. Man spricht in diesem Zusammenhang von ***Fokussierungs-*** und ***Amplifikationseffekt*** der spezifischen Effektoren. Diese Zusammenhänge werden im Abschnitt Immunologie (s. S. 129 bis 226) eingehend behandelt.

4 Physiologische Bakterienflora

W. Bär

INHALTSÜBERSICHT

4.1 Regulation der physiologischen Bakterienflora 121
4.1.1 Regulative von seiten des Wirtes 121
4.1.2 Bakterielle Interaktionen 122
4.2 Wirkungen der Normalflora 122
4.2.1 Positive Auswirkungen 122
4.2.2 Negative Auswirkungen 123
4.3 Die bakterielle Normalbesiedlung im einzelnen 123
4.3.1 Haut 123
4.3.2 Konjunktiva 123
4.3.3 Oropharynx 123
4.3.4 Respirationstrakt 124
4.3.5 Gastrointestinaltrakt 124
4.3.6 Urogenitaltrakt 125
4.4 Iatrogene Störungen der Mikroökologie . 127
4.4.1 Operative Eingriffe 127
4.4.2 Antibiotische Therapie 127
4.4.3 Hormonelle Eingriffe 127
4.4.4 Antitumor-Chemotherapie 127
4.5 Änderung der Mikroökologie aus therapeutischen Gründen 128

Die äußere Haut, die Schleimhäute des Oropharynx, des oberen Respirationstraktes, des Dickdarms und des unteren Urogenitaltrakts sind von einer Bakterienflora besiedelt, die sich in ihrer Zusammensetzung von Individuum zu Individuum ähnelt und als physiologische oder Normalflora bezeichnet wird.

Die physiologische Kolonisation des neugeborenen Kindes mit Bakterien beginnt unmittelbar nach der Geburt. Die Bakterien stammen von der Mutter und aus der übrigen Umwelt. Während der ersten Lebenswochen paßt sich die Bakterienflora des Neugeborenen derjenigen des Erwachsenen an (Tabelle 4.1).

Tabelle 4.1. Normale Bakterienflora bei gesunden Individuen

Körperstelle	Flora
Gewebe, Liquor, Blase, Uterus, Tuben, Mittelohr, Nasen- und Kiefer-Nebenhöhlen	Steril
Haut, distale Urethra, äußerer Gehörgang	Propionibacterium acnes, Staphylococcus epidermidis, Diphtheroide
Mund: Zunge und Backenwandschleimhaut	Vergrünende Streptokokken, Neisseria-Arten, Branhamella, Candida albicans
Zahnfleisch, Tonsillenkrypten	Bacteroides, Fusobakterien, Peptostreptokokken, Aktinomyzeten, Spirochaeten
Nasopharynx	Mikroorganismen der Mundhöhle, gelegentlich Streptococcus pneumoniae, Neisseria meningitidis, Haemophilus, Anaerobier
Oesophagus	Mundflora (transient)
Magen	schnelle Keimfreiheit nach Mahlzeiten
Dünndarm	obere Abschnitte steril
Kolon	Bacteroidaceae, Eubakterien, anaerobe Kokken, Bifidobakterien, Clostridien, Laktobazillen, Enterokokken, Enterobacteriaceae
Kolon während der Stillperiode	Bifidobakterien, Laktobazillen, Streptokokken
Vagina: präpubertär und postmenopausal	Haut und Kolonflora
Während des fortpflanzungsfähigen Alters	Laktobazillen, Streptokokken, Hefen, Gardnerella vaginalis, Mobiluncus spp., Hefen

4.1 Regulation der physiologischen Bakterienflora

4.1.1 Regulative von seiten des Wirtes

Menschliche und tierische Organismen stellen für Bakterien besonders günstige Habitate dar, da sie aufgrund ihrer komplexen Regelvorgänge den Bakterien besonders konstante Umweltbedingungen (z. B. gleichbleibende Temperatur) bieten. Gleichzeitig verfügt der Wirt über eine Reihe von Mechanismen, die dafür sorgen, daß er durch die kolonisierenden Mikroorganismen keinen Schaden erleidet. Man kann daher von seiten des Wirtes fördernde und unterdrückende Regulative im Hinblick auf das bakterielle Wachstum unterscheiden.

Temperatur

Die Temperatur des Menschen liegt zwischen 32 °C (äußere Hautoberfläche) und 37 °C (Körperkerntemperatur). Dementsprechend siedeln auf der Haut häufiger umweltbewohnende Mikroorganismen, deren Vermehrungsoptimum deutlich unter 37 °C liegt. Auf Schleimhäuten, die besser durchblutet sind, und auf inneren Oberflächen (Magen-Darm-Trakt, Vagina) findet man durchweg Mikroorganismen, deren Vermehrungsoptimum bei 37 °C liegt.

Feuchtigkeit

Bakterielle Vermehrung ist immer an ein bestimmtes Maß von Feuchtigkeit gebunden. Deshalb gedeihen Bakterien am besten auf den feuchten Oberflächen des Magen-Darm-Kanals und auf den bedeckten Oberflächen der äußeren Haut (Achselhöhle, intertriginöse Falten). Der geringe Feuchtigkeitsgehalt der ***Haut*** ist für Mikroorganismen ein limitierender Faktor. Daher birgt ein Abdecken der Haut mit luftdichten Materialien (Gummihandschuhe) ein erhöhtes Infektrisiko in sich, da eine ***„feuchte Kammer“*** entsteht.

Nährstoffe

Ein weiteres Regulativ ist das Angebot an ***Nährstoffen***. Die den Bakterien zur Verfügung stehenden Substrate können entweder direkt mit der Nahrung zugeführt sein, oder sie entstammen dem wirtseigenen Metabolismus oder dem Stoffwechsel anderer Bakterien. Lebens- und Eßgewohnheiten beeinflussen die Besiedlung mit Mikroorganismen. Im Munde finden sich z. B. in hoher Zahl kohlehydratverwertende Bakterien. Bei hohem Zuckerkonsum fallen entsprechend große Mengen an Milchsäure an, die mit Plaquebildung und Kariogenese im Zusammenhang steht (s. S. 277). Proteolytische Bakterien im Mundbereich führen zur Alkalisierung und stellen somit einen antagonistischen Effekt zur Wirkung der saccharolytischen Bakterien her; sie bedingen auch den Mundgeruch.

Metabolite

Die Weiterverwertung von ***Metaboliten*** („mikrobielle Sukzession“, s. S. 46), die bei der primären bakteriellen Nutzung von Nährstoffen anfallen, stellt ebenfalls ein wichtiges mikroökologisches Kontrollprinzip dar. So wird z. B. das von Milchsäurebakterien (Lactobazillen und Streptokokken) gebildete Lactat von Propionibacterien oder Veillonellen zu Propionat und Essigsäure vergärt. Diese Produkte können dann weiter von Enterobakterien oder Bacteroides-Arten zu CO_2 und H_2 verstoffwechselt werden. Daraus können schließlich Methanbakterien Methangas bilden. Die aus der Proteolyse entstehenden Aminosäuren können von Clostridien oder Fusobakterien desaminiert und als kurzkettige Fettsäuren (Essigsäure, Buttersäure, Iso-Buttersäure etc.) ausgeschieden werden.

Sauerstoffpartialdruck (pO_2)

Ein weiterer wichtiger Faktor ist der Sauerstoffpartialdruck und damit das Redoxpotential des Gewebes.

Für obligate Anaerobier stellen O_2-Folgeprodukte (O_2^-, H_2O_2 etc.) potente Zellgifte dar. Obwohl die Haut und Schleimhaut des Rachens ständig dem Luftsauerstoff ausgesetzt sind, findet sich hier trotzdem eine reichhaltige anaerobe Flora, weil in den luftnahen Schichten die oxidative Tätigkeit aerober Bakterien ein tiefes Eindringen des Sauerstoffs verhindert. Im Verlauf des Darmes nimmt nach caudal der O_2-Partialdruck kontinuierlich ab, und damit steigt der Anteil der Anaerobier stetig an.

Wasserstoffionenkonzentration (pH)

Auch die Wasserstoffionenkonzentration (pH) hat an einigen Standorten eine herausragende regulatorische Bedeutung.

- Im ***Magen*** werden durch die Sekretion von HCl Werte bis zu pH1 erzielt. Unter diesen Bedingungen ist auf Dauer kein bakterielles Leben möglich.
- In der ***Vagina*** der geschlechtsreifen Frau beträgt der pH 4–4,5, infolge der Milchsäurebildung durch Lactobazillen (s. S. 126). Diese Keime behindern dadurch die Ansiedlung von pathogenen Keimen.

- Auf der ***Haut*** werden pH-Werte um 5,5 gefunden. Auch hier gedeihen nur relativ säureresistente Keime. Eine Alkalisierung führt zu Entzündungen durch andere Bakterien und Hefen.

4.1.2 Bakterielle Interaktionen

Bakterielle Interaktionen bestimmen die Zusammensetzung der mikrobiellen Flora wesentlich mit.

Die ***Substratkonkurrenz*** führt zu gegenseitiger Einschränkung von Bakterien im Wachstum.

Einen ebenfalls antagonistischen Effekt stellt die ***Metabolithemmung*** dar. Hierbei werden von einer Species Abfallprodukte abgegeben, die für andere Species toxisch sind (z. B. H_2O_2, H_2S, kurzkettige Fettsäuren etc.).

4.1.2.1 Bacteriocine

Davon zu trennen sind toxische Produkte, die als ***Bacteriocine*** bezeichnet werden. Im Gegensatz zu den Metaboliten werden diese Substanzen aktiv gebildet und besitzen eine „antibiotische" Wirkung gegen artverwandte Arten.

Zu den bestuntersuchten Bacteriocinen gehören die von E. coli produzierten „Colicine". Von diesen gibt es mehrere Arten, die von verschiedenen E.-coli-Stämmen gebildet werden. An dieser Stelle werden die Wirkmechanismen von Colicin E-1 und Colicin E-2 kurz erläutert.

Colicin E-1

Jeder Bakterienstamm, der ein Colicin produziert, bildet gleichzeitig ein dazu passendes „Immunitätsprotein" (I-Protein), das das eigene Colicin bindet und unwirksam macht. Auf diese Weise schützt sich das Bakterium vor dem eigenen Geschoß. Colicin E-1 wird von der Zelle abgegeben. Trifft es auf eine E.-coli-Zelle mit passendem Rezeptor, so wird E-1 gebunden und dringt nun durch die Bakterienwand hindurch bis zur inneren Membran. Dort induziert es kleine Kanäle (Poren), die die Membranfunktion aufheben. Trifft E-1 auf eine E.-coli-Zelle des Produzentenstammes, wird es in der Membran durch die Bindung des I-1-Immunitätsproteins neutralisiert.

Colicin E-2

Colicin E-2 ist ein DNA-spaltendes Enzym. Es wird stets im Komplex mit dem Immunitätsprotein I-2 freigesetzt. E2-I2-Komplexe binden sich an Rezeptoren von anderen E.-coli-Zellen. In der Folge gelangt das E-2-Protein auf ungeklärte Weise in die Zelle; I-2 wird in oder an der Zellwand zurückgelassen. E-2 muß dabei die Zellwand und die innere Membran der Bakterien passieren.

4.1.2.2 Synergistische Effekte

Andererseits gibt es synergistische Effekte zwischen verschiedenen Bakterienarten. So gelingt die Mineralisierung nur durch ***mikrobielle Sukzession***, d. h. den stufenweisen Abbau des Substrats durch verschiedene Arten (s. S. 45).

Ein weiteres Prinzip basiert auf der ***kreuzweisen Entgiftung*** des Milieus. Bekanntestes Beispiel ist die respiratorische Entfernung des Sauerstoffs durch einen aeroben Keim (z. B. E. coli) und die Bildung einer β-Lactamase durch einen Anaerobier (z. B. Bacteroides). Weitere wichtige Synergismen sind zu vermuten beim Transfer von Wachstumsfaktoren, plasmidgebundenen Resistenzfaktoren u. ä.

4.2 Wirkungen der Normalflora

4.2.1 Positive Auswirkungen

Die *Entwicklung des Immunsystems* wird durch die physiologische Bakterienflora stimuliert. Dies läßt sich dadurch belegen, daß es bei keimfrei aufgezogenen Versuchstieren sowohl zu Immunmangelzuständen als auch zur unvollständigen Ausbildung der Peyerschen Plaques kommt.

Kolonisationsresistenz

Das „ökologische Gleichgewicht" des Organismus' ist ständig natürlichen Einflüssen ausgesetzt; es zeigt aber eine starke Tendenz, diesen Störfaktoren entgegenzuwirken und zum Optimum zurückzukehren. Daraus resultiert die sogenannte ***Kolonisationsresistenz***. Sie bewirkt, daß die aus der Umwelt eingedrungenen Keime nicht oder nur vorübergehend im Wirt zur Ansiedlung gelangen. Die Normalflora leistet also einen wichtigen Beitrag bei der Abwehr von pathogenen Erregern (Bakterien, Pilze). Dieses ökologische Prinzip sollte bei jeder antibiotischen Therapie bedacht werden!

4.2.2 Negative Auswirkungen

Die Normalflora kann sich auch negativ auswirken. So stammt bei *immunsupprimierten* Patienten die Mehrzahl der Infektionserreger aus der patienteneigenen Bakterienflora. Zudem können die Mitglieder der Normalflora nach vorausgegangener Schädigung (z. B. Blasenkatheter, Verbrennungen oder Vireninfektion) eine ***Superinfektion*** hervorrufen.

Neuerdings wird eine ***Kanzerogenese*** im gastrointestinalen Trakt mit der Normalflora in Zusammenhang gebracht. Unter der Wirkung von Mikroorganismen werden einerseits Proteine bis zur Stufe der Aminosäuren abgebaut und andererseits Nitrat, das häufig Fleisch als Konservierungsstoff zugesetzt wurde, zu Nitrit reduziert. Diese beiden Komponenten reagieren spontan im sauren Milieu des Magens zu Nitrosaminen, die als potente Kanzerogene bekannt sind.

Bei ballaststoffarmer Kost mit einem hohen Anteil an tierischen Eiweißen und Fetten fallen vermehrt Steroide und Gallensäurederivate an, die unter der Wirkung von Darmbakterien zu kanzerogenen Substanzen (z. B. Cholanthrenderivaten) metabolisiert werden. Unter dieser Diät nimmt die intraluminale Verweildauer der Faeces zu; entsprechend hoch ist die Inzidenz des Kolonkarzinoms.

4.3 Die bakterielle Normalbesiedlung im einzelnen

4.3.1 Haut

Die Haut ist mit bis zu 10^3 Keimen/cm^2 Oberfläche Gewebe besiedelt. Man findet sie hauptsächlich im Stratum corneum und den Haarfollikeln. Die Bakterien der Hautflora sind gegenüber der bakteriziden Wirkung von Hautlipiden und Fettsäuren der Haut resistent. ***Staphylococcus epidermidis*** und andere koagulasenegative Staphylokokken-Arten, die man regelmäßig auf der Haut findet, haben in den vergangenen Jahren eine verstärkte Beachtung als Erreger von iatrogener Sepsis, Endokarditis und vor allem der Endoplastitis gefunden (s. S. 258ff).

Die ebenfalls auf der Haut zu findenden ***coryneformen Bakterien*** liegen als anaerob oder aerob wachsende Keime vor. Am bekanntesten ist das obligat anaerobe ***Propionibacterium acnes***, das in den Talgdrüsen am häufigsten vorkommt. Aerob wachsende diphtheroide Stäbchen der Hautflora gehören zur Gattung ***Korynebakterien***.

Die Besiedlung des ***äußeren Gehörganges*** entspricht derjenigen der Haut. Das Mittel- und das Innenohr sind steril. Bei äußerer Reizung der Haut findet sich bei entsprechender Disposition (z. B. Windeldermatitis bei Neugeborenen) häufig ***Staphylococcus aureus***. Diese Besiedlung kann durch bestimmte Stämme zur Impetigo führen. Bei Stoffwechselstörungen (Diabetes) kommt es häufig zu einer Zunahme der Keimzahl in den feuchten Hautregionen. Ein vermehrtes Vorkommen von Propionibacterium acnes findet sich bei der ***Acne vulgaris***. Gehäuft tritt ***Erythrasma*** durch Corynebacterium minutissimum bei Personen mit pyknischem Habitus in den intriginösen Hautfalten auf. Als Ausdruck der Fehlbesiedlung muß auch das Vorkommen von Sproßpilzen (Candida spec.), Schimmelpilzen (z. B. Geotrichum spec.) und Dermatophyten angesehen werden.

4.3.2 Konjunktiva

Die Konjunktiva Gesunder sind von wenigen coryneformen Bakterien und Staphylococcus epidermidis besiedelt. Die Besiedlung ist deshalb dürftig, weil das Epithel durch den Lidschlag permanent gereinigt wird.

4.3.3 Oropharynx

Die Schleimhaut des Mundes und des Rachens ist von einer dichten Flora anaerober und aerober Bakterien besiedelt: Man schätzt, daß 1 ml Speichel ca. 10^8 Bakterien enthält. Vorherrschend sind ***α-hämolysierende Streptokokken*** (s. S. 275ff). ***Streptococcus mutans*** haftet ausschließlich an den Zähnen; dieser Erreger spielt eine Rolle in der Pathogenese der Karies. An gramnegativen Kokken werden ***fakultativpathogene Neisserien*** (s. S. 298) und ***Branhamella catarrhalis*** gefunden (s. S 351).

Obligat anaerobe Bakterien finden sich in den Zahnfleischfalten um die Zähne herum und in den Tonsillen-Krypten. Die obligaten Anaerobier der Mundflora sind an der Pathogenese der *chronischen Parodontitis* beteiligt. Die Besiedlung der ***Zahnoberfläche*** wird stark von Ernährungsgewohnheiten und Zahnhygiene bestimmt. Es finden sich auch am gesunden Zahn Beläge und Plaques, die bei Progredienz zur Karies führen. Man findet ca. 10^{10} Keime/gr Plaquematerial; die anaerobe Flora überwiegt.

Im ***Sulcus gingivalis*** finden sich bis zu 10^{12} Keime/ml Exsudat, überwiegend Anaerobier. Man isoliert verschiedene α-hämolysierende Streptokokken, Staphylokokken, Eikenella corrodens, verschiedene Vibrionen (Campylobacter sputorum, Selenomonas, Wolinella). An Anaerobiern finden sich Lactobazillen, Actinomyceten, Eubakterien, Bacteroides und Fusobakterien sowie weitere besonders O_2-empfindliche Keime (Capnocytophaga, Leptotrichia und Treponemen). Viele der genannten Anaerobier bilden neben *Milchsäure* noch weitere *kurzkettige Fettsäuren*, die für den foetiden Geruch verantwortlich sein können.

Bei der ***oralen Fehlbesiedlung*** erfolgt eine Verschiebung des Keimspektrums zugunsten einzelner Keime. Begleitend findet sich oft eine Vermehrung der ***allochthonen Flora*** (Candida, Staphylococcus aureus, Pneumokokken, Propionibacterium spec. etc.). Bei Mykosen, Aktinomykosen und Fusospirochätose kann man im strengen Sinne nicht mehr von einer Fehlbesiedlung ausgehen; hier liegt bereits eine manifeste Infektion vor.

Bei ***Karies*** treten Laktobazillen und, als „Leitkeim" dieser Erkrankung, ***Streptococcus mutans*** in den Vordergrund. Deren glycolytische Aktivität führt zur schweren Destruktion von Schmelz und Dentin unter den Plaques.

Bei ***Gingivitis*** nimmt die Zahl an grampositiven anaeroben Kokken und Actinomyces zu. Gelegentlich findet auch eine Vermehrung von gramnegativen Stäbchen (Bacteroides melaninogenicus) statt. Die ***Periodontitis*** wird in ihrer akuten Form hauptsächlich durch nicht-haftende, anaerobe Keime (besonders B. asaccharolyticus, B. melaninogenicus und Capnocytophaga ochracea) ausgelöst bzw. unterhalten; bei der chronischen Verlaufsform treten vermehrt Actinomyces naeslundii (häufig vergesellschaftet mit Actinobacillus actinonycetemcomitans) und Actinomyces viscosus in Erscheinung.

Bei der Angina ***Plaut-Vincenti*** handelt es sich um eine „stabile" Fehlbesiedlung, da immer Fusobakterien und Borrelien vergesellschaftet vorgefunden werden.

Odontogene Abszesse verschiedener Genese werden meistens durch Mischpopulationen verursacht. Am häufigsten wird B. asaccharolyticus isoliert, gefolgt von anderen Bacteroidesarten und anaeroben Kokken.

4.3.4 Respirationstrakt

Vordere Nasenhöhle

Die vordere Nasenhöhle trägt bis zu 1 cm Tiefe die gleiche Bakterienbesiedlung wie die äußere Haut. Häufig zeigt diese Region eine pathologische Kolonisation durch Staphylococcus aureus.

Pharynx

Im Pharynx finden sich die gleichen Bakterien wie in der ***Mundflora***. Zusätzlich finden sich hier gelegentlich ***Pneumokokken*** (s. S. 279ff) und ***Haemophilus-Arten*** (s. S. 353ff).

Der ***Respirationstrakt unterhalb des Larynx*** ist normalerweise aufgrund der Wirkung des Ziliarepithelschlages und der Schleimschicht des Respirations-Epithels steril. (Auch die ***Nebenhöhlen*** und das ***Innenohr*** sind beim Gesunden nicht von Bakterien besiedelt).

4.3.5 Gastrointestinaltrakt

4.3.5.1 Magen

Der Magen Gesunder ist wegen der Magensalzsäure bis auf vorübergehend mit der Nahrung oder in geschlucktem Speichel dort auftauchender Bakterien (transiente Flora) steril. Erst wenn der pH-Wert des Magens ansteigt, d. h. bei Hypochlorhydrie (z. B. bei Therapie mit H2-Blockern), kann sich eine Bakterienflora im Magen etablieren, was dann als pathologischer Zustand zu werten ist.

4.3.5.2 Dünndarm

Der untere Dünndarm kann aufgrund seiner großen inneren Oberfläche in mehrere *„Mikrohabitate"* untergliedert werden. Die Zusammensetzung der Mikroflora im *Lumen,* auf den *Zotten* und in den *tiefen Krypten* ist unterschiedlich. Sie wird kontrolliert durch die sezernierten Gallensäuren, Pankreasenzyme, Schleime, intramurale Abwehrmechanismen („Gut-Associated"-Immune-System) und die Sauerstoffspannung, die kaudalwärts absinkt.

Beim Gesunden sind die *oberen Anteile des Dünndarms* bakterienfrei. Weiter kaudal finden sich grampositive anaerobe Stäbchen und Fusobakterien; nicht selten treten jetzt auch fakultativ anaerobe Stäbchen (Enterobacteriaceae) auf. Im *Lumen* halten sich hauptsächlich schnell wachsende, nicht adhärierende Bakterien auf (Lactobazillen, Clostridien). Auf den Oberflächen von *Zotten* adhärieren vermehrt gramnegative Stäbchen, und in der Tiefe der *Krypten* finden sich vermehrt stark bewegliche, nicht adhärierende, meist auch nicht obligat, anaerobe Keime.

Unter *pathologischen Bedingungen* nehmen die Erregerzahlen zu. Auch die bakterienfreien Dünndarmabschnitte können dann besiedelt werden. Als Ursachen wirken sich häufig eine *Stase* bei Störungen der zuführenden Organsysteme (Anazider Mager, Gallenwegserkrankungen) oder *operative Eingriffe* aus. Das „Blindsacksyndrom" wird in der Chirurgie als eigenständige Entität zu dieser Form der Dünndarmstörung gerechnet.

Bei Überwucherung treten die Bakterien in *Konkurrenz zur Resorptionsleistung* des Wirtes. Es erfolgt deshalb eine verminderte Aufnahme von *Vitamin* B_{12} (Folge: Anämie) und Proteinen. Außerdem werden vermehrt *Gallensäuren* dekonjugiert, so daß durch die verminderte Mizellenbildung die *Fettresorption* sinkt. Es resultiert eine Steatorrhoe, begleitet von einer vermehrten *Ausscheidung lipophiler Vitamine*.

4.3.5.3 Dickdarm

Im Colon findet sich die höchste Bakteriendichte (bis zu 10^{12}/g Faeces). Offensichtlich herrschen hier optimale Bedingungen für bakterielles Wachstum. Die kontrollierenden Faktoren liegen hier überwiegend bei der mikrobiellen Flora selbst. Die Konkurrenz um ökologische Nischen limitiert weitgehend die bakterielle Proliferation.

Die ***luminale Mikroflora*** der Faeces besteht aus bis zu 500 Arten. Davon entfallen etwa 99% auf obligat anaerobe Bakterien; den Rest bilden fakultativ anaerobe Bakterien und Hefen. Die obligat anaerobe Population setzt sich etwa zu 75% aus den drei Gattungen: *Bacteroides, Bifidobacterium* und *Eubacterium* zusammen (siehe Tabelle 4.2). Deutlich seltener finden sich Clostridien, anaerobe Kokken, Fusobakterien und Laktobazillen. An fakultativ anaeroben Vertretern finden sich regelmäßig *Enterobakterien* und *Enterokokken*. Bei der wandständigen Flora verschiebt sich das Verhältnis infolge besserer Sauerstoffversorgung zugunsten der fakultativ anaeroben Flora. Es finden sich häufiger Bakterien mit adhäsiven Fähigkeiten (z. B. E. coli). An Anaerobiern werden regelmäßig *Bacteroides spec.*, *Clostridium spec.* und *Eubacterium spec.* isoliert.

Tabelle 4.2. Besiedlung des Dickdarms

Anaerobier 99%	75%	– Bacteroides – Bifidobacterien – Eubacterien
	25%	– Clostridien – anaerobe Kokken – Fusobakterien – Laktobazillen
Fakultative Anaerobier: 1%		– Enterobakterien – Enterokokken
Transient:		– Pseudomonas spp. – Candida spp. – Bacillus spp. – Trichomonaden u. a. Protozoen

Bei *fehlbesiedelten* Dickdärmen findet sich eine *Zunahme an Aerobiern*, wie Klebsiellen, Staphylokokken und Pseudomonaden, wogegen sich die Artenzahlen der obligaten Anaerobier vermindern. Dagegen werden Bacteroides fragilis, Bacteroides thetaiotaomicron, Clostridium innocuum und Clostridium perfringens häufiger isoliert. In Einklang dazu steht, daß an infektiösen Bauchraumprozessen B. fragilis regelmäßig beteiligt ist.

4.3.5.4 Die Darmflora des Säuglings

Mit *Muttermilch* gestillte Säuglinge besitzen eine Dickdarmflora, die bis zu 99% aus anaerob wachsenden grampositiven Stäbchen der Gattung Bifidobakterien besteht. Diese spalten die in der Muttermilch reichlich vorhandene Laktose zu Essigsäure. Der resultierende pH-Wert von 5–5,5 ist für diese Bakterien optimal. Mit *Kuhmilch oder Babynahrung* aufgezogene Säuglinge weisen eine Bakterienflora auf, die derjenigen des Erwachsenen gleicht; denn die Kuhmilch hat eine größere pH-Pufferkapazität als Muttermilch.

4.3.6 Urogenitaltrakt

4.3.6.1 Urethra

Der distale Teil der Urethra bis etwa 1 cm oberhalb des Orificiums ist von einer Bakterienflora besiedelt, die derjenigen der Haut des Perineums entspricht.

Der Urin ist in der ***Blase*** steril; Mittelstrahlurin enthält Bakterien in geringer Menge, d. h. weniger als 10^4/ml. Diese Bakterien entstammen der Urethra und sind als Kontaminationskeime zu bewerten. Durch suprapubische Blasenpunktion gewonnener Urin ist bei Gesunden bakterienfrei.

4.3.6.2 *Vagina*

Der *pH-Wert* der Vagina spielt für die Stabilität der bakteriellen Vaginalflora eine ausschlaggebende Rolle. Das *saure Milieu* erlaubt eine Besiedelung durch nur wenige Bakterienarten. Ein Anstieg des pH-Wertes führt zu einer Verschiebung des physiologischen Gleichgewichts zugunsten anderer obligat anaeroben Bakterien, die ein alkalisches Milieu bevorzugen. Frauen mit häufig wechselnden Sexualpartnern zeigen eine solche Keimverschiebung.

Auch durch ärztliche Maßnahmen, Antibiotika-Therapie, bei chirurgischen Eingriffen, Instrumentation, Neoplasien, Bestrahlung und immunsuppressiver Therapie wird die vaginale Bakterienflora beeinflußt.

Döderlein-Flora

Die „Grundbesiedlung" der Vagina erfolgt hauptsächlich durch Laktobazillen („Döderlein-Flora"). Ihr Wachstumsoptimum liegt im sauren pH-Bereich bei pH 6. Der Hauptvertreter ist ***Lactobacillus acidophilus***.

Durch ihre Tätigkeit wird das in den vaginalen Epithelzellen gespeicherte Glykogen zu Milchsäure metabolisiert und dadurch der pH-Wert bei 4,0 bis 4,5 stabilisiert.

Als Erreger von Infektionen kommen die Mitglieder der Döderlein-Flora kaum in Betracht.

Koagulasenegative Staphylokokken. Bei etwa 35% aller Gesunden lassen sich von der Vaginalschleimhaut koagulasenegative Staphylokokken isolieren (s. S. 258ff). Werden sie in andere Bereiche verschleppt, so können sie dort Infektionen auslösen.

Coryneforme Stäbchen. Coryneforme grampositive Stäbchen werden ebenfalls häufig von der Vaginalschleimhaut isoliert. Ihre Pathogenität ist gering.

Obligate Anaerobier. Obligat anaerobe Bakterien (außer Laktobazillen) sind auf der Vaginalschleimhaut in geringeren Konzentrationen vorhanden als die fakultativ anaerob wachsenden Bakterien. Ihre Konzentration liegt auf der Vaginalschleimhaut unter 10^6 Bakterien pro Gramm Vaginalsekret.

Die Hauptvertreter der gramnegativen obligat anaeroben Vaginalflora sind ***Bacteroides-Arten*** (B. oralis, B. bivius, B. melaninogenicus, B. thetaiotaomicron, B. asaccharolyticus und B. vulgatus) sowie Peptostreptokokken (s. S. 414ff), Eubakterien und Bifidobakterien (s. S. 417ff).

Gelegentlich lassen sich von der Vaginalschleimhaut obligat anaerobe gramnegative Kokken, sog. ***Veillonellen***, isolieren. In Cervix-Abstrichen, die lediglich einer mikroskopischen Untersuchung unterzogen werden, können sie mit Gonokokken verwechselt werden.

Obligate Anaerobier finden sich vermehrt bei *Mädchen vor der Geschlechtsreife* und bei *Frauen nach der Menopause*. Östrogene, physiologisch sezerniert oder appliziert, behindern das Wachstum von Laktobazillen durch verminderte Glycogen-Sekretion. Die daraus resultierende Alkalisierung begünstigt das Wachstum fakultativ anaerober Bakterien; dies wiederum führt zur weiteren Verdrängung der übrigen anaeroben Flora.

In der *ersten Zyklushälfte* sind Anaerobier vermehrt nachweisbar; entsprechend hoch ist auch die Inzidenz von Posthysterektomie-Infektionen in diesem Zyklusabschnitt. Infektionen, an denen obligate Anaerobier beteiligt sind, finden sich im Bauchraum und im Bereich des weiblichen Genitale; die wichtigste ist das PID (s. S. 291). Fusobacterium fusiforme, Leptotrichia-Arten sowie Clostridien finden sich überwiegend im Zervix-Bereich. Daher kann *Clostridium perfringens* bei nicht sachgerecht durchgeführter Abruptio Gasbrand verursachen.

Fakultativ pathogene Keime. Neben den oben behandelten können in der Vaginalflora gesunder Frauen Bakterien vorkommen, die nicht zur physiologischen Standortflora gehören. Sie müssen als fakultativ pathogen angesehen werden, wenn man in entsprechend hoher Keimzahl aus dem Entzündungsherd isoliert.

Gerade bei der unspezifischen Vaginitis findet eine quantitative Verschiebung der Keimflora statt, die mit klinischen Symptomen assoziiert ist.

Besonders bei therapieresistenten Fällen ist auch zu prüfen, inwieweit Träger(innen) dieser Erreger als symptomlose Infektionsquellen für ihre Sexualpartner anzusehen sind. Im einzelnen handelt es sich bei diesen Erregern um: Enterokokken, Staphylococcus aureus (s. S. 250ff), β-hämolysierende Streptokokken der Gruppe B (s. S. 273ff), Enterobakterien (s. S. 299ff), Listeria monocytogenes (s. S. 397ff), Sproßpilze und Gardnerella vaginalis.

4.4 Iatrogene Störungen der Mikroökologie

4.4.1 Operative Eingriffe

Der Einsatz bestimmter chirurgischer Maßnahmen kann zu bakteriologischer Fehlbesiedlung, meist im Gastrointestinaltrakt, führen. Diese sind klar zu unterscheiden von chirurgischen Infektionen, die beim Durchtrennen von anatomischen Barrieren (z. B. Hautinzision) entstehen.

Bei ***Magenoperationen mit Billroth-II-Anastomose*** kommt es zum Syndrom der zuführenden Schlinge; d. h. der prä-gastrale Anteil des Duodenums dilatiert mit Anstau von Nahrung und Duodualsaft. Dadurch kommt es hier zum verstärkten bakteriellen Wachstum. Bei Eingriffen am Dünndarm (z. B. Seit-zu-Seit Anastomose oder Gastroenterotomie) kommt es zu Stagnation der Ingesta in ausgeschalteten und ausgesackten Darmanteilen. Es resultiert das Blindsacksyndrom.

Fehlbesiedelungen sind auch nach ***Operationen an Galle*** und Pankreas beobachtet worden. Offensichtlich führt hier die andersartige Zusammensetzung des Chymus auch zur Veränderung der Mikroflora. Die ***trunkuläre Vagotomie*** bei Duodenalulcus führt zur Hypomobilität von Magen und Dünndarm. Durch die Stase des Nahrungsbreies wird eine brutkammer-ähnliche Situation erzeugt, die mit starker Bakterienvermehrung einhergeht.

4.4.2 Antibiotische Therapie

Bei jeder antibiotischen Therapie wird notwendigerweise auch die Normalflora in Mitleidenschaft gezogen. Sie führt zu einer Vermehrung einzelner, besonders resistenter Arten. Infolge der starken Besiedelung sind in diesem Zusammenhang die Störungen im Gastrointestinaltrakt von besonderer Bedeutung.

Eine Reihe von Antibiotika sind in der Lage, unter dem Bild einer ***pseudomembranösen Kolitis*** eine Diarrhoe zu induzieren. Es kommt hierbei zu einer starken Vermehrung von toxinbildenden Stämmen von Clostridium difficile (s. S. 433), welches auch unter physiologischen Bedingungen in geringen Mengen in der Normalflora gefunden wird.

Nach bauchchirurgischen Eingriffen kann es durch die begleitende antibiotische Therapie zur ***postoperativen Enterokolitis*** durch Staphylococcus aureus kommen.

Es wurden auch Überwucherungen des Darmes durch ***Pseudomonas, Klebsiellen*** und ***Proteus*** beobachtet. Ein besonders häufig zu beobachtendes Phänomen ist der starke ***Pilzbefall*** nach antibiotischer Therapie. Es finden sich im Mund (Soor), Magen und Darmtrakt dicke Beläge von Candidaarten.

Die antibakterielle Applikation führt auch auf der ***Haut*** zu einer Änderung der Flora: Die grampositiven Bakterien werden reduziert; dafür stellt sich eine Vermehrung an gramnegativen Stäbchen und an Sproßpilzen ein.

4.4.3 Hormonelle Eingriffe

Einige Hormone führen zu einer Modifizierung wirtseigener Faktoren, so daß es zu Veränderungen in der Normalflora kommt. Besonders augenfällig wird diese bei der vaginalen Flora (s. S. 126).

4.4.4 Antitumor-Chemotherapie

Bei der antitumorösen Chemotherapie werden die schnell ***proliferierenden Epithelzellen*** am stärksten in Mitleidenschaft gezogen. Es kommt daher häufig zu einer entzündlichen Reaktion der Schleimhäute im gesamten Verdauungstrakt. Dadurch fallen im Darmlumen vermehrt tote Epithelien an, die zu einem erhöhten Nahrungsangebot für Bakterien und damit zu einer Fehlbesiedelung führen.

Gleichzeitig wird durch das vermehrte Abschilfern der Epithelzellen die mechanische Abwehrleistung der Darmmukosa unterbrochen, so daß eine Besiedelung des benachbarten Gewebes möglich wird.

Daneben zeigt die Chemotherapie eine stark ***immunsuppressive*** Wirkung. Ein weiterer Mechanismus der besonderen Infektionsgefährdung ist die durch Zytostatika bedingte Granulozytopenie mit der Gefahr schwerer Infektionen und septischer Generalisierungen. Man findet folglich bei Tumorpatienten häufig schwere Infektionen, die von der normalen, endogenen Flora ihren Ausgang nehmen. Besonders gefürchtet sind Infektionen durch Enterobakterien, Pseudomonaden und Hefen.

4.5 Änderung der Mikroökologie aus therapeutischen Gründen

Totale und selektive Darmdekontamination

Patienten mit malignen hämatologischen Erkrankungen (z. B. akute Leukämie) neigen immer wieder zu schweren Infektionen, die durch Mitglieder der wirtseigenen Flora, meist gramnegative Stäbchen, ausgelöst werden. Es erschien daher sinnvoll, bei diesen Patienten mittels oral applizierter, nicht resorbierbarer Antibiotika eine ***Darmsterilisation*** vorzunehmen und sie äußerlich mit Antiseptika zu dekontaminieren. Ihre Unterbringung mußte dann in einer absolut sterilen Umgebung erfolgen („Life Island").

Praktisch war dieses Konzept kaum durchzuhalten. Es kam daher immer wieder zur Besiedelung von außen durch potentiell pathogene Keime. Zunächst am Modell gnotobiotischer (d. h. keimfrei aufgezogener Tiere) beobachtete man, daß Mäuse mit ausschließlich anaerober Besiedelung die gleiche Strahlenresistenz zeigten wie völlig sterile Tiere; im Gegensatz zu den keimfreien Mäusen zeigten sie aber eine viel geringere Neigung, durch potentiell pathogene Keime besiedelt zu werden. Es besteht eine sogenannte Kolonisationsresistenz (s. S. 122). Es konnte gezeigt werden, daß mindestens vier verschiedene anaerobe Gattungen im Darm zugegen sein müssen, um die Kolonisationsresistenz aufrecht zu erhalten. Daher wird als supportive Leukämietherapie die ***„Selektive Darmdekontamination"*** mit Erfolg in der Klinik angewandt, indem oral Antibiotika appliziert werden, die möglichst nur die aerobe Flora eliminieren sollen. Die Beurteilung des gnotobiotischen Darmzustandes kann direkt bakteriologisch oder indirekt durch Bestimmung bestimmter Stoffwechselprodukte erfolgen (z. B. β-Aspartylglycin).

Die ***totale Darmdekontamination*** wird weiterhin bei der Knochenmarkstransplantation praktiziert, da sich hier durch diese Therapie das Risiko einer späteren Graft-versus-Host Reaktion senken läßt.

Darmdekontamination bei Leberzirrhose

Bei finaler Leberzirrhose reicht die Leberfunktion nicht mehr aus, um den infolge des bakteriellen Stoffwechsels im Darm anfallenden Ammoniak zu entgiften. Es entsteht die sogenannte „Hepatische Enzephalopathie".

Prophylaktisch wird deshalb einerseits ein nicht resorbierbares Antibiotikum (z. B. Paromomycin) zur Elimination der (proteolytischen) Enterobakterien appliziert; andererseits gibt man oral noch einen nicht resorbierbaren Zucker (Lactulose), der bakteriell abgebaut wird und dadurch zur Ansäuerung des Stuhles führt. Dadurch liegt der anfallende Ammoniak überwiegend als NH_4^+ vor, wodurch seine Resorbierbarkeit reduziert wird.

IV
Immunologie

1 Grundbegriffe

S. H. E. Kaufmann

Das Überstehen einer Infektionskrankheit verleiht dem Genesenen häufig *Schutz vor deren Wiederholung*. Wer einmal an Masern erkrankte, ist für den Rest seines Lebens Masern-unempfänglich. Diese Eigenschaft ist nicht angeboren, sondern ***erworben***: Jeder Mensch ist nach seiner Geburt empfänglich für den Erreger der Masern; die Unempfänglichkeit entsteht erst durch die Krankheit selbst.

Immunreaktion

Die erworbene Unempfänglichkeit ist ***spezifisch*** (lat. art-eigentümlich). Sie besteht nur gegen diejenige Erregerart oder -unterart, welche die Erkrankung verursacht hat. Der Schutz des Rekonvaleszenten ist also nicht allgemeiner Natur, sondern auf den Erreger der Erst-Erkrankung beschränkt. Man bezeichnet den Zustand der erworbenen und spezifischen Unempfänglichkeit als ***„Immunität"***. Der Vorgang, der zur Immunität führt, wird Immunisierung genannt. Die Immunisierung ist im betroffenen Organismus an die Tätigkeit eines *besonderen Organs* gebunden; man nennt es Immunorgan, ***Immunsystem*** oder auch Immunapparat. Das Immunorgan tritt nur dann in Tätigkeit, wenn es durch geeignete Reize stimuliert wird. Deshalb bezeichnet man die Vorgänge, die sich dort nach der Stimulation des Immunsystems abspielen, zusammenfassend als ***Immunreaktion***.

Der materielle Träger des Immunisierungsreizes wird als ***Antigen*** bezeichnet. Antigene sind makromolekulare Stoffe mit spezifischer Struktur. Der Immunstimulus wird häufig als ***Antigenreiz*** bezeichnet.

Die Immunreaktion gliedert sich in zwei Phasen.

- In der ersten Phase entstehen, durch den Antigenreiz ausgelöst, die spezifischen ***Immunprodukte***. Es sind besondere Moleküle (Antikörper, die von B-Lymphozyten gebildet werden) oder besondere Zellen (T-Lymphozyten). Diese besitzen kritische Bauelemente, die in ihrem Aufbau jeweils der Struktur des stimulierenden Antigens entsprechen. Im Hinblick auf dieses Antigen haben sie deshalb ein selektiv-exkluxives Reaktionsvermögen. Da diese beiden Elemente die eigentlichen Träger des Schutzes sind, den die Immunisierung verleiht, nennt man sie auch ***Effektoren***. Kurz gesagt: Das Immunsystem reagiert auf die induzierende Wirkung des Antigens mit der Bildung spezifischer Effektoren (nämlich Antikörpern und/oder T-Lymphozyten). Deshalb wird der erste Abschnitt der Immunreaktion zusammenfassend als ***Induktionsphase*** bezeichnet. Das komplexe Geschehen wird in den Kapiteln 8 und 9, S.182ff und S.195ff, erklärt.
- Die zweite Phase der Immunreaktion wird eingeleitet, wenn die Immunprodukte mit dem Antigen in Berührung kommen. Die Effektoren erkennen das Antigen als dasjenige wieder, welches ihre Bildung veranlaßte und reagieren mit ihm. Diese Reaktion behindert die schädlichen Wirkungen des Antigens und leitet dessen Eliminierung ein. Die zweite Phase der Immunreaktion wird deshalb als ***Abwehr-, Effektor-*** oder ***Leistungsphase*** bezeichnet.

Epitope

Antigene bestehen aus Makromolekülen; auf deren Oberfläche befinden sich frei zugängliche Strukturelemente, die man ***Epitope*** oder ***Determinanten*** nennt. Als Epitope können zahlreiche Stoffgruppen dienen, z. B. einfache Zucker, Oligopeptide aus 6–8 Aminosäuren oder organische Ringstrukturen wie Benzol. Die Dimensionen des Epitops liegen bei Werten wie 25 × 25 × 25 Å. Die chemischen Möglichkeiten der Epitop-Vielfalt sind kaum abschätzbar: Die Zahl der denkbaren Epitopstrukturen ist wesentlich höher als 10^{12}.

Immunkomplexe

Die immunologische ***Spezifität*** des Antigens wird durch die Tatsache erkennbar, daß ein gegebenes Epitop den Immunapparat veranlaßt, ***Immunprodukte*** (Antikörper oder aktivierte T-Lymphozyten) zu bilden, die dem Epitop Struktur-komplementär sind (Paratope), sich zu ihm also so verhalten wie das Schloß zum Schlüssel oder der Prägestempel zur Münze. Wir erkennen die strukturelle Komplementarität zwischen Paratop und Epitop z. B. durch die Bindung des Antikörpers an das Antigen. Es entsteht ein ***Antigen-Antikörper-Komplex***; als Synonymbezeichnung verwendet man auch den Ausdruck ***Immunkomplex***.

Die Reaktionsfähigkeit eines gegebenen Antikörpers gegenüber dem Epitop ist exklusiv: Ein bestimmter Antikörper reagiert im Prinzip nur mit derjenigen Epitopstruktur, die zu seiner Bildung Anlaß gab; mit Epitopen anderer Struktur reagiert er nicht. Der Antikörper kann also zwischen verschiedenen Epitopen dadurch unterscheiden, daß er sich selektiv mit dem für ihn komplementären Epitop verbindet. Man pflegt zu sagen, daß der Antikörper „sein" Epitop ***erkennt***. Umgekehrt sagt man, das Antigen „erkenne" den ihm ***korrespondierenden*** Antikörper.

An Stelle des Ausdrucks „korrespondierend" benutzt man vielfach die Ausdrücke ***„homolog"*** oder ***„strukturkomplementär"***. In diesem Sinne heißt es: „Ein Antikörper reagiert nur mit dem homologen Antigen" oder „Die erworbene Immunität gilt nur für den homologen Erreger". Die besondere Fähigkeit eines gegebenen Antikörpers, das homologe, aber kein anderes Antigen zu erkennen, wird durch das Wort „zuständig" zum Ausdruck gebracht. Man sagt: „Für die Erkennung des Epitops x ist der homologe Antikörper zuständig." Der Ausdruck „Zuständigkeit" bezieht sich auf die Frage, welcher Ausschnitt aus dem Riesenspektrum der Epitopstrukturen von einem Antikörper oder einer analogen Zellstruktur erkannt werden kann. (Der aus dem englischen Sprachgebrauch stammende Ausdruck „Kompetenz" hat eine andere Bedeutung: Er bezieht sich auf den funktionellen Reifegrad des Immunorgans bzw. der Immunzelle.)

Die Fähigkeit des Immunsystems, auf eine enorme Vielfalt von Epitopen stets spezifisch, also strukturadäquat zu antworten, galt bis in die fünfziger Jahre als eines der großen Rätsel. Heute kann man die Strukturvielfalt der möglichen Immunprodukte befriedigend erklären, und die Antikörperdiversität ist kein Geheimnis mehr.

Antigene

Die Epitopstruktur ist zwar für die unverwechselbaren Eigenschaften des Antigens, d. h. für dessen Spezifität, verantwortlich. Für sich allein ist ein Epitop jedoch nicht in der Lage, den Immunapparat zu stimulieren. Die immunisierende Wirkung entsteht erst dann, wenn das Epitop *Bestandteil eines Makromoleküls* ist. Stoffe, deren Molekulargewicht unter dem Wert von etwa 2000 liegt, bleiben gegenüber dem Immunsystem wirkungslos. Man trennt deshalb bei einem Antigen das Epitop von seinem makromolekulären *Träger* begrifflich ab: Der Träger ist maßgebend für die ***Immunogenität*** und das Epitop für die *Spezifität*. Immunogen ist ein Stoff dann, wenn er das Immunsystem stimulieren kann. So kann z. B. ein einfaches Disaccharid aus Glukuronsäure und Glukose für sich allein keine Immunreaktion auslösen. Koppelt man diese Zucker aber an ein Protein, so entsteht ein immunogenes Produkt, bei dem die Zuckermoleküle als Epitope wirken. Wir bezeichnen ein freies, nicht-makromolekulares Epitop als ***Hapten*** und das makromolekulare Kopplungsprodukt als ***Voll-Antigen***. Gegenüber dem lebenden Organismus ist das Hapten für sich allein unwirksam; erst als Bestandteil des Voll-Antigens erlangt es seine immunisierende Wirksamkeit.

Zelluläre Immunität

Das Gesagte gilt für den Antikörper und sein homologes Antigen. T-Lymphozyten erkennen lediglich Proteinantigene. Die Antigendeterminanten dieser Proteine werden aber nicht direkt erkannt. Vielmehr muß das T-Lymphozyten-Antigen zuerst von einer Wirtszelle in geeigneter Weise verarbeitet werden und wird dann auf deren Oberfläche von Molekülen dargeboten, welche von einem bestimmten Gen-Komplex, dem ***Haupt-Histokompatibilitäts-Komplex***, kodiert werden (s. Kap. 7, S. 179). Man nennt diese Vorgänge auch ***Prozessierung*** und ***Präsentation des Antigens***. Der T-Lymphozyt erkennt ein Peptid aus 8 bis 10 Aminosäuren, das vom Fremdantigen stammt, in Assoziation mit einem körpereigenen Molekül des Haupt-Histokompatibilitäts-Komplexes.

Resistenz

Die Widerstandsfähigkeit gegen Infektionen ist nicht ausschließlich an das Vorhandensein der erworbenen, spezifischen Immunität gebunden. Das Immunorgan verfügt über Teilsysteme, die dem Organismus ohne vorausgehende Infektion antimikrobiellen Schutz bieten. Die dadurch bewirkte Widerstandsfähigkeit ist ***angeboren*** (nicht erworben) und ***unspezifisch***, d. h. prinzipiell unabhängig von der Erregerspezies. Sie wird als Basisabwehr bezeichnet.

Die antimikrobielle Basisabwehr stellt einen Teil der ***natürlichen Resistenz*** dar. Zur natürlichen Resistenz gehören die verschiedenartigsten Schutz- und Abtötungsmechanismen. In diesem Sinne wirken z. B. die mit Schleim und Flimmerepithelien ausgestatteten Schleimhäute des Respirationstraktes oder die Darmperistaltik, die den laufenden Weitertransport des Darminhalts mit seinen unzähligen Mikroorganismen bewirkt. Diese Mechanismen haben mit dem Immunsystem direkt nichts zu tun; sie werden an anderer Stelle behandelt.

Nach Überwindung der äußeren Barrieren treffen Krankheitserreger auf die zellulären und humoralen Träger der Basisabwehr. Die wichtigsten Vorgänge sind hier die Keimaufnahme (***Phagozytose***) und die darauf folgende Keimabtötung durch Freßzellen. Die Phagozytose obliegt in erster Linie den ***Granulozyten*** und den Zellen des ***mononukleär-phagozytären Systems***. Eine besondere Funktion üben ***Natural-Killer-Zellen*** aus; sie sind in der Lage, virusinfizierte Zellen und Tumorzellen durch Kontakt extrazellulär abzutöten.

Unter den humoralen Faktoren ist das ***Komplement*** an erster Stelle zu nennen. Es lysiert Bakterien und neutralisiert Viren. Hochwirksam ist auch das ***Interferon***, welches die intrazelluläre Virusvermehrung hemmt.

Am Ort der mikrobiellen Absiedlung kann es zusätzlich zu einer Entzündungsreaktion kommen, in deren Verlauf weitere Zellular- und Humoralfaktoren aktiviert werden. Die genannten Mechanismen werden bereits vor dem Beginn der spezifischen Immunantwort ausgelöst. Später wird ihre Aktivität durch die Faktoren der spezifischen Immunität verstärkt und reguliert; die Unterstützung und Verstärkung der Basisabwehr durch die spezifischen Immunprodukte ermöglicht in diesem Stadium die gezielte und kontrollierte Abwehr von Krankheitserregern. Eine Übersicht über das Zusammenspiel der wichtigsten Faktoren und Zellen des Immunsystems gibt Tabelle 1.1.

Tabelle 1.1. Wichtige spezifische Faktoren und Zellen der Immunantwort und ihr Zusammenspiel

System	Effekt
Unspezifisch:	
Interferon	Hemmung der Virusvermehrung
Komplement	Bakterienlyse, Virusneutralisation, Entzündung
Granulozyten	Phagozytose, Keimabtötung, Entzündung
Mononukleäre Phagozyten	Phagozytose, Keimabtötung, Entzündung
Natural-Killer Zellen	Lyse von Tumorzellen und virusinfizierten Zellen
Spezifisch:	
Antikörper	Virus- und Toxin-Neutralisation
zytolytische T-Zellen	Lyse von Tumorzellen und virusinfizierten Zellen
Unspezifisch-unspezifisch:	
Komplement → Granulozyten	Granulozyten-Anlockung, Opsonisierung
Unspezifisch-spezifisch:	
Mononukleäre Phagozyten → Helfer/Induktor-T-Zellen	Induktion einer Immunantwort
Spezifisch-spezifisch:	
Helfer/Induktor-T-Zellen → B-Zellen	Aktivierung der Antikörpersynthese
Helfer/Induktor-T-Zellen → Zytolytische T-Zellen	Aktivierung zytolytischer Effektorfunktion
Suppressor-T-Zellen → Helfer/Induktor-T-Zellen	Unterdrückung der Immunantwort
Spezifisch-unspezifisch:	
Antikörper →Komplement	Bakterienlyse, Virusneutralisation
Helfer/Induktor-T-Zellen → mononukleäre Phagozyten	Makrophagen-Anlockung und Aktivierung zu gesteigerter Bakterizidie und Tumorizidie
Antikörper → Granulozyten	Opsonisierung
Antikörper → mononukleäre Phagozyten	Opsonisierung
Antikörper →Natural-Killer-Zellen	Antikörper-vermittelte zelluläre Zytotoxizität
Antikörper → Eosinophile	Sofortallergie

2 Die Zellen des Immunsystems

S. H. E. Kaufmann

INHALTSÜBERSICHT

2.1 Hämopoese 134
2.2 Polymorphkernige Granulozyten 134
2.3 Lymphozyten 134
2.4 Zellen des mononukleär phagozytären Systems 138
Zusammenfassung 139

2.1 Hämopoese

Das Immunsystem besteht aus verschiedenen Zellpopulationen, die sich aus einer gemeinsamen Stammzelle entwickeln. Im Blut eines Säugers findet man die Vertreter sämtlicher Populationen in Gestalt der weißen Blutkörperchen (Leukozyten). Leukozyten entstehen aus ***pluripotenten Stammzellen***, die beim Erwachsenen im Knochenmark angesiedelt sind; zwei Wege der Differenzierung werden beschritten:

- ***Myeloide Entwicklung:*** Es entstehen ***Granulozyten*** und ***Monozyten***. Diese Zellen üben als *Phagozyten* wichtige Effektorfunktionen bei der Basisabwehr aus. Sie können Strukturunterschiede nur in beschränktem Maße erkennen.
- ***Lymphoide Entwicklung:*** Es entstehen die Träger der spezifischen Immunantwort, die ***T-*** und ***B-Lymphozyten***. Ihre Fähigkeit, Strukturunterschiede zu erkennen, ist sehr groß.

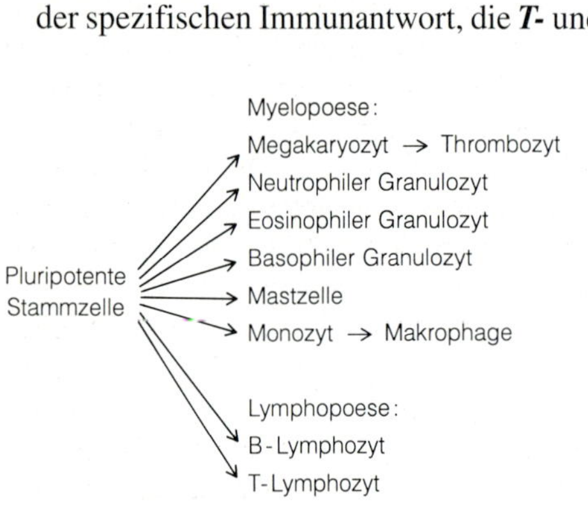

Abb. 2.1. Schema der Hämopoese. Über die Myelopoese entstehen Thrombozyten, Granulozyten, Mastzellen und mononukleäre Phagozyten (Monozyten und Makrophagen), über die Lymphopoese entwickeln sich B- und T-Lymphozyten

Aus der einheitlichen Stammzelle entwickeln sich auch die übrigen Blutzellen, die *Erythrozyten* und *Thrombozyten*; diese Zellen tragen nur wenig zur Immunantwort bei. Die Entwicklung der Erythrozyten und Thrombozyten wird nicht als eigenständig angesehen; man betrachtet sie als Teil der Myelopoese, da eine gemeinsame Stammzelle experimentell nachgewiesen werden konnte. Somit sind alle Blutzellen Abkömmlinge einer gemeinsamen pluripotenten hämatopoetischen Stammzelle. Die Hämopoese ist schematisch in Abb. 2.1 dargestellt.

2.2 Polymorphkernige Granulozyten

Die polymorphkernigen Granulozyten sind kurzlebige Zellen (Lebensdauer etwa zwei bis drei Tage), die 60–70% aller weißen Blutkörperchen ausmachen. Granulozyten spielen bei der akuten Entzündungsreaktion eine vielfältige Rolle. Diese Zellen haben einen ***gelappten Kern*** und sind reich an ***Granula*** (Abb. 2.2). Die Granula sind zellbiologisch als eine besondere Ausprägung der Lysosomen aufzufassen. In diesen Granula findet man zahlreiche biologisch aktive Moleküle, welche die Granulozytenfunktionen vermitteln. Entsprechend den funktionellen Aufgaben unterscheidet sich der Inhalt der Granula von Zelltyp zu Zelltyp beträchtlich.

Dies kann man durch eine einfache Färbung nach *Giemsa* zeigen. Dabei wird ein Blutausstrich mit einer

Mischung aus Methylenblau und Eosin gefärbt. Bei saurem Inhalt der Granula überwiegt die Reaktion mit dem basischen Methylenblau (blaue Färbung): Wir haben es mit ***basophilen*** Granulozyten zu tun. Bei basischem Inhalt überwiegt die Reaktion mit dem sauren Eosin (rote Färbung): Es handelt sich um azidophile bzw. (gebräuchlicher) ***eosinophile*** Granulozyten. Besteht der Inhalt der Granula aus einer Mischung von basophilen und azidophilen Molekülen (schwach rosa Färbung), werden die Granulozyten als ***neutrophil*** bezeichnet.

Neutrophile polymorphkernige Granulozyten

Kurzbezeichnung: ***Neutrophile***. Sie bilden den überwiegenden Anteil (ca. 90%) der Granulozyten. Sie sind in der Lage, die verschiedensten Arten von Mikroorganismen zu phagozytieren und abzutöten; man kann sie als die Allroundzellen der akuten Entzündung bezeichnen (s. Kap. 9 und 10).

Neutrophile Granulozyten besitzen zwei Typen von Granula: *Primäre (azurophile) Granula* machen etwa 20% der Granula aus; sie enthalten u. a. verschiedene Hydrolasen, Lysozym, Myeloperoxidase (ein Schlüsselenzym bei der Bildung reaktiver Sauerstoffmetabolite) und kationische Proteine. Die *sekundären Granula* enthalten hauptsächlich Lysozym und Laktoferrin. Nach der Phagozytose befinden sich die Mikroorganismen zunächst in den ***Phagosomen***, welche anschließend mit den Granula (***Lysosomen***) verschmelzen. In den so entstandenen Phagolysosomen wirken dann die genannten Inhaltsstoffe der Granula auf die Mikroorganismen ein. Der Vorgang der Bakterienabtötung und die Rolle der Inhaltsstoffe wird im Kapitel 9 genauer beschrieben.

Basophile polymorphkernige Granulozyten

Kurzbezeichnung: ***Basophile***. Sie machen weniger als 1% der Blutleukozyten aus. Bei diesen Zellen fallen besonders die prallgefüllten Granula auf. Sie enthalten hauptsächlich Heparin, Histamin und Leukotriene. Basophile zeigen eine *geringe Phagozytoseaktivität*. Nach geeigneter Stimulation geben sie ihre Inhaltsstoffe nach außen ab; auf diese Weise lösen sie die typischen Reaktionen der ***Sofortallergie*** aus (s. Kap. 10). Diese Ausschüttung geht mit einer mikroskopisch nachweisbaren ***Degranulation*** einher. Die Reaktion wird durch Antikörper der IgE-Klasse initiiert, die sich über entsprechende Rezeptoren an die Basophilen binden (s. Kap. 4).

Mastzellen

Sie sind hauptsächlich in der Mukosa zu finden. Die Beziehung zwischen Mastzellen und Basophilen ist nicht völlig geklärt. Man kann die Mastzellen als gewebeständige Basophile ansehen; sie sehen ähnlich wie diese aus und haben eine ähnliche Funktion (s. Kap. 9).

Eosinophile polymorphkernige Granulozyten

Kurzbezeichnung: ***Eosinophile***. Sie stellen beim Gesunden etwa 3% der Granulozyten dar. Obwohl Eosinophile phagozytieren können, neigen sie eher dazu, ihren Granulainhalt an das umgebende Milieu abzugeben (Degranulation). Die Rolle der Eosinophilen ist nicht völlig geklärt; sie spielen möglicherweise bei der Abwehr von Infektionen mit ***Helminthen*** (Würmern) eine wichtige Rolle. Zusätzlich sind sie an den Reaktionen, die bei der *Sofortallergie* auftreten, beteiligt.

2.3 Lymphozyten

Im Körper eines Erwachsenen befinden sich 10^{12} Lymphozyten; täglich werden 10^9 Lymphozyten neu gebildet. Die Vertreter der beiden Lymphozyten-Linien werden ***T-Zellen und B-Zellen*** genannt. Die Initialen T und B leiten sich von den primären Organen Thymus und Bursa Fabricii ab, in denen die Differenzierung in reife T- bzw. B-Zellen stattfindet. (Die Bursa Fabricii existiert allerdings nur bei Vögeln. Bei Säugern ist ein distinktes Organ, das für die B-Lymphozyten-Reifung allein zuständig wäre, nicht zu finden. Beim Menschen werden die Aufgaben der Bursa von der fötalen Leber und dem Knochemark erfüllt.)

Im ruhenden Zustand zeigen beide Zelltypen die gleiche Morphologie. Sie besitzen einen runden Kern, der von einem dünnen agranulären Plasmasaum umgeben ist (Abb. 2.2). Beide Populationen besitzen die Fähigkeit zur spezifischen Antigenerkennung. Die Art der Antigenerkennung und die daraus resultierenden Funktionen sind jedoch völlig verschiedenartig.

T- und B-Lymphozyten können aufgrund ihres *Zellaufbaus* unterschieden werden: Beide tragen in der Zellmembran Moleküle, welche für die beiden Populationen jeweils charakteristisch sind. Diese Moleküle wirken auch als Antigene; man kann mit ihnen spezifische Antikörper herstellen. Mit deren Hilfe können die Zellen jeweils in eine Antikörper-bindende und eine Antikörper-nichtbindende Population unterteilt werden. Die so dargestellten Moleküle wer-

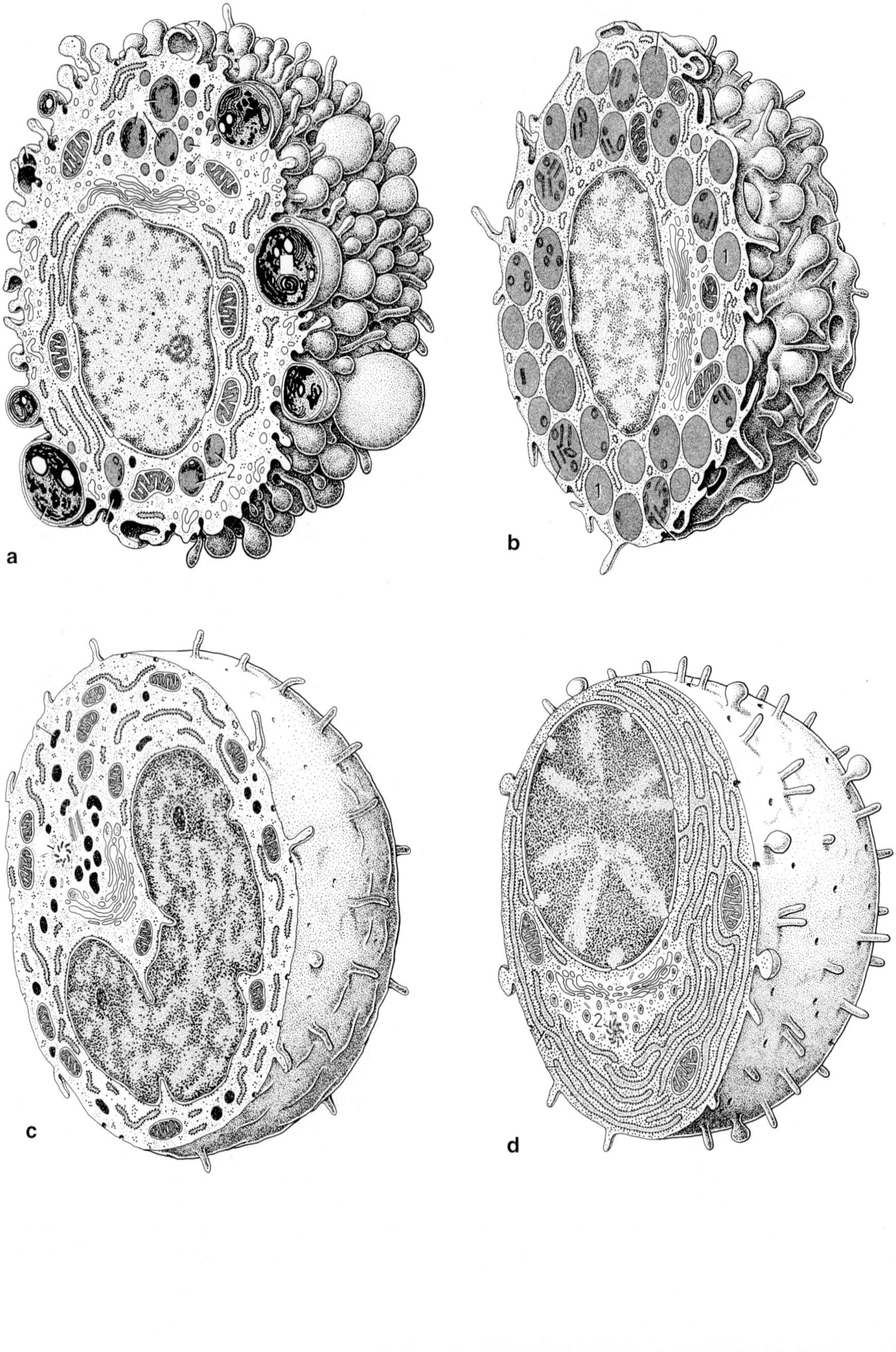
a
b
c
d

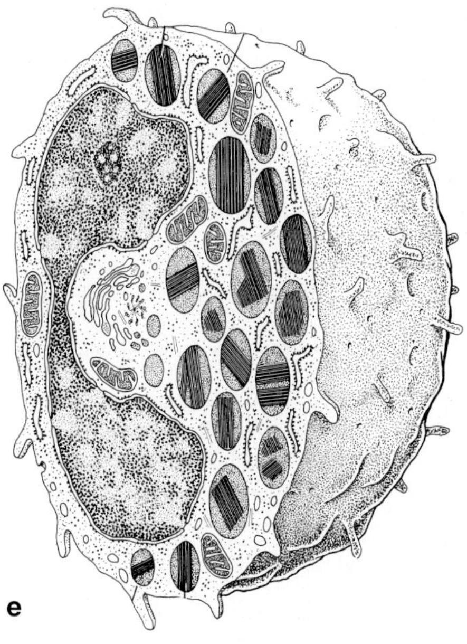

e

Abb. 2.2 a–e. Wichtige Zellen des Immunsystems. **a** Gewebsmakrophage, **b** Mastzelle, **c** Blutmonozyt, **d** aktivierter Lymphozyt (Plasmazelle), **e** eosinophiler Granulozyt. (Aus Krstić 1988)

den auch als ***Marker*** oder ***Differenzierungsantigene*** bezeichnet. Differenzierungsantigene erfüllen im Idealfall folgende Bedingungen:

- Innerhalb der zu untersuchenden Zellmischung werden sie von der fraglichen Population exklusiv exprimiert;
- Sie sind stabil und auf allen Zellen der fraglichen Population vorhanden. Die immunologisch unterscheidbaren Marker haben sich als äußerst nützliche Merkmale erwiesen. Sie erlauben die Aufgliederung der Zellen in Populationen und Subpopulationen, darüber hinaus ermöglichen sie die Charakterisierung bestimmter Differenzierungsstadien innerhalb einer Zellpopulation.

Für die Bezeichnung von definierten Leukozyten-Differenzierungsantigenen hat sich das CD-System (von „cluster of differentiation") durchgesetzt: Die einzelnen Antigene werden dabei fortlaufend numeriert. Tabelle 2.1 gibt eine Übersicht über die wesentlichsten CD-Antigene. Der Leser wird vielen dieser CD-Antigene bei der Beschreibung der einzelnen Leukozytenklassen wieder begegnen.

T-Lymphozyten sind die Träger der *spezifischen Zellular-Immunität* (s. Kap. 8). Beim Menschen stellt das ***CD3-Molekül*** den wichtigsten T-Zellmarker dar; es wird auf allen peripheren T-Zellen exprimiert. Bei der Maus ist neben dem CD3-Molekül noch das ***Thy1-Molekül*** zu nennen. Für reife T-Zellen gilt beim Menschen das Symbol $CD3^+$ und bei der Maus $CD3^+$ $Thy1^+$.

B-Lymphozyten sind die Träger der *spezifischen Humoral-Immunität* (s. Kap. 4). Sie tragen auf ihrer Oberfläche ***Immunglobuline*** (= Antikörpermoleküle). Nach Stimulation durch das Antigen differenzieren B-Lymphozyten zu ***Plasmazellen*** und sezernieren dann Antikörper in das umgebende Milieu. Die zellständigen Immunglobuline sind ein wertvoller Marker (Differenzierungsantigen) für B-Zellen; sie werden auf allen B-Zellen exklusiv und stabil exprimiert.

Große granuläre Lymphozyten bilden neben den T- und B-Zellen die dritte Lymphozytenpopulation. Die Kenntnis über ihren Aufbau und ihre Funktion ist noch lückenhaft. Die Zellen sind größer als B- und T-Lymphozyten. Sie besitzen zahlreiche Granula und einen bohnenförmigen Kern. Obwohl sie eine lymphoide Entwicklung durchmachen, fehlen ihnen die klassischen *Marker* der T- und B-Lymphozyten. Bis vor kurzem waren überhaupt keine populationsspezifischen Oberflächenstrukturen bekannt. Dies führte zu der Bezeichnung *„Null-Zellen"*. Inzwischen hat sich herausgestellt, daß die großen granulären Lymphozyten einige T-Zell-Differenzierungsantigene tragen. Außerdem wurde ein Marker beschrieben, der für große granuläre Lymphozyten des Menschen charakteristisch ist und NKH1 genannt wird.

Die Hauptfunktion dieser Zellen ist die Abtötung von malignisierten bzw. virusinfizierten Zellen des eigenen Organismus. Die Aktion kann über zwei verschiedene Erkennungsmechanismen eingeleitet werden.

- Die großen granulären Lymphozyten fungieren als sogenannte ***Natural-Killer (NK)-Zellen***. Sie besitzen einen Rezeptor, welcher es ihnen ermöglicht, Tumorzellen verschiedenen Typs zu erkennen. Da die Wirksamkeit dieser Zellen *unabhängig von einer vorausgehenden Immunisierung* ist (also „natürlicherweise" vorkommt), wählte man bei ihrer Entdeckung den Namen NK-Zellen.
- Die großen granulären Lymphozyten besitzen Rezeptoren zur Erkennung von besonderen Strukturelementen auf den Antikörpern der IgG-Klasse

Tabelle 2.1. Wichtige CD-Antigene

CD-Bezeichnung	Andere Bezeichnungen	Charakteristisches Merkmal
CD1	T6, Leu6	Gemeinsames Antigen auf Thymozyten
CD2	T11, Leu5, LFA-2[a]	Rezeptor für Schafserythrozyten (Rosettenbildung)
CD3	T3, Leu4	Gemeinsames Antigen auf peripheren T-Zellen
CD4	T4, Leu3 (Maus: L3T4)	Charakteristisches Antigen für Helfer/Induktor-T-Zellen
CD8	T8, Leu2 (Maus: Lyt2)	Charakteristisches Antigen für Suppressor-T-Zellen und zytolytische T-Zellen
CD11a	α-Kette des LFA-1[a]	Teil eines Zell-Interaktionsmoleküls auf zytolytischen T-Zellen und Natural-Killer-Zellen
CD11b	α-Kette des CR3[b], Mac1, Mo1	Teil des Rezeptors für C3bi auf Neutrophilen und mononukleären Phagozyten
CD11c	LeuM5, α-Kette des p150, 95 (CR4)	Teil eines Zell-Interaktionsmoleküls auf Makrophagen und Neutrophilen, welches auch als Rezeptor für C3dg fungiert
CD16	Leu11, Fc-γ-RIII[c]	Fc-Rezeptor auf Neutrophilen und Makrophagen für IgG1 und IgG3
CD18	β-Kette des LFA-1[a], CR3, p150, 95	siehe CD11a, CD11b und CD11c
CD21	CR2	Rezeptor auf B-Zellen für C3d und C3dg
CD23	Fc-ε-RII[c]	Fc-Rezeptor auf Mastzellen und Basophilen für IgE
CD25	Tac	Rezeptor für IL-2
CD32	Fc-γ-RII[c]	Fc-Rezeptor auf Neutrophilen und Monozyten für IgG1, IgG2a, IgG2b
CD35	CR1	Rezeptor auf mononukleären Phagozyten, Neutrophilen und B-Zellen für C3b und C4b
CD45	T200, Leu18	Gemeinsames Antigen auf Leukozyten

[a] LFA = Leukozyten-Funktions-Antigen. [b] CR = Komplement-Rezeptor. [c] FcR = Rezeptor für das Fc-Stück von Ig.

(***Fc-Rezeptoren***, s. Kap. 4 und 9). Auf diese Weise können sie mit antikörper-markierten Zellen reagieren, ohne die Zell-Antigene direkt zu erkennen. Zellen mit dieser Funktion wurden früher *Killer (K)-Zellen* genannt. Dieser Vorgang wird als Antikörper-vermittelte zelluläre Zytotoxizität bezeichnet (im englischen Sprachgebrauch: antibody dependent cellular cytotoxicity, kurz ***ADCC***).

Da die NK- und K-Funktion bekannt wurde, bevor die Zellen morphologisch charakterisiert waren, wurden sie früher zwei unterschiedlichen Zellpopulationen zugeordnet. Heute weiß man, daß beide Funktionen von ein und derselben Zelle vermittelt werden können; man weiß ferner, daß diese Zelle zwei unabhängige Rezeptoren besitzt, die jeweils für die K- und die NK-Funktion zuständig sind. Die Granula dieser Zellen enthalten wahrscheinlich Substanzen, die den eigentlichen Lyseprozeß bewirken (hierzu s. Kap. 8).

2.4 Zellen des mononukleär phagozytären Systems

Die Zellen des ***mononukleär phagozytären*** Systems findet man im ganzen Körper verteilt, u. a. in der Leber, in lymphatischen Organen, im Bindegewebe, im Nervensystem und in den serösen Höhlen. Diese ***Gewebsmakrophagen*** oder ***Histiozyten*** entwickeln sich aus ***Blutmonozyten***, die in das entsprechende Gewebe einwandern. Blutmonozyten haben einen bohnenförmigen Kern, einen gut ausgebildeten Golgi-Apparat und zahlreiche Lysosomen mit einer reichen Ausstattung an Enzymen (Abb. 2.2). Obwohl sich die Makrophagen der verschiedenen Organe morphologisch unterscheiden, gleichen sie sich in funktioneller Hinsicht: Alle sind in der Lage, Partikel zu phagozytieren und zu verdauen. Damit besitzen diese Zellen die Fähigkeit, zwei bedeutende Aufgaben der Immunantwort zu erfüllen. Es sind dies:

- Die Aufnahme, Verarbeitung (Prozessierung) und Präsentation von Proteinantigenen.
- Die Phagozytose, Abtötung und Verdauung von biologischen Fremdpartikeln, z. B. von Bakterien (s. Kap. 9 und 11).

Die Fähigkeit zur Antigenpräsentation ist kein Monopol der Makrophagen. Die ***Langerhans-Zellen*** der Haut und die ***Dendritischen Zellen*** der sekundären Lymphorgane sind ebenfalls ***präsentationstüchtig***;

ihre Beziehung zum mononukleär-phagozytären System ist unklar. Außerdem verfügen z. B. auch B-Lymphozyten und Endothelzellen über das Vermögen zur Antigenpräsentation. Alle Zellen dieses Funktionstyps werden unter dem Begriff ***„Antigen-präsentierende Zellen“*** oder „Akzessorische Zellen“ zusammengefaßt.

Die Antigenpräsentation stellt den ersten Schritt bei der spezifischen Stimulation von ***Helfer/Induktor-T-Zellen*** dar. Diese T-Zellen nehmen eine zentrale Regulatorfunktion wahr, die in Kapitel 8 ausführlich beschrieben wird. Hier sei nur erwähnt, daß sie die Abtötung und Verdauung von aufgenommenen Bakterien durch Makrophagen kontrollieren und somit das Vermögen haben, die biologische Leistung der Makrophagen zu steigern.

Damit üben die Makrophagen eine Doppelfunktion aus: Sie geben einerseits den Anstoß zur Antigenerkennung durch das T-Zellsystem, und sie beseitigen andererseits Fremdmaterial durch Phagozytose.

Zusammenfassung: Die Zellen des Immunsystems

Hämopoese: Entwicklung der Blutzellen aus einer gemeinsamen Stammzelle im Knochenmark.

Myeloide Entwicklung: Granulozyten und mononukleäre Phagozyten, daneben auch Erythrozyten und Thrombozyten.

Lymphoide Entwicklung: T- und B-Zellen.

Polymorphkernige Granulozyten: 60–70% aller Leukozyten; mit gelapptem Kern und granulareich. Aufgrund ihres Färbeverhaltens Unterscheidung in neutrophile, basophile und eosinophile Granulozyten.

Neutrophile: >90% der Granulozyten; professionelle Phagozyten bei der akuten Entzündung.

Basophile: <1% der Granulozyten; beteiligt an sofortallergischen Reaktionen.

Eosinophile: 3% der Granulozyten; beteiligt an der Helminthenabwehr und an sofortallergischen Reaktionen.

Mononukleäre Phagozyten: Blutmonozyten, Exsudatmakrophagen und Gewebsmakrophagen (Histiozyten). Wichtige Fähigkeiten: Phagozytose, Abtötung und Verdauung von Krankheitserregern sowie Aufnahme, Verarbeitung und Präsentation von Antigenen für T-Zellen (s. Kap. 9).

Lymphozyten: Vermittler der spezifischen Immunität; B-Zellen für humorale (s. Kap. 4), T-Zellen für zelluläre Immunität (s. Kap. 8). Außerdem große granuläre Lymphozyten, die als Natural-Killer-Zellen direkt oder durch Vermittlung von Antikörpern Tumorzellen abtöten.

3 Organe des Immunsystems

S. H. E. Kaufmann

INHALTSÜBERSICHT

3.1 Thymus 140
3.2 Bursa Fabricii und Bursa-Äquivalent 141
3.3 Lymphknoten 141
3.4 Kapselfreies lymphatisches Gewebe 142
3.5 Die Milz 142
3.6 Lymphozyten-Rezirkulation 142
Zusammenfassung 143

Die lymphatischen Organe lassen sich in zwei Kategorien – primäre und sekundäre – einteilen. Als *primäre* Organe betrachtet man das ***Knochenmark***, den ***Thymus*** und das ***Bursa-Äquivalent***. Als *sekundäre* gelten ***Milz, Lymphknoten*** und ***diffuses Lymphgewebe***.

Im Knochenmark entstehen aus einer pluripotenten Stammzelle die unterschiedlichen Vorläuferzellen (s. Kap. 2). Die Differenzierung und Reifung der Lymphozyten erfolgt *antigenunabhängig*, und zwar reifen die T-Lymphozyten im Thymus und die B-Lymphozyten in der Bursa Fabricii bzw. deren Äquivalent. In den sekundär-lymphatischen Organen kommt es zum Kontakt zwischen Antigen und Lymphozyten und damit zur *antigenspezifischen* Lymphozyten-Stimulation und Differenzierung. Eine Übersicht über die wichtigsten lymphatischen Organe gibt Abb. 3.1.

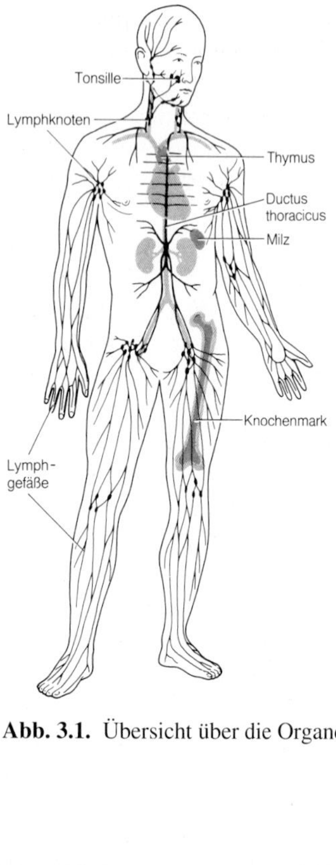

Abb. 3.1. Übersicht über die Organe des Immunsystems

3.1 Thymus

Der Thymus ist ein primär-lymphatisches Organ; hier findet die Differenzierung der T-Lymphozyten statt. Der Thymus wird von einer *Bindegewebskapsel* umgeben, von der aus zahlreiche *Trabekel* in das Innere ziehen; dadurch wird das Organ in *Lobuli* oder *Follikel* unterteilt. Innerhalb der einzelnen Lobuli kann man *Cortex* und *Medulla* unterscheiden.

Im Cortex liegen dicht gepackt unreife Thymozyten, die sich lebhaft teilen. Die Thymozyten der Medulla sind zum größten Teil ausdifferenziert und funktionstüchtig. Der Begriff Thymozyten umfaßt alle im Thymus vorhandenen Entwicklungsstufen der T-Lymphozyten vom Vorläufer bis zur reifen T-Zelle. Die T-Lymphozyten-Vorläufer wandern vom Knochenmark über das Blut in die kortikalen Thymusbereiche und von dort in die Medulla. Im Thymus vermehren und differenzieren sie sich. Der Großteil der Zellen stirbt ab (ca. 90%); der Rest verläßt den Thymus als reife, immunologisch kompetente T-Lymphozyten, die in der Lage sind, Antigen zu erkennen.

Das Thymusgewebe wird von einem mehr oder weniger dichten Netz aus *Epithelzellen* durchzogen, in das die Thymozyten eingebettet sind. Dem Epithelnetz liegen sogenannte *interdigitierende Zellen* auf, die von Knochenmarksvorläuferzellen abstammen. Die Epithelzellen und die interdigitierenden Zellen exprimieren in großen Mengen die Antigene des ***Haupt-Histokompatibilitäts-Komplexes*** (s. Kap. 7). Man nimmt an, daß die Einwirkung dieser Expressionsprodukte auf die Thymozyten den entscheidenden Schritt bei der Ausformung des T-Zell-Erkennungsrepertoires darstellt. Als ***Repertoire*** bezeichnet man die Gesamtheit aller durch Lymphozyten erkennbaren Strukturen.

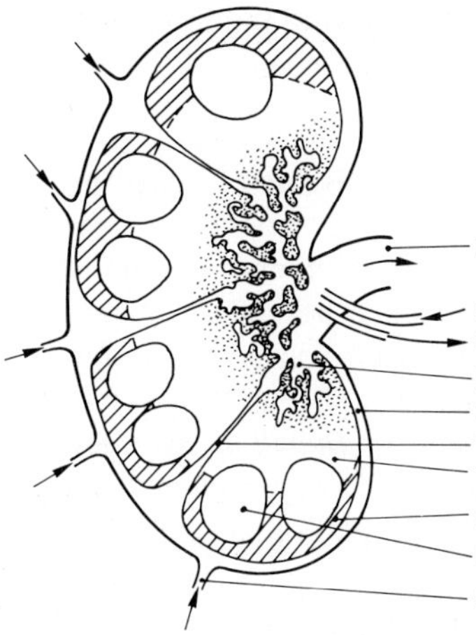

Abb. 3.2. Schematische Darstellung eines Lymphknotens

3.2 Bursa Fabricii und Bursa-Äquivalent

Die Bursa Fabricii ist ein primär-lymphatisches Organ; bei Vögeln findet hier die B-Zell-Differenzierung statt. Dieses Organ fehlt bei Säugern, und die B-Zell-Differenzierung läuft in weit verstreuten Bereichen ab, die zusammenfassend als ***Bursa-Äquivalent*** bezeichnet werden. Hierzu gehören beim Fötus die Leber und beim Erwachsenen das Knochenmark; in beiden Organen findet daneben auch die Haemopoese statt (s. Kap. 2).

3.3 Lymphknoten

Menschliche Lymphknoten haben die Form und Größe einer Bohne. Sie finden sich, in Gruppen angeordnet, an den verschiedensten Stellen des Körpers. Ein Lymphknoten ist für die ***Drainage*** eines bestimmten Körperbereichs zuständig; er stellt den Ort dar, an dem sich die ***spezifische Immunantwort*** gegen diejenigen Antigene abspielt, welche in den jeweils drainierten Körperbereich eingedrungen sind.

Der Lymphknoten ist von einer *Kapsel* umgeben, von der aus *Trabekel* radiär in das Innere ziehen (Abb. 3.2). Eine große Zahl von *afferenten Lymphgefäßen* mündet in den Knoten ein. Mit der zufließenden Lymphe wird das Antigen aus der Umgebung in den Lymphknoten transportiert. Im Hilus findet man das *efferente Lymphgefäß* und die versorgenden Blutgefäße. Ein Lymphknoten besteht aus einem *Netz von Retikulumzellen*, in das zahlreiche Lymphozyten eingebettet sind.

Die *B-Lymphozyten* finden sich in den ***kortikalen Primärfollikeln***. Nach einem Antigen-Reiz entwickeln sich daraus ***Sekundärfollikel***. Im Sekundärfollikel bildet sich ein Keimzentrum aus, welches bis hin zum Parakortex reicht. Hier differenzieren sich *antigenstimulierte B-Zellen* zu antikörper-produzierenden *Plasmazellen*. Die Lymphozyten des *interfollikulären Gebiets* befinden sich zum großen Teil auf der Wanderung durch den Lymphknoten; es sind hauptsächlich T-Zellen. Dementsprechend wird die äußere Rinde, in der die Follikel dominieren, als *thymusunabhängig* bezeichnet, während die tiefere Rinde, in der das interfollikuläre Gewebe vorherrscht, als *thymusabhängig* angesehen wird.

Bei der Wanderung der Lymphozyten vom Blut in die Lymphe stellen die Lymphknoten eine entscheidende Übergangsstelle dar. Die Blutkapillaren münden in die postkapillären Venolen; diese sind von kubischen Endothelzellen ausgekleidet. Endothelzellen und T-Lymphozyten besitzen jeweils *komplementäre Oberflächenmoleküle*; dadurch können die beiden Zelltypen miteinander interagieren. Nach dieser Interaktion durchwandern die Lymphozyten das Epithel; sie gelangen in das interfollikuläre Gewebe und schließlich in die efferente Lymphe.

Ein *Antigen*, das zum erstenmal in einen Lymphknoten gelangt, wird von den *Makrophagen* und den *dendritischen Zellen* in der tiefen Rinde abgefangen, sodann verdaut und verarbeitet; schließlich wird es den Lymphozyten in geeigneter Form *präsentiert*. Damit ist der Anstoß zur Immunreaktion gegeben. Als deren Resultat entstehen *Antikörper* und *T-Zellen*, die im Hinblick auf das induzierende Antigen spezifisch sind. Obwohl wir heute in der Lage sind, die Induktion einer Immunantwort in vitro zu imitieren, wissen wir über den Ablauf in vivo nur wenig.

3.4 Kapselfreies lymphatisches Gewebe

An denjenigen Stellen des Körpers, welche dem Angriff von Mikroorganismen besonders ausgesetzt sind, findet man Anhäufungen von geringgradig organisiertem Lymphgewebe, z. B. im Gastrointestinaltrakt. Man zählt dazu die ***Tonsillen*** im Rachenbereich, den ***Appendix*** und die ***Peyerschen Plaques*** im Jejunumbereich. Hier liegen Follikel mit plasmazell-reichem Keimzentrum, in denen insbesondere *Antikörper der Klasse IgA* produziert werden. Diese Effektoren sind Träger der lokalen Infektabwehr.

3.5 Die Milz

Die Milz hat die Aufgabe, Antigene aus dem Blutkreislauf abzufangen. Das Organ wird von einer *Kapsel* umgeben, von der aus *Trabekel* ins Innere ziehen. Das Milzgewebe wird in die *rote* und die *weiße Pulpa* unterteilt. Die rote Pulpa hat ihren Namen von den roten Blutkörperchen, die hier dominieren, während in der weißen Pulpa, die etwa 20% des Milzgewebes ausmacht, die weißen Blutkörperchen überwiegen. Die weiße Pulpa ist um die Arteriolen herum lokalisiert (Abb. 3.3). Die *periarteriellen Lymphozyten-Scheiden* sind reich an *T-Lymphozyten*. Die *B-lymphozyten-reichen Follikel* schließen sich an die T-Zellbereiche an. In Abhängigkeit vom Stimulationszustand können *primäre (unstimulierte)* von *sekundären (antigenstimulierten)* Follikeln unterschieden werden. Nur diese zeigen ein deutliches Keimzentrum.

Neben Lymphozyten findet man in der weißen Pulpa die für die Antigen-Verarbeitung und -Präsentation notwendigen *Makrophagen* und *dentritischen Zellen*.

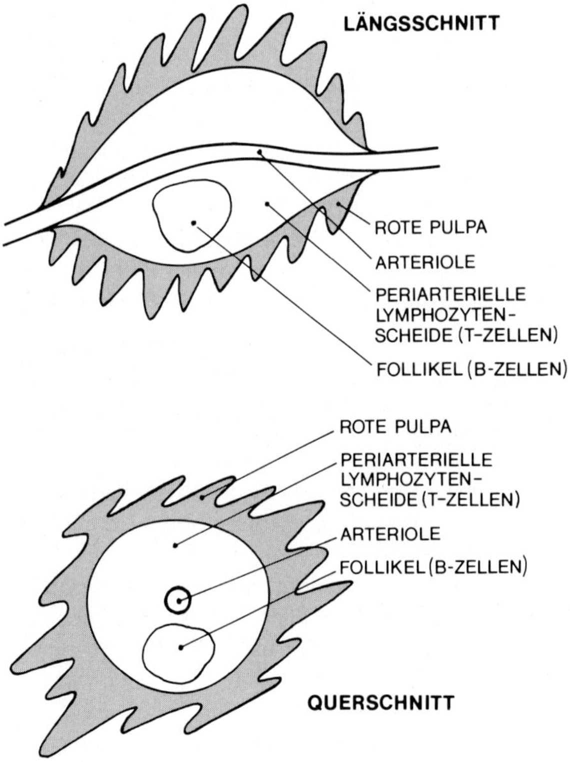

Abb. 3.3. Schematische Darstellung der weißen Milzpulpa. Im oberen Teil ist ein Längsschnitt und im unteren Teil ein Querschnitt dargestellt

3.6 Lymphozyten-Rezirkulation

Reife Lymphozyten befinden sich auf einer kontinuierlichen Wanderung (Rezirkulation) zwischen den sekundär-lymphatischen Organen. Die Lymphozyten-Rezirkulation ist ein wichtiger Vorgang; das Immunsystem hat dadurch die Möglichkeit, die Antigene von eingedrungenen Krankheitserregern mit dem Großteil des reifen Lymphozyten-Pools in Berührung zu bringen und auf diese Weise die Lymphozyten die Antigene ***„mustern“*** zu lassen.

Die Gewebelymphozyten erreichen über die *afferenten Lymphgefäße* die drainierenden *Lymphknoten*; sie verlassen diese sodann über die *efferenten* Gefäße und erreichen über den *Ductus thoracicus* die Blutbahn (Abb. 3.4). Den Blutkreislauf verlassen die Lymphozyten durch das spezialisierte Endothel der postkapillaren Venolen; dadurch gelangen sie wieder in die *Lymphe*. Der Übergang vom Blut in die Lymphe findet in erster Linie in den Lymphknoten statt.

Die Zahl der Lymphozyten, die aus den Blutkapillaren in andere Gewebe einwandern, ist normalerweise klein. Dies ändert sich bei bestimmten Entzündungsreaktionen, z. B. bei der Absiedlung von intrazellulären Bakterien oder bei einer verzögerten allergischen Reaktion; in diesen Fällen verläßt eine große Zahl von Lymphozyten den Blutkreislauf abseits der Lymphknoten und wandert in das befallene Gewebe ein. Auf diese Weise entstehen bei chronischen Entzündungen ***Granulome***, die in mehrfacher Hinsicht den lymphatischen Organen ähneln.

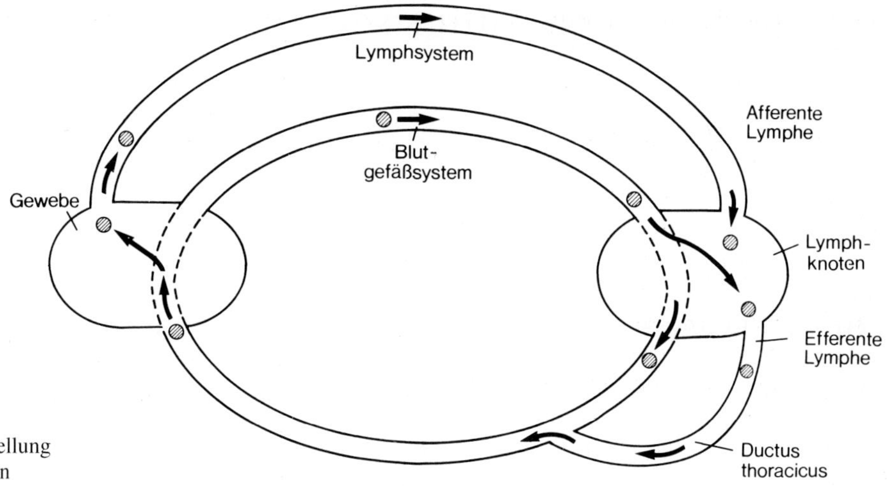

Abb.3.4. Schematische Darstellung der Lymphozyten-Rezirkulation

Die Anwesenheit von Antigen im Lymphknoten oder in der Milz eines bereits immunisierten Individuums bewirkt eine Verzögerung bei der Durchwanderung. Die Lymphozyten verweilen jetzt länger im lymphatischen Organ als sonst. Dies wird allgemein als ***„Trapping"*** (engl. für Abfangen) bezeichnet. Dieses Phänomen ermöglicht die Ausbildung einer effektiven Immunantwort gegen das eingedrungene Antigen.

Zusammenfassung: Organe des Immunsystems

Primäre Organe: Knochenmark, Thymus, Bursa-Äquivalent; hier reifen Lymphozyten antigen-unabhängig heran.

Sekundäre Organe: Milz, Lymphknoten, diffuses Lymphgewebe; hier kommt es zum Antigen-Kontakt und zur antigenspezifischen Lymphozyten-Aktivierung und -Differenzierung.

Thymus: Ort der T-Zell-Reifung und Ausprägung des Antigen-Repertoires der T-Zellen (Ausbildung der T-Zellen mit Spezifität für fremde Antigene und Ausschaltung der T-Zellen mit Spezifität für körpereigene Antigene).

Bursa-Äquivalent: Knochemark, fötale Leber; Ort der B-Zell-Differenzierung und Ausprägung des Antigen-Repertoires der B-Zellen.

Lymphknoten: für die Drainage eines bestimmten Körperbezirks zuständig; antigenspezifische B-Zell-Reifung in kortikalen Follikeln mit Keimzentrum (thymusunabhängig); T-Zellen im interfollikulären Gewebe der tieferen Rinde (thymusabhängig).

Diffuses Lymphgewebe: Tonsillen, Appendix, Peyer'sche Plaques; gering organisierte Follikel mit Plasmazellen, die vornehmlich IgA sezernieren.

Milz: Rote Pulpa zur Blutfilterung mit überwiegend Erythrozyten; weiße Pulpa mit überwiegend Leukozyten. B-Zellen überwiegen in Follikeln mit Keimzentren, T-Zellen überwiegen in den periateriellen Lymphozyten-Scheiden.

Lymphozyten-Rezirkulation: ermöglicht die Musterung des Gewebes auf Antigenablagerung; Lymphozyten wandern vom Gewebe über afferente Lymphgefäße in Lymphknoten, von da über efferente Lymphgefäße und Ductus thoracicus in die Blutbahn, von dort über postkapilläre Venolen wieder in das Gewebe.

4 Antikörper und Antigene

S. H. E. Kaufmann

INHALTSÜBERSICHT

4.1 Antikörper 144
4.1.1 Aufbau der Immunglobuline 144
4.1.2 Antikörperfragmente nach enzymatischem Abbau 145
4.1.3 Antikörper-Domänen 146
4.1.4 Antigenbindungsstelle und hypervariable Bereiche 147
4.1.5 Die einzelnen Antikörperklassen 147
4.2 Antigene 149
4.3 Mitogene 150
4.4 Adjuvanzien 150
4.5 Antikörper als Antigene 150
4.6 Verlauf der Antikörperantwort 151
4.7 Polyklonale, oligoklonale und monoklonale Antikörper 151
4.7.1 Produktion monoklonaler Antikörper durch B-Zellhybridome 152
4.8 Stärke der Antigen-Antikörper-Bindung . 152
4.9 Kreuzreaktivität und Spezifität 152
4.10 Folgen der Antigen-Antikörper-Reaktion in vivo 153
4.10.1 Toxin- und Virusneutralisation 153
4.10.2 Opsonisierung 153
4.10.3 Antikörperabhängige zellvermittelte Zytotoxizität 153
4.10.4 Komplementaktivierung 153
4.10.5 Allergische Sofortreaktion 153
4.10.6 Immunkomplex-Bildung in vivo 153
4.11 Die klonale Selektionstheorie als Erklärung für die Antikörpervielfalt 154
4.12 Genetische Grundlagen der Antikörperbildung 155
4.12.1 Einführung 155
4.12.2 Gen-Rearrangement und Spleißen 156
4.12.3 Die Größe der Diversität 157
4.12.4 Allelen-Ausschluß 158
4.12.5 Membranständige und freie Antikörper 158
4.12.6 Der Ig-Klassen-Wechsel (switch) 160
Zusammenfassung 160

4.1 Antikörper

Serumproteine werden durch Fällung mit neutralen Salzen (z. B. Ammoniumsulfat) in eine lösliche und eine unlösliche Fraktion aufgetrennt. Das lösliche Material stellt die ***Albumin-*** und das unlösliche die ***Globulinfraktion*** dar. Die Globulinfraktion enthält u. a. die Antikörper, die etwa 20% der gesamten Plasmaproteine ausmachen. Um die Antikörper von den anderen Proteinen der Globulinfraktion sprachlich abzugrenzen, benutzt man den Ausdruck ***„Immunglobuline“*** (Abkürzung: Ig). Durch elektrophoretische Trennung werden die Globuline in drei Fraktionen aufgeteilt, die als ***α-, β- γ-Globuline*** bezeichnet werden. Die Antikörper befinden sich weitgehend in der γ-Globulinfraktion.

4.1.1 Aufbau der Immunglobuline (IgG – Grundmodell)

Wir unterscheiden fünf *Antikörperklassen*, nämlich ***IgG***, ***IgM***, ***IgA***, ***IgD*** und ***IgE***. Der Aufbau der Antikörper kann für alle Klassen aus einem Grundmodell entwickelt werden. Dies soll im folgenden beschrieben werden.

Das Ig-Grundmodell hat die Form des Y: Es besteht aus zwei ***leichten*** Ketten (kurz L-Ketten, Molekularmasse 25 000 Dalton) und zwei ***schweren Ketten*** (kurz H-Ketten, von heavy = schwer, Molekularmasse 50 000 bis 70 000 Dalton je nach Ig-Klasse). In einem Ig-Molekül sind die leichten und die schweren Ketten jeweils miteinander identisch (Abb. 4.1). Sie werden durch kovalente Bindungen in Gestalt von

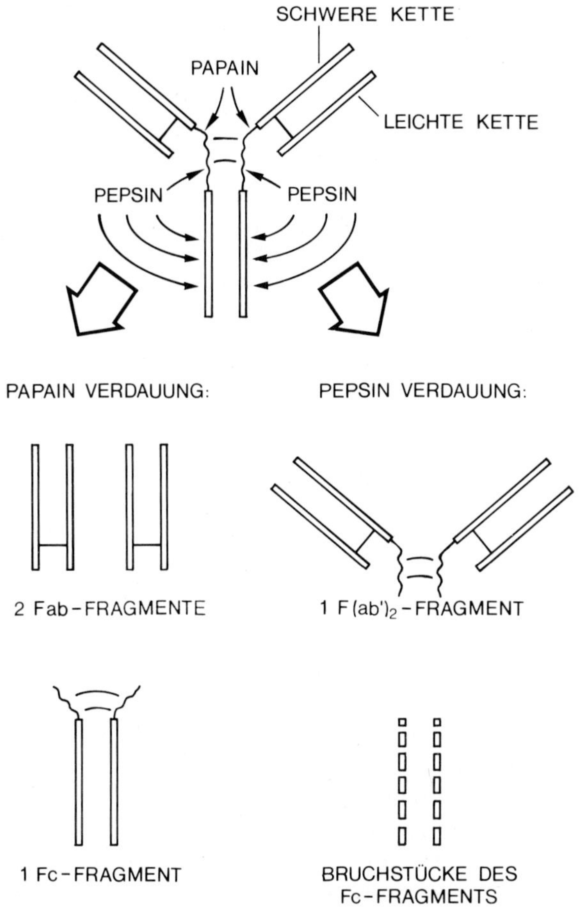

Abb. 4.1. Antikörpergrundstruktur und Antikörperbruchstücke. Die beiden schweren Ketten sind über zwei Disulphidbrücken verbunden. Die leichten Ketten sind über je eine Disulphidbrücke mit den schweren Ketten verbunden. Die gewellte Linie stellt die Gelenkregion dar

Disulfidbrücken und durch physikochemische Kräfte zusammengehalten.

Es gibt zwei verschiedene Ausprägungen der leichten Ketten; sie werden κ und λ genannt. Alle Antikörpermoleküle enthalten unabhängig von ihrer Klassenzugehörigkeit entweder L-Ketten vom κ-Typ oder L-Ketten vom λ-Typ. So enthält z. B. ein Ig-Molekül entweder zwei κ- oder zwei λ-Ketten.

Die schweren Ketten treten in fünf Formen auf; die Symbole sind γ, μ, α, ε und δ. Die H-Ketten-Charakteristik bestimmt die Ig-Klasse. IgG hat das H-Kettenmerkmal γ; IgM das Merkmal μ; für IgA gilt sinngemäß α; für IgE ε; für IgD δ. In jeder Ig-Klasse kommt nur ein einziger H-Kettentyp vor; er bestimmt die Ig-Klasse. In diesem Sinne enthält IgG stets γ-Ketten, IgM μ-Ketten, IgA α-Ketten, IgE ε-Ketten und IgD δ-Ketten.

Da sich die schweren Ketten der *Subklassen von IgG und IgA* nochmals voneinander unterscheiden, werden sie für den Menschen als γ1, γ2, γ3 und γ4 sowie als α1 und α2 bezeichnet. Die Grundstruktur der einzelnen Ig-Klassen kann leicht in einer Kurzbezeichnung ausgedrückt werden. Beim IgG1 lautet die entsprechende Formel γ1κ oder γ1λ; beim IgM lautet sie μκ oder μλ.

4.1.2 Antikörperfragmente nach enzymatischem Abbau

Zur Aufklärung der Antikörperstruktur haben Abbau-Studien mit den Enzymen Papain und Pepsin entscheidend beigetragen.

Papain spaltet das IgG-Molekül unter geeigneten Bedingungen in drei Fragmente. Zwei dieser Fragmente sind identisch; beide binden Antigen. Das dritte Fragment ist zur Antigenbindung unfähig. Bei Antikörpern ein- und derselben Klasse ist das Fragment homogen: Es kristallisiert leicht aus. Das Fragment wird deshalb als ***F_c-Stück*** bezeichnet (von *f*ragment *c*rystallizable). Das F_c-Stück vermittelt beim intakten Antikörper verschiedene biologische Funktionen; diese sind bei allen Antikörpern einer Klasse, unabhängig von der Antigenspezifität, vorhanden. Beispielsweise aktiviert das F_c-Stück des IgG oder des IgM das *Komplementsystem*. Das F_c-Stück des IgE vermittelt die Bindung dieser Antikörper an Mastzellen.

Im Unterschied zum F_c-Stück sind die antigenbindenden Fragmente bei Antikörpern von unterschiedlicher Spezifität heterogen: sie werden durch das Symbol ***F_{ab}-Fragment*** (von *f*ragment *a*ntigen *b*inding) gekennzeichnet. Das F_{ab}-Fragment ist somit für die Antigenspezifität verantwortlich, während das F_c-Fragment die biologische Funktion des Antikörpers vermittelt.

Durch Behandlung mit ***Pepsin*** wird das IgG-Molekül in zwei Bruchstücke gespalten. Das antigenbindende Fragment ist schwerer und enthält noch Disulfidbrücken; es besitzt zwei Antigenbindungsstellen und wird als $F_{(ab')2}$ bezeichnet. Der F_c-Abschnitt des Antikörpermoleküls zerfällt bei dieser Behandlung in mehrere Bruchstücke.

4.1.3 Antikörper-Domänen

Als Domänen bezeichnen wir Proteinabschnitte, die einen hohen Grad an Homologie aufweisen (Abb. 4.2). Hier bezieht sich der Ausdruck „Homologie" auf die Ähnlichkeit der Aminosäuren-Sequenz. Domänen sind wiederholt ausgeprägte (repetitive) Elemente einer Proteinkette; man führt ihre Abstammung auf eine gemeinsame Vorläufereinheit zurück. Bei Antikörpern umfaßt eine Domäne einen Abschnitt von ca. 110 Aminosäuren. Durch eine ketteneigene Disulfidbrücke erhält die Antikörper-Domäne die Struktur einer Schleife.

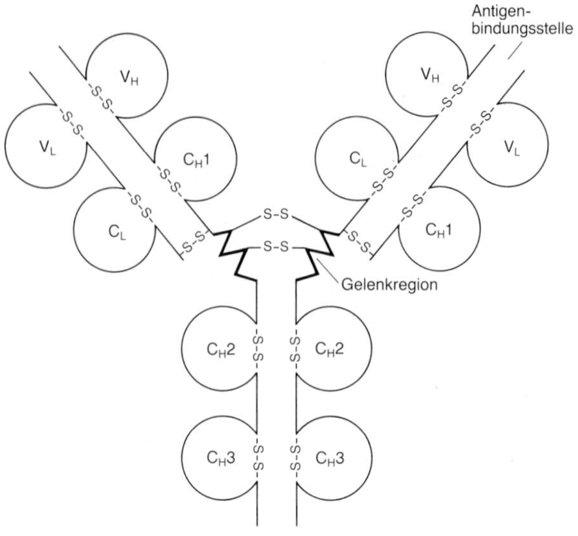

Abb. 4.2. Antikörperdomänen

4.1.3.1 Domänen der leichten Ketten

Die leichten Ketten vom κ- oder λ-Typ bestehen aus etwa 220 Aminosäuren. Die aminoterminalen 110 Aminosäuren zeigen bei Antikörpern verschiedener Spezifität eine hohe Variabilität. Dieser Bereich wird deshalb als *variable Region der leichten Kette* bezeichnet (kurz V_L bzw. V_κ und V_λ). Dagegen sind die karboxyterminalen 107 Aminosäuren bis auf geringe Unterschiede gleich; sie bilden die ***konstante Region*** (kurz C_L bzw. C_κ und C_λ). Die variable und konstante Region der leichten Kette bestehen damit aus jeweils einer Domäne. Betrachtet man den F_c-Abschnitt des Antikörpermoleküls als dessen Zentrum, so liegt die konstante Region der L-Kette zentralwärts und die variable Region peripherwärts.

4.1.3.2 Domänen der schweren Ketten

Die schweren Ketten unterscheiden sich voneinander stärker als die L-Ketten; sie sind nicht nur für die Unterschiede zwischen den einzelnen Antikörperspezifitäten, sondern auch für die Zugehörigkeit zu den Ig-Klassen verantwortlich. Der allgemeine Bauplan gilt jedoch für alle schweren Ketten.

Eine schwere Kette ist aus ca. 440 oder 550 Aminosäuren aufgebaut. Die variable Region (V_H) am aminoterminalen Ende besteht auch hier aus einer Domäne von 110 Aminosäuren, während die konstante Region (C_H) in drei Domänen von jeweils ca. 110 Aminosäuren gegliedert ist.

Die Domänen im konstanten Teil der schweren Ketten werden mit ***C_H1, C_H2, C_H3*** bezeichnet. Dies gilt für die Ketten des Typs γ, α und δ. Bei den Ketten des Typs μ und ε kommt noch eine vierte Domäne ***C_H4*** hinzu. Will man die Zuordnung zu einer Ig-Klasse besonders genau herausstellen, so benutzt man die Bezeichnungen $C_{H\gamma}1$, $C_{H\gamma}2$, $C_{H\gamma}3$ etc. Hier steht die Formel $C_{H\gamma}1$ für die erste Domäne und nicht für die Subklasse γ1.

Je zwei leichte Ketten ein- und desselben Typs (also κ oder λ) sind mit zwei schweren Ketten ein- und desselben Typs (also γ, μ, α, ε oder δ) über Disulfidbrücken so verbunden, daß sich die homologen Domänen der leichten und der schweren Ketten gegenüberliegen. V_L ist also das vis-à-vis von V_H; und C_L das vis-à-vis von C_H1. Bei den Klassen IgG, IgD, IgE und IgA ist das so beschriebene (aus vier Ketten bestehende) Molekül mit dem Antikörper identisch, bei den Polymeren IgM und dem sekretorischen IgA stellt es eine Untereinheit dar (Abb. 4.2).

Die Gelenk-Region

Zwischen der C_H1 und C_H2-Domäne liegen etwa 15 Aminosäuren. Hier befinden sich diejenigen Disulfidbrücken, welche die beiden schweren Ketten miteinander verbinden, und auch die Angriffspunkte für die Enzyme Papain und Pepsin. Dieses Gebiet zeigt keine Sequenz-Homologie mit den Domänen und ist für jede Ig-Klasse charakteristisch. Der Antikörper gewinnt durch diesen Abschnitt eine große Flexibilität und kann dadurch unterschiedlich weit entfernte Epitope gleichzeitig binden. Dieser Sequenzabschnitt wird deshalb als ***Gelenk-Region*** (Hinge-Region) bezeichnet.

Kohlenhydratreste

Die Domänen der schweren Ketten tragen unterschiedlich viele Kohlenhydratreste. Die Kohlenhydratbindungsstellen sind bei den einzelnen Klassen und Subklassen unterschiedlich lokalisiert. Beim humanen IgG, bei dem der Kohlenhydratanteil 2–3% ausmacht, sind die Zucker lediglich an die C_H2-Domäne gebunden, während beim IgM, das einen Kohlenhydratanteil von 12% hat, in allen vier konstanten Domänen Kohlenhydratreste zu finden sind.

4.1.4 Antigenbindungsstelle und hypervariable Bereiche

Die Domänen V_H und V_L bilden zusammen die ***Antigenbindungsstelle***. Die Tatsache, daß zwei verschiedene Polypeptidketten an der Bindungsstelle beteiligt sind, trägt zur Erhöhung der Antikörper-Vielfalt bei (s. später). Genauere Untersuchungen ergaben, daß innerhalb der variablen Domänen nicht alle Aminosäuren gleichmäßig stark variieren: Neben konstanten und geringgradig variablen Bereichen (***Rahmenbezirken***) gibt es ***hypervariable Bezirk***e. Diese sind für die Spezifität des Antikörpers maßgebend: Der Antikörper kann mit dem kritischen Molekülabschnitt des Antigens (***Epitop***) nur dann reagieren, wenn die hypervariablen Abschnitte seiner H- und seiner L-Ketten eine dafür geeignete Aminosäure-Sequenz aufweisen. Ist dies der Fall, dann kann der Antikörper das Epitop binden. Man bezeichnet das für die Bindung geeignete Strukturverhältnis zwischen Antigen und Antikörper als ***Komplementarität***.

Die leichten Ketten besitzen drei hypervariable Bereiche, die von den Aminosäuren 24 bis 34, außerdem von 50 bis 56 und schließlich von 89 bis 97 gebildet werden. Bei den schweren Ketten zeigen vier Regionen Hypervariabilität, sie liegen zwischen den Aminosäurenpositionen 31 bis 37, sodann zwischen 51 bis 68, weiterhin zwischen 86 und 91 und schließlich zwischen 101 und 109.

4.1.5 Die einzelnen Antikörperklassen

Eine Zusammenfassung über die wichtigsten Eigenschaften der einzelnen Antikörperklassen gibt Tabelle 4.1 und Abb. 4.3.

4.1.5.1 IgG

Antikörper der Klasse ***IgG*** sind Monomere mit einer Molekularmasse von 150 000 Dalton und einer Sedimentationskonstante von 7 S. Ihre Struktur kommt dem oben beschriebenen Grundmolekül am nächsten. IgG-Antikörper sind mit einem Anteil von ca. 75% am Gesamt-Ig die biologisch *wichtigste Antikörper-*

Tabelle 4.1. Wichtige Charakteristika menschlicher Immunglobuline

	IgG	IgA	IgM	IgD	IgE
Schwere Ketten	$\gamma_1, \gamma_2, \gamma_3, \gamma_4$	α_1, α_2	μ_1, μ_2	δ	ε
Leichte Ketten	κ, λ	κ, λ	κ, λ	κ, λ	κ, λ
Molekularmasse (kD)	150	150, 350	900	180	190
Serumkonzentration					
(mg/100 ml)	1100	250	100	3	0,03
(%)	75–85	7–15	5–10	0,3	0,003
Valenzen	2	2 oder 4	5 oder 10	?	?
Aktivierung des klassischen Komplementwegs	+(IgG_1, IgG_2, IgG_3)	–	+	–	–
Aktivierung des alternativen Wegs	+(IgG_4)	+	–	+	–
Placentadurchgängigkeit	+	–	–	–	–
Zielzellen	Makrophagen, Neutrophile	–	–	?	Basophile, Mastzellen
Funktion	Präzipitierend Agglutinierend Opsonisierend Neutralisierend Sekundärantwort	Lokale Ig	Frühe Ig, wie IgG	Antigenrezeptor auf B-Zellen	Reagine (Sofortallergie)

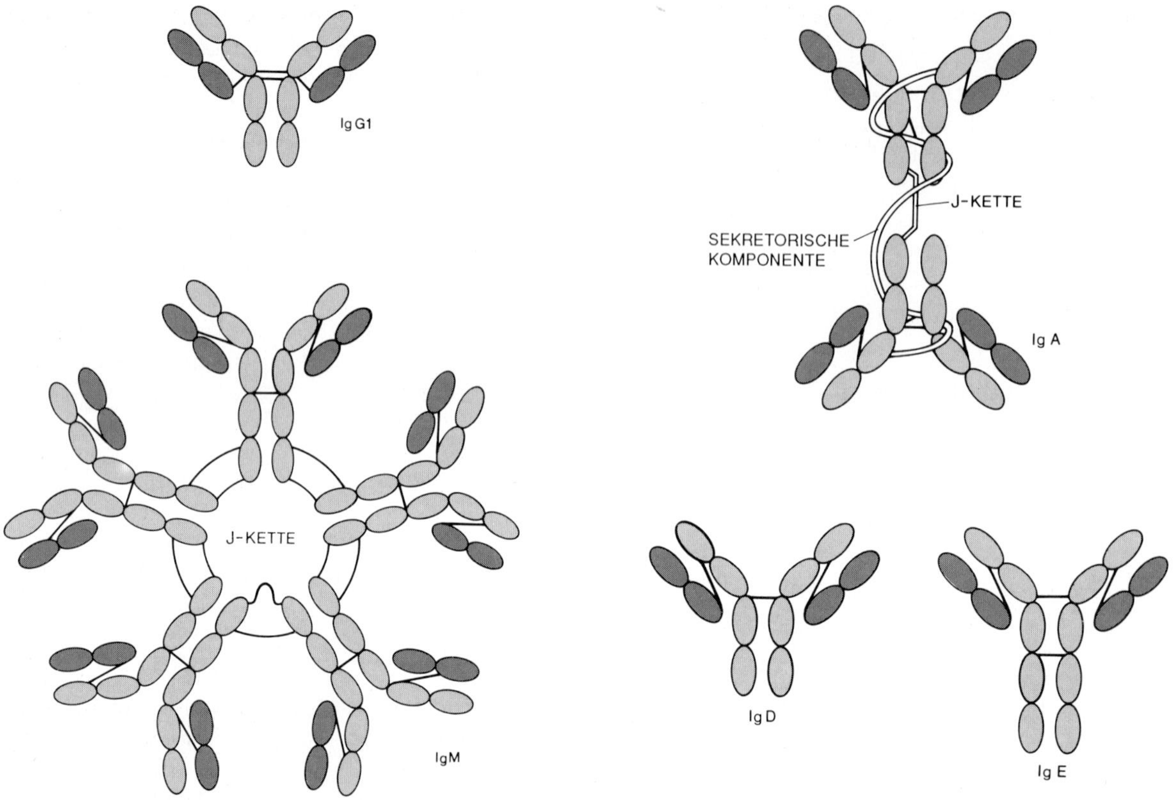

Abb. 4.3. Die fünf Antikörperklassen

klasse. Sie kommen nicht nur im Serum, sondern auch in anderen Körperflüssigkeiten (u. a. Sekrete, Synovial-, Pleural-, Peritoneal-, Amnion-Flüssigkeit) vor. Die Klasse IgG enthält die für die ***Sekundärantwort*** typischen Antikörper (s. Abschn. 4.6).

Die Klasse IgG kann aufgrund geringerer Unterschiede noch einmal in Subklassen unterteilt werden, die beim Menschen als IgG_1, IgG_2, IgG_3 und IgG_4 bezeichnet werden. Bei der Maus werden die IgG-Unterklassen durch die Symbole IgG_1, IgG_{2a}, IgG_{2b} und IgG_3 gekennzeichnet.

4.1.5.2 IgM

Antikörper der Klasse ***IgM*** haben eine Molekularmasse von 900 000 Dalton und eine Sedimentationskonstante von 19 S. Sie sind Pentamere und bestehen aus fünf identischen Untereinheiten mit einer Molekularmasse von je 180 000 Dalton. Die Untereinheiten sind über Disulfidbrücken miteinander verbunden. Für den Zusammenhalt der fünf Untereinheiten ist ein Polypeptid mit einer Molekularmasse von 15 000 mitverantwortlich; es wird als ***J-Kette*** bezeichnet (joining = verbindend).

IgM macht etwa 10% des Gesamt-Ig aus. IgM repräsentiert in typischer Weise diejenigen Antikörper, welche bei der ***Primärantwort*** (s. 4.6) gegen ein Antigen entstehen und früh im Blut auftauchen. Da für die IgM-Antwort kein immunologisches Gedächtnis besteht, ist ein plötzlicher ***IgM-Titer-Anstieg*** ein gewichtiger Hinweis auf eine kürzlich durchgemachte *Erstinfektion*.

IgM-Monomere auf der Oberfläche von B-Lymphozyten (m-IgM = Membran-IgM) dienen als zellständige ***Antigen-Rezeptoren***.

4.1.5.3 IgA

IgA kommt in monomerer und in dimerer Form, aber auch als höherwertiges Polymer vor. IgA-Monomere haben eine Molekularmasse von 150 000 Dalton; bei IgA-Dimeren ist der entsprechende Wert 380 000 Dalton. IgA machen im Serum ca. 15% des Gesamt-Ig aus.

Wichtiger ist jedoch das ***sekretorische IgA***, welches in den externen Körperflüssigkeiten (u. a. im Tracheobronchial-, Intestinal- und Urogenital-Schleim sowie in Milch und Kolostrum) enthalten ist. Es stellt eine bedeutende Abwehrbarriere für Krankheitserreger dar. Das sekretorische IgA kommt stets als IgA-Dimer vor; es besteht aus zwei IgA-Monomeren, die durch eine J-Kette miteinander verbunden sind. Außerdem ist am Aufbau des sekretorischen IgA ein weiteres Polypeptid mit einer Molekularmasse von 70 000 Dalton beteiligt; es wird als ***sekretorische Komponente*** bezeichnet. Die sekretorische Komponente wird von Epithelzellen gebildet; sie ermöglicht den Transport des IgA-Dimers durch die Epithelzellen und schützt sie weitgehend vor proteolytischem Abbau.

Beim Menschen existieren zwei IgA-***Subklassen***, nämlich IgA_1 und IgA_2.

4.1.5.4 IgD

IgD-Moleküle sind Monomere mit einer Molekularmasse von 170 000 bis 200 000 Dalton. Weniger als 1% der Serum-Immunglobuline gehören dieser Klasse an. IgD wird in freier Form rasch abgebaut. Seine Hauptaufgabe ist es, bei ruhenden B-Zellen als Antigenrezeptor zu fungieren. IgD wird von Plasmazellen jedoch nicht sezerniert.

4.1.5.5 IgE

IgE-Antikörper sind Monomere mit einer Molekularmasse von 190 000 Dalton. Im Serum macht freies IgE nur einen verschwindend kleinen Anteil aus. ***Basophile Granulozyten*** und ***Mastzellen*** besitzen Rezeptoren mit hoher Affinität für das F_c-Stück des IgE-Antikörpers. Dies ist der Grund dafür, daß der weitaus größte Teil des IgE in zellgebundener Form vorliegt. Gebundenes IgE funktioniert auf Basophilen und Mastzellen wie ein Antigenrezeptor. Seine Reaktion mit Antigen bewirkt die Ausschüttung von Mediatoren der ***anaphylaktischen Reaktion***. IgE wird deshalb als Träger der ***Sofortallergie*** angesehen. IgE spielt auch bei der Infektabwehr gegen bestimmte Parasiten eine wichtige Rolle.

4.2 Antigene

Als Antigen bezeichnet man ein Molekül, welches in vivo und in vitro mit den Trägern der Immunkompetenz (T-Zellen und Antikörper) biologisch wirksam reagieren kann. An dieser Stelle sollen nur die Antigene der humoralen Immunantwort behandelt werden.

Chemisch gehören Antigene in erster Linie zu den Proteinen und Kohlenhydraten. Lipide und Nukleinsäuren besitzen, wenn überhaupt, nur eine schwache Antigenität.

Antikörper erkennen auf dem Antigen relativ kleine Molekülbereiche, die als ***Epitope*** oder ***Determinanten*** bezeichnet werden. Ein Antigenmolekül trägt in der Regel mehrere Determinanten. Die Epitope der Proteine bestehen aus sechs bis acht Aminosäuren; die Determinanten von Kohlenhydraten werden aus sechs bis acht Monosaccharidmolekülen gebildet. Man kann die Determinanten des Antigens isolieren oder künstlich herstellen. Freie Epitope dieser Art nennt man ***Haptene***. Haptene können zwar mit Antikörpern reagieren; sie sind aber nicht in der Lage, für sich allein eine Immunantwort hervorzurufen. Durch Kopplung an ein großes Trägermolekül wird das Hapten zum Vollantigen. Dieses kann im Versuchstier eine (hapten-)spezifische Immunantwort hervorrufen.

Biologisch hängt die *Antigenität* eines Moleküls vom *Grad der Fremdheit* zwischen Antigen und dem Organismus ab. Im allgemeinen haben körpereigene Moleküle für das Individuum, von dem sie abstammen, keine Antigenwirkung. Proteine verschiedener Individuen wirken innerhalb einer Spezies häufig nicht als Antigene. Menschen reagieren z. B. nicht auf Humanalbumin, während Rinderalbumin, welches sich chemisch nur geringfügig vom Humanalbumin unterscheidet, für den Menschen eine starke Antigenwirkung besitzt.

Es gibt jedoch Substanzen, deren Struktur bei verschiedenen Individuen einer Spezies unterschiedlich ausgeprägt ist; diese Stoffe wirken innerhalb der Spezies u. U. als Antigene. Beispiele hierfür sind die *Blutgruppensubstanzen* (s. Kap. 6), die *Ig-Allotypen* (s. unten) und die *Haupt-Histokompatibilitäts-Antigene* (s. Kap. 7).

Für die beschriebenen Beziehungen zwischen dem *Grad der Fremdheit* und der *Antigenität* haben sich die folgenden Begriffe eingebürgert:

- ***Autologe Situation:*** Antigen und Antikörper stammen vom selben Individuum ab. Normalerweise wirkt das entsprechende Molekül nicht als Antigen.

Es gibt aber Zustände, bei denen autologe Antigene eine Immunreaktion hervorrufen und dadurch zur Autoimmunerkrankung führen können.

- ***Syngene Situation:*** Antigen und Antikörper stammen von genetisch identischen Individuen ab. Syngene Verhältnisse existieren zwischen eineiigen Zwillingen und zwischen Inzuchttieren, wie sie für immunologische und genetische Untersuchungen gezüchtet wurden. Aus immunologischer Sicht ist die syngene mit der autologen Beziehung identisch (s. auch Kap. 7).
- ***Allogene Situation:*** Antigene, welche bei Individuen einer Spezies in unterschiedlicher Form vorkommen, wirken als Alloantigene.
- ***Xenogene Situation:*** Antigen und Antikörper stammen von verschiedenen Arten ab. Xenoantigene stellen die stärksten Antigene dar. Xenoantigene werden manchmal als heterologe Antigene oder Hetero-Antigene bezeichnet. Hetero-Antigene darf man nicht mit heterogenetischen (heterophilen) Antigenen verwechseln.

  Als ***heterogenetische*** oder ***heterophile Antigene*** bezeichnet man immunologisch ähnliche oder identische Antigene, die bei verschiedenen Spezies vorkommen (s. Kap. 6). Die heterogenetischen Antigene von Darmbakterien werden für die Entstehung der natürlichen Antikörper gegen die Blutgruppenantigene des ***ABO-Systems*** verantwortlich gemacht (s. Kap. 6); heterogenetische Antigene mikrobieller Herkunft können zu ***Autoimmunerkrankungen*** führen (Kap. 10).

4.3 Mitogene

Bestimmte Moleküle besitzen die Fähigkeit, Lymphozyten unabhängig von deren Antigenspezifität zu stimulieren; die Folge ist, daß eine große Zahl verschiedener Lymphozytenklone mit der Mitose beginnt. Derartige Moleküle heißen deshalb ***Mitogene***. Ihre Hauptvertreter sind die Lektine.

Lektine sind Moleküle, die meist von Pflanzen stammen und mit bestimmten Kohlenhydraten spezifisch reagieren. Lektine können sich an Zellen binden, die den erkennbaren Zuckerbaustein auf ihrer Oberfläche tragen.

Das Lektin Concanavalin A (ConA) stimuliert T-Lymphozyten des Menschen und der Maus; das Lektin Pokeweed-Mitogen (PWM) stimuliert menschliche T- und B-Lymphozyten; die bei gramnegativen Bakterien vorkommenden Lipopolysaccharide (LPS) stimulieren B-Lymphozyten.

4.4 Adjuvanzien

Adjuvanzien (Einzahl: Adjuvanz; auch Adjuvans) erhöhen *unspezifisch* die biologische Wirkung eines Antigens, indem sie einen mehr oder weniger starken *lokalen Gewebereiz* hervorrufen; dies führt dazu, daß der Organismus auf das verabreichte Antigen intensiver reagiert. Außerdem besitzen Adjuvanzien einen *Depoteffekt*: Sie verlangsamen die Diffusion des Antigens in das umgebende Gewebe.

Im Tierexperiment verwendet man vielfach das ***inkomplette Freund'sche Adjuvanz***. Es besteht aus Mineralöl und induziert in erster Linie die humorale Immunantwort. Das ***komplette Freund'sche Adjuvanz*** enthält zusätzlich eine kleine Menge abgetöteter Mykobakterien und ruft eine zelluläre Immunantwort hervor. Beide Adjuvanzien werden in Form einer Wasser-in-Öl-Emulsion appliziert. Die hervorgerufene Gewebs-Irritation ist so stark, daß die Freund'schen Adjuvanzien für den Menschen nicht zugelassen sind.

In der Humanmedizin verwendet man als Adjuvanz ***Aluminiumhydroxid***, z. B. bei der Verabfolgung von Toxoid-Impfstoff.

Muramyldipeptid ist ein definierter Mykobakterienbestandteil, der als Adjuvanz gute Wirkungen zeigt.

Beide Adjuvanzien stimulieren die humorale Immunantwort. Adjuvanzien, die eine zelluläre Immunantwort ohne Nebenwirkungen hervorrufen, fehlen leider noch. Einige Neuentwicklungen geben jedoch Anlaß zu Hoffnung (z. B. Iscom).

4.5 Antikörper als Antigene

Als Glykoproteine üben Antikörper im Organismus einer anderen Art oder in einem fremden Individuum die Wirkung eines Antigens aus. Die dafür maßgeblichen Determinanten lassen sich in drei Kategorien einordnen.

- ***Isotypen:*** Als Isotyp bezeichnet man die Merkmale im konstanten Teil der leichten und der schweren Ketten. Dementsprechend sind isotypische Determinanten für einen Kettentyp charakteristisch; sie sind bei allen Individuen einer Spezies gleich. Ein

Antikörper gegen die isotypische Determinante der γ-Kette reagiert mit dem IgG aller Normalpersonen; ein Antikörper gegen eine isotypische Determinante der κ-Kette reagiert mit allen Antikörpern der Klasse IgG, IgA, IgM, IgD und IgE, sofern sie leichte Ketten vom κ-Typ tragen.

Die isotypischen Determinanten der schweren Ketten bestimmen die Antikörperklasse. Die isotypischen Determinanten der leichten Ketten bestimmen das Immunglobulin schlechthin.

- ***Allotypen:*** Einige Individuen zeigen in der schweren γ- oder α-Kette bzw. in den leichten Ketten eine Abänderung, die auf eine *Aminosäuren-Substitution im konstanten Bereich* zurückzuführen ist. So findet man bei einigen Individuen in Position 436 des IgG3 einen Aminosäurenaustausch, welcher zu einer allotypischen Antikörpervariante führt. Allotypen wirken gegenüber den Individuen, die davon frei sind, als Antigen.
- ***Idiotypen:*** Antikörper mit unterschiedlichen Antigenspezifitäten unterscheiden sich in ihrem variablen Bereich. Wie oben beschrieben, ist dies auf unterschiedliche Aminosäuresequenzen im Bereich der Antigen-Bindungsstelle zurückzuführen. Dadurch kommt es an der Antigen-Bindungsstelle zur Bildung von Determinanten, welche für die Antikörper einer bestimmten Spezifität jeweils charakteristisch sind. Diese Determinanten werden als Idiotypen bezeichnet. Idiotypen sind klon-typisch. Sie können autoimmunogen wirken, d. h. sie können das Immunsystem, welches sie produziert hat, stimulieren. Weiterhin können Antikörper gegen den Idiotypen das Antigen „imitieren", welches dem Idiotyp-tragenden Antikörper homolog ist. Dies ist theoretisch für Impfungen nutzbar (s. Kap. 11).

4.6 Verlauf der Antikörperantwort

Wenn der Säugerorganismus zum erstenmal mit einem Antigen „A" konfrontiert wird, so kommt es nach einiger Zeit und unter geeigneten Bedingungen zu einer meßbaren Antikörperproduktion, die als ***Primärantwort*** bezeichnet wird. Im allgemeinen steigt die Antikörperkonzentration im Blut (der „Serumtiter") nach einer *Latenzperiode* von etwa acht Tagen *exponentiell* an und erreicht dann ein Plateau. Anschließend fällt der Antikörpertiter wieder langsam ab (Abb. 4.4).

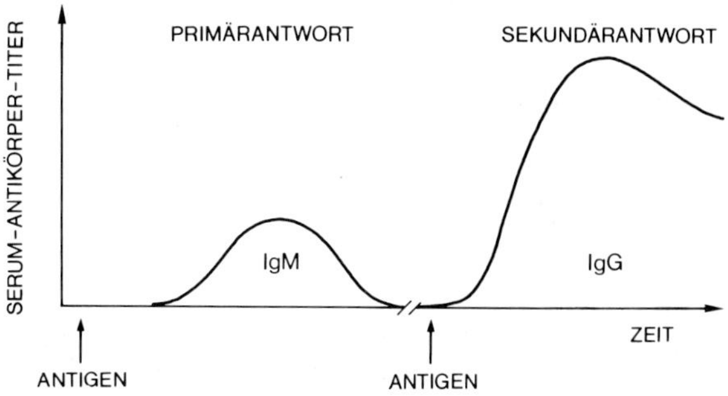

Abb. 4.4. Verlauf der Antikörperantwort. Die Serumantikörper der Primärantwort gehören der IgM Klasse, die der Sekundärantwort der IgG Klasse an. Während der Sekundärantwort ist der Serumtiter-Anstieg schneller und stärker als bei der Primärantwort

Das Serum eines derart immunisierten Tiers wird als ***Antiserum*** bezeichnet. Die gebildeten Antikörper und damit auch das Antiserum sind spezifisch: Prinzipiell werden sie durch kein anderes Antigen als durch „A" hervorgerufen und reagieren auch mit keinem von den Antigenen als eben mit „A".

Die Antikörper der Primärantwort gehören hauptsächlich der ***IgM-Klasse*** an. Wird das Antigen A nach Abfall des Antikörpertiters ein zweitesmal verabreicht, dann ist die Latenzperiode sehr kurz; die Antikörper-Antwort fällt stärker aus und dauert länger an. Diese Besonderheiten werden durch den Ausdruck ***Sekundärantwort*** oder ***anamnestische Reaktion*** wiedergegeben. Bei der Sekundärantwort überwiegen stets Antikörper der ***IgG-Klasse*** (Abb. 4.4). Auch die Sekundärantwort ist antigenspezifisch. Dieser relativ einfache Sachverhalt ist für das Verständnis der Immunantwort von großer Bedeutung; er stellt u. a. die Grundlage für die Impfung gegen Krankheitserreger dar.

4.7 Polyklonale, oligoklonale und monoklonale Antikörper

Wie auf S. 154 ausführlich geschildert, werden Antikörper *einer* Spezifität von den Nachkommen *einer* Zelle gebildet und sind deshalb identisch (Klon). Die Begriffe „polyklonaler, oligoklonaler bzw. monoklonaler Antikörper" beziehen sich darauf, daß für die Synthese dieser Antikörper sehr viele verschiedene Klone (polyklonal), einige verschiedene (oligoklonal) bzw. ein einziger Klon (monoklonal) zuständig ist.

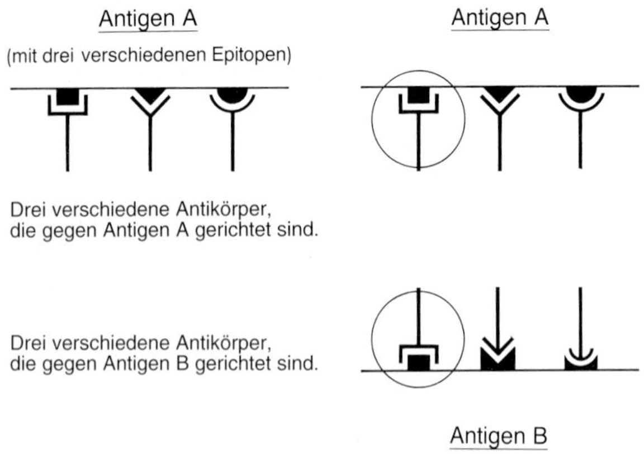

Abb. 4.5. Antigen B mit drei verschiedenen Epitopen, von denen das linke auch auf Antigen A vorkommt und deshalb von dem homologen Antikörper erkannt wird

Da ein Molekül eines Proteinantigens zahlreiche Determinanten von jeweils unterschiedlicher Struktur trägt, bildet der Organismus bei der Immunisierung gegen ein und dasselbe Antigenmolekül Antikörper von unterschiedlicher Spezifität (Abb. 4.5). Außerdem existieren für jede Determinante Antikörper mit verschieden großer Affinität. Dies bedeutet, daß die Antikörperantwort so gut wie immer ***polyklonal*** ist. Trägt das Antigen nur wenige Determinantentypen oder gar nur einen einzigen Strukturtyp, so kann die Antikörperantwort ***oligoklonal*** ausfallen.

Mit Hilfe der B-Zellhybridisierungstechnik können große Mengen identischer Antikörpermoleküle für eine gewünschte Spezifität produziert werden; diese Antikörper sind ***monoklonal***.

Monoklonale Antikörper unbekannter Spezifität werden beim ***multiplen Myelom*** gebildet. Bei dieser Krankheit produzieren die Nachkommen eines transformierten B-Zell-Klons Antikörper einer einzigen Spezifität und Klasse. Im Urin findet man meist größere Mengen freier L-Ketten, die als ***Bence-Jones-Protein*** bezeichnet werden. Das Serum enthält in der Regel hohe Konzentrationen eines monoklonalen Antikörpers (Myelomprotein).

4.7.1 Produktion monoklonaler Antikörper durch B-Zellhybridome

Durch *Verschmelzung* Antikörper-produzierender *Plasmazellen mit geeigneten Tumorzellen* ist es möglich, Zwitterzellen oder ***Hybridome*** zu schaffen. Diese Gebilde besitzen die Fähigkeit der B-Zelle zur Antikörperproduktion und zugleich die rasche Vermehrungsfähigkeit der Tumorzelle. Einzelne Zellen eines Hybridoms können unter geeigneten Kulturbedingungen Klone liefern; dabei werden große Mengen identischer Nachkommen generiert. Die von diesen Klonen produzierten Antikörper haben alle die gleiche Spezifität. Sie werden ***monoklonale Antikörper*** genannt. Monoklonale Antikörper wurden erstmals von Köhler und Milstein hergestellt.

Die Möglichkeit, monoklonale Antikörper herzustellen, hat nicht nur die ***klonale Selektionstheorie*** (s. S. 154) von Burnet bestätigt; sie hat für zahlreiche biotechnologische Bereiche einen entscheidenden Fortschritt gebracht. In der Medizin finden monoklonale Antikörper bereits bei einer Fülle von diagnostischen Fragestellungen Verwendung; mit ihrem therapeutischen Einsatz wurde bei bestimmten Erkrankungen begonnen.

4.8 Stärke der Antigen-Antikörper-Bindung

Die Reaktion zwischen Antigen und Antikörper führt zur Bindung zwischen beiden Molekülen. Es entsteht ein Komplex, an dessen Zustandekommen lediglich physikochemische und keine chemischen Bindungskräfte beteiligt sind. Der ***Antigen-Antikörper-Komplex*** beruht somit auf ***nicht-kovalenten*** Bindungen; er ist daher *reversibel*. Die Bindung zwischen Antigen und Antikörper kann durch Änderung der physiokochemischen Milieubedingungen gesprengt werden, etwa durch pH-Erniedrigung oder Erhöhung der Ionenstärke. Die Bindungsstärke eines Antikörpers an eine bestimmte Determinante wird als ***Antikörper-Affinität*** bezeichnet. Gegenüber verschiedenen, aber ähnlichen Determinanten kann ein und derselbe Antikörper eine hohe oder niedrige Affinität besitzen.

Zur summarischen Charakterisierung der Bindungsstärke zwischen polyklonalen Antikörpern und ihrem homologen Antigen hat sich der Begriff ***Avidität*** eingebürgert. Die Avidität hängt unter anderem ab von der Affinität der verschiedenen Antikörper für die Antigendeterminanten und von der Konzentration der Antikörper und des Antigens.

4.9 Kreuzreaktivität und Spezifität

Es ist durchaus möglich, daß ein bestimmter Antikörper mit unterschiedlichen Antigenen reagiert (Abb.

4.5). Besitzen zwei ansonsten unterschiedliche Antigene A und B eine *gemeinsame Determinante X*, so werden sämtliche Antikörper, die für diese Determinante spezifisch sind, mit dem Antigen A und auch mit B reagieren. Hierbei spielt es keine Rolle, ob die X-Determinanten der beiden Antigene A und B identisch oder nur ähnlich sind. Im ersten Fall reagieren die Antikörper mit beiden Determinanten gleich stark, im zweiten Fall verschieden stark.

Die X-erkennenden Antikörper werden als ***kreuzreaktiv*** bezeichnet. Zwar ist bei monoklonalen Antikörpern gewährleistet, daß sie für eine einzige Determinante spezifisch sind. Dennoch werden monoklonale Antikörper, die gegen eine gemeinsame Determinante zweier Antigene gerichtet sind, mit diesen beiden ansonsten unterschiedlichen Antigenen kreuzreagieren.

Polyklonale Antiseren bestehen häufig aus einer Mischung von antigenspezifischen und kreuzreaktiven Antikörpern. Aus einem polyklonalen Antiserum kann man die kreuzreagierenden Antikörper durch Adsorption weitgehend entfernen und dadurch dessen Spezifität erhöhen.

4.10 Folgen der Antigen-Antikörper-Reaktion in vivo

(Die Reaktion zwischen Antigen und homologen Antikörpern *in vitro* bewirkt zahlreiche Effekte. Diese werden in Kapitel 6 gesondert besprochen.)

Die *in vivo* ablaufende Reaktion zwischen Antikörper und löslichen oder partikulären Antigenen hat für den Mikroorganismus beträchtliche Folgen. Wir unterscheiden die primären Wirkungen von den sekundären Effekten.

4.10.1 Toxin- und Virusneutralisation

Die spezifische Bindung von Antikörpern an bakterielle Toxine (z. B. Diphtherie-, Tetanus-, Botulismus-Toxin) verhindert die Bindung des Toxins an die zellulären Rezeptoren und blockiert auf diese Weise dessen Wirkung (s. Kap. 11). Bei bestimmten Viren führt die Reaktion mit Antikörpern ebenfalls zur Neutralisation. Man nimmt an, daß Antikörper die Bindung der Viren an ihre Zielzellen verhindern; ein anderer Antikörpereffekt besteht darin, daß die Zahl der infektiösen Einheiten durch die Agglutination herabgesetzt wird.

4.10.2 Opsonisierung

Da Phagozyten (neutrophile Granulozyten und Makrophagen) Rezeptoren für das F_c-Stück der IgG-Antikörper (F_c-Rezeptoren) besitzen, erleichtert die Bindung des Antikörpers an Partikel deren Phagozytose. Dies spielt besonders bei solchen Krankheitserregern eine Rolle, die antiphagozytäre Strukturen besitzen, z. B. bei kapseltragenden Bakterien, etwa Pneumokokken (s. Kap. 11).

4.10.3 Antikörperabhängige zellvermittelte Zytotoxizität

Die großen granulären Lymphozyten besitzen F_c-Rezeptoren für IgG-Antikörper (s. Kap. 2). Sie können daher Antikörper-beladene Wirtszellen über das F_c-Stück des gebundenen Ig erkennen. Diese Reaktion bewirkt beim erkennenden Lymphozyten die Sekretion von zytolytischen Molekülen, welche die Antikörper-beladene Zelle extrazellulär abtöten. Als zytolytische Effektmoleküle werden Perforine und reaktive Sauerstoffmetabolite diskutiert (s. Kap. 8). Die Antikörper-abhängige zelluläre Zytotoxizität (Antibody dependent cellular cytotoxicity, kurz ADCC) dürfte bei der Tumor- und Virusabwehr sowie bei bestimmten Parasitenerkrankungen eine Rolle spielen.

4.10.4 Komplementaktivierung

Die Antigen-Antikörper-Reaktion führt häufig zur Aktivierung des Komplementsystems. Da dieser Vorgang in Kapitel 5 geschildert wird, sei hier nur auf die Folgen der Komplement-Aktivierung hingewiesen. Es sind dies Bakteriolyse, Virusneutralisation, Opsonisierung und die Anlockung von Entzündungszellen.

4.10.5 Allergische Sofortreaktion

IgE-Moleküle, welche über ihren F_c-Teil an basophile Granulozyten oder Mastzellen gebunden sind, können mit dem homologen Antigen reagieren; dies führt zu einer allergischen Sofortreaktion (s. Kap. 10).

4.10.6 Immunkomplex-Bildung in vivo

In Antigen-Antikörper-Komplexen, die in vivo unter den Bedingungen der *Äquivalenz* oder des *Antikör-*

perüberschusses entstehen (s. Kap. 6), existieren zahlreiche F_c-Stücke. Dementsprechend können die Immunkomplexe über ihre F_c-Rezeptoren phagozytiert und abgebaut werden (s. Kap. 10).

Entstehen dagegen Antigen-Antikörper-Komplexe bei ***Antigenüberschuß***, so ist die Phagozytosefähigkeit gering, da unter diesen Bedingungen jeder Komplex nur wenige Antikörpermoleküle trägt. Diese Komplexe werden schlecht abgebaut. Ihre Ablagerung in Haut, Nieren oder Gelenkräumen kann zu schwerwiegenden *Entzündungsreaktionen und Gewebeschädigungen* führen (s. Kap. 10).

4.11 Die klonale Selektionstheorie als Erklärung für die Antikörpervielfalt

Da sich der Säugerorganismus während seines Lebens mit einer Vielzahl verschiedener Antigene auseinanderzusetzen hat, muß er in der Lage sein, eine riesige Zahl unterschiedlicher Antikörper zu produzieren. Als Erklärung für die darin liegende Problematik wurden zwei Hypothesen entwickelt.

Nach der ***Instruktionstheorie*** (Haurowitz und Pauling) sollten die Antikörpermoleküle sämtlicher Spezifitäten aus ein und derselben Polypeptidkette aufgebaut sein. Diese legt sich um das Epitop und erlangt auf diese Weise ihre spezifische Konfiguration. Mit anderen Worten: Das Antigen wirkt quasi als Prägestempel für die Tertiärstruktur des Antikörpermoleküls. Mit der Erkenntnis, daß die Tertiärstruktur eines Proteins bereits durch dessen Primärstruktur festgelegt ist, mußte die Instruktionstheorie *verworfen* werden.

Die Theorie der Klon-Selektion (Burnet) verlagert das Problem der Antikörpervielfalt von der proteinchemischen auf die zelluläre Ebene.

In einer frühen Entwicklungsphase der B-Lymphozyten sollen demnach Zellen unterschiedlicher Spezifität entstehen. Die Diversität entwickelt sich *vor* der ersten Konfrontation mit dem Antigen ohne jeden An-

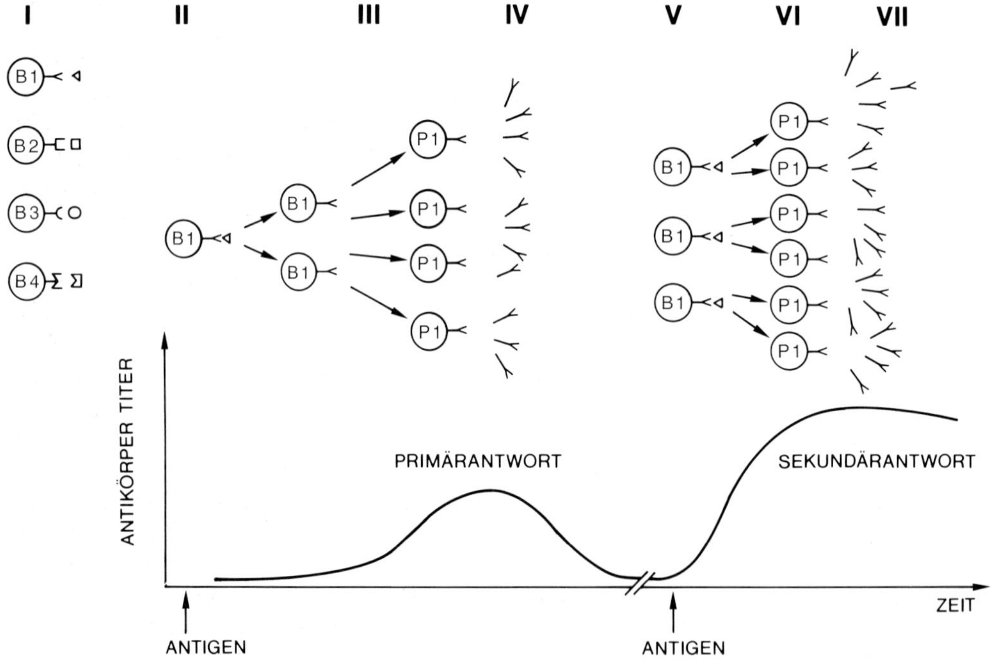

Abb. 4.6. Klonale Selektionstheorie und Verlauf der Antikörperantwort. (I) Es sind vier B-Zellen (B1, B2, B3, B4) unterschiedlicher Spezifität und ihre korrespondierenden Antigene dargestellt. (II) Die B-Zelle (B1) trifft zum ersten Mal auf ihr homologes Antigen; (III) durch klonale Expansion entstehen einige Gedächtniszellen (B1) und zahlreiche Plasmazellen (P1); (IV) diese sezernieren Antikörper identischer Spezifität. (V) Beim zweiten Kontakt mit demselben Antigen können mehr B-Zellen (B1) reagieren; (VI) es entstehen rascher mehr Plasmazellen (P1); (VII) daher stehen auch rascher mehr Antikörper dieser Spezifität zur Verfügung. Wie im unteren Teil der Abbildung dargestellt, steigt der Antikörpertiter bei der Sekundärantwort entsprechend schneller und stärker an als bei der Primärantwort

tigeneinfluß (s. Abb. 4.6). Die entstandenen Zellen exprimieren jeweils Rezeptoren einer einzigen Spezifität. Der spätere Erst-Kontakt mit dem komplementären Antigen bewirkt die selektive Vermehrung und Differenzierung der Zellen. Man kann sich diesen Sachverhalt so vorstellen, daß das Antigen unter den B-Zellen eine Wahl (***Selektion***) trifft, indem es mit den zuständigen Zellen reagiert (Abb. 4.6).

Unter dem Einfluß des Antigens entstehen zum einen Plasmazellen, welche Antikörper der ursprünglichen Spezifität produzieren; beim Erstkontakt mit dem Antigen bilden diese Zellen hauptsächlich Antikörper der IgM-Klasse. Zum anderen entstehen im Rahmen der Primärantwort Gedächtniszellen; diese sind dafür verantwortlich, daß sich nach Zweitkontakt mit dem gleichen Antigen Plasmazellen entwickeln, die jetzt Antikörper einer anderen Ig-Klasse sezernieren. Demnach existiert *für jedes Antigen* von Haus aus, d. h. *vor dem Antigen-Erstkontakt*, eine bestimmte Anzahl zuständiger (komplementärer) Zellen. Die Gesamtheit dieser Zellen wird als Klon bezeichnet. Unter dem Einfluß des Antigens kommt es zu einer ***klonalen Expansion*** und Differenzierung.

Die klonale Selektionstheorie konnte experimentell weitgehend bestätigt werden; heute stellt sie ein Dogma der Immunologie dar. Im Prinzip gelten die geschilderten Vorgänge auch für die zelluläre Immunität.

Toleranz gegen Selbst und klonale Selektionstheorie

Während das Immunsystem in der Lage ist, alle möglichen Fremdantigene zu erkennen, ist es normalerweise unfähig, mit körpereigenen Molekülen, also mit Autoantigenen, zu reagieren. Auf die Bedeutung dieser „Toleranz gegen Selbst" hatte bereits Paul Ehrlich hingewiesen und dafür den Begriff des „Horror autotoxicus" geprägt. Heute wissen wir, daß die Toleranz gegen Autoantigene *nicht* a priori festgelegt ist; sie wird während einer frühen Phase der Individualentwicklung *erworben*.

Vereinfacht läßt sich sagen: Das ursprüngliche Zuständigkeitsrepertoire erstreckt sich auch auf Autoantigene. Während einer frühen Entwicklungsphase kommt es zum Kontakt zwischen den autoreaktiven B-Zell-Vorläufern und dem Auto-Antigen. Anders als bei der reifen B-Zelle bewirkt der Antigen-Kontakt in dieser Situation keine klonale Expansion und Differenzierung, sondern im Gegenteil die *funktionelle Inaktivierung der erkennenden Zellen* (s. Kap. 10). Dabei soll bewußt offen gelassen werden, ob es sich bei diesem Vorgang um die materielle Eliminierung oder nur um eine funktionelle Blockade der autoreaktiven Klone handelt.

Bestimmte Autoimmun-Erkrankungen scheinen allerdings darauf zurückzuführen zu sein, daß ein Klon mit Spezifität für ein Eigen-Antigen entblockt wird und anschließend expandiert. Der entzügelte Klon produziert dann Autoantikörper und verursacht autoaggressive Reaktionen (s. Kap. 10).

Im Experiment kann sogar bei erwachsenen Tieren mit einem Antigen, das sonst immunogen wirkt, Toleranz induziert werden. Somit kam ein und dasselbe Antigen je nach Art der Umstände entweder immunogene oder tolerogene Wirkung entfalten.

4.12 Genetische Grundlagen der Antikörperbildung

4.12.1 Einführung

Beim immunkompetenten Individuum ist die B-Zellpopulation uneinheitlich: Sie besteht aus einer großen Zahl von genetisch verschiedenartigen Klonen (etwa 10^{12}), die sich voneinander durch die Erkennungsspezifität des Antikörpers unterscheiden, den die Zelle synthetisiert. Ein gegebener Klon kann nur Antikörper einer einzigen Spezifität bilden; seine diesbezügliche Kompetenz ist unwiderruflich festgelegt (im englischen Sprachgebrauch wird der Ausdruck „committed cell" benutzt). Die enorme Vielfalt an Antikörperspezifitäten beruht somit auf einer *entsprechenden Vielfalt an jeweils zuständigen Klonen.* Da die Spezifität des Antikörpers von der Aminosäuresequenz im variablen Teil der H- und der L-Kette abhängt, muß das Syntheseprogramm des jeweils zuständigen B-Zellklons *genetisch fixiert* sein.

Die genetische Vielfalt der B-Zell-Population entsteht während der intrauterinen Lebensperiode. In dieser Entwicklungsphase durchlaufen die genetisch einheitlichen B-Vorläuferzellen einen Differenzierungsprozeß, den man als ***Diversifizierung*** bezeichnet. An dessen Ende steht die genetische Vielfalt der polyklonalen Zellpopulation im reifen Immunsystem. Die genetischen Vorgänge, die zur Festlegung einer Vorläuferzelle auf eine bestimmte Spezifität führen, spielen sich beim Menschen in *drei Chromosomen* ab: Für die H-Ketten im Chromosom 14, für die κ-Kette im Chromosom 2 und für die λ-Kette im Chromosom

22; bei der Maus sind es die Chromosomen 12 (H-Ketten), 6 (κ-Kette) und 16 (λ-Kette). In der DNS dieser Chromosomen kommt es zu einer Reihe von *Gen-Rekombinationen*, die zusammenfassend als ***Gen-Rearrangement*** bezeichnet werden.

Die klassische Regel *„Ein Gen – ein Polypeptid"* gilt für Immunglobuline nicht. In der Keimbahn gibt es keine Gene für den variablen Teil der L- oder H-Ketten, sondern lediglich Gen-Segmente mit *Fragmenten* der dazu notwendigen Information. Die Gene entstehen erst während der *Lymphozytenreifung* durch Rekombination aus diesen Gen-Segmenten. Die Gene für den variablen Teil der L-Kette werden aus zwei, die Gene für den variablen Teil der H-Kette dagegen aus drei Segmenten gebildet. Bei der Synthese der Ketten wirken somit zwei Gene zusammen: Das Gen für den variablen Kettenteil und das Gen für den konstanten Kettenteil.

Wie die meisten Gene höherer Zellen, enthalten auch die Gene für die L- und die H-Ketten außer den informativen Bereichen (*Exons*) noch nicht-kodierende Sequenzen (*Introns*). Die Introns werden nach der Transkription durch „Spleißen" eliminiert (Spleißen, seemännischer Ausdruck für das Zusammenfügen zweier Tau-Enden), wodurch die kodierenden RNS-Sequenzen miteinander verknüpft werden. Durch diesen Prozeß entsteht aus der primären RNS die Boten-RNS (mRNS).

4.12.2 Gen-Rearrangement und Spleißen

κ-Kette. Die Nukleotidsequenzen für den variablen Teil der κ-Kette finden sich auf der DNS als eine größere Zahl von kodierenden Segmenten (Exons). Die Segmente bilden zwei voneinander getrennte Gruppen, nämlich $V_κ$ und etwas stromabwärts davon $J_κ$ [V = Variable (variabel), J = Joining (verbindend)]. Man rechnet mit etwa 300 $V_κ$-Fragmenten und mit vier funktionellen $J_κ$-Fragmenten.

Der Informationsgehalt von jedem $V_κ$-Exon bezieht sich auf die Aminosäure-Position 1 bis 95 im aminoterminalen Abschnitt des variablen κ-Kettenteils. Die konkrete Information ist aber von $V_κ$-Exon zu $V_κ$-Exon verschieden. (Für jedes V-Segment existiert eine sog. Leader-Sequenz. Sie liegt jeweils stromaufwärts vom V-Segment und ist davon durch ein Intron getrennt. Die Leader-Sequenz kodiert für einen Polypeptidbereich, der für den intrazellulären Transport der H- und der L-Ketten wesentlich ist, schlußendlich aber von der Kette abgespalten wird.)

Die Gruppe der $V_κ$-Segmente repräsentiert somit ein Sortiment von 300 verschiedenen Aminosäuresequenzen für die Positionen 1 bis 95. Für die vier $J_κ$-Exons gilt sinngemäß das gleiche wie für die $V_κ$-Exons: Sie enthalten jeweils die Information für die Aminosäure-Positionen 96 bis 110, d. h. für die letzten 15 Aminosäuren im karboxyterminalen Abschnitt des variablen κ-Kettenteils. Stromabwärts von beiden Segmentgruppen $V_κ$ und $J_κ$ findet sich das Gen für den konstanten Teil der κ-Kette ($C_κ$-Gen 1)[1].

Bei der Differenzierung der B-Vorläuferzelle kommt es zu folgender Rekombination (Abb. 4.7): Aus der $V_κ$-Gruppe vereinigt sich ein durch Zufall bestimmtes $V_κ$-Gen-Segment mit einem durch Zufall ausgewählten $J_κ$-Gen-Segment. Die dazwischen liegende DNS wird herausgeschnitten und deletiert; die Schnittstellen von $V_κ$ und $J_κ$ werden vereinigt. Das so entstandene $V_κJ_κ$-Gen enthält die gesamte Information für die Aminosäuresequenz des variablen Kettenteils. Damit ist das Gen-Rearrangement für die κ-Kette abgeschlossen. Die Transkription erfaßt die gesamte

[1] C = Constant (konstant).

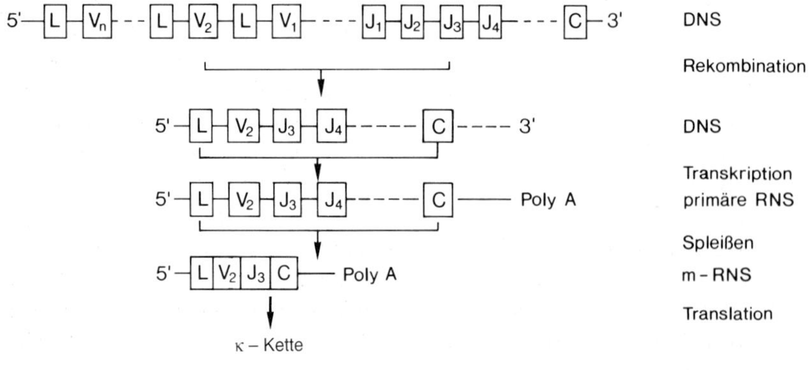

Abb. 4.7. Rekombination der leichten Kette vom κ-Typ. In der DNS befinden sich ca. 300 $V_κ$-Gensegmente (V_n, V_2, V_1) hinter je einer Leader-Sequenz (L) angeordnet. Weit davon entfernt liegen vier funktionelle $J_κ$-Gensegmente (J_1, J_2, J_3, J_4) und dahinter ein $C_κ$-Gensegment. Durch Rekombination und Spleißen werden ein L, $V_κ$, $J_κ$ und $C_κ$-Segment (z. B. L, V_2, J_3, C) zusammengeführt, die dann in eine κ-Kette translatiert werden.

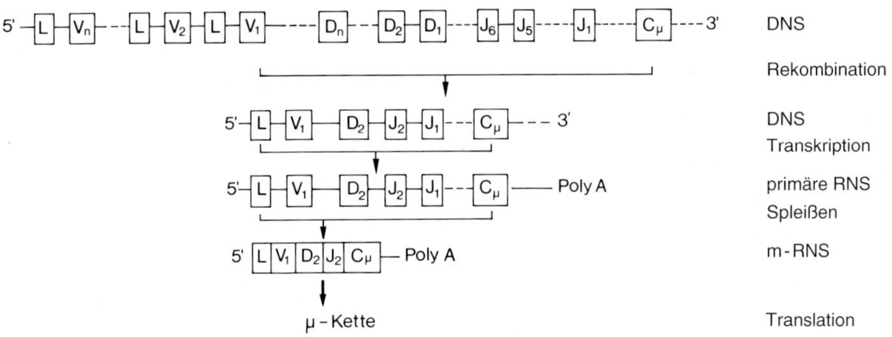

Abb. 4.8. Rekombination der schweren Ketten. In der DNS befinden sich ca. 1000 V_H-Gensegmente (V_n, V_2, V_1) hinter je einer Leader-Sequenz (L) angeordnet. Weit davon entfernt liegen ca. 50 D-Gensegmente (D_n, D_2, D_1), 6 J_H-Gensegmente (J_6, J_5, J_1) sowie die C-Gensegmente (hier Cμ). Durch Rekombination und Spleißen werden ein L, V_H, D_H und J_H Segment mit dem Cμ Segment zusammengeführt, die dann in eine μ-Kette translatiert werden.

DNS vom $V_\kappa J_\kappa$-Gen bis zum Ende des C_κ-Gens. Auf diese Weise entsteht die primäre RNS. In einem weiteren Schritt (***Spleißen***) werden daraus die nicht-kodierenden Stücke herausgeschnitten und eliminiert; es sind dies die Introns sowie das Stück zwischen dem $V_\kappa J_\kappa$-Gen und dem Beginn des C_κ-Gens. Damit ist die mRNS für die komplette κ-Kette entstanden, die anschließend in eine κ-Polypeptidkette übersetzt wird.

λ-Kette. Das Rearrangement für die λ-Kette verläuft nach den gleichen Prinzipien wie bei der κ-Kette. Die Zahl der V_λ-Gensegmente ist aber wesentlich kleiner.

H-Ketten. Für den variablen Teil der H-Ketten gibt es drei Gruppen rekombinationsfähiger Gensegmente: Sie werden durch die Symbole V, D und J bezeichnet, V = Variable (variabel); D = Diversity (Vielfalt); J = Joining (verbindend). Die V-Region enthält etwa 1 000 V_H-Segmente; stromabwärts davon befindet sich die D-Region mit etwa 50 D_H-Segmenten. Noch weiter stromabwärts liegt die C_H-Region. Sie enthält die Information für den konstanten Teil der H-Kette, und zwar jeweils einen Bereich für den H-Kettenteil C_μ, C_δ, C_γ, C_α und C_ε. (Aus Gründen der Darstellbarkeit werden die Unterklassen nicht berücksichtigt. Unberücksichtigt bleibt auch die domänenbezogene Exonstruktur der C_H-Gene.)

Die V-Gensegmente kodieren für den größten Teil der aminoterminalen Position (etwa von 1 bis 97); die D_H-Segmente kodieren für den aminoterminalen Teil des Rests (etwa für 98 bis 107), während die J_H-Segmente die Information für den verbleibenden karboxyterminalen Restanteil liefern (etwa 108 bis 117).

Durch die Rekombination vereinigt sich je eines der V_H-, D_H- und J_H-Gen-Segmente (Abb. 4.8). Auf diese Weise entsteht ein $V_H D_H J_H$-Gen, das die Information für den variablen H-Kettenteil enthält. Damit ist das Gen-Rearrangement für die Spezifitätsfestlegung abgeschlossen. Weitere Umlagerungen der H-Ketten-DNS betreffen nicht mehr die Spezifität, sondern die Antikörperklasse (s. später).

Die Transkription der H-Kette setzt beim $V_H D_H J_H$-Gen ein und wird entweder am Ende des $C_{H\mu}$-Gens oder des $C_{H\delta}$-Gens abgeschlossen. Die so entstandene Primär-RNS ist sehr lang. Durch Spleißen wird sie auf den kontinuierlichen Informationsgehalt für die H-Kette reduziert, z. B. entsprechend der Formel $V_H D_H J_H C_{H\mu}$. Die auf diese Weise entstandene mRNS wird sodann in die schwere Kette (z. B. des IgM) übersetzt.

4.12.3 Die Größe der Diversität

Nimmt man für die κ-Kette 300 V_κ-Gen-Segmente und vier J_κ-Gen-Segmente an, ergeben sich $300 \times 4 =$ 1 200 verschiedene Möglichkeiten, ein $V_\kappa J_\kappa$-Gen herzustellen. Diese Zahl wird dadurch erhöht, daß für die Ausführung der „Naht" zwischen den Segmenten V_κ und J_κ jeweils mehrere Variationsmöglichkeiten existieren: An dieser Stelle können von Fall zu Fall unterschiedliche Kodons entstehen. (Die Basensequenz an der Naht zwischen dem V_κ- und dem J_κ-Segment kodiert für die Aminosäurenposition 96. Dies steht im Einklang mit der Tatsache, daß die dritte hypervariable Region der κ-Kette gerade an dieser Stelle liegt.) Die Zahl der Variationsmöglichkeiten erhöht sich auf diese Weise noch einmal um den Faktor 10. Dies bedeutet, daß man mit 12 000 Varianten der κ-Kette rechnen kann.

Für die H-Kette nimmt man eine Mindestzahl von 1000 V_H-Exons an. Daneben existieren 50 D_H-Exons und 6 J_H-Exons. Daraus errechnen sich $1000 \times 50 \times 6 = 300\,000$ Kombinationsmöglichkeiten. Auch hier darf man um den Faktor 10 erhöhen. Dies bedeutet eine Variantenzahl von 3×10^6.

Da sich bei der Antikörperbildung die einmal gebildete κ-Kette mit einer unabhängig davon gebildeten H-Kette vereinigt, ergibt sich für die Kettenkombination κ/H die Zahl der verschiedenen Spezifitätsmöglichkeiten aus dem Produkt der Variantenzahl für die beiden Ketten:

$12000\ (\kappa) \times 3 \times 10^6\ (H) = 3{,}6 \times 10^{10}$. In diese Rechnung wurden noch nicht alle Faktoren der Variantenbildung aufgenommen. Der wahre Wert für die Zahl der möglichen Varianten liegt mindestens um eine weitere Zehnerpotenz höher.

Die Rekombinationsmöglichkeiten für die λ-Kette sind bedeutend kleiner als die der κ- und der H-Kette. Deshalb ergeben sich für die Kettenkombination λ/H relativ niedrige Werte. Da sich die Gesamtzahl der Spezifitäten aus der Summe der Variantenzahlen für die Kombination κ/H und λ/H zusammensetzt, ändert sich wenig, wenn man die Kombination λ/H vernachlässigt.

Die Möglichkeiten, Spezifitätsvarianten zu bilden, sind damit noch nicht erschöpft. Man weiß seit einiger Zeit, daß sich der Informationsgehalt des Exons V, D und J durch somatische Mutationen um das 10- bis 100fache weiter erhöhen kann.

Zusammenfassend können wir feststellen, daß die Diversität entscheidend durch Rekombination von Keimbahngenen erfolgt und zu einem weiteren Teil durch somatische Mutationen. Der *„Diversitätsstreit"* unter den Immunologen hatte in den sechziger Jahren zwei Lager geschaffen: einerseits die Anhänger der ***Keimbahntheorie***, andererseits die Vertreter der ***somatischen Mutation***. Der Ausschließlichkeitsanspruch beider Parteien war, wie man heute weiß, falsch; Recht hatten bis zu einem gewissen Grad beide Seiten.

4.12.4 Allelen-Ausschluß

Die DNS-Rekombinationen, die in der B-Vorläuferzelle ablaufen und zur Festlegung der Erkennungszuständigkeit führen, spielen sich stets asymmetrisch ab. Von den sechs Chromosomen (die diploide B-Zelle enthält für jede der drei Ketten – H, κ, λ – zwei Informationsträger in Gestalt des väterlichen und mütterlichen Chromosoms), die in der diploiden Zelle für die Synthese von schweren und leichten Ketten in Betracht kommen, gelangen – wenn überhaupt – nur zwei zu einem biologisch wirksamen Rearrangement.

Die Rekombination beginnt bei einem Chromosom des Paares 14 (H-Kette). Mißlingt der Versuch, so wird das andere Chromosom des gleichen Paares ein Rearrangement versuchen. Mißlingt auch dieser Versuch, so ist die Zelle zur Antikörperbildung unfähig.

Ist in einem der beiden Chromosomen 14 der erste Umbauversuch erfolgreich, so wird das andere intakte Chromosom durch Hemmung vom Umbau ausgeschlossen. Der Umbau-Impuls geht dann an das Chromosomenpaar 2 (κ-Kette). Gelingt hier der Umbau in einem Chromosom, so werden die noch nicht einbezogenen Chromosomen am Umbau gehemmt. Mißlingt der Umbau in beiden Chromosomen 2, so geht der Impuls an das Chromosomenpaar 22 (λ).

In jeder B-Zelle werden die zur Antikörperbildung nicht benötigten Chromosomen entweder durch erfolglosen Umbau oder durch Umbau-Hemmung ausgeschaltet. Dabei gibt es eine Priorität von den Chromosomen 14 (H) über die Chromosomen 2 (κ) bis zu den Chromosomen 22 (λ). Offenbar werden λ-Ketten erst dann zur Antikörperbildung herangezogen, wenn die Bildung der κ-Kette mißlingt.

Die geschilderten Vorgänge bedeuten, daß in jeder Zelle nur ein einziges H-Ketten-Chromosom und nur ein einziges L-Ketten-Chromosom zum biologisch wirksamen Rearrangement gelangt. Die Allele der übrigen Chromosomen bleiben damit von der Informationsabgabe ausgeschlossen. Dieses Verhalten weicht von der kodominanten Expression der elterlichen Allele bei diploiden Zellen ab.

4.12.5 Membranständige und freie Antikörper

Eine junge B-Zelle, die noch nicht durch Antigen stimuliert wurde, synthetisiert Antikörper der Klasse IgM. Diese Antikörper erscheinen als Monomere mit zwei Antigenbindungsstellen. Sie werden in der Membran eingelagert und dienen als erkennungsspezifische Antigen-Rezeptoren. Dies beruht darauf, daß die H_μ-Kette am karboxyterminalen Ende etwa 20 *hydrophobe* Aminosäuren trägt. Diese hydrophobe H_μ-Kette wird als ***m***μ (m = Membran) bezeichnet.

Wird die B-Zelle durch Antigen stimuliert, so wird der IgM-Antikörper in modifizierter Form synthetisiert: Anstelle der hydrophoben Sequenz trägt er am karboxyterminalen Ende der H-Kette eine etwa gleichlange Sequenz *hydrophiler* Aminosäuren. Der auf diese Weise modifizierte IgM-Antikörper kann die Zelle als Pentamer verlassen. Seine H-Kette wird als *s*μ (s = sezerniert oder Serum) bezeichnet.

Der Wechsel von der hydrophoben zur hydrophilen H-Kette erfolgt auf der RNS-Ebene durch *Spleißen*. Das Cμ-Gen enthält an seinem 3'-Ende ein Exon für die hydrophile Sequenz und darauf folgend ein Exon für die hydrophobe Sequenz. Für die Synthese der $H_{m\mu}$-Kette wird der ganze Bereich abgelesen. Durch Spleißen wird dann von der primären RNS die Sequenz für die hydrophilen Aminosäuren eliminiert. Der Cμ-Bereich endet damit mit der Sequenz für die hydrophoben Aminosäuren der $H_{m\mu}$-Kette.

Soll dagegen eine $H_{s\mu}$-Kette synthetisiert werden, so hört die Transkription am Ende des Exons für die

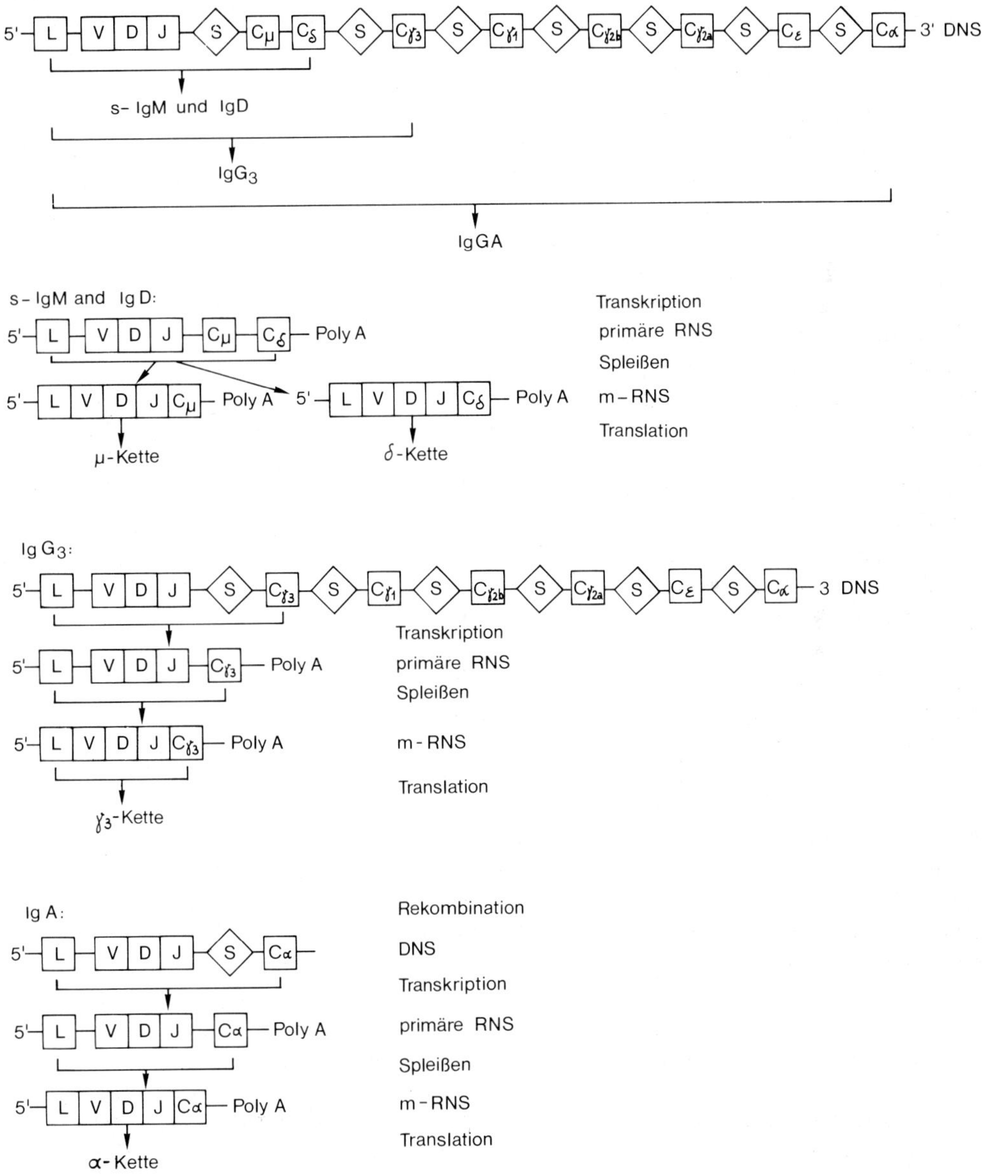

Abb. 4.9. Wechsel der Antikörper-Klasse. In der DNS liegen die Gensegmente für die verschiedenen schweren Ketten hintereinander (Cμ, Cδ, $C\gamma_3$, $C\gamma_1$, $C\gamma_{2b}$, $C\gamma_{2a}$, C_ε, C_α). Davor befindet sich jeweils ein Start-Kodon. Durch Spleißen entsteht die s-μ bzw. δ-Kette. Durch Rekombination und Spleißen werden die schweren Ketten der anderen Antikörper-Klassen gebildet

hydrophilen Aminosäuren auf. Das Primärtranskript braucht an dieser Stelle nicht gespleißt zu werden, da es mit der Sequenz für die $H_{s\mu}$-Kette endet.

4.12.6 Der Ig-Klassen-Wechsel (switch)

Nach Abschluß des Rearrangements enthält das für die H-Kette zuständige Chromosom das VDJ-Gen und 3'-stromabwärts davon konsekutiv die Informationsbereiche für C_μ, C_δ, C_γ, C_ε und C_α (die Ig-Unterklassen werden wegen der einfacheren Darstellung nicht berücksichtigt). In diesem Stadium (Abb. 4.9) beginnt die B-Zelle ohne Antigenstimulus mit der Synthese von antigenspezifischen Rezeptoren, d. h. von membranständigen Antikörpern der Klasse IgM (stets vorhanden) und IgD (teilweise vorhanden). Die Doppelproduktion erfolgt aufgrund von zwei verschiedenen Transkriptionsprodukten der gleichen DNS. Dabei entsteht ein kurzes und ein langes Transkript. Das kurze Transkript beginnt mit dem VDJ-Gen und schließt mit dem Ende des Cμ-Gens. Das lange Transkript beginnt ebenfalls mit dem VDJ-Gen, geht jedoch über das Cμ-Gen hinaus und enthält noch das ganze C_δ-Gen. Durch Spleißen entsteht aus der kürzeren Primär-RNS die mRNS für IgM. Die längere Primär-RNS liefert durch Spleißen die mRNS für IgD.

Wird die B-Zelle durch Antigen stimuliert, so bildet sie als erstes sezernierbare Antikörper der Klasse IgM. Einige B-Zellen können darüber hinaus auch membranständige und sezernierbare Antikörper der Klasse IgG, IgA und IgE bilden: Sie stellen entsprechend lange Transkripte her und spleißen sie in geeigneter Form.

Dieser Syntheseweg stellt aber nur einen Übergang dar. Im Verlaufe der Immunreaktion entstehen durch Antigenstimulation Abkömmlinge des betroffenen Zellklons, bei denen sich ein *zweites Gen-Rearrangement* abspielt. Dabei wird das VDJ-Gen durch Rekombination in die Nähe der Region C_γ oder C_α oder C_ε gebracht. Die dazwischenliegenden Regionen werden deletiert. Nach diesem Prozeß haben die Zellen das Vermögen verloren, H-Ketten der Klassen IgM oder IgD zu bilden: Sie sind auf IgG oder auf IgA oder auf IgE festgelegt. Diese Umstellung nennt man den ***Klassen-Wechsel*** („class switch").

Zwei Charakteristika dieser Erscheinung müssen hervorgehoben werden: Es ist einmal die Tatsache, daß bei absolut gleicher Spezifität lediglich die Antikörperklasse wechselt. Zum anderen ist es die doppelte Möglichkeit, den Klassenwechsel zu vollziehen, nämlich einmal – übergangsweise – auf RNS-Ebene und zum anderen – endgültig – auf DNS-Ebene.

Zusammenfassung: Antikörper und Antigene

Aufbau der Immunglobuline: zwei identische schwere (H) und zwei identische leichte (L) Ketten sind über Disulfidbrücken verbunden; L-Ketten in 2 Formen möglich (κ, λ), schwere Ketten in 5 Formen (γ, μ, α, ε, δ), welche die Klasse bestimen. H- und L-Ketten bestehen je aus einem konstanten und einem variablen Teil; der variable Teil der H- und L-Kette bildet die Antigen-Bindungsstelle. Papain spaltet IgG in ein F_c-Stück (konstanter Teil) und zwei identische Fab-Fragmente (variabler Teil). H- und L-Kette bestehen aus ähnlichen Untereinheiten von ca. 100 Aminosäuren (Domänen).

IgG: 150 kD, 75% der Gesamtserum-Ig, Träger der Sekundärantwort.
IgM: 900 kD, ca. 10% der Gesamtserum-Ig, Pentamere, Träger der Primärantwort, IgM-Monomere als Membranrezeptoren auf B-Lymphozyten.
IgA: Monomere (150 kD) oder Dimere (380 kD), 15–20% der Gesamtserum Ig, als sekretorisches IgA in den externen Körperflüssigkeiten.
IgD: 170–200 kD, Membranrezeptor auf B-Zellen;
IgE: 190 kD, <1% der Gesamtserum-Ig, durch Bindung an Mastzellen und Basophile Vermittlung der Sofortallergie.

Antigen: Molekül, welches mit den Trägern der Immunantwort (T-Zellen und B-Zellen bzw. Antikörpern) biologisch wirksam reagiert. Antigene für B-Lymphozyten sind Proteine oder Kohlenhydrate, sehr selten Lipide oder Nukleinsäuren.

Epitop: Abschnitt eines Antigens, der vom Antikörper erkannt wird; besteht aus 6–8 Monosacchariden bzw. Aminosäuren.

Hapten: Isoliertes Epitop, das zwar mit Antikörpern reagiert, aber keine Immunantwort hervorruft.

Autologe Situation: Antigen und Antikörper desselben Individuums;
Syngene Situation: Antigen und Antikörper genetisch identischer Individuen;

Allogene Situation: Antigene, die in Individuen einer Spezies in unterschiedlicher Form vorkommen;
Xenogene Situation: Antigen und Antikörper sind von verschiedenen Arten.

Mitogen: Moleküle, welche Lymphozyten unabhängig von deren Antigenspezifität stimulieren; z. B. Concanavalin A, Phytohämagglutinin, Lipopolysacharid.

Adjuvans: Material, welches die Immunogenität eines Antigens in vivo unspezifisch erhöht (z. B. Freund'sches Adjuvans, Aluminiumhydroxid, Muramyldipeptid, Iscom).

Antikörper-Determinanten:
Isotyp: Merkmal im konstanten Teil der L- bzw. der H-Kette, welches für den jeweiligen Kettentyp charakteristisch ist.
Allotyp: Merkmal, welches in den schweren γ- oder α-Ketten bzw. in den leichten Ketten bei einigen Individuen unterschiedlich vorkommt;
Idiotyp: Merkmal, welches in der Antigenbindungsstelle liegt und daher für Antikörper einer bestimmten Spezifität charakteristisch ist.

Verlauf der Antikörper-Antwort: Nach Erstkontakt mit einem Antigen kommt es nach etwa 10 Tagen zu einem Anstieg der Antikörper im Serum (Primärantwort); anschließend fällt der Antikörpertiter wieder ab. Die Antikörper gehören primär der IgM-Klasse an. Nach Zweitinjektion desselben Antigens kommt es rasch zu einem erneuten Serum-Titeranstieg (sekundäre- oder anamnestische Antwort), es überwiegen Antikörper der IgG-Klasse.

Polyklonale und monoklonale Antikörper: Die Antikörper-Antwort gegen ein bestimmtes Antigen ist meist polyklonal, da ein Antigen normalerweise viele unterschiedliche Determinanten trägt und für jede Determinante Antikörper unterschiedlicher Affinität vorhanden sind. Antikörper, die von den Nachkommen einer einzigen B-Zelle produziert werden, sind völlig identisch, d. h. sie sind monoklonal. Die Technik der B-Zell-Hybridisierung erlaubt die Großproduktion monoklonaler Antikörper.

Die Stärke der Antigen-Antikörperbindung:
Avidität: Sumarischer Begriff zur Charakterisierung der Bindungsstärke zwischen polyklonalen Antikörpern und ihrem homologen Antigen.

Affinität: Bindungsstärke eines Antikörpers für eine bestimmte Determinante des Antigens.

Folgen der Antigen-Antikörper-Reaktion in vivo: Toxin-Neutralisation (z. B. Diphtherie-, Tetanus-, Botulismus-Toxin), Virusneutralisation, Opsonisierung (z. B. von Pneumokokken), antikörperabhängige zellvermittelte Zytotoxizität, Komplementaktivierung, allergische Sofortreaktion, Immunkomplexbildung.

Klonale Selektionstheorie (Burnet): Lymphozyten unterschiedlicher Spezifität entwickeln sich vor dem Erstkontakt mit Antigen; jede Zelle exprimiert Rezeptoren einer einzigen Spezifität; Antigenkontakt führt zur klonalen Expansion der entsprechenden Zelle. Da beim Zweitkontakt mit Antigen mehr spezifische Zellen zur Verfügung stehen, ist die Immunantwort nun deutlich stärker. Umgekehrt führt der Kontakt zwischen autoreaktiven B-Zell-Vorläufern und dem Auto-Antigen während einer frühen Entwicklungsphase zur Inaktivierung der erkennenden Zellen und damit zur Toleranz gegen „selbst".

Genetische Grundlagen der Antikörperbildung: Für die genetische Vielfalt der B-Zell-Population sind in erster Linie Gen-Rekombinationen (Gen-Rearrangements) verantwortlich. κ-Kette: V_κ und J_κ sind auf getrennten DNS-Segmenten; ein V_κ-Gensegment verbindet sich mit einem J_κ-Gensegment durch Rekombination; das V_κ-J_κ-Gensegment wird mit den C_κ-Gen transkribiert. Ähnliches gilt für die λ-Kette.
H-Kette: Aus einem V-, D-, J-Gensegment entsteht das VDJ-Gen, welches mit dem C-Gen transkribiert wird.
Größe der Diversität: 300 $V_\kappa \times 4\ J_\kappa = 1200$; 1000 $V_H \times 50\ D_H \times 6\ J_H = 300\,000$; $1\,200 \times 300\,000 = 3{,}6 \times 10^8$; Erhöhung um den Faktor 100 bis 1000 durch weitere Variationsmöglichkeiten.
Allelen-Ausschluß: In jeder Zelle kommt nur ein einziges H-Ketten-Chromosom und nur ein einziges L-Ketten-Chromosom zum Rearrangement. Die anderen Allelen sind davon ausgeschlossen.
Ig-Klassen-Wechsel: Die B-Zelle produziert zuerst membranständiges IgM und IgD. Nach Antigenreiz bildet die B-Zelle entweder sezerniertes IgM, IgG, IgE oder IgA. Die ursprüngliche Spezifität bleibt unabhängig vom Klassenwechsel erhalten.

5 Komplement

S. H. E. Kaufmann

INHALTSÜBERSICHT

5.1 Übersicht 162
5.2 Der klassische Weg 163
5.3 Die terminale Effektorsequenz 164
5.4 Der alternative Weg 165
5.5 Anaphylatoxine 165
Zusammenfassung 167

5.1 Übersicht

Die Bindung von Antikörpern an lebende Krankheitserreger führt nicht direkt zu deren Abtötung und Elimination. Um dies zu bewirken, müssen besondere Systeme angestoßen (aktiviert) werden. Die dazu führenden Signale haben nichts mehr mit der Antigenspezifität zu tun: Sie sind *unspezifisch*. Als Signalempfänger kennt man humorale Systeme und zelluläre Elemente. Unter den humoralen Systemen nimmt das Komplement einen besonderen Platz ein.

Das Komplementsystem besteht aus ca. 20 *Serumproteinen* (Komplementkomponenten). Im Serum liegen die Faktoren in ihrer inaktiven Form vor. Wird das System angestoßen, so kommt es zur konsekutiven (sequentiellen) Aktivierung seiner Komponenten. Dies führt zu drei Ergebnissen:

- Direkte Lyse von Zielzellen,
- Anlockung und Aktivierung von Entzündungszellen und
- Opsonisierung von Zielzellen.

Prinzipiell kann die ***Komplementkaskade*** in drei Abschnitte unterteilt werden:

- Den klassischen Aktivierungsweg,
- den alternativen Aktivierungsweg und
- den gemeinsamen Terminalabschnitt (Abb. 5.1).

Der klassische und der alternative Weg zur Komplementaktivierung stellen typische Beispiele für eine *Reaktionskaskade* dar, wie man sie bei den Systemen der Blutgerinnung, der Fibrinolyse und der Bradykinin-Generierung kennt. Bei diesen Systemen aktiviert ein exogener Stimulus das erste Proenzym; dieses dient dann als Enzym für die Aktivierung des nächsten Proenzyms. Diese Abfolge kann sich mehrmals wiederholen.

Der klassische und der alternative Weg münden beide in einen gemeinsamen Terminalabschnitt ein. Die Reaktionen, die sich hier abspielen, führen zum Aufbau eines *Multi-Komponentenkomplexes*; dieser

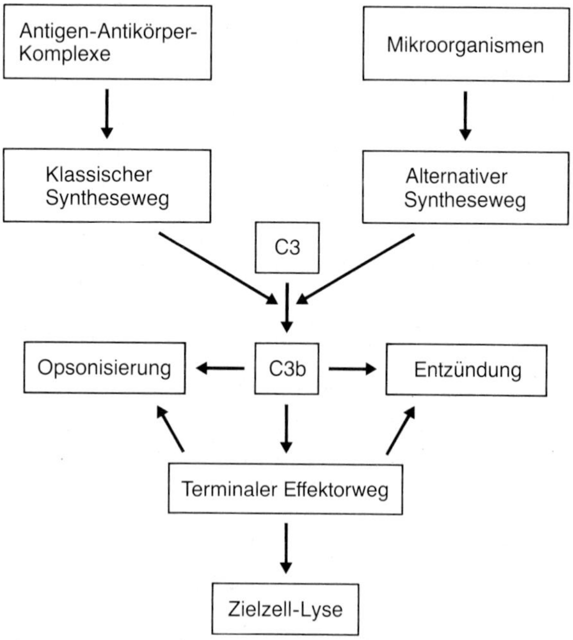

Abb. 5.1. Prinzipien der Komplementaktivierung

reagiert mit der *Membran der Zielzelle* und führt deren *Lyse* herbei.

Im Verlauf der Komplement-Aktivierung entstehen durch enzymatische Fragmentierung der nativen Komponenten mehrere Spaltprodukte. Ihr funktionelles Zusammenwirken löst die *Entzündungsreaktion* aus (s. Kap. 10). Andere Fragmente werden von der Zielzelle gebunden und treten dann in Wechselwirkung mit Phagozyten. Neutrophile Granulozyten und Monozyten besitzen u. a. Rezeptoren für das zentrale Komponentenbruchstück C3b; in gebundenem Zustand vermittelt das Fragment die Aufnahme von Fremdkörpern (*Opsonisierung*, s. Kap. 5 und 9).

Da bei den Einzelschritten der Komplementsequenz jeweils ein Enzymmolekül eine große Menge von Substratmolekülen umsetzt, ist das Amplifikationspotential des Systems enorm. Die Aktivierung muß deshalb an kritischen Stellen durch *Regulatorproteine* kontrolliert werden; dies verhindert ein ungeregeltes Ausufern der Reaktion.

Die einzelnen Komponenten des klassischen Wegs und des terminalen Effektorwegs werden mit C1 bis C9 bezeichnet. Hierbei wird aus historischen Gründen an einer Stelle die numerische Reihenfolge nicht eingehalten. Die klassische Aktivierungsformel lautet: ***C1, C4, C2, C3, C5, C6, C7, C8, C9***. Im folgenden sollen die einzelnen Abschnitte der Komplement-Aktivierung genauer besprochen werden.

5.2 Der klassische Weg

An dem klassischen Weg der Komplement-Aktivierung (Abb. 5.2) sind die Komponenten C1, C4, C2 und C3 beteiligt.

C3 stellt den Endpunkt des klassischen Wegs und zugleich den gemeinsamen Knotenpunkt des klassischen und des alternativen Wegs dar. Über C3 münden beide Aktivierungswege in den terminalen Sequenzabschnitt.

Die Komponente C1 besteht aus den drei Untereinheiten ***C1q***, ***C1r*** und ***C1s***. Der klassische Weg wird durch Antikörper der Klasse IgM und IgG eingeleitet. (Humane Antikörper der Klassen IgG1, IgG2 und IgG3 aktivieren Komplement, dagegen nicht IgG4. Die murinen Antikörper der Klassen IgG2a, IgG2b und IgG3 aktivieren Komplement, dagegen nicht IgG1.)

Die Komplementkomponente C1q reagiert mit der C_H2 Domäne des IgG und der C_H4 Domäne des IgM.

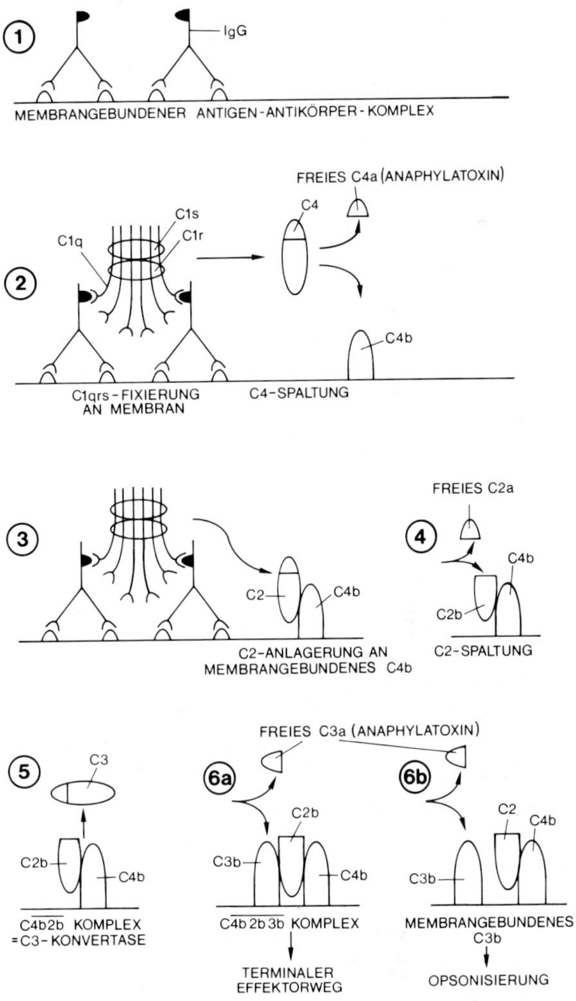

Abb. 5.2. Der klassische Weg der Komplementaktivierung

In beiden Fällen sind die reagiblen Domänen Bestandteile des F_c-Stücks. Die Reaktionsbereitschaft des F_c-Stücks ist erst gegeben, wenn der Antikörper mit „seinem" Antigen reagiert hat.

C1q besitzt sechs Bindungsstellen; es wird angenommen, daß seine Aktivierung erst nach Bindung an mehrere Antikörpermoleküle erfolgt. Die Bindungstüchtigkeit gegenüber C1q ist möglicherweise erst dann gegeben, wenn eine Gruppe von benachbarten Antikörpern ein geeignetes Muster bildet. Man kann aber auch annehmen, daß die Bindungsstelle des F_c-Stücks für C1q erst durch Reaktion des Antikörpers mit seinem Antigen freigelegt wird.

Die Reaktion von C1q mit den Antikörpern führt zu einer *Konformationsänderung* des Clq und dadurch zur Aktivierung von C1r und C1s; diese Komponenten sind in ihrer inaktiven Form mit C1q assoziiert. *Aktiviertes C1qrs* wirkt als *Esterase*; deren natürliche Substrate sind die Komponenten C4 und C2. C4 wird in ein kleineres (***C4a***) und ein größeres (***C4b***) Fragment gespalten. Das Fragment C4b, welches sich in der Nähe des Antikörper-C1qrs-Komplexes anlagert, führt die Komplementsequenz fort, indem es die Nativkomponente C2 bindet. Durch die Anlagerung an C4b exponiert das C2 seine enzymatisch spaltbare Stelle und wird durch die C1qrs-Esterase fragmentiert. Es entstehen damit der ***Komplex C4b2b*** und das kleine Fragment ***C2a***. Das gebundene C2b-Fragment ist enzymatisch aktiv.

Der C4b2b-Komplex spaltet die native Komponente C3; er wird deshalb als *C3-Konvertase des klassischen Wegs* bezeichnet. Die C3-Spaltung ergibt das kleinere Polypeptid ***C3a*** und das größere, an der Komplement-Kaskade beteiligte Fragment ***C3b***. C3b ist in statu nascendi hochreaktiv; es geht mit allen NH_2- oder OH-Gruppen kovalente Bindungen ein. Dementsprechend wird ein Teil des anfallenden C3b in der Nähe des C4b2b-Komplexes gebunden; es entsteht der ***C4b2b3b-Komplex***. Dieser Komplex ist dazu befähigt, das native C5 zu spalten; er wird deshalb als *C5-Konvertase* bezeichnet. Die abseits vom Komplex C4b2b gebundenen einzelnen C3b-Moleküle exponieren eine Struktur, die mit einem Rezeptor reagieren kann, der sich auf neutrophilen Granulozyten und Makrophagen befindet (C3b-Rezeptor, s. Kap. 9). Diese Reaktion führt zur Phagozytose des *C3b-beladenen Fremdpartikels*. Gebundenes C3b ist also funktionell mit dem F_c-Stück des gebundenen IgG-Antikörpers vergleichbar: Beide besitzen *opsonisierende Aktivität*. Das bei der C3-Spaltung anfallende ***C3a*** wird als ***Anaphylatoxin*** bezeichnet; es bewirkt die Histaminfreisetzung aus Mastzellen.

Mehrere Kontrollproteine zügeln direkt und indirekt die Entstehung der C3-Konvertase. Zum ersten wird die Aktivität der *C1-Esterase* durch den natürlichen Inhibitor ***C1INH*** gehemmt. Zum andern existiert ein Protein, welches sich an C4b bindet und dadurch die zur Spaltung notwendige Bindung des C2 verhindert.

5.3 Die terminale Effektorsequenz

An der Spaltung des C5 ist das in C2b enthaltene Aktivzentrum beteiligt: C2b spaltet neben C3 auch C5.

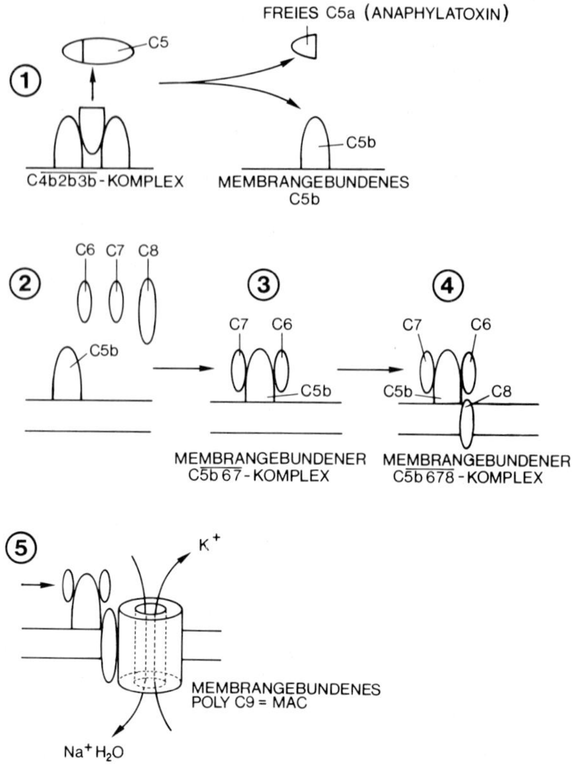

Abb. 5.3. Die terminale Effektorsequenz der Komplementaktivierung

Die Komponente C5 ist in freiem Zustand für das Enzym nicht zugänglich. Deshalb wird zuerst freies C5 an das C3b des Komplexes C4b2b3b gebunden. Dadurch wird die spaltbare Stelle des C5 exponiert und für das C2b-Enzym erreichbar (Abb. 5.3).

Bei der Spaltung des C5 entstehen zwei Fragmente. Das kleinere Bruchstück ***C5a*** bleibt in der flüssigen Phase; es wirkt analog dem C3a als *Anaphylatoxin*, darüber hinaus kann es Leukozyten anlocken (***Leukotaxin***). Das größere Fragment ***C5b*** leitet die terminale Effektorsequenz ein. Dabei bildet sich schlußendlich ein *Hetero-Polymer*, welches als ***Membran-Angriffs-Komplex*** (membrane attack complex, kurz ***MAC***) bezeichnet wird. Der MAC führt die Membranläsion mit anschließender Lyse herbei.

Der MAC entsteht in mehreren Phasen. Zunächst reagiert C5b spontan mit den nativen Komponenten C6 und C7. Der so entstandene ***C5b67-Komplex*** reagiert dann mit dem nativen C8. In diesem Stadium kann der Komplex bereits zur Zytolyse führen; die Wirkung ist jedoch wenig effizient. Die eigentliche Aufgabe des ***C5b678-Komplexes*** ist die Polymerisation von C9. ***PolyC9***, das am Ort der C5b678 Ablagerung gebildet wird, bildet den *funktionellen Kern des MAC*. Der MAC stellt sich als ein amphiphiler Hohlzylinder mit Außenwülsten dar; er ragt nach seiner Bindung an die Lipid-Doppelschicht durch die gesamte Zellmembran. (Als „amphiphil" bezeichnet man ein Makromolekül dann, wenn es regional getrennte Areale mit hydrophoben und mit hydrophilen Eigenschaften besitzt.) Seine Länge ist 150 Å, sein innerer Durchmesser 100 Å und der äußere Durchmesser 200 Å.

Der MAC schafft in der Membran eine Pore; dadurch bewirkt er den Influx von Na^+-Ionen in die Zelle und letztendlich deren Lyse. In der elektronen-mikroskopischen Aufnahme imponieren die Läsionen als dunkle (elektronendichte) „Löcher", die von einem helleren Ring umgeben sind.

5.4 Der alternative Weg

Das Komplementsystem kann auch durch andere Signale als die des Antikörpers aktiviert werden (Abb. 5.4). Signale dieser Art gehen u. a. von verschiedenen *mikrobiellen Bestandteilen* aus, z. B. von *Zymosan* (Zellwandkohlenhydrate von Hefen), *Dextran* (Speicherkohlenhydrate von Hefen und einigen grampositiven Bakterien) oder *Endotoxin* (Lipopolysaccharid der Enterobakterien). Demzufolge hat der Makroorganismus die Möglichkeit, das Komplementsystem vor Einsetzen der spezifischen Immunantwort zu aktivieren.

Folgende Proteine sind am alternativen Weg beteiligt: Die Komponente C3, die ***Faktoren B und D*** (Faktor D ist in seiner Nativ-Form ein aktives Enzym; sein natürliches Substrat ist der gebundene Faktor B), das ***Properdin (P)*** sowie die regulatorischen Moleküle ***C3b-Inaktivator (Faktor I)*** und ***Faktor H*** (früher β_1H genannt). Die Aktivierung beruht auf folgenden Voraussetzungen: In geringem Umfang entsteht aus dem *Serum-C3* spontan ein *C3b-Äquivalent*, ohne daß C3a freigesetzt wird. Das C3b-Äquivalent (***C3b⁺***) kann sich locker mit dem Faktor B assoziieren und dessen spaltbare Stelle zum Vorschein bringen; unter der enzymatischen Einwirkung von Faktor D wird der gebundene Faktor B in die *Bruchstücke Ba und Bb* gespalten: Es entsteht der ***$C3b^+Bb$-Komplex***. Dieser Komplex ist nun seinerseits enzymatisch wirksam: Er spaltet die Nativ-Komponenten C3 und C5.

Das aktive Zentrum des Enzyms $C3b^+Bb$ ist in Bb enthalten. Der geschilderte Reaktionsweg läuft im Plasma unter normalen Verhältnissen dauernd ab. Sein Ausmaß ist aber sehr gering, da er unter Einwirkung der Kontrollfaktoren I und H steht und laufend gehemmt wird. Hierbei verdrängt der Faktor H Bb von dessen Bindungsstelle am $C3b^+$. In dem so entstandenen *Komplex $C3b^+H$* wird eine spaltbare Stelle des $C3b^+$ exponiert und durch das Enzym I (C3b-Inaktivator) gespalten. Das Kontrollsystem aus H und I sorgt also dafür, daß der natürliche Anfall von reagiblem $C3b^+$ sofort ausgeschaltet wird.

Mikrobielle Strukturen wie *Zymosan* haben das Vermögen, das natürlicherweise anfallende $C3b^+$ in einer besonderen Form zu binden. Diese Form ist unfähig, mit H zu reagieren. Dies bedeutet, daß die von Zymosan gebundenen $C3b^+$-Moleküle aus der I/H-Kontrolle geraten. Ohne Störung entwickelt sich das Enzym ***$C3b^+Bb$***; dieses wird durch P stabilisiert und generiert jetzt das enzymatische Spaltprodukt C3b, welches seinerseits wieder an Zymosan gebunden wird usw. Der Vorgang ist als Selbst-Amplifikation zu verstehen. Er mündet in eine *stürmisch verlaufende, unkontrollierte C3-Spaltung*. Der alternative Weg leitet somit in die *terminale Effektorsequenz* ein. Da das C3b, welches durch die C3-Konvertase des klassischen Wegs gebildet wird, ebenfalls mit Faktor B und D reagieren kann, sind der alternative und klassische Weg des Komplementsystems miteinander verbunden. Der alternative Weg kann als Verstärkersystem des klassischen Aktivierungsmechanismus verstanden werden.

5.5 Anaphylatoxine

Die Spaltprodukte C4a, C3a und C5a werden als ***Anaphylatoxine*** bezeichnet, da sie *anaphylaktische Reaktionen* auslösen (s. Kap. 10). Sie regen *Mastzellen* an, *Histamin* auszuschütten; außerdem bewirken sie die *Kontraktion der glatten Muskulatur*. C5a ist nicht nur ein potenteres Anaphylatoxin als C3a und C4a. Es übt darüber hinaus eine chemotaktische Wirkung gegenüber neutrophilen Granulozyten aus (*Leukotaxin*). Schließlich stimuliert es auch die Bildung von reaktiven Sauerstoffmetaboliten und von *Leukotrienen*. Die Komplementspaltstücke C4a, C3a und C5a sind wichtige Mediatoren der Entzündung und der Überempfindlichkeit; sie werden in Kapitel 10 besprochen. Anaphylatoxine werden durch eine Serum-Karboxypeptidase inaktiviert, die ***Anaphylatoxin-Inaktivator*** genannt wird.

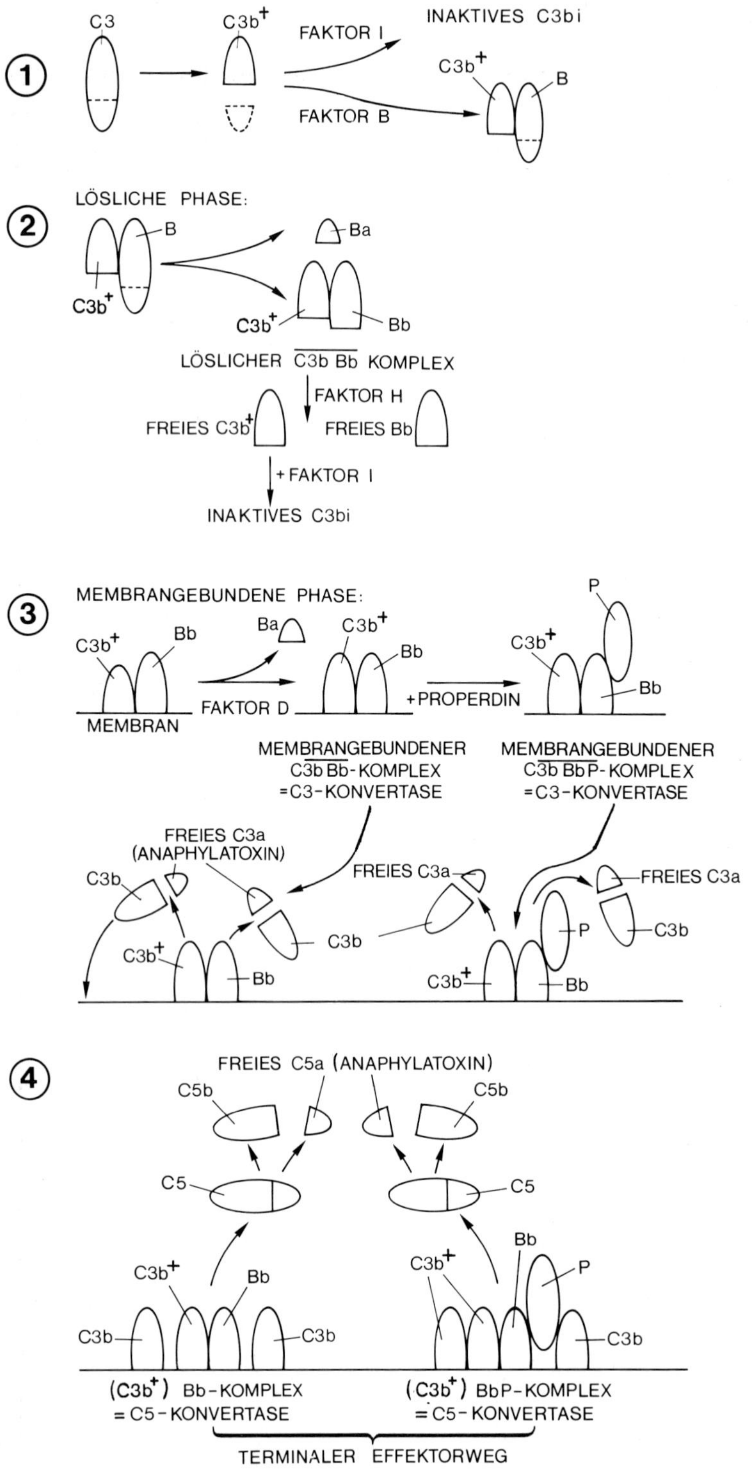

Abb. 5.4. Der alternative Weg der Komplementaktivierung

Zusammenfassung: Komplement

Aktivierung des Komplementsystems führt zu: Lyse von Zellen; Anlockung von Entzündungszellen; Opsonisierung.

Klassischer Aktivierungsweg: beteiligte Komponenten: C1, C4, C2, C3; Aktivierung durch Antigen-Antikörper-Komplexe: Es entsteht der C4b2b3b-Komplex und einzelnes C3b auf Zielzellen sowie freies C4a und C3a.

Alternativer Aktivierungsweg: beteiligte Komponenten: C3, B, D, Properdin, I, H; Aktivierung durch mikrobielle Bestandteile. Es entsteht der $C3b^{+}Bb$-Komplex und einzelnes C3b auf Zielzellen.

Gemeinsamer Terminalabschnitt: beteiligte Komponenten: C5, C6, C7, C8, C9; Aktivierung durch den C4b2b3b oder den $C3b^{+}Bb$-Komplex auf Zielzellen. Es entsteht ein amphiphiler Hohlzylinder auf der Zielzelle, der deren Lyse herbeiführt sowie freies C5a.

Anaphylatoxine: C4a, C3a aus dem klassischen Weg sowie C5a aus dem terminalen Weg, die in Lösung bleiben, locken Entzündungszellen an.

Opsonine: Einzelnes C3b auf Zielzellen wird von Phagozyten über entsprechende Rezeptoren erkannt und vermittelt die Phagozytose.

6 Antigen-Antikörper-Reaktion: Grundlagen serologischer Methoden

S. H. E. Kaufmann

INHALTSÜBERSICHT

6.1 Bildung sichtbarer Antigen-Antikörper-Komplexe 168
6.1.1 Immunpräzipitation in löslicher Phase . . . 168
6.1.2 Immundiffusion im halbfesten Medium . . 169
6.1.3 Vergleich der serologischen und chemischen Charakteristika von Antigenen 169
6.1.4 Immunflocculation 170
6.1.5 Immunagglutination 171
6.2 Hemmung biologischer Aktivitäten durch spezifische Antikörper 171
6.3 Immunhämolyse und Komplementbindungs-Reaktion 171
6.4 Nachweis der Antigen-Antikörper-Reaktion durch markierte Antikörper. . . . 172
6.4.1 Immunfluoreszenz 172
6.4.2 Moderne Methoden zum Antigennachweis mit Hilfe markierter Antikörper 172
6.5 Blutgruppenserologie 173
6.5.1 AB0-System 173
6.5.2 Rh-System 174
6.5.3 Sog. seltene Blutgruppen 175
6.5.4 Blutgruppenserologische Untersuchungsmethoden 175
Zusammenfassung 177

Der Nachweis von Antigenen oder Serumantikörpern spielt in der medizinischen Diagnostik eine bedeutende Rolle.

Folgende Erscheinungen zeigen eine abgelaufene Antigen-Antikörper-Reaktion an:

- Es bilden sich sichtbare Komplexe;
- es verändert sich die biologische Aktivität des Antigens bzw. der antigentragenden Zellen;
- zugesetztes Komplement wird aktiviert und verschwindet aus der flüssigen Phase;
- die Bindung des Antikörpers an das Antigen bedeutet einen Substanzzuwachs und
- durch geeignete Markierung von einem der beiden Partner wird die Reaktion nachweisbar.

6.1 Bildung sichtbarer Antigen-Antikörper-Komplexe

Antikörper sind mindestens *bivalent*: Jedes Antikörpermolekül besitzt zwei oder mehr Antigenbindungsstellen. Antigene sind in der Regel *polyvalent*: Auf einem Antigenmolekül befinden sich mehrere Epitope. Dementsprechend führt die Reaktion zwischen Antigen und homologen Antikörpern unter geeigneten Bedingungen (im Serum oder in Lösung) zur Bildung von sichtbaren ***Antigen-Antikörper-Komplexen***. In Abhängigkeit von der Größe des Antigens ergibt sich das Bild der ***Präzipitation***, der ***Flocculation*** oder der ***Agglutination***. Die drei Ausdrücke verwendet man jeweils, um die Größe des Antigenpartikels anzudeuten. Bei der Antikörper-Reaktion mit freien Antigenmolekülen spricht man von Präzipitation, bei der mit kleinen Partikeln von Flocculation und bei der mit großen Partikeln oder Zellen von Agglutination. Das zugrundeliegende Prinzip bleibt gleich: In allen Fällen handelt es sich um die Bildung eines Netzwerks aus Antigen und Antikörper.

6.1.1 Immunpräzipitation in löslicher Phase (Heidelberger Kurve)

Treffen Antigen- und Antikörper-Moleküle in flüssiger Phase aufeinander, so kommt es zur Vernetzung: Jedes Antikörpermolekül kann mit den Determinanten von zwei oder mehreren Antigenmolekülen rea-

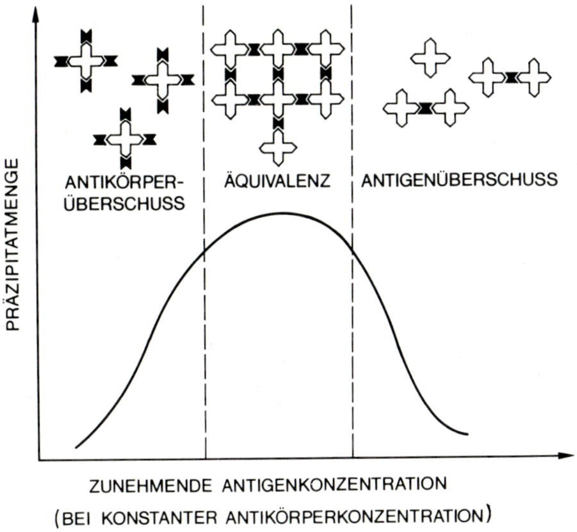

Abb. 6.1. Heidelberger Kurve. Der obere Teil der Abbildung symbolisiert die molekularen Verhältnisse bei verschiedenen Konzentrationsverhältnissen von Antigen und Antikörpern. ✕, bivalenter Antikörper; ✣, tetravalentes Antigen. Im unteren Teil der Abbildung ist die Präzipitationskurve dargestellt

gieren. Die Größe der entstehenden Komplexe hängt von der *Valenz* des Antigens und dem Mengenverhältnis von Antigen und Antikörper ab (Valenz bedeutet hier Zahl der Epitope pro Molekül bzw. pro Partikel). Unter geeigneten Bedingungen kommt es zur Ausbildung ***unlöslicher Komplexe***, die in der wäßrigen Phase quantitativ ausfallen. Man kann die Bedingungen der Reaktion, wie M. Heidelberger zeigte, leicht ermitteln, indem man zu einer konstanten Antikörper-Menge ansteigende Mengen Antigen zufügt. Trägt man die Menge des zentrifugierbaren Präzipitats gegen die Mengen an zugefügtem Antigen auf, so ergibt sich eine charakteristische Kurve (Abb. 6.1). Der Scheitel dieser Kurve entspricht der Äquivalenz von Antigen und Antikörper: In dieser *Äquivalenz-Zone* kommt es zur *maximalen Präzipitatbildung*. Der vorhandene Antikörper wird ebenso wie das vorhandene Antigen vollständig in die Präzipitatbildung einbezogen. Nach Abschleudern des Präzipitats enthält der Überstand weder freien Antikörper noch freies Antigen und auch keine löslichen Komplexe. Der linke Schenkel der Kurve zeigt die Verhältnisse bei Antikörper-Überschuß: Das zugefügte Antigen wird vollständig präzipitiert; der Überstand zeigt nur freien, nicht-komplexierten Antikörper und weder Antigen noch lösliche Komplexe. Der rechte Schenkel schließlich zeigt an, daß sich bei Antigenüberschuß lösliche Immunkomplexe bilden: Hier enthält der Überstand freies Antigen und lösliche Komplexe, jedoch keinen freien Antikörper.

6.1.2 Immundiffusion im halbfesten Medium

Statt in der flüssigen Phase kann man die Immunpräzipitation in einem halbfesten Medium durchführen. Man läßt die beiden Reaktionspartner Antigen und Antikörper *gegeneinander diffundieren*. An einer bestimmten Stelle entsteht so eine sichtbare ***Präzipitationsbande:*** Hier hat sich das optimale Äquivalenzverhältnis zwischen Antigen und Antikörper ergeben. Diese Methode wurde ursprünglich von Oudin in Röhrchen durchgeführt; Ouchterlony und Elek haben sie unabhängig voneinander zur ***doppelten Immundiffusion*** weiterentwickelt. Dieses Verfahren findet beim serologischen Vergleich zwischen verschiedenen Antigenpräparaten Anwendung. Hierzu gibt man in das zentrale Loch einer Agarplatte polyklonale Antikörper; die dazu radial angeordneten Löcher enthalten die zu untersuchenden Antigene (Abb. 6.2). Zwei verschiedene Antigene A1 und B1 werden sich als zwei unabhängige Präzipitationsbanden darstellen, die sich kreuzen. Bei identischen Antigenen verschmelzen die beiden Banden miteinander zu einem *Bogen*. Ein besonderer Effekt tritt auf, wenn die Determinanten von A1 alle in B1' enthalten sind und B1' eine zusätzliche, in A1 nicht enthaltene Determinante besitzt. Es entsteht ein Bogen (identische Determinanten von A1 und B1') mit einem *Sporn* (zusätzliche Determinante von B1').

6.1.3 Vergleich der serologischen und chemischen Charakteristika von Antigenen

Karl Landsteiner zeigte 1930, daß die serologisch definierten Begriffe ***„identisch“***, ***„teilidentisch“*** und

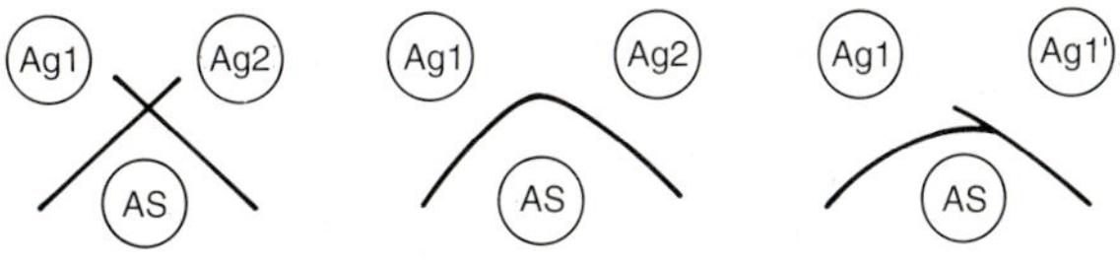

Abb. 6.2. Immundiffusion im halbfesten Medium. AS, polyklonaler Antikörper; Ag1, Ag2, zwei Antigene. Links: Ag1 und Ag2 sind unterschiedlich; Mitte: Ag1 und Ag2 sind identisch; rechts: Ag1 und Ag1' sind teilidentisch

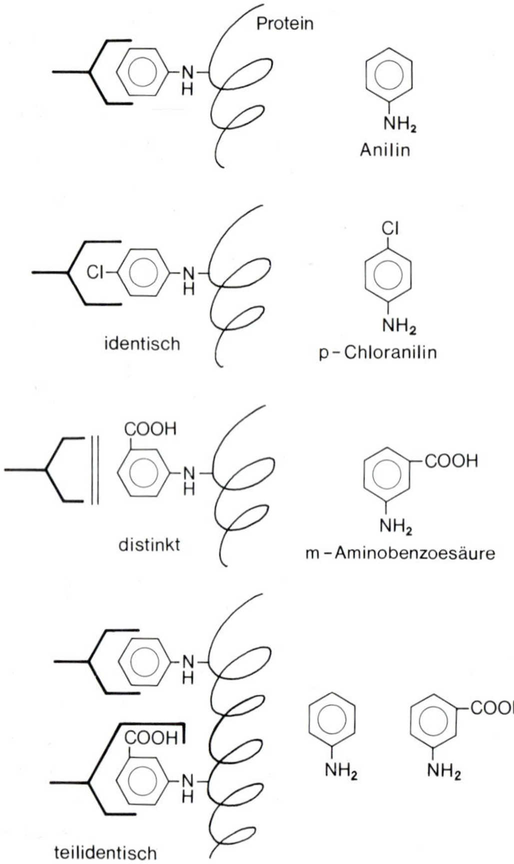

Abb. 6.3. Landsteiners Versuche zur Erklärung der Begriffe „identische", „teilidentische" und „nicht identische" („distinkte") Antigene mit Hilfe chemisch modifizierter Anilin-Determinanten

„nicht identisch" (***„distinkt"***) auf der chemischen Struktur des Antigens beruhen. Durch kovalente Kopplung von definierten Haptenen an Protein stellte er Antigene mit neuen, bekannten Determinanten her. Koppelt man z. B. ein Protein mit Anilin (Aminobenzol), so führt dieses Produkt zur Bildung von Anilin-spezifischen Antikörpern (Abb. 6.3). (Da das Anilin über seine Aminogruppe an den Proteinträger gekoppelt wird, ist der homologe Antikörper eigentlich benzol-spezifisch. Der Ausdruck „anilinspezifisch" wird hier des leichteren Verständnisses halber benutzt.)

Die so hergestellten Antikörper reagieren auch – wenngleich schwächer – mit p-Chloranilin. Dieses Hapten unterscheidet sich von Anilin durch ein Chloratom in Para-Stellung; die Strukturabweichung kommt serologisch durch die schwächere Reaktion mit Anilin-spezifischen Antikörpern zum Ausdruck. Der Ouchterlony-Test zeigt einen durchgehenden Bogen mit unterschiedlicher Stärke; dies bedeutet eine *Kreuzreaktion* (s. Abb. 6.2). Dagegen wird das Hapten m-Aminobenzoesäure, bei dem das Anilin in Meta-Stellung eine Karboxylgruppe trägt, von den anilinspezifischen Antikörpern nicht erkannt; diese beiden Haptene sind *serologisch distinkt*, d. h. nicht identisch. Im Ouchterlony-Test entstehen in diesem Fall zwei Halbmonde, die sich überschneiden (s. Abb. 6.2). Koppelt man an das Protein sowohl Anilin als auch m-Aminobenzoesäure, so induziert dieses Antigen zum einen anilinspezifische Antikörper und zum anderen Antikörper, die in spezifischer Weise m-Aminobenzoesäure erkennen. Das Antiserum enthält beide Antikörper. Prüft man dieses Immunserum im Ouchterlony-Test gegen das einfach und gegen das doppelt haptenisierte Protein, so findet man die Zeichen der *Teilidentität*: Es kommt zur Spornbildung. Bei den genannten Beispielen wurde in allen Fällen das gleiche Protein als Träger benutzt. Natürlich können nach der Immunisierung auch gegen das native Protein Antikörper entstehen, die aber hier nicht berücksichtigt werden. In der Praxis können derartige Antikörper durch Präabsorption entfernt werden.

6.1.4 Immunflocculation

An der Flocculationsreaktion sind kleine Partikel (z. B. Latex- oder Cholesterinpartikel von 0.5–1 μ Größe) beteiligt. Beim ***Latex-Test*** werden kleine Latexpartikel als Träger für Antigen oder Antikörper benutzt. Latexpartikel bestehen aus Kunststoffen; das Material hat die Eigenschaft, mit Proteinen eine feste Bindung einzugehen, ohne daß man aufwendige Kopplungsprozeduren unternehmen muß. Nach Zugabe des homologen Antikörpers bzw. Antigens kommt es zur Ausflockung. Der Vorteil dieses Testsystems liegt in der höheren Empfindlichkeit im Vergleich zur Präzipitation. Zum Nachweis des ***Rheumafaktors*** (Kap. 10) werden Latexpartikel mit Gammaglobulin beladen. Die Antikörper werden durch die Bindung an das Partikel so verformt, daß sie vom Rheumafaktor des Patientenserums erkannt werden: es tritt Flocculation ein. Das ***C-reaktive Protein*** (Kap. 10) wird im umgekehrten Latex-Test nachgewiesen:

An Latexpartikel werden agglutinierende Antikörper (z. B. vom Kaninchen) adsorbiert; die so beschickten Partikel reagieren dann mit dem C-reaktiven Protein des Patientenserums.

6.1.5 Immunagglutination

Auch größere Partikel, wie z. B. Bakterien oder Erythrozyten, können durch spezifische Antikörper vernetzt werden. Dieser Vorgang wird als ***Agglutination*** bezeichnet. Die Agglutination findet in der mikrobiologischen Diagnostik und bei der Blutgruppenbestimmung (s. später) Verwendung.

Die Bakterienagglutination mit Antiseren von bekannter Spezifität liefert die Grundlage für die ***Salmonellen-Typisierung*** im ***Kauffmann-White Schema*** (s. S. 315). Bei der ***Widal-Reaktion*** wird Patientenserum auf das Vorhandensein von Antikörpern gegen die Erreger von Typhus, Pest oder Bang-Krankheit untersucht. Hierzu wird eine Verdünnungsreihe des Serums mit einer Suspension des betreffenden Erregers zusammengebracht; die Agglutinationsreaktion zeigt an, daß im Patientenserum spezifische Antikörper vorhanden sind (s. S. 321).

Die Agglutination von Erythrozyten wird als ***Hämagglutination*** bezeichnet. Es ist mit besonderen Verfahren möglich, lösliche Proteine an Erythrozyten zu koppeln; die so präparierten Zellen reagieren mit dem proteinspezifischen Antikörper. Die auf diese Weise herbeigeführte Vernetzung nennt man passive Hämagglutination. Der Ausdruck „passiv" bedeutet, daß der Antikörper nicht einen Erythrozytenbestandteil erkennt, sondern ein angelagertes Fremd-Antigen. Aufgrund ihrer hohen Empfindlichkeit wendet man die passive Hämagglutination in der Diagnostik in vielfacher Weise an. So beruht der ***Treponema-pallidum-Hämagglutinationstest*** (TPHA) auf der passiven Agglutination von entsprechend beladenen Erythrozyten durch Patientenserum.

6.2 Hemmung biologischer Aktivitäten durch spezifische Antikörper

Viele Antikörper haben das Vermögen, die biologischen Fähigkeiten der Erreger oder aber die Wirkungen von mikrobiellen Produkten (Toxine, Enzyme) zu hemmen. Diese Erscheinung wird für zahlreiche Verfahren in der Diagnostik genutzt. Mischt man Diphtherie- oder Tetanustoxin mit einem Überschuß des homologen Antikörpers, so wird die Giftwirkung aufgehoben. Wir sprechen von ***Toxinneutralisation*** und meinen damit, daß der Antikörper das Toxin bindet und dabei die für die Giftwirkung entscheidende Struktur sterisch behindert. Dies Phänomen wird im Tierversuch zum Nachweis bakterieller Gifte genutzt. Beispiele: Nachweis von Botulinus-, Diphtherie- und Tetanustoxin.

Eine besondere Anwendung findet das Neutralisationsprinzip im ***Anti-Streptolysin-O-Test*** (***ASO, AST***). Grundlage des Anti-Streptolysin-O-Tests (ASO) ist die Fähigkeit von Streptolysin O (einem Exoprodukt der A-Streptokokken), Erythrozyten zu lysieren; dieser Vorgang kann durch spezifische Antikörper gehemmt werden (s. S. 272). Findet man im Patientenserum Antikörper, welche die Hämolyse durch Streptolysin O blockieren, so gilt dies als Hinweis auf eine laufende oder eine durchgemachte Infektion mit Streptokokken der Gruppe A.

Mit Antikörpern kann man auch die Fähigkeit bestimmter Viren hemmen, Erythrozyten zu agglutinieren.

Die Hemmung der Virus-induzierten Hämagglutination durch virusspezifische Antikörper des Patientenserums wird beim ***Hirst-Test*** ausgenutzt. Die Virusneutralisation beruht darauf, daß spezifische Antikörper die ***Infektiosität*** des Virus aufheben. Damit verhindern sie den zytopathischen Effekt. Dieses Verfahren wird sowohl zur Erreger-Identifizierung als auch zum Nachweis erregerspezifischer Antikörper herangezogen (s. Kap. VIII.10).

Beim ***Treponemen-Immobilisations-Test*** werden Treponemen-spezifische Antikörper im Serum des Lues-Patienten dadurch nachgewiesen, daß sie die charakteristischen Bewegungen des Syphiliserregers hemmen. Der ***Sabin-Feldman-Test*** beruht darauf, daß spezifische Antikörper gegen ***Toxoplasma gondii*** die Anfärbung des lebenden Parasiten durch den Farbstoff Methylenblau verhindern.

6.3 Immunhämolyse und Komplementbindungs-Reaktion

In Gegenwart von Komplement werden Erythrozyten, die den homologen Antikörper spezifisch gebunden haben, lysiert (s. Kap. 5). Bei der Komplementbindungs-Reaktion dient dieses Prinzip zum Nachweis von spezifischen Antikörpern im Patientenserum.

Serum-Antikörper werden mit homologem Antigen vorinkubiert; die dabei entstehenden Komplexe haben die Fähigkeit, zugefügtes Komplement zu aktivieren und damit aus der flüssigen Phase zu entfernen. Bei geeignetem Konzentrationsverhältnis wird das zugefügte Komplement völlig „verbraucht" und verliert damit die Fähigkeit, Antikörper-beladene Erythrozyten, die schlußendlich zugegeben werden, zu lysieren. Fehlen die Komplement-bindenden Antikörper, so kommt es dagegen zur Komplement-vermittelten Hämolyse.

Die Komplementbindungs-Reaktion wird in vielen Fällen diagnostisch genutzt, insbesondere bei Infektionen durch Viren und durch tierische Parasiten. Sie wurde früher in Gestalt der ***Wassermann'schen Reaktion*** zur serologischen Diagnose der Lues verwendet.

6.4 Nachweis der Antigen-Antikörper-Reaktion durch markierte Antikörper

6.4.1 Immunfluoreszenz

Bei der Immunfluoreszenz dient ein fluoreszierender Farbstoff (z. B. Fluoreszein-Isothiozyanat) als Indikator. Die Immunfluoreszenz dient zum fluoreszenz-mikroskopischen Nachweis von Antigenen oder Antikörpern. Für die mikrobiologische Diagnostik wichtig ist der ***Fluoreszenz-Treponemen-Antikörper-Absorptions-Test (FTA-ABS-Test)***, er dient zum Nachweis von Lues-spezifischen Antikörpern. Dabei wird die Reaktion von präabsorbiertem Patientenserum mit abgetöteten Treponemen durch ein fluoreszenzmarkiertes Coombs-Serum nachgewiesen (das Coombs-Serum erkennt humanes Immunglobulin; s. Abschnitt 6.5.4).

Zum Nachweis von Tollwut-spezifischem Virus-Antigen in den Zellen des zentralen Nervensystems wird ein histologischer Hirnschnitt mit einem Fluoreszein-markierten, Virus-spezifischen Antikörper inkubiert. Mit einem analogen Ansatz kann man im Bindehautsekret nach Erregern des Trachoms suchen.

6.4.2 Moderne Methoden zum Antigennachweis mit Hilfe markierter Antikörper

Durch die Entwicklung monoklonaler Antikörper hat der Antigennachweis mit Hilfe markierter Antikörper einen enormen Aufschwung erfahren. Im Prinzip beruhen die verschiedenen Verfahren darauf, daß man zu einem Gemisch, welches das fragliche Antigen enthält, einen monoklonalen Antikörper gibt und den resultierenden Antigen-Antikörper-Komplex von der flüssigen Phase abtrennt. Anschließend wird der Komplex mit einem empfindlichen Nachweissystem identifiziert und, falls erwünscht, quantitativ erfaßt. Obwohl man hierbei den Indikator direkt an den monoklonalen Antikörper (***„Primär-Antikörper"***) koppeln könnte, bedient man sich bevorzugt indirekter Verfahren; dabei werden meist polyklonale Antikörper (***„Sekundär-Antikörper"***) verwendet, die den ersten Antikörper erkennen. Dies hat zwei Vorteile: Zum einen kann man für monoklonale Antikörper aller Spezifitäten das gleiche Indikator-Serum benutzen. Zum anderen reagieren mehrere Moleküle des sekundären Antikörpers mit einem einzigen Molekül des primären Antikörpers; dies stellt einen Verstärkereffekt dar, der die Empfindlichkeit des Systems erhöht.

6.4.2.1 ELISA

Beim ***Enzym-gekoppelten Immunosorbent-Assay*** (***E***nzyme-***L***inked ***I***mmuno***s***orbent-***A***ssay, kurz ELISA) wird das Antigen an eine Festphase (z. B. den Boden einer Plastikplatte) kovalent gebunden; anschließend wird der primäre Antikörper zugegeben. Die entstandenen Antigen-Antikörper-Komplexe bleiben an die Festphase gebunden, die überschüssigen Antikörper werden abgewaschen. Darauf werden die sekundären Antikörper zugegeben; die ungebundenen Sekundär-Antikörper werden abschließend vom Komplex abgewaschen. Da an die sekundären Antikörper vorher ein geeignetes Enzym (z. B. Peroxidase oder Phosphatase) gekoppelt wurde, kommt es nach Zugabe des entsprechenden Testsubstrats zu dessen Umsetzung in ein farbiges Produkt, dessen Menge mit Hilfe eines Photometers bestimmt werden kann. Die Produktmenge steht in direkter Beziehung zur Menge des nachzuweisenden Antigens.

6.4.2.2 RIA

Der ***Radio-Immuno-Assay*** (RIA) ist ein Test zur Suche nach sehr kleinen Mengen Antigen (z. B. Insulin). Man bedient sich dabei der Radioaktivität als Indikator. Ursprünglich ist dieses Verfahren als kompetitiver Assay konzipiert worden: Radioaktiv markiertes Antigen konkurriert dabei mit dem nachzuweisenden (nicht-markierten) Antigen um die Bindung an den spezifischen Antikörper. Heute werden Festphasen-Assays benutzt, die im Prinzip wie ein ELISA funktionieren. Zum Antigennachweis wird der Antigenspezifische Antikörper an die feste Phase gekoppelt. Anschließend wird das zu untersuchende Antigenpräparat und endlich der Isotopen-markierte Antigenspezifische Antikörper dazugegeben.

6.4.2.3 FACS

In letzter Zeit hat die fluoreszenzimmunologische Kennzeichnung von Leukozyten und anderen Zellen breite Anwendung gefunden. Man benutzt dafür monoklonale Antikörper gegen solche Antigene, die als Marker zur Katalogisierung der Zellen dienen. Die Auswertung geschieht durch automatische Zählung der angefärbten Zellen mit einem Laserstrahl in computergesteuerten Geräten (FACS engl. ***F***luorescence-***A***ctivated-***C***ell-***S***orter).

6.5 Blutgruppenserologie

Erythrozyten tragen auf ihrer Oberfläche zahlreiche ***Allo-Antigene***, die in verschiedenen Systemen zusammengefaßt werden. Der Besitzer eines bestimmten Antigens XY wird als Träger des Blutgruppenmerkmals XY bezeichnet. Die einzelnen Antigene eines Blutgruppensystems sind genetisch fixiert; sie können bei einzelnen Individuen ausgeprägt sein oder fehlen. Ihr Ensemble bildet ein Mosaik, das von Individuum zu Individuum verschiedenartig sein kann. (Einer vergleichbaren Situation begegnet man in der Bakteriologie, wenn eine Bakterien-Spezies aufgrund eines unterschiedlichen Antigenmosaiks serologisch in viele Serotypen unterteilt werden muß. Das bekannteste Beispiel stellt die Aufteilung der Salmonellen in mehr als 2000 Serotypen im Kauffmann-White-Schema dar (s. S. 315).

In der Blutgruppenserologie unterscheidet man mehrere Systeme; die wichtigsten werden als ***AB0, Rhesus (Rh)***, ***Kell, Duffy, Lewis*** und ***Kidd*** bezeichnet. AB0 und Rh stellen die weitaus wichtigsten Blutgruppensysteme dar.

6.5.1 AB0-System

Im AB0-System kennt man vier phänotypisch ausgeprägte Formen (***Allotypen***); sie werden mit den Formeln ***A, B, AB*** oder ***0*** bezeichnet. Träger der Blutgruppe A besitzen auf ihren Erythrozyten das Antigen A, die der Gruppe B das Antigen B, die der Gruppe AB beide Antigene und die der Gruppe 0 keines der beiden Antigene (Tabelle 6.1).

Die Antigene konnten biochemisch charakterisiert werden. Als chemische Grundstruktur fungiert ein *Sphingolipid*, das *Fukose* trägt und als ***H-Substanz*** bezeichnet wird. Erythrozyten der Blutgruppe 0 besitzen lediglich diese Grundstruktur. Bei der Blutgruppe A kommen zusätzlich N-Azetyl-Galaktosamin-Moleküle hinzu; bei der Gruppe B sind es Galaktose-Moleküle. Erythrozyten der Blutgruppe AB besitzen beide Zuckerformen (Abb. 6.4).

Die Anheftung des jeweiligen Zuckermoleküls an die H-Substanz wird von Enzymen vermittelt, die auf dem A- bzw. B-Allel des für das AB0-System zuständigen Gens kodiert sind. Die A- und B-Merkmale werden *kodominant* und im *Hinblick auf das 0-Merkmal dominant* vererbt. Der Phänotyp „A" kann daher auf jeweils zwei Genotypen beruhen, nämlich auf A/A (homozygot) oder A/0 (heterozygot). Für den Phänotyp „B" gilt entsprechend der Genotyp B/B oder B/0. Für die Phänotypen 0 und AB existiert jeweils nur ein Genotyp, nämlich 0/0 bzw. A/B (s. Tabelle 6.1).

Wie zu erwarten, wirken die Blutgruppensubstanzen A, B und AB für Individuen, die sie nicht besitzen, als Alloantigene. Da das 0-Merkmal als gemeinsame Struktur bei allen Menschen vorkommt, wirkt es in keinem Fall als Antigen.

Eine Besonderheit des AB0-Systems besteht darin, daß alle erwachsenen Individuen gegen diejenigen Antigene, welche sie nicht besitzen, Antikörper haben. Diese Antikörper werden als ***physiologische Antikörper*** bezeichnet. Individuen der Gruppe A be-

Tabelle 6.1. Das AB0-System

Genotyp	Antigen	Phänotyp (= Blutgruppe)	Natürliche Serumantikörper	Verteilung in Deutschland in %
A/A, A/0	A	A	Anti-B	43
B/B, B/0	B	B	Anti-A	13
0/0	H	0	Anti-A, Anti-B	39
A/B	A,B	AB	keine	5

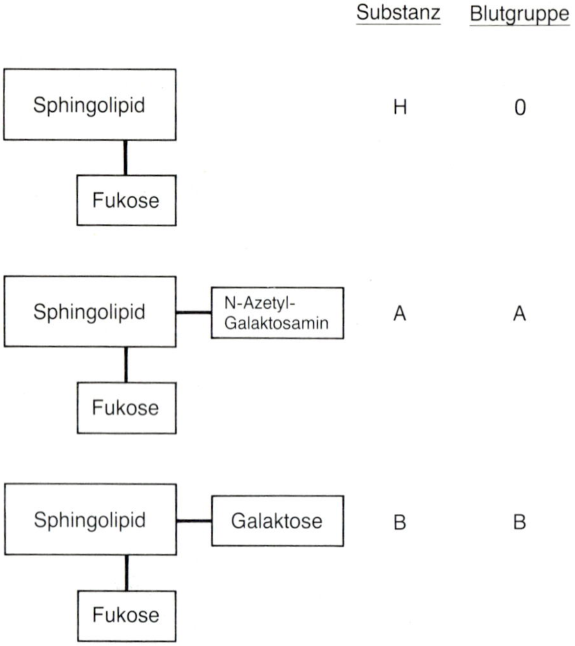

Abb. 6.4. Chemischer Aufbau der Antigene des AB0-Systems

sitzen physiologischerweise Antikörper gegen Antigen B, Individuen der Gruppe B besitzen Antikörper gegen Antigen A und Individuen der Gruppe 0 besitzen Antikörper gegen die Antigene A und B. Dagegen besitzen Individuen der Gruppe AB weder Antikörper gegen A noch gegen B, da für sie keines dieser beiden Antigene fremd ist (s. Tabelle 6.1).

Die natürlichen Antikörper werden wahrscheinlich gegen heterogenetische Antigene gewisser Bakterien aus der Darmflora gebildet. Diese Antigene sind mit den Blutgruppenantigenen identisch oder teilidentisch (s. Kap. 4). Die physiologischen Antikörper gehören der ***IgM-Klasse*** an und sind daher nicht plazentagängig. In der Regel zeigen sie mit den korrespondierenden Erythrozyten eine deutliche Hämagglutination; sie werden deshalb als ***Isohämagglutinine*** bezeichnet.

Aufgrund des Gesagten kommt es bereits bei der ersten *Transfusion einer fremden AB0-Blutgruppe* zu einer heftigen Reaktion, bei der die Isohämagglutinine mit den homologen Erythrozyten reagieren.

Bei Übertragung von Blut der Gruppe A auf ein Individuum der Gruppe B treten zwei getrennte Reaktionen auf. Einmal reagieren die A-spezifischen Antikörper des Empfängers mit den gespendeten A-Erythrozyten; zum anderen reagieren auch die B-spezifischen Antikörper im Spenderblut mit den B-Erythrozyten des Empfängers. Die erstgenannte, weitaus schwerwiegendere Reaktion wird als ***Major-Reaktion*** bezeichnet; die zweitgenannte, leichtere als ***Minor-Reaktion***.

Bei der Transfusion von Blut der Gruppe AB auf einen Empfänger der Gruppe A oder B tritt nur eine Major-Reaktion ein, während es bei Übertragung von Blut der Gruppe 0 auf einen Empfänger der Gruppe A oder B oder AB lediglich zur Minor-Reaktion kommt.

Bei einem Empfänger der Gruppe AB kann niemals ein Major-Zwischenfall eintreten, ob man ihm nun Blut eines A-, eines B- oder eines 0-Spenders zuführt. Aufgrund dieser Verhältnisse bezeichnet man die Angehörigen der Blutgruppe 0 als ***Universalspender*** und die Angehörigen der Blutgruppe AB als ***Universalempfänger***. Im Normalfall wird jedoch auf diese Möglichkeit nicht zurückgegriffen: Es wird *nur gruppengleiches Blut* übertragen. Deshalb muß vor einer Bluttransfusion die *Blutgruppenbestimmung* stehen.

6.5.2 Rh-System

Die genetische Grundlage des ***Rhesus-Systems*** besteht im wesentlichen aus drei väterlichen und drei mütterlichen Allelen. Die Genprodukte werden mit den Buchstaben ***C*** bzw. ***c***, ***D*** bzw. ***d*** und ***E*** bzw. ***e*** bezeichnet. Mit den Großbuchstaben C, D oder E wird das allogenetisch stärker wirksame Antigen bezeichnet; die Kleinbuchstaben c, d oder e charakterisieren die schwächer wirksamen Ausprägungen. Serologisch bestimmbar sind lediglich die Antigene C, D, E, c und e, nicht aber d.

Für das Allelpaar „C" ergeben sich drei Expressionsmöglichkeiten: CC, cc (beide homozygot) und Cc (heterozygot). Das mit Abstand stärkste Rh-Antigen ist D; andererseits fällt der Phänotyp des Allels d als Antigen völlig weg. Dementsprechend bedeutet bei *Transfusionsempfängern* und in der *Schwangerschaftsvorsorge* die Kurzbezeichnung ***Rh***$^{+}$ das Vorhandensein des D-Antigens, während das Symbol ***rh***$^{-}$ dessen *Fehlen* anzeigt. Bei *Blutspendern* gilt dagegen das Vorkommen von einem oder mehreren Antigenen in der Ausprägung C, D E als Rh^{+}. Bei rh-negativen Spendern lautet die Antigenformel stets cc, dd, ee.

Da die Präsenz von d formal nicht beweisbar ist, kann bei einem Rh^{+}-Individuum zwischen der homozygoten (DD) und heterozygoten (Dd) Form nicht unterschieden werden. Man verwendet für beide das

Symbol D. Bleibt die serologische Reaktion mit Anti-D dagegen aus, so muß es sich um dd handeln, obwohl auch hier der formale Nachweis von d nicht geliefert werden kann. E und C besitzen schwache und e und c fast keine Antigenwirkung.

Im Gegensatz zum AB0-System kommen Antikörper gegen Rh-Antigene natürlicherweise nicht vor; sie werden erst in pathologischen Situationen erworben. Diese Antikörper gehören der IgG-Klasse an; sie sind *plazentagängig* und besitzen *unvollständig hämagglutinierende Aktivität* (s. unten).

Aufgrund der starken Immunogenität des D-Antigens ist das Rhesus-System für die Bluttransfusion von ebenso großer Bedeutung wie das AB0-System. Bei der Bluttransfusion müssen Spender und Empfänger im Hinblick auf die summarische Bezeichnung Rh^+ oder rh^- gleich sein. Zu beachten ist dabei, daß die Definitionskriterien für Rh^+ oder rh^- je nachdem, ob es sich um Spender oder um Empfänger handelt, verschieden sind (s. oben). Bei der Erstübertragung von Rh^+ Blut auf einen rh^- Empfänger wird es zwar nicht zu einem Zwischenfall kommen; der Empfänger wird aber dabei immunisiert und wird bei Zweitübertragung von Rh^+ Erythrozyten einen Transfusionszwischenfall erleiden.

Das Rh-System ist wegen der Plazentagängigkeit der D-spezifischen Antikörper von großer Bedeutung für die *Schwangerschaftsvorsorge*. Erwartet eine rh^- Mutter ein Rh^+ Kind, so wird es bei der Erstgeburt zu keinem Zwischenfall kommen. Während der Geburt wird aber Blut zwischen Mutter und Neugeborenem ausgetauscht; die Mutter wird gegen D sensibilisiert und bildet ***Anti-D-Antikörper*** der IgG-Klasse. Bei der *zweiten Schwangerschaft* passieren diese Antikörper die Plazenta und *lysieren Erythrozyten des Fötus*. Dies führt in Utero zu Anämiebildung mit möglichem Herzversagen des Fötus, zur Bilirubinbildung aus freigesetztem Hämoglobin mit nachfolgendem Kernikterus und zu gesteigerter Erythrozytenneubildung. Das klinische Resultat ist die ***Erythroblastosis foetalis***. (Erythroblastose ist eine Bezeichnung für einen Knochenmarksbefund. Er bedeutet, daß im Knochenmark eine Mehrzahl von Erythroblasten gebildet wird. In Verbindung mit dem Neugeborenenstatus wird der Terminus Erythroblastose als Synonym für die Folgen der Rh-Inkompatibilität verwendet.)

Bei rechtzeitiger Situationsdiagnose kann die Erythroblastose verhindert werden. Die Gabe von ***Anti-D-Antiserum*** kurz vor der Erstgeburt eines Rh^+ Kinds durch eine rh^- Mutter unterbindet die Sensibilisierung der Mutter, d. h. die Bildung von D-spezifischen Antikörpern.

6.5.3 Sog. seltene Blutgruppen

Es existieren noch weitere Blutgruppensysteme. Sie sind keineswegs „selten“: Bei jedem Menschen finden sich ihre Merkmale. Als Störfaktor treten sie aber nur selten in Erscheinung; dies hat drei Gründe:

- Ihre Wirkung als Allo-Antigen ist schwach;
- natürliche Antikörper kommen nicht vor;
- häufig tragen Spender und Empfänger dasselbe Merkmal.

Die hierhergehörigen Systeme können aber, bei den zahlreichen Transfusionen, die einzelnen Patienten gelegentlich verabreicht werden müssen, zur Sensibilisierung führen. Dadurch werden die Auswahlmöglichkeiten unter den in Betracht kommenden Blutkonserven eingeschränkt. Am ehesten sind für die Praxis die Kell- und die Duffy-Merkmale von Bedeutung.

6.5.4 Blutgruppenserologische Untersuchungsmethoden

Die Blutgruppenbestimmung beruht auf der ***Hämagglutination***. Die Bestimmung der AB0-Merkmale ist im Prinzip einfach. Dabei werden in getrennten Untersuchungsgängen 1) die ***Erythrozytenmerkmale*** und 2) die Spezifität der ***Iso-Hämagglutine*** bestimmt.

Als Reagens für 1) dienen menschliche Seren mit hohem Iso-Hämagglutinationstiter gegen A und gegen B. Als Reagenz für 2) verwendet man zwei Suspensionen menschlicher Erythrozyten, eine mit dem Merkmal A und die andere mit dem Merkmal B. Die Agglutination wird auf dem Objektträger ausgeführt. Die Serumbefunde müssen mit den Erythrozytenbefunden vereinbar ein.

Schwierigkeiten ergeben sich bei der Bestimmung des AB0-Systems dann, wenn ein Proband das ***Erythrozytenmerkmal „A“*** in dessen schwach- oder nicht-agglutinabler Form (z. B. $\boldsymbol{A_2}$) besitzt. In diesem Fall beurteilt man die Erythrozyten als „frei von A“ und sucht dann vergebens nach dem dazugehörigen Anti-A im Serum. Die Situation läßt sich durch absorbierte Seren oder durch Phytohämagglutinine, die das A_2 erkennen, klären. Neben dem stark agglutinablen Merkmal A_1 gibt es drei schwach agglutinable Merkmale A_2, A_3 und A_4. (Phytohämagglutinine sind pflanzliche Makromoleküle. Sie haben das Vermögen, gewisse Zucker zu erkennen.)

Eine zweite Schwierigkeit ergibt sich beim Rh-System. Erythrozyten tragen auf ihrer Oberfläche eine starke Negativ-Ladung. In Suspension stoßen sie sich ab und geraten nie näher als 30 nm aneinander. Dies ist etwas mehr als die Spannweite eines IgG-Antikörpers. Dementsprechend werden die Rh-Antigene von den homologen Antikörpern der IgG-Klasse zwar erkannt; die Vernetzung bleibt jedoch aus. Gibt man aber zusätzlich einen Antikörper dazu, der humanes Immunglobulin erkennt, so stellt sich eine passive Agglutination ein. In der Blutgruppenserologie wird der erste, nicht agglutinierende humane Antikörper als ***inkompletter Antikörper*** bezeichnet. (Der Ausdruck ist strenggenommen falsch, da der so bezeichnete IgG-Antikörper sich nur in der Spezifität von anderen humanen Antikörpern der gleichen Klasse unterscheidet.) Der zweite, passiv agglutinierende Antikörper wird nach seinem Entdecker ***„Coombs-Antikörper“*** genannt.

Die Hämagglutination von Erythrozyten, die mit inkompletten Antikörpern beladen sind, kann auch durch Zugabe von ***Supplement*** (z. B. Gelatine oder Albumin) ermöglicht werden; Stoffe dieser Art reduzieren die negative Oberflächenladung der Erythrozyten. Schließlich kann man durch Vorbehandlung der Erythrozyten mit Enzymen (z. B. Papain) die Hämagglutinationsbereitschaft erhöhen.

Antikörper der IgM-Klasse (die natürlichen Antikörper des AB0-Systems) können Erythrozyten stets direkt agglutinieren; sie werden deshalb als ***komplette Antikörper*** bezeichnet.

Zur *Auswahl der geeigneten Konserve für die Transfusion* werden beim Empfänger folgende Untersuchungen durchgeführt:

- Bestimmung der AB0-Blutgruppe;
- Bestimmung der Rh-Antigenformel;
- Kreuzprobe.

Man verlangt für das AB0-System die *volle Übereinstimmung der Spender- und der Empfängermerkmale*.

Für das Rhesus-System verlangt man Übereinstimmung hinsichtlich der summarischen Bezeichnungen Rh^+ und rh^-, wobei zu beachten ist, daß die Einordnung in die Gruppen Rh^+ und rh^- für Spender und für Empfänger nach verschiedenen Kriterien vorgenommen wird.

Nach Auswahl der geeigneten Konserve wird vor der Transfusion als 3. Test die Kreuzprobe durchgeführt. Die Kreuzprobe hat die Aufgabe, mögliche Fehler bei der Blutgruppen- und Serumantikörper-Bestimmung auszuschließen und mögliche Inkompatibilitäten (z. B. aufgrund seltener Blutgruppen) zu erfassen.

Bei der Kreuzprobe werden verschiedene Parallelansätze durchgeführt. Im Major-Ansatz werden Spendererythrozyten mit Empfängerserum und im Minor-Ansatz Empfängererythrozyten mit Spenderserum zusammengebracht. Bei der Empfängerkontrolle werden Serum und Erythrozyten des Empfängers und bei der Spenderkontrolle Serum und Erythrozyten des Spenders auf Eigenreaktivität (z. B. durch Kälteagglutinine, s. unten) überprüft. Um inkomplette Antikörper zu erfassen, werden Parallelansätze in Supplement und mit Coombs-Serum durchgeführt. Die natürlichen Antikörper des AB0-Systems treten bei Individuen der entsprechenden Blutgruppe *immer* auf (also Anti-A-Antikörper bei Blutgruppe B, etc.). Diese *regulären Antikörper* wurden bereits durch die Vorauswahl erfaßt. Bei der Kreuzprobe können aber auch irreguläre Antikörper entdeckt werden (z. B. gegen Rh-Faktoren oder gegen Merkmale seltener Blutgruppen), deren Vorkommen nicht voraussagbar ist.

Während die natürlichen Antikörper des AB0-Systems im allgemeinen bei Zimmertemperatur gut nachweisbar sind, reagieren die IgG-Antikörper der meisten Blutgruppensysteme bei Körpertemperatur besser; sie werden deshalb ***Wärmeantikörper*** (oder ***Wärmeagglutinine***) genannt. Dagegen sind andere Antikörper, z. B. die Antikörper gegen Lewis-Antigene, nur bei 4 °C auffindbar; sie heißen dementsprechend ***Kälteantikörper*** (oder ***Kälteagglutinine***). Ein *Teilansatz* der Kreuzprobe ist deshalb *bei 4 °C durchzuführen*. Zu achten ist weiterhin auf das Vorhandensein von hämolysierenden Antikörpern (Hämolysine), welche in Gegenwart von Serumkomplement statt einer Agglutination eine Lyse herbeiführen und für Ablesefehler verantwortlich sein können.

Für die Schwangerschaftsvorsorge ist das Rh-System von besonderer Bedeutung. Beim ***direkten Coombs-Test*** wird die Erythrozytensuspension mit Coombs-Antiserum gemischt. Kommt es zur Hämagglutination, so waren die Erythrozyten bereits *mit inkompletten Antikörpern beladen*. Ein Befund dieser Art ergibt sich z. B. beim Rh^+ Neugeborenen einer rh^- Mutter, die bereits Antikörper gegen das Rh-Antigen besitzt.

Beim ***indirekten Coombs-Test*** wird das Serum auf das Vorhandensein von Rh-spezifischen Antikörpern untersucht. Hierzu werden Rh^+ Erythrozyten der Gruppe 0 als Träger des Merkmals D mit dem zu untersuchenden Serum inkubiert; nach Waschen wird der Suspension Coombs-Serum zugesetzt. Eine jetzt eintretende Hämagglutination weist auf das Vorhandensein von D-spezifischen Antikörpern *im Serum* hin. Der indirekte Coombs-Test dient zur Überwachung einer rh^- Schwangeren, die ein Rh^+ Kind erwartet.

Zusammenfassung: Die Antigen-Antikörper-Reaktion: Grundlagen serologischer Methoden

Antigen-Antikörper-Komplexe: Reaktion der zumindest bivalenten Antikörper mit polyvalenten Antigenen; es kommt zur Präzipitation (Antigen als lösliches Molekül), Flocculation (Antigen auf kleinen Partikeln) oder Agglutination (Antigen auf großen Partikeln, z. B. Zellen).

Heidelberger Kurve: Bei Äquivalenz von Antigen- und Antikörper-Menge kommt es zu vollständiger Präzipitatbildung; bei Antikörperüberschuß wird das vorhandene Antigen unvollständig komplexiert, bei Antigenüberschuß werden die Antikörper nur unvollständig komplexiert, es entstehen lösliche Komplexe.

Immundiffusion: Bei Diffusion von Antigen und Antikörpern im halbfesten Medium gegeneinander entstehen Präzipitationsbanden (Oudin; Ouchterlony und Elek).

Immunagglutination: Widal-Reaktion zum Nachweis von Antikörpern gegen die Erreger von Typhus, Pest oder Bang-Krankheit; Hämagglutination: Erythrozyten-Agglutination (s. Blutgruppen); passive Hämagglutination: Erythrozyten, an die Fremdantigen gekoppelt wurde, werden durch die Antikörper gegen das Fremdantigen agglutiniert (z. B. ***Treponema pallidum***-Hämagglutinationstest zum Syphilis-Nachweis).

Neutralisations-Tests: beruhen auf der Fähigkeit von Antikörpern, biologische Funktionen, die mit den erkannten Antigenen in Beziehung stehen, zu neutralisieren. Beispiele: Toxin-Neutralisation (Nachweis von Botulinus-, Diphtherie-, Tetanus-Toxin im Tierversuch; Nachweis von Streptolysin O durch Hemmung der Erythrozyten-Lyse im Anti-Streptolysin-O-Test); Hemmung der virusinduzierten Hämagglutination im Hirst-Test.

Komplementbindungs-Reaktion: Aufhebung der durch Antikörper und Komplement vermittelten Erythrozytenlyse nach Entfernen des Komplements durch Antigen-Antikörper-Komplexe (Beispiel Wassermann-Reaktion).

ELISA und RIA: Nachweis von Antigen, das an eine Festphase gekoppelt wurde durch Antikörper; ein primärer Antikörper bindet spezifisch an das Antigen und wird mit Hilfe eines sekundären Antikörpers nachgewiesen. Bei letzterem handelt es sich i. A. um ein Antiserum gegen den Primärantikörper, an das beim ELISA ein Enzym (Peroxidase oder Phosphatase) gekoppelt wurde. Nachweis durch Zugabe des entsprechenden Substrats. Beim RIA ist der sekundäre Antikörper radioaktiv markiert.

Blutgruppenserologie:
AB0-System: wichtigstes Blutgruppensystem; Gruppe A: Antigen A auf Erythrozyten, Antikörper gegen Antigen B im Serum vorhanden; Gruppe B: Antigen B auf Erythrozyten, Antikörper gegen Antigen A vorhanden; Gruppe AB: Antigen A und Antigen B auf Erythrozyten, keine Antikörper gegen die Antigene A und B; Gruppe 0: weder Antigen A noch B auf Erythrozyten, Antikörper gegen A und B vorhanden. Antikörper gegen A und B sind physiologische Antikörper der IgM-Klasse (nicht plazentagängig, deutliche Hämagglutination).

Rhesus-System: besteht aus den „starken" Antigenen C, D, E und den „schwachen" Antigenen c, d, e; d ist serologisch nicht nachweisbar.
Rh^+: D auf Erythrozyten (Transfusionsempfänger, Schwangerschaftsfürsorge); C, D oder E auf Erythrozyten (Blutspender);
rh^-: Fehlen von D (= d) (Transfusionsempfänger, Schwangerschaftsfürsorge); lediglich c, d, e auf Erythrozyten (Blutspender). Rh-Antikörper werden erst erworben und gehören zur IgG-Klasse [plazentagängig, inkomplett (s. u.)].
Rh-Zwischenfall: Kein Zwischenfall bei der Erstgeburt eines Rh^+ Kindes durch eine rh^- Mutter, aber Sensibilisierung der Mutter gegen D; bei zweiter Schwangerschaft passieren Antikörper ge-

gen D die Plazenta; es kommt zur ***Erythroblastosis foetalis***.

Major-Reaktion: Transfusionszwischenfall, bei dem Empfänger-Antikörper gegen Spender-Erythrozyten reagieren.

Minor-Reaktion: Transfusionszwischenfall, bei dem Spender-Antikörper gegen Empfänger-Erythrozyten reagieren.

Blutgruppenbestimmung:
Komplette Antikörper: IgM können den Abstand zwischen zwei Erythrozyten überbrücken und diese agglutinieren.

Inkomplette Antikörper: IgG können den Abstand zwischen zwei Erythrozyten nicht überbrücken und diese nicht agglutinieren. Durch Supplement (z. B. Gelatine, Albumin) wird der Abstand verringert; durch Coombs-Serum (Antikörper gegen humanes Immunglobulin) wird die „Antikörper-Brücke" vergrößert. Beides ermöglicht die Hämagglutination.

Kreuzprobe: Überprüfung der Verträglichkeit vor einer Bluttransfusion; Major-Ansatz: Spender-Erythrozyten plus Empfänger-Serum; Minor-Ansatz: Spender-Serum plus Empfänger-Erythrozyten.

Coombs-Test: Rh-Überprüfung bei Schwangerschaftsfürsorge; indirekter Coombs-Test: Nachweis von Antikörpern gegen Rh im Blut einer Schwangeren mit Hilfe von Rh^+ Erythrozyten der Gruppe 0 in Gegenwart von Coombs-Serum; direkter Coombs-Test: Nachweis von Rh^+ Erythrozyten, die bereits mit Antikörpern gegen Rh^+ beladen sind, im Blut eines Rh^+ Neugeborenen einer rh^- Mutter durch Zugabe von Coombs-Serum.

7 Haupt-Histokompatibilitäts-Komplex

S. H. E. Kaufmann

INHALTSÜBERSICHT

7.1 Übersicht 179
7.2 Genetik des MHC 180
7.3 Biochemie der MHC-Moleküle 180
Zusammenfassung 181

7.1 Übersicht

Seit langem ist bekannt, daß bestimmte Antigene über das Angehen oder die Abstoßung von Transplantaten entscheiden. Diese Antigene werden von einem Genkomplex kodiert, der als ***Haupt-Histokompatibilitäts-Komplex*** (im Englischen: ***m**ajor **h**istocompatibility **c**omplex*, kurz MHC) bezeichnet wird. Der MHC des Menschen wird als ***HLA-Komplex*** bezeichnet; bei der Maus wird die Bezeichnung *H-2-Komplex* verwendet. HLA ist die Abkürzung für ***h**umane **L**eukozyten-**A**ntigene*; diese Antigene wurden beim Menschen als sogenannte Transplantationsantigene erstmals auf Leukozyten gefunden. Das Symbol H-2 steht für das sogenannte Antigen II, welches schon früh bei Mäusen als besonders wichtig für die Abstoßungsreaktion erkannt worden war.

Der MHC besteht aus mehreren, zu einem *Genkomplex* zusammengefaßten Genen. Zwei Gengruppen interessieren hier besonders, nämlich die sogenannten Klasse I- und die Klasse II-Gene.

Die von den Klasse I-Genen kodierten Proteine heißen Klasse I-Moleküle; man bezeichnet sie auch als klassische Transplantationsantigene, da sie aufgrund von Arbeiten über die Transplantatabstoßung zuerst entdeckt wurden.

Die von den Klasse II-Genen kodierten Moleküle heißen Klasse II-Moleküle oder auch Ia-Antigene (von ***I**mmun-Antwort-assoziierte **A**ntigene*); man hat sie in später unternommenen Untersuchungen über die genetische Kontrolle der Immunantwort entdeckt.

Die Gene des MHC (und damit auch die von ihnen kodierten Moleküle) sind äußerst polymorph, d. h. sie unterscheiden sich bei den einzelnen Individuen einer Spezies beträchtlich.

Die hierhergehörigen Arbeiten haben schnelle Fortschritte gemacht, als es gelang, Mäusestämme zu züchten, welche genetisch identisch sind. Mäuse eines derartigen Inzuchtstammes verhalten sich zueinander wie eineiige Zwillinge; man bezeichnet sie als ***syngene*** Tiere. Mäuse aus zwei unterschiedlichen Inzuchtstämmen verhalten sich dagegen wie zwei verschiedene, nicht verwandte Individuen, sie sind zueinander ***allogen***.

Weiterhin konnten Mäusestämme gezüchtet werden, welche sich voneinander lediglich in einem definierten Bereich des Genoms unterscheiden. Diese Inzuchtstämme sind zueinander ***kongen***. Mit Hilfe von kongenen Mäusestämmen, die sich lediglich im MHC unterscheiden, gelang der Beweis, daß Unterschiede im MHC für die Transplantatabstoßung ausschlaggebend sind; umgekehrt ergab sich, daß die Übereinstimmung im MHC über das Angehen eines Transplantats entscheidet.

Lange Zeit prägten diese Befunde die Auffassungen über die biologischen Aufgaben des MHC. Danach sollte der MHC primär dafür zuständig sein, daß Gewebe anderer Individuen aus derselben Spezies als fremd erkannt wird. Heute weiß man, daß diese Deutung falsch ist. Man weiß, daß der MHC in erster Linie für die *richtige Erkennung von Fremd-Antigenen jeder Art* verantwortlich ist.

Fremde Antigene werden von T-Lymphozyten nicht als isolierte Einzelstruktur erkannt, sondern nur in Assoziation mit körpereigenen MHC-Strukturen. Die MHC-Proteine dienen als Leitmoleküle; sie ermöglichen es den T-Zellen, mit Fremdantigenen zu reagieren.

Dies gilt für fast alle Antigene, insbesondere aber für die Bestandteile von Krankheitserregern. Mit anderen Worten: T-Zellen können fremde Antigene nur in Assoziation mit MHC-kodierten Eigenstrukturen erkennen. Eine gewisse Ausnahme hiervon stellt die Erkennung der Transplantationsantigene anderer Individuen dar, die auf nicht ganz verstandene Weise das normalerweise von T-Zellen erkannte Produkt „Fremdantigen plus körpereigenes MHC-Molekül" imitieren können. Sie werden gewissermaßen mit dem Komplex verwechselt, der aus Fremdantigenen und körpereigenem MHC-Molekül entsteht. Die Funktion der MHC-Moleküle bei der Transplantatabstoßung muß heute als eine periphere Erscheinung verstanden werden.

Die Antigen-Assoziation mit MHC-Molekülen und ihre Erkennung durch T-Lympzhozyten sowie die mögliche Ursache und Bedeutung dieser Vorgänge wird im Kapiel 8 näher besprochen. Hier sollen nur die Genetik und die Biochemie der MHC-Moleküle dargestellt werden.

7.2 Genetik des MHC

Der MHC liegt bei der *Maus* auf dem Chromosom 17 zwischen Zentromer und Telomer und ist etwa 0,3 Centimorgan lang (Abb. 7.1). Der H-2-Komplex wird von den K- und D-Genen flankiert. Diese Gene kodieren die ***Klasse-I-Antigene***; sie werden koexprimiert. Die ***Klasse-II-Antigene*** werden von der I-Region kodiert; man unterscheidet in diesem Abschnitt verschiedene Subregionen. Wesentlich sind die I-A- und die I-E-Subregion.

Der MHC des *Menschen* liegt auf dem Chromosom 6 (Abb. 7.2). Die Klasse-I-Antigene werden von der A-, B- und C-Region kodiert; die Gene dieses Abschnittes entsprechen der K- und D-Region bei der Maus. Die Klasse-II-Antigene werden von der D-Region kodiert; hier unterscheidet man die Subregionen DP, DQ und DR. Beim Menschen und bei der Maus

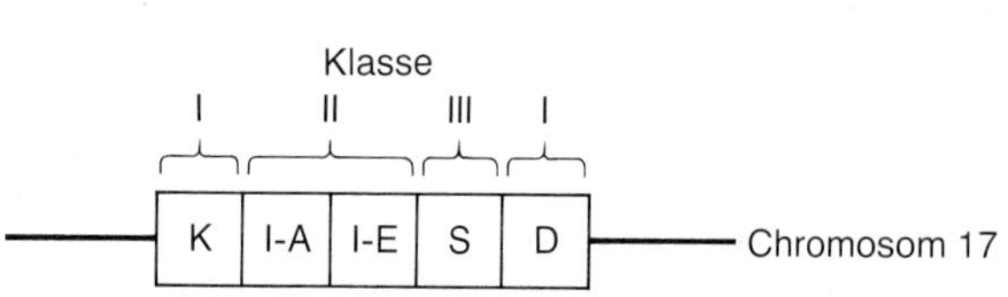

Abb. 7.1. MHC-Genkomplex der Maus

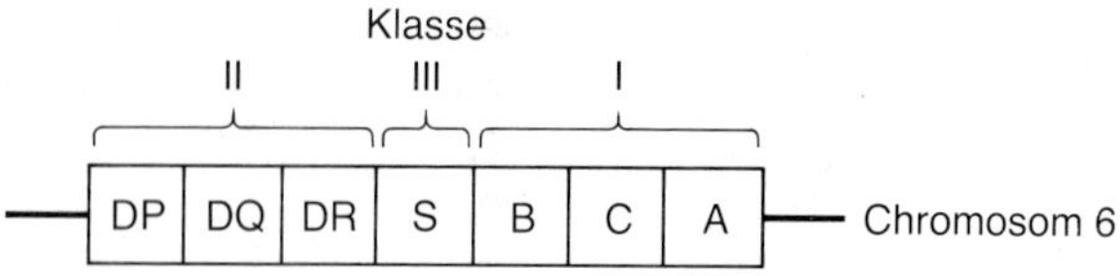

Abb. 7.2. MHC-Genkomplex des Menschen

findet sich auf dem MHC noch die S-Region. In diesem Abschnitt sind die sogenannten ***Klasse-III-Gene*** zusammengefaßt; sie kodieren u. a. bestimmte Komplementkomponenten.

7.3 Biochemie der MHC-Moleküle

Klasse I-Moleküle werden von fast allen Körperzellen exprimiert. Sie bestehen aus einer schweren Kette mit einem Molekulargewicht von etwa 45 000; mit dieser Kette ist das β_2-Mikroglobulin nichtkovalent assoziiert (Abb. 7.3). Das β_2-Mikroglobulin hat ein Molekulargewicht von 12 000. Es wird nicht vom MHC kodiert; das zuständige Gen liegt auf dem Chromosom 15 (Mensch) bzw. 2 (Maus). Es weist eine geringe Variabilität auf und trägt zur Klasse-I-Vielfalt nicht bei.

Der *extrazelluläre Bereich* der schweren Kette besteht beim Klasse I-Molekül aus drei Domänen mit jeweils etwa 90 Aminosäuren (zum Domänenkonzept s. Kap. 4). Daran schließt sich eine *Transmembranregion* aus etwa 40 Aminosäuren an, die hydrophob ist und der Verankerung in der Zellmembran dient. Die *zytoplasmatische Region* ist etwa 30 Aminosäuren lang und befindet sich im Inneren der Zelle. Die

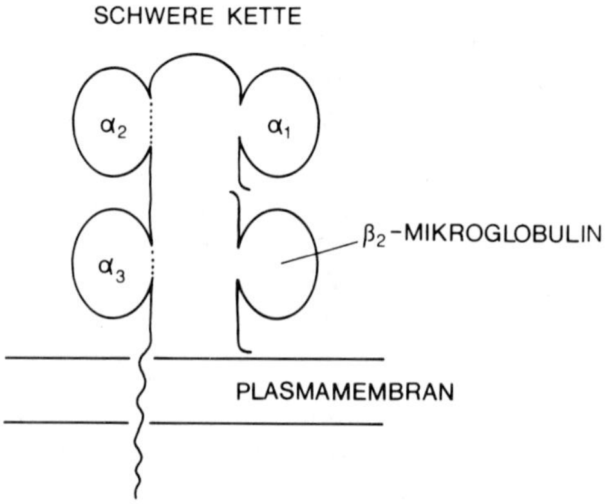

Abb. 7.3. Klasse I-Antigen. Das Klasse I-Antigen besteht aus drei Domänen (α_1, α_2, α_3) und ist mit dem β_2-Mikroglobulin assoziiert

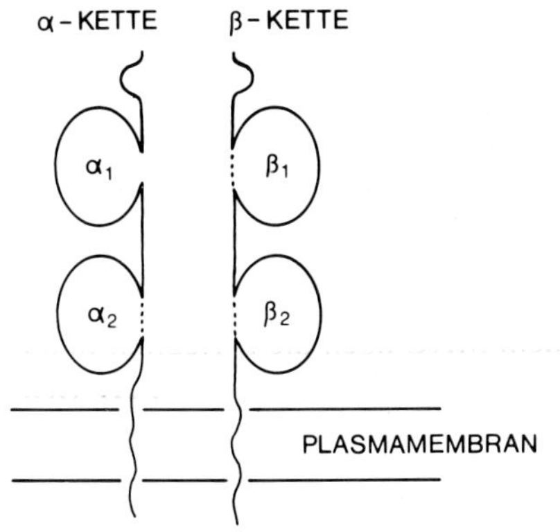

Abb. 7.4. Klasse II-Antigen. Das Klasse II-Antigen besteht aus zwei Ketten, die aus je 2 Domänen (α_1, α_2 und β_1, β_2) aufgebaut sind

extrazelluläre Region trägt eine oder zwei Kohlenhydratseitenketten.

Obwohl zwischen den einzelnen Allelen eines Klasse I-Gens eine ausgedehnte Homologie besteht (etwa 80%), gewährleisten die unterschiedlichen 20% des Moleküls den hohen Grad an Polymorphismus; sie tragen die allogenen Klasse I-Determinanten.

Die ***Klasse II-Moleküle*** werden nur auf denjenigen Körperzellen exprimiert, welche an der *Induktion einer zellulären Immunantwort* beteiligt sind. Hierzu gehören: Die Zellen des mononukleär-phagozytären Systems, B-Zellen, einige T-Zellen und Endothelzellen.

Die Klasse II-Antigene bestehen aus zwei annähernd gleichgroßen, nicht-kovalent assoziierten Ketten, die beide vom MHC kodiert werden (Abb. 7.4). Die α-Kette hat ein Molekulargewicht von ca. 30000 bis 33000; das Molekulargewicht der β-Kette beträgt etwa 27000 bis 29000. Beide Ketten setzen sich in der *extrazellulären Region* aus zwei Domänen von etwa 90 Aminosäuren zusammen. Die *Transmembranregion* besteht aus etwa 30 zum großen Teil hydrophoben Aminosäuren; sie dient zur Verankerung des Moleküls in der Zellmembran. Die *zytoplasmatische Region* ist kurz und enthält etwa zehn Aminosäuren. Beide Ketten tragen Kohlenhydrate. Die Variabilität zwischen den einzelnen Allelen scheint bei den α-Ketten geringer zu sein als bei den β-Ketten; die allogenen Klasse II-Determinanten liegen zumeist auf den β-Ketten.

Zusammenfassung: Haupt-Histokompatibilitäts-Komplex

Moleküle des Haupt-Histokompatibilitäts-Komplexes (HLA beim Menschen, H-2 bei der Maus) weisen hohen Polymorphismus auf; sie dienen als Leitmoleküle bei der Antigen-Erkennung durch T-Zellen; dadurch sind sie auch für die Transplantat-Abstoßung entscheidend.

Klasse-II-Gene: HLA-D beim Menschen, H-2I bei der Maus.

Klasse-I-Gene: HLA-A, -B, -C beim Menschen, H-2K, D bei der Maus.

8 T-Zellen

S. H. E. Kaufmann

INHALTSÜBERSICHT

8.1 T-Zell-abhängige Immunphänomene 182
8.2 Antigenerkennung durch T-Lymphozyten 183
8.3 T-Zellrezeptor 184
8.4 T-Zellpopulationen und ihr Phänotyp 185
8.5 Antigenpräsentation 185
8.6 Helfer/Induktor-T-Zellen und Lymphokin-Sekretion 185
8.7 Interleukine 186
8.8 Zytolytische T-Lymphozyten 188
8.9 Suppressor-T-Lymphozyten 189
8.10 Die wichtigsten Wege der T-Zell-abhängigen Immunität. 189
8.10.1 Stimulation einer zytolytischen T-Zell-Antwort 189
8.10.2 Hilfe bei der humoralen Immunantwort 190
8.10.3 Makrophagenaktivierung 191
8.10.4 Suppression einer Immunantwort. 192
Zusammenfassung 193

8.1 T-Zell-abhängige Immunphänomene

Eine Gruppe von Lymphozyten erlangt ihre biologische Funktionsfähigkeit erst durch einen Reifungsprozeß im Thymus; man bezeichnet diese Zellen als ***T-Lymphozyten***. Die wichtigsten, durch T-Zellen vermittelten Immunphänomene sind in Tabelle 8.1 dargestellt. Sie werden zusammenfassend als ***zellvermittelte*** oder ***zelluläre Immunität*** bezeichnet. Die Benennung soll darauf hinweisen, daß bei diesen Prozessen T-Zellen in entscheidendem Maße beteiligt sind, wenn auch eine untergeordnete Rolle von B-Lymphozyten und deren Antikörpern nicht ausgeschlossen wird. Andererseits wirken bei der *humoralen Antwort* in der Regel auch T-Lymphozyten mit. Eine scharfe Trennung zwischen humoraler und zellvermittelter Immunität ist deshalb nicht möglich: die beiden Funktionsbereiche sind miteinander verzahnt.

Tabelle 8.1. Zelluläre Immunität

Phänomen	Grundfunktion
Transplantatabstoßung	Lyse
Abtötung virusinfizierter Zellen	Lyse
Tumorüberwachung	Lyse, Hilfe
Abwehr intrazellulärer Keime	Hilfe, Lyse
Verzögerte Allergie	Hilfe
Hilfe bei der humoralen oder zellulären Immunität	Hilfe
Suppression der humoralen oder zellulären Immunität	Suppression

Die T-zellabhängigen Immunphänomene haben ein gemeinsames Merkmal: Im Experiment können sie auf Empfängertiere niemals anders übertragen werden als durch den Transfer von lebenden Zellen; mit löslichen Faktoren gelingt die Übertragung nicht. Im Gegensatz hierzu kann die humorale Immunität mit Antikörpern allein übertragen werden. Wir sprechen deshalb bei der Übertragung der zellulären Immunität von einem ***adoptiven Transfer***, während die Übertragung der humoralen Immunität als ***passiver Transfer*** bezeichnet wird.

Beim adoptiven Transfer beruht die Unentbehrlichkeit der lebenden Zellen erstens auf der Tatsache, daß die für die Antigenerkennung benötigte Struktur als *Rezeptor* auf dem T-Lymphozyten *fest verankert* ist und in löslicher Form nicht vorkommt; des weiteren werden zur Vermittlung sekundärer Prozesse lebende Zellen benötigt. Der Antigenrezeptor der T-Zelle ist der experimentellen Analyse sehr viel schwerer zugänglich als das Antikörpermolekül; dennoch ist es in letzter Zeit gelungen, seine Struktur weitgehend aufzuklären.

Bei der Vielzahl der in Tabelle 8.1 aufgeführten zellulären Immunphänomene stellt sich die Frage, ob eine einzige pluripotente T-Zelle dafür zuständig ist, oder ob das T-Zellsystem in *funktionell distinkte Untergruppen* zerfällt. Heute wissen wir, daß die Vielzahl der T-Zell-Phänomene auf drei Grundfunktionen zurückgeführt werden kann, für die jeweils eine von drei verschiedenen T-Zellpopulationen zuständig ist. Diese Populationen werden als ***Helfer/Induktor-T-Zellen***, als ***zytolytische T-Zellen*** und als ***Suppressor-T-Zellen*** bezeichnet. Die ersten beiden Populationen sind eingehend erforscht; bei den Suppressor-T-Zellen sind die Kenntnisse lückenhaft. Im folgenden soll zuerst die Rolle der Helfer/Induktor-T-Zellen und der zytolytischen T-Zellen dargestellt werden. Anschließend werden die Suppressor-T-Zellen behandelt.

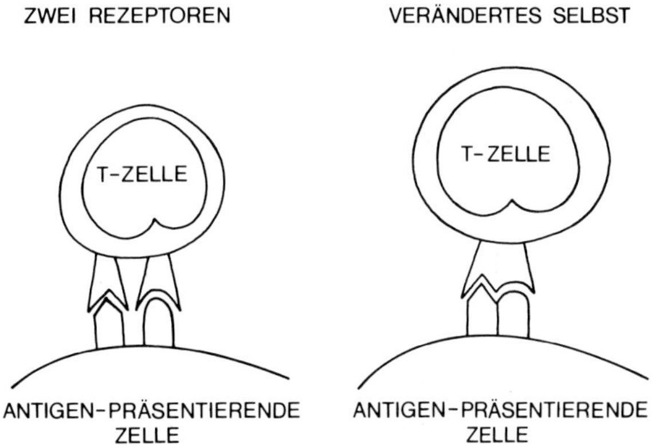

Abb. 8.1. Zwei Modelle zur Antigenerkennung durch T-Lymphozyten. **Links:** Nach dem „Zwei-Rezeptoren-Modell" werden Fremdantigen und MHC-Antigen über zwei Rezeptoren auf der T-Zelle erkannt. Dieses Modell hat heute keine Gültigkeit mehr. **Rechts:** Im Modell des „Veränderten Selbst" erkennt die T-Zelle einen Komplex aus MHC-Antigen und Fremdantigen

8.2 Antigenerkennung durch T-Lymphozyten

T-Lymphozyten erkennen Fremdantigen nicht in dessen Nativzustand; das Antigen muß vielmehr auf der Oberfläche von Wirtszellen erscheinen und zwar in Assoziation mit körpereigenen Strukturen, die vom ***Haupt-Histokompatibilitäts-Komplex (MHC)*** kodiert werden (s. Kap. 7). Wie diese Erkennung vor sich geht, ist nicht völlig bekannt. Ursprünglich existierten zwei alternative Hypothesen (s. Abb. 8.1).

- Das ***Zwei-Rezeptoren-Modell***. Antigen und MHC-Struktur erscheinen auf der Oberfläche einer Zelle weitgehend unabhängig voneinander. Sie können dabei völlig frei oder miteinander verbunden sein. Der T-Lymphozyt besitzt zwei mehr oder weniger unabhängige Rezeptoren: Einen für das fremde Antigen und einen für das körpereigene MHC-Genprodukt. Um das Antigen biologisch wirksam werden zu lassen, muß die T-Zelle beide Strukturen gleichzeitig erkennen. Dieses Modell kann heute *ausgeschlossen* werden.
- Das ***Modell der Erkennung von verändertem Selbst***. Nach dieser Vorstellung erkennt der T-Lymphozyt einen Komplex aus Fremdantigen und dem MHC-Genprodukt. Durch Interaktion mit dem Fremdantigen wird das MHC-Molekül verändert und als modifizierte Selbststruktur erkannt. Nach dieser Auffassung besitzt der T-Lymphozyt lediglich einen einzigen Rezeptor mit Erkenungsspezifität für das ***„Neoantigen"***, welches aus MHC plus Fremdantigen gebildet wird.
  Sämtliche heute verfügbaren Untersuchungen sprechen für dieses Modell.

Als Antigene für T-Lymphozyten können lediglich *Proteine* dienen. Diese werden von Wirtszellen in *Peptide* zerlegt, welche dann vom MHC-Molekül präsentiert werden. Dieses Peptid stellt daher die ***antigene Determinante*** (bzw. das ***Epitop***) dar. Es besteht aus ca. neun Aminosäuren. Die T-Zelle erkennt die antigene Determinante im Kontext mit der körpereigenen *MHC-Struktur*. Dies bedeutet, daß es für ein- und dieselbe Determinante des Fremdartigen zahlreiche Varianten der Erkennungsspezifität gibt. Deren Zahl wird durch den Polymorphismus des MHC-Genprodukts bestimmt. Eine T-Zelle kann somit nicht ein Fremdepitop schlechthin erkennen, sondern nur eine von dessen zahlreichen *Ausprägungen auf der präsentierenden Zelle*. Damit ist die Erkennungsspezifität der T-Zelle im Vergleich zum Antikörper eingeschränkt. Man spricht von der ***Restriktion der Antigen-Erkennung*** durch T-Zellen.

Hinzu kommt, daß die MHC-Moleküle verschiedener Individuen unterschiedliche Determinanten eines Antigens bevorzugen. Daher kann ein Individuum mit einem bestimmten HLA-Typ eine andere Determinante des gleichen Antigens erkennen als ein Individuum mit anderem HLA-Typ (Abb. 8.2).

Kürzlich wurde gefunden, daß bestimmte bakterielle Produkte (z. B. Exotoxine von Streptokokken) als

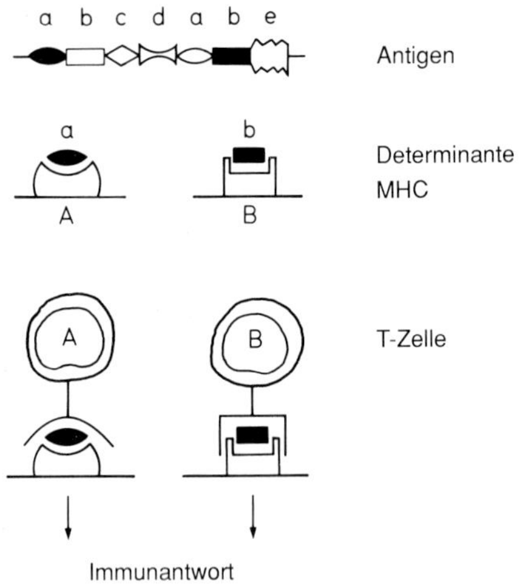

Abb. 8.2. Bevorzugte Erkennung zweier unterschiedlicher Determinanten eines Proteinantigens durch T-Zellen zweier verschiedener Individuen aufgrund des unterschiedlichen HLA-Typs. Das Antigen sei aus vielen Abschnitten (a, b, c, d, e) zusammengesetzt, von denen einige als Determinanten für T-Zellen dienen. Die Determinante a werde vom MHC-Typ A, die Determinante b vom MHC-Typ B präsentiert. Deshalb erkennen T-Zellen des Individuums A eine andere Determinante als die des Individuums B

Superantigene fungieren. Sie verbinden das MHC Klasse II-Molekül auf der präsentierenden Zelle mit dem T-Zellrezeptor auf der T-Zelle ohne daß eine Prozessierung vorausging. Da Superantigene mit verschiedenen T-Zellrezeptoren, denen bestimmte Eigenschaften gemeinsam sind, reagieren, kommt es zu einer oligoklonalen T-Zellaktivierung (s. unten).

8.3 T-Zellrezeptor

Die Frage, ob T-Lymphozyten überhaupt einen Rezeptor für Antigen besitzen, ist trotz intensivsten Interesses sehr lange unbeantwortet geblieben; sie konnte erst kürzlich geklärt werden. Da der Antigenrezeptor das wichtigste Rezeptormolekül der T-Lymphozyten darstellt, wird er allgemein als ***T-Zellrezeptor*** bezeichnet.

Erste Erfolge bei der Analyse des T-Zellrezeptors wurden mit monoklonalen Antikörpern erzielt, die den variablen, antigenbindenden Teil des T-Zellrezeptors erkannten. Diese Antikörper wurden durch Immunisierung mit T-Zellklonen gewonnen; sie erwiesen sich als ***Klon-spezifisch*** (klonotypisch, mit idiotypischen Antikörpern vergleichbar – s. Kap. 4). Die Reinigung und Charakterisierung des Rezeptors erfolgte von diesem Punkt ab zügig. Heute sind der Aufbau des T-Zellrezeptors und dessen genetischen Grundlagen im Prinzip bekannt.

Der T-Zellrezeptor ähnelt hinsichtlich seines Aufbaus dem Antikörper-Molekül (Abb. 8.3). Er besitzt jedoch nur eine Bindungsstelle und ist daher ***monovalent.*** Im Prinzip entsteht die Spezifitätsvielfalt des T-Zellrezeptors durch dieselben genetischen Mechanismen wie beim Antikörper. Auch bei der T-Zelle führt die wechselnde *Rekombination* von V-, D- und J-Gensegmenten mit einem C-Gensegment zur *Strukturdiversifizierung*. Chemisch betrachtet besteht der T-Zellrezeptor aus zwei Ketten, α und β; die Ketten sind über Disulfid-Brücken miteinander verbunden. Die α- und die β-Kette haben beide eine ähnliche Molekularmasse von 43 000 bis 45 000 Dalton.

Jede Kette besteht aus einem variablen und einem konstanten Teil, ganz ähnlich, wie dies für die schweren und die leichten Ketten des Antikörpers gilt. Die variablen Bereiche beider Ketten sind an der Antigenbindung beteiligt. Superantigene reagieren mit bestimmten β-Ketten des T-Zellrezeptors.

Kürzlich wurde ein zweiter Typ von T-Zellrezeptor identifiziert; er ist aus einer γ- und δ-Kette aufgebaut und wird von einer besonderen T-Zell-Klasse exprimiert.

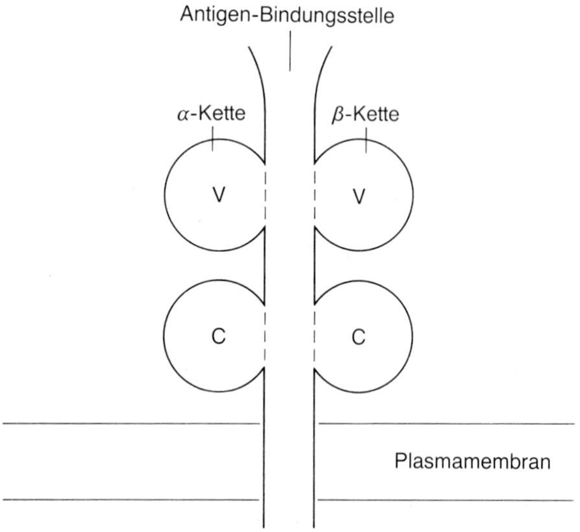

Abb. 8.3. Schematische Darstellung des T-Zell-Rezeptors. Der T-Zell-Rezeptor ist aus einer α- und einer β-Kette aufgebaut, die aus je einer variablen (v) und konstanten (c) Domäne bestehen. Die beiden variablen Domänen bilden die Bindungsstelle für „Antigen plus MHC“

Bei Normalpersonen machen α/β T-Zellen über 90% der Gesamt-T-Zellpopulation des peripheren Bluts aus und γ/δ T-Zellen stellen einen Anteil von weniger als 10% dar. Bei den meisten Normalpersonen sind es etwa 3–5%. Bei einigen Tierarten (z. B. Schafen) stellen γ/δ T-Zellen einen viel größeren Teil der peripheren T-Zellen dar. Es gibt bestimmte Immundefizienz-Erkrankungen, bei denen der Anteil von γ/δ T-Zellen weit größer ist, da hauptsächlich die α/β T-Zellen fehlen. Die γ/δ T-Zellen werden durch bakterielle Komponenten heftig stimuliert. Möglicherweise sind daran bestimmte Superantigene beteiligt.

8.4 T-Zellpopulationen und ihr Phänotyp

Reife T-Lymphozyten besitzen als charakteristisches Antigen das membranständige ***CD3-Molekül***; man bezeichnete sie als ***CD3***$^{+}$. Das CD3-Molekül der menschlichen T-Zellen ist seit einiger Zeit bekannt; bei der Maus wurde es erst vor kurzem entdeckt. Hier wird z. Zt. noch weitgehend das Thy1-Antigen als charakteristischer T-Zell-Marker verwendet; das Thy1-Molekül ist allerdings dem humanen CD3-Molekül nicht analog.

Für die Bezeichnung von definierten Leukozyten-Differenzierungs-Antigenen hat sich das CD-System (von „Cluster of differentiation“) durchgesetzt: Die einzelnen Antigene werden dabei fortlaufend numeriert (s. a. Kap. 2, Tabelle 2.1).

Die Population der reifen T-Zellen (***CD3***$^{+}$ ***Leukozyten)*** kann in zwei gut definierte Subpopulationen von charakteristischem Phänotyp unterteilt werden.

- Die ***CD4***$^{+}$ ***T-Lymphozyten*** besitzen im allgemeinen Helfer/Induktor-Funktion.
- Die ***CD8***$^{+}$ ***T-Lymphozyten*** besitzen meist zytoloytische oder aber Suppressor-Funktion.

Die γ/δ T-Zellen sind meist doppelt negativ, d. h. sie experimentieren weder das CD4- noch das CD8-Molekül. Im folgenden werden nur α/β T-Zellen berücksichtigt.

8.5 Die Antigenpräsentation bestimmt, welche T-Zellsubpopulation stimuliert wird

Helfer/Induktor-T-Zellen und zytolytische T-Zellen unterscheiden sich nicht nur phänotypisch, sondern auch in der Art, wie sie Fremdantigen erkennen. Wie bereits ausgeführt, können T-Lymphozyten fremde *Epitope* nur im Kontext mit *Genprodukten des MHC* erkennen. Die entsprechenden Genregionen werden durch die Bezeichnungen „Klasse I“ und „Klasse II“ voneinander unterschieden. Diese Unterscheidung bezieht sich auf den unterschiedlichen Mitwirkungsbereich der entsprechenden Genprodukte.

Fremdantigene, welche von CD8^{+} T-Zellen erkannt werden, müssen mit *Klasse I-Strukturen* assoziiert sein; sollen Fremdantigene dagegen von CD4^{+} T-Zellen erkannt werden, so müssen sie in Beziehung zu *Klasse II-Strukturen* stehen.

Träger der Klasse II-Strukturen sind beim Menschen die Genprodukte ***HLA-D*** (HLA-DR, HLA-DP und HLA-DQ). Bei der Maus sind es die Genprodukte H-2 I.

Das von der menschlichen CD4 T-Zelle erkennbare Objekt würde also beispielsweise der Formel *„Fremdantigen plus HLA-D“* entsprechen.

CD8 T-Zellen erkennen das Fremdantigen in Zusammenhang mit ***HLA-A*** oder ***HLA-B*** oder mit ***HLA-C*** (Mensch) bzw. mit H-2K oder mit H-2D (Maus). Als Restriktionselement für die Erkennung durch CD4 T-Zellen dienen somit die Klasse II-Produkte; dagegen ist die Erkennung durch CD8 T-Zellen durch MHC-Produkte der Klasse I restringiert.

Heute weiß man, daß das CD4- und das CD8-Molekül an der Antigenerkennung durch den T-Zellrezeptor mitwirkt. Vermutlich interagiert das CD8-Molekül mit dem konstanten Abschnitt auf dem Klasse I-Molekül der Zielzelle. Analoges gilt für CD4. Das CD3-Molekül ist mit dem T-Zellrezeptor direkt assoziiert und an der antigenspezifischen Signalvermittlung beteiligt. Die Antigenerkennung von T-Zellen ist in Abb. 8.4 dargestellt.

8.6 Helfer/Induktor-T-Zellen und Lymphokin-Sekretion

Helfer/Induktor-T-Zellen entsprechen im allgemeinen dem Formelbild CD3^{+}, CD4^{+}, CD8^{-}; sie sind Klasse II-restringiert. Ihre besondere Leistung bei der Immunantwort besteht darin, daß sie in anderen Zellen eine *neue Funktion induzieren*; dies ist vor allem bei der Differenzierung von Effektor-Vorläuferzellen zu reifen Effektorzellen von Bedeutung.

So sind Helfer/Induktor-T-Zellen an der *Differenzierung zu antikörperbildenden B-Zellen*, an der funk-

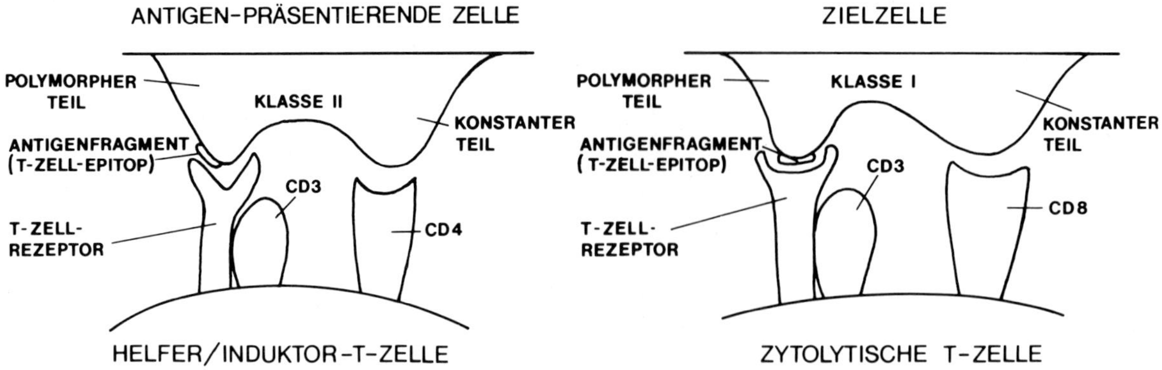

Abb. 8.4. Moleküle, die an der Antigenerkennung durch T-Lymphozyten beteiligt sind. Der T-Zellrezeptor erkennt ein Fragment des Fremdantigens in Assoziation mit dem polymorphen Teil des MHC-Antigens. Das CD3-Molekül ist mit dem T-Zellrezeptor verbunden und an der Signalübermittlung beteiligt. Das CD4- bzw. CD8-Molekül erkennt einen konstanten Bereich auf dem Klasse II- bzw. Klasse I-Molekül und verstärkt die Bindung zwischen T-Zelle und antigenpräsentierender Zelle

tionellen *Reifung von zytolytischen T-Zellen* und an der *Aktivierung von Makrophagen* wesentlich beteiligt.

Der induktive Stimulus wird von der Helfer/Induktor-T-Zelle auf die Zielzelle durch lösliche *Botenstoffe* übertragen; diese werden als ***Lymphokine*** bezeichnet. Allgemein gesprochen, fassen wir durch den Begriff Lymphokine diejenigen Mediator-Substanzen zusammen, welche in löslicher Form von T-Lymphozyten produziert werden; die von mononukleären Zellen produzierten Faktoren werden ***Monokine*** genannt (s. Kap. 9). Als übergeordneter Begriff für alle biologischen Mediatorstoffe, die interzelluläre Signale zwischen Leukozyten übermitteln, hat sich der Begriff ***Interleukine*** eingebürgert. Manchmal wird auch der Begriff ***Zytokine*** verwendet, wenn verdeutlicht werden soll, daß auch andere Zellen an der Kommunikation teilnehmen. Für die Benennung gut definierter Interleukine hat sich (ähnlich wie beim CD-System) die fortlaufend numerierte Bezeichnung Interleukin (IL) durchgesetzt (IL-1, IL-2 etc.).

8.7 Interleukine

Interleukine sind Antigen-unspezifisch; sie besitzen aber eine gewisse *Funktionsspezifität*, d. h. sie induzieren in ihren Zielzellen bestimmte Einzelfunktionen.

Sie haben als Glykoproteine mit Polypeptidhormonen und Wachstumsfaktoren viele Gemeinsamkeiten. Da die meisten Interleukine bis vor kurzem nur *funktionell definiert* waren, gibt es noch immer eine große Zahl von Bezeichnungen. Vermutlich sind einige der funktionell definierten Interleukine miteinander identisch.

In letzter Zeit gelang es, einige Interleukine molekularbiologisch zu klonieren und zu exprimieren. Dadurch wurde es möglich, gut definierten Molekülen biologische Funktionen zuzuordnen. Einige von Helfer/Induktor-T-Zellen gebildeten Lymphokine sind in Abb. 8.5 dargestellt. Der Vollständigkeit halber werden in der Abbildung sowohl die Lymphokine als auch die Monokine aufgeführt, obwohl letztere erst in Kapitel 9 besprochen werden. Bereits hier muß aber Interleukin 1 erwähnt werden, welches zwar ein Monokin ist, aber bei der T-Zellaktivierung eine wesentliche Rolle einnimmt.

- ***IL-1:*** IL-1 ist ein Monokin, das von Makrophagen gebildet und sezerniert wird. Es spielt bei der Stimulation von Helfer/Induktor-T-Zellen eine wesentliche Rolle. Daneben wirkt es als endogenes Pyrogen (Näheres in Kap. 9).
- ***IL-2:*** IL-2 besitzt eine Molekularmasse von ca. 15000 Dalton (Mensch) bzw. 25000 Dalton (Maus). IL-2 wurde ursprünglich als ein Faktor beschrieben, der für die Langzeitkultur von T-Lymphozyten wesentlich ist; als vorläufige Bezeichnung bürgerte sich der Ausdruck „T-cell growth factor" ein. Heute wissen wir, daß IL-2 nicht nur das Wachstum, sondern auch die Reifung von T-Lymphozyten bewirkt und darüber hinaus B-Zellen stimulieren kann. Der IL-2-Rezeptor erhielt in der CD-Nomenklatur die Bezeichnung CD25.
- ***IL-3:*** IL-3 gehört zur Gruppe der koloniestimulierenden Faktoren und wird auch als Multi-Kolo-

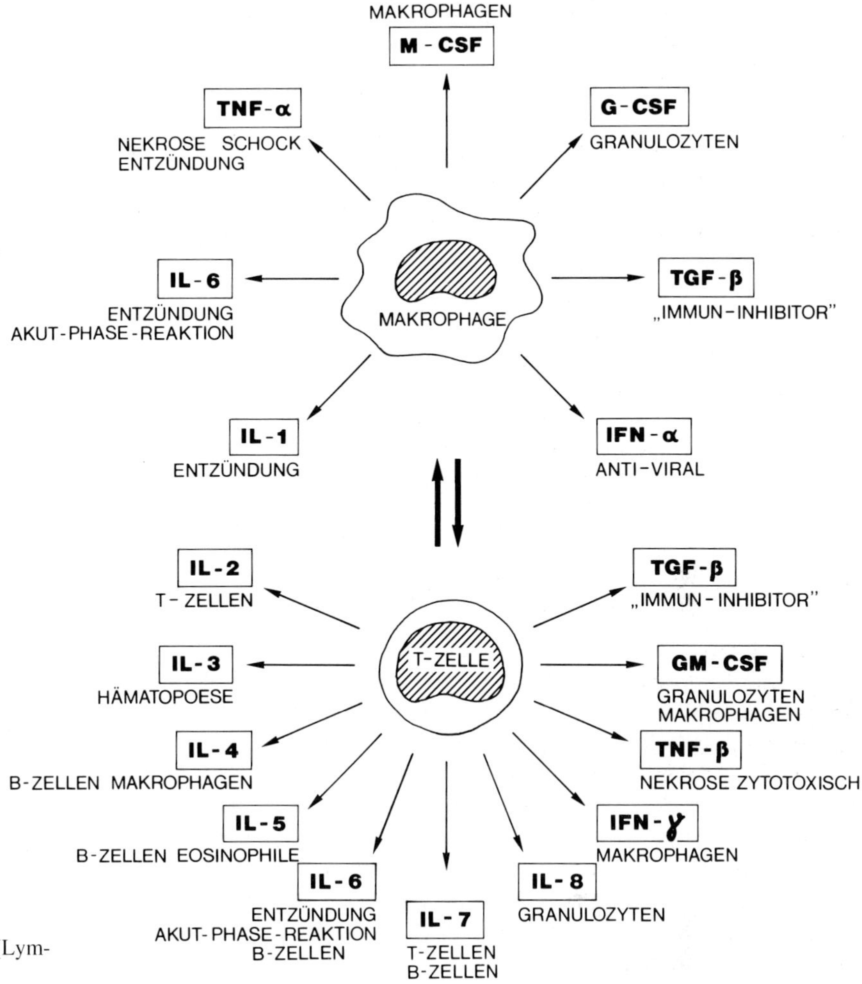

Abb. 8.5. Wichtige Interleukine (Lymphokine und Monokine)

nien-stimulierender Faktor (M-CSF) bezeichnet. Es ist an der Entwicklung verschiedener Leukozytenarten beteiligt. Interleukin 3 wird von einigen T-Zellen, in erster Linie aber von nicht-leukozytären Zellen, gebildet.

- ***IL-4:*** IL-4, welches zur Familie der B-zellstimulierenden Faktoren gehört, ist ein typisches T-Lymphozytenprodukt. IL-4 besitzt sowohl wachstums- als auch differenzierungsfördernde Wirkung auf B-Lymphozyten und induziert in erster Linie Antikörper der Klassen IgG1 und IgE. Daneben wirkt IL-4 auf Mastzellen, einige T-Lymphozyten und Makrophagen.
- ***IL-5:*** IL-5 gehört ebenfalls zur Familie der B-zellstimulierenden Faktoren und ist ein typisches T-Lymphozytenprodukt. Dieses Molekül wirkt auf reifere B-Lymphozyten und induziert in diesen die Entwicklung in antikörperproduzierende Plasmazellen. IL-5 induziert bevorzugt die Bildung von IgA Antikörpern, daneben wirkt es auch auf eosinophile Granulozyten.
- ***IL-6:*** IL-6 wird von T-Lymphozyten, mononukleären Phagozyten und manchen anderen Zellen gebildet. Es gibt Hinweise dafür, daß IL-6 mit einem bestimmten Interferon (IFN-β2) identisch ist. IL-6 bewirkt die Reifung von B-Lymphozyten, ist an der T-Zellaktivierung beteiligt und induziert eine Akut-Phase-Reaktion.
- ***IL-7:*** IL-7, das von einigen T-Zellen gebildet wird, stimuliert die Proliferation von T-Zellen und B-Zellen.
- ***IL-8:*** IL-8 wird von T-Lymphozyten gebildet. Es aktiviert Granulozyten und besitzt chemotaktische Wirkung.

- *IFN-γ*: Interferon-γ gehört zu einer Familie von heterogenen Proteinen (Interferone), die in geeigneten Zielzellen die RNS und Proteinsynthese induzieren und die Virusreplikation hemmen. Drei Interferonhauptklassen können unterschieden werden: IFN-α wird hauptsächlich von Leukozyten gebildet; IFN-β ist ein Fibroblastenprodukt; IFN-γ ist ein Botenstoff, der von Antigen oder Mitogen-stimulierten Helfer/Induktor-T-Zellen und unter geeigneten Bedingungen auch von zytolytischen T-Zellen produziert wird. Das IFN-γ des Menschen hat eine Molekularmasse von 20 000 bis 25 000. IFN-γ besitzt die Fähigkeit, in verschiedenen Zellen die Expression von Klasse-II-Molekülen zu induzieren. Darüber hinaus bewirkt IFN-γ in Makrophagen eine gesteigerte Leistung bei der Zerstörung von Tumorzellen und der Abtötung von intrazellulären Erregern. IFN-γ ist somit ein Makrophagen-aktivierender Faktor (MAF). Schließlich kann IFN-γ die Aktivität von NK-Zellen beträchtlich steigern.
- ***TNF-β***: Tumor Nekrose Faktor-β (auch Lymphotoxin genannt) hat auf Tumorzellen eine stark nekrotisierende Wirkung. TNF-β wird in erster Linie von T-Lymphozyten gebildet; eine ähnliche Substanz (TNF-α) wird primär von Makrophagen gebildet (s. Kap. 9).
- ***GM-CSF:*** Der Granulozyten/Makrophagen-Kolonien-stimulierende Faktor (GM-CSF), welcher u. a. von T-Lymphozyten gebildet wird, vermag die Reifung von Granulozyten und Makrophagen zu induzieren.

Neben diesen gut charakterisierten Interleukinen sind noch zwei weniger klar definierte T-Zellprodukte zu nennen. Dies sind:

- ***MAF:*** Wie bereits angedeutet, werden unter dem Begriff MAF Faktoren zusammengefaßt, welche das Vermögen haben, Makrophagen zu aktivieren. Neben IFN-γ gibt es mindestens noch einen weiteren MAF.
- ***MIF:*** Als Migrations-Inhibitions Faktor (MIF) werden Lymphokine bezeichnet, welche die Makrophagen-Wanderung in vitro hemmen. Dieses Interleukin spielt vermutlich bei der Anlockung und der Absiedlung mononukleärer Phagozyten am Entzündungsherd eine Rolle. MIF wurde kürzlich kloniert, so daß eine genaue Charakterisierung nun möglich ist.

8.8 Zytolytische T-Lymphozyten

Zytolytische T-Lymphozyten entsprechen im allgemeinen dem Formelbild $CD3^+$, $CD4^-$, $CD8^+$; sie sind Klasse-I-restringiert. Ihre biologische Bedeutung liegt darin, daß sie durch *antigenspezifischen Kontakt* ihre *Zielzellen lysieren*. Die zugrunde liegenden Mechanismen werden zur Zeit aufgeklärt. Man weiß, daß zur Zytolyse ein direkter Zellkontakt notwendig ist; dieser Kontakt wird während der Erkennung des Antigens auf der Zielzelle vermittelt. Der Zellkontakt ist Mg^{2+}-abhängig, aber Ca^{2+}-unabhängig; er stellt sich auch bei 0 °C ein. Die anschließend eintretende Lyse ist Ca^{2+}- und temperaturabhängig.

Schon kurze Zeit nach dem Kontakt zwischen Zielzellen und zytolytischen T-Lymphozyten wird die *DNS der Zielzellen* in Fragmente zerlegt, die aus etwa 200 Basenpaaren oder einem Vielfachen davon bestehen. Anschließend kommt es zur Desintegration der *Kernmembran*. Man nimmt deshalb an, daß am Abtötungsvorgang eine *Endonuklease* beteiligt ist, die von der zytolytischen T-Zelle in die Zielzelle eingeschleust wird oder aber in der Zielzelle aktiviert wird. Man nennt diesen Vorgang ***Apoptose***.

Aus zytolytischen T-Lymphozyten und NK-Zellen sind Granula isoliert worden, die in der Lage sind, Zielzellen zu lysieren. Die dafür verantwortlichen Moleküle werden als ***Zytolysine*** oder ***Perforine*** bezeichnet, da sie in der Membran der Zielzelle die Bildung von Poren hervorrufen. Die Porenbildung durch Perforine ist äußerst effektiv und unabhängig von der ursprünglichen Erkennungs-Spezifität der zytolytischen T-Lymphozyten. Die entstandenen Läsionen ähneln denen, die durch Poly-C9 bewirkt werden (s. Kap. 5). Dies führte zur Annahme, daß der Membranlyse durch Komplement und durch zytolytische T-Zellen ein gemeinsames Wirkprinzip zugrunde liegt.

Nach dem Gesagten scheinen zytolytische T-Zellen über mindestens zwei Effektormechanismen zu verfügen: Zum einen induzieren sie Membranläsionen, ähnlich wie Komplement, zum anderen führen sie die Desintegration der Kern-DNS herbei. Schließlich enthalten die Granula der zytolytischen T-Lymphozyten auch *Proteasen*; deren Rolle bei der Zielzell-Lyse ist jedoch noch unklar. NK-Zellen besitzen membranzerstörende Aktivität; sie können aber keine Apoptose herbeiführen.

Das oben beschriebene Lymphotoxin (LT) wird nicht nur von Helfer/Induktor T-Lymphozyten produziert, auch einige zytolytische T-Lymphozyten sind dazu in der Lage. Jedoch ist nicht klar, inwieweit LT für die Aktivität zytolytischer T-Lymphozyten wesentlich ist.

8.9 Suppressor-T-Lymphozyten

Unter dem Begriff „Suppression" versteht man die Unterdrückung einer Immunantwort durch spezifische Mechanismen. Hierfür wird eine gesonderte T-Zell-Population verantwortlich gemacht, deren Existenz jedoch nicht unumstritten ist.

Suppressor-T-Zellen entsprechen meist dem Formelbild $CD3^+$, $CD4^-$, $CD8^+$; aufgrund dieser Marker sind sie von zytolytischen T-Zellen nicht zu unterscheiden.

Im Unterschied zu zytolytischen T-Lymphozyten erkennen Suppressor-T-Zellen das Antigen aber nicht notwendigerweise in Assoziation mit Klasse I-Molekülen.

Suppression kann auf verschiedenen, noch weitgehend ungeklärten, Mechanismen beruhen. Als Phänomen wird die zelluläre Suppression allgemein anerkannt; es wird ihr sogar eine überragende Bedeutung für die Funktion des Immunsystems zugeschrieben. Hingegen ist die Funktionsweise der Suppressor-T-Zellen weitgehend unerforscht.

8.10 Die wichtigsten Wege der T-Zell-abhängigen Immunität

Im folgenden betrachten wir die vier Hauptfunktionen des T-Zellsystems. Es sind dies:

- Die Stimulation zur zytolytischen T-Zell-Antwort;
- die Helferfunktion bei der humoralen Immunantwort;
- die Makrophagenaktivierung;
- die Suppression einer Immunantwort.

Während bei den ersten drei Prozessen Helfer/Induktor-T-Zellen die zentrale Rolle einnehmen, steht der letzte Vorgang unter der Kontrolle von Suppressor-T-Lymphozyten.

Bei der Abwehr von Krankheitserregern, bei der Transplantatabstoßung und bei der Tumorüberwachung mag zwar der eine oder andere Weg überwiegen, meist werden jedoch sämtliche Wege beschritten, wenn eine vollständige Immunantwort entwickelt werden soll.

8.10.1 Stimulation einer zytolytischen T-Zell-Antwort

Dieser Aktivierungsweg (Abb. 8.6) ist für die Infektabwehr gegen Viren, für die Transplantatabstoßung und für die Tumorabwehr besonders wichtig. Wahrscheinlich spielt er auch bei der Abwehr einiger intrazellulärer Bakterien (z. B. Listerien) und Protozoen (z. B. Malariaplasmodien) eine Rolle. Das Zusammenspiel zwischen *Antigen* als exogenem und *Lymphokin* als endogenem Stimulus wird hier besonders deutlich. Obwohl Lymphokine mit Polypeptidhormonen verglichen werden können, wirken sie im Gegensatz zu diesen selten allein, sondern meist als *Co-Stimulatoren* zusammen mit dem Antigen. Dies bedeutet, daß beim Immunsystem neben der Antigenspezifität auch eine Spezifität der Botenstoffe existiert. Beide spielen bei der Signalübermittlung eine Rolle.

Antigen wird von den *antigen-präsentierenden Zellen* (Makrophagen, Langerhans-Zellen, Dendritische Zellen, s. Kap. 9) in Assoziation mit Klasse II-Molekülen präsentiert. Die Vorläufer der antigenspe-

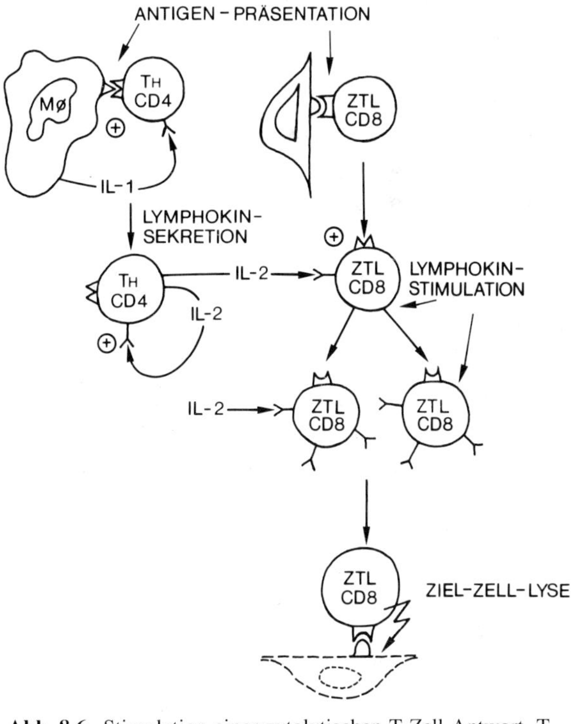

Abb. 8.6. Stimulation einer zytolytischen T-Zell-Antwort. T_H, Helfer/Induktor-T-Zelle; ZTL, zytolytische T-Zelle; *Mϕ*, Makrophage

zifischen $CD4^+$ Helfer/Induktor-T-Zellen interagieren mit dem Komplex „Fremdantigen plus Klasse II-Molekül"; dadurch wird in den antigenpräsentierenden Zellen die Sekretion des Monokins *IL-1* ausgelöst. Zeitlich betrachtet, empfangen die Helfer/Induktor-T-Zellen eine Sequenz von zwei Signalen: Die Antigenerkennung wirkt als erstes und IL-1 wirkt als zweites Signal. Die auf diese Weise aktivierten Helfer/Induktor-T-Zellen produzieren anschließend verschiedene Lymphokine, von denen *IL-2* für den hier besprochenen Aktivierungsweg von besonderer Bedeutung ist.

IL-2 wirkt zum einen auf die *Helfer/Induktor-T-Zellen* selbst und stimuliert deren Vermehrung. Zum anderen wirkt es auf die Vorläufer der *zytolytischen $CD8^+$ T-Zellen* als zweites Signal; als erstes Signal dient diesen Zellen die Erkennung des Fremdantigens in Assoziation mit dem körpereigenen Klasse I-Molekül.

Diese in zwei Schritten vor sich gehende Stimulation führt bei den $CD8^+$ Vorläuferzellen zur Expression von zusätzlichen IL-2-Rezeptoren mit besonders hoher Affinität für diesen Botenstoff. Dies bedeutet, daß die Vorläuferzelle in zunehmendem Maße auf IL-2 reagiert. Sind die $CD8^+$ T-Zellen auf dem Höhepunkt ihrer IL-2-Ansprechbarkeit angelangt, so vermehren sie sich und reifen zu zytolytischen Effektorzellen aus. IL-2 wirkt auf antigenstimulierte $CD8^+$ T-Zellen somit als *Wachstums- und Differenzierungsfaktor*.

Die ausgereiften $CD8^+$ T-Zellen können nunmehr Zielzellen, die Fremdantigen in Assoziation mit Klasse I-Molekülen exprimieren, zerstören.

Bei der Aktivierung der zytolytischen T-Lymphozyten muß das Fremdantigen in zwei Formen präsentiert werden. Einmal muß es mit *Klasse II-Molekülen* und zum anderen auch mit *Klasse I-Molekülen* assoziiert werden. Dies ist notwendig, damit sowohl die $CD4^+$ Helfer/Induktor-T-Zellen als auch die $CD8^+$ Vorläufer-T-Zellen ihr Antigen erkennen. Diese Situation ist bei Virusinfektionen gegeben: Virales Antigen kann sich sowohl mit Klasse I- als auch mit Klasse II-Molekülen assoziieren.

Das gleiche gilt für die Lyse von Tumorzellen: Zytolytische T-Zellen werden nur wirksam, wenn die tumorspezifischen Antigene in doppelter Form präsentiert werden.

8.10.2 Hilfe bei der humoralen Immunantwort

Gegen *lösliche Proteinantigene* werden im allgemeinen keine zytolytischen T-Lymphozyten gebildet, da diese Antigene sich normalerweise nicht mit Klasse I-Molekülen wohl aber mit *Klasse II-Molekülen* assoziieren (Abb. 8.7).

Die Antigen-präsentierenden Zellen nehmen das Proteinantigen durch ***Endozytose*** auf und exponieren es auf ihrer Oberfläche zusammen mit Klasse II-Mo-

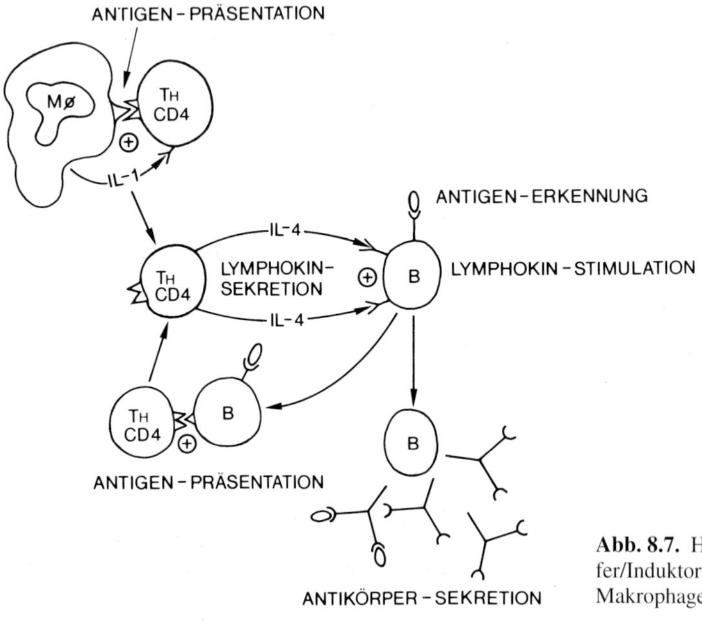

Abb. 8.7. Hilfe bei der humoralen Immunantwort. T_H, Helfer/Induktor-T-Zelle; *B*, B-Zelle bzw. Plasmazelle, *Mϕ*, Makrophage

lekülen; außerdem produzieren sie IL-1. Wie oben beschrieben, führt die Kostimulation durch Antigen und IL-1 zur Aktivierung der $CD4^+$ Helfer/Induktor-T-Zellen.

Die auf diese Weise aktivierten $CD4^+$ T-Zellen produzieren verschiedene Lymphokine. Für die humorale Immunantwort ist das Lymphokin IL-4 von besonderer Bedeutung. Nach neueren Arbeiten erscheint es möglich, daß die IL-2- und die IL-4-produzierenden T-Zellen aus zwei getrennten *Untergruppen* der $CD4^+$ Helfer/Induktor-T-Zellpopulation stammen.

T-Lymphozyten, welche IL-2 und IFN-γ sezernieren, werden danach ***TH1-Zellen*** genannt; T-Zellen, die IL-4 und IL-5 sezernieren, heißen ***TH2-Zellen***. TH1-Zellen sind in erster Linie für die Stimulation einer zytolytischen T-Zellantwort und für die Makrophagenaktivierung zuständig. TH2-Zellen üben primär Helferfunktion bei der humoralen Immunantwort aus. Es scheint, daß sich TH1-Zellen und TH2-Zellen gegenseitig über Interleukine negativ kontrollieren. Dies könnte einen wichtigen Mechanismus der Suppression darstellen.

IL-4 besitzt die Fähigkeit, ruhende B-Zellen zu aktivieren. Zur vollständigen Aktivierung bedarf es aber wieder der *Kostimulation* durch Antigen. Es kommt jetzt zur Vermehrung der antigenspezifischen B-Zelle (klonale Expansion, Kap. 4) und zur Differenzierung in *antikörper-produzierende Plasmazellen*. IL-4 induziert die Produktion von IgG1- und IgE-Antikörpern.

Wahrscheinlich gibt es auch Differenzierungsfaktoren, die für die Sekretion anderer Antikörperklassen zuständig sind; so scheint ***IL-5*** bevorzugt die IgA-Synthese zu stimulieren.

Bei der hier diskutierten Stimulation von B-Zellen muß das Fremdantigen sowohl von den B-Lymphozyten als auch von den Helfer/Induktor-T-Zellen erkannt werden. Es konnte gezeigt werden, daß B-Lymphozyten und T-Lymphozyten verschiedene Abschnitte eines Antigens (Epitope oder Determinanten) erkennen. Weiterhin erkennt die B-Zelle ihre Determinante in freier, isolierter Form; die Helfer/Induktor-T-Zelle erkennt ihre Determinante dagegen nur in Assoziation mit den körpereigenen Klasse II-Strukturen.

Da ***B-Zellen*** die Fähigkeit haben, Klasse II-Moleküle zu exprimieren und IL-1 zu sezernieren, können sie auch als *antigenpräsentierende Zellen* fungieren. Die Reaktion des Fremdantigens mit dem antikörper-ähnlichen Rezeptor auf der Oberfläche der B-Zelle induziert die Aufnahme und Präsentation des Antigens. Daher können B-Zellen den Helfer/Induktor-T-Zellen das Antigen gesondert präsentieren; die Immunantwort wird dadurch verstärkt.

Der hier beschriebene Aktivierungsweg für B-Lymphozyten spielt bei der Infektabwehr gegen zahlreiche Viren und Bakterien eine entscheidende Rolle. Es sei aber darauf hingewiesen, daß Antikörper gegen *repetitive Kohlenhydratantigene* ohne die Mitwirkung von Helfer/Induktor-T-Zellen gebildet werden. Man bezeichnet diese Antigene als ***T-unabhängig*** und stellt sie den Proteinen gegenüber, die ***T-abhängig*** sind.

8.10.3 Makrophagenaktivierung

Die Aktivierung der mononukleären Phagozyten steht ebenfalls unter der Kontrolle von Helfer/Induktor-T-Zellen (Abb. 8.8). T-Lymphozyten werden – wie oben besprochen – durch das Doppelsignal „Antigenerkennung" und „IL-1" angeregt, Lymphokine zu sezernieren; diese Botenstoffe wirken dann ihrerseits auf mononukleäre Phagozyten. Makrophagen, die durch Lymphokine aktiviert werden, zeigen in vitro eine Steigerung der *Tumorizidie* und der *Mikrobizidie* (s. Kap. 9). Lymphokine, die solche Effekte hervorrufen, werden als ***MAF*** bezeichnet. Der MAF-Effekt kann durch rekombinantes ***IFN-γ*** bewirkt werden; zumindest eines der Lymphokine mit MAF-Aktivität scheint mit IFN-γ identisch zu sein.

Die Makrophagen-Aktivierung erfolgt antigenunspezifisch. Dennoch bedarf es zusätzlich zum IFN-γ Stimulus eines zweiten Signals; dieses kann von bakteriellen Bestandteilen, wie z. B. dem *Lipopolysaccharid* gram-negativer Bakterien, geliefert werden.

Da zytolytische T-Zellen – zumindest nach Kostimulation durch „Antigen plus Klasse I-Molekül" und IL-2 – ebenfalls IFN-γ produzieren, sollten auch sie bis zu einem gewissen Grad zur Makrophagen-Aktivierung befähigt sein.

Die Makrophagenaktivierung ist für die Abwehr derjenigen Krankheitserreger von kritischer Bedeutung, welche die Phagozytose überleben und sogar intrazellulär wachsen: Dies sind die ***intrazellulär persistenten Mikroorganismen*** (s. Kap. 11). Zu ihnen zählen Mykobakterien, Salmonellen, Listerien und Leishmanien. Histologisch finden sich bei den Absiedlungen dieser Erreger Granulome, die zu einem wesentlichen Teil aus aktivierten Makrophagen bestehen.

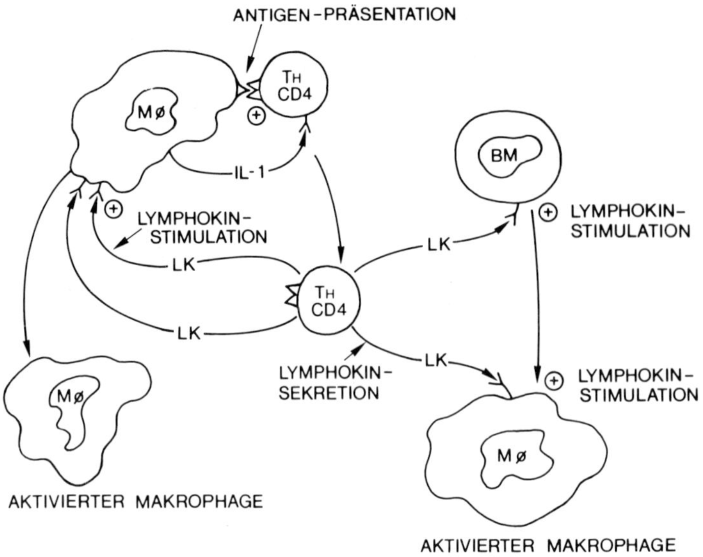

Abb. 8.8. Makrophagen-Aktivierung. T_H, Helfer/Induktor-T-Zelle; LK, Lymphokin; Mϕ, Makrophage, BM, Blutmonozyt

Bei der Ausbildung der ***allergischen Reaktionen vom verzögerten Typ***, etwa beim Tuberkulin-Test oder der Kontaktallergie, kommt es zur Lymphokin-vermittelten Makrophagen-Aktivierung (s. Kap. 10).

Schließlich tragen aktivierte Makrophagen zur ***Tumorabwehr*** bei.

Bei der Infektabwehr spielen auch noch andere Lymphokine als IFN-γ eine Rolle. So nimmt man an, daß das von Helfer/Induktor-T-Zellen gebildete MIF die Anlockung und Ansammlung von Blutmonozyten an den Ort der mikrobiellen Absiedlung bewirkt.

Bei dem hier beschriebenen Aktivierungsweg stellen sich die mononukleären Phagozyten in einer Doppelrolle dar: Sie sind zu gleicher Zeit *Signal-Emittenten* und *Signal-Empfänger*. Einerseits stimulieren sie durch IL-1 die Helfer/Induktor-T-Zellen zur Abgabe von Lymphokinen; andererseits reagieren sie auf die Lymphokine durch ihre eigene Aktivierung. Das T-Zell-Makrophagen-System ist das einfachste Beispiel für einen immunologischen Regelkreis.

8.10.4 Suppression einer Immunantwort

Das Phänomen der Suppression stellt ein entscheidendes Element der Immunreaktion dar (Abb. 8.9). Suppressive Mechanismen sind an der Aufrechterhaltung der *Toleranz gegenüber körpereigenen Antigenen* beteiligt; sie spielen aber auch bei der Immunantwort gegen Fremdantigene eine bedeutende Rolle. Sie verhindern nämlich ein *Ausufern* der Reaktion; nach dem Ende der Abwehrreaktion schalten sie das Immunsystem gewissermaßen ab.

Eine *fehlgeleitete Suppression* wirkt bei der Entstehung von zahlreichen Krankheitsbildern mit.

Wird z. B. die Reaktivität des Immunsystems gegenüber körpereigenen Antigenen *nicht ausreichend supprimiert*, so kann es zur Toleranzdurchbrechung und dadurch zu einer ***Autoimmunerkrankung*** kommen. Eine Autoimmunerkrankung aufgrund fehlender Suppressor-T-Zell-Aktivität wird z. B. bei der *multiplen Sklerose* und dem systemischen *Lupus erythematodes* diskutiert.

Umgekehrt kann eine *überschießende Suppressor-T-Zell-Aktivität* die Infektabwehr weitgehend lahmlegen. Bei chronischen Infektionskrankheiten ergeben sich dadurch bösartige Verlaufsformen. Dies wird z. B. für die Entstehung der lepromatösen *Lepra* angenommen.

Durch Antigene werden Suppressor-T-Zellen dann bevorzugt induziert, wenn bestimmte Experimentalbedingungen herrschen. In diesem Sinne wirken *besonders niedrige* oder *besonders hohe* Antigendosen suppressiv. Die entsprechenden Suppressionszustände werden als ***„low zone tolerance“*** bzw. als ***„high zone tolerance“*** bezeichnet.

Trotz der elementaren Bedeutung der Suppression für die Immunität sind die Kenntnisse über die daran beteiligten Zellen und Mechanismen bis heute lückenhaft geblieben. Dies liegt zum einen an methodischen Schwierigkeiten, zum anderen aber auch daran, daß

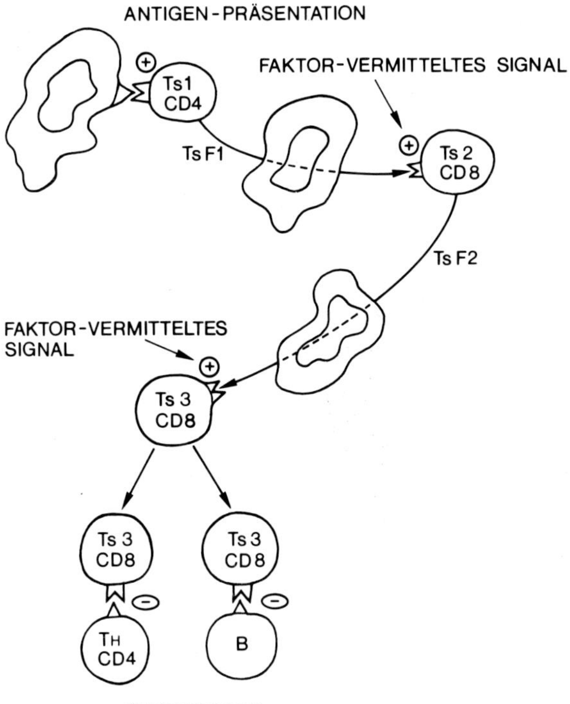

Abb. 8.9. Suppression einer Immunantwort. *Ts1*, Suppressor-T-Zelle 1 (= Suppressor/Induktor-T-Zelle); *Ts2*, Suppressor-T-Zelle 2 (= Suppressor/Transduktor-T-Zelle); *Ts3*, Suppressor-T-Zelle 3 (= Suppressor/Effektor-T-Zelle); *TsF1*, Suppressorfaktor 1; *TsF2*, Suppressorfaktor 2; T_H, Helfer/Induktor-T-Zelle; B, B-Zelle

dieses Regelsystem äußerst komplex ist. Der im folgenden beschriebene Reaktionsweg muß daher als weitgehend hypothetisch verstanden werden und kann nicht alle Suppressionsphänomene erklären. Besonders sei hier noch einmal auf die Möglichkeit hingewiesen, daß sich TH1-Zellen und TH2-Zellen wechselseitig supprimieren können.

Obwohl in den meisten Systemen die eigentliche Suppressor-T-Zelle das Merkmal CD8⁺ trägt, steht am Anfang des Suppressor-Wegs eine ***CD4⁺ Suppressor-Induktor-T-Zelle***, die Antigen in Assoziation mit Klasse II-Molekülen erkennt. Diese Zelle kann von der bisher beschriebenen Helfer/Induktor-T-Zelle aufgrund folgender Charakteristika abgegrenzt werden:

- Suppressor/Induktor-T-Zellen besitzen einen Marker, der sie von den Helfer/Induktor-T-Zellen unterscheidet. Er trägt beim Menschen die Bezeichnung CDw29.
- Suppressor/Induktor-T-Zellen erkennen Fremdantigen in Assoziation mit einer ganz bestimten Klasse II-Struktur; Helfer/Induktor-T-Zellen sprechen auf diese Assoziation im allgemeinen nicht an.
- Suppressor/Induktor-T-Zellen erkennen auf dem Fremdantigen andere Epitope als Helfer/Induktor-T-Zellen.

Hat die Suppressor/Induktor-T-Zelle das Antigen erkannt, so aktiviert sie die ***CD8⁺ Suppressor/Effektor-T-Zelle***. In die Signalvermittlung ist häufig noch eine weitere CD8⁺ T-Zelle eingeschaltet, die als ***Suppressor/Transduktor-T-Zelle*** bezeichnet wird. Diese T-Zelle erkennt entweder das Antigen oder einen Idiotyp auf der Suppressor/Induktor- und Suppressor/Effektor-T-Zelle. Die als Induktor, als Transduktor und als Effektor wirkenden Suppressor-T-Zellpopulationen werden entsprechend als ***Ts1***-, ***Ts2***- bzw. ***Ts3***-Zellen bezeichnet. Das Bild wird noch dadurch kompliziert, daß die drei T-Zellpopulationen nicht direkt miteinander kommunizieren, sondern über antigenspezifisch (bzw. idiotypspezifisch) induzierte ***Suppressorfaktoren***, die von akzessorischen Zellen produziert werden; diese Zellen gehören wahrscheinlich dem mononukleär-phagozytären System an.

Im Endeffekt wirkt die antigenspezifisch induzierte Suppressor/Effektor-T-Zelle (***Ts3***) auf diejenigen B-Zellen bzw. Helfer/Induktor-T-Zellen, welche die gleiche Antigenspezifität besitzen. Insgesamt betrachtet wird also die Immunantwort *antigenspezifisch supprimiert*.

Der hier skizzierte Suppressor-Weg stellt eine Art negativer Rückkopplung dar, bei dem anfangs zwei unterschiedliche Induktor-T-Zellen (nämlich *Helfer/Induktor* und *Suppressor/Induktor* T-Zellen) antigenspezifisch aktiviert werden. Während die eine Zelle eine positiv meßbare Immunreaktion induziert, die entweder von B-Zellen, Makrophagen oder zytolytischen T-Zellen ausgeführt wird, induziert die andere Zelle parallel dazu einen negativen Weg, welcher schließlich zur Suppressor/Effektor-T-Zelle führt.

Zusammenfassung: T-Zellen

T-Zell-abhängige Phänomene: Transplantatabstoßung, Abtötung virusinfizierter Zellen, Tumorüberwachung, Abwehr intrazellulärer Keime, verzögerte Allergie, Hilfe bei humoraler und zellulärer Immunantwort, Suppression der humoralen und zellulären Immunantwort.

T-Zellen sind durch das **CD3 Molekül** charakterisiert.

Antigen-Erkennung durch T-Zellen: Antigen-präsentierende Zellen prozessieren Proteinantigene und exprimieren auf ihrer Oberfläche Peptidstücke mit körpereigenen MHC-Molekülen. T-Zellen erkennen über ihren T-Zell-Rezeptor das fremde Peptid plus körpereigenes MHC-Molekül.

$CD4^+$ T-Zellen erkennen Antigen plus Klasse II-Molekül; $CD8^+$ T-Zellen erkennen Antigen plus Klasse I-Molekül.

Helfer/Induktor T-Zellen: Meist $CD4^+$, sezernieren Lymphokine, die in ihren Zielzellen bestimmte Funktionen aktivieren. Wichtige Lymphokine: IL-2 (Wachstums- und Differenzierungsfaktor für T-Zellen), IL-4 (Wachstums- und Differenzierungsfaktor für B-Zellen), IL-5 (Differenzierungsfaktor für B-Zellen), IFN-γ (Makrophagen-Aktivator).

Zytolytische T-Zellen: meist $CD8^+$, lysieren ihre Zielzellen über direkten Zellkontakt.

Suppressor-T-Zellen: häufig $CD8^+$, unterdrücken eine Immunantwort.

Stimulierung zytolytischer T-Zellen: $CD4^+$ T-Zellen werden durch Antigen plus MHC-Klasse II-Molekül und IL-1 stimuliert, IL-2 zu bilden; in $CD8^+$ T-Zellen aktiviert IL-2 zusammen mit Antigen plus MHC-Klasse I-Molekül zytolytische Aktivität. Zytolytische T-Zellen sind an der Abwehr viraler Infekte, an der Tumorabwehr und der Transplantatabstoßung beteiligt.

Hilfe bei der humoralen Immunantwort: $CD4^+$ T-Zellen werden durch Antigen plus MHC-Klasse II-Molekül und IL-1 stimuliert, IL-4 und IL-5 zu bilden; diese bewirken die Differenzierung von B-Zellen in antikörperproduzierende Plasmazellen. Zur Rolle der Antikörper s. Kap. 4.

Makrophagen-Aktivierung: $CD4^+$ T-Zellen werden durch Antigen plus MHC-Klasse II-Molekül und IL-1 aktiviert, IFN-γ zu bilden; zusammen mit einem weiteren Stimulus bewirkt IFN-γ die Makrophagen-Aktivierung. Aktivierte Makrophagen besitzen die Fähigkeit zur Abtötung von intrazellularen Mikroorganismen und von Tumorzellen.

9 Mononukleäre Phagozyten und Antigen-präsentierende Zellen

S. H. E. Kaufmann

INHALTSÜBERSICHT

9.1 Phagozytose 195
9.2 Intrazelluläre Keimabtötung und Verdauung 196
9.2.1 Sauerstoffabhängige Mechanismen 196
9.2.2 Sauerstoffunabhängige Mechanismen . . . 197
9.3 Das mononukleär-phagozytäre System . . 198
9.4 Rezeptoren und Oberflächenmarker 198
9.5 Sekretion 199
9.6 Makrophagenaktivierung 200
9.7 Antigen-präsentierende Zellen 201
Zusammenfassung 202

Die mononukleären Phagozyten nehmen in der antimikrobiellen Abwehr Aufgaben von großer Bedeutung wahr. Diese Zellen sind äußerst anpassungsfähig und entsprechend formenreich. Ihre wichtigsten Einzelfunktionen sind die ***Phagozytose***, die ***intrazelluläre Keimabtötung***, die ***Sekretion biologisch aktiver Moleküle*** und die ***Antigenpräsentation***.

Die mononukleären Phagozyten stehen mit diesen Fähigkeiten nicht allein da; auch andere Zellen können die eine oder andere Funktion übernehmen. In diesem Kapitel werden zuerst die Vorgänge der Phagozytose und der intrazellulären Keimabtötung behandelt; die Beschreibung gilt sowohl für mononukleäre Phagozyten als auch für neutrophile Granulozyten. Im Anschluß daran werden diejenigen Funktionen behandelt, welche dem mononukleär-phagozytären System vorbehalten bleiben.

Die mononukleären Zellen spielen einerseits die Rolle von antimikrobiellen Effektoren; andererseits dienen sie bei der Induktion der Immunreaktion in gewissem Sinne als Signalzentrale.

9.1 Phagozytose

Animalzellen nehmen aus ihrer Umgebung Makromoleküle und Partikel auf, und zwar über einen Mechanismus, der als ***Endozytose*** bezeichnet wird. Die Plasmamembran stülpt sich unter dem aufzunehmenden Material ein und bildet anschließend einen Vesikel darum. Handelt es sich um die Aufnahme von Flüssigkeitströpfchen an einer beliebigen Stelle der Membran, so sprechen wir von ***Pinozytose***; dieser Akt dient in erster Linie der Nahrungsaufnahme. Die Aufnahme größerer Partikel wird ***Phagozytose*** genannt. Bei der ***Rezeptor-vermittelten Endozytose*** wird ein Molekül von einem spezifischen Oberflächenrezeptor erkannt und gebunden; anschließend wird der Komplex aus Rezeptor und Ligand internalisiert. Dies geschieht in einem Membranbereich, der als „coated pit" bezeichnet wird. Die Phagozytose stellt eine Sonderform der Rezeptor-vermittelten Endozytose dar.

Zur Phagozytose sind vor allem die neutrophilen polymorphkernigen Granulozyten und die mononukleären Phagozyten befähigt. Diese Zellen werden daher auch unter dem funktionell geprägten Begriff ***„Professionelle Phagozyten"*** zusammengefaßt. Gemeinsam mit der intrazellulären Keimabtötung, die darauf folgt, stellt die Phagozytose pathogener Mikroorganismen einen wichtigen Abwehrmechanismus dar. Die Aufnahme der Mikroorganismen wird durch deren Adhäsion an den Phagozyten eingeleitet. Hieran sind Rezeptoren beteiligt. Professionelle Phagozyten tragen auf ihrer Oberfläche zahlreiche Rezeptoren mit einem breiten Erkennungsspektrum. Die von diesen Rezeptoren erkennbaren Moleküle sitzen auf der Oberfläche von Mikroorganismen, z. B. in Form von einfachen Zuckern, etwa als Mannose oder Fukose. Die dafür zuständigen Rezeptoren werden entspre-

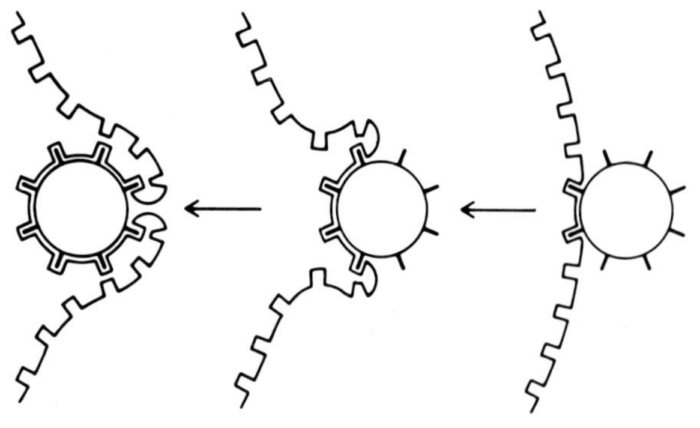

Abb. 9.1. Reißverschlußmodell der Phagozytose. Liganden auf dem aufzunehmenden Partikel werden über spezifische Rezeptoren vom Phagozyten erkannt. Diese Rezeptor-Liganden-Interaktion leitet die Phagozytose ein

chend als Mannose-Fukose-Rezeptoren bezeichnet. Sind die Liganden von einer mikrobiellen Kapsel maskiert, so wird die Phagozytose verhindert.

Professionelle Phagozyten besitzen u. a. auch Rezeptoren für das Fc-Stück von Antikörpern der Klasse IgG und für gewisse Fragmente der Komplementkomponenten; dementsprechend erhöht die Beladung von Mikroorganismen mit spezifisch gebundenen Antikörpern und Komplement die Phagozytoseleistung. Dieser Vorgang wird als ***Opsonisierung*** bezeichnet.

Die Interaktion zwischen Membranrezeptoren und ihren Liganden löst bei der phagozytierenden Zelle eine lokale Reaktion aus, die durch das *„Reißverschlußmodell"* am besten beschrieben wird (Abb. 9.1). Um das membrangebundene Partikel schieben sich Pseudopodien nach oben, während sich gleichzeitig die Plasmamembran im Zentrum nach innen stülpt. Durch diesen Prozeß vergrößert sich die Kontaktfläche zwischen Membranrezeptoren und Liganden auf dem Bakterium laufend, so daß der Impuls für den Phagozytosevorgang ständig wächst. Schließlich ist das Bakterium völlig vom Zytoplasma umschlossen; die Enden der umschließenden Pseudopodien verschmelzen miteinander. Damit befinden sich die phagozytierten Keime in einem Membran-ausgekleideten ***Phagosom***.

Die Membranbewegungen der Phagozytose werden durch *Aktin- und Myosin-Mikrofilamente* ausgeführt; die Filamente reagieren auf einen Impuls über eine Struktur, die in der Plasmamembran sitzt und mit dem Aktin assoziiert zu sein scheint.

9.2 Intrazelluläre Keimabtötung und Verdauung

Der Kontakt zwischen Mikroorganismen und professionellen Phagozyten löst zelluläre Prozesse aus, die in der Abtötung und Verdauung der phagozytierten Erreger gipfeln. Hieran sind sauerstoffabhängige und sauerstoffunabhängige Mechanismen beteiligt.

9.2.1 Sauerstoffabhängige Mechanismen

Der Kontakt zwischen Mikroorganismus und Phagozyt löst eine schnelle Zunahme der Stoffwechselaktivität aus. Diese Erscheinung wird als ***„respiratory burst"*** bezeichnet; ihr wesentliches Endergebnis ist die Bildung von *reaktiven Sauerstoffmetaboliten* (Abb. 9.2). Der Kontakt aktiviert eine NADPH-Oxidase in der Zellmembran, welche Sauerstoff (O_2) unter Verwendung von NADPH als Elektronendonor in Superoxid-Anionen ($^{\cdot}O_2^-$) nach Reaktion (1) um-

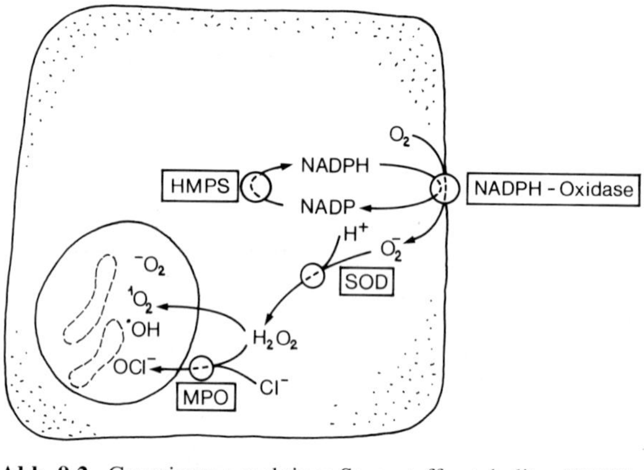

Abb. 9.2. Generierung reaktiver Sauerstoffmetabolite. *HMPS*, Hexose-Monophosphat-Shunt; *SOD*, Superoxid-Dismutase; *MPO*, Myeloperoxidase

Tabelle 9.1. Wichtige Reaktionen bei der Bildung reaktiver Sauerstoffmetabolite

(1)	$NADPH + O_2 \xrightarrow{NADPH\text{-}Oxidase} NADP + {}^{\cdot}O_2^- + H^+$
(2)	$2\,{}^{\cdot}O_2^- + 2H^+ \xrightarrow{SOD} O_2 + H_2O_2$
(3)	$H_2O_2 + Cl^- \xrightarrow{MPO} OCl^- + H_2O$
(4)	$H_2O_2 + {}^{\cdot}O_2^- \longrightarrow {}^{\cdot}OH + OH^- + O_2$
(5)	$2H_2O_2 \xrightarrow{Katalase} 2H_2O + O_2$

setzt (s. Tabelle 9.1). NADPH wird durch Abbau von Glukose über den Hexose-Monophosphat-Weg bereitgestellt. $^{\cdot}O_2^-$ besitzt lediglich eine schwach antimikrobielle Wirkung und dient in erster Linie als Ausgangsmaterial für die Bildung von Wasserstoffsuperoxid (H_2O_2), von Singulett-Sauerstoff ($^1O_2$) und von Hydroxyl-Radikalen ($^{\cdot}OH$). H_2O_2 wird durch die Superoxid-Dismutase (SOD) nach Reaktion (2) gebildet. H_2O_2 wirkt antimikrobiell; dieser Effekt wird durch das ***Myeloperoxidase-System (MPO)*** im Sinne der Reaktion (3) deutlich verstärkt. Reaktion (3) erlaubt die für viele Mikroorganismen *toxische Halogenierung von Proteinen*. MPO befindet sich in den *primären (oder azurophilen) Granula* der neutrophilen Granulozyten; das Enzym gelangt durch Degranulation in das Phagosom (s. später), wo es mit H_2O_2 reagiert. Auch bei Monozyten, jedoch nicht bei Makrophagen, wurde MPO nachgewiesen. Durch eine Fe^{3+}-abhängige Reduktion entsteht aus H_2O_2 nach der modifizierten Haber-Weiss-Reaktion (4) freies $^{\cdot}OH$. Durch geeignete Energieabsorption kann über verschiedene Reaktionen $^1O_2$ aus $^{\cdot}O_2^-$ entstehen. $^1O_2$ und $^{\cdot}OH$ *peroxidieren Fettsäuren und reagieren mit Nukleinsäuren*; dadurch sind sie für Mikroorganismen äußerst toxisch.

Die genannten reaktiven Sauerstoffmetabolite wirken natürlich nicht nur auf mikrobielle Eindringlinge; sie können auch Wirtszellen in der Umgebung schädigen. Deshalb muß ihr *gezielter Abbau* gewährleistet werden. SOD fängt $^{\cdot}O_2^-$ ab und verhindert so die Bildung der hochtoxischen Metabolite $^{\cdot}OH$ und $^1O_2$ (Reaktion 2). Das bei dieser Reaktion entstehende H_2O_2 wird durch ***Katalase*** (Reaktion 5) und/oder über das ***Glutathionsystem*** abgebaut. In letzterem Fall wird wiederum NADPH bereitgestellt, welches für eine erneute O_2^--Bildung genutzt werden kann. Da zahlreiche Mikroorganismen Katalase besitzen, können sie die Reaktion (5) zu ihrem eigenen Schutz einsetzen.

Nach neueren Untersuchungen spielen neben den reaktiven Sauerstoffmetaboliten auch reaktive Stickstoffmetabolite eine wesentliche Rolle bei der Keimabtötung. Die reaktiven Produkte NO_2^-, NO_3^- und $^{\cdot}N$ werden aus L-Arginin gebildet. Für die Abtötung intrazellulärer Keime sind sie von zentraler Bedeutung.

9.2.2 Sauerstoffunabhängige Mechanismen

Im Inneren der professionellen Phagozyten existieren zahlreiche *Vesikel*; sie haben die Fähigkeit, nach der Keimaufnahme mit den entstandenen Phagosomen zu verschmelzen. Bei den polymorphkernigen neutrophilen Granulozyten werden die Vesikel als *Granula* und die Verschmelzungsvorgänge als ***Degranulation*** bezeichnet. Bei den mononukleären Phagozyten sprechen wir von *Lysosomen* und von ***Phagolysosomenbildung***. Im wesentlichen handelt es sich aber um das gleiche. Die Granula bzw. Lysosomen enthalten zahlreiche Enzyme und Metabolite; beide wirken nach der Verschmelzung auf die phagozytierten Mikroorganismen ein und verursachen gegebenenfalls deren Tod und/oder deren Abbau (Tabelle 9.2).

Tabelle 9.2. Lysosomale Wirkstoffe

Wirkstoff	Substrat
Saure Hydrolasen:	
Phosphatasen	Oligonukleotide und andere Phosphorester
Nukleasen	DNS, RNS
β-Galaktosidase	Galaktoside
α-Glukosidase	Glykogen
α-Mannosidase	Mannoside
Hyaluronidase	Hyaluronsäuren, Chondroitinsulfat
Kathepsine	Proteine
Peptidasen	Peptide
Lipid-Esterasen	Fette
Phospholipasen	Phospholipide
Neutrale Proteasen:	
Kollagenase	Kollagen
Elastase	Elastin
Kathepsin G	Knorpel
Plasminogen-Aktivator	Plasminogen
Lysozym	Bakterienzellwand
Laktoferrin	Eisen
Peroxidasen	H_2O_2
Kationische Proteine und Peptide	Bakterienzellwand

Kurz nach der Phagozytose sinkt der ***pH-Wert*** des Phagosoms in den sauren Bereich; er steigt danach noch einmal auf pH 7,8 an, um anschließend wieder auf etwa pH 5 abzufallen. Der kurzzeitige pH-Anstieg könnte die Wirksamkeit der basischen Proteine erhöhen. Das saure Milieu ist für viele Mikroorganismen bereits an sich wachstumshemmend. Außerdem stellt dieses Milieu das pH-Optimum für den Großteil der ***lysosomalen Hydrolasen*** dar.

Hydrolasen spalten in Gegenwart von H_2O Polymere bis zu den monomeren Bausteinen. Die lysosomalen Hydrolasen greifen alle mikrobiellen Makromoleküle an, also Kohlenhydrate, Fette, Nukleinsäuren und Proteine. Sie bauen in erster Linie die bereits abgetöteten Mikroorganismen ab. Die Mehrzahl der lysosomalen Hydrolasen hat ein pH-Optimum um 5; sie werden als ***saure Hydrolasen*** bezeichnet.

Peroxidasen haben das Vermögen, verschiedene Moleküle zu oxidieren; dies geschieht in Gegenwart von H_2O_2. MPO wirkt über die Halogenierung von Proteinen bakterizid (s. oben).

Lysozym spaltet die Bindung zwischen Azetylmuramylsäure und N-Azetylglukosamin in der Peptidoglykanschicht bakterieller Zellwände. Bevor Lysozym wirksam werden kann, müssen bei den meisten Bakterien schützende Zellwandschichten abgebaut werden. Lysozym dürfte eher am Abbau als an der Abtötung von Mikroorganismen beteiligt sein.

Eisen ist für das Wachstum zahlreicher Mikroorganismen essentiell. ***Laktoferrin*** hat bei saurem pH eine hohe eisenbindende Aktivität und besitzt daher antimikrobielle Wirkung.

Kationische oder ***basische Proteine*** und Peptide sind reich an Arginin und Cystein; sie besitzen bei neutralem bis schwach basischem pH eine stark antimikrobielle Wirkung. Deshalb muß man annehmen, daß ihre Wirkung im Phagosom sehr früh einsetzt und nur kurzfristig erhalten bleibt. Die kationischen Proteine stellen eine heterogene Gruppe mit unterschiedlichem Molekulargewicht dar. Zu ihnen gehören das ***Phagozytin*** und die als ***Defensine*** bezeichneten kationischen Peptide aus etwa 30 Aminosäuren.

Neutrale Proteasen haben ihr Optimum beim pH 7. Zu diesen zählen Kathepsin G, Elastase und Kollagenase. Diese Enzyme sind für den Abbau von Elastin, Knorpel, Proteoglykanen, Fibrinogen, Kollagen u. a. m. verantwortlich. Zu den neutralen Proteasen gehören auch die Plasminogen-Aktivatoren; sie aktivieren Plasminogen zu Plasmin. Diese Proteasen werden von der Zelle in das umgebende Milieu abgegeben; dort wirken sie bei extrazellulären Abwehr- und Entzündungsreaktionen mit (s. S. 199ff und Kap. 10).

9.3 Das mononukleär-phagozytäre System

Zum mononukleär-phagozytären System gehören die mobilen ***Blutmonozyten***, die freien ***Exsudatmakrophagen*** und die sessilen ***Gewebsmakrophagen***.

Die sessilen Zellen sind an strategisch wichtigen Punkten verschiedener Körperstellen angeordnet; sie unterscheiden sich entsprechend ihrer Lokalisation mehr oder weniger in Morphologie, Physiologie und

Tabelle 9.3. Organabhängige Bezeichnungen residenter Gewebsmakrophagen

Bezeichnung	Organ
Kupffer'sche-Zellen	Leber
Alveolarmakrophagen	Lunge
Histiozyten	Bindegewebe
Osteoklasten	Knochenmatrix
Peritonealmakrophagen	Peritonealhöhle
Pleuramakrophagen	Pleurahöhle
Mikrogliazellen	Nervensystem
Langerhans-Zellen (?)	Haut
Dendritische-Zellen (?)	Milz, Niere

Funktion. Wegen ihrer gestaltlichen und funktionellen Heterogenität hat man den Makrophagen eine Vielzahl von Namen gegeben (Tabelle 9.3). Aschoff faßte 1924 alle Zellen, die sich nach der Injektion von Tusche oder kolloidalen Farbstoffen als Partikel-beladen erwiesen, als ***retikuloendotheliales System*** zusammen. Wir wissen heute, daß das mononukleär-phagozytäre System einen großen Teil des retikuloendothelialen Systems ausmacht.

Makrophagen stammen von Blutmonozyten ab, die kontinuierlich in das Gewebe bzw. in Körperhöhlen einwandern. Die eingewanderten Blutmonozyten wandeln sich in residente Makrophagen um, die sich kaum mehr vermehren. Als langlebige Zellen können Makrophagen jedoch über einen längeren Zeitraum hinweg ihre Funktion ausüben. Ihre wichtigsten Aufgaben sind:

- Der Abbau von Makromolekülen und Zelltrümmern;
- die Abtötung von eingedrungenen Krankheitserregern und Tumorzellen als wesentliche Effektorfunktion der körpereigenen Abwehr;
- die Mitwirkung bei der spezifischen Immunantwort, insbesondere die Präsentation von Fremdantigen und die Stimulation von Helfer/Induktor-T-Zellen durch IL-1 (s. Kap. 8).

9.4 Rezeptoren und Oberflächenmarker

Mononukleäre Phagozyten tragen eine Garnitur von Rezeptoren, die es ihnen erlaubt, mit sehr verschiedenartigen Makromolekülen zu interagieren.

Einige Rezeptoren stellen darüber hinaus auch wichtige Oberflächenmarker dar. Diese Moleküle können mit monoklonalen Antikörpern nachgewiesen werden. Ihr Nachweis ist jedoch nicht spezifisch für das mononukleär-phagozytäre System: Entweder kommen sie auch auf anderen Zellen vor oder sie werden nicht von allen Vertretern des mononukleär-phagozytären Systems exprimiert.

Eine wichtige Gruppe von Rezeptoren erkennt das Fc-Fragment von Antikörpern der Klase IgG. Andere Rezeptoren reagieren mit Bruchstücken der Komplementkomponente C3. Dies ist der Grund dafür, daß Mikroorganismen, die mit Antikörpern und C3-Bruchstücken beladen sind, besser phagozytiert werden (Opsonisierung).

Mononukleäre Phagozyten der *Maus* exprimieren zwei verschiedene ***Fc-Rezeptoren***. Der eine bindet das Fc-Stück von IgG2a; er ist resistent gegenüber Trypsin-Behandlung und heißt ***FcRI***. Der zweite Rezeptor bindet die Fc-Stücke von IgG1 und IgG2b; er ist empfindlich gegenüber Trypsin-Behandlung und heißt ***FcRII***.

Beim Menschen stellt sich die Situation etwas komplizierter dar. Blutmonozyten binden die verschiedenen IgG-Subklassen mit unterschiedlicher Stärke. Am stärksten bindet IgG1; an zweiter Stelle steht IgG3. Während der *Fc-Rezeptor auf Blutmonozyten* monomeres IgG1 gut bindet und die Bezeichnung ***FcγRI*** erhielt, bindet der *Fc-Rezeptor der neutrophilen Granulozyten* monomeres IgG schlecht (***FcγRIII***). Polymeres IgG (Immunkomplexe) wird dagegen sehr fest an Granulozyten und Makrophagen gebunden. Im CD-System erhielt der FcγRIII-Rezeptor die Bezeichnung CD16. FcγRII (CD32) heißt ein weiterer Fc-Rezeptor, der auf neutrophilen Granulozyten und Monozyten vorkommt und IgG1, IgG2a und IgG2b bindet (s. auch Tabelle 2.1 Seite 138).

Bei den Rezeptoren für C3-Bruchstücke unterscheidet man drei Erkennungsspezifitäten. Der ***CR1-Rezeptor***, der auf Monozyten, Makrophagen, neutrophilen Granulozyten und einem Teil der Dendritischen Zellen vorkommt, *bindet C3b*. Er trägt die CD-Bezeichnung CD35. Der ***CR2-Rezeptor*** *bindet C3d*. Er wird von B-Zellen und von einem Teil der Dendritischen Zellen exprimiert, aber nicht von Monozyten, Makrophagen und neutrophilen Granulozyten; er determiniert den Phänotyp CD21. Der C3bi-Rezeptor erkennt ein Abbauprodukt des C3b. Er kann durch die Antikörper MAC-1 (Maus) bzw. OKM-1 (Mensch) nachgewiesen werden. Er besteht aus zwei Ketten, die die Bezeichnung CD11b (α-Kette) und CD18 (β-Kette) tragen. Er ist auf Monozyten, Makrophagen und neutrophilen Granulozyten zu finden.

Mononukleäre Phagozyten exprimieren Rezeptoren für die aktivierenden Lymphokine IFN-γ, MAF oder MIF; deren Charakterisierung ist noch nicht abgeschlossen.

Schließlich stellt auch das Klasse II-Molekül des MHC eine wichtige Oberflächenstruktur dar; seine Expression auf Makrophagen wird durch IFN-γ und möglicherweise auch andere Lymphokine verstärkt. Wie in Kapitel 8 bereits dargelegt, spielen Klasse II-Moleküle bei der Stimulation von Helfer/Induktor-T-Lymphozyten eine zentrale Rolle.

9.5 Sekretion

Makrophagen sind aktiv-sekretorische Zellen; sie produzieren wichtige Mediatoren der Entzündungsreaktion und der spezifischen Immunantwort. Darüber hinaus sezernieren mononukleäre Phagozyten Substanzen, die auf mikrobielle Krankheitserreger und Tumorzellen toxisch wirken. Von diesen Faktoren werden viele erst nach adäquater Stimulierung (Aktivierung) abgegeben. Die wichtigsten Sekretionsprodukte sind in Tabelle 9.4 aufgeführt.

- ***Lysosomale Enzyme:*** Bei der Phagozytose werden lysosomale Enzyme nicht nur in das Phagosom,

Tabelle 9.4. Sekretionsprodukte mononukleäre Phagozyten

Produkt	Wichtigste Funktion
Lysosomale saure Hydrolasen	Verdauung verschiedener Makromoleküle
Neutrale Proteasen	Zersetzung von Bindegewebe, Knorpel, elastischen Fasern etc.
Lysozym	Abbau bakterieller Zellwände
Komplementkomponenten	Komplementkaskade
IL-1	Kostimulator bei der Aktivierung von Helfer/Induktor-T-Zellen, Entzündungsmediator,endogenes Pyrogen
TNF-α	Tumorzell-Lyse, septischer Schock, Kachexie
IFN-α	Virushemmung
Reaktive O_2-Metabolite	Antimikrobielle und tumorizide Wirkung
Arachidonsäure-Metabolite	Entzündungsmediatoren, Immunregulation

sondern im Sinne einer aktiven Sekretion auch nach außen sezerniert; zudem gelangen aus den noch nicht vollständig geschlossenen Phagolysosomen Enzyme passiv nach außen. Hierzu gehören saure Hydrolasen, Lysozym und neutrale Proteasen.

- ***Monokine:*** Monokine gehören wie die Lymphokine zur Gruppe der Interleukine bzw. Zytokine. Wie der Name andeutet, werden sie von mononukleären Phagozyten gebildet (s. Kap. 8). Wichtige Monokine sind in Abb. 8.5 (s. S. 187) aufgeführt.
- ***IL-1:*** Interleukin 1 wirkt als zweites Signal bei der Aktivierung von Helfer/Induktor-T-Zellen durch Antigen-präsentierende Zellen (s. auch Kap. 8). Darüber hinaus induziert IL-1 eine große Zahl anderer Effekte: Es wirkt u. a. auf B-Lymphozyten, Hepatozyten, Synovialzellen, Epithelzellen, Fibroblasten, Osteoklasten und Endothelzellen. Als endogenes Pyrogen löst IL-1 im Wärmezentrum des ZNS die Fieberreaktion aus; durch seine Wirkung auf Hepatozyten vermittelt es die Akutphasenreaktion. Schließlich induziert IL-1 die Sekretion von Fibrinogen, Kollagenase und Prostaglandinen. Viele dieser Faktoren sind am Zustandekommen der Entzündung beteiligt. IL-1 ist somit ein wichtiger Entzündungsmediator. IL-1 wird im übrigen nicht nur von mononukleären Phagozyten, sondern auch von anderen Zellen gebildet; dazu gehören B-Lymphozyten, Endothelzellen, Epithelzellen, Gliazellen, Fibroblasten, Mesangialzellen und Astrozyten.
- ***IL-6:*** Interleukin 6 wird nicht nur von mononukleären Phagozyten, sondern auch von T-Lymphozyten gebildet und wurde deshalb bereits auf S. 187 besprochen.
- ***TNF-α***: Tumor-Nekrose-Faktor-α wirkt stark nekrotisierend auf Tumorzellen; der Faktor hat gewisse Ähnlichkeiten mit TNF-β (s. Kap. 8). TNF-α wurde ursprünglich im Serum von Mäusen nachgewiesen, die zuerst mit Mykobakterien und dann mit Lipopolysaccharid behandelt worden waren. In vielerlei Hinsicht wirkt TNF-α ähnlich wie IL-1; es induziert Fieber und wirkt immunregulatorisch. TNF-α ist mit Kachektin, welches für kachektische Zustände verantwortlich ist, identisch. Weiterhin ist es im wesentlichen für den septischen Schock zuständig. Diese Eigenschaft hat die Hoffnung auf einen therapeutischen Einsatz des TNF bei der Tumorbehandlung gedämpft.
- ***M-CSF:*** Makrophagen-Kolonien-stimulierender Faktor bewirkt, wie der Name vermuten läßt, die Reifung mononukleärer Phagozyten aus Stammzellen.
- ***G-CSF:*** Granulozyten-Kolonien-stimulierender Faktor wird von Makrophagen, Endothelzellen und anderen Zellen gebildet und bewirkt in erster Linie die Reifung von Granulozyten.
- ***TGF-β:*** Transforming Growth Factor-β (Transformierender Wachstumsfaktor β) ist ein relativ junges Mitglied der Interleukinfamilie. Ursprünglich wurde gefunden, daß dieser Faktor in Kulturen Zell-Transformationen induzieren kann. In der Zwischenzeit weiß man, daß das Molekül auch an der Entzündungsreaktion beteiligt ist und zahlreiche immunsuppressive Effekte auslöst. TGF-β wird von mononukleären Phagozyten, einigen T-Lymphozyten und Blutplättchen gebildet.
- ***IFN-α:*** Interferon-α besitzt als Mitglied der IFN-Familie antivirale Aktivität (s. Kap. 8 und 11). Daneben hat es auch immunmodulatorische Wirkung.
- ***Komplementkomponenten:*** Makrophagen sezernieren zahlreiche Komplementkomponenten. Hierzu gehören C1q, C2, C4, C3, C5, Faktor B, Faktor D, Properdin, Faktor H und Faktor I (s. Kap. 5).
- ***Reaktive Sauerstoff-Metabolite:*** Makrophagen sezernieren nach entsprechender Stimulation reaktive Sauerstoffmetabolite (s. oben).

9.6 Makrophagenaktivierung

Mononukleäre Phagozyten sind äußerst anpassungsfähige Zellen; sie können sich nach äußeren Reizen morphologisch und funktionell verändern. Man kann drei hierarchisch angeordnete Aktivitätsstufen unterscheiden (Abb. 9.3).

- ***Residente Gewebsmakrophagen*** besitzen bereits bestimmte Fähigkeiten: Sie können *phagozytieren* und *sezernieren* konstitutiv *Lysozym*. Durch das umliegende Gewebe werden die Eigenschaften und Fähigkeiten residenter Makrophagen wesentlich beeinflußt. So steht bei Alveolarmakrophagen die Phagozytoseaktivität im Vordergrund, während die Makrophagen der sekundär-lymphatischen Organe vor allem Antigen präsentieren.
- Lokale Entzündungsreize steigern verschiedene Makropohagenfunktionen; diese beeinflussen dann ihrerseits den weiteren Verlauf der Entzündungsreaktion. Die sogenannten ***Entzündungsmakrophagen*** oder ***inflammatorischen Makrophagen***

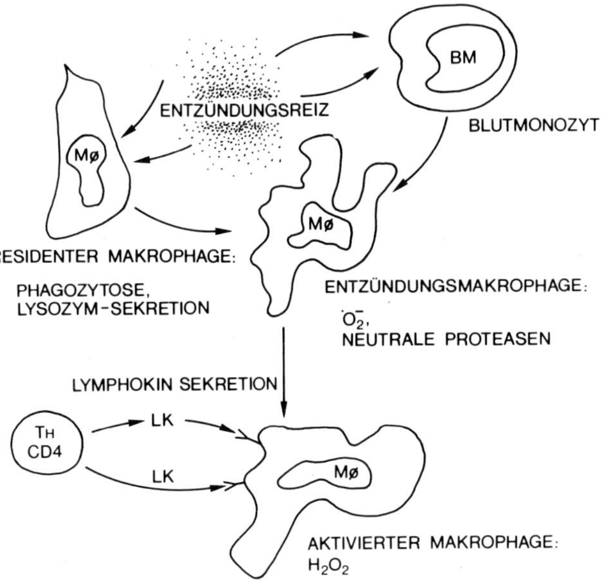

Abb. 9.3. Schema der Makrophagen-Aktivierung

entwickeln sich aus frisch in den Entzündungsherd eingewanderten Monozyten und z. T. auch aus Gewebsmakrophagen. Sie zeigen einen Anstieg in der rezeptor-vermittelten Endozytose sowie in der Bildung von $^{\cdot}O_2^-$; außerdem sezernieren sie neutrale Proteasen, insbesondere den Plasminogen-Aktivator. Schließlich erlangen inflammatorische Makrophagen auch die Fähigkeit, auf Lymphokin-vermittelte Stimuli zu antworten.

- Unter dem Einfluß von Lymphokinen wandeln sich die inflammatorischen Makrophagen schließlich in ***aktivierte Makrophagen*** um. Aktivierte Makrophagen produzieren gesteigerte Mengen von H_2O_2; sie besitzen die Fähigkeit zur Abtötung von Tumorzellen und von intrazellulären Krankheitserregern. INF-γ induziert im Makrophagen eine gesteigerte Expression von Klasse II-Molekülen, und der IFN-γ-stimulierte Makrophage besitzt eine erhöhte Fähigkeit, Antigen zu präsentieren.

Die hier geschilderte Verbreiterung des Funktionsspektrums vom residenten über den inflammatorischen bis zum (lymphokin-)aktivierten Makrophagen wird als ***Makrophagenaktivierung*** bezeichnet. Die Situation, bei der normalerweise sämtliche Aktivierungsschritte ablaufen, ist gegeben, wenn das Immunsystem auf eine Infektion mit intrazellulären Krankheitserregern reagiert.

9.7 Antigen-präsentierende Zellen

Unter Antigenpräsentation im engeren Sinne verstehen wir eine besondere Verarbeitung von Proteinen durch akzessorische Immunzellen. Die Präsentation macht das Antigen dazu fähig, Helfer/Induktor-T-Zellen spezifisch zu stimulieren. Die Voraussetzungen dazu sind erfüllt, wenn die Zelle das *Fremdantigen in Assoziation mit Klasse II-Molekülen des MHC exponiert* und diejenigen *Mediatoren sezerniert*, welche bei der Stimulation von Helfer/Induktor-T-Zellen als zweites Signal benötigt werden (s. Kap. 8).

Die Fähigkeit zur Antigenpräsentation ist nicht konstitutiv; sie wird vielmehr durch entsprechende Stimuli induziert. So ist die Expression von Klasse II-Molekülen auf zahlreichen Gewebsmakrophagen äußerst gering; sie nimmt erst nach geeigneter Stimulierung (z. B. durch IFN-γ) drastisch zu.

Da lösliche Proteinantigene durch Pinozytose ebenso aufgenommen werden können wie durch Rezeptor-vermittelte Endozytose, ist die Phagozytosefähigkeit für die Präsentation dieser Antigene nicht grundsätzlich notwendig. Dagegen hängt die Präsentation von Antigenen, die Bestandteile von größeren Partikeln sind (Bakterien, Pilze, Parasiten), meist von der Phagozytose, der Keimabtötung und der Verdauung ab. Andererseits geht aber die Fähigkeit einer Zelle zur Keimaufnahme und -abtötung nicht immer mit dem Vermögen zur Antigenpräsentation einher.

Aufgenommene Proteine werden von der Antigen-präsentierenden Zelle denaturiert und in Peptidfragmente zerlegt: Das Antigen wird ***„prozessiert“***. Anschließend werden bestimmte Peptidfragmente an das Klasse II-Molekül gebunden und der Helfer/Induktor-T-Zelle ***präsentiert***. Hierbei können nur solche Peptide präsentiert werden, die gewisse Eigenschaften physikochemischer Art besitzen (s. Kap. 8).

Makrophagen besitzen prinzipiell das Potential zur Antigenpräsentation. In Abhängigkeit von ihrer Herkunft und ihrem Aktivierungszustand weisen sie in dieser Hinsicht aber beträchtliche Unterschiede auf.

Die Fähigkeit zur Antigenpräsentation ist nicht auf Makrophagen beschränkt. Ausgezeichnete Präsentatoren sind die *Langerhans-Zellen der Haut* und die *Dendritischen Zellen der sekundär-lymphatischen Organe*; ihre Beziehung zum mononukleären phagozytären System ist nicht völlig geklärt. Da diese Zellen keine Phagozytose-Aktivität aufweisen, sollten sie zur Präsentation mikrobieller Antigene nur dann befähigt sein, wenn diese von mononukleären Phagozyten „vorbereitet“ wurden. Dies scheint tatsächlich der Fall zu sein.

Weitere Zellen mit der Fähigkeit, Antigen zu präsentieren, sind u. a. B-Lymphozyten (s. auch Kap. 8) und Endothelzellen sowie die Astrozyten des zentralen und die Schwann-Zellen des peripheren Nervensystems.

Zusammenfassung: Mononukleäre Phagozyten und Antigen-präsentierende Zellen

Phagozytose und intrazelluläre Keimabtötung: ausgeführt von neutrophilen Granulozyten und mononukleären Phagozyten.

Phagozytose: rezeptorvermittelter Prozeß, entweder über direkte Erkennung der Fremdpartikel (via Mannose-Fukose-Rezeptor) oder nach Opsonisierung (via Fc-Rezeptoren, C3b- oder C3bi-Rezeptoren).

Intrazelluläre Keimabtötung: über sauerstoffabhängige Mechanismen (Bildung der reaktiven Sauerstoffmetabolite O_2^-; H_2O_2; $^{\cdot}OH$; $^1O_2$), stickstoffabhängige Mechanismen (NO_2^-; NO_3^-; $^{\cdot}N$) und sauerstoff-unabhängige Mechanismen (Ansäuerung des Phagosoms, Angriff durch lysosomale Enzyme nach Phagolysosomenfusion, kationische Peptide u. a.).

Wichtige von mononukleären Phagozyten sezernierte Produkte: IL-1 (Entzündung- und Fiebermediator sowie Kostimulator bei der T-Zell-Aktivierung); TNF-α (Entzündungs- und Fiebermediator); Arachidonsäure-Produkte (Entzündungsmediatoren, unspezifische Immunsuppression); reaktive Sauerstoff-Metabolite (z. B. Tumorzellabtötung); Komplementkomponenten (s. Kap. 5); neutrale Proteasen (Bindegewebszersetzung).

Makrophagen-Aktivierung verläuft vom residenten Gewebsmakrophagen (bereits zur Phagozytose fähig) über den Entzündungsmakrophagen (gesteigerte Phagozytoseaktivität, Bildung von O_2^-) zum aktivierten Makrophagen (vollständige antimikrobielle und tumorzytotoxische Aktivität).

Antigen-Präsentation: neben Makrophagen auch B-Zellen, Langerhans-Zellen und Dendritische Zellen.

10 Immunpathologie

S. H. E. Kaufmann

INHALTSÜBERSICHT

10.1 Entzündung und Gewebeschädigung . . . 203
10.2 Spezifische Überempfindlichkeit 204
10.2.1 Typ I: Anaphylaktischer Reaktionstyp . . 205
10.2.2 Typ II: Zytotoxischer Reaktionstyp 205
10.2.3 Typ III: Immunkomplex-Typ 205
10.2.4 Typ IV: Verzögerte Reaktion 206
10.3 Autoimmunität 206
10.3.1 Beispiele für organspezifische Autoimmunerkrankungen 206
10.3.2 Beispiele für organunspezifische Autoimmunerkrankungen 207
10.3.3 Zwischenformen 207
10.3.4 Mögliche Ursachen von Autoimmunerkrankungen 207
10.4 Transplantation 208
10.4.1 Die Spender-Empfänger-Konstellation . 208
10.4.2 Die Abstoßungsreaktion 208
10.4.3 Knochenmarktransplantation 210
10.4.4 Verhinderung der Transplantatabstoßung 211
10.5 Defekte des Immunsystems und Immunmangelkrankheiten 212
Zusammenfassung 213

10.1 Entzündung und Gewebeschädigung

Entzündung und Gewebeschädigung sind häufig Begleiterscheinungen der Immunantwort; sie stellen in vielen Fällen das Endergebnis von fehlgeleiteten Immunreaktionen dar. Als Beispiel kann die ***spezifische Überempfindlichkeit*** angeführt werden. In anderen Fällen wird die Entzündung ausgelöst und entwickelt sich, ohne daß der Immunapparat *ursächlich* beteiligt ist, z. B. bei Entzündungen durch bakterielle Besiedlung, etwa durch Staphylokokken. Was auch immer die auslösende Ursache sein mag – es gibt keine Entzündung ohne die Beteiligung von Zellen und Faktoren des Immunsystems.

Am Anfang jeder Entzündung steht die Freisetzung von Mediatoren. Die Empfänger dieser Wirkstoffe sind Blutgefäße, Kapillaren, Bronchiolen, glatte Muskulatur und Leukozyten.

Im folgenden werden die wichtigsten Entzündungsmediatoren kurz besprochen.

Die ***vasoaktiven Amine Histamin*** (bei Mensch und Meerschweinchen) und ***Serotonin*** (bei Ratte und Maus) bewirken die Kontraktion der Venolen und Dilatation der Arteriolen; sie erhöhen die Permeabilität der Kapillaren. Die dadurch entstehende *Urtikaria* ist ein wichtiges Symptom der *anaphylaktischen Reaktion*. Weiterhin rufen die Amine eine Kontraktion der glatten Muskulatur in Bronchien, im Uterus und im Darm hervor. ***5-Hydroxytryptamin*** führt zur Kontraktion der größeren Blutgefäße, zur gesteigerten Kapillarpermeabilität und zur Kontraktion der glatten Muskulatur. Beim Menschen wird dieser Wirkstoff aus den Blutplättchen freigesetzt.

Arachidonsäure-Produkte stellen die zweite wichtige Gruppe von Entzündungsmediatoren dar. Ihre Synthese und Funktion ist in Abb. 10.1 schematisch aufgeführt. Die ***Leukotriene*** C4, D4 und E4 werden auch unter dem Begriff *„Slow reacting substance of anaphylaxis"* (SRS-A) zusammengefaßt. Sie sind neben den vasoaktiven Aminen die wichtigsten Mediatoren der allergischen Sofortreaktion. Ihre Wirkung setzt aber verzögert ein. Aufgrund ihrer hohen bronchokonstriktiven Aktivität sind sie für das *Bronchialasthma* von besonderer Bedeutung.

Das ***Bradykinin***, das von basophilen Granulozyten und Mastzellen gebildet wird, hat ebenfalls vasodilatatorische und permeabilitätssteigernde Wirkung.

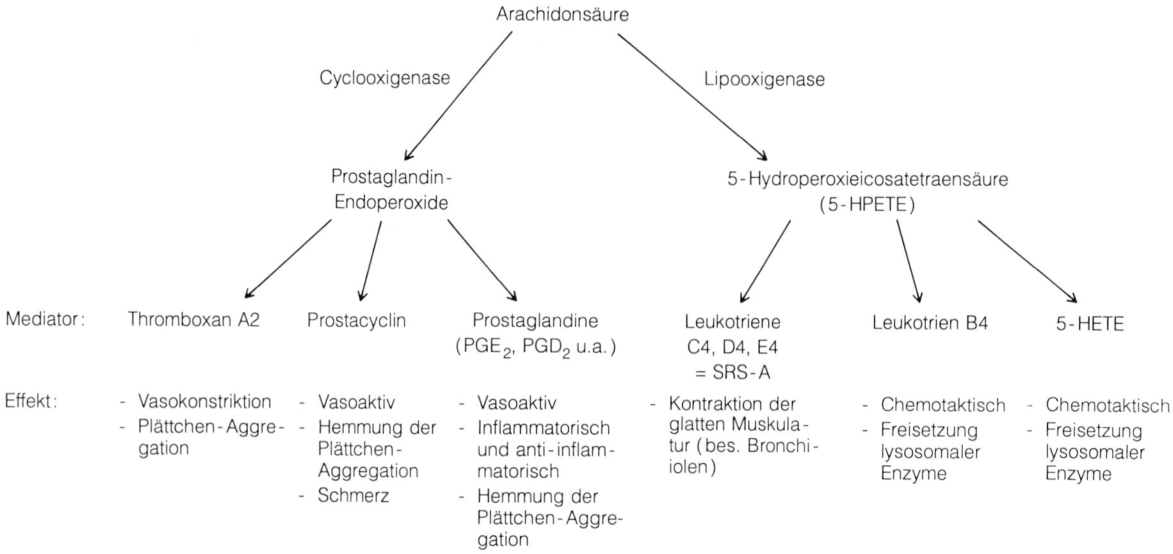

Abb. 10.1. Schema des Arachidonsäure-Metabolismus

Der ***Plättchen-aktivierende Faktor*** (PAF) ist ein niedermolekulares Ätherlipid; er bewirkt die Aggregation der Blutplättchen und damit die Freisetzung von vasoaktiven Aminen. PAF wirkt außerdem auf neutrophile Granulozyten. Der Wirkstoff wird von neutrophilen und basophilen Granulozyten sowie von Monozyten gebildet.

Heparin ist ein Proteoglykan; es hemmt die Blutgerinnung und sorgt auf diese Weise für einen verlängerten Einstrom von Entzündungszellen. Heparin hemmt die Komplement-Aktivierung und verstärkt die Histamin-Inaktivierung.

Chemotaktische Faktoren sind kleine Peptide; sie werden von Granulozyten gebildet und locken weitere Granulozyten an den Entzündungsherd.

Die als ***Anaphylatoxine*** bezeichneten Komplementkomponenten C4a, C3a und C5a wurden bereits in Kapitel 5 besprochen.

Die von mononukleären Phagozyten und neutrophilen Granulozyten gebildeten ***reaktiven Sauerstoffmetabolite*** üben nicht nur Abwehrfunktionen aus; sie schädigen auch das umliegende Gewebe. Das gleiche gilt für die ***sauren Hydrolasen*** und die ***basischen Peptide***. Auch die z. T. von mononukleären Phagozyten produzierten Faktoren TNF und IL-1 sind an Entzündungsreaktionen beteiligt. Diese Stoffe wurden in Kapitel 9 behandelt.

Das ***C-reaktive Protein*** ist ein in der Leber gebildetes Akutphasenprotein, das bei akuten entzündlichen Prozessen markant erhöhte Serumwerte aufweist. Dies wird differentialdiagnostisch ausgenutzt (s. Kap. 6). Das C-reaktive Protein aktiviert das Komplementsystem über den klassischen Weg und hat regulatorische Wirkung auf die Entzündungsreaktion und die beteiligte Immunantwort.

10.2 Spezifische Überempfindlichkeit

Bei der spezifischen Überempfindlichkeit (Hypersensibilität) kommt es zu *überschießenden Immunreaktionen*, die das eigene Körpergewebe schädigen. Die Überempfindlichkeit beruht im Prinzip auf zwei Voraussetzungen: Es ist einmal das Vorhandensein eines geeigneten Antigens und zum anderen die Veranlagung zur übermäßigen Produktion einer bestimmten Klasse von Antikörpern oder von T-Zellen.

Bei der ***Autoimmunität*** sind körpereigene Strukturen (Autoantigene) das Ziel der spezifischen Immunantwort. Bei der ***Allergie*** sind es die in den Organismus aufgenommenen Umwelt-Antigene, die als ***Allergene*** bezeichnet werden.

Bei der Autoimmunität erfolgt die Schädigung der betroffenen Gewebe und Zellen durch die spezifischen Effektoren direkt; bei der Allergie wird die Schädigung indirekt durch Entzündungszellen und -mediatoren hervorgerufen. Im Prinzip ist das Endergebnis von beiden Vorgängen ähnlich oder gleich.

Man unterscheidet vier Typen von Überempfindlichkeitsreaktionen.

10.2.1 Typ I: Anaphylaktischer Reaktionstyp

Dieser Überempfindlichkeitstyp wird auch als ***Sofortallergie*** bezeichnet; die Prädisposition dazu heißt ***Atopie***.

Zu diesem Typ zählen Heuschnupfen, Asthma, Nesselsucht sowie Überempfindlichkeit gegen Insektenstiche, Nahrungsmittel und Arzneistoffe. Während der Sensibilisierungsphase werden gegen Umweltantigene wie Graspollen, Tierhaare oder Hausstaub Antikörper der IgE-Klasse gebildet.

Da Mastzellen und basophile Granulozyten Fc-Rezeptoren für IgE-Antikörper tragen, können sie diese binden. Aufgrund ihrer Affinität für körpereigene Zellen werden die Antikörper der Klasse IgE als ***homozytotrope*** Antikörper oder ***Reagine*** bezeichnet. Bei der Maus sind die IgG1-Antikörper homozytotrop.

Kommt eine mit IgE-Antikörpern armierte Mastzelle mit dem homologen Allergen in Berührung, so werden zwei nebeneinanderliegende Antikörpermoleküle miteinander vernetzt. Dies löst die *Degranulation* der Zelle aus: Histamin, Serotonin, Heparin, PAF, SRS-A und Prostaglandine werden ausgeschüttet. Gemeinsam rufen diese Mediatoren die allergischen Symptome (Ödem, Exanthem, Urtikaria) hervor. Bei vehementem Verlauf entsteht das Bild des ***anaphylaktischen Schocks***. Dabei wird häufig ein Organ besonders stark in Mitleidenschaft gezogen; man spricht vom Schock-Organ. Das Schock-Organ des Meerschweinchens ist die Lunge, beim Hund ist es die Leber. Typisch für die Schädigungen ist die Blähung der Lunge, die Blutüberfüllung der Leber oder bei örtlichem Ausbruch das seröse, zellfreie Ödem.

Anaphylaktische Schädigungen führen niemals zur Zell-Infiltration. Da IgE-Antikörper unfähig sind, Komplement zu binden, verläuft die anaphylaktische Reaktion *ohne* die Mitwirkung des Komplementsystems ab. Die Latenzzeit ist kurz: Nach Einwirkung des Allergens beginnt die Reaktion innerhalb von 2–3 Minuten. Die Bezeichnungen „Sofort-Reaktion" und „Sofort-Allergie" tragen dem Rechnung.

10.2.2 Typ II: Zytotoxischer Reaktionstyp

Durch spezifische Bindung von Antikörpern werden körpereigene Zellen zum Ziel für verschiedene Sekundärmechanismen der Abwehr. Folgende Situationen können entstehen:

- Der Fc-Rezeptor des Antikörpers vermittelt die Phagozytose von Zielzellen durch neutrophile Granulozyten oder mononukleäre Phagozyten (Kap. 9).
- Der Antikörper vermittelt die Zytolyse durch große granuläre Lymphozyten (ADCC, Kap. 2 und 4).
- Der Antikörper vermittelt über ein Fc-Stück die Lyse der Zielzellen durch Komplement (Kap. 5).

Die Reaktion dieses Typs tritt bei Bluttransfusionszwischenfällen und bei bestimmten Autoimmunerkrankungen ein; sie führt zur Zell- oder zur Gewebszerstörung.

Bei der autoaggressiven *hämolytischen Anämie* werden Antikörper gegen die eigenen Erythrozyten gebildet; bei der *Hashimoto-Thyreoiditis* fungieren Thyreoglobulin und die mikrosomalen Thyreozytenbausteine als Auto-Antigene; bei der *sympathischen Ophthalmie* bilden sich Auto-Antikörper gegen Material der Augenlinse und der Aderhaut; bei der *Myasthenia gravis* wirken die Acetylcholinrezeptoren der motorischen Endplatte als Autoantigen. Ein Sonderfall ist die *Masugi-Nephritis* der Ratte. Sie entsteht, wenn sich zirkulierende Antikörper spezifisch an die Basalmembran des Nierenglomerulum binden. Dies geschieht im Experiment, wenn man beim Kaninchen durch Injektion von Gewebe der Rattenniere Antikörper induziert und diese dann einer Ratte intravenös injiziert. Die Folge ist eine Glomerulonephritis mit erhöhter Proteinurie und Blutdrucksteigerung. Beim Menschen entsteht durch Auto-Antikörper ein Analogon der Masugi-Nephritis: Die *Goodpasture-Nephritis*.

10.2.3 Typ III: Immunkomplex-Typ

Bei diesem Reaktionstyp entstehen im Serum und in der Lymphflüssigkeit kleine Immunkomplexe mit folgenden Eigenschaften: Sie sind schwer abbaubar, sie aktivieren Komplement, und sie können in die kleinen Blutgefäße eindringen. Injiziert man einem Menschen intramuskulär eine sehr große Menge eines Fremdantigens, z. B. Pferdeserum, so wird das Antigen im Blut und in der Lymphe über mehr als acht Tage persistieren. Die ersten Antikörper, die gebildet werden, treffen dann notwendigerweise auf die Bedingungen des Antigenüberschusses (vgl. Heidelberger Kurve, Kap. 6). Es entstehen kleine, lösliche Antigen-Antikörper-

Komplexe. Diese Komplexe dringen in das Subendothel der kleinen Blutgefäße ein und lagern sich in verschiedenen Organen ab, z. B. in der Niere oder in den Gelenken. Die klinische Folge sind Urticaria, Albuminurie, Ödeme der Respirationsschleimhaut und Arthritis. Diese generalisierte Immunkomplexerkrankung wird als ***Serumkrankheit*** bezeichnet. Injiziert man das Antigen einem vorimmunisierten Individuum in die Haut, so kommt es am Applikationsort zur Bildung von Immunkomplexen. Die Komplexe lösen an den Gefäßwänden eine lokale Entzündung aus, die als ***Arthus-Reaktion*** bezeichnet wird.

Die Kennzeichen der Arthus-Reaktion sind:

- Eintritt nach 4–6 h (bei der anaphylaktischen Reaktion nach 2–3 min);
- Infiltration des Ödems mit Granulozyten und Makrophagen (bei der anaphylaktischen Reaktion: keinerlei Zellen, nur seröses Insudat);
- die vermittelnden Antikörper gehören zu der Klasse IgG und IgM (bei der anaphylaktischen Reaktion ausschließlich IgE);
- die Komplementaktivierung trägt das Bild der Entzündung (an der Anaphylaxie ist Komplement nicht beteiligt).

10.2.4 Typ IV: Verzögerte Reaktion

Wie in Kapitel 8 und 11 besprochen, stimulieren intrazelluläre Krankheitserreger bei der Primärreaktion bevorzugt T-Lymphozyten. Wird ein lösliches Antigen dieser Erreger später intracutan injiziert, so entsteht *am Applikationsort eine verzögerte Hautreaktion*. Ihre Kennzeichen sind:

- Beginn nach etwa 24 h; Höhepunkt ungefähr nach 72 h;
- Infiltration mit mononukleären Zellen; keine oder nur wenige Granulozyten;
- Vermittlung durch T-Zellen, nicht Antikörper.

Die zugrundeliegenden Vorgänge wurden in Abb. 8.8 bereits schematisch dargestellt.

Die allergische Reaktion vom verzögerten Typ dient als Test, um eine frühere Infektion mit intrazellulären Bakterien oder Parasiten nachzuweisen. Das bekannteste Beispiel ist die ***Tuberkulin-Reaktion***. Entsprechende Tests werden auch bei der Diagnose der Echinokokkose und der Lymphogranulomatosis inguinalis verwendet.

Auch die ***Kontaktdermatitis*** beruht auf dem Prinzip der verzögerten Reaktion. Hierbei reagiert ein niedermolekularer Fremdstoff, z. B. ein *Nickelsalz* mit körpereigenem Protein und verfremdet dieses so, daß es nach Präsentation durch Langerhans-Zellen in der Haut T-Zellen induziert; diese vermitteln dann die spätallergische Reaktion.

10.3 Autoimmunität

Autoimmunerkrankungen sind im Prinzip darauf zurückzuführen, daß das Immunsystem (in erster Linie Antikörper und Helfer/Induktor-T-Zellen) mit körpereigenen Strukturen reagiert. Die Art der Autoimmunerkrankung wird im wesentlichen von zwei Faktoren geprägt: zum einen vom Typ der Effektor-Reaktion und zum anderen vom Spektrum der betroffenen Organe.

Die ***Effektorreaktionen*** entsprechen hauptsächlich den Typen II und III. Fast immer tritt noch eine zelluläre Komponente vom Typ IV hinzu. Autoimmunerkrankungen können auf ein isoliertes Organ beschränkt oder aber organunspezifisch sein; dazwischen liegen verschiedene Übergangsformen. Im folgenden sollen einige Beispiele angeführt werden (s. Tabelle 10.1).

10.3.1 Beispiele für organspezifische Autoimmunerkrankungen

Bei der ***chronischen (Hashimoto) Thyreoiditis*** werden Antikörper gegen Thyreoglobulin und mikro-

Tabelle 10.1. Beispiele für Autoimmunerkrankungen

Organspezifisch
– Hashimoto-Thyreoiditis
– Basedowsche Krankheit
– Sympathische Ophthalmie
– Addisonsche Krankheit
– Perniziöse Anämie
– Myasthenia gravis
Organunspezifisch
– Systemischer Lupus erythematodes
– Primär chronische Polyarthritis
– Sklerodermie
– Sjögren-Syndrom
Zwischenformen
– Hämolytische Anämie
– Idiopathische thrombozytopenische Purpura
– Idiopathische Leukopenie

somale Antigene gebildet; diese bewirken in der Schilddrüse eine Entzündungsreaktion vom Typ II. Die Reaktion wird durch eine zelluläre Komponente vom Typ IV verstärkt.

Bei der ***Basedowschen Krankheit*** sind die Autoantikörper gegen den Rezeptor für das Thyreoida-stimulierende Hormon gerichtet; die Schilddrüse wird durch sie zu übermäßiger Hormonproduktion stimuliert.

Bei der ***sympathischen Ophthalmie*** führt die Reaktion von Autoantikörpern mit Material der Augenlinse und der Chorioiden zur Chorioiditis (Uveitis).

10.3.2 Beispiele für organunspezifische Autoimmunerkrankungen

Beim ***systemischen Lupus erythematodes*** werden gegen Zellinhaltsbestandteile (DNS, RNS, Histone) Antikörper und dann Immunkomplexe gebildet. Diese lagern sich an den Gefäßwänden und besonders in der Niere und Haut ab. Es kommt zur Glomerulonephritis und zur Erythembildung in der Haut.

Bei der ***primär-chronischen Polyarthritis*** werden gehäuft Antikörper gegen eine veränderte Konformation der eigenen Immunglobuline gebildet. Auf diese Weise entstehen Immunkomplexe, die sich vorwiegend in den Gelenkräumen ablagern; gleichzeitig werden die Synovialzellen durch Zytokine, die von T-Zellen und Makrophagen gebildet werden, zur Proliferation angeregt. Es kommt zu Entzündung, Gewebszerstörung und Knorpelzerfall. Die beteiligten Antikörper werden auch unter dem Begriff ***„Rheumafaktor“*** zusammengefaßt.

10.3.3 Zwischenformen

Beispiele hierfür sind Krankheitsbilder, bei denen die eigenen Blutzellen das primäre Ziel der Autoimmunreaktion darstellen.

Bei der ***hämolytischen Anämie*** sind die Erythrozyten, bei der ***idiopathischen thrombozytopenischen Purpura*** die Blutplättchen und bei der ***idiopathischen Leukopenie*** die Leukozyten betroffen.

10.3.4 Mögliche Ursachen von Autoimmunerkrankungen

Wie in Kapitel 4 besprochen, kommt es während einer bestimmten Phase der Embryogenese zur *Inaktivierung der selbstreaktiven Immunzellen* und damit zur Toleranzentwicklung gegen körpereigenes Gewebe. Das Wort „Inaktivierung“ wird anstelle des Wortes „Eliminierung“ deshalb verwendet, weil man weiß, daß das Potential der Immunantwort für bestimmte Autoantigene erhalten bleibt. Bei den Autoimmunkrankheiten kommt es zu einer Umgehung oder Durchbrechung der Toleranz gegenüber bestimmten Autoantigenen.

Im Hinblick auf den Mechanismus der Erkennung gibt es verschiedene Lehrmeinungen. Sie haben allesamt den Charakter von Hypothesen.

Sequestrierte Autoantigene. Antigene, die während der Toleranzentwicklung gegen körpereigene Strukturen sequestriert sind und deshalb mit dem Immunsystem nicht in Kontakt gelangen, werden in die Eigentoleranz nicht einbezogen. Treten diese Antigene während des späteren Lebens aus ihrer Sequestrierung heraus, dann wirken sie auf das Immunsystem wie Fremdantigene: Es kommt zu einer Autoimmunantwort. Als Beispiel hierfür gilt die Pathogenese der Thyreoiditis.

Heterogenetische Antigene. Antigene von Krankheitserregern, die mit körpereigenen Strukturen identisch oder diesen ähnlich sind, können Antikörper und T-Zellen induzieren, welche dann auch mit Autoantigenen reagieren (*immunologisches Mimikry*). ***Trypanosoma cruzi*** und bestimmte A-Streptokokken-Stämme weisen z. B. mit Autoantigenen des Herzens Kreuzreaktivität auf. Man nimmt an, daß die *Kreuzreaktivität* zwischen Mikroorganismen und körpereigenen Strukturen einen wichtigen Faktor bei der Entstehung von Autoimmunerkrankungen darstellt.

Ein eindrucksvolles Beispiel für konservierte Antigene stellen die sog. Streßproteine dar, die in Bakterien und Mensch mehr als 50% Strukturidentität aufweisen können.

Umgehung der Suppression. Im Experimentalmodell ruft die Gabe von Organbrei oder Zellbestandteilen in geeigneter Form (meist in komplettem Freundschen Adjuvans, Kap. 4) Autoimmunreaktionen gegen das betroffene Organ hervor. So führt die Verabreichung von Thyreoglobulin zu einer experimentellen Thyreoiditis, die der *Hashimoto-Thyreoiditis* ähnlich ist; die Gabe von Hirngewebe induziert eine Encephalomyelitis, die mit der *multiplen Sklerose* gewisse Ähnlichkeiten besitzt. Bei derartigen Experimentalmodellen wurden Hinweise dafür gefunden, daß die Toleranz gegen bestimmte Autoantigene durch Suppressor-T-Zellen aufrecht erhalten wird; die Suppressor-T-Zellen sollen durch besondere ***„Suppressorepitope"*** auf den Autoantigenen kontinuierlich stimuliert werden.

Durch Gabe des Antigens in Adjuvans und/oder in schwach veränderter Form werden bevorzugt Helfer/Induktor-T-Zellen stimuliert, die dann die Autoimmunantwort induzieren. Man nimmt an, daß ähnliche Vorgänge bei der spontanen Entwicklung bestimmter Autoimmunerkrankungen des Menschen eine Rolle spielen.

Es ist denkbar, daß Helfer/Induktor-T-Zellen dadurch induziert werden, daß die stimulierenden Epitope durch Abbau des Autoantigens vermehrt freigesetzt werden. Begünstigend könnte sich auch die vermehrte Expression der Klasse II-Moleküle des MHC in dem betroffenen Organ auswirken. Beide Vorgänge könnten eine bevorzugte Stimulierung der Klasse II-restringierten Helfer/Induktor-T-Zellen ermöglichen.

Polyklonale Aktivierung. Bei verschiedenen Infektionskrankheiten kommt es zu einer polyklonalen B-Zell- und/oder T-Zell-Antwort: Klone mit verschiedenartiger Spezifität werden aktiviert. Da darunter auch Zellen mit Spezifität für Autoantigene sein können, kann sich auf diese Weise eine Autoimmunantwort entwickeln. Gleichzeitig erhöht sich durch die Proliferation von zahlreichen Klonen die Wahrscheinlichkeit, daß durch *somatische Mutation ein autoreaktiver Klon neu entsteht.* Autoantikörper kommen bei Infektionen durch ***Mycobacterium leprae*** und durch ***Epstein-Barr-Virus*** gehäuft vor. Im erstgenannten Fall ist die B-Zellproliferation auf bakterielle Mitogene, im zweiten Fall auf Transformation der B-Zellen zurückzuführen. Autoreaktive T-Zellen könnten durch T-Zell-Mitogene oder durch Superantigene (s. Kap. 8) stimuliert werden.

10.4 Transplantation

10.4.1 Die Spender-Empfänger-Konstellation

Bei der Transplantation (Überpflanzung) von Organen, Geweben oder Zellen unterscheidet man vier Situationen; diese ergeben sich aus dem Verwandtschaftsgrad zwischen Spender und Empfänger (s. auch Kap. 4 und 7).

- Bei der ***autologen Transplantation*** überträgt man körpereigenes Material; Spender und Empfänger sind identisch. Beispiel: Hautübertragung vom Oberarm zur Deckung eines Defektes im Gesicht.
- Bei der ***isologen Transplantation*** fungiert ein Individuum als Spender und ein anderes als Empfänger; Spender und Empfänger sind genetisch gleich. Beispiel: Organübertragung zwischen eineiigen Zwillingen oder zwischen Inzucht-Tieren.
- Bei der ***allogenen Transplantation*** gehören Spender und Empfänger der gleichen Spezies an; sie unterscheiden sich aber besonders im Hinblick auf die MHC-Genprodukte. Beispiel: Hautübertragung zwischen zwei nicht-verwandten Menschen oder zwischen zwei Auszucht-Mäusen.
- Bei der ***heterologen Transplantation*** (Xeno-Transplantation) gehören Spender und Empfänger verschiedenen Spezies an. Beispiel: Hautübertragung von Ratten auf Mäuse.

Die autologe und die isologe Transplantation gelingt bei einwandfreier Technik stets. Das übertragene Organ heilt auf Dauer ein. Dagegen ist der Erfolg der Allo-Transplantation flüchtig. Das Organ heilt zwar kurzfristig ein; nach etwa zwei Wochen wird es aber durch eine demarkierende Entzündung abgestoßen. Bei der Hetero-Transplantation wird das überpflanzte Organ ebenfalls abgestoßen; die zur Abstoßung führende Reaktion setzt aber früher ein und verläuft heftiger als bei der Allo-Transplantation.

10.4.2 Die Abstoßungsreaktion

Die Abstoßungsreaktion ist ein vom Immunsystem induzierter Vorgang. Der Beweis hierfür ergibt sich aus folgenden Versuchen (Abb. 10.2):

- Zwischen zwei Elternmäusen (aa) sowie (bb) und dem F_1-Hybrid (ab) sind bleibende Hauttransplantationen nur in einer Richtung möglich, nämlich nur von den Eltern auf das F_1-Hybrid. Das Transplantat vom F_1-Hybrid auf die Eltern wird abgestoßen (1).
- Überträgt man vom Tier (aa) ein Stück Haut auf Tier (bb), so erfolgt die Abstoßung nach etwa 12 Tagen. Überträgt man dem gleichen Empfängertier nach der Abstoßung ein zweitesmal ein Hautstück vom Tier (aa), so verkürzt sich die Zeit bis zur Abstoßung auf etwa 5 Tage (beschleunigte Abstoßung). Nimmt man zur zweiten Transplantation

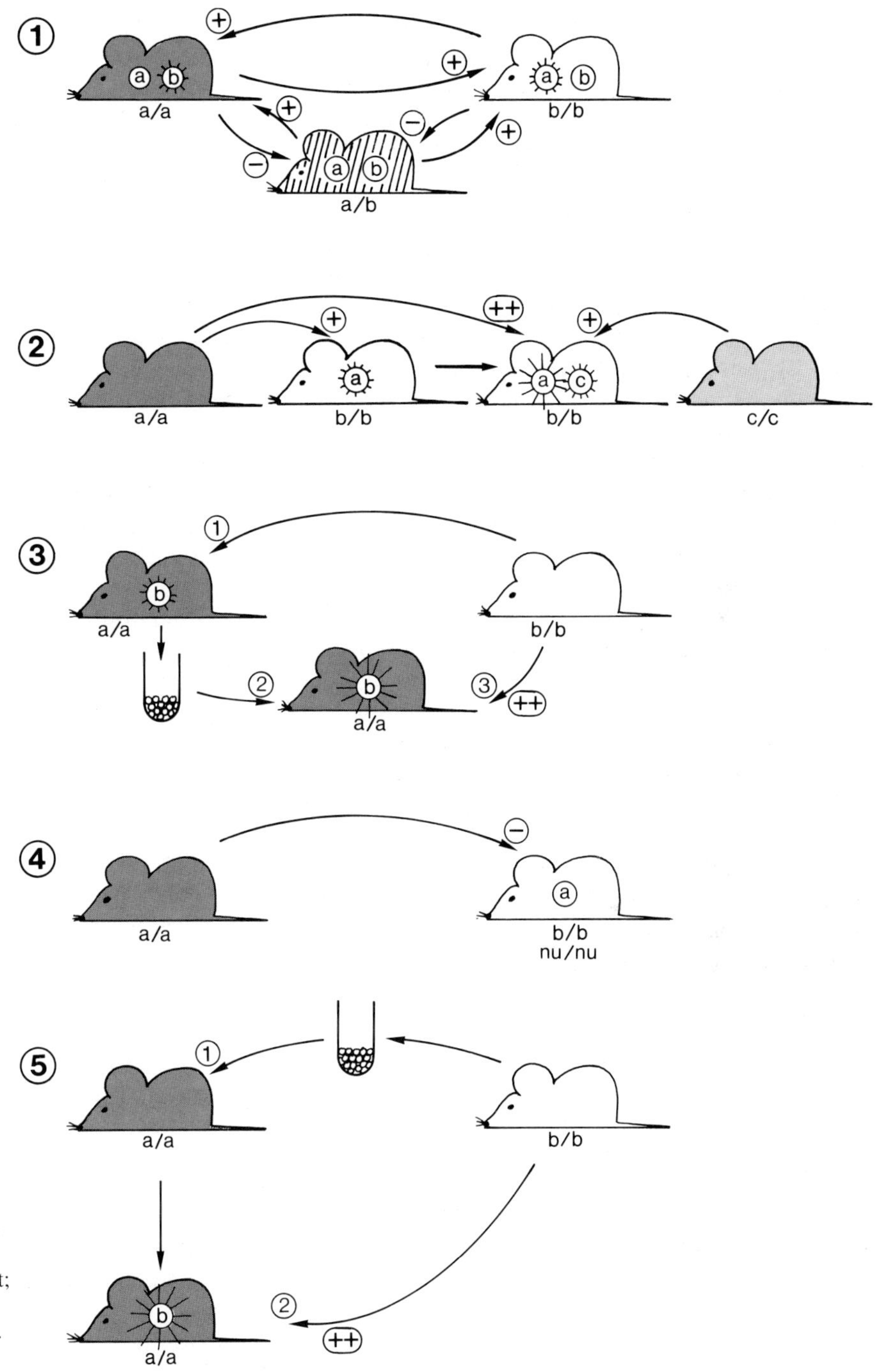

Abb. 10.2. Die verschiedenen Transplantationsmöglichkeiten: ⊕, Abstoßung; ⊖, Angehen; ○, angenommenes Transplantat; ☼, abgestoßenes Transplantat; ☼, starke Abstoßungsreaktion.

jedoch ein Hautstück von einem anderen Spender (cc), so unterbleibt die Beschleunigung: Die Abstoßung tritt nach einer Frist von 12 Tagen auf (2).

Die Versuche zeigen, daß die Abstoßung dann erfolgt, wenn gegen die Genprodukte des Spendertieres beim Empfängertier keine Toleranz besteht (Versuch 1). Sie zeigen weiter, daß die beschleunigte Abstoßung auf einer ***erworbenen*** Fähigkeit beruht: Sie erfolgt nur dann, wenn das Empfängertier vorsensibilisiert ist. Schließlich zeigen die Versuche, daß die Vorsensibilisierung ***spezifisch*** ist: Das erste (sensibilisierende) und das zweite (beschleunigt abgestoßene) Transplantat müssen gleiche Eigenschaften besitzen.

- Ein Tier (aa) erhält ein Hauttransplantat (bb); nach der Abstoßungsreaktion entnimmt man diesem Tier die Milz und überträgt deren Zellen auf ein neues Normaltier (aa). Dieses Tier erhält anschließend an die Zell-Übertragung ein Hauttransplantat (bb). Dieses Transplantat wird *beschleunigt abgestoßen*. Zusätzliche Versuche zeigen, daß die übertragenen Zellen von einem Tier stammen müssen, welches mit einer bb-Transplantation vorsensibilisiert worden ist. Ist dies nicht der Fall, so bleibt die Zellübertragung wirkungslos. Die Fähigkeit zur beschleunigten Abstoßung kann daher durch Zellen des sensibilisierten Tieres in spezifischer Form übertragen werden. Weitere Versuche zeigen, daß die Übertragung mit T-Zellen, aber nicht mit Antikörpern gelingt (3).
- Thymusdefekte Inzuchtmäuse der Eigenschaft nu/nu (nude mice, Nacktmäuse) sind unfähig, kompetente T-Zellen zu bilden. Diesen Mäusen kann sowohl allogenetisches wie auch xenogenetisches Hautmaterial übertragen werden. Eine Abstoßung findet nicht statt, die Transplantate heilen endgültig ein. Dies ist ein weiterer Beweis dafür, daß T-Zellen für die Transplantat-Abstoßung entscheidend sind (4).
- Einer Maus (aa) werden Lymphozyten und mononukleäre Zellen einer Maus (bb) übertragen. Erhält diese Maus 3 Wochen später ein Hauttransplantat (bb), wird dieses beschleunigt abgestoßen (5).

Die Abstoßung wurde durch die Lymphozyten und mononukleären Zellen übertragen. Die Lymphozyten sind gegen Antigene gerichtet, die beim Menschen „Humane Leukozyten Antigene" (HLA) und bei der Maus H-2-Antigene heißen (s. Kap. 7).

Die Abstoßung eines allogenetischen Transplantats ist somit Ausdruck einer Immunreaktion: Trägt das transplantierte Organ MHC-Produkte, die mit den MHC-Produkten des Empfängers nicht identisch sind, so wird in diesem eine spezifische T-Zell-Antwort induziert. Die Wahrscheinlichkeit, daß zwei nichtverwandte Menschen in der HLA-Formel volle Übereinstimmung zeigen, ist wesentlich kleiner als 10^{-6}. Dies liegt an der Kombination von zwei Umständen. Einmal enthält die HLA-Region des Menschen mindestens sieben Gene, von denen jedes für ein transplantationsrelevantes HLA-Antigen kodiert. Darüber hinaus aber gibt es für jedes dieser Gene eine große Zahl von Allelen; ein bestimmtes Genprodukt tritt also bei der Spezies Mensch in Form von 10–40 jeweils verschiedenartigen Ausprägungen auf.

Bei der Transplantat-Abstoßung erkennen die T-Lymphozyten des Empfängers das fremde MHC-Produkt auf den Zellen des Transplantats. Die CD4 T-Lymphozyten erkennen die Klasse II-Moleküle, während die CD8-T-Lymphozyten mit den Klasse I-Molekülen reagieren (s. Kap. 8). Beide T-Zellen induzieren eine Entzündung. Ist diese einmal eingeleitet, so spielen Effektorzellen, die das Fremdantigen nicht erkennen können, aber unspezifisch angelockt werden, die Hauptrolle (besonders mononukleäre Phagozyten, s. Kap. 9). Die Einleitung des Abstoßungsvorganges ist also antigenspezifisch, die demarkierende Entzündung selbst ist sekundär induziert und unspezifisch.

Bei der Spender- und Empfänger-Untersuchung zur Organtransplantation testet man zum einen mit spezifischen Antiseren die Lymphozyten und stellt dann die entsprechende ***Antigenformel*** auf. Die Antiseren stammen von mehrgebärenden Frauen; sie werden im ***Zytotoxizitätstest*** unter Zugabe von Komplement eingesetzt. (Gegen fremde Antigene ihres Neugeborenen bilden Mütter besonders bei der Geburt Antikörper und besitzen daher viele Antikörper gegen Transplantationsantigene) Zum anderen wird eine gemischte Leukozyten-Kultur eingesetzt (im englischen Sprachgebrauch: „Mixed Leukocyte Culture", MLC). Hierbei werden vitale Empfängerzellen mit bestrahlten Spenderzellen unter Zugabe von ^{3}H-Thymidin zusammen kultiviert. Nach einigen Tagen beurteilt man die Stärke der Empfänger-Reaktion durch Messung des ^{3}H-Thymidin-Einbaus.

Schließlich untersucht man auch das Serum des Empfängers auf zytolytische Antikörper gegen die Lymphozyten des Spenders. Die Beurteilung des Verwandtschaftsgrades zwischen den HLA-Formeln von Empfänger und Spender folgt empirisch gewonnenen Regeln. Dabei hat sich gezeigt, daß eine Übereinstimmung der Klasse II-Antigene den Transplantationserfolg stärker beeinflußt als eine Übereinstimmung der Klasse I-Antigene.

10.4.3 Knochenmarktransplantation

Besondere Probleme wirft die ***allogenetische Knochenmarktransplantation*** auf. Bei dieser Operation wird dem Empfänger ein Organteil überpflanzt, aus dem sich ein kompetentes Immunsystem entwickelt. Zum Problem der Abstoßung durch den Empfänger (**„Host Versus Graft"; HVG**) kommt in diesem Fall die Gefahr, daß das Transplantat eine gegen den Empfänger gerichtete Immunreaktion ausbildet (**„Graft Versus Host"; GVH**). Die folgenden Versuche sollen dies veranschaulichen.

10.4.3.1 Knochenmarktransplantation: Hybridmaus auf Elterntier

Spendet eine erwachsene F_1-Hybridmaus (ab) einem Elternteil (aa) Knochenmark, so reagiert das Immunsystem des Empfängers gegen das fremde (b). Innerhalb von zwei Wochen kommt es im Sinne der HVG-Reaktion zur Vernichtung des Transplantats. Eine Reaktion des Transplantats gegen den Empfänger (GVH) findet nicht statt.

Man kann die Abstoßungsreaktion verhindern, indem man die Transplantation gleich nach der Geburt ausführt. Zu diesem Zeitpunkt ist das Immunsystem der Maus noch nicht entwickelt. Die unreife Maus wird gegen den fremden Baustein (b) tolerant. Damit existieren im Empfängertier zwei Arten von Immunzellen nebeneinander: Die von Haus aus vorhandenen Zellen des Empfängertiers tragen die Merkmale (aa), während die vom Spendertier stammenden Zellen die Merkmale (ab) tragen. Beide Zellarten bilden jeweils ein komplettes Immunsystem. Das empfängereigene Immunsystem toleriert das Merkmal (b) auf den Zellen des transplantierten Immunsystems; andererseits ist das transplantierte Immunsystem von Haus aus tolerant gegen die Merkmale des Empfängers. Man nennt diesen Zustand ***Chimärismus***.

10.4.3.2 Knochenmarktransplantation: Elterntier auf Hybridmaus

Eine erwachsene F_1-Hybridmaus (ab) erhält Knochenmark vom Elternteil (aa). Der Empfängerorganismus ist tolerant gegen (a); das Transplantat reagiert aber seinerseits gegen das Empfängermerkmal „b" im Sinne der GVH-Reaktion. Es kommt zu einer schweren Erkrankung des Empfängertiers mit Gewichtsverlust, Haarausfall, Marasmus und Tod (runt disease).

Man kann die GVH-Reaktion vermeiden oder reduzieren, indem man dem Empfängertier anstelle des gesamten Knochenmarks nur *Knochenmark-Stammzellen* zuführt. Die übertragenen Stammzellen entwickeln und differenzieren sich im Empfängertier und bilden schließlich ein kompetentes Immunsystem. Dabei wird aber Toleranz gegen das Empfängermerkmal (b) induziert. Im Endeffekt ergibt sich somit wieder eine Chimäre: Die Immunzellen des Empfängertiers haben die Merkmale (ab); sie tolerieren das Spendermerkmal (aa). Andererseits zeigen die aus dem Transplantat hervorgegangenen Immunzellen das Merkmal (aa). Von den Empfängermerkmalen tolerieren sie das Merkmal (a) von Haus aus und das Merkmal (b) durch die im Empfängerorganismus erworbene Toleranz.

Die HVG-Reaktion, die sich im erwachsenen Empfängertier (ab) abspielt, kann auch verhindert werden, indem man das Empfänger-Immunsystem durch Röntgenbestrahlung und/oder Pharmaka vernichtet. Überträgt man jetzt Stammzellen des Spendertiers (aa), so entwickelt sich ein Chimärismus besonderer Art. Das Empfängertier besitzt kein eigenes Immunsystem; es beherbergt und toleriert lediglich ein aus fremden Zellen hervorgegangenes Immunsystem. Das Empfängertier (ab) ist somit zum „Gehäuse" für ein einziges Immunsystem geworden, dessen Zellen das Merkmal (aa) tragen und gegen das Empfängermerkmal (b) tolerant sind.

Die allogenetische Knochenmarktransplantation beim Menschen entspricht dem Beispiel 3. Das Immunsystem des Empfängers wird durch Strahlen und Pharmaka vernichtet (s. unten). Aus dem allogenetischen Knochenmark werden die Stammzellen isoliert und dem Empfänger verabreicht. Da die Eliminierung der kompetenten Spenderlymphozyten nicht vollständig gelingt, kommt es bei der Knochenmarktransplantation zu einer begrenzten GVH-Reaktion. Diese ist in der Mehrzahl der Fälle beherrschbar, sofern die Empfänger jünger als 15 Jahre alt sind. Bei Erwachsenen sind die Probleme weniger gut gelöst.

10.4.4 Verhinderung der Transplantatabstoßung

Zur Verhinderung der Transplantatabstoßung stehen verschiedene Therapiemaßnahmen zur Verfügung; alle haben die Unterdrückung oder Ausschaltung der Immunantwort gegen das Transplantat zum Ziel.

Obwohl angestrebt wird, die Reaktion gegen das Transplantat selektiv zu unterdrücken, bewirken die derzeit zur Verfügung stehenden Maßnahmen durchwegs eine allgemeine Schädigung des Immunsystems; dies bedeutet für den Transplantatempfänger ein hohes Infektionsrisiko. Da sich T- und B-Lymphozyten schnell teilen, beeinträchtigt eine ***Ganzkörperbestrahlung*** vorzugsweise diese Zellen; dies wirkt sich als Suppression der spezifischen Immunantwort gegen das Transplantat aus. Heute nimmt man wegen der zahlreichen Nebeneffekte von dieser Maßnahme Abstand. Verschiedene Pharmaka wirken bevorzugt auf Lymphozyten und kommen deshalb für eine Immunsuppression in Frage. Als Mittel der Wahl zur Verhinderung von Transplantationszwischenfällen bietet sich heute ***Cyclosporin A*** an (ein makrozyklisches Peptid). Die Substanz scheint in erster Linie die IL-2 Produktion der Helfer/Induktor-T-Zellen zu hemmen. Ein zweites vielversprechendes Medikament, das sich zur Zeit in klinischer Testung befindet, ist FK506 (ein makrozyklisches Lakton).

Die Beseitigung von Lymphozyten durch Gabe von ***Anti-Lymphozyten Serum (ALS)*** beruht im Prinzip auf einer zytotoxischen Reaktion vom Typ II. Diese Methode ist durch Verwendung von monoklonalen Antikörpern mit geeignetem Isotyp und entsprechender Spezifität verbesserungsfähig. So wird in verschiedenen Studien bereits die Wirkung monoklonaler Antikörper gegen T-Lymphozyten sowie gegen CD4 und CD8 T-Zellpopulationen auf die Transplantatabstoßung erprobt. Zur Eliminierung von reifen T-Zellen aus dem zur Transplantation entnommenen Spenderknochenmark verwendet man Röntgenstrahlen, zytolytische Antikörper mit Spezifität für CD4 und CD8 T-Lymphozyten sowie spezielle Zentrifugationsmethoden.

10.5 Defekte des Immunsystems und Immunmangelkrankheiten

Individuen mit einem Defekt in einer Komponente des Immunsystems zeigen, je nach der Bedeutung der betroffenen Komponente, eine mehr oder weniger gestörte Immunantwort. Dies äußert sich in erster Linie als unzureichende Abwehr von Krankheitserregern oder als Autoimmunerkrankung.

Im folgenden sollen die wichtigsten Immunmangelkrankheiten kurz besprochen werden (s. a. Tabelle 10.2).

Das ***Di-George-Syndrom*** stellt sich in seiner kompletten Form als *Aplasie oder Hypoplasie des Thymus* dar; die betroffenen Individuen besitzen keine oder nur wenige T-Lymphozyten. B-Lymphozyten sind zwar vorhanden, die primäre Antikörperantwort ist aber nur schwach. Wegen ihrer Abhängigkeit von Helfer/Induktor-T-Zellen fehlt die Sekundärantwort gänzlich. Infektionen mit Erregern, die normalerweise über zelluläre Immunmechanismen bekämpft werden, treten gehäuft auf (s. Kap. 11). Das Syndrom ist zwar angeboren; es wird aber nicht vererbt, da es erst während der Embryonalentwicklung erworben wird. Zur Behandlung dienen die Thymustransplantation und die Verabfolgung von Thymusextrakt.

Tabelle 10.2. Beispiele für primäre Immunmangelkrankheiten

Hauptsächlich durch Antikörpermangel
– Brutonsche Agammaglobulinämie (geschlechtsgebundene Agammaglobulinämie)
– Geschlechtsgebundene Hypogammaglobulinämie mit Wachstums-Faktor-Defekt
– Immunglobulinmangel mit erhöhtem IgM
– IgA-Mangel
Hauptsächlich T-Zell-Defekt
– Di-George Syndrom
Kombinierte Immunmangelkrankheiten
– Gemeine variable Agammaglobulinämie mit begleitendem T-Zell-Defekt
– Schweizer Agammaglobulinämie (schwere kombinierte Immundefizienz)
– Adenosin-Desaminase-Mangel
– Purin-Nukleosid-Phosphorylase-Mangel
Andere Immunmangelkrankheiten
– Chronische Granulomatose
– Wiskott-Aldrich Syndrom
– Ataxia telangiectasia
– Komplementkomponenten-Mangel

Die Brutonsche Agammaglobulinämie wird X-chromosomal vererbt; sie ist auf das männliche Geschlecht beschränkt. Den betroffenen Jungen fehlen sämtliche *B-Lymphozyten* und als direkte Folge auch die Thymus-unabhängigen Bereiche in den sekundären Lymphorganen (Kap. 3). T-Lymphozyten, Thymus und Thymus-abhängige Bereiche sind dagegen normal. Infektionen mit bakteriellen Eitererregern treten im HNO-Bereich gehäuft auf. Die Therapie besteht in der Verabreichung von Gammaglobulinen.

Die Ätiologie der ***gemeinen variablen Agammaglobulinämie*** ist unklar. Bei dieser Krankheit sind B-Lymphozyten zwar vorhanden, sie reifen aber nicht zu Antikörper-produzierenden Plasmazellen heran. Die verschiedenen Antikörperklassen können unterschiedlich stark betroffen sein; in einigen Fällen fehlen auch funktionsfähige T-Lymphozyten. Das Infektionsspektrum und die Therapie verhalten sich wie bei der Brutonschen Krankheit.

Bei der ***Schweizer Agammaglobulinämie*** (***Severe Combined Immunodeficiency***, SCID) fehlen die T-Lymphozyten und – bei einem Großteil der Fälle – auch die B-Lymphozyten. Bei dieser *vererbten* Krankheit kommt es zu chronischen Infektionen durch Opportunisten mit letalen Folgen. Die Knochenmarktransplantation stellt den einzigen Weg zur Behandlung dar.

Das ***erworbene Immundefizienz-Syndrom*** (***Acquired Immunodeficiency Syndrome***, AIDS) stellt das bekannteste Beispiel für eine erworbene Immundefizienz dar. Der Erreger, das humane Immundefizienz-Virus (HIV), benutzt das CD4 Molekül als Rezeptor und befällt daher in erster Linie die CD4 Helfer/Induktor-T-Zellen. Als Folge kommt es zu einem Absinken des Verhältnisses von CD4/CD8 T-Zellen im peripheren Blut. Chronische Infektionen mit Opportunisten, die normalerweise von zellulären Immunmechanismen kontrolliert werden, treten regelmäßig auf.

Die ***chronische Granulomatose*** ist auf einen vererbten Defekt der NADPH-Oxidase zurückzuführen (s. Kap. 9). Die professionellen Phagozyten sind daher nicht in der Lage, die zur Keimabtötung benötigten reaktiven Sauerstoffmetabolite zu bilden. Bakterien, die normalerweise extrazellulär leben und Katalase produzieren, können sich in den Phagozyten ungestört vermehren; sie induzieren die Bildung von Granulomen ohne die damit normalerweise verbundene Keimabtötung.

Für zahlreiche Komponenten des *Komplementsystems* wurden Defekte beschrieben. Je nach der Funktion der betreffenden Komponente (s. Kap. 5) kommt es zu unterschiedlichen Krankheitsbildern.

Defekte in den frühen Komplementkomponenten C1, C2 und C4 sowie in der C5 Komponente führen zu Immunkomplexerkrankungen und zu *Autoimmunkrankheiten* vom Typ des systemischen Lupus erythematodes.

Defekte der Komponenten C5, C6, C7 und C8 führen zu gehäuft auftretenden *Infektionen mit Neisserien* und zu deren Dissemination. Diese Komplikationen unterstreichen die Bedeutung der Komplement-vermittelten Bakteriolyse für die Kontrolle der Neisserien. Im Gegensatz dazu hat ein C9-Defekt keine derartigen Auswirkungen, da bereits der C5b678-Komplex Membranläsionen hervorrufen kann.

Entsprechend der zentralen Rolle, die das C3 im Komplementsystem einnimmt, kommt es bei C3-Defekten wiederholt zu disserminierten Infektionen mit *Eitererregern*. Fehlen des C1INH führt zu unkontrolliertem C4- und C2-Verbrauch mit Ödembildung. Der C1INH-Defekt ist mit dem vererbten angioneurotischen Ödem vergesellschaftet.

Zusammenfassung: Immunpathologie

Entzündung und Gewebeschädigung

Wichtige Entzündungsmediatoren: vasoaktive Amine (Venolen-Kontraktion, Arteriolen-Dilatation; Erhöhung der Kapillarpermeabilität; Kontraktion der glatten Muskulatur); Arachidonsäure-Produkte (bronchokonstriktiv); Bradykinin (vasodilatorisch, permeabilitätssteigernd); Anaphylatoxine (s. Kap. 5).

Überempfindlichkeitsformen

Typ I (anaphylaktische Reaktion oder Sofortallergie): IgE gegen Umweltantigene stimulieren Degranulation von Mastzellen und basophilen Granulozyten.

Typ II (zytoxische Reaktion): Durch Bindung von IgG an körpereigene Zellen wird deren Lyse oder Phagozytose induziert (z. B. Goodpasture Nephritis durch Autoantikörper).

Typ III (Immunkomplex-Reaktion): Kleine, lösliche Antigen-Antikörper-Komplexe lagern sich in Organen ab, es kommt zu Urticaria, Albuminurie, Ödembildung, Arthritis.

Typ IV (verzögerte Reaktion): T-Zellen aktivieren lokal Makrophagen, es kommt zur verzögerten Hautreaktion (z. B. Tuberkulin-Test, Kontaktdermatitis).

Autoimmunität: durch Antikörper und/oder T-Zellen gegen körpereigene Strukturen hervorgerufen.

Organspezifische Autoimmunerkrankungen: Hashimoto Thyreoiditis, Basedowsche Krankheit.

Organ-unspezifische Autoimmunerkrankungen: systemischer Lupus erythematodes, rheumatoide Arthritis.

Mögliche Ursachen von Autoimmunerkrankungen: Sequestierte Autoantigene bleiben bei der Toleranzentwicklung unberücksichtigt und wirken bei späterer Freisetzung wie Fremdantigene; kreuzreaktive (heterogenetische) Antigene von Mikroorganismen induzieren aufgrund von

Antigenmimikry eine Immunantwort gegen körpereigene Strukturen; durch Umgehung der physiologischen Immunsuppression kann sich Autoimmunität entwickeln; durch polyklonale Aktivierung können selbstreaktive Klone aktiviert werden.

Transplantation

Autologe Transplantation: Überpflanzung körpereigenen Materials; *isologe Transplantation*: Überpflanzung von genetisch unterschiedlichem Material der gleichen Spezies; *heterologe Transplantation*: Überpflanzung von Material unterschiedlicher Spezies.

Transplantatabstoßung: primär von T-Zellen mit Spezifität für die Genprodukte des fremden Haupt-Histokompatibilitäts-Komplexes. „Graft-versus-Host"-Reaktion: bei allogenen Knochenmarktransplantationen auftretende Reaktion des Transplantats gegen den Wirt. Verhinderung der Transplantatabstoßung: Bestrahlung, Gabe von Anti-Lymphozyten-Serum, Cyclosporin A.

Immundefekte

Di-George-Syndrom: angeboren, defektes T-Zell-System; gehäuft Opportunisten-Infektionen.
Brutonsche Agammaglobulinämie: angeboren, defizientes B-Zell-System; Infektionen mit Eitererregern.
Gemeine variable Agammaglobulinämie: angeboren, defektes B-Zell-System und manchmal auch T-Zell-System, Infektionen mit Eitererregern.
Schweizer Agammaglobulinämie: angeboren, defizientes T-Zell-System und meist auch B-Zell-System; Opportunisten-Infektionen.

AIDS: durch HIV hervorgerufen; defektes T-Zell-System; Opportunisten-Infektionen.
Chronische Granulomatose: angeboren, defektes Phagozyten-System; Granulombildung ohne Keimabtötung.
Defekte im Komplementsystem: Defekte in den frühen Komponenten C1, C2, C4, C5: Immunkomplexerkrankungen; Defekte in den späten Komponenten C5, C6, C7, C8: Neisserien-Infektionen; defektes C3: Infektionen mit Eitererregern.

11 Infektabwehr

S. H. E. Kaufmann

INHALTSÜBERSICHT

11.1 Toxinbildner 215
11.2 Extrazelluläre Erreger 216
11.3 Intrazelluläre Erreger 217
11.4 Virusinfektion 218
11.4.1 Virusvermehrung 218
11.4.2 Interferon 219
11.4.3 Makrophagen und große granuläre Lymphozyten 219
11.4.4 Zytolytische CD8⁺ T-Zellen 219
11.5 Strategien der Erreger gegen professionelle Phagozyten 219
11.5.1 Abtötung der Phagozyten 220
11.5.2 Hemmung von Adhärenz und Phagozytose 220
11.5.3 Intrazelluläre Vitalpersistenz 220
11.5.4 Intrazelluläre Lebensweise 221
11.5.5 Antigenvariation 221
11.5.6 Immunsuppression 222
11.5.7 Toleranz gegen protektive Antigene 222
11.5.8 Unterschiedliche Antigenerkennung 222
11.6 Prinzipien der Impfstoffentwicklung 223
11.6.1 Impfstoffe aus definierten Erregerprodukten 223
11.6.2 Totimpfstoffe 223
11.6.3 Lebendimpfstoffe 224
11.6.4 Entwicklung neuer Impfstoffe 224
Zusammenfassung 226

Infektionen mit Bakterien, Pilzen und Protozoen

Stark vereinfacht kann man die pathogenen Bakterien, Pilze und Protozoen in insgesamt drei Gruppen einteilen, nämlich einmal in Toxinbildner, zum anderen in extrazelluläre Mikroorganismen und schließlich in intrazelluläre Erreger. In dieses Schema passen nicht alle Mikroorganismen; der Übergang zwischen den drei Gruppen ist überdies fließend. Trotzdem ist diese Aufteilung zur Orientierung brauchbar.

11.1 Toxinbildner

Fast alle Bakterien produzieren Toxine, die den Wirt mehr oder weniger schädigen und damit zur Entstehung des Krankheitsbilds beitragen. Bei einigen ist das produzierte Einzeltoxin für die Pathogenese weitgehend alleinverantwortlich: Das typische Krankheitsbild kann im Tierexperiment schon durch entsprechende Gabe von Toxin, d. h. ohne Infektion ausgelöst werden. Die hierher gehörigen Erreger werden als Toxinbildner im engeren Sinn bezeichnet (s. Tabelle 11.1).

Exotoxine werden vom Erreger in die Umgebung sezerniert, während ***Endotoxine*** einen integralen Bestandteil der Bakterienzellwand darstellen. ***Enterotoxine*** sind Exotoxine, welche auf den Gastrointestinaltrakt einwirken. In vielen Fällen kommt es beim Menschen zur Toxinwirkung, ohne daß eine Infektion vorausgeht. So können Exotoxinbildner, welche in Nahrungsmitteln vorkommen, zur Ursache einer Vergiftung werden, ohne daß sie den Wirt infizieren. Beispiele hierfür sind Lebensmittelvergiftungen durch ***Clostridium botulinum***, durch enterotoxigene ***Staphylococcus aureus***-Stämme oder durch den Pilz ***Aspergillus flavus***.

Exotoxine sind stark immunogen; sie rufen die Bildung spezifischer Antikörper hervor, die in der Lage sind, das homologe Toxin zu neutralisieren. Da sich die immunogenen Gruppen von den für die Toxinwirkung verantwortlichen toxophoren Gruppen abtrennen lassen, sind Immunisierungen mit unschädlichen Toxoiden möglich. Dieses Prinzip liegt z. B. der ***Teta-***

Tabelle 11.1. Typische Beispiele für Toxin-produzierende Mikroorganismen

Erreger	Toxin-Art	Wichtiger Wirkmechanismus	Erkrankung
• Bakterien			
– Clostridium perfringens	Exotoxin	Membran-Lyse	Gangrän
– Clostridium tetani	Exotoxin	Blockierung inhibitorischer Neuronen	Tetanus
– Clostridium botulinum	Exotoxin	Hemmung der Azetylcholin-Freisetzung	Botulismus
– Vibrio cholerae	Enterotoxin (Exotoxin)	Beeinflussung des c-AMP-Systems	Cholera
– Enterotoxigene Escherichia coli Stämme	Enterotoxin (Exotoxin)	Beeinflussung des c-AMP- und GMP-Systems	Diarrhoe
– Enterotoxigene Staphylococcus aureus Stämme	Enterotoxin (Exotoxin)	Neurotoxizität	Diarrhoe
– Bordetella pertussis	Exotoxin und Endotoxin	Zilien-Schädigung	Keuchhusten
• Pilze:			
– Aspergillus flavus	Exotoxin	Hepatotoxizität, Kanzerogenität	Pilzvergiftung

nus- und ***Diphtherie-Schutzimpfung*** zugrunde. Ist für den Menschen die Dosis letalis minima des Toxins kleiner als die Dosis immunisatoria minima, so tritt der Tod ein, bevor das Immunsystem reagieren kann. Die Toxindosen, bei denen der Erkrankte eine Chance zum Überleben hat, sind in diesem Fall zu klein, um das Immunsystem zu stimulieren. So gibt es bei Tetanusrekonvaleszenten keine Immunität. Die künstliche Immunisierung von Pferden mit nativem Diphtherietoxin hat seinerzeit große Schwierigkeiten bereitet, da bei diesem Antigen die letale und die immunstimulatorische Wirkung dicht beieinander liegen. Im Fall der Endotoxine ist die Gewinnung von nebenwirkungsfreien Impfstoffen aufwendiger und noch nicht zufriedenstellend gelöst (z. B. ***Bordetella pertussis***).

11.2 Extrazelluläre Erreger

Als extrazelluläre Erreger bezeichnen wir Mikroorganismen, welche die Fähigkeit besitzen, sich im Wirtsorganismus außerhalb von Zellen zu vermehren (Tabelle 11.2).

Die Infektion kann auf die Eintrittspforte beschränkt bleiben oder aber nach Invasion und systemischer Ausbreitung andere Bereiche einbeziehen. Hierzu setzen die extrazellulären Erreger verschiedene Mechanismen ein, darunter auch die Wirkung ihrer Toxine.

Im Gegensatz zu den Verhältnissen bei den Toxinbildnern im engeren Sinne sind die Toxine der extrazellulären Mikroorganismen jedoch unfähig, das gesamte Krankheitsbild allein zu erzeugen.

Im Verlauf der Infektion mit extrazellulären Mikroorganismen werden Antikörper gebildet, die in jedem Stadium der Infektion eingreifen können. Die durch die Krankheit erworbene Immunität wird in diesen Fällen von Antikörpern und nicht von T-Lymphozyten vermittelt. Die während des Immunisierungsvorganges aktivierten T-Zellen haben im wesentlichen nur Helferfunktion bei der Antikörpersynthese und keine Effektorfunktion.

Während in einigen Fällen bestimmte Antigene bzw. Antikörper für den Schutz entscheidend sind (sogenannte Protektiv-Antigene bzw. Antikörper), scheint in anderen Fällen ein ganzes Antigen- bzw. Antikörper-Spektrum für die Immunität nötig zu sein.

Die ***Adhärenz*** von extrazellulären Erregern an wirtseigene Zellen wird in vielen Fällen durch ***Fimbrien*** vermittelt. *Fimbrien-spezifische Antikörper* haben deshalb einen schützenden Effekt; diese gehören meist der IgA-Klasse an. Interessanterweise haben einige Erreger wiederum die Fähigkeit entwickelt, IgA-Antikörper enzymatisch zu spalten und damit diesen Abwehrfaktor zunichte zu machen (s. unten).

Die Invasion wird durch verschiedene Faktoren ermöglicht. Bei Streptokokken erleichtern z. B. die Hyaluronidase durch Gewebeauflockerung und die Streptokinase durch Fibrinolyse die Invasivität. Die Aktivität derartiger ***Invasiv-Faktoren*** kann durch Antikörper neutralisiert werden. Die Bedeutung dieser Faktoren und der entsprechenden Antikörper für Vi-

Tabelle 11.2. Typische Beispiele für extrazelluläre Erreger

Erreger	Wichtige Virulenzfaktoren	Erkrankung
• Bakterien		
– Streptococcus pyogenes	Fimbrien, Zytolysine, Kapsel, M-Protein[a]	Tonsilitis, Erypisel, Septikämie
– Streptococcus pneumoniae	IgA- Protease, Kapsel[a]	Pneumonie, Otitis, Meningitis
– Staphylococcus aureus	Div. Enzyme und Toxine, Protein A	Abszess, Wundinfektion, Septikämie
– Neisseria gonorrhoeae	Fimbrien, IgA-Protease, Kapsel, Opazitätsfaktor	Gonorrhoe
– Neisseria meningitidis	Fimbrien, IgA-Protease, Endotoxine, Kapsel[a]	Meningitis
– Escherichia coli	Kapsel (K 1-Antigen), Fimbrien, Endotoxin[a]	Harnwegsinfektion, Septikämie
– Klebsiella sp.	Kapsel[a]	Harnwegs- u. Wundinfektion, Pneumonie, Otitis, Meningitis
– Pseudomonas aeruginosa	Exotoxin A[a], Zytolysin, Komplement-Protease, Schleim	Harnwegs- u. Wundinfektion
– Haemophilus influenzae	IgA-Protease, Kapsel[a]	Pneumonie, Meningitis
• Pilze		
– Cryptococcus neoformans	Kapsel[a]	Meningitis
• Parasiten		
– Entamoeba histolytica	Zytolysin	Amöben-Ruhr, Leber-Abszess
– Trichomonas vaginalis	Zellkontakt abhängige Zytolyse	Urogenitalinfektion

[a] Antikörper gegen diese Virulenzfaktoren reichen für Schutz aus, diese Faktoren stellen daher Kandidaten für protektive Antigene dar.

rulenz bzw. Schutz ist jedoch nicht klar, da nur solche Antikörper Schutz verleihen, die gegen die antiphagozytäre M-Substanz gerichtet sind.

Extrazelluläre Mikroorganismen sind im allgemeinen gegen die intrazellulären Abtötungsmechanismen der *professionellen Phagozyten*, insbesondere der neutrophilen Granulozyten, empfindlich.

Ihre Überlebenschance besteht darin, der Phagozytose zu entgehen. Dies geschieht durch ***antiphagozytäre Außenstrukturen***, wie Kapseln oder die M-Substanz. Als Resultat des Zusammentreffens von extrazellulären Erregern mit professionellen Phagozyten entwickelt sich *Eiter*. Extrazelluläre Mikroorganismen werden deshalb als ***Eitererreger*** bezeichnet.

Schließlich können einige Baktieren – z. B. ***E. coli, Vibrio cholerae, Neisserien*** und ***Haemophilus influenzae*** – vom Komplement-System nach dessen Aktivierung über den klassischen oder den alternativen Weg direkt lysiert werden.

Diese Bakterizidie hat entscheidende Bedeutung für die Abwehr von Neisserien. Dies wird durch die Tatsache belegt, daß Träger von Komplementdefekten zwischen C5 und C9 häufig an Neisserien-Infektionen erkranken.

11.3 Intrazelluläre Erreger

Der Besitz gewisser Mechanismen erlaubt es intrazellulären Erregern, im Innern von mononukleären Phagozyten zu persistieren und sich hier zu vermehren (Tabelle 11.3). Wenn diese Erreger auch mononukleäre Phagozyten bevorzugen, so können sie sich auch in einigen nicht-professionellen Phagozyten aufhalten. So findet man ***Mycobacterium leprae*** nicht nur in Makrophagen, sondern u. a. auch in Endothelien und in Schwann-Zellen.

Intrazelluläre Krankheitserreger sind gegen humorale Abwehrmechanismen wie Antikörper und Komplement geschützt. Antikörper sind daher für die Infektabwehr gegen diese Erreger von untergeordneter Bedeutung. Während der intrazellulären Vermehrung entstehen mikrobielle Produkte, die auf der Oberfläche des infizierten Makrophagen in Assoziation mit Haupt-Histokompatibilitäts-Produkten der Klasse-II (s. Kap. 7) präsentiert werden und damit für T-Lymphozyten zugänglich sind. Auf diese Weise werden $CD4^+$ Helfer/Induktor-T-Zellen stimuliert und zur Sekretion von ***Lymphokinen*** angeregt. Dies hat wiederum zur Folge, daß mononukleäre Phagozyten

Tabelle 11.3. Typische Beispiele für intrazellulär vitale Krankheitserreger

Erreger	Evasionsmechanismus	Erkrankung
• Bakterien		
– Mycobacterium tuberculosis	Resistenz gegen lysosomale Enzyme und Sauerstoffmetabolite, Hemmung der Phagolysosomen-Bildung, Umgehung der Bildung von Sauerstoffmetaboliten	Tuberkulose
– Mycobacterium leprae	Evasion in das Zytoplasma	Lepra
– Brucella sp.	Resistenz gegen lysosomale Enzyme	Brucellosen
– Listeria monocytogenes	Resistenz gegen Sauerstoffmetabolite, Evasion in das Zytoplasma	Listeriose
– Salmonella typhi	Resistenz gegen lysosomale Enzyme, Hemmung der Phagolysosomen-Bildung	Typhus
– Legionella pneumophila	Hemmung der Phagolysosomen-Bildung, Umgehung der Bildung von Sauerstoffmetaboliten	Legionärs-Krankheit
• Pilze		
– Histoplasma capsulatum	Resistenz gegen Sauerstoffmetabolite	Histoplasmose
• Parasiten		
– Leishmania sp.	Resistenz gegen lysosomale Enzyme, Umgehung der Bildung von Sauerstoffmetaboliten	Leishmaniose
– Toxoplasma gondii	Hemmung der Phagolysosomen-Bildung	Toxoplasmose

angelockt und aktiviert werden. Wie in Kapitel 8 und 9 beschrieben, erwerben *Lymphokin-aktivierte Makrophagen* die Fähigkeit, intrazelluläre Erreger abzutöten (s. Abb. 8.8 und 9.3 S. 192 und 201).

Am Ort ihrer Absiedlung induzieren intrazelluläre Erreger die Ausbildung eines ***Granuloms***; dabei treten T-Lymphozyten und Makrophagen in engen Kontakt zueinander. Dies ist die Voraussetzung zur antimikrobiellen Kooperation dieser Zellen.

Appliziert man Antigene intrazellulärer Erreger einem Rekonvaleszenten intradermal, so entwickelt sich nach 24 Stunden eine lokale Reaktion, die durch T-Zellen und mononukleäre Phagozyten vermittelt werden. Man bezeichnet sie als *verzögerte-allergische Reaktion* (s. Kap. 8 und 10). Nicht alle Wirtszellen, die von intrazellulär vitalen Erregern befallen werden, sind in der Lage, nach Lymphokin-Aktivierung ein ausreichendes Arsenal antimikrobieller Mechanismen zu mobilisieren. Unter diesen Umständen können auch $CD8^+$ zytolytische T-Zellen einen schützenden Beitrag leisten: Sie zerstören diejenigen Wirtszellen, deren antimikrobielles Potential insuffizient ist, und machen die Erreger für professionelle Phagozyten höherer Abwehrkraft zugänglich.

Bei intrazellulären Infektionen haben wir es häufig mit einem komplexen Gleichgewicht zwischen Erreger und Wirt zu tun: Einigen Mikroorganismen gelingt es, im Wirt für lange Zeit zu persistieren. Es kommt zu einer chronischen oder gar inapparent verlaufenden Infektion. Dieser Verlauf wird als ***latente Infektion*** bezeichnet. Durch Reaktivierung kann es zu einem späteren Zeitpunkt zum Ausbruch kommen.

11.4 Virusinfektion

11.4.1 Virusvermehrung

Das wesentliche Prinzip der Virusvermehrung ist die obligate Abhängigkeit des Erregers von der intakten Wirtszelle.

Die Tatsache, daß sich das Virus nicht extrazellulär vermehrt, sondern intrazellulär vermehrt *wird*, hat auf die Art der Abwehrmechanismen einen entscheidenden Einfluß. Die humoralen Träger der Immunität – Antikörper und Komplement – können lediglich während der extrazellulären Phase wirken; die intrazelluläre Virusreplikation wird dagegen von *Interferon* und von *zytolytischen T-Zellen* kontrolliert. Dies führt zur Schädigung der körpereigenen Zellen.

Während der extrazellulären Phase sind Viren infektiös; sie heften sich über spezifische Oberflächenrezeptoren an ihre Zielzelle (Tropismus). Vor und während dieser Phase können Antikörper und Komplement eingreifen. *Antikörper* können für sich allein die Adsorption an die Zielzelle verhindern. Dieser Vorgang wird ***Virusneutralisation*** genannt. Die Beladung mit Antikörpern und Komplement führt zur Virolyse oder zur nichtlytischen Virusneutralisation. Antikörper, die sehr bald nach der Infektion auf Viren einwirken, können den Krankheitsausbruch verhindern. Dies ist bei immunisierten Individuen die Regel. Bei viralen Infektionen des Respirations- und des Gastrointestinaltrakts spielen Antikörper der IgA-Klasse eine besonders wichtige Rolle.

Nach der Absorptions- und Penetrationsphase befinden sich die Viren im Zellinnern, wo sie repliziert werden. Schließlich werden die Viren ausgeschleust, was für die betroffene Wirtszelle häufig den Tod bedeutet. Bei der Virusausbreitung über das Blutsystem (***Virämie***) werden die Viren für Antikörper wieder angreifbar.

Die freigesetzten Viren können aber auch die umliegenden Zellen direkt befallen; sie bleiben in diesem Fall vor der humoralen Antwort weitgehend geschützt. Das Immunsystem muß in dieser Situation auf Mechanismen zurückgreifen, die während der intrazellulären Phase wirksam sind: Interferon und zytolytische T-Zellen treten in Aktion. Hinzu kommen in bestimmten Fällen Lymphokin-aktivierte Makrophagen und große granuläre Lymphozyten.

11.4.2 Interferon

Wie in Kapitel 8 beschrieben, unterscheidet man drei Interferon-Hauptklassen, nämlich das IFN-α, das IFN-β und das IFN-γ.

IFN wird von Virus-infizierten Zellen produziert und bewirkt in anderen Zellen eine Hemmung der Virusreplikation. Dies geschieht über die Aktivierung einer wirtseigenen ***Endonuklease***; diese hydrolysiert die virale RNA und inhibiert dadurch die Virusvermehrung. Darüber hinaus induziert IFN die Bildung einer Protein-Phosphokinase; dieses Enzym hemmt die Synthese-Initiation für die viralen Proteine.

Da IFN vor dem Einsetzen einer spezifischen Immunantwort gebildet wird, stellt es einen frühen Schutzmechanismus dar. Dies gilt natürlich nicht für IFN-γ, welches von Antigen-spezifischen T-Zellen produziert wird (s. Kap. 8). IFN-γ ist in der Lage, Makrophagen und NK-Zellen zu aktivieren; dies trägt ebenfalls zur Virusabwehr bei.

11.4.3 Makrophagen und große granuläre Lymphozyten

Die Aktivierung von Makrophagen durch IFN-γ ist in Abbildung 8.8 dargestellt (s. S. 192). Gegenüber bestimmten Erregerspezies entwickeln Makrophagen eine antivirale Aktivität; dies geschieht intrazellulär, aber auch extrazellulär.

Die ***NK-Aktivität*** ist eine Eigenschaft, die durch die großen granulären Lymphozyten vermittelt wird. Zusätzlich üben diese Zellen noch die Antikörper-abhängige zelluläre Zytotoxizität aus (***a***ntibody-***d***ependent ***c***ellular ***c***ytotoxicity, ***ADCC***; s. Kap. 4); dieser Mechanismus erfaßt auch Virus-infizierte Wirtszellen. An der Abwehr bestimmter Virusinfektionen ist sowohl die NK-Aktivität als auch die ADCC beteiligt.

11.4.4 Zytolytische CD8$^+$ T-Zellen

Die Generierung zytolytischer CD8$^+$ T-Zellen ist in Abbildung 8.6 dargestellt. Die Zytolyse richtet sich gegen körpereigene Wirtszellen; dadurch wird die Virusvermehrung unterbrochen. Die Lyse der virusinfizierten Zellen erfolgt anscheinend vor dem Zusammenbau der Viruseinheiten; dies bedeutet, daß durch die Lyse keine infektiösen Viruspartikel freigesetzt werden. CD8$^+$ zytolytische T-Zellen sezernieren unter geeigneten Bedingungen auch IFN-γ. Sie tragen somit auf zweierlei Wegen zum antiviralen Schutz bei.

Auf der anderen Seite stellt die Lyse körpereigener Zellen ein autoaggresives Geschehen dar; ihre Auswirkung auf die Pathogenese steht in direktem Zusammenhang mit der Bedeutung der betroffenen Zelle für den Wirtsorganismus.

11.5 Strategien der Erreger gegen professionelle Phagozyten

Wie in Kapitel 9 bereits ausführlich diskutiert, stellen Aufnahme und intrazelluläre Abtötung von eingedrungenen Keimen durch professionelle Phagozyten einen entscheidenden Mechanismus der Infektabwehr dar. Störungen an irgendeinem Punkt dieses Geschehens führen in der Regel zu einem Überlebensvorteil für den Erreger. In diesem Falle spricht man von Evasion (lat. = heraustreten). Dem Ausdruck liegt die bildliche Vorstellung zugrunde, der Erreger trete aus der Kontrolle durch das Abwehrsystem heraus. Im

Prinzip können wir drei Mechanismen unterscheiden, die mit der Abwehrfunktion der professionellen Phagozyten interferieren und damit zur Evasion beitragen (s. Tabelle 11.3):

- Abtötung der Phagozyten;
- Hemmung der Adhärenz und/oder Phagozytose;
- Intrazelluläre Vitalpersistenz.

11.5.1 Abtötung der Phagozyten

Der einfachste Weg zur Umgehung einer Phagozytose ist die Abtötung der Phagozyten. Einige Bakterien besitzen die Fähigkeit, ***Zytolysine*** zu produzieren, welche auf Phagozyten lytisch wirken. Ein Beispiel dafür liefern die Gasbrandclostridien. Ihre Leukozidine töten Leukozyten aller Sorten ab. Bei anderen Zytotoxinen liegt das toxische Prinzip nicht in der direkten Lyse der Zielzellen. Es kommt in diesen Fällen zur Zerstörung der Lysosomen bzw. der Granula. Deren Inhaltsstoffe werden unkontrolliert in das Zytoplasma ausgeschüttet; dies führt zum Zelltod. Man spricht in diesem Zusammenhang von *„Selbstmord"* der Phagozyten. Beispiele für Wirkungen dieser Art liefern das *Streptolysin* der ***Streptokokken***, das *Leukozidin* der ***Staphylokokken***, das Exotoxin A von ***Pseudomonas aeruginosa*** und das Zytolysin von ***Entamoeba histolytica***. ***Gonokokken*** tragen auf ihrer Oberfläche eine Struktur, den sogenannten *Opazitätsfaktor*, welcher die Phagozytenmembran schädigt. Zytolysine mit der leicht nachweisbaren Fähigkeit, Erythrozyten zu lysieren, werden auch als Hämolysine bezeichnet.

11.5.2 Hemmung von Adhärenz und Phagozytose

Eine Reihe von Mikroorganismen bildet anti-phagozytäre Substanzen; diese schützen den Erreger vor der Einverleibung durch professionelle Phagozyten. Durch den Besitz einer Polysaccharid-Kapsel können ***Streptococcus pneumoniae, Haemophilus influenzae*** und ***Cryptococcus neoformans*** der Phagozytose entgehen. Einen ähnlichen Effekt hat das M-Protein der ***Streptokokken*** und die Schleimhülle von ***Pseudomonas aeruginosa***. In den genannten Fällen kann der professionelle Phagozyt seine Funktion nicht erfüllen, da ihm die Mikroorganismen entgleiten. Erst die *Opsonisierung* (Beladung mit Antkörpern und/oder der Komplementkomponente C3b) ermöglicht es den Phagozyten, die Keime über die Fc- bzw. C3b-Rezeptor-vermittelte Endozytose aufzunehmen (s. Kap. 9). Bewegliche Krankheitserreger können ebenfalls den Phagozyten entweichen; immobilisierende Antikörper gegen Geißelantigene erleichtern deshalb die Keimaufnahme. Ein besonderer Mechanismus ist bei ***Staphylococcus aureus*** zu beobachten. Diese Bakterien produzieren Koagulase; dieses Enzym bringt das wirtseigene Fibrin zur Gerinnung. Die Erreger werden dadurch von einem schützenden Fibrinwall umgeben.

11.5.3 Intrazelluläre Vitalpersistenz

Verschiedene Mikroorganismen besitzen die Fähigkeit, in professionellen Phagozyten zu überleben. Einige Erreger halten sich sogar bevorzugt im Inneren von Phagozyten auf. Die wichtigsten intrazellulären Mikroorganismen sind in Tabelle 11.3 aufgeführt. Die intrazelluläre Überlebensfähigkeit beruht auf einem oder mehreren der drei folgenden Mechanismen.

Hemmung der Phagolysosomen-Fusion. Im Phagosom befindet sich der aufgenommene Keim noch immer von extrazellulärem Milieu umgeben. Erst nach der Phagolysosomen-Bildung wird er der Wirkung von schädigenden Enzymen ausgesetzt. Manche Erreger, wie z. B. ***Mycobacterium tuberculosis, Legionella pneumophila*** und ***Toxoplasma gondii***, haben das Vermögen, die Phagolysosomen-Fusion zu hemmen; dadurch entgehen sie dem Angriff der lysosomalen Enzyme.

Resistenz gegen lysosomale Enzyme und/oder reaktive Sauerstoffmetabolite. Einige Mikroorganismen, wie z. B. ***Mycobacterium tuberculosis, Salmonella typhi*** oder ***Leishmania sp.***, können sogar im Innern des Phagolysosoms überleben. Die Gründe dafür sind verschiedenartig. Einige Spezies sind durch den Besitz einer relativ inerten Zellwand oder einer Kapsel für lysosomale Enzyme nur schwer angreifbar. Andere Keime besitzen Enzyme, welche die antibakteriellen Produkte des Phagozyten abbauen; ein Beispiel hierfür ist der H_2O_2-Abbau durch katalase-produzierende Bakterien.

Eintritt in die Zelle ohne Aktivierung reaktiver Sauerstoffmetabolite. Einige Mikroorganismen, wie z. B. ***Mycobacterium tuberculosis, Leishmania sp.***

oder ***Legionella pneumophila***, benutzen die Oberflächenrezeptoren für Spaltprodukte der Komplementkomponente C3 (CR1 und/oder CR3), um in Makrophagen einzudringen. Dies geschieht entweder über eine direkte Bindung an CR3 oder aber über Aktivierung des alternativen Komplement-Synthesewegs. Die Bindung an CR1 bzw. CR3 induziert die Keimaufnahme, aber nicht die Bildung reaktiver Sauerstoffmetabolite, wie es bei Bindung an Fc-Rezeptoren der Fall ist. Daher stellen CR1 und CR3 eine relativ sichere Eintrittspforte für diese Keime dar.

Evasion in das Zytoplasma. Ein biologisches Prinzip der intrazellulären Keimabtötung ist die Beschränkung der aggressiven Mechanismen auf das Phagolysosom. Erreger, denen es gelingt, aus dem Phagosom in das Zytoplasma zu gelangen, befinden sich dann innerhalb des Phagozyten in einer geschützten Nische. Diesen Weg benutzen z. B. ***M. leprae*** und ***Listeria monocytogenes***.
Auch einige Viren halten sich bevorzugt und ohne Schaden in mononukleären Phagozyten auf. Im Vergleich zur Vermehrung in anderen Körperzellen scheinen hier aber keine prinzipiellen Besonderheiten zu bestehen.

Weitere Evasionsmechanismen

Inaktivierung von Antikörpern. Wie weiter oben besprochen, können Antikörper bestimmte Funktionen der Krankheitserreger hemmen. Einige Mikroorganismen haben hierzu Gegenmechanismen entwickelt. So blockieren IgA-Antikörper die Adhäsion von ***Neisseria gonorrhoeae*** an Schleimhäute und verhindern dadurch deren Absiedlung im Urogenitaltrakt; ***N. gonorrhoeae*** sezerniert jedoch eine Protease, die selektiv IgA-Antikörper spaltet und damit inaktiviert. Auch ***N. meningitidis, Streptococcus pneumoniae*** und ***Haemophilus influenzae*** produzieren IgA-spaltende Proteasen. Einige Stämme von ***Staphylococcus aureus*** produzieren Protein A; dieses bindet sich an das Fc-Fragment von IgA-Antikörpern und verhindert damit die Bindung an den Fc-Rezeptor der professionellen Phagozyten.

11.5.4 Intrazelluläre Lebensweise

Einige Mikroorganismen verfügen über Mechanismen, die es ihnen ermöglichen, innerhalb von Wirtszellen zu überleben. Dadurch sind diese Erreger gegen Antikörper und Komplement weitgehend geschützt. Beispiele hierzu liefern die innerhalb von professionellen Phagozyten lebenden intrazellulären Krankheitserreger (s. Abschn. 11.5.3) und sämtliche Viren. Eine Zwischenstellung nehmen solche Bakterien und Protozoen ein, die eine ***obligat intrazelluläre Lebensweise*** angenommen haben und sich bevorzugt oder ausschließlich in nicht-professionellen Phagozyten aufhalten. Hierzu zählen der Erreger der Chagas-Krankheit (***Trypanosama cruzi***), der u. a. Herzmuskelzellen befällt, und ***Chlamydia trachomatis***, die sich bevorzugt in Epithelzellen vermehrt.

Ein extremes Beispiel ist durch Malaria-Plasmodien und Bartonellen gegeben. Diese Erreger benutzen Erythrozyten als Wirtszellen; die roten Blutzellen besitzen keine Lysosomen und sind deshalb gegen die intrazellulären Parasiten wehrlos. Weiterhin fehlen den Erythrozyten die Haupt-Histokompatibilitäts-Moleküle, so daß sie nicht in der Lage sind, den T-Zellen die Parasiten-Antigene in erkennbarer Form anzubieten.

Es sei betont, daß die hier genannten Erreger im Inneren der Zelle vor allem überleben, weil sie „defekte" Wirtszellen benutzen, d. h. Zellen, denen die intrazellulären Abwehrmechanismen fehlen. Durch die Wahl der „defekten" Wirtszelle umgehen sie den für sie tödlichen Aufenthalt in aktivierten Makrophagen. Offensichtlich verfügen diese Erreger über Mechanismen, die es ihnen ermöglichen, aktiv in nicht-phagozytierende Wirtszellen einzudringen.

11.5.5 Antigenvariation

Die Erreger der Schlafkrankheit, ***Trypanosoma gambiense*** und ***T. rhodesiense*** haben die Fähigkeit entwickelt, der Immunantwort durch Antigenvariation zu entweichen. Nach der Infektion entwickelt sich eine zyklische Parasitämie; in jeder Phase des Zyklus überwiegt ein bestimmtes Antigen, gegen das schützende Antikörper gebildet werden. Die *Antikörper induzieren im Erreger* aber das Entstehen einer *Antigenvariation*; es entsteht ein neues, dominantes Antigen. Dies geschieht, bevor alle Erreger-Erstformen durch die Antikörper eliminiert werden können: Die Parasiten sind in der neuen Phase wieder unangreifbar geworden. Zwar werden Antikörper gegen das neue immundominante Antigen gebildet; dies führt aber wieder zu einer neuen Antigenvariante. ***Borrelia recurrentis*** zeigt eine ähnliche Antigenvariation. Dieser

Erreger ruft das Rückfall-Fieber hervor. Dabei entstehen wiederholt Fieberschübe, die jeweils von einer neuen Antigenvariante erzeugt werden. Auch Gonokokken und Meningokokken können ihre Oberflächenantigene variieren.

Die Antigenvariation einiger Virusarten stellt ebenfalls einen leistungsfähigen Evasionsmechanismus dar. Hier wirkt sich die Variation weniger auf das Überleben im ursprünglich induzierten Empfänger aus; wichtiger ist die Möglichkeit der ***Reinfektion*** nach Überstehen der ersten Erkrankung.

Influenza B- und Rhino-Viren verändern sich zwar schwach, aber kontinuierlich, bis nach einiger Zeit eine Variante selektioniert wird, die ausreichend verändert ist (***immunologische Drift***). Bei Influenza A-Viren treten in größeren Abständen stärkere Antigenveränderungen auf; die neue Virusvariante trifft dann auf eine immunologisch unvorbereitete Population (***immunologischer Shift***).

11.5.6 Immunsuppression

Chronische Infektionen werden häufig von einer Immunsuppression begleitet. Zu unspezifischen Suppressionsphänomenen kommt es, wenn Erreger bevorzugt Zellen des Immunsystems besiedeln. Beispiele hierfür sind Infektionen mit ***Masern-, Epstein Barr-, Zytomegalie-*** und den ***humanen Immundefizienz-Viren*** (***HIV***).

M. leprae und Leishmania sp. rufen ein besonders breites Krankheitsspektrum hervor. Auf der einen Seite stehen Fälle, bei denen eine vollwertige Immunantwort den Verlauf zum Gutartigen hin bestimmt. Auf der anderen Seite stehen die partiell oder total immundefizienten Patienten; hier ist der Verlauf bösartig.

Man hat Hinweise dafür, daß an der Entwicklung der *Immundefizienz* Suppressor-T-Zellen beteiligt sind. So konnte gezeigt werden, daß während der tuberkuloiden Lepra (gute zelluläre Immunität) $CD4^+$ Helfer/Induktor-T-Zellen in den Läsionen überwiegen, während bei der lepromatösen Form (schlechte zelluläre Immunität) die Zahl der $CD8^+$ Suppressor-T-Zellen in der Läsion drastisch zunimmt.

11.5.7 Toleranz gegen protektive Antigene

Haemophilus influenzae, Neisseria meningitidis, Streptococcus pneumoniae und andere Keime besitzen eine Polysaccharid-Kapsel, gegen die der Erwachsene schützende Antikörper bildet. Die Kapsel trägt somit protektive Antigene. Kleinkindern vor dem 2. bis 5. Lebensjahr fehlt jedoch die Fähigkeit, Kohlenhydrat-spezifische Antikörper zu bilden; sie sind im Hinblick auf diese Antigene tolerant. Demzufolge können sie nach Absinken des mütterlichen Antikörpertiters keine schützende Immunität aufbauen. Diese Toleranz ist möglicherweise auf eine Kreuzreaktivität mit körpereigenen Strukturen zurückzuführen, die während der frühen Kindheitsentwicklung auftreten. So konnte gezeigt werden, daß die Kapsel bestimmter ***E. coli-*** und ***N. meningitidis-Stämme*** mit einem embryonalen Zell-Adhäsions-Molekül (N-CAM) kreuzreagiert.

Ein aufschlußreiches Beispiel für die biologische Bedeutung der Toleranz stellt die Infektion der Maus mit dem lymphozytären Choriomeningitis-Virus (LCM) dar. Nach der Infektion von erwachsenen Mäusen werden zwar spezifische T-Zellen gebildet; gleichzeitig erkranken aber die Tiere. Durch rechtzeitige Eliminierung der T-Zellen läßt sich das Krankheitsbild erheblich mildern. Andererseits bildet sich bei neonataler Infektion eine Toleranz aus; dadurch verläuft die Infektion ohne akutes Krankheitsbild, aber mit Viruspersistenz. Da das Krankheitsbild der LCM-Infektion weniger auf den direkten Effekten des Virus, sondern vornehmlich auf einer ***autoaggressiven T-Zellantwort*** beruht, ist die Toleranzentwicklung bei den neonatal infizierten Tieren als Schutzmechanismus anzusehen.

11.5.8 Unterschiedliche Antigenerkennung durch T-Zellen als Folge unterschiedlicher Infektionsarten

Zytolytische $CD8^+$ T-Zellen erkennen ihr Antigen in Assoziation mit körpereigenen Haupt-Histokompatibilitäts (MHC) Molekülen der Klasse-I, während $CD4^+$ Helfer/Induktor-T-Zellen ihr Antigen zusammen mit Klasse II-Molekülen „sehen“ (s. Kap. 7 und 8).

Helfer/Induktor-T-Zellen sind hauptsächlich für die Bekämpfung von intrazellulären Infektionen mit Bakterien, Protozoen oder Pilzen zuständig, während den zytolytischen T-Zellen in erster Linie die Virusabwehr obliegt. Auf diesen Erkenntnissen aufbauend, wurde eine teleologisch geprägte Hypothese zur MHC-abhängigen Antigenerkennung durch T-Zellen abgeleitet.

Tabelle 11.4. Beispiele für verbreitet eingesetzte Impfstoffe

Erreger	Impfstoff	Erkrankung	Resultat
Corynebacterium diphtheriae	Toxoid	Diphtherie	zufriedenstellend
Clostridium tetani	Toxoid	Tetanus	zufriedenstellend
Bordetella pertussis	Abgetötete Erreger	Keuchhusten	Verbesserung nötig
Vibrio cholerae	Abgetötete Erreger	Cholera	Verbesserung nötig
Poliomyelitis-Virus	Salk-Totimpfstoff	Kinderlähmung	zufriedenstellend
Mycobacterium tuberculosis	BCG-Lebendimpfstoff	Tuberkulose	Verbesserung nötig
Salmonella typhi/paratyphi	galE⁻-Lebendimpfstoff	Typhus	Verbesserung nötig
Poliomyelitis-Virus	Sabin-Lebendimpfstoff	Kinderlähmung	zufriedenstellend
Masern-Virus	attenuierter Lebendimpfstoff	Masern	zufriedenstellend
Rubella-Virus	attenuierter Lebendimpfstoff	Röteln	zufriedenstellend
Mumps-Virus	attenuierter Lebendimpfstoff	Mumps	zufriedenstellend

Viren können Wirtszellen unterschiedlicher Funktion befallen. Da die Virusvermehrung von körpereigenen Wirtszellen abhängt, kann die Virusreplikation nur durch deren Zerstörung wirkungsvoll unterbunden werden. Um eine Lyse der befallenen Wirtszelle zu ermöglichen, müssen die spezifischen Effektoren der Virusabwehr „ihr" Antigen zusammen mit einer ubiquitär vorhandenen MHC-Referenzstruktur erkennen. Dies ist durch die weitverbreitete Expression von Klasse I-Molekülen auf fast allen körpereigenen Zellen gewährleistet.

Dagegen können sich die meisten intrazellulärvitalen Bakterien, Pilze und Protozoen auch extrazellulär vermehren. Die Lyse von infizierten Zellen verliert dadurch an Bedeutung. Diese Erreger werden aber vorwiegend von mononukleären Phagozyten aufgenommen. In diesen Zellen werden unter dem Einfluß von Helfer/Induktor-T-Zellen neue Funktionen aktiviert, die zur Erregerelimination führen. In diesem Fall muß somit die Aktivität der Helfer/Induktor-T-Zellen auf einen *kleinen Kreis* von Wirtszellen konzentriert werden. Die Einengung geschieht durch die Klasse-II-Strukturen: Diese Erkennungselemente werden nur von wenigen Zellen exprimiert; unter ihnen sind die mononukleären Phagozyten.

11.6 Prinzipien der Impfstoffentwicklung

Die Schutzimpfung wird mit dem Ziel angewendet, den Empfänger-Organismus zur Ausbildung einer Protektiv-Immunität gegen einen oder mehrere Krankheitserreger anzuregen. Der Schutz soll lange anhalten, und die Nebenwirkungen sollen so gering wie möglich sein. Gegen zahlreiche Infektionskrankheiten existieren heute Impfstoffe, die weltweit mit großem Erfolg eingesetzt werden (Tabelle 11.4).

11.6.1 Impfstoffe aus definierten Erregerprodukten

Bei der Impfung gegen bestimmte Toxinbildner (s. Tabelle 11.1) richtet sich die Immunantwort nicht gegen den Erreger, sondern gegen das Toxin. Beispiele für erfolgreich eingesetzte Vakzinierungen sind die Tetanus- und Diphtherie-Impfung. Dabei kommen Toxoide zur Anwendung, bei denen die ***toxophoren*** von den ***immunogenen*** Molekülgruppen dissoziiert wurden (s. oben). Diese Toxoide induzieren zwar neutralisierende Antikörper, haben aber ihre Toxizität verloren.

Weniger zufriedenstellend sind dagegen Kohlenhydratimpfstoffe gegen kapseltragende Bakterien, da die Zielgruppe für diese Impfungen – nämlich Kleinkinder – keine ausreichende Immunität gegen Kohlenhydrate entwickelt. Mit dem gereinigten Hämagglutinin des Influenzavirus (Spaltvakzine) kann man eine gute Schutzwirkung erzielen. Einem breiten Erfolg steht allerdings der Typenwandel entgegen.

11.6.2 Totimpfstoffe

Gegen extrazelluläre Bakterien (s. Tabelle 11.2) werden gewöhnlich Impfstoffe aus abgetöteten, sonst aber intakten Erregern eingesetzt. Obwohl man in vielen Fällen die Antigene kennt, die zur Bildung von schützenden Antikörpern führen (sog. Protektiv-Antigene), verwendet man meist den ganzen, nicht aufgeschlossenen Erreger.

Als Beispiele hierfür können der Cholera-Impfstoff und der derzeitige Keuchhusten-Impfstoff angeführt werden.

Gegen zahlreiche Viruserkrankungen werden nichtinfektiöse (abgetötete oder inaktivierte) Viruspartikel eingesetzt. Als Beispiel sei der Salk-Impfstoff gegen Poliomyelitis genannt. Obwohl derartige Impfstoffe ausreichende Mengen an schützenden Antikörpern induzieren, ist eine regelmäßige Auffrischung durch Booster-Impfung unumgänglich.

11.6.3 Lebendimpfstoffe

Dies sind Impfstoffe aus virulenzgedrosselten (attenuierten) lebenden Erregern. Sie bergen zwar ein erhöhtes Gefahrenpotential; dennoch sind sie am ehesten in der Lage, eine ausreichend starke Immunität zu induzieren. Dies gilt besonders dann, wenn der Schutz im wesentlichen von T-Zellen abhängt.

Zahlreiche Lebendimpfstoffe gegen Virusinfektionen werden mit Erfolg verwendet. So bestehen die Sabin-Vakzine gegen Poliomyelitis wie auch die Impfstoffe gegen Röteln, Masern und Mumps aus attenuierten Virusstämmen. Durch den massiven Einsatz des Vaccinia-Impfstoffs gelang weltweit die Ausrottung der Pocken.

In der Humanmedizin werden heute nur zwei bakterielle Lebendimpfstoffe verwendet. Der eine davon richtet sich gegen die Tuberkulose und ist als BCG bekannt. Er beruht auf einem attenuierten ***M. bovis***-Stamm, der ursprünglich von Calmette und Guérin gezüchtet wurde. Der andere Lebendimpfstoff richtet sich gegen Typhus; er besteht aus einer stoffwechseldefekten Mutante natürlicher Typhusbakterien.

11.6.4 Entwicklung neuer Impfstoffe

Noch immer gibt es Infektionskrankheiten, gegen die ein zufriedenstellender Impfstoff nicht verfügbar ist. Das gilt besonders für die Erreger von Tropenkrankheiten, gegen die herkömmliche Impfstrategien unzulänglich sind. Einige Beispiele sind in Tabelle 11.5 aufgeführt.

Folgende Probleme können dem erfolgreichen Einsatz eines Impfstoffs entgegenstehen:

- Der attenuierte Impfstamm ist instabil und kann sich in einen virulenten Stamm rückverwandeln.
- Der Impfstamm ist in vitro nicht anzüchtbar.
- Der Impfstoff enthält gefährliche Bestandteile, die nicht entfernt werden können.
- Der natürliche Erreger kann durch Antigenvariation den Impfschutz unterlaufen.
- Der Impfstoff ist nicht in der Lage, die für die Erregerabwehr benötigten Effektoren zu induzieren.

Tabelle 11.5. Wichtige Infektionskrankheiten ohne zufriedenstellende Impfmöglichkeiten

Erreger	Fälle pro Jahr (in Millionen)	Erkrankung
• Bakterien		
– Kapseltragende Meningitis-Erreger (Neisseria meningitidis, Haemophilus influenzae)	1,2	Kleinkind-Meningitis
– Streptococcus pneumoniae	100	Pneumonie, Meningitis
– Mycobacterium tuberculosis	3	Tuberkulose
– Mycobacterium leprae	1	Lepra
– Salmonella typhi/S. paratyphi	30	Typhus
– Shigella sp.	250	Bakterielle Dysenterie
– Vibrio cholerae	7	Cholera
– Toxin-produzierende E. coli	630	Diarrhoe
• Protozoen		
– Plasmodium sp.	150	Malaria
• Viren		
– Hepatitis A und B Viren	10	Hepatitis
– Dengue-Virus	35	Dengue
– Influenza-Virus, Parainfluenza-Virus	75	Grippe
– Respiratory Syncytial Virus	65	Grippe
– Rota-Virus	140	Diarrhoe

Um diese Probleme zu überwinden, müssen neue Strategien entwickelt werden. Folgende Möglichkeiten stehen im Prinzip zur Verfügung:

- synthetische Peptide;
- rekombinante Proteine;
- lebende Deletionsmutanten;
- lebende rekombinante Impfstämme;
- Idiotyp-spezifische Antikörper.

11.6.4.1 Synthetische Peptide

Ein Antigen, welches protektiv wirksame Epitope trägt, kann zusätzlich noch toxische oder suppressive Wirkungen entfalten. Darüber hinaus besteht die Möglichkeit, daß sich auf dem Antigenmolekül neben den protektiven Epitopen Determinanten befinden, die mit körpereigenen Bestandteilen kreuzreagieren. Man kann gegebenenfalls das *protektive Epitop synthetisieren* und in isolierter Form einsetzen. Hierbei handelt es sich in der Regel um Peptidepitope von Proteinantigenen. Da Peptide allein nicht immunogen sind, müssen sie an ein *Trägermolekül* gekoppelt werden, dessen Eignung zuvor ermittelt werden muß. Der Einsatz synthetischer Peptide ist für Infektionen gedacht, bei denen die Hauptlast der Erregerbekämpfung von Antikörpern getragen wird.

Hängt die protektive Immunität im wesentlichen von T-Lymphozyten ab, dann tauchen größere Probleme auf.

Zum einen reichen lösliche Antigene zur Stimulierung der T-Zell-vermittelten Immunität nicht aus. Zum anderen wurde gefunden, daß T-Zellen verschiedener Individuen auf einem gegebenen Proteinantigen unterschiedliche Epitope erkennen. Dies ist auf die unterschiedliche Präferenz der verschiedenen HLA-Haplotypen für bestimmte Aminosäuresequenzen zurückzuführen (s. Kap. 8). Deshalb wäre eine synthetische Peptidvakzine lediglich für einen Teil der Bevölkerung geeignet.

Schließlich ist zu befürchten, daß es einem Krankheitserreger leichter gelingt, die Immunität durch Mutation zu unterlaufen, wenn die Effektoren des Impfstoffs nur eine einzige Determinante erkennen können.

11.6.4.2 Rekombinante Proteine

Mit Hilfe der Gentechnologie können heute Polypeptide im Großmaßstab produziert werden. Dadurch können im Fall von schwer oder nicht anzüchtbaren Erregern ausreichende Antigenmengen bereitgestellt werden. Dies ist für viele Virus- und Protozoenerkrankungen sowie für die Lepra von großer Bedeutung. Weiterhin werden auf diese Weise Komplikationen durch schädliche Erregerstrukturen ausgeschlossen, es sei denn, daß diese vom gleichen Gen kodiert werden wie das Protektivantigen. Andererseits kann die Abtrennung des rekombinanten Moleküls von den Bestandteilen der produzierenden Zelle ein Problem darstellen. Ein rekombinanter Hepatitis B Impfstoff wird bereits erfolgreich eingesetzt.

11.6.4.3 Deletionsmutanten

Es ist möglich, selektiv Gene eines Krankheitserregers auszuschalten, die für die Virulenz oder Überlebensfähigkeit im Wirt verantwortlich sind. Durch Transposon-Mutagenese wurden Verlustmutanten von ***Salmonella typhi*** generiert, die sich nicht mehr in den Wildtyp rückverwandeln können und die Fähigkeit verloren haben, aromatische Metabolite zu synthetisieren. Diese Verbindungen müssen der Mutante von außen als Wuchsstoffe zugeführt werden. Der menschliche Organismus ist dazu aber unfähig, da ihm das Vermögen fehlt, sie zu synthetisieren. Deshalb stirbt der Impfstamm im Wirt nach Verbrauch der eigenen Reserven ab. Seine Überlebenszeit scheint aber genügend lang anzudauern, um eine protektive Immunantwort zu induzieren.

11.6.4.4 Rekombinante Stämme zur Lebendimpfung

Impfstoffe dieser Art sind in Erwägung zu ziehen, wenn das Protektiv-Antigen in rekombinanter Form vorliegt, für sich allein aber keinen Schutz induziert. Diese Situation ist vorwiegend in denjenigen Fällen gegeben, in welchen die T-Zell-vermittelte Immunität für den Impfschutz unerläßlich ist. In diesem Fall kann man das Gen für das Protektiv-Antigen auf einen geeigneten Träger übertragen; der Träger dient dann als Lebendimpfstoff.

Am weitesten fortgeschritten sind die Untersuchungen mit rekombinanten Vaccinia-Viren, mit rekombinantem BCG und mit der erwähnten Typhus-Mutante. Auf diese Weise können polyvalente Vakzinen konstruiert werden.

11.6.4.5 Idiotyp-spezifische Antikörper

Idiotyp-spezifische Antikörper erkennen den variablen Teil eines anderen Antikörpers (s. Kap. 4). Antikörper dieser Art sind im Experimentalmodell in der Lage, gegen den entsprechenden Erreger Schutz zu induzieren. Mit Hilfe der Hybridomtechnik lassen sich Idiotyp-spezifische Antikörper in monoklonaler Form und in großen Mengen gewinnen.

Die durch anti-idiotypische Antikörper induzierte Immunität scheint anders kontrolliert zu werden als die gegen das Nominal-Antigen. Da Kleinkinder nicht in der Lage sind, gegen Polysaccharide Antikörper zu bilden, hofft man, einen Anti-Idiotypen-Impfstoff zu entwickeln, der in Kleinkindern gegen die kapseltragenden Erreger ***Neisseria meningitidis, Streptococcus pneumoniae*** und ***Haemophilus influenzae*** Schutz hervorruft.

Zusammenfassung: Infektabwehr

Bakterien

Toxinbildner: Toxin für Pathogenese verantwortlich (z. B. Tetanus-Toxin, Cholera-Toxin, Enterotoxine bestimmter ***E. coli***- und ***S. aureus***-Stämme, Pertussis-Toxine); Schutz duch Toxin-neutralisierende Antikörper.
Extrazelluläre Erreger: vermehren sich im extrazellulären Raum. Schutz durch Antikörper gegen Virulenzfaktoren; akute Infektion, Eiterbildung (z. B. gram-positive und gram-negative Kokken, viele ***Enterobacteriaceae***, ***Pseudomonas aeruginosa, Haemophilus influenzae***).
Intrazelluläre Erreger: vermehren sich intrazellulär, besonders in Makrophagen; Schutz durch T-Zellen, die Makrophagen aktivieren; chronische Infektionen, Granulombildung (z. B. ***Mycobacterium tuberculosis, Salmonella typhi***, Leishmanien).

Viren: Replikation durch infizierte Wirtszelle; Schutz durch Antikörper, die freie Viren lysieren oder neutralisieren bzw. die Adhäsion an die Wirtszelle inhibieren, sowie durch T-Zellen, die infizierte Zellen lysieren. Daneben auch Interferone (Hemmung der Virusreplikation) und große granuläre Lymphozyten (Lyse virusinfizierter Zellen).

Evasionsmechanismen der Erreger

Phagozyten-Abtötung: durch Leukozidine (z. B. Streptolysin der Streptokokken, Leukozidin der Staphylokokken, Exotoxin A von ***Pseudomonas aeruginosa***).
Phagozytose-Hemmung: durch Kapsel (z. B. Pneumokokken, ***Haemophilus influenzae***), M-Protein (Streptokokken) oder Schleimhülle (***Pseudomonas aeruginosa***).

Intrazelluläre Vitalpersistenz: Hemmung der Phagolysosomenfusion (z. B. ***Mycobacterium tuberculosis***); Resistenz gegen lysosomale Enzyme (z. B. ***Mycobacterium tuberculosis***); Interferenz mit der Bildung reaktiver Sauerstoffmetabolite (z. B. Leishmanien); Evasion in das Zytoplasma (z. B. ***Listeria monocytogenes, Mycobacterium leprae***).

Befall von Wirtszellen: z. B. Malariaplasmodien/Erythrozyten, Hepatozyten; Chlamydien/Epithelzellen.

Antigenvariation: z.B. ***Trypanosoma gambiense*** und ***T. rhodesiense***, Influenza-Viren, Rhino-Viren.

Toleranz gegen protektive Antigene: Kleinkinder bilden gegen Kohlenhydrate keine Antikörper und zeigen daher gegen Pneumokokken eine hohe Suszeptibilität.

Impfstoffentwicklung

Toxoid-Impfstoffe: Induktion von Antikörpern, die Toxin neutralisieren (z. B. Tetanus, Diphtherie);
Tot-Impfstoffe: abgetötete Erreger [z. B. Cholera, Poliomyelitis (Salk)];
Lebendimpfstoffe: attenuierte Stämme [z. B. Röteln, Masern, Mumps, Tuberkulose (BCG)].

V
Prinzipien der Infektionsdiagnostik

1 Klinische Diagnose einer Infektion

K. Großgebauer, H. Hahn, P. Klein

Bei der klinischen Erhebung der Diagnose einer Infektion spielen die sorgfältige *Anamnese* und die *körperliche Untersuchung* durch Inspektion, Palpation und Auskultation eine herausragende Rolle. Entsprechend der klinischen Verdachtsdiagnose wird dann *Patientenmaterial* für die mikrobiologische und biochemische Untersuchung entnommen.

Die diagnostische Beweiskraft der Anamnese einzelner klinischer Befunde und Labordaten hängt ganz wesentlich von der Art der Erkrankung und dem Krankheitsstadium ab; in aller Regel wirken daher der klinisch tätige Arzt und der Laborarzt beim Aufbau einer Infektionsdiagnose zusammen.

Anamneseerhebung

Eine sorgfältig erhobene Anamnese ist unentbehrlich. Sie sollte systematisch (z. B. anhand von Anamnesebögen) ermittelt werden. Da sie zeitaufwendig ist, setzt sie beim Arzt Geduld voraus. Folgende Grundregeln sollten bei der Anamneseerhebung beachtet werden:

Individual-Anamnese. Die Frage nach den Beschwerden, ihrem Beginn, ihrer Dauer und Intensität steht am Beginn jeder Individual-Anamnese. Bei der Frage nach früheren Erkrankungen dürfen durchgemachte chronische Leiden und/oder Leiden, bei denen Spätschäden bekannt sind, nicht vergessen werden (Tuberkulose? Pyelonephritis? Hepatitis B? Unfälle? Diabetes? Hypertonie? u. a.) Auch Fragen nach Operationen gehören hierher.

Weitere Pflichtfragen beziehen sich auf den Appetit, auf Gewichtsveränderungen, Schlaf, Durst, Nachtschweiß, Miktion (Nykturie? Strangurie?), Husten (Auswurf?), Menstruationsstörungen, Medikamentenkonsum, Rauchgewohnheiten, Alkoholkonsum und Stuhlgang (Konsistenz, Farbe, Blut im Stuhl?).

Familien-Anamnese. Die Familien-Anamnese schließt Fragen nach dem Vorkommen von Adipositas, Gicht, Diabetes mellitus, Suizidversuchen, Asthma bronchiale (Allergien!) und Gefäßerkrankungen ein.

In zahlreichen Fällen handelt es sich bei einer Infektion um eine „Zweitkrankheit". Hier benötigt ein meist fakultativ pathogener Erreger zum Entstehen eines Infektionsprozesses einen prädisponierenden oder ***infektionsbegünstigenden Faktor***, nach dem gefragt und gesucht werden muß: „Der Keim ist nichts – das Terrain ist alles" (Louis Pasteur 1822–1895).

Daher wird bei Verdacht auf eine Infektion bzw. beim Vorliegen einer solchen insbesondere gefragt nach:

- früheren Infektionen
- infektionsbegünstigenden diagnostischen und therapeutischen Eingriffen, wie Operationen, Venen- und Blasenkatheter, Gabe von Antibiotika, Antimetaboliten, Kortison
- infektionsfördernden Grundleiden, wie Alkoholismus, Diabetes, rheumatischen Vorschäden, Malignomen, Verbrennungskrankheiten, Obstruktionen (z. B. im Bereich der Harnwege)
- Tierkontakt
- Auslandsreisen
- Schutzimpfung (Impfbuch!) und
- Gravidität (Mutterpaß!).

2 Gewinnung und Versand von mikrobiologischem Untersuchungsmaterial

K. Großgebauer, H. Hahn, P. Klein

Die mikrobiologische Labordiagnose umfaßt den Nachweis des Erregers, seiner Antigene, seiner Nukleinsäuresequenzen bzw. beim Patienten den Nachweis erregerspezifischer Antikörper.

Die bakteriologisch-serologische Labordiagnose setzt sich aus folgenden Schritten zusammen:

- Gewinnung von Untersuchungsmaterial
- Materialtransport
- Aufbereitung und Anlage des Materials im Untersuchungslabor
- Identifizierung der ätiologisch relevanten Erreger in der Probe bzw. der gegen sie gerichteten Antikörper
- Bestimmung der Antibiotika-Empfindlichkeit
- Abfassung eines Berichts an den behandelnden Arzt.

2.1 Gewinnung von Untersuchungsmaterial

Untersuchungsmaterialien zur mikrobiologischen Labordiagnose werden zumeist vom Kliniker abgenommen, nur in Ausnahmefällen kommt der Patient zur Materialgewinnung in ein mikrobiologisches Labor. In der Regel hat der Kliniker einige wichtige bakteriologische Kulturmedien vorrätig, z. B. zur Anlage von Blutkulturen oder Liquorkulturen, die gegebenenfalls bereits im Krankenhaus beimpft und bebrütet werden. Meistens jedoch werden die Untersuchungsproben so rasch wie möglich und unter Verwendung von ***Transportmedien*** in ein mikrobiologisches Institut verbracht. Hierzu dienen Hol- und Bringedienste oder der Postversand.

2.1.1 Materialabnahme

Bei der Gewinnung und Weiterbearbeitung von Untersuchungsmaterialien für die mikrobiologische Diagnose müssen folgende Punkte berücksichtigt werden:

- der geeignete Zeitpunkt der Materialgewinnung
- der richtige Entnahmeort
- der Einsatz einer optimalen Abnahmetechnik
- die geeignete Versandtechnik.

Optimaler Zeitpunkt

Die Probeentnahme zur Erregerkultur sollte ***vor Beginn einer Antibiotika-Therapie*** erfolgen. Liegt sie danach, kommt es häufig zum Absterben der Bakterien in der Probe, so daß ein falsch negatives Anzüchtungsergebnis resultiert.

Einfache Regeln zur Materialabnahme (erregerhaltige Proben, antikörperhaltiges Serum) ergeben sich bereits aus dem zugrundeliegenden pathogenetischen Typus der Infektion. So kann z. B. aus einem *lokalen bakteriell bedingten Infektionsherd* (z. B. Furunkel, Karbunkel, Wundinfektion) über einen *langen Zeitraum* mit Erfolg erregerhaltiges Material gewonnen werden, während bei einer *Sepsis* Blut für eine Blutkultur am günstigsten *zu Beginn des Fieberanstieges* zu entnehmen ist.

Bei *zyklischen Allgemeininfektionen* fällt eine Erregerkultur aus Organproben der Organe, die erst im Rahmen der Generalisation befallen werden, in der Inkubationsphase häufig noch negativ aus. Erst im *Stadium der Organmanifestation* ist mit einer hohen Erregerisolierungsrate aus Organproben zu rechnen.

In exemplarischer Weise wird dies am *Typhus abdominalis* deutlich: Während der Generalisationsphase, d. h. in der ersten Woche nach Krankheitsbeginn, findet man den Erreger mit hoher Wahrscheinlichkeit im Blut, während er in der 2. bis 3. Krankheitswoche in den Zielorganen bzw. im Stuhl zu finden ist. Dementsprechend bieten die Blutkultur in der 1. Woche, die Organbiopsie und Stuhl in der 2. und 3. Krankheitwoche die besten Aussichten auf eine Wiedergewinnung von Salmonella typhi aus der Probe.

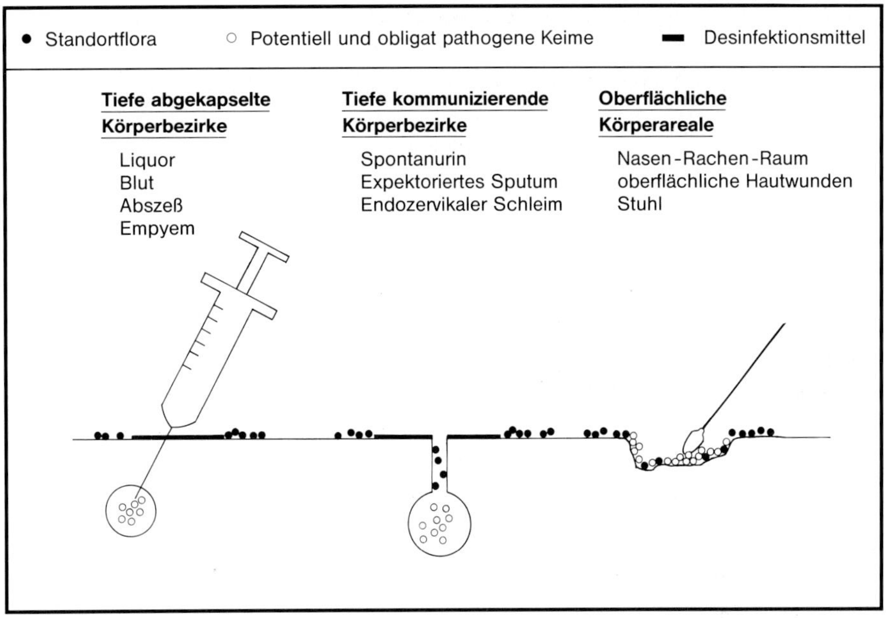

Abb.2.1. Gewinnung von Untersuchungsmaterial (Aus Lipsky und Plorde 1978)

Eine Antikörperbestimmung im Serum hat bei Lokalinfektionen oft keine diagnostische Beweiskraft, desgleichen nicht bei septischen Prozessen. Serologische Untersuchungen bieten sich dagegen regelmäßig bei zyklischen Allgemeininfektionen im Stadium der Generalisation und der Organmanifestation an.

Abnahmeort

Bei Gewinnung der Probe (Abb. 2.1) muß danach getrachtet werden, daß die Probe mit höchstmöglicher Wahrscheinlichkeit Erreger enthält. So muß eine Sputumprobe Eiterflocken enthalten, bei Wundabstrichen ist der Abstrich von den Wundrändern, d. h. aus den ***frisch*** in den Infektionsprozeß einbezogenen Gebieten zu entnehmen, Gewebebiopsien müssen aus infizierten Bereichen stammen.

Grundsätzlich lassen sich je nach ***Lokalisation*** des infizierten Körperbereichs drei Arten von Untersuchungsmaterial unterscheiden (Abb. 2.1): Materialien aus

- tiefgelegenen abgekapselten Körperarealen,
- tiefgelegenen, mit der Körperoberfläche kommunizierenden Regionen,
- oberflächlichen Körperarealen.

Eine direkte Gewinnung von Untersuchungsmaterial ist nur bei oberflächlichen Arealen möglich; bei tiefgelegenen abgekapselten Bezirken ist es notwendig, invasiv unter aseptischen Kautelen vorzugehen, und bei tiefgelegenen, kommunizierenden Bezirken ist man auf die Untersuchung von Ausscheidungen bzw. Sekreten aus diesen Regionen angewiesen.

Einsatz einer geeigneten Entnahmetechnik

Die Abnahme von Untersuchungsmaterial zur bakteriologischen Untersuchung kann mit der *kalibrierten bakteriologischen Öse*, mittels *Tupfer*, *Abklatschtechnik* oder durch *Punktion* erfolgen. Die Entnahme mittels Abstrichtupfer führt lediglich zu „halbquantitativen" Aussagen über den Erregergehalt der Probe. Da der Nachweis fakultativ pathogener Bakterien aus Körperregionen mit Standortflora quantitativ zu erfolgen hat, werden Spontanurine, Ejakulate und Exprimate mit der kalibrierten bakteriologischen Öse bzw. einer Pipette auf die Kulturmedien gebracht.

Bei der Gewinnung von Untersuchungsmaterial zur Erregerkultur ist eine ***Kontamination*** mit irrelevanten Keimen („Begleitflora") zu vermeiden. Deshalb kommt einer adäquaten Hautdesinfektion (2 × 2,5 min Einwirkung einer alkoholischen Jodlösung; Tupfer feucht halten; benetzte Fläche danach mit 70%igem n-Propylalkohol abreiben) vor Entnahme von Blut, Liquor und Blasen-Punktionsurin eine große Bedeutung zu. Andererseits ist es in der Regel

Tabelle 2.1. Sterile und mit Standortflora kontaminierte Untersuchungsmaterialien für die mikrobiologische Diagnostik

Normalerweise steril:	Liquor cerebrospinalis Blut Synovialflüssigkeit Biopsien (aus normalerweise sterilen Geweben) Blasenpunktionsurin Nasennebenhöhlen(sekret)
Normalerweise mit der Standortflora kontaminiert:	Abstrich von: Bindehaut (Konjunktiva) Gehörgang Nase, Mund, Rachen, äußerer Haut äußeren Genitalien vorderer Urethra Urin (Mittelstrahl-, Katheterurin) Sputum, Stuhl

nicht möglich, bei Materialgewinnung aus einem mit physiologischer Bakterienflora kolonisierten Körperbezirk eine Kontamination der Probe zu vermeiden. Hier müssen die Keime der physiologischen Bakterienflora vom Infektionserreger unterschieden werden.

Proben, die aus Körperbereichen stammen, die zwar keine physiologische Bakterienflora beherbergen, die aber Regionen passieren müssen, die eine solche enthalten, sind gleichfalls mit Vertretern der physiologischen Bakterienflora kontaminiert, so daß auch hier Kontaminationskeime von Infektionserregern unterschieden werden müssen (s. Tabelle 2.1). Beispielsweise sind alle transurethralen Proben (Spontanurin, Ejakulat, Exprimat) mit physiologischer Urethralflora kontaminiert. Durch sorgfältige Seifenwaschung des Orificium externum urethrae versucht man, diese Kontamination zu minimieren.

Material-Transport

Während des Transports der Untersuchungsproben könnnen bestimmte Umwelteinflüsse wie Austrocknung, Kälte, Wärme oder Sauerstoff (bei Anaerobiern) zum Absterben der Erreger führen. Andererseits vermögen sich Begleitkeime, z. B. Mitglieder der Standortflora der Urethra im Urin, bei Raumtemperatur in wenigen Stunden so stark zu vermehren, daß falsch positive Ergebnisse vorgetäuscht werden.

Die Verwendung von ***Transportmedien*** ist geeignet, derartigen Einflüssen, wenigstens teilweise, entgegenzuwirken. Transportmedien sind so zusammengesetzt, daß die Erreger über eine bestimmte Zeit am Leben gehalten werden. So gibt es Transportmedien, die ein CO_2-generierendes System enthalten, das sich für den Transport von Neisserien, insbesondere Gonokokken, eignet. Andere Transportmedien wiederum enthalten reduzierende Substanzen, die obligat anaeroben Bakterien das Überleben ermöglichen. Darüber hinaus enthalten manche Transportmedien Stoffe, die bewirken, daß die Bakterien sich nicht vermehren; auf diese Weise wird erreicht, daß die zahlenmäßigen Verhältnisse der Bakterien zueinander konstant bleiben und die Probe nicht durch einen einzelnen Erreger in der Probe überwuchert wird. Derartige Transportmedien eignen sich zum Versand solcher Proben, die mit physiologischer Bakterienflora kontaminiert sind.

Auf diese Weise gelingt es in der Regel, eine Bakterienpopulation in einer Probe über einen Zeitraum von 48 bis 72 h bei Raumtemperatur zu stabilisieren und sie über die Versandperiode „hinüberzuretten".

Infektiöses Untersuchungsmaterial muß mit der Aufschrift ***„Medizinisches Untersuchungsmaterial –*** *Vorsicht infektiös*!" deutlich sichtbar beschriftet sein. Das Schutzgefäß muß mit dem Warnzeichen *„Warnung vor Biogefährdung"* gekennzeichnet sein.

Zu diesem Zweck dürfen nur solche Verpackungen verwendet werden, die der DIN-Norm 55 515 entsprechen.

3 Labordiagnostische Verfahren zur Identifizierung von Mikroorganismen

K. Großgebauer, H. Hahn, P. Klein

INHALTSÜBERSICHT

3.1 Die mikroskopische Probenuntersuchung 233
3.2 Kultur 235
3.3 Biochemische Leistungsprüfung 237
3.4 Interpretation bakteriologischer Anzüchtungsergebnisse 237
3.5 Antigen- und Antikörpernachweisverfahren 238
3.5.1 Antigennachweisverfahren 238
3.5.2 Antikörpernachweisverfahren (Serodiagnose), Titerbegriff, Grenzwerte 239
3.5.3 Interpretation serologischer Reaktionen 239
3.6 Molekularbiologische Verfahren 242
3.7 Lysotypie 242
3.8 Tierversuch 243
3.9 Treffsicherheit von diagnostischen Tests 243
Zusammenfassung 244

Zur Identifizierung von Mikroorganismen im Rahmen der mikrobiologischen Labordiagnose stehen zahlreiche Verfahren zur Verfügung (Abb. 3.1), wobei der Schwerpunkt der Labordiagnostik von Infektionen auf der Erregerisolierung, auf dem Antigennachweis, auf dem Nachweis von patienteneigenen Antikörpern oder auf mehreren Verfahren beruhen kann (Tabelle 3.1). Neuerdings ist auch der Nachweis erregerspezifischer Nukleinsäure diagnostisch verwertbar geworden und dürfte in Zukunft ebenfalls einen Schwerpunkt der Labordiagnostik darstellen (Abb. 3.2).

3.1 Die mikroskopische Probenuntersuchung

Der Nachweis eines Erregers beginnt bei Erkrankungen durch Bakterien, Pilze und Protozoen* in der Regel mit der direkten mikroskopischen Untersuchung des Patientenmaterials.

* Bestimmte Virusarten mit einer charakteristischen Morphologie lassen sich im Elektronenmikroskop rasch diagnostizieren (z.B. Rotaviren im Stuhl).

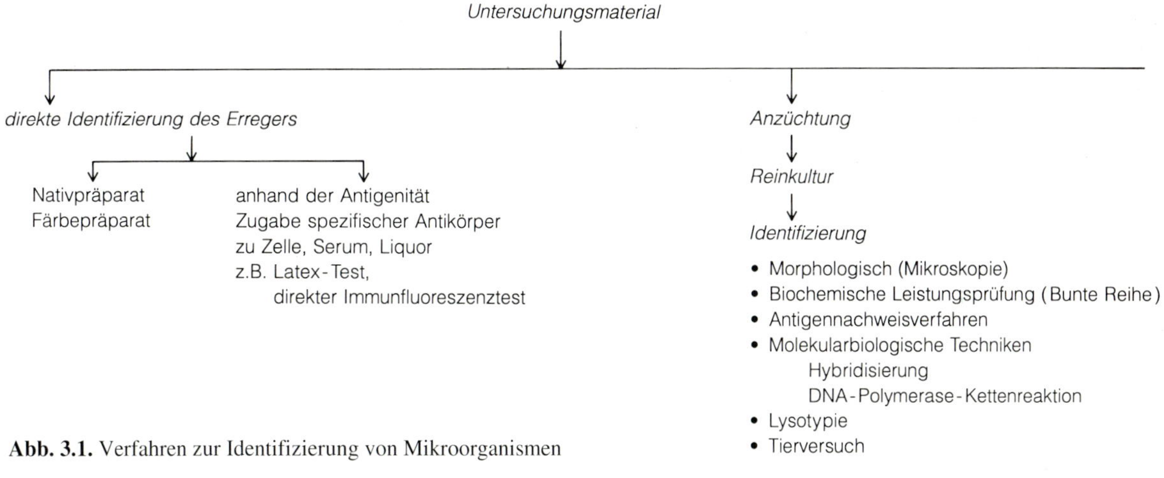

Abb. 3.1. Verfahren zur Identifizierung von Mikroorganismen

Tabelle 3.1. Schwerpunkte der Labordiagnostik von Infektionen (Beispiele)

Infektionen	Erreger-nachweis	Antigen-nachweis	Antikörper-nachweis
Eiterungen	+++	+	–
Chlamydien-Infektionen	+++	+++	+
Mykosen	+++	+++	(+)
Syphilis	–	–	+++
Tuberkulose	+++	–	–
Typhus/Paratyphus	+++	+++	+++

Nur bakterien- und zellreiche Untersuchungsmaterialien eignen sich für eine mikroskopische Untersuchung; denn erst bei einer Konzentration von 10^5 Keimen bzw. Zellen pro ml Untersuchungsmaterial ist im Mikroskop pro Gesichtsfeld ein einziger Erreger oder ein einzelner Leukozyt bei einer Vergrößerung von 10×100 sichtbar. *Ein negatives mikroskopisches Ergebnis schließt daher das Vorhandensein von Erregern nicht aus!* Auch mikroskopisch negativ erscheinende Proben *müssen* aus diesem Grunde immer kulturell untersucht werden.

Die praktische Bedeutung der mikroskopischen Probenuntersuchung

Die direkte mikroskopische Untersuchung kann in vielen Fällen zu einer raschen und wesentlichen Aussage über die Ätiologie einer Infektion führen. Sie gilt als „Erste Hilfe“ bei der Erregeridentifizierung. So können z. B. 40–60% der später kulturell bestätigten Fälle von offener Lungentuberkulose bereits durch die mikroskopische Untersuchung des Sputums erkannt werden.

Durchführung

Bei der Durchführung der diagnostischen Mikroskopie setzt man folgende Techniken ein:

- ***Nativpräparate,*** wie das Deckglaspräparat zur Beweglichkeitsprüfung, Tuschepräparate zur Negativdarstellung bekapselter Bakterien;
- Gefärbte Präparate, wie
  - Einfachfärbungen, z. B. mit Methylenblau, z. B. bei Verdacht auf Meningitis und Gonorrhoe;
  - Differentialfärbungen, wie z. B. diejenigen nach Gram, Ziehl-Neelsen (Darstellung von säurefesten Stäbchen) und Neisser (bei Diphtherie-Verdacht).

Darüber hinaus liefert die Mikroskopie Hinweise darauf, ob sich die Probe überhaupt zu einer mikrobiologischen Untersuchung eignet.

Man unterscheidet die routinemäßige Mikroskopie konventionell gefärbter Patientenmaterialien von den neueren mikroskopischen Untersuchungen unter Verwendung fluorochrom- oder enzymmarkierter polyklonaler oder monoklonaler Antikörper. Diese Methoden besitzen in der Regel eine hohe Sensitivität und Spezifität und ermöglichen einen definitiven Antigen- bzw. Antikörpernachweis. Beispiele: Verwendung markierter monoklonaler Antikörper zum Nachweis von Chlamydien- und Herpes-simplex-Virusantigenen, Legionellen, Einsatz von markiertem Antihumangammaglobulin (Anti-Antikörpern) zum Nachweis von Anti-Toxoplasma-gondii-oder -Treponema-Antikörpern beim Patienten.

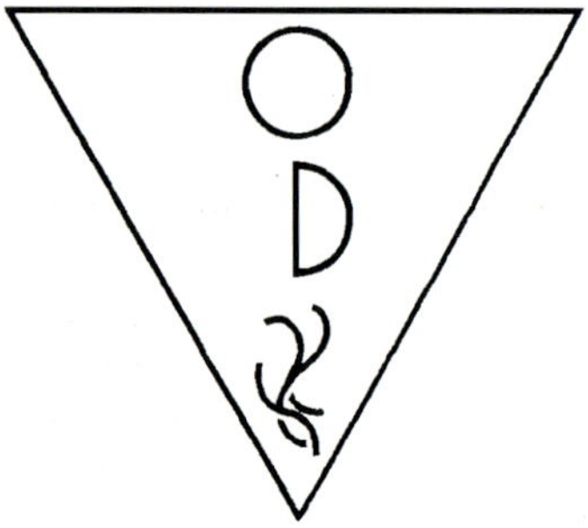

infektiöse Partikel:	*Kultur:* aerobe, mikroaerophile, anaerobe, Zellkultur
antigene Untereinheit:	*Serologische Reaktionen* unter Vermittlung bekannter polyklonaler oder monoklonaler Antikörper (Epitop-Technik). Beispiele: IFT, ELISA, RIA
Erregernukleinsäure:	*Hybridisierung* *Polymerase-Kettenreaktion*

Anmerkung: Die Gesamtpartikel (lebende oder abgestorbene Erreger) können auch mikroskopisch (Licht- und Elektronenmikroskop) nachgewiesen werden.

Abb. 3.2. Verfahren zum Nachweis von Erregern und Erregeruntereinheiten

3.2 Kultur

In vielen Fällen werden zwecks Erstellung einer Speciesdiagnose Bakterien und Pilze zunächst in vitro zur Vermehrung gebracht (Primärkultur). Hierbei stellt die Gewinnung einer ***Reinkultur*** das oberste Prinzip dar. In Reinkultur gezüchtete Erreger werden anschließend identifiziert (Abb. 3.3). Allerdings lassen sich nicht alle Bakterien routinemäßig in vitro anzüchten, so z. B. Treponema pallidum und Mycobacterium leprae.

Primärkultur: Gezieltes Ernährungsangebot

Eine Primärkultur hat nur dann Aussicht auf Erfolg, wenn die besonderen Nährstoffbedürfnisse des mutmaßlichen Erregers berücksichtigt werden. Dies bedeutet, daß die klinische Symptomatologie in eine bestimmte Verdachtsrichtung weisen muß: Für den Nachweis bei Typhus beispielsweise sind Verfahren notwendig, die sich für Keuchhustenbakterien oder Gasbrandclostridien nicht eignen.

Für die Primärkultur kommen in Frage: Elektiv-, Spezial-, Selektiv- und/oder Differential-Kulturmedien (Tabelle 3.2).

Erste diagnostische Hinweise aus der Bakterienkultur: Makroskopische Betrachtung der Kulturen

Der Bakteriologe achtet zunächst auf morphologische Merkmale der entstandenen Bakterienkolonien (Abb. 3.4).

Streptokokken bilden zumeist besonders kleine Kolonien aus, Kolonien bakterieller Sporen-Bildner sehen pelzig oder wurzelförmig aus, der Milzbrandbazillus erzeugt ein Koloniebild, das mit „gelocktem Frauenhaar" verglichen wird.

Auch aus der flüssigen Bakterienkultur lassen sich erste Hinweise auf die Bakterienart ablesen.

Aerobier, wie z. B. Pseudomonas aeruginosa, wachsen bevorzugt an der sauerstoffreichen Flüssigkeitsoberfläche, oft unter Bildung einer *Kahmhaut*. Bakterien mit anderen Sauerstoffbedürfnissen (Mikroaerophile, obligate Anaerobier) verhalten sich entsprechend anders.

Auch die Vermehrungszeit bis zur Ausbildung sichtbarer Bakterienkolonien gibt erste Aufschlüsse über die Bakterienart. Die Kenntnis der Vermehrungszeit (Tabelle 3.3) ist auch für die Durchführung des Antibiogramms und damit für die Auswahl und Dauer therapeutischer Maßnahmen von praktischer Bedeutung.

Derartige Hinweise auf die Infektionsätiologie bilden häufig die Grundlage für das weitere Vorgehen. In aller Regel erbringen jedoch erst die mikrobiologischen Identifizierungsverfahren, z. B. die biochemische Leistungsprüfung bzw. der Nachweis erregerspezifischer Antikörper, beim Patienten zusammen mit den klinischen Befunden die endgültige Abklärung der Infektionsätiologie.

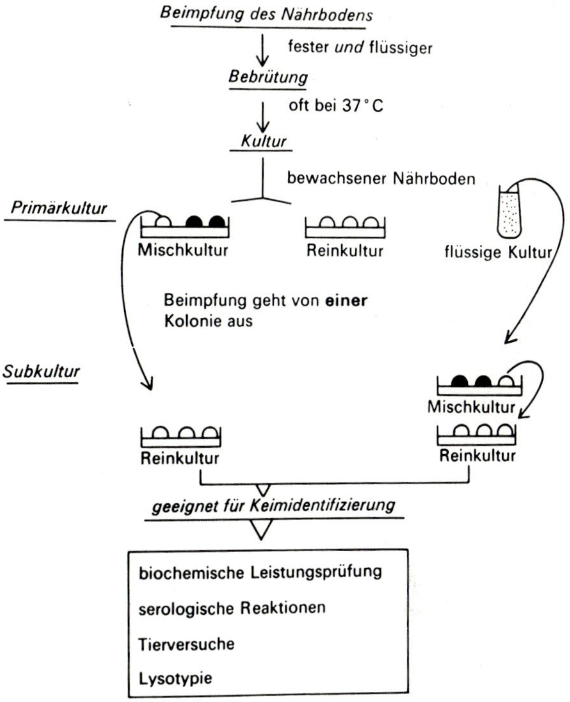

Abb. 3.3. Gang der Verarbeitung von Untersuchungsmaterial. Untersuchungsmaterial wird prinzipiell auf feste und flüssige Nährböden gebracht. Die Wahl des Kulturmediums hängt wesentlich von der klinischen Verdachtsdiagnose ab. Abhängig von der Herkunft des Untersuchungsmaterials kommt es regelmäßig zu Mischkulturen (z. B. Nasen-Rachenabstrich, Stuhl, Urin) oder zu Rein- oder Monokulturen (z. B. Liquor und Blut). Die erste Kultur des Untersuchungsmaterials nennt man Primärkultur, die davon ausgehende Subkultur.
Kultur: bewachsenes Kulturmedium
Kolonie: sichtbares Wachstum auf Kulturmedium
Rein-(Mono)kultur: Kultur einer Erregerspezies
Misch-(Hetero)kultur: Kultur mehrerer Erregerspezies
Primärkultur: erste Kultur aus Untersuchungsmaterial
Subkultur (Sekundärkultur): von der Primärkultur ausgehende Kultur

Tabelle 3.2. Kulturmedium-Typen und ihre Verwendung in der medizinischen Mikrobiologie

Kulturmedium-Typen	Anwendungsgebiet
1. Angereicherte Nährmedien	Anzucht von
Blutagar	Streptokokken, bestimmten Anaerobiern
Kochblutagar (Schokoladenagar)	Neisseria gonorrhoeae, Haemophilus spp.
2. Selektivmedien	Selektion von
Phenylethyl-Alkohol-Agar	Gram-positiven Bakterien
Selenitbouillon	Salmonella spp.
Löwenstein-Jensen-Medium	Mycobacterium spp.
Thayer-Martin-Agar	Neisseria gonorrhoeae
3. Differentialmedien	Differenzierungskriterium
MacConkey-Agar	Laktosefermentation → rosa Kolonie
Galle-Äskulin-Agar	Äskulinhydrolyse → schwarze Kolonie
Mannit-Kochsalz-Agar	Mannitfermentation → gelbe Kolonie
Mitis-Salivarius-Agar	Produktion von extrazellulären Polysacchariden aus Saccharose → schleimige Kolonien
4. Spezialnährmedien	
Loeffler-Medium	Corynebacterium diphtheriae (Diphtherie)
Bordet-Gengou-Agar	Bordetella pertussis (Keuchhusten)
Fletscher-Medium	Leptospira spp. (Leptospirose)
alkalisches Peptonwasser	Vibrio cholerae (Cholera)

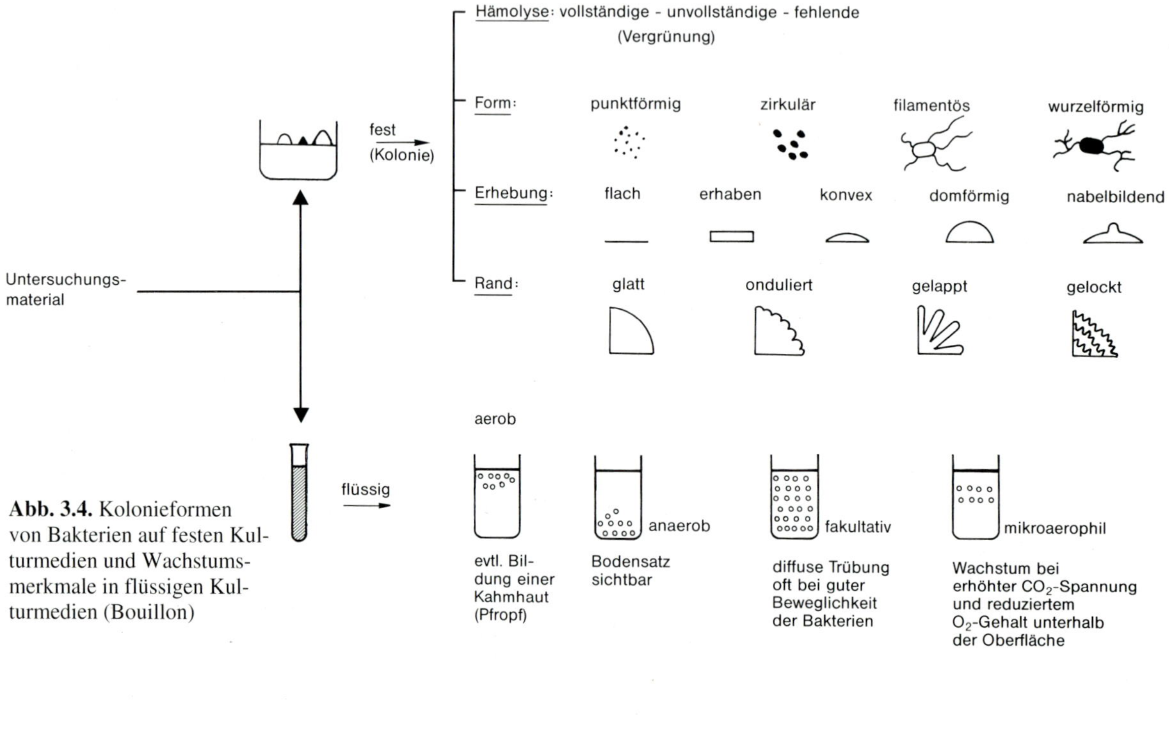

Abb. 3.4. Kolonieformen von Bakterien auf festen Kulturmedien und Wachstumsmerkmale in flüssigen Kulturmedien (Bouillon)

Tabelle 3.3. Bebrütungszeiten bis zum Auftreten sichtbarer Kolonien bei ausgewählten Krankheitserregern

Erreger	Ablesung erfolgt nach	Anmerkung
Enterobakterien (E. coli, Klebsiellen u.a.)	24 h	sog. rasch wachsende Bakterien
Sproßpilze	1–3 Tage	
Genitale Mykoplasmen	3–6 Tage	Kulturen werden mikroskopisch beurteilt (Mikrokolonien!)
Dermatophyten	3 Wochen	
Typische Mykobakterien	8 Wochen	

3.3 Biochemische Leistungsprüfung

Dieses Identifizierungsverfahren für Bakterien und Pilze beruht auf der Umsetzung angebotener Substrate, z. B. verschiedener Zucker. Einzelne Spezies besitzen ein ganz charakteristisches biochemisches Leistungsmuster, das ihre Identifizierung ermöglicht. Häufig ist die Substratumsetzung an einem Farbumschlag zugesetzter Indikatoren zu erkennen, so daß sich eine „Bunte Reihe" ergibt. Bekannte Beispiele für eine Identifizierung von Bakterien mittels biochemischer Leistungsprüfung stellen die Enterobacteriazeen, Clostridien und Gonokokken dar.

3.4 Interpretation bakteriologischer Anzüchtungsergebnisse

Eine schwierige, große Erfahrung und Kenntnis infektiologischer Zusammenhänge voraussetzende Aufgabe ist die Beantwortung der Frage: „Ist der gefundene Mikroorganismus der Erreger einer gegebenen Infektion?"

Zur Unterscheidung eines Kontaminations- oder Kolonisationskeimes vom Infektionserreger sind Kenntnisse über die Herkunft des gefundenen Keimes erforderlich. Wurde der Mikroorganismus aus normalerweise sterilen Körperbezirken isoliert, so kann man in der Regel davon ausgehen, daß er auch die Infektion verursacht. Hierbei ist es gleichgültig, ob es sich um einen obligat oder fakultativ pathogenen Erreger handelt, und in welchen Quantitäten er nachgewiesen werden konnte. Erfolgte die Erregerisolierung dagegen aus mit einer *Standortflora* kontaminierten Untersuchungsmaterialien, so ist diese vom aktuellen Krankheitserreger abzugrenzen. Das ist einfach beim Vorliegen eines obligat pathogenen Keimes, der nicht zur Standortflora gehört, und schwierig beim Vorliegen fakultativ pathogener Infektionserreger, da letztere in der Regel der Standortflora angehören.

Grenzzahlen

Der Nachweis von fakultativ pathogenen Infektionserregern in Körperbezirken mit Standortflora erlaubt erst dann bindende Rückschlüsse, wenn die Erregerzahl im Vergleich zum Normalzustand („Grenzzahl") deutlich erhöht ist (Tabelle 3.4).

Daher strebt man an, fakultativ pathogene Keime in Proben, die mit Standortflora kontaminiert sind, im Rahmen der Kultur zu quantifizieren. Werden bestimmte Grenzzahlen überschritten, so liegt damit ein Hinweis auf den Erreger vor. Am häufigsten werden transurethrale Untersuchungsmaterialien wie Urin, Exprimat, Ejakulat quantitativ analysiert; Versuche in dieser Richtung macht man gelegentlich auch mit Sputen und Wundabstrichen.

Exakte quantitative Keimzahlen sind nur aus Flüssigkeiten zu erhalten (z. B. Blasenpunktat, Spontanurin, Ejakulat, Blut, Liquor, Erguß). Hierbei wird das Material mit einer *kalibrierten Öse* oder *Pipette* auf die Kulturmedien gebracht. *Abstriche* (mit Öse oder Tupfer) führen dagegen nur zu „halbquantitativen" Aussagen über den Erregergehalt in der Probe (z. B. Nasen-Rachen-Abstrich, Hautabstrich, Urethralabstrich). Ein weiteres empfehlenswertes Verfahren zur quantitativen Erregerbestimmung ist die Durchführung von *Abklatsch-* oder *Abdruck*verfahren mit

Tabelle 3.4. Ausgewählte Beispiele für Grenzzahlen bei Infektionen durch fakultativ pathogene Bakterien

Material	Erreger	Grenzzahlen (KBE/ml)[a]
Mittelstrahlurin	z. B. E. coli u. a. Eitererreger	$10^4 - 10^5$ (Kass'sche Zahl)
Urin	Sproßpilze	$10^4 - 10^5$
Vaginalsekret	Gardnerella und Anaerobier	10^7
Sputum	Sproßpilze	$10^5 - 10^6$
Stuhl	Sproßpilze	10^6

[a] Koloniebildende Einheiten

sog. *RODAC-Platten*. Hierbei liegt der Agar über dem Niveau der Agarschale, so daß die betreffende Körperstelle (äußere Haut) direkt auf ihm abgedrückt werden kann.

Um die Problematik der Interpretation von Isolaten fakultativ pathogener Keimarten deutlich zu machen, sei als Beispiel der kulturelle Nachweis von E. coli genannt. Im Zusammenhang mit den klinischen Befunden deutet die Isolierung dieses Erregers aus dem Blut eine Sepsis und aus dem Liquor eine Meningo-Enzephalitis an. Im Stuhl ist E. coli regelmäßig und in großen Quantitäten nachzuweisen, da sie der physiologischen Kolonisationsflora des Dickdarmes angehört. Andererseits können bestimmte Stämme, z. B. toxinbildende (ETEC) oder invasive Stämme (EIEC) eine Enteritis auslösen. Im Blasenpunktat weisen bereits wenige E. coli auf eine Harnwegsinfektion hin, da die Harnblase normalerweise frei von Erregern ist. Anders bei der Beurteilung von E. coli-Keimen in transurethralen Proben, wie z. B. im Spontanurin: Hier können bis zu 10^3 koloniebildende Einheiten pro ml Mittelstrahlurin noch als eine Kontamination angesehen werden. Erst ab einer Grenzzahl von 10^5 E. coli pro ml Urin (Kass'sche Zahl) spricht man von einer signifikanten Bakteriurie und wertet dies als Hinweis auf eine Infektion. In solchen Fällen wird die isolierte Erregerart identifiziert; des weiteren wird ein Antibiogramm angefertigt. Klagt der Patient jedoch über eine Pollakisurie und Dysurie, ist er Träger eines Dauerkatheters oder wurde mit der Chemotherapie bereits begonnen, so können schon geringere Erregerzahlen als 10^4/ml Mittelstrahlurin als ätiologisch relevant angesehen werden. Schließlich gibt es wichtige Krankheitsbilder (z. B. die Urethro-Prostatitis und das Urethral-Syndrom), bei denen keine Erreger-Vermehrung in der Blase stattfindet, die zu hohen Keimzahlen im Urin führt, so daß auch hier geringere Erregerzahlen als 10^4/ml Urin diagnostische Bedeutung haben können.

3.5 Antigen- und Antikörpernachweisverfahren

In den letzten Jahren sind die Verfahren, Erregerantigene nachzuweisen, verbessert und vereinfacht worden. Im Prinzip beruhen diese Verfahren darauf, mit bekannten spezifischen Antikörpern einen fraglichen Antigenkomplex (= Erreger) zu bestimmen. Hierbei stehen zwei Fragestellungen im Vordergrund:

Antigen (unbekannt) + Antikörper (bekannt) = Erregerdiagnose
Antigen (bekannt) + Antikörper (unbekannt) = Antikörperdiagnose =Serodiagnose

Zur Erkennung des Immunkomplexes können Antigen bzw. Antikörper ***markiert*** werden, was am häufigsten mittels Enzymen, Fluorochromen oder Isotopen geschieht. Die betreffenden Reaktionen werden ELISA (Enzyme-Linked Immuno-Sorbent-Assay), IFT (Immunofluoreszenztest) oder RIA (Radio-Immun-Assay) genannt. Diese Testprinzipien können sowohl zum Antigen- wie auch zum Antikörpernachweis herangezogen werden (s. S. 172).

Ein zusätzlicher Weg, Antigen-Antikörper-Komplexe nachzuweisen, besteht in der Verwendung von Anti-Antikörpern (z. B. Anti-Human-Globulin vom Tier), die gleichfalls in der oben genannten Weise markiert werden (s. S. 172). Von den ELISA-, IFT- und RIA-Testen gibt es zahlreiche Variationen.

3.5.1 Antigennachweisverfahren

Eine Erregeridentifizierung kann mit Hilfe spezifischer *Antikörper vor und nach* der Isolierung erfolgen. Die Identifizierung von Erregern und einzelnen antigenen Bestandteilen davon *nach* der Erregerisolierung wird seit langem praktiziert (Gruppenbestimmung bei Streptokokken, Objektglasagglutination zur Bestimmung der Antigenstruktur bei Salmonellen, Ko-Agglutination zum Nachweis von Meningokokken-, Pneumokokken- oder Haemophilus influenzae-Antigenen u. v. a. m.).

Dagegen ist der *direkte Nachweis* von Erregern im Untersuchungsmaterial aufgrund ihrer antigenen Eigenschaften noch *vor* der Erregerkultur erst in den letzten Jahren vorangekommen. Diese diagnostischen Schnellverfahren beruhen auf dem Einsatz spezifischer monoklonaler oder polyklonaler Antikörper, die direkt auf das erregerhaltige Untersuchungsmaterial gegeben werden. Da die Antikörper mit Fluorochromen (meist Fluoreszein-Isothiocyanat) oder Enzymen markiert bzw. an Latexpartikel fixiert sind, ist der Nachweis der betreffenden Immunkomplexe relativ leicht im Fluoreszenzmikroskop (direkter IFT: Immunfluoreszenztest), anhand einer Enzym-Substratreaktion (ELISA: Enzyme-Linked Immuno-Sorbent-Assay) oder der Latex-Agglutinationsreaktion zu führen. Auf diese Weise ist es möglich, im zellreichen Untersuchungsmaterial (z. B. in Schleimhautabstrichen) Chlamydien- und Herpes simplex-Antigene direkt nachzuweisen. Derartige diagnostische Antigennachweise sind auch in den Fällen besonders wertvoll, in denen man die infektiösen Partikel noch nicht routinemäßig anzüchten kann. So weist man anstelle des kompletten infektiösen Hepatitis-B-Virus dessen antigene Untereinheiten, z. B. das HB_s- und HB_e-Antigen im Sinne von Infektionsmarkern mittels spezifischer Antiseren nach.

Diese diagnostischen Antigennachweise sind insofern praxisgerecht, als sie rasch zu einem Ergebnis führen (kein Zeitverlust bei der dringlichen Liquordiagnostik) und aufwendige Anzüchtungsverfahren (Gewebekulturen bei Chlamydien und Virusarten) ersetzen können.

Hinzu kommt, daß sie einen unproblematischen Postversand der Untersuchungsprobe ermöglichen (der Abfall der Konzentration hat beim Antigennachweis keinen Einfluß auf die Qualität des Untersuchungsergebnisses). In Zukunft ist daher mit der Einführung weiterer Methoden zum direkten Erreger-(Antigen)-Nachweis zu rechnen.

3.5.2 Antikörpernachweisverfahren (Serodiagnose), Titerbegriff, Grenzwerte

Während einer Infektion bilden sich in der Regel spezifische Antikörper und spezifisch reagible T-Lymphozyten aus. Der Nachweis ihrer Qualität und Quantität vor allem im Serum wird daher seit langem als zusätzlicher Indikator für eine Infektion angesehen. Die Ermittlung von spezifischen Antikörpern mittels bekannter Antigene wird auch als *„Serodiagnose"* bezeichnet und von der „Erregerdiagnose" mittels spezifischer Antikörper abgegrenzt.

Titerbegriff. Antikörperkonzentrationen werden hierbei als Titer ausgedrückt. Als Titer bezeichnet man diejenige Menge von Antikörper bzw. Antigen, oft als Reziprokes der Verdünnungsstufe angegeben, bei der in dem benutzten Nachweisverfahren gerade noch ein Endergebnis ablesbar ist. Z. B. bedeutet der Agglutinationstiter 64, daß ein antikörperhaltiges Serum bei einer Verdünnung von 1 : 64 gerade noch eine ablesbare (in diesem Falle sichtbare) Verklumpung ergibt.

Nicht alle Krankheitserreger induzieren die Bildung diagnostisch verwertbarer Antikörper. Beispielsweise rufen die zahlreichen extrazellulären Eiterrerreger und die Tuberkulosebakterien keine für die Routinediagnostik verwertbaren humoralen Antikörper hervor. Der Schwerpunkt der mikrobiologischen Diagnostik solcher Infektionen liegt daher auf dem Gebiet der Erregerisolierung. Andererseits sind zahlreiche Erreger bekannt (z. B. Virusarten, Syphiliserreger), die diagnostisch wichtige humorale Antikörper induzieren. Hier sind Antikörpernachweise weiterhin unentbehrlich.

3.5.3 Interpretation serologischer Reaktionen

Die Beurteilung einer serologischen Reaktion muß sehr kritisch erfolgen:

- Bereits durchgemachte symptomatische als auch asymptomatische (!) Infektionen, „Leihimmunitäten" (diaplazentare Übertragung von Antikörpern der Mutter auf das Kind), Bluttransfusionen sowie aktive und passive Immunisierungen, können das Auftreten von spezifischen Antikörpern verursachen. Daher müssen derartige Antikörper bzw. *„Serumnarben"* bei der Beurteilung von serologischen Reaktionen stets berücksichtigt werden.
- Da die Bildung spezifischer humoraler Antikörper erst etwa 8–10 Tage nach Infektionsbeginn einsetzt (IgM-Antikörper treten früher als IgG-Antikörper auf), spielt der Zeitpunkt für eine Serumabnahme eine große Rolle. Im allgemeinen wird angestrebt, ein *„Serumpaar"* gleichzeitig auf Antikörper zu untersuchen. Hierzu wird eine Serumprobe zu Beginn der Erkrankung gewonnen und ihr Antikörpertiter mit dem einer zweiten etwa 10 Tage später gewonnenen Serumprobe verglichen. Der Nachweis eines signifikanten (4-fachen) Antikörpertiteranstieges bzw. -abfalles ist von besonders großer diagnostischer Beweiskraft.
- Es gibt Infektionen, bei denen der Nachweis einer signifikanten Antikörpertiterbewegung oft nicht gelingt. Hierzu gehören:
  - Patienten mit Infektionen, deren Symptomatik erst längere Zeit nach Infektionsbeginn einsetzt (z. B. bei Hepatitis A und B),
  - Patienten, denen erst längere Zeit nach bestehender Symptomatik erstmals Serum zur Antikörperbestimmung abgenommen wurde (u. a. weil sie spät zum Arzt kamen),
  - Patienten mit rezidivierenden Infektionen, wie z. B. rezidivierenden lokalisierten Herpes-simplex-Infektionen, und
  - Patienten mit Re-Infektionen, z. B. mit Chlamydien; diese weisen nur schwer interpretierbare Antikörpertiter auf.

  In derartigen Fällen kann oft nicht sicher entschieden werden, ob die nachgewiesenen Antikörper Ausdruck einer früheren oder jetzt bestehenden Infektion sind. Als Hinweise auf eine erneute (floride) Infektion zieht man hier den Nachweis der „frühen" Antikörper, d. h. IgM-Antikörper, oder/und einen besonders hohen IgG-Einzeltiter heran.

Tabelle 3.5. Grenzwerte bei der Antikörperbestimmung gegenüber Bakterien, Pilzen und Parasiten

Erkrankung	Durchgeführtes Verfahren	Grenzwert	Hinweise
Amoebiasis	Passive Hämagglutination	1:32	Dient der Diagnose invasiver Formen
	IFT	1:80	
Aspergillose	Passive Hämagglutination	1:20	Gegen Aspergillus flavus, fumigatus, niger
Borreliose (B. burgdorferi)	IFT	1:64	Nur bei negativem FTA-Abs verwertbar
Brucellose	Agglutinationsreaktion	1:100	Lange Titerpersistenz
	KBR	1:10	Kreuzreaktion mit F. tularensis, Salmonellen
Campylobacter jejuni/coli-Infektion	KBR	1:10	
Candidiasis	Passive Hämagglutination	1:160	Zum Nachweis generalisierender Candida-Infektionen
Chlamydien-infektion[1]	Immunperoxidase-Assay (IPA)		Antikörpernachweis gegen C. trachomatis, alle Serogruppen
	IgG	1:64	
	IgA	1:16	
Echinokokkose	Passive Hämagglutination	1:256	Zwei weitere Methoden (ELISA, KBR). Die Methoden ergänzen sich. Falsch negativer Ausfall aller Methoden ist beschrieben.
	Latexagglutination		
Legionellose	ELISA	Index > 1 IFT 1:128	Antikörpernachweis mit Antigen von L. pneumophila
Leptospirose	KBR	1:10	Keine Stammunterscheidung möglich. Lange Titerpersistenz
	Mikroagglutinationsreaktion	1:100	Stammunterscheidung möglich.
Listeriose	Agglutination	1:320	Gegen Serotypen I und IVb
Lues	TPHA als Suchtest	1:80	Bei Werten > 1:80 führt das Labor die notwendigen ergänzenden Tests ohne Aufforderung durch.
	FTA-Abs		
	VDRL		
	spez. IgM		
Mykoplasmen-pneumonie	KBR	1:5	Zum Nachweis von Infektionen mit M. pneumoniae
Ornithose	KBR	1:5	Antigen ist gruppenspezifisch, d. h. Reaktion auch bei anderen Chlamydien-Spezies möglich (Psittacosis-Lymphogranuloma-venereum-Trachoma-Gruppe)[2]
Pertussis	IgG ELISA		
	IgA ELISA		
	IgM ELISA		
Q-Fieber	KBR	1:5	Erkrankung durch Coxiella burnetü
Rickettsiosen	Agglutinationsreaktion nach Weil-Felix gegen Proteus OX19 u. OX2	1:160	Reaktion nach Erkrankung mit R.prowazekii, R.rickettsii Keine Stammdifferenzierung möglich
	KBR, typenspezifisch	1:5	

Tabelle wird fortgesetzt

[1] siehe auch Ornithose

[2] Zum Nachweis von Einschlußkörperchenkonjunktivitis, Urogenitalinfektionen, Neugeborenenpneumonien und bei Infekt-Arthritiden (Chl. trachomatis-Gruppe) sind die Anzucht der Erreger und der IPA besser geeignet.

Signifikante Antikörpertiter (höher als der Grenzwert) sind frühestens 7 bis 14 Tage nach Krankheitsbeginn nachweisbar. Ein niedriger oder negativer Antikörperbefund zu Beginn einer Erkrankung erfordert eine Wiederholung (Titeranstieg?) und ist für die Deutung späterer Befunde erforderlich.

Tabelle 3.5. (Fortsetzung)

Erkrankung	Durchgeführtes Verfahren	Grenzwert	Hinweise
Schistosomiasis	Passive Hämagglutination	1:256	
Toxoplasmose	KBR	1:5	
	IFT	1:1000	Persistierende Titer
	Spez. IgM Elisa		
Tularämie	Agglutination	1:160	Kreuzreaktion mit Brucellen
Typhus, Paratyphus B	Agglutinationsreaktion nach Widal	1:100	Antikörper gegen H-Antigen (Geißel) meist höher als O-Antigen (Körper). Bei Geimpften höhere Ausgangswerte
Yersiniose	Agglutinationsreaktion mit OH Antigenen gegen Y. enterocolitica I u. V, pseudotuberculosis I bis V	1:160	Bei Infektionen mit Y. enterocolitica sind signifikante Titer erst 1 Woche nach Erkrankungsbeginn nachweisbar. Bei Infektionen mit Y. pseudotuberculosis sind Y. mit Auftreten der Symptome signifikante Titer nachweisbar. Kreuzreaktionen mit Brucellen und Salmonellen

Letzterer entsteht durch die Boosterung (Auffrischung) von spezifischen IgG-Gedächtniszellen.

- Der Nachweis von IgM-Antikörpern zeigt den *Beginn* einer Infektion, gegebenenfalls einer *intrauterinen* Infektion an; eine diaplazentare Übertragung des hochmolekularen IgM ist nicht möglich! Ein erneuter IgM-Nachweis ist ein Hinweis auf eine Zweitinfektion (*Re-Infektion*). Bei der Syphilis wird hierdurch die Behandlungsbedürftigkeit angezeigt (Durchführung eines 19 S-IgM-TPHA oder IgM-FTA-Abs-Testes).

  Allerdings kann eine IgM-Antwort bei bestimmten Infektionen fehlen. Hierher gehören
  - Infektionen bei Kleinkindern bis zum 2. Lebensjahr wegen des natürlicherweise vorhandenen relativen B-Zell-Defektes.
  - Lokalinfektionen
  - Re-Infektionen nach natürlicher Infektion und Vakzination
  - Reaktivierungen von latenten Infektionen
  - Infektionen bei immunsupprimierten Patienten.

- Es ist zweckmäßig, flüchtige und persistierende humorale Antikörper zu unterscheiden. Die starke Bewegung der flüchtigen, mit der aktuellen Erkrankung etwa parallel gehenden Antikörper dient als zuverlässiger Infektionsmarker.

  Ein starker Abfall dieser Antikörper unter einer antibiotischen Therapie zeigt zudem den Therapieerfolg an. Im Falle der Syphilis wird dieser mit der *quantitativen Cardiolipinreaktion* beurteilt.

  Ein mäßig hoher Einzeltiter, der über Wochen und Monate konstant bleibt, weist auf eine frühere bereits abgelaufene Infektion hin. Diese kann persistierende immunisierende und *nicht-immunisierende* humorale Antikörper hinterlassen (***Serumnarbe***).

  Der Nachweis überstandener immunisierender Infektionen kann von praktischer Bedeutung sein. So weist z. B. bei Graviden ein ausreichend hoher Antikörpertiter gegen Röteln-Viren auf einen Schutz vor der Gefahr der intrauterinen Infektion hin.

- Ein erhöhter IgA-Titer kann eine floride Infektion anzeigen. Das IgA gehört zu den flüchtigen Antikörpern, die oft mit der aktuellen Infektion parallel laufen.

Ergebnisse serologischer Reaktionen müssen stets im Zusammenhang mit den klinischen Befunden, der Anamnese und dem Erregerisolierungsversuch gesehen werden. Ist letzterer routinemäßig noch nicht möglich (Syphilistreponemen, Toxoplasmen, Hepatitis-B-Virus, HIV1) oder ist der optimale Termin für eine Erregerkultur versäumt worden (zahlreiche respiratorische Virusarten lassen sich nur wenige Tage nach Erkrankungsbeginn aus dem Rachensekret anzüchten), so kommt der klinischen Diagnose und dem serologischen Befund eine besondere Bedeutung zu.

Grenzwerte. Bei der serologischen Diagnostik von Infektionen ist der jeweilige Grenzwert des Antikörpertiters entscheidend für die diagnostische Relevanz (Tabelle 3.5).

3.6 Molekularbiologische Verfahren

Ein weiterer Fortschritt in der Erregerdiagnostik ist in der Entwicklung von molekularbiologischen Verfahren zu sehen:

Das Verfahren der ***Hybridisierung*** (DNS-DNS bzw. rRNS-DNS-Hybridisierung) beruht auf der spezifischen Bindung von Erreger-Nukleinsäuresequenzen im Zellmaterial mit gentechnologisch hergestellten und mit Biotin oder radioaktiven Isotopen markierten komplementären DNS-Sonden. Die Doppelstrang-DNS des Erregers wird durch Erhitzen in Einzelstränge aufgetrennt. An diese freigelegten Erreger-DNS-Sequenzen kann sich dann die spezifische komplementäre DNS-Sonde binden (Hybridisierung). Die Bindung wird dadurch sichtbar gemacht, daß sich die mit Biotin markierte DNS-Sonde über einen Avidin-Enzym-Komplex mikroskopisch-färberisch darstellt und die mit Isotopen markierte DNS-Sonde direkt messen läßt.

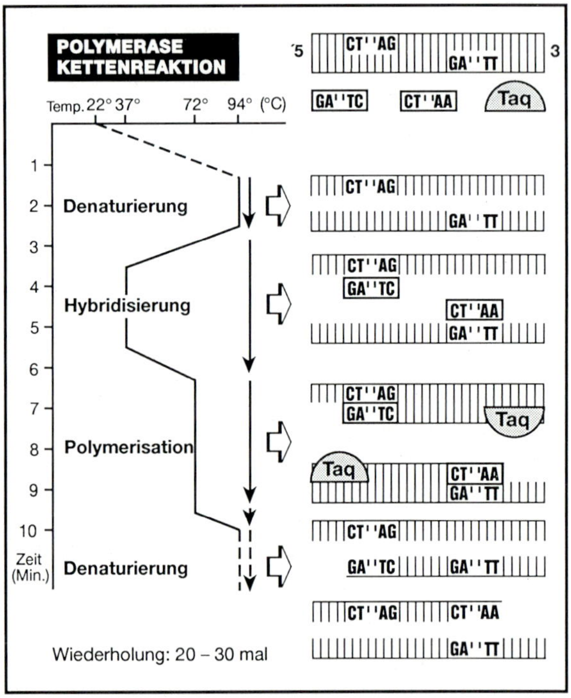

Abb. 3.5. Schematische Darstellung der Polymerase-Kettenreaktion. Die Vermehrung eines bestimmten DNS-Abschnitts erfolgt in einem Reaktionsgefäß, das alle erforderlichen Ausgangssubstanzen enthält und pro Reaktionszyklus drei unterschiedlichen Temperaturen ausgesetzt wird (linker Bildteil). Ein Zyklus dauert etwa 10 min. Oben rechts: Ausschnitt aus der DNS-Doppelhelix. Der Bereich zwischen den Sequenzen CT ... AG und GA ... TT soll amplifiziert werden. Hierzu benötigt man zwei Starter, d. h. Primer oder Oligonukleotide, die diesen beiden Sequenzen komplementär sind (GA ... TC, CT ... AA) sowie die hitzeunempfindliche Taq-Polymerase. Der erste Schritt besteht in der Denaturierung der DNS, wodurch die Doppelstränge auseinanderweichen. Anschließend erfolgt die Hybridisierung mit den Oligonukleotiden, d. h. das „Anbinden" der beiden Starter an je einen der beiden DNS-Stränge. Diese doppelsträngigen Bereiche werden von der Taq-Polymerase erkannt, die jetzt jeweils einen neuen DNS-Strang synthetisiert. Ein solcher Zyklus kann durch erneute Denaturierung und Hybridisierung 20–30mal in dem gleichen Reaktionsgefäß wiederholt werden. Das entsprechende DNS-Molekül wird auf diese Weise u. U. millionenfach vermehrt. (Aus Sperling 1989)

Bei der ***DNS-Polymerase-Kettenreaktion*** kommt es zur Amplifizierung erregerspezifischer Gensequenzen.

Der erste Schritt besteht darin, daß durch Temperaturerhöhung die Erreger-DNS denaturiert wird. Danach wird das Gefäß auf die Hybridisierungstemperatur abgekühlt, bei der sich die entsprechenden Oligonukleotide (Primer) an ihre komplementäre Sequenz binden. Diese doppelsträngigen Bereiche werden von der DNS Polymerase erkannt, die einen neuen Strang synthetisiert (die Richtung der Synthese wird durch die sog. Polarität der DNS bestimmt). Dies geschieht wieder bei einer bestimmten Temperatur. Nach wenigen Minuten wird die Reaktion durch Temperaturerhöhung auf über 90 °C gestoppt, wodurch zugleich die neu synthetisierte, doppelsträngige DNS wieder denaturiert wird und der gesamte Prozeß von vorn beginnen kann. Nach 20 bis 30 Zyklen, die automatisch gesteuert werden, kann so innerhalb von 3–4 Stunden ein bestimmtes DNS-Segment millionenfach vermehrt werden. Ursprünglich war dieses Verfahren sehr teuer, da bei jedem Erhitzen auf über 90 °C die Polymerase zerstört wurde und wieder hinzugesetzt werden mußte. Heute verwendet man ein hitzeunempfindliches Enzym aus dem Bakterium Thermus aquaticus, das aus heißen Quellen von 70°–80° isoliert wurde (Abb. 3.5).

3.7 Lysotypie

Lysotypie ist ein Bakterienidentifizierungsverfahren mit Hilfe von Bakteriophagen (= Bakterienviren). Es stellt kein Routineverfahren dar und ersetzt nicht die üblichen Bakterienisolierungs- und -identifizierungsverfahren. Obwohl die Lysotypie bei fast allen Bakterien anwendbar ist, hat sie sich nur bei einer kleinen Zahl durchgesetzt, nämlich bei:

- Salmonella typhi u. a. Salmonellen
- Staphylococcus aureus
- Pseudomonas aeruginosa
- Streptococcus pyogenes
- Mycobacterium tuberculosis.

Die Lysotypie der Salmonellen (insbesondere S. typhi) ist am gebräuchlichsten.

Die Lysotypie hat dort ihren Platz, wo ein ungewöhnliches Infektionsereignis eingetreten ist. Sie dient zur *Aufdeckung der Infektionsquelle* und stellt somit ein epidemiologisches Hilfsmittel dar bei:

- postoperativen Wundinfektionen
- neonatalen Infektionen
- Lebensmittelvergiftungen
- Suche nach Dauerausscheidern u. a. m.

Arbeitsprinzip

Bakteriophagen sind spezifisch für Bakterien, wobei beispielsweise unterschiedliche S. aureus-Stämme durch verschiedene Phagen lysiert werden, in bestimmten Fällen nur durch einen einzigen. Läßt man auf Vertreter ein und desselben S. aureus-Stammes einen Satz verschiedener Phagen einwirken, so ergibt sich ein reproduzierbares spezifisches Lyse-Muster (Lysotyp oder Phagentyp), das den vorliegenden Stamm charakterisiert. Bakterien mit dem gleichen Lyse-Muster gehen mit hoher Wahrscheinlichkeit auf dieselbe Infektionsquelle zurück.

Der Phagentyp eines Stammes bleibt in der Regel konstant.

3.8 Tierversuch

Der diagnostische Tierversuch wird eingesetzt bei:

- Anzüchtung von Tuberkulosebakterien im Meerschweinchen (s. S. 447);
- Exotoxinnachweis bei Verdacht auf Tetanus und Botulismus im Mäusetest (s. S. 431);

Der Tierversuch hat in jüngsten Jahren sehr an Bedeutung abgenommen. Die Gründe hierfür sind einmal eine restriktive Gesetzgebung (Tierschutzgesetz) und zum anderen die Entwicklung neuer sensitiver und spezifischer Nachweisverfahren für Mikroorganismen.

3.9 Zur Treffsicherheit von diagnostischen Tests

Aus dem positiven oder negativen Labortest kann nicht zwangsläufig geschlossen werden, daß eine gegebene Aussage 100%ig richtig ist. Zahlreiche unterschiedliche Faktoren können Anlaß zu falsch-positiven und falsch-negativen Laborergebnissen geben.

Hierzu gehören u. a.:

- Fehler in der Materialgewinnung
- Transportfehler beim Umgang mit Untersuchungsmaterial
- Zu geringe Erregerzahlen, um sie mittels Mikroskopie, Antigen- oder Kulturverfahren zu erkennen. So rechnet man z. B. im Falle der Tuberkulosebakterien mit folgenden Zahlen:
  - Positive Mikroskopie: um 10^5 Keime/ml
  - Positive Kultur: um 10^2–10^3 Keime/ml
  - Positiver Tierversuch: um (10)–500 Keime/ml
- Zu geringe Prävalenz der betreffenden Krankheit
- Bestimmte pathogenetische Faktoren und Therapie-Einflüsse

Hierzu zwei Beispiele:

Abhängig von der Art und von der Lokalisation eines septischen Herdes gelingt es nur in einem Teil der Fälle, den Sepsiserreger in der Blutkultur nachzuweisen. Die Gründe hierfür liegen oft in dem kurzfristigen und wechselhaften Auftreten von Mikroorganismen in der Blutbahn von Sepsispatienten und einer bereits begonnenen Chemotherapie. Der negative Ausfall von Blutkulturen schließt daher keineswegs eine Sepsis aus.

Ein anderes Beispiel stellen die kulturellen Nachweise der zahlreichen respiratorischen Viren dar. Auch hier hat nur der positive Virusnachweis diagnostische Bedeutung, da diese Viren oft nach den ersten Krankheitstagen aus dem Nasen- und Rachenraum verschwinden.

Aufgrund dieser „Dunkelziffern“ (falsch-positive und falsch-negative Befunde) ergibt sich die wichtige Regel, daß *eine Infektionsdiagnose alle verfügbaren klinischen Befunde und Laborbefunde zu berücksichtigen hat.*

In der Sprache der Statistik hängt die Treffsicherheit eines diagnostischen Testes von bestimmten Parametern ab: insbesondere von der

- diagnostischen Sensitivität
- diagnostischen Spezifität
- Prävalenz.

Die ***diagnostische Sensitivität*** bezeichnet die Wahrscheinlichkeit, mit der ein diagnostisches Verfahren bei einem Kranken (im Sinne des Verfahrens) positiv ausfällt.

Die ***diagnostische Spezifität*** bezeichnet die Wahrscheinlichkeit, mit der dieses gleiche Verfahren bei einem Nichtkranken im Sinne des Tests negativ ausfällt.

Die beiden Parameter werden in Modelluntersuchungen an relativ großen Zahlen von „sicher Kranken" und „sicher Nichtkranken" festgestellt. Obwohl es sich dabei um wichtige Parameter handelt, reichen sie nicht aus, die Treffsicherheit eines diagnostischen Testes unter den Bedingungen der aktuellen diagnostischen Situation zu bestimmen. Der Grund hierfür liegt darin, daß in der Praxis nicht gefragt wird, wieviel Prozent Kranke einen positiven Test und wieviel Prozent Gesunde einen negativen Test ergeben, sondern man fragt hier umgekehrt: Wie groß ist die *Wahrscheinlichkeit*, daß Krankheit vorliegt, wenn der Test positiv ausfällt, oder: Wie groß ist die Wahrscheinlichkeit von Nichtkrankheit, wenn der Test negativ ausfällt. Dadurch ergeben sich zwei neue bedingte Wahrscheinlichkeiten, nämlich der *prädiktive Wert* (= Voraussagewert) des positiven Resultates und der prädiktive Wert des negativen Resultates.

Der ***prädiktive Wert*** des positiven Resultates beziffert die Wahrscheinlichkeit, mit der ein positives Resultat für Krankheit (im Sinne des Tests) spricht. (Die Differenz dieses Wertes zu 1,0 resp. 100% beziffert die Wahrscheinlichkeit für ein „falsch-positives" Ergebnis). Der prädiktive Wert des negativen Resultats beziffert die Wahrscheinlichkeit, mit der ein negatives Resultat für Non-Krankheit (im Sinne des Tests) spricht. (Die Differenz dieses Wertes zu 1,0 resp. 100% beziffert die Wahrscheinlichkeit für ein „falsch-negatives" Ergebnis).

Diese wichtigen Werte hängen entscheidend von der ***Prävalenz*** der Krankheit ab. Mit diesem Begriff belegt man die Häufigkeit, mit der die betreffende Krankheit im untersuchten Kollektiv vorkommt. Mit abnehmender Prävalenz sinkt der prädiktive Wert des positiven Resultats, während der prädiktive Wert des negativen Resultats steigt.

Die für die klinische Situation relevanten Daten eines diagnostischen Labortests sind daher: Sensitivität, Spezifität *und* Prävalenz. Erst mit diesen drei Parametern läßt sich abschätzen, mit welcher Wahrscheinlichkeit ein positives oder negatives Testergebnis das Vorliegen oder Fehlen einer Krankheit unter den aktuellen klinischen Gegebenheiten anzeigt.

Sind z. B. bei einem serologischen Test die diagnostische Sensitivität und die diagnostische Spezifität jeweils 99,5% (also hoch), so kann dennoch aus dem Testresultat in der aktuellen diagnostischen Situation bei einem beliebigen Patienten keineswegs daraus geschlossen werden, daß mit 99,5%iger Sicherheit spezifische Antikörper vorliegen oder nicht! Dieser Test mit der genannten hohen Sensitivität und Spezifität kann sowohl eine hohe als auch eine sehr niedrige diagnostische Sicherheit anzeigen, je nachdem wie hoch die Prävalenz der Krankheit ist (d. h. die Häufigkeit, mit der die betreffende Krankheit im untersuchten Kollektiv vorkommt). Wenn viele Gesunde da sind, kommt die Möglichkeit des „falsch-positiven Ergebnisses" öfter „zum Zug", als wenn viele Kranke da sind. So kommt es, daß ein Antikörper-Suchtest auf eine HIV-Infektion mit einer hohen Sensitivität und Spezifität in einem durchseuchten Kollektiv (z. B. bei intravenös Drogenabhängigen) zu einer sehr hohen Trefferquote führt, während der gleiche Test bei Blutspendern mit einer sehr viel geringeren HIV-Prävalenz eine niedrigere diagnostische Treffsicherheit besitzt.

Zusammenfassung: Infektionsdiagnostik (Prinzipien)

1) Klinische Diagnose

Anamnese: Frühere Infektionen? Infektionsbegünstigende diagnostische und therapeutische Eingriffe sowie Grundleiden? Infektionen als „Zweitkrankheit"? Schutzimpfungen (Impfbuch), gravide? (Mutterpaß), Alter, Geschlecht, Tierkontakt, Auslandsreisen? Frühere Chemotherapie? Zur Zeit unter Chemotherapie?

Symptome: Unspezifische Zeichen der Allgemeininfektion? (Kopfschmerz, Gliederschmerz,

Augendruck, Müdigkeit, Fieber, respiratorische Symptome), Leitsymptome von seiten der Haut, Schleimhäute, des Darmes, des Kopfes, usw.? Warzen? Condylome? Lymphknotenschwellungen? Husten, Heiserkeit, Exantheme, Enantheme? Ikterus? Fluor? Angina? Enteritis? Urethritis? Fieber? Schüttelfrost? Nackensteifigkeit? Kopfschmerz? Erbrechen? Gelenkschmerzen? Abdominalschmerzen? Paresen? u. a. m.

Asymptomatische Verläufe! (aufgedeckt durch Routineuntersuchungen oder durch Partneruntersuchungen bei sexuell übertragbaren Krankheiten)

Syndrom (Symptomenkomplex): liegt oft vor. Bevorzugter wertvoller Begriff in der Klinik, erstes nosologisches Sammelbecken bzw. „Krankheit im Wartestand". Zeigt an, daß ätiologische Differenzierung allein mit klinischen Mitteln nicht erfolgen kann.

Weitere Überlegungen:
Epidemiologische Lage → Krankenhausaufnahme
Übertragungsweg(e) → antibiotische Soforttherapie
HWG-Person/Partnermitbehandlung → antibiotische Umgebungsprophylaxe
Doppelinfektion → pathogenetischer Grundtyp
Meldepflicht → Einleitung von Desinfektions- und Sterilisationsmaßnahmen
Untersuchungsmaterial: Gewinnung/Transport

Ergebnisse aus klinischem Labor einer Infektionsabteilung:
- Mikroskopische Analyse von Untersuchungsmaterialien (Urin, Liquor, Blut, u. a.)
- Blutbild, Blutsenkungsreaktion
- Leukozyten, Erythrozyten, Eiweiß, Zucker in Urin, Liquor, u.a. Untersuchungsmaterialien
- Hinweise aus Inspektion, Palpation und Auskultation
- Hinweise aus Röntgenbefunden und Ultraschallanalysen
- Anlage von eiligen Blut- und Liquorkulturen

2) Labordiagnose

(a) Keimisolierung („Kultur") – *künstliche Nährböden* (Elektivnährböden, Selektivnährböden, Differenzierungsnährböden, Kombinationen)
- anspruchslose/anspruchsvolle Keime
  rasch wachsende/langsam wachsende Keime
- spezifische Keime: qualitativer Nachweis
  unspezifische Keime: quantitativer Nachweis aus besiedelten Körperregionen
  qualitativer Nachweis aus sterilen Körperregionen
- Sauerstoffbedürfnisse: Aerobier, Mikroaerophile, Anaerobier

Antigennachweis
- Schnellmethoden zum Antigennachweis vor Keimisolierung im Direktmaterial mittels monoklonaler/polyklonaler Antikörper (IFT, ELISA, u. a.)

bekannter Antikörper + unbekanntes Antigen (Keim) = Erregerdiagnose

- Methoden zum Antigennachweis (oft antigener Untereinheiten) ***nach*** Keimisolierung (Elektest, Objektträgeragglutination bei Salmonellen, Streptokokkengruppierungen u. a.)
  - *Gewebekultur:* Chlamydien, Virusarten
  - *Tierversuch* (selten): einige Virusarten, Botulismus, Tetanus, Gasbrand, Tuberkulose

(b) Keimidentifizierung gfl. Antibiogramm fertigen
- Morphologie: Hinweise aus der Mikroskopie: Größe, Gestalt, Sporen, Kapsel, färberisches Verhalten.
  Hinweise aus der Kultur: Hämolyse, Sauerstoffbedürfnis, Kolonieform, Koloniegröße, usw.
- Biochemische Leistungsprüfung: Bunte Reihe. Spezifische Umsetzung angebotener Substrate (z.B. Zuckerarten)
- Antigennachweis mittels spezifischer Antikörper: (siehe oben unter „Antigennachweis")
- Tierversuch (selten)
- Lysotypie (selten, zur Epidemiologie z. B. bei Salmonella typhi)

(c) Molekularbiologische Diagnostik: Nachweis von Erreger-Nukleinsäure

Hybridisierungstechniken

Erreger-DNA? + DNA-Sonde$^{\text{Biotin oder Isotop}}$

Erreger-rRNA? + DNA-Sonde$^{\text{Biotin oder Isotop}}$

Polymerase-Kettenreaktion

Erreger-DNA + Oligonukleotid-Primer + DNA-Polymerase = Polymerase-Kettenreaktion
⟹
20-30 malige Wiederholung

(d) Antikörpernachweis: Präzipitation, Agglutination, KBR, IFT, ELISA, RIA

bekanntes Antigen + unbekannter Antikörper = Antikörperdiagnose

- Nachweis der Qualität und Quantität spezifischer humoraler Antikörper (selten Sekretantikörper)
- Nachweis einer signifikanten Titerbewegung (Anstieg/Abfall); hoher Einzeltiter, Serumnarbe, IgM-Bestimmung

VI
Spezielle Bakteriologie

1 Staphylokokken

H. Hahn

INHALTSÜBERSICHT

1.1 Allgemeines zur Gattung Staphylococcus 249
1.2 Staphylococcus aureus 250
1.2.1 Besonderheiten im Aufbau 250
1.2.2 Extrazelluläre Virulenzfaktoren 250
1.2.3 Identifizierung und Differenzierung 252
1.2.4 Kultur 253
1.2.5 Resistenz gegen äußere Einflüsse 253
1.2.6 Vorkommen 253
1.2.7 Epidemiologie 253
1.2.8 Übertragung 253
1.2.9 Pathogenese 253
1.2.10 Klinik 254
1.2.11 Toxinbedingte Erkrankungen 255
1.2.12 Immunität 256
1.2.13 Labordiagnose 256
1.2.14 Therapie 257
1.2.15 Prävention 257
Zusammenfassung 258
1.3 Koagulasenegative Staphylokokken 258
1.3.1 Kultur 258
1.3.2 Extrazelluläre Produkte 258
1.3.3 Vorkommen und Epidemiologie 259
1.3.4 Pathogenese 259
1.3.5 Klinik 259
1.3.6 Therapie 259
1.3.7 Prävention 259
Zusammenfassung 260
1.4 Mikrokokken 260

1.1 Allgemeines zur Gattung Staphylococcus

Definition

Als Staphylokokken bezeichnet man eine Gattung grampositiver Kokken, die sich in Paaren, Tetraden und Haufen lagern. Sie vermehren sich unter aeroben und anaeroben Bedingungen. Die Katalase-Reaktion ist positiv, Zucker werden oxidativ und fermentativ abgebaut. Die koagulasebildenden Stämme faßt man zur Species St. aureus zusammen. Die zahlreichen Spezies, die keine Koagulase bilden, werden als koagulasenegative Staphylokokken bezeichnet.

Rolle als Krankheitserreger

Staphylococcus aureus ist einer der häufigsten Erreger von ***Eiterungen*** und von ***Sepsis***. Manche Stämme bilden Toxine, die jeweils für ***Brechdurchfälle***, für das ***Toxic-Shock-Syndrom*** oder den Formenkreis der Schälblase ***(Scalded-Skin-Syndrom)*** verantwortlich sind.

Koagulase-negative Staphylokokken-Species gehören zur physiologischen Bakterienflora von Haut und Schleimhäuten. Einige Species können jedoch Harnwegsinfektionen, Sepsis und bei Patienten mit Kunststoffkathetern und -Implantaten das Krankheitsbild der ***Endoplastitis*** hervorrufen.

Taxonomie

Die Gattung gliedert sich in die Arten Staphylococcus aureus, Staphylococcus epidermidis, Staphylococcus saprophyticus und andere (Tabelle 1.1). Zusammen mit den Mikrokokken faßt man Staphylokokken in der Familie der *Mikrokokkazeen* zusammen.

Namensgebung

Der Begriff Staphylococcus leitet sich von dem griechischen Wort Staphyle für *Traube* ab; er bezieht sich auf die haufenförmige Lagerung dieser Kugelbakterien. Das Adjektiv aureus (golden) soll die häufig vorhandene Pigmentbildung zum Ausdruck bringen.

Tabelle 1.1. Arten der Gattung Staphylococcus

Koagulasepositiv:	
S. aureus	
Koagulasenegative:	
S. epidermidis	S. auricularis
S. saprophyticus	S. capitis
	S. cohnii
	S. haemolyticus
	S. hominis
	S. saccharolyticus[a]
	S. simulans
	S. xylosus

[a]Obligater Anaerobier, früher als Peptococcus saccharolyticus bezeichnet

Anm.: Die pathogenetische Bedeutung der einzelnen Arten koagulasenegativer Staphylokokken, außer Staphylococcus epidermidis und Staphylococcus saprophyticus, ist noch ungeklärt.

Geschichte

Die Erreger wurden von *Robert Koch* 1878 in Eiter gesehen. *Louis Pasteur* züchtete sie 1880 in flüssigen Kulturmedien an.

Allgemeiner Aufbau der Staphylokokken

Peptidoglykanschicht. Die Peptide der Peptidoglykanschicht von Staphylokokken sind durch Glycyl-Brücken miteinander verknüpft.

Kapsel. Nur wenige Stämme von Staphylococcus aureus und noch weniger Stämme von koagulasenegativen Staphylokokken bilden eine sichtbare Kapsel. Die Kapseln bestehen entweder aus polymerisierter *Glukosaminuronsäure* oder *Mannosaminuronsäure*. Nichtbekapselte Stämme können auf ihrer Oberfläche geringe Mengen von Kapselpolysaccharid tragen. Die Kapselbildung hängt von den Wachstumsbedingungen ab. Sie erfolgt häufiger in vivo als in vitro; bei Passage auf den üblichen Kulturmedien geht sie schnell verloren.

1.2 Staphylococcus aureus

1.2.1 Besonderheiten im Aufbau

Protein A

Die meisten aus menschlichen Untersuchungsmaterialien isolierten Stämme von Staphylococcus aureus tragen auf ihrer Oberfläche das sogenannte Protein A. Dessen Molekulargewicht beträgt, je nach Isolierungsmethode, 13 000 bis 42 000 Dalton. Der größte Teil des Proteins A bleibt kovalent mit der Peptidoglykanschicht verbunden; eine geringe Menge wird in das Milieu abgegeben.

Protein A reagiert mit dem ***Fc-Stück von Immunglobulinen*** der Klassen IgA, IgM und der IgG-Unterklassen 1, 2 und 4. Dabei bilden sich Präzipitate oder lösliche Komplexe. Durch die Bindung von Protein A an das Fc-Stück verliert dieses seine Fähigkeit, mit dem Fc-Rezeptor phagozytierender Zellen zu reagieren, und die ***Phagozytose*** von antikörperbeladenen Partikeln wird ***behindert***.

Wegen seiner Bindung an das Fc-Stück läßt sich Protein A zur Reinigung von Immunglobulinen aus Proteingemischen oder zur Sichtbarmachung einer Antigen-Antikörper-Reaktion einsetzen.

Gebundene Koagulase (Clumping factor)

Fast alle nichtbekapselten Stämme von Staphylococcus aureus werden durch Plasma oder durch fibrinogenhaltige Lösungen verklumpt. Diese Stämme tragen auf ihrer Oberfläche den sogenannten „Clumping factor", eine zellständige Koagulase. Dieses Enzym aktiviert über Thrombinbildung Fibrinogen zu Fibrin und führt dadurch eine Aggregation der Bakterienzellen herbei.

Der Clumping-Factor ist nicht mit der freien Koagulase (s. unten) zu verwechseln.

1.2.2 Extrazelluläre Virulenzfaktoren (Tabelle 1.2)

Enzyme

Freie Koagulase. Alle Stämme von Staphylococcus aureus bilden als *Exoprodukt* die sogenannte freie Koagulase, die im Plasma zahlreicher Säugetierarten den Gerinnungsprozeß in Gang setzt. Die Bildung von freier Koagulase dient als wichtigstes ***Differenzierungsmerkmal*** bei der Abgrenzung der Species Staphylococcus aureus von den anderen Staphylokokken-Spezies.

Staphylokinase. Die Staphylokinase aktiviert Plasminogen zu *Plasmin* (Synonym: *Fibrinolysin*). Plasmin seinerseits *lysiert die Fibrinkapsel,* die sich in den frühen Phasen der Abszeßbildung um staphylokokkenbedingte Abszesse herum ausbildet, so daß die Erreger sich in den späteren Stadien einer Staphylococcus-aureus-Infektion wieder ausbreiten können.

Lysostaphin. Lysostaphin ist eine spezifische Endopeptidase, die von S. aureus gebildet wird. Das En-

Tabelle 1.2. Extrazelluläre Virulenzfaktoren von Staphylococcus aureus

Virulenzfaktor	Wirkungsweise	Rolle bei der Pathogenese
Enzyme		
Katalase	Katalysiert Umwandlung von H_2O_2 in H_2O und O_2 und entgiftet damit H_2O_2.	Antagonisiert die phagozytäre Abwehr, die auf der Produktion von Sauerstoff-Radikalen mitberuht. Auch diagnostischer Marker zur Identifizierung von Staphylokokken.
Hyaluronidase	Spaltet Hyaluronsäure.	Vielleicht an der Ausbreitung der Erreger im Gewebe beteiligt.
Betalaktamase	Spaltet β-Laktamring von Penizillin G.	Penizillin-G-Resistenz, vor allem im Krankenhaus von Bedeutung.
Nuklease (DNAase)	Phosphodiesterase, spaltet Nukleinsäuren.	Vielleicht an der Ausbreitung im Gewebe beteiligt
Lipasen	Spalten Fette.	Vielleicht an der Ausbreitung der Erreger im Gewebe beteiligt.
Staphylokinase	Lysiert Fibrin.	Lysiert Fibrin-Kapsel um S.-aureus-Eiterungen und erleichtert die Ausbreitung der Erreger im Gewebe.
Koagulase	Setzt Fibrinbildung über Prothrombinaktivierung in Gang.	Unterstützt die Abkapselung der Staphylokokken-Eiterungen.
Lysostaphin		
Toxine		
α-Toxin (α-Hämolysin)[a]	Hämolyse, zerstört Membran vieler Säugetierzellen durch Porenbildung in der Zytoplasmamembran.	Dermatonekrose, zerstört Phagozyten und behindert damit die Phagozytose.
β-Toxin (β-Hämolysin)	Hämolyse, Sphingomyelinase, zerstört Zellen, in deren Membran Sphingomyelin vorkommt.	?
γ-Toxin (γ-Hämolysin)	Hämolyse.	?
δ-Toxin (δ-Hämolysin)	Hämolyse, oberflächenaktiv. Stimuliert auch die c AMP-Produktion im Darm.	Vielleicht bei manchen Formen des Brechdurchfalls durch St. aureus beteiligt.
Leukozidin	Zytotoxisch nur für Leukozyten.	Behindert die Phagozytose durch Zerstörung der Phagozyten.
Exfoliatin A und B	Löst Desmosomen im Stratum granulosum der Haut.	Verantwortlich für Hautablösung beim Scalded Skin Syndrom.
Toxic-Shock-Syndrom-Toxin 1 (TSST-1)[a]	Freisetzung von Interleukin I und Tumornekrosefaktor, (Cachectin)	Toxic-Shock-Syndrom.
Enterotoxine A–E[a]	Wirkungsmechanismus weitgehend unbekannt (vielleicht Wirkung auf N. sympathicus und glatte Muskulatur).	Enterotoxin A ist für Lebensmittelvergiftung (Brechdurchfall) verantwortlich, selten auch Serotypen B–E.

[a] Gelegentlich auch bei koagulase-negativen Staphylokokken gefunden.

zym *hydrolysiert Glycylglycin-Bindungen*. Derartige Bindungen finden sich nur in den Zellwänden von Vertretern der Gattung Staphylokokken, nicht jedoch bei den Mikrokokken: Staphylokokken werden durch Lysostaphin lysiert, Mikrokokken nicht. Dieser Unterschied wird bei der Differenzierung der beiden Gattungen ausgenützt.

DNAase. Staphylococcus aureus bildet als einzige Staphylokokken-Art das DNA-spaltende Enzym DNAase. Dieses Merkmal wird bei der *Speciesbestimmung* von S. aureus herangezogen.

Lipasen. Die von Staphylococcus aureus gebildeten Lipasen spielen möglicherweise eine Rolle bei der *Ausbreitung* der Erreger im Gewebe.

Hyaluronidase. Nahezu alle Stämme von Staphylococcus aureus produzieren Hyaluronidase, wenn auch in unterschiedlichen Mengen. Die Hyaluronidase von Staphylococcus aureus bringt in ähnlicher Weise wie der „Spreading Factor" der ß-hämolysierenden A-Streptokokken die interzelluläre Hyaluronsäure im Wirtsgewebe zur Auflösung; dieser Effekt dürfte bei der *Ausbreitung* der Staphylokokkeninfektion eine Rolle spielen.

Penizillinase. Unter dem Selektionsdruck von Penizillin haben sich ***penizillinresistente,*** penizillinasebildende Stämme von Staphylococcus aureus bevorzugt verbreitet. Heute sind in Krankenhäusern bis zu *80%* aller Stämme Penizillinasebildner. Die Penizillinase wird von einem *Plasmid* kodiert. Im Gegensatz zu den R-Faktoren gramnegativer Stäbchen, die meistens für Mehrfachresistenzen kodieren, übertragen die Penizillinase-Plasmide der Staphylokokken nur die Fähigkeit zur Penizillinasebildung, allenfalls noch zur Ausbildung einer Erythromycin-Resistenz. Die Übertragung erfolgt durch *Transduktion.* Im Gegensatz zu den β-Laktamasen gramnegativer Bakterien wird die Penizillinase ins Medium abgegeben. Dies ist bei der Empfindlichkeitsbestimmung gegen Penizilline von Bedeutung.

Zytolysine

Hämolysine. Staphylococcus aureus produziert vier Hämolysine α, β, γ, δ (auch α-, β-, γ-, δ-Toxin genannt). Hierbei kann ein einziger Stamm ein einziges oder mehrere dieser Hämolysine bilden. Die Hämolysine wirken zytolytisch auf tierische Zellen, insbesondere auf ***Erythrozyten*** (Tabelle 1.2).

Leukozidin. Das Leukozidin von Staphylococcus aureus lysiert polymorphkernige Granulozyten und Makrophagen des Menschen; es *beeinträchtigt* auf diese Weise *die Phagozytose.*

Enterotoxine und hautablösende (epidermolytische) Toxine

Bestimmte Stämme von S. aureus bilden potente Toxine: die ***Enterotoxine*** (A–E), die ***Exfoliatine*** A und B bzw. das ***Toxic-Shock-Syndrom-Toxin-1.*** Diese Gifte sind jeweils verantwortlich für den staphylokokkenbedingten *Brechdurchfall,* den epidermolytischen Formenkreis *(Scalded-Skin-Syndrom)* bzw. das *Toxic-Shock-Syndrom.* Sie werden im Zusammenhang mit den jeweiligen Krankheitsbildern im einzelnen beschrieben.

1.2.3 Identifizierung und Differenzierung

Morphologisch

Im Lichtmikroskop erscheint Staphylococcus aureus aus frischen Kulturen als ***grampositives, kugelförmiges*** Bakterium von 0,7–1,2 μm Durchmesser (Abb. 1.1). Bei Wachstum auf festen Kulturmedien lagern sich die Erreger in Paaren, Tetraden und Haufen. Diese Art der Lagerung beruht darauf, daß die Zellteilung nicht ausschließlich in einer einzigen Ebene erfolgt. In flüssigen Kulturmedien können sich Ketten bilden; in diesem Fall ist die morphologische Unterscheidung von Streptokokken nicht möglich. Staphylokokken sind nicht begeißelt und daher unbeweglich. In älteren Kulturen oder älteren Läsionen verlieren Staphylokokken ihre grampositive Färbeeigenschaft; sie können dann mit gramnegativen Kokken verwechselt werden.

Biochemisch

Die Bildung von freier Koagulase dient im Routinelabor als Hauptmerkmal bei der Abgrenzung von S. aureus von anderen Staphylokokken-Arten. Ein Staphylokokkenstamm wird als S. aureus bezeichnet, wenn er ***Koagulase*** bildet, gleichgültig, ob er darüber hinaus Pigment produziert oder nicht.

Alle anderen Staphylokokken faßt man unter dem Oberbegriff koagulasenegative Staphylokokken zu-

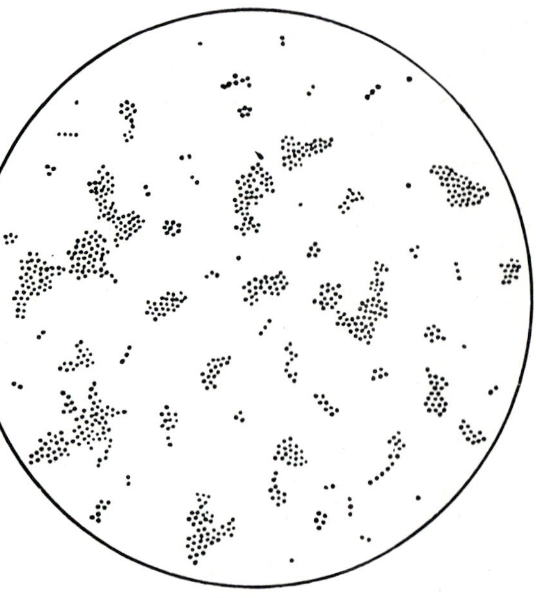

Abb. 1.1. Staphylokokken im mikroskopischen Präparat

sammen. Auch die Bildung von DNAase kann als Merkmal für die Species-Diagnose herangezogen werden.

1.2.4 Kultur

Staphylococcus aureus ist anspruchslos; der Erreger gedeiht unter aeroben und unter anaeroben Bedingungen in einfachen Kulturmedien. Glukose wird unter Milchsäurebildung gespalten. Zur Anzüchtung eignet sich *Blutagar* besonders gut. Optimales Wachstum erfolgt zwischen 30 und 37 °C bei einem pH-Wert von 7,0 bis 7,5.

Hämolyse

Viele Stämme von Staphylococcus aureus zeigen auf Schafblutagar β-*Hämolyse;* diese Erscheinung beruht auf der Bildung von ***Hämolysinen*** (s. Tabelle 1.2).

Pigmentbildung

Auf festen Kulturmedien bilden viele (aber nicht alle!) Stämme von Staphylococcus aureus ein *Karotin-Pigment*, das den Kolonien eine goldgelbe Färbung verleiht. Hierauf geht die Bezeichnung (lat. aureus = golden) zurück.

1.2.5 Resistenz gegen äußere Einflüsse

Staphylokokken gehören zu den widerstandsfähigsten humanpathogenen Bakterien. Sie überleben bei einer Hitzeeinwirkung von 60 °C über 30 min; erst bei darüber hinausgehenden Temperaturen bzw. bei längerer Expositionsdauer werden sie abgetötet. Außerdem tolerieren sie hohe Salzkonzentrationen im Kulturmedium (bis zu 10% NaCl).

Staphylokokken passieren den Magen und Darm; sie erscheinen lebend im Stuhl. Aus getrockneten klinischen Materialien und aus dem Staub lassen sie sich noch nach Monaten isolieren. Diese Widerstandsfähigkeit ist eine wichtige Voraussetzung für die Entwicklung des *Staphylokokken-Hospitalismus* (s. u.).

1.2.6 Vorkommen

S. aureus kolonisiert bei 20 bis 50% der gesunden Normalbevölkerung die ***Haut***, insbesondere im Bereich des vorderen Nasenvestibüls und des Perineums. Seltener kolonisiert er das Colon und die Vagina Gesunder. Häufig erfolgt die Besiedlung bereits in der Neugeborenen-Periode.

Im Krankenhaus ist die Trägerrate bei Ärzten und Pflegepersonal besonders hoch (***Staphylokokken-Hospitalismus***). Dort kommt er vor allem auf der Haut der Hände und im Perinealbereich vor.

1.2.7 Epidemiologie

S. aureus ist neben E. coli der häufigste Erreger von Sepsis (30% aller Sepsisfälle); häufig verursacht er Wundinfektionen, insbesondere posttraumatisch. In Krankenhäusern stellt er als ***Hospitalismuserreger*** ein medizinisches Problem dar. 70–80% aller Krankenhaus-Stämme bilden *Penizillinase.* Die Patienten bedürfen daher einer Therapie mit besonderen, gegenüber penizillinasebildenden Staphylokokken wirksamen Antibiotika.

1.2.8 Übertragung

Im Krankenhaus erfolgt die Ausbreitung von Staphylococcus aureus zumeist durch den direkten Kontakt von Patienten mit *Ärzten* und *Pflegepersonal,* z. B. bei Operationen oder bei der Versorgung von Wunden oder durch kontaminierte Hautschuppen.

1.2.9 Pathogenese

Staphylococcus aureus ruft Eiterungen und toxinbedingte Erkrankungen hervor.

Eitrige Staphylokokken-Erkrankungen

Staphylococcus aureus ist, neben den A-Streptokokken, der klassische Erreger von Eiterungen (Tabelle 1.3; Abb. 1.2). Diese können sich nahezu an jeder Körperstelle entwickeln, finden sich aber vorzugsweise in der Haut und in *Wunden.* Von derartigen Herden ausgehend kommt es zu Sepsis.

Disponierende Faktoren (Tabelle 1.4), die mit einer Schwächung der lokalen oder allgemeinen Infektabwehr einhergehen, spielen eine kritische Rolle für das Angehen einer Infektion. So reicht bei Abwehrgeschwächten bereits ein *Tausendstel* der für den Gesunden erforderlichen Erregermenge aus, um eine Infektion zu verursachen. Bei Diabetes mellitus oder Leukämie stellen rezidivierende Staphylokokken-

Tabelle 1.3. Durch Staphylococcus aureus hervorgerufene Erkrankungen.

Eitrige Infektionen

- Pyodermien
  - Folliculitis
  - Furunkel, Karbunkel
  - Impetigo contagiosa
  - Hydradenitis suppurativa
- Sepsis und Endokarditis (vor allem bei Immungeschwächten)
- Organinfektionen
  - Mastitis
  - Perikarditis
  - Pneumonien (hämatogen und durch Aspiration entstandene)
  - Pleuraempyem
  - Osteomyelitis
  - Abszesse in verschiedenen Organen (Hirnabszeß, perihepatitischer Abszeß)
- Postoperative oder posttraumatische Wundinfektionen
  - Meningitis (oft postoperativ)
  - Wundinfektionen

Auf Toxinwirkung beruhende Syndrome

- Mit Hautabschälung einhergehende Syndrome/Scalded-Skin-Syndrom
- Toxic-Shock-Syndrom
- Nahrungsmittelvergiftung

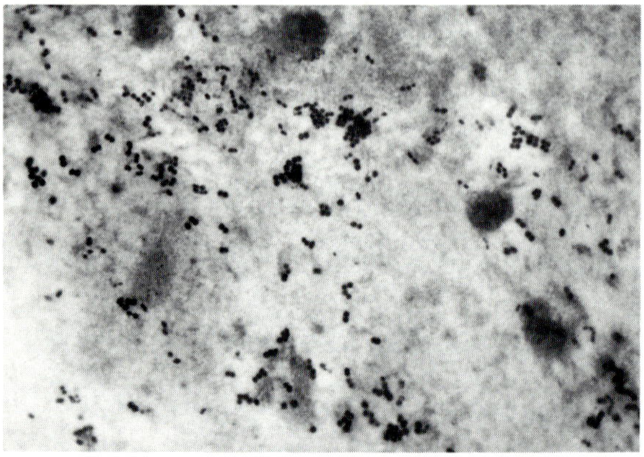

Abb. 1.2. Staphylokokken-Eiter

Infektionen häufig den ersten Hinweis auf die Grundkrankheit dar.

Rolle der Virulenzfaktoren bei eitrigen Staphylokokkeninfektionen. Die Vielzahl der Virulenzfaktoren, die an der Pathogenese der von S. aureus verursachten Erkrankungen beteiligt sind, ist in Tabelle 1.2 zusammengefaßt.

Tabelle 1.4. Disponierende Faktoren für Staphylococcus-aureus-Infektionen

Lokal	Systemisch
Trachealtubus oder andere Fremdkörper	Diabetes mellitus
Venenkatheter	Verbrennung
Hydrozephalus-Ventil	Trauma
Künstliche Herzklappen	Polytrauma
Blasenkatheter	Adipositas
	Extreme Altersgruppen
	Akute Leukosen

1.2.10 Klinik

Abszeß

Der Abszeß ist eine typische staphylogene Läsion. Der Entzündungsherd ist von einer Fibrinschicht umgeben und weist eine zentrale Einschmelzung auf. Der Staphylokokken-Abszeß entwickelt sich häufig an der Wurzel eines Haarbalges. Es entsteht dann ein *Furunkel*. Verschmelzen mehrere Furunkel miteinander, so spricht man von einem *Karbunkel*. Furunkel und Karbunkel finden sich vor allem in stärker behaarten Körperregionen, wie Nacken, Axilla oder Gesäß. Sitzt der Furunkel im Nasen- oder Oberlippenbereich, so besteht die Gefahr einer u. U. akut lebensbedrohlichen eitrigen Thrombophlebitis der Vena angularis und des Sinus cavernosus oder gar der Vena jugularis.

Rezidivierend auftretende Furunkel und Karbunkel kommen bei konsumierenden Grunderkrankungen, Stoffwechselkrankheiten (z. B. Diabetes mellitus) und bei Immundefekten gehäuft vor.

Impetigo contagiosa (Borkenflechte)

Die Impetigo contagiosa ist eine hochkontagiöse oberflächliche Hautinfektion, die vorwiegend Kinder befällt. Wenn auch in 80% aller Fälle die Impetigo durch β-hämolysierende *Streptokokken* hervorgerufen wird, so ist doch bei etwa 10–20% Staphylococcus aureus der Verursacher. Oft finden sich beide Erreger. Es entwickeln sich eitrige Bläschen, die sogenannten *Impetigopusteln*, die bald nach Entstehen unter Hinterlassung einer charakteristischen *honiggelben* Kruste platzen.

Postoperative und posttraumatische Wundinfektionen

Wundinfektionen durch Staphylococcus aureus sind als postoperative Komplikationen in der Chirurgie, besonders in der Neurochirurgie, gefürchtet. Sie entstehen besonders gerne dann, wenn sich ***Fremdkörper*** in einer Wunde befinden (Splitter, Verbandmittel, metallene Implantate wie Nadeln, Schrauben, Platten).

Metallene Fremdkörper begünstigen charakteristischerweise das Entstehen von Staphylococcus-aureus-Infektionen. Im Anschluß an intrakranielle Operationen kann sich eine eitrige Staphylokokkenmeningitis entwickeln. Die gleiche Gefahr besteht durch Erregereinschleppung nach Schädel-Hirntrauma.

Sepsis

Mehr als 30% aller Sepsisfälle werden von Staphylococcus aureus hervorgerufen. Die Sepsis kann von primär *extravasalen Infektionsherden* (Abszessen, Verbrennungswunden, Osteomyelitis, Pneumonie) ausgehen oder ihren Ausgang von *intravasalen Herden* nehmen, wie sie nach Legen eines intravenösen Katheters sowie bei intravenösem Drogenabusus durch Verwenden von kontaminierten Injektionsbesteck entstehen.

Die Sepsis beruht bei Patienten mit einem intravenösen Katheter fast immer auf einer sekundär entstandenen *eitrigen Thrombophlebitis*.

Endokarditis

Häufig ist die Staphylokokkensepsis von einer ulzerierenden Endokarditis begleitet, die zu destruktiven Klappenveränderungen führen kann. Eine Endokarditis mit Befall der rechtsseitigen Tricuspidalklappe ist für *i. v. injizierende Drogenabhängige* typisch.

Eitrige Organinfektionen

Typische Organinfektionen durch S. aureus sind der paranephritische Abszeß, die Mastitis bei stillenden Müttern, Pleuraempyem, Perikarditis, Osteomyelitis, eitrige Arthritis und Bursitis, Dacryocystitis sowie Abszesse in Lunge, Nieren oder Gehirn. Dem Lungenabszeß gehen häufig Schädigungen durch Virusinfektionen, Aspiration, Immunsuppression oder Trauma voraus.

1.2.11 Toxinbedingte Erkrankungen

Toxinproduzierende Stämme von Staphylococcus aureus verursachen, je nach Art des Toxins, Nahrungsmittelvergiftungen, das Toxic-Shock-Syndrom oder eine Krankheit aus dem epidermolytischen Formenkreis (Schälblase). Hierbei ist zu beachten, daß die toxinbildenden Stämme unbeschadet der Toxinbildung auch Eiterungen hervorrufen können.

Scalded-Skin-Syndrom (Schälblase)

Pathogenese. Bei dem Scalded-Skin-Syndrom handelt es sich um eine bullöse (blasenbildende) Erkrankung der Haut im frühen *Säuglingsalter*. Sie wird durch das *Exfoliatin A und das Exfoliatin B* hervorgerufen. Exfoliatinbildende Stämme von St. aureus können sich an jeder Körperstelle ansiedeln und dort diese Toxine produzieren.

Wirkungsweise der Exfoliatine. Exfoliatin A hat ein Molekulargewicht von 30 Kd und ist chromosomal kodiert, während Exfoliatin B (Molekulargewicht 29,5 Kd) plasmidkodiert ist. Beide bewirken durch eine hohe Bindungsaffinität zu Zytoskelettproteinen (*Filaggrinen*) eine nicht-entzündliche Lockerung der Desmosomen. Die Hautabschälung erfolgt dadurch, daß sich innerhalb der Epidermis das Stratum corneum vom Stratum granulosum löst (*positives Nikolsky-Phänomen*).

Klinik. Im Anschluß an eine Otitis, Pharyngitis oder eitrige Konjunktivitis treten am ganzen Körper ein scharlachförmiges Exanthem, nach weiteren 24–48 Stunden eine *großflächige Blasenbildung* auf. Der Inhalt der Blasen ist zunächst klar, später zellig trüb. Die Blasen platzen, und es kommt in der Folge zu einer mehr oder weniger ausgeprägten, u. U. generalisierten *Hautablösung*.

Die Erkrankung tritt in der Regel nur während der ersten Lebenswochen auf, in seltenen Fällen können immungeschwächte Erwachsene befallen sein. Eine *hohe Kontagiosität* ist charakteristisch. Als primäre Infektionsquellen kommen staphylokokkentragendes Pflegepersonal oder an Staphylococcus-aureus-Infektionen erkrankte Patienten in Betracht, bei Säuglingen die erregertragende Mutter. Immer jedoch muß es sich bei den übertragenen Erregern um exfoliatin-produzierende Stämme handeln.

Toxic-Shock-Syndrom (TSS)

Geschichte. 1978 wurde in den USA erstmals ein Krankheitsbild beschrieben, das bei jungen Frauen in engem zeitlichen Zusammenhang mit der Menstruation und der Verwendung hochgradig saugfähiger *Vaginaltampons* aus Polyesterschaum oder aus Polyacrylfasern auftrat. Man nannte dieses Krankheitsbild Toxic-Shock-Syndrom (TSS).

Definition und Klinik. Nach der heute geltenden Definition der Centers for Disease Control (CDC) spricht man von einem Toxic-Shock-Syndrom, wenn folgende Symptome vorliegen:

- Fieber über 38,9 °C;
- Diffuses makuläres Exanthem;
- Hypotonie (< 100 mm Hg systolisch);
- Hautschuppung ein bis zwei Wochen nach Krankheitsbeginn, besonders an Handflächen und Fußsohlen.

Darüber hinaus müssen drei oder mehr der folgenden Organsysteme beteiligt sein:

- Gastrointestinal-Trakt (Erbrechen, Übelkeit oder Diarrhoe);
- Muskulatur (ausgeprägte Myalgien mit Erhöhung des Serumkreatins bzw. der Phosphokinase);
- Schleimhäute (vaginale, oropharyngeale oder konjunktivale Hyperämie);
- Nieren (Erhöhung von Harnstoff oder Kreatinin im Serum, Pyurie ohne Nachweis einer Harnwegsinfektion);
- Leber (Erhöhung von Transaminasen, Bilirubin oder alkalischer Phosphatase);
- ZNS (Desorientiertheit, Bewußtseinsstörung).

Wirkungsweise des Toxic-Shock-Syndrom-Toxins 1 (TSST-1). Das Toxic-Shock-Syndrom-Toxin 1 (TSST-1) ist ein Protein von 24 000 Kd Molekulargewicht, das aus Makrophagen *Interleukin I* und *Tumornekrosefaktor* (Cachectin) freisetzt. Das Toxin wird von den Stämmen mit der Fähigkeit zur Toxinbildung dann vermehrt gebildet, wenn *Mg^{++}-Mangel* herrscht. In zwei Drittel aller Fälle lassen sich TSST-1-produzierende Stämme von S. aureus aus dem Vaginalsekret der Patientinnen isolieren. Das TSS kann sich jedoch auch entwickeln, wenn sich die TSST-1-produzierenden Staphylokokken außerhalb der Vagina, z. B. in Furunkeln oder in Wunden befinden. Die *Eiterbildungsfähigkeit* ist bei den toxin-bildenden Stämmen voll erhalten. Neuerdings sind auch Fälle von TSS durch TSST-1-produzierende koagulase-negative Staphylokokken beschrieben.

Therapie des TSS. Die Therapie besteht in

- Bekämpfung des Schocks und
- Herdsanierung, die unter Einsatz eines penizillinase-festen Penizillins, alternativ von Cefazolin oder Cefotiam bzw. Vancomycin oder Teicoplanin erfolgen sollte.

Staphylogene Nahrungsmittelvergiftung

Pathogenese. Wenn Milch oder Milchprodukte, Eier, Fleisch, Soßen oder andere Nahrungsmittel durch enterotoxinbildende Stämme von Staphylococcus aureus kontaminiert werden, können sich die Erreger bei entsprechenden Temperaturen vermehren und Enterotoxine bilden. Die Kontamination erfolgt häufig durch Träger in Metzgereien, Küchen oder Backstuben.

Wirkungsweise der Enterotoxine. Die Enterotoxine sind Proteine, die auf den Darm und auf das Brechzentrum einwirken und Brechdurchfälle erzeugen können. Man kennt fünf immunologische Varianten (A, B, C, D und E). Die Enterotoxine werden durch Trypsin im oberen Magen-Darm-Trakt nur geringfügig abgebaut. Durch Erhitzen bei 100 °C für 30 min werden sie *nicht sicher inaktiviert*.

Enterotoxin A ist für die meisten Fälle von staphylokokkenbedingter Nahrungsmittelvergiftung verantwortlich, die anderen serologischen Varianten seltener. Der Wirkungsmechanismus der Enterotoxine ist bisher nicht ausreichend erklärt. Möglicherweise bilden Mastzellen den Angriffspunkt.

Klinik. Die Patienten entwickeln vier bis sechs Stunden nach Aufnahme der enterotoxinhaltigen Nahrungsmittel Übelkeit, *Erbrechen*, Bauchschmerzen und *Diarrhoe*. Gewöhnlich bilden sich die Symptome innerhalb von 24 Stunden vollständig zurück. Fälle mit tödlichem Ausgang sind aber beschrieben.

Therapie. Eine Kausaltherapie gibt es nicht. Bei sehr alten oder sehr jungen Patienten sind kreislaufstabilisierende Maßnahmen erforderlich.

1.2.12 Immunität

S. aureus ist ein typischer Eitererreger. Wenn er mit spezifischem Antikörper opsonisiert ist, wird er in vitro prompt phagozytiert.

1.2.13 Labordiagnose

Eitrige Infektionen

Untersuchungsmaterialien. Zur bakteriologischen Untersuchung eignen sich je nach Lokalisation des

Krankheitsprozesses Eiter, Sputum, Abstriche oder Blut bzw. Liquor cerebrospinalis sowie entnommene Katheter bzw. Endoprothesen.

Vorgehen im Labor. Die Diagnose von S. aureus aus klinischen Untersuchungsmaterialien stützt sich auf den mikroskopischen Nachweis von grampositiven Haufenkokken, auf die typische Koloniemorphologie sowie auf den Nachweis der Koagulase-Bildung.

Zur Koagulaseprüfung inokuliert man in NaCl-Lösung aufgeschwemmte Staphylokokken von einer Kolonie der fraglichen Staphylokokken oder eine Öse vollbewachsener Keimsuspension in 0,5 ml Zitratplasma von Kaninchen und inkubiert bei 37 °C. Das Plasma gerinnt im positiven Falle innerhalb von 4 h.

Häufig wird nur der Schnellnachweis von Clumping Factor und/oder Protein A durch Objektträger-Agglutination durchgeführt. Hierbei verrührt man die Staphylokokken auf einem Objektträger mit zitrathaltigem Kaninchenplasma. Im positiven Fall bilden sich innerhalb von 10–20 sec sichtbare Flocken. Dieser Test ist jedoch mit einer Quote von 10% falsch negativen Ausfällen belastet.

Toxinbedingte Infektionen

Diagnose des TSS. Beim Toxic-Shock-Syndrom beruht die Diagnose in erster Linie auf dem *klinischen Bild*. Der Nachweis der Toxinbildung durch Stämme aus Vaginalabstrichen oder Abstrichen aus anderen verdächtigen Körperregionen ist schwierig, weil für den Toxinnachweis zwar Reaktionen mit spezifischen Antikörpern mittels Immunodiffusion, RIA, ELISA oder durch die Latexagglutination zur Verfügung stehen, diese aber nicht spezifisch sind.

Dennoch sollten Blut, Vaginalabstriche, Zervixabstriche und Abstriche von sonstigen verdächtigen Stellen entnommen und auf S. aureus bakteriologisch untersucht werden.

Toxinnachweis bei Nahrungsmittelvergiftung. Bei Verdacht auf staphylogene Nahrungsmittelvergiftung werden Staphylokokken aus dem Stuhl des Patienten bzw. aus dem verdächtigen Nahrungsmittel angezüchtet und der Versuch gemacht, die Toxinbildung mittels serologischer Verfahren nachzuweisen.

Wenn sich Staphylococcus aureus in Lebensmitteln bei entsprechender Anamnese (Erkrankung mehrerer Personen) in größeren Zahlen (mehr als 10^6 Erreger pro g) nachweisen läßt, kann man davon ausgehen, daß eine staphylokokkenbedingte Nahrungsmittelvergiftung vorliegt.

Lysotypie, Plasmidprofil

Bei wissenschaftlich-epidemiologischen Fragestellungen und bei Vorliegen forensischer Gründe wird eine genaue Differenzierung der isolierten Stämme mit Hilfe der Phagentypisierung betrieben. Der Lysotyp des in den kontaminierten Lebensmitteln gefundenen Stammes wird mit dem Lysotyp der vom Patienten bzw. Träger isolierten Staphylokokken, z. B. des Küchenpersonals, verglichen (Suche nach der Infektionsquelle).

1.2.14 Therapie

Die Therapie der lokalen Eiterungen (Abszeß) besteht in der chirurgischen Sanierung (Abszeßspaltung); die antibiotische Therapie wirkt unterstützend. Sowohl die eitrig-septischen als auch die toxisch-epidermalen Infektionen durch Staphylococcus aureus bedürfen der *antibiotischen Therapie*. Zur kalkulierten Initialtherapie eignen sich die *penizillinasefesten* Penizilline, Flucloxacillin bzw. Dicloxacillin, und *Cephalosporine* der 2. Generation, z.B. Cefotiam oder Cefazolin. Bei nachgewiesener Empfindlichkeit sind Penicillin G oder V Mittel der Wahl. Bei Penizillinallergie stehen als Alternative neben Cephalosporinen der 2. Generation (Kreuzallergie nur in 10% der Fälle!) *Erythromycin, Clindamycin* und *Teicoplanin* oder *Vancomycin* zur Verfügung. Bei methicillin-resistenten S.-aureus-Stämmen (MRSA) sind Teicoplanin oder Vancomycin Mittel der Wahl. Bei der Nahrungsmittelvergiftung ist eine antiobiotische Therapie sinnlos.

1.2.15 Prävention

Allgemeine Maßnahmen

Träger von Staphylococcus aureus sollten Operationssäle, Neugeborenenstationen und den Umgang mit *abwehrgeschwächten Patienten* meiden. Auch Patienten mit Staphylokokken-Eiterungen und mit Scalded-Skin-Syndrom müssen von Risikopatienten ferngehalten werden. Hygienische Händedesinfektion des Krankenhauspersonals, Tragen eines Mundschutzes, Sorgfalt beim Verbandswechsel, Staubbekämpfung, Einwegwäsche und nicht zuletzt sauberes, rasches und *gewebeschonendes Operieren* tragen dazu bei, die Ausbreitung der Infektion einzuschränken.

Meldepflicht

Die durch Staphylococcus aureus verursachte Nahrungsmittelvergiftung („Enteritis infectiosa, übrige Formen, einschließlich mikrobiell verursachter Lebensmittelvergiftung") ist nach § 3 *BSeuchG* meldepflichtig. Nach § 45 BSeuchG besteht bei Impetigo contagiosa Schulverbot.

Zusammenfassung: Staphylococcus aureus

Bakteriologie: Grampositive Haufenkokken, aerob und anaerob wachsend. Anspruchslos. Bilden freie Koagulase.

Resistenz: Überwiegend gegen Penizilline.

Vorkommen: Ubiquitär, vor allem auf der Haut von Krankenhauspersonal (Hospitalismus).

Epidemiologie: Häufigster (neben E. coli) Erreger von Sepsis (> 30% aller Fälle), häufigster Erreger von Wundinfektionen.

Zielgruppe: Patienten mit normaler Abwehr: Hautinfektionen.
Immungeschwächte Patienten: Tiefliegende Infektionen, Sepsis.

Übertragung: Kontakt, selten Staub.

Pathogenese: Auslösen eitriger Entzündungsreaktionen (oberflächlich oder tiefgelegen), septische Generalisierung, Brechdurchfall durch Enterotoxinwirkung, Toxic-Shock-Syndrom, TNFα-Freisetzung durch TSST-1, Hautablösung über Zerstörung der Desmosomen durch Exfoliatine.

Pathomechanismus: Zahlreiche Virulenzfaktoren, insbesondere: Hämolysine, Leukozidin, Exfoliatine, TSST-1, Enterotoxin A.

Klinik: Pyodermien, Weichteilinfektionen, Sepsis, Organinfektionen, Nahrungsmittelvergiftung, Toxic-Shock-Syndrom.

Diagnose: Erreger- bzw. Toxinnachweis.

Therapie: Penizillinasefeste Penizilline, Cephalosporine der 2. Generation, Erythromycin, Teicoplanin, Vancomycin. Bei nachgewiesener Empfindlichkeit: Penicillin G oder V.

Immunität: Antikörper, Komplement, Phagozytose.

Prävention: ***Allgemeine Maßnahmen:*** Persönliche Hygiene, vor allem bei Krankenhauspersonal. Vermeiden, daß gefährdete Patienten mit Staphylokokkenträgern oder staphylokokkeninfizierten Patienten zusammenkommen.

Meldepflicht: Durch Staphylococcus aureus verursachte Nahrungsmittelvergiftung. Bei Impetigo contagiosa (Borkenflechte) besteht Schulverbot (§ 45 BSeuchG).

1.3 Koagulasenegative Staphylokokken

Die koagulasenegativen Staphylokokken-Arten sind in Tabelle 1.1 aufgeführt. Den Spezies Staphylococcus epidermidis und Staphylococcus saprophyticus kommt eine humanmedizinische Bedeutung zu. Da man erst seit kurzem eine Auftrennung der koagulasenegativen Staphylokokken in Arten vornimmt, ist die Bewertung, inwieweit die übrigen Arten für Krankheitsprozesse verantwortlich sind, noch im Fluß.

1.3.1 Kultur

Die Kulturbedingungen gleichen denen von Staphylococcus aureus. Verhängnisvoll wirkt sich die Fähigkeit koagulasenegativer Staphylokokken aus, gewisse Plastikmaterialien zu metabolisieren und sich auf diesen zu vermehren.

1.3.2 Extrazelluläre Produkte

Im Gegensatz zu Staphylococcus aureus bilden die koagulasenegativen Staphylokokken nur wenige Exoprodukte. Die wichtigsten sind:

- ***α-Hämolysin.*** Nur wenige Stämme bilden α-Hämolysin; wenn überhaupt, dann stammen die Toxinbildner aus Krankheitsherden vom Menschen.
- **Polysaccharid-Schleimschicht**. Koagulasenegative Staphylokokken, die im menschlichen Organismus auf eingesetzten Plastikmaterialien wachsen und das Krankheitsbild der Endoplastitis hervorrufen, bilden eine aus Polysaccharid bestehende

Schleimschicht. Diese ermöglicht es den Erregern, sich dem Zugriff der Phagozytose zu entziehen.

1.3.3 Vorkommen und Epidemiologie

Koagulasenegative Staphylokokken sind Bestandteil der physiologischen Haut- und Schleimhautflora. Sie neigen dazu, sich auf *Kunststoffen* anzusiedeln und diese zu metabolisieren.

Die Mehrzahl der vom Krankenhauspersonal getragenen Stämme koagulasenegativer Staphylokokken ist *gegen mehrere Antibiotika resistent* und stellt das den Patienten gefährdende Erregerreservoir dar.

Die Übertragung der Erreger erfolgt beim Einbringen von Fremdkörpern aus Kunststoff während Operationen, beim Legen von Kathetern etc.

1.3.4 Pathogenese

Koagulasenegative Staphylokokken besitzen die Fähigkeit, sich von bestimmten Plastikmaterialien zu ernähren. Die Erreger siedeln sich auf dem Plastikmaterial an und bilden Kolonien. Eine von den Erregern gebildete Polysaccharid-Matrix vermittelt die Kolonisation und bietet gleichzeitig einen Schutz vor der Phagozytose. Die Körperreaktion ist eitriger Natur. Einige Stämme bilden das Toxic-Shock-Syndrom-Toxin 1.

1.3.5 Klinik

Endoplastitis

Staphylococcus epidermidis verursacht Infektionen bei Patienten, denen ein Fremdkörper aus *Kunststoff implantiert* worden ist (Spitz-Holter-Katheter bei Hydrozephalus, künstliche Herzklappen, Gefäß- bzw. Gelenkprothesen oder Venenkatheter). Diese bilden den Ausgangsherd für Sepsis, septische Thrombophlebitis oder für Endokarditis. Man hat für derartige, von Kunststoffimplantaten ausgehende und durch koagulasenegative Staphylokokken verursachte Krankheitsbilder den Begriff der Endoplastitis geprägt.

Sepsis

Koagulasenegative Staphylokokken sind häufig Erreger von Sepsis. Betroffen sind immunsupprimierte Patienten mit lange liegendem *Venenkatheter* und Neugeborene, bei denen eine Nabelkatheterisierung erforderlich war. Das Vorkommen von koagulasenegative Staphylokokken in Blutkulturen darf daher nicht ohne weiteres als Kontamination abgetan werden. Ein *wiederholter Nachweis* macht sie als Erreger einer Infektion wahrscheinlich und gilt als Indikation zu einer Therapie.

Peritonitis

Koagulasenegative Staphylokokken sind eine häufige Ursache von Peritonitis bei Peritoneal-*Dialyse-Patienten.*

Toxic-Shock-Syndrom (TSS)

Neuerdings sind Fälle von TSS beschrieben, bei denen TSST-1-produzierende Stämme koagulasenegativer Staphylokokken isoliert wurden. Koagulasenegative Staphylokokken kommen also neben Staphylococcus aureus als Verursacher von TSS in Frage; ihr Nachweis bei diesem Krankheitsbild darf nicht ohne weiteres als Kontaminantion abgetan werden.

Harnwegsinfektionen

S. saprophyticus verursacht bei *jungen Frauen* Infektionen der Harnwege. Die Häufigkeit, mit der Staphylococcus saprophyticus als Erreger von Infektionen der Harnwege angegeben wird, schwankt zwischen 20% und 30 %.Wahrscheinlich gelangt der Krankheitserreger aszendierend in die Harnblase. Es handelt sich meist um Infektionen, die außerhalb des Krankenhauses erworben werden („*Honeymoon-Zystitis*").

Staphylococcus epidermidis ruft selten nosokomiale Harnwegsinfektionen hervor.

1.3.6 Therapie von Infektionen durch koagulasenegative Staphylokokken

Koagulasenegative Staphylokokken, insbesondere Staphylococcus epidermidis, haben kein voraussagbares Resistenzspektrum. Sie können einen hohen Grad von *Penizillinresistenz* aufweisen. Die Erreger sind jedoch in der Regel gegen Cephalosporine der 2. Generation, wie Cefotiam oder Cefazolin sowie gegenüber Teicoplanin, Vancomycin und Rifampicin empfindlich.

1.3.7 Prävention

Für die Verhütung von Infektionen durch koagulasenegative Staphylokokken ist es wichtig, die allgemeinen Regeln der Hygiene einzuhalten.

Zusammenfassung: Koagulasenegative Staphylokokken

Bakteriologie: Grampositive Haufenkokken, aerob und anaerob wachsend, bilden, im Gegensatz zu Staphylococcus aureus, keine Koagulase.

Vorkommen: Bestandteil der physiologischen Haut- und Schleimhautflora.

Resistenz: Häufig resistent gegen Antibiotika. Sehr resistent gegen äußere Einflüsse, wie Austrocknung etc.

Epidemiologie: Zunehmend häufig als Erreger der Endoplastitis.

Zielgruppe: Immunkompromittierte Patienten, Transplantatempfänger, Empfänger von Endoprothesen aus Plastikmaterialien; junge Frauen („Honeymooncystitis").

Übertragung: Häufig endogene Infektionen oder durch die Hand des Arztes bei Operationen.

Pathogenese: Ansiedlung auf Plastikmaterial im Körper → Koloniebildung → Schleimbildung → Endoplastitis, Sepsis, Harnwegsinfektionen.

Pathomechanismen: Plastikmaterialien (Endoprothesen), können von den Erregern verdaut werden.

Diagnose: Anzüchtung aus Untersuchungsmaterialien.

Therapie: Isoxazolyl-Penicillin o. a. penizillinasefestes Penicillin, Cefotiam, Teicoplanin, Vancomycin.

Immunität: Phagozytose, Antikörper.

Prävention:

Allg. Maßnahmen: Sauberes Operieren.

Vakzination: Nein.

Meldepflicht: Nein.

1.4 Mikrokokken

Mikrokokken werden gelegentlich als *Erreger von Sepsis und Endocarditis* isoliert. Sie lassen sich leicht mit koagulase-negativen Staphylokokken verwechseln. Ihre Abtrennung von letzteren erfolgt durch die Prüfung der Lysostaphin-Empfindlichkeit; Mikrokokken sind obligat aerob.

2 Streptokokken und Enterokokken

H. Hahn, R. Ratei, K. Miksits

INHALTSÜBERSICHT

2.1 Allgemeines zur Gattung Streptococcus . . 262
2.2 β-hämolysierende Streptokokken der Serogruppe A (S. pyogenes) 264
2.2.1 Rolle als Krankheitserreger 264
2.2.2 Besonderheiten im Aufbau 265
2.2.3 Kultur 266
2.2.4 Extrazelluläre Produkte 266
2.2.5 Identifizierung und Differenzierung 268
2.2.6 Resistenz gegen äußere Einflüsse 268
2.2.7 Vorkommen und Epidemiologie 268
2.2.8 Übertragung 269
2.2.9 Pathogenese 269
2.2.10 Klinik 269
2.2.11 Immunität 271
2.2.12 Labordiagnose 271
2.2.13 Therapie 271
2.2.14 Prävention 272
2.2.15 Nichteitrige Nachkrankheiten 272
Zusammenfassung 273

2.3 β-hämolysierende Streptokokken der Serogruppe B 273
2.3.1 Rolle als Krankheitserreger 273
2.3.2 Kultur 273
2.3.3 Identifizierung und Differenzierung 273
2.3.4 Vorkommen 274
2.3.5 Epidemiologie 274
2.3.6 Pathogenese 274
2.3.7 Klinik 274
2.3.8 Labordiagnose 274
2.3.9 Therapie 274
2.3.10 Prävention 274
Zusammenfassung 275

2.4 β-hämolysierende Streptokokken der Serogruppen C und G 275
2.5 D-Streptokokken 275
2.6 Vergrünende Streptokokken (Viridans-Streptokokken) 275
2.6.1 Definition 275
2.6.2 Rolle als Krankheitserreger 275
2.6.3 Identifizierung und Differenzierung 276
2.6.4 Kultur 276
2.6.5 Vorkommen 276
2.6.6 Pathogenese 276
2.6.7 Klinik 278
2.6.8 Labordiagnose 278
2.6.9 Therapie 278
2.6.10 Prophylaxe 278
Zusammenfassung 278

2.7 Pneumokokken (Streptococcus pneumoniae) 279
2.7.1 Definition 279
2.7.2 Geschichte 279
2.7.3 Besonderheiten im Aufbau 279
2.7.4 Kultur 280
2.7.5 Extrazelluläre Produkte 280
2.7.6 Identifizierung und Differenzierung 280
2.7.7 Resistenz gegen äußere Einflüsse 281
2.7.8 Vorkommen 281
2.7.9 Epidemiologie 281
2.7.10 Übertragung 281
2.7.11 Pathogenese 281
2.7.12 Klinik 282
2.7.13 Immunität 282
2.7.14 Labordiagnose 282
2.7.15 Therapie 283
2.7.16 Prävention 283
Zusammenfassung 283

2.8 Enterokokken 284
2.8.1 Definition 284
2.8.2 Rolle als Krankheitserreger 284
2.8.3 Taxonomie 284
2.8.4 Namensgebung 284
2.8.5 Kultur 284
2.8.6 Identifizierung und Differenzierung 284
2.8.7 Vorkommen 284
2.8.8 Pathogenese und Klinik 284
2.8.9 Labordiagnose 284
2.8.10 Therapie 284
Zusammenfassung 285

2.1 Allgemeines zur Gattung Streptococcus

Definition

Streptokokken bilden eine Gattung (*Streptococcus*) nichtbeweglicher, nichtsporenbildender, grampositiver Kokken, die sich in *Ketten* oder *Paaren* lagern (Abb. 2.1). Die meisten Streptokokken vermehren sich sowohl unter aeroben als auch unter anaeroben Bedingungen. Die Katalase- und die Oxidase-Reaktion fallen negativ aus. Nitrat wird nicht reduziert; Kohlenhydrate werden unter Milchsäurebildung fermentativ abgebaut. Streptokokken sind typische Schleimhautparasiten.

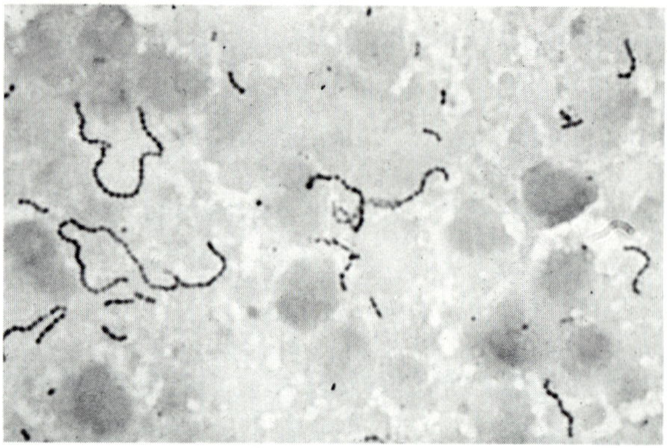

Abb. 2.1. Grampositive Kettenkokken im mikroskopischen Präparat (Streptokokken-Eiter)

Rolle als Krankheitserreger

Streptokokken rufen *eitrige Infektionen* bei Mensch und Tier hervor. Während die β-hämolysierenden Arten obligat pathogen sind, gehören die nicht-β-hämolysierenden Streptokokken zum Teil zur physiologischen Bakterienflora und treten nur bei Vorliegen disponierender Faktoren als Krankheitserreger in Erscheinung; sie verhalten sich als Opportunisten.

Taxonomie

Die Gattung der Streptokokken (Streptococcus) gehören zur Familie der Deinococcaceae. Weitere humanpathogene Gattungen in dieser Familie sind die Enterokokken, die Peptokokken und die Peptostreptokokken. Die Gattung Streptococcus untergliedert sich wiederum in zahlreiche Arten (s. Tabelle 2.1).

Namensgebung und Geschichte

1874 belegten Billroth und Ehrlich die kettenbildenden Kokken, welche sie in infizierten Wunden sahen, mit dem Namen Streptococcus (Streptos (gr.) = Kette). 1903 schlug Schottmüller die auch heute noch gebräuchliche Einteilung der Streptokokken aufgrund ihrer Hämolyse-Eigenschaften vor.

Aufbau

Mureinschicht. Als grampositive Bakterien besitzen Streptokokken eine mehrlagige Peptidoglykanschicht aus Murein.

C-Polysaccharid. Beiderseits der Peptidoglykanschicht lagert sich bei den β-hämolysierenden Streptokokken und, wenn auch nicht regelmäßig, bei anderen Streptokokken die Schicht der C-Polysaccharide auf. Die C-Polysaccharide bestehen aus verzweigten Zuckerpolymeren und sind mit der Mukopeptidschicht kovalent verbunden. Ihre Rolle als ***Gruppenantigen*** ist auf S. 263 behandelt.

Weitere, nur bestimmten Streptokokkenarten eigene Strukturbestandteile werden im Rahmen der Besprechung der einzelnen Arten beschrieben.

Kultur

Wachstumsbedingungen. Die meisten Streptokokken vermehren sich sowohl unter aeroben als auch anaeroben Bedingungen, sind also *fakultative Anaerobier*. Ihre Wachstumsansprüche werden am besten durch die Zugabe von Kohlenhydraten sowie von Fleischextrakt, Blut oder Serum zum Kulturmedium erfüllt. Streptokokken beziehen ihre Energie im wesentlichen aus dem fermentativen Abbau von Zuckern zu Milchsäure; Gas wird hierbei nicht gebildet. Die durch die Milchsäurebildung verursachte pH-Senkung wirkt sich auf die Vermehrung der Streptokokken in nichtgepufferten Medien hemmend aus. Daher gedeihen Streptokokken in gepufferten Medien am besten. Streptokokken gehören zu den schnell wachsenden Bakterien, ihr Wachstumsoptimum liegt bei 37 °C.

Hämolyse

Auf hammelbluthaltigen festen Kulturmedien können Streptokokken α-, β- oder γ-Hämolyse zeigen.

Der Begriff β-*Hämolyse* bezeichnet vollständige Hämolyse, d. h., wenn man den Hämolysehof mit dem Mikroskop betrachtet, finden sich dort keine intakten Erythrozyten mehr; der Hämolysehof ist klar durchsichtig.

Bei der α-Hämolyse, auch als Vergrünung bezeichnet, werden nicht alle Erythrozyten in der Umgebung der Kolonie lysiert; es bleiben im Hämolysehof einige Erythrozyten erhalten: Die Hämolyse ist unvollständig. Die Vergrünung beruht auf dem unvollständigen Abbau von Haemoglobin zu Biliverdin (nicht zu Bilirubin).

Als γ-Hämolyse bezeichnet man die Nicht-Hämolyse.

Identifizierung und Differenzierung

Streptokokken zu identifizieren und zu differenzieren gelingt problemlos mit den modernen Methoden der Bakteriologie und Serologie. Erfahrungsgemäß hat der Anfänger aber gewisse Schwierigkeiten, sich die Differenzierungskriterien einzuprägen, da diese recht komplex und keineswegs einheitlich sind. Gleichwohl ist die Kenntnis der humanpathogenen Streptokokkenarten von praktisch-klinischer Bedeutung, da die Streptokokken zum Teil zur physiologischen Standortflora gehören, zum Teil obligat pathogene Krankheitserreger darstellen, die differentialdiagnostisch von den ersteren abgetrennt werden müssen.

Darüber hinaus befallen einzelne Streptokokkenarten typischerweise bestimmte Zielgewebe und rufen typische Krankheitsbilder hervor, die wiederum unterschiedliches therapeutisches Handeln erfordern. Folgende Eigenschaften der Streptokokken werden für die Differenzierung und Identifizierung herangezogen:

Morphologie. Die mikroskopische Diagnose der Streptokokken als Kettenkokken bereitet keine Schwierigkeiten; allerdings ist zu beachten, daß Streptokokken bei optimalen Vermehrungsbedingungen in kurzen Ketten wachsen können und daß die Kettenbildung auch ganz ausbleiben kann.

Hämolyse. Auf Grund ihres Hämolyseverhaltens teilt man Streptokokken in α-, β- und γ- (nicht)-hämolysierende Streptokokken ein. Dieses Unterscheidungskriterium ist wichtig, da die α-hämolysierenden Streptokokken zur physiologischen Standortflora gehören und fakultativ pathogen sind, während die β-hämolisierenden Arten obligat pathogene Erreger darstellen.

Antigenität des C-Polysaccharids. Die ***β-hämolysierenden*** Streptokokken besitzen, im Gegensatz zu den meisten vergrünenden Streptokokken, in ihrer Wand ein C-Polysaccharid, das von Species zu Species antigenmäßige Unterschiede aufweist. Die Antigenität des C-Polysaccharides wurde von Rebecca Lancefield (1895–1981), Bakteriologin an der Rockefeller-Universität, ausgenutzt, um die β-hämolysierenden Streptokokken in ***Serogruppen*** einzuteilen. (Tabelle 2.1).

Tabelle 2.1. Einteilung der wichtigsten Streptokokkenarten und Enterokokken

Eitererregende (pyogene) Streptokokken	Lancefield-Sero-Gruppe	Hämolyse	Vorkommen
S. pyogenes	A	β	Mensch
S. agalactiae	B	β (NH, α)	Rind/Mensch
S. equi	C	β	Pferd/Mensch
S. equisimilis	C	β	Tiere/Mensch
Pneumokokken			
S. pneumoniae	–	α	Mensch/Tiere
Vergrünende (Viridans) und nichthämolysierende			
S. salivarius	– (K)	NH	Mensch
S. sanguis	– (H)	α (NH, β)	Mensch
S. mitior (mitis)	– (O, K, M)	α (NH, β)	Mensch
S. mutans	– (E)	NH	Mensch, Tiere
Enterokokken			
E. faecalis	D	NH (β)	Stuhl von Säugetieren einschl. Mensch
E. faecium	D	α (β, NH)	

NH = Nicht hämolysierend.
– = Kein Gruppenantigen. Die Angabe eines Gruppenantigens in Klammern besagt, daß das Gruppenantigen gelegentlich vorkommt.

Biochemische Leistungen. Die *vergrünenden* Streptokokken der Viridans-Gruppe werden anhand einer biochemischen Leistungsprüfung (Bunte Reihe) in einzelne Arten unterteilt (Tabelle 2.1).

Vergrünende Streptokokken besitzen nur in Ausnahmefällen ein nach dem Lancefield-Schema gruppierbares C-Polysaccharid. Diese Ausnahmen gehören den Serogruppen H bis T an (s. Tabelle 2.5). Im Routinelabor wird eine Einteilung der vergrünenden Streptokokken in Serogruppen nicht vorgenommen.

Die *Pneumokokken* gehören auch zu den vergrünenden Streptokokken. Von der Viridans-Gruppe trennt man sie durch ihre Optochinempfindlichkeit und Gallelöslichkeit ab.

2.2 β-hämolysierende Streptokokken der Serogruppe A (A-Streptokokken, *S. pyogenes*)

2.2.1 Rolle als Krankheitserreger

Die β-hämolysierenden Streptokokken der Serogruppe A (A-Streptokokken) bilden eine Art, als Streptococcus pyogenes bezeichnet.

A-Streptokokken erzeugen typischerweise (Tabellen 2.2 und 2.3):

- ***Eitrige Infektionen***
  Angina, Pharyngitis, Pyodermien, Puerperalsepsis, Meningitis

Tabelle 2.2. β-hämolysierende Streptokokken und von ihnen hervorgerufene Erkrankungen

Serogruppe	Spezies	Standort	Erkrankungen beim Menschen
A	S. pyogenes		*Eiterungen:* Tonsillitis, Pyodermie, Erysipel, Impetigo, Phlegmone, Puerperalsepsis, Sepsis *Toxinvermittelte Erkrankungen: Scharlach* *Nichteitrige Folgekrankheiten:* Akutes rheumatisches Fieber (Endo-, Myo-, Perikarditis, Polyarthritis, Neuritis, Chorea-minor), akute Glomerulonephritis
B	S. agalactiae	Schleimhaut des weiblichen Genitale	Neonatal-Sepsis, -Meningitis Genitaleiterungen, Sepsis
C	S. equisimilis	Mund- und Genitalschleimhaut	Sepsis (selten), Respirationstraktinfektionen
G	S. intestinalis S. canis	Respirationstrakt, Urogenitaltrakt, Faeces	Sepsis (selten)

Tabelle 2.3. Epidemiologische Unterschiede von A-Streptokokken-Pyodermie und -Pharyngitis

Epidemiologischer Parameter	Pyodermie	Pharyngitis
Alter	Häufig bei Säuglingen und Kleinkindern	Häufig während der ersten Schuljahre
Klima	Warm und feucht	Gemäßigt, kühl
Jahreszeit	Sommer/Herbst	Winter/Frühling
Prädisponierende Faktoren	Trauma Insektenstiche Hygienemängel	Virusinfektionen Resistenzschwäche
Übertragung	Direkter Haut-Kontakt mit kontaminiertem Material	Tröpfcheninfektion
Vorherrschen bestimmter Serotypen	Ja	Ja
Inkubationszeit	Stunden bis Tage	2–10 Tage
Nachkrankheiten:		
Akute Glomerulonephritis	Ja	Ja
Akutes rheumatisches Fieber	Nein	Ja

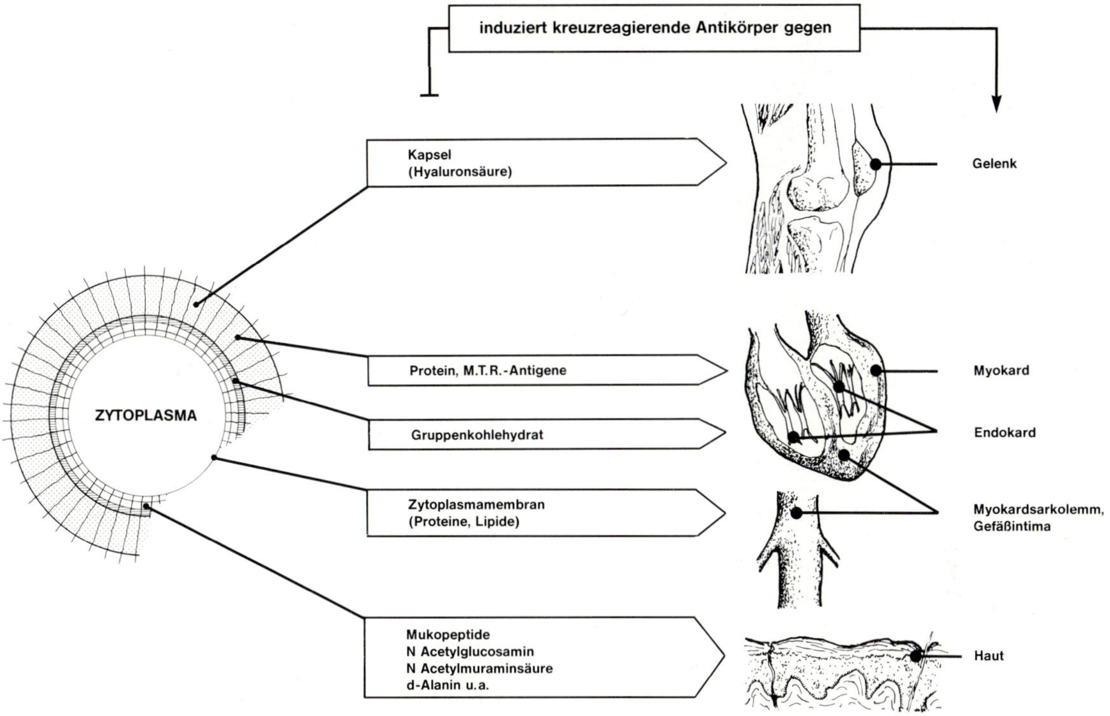

Abb. 2.2. Kreuzreagierende Antigene der Bestandteile der Streptokokkenzellwand und menschlicher Gewebe

- ***Toxinbedingte Erkrankung***
  Scharlach
- ***Nichteitrige, immunpathologisch bedingte Erkrankungen***
  Akutes rheumatisches Fieber, Akute Glomerulonephritis (Abb. 2.2, 2.3).

2.2.2 Besonderheiten im Aufbau

Neben der allen Streptokokken gemeinsamen Peptidoglykanschicht und dem spezifischen C-Polysaccharid besitzen die A-Streptokokken einige Strukturelemente, die sich nur bei dieser Serogruppe bzw. bei wenigen anderen Serogruppen β-hämolysierender Streptokokken finden:

Fimbrien

Die Fimbrien der A-Streptokokken sind in der zytoplasmatischen Membran verankert und durchdringen die gesamte Zellwand. Sie ragen aus der Oberfläche der A-Streptokokken wie ein feinfädiger Pelzbesatz heraus (Abb. 2.2). Die Fimbrien vermitteln die *Adhärenz* der A-Streptokokken an Schleimhautepithelzellen des Wirts. Sie stellen somit einen Virulenzfaktor dar.

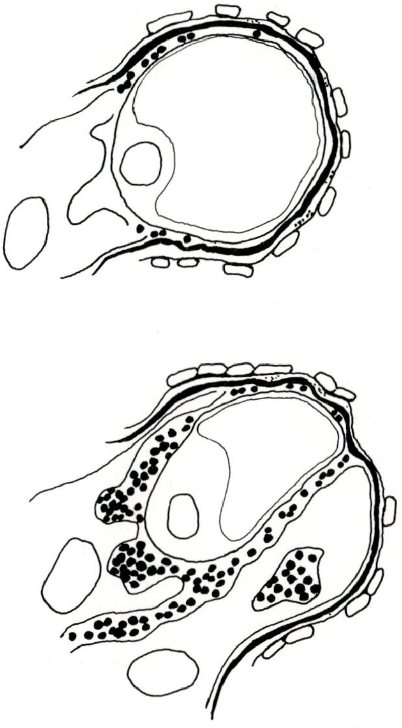

Abb. 2.3. Einwandern von Mesangialzellen in Glomerula (Aus: Mims, 1981)

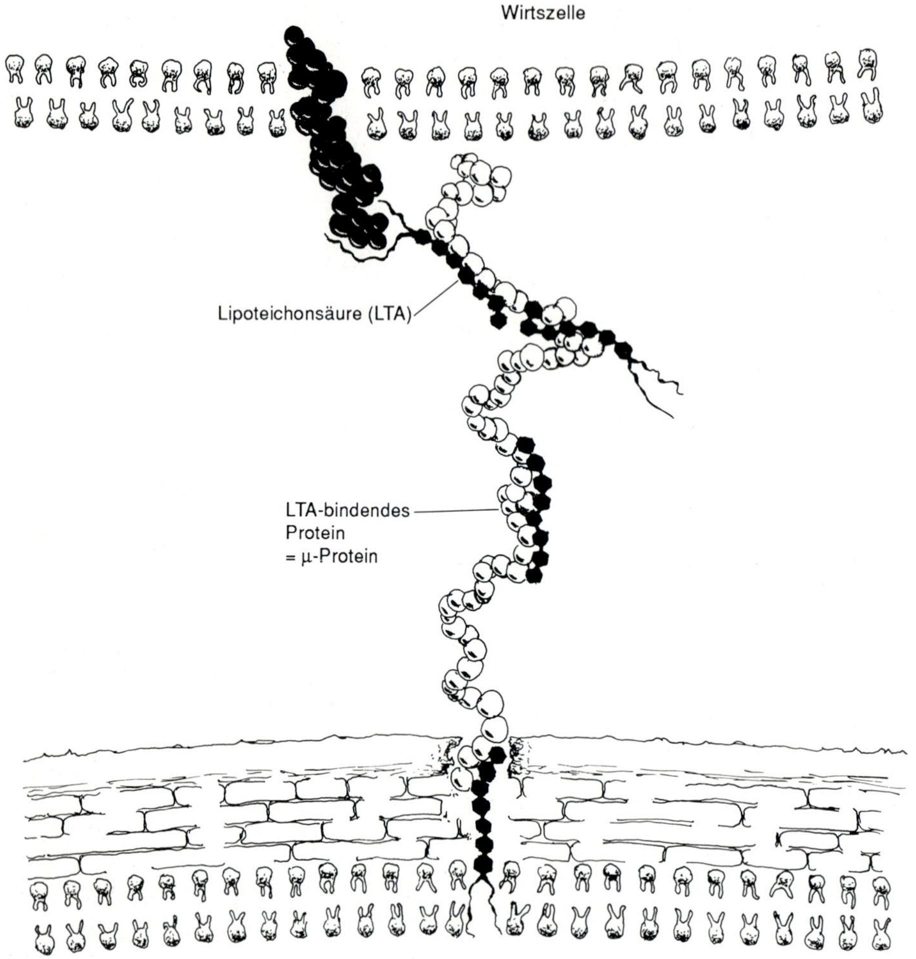

Abb. 2.4. Fimbrie der Streptokokken-Bakterienzelle, die an einer Wirtszelle adhäriert

Die Fimbrien bestehen aus ***M-Protein*** und ***Lipoteichonsäure*** (Abb. 2.4). Die M-Proteine kommen fast ausschließlich bei A-Streptokokken vor. Es gibt über 80 serologisch unterscheidbare Varianten des M-Proteins, aufgrund derer man eine Einteilung der A-Streptokokken in Serotypen vornimmt (s. S. 268).

T-Antigen und R-Antigen

Weitere Proteinantigene der A-Streptokokkenwand sind die T-Antigene und das R-Antigen. Die biologische Bedeutung dieser Antigene ist unbekannt. T-Antigene werden gelegentlich bei der Typisierung von Streptokokken mit bestimmt.

Kapsel

Viele A-Streptokokken-Stämme tragen eine Kapsel aus ***Hyaluronsäure***. Die Kapsel wirkt antiphagozytär.

2.2.3 Kultur

Auf hammelbluthaltigen Kulturmedien entwickeln β-hämolysierende Streptokokken der Serogruppe A nach 24 h Bebrütung bei 37 °C kleine, von einer *Zone vollständiger* Hämolyse *(*β-Hämolyse) umgebene Kolonien (Abb. 2.5a).

Kolonien von Stämmen, die große Mengen Kapselsubstanz bilden (mukoide Stämme), besitzen eine *glänzende Oberfläche*. Man nennt Kolonien solcher Stämme M-Formen; M-lose Stämme werden als R (Rauh)-Formen bezeichnet.

2.2.4 Extrazelluläre Produkte

β-hämolysierende Streptokokken der Serogruppe A bilden zahlreiche, in die Umgebung abgegebene Pro-

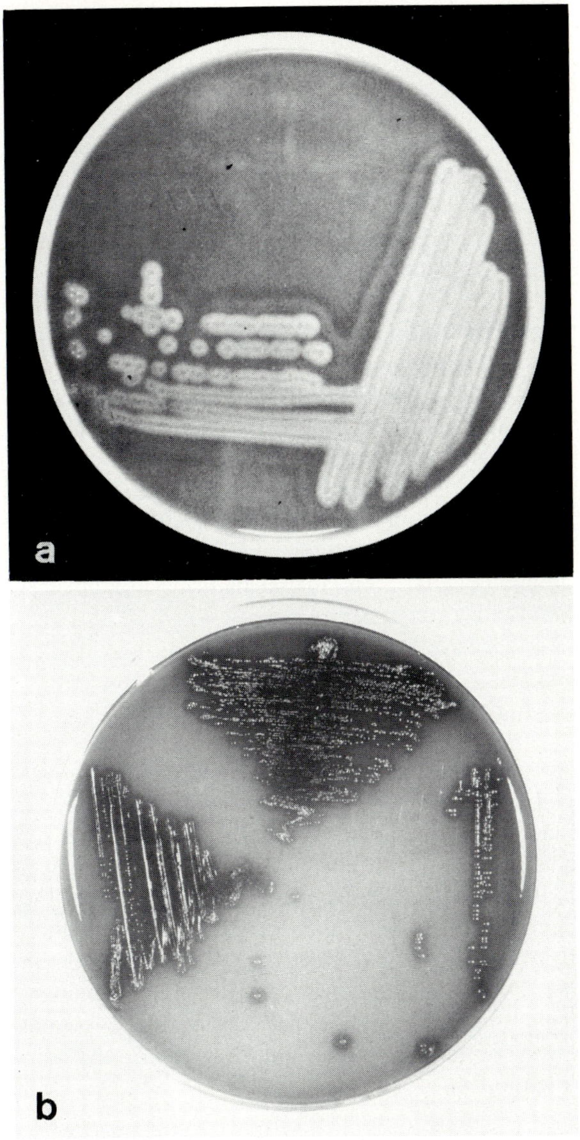

Abb. 2.5. a β-Hämolyse. Es entsteht eine scharf begrenzte Zone vollständiger Hämolyse (durchsichtiger Bereich) um die Kolonien (Wirkung der Hämolysine). Das Hämoglobin ist in diesem Bereich vollständig abgebaut worden (β-hämolysierende Streptokokken der Gruppe A oben links.) **b** α-Hämolyse (Vergrünung). Bei den vergrünenden Streptokokken und den Pneumokokken finden sich auf Blutagar und Kochblutagar in der Umgebung der Kolonien grüne Höfe. Aufgrund der H_2O_2-Freisetzung durch Bakterien bildet sich Methämoglobin (vergrünende Streptokokken oben rechts). Bei mikroskopischer Betrachtung finden sich im Hämolysehof noch einzelne intakte Erythrozyten.

dukte. Diese spielen zum Teil in der Pathogenese der akuten eitrigen Infektionen eine Rolle; einige sind für die Diagnostik von A-Streptokokkenerkrankungen von Nutzen, und wiederum einige, wie die Streptokinase und die Streptodornasen, finden im Rahmen der Thrombolyse therapeutische Verwendung.

Streptolysine

Die β-Hämolyse durch Streptokokken der Serogruppe A sowie der Serogruppen C und G, jedoch nicht B, geht auf die Produktion von Toxinen zurück, die rote Blutkörperchen zur Lyse bringen und deshalb Streptolysine heißen. Man unterscheidet das ***Streptolysin O (SLO)*** und das ***Streptolysin S (SLS)***.

Sauerstoff führt zu einer reversiblen Inaktivierung von SLO, so daß SLO nur unter Sauerstoffabschluß (*O = ohne Sauerstoff*) eine Zerstörung der roten Blutzellen bewirkt. Das Protein (MG 70 000) löst die Bildung von *Anti-Streptolysin-O-Antikörpern (ASO)* aus. Die Bestimmung der ASO ist ein Hilfsmittel zur Diagnose einer abgelaufenen Infektion durch Streptokokken der Serogruppen A, C und G. Der ASO-Titer kann auch zur Diagnostik des akuten rheumatischen Fiebers nach einer A-Streptokokkenerkrankung herangezogen werden. Der molekulare Wirkungsmechanismus des SLO ist auf S. 111 beschrieben.

SLS (S steht für Serum, da das Toxin durch Serum aus intakten A-Streptokokken extrahiert werden kann) hämolysiert nur in Gegenwart von *Sauerstoff*. SLS ist ein Peptid vom Molekulargewicht 2800. Es wirkt nicht als Antigen, d. h. eine Antikörperbildung gegen SLS findet im Patienten nicht statt.

Ausbreitungsfaktoren

Die Invasivität der A-Streptokokken ist eine wichtige Voraussetzung für ihre Virulenz; sie beruht auf der Produktion und der Freisetzung von Ausbreitungsfaktoren:

Hyaluronidase. Die Hyaluronidase hydrolysiert Hyaluronsäure, und zwar sowohl diejenige der A-Streptokokken-Kapseln als auch die des Wirtsorganismus. Sie bringt die interzelluläre Kittsubstanz zur Auflösung und erleichtert auf diese Weise die Ausbreitung der Erreger.

Desoxyribonukleasen (Streptodornasen). Streptokokken der Gruppen A (auch der Gruppen B, C und G) bilden Desoxyribonukleasen, auch Streptodornasen genannt. Man unterscheidet die vier serologischen Formen A, B, C und D. Die Desoxyribonukleasen vermindern die Viskosität in entzündlichen Exsudaten und erleichtern auf diese Weise die Ausbreitung der A-Streptokokken im Gewebe.

Bei Infektionen durch A-Streptokokken werden Antikörper gegen Desoxyribonuklease B gebildet. Der Nachweis derartiger Antikörper im Patientenserum wird neben dem Nachweis von ASO-Antikörpern im Rahmen der Diagnose eines rheumatischen Fiebers nach A-Streptokokkenerkrankung eingesetzt.

Streptodornasen werden bei der *Wundbehandlung* angewandt, um die Wundheilung zu fördern.

Streptokinase (SK). Die meisten A-Streptokokken-Stämme sowie einige Stämme der Serogruppen C und G bilden das Enzym Streptokinase. Diese katalysiert die Bildung des Plasminogenaktivators, der seinerseits die Umwandlung von Plasminogen zu Plasmin katalysiert. Plasmin wiederum lysiert Fibrin.

Streptokinase wird zur Behandlung akuter, durch fibrinhaltige Thromben verursachter Erkrankungen eingesetzt, so vor allem bei Koronarthrombosen.

Erythrogene Toxine

Beherbergt ein A-Streptokokken-Stamm einen bestimmten Prophagen, ist er also lysogen, dann produziert er Toxine, welche das Exanthem und Enanthem bei Scharlach hervorrufen. Die Vertreter dieser Toxingruppe werden als erythrogenes Toxin (ET) bezeichnet. Es gibt 3 antigene Varianten von ET: A, B und C.

Bacteriocine

Einige A-Streptokokken-Stämme produzieren sogenannte Bacteriocine. Wahrscheinlich tragen die Bacteriocine dazu bei, daß sich die A-Streptokokken im oberen Respirationstrakt in Konkurrenz mit anderen Bakterien behaupten können (Bakterieller Antagonismus).

2.2.5 Identifizierung und Differenzierung

Mikroskopisch

A-Streptokokken stellen sich unter dem Mikroskop als ***Ketten*** grampositiver Kokken dar (Abb. 2.1).

Biochemisch

Die biochemische Leistungsprüfung in Form einer „Bunten Reihe" wird nur selten angewandt, da die serologischen Methoden (s. unten) rasch und zuverlässig eine Identifizierung als A-Streptokokken erlauben.

Serologisch

Zur endgültigen Identifizierung von A-Streptokokken als Spezies setzt man Antikörper mit Spezifität für das ***gruppenspezifische*** C-Polysaccharid der A-Streptokokken ein. Es steht heute eine Reihe von Verfahren kommerziell zur Verfügung.

Typeneinteilung der A-Streptokokken aufgrund der M-Proteine. Für wissenschaftliche und epidemiologische Zwecke lassen sich die A-Streptokokken (und nur diese!) mit Hilfe von Antikörpern gegen die einzelnen M-Proteine weiter in mehr als 80 Serotypen unterteilen. Diese werden mit arabischen Zahlen bezeichnet. So lautet die endgültige Diagnose eines β-hämolysierenden Streptokokkenstammes der Serogruppe A z. B. „Streptokokken der Serogruppe A, Serotyp 1", etc.

2.2.6 Resistenz gegen äußere Einflüsse

A-Streptokokken sind gegen äußere Einflüsse vergleichsweise *resistent*. Sie halten sich wochenlang im Staub oder in der Bettwäsche vermehrungsfähig. Andererseits zeigen sie eine hohe Empfindlichkeit gegen *oberflächenaktive Substanzen*, wie z. B. das Desoxycholat, ein Salz der *Gallensäure*. Diese Empfindlichkeit bildet die Grundlage für die Anwendung von Selektiv-Kulturmedien, bei denen es auf die Hemmung der grampositiven Begleitflora des Darmes ankommt, also vor allem im Rahmen der Diagnostik von Darminfektionen.

2.2.7 Vorkommen und Epidemiologie

Der *Mensch* ist der einzige natürliche Wirt für A-Streptokokken. Hier siedeln sie sich vor allem auf der Schleimhaut des Oropharynx an.

Racheninfektionen durch A-Streptokokken überwiegen in den gemäßigten Zonen. In tropischen Ländern kommt hingegen den Hautinfektionen die zahlenmäßig größte Bedeutung zu (vgl. Tabelle 2.3).

Sowohl nach apparenten als auch nach inapparenten A-Streptokokken-Infektionen lassen sich häufig noch monatelang A-Streptokokken im Nasen-Rachenraum nachweisen, d. h. es bildet sich häufig ein

Tabelle 2.4. Virulenzfaktoren von A-Streptokokken und ihre Wirkungsweisen

Faktor	Wirkung	Wirkungsweise
Fimbrien (enthalten M-Protein und Lipoteichon-Säure)	Adhärenz	Interaktion mit Zielzell-Rezeptor
M-Protein	Phagozytosehemmung	
Hyaluronidase	Ausbreitung	Hydrolyse der Hyaluronsäure, des interzellulären Gewebekits
Streptokinase	Ausbreitung	Verflüssigung von Fibringerinnseln duch Aktivierung von Plasminogen
Streptodornase	Ausbreitung	Verflüssigung von Eiter durch Hydrolyse von DNS
Hämolysin 0	Zytotoxizität für Erythrozyten	Bildung einer Pore in der zytoplasmatischen Membran
	Zytotoxizität für Phagozyten	Zerstörung der Membran der Granula; dadurch Freisetzung granulärer Enzyme, die die Zelle von innen zur Auflösung bringen (Autophagie)
		Zerstörung des Gewebes durch austretenden lysosomalen Inhalt.
Hämolysin S	Exanthem,	Möglicherweise Freisetzung von Interleukin 1
Erythrogenes Toxin	Enanthem	(IL-1)

Trägerstatus aus. Träger kommen als Infektionsquelle jedoch weit weniger häufig in Betracht als frisch erkrankte Patienten.

2.2.8 Übertragung

Von den Schleimhäuten des Oropharynx werden die A-Streptokokken durch ***Tröpfcheninfektion*** übertragen.

Bei der Übertragung von Pyodermien spielt der direkte Kontakt von Haut zu Haut (Schmierinfektion) die Hauptrolle. Eine Übertragung von A-Streptokokken wird durch enges Zusammensein von Menschen begünstigt, z. B. bei Aufenthalt in geschlossenen Räumen bei naßkaltem Wetter, etwa in Kasernen oder Gefängnissen, oder durch starke körperliche Aktivität, z. B. Turnen in geschlossenen Räumen. Auch eine Übertragung durch kontaminierte Milch ist möglich.

Auch *Krankenhausinfektionen* durch A-Streptokokken kommen in erster Linie durch Tröpfcheninfektion zustande. Als Infektionsquelle dienen erregertragende Pflegepersonen. Lebensfähige A-Streptokokken, obwohl im Staub oder in Bettwäsche häufig vorkommend, spielen in der Verbreitung der Erreger eine untergeordnete Rolle.

2.2.9 Pathogenese

Die Neigung der A-Streptokokken, sich mit Hilfe ihrer Invasionsfaktoren (Hyaluronidase, Desoxyribonukleasen) in den Geweben auszubreiten, ist die Ursache dafür, daß A-Streptokokken – im Gegensatz zu Staphylokokken – diffuse, flächenhafte Eiterungen hervorrufen. Diese Eiterungen können überall im Körper auftreten. In einem bestimmten zeitlichen Abstand nach den akuten Eiterungen können sich nichteitrige Nachkrankheiten, das akute rheumatische Fieber (mit oder ohne Karditis) und die akute Glomerulonephritis, entwickeln. Diese Krankheiten beruhen auf immunpathologischen Reaktionen (s. S. 272).

Rolle der Virulenzfaktoren. Die Virulenz von A-Streptokokken beruht auf den Wirkungen der verschiedenen, sowohl in die Umgebung abgegebenen oder zellständigen, Virulenzfaktoren. Diese vermitteln die Adhärenz, die Ausbreitung, die Zytotoxizität und die Hemmung der Phagozytose. Die Natur dieser Faktoren und ihr Zusammenspiel in der Pathogenese sind in Tabelle 2.4 zusammengefaßt.

2.2.10 Klinik

Tonsillitis

Die Erkrankung beginnt nach einer Inkubationszeit von 2–4 Tagen mit Fieber, Schluckbeschwerden und Halsschmerzen. Die Gaumenmandeln sind geschwollen und lassen *fleckförmige Eiterherde* erkennen („*Stippchen*"). Diesem Bild liegen tief in die Tonsillen-Krypten reichende Eiteransammlungen zugrunde, von denen man wie bei einem tiefen See nur die Oberfläche wahrnimmt („Angina lacunaris", lacus, lat. = See). Bei tonsillektomierten Personen fehlt der Eiter; man sieht hier nur Rötung und Schwellung. In der Regel heilt die Krankheit nach 5 Tagen ab.

Von der Mandelentzündung ausgehend können sich Komplikationen entwickeln. Dazu zählen: akute zervikale Lymphadenitis, Otitis media, Sinusitis, Mastoiditis und Peritonsillar-Abszeß.

Infektionen der Haut

Eitrige Hautinfektionen (Pyodermien) werden durch bestimmte Serotypen der A-Streptokokken hervorgerufen. Diese sind nicht mit den tonsillitis-verursachenden Stämmen identisch.

Erysipel. Das Erysipel (***Wundrose***) ist eine *nicht-eitrige*, ödematöse *Entzündung der Lymphspalten* der Haut. Charakteristisch ist die Ausbreitungstendenz. Die Ausbreitung wird durch die Invasiv-Faktoren der A-Streptokokken begünstigt. Die Erreger dringen über meist unauffällige Verletzungen (z. B. Rhagaden des Mundwinkels) in die Haut ein und rufen nach einer Inkubationszeit von 1–3 Tagen ein schubweise fortschreitendes, z. T. mit großen *Schmerzen* verbundenes *Erythem* hervor. Die Haut ist ödematös gespannt und glänzt. Die Grenzen der Rötungen sind scharf begrenzt, und der betroffene Bereich zeigt kerzenflammenartige Ausläufer in die gesunden Hautpartien. In schweren Fällen kommt es zu Blasenbildungen, zu Gewebezerfall und zur *Sepsis*. S. aureus und Pneumokokken rufen gelegentlich erysipelartige Krankheitsbilder hervor.

Impetigo contagiosa (Eiter-, Krusten-, Pustelflechte, feuchter Grind). Die Impetigo contagiosa (Blasengrind) ist eine Infektion der *Epidermis*, bei der sich nach umschriebener Rötung rasch *Blasen* bilden, die nach wenigen Stunden platzen. Der Blaseninhalt trocknet zu Krusten ein. Die Impetigo entwickelt sich im Kindesalter unter schlechten sozialen Verhältnissen („Krankheit des Elends"). Impetigo kann, wenn auch seltener, durch S. aureus hervorgerufen werden.

Phlegmone. Die Phlegmone ist eine *diffuse Eiterung der Haut und des Subkutangewebes*, die mit Schmerzen, Schwellung, Rötung und Fieber einhergeht. Phlegmonen sind, anders als Abszesse oder das Erysipel, nicht scharf begrenzt; sie breiten sich kontinuierlich aus.

Andere Hautinfektionen. Lymphangitiden, Infektionen nach Verletzungen oder von Verbrennungswunden und postoperative Infektionen können ebenfalls durch A-Streptokokken hervorgerufen werden. Gelegentlich entwickeln sich derartige Infektionen nosokomial.

Puerperalsepsis

Das Puerperalfieber (Kindbettfieber) entsteht als Sonderform der Sepsis, wenn A- oder B-Streptokokken bei der Geburt in das Endometrium und die umgebenden Gewebe und von dort in die Lymphbahnen und die Blutbahn eindringen. Die Erreger werden in der Regel durch den *Geburtshelfer* übertragen. In den industrialisierten Ländern seit Ignaz Semmelweis selten geworden, stellt das Puerperalfieber durch A-Streptokokken und andere pyogene (eitererregende) Streptokokken in Ländern der 3. Welt noch immer ein großes Problem dar. Ignaz Semmelweis (1818–1865), Wien und Budapest, publizierte 1847 seine Beobachtung, daß Kontaktinfektionen die Ursache des Wochenbettfiebers sind. Die von ihm eingeführten Maßnahmen (Händedesinfektion durch Chlorwasser) führten zu einer drastischen Abnahme der Wochenbettinfektionen („Retter der Mütter").

Im übrigen kann sich eine Streptokokken-Sepsis von jedem Steptokokken-Herd aus entwickeln.

Auch Meningitis, Endokarditis, insbesondere bei i.v. Drogenabhängigen, Pneumonien und Peritonitis können ebenfalls durch A-Streptokokken verursacht werden, wie denn überhaupt die A-Streptokokken an praktisch jeder Stelle im Körper Entzündungen hervorrufen können.

Scharlach

Spezielle Pathogenese. Wird die A-Streptokokken-Pharyngitis bzw. die von ihr ausgehende Entzündung durch einen lysogenen Stamm hervorgerufen, der eine der Varianten des *erythrogenen Toxins* (ET, s. oben) produziert, so entwickelt sich ein Scharlach. Der Scharlach stellt also eine Sonderform der A-Streptokokken-Pharyngitis dar. Die Fähigkeit, einen Scharlach hervorzurufen, beeinflußt nicht die Fähigkeit, eine Eiterung hervorzurufen. In seltenen Fällen wird ET auch von Streptokokken anderer Serogruppen oder von S. aureus gebildet.

Klinik. Etwa 2 Tage nach Beginn der Halsschmerzen zeigt sich ein *Exanthem* zunächst am Hals, den oberen Brustpartien und Rücken und breitet sich dann über den Rumpf, das Gesicht und die Extremitäten aus. Charakteristisch ist eine periorale Blässe. Das Exanthem wird von einem *Enanthem* begleitet. Die Zunge weist einen weißen Belag auf, aus dem rote hypertrophierte Papillen herausragen. Am 4. bis 5. Krankheitstag verschwindet der Belag, und die geschwollenen Papillen imponieren nun als sog. „*Himbeerzunge*".

Ein Scharlach tritt nicht nur bei einer Angina auf, sondern kann auch andere A-Streptokokken-Infektionen, z. B. Impetigo oder Wundinfektionen begleiten.

Das Scharlach-Exanthem oder -Enanthem wird durch die lokale Injektion von Antikörpern gegen ET ausgelöscht. Da es nur die drei antigenen Varianten von ET, A, B, C, gibt, kann ein Individuum theoretisch dreimal an Scharlach erkranken. Antikörper gegen ET verhindern zwar das Auftreten des Exanthems und des Enanthems, sie verleihen aber keinen Schutz gegen die zugrundeliegende A-Streptokokken-Infektion! Für den antibakteriellen Schutz sind Antikörper gegen das typenspezifische M-Protein verantwortlich. Da es hiervon wesentlich mehr serologische Varianten gibt, kann man auch wesentlich häufiger an einer A-Streptokokken-Infektion erkranken als an Scharlach.

2.2.11 Immunität

A-Streptokokken sind typische Eitererreger, d. h. extrazelluläre Bakterien, die nach der ***Phagozytose*** durch polymorphkernige Granulozyten abgetötet werden. Die Phagozytose wird durch ***Antikörper*** gegen die antiphagozytär wirkende M-Substanz im Zusammenwirken mit ***Komplement*** verbessert. Derartige Antikörper verhindern überdies die Adhärenz der Streptokokken an die Zielzellen des Wirtes.

Die erworbene Immunität ist ***typenspezifisch***; sie kann jahrelang bestehen bleiben. Dies bedeutet, daß im Bereich einer einmal abgelaufenen Epidemie der gleiche Serotyp nicht wieder auftritt.

Da es mehr als 80 Serotypen von A-Streptokokken gibt, kann man häufig an A-Streptokokken-Infektionen erkranken. Ein Beispiel hierfür liefert die Kreuzinfektion in solchen Krankenzimmern, in denen sich Anginapatienten mit Infektionen durch verschiedene Serotypen befinden.

A-Streptokokken tragen Zellbestandteile, die mit menschlichen Geweben *Antigengemeinschaft* besitzen und die Bildung von Antikörpern hervorrufen, die *mit menschlichen Geweben kreuzreagieren*. Einige dieser Zellbestandteile werden heute mit der Pathogenese der ***Streptokokken-Nachkrankheiten*** in Verbindung gebracht (s. S. 272).

Das rezidivierende Erysipel hinterläßt keine Immunität.

2.2.12 Labordiagnose

Bei fehlendem Scharlachexanthem und bei nichteitrigen Formen kann die klinische Abgrenzung einer A-Streptokokken-Pharyngitis von anderen Formen der Pharyngitis Schwierigkeiten bereiten. Dies gilt besonders für tonsillektomierte Personen. Differentialdiagnostisch kommen vor allem die zahlenmäßig weit überlegenen akuten Pharyngitiden durch Viren in Betracht.

Untersuchungsmaterial. Ein sachgemäß entnommener ***Rachenabstrich*** bildet die Grundvoraussetzung für den erfolgreichen kulturellen Nachweis von A-Streptokokken bei Angina. Bei anderen A-Streptokokken-Infektionen eignen sich als Untersuchungsmaterialien lokalisationsabhängig Blut, Punktate, Biopsiematerial oder Eiterabstriche.

Material-Transport. Der Transport von Abstrichen sollte in einem *Transportmedium* bei Umgebungstemperatur erfolgen. Eiter und andere Proben sollten gekühlt transportiert werden.

Vorgehen im Labor. Die ***Anzüchtung*** β-hämolysierender Streptokokken auf schafbluthaltigen Kulturmedien bereitet keine Schwierigkeiten.

Die ***Abgrenzung*** der angezüchteten A-Streptokokken von anderen Serogruppen erfolgt mittels gruppenspezifischer Antikörper. Hierzu stehen kommerziell erhältliche Kits zur Verfügung.

2.2.13 Therapie

A-Streptokokken sind ausnahmslos *hochempfindlich gegenüber Penizillin* G. Dieses Antibiotikum stellt somit das Mittel der Wahl bei A-Streptokokken-Infektionen dar. Patienten, bei denen eine Penizillin-Allergie vorliegt, werden mit *Erythromycin* behandelt.

2.2.14 Prävention

Meldepflicht besteht für Tod an Scharlach oder an Puerperalsepsis (§ 3 BSeuchGes).

2.2.15 Nichteitrige Nachkrankheiten

Eine Besonderheit der A-Streptokokken-Infektionen ist ihre Neigung, nichteitrige Nachkrankheiten hervorzurufen. Es handelt sich hierbei um das ***akute rheumatische Fieber*** (akuter ***Gelenkrheumatismus***) und die akute ***Glomerulonephritis***.

Die Nachkrankheiten treten in einem bestimmten zeitlichen Abstand von der akuten A-Streptokokken-Entzündung auf, und die Läsionen der Nachkrankheiten enthalten typischerweise *keine* Bakterien: Sie basieren auf immunologischer Grundlage.

Akutes rheumatisches Fieber

Pathogenese. Folgende Voraussetzungen müssen erfüllt sein:

- Die vorangehende A-Streptokokken-Infektion ist im oberen Respirationstrakt lokalisiert.
- Es werden Antikörper gegen A-Streptokokken gebildet.
- Der infizierende Stamm persistiert mehrere Tage lang.
- Es liegen wiederholte Anginen mit wechselnden Typen vor.

Die Pathogenese des akuten rheumatischen Fiebers ist noch unklar. Patienten mit akutem rheumatischen Fieber bilden ***kreuzreagierende Antikörper,*** die einerseits mit verschiedenen Komponenten der Streptokokken, andererseits mit bestimmten Gewebselementen in Gelenken, Myokard, Endokard, Myokardsarkolemm, Gefäßintima und Haut reagieren (s. Abb. 2.2).

Klinik. Das Krankheitsbild des akuten rheumatischen Fiebers setzt 2–3 Wochen nach Beginn der A-Streptokokken-Pharyngitis ein. Es können sich folgende Krankheitserscheinungen entwickeln:

- Polyarthritis
- Karditis (Endokarditis, Myokarditis, Perikarditis)
- Chorea minor
- Erythema marginatum
- Subkutane Knötchen

Das Auftreten des akuten rheumatischen Fiebers ist nicht an bestimmte A-Streptokokken-Stämme gebunden.

Labordiagnose. Der *Antistreptolysin-O-(ASO)*-Test wird im Rahmen der Diagnostik des akuten rheumatischen Fiebers eingesetzt. Ein hoch über der Norm liegender Titer weist auf eine kürzlich abgelaufene A-Streptokokken-Infektion hin. Am zuverlässigsten ist eine Kombination mit dem Nachweis von Antikörpern gegen die *Streptodornase B* der A-Streptokokken (Anti-DNase-Test).

Akute Glomerulonephritis

Bei drei Prozent aller eitrigen A-Streptokokken-Erkrankungen schließt sich an die eitrige Infektion eine akute Glomerulonephritis an. Im Gegensatz zum rheumatischen Fieber muß der akuten Glomerulonephritis eine Infektion mit einem der sogenannten ***nephritogenen Stämme*** vorausgehen. Diese gehören meistens der *Serogruppe A, Typ 12*, an.

Pathogenese. In den Glomerula werden ***Immunkomplexe*** abgelagert, die neben A-Streptokokken-Antigen Antikörper und die aktivierte 3. Komplementkomponente, C3 b, enthalten. Im Rahmen der Immunkomplexbildung entstehen die Komplementspaltprodukte C3 a und C5 a, die chemotaktisch Granulozyten an die Stellen der Ablagerung der Immunkomplexe locken. Die ***Granulozyten*** setzen beim Zerfall und bei der Phagozytose lysosomale Enzyme und Sauerstoffradikale frei, die ihrerseits eine ***Gewebeschädigung*** in den Glomerula verursachen. Es wandern daraufhin ***Mesangialzellen*** ein, woraus eine zunehmende Verminderung der filtrierenden Oberfläche der Glomerula mit entsprechenden klinischen Folgen resultiert (Abb. 2.3).

Klinisches Bild. Die Zeichen der akuten Glomerulonephritis – Hämaturie, Proteinurie, Oedem und Bluthochdruck – setzen etwa drei bis fünf Wochen nach Beginn der akuten eitrigen Infektion ein.

Prophylaxe. Penizillin oral oder Penizillin G als Benzathin-Penizillin, alle 3–4 Wochen i. m. injiziert über 6 Monate.

Die Prophylaxe hat den Zweck, eine weitere Besiedlung der Rachenschleimhaut durch A-Streptokokken zu verhindern, um die Gefahr einer erneuten Antigenbelastung, und damit verbunden, eines Aufflackerns des rheumatischen Geschehens abzuwenden.

Zusammenfassung: A-Streptokokken

Bakteriologie: Grampositive, fakultativ anaerobe Kettenkokken mit Fähigkeit zur β-Hämolyse. Energiegewinnung durch fermentativen Zuckerabbau. Wachstumsansprüche: Kohlenhydrate, Fleischextrakt, Blut, Serum. Einteilung der β-hämolysierenden Streptokokken in Serogruppen aufgrund des C-Polysaccharides (Lancefield), aufgrund des M-Proteins in Serotypen.

Vorkommen: Haut und Schleimhaut des Menschen.

Resistenz: Vergleichsweise resistent gegen Umwelteinflüsse. Empfindlich gegenüber oberflächenaktiven Substanzen.

Epidemiologie: A-Streptokokken: Weltweit verbreitet, einziger natürlicher Wirt ist der Mensch.

Zielgruppe: Vorwiegend Kinder zwischen dem 3. und 10. Lebensjahr.

Übertragung: Durch Haut und Schleimhautkontakt (Schmierinfektion) sowie aerogen (Tröpfcheninfektion).

Pathogenese: Haut- bzw. Schleimhautinfektion → lokales eitriges Infektionsgeschehen → u. U. systemische Ausbreitung (Sepsis, Meningitis) → nichteitrige Nacherkrankungen (AGN, ARF) möglich. Scharlachtoxinbildende Stämme (lysogen) verursachen Scharlach.

Zielgewebe: Haut und Schleimhaut. Nacherkrankungen: Nieren, Herz.

Klinik: Kurze Inkubationszeit. Fieber und eitrige Lokalinfektion. Manifestationsformen: Pharyngitis, Angina, Otitis, Pyodermien, Puerperalsepsis, Mastitis, Neugeborenensepsis und -meningitis, Erysipel, Impetigo, Phlegmone. Bei Infektion mit ET-produzierenden Stämmen (Scharlach). Nacherkrankungen in Form der akuten Glomerulonephritis und des akuten rheumatischen Fiebers.

Pathomechanismen: Vielzahl von Virulenzfaktoren, die über Adhärenzvermittlung (Fimbrien), Phagozytosehemmung (Leukozidine) und Gewebsausbreitung (Hyaluronidase) entscheidend beitragen.

Labordiagnose: Untersuchungsmaterial: Abstriche, Blut, Liquor, Urin, Biopsien etc. Erregernachweis: Anzucht auf bluthaltigen Kulturmedien ohne Schwierigkeiten. Identifikation: Hämolyseverhalten auf Hammelblutagar und serologische Gruppeneinteilung (Latexagglutination).

Therapie: Mittel der Wahl ist Penizillin G.

Immunität: Ausbildung einer serotypenspezifischen jahrelang anhaltenden Immunität. Kreuzinfektionen mit anderen Serotypen möglich.

Prävention: Isolierung erkrankter Personen. Expositionsprophylaxe mit Penizillin. Vakzination: Keine.

Meldepflicht: Besteht für Tod an Scharlach oder Puerperalsepsis.

2.3 β-hämolysierende Streptokokken der Serogruppe B

2.3.1 Rolle als Krankheitserreger

B-Streptokokken sind obligat pathogene Erreger, die auf der Rachen-, Urogenital- und Rektalschleimhaut vorkommen. *Perinatal* können sie schwere Infektionen der Mutter (Wundinfektion, Endometritis, Puerperalsepsis, Chorioamnionitis) und/oder des Kindes (Sepsis, Pneumonie, Meningitis, Konjunktivitis, Impetigo, Osteomyelitis, Otitis media, eitrige Arthritis und Omphalitis) hervorrufen (Tabelle 2.2).

2.3.2 Kultur

Im Gegensatz zu den β-hämolysierenden Streptokokken der Serogruppe A, die einen relativ großen Hämolysehof entwickeln, zeigen die Kolonien der B-Streptokokken nur eine *schmale und wenig transparente Hämolysezone*. Extreme Kulturbedingungen, wie basischer pH (pH 9. 6), oder Temperaturen unter 10 °C bzw. über 45 °C werden nicht toleriert.

2.3.3 Identifizierung und Differenzierung

β-hämolysierende Streptokokken werden in der Routinediagnostik ***serologisch*** differenziert, wobei das gruppenspezifische Zellwandantigen durch Verwendung spezifischer Antikörper mit einer Vielzahl von

Methoden z. B. Immunelektrophorese, ELISA, Immunfluoreszenz und Latex-Agglutination nachgewiesen werden kann.

2.3.4 Vorkommen

B-Streptokokken (S. agalactiae) kommen vorwiegend bei *Tieren* vor. Bei Kühen verursachen sie eine eitrige Mastitis („gelber Galt"). Die humanpathogenen Stämme kommen auf den *Schleimhäuten des Urogenital- und Intestinaltraktes* vor.

2.3.5 Epidemiologie

Bis zu 40% aller schwangeren Frauen sind asymptomatische *Trägerinnen* von Gruppe B-Streptokokken. Bei ca. 50% der Neugeborenen von Müttern mit positivem B-Streptokokkennachweis läßt sich ebenfalls eine Besiedlung nachweisen. Die Inzidenz der *„early-onset"-Erkrankung* (s. unten) des Neugeborenen liegt bei 2 pro 1 000 Lebendgeburten, die der *„late-onset"-Erkrankung* bei 1.7 pro 1 000 Lebendgeburten. Der Serotyp III ist mit 80 % für alle „early-onset" und mit 93 % für die „late-onset" Erkrankung verantwortlich. Da die humanpathogenen Stämme der B-Streptokokken auch *sexuell übertragen* werden können, rechnet man heute die B-Streptokokken-Infektion zu den sexuell übertragbaren Krankheiten.

2.3.6 Pathogenese

B-Streptokokkeninfektionen befallen vorwiegend Neugeborene, bei denen sie Sepsis und Meningitis hervorrufen können. Das Neugeborene infiziert sich in der Regel im *Geburtskanal*; nosokomiale Infektionen sind möglich, aber selten.

Prädisponierende Risikofaktoren sind:

- Vorzeitiger Blasensprung
- Frühgeburt
- Aufsteigende Infektion (Chorioamnionitis)
- Zervixinsuffizienz
- Niedriger Spiegel mütterlicher Antikörper gegen B-Streptokokken

2.3.7 Klinik

Die Infektion kann sich in den ersten postnatalen Stunden bis Tagen („*early-onset*") nach unspezifischer Initialsymptomatik als Sepsis, *Pneumonie oder Meningitis* manifestieren. Sie kann sich aber auch erst nach einer Latenzzeit von 7 Tagen bis zu 3 Monaten äußern („*late-onset*") und führt dann meist zur *Meningitis*.

Bei Erwachsenen können B-Streptokokken neben den Puerperalinfektionen Endometritis und Sepsis auch eine Pyelonephritis, Pneumonie, Meningitis und Endokarditis auslösen. Letztgenannte Krankheitsbilder entwickeln sich jedoch in der Hauptsache bei Abwehrgeschwächten.

2.3.8 Labordiagnose

Die endgültige Diagnose einer B-Streptokokkeninfektion kann nur durch die Anzüchtung des Erregers aus Körperflüssigkeiten (Blut, Liquor, Urin, Eiter, etc.) gestellt werden.

Eine Schnelldiagnose ist durch den Antigennachweis mittels Gegenstromelektrophorese, ELISA und Latexpartikel-Agglutination möglich; sie muß aber immer kulturell gesichert werden.

2.3.9 Therapie

Mittel der Wahl bei Neugeborenen und Kindern ist eine Kombination von *Ampizillin* mit *Aminoglykosiden*. Bei Erwachsenen besteht die Therapie in der hochdosierten Gabe von *Penizillin* G oder einem *Cephalosporin* z. B. Cefotaxim.

2.3.10 Prävention

Die Prophylaxe der B-Streptokokkenerkrankung des Neugeborenen besteht aus der präpartalen oder intrapartalen *Antibiotikagabe*. Die Sanierung einer B-Streptokokkenbesiedlung während der Schwangerschaft durch orale Antibiotikagabe ist mit einer Versagerquote von 20%–70% behaftet. Im Gegensatz dazu kann die intravenöse Verabreichung von *Ampizillin unter der Geburt* eine Übertragung von B-Streptokokken auf das Kind erfolgreich verhindern. Da es zur Zeit weder eine aktive noch eine passive Immunisierung bei Mutter und Kind gibt, stellt die intravenöse Antibiotikagabe bei der Mutter während der Geburt bei gesichertem Nachweis von B-Streptokokken die zur Zeit verläßlichste Prophylaxe dar.

Zusammenfassung: B-Streptokokken

Bakteriologie: Grampositive, kettenförmige Kokke, die auf bluthaltigen Nährböden β-Hämolyse zeigen. Differenzierung von anderen β-hämolysierenden Streptokokken (z. B. Serogruppe A) durch das gruppenspezifische Zellwandantigen.

Vorkommen/Epidemiologie: Urogenital- und Intestinalschleimhaut. Bei Schwangeren sind 2–40% asymptomatische Trägerinnen. Übertragung durch Schleimhautkontakt, insbesondere auf das Neugeborene während der Geburt.

Pathogenese: Infektion des Neugeborenen beim Durchtritt durch den Geburtskanal kann bei prädisponierenden Faktoren wie mütterlichem Antikörpermangel oder Frühgeburt zu Sepsis oder Meningitis führen.

Klinik: Infektionssymptomatik kann in den ersten Lebensstunden ("early-onset"), oder erst nach einer Latenzzeit von mehreren Tagen ("late-onset") auftreten. Manifestation in Form der septischen Allgemeinerkrankung und Meningitis.

Pathomechanismus: Wichtigste Faktoren sind das typenspezifische Polysaccharidantigen und der Mangel an mütterlichen protektiven Antikörpern im materno-fetalen Blutkreislauf.

Labordiagnose: Untersuchungsmaterial: Abstriche und Körperflüssigkeiten. Anzucht auf bluthaltigen Kulturmedien führt zu Wachstum des Erregers mit charakteristischer β-Hämolyse. Serologische Differenzierung von anderen β-hämolysierenden Streptokokken.

Therapie: Kinder: Ampicillin und Gentamicin. Erwachsene: Penizillin G.

Immunität: Asymptomatische Infektion der Schleimhäute führt in der Regel zur Ausbildung einer auf das Neugeborene übertragbaren Immunität. Non-Responder kommen vor und stellen für das Kind ein hohes Infektionsrisiko dar.

Prävention: Bei spezifischem Antikörpermangel der Mutter: intrapartale Gabe von Ampicillin.

Vakzination: Zur Zeit keine Immunisierung möglich.

Meldepflicht: Tod an Puerperalsepsis.

2.4 β-hämolysierende Streptokokken der Serogruppen C und G

Streptokokken der Serogruppen C und G können Pharyngitis, Puerperalinfektionen, Sepsis und Endokarditis hervorrufen. Am häufigsten sind Haut- und Wundinfektionen (s. Tabelle 2.2).

Da die Stämme dieser Serogruppen ebenfalls Streptolysin O produzieren, kann es auch nach Infektionen durch C- bzw. G-Streptokokken zu einem Anstieg des ASO-Titers und damit zu Verwechslungen mit A-Streptokokkeninfektionen kommen.

Die Erreger können mittels eines der heute käuflichen Agglutinationsreaktions-Systeme identifiziert werden.

Streptokokken der Serogruppen C und G sind penizillin-G-empfindlich.

2.5 D-Streptokokken

Von den Streptokokken der Serogruppe D ruft S. bovis gelegentlich Sepsis und Endokarditis hervor.

2.6 Vergrünende Streptokokken (Viridans-Streptokokken)

2.6.1 Definition

Unter dem Begriff „vergrünende Streptokokken" (Viridans-Streptokokken) faßt man diejenigen fakultativ anaerob wachsenden Streptokokken zusammen, die nach Ausgliederung der β-hämolysierenden Streptokokken sowie der D-Streptokokken und der Pneumokokken übrigbleiben (Tabelle 2.5). Im Gegensatz zu den β-hämolysierenden Streptokokken besitzen vergrünende Streptokokken nur ausnahmsweise ein gruppenspezifisches Antigen. Sie produzieren keine Toxine, und es fehlen ihnen die Virulenzfaktoren, die für die β-hämolysierenden Streptokokken so charakteristisch sind. Vergrünende Streptokokken tragen keine Kapseln.

2.6.2 Rolle als Krankheitserreger

Viele vergrünende Streptokokken-Arten sind Bestandteil der *physiologischen Bakterienflora*. Als Opportunisten können sie Sepsis, dentogene Abszesse sowie Karies und andere Krankheitsbilder erzeugen. 40% aller *Endokarditiden* werden durch Viridans-Streptokokken hervorgerufen (Tabelle 2.5).

2.6.3 Identifizierung und Differenzierung

Mikroskopisch. Unter dem Lichtmikroskop erscheinen die vergrünenden Streptokokken, wie auch die übrigen Streptokokken, als Kettenkokken (s. Abb. 2.1).

Biochemisch. Von den isolierten Kolonien wird zur Species-Identifizierung eine „Bunte Reihe" zwecks Prüfung der biochemischen Leistungen angelegt. Hierfür stehen kommerziell erhältliche Testsysteme (z. B. Api Strept) zut Verfügung.

Im Routinelabor lassen sich die Pneumokokken durch ihre Optochin-Empfindlichkeit und ihre Gallelöslichkeit abgrenzen.

Die Enterokokken werden durch ihre Salzresistenz und die Spaltung von Aesculin (Wachstum auf Na-Acidagar) abgetrennt.

2.6.4 Kultur

Auf Agarplatten, die Schafblut enthalten, bilden vergrünende Streptokokken kleine, 0,5 bis 1,0 mm im Durchmesser betragende Kolonien, die von einem *α-Hämolyse*-Hof umgeben sind (s. Abb. 2.5).

2.6.5 Vorkommen

Vergrünende Streptokokken finden sich als Mitglied der physiologischen Bakterienflora auf *Haut und Schleimhäuten* beim Menschen und bei gewissen Tierspezies (Tabelle 2.5). Beim Menschen kommen sie vor allem auf der *Zahnoberfläche* (S. mutans, S. sanguis) und auf der *Pharyngealschleimhaut* vor.

2.6.6 Pathogenese

Zwei Krankheitsbilder sind für vergrünende Streptokokken vor allem charakteristisch: Endocarditis lenta und Karies. Des weiteren können sie vor allem dento-

Tabelle 2.5. Vergrünende und nichthämolysierende Streptokokken und von ihnen hervorgerufene Erkrankungen

Serogruppe[1]	Spezies	Standort	Infektionen beim Menschen
D[2]	S. bovis	Darm	Endokarditis, Sepsis
E	S. mutans	Zahnoberfläche, Verdauungstrakt	Sepsis, Endokarditis, Karies
F	S. milleri (anginosus)	Respirationstrakt, Haut, Urogenitaltrakt, Faeces	Abszesse, Sinusitis, Meningitis
H	S. sanguis	Verdauungstrakt Zahnoberfläche	Endokarditis, Karies
J	S. spp.		?
K	S. salivarius	Respirationstrakt	Sinusitis, pulmonale Infektionen, Endokarditis
L	S. spp.	Pharynx	Endokarditis
M	S. spp.	Respirationstrakt	Endokarditis, Abszesse
N	S. lactis S. cremoris	Pharynx	
O	S. mitior, S. mitis	Respirationstrakt	Tonsillitis, Pneumonie
P	S. spp.	Rind, Schwein	
Q	S. avium	Faeces	
R	S. suis	Schweine	Sepsis, Meningitis
S	S. spp.	Schweine	
T	S. spp.	Schweine	
–	S. pneumoniae	Respirationstrakt	Pneumonie (Lobärpneumonie), Meningitis, Sepsis

[1] Bei den vergrünenden und nichthämolysierenden Streptokokken findet sich ein C-Polysaccharid nur ausnahmsweise, so daß eine Gruppenbestimmung auch nur ausnahmsweise erfolgen kann. Routinemäßig wird sie nicht durchgeführt.
[2] Enterokokken tragen ebenfalls ein C-Polysaccharid vom Typ D.

gene Abszesse, Eiterungen, Sinusitis und Meningitis erzeugen (Tabelle 2.5).

Endocarditis lenta (Subakute Endokarditis)

Bei dieser lebensbedrohlichen Erkrankung, auch als *Lenta-Sepsis* bezeichnet, siedeln sich vergrünende Streptokokken, die über kleine Verletzungen im Mundbereich, z. B. bei Zahnextraktionen oder beim Zähneputzen in die Blutbahn gelangt sind, auf der Herzklappe an. In aller Regel weist diese eine *Vorschädigung* (Vitium) auf, die meist auf eine *rheumatische Genese* zurückgeht.

Auf der Klappe vermehren sich die Erreger. Thrombozyten lagern sich an der Entzündungsstelle an, und es entsteht ein typische Auflagerung, die folgenden Aufbau aufweist: außen Thrombozyten in einer Matrix aus Fibrin, in der Mitte Streptokokken und als Basis die entzündete Herzklappe. Diese Struktur, auch *Vegetation* genannt, schützt die eingebetteten Bakterien sowohl vor der körpereigenen Infektabwehr als auch vor antibiotischen Substanzen (Abb. 2.6). Erschwerend tritt hinzu, daß die Phagozyten an der Herzklappe fortgespült werden, die Phagozytose also nicht „greifen" kann.

Die Vegetationen können sich ablösen und als Thromben ***Embolien*** mit entsprechender Symptomatik im Hirn, den Koronararterien und in anderen Organen verursachen. Die Thromben enthalten, insbesondere, wenn sie sich von der äußeren Schicht der Vegetationen ablösen, selten Bakterien oder nur in geringen Mengen.

Karies

Insbesondere *S. mutans* und *S. sanguis* sind für das Krankheitsbild der Karies (Zahnfäule) verantwortlich.

Voraussetzung für die Entstehung der Karies ist die Bildung einer *Plaque* auf der Zahnoberfläche: Die Zahnoberfläche ist von einer dünnen Schicht aus Proteinen und Glykoproteinen, der Cuticula dentis (Schmelzoberhäutchen) überzogen. S. sanguis und S. mutans können sich auf dieser Schicht ansiedeln. Sie produzieren Dextrane, die anderen Bakterien als *Matrix* zum Anheften dienen. Nach wenigen Tagen siedeln sich weitere Bakterienarten an, so Propionibakterien, Laktobazillen, Aktinomyzeten, Leptotrichia. Im Laufe der Zeit (10–20 Tage) entsteht durch deren Vermehrung eine dicke Schicht, die Plaque, wenn sie nicht durch mechanische Einwirkungen (Kauen, Zähneputzen) entfernt wird.

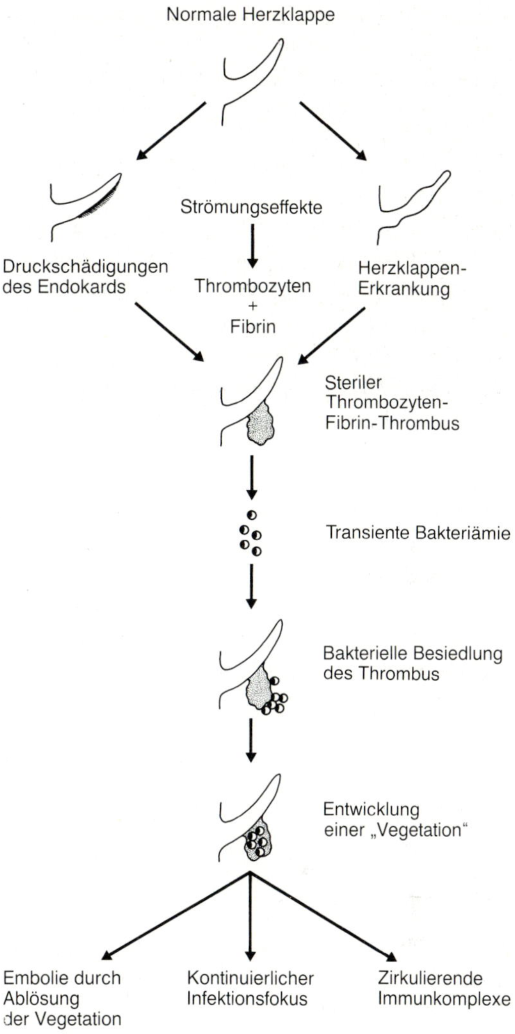

Abb. 2.6. Pathogenese der Endocarditis lenta

Dieses bakterielle Konglomerat zeigt einen überwiegend *anaeroben Metabolismus* mit einem hohen Maß an sauren Stoffwechselprodukten (vor allem *Milchsäure*), die den Zahnschmelz zur Auflösung bringen und damit die Kariogenese vorantreiben.

Die demineralisierende Säure wird von den Plaquebakterien aus den Oligosacchariden der Nahrung gebildet. Auch Dextran und andere Polysaccharide spielen in der Kariogenese eine Rolle, erstens als Faktor, der das Zusammenbacken der Bakterien erleichtert, und zweitens, indem diese Polysaccharide als Substrat für die Produktion von Oligosacchariden und Säuren dienen (Verlängerung der Azidogenese).

Die Plaquebildung ist dort am stärksten ausgeprägt, wo die Selbstreinigungsmechanismen der Mundhöhle nicht wirksam werden können (Löcher und Fissuren entlang den Rändern der Gingiva, zwischen den Zähnen). Auch periodontische Taschen enthalten Plaques.

2.6.7 Klinik

Endocarditis lenta. *Streptococcus mitior* und *S. sanguis* sind je zu einem Drittel für die Endocarditis lenta verantwortlich. Manchmal läßt sich ein anamnestischer Zusammenhang zu vorausgegangenen Zahnextraktionen, Tonsillektomie oder Blasenkatheterisierungen herstellen.

Der klinische Verlauf der Endocarditis lenta ist gewöhnlich subakut, und häufig bemerkt der Patient den Beginn der Symptome nicht. Es kommt zu Abgeschlagenheit, Nachtschweiß, *Gelenkschmerzen* und Fieber. Der Herzbefund ähnelt dem der akuten Endokarditis mit *Herzgeräuschen* und Pulsbeschleunigung. In der Haut finden sich petechiale Blutungen, an den Fingerspitzen können sich die sogenannten „*Oslerschen Knoten*“ bilden, subkutane, erythematöse Papeln. Unter den Fingernägeln finden sich lineare Blutungen, sogenannte *Splitterblutungen*. Oft bildet sich eine *Spenomegalie* aus. Das Gesicht kann eine bräunliche Färbung annehmen (sogenanntes *Café-au-lait-Gesicht*). Embolien im Hirn äußern sich in apoplektischen Insulten.

An künstlichen Herzklappen ist Streptococcus viridans meist als Erreger der Spätendokarditis zu finden, d. h. nach mehr als 2 Monaten postoperativ.

Karies. Klinisch ist die Karies durch Defekte im Zahnschmelz gekennzeichnet. Bei entsprechend weitem Fortschreiten der Läsion entsteht der ***Zahnschmerz***.

2.6.8 Labordiagnose

Wiederholte ***Blutkulturen*** sind das beste diagnostische Hilfsmittel bei Verdacht auf Endocarditis lenta. Die Diagnose der Karies wird klinisch gestellt.

2.6.9 Therapie

Nachdem mindestens 3 venöse Blutkulturen abgenommen worden sind, ist die Therapie der Wahl bei Endocarditis lenta die hochdosierte Gabe von ***Penizillin*** über 4 Wochen, zusätzlich gibt man in den ersten 2 Wochen ein ***Aminoglykosid***. Auf diese Weise wird ein synergister bakterizider Effekt erzeugt: Da Penizillin G die Peptidoglykanschicht auflockert, wird der Einstrom von Aminoglykosiden in das Innere der Bakterienzelle erleichtert, so daß die Aminoglykoside besser ihren intrazytoplasmatischen Wirkort an den Ribosomen erreichen. Die Therapie der ***Karies*** besteht in der zahnärztlichen Sanierung der Läsionen; eine antimikrobielle Therapie wird nicht durchgeführt.

2.6.10 Prophylaxe

Endokarditis. Patienten mit künstlichen oder vorgeschädigten Herzklappen sollten vor jedem Eingriff, der eine Bakteriämie auslösen könnte, prophylaktisch *Antibiotika* erhalten.

Karies. Die wichtigste Maßnahme zur Vermeidung ist eine adäquate Mundhygiene (Zähneputzen, Entfernen der Plaques). Engmaschige zahnärztliche Kontrollen sorgen dafür, daß ein kariöser Prozeß sich nicht zu sehr ausdehnt.

Zusammenfassung: Vergrünende Streptokokken (Viridans-Gruppe)

Bakteriologie: Grampositive, fakultativ anaerob wachsende Kettenkokken, die auf Blutagarnährböden α-Hämolyse zeigen, nur ausnahmweise ein Gruppenantigen besitzen, kein Toxin produzieren und keine Kapsel tragen.

Vorkommen: Mitglieder der physiologischen Bakterienflora auf Haut und auf Schleimhäuten des Menschen und bestimmter Tierspezies.

Resistenz: Vergleichsweise resistent gegen Umwelteinflüsse.

Epidemiologie: Weltweit verbreitet.

Rolle als Krankheitserreger: Erreger von Endokarditiden, Karies, dentogenen Abszessen.

Zielgruppe:
- Endocarditis lenta: Menschen mit vorgeschädigten Herzklappen (rheumatische Genese).

- Karies: Menschen mit mangelnder Zahnhygiene (Plaquebildung).

Pathogenese:
- Endocarditis lenta: Verletzung im Mundbereich → transiente Bakteriämie → Absiedlung auf vorgeschädigter Herzklappe → Entstehung von Vegetationen → Embolien mit entsprechender Symptomatik.
- Karies: Mangelnde Zahnhygiene → Plaquebildung → Erregerabsiedlung und Vermehrung → Matrixbildung → Ansiedlung sekundärer Erreger mit anaerobem Metabolismus → Milchsäureentstehung → Auflösung des Zahnschmelzes.

Zielgewebe:
- Endocarditis lenta: Vorgeschädigte Herzklappen.
- Karies: Zahnlöcher, Fissuren, periodontische Taschen.

Klinik:
- Endocarditis lenta: Anamnestisch Zahnextraktion, Subakuter Verlauf, petechiale Hautblutungen, „Oslersche Knoten", Herzgeräusch, Splenomegalie.
- Karies: Zahnfäule, Mundgeruch, Schmerzen, vorgeschädigte Herzklappen.

Labordiagnose: Untersuchungsmaterial: Wiederholte Blutkulturen. Erregernachweis: Anzucht auf bluthaltigen Nährböden. Identifikation: Hämolyseverhalten und biochemische Leistungsprüfung.

Therapie:
- Endocarditis lenta: Hochdosierte Gabe von Penizillin in Kombination mit einem Aminoglykosid (Synergismuseffekt).
- Karies: Zahnsanierung.

Prävention: Endokarditis-Prophylaxe vor allem bei Zahnextraktion und schon bestehender Herzklappenschädigung.

2.7 Pneumokokken (Streptococcus pneumoniae)

2.7.1 Definition

Pneumokokken sind eine α-hämolysierende Streptokokken-Gattung. Sie unterscheiden sich von anderen α-hämolysierenden Streptokokken durch ihre Lagerung als *Diplokokken*, durch die Zusammensetzung des C-Polysaccharids, durch ihre Empfindlichkeit gegen Optochin und ihre Gallenlöslichkeit.

Als typische Eitererreger erzeugen sie Lobär- und Bronchopneumonie, Meningitis und Sepsis sowie eitrige Infektionen im Hals-Nasen-Ohrenbereich und am Auge.

2.7.2 Geschichte

1881: Sternberg in den USA und Pasteur in Frankreich isolieren unabhängig voneinander erstmals Pneumokokken.

1885: Fränkel (Charité Berlin) züchtet den Erreger erstmalig in Reinkultur und stellt an der Maus die Pathogenität unter Beweis.

1928: Griffith entdeckt die Pneumokokkentransformation.

1944: Avery, MacLeod und McCarty zeigen, daß das transformierende Prinzip Griffiths eine Desoxyribonukleinsäure ist. Diese Entdeckung stellt den Beginn der ***Molekulargenetik*** dar.

2.7.3 Besonderheiten im Aufbau

C-Substanz

Die Zellwand der Pneumokokken enthält ein Peptidoglykan und Teichonsäure. Diese wird auch als C-Substanz der Pneumokokken bezeichnet. Die C-Substanz ist ein spezifisches Antigen.

Im Serum von Patienten mit akut verlaufenden Entzündungen findet man ein β-Globulin, welches mit der C-Substanz der Pneumokokken präzipitiert, aber kein Antikörper ist. Das Globulin wird als ***C-reaktives Protein*** (CRP) bezeichnet. Es gehört zu den sogenannten „Akut-Phase-Proteinen" und wird in der Leber nach Stimulation durch Interleukin 1 gebildet.

Kapsel

Frisch isolierte Pneumokokkenstämme tragen eine Kapsel aus Polysaccharid. Die Kapselpolysaccharide sind serologisch verschieden. Bekapselte Stämme zeigen in der Kultur einen auffallenden Glanz; sie werden deshalb als ***S-Formen*** (engl. smooth = glatt) bezeichnet.

Die Kapseln erschweren die Phagozytose der Pneumokokken: Nur S-Formen sind virulent.

Demgegenüber sind die Kolonien der kapsellosen Stämme glanzlos, wie aufgerauht; man bezeichnet sie als ***R-Formen*** (engl. rough = rauh).

2.7.4 Kultur

Pneumokokken vermehren sich sowohl unter aeroben als auch unter anaeroben Bedingungen. Man verwendet komplex zusammengesetzte Kulturmedien, wie z. B. Rindfleischbouillon, mit einem Zusatz von Serum, Plasma, Blut oder Aszites. Auf Schaf- oder Pferdeblutagar erzeugen Pneumokokken eine ***α-Hämolyse***. Pneumokokken gedeihen bei Temperaturen zwischen 10 °C und 45 °C und 5% CO_2. Bei älteren Kulturen setzt eine ***Autolyse*** ein, die durch die Muramidase der Pneumokokken bewirkt wird. Bei Kolonien auf festen Kulturmedien äußert sie sich als zentrale ***Eindellung.***

Transformation. Wenn DNA aus abgetöteten S-Formen zu lebenden R-Formen hinzugegeben wird, wandeln sich diese in S-Formen um; die umgewandelten Bakterien zeigen den gleichen Kapseltyp wie die abgetötete DNA-Spender. Man nennt diesen Vorgang *Transformation* (Griffith, 1928).

2.7.5 Extrazelluläre Produkte

Muramidase. Pneumokokken bilden ein autolytisches Enzym, das die Mureinschicht zur Auflösung bringt, die Muramidase. Es ist für die Trennung der einzelnen Bakterienzellen bei der Zellteilung sowie für die bei älteren Kulturen zu beobachtende ***Autolyse*** der Pneumokokken verantwortlich.

Pneumolysin. Ein intrazelluläres Hämolysin, Pneumolysin genannt, wird bei der Autolyse der Zellen frei. Es ähnelt dem O-Streptolysin der Streptokokken. Das Pneumolysin führt in bluthaltigen flüssigen Kulturmedien zur α-Hämolyse.

2.7.6 Identifizierung und Differenzierung

Morphologisch. Die grampositiven Kokken erscheinen im Mikroskop als ***Diplokokken,*** seltener als kurze Ketten. Die einzelnen Kokken sind nach einer Seite hin zugespitzt; man hat ihre Form mit derjenigen eines Fliederblattes, einer Kerzenflamme oder einer *Impflanzette* verglichen (Abb. 2.7). Sind Kapseln vorhanden, so umgeben sie jeweils ein Kokkenpaar.

Bekapselte Pneumokokken lassen sich darstellen, indem man eine Pneumokokkensuspension mit *Tuschepartikeln* mischt. Die Kapsel verdrängt die Tusche, so daß eine Aufhellungszone um die Diplokokken im Mikroskop sichtbar wird (Negativ-Kontrast-Effekt).

Biochemisch. Der Test auf Optochin-Empfindlichkeit bzw. auf Gallelöslichkeit dient der Abgrenzung der Pneumokokken von anderen vergrünenden Streptokokken.

Optochin (Äthyl-Hydrocuprein) aktiviert das autolytische Enzym Muramidase der Pneumokokken, das die Mureinschicht der Zellwand zur Auflösung bringt.

Serologisch. Mit Hilfe von kapselspezifischen Antikörpern lassen sich Pneumokokken weiter in ***Serotypen*** einteilen. Man kennt heute 83 serologisch verschiedene Kapseltypen; diese werden mit römischen Zahlen bezeichnet. Die Typenbestimmung wird durchgeführt, indem man den Effekt von kapselspezifischen Antikörpern auf das mikroskopische Bild beobachtet: Es kommt zu einer Kapselquellung (*Neufeldsche Quellungsreaktion*). Heute wird diese Typenbestimmung in der Routinediagnostik nicht mehr durchgeführt; sie ist lediglich von wissenschaftlichem Interesse.

Eine Kapselquellungsreaktion mittels polyvalenter Antisera-Gemische wird bei der Pneumokokken Meningitis durchgeführt.

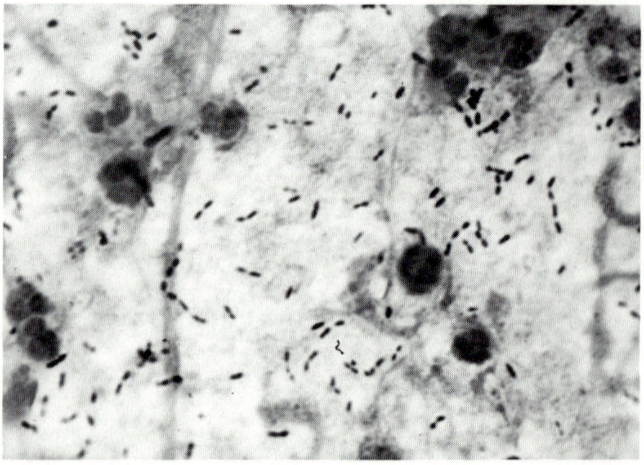

Abb. 2.7. Pneumokokken-Eiter

2.7.7 Resistenz gegen äußere Einflüsse

Saure und alkalische pH-Werte sind mit dem Überleben der Pneumokokken nicht vereinbar. Pneumokokken sind kälteempfindlich. Die ausgeprägte ***Galle-Empfindlichkeit*** der Pneumokokken beruht darauf, daß Galle die Muramidase (s. oben), ein zur Autolyse der Pneumokokken führendes Enzym, aktiviert.

2.7.8 Vorkommen

Pneumokokken kommen beim Menschen sowie bei Affen, Ratten und Meerschweinchen vor. Zwar kolonisieren sie die Rachenschleimhaut bei 40–70% aller gesunden Personen; ihr Anteil an der bakteriellen Gesamtbesiedlung des Rachens ist aber klein. Die Trägerrate ist in Kasernen, Heimen und unter ähnlichen Bedingungen engen Zusammenlebens besonders hoch. Die Frage, ob die Träger Infektionsquellen darstellen, ist noch nicht mit Sicherheit beantwortet. Die bei Trägern gefundenen Stämme sind überwiegend unbekapselt.

2.7.9 Epidemiologie

Im Kindesalter verursachen Pneumokokken *Pneumonie* und *Otitis media*. Bei Kindern stehen sie hinter Haemophilus influenzae und Neisseria meningitidis als Erreger von eitriger Meningitis an dritter Stelle. Häufiger als bei Kindern finden sich Pneumokokken neben Meningokokken bei Erwachsenen als Erreger der eitrigen *Meningitis*. Alkoholismus prädisponiert in besonderem Ausmaß für Pneumokokkeninfektionen. In manchen Entwicklungsländern stellen Pneumokokkenpneumonien den häufigsten Anlaß für eine Krankenhauseinweisung und die häufigste Todesursache im Krankenhaus dar. Meistens sind die Stämme der Kapseltypen I–IX und XIV für die Infektion verantwortlich.

2.7.10 Übertragung

Die Pneumokokkeninfektion wird selten von Mensch zu Mensch übertragen; in der Regel dürfte es sich bei den Erkrankungen durch Pneumokokken um *endogene Infektionen* handeln.

2.7.11 Pathogenese

Lobärpneumonie

Die Lobärpneumonie ist eine hochcharakteristische Manifestation der Pneumokokkeninfektion. Die Erreger dringen, vom oberen Respirationstrakt ausgehend, wahrscheinlich per continuitatem in die Lungenalveolen vor. Auch eine hämatogene Besiedlung der Lungen wird von einigen Autoren als wahrscheinlich angesehen. Prädisponierend wirkt jede *Schwächung der lokalen Abwehrbarrieren* im Respirationstrakt (Beeinträchtigung von Glottisreflex, Hustenreflex, Bewegung der Flimmerepithelhaare, Phagozytose durch Alveolarmakrophagen), durch Alkohol, Rauchen, Anästhesie oder durch anatomische Veränderungen im Bronchialbaum (Bronchiektasen). Begünstigend wirken auch Lungenödem durch toxische Gase, Herzinsuffizienz, Kontusionen oder Virusinfektionen, Hypo- und Dysgammaglobulinämie sowie nephrotische Nierenleiden.

Die Lobärpneumonie durch Pneumokokken zeigt einen typischen Stadienablauf:

Anschoppung: Zunächst bildet sich ein entzündliches Exsudat, in dem sich die Bakterien reichlich vermehren. Das bakterienhaltige Exsudat breitet sich durch die *Cohnschen Poren* zu benachbarten Alveolen aus. Es enthält in diesem frühen Stadium noch keine Zellen. Die infiltrierten Bereiche werden als *äußere Ödemzone* bezeichnet.

Rote Hepatisation: Nach zwei bis drei Tagen strömen polymorphkernige Granulozyten und Erythrozyten in die zentralen älteren Bereiche der äußeren Ödemzone ein. In den Alveolen befinden sich massenhaft *Bakterien, rote Blutkörperchen* und *Fibrin*. Wegen der rötlichen Verfärbung wird diese Phase als „Rote Hepatisation" bezeichnet.

Graue Hepatisation: Am 4. bis 5. Tag zeigen sich *Granulozyten* in den fibringefüllten Alveolen. Um diese Zeit setzt die *Antikörperbildung* mit konsekutiver massiver Phagozytose ein. Das entzündlich veränderte Gewebe verfärbt sich grau.

Lysestadium: Allmählich strömen *mononukleäre Phagozyten* in den innersten, ältesten Teil der Läsion ein. Sie phagozytieren die dort vorhandenen Zelltrümmer. Die Läsion löst sich auf: *Die Heilungsphase*, auch als Lyse bezeichnet, beginnt.

Rolle der Virulenzfaktoren

Fragliche Toxineinwirkung. Pathogenetisch wirksame Exoprodukte der Pneumokokken sind nicht bekannt. Trotz intensiver Suche hat sich ein Toxin, das mit Sicherheit für die Gewebeschädigungen verantwortlich gemacht werden könnte, noch nicht identifizieren lassen.

Antiphagozytäre Kapsel. Die Kapsel behindert die Phagozytose, und die Virulenz der Pneumokokken ist der Dicke der Kapsel proportional. Pneumokokken vom *Kapseltyp III* sind besonders reich an Kapselsubstanz und daher besonders virulent. Besonders schwere Formen der Pneumokokkenerkrankung werden durch solche Kapseltypen ausgelöst, deren Kapselsubstanz unfähig ist, Komplement über den alternativen Weg zu aktivieren. Derartige S-Typen entgehen der Komplement-vermittelten Phagozytose; dies wirkt sich besonders nachteilig in der Frühphase der Infektion, d. h. vor Antikörperbildung aus.

2.7.12 Klinik

Nach einer Inkubationszeit von 1–3 Tagen setzt die ***Lobärpneumonie*** plötzlich mit Schüttelfrost, Fieber, schwerem Krankheitsgefühl, Husten, Atemnot und, bei einer begleitenden Pleuritis, mit Thoraxschmerzen ein. Das Sputum ist rostfarben. Im Blut entwickelt sich eine Linksverschiebung mit toxischer Granulation.

Die Erkrankung erreicht nach etwa einer Woche ihren Höhepunkt und geht dann bei günstigem Verlauf in eine „*Entfieberungs-Krise*" mit nachfolgender Heilung über.

Die ***Bronchopneumonie*** ist heute in Deutschland häufiger als die Lobärpneumonie. Sie geht mit einem multiplen *herdförmigen* Befall des Lungengewebes einher; die einzelnen Herde sind bis kirschgroß.

Bronchopneumonien finden sich vorwiegend bei Kindern und bei Greisen, während die Lobärpneumonie charakteristischerweise Jugendliche befällt.

Weitere Pneumokokken-Erkrankungen

Pneumokokken sind die häufigsten Erreger einer ***eitrigen Meningitis*** bei Erwachsenen. Weitere Erkrankungen sind: Lungenabszeß, Pleura-Empyem, Perikarditis, Endokarditis, Sepsis.

Patienten, bei denen eine Asplenie (Fehlen der Milz) besteht, sind besonders gefährdet, an Pneumokokken-Sepsis zu erkranken.

Im Rahmen einer direkten Ausbreitung von Pneumokokken vom Nasopharynx aus können eine Otitis media, Sinusitis, Mastoiditis oder Konjunktivitis entstehen.

Am Auge gefürchtet ist das ***Ulcus serpens corneae***, wobei der Kornealdurchbruch mit Auslaufen des Kammerwassers und Irisvorfall eine besonders schwerwiegende Komplikation darstellt.

2.7.13 Immunität

Pneumokokken sind extrazelluläre Erreger und werden durch ***Phagozytose*** abgetötet. ***Antikörper*** gegen Kapselsubstanz verbessern im Zusammenwirken mit Komplement (***C3b***) die Phagozytose. Die Antikörper gegen die Kapselsubstanz treten wenige Tage nach Infektionsbeginn auf, nach einer Woche sind in der Regel hohe Titer erreicht. Es setzt zu diesem Zeitpunkt die Phagozytose massiv ein; klinisch imponiert dieser Vorgang als *Krise* der Erkrankung. Für die Pneumokokkeninfektion ist demzufolge die spezifisch humorale Abwehr entscheidend. Sie stellt ein typisches Beispiel für diese Form der antibakteriellen Abwehr dar.

2.7.14 Labordiagnose

Untersuchungsmaterial

Als Untersuchungsmaterialien dienen bei Pneumonie Sputum und Blut, bei Sepsis Blut, bei Meningitis Liquor cerebrospinalis und Blut und bei Infektlokalisationen in anderen Körperhöhlen Punktate. Bei Konjunktivitis oder Ulcus serpens wird ein Konjunktivenabstrich entnommen.

Blut, Liquor oder Gelenkpunktate sollten am Krankenbett in ein *vorgewärmtes Medium* gegeben werden (z. B. eine vorgewärmte Blutkulturflasche); diese soll bei 37 °C aufbewahrt werden, bis der Abtransport erfolgt. Zwischen Entnahme und Anlage einer Sputumprobe sollten nicht mehr als *2 h* vergehen; anderenfalls besteht die Gefahr der Überwucherung durch die physiologische Begleitflora. Blutkulturen sollten bei allen Patienten mit schwerer Pneumonie zusätzlich zur Sputumprobe eingeschickt werden.

Vorgehen im Labor

Mikroskopie. Nur einwandfrei gewonnenes Sputum (reichlich polymorphkernige Granulozyten, wenig Epithelzellen!) sollte zur Untersuchung angenommen werden. Ein Grampräparat aus dem Sputum kann erste Hinweise geben, wenn es massenhaft grampositive Diplokokken enthält. Da es sich jedoch hierbei auch um vergrünende Streptokokken handeln kann, muß eine mikroskopische Diagnose durch Kultur oder eine *Neufeldsche Quellungsreaktion* mit einem omnivalenten Antiserum gegen Pneumokokkenkapselsubstanz abgesichert werden.

Im Liquor cerebrospinalis finden sich mikroskopisch grampositive Diplokokken und polymorphkernige Granulozyten.

Anzucht. Die Anzucht von Pneumokokken aus Patientenmaterial erfolgt auf Blut- oder Kochblutplatten in einer Atmosphäre mit 5% CO_2. Nach 24 h Bebrütungszeit zeigen sich die charakteristischen vergrünenden Kolonien mit Hemmhof um das Optochinplättchen.

Antigen-Direktnachweis. Der direkte Nachweis von Pneumokokken-Kapsel-Polysaccharid ist mit Agglutinationstests und Gegenstromelektrophorese möglich. Untersucht werden Sputum, Urin und Liquor. Der Vorteil liegt in der Schnelligkeit der Verfahren und darin, daß auch bei fehlenden anzüchtbaren Erregern, z. B. bei anbehandelten Patienten oder unsachgemäß verschickten Proben, eine bakteriologische Diagnose möglich ist.

2.7.15 Therapie

Penizillin G ist in Deutschland bei Pneumokokken-Infektionen noch immer das Mittel der Wahl. Allerdings sind inzwischen, mehrheitlich im Auslande, penizillinasebildende Stämme aufgetaucht, so daß mit einem vermehrten Auftreten derartiger Stämme auch hierzulande gerechnet werden muß. In Fällen von Penizillin-Allergie oder bei Vorkommen penizillinasebildender Pneumokokken-Stämme verordnet man bei Pneumokokkenpneumonie *Erythromycin* oder *Clindamycin*. Bei Pneumokokken-Meningitis gibt man Cephalosporine der 3. Generation. Gelegentlich kommt es allerdings zu Jarisch-Herxheimer-Reaktionen bei der Behandlung der Pneumokokken-Meningitis mit Cephalosporinen der 3. Generation.

2.7.16 Prävention

Vakzine. Eine Vakzine für Risikopatienten mit den Polysacchariden der häufigsten Kapseltypen steht zur Verfügung. Das Typenspektrum der Vakzine repräsentiert 80% aller bakteriämischen Pneumokokkeninfektionen.

Meldepflicht. Erkrankung und Tod bei Meningitis.

Zusammenfassung: Pneumokokken

Bakteriologie: α-hämolysierende, grampositive lanzettförmige Diplokokken, die im Gegensatz zu anderen Streptokokken gallelöslich und optochinempfindlich sind. Fakultative Anaerobier.

Vorkommen: Rachenschleimhaut von Menschen, Primaten und Nagetieren.

Resistenz: Temperatur-, pH- und gallesensibler Erreger.

Epidemiologie: Verursacher von Otitiden, Pneumonien und Meningitiden im Kindesalter. Auch bei Erwachsenen Erreger von eitrigen Meningitiden und Pneumonien.

Zielgruppe: Kinder und ältere Erwachsene, vor allem Alkoholiker.

Übertragung: Selten Übertragung von Mensch zu Mensch. Meist endogene Infektion.

Pathogenese: Abwehrgeschwächter Wirt → endogene Infektion → extrazellulärer Eitererreger, der sich der Phagozytose durch die ihn umgebende Polysaccharidkapsel entzieht → je nach Immunstatus und Eintrittspforte Manifestation als Bronchopneumonie, Lobärpneumonie mit den Stadien der Anschoppung, der roten und weißen Hepatisation, Lyse, eitrige Meningitis und/oder Sepsis.

Zielgewebe: Eintrittspforte oberer Respirationstrakt. Lunge, Mittelohr, Meningen.

Klinik: Lobärpneumonie, Bronchopneumonie, Ulcus serpens corneae. Bei jungen Erwachsenen: Lobärpneumonie; bei alten Patienten und Kindern: Bronchopneumonie, Meningitis.

Pathomechanismen: Wichtigster Virulenzfaktor ist die Polysaccharidkapsel. Toxinwirkung fraglich.

Labordiagnose: Untersuchungsmaterial: Sputum, Blut, Liquor, Punktate, Abstriche. Erregernachweis: Mikroskopisch durch Neufeldsche Quellungsreaktion, kulturell durch Wachstum (α-Hämolyse) in CO_2-haltiger Atmosphäre mit Optochinempfindlichkeit, Gallenlöslichkeit. Serologisch mittels agglutinierender Antikörper gegen die C-Substanz.

Therapie: Mittel der Wahl ist Penizillin G. Bei Meningitis kann auch ein Cephalosporin der 3. Generation eingesetzt werden.

Immunität: Extrazellulärer Eitererreger, dessen Elimination durch die spezifische humorale Abwehr entscheidend beeinflußt wird. Serotypenspezifische Immunität.

Prävention: Vakzination von Risikopatienten mit einer 80% des Typenspektrums umfassenden Vakzine möglich.

Meldepflicht: Erkrankung und Tod bei Meningitis.

2.8 Enterokokken (Enterococcus)

2.8.1 Definition

Enterokokken bilden eine Gattung (Enterococcus) fakultativ anaerober, nicht sporenbildender, nicht beweglicher grampositiver Kokken. Sie sind katalase- und oxidase-negativ. Enterokokken fermentieren Kohlehydrate zu Milchsäure. Nitrat wird nicht reduziert. Sie besitzen ebenso wie Streptokokken der Serogruppe D ein C-Polysaccharid der Lancefield-Gruppe D.

2.8.2 Rolle als Krankheitserreger

Enterokokken, am häufigsten E. faecalis, rufen eitrige Infektionen hervor; typisch sind Harnwegs-, Weichteil- und intraabdominelle Infektionen (Abszesse, Peritonitis). Als Erreger von Sepsis und von Endokarditis sind sie wegen der schlechten Therapierbarkeit sehr gefürchtet.

2.8.3 Taxonomie

Die medizinisch relevanten Enterokokken-Arten sind E. faecalis und E. faecium. Früher subsumierte man sie in der Gattung Streptococcus. Seit 1988 werden sie als eigene Gattung geführt.

2.8.4 Namensgebung

Der Gattungsname leitet sich von griechisch Enteron = Darm ab und trägt dem Vorkommen dieser Erreger als Darmbakterium Rechnung.

2.8.5 Kultur

Enterokokken widerstehen extremen Bedingungen, wie Hitze (45 °C), pH 9,6 und hohen Salzkonzentrationen (6,5% NaCl bzw. 0,05 Na-Azid im Nährmedium). Auf Schafblutagar erzeugen die meisten Stämme von E. faecalis keine Hämolyse, während Enterococcus faecium häufig eine α-Hämolyse erzeugt.

2.8.6 Identifizierung und Differenzierung

Biochemisch. Enterokokken werden aufgrund ihrer Fähigkeit zur Spaltung von Aesculin und aufgrund ihres Wachstums bei hohen Salzkonzentrationen (6,5% NaCl, 0,05% Na-Azid) identifiziert.

2.8.7 Vorkommen

Enterokokken kommen in der Darmflora des Menschen und zahlreicher Säugetiere und Vögel als Mitglied der physiologischen Bakterienflora vor.

2.8.8 Pathogenese und Klinik

Die meisten Enterokokkeninfektionen des Menschen entstehen endogen und werden durch E. faecalis verursacht. Dieser kann Harnwegsinfektionen, Sepsis und Endokarditis verursachen. Letztere kommt bei Patienten mit i.v. Drogenabusus und sonstigen Abwehrgeschwächten vor.

2.8.9 Labordiagnose

Der Materialtransport zum Labor bereitet wegen der hohen Unempfindlichkeit gegen äußere Einflüsse keine Schwierigkeiten. Enterokokken lassen sich leicht anzüchten. Sie werden am Wachstum bei 6,5% NaCl im Medium und an ihrem Vermögen zur Aeskulinspaltung erkannt.

2.8.10 Therapie

Enterokokken sind gegen *Ampizillin* sowie gegen *Azyl-Ureido-Penizilline* empfindlich. Gegenüber Cephalosporinen sind die meisten Stämme resistent („Enterokokkenlücke" der Cephalosporine). Bei Enterokokken-Endokarditis setzt man eine Kombination von Ampicillin und einem *Aminoglykosid* (Gentamicin, Tobramycin) ein, da diese Kombination synergistisch bakterizid wirkt. Teicoplanin bzw. Vancomycin eignen sich für den Einsatz gegen resistente Stämme.

Zusammenfassung: Enterokokken

Bakteriologie: Grampositive Kettenkokken. Medizinisch bedeutsam die Arten E. faecalis und E. faecium.

Vorkommen: Im Dickdarm von Mensch und Tier.

Resistenz: Primärresistenz gegenüber Cephalosporinen („Enterokokkenlücke"), Wachstum in Gegenwart von 6,5% NaCl und auch bei pH 9.6.

Epidemiologie: Häufiger Erreger bei Harnwegsinfektionen. So werden bei ca. 25 Prozent aller Harnwegsinfektionen Enterokokken nachgewiesen und 5–18 Prozent aller Fälle von infektionsbedingter Endokarditis von Enterokokken verursacht.

Zielgruppe: Abwehrgeschwächte.

Übertragung: Endogen.

Zielgewebe: Harntrakt, Herzklappen, Blutbahn.

Klinik: Sepsis, Endokarditis, Harnwegsinfektionen.

Diagnose: Anzüchtung.

Immunität: Humoral, d. h. Phagozytose unterstützt von Antikörpern, Komplement.

Therapie: Aminopenizilline, ggf. (ampizillinresistente Stämme) in Kombination mit Clavulansäure, Mezlozillin, bei Resistenz: Teicoplanin, Vancomycin.

Prävention: Da endogene Infektion, kaum möglich.

Vakzination: Keine.

Meldepflicht: Nein.

3 Neisserien

H. Hahn

INHALTSÜBERSICHT

3.1 Allgemeines zur Gattung Neisseria 286
3.2 Gonokokken 287
3.2.1 Besonderheiten im Aufbau 287
3.2.2 Kultur 287
3.2.3 Extrazelluläre Produkte 287
3.2.4 Identifizierung und Differenzierung 287
3.2.5 Resistenz gegen äußere Einflüsse 288
3.2.6 Vorkommen 288
3.2.7 Epidemiologie 288
3.2.8 Übertragung 289
3.2.9 Pathogenese 289
3.2.10 Klinik 290
3.2.11 Immunität 292
3.2.12 Labordiagnose 292
3.2.13 Therapie 293
3.2.14 Prävention 293
Zusammenfassung 294
3.3 Meningokokken 294
3.3.1 Kultur 294
3.3.2 Extrazelluläre Produkte 294
3.3.3 Identifizierung und Differenzierung 294
3.3.4 Resistenz gegen äußere Einflüsse 295
3.3.5 Vorkommen 295
3.3.6 Epidemiologie 295
3.3.7 Übertragung 295
3.3.8 Pathogenese 295
3.3.9 Klinik 296
3.3.10 Immunität 296
3.3.11 Labordiagnose 297
3.3.12 Therapie 297
3.3.13 Prävention 297
Zusammenfassung 298

3.4 Übrige Neisseria-Arten 298

3.1 Allgemeines zur Gattung Neisseria

Definition

Die Mitglieder der Gattung Neisseria (Neisserien) sind gramnegative Diplokokken. Sie gedeihen nur in Gegenwart von Sauerstoff, sind also *obligat aerob*. Die Katalase- und Oxidase-Reaktion fallen positiv aus. Neisserien reduzieren Nitrat zu Nitrit und spalten Zucker oxidativ unter Säurebildung.

Rolle als Krankheitserreger

Die obligat pathogenen Arten, Neisseria ***gonorrhoeae*** und Neisseria ***meningitidis***, rufen die Gonorrhoe bzw. eitrige Meningitis und Sepsis hervor. Besonders gefürchtet ist die Meningokokken-*Sepsis mit Verbrauchskoagulopathie* und Nebennieren-Insuffizienz, das sog. ***Waterhouse-Friderichsen-Syndrom***. Die übrigen Neisseria-Arten gehören zur physiologischen Schleimhautflora des Rachens.

Taxonomie

Neisserien bilden eine Gattung innerhalb der Familie der *Neisseriazeen*. Zu dieser Familie gehören auch die Gattungen Moraxella, Kingella und Acinetobacter. Einzelne Arten der Gattung Neisseria sind in Tabelle 3.1 aufgeführt.

Namensgebung und Geschichte

Dem Breslauer Dermatologen ***Albert Neisser*** (1855–1916), nach dem die Gattung benannt ist, gelang 1879 der mikroskopische Nachweis von Gonokokken im Harnröhreneiter eines Gonorrhoe-Patienten und im Konjunktivalabstrich bei der gonorrhoischen Säuglingskonjunktivitis; der Wiener Bakteriologe ***Anton Weichselbaum*** isolierte 1887 erstmals

Meningokokken aus dem Liquor cerebrospinalis von Patienten mit eitriger Meningitis.

Allgemeiner Aufbau der Neisserien

Lipopolysaccharid. Der Aufbau der pathogenen Neisserien entspricht demjenigen anderer gramnegativer Bakterien. Die äußere Membran der Meningokokken enthält Lipopolysaccharide. Als Besonderheit fehlt aber das O-Antigen. Die äußere Membran der Gonokokken enthält Lipooligosaccharide.

Die äußere Membran ist, im Gegensatz zu den gramnegativen Stäbchen, für *Penizillin G* durchlässig, so daß die Neisserien gegenüger Penizillin G empfindlich sind.

Kapsel. Gonokokken sind unbekapselt, Meningokokken tragen eine Kapsel aus Polysacchariden, die schwach *antiphagozytär* wirkt.

Pili. Beide pathogenen Neisseria-Arten tragen Pili. Diese bestehen aus Protein. Sie wirken als *Anheftungsfaktoren.*

3.2 Gonokokken (Neisseria gonorrhoeae)

3.2.1 Besonderheiten im Aufbau

Neben den für Meningokokken und Gonokokken gemeinsamen Strukturelementen enthalten Gonokokken in ihrer äußeren Membran die drei Proteine I, II und III.

3.2.2 Kultur

Gonokokken gedeihen nur auf nährstoffreichen Kulturmedien, z. B. Kochblutagar. Für die erste Wachstumsphase benötigen sie einen 5–10%igen *CO_2-Anteil* in der Atmosphäre. Während des logarithmischen Wachstums wird der CO_2-Bedarf dann durch das beim Bakterienstoffwechsel freiwerdende Kohlendioxid gedeckt.

Unter O_2-Abschluß erfolgt keine Vermehrung. Gonokokken vermehren sich bei Temperaturen zwischen 30 °C und 41 °C; das Optimum liegt bei 36 °C.

3.2.3 Extrazelluläre Produkte

IgA1-Protease. Gonokokken produzieren eine Protease, die das Vermögen besitzt, menschliche IgA1-Antikörper in der Scharnierregion zu spalten. Man nimmt an, daß durch diesen Mechanismus die IgA-abhängige *lokale Immunität der Schleimhäute* gestört wird.

Penizillinase. Mit zunehmender Häufigkeit, regional jedoch sehr unterschiedlich, findet man Gonokokkenstämme, die Penizillinase bilden. Hierfür sind *Plasmide* verantwortlich. Penizillinase bedingt die Penizillinresistenz. Es sind auch Fälle von chromosomal bedingter Penizillinresistenz bekannt.

3.2.4 Identifizierung und Differenzierung

Morphologisch. Die nichtbeweglichen, gramnegativen Diplokokken besitzen einen Durchmesser von 0,6 bis 1,0 μm. Meistens sind die einander gegenüberliegenden Seiten der einzelnen Kokken abgeflacht („***Semmel-*** oder ***Kaffeebohnenform***") (Abb. 3.1). In Präparaten aus Patientenmaterialien liegen sie zum großen Teil ***intrazellulär*** in Eiterzellen.

Biochemisch. Gonokokken lassen sich durch ihr Zuckerspaltungsmuster (Bunte Reihe) von anderen Neisseria-Arten differenzieren (Tabelle 3.1).

Von *Acinetobacter*-Arten unterscheiden sich die Gonokokken durch den Besitz des Enzyms Zytochrom-C-Oxidase (Tabelle 3.2).

Diese Unterscheidung ist differentialdiagnostisch wichtig, weil Gonokokken leicht mit Acinetobacter-Arten verwechselt werden können, wenn sie von einer für Gonokokken typischen Ansiedlungsstelle, z. B. der Schleimhaut des weiblichen Genitales, isoliert werden (sog. „*Pseudogonokokken*").

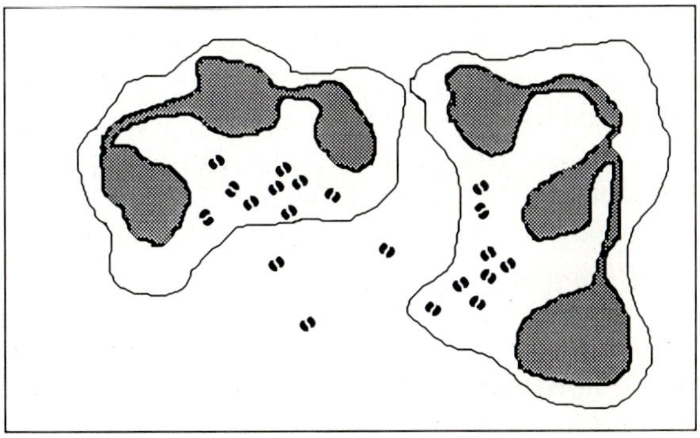

Abb. 3.1. Mikroskopisches Präparat von Eiter bei akuter Gonorrhoe. Intragranulozytär gelegene, semmelförmige Diplokokken

Tabelle 3.1. Neisseria-Arten und ihre Unterscheidungsmerkmale

	Wachstum auf Agrar ohne Blutzusatz	Wachstum bei 22 °C	Spaltung unter Säurebildung von			Nitratreduktion
			Glukose	Maltose	Sukrose	
N. meningitidis	–	–	+	+	–	–
N. gonorrhoeae	–	–	+	–	–	–
N. sicca	+	+	+	+	+	–
N. flavescens	+	±	–	–	–	–

Tabelle 3.2. Unterscheidungsmerkmale der einzelnen Gattungen der Familie Neisseriazeen

Gattung	Morphologie	Säurebildung aus		Penicillin-G-Empfindlichkeit
		Cytochrom-c-Oxidase	Glukose	
Neisseria	Gramnegative Diplokokken	+	+[a]	+
Acinetobacter	Gramnegative kokkoide Stäbchen, oft in Paaren liegend	0	0	0
Moraxella	w. v.	+	0	+

[a] Ausnahme: N. flavescens: 0.

Eine serologische Typisierung der Gonokokken wird nicht durchgeführt.

3.2.5 Resistenz gegen äußere Einflüsse

Gonokokken sind gegen äußere Einflüsse sehr *empfindlich*. Bei pH-Werten oberhalb von 8,6 und bei Temperaturen über 41 °C sterben sie ab. Besonders empfindlich sind sie gegen *Austrocknung*. Daher müssen Gonokokken in feuchten Kulturmedien und bei 37 °C transportiert werden. In flüssigem Stickstoff lassen sie sich über lange Zeit aufbewahren.

3.2.6 Vorkommen

Der *Mensch* ist das einzige Reservoir der Gonokokken. Außerhalb der menschlichen Schleimhaut, sind die Erreger nicht überlebensfähig.

3.2.7 Epidemiologie

Gonokokkeninfektionen sind weltweit verbreitet. In der Bundesrepublik Deutschland (Gebietsstand 1989) wurden 1989 insgesamt 7718 Fälle von Gonorrhoe gemeldet. Die Dunkelziffer dürfte jedoch um ein Vielfaches höher liegen. Die höchste Erkrankungsrate besteht bei 18–25jährigen.

In Ländern mit begrenzten Behandlungsmöglichkeiten und weniger gut entwickeltem öffentlichen Gesundheitswesen kann die Krankheit alarmierende Ausmaße annehmen. So waren nach einer Studie in Uganda 17,5% der Frauen, die eine Schwangerschaftsvorsorge-Klinik aufsuchten, mit Gonokokken infiziert. In Äquatorial-Afrika sind südlich der Sahara bis zu 50% aller Frauen im gebärfähigen Alter nicht konzeptionsfähig. Als Hauptursache gelten die gonokokkenbedingte Salpingitis und die postgonorrhoische Chlamydieninfektion.

Bei zehn Prozent aller infizierten Männer und bei 30–40% aller infizierten Frauen verläuft die Infektion *asymptomatisch*. Dieser Personenkreis sucht den Arzt gar nicht auf, oder es werden uncharakteristische Beschwerden angegeben. Das bedeutet, daß ein Großteil der Infektionen nicht diagnostiziert wird. Die Träger können Gonokokken monatelang auf ihre Partner übertragen.

Die Bekämpfung der Gonorrhoe ist seit 1976 durch das Auftreten *penizillinasebildender Stämme* erschwert. Diese Stämme wurden ursprünglich in Südostasien und in Westafrika gefunden; doch kommen sie inzwischen auch in Europa vor, wobei deutliche

Regional-Unterschiede bestehen. So sind in Amsterdam und London 20% und in Berlin 3–5% aller isolierten Gonokokken Penizillinasebildner. Mittlerweile sind bei Gonokokken auch Doppelresistenzen gegen Penizillin G und Spectinomycin bekanntgeworden.

3.2.8 Übertragung

Gonokokken werden überwiegend durch *engen Schleimhautkontakt*, d. h. in der Regel durch den Sexualverkehr, übertragen. Die Neugeborenenkonjunktivitis (Ophthalmia neonatorum) wird unter der Geburt beim Durchtritt des Neugeborenen durch den Geburtskanal einer an Gonorrhoe erkrankten oder durch Gonokokken infizierten Mutter erworben. Bei der gynäkologischen Untersuchung eines Kindes mit Gonorrhoe kann der Eiter dem Untersucher ins Auge spritzen (Schutzbrille!). Auch durch *Schmierinfektion* kann die Gonorrhoe übertragen werden.

3.2.9 Pathogenese

Beim Mann heften sich die Gonokokken mittels ihrer Pili an die Plasmamembran der Säulen-Epithelzellen in der *Urethra*; bei der Frau heften sie sich an die Epithelzellen der *Endozervix*, beim Neugeborenen und bei der Spritz- und Schmierinfektion an die *Konjunktivalzellen*.

Die Gonokokken werden von den Epithelzellen endozytiert, anschließend in Vakuolen zur Basalmembran transportiert und schließlich durch Exozytose in die *Lamina propria* ausgestoßen (Abb. 3.2).

Dort entwickelt sich eine *eitrige Entzündung*, in deren Verlauf die Gonokokken von Granulozyten phagozytiert und rasch abgetötet werden. Eine Restfraktion kann allerdings überleben. Deshalb sieht man die Erreger bei frischen Infektionen typischerweise *intrazellulär* in Granulozyten.

Da Gonokokken (wie auch Meningokokken) sehr empfindlich gegen die bakteriolytische Wirkung von Komplement sind, werden die meisten extrazellulär verbliebenen Gonokokken durch Komplement lysiert. Es gibt jedoch serumresistente Stämme, die durch Komplement nicht abgetötet werden. Diese verursachen die disseminierte Gonokokken-Infektion (DGI). Auch neigen Patienten, bei denen die späten Komplementkomponenten (C5–C9) entweder fehlen oder vermindert sind, zu generalisierten Gonokokken- und Meningokokken-Infektionen.

Rolle der Virulenzfaktoren

An der Pathogenese der Gonokokkenerkrankung ist eine Reihe von Virulenzfaktoren beteiligt:

Pili. Die Pili vermitteln die *Anheftung* an Zielzellen. Die Rolle der Pili als Adhäsine wird dadurch illustriert, daß piluslose Gonokokkenstämme ihre Virulenz verlieren, da sie sich nicht an die Zielzellen anheften können.

Der Pilus-homologe Rezeptor findet sich bei der Frau auf der Zellmembran im ektozervikalen Epithel sowie auf den sekretorischen Zellen der Endozervix,

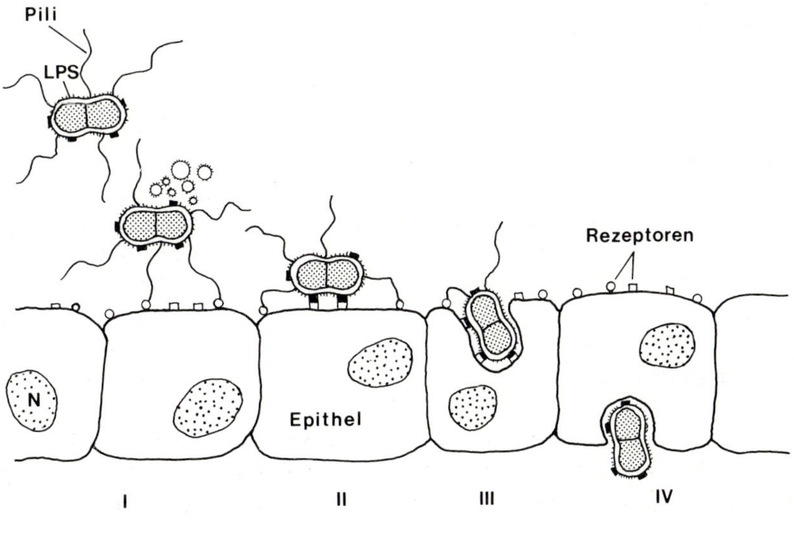

Abb. 3.2. Anheftung, Endozytose und Exozytose der Gonokokken (Nach Meyer)

des Endometriums und des Eileiters und beim Mann im Bereich des urethralen Säulenepithels. Rezeptoren finden sich auch auf Epithelzellen der Konjunktiva, des Rachens und des Mastdarms bei beiden Geschlechtern. Nur hier können sich Gonokokken primär ansiedeln!

Außer ihrer Funktion als Adhäsine üben die Pili eine *antiphagozytäre Wirkung* aus.

Protein I. Protein I wirkt als *Porin*. Es wird bei Kontakt der Gonokokken mit den empfänglichen Epithelzellen in deren Membran eingebaut. Hierdurch bildet sich ein Kanal durch die Zellmembran, der die Aufnahme des Erregers durch die Epithelzellen einleitet.

Protein II. Dieses Zellwandprotein vermittelt eine enge *Anlagerung* der Gonokokken an Epithelzellen, nachdem der erste Kontakt zwischen Gonokokken und Zielzellen durch die Pili (s. o.) zustandegekommen ist.

Protein III. Protein III induziert blockierende Antikörper, die in vitro die Antikörper- und komplementabhängige Abtötung der Gonokokken verhindern.

Lipooligosaccharid. In der Lamina propria wird durch ***Zerfall der Gonokokken*** Lipooligosaccharid frei. Dieses aktiviert Komplement, und die bei der Komplementaktivierung freiwerdenden chemotaktisch aktiven Substanzen locken polymorphkernige Granulozyten in den Entzündungsherd.

IgA-ase. Die von Gonokokken gebildete IgA-ase spaltet IgA1 und behindert auf diese Weise die lokale humorale Abwehr der Schleimhaut. Somit wird die Anlagerung erleichtert.

Penizillinase. Die Penizillinase vermittelt die Penizillin-Resistenz.

3.2.10 Klinik

Beim Mann (Tabelle 3.3) spielen sich die geschilderten Vorgänge unter dem Säulenepithel der Urethra ab. Die Entzündung breitet sich über die Schleimhaut proximalwärts aus und erfaßt auch die periurethralen Drüsen und Gänge. Es kann auch zu einer Epididymitis und zu einer Prostatitis kommen.

Zwei bis fünf Tage nach Kontakt beginnt die Erkrankung mit einem juckenden Gefühl in der Urethra. Stunden später stellen sich *Schmerzen* beim Wasserlassen und ein gelblichgrüner *eitriger Ausfluß* ein.

Im Grampräparat eines Exsudatausstrichs sieht man gramnegative Diplokokken intrazellulär in den polymorphkernigen Granulozyten (s. Abb. 3.1). Zeichen einer Allgemeininfektion, auch Leukozytose, fehlen, solange sich nicht eine *disseminierte Gonokokken-Infektion* (DGI), eine Prostatitis, Epididymitis oder Vesiculitis entwickeln.

Die unbehandelte Gonorrhoe verschwindet im Verlaufe einiger Wochen. Bei *Persistenz* des Erregers kann jedoch ein allmorgendlich auftretender schleimiger Ausfluß über Monate bestehen bleiben („*Bonjour-Tröpfchen*").

Komplikationen

Harnröhrenstriktur. Die akute Gonokokkenurethritis kann, insbesondere nach mehrfachen Infektionen, durch Vernarbung eine Harnröhrenstriktur nach sich ziehen. Die gonorrhoische Epididymitis kann zur Infertilität führen.

Postgonorrhoische Urethritis (PGU). In 20 bis 50% kommt es zu einer Doppelinfektion durch Gonokokken mit ***Chlamydien*** bzw. mit ***Ureaplasma urealyticum***. Die zwei letztgenannten Erreger können eine *Urethritis* aufrechterhalten, wenn sich die Therapie ausschließlich auf die Gonokokken-Infektion bezogen hat, ohne die Möglichkeit einer Chlamydien- bzw. Ureaplasma-Infektion zu berücksichtigen. Dies kann bei einer Penizillin-G- oder Spectinomycin-Therapie der Fall sein. Man bezeichnet diese Form der Urethritis als postgonorrhoische Urethritis (PGU).

Gonorrhoe der Frau

Bei der Frau (Tabelle 3.3) heften sich die Gonokokken primär an die Säulenepithelzellen in der *Übergangszone* zwischen dem Plattenepithel der ***Ektozervix*** und dem Säulenepithel der ***Endozervi***x.

Nach Aufnahme durch die Säulenepithelzellen werden sie in Phagosomen zur Lamina propria transportiert und dort durch Exozytose in die Submukosa der Zervix freigesetzt. Hier entwickelt sich die entzündliche Reaktion. Von der Zervix aus kann sich die Gonokokkeninfektion über die Schleimhaut zum *Endometrium* des Uterus und zu den *Eileitern* hin ausbreiten (s. unten, Komplikationen).

In der Uterus- und Eileiterschleimhaut heften sich die Gonokokken vorwiegend an sekretorische

Tabelle 3.3. Manifestationen einer Gonokokken-Infektion

Mann	Frau
Urethritis	Urethritis
Folge: Harnröhrenstriktur	Bartholinitis
Epididymitis	Zervizitis
Prostatitis	Endometritis
	Salpingitis (PID)
	Folgen: Infertilität
	Ektopische Schwangerschaft
	Rekurrierende Salpingitis
Proktitis	Proktitis
Pharyngitis	Pharyngitis
Konjunktivitis	Konjunktivitis
Disseminierte Gonokokkeninfektion (DIG)	DIG
mit: Gonarthritis	mit: Gonarthritis
Dermatitis	Dermatitis
Endokarditis (selten)	Endokarditis (selten)
Meningitis (sehr selten)	Meningitis (sehr selten)
	Störungen der Schwangerschaft:
	Amnion-Infekt-Syndrom
	Vorzeitiger Blasensprung
	Frühgeburt
	Fruchttod
	Neugeborenes:
	Konjunktivitis
	Pneumonie
	Meningitis
	Sepsis

Epithelzellen. Diese quellen in der prämenstruellen Periode in das Lumen vor und entwickeln in besonders reichlichem Ausmaß Rezeptoren für Gonokokken. Auch hier kommt es zur *Aufnahme* der Erreger durch die Zellen und zur *Exozytose* an der Basalmembran und zu einer akuten *eitrigen Entzündung in der Submukosa*. Der Befall der Uterusschleimhaut kann sich klinisch als *Endometritis* äußern, er kann aber auch symptomlos bleiben.

Bei der Frau entwickeln sich die Symptome im Mittel 8 (3–21) Tage nach Infektionsbeginn. Typische Beschwerden sind: Schmerzhafte Miktion, häufiger Harndrang und vaginaler Fluor.

Die *Zervix* ist am häufigsten betroffen, oft auch die *Harnröhre*, seltener die Skeneschen Gänge, die Bartholinischen Drüsen und das Rektum. Unter anderem kann sich eine *Salpingitis* entwickeln (s. unten). Aus der Urethra, aus den Skeneschen Gängen und den

↳ drüsige Ausstülpungen des ursprüngl. Sinus urogenitalis ≙ Prostata beim ♂ hinter äußerer Harnröhrenmündung gelegen

Bartholinischen Drüsen läßt sich Eiter auspressen. Weiterhin kann zervikaler Fluor auftreten. Die Vaginalschleimhaut der erwachsenen Frau wird in der Regel nicht befallen.

Die typischen Beschwerden einer Gonorrhoe treten bei Frauen nur in 60% der Fälle auf, die übrigen verlaufen subklinisch. Dieser Personenkreis hat als *Infektionsquelle* große volksgesundheitliche Bedeutung.

Komplikationen

PID. Bei 10–24% der Frauen mit endozervikaler Gonorrhoe steigt die Infektion auf und verursacht eine Endometritis, eine Salpingitis, eine Parametritis, Oophoritis oder Beckenperitonitis. Die Salpingitis wird für sich allein oder in Kombination mit Pyosalpinx, Oophoritis, tuboovarialem Abszeß und Beckenperitonitis unter dem Begriff „Pelvic Inflammatory Disease“ (PID) oder aufsteigende Genitalinfektion zusammengefaßt.

Das akute PID kann durch Gonokokken allein oder durch eine Mischinfektion verursacht werden, an der sich *Chlamydien* oder *Mykoplasmen* beteiligen. Das gonokokkenbedingte PID setzt typischerweise einige Tage nach Regelbeginn ein. Es kann in ein chronisches Stadium übergehen.

Ein PID hinterläßt Fibrosierung und Verwachsungen; die Tuben werden undurchlässig, und es kommt zur ***Sterilität***. So werden nach einmaligem gonokokkenbedingten PID bis zu 20%, nach dreimaliger Erkrankung 75% der Patientinnen infertil.

Perihepatitis acuta gonorrhoica (Fitz-Hugh-Curtis-Syndrom). Bei der Gonokokkensalpingitis können sich die Gonokokken von den Tuben aus direkt in den oberen Bauchraum ausbreiten und eine akute *Perihepatitis* verursachen, das sog. ***Fitz-Hugh-Curtis-Syndrom***.

Gonorrhoe und Schwangerschaft

Schwangere sind mit einem erhöhten Risiko einer disseminierten Gonokokken-Infektion (DGI) belastet. Neben der Gefahr einer Chorio-Amnionitis besteht auch ein erhöhtes Risiko einer Endometritis und einer Salpingitis. Patientinnen mit einer abgelaufenen Salpingitis neigen zu *ektopischen Schwangerschaften*.

Eine Gonorrhoe der Mutter kann sich für den Foetus lebensbedrohlich auswirken. So kann es zu einem vorzeitigen Blasensprung oder einer Frühgeburt kommen. Untergewicht des Kindes oder gar das Absterben der Frucht sind Folgen der mütterlichen Erkrankung. Auch die ***Ophthalmia neonatorum*** setzt eine Gonorrhoe der Mutter voraus.

Extragenitale Manifestation

Bei beiden Geschlechtern kann sich die Gonokokken-Infektion extragenital manifestieren. Am häufigsten sind:

Pharyngitis: Die gonorrhoische Pharyngitis kommt durch orogenitalen Verkehr zustande. Sie verläuft entweder subklinisch oder geht mit Schluckbeschwerden, Halsschmerzen, Rötung des Pharynx und einem mukopurulenten Exsudat einher. Bei 20% der homosexuellen Männer und 10% der Frauen mit Gonokokkeninfektion findet man Gonokokken in Kulturen von Rachenabstrichen.

Proktitis: Die rektale Gonorrhoe entsteht bei Frauen durch Analverkehr oder durch Schmierinfektion, bei homosexuellen Männern durch Analverkehr. Sie kann subklinisch verlaufen, andererseits Schmerzen im Bereich des Perineums und rektalen Ausfluß hervorrufen.

Konjunktivitis (Gonoblenorrhoe): Die gonorrhoische Konjunktivitis entsteht bei Erwachsenen durch Schmierinfektion oder Spritzinfektion.

Ein Neugeborenes einer infizierten Mutter kann sich beim Durchtritt durch den Geburtskanal infizieren. Es entsteht die Ophthalmia gonorrhoica neonatorum. Wenn nicht umgehend therapeutisch eingegriffen wird, kann die Gonoblenorrhoe eine Perforation der Cornea und *Erblindung* nach sich ziehen.

Im 19. Jahrhundert war die Gonoblenorrhoe in Europa eine der Hauptursachen von Blindheit; sie ist es in manchen unterentwickelten Ländern noch heute.

Credésche Prophylaxe. Durch Eintropfen von 1% Silbernitratlösung in den Konjunktivalsack unmittelbar nach der Geburt wird der Ophthalmia gonorrhoica neonatorum vorgebeugt. Karl Siegmund Franz Credé, (1819–1892), Gynäkologie-Professor in Leipzig, führte 1881 diese Form der Prophylaxe ein.

Allerdings bietet diese gesetzlich vorgeschriebene Maßnahme nur in 80% der Fälle einen Schutz.

Wegen der Möglichkeit einer gleichzeitigen Infektion mit Chlamydien wird heute empfohlen, die Prophylaxe mit Tetracyclin durchzuführen.

Disseminierte Gonokokken-Infektion

Bei 1–3% der Gonorrhoe-Patienten treten die Erreger in die Blutbahn über und verursachen die disseminierte Gonokokken-Infektion (DGI). Die DGI wird von Gonokokken-Stämmen hervorgerufen, die gegenüber der bakteriolytischen Wirkung von Komplement unempfindlich sind (sog. serumresistente Stämme).

Patienten mit einem Defekt der späten Komplementkomponenten (C6–C9) neigen ebenfalls zu einer DGI, und zwar auch dann, wenn sie mit serumsensiblen Stämmen infiziert wurden. Meist finden sich typische Exantheme, Tendosynovitis und/oder Monarthritis. Endocarditis, Perimyocarditis, Meningitis und Pneumonie finden sich in etwa 1% der Fälle.

Bei Patienten im reproduktionsfähigen Alter sind Gonokokken die häufigsten Erreger (90% der Fälle) von eitriger *Gonarthritis*.

3.2.11 Immunität

Als typische Lokalinfektion hinterläßt die lokale Gonorrhoe keine Immunität; nach Abheilung ist bei entsprechender Exposition eine neue Infektion möglich. (Ein ähnliches Beispiel ist das rezidivierende Erysipel.)

Möglicherweise trägt auch die IgA1-Protease der Gonokokken dazu bei, daß sich keine Immunität ausbildet, da dieses Enzym die spezifischen IgA1-Antikörper der Schleimhaut zerstört.

3.2.12 Labordiagnose

Untersuchungsmaterial

Bei der *Frau* wird Abstrichmaterial aus der *Zervix*, der *Urethra*, dem *Rektrum* und ggf. von anderen entzündlich veränderten Stellen entnommen.

Die Kombination von zervikaler und rektaler Kultur ergibt die höchste Ausbeute an anzüchtbaren Gonokokken. Es wird daher empfohlen, auch ohne Vorliegen einer anorektalen Symptomatik Kulturen von Rektalabstrichen anzulegen.

Beim ***Mann*** wird ein *Urethralabstrich*, ggf. bei Homosexuellen ein Rektal-, bei Verdacht auf pharyngeale Gonorrhoe ein Rachen-Abstrich entnommen.

Bei einer DGI müssen *Gelenkpunktat und Blut*, ggf. auch Liquor cerebrospinalis gewonnen werden. Auch hier sollte man zusätzlich Untersuchungsmaterial aus Urethra, Zervix und Pharynx sowie aus dem Analkanal zur Kultur anlegen. Bei einer DGI lassen sich nur in 40% der Blutkulturen und nur aus 20% der Gelenkpunktate Gonokokken anzüchten. Grampräparate von

Hautläsionen ergeben bei diesem Krankheitsbild häufiger ein positives Ergebnis.

Materialtransport

Wegen der hohen Empfindlichkeit des Erregers, besonders gegen Austrockung, soll das gewonnene Material möglichst ***verzögerungsfrei*** auf ein Kulturmedium verbracht und weiterverarbeitet werden.

Transportmedien enthalten z.B. Thayer-Martin-Agar und CO_2. Auch das Stuart-Transportmedium ist für Gonokokken geeignet.

Vorgehen im Labor

Mikroskopisches Präparat. Das mikroskopische Präparat wird häufig unmittelbar nach der Materialentnahme vom behandelnden Arzt beurteilt. Im Gram- oder Methylenblaupräparat liegen Gonokokken typischerweise ***intrazellulär***.

Beim *Mann* erlaubt der Nachweis von gramnegativen intraleukozytär gelegenen Diplokokken im mikroskopischen Ausstrich die Wahrscheinlichkeits-Diagnose einer Gonorrhoe.

Bei der *Frau* liefert die mikroskopische Untersuchung eines Zervix-Abstriches nur bedingt verwertbare Ergebnisse. Sie erfordert besondere Erfahrung. Bei der urogenitalen Gonorrhoe der Frau sind Gonokokken nur in 60% mikroskopisch nachweisbar; der Erreger siedelt sich häufig in den Krypten der weiblichen Genitalschleimhaut an und entzieht sich dadurch dem mikroskopischen Nachweis. Auch können Acinetobacter als sog. „Pseudogonokokken“ eine Gonokokkenbesiedlung vortäuschen.

Anzüchtung. Für die Anzüchtung von Gonokokken aus Entnahmestellen, bei denen man mit Begleitflora rechnen muß (Pharynx, Urethra, Zervix und Rektum), eignet sich besonders *Thayer-Martin-Medium* (ein peptonreicher Agarnährboden mit Zusatz von Hämoglobinlösung und Begleitflora-hemmenden Antibiotika) oder *New-York-City-Medium* (Thayer-Martin-Medium, zusätzlich Pferdeplasma und Hefeextrakt). Für Blut, Liquor und Gelenkpunktat (keine Begleitflora zu erwarten) benutzt man Kochblutagar ohne Antibiotikazusatz. Im Labor werden die beimpften Kulturmedien bei 36 °C und 5–10% CO_2 48 Stunden lang bebrütet.

Bakterien von verdächtigen Kolonien werden nach Gram gefärbt und mikroskopiert sowie weitere Proben jeweils einem Oxidase- und einem Zuckerspaltungstest unterworfen (Tabellen 3.1 und 3.2).

Direktnachweise. Neuere Methoden des Gonokokkennachweises sind die direkte Immunfluoreszenz und ein Enzym-Immuno-Assay. Beide Testmethoden erlauben die Aussage: Neisseria gonorrhoeae. Sie haben noch keine weite Verbreitung als Routinemethode gefunden.

Gonokokken-KBR. Die früher gelegentlich bei Verdacht auf generalisierte Gonokokken-Infektion durchgeführte Komplement-Bindungsreaktion wird heute nicht mehr durchgeführt, da sie unzuverlässige Ergebnisse zeitigt.

3.2.13 Therapie

Das Mittel der Wahl zur kalkulierten Initialtherapie der unkomplizierten Gonorrhoe ist Spectinomycin oder Ceftriaxon.

Bei anderen Verlaufsformen (Pharyngitis, Proktitis, Ophthalmoblennorrhoe, PID, DGI) werden auch Penizillin G, Ampicillin oder Tetracycline eingesetzt. Als Reservemittel stehen Spectinomycin und Erythromycin (bei Schwangerschaft, Penizillinallergie und Doppelinfektionen mit Chlamydien oder Mykoplasmen) zur Verfügung.

Penizillinase-produzierende Gonokokken

Bei Therapieresistenz sollte an das Vorliegen eines penizillinasebildenden Gonokokkenstammes gedacht werden. Hier ist eine Antibiotika-*Resistenzbestimmung* angebracht, ebenso bei Isolaten von Patienten, die sich vermutlich in Gegenden mit hoher Prävalenz von penizillinase-bildenden Gonokokkenstämmen infiziert haben (Südostasien, Westafrika, Großstädte wie Amsterdam, London, New York).

3.2.14 Prävention

Kondome

Kondome verleihen einen hohen Grad an Schutz beim Verkehr mit infizierten Personen.

Sofortige Therapie

Die sofortige antibiotische Therapie einer an Gonorrhoe erkrankten Person ist die wichtigste Maßnahme, um eine Ausbreitung der Krankheit zu verhindern. Bis zur vollständigen Heilung muß sexuelle Enthaltsamkeit geübt werden. Zur Feststellung der Heilung sollen eine Woche nach Behandlung erneut Abstriche entnommen und bakteriologisch untersucht werden.

Partnerbehandlung bzw. -untersuchung

Die Sexualpartner der Patienten müssen unabhängig davon, ob sie klinische Symptome aufweisen oder nicht, untersucht und gegebenenfalls behandelt werden. Geschieht dies nicht, so besteht die Gefahr der wechselseitigen Reinfektion der Partner („Ping-Pong-Gonorrhoe").

Vakzination

Eine Vakzination gibt es (noch) nicht.

Meldepflicht

Die Gonorrhoe ist ohne Namensnennung meldepflichtig (§ 11a, Gesetz zur Bekämpfung von Geschlechtskrankheiten). Namentliche Meldepflicht besteht bei Weigerung des Kranken, sich behandeln zu lassen oder eine begonnene Behandlung fortzusetzen. Notfalls kann gegen den Willen der Betroffenen eine Behandlung durchgesetzt werden.

Zusammenfassung: Neisseria gonorrhoeae

Bakteriologie: Gramnegative, aerob wachsende, oxidase-positive Diplokokken. Benötigen komplex zusammengesetzte Kulturmedien. Vermehren sich nicht bei Temperaturen unter 30 °C.

Resistenz: Geringe Resistenz gegen Hitze und Austrocknung.

Vorkommen: Schleimhäute des Menschen.

Epidemiologie: Weltweit verbreitet, insbesondere bei Personen mit häufig wechselndem Geschlechtsverkehr.

Übertragung: Sexualverkehr; bei Neugeborenen beim Durchtritt durch den Geburtskanal. Spritzinfektion.

Pathogenese: Obligat pathogener Eitererreger. Ruft Gonorrhoe hervor. Disseminierte Gonokokken-Infektion (DGI) bei Patienten mit Komplementdefekt oder durch komplementresistente Stämme.

Klinik: Akute eitrige, schmerzhafte Entzündung im Genitalbereich. Extragenitale Formen: Gonarthritis, Pharyngitis, Konjunktivitis, Proktitis. Subklinische Verläufe bei Frauen häufig. DGI bei serumresistenten Stämmen. Spätfolgen: PID und Infertilität bei Frauen, Harnröhrenstriktur beim Mann.

Virulenzfaktoren: Pili, Protein I, II, III, Lipooligosaccharid, IgA-Protease.

Diagnose: Mikroskopie erlaubt Verdachtsdiagnose, Kultur erbringt Bestätigung.

Therapie: Ceftriaxon (für die kalkulierte Initialtherapie), Penizillin G (bei nachgewiesener Empfindlichkeit), Tetrazykline, Erythromycin, Spectinomycin.

Immunität: Gonorrhoe hinterläßt als typische Lokalinfektion keine dauerhafte Immunität.

Prävention: Kondome, Enthaltsamkeit, ausreichende Therapie mit Partnerbehandlung.

Meldepflicht: Anonym nach § 11a Gesetz zur Bekämpfung von Geschlechtskrankheiten, namentlich bei Weigerung.

3.3 Meningokokken (Neisseria meningitidis)

3.3.1 Kultur

Hinsichtlich ihrer Wachstumseigenschaften gleichen Meningokokken den Gonokokken. Sie vermehren sich *obligat aerob*, wobei zur initialen Anzüchtung eine Atmosphäre mit 5–10% CO_2 erforderlich ist. Ihre optimale Vermehrungstemperatur liegt bei 36 °C, unterhalb von 30 °C erfolgt keine Vermehrung. Auf Kochblutagar bilden Meningokokken glatte durchscheinende Kolonien von 2–3 mm Durchmesser.

3.3.2 Extrazelluläre Produkte

IgA1-ase. Wie Gonokokken produzieren Meningokokken eine IgA1-Protease. Weitere extrazelluläre Produkte sind nicht bekannt.

3.3.3 Identifizierung und Differenzierung

Morphologisch. Die gramnegativen Diplokokken lassen sich mikroskopisch nicht von Gonokokken

(s. oben) und anderen Neisserien unterscheiden. Wie jene zeigen sie eine charakteristische Lagerung (Semmelform, s. Abb. 3.1).

Biochemisch. Die Abgrenzung der Meningokokken von anderen Neisserien erfolgt mit Hilfe des Zuckerspaltungsmusters (*Bunte Reihe*) (s. Tabelle 3.1).

Serologisch. Eine weitere Differenzierung in Serogruppen ist mit Hilfe spezifischer Antikörper gegen die Kapselpolysaccharide möglich. Es lassen sich folgende Serogruppen unterscheiden: A, B, C, D, X, Y, 29 E und W 135. Diese rufen mit unterschiedlicher Häufigkeit Infektionen hervor (s. unten).

3.3.4 Resistenz gegen äußere Einflüsse

Wie Gonokokken sind auch Meningokokken ***sehr empfindlich*** gegen Hitze und Austrocknung. Sie müssen deshalb in feuchten Medien und nach Möglichkeit bei 37 °C transportiert werden. In flüssigem Stickstoff lassen sie sich über lange Zeit aufbewahren. Sie vertragen keine pH-Werte von pH 8,6 und höher. Oberhalb 37 °C beginnen die Erreger abzusterben, bei 55 °C erfolgt die Abtötung in 5 min.

3.3.5 Vorkommen

Meningokokken kommen ausschließlich beim ***Menschen*** vor. Bei Gesunden können sie die Schleimhaut des Nasopharynx und der Genitalien besiedeln, ohne Krankheitserscheinungen auszulösen.

3.3.6 Epidemiologie

Meningokokkeninfektionen sind weltweit verbreitet. Besonders häufig treten sie im sogenannten "*Meningokokken-Gürtel*" auf, der sich in Afrika von Obervolta über Nigeria, Tschad bis nach Äthiopien erstreckt. Auch in Brasilien sind Meningokokken-Erkrankungen häufig.

Bezüglich der Infektionshäufigkeit bestehen deutliche Unterschiede zwischen den einzelnen Serogruppen. Weltweit werden mehr als 90% aller Meningokokken-Infektionen durch Stämme der Serogruppen A, B, C und Y hervorgerufen, während sich die Stämme der übrigen Serogruppen oft bei Trägern, jedoch selten bei Erkrankten finden, während in Deutschland ***Typ B*** vorherrscht. Hierzulande häufen sich Meningokokken-Erkrankungen im späten Winter und im Frühjahr. Sie treten meist sporadisch, selten in Epidemien auf.

5% – bei Epidemien bis zu 30% – der Bevölkerung sind Meningokokken-Träger. In Gemeinschaftsquartieren, z. B. Kasernen, kann die Trägerrate auf über 90% ansteigen. Meningokokken-Träger sind in der Regel über 21 Jahre alt. Erkrankungen sind jedoch am häufigsten bei Kindern und bei Erwachsenen unter 30 Jahren. Bei Neuinfektionen ist die Manifestationsrate gering: Der größte Teil der Infizierten bleibt klinisch unauffällig, bildet aber Antikörper (Ausnahme: Typ B). Man sprach früher von „stiller Durchseuchung" oder von „stiller Feiung".

3.3.7 Übertragung

Meningokokken werden von Trägern durch *Tröpfcheninfektion*, d. h. durch Sprechen, Niesen oder Husten übertragen. Auch eine Übertragung durch den Geschlechtsverkehr ist möglich.

3.3.8 Pathogenese

Nach Übertragung heften sich die Erreger mit ihren Pili an die Epithelzellen der Nasopharyngealschleimhaut. Anschließend werden sie durch einen phagozytose-ähnlichen Prozeß in die Epithelzelle hereingenommen und gelangen in die *Submukosa*. Von dort können sich die Erreger in die Blutbahn ausbreiten und eine Sepsis hervorrufen. Die Erreger dringen in die Endothelzellen der Blutgefäße ein, durchdringen diese aber nicht, sie zerfallen intrazellulär und setzen ***Endotoxin*** frei. Die Endothelzellen werden zerstört, die Gefäßwände entzünden sich, und es können sich Thrombosen und Zellwandnekrosen entwickeln. Es entstehen so die für Meningokokkeninfektionen typischen ***Fokal-Hämorrhagien*** im kutanen, subkutanen und submukösen Gewebe sowie in der Synovia.

Auf dem Blutwege gelangen Meningokokken *metastasierend* in verschiedene Organe und können dort Entzündungen hervorrufen (Tabelle 3.4). Die Lokali-

Tabelle 3.4. Sonstige Lokalisationsmöglichkeiten von Meningokokkeninfektionen

Haut	Endokard
	Sinus
Respirationstrakt (oberer und unterer)	Urethra
Gelenke	Rektum
Augen	Zervix
Perikard	

sation der entzündlichen Reaktion bestimmt den weiteren Krankheitsablauf und Symptomatik der Meningokokkenerkrankung.

Rolle der Virulenzfaktoren

Die *Pili* der Meningokokken vermitteln die Anheftung an die Epithelzellen der Nasopharyngealschleimhaut. Die *Kapsel* behindert die Phagozytose. Das *Endotoxin* ist verantwortlich für die Zerstörung der Endothelzellen und die daraus resultierenden typischen thromboembolischen Läsionen (s. Endotoxinwirkungen S. 109) sowie für die Verbrauchskoagulopathie und den hypotonen Schock bei Meningokokkensepsis.

3.3.9 Klinik

Die Inkubationszeit der Meningokokkenerkrankung beträgt weniger als 7 Tage. Am Beginn steht oft eine leichte, meist unbemerkt verlaufende Entzündung der Pharyngealschleimhaut.

Folgende Erscheinungsformen der Infektion sind am häufigsten:

- Meningokokkämie mit Exanthem
- Meningokokkämie mit eitriger Meningitis
- Meningokokkensepsis, eventuell mit Waterhouse-Friderichsen-Syndrom.

Meningokokkämie mit Exanthem bzw. Enanthem

Die Läsionen in der Haut besitzen *petechialen* oder *pupuraähnlichen Charakter* und enthalten lebende Erreger. Sie sind unterschiedlich stark ausgeprägt, aber in etwa 75% aller Meningokokkenerkrankungen vorhanden.

Meningokokkämie mit Meningitis

Die Meningokokken-Meningitis entwickelt sich als „klassische" Manifestation bei 40% aller manifesten Meningokokken-Infektionen. In der Mehrzahl der Fälle gelangen die Meningokokken über die Blutbahn ins ZNS. Es handelt sich um eine akute, eitrige Meningitis, die Eiterung erstreckt sich im wesentlichen über die Konvexität der Haut („Haubenmeningitis").

Neben den Symptomen einer hämatogenen Erregeraussaat und einem Exanthem bieten die Patienten *Zeichen von meningealer Reizung*. Unbehandelt beträgt die *Letalität* der Meningokokken-Meningitis 85%. Häufig kommt es aufgrund intrakranieller Verklebungen zu Spätschäden (Demenz, psychische Schäden, Hirnnervenlähmungen).

Meningokokken-Sepsis

Die Meningokokken-Sepsis präsentiert sich mit Schüttelfrost, Hypotonie, Übelkeit und Leukozytose bei stark ausgeprägtem Exanthem. Sie kann mit *intravasaler Verbrauchskoagulopathie* und hypotonem Schock einhergehen. Diese Veränderungen gehen auf die Wirkung des *Endotoxins* der Meningokokken zurück; sie unterscheiden sich nicht von den Vorgängen, die sich bei Sepsis durch andere gramnegative Bakterien abspielen.

Waterhouse-Friderichsen-Syndrom. Bei fulminant verlaufender Meningokokkensepsis kommt es zu massiver Purpura in der Haut und Blutungen in die Schleimhäute sowie in innere Organe, zu *septischem Schock* und intravasaler *Verbrauchskoagulopathie*. Typischerweise entwickeln sich *Blutungen in beiden Nebennierenrinden* mit deren nachfolgender Nekrose. Die Kombination von Extravasaten, septischem Schock, intravasaler Verbrauchskoagulopathie und Nebennierennekrose wird als Waterhouse-Friderichsen-Syndrom bezeichnet.

Die Patienten können innerhalb weniger Stunden im Schock bei Verbrauchskoagulopathie versterben.

Etwa 15% aller Patienten mit Meningokokken-Sepsis entwickeln ein Waterhouse-Friderichsen-Syndrom. Es ist mit einer *Letalität von über 85%* belastet.

Sonstige Formen der Meningokokken-Erkrankung

Die übrigen Manifestationen der Meningokokken-Erkrankung bzw. ihre Lokalisationen (s. Tabelle 3.4) machen zusammen nur etwa 5% aller Meningokokkenerkrankungen aus.

Allergische Komplikationen

In etwa 7% der Meningokokkenerkrankungen entwickeln sich allergische Komplikationen; sie entstehen durch zirkulierende Antigen-Antikörperkomplexe und äußern sich als Arthritis, Episkleritis, kutane Vaskulitis oder Perikarditis.

3.3.10 Immunität

Da es sich bei Meningokokken um typische Eitererreger handelt, beruht die Immunität bei Meningokokkeninfektionen auf dem Zusammenwirken von Antikörpern, Komplement bei der ***Phagozytose*** (s. S. 196).

Mit Ausnahme der Kapsel des Typs B ist die Kapselsubstanz immunogen. Eine Antikörperbildung gegen das Kapselpolysaccharid B unterbleibt, weil dieses Antigen Epitopengemeinschaft mit humanen Gewebebestandteilen besitzt, gegen die wiederum eine natürliche Eigentoleranz besteht. Antikörper gegen die Kapselsubstanz haben als Opsonine eine schützende Wirkung.

Komplement scheint für die Abwehr von Neisserien eine besondere Bedeutung zu besitzen; denn Personen mit einem angeborenen Mangel an den späten Komplementkomponenten C6, C7, C8 und C9 neigen in besonderem Maße zu Meningokokkämien und Gonokokkämien.

Das gleiche gilt für Patienten mit *IgM-Mangel*. Aus diesen Gründen empfiehlt sich eine gezielte Untersuchung auf angeborenem IgM-Mangel oder Komplement-Defekte, wenn generalisierte Neisserien-Infektionen bei ein und demselben Individuum oder in einer Familie wiederholt auftreten.

3.3.11 Labordiagnose

Wegen des besonders fulminanten Verlaufs und der ausgeprägten Empfindlichkeit des Erregers (Abkühlung = Absterben!) müssen gerade bei der Meningokokken-Meningitis die *Sofortanlage* und die *Sofortmikroskopie* des Liquors gewährleistet sein.

Antigennachweis im Liquor. Es ist heute möglich, Kapselantigene der Meningokokken (Serogruppen A, B, C, Y, W 135) im Liquor cerebrospinalis im Agglutinationstest innerhalb weniger Minuten nachzuweisen.

Blutkulturen

Bei Verdacht auf Meningokokkeninfektion werden immer Blutkulturen angelegt.

3.3.12 Therapie

Die Therapie der Meningokokkenerkrankung sollte bei Verdacht umgehend eingeleitet werden.

Meningitis

Für die antibiotische Therapie der Meningokokken-Meningitis gelten die allgemeinen Grundsätze für die Behandlung einer eitrigen Meningitis (s. dort).

Man gibt bei Verdacht auf eitrige Meningitis bereits vor dem Vorliegen bakteriologischer Untersuchungsergebnisse eine breit wirksame Antibiotika-Kombination, wie z. B. *Ampicillin* und *Chloramphenicol*.

Für die gezielte Weiterbehandlung nach Identifizierung der Meningokokken eignen sich je nach Erregerempfindlichkeit sowohl *Penizillin G* als auch *Cephalosporine* der 3. Generation; beide Substanzgruppen sind bei entzündeten Meningen liquorgängig.

Sepsis

Für die Behandlung bei der Meningokokkensepsis finden die Richtlinien der Sepsisbehandlung Anwendung: Bis zum Vorliegen einer Erregeridentifizierung gibt man eine Kombination breit wirksamer Antibiotika, z. B. ein *Cephalosporin* der 3. Generation in Kombination mit einem *Aminoglykosid* systemisch. Nach Erregeridentifizierung und Erstellung eines Antibiogramms wird gezielt weiterbehandelt, z. B. mit Penizillin G.

3.3.13 Prävention

Chemoprophylaxe

Zur Prophylaxe eignet sich *Rifampicin*. Zielgruppe für die chemotherapeutische Prophylaxe gegen Meningokokken-Meningitis sind Exponierte:

- Familienmitglieder, die mit dem Erkrankten in einem gemeinsamen Haushalt leben, und andere enge Kontaktpersonen
- Personen mit Intimkontakten zu dem Erkrankten
- Kindergarten- oder Schulkontakte.

Eine Prophylaxe ist ***nicht*** erforderlich bei

- Routinekontakten mit hospitalisierten Patienten (z. B. bei Ärzten, Krankenschwestern),
- gelegentlichen Schulkontakten bei älteren Kindern,
- gelegentlichen Kontakten auf der Arbeitsstelle oder zu Hause.

Vakzination

Eine Vakzine, bestehend aus den Kapselpolysacchariden A und C, hat sich bei Epidemien in den Tropen bewährt. Das Kapselpolysaccharid B ist für den Menschen nicht immunogen, eignet sich also nicht als Vakzine.

Meldepflicht

Nach § 3 BSeuchG besteht bei Erkrankung und Tod Meldepflicht.

Zusammenfassung: Neisseria meningitidis

Bakteriologie: Ähnlich den Gonokokken.

Resistenz: Wie Gonokokken.

Vorkommen: Nasopharyngealschleimhaut des Menschen, Träger häufig.

Epidemiologie: Weltweit verbreitet, insbesondere im sog. Meningitis-Gürtel. In Deutschland sporadisches Auftreten, verursacht durch die Serogruppe B. Niedrige Manifestationsrate.

Übertragung: Tröpfchen-Infektion.

Pathogenese: Sepsis, Meningitis epidemica, metastatisch bedingte Hauterscheinungen.

Klinik: Meningitis, Hauteffloreszenzen, Waterhouse-Friderichsen-Syndrom, Sepsis.

Virulenzfaktoren: Pili, Kapsel, Endotoxin.

Diagnose: Mikroskopisch (Liquor), Anzüchtung. Direkter Antigennachweis durch Gegenstrom-Elektrophorese.

Therapie: Penizillin G, Cephalosporine der 3. Generation.

Immunität: Antikörper, Komplement, Phagozytose. Bei Kapseltyp B Toleranz.

Prävention: Chemoprophylaxe bei engen Kontakten mit Rifampicin.

Meldepflicht: Erkrankung und Tod.

3.4 Übrige Neisseria-Arten

Die Neisseria-Arten N. flavescens, N. subflava und N. sicca finden sich als *Schleimhautkommensalen* auf den Schleimhäuten im Nasopharynx sowie Urogenitaltrakt. Ganz selten können sie eitrige Entzündungen, z. B. Meningitiden, verursachen.

Ihre Bedeutung liegt darin, daß sie mit obligat pathogenen Neisserien verwechselt werden können.

4 Enterobakterien: Allgemeines und fakultativ pathogene Arten

H. Hahn

INHALTSÜBERSICHT

4.1 Allgemeines zur Familie der Enterobakterien 299
4.2 Escherichia coli 301
4.3 Klebsiellen, Enterobacter, Serratia (KES-Gruppe) 304
4.3.1 Klebsiellen 304
4.3.2 Enterobacter 305
4.3.3 Serratia 305
4.4 Proteus 305
4.5 Übrige Enterobakteriazeenarten 306
4.6 Immunität 307
4.7 Labordiagnose 307
4.8 Therapie 307
Zusammenfassung 307

4.1 Allgemeines zur Familie der Enterobakterien

Definition

In der Familie der Enterobakterien (Tabelle 4.1) faßt man eine Gruppe sehr naher verwandter gramnegativer gerader Stäbchen zusammen, die sich sowohl unter *aeroben* als auch unter *anaeroben* Bedingungen auf einfachen Kulturmedien vermehren. Sie spalten Glukose sowie andere Zucker mit Bildung von Säure nicht nur oxidativ, sondern auch fermentativ.

Enterobakterien reduzieren Nitrat zu Nitrit, sind oxidase-negativ und katalase-positiv. Im Vergleich zu anderen Bakterien erweisen sie sich als besonders widerstandsfähig gegen oberflächenaktive Substanzen.

Rolle als Krankheitserreger

Fakultativ pathogene Enterobakteriengattungen gehören zur physiologischen Bakterienflora des Darmes. Diese werden nur dann, wenn sie aus dem Darm in andere Körperregionen verschleppt werden oder von außen dorthin gelangen, zu Krankheitserregern. Sie sind also *fakultativ pathogen*, d. h. ***Opportunisten*** (Tabelle 4.2).

Von den opportunistischen Enterobakterien hat man die obligat pathogenen Gattungen, nämlich Salmonella, Shigella und Yersinia, sowie bestimmte, obligat pathogene Stämme von der Gattung Escherichia coli zu unterscheiden. Diese Enterobakterien gehören nicht zur physiologischen Bakterienflora des Darms. Sie verursachen entweder Allgemein-Infektionen, indem sie vom Darm aus in die Blutbahn und von dort zu inneren Organen vordringen, oder aber sie verbleiben im Darm und lösen dort Enteritiden aus.

Taxonomie

Die Familie der Enterobakterien (Synonym: Enterobakteriazeen) setzt sich aus zahlreichen eng miteinander verwandten Gattungen und Arten zusammen (Tabelle 4.1).

Namensgebung

Der Begriff Enterobakterien leitet sich von dem griechischen Wort Enteron = Darm ab, da diese Erreger ursprünglich im Darm gefunden wurden und, mit Ausnahme von Yersinia pestis, dort in erster Linie vorkommen bzw. von dort ausgehend Infektionen erzeugen.

Allgemeiner Aufbau der Enterobakterien

Als typische gramnegative Stäbchen besitzen die Enterobakterien ein Zytoplasma mit Plasmamembran, einen periplasmatischen Spalt und die für gramnegative Bakterien charakteristischerweise dünne Mureinschicht; daran anschließend kommt eine Lipoprotein-

Tabelle 4.1. Einteilung der Enterobakteriazeen (modifiziert nach einem Vorschlag der Centers for Disease control)

Gattung	Art
Escherichia	E. coli
Shigella	Sh. dysenteriae Sh. flexneri Sh. boydii Sh. sonnei
Edwardsiella	E. tarda u. a.
Salmonella	S. choleraesuis S. typhi S. paratyphi A, B, C S. enteritidis und 2000 weitere
Arizona	A. hinshawii
Citrobacter	C. freundii C. diversus C. amalonaticus
Klebsiella	K. pneumoniae K. oxytoca K. ozaenae K. rhinosclermatis u. a.
Enterobacter	E. aerogenes E. cloacae E. agglomerans E. sakazakii E. gergoviae u. a.
Hafnia	Hafnia alvei
Serratia	S. marcescens S. liquefaciens S. rubidaea S. odorifera u. a.
Proteus	P. mirabilis P. vulgaris
Morganella	Morganella morganii
Providencia	Pr. alcalifaciens Pr. stuartii Pr. rettgeri
Yersinia	Y. pestis Y. pseudotuberculosis Y. enterocolitica u. a.
Erwinia Pectobacterium	

schicht und schließlich die äußere Zellmembran mit dem Lipopolysaccharid. Gegebenenfalls findet man bei Enterobakterien eine Kapsel, Fimbrien und Geißeln (Abb. 4.1).

Tabelle 4.2. Von fakultativ pathogenen Enterobakterien hervorgerufene Erkrankungen

Fakultativ pathogene Escherichia-coli-Stämme (nichtinvasiv, nicht enterotoxinbildend)	Nosokomiale und endogene Infektionen: Harnwegsinfektionen (häufigste Ursache!), Bauchrauminfektionen (oft in Kombination mit obligat anaroben Bakterien), Sepsis, Cholecystitis, Cholangitis, Meningitis (bei Neugeborenen), Eiterungen
KES-Gruppe:	
Klebsiella spp.	Nosokomiale Infektionen: Pneumonien, Sepsis, Meningitis, Harnwegsinfektionen
Enterobacter spp.	Wie Klebsiellen
Serratia spp.	Wie Klebsiellen und Enterobacter, jedoch seltener
Proteus spp.	Nosokomiale Infektionen: Harnwegsinfektionen, Eiterungen, Sepsis
Providencia und Morganella	Nosokomiale Infektionen: Infektionen der Harnwege, des Respirationstraktes und von Verletzungen sowie Verbrennungen, Sepsis (selten)
Citrobacter spp.	Nosokomiale Infektionen: Harnwegsinfektionen, Sepsis, Eiterungen, vor allem bei imungeschwächten Patienten, Meningitis bei Neugeborenen

Lipopolysaccharide (LPS). Wie in Kapitel I.1.3 ausgeführt, stellen die Lipopolysaccharide bei allen gramnegativen Bakterien Strukturbestandteile der äußeren Membran dar, die erst beim Zerfall der Bakterienzellen frei werden. Man bezeichnet die Lipopolysaccharide auch als *Endotoxine*. Sie bestehen aus Lipid A, O-Antigen und Kernpolysaccharid. Das Lipid A ist Träger der toxischen Wirkung. Endotoxine sind der hauptsächliche Virulenzfaktor bei Infektionen durch opportunistische Enterobakterien. Ihre wichtigsten Wirkungen sind: Fieber, Komplementaktivierung, hypotoner Schock und Verbrauchskoagulopathie (s. S. 109).

Kapsel. Kapselsubstanz läßt sich bei den einzelnen Enterobakteriengattungen mit unterschiedlicher Häufigkeit und in unterschiedlicher Dicke nachweisen. Sie besteht aus Polysacchariden und wird als ***K-Anti-***

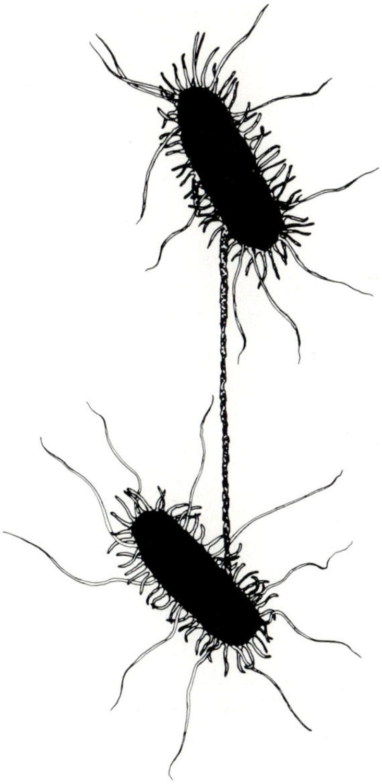

Abb. 4.1. Fimbrien, Geißeln und Sexpilus schematisch dargestellt bei Enterobakterien.

gen bezeichnet. Lediglich bei Salmonella typhi sowie bei einigen Citrobacter-Stämmen heißt das Kapselantigen ***Vi***. Die Kapselsubstanz schützt vor der Phagozytose.

Geißeln. Escherichia coli, Proteusarten, Salmonellen, Serratia, Citrobacter und Yersinien (außer Yersinia pestis) sind begeißelt, während Shigellen und Klebsiellen keine Geißel tragen. Die Geißeln bestehen aus einem kontraktilen Protein, dem Flagellin, und dienen der Fortbewegung. Die Geißeln heißen auch ***H-Antigene***.

Fimbrien (Pili). Die Vertreter der meisten Enterobakteriengattungen, aber auch andere gramnegative Bakterien, tragen Fimbrien oder Pili.

Pili dienen als Kolonisationsfaktoren, d.h. sie vermitteln die Adhärenz der Bakterien an Zielzellen. Spezielle Pili, die sog. Sex-Pili, vermitteln die Übertragung von Plasmiden (s. S. 49ff). Die Gene für die Bildung der Pili sind entweder im Bakterienchromosom oder in Plasmiden enthalten; Sex-Pili werden immer von Plasmiden kodiert.

Kultur

Enterobakterien vermehren sich auf den gebräuchlichen Kulturmedien, wie Blut-, Endo-, Mac-Conkey-Agar, und zwar sowohl in Gegenwart als auch in Abwesenheit von Sauerstoff; sie sind also fakultativ anaerob wachsende Bakterien. Besondere Wachstumsfaktoren werden nicht benötigt. Die Optimaltemperatur für die Vermehrung der meisten humanmedizinisch wichtigen Arten liegt bei 37 °C, für Yersinien liegt sie bei 28 °C.

Will man Enterobakterien aus Bakteriengemischen isolieren, so nutzt man ihre Fähigkeit aus, sich in Gegenwart oberflächenaktiver Substanzen, z. B. Gallensalze, und bestimmter Anilinfarbstoffe zu vermehren; diese Stoffe hemmen das Wachstum der meisten grampositiven Bakterien. Man setzt dementsprechend bei der Isolierung von Enterobakterien *gallensalz- und farbstoffhaltige Selektivnährböden* ein.

Identifizierung und Differenzierung

Morphologisch. Die mikroskopische Betrachtung kann zur Gattungs- und Artendiagnose meist wenig beitragen; lediglich bei einigen Gattungen erlaubt der Nachweis von morphologischen Besonderheiten eine Verdachtsdiagnose: So ist eine besonders dicke Kapsel für Klebsiellen typisch.

Biochemisch. Die biochemische Leistungsprüfung ist die Methode der Wahl, um die einzelnen Enterobakterien-Gattungen und -Arten voneinander abzugrenzen (Tabelle 4.3).

Serologisch. Viele Enterobakterien-Arten lassen sich aufgrund ihres Besitzes an verschiedenen O-, H- und Kapsel-Antigenen (K bzw. Vi) in Serotypen unterteilen. Die serologische Typisierung spielt bei den obligat pathogenen Enterobakterien eine wichtige Rolle (s. Kap. 5); bei den fakultativ pathogenen wird sie lediglich bei Klebsiellen und bei E. coli im Rahmen epidemiologischer Untersuchungen durchgeführt.

4.2 Escherichia coli

Definition

Escherichia coli ist eine Spezies aus der Familie der Enterobakterien. E. coli ist beweglich, spaltet Glukose und Laktose aerob und fermentativ. Schlüsselreaktionen sind die Fähigkeit zur Indolbildung und die po-

Tabelle 4.3. Auswahl biochemischer und anderer Merkmale (Bunte Reihe) zur Identifizierung von Enterobakterien

Mikroorganismus	Glukosespaltung	Laktosespaltung	Indol gebildet	Methylrot	Voges-Proskauer Reaktion	Urease gebildet	H_2S gebildet	Beweglichkeit
E. coli	+	+	+	+	–	–	–	+
Klebsiella pneumoniae	+	+	–	–	+	+	–	–
Enterobacter sp.	+	+	–	–	+	–	–	+
Proteus mirabilis	+	–	–	+	50%	+	+	++
Serratia spp.	+	–	–	–	+	Variabel	–	+
Providencia	+	–	+	+	–	Variabel	–	+
Salmonella spp.	+	–	–	+	–	–	+	+
Shigella spp.	+	(–)	Variabel	+	–	–	–	–
Yersinia enterocolitica	+	–	–	+	–	+	–	+
Morganella	+	–	+	+	–	+	–	+

sitive Methylrotreaktion sowie der negative Ausfall der Voges-Proskauer- und der Nitratreaktion.

Rolle als Krankheitserreger

E. coli findet sich als ein regelmäßiger Bestandteil der ***Darmflora*** beim Menschen. Als ***Opportunist*** ruft E. coli Lokalinfektionen, wie Eiterungen und Harnwegsinfektionen sowie Sepsis und Meningitis, hervor (s. Tabelle 4.2).

Namensgebung und Geschichte

Der österreichische Pädiater ***Theodor Escherich*** (1857–1911) isolierte den Erreger 1885 erstmals aus dem Stuhl von Kleinkindern mit Durchfallerkrankungen.

Besonderheiten im Aufbau von E. coli

K-Substanz. E. coli bildet K-Antigene aus. Die K-Antigenschicht ist bei den meisten Stämmen sehr dünn. Es gibt aber auch Stämme mit viel K-Substanz. Die Kolonien dieser Stämme besitzen ein schleimiges Aussehen; man nennt sie Biovar mucosa.

Bestimmte K-Typen werden gehäuft bei Infektionen isoliert. Insbesondere der Typ K1 findet sich bei der Neugeborenen-Sepsis und -Meningitis sowie bei Pyelonephritis durch E. coli. Das K1-Antigen ist mit dem B-Gruppenantigen von Meningokokken identisch. Der Mensch ist gegen dieses Antigen tolerant.

Geißeln. E. coli ist peritrich begeißelt.

Fimbrien (Pili). Die meisten Stämme von E. coli tragen Fimbrien. In vitro führt die Zugabe von E. coli zu einer Erythrozytensuspension zu einer fimbrienvermittelten ***Hämagglutination*** (HA). Mit Hilfe der HA unterscheidet man Fimbrien vom Typ 1 und Typ 2. Die HA durch Typ-1-Fimbrien wird durch Zugabe von ***Mannose*** gehemmt; Typ-1-Fimbrien sind also mannosesensitiv (***MS***). Die HA durch die Typ-2-Fimbrien wird durch Mannose nicht gehemmt; Typ-2-Fimbrien sind also mannoseresistent (***MR***). Anders ausgedrückt: Typ-1-Fimbrien erkennen Mannose, Typ-2-Fimbrien nicht.

Die ***Typ-1-Fimbrien*** finden sich vorwiegend bei Stämmen, die aus der physiologischen Bakterienflora des Darms stammen.

Die ***Typ-2-Fimbrien*** heißen auch F-Antigene oder Kolonisationsfaktoren. Sie finden sich bei den obligat pathogenen E.-coli-Stämmen sowie vorwiegend bei solchen opportunistischen E.-coli-Stämmen, die man aus extraintestinal gelegenen Krankheitsherden isoliert: So tragen 75 % aller aus Pyelonephritis-Herden isolierten E.-coli-Stämme MR-Fimbrien, während im Stuhl nur 7 % der Stämme solche MR-Fimbrien tragen.

Die P-Pili, die bei von Harnwegsinfektionen isolierten Stämmen eine Rolle spielen, sind auf Seite 303 beschrieben.

Kultur

Auf Indikatornährböden (Endo, MacConkey) ist der Erreger durch die Laktosespaltung und den dadurch bedingten roten Farbumschlag leicht erkennbar.

Bei Wachstum auf schafbluthaltigen Nährböden hämolysieren manche Stämme.

Extrazelluläre Produkte

Hämolysine. Die Hämolyseeigenschaft findet sich vorwiegend bei solchen Stämmen, die aus Krankheitsherden außerhalb des Darmes isoliert worden sind; sie ist mit dem Vorkommen anderer Virulenzfaktoren assoziiert. Die Hämolyse beruht auf der Produktion dreier Hämolysine.

Enterotoxine. Enterotoxine werden nur von den obligat pathogenen Stämmen gebildet (s. S. 311).

Colicine. Wie einige andere gramnegative Stäbchen kann E. coli ebenfalls ***bakterizide Substanzen*** freisetzen. Man nennt diese Colicine. Die Fähigkeit zur Colicinbildung wird zur Typisierung mit herangezogen. Die Colicinproduktion ist *plasmidkodiert*.

Identifizierung und Differenzierung

Morphologisch. E. coli ist ein plumpes, bewegliches, gerades, gramnegatives Stäbchen, 3 µm lang und 1 µm breit.

Biochemisch. Die Indolreaktion ist positiv, die Voges-Proskauer- und Citrat-Reaktion fallen negativ aus, Glukose und Laktose werden unter Gasbildung metabolisiert, die Methylrot-Reaktion ist positiv. Durch diese typischen Reaktionen (***IMViC-Reaktionen*** sind ++−−) unterscheidet sich E. coli von den übrigen Enterobakterienarten.

Serologisch. Es lassen sich bei E. coli 171 ***O-***, 75 ***H-*** und 103 ***K-Antigene*** unterscheiden. Die serologische Typisierung opportunistischer Escherichia-coli-Stämme wurde früher nur unter epidemiologischen Gesichtspunkten vorgenommen. Sie findet aber heute mehr klinisches Interesse, da man erkannt hat, daß Stämme mit bestimmten Kapselantigenen, vor allem K 1, aber auch K 2, K 5, K 12 und K 13 häufiger als andere Stämme opportunistische Infektionen hervorrufen.

Bei den obligat pathogenen Escherichia-coli-Stämmen ist eine serologische Typisierung auch als Routinemaßnahme erforderlich. Hier wird vor allem das O-Antigen bestimmt.

Vorkommen

Als konstanter Bestandteil der ***Standortflora*** machen die opportunistischen E.-coli-Stämme im Darm 1–2% der gesamten Bakterienmasse aus. Da E. coli regelmäßig und in relativ großen Mengen (10^4 bis 10^6 pro g Stuhl) im Darm von Mensch und Tier vorkommt und leicht anzuzüchten ist, wird der Nachweis von E. coli im Trinkwasser oder in Nahrungsmitteln als Hinweis für fäkale Kontamination gewertet (***Indikatorkeim***).

Epidemiologie

E. coli ist der häufigste Erreger von ***Harnwegsinfektionen***; bis zu 80% der Fälle gehen auf diesen Erreger zurück. Daneben steht E. coli mit einem Anteil von 30% an der Spitze der Ursachen von ***Sepsis*** durch gramnegative Bakterien. Bei Neugeborenen ist E. coli der häufigste Erreger von Sepsis und Meningitis.

Übertragung

E. coli gelangt aus dem Darm in den extraintestinalen Bereich. Infektionen mit opportunistischen Stämmen von E. coli sind also meistens endogenen Ursprungs.

Pathogenese und Klinik

Harnwegsinfektionen. Bis zu 80% aller unkomplizierten Harnwegsinfektionen werden durch Escherichia coli verursacht. Der Erreger gelangt vom Darm aus in die Harnwege. Dort kann er eine asymptomatische Bakteriurie, eine Zystitis (Blasenentzündung) oder eine Entzündung des Nierenparenchyms (Pyelonephritis) verursachen.

Harnwegsinfektionen durch E. coli finden sich häufig bei Kleinkindern und bei Patienten, bei denen der normale Harnfluß durch anatomische Abnormalitäten (Reflux, Prostata-Adenom), durch Schwangerschaft oder durch Instrumentalbehandlung (Katheter) gestört ist.

Stämme, die eine ***Pyelonephritis*** auslösen, besitzen MR-Fimbrien. Daneben besitzen sie weitere Adhäsine, die sogenannten P-Adhäsine oder P-Pili. Diese binden sich an die Blutgruppensubstanz P. Die P-adhäsintragenden Stämme besitzen eine besondere Affinität für das Epithel des oberen Urogenitaltraktes, während für den unteren Urogenitaltrakt eine geringere Affinität besteht. Umgekehrt werden Infektionen der unteren Harnwege (***Zystitiden***) vorwiegend durch Stämme hervorgerufen, die mannosesensitive Pili tragen. Diese binden sich an den Schleim, welcher die Blasen-Epithelzellen überzieht.

Sepsis. In 30% aller Sepsisfälle wird Escherichia coli als verursachender Keim gefunden. Damit ist E. coli *neben Staphylococcus aureus der häufigste Sepsiserreger*. Die Sepsis kann von einer Gallenwegs- oder Harnwegsinfektion ausgehen, die Erreger können auch nach diagnostischen und chirurgischen Eingriffen bzw. nach Traumen im Bereich des Bauchraumes oder des Urogenitaltraktes in die Blutbahn gelangen. Eine E.-coli-Sepsis kann auch von einer infizierten Weichteilwunde ihren Ursprung nehmen. Neugeborene können sich beim Durchtritt durch den Geburtskanal mit E. coli infizieren und eine Sepsis sowie eine Meningitis entwickeln. Häufig tragen sepsisverursachende Stämme das Kapselantigen K 1 und erzeugen eine Hämolyse.

Weitere E.-coli-Infektionen. Durch E. coli verursachte Infektionen verlaufen häufig in der Nachbarschaft des Darmes: Peritonitis, Cholangitis, Appendizitis und Cholecystitis. Eitrige Wundinfektionen sind ebenfalls häufig; oft werden sie durch fäkale Kontamination verursacht.

Rolle der Virulenzfaktoren

Hämolysine, MR-Fimbrien, K 1 und Serumresistenz. Die Virulenz der opportunistischen Escherichia-coli-Stämme ist mit Hämolysinbildung, Serumresistenz, mit der Ausbildung von MR-Fimbrien und mit dem K-1-Antigen assoziiert. Das Vorkommen dieser Virulenzfaktoren ist ***genetisch gekoppelt***, d. h., wenn die Hämolysinbildungsfähigkeit verlorengeht, dann verlieren sich auch die Fähigkeit zur Bildung der MR-Fimbrien und für die Ausprägung des K-1-Antigens und damit die Serumresistenz. Die Hämolysinbildung ist bei menschenpathogenen Stämmen *chromosomal kodiert*.

4.3 Klebsiellen, Enterobacter, Serratia (KES-Gruppe)

Die drei Enterobakterien-Gattungen Klebsiellen, Enterobacter und Serratia werden wegen weitgehender Ähnlichkeiten in Bakteriologie und Pathogenität auch als KES-Gruppe zusammengefaßt.

4.3.1 Klebsiellen

Definition

Klebsiella: Gattung aus der Familie der Enterobakterien. *Unbewegliches* gramnegatives Stäbchen. Wächst fakultativ aerob auf einfachen Kulturmedien.

Schlüsselreaktionen: Indol-negativ, Methylrot negativ, Voges-Proskauer-Reaktion positiv, Citrat positiv (IMViC−−/++). Harnstoff wird i. a. hydrolysiert.

Rolle als Krankheitserreger

Als ***Hospitalismuserreger*** rufen Klebsiella pneumoniae und die nahe verwandte Klebsiella oxytoca Sepsis, Harnwegs- und Atemwegs-Infektionen hervor, insbesondere im Bereich der Intensiv-Pflege und bei künstlicher Beatmung (Tabelle 4.2).

Namensgebung und Geschichte

Klebsiellen sind nach dem Bakteriologen ***Edwin Klebs*** (1834–1913) benannt. Der Pathologe Friedländer (1883) beschrieb Klebsiella pneumoniae als Erreger der postoperativen Pneumonie, daher die alte Bezeichnung Friedländer-Bakterien.

Besonderheiten im Aufbau der Klebsiellen

Klebsiellen besitzen keine Geißeln, die meisten Stämme indes tragen ***Fimbrien*** und bilden eine dicke ***Kapsel***, das K-Antigen. Daher rührt die frühere Bezeichnung Kapselbakterien.

Kultur

Man erkennt die Kolonien der Klebsiellen leicht an der typischen ***Schleimbildung***. Auf laktosehaltigen Indikatornährböden bilden sich leicht rot gefärbte Kolonien. Die Schleimbildung kann den Indikator-Umschlag so weit überdecken, daß die Rotfärbung der Kolonien übersehen wird.

Vorkommen und Epidemiologie

Klebsiellen kommen in der ***Erde*** und im ***Wasser*** vor; bei 10% der gesunden Bevölkerung finden sie sich auch im Darm und im oberen Respirationstrakt.

Übertragung

Häufig werden Klebsiella pneumoniae und Klebsiella oxytoca von außen in den Körper eingebracht. Dies ist zum Beispiel der Fall, wenn zur Luftbefeuchtung *Klimaanlagen* eingesetzt werden, bei denen die Keimfreiheit des verwendeten Wassers nicht kontrolliert wird. Es entsteht dann die gefürchtete Klebsiellen-(früher Friedländer-) Pneumonie. Ein Teil der Pneumonien entsteht aber auch ***endogen***.

Zwischenfälle treten auf, wenn mit Klebsiellen kontaminierte Infusionen oder Blutkonserven verabreicht werden. Als Quelle für die Kontamination derartiger Materialien kommen erregertragende Personen (Krankenhauspersonal) in Betracht.

Pathogenese und Klinik

Klebsiella pneumoniae und Klebsiella oxytoca befallen vor allem ***abwehrgeschwächte Personen*** (z. B. Patienten auf Intensivstationen und in onkologischen

Abteilungen). Sie rufen Sepsis, Harnwegsinfektionen und Pneumonien hervor. Neben der Pneumonie können Klebsiellen Exazerbationen von chronischer Bronchitis erzeugen.

Rolle der Virulenzfaktoren. Wie bei den meisten gramnegativen opportunistischen Krankheitserregern ist Endotoxin der herausragende Pathogenitätsfaktor. Bei Klebsiellen (Kapselbakterium!) spielt die besonders stark ausgeprägte ***Kapsel*** eine wichtige Rolle als Schutzfaktor gegen die körpereigene Phagozytose.

Klebsiella ozaenae. Klebsiella ozaenae wird häufig bei der ***Stinknase (Ozaena)***, einer chronischen atrophischen Rhinitis, isoliert. Man nimmt an, daß der Erreger dort die Rolle eines sekundären Eindringlings spielt, da er auch bei Patienten ohne Ozaena isoliert wird. Häufig findet er sich im Sputum von Patienten mit chronisch verlaufenden Bronchopulmonal-Erkrankungen.

Klebsiella rhinoscleromatis

Klebsiella rhinoscleromatis verursacht das ***Rhinosklerom***, eine chronisch granulomatöse Erkrankung der Nase. Außerdem verursacht sie Erkrankungen der Nasennebenhöhlen, des Pharynx, des Mittelohrs und der Epithelschicht des Respirationstraktes.

4.3.2 Enterobacter

Enterobacterarten sind mit Klebsiellen nahe verwandt und unterscheiden sich von diesen im wesentlichen durch ihre Begeißelung, die ihnen Beweglichkeit verleiht. Darüberhinaus bilden sie weniger Kapselsubstanz aus. Hinsichtlich der Wachstumsansprüche, Differenzierung und Identifizierung (Tabelle 4.3) und Krankheitsspektrum (Tabelle 4.2) ähneln sie ebenfalls den Klebsiellen.

Problematisch ist die hohe Rate bezüglich der Ausbildung von sekundären Antibiotikaresistenzen.

4.3.3 Serratia

Auch Serratiaarten ähneln hinsichtlich Ansprüchen an das Kulturmedium und des Krankheitsspektrum den Klebsiellen.

Sie unterscheiden sich von allen anderen Enterobakterien in ihrer Fähigkeit zur Produktion dreier hydrolytischer Enzyme, nämlich DNAse, Gelatinase und Lipase. S. rubidea und einige Stämme von S. marcescens produzieren bei Lichtabschluß ein rotes Pigment, ***Prodigiosin.*** Es erregt gelegentlich Besorgnis oder Verwunderung, wenn es auf mit Serratia kontaminierten Nahrungsmitteln („Hostienphänomen") vorkommt oder im Sputum oder in Windeln das Auftreten von Blut vortäuscht.

Prodigiosin. Serratia rubidaea und einige Stämme von Serratia marcescens produzieren bei Lichtabschluß ein ***rotes Pigment***, Prodigiosin. Es erregt gelegentlich Besorgnis oder Verwunderung, wenn es auf mit Serratia kontaminierten Nahrungsmitteln, z.B. Hostien-Oblaten („Hostienphänomen") vorkommt oder im Sputum oder in Windeln das Auftreten von Blut vortäuscht.

Vorkommen und Epidemiologie

Serratia-Arten kommen in der ***Erde*** und in ***Wasserproben*** vor. Gelegentlich, jedoch seltener als Klebsiellen oder Enterobacter, werden sie aus dem menschlichen Darm oder aus dem Respirationstrakt isoliert.

Pathogenese und Klinik

Bei ***abwehrgeschwächten*** Patienten im Krankenhaus und bei Drogenabhängigen verursacht Serratia marcescens Sepsis, Endokarditis, Infektionen der Harnwege und des Respirationstraktes, Wundinfektionen sowie Meningitis. Auch bei ***Endoprothesen***-Operationen sind sie als Erreger nosokomialer Infektionen gefürchtet. Serratia marcescens neigt dazu, multipel antibiotika-resistente Stämme auszubilden, die als Hospitalismus-Erreger schwer auszurotten sind. Die übrigen Serratia-Arten sind weit seltener für Krankheitsprozesse verantwortlich.

4.4 Proteus

Definition

Proteus: Enterobakteriengattung. Stark ***beweglich.***

Schlüsselreaktionen: Bildung von Phenyldeaminase, Urease und H_2S, wächst in KCN.

Rolle als Krankheitserreger

Proteusarten rufen extraintestinale ***Opportunisten***-Infektionen, vor allem Harnwegsinfektionen, aber auch systemische Infektionen hervor (Tabelle 4.2).

Abb. 4.2. Proteus: Terrassenkultur

Namensgebung

Weil die Mitglieder der Gattung Proteus sehr kurze, aber auch sehr lange Stäbchen bilden können, wurde diese Enterobakterien-Gattung nach dem Meergreis der griechischen Sage Proteus genannt; dieser *wechselte seine Gestalt* häufig

Besonderheiten im Aufbau

Proteus ist im Vergleich zu den anderen Enterobakterien besonders stark begeißelt. Proteusstämme besitzen Fimbrien. Sie sind nicht bekapselt.

Kultur

Auf festen Kulturmedien können Proteusstämme schwärmen: Einzelne Bakterien entfernen sich auf Grund ihrer stark ausgeprägten Beweglichkeit von der Mutterkolonie und bilden neue Kolonien, so daß es nach einiger Zeit zur Überwucherung der gesamten Agarplatte kommt. Auf der Oberfläche bilden sich hierdurch terrassenförmige ***Schwärmzonen*** (Abb. 4.2). Das Schwärmen von Proteusbakterien wird erst durch einen Agargehalt von mehr als 6% im Kulturmedium unterdrückt. (Der feste Normalnährboden enthält 2–3% Agar).

Die Schwärmfähigkeit von Proteus kann im bakteriologischen Laboratorium dazu führen, daß die Isolierung von Einzelkolonien aus Mischkulturen, die Proteus enthalten, Schwierigkeiten bereitet, weil Proteus die Kolonien anderer Bakterien überwuchert.

Vorkommen

Proteus findet sich als ***Fäulniskeim*** massenhaft in Erdproben, in Abwässern, auf Tierkadavern und in manchen Lebensmitteln, z. B. in überreifem Käse. Gelegentlich kommt Proteus in der Darmflora von gesunden Personen vor.

Pathogenese

Harnwegsinfektionen. Harnwegsinfektionen durch Proteus finden sich bei Patienten mit obstruktiven Veränderungen der Harnwege, nach operativen Eingriffen oder bei länger liegenden Blasenkathetern. Meistens kommt es erst dann zum Auftreten von Proteus-Infektionen, wenn bereits mehrmals ein Keimwechsel stattgefunden hat.

Andere Proteus-Infektionen. Sepsis und Endokarditis, Meningitis und Infektionen von Verbrennungswunden können ebenfalls durch Proteus verursacht werden.

Rolle der Virulenzfaktoren. Die für Proteus charakteristische ***Urease***bildung scheint bei Harnwegsinfektionen als Pathogenitätsfaktor eine Rolle zu spielen: Urease spaltet Harnstoff in CO_2 und Ammoniak. Hierdurch kommt es zu einem Anstieg des pH-Wertes im Gewebe und dadurch gegebenenfalls zu einer Schädigung des Nierenepithels.

4.5 Übrige fakultativ pathogene Enterobakterien

Auch die anderen fakultativ pathogenen Enterobakterien (Tabelle 4.1) können, insbesondere bei stark abwehrgeschwächten Patienten, Opportunisten-Infektionen hervorrufen (Tabelle 4.3). Meistens entstehen diese nosokomial. Relativ häufig sind Morganellen, Providenciaarten und Citrobacterarten.

4.6 Immunität

Die fakultativ pathogenen Enterobakterien sind Erreger von *eitrigen* Infektionen. Demzufolge spielen Antikörper, Komplement und Phagozytose die entscheidende Rolle in der Abwehr. Antikörper gegen H-, O- und K-Antigen wirken über eine Opsonisierung, Antikörper gegen Lipid A üben möglicherweise eine antitoxische Wirkung aus. Das in der äußeren Zellhülle dieser Bakterien enthaltene Lipopolysaccharid aktiviert über den alternativen Weg Komplement zu Opsoninen (C3b), was in der Frühphase der Infektion von Bedeutung ist.

4.7 Labordiagnose

Untersuchungs-Materialien und Materialtransport

Je nach Lokalisation des Infektionsprozesses eignen sich als Untersuchungsmaterialien für die bakteriologische Labordiagnose: Blut, Liquor, Eiter, Sputum, Urin, Punktatmaterial, Abstriche. Da die Erreger vergleichsweise resistent gegen äußere Einflüsse (Kälte) sind, erübrigen sich über das übliche Maß sachgemäßer bakteriologischer Behandlung hinausgehende Maßnahmen beim Materialtransport.

Vorgehen im Labor

Anzüchtung: Fakultativ pathogene Enterobakterien lasen sich auf Indikator- und Differential-Kulturmedien leicht zur Vermehrung bringen.

Morphologisch: Außer der Prüfung auf Beweglichkeit (Klebsiellen sind unbeweglich!) werden keine morphologischen Untersuchungen durchgeführt, da sich die Enterobakterien untereinander soweit ähneln, daß mit Hilfe des Mikroskops keine zuverlässig zu bestimmenden Unterschiede faßbar werden.

Biochemisch: Die in Reinkultur angezüchteten Bakterien werden einer biochemischen Leistungsprüfung (Tabelle 4.3) unterzogen.

Serologisch: Eine serologische Typendiagnose wird bei Klebsiellen bei entsprechenden epidemiologischen Fragestellungen, z.B. bei dem Versuch, eine Infektionsquelle ausfindig zu machen, durchgeführt.

Bei fakultativ pathogenen E.-coli-Stämmen hat sich gezeigt, daß bestimmte K-Typen (z.B. K1) besonders häufig opportunistische Infektionen hervorrufen. Auch diese werden gelegentlich typisiert.

Die Typisierung fakultativ pathogener Enterobakterien ist nicht Bestandteil des Routinespektrums bakteriologisch/serologischer Untersuchungen eines normalen mikrobiologischen Labors; sie wird nur in *Spezial*laboratorien durchgeführt.

4.8 Therapie

Für die kalkulierte Initialtherapie von Infektionen durch fakultativ pathogene Enterobakteriazeen können abhängig von Lokalisation und Resistenzspektren Breitenspektrumpenizilline (evt. in Kombination mit Clavulansäure), Cephalosporine, Chinolone (nicht bei Kindern) oder Cotrimoxazol (bei Harnwegsinfektionen) eingesetzt werden. Bei schweren Infektionen, insbesondere bei Sepsis, kann eine Kombinationstherapie erforderlich sein (s. unter Sepsis).

Folgende Punkte sind zusätzlich zu beachten: Klebsiellen sind häufiger resistent gegen Cephalosporine; Enterobacter- und Serratiaarten können ein sehr breites Resistenzspektrum aufweisen; wegen der Bildung von β-Laktamasen ist E. coli häufig gegen Ampicillin resistent.

Nach Erregerisolierung und Empfindlichkeitsbestimmung kann gezielt entsprechend Antibiogramm therapiert werden.

Zusammenfassung: fakultativ pathogene Enterobakterien

Bakteriologie: Fakultativ anaerobe, gerade, gramnegative Stäbchen. Antigenstruktur bestehend aus Polysaccharidantigenen: O-Antigenen (somatisch), K-Antigenen (Kapseln) und Proteinantigenen: H-Antigenen (Geißeln).

Vorkommen: Bestandteil der physiologischen Darmflora.

Epidemiologie: Häufige Erreger endogener/nosokomialer Infektionen (Sepsis, Harnwegsinfektionen, Wundinfektionen, Peritonitis). E. coli: häufigster Erreger von Harnwegsinfektionen, Sepsis durch gramnegative Bakterien und, neben B-Streptokokken, systemischer Infektionen (Sepsis, Meningitis) bei Neugeborenen.

Übertragung: Endogen, aber auch als Schmierinfektion.

Pathogenese: Anheftung an Wirtszellen durch Adhäsion (z.B. P-Fimbrien von E. coli), Bildung von Hämolysinen, antiphagozytäre Kapseln (Klebsiellen), Endotoxin=LPS (Lipid A) in der Zellwand (s.a. Endotoxinschock).

Klinik: Endogene/nosokomiale Infektionen: Sepsis, Harnwegsinfektionen, Wundinfektionen, Peritonitis, Cholangitis, Appendizitis, Pneumonien (Klebsiellen).

Labordiagnose: Anzüchtung aus geeignetem Untersuchungsmaterial. Identifizierung durch biochemische Leistungsprüfungen („Bunte Reihe").

Therapie: Breitspektrumpenizilline, Cephalosporine, Cotrimoxazol (bei Harnwegsinfektionen), Chinolone.

Immunität: Typische Eitererreger. Oponisierung durch Antikörper, Phagozytose.

Prävention: Aseptisches Arbeiten, Vermeidung von Instrumentalisierung (z.B. Katheterisierung), perioperative Chemoprophylaxe bei Darmoperationen.

Meldepflicht: Meningitis (E. coli), Ausbrüche.

5 Enterobakterien: Obligat pathogene Arten

H. Hahn

INHALTSÜBERSICHT

5.1 Obligat pathogene Escherichia-coli-Stämme 309
5.1.1 Enteropathogene E. coli-Stämme (EPEC) 309
5.1.2 Enteroinvasive E. coli-Stämme (EIEC) . . 311
5.1.3 Enterotoxigene E. coli-Stämme (ETEC) . 311
5.1.4 Enterohämorrhagische E. coli-Stämme (EHEC) 312
5.1.5 Prävention 313
5.1.6 Meldepflicht 313
Zusammenfassung 313
5.2 Salmonellen 314
5.2.1 Allgemeines 314
5.2.2 Enteritis-Salmonellen 315
5.2.3 Typhus abdominalis und Paratyphus A, B, C 318
Zusammenfassung 322
5.3 Shigellen 323
Zusammenfassung 326
5.4 Yersinien 327
5.4.1 Yersinia enterocolitica und Y. pseudotuberculosis 327
Zusammenfassung 330

Die im folgenden beschriebenen Enterobakterien gehören nicht zur physiologischen Darmflora. Es handelt sich vielmehr um obligat pathogene Bakterien, die von außen mit der Nahrung in den Darm gelangen. Sie rufen entweder eine Entzündung des Darmes, d. h. eine Enteritis, hervor, oder sie dringen vom Darm aus in den Kreislauf ein und verursachen Allgemeininfektionen wie den Typhus, den Paratyphus oder aber Sepsis mit metastatischen Organabsiedlungen (Tabelle 5.1).

5.1 Obligat pathogene Escherichia-coli-Stämme

Obligat pathogene Stämme von E. coli unterscheiden sich morphologisch und in ihren biochemischen Leistungen nicht von den fakultativ pathogenen E. coli-Stämmen der physiologischen Darmflora. Durch die Ausprägung unterschiedlicher Virulenzfaktoren sind sie jedoch als obligat pathogene Krankheitserreger zu betrachten. Sie rufen ***Darminfektionen*** und seltener Allgemeininfektionen hervor. Obligat pathogene E. coli-Stämme lassen sich aufgrund ihrer O-Antigene bestimmten Serogruppen zuordnen, obwohl dieser Einteilung keine absolute Gültigkeit zukommt. Aufgrund ihres Pathomechanismus unterteilt man die obligat pathogenen E. coli-Stämme in 4 Gruppen (Tabelle 5.2).

5.1.1 Enteropathogene Escherichia-coli-Stämme (EPEC)

Rolle als Krankheitserreger

EPEC-Stämme verursachen die ***Säuglingsdyspepsie***.

Vorkommen und Epidemiologie

In den Ländern der ***Dritten Welt*** gehören EPEC-Stämme zu den häufigsten bakteriellen Ursachen von Enteritiden. In Europa und Nordamerika ist die Säuglingsdyspepsie selten geworden. Sie tritt hier vor allem auf Säuglingsstationen in Krankenhäusern und in Kindertagesstätten auf. EPEC-Stämme gehören meist den Serogruppen O 18, O 26, O 44, O 55, O 86, O 111, O 114, O 119, O 125, O 126, O 127, O 128, O 142 und O 158 an.

Tabelle 5.1. Obligat pathogene Enterobakterien und von ihnen hervorgerufene Erkrankungen

Enterotoxinbildende Escherichia-coli-Stämme (ETEC, EPEC, EHEC)	Enteritiden durch Enterotoxinbildung
Invasive Escherichia-coli-Stämme (EIEC)	Enteritis durch Invasion der Darmwand (shigelloseähnliches Krankheitsbild)
Shigella spp.	Enteritis durch Invasion der Darmwand (Ruhr)
Salmonella spp.	I. Enteritis-Salmonellen Über 2000 Serovare bekannt: – Akute Gastro-Enteritis – Sepsis, Abszesse in verschiedenen Organen, Harwegsinfektionen, vor allem bei immunitätsgschwächten Patienten II. Salmonella typhi, S. paratyphi A, B, C: Erreger von Allgemeininfektionen: Typhus abdominalis, Paratyphus A, B, C.
Yersinia spp.	I. Y. pestis: Pest (in Europa extrem selten, häufiger in Vietnam und im Südwesten der USA) II. Y. pseudotuberculosis: Mesenteriale Lymphadenitis, „Pseudoappendicitis" bei Kindern, systemische Infektionen mit granulomatösen Gewebereaktionen III. Y. enterocolitica: (häufig Serotyp I, V) – mesenteriale Lymphadenitis – systemische Infektionen mit granulomatösen Gewebereaktionen – Enterocolitis

Übertragung

Die Übertragung erfolgt auf ***fäkal-oralem*** Wege.

Pathogenese und Klinik

Die Pathogenese der EPEC-Infektion ist bislang nur unzureichend geklärt. Nach einer Inkubationszeit von wenigen Stunden erfolgt eine massive Besiedlung des ***Dünndarms***. Dort lagern sich die Erreger nach oraler Aufnahme und Penetration der Schleimschicht in Form von Mikrokolonien an die Epithelzellen der Villusspitzen an. Dies führt zu einer Zerstörung des Bürstensaumes und nachfolgend zu wäßrig-schleimigen Durchfällen. Die Erreger dringen dabei nicht in die Zellen ein.

Die erkrankten Säuglinge oder Kinder entwickeln neben den Durchfällen Fieber. Unbehandelt ist die Säuglingsdyspepsie mit einer ***Letalität*** von 50 % belastet. Protrahierte Verläufe und Rückfälle sind nicht selten und führen oft zu einer noch höheren Letalität.

Rolle der Virulenzfaktoren

Die Besiedlung des Dünndarmes wird vermutlich durch ein plasmidkodiertes Membranprotein ermöglicht, das als ***EAF*** (***E***PEC-***A***dhärenz-***F***aktor) bezeichnet wird. Außerdem werden Lipopolysaccharide und verschiedene nicht näher charakterisierte ***Enterotoxine*** als Virulenzfaktoren diskutiert.

Labordiagnose

Die Diagnose von EPEC beruht auf der ***Anzüchtung*** der Erreger aus mit der Sonde gewonnenem Dünndarminhalt und der nachfolgenden Bestimmung der O-Serogruppe.

Therapie

Die Therapie besteht im prompten Ersatz der Flüssigkeits- und Elektrolytverluste durch orale Gabe einer ***glukose***haltigen ***Elektrolyt***lösung, wie sie von der WHO auch für die Therapie der Cholera empfohlen wird, oder parenterale Infusionen (s. S. 336).

Tabelle 5.2. Einteilung der obligat pathogenen E.-coli-Stämme

Stämme	Virulenzfaktoren	Erkrankung
• Enteropathogene E. coli (EPEC)	– Adhärenzfaktoren (Fimbrien?) – Enterotoxine	Säuglingsenteritis
• Enteroinvasive E. coli (EIEC)	– Zellinvasivität (Endozytose)	Ruhrähnliche Erkrankung
• Enterotoxigene E. coli (ETEC)	– Adhärenzfaktoren: Fimbrien CFA, I, II – Enterotoxine: ST, LT	Choleraähnliche Erkrankung
• Enterohämorrhagische E. coli (EHEC, VTEC)	– Fimbrien (?) – Zytotoxine (VT I, II)	Hämorrhag. Colitis (HC), hämol.-uräm. Syndrom (HUS)

5.1.2 Enteroinvasive Escherichia-coli-Stämme (EIEC)

Rolle als Krankheitserreger

EIEC rufen ein ruhrähnliches Krankheitsbild hervor.

Vorkommen

EIEC-Stämme kommen vorwiegend in Entwicklungsländern vor. Hierbei handelt es sich meist um Stämme der O-Serogruppen O 28, O 32, O 112, O 115, O 124, O 136, O 143, O 144, O 147, O 152 sowie O 164.

Übertragung

Die Übertragung erfolgt in der Regel ***fäkal-oral***. Es sind jedoch auch Ausbrüche über kontaminierte Lebensmittel beschrieben.

Pathogenese und Klinik

Nach oraler Aufnahme dringen EIEC in die Epithelzellen des Kolons ein. Dort vermehren sie sich und breiten sich bis zur Lamina propria aus, wo sie eine eitrige Entzündung hervorrufen. Die Epithelzellen werden lokal zerstört, und das klinische Bild ähnelt demjenigen der ***Ruhr*** mit Fieber und blutigschleimigen Durchfällen.

Rolle der Virulenzfaktoren

Die Zellinvasivität und die intrazelluläre Vermehrung werden von einem Plasmid kodiert. EIEC bilden Toxine, die funktionelle Ähnlichkeit mit dem Shiga-Toxin besitzen.

Diagnose

Mikroskopisch lassen sich im Stuhl Eiterzellen (Granulozyten) nachweisen. Der Stuhl enthält reichlich Proteine, oft Blut. Die bakteriologische Diagnostik beruht auf der ***Anzüchtung*** der Erreger aus dem Stuhl und der serologischen O-Gruppen-Bestimmung.

Therapie

Die Therapie besteht im prompten Ausgleich der Flüssigkeits- und Elektrolytverluste, erforderlichenfalls parenteral. Für die orale Anwendung verwendet man die von der WHO empfohlene ***Elektrolyt***- und ***Glukose***lösung (s. S. 336). Bei Kleinkindern und Säuglingen sowie bei komplizierten Verläufen betreibt man, falls erforderlich, eine Antibiotikatherapie mit Ampicillin oder Trimethoprim-Sulfamethoxazol.

5.1.3 Enterotoxigene Escherichia-coli-Stämme (ETEC)

Rolle als Krankheitserreger

ETEC rufen häufig Diarrhoen im Kleinkindesalter hervor. Bei Erwachsenen können sie bei Reisen in südliche Länder Durchfälle erzeugen (Reisediarrhoe, „Turista", „Montezumas Rache").

Vorkommen

ETEC kommen vorwiegend in warmen Ländern vor. Hierzulande sind sie aufgrund der hygienischen Verhältnisse selten. ETEC-Stämme gehören in der Regel zu den O-Serogruppen O 6, O 8, O 15, O 16, O 25, O 78, O 148 sowie O 159.

Übertragung

ETEC werden durch fäkal kontaminierte Lebensmittel oder durch Wasser auf ***fäkal-oralem*** Weg übertragen.

Pathogenese

ETEC-Stämme zeichnen sich im Gegensatz zu den fakultativ pathogenen E. coli-Stämmen der physiologischen Darmflora durch einen Tropismus für den proximalen, normalerweise bakterienfreien Abschnitt des *Dünndarmes* aus. Nach oraler Aufnahme durchdringen sie die schützende Schleimschicht und heften sich mittels Fimbrien an die Rezeptoren der Epithelzellen des proximalen Abschnittes des Dünndarmes. Hier bilden sie zwei Exotoxine, hitzelabiles Toxin (LT) und hitzestabiles Toxin (ST). Diese Toxine verursachen über eine Störung des intestinalen Elektrolyt- und Wasser-Transportes Durchfälle, die etwa 4–24 h nach Aufnahme der Bakterien einsetzen. Die Erreger dringen nicht in die Epithelzellen ein und gelangen nicht bis zur Lamina propria. Der Stuhl enthält demzufolge keine Granulozyten und wenig Protein, jedoch reichlich Schleim: Die Diarrhoe ist vom sekretorischen Typ.

Klinik

Die klinischen Symptome reichen in Abhängigkeit von der aufgenommenen Erregermenge von Durchfällen mit geringem Krankheitsgefühl bis zu Cholera-ähnlichen Durchfällen. Die Symptome dauern in der Regel bis zu 5 Tagen an und sind selbstlimitierend.

Rolle der Virulenzfaktoren

Die Virulenz der ETEC ist durch Adhärenzfaktoren und Enterotoxine bedingt.

Adhärenzfaktoren. Spezifische fimbriale Adhärenzfaktoren, vor allem ***CFA I*** und ***CFA II*** (***C***olonisation ***F***actor ***A***ntigen) vermitteln die Anheftung der Erreger an die Rezeptoren der Dünndarmschleimhaut.

Enterotoxine. ETEC sind zur Bildung zweier Exotoxine befähigt. Man unterscheidet hitzelabiles (***LT***) und hitzestabiles (***ST***) Toxin, die von zwei verschiedenen ***Plasmiden*** kodiert werden und deren Wirkung in einer Störung der sekretorischen Aktivität der Mukosazellen besteht. Das LT ist dem Choleratoxin eng verwandt, aber deutlich weniger aktiv. Durch eine Enthemmung der Adenylatzyklase kommt es zu einer intrazellulären Anreicherung cAMP und damit zu einer Netto-Sekretion von Wasser, Bikarbonat-, Kalium- und Chloridionen durch die Kryptenzellen des Jejunum und Ileum bei gleichzeitiger Hemmung der Rückresorption von Natrium- und Chloridionen aus dem Darmlumen. Die Folge ist eine Diarrhoe mit Flüssigkeits- und Elektrolytverlusten.

Die Wirkung des ST besteht in einer intrazellulären Aktivierung der Guanylzyklase mit einem nachfolgenden Anstieg des cGMP. Dies führt wie bei dem LT zu einer Netto-Sekretion von Ionen und Wasser und damit zu Durchfällen.

Labordiagnose

Die typische Anamnese mit negativem Leukozytennachweis und dem Nachweis von Laktosefermentern in der Stuhlkultur genügt meist zur Diagnosestellung. Die große Vielzahl an O-Serogruppen erschwert die Diagnostik mit Antiseren.

Therapie

Infektionen durch ETEC sind in der Regel selbstlimitierend. Die Therapie besteht insbesondere bei Säuglingen und Kleinkindern in einer Flüssigkeits- und Elektrolytsubstitution. Eine antibiotische Therapie (2–3 Einzeldosen von ***Trimethoprim-Sulfonamid*** oder eine Einzeldosis eines ***Chinolons***) im Intervall von 12 h kann bei Reisen in warme Länder hilfreich sein, da die Ausscheidung der Erreger und die Krankheitsdauer verkürzt werden.

5.1.4 Enterohämorrhagische Escherichia-coli-Stämme (EHEC)

Rolle als Krankheitserreger

Enterohämorrhagische E. coli-Stämme sind Ursache einer hämorrhagischen Colitis (***HC***); zusätzlich können das hämorrhagisch-urämische Syndrom (***HUS***), die thrombotisch-thrombozytopenische Purpura (***TTP***) sowie neurologische Symptome auftreten.

Vorkommen

Ein Reservoir für EHEC stellen nach bisherigen Erkenntnissen vor allem Rinder und Kälber dar.

Übertragung

Wichtigster Übertragungsweg für EHEC ist die Aufnahme von ***kontaminierten Lebensmitteln***, vor allem von ungenügend gekochtem Fleisch und Milch. Eine direkte Übertragung von Mensch zu Mensch ist möglich.

Pathogenese

Zur Pathogenese der EHEC ist wenig bekannt. Diskutiert wird das Vorhandensein von plasmidkodierten fimbrialen Adhärenzfaktoren, die nach oraler Aufnahme die Anheftung der Erreger an die Mukosazellen vor allem des Dickdarmes ermöglichen. Die klinischen Symptome sind durch die Bildung von zwei Enterotoxinen (Verotoxin I, II) bedingt. Die lokale Wirkung der Toxine auf die Epithelzellen des Dickdarmes führt zu einer Schädigung des Bürstensaumes mit Malabsorption der Kryptenzellen bei intakter sekretorischer Funktion. Daraus resultiert eine wäßrig-blutige Colitis. Die systemische Wirkung des Verotoxins führt vor allem zu Schädigungen der Endothelzellen der kleineren Gefäße, intravasaler Gerinnung sowie Thrombenablagerungen in verschiedenen Organen. Beim hämolytisch-urämischen Syndrom (HUS) führt die beschriebene Toxinwirkung zu hämolytischer Anämie, akutem Nierenversagen und zu Thrombozytopenie.

Rolle der Virulenzfaktoren

EHEC-Stämme produzieren verschiedene Enterotoxine, die aufgrund eines zytopathischen Effektes auf Verozellen Verotoxine (VT) genannt werden. Wegen ihrer strukturellen Ähnlichkeit mit dem Shiga-Toxin von Shigella dysenteriae werden sie auch als Shigalike-Toxine (SLT) bezeichnet. Bisher sind 2 Toxine bekannt. VT I (SLT I) zeigt 99% DNS-Homologie mit dem Shiga-Toxin, VT II (SLT II) 60%. Die Toxine werden von verschiedenen Bakteriophagen kodiert. Die Wirkung besteht in einer Hemmung der Proteinsynthese durch enzymatischen Abbau der RNS. Tierexperimentell konnte auch eine Wirkung auf den Gerinnungsfaktor VIII und das Erythrozytenantigen (P-Antigen) nachgewiesen werden, womit die Symptome des HUS erklärt werden. Angenommen werden weiterhin plasmidkodierte Virulenzfaktoren wie Fimbrien. Am häufigsten produziert Serotyp 0157:H7 Verotoxin.

Klinik

Enterohämorrhagische E. coli verursachen eine hämorrhagische Colitis. Nach 4–6 Tagen Inkubationszeit kommt es plötzlich zu kolikarten, schmerzhaften Durchfällen. Es entwickelt sich ein wäßriger, später blutiger Durchfall, der nach ca. 1 Woche ohne spezifische Therapie abheilt.

In einigen Fällen kommt es aus bisher nicht bekannten Gründen zu Komplikationen wie dem hämolytisch-urämischen Syndrom (akutes Nierenversagen, hämolytische Anämie und Thrombozytopenie), der thrombotisch-thrombozytopenischen Purpura sowie neurologischen Komplikationen.

Die kurze Ausscheidungsdauer und geringe Ausscheidungsfrequenz erschweren den Nachweis von EHEC. Am sichersten gelingt der Toxinnachweis in Zellkulturen. Die ***Anzucht*** der Erreger erfolgt auf einem Sorbitol-MacConkey-Agar, auf dem selektiv nur Kolonien des Serotyps O 157:H 7 farblose Kolonien bilden. Es sind allerdings auch verschiedene andere Serotypen als Verotoxin-produzierend beschrieben worden.

Labordiagnose

Der Nachweis von toxinneutralisierenden Antikörpern im Serum kann zur Diagnosesicherung beitragen.

Neuere Methoden wie der indirekte Toxinnachweis mittels Gensonden, Kolonie-Blot-Verfahren mit monoklonalen Antikörpern oder ELISA-Techniken scheinen der Diagnostik Verbesserungsmöglichkeiten zu eröffnen.

5.1.5 Prävention

Wesentlich sind ***hygienische*** Maßnahmen, z. B. Vermeiden von fäkaler Kontamination von Händen und Speisen. Auch die Kontrolle der Nutztierbestände als Erregerreservoir gehört zu diesem Aufgabenfeld.

5.1.6 Meldepflicht (§ 3 BSeuchGes.)

Meldepflichtig sind sämtliche durch obligat pathogene E. coli-Stämme hervorgerufenen Enteritiden (Verdacht, Erkrankung, Tod).

Zusammenfassung: Escherichia coli (obligat pathogene Stämme)

Bakteriologie: Morphologisch und in den Wachstumsansprüchen kein Unterschied zu den fakultativ pathogenen Stämmen von E. coli. Aufgrund ihrer Pathomechanismen Einteilung in vier Gruppen: 1. Enteropathogene (EPEC), 2. Enteroinvasive (EIEC), 3. Enterotoxigene (ETEC), 4. Enterohämorrhagische (EHEC) E. coli-Stämme.

Vorkommen: Gehören nicht zur physiologischen Darmflora des Menschen. Vorwiegend in Entwicklungsländern anzutreffen. Hauptreservoir sind Rinder, Kälber und Schweine.

Epidemiologie: EPEC: Säuglingsdyspepsie (III. Welt). EIEC: Ruhrähnliches Krankheitsbild. ETEC: Diarrhoen im Kleinkindesalter und bei Erwachsenen, Reisedurchfälle in südlichen Ländern. EHEC: Hämorrhagische Kolitis.

Zielgruppe: Populationen mit niedrigem hygienischen Standard (Entwicklungsländer), Säuglinge und Touristen.

Übertragung: Fäkal-oral, vor allen Dingen über kontaminierte Nahrungsmittel.

Pathogenese: EPEC: Bislang unzureichend geklärt. EIEC: Invasion der Epithelzellen des Colon bis in die Submukosa → eitrige Entzündung → Zerstörung der Epithelzellen → blutig, schleimige Diarrhoe. ETEC: Anheftung an proximale Dünndarmepithelien (keine Invasion) → Toxinbildung mit Störung des intestinalen Elektrolyt- und Wassertransportes → sekretorische Diarrhoe. EHEC: Toxinvermittelte hämorrhagische Kolitis, selten systemische Komplikationen (HUS).

Virulenzfaktoren:
EPEC: Adhäsine, Enterotoxine.
EIEC: Plasmidkodierte Invasivitätsfaktoren.
ETEC: Fimbrien und plasmidkodierte Toxinbildung (LT und ST).
EHEC: Fimbrien (?), Verotoxine (VT I, II).

Klinik: Diarrhoen, die (mit den pathophysiologischen Folgen der Dehydratation und Malabsorption) je nach Virulenzmechanismus des Erregers, vom sekretorischen- oder blutig-schleimigen (ruhrähnlichen) Typ sein können.

Labordiagnose: Untersuchungsmaterial: Stuhl bzw., bei dünndarmbesiedelnden (EPEC, ETEC), mit Dünndarmsonde gewonnenes Material. Erregernachweis durch Anzucht auf laktosehaltigen Indikatornährböden. Identifizierung der E. coli Spezies mittels „Bunter Reihe". Differenzierung der toxinbildenden Stämme durch serologische Bestimmung der O-Antigene. Toxinnachweis mittels ELISA-Methoden oder Zellkulturen.

Therapie: Flüssigkeits- und Elektrolytsubstitution. Antibiotika nur in Ausnahmefällen.

Prävention: Vermeidung fäkaler Kontamination von Nahrungsmitteln und Wasser. Abkochen von Speisen und – zwecks Vermeidung nachträglicher Kontamination – rascher Verzehr (cave! Kühlschränke, Kühlvitrinen).

Vakzination: Keine.

Meldepflicht: Verdacht, Erkrankung und Tod.

5.2 Salmonellen

5.2.1 Allgemeines

Definition

Salmonellen sind eine Gattung innerhalb der Familie der Enterobakterien. Salmonellen sind beweglich und fermentieren neben Glukose auch Mannitol und Sorbitol. Negativ fallen die Indolreaktion, Voges-Proskauer-Reaktion aus, Urease-Produktion und die Phenylalamin-Deaminase-Reaktion aus. Viele Salmonellenstämme produzieren H_2S.

Rolle als Krankheitserreger

Salmonellen sind obligat pathogen für den Menschen und für zahlreiche Tierspezies. Salmonella typhi sowie Salmonella paratyphi A, B und C verursachen zyklische Allgemeininfektionen, nämlich den Typhus abdominalis bzw. Paratyphus A, B und C. Die übrigen Salmonellen rufen in der Regel eine Gastroenteritis hervor; man bezeichnet sie deshalb als Enteritis-Salmonellen. Enteritis-Salmonellen können jedoch u. U. extraintestinale Infektionen, wie Sepsis und lokale Eiterungen, besonders bei abwehrgeschwächten Patienten, verursachen. Paratyphus C verläuft in der Regel primär als Sepsis mit hoher Letalität (20%!).

Namensgebung und Geschichte

Salmonellen sind nach dem nordamerikanischen Bakteriologen ***C. D. Salmon*** benannt, in dessen Labor Theobald Smith 1886 die Enteritis-Salmonellen entdeckte. Der Pathologe Eberth beschrieb 1880 in Zürich Salmonella typhi in Gewebsschnitten. Der Koch-Schüler Gaffky züchtete S. typhi 1884 in Reinkultur.

Besonderheiten im Aufbau der Salmonellen

Salmonellen besitzen die für Enterobakterien typischen Strukturbestandteile. Sie sind peritrich begeißelt und daher beweglich. Ihre Fimbrien sind vom mannosesensitiven Typ 1 (s. S. 102). Ausnahmen: Die Spezies Salmonella gallinarum und Salmonella pullorum sind unbegeißelt und daher H-negativ und unbeweglich.

Vi-Antigen. Zusätzlich zu den allen Salmonellen gemeinsamen O- und H-Antigenen tragen gewisse Stämme von S. typhi, von S. paratyphi C und von S. dublin ein Kapselantigen, genannt Vi. Das Vi-Antigen (Vi: ursprünglich von Virulenz) entspricht den K-Antigenen anderer Enterobakterien (s. S. 300); es ist ebenfalls ein Polysaccharid.

H-Phasenvariation. Eine Eigentümlichkeit der H-Antigene von Salmonellen ist ihre Phasenvariation: Eine H-tragende Salmonelle kann zwei unterschiedlich aufgebaute ***Geißelproteine*** ausbilden, die sich durch entsprechende Antikörper voneinander unterscheiden lassen. Sie werden als Phase 1 und Phase 2 bezeichnet. In einer einzigen Reinkultur können beide Phasen gleichzeitig oder nur eine von beiden Phasen ausgeprägt sein.

Die Phasenvariation beruht auf der alternativen Expression zweier Gene, H 1 und H 2. H 2 kann „ein"- und „ausgeschaltet" werden. Wenn H 2 „eingeschaltet" ist, kodiert es das Geißelprotein der Phase 2 und zusätzlich einen Faktor, der die Expression der Phase-1-Geißeln unterdrückt. Der Einschaltprozeß von H 2 ist davon abhängig, daß ein DNS-Segment (Promoter) in einer bestimmten Richtung orientiert ist. Dieses Segment kann sich reversibel umkehren; dann wird H 2 nicht mehr exprimiert, dafür aber H 1.

Durch die Einwirkung eines H-phasen-spezifischen Antikörpers während der Vermehrung wird die dem Antikörper entsprechende Phase unterdrückt, und es entsteht eine einheitliche Population in der alternativen Phase.

Kultur

Salmonellen weisen die auf Seite 301 beschriebenen Wachstumseigenschaften der Enterobakterien auf. Auf Endo-Agar erscheinen Salmonella-Kolonien laktose-negativ; auf Wilson-Blair-Agar (Brillantgrün-Wismut-Agar) sind die Kolonien zentral schwarz verfärbt, was ihnen ein „fischaugenartiges“ Aussehen verleiht.

Salmonellen sind gegenüber dem Farbstoff Brillantgrün resistenter als die fakultativ pathogenen Enterobakterien der physiologischen Darmflora: Sie vermehren sich bei solchen Konzentrationen des Farbstoffs, die das Wachstum anderer Enterobakterien hemmen. Brillantgrünhaltige Nährböden werden deshalb nicht nur als Indikatornährböden, sondern auch zur selektiven Anreicherung der Salmonellen aus Stuhlproben eingesetzt.

Identifizierung und Differenzierung

Die mikroskopische Inspektion des Stuhls ist als diagnostische Hilfsmittel ungeeignet, da Salmonellen sich mikroskopisch nicht von anderen Enterobakterien unterscheiden. Die Identifizierung der Salmonellen und ihre Differenzierung erfolgen aufgrund der ***biochemischen*** Leistungsprüfung und ***serologischer*** Merkmale.

Biochemisch. Die auf Indikatornährböden (z. B. Endo-Agar) gewachsenen laktosenegativen, d. h. verdächtigen Kolonien werden einer biochemischen Leistungsprüfung (Bunte Reihe) unterzogen.

Serologisch (Kauffmann-White-Schema). Für die endgültige Differenzierung der Salmonellen unter diagnostischen und epidemiologischen Gesichtspunkten steht die serologische Typisierung an erster Stelle. Es werden sowohl die O- als auch die H-Antigene und das Vi-Antigen bestimmt. Hierbei läßt sich ein Salmonellen-Serotyp aufgrund eines einzelnen Antigens nicht identifizieren, da ein gegebenes Antigen bei mehreren Serotypen vorkommen kann. Serotyp-spezifisch ist die Kombination mehrerer Antigene. Die Aufstellung der Antigenformel ist somit Voraussetzung für eine einwandfreie Diagnose.

Alle bislang bekannt gewordenen Antigenformeln der Salmonellen werden in einer Tabelle erfaßt. Diese von Kauffmann inaugurierte und von White fortgeführte Tabelle (Kauffmann-White-Schema) ist die Grundlage für Taxonomie und Diagnostik der Salmonellen (Abb. 5.1).

	O-Antigen	H-Antigen	
		Phase 1	Phase 2
S. typhimurium (Gruppe: B)	1, *4*, (5), 12	i	1, 2
S. typhi (Gruppe: D)	*9*, 12, (Vi)	d	–

Abb. 5.1. Auszug aus dem Kauffmann-White-Schema

Das Kauffmann-White-Schema enthält mittlerweile *mehr als 2 000 Serotypen*, und ihre Zahl vermehrt sich durch die Entdeckung weiterer Serotypen ständig. Die Bestimmung der einzelnen Salmonellen-Serotypen hat für die Klinik nur insoweit Bedeutung, als sie die Abgrenzung der Typhus- und Paratyphus-Erreger von den Enteritis-Salmonellen ermöglicht. Diese Unterscheidung hat praktische Bedeutung: Typhus und Paratyphus sind schwere Allgemeinerkrankungen, die in der Regel eine Antibiotika-Therapie erfordern; die Enteritiden verlaufen als lokale Darmerkrankung und werden nur ausnahmsweise mit Antibiotika behandelt.

Die genaue Diagnose der Serotypen ist auch für den Hygieniker und aus forensischen Gründen wichtig, da sie Rückschlüsse auf die *Infektionsquelle* erlaubt.

Lysotypie. Bei der Suche nach dem Ausgangspunkt der Infektion wird neben der serologischen Typenbestimmung auch die Lysotypie verwendet (s. S. 242). In der Routinediagnostik findet die Lysotypie keine Anwendung.

5.2.2 Enteritis-Salmonellen

Vorkommen

Salmonella-Enteritiden sind ***Anthropozoonosen***, und der Mensch ist für Enteritis-Salmonellen nur ein Zufallswirt. Als tierische Wirte kommen sowohl wild lebende als auch Nutz- und Haustiere, sogar Amphibien und Reptilien in Frage. Praktisch bestehen unbegrenzte Infektionsmöglichkeiten, da jedes Nahrungsmittel, welches mit tierischen Ausscheidungen kontaminiert ist, eine Erregerquelle darstellen kann. Kontaminiertem Fleisch, Geflügel und kontaminierten Milchprodukten kommt hierbei eine besondere Bedeutung zu.

Epidemiologie

Die Ausbreitung der Enteritis-Salmonellen wird durch Zivilisationserscheinungen, wie Massentierhaltung und Tourismus, Gemeinschaftsverpflegung, z. B. in Hotels, Kindertagesstätten, Altersheimen, Kantinen oder Flugzeugen, begünstigt. Salmonellosen können plötzlich gehäuft auftreten. Am häufigsten erkranken Kinder unter 6 Jahren.

Enteritis-Salmonellen kommen weltweit vor. In der damaligen Bundesrepublik Deutschland wurden im Jahre 1989 63 600 Fälle von Salmonellen-Enteritis gemeldet. Da jedoch nur ein Bruchteil aller Fälle gemeldet wird, ist mit mehreren hunderttausend Fällen pro Jahr zu rechnen.

Übertragung und Ausscheidung

Enteritis-Salmonellen gelangen mit kontaminierter Nahrung in den Magen-Darmtrakt („*Salmonellen ißt und trinkt man*"). Die zur Infektion notwendige Erregermenge ist so hoch, daß die direkte Übertragung durch Schmierinfektion kaum, allenfalls bei Säuglingen und Kleinkindern oder bei abwehrgeschwächten Patienten, in Betracht kommt. Infizierte Patienten scheiden große Mengen von Enteritis-Salmonellen mit dem Stuhl aus.

Pathogenese

Enteritis-Salmonellen dringen in die Epithelzellen des unteren Dünndarms ein. Dort werden sie in Vakuolen durch die Zelle hindurch zur ***Lamina propria*** transportiert. Die Epithelzellen werden nicht zerstört. In der Lamina propria vermehren sich die Bakterien zum

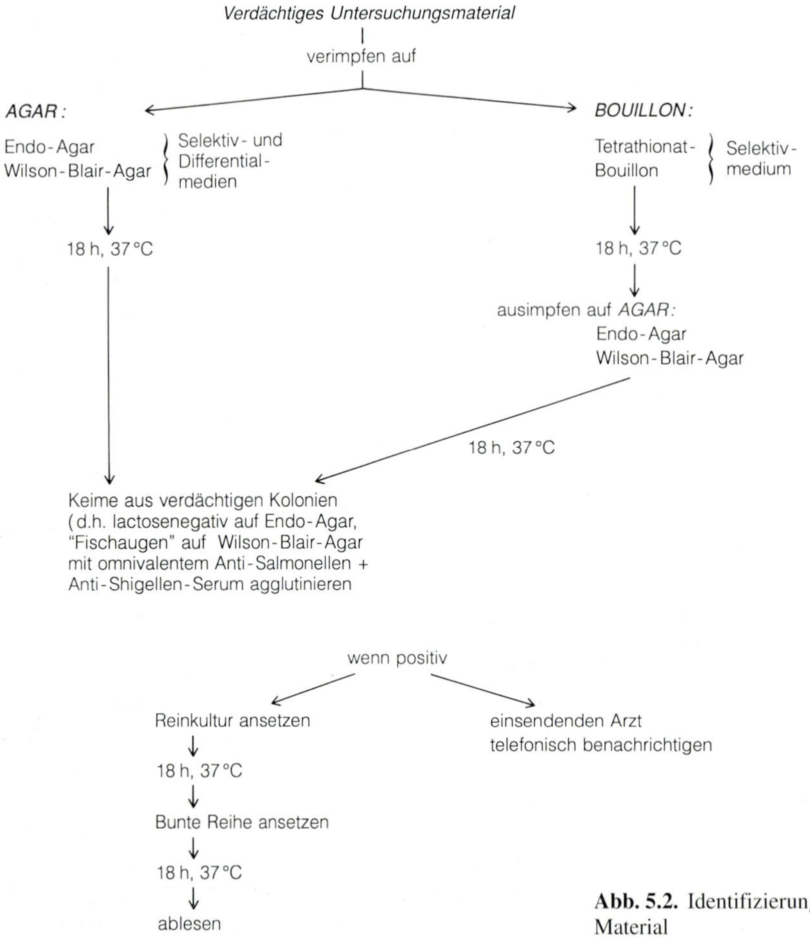

Abb. 5.2. Identifizierungsschritte für salmonellenverdächtiges Material

Teil im Innern von Makrophagen und setzen chemotaktische Reaktionen in Gang. Ausgelöst durch die entzündliche Reaktion in der Lamina propria – möglicherweise unter Beteiligung von Prostaglandinen und Enterotoxinen –, kommt es zu Störungen des Flüssigkeits- und Elektrolyttransportes im unteren Dünndarm. Die im Dünndarm ausgeschiedenen hohen Flüssigkeitsmengen übersteigen nun das Rückresorptionsvermögen des Dickdarms, so daß Durchfälle entstehen. Die Stühle enthalten weder Eiterzellen noch Blut; es finden sich aber Makrophagen.

Klinik

Die Salmonellenenteritis beginnt 8–72 h nach Aufnahme der Erreger mit ***Durchfall***, Erbrechen und mäßigem Fieber. Das Krankheitsbild hält wenige Tage lang an. Bei geschwächten Patienten (Säuglingen, alten Patienten) kann die Krankheit zum Tode führen. Die Bakterien können in der Regel noch 4–6 Wochen nach Krankheitsbeginn im Stuhl nachgewiesen werden. Sie treten nicht ins Blut über, es sei denn, es handelte sich um einen Fall von Salmonellen-Sepsis.

Labordiagnose

Untersuchungsmaterial. Stuhl ist das geeignete Untersuchungsmaterial.

Transport. Der Transport der Stuhlprobe erfordert keine über das übliche Maß hinausgehenden Vorkehrungen, um das Überleben der Erreger sicherzustellen. Die Transportgefäße müssen verschließbar sein und den geltenden Vorschriften für den Versand von bakterienhaltigen Untersuchungsmaterialien entsprechen (s. S. 232).

Vorgehen im Labor. (Abb. 5.2) Die Proben werden auf Selektiv- und Differentialnährböden verimpft; die verdächtigen Kolonien werden einer biochemischen Leistungsprüfung sowie einer serologischen Typisierung unterzogen. Die Anzüchtung der Erreger ist beweisend. Serologische Reaktionen mit Patientenserum sind unergiebig.

Therapie

Patienten mit Salmonellaenteritiden werden, wenn es zu starkem Flüssigkeitsverlust gekommen ist, durch orale oder parenterale Gabe von ***Elektrolytlösungen*** substituiert. Lediglich bei abwehrgeschwächten Individuen, Säuglingen oder älteren Patienten wird zur Verhütung einer septischen Generalisation bzw. eines Befalls der Meningen eine Antibiotika-Therapie durchgeführt, wobei bei Kindern Ampicillin oder Cotrimoxazol, bei Erwachsenen Ciprofloxacin als Mittel der Wahl zum Einsatz kommen.

Dauerausscheider

Dauerausscheider nach einer Salmonellen-Gastroenteritis sind selten. Sie werden mit Cotrimoxazol oder Ampicillin behandelt.

Extraintestinale Manifestationen von Enteritis-Salmonellen-Infektionen

Bei etwa 5 % der Fälle gelangen Enteritis-Salmonellen über die Lamina propria hinaus in den Blutkreislauf. In derartigen Fällen lassen sich Enteritis-Salmonellen aus Blut oder aus extraintestinal gelegenen Herden (Gelenkempyem, Osteomyelitis, Meningitis, Pleuritis, Abszesse, Harnwegsinfektion) isolieren.

Meistens sind die betroffenen Patienten immunsupprimiert, und häufig erstreckt sich die ***Immunschwäche*** auf den Bereich der T-zell-abhängigen Immunität. AIDS-Patienten sind in dieser Hinsicht besonders gefährdet. Die Symptomatik extraintestinaler Salmonellen-Infektionen unterscheidet sich nicht von derjenigen bei Infektionen durch fakultativ pathogene Enterobakterien. Auch bei extraintestinal verlaufenden Formen stellt der Darm die ursprüngliche Eintrittspforte für die Salmonellen dar. Der Erregernachweis aus dem Darm gelingt in diesen Fällen aber nicht immer.

Therapie extraintestinaler Salmonellosen

Im Gegensatz zur Enteritis müssen extraintestinale Formen der Salmonellen-Infektion unbedingt antibiotisch behandelt werden. Man setzt bei Erwachsenen Ciprofloxacin, bei Meningitis Chloramphenicol, bei Kindern Ampicillin ein.

Prävention

Allgemeine Maßnahmen. ***Nahrungsmittel***, insbesondere Fleisch, Eier oder Backwaren, sollte man gut abkochen und in gekochtem Zustand nicht über mehrere Stunden bei Raumtemperatur aufbewahren, aufgetautes Geflügel oder Fleisch sofort kochen oder braten. ***Dauerausscheider*** dürfen berufsmäßig nicht mit Lebensmitteln umgehen. § 17 BSeuchG spricht ein Beschäftigungsverbot in Gastronomie- und Gesundheitsberufen für Ausscheider von Salmonellen aus.

Meldepflicht: Nach § 3 BSeuchG ist bereits der ***Verdacht*** auf eine Enteritis meldepflichtig, ebenso Erkrankung und Tod. Auch Dauerausscheider müssen gemeldet werden.

5.2.3 Typhus abdominalis und Paratyphus A, B und C

Vorkommen und Epidemiologie

Typhus abdominalis und die Paratyphuserkrankungen treten nur beim Menschen auf. ***Dauerausscheider*** und subklinisch Infizierte stellen das Erregerreservoir dar. Typhus befällt jährlich mehr als eine Million Menschen, vorwiegend in ***Entwicklungsländern***; die Inzidenz verhält sich jeweils umgekehrt proportional zu dem Entwicklungsstand des Landes. In Entwicklungsländern befällt Typhus vorwiegend Kinder und Personen im frühen Erwachsenenalter; in den industrialisierten Ländern tritt Typhus überwiegend bei erwachsenen Reisenden auf, die aus Entwicklungsländern zurückkehren. Typhus ist häufiger als Paratyphus A und B. Paratyphus C ist in Deutschland selten. Im Jahre 1989 wurden in der damaligen Bundesrepublik Deutschland 204 Fälle von Typhus (= 0,5 Fälle/ 100 000 Einwohner) und 124 Fälle von Paratyphus gemeldet.

Übertragung und Ausscheidung

Die Erreger des Typhus bzw. Paratyphus gelangen durch fäkal kontaminierte ***Nahrungsmittel*** oder kontaminiertes Wasser in den Gastrointestinaltrakt; die Ausscheidung erfolgt über den Stuhl und auch über den Urin. Die zur Infektion notwendige Erregermenge ist erheblich kleiner als bei den Enteritis-Salmonellen. Deshalb kommen direkte Trinkwasserinfektionen vor.

Die Zahl der aufgenommenen Bakterien ist entscheidend für die Erkrankungsrate und beeinflußt die Länge der Inkubationszeit: So riefen in Untersuchungen an Freiwilligen 10^8 bis 10^9 S. typhi-Organismen bei 85% bis 98% der Versuchspersonen Typhus hervor; bei 10^5 entwickelten sich nur in 28% bis 55% der Probanden klinische Krankheitserscheinungen, während bei Aufnahme von 10^3 Erregern keine Krankheitssymptome auftraten.

Pathogenese und Klinik

Typhus abdominalis und die Paratyphuserkrankungen A, B und C stellen im Gegensatz zu den Infektionen durch Enteritis-Salmonellen ***zyklische*** Allgemeininfektionen dar, die in Stadien ablaufen. Die Zielzellen von S. typhi und von S. paratyphi A, B und C sind die Zellen des mononukleär-phagozytären Systems (MPS) in denjenigen Organen, in denen sich die Erreger nach hämatogener Ausbreitung ansiedeln. Die Erreger des Typhus und des Paratyphus verhalten sich als fakultativ intrazelluläre Bakterien, d. h. sie werden von den phagozytierenden Makrophagen erst dann abgetötet, wenn diese auf immunologischem Wege aktiviert werden und Granulome bilden (s. S. 217, 218).

Stadium I (Inkubation)

Nachdem S. typhi oder S. paratyphi in den ***Dünndarm*** gelangt sind, durchdringen sie die M-Zellen der Mukosa über den Peyerschen Plaques und erreichen die Lamina propria. Ein Eindringen über das lymphatische Gewebe des Rachenringes gilt ebenfalls als möglich.

In der Lamina propria wird ein Teil der Bakterien von den lokalen Makrophagen aufgenommen. Andere durchdringen die M-Zellen und gelangen in die Retikulumzellen der Peyerschen Plaques, während ein weiterer Anteil über die Lymphbahnen in die Mesenteriallymphknoten und von dort in die Blutbahn vordringt und eine geringgradige Bakteriämie verursacht, so daß Erreger in verschiedene Organe gelangen. Dort werden sie von Zellen des ***mononukleär-phagozytären Systems*** aufgenommen und vermehren sich in diesen während der 10- bis 14tägigen Inkubationszeit.

Krankheitszeichen bestehen während der Inkubationszeit nicht, auch die ***primäre Bakteriämie*** verläuft in der Regel unbemerkt.

Stadium II (Generalisation)

Wenn die Zahl der Erreger in den mononukleären Phagozyten der Organe eine kritische Zahl überschritten hat, sterben diese Zellen ab. Bakterien treten erneut in die Blutbahn über, und es entwickelt sich eine ***sekundäre Bakteriämie***, in deren Verlauf die Bakterien sich in mononukleären Phagozyten in Leber, Milz, Knochenmark, quergestreifter Muskulatur, Herz, Gehirn, Haut, Nieren, Gallenblase und erneut in den Peyerschen Plaques des Dünndarms ansiedeln. Die sekundäre Bakteriämie ist im Vergleich zu der ersten Einschwemmung stärker ausgeprägt, und die Zahl der in die Organe gelangenden Bakterien ist höher. Diese Phase heißt Generalisationsphase. Sie hat eine Dauer von etwa einer Woche.

Klinik des Stadiums II. Im Stadium II treten zum erstenmal Krankheitserscheinungen auf. Der Patient entwickelt während der ersten Krankheitswoche ein staffelförmig ansteigendes hohes Fieber mit ***Bewußtseins-Trübung*** (Typhos, gr. = Nebel). Die Fieberkurve geht dann in eine sogenannte Kontinua über, die 7–14 Tage andauert.

Der Puls ist langsamer als es die Höhe des Fiebers erwarten ließe (***„relative Bradykardie“***). Die Milz schwillt an und wird tastbar, das Blutbild ist leukopenisch, und oft sind die Patienten obstipiert.

Stadium III (Organmanifestation)

Gegen Ende der ersten Woche nach Krankheitsbeginn erscheinen Antikörper im Blut. Diese verbessern die Phagozytose, so daß die Bakterien im Verlauf der 2. Krankheitswoche aus der Blutbahn verschwinden und nur noch in den Makrophagen der Organe vorhanden sind. Man bezeichnet dieses Stadium als das Stadium der Organmanifestation. In den befallenen Organen entwickeln sich Granulome, die aus Makrophagen und Lymphozyten bestehen (sog. ***Typhome***).

In der Haut entwickeln sich in den Kapillarschlingen bakterientragende Embolien, die lokale Hautrötungen verursachen, die sogenannten Roseolen.

Die Makrophagen in den Typhomen sind vakuolisiert, und in ihrem Inneren finden sich zahlreiche Typhuserreger. Derartige Zellen heißen „Typhuszellen“. Die Zellen werden auch nach ihrem Erstbeschreiber, dem Pathologen ***Rindfleisch*** benannt.

Typhome oder ähnliche Strukturen finden sich in verschiedenen Organen: in der quergestreiften Muskulatur entwickeln sich lymphozytäre Infiltrate um degenerative Herde; man sprach früher von ***„wachsartiger“ Degeneration***. Am Herzen entsteht die ***Typhusmyokarditis***, die ebenfalls lymphozytäre Infiltrationen aufweist, im Knochenmark zeigen sich Granulombildung oder Nekrosen, in der Lunge eine interstitielle, durch Lymphozyteninfiltration gekennzeichnete Pneumonie, im ZNS eine ***Enzephalitis***. Auch im Kehlkopf, in der Niere, in der Leber und in der Haut können typhomartige Herde vorkommen. Die Typhome können einschmelzen, was zu lebensgefährlichen Komplikationen führt. Wenn z. B. die Peyerschen Plaques perforieren, zieht dies u. U. eine tödlich endende ***Peritonitis*** oder eine Darmblutung nach sich. Leber und Knochenmark können durch die Typhomeinschmelzung nekrotisieren und dystrophieren, die Kehlkopfschleimhaut kann ulzerieren. Schließlich können Pneumonie- und Enzephalitisherde nekrotisieren.

Stadium IV

Gegen Ende des Organmanifestations-Stadiums fällt die Fieberkurve ab. Der Patient nimmt wieder Anteil an seiner Umgebung, die verlangsamte Pulsrate normalisiert sich, der Milztumor geht zurück: Der Patient erholt sich.

Tödliche Komplikationen sind neben der Perforationsperitonitis nach Einschmelzung der Typhome in den Peyerschen Plaques Darmblutungen, Herzversagen aufgrund der Typhusmyokarditis oder toxischer Kreislaufkollaps. Besonders gefährdet sind die Patienten gegen Ende des Stadiums der Organmanifestation, wenn zum Zeitpunkt des Wirksamwerdens der T-zell-abhängigen Immunität Einschmelzungsvorgänge einsetzen.

Rezidive

Rezidive können nach fieberfreien Intervallen auftreten und die voll ausgebildete Symptomatik der Primärinfektion zeigen.

Immunität

Salmonella typhi sowie Salmonella paratyphi A, B und C gehören zu den fakultativ intrazellulären Bakterien, d. h. ein Teil dieser Bakterien wird nach Phagozytose nicht abgetötet, sondern überlebt im Innern von Makrophagen. Die Immunität gegen Typhuserreger beruht auf antikörperabhängigen (humoralen) und T-zell-abhängigen (zellulären) Mechanismen, wobei mindestens drei unabhängige Mechanismen an der Immunität gegen Typhuserreger beteiligt sein dürften:

- ***Lokale Immunität: IgA-Antikörper***: Aufgrund von Untersuchungen zur Schutzimpfung kann angenommen werden, daß ein lokaler, auf dem Vorhandensein von IgA-Antikörpern auf der ***Darmschleimhaut*** beruhender Schutz das Eindringen der Typhuserreger vom Darm aus in den Körper hemmt, verhütet oder verlangsamt.
- ***Systemische Immunität: IgG-Antikörper***: IgG-Antikörper, die in der Blutbahn kreisen und die die Phagozytose fördern, dürften mit dafür verantwortlich sein, daß die Erreger im Verlaufe der zweiten Krankheitswoche von den Makrophagen verschiedener Organe phagozytiert werden und daher aus der Blutbahn verschwinden. Eine schützende Wir-

kung geht von Anti-O- und Anti-Vi-Antikörpern aus, während Anti-H-Antikörper keinen Schutz vermitteln.

- ***T-zell-vermittelte Immunität***: Gleichzeitig mit der Antikörperbildung setzt die T-zell-abhängige Immunität ein. Sie ist dafür verantwortlich, daß in den befallenen Organen die Typhome entstehen. Diese entsprechen den Granulomen, die man auch bei anderen Infektionen mit fakultativ intrazellulären Bakterien beobachtet: Sie enthalten mononukleäre Phagozyten und Lymphozyten. In den Typhomen werden die Typhuserreger „eingemauert" und an der Ausbreitung gehindert. Die Makrophagen im Inneren der Typhome werden aktiviert, so daß sie die phagozytierten Erreger mit erhöhter Wirksamkeit abtöten können. Jetzt beginnt der eigentliche Heilungsprozeß. In dieser Phase sind aber die Risiken für den Patienten besonders hoch, da sich die Komplikationen, die auf die Gewebeeinschmelzung zurückgehen, nicht ohne das Mitwirken immunologischer Reaktionen (z. B. Freisetzung von Tumornekrosefaktor α) einstellen; besonders gefürchtet ist die Darmperforation nach Einschmelzung der Peyerschen Plaques.

Die nach überstandenem Typhus (bzw. Paratyphus A, B) entstandene Immunität schützt nicht vor späteren Lokalinfektionen, wie z. B. Strumitis, Cholezystitis, Osteomyelitis oder vor von diesen Herden ausgehenden septischen Erkrankungen.

Labordiagnose

Der erfolgreiche Nachweis von Typhus- oder Paratyphuserregern setzt voraus, daß der behandelnde Arzt den Stadienablauf der Erkrankung kennt. Die richtige Beantwortung der Frage „Wann findet man den Erreger wo"? ist beim Typhus bzw. Paratyphus der Schlüssel zur Diagnosestellung (Abb. 5.3).

Blutkulturen. Die höchste Wahrscheinlichkeit, den Erreger im Blut nachzuweisen, besteht während der ersten 7–10 Tage nach Krankheitsbeginn (Stadium II, s. Abb. 5.3). Die Ausbeutequote der Blutkultur kann bis zu 90% betragen, wenn Blutkulturen in einem engmaschigen Abstand abgenommen werden. Da die Erreger in geringer Zahl im Blut vorkommen, sollten 10 ml Blut pro Blutkultur entnommen werden.

Knochenmarkpunktate. Knochenmarkpunktate (Sternum) liefern ähnlich hohe Nachweisraten wie Blutkulturen. Ihr Nachteil liegt darin, daß sie für den Patienten schmerzhaft sind.

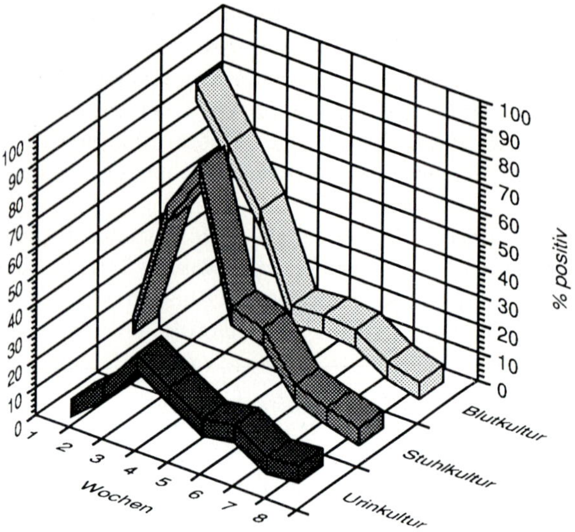

Abb. 5.3. Die relative Häufigkeit von positiven Blut-, Stuhl- und Urinkulturen im Verlauf der Typhuserkrankung

Stuhlkulturen. Stuhlkulturen werden ab Ende der 2. Krankheitswoche positiv, wenn eine Besiedlung der Peyerschen Plaques im Rahmen des Generalisationsstadiums erfolgt ist und Typhusbakterien im Stuhl ausgeschieden werden. Positive Stuhlkulturen finden sich bei etwa 50% aller Typhuskranken. Stuhlkulturen können über mehrere Wochen nach Krankheitsbeginn positiv bleiben. Beim Vorliegen einer typischen Symptomatik reicht der positive Erregernachweis im Stuhl für die Diagnose eines Typhus oder Paratyphus aus; diese Richtlinie gilt aber nur für Länder, in denen Typhus *nicht* endemisch ist.

Anzüchtung. Im bakteriologischen Laboratorium müssen die Salmonellen aus der zahlenmäßig weit überwiegenden Normalflora des Stuhls isoliert werden. Deshalb verbringt man die Proben zwecks Anreicherung direkt auf ***Selektivnährböden***, z. B. auf Wilson-Blair-Agar oder auf Salmonellen-Shigellen-(SS)-Agar. Auf Wilson-Blair-Agar erscheinen die Salmonellenkolonien schwarz verfärbt („fischaugenartig"). Gleichzeitig führt man eine Anreicherung in einer Selenit-F-Bouillon oder Tetrathionat-Bouillon durch. Diese Kulturmedien unterdrücken die Vermehrung der physiologischen Darmflora zugunsten der Salmonellen und Shigellen. Ein Schema der Keimisolierung und Keimidentfizierung ist in Abb. 5.2 gegeben.

Serodiagnose. Im Jahre 1896 berichtete Widal, daß S. typhi durch Serum von Typhuspatienten agglutiniert wird. Seither führt man die sogenannte ***Widalsche Reaktion*** mit dem Ziel des Nachweises von Antikörpern im Patientenserum als Agglutinationstest durch. Patientenserum in verschiedenen Verdünnungsstufen wird zu einer Aufschwemmung von schonend abgetöteten Typhus-Salmonellen hinzugegeben. Wenn das Patientenserum spezifische Antikörper enthält, kommt es zu einer Agglutination. Ein vierfacher Titeranstieg während der Erkrankung oder ein Titer von mehr als 1:160 werden als Hinweis auf eine bestehende Infektion angesehen.

Die Aussage der Widalschen Reaktion ist beschränkt. So lassen sich nach Vakzination jahrelang erhöhte Anti-H-Antikörper nachweisen. Auch in Endemiegebieten finden sich oft hohe Titer von Anti-H- und Anti-O-Antikörpern. Wenn eine Therapie frühzeitig eingeleitet wird, kann ein Antikörpertiter-Anstieg ausbleiben. Die Widalsche Reaktion ist deshalb nur als Ergänzung zum bakteriologischen Keimnachweis anzusehen; sie ersetzt ihn auf keinen Fall.

Therapie

Mittel der Wahl bei Typhus ist ***Ciprofloxacin***. Ebenfalls wirksam sind Cotrimoxazol und Ampicillin. Durch die Antibiotikatherapie ist die *Letalität* des Typhus von 15% auf 1% abgesunken. Rückfälle lassen sich durch angemessene Dosierung und ausreichend lange Behandlungszeiten verhindern.

Dauerausscheider

Typhusbakterien (wie auch andere Salmonellen) können über lange Zeit in der ***Gallenblase*** verbleiben. Die Blasengalle ist für Salmonellen ein günstiges Medium; außerdem sind sie in der Gallenblase dem Zugriff der Immunabwehr entzogen. Nach überstandenem Typhus scheiden 2–6% der Patienten z. T. über lange Zeit Typhuserreger mit dem Stuhl aus. Man nennt diese Patienten Dauerausscheider. Dauerausscheider haben zwar eine normale Lebenserwartung; für ihre Umwelt jedoch stellen sie eine ständige Infektionsgefährdung dar. Sie dürfen daher in bestimmten Berufen, z. B. in der Nahrungsmittelbranche, nicht tätig sein. Dauerausscheider müssen im BSeuchG vorgeschriebene Hygieneregeln einhalten, die in einem vom Bundesgesundheitsamt herausgegebenen Merkblatt für Dauerausscheider zusammengefaßt sind.

Bei Dauerausscheidern von Typhusbakterien sollte immer eine ***Sanierung*** versucht werden. Zu diesem Zweck führt man bei chronischer Gallenblasenentzündung, sofern durch Salmonellen verursacht, eine hochdosierte Ciprofloxacin-Therapie (5–10 g/Tag) durch oder entfernt die Gallenblase operativ unter gleichzeitigem Antibiotika-Schutz. Dauerausscheider weisen fast immer Gallensteine auf, die eine alleinige medikamentöse Sanierung verhindern. Der Status des Dauerausscheiders gilt als beendet, wenn drei Stuhlproben, im Abstand von 3 Tagen entnommen, sowie eine Gallensaftuntersuchung ein negatives Ergebnis erbracht haben.

Prävention

Allgemeine Maßnahmen: Die wichtigsten allgemein-hygienischen Maßnahmen zur Verhütung von Typhus und Paratyphus sind: Erfüllung der Hygiene-Vorschriften bei der Nahrungsmittelgewinnung, Nahrungsmittelverteilung sowie bei der Wasserversorgung und Abwasserbeseitigung.

§ 37 des BSeuchGes. schreibt vor, daß an Typhus abdominalis Erkrankte bzw. Erkrankungsverdächtige in einem Krankenhaus abzusondern sind.

Ausscheider dürfen in gefährdeten Betrieben so lange nicht beschäftigt werden, bis drei Stuhlproben, im Abstand von 3 Tagen entnommen, sowie eine Untersuchung der Galle ein negatives Ergebnis erbracht haben (Individuelle Länderregelungen!). Ausscheider müssen dann abgesondert werden, wenn sie andere Schutzmaßnahmen nicht befolgen, nicht befolgen können oder nicht befolgen würden.

Schutzimpfung: Es stehen heute orale Vakzinen, bestehend aus aceton-inaktivierten oder hitze-phenol-inaktivierten Vollbakterien sowie Lebendvakzinen, zur Verfügung. Die oral applizierbaren Tot-Impfstoffe besitzen keine oder nur eine geringe Wirksamkeit, während den parenteralen Impfstoffen aus abgetöteten Bakterien ein Impfschutz von 60–90% über einen Zeitraum von drei bis fünf Jahren nachgesagt wird. Die beste Wirksamkeit besitzen oral zu verabreichende Vakzinen, die aus *lebenden Mutanten* des Typhuserregers bestehen. Hiermit läßt sich ein 95%iger Impfschutz erzielen, der mindestens drei Jahre lang anhält (z. B. ***Typhoral L***). Der Impfschutz ist aber nicht absolut; er senkt beim Geimpften (Gesunden) lediglich die Wahrscheinlichkeit, bei einer gegebenen Infektionsdosis an Typhus zu erkranken, bzw. er mindert die Schwere der Erkrankung nach erfolgter Infektion. Die in Endemiegebieten erforderlichen Vorsichtsmaßregeln müssen auch vom Geimpften eingehalten werden. Bei Reisenden in Endemiegebieten sollte eine Wiederholungsimpfung nach einem Jahr durchgeführt werden.

Meldepflicht (§ 3 BSeuchG): Verdacht, Erkrankung, Tod, sowie Dauerausscheider.

Zusammenfassung: Salmonellen

Allgemeines

Bakteriologie: Peritrich begeißelte, gramnegative Stäbchen, die Glukose, Mannitol und Sorbitol fermentieren. Neben der typischen Antigenstruktur von Enterobakterien (O-, K- und H-Antigen) tragen gewisse Stämme ein sog. Vi-Antigen (entspricht dem K-Antigen anderer Enterobakterien). Das H-Antigen kann in zwei Phasen exprimiert werden.

Rolle als Krankheitserreger: Es werden die Enteritis-Salmonellen von den Typhus-Salmonellen (S. typhi, S. paratyphi A, B und C) unterschieden. Enteritis-Salmonellen verursachen i. d. R. Gastroenteritiden, Typhus-Salmonellen zyklische Allgemeininfektionen.

Kultur: Wachstumseigenschaften entsprechen denen anderer Enterobakterien. Selektion und Differenzierung auf Endo-Agar und Wilson-Blair-Agar möglich.

Identifizierung und Differenzierung: Biochemische Leistungsprüfung verdächtiger Kolonien und Serotypisierung nach dem Kauffmann-White-Schema.

Enteritis-Salmonellen

Vorkommen: Salmonella-Enteritiden sind Anthropo-Zoonosen, deren Erregerreservoir im Tierreich liegt. Mensch ist Zufallswirt. Unbegrenzte Infektionsmöglichkeiten über mit tierischen Ausscheidungen kontaminierte Nahrungsmittel.

Epidemiologie: Weltweite Verbreitung. In der damaligen BRD 63 600 Fälle von Salmonella-Enteritiden im Jahre 1989. Ausbreitung wird durch Massentierhaltung, Tourismus und Gemeinschaftsverpflegung begünstigt.

Übertragung: Durch fäkal kontaminierte Nahrungsmittel („Salmonellen ißt und trinkt man").

Pathogenese: Die Erreger durchwandern das Epithel des unteren Dünndarms ohne Zerstörung der Epithelzellen. Entzündliche Reaktion erst in der Lamina propria mit Störung des Elektrolyt- und Flüssigkeitstransportes.

Klinik: Wenige Stunden (8–72 h) nach oraler Aufnahme der Erreger manifestiert sich die Erkrankung mit Durchfall, Erbrechen und Fieber und ist meist nach wenigen Tagen selbstlimitierend. Extraintestinale Manifestationen können bei 5% der Fälle, insbesondere bei immungeschwächten Patienten, vorkommen. Dauerausscheider können vorkommen (selten).

Labordiagnose: Enteritis-Salmonellen sind i. d. R. nicht-invasiv. Geeignetes Untersuchungsmaterial: Stuhl. Erregernachweis: Anzucht auf Selektiv- und Differentialnährböden. Identifizierung mittels biochemischer Leistungsprüfung und Serotypisierung.

Therapie: Substitutionstherapie. Bei Immungeschwächten zusätzlich Antibiotika (Kinder: Ampicillin, Erwachsene: Ciprofloxacin). Bei extraintestinaler Manifestation sofortige antibiotische Therapie.

Prävention: Nahrungsmittelhygiene, insbesondere kein längeres Aufbewahren von Speisen bei Zimmertemperatur. Beschäftigungsverbot für Dauerausscheider in Gastronomie- und Gesundheitsberufen.

Meldepflicht: Verdacht, Erkrankung und Tod.

Typhus abdominalis und Paratyphus A, B und C

Vorkommen: Tritt nur beim Menschen auf. Kein tierisches Erregerreservoir.

Epidemiologie: Weltweit erkranken mehr als eine Million Menschen jährlich. In den alten Bundesländern wurden 204 Fälle von Typhus und 124 Fälle von Paratyphus im Jahr 1989 registriert. Hohe Inzidenz in den Entwicklungsländern.

Übertragung: Fäkal-orale Infektionswege, vor allen Dingen über fäkal verunreinigte Nahrungsmittel und Trinkwasser.

Zielgewebe: Mononukleär-phagozytäres System (Leber, Milz, Peyersche Plaques).

Pathogenese: Zyklische Allgemeininfektion. Stadium I (Inkubationszeit): Invasion der Erreger und Absiedlung (transiente, inapparente Bakteriämie) im mononukleär-phagozytären System (MPS). Stadium II (Generalisation): Nach Vermehrung der Erreger im MPS erneute (sekundäre) Bakteriämie mit ausgeprägter Streuung in die Organe. Stadium III (Organmanifestation): Elimination der Erreger aus der Blutbahn durch Einsetzen der humoralen Abwehrreaktion (Antikörperbildung, Opsonisierung), durch T-Zell-Wirkung Konsolidierung der Organabsiedlungen durch Granulombildung. Durch Einschmelzung der Typhome können tödliche Komplikationen entstehen, z. B. Milz- oder Darmruptur.

Virulenzmechanismus: Invasivität, fakultativ intrazellulärer Parasitismus.

Klinik: Ein- bis zweiwöchige Inkubationszeit mit uncharakteristischen Allgemeinsymptomen (Stadium I). Mit Beginn der sekundären Bakteriämie langsamer Fieberanstieg und Entwicklung der Fieberkontinua (Stadium II). Nach 7–14tägiger Fieberkontinua Beginn der Rekonvaleszenz (Stadium III). Todesursachen: Perforationsperitonitis, Milzruptur, Herzversagen, toxischer Kreislaufkollaps. Dauerausscheider kommen vor.

Labordiagnose: Untersuchungsmaterialien: Stuhl, Blut und Serum. Nachweis ist abhängig von der Lokalisation der Erreger im jeweiligen Erkrankungsstadium. Inkubationszeit (falls Verdacht auf Typhus besteht): Nachweis in Blut und Stuhl möglich (selten). Stadium II: Nachweis nur im Blut. Stadium III: Nachweis nur im Stuhl mit Beginn der 3. Krankheitswoche. Antikörperanstieg im Verlauf der Erkrankung mittels Widal-Reaktion.

Therapie: Mittel der Wahl ist Ciprofloxacin. Cotrimoxazol und Ampicillin sind ebenfalls wirksam.

Immunität: Drei unabhängige Immunitätsmechanismen: 1) Lokale Immunität durch IgA-Antikörperbildung, 2) Systemische humorale Immunität durch IgG-Antikörper und 3) T-zell-vermittelte Immunität. Immunität schützt nicht vor späteren Lokalinfektionen oder von diesen Herden ausgehenden septischen Erkrankungen.

Prävention: Nahrungsmittelhygiene, keine Beschäftigung von Ausscheidern in gefährdeten Betrieben.

Vakzination: Orale Impfstoffe bieten nur geringen Impfschutz, wohingegen der parenteralen Vakzine ein Impfschutz von 60–90% über 3–5 Jahre zugesagt wird. 95%iger Impfschutz läßt sich durch den oralen Lebendimpfstoff (z. B. Typhoral L) erzielen, schützt jedoch nicht vor Infektion, sondern mindert die Erkrankungsheftigkeit.

Meldepflicht: Verdacht, Erkrankung und Tod.

5.3 Shigellen

Definition

Die Vertreter der Gattung Shigella sind ***unbeweglich***; sie spalten Laktose nicht und bilden kein Gas. (Ausnahmen: Einige Stämme von Shigella sonnei spalten Laktose. Einige Stämme von Shigella flexneri und Shigella boydii bilden Gas.) Die Methylrotreaktion fällt positiv aus, die Voges-Proskauer-Reaktion ist negativ.

Rolle als Krankheitserreger

Shigellen sind die Erreger der Dysenterie oder bakteriellen ***Ruhr***.

Taxonomie

Die Gattung Shigella zerfällt in die Arten Shigella dysenteriae, Shigella flexneri, Shigella boydii und Shigella sonnei.

Geschichte/Namensgebung

Shigella dysenteriae wurde 1898 von dem japanischen Bakteriologen ***Shiga*** entdeckt. Der Begriff Ruhr kommt vom althochdeutschen „ruora“: Heftige Bewegung.

Aufbau

Mit Ausnahme einiger Stämme von Shigella flexneri besitzen Shigellen keine Geißeln und keine Fimbrien. Shigellen bilden keine sichtbaren Kapseln, obwohl sich bei einigen Stämmen K-Antigen nachweisen läßt.

Kultur

Auf indikatorhaltigen, festen Kulturmedien bilden Shigellen nach 18–24stündiger Bebrütung farblose, ausgefranste Kolonien. Sie stellen keine besonderen Ansprüche an das Kulturmedium.

Extrazelluläre Produkte

Toxinbildung. S. dysenteriae, Typ 1, produziert ein Exotoxin, das sogenannte Neurotoxin oder ***Shiga-Toxin***. Es handelt sich um ein Protein, das beim Menschen Meningitis und Paralyse hervorrufen kann. Es hat auch eine enterotoxische Komponente, die eine Hypersekretion von Flüssigkeit durch Darmepithelzellen erzeugt.

Hämolysin. Ein plasmidkodiertes Hämolysin löst die Membran der intrazellulären phagozytären Vakuole auf und ermöglicht den Erregern den Übertritt ins Zytoplasma.

Identifizierung und Differenzierung

Morphologisch. Shigellen sind unbewegliche gramnegative Stäbchen, die lichtmikroskopisch nicht von anderen Enterobakterien unterschieden werden können.

Biochemisch. Die Identifizierung der Shigellen als Gattung gelingt über die Prüfung biochemischer Leistungen. Vor allem ist die fehlende Beweglichkeit ein Gattungsmerkmal.

Serologische Artendiagnose. Aufgrund von O-Antigenen läßt sich die Gattung in vier Arten unterteilen:

- Shigella dysenteriae oder O-Serogruppe A
- Shigella flexneri oder O-Serogruppe B
- Shigella boydii oder O-Serogruppe C
- Shigella sonnei oder O-Serogruppe D

Resistenz gegen äußere Einflüsse

Shigellen sind gegen Säureeinwirkung sehr empfindlich. Sie halten sich in Stuhlproben nur kurze Zeit, da sie die pH-Senkung, die durch die in Vermehrung begriffene Begleitflora entsteht, nicht tolerieren.

Vorkommen und Epidemiologie

Shigellen kommen nur beim Menschen und bei höheren Affenarten vor. Shigellenruhr tritt bei *schlechten hygienischen Bedingungen* auf, wenn viele Individuen auf engem Raume leben, wie z. B. in Heimen, Heil- und Pflegeanstalten, Gefängnissen und Kasernen. Die Shigellenruhr breitet sich rasch epidemisch aus, insbesondere in warmen Ländern. Sie findet sich am häufigsten bei Kindern unter 6 Jahren, vorwiegend in der Altersgruppe vom 9. bis zum 18. Lebensmonat. In den Industrieländern ist S. sonnei am häufigsten.

Übertragung und Ausscheidung

Die Erreger verbreiten sich typischerweise durch Schmierinfektion mittels der „***vier F***": ***F***inger, ***F***utter, ***F***liegen, ***F***äces. Insbesondere ist die geringe Infektionsdosis hervorzuheben: Zum Unterschied von den Salmonellen genügen wenige Shigellen für eine Infektion. Rekonvaleszenten und asymptomatische Träger (subklinisch Infizierte) sind die einzigen Erregerreservoire.

Pathogenese

Die Ruhrerkrankung kann von allen vier Shigella-Arten hervorgerufen wrden. Die Virulenz der einzelnen Arten ist allerdings unterschiedlich und entspricht der Reihenfolge: Sh. dysenteriae > Sh. flexneri > Sh. boydii > Sh. sonnei. Shigellen sind zwar invasive Krankheitserreger; sie erzeugen dennoch ***Lokal***infektionen, denn sie bleiben auf den Darm beschränkt und dringen nur selten in die Blutbahn ein.

Nach der Passage durch den Magen gelangen die Shigellen in den Dünn- und Dickdarm. Zunächst vermehren sich die Erreger im Dünndarm, wo sie hohe Keimzahlen erreichen ($1x10^7$ Keime/ml). Der Patient entwickelt in diesem Stadium ***wäßrige Durchfälle*** und Fieber.

In einem späteren Stadium wird das Colon-Epithel geschädigt, wodurch es zu den typischen Symptomen der Bakterienruhr kommt. In den Krypten des Colons heften sich Shigellen mit Hilfe von Adhäsinen in der äußeren Bakterienmembran an Rezeptoren der Epithelzellen. Anschließend gelangen sie durch einen phagozytoseähnlichen Prozeß in das Innere der Colon-Epithel-Zellen. Dort vermehren sie sich in phagosomenartigen Vakuolen.

Die Aufnahme der Bakterien in die Colonzelle erfordert aktive Stoffwechsel-Leistungen sowohl des Bakteriums als auch der befallenen Colon-Epithelzelle. Die Bakterien treten in das Zytoplasma über und vermehren sich dort. Die freigesetzten Bakterien können die benachbarten Zellen infizieren. Die befallenen Zellen werden schließlich zerstört.

Blockade der Atmung führt zum Absterben der Wirtszellen und zur Nekrose der Colonschleimhaut. Wenn die Shigellen in die Lamina propria gelangt sind, induzieren sie dort über die Aktivierung von

Komplement Entzündungsprozesse. Entzündungszellen, vorwiegend polymorphkernige Granulozyten, strömen in die Nekroseherde ein; es bilden sich im gesamten Colon *geschwürige, eitrige, zu Blutungen neigende Läsionen*. Die Geschwüre sind von einer Pseudomembran bedeckt, welche Granulozyten, Zelldetritus und Bakterien in einem Fibrinnetz enthält. Die Entzündung erstreckt sich bis in die Submukosa und die Muscularis; in beiden Schichten lassen sich Bakterien und Granulozyten mikroskopisch nachweisen.

Rolle der Virulenzfaktoren

Invasine, Adhäsine. Wichtigster Virulenzfaktor ist die Fähigkeit der Shigellen, die Colon-Epithelzelle zur aktiven Aufnahme der Bakterien zu veranlassen. Die ***Zellular-Invasivität*** wird von verschiedenen Genen kodiert; diese sitzen zum Teil auf Chromosomen, zum Teil auf Plasmiden. Möglicherweise werden durch diese Gene bestimmte Proteine der äußeren Bakterienmembran kodiert, die sich als Adhäsine an entsprechende Rezeptoren der Dickdarm-Epithelzellen binden.

Lipopolysaccharid. Voll virulente Stämme exprimieren in der äußeren Bakterien-Membran bestimmte O-Antigene des Lipopolysaccharids; d. h. sie liegen dementsprechend als S- oder ***Glattformen*** vor. Man nennt diese Stämme „Phase-I-Stämme".

Rauhformen, die derartige O-Antigene nicht ausbilden, sind *avirulent*; man bezeichnet sie als Phase-II-Stämme. Die Ausbildung der O-Antigene ist bei Shigellen plasmidkodiert.

Shiga-Toxin (Neurotoxin). Welcher Stellenwert dem Shigellen-Exotoxin in der Pathogenese der Shigellenruhr zukommt, ist bisher nicht eindeutig geklärt.

Klinik

Nach einer Inkubationszeit von 24 Stunden beginnt die bakterielle Ruhr mit plötzlich einsetzenden Tenesmen, ***Diarrhoe*** und Fieber. Die Stühle sind zunächst wäßrig. Sie werden aber bald ***schleimig-blutig*** und enthalten dann zahlreiche polymorphkernige Granulozyten.

Die Dauer der Erkrankung variiert zwischen einem Tag und einem Monat; im Durchschnitt beträgt sie 7 Tage. Die Letalität liegt unter 1 %, jedoch gab es auch Epidemien durch Sh. dysenteriae, bei denen die Letalität 25–50 % erreichte. Als Komplikation kann das Colon perforieren; dadurch entsteht eine Peritonitis. Der Rekonvaleszent kann Ausscheider bleiben, ein Status, der allerdings nur in Ausnahmefällen länger als 3 Monate lang anhält.

Immunität

Die Immunität gegen Shigellen beruht auf Antikörpern der IgA-Klasse im Darm. Adhäsin-spezifische IgA-Antikörper verhindern die Anheftung der Keime an die Dickdarmepithelzellen. IgA-Antikörper werden erst nach Überwindung der Krankheit nachweisbar. Der Nachweis humoraler Antikörper dient daher in erster Linie epidemiologischen Zwecken. Eine Shigellose hinterläßt *keine* dauerhafte Immunität; jedoch nimmt bei ein und demselben Individuum die Schwere des Krankheitsbildes mit der Zahl der Shigella-Infektionen ab.

Labordiagnose

Untersuchungsmaterial und Transport. Als Untersuchungsmaterial eignen sich neben *frischem* Stuhl auch *frisch* entnommene Rektalabstriche. Shigellen überleben wegen ihrer Säureempfindlichkeit im abgesetzten Stuhl bzw. Rektalabstrich nur für kurze Zeit; daher müssen die Proben in gepuffertem Transportmedium transportiert und im Labor umgehend verarbeitet werden.

Vorgehen im Labor

Mikroskopisch. Die mikroskopische Untersuchung des Stuhls ergibt reichlich ***Granulozyten*** und Blut im Stuhl.

Anzüchtung. Entsprechend dem Charakter der Bakterienruhr als Lokalinfektion des Darmes können die Erreger im Stuhl nachgewiesen werden. ***Stuhlkulturen*** ergeben einen positiven Shigellen-Nachweis in mehr als 90% aller Shigellose-Fälle.

Als feste Kulturmedien für die Anzüchtung eignen sich Salmonellen-Shigellen-Agar oder Desoxycholat-Citrat-Agar (Leifson-Agar), für die Anreicherung aus Stuhlproben die Selenit-Bouillon nach Leifson.

Therapie

Bei Patienten in gutem Allgemeinzustand heilen Shigellosen bei ***Bettruhe*** aus. Bei geschwächten, sehr jungen oder sehr alten Patienten kann es zu therapiebedürftigen Flüssigkeitsverlusten kommen.

Shigellen sind empfindlich gegen Ampicillin, Chloramphenicol, Tetrazykline, Cotrimoxazol, Chinolone und Colistin. Die Chemotherapie verkürzt die

Krankheit und reduziert die Ausscheidung der Erreger. Schneller als die meisten anderen Bakterien entwickeln Shigellen multiple ***Antibiotika-Resistenzen***. Diese beruhen auf Übertragung von ***Plasmiden***, sogenannten Resistenz-Transfer-Faktoren. So kann es in kürzester Zeit zu Epidemien kommen, die durch multiresistente Shigella-Stämme verursacht sind.

Prävention

Allgemeine Maßnahmen. Entsprechend den Hauptübertragungsquellen, fäkal kontaminiertes Wasser und kontaminierte Lebensmittel, stehen die ***Wasser-*** und ***Lebensmittelhygiene*** für die Prävention im Vordergrund. Stuhl und alle Gegenstände oder Abfälle, die mit dem kontaminierten Stuhl in Kontakt gekommen sind, müssen ausreichend desinfiziert werden. Erkrankte, Ausscheider und Ansteckungsverdächtige dürfen weder in Trinkwasserversorgungsanlagen noch im Lebensmittelbereich beschäftigt werden. Die Fliegenbekämpfung durch Insektizide trägt ebenfalls zur Verminderung der Ausbreitung bei.

Erkrankte und Ausscheider müssen isoliert werden, bis die Kontagiosität der Personen ausgeschlossen ist.

Folgende Maßnahmen sind zu beachten:

- Einzelzimmer sind erforderlich, möglichst mit eigener Toilette.
- Das betreuende Personal muß einen Schutzkittel tragen, der *im Zimmer verbleiben muß*.
- Hände müssen nach Kontakt mit dem infizierten Patienten desinfiziert werden.
- Sämtliche Gegenstände (Geräte, Wäsche, Essensreste, Müll, Kosmetika, etc.), mit denen der Patient Kontakt hatte, müssen sterilisiert werden.

Schutzimpfung. Eine orale ***Lebendvakzine*** befindet sich in Entwicklung.

Meldepflicht. Meldepflichtig sind Krankheitsverdacht, Erkrankung und Tod sowie Ausscheider von Shigellen (§ 3 BSeuchG).

Zusammenfassung: Shigellen

Bakteriologie: Gramnegatives unbewegliches Stäbchen ohne besondere Ansprüche an das Kulturmedium. Keine Laktosespaltung, keine Gasbildung. Erreger der bakteriellen Ruhr und der Dysenterie.

Vorkommen: Nur beim Menschen und höheren Affenarten.

Resistenz: Sehr säureempfindlich.

Epidemiologie: Rasche epidemische Ausbreitung in tropischen und subtropischen Ländern unter schlechten hygienischen Bedingungen.
Wirt: Mensch. Vektor: Fliegen.

Zielgruppe: Menschen, insbesondere Kinder unter 6 Jahren. Primaten.

Übertragung: Schmierinfektion mittels der „vier F“: ***F***inger, ***F***utter, ***F***liegen, ***F***äces.

Pathogenese: Infektion → Adhärenz an Colon-Epithel-Zellen → Phagozytose → intrazelluläre Vermehrung → Zytolyse → weitere lokale Ausbreitung der Erreger → lokales, eitriges Infektionsgeschehen, das sich bis in die Submukosa und Muskularis erstreckt → pseudomembranöse Geschwüre.

Pathomechanismen: Virulenzfaktoren sind: Invasivität, „Phase-I“, Neurotoxin, intrazelluläre Vermehrungsfähigkeit.

Zielgewebe: Colon-Epithelien.

Klinik: Lokalinfektion des Darmes. Selten Generalisation. Inkubationszeit: 24 Stunden. Symptome: Tenesmen, schleimig-blutige Diarrhoe, Fieber. Erkrankungsdauer: Tage bis Wochen. Komplikation: Colonperforation und Peritonitis.

Labordiagnose: Untersuchungsmaterial: Stuhl und Rektalabstriche, Transport in gepuffertem Medium. Erregernachweis: Anzucht auf Leifson-Agar.

Therapie: Spontanheilung bei gutem Allgemeinzustand. Mittel der Wahl sind: Ampicillin, Chloramphenicol, Tetrazykline, Cotrimoxazol, Chinolone und Colistin.

Immunität: Erkrankung hinterläßt keine dauerhafte Immunität. Immunität wird humoral über IgA vermittelt.

Prävention: Allgemeinhygienische Maßnahmen, Vektorsanierung (Fliegen), Isolierung Erkrankter und Ausscheider. Vakzine zur Zeit noch nicht erhältlich.

Meldepflicht: Verdacht, Erkrankung, Tod und Ausscheidertum.

5.4 Yersinien

Definition

Als Yersinien bezeichnet man eine Gattung kokkoider gramnegativer Stäbchen aus der Familie der Enterobakterien. (Ausnahme: Y. pestis ist unbegeißelt und unbeweglich.) Glukose wird fermentiert, Laktose nicht. Charakteristischerweise wird eine Reihe von Virulenzfaktoren und anderen Merkmalen temperaturabhängig exprimiert.

Ihre optimale Vermehrung erfolgt bei 28 °C. Im Gegensatz zu anderen Enterobakterien vermehren sich Yersinien auch bei 4 °C. Yersinien sind beweglich bei 28 °C, da bei dieser Temperatur Geißeln ausgebildet werden, bei Körpertemperatur sind sie unbeweglich, da dann keine Geißeln ausgebildet werden.

Rolle als Krankheitserreger

Yersinien rufen als obligat pathogene Bakterien bei Menschen und Tieren charakteristische zyklisch verlaufende Infektionskrankheiten hervor; sie befallen das MPS (Mononukleär-Phagozytäres System). Die durch Yersinia pseudotuberculosis und Yersinia enterocolitica hervorgerufenen Erkrankungen spielen sich am Dünndarm und den zugehörigen Lymphknoten ab, während sich Y. pestis, der Erreger der Pest, generalisiert im Körper ausbreitet.

Taxonomie

Die Gattung Yersinia zerfällt in die Arten Y. enterocolitica, Y. pseudotuberculosis und Y. pestis.

Namensgebung

Yersinien sind nach dem Schweizer Bakteriologen Alexandre John Emile ***Yersin*** (1863–1943) benannt.

Aufbau

Die Yersinien sind so aufgebaut wie andere Enterobakteriazeen; dies gilt auch für ihre Lipopolysaccharide.

5.4.1 Yersinia enterocolitica und Y. pseudotuberculosis, die Erreger enteraler Yersiniosen

Wegen seiner vielfach abweichenden Verhaltensweisen wird Y. pestis, der Erreger der Pest, trotz seiner taxonomischen Zuordnung zu den Yersinien in einem gesonderten Kapitel abgehandelt (s. S.377ff).

Besonderheiten im Aufbau

Y. enterocolitica und Y. pseudotuberculosis tragen keine Kapseln. Geißeln bilden sie nur bei einer Wachstumstemperatur zwischen 22 °C und 28 °C.

Kultur

Beide Yersinia-Arten vermehren sich auf einfachen Kulturmedien, wie Blut-, Endo-, Leifson- und MacConkey-Agar. Wachstum erfolgt zwischen 4 und 42 °C, das Optimum liegt bei 28 °C. Da sie sich bei 37 °C langsamer als andere Enterobakterien vermehren, werden die Kolonien erst nach einer Inkubationszeit von 48 Stunden bei 37 °C für das bloße Auge sichtbar; bei 28 °C erscheinen nach 24 Stunden sichtbare Kolonien. Y. pseudotuberculosis und Y. enterocolitica vermehren sich im Gegensatz zu anderen Darmbakterien auch noch bei 4 °C; diese Eigenschaft wurde früher für ihre Primärisolierung aus Stuhlproben ausgenutzt (***Kälteanreicherung***).

Identifizierung und Differenzierung

Mikroskopisch. Y. enterocolitica und Y. pseudotuberculosis erscheinen im Mikroskop als gramnegative, ***kurze Stäbchen***, z. T. in kokkoider Form. Die Bakterien sind 1–3 μm lang und 0,5–0,8 μm breit. Bei einer Vermehrungstemperatur von 22 °C und 28 °C sind beide Arten aufgrund der Ausbildung von Geißeln beweglich, während sie bei 37 °C unbeweglich sind.

Biochemisch. Die für Yersinia enterocolitica charakteristischen Merkmale sind in Tabelle 4.3 aufgeführt.

Serologisch. Aufgrund ihrer O-Antigene lassen sich Y. enterocolitica und Y. pseudotuberculosis in O-Serogruppen unterteilen:

- ***Y. enterocolitica***: Man unterscheidet sechs Serogruppen: O:I–O:VI.
- ***Y. pseudotuberculosis***: Bei Y. pseudotuberculosis unterscheidet man 6 Serotypen I–VI, wobei Typ I für ca. 80% der Infektionen beim Menschen verantwortlich ist.

Vorkommen und Epidemiologie

Man hat Y. enterocolitica und Y. pseudotuberculosis im ***Darm*** von Säugetieren, Insekten, Amphibien und anderen Tierarten gefunden. In Mitteleuropa gehen 1–5% aller akuten Durchfallserkrankungen auf Y. enterocolitica zurück. Hier herrschen die O-Serogrup-

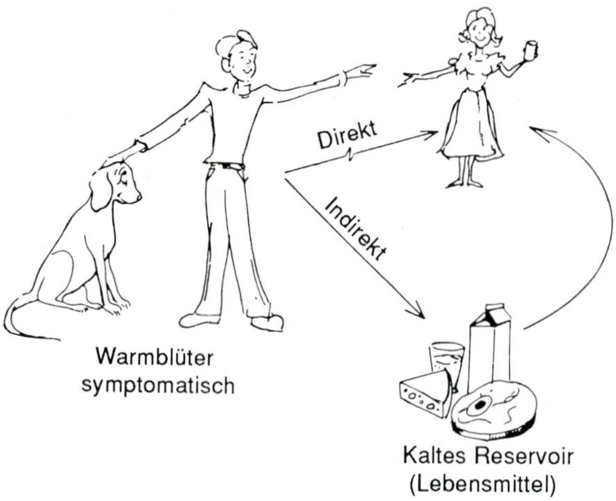

Abb. 5.4. Übertragung von Yersinia enterocolitica. Die Erreger gelangen von einem „symptomatischen" Individuum (Warmblüter) in ein kaltes, nichtlebendes Reservoir (z. B. Käse, Milch, Fleisch) und von dort zurück in den Menschen. Direkte Übertragung ist selten

pen I und V vor, während in den USA die O-Serogruppe VI überwiegt.

Erkrankungen durch Y. pseudotuberculosis sind seltener als Erkrankungen durch Y. enterocolitica.

Übertragung

Als Infektionsquellen für den Menschen kommen fäkal kontaminierte Nahrungsmittel tierischer Herkunft, fäkal kontaminiertes Wasser sowie infizierte Personen in Frage (Abb. 5.4).

Pathogenese

Die Erreger gelangen peroral in den Magen-Darm-Trakt und durchwandern die Mukosa des terminalen Ileums, selten des aszendierenden Colons. In der Schleimhaut und in den Peyerschen Plaques können geschwürige Läsionen entstehen. Der Erreger dringt häufig in die mesenterialen Lymphknoten vor, die sich dann stark vergrößern. Bei immungeschwächten Patienten kann er bis in die Blutbahn gelangen und eine Sepsis verursachen.

Rolle der Virulenzfaktoren

Die Virulenz von Yersinia enterocolitica und Yersiniea pseudotuberculosis ist an das Vorhandensein bestimmter Virulenzfaktoren gebunden. Die Mehrzahl dieser Faktoren ist plasmid-kodiert, und Stämme, welche derartige Plasmide verloren haben, verlieren ihre Virulenz. Die plasmidkodierten Virulenzfaktoren werden nur bei Körpertemperatur (37 °C) exprimiert. Hierzu gehören Oberflächen-Strukturen (YoP-Proteine (Yersinia outer Proteins) YoP-2 bis YoP-5), die die Adhärenz an Zielzellen, die Zytotoxizität, die Resistenz gegen Phagozytose und gegen die bakterizide Wirkung von Serum vermitteln. Weitere temperaturabhängige Faktoren sind Geißelsynthese (28 °C) und Invasivität sowie das Vorhandensein eines eisenbindenden Proteins, das die Eisenversorgung der Bakterien sicherstellt.

Klinik

Enteritis-Enterocolitis. Yersinia ***enterocolitica*** ruft eine akute Enteritis oder eine Enterocolitis hervor. Die Erkrankung beginnt nach einer Inkubationszeit von 3–10 Tagen und ist durch dünnbreiige Durchfälle, Fieber und Bauchschmerzen gekennzeichnet. Der Stuhl enthält mononukleäre Leukozyten, selten Blut und Schleim. Die Dauer der Krankheit beträgt zwischen wenigen Tagen und 1–2 Wochen.

Y. ***pseudotuberculosis*** kann ebenfalls eine akute Enteritis verursachen.

Akute terminale Ileitis, mesenteriale Lymphadenitis, Appendizitis. Die Infektion durch Y. ***enterocolitica*** kann auch eine mesenteriale Lymphadenitis, eine akute terminale Ileitis oder eine akute bis subakute Appendizitis nach sich ziehen.

Ähnliche Krankheitserscheinungen finden sich bei Y. ***pseudotuberculosis***-infizierten Patienten.

Nach einer Inkubationszeit von 1–3 Tagen entwickelt sich eine schmerzhafte Lymphadenitis, der nach weiteren 1–3 Tagen eine Diarrhoe folgt. Die Lymphadenitis kann unter Umständen das Bild des „akuten Abdomen" vortäuschen (Pseudoappendizitis).

Altersbeziehungen. Die klinischen Erscheinungsformen der enteralen Yersinien-Infektionen des Menschen weisen eine deutliche Altersbeziehung auf:

Yersinia ***enterocolitica*** verursacht bei Säulingen und Kindern bis zum 10. Lebensjahr sowie bei Erwachsenen über 30 Jahren meist eine akute Enteritis oder Enterocolitis, während Patienten zwischem dem 10. und 30. Lebensjahr am häufigsten das Bild der mesenterialen Lymphadenitis, der akuten terminalen Ileitis oder der akuten bis subakuten Appendizitis bieten.

Yersinia ***pseudotuberculosis*** ruft eine akute Enteritis vorwiegend bei jungen Erwachsenen über 18 Jahren hervor, während die Infektion bei männlichen Patienten zwischen dem 6. und 18. Lebensjahr häufig zu einer mesenterialen Lymphadenitis, einer akuten terminalen Ileitis oder einer akuten bis subakuten Appendizitis führt.

Sepsis. Bei immungeschwächten Patienten können sowohl Y. enterocolitica als auch Y. pseudotuberculosis eine Sepsis erzeugen.

Andere Infektionen. Meningitis und Harnwegsinfektionen durch Y. enterocolitica sind vereinzelt beschrieben worden.

Nachkrankheiten. Infektionen mit Yersinia enterocolitica und Yersinia pseudotuberculosis können zu Nachkrankheiten, wie ***Arthritis***, Arthralgien, Myokarditis, Erythema nodosum und Morbus Reiter führen. 85 bis 95% aller Patienten mit Folgearthritis weisen den ***HLA-Typ B27*** auf. Die Krankheitserscheinungen setzen wenige Tage bis zu einem Monat nach Auftreten der akuten Krankheit ein. Beschwerden treten wechselweise in den Kniegelenken, Fußgelenken, Zehen, Fingern oder den Handgelenken auf und halten etwas länger als 1 Monat an. In der Synovialflüssigkeit finden sich Granulozyten. Obwohl die Kultur negative Ergebnisse ergibt, scheint Arthritis an das Vorhandensein von Yersinia-Organismen in den befallenen Geweben gebunden zu sein, da eine antibiotische Therapie erfolgreich sein kann.

Immunität

Entsprechend dem Charakter der Yersinien als fakultativ intrazellulärer Bakterien (s. S. 217) hängt die spezifische Immunität von T-Zellen ab; diese aktivieren Makrophagen und induzieren eine Granulombildung. Antikörper werden wenige Tage nach Infektionsbeginn gebildet und verschwinden 2 bis 6 Monate nach Krankheitsbeginn. Sie spielen bei der Infektabwehr offenbar eine untergeordnete Rolle, sind aber für die serologische Diagnose von Nutzen.

Labordiagnose

Untersuchungsmaterial. Zur bakteriologischen Diagnostik eignen sich: ***Stuhl*** bei enteritischen Symptomen, Resektionsmaterial aus ***Lymphknoten*** oder Appendices von Patienten mit Appendicitis bzw. mit Lymphadenitis. Bei Sepsis sollte man neben Blut auch den Stuhl bakteriologisch untersuchen.

Anzüchtung. Zur Anzüchtung der Yersinien verwendet man ***Selektivnährböden***. Der Einsatz derartiger Spezialnährböden hat die früher übliche Kälteanreicherung ersetzt. Bei Infektionen durch Y. enterocolitica gelingt der Erregernachweis im Stuhl nur während der ersten beiden Krankheitswochen. Bei Infektionen durch Y. pseudotuberculosis gelingt der Erregernachweis im Stuhl nur selten, häufiger dagegen aus Resektionsmaterial (Lymphknotenresektion).

Antikörpernachweis im Serum. Zum Antikörpernachweis wird ein Agglutinationstest nach Widal mit formalinisierten Bakterien und Patientenserum durchgeführt. Bei der Abtötung durch Formalin bleiben die O- und die H-Antigene erhalten. Man bezeichnet die Aufschwemmungen dieser Art als OH-Antigen. Ein Titer von 1:160 und höher oder ein 4facher Titeranstieg werden als signifikant angesehen.

In Europa werden wegen der hier herrschenden Prädominanz der Serogruppen O:I und O:V von Y. enterocolitica häufig nur Agglutinationsreaktionen mit den OH-Antigenen O:I und O:V durchgeführt. Bei der Bestimmung von Antikörpern gegen Yersinia enterocolitica kann es zu Kreuzreaktionen mit anderen Erregern kommen; besonders häufig sind Positivreaktionen bei Brucellosen. Dies kann zu diagnostischen Fehlschlüssen Anlaß geben.

Infektionen durch Yersinia pseudotuberculosis werden in Europa vorwiegend von Stämmen des Serotyps I hervorgerufen; Infektionen durch die Serotypen II bis VI sind hier selten.

Die Antigene von Y. pseudotuberculosis vom Typ II zeigen Kreuzreaktionen mit Yersinia pseudotuberculosis des Typs IV sowie mit Salmonellen der Gruppen B und D.

Bei Yersinia-enterocolitica-Infektionen steigen die Antikörper-Titer im Verlauf der Krankheit an. Man sollte deshalb innerhalb der ersten drei Krankheitswochen zweimal Serum entnehmen und untersuchen lassen. Bei Infektionen durch Yersinia pseudotuberculosis sind die Antikörpertiter bei Ausbruch der klinischen Symptome bereits erhöht. Ist der Antikörpernachweis bei Vorliegen klinischer Erscheinungen negativ, so kann eine Infektion durch Y. pseudotuberculosis ausgeschlossen werden.

Therapie

Eine antibiotische Therapie erübrigt sich bei den enteritischen und lymphadenitischen Verlaufsformen bei Patienten in gutem Allgemeinzustand. Bei chronischem oder besonders heftigem Krankheitsverlauf oder bei immunsupprimierten Patienten mit einer

Sepsis muß eine Chemotherapie durchgeführt werden. Es eignen sich Aminoglykoside, Tetrazykline, Cephalosporine der 3. Generation sowie Ciprofloxacin und Trimethoprim-Sulfonamid.

Prävention

Da die enteralen Yersiniosen bezüglich Infektionsquellen und Verlauf den Salmonellen ähneln, entsprechen auch die hygienischen Maßregeln im wesentlichen denjenigen, die man bei der Verhütung der Salmonellosen zu beachten hat (s. S. 321).

Meldepflicht. Verdacht, Erkrankung, Tod (infektiöse Enteritis).

Allgemeine Maßnahmen. Allgemeine hygienische Maßnahmen im Umgang mit Nahrungsmitteln, wie sie auch bei Salmonellen üblich sind, dürften den besten Schutz vor Yersinia-Infektionen darstellen.

Zusammenfassung: Yersinia enterocolitica/ Yersinia pseudotuberculosis

Bakteriologie: Im Gegensatz zu Y. pestis begeißelte und bewegliche Arten der Gattung Yersinia. Wachstum auf einfachen Nährböden. Optimale Wachstumstemperatur 22–28 °C. Kälteanreicherung bei 4 °C möglich.

Vorkommen/Epidemiologie: Epi- und enzootisch weltweit verbreitete Anthropozoonose. Hauptinfektionsquelle für den Menschen sind durch tierische Fäkalien verunreinigte Gewässer und Nahrungsmittel.

Resistenz: Vermehrungsfähigkeit bleibt im Erdreich bis zu 6 Monaten erhalten.

Pathogenese: Orale Aufnahme der Erreger. Invasion der Mukosa des terminalen Ileums und der mesenterialen Lymphknoten. Ausbildung geschwüriger Läsionen. Selten Vordringen der Erreger bis in die Blutbahn.

Pathomechanismen: Fakultativ intrazelluläre Erreger, deren Pathogenität an plasmidkodierte Virulenzfaktoren (YoP-1 bis YoP-5), bzw. an chromosomal kodierte eisenbindende Proteine (Siderophore) gebunden ist.

Zielgewebe: Mesenteriale Lymphknoten, terminales Ileum, Appendix vermiformis.

Klinik: Primärerkrankungen: Enteritis-Enterocolitis, akute terminale Ileitis, mesenteriale Lymphadenitis, Appendicitis, Sepsis. Nacherkrankungen: Arthritiden, Arthralgien, Morbus Reiter.

Labordiagnose: Untersuchungsmaterial: Stuhl, Biopsien, Blut. Anzucht: auf Selektivnährböden, bzw. Kälteanreicherung. Serologie: Antikörpernachweis durch Agglutinationstest nach Widal. Titer von 1:160 und höher, oder ein vierfacher Titeranstieg werden als positiv angesehen. Differenzierung: Biochemische Reihe.

Therapie: Antibiotische Therapie nur bei besonders heftigem Verlauf. Aminoglykoside, Tetrazykline, Cephalosporine.

Meldepflicht: Verdacht, Erkrankung und Tod.

6 Vibrionen

H. Hahn

INHALTSÜBERSICHT

6.1 Definition ... 331
6.2 Rolle als Krankheitserreger ... 331
6.3 Taxonomie ... 331
6.4 Namensgebung ... 331
6.5 Geschichte ... 331
6.6 Aufbau ... 332
6.7 Kultur ... 332
6.8 Extrazelluläre Produkte ... 332
6.9 Identifizierung und Differenzierung ... 332
6.10 Resistenz gegen äußere Einflüsse ... 333
6.11 Vorkommen ... 333
6.12 Epidemiologie ... 333
6.13 Übertragung ... 334
6.14 Pathogenese ... 334
6.15 Klinik ... 334
6.16 Immunität ... 334
6.17 Labordiagnose ... 335
6.18 Therapie ... 336
6.19 Prävention ... 336
6.20 NAG-(NC)-Vibrionen ... 336
6.21 Andere Vibrionazeen ... 337
Zusammenfassung ... 337

6.1 Definition

Als Vibrionen definiert man eine Gattung gramnegativer, schnell beweglicher Stäbchen, die aerob und fakultativ anaerob wachsen. Von den mit ihnen nahe verwandten Enterobakterien unterscheiden sie sich dadurch, daß sie ***gekrümmt*** sind, meist eine einzige polare Geißel tragen und das Enzym ***Oxidase*** bilden. (Enterobakterien sind gerade, gramnegative bewegliche Stäbchen, peritrich begeißelt und oxidase-negativ). Glukose wird ohne Gasbildung metabolisiert.

6.2 Rolle als Krankheitserreger

Die für die Medizin wichtigsten Vertreter dieser Gattung sind ***Vibrio cholerae*** und ein Biotyp von Vibrio cholerae, ***Vibrio El Tor***, die Erreger der ***Cholera***. Vibrio El Tor ist der Erreger der seit 1960 grassierenden 7. Cholera-Pandemie. ***V. parahaemolyticus*** ist der Erreger einer vor allem in Japan auftretenden Gastroenteritis. Auch andere Vertreter dieser Gattung können beim Menschen gelegentlich eine Gastroenteritis hervorrufen.

6.3 Taxonomie

Die Gattung Vibrio gehört zu der Familie der Vibrionazeen. Diese umfaßt als weitere Gattungen Photobacterium, Aeromonas und Plesiomonas.

6.4 Namensgebung

Der Name Vibrio stammt von dem dänischen Naturforscher Otto-Frederik ***Müller*** (1730–1784); die Benennung bezieht sich auf die vibrierenden Bewegungen der Vibrionen in Wassertröpfchen. Chole (gr.) bedeutet Galle.

6.5 Geschichte

Die Cholera ist seit dem 6. Jahrhundert v. Chr. in ***Indien*** bekannt; dort ist ihr Hauptstandort das Gangestal. Seit dem Beginn des 19. Jahrhunderts hat sich die Krankheit von dort aus über Europa ausgebreitet. Seuchenhistorisch gesehen, lassen sich sieben ***Pandemien*** unterscheiden. Die erste begann 1817 und gelangte bis Osteuropa. Durch die Dampfschiffahrt begünstigt, verbreitete sich die Cholera seit 1826 weltweit und erreichte 1831/32 Deutschland. Im Verlauf der Epidemie verstarb z. B. *Hegel* 1831 in Berlin.

Seit 1960 läuft die 7. Pandemie ab. Diese ist durch den Biotyp El Tor verursacht. In ihrem Verlauf kam es 1973 zu kleineren Ausbrüchen in Neapel und in Portugal, seit 1985 in einigen afrikanischen Ländern (z. B. Angola), 1991 in Peru und in Bangladesh.

Pacini beschreibt 1854 als erster die gekrümmten, kommaförmigen und hochbeweglichen Bakterien bei Cholera. 1883 gelang es Robert Koch zusammen mit seinen Assistenten Fischer und Gaffky, in Ägypten den Erreger aus dem Darm an Cholera verstorbener Patienten in Reinkultur anzuzüchten.

Von dem deutschen Bakteriologen Gotschlich wurde 1905 eine Variante (Biotyp) von Vibrio cholerae in El Tor, einer Quarantäne-Station am Golf von Suez, isoliert. Der Biotyp El Tor wird heute häufiger als Erreger der Cholera isoliert als V. cholerae.

6.6 Aufbau

Choleravibrionen ähneln in ihrem Aufbau den Enterobakterien. Wie alle gramnegativen Bakterien enthalten sie in ihrer äußeren Zellmembran Endotoxin. Sie bilden Fimbrien, aber keine Kapseln.

Für Cholera-Vibrionen charakteristisch ist das Vorhandensein einer einzigen ***polaren*** Geißel. Stämme des klassischen Cholera-Erregers (V. cholerae) verfügen über 3 Fimbrientypen (Typ A, B, C), während El-Tor-Stämme zwei Fimbrientypen (Typ B und C) besitzen.

6.7 Kultur

Choleravibrionen wachsen bei Temperaturen zwischen 20 °C und 40 °C. Sie begnügen sich mit einfach zusammengesetzten und obendrein verdünnten Kulturmedien, sofern diese als Wachstumsfaktor ***Na^+-Ionen*** enthalten.

Zwar vermehren sich Choleravibrionen auch unter anaeroben Bedingungen; in einem sauerstoffreichen Milieu erzielt man aber höhere Keimzahlen. Dementsprechend sieht man in flüssigen Kulturmedien unmittelbar unter der Oberfläche ein besonders üppiges Wachstum (***Kahmhaut***). Auf laktosehaltigen Indikatornährböden bilden Choleravibrionen zunächst farblose Kolonien; erst nach längerer Bebrütung entwickelt sich eine leichte Rosafärbung; sie sind also laktosenegativ.

Der für das Wachstum optimale pH-Wert liegt bei ***alkalischen*** pH-Werten (pH 8); üppiges Wachstum erfolgt noch bei pH 9–9,6. Bei diesen pH-Werten vermehren sich die meisten anderen Bakterien nicht mehr, auch nicht die Enterobakterien.

Man benutzt zur Anzüchtung ***alkalisches Peptonwasser***. Dieses trägt nicht nur dem Bedürfnis nach einem hohen pH-Wert, sondern auch der Anspruchslosigkeit der Erreger Rechnung. Das Peptonwasser wirkt als Selektivnährboden.

6.8 Extrazelluläre Produkte

Choleravibrionen produzieren eine Neuraminidase, eine Muzinase und ein ***Enterotoxin***, Choleragen genannt; dieses ist für die Krankheitserscheinungen der Cholera verantwortlich.

6.9 Identifizierung und Differenzierung

Morphologisch. Choleravibrionen sind kommaförmig ***gekrümmte***, 0,5 µ dicke und 1,5–2,6 µ lange, gramnegative Stäbchen; sie liegen einzeln oder in kurzen Ketten angeordnet (Abb. 6.1). Die polare Geißel verleiht ihnen eine hohe Beweglichkeit; im

Abb. 6.1. Ausstrichpräparat aus einer Schleimflocke von Dünndarminhalt bei Cholera (Vibrio comma)

Tabelle 6.1. Unterschiede zwischen Vibrionen und Enterobakterien

	Wachstum bei pH 9	Wachstum in Gegenwart v. Gallensalzen	Neuraminidasebildung	Oxidasebildung
Vibrionen	+	+	+	+
Enterobakterien	–	–	–	–

hängenden Tropfen bietet sich das Bild eines „*Schwarms von tanzenden Mücken*".

Biochemisch. Die wichtigsten Unterschiede zwischen den Vibrionen und Enterobakteriien sind in der Tabelle 6.1 zusammengefaßt. Mit Hilfe der biochemischen Leistungsprüfung läßt sich nur die Gattungsdiagnose „Vibrio" stellen.

Serologisch. Die endgültige Entscheidung, ob es sich um die Species der Choleravibrionen oder um einen der vielen Nicht-Cholera-Vibrionen (NC-Vibrionen) handelt, wird aufgrund serologischer Untersuchungen gefällt: Ein gruppenspezifisches O-Antigen, als ***0:1*** bezeichnet, kommt nur bei Choleravibrionen vor; nur Choleravibrionen werden durch ein Antiserum gegen 0:1 agglutiniert.

Die nicht zur Serogruppe 0:1 gehörenden Vibrionen sind keine Choleravibrionen; man bezeichnet sie als nichtagglutinierbare Vibrionen (***NAG***) oder ***Nicht-Cholera-Vibrionen***. Ihre humanmedizinische Bedeutung ist auf Seite336 beschrieben.

Vibrio El Tor. Vibrio El Tor trägt wie Vibrio cholerae das Gruppen-Antigen 0:1. Er unterscheidet sich von Vibrio cholerae durch die Unempfindlichkeit gegenüber dem Vibrio-cholerae-Phagen IV, durch seine Fähigkeit zur β-Hämolyse und durch die positive Voges-Proskauer-Reaktion.

6.10 Resistenz gegen äußere Einflüsse

Gegenüber sauren pH-Werten sind Choleravibrionen sehr empfindlich; auf Nährböden, die fermentierbare Kohlenhydrate enthalten, sterben sie schnell ab. Wegen ihrer pH-Abhängigkeit können sich Choleravibrionen nur in den alkalischen Abschnitten des oberen Dünndarms halten; im sauren Milieu des Colons gehen sie schnell zugrunde.

Bei der Primärisolierung von Choleravibrionen nutzt man die Resistenz gegen alkalische pH-Werte in Form von hochalkalischen Selektiv-Nährböden.

Gegen Gallensalze sind Choleravibrionen weniger empfindlich als Enterobakterien.

6.11 Vorkommen

Choleravibrionen kommen im Süßwasser und in ***salzhaltigem Brackwasser*** vor; die Kontamination erfolgt durch den Stuhl von Erkrankten. Die Überlebenszeit der Choleravibrionen beträgt ca. 4–7 Tage; in salzhaltigem Brackwasser werden längere Überlebenszeiten beobachtet als in Süßwasser.

Die Cholera befällt nur den ***Menschen***. Häufig tritt sie als Massenerkrankung bei Armut, Mangelernährung und niedrigem Hygiene-Standard auf.

Träger, d. h. subklinisch Infizierte, kommen bei Cholera-Epidemien fast häufiger vor als Erkrankte. Sie stellen eine wichtige Infektionsquelle dar. Dauerausscheider sind selten.

6.12 Epidemiologie

Die Krankheit ist im ***Gangesdelta*** endemisch und breitet sich westwärts entweder auf dem kontinentalen Weg über Rußland oder auf dem Seeweg aus. 1947 gelangte die Cholera mit Mekkapilgern bis nach Ägypten und 1966 bis in die Türkei. Ostwärts griff die El-Tor-Cholera auf Indonesien und die Philippinen über.

Besonders häufig ist die Cholera heute in ***Bangladesh***. Im Gangesdelta hat V. El Tor seit 1969 den klassischen Biotyp verdrängt; mit einer weiteren Zunahme der El-Tor-Cholera ist zu rechnen. Insgesamt wird die Cholera heute häufiger durch Vibrio El Tor als durch Vibrio cholerae verursacht.

1981 wurden weltweit 36 840 Cholera-Fälle gemeldet, die meisten davon in Asien (19 255) und Afrika (17 521). In Europa traten in jenem Jahr 41 Fälle auf.

6.13 Übertragung

Choleravibrionen gelangen mit fäkal kontaminiertem ***Wasser***, selten mit kontaminierter Nahrung, in den Gastrointestinaltrakt des Menschen.

6.14 Pathogenese

Die Salzsäure des Magens stellt eine wirksame Abwehrschranke dar; ein Großteil der säureempfindlichen Choleravibrionen wird durch sie abgetötet. Die aufgenommene *Erregermenge* muß relativ *hoch* sein (10^8–10^{10}), wenn es überhaupt zu einer Infektion kommen soll. Bei Hypoazidität dürfte die minimale Infektionsdosis auf 10^3–10^4 Erreger absinken. Diejenigen Erreger, welche die Säurebarriere des Magens überwinden und den ***Dünndarm*** erreichen, finden wegen des alkalischen pH-Wertes gute Wachstumsbedingungen vor. Die in den Dickdarm gelangenden Erreger sterben wegen des dort herrschenden sauren Milieus rasch ab.

Im Dünndarm durchdringen die Choleravibrionen die Schleimschicht über den Darmepithelzellen. Hierbei werden sie durch ihre Beweglichkeit und eine von ihnen produzierte ***Muzinase*** unterstützt. Sie heften sich mittels ihrer Fimbrien an Rezeptoren der Epithelzellen und produzieren hier das ***Choleratoxin***. Dieses bindet sich mit seiner Untereinheit B an GM1-Rezeptoren auf der Epithelzelle.

Die von Vibrio cholerae und Vibrio El Tor produzierte ***Neuraminidase*** steigert die Virulenz, indem sie aus Gangliosiden Neuraminsäure freisetzt. Dadurch kommt es zur Freilegung von zusätzlichen Toxinrezeptoren und vermehrter Toxinbindung.

Die Untereinheit A wird in die Zelle aufgenommen und in der Zelle in die Untereinheiten A 1 und A 2 gespalten. A 1 blockiert das Stimulatorprotein Gs der Adenylzyklase in seiner aktivierenden Form. Dadurch wird Adenylzyklase dauerhaft aktiviert gehalten und vermehrt cAMP produziert. Der erhöhte cAMP-Spiegel bedingt, daß Chlorid, Bikarbonat und Kalium vermehrt in das Dünndarmlumen sezerniert werden. Außerdem wird die Na-Rückresorption gehemmt. Den Ionen folgt deren Lösungswasser. Das Flüssigkeitsvolumen, das nun aus dem Dünndarm in den Dickdarm gelangt, übersteigt dessen Rückresorptionsvermögen, so daß sich eine Diarrhoe vom ***sekretorischen Typ*** entwickelt (s. S. 114).

Weder die Dünndarm-Epithelzellen noch die Endothelzellen der Kapillaren in der Lamina propria zeigen histopathologische Veränderungen. Vom Flüssigkeitsverlust betroffen sind der Intravasalraum und der Extrazellularraum. Es kommt zu ***Exsikkose***, zum hypotonen Schock und schließlich zum Tode des Patienten.

6.15 Klinik

Nach einer Inkubationszeit von 2–5 Tagen beginnt die Erkrankung mit Übelkeit, Erbrechen und sogenannten „***reiswasser***artigen" Durchfällen. Die ausgeschiedenen Flüssigkeitsmengen können 25 l/Tag erreichen. Es entwickelt sich eine Dehydratation mit den Symptomen der ***Exsikkose*** und des ***Elektrolytverlustes***. Erstes Symptom der Austrocknung ist vielfach eine Heiserkeit. Es kann dann zu Muskelkrämpfen in den Waden, zur Oligurie und zum Kollaps kommen. Der Patient zeigt neben den Zeichen eines extrazellulären Flüssigkeitsdefizits eine *Azidose*, *Hyponatriämie* und *Hypokaliämie* sowie eine *Hypoglykämie*. Das Blut kann so eingedickt sein, daß nach Gerinnung kein Serum mehr zu gewinnen ist. In schwersten Fällen kann der Patient schon innerhalb einer Stunde nach Einsetzen der Symptome eine Hypotonie entwickeln und innerhalb von 2–3 Stunden versterben (Cholera ***siderans***). Manchmal sterben die Patienten, bevor sich die Diarrhoe entwickelt (Cholera sicca).

Die Letalität liegt bei unbehandelten Fällen bis zu 60%, bei der durch V. El Tor verursachten Form bei 15–30%. Bei adäquater Behandlung liegt sie unter 1%. Bei Infektionen durch Vibrio El Tor verläuft die Cholera milder als bei der klassisischen Cholera. Der Pathomechanismus der durch El Tor erzeugten Cholera ist identisch mit demjenigen der klassischen Cholera.

6.16 Immunität

Da die Cholera eine *Lokalinfektion des Dünndarms* ist, wird die Hauptlast der Abwehr durch Antikörper der ***IgA***-Klasse getragen; nach überstandener Krankheit wird durch IgA-Antikörper eine Immunität aufgebaut. Spezifische IgA-Antikörper reagieren mit dem Toxin und hemmen so dessen Bindung an die Zellrezeptoren. Andere IgA-Antikörper sind spezifisch für die Adhäsine in der äußeren Membran der

Cholera-Vibrionen. Sie verhindern deren Anheftung an die Rezeptoren der Zelloberfläche. Wahrscheinlich spielen bei der Abwehr auch Antikörper gegen die H-Antigene eine Rolle; diese Antikörper hemmen die Beweglichkeit der Vibrionen. Im Zuge der Erkrankung treten auch Agglutinine und vibriolytische Antikörper im Serum auf; sie gehören der IgG-Klasse an. Für die Abwehr der Vibrionen sind sie von untergeordneter Bedeutung, weil die Choleraerreger nicht ins Blut vordringen.

Choleravibrionen gehören zu den wenigen Bakterienspezies, die durch Antikörper und Komplement lysiert werden. ***Pfeiffer*** injizierte 1890 virulente Choleravibrionen in die Peritonealhöhle eines cholera-immunen Meerschweinchens. Die Vibrionen wurden ***lysiert***. Wurden Choleravibrionen zusammen mit spezifischen Antikörpern in die Peritonealhöhle von nichtinfizierten, gesunden Meerschweinchen injuziert, so ergab sich ebenfalls Vibriolyse. Später erkannte ***Bordet***, daß Antikörper zur Lyse der Choleravibrionen allein nicht ausreichen; er zeigte, daß ein zusätzlicher, unspezifisch wirksamer Faktor erforderlich ist, wenn es zur Lyse der Choleravibrionen kommen soll. Bordet nannte diesen Faktor in Anlehnung an Buchner Alexin. Später prägte Paul ***Ehrlich*** hierfür den Begriff ***Komplement***.

6.17 Labordiagnose

Bei Choleraverdacht ist vom behandelnden Arzt die untersuchende Stelle sofort telefonisch zu benachrichtigen, damit ***umgehend*** eine Diagnostik in Gang gebracht werden kann.

Untersuchungsmaterial

Zur bakteriologischen Labordiagnose eignen sich ***Stuhl*** und ***Erbrochenes*** sowie Duodenalsaft. Diese Materialien sollten nicht später als 24 Stunden nach Krankheitsbeginn entnommen und im bakteriologischen Labor verarbeitet werden.

Transport

Da Choleravibrionen gegen Austrocknung sehr empfindlich sind, muß die entnommene Stuhlprobe in einem ***Transportmedium*** ins Labor verbracht werden. Am besten eignet sich dafür das Transportmedium von Cary und Blair.

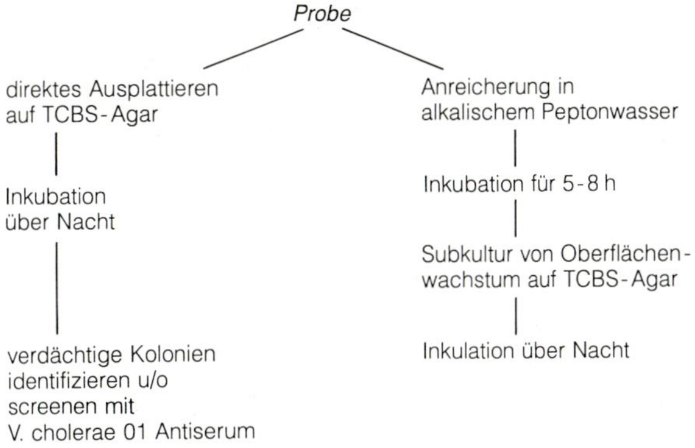

Abb. 6.2. Spezialmethoden zur Isolierung und Identifizierung von Vibrio cholerae

Vorgehen im Labor (Abb. 6.2)

Mikroskopie. Die mikroskopische Betrachtung des Stuhls im Dunkelfeld kann dem Erfahrenen bereits eine Verdachtsdiagnose ermöglichen. Im ***Stuhlpräparat*** von Cholera-Patienten finden sich massenhaft kommaförmige bewegliche Stäbchen. Ihre Beweglichkeit wird als ***mückenschwarmartig*** beschrieben. Die Erreger lassen sich im Stuhl mit fluoreszein-markierten Antikörpern anfärben. Gibt man ein 0:1-spezifisches Antiserum zu einer in Nährbouillon eingerührten Stuhlprobe, so werden die Vibrionen immobilisiert; es kann in diesem Fall die Diagnose Cholera als gesichert angesehen werden. Im Gegensatz zur Ruhr enthält der Stuhl des Cholerakranken kein Blut und keine polymorphkernigen Granulozyten.

Anzucht. Das vom Patienten stammende Material wird direkt auf geeigneten ***Selektiv-Medien***, z. B. Thiosulfat-Citrat-Galle-Saccharose-Agar (***TCGS***), ausgestrichen.

Gleichzeitig wird alkalisches ***Peptonwasser*** von pH 8,6 zwecks Anreicherung mit dem Untersuchungsmaterial beimpft. Nach einer 6 Stunden dauernden Bebrütung wird das Peptonwasser auf TCGS-Medium oder auf das Cholera-Medium nach Felsenfeld und Watanabe ausgestrichen. Sobald sichtbare Kolonien gewachsen sind, werden die Bakterien mit einem polyvalenten Cholera-Anti-O-Antiserum agglutiniert. Eine positive Probe-Agglutination macht die Diagnose Cholera nahezu sicher und erfordert die *umgehende Benachrichtigung des behandelnden Arztes*. Eine Bestätigung der Diagnose erfolgt durch die biochemische Leistungsprüfung und die Bestimmung weiterer Merkmale.

Cholera-Notfall-Besteck. In jedem bakteriologischen Labor muß wegen der Möglichkeit der Einschleppung von Cholera durch Reisende jederzeit ein Cholera-Notfall-Besteck vorhanden sein. Dieses besteht aus:

- Alkalischem Peptonwasser,
- TCGS- oder Choleramedium,
- Polyvalentem Cholera-Anti-O-Antiserum.

6.18 Therapie

Flüssigkeits- und Elektrolyt-Substitution

An erster Stelle in der Therapie der Cholera steht der rasche Ersatz der verlorenen Flüssigkeit und Elektrolyte sowie von Glukose. Für die Therapie in Endemiegebieten, in denen ausreichende Mengen *intravenöser* Infusionsflüssigkeit nicht zur Verfügung stehen, hat die WHO eine *oral* zu verabreichende Salz- und Glukoselösung in Wasser entwickelt. Diese besteht aus folgenden Komponenten:

- Glukose: 20 g/l
- Na^+-Bikarbonat: 2,5 g/l
- Na^+-Chlorid: 3,5 g/l
- K^+-Chlorid: 1,5 g/l

Hierbei ermöglicht Glukose die Aufnahme von Natriumionen in die Dünndarmepithelzelle über den Natrium-Glukose Symport. Dieser ist nicht durch Choleragen beeinträchtigt. Zum Ausgleich der Osmolalität folgt den Natriumionen und der Glukose Wasser aus dem Darmlumen nach. Mit dieser Lösung ist es möglich, Flüssigkeitsverluste durch den Dünndarm auszugleichen, nachdem zunächst der hypovolämische Schock durch intravenöse Flüssigkeitsgabe ausgeglichen worden ist. Bei leichteren Fällen (bis zu 7 l/d Flüssigkeitsverlust) reicht eine orale Substitution aus; bei darüber hinausgehenden Verlusten sollte nach Möglichkeit i. v. substituiert werden.

Die Prognose der adäquat behandelten Cholera ist günstig: Durch die Behandlung sinkt die Letalität von 60% auf unter 1% ab.

Antibiotische Therapie

Zusätzlich, aber nicht alternativ zur Flüssigkeits- und Elektrolyttherapie, gibt man Tetracyklin, Chloramphenicol oder Ciprofloxacin. Die antibiotische Therapie eliminiert zwar die Bakterien aus dem Darm, sie ersetzt jedoch *nicht* die Flüssigkeitszufuhr.

6.19 Prävention

Seuchenhygienische Maßnahmen

Vorbeugende Maßnahmen sind: Feststellung der Infektionsquelle (***Quellenerfassung***) und ***Quellensanierung***. Patienten und Ausscheider müssen isoliert und gegebenenfalls hospitalisiert, ihre Ausscheidungen desinfiziert werden. Vor allem gilt es zu verhindern, daß vibrionenhaltige Ausscheidungen von Patienten in das Trinkwasser und in die Nahrung gelangen. Die Gefahr der Erregeremission gilt bei einem Träger oder einem Kranken erst dann als beseitigt, wenn drei bakteriologische Stuhluntersuchungen, im Abstand von je 24 Stunden durchgeführt, negativ ausfallen.

Die Cholera gehört zu den drei ***Quarantänekrankheiten*** (Cholera, Pest, Gelbfieber). Die Quarantänisierung ist bei Verdacht auf Cholera auf fünf Tage festgesetzt.

Schutzimpfung

Eine Vakzine, die aus abgetöteten Choleravibrionen besteht, verleiht einen auf 3–6 Monate begrenzten Schutz, wobei die Schutzrate nur bei ca. 50% bis 60% liegt. Eine antitoxin-erzeugende Vakzine existiert noch nicht.

Meldepflicht (§ 3 BSeuchG)

Verdacht, Erkrankung, Tod, Ausscheider.

6.20 NAG-(NC)-Vibrionen

Vibrionen, die durch Antiserum gegen 0:1 nicht agglutiniert werden, nennt man nichtagglutinierbare Vibrionen (***NAG***-Vibrionen) oder Non-Cholera-Vibrionen (***NC***-Vibrionen). Sie kommen in Oberflächenwässern vor und wurden bis vor etwa 20 Jahren als harmlos angesehen. Gelegentlich können sie ein choleraähnliches Krankheitsbild verursachen.

Vibrio parahaemolyticus

Die Vibrionenart Vibrio parahaemolyticus ist ein in Japan häufiger Erreger von akuten Gastroenteritiden. V. parahaemolyticus gelangt mit rohen Meeresfischen und Muscheln in den Darm. Dort dringt er in das Colonepithel ein. Die Krankheit dauert in der Regel 3 Tage an.

Auch in anderen Teilen der Welt sind Gastroenteritiden durch Vibrio parahaemolyticus im Zusammenhang mit der Aufnahme von Meeresfrüchten beschrieben.

6.21 Andere Vibrionazeen

Aeromonas

Aeromonasarten sind gramnegative, bewegliche Stäbchen mit einer einzigen polaren Geißel. Sie sind fakultativ anaerob, d. h. sie metabolisieren Glukose respiratorisch und fermentativ und besitzen das Enzym Oxidase.

Von den vier bekannten Aeromonas-Arten kann ***Aeromonas hydrophila*** beim Menschen Durchfallerkrankungen hervorrufen, die auf die Wirkung eines Enterotoxins zurückgehen. Das Toxin ist mit dem Choleratoxin serologisch verwandt; es wird durch cholera-spezifisches Antitoxin neutralisiert. Gelegentlich verursacht Aeromonas hydrophila Sepsis, Osteomyelitis, Harnwegsinfektionen, Hautgeschwüre und eine rasch progrediente Myonekrose (s. a. clostridiale Myonekrose/Gasbrand, S. 430).

Plesiomonas

Plesiomonas, ebenfalls ein gramnegatives, fakultativ anaerobes polar begeißeltes Stäbchen ist oxidase-positiv; es kommt bei Fischen und anderen im Wasser lebenden Tieren vor. Die Gattung Plesiomonas enthält nur eine Art, ***Plesiomonas shigelloides***. Plesiomonas shigelloides kann vermutlich beim Menschen Durchfallerkrankungen hervorrufen.

Zusammenfassung: Vibrionen

Bakteriologie: Fakultativ anaerobe, gramnegative, kommaförmige Stäbchen; schnell beweglich; unipolar begeißelt. Wachstum auf einfachen, Na^+-Ionen enthaltenden Nährböden. Exotoxinbildner und Fimbrienträger.

Vorkommen: Im Dünndarm des Menschen. Durch Kontamination mit infektiösem Stuhl in Süßwasser und salzhaltigem Brackwasser.

Resistenz: Überlebenszeit außerhalb des Dünndarms 4–7 Tage. Gegenüber sauren pH-Werten und Gallensalzen empfindlich. Hingegen Resistenz gegenüber alkalischen pH-Werten.

Epidemiologie: Reservoir: Unbekannt. Wirt: Für V. cholerae und V. parahaemolyticus nur der Mensch. Vektoren: Nicht bekannt. Endemisch im Delta des Ganges. Sieben große Pandemien in der Geschichte. Wandel der Biotypen: V. El Tor verdrängt V. cholerae.

Übertragung: Durch fäkal kontaminiertes Wasser oder verunreinigte Lebensmittel, die in den Dünndarm des Menschen gelangen.

Pathogenese: Orale Aufnahme von 10^8–10^{10} Erregern → Überwindung der Säurebarriere des Magens → Auflösung der über den Dünndarmepithelzellen befindlichen Schleimschicht durch Muzinase → Anheftung an Epithelzellen mittels Fimbrien → Produktion des Choleratoxins → Anstieg intrazellulärer cAMP-Spiegel durch Blockade des Gs-Regulatorproteins der Adenylzyklase in seiner aktiven Form. → isotonischer Flüssigkeitsverlust → hypovolämischer Schock.

Zielgewebe: Dünndarmepithelien.

Klinik: Kurze Inkubationszeit von wenigen Stunden bis zu 2–5 Tagen. Verlaufsformen: Cholera siderans, Cholera sicca und milde Verläufe. Hypovolämie durch massiven isotonischen Flüssigkeitsverlust über die Dünndarmepithelien. NC-Vibrionen, V. parahaemolyticus-, Aeromonas- und Plesiomonas-Arten können choleraähnliche Krankheitsbilder und Gastroenteritiden hervorrufen.

Pathomechanismen: Vorbedingung für die Virulenz sind: Alkaliresistenz (Überleben im Dünndarmmilieu), Produktion einer schleimauflösenden Neuraminidase, Vorhandensein von Adhärenzfaktoren und Produktion eines hitzelabilen Enterotoxins.

Labordiagnose: Untersuchungsmaterial: Stuhl und Erbrochenes. Probentransport muß in geeigneten Medien erfolgen (cave! Austrocknung). Erregernachweis: Mikroskopisch im Dunkelfeldpräparat massenhaft kommaförmige bewegliche Stäbchen. Anzucht auf Selektivnährböden (Cholera-Notfall-Besteck). Identifikation: Serologisch durch die Agglutination fraglicher Bakterien mit einem polyvalenten Cholera-Anti-O-Antiserum, außerdem biochemische Leistungsprüfung.

Therapie: Substitution von Flüssigkeit, Glukose und Elektrolyten („Salzstangen und Coca-Cola") durch Glukose vermittelte Wasser- und Elektrolytresorption im Dickdarm. Zusätzlich Elimination des Erregers durch Antibiotikagabe: Tetrazyklin, Chloramphenicol oder Ciprofloxacin.

Immunität: Lokalinfektion des Dünndarms; Abwehr hauptsächlich getragen von IgA-Antikörpern und Komplement. Sie verhindern die Andockung des Toxins an die Zellmembran und die Adhärenz des Erregers.

Prävention: Seuchenhygienische Maßnahmen: Quellenerfassung, Quellensanierung. Quarantäne.

Vakzination: Vakzine mit abgetöteten Choleravibrionen verleiht einen 50–60%igen Schutz für 3–6 Monate.

Meldepflicht: Verdacht, Erkrankung, Tod und Ausscheider.

7 Campylobacter und Helicobacter

H. Hahn, M. Warrelmann, K. Vogt

INHALTSÜBERSICHT

7.1 Campylobacter 339
7.1.1 C. fetus, subsp. fetus, C. jejuni, C. coli und C. laridis 340
7.1.2 Übrige Campylobacter-Arten 341
Zusammenfassung 341
7.2 Helicobacter pylori 341
Zusammenfassung 342

7.1 Campylobacter

Definition und Rolle als Krankheitserreger

Die Bakterien der Gattung Campylobacter sind gramnegative gekrümmte Stäbchen, die sich durch ihre geringgradige Zuckermetabolisierung und durch mikroaerophiles Wachstum von anderen gramnegativen Stäbchen unterscheiden. Beim Übergang auf den Menschen können sie Durchfälle und septische Erkrankungen hervorrufen.

Taxonomie

Früher rechnete man Campylobacter zu der Familie der Vibrionazeen; da sich die Bakterien jedoch in vielen Eigenschaften von den Vibrionen unterscheiden (insbesondere im Gehalt von G + C in der DNS), hat man sie aus dieser Familie herausgenommen. Eine neue Familienzuordnung ist noch nicht getroffen worden (Tabelle 7.1).

Tabelle 7.1. Mitglieder der Gattung Campylobacter

C. fetus	ssp. fetus, ssp. venerealis
C. jejuni	
C. coli	
C. laridis	
C. sputorum	ssp. sputorum, ssp. bubulus, ssp. mucosalis
C. fennelliae	
C. cinaedi	
C. hydrointestinalis	

Kultur

Campylobacter benötigt zur Vermehrung ein mikroaerophiles Milieu (5% O_2, 10% CO_2 und 85% N_2). Unter diesen Bedingungen bildet er auf festen Kulturmedien kleine (0,5–1 mm) weiße bis cremefarbene Kolonien. Unter streng aeroben und streng anaeroben Bedingungen vermehrt sich Campylobacter ***nicht***.

Identifizierung und Differenzierung

Morphologie. Die gekrümmten gramnegativen Stäbchen messen 1,5–5 × 0,2–0,2 µm. Sie tragen eine polare Geißel an einem oder an beiden Enden und zeigen eine lineare oder korkzieherartige Beweglichkeit.

Tabelle 7.2. Identifizierung wichtiger Campylobacter-Arten

	C. fetus ssp. fetus	C. jejuni	C. coli	C. laridis
Oxidase	+	+	+	+
Katalase	+	+	+	+
Nitrat	+	+	+	+
25 °C	+	–	–	–
42 °C	–	+	+	+
Hippurat	–	+	–	–
Harnstoff	–	–	–	–
Nalidixinsäure	R	S	S	R
Cephalotin	S	R	R	R

Biochemische Merkmale. Glukose wird weder oxidativ noch fermentativ gespalten, ebensowenig andere Zucker. Die bei der Charakterisierung von Enterobakterien gebräuchlichen Reaktionen fallen negativ aus (Tabelle 7.2).

7.1.1 C. fetus, subsp. fetus, C. jejuni, C. coli und C. laridis

Vorkommen

C. fetus, subsp. fetus und C. jejuni sind als tierpathogene Krankheitserreger schon lange bekannt. C. fetus subsp. fetus erzeugt Aborte bei Rindern und Schafen. C. jejuni erzeugt Aborte bei Schafen sowie Erkrankungen bei Truthähnen und Schweinen. C. laridis ist im Darm von Möwen häufig anzutreffen.

Epidemiologie

Campylobacter-Infektionen kommen weltweit vor. Die Zahl der diagnostizierten Campylobacter-Fälle in Mitteleuropa ist im Zunehmen begriffen. In Entwicklungsländern ist C. jejuni für bis zu 80% aller Durchfallerkrankungen verantwortlich.

Pathogenese

C. jejuni induziert eine eitrige ulzerierende Entzündung an der Lamina propria des Kolons. Histopathologisch können Kryptenabszesse nachgewiesen werden. Die Beteiligung der Virulenzfaktoren an der Pathogenese ist bisher nur unzureichend aufgeklärt. C. jejuni besitzt LPS in der Zellwand; dieses könnte durch Komplement-Aktivierung an der Entzündungsreaktion beteiligt sein. Darüber hinaus produziert C. jejuni ein hitzelabiles Enterotoxin und Zytotoxine mit serologischer Ähnlichkeit mit Shigatoxin.
C. fetus, subsp. fetus trägt ein oberflächliches S-Protein, das als Kapsel wirkt und eine Bindung von C3b verhindert.

Klinik

C. jejuni verursacht nach oraler Aufnahme auch kleiner Erregermengen (100 KBE) nach einer Inkubationszeit von 1 – 7 Tagen eine Kolitis mit anfangs wäßriger, später blutiger Diarrhoe, Bauchschmerzen und Fieber. Bei rezidivierenden Verlaufsformen kann eine Colitis ulcerosa imitiert werden. Gelegentlich tritt der Erreger in die Blutbahn über und verursacht eine Sepsis.

C. fetus, subsp. fetus befällt vorwiegend abwehrgeschwächte Patienten und Neugeborene, bei denen er Sepsis, Meningitis, Thrombophlebitis, Arthritis, Hepatitis und Enteritis hervorrufen kann. Er ist ein opportunistischer Infektionserreger.

C. laridis verursacht vereinzelt milde Diarrhoen beim Menschen (Tabelle 7.3).

Labordiagnose

Mikroskopisch. Der Stuhl bei Campylobacter-jejuni- und -colikolitis enthält Granulozyten.

Anzucht. Campylobacter läßt sich aus Blut und anderen Körperflüssigkeiten unter mikroaerophilen Bedingungen auf geeigneten Kulturmedien leicht anzüchten. Der mikroskopische Nachweis gekrümmter Mikroorganismen aus Blutkulturen sollte den Verdacht auf eine Campylobacter-Infektion lenken.

Die Anzüchtung aus dem Stuhl erfordert zunächst eine Reduktion der normalen Stuhlflora durch Millipore-Filtration. Anschließend wird das Filtrat auf einem Selektiv-Agar für Campylobacter (Novobiocin-Brillantgrün-Blutagar) in 10% CO_2 über 120 Stunden bei 37 °C angezüchtet.

Therapie

Campylobacter ist empfindlich gegen Clindamycin, Tetrazykline, Gentamicin, Erythromycin, Chloramphenicol und resistent gegen Penicillin G, Polymyxin B sowie Bacitracin.

Eine antibiotische Therapie erübrigt sich in Fällen von Enteritis bei Patienten mit normaler Infektabwehr. Bei extraintestinalen Formen muß chemotherapeutisch eingegriffen werden, ebenso in Fällen von Enteritis bei Kleinkindern und Patienten mit einer geschwächten Infektabwehr.

Tabelle 7.3. Wichtige humanpathogene Spezies der Gattung Campylobacter

Spezies	Krankheitssymptom	Isolierung	Vorkommen
C. fetus ssp. fetus	Bei immungeschwächten Pat. oft therapiebedürftige systemische Infektionen Opportunist	Blut, Liquor, Eiter	Selten
C. jejuni	Akute Enteritis	Stuhl	Häufig
C. coli	Akute Enteritis	Stuhl	Selten
C. laridis	Milde Enteritis	Stuhl	Sehr selten

Meldepflicht (§ 3 BSeuchG)

Bei Kolitis: Krankheitsverdacht, Erkrankung, Tod; bei Meningitis: Erkrankung und Tod.

7.1.2 Übrige Campylobacter-Arten

C. sputorum ssp. sputorum, der zur intestinalen Flora des Menschen gehört, konnte aus Abszeßmaterial isoliert werden. C. fennelliae und C. cinaedi verursachen Enteritiden besonders bei AIDS-Patienten. C. hydrointestinalis verursacht Bakteriämien bei immunsupprimierten Personen.

Zusammenfassung: Campylobacter

Bakteriologie: Gramnegatives, begeißeltes Stäbchen. Wachstum nur unter mikroaerophilen Bedingungen. Keine Zuckermetabolisierung.

Vorkommen: Als tierpathogener Erreger bekannt. Schafe und Rinder.

Resistenz: Keine Vermehrung unter streng aeroben bzw. streng anaeroben Bedingungen.

Epidemiologie: Weltweite Verbreitung. 80% aller Durchfallerkrankungen in Entwicklungsländern durch C. jejuni.

Übertragung: Vom Tier auf den Menschen. Modus noch unklar.

Pathogenese: Toxinbildner: Enterotoxin und Zytotoxin.

Zielgewebe: Darm.

Klinik: Diarrhoen, gelegentlich Sepsis.

Labordiagnose: Anzucht aus Blut, Stuhl und anderen Körperflüssigkeiten.

Therapie: Clindamycin, Tetrazykline, Gentamicin u. a.

Meldepflicht: Verdacht, Erkrankung und Tod.

7.2 Helicobacter pylori

Definition und Rolle als Krankheitserreger

Das Genus Helicobacter umfaßt gramnegative gekrümmte Stäbchen, die streng mikroaerophil wachsen und sich durch eine hohe Ureaseaktivität auszeichnen. Helicobacter pylori gilt als Mitverursacher von Gastritiden und Magen- bzw. Duodenalulcera.

Taxonomie

1982 erstmals angezüchtet, wurde der Erreger zunächst als Campylobacter pylori bezeichnet. 1989 wurde er wegen seiner besonderen Charakteristika als neues Genus – Helicobacter – aus der Campylobacter-Gattung ausgegliedert.

Kultur

Helicobacter wächst unter streng mikroaerophilen Bedingungen in kleinen (0,5–1 mm) glasigen Kolonien.

Identifizierung und Differenzierung

Charakteristisch ist die ausgeprägte Ureaseaktivität, die eine Schnelldiagnose noch vor der Anzucht (Farbumschlag einer Harnstofflösung nach Eintauchen einer Magenbiopsie) ermöglicht.
Morphologie. Die gramnegativen Stäbchen sind bogenförmig oder spiralig gekrümmt und sind durch ihre fünf polaren Geißeln sehr beweglich.

Vorkommen

H. pylori wird in 80% der Patienten mit chronisch-atrophischer Gastritis, Magen- oder Duodenalulcera, selten dagegen bei magengesunden Patienten isoliert.

Epidemiologie

Helicobacter tritt weltweit auf; ein gehäuftes Vorkommen ist bei Personen mit Tierkontakt beschrieben.

Pathogenese und Klinik

H. pylori produziert ein Zytotoxin, das die schleimproduzierenden Zellen der Magenschleimhaut angreift, des weiteren eine Muzinase und eine Protease. Die Urease von Helicobacter schützt ihn vor der Magensäure und ermöglicht den Aufbau eines neutralen Milieus. Klinisch imponieren *Gastritiden und Ulcera*, die nach Keimelimination rasch abheilen.

Labordiagnose

Die Ureaseaktivität wird u. a. mit Harnstofflösungen (roter Farbumschlag) nachgewiesen. Die Anzucht geschieht aus Magenbiopsaten, die mikroaerophil bebrütet werden.

Therapie

Helicobacter ist empfindlich gegen Ampicillin, Clindamycin, Metronidazol und Wismutsalze. Allerdings ist die Rezidivrate hoch, weshalb sich eine Kombinationstherapie empfiehlt.

Meldepflicht

Es besteht keine Meldepflicht.

Zusammenfassung: Helicobacter

Bakteriologie: Gramnegatives Stäbchen, streng mikroaerophil, starke Ureaseaktivität

Vorkommen, Epidemiologie: Magenschleimhaut von Gastritis- und Ulcuspatienten, weltweit

Pathogenese: Zytotoxin, Muzinase, Protease, Urease

Klinik: Chronische Gastritis, Magen- und Duodenalulcera

Labordiagnose: Ureasenachweis und Anzucht aus Magenbiopsien

Therapie: Ampicillin, Clindamycin, Metronidazol, Wismutsalze

Meldepflicht: Keine

8 Pseudomonas

H. Hahn

INHALTSÜBERSICHT

8.1 Allgemeines zur Gattung Pseudomonas . . . 343
8.2 Pseudomonas aeruginosa . . . 344
8.2.1 Aufbau . . . 344
8.2.2 Kultur . . . 344
8.2.3 Extrazelluläre Produkte . . . 344
8.2.4 Identifizierung und Differenzierung . . . 344
8.2.5 Resistenz gegen äußere Einflüsse . . . 344
8.2.6 Vorkommen . . . 345
8.2.7 Epidemiologie . . . 345
8.2.8 Übertragung . . . 345
8.2.9 Pathogenese . . . 345
8.2.10 Klinik . . . 347
8.2.11 Immunität . . . 347
8.2.12 Labordiagnose . . . 348
8.2.13 Therapie . . . 348
8.2.14 Prävention . . . 348
8.3 Andere opportunistische Pseudomonasarten . . . 348
8.4 Obligat pathogene Pseudomonas-Arten 348
Zusammenfassung . . . 349

8.1 Allgemeines zur Gattung Pseudomonas

Definition

In der Gattung Pseudomonas (Pseudomonaden) werden gramnegative Stäbchen mit einer oder mehreren polaren Geißeln zusammengefaßt (Ausnahme: Pseudomonas mallei ist unbegeißelt). Pseudomonaden zeichnen sich durch einen aeroben Stoffwechsel aus: Sie sind nicht imstande, aus der Vergärung von Glukose zu Säure ihren Energiebedarf zu decken; Glukose und andere organische Substrate werden oxidativ abgebaut.

Die Katalase- und die Oxidase-Reaktion fallen positiv aus (Ausnahme: Pseudomonas maltophilia ist oxidase-negativ). Die meisten Pseudomonas-Arten bilden Farbstoffe.

Rolle als Krankheitserreger

Für die Humanmedizin besitzt Ps. aeruginosa die größte Bedeutung als Erreger eitriger und septikämischer ***Opportunisten***-Infektionen. Ps. mallei ist der Erreger des Rotz, Ps. pseudomallei der Erreger der Melioidose.

Taxonomie

Die Familie der Pseudomonadazeen besteht aus vier Gattungen, von denen lediglich die Gattung Pseudomonas humanpathogene Bedeutung besitzt. Diese Gattung wird in zahlreiche Arten eingeteilt (Tabelle 8.1).

Tabelle 8.1. Vertreter der Gattung Pseudomonas

Fakultativ pathogene Arten	*Obligat pathogene Arten*
Ps. aeruginosa	Ps. pseudomallei
Ps. putida	Ps. mallei
Ps. cepacia	
Ps. acidovorans	
Ps. stutzeri	
Ps. alcaligenes	
Ps. maltophilia	
Ps. diminuta	
Ps. paucimobilis	
Ps. fluorescens	
Xanthomonas	

8.2 Pseudomonas aeruginosa

8.2.1 Aufbau

Wie andere gramnegative Stäbchen besitzt Ps. aeruginosa in der äußeren Membran Lipopolysaccharide. Der Erreger ist polar begeißelt und trägt Fimbrien, die als Adhäsine wirken. Eine eigentliche Kapsel wird nicht gebildet, wohl aber eine ***Schleimschicht*** (Glykokalix) aus Polysacchariden und Proteinen, die wie eine echte Kapsel die Phagozytose erschwert. Es gibt „mukoide" Stämme, die besonders viel Schleim produzieren; man findet diese Stämme häufig bei Patienten mit Mukoviszidose.

8.2.2 Kultur

Typisch für Ps. aeruginosa ist ihre Anspruchslosigkeit. Der Erreger gedeiht auf einfach zusammengesetzten Kulturmedien, z. B. MacConkey-Agar. Ps. aeruginosa gehört zu den schnellwachsenden Bakterien: Die Generationszeit beträgt bei 37 °C ca. 20 min; Ps. aeruginosa vermehrt sich im Gegensatz zu anderen Pseudomonaden auch bei 42 °C, die meisten Stämme jedoch nicht bei 4 °C.

Auf Blutagar zeigt Ps. aeruginosa häufig Wachstum mit ***β-Hämolyse***. Die Hämolyse beruht auf der Produktion zweier Hämolysine.

In flüssigen Kulturmedien vermehrt sich Ps. aeruginosa aufgrund des aeroben Stoffwechsels nahe der Oberfläche. Es bildet hierdurch eine an eine Kahmhaut erinnernde Schicht. Diagnostisch beweisend ist die Fähigkeit, auf Selektiv-Nährböden in Gegenwart von ***Cetrimid*** zu wachsen, einem Hemmstoff, der das Wachstum anderer Bakterien unterdrückt.

8.2.3 Extrazelluläre Produkte

Pigmente. Die meisten Ps.-aeruginosa-Stämme bilden unter geeigneten Wachstumsbedingungen einen gelben Farbstoff, der grünlich fluoresziert, das ***Fluoreszein***. Außerdem wird ein weiterer Farbstoff gebildet, das blaugrüne ***Pyocyanin***, dem der Erreger seinen alten Namen Pyocyaneus verdankt. Dieses Pigment findet sich typischerweise bei *Wundinfektionen* durch Ps. aeruginosa. Einige Stämme produzieren noch das rötliche Pyorubin und das bräunliche Pyomelanin.

Duftstoff. Charakteristisch ist auch die Bildung eines Duftstoffes, des o-Aminoacetophenons. Die Kulturen weisen einen süßlich-aromatischen Geruch auf, der mit dem Duft von Lindenblüten oder Drops verglichen worden ist.

Hämolysine. Ps. aeruginosa produziert die Phospholipase C und ein hitzestabiles Glycolipid. Beide Substanzen wirken als Hämolysine.

Proteasen. Ps. aeruginosa bildet zwei Proteasen: Die ***Elastase*** und die alkalische ***Protease.***

Exotoxin A. Das Exotoxin A wird in die Umgebung abgegeben und ist wahrscheinlich der wichtigste ***Virulenzfaktor*** von Ps. aeruginosa. Sein Wirkungsmechanismus ist auf Seite 347 näher beschrieben.

8.2.4 Identifizierung und Differenzierung

Morphologisch. Ps. aeruginosa ist ein 0,5–1 µm dickes und 1,5–5,0 µm langes gramnegatives bewegliches Stäbchen.

Biochemisch. Die biochemischen Merkmale der am häufigsten isolierten Pseudomonas-Arten sind in der Tabelle 8.2 aufgeführt. Für die routinemäßige Identifizierung von Ps. aeruginosa nutzt man die positive ***Oxidase***-Reaktion und das Wachstum auf cetrimidhaltigen Kulturmedien.

Serologisch. Eine serologische Typisierung isolierter Stämme mit Hilfe von Antiseren gegen O- und H-Antigene wird nur unter epidemiologischen Gesichtspunkten durchgeführt.

8.2.5 Resistenz gegen äußere Einflüsse

Pseudomonasarten gehören zu den *widerstandsfähigsten* und anspruchslosesten Bakterien überhaupt. Die-

Tabelle 8.2. Abgrenzung der Pseudomonaden von Enterobakterien

	Pseudomonas	Enterobakterien
Oxidasereaktion	+	–
Zucker fermentativ gespalten	–	+
Zucker oxidativ gespalten	+	+
Wachstum auf cetrimidhaltigen Nährböden	+	–
Fluoreszeinbildung	+	–

se Eigenschaften sichern ihnen in nahezu jeder Umgebung eine Überlebenschance. Dementsprechend ist Ps. aeruginosa weit verbreitet. Gegen Ps. aeruginosa sind sogar manche Desinfektionsmittel, wie z. B. quarternäre Ammoniumverbindungen, nicht ausreichend wirksam; paradoxerweise können sie sogar wachstumsfördernde Wirkungen ausüben. Auch in trockenem Milieu weist Ps. aeruginosa eine beträchtliche Überlebensfähigkeit auf. Darüber hinaus ist der Erreger gegen viele gebräuchliche Antibiotika resistent.

8.2.6 Vorkommen

Als typischer „Naß- oder ***Pfützenkeim***" findet sich Ps. aeruginosa an feuchten Stellen, an denen organische Substanz, wenn auch nur in Spuren, vorkommt.

Typische Standorte von Ps. aeruginosa sind Blumenvasen, Waschbecken, Schläuche von ***Beatmungs***- und ***Infusionsgeräten***, Endoskope, Seifen, Waschlappen, Desinfektionsmittel, Luftbefeuchter, Baby-Inkubatoren, Salben, Kosmetika und Flüssigkeiten, die zum Aufbewahren von Kontaktlinsen dienen. Sogar in destilliertem Wasser gedeiht Ps. aeruginosa, sofern es Spuren von organischen Substanzen enthält.

Im ***Krankenhaus*** steigt die Zahl der Patienten, die von Ps. aeruginosa kolonisiert werden, parallel zu der Dauer des Aufenthaltes. Pseudomonas aeruginosa besiedelt bei Patienten und Personal besonders häufig die Haut der Axilla, der Leistenbeuge, des Perineums und des äußeren Ohrs. Man findet den Erreger auch häufig im oberen Respirationstrakt.

8.2.7 Epidemiologie

Ps. aeruginosa ist als ***Hospitalismuserreger*** zu einem der häufigsten Erreger von nosokomialen Infektionen geworden. In den USA gehen 11% aller Krankenhausinfektionen auf Ps. aeruginosa zurück. Ps. aeruginosa ist der häufigste Erreger von nosokomialen Pneumonien, der zweithäufigste aus Verbrennungswunden isolierte Erreger und der dritthäufigste Erreger nosokomial erworbener Harnwegsinfektionen. ***Sepsis*** durch P. aeruginosa ist mit der höchsten Letalität unter allen Sepsisformen belastet.

Ps.-aeruginosa-Infektionen entwickeln sich vorwiegend bei ***abwehrgeschwächten*** Patienten. Die Fälle häufen sich dementsprechend auf Intensivstationen, auf Abteilungen für Verbrennungsverletzungen und in onkologischen Klinikbereichen. Auch *Drogenabhängige* gehören zur typischen Risikogruppe für Pseudomonas-Infektionen.

8.2.8 Übertragung

Pseudomonas-Infektionen werden auf drei Wegen übertragen:

Durch ärztliche Maßnahmen: Erregerquellen sind in diesen Fällen intravenös oder intrathekal applizierte Flüssigkeiten, Wund- oder Blasen-Instillationen oder Aerosole. Medizinische Geräte, wie Beatmungsgeräte, Absauganlagen, Inkubatoren, Luftbefeuchter und Herzkatheter-Geräte stellen ebenfalls Erregerquellen dar.

Von Patient zu Patient: Diese Form der Übertragung findet statt, wenn mehrere, für Ps. aeruginosa empfängliche abwehrgeschwächte Patienten auf einer Station liegen, etwa auf Intensivstationen oder urologischen Abteilungen. Die Übertragung erfolgt häufig durch die Hände des Pflegepersonals oder durch gemeinsam benutzte Geräte, Toiletten, Waschbecken etc.

Als sporadische Infektionen: Sporadische Infektionen in Krankenhäusern beginnen häufig damit, daß Ps. aeruginosa mit der Nahrung aufgenommen wird, den Darm besiedelt und von dort aus in den Organismus gelangt.

Auch auf Neugeborenen-Stationen kommen gelegentlich Infektionen mit Ps. aeruginosa vor. In der Regel läßt sich eine gemeinsame Quelle ausfindig machen. Die Infektionen nehmen entweder vom Respirationstrakt oder von der Haut ihren Ausgang.

8.2.9 Pathogenese

Abwehrgeschwächte Patienten, insbesondere hämatologische, onkologische und Verbrennungspatienten, sind die Domäne der Ps.-aeruginosa-Infektionen. Die Insuffizienz der Abwehr kann darin bestehen, daß die Kontinuität der Haut oder Schleimhäute unterbrochen ist, oder sie kann durch Neutropenie, Hypogammaglobulinämie, Komplementdefizienz oder eine medikamentöse Immunsuppression bedingt sein. Auch Früh- oder Neugeborene sind immungeschwächt und sind deshalb prädisponiert, an Infektionen durch Ps. aeruginosa zu erkranken.

Tabelle 8.3. Infektionen durch Ps. aeruginosa

Respirationstraktinfektionen	Nosokomial: bei dauerbeatmeten Patienten, Patienten mit zystischer Fibrose
Harnwegsinfektionen	Nosokomial: bei Patienten mit Dauerkatheter, nach Zystoskopie, postoperativ
Hautinfektionen	Nosokomial: bei Verbrennungspatienten
Sepsis	Nosokomial: Ausgangspunkt: Respirationstrakt, Hautinfektion, Harnwegsinfektion, Wundinfektion, Leukämiepatienten, Patienten unter zytostatischer Therapie, RES-Erkrankungen
Otitis, nekrotisierende	Ältere Diabetiker
Otitis externa	Schwimmer
Augeninfektionen (Keratitis, Endophthalmitis)	Posttraumatisch, Kontaktlinsenträger
Endokarditis	i. v. Drogenabhängige
Osteomyelitis	i. v. Drogenabhängige
Meningitis	Nosokomial: Lumbalpunktion, postoperativ
Ecthyma gangraenosum	

Tabelle 8.4. Virulenzfaktoren von Ps. aeruginosa

Fimbrien	Adhärenz
Proteasen (Elastase und alkalische Protease)	Nekrotisieren Haut, Lunge, Cornea Inaktivierung von Komplement Spaltung von IgG
Hämolysine (hitzelabile Phospholipase und hitzestabiles Glykolipid)	Spalten Lipide und Lecithin synergistisch Rolle bei Gewebsinvasivität wahrscheinlich
Glykokalix (Schleim)	Anti-phagozytär
LPS	Fieber, Schock, Koagulopathie
Exotoxin A	Hemmt Proteinsynthese von Säugetierzellen (wie Diphtherietoxin) Wahrscheinlich Rolle bei Letalität der Pseudomonas-Sepsis

Zweckmäßigerweise unterteilt man Ps.-aeruginosa-Infektionen in solche, die nosokomial entstehen, und solche, die außerhalb des Krankenhauses erworben werden (Tabelle 8.3).

Rolle der Virulenzfaktoren

Die krankheitserzeugende Potenz von Ps. aeruginosa beruht auf dem Zusammenwirken einer Reihe von Virulenzfaktoren (Tabelle 8.4):

Fimbrien vermitteln die ***Adhäsion*** von Ps. aeruginosa an Zielzellen. Eine Vorschädigung der Zielzellen, z. B. durch Virusinfektionen oder durch Instrumentation, erleichtert die Adhäsion.

Elastase und die ***alkalische Protease*** erleichtern die ***Invasion***. Diese Enzyme bringen die interzellulären Verbindungen des Zielorgans des Wirtsorganismus zur Auflösung; sie zerstören Haut-, Lungen- und Cornealgewebe. Vermutlich sind sie auch dafür verantwortlich, daß bei Ecthyma gangraenosum die elastische Lamina der Blutgefäße zerstört wird. Die Wirkung der von Pseudomonas aeruginosa gebildeten Hämolysine, insbesondere der ***Phospholipase***, unterstützt die Wirkung der Proteasen. Die Hämolysine spalten Lipide und Lecithin und zerstören auf diese Weise die Zellen. Durch Schädigung von polymorphkernigen Granulozyten wird die Phagozytose erschwert.

Die Gewebeschädigung beruht auf der indirekten Wirkung von Endotoxin und direkter toxischer Wirkung von Exotoxin A:

Endotoxin von Ps. aeruginosa hat die gleiche Wirkung wie dasjenige von anderen gramnegativen Bakterien: Fieber, Akutphasenreaktion, Hypotonie, Oligurie, Leukopenie und disseminierte Koagulopathie, septischer Schock (s. S. 109)

Exotoxin A wirkt bei der lokalen Gewebeschädigung mit; hierher gehören Hautnekrose, Keratitis, Perforation der Cornea und Schäden im Lungengewebe. Möglicherweise löst das Exotoxin A auch systemische Wirkungen aus: So ist bei Sepsispatienten die Überlebensstatistik höher, wenn sie hohe Antikörpertiter gegen Exotoxin A besitzen. Sein molekularer Wirkungsmechanismus entspricht demjenigen des Diphtherietoxins (s. S. 115). Exotoxin A führt in der Animalzelle zur *Inaktivierung des Elongationsfaktors 2 (EF2)*. Das Toxin besitzt aber eine andere Struktur als das Diphtherietoxin und wirkt auch auf andere Zellen als das Diphtherietoxin.

Elastase zerstört IgG und Komplement; die ***Glykokalix*** erschwert die Phagozytose.

8.2.10 Klinik

Nosokomiale Ps.-aeruginosa-Infektionen

Sepsis. Die Ps.-aeruginosa-Sepsis entsteht meist endogen. Sie unterscheidet sich in ihrem pathophysiologischen Ablauf nicht von der Sepsis durch andere gramnegative Bakterien. Sie ist die dritthäufigste Form der gramnegativen Sepsis, steht jedoch bezüglich der *Letalität* an erster Stelle. Als Ausgangsherde kommen Pseudomonas-Infektionen des Urogenitalsystems, der Haut, insbesondere bei Verbrennungspatienten und bei solchen mit Ulcera cruris, oder der Atemwege in Betracht.

Ecthyma gangraenosum. Vornehmlich bei Patienten mit alteriertem Immunsystem findet sich das Ecthyma gangraenosum. Das Krankheitsbild stellt sich als scharfrandig begrenztes ***Ulkus*** dar.

Infektionen des Respirationstraktes. Die Ps.-aeruginosa-Infektionen des Respirationstraktes sind folgenschwer; sie entstehen nach endogener oder exogener Besiedlung der Atemwege. Häufig entwickeln sich ***Pneumonien***. Diese können von einer Sepsis begleitet sein. Die mit Sepsis einhergehende Form findet sich häufig bei hämatologisch-onkologischen Patienten sowie bei Patienten unter zytostatischer Behandlung. Sie endet fast immer tödlich. Bei ***Mukoviszidose-Patienten*** ist der Sekret-Abfluß aus der Lunge wegen der abnormalen Zusammensetzung des Schleims gestört. Sie erkranken besonders häufig an Ps.-aeruginosa-Infektionen des Respirationstraktes.

Harnwegsinfektionen. Ps. aeruginosa ist der dritthäufigste Erreger nosokomialer Harnwegsinfektionen bei Patienten, die Dauerkatheter tragen oder eine urologische Operation bzw. eine Nierentransplantation hinter sich haben. Von den Harnwegen aus kann sich die gefürchtete ***Uro-Sepsis*** entwickeln.

Hautinfektionen. Bei Patienten mit großflächigen Hautdefekten (Ulcera cruris, Defekte nach Brandverletzungen) entwickeln sich häufig eitrige Pseudomonas-Infektionen. Charakteristisch ist der ***blau-grüne Eiter***. Von den Infektionen der Haut kann eine Sepsis ihren Ursprung nehmen.

Früh- und Neugeborenen-Infektionen. Bei Frühgeborenen und abwehrgeschwächten Kleinkindern manifestiert sich eine nosokomiale Ps.-aeruginosa-Infektion als Sepsis, Meningitis, Nabelstumpfinfektion oder als nekrotisierende Bronchitis bzw. Pneumonie.

Auch eine Enterokolitis kann durch Ps. aeruginosa verursacht werden. Diese entsteht aufgrund einer massiven pathologischen Besiedelung des Darmes.

Pseudomonas-Infektionen, die außerhalb des Krankenhauses erworben werden

Augeninfektionen. Ps. aeruginosa kann ***posttraumatische*** Augeninfektionen verursachen. In gleichem Maße gefährdet sind ***Kontaktlinsenträger***. Die Infektion geht in diesen Fällen häufig auf die Kontamination der Aufbewahrungsflüssigkeit zurück. Infektionen der Hornhaut durch Pseudomonas aeruginosa führen zur ***Hornhautperforation***, wenn nicht umgehend eine Therapie lokal und systemisch mit Aminoglykosiden durchgeführt wird. Eine Keratitis kann nach Perforation der Hornhaut in eine Endophthalmitis übergehen.

Invasive Otitis externa. Bei älteren Diabetikern kann Ps. aeruginosa eine progressive Otitis externa erzeugen; sie breitet sich in den Weichteilen der Schädelbasis, in den Schädelknochen und zu den Hirnnerven hin aus. Die Prognose ist schlecht.

Lokale Otitis externa. Die Mehrzahl aller akuten Fälle von einfacher Otitis externa wird durch Ps. aeruginosa hervorgerufen.

8.2.11 Immunität

Pseudomonas aeruginosa gehört zu den ***extrazellulären*** Bakterien, d. h. die Infektionen sind durch Eiterbildung charakterisiert, die ***Phagozytose*** wird durch Antikörper gegen Oberflächenantigene und durch Komplement verbessert. Eine Schutzwirkung schreibt man Antikörpern gegen das Exotoxin A zu.

8.2.12 Labordiagnose

Untersuchungsmaterialien. Geeignete Patientenmaterialien sind Eiter, Haut-, Augen-, Ohrabstriche, Blut, gegebenenfalls Trachealabsaugungen.

Vorgehen im Labor. Diese Materialien werden auf Blut- und Mac-Conkey-Agar auf flüssigen Kulturmedien verimpft. In der Routine-Diagnostik genügen für die Aussage: „Pseudomonas aeruginosa" das Wachstum auf cetrimid-haltigen Kulturmedien und ein positiver Oxidase-Test. Zusätzliche Merkmale sind die Bildung von Fluoreszein und Pigment.

8.2.13 Therapie

Die meisten Stämme von Ps. aeruginosa sind gegen Aminoglykoside (Gentamicin, Tobramycin, Netilmycin, Amikacin) sowie gegenüber Chinolonen empfindlich. Unter den β-Laktam-Antibiotika sind nur Azlocillin, Piperacillin, Cefsulodin und Ceftazidim sowie Imipenem gegen Ps. aeruginosa wirksam. Die Resistenz von Ps. aeruginosa gegen die übrigen β-Laktam-Antibiotika beruht auf konstitutiver β-Laktamase-Bildung.

8.2.14 Prävention

Allgemeine Maßnahmen

An erster Stelle steht die strikte Einhaltung von Hygiene-Vorschriften in solchen Klinikbereichen, in denen sich gefährdete Patienten befinden. Schläuche, Katheter und Instrumente müssen sorgfältig desinfiziert werden. Eine besondere Bedeutung kommt der Achtsamkeit des Personals zu, da dieses als Überträger in erster Linie in Betracht kommt.

Schutzimpfung

Eine Vakzine für die ***aktive Schutzimpfung*** gegen Pseudomonas-aeruginosa-Infektionen ist in Erprobung. Sie besteht aus abgetöteten Bakterien verschiedener Serotypen. Bei Verbrennungspatienten hat sie sich klinisch bewährt.

Versuche mit einem ***Toxoidpräparat*** aus dem Exotoxin A haben ebenfalls erfolgversprechende Ergebnisse erbracht.

Eine ***passive Immunisierung*** läßt sich mit Sammel-Immunglobulinen von solchen Individuen durchführen, die mit Pseudomonas-aeruginosa-Vakzine hyperimmunisiert worden sind.

8.3 Andere opportunistische Pseudomonasarten

Xanthomonas maltophilia und Ps. cepacia, seltener die übrigen opportunistischen Pseudomonas-Arten (Tabelle 8.1), rufen in ähnlicher Weise wie Ps. aeruginosa ***nosokomiale Infektionen*** hervor. Ps. cepacia wird gelegentlich bei der Endokarditis von Drogenabhängigen isoliert.

Pseudomonas maltophilia und Pseudomonas cepacia erweisen sich oft als unempfindlich gegen solche Antibiotika, die gegen Ps. aeruginosa wirksam sind. Sie können bei einer Therapie mit pseudomonaswirksamen β-Laktam-Antibiotika selektioniert werden. Chloramphenicol, Tetrazykline oder Trimethoprim-Sulfamethoxazol lassen sich gegen diese Arten mit Erfolg einsetzen.

8.4 Obligat pathogene Pseudomonas-Arten

Ps. mallei und Ps. pseudomallei

Pseudomonas mallei und Pseudomonas pseudomallei sind im Gegensatz zu den übrigen Pseudomonas-Arten ***obligat pathogen***. Sie sind obligate Aerobier und vermehren sich langsam auf komplex und einfach zusammengesetzten Nährböden.

Pseudomonas mallei. Pseudomonas mallei ist der Erreger des ***Rotz***, einer aus Europa nahezu verschwundenen Krankheit. Rotz wird durch das Bronchialsekret von Pferden und Eseln auf den Menschen übertragen. Der Rotz des Menschen verläuft als akute, manchmal auch als chronische Infektion des Respirationstraktes. Die Krankheit verlief früher meistens tödlich.

Pseudomonas pseudomallei. Pseudomonas pseudomallei ist der Erreger der ***Melioidose***; diese ist eine in tropischen Regionen vorkommende Erkrankung der Lungen, die durch granulomatöse oder abszeßartige Läsionen charakterisiert ist. Die Erkrankung schreitet rasch voran und kann in eine Sepsis übergehen. Oft endet die Krankheit tödlich. Differentialdiagnostisch ist an Tbc, an Mykosen und an Pest zu denken.

Therapie. Chloramphenicol, Tetrazykline und TMP/SMZ sind gegen Pseudomonas pseudomallei wirksam.

Meldepflicht:
(§ 3 BSeuchGes) Erkrankung und Tod.

Zusammenfassung

Bakteriologie:
- Gramnegatives Stäbchen
- Obligat aerob, oxidase-positiv
- Anspruchslos
- Pigmentbildung, typischer Geruch.

Vorkommen: Ubiquitär im Krankenhaus in Naßzellen, Umwelt.

Resistenz: Hohe Resistenz gegen äußere Einflüsse.

Epidemiologie: Hospitalismus! nosokomiale Infektionen.

Pathogenese: Fakultativ pathogener Erreger von nosokomial erworbenen Infektionen.
- • *Zielgruppe:*
- Abwehrgeschwächte Patienten (Therapie, Leukämie, RES-Erkrankungen)
- Verbrennungspatienten
- Intensivpatienten mit Dauerbeatmung, Katheter.
- • *Krankheiten:* Sepsis, Ekthyma gangraenosum
- Eiterungen der Haut
- Harnwegs-Infektionen
- Atemwegs-Infektionen
- Meningitis
- Keratitis, Endophthalmitis.

Pathomechanismus:
- • *Invasivität:*
- Elastase
- Protease
- Hämolysin (Phospholipase).
- • *Toxizität:*
- Endotoxin (Schock)
- Exotoxin A (Zellschädigung).

Diagnostik: Erregernachweis.

Therapie:
- Resistenz gegen viele gängige Antibiotika
- Empfindlichkeit gegen Piperacillin, Azlocillin, Ceftazidime, Aminoglykoside, Imipenem, Chinolone.

9 Acinetobacter und Moraxella

H. Hahn

INHALTSÜBERSICHT

9.1 Acinetobacter 350
9.1.1 Definition 350
9.1.2 Rolle als Krankheitserreger 350
9.1.3 Taxonomie 350
9.1.4 Aufbau 350
9.1.5 Kultur 350
9.1.6 Identifizierung und Differenzierung . . . 350
9.1.7 Vorkommen und Epidemiologie 351
9.1.8 Labordiagnose 351
9.1.9 Therapie 351
9.2 Moraxella 351
9.2.1 Definition 351
9.2.2 Pathogenese 351
9.2.3 Therapie 351
9.2.4 Immunität 351
Zusammenfassung 351

9.1 Acinetobacter

9.1.1 Definition

Als Acinetobacter bezeichnet man eine Gattung gramnegativer unbeweglicher (daher die Namensgebung!) kokkoider Stäbchen, die Kohlenhydrate nicht fermentieren und das Enzym Oxidase nicht produzieren.

9.1.2 Rolle als Krankheitserreger

Acinetobacter-Arten sind opportunistische Krankheitserreger; gelegentlich rufen sie im Krankenhaus, vor allem bei abwehrgeschwächten Patienten, Sepsis und eitrige Infektionen hervor.

9.1.3 Taxonomie

Die Gattung Acinetobacter umfaßt die Arten A. lwoffii, A. calcoaceticus und A. anitratus. Acinetobacter gehört zur Familie der Neisseriaceae.

9.1.4 Aufbau

Der Aufbau von Acinetobacter entspricht dem allgemeinen Bauplan gramnegativer Bakterien. Die Erreger besitzen Fimbrien und eine Kapsel aus Polysaccharid. Das Lipopolysaccharid der Zellwand gleicht in seiner chemischen Grundstruktur demjenigen der Enterobakteriazeen.

9.1.5 Kultur

Acinetobacter läßt sich leicht auf einfach zusammengesetzten Kulturmedien, z. B. MacConkey-Agar, anzüchten. Hierbei ist eine O_2-haltige Atmosphäre erforderlich.

9.1.6 Identifizierung und Differenzierung

Morphologisch. Die gramnegativen Stäbchen sind kurz; man kann sie mit Kokken verwechseln.

Biochemisch. Das hervorstehende Merkmal, wodurch sich Acinetobacter-Arten von Enterobakterien unterscheiden, ist ihre Unfähigkeit, Zucker zu fermentieren, denn diese Eigenschaft haben sie mit Pseudomonas gemeinsam; man faßt Acinetobacter und Pseudomonas deshalb auch als ***Nicht-Fermenter*** zusammen.

9.1.7 Vorkommen und Epidemiologie

Acinetobacter findet sich ubiquitär in Erdproben und Wasser. Bei hospitalisierten Patienten wird er oft als kolonisierender Keim im Respirationstrakt, im Darmtrakt, in den Harnwegen und den intertriginösen Hautregionen gefunden. Er findet sich weiterhin an Feuchtstellen im Krankenhaus, z. B. in Inhalatoren, Luftbefeuchtern, Waschbecken u. a. Auch in dieser Hinsicht verhält sich Acinetobacter wie die Mitglieder der Gattung Pseudomonas.

In abwehrgeschwächten Patienten kann Acinetobacter ***nosokomiale Infektionen*** erzeugen: Meningitis, akute und subakute bakterielle Endokarditis, Pneumonie, Harnwegsinfektionen, Sepsis und postoperative Infektionen. In ihrem Ablauf gleichen Acinetobacter-Infektionen den Erkrankungen, die durch andere gramnegative Opportunisten verursacht werden.

9.1.8 Labordiagnose

Die Anzüchtung von Acinetobacter aus klinischen Untersuchungsmaterialien gelingt leicht. Findet man Acinetobacter in klinischen Materialien, die nicht aus primär sterilen Körperregionen stammen, so wird die Beurteilung schwierig; es stellt sich dann die Frage, ob das Isolat den für den Krankheitsprozeß verantwortlichen Erreger oder eine Kontaminante darstellt. Differentialdiagnostisch muß Acinetobacter von Meningokokken bzw. von Gonokokken abgegrenzt werden, da er diesen Bakterien morphologisch ähnelt.

9.1.9 Therapie

Acinetobacter ist gegen Aminoglykoside, Polymyxine und Acyl-Ureido-Penizilline empfindlich, resistent gegen Penizillin, Ampizillin und gegen ältere Cephalosporine.

9.2 Moraxella

9.2.1 Definition

Moraxellen sind eine Gattung gramnegativer kokkoider Stäbchen. Sie ähneln in ihren biochemischen und morphologischen Eigenschaften der Gattung Acinetobacter, unterscheiden sich von den letzteren durch eine *positive* Oxidase-Reaktion und ihre Empfindlichkeit gegen Penizillin G. Natürlicherweise kommen sie auf Schleimhäuten vor.

9.2.2 Pathogenese

Moraxella lacunata (früher: Morax-Axenfeldsches Bakterium) kann Konjunktivitis und Hornhautinfektionen erzeugen. Die übrigen Moraxella-Arten gehören zur normalen Standortflora der Schleimhäute des Menschen; bei immungeschwächten Patienten können sie schwere Infektionen hervorrufen.

Moraxella catarrhalis (Früher: Branhamella catarrhalis) wird heute als Erreger von *Bronchitis* in Erwägung gezogen, wenn die Zeichen einer akuten Entzündung (eitriges Sputum!) vorliegen und die Erreger in Massen aus dem unteren Respirationstrakt isoliert werden.

9.2.3 Therapie

Moraxellen sind gegen Penizillin G und die meisten anderen Antibiotika gut empfindlich.

9.2.4 Immunität

Acinetobacter und Moraxellen sind Eitererreger; sie werden durch das Zusammenwirken von kapsel-spezifischen Antikörpern, Komplement und Granulozyten eliminiert.

Zusammenfassung: Acinetobacter und Moraxella

Bakteriologie: *Acinetobacter:* Unbewegliche, gramnegative kokkoide Stäbchen. Oxidase-Reaktion negativ.

Moraxella: Unterscheidet sich vom Acinetobacter durch die positive Oxidase-Reaktion.

Vorkommen und Epidemiologie: *Acinetobacter:* Ubiquitär in Erd- und Wasserproben, an Feuchtstellen in Krankenhäusern; nosokomialer Krankheitserreger.

Moraxella: Außer Moraxella lacunata gehören alle Moraxella-Arten zur physiologischen Schleimhautflora.

Pathogenese und Klinik: *Acinetobacter:* Nosokomialer Opportunist, der bei abwehrgeschwächten Patienten Infektionen erzeugen kann.

Moraxella: Moraxella-Arten gehören zur normalen Schleimhautflora, können bei Immunsuppression allerdings schwere Infektionen hervorrufen. Konjunktivitis und Hornhautinfektion durch Moraxella lacunata auch beim Immungesunden. Moraxella catarrhalis kann eitrige Bronchitis hervorrufen.

Labordiagnose: *Untersuchungsmaterialien:* Abstriche, Sekrete, Punktate, Serum, Sputum.

Erregernacheis: Anzucht gelingt auf einfachen Kulturmedien in O_2-haltiger Atmosphäre.

Erregeridentifikation: Biochemische Leistungsprüfung, Oxidase-Reaktion.

Therapie: *Acinetobacter:* Empfindlich gegen Aminoglykoside, Polymyxine und Acyl-Ureido-Penicilline, resistent gegen Penizillin, Ampizillin und ältere Cephalosporine.

Moraxella: Gut empfindlich gegen Penizillin.

Immunität: Eitererreger. Elimination durch Kapsel-spezifische Antikörper, Komplement und Granulozyten.

Prävention: Krankenhaushygienische Maßnahmen.

Vakzination: Keine.

Meldepflicht: Keine.

10 Hämophile Bakterien

H. Hahn

INHALTSÜBERSICHT

10.1 Haemophilus influenzae 354
10.1.1 Besonderheiten im Aufbau 354
10.1.2 Identifizierung und Differenzierung . . 355
10.1.3 Vorkommen 355
10.1.4 Epidemiologie 355
10.1.5 Übertragung 355
10.1.6 Pathogenese 355
10.1.7 Klinik 355
10.1.8 Immunität 356
10.1.9 Labordiagnose 356
10.1.10 Therapie 357
10.2 H. parainfluenzae 357
10.3 H. aegypticus 357
10.4 H. ducreyi 357
10.4.1 Rolle als Krankheitserreger 357
10.4.2 Identifizierung und Differenzierung . . . 357
10.4.3 Vorkommen und Epidemiologie 357
10.4.4 Pathogenese und Klinik 357
10.4.5 Immunität 357
10.4.6 Diagnose 357
10.4.7 Therapie 358
10.4.8 Prävention 358
Zusammenfassung 358

Definition

In der Gattung der hämophilen Bakterien (Haemophilus) faßt man aerob und anaerob wachsende unbewegliche, gramnegative Stäbchen zusammen. Das Gattungsmerkmal haemophiler Bakterien ist ihre Abhängigkeit von besonderen Wachstumsfaktoren, dem X- und/oder V-Faktor.

Rolle als Krankheitserreger

Unbekapselte Stämme von ***Haemophilus influenzae*** rufen eitrige Infektionen der Schleimhäute im *Hals-Nasen-Ohrenbereich* sowie *Konjunktivitis* hervor, bekapselte Stämme von Haemophilus influenzae, insbesondere Typ b, erzeugen Meningitis und Sepsis (Tabelle 10.1).

Haemophilus ducreyi ist der Erreger des weichen Schankers (*Ulcus molle*), der sogenannten Dritten Geschlechtskrankheit.

Die übrigen Haemophilus-Arten sind Mitglieder der physiologischen Standortflora des Menschen.

Tabelle 10.1. Arten der Gattung Haemophilus und von ihnen hervorgerufene Erkrankungen

Gattung	Erkrankung
H. influenzae, Typ b (bekapselt)	Meningitis, Sepsis, akute Larynxstenose (Epiglottitis), Erkrankungen im Kindesalter
H. influenzae, unbekapselte Stämme	Infektionen im HNO-Bereich, Konjunktivitis
H. aegypticus	Konjunktivitis in warmen Klimazonen
H. ducreyi	Ulcus molle (weicher Schanker)
H. parainfluenzae H. aphrophilus H. paraphrophilus	Endokarditis selten

Taxonomie

Die Gattung zerfällt in mehrere Arten (s. Tabelle 10.1). Bergey's Manual rechnet die Gattung Haemophilus zur Familie der Pasteurellaceae.

Namensgebung

Haema (gr.) bedeutet Blut und Philos (gr.) der Freund; der Gattungsbegriff Haemophilus bezieht sich auf die Tatsache, daß die Wachstumsfaktoren der hämophilen Bakterien als Bestandteile in Erythrozyten enthalten sind.

Geschichte

H. influenzae wurde durch ***Pfeiffer*** 1892 von Grippekranken isoliert; er wurde zunächst irrtümlich als der Erreger der Grippe angesehen, bis man 1933 das Grippevirus entdeckte. H. ducreyi wurde 1889 von ***Ducrey*** entdeckt.

Aufbau

Der Aufbau der hämophilen Bakterien entspricht dem Strukturschema der gramnegativen Stäbchen. Die Zellwand enthält Endotoxin; Geißeln und Fimbrien fehlen. Manche Stämme von H.influenzae sind bekapselt.

Extrazelluläre Produkte

IgA-ase. Einige Stämme von H. influenzae, Typ b, produzieren eine IgA-ase. Diese dürfte die Virulenz steigern, indem sie die lokale, IgA-abhängige Immunität durch Spaltung der IgA-Antikörper vermindert.

Penizillinase. In zunehmendem Ausmaß werden penizillinasebildende Stämme isoliert. Die Chemotherapie muß dem Rechnung tragen.

Kultur

Der Bedarf an ***X-*** bzw. ***V-Faktor*** ist bei hämophilen Bakterien das arten-(species)bestimmende Merkmal. X-Faktor ist identisch mit Hämatin und V-Faktor mit dem NAD (Nikotin-Adenin-Dinukleotid) bzw. mit dessen Phosphat, NADP. Beide ***Wachstumsfaktoren*** sind in Erythrozyten, aber auch in anderen Zellen enthalten. Im Kochblutagar sind X und V durch Erhitzen aus den Erythrozyten freigesetzt worden; die Fildes-Bouillon enthält X- und V-Faktor in Form von peptisch angedautem Blut. In Kulturmedien dieser Art gedeihen hämophile Bakterien unter aeroben und anaeroben Bedingungen. Optimales Wachstum erfolgt bei 37 °C in einer Atmosphäre mit 10% CO_2.

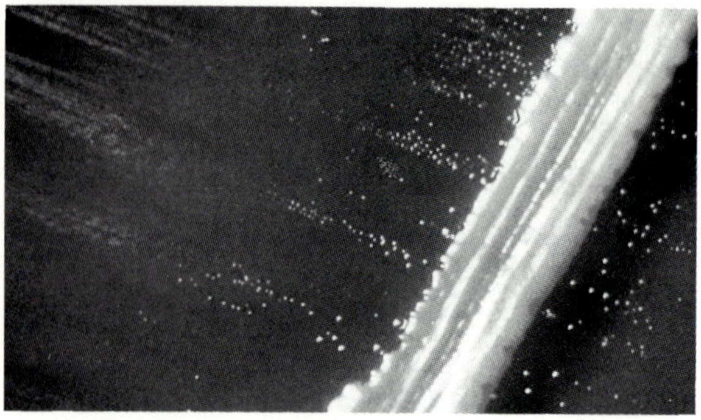

Abb. 10.1. Haemophilus influenzae. „Ammenphänomen"

Satelliten- oder Ammenphänomen. Auf Blutagarplatten setzt St. aureus den X- und V-Faktor aus Erythrozyten frei und produziert darüber hinaus auch selbst den V-Faktor. Wenn man auf Blutagarplatten Kolonien des β-hämolysierenden St. aureus mit hämophilen Bakterien gemeinsam verimpft, so gedeihen die hämophilen Bakterien nur in den Hämolysehöfen der Staphylokokkenkolonien. Man bezeichnet dieses Phänomen als Satelliten- oder ***Ammenphänomen*** (Abb. 10.1).

Resistenz gegen äußere Einflüsse

Hämophile Bakterien sind gegen äußere Einflüsse, wie Kälte, Austrocknung oder Einwirkung von Desinfektionsmitteln sehr empfindlich. Außerhalb ihrer natürlichen Umgebung überleben sie daher nur kurze Zeit.

10.1 Haemophilus influenzae

10.1.1 Besonderheiten im Aufbau

Kapsel. Es gibt bekapselte und unbekapselte Stämme. Die Kapsel läßt sich am besten bei frischen Kulturen aus Infektionsmaterial nachweisen. Die Kapselsubstanz ist ein Polysaccharid und wird beim Wachstum in die Umgebung abgegeben, eine Tatsache, die man sich für den Antigennachweis in Körperflüssigkeiten nutzbar machen kann. Mit Hilfe spezifischer Antikörper gegen die Kapselsubstanz lassen sich sechs Serotypen, a–f, unterscheiden.

Tabelle 10.2. Biochemische Unterschiede der Hämophilus spp.

	Faktoren notwendig		Hämolyse	Fermentation von			Katalase vorhanden
	X	V		Glucose	Sucrose	Lactose	
H. influenzae	+	+	–	+	–	–	+
H. haemolyticus	+	+	+	+	–	–	+
H. ducreyi	+	–	–	–	–	–	–
H. parainfluenzae	–	+	–	+	+	–	w

10.1.2 Identifizierung und Differenzierung

Morphologisch. H. influenzae erscheint als gramnegatives, unbewegliches, zartes, pleomorphes Stäbchen.

Biochemisch. Von anderen hämophilen Bakterien zeichnet sich H. influenzae dadurch aus, daß er sowohl den X- als auch den V-Faktor zum Wachstum benötigt (Tabelle 10.2).

Serologisch. Mit Hilfe von Antikörpern (Neufeldsche Quellungsreaktion) gegen die Kapselsubstanz (s. unten) läßt sich H. influenzae weiter in Serotypen unterteilen.

10.1.3 Vorkommen

Unbekapselte Stämme von H. influenzae finden sich vorwiegend auf der Pharyngealschleimhaut von klinisch gesunden Menschen.

Bekapselte Stämme werden bei gesunden Trägern nur dann gefunden, wenn sich in deren Umgebung Patienten mit Haemophilus-b-Infektionen befinden.

10.1.4 Epidemiologie

Erkrankungen durch H. influenzae treten sporadisch auf.

Die durch H. influenzae hervorgerufene Meningitis ist bei Kindern bis zum 10. Lebensjahr die häufigste eitrige Meningitis.

10.1.5 Übertragung

Eine Ausbreitung von Person zu Person scheint selten zu sein; in der Regel dürfte es sich um endogene Infektionen handeln.

10.1.6 Pathogenese

Durch H. influenzae hervorgerufene Infektionen lassen sich in zwei Gruppen einteilen: ***invasive*** und ***nichtinvasive***. Die nichtinvasiven Infektionen (Otitis, Sinusitis, Bronchitis) werden durch unbekapselte, die invasiven Formen (Sepsis, Meningitis, Epiglottitis) durch bekapselte Stämme, meist vom Typ b, erzeugt.

Rolle der Virulenzfaktoren

Die Virulenz von H. influenzae beruht auf dem Zusammenwirken von Kapsel, IgA-ase und möglicherweise Endotoxin:

- Die *Kapsel* behindert die Phagozytose.
- Die von manchen Stämmen gebildete *IgAase* spaltet das Immunglobulin IgA und trägt dazu bei, daß die IgA-abhängige Lokal-Immunität zusammenbricht.
- Ob das Zellwand-*Endotoxin* bei der Pathogenese von Haemophilus-Infektionen eine Rolle spielt, ist unklar.

10.1.7 Klinik

Invasive Haemophilus-influenzae-Infektionen

Sepsis. Bei der durch H. influenzae, Typ b, hervorgerufenen Sepsis können durch hämatogene Streuung entstehen: Arthritis, Osteomyelitis, Perikarditis; selten kommt es zur Pneumonie oder zur Peritonitis.

Meningitis. Die akute eitrige Meningitis ist die häufigste von H. influenzae, Typ b, hervorgerufene Erkrankung. Die Erreger gelangen entweder im Rahmen einer Sepsis oder durch lokale Ausbreitung vom Nasen-Rachenraum bzw. vom Mittelohr aus in den Subarachnoidalraum. Sie tritt charakteristischerweise bei Kindern zwischen dem 1. und 10. Lebensjahr auf.

Die Haemophilus-b-Meningitis zeichnet sich durch eine *schlechte Prognose* aus: Ihre Letalität beträgt 80%, wenn sie nicht prompt und hochdosiert mit geeigneten Antibiotika behandelt wird.

Epiglottitis. Die von H. influenzae, Typ b, hervorgerufene akute Epiglottitis befällt hauptsächlich jüngere Patienten von ca. 8–18 Jahren. Sie ist häufig von einer Bakteriämie begleitet.

Die Erkrankung beginnt plötzlich und nimmt einen fulminanten Verlauf. Die Schwellung der Epiglottis kann eine ***akute Larynxstenose*** verursachen. Im Gegensatz zu der Haemophilus-Meningitis sind bei der Epiglottitis Antikörper gegen das b-Kapselpolysaccharid häufig nachweisbar. Man diskutiert deshalb eine *Mitbeteiligung allergischer Vorgänge* bei der Pathogenese. Als Behandlung kommt die Tracheotomie in Betracht, wenn eine Intubation nicht möglich ist.

Nicht-invasive Formen der Haemophilus-influenzae-Infektion

Wenn die lokalen Abwehrfunktionen der Schleimhäute im Respirationstrakt geschwächt sind, haben die unbekapselten H.-influenzae-Stämme der physiologischen Schleimhautflora Gelegenheit, sich in die Bronchien, in das Mittelohr oder in die Nebenhöhlen auszubreiten. Es entwickeln sich dann eine akute eitrige Bronchitis oder die akute *Exazerbation einer chronischen Bronchitis*. Häufig findet sich H. influenzae auch als Erreger von *Sinusitis* oder *Otitis media*. Störungen der lokalen Abwehr können auf Virusinfektionen, allergische Reaktionen und lokal wirkende Noxen (Rauchen, toxische Gase usw.) zurückgehen.

10.1.8 Immunität

Die Immunität gegen Infektionen durch H. influenzae, Typ b, beruht auf Antikörpern mit Spezifität gegen die Kapselsubstanz b. Kinder mit Haemophilus-b-Meningitis besitzen meist keine oder nur geringe Antikörpertiter. Gegen die unbekapselten Stämme, die eitrige Lokalinfektionen hervorrufen, dürften lokal vorhandene IgA-Antikörper wirken.

10.1.9 Labordiagnose

Untersuchungsmaterialien

Je nach Sitz der Infektion kommen als Untersuchungsmaterialien in Betracht: *Blut, Liquor, Sputum, Sinuspunktat oder Konjunktivalabstriche*. Bei Epiglottitis sollten Blutkulturen mitangelegt werden, da sich die Erreger bei diesem Krankheitsbild häufig im Blut nachweisen lassen.

Materialtransport

Da hämophile Bakterien sehr empfindlich gegen äußere Einflüsse sind, sollte man sich bei Einsendung von Abstrichmaterial eines ***Transportmediums*** bedienen. Blut und Liquor müssen in vorgewärmte Medien gegeben und ***körperwarm*** transportiert werden. Sputum, Abstrichmaterialien und Eiter werden gekühlt transportiert, da bei diesen Materialien die Gefahr der Überwucherung durch andere Bakterien größer ist als die Gefahr des Kälteschocks.

Vorgehen im Labor

Die Behandlung von Blut und Liquor folgt den in den Kapiteln Sepsis (s. dort) bzw. Meningitis (s. dort) niedergelegten Richtlinien.

Mikroskopie. Bei Meningitis-Verdacht muß ein Grampräparat aus dem Liquorpunktat angefertigt werden. Finden sich *feine pleomorphe kokkoide gramnegative Stäbchen* und polymorphkernige *Granulozyten*, so ist die Verdachtsdiagnose auf Meningitis durch H. influenzae, Typ b, gegeben, insbesondere wenn es sich bei den Patienten um Kinder unterhalb des zehnten Lebensjahres handelt.

Anzucht. Das Patientenmaterial wird auf Kochblutagar und auf einer mit S. aureus strichförmig inokulierten Blutplatte zwecks Erzielung des Ammenphänomens (s. S. 345) ausgestrichen und bei 37 °C in 10% CO_2 inkubiert. Zur Anreicherung wird eine Fildes- oder Hirn-Herz-Bouillon inokuliert. Die Differenzierung angezüchteter Erreger erfolgt nach den Kriterien in der Tabelle 10.2.

Antigennachweis in Körperflüssigkeiten. Kapselantigen läßt sich im Liquor oder Blut mit Hilfe von ***Agglutinationstests*** mittels an Latexpartikel gekoppelter Antikörper mit Spezifität gegen Kapselantigen nachweisen. Diese Antigennachweis-Methoden haben den Vorteil, daß sie – neben der Schnelligkeit – auch dann positive Ergebnisse erbringen, wenn die Erreger nicht mehr anzüchtbar sind, z. B. nach antibiotischer Behandlung.

10.1.10 Therapie

Früher wurde bei Haemophilus-Meningitis stets ***Ampizillin*** bzw. dessen Abkömmlinge oder Chloramphenicol eingesetzt. Da es β-laktamasebildende Haemophilus-Stämme gibt, befürworten einige Autoren heute die Therapie mit einem ***Cephalosporin*** der 3. Generation (z. B. Cefotaxim). Bei anderen nicht lebensbedrohenden Lokalisationen einer Haemophilus-Infektion ist Ampizillin das Mittel der Wahl. Eine durch Haemophilus influenzae hervorgerufene akute Bronchitis wird nicht therapiert, sofern sie unkompliziert verläuft. Bei akuten Schüben einer chronischen Bronchitis gibt man Ampizillin.

10.2 Haemophilus parainfluenzae

Haemophilus parainfluenzae besiedelt häufig den Respirationstrakt als harmloser Kommensale. Eine pathogenetische Rolle wird diskutiert, wenn Entzündungszeichen (Granulozyten) im Sputum vorhanden sind und der Erreger in großen Mengen im Sputum vorkommt. H. parainfluenzae ist gelegentlich mit Pharyngitis in Zusammenhang gebracht und auch als Erreger von Endokarditis beschrieben worden.

10.3 Haemophilus aegypticus

Eine hämagglutinierende Abart von Haemophilus influenzae, H. aegypticus, früher Koch-Weekssches Bakterium genannt, erzeugt in tropischen Ländern eine epidemisch verlaufende eitrige Konjunktivitis, die vorwiegend bei Kindern auftritt.

10.4 Haemophilus ducreyi

10.4.1 Rolle als Krankheitserreger

Haemophilus ducreyi ist der Erreger des weichen Schankers (Ulcus molle).

10.4.2 Identifizierung und Differenzierung

Morphologisch. Lichtmikroskopisch stellt sich H. ducreyi als zartes, ovoides, gramnegatives Stäbchen dar. Charakteristisch ist eine kettenförmige oder „fischzugartige" Lagerung im frischen, vom Patienten gewonnenen Präparat.

Biochemisch. (s. Tabelle 10.2)

10.4.3 Vorkommen und Epidemiologie

Das ***Ulcus molle*** wird vornehmlich in tropischen und subtropischen Ländern nachgewiesen. Nach WHO-Schätzungen ist das Ulcus molle in einigen Gegenden häufiger als Syphilis, stellenweise sogar häufiger als die Gonorrhoe. In Mitteleuropa tritt das Ulcus molle nur noch sporadisch auf.

Symptome finden sich bei *Männern* viel häufiger als bei Frauen. Bei letzteren besteht häufig ein Trägerstatus: Bis zu 40% aller infizierten Frauen können symptomlos bleiben.

10.4.4 Pathogenese und Klinik

Der Erreger wird durch ***Geschlechtsverkehr*** übertragen. Voraussetzung für eine Infektion ist eine vorbestehende ***Mikroläsion***.

Nach einer Inkubationszeit von 3–5 Tagen entwickelt sich eine kleine entzündliche Papel, die sich nach einigen Tagen geschwürig umwandelt. Das Ulkus ist flach und hat einen unregelmäßigen, unterminierten Rand. Es ist ***sehr schmerzhaft und weich*** (Bei der Syphilis ist der Primäreffekt hart und schmerzlos). Mehrere Ulzera sind häufiger als ein solitäres. Ulzera können nach direktem Kontakt auch extragenital vorkommen. ***Ulcus-molle-Geschwüre*** haben eine Neigung zur Autoinokulation. In der Hälfte der Fälle entwickelt sich eine ***schmerzhafte Entzündung der regionären Lymphknoten*** (Bubo). Ohne Behandlung schmilzt der Bubo eitrig ein. Differentialdiagnostisch ist die Möglichkeit eines sog. Ulcus mixtum, d. i. einer Doppelinfektion aus Ulcus molle und Syphilis, zu berücksichtigen.

10.4.5 Immunität

Infektionen mit H. ducreyi hinterlassen keine bleibende Immunität.

10.4.6 Diagnose

Die Diagnose kann häufig nur klinisch gestellt werden. Material für die Anzüchtung und für mikroskopi-

sche Präparate sollte vom *unterminierten Rand* des Geschwürs gewonnen werden. Das Grampräparat ist durch die polymikrobielle Besiedlung des Ulkus oft schwer zu beurteilen. Es gibt fluoreszeinmarkierte Antikörper für den Direktnachweis von H. ducreyi. Das Ergebnis einer fluoreszenzmikroskopischen Untersuchung sollte aber durch eine Kultur bestätigt werden.
Ein serologischer Nachweis ist nicht möglich.
Früher gebräuchliche Haut-Antigen-Teste werden heute nicht mehr durchgeführt, da sie häufig falsch-positive Reaktionen ergeben haben.

10.4.7 Therapie

Mittel der Wahl sind ***Tetrazykline*** oder Trimethoprim-Sulfonamid. Unter Anwendung dieser Substanzen sind Therapieversager aufgetreten. Ein fluktuierender Lymphknoten (Bubo) sollte punktiert werden, da er sonst trotz antimikrobieller Therapie rupturieren kann.

10.4.8 Prävention

Allgemeine Maßnahmen. Kondome verleihen einen Schutz vor Ansteckung.

Meldepflicht. Jeder Fall von Ulcus molle ist als Geschlechtskrankheit gemäß Gesetz zur Bekämpfung der Geschlechtskrankheiten dem zuständigen Gesundheitsamt zu melden.

Zusammenfassung: Hämophile Bakterien

Bakteriologie: Fakultativ anaerobe gramnegative Stäbchen. Wachstum abhängig von Hämatin (X-Faktor) und NADP (V-Faktor). Drei medizinisch bedeutsame Arten. H. influenzae unbekapselt: eitrige Infektionen im HNO-Bereich; Hämophilus bekapselt: Meningitis, Sepsis und Epiglottitis; Hämophilus ducreyi: Weicher Schanker (Ulcus molle).

Vorkommen: H. influenzae: Pharyngealschleimhaut klinisch Gesunder. Weltweit. H. ducreyi: Tropen und Subtropen.

Resistenz: Sehr empfindlich gegen Umwelteinflüsse. Kurze Überlebenszeit außerhalb ihrer natürlichen Umgebung.

Epidemiologie: Sporadisches Auftreten von H. influenza-Erkrankungen, vornehmlich bei Kindern. H. ducreyi-Infektionen in tropischen und subtropischen Ländern teilweise häufiger als Syphilis und Gonorrhoe.

Zielgruppe: H. influenzae: Kinder und Jugendliche. H. ducreyi: Prostituierte und „Freier".

Übertragung: H. influenzae: Ausbreitung von Person zu Person selten, meist endogene Infektion. H. ducreyi: Geschlechtsverkehr.

Pathogenese: H. influenzae: Extrazellulärer Erreger, der in unbekapselter Form lokale eitrige Infektionen im HNO-Bereich hervorrufen kann, in bekapselter Form sich aber der Phagozytose zunächst entzieht und Sepsis und Meningitis sowie Epiglottitis verursachen kann. H. ducreyi: Invasion des Erregers durch Mikroläsionen im Genitalbereich → Ulkusbildung → eitrige Lymphadenitis.

Zielgewebe: H. influenzae: Epithelien im HNO-Bereich, Meningen. H. ducreyi: Genitalbereich.

Klinik: H. influenzae: Invasive Infektionen werden durch bekapselte Stämme (meist Typ b) hervorgerufen: Sepsis, Meningitis, Epiglottitis. Nicht bekapselte Stämme können bei lokaler Abwehrschwäche eitrige Infektionen im HNO-Bereich hervorrufen. H. ducreyi: Inkubationszeit 3–5 Tage. Entstehung eines schmerzhaften weichen Ulkus mit regionärer Lymphadenitis.

Pathomechanismen: Entscheidende Virulenzfaktoren sind: Antiphagozytäre Polysaccharidkapsel und die von einigen Stämmen gebildete IgA-ase.

Labordiagnose: Untersuchungsmaterial: Blut, Liquor, Abstriche, Punktate. Erregernachweis H. influenzae: Kulturell auf einfachen Nährböden „Ammenphänomen" sowie Nachweis der Wachstumsfaktorabhängigkeit (X- und V-Faktor). Serologisch durch Agglutinationsreaktionen. H. ducreyi: Klinische Diagnosestellung! Mikroskopisch Nachweis von „fischzugartigen" gramnegativen Koccobakterien aus dem Ulkusrand.

Therapie: H. influenzae: Ampizillin, Cephalosporin der 3. Generation. H. ducreyi: Tetrazykline, Trimethoprim-Sulfonamid.

Immunität: H. influenzae: Wird humoral durch Ig verschiedener Klassen (auch IgA) und Komplement vermittelt. H. ducreyi: Hinterläßt keine bleibende Immunität.

Prävention: H. influenzae: Aktive Immunisierung liefert zur Zeit noch keinen verläßlichen Schutz. H. ducreyi: Expositionsprophylaxe.

Meldepflicht: H. influenzae: Bei Meningitis.
H. ducreyi: Als Geschlechtskrankheit meldepflichtig.

11 Gardnerella vaginalis

H. Hahn

11.1 Gardnerella vaginalis

Gardnerella vaginalis, früher als Haemophilus vaginalis oder Corynebacterium vaginale bezeichnet, ist ein *gramlabiles*, kokkoides Stäbchen, das heute einer eigenen Gattung, Gardnerella, zugerechnet wird. G. vaginalis ist unbekapselt und unbeweglich. Der Erreger vermehrt sich auf komplex zusammengesetzten Kulturmedien mit Blut in einer 5%igen CO_2-Atmosphäre. G. vaginalis läßt sich auch aus Scheidensekret gesunder Frauen isolieren. Bei ***unspezifischer Vaginitis*** ist die Konzentration der Erreger erhöht.

Man nimmt an, daß ein Synergismus zwischen G. vaginalis und obligat anaeroben gramnegativen Stäbchen, insbesondere Bacteroides-Arten bei der Pathogenese des ***Fluor vaginalis*** besteht. Dies läßt der therapeutische Erfolg von Metronidazol, das auf G. vaginalis nicht wirkt, bei unspezifischer Vaginitis vermuten.

Charakteristisch ist das Vorkommen von sogenannten ***„Clue-Zellen“*** im Nativpräparat. Es handelt sich hierbei um Epithelzellen, die massenhaft mit G. vaginalis bedeckt sind.

Gelegentlich findet sich G. vaginalis auch vergesellschaftet mit *Mobiluncus spec.,* einem anaeroben gekrümmten Stäbchen, mit atypischer, mehrschichtiger Zellwand, die sich in der Gramfärbung schlecht darstellen läßt.

12 Bordetellen

H. Hahn, U. Janßen

INHALTSÜBERSICHT

12.1 Definition . . . 361
12.2 Rolle als Krankheitserreger . . . 361
12.3 Taxonomie . . . 361
12.4 Namensgebung und Geschichte . . . 361
12.5 Aufbau . . . 361
12.6 Kultur . . . 362
12.7 Extrazelluläre Produkte . . . 362
12.8 Identifizierung und Differenzierung . . . 362
12.9 Resistenz gegen äußere Einflüsse . . . 362
12.10 Vorkommen . . . 362
12.11 Epidemiologie . . . 363
12.12 Übertragung . . . 363
12.13 Pathogenese . . . 363
12.14 Klinik . . . 364
12.15 Immunität . . . 364
12.16 Labordiagnose . . . 364
12.17 Therapie . . . 365
12.18 Prävention . . . 365
Zusammenfassung . . . 365

12.1 Definition

Die Gattung Bordetella besteht aus kleinen gramnegativen, einzeln oder paarweise liegenden Stäbchen, die sich unter aeroben Bedingungen vermehren. Sie oxidieren Aminosäuren; Zucker werden nicht gespalten. Die Oxidase- und Katalase-Reaktionen fallen ebenso wie die Nitratreduktion von Art zu Art wechselnd aus.

Alle Spezies tragen Pili (Fimbrien).

Die humanpathogenen Spezies B. pertussis und parapertussis sind unbeweglich; B. bronchiseptica und B. avium sind peritrich begeißelt und daher beweglich.

12.2 Rolle als Krankheitserreger

Der Hauptvertreter der Gattung Bordetella, ***B. pertussis***, ruft das klinische Krankheitsbild des ***Keuchhustens*** hervor.

Mildere Verlaufsformen werden von B. parapertussis erzeugt. In seltenen Fällen wird auch B. bronchiseptica als Keuchhustenerreger angesehen.

12.3 Taxonomie

Die Gattung Bordetella zerfällt in die Arten Bordetella pertussis. B. parapertussis, B. bronchiseptica und B. avium. Eine Zuordnung zu einer Familie erfolgt nicht.

12.4 Namensgebung und Geschichte

Die erste Erwähnung des Keuchhustens als klinischer Einheit findet sich 1540 in Morton's „The Mirror of Health". ***Sydenham*** prägte 1679 den Begriff „Pertussis", und 1906 identifizierten ***Bordet*** und Gengou den Erreger der Erkrankung. Die Gattung ist zu Ehren des belgischen Bakteriologen Bordet (1870–1961) benannt.

12.5 Aufbau

Zellwand. Als gramnegative Bakterien besitzen Bordetellen außerhalb ihrer zytoplasmatischen Membran eine Zellwand, die aus einer dünnen Mureinschicht und einer zusätzlichen äußeren Membran besteht.

Diese äußere Membran enthält Proteine, Lipopolysaccharide und Lipoproteine von Antigencharakter.

Folgende ***Antigene*** lassen sich unterscheiden:

- das hitzestabile O-Antigen, das allen Bordetella-Spezies gemeinsam ist;
- die hitzelabilen K-Agglutinogene, von denen man 14 serologisch unterscheidbare Varianten kennt.

Fimbrien. Alle Spezies tragen Fimbrien. Diese haben eine helikale Struktur aus sich wiederholenden Untereinheiten von Proteinen (Molekulargewicht 22 kD).

Da Fimbrien als Antigene mit homologen Antikörpern reagieren, bezeichnet man sie, sofern man sie in ihrer Eigenschaft als Antigene anspricht, als Agglutinogen 2 und Agglutinogen 6. Die Fimbrien unterscheiden sich strukturell, chemisch und in der Antigenität vom sog. filamentösen Hämagglutinin (FHA). Sie agglutinieren Erythrozyten nicht.

Kapsel. Bordetella pertussis bildet eine bekapselte oder S-Form aus. Diese ist virulent.

Geißeln. B. bronchiseptica weist eine peritriche Begeißelung auf.

12.6 Kultur

Das Kulturmedium der Wahl zur Erstisolierung ist Kartoffel-Glycerin-Blutagar nach Bordet-Gengou mit Penizillin-Zusatz zur Unterdrückung der im Sputum vorhandenen Begleitflora. Die Inkubation erfolgt bei 37 °C unter strikt aeroben Bedingungen bei erhöhter CO_2-Spannung. Die Bebrütungsdauer beträgt bis zu sieben Tagen.

Neuerdings wird der Kohle-Pferdeblut-Agar nach Regan-Loewe empfohlen, der einen geringeren Pferdeblut-Anteil enthält und daher bis zu acht Wochen haltbar ist. Einige Stämme von B. pertussis können auch durch Penizillin gehemmt werden. Es sollten daher immer selektive und nicht-selektive Kulturmedien zur Isolierung verwendet werden.

Die Kolonien von B. pertussis werden vom 3. Tag der Bebrütung an für das bloße Auge sichtbar. Sie haben ein zartes, *tautropfenartiges* Aussehen und einen Durchmesser von weniger als 1 mm.

Sichtbare Kolonien von B. parapertussis treten schneller auf und sind bereits nach 48 Stunden gut entwickelt. Sie werden größer als diejenigen von B. pertussis und entwickeln eine rauhe Oberfläche. Alle Spezies zeigen einen schmalen ***Hämolyse-Saum***.

12.7 Extrazelluläre Produkte

Folgende biologisch aktiven Substanzen werden von B. pertussis produziert und in die Umgebung abgegeben:

- Pertussis-Toxin
- AC = Adenylzyclase
- TCT = tracheales Cytotoxin
- hitzelabiles Toxin (= dermonekrotisches Toxin)
- Hämolysin

12.8 Identifizierung und Differenzierung

Morphologisch. Die kleinen, gramnegativen Bakterien lagern sich einzeln, paarweise oder in kleinen Zusammenballungen; ihre Länge beträgt weniger als 1 µm. Bei der Gramfärbung erfolgt eine langsame Aufnahme des Gegenfarbstoffes Safranin. Eine schwache Anfärbung ist daher für Bordetellen charakteristisch.

B. bronchiseptica hat die ausgeprägteste Stäbchenform und ist beweglich durch peritriche Begeißelung. B. pertussis und B. parapertussis sind unbeweglich.

Biochemisch. Die Mitglieder der Gattung Bordetella metabolisieren die üblichen Zucker nicht; Gelatine wird nicht verflüssigt, Indol und H_2S werden nicht produziert, und die meisten Stämme sind schwach katalase-positiv.

12.9 Resistenz gegen äußere Einflüsse

Bordetellen sind mäßig empfindlich gegen Austrockung und Kälte. Sie können über 3–5 Tage lang im Staub, auf Plastikmaterial und auf Kleidern ihre Infektiosität behalten.

12.10 Vorkommen

B. pertussis und B. parapertussis befallen den Respirationstrakt des Menschen, der ihren einzigen natürlichen Wirt darstellt, während B. bronchiseptica auch im Respirationstrakt von Tieren vorkommt.

Obwohl es keinen Beweis für einen chronischen Trägerstatus gibt, kann B. pertussis von symptomfreien Personen isoliert werden, die schutzgeimpft worden sind, selbst erkrankt waren oder Kontakt mit Erkrankten gehabt haben.

12.11 Epidemiologie

Zu Beginn dieses Jahrhunderts waren Morbidität und Mortalität der Pertussis-Erkrankung in Westeuropa sehr hoch. In den letzten Jahren gab es nur noch sporadische Epidemien, da seit Anfang der 50er Jahre die Pertussis-Vakzine weite Anwendung findet. Keuchhusten kommt das ganze Jahr über vor, besonders häufig aber im späten Winter und Frühjahr.

Die Krankheit unterscheidet sich von anderen übertragbaren Erkrankungen durch die größere Schwere bei Kindern unter sechs Monaten. Jugendliche und Erwachsene mit atypischer oder typischer, nicht erkannter Erkrankung können wichtige Übertragungsreservoire für Säuglinge und Kleinkinder darstellen.

12.12 Übertragung

Die Übertragung erfolgt in der Regel bei *Hustenstößen* durch Tröpfcheninfektion über eine Distanz von höchstens zwei Metern. Nur Patienten im Inkubations- bzw. im katarrhalischen Stadium, also in Stadien vor Auftreten des typischen Keuchhustens, können als Überträger wirken. Auch Patienten mit einer subklinischen Erkrankung sind kontagiös, selbstverständlich auch nur während der o. g. beiden Stadien.

12.13 Pathogenese

B. pertussis bzw. B. parapertussis haften und vermehren sich an den Zilien des Respirationstraktes; sie dringen nicht ins Gewebe und in die Blutbahn ein.

Die Erreger produzieren das ***Pertussistoxin***, das systemische Wirkungen entfaltet und das für die meisten Symptome verantwortlich ist. Die Symptome können nicht mehr beeinflußt werden, wenn einmal das Toxin produziert wurde, auch wenn die Erreger eliminiert sind.

Rolle der Virulenzfaktoren

- Die ***Fimbrien*** auf der Oberfläche der Bordetellen sind wahrscheinlich an der initialen Anheftung an das Epithel beteiligt. Hohe Agglutinogen-Antikörper-Titer scheinen den Keuchhusten verhindern zu können.
- Das ***filamentöse Hämagglutinin*** ist ebenfalls an der initialen Anheftung und Adhärenz von B. pertussis an das zilienbesetzte Epithel des Respirationstraktes beteiligt. Es hat keine toxische Aktivität, scheint jedoch ein wichtiges Immunogen zu sein.
- Das ***Pertussis-Toxin*** (Pertussigen) ist der hauptsächliche Virulenzfaktor. Die Zielzelle dieses Toxins ist noch unbekannt. Es besteht, wie andere bakterielle Toxine (s. S. 109ff) auch, aus einem A- und einem B-Anteil. Der B-Anteil dient der Anheftung des Toxinmoleküls an die Zielzelle, der A-Anteil dringt in die Zielzelle ein. Das Pertussis-Toxin besitzt, neben der hustenerzeugenden Wirkung, eine Reihe weiterer biologischer Wirkungen:
  - Es ruft eine Lymphozytose hervor (lymphocytosis promoting factor = LPF).
  - Es sensibilisiert den Makroorganismus gegenüber Histamin.
  - Es verstärkt die Insulin-Sekretion und erzeugt Hypoglykämie.
  - Es stimuliert die Adenylzyklase über verschiedene Zwischenschritte und, daraus resultierend, bedingt es einen Anstieg des zyklischen AMP in der Zielzelle.

Trotz der Vielfalt der Effekte des PT ist nicht bekannt, wie die pertussigene Wirkung zustandekommt.

- Die ***Adenylzyclase*** (AC) ist nach neuesten Erkenntnissen ein wichtiger Virulenzfaktor, der das Angehen der Infektion befördert, indem die phagozytäre Abwehr und die normalerweise bei Infektionen erfolgende immunologische Reaktionen gehemmt werden. AC induziert einen Anstieg von cAMP in Granulozyten, Lymphozyten und in Monozyten. Dies geschieht möglicherweise über das eukaryonte Regulationsprotein Calmodulin, welches von AC in hohem Ausmaß aktiviert wird. Bordetella parapertussis und B. bronchiseptica produzieren nur AC, jedoch kein Pertussis-Toxin. Dennoch sind diese Mikroorganismen für Tiere pathogen.
- Das ***tracheale Cytotoxin*** (TCT) wirkt spezifisch auf das zilienbesetzte respiratorische Epithel. Es kommt zur Ziliostase und zur Schädigung der zili-

entragenden Zellen. Die biologische Aktivität des TCT dürfte über lösliche Peptidoglykan-Fragmente vermittelt werden.

- Das ***hitzelabile Toxin*** (dermonekrotisches Toxin) verursacht nach intradermaler Injektion Entzündung und nekrotische Läsionen. Es ist überwiegend im Cytoplasma des Bakteriums lokalisiert, zum Teil auch auf der Bakterienzelloberfläche.

Die Rolle des ***Hämolysins*** als Faktor in der Pertussis-Pathogenese ist noch nicht klar.

Das ***Endotoxin*** (LPS) von B. pertussis vermittelt die gleichen biologischen Aktivitäten wie das Endotoxin anderer gramnegativer Bakterien, wenn es in den Blutkreislauf gelangt. Da B. pertussis aber eine Lokalinfektion auslöst, dürfte es in der Pathogenese eine eher untergeordnete Rolle spielen.

12.14 Klinik

Die *Inkubationszeit* dauert 7–14 Tage. Darauf folgt ein ebenso langes Prodromalstadium (*Stadium catarrhale*) mit Schnupfen, Husten und erhöhter Temperatur.

Das daran anschließende ***Stadium convulsivum*** ist durch die typischen stakkatoartigen Hustenattacken mit Apnoe gekennzeichnet, an deren Ende das charakteristische inspiratorische Keuchen steht, häufig gefolgt von Erbrechen. Die Anfälle sind nachts häufiger und schwerer als am Tage. Im Extremfall können 40–50 Anfälle pro Tag auftreten. Das Stadium hält 3–6 Wochen an und ist vom ***Stadium decrementi*** gefolgt, in dem die Anfälle allmählich an Intensität abnehmen. Dieses Stadium dauert ca. 2–3 Wochen an.

Dieses Stadium zeigt ein typisches Blutbild mit deutlicher Leukozytose mit relativer *Lymphozytose.* Es dauert in der Regel ca. sechs Wochen an, in Ausnahmefällen kann es auch mehrere Monate anhalten.

Neurologische Komplikationen. Epileptische Anfälle kommen bei 10% der infizierten Kinder vor; in 0,1% kommt es zu bleibenden zentralnervösen Schäden oder zum Tode.

12.15 Immunität

Im Verlauf der Infektion werden antibakterielle und antitoxische Antikörper gebildet. Immunglobulin A als Schleimhautantikörper dient der direkten Abwehr der Bakterien im Respirationstrakt, indem es der Anheftung der Erreger am Ziliarepithel entgegenwirkt. IgM und IgG als zirkulierende Antikörper entfalten antibakterielle und antitoxische Wirksamkeit, wobei der hauptsächliche Schutz auf antitoxischen Antikörpern beruht. Zirkulierende Antikörper gegen B. pertussis werden während der Erkrankung erst ab dem 15. bis 25. Tag nach Beginn der klinischen Symptomatik gefunden, selten früher. Sie erreichen ihre höchsten Werte in der 8. bis 10. Woche nach Krankheitsbeginn.

Eine IgA-Antwort auf B. pertussis kommt offensichtlich nur bei natürlicher Infektion zustande, nicht aber nach aktiver Vakzination; infizierte Kleinkinder produzieren jedoch häufig kein nachweisbares IgA. Es gibt Anhaltspunkte dafür, daß pertussis-spezifisches IgA in der Normalbevölkerung persistiert. Hierbei handelt es sich wahrscheinlich um klinisch gesunde Träger. Die Immunität, die durch eine natürliche Infektion erworben wird, hält jahrzehntelang an, die durch aktive Schutzimpfung erworbene kürzer.

Zweiterkrankungen kommen gelegentlich vor.

12.16 Labordiagnose

Untersuchungsmaterial. Die Methode der Wahl ist heute der ***Nasopharyngealabstrich***, der die herkömmliche sogenanne Hustenplatte abgelöst hat.

Anzucht im Labor. Die Anzucht erfolgt auf Kartoffel-Glycerin-Blutagar. Die angezüchteten Erreger werden anschließend einer biochemischen Leistungsprüfung unterworfen.

Serologisch

- *Erregernachweis mittels Antikörper:* Es gibt einen direkten Erregernachweis mit fluoreszeinmarkierten Antikörpern, der sowohl vermehrungsfähige als auch abgestorbene Erreger nachweist und daher auch dann positive Ergebnisse zu liefern vermag, wenn die Anzucht nicht mehr gelingt.
- *Antikörpernachweis beim Patienten:* IgA-Antikörper werden nur bei der natürlichen Infektion gebildet und sind meist nicht länger als sechs Monate lang nachweisbar. Zu berücksichtigen ist, daß Säuglinge in den ersten Lebensmonaten nicht oder nur in geringem Umfang IgA bilden. Hier muß der IgM-Antikörpernachweis geführt werden.

Außerdem gibt es Hinweise dafür, daß pertussisspezifische IgA-Antikörper in der Normalbevölkerung als Folge subklinischer Infektion persistieren.

IgM und IgG können auch im Rahmen einer Schutzimpfung erhöht sein.

Der Antikörpernachweis wird mittels ELISA oder KBR geführt.

12.17 Therapie

Bei *frühzeitiger* Gabe, d. h. während der Inkubationszeit und während des Stadium catarrhale, vermag ***Erythromycin*** als Mittel der Wahl die Erkrankung abzuschwächen. Erythromycin eliminiert B. pertussis innerhalb weniger Tage. Die Patienten sind dann nicht mehr kontagiös. Erythromycin eignet sich auch als Prophylaxe für exponierte Personen.

Antibiotika haben keinen Einfluß mehr auf den klinischen Verlauf des Keuchhustens, wenn sie im Stadium convulsivum gegeben werden, denn die Wirkung des Toxins läßt sich nicht mehr beeinflussen, wenn es einmal im Körper gebunden ist.

Eine sichere Schutzwirkung eines Anti-Pertussis-Immunglobulins konnte nicht bestätigt werden.

12.18 Prävention

Schutzimpfung. Der derzeitig gebräuchliche Impfstoff gegen Pertussis enthält ganze, gereinigte, abgetötete B.-pertussis-Bakterien.

Eine ***Grundimmunisierung*** umfaßt drei i. m. Injektionen im Abstand von 4–6 Wochen, meist als Kombinationsimpfung Diphtherie-Pertussis-Tetanus (DPT). Eine Grundimmunisierung soll nicht vor dem 3. und nicht nach dem 12. Lebensmonat begonnen werden. Eine ***Auffrischungsimpfung*** erfolgt ein Jahr nach Beendigung der Grundimmunisierung. Der Impfschutz beginnt in der Regel nach der zweiten Pertussis-Schutzimpfung und erreicht 4–8 Wochen nach der dritten Injektion seinen Höhepunkt. Drei Wochen später tritt ein Abfall ein, wenn nicht eine Auffrischung oder eine natürliche Pertussisinfektion für die Aufrechterhaltung des Impfschutzes sorgen.

Die Schutzimpfung mit ganzen Pertussis-Bakterien ruft die Bildung von IgM- und IgG-Antikörpern hervor, nicht aber von IgA. Man vermutet, daß Antikörper gegen das Pertussis-Toxin den Schutz vermitteln.

Da der durch aktive Schutzimpfung erworbene Schutz wieder nachläßt, können Individuen, die in der Jugend schutzgeimpft worden sind, im Erwachsenenalter an Pertussis erkranken.

Die ***Komplikationen*** nach Pertussisschutzimpfung sind überwiegend zerebraler Natur. In diesem Zusammenhang wird die Reaktivierung einer latenten Virusinfektion diskutiert. Man beobachtet einen Krampfanfall pro ca. 3000–1000 Impfungen und, laut WHO, ca. drei Todesfälle auf eine Million Impfungen. Die Impfempfehlungen des Bundesgesundheitsamtes (BGA, 1984) zielen darauf ab, besonders gefährdete Zielgruppen, z. B. Patienten mit Grundleiden im Bereich der Atemwege oder Mitglieder großer Familien auf engem Wohnraum, schutzzuimpfen (Indikationsimpfung) bzw. die epidemische Ausbreitung durch Schutzimpfung der Insassen von Gemeinschaftseinrichtungen (Heime, Lager) zu verhindern.

Meldepflicht (§ 3 BSeuchG). Meldepflicht besteht in Deutschland zur Zeit nur im Falle des Todes durch Pertussis.

Zusammenfassung: Bordetellen

Bakteriologie: Obligat aerobes, gramnegatives Stäbchen mit besonderen Ansprüchen an Nährböden und Kulturbedingungen. Drei Arten: B. pertussis, B. parapertussis und B. bronchiseptica.

Vorkommen: Weltweit verbreitet. B. pertussis und parapertussis finden im Menschen ihren einzigen natürlichen Wirt, B. bronchiseptica auch im Respirationstrakt kleinerer Tiere.

Resistenz: Infektiosität bleibt in Staub und auf Kleidern 3–5 Tage lang erhalten. Mäßig empfindlich gegen Umwelteinflüsse (Kälte, Austrocknung).

Epidemiologie: Weltweite Verbreitung. Hoher Kontagionsindex. 70% der Todesfälle betreffen das Säuglingsalter. Seit 1974 ca. 10 Todesfälle/Jahr in der „alten" Bundesrepublik Deutschland. Endemisches Auftreten in größeren Städten, besonders im Spätwinter und Frühling.

Zielgruppe: Säuglinge und Kleinkinder.

Übertragung: Durch Tröpfcheninfektion im Inkubations- bzw. katarrhalischen Stadium.

Pathogenese: Adhärenz an Flimmerepithelien des Respirationstraktes → Vermehrung auf den Epithelien → Produktion von Exotoxinen → Beeinflussung intrazellulärer cAMP-Spiegel mit zum Teil noch ungeklärten pathophysiologischen Effekten.

Pathomechanismen: Hämagglutinine (Adhärenzfaktoren), Exotoxine.

Zielgewebe: Respiratorisches Flimmerepithel. Toxinwirkung auf mononukleäre Zellen nachgewiesen.

Klinik: Inkubationszeit 1–2 Wochen. Stadium catarrhale ebenfalls ca. 1–2 Wochen; anschließend Stadium convulsivum (ca. 3–6 Wochen); Stadium decrementi. Gesamtkrankheitsdauer 6–12 Wochen. Komplikationen: Bronchopneumonie, Otitis media, neurologische Komplikationen (Letalität 50%).

Labordiagnose: Untersuchungsmaterial: Nasopharyngealabstrich. Erregernachweis: Kulturell durch Anzucht auf Spezialnährböden, serologisch durch direkte Immunfluoreszenz. Antikörpernachweis durch ELISA oder KBR.

Therapie: Mittel der Wahl: Erythromycin. Mit Beginn des Stadium convulsivum kann der Krankheitsverlauf durch Antibiotika nicht mehr beeinflußt werden. Toxinwirkung kann noch nicht beeinflußt werden.

Immunität: Bildung antibakterieller (IgA) und antitoxischer (IgG und IgM) Antikörper. Immunität ist nach überstandener Erkrankung von jahrzehntelanger Dauer, Zweiterkrankungen können jedoch vorkommen.

Prävention: Aktive Impfung: Im Gegensatz zur WHO-Empfehlung hat sich das BGA dafür ausgesprochen, nur besondere Risiko-Gruppen zu impfen. 3malige i. m.-Injektion mit DPT-Kombinationsimpfstoff im Abstand von 4–6 Wochen. Auffrischimpfung nach einem Jahr. Komplikationen: Auf 3000–10 000 Impfungen ein Krampfanfall (Kausalität im Einzelfall nicht immer nachweisbar); bleibende neurologische Schäden oder Todesfälle nach WHO 1:3–500 000. Gegenindikationen: Krampfleiden, akute Erkrankungen jeglicher Art. Passive Immunisierung: Vermag Krankheitsverlauf abzuschwächen.

Meldepflicht: Besteht für den Todesfall.

13 Legionellen

H. Hahn

INHALTSÜBERSICHT

13.1	Definition	367
13.2	Rolle als Krankheitserreger	367
13.3	Taxonomie	367
13.4	Geschichte und Namensgebung	367
13.5	Aufbau	368
13.6	Kultur	368
13.7	Identifizierung und Differenzierung	368
13.8	Resistenz gegen äußere Einflüsse	369
13.9	Vorkommen	369
13.10	Epidemiologie	369
13.11	Übertragung	369
13.12	Pathogenese	369
13.13	Klinik	369
13.14	Immunität	369
13.15	Labordiagnose	370
13.16	Therapie	370
13.17	Prävention	370
Zusammenfassung		370

13.1 Definition

Als Legionellen bezeichnet man eine Familie gramnegativer, unbekapselter, nicht sporenbildender Stäbchen, die weder unter aeroben noch unter anaeroben Bedingungen zur Zuckerspaltung befähigt sind. Als Energiequelle dienen Aminosäuren. Alle Legionellen benötigen Zystein als Wachstumsfaktor. Die Generationszeit ist länger als bei den meisten anderen humanpathogenen gramnegativen Bakterien. Die Katalasereaktion fällt positiv aus, Nitrat und Harnstoff werden nicht gespalten.

13.2 Rolle als Krankheitserreger

Legionellen sind die Erreger der Legionellosen, d. h. der ***Legionärskrankheit,*** einer akut verlaufenden Pneumonie mit hoher Letalität, und des ***Pontiac-Fiebers***, einer nicht-letalen Infektionskrankheit.

13.3 Taxonomie

Die Familie Legionellaceae enthält nur eine Gattung, Legionella. Diese gliedert sich in zahlreiche Arten, deren Zahl derzeit im Zunehmen begriffen ist (Tabelle 13.1). Die klinisch bedeutendste Art ist ***Legionella pneumophila***. Viele Legionellen-Arten lassen sich weiter in verschiedene Serotypen unterteilen.

13.4 Geschichte und Namensgebung

Der Name Legionella leitet sich aus der Entdeckungsgeschichte der Erreger her: Im Juli ***1976*** fanden sich in Philadelphia etwa 4 400 Angehörige der „American Legion", der Kriegsveteranenorganisation der USA, zu ihrem jährlichen Treffen zusammen. Im Anschluß

Tabelle 13.1. Hauptsächliche humanpathogene Legionella-Arten und von ihnen hervorgerufene Krankheiten

Legionella-Art	Krankheit
L. pneumophila	Legionärs-Pneumonie
L. pneumophila	Pontiac-Fieber Enzephalopathie Klappen-Endokarditis
L. micdadei	„Pittsburgh-Pneumonie"
L. bozemanii	Legionärskrankheit-ähnliches Syndrom

erkrankten 182 Teilnehmer an einer schweren Allgemeinerkrankung, 29 der Erkrankten verstarben. Im Vordergrund standen Symptome an der Lunge, deren Ursache zunächst ungeklärt blieb. Man nannte die Erkrankung „Legionärskrankheit".

Bereits 6 Monate nach Auftreten dieser Epidemie gelang es Mitarbeitern der Centers for Disease Control in Atlanta, mit Hilfe fluoreszenzmikroskopischer Untersuchungen an den Lungen von Verstorbenen ein Bakterium zu identifizieren, das kurze Zeit später angezüchtet werden konnte und sich als ein bislang noch nicht bekanntes gramnegatives Stäbchen erwies. Es wurde von seinen Entdeckern Legionella pneumophila genannt.

Schon früher, im Jahre ***1968***, war in Pontiac (Michigan) bei 144 Patienten eine Epidemie aufgetreten, die sich in einer fieberhaften Infektion mit neurologischen Symptomen äußerte, jedoch keine Todesfälle verursachte. Der im nachhinein durchgeführte Nachweis eines Antikörperanstiegs gegen Legionella pneumophila in aufbewahrten Patientenseren ergab, daß es sich um eine von Legionellen verursachte Erkrankung gehandelt hatte. Um sie wegen des andersartigen Erscheinungsbildes von der Legionärskrankheit abzugrenzen, bezeichnete man diese Legionellose als ***„Pontiac-Fieber"***.

Weitere Untersuchungen an eingefrorenen Serumpaaren von Patienten mit Pneumonien ungeklärter Ursache haben gezeigt, daß Legionellosen schon lange vor der Beschreibung des Erregers vorkamen. Einzelne Fälle ließen sich bis 1947 zurückverfolgen.

13.5 Aufbau

Die Bakterienwand der Legionellen enthält, wie andere gramnegative Bakterien auch, eine Peptidoglykan-Schicht und eine äußere Hülle. Charakteristisch und ungewöhnlich für gramnegative Bakterien ist der hohe Gehalt an verzweigten Fettsäuremolekülen, Phosphatidylcholin und Phospholipiden in der äußeren Zellhülle.

Legionellen tragen Geißeln, die mono- oder lophotrich angeordnet sind, sowie Fimbrien.

Extrachromosomale DNA (Plasmide) findet sich vorwiegend bei solchen Stämmen, die nicht von Patienten, sondern aus der Umwelt isoliert werden. Die Plasmidanalyse kann bei epidemiologischen Fragestellungen von Bedeutung sein.

13.6 Kultur

Legionellen vermehren sich nicht in konventionellen Kulturmedien. Sie benötigen zur Anzucht größere Mengen ***l-Zystein***. Eisenphosphat wirkt wachstumsfördernd. Als geeignetes Kulturmedium gilt gepuffertes Hefe-Extract-Medium mit Zusätzen von Tierkohle (Charcoal-Yeast-Extract-Medium [BYCE-Medium]).

Optimale Wachstumsbedingungen bestehen in feuchter Luft bei 35 °C und einem CO_2-Gehalt von 2,5%. Die Vermehrung auf künstlichen Kulturmedien ist in hohem Maße pH-abhängig und erfolgt nur innerhalb eines engen Bereiches von pH 6,85–6,95.

Die Erreger vermehren sich *langsam*. Typische Kolonien zeigen sich unter dem Kolonie-Mikroskop frühestens nach zwei Tagen; makroskopisch sind die Kolonien nach frühestens 3 Tagen, gelegentlich erst nach 14 Tagen Bebrütungsdauer erkennbar.

13.7 Identifizierung und Differenzierung

Mikroskopisch. Legionellen lassen sich durch die Gramfärbung wegen ihres hohen Fettsäuregehaltes in der Zellwand nur bei verlängerter Gegenfärbung darstellen. Man zieht deshalb die ***Silberimprägnationsfärbung*** nach Dieterle oder die Färbung durch ***direkte Immunfluoreszenz*** heran. In infizierten Geweben und in Bronchialsekreten stellen sich Legionellen als kleine kokkoide Stäbchen von ca. 2,0 µ Länge dar. Nach Anzucht auf festen Kulturmedien bilden sie Filamente (Fäden) mit einer Länge bis zu 100 µm.

Biochemisch. Die zuverlässigste Methode zur Identifizierung einzelner Legionella-Arten ist die ***DNS-Hybridisierung***. Andere Parameter, wie Pigmentierung, Autofluoreszenz, Gelatinase-Produktion und Hippurat-Hydrolyse sowie die gaschromatographisch ermittelte Zusammensetzung der Zellwand, insbesondere aber serologische Methoden, können zur Artendifferenzierung mit herangezogen werden.

Serologisch. Die direkte ***Immunfluoreszenz***, d. h. Färbung mit Fluorescein-Isothiocyanat-gekoppelten Antikörpern, eignet sich für eine Einteilung in Arten und Serotypen.

13.8 Resistenz gegen äußere Einflüsse

Obwohl Legionellen für die Anzucht im Labor hohe Ansprüche an das Kulturmedium stellen, sind sie in der Umwelt gegen äußere Einflüsse sehr widerstandsfähig.

13.9 Vorkommen

Legionellen kommen typischerweise im Wasser und in Erdproben vor. Sie wurden aus dem Wasser von Kühltürmen, Klimageräten, aus fließenden und stehenden Gewässern, Wasserleitungen, Wasserhähnen und Abwässern isoliert. Hier sind auch die Infektionsquellen für den Menschen zu suchen. In der freien Natur sind Legionellen mit autotrophen Mikroorganismen, z. B. mit Eisen-Mangan-Bakterien vergesellschaftet, auf die sie als Kohlenstoff- und Energiequelle angewiesen sind, oder sie vermehren sich in frei lebenden Amöben, wie z. B. Acanthamoeben oder in Vertretern der Gattung Naegleria.

13.10 Epidemiologie

Legionellosen treten sowohl sporadisch als auch epidemisch und als Hospitalinfektion auf. Ihre Häufigkeit wird in den USA auf 12 bis 58 Erkrankungsfälle pro 100 000 Einwohner geschätzt. Vermutlich gehen 2–6% aller Pneumonien auf Legionellen zurück. Damit sind Legionellen die zweithäufigsten Verursacher von Pneumonien.

In einer deutschen Studie wurden bei 110 Fällen von schwerer Pneumonie in 13,6% Legionellen als Ursache nachgewiesen; diese Zahlen beziehen sich auf ein Patientenkollektiv mit schweren, das Abwehrsystem schädigenden Grundkrankheiten. Bei mehr als Dreivierteln der Patienten ließ sich die Erkrankung auf einen Krankenhausaufenthalt zurückführen.

Die Legionärskrankheit tritt in den *Sommermonaten* gehäuft auf.

13.11 Übertragung

Legionellen gelangen durch ***Aerosole***, kontaminierten Staub oder Erdmaterial in den Respirationstrakt, wo sie bei Vorliegen prädisponierender Faktoren Infektionen auslösen können. Die Manifestationsrate wird auf 1–9% geschätzt. Eine Übertragung von Mensch zu Mensch scheint nicht stattzufinden.

13.12 Pathogenese

Legionellosen entwickeln sich typischerweise bei älteren, immungeschwächten Patienten. Legionellen gehören zu den fakultativ intrazellulären Bakterien. Das heißt, sie werden nach Aufnahme durch Phagozyten zunächst nicht abgetötet, sondern erst nachdem Makrophagen aktiviert worden sind. Sie rufen über T-Zell-abhängige Mechanismen die Bildung von Granulomen hervor.

Es entwickeln sich in den befallenen Lungenabschnitten pneumonische Läsionen, die durch Akkumulationen von polymorphkernigen Granulozyten und Makrophagen gekennzeichnet sind. ***Nekroseherde*** finden sich in den Alveolen und Alveolarsepten, jedoch nicht in den Bronchien.

13.13 Klinik

Legionellen-Pneumonie (Legionärskrankheit). Die Erkrankung beginnt nach einer Inkubationszeit von 2–10 Tagen mit ***Fieber*** und Kopfschmerzen. Weitere Symptome wie Verwirrtheitszustände, ***Desorientiertheit*** im Hinblick auf Raum und Zeit, Lethargie deuten auf eine Beteiligung des ZNS. Meistens sind die Patienten über 50 Jahre alt und abwehrgeschwächt, Raucher oder Alkoholiker. Unbehandelt führt die Erkrankung in 5–15% der Fälle zum Tode.

Pontiac-Fieber. Das Pontiac-Fieber wird ebenfalls von L. pneumophila hervorgerufen. Die Inkubationszeit beträgt 24–48 Stunden. Dann entwickeln sich Husten und andere Symptome einer Infektion im Respirationstrakt, wie Schnupfen und Kratzen im Halse. Viele Patienten klagen über Schwindel, Photophobie oder Verwirrtheit sowie Muskelschmerzen. Die Körpertemperatur ist erhöht. Die Krankheit dauert 2–5 Tage an.

13.14 Immunität

Da Legionellen zu den fakultativ intrazellulären Bakterien gehören, dürfte die Immunität im wesentlichen auf dem Zusammenspiel zwischen Makrophagen und spezifisch reagiblen T-Lymphozyten beruhen. Es kommt im Verlauf der Infektion aber auch zur Bildung von Antikörpern. Ihre Rolle bei der Abwehr kann noch nicht abschließend beurteilt werden.

13.15 Labordiagnose

Die mikrobiologische Labordiagnose von L. pneumophila-Infektionen gründet sich auf die Anzucht, die direkte Immunfluoreszenz, den Nachweis von spezifischen Antikörpern im Patientenserum sowie auf den Direktnachweis von Antigenen.

Untersuchungsmaterial. Als Untersuchungsmaterial eignen sich Sputum, Bronchialabsaugsekrete und Material aus Lungenbiopsien, Blut sowie Urin und Gewebshomogenisate.

Anzucht. Zur primären Anzucht des Erregers muß die verwendete Probe mindestens 50 Erregerzellen enthalten. Man benötigt zum Nachweis in der Regel 2–6 Tage, wenn die Kultur auf geeigneten Kulturmedien durchgeführt wird. Dessen ungeachtet sollte sich eine Bebrütung wegen der langen Generationsdauer über 14 Tage erstrecken. Alle Kolonien, die erst nach mehr als zweitägiger Bebrütungsdauer auf BYCE (buffered yeast charcoal extract)-Agar auftreten, gelten als legionella-verdächtig. Es wird dann mit der direkten Immunfluoreszenzmethode ein Präparat angefertigt und gefärbt.

Direkter Immunfluoreszenz-Test (DIF). Für den direkten Nachweis des Erregers im Untersuchungsmaterial mittels Immunfluoreszenz-Test stehen mono- und polyklonale fluoreszenz-markierte spezifische Antikörper gegen L. pneumophila zur Verfügung. Für die Routinediagnostik gibt es einen speziesspezifischen monoklonalen Antikörper. Zur Bestimmung des Serotyps werden typenspezifische Antikörper gegen die Serotypen 1–12 verwendet.

Direkter Antigennachweis. Mittels ELISA oder anderer Verfahren läßt sich häufig der direkte Antigennachweis im Sputum oder im Urin führen. Diese Methode ist noch nicht weit verbreitet.

Antikörpernachweis. Eine Antikörperbestimmung im Patientenserum kann bei der Diagnose der Legionellose herangezogen werden. Ein Titer von 1:128 wird als verdächtig angesehen; ein ansteigender Titer beweist eine frische, ein abfallender Titer eine länger zurückliegende Infektion. Allerdings hat diese Methode nur retrospektiven Wert; für die Diagnose einer akuten Infektion ist sie ungeeignet, da die Antikörper nur sehr langsam, d.h. über Wochen ansteigen.

Tierversuch. Die Anzucht im Meerschweinchen ist das empfindlichste Verfahren. Der Tierversuch wird allerdings nur in Ausnahmefällen eingesetzt.

13.16 Therapie

Erythromycin ist das Mittel der Wahl gegen die Legionellen-Pneumonie. Dieses Antibiotikum sollte 3 Wochen lang gegeben werden. Cotrimoxazol, Rifampicin und Doxycyclin sind ebenfalls wirksam; sie sind die Mittel der zweiten Wahl. Das Pontiac-Fieber läßt sich durch Antibiotika nicht beeinflussen.

13.17 Prävention

Einen wirksamen Schutz der Allgemeinbevölkerung vor Legionellen kann es wegen des ubiquitären Vorkommens der Erreger nicht geben. Abwehrgeschwächte Patienten, vor allem Transplantat-Empfänger, sollten nur in solchen Räumen im Krankenhaus liegen, die legionellenfrei sind bzw. in denen sichergestellt ist, daß keine Aerosole, z. B. durch Belüftungsanlagen etc., auftreten. Eine prophylaktische Gabe von Antibiotika wird bei abwehrgeschwächten Patienten empfohlen. Laborpersonal sollte sich schützen, indem es Aerosole vermeidet. Das Arbeiten mit legionella-haltigem Material soll unter einer sterilen Werkbank erfolgen; das Laborpersonal muß Handschuhe tragen.

Meldepflicht. Die Frage der Meldepflicht ist noch nicht abschließend geklärt.

Zusammenfassung: Legionellen

Bakteriologie: Gramnegatives, unbekapseltes, nicht sporenbildendes Stäbchen. Anzucht gelingt nicht auf herkömmlichen Nährböden, sondern nur auf Zystein enthaltenden, in einem engen pH-Bereich gepufferten, Nährböden (BYCE).

Vorkommen: Wasser- und Erdkeim, der aus Klimageräten, sanitären Anlagen (insbesondere Warmwasseranlagen) und Kühlwassereinrichtungen isoliert werden kann.

Resistenz: Relativ widerstandsfähig gegen äußere Einflüsse.

Epidemiologie: 2–6% aller Pneumonien sind durch Legionellen verursacht. Legionellosen treten als sporadische Infektionen, endemische Infektionen und auch als Hospitalinfektion auf.

Zielgruppe: Prädisponierende Faktoren sind Alter und/oder geschwächtes Abwehrsystem.

Übertragung: Kontaminierte Aerosole, Staub oder Erdmaterial.

Zielgewebe: Lunge.

Pathogenese: Inhalation des Erregers → Prädisposition → spezifische und unspezifische zelluläre Immunabwehr → Akkumulation von polymorphkernigen Granulozyten und Monozyten intraalveolär → akutes intraalveoläres Infiltrat → Alveolarseptennekrose.

Pathomechanismen: Fakultativ intrazellulärer Erreger, dessen Zellwand mit einem hohen Gehalt an verzweigten Fettsäuren ausgestattet ist. (Resistenz gegen phagolysosomale Enzyme?!) Vermehrung und Anhäufung des Erregers in den Phagosomen von PMNLs und MOS.

Klinik: Auftreten entweder als Pneumonie oder als Pontiac-Fieber.

Immunität: Humoral: Antikörperanstieg aller Immunglobulinklassen nach Infektion. Zellulär: Unspezifische Phagozytose durch PMNLs und Alveolarmakrophagen. Spezifische T-Zellen lassen sich noch vor dem Antikörperanstieg nachweisen. Ob eine vor Reinfektion schützende Immunität hinterlassen wird, ist noch unklar.

Labordiagnose: Untersuchungsmaterial: Sekrete aus dem Respirationstrakt, Urin, Blut und Gewebshomogenisate.

Antigennachweis: Erregeranzucht auf Spezialnährböden. Direkte Immunfluoreszenz. ELISA-Techniken.

Antikörpernachweis: Titer über 1:128 sowie ansteigende Titer lassen auf eine frische Infektion schließen.

Therapie: 2–4 g Erythromycin /die.

Prävention: Elimination von Kontaminationsquellen. Vermeiden von Aerosolen. Bei abwehrgeschwächten Patienten prophylaktische Verabreichung von Antibiotika. Vakzination zur Zeit noch nicht möglich.

Meldepflicht: Noch nicht geklärt.

14 Brucellen

H. Hahn

INHALTSÜBERSICHT

14.1 Definition 372
14.2 Rolle als Krankheitserreger 372
14.3 Taxonomie 372
14.4 Namensgebung und Geschichte 372
14.5 Aufbau 372
14.6 Kultur 373
14.7 Identifizierung und Differenzierung . . . 373
14.8 Resistenz gegen äußere Einflüsse 373
14.9 Vorkommen 373
14.10 Epidemiologie 373
14.11 Übertragung 374
14.12 Pathogenese 374
14.13 Klinik 374
14.14 Immunität 374
14.15 Labordiagnose 374
14.16 Therapie 375
14.17 Prävention 375
Zusammenfassung 375

14.1 Definition

Die Mitglieder der Gattung Brucella sind gramnegative, kurze Stäbchen; sie sind unbeweglich und bilden keine Sporen. Zum Wachstum benötigen sie komplexe Kulturmedien und Sauerstoff; sie gehören somit zu den obligaten Aerobiern. Die Katalase- und die Oxidase-Reaktion fallen positiv aus. Sie bauen unter Säurebildung verschiedene Zucker ab und spalten Harnstoff.

14.2 Rolle als Krankheitserreger

Brucellen sind ***obligat pathogene*** Bakterien, die in erster Linie Zoonosen hervorrufen. Beim Menschen verursachen sie Allgemeininfektionen, die durch ***undulierendes Fieber*** gekennzeichnet sind. Als fakultativ intrazelluläre Bakterien rufen Brucellen in den befallenen Geweben ***granulomatöse Reaktionen*** hervor. Die für den Menschen wichtigsten Gattungen sind B. abortus, B. melitensis und B. suis. B. abortus ruft den ***Morbus Bang,*** B. melitensis das ***Maltafieber*** hervor. Auch B. canis ist als Krankheitserreger beim Menschen beschrieben.

14.3 Taxonomie

Brucellen bilden eine eigene Gattung Brucella; eine Zuordnung zu einer Familie erfolgt nicht. Die Gattung zerfällt in vier Arten (Tabelle 14.1).

14.4 Namensgebung und Geschichte

B. melitensis wurde 1887 von dem australischen Bakteriologen ***Bruce*** aus der Milz von Patienten isoliert, die an Maltafieber verstorben waren. Der dänische Bakteriologe ***Bang*** entdeckte 1896 B. abortus bei Kühen, die an seuchenhaftem Verkalben erkrankt waren. B. suis wurde 1914 von ***Traum*** aus einem Schweinefötus gezüchtet.

14.5 Aufbau

Brucellen folgen in ihrem Aufbau dem allgemeinen Bauplan gramnegativer Bakterien; Geißeln und Fimbrien sind jedoch nicht vorhanden, und Kapseln werden nicht gebildet. Brucellen tragen in ihrer äußeren Membran Antigene, die dem Lipoprotein-Lipopolysaccharid-Komplex der Enterobakteriazeen entsprechen. Diese Antigene werden mit den Symbolen A und M bezeichnet. ***A*** ist das prädominante Antigen bei B. abortus und Brucella suis, während bei B. melitensis die ***M*** überwiegt.

14.6 Kultur

Brucellen benötigen komplex zusammengesetzte Kulturmedien für die Anzüchtung. *Erythritol*, ein vierwertiger Alkohol, ist für sie ein Wachstumsfaktor. Sie vermehren sich langsam (2–4 Tage Bebrütung) unter aeroben Bedingungen bei Temperaturen zwischen 20–40 °C; das Optimum liegt bei 37 °C. Fünf bis 10% CO_2 in der Atmosphäre sind für das Wachstum erforderlich.

14.7 Identifizierung und Differenzierung

Morphologisch. Lichtmikroskopisch erscheinen Brucellen als unbewegliche, pleomorphe, gramnegative kurze Stäbchen, die sich leicht mit Kokken verwechseln lassen. Ihre Achse ist gerade, ihre Enden sind abgerundet. Brucellen sind 0,6 bis 1,5 μm lang und 0,5 bis 0,7 μm breit. Sie lagern sich meist einzeln, selten in Paaren.

Serologisch. Brucellen lassen sich durch spezifische Antiseren gegen die Antigene A und M in ihrer Zellwand agglutinieren. Mit dieser Agglutinationsreaktion identifiziert man die Gattung Brucella.

Biochemisch. Die Artendiagnose beruht auf der biochemischen Differenzierung: Zucker und gewisse Aminosäuren werden oxidativ gespalten (Tabelle 14.1).

Tabelle 14.1. Biochemische Differenzierung humanpathogener Brucellen aufgrund der oxidativen Spaltung von L-Aminosäuren und D-Ribose

Art	L-Alanin	L-Arginin	D-Ribose
Brucella melitensis	+	–	–
Brucella abortus	+	–	+
Brucella suis	–	+	+
Brucella canis	d	+	+

14.8 Resistenz gegen äußere Einflüsse

Brucellen sind gegen die Einwirkung von Hitze und Desinfektionsmitteln empfindlich. Sie werden in wäßriger Suspension durch 60 °C Wärme abgetötet, wenn man sie in dieser Temperatur 10 min lang exponiert. Brucellen überleben Tage bis Wochen in Urin, Staub, Wasser und Erde. Ebenso halten sie sich sehr lange in Milch und Milchprodukten. Diese Tatsache ist epidemiologisch bedeutsam.

14.9 Vorkommen

Brucellen finden sich natürlicherweise im Urogenitaltrakt von ***Rindern*** (B. abortus), ***Schweinen*** (B. suis), ***Ziegen*** und ***Schafen*** (B. melitensis), wo sie eine akute Plazentitis und Abort verursachen. Die Plazenta dieser Tierarten enthält den Brucellen-Wachstumsfaktor Erythritol. Deshalb reichern sich Brucellen bei diesen Tierarten in den Kotyledonen der Plazenta an. Da in der menschlichen Plazenta kein Erythritol vorhanden ist, bleibt die Anreicherung von Brucellen im Gewebe der humanen Plazenta aus.

14.10 Epidemiologie

Weltweit werden jährlich etwa 500 000 menschliche Brucellose-Fälle gemeldet.

Infektionen durch ***B. melitensis*** kommen vorwiegend in den Anrainerländern des Mittelmeeres, in Lateinamerika und in Asien vor.

Infektionen durch ***B. abortus*** waren früher in Mitteleuropa häufig; heute sind sie dank effektiver Kontrollmaßnahmen (Eliminierung brucellen-verseuchter Rinderbestände) nahezu ausgerottet. In Deutschland entstehen die meisten Brucellosefälle durch importierte Milchprodukte aus solchen Ländern, in denen Brucellosen endemisch sind (z. B. Ziegen- oder Schafskäse aus Frankreich, Italien, Bulgarien, Griechenland, Türkei). Voraussetzung für die Kontamination ist, daß *nicht-pasteurisierte Milch* zur Verarbeitung kommt.

Die endemische Brucellose findet sich berufsbedingt vorwiegend bei Landwirten, Metzgern, Veterinären, Molkerei- und Schlachthausarbeitern. Bei diesem Personenkreis erfolgt die Übertragung durch Schmierinfektion beim beruflichen Umgang mit infizierten Tieren.

14.11 Übertragung

Brucellen werden von infizierten Tieren mit der Milch, dem Urin, den Faeces oder mit der Plazenta ausgeschieden.

14.12 Pathogenese

Die Erreger gelangen durch kleine *Hautverletzungen*, durch die *Konjunktiven* oder über den *Magen-Darm-Trakt* in die Gewebe. Dort werden sie zunächst von polymorphkernigen Granulozyten und Makrophagen aufgenommen und zu den nächstgelegenen Lymphknoten transportiert. Reicht die Filterkapazität der Lymphknoten nicht aus, gelangen Brucellen über die Lymphe in die Blutbahn und breiten sich hämatogen zu den inneren Organen aus: Befallen werden Milz, Leber und Knochenmark, ZNS, Herz, Lungen, Testes, Gallenblase und die Prostata.

In den befallenen Organen bilden sich ***Granulome***, die aus Makrophagen und Lymphozyten bestehen. Das Innere der Granulome kann verkäsen. Es gibt Mischformen der Brucellosen, bei denen eitrige Herde und Granulome nebeneinander bestehen.

Insgesamt ähnelt die Pathogenese der Brucellosen den anderen durch fakultativ intrazelluläre Bakterien hervorgerufenen Krankheiten, wie Listeriose, Yersiniosen, Tularämie, Tuberkulose, Typhus und Paratyphus.

Rolle der Virulenzfaktoren. Spezieseigentümliche Virulenzfaktoren sind nicht bekannt. Bei der Pathogenese dürften die ***Endotoxine*** der Zellwand eine Rolle spielen. Allgemeinsymptome dürften auf die Freisetzung endogener Mediatorstoffe, z.B. TNFα, zurückgehen, die im Rahmen der T-Zell-Reaktion freigesetzt werden.

14.13 Klinik

Subklinisch verlaufende Brucellosen. Bis zu 90% aller Brucellosen verlaufen subklinisch; sie lassen sich nur spät oder nach Abklingen der Symptome diagnostizieren, wenn Antikörper beim Patienten nachgewiesen werden (s. unten).

Akute bis subakute Brucellosen. Nach einer Inkubationszeit von einigen Wochen bis zu Monaten setzen die Symptome der Brucellosen entweder schleichend (B. abortus) oder abrupt (B. melitensis) ein. Die Symptome sind *uncharakteristisch*: Fieber, Übelkeit, Müdigkeitsgefühl, Kopfschmerzen, Nachtschweiß. Der Fieberverlauf zeigt Wellen von 7–21 Tagen Dauer, die von 2–5tägigen Intervallen unterbrochen sind; dieser Fiebertyp hat zur Bezeichnung febris undulans (***undulierendes Fieber***) geführt.

Etwa 5% aller Brucellose-Patienten erleiden einen Rückfall: Rückfälle können bis zu 2 Jahren nach Erkrankung auftreten.

Chronische Brucellosen. In chronischen Fällen (Krankheitsdauer länger als ein Jahr) zeigen die Patienten uncharakteristische Symptome. Häufig beobachtet man Affektlabilität, Deprimiertheit und Schlaflosigkeit. Gelegentlich werden derartige Fälle vom Arzt verkannt und unter der Fehldiagnose einer Hypochondrie abgetan.

14.14 Immunität

Die Immunantwort des Patienten gegen Brucellen ist humoraler als auch zellulärer Natur, wobei den T-Zellen die entscheidende Rolle bei der Abwehr zukommt. T-Zellen sind für die Bildung der Granulome und für die verzögerte Allergie, die sich gegen Brucellen-Antigene ausbildet, verantwortlich. Antikörper der Klassen IgM, IgA und IgG werden ebenfalls gebildet, wobei IgM während der ersten Woche nach Infektionsbeginn auftritt; der IgM-Spiegel fällt anschließend ab und gibt einem ansteigenden IgG-Spiegel Raum. Erhöhte IgG-Spiegel bleiben bei chronischen Brucellosen über lange Zeit bestehen.

14.15 Labordiagnose

Die Diagnose der Brucellosen beruht in erster Linie auf der Anzüchtung der Erreger; die serologische Diagnose hat nur bestätigenden Charakter.

Untersuchungsmaterialien. Zur Diagnostik eignen sich je nach Lokalisation des Infektionsprozesses Blut, Liquor, Urin oder Gewebeproben.

Anzüchtung. Die Erstanzüchtung der Erreger erfolgt in komplex zusammengesetzten flüssigen Kulturmedien, z. B. Tryptikase-Soja-Bouillon. Die häufig eingesetzte Castaneda-Flasche enthält Bouillon in einer Flasche, auf deren Boden sich eine Agarschicht befindet. In der gasförmigen Phase ist Luft mit 10% CO_2 enthalten. Die Bebrütung erfolgt bis zu drei Wochen bei 37 °C.

Differenzierung

Morphologisch. Im Grampräparat frisch angezüchteter Kolonien finden sich gramnegative kokkoide Stäbchen.

Biochemisch. Eine Gattungsdiagnose erfolgt durch Agglutination der gewachsenen Erreger mit Antiseren gegen Brucellen-Antigene. Die Artendiagnose wird durch die biochemische Testreihe erstellt (Tabelle 14.1).

Antikörpernachweis im Patientenserum (Brucellen-Widal). Ein Agglutinationstest unter Verwendung von schonend abgetöteten Brucella-Organismen dient dem Nachweis von Antikörpern im Patientenserum. Bei einem Titer von über 1:160 nimmt man eine Brucellen-Infektion an. Eine Unterscheidung zwischen frischen und länger zurückliegenden Infektionen ist durch den Nachweis von Brucella-spezifischem IgM möglich, da IgM nur bei frischen Infektionen nachweisbar ist. Bei einer frischen Infektion kommt es auch zu einem Titeranstieg, der sich bei zweimaliger Antikörperbestimmung bei im Abstand von einer Woche entnommenen Proben nachweisen läßt. Titer von 1:1250 oder 1:5120 können erreicht werden.

Brucellergen-Test. Ein intradermaler Hauttest mit Brucellenantigen (Brucellergen) ergibt bei Infizierten eine allergische Reaktion vom verzögerten Typ. Er weist das Vorhandensein spezifischer T-Helfer-Zellen nach.

14.16 Therapie

Brucellen sind empfindlich gegen Sulfonamide, Streptomycin, Gentamicin, Tetracycline, Ampicillin und Rifampicin. Gegen Penizillin G sind sie resistent.

Mittel der Wahl ist die Kombination von Doxycyklin und Rifampicin.

14.17 Prävention

Allgemeine Maßnahmen. Bei der Bekämpfung der Brucellosen stehen allgemeine Maßnahmen im Vordergrund, wie Ausrottung infizierter Tierbestände, Kadaververnichtung und Importkontrolle von Tieren und Tierprodukten.

Vakzination. Eine Vakzination wird hierzulande nicht durchgeführt, obwohl es einen Lebendimpfstoff gibt.

Meldepflicht (§ 3 BSeuchG). Erkrankung, Tod.

Zusammenfassung: Brucellen

Bakteriologie: Gramnegative, kokkoide, unbewegliche Stäbchen. Benötigen komplexe Kulturmedien. Werden durch biochemische Reaktionen identifiziert. Aerobes Wachstum, Erythritol ist ein Wachstumsfaktor.

Vier humanpathogene Arten: Brucella abortus, Brucella melitensis, Brucella suis und Brucella canis.

Vorkommen: Urogenitaltrakt von trächtigen Schafen, Rindern, Ziegen. Reichern sich in erythritolhaltigen Geweben (Kotyledonen der Plazenta) an. Häufig bei Tieren zu Aborten führend.

Resistenz: Hohe Resistenz gegen Austrocknung, lange Überlebenszeit in Erde, Wasser, Faeces, Kadavern, Milchprodukten, aber hitzeempfindlich.

Epidemiologie: Weltweit verbreitet; ca. 500 000 Fälle pro Jahr. Endemisch in Ländern mit Viehzucht. Zoonose, in Deutschland selten.

Zielgruppe: Beruflich Exponierte: Bauern, Veterinäre, Schlachthausarbeiter, Metzger.

Übertragung: In Deutschland hauptsächlich nach Genuß importierter Milchprodukte und bei Touristen in Mittelmeer-Anrainerländern durch Genuß von Milch, Schafs- und Ziegenkäse.

Bei beruflich Exponierten beim Umgang mit Geweben oder Ausscheidungen infizierter Tiere. Eindringen durch Hautverletzungen, Konjunktiva.

Pathogenese: Von Primär-Infektionsquelle aus Vordringen in Lymphknoten, danach Generalisation und Befall innerer Organe. Dort granulomatöse und eitrige Reaktionen. Brucellen sind obligat pathogen! Fakultativ intrazelluläre Erreger, die in Makrophagen überleben.

Pathomechanismen: Exotoxine nicht bekannt; Endotoxin wird beim Zerfall freigesetzt, dürfte Rolle in Pathogenese spielen. Möglicherweise spielen immunologische T-zell-vermittelte Vorgänge (Freisetzung von Cytokinen) eine Rolle.

Zielgewebe: Zellen des monozytär-phagozytären Systems.

Klinik: Undulierendes Fieber, typhöses Krankheitsbild, verschiedene Organmanifestationen (Endokarditis, Spondylitis, Orchitis, Parotitis, Myokarditis, Thrombophlebitis). Beim Menschen keine Prädilektion für den Urogenitaltrakt. Akute, chronische und subklinische Verlaufsformen, letztere am häufigsten (90%).

Immunität: T-zell-abhängig, langanhaltend.

Diagnose: Erregeranzüchtung aus Blut, Gewebebiopsiematerial. Immunologischer Hauttest (Brucellergen-Reaktion), Agglutinationsreaktion mit Patientenserum (Brucellen-Widal).,

Therapie: Sulfonamide, Streptomycin, Gentamicin, Tetrazykline, Ampicillin, Rifampicin.

Prävention: ***Allgemeine Hygiene-Maßnahmen***: Ausrottung infizierter Tierbestände, Kadaververnichtung, Importaufsicht.
Vakzination: Lebendvakzine gelangt wegen Nebenwirkungne in Deutschland nicht zum Einsatz.
Meldepflicht: Erkrankung – Tod.

15 Yersinia pestis

H. Hahn

INHALTSÜBERSICHT

15.1	Definition	377
15.2	Rolle als Krankheitserreger	377
15.3	Geschichte	377
15.4	Besonderheiten im Aufbau	377
15.5	Kultur	378
15.6	Extrazelluläre Produkte	378
15.7	Identifizierung und Differenzierung	378
15.8	Resistenz gegen äußere Einflüsse	378
15.9	Vorkommen	379
15.10	Epidemiologie	379
15.11	Übertragung	379
15.12	Pathogenese	379
15.13	Klinik	380
15.15	Immunität	380
15.15	Labordiagnose	380
15.16	Therapie	381
15.17	Prävention	381
Zusammenfassung		381

15.1 Definition

Yersinia pestis ist eine Bakterien-Art innerhalb der Gattung Yersinia (s. S. 327). Sie unterscheidet sich von den übrigen Yersinienarten durch biochemische Merkmale, durch eine Kapsel und durch zusätzliche Virulenzfaktoren.

15.2 Rolle als Krankheitserreger

Yersinia pestis ruft als einzige Krankheit die ***Pest*** hervor.

15.3 Geschichte

Keine Infektionskrankheit hat im Laufe der Geschichte so viel Angst und Schrecken verbreitet wie die Pest. Bekannt und gefürchtet seit der Antike, hat die Seuche im Verlaufe etlicher Pandemien mehrfach große Teile der Bevölkerung Europas und des Orients ausgelöscht.

Die erste faßbare Pandemie grassierte im 6. Jahrhundert n. Chr. (542–594) und vernichtete im Byzantinischen Reich die Hälfte der Bevölkerung.

Die zweite Pandemie wütete von 1347 bis 1349 in Europa und im Nahen Osten und rottete etwa ein Drittel der Bevölkerung, d. h. rund 25 Millionen Menschen, aus. Juden wurden für die Pest verantwortlich gemacht; es kam in Deutschland zu zahlreichen Pogromen.

Pestepidemien suchten 1679 Wien und 1710–1711 die Mark Brandenburg heim (215 000 Tote); 1710 wurde die Charité in Berlin als Pestkrankenhaus gegründet. 1898 wütete die Pest in Indien und forderte allein in Bombay 6 Millionen Tote; 1911 grassierte sie in der Mandschurei und 1964 in Vietnam.

Im Jahre 1894 entdeckten unabhängig voneinander der Schweizer Yersin und der Japaner Kitasato das Pestbakterium.

15.4 Besonderheiten im Aufbau

Y. pestis entspricht im Aufbau anderen Yersinien (s. Kap. 5.4), besitzt aber eine *Kapsel.*

Kapsel (Fraktion 1). Diese Kapsel, auch Fraktion 1 genannt, wird bei 37 °C ausgebildet, nicht aber bei 28 °C, der für Yersinien optimalen Vermehrungstemperatur. Die Kapsel besteht aus einem einzigen Pro-

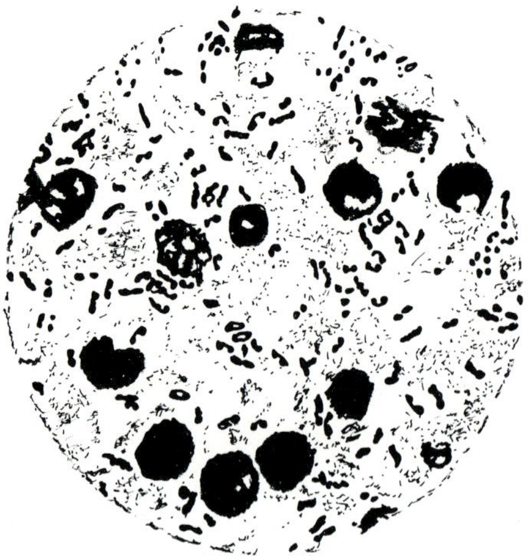

Abb. 15.1. Yersinia pestis in einem Ausstrichpräparat eines Lymphknotenpunktats aus der Leistenbeuge. Y. pestis-Organismen stellen sich als ovale Strukturen mit bipolarer Verdunklung dar (Leishman-Färbung, 1000fache Vergrößerung)

tein; sie wird von dem chromosomal lokalisierten Gen ***„Fra“*** kodiert.

Fehlen von Geißeln. Geißeln werden weder bei 28 °C noch bei 37 °C gebildet.

15.5 Kultur

Der Erreger vermehrt sich auf Blutagar, auf dem er nach 48 Stunden Bebrütung braune, nichthämolysierende Kolonien bildet. Die optimale Vermehrungstemperatur beträgt 28 °C. Da Y. pestis bei dieser Temperatur keine Kapsel exprimiert, erscheinen die Kolonien ***rauh***; bei 37 °C wird reichlich Kapselsubstanz produziert, die Kolonien sind dann ***glatt***.

Fähigkeit zur Speicherung von Eisen

Alle Yersinien benötigen Eisen als Wachstumsfaktor. Sie können Hämin als Eisenquelle benützen. Das Eisen wird aus dem Hämin des Säugerwirts entfernt und intrabakteriell als Fe^{3+} gespeichert. Die Fähigkeit zur Eisen-Abspaltung ist chromosomal kodiert.

15.6 Extrazelluläre Produkte

Koagulase und Fibrinolysin. Y. pestis produziert eine Koagulase und Fibrinolysin. Diese Enzym-Aktivitäten sind in der äußeren Membran des Bakteriums lokalisiert. Sie werden von dem Plasmid ***„Pst“*** kodiert.

Exotoxin. Y. pestis bildet ein Exotoxin, das für Mäuse toxisch ist. Es wird von dem sogenannten ***„Großen Plasmid“*** kodiert.

15.7 Identifizierung und Differenzierung

Morphologisch. Y. pestis ist ein kurzes, ovoides, unbewegliches, gramnegatives Stäbchen. Bei Anfärbung nach Wayson (Methylenblau und Karbolfuchsin) sowie nach Giemsa oder Löffler zeigt Yersinia pestis eine ***bipolare*** Struktur, die an *Sicherheitsnadeln* erinnert (s. Abb. 15.1). Diese polare Anfärbbarkeit fehlt den anderen Yersinien.

Biochemisch. Die endgültige Differenzierung von Yersinia pestis erfolgt durch die biochemische Leistungsprüfung (Tabelle 15.1).

15.8 Resistenz gegen äußere Einflüsse

Y. pestis kann sich in eingetrocknetem Sputum oder in den Fäkalien von Flöhen und anderen Ektoparasiten bei Raumtemperatur über längere Zeit am Leben halten. Im Körperinnern verhält sich Y. pestis als fakultativ intrazelluläres Bakterium, d. h. die Bakterien über-

Tabelle 15.1. Biochemische Leistungen von Yersinia pestis

	Yersinia pestis	Yersinia pseudotuberculosis	Yersinia enterocolitica
Raffinose-Fermentation	–	v	–
Rhamnose	–	v	–
Sucrose	–	–	+
Melibiose	v	v	–
Ornithin-Decarboxylase	–	–	+
Urease	–	+	v

leben nach Phagozytose durch nichtaktivierte Makrophagen (s. Immunität).

15.9 Vorkommen

In Pestgebieten befällt Y. pestis vorwiegend ***Nager***. Der natürliche Kreislauf ist: Nager → Ektoparasit (Flöhe, Zecken etc.) → Nager: Ohne Nagerpest keine Menschenpest!

Pestepidemien traten in früheren Zeiten vorwiegend in Verbindung mit dem Auftreten bei Hausratten auf. Zunächst wurde die Pest durch Rattenflöhe von Ratte zu Ratte übertragen. Wenn die Hausratten an Pest verendet waren, waren die erregertragenden Rattenflöhe gezwungen, auf den Menschen als Wirt auszuweichen.

Heute wird der Mensch akzidentell infiziert, wenn er in Gegenden gelangt, wo Yersinia pestis enzootisch vorkommt.

15.10 Epidemiologie

Nachdem in der ersten Hälfte dieses Jahrhunderts die Zahl der Pestfälle abgenommen hatte, macht sich seit etwa 1960 wieder eine *langsame Zunahme* bemerkbar. Im Jahre 1975 wurden weltweit 1478 Pestkranke gemeldet; von diesen verstarben 88. Die Zahl der Erkrankten dürfte aber in Wirklichkeit weit höher liegen. Zoonotische Herde bestehen in den südwestlichen Staaten der USA, in Vietnam, Burma, Kenia und Brasilien. Dort muß jederzeit mit Pestfällen gerechnet werden.

15.11 Übertragung

Y. pestis wird durch den Biß des infizierten Rattenflohs (Xenopsylla cheopis) auf den Menschen übertragen. Der Floh muß zunächst eine Blutmahlzeit bei einer Ratte nehmen, in deren Blutbahn Pestbakterien kreisen. Die Bakterien vermehren sich im Gastrointestinaltrakt des Flohs und können dort solche Zahlen erreichen, daß die Proboscis verstopft wird. Wenn der Floh einen anderen Nager oder einen Menschen befällt, regurgitiert er beim Saugakt Pestbakterien; damit gelangen Pestbakterien über die Bißstelle in den neuen Wirt.

Eine Übertragung von Mensch zu Mensch ist nur bei der ***Lungenpest*** der Fall (s. unten).

15.12 Pathogenese

An der Bißstelle, die sich meist an den oberen oder unteren Exremitäten befindet, entwickelt sich der Pest-Primäraffekt. Er besteht aus einem Bläschen, in dem sich die Pestbakterien bis zu hohen Zahlen vermehren. Vom ***Primäraffekt*** aus gelangen die Erreger über die afferenten Lymphbahnen zu den lokalen Lymphknoten der Leiste bzw. der Axilla; dort werden sie von polymorphkernigen Granulozyten und Makrophagen aufgenommen. Die von den Granulozyten aufgenommenen Erreger werden abgetötet, während sich die von den Makrophagen phagozytierten Bakterien intrazellulär vermehren.

Die befallenen Lymphknoten schwellen schmerzhaft an und vereitern. Auf diese Weise entsteht die Pestbeule, der sog. ***Bubo*** (gr. Leistendrüse, Unterleib).

Wenn die Filterkapazität der Lymphknoten erschöpft ist, bricht diese lokale Abwehrbarriere zusammen: Die Erreger treten in die Blutbahn über und lösen eine ***Sepsis*** mit intravasaler Verbrauchskoagulophathie (s. Kap. Sepsis) aus. Hämatogen werden Leber und Milz, die Lungen und gegebenenfalls auch die Meningen befallen. In den infizierten Organen entwickeln sich hämorrhagische Läsionen.

Die metastatische (sekundäre) ***Pestpneumonie*** ist besonders häufig. Sie stellt eine überaus gefährliche Infektionsquelle dar, weil die Erreger ausgehustet und durch ***Tröpfcheninfektion*** auf andere Menschen übertragen werden. Die Pestbakterien gelangen auf diese Weise direkt in die Lunge der Kontaktperson. Es entwickelt sich dann die ***primäre*** Pestpneumonie.

Auch die Tonsillen oder die oropharyngeale Schleimhaut kommen als Eintrittspforte in Frage; es entsteht dann eine zervikale Bubonenpest.

Rolle der Virulenzfaktoren

Y. pestis bildet eine Reihe von Virulenzfaktoren (Tabelle 15.2) aus; diese sind z.T. chromosomal und z.T. in Plasmiden kodiert. Auf ihrem Zusammenspiel beruht die starke Virulenz des Erregers und die Bösartigkeit der Erkrankung.

VW-Antigen-Komplex. Das ***V-Antigen*** ist ein im Zytoplasma von Yersinia pestis vorkommendes Pro-

Tabelle 15.2. Virulenzfaktoren von Yersinia pestis

VW-Antigen-Komplex	
– V-Antigen	Phagozytose-Hemmung, Schädigung der Immunität
– W-Antigen	Phagozytose-Hemmung, Schädigung der Immunität
Exotoxin	?
Koagulase und Fibrinolysin	Invasivität
Kapsel	Phagozytose-Hemmung

tein mit einem Molekulargewicht von 40 000 Dalton. Seine Rolle als Virulenzfaktor ist nicht klar; möglicherweise schädigt es das Immunsystem. Das V-Antigen wirkt *antiphagozytär*; Antikörper gegen V verleihen dem Organismus einen Schutz gegen Pest.

Das ***W-Antigen*** ist ein Lipopolysaccharid von 140000 Dalton Molekulargewicht und wirkt *antiphagozytär*.

Die Gene für beide Antigene liegen zusammen auf dem sog. Vwa-Plasmid. Diese Genkombination wird als VW-Komplex bezeichnet. Die Antigene werden nur bei 37 °C, jedoch nicht bei 28 °C exprimiert. Der VW-Antigen-Komplex kommt nicht nur bei Yersinia pestis, sondern auch bei einigen anderen Yersinia-Arten vor.

Im Rattenfloh bildet Y. pestis wegen der dort herrschenden niedrigeren Temperatur kein VW-Antigen. Wenn der infizierte Rattenfloh über längere Zeit keine Gelegenheit zu einer Blutmahlzeit gehabt hat, sind Pestbakterien in ihm nicht voll virulent: Erst wenn sich der Erreger nach Übertragung auf einen Säugerorganismus dort in Makrophagen vermehrt, bildet er infolge der dort herrschenden Temperatur von 37 °C den VW-Antigen-Komplex aus.

Exotoxin. Pestbakterien bilden ein Exotoxin. Die Rolle dieses Exotoxins bei der menschlichen Krankheit ist noch nicht erforscht.

Koagulase und Fibrinolysin. Koagulase und Fibrinolysin sind für die hohe *Invasivität* des Erregers mitverantwortlich.

Kapsel. Die Kapsel (Hüllen- oder Fraktion 1) behindert die Phagozytose. Da die Kapsel, ebenso wie der VW-Komplex, bei 37 °C, nicht jedoch bei 28 °C gebildet wird, entstehen erst im Säugerwirt, nicht aber im Floh, bekapselte Erreger.

15.13 Klinik

Nach einer Inkubationszeit von 1–6 Tagen beginnt die Krankheit plötzlich mit Unwohlsein, Kopfschmerzen und Schüttelfrost. Einen Tag nach Einsetzen dieser Symptome bilden sich die schmerzhaften Pestbeulen (Bubonen) aus, daher der Name Bubonen- oder Beulenpest.

Bei *Sepsis* mit Verbrauchskoagulophathie kann es zu Purpura und massiven Ekchymosen kommen. Wenn im Rahmen der hämatogenen Ausbreitung die Lunge metastatisch befallen wird, kommt es innerhalb von 1–3 Tagen zu einer *Pneumonie*. Der Patient leidet an Atemnot und Husten; das Sputum ist hell, blutig gefärbt und dünnflüssig. Typischerweise sind die Patienten zyanotisch verfärbt. Diese Veränderung zusammen mit der Zyanose bei Lungenpest hat der Pest die Bezeichnung „Schwarzer Tod" eingetragen. Der Tod tritt 3–5 Tage nach Auftreten der ersten Symptome ein.

Die *primäre Lungenpest* führt nach einer Inkubationszeit von 2 Tagen und einer Krankheitsdauer von weiteren 2 Tagen zum Tode, sofern nicht rechtzeitig therapeutisch eingegriffen wird.

Die *Letalität* beträgt bei unbehandelten Patienten mit Beulenpest 50%–60%, bei unbehandelter Lungenpest liegt sie praktisch bei 100%.

15.14 Immunität

Da Yersinia pestis zu den fakultativ intrazellulären Bakterien gehört, stellt die Fähigkeit *aktivierter Makrophagen* zur Abtötung der Erreger einen wichtigen Abwehrfaktor dar. Diese Fähigkeit wird den Makrophagen durch antigenspezifische ***T-Lymphozyten*** vermittelt.

Bei der Immunität sind auch *Antikörper* beteiligt. Antikörper gegen Fraktion 1 sowie gegen Exo- und Endotoxin vermitteln einen nachweisbaren Schutz; die stärkste Protektiv-Wirkung zeigen Antikörper gegen Fraktion 1 (Antigen F 1).

Die Immunität gegen Yersinia pestis stellt demnach einen *Mischtyp* dar: Bei der Schutzwirkung sind sowohl Antikörper als auch antigenspezifische T-Zellen beteiligt. Die Immunität verleiht Überlebenden eine wirksamen Schutz gegen Reinfektionen.

15.15 Labordiagnose

Untersuchungsmaterialien. Für die bakteriologische Untersuchung eignen sich, je nach Lokalisation des

Krankheitsprozesses: ***Lymphknotenaspirat*** bei Beulenpest, *Sputum* bei Lungenpest oder *Blut* bei der Pest-Sepsis. Bei der Sektion Verstorbener entnimmt man Teile der Milz, Blut oder – bei nichtgeöffneten Leichen – Milzpunktat.

Anzucht. Die Erreger auf einfach zusammengesetzten Kulturmedien sowie auf Blutagar gut gedeihen, sind keine speziellen Kulturmedien erforderlich.

Mikroskopisch. Häufig kann man die Diagnose bereits durch Anfärbung von Lymphknotenaspirat oder Sputum mit fluoreszierenden Antikörpern stellen. In vielen Fällen führt auch die Anfärbung von Lymphknotenaspirat, Sputum bzw. Blutausstrichen nach Gram oder Wayson zum Erfolg. Wenn im Präparat bipolar angefärbte, gramnegative Bakterien zu sehen sind, läßt sich im Zusammenhang mit dem klinischen Bild die Verdachtsdiagnose der Pest stellen.

Biochemisch. Die biochemischen Merkmale von Y. pestis sind in Tabelle 15.1 wiedergegeben.

15.16 Therapie

Streptomycin ist das Mittel der Wahl; daneben sind Tetrazykline und Chloramphenicol gegen Yersinia pestis wirksam. Bei prompt einsetzender Behandlung läßt sich die Letalität der Pest von 50–60% auf 1–5% senken. Der Behandlungserfolg bleibt aus, wenn die Behandlung später als 15 Stunden nach Eintreten des Fiebers einsetzt.

15.17 Prävention

Allgemeine Maßnahmen. An allgemeinen Maßnahmen steht die ***Rattenbekämpfung*** im Vordergrund.

Schutzimpfung. Für die Schutzimpfung stehen zwei ***Totvakzinen*** aus formalinisierten Bakterien zur Verfügung: Die *Haffkin-Vakzine* und die *Cutler-Vakzine*. Eine ***Lebendvakzine*** wird aus attenuierten Pest-Bakterien des Stammes EV 76 hergestellt; sie vermittelt einen wirksameren Schutz als die Totvakzinen. Der Lebendimpfstoff enthält das Kapselantigen F1 sowie die Antigene V und W. Die Lebendvakzine muß bei –20 °C gelagert werden. Dieser Umstand macht eine Kühlkette erforderlich, ein gerade in solchen Ländern, in denen die Pest endemisch ist, schwer zu lösendes Problem.

Meldepflicht (§ 3 BSeuchGes). Meldepflichtig sind Verdacht, Erkrankung, Tod.

Quarantäne. Die Pest gehört neben der Cholera und dem Gelbfieber zu den quarantänepflichtigen Krankheiten, deren Abwehr in den Artikeln 49–94 der Internationalen Gesundheitsvorschriften geregelt wird.

Absonderung im Krankenhaus. (§ 37 BSeuchGes). schreibt die Absonderung der an Pest (sowie an Cholera, Fleckfieber, Rückfallfieber oder Typhus abdominalis) Erkrankten und Erkrankungsverdächtigen in einem Krankenhaus vor.

Zusammenfassung: Yersinia pestis

Bakteriologie: Gramnegatives unbewegliches Stäbchen. Im Giemsa- oder Löffler-Methylenblaupräparat: bipolare Anfärbung, „Sicherheitsnadelformen". Optimale Vermehrungstemperatur 28 °C. Wichtigster Wachstumsfaktor: Eisen. Bildet auf Blutagar braune Kolonien.

Vorkommen: Enzootisch weltweit verbreitet, bei Nagern. Mensch akzidentell über Ektoparasiten infiziert.

Resistenz: Bei Raumtemperatur lange Persistenz in eingetrockneten Sputen oder in Fäkalien von Ektoparasiten.

Epidemiologie: Endemisch in Vietnam, Burma, Brasilien, Kenia, Südwesten der USA.

Zielgruppe: Soldaten, Jäger, Geologen, Archäologen, Abenteuer-Touristen.

Übertragung: 1. Vom Tier durch: Ektoparasiten (Flohstiche etc.) oder durch direkten Kontakt mit kontaminierten tierischen Materialien. 2. Vom erkrankten Menschen durch Sputum (Tröpfcheninfektion) oder Hautkontakt.

Pathogenese: Infektion → Primärkomplex (Verletzung an der Einstichstelle + Schwellung des lokalen Lymphknotens) → Phagozytose durch polymorphkernige Granulozyten und Monozyten → hämatogene Dissemination → schmerzhafte generalisierte Lymphadenopathie → Sepsis → DIC und/oder Organmanifestation als Meningitis oder Pneumonie mit hämorrhagisch eitrigen Nekrosen.

Virulenz: Fakultativ intrazellulärer Erreger, der durch Kapselbildung, Exotoxin-, Koagulase- und Fibrinolysinbildung einen hohen Virulenzgrad erreicht und die natürlichen Abwehrbarrieren nahezu ungehindert durchbricht.

Zielgewebe: Lymphknoten, Leber und Milz, Meningen.

Klinik: 1. Primär pneumonische Verlaufsform: Tröpfchen-Infektion durch kontaminiertes Sputum, Inkubationszeit zwei Tage, fulminanter Verlauf. 2. Septische Verlaufsform: Infektion durch Vektor (z. B. Floh), Inkubationszeit 2–6 Tage, Fieber, Lymphadenopathie, Sepsis, Pneumonie, Meningitis, DIC. 3. Bubonenpest.

Diagnose: Untersuchungsmaterial: Lymphknotenaspirat, Sputum, Blut. Erregernachweis: 1. Mikroskopisch („Sicherheitsnadeln" im Löffler-Methylenblau-Präparat). 2. Kulturell (braune Kolonien auf Blutagar). 3. Biochemische Differenzierung.

Differentialdiagnosen: Tularämie, Streptokokken- oder Staphylokokken-Lymphadenitis, Katzenkratzkrankheit, Lymphogranuloma inguinale, Syphilis.

Immunität: Die erworbene Immunität ist weitgehend, aber nicht absolut, Reinfektionen sind berichtet. Die Immunität beruht in erster Linie auf T-Lymphozyten im weiteren Sinne auf spezifischen Antikörpern.

Therapie: Streptomycin, Tetrazyklin, Chloramphenicol.

Prävention: Eliminierung des Erregerreservoirs (Rattenbekämpfung), Unterbrechung des Vektors, Schutzimpfung, Quarantäne, Chemoprophylaxe.

Vakzination: Aktive Impfung durch Tot- oder Lebendimpfstoffe. Immunität nach Schutzimpfung nur 6 Monate anhaltend. Wiederholte Impfung notwendig. Impfschutz nicht immer gewährleistet.

Meldepflicht: Verdacht, Erkrankung und Tod.

Quarantäne: Die Pest ist eine der drei Quarantänekrankheiten.

16 Francisellen

H. Hahn, U. Janßen

INHALTSÜBERSICHT

16.1	Definition	383
16.2	Rolle als Krankheitserreger	383
16.3	Namensgebung und Geschichte	383
16.4	Taxonomie	383
16.5	Kultur	383
16.6	Identifizierung und Differenzierung	383
16.7	Vorkommen	384
16.8	Epidemiologie	384
16.9	Übertragung	384
16.10	Pathogenese	384
16.11	Klinik	384
16.12	Immunität	384
16.13	Labordiagnose	384
16.14	Therapie	385
16.15	Prävention	385
	Zusammenfassung	385

16.1 Definition

Vertreter der Gattung Francisella sind kleine pleomorphe, gramnegative, geißel- und sporenlose Stäbchenbakterien mit besonderen Ansprüchen an das Nährmedium.

16.2 Rolle als Krankheitserreger

Die für Mensch und Tier pathogene Francisella tularensis kommt in vielen Ländern der nördlichen Hemisphäre vor. Die Infektion mit diesem Erreger wird ***Tularämie*** (auch Hasenpest oder Lemmingfieber) genannt. Sie ist charakterisiert durch hohes Fieber und schwere Beeinträchtigung des Allgemeinzustandes. Beides kann ohne entsprechende Therapie monatelang anhalten.

16.3 Namensgebung und Geschichte

1912 entdeckten McCoy und Chapin den Mikroorganismus bei Nagern in Tulare County, Kalifornien, und nannten ihn Bacterium tularense.

Francis entdeckte 1919 den Zusammenhang zwischen einer pestartigen Erkrankung bei Nagern und dem „deerfly-Fieber" und betonte die Rolle der „deerfly" bei der Übertragung. Daher wird heute der Erreger zu Ehren Edward Francis' Francisella benannt.

16.4 Taxonomie

Zur Gattung der Francisella gehören nach Bergey's Manual von 1984 die Spezies Francisella ***tularensis*** und Francisella ***novicida***.

Die Gattung Francisella ist bisher keiner Familie zugeordnet.

16.5 Kultur

Francisella benötigt zum Wachstum *Spezialnährböden*, z. B. Glucose-Cystein-Agar, angereichert mit Menschenblut und Thiamin, oder Schokoladen-Agar, angereichert mit Cystein. Das Wachstumsoptimum liegt bei 37 °C unter erhöhter CO_2-Spannung. Nach 24–48 Stunden Bebrütungsdauer erscheinen kleine, weiche, grau-opake Kolonien. Das Nährmedium direkt um die Kolonie herum erscheint charakteristischerweise grün.

16.6 Identifizierung und Differenzierung

Mikroskopisch. In der Gram-Färbung zeigen sich dicht zusammengelagerte, aber einzeln liegende, schwach angefärbte, zart gramnegative, kokkoide Stäbchen. Der kokkoide Eindruck entsteht durch die bipolar stärker angefärbten Enden der Stäbchen. Francisella sind unbeweglich.

Serologisch. Die serologische Bestätigung wird routinemäßig und schnell mit der Objektträger-Agglutination erreicht. Alle Stämme von Francisella tularensis werden mit spezifischem Antiserum agglutiniert.

Biochemisch. Die biochemischen Leistungen von F. tularensis finden für die Identifizierung keine Berücksichtigung.

16.7 Vorkommen

Francisella tularensis wurde von mehr als 100 verschiedenen Wild-Säugetieren isoliert, z. B. Kaninchen, Hasen, Mäusen, von mehr als 9 verschiedenen Haustierarten, z. B. Schafen, Rindern, Katzen, von Vögeln und Fischen, von Zecken, Bremsen, Moskitos, außerdem aus Schlamm und Wasser, die durch infizierte Tiere kontaminiert waren. Die für den Menschen wichtigsten Reservoire sind Kaninchen, Hasen und Zecken.

16.8 Epidemiologie

F. tularensis ist, außer in Australien und der Antarktis, weltweit verbreitet. Vorwiegend kommt sie jedoch in den USA und in der südlichen Sowjetunion vor.

16.9 Übertragung

Der Mensch infiziert sich meistens durch Kontakt mit infizierten Säugetieren oder durch den Stich eines infizierten Insekts, seltener durch Tierbisse, Inhalation von Aerosolen, kontaminiertes Wasser oder unzureichend abgekochtes Fleisch.

Die Übertragung von Mensch zu Mensch ist sehr selten.

16.10 Pathogenese

F. tularensis ist sehr invasiv und daher in der Lage, die intakte Haut zu durchdringen. Normalerweise benutzt sie als Eintrittspforten kleine Hautläsionen, Konjunktiven, den Mund und die Atemwege. Die Ausbreitung im Körper kann lymphogen, hämatogen oder bronchogen erfolgen. Bei Inhalation oder intrakutaner Applikation (z.B. Zeckenbiß) genügen 10–50 Erreger zur Auslösung einer Erkrankung; oral aufgenommen sind mindestens 10^8 Erreger dafür nötig.

16.11 Klinik

Nach einer Inkubationszeit von 3–5 (1–10) Tagen erscheint eine *Hautpapel* an der Eintrittsstelle, gefolgt von *Ulkusbildung*. Diese ist von abruptem Fieberbeginn und Lymphknotenschwellung begleitet.

Nach Inhalation kommt es zu Fieber, Kopfschmerzen, Krankheitsgefühl und unproduktivem Husten mit oder ohne radiologischen Zeichen der Pneumonie.

Orale Aufnahme kann eine Entzündung der Rachenschleimhaut hervorrufen oder eine unspezifische fieberhafte Erkrankung.

Die lokale Tularämie (75–85%) zeigt den entzündlichen ***Primäraffekt*** mit regionalen Lymphknotenschwellungen, die eitrig einschmelzen können (***Primärkomplex***).

Die generalisierende Tularämie zeigt vielfältige Symptome, je nach Befall der Organe im Generalisationsstadium.

Je nach Verlaufsform unterscheidet man die ulzeroglanduläre, die glanduläre, die typhoidale, die oculoglanduläre oder oropharyngeale Tularämie.

16.12 Immunität

Das Hauptgewicht der Abwehr liegt auf einer T-zell-abhängigen Immunität, die ähnlich wie bei Listeria- und Brucella-Infektionen, über Granulombildung und Makrophagenaktivierung die Abwehrleistung erbringt. Antikörper werden ebenfalls gebildet. Ihre Rolle bei der Abwehr scheint untergeordneter Natur zu sein; sie werden aber bei der **Labordiagnose** herangezogen.

16.13 Labordiagnose

Vorbemerkung: Die erhebliche *Infektionsgefährdung des Laborpersonals* erfordert die Einhaltung besonderer Schutzmaßnahmen. Die Anzucht sollte daher nur in Speziallaboratorien erfolgen. In der täglichen Routine liegt das Hauptgewicht auf dem Antikörpernachweis beim Patienten.

Untersuchungsmaterialien. Eine Primärläsion oder ein vergrößerter, sich entleerender Lymphknoten bzw. Biopsiematerial enthält meist ausreichend Bakterien, um die Anzucht sicherzustellen. Auch Konjunktivalgeschabsel ist geeignet. Lebende F. tularensis läßt sich auch aus Sputum, Magensaftaspirat, Pharynxspülungen oder Pleurasekret während der systemischen Phase der Tularämie gewinnen.

Anzucht. Das Material sollte direkt am Krankenbett auf Spezialkulturmedien gebracht werden. Es sollten möglichst mehrere Proben täglich untersucht werden. Die Identifizierung isolierter Bakterien erfolgt mit der Objektträger-Agglutination.

Mikroskopisch. Da der *kulturelle* Nachweis häufig schwierig ist, sollte gleichzeitig die Immunfluoreszenz-Darstellung im Ausstrichpräparat versucht werden.

Serologisch. Der Antikörpernachweis im Patientenserum ist die diagnostische Methode der Wahl. Er erfolgt mittels des indirekten Hämagglutinationstests oder mittels Agglutnation abgetöteter F.-tularämie-Bakterien. Er wird gewöhnlich Anfang der zweiten Woche nach Infektionsbeginn positiv. Kreuzreaktionen mit Antikörpern gegen Brucellen kommen vor.

16.14 Therapie

Das Mittel der Wahl ist das Streptomycin oder Gentamicin. Bei leichteren Infektionen werden Tetracycline oral empfohlen.

16.15 Prävention

Die Prophylaxe besteht einerseits darin, den Kontakt zu den entsprechenden Wildtieren zu meiden und Zecken nach Biß sofort zu entfernen oder durch entsprechende Repellentien fernzuhalten.

Beim Genuß von importiertem Wildbret aus Gebieten mit enzootischer Tularämie ist Vorsicht geboten.

Die Schutzimpfung mit attenuierter Lebendvakzine ist wirksam, aber sie bietet keinen kompletten Schutz.

Meldepflicht. Krankheitsverdacht, Erkrankung und Tod sind nach § 3 des Bundesseuchengesetzes meldepflichtig.

Zusammenfassung: Francisella

Bakteriologie: Gramnegatives, pleomorphes Stäbchen. Wachstum nur auf Spezialkulturmedien, die Humanblut und Cystein enthalten.

Vorkommen: Sowohl bei wildlebenden (vor allem Nagern und Paarhufern), als auch bei domestizierten Säugetieren (Katzen).

Epidemiologie: In den USA ca. 300 Erkrankungen/Jahr. Inzidenz 0,6–1,3/10^6. Weltweit verbreitet außer in Großbritannien, Australien und der Antarktis. Infektionen beim Menschen häufig in ländlichen Gebieten.

Zielgruppe: Menschen in ländlichen Gegenden, die Umgang mit wilden oder domestizierten Tieren haben (Jäger, Landwirte).

Übertragung: 1. Direkter Kontakt mit infiziertem Tier. 2. Vektoren (z.B. Insekten). 3. Genuß von kontaminiertem Wasser oder Fleisch.
Übertragung von Mensch zu Mensch sehr selten.

Pathogenese: Penetration der Haut bzw. Schleimhaut → Primärkomplex (Ulkus + Lymphknotenschwellung) → Generalisation → Persistenz im RES → fokale Bildung von z.T. verkäsenden, histiozytären Granulomen mit Epitheloid- und Riesenzellen.

Pathomechanismen: Fakultativ intrazellulärer Erreger, der die zelluläre Immunabwehr umgeht und die Bildung histiozytärer, verkäsender Granulome mit erheblicher Organdestruktion hervorruft.

Zielgewebe: RES (Milz, Leber), Lunge.

Klinik: Inkubationszeit 3–5 Tage. Papel- und Ulcusbildung an der Eintrittsstelle, abrupter Fieberanstieg, Lymphadenopathie. Je nach Lokalisation werden verschiedene Verlaufsformen unterschieden: Ulzeroglandulär, oculoglandulär, pulmonal etc.

Immunität: Die Tularämie hinterläßt eine lang anhaltende Immunität. Generalisierte Zweitinfektionen bisher nicht bekannt.

Labordiagnose: *Untersuchungsmaterial:* Wundabstrich und Wundsekrete. Lymphknotenpunktate, Materialien aus dem oberen Respirationstrakt, Blut.

Erregernachweis: Kulturell schwierig (Spezialkulturmedien), direkte Immunfluoreszenz, Objektträgeragglutination.

Antikörpernachweis: Indirekter Hämagglutinationstest (cave! Kreuzreaktionen mit Brucellen kommen vor).

Therapie: Streptomycin: 1 g / die / 7 Tage
Tetrazyklin: 4 × 260 mg / die / 14 Tage

Prävention: Kontakt zu potentiell infizierten Tieren vermeiden. Insekten und Zecken fernhalten (Repellentien).

Vakzination: Möglich.

Meldepflicht: Verdacht, Erkrankung und Tod.

17 Pasteurella multocida

H. Hahn

INHALTSÜBERSICHT

17.1 Definition 387
17.2 Rolle als Krankheitserreger 387
17.3 Namensgebung 387
17.4 Kultur 387
17.5 Epidemiologie 387
17.6 Pathogenese und Klinik 387
17.7 Labordiagnose 388
17.8 Therapie 388
17.9 Prävention 388
Zusammenfassung 388

17.1 Definition

Als Pasteurella multocida bezeichnet man eine Spezies gramnegativer, kokkoider Stäbchen innerhalb der Gattung Pasteurella. Sie sind unbeweglich, katalase- und oxidasepositiv und reduzieren Nitrate zu Nitriten. Die glatte und die mukoide Form bilden eine Kapsel aus.

17.2 Rolle als Krankheitserreger

P. multocida ist sowohl für den Menschen als auch für verschiedene Tierspezies pathogen.

Der Erreger ruft beim Menschen eine abszedierende oder phlegmonöse Entzündung mit möglicher Generalisation (bis hin zu Osteomyelitis und Meningitis!) hervor. Es kann sich um eine lokalisierte Infektion handeln, wenn sie nach einem Tierbiß entstanden ist, oder um eine chronische Infektion der Lungen, die häufig auch auf einen Kontakt zu Tieren zurückzuführen ist. Außerdem wurden spontane Bakteriämien beobachtet.

17.3 Namensgebung

Die Gattung wurde zu Ehren von Louis Pasteur (1822–1895) benannt.

17.4 Kultur

P. multocida vermehrt sich bei 37 °C auf einfachen Nährmedien, die Blut oder Serum enthalten sollten. Eine erhöhte CO_2-Spannung erleichtert die Anzucht. Die glasigen, grau-weißlichen Kolonien sind sehr weich, teilweise wässerig bis schleimig. Es kann sich eine grünliche Verfärbung des Blutagars zeigen, jedoch keine Hämolyse.

17.5 Epidemiologie

P. multocida ist offensichtlich ein *Kommensale im Nasen-Rachenraum von Säugetieren* und Vögeln und wird durch Tierbisse, häufig von Katzen oder Hunden, auf den Menschen übertragen. Der Erreger wurde jedoch auch aus dem Respirationstrakt des Menschen isoliert, ohne daß eine apparente Infektion vorlag.

17.6 Pathogenese und Klinik

Die Infektion des Menschen kann in drei verschiedenen Formen auftreten:

- lokalisierte Weichteilinfektion nach Tierbiß
- chronische Lungeninfektion
- Bakteriämie mit und ohne metastatische Läsionen

Bei Infektion nach Tierbiß beginnt die Erkrankung *akut* (innerhalb weniger Stunden bis zu drei Tagen) mit Erythem, Schmerz und Schwellung. Es kann zu einer regionalen Lymphknotenschwellung kommen (30–40%) und zu geringgradigem Fieberanstieg. Lokale Komplikationen infizierter Bisse können

Osteomyelitis, Sehnenscheidenentzündung, Periostitis und Arthritis sein.

Bei der *chronischen* Lungeninfektion geht meist kein Tierbiß voran, lediglich eine Tierexposition konnte häufig festgestellt werden. Meist pfropft sich die chronische Lungeninfektion mit P. multocida auf eine vorbestehende chronische Lungenerkrankung auf.

Spontane Septikämie und Peritonitis werden am häufigsten bei Patienten mit *Leberzirrhose* angetroffen.

Wenn die Inkubationszeit nach Tierbiß länger als 24 Stunden dauert, sollten differentialdiagnostisch Staphylokokken, Streptokokken oder eine Tularämie in Betracht gezogen werden.

17.7 Labordiagnose

Mikroskopisch. P. multocida ist ein kleines, kokkoides, gramnegatives Stäbchen, das sich bipolar anfärbt.

Kulturell. Die Diagnose wird durch den kulturellen Nachweis gestellt. Als Untersuchungsmaterial eignen sich Wundabstriche, Eiter, Liquor, Blut oder Auswurf. Die Kolonien der P. multocida können initial mit Haemophilus, Neisseria, Acinetobacter oder anderen gramnegativen Stäbchen verwechselt werden.

Biochemisch. Die Identifizierung erfolgt mittels biochemischer Leistungsprüfung.

17.8 Therapie

Die Therapie bei lokaler Infektion kann entweder allein konservativ-chirurgisch sein oder mit Antibiotika kombiniert werden. Bei pulmonaler oder systemischer Infektion ist bei Infektion allein mit P. multocida Penizillin das Mittel der Wahl.

Alternativ können Cephalosaporine oder Tetrazykline gegeben werden.

17.9 Prävention

Bei Tierbiß- und Kratzverletzungen ist eine sofortige Wundtoilette ratsam. Ansonsten kann nur eine reduzierte Exposition gegenüber Wild- und Haustieren empfohlen werden.

Meldepflicht. Es besteht keine Meldepflicht.

Zusammenfassung: Pasteurella multocida

Bakteriologie: Gramnegatives kokkoides Stäbchen. Kapselbildung. Wachstum auf einfachen Nährböden.

Vorkommen: Kommensale im Nasen-Rachenraum von Säugetieren und Vögeln.

Resistenz: Hitzeempfindlicher Keim. Mehrere Tage haltbar in Blut, Schleim und Faeces.

Epidemiologie: Weltweit verbreitet. Primär tierpathogen. Übertragung auf den Menschen möglich.

Zielgruppe: Menschen mit engem Tierkontakt.

Übertragung: Durch Biß- oder Kratzverletzungen von Tieren.

Pathogenese: 1. Biß- oder Kratzverletzung → lokale Weichteilinfektion → Erregergeneralisation in Abhängigkeit vom Immunstatus. 2. Nichttraumatische Infektion → opportunistischer Erreger des oberen Respirationstraktes.

Pathomechanismen: Wichtigste Virulenzfaktoren sind die von einigen Stämmen gebildete Kapsel, Neuraminidasen und Endotoxine.

Zielgewebe: Epidermis, Lunge, Meningen.

Klinik: Traumatisch: Schmerzhafte, eitrige Wundinfektion mit regionärer Lymphadenitis. Opportunistisch: Chronisch oder subakute Infektion des oberen Respirationstraktes.

Labordiagnose: Untersuchungsmaterial: Wundabstriche, Materialien aus dem oberen Respirationstrakt, Liquor, Blut. Erregernachweis: Anzucht auf einfachen Nährböden, biochemische Leistungsprüfung. Routinemäßiger Antikörpernachweis nicht möglich.

Therapie: 1. Konservativ chirurgisch (Wundtoilette). 2. Mittel der Wahl: Penizillin. Alternativ: Tetrazyklin oder Cephalosporin.

Prävention: Sofortige Wundtoilette nach Biß- oder Kratzverletzungen.

Meldepflicht: Keine.

18 Korynebakterien

H. Hahn

INHALTSÜBERSICHT

18.1 Definition 389
18.2 Rolle als Krankheitserreger 389
18.3 Geschichte 389
18.4 Taxonomie 390
18.5 Aufbau 390
18.6 Kultur 390
18.7 Extrazelluläre Produkte 390
18.8 Identifizierung und Differenzierung 390
18.9 Resistenz gegen äußere Einflüsse 391
18.10 Vorkommen 391
18.11 Epidemiologie 391
18.12 Übertragung 392
18.13 Pathogenese 392
18.14 Klinik 392
18.15 Immunität 393
18.16 Diagnose 393
18.17 Therapie 394
18.18 Prävention 394
18.19 Andere Korynebakterien 395
Zusammenfassung 395

18.1 Definition

Korynebakterien (Gattung Corynebacterium) sind grampositive, unbegeißelte Stäbchen. Diese zeigen eine leichte Krümmung und sind an einem Ende etwas aufgetrieben, was ihnen bei mikroskopischer Betrachtung ein keulenförmiges Aussehen (koryne – gr. die Keule) verleiht. Korynebakterien wachsen unter aeroben und anaeroben Bedingungen. Sie bilden keine Sporen und spalten verschiedene Zucker fermentativ. Auf tellurithaltigen Nährböden wird Tellurit zu metallischem Tellur reduziert.

18.2 Rolle als Krankheitserreger

Die medizinisch bedeutendste Korynebakterien-Art ist ***Corynebacterium diphtheriae***. Einzelne Stämme dieses Genus besitzen das tox^{+}-Gen und haben die Fähigkeit, das Diphtherie-Toxin zu produzieren, welches die Diphtherie hervorruft.

Andere Arten sind Bestandteil der physiologischen Standortflora von Haut und Schleimhäuten. Früher nannte man diese Bakterien ***„Diphtheroide“***; ihre medizinische Bedeutung wurde darin gesehen, daß man sie differentialdiagnostisch von C. diphtheriae abgrenzen mußte. Heute weiß man, daß sie als opportunistische Krankheitserreger bei abwehrgeschwächten Patienten gelegentlich Sepsis hervorrufen können.

18.3 Geschichte

1821–1826: Der französische Arzt Bretonneau trennt die Diphtherie als eigenständiges Krankheitsbild von anderen Formen der Angina ab.

1879: Von Trendelenburg zeigt, daß Diphtherie übertragbar ist.

1883: Klebs entdeckt den Erreger in der diphtheritischen Pseudomembran.

1884: Löffler erzeugt im Tierversuch die charakteristischen Membranen.

1888: Roux und Yersin entdecken das Toxin.

1890: Von Behring und Kitasato zeigen, daß Antikörper die Wirkung des Toxins verhindern können.
Ramon und Glenny entwickeln das Diphtherie-Toxoid durch Formalinbehandlung aus Diphtherietoxin und schaffen dadurch die Voraussetzung für die aktive Diphtherie-Schutzimpfung.

1960–1970: In diesen Jahren klären Collier, Gill und Pappenheimer die molekulare Wirkungsweise des Diphtherietoxins auf.

18.4 Taxonomie

Die einzelnen Arten der Gattung Corynebacterium sind in Tabelle 18.1 aufgeführt.

18.5 Aufbau

Korynebakterien folgen in ihrem Aufbau dem Bauplan grampositiver Bakterien. Sie besitzen keine Kapsel und keine Geißeln. Die meisten Stämme tragen Pili. Die Zellwand enthält, wie auch die Mykobakterien, Mykolsäure.

18.6 Kultur

C. diphtheriae läßt sich bei 37 °C in atmosphärischer Luft mit einem Zusatz von 10% CO_2 auf Blutagar und auf serumhaltigen Kulturmedien leicht anzüchten. Das Kulturmedium der Wahl ist ***Löfflers Serum-Nährboden***; man erzielt auf diesem ein reiches Wachstum von C. diphtheriae, und die charakteristische Morphologie kommt gut zur Geltung. Das Löffler-Kulturmedium besteht zu $^2/_3$ aus koaguliertem Rinderserum und zu $^1/_3$ aus Bouillon.

Vermehrung erfolgt bei Temperaturen zwischen 15 und 40 °C, sichtbare Kolonien entstehen nach 18–24 Stunden Bebrütungsdauer. Auf tellurithaltigen Kulturmedien wird ***Tellurit*** zu metallischem Tellur reduziert. Dieses wird von den Korynebakterien intrazellulär angereichert, so daß sich die Kolonien schwarz anfärben. Das Merkmal der Tellurspeicherung ist ein wichtiges Hilfsmittel, um die *Gattung* Korynebakterien zu erkennen (Die Toxinbildung durch toxinbildende Stämme von C. diphtheriae ist damit noch nicht bewiesen!). Außerdem unterdrückt Tellurit in Konzentrationen von 100 µg/ml das Wachstum von anderen Bakterien aus der Rachenflora; das Tellurit-Medium besitzt also auch Eigenschaften eines Selektiv-Kulturmediums.

18.7 Extrazelluläre Produkte

Das Diphtherie-Toxin

Solche Stämme von C. diphtheriae, die das ***tox⁺-Gen*** besitzen, produzieren das *Diphtherietoxin*, den einzigen bislang bekannten Virulenzfaktor des C. diphtheriae. Das Toxin wird nur bei Eisenmangel gebildet, bei hohen Eisenkonzentrationen wird die Ausprägung des tox^+-Gens unterdrückt. Das tox^+-Gen wird von einem temperenten Phagen, dem ***Prophagen*** β, durch Transduktion übertragen und in das Bakterienchromosom integriert. Das tox^+-Gen ist Teil des Prophagen β: Alle toxigenen Stämme sind lysogen.

Das Toxin ist ein Protein vom Molekulargewicht 62 000 Dalton und serologisch einheitlich: Alle toxinbildenden Stämme produzieren das gleiche Toxin. Sein Wirkungsmechanismus ist auf Seite 115 beschrieben.

18.8 Identifizierung und Differenzierung

Morphologisch. Die Stäbchen können keulenförmig und pleomorph erscheinen. Ein von der Plattenkultur

Tabelle 18.1. Differenzierung der einzelnen Arten der Gattung Corynebacterium

Erreger	Katalase-bildung	Nitrat-bildung	Urease-bildung	Kohlehydrat-fermentation	Säure aus Glukose	Maltose	Sukrose
JK-Gruppe	+	–	–	+	+	– (+)	–
C. diphtheriae	+	+ (–)	–	+	+	+	–
C. ulcerans	+	–	+	+	+	+	+ (–)
C. xerosis	+	+	–	+	+	+	+
C. pyogenes	–	–	–	+	–	+	+ (–)
C. haemolyticum	–	–	–	+	+	+	+
C. paradiphtheriae	+	+ (–)	+	+	+	+	– (+)
C. kutscheri	+	+	+	+	+	+	+
C. pseudodiphtheriticum	+	+	+	–	–	–	–

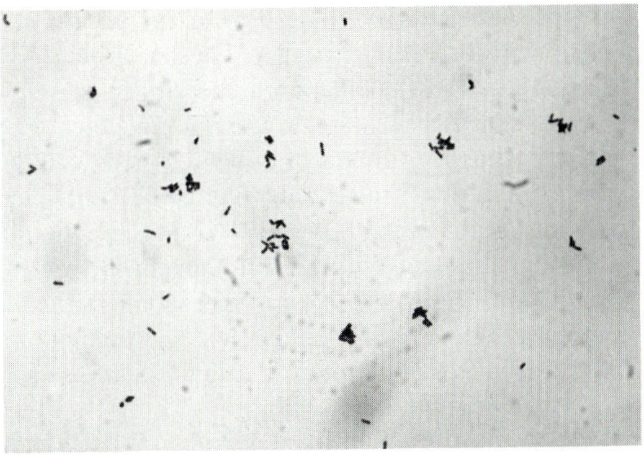

Abb. 18.1. Corynebacterium diphtheriae, Gram-Färbung, z.T. typische V- und Y-förmige Lagerung der grampositiven Stäbchen

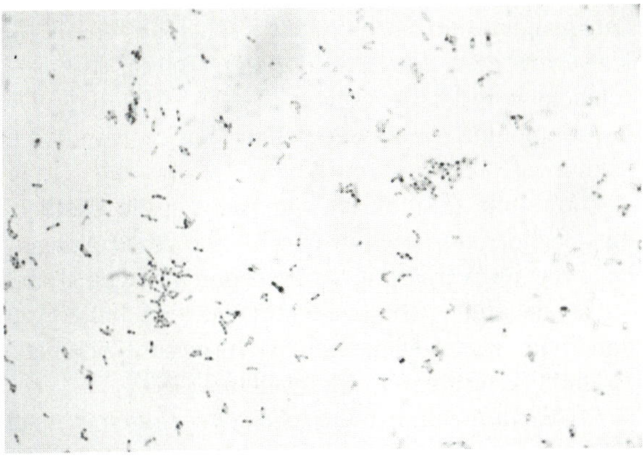

Abb. 18.2. Corynebacterium diphtheriae, Neisser-Färbung zur Darstellung der Polkörperchen

gefertigtes Präparat zeigt die Erreger in einer charakteristischen Lagerung. Die Anordnung erinnert an chinesische Schriftzeichen oder an das Muster, welches von Streichhölzern gebildet wird, die aus der Schachtel gefallen sind (Abb. 18.1). Typisch sind die sogenannten metachromatischen Pol-Körperchen (***Babes-Ernst-Körperchen***), die sich mit saurem Methylenblau anfärben lassen. Die Neissersche Färbemethode dient der Darstellung der Pol-Körperchen, die ein diagnostisches Merkmal darstellen (Abb. 18.2).

Biochemisch. C. diphtheriae wird mit Hilfe des Zuckerspaltmusters (Bunte Reihe) und anderer biochemischer Reaktionen von den anderen Arten der Gattung Corynebacterium unterschieden (s. Tabelle 18.1).

18.9 Resistenz gegen äußere Einflüsse

C. diphtheriae wird durch Hitze (10 min bei 58 °C) und durch handelsübliche Desinfektionsmittel leicht abgetötet. Der Erreger ist gegen Austrocknung vergleichsweise resistent.

18.10 Vorkommen

C. diphtheriae kommt ausschließlich beim Menschen vor, wo es sich auf Schleimhäuten und in Wunden oberflächlich ansiedelt.

18.11 Epidemiologie

Die Diphtherie ist eine Krankheit der gemäßigten Klimazonen und dichtbesiedelter Gebiete. Seit Einführung der Schutzimpfung bei uns selten geworden, unterliegt sie in ihrem Auftreten nichtsdestoweniger Schwankungen, die von der Schutzimpfung unabhängig, und deren Ursachen letztlich ungeklärt sind. Man muß jederzeit mit dem Auftreten von Diphtherie auch in unseren Breiten rechnen; denn die Schutzimpfung ruft zwar die Bildung von antitoxischen Antikörpern hervor; sie behindert bei dem Immunisierten aber nicht die Besiedlung mit toxinbildenden Diphtheriebakterien. Auch können Menschen die Infektion inapparent durchmachen und auf diese Weise Immunität erwerben. Man nennt diesen Vorgang stille Durchseuchung oder ***stille Feiung***. Trotz auch hier bestehenden Immunschutzes, der sich ja nur gegen das Toxin richtet, können sich bei durch aktive Schutzimpfung Immunisierten toxinbildende Stämme von C. diphtheriae auf der Rachenschleimhaut ansiedeln. Derartige immunisierte Träger können als Infektionsquelle dienen. Ein Zusammenhang der beschriebenen Art tritt gelegentlich bei Personen aus Industrieländern zutage, die nach einer Reise in ein Land, in dem Diphtherie endemisch ist, in ihre Heimat zurückkehren. Wenn Individuen, die keine Antikörper besitzen, von Trägern infiziert werden, können sie erkranken.

In der Bundesrepublik Deutschland gab es in den vergangenen Jahren wiederholt kleine Ausbrüche von Diphtherie. Hierbei hat sich herausgestellt, daß ein

Großteil der Bevölkerung aufgrund zunehmender Impfmüdigkeit zu niedrige Antikörpertiter besitzt, so daß hierzulande hervorragende Voraussetzungen für die Ausbreitung einer erneuten Epidemie bestehen.

18.12 Übertragung

C. diphtheriae wird am häufigsten durch *Tröpfcheninfektion* übertragen. Der Erreger gelangt auf die Schleimhäute des Rachens, des Auges, der Vagina oder durch Verletzungen in die Haut, in die Nase, in Wunden, so z. B. auf den Nabelstumpf eines Neugeborenen. Der Rachen ist die häufigste Ansiedlungsstelle.

18.13 Pathogenese

C. diphtheriae ist von geringer Invasivität. Der Erreger verbleibt an der Eintrittsstelle und produziert dort, sofern es sich um einen toxinbildenden Stamm handelt, das *Exotoxin*. In seltenen Fällen kann es auch zu einer systemischen Ausbreitung kommen.

Nur toxinbildende Stämme von C. diphtheriae können eine Diphtherie verursachen! Je nach dem Ort der primären Ansiedlung unterscheidet man Rachen-, Augen-, Vaginal-, Nabel- und Wunddiphtherie. Das Toxin blockiert die Proteinsynthese durch Hemmung des Elongationsfaktors 2, vor allem in Zellen mit einer hohen Stoffwechselrate (Herzmuskel, Nervenzellen, Nierenzellen). Sein molekularer Wirkmechanismus ist im Detail auf S. 115 beschrieben.

Das Toxin verursacht lokale und systemische Gewebeschäden.

Bei *lokaler* Einwirkung zerstört das Diphtherietoxin die Zellen in der Umgebung der Ansiedlungsstelle. Es bildet sich ein dicker grauer Belag, die sogenannte ***Pseudomembran***. Im Gegensatz zu einer echten Membran besteht die Pseudomembran nicht aus Zellen, sondern aus einem Fibrinnetz, in das Bakterien, Leukozyten und Epithelzell-Trümmer eingelagert sind. Unter der Pseudomembran ist das Gewebe nekrotisch. Die Pseudomembran kann sich im gesamten Nasen-Rachenraum (Zäpfchen, Zunge, Gaumen, hintere Pharynxwand und Larynx) ausbreiten.

Bei absteigender Pseudomembranbildung kann der Larynx verlegt werden (***Croup***), so daß die Patienten in Erstickungsgefahr geraten, wenn nicht – etwa durch Intubation oder durch Tracheotomie – schleunigst Abhilfe geschaffen wird.

Die *systemische* Wirkung des Toxins betrifft alle Zellen des Körpers. Die ausgeprägtesten Effekte zeigen sich jedoch bei Zellen mit hoher Stoffwechselrate. Durch die Zerstörung von Herzmuskelzellen wird eine ***Myokarditis*** verursacht, wodurch es sowohl zu Störungen in der Erregungsbildung und -ausbreitung als auch zu Einschränkungen der Herzmuskelfunktion kommen kann. Die Wirkung auf Nervenzellen resultiert in einer Demyelinisierung, was zu einer erheblichen Störung der Weiterleitung von Nervenimpulsen führt. In der Niere kommt es zu Tubulusnekrosen und damit zu einem Funktionsverlust.

18.14 Klinik

Nach einer Inkubationszeit von 2–4, selten bis zu 10 Tagen, setzt die Krankheit plötzlich mit *Fieber, Unwohlsein* und, im Falle der Rachendiphtherie, mit Halsschmerzen ein. Die Pseudomembran läßt sich schlecht von der Unterlage abheben (Blutung!). Die Pseudomembran befindet sich an der jeweiligen Ansiedlungsstelle der Erreger.

Die durch Toxineinschwemmung in die Blutbahn entstehende Toxämie verursacht eine Abgeschlagenheit, die im Verhältnis zu dem nur mäßigen Fieber stark ausgeprägt ist. Die Patienten sind lethargisch und blaß. Der Halsbereich ist insgesamt ödematös verdickt (Caesarenhals, Schweinehals).

Myokarditis und akutes ***Nierenversagen*** können auch im Sinne von Spätkomplikationen bis zu acht Wochen nach Krankheitsbeginn auftreten.

Es können verschiedene ***Schädigungen des peripheren Nervensystems*** beobachtet werden. Man kann ein unteres und ein oberes Hirnnervensyndrom sowie ein sogenanntes ***Tetraplegiesyndrom*** unterscheiden. Charakteristisch ist der zeitliche Ablauf im Auftreten der Syndrome: die Hirnnervensyndrome haben ihren Höhepunkt etwa 45 Tage nach Krankheitsbeginn, das Tetraplegiesyndrom erst am 90. Tag; die Symptome des unteren Hirnnervensyndroms treten früher auf und halten länger an als die des oberen Hirnnervensyndroms.

Innerhalb der ersten Tage kann sich eine ***schlaffe Lähmung*** des weichen Gaumens (Gaumensegel) und der Schlundmuskulatur ausbilden (unteres Hirnnervensyndrom). Dadurch ist der Schluckmechanismus gestört. Durch den fehlenden Verschluß des Nasopharynx während des Schluckakts kommt es zu einer Regurgitation von zu schluckender Flüssigkeit durch die Nase. Durch die Schlundmuskelschwäche wird eine Aspiration begünstigt.

Im weiteren Verlauf kann es zusätzlich zu Funktionseinschränkungen weiterer Hirnnerven kommen (***oberes Hirnnervensyndrom***). Häufig sind eine Hypästhesie im Versorgungsgebiet des N. trigeminus (zwiebelschalenartig um den Mund angeordnete Sensibilitätsstörungen) und Lähmungen des Ziliarmuskels (Akkomodationslähmung: Weitsichtigkeit) zu beobachten. In der Regel sind die Defekte bilateral ausgebildet.

Bis zu drei Monaten nach Krankheitsbeginn können sich Zeichen des Tetraplegiesyndroms ausbilden. Dabei kommt es vor allem zu motorischen Störungen an den unteren Extremitäten. Die Ausfallerscheinungen sind proximal betont (Watschelgang) und können sich nach distal ausbreiten. In schwereren Fällen können auch die Rumpf-, Nacken- und Armmuskulatur betroffen sein. Die Ausprägung der Symptome reicht von leichter Muskelschwäche mit abgeschwächten Muskeleigenreflexen bis zur vollständigen schlaffen Parese. Handschuh-/strumpfförmige Sensibilitätsausfälle sind möglich, in schwereren Fällen kann die Sensibilitätsstörung nach proximal fortschreiten und auch die Tiefensensibilität betreffen. Die peripheren Lähmungen heilen in der Regel gut aus, wenn das akute Stadium überwunden ist.

Der ***Tod*** erfolgt durch Herzversagen nach toxinbedingter Schädigung der Herzmuskelzellen oder durch Ersticken infolge der mechanischen Verlegung der Atemwege bei Membranbildung im Kehlkopf.

18.15 Immunität

Toxinspezifische Antikörper werden nach Ablauf der ersten Woche nach Krankheitsbeginn gebildet. Wenn der Patient nicht verstirbt, vermitteln die Antikörper einen Schutz. Dieser Schutz besteht aber nur, solange das Toxin noch nicht an Zellen gebunden ist. In der flüssigen Phase bilden Antikörper mit dem Toxin einen Immunkomplex, der in den Kupfferschen Sternzellen der Leber abgefangen wird.

18.16 Diagnose

Klinische Verdachtsdiagnose

Die Verdachtsdiagnose (Abb. 18.3) der Diphtherie wird klinisch gestellt. Bereits bei Verdacht auf Diphtherie muß eine Therapie eingeleitet werden! Die bakteriologische Diagnose hat lediglich bestätigenden Charakter. Sie zielt darauf ab, den Nachweis der Infektion durch einen toxinbildenden Stamm von C. diphtheriae zu erbringen.

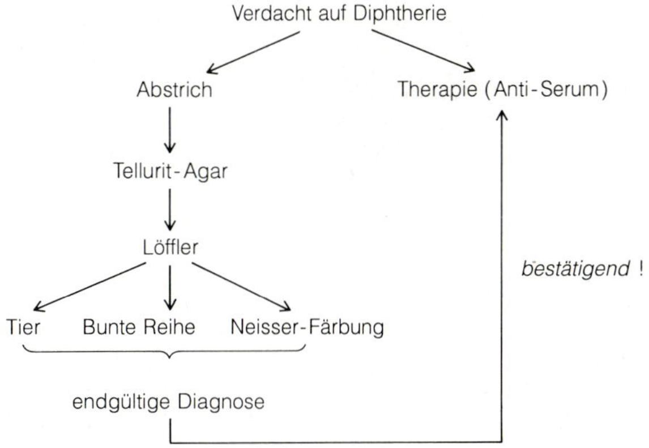

Abb. 18.3. „Hierarchie" der Untersuchungen bei Diphtherieverdacht

Differentialdiagnostisch muß die Pfeiffersche Mononukleose von der Diphtherie abgetrennt werden. Diese geht ebenfalls mit membranartigen Auflagerungen einher. Die Patienten zeigen aber allgemeine Lymphknotenschwellungen.

Labordiagnose

Materialgewinnung. Zur Einleitung der bakteriologischen Diagnose wird ein Rachenabstrich bzw. ein Abstrich von anderen Lokalisationen mit Pseudomembranbildung durchgeführt. Das Untersuchungsmaterial muß unterhalb der Pseudomembran entnommen werden. Zu diesem Zweck wird letztere mit einem Spatel oder mittels einer zu einem Haken gebogenen Öse abgehoben. Das ist oft schwer durchzuführen, da die Pseudomembran fest auf der Unterfläche haftet.

Vorgehen im Labor. Die Labordiagnose beruht auf der Isolierung des Erregers, seiner Identifizierung und dem Nachweis der Toxinbildung.

- Zur ***Isolierung*** des Erregers wird Patientenmaterial auf Na-Tellurit-Agar ausgestrichen. Wenn dort schwarze Kolonien gewachsen sind, verbringt man diese auf Löfflers Serum-Medium, um eine üppige Vermehrung zu erzielen.
- Die ***Identifizierung*** als Corynebacterium diphtheriae erfolgt mittels einer Bunten Reihe (Tabelle

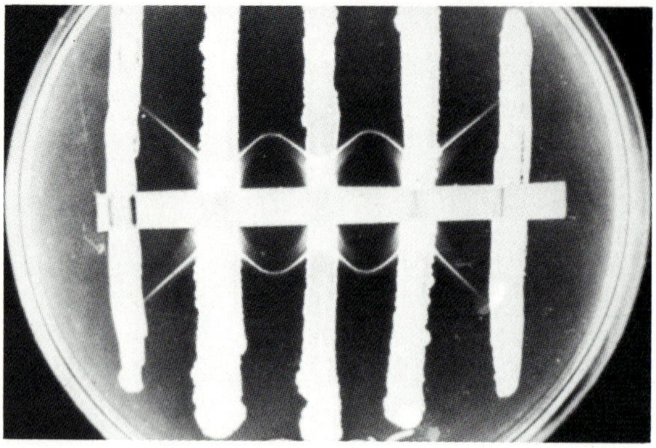

Abb. 18.4. Elek-Ouchterlony-Test. Eine Reinkultur wird auf eine Agarplatte überimpft, auf die quer zu dem Impfstrich ein antitoxin-getränkter Papierstreifen gelegt wird. Aus dem antitoxin-getränkten Papierstreifen diffundiert Antitoxin in den Agar. Produziert der unbekannte Stamm Toxin, so diffundiert das Toxin ebenfalls in den Agar, und es kommt zur Ausbildung einer Präzipitationslinie im Bereich der Äquivalenzzone

18.1) und mit Hilfe eines Neisser-Präparates zum Nachweis der charakteristischen Morphologie.

- Zum Nachweis der ***Toxinbildung*** führt man einen Tierversuch durch und beimpft eine Elek-Platte.

Der ***Tierversuch*** ist heute weitgehend durch den Toxinnachweis in Gewebekultur ersetzt. Er wurde durchgeführt, indem man zwei Meerschweinchen mit den Mikroorganismen subkutan injizierte und eines der beiden Tiere mit einem Antiserum schützte. Starb das ungeschützte Tier und zeigte es bei der Autopsie typische Zeichen der Diphtherietoxinwirkung, so wurde dies als Beweis für die Toxigenität des isolierten Stammes gewertet.

Gewebekultur und Immunodiffusionsmethoden (Elek-Platte, Abb. 18.4) stehen ebenfalls zum Nachweis der Toxinproduktion zur Verfügung.

Differentialdiagnose

Differentialdiagnostisch muß die Pfeiffersche Mononukleose von der Diphtherie abgetrennt werden. Diese geht ebenfalls mit membranartigen Auflagerungen einher. Die Patienten zeigen aber allgemeine Lymphknotenschwellungen.

18.17 Therapie

Antitoxin

Antitoxin muß umgehend gegeben werden, sobald der Verdacht einer Diphtherie entstanden ist. ***Es wirkt am 3. Krankheitstag nicht mehr, da dann das Diphtherietoxin schon an die Zielzelle gelangt ist.*** Daher darf bei Diphtherieverdacht nicht erst die bakteriologische Diagnose abgewartet werden! Man injiziert 20 000–40 000 Einheiten Antitoxin intramuskulär. (Leider stehen z. Zt. nur tierische Seren zur Verfügung.) Wenn aufgrund einer früheren Infektion von Fremdserum Allergieverdacht besteht, sollte zunächst ein Konjunktivaltest mit einer 1:10 verdünnten Probe des vorgesehenen Antitoxins erfolgen.

Antibiotika

Antibiotika können zwar den Erreger beseitigen, nicht aber das gebildete Toxin! Penizillin G wird über 10 Tage gegeben (40 mg/kg/Tag). Penizillinallergischen Patienten wird Erythromycin verabfolgt. Allerdings darf ***nie*** eine Antibiotikatherapie die Antitoxintherapie ersetzen!

Sonstige Maßnahmen

Bei Croup ist die Durchgängigkeit der Atemwege durch Intubation oder durch Tracheotomie sicherzustellen. Im übrigen ist eine Kreislaufstabilisierung erforderlich.

18.18 Prävention

Schutzimpfung

Antikörper lassen sich durch Injektion von Toxoid erzeugen. Das Toxoid wird aus Toxin durch Formalinaktivierung hergestellt (Ramon, 1923). Durch die Formalinbehandlung kann sich das Toxin nicht mehr an die Toxinrezeptoren der Säugetierzelle heften; es ist entgiftet. Seine immunogene Eigenschaft ist aber erhalten geblieben. Antikörper gegen den B-Anteil verbinden sich mit diesem und verhindern seine Anheftung an die Zellrezeptoren: Es kommt zur Toxin-Neutralisation.

Die Schutzimpfung wird in der Mitte des ersten Lebensjahres durchgeführt und bei Schuleintritt wiederholt. Angesichts der immer bestehenden Gefährdung sollte eine Auffrisch-Impfung alle 10 Jahre erfolgen. Die Diphtherie-Schutzimpfung wird heute als Doppelimpfung zugleich mit der Tetanus-Schutzimpfung durchgeführt (Zweifachimpfung, DT, bzw. auch gegen Pertussis als Dreifachimpfung DPT).

Schick-Test

Ob ein Individuum die für den Schutz ausreichende Konzentration an Antitoxin besitzt, kann mit dem Schick-Test geprüft werden. (Béla Schick, Wiener

Arzt, führte den Test 1913 in Wien ein.) Eine kleine, intrakutan verabreichte Menge Toxin erzeugt in der Haut eine nekrotisierende Entzündung, die nach 5 Tagen ihre maximale Ausprägung erreicht, sofern der Proband keine Antikörper besitzt (positiver Schick-Test). Ein schick-positives Individuum muß immunisiert werden. Wenn nach der Toxin-Injektion keine entzündliche Reaktion entsteht, darf man daraus schließen, daß der Proband über einen ausreichenden Antikörperspiegel verfügt, der ihn im Falle einer Infektion vor einer Intoxikation schützt (negativer Schick-Test).

Gesetzliche Bestimmungen

Personen, die mit Diphtheriekranken oder mit Trägern toxinbildender Stämme von C. diphtheriae Kontakt hatten, müssen eine Woche lang isoliert werden. Kinder, die eine Diphtherie durchgemacht haben, dürfen Schule, Kindergarten oder ähnliche Gemeinschaftseinrichtungen frühestens vier Wochen nach Krankheitsbeginn wieder aufsuchen. Um dem Ausscheidertum vorzubeugen, müssen bei ihnen drei Anzuchtversuche für C. diphtheriae von der Manifestationsstelle der Diphtherie im Abstand von je zwei Tagen durchgeführt werden und negativ auf C. diphtheriae ausfallen.

Meldepflicht. (§ 3 BSeuchG): Erkrankung und Tod.

18.19 Andere Korynebakterien

Andere Korynebakterienarten als C. diphtheriae gehören zur physiologischen Standortflora der Haut und der Schleimhäute. Sie werden daher oft aus klinischen Proben angezüchtet. Früher wurden sie als Kontaminationskeime abgetan. Heute weiß man, daß sie als fakultativ pathogene Erreger verschiedene Infektionen verursachen können. So können Korynebakterien der JK-Gruppe bei abwehrgeschwächten Patienten Sepsis verursachen. Vertreter der JK-Gruppe sind in der Regel nur gegen Vancomycin und Rifampicin empfindlich; sie bereiten daher bei der antibiotischen Therapie Schwierigkeiten.

Zusammenfassung: Korynebakterien

Bakteriologie: Grampositive, keulenförmige Stäbchen. Wachstum unter aeroben und anaeroben Bedingungen auf herkömmlichen Kulturmedien, üppiges Wachstum auf koaguliertem Serum (Löfflers Medium). Reduktion von Tellurit zu metallischem Tellur.

Vorkommen: Bestandteil der physiologischen Haut- und Schleimhautflora des Menschen. Pathogene Bedeutung erlangen C. diphtheriae und Korynebakterien der JK-Gruppe.

Resistenz: Hitzeempfindlicher Erreger, der gegen Austrocknung vergleichsweise resistent ist.

Epidemiologie: Weltweite Verbreitung. Lokale Diphtherieausbrüche in gemäßigten Klimazonen und dichtbesiedelten Gebieten kommen vor. Zunehmende Impfmüdigkeit führt zu absinkender Immunität in der Bevölkerung.

Zielgruppe: Urbane Bevölkerung in engen Wohnraumverhältnissen mit niedrigem sozialem Status.

Übertragung: Tröpfcheninfektion, nasopharyngeale Sekrete, Hautkontakt.

Pathogenese: Infektion → lokale Erregerabsiedlung → Exotoxinbildung → Hemmung der Proteinbiosynthese → Pseudomembranbildung, Myokarditis, periphere Nervenlähmungen.

Zielgewebe: Schleimhaut des oberen Respirationstraktes, Herzmuskel, Nieren, Nerven.

Klinik: Inkubationszeit 2–6 Tage. Plötzlicher Krankheitsbeginn mit Fieber, Halsschmerzen und ödematös verdicktem Halsbereich (Caesarenhals). Pseudomembranbildung an der Absiedlungsstelle der Erreger, zumeist Nasopharynx.

Pathomechanismen: C. diphtheriae ist von geringer Invasivität. Entscheidender Virulenzfaktor ist das Exotoxin. Es hemmt die Proteinbiosynthese durch Hemmung des Elongationsfaktors 2.

Labordiagnose: *Untersuchungsmaterial:* Rachenabstrich unterhalb der Pseudomembran.

Erregernachweis: Isolierung auf tellurithaltigen Kulturmedien.

Identifizierung: durch „Bunte Reihe", Neisser-Färbung und Tierversuch.

Toxinnachweis: Gewebekultur und Immundiffusion (Elek-Platte).

Antitoxinnachweis: Schick-Test.

Therapie: 1. Neutralisation des Toxins durch umgehende Gabe von 20 000–40 000 i. E. Antitoxin i. m.
2. Erregerelimination durch Penizillin G oder Erythromycin.

Immunität: Erkrankungs-Intoxikation hinterläßt geringe, oft nur Monate anhaltende Immunität. Inapparente Infektionen sind häufig und gehen mit stillen Feiungen einher.

Prävention: Isolierung von Erkrankten. Sanierung von Ausscheidern, Überwachung von Kontaktpersonen, Schutzimpfung.

Vakzination: Bei allen Kindern ab 3. Lebensmonat Grundimmunisierung mit Diphtherie-Pertussis-Tetanus- und Poliomyelitis-Vakzine. Wiederholung bei Schuleintritt. Auffrischimpfung alle 10 Jahre.

Meldepflicht: Erkrankung und Tod.

19 Listerien

H. Hahn

INHALTSÜBERSICHT

19.1 Definition 397
19.2 Rolle als Krankheitserreger 397
19.3 Namensgebung und Geschichte 397
19.4 Taxonomie 397
19.5 Aufbau 398
19.6 Anzüchtung 398
19.7 Extrazelluläre Produkte 398
19.8 Identifizierung und Differenzierung 398
19.9 Resistenz gegen äußere Einflüsse 398
19.10 Vorkommen 398
19.11 Epidemiologie 399
19.12 Übertragung 399
19.13 Pathogenese 399
19.14 Klinik 400
19.14.1 Lokale Listeriosen 400
19.14.2 Systemische Listeriosen 400
19.14.3 Schwangerenlisteriose 401
19.14.4 Listeriose des Föten und Neugeborenen 401
19.15 Immunität 401
19.16 Labordiagnose 402
19.17 Therapie 402
19.18 Prävention 402
Zusammenfassung 402

19.1 Definition

Als Listerien bezeichnet man eine Gattung grampositiver, beweglicher, nicht-sporenbildender Stäbchenbakterien, die sich aerob und anaerob vermehren. Die Katalase-Reaktion fällt positiv, die Oxidase-Reaktion negativ aus. Zucker werden fermentiert.

19.2 Rolle als Krankheitserreger

L. monocytogenes ist ein fakultativ pathogener Krankheitserreger, der bei Menschen und Tieren Allgemein- und Lokalinfektionen hervorruft. Charakteristisch ist die Granulombildung in den befallenen Geweben.

Eine Infektion kann pränatal oder postnatal erfolgen. Dementsprechend finden sich Listeriosen bei Abwehrgeschwächten, aber auch bei Ungeborenen und Neugeborenen. In Deutschland stellt die Listeriose eine der häufigsten prä- und perinatalen Infektionen des Neugeborenen dar; bei Erwachsenen ist sie eher selten. Die übrigen Listeria-Arten sind ohne humanmedizinische Bedeutung.

19.3 Namensgebung und Geschichte

L. monocytogenes wurde 1926 von ***Murray*** in Cambridge als Erreger einer Sepsis bei Kaninchen und Meerschweinchen entdeckt. 1929 beschrieb Nyfeldt die gleiche Art als Erreger einer Krankheit beim Menschen. Die Benennung erfolgte zu Ehren des englischen Chirurgen Joseph ***Lister*** (1827–1912), des Begründers der Antiseptik. Monocytogenes bedeutet monozytose-erzeugend; dieses Beiwort trägt der Tatsache Rechnung, daß die septischen Formen der Listeriose bei Nagern und gelegentlich auch beim Menschen von einer ***Monozytose*** begleitet wird.

19.4 Taxonomie

Listerien bilden eine Gattung, die keiner Familie zugeordnet wird. Die Gattung setzt sich aus mehreren Arten zusammen, von denen Listeria monocytogenes als einzige eine nennenswerte medizinische Bedeutung besitzt.

19.5 Aufbau

Listerien sind wie andere grampositive Bakterien aufgebaut; sie bilden Geißeln aus, Sporen und Kapseln werden nicht gebildet. Bei einer Wachstumstemperatur von 20 °C sind die Geißeln peritrich angeordnet, bei 37 °C hingegen entwickeln sie sich polar.

19.6 Anzüchtung

Listerien vermehren sich unter aeroben und anaeroben Bedingungen. Die optimale Wachstumstemperatur liegt zwischen 30–37 °C. Vermehrung kann jedoch auch bei ***niedrigeren Temperaturen*** erfolgen; als Grenzwert gilt 4 °C. Bei der Isolierung von Listerien aus Materialien, die eine Mischflora von Bakterien enthalten, nutzt man diese Eigenschaft aus (Kälte-Isolierung).

Listerien gedeihen am besten auf komplex zusammengesetzten Kulturmedien, wie Blutagar oder Tryptikase-Soja-Bouillon. Auf einfachen Kulturmedien, etwa auf MacConkey-Agar, erfolgt nur langsames Kolonie-Wachstum. Auf Blutagar bilden Listerien weißliche Kolonien, die bei schrägem Lichteinfall leicht opaleszieren. Die Kolonien sind von einem kleinen β-Hämolysehof umgeben. Es gibt auch nichthämolysierende Stämme von Listeria monocytogenes.

In flüssigen Kulturmedien zeigen Listerien eine charakteristische *Beweglichkeit,* bei der sich die Bakterien „purzelbaumartig" fortbewegen.

19.7 Extrazelluläre Produkte

Hämolysebildung: Das von den virulenten Stämmen gebildete Hämolysin heißt ***Listeriolysin***. Weitere extrazelluläre Produkte sind nicht bekannt.

19.8 Identifizierung und Differenzierung

Morphologisch. Die grampositiven Stäbchen sind 1–3 µm lang und beweglich. Sie besitzen einen Durchmesser von 0,5 µm. In frischen Patientenisolaten erscheinen Listerien oft kokkoid und sind in Paaren gelagert, so daß sie dann mit Pneumokokken verwechselt werden können. Weitere Möglichkeiten der Fehldiagnose ergeben sich im Hinblick auf Korynebakterien, Erysipelothrix rhusiopathiae, β-hämolysierende Streptokokken sowie Enterokokken.

Biochemisch. Eine Differenzierung wird aufgrund der biochemischen Leistungsprüfung vorgenommen (*Bunte Reihe*), die sich vor allem auf das Zuckerspaltungsmuster stützt. Hierdurch ist es möglich, eine Gattungs- und Artendiagnose zu erstellen.

Serologische Gruppenbestimmung. Mit Hilfe von Antiseren gegen somatische Antigene und H-Antigene (Geißeln) läßt sich Listeria monocytogenes in sieben Serogruppen (1–7) einteilen. Eine serologische Typisierung wird nur in Speziallaboratorien durchgeführt.

19.9 Resistenz gegen äußere Einflüsse

Listerien sind relativ widerstandsfähig gegen äußere Einflüsse. So überleben sie in Kulturmedien bei 4 °C für 3–4 Jahre; in Heu, Erde, Stroh, Silofutter und Milch halten sie sich über mehrere Wochen oder gar über Monate. Auch gegenüber Hitze sind die Erreger relativ widerstandsfähig. Diese Eigenschaft ist bei der Pasteurisierung von Milch bedeutsam: Da die Listerien als fakultativ intrazelluläre Bakterien in Monozyten in der Milch liegen, werden sie vor der Hitzeeinwirkung durch intrazelluläre Lipide geschützt. Diese Tatsache ist für die Verbreitung der Infektion von Bedeutung.

19.10 Vorkommen

Das Wirtsspektrum der L. monocytogenes ist breit: Listerien sind Krankheitserreger für Haus- und Wildtiere ebenso wie für den Menschen. Die Listeriose ist somit eine ***Anthropo-Zoonose***. Listerien lassen sich darüber hinaus aus Erdproben, aus Wasser, aus Abfällen und aus Pflanzen isolieren. Häufig kommen sie in ***Milch*** und Milchprodukten vor. Da sie durch Pasteurisieren nicht immer vollständig abgetötet werden, sich andererseits auch bei 4 °C vermehren, stellt die Aufbewahrung von Nahrungsmitteln im Kühlschrank keine sichere Schutzmaßnahme gegen die Vermehrung der Erreger dar. Ein wirksamer Schutz ist das Zentrifugieren von Milch vor der Verarbeitung!

19.11 Epidemiologie

Listerien verursachen typischerweise Infektionen bei *beruflich Exponierten* (Metzger, Landwirte, Veterinäre) und bei Personen mit einer *geschwächten Immunität*; hierzu gehören auch Schwangere.

Die Listeriose tritt im allgemeinen sporadisch auf; nach Genuß kontaminierter Nahrungsmittel können aber auch Epidemien entstehen. In der Bundesrepublik Deutschland liegt die Prävalenz der Listeriose bei etwa 2,5 Fällen pro 1 Million Einwohner. Hierzulande ist die Listeriose neben Röteln und Toxoplasmose die häufigste *pränatale Infektion*. Neben der Sepsis bzw. Meningitis durch B-Streptokokken und der E. coli-Meningitis ist sie auch die häufigste Infektion des *Neugeborenen*.

19.12 Übertragung

Erwachsene infizieren sich entweder beim Umgang mit infizierten Tieren oder durch Aufnahme kontaminierter Tierprodukte, wie Milch oder Käse. Daneben ist auch eine Übertragung durch Staub, durch kontaminierte Erde oder durch pflanzliche Nahrungsmittel möglich.

Da Listerien ubiquitär vorkommen, ist es im Einzelfall schwierig, die Quelle einer Infektion herauszufinden. Bei lokalen Listeriosen läßt sich anamnestisch oft ein Umgang mit infizierten Tieren oder deren Produkten (Fleisch, Milch, Käse) eruieren. Laborinfektionen sind beschrieben, ebenso Infektionen bei Ärzten und Hebammen anläßlich der Geburt eines listerien-infizierten Kindes. Eine Übersicht der möglichen *Infektketten* ist in Abb. 19.1 wiedergegeben.

Erfolgt die Infektion während der Schwangerschaft, ist eine transplazentare Übertragung auf den Fötus bzw. Embryonen möglich.

19.13 Pathogenese

Listeria monocytogenes ist ein ***fakultativ intrazelluläres*** Bakterium, das nach dem Eindringen in den Körper zunächst von den Zellen des mononukleär-phagozytären Systems (MPS) aufgenommen wird. In diesen Zellen wird L. monocytogenes aber nicht quantitativ abgetötet, sondern bleibt am Leben und vermehrungsfähig. Der Grund hierfür liegt in der Wirkung eines von L. monocytogenes gebildeten Hämolysins, des ***Listeriolysins*** (s. u.). Kupffersche Sternzellen der Leber und Milzzellen werden bevorzugt befallen. Von dort gelangen sie in andere Zellen, z. B. Leberparenchymzellen und Fibroblasten: Listerien sind also nicht auf die Zellen des MPS beschränkt.

Je nach Eintrittsort und Immunstatus des Patienten unterscheidet man die ***lokale*** von der ***systemischen*** Listeriose.

Patienten mit ***lokaler*** Listeriose infizieren sich, meist berufsbedingt, beim Umgang mit kontaminierten Tiermaterialien. Der Erreger gelangt über kleine Verletzungen der Haut oder über die Konjunktiva in den Körper und ruft an der Eintrittsstelle eine eitrige Entzündung hervor. Der lokale Lymphknoten wird in

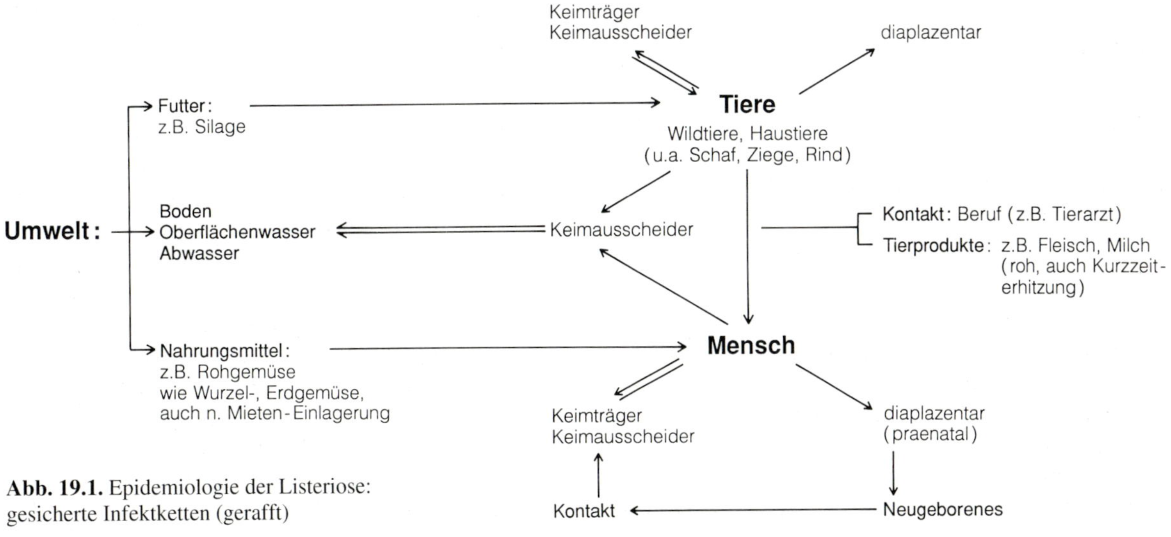

Abb. 19.1. Epidemiologie der Listeriose: gesicherte Infektketten (gerafft)

Tabelle 19.1. Krankheiten, die durch Listeria monocytogenes hervorgerufen werden

Lokale Infektion
– Glanduläre Form
– Okuläre Form
– Lokale Listeriose der Haut
Allgemeininfektion
– Schwangeren-Listeriose
– Sepsis
– Granulomatosis infantiseptica
– Meningoenzephalitis
– Organinfektionen

das Geschehen einbezogen und schwillt an. Da die Patienten über eine normale Abwehr verfügen, bleibt die Infektion auf diesem Stadium stehen, und die Erreger gelangen in der Regel nicht in nennenswerten Mengen in die Blutbahn.

Patienten mit ***systemischer*** Listeriose sind typischerweise im Bereich des T-Zell-Systems immungeschwächt: Alte Patienten, Neugeborene, Alkoholiker oder Patienten unter medikamentöser Immunsuppression, wie Transplantatempfänger oder Tumorpatienten. Hier reicht die Immunität nicht aus, das Infektionsgeschehen auf die Eintrittspforte und das lokale lymphatische Gewebe zu begrenzen; die Erreger gelangen in die Blutbahn, breiten sich hämatogen aus und befallen verschiedene Organe. Vermutlich stellt der ***Darm*** die hauptsächliche Eintrittspforte dar. Die Erreger dürften mit kontaminierter Nahrung (Milch, Käse, Gemüse) in den Darm gelangen.

In den befallenen Organen entwickeln sich zunächst eitrige Herde, die nach wenigen Tagen, wenn spezifische T-Zellen gebildet worden sind, zu Granulomen umgebaut werden. Es entstehen auf diese Weise ***Listeriome***, die einschmelzen können. Von derartigen Herden ausgehend, kann es zu einer ***Sepsis*** oder Meningitis kommen. Einen Sonderfall von temporärer Immunsuppression stellt die ***Schwangeren-Listeriose*** mit nachfolgender Infektion des Foeten bzw. des Neugeborenen dar (Tabelle 19.1).

Rolle der Virulenzfaktoren: Der einzige bekannte Virulenzfaktor von L. monocytogenes ist das ***Listeriolysin.*** Es handelt sich um ein sulfhydryl-aktiviertes Enzym, das u.a. die Membran der Phagosomen und der Phagolysosomen zur Auflösung bringt und damit dem Bakterium freien Zugang ins Zytoplasma bahnt. Seine Wirkung ist die Grundlage für den intrazellulären Parasitismus der Listerien, da durch die Listeriolysinwirkung die Erreger sich aus den Phagolysosomen befreien können und sich dadurch der Abwehr in den Phagolysosomen entziehen können.

19.14 Klinik

19.14.1 Lokale Listeriosen

Je nach Eintrittspforte des Erregers kommen folgende Formen der lokalen Listeriose vor:

- Die ***glanduläre*** Form. Sie entsteht, wenn die Erreger oral aufgenommen werden. Es zeigen sich Lymphknotenschwellungen im Hals- und Rachenbereich.
- Die ***okuläre*** Form. Diese Form äußert sich als eitrige Konjunktivitis; sie entwickelt sich dann, wenn die Erreger mit der Augenschleimhaut in Kontakt gelangen.
- Die ***lokale*** Listeriose der ***Haut***. Es kommt zu einer eitrig-pustulösen Erkrankung der Haut mit Lymphangitis.

Bei der lokalen Listeriose ist die Letalität gering: Die Patienten verfügen im Gegensatz zu Immunsupprimierten meist über eine intakte Infektabwehr.

19.14.2 Systemische Listeriosen

Sepsis

Patienten mit einer Listerien-Sepsis zeigen die allgemeinen Symptome einer Sepsis (Fieber, Milztumor, Hypotonie und Schock). Gelegentlich besteht eine Monozytose mit mehr als 8% Monozyten im Blut. Listerien lassen sich häufig aus dem Blut anzüchten. Die Erkrankung ist mit einer Letalität von über 50% belastet.

Meningitis

Im Rahmen einer bakteriämischen Streuung kann sich eine Meningitis entwickeln. Diese nimmt häufig einen *subakuten Verlauf*. Klinisch bietet die Krankheit zum Teil so wenige Auffälligkeiten, daß häufig an eine Meningitis nicht gedacht wird. Vielfach entwickelt sich ein geringgradiges Fieber; manchmal stellt man psychische Veränderungen fest. Im Liquor überwiegen in den meisten Fällen mononukleäre Zellen, obwohl auch Fälle mit mehr als 99% Granulozyten beschrieben worden sind. Der Erreger läßt sich häufig aus dem Liquor anzüchten. Die Letalität schwankt zwischen 12% und 43%. Entscheidend ist ein frühzeitiges Einsetzen der Therapie.

Listeriosen anderer Organe

Neben dem ZNS können im Rahmen einer systemischen Listeriose auch andere Organe befallen werden. Hepatitis, Bronchitis, Pneumonie, Glomerulonephritis, Orchitis, Epididymitis, Hirnabszeß, Peritonitis, Cholezystitis oder Endokarditis können zum Bild einer Listeriose gehören. Die befallenen Organe zeigen meistens *Granulome* (***Listeriome***); diffuse Eiterungen und Abszeßbildung sind seltener.

19.14.3 Schwangerenlisteriose

Die Schwangerenlisteriose ist die häufigste Ausprägung der Listerieninfektion. Sie ist deshalb von besonderer Bedeutung, weil sie den Föten in Mitleidenschaft ziehen kann (s. u.). Listerieninfektionen können in jeder Phase der Schwangerschaft entstehen; sie häufen sich aber im 3. Trimester.

Bei der Patientin entwickeln sich Fieber, Schüttelfrost und Rückenschmerzen; häufig werden diese Symptome als „grippaler Infekt" oder als andere Bagatellinfektionen abgetan. Fieber und Schmerzen können ohne Therapie abklingen. Eine positive Blutkultur ist der einzige Beweis für diese Form der Listerieninfektion, wird aber wegen fehlenden Verdachts nur selten durchgeführt.

Die Listerien-Infektion der Schwangeren kann sich als Plazentitis oder Endometritis äußern, die ihrerseits einen Abort nach sich ziehen kann. Erfolgt die Infektion der Schwangeren nach dem 3. Schwangerschaftsmonat, d. h. wenn der Plazentarkreislauf ausgebildet ist, kann über die Plazenta eine Listeriose des Föten ausgelöst werden.

19.14.4 Listeriose des Föten und Neugeborenen

Fötus und Neugeborenes können auf dreierlei Weise mit Listeria monocytogenes infiziert werden:

Transplazentare Listerieninfektion – Granulomatosis infantiseptica

Nach transplazentarer Infektion mit Listeria monocytogenes, die nach dem 3. Schwangerschaftsmonat erfolgen kann, entwickeln die betroffenen Föten ein typisches Krankheitsbild, als Granulomatosis infantiseptica bezeichnet. Diese Erkrankungsform ist auf den menschlichen Föten in utero beschränkt. Es entwickeln sich *multiple Infektionsherde* in Leber, Milz, Lungen, Nieren und Hirn, die zum Teil eitrig, zum Teil granulomatös imponieren. Die Granulome sind für diese Form der Listeriose typisch. Außerdem kann es zu einer Amnionitis kommen.

Ein in utero vorgeschädigtes Neugeborenes kann nach der Geburt Läsionen im Schlund und in der Haut, in der Form von Papeln oder von Ulzerationen aufweisen. Auch Konjunktivitis oder Meningitis bzw. Meningoenzephalitis kommen vor. Die Letalität beträgt fast 100%; Heilungen bei frühzeitig einsetzender Therapie sind jedoch berichtet worden.

Perinatale Listerieninfektion

Wenn der mütterliche Geburtskanal mit Listeria monocytogenes besiedelt ist und perinatale Komplikationen aufgetreten sind, die eine Infektion des Neugeborenen begünstigen (z.B. vorzeitiger Blasensprung) kann sich das Neugeborene infizieren und eine *Sepsis* und/oder *Meningitis* entwickeln. Diese Erkrankungen treten unmittelbar nach der Geburt auf (*„early onset"*).

Postnatale Listerieninfektion

Bei der postnatal erworbenen Neugeborenen-Listeriose stammen die Erreger aus der Umgebung. Es kommt bei dieser Form der Listeriose häufig zu einer *Meningitis*. Die Erkrankung setzt nicht unmittelbar bei, sondern wenige Tage nach der Geburt ein („late onset").

19.15 Immunität

Als fakultativ intrazelluläres Bakterium, das sich in Zellen des mononukleär-phagozytären Systems anreichert, ruft Listeria monocytogenes bei den befallenen Individuen Granulombildung und Allergie vom verzögerten Typ hervor. Obwohl Antikörper im Verlauf einer Listerien-Infektion auftreten, beruht die Immunität auf dem Zusammenspiel von *T-Lymphozyten* und *Makrophagen*. Eine Hauptrolle kommt hierbei den beiden Zytokinen Gamma-Interferon und Tumornekrosefaktor zu. Das Gamma-Interferon aktiviert Makrophagen, während Tumornekrosefaktor für die Granulombildung verantwortlich zu sein scheint. Die Immunität gegen Listeria ähnelt in ihren Grundzügen somit der Immunität bei Tuberkulose oder Brucellosen.

19.16 Labordiagnose

Angesichts der uncharakteristischen Erscheinungsbilder beruht die Diagnose der Listeriose vorwiegend auf dem ***Erregernachweis***.

Geeignete *Untersuchungsmaterialien* sind, je nach Lokalisation des Krankheitsprozesses: Liquor, Blut, Fruchtwasser, Mekonium, Eiter, Plazenta, Lochien, Menstrualblut, Stuhl, Urin oder Gewebeproben (Knochenmark, Lymphknoten). Beim *Transport* sind außer der Verwendung eines Transportmediums keine besonderen Maßnahmen zu beachten, um das Überleben von L. monocytogenes zu sichern. Im Labor wird eine *Bunte Reihe* durchgeführt.

Da Listerien sich auch bei 4 °C vermehren, setzt man gelegentlich zur Erstisolierung die Kälte-Anreicherung ein. Dabei ist allerdings eine Bebrütungszeit von sechs Wochen notwendig. Die Methode eignet sich deshalb nur für den Keimnachweis im Rahmen wissenschaftlicher Fragestellungen; für die Routinediagnostik ist sie zu zeitraubend. Bei der Labordiagnose ist zu beachten, daß der Erreger mit Corynebakterien der normalen Hautflora verwechselt werden kann. Deshalb ist eine sorgfältige Labordiagnostik mit definitiver Erreger-Identifizierung bei Vorliegen grampositiver Stäbchen unerläßlich!

Serologische Methoden zum Nachweis der Listerieninfektion haben keinen allgemeinen Eingang in die Routine-Diagnostik gefunden.

19.17 Therapie

Aminopenizilline stellen das Mittel der Wahl dar. Auch die Acyl-Ureido-Penizilline sind gegen L. monocytogenes wirksam. In schweren Fällen sollte bei der Therapie ein Aminopenizillin mit einem Aminoglykosid kombiniert werden.

19.18 Prävention

Allgemeine Maßnahmen

Angesichts der ubiquitären Verbreitung von Listerien sind Maßnahmen, die eine generelle Beseitigung der Erreger in der Umwelt zum Ziele haben, wenig erfolgreich. Schwangere sollten den Umgang mit potentiell infizierten Tieren vermeiden; insbesondere dürfen sie nicht in bakteriologischen Laboratorien arbeiten, in denen mit Listerien zu rechnen ist. Auch sollten Schwangere ungekochte Milch und Käserinde meiden. Ungekochte Lebensmittel, Milch oder Käse sollte man nicht längere Zeit im Kühlschrank halten. Dies empfiehlt sich einmal wegen der Unzuverlässigkeit der Pasteurisierung im Hinblick auf Listeria und zum anderen wegen deren Fähigkeit, sich noch bei 4 °C zu vermehren.

In Krankenhäusern sollte die Gefahr eines Hospitalismus bei Geburt eines listerien-infizierten Kindes nicht außer acht gelassen werden. In einem solchen Fall müssen Wöchnerin und Neugeborenes isoliert und Desinfektionsmaßnahmen durchgeführt werden, die auch das Personal betreffen.

Meldepflicht (§ 3 BSeuchG)

Erkrankung und Tod bei angeborener (diaplazentar erworbener) Listeriose und Listeriose des ZNS (Meningitis, Meningoenzephalitis und Enzephalitis).

Zusammenfassung: Listeria monocytogenes

Bakteriologie: Grampositives, bewegliches, nicht-sporenbildendes Stäbchen.

Vorkommen: Ubiquitär, Zoonose bei Haustieren, Umwelt, auch in Lebensmitteln tierischer und nicht-tierischer Herkunft.

Resistenz: Hoch.

Epidemiologie: Eine der häufigsten Erreger perinataler Infektionen. Infektionen bei Immunsupprimierten ebenfalls häufig. Inzidenz 2,5 pro 1 Million Einwohner in der Bundesrepublik Deutschland.

Zielgruppe: Schwangere, Immunsupprimierte, Föten, Neugeborene, beruflich Exponierte.

Übertragung: Kontakt, peroral mit kontaminierten Lebensmitteln, diaplazentar.

Pathogenese: Lokale und Allgemeininfektionen, die durch granulomatöse und eitrige Reaktionen in befallenen Organen gekennzeichnet sind. Bei Föten: Granulomatosis infantiseptica.

Pathomechanismen: Invasivität, sonst keine besonderen Pathogenitätsfaktoren bekannt. Nur hämolysierende Stämme sind virulent.

Klinik: Uncharakteristische Symptome. Sepsis, Meningitis, Organinfektionen. Granulomatosis infantiseptica, Abort, Früh- und Totgeburten. Bei Kontaktinfektionen immunologisch Gesunder: Hauterscheinungen, Konjunktivitis.

Immunität: T-zell- und makrophagenabhängig.

Diagnose: Erregernachweis durch Anzüchtung.

Therapie: Aminopenizilline.

Prävention: *Allgemeine Maßnahmen:* Isolieren Erkrankter; Vermeiden der Exposition Schwangerer mit Listerien (Tiere, bakteriologische Labors, Kreißsaal, bekannt Infizierte, Genuß roher Lebensmittel, insbesondere Milch und -produkte). *Vakzination:* Nicht möglich.

Meldepflicht: Erkrankung und Tod bei diaplazentar erworbener Listeriose und Listeriose des ZNS.

20 Erysipelothrix rhusiopathiae

H. Hahn

Definition

Erysipelothrix rhusiopathiae ist ein grampositives, nichtbewegliches, nichtsporenbildendes, aerob und anaerob wachsendes Stäbchen. Die Katalasereaktion fällt negativ aus, Kohlenhydrate werden oxidativ und fermentativ metabolisiert.

Rolle als Krankheitserreger

Erysipelothrix rhusiopathiae ist der Erreger des ***Schweinerotlaufs***; diese Zoonose kann beim Menschen das ***Erysipeloid***, eine Hautinfektion, hervorrufen; in seltenen Fällen kommt es zur ***Sepsis*** und ***Endokarditis***.

Taxonomie

Erysipelothrix ist eine Gattung ohne Familienzugehörigkeit; sie enthält nur eine Art: Erysipelothrix rhusiopathiae.

Kultur

Erysipelothrix rhusiopathiae vermehrt sich auf Blutagar-Nährböden unter aeroben und anaeroben Bedingungen bei 5–10% CO_2.

Eine Besonderheit von Erysipelothrix ist seine Fähigkeit, H_2S zu produzieren.

Identifizierung und Differenzierung

Mikroskopisch. Erysipelothrix rhusiopathiae ist ein grampositives, nichtsporenbildendes, unbewegliches Stäbchen von 0,2–0,4 × 0,5–2,5 μm.

Biochemisch. In definierten Nährmedien mit Zuckerzusatz läßt sich Erysipelothrix aufgrund der Zuckerfermentierungs-Reaktionen und einiger anderer biochemischer Merkmale sowie der Beweglichkeit identifizieren.

Vorkommen

Erysipelothrix findet sich in Materialien tierischer Herkunft.

Epidemiologie

Der Schweinerotlauf des Menschen ist vorwiegend eine Berufsinfektion bei Landwirten, Veterinären, Fischern bzw. Fischhändlern, Metzgern und Hausfrauen.

Die Inzidenz der Erkrankung erreicht bei Schweinen ihren Höhepunkt im Sommer, beim Menschen im Herbst und Winter.

Klinik

Beim Menschen verursacht Erysipelothrix rhusiopathiae das *Erysipeloid.* Der Erreger dringt beim Umgang mit Fleisch von infizierten Tieren (Schweine, Fische, Schalentiere, Wild, Geflügel) durch kleine Verletzungen in die Haut der Hände. Von der Eintrittsstelle ausgehend entwickelt sich nach einer Inkubationszeit von 1–4 Tagen eine entzündliche, erysipelähnliche Rötung, die aber im Unterschied zum Erysipel bläulich-rot ist. Das Erythem breitet sich zum Unterschied von Erysipel nur langsam aus.

Labordiagnose

Materialgewinnung. Bei Verdacht auf Erysipeloid injiziert man eine kleine Menge physiologischer Kochsalzlösung in den entzündlich veränderten Hautbezirk und gewinnt auf diese Weise ein ***Aspirat***. Das Aspirat wird in einem Transportmedium in das bakteriologische Labor verbracht.

Mikroskopisch. Bei mikroskopischer Betrachtung von Material aus Entzündungsherden zeigen sich im positiven Falle kurze grampositive Stäbchen. Diese lassen sich mit Streptokokken verwechseln.

Anzüchtung. Das Untersuchungsmaterial wird auf Blutagar bebrütet, von den gewachsenen Kolonien ein Grampräparat angefertigt und eine „Bunte Reihe" angelegt.

Blutkulturen. Bei Patienten mit Endokarditis oder Sepsis legt man Blutkulturen an und verarbeitet sie entsprechend den Richtlinien für die bakteriologische Diagnose der Sepsis.

Therapie

Erysipelothrix rhusiopathiae ist empfindlich gegenüber β-Laktam-Antibiotika sowie gegen Erythromycin, Clindamycin und Tetrazyklin.

Prävention

Schutzimpfung. Eine Immunisierung mit lebenden attenuierten Keimen des Stammes von Pasteur und Thuillier ist möglich. Sie kommt für gefährdete Personengruppen in Betracht.

Meldepflicht. Die Erkrankung ist nicht meldepflichtig.

Zusammenfassung: Erysipelothrix rhusiopathiae

Bakteriologie: Grampositives, fakultativ anaerob wachsendes Stäbchen. Anzüchtung auf einfachen Blutagarnährböden bei 5–10% CO_2.

Epidemiologie: Zoonotisch weitverbreiteter Kommensale sowohl von Wild- als auch von Haustieren; Erreger des Schweinerotlaufs. Beim Menschen Verursacher des Erysipeloids. Infektionsgefährdeter Personenkreis: Fleischer, Schlächter, Fischer, Veterinäre etc.

Pathogenese: Umgang mit infiziertem tierischen Material → Eindringen des Erregers durch kleine Hautverletzungen → Ausbildung eines sich selbst limitierenden entzündlichen epidermalen Ödems mit leukozytärer und lymphozytärer Infiltration → selten: hämatogene Streuung mit Infektion der Herzklappen.

Klinik: Bläulich-rote ödematöse Schwellung (meist obere Extremität) bei exponierten Personen. Inkubationszeit 1–4 Tage. Selten systemische Beteiligung.

Labordiagnose: Untersuchungsmaterial: Wundaspirat. Erregernachweis: Mikroskopisch kurze grampositive Stäbchen. Kulturell einfache Anzüchtung auf Blutagar. Identifizierung: „Bunte Reihe".

Therapie: β-Laktam-Antibiotika, Erythromycin, Clindamycin und Tetrazyklin.

Vakzination: Immunisierung exponierter Personen mit lebenden attenuierten Stämmen möglich.

Meldepflicht: Es besteht keine Meldepflicht.

21 Bacillus

H. Hahn, K. Vogt

INHALTSÜBERSICHT

21.1	Allgemeines	406
21.2	Bacillus anthracis	406
21.2.1	Geschichte	406
21.2.2	Namensgebung	406
21.2.3	Identifizierung und Differenzierung	407
21.2.4	Aufbau	407
21.2.5	Exogene Produkte	407
21.2.6	Vorkommen	407
21.2.7	Epidemiologie	407
21.2.8	Übertragung	407
21.2.9	Pathogenese	407
21.2.10	Klinik	407
21.2.11	Immunität	408
21.2.12	Diagnose	408
21.2.13	Therapie	408
21.2.14	Prävention	408
Zusammenfassung		408
21.3	Übrige Bacillus-Spezies	408
21.3.1	Identifizierung und Differenzierung	408
21.3.2	Kultur	408
21.3.3	Exogene Produkte	409
21.3.4	Vorkommen	409
21.3.5	Epidemiologie	409
21.3.6	Übertragung	409
21.3.7	Pathogenese	409
21.3.8	Klinik	409
21.3.9	Immunität	409
21.3.10	Diagnose	409
21.3.11	Therapie	409
21.3.12	Prävention	409
Zusammenfassung		410

21.1 Allgemeines

Bakterien der Gattung Bacillus sind aerob wachsende, sporenbildende Stäbchen, die überwiegend grampositiv, selten gramvariabel sind. Größenmäßig variieren sie stark (3 × 0,4 µm bis 9 × 2 µm). Mikroskopisch sieht man sie einzeln, in Diploform oder in Ketten liegen. Die Endosporen liegen zentral, subterminal oder terminal und können den Zelleib auftreiben. Die Bakterien wachsen aerob auf gängigen Kulturmedien und sind teilweise beweglich.

Die Verbreitung in der Natur ist ubiquitär.

Obligat pathogen ist B. anthracis, der Erreger des Milzbrandes.

B. subtilis kommt als Endophthalmitiserreger bei abwehrgeschwächten Personen vor. B. cereus kann Wundinfektionen hervorrufen sowie auch als Toxinbildner Lebensmittelintoxikationen verursachen.

21.2 Bacillus anthracis

21.2.1 Geschichte

B. anthracis wurde 1850 von Rayer aus dem Blut infizierter Schafe isoliert. 1876 gelang es R. Koch, die Krankheit experimentell auf Versuchstiere zu übertragen und den Erreger aus diesen wieder zu isolieren. Erstmals konnten damit für einen Erreger die Kochschen Postulate erfüllt werden. Pasteur immunisierte 1881 Schafe, Ziegen und Kühe mit attenuierten Stämmen und verhinderte dadurch eine Milzbrandinfektion.

21.2.2 Namensgebung

Bei Tieren führt B. anthracis zu einer hochakuten Septikämie, in deren Verlauf die Milz befallener Tiere nekrotisch zerfällt und schwarz, wie verbrannt (vgl. Anthrazit-Kohle), aussieht.

21.2.3 Identifizierung und Differenzierung

Mikroskopie. Bacillus anthracis erscheint mikroskopisch als grampositives, kastenförmiges Stäbchen (Länge 3–5 µm, Breite 1–1,25 µm). Die angezüchteten Bakterien ordnen sich in langen Ketten an („Bambusstab"). B. anthracis bildet zentrale und subterminale Endosporen, die den Zelleib nicht auftreiben.

Kultur. B. anthracis wächst auf einfachen Kulturmedien aerob in Form rauher Kolonien mit lockigen Randausläufern („Medusenhaupt"). Die Bakterien sind unbeweglich.

21.2.4 Aufbau

Die Bakterien weisen eine Polypeptidkapsel aus D-Glutaminsäure auf, die kulturell nur unter erhöhter CO_2-Spannung ausgebildet wird. Die zentralen und subterminalen Endosporen werden erst unter schlechten Kulturbedingungen ausgebildet.

21.2.5 Exogene Produkte

B. anthracis produziert ein Exotoxin (Milzbrandtoxin), das plasmidkodiert ist. Es besteht aus drei Anteilen: Ödemfaktor, protektives Antigen und Letalfaktor.

21.2.6 Vorkommen

Der Erdboden stellt das Reservoir von B. anthracis dar; die umweltresistenten Sporen sind ubiquitär verbreitet.

21.2.7 Epidemiologie

Die Milzbrandinfektion ist weltweit zurückgegangen: 1968 wurden aus den USA noch 165 Fälle gemeldet, zwischen 1972 und 1981 nur noch 17. Dennoch sind fokale Ausbrüche möglich: 1979 starben mehrere hundert Menschen in der Sowjetunion an Darmmilzbrand nach dem Verzehr milzbrandversporten Fleisches. Infektionsgefährdet sind alle Personen mit Tierkontakt, sowohl unmittelbar (Landwirtschaft) wie auch mittelbar (Benutzer von Rasierpinseln, Satteldecken u. ä.).

21.2.8 Übertragung

Die Milzbrandinfektion ist eine Zoonose. Die Sporen werden von weidenden Tieren aufgenommen; Menschen infizieren sich über den direkten Kontakt mit erkrankten oder verstorbenen Tieren sowie durch tierische Rohstoffe (Wolle, Ziegenhaar, Knochenmehl etc.), die mit Sporen kontaminiert sind.

21.2.9 Pathogenese

Die Aufnahme der Sporen geschieht am häufigsten direkt über *Hautläsionen*, seltener durch Ingestion oder Inhalation. An der Infektionsstelle gehen die Sporen in das vegetative Stadium über und sezernieren das Milzbrandtoxin. Unter dem Schutz des protektiven Antigens dringt der Ödemfaktor in die an der Infektionsstelle versammelten polymorphkernigen Leukozyten ein und induziert dort eine Erhöhung der cAMP-Konzentration, wodurch deren Fähigkeit zur Phagozytose behindert wird. So können die Bakterien sich massiv vermehren, dringen in die lokalen Lymphgefäße und später in die Blutbahn ein. Die Schädigung der polymorphkernigen Leukozyten äußert sich darin, daß das befallene Gewebe „reaktionslos" erscheint. Die molekularbiologische Rolle des toxischen Geschehens ist noch unklar; fest steht, daß nur die Kombination aller drei Toxinanteile die lokale Reaktion (Ödem, Hämorrhagie, Nekrose) auszulösen vermag.

21.2.10 Klinik

Hautmilzbrand. Häufige Infektionslokalisationen sind Hände, Unterarme und Gesicht. Die Inkubationszeit beträgt 2–5 Tage. Danach entwickelt sich innerhalb von 24–48 h an der Infektionsstelle eine auffallend schmerzlose Pustel mit stark ödematösem Randsaum (Pustula maligna). Das Zentrum zerfällt schwarz-nekrotisch, am Rand entstehen seröse Bläschen. Die Infektion verläuft unbehandelt in 20% der Fälle tödlich (Toxinämie und Bakteriämie).

Lungenmilzbrand. Nach zwei- bis dreitägigem Bestehen von grippeähnlichen Symptomen kommt es schlagartig zu Pneumonie mit hohem Fieber und Dyspnoe; es entsteht ein massives Ödem im Nacken-, Thorax- und Mediastinalbereich. Die Erkrankung verläuft rasch tödlich.

Darmmilzbrand. Die perorale Infektion führt zu einer schweren, meist tödlichen Enteritis mit blutig-serösen Entleerungen und rascher Ascitesbildung.

Alle drei Milzbrandformen können zur Milzbrandseptikämie führen.

21.2.11 Immunität

Nach einer Hautmilzbrandinfektion entwickelt sich eine Immunität, deren Dauer allerdings unbekannt ist.

21.2.12 Diagnose

Die Diagnose erfolgt durch mikroskopischen und kulturellen Erregernachweis aus serösem Bläscheninhalt (Hautmilzbrand), Sputum (Lungenmilzbrand) oder Stuhl (Darmmilzbrand).

21.2.13 Therapie

Penizillin G tötet den Keim innerhalb von Stunden zuverlässig ab. Alternativ können Erythromycin, Tetrazykline oder Chloramphenicol verabreicht werden.

Antibiotikatherapie ist die Therapie der Wahl, jegliche chirurgische Therapie ist streng kontraindiziert (Noli me tangere = rühr' mich nicht an!)

Bei Lungen- und Darmmilzbrand kommen Diagnose und Therapie meist zu spät.

21.2.14 Prävention

Meiden des Kontakts mit infizierten oder verstorbenen Tieren ist die wichtigste Prävention. Tierkadaver müssen verbrannt werden.

Vakzination. Es existiert ein Lebendimpfstoff aus attenuierten B. anthracis-Stämmen, der für exponierte Personen (Tierärzte, Abdecker etc.) empfohlen wird. Ein Toxoidimpfstoff ist in Erprobung.

Meldepflicht. (§ 3 BSeuchG). Meldepflichtig sind Verdacht, Erkrankung und Tod.

Zusammenfassung: Bacillus anthracis

Bakteriologie: Grampositives, kastenförmiges Stäbchen mit Endosporen, unbeweglich.

Vorkommen: Sporen ubiquitär.

Epidemiologie: Infektion selten, fokale Epidemien.

Zielgruppe: Personen mit Tierkontakt.

Übertragung: Aufnahme über Hautläsionen, Ingestion, Inhalation.

Pathogenese: Milzbrandtoxin.

Klinik:
Haut – Pustula maligna (schwarz, schmerzlos, entzündlicher Randsaum)
Lunge – Pneumonie mit hochakutem Fieber, Dyspnoe
Darm – schwere Enteritis
generalisierte Ausbreitung: Milzbrandseptikämie.

Diagnose: Mikroskopie, Erregeranzucht.

Therapie: Penizillin G.

Immunität: Von unbekannter Dauer.

Prävention: Erkrankte und tote Tiere meiden.

Vakzination: Impfstoff aus attenuierten Bakterien.

Meldepflicht: Verdacht, Erkrankung, Tod.

21.3 Übrige Bacillus-Spezies: B. cereus, B. subtilis etc.

21.3.1 Identifizierung und Differenzierung

Mikroskopie. Auch die übrigen Bakterien der Gattung Bacillus sind grampositive, selten gramvariable Stäbchen, die größenmäßig sehr variieren. Im mikroskopischen Präparat sieht man sie einzeln, in Diploform oder in Ketten. Die Sporen liegen zentral, subterminal oder terminal und können den Zelleib auftreiben.

21.3.2 Kultur

Die Bakterien wachsen aerob auf gängigen Kulturmedien; die Kolonien können rauh oder glatt sein und in ihrer Größe sehr variieren. Die Bakterien sind teilweise beweglich (wichtige Abgrenzung zu B. anthracis).

21.3.3 Exogene Produkte

Die Bakterien produzieren eine Vielzahl extrazellulärer Produkte, z. B. Kollagenase, Hämolysin, Protease und Lecithinase. B. cereus produziert zwei verschiedene Enterotoxine (emetisches Toxin und Diarrhoetoxin) und ein nekrotisierendes Toxin.

21.3.4 Vorkommen

Die Bakterien sind in Luft, Boden und Wasser ubiquitär anzutreffen.

21.3.5 Epidemiologie

Opportunistische Infektion mit Bacillus-Keimen kommen bei immunsupprimierten Patienten vor. Neben Krankenhausinfektionen treten Erkrankungen bei Drogenabhängigen durch kontaminiertes Heroin auf. B. cereus kann Lebensmittelintoxikationen verursachen.

21.3.6 Übertragung

Die Luft- und Bodenkontaminanten werden direkt auf den Menschen übertragen.

Die Aufnahme geschieht durch kontaminierte Dialysegeräte, Infusionslösungen etc. oder durch Besiedlung von Wundflächen. Enterotoxine von B. cereus wurden in Gemüse, Reis und Fleisch nachgewiesen.

21.3.7 Pathogenese

Die Bakterien gehen am Infektionsort in das vegetative Stadium über und produzieren extrazelluläre Enzyme (z. B. Amylase, Kollagenase, Hämolysin, Lecithinase, Phospholipase, Protease, Urease), die gewebeschädigend wirken. Das Diarrhoetoxin von B. cereus verursacht eine verstärkte Flüssigkeitsansammlung in Kaninchendarmschlingen und erhöht die Gefäßpermeabilität.

21.3.8 Klinik

Die Bacillus-Infektion verläuft meist lokalisiert (Wundinfektion, Hornhautulcus, Endophthalmitis), seltener systemisch. Pneumonien und Endokarditiden sind beschrieben.

Bei der Lebensmittelintoxikation durch B. cereus treten nach kurzer Inkubationszeit Erbrechen, Diarrhoe und Tenesmen auf, die nach 24 h wieder abklingen.

21.3.9 Immunität

Es entsteht keine Immunität.

21.3.10 Diagnose

Die Diagnose erfolgt durch Erregeranzucht und -differenzierung aus Abstrichen, Blut- und Stuhlkulturen. Das Diarrhoetoxin, das von kultivierten B. cereus-Stämmen gebildet wird, kann im Tierversuch nachgewiesen werden (Diarrhoe bei Kaninchen, Tod bei Mäusen).

21.3.11 Therapie

Die Antibiotika-Empfindlichkeit variiert stark. Meist wirken β-Laktam-Antibiotika. Die Intoxikation durch B. cereus ist selbstlimitierend; die Therapie ist symptombezogen.

21.3.12 Prävention

Hygienische Maßnahmen sind erforderlich, allerdings sind die Sporen sehr thermoresistent und können feuchte Hitze über Stunden ertragen.

Vakzination. Keine

Meldepflicht. Keine

Zusammenfassung: Übrige Bacillus-Spezies

Bakteriologie: Grampositive, dicke Stäbchen, Endosporen.

Vorkommen: Ubiquitär.

Epidemiologie: Infektion selten.

Zielgruppe: Immunsupprimierte Personen.

Übertragung: Direkt durch kontaminierte Geräte, Lebensmittel (B. cereus).

Pathogenese: Extrazelluläre Enzyme; B. cereus: Enterotoxine.

Klinik: Lokalisierte, seltener systemische Infektionen.
B. cereus: Lebensmittelintoxikation.

Immunität: Keine.

Diagnose: Mikroskopie, Anzucht.

Therapie: Nach Antibiogramm.

Prävention: Hygienische Maßnahmen.

Vakzination: Keine.

Meldepflicht: Keine.

22 Nocardien

K. Miksits

INHALTSÜBERSICHT

22.1 Definition 411
22.2 Rolle als Krankheitserreger 411
22.3 Geschichte und Namensgebung 411
22.4 Taxonomie 411
22.5 Aufbau 411
22.6 Identifizierung und Differenzierung . . . 411
22.7 Vorkommen 412
22.8 Übertragung 412
22.9 Pathogenese 412
22.10 Klinik 412
22.11 Immunität 412
22.12 Labordiagnose 413
22.13 Therapie 413
22.14 Prävention 413
Zusammenfassung 413

22.1 Definition

Nocardien sind filamentöse Bakterien mit echten Verzweigungen. Einige Arten neigen dazu, in stäbchenförmige oder kokkoide Formen zu zerfallen. Einige Spezies bilden ein Luftmyzel, aber keine Konidien.

22.2 Rolle als Krankheitserreger

Im Gegensatz zu früher treten Nocardien heute fast ausschließlich als Erreger bei Immunsupprimierten auf. Sie verursachen typischerweise Bronchopneumonien und Hirnabszesse.

22.3 Geschichte und Namensgebung

Nocard beschrieb 1888 eine aerobe Aktinomyzete als Erreger des „farcin du boeuf", einer konsumierenden Erkrankung von Rindern mit pulmonalen Läsionen und multiplen Abszessen, besonders in der Haut. Eppinger isolierte den Erreger 1891 erstmals beim Menschen.

22.4 Taxonomie

Nocardien sind eine Gattung. Sie gehören zu den aerob wachsenden Actinomycetaceae, sind also echte Bakterien.

Die wichtigsten Nocardien mit humanpathogener Bedeutung sind:

- Nocardia asteroides
- Nocardia brasiliensis
- Nocardia caviae
- Nocardia farcinica

22.5 Aufbau

Nocardien enthalten Mykolsäure, was sie mit Mykobakterien verwandt macht; im Gegensatz zu diesen enthalten sie aber den Typ Nocardomykolsäure. Die Zellwand der Actinomycetales läßt sich, je nach dem Anteil von Glycin, Arabinose, Galaktose und zwei verschiedenen Isomeren von 2,6-Diaminopimelinsäure, in die Typen I, II, III und IV unterscheiden. Typ III kann durch den Nachweis von Madurose weiter unterteilt werden. Nocardien haben den Zellwandtyp IV.

22.6 Identifizierung und Differenzierung

Mikroskopie. Nocardien sind grampositiv, doch zeigen manche ein unregelmäßiges Gramverhalten. Viele Arten sind partiell oder schwach säurefest. Zur Darstellung im Gewebe ist die Methamin-Silberfärbung nach Grocott-Gomori besonders geeignet. Ihre Form ist filamentös, jedoch neigen einige Spezies dazu, in kokkoide oder stäbchenförmige Elemente zu zerfallen.

Kultur. Nocardien wachsen in einem weiten Temperaturbereich auch auf einfachen Kulturmedien; Blutagar, Löwenstein-Jensen-Agar oder Sabouraud-Dextrose-Agar sind für die Anzucht geeignet. Eine CO_2-angereicherte Atmosphäre fördert das Wachstum. Die Koloniebildung aus klinischem Untersuchungsmaterial dauert 4 bis 10 Tage, kann aber auch 4 Wochen Bebrütung erfordern; Subkulturen wachsen in der Regel nach 48 Stunden zu sichtbaren orange gefärbten und erdig riechenden Kolonien heran. Mikroskopisch läßt sich manchmal ein Luftmyzel darstellen.

Speziesdiagnose. Die Speziesbestimmung ist schwierig und wird nur in Referenzlabors durchgeführt (Deutsches Referenzlabor: Prof. Dr. med. K. P. Schaal, Institut für Medizinische Mikrobiologie und Immunologie der Universität Bonn, Sigmund-Freud-Straße 25, 5300 Bonn 1). Als wichtigste Methode der Speziesidentifizierung gilt die Analyse der Zellwandbestandteile.

22.7 Vorkommen

Nocardien finden sich ubiquitär in der Umwelt, besonders im Staub.

Ob sie beim Menschen saprophytär sein können, ist noch nicht abschließend geklärt; es gibt Hinweise für ein saprophytäres Vorkommen auf der Haut und im oberen Respirationstrakt.

22.8 Übertragung

Weder eine Übertragung durch Tiere noch von Mensch zu Mensch ist nachgewiesen, obwohl es Hinweise für die letztere Möglichkeit gibt.

22.9 Pathogenese

Bis in die sechziger Jahre war die Nocardiose eine primäre Infektion. Heute entwickelt sie sich fast ausschließlich auf dem Boden konsumierender Erkrankungen, besonders bei *abwehrgeschwächten Patienten* (z. B. zytostatisch behandelten Tumorpatienten und Transplantatempfängern). Diese werden durch die Nocardien, die in der Umwelt (Staub) vorkommen, kolonisiert.

Die *Eintrittspforte* für die Erreger ist in den meisten Fällen der Respirationstrakt, des weiteren Läsionen der Haut oder der Schleimhäute (Zahnbehandlung, Keratitis). Gelegentlich wurde eine Penetration des Gastrointestinaltrakts, besonders der Appendix, beobachtet.

Die *Ausbreitung* des Erregers im Körper erfolgt hämatogen. Ein bevorzugter Absiedlungsort ist das zentrale Nervensystem.

Histologisch bildet sich bei der Nocardiose eine eitrige Läsion mit akuter Nekrose und Abszeßbildung. Nur selten wird eine Granulombildung beobachtet. Die Bildung von Granulationsgewebe ist im Gegensatz zur Aktinomykose nur schwach ausgeprägt. Die Abszesse neigen, insbesondere vor Therapiebeginn, zum Zusammenfließen.

22.10 Klinik

Die Symptomatik ist unspezifisch und hängt von der Lokalisation der Läsionen ab.

Bei pulmonaler Manifestation entwickelt sich eine ***Bronchopneumonie***. Die Patienten können über Husten und grünlich-schleimigen Auswurf, atemabhängige Schmerzen (Pleuraschmerz) und über Atemnot klagen. Gelegentlich wird über Hämoptysen berichtet.

Unbehandelt nimmt die Krankheit einen chronischen Verlauf. Nicht selten verläuft die Erkrankung nur mit leichten oder passageren Beschwerden, so daß sie nicht gleich erkannt wird.

Bei Manifestation im zentralen Nervensystem entwickeln sich ***Hirnabszesse***, typischerweise an verschiedenen Lokalisationen. Nocardien sind die typischen bakteriellen Erreger von Hirnabszessen bei Immunsupprimierten.

Als *weitere Erkrankungen* wurden beschrieben: Tracheitis, Bronchitis, pleuropulmonale Fisteln, Perikarditis, Peritonitis, Iliopsoasabszesse, Ischiorektalabszesse, Keratokonjunktivitis, Endophthalmitis, Sinusitis, Endokarditis, Mediastinitis, septische Arthritis und subkutane Abszesse mit Fistelbildungen.

22.11 Immunität

Nocardien können durch polymorphkernige, neutrophile Granulozyten im Wachstum gehemmt, aber nicht abgetötet werden. Verschiedene Tierexperimente zeigen eine wichtige Rolle der T-Lymphozyten bei der Elimination der Erreger und bei der Verhinderung einer Dissemination.

22.12 Labordiagnose

Die Methode der Wahl ist der *Erregernachweis* durch Anzucht.

Als *Untersuchungsmaterialien* sind geeignet: Sputum, Trachealsekret, bronchoalveoläre Lavageflüssigkeit, Liquor, Blut, Eiter und Gewebeproben (Ulkusabschabungen, Biopsien, Autopsiematerial). Abstriche sind nicht geeignet.

Die Materialien müssen in sterilen, fest verschließbaren Transportbehältern versendet werden. Ein Austrocknen der Probe muß, ggf. durch Zugabe von steriler Kochsalzlösung (NaCl 0,9%), verhindert werden. Die Lagerung und der Transport sollten bei 4 °C erfolgen. Der Mikrobiologe muß über die Verdachtsdiagnose „Nocardiose" informiert werden, damit die routinemäßigen Bebrütungszeiten adäquat verlängert werden können. Die Anzucht erfolgt auf einfachen Kulturmedien mit verlängerter Inkubationszeit (s. oben).

Antikörpernachweise sind beschrieben worden, jedoch zeigen sich häufig Kreuzreaktionen, besonders bei Mykobakteriosen (Tuberkulose, Lepra), die als Differentialdiagnosen in Betracht kommen.

22.13 Therapie

Als antimikrobielle Chemotherapeutika werden Sulfonamide oder Trimethoprim/Sulfamethoxazol (Cotrimoxazol) eingesetzt. In letzter Zeit werden gehäuft multiresistente Stämme von Nocardia farcinica isoliert. Diese sind oft nur gegen Amikazin, gelegentlich auch gegen Imipenem und Amoxycillin-Clavulansäure (Augmentan) empfindlich. Diese Medikamente sollten in Kombination eingesetzt werden. Dies gilt auch für die kalkulierte Initialtherapie bei Nierentransplantatempfängern.

Die Therapie muß mindestens 6 Wochen durchgeführt werden, meist sind aber mehrere Monate notwendig, um Rückfälle oder metastatische Abszeßbildung sicher zu verhindern.

22.14 Prävention

Die Nocardiose ist keine meldepflichtige Erkrankung. Ein Ausbruch im Sinne des § 8 BSeuchG (Ausbruch von Krankenhausinfektionen) ist in Deutschland bisher nicht beschrieben worden.

Zusammenfassung: Nocardien

Geschichte: Nocard (1888).

Taxonomie: Gattung mit den Spezies: N. asteroides, N. brasiliensis, N. caviae, N. farcinica.

Aufbau: Nocardomykolsäure; Zellwandkomponenten → Speziesdiagnose.

Vorkommen: Ubiquitär.

Identifizierung: Filamentöse, grampositive Bakterien, Wachstum auf einfachen Nährmedien, Primärkultur 10 Tage, orange, erdig riechende Zellwandkomponenten → Speziesdiagnose.

Übertragung: Keine abschließende Bewertung möglich.

Zielgruppe: Immunkompromittierte.

Pathogenese: Eintrittspforte Respirationstrakt, hämatogene Ausbreitung, Absiedlung bes. im ZNS; Abszeßbildung.

Klinik: Bronchopneumonie, Hirnabszesse, andere Lokalisationen.

Immunität: Wachstumshemmung durch polymorphkernige Granulozyten, T-zell-vermittelte Abtötung.

Labordiagnose: Erregernachweis (Anzucht) aus Sputum, Trachealsekret, bronchoalveolärer Lavage, Liquor und Abszeßinhalt; Antikörpernachweise zur Zeit nicht geeignet.

Therapie: Sulfonamide, Cotrimoxazol, Amikazin, Unipenem, Augmentan.

Prävention: Meldepflicht: Keine.

23 Obligat anaerobe und mikroaerophile Kokken

A. C. Rodloff

Definition

Die obligat anaeroben und mikroaerophilen (kapnophilen) Kokken stellen eine recht heterogene Gruppe von Bakterien dar. Gemeinsam ist ihnen, daß sie in Gegenwart von O_2 auf festen Nährböden keine Kolonien ausbilden. Während die mikroaerophilen Kokken zum Wachstum lediglich eine erhöhte CO_2-Konzentration (5–10%) in der Atmosphäre benötigen, können die obligat anaeroben Kokken in Gegenwart von Luftsauerstoff nicht wachsen.

Rolle als Krankheitserreger

Die meisten anaeroben und mikroaerophilen Kokken können Teil der physiologischen Flora des Menschen sein; viele sind aber auch im Rahmen von mono- oder polybakteriellen Infektionen in Erscheinung getreten. Besonders häufig werden sie im Rahmen von *gynäkologischen Infektionen*, bei *Lungenabszessen* (nach Aspiration) und bei *Hirnabszessen* gefunden, sie kommen aber auch als Erreger von Endokarditiden und Weichteilinfektionen vor.

Peptostreptococcus anaerobius wird insgesamt am häufigsten aus klinischen Materialien isoliert.

Taxonomie

Die Taxonomie der obligat anaeroben Kokken ist häufig geändert worden; auch der gegenwärtige Stand ist nicht unumstritten und läßt auch zukünftige Änderungen erwarten. Eine Übersicht der medizinisch wichtigen Arten der obligat anaeroben und mikroaerophilen Kokken ist in Tabelle 23.1 gegeben.

Aufbau

Über den Aufbau der gramnegativen anaeroben Kokken (Veillonellaceae) ist wenig bekannt. Ihre Zellwände enthalten Endotoxin (Lipopolysaccharide) mit entsprechender biologischer Aktivität.

Die Zellwände der grampositiven anaeroben oder mikroaerophilen Kokken entsprechen dem grundsätzlichen Bauplan der grampositiven Bakterien.

Tabelle 23.1. Übersicht über medizinisch wichtige obligat anaerobe und mikroaerophile Kokken

Obligat anaerobe gramnegative Kokken		
Familie Veillonellaceae		
	Gattung	Veillonella
		V. parvula
		V. atypica
		V. dispar
	Gattung	Acidaminococcus
		A. fermentans
	Gattung	Megasphaera
		M. elsdenii
Obligat anaerobe grampositive Kokken		
Familie Peptococcaceae		
	Gattung	Peptococcus
		P. niger
	Gattung	Peptostreptococcus
		P. anaerobicus
		P. asaccharolyticus
		P. magnus
		P. micros
		P. prevotii
		P. productus
	Gattung	Ruminococcus
	Gattung	Coprococcus
	Gattung	Sarcina
	Gattung	Streptococcus[a]
		S. morbillorum[b]
		S. parvulus
		S. pleomorphus
Mikroaerophile grampositive Kokken		
	Gattung	Streptococcus
		S. milleri[c]
		S. intermedius[c]
		S. constellatus[c]
		S. mutans[c]
	Gattung	Aerococcus

[a] Die Gattung enthält obligat anaerobe, mikroaerophile und aerobe Arten.

[b] Einige Stämme sind aerotolerant.

[c] Ein Teil der Stämme wächst ausschließlich mikroaerophil, andere können auch aerob wachsen.

Kultur

Die Nährmedienansprüche aller anaeroben Kokken sind komplex. Aminosäuren und Kohlenhydrate, aber auch Vitamine, werden in für einzelne Arten unterschiedlicher Weise zum Wachstum benötigt. Dementsprechend sind nur ***Optimalnährböden*** für die Anzucht geeignet.

Wie oben beschrieben, muß die Kultur in sauerstoffarmer Atmosphäre erfolgen. Selbst die Anzucht der mikroaerophilen Kokken gelingt häufig nur unter obligat anaeroben Bedingungen, erst für die Subkultur ist dann ein CO_2-angereichertes Milieu ausreichend. Aufgrund der langsamen Generationszeit ist die Ausbildung sichtbarer Kolonien erst nach 2- bis 5tägiger Bebrütungsdauer zu erwarten. Peptococcus niger kann dunkel pigmentierte Kolonien ausbilden.

Peptostreptococcus anaerobius wird durch Natriumpolyanetholsulfonat (Liquoid) im Wachstum gehemmt. Diese Substanz ist häufig ein Bestandteil von Blutkulturmedien und dient der Inaktivierung der Blutbakterizidie und einiger Antibiotika sowie der Gerinnungshemmung. Solche Blutkulturmedien sind somit für die Anzucht von Peptostreptococcus anaerobius ungeeignet.

Identifizierung und Differenzierung

Morphologie. Veillonellaceae sind gramnegative Kokken mit unterschiedlichen Durchmessern (Veillonella 0,3–0,5 μm, Acidaminococcus 0,6–1,0 μm, Megasphaera um 2 μm), die meist als Diplokokken gelagert sind. Sie wurden aufgrund ihrer Zellwandstruktur als gramnegativ definiert, im mikroskopischen Präparat können sie u. U. als grampositiv erscheinen.

Die grampositiven Kokken können zwischen 0,5 μm und 2 μm groß und einzeln, in Haufen oder in Ketten gelagert sein. Die Lagerung muß nicht unbedingt in der gattungstypischen Weise erfolgen, mikroskopisch sind daher Peptostreptokokken nicht ohne weiteres von Peptokokken zu unterscheiden.

Die anaeroben Kokken sind unbeweglich.

Biochemie. Die obligat anaeroben und mikroaerophilen Kokken ähneln sich z.T. so sehr in ihrer Enzymausstattung, daß sie nicht allein durch biochemische Leistungsprüfung differenziert werden können. Die gaschromatographische Untersuchung der in Flüssigkulturen gebildeten Fettsäuren ist daher von besonderer Bedeutung.

Die verschiedenen Veillonella-Arten sind mit herkömmlichen Methoden überhaupt nicht zu unterscheiden, eine sichere Artenzuordnung kann nur aufgrund von DNS/DNS-Hybridisierung erfolgen.

Resistenz gegen äußere Einflüsse

Sauerstoff ist für anaerobe Kokken toxisch und ihre Überlebensfähigkeit außerhalb ihrer natürlichen Standorte limitiert.

Vorkommen

Obligat anaerobe und mikroaerophile Kokken gehören zur physiologischen Standortflora von Haut und Schleimhäuten des Menschen. Im Stuhl kommen sie in Konzentrationen von 10^{10} bis 11^{11}/g vor, während im Speichel und im Vaginalsekret ca. 10^8 Bakterien/ml gefunden wurden.

Pathogenese

Infektionen mit obligat anaeroben oder mikroaerophilen Kokken entstehen in der Regel endogen, d. h. die Infektionserreger entstammen der körpereigenen physiologischen Flora und werden nicht von außen übertragen. Voraussetzung für die Infektion sind meist prädisponierende Faktoren wie Trauma, Abwehrschwäche u. ä. Die Bakterien verhalten sich damit als ***Opportunisten***.

Polymikrobielle Assoziationen unter Beteiligung von Bacteroidaceae, aber auch aerob/anaerobe Mischinfektionen sind häufig: So laufen etwa 25% der durch Anaerobier (mit-)bedingten Infektionen unter Beteiligung der hier beschriebenen Kokken ab.

Klinik

Die klinischen Zeichen der Infektionen durch obligat anaerobe oder mikroaerophile Kokken sind meist unspezifisch. Mischinfektionen unter Beteiligung anaerober und/oder mikroaerophiler Kokken können u. U. zusammen mit z. B. Staphylococcus aureus zu nekrotisierenden Weichteilinfektionen mit ***Gasbildung*** führen und müssen vom durch Clostridien verursachten Gasbrand wegen der unterschiedlichen Therapieerfordernisse abgegrenzt werden.

Therapie

Penizillin ist in aller Regel gegen obligat anaerobe oder mikroaerophile Kokken wirksam und daher Therapeutikum der Wahl. Cephalosporine und Clindamycin sind ebenfalls meist wirksam, Vancomycin ist gegen Veillonellaceae unwirksam. Gegen Tetrazykline bestehen mittlerweile erhebliche Resistenzen, sie sind daher zur Therapie nicht geeignet. Mikroaerophile Kokken sind gegen Imidazolderivate (z. B. Metronidazol) resistent, ob anaerobe Kokken Resistenzen aufweisen, ist umstritten.

Insgesamt haben die hier beschriebenen Kokken therapeutisch wenig Probleme verursacht. Dies ist möglicherweise ein Grund für das relativ geringe Interesse, das sie bisher in der medizinisch-mikrobiologischen Forschung gefunden haben.

Prävention

Endogene Infektionen infolge von iatrogenen Eingriffen können durch eine geeignete Prophylaxe weitgehend vermieden werden. Bei der Auswahl der zu verwendenden Antibiotika ist darauf zu achten, daß das Wirkungsspektrum auch die obligat anaeroben oder mikroaerophilen Kokken erfaßt.

Zusammenfassung: Obligat anaerobe und mikroaerophile Kokken

Bakteriologie: Heterogene Gruppe von sowohl grampositiven (z. B. Peptostreptokokken) als auch gramnegative Kokken (z. B. Veillonellaceae), denen die Unfähigkeit auf festen Nährböden in Gegenwart von O_2 Kolonien auszubilden gemeinsam ist.

Vorkommen: Bestandteil der physiologischen Schleimhautflora des Menschen.

Resistenz: Überlebens- und Vermehrungsfähigkeit ist an die Abwesenheit von Sauerstoff gebunden.

Epidemiologie: In der Regel endogene, opportunistische Infektionen, da die Erreger dem Milieu der körpereigenen physiologischen Schleimhautflora entstammen.

Pathogenese: Prädisponierende Faktoren (z. B. Trauma) → Standortverschiebung mit Veränderung des mikrobiellen Environments → opportunistische Vermehrung → eitrige, meist abszedierende Entzündung. Mischinfektion häufig.

Klinik: Meist unspezifische Infektionszeichen. Nekrotisierende Weichteilinfektionen mit Gasbildung durch Mischinfektionen mit anaeroben und/oder mikroaerophilen Kokken müssen differentialdiagnostisch vom „echten" Gasbrand (Clostridien) aufgrund der unterschiedlichen Therapieerfordernisse abgegrenzt werden.

Labordiagnose: Untersuchungsmaterial: Wundabstriche, Abszeßmaterial, Blut. Erregernachweis: Anzucht auf komplexen Nährböden in sauerstoffarmer Atmosphäre. Identifizierung: Biochemisch, gaschromatographisch, DNS/DNS-Hybridisierung.

Therapie: Mittel der Wahl: Penizillin. Veillonellaceae sind gegen Vancomycin resistent. Mikroaerophile Kokken sind gegen Metronidazol resistent.

24 Obligat anaerobe und mikroaerophile nicht-sporenbildende grampositive Stäbchen

A. C. Rodloff

Definition

Obligat anaerob und mikroaerophile nicht-sporenbildende grampositive Stäbchen sind für den Menschen vor allem als physiologische Standortflora im Oropharynxbereich, im Intestinaltrakt und auf der Genitalschleimhaut von Bedeutung. Propionibacterium-Arten stellen den Hauptanteil der Hautflora.

Rolle als Krankheitserreger

Mit Ausnahme der ***Aktinomyces***-Arten sind die in diesem Kapitel besprochenen Bakterien nur selten an Infektionsprozessen beteiligt.

Bifidobacterium- und Lactobacillus-Arten werden von vielen Autoren als apathogen angesehen.

Eubakterien und vor allem Propionibakterien sind als Erreger von Endokarditiden in Erscheinung getreten und gewinnen in diesem Zusammenhang zunehmend an Bedeutung. Propionibacterium acnes wird bei der Entstehung der Akne vulgaris eine Rolle zugeschrieben. Einige humanmedizinisch wichtige Gattungen sind in Tabelle 24.1 zusammengestellt.

Tabelle 24.1. Übersicht über medizinisch wichtige obligat anaerobe und mikroaerophile grampositive Stäbchen

• Obligat anaerob:	
– Gattung	Bifidobacterium 24 Arten
– Gattung	Eubacterium 34 Arten
– Gattung	Butyrivibrio
– Gattung	Lachnospira
• Obligat anaerob bis aerotolerant:	
– Gattung	Propionibacterium 8 Arten
• Mikroaerophil:	
– Gattung	Lactobacillus
– Gattung	Actinomyces

Taxonomie

Die Gattungen Actinomyces, Arachnia, Bifidobacterium und einige andere (z. T. obligat aerobe) Gattungen wurden früher zu der Ordnung Actinomycetales (= Strahlenpilze) zusammengefaßt. Der Name entstand im vorigen Jahrhundert, als Aktinomyceten erstmals aus chronisch destruierenden Prozessen im Bereich des Kopfes angezüchtet werden konnten. Mikroskopisch stellten sich diese Keime als verzweigtfadenartige Organismen dar, so daß vermutet wurde, daß es sich um Fadenpilze (Hyphomyceten) handele. Dies hat zu dem für Bakterien irreführenden Namen geführt (Aktinomyceten sind im Gegensatz zu Pilzen ***Prokaryonten***).

Die Ordnung Actinomycetales besteht heute nicht mehr, da Nucleinsäureanalysen gezeigt haben, daß die einzelnen Gattungen entwicklungsgeschichtlich nur wenig verwandt sind.

Aufbau

Alle in Tabelle 24.1 genannten Bakterien weisen einen für grampositive Bakterien typischen Zellwandaufbau auf. Dementsprechend enthalten die Zellwände N-Acetylglukosamin und Muraminsäure.

Kultur

Die Kultur der obligat anaeroben und mikroaerophilen Stäbchen erfolgt meist auf Optimalnährböden mit Blutzusatz. Es finden aber auch Selektivmedien (für Lactobacillus und Bifidobacterium) Verwendung. Die Primärkultur muß unter anaeroben Bedingungen erfolgen, für die Subkultur reicht häufig ein CO_2-angereichertes Milieu aus.

Der kulturelle Nachweis von Bifidobacterium, Eubacterium, Propionibacterium oder Lactobacillus ist meist auf eine Verunreinigung des Untersuchungsmaterials mit physiologischer Flora, mithin auf einen Fehler bei der Materialgewinnung zurückzuführen. Erst wenn diese Keime wiederholt aus sorgfältig entnommenen klinischen Materialien isoliert werden, ist eine ätiologische Bedeutung zu diskutieren. Dies gilt auch für Propionibakterien, die aus Blutkulturen von endokarditisverdächtigen Patienten isoliert werden.

Identifizierung und Differenzierung

Morphologie. Obwohl die Bakterien der hier zu besprechenden Gattungen zu den grampositiven Organismen gehören, sind sie im mikroskopischen Präparat häufig gramlabil, d. h. es finden sich sowohl rot als auch blau angefärbte Keime. Eubacterium- und Lactobacillus-Arten erscheinen meist als gerade, Propionibacterium-Arten als gebogene Stäbchen, Bifidobacterium- und vor allem Actinomyces-Arten weisen häufig Verzweigungen auf.

Biochemie. Die Identifizierung erfolgt aufgrund der biochemischen Leistungsprüfung (Katalase-, Indolbildung, Nitratreduktion, Äskulinspaltung, Kohlenhydratfermentation) sowie mit Hilfe des gaschromatographischen Nachweises von gebildeten Fettsäuren.

Resistenz gegen äußere Einflüsse

Im Vergleich zu anderen Anaerobiern sind die grampositiven Stäbchen meist relativ aerotolerant.

Vorkommen (Ökologie)

Die obligat anaeroben und mikroaerophilen nichtsporenbildenden grampositiven Stäbchen stellen einen erheblichen Teil der physiologischen Bakterienflora des Menschen. Actinomyces-Arten finden sich regelmäßig in der Mundhöhle, gelegentlich auch im Verdauungs- oder Genitaltrakt.

Eubacterium- und Bifidobacterium-Arten gehören zur Stuhlflora, während Propionibacterium den überwiegenden Teil der Hautflora ausmacht.

Laktobacillus-Arten kommen im Oropharynx und im Intestinaltrakt vor, und als sogenannte „Döderleinsche Stäbchen“ beherrschen sie die normale Vaginalflora. Sie sind verantwortlich für die Umsetzung des unter Hormoneinfluß angereicherten Glykogens zu Laktat und damit für das saure Scheidenmilieu, welches wiederum der Ansiedelung anderer, pathogener Bakterien vorbeugt.

Die Aktinomykose

Actinomyces israelii und selten andere Arten sind zusammen mit anderen Anaerobiern ätiologisch an der Aktinomykose beteiligt. Diese Infektionen treten häufiger bei Männern als bei Frauen auf, Kinder unter 10 Jahren sind nicht betroffen. Der Infektion geht häufig eine Verletzung oder eine andere Infektion voraus. Alle diese Krankheitsbilder entstehen – wie andere Anaerobierinfektionen auch – in der Regel endogen bei Vorliegen von bestimmten prädisponierenden Faktoren und sind nicht übertragbar.

Die Aktinomykose verläuft meist als subakuter bis chronischer Infektionsprozeß, der durch infiltratives Fortschreiten, multiple Abszeßbildung, Fistelungen und Bildung eines vielkammerigen Höhlensystems gekennzeichnet ist. Aus den Fisteln entleert sich typischerweise Eiter, der stecknadelkopfgroße derbe Körnchen (***Drusen***, „Schwefelkörnchen“) enthält. Über 95% der Erkrankungen betreffen die Zervikofazialregion, während ein Befall der Lunge oder der Abdominalorgane äußerst selten vorkommt. Neuerdings wird auch über Aktinomykosen des Uterus berichtet, die mit intrauterinen Pessaren assoziiert sind.

Der klinische Verdacht einer Aktinomykose kann bereits durch die mikroskopische Untersuchung der Drusen bestätigt werden. Charakteristischerweise finden sich im nach Gram gefärbten Quetschpräparat fädige, verzweigte Bakterienzellen.

Der kulturelle Nachweis kann einige Wochen benötigen, da die Primärkultur u. U. erst nach 14 Tagen Wachstum zeigt. Darüber hinaus handelt es sich bei der Aktinomykose immer um eine Mischinfektion, so daß Subkulturen zur Isolierung der einzelnen Bakterienarten notwendig werden.

Anzumerken ist, daß neben Actinomyces israelii in seltenen Fällen auch andere Aktinomyces-Arten sowie Arachnia propionica (eng verwandtes, aber fakultativ anaerob wachsendes grampositives Stäbchen) als Erreger in Frage kommen.

Anhang: Actinobacillus actinomycetemcomitans

Ein fakultativ anaerobes bzw. mikroaerophiles gramnegatives Stäbchen, welches häufig Teil der polymikrobiellen Ätiologie der Aktinomykose ist, heißt aufgrund dieser Tatsache Actinobacillus actinomycetemcomitans.

Der Keim wurde allerdings auch allein als Ursache septischer Infektionen gefunden. Die taxonomische Einordnung dieser Art ist z. Z. unklar, daher sei sie an dieser Stelle erwähnt.

Therapie

Die in Tabelle 24.1 genannten grampositiven Stäbchen sind in der Regel gegen Penizillin empfindlich.

Bei der Therapie der Aktinomykose ist zu berücksichtigen, daß die Begleitkeime häufig nicht von Penizillin G erfaßt werden. Daher sollten Penizillinderivate mit erweitertem Spektrum wie z. B. Ampicillin in Kombination mit einem Laktamaseinhibitor oder Acylureidopenizilline (z. B. Mezlocillin) eingesetzt werden. Darüber hinaus können chirurgische Maßnahmen (Abszeßdrainage) notwendig werden.

Zusammenfassung: Obligat anaerobe und mikroaerophile nichtsporenbildende grampositive Stäbchen

Bakteriologie: Zellwandaufbau entspricht dem für grampositive Bakterien typischen Muster. Hohe Anforderungen an Kulturbedingungen und Nährböden.

Vorkommen: Bestandteil der physiologischen Haut- und Schleimhautflora des Menschen.

Epidemiologie/Pathogenese: Bifidobacterium- und Lactobacillusarten: apathogen. Eubakterien und Propionibakterien: Erreger von Endokarditiden. Actinomyces: Aktinomykose. Mit Ausnahme der Actinomyces-Arten spielen diese Keime als Krankheitserreger eine untergeordnete Rolle.

Klinik: Aktinomykose: Subakut bis chronischer, eitriger Infektionsprozeß der Zervikofazialregion, gekennzeichnet durch Abszeßbildung und Fistelung.

Labordiagnose: Aktinomykose: Mikroskopisch im Fisteleiter fädige, verzweigte Bakterienzellen. Kulturelles Wachstum kann bis zu einigen Wochen benötigen. Kultureller Nachweis von Bifidobakterien, Eubakterien, Propionibakterien oder Laktobazillen läßt nur bei wiederholten Isolierungen eine ätiologische Bedeutung dieser Erreger zu.

Therapie: Mittel der Wahl ist Penizillin.

25 Obligat anaerobe gramnegative Stäbchen (Bacteroidaceae)

A. C. Rodloff

Definition

Die Bacteroidaceae sind gramnegative Stäbchenbakterien, die zum Wachstum eine sauerstoffarme Atmosphäre benötigen (obligat anaerobe Bakterien). Sie stellen einerseits einen erheblichen Teil der physiologischen Standortflora des Menschen, andererseits sind sie häufige Infektionserreger.

Rolle als Krankheitserreger

Obligat anaerobe gramnegative Stäbchen sind als ***Opportunisten*** an der Ätiologie verschiedener Krankheitsbilder beteiligt. Sie treten meist gemeinsam mit anderen Bakterien auf, d. h. es kann zu Mischinfektionen mit anderen Anaerobiern (z.B. beim Hirnabszeß) sowie mit fakultativ anaeroben Bakterien (z. B. bei der Peritonitis) kommen.

Etwa 10% der von gramnegativen Stäbchen verursachten Sepsisfälle werden durch Bakterien der Bacteroides-fragilis-Gruppe hervorgerufen.

Taxonomie

Bereits 1898 beschrieben ***Veillon*** und ***Zuber*** B. fragilis („Bacillus fragilis") als Erreger von Appendizitis und anderen eitrigen Infektionen; die Autoren haben auch die Fusobakterien gesehen. Eine genauere Beschreibung erfolgte jedoch erst 1922 durch Knorr. Seither hat die Taxonomie der Bacteroidaceae häufige Veränderungen erfahren; eine Auflistung der medizinisch bedeutsamen Spezies ist in Tabelle 25.1 gegeben.

Aufbau

Obwohl der Zellwandaufbau aller gramnegativen Bakterien sich grundsätzlich ähnelt, unterscheiden sich die Lipopolysaccharide (LPS) der Bacteroides-Arten erheblich von denen der Enterobakteriazeen. So bestehen Unterschiede hinsichtlich der Kernregion des LPS als auch bezüglich der Zusammensetzung des Lipoids A. Dies dürfte ein Grund dafür sein, daß das LPS von Bacteroides im Wirtsorganismus geringere

Tabelle 25.1. Übersicht über die Familie Bacteroidaceae. (Mod. nach Krieg und Holt 1984 und Skerman et al. 1980)

Bacteroides	B. fragilis	
	B. distasonis	
	B. ovatus	früher:
	B. thetaiotaomicron	B.-fragilis-
	B. uniformis	Gruppe
	B. eggerthii	
	B. vulgatus	
Porphyromonas	P. asaccharolytica	
	P. gingivalis	
	P. endodontalis	
Prevotella	P. melaninogenica	
	P. bivia	
	P. buccae	
	P. buccalis	
	P. corporis	früher:
	P. denticola	B.-melanino-
	P. disiens	genicus/
	P. heparinolytica	oralis-Gruppe
	P. intermedia	
	P. loescheii	
	P. oralis	
	P. oris	
	P. oulora	
	P. ruminicola	
	P. veroralis	
	P. zoogleoformans	
Fusobacterium	F. mortiferum	
	F. necrogenes	
	F. prausnitzii	
	F. nucleatum	
	F. necrophorum	
	F. varium	u. a. m.
Leptotrichia	L. buccalis	
Butyrivibrio		
Succinimonas		
Succinivibrio		
Anaerobiospirillum		
Wolinella	Klinische Bedeutung unerheblich oder unbekannt	
Selenomonas		
Anaerovibrio		
Pectinatus		
Acetivibrio		
Lachnospira		

biologische Wirkungen (Toxizität) entfaltet als das LPS aerob wachsender gramnegativer Stäbchen.

Bacteroidaceae, die als Erreger aus Infektionsprozessen isoliert werden, tragen häufig eine Polysaccharidkapsel. Die Ausprägung dieser Kapsel korreliert mit der Virulenz der Bakterien (s. Pathomechanismen).

Kultur

Zur Kultur von obligat anaeroben Bakterien eignen sich flüssige und feste Kulturmedien, vorausgesetzt, sie werden den besonderen Nährstoffansprüchen der Anaerobier gerecht.

Als flüssige Medien finden z. B. Rosenow-, Schaedler- oder supplementierte Thioglykolatbouillon Verwendung. Als feste Kulturmedien kommen z. B. Schaedler-, Columbia- oder Glukose-Hefeextrakt-Cystein-Agar jeweils mit Zusatz von 10% Blut in Betracht. Die Medien sollten Hämin und Vitamin K enthalten; diese Substanzen beschleunigen das Wachstum gewisser Anaerobier.

Medien zur selektiven Anzucht von obligat anaeroben gramnegativen Stäbchen enthalten häufig Antibiotika wie Kanamycin (hemmt gramnegative Aerobier), Vancomycin (hemmt grampositive Bakterien) und evtl. Nystatin (hemmt Pilze).

Wenn Bakterien Sauerstoff ausgesetzt sind, entstehen durch eine Reihe von enzymatisch katalysierten Reaktionen Wasserstoffperoxidradikale (H_2O_2) und das freie Sauerstoffradikal O_2-. Diese Produkte sind für Bakterien außerordentlich toxisch; zur Entgiftung werden sie sofort durch die Enzyme Katalase und Superoxid-Dismutase in H_2O und O_2 überführt. Beide Enzyme sind bei Anaerobiern nicht oder nur in geringen Mengen vorhanden. Sie sind damit nicht in der Lage, sich von diesen toxischen Produkten zu befreien. Dies ist wahrscheinlich eine wesentliche Ursache des Absterbens der Anaerobier in Gegenwart von Sauerstoff.

Ihre Inkubation muß daher unter anaeroben (sauerstoffreduzierten) Bedingungen erfolgen. Hierzu eignen sich spezielle Brutschränke, in denen die Luft durch ein Gasgemisch aus N_2, H_2 und CO_2 ersetzt wird; brauchbar sind auch luftdicht schließende Gefäße (Anaerostaten), in denen das anaerobe Milieu durch einen Sauerstoff verbrauchenden chemischen Prozeß herbeigeführt wird.

Mittels dieser Verfahren wird in den Nährmedien ein erniedrigtes Redoxpotential erreicht bzw. aufrechterhalten. Die vielfach eingesetzte Thioglykolat-

Tabelle 25.2. Generationszeiten verschiedener Anaerobier. (Mod. nach Werner 1985)

Keim	Generationszeit	Koloniebildung
E. coli	20 Minuten	8–12 Stunden
Clostridium perfringens	30 Minuten	10–15 Stunden
B. fragilis	45–60 Minuten	1– 2 Tagen
F. mortiferum	50–70 Minuten	1– 3 Tagen
Propionibacterium sp.	50–90 Minuten	1– 5 Tagen
P. melaninogenica	> 60 Minuten	2– 3 Tagen
Veillonella	> 60 Minuten	2– 3 Tagen
Peptococcus sp.	> 60 Minuten	2– 4 Tagen
Peptostreptococcus sp.	> 60 Minuten	2– 4 Tagen
F. nucleatum	> 60 Minuten	2– 4 Tagen

Bouillon bietet den Vorteil, daß sie aufgrund der ihr eigenen reduzierenden Eigenschaften das Wachstum von Anaerobiern auch bei konventioneller Bebrütung gestattet. Ein Redoxpotential mit E_h-Werten von –150 mV oder darunter ist für das Wachstum von Anaerobiern geeignet.

Ein entscheidender Unterschied zwischen fakultativ und obligat anaeroben Bakterien besteht hinsichtlich des Energiestoffwechsels. Aerobier sind in der Lage, Kohlenhydrate (z. B. Glukose) durch eine Reihe von verschiedenen biochemischen Reaktionen unter Verwendung von Luftsauerstoff zu CO_2 und H_2O zu oxidieren. Zu dieser Art des Kohlenhydratabbaus (mittels der Atmungskette), die mit der Erzeugung großer Energiemengen verbunden ist, sind Anaerobier nicht befähigt. Ihre Energieerzeugung beruht auf der fermentativen Spaltung (Vergärung) der Kohlenhydrate. Dabei entstehen organische Endprodukte, die nicht weiter verstoffwechselt werden können. Entsprechend ist die Energieausbeute nur gering.

Dies ist ein Grund für die vergleichsweise deutlich längeren Generationszeiten der Anaerobier (Tabelle 25.2). Anaerobe Kulturen müssen daher für mindestens 48 Stunden bebrütet werden. Bakterien der Porphyromonas/Prevotella-Gruppe und Fusobakterien benötigen sogar bis zu 5 Tagen Inkubationszeit, bis sichtbare Kolonien entstehen.

Identifizierung und Differenzierung

Morphologie. Im nach Gram gefärbten mikroskopischen Präparat lassen sich obligate Anaerobier nicht ohne weiteres von fakultativ anaeroben Bakterien unterscheiden.

Die für die Gattung Bacteroides häufig als charakteristisch beschriebene Pleomorphie (= Vielgestaltigkeit, Vorkommen von kurzen und längeren, z. T. in der Mitte aufgetriebenen Stäbchen in einem Präparat) scheint von den Wachstumsbedingungen abhängig zu sein. So zeigt sich B. fragilis nach Kultur unter Optimalbedingungen meis als zartes (fragilis!) kurzes isomorphes (= gleichförmiges) Stäbchen.

Fusobakterien erscheinen im Grampräparat häufig als lange, fusiforme (= spindelförmige) Bakterien, die u. U. Auftreibungen des Zelleibs aufweisen.

Für alle obligat anaeroben gramnegativen Erreger gilt, daß sie sich nur schwach anfärben.

Biochemische Leistungsprüfung. Für die Differenzierung der obligat anaeroben gramnegativen Stäbchen stehen dem klinisch-bakteriologischen Labor verschiedene, sich ergänzende Methoden zur Verfügung.

Die biochemische Leistungsprüfung umfaßt Reaktionen wie Äskulinspaltung, Indolbildung, Nitratreduktion und Kohlenhydratspaltung (Fermentation verschiedener Zucker).

Die Testmethodik erfordert Inkubationszeiten von 48 h bis zu 12 Tagen; der Zeit- und Materialaufwand ist also im Vergleich zur Identifizierung von Enterobakteriazeen erheblich größer. Neuerdings wird die Untersuchung von präformierten Enzymen zur Beschleunigung der Identifizierung herangezogen.

Anaerobier bilden als Stoffwechselendprodukte verschiedene Fettsäuren und Alkohole, die gaschromatographisch nachgewiesen und ebenfalls zur Identifizierung herangezogen werden können. Solche Untersuchungen sind vor allem dann von Nutzen, wenn der zu identifizierende Erreger keine oder nur wenige Kohlenhydrate spaltet (z. B. Porphyromonas asaccharolytica).

Einige Bacteroidaceae bilden typischerweise ein schwarzes Pigment (Prevotella ***melaninogenica***).

Resistenz gegen äußere Einflüsse

Aufgrund ihrer Sauerstoffempfindlichkeit sind gramnegative, nicht sporenbildende Anaerobier gegenüber Umwelteinflüssen empfindlicher als viele andere Bakterien. Sollen solche Erreger in klinischen Untersuchungsmaterialien nachgewiesen werden, müssen daher bei der Materialgewinnung, beim Transport und bei der Bearbeitung im Labor besondere Vorsichtsmaßnahmen eingehalten werden.

Vorkommen (Ökologie)

Bacteroidaceae und andere Anaerobier stellen den vorherrschenden Teil der physiologischen Bakterienflora von Mensch und Tier.

Man schätzt, daß ein Mensch ca. 10^{13} körpereigene Zellen aufweist, während er gleichzeitig ca. 10^{14} Anaerobier auf Haut- und Schleimhäuten beherbergt.

Tabelle 25.3 zeigt die Verteilung der wichtigsten Anaerobier-Arten auf ihre Standorte. Die Gesamtzahl der Anaerobier beträgt zwischen dem 5fachen (Vagina) und 1000fachen (Dickdarm) der dort vertretenen fakultativ aeroben Standortflora; so ist z. B. Bacteroides vulgatus im Stuhl in viel größeren Mengen vorhanden als E. coli. Im Dickdarm werden bis zu 10^{13} Anaerobier pro Gramm Stuhl gefunden. Außerhalb ihrer natürlichen Standorte sind die Bacteroidaceae aufgrund ihrer Sauerstoffempfindlichkeit selten zu finden.

Epidemiologie

Die Häufigkeit der Beteiligung von Anaerobiern bei verschiedenen Infektionen ist in Tabelle 25.4 zusam-

Tabelle 25.3. Obligat anaerobe Bakterien als Teil der physiologischen Standortflora. (Mod. nach Werner 1985)

Standort	Gramnegative	Grampositive
Haut	Veillonella	*Propionibakterien* u. a. m.
Mund-schleim-haut/Nasen-Rachen-Raum	*Prevotella* *Porphyromonas* F. nucleatum F. necrophorum L. buccalis Veillonella u. a. m.	Bifidobakterien Aktinomyceten Arachnia Propionibakterien Eubakterien Clostridien Laktobazillen Peptostreptokokken
Dickdarm	*B.-fragilis-Gruppe* Andere Bacteroides Prevotella F. varium F. mortiferum F. prausnitzii	Bifidobakterien Peptostreptokokken Eubakterien Clostridien Propionibakterien Laktobazillen Megasphaera Acidaminococcus
	insgesamt bis zu 400 verschiedene Arten	
Vaginal-schleim-haut	Pvt. bivia Pvt. disiens Prophyromonas B.-fragilis-Gruppe	Bifidobakterien Eubakterien Laktobazillen Peptostreptokokken Veillonella Acidaminococcus

Tabelle 25.4. Häufigkeit einer Beteiligung von nicht sporenbildenden Anaerobiern bei verschiedenen Infektionskrankheiten. (Mod. nach Sutter et al. 1980)

Sepsis	5–10%
Hirnabszeß	90%
Otolaryngologische Infektionen	30–50%
Dentogene Infektionen	> 90%
Aspirationspneumonie	> 90%
Lungenabszeß, Pleuraempyem	50–90%
Leberabszeß	50–90%
Appendizitis	50–80%
Peritonitis	> 80%
Wundinfektion nach Bauchoperationen	30–60%
Adnexitis	25–50%
Endometritis, septischer Abort	60%
Vaginose	> 50%

mengefaßt. Den Erregern der Bacteroides-fragilis-Gruppe kommt dabei die größte Bedeutung zu.

Pathogenese

Als typische Opportunisten sind Bacteroidaceae an ihren physiologischen Standorten für den Menschen nicht pathogen. Vielmehr dürfte die Kolonisation von Haut- und Schleimhäuten mit Anaerobiern der Ansiedelung von pathogenen Mikroorganismen vorbeugen (Kolonisationsresistenz). Zu Infektionserregern können sie erst dann werden, wenn sie aus ihrem normalen Habitat in üblicherweise sterile Bereiche verschleppt werden. Dies setzt in der Regel eine Störung der Integrität der Haut/Schleimhautbarriere z.B. durch eine Nekrose, ein Trauma oder einen chirurgischen Eingriff voraus.

Eine Vermehrung der Anaerobier im Gewebe ist allerdings erst möglich, wenn die Sauerstoffversorgung beeinträchtigt und damit das normalerweise recht hohe Redoxpotential von ca. +120 mV vermindert wird. In diesem Sinne können eine Hypoxie, eine Hämostase oder das Eindringen von Fremdkörpern ins Gewebe für eine Infektion prädisponieren.

Im Falle von polybakteriellen Infektionen wird angenommen, daß es zunächst zur Vermehrung der aerob wachsenden Erreger kommt. Diese können durch Sauerstoffverbrauch das Redoxpotential im betroffenen Gewebe so weit senken, daß auch Vermehrung von Anaerobiern möglich wird. Dies könnte ein Grund für die Häufigkeit von aerob/anaeroben Mischinfektionen sein.

Andere für Anaerobierinfektionen prädisponierende Faktoren sind Diabetes mellitus, Angiopathien mit Durchblutungsstörungen, Malignome, Alkoholismus sowie immunsuppressive Therapieformen (z.B. Zytostatika, Cortikosteroide).

Rolle der Virulenzfaktoren bei der Pathogenese

Der am häufigsten vorkommende anaerobe Infektionserreger ist B. fragilis. Seine Virulenzfaktoren sind daher auch intensiv untersucht worden. Im Unterschied zu anderen (aeroben) gramnegativen Bakterien scheint das Lipopolysaccharid (LPS) von B. fragilis keine entscheidende Bedeutung für die Pathogenese zu haben, da die biologische (toxische) Aktivität dieses Endotoxins im Vergleich zu LPS anderer Herkunft (z.B. Salmonella enteritidis) erheblich geringer ist. Um gleiche Reaktionen im Versuchstier zu erzeugen, werden bis zu 10000fache Mengen benötigt. Das LPS aus Fusobacterium ist allerdings ähnlich aktiv wie das der Enterobakteriazeen.

Von pathogenetischer Relevanz ist die von verschiedenen Bacteroides-Arten gebildete Polysaccharidkapsel. Sie wird in ausgeprägter Weise meist bei aus Infektionsprozessen isolierten Erregern gefunden, während ihre Ausbildung nach mehreren Subkulturen im Labor zurückgeht. Bekapselte Erreger haben sich im Tierversuch virulenter als unbekapselte Bakterien erwiesen. Die Kapsel scheint insbesondere eine Rolle bei der Abszeßbildung zu spielen. Darüber hinaus verleiht sie den Erregern eine erhöhte Resistenz gegen Phagozytose und Lyse durch neutrophile Granulozyten.

In Bacteroidaceae sind eine Reihe von Enzymen nachgewiesen worden (Hämolysin, Fibrinolysin, Heparinase, Leukozidin, Mucopolysaccharidasen, Kollagenasen u. a.). Über ihre Rolle als Virulenzfaktoren ist allerdings bisher wenig bekannt.

Da gramnegative Anaerobier meist in Mischinfektionen mit fakultativ anaeroben Bakterien auftreten, hat man das Zusammenwirken dieser Erreger intensiv untersucht. Dabei wurde mit unterschiedlichen Infektionsmodellen eine ***synergistische Pathogenität*** dieser Erregerkombination gezeigt. Der Mechanismus dieser synergistischen Wirkung ist noch unklar.

Klinik

Anaerobierinfektionen sind in der Regel ***nicht übertragbar*** (Ausnahme: Infektionen durch Clostridien, s. dort), sie entstehen vielmehr ***„endogen“***, d. h. durch Verschleppung von physiologischer Standortflora in normalerweise sterile Körpergebiete.

Tabelle 25.5. Klinische Verdachtsmomente für eine ätiologische Beteiligung von nicht-sporenbildenden Anaerobiern an Infektionen

• Typische (schleimhautnahe) Infektlokalisation
• Zustand nach Verletzung oder Operation
• Zustand nach Aspiration (Möglichkeit der Verschleppung von Standortflora)
• Gestörte Blutzirkulation
• Ausgedehnte Nekrosen, Gangränbildung (beeinträchtigte Sauerstoffversorgung)
• Übelriechende Sekretionen (fötider Eiter) (durch Anaerobier gebildete Fettsäuren)
• Knistern im Gewebe (Gasbildung)
• Schwarze Verfärbung (pigmentbildende Bacteroides-Arten)
• Septische Thrombophlebitis (gerinnungsfördernde Enzyme von Bacteroidaceae)
• Sepsis mit Gelbsucht (Leberabszeß durch Anaerobier)

Bacteroidaceae sind häufig im Zusammenhang mit nekrotisierenden Infektionen (z. B. diabetische Gangrän) bzw. nekrotisierend/gasbildenden Weichteilinfektionen (Gasphlegmone, nicht identisch mit Gasbrand!) zu finden.

Ein Verdacht auf Beteiligung von Anaerobiern sollte immer dann aufkommen, wenn in Tabelle 25.5 genannte Faktoren eine Rolle spielen. Bacteroidaceae treten nur selten allein als Erreger auf (z. B. bei Sepsis, Leberabszeß), meist sind sie Teil einer polybakteriellen Mischinfektion.

Immunität

Die Bacteroidaceae sind ***Eitererreger*** und gehören zu den extrazellulären Bakterien. Sie werden von Granulozyten phagozytiert und abgetötet. Außerdem sind sie meist empfindlich gegenüber der unspezifischen Serumbakterizidie (Komplementsystem); einige aus Blutkulturen isolierte Bakterien der Bacteroides-fragilis-Gruppe erwiesen sich jedoch als serumresistent. Bei mit Bacteroidaceae infizierten Patienten lassen sich mit geeigneten Methoden häufig Antikörper gegen den Erreger nachweisen; allerdings finden sich solche Antikörper – möglicherweise als Ausdruck der ständigen Auseinandersetzung mit der Fäkalflora – auch bei gesunden Personen. In der Diagnostik von Anaerobierinfektionen haben daher Antikörpernachweise keine Bedeutung erlangt.

Neuere Befunde lassen vermuten, daß die ***zelluläre Immunität*** bei der Abwehr von Anaerobierinfektionen eine Rolle spielt. Es konnte gezeigt werden, daß experimentell übertragene, spezifisch reagible T-Lymphozyten in der Lage sind, vor Abszeßbildung durch B. fragilis zu schützen. Andererseits scheinen Bacteroides Spezies die zelluläre Immunität des Wirtes zu beeinträchtigen und so die Abwehr auch gegen andere Erreger zu stören.

Labordiagnose

Materialentnahme. Der Nachweis einer Infektion durch Bacteroidaceae wird durch die Anzucht der Erreger aus geeignetem Material geführt. Viele Materialproben wie z. B. Sputum, Vaginalsekret u. ä. enthalten Anaerobier der physiologischen Standortflora, so daß eine eindeutige Bewertung der ätiologischen Bedeutung der angezüchteten Bacteroidaceae oft nicht möglich ist. Geeignete Materialien müssen daher durch Punktion (Eiter, Blut, Liquor) oder intraoperativ (z. B. bei Peritonitis, Adnexitis) gewonnen werden.

Probentransport. Wegen der begrenzten Sauerstofftoleranz der Anaerobier müssen Kulturen unmittelbar nach der Entnahme des Untersuchungsmaterials angelegt werden. Ist ein Transport der Probe unvermeidlich, so kann die Überlebenszeit von obligat anaeroben Bakterien durch die Verwendung eines Transportmediums verlängert werden. Beträgt die Transportzeit mehr als 6 Stunden, muß allerdings bereits mit dem Absterben von besonders empfindlichen Spezies (z. B. Bacteroides bivius) gerechnet werden. Transportmedien erhalten die Vitalität von Anaerobiern nicht nur durch ihre reduzierenden Eigenschaften, sie verhindern auch, daß die Anaerobier durch schnell wachsende fakultativ anaerobe Keime verdrängt werden.

Vorgehen im Labor. Ein Schnellnachweis der häufig vorkommenden Keime der Bacteroides-fragilis-Gruppe und von P. melaninogenica kann im mikroskopischen Präparat durch Immunfluoreszenz (Verwendung von fluoreszenzmarkierten gruppenspezifischen Antikörpern) versucht werden.

Auch der Nachweis von Fettsäuren im Untersuchungsmaterial (Gaschromatographie) kann eine Anaerobierätiologie schnell wahrscheinlich machen. Aufgrund der langen Generationszeit nehmen die Anzucht und Differenzierung und antimikrobielle Testung obligat anaerober Erreger oft 4 bis 8 Tage in Anspruch. Die besonderen Verfahren dazu sind oben beschrieben (s. Kultur, biochemische Leistungsprüfung).

Therapie

Bei Beteiligung von Bacteroidaceae an einer Infektion muß eine gezielte Chemotherapie erfolgen. Gegen eine Reihe von Antibiotika sind Anaerobier primär ***resistent***. Dies gilt vor allem für die Aminoglykosid-Antibiotika, die von Anaerobiern aufgrund eines fehlenden Transportmechanismus nicht aufgenommen werden und damit nicht zur Wirkung gelangen können.

Verschiedene Bacteroidaceae, insbesondere die Spezies der Bacteroides-fragilis-Gruppe, bilden potente Betalaktamasen, die vor allem Cephalosporine, aber auch Penizilline abbauen. Diese durch Bacteroidaceae gebildeten Enzyme lassen sich durch die Betalaktamase-Inhibitoren Clavulansäure und Sulbactam hemmen; damit wird die Betalaktamantibiotika-Empfindlichkeit der Erreger wiederhergestellt.

Die mittlerweile ausgeprägte Tetrazyklinresistenz ist eine Folge eines gedrosselten Transports der Substanz in die Zelle, während die Chloramphenicolresistenz auf einer Inaktivierung des Wirkstoffes beruht.

Antibiotika mit guter Wirkung gegen Bacteroidaceae sind Nitroimidazole (z. B. Metronidazol), Clindamycin, Imipenem sowie Cefoxitin, Latamoxef und Acylaminopenizilline (z. B. Mezlocillin). Die Beurteilung der einzelnen Antibiotika hinsichtlich ihrer Aktivität gegen Bacteroidaceae ist zusammenfassend in Tabelle 25.6 dargestellt.

Tabelle 25.6. Wirksamkeit verschiedener Antibiotika gegen Bacteroidaceae

	Bacteroides-fragilis-Gruppe	Porphysomonas/ Prevotella-Gruppe	Fusobacterium-Arten
Metronidazol	+++	+++	+++
Clindamycin	+++	+++	+++
Imipenem	+++	+++	+++
Augmentan[a]	+++	+++	+++
Mezlocillin	++	+++	+++
Latamoxef	++	+++	+++
Cefoxitin	++	+++	+++
Tetrazyklin	+	++	++
Penizillin	–	++	++

[a] Ampicillin/Clavulansäure.

Wirkung: +++ sehr gut, ++ gut, + mäßig, – unzuverlässig.

Aufgrund des meist erheblichen Zeitbedarfs für die bakteriologische Diagnostik von Anaerobiern muß eine gegen Anaerobier wirksame Therapie bereits bei entsprechendem klinischen Verdacht eingeleitet werden. Bei der Auswahl der dafür geeigneten Antibiotika ist die Infektlokalisation zu berücksichtigen, da die Beteiligung unterschiedlicher Bakteroidaceae durch die Zusammensetzung der wahrscheinlich verschleppten Standortflora bestimmt wird.

Voraussetzung für eine erfolgreiche Chemotherapie kann insbesondere bei Anaerobierinfektionen eine ***chirurgische Revision*** des Infektionsgebietes sein. Dies gilt vor allem dann, wenn ausgedehnte Nekrosen oder abgekapselte Abszesse die Diffusion der Antibiotika behindern und somit ausreichende Wirkspiegel im Infektionsgebiet nicht erreicht werden würden.

Prävention

Ein erheblicher Teil der Anaerobierinfektionen ist in der Vergangenheit nach bestimmten operativen Eingriffen entstanden. Eine dramatische Senkung dieser postoperativen Infektionen konnte durch den prophylaktischen Einsatz von Antibiotika erzielt werden. Häufig reicht eine einmalige perioperative Gabe aus, um im Operationsgebiet Wirkspiegel zu erreichen, die die kontaminierenden Mikroorganismen erfassen und damit das Entstehen der Infektion verhindern.

Anhang: Gattung Capnocytophaga

Capnocytophaga-Spezies sind gramnegative Stäbchen, die in anaerober aber auch mikroaerophiler (kapnophiler), d. h. CO_2-angereicherter Atmosphäre wachsen. Sie sind damit keine obligat anaeroben Bakterien und wurden daher von den Bacteroidaceae abgegrenzt. Sie treten im Rahmen von anaeroben Mischinfektionen, insbesondere im HNO-Bereich sowie bei Lungeninfektionen, auf. Monobakterielle septische Infektionen durch Capnocytophaga ochracea sind vor allem bei granulozytopenischen Patienten beschrieben worden. Capnocytophaga-Spezies sind gegen Penizilline, Clindamycin und Metronidazol empfindlich.

Zusammenfassung: Obligat anaerobe gramnegative Stäbchen

Bakteriologie: Pleomorphe schwach anfärbbare gramnegative Stäbchen. Zellwandaufbau unterscheidet sich von den Enterobakterizeen hinsichtlich der Zusammensetzung der Kernregion des LPS und des Lipoids A. Wachstum nur unter anaeroben Bedingungen in flüssigen und auf festen Nährmedien. Lange Generationszeit.

Vorkommen: Stellen einen quantitativ großen Anteil der physiologischen Schleimhautflora des Gastrointestinaltraktes von Mensch und Tier dar. Außerhalb dieser Standorte selten.

Resistenz: Sauerstoffempfindliche nicht sporenbildende Anaerobier, die gegenüber Umwelteinflüssen (insbesondere O_2) sehr empfindlich sind.

Epidemiologie: Opportunistische Krankheitserreger, die sich aus der physiologischen Schleimhautflora rekrutieren und bei vielen eitrigen und/oder abszedierenden Infektionsgeschehen beteiligt sein können.

Pathogenese: Veränderung des physiologischen Standortmilieus oder Verschleppung in normalerweise sterile Bereiche → opportunistische Proliferation, wenn O_2-Spannung und Redoxpotential vermindert sind → Phagozytose durch Granulozyten → Eiterbildung → Abszedierung.

Klinik: Beeinträchtigte O_2-Zufuhr z. B. nach Trauma oder Thrombophlebitis begünstigt Anaerobierinfektionen. Symptomatik: Nekrotisierende Weichteilinfektionen mit schwärzlicher Verfärbung und/oder Gasbildung. Meist polybakterielle Mischinfektion.

Pathomechanismen: Polysaccharidkapsel: Bedeutendster Virulenzfaktor, der Phagozytose und Lyse verhindert. Lipopolysaccharide: Im Gegensatz zu anderen gramnegativen Bakterien spielt das LPS der Bacteroides-Arten eine untergeordnete Rolle in der Pathogenese.

Labordiagnose: Untersuchungsmaterial: Eiter, Blut, Liquor, Peritonealflüssigkeit. Transport muß in geeigneten Medien stattfinden, um eine Absterben oder Überwuchern zu vermeiden. Erregernachweis: Kulturelle Anzucht ist die Methode der Wahl, direkte Immunfluoreszenz möglich. Identifikation: Biochemische Leistungsprüfung, Gaschromatographie.

Therapie: Unwirksame Antibiotika: Aminoglykoside, Tetrazykline, Chloramphenicol. Wirksame Antibiotika: Nitroimidazole, z. B. Metronidazol; Clindamycin, Acylaminopenizilline. Chirurgische Wundrevision Voraussetzung für erfolgreiche Antibiotikatherapie.

Prävention: Perioperative Antibiotikaprophylaxe.

Meldepflicht: Es besteht keine Meldepflicht.

26 Obligat anaerobe sporenbildende Stäbchen (Clostridien)

A. C. Rodloff

INHALTSÜBERSICHT

26.1 Allgemeines zur Gattung Clostridium . . 427
26.2 Wundinfektionen durch Clostridien . . . 429
26.2.1 Clostridiale Myonekrose (Gasbrand) . . . 430
26.2.2 Andere gasbildende Wundinfektionen . . 431
26.2.3 Tetanus 431
26.3 Botulismus 432
26.4 Intestinale Infektionen durch C. perfringens 432
26.5 Intestinale Infektionen durch C. difficile 433
Zusammenfassung 433

26.1 Allgemeines zur Gattung Clostridium

Definition

Obligat anaerobe grampositive Stäbchen, die Endosporen bilden, sind in der Gattung Clostridium zusammengefaßt. Sie sind in der Natur ubiquitär verbreitet und auch häufig im Intestinaltrakt des Menschen zu finden.

Rolle als Krankheitserreger

Clostridien sind für eine Reihe von schweren Krankheitsbildern, wie z. B. ***Botulismus, Tetanus*** und ***Gasbrand*** (Clostridien-Myositis) verantwortlich, sie können aber auch an eiterbildenden Infektionen beteiligt sein oder intestinale Infektionen verursachen (z. B. pseudomembranöse Kolitis). Die entscheidenden Virulenzfaktoren sind verschiedene Toxine, die von Clostridien gebildet werden.

Geschichte und Taxonomie

Durch Clostridien (Closter, gr. = Spindel) hervorgerufene Erkrankungen waren bereits im Altertum bekannt. Mitte der 80er Jahre des vorigen Jahrhunderts wurde C. tetani (tetanos, gr. = Krampf) als Erreger des Wundstarrkrampfs entdeckt (Carle und Rattone, Nicolaier, Rosenbach, Kitasato). C. perfringens (lat. = durchbrechen; alter Name: Welch-Fraenkelscher Gasbazillus) wurde 1892 von W. H. Welch und G. H. F. Nuttall, Baltimore, beschrieben.

C. botulinum wurde zuerst von van Ermengem 1896 im Zusammenhang mit einer tödlichen Lebensmittelvergiftung isoliert und mit dem Namen Bacillus botulinus (Botulus, lat. = Wurst) versehen.

Die ätiologische Rolle von C. difficile bei der antibiotikaassoziierten pseudomembranösen Kolitis wurde 1977 von Bartlett und Mitarbeitern aufgedeckt.

Wichtige Clostridien-Arten sind in Tabelle 26.1 zusammengestellt.

Tabelle 26.1. Übersicht über medizinisch wichtige Spezies der Gattung Clostridium

- Erreger von Wundinfektionen:
  - C. perfringens[a]
  - C. novyi[a]
  - C. septicum[a]
  - C. histolyticum[a]
  - C. bifermentans
  - C. sporogenes
  - C. sordellii
  - C. fallax
  - C. ramosum u. a. m.
- Erreger des Tetanus
  - C. tetani
- Erreger des Botulismus
  - C. botulinum
- Erreger enteraler Toxiinfektionen
  - C. difficile
  - C. perfringens
  - C. botulinum

[a] Erreger der Clostridien-Myonekrose (Gasbrand)

Aufbau

Clostridien folgen dem allgemeinen Wandaufbau grampositiver Bakterien. Für einzelne Arten sind spezielle Peptidoglykanbausteine beschrieben. Etwa 75% aller C. perfringens-Isolate weisen eine Polysaccharidkapsel auf. Clostridien sind mit Ausnahme von C. perfringens peritrich begeißelt und somit beweglich.

Kultur

Clostridien stellen erhebliche Ansprüche an das Kulturmedium, so daß für ihre Anzucht meist bluthaltige Medien oder nährstoffreiche Bouillons (z. B. Leberbouillon) eingesetzt werden. C. perfringens vermehrt sich bei pH-Werten zwischen 5,5 und 8, bei Temperaturen zwischen 20° bis 50 °C (Temperaturoptimum bei 45 °C) und ist relativ aerotolerant. Unter geeigneten Bedingungen hat es eine Generationszeit von nur 30 Minuten und bildet daher bereits nach 8 bis 10stündiger Kultur sichtbare Kolonien.

Andere Clostridien sind hinsichtlich der Kulturbedingungen empfindlicher (strikte Anaerobier, Temperaturoptimum bei 37 °C) und benötigen mindestens 48 Stunden zur Koloniebildung (C. tetani, C. botulinum u. a.).

C. ***tetani*** ist stark beweglich und vermehrt sich unter Schwarmbildung (vgl. Proteus mirabilis).

Identifizierung und Differenzierung

Morphologisch. Obwohl Clostridien zu den grampositiven Organismen gehören, zeigt das entsprechend gefärbte Präparat insbesondere älterer Kulturen häufig ***gramlabile*** Keime. Einzelne Clostridien-Arten erscheinen gramnegativ (z. B. C. clostridiforme).

Die Form der Bakterienzellen ist sehr unterschiedlich. Während C. perfringens dicke, plumpe Zellen (***Ziegelsteinform***) aufweist, imponiert C. tetani durch lange, dünne Zellen, die durch Sporen terminal aufgeweitet sein können (***Tennisschlägerform***). Die Stellung der Sporen (mittel- oder endständig) kann einen Hinweis auf die Clostridien-Art geben.

Biochemisch. Wie bei anderen Anaerobiern werden auch für die Identifizierung der Clostridien sowohl biochemische Leistungsprüfungen wie auch die

Tabelle 26.2. Wichtige Toxine humanpathogener Clostridien

C. tetani	Tetanospasmin	Hemmung der inhibitorischen Synapsen der spinalen Motoneurone > spastische Paralyse
	Tetanolysin	Hämolysin
C. botulinum	Toxine A, B, C1, C2, D, E, F, G	menschenpathogen: A, B, E, F, präsynaptische Hemmungen der Acetylcholinfreisetzung > schlaffe Lähmung des autonomen Nervensystems
C. perfringens	Alpha	Lezithinase > Lyse von Zellmembranen
	Beta	> nekrotisierend
	Epsilon	> nekrotisierend
	Jota	> nekrotisierend
	Theta	(Zyto-)Hämolysin
	Kappa	Kollagenase
	Enterotoxine	Hemmung von Transportmechanismen?
C. novyi	Alpha	> nekrotisierend, Permeabilitätsänderung der Gefäße
	Gamma	Lezithinase > nekrotisierend, hämolysierend
	Epsilon	Lipase
C. septicum	Alpha	> nekrotisierend, hämolysierend
C. histolyticum	Alpha	ähnlich C. septicum alpha
C. sordellii	Beta	> nekrotisierend, ödematisierend
	Alpha	ähnlich C. perfringens alpha
C. bifermentans		ähnlich C. sordellii
C. difficile	A	Enterotoxin
	B	Zytotoxin

gaschromatographische Analyse der gebildeten Fettsäuren herangezogen. Von großer Bedeutung ist der Nachweis der von den Organismen gebildeten Toxine (vgl. Tabelle 26.2).

Resistenz gegen äußere Einflüsse

Bacillus- und Clostridium-Arten haben die gemeinsame Eigenschaft, während ihres Wachstums ***Endosporen*** zu bilden. Diese enthalten genetisches Material der Zelle und werden von einer mehrschichtigen Hülle umgeben, wenn sich die äußeren Bedingungen für die Bakterienzelle verschlechtern. Geht die Zelle unter, so bleibt die Spore als Dauer-(Überlebens-)form bestehen. Sie ist aufgrund ihrer dicken Ummantelung, des geringen Wassergehaltes und der nur minimalen Stoffwechselvorgänge sehr resistent gegen äußere Einflüsse, insbesondere gegen Hitze und Austrocknung. Die Fähigkeit zur Sporenbildung erlaubt es den Clostridien, auch außerhalb eines anaeroben Milieus zu überleben.

Vorkommen (Ökologie)

Clostridien sind in der Natur ubiquitär verbreitet. Ihre Sporen bzw. vegetativen Formen finden sich im Erdboden, im Staub, im Wasser und als Standortflora im Intestinaltrakt von Säugetieren einschließlich des Menschen.

Epidemiologie

Clostridiale Wundinfektionen (einschließlich Tetanus) sind meist exogener Natur. In der vorantiseptischen Zeit wurden die Erreger häufig auch iatrogen von Wunde zu Wunde verschleppt. Heute erfolgt eine Übertragung von Patient zu Patient in der Regel nicht, so daß entsprechende Infektionen auf Einzelfälle beschränkt bleiben. Der auf verdorbene Nahrungsmittel zurückzuführende Botulismus tritt häufig in Form von Klein-Epidemien auf; es erkranken Patienten, die das gleiche Nahrungsmittel aufgenommen haben (z. B. Familien). Obwohl C.-difficile-Infektionen meist infolge von Antibiotika-Therapien (nach Störung der Darmflora) auftreten, sind auch Hospitalepidemien beschrieben worden.

Pathogenese

Ähnlich wie bei anderen Anaerobiern können Infektionen durch Clostridien nur dann auftreten, wenn die Erreger anaerobe Bedingungen finden. Entsprechend sind schlecht durchblutete Wunden (Quetschung!), verschmutzte Wunden (Schürfung im Straßenstaub!), große Wundhöhlen (Amputation!) oder Fremdkörper im Gewebe (Pfählung) prädisponierende Faktoren für eine Infektion. Ohne solche Vorbedingungen treten Infektionen nur selten ein. So können Clostridien ab und zu (z. B. nach septischem Abort) in Blutkulturen nachgewiesen werden, ohne daß klinische Zeichen einer Infektion auftreten. Im Intestinaltrakt finden Clostridien ausreichend anaerobe Bedingungen, so daß sie hier als Saprophyten vorkommen. Allerdings können sie beim Vorliegen geeigneter Bedingungen auch im Darm zu Krankheitserregern werden. Eine Ausnahme stellt der Botulismus dar, da prädisponierende Faktoren keine Rolle spielen; zur Krankheitsentstehung reicht allein die Aufnahme des von C. botulinum gebildeten Toxins.

Rolle der Toxinbildung

Unterschiedliche Clostridienspezies bilden verschiedene Toxine, die für das Krankheitsgeschehen verantwortlich sind (vgl. Tabelle 26.2). Diese Toxine sind z.T. gut untersucht. So hat man bei C. perfringens mindestens 12 verschiedene Toxine beschrieben, die allerdings nicht von allen Stämmen gleichermaßen produziert werden. So werden je nach Vorhandensein der wesentlichsten Toxine (Alpha, Beta, Epsilon, Iota) die C.-perfringens-Typen A–E unterschieden. Andere Clostridien bilden z.T. ähnliche, z. T. in der Wirkung verschiedene Toxine. Die giftigsten Toxine werden von C. botulinum und C. tetani gebildet.

26.2 Wundinfektionen durch Clostridien

Die Kontamination einer Wunde mit Clostridien oder Clostridiensporen kann exogen aus der Umwelt, z. B. aus dem Staub oder endogen durch Clostridien der physiologischen Bakterienflora, entstehen. Voraussetzung für das Auskeimen der Sporen bzw. die Vermehrung der Clostridien in der Wunde ist eine Senkung des normalen Redoxpotentials des Gewebes, z. B. durch Durchblutungsstörungen, Sekretansammlungen oder Nekrosen. Mischinfektionen mit anderen Erregern sind nicht selten.

Die von den Clostridien gebildeten verschiedenen Toxine (vgl. Tabelle 26.2) bestimmen dann das weitere Krankheitsgeschehen.

26.2.1 Clostridiale Myonekrose (Gasbrand)

Krankheitsbild

Die schwerste Form der Wundinfektion stellt die Clostridien-Myositis/Myonekrose (***Gasbrand***) dar. Sie tritt meist nach einer Inkubationszeit von ca. 2 Tagen perakut mit heftigen Schmerzen, Unruhe des Patienten und Blutdruckabfall auf. Das Infektionsgebiet ist geschwollen und häufig bräunlich verfärbt. Bei der Palpation kann ein ***Knistern*** (Crepitatio, Gasbildung im Gewebe) festgestellt werden. Aus der Wunde entleert sich meist eine stinkende (flüchtige Fettsäuren!), u. U. Bläschen enthaltende, seröse Flüssigkeit. Die chirurgische Exploration der Wunde ergibt einen *nekrotischen Zerfall der befallenen Muskulatur*. Unbehandelt kann die Infektion aufgrund eines toxininduzierten Schocks innerhalb von Stunden zum Tod des Patienten führen.

Pathomechanismen

Ursächlich für den Gasbrand sind meist C.-perfringens-Stämme vom Typ A. Neben dem Alphatoxin (spaltet membranständiges Lecithin in Phosphorylcholin und Diglyzerid, wirkt membranzerstörend) sind vor allem die Toxine Kappa (Kollagenase), Theta (Hämolysin), Lambda (Proteinase) und Ny (DNAse) für das Krankheitsbild mitverantwortlich (s. Tabelle 26.2).

Diagnostik

Wie oben dargestellt, ist die Diagnose „Gasbrand" zunächst klinisch zu stellen. Allerdings können auch andere Erreger (z. B. Streptokokken, Enterobakteriazeen, Bacteroides Spezies) ähnliche klinische Erscheinungen hervorrufen. Aufgrund der eingreifenden chirurgischen Therapie (s. unten), die meist nur beim „echten" Gasbrand erforderlich ist, sollte eine möglichst schnelle (notfallmäßige!) mikrobiologische Sicherung der klinischen Diagnose angestrebt werden. Dazu ist insbesondere die sofortige mikroskopische Untersuchung von klinischen Materialien (Wundsekret, Muskelexzisat) mittels Gramfärbung geeignet, mit der sich die morphologisch sehr typisch aussehenden Erreger (dicke, grampositive Stäbchen, s. oben) innerhalb von Minuten nachweisen lassen. Ein histologisches Präparat zeigt charakteristischerweise die nekrotische, durch Gasbildung aufgelockerte („gefiederte") Muskulatur. Ca. 80% der Gasbrandfälle werden durch C. perfringens, die übrigen 20% durch C. novyi und C. septicum, selten durch andere Clostridien hervorgerufen (vgl. Tabelle 26.1). Aufgrund der kurzen Generationszeit von C. perfringens kann eine Anzucht der Erreger u. U. bereits innerhalb von 6 bis 8 h erfolgreich und die Identifikation bereits nach 24 Stunden abgeschlossen sein. Die Alphatoxinbildung kann in vitro mit Hilfe des sogenannten Nagler-Tests nachgewiesen werden. Für diesen Test werden die Clostridien auf einem eigelbhaltigen Nährboden angezüchtet, der die Lecithinasebildung als Trübung rund um die Bakterienkolonie anzeigt. Bestreicht man einen Teil des Nährbodens mit einem gegen das Alphatoxin gerichteten Antikörper (Antitoxin), so bleibt die Trübung aus. Auf diese Weise kann die Spezifität der Reaktion belegt werden.

Therapie

Aufgrund des perakuten Verlaufs des Gasbrands muß die Therapie ohne Verzögerung eingeleitet werden. Sie besteht vor allem in einer ausgedehnten chirurgischen *Wundrevision* mit Entfernung aller Nekrosen. Nicht selten kann bei peripheren Infektionen eine Amputation erforderlich werden. Daneben werden hohe Dosen von Penizillin verabreicht, um verbliebene Clostridien abzutöten. Diese adjuvante Chemotherapie kann aber nur in vitalem Gewebe zur Wirkung kommen, weil nekrotische Bezirke von der Zirkulation ausgeschlossen sind und damit keine suffizienten Antibiotikaspiegel erreicht werden. Besteht eine Mischinfektion, ist die antibiotische Therapie so zu gestalten, daß auch die weiteren Erreger erfaßt werden. Weiterhin kann der Patient einer hyperbaren Sauerstofftherapie (in einer Druckkammer) zugeführt werden.

Prophylaxe

Patienten mit stark verschmutzten Wunden (z. B. Zustand nach Verkehrsunfall) sind besonders häufig von Clostridieninfektionen betroffen. Bei ihnen ist daher eine entsprechende Wundrevision sowie eine prophylaktische Gabe von Antibiotika unerläßlich (Gasbrand-Prophylaxe).

Meldepflicht

Nach § 3 des Bundes-Seuchengesetzes sind die Erkrankung sowie der Tod an anaerober Wundinfektion (Gasbrand, Gasödem) meldepflichtig.

Tabelle 26.3. Differentialdiagnose von Wundinfektionen mit Gasbildung im Gewebe

	Myonekrose durch		Zellutitis (Mischinfektion)
	Clostridien	Streptokokken	
Inkubationszeit	Kurz	3-4 Tage	Über 3 Tage
Beginn	Perakut	Subakut	Langsam
Schmerzen	Stark	Unterschiedlich	Gering
Schwellung	Stark	Stark	Gering
Exsudat	Unterschiedlich	Reichlich	Wenig
Muskel	Betroffen	Anfangs wenig	Nicht betroffen
Verlauf	Schnell	Mäßig schnell	Langsam
Gasbildung	Gering	Gering	Reichlich

26.2.2 Andere gasbildende Wundinfektionen

Von der Clostridien-Myositis sind andere gasbildende Clostridieninfektionen (z. B. Gasphlegmone, Clostridien-Cellulitis) unbedingt abzugrenzen (Tabelle 26.3). Hierbei handelt es sich um eitrige Infektionen ohne primären Befall der Muskulatur. Sie verlaufen weniger foudroyant und sind einer antimikrobiellen Chemotherapie weit besser zugänglich. Ähnliches gilt auch für gasbildende Infektionen ohne Beteiligung von Clostridien (z. B. Mischinfektionen aus Enterobakterien und Bacteroides-Arten, Streptokokken-Myositis). Eine eventuelle chirurgische Intervention kann daher bei diesen Infektionen erheblich schonender (z. B. keine Amputation!) erfolgen.

26.2.3 Tetanus

Pathomechanismen

Die Erreger vermehren sich lediglich lokal an der Eintrittsforte und produzieren dort das Tetanospasmin, welches nach Autolyse freigesetzt wird, entlang der Nervenbahnen oder hämatogen das Zentralnervensystem erreicht und dort seine Wirkung entfaltet. Das Toxin hemmt die inhibitorischen Synapsen der spinalen Motoneurone, so daß eine spastische Lähmung entsteht. Die molekularen Wirkungsmechanismen des Tetanustoxins sind auf Seite 113, beschrieben.

Krankheitsbild

Der Tetanus stellt eine durch C. tetani hervorgerufene Wundinfektion dar, bei der die toxische Schädigung des Nervensystems im Vordergrund steht. Der Erreger ist in der Natur weitverbreitet und gelangt als exogene Kontaminante in die Wunde. Infektionen treten bereits im Rahmen von verschmutzten Bagatellverletzungen, insbesondere bei im Gewebe verbliebenen kleinsten Fremdkörpern (z. B. Holzsplitter, Dornen) auf. Eine besonders gefürchtete Form des Tetanus kann nach Kontamination der Nabelschnur (z. B. durch unsterile Instrumente) beim Neugeborenen ausgelöst werden (Tetanus neonatorum).

Klinische Krankheitszeichen treten nach einer Inkubationszeit von wenigen Tagen bis zu 3 Wochen auf. Sie beginnen mit Kopfschmerzen und gesteigerter Reflexauslösbarkeit. Charakteristischerweise kommt es zur Ausbildung des sogenannten Trismus (Tonuserhöhung der Kaumuskulatur, die in einer Kieferklemme resultiert). Die Kontraktion der mimischen Muskulatur führt zu einem Gesichtsausdruck, der als Risus sardonicus (Teufelsgrinsen) bezeichnet wird. Im weiteren Verlauf bilden sich tonisch-klonische Krampfzustände aus, die auch die Atmungsmuskulatur erfassen können und damit lebensbedrohlich werden.

Diagnostik

Die Diagnose erfolgt aufgrund des klinischen Bildes sowie durch Nachweis des Tetanustoxins im Patientenserum. Dazu ist ein Tierversuch erforderlich. Der Nachweis gilt als geführt, wenn Mäuse, die mit unterschiedlichen Mengen an Patientenserum inokuliert (meist 0,5 und 1 ml) wurden, in „Robbenstellung" (Starrkrampf der Hinterbeine) versterben, während die Mäuse der Kontrollgruppe, die Patientenserum und Antitoxin erhalten, durch den Antikörper geschützt überleben. Eine Anzucht des Erregers gelingt häufig nicht.

Therapie

Die Therapie des Tetanus besteht aus symptomatischen Maßnahmen wie z. B. der Gabe krampflösender Medikamente, u. U. auch von Muskelrelaxantien, ggf. künstlicher Beatmung bei Lähmung der Atemmuskulatur, aus der Verabreichung von Antitoxin (humane Anti-Tetanustoxin-Antikörper) sowie aus der Herdsanierung (chirurgisch und antibiotisch).

Prophylaxe

Da die Therapieerfolge beim vollausgebildeten Krankheitsbild des Tetanus auch heute noch schlecht sind, ist die Impfprophylaxe von größter Bedeutung.

Meldepflicht

Nach § 3 des Bundes-Seuchengesetzes sind die Erkrankung sowie der Tod an anaerober Wundinfektion (Tetanus) meldepflichtig.

26.3 Botulismus

Pathomechanismen

C. botulinum kann jeweils eins von 8 immunologisch verschiedenen Neurotoxinen (A, B, C_α, C_β,D, E, F, G) aufweisen und nach Autolyse freisetzen. Humane Botulismusfälle werden durch die Typen A, B, E und selten F verursacht. Das Toxin ist für den Menschen außerordentlich giftig, bereits 1 ng/kg wirken letal. Die Wirkung beruht auf einer Beeinträchtigung der Acetylcholinfreisetzung der motorischen Endplate (s. S. 113).

Krankheitsbild

Der Botulismus entsteht nach enteraler Aufnahme von botulismus-toxinhaltigen Lebensmitteln. Fehlerhaft sterilisierte Konserven und unsachgemäß haltbar gemachte Fleischprodukte (Wurst, Schinken) können C. botulinum ideale Bedingungen hinsichtlich der Anaerobiose und des Nährstoffangebots bieten. Die Bakterien produzieren dort beim Wachstum Toxine, die dann mit dem Nahrungsmittel aufgenommen werden. Eine Kolonisation durch oder gar eine Infektion mit dem Erreger ist nicht notwendig und eher selten. Damit handelt es sich nicht um eine Infektion im eigentlichen Sinne, sondern um eine Intoxikation mit einem bakteriellen Toxin. Im Unterschied dazu entsteht der Säuglingsbotulismus durch eine Kolonisation des Intestinaltrakts mit C. botulinum und anschließender dort stattfindender Toxinproduktion und Resorption. Auch Wundinfektionen mit C. botulinum können zum Botulismus führen. 12–36 h nach Aufnahme des Toxins kommt es zunächst zu Störungen der Augenmuskulatur (Augenflimmern, Doppeltsehen, Akkomodationsstörungen durch Abduzens- bzw. Okulomotoriuslähmung). Es treten dann Mundtrockenheit, Sprach- und Schluckstörungen durch Lähmung weiterer Hirnnerven hinzu. Später werden auch periphere Nerven erfaßt, so daß es u. a. zum Atemstillstand kommen kann.

Diagnostik

Die Diagnose wird durch Nachweis des Toxins in Patientenmaterialien (Serum, Mageninhalt, Erbrochenes) oder ggf. im kontaminierten Nahrungsmittel gestellt. Dazu ist ein Tierversuch erforderlich, der ähnlich dem zum Nachweis von Tetanospasmin (s. oben) durchgeführt wird.

Therapie

Die Therapie besteht aus symptomatischen Maßnahmen (bis hin zur künstlichen Beatmung und Anlage eines Herzschrittmachers) und der Verabreichung von Antitoxin.

Prophylaxe

Die Prophylaxe besteht in der Vermeidung von kontaminierten Lebensmitteln. Da das Botulismustoxin hitzelabil ist, kann es durch 10 min. Kochen zerstört werden.

Meldepflicht

Nach § 3 des Bundes-Seuchengesetzes sind der Krankheitsverdacht, die Erkrankung sowie der Tod an Botulismus meldepflichtig.

26.4 Intestinale Infektionen durch C. perfringens

Intestinale Toxiinfektionen können durch C.-perfringens-Stämme vom Typ A hervorgerufen werden, die in der Lage sind, das hitzelabile Enterotoxin A zu bilden. Das Toxin wird während der Versporung der Bakterien gebildet und findet sich daher vor allem in Nahrungsmitteln, die wiederholt erwärmt worden sind. Meist müssen Fleisch (Geflügel) und Fleischprodukte als ursächlich angeschuldigt werden. Das Enterotoxin verursacht Übelkeit, krampfartige Beschwerden und wäßrige Diarrhoen; Fieber und Erbrechen sind selten. Der Nachweis, daß es sich bei einer entsprechenden Krankheit um eine clostridienbedingte Toxiinfektion handelt, ist schwierig zu führen, da (semi-)quantitative Stuhlkulturen erforderlich sind und die Enterotoxinproduktion demonstriert werden sollte.

Der Darmbrand (Enteritis necroticans) ist eine schwere nekrotisierende Infektion des Jejunums, die durch C.-perfringens-Stämme vom Typ C hervorgerufen werden kann. Die Erkrankung verläuft häufig tödlich. Für die Symptome soll vor allem das Betatoxin verantwortlich sein. Die tatsächlichen Pathomechanismen, insbesondere der Zusammenhang mit ungenügend gegartem Schweinefleisch, sind noch weitgehend unklar.

26.5 Intestinale Infektionen durch C. difficile

Voraussetzung für eine durch C. difficile ausgelöste pseudomembranöse Kolitis ist in der Regel eine vorangegangene antibiotische Therapie, die die normale Darmflora dezimiert und damit die Vermehrung von C. difficile begünstigt hat. Die Krankheitserscheinungen werden durch die beiden gebildeten Toxine A (Enterotoxin) und B (Cytotoxin) bedingt. Die Erreger können mittels Selektivnährböden aus dem Patientenstuhl isoliert und die Toxinbildung an Zellkulturen nachgewiesen werden. Die Therapie besteht in der Gabe von Vancomycin.

Zusammenfssung: Obligat anaerobe sporenbildende Stäbchen (Gattung Clostridium)

Bakteriologie: Endosporen bildende grampositive, obligat anaerobe Stäbchen, die zur Toxinbildung befähigt sind. Peritriche Begeißelung (außer C. perfringens). Kulturelles Wachstum nur auf bluthaltigen Nährmedien und in nährstoffreichen Bouillons unter anaeroben Bedingungen. Lange Generationszeit. Erreger von Wundinfektionen, Tetanus, Botulismus und enteralen Toxiinfektionen.

Vorkommen: In der Natur ubiquitär verbreitet.

Resistenz: Durch Endosporenbildung sehr resistent gegen äußere Einflüsse.

Wundinfektionen durch Clostridien

Ätiologie: C. perfringens u. a. m.

Pathogenese: Wunde → vermindertes Redoxpotential im Wundbereich → exogene Kontamination → Keimvermehrung und Toxinbildung → Nekrose → toxininduzierter Schock → Tod.

Klinik: Inkubationszeit ca. 2 Tage. Perakute Schwellung mit bräunlicher Verfärbung und Entleerung einer stinkenden Flüssigkeit.

Labordiagnose: Mikroskopisch dicke gramlabile Stäbchen im Wundabstrich. Anzucht von C. perfringens innerhalb von 6–8 Stunden möglich. Identifikation durch biochemische Leistungsprüfung und Gaschromatographie.

Therapie: Chirurgische Wundrevision, Antibiotika (Mittel der Wahl Penizillin), hyperbare O_2-Therapie.

Prävention: Wundrevision und prophylaktische Antibiotikagabe.

Tetanus

Ätiologie: C. tetani

Pathogenese: Wunde → exogene Kontamination → Vermehrung an der Eintrittspforte → Toxinbildung (Tetanospasim) → Dissemination des Toxins ins ZNS → Blockade der postsynaptischen Inhibition spinaler Motoneurone → Krampferscheinungen → Tod.
Klinik: Nach Kontamination einer Bagatellverletzung Inkubationszeit von wenigen Tagen bis zu 3 Wochen. Anfänglich gesteigerte Reflexauslösung geht über in Krampferscheinungen mit generalisierten tonisch-klonischen Krampfzuständen.

Labordiagnose: Nachweis des Tetanustoxins im Patientenserum durch Tierversuch.

Therapie: Krampflösende Medikamente, Muskelrelaxantien, mechanische Beatmung, humane Anti-Tetanustoxin-Antikörper, chirurgische Herdsanierung.

Prävention: Impfprophylaxe.

Meldepflicht: Bei Erkrankung und Tod.

Botulismus und andere enterale Toxiinfektionen

Ätiologie: C. botulinum

Pathogenese: Kontamnation von Lebensmitteln mit C. botulinum → Toxinproduktion (z. B. in

Konserven) → enterale Aufnahme des Toxins → Blockade der Acetylcholinrezeptoren → Lähmung der quergestreiften Muskulatur → Atemlähmung → Tod.

Klinik: 12 bis 36 Stunden nach Aufnahme des Toxins zunächst leichte Lähmungserscheinungen der Augenmuskulatur, Mundtrockenheit, Sprach- und Schluckstörungen. Später Lähmung der Atemmuskulatur und Atemstillstand.

Labordiagnose: Nachweis des Toxins im Patientenserum und kontaminierten Lebensmitteln im Tierversuch.

Therapie: Symptomatisch, Antitoxingabe.

Prävention: Strenge Einhaltung hygienischer Vorschriften bei der Herstellung von Nahrungsmittelkonserven.

Meldepflicht: Verdacht, Erkrankung und Tod.

27 Mykobakterien

H. Hahn

INHALTSÜBERSICHT

27.1 Definition 435
27.2 Rolle als Krankheitserreger 435
27.3 Namensgebung 436
27.4 Taxonomie 437
27.5 Mycobacterium tuberculosis 437
27.5.1 Geschichte 437
27.5.2 Aufbau 437
27.5.3 Kultur 438
27.5.4 Identifizierung und Differenzierung . . . 438
27.5.5 Resistenz gegen äußere Einflüsse 439
27.5.6 Vorkommen 439
27.5.7 Epidemiologie 439
27.5.8 Ausscheidung und Übertragung 440
27.5.9 Pathogenese 440
27.5.10 Klinik 443
27.5.11 Immunität 443
27.5.12 Labordiagnose 445
27.5.13 Therapie 447
27.5.14 Prävention 448
Zusammenfassung 449

27.6 Mycobacterium leprae (G. Daeschlein) 450
27.6.1 Definition 450
27.6.2 Rolle als Krankheitserreger 450
27.6.3 Namensgebung 450
27.6.4 Geschichte 450
27.6.5 Aufbau 450
27.6.6 Identifizierung und Differenzierung . . . 450
27.6.7 Vorkommen 450
27.6.8 Epidemiologie und Übertragung 451
27.6.9 Pathogenese 451
27.6.10 Klinik 451
27.6.11 Labordiagnose 452
27.6.12 Therapie 452
27.6.13 Prophylaxe 452
Zusammenfassung 452

27.7 Atypische Mykobakterien (MOTT) (A. C. Rodloff) 453
27.7.1 Definition 453
27.7.2 Rolle als Krankheitserreger 453
27.7.3 Taxonomie 453
27.7.4 Aufbau 453
27.7.5 Kultur 454
27.7.6 Identifizierung und Differenzierung. . . . 454
27.7.7 Resistenz gegen äußere Einflüsse 454
27.7.8 Vorkommen 454
27.7.9 Klinik 454
27.7.10 Labordiagnose 455
27.7.11 Therapie 455

27.1 Definition

Als Mykobakterien bezeichnet man eine Gattung unbeweglicher, nicht sporenbildender Stäbchen, die sich von den meisten anderen Bakterien durch eine hohe Festigkeit gegen Säuren und Basen unterscheiden und daher mit besonderen Färbemethoden angefärbt werden müssen. Sie vermehren sich nur in Gegenwart von Sauerstoff, d. h. sie sind obligate Aerobier. Die Katalasereaktion fällt positiv aus; Zucker werden oxidativ gespalten.

27.2 Rolle als Krankheitserreger

Folgende Mykobakterien-Arten besitzen eine humanpathogene Bedeutung:

- Die ***typischen Mykobakterien***, nämlich M. tuberculosis und M. bovis sowie neuerdings (s. Bergey's Manual, 9. Auflage), M. microti und M. africanum. Diese sind obligat pathogen. In Deutschland werden 95% aller Tuberkulosefälle von M. tuberculosis verursacht, während die Prävalenz von Infektionen durch M. bovis nur 0,1% beträgt.

Tabelle 27.1. Mykobakterien und von ihnen hervorgerufene Erkrankungen

Erreger	Erkrankung
Obligat pathogene „typische" Mykobakterien	
M. tuberculosis	Tuberkulose
M. bovis	Tuberkulose
Fakultativ pathogene „atypische" Mykobakterien	
M. kansasii	Vorwiegend Lungeninfektionen
M. avium/intracellulare-Komplex	Lungeninfektionen, Lymphadenitis , Sepsis (bei AIDS)
M. marinum	Hautinfektionen u. a.
M. simiae	Lungeninfektionen
M. szulgai	Lungeninfektionen u. a.
M. xenopi	Lungeninfektionen
M. scrofulaceum	Lymphadenitis bei Kindern, selten Lungeninfektionen
M. fortuitum	Abszesse, Osteomyelitis u. a.
M. ulcerans	Hautinfektionen
Mycobacterium leprae	Lepra

- Die ***atypischen Mykobakterien*** sind fakultativ pathogen. Sie verursachen zum Teil tuberkuloseartige Krankheitsbilder, die sich klinisch von der Tuberkulose nicht unterscheiden lassen, zum Teil auch geschwürige Veränderungen (Tabelle 27.1). M. avium und das sehr ähnliche M. intracellulare (auch zusammengfaßt als M.-avium-intracellulare-Komplex) treten bei AIDS-Patienten als Sepsiserreger in Erscheinung.
- ***M. leprae*** ist obligat pathogen und ruft die Lepra hervor.
- ***M. ulcerans*** erzeugt das Buruli-Ulcus, eine in tropischen Gegenden vorkommende geschwürige Hauterkrankung.

Darüber hinaus gibt es zahlreiche *saprophytäre Mykobakterien-Arten* in der Umwelt, z. B. auf Gräsern, in Apparaten mit Feuchtkammern oder in Blech-Blasinstrumenten. Sie müssen, wenn sie aus Patientenmaterialien isoliert werden, aus differentialdiagnostischen Gründen von den typischen und atypischen pathogenen Mykobakterien abgegrenzt werden.

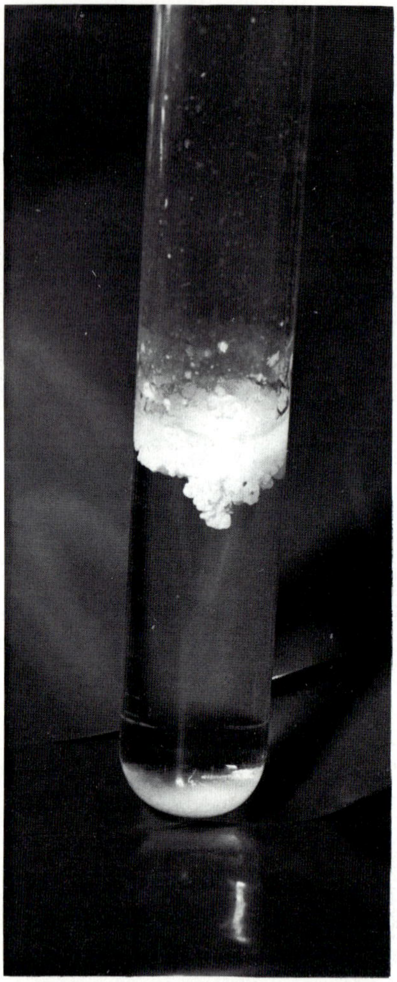

Abb. 27.1. Das „pilz"artige Wachstum der Mykobakterien an der Oberfläche der Flüssigkeiten (daher der Name „Myko"bakterien)

27.3 Namensgebung

Mit der Vorsilbe ***Myko*** bezeichnet man sonst üblicherweise eine Zugehörigkeit zu Pilzen (mykes gr.=Pilz). Der Begriff Mykobakterien wurde gewählt, weil sich Mycobacterium tuberculosis wegen seiner hydrophoben Lipidschicht auf der Oberfläche flüssiger Kulturmedien vermehrt, wodurch ein schimmelpilzähnlicher Eindruck entsteht (Abb. 27.1). In der Folge wurde die Bezeichnung auf alle Bakterien dieser Gattung ausgedehnt, auch wenn sie auf flüssigen Kulturmedien nicht schimmelpilzartig wachsen.

27.4 Taxonomie

Die Gattung Mycobacterium gehört zur Familie der Mykobakteriazeen (s. Tabelle 27.1).

27.5 Mycobacterium tuberculosis, der Erreger der Tuberkulose

27.5.1 Geschichte

Die Tuberkulose begleitet seit Urzeiten den Menschen, wie Knochenfunde aus der Steinzeit und altägyptische Mumien mit tuberkulösen Veränderungen bezeugen.

Den Begriff ***Phthisis*** (Schwindsucht) prägte Hippokrates (ca. 460–375 v. Chr.), um damit eine Krankheit zu kennzeichnen, die mit einem allgemeinen Verfall einhergeht. Im 16. Jahrhundert wurde dieser Begriff auf die typische Lungenerkrankung übertragen. 1689 verwendete der englische Arzt ***Morton*** für die charakteristischen Läsionen der Lungenschwindsucht den Ausdruck „Tuberkel", wovon wiederum ***Schönlein*** im Jahre 1832 den Begriff „Tuberkulose" ableitete.

Im 16./17. Jahrhundert ging ein Viertel aller Todesfälle bei Erwachsenen in Europa auf die Tuberkulose zurück. Besonders stark breitete sich die Krankheit im 19. Jahrhundert aus, eine Folge der Urbanisierung im Rahmen der industriellen Revolution. Als ***„Weiße Pest"*** bezeichnet, war sie die häufigste Todesursache in Europa. Bei einer jährlichen Todesrate von mehr als 1000 pro 100000 hat damals die Tuberkulose etwa 30% der erwachsenen Bevölkerung dahingerafft.

Moderne Konzepte zum Verständnis der Tuberkulose bildeten sich im 19. Jahrhundert aufgrund von drei Entdeckungen: 1819 erkannte ***Laënnec***, der Leibarzt Napoleons I, daß die verschiedenen Organmanifestationen der Tuberkulose Ausdruck einer einzigen Krankheit sind.

1868 publizierte der französische Tierarzt ***Villemin*** Ergebnisse seiner Experimente, bei denen er Lungenmaterial von Patienten auf Kaninchen überimpft hatte; einige der Tiere erkrankten. Mit Villemins Versuchen war erstmals die Übertragbarkeit der Tuberkulose unter Beweis gestellt.

Die Entdeckung des Tuberkulose-Erregers ist mit dem Namen des deutschen Arztes ***Robert Koch*** (1843–1910) untrennbar verbunden.

Am 24.3.1882 berichtete Koch in einem Vortrag vor der Berliner Physiologischen Gesellschaft über die Entdeckung des Tuberkulosebakteriums in folgender Weise:

> „Das Resultat dieser Untersuchungen war also, daß konstant in tuberkulös veränderten Geweben Bazillen vorkommen, daß diese Bazillen sich vom Körper trennen und in Reinkultur lange Zeit erhalten lassen, daß die mit den isolierten Bazillen in der verschiedensten Weise infizierten Tiere tuberkulös werden. Daraus läßt sich schließen, daß die Tuberkelbazillen die eigentliche Ursache der Tuberkulose sind und letztere also als eine parasitische Krankheit anzusehen ist."

Robert Koch erhielt im Jahre 1905 den Nobelpreis für Medizin.

Mit dem Aufkommen der Röntgen-Diagnostik erkannte man, daß die Kavernenbildung in der Lunge den entscheidenden Schritt im Verlauf der Erkrankung darstellt.

Die therapeutischen Maßnahmen hatten fortan die Schließung der Kavernen zum Ziel: Freiluftliegekuren, Pneumothorax (eingeführt 1882 durch ***Forlanini*** in Padua) und chirurgische Maßnahmen, die einen Kollaps der Kavernen bezweckten, waren die wichtigsten Therapieformen. Dennoch verstarben in der vorchemotherapeutischen Ära 65% aller Patienten mit offener Lungentuberkulose innerhalb von 4 Jahren nach der Diagnosestellung.

Seit der Entwicklung des Thiosemikarbazons im Jahre 1943 durch ***Domagk*** (Nobelpreis für Medizin 1939 für die Entwicklung der Sulfonamide), des Streptomycins durch ***Waksman*** im Jahre 1946 (Nobelpreis für Medizin 1952) und des Isoniazids im Jahre 1952, wiederum durch Domagk, und weiterer Chemotherapeutika kann heute der Großteil aller Fälle ambulant behandelt werden: Die Therapie der Tuberkulose hat sich von den Lungensanatorien hin zum Allgemeinkrankenhaus und zur Praxis des niedergelassenen Arztes verlagert.

27.5.2 Aufbau

Bakterienwand. Die Zellwand der Mykobakterien besitzt wie diejenige anderer Bakterien eine Peptidoglykanschicht.

Lipide. Ihre Zellwand ist besonders lipidreich; etwa 60% des Zellwandtrockengewichtes sind Lipide. Die Lipidschicht ist der Grund für die besonders stark ausgeprägte Resistenz der Mykobakterien gegenüber äußeren Einflüssen. Die wichtigsten Lipide der Mykobakterienwand sind:

- ***Mykolsäuren:*** Langkettige gesättigte Fettsäuren, bestehend aus 60–90 C-Atomen.
- ***Mykoside:*** Mykolsäurehaltige Glykolipide oder Glykolipid-Peptide.

Ein für die Virulenz der Tuberkulosebakterien wichtiges Mykosid ist das *Trehalose-6,6-Dimykolat*, auch ***Cordfaktor*** genannt. Auf diesen Faktor geht die oben erwähnte Neigung von Tuberkulosebakterien zurück, sich in Kultur zu zopfartigen Strängen aneinander zu lagern. Nach Extraktion des Trehalose-6,6-Dimykolats verlieren virulente Stämme ihre Virulenz. Heute wird die Substanz synthetisch hergestellt; sie findet bei der ***Immunstimulation*** Anwendung, indem man sie mit MDP (s. unten) kombiniert.

Wachs D. Wachs D enthält Mykolsäure, Peptide und Polysaccharide. Das Wachs D mit seinen Varianten ist insofern medizinisch interessant, als es im Sinne eines ***Adjuvans*** die humorale und zelluläre Immunantwort steigern kann. Die für die Adjuvanswirkung verantwortliche Komponente ist das N-acetyl-muramyl-Dipeptid (MDP). Möglichkeiten zur klinischen Anwendung des MDP als Mittel zur Stimulation des Immunsystems werden derzeit geprüft.

Polypeptid- und Proteinantigene. Neben den Lipiden besitzen Mykobakterien zahlreiche Polypeptid- und Proteinantigene. Diese Antigene können bei typischen und atypischen Mykobakterien gleicherweise vorkommen. Deshalb entwickeln Personen, die mit atypischen Mykobakterien infiziert sind, häufig auch eine Tuberkulinallergie; hierdurch bedingte Kreuzreaktionen gegen Tuberkulin können eine durch typische Mykobakterien hervorgerufene Infektion vortäuschen.

27.5.3 Kultur

Typische Mykobakterien, nicht jedoch M. leprae, lassen sich auf festen und flüssigen Kulturmedien anzüchten; die Medien müssen lipidhaltig sein. Diesem Erfordernis wird beispielsweise durch die Zugabe von Eigelb zu festen Kulturmedien Rechnung getragen. Flüssige Kulturmedien enthalten neben Lipiden Gemische verschiedener Mineralsalze und mindestens eine Aminosäure.

Die Bebrütung erfolgt bei 37 °C in einer feuchtigkeitsgesättigten Atmosphäre. Typische Mykobakterien vermehren sich langsam: Ihre Generationszeit beträgt etwa 12 h (bei E. coli beträgt sie 10–20 min), so daß Kolonien frühestens nach einer Bebrütungszeit von ca. 2–3 Wochen für das bloße Auge erkennbar werden.

27.5.4 Identifizierung und Differenzierung

Mikroskopisch. Typische Mykobakterien sind leicht gekrümmte schlanke Stäbchen von ca. 3 μ Länge und 0,5 μ Dicke. Sie bilden weder Sporen noch Kapseln und sind nicht beweglich. Bei massenhaftem Vorkommen in den Ausscheidungen von Patienten und auch in Kultur lagern sich virulente Stämme von Mycobacterium tuberculosis zu ***zopfartigen Strängen*** aneinandere, weil sie sich quer zur Längsachse teilen und sich nach Teilung aneinander vorbeischieben. Diese Form der Lagerung geht auf den Besitz des ***Cord-Faktors*** zurück.

Die Färbemethode nach Gram ist wegen des hohen Lipidgehalts der Mykobakterien nicht zur färberischen Darstellung geeignet; färbt man sie nach Gram, so erscheinen sie schwach positiv.

Folgende ***Spezialfärbemethoden*** stehen für die Anfärbung von Mykobakterien zur Verfügung:

- ***Die Ziehl-Neelsen-Färbung*** nutzt die für Mykobakterien typische ***Säurefestigkeit*** aus: Durch Erhitzen wird die Lipidschicht der Mykobakterien aufgelockert, so daß der Farbstoff Karbolfuchsin in die Lipidschicht eindringen kann. Nach dem Erkalten wird der Farbstoff von den Mykobakterien in der Lipidschicht festgehalten, so daß die anschließende Behandlung mit einem Säure-Alkohol-Gemisch nicht zur Entfärbung führt. Nach Gegenfärbung mit Methylenblau stellen sich die säurefesten Bakterien im Endergebnis daher immer noch rot auf blauem Untergrund dar, während sich nichtsäurefeste Bakterien blau anfärben.
- Auch die ***Auramin-Färbung*** nutzt die Säurefestigkeit der Mykobakterien aus. Auramin, ein fluoreszierender Farbstoff, dringt ohne Erhitzen in die Lipidschicht ein und verbleibt dort nach der Säure-Alkohol-Behandlung. Das gefärbte Präparat wird im Fluoreszenz-Mikroskop betrachtet. Mykobakte-

rien erscheinen hier als leicht gekrümmte, hell fluoreszierende Stäbchen.

Biochemisch. Zur Unterscheidung zwischen M. tuberculosis, M. bovis und atypischen Mykobakterien werden verschiedene Stoffwechselleistungen herangezogen. So unterscheidet sich M. tuberculosis von M. bovis und von atypischen Mykobakterien durch die Fähigkeit, Nicotinsäure (= Niacin) zu bilden. Diese bildet mit Bromcyanid und Anilin einen gelben Anilin-Farbkomplex (***Niacintest***).

Der Nitratreduktionstest nutzt die Tatsache aus, daß M. tuberculosis im Gegensatz zu M. bovis Nitratreduktase bildet; dieses Enzym reduziert Nitrat zu Nitrit. Auch einige atypische Mykobakterien bilden Nitratreduktase.

Serologische Methoden zur Identifizierung und Differenzierung von Mykobakterien befinden sich erst in Entwicklung.

27.5.5 Resistenz gegen äußere Einflüsse

UV-Licht. Mykobakterien sind gegen UV-Licht unterhalb von 300 nm Wellenlänge ebenso empfindlich wie andere Bakterien. Die UV-Empfindlichkeit wird bei der Abtötung von Mykobakterien auf Oberflächen ausgenutzt, so z. B. bei der UV-Desinfektion von Laborflächen.

Andererseits zeichnen sich Mykobakterien wegen des hohen Lipidgehaltes ihrer Wand im Vergleich zu anderen Bakterien durch eine ausgeprägte Widerstandsfähigkeit gegenüber zahlreichen äußeren Einflüssen aus.

Säure. Mykobakterien werden durch die Magensalzsäure nicht abgetötet, so daß sie sich lebend im Magensaft von Tuberkulose-Patienten nachweisen lassen. Bei peroraler Aufnahme passieren sie also lebend den Magen und gelangen in den Darm, wo sie eine Tuberkulose der Mesenterial-Lymphknoten hervorrufen können.

Desinfektionsmittel. Grundsätzlich sind alle Klassen von Desinfektionsmitteln, wenn auch in unterschiedlichem Ausmaß, gegen Mycobacterium tuberculosis wirksam. Die Resistenz gegen kationische Detergentien ist aber höher als bei anderen Bakterien. Zur Desinfektion eignen sich Desinfektionsmittel mit aktivem Chlor, Formaldehyd, Amphotenside und Halogene, für die Händedesinfektion Alkohol. Desinfektionsmittel müssen ausdrücklich als gegen Tuberkulose-Erreger wirksam ausgewiesen sein, um sie gegen letztere einsetzen zu können.

Austrocknung. Mycobacterium tuberculosis ist gegen Austrocknung hochresistent. Daher können diese Erreger im Staub, wohin sie durch Ausspucken oder Aushusten von kontaminiertem Material gelangen, in infektiöser Form monatelang überleben. Früher brachte man in Straßenbahnwagen und anderen öffentlichen Räumen deshalb das Schild „Nicht auf den Boden spucken" an. Spucknäpfe gehörten neben Stehpulten und Tafelkreide zur Standardausrüstung von Klassenräumen und Hörsälen.

Temperatur. Mykobakterien sind gegen Kälte unempfindlich; so überleben sie beispielsweise im Labor jahrelang bei –70 °C. Bei lägerer Einwirkung (>30 min) von Temperaturen über 65 °C sterben Mykobakterien ab.

Fakultativ intrazellulärer Parasitismus. Mykobakterien werden durch die antibakteriellen Mechanismen der polymorphkernigen Granulozyten und ruhender Makrophagen nicht abgetötet. Sie können nach der Ingestion im Innern dieser Zellen weiterleben und sich dort vermehren. Man rechnet sie deshalb zu den sogenannten fakultativ intrazellulären Bakterien.

27.5.6 Vorkommen

Mycobakterium tuberculosis kommt natürlicherweise nur beim Menschen vor. Von ihm aus kann der Krankheitserreger auf Primaten und auf Tiere übertragen werden, die in engem Kontakt mit Menschen leben, wie z. B. Hunde und Katzen. Diese Tierarten stellen daher potentielle Infektionsquellen dar.

Der natürliche Wirt von M. bovis ist das Rind. Der Erreger der Rindertuberkulose ist auch für den Menschen pathogen.

27.5.7 Epidemiologie

In Mitteleuropa ist die Tuberkulose seit der Jahrhundertwende im Rückgang begriffen. Hierbei sind die Morbidität durch die verbesserte Hygiene und die Letalität durch die Chemotherapie und die BCG-Schutzimpfung zurückgegangen. Im Jahre 1987 wurden in der damaligen Bundesrepublik Deutschland 14 178 Neuerkrankungen an Tuberkulose gemeldet. Das entspricht einer Inzidenz von 23,2 pro 100000 Einwohner. Davon waren etwa die Hälfte offene und die andere Hälfte geschlossene Fälle von Lungentuberkulose; in 1952 Fällen handelte es sich um extrapulmonale Formen. Die Zahl der Todesfälle an Tuberkulose betrug 1988 860, d. h. 1,1 pro 100000 Einwohner. Damit gehört die Bundesrepublik Deutschland (Gebietsstand 1989) nicht zu der Gruppe von Ländern mit niedriger, sondern mit mittlerer Tuberkulose-Häufigkeit!

In vielen Ländern der Dritten Welt stellt die Tuberkulose ein medizinisches Problem ersten Ranges dar, was aus folgenden Zahlen (WHO, 1982) hervorgeht:

- Todesfälle pro Jahr rd. 3 Millionen
- Offene Fälle, hochkontagiös rd. 10 Millionen
- Weitere Formen der Tbc rd. 10 Millionen
- Neuerkrankungen pro Jahr rd. 5 Millionen

In Entwicklungsländern ist die Tuberkulose neben der Lepra eine der häufigsten Infektionskrankheiten überhaupt.

In Deutschland war die Erkrankung durch M. bovis (Milchinfektion) früher häufig; heute ist sie extrem selten geworden (0,1% aller Tuberkulose-Infektionen), was auf die Rindertuberkulose-Eradikationsprogramme und die Milch-Pasteurisierung zurückgeht. In Ländern mit hoher Inzidenz der Rindertuberkulose sind Erkrankungen durch M. bovis immer noch häufig.

27.5.8 Ausscheidung und Übertragung

Zwei Faktoren bestimmen die Ausbreitung der Tuberkulose: Enges Zusammenleben mit daraus resultierender Gelegenheit zur Tröpfcheninfektion und die natürliche Resistenz der Bevölkerung. Gelangen Mykobakterien aus dem Organismus von Erkrankten nach außen, so spricht man von einer ***offenen Tuberkulose.*** In den Ausscheidungen des Patienten sind dann lebende Tuberkulosebakterien nachweisbar. Die Ausscheidung erfolgt mit dem Sputum und Magensaft bei Lungentuberkulose, mit dem Urin bei Harnwegstuberkulose und mit dem Stuhl bei Darmtuberkulose. Auch eine Kehlkopftuberkulose und Hauttuberkulose sowie die Gebärmuttertuberkulose stellen offene, kontagiöse Tuberkuloseformen dar. Die massivste Ausscheidung erfolgt aus Kavernen, die Anschluß nach außen gefunden haben. Grundsätzlich ist jeder Patient mit einer offenen Tuberkulose kontagiös.

Etwa die Hälfte aller frisch diagnostizierten Fälle mit aktiver Tuberkulose ist offen und damit kontagiös. In Deutschland dürfte jeder kontagiöse Patient mit offener Tbc zwei bis zehn neue Infektionen verursachen; in Ländern mit hoher Prävalenz und Inzidenz liegt diese Zahl wesentlich höher.

Die Ausbreitung erfolgt vorwiegend durch Tröpfchen-Infektion innerhalb der Wohngemeinschaft, aber auch am Arbeitsplatz, in Schulen, in Verkehrsmitteln etc.

Patienten mit offener Tbc müssen aus den o. g. Gründen frühzeitig erfaßt und, wenn nötig, isoliert und chemotherapeutisch behandelt werden.

27.5.9 Pathogenese

Die Tuberkulose ist eine chronische, in Zyklen (Stadien) ablaufende Infektionskrankheit (Abb. 27.2). Man trennt die ***Primärtuberkulose*** von der ***Postprimärtuberkulose***, auch ***Reaktivierungskrankheit*** genannt.

27.5.9.1 Primärtuberkulose

Primäraffekt und Primärkomplex. In 95% aller Fälle gelangt Mycobacterium tuberculosis durch die ***Inhalation*** erregerhaltiger Sputumtröpfchen oder erregertragender Staubpartikel mit einem Durchmesser von *weniger als 10* µm in die Alveolen aller Lungenabschnitte. Größere Partikel spielen für die Übertragung keine Rolle, da sie durch das mukoziliäre System der oberen Luftwege abgefangen und nach außen abtransportiert werden. Die Tröpfchen stammen von einem hustenden oder niesenden Patienten mit offener Lungen- oder Kehlkopf-Tuberkulose. Schon wenige Erreger können eine Infektion verursachen.

Die Erreger werden nach Aufnahme in den Lungenalveolen von den Alveolar-Makrophagen ***phagozytiert***. Da diese die Tuberkulosebakterien wegen deren dicker Lipidschicht zunächst nicht abtöten können und sie die Fähigkeit besitzen, die Verschmelzung von Lysosomen und Phagosomen zu verhindern, vermehren sich die Bakterien während der folgenden Tage im Innern der Makrophagen. Nachdem die bakterienhaltigen Makrophagen abgestorben sind, wer-

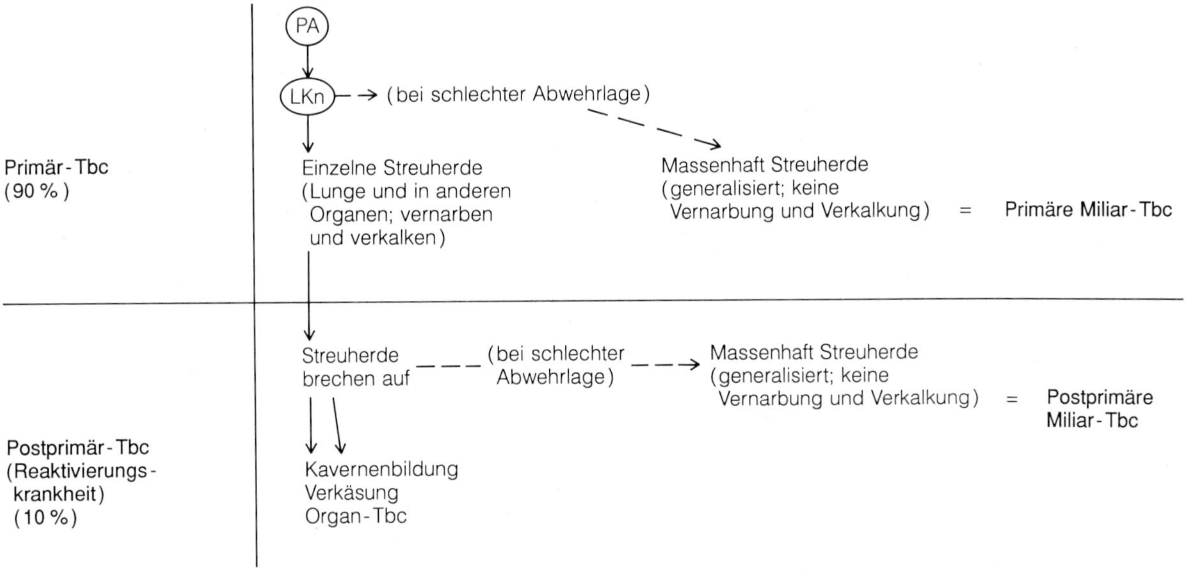

Abb. 27.2. Schema des Ablaufs von Primär- und Sekundär-Tbc sowie primärer und postprimärer Miliar-Tbc. PA: Primäraffekt, LKn: Lymphknoten

den die Bakterien freigesetzt und von anderen Makrophagen phagozytiert. Beim Zerfall geben die zerfallenden Makrophagen entzündungsfördernde Stoffe in die Umgebung ab, und es entwickelt sich ein lokaler ***Entzündungsherd***. Dieser wird ***Primäraffekt (PA)*** genannt. Der PA entwickelt sich innerhalb von 10 bis 14 Tagen nach Aufnahme des Erregers.

Aus dem PA gelangen Tuberkulosebakterien über die ableitenden Lymphbahnen zu den regionalen Lymphknoten, die den Ort der primären Immunreaktion darstellen. Hier vermehren sich T-Zellen mit Spezifität gegen Antigene der Tuberkulosebakterien, so daß der Lymphknoten anschwillt.

Der PA und der lokale, in die Infektion einbezogene Lymphknoten, bilden zusammen den ***Primärkomplex (PK)***. Parallel zu der Bildung des PK kommt es zu charakteristischen Veränderungen im Patienten:

- Granulombildung (Tuberkelbildung)
- Makrophagenaktivierung
- Tuberkulinallergie

Diese Veränderungen sind das Ergebnis spezifischer Reaktionen zwischen den Antigenen der Tuberkulosebakterien einerseits und den neugebildeten spezifischen T-Zellen: Es beginnt jetzt die vom Immunsystem determinierte Phase der Primärtuberkulose (zwischen der 6. und der 14. Woche nach Infektion).

Primäre Streuherdbildung. Nicht alle Tuberkulosebakterien werden bei der Primärtuberkulose im regionalen Lymphknoten abgefangen. Bereits im Stadium des PA können einige Erreger den Lymphknoten passieren, über die Lymphwege die Blutbahn erreichen und sich in verschiedenen inneren Organen ablagern. Dieser Vorgang wird als primäre Streuherdbildung bezeichnet. Nierenparenchym, Knochenepiphysen, Milz und apikale Lungenabschnitte sind hierbei bevorzugte Stellen.

Die im apikalen Lungenabschnitt entstandenen primären Streuherde heißen ***Simonsche Spitzenherde***. Manche Autoren vertreten die Auffassung, daß sich Simonsche Spitzenherde als Folge einer Inhalation und direkten Ablagerung von Mykobakterien entwickeln. Sie sind für den weiteren Verlauf der Erkrankung, falls es dazu kommt, von Bedeutung; auch die Simonschen Spitzenherde enthalten persistierende Bakterien und können noch nach Jahrzehnten reaktiviert und dann zum Ausgangspunkt des Postprimärstadiums werden (s. u. Postprimärstadium).

Bei über 90% aller Infektionen bleibt der Prozeß im Stadium des PK stehen; PA und PK vernarben und verkalken. Es besteht aber keine Krankheit im klinischen Sinne; denn durch die bestehende Immunität wird die Ausbreitung der Erreger verhindert: Der Infizierte ist klinisch gesund. Dennoch können die verkalkten und vernarbten Herde lebenslang vermehrungsfähige Tuberkulosebakterien enthalten und als Ausgangsherde für eine Postprimärtuberkulose dienen.

In Ausnahmefällen kann die Primärtuberkulose einen fortschreitenden Verlauf nehmen:

Progressive Primärtuberkulose der Lunge. Bei schlecht ausgebildeter Immunität kann sich nach Infektion ein primär verkäsender (nekrotisierender) Prozeß entwickeln, ohne daß sich ein PK ausbildet. Ein solches Ereignis sieht man gelegentlich bei Kindern und jungen Erwachsenen.

Primäre Miliartuberkulose. Bei der primären Miliartuberkulose erfolgt im Anschluß an die Bildung des PA eine massive lymphogen-hämatogene ***Aussaat***. Die befallenen Organe sind mit zahlreichen kleinen knötchenförmigen Herden durchsetzt, deren Aussehen man mit Hirsekörnern verglichen hat (lat. milium = Hirsekorn). Häufig zeigen sich die Meningen, die Leber und das Knochemark befallen. Es werden zwar Granulome gebildet; ihre große Zahl und weite Verbreitung sind aber Ausdruck einer geringen Eingrenzungskapazität des Gesamtorganismus, die meistens auf einer Immunschwäche beruht. Die Tuberkulinreaktion fällt hier in einem Viertel aller Fälle negativ aus. Die Erkrankung entwickelt sich meistens innerhalb von drei Monaten nach der Primärinfektion. Die Miliartuberkulose ist ein schweres, ohne Behandlung zum Tode führendes Krankheitsbild.

Landouzy-Sepsis. Bei Patienten mit besonders stark geschwächter Immunabwehr kann sich eine akute sepsisartige Verlaufsform entwickeln, die sogenannte Landouzy-Sepsis. Hier findet überhaupt keine Granulombildung mehr statt, so daß die Ausbreitung der Tuberkulosebakterien ungehemmt vor sich geht. Sie wird heute gelegentlich bei AIDS-Patienten beobachtet.

Primäre tuberkulöse Meningitis. Im Rahmen der Primärtuberkulose können auf hämatogenem Wege die Meningen befallen werden, so daß sich eine Meningitis entwickelt. Diese Komplikation tritt vorwiegend im Kleinkindesalter, seltener bei Erwachsenen, auf. Charakteristisch ist der *langsame Beginn*. Im Liquor finden sich typischerweise vermehrt Lymphozyten. Im Unterschied zu den eitrigen Meningitiden (Haubenmeningitis) ist nicht die Konvexität, sondern die *Schädelbasis* befallen.

27.5.9.2 Postprimär-Tuberkulose

Bei etwa 10% der Infizierten bricht das Gleichgewicht zwischen Tuberkulosebakterien und Abwehr bei der Primärtuberkulose zusammen. Es entwickelt sich dann die eigentliche Krankheit, die Postprimärtuberkulose, Reaktivierungskrankheit oder auch ***Exazerbationstuberkulose*** genannt.

Bei ca. 5% der Infizierten entwickelt sich die Postprimärtuberkulose in den ersten zwei Jahren nach Entwicklung des Primärkomplexes, bei den anderen 5% später. Einer Postprimärtuberkulose liegt eine ***Schwächung der Immunität*** zugrunde, deren Ursachen vielfältiger Natur sein können: Unterernährung, Streß, starke körperliche Belastungen, Masern und sonstige Virusinfektionen; weitere Umstände sind cortison- und Strahlenbehandlung, Diabetes mellitus, Alkoholismus, Drogenabusus, Silikose, hohes Alter, aber auch Pubertät und eine erworbene Immunschwäche im T-Zell-Bereich. Gerade bei der HIV-Infektion kommt es häufig zur Reaktivierung einer Primär-Tbc. Deswegen muß bei einer frischen Tbc-Erkrankung immer eine HIV-Infektion mit in Betracht gezogen werden! Auch eine Superinfektion einer Primärtuberkulose mit Tuberkulosebakterien kann zu einer Postprimärtuberkulose führen. Oft nimmt die Postprimärtuberkulose von einem Simonschen Spitzenherd im apikalen Lungenabschnitt ihren Ausgang, seltener von einem Primärkomplex.

Verkäsung und Kavernenbildung

Die Postprimärtuberkulose beginnt mit einer käsigen Nekrotisierung der Zentren der Granulome. Die Käsige Nekrose kann sich verflüssigen; dabei entsteht eine mit Flüssigkeit teilweise gefüllte Höhle, die sog. ***Kaverne***. Die Nekrose entsteht als Folge einer Reaktion zwischen T-Zellen und Antigenen von M. tuberculosis: Spezifisch stimulierte T-Zellen aktivieren Makrophagen, die ihrerseits ***Tumornekrose-Faktor*** freisetzen, der dann für die Nekrosen verantwortlich sein dürfte.

Organtuberkulosen

Wenn die Granulome, die sich entweder in primären Streuherden gebildet haben oder aber durch hämatogene Streuung im Rahmen einer Postprimärtuberkulose entstanden sind, einschmelzen, spricht man von einer Organtuberkulose.

Neben der Lungentuberkulose, die mit 85% an der Spitze der Organtuberkulosen steht, gibt es die Nieren-, die Knochen-, die Nebennierenrinden-, Haut-, Augen- oder Hirntuberkulose sowie die Tuberkulose der weiblichen Geschlechtsorgane. Die tuberkulöse Meningitis findet sich häufig im Kleinkindesalter.

Auch durch lokale Ausbreitung können Organtuberkulosen entstehen: Wenn nämlich durch Einschmelzung auch der äußeren Bezirke des Granuloms eine Kaverne Anschluß an ein kanalikuläres System gewinnt, z.B. in der Lunge an das Bronchialsystem oder bei einer Nierentuberkulose an die ableitenden Harnwege, so entleert sich die Kaverne, und die Erreger können sich nun intrakanalikulär ausbreiten und weitere Herde setzen. Auf diese Weise entstehen z.B. eine Lungentuberkulose in anderen Lungenabschnitten, eine Kehlkopf-Tuberkulose mit Schleimhautherden und – über ein Verschlucken der Bakterien – eine Darmtuberkulose.

27.5.10 Klinik

Die Postprimärtuberkulose der Lunge beginnt häufig mit *chronischem Fieber, Gewichtsverlust, Nachtschweiß, Husten*, eventuell mit Hämoptysen (Bluthusten). Bei der Nierentuberkulose steht häufig eine Hämaturie im Vordergrund, wenn im Rahmen der Kavernenbildung ein Blutgefäß geschädigt wird. Bei der Tuberkulose des ZNS können neurologische Symptome vorliegen. So können sich das Bild einer subakuten basalen Meningitis oder die Symptomatologie eines Hirntumors entwickeln. Die Tuberkulose der Nebennierenrinde kann ein Versagen der Hormonproduktion der Nebennierenrinde nach sich ziehen (Morbus Addison); die Tuberkulose der weiblichen Genitalorgane hinterläßt häufig eine Sterilität.

27.5.11 Immunität

Mykobakterien sind typische fakultativ intrazelluläre Bakterien. Wegen ihres dicken Lipidpanzers werden sie nach Phagozytose von den phagozytierenden Zellen zunächst nicht abgetötet, sondern persistieren intrazellulär in diesen und vermehren sich dort sogar.

Nach Infektion werden sowohl ***T-Zellen*** mit Spezifität gegen Mycobacterium tuberculosis als auch ***spezifische Antikörper*** gebildet. Die T-Zellen sind entscheidend für die Abwehr, während Antikörper keinen protektiven Effekt ausüben.

Granulombildung und Makrophagen-Aktivierung

Die Leistung der T-Lymphozyten beruht darauf, daß sie über die Freisetzung von Zytokinen die Granulombildung und Makrophagenaktivierung in Gang bringen.

Angelockt durch den ***chemotaktischen Faktor***, der von spezifisch stimulierten T-Zellen in den Infektionsherden freigesetzt wird, wandern ***Monozyten*** aus der Blutbahn in den PA, den lokalen Lymphknoten und gegebenenfalls in die Streuherde ein. Sie werden dort durch den ebenfalls von spezifisch stimulierten T-Zellen freigesetzten Makrophagen-Inhibitionsfaktor (MIF) daran gehindert, den Ort der Granulombildung zu verlassen. Sie differenzieren sich dort zu **Makrophagen**. Vereinzelt finden sich in den Herden auch Lymphozyten. Die zunächst lockeren Anhäufungen von Makrophagen und Lymphozyten verfestigen sich zu Granulomen, auch als Tuberkel (lat. Knötchen) bezeichnet. Im Laufe der Zeit verschmelzen im Granulom mehrere Makrophagen miteinander zu ***vielkernigen Riesenzellen, den Langhansschen Riesenzellen***. Makrophagen in der Randzone eines Granuloms entwickeln sich zu sog. ***Epitheloidzellen*** (Abb. 27.3).

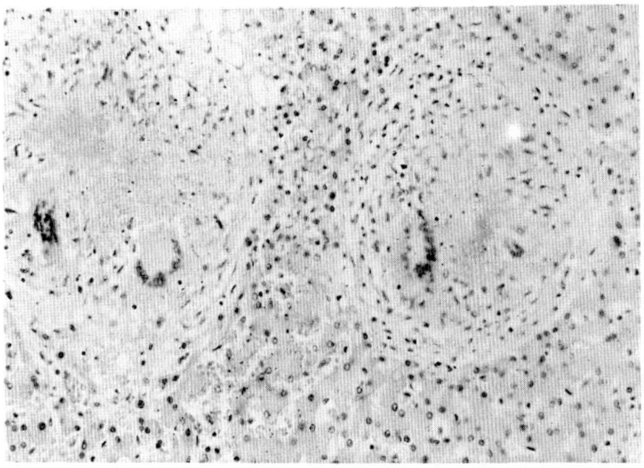

Abb. 27.3. Granulome in der Leber eines Patienten mit generalisierender Tuberkulose. Die vielkernigen Riesenzellen sind gut erkennbar

Die in die Granulome aus der Blutbahn eingewanderten Makrophagen werden im Granulom *aktiviert.*

Der für die Aktivierung der Makrophagen verantwortliche Faktor ist das ***Gamma-Interferon***, das von den antigenstimulierten T-Zellen gebildet wird. Die Aktivierung resultiert in der Bildung toxischer Sauerstoffprodukte, die die Abtötung der Tuberkulosebakterien im Innern der aktivierten Makrophagen zustande bringen.

Das Granulom ist die typische Gewebereaktion bei Infektionen durch M. tuberculosis und andere fakultativ intrazelluläre Bakterien. Im Granulom ist die Makrophagenaktivierung am stärksten ausgeprägt; durch das Granulom werden die Tuberkulosebakterien an der Ausbreitung gehindert. Auch ist die Sauerstoffspannung im Granulom niedrig, und es kommt dort zur Ansammlung toxischer Stoffwechselprodukte; beides ist der Vermehrung der Tuberkulosebakterien abträglich. Das Granulom stellt also den eigentlichen Ort der Auseinandersetzung zwischen den Erregern und den Abwehrfunktionen des infizierten Wirts dar.

Beziehungen zwischen Immunität und Gewebenekrose

Mycobacterium tuberculosis produziert keine Faktoren, denen man mit Sicherheit eine Rolle bei der Gewebeschädigung, d. h. der Kavernenbildung, zuschreiben könnte. Die Gewebeschäden bei der Tuberkulose sind *indirekt* bedingt, eine Folge der Reaktionen zwischen T-Zellen und den Antigenen von M. tuberculosis. Wahrscheinlich spielt der bei diesen Reaktionen aus Makrophagen freigesetzte Tumornekrosefaktor als gewebeschädigendes Element eine zentrale Rolle.

Tuberkulin-Allergie

Als Tuberkulin bezeichnete Robert Koch den durch Kochen eingedickten gefilterten proteinhaltigen Überstand aus Flüssigkulturen von Tuberkulosebakterien (***Alttuberkulin***). Die durch Fällung des Alttuberkulins mit Ammoniumsulfat erhaltenen Proteine bezeichnet man als ***gereinigtes Tuberkulin*** (G. T.). Es wird als Testantigen bei der Tuberkulosediagnostik (Tuberkulin-Test, s. unten) eingesetzt.

Injiziert man einer mit Tuberkulosebakterien infizierten Person nach Entwicklung des PK, also 6 bis 14 Wochen nach Infektionsbeginn, geringe Mengen von G. T. intrakutan, so weist die Injektionsstelle 24–72 Stunden später eine ***Schwellung*** mit Rötung auf.

Im Reaktionsherd finden sich mononukleäre Phagozyten und Lymphozyten in vorwiegend perivaskulärer Anordnung.

Es handelt sich hierbei um eine allergische Reaktion vom verzögerten Typ, und man nennt die Fähigkeit, auf Tuberkulin-Injektion hin eine derartige verzögerte Reaktion auszubilden, ***Tuberkulinallergie***.

Die Erlangung dieser Fähigkeit nennt man ***Konversion*** oder allergische Umstimmung. Eine Konversion kann sowohl aufgrund einer natürlichen Infektion als auch aufgrund einer Schutzimpfung mit ***BCG*** (s. S. 448) eintreten.

Die Konversion erfolgt zeitgleich mit der Granulombildung und Ausbildung eines PK.

Durchführung der Tuberkulinreaktion. Bei der Tuberkulinreaktion wird G. T. in die Haut eingebracht:

- mittels einer tuberkulinhaltigen Salbe (Morotest); dieser Test wird bei Kleinkindern bis zum Beginn der Schulzeit durchgeführt;
- mittels eines Nadelstempels, dessen 4 Spitzen mit jeweils 5 I.E. G.T. beschickt sind (Tubergen-Test, Tine-Test). Dieser Test findet bei Reihenuntersuchungen als Suchtest Anwendung.
- durch i. c. Injektion von 10 I.E. G.T. (Mendel-Mantoux-Test); dieser Test dient der semiquantitativen Bestimmung der Tuberkulin-Allergie. Dosiert wird nach Tuberkulin-Einheiten. Eine Tuberkulin-Einheit G. T. (1 I.E.) entspricht hierbei einer Menge von 0,00014 mg Protein.

Wenn kein Verdacht auf Tuberkulose besteht, führt man zunächst den Stempeltest durch. Wenn eine Infektion mit Sicherheit ausgeschlossen werden muß, z.B. vor BCG-Impfung, wird bei negativem Ausfall des Tubergen-Tests eine Testung nach Mendel-Mantoux angeschlossen. Hierbei injiziert man zunächst 10 I.E. intrakutan, bei negativem Ausfall 100 I.E.

Durch diese Art des vorsichtigen Herantastens wird der Gefahr vorgebeugt, daß es durch eine zu hoch dosierte Tuberkulininjektion zu einer Reaktivierung bestehender Herde kommt.

Die Ablesung der Tuberkulinreaktion erfolgt 48–96 h nach Injektion des Antigens. Es muß beim Mendel-Mantoux-Test an der Reaktionsstelle eine Induration von mehr als 10 mm Durchmesser auftreten, damit der Test als positiv gilt; jedoch wird bei Probanden, die in Gegenden mit niedriger Prävalenz leben, oder bei Probanden, die Kontakt mit Tuberkulosekranken hatten, eine Induration von 5–10 mm Durchmesser schon als verdächtig angesehen. Andererseits kann eine schwache Tuberkulinreaktion auch durch Infektion mit atypischen Mykobakterien bedingt sein.

Bedeutung der Tuberkulin-Reaktion. Eine positive Tuberkulin-Reaktion besagt, daß ein Individuum mit Tuberkulosebakterien infiziert ist oder mit BCG immunisiert wurde. Eine frisch infizierte Person in der Inkubationszeit, die noch keinen PK und damit noch keine spezifischen T-Zellen ausgebildet hat, ist zur Ausbildung einer Tuberkulinreaktion noch nicht imstande.

Die einmal erlangte Fähigkeit zur Ausbildung einer Tuberkulinreaktion, d. h. die Tuberkulinallergie, besteht sehr lange; oft bleibt sie während des ganzen Lebens erhalten. Hierfür dürften Gedächtniszellen verantwortlich sein.

Eine Tuberkulinallergie sagt nichts darüber aus, ob ein Individuum an Tuberkulose erkrankt ist, ober ob es sich lediglich infiziert hat, oder ob eine BCG-Schutzimpfung erfolgte: Der eigentliche Krankheitsbeweis beruht auf klinischen und röntgenologischen Befunden und – endgültig – auf dem Nachweis des Erregers. Da sowohl die Tuberkulin-Allergie als auch der antibakterielle Schutz von T-Zellen vermittelt werden, ist eine tuberkulin-allergische Person gleichzeitig *geschützt* – durch den Besitz von spezifischen T-Zellen – und *gefährdet* – durch die bestehende Infektion.

Anergie. Bleibt die Tuberkulinallergie bei einem Infizierten oder bei einem BCG-Immunisierten aus, so spricht man von ***Anergie***. Es stehen in dieser Situation keine tuberkulin-spezifischen T-Zellen zur Ausbildung einer Tuberkulinreaktion zur Verfügung. Die Anergie kann durch Verbrauch der spezifischen T-Lymphozyten oder durch deren Schädigung (z. B. durch Infektion mit HIV oder Masern-Viren) oder durch eine angeborene oder erworbene Immundefizienz verursacht sein. Spezifische Suppressor-T-Zellen scheinen bei der Anergie auch eine Rolle zu spielen: So verschiebt sich bei der HIV-Infektion das Verhältnis von T4- zu T8-Zellen, und es kommt dadurch zu einem Überwiegen der letzteren mit nachfolgender Immunsuppression. Eine Anergie bei Infizierten wird bezüglich des Krankheitsverlaufes als prognostisch ungünstiges Zeichen gewertet.

27.5.12 Labordiagnose

Die endgültige Diagnose einer Tuberkulose läßt sich nur durch den Nachweis des Erregers erbringen; die anderen Methoden erlauben lediglich eine Verdachtsdiagnose.

Untersuchungsmaterialien

Da Materialien von Tuberkulosepatienten meistens eine relativ geringe Erregerzahl enthalten, muß eine deutlich größere Materialmenge als bei schnellwachsenden Erregern (z. B. E. coli) zur Untersuchung gelangen. Je nach Lokalisation des Prozesses kommen verschiedene Untersuchungsmaterialien in Betracht (Tabelle 27.2).

Transport

Auf Tuberkulosebakterien verdächtiges Material sollte gekühlt transportiert werden, da sonst die kontaminierende, zahlenmäßig meist weit überwiegende Begleitflora schnellwachsender Bakterien die wenigen in einer Probe vorhandenen Tuberkulosebakterien überwuchert.

Die Verwendung von Transportmedien ist nicht erforderlich.

Vorgehen im Labor

Die Identifizierungsschritte bei tuberkuloseverdächtigem Material zeigt Abb. 27.4.

Mikroskopie. Zunächst wird von dem eingesandten Material (Ausnahmen: Stuhl, Urin) ein Präparat nach Ziehl-Neelsen oder mit Auramin (Fluoreszenzfärbung) gefärbt. Das Ziehl-Neelsen-Präparat sollte mindestens 5 min, das Auramin-Präparat 2 min lang mikroskopiert werden. Diese Zeit wird benötigt, um 100 Gesichtsfelder durchzumustern. Der mikroskopische Nachweis säurefester Stäbchen ist wegen einer möglichen Verwechslung mit saprophytären Mykobakterien (s. unten) nicht beweisend für das Vorliegen von Tuberkulosebakterien; er erlaubt aber eine Verdachtsdiagnose.

Bei mikroskopischem Nachweis säurefester Stäbchen im Rahmen eines klinischen Verdachts sollte mit der Therapie begonnen werden, ohne das Ergebnis einer Anzüchtung abzuwarten. Ein negativer Ausfall der mikroskopischen Untersuchung andererseits besagt nicht, daß keine Tuberkulosebakterien in dem Material vorhanden sind, da erst ab einer Konzentration von 10^5 Bakterien pro ml Untersuchungsmaterial die Mikroskopie Erfolgsaussichten bietet.

Tabelle 27.2. Geeignete Untersuchungsmaterialien und Hinweise zur Materialentnahme für die bakteriologische Tuberkulose-Diagnostik

Lokalisation	Material	Entnahme	Transport
Lungen-Tuberkulose	Morgensputum	Vor dem Frühstück, nachdem der Mund gespült wurde, je 1× an 3 Tagen hintereinander	
	Bronchialsekret	Je 1× an 3 Tagen hintereinander	
	Magensaft	Zur Neutralisierung 1 ml Dinatriumphosphat mit in das Versandgefäß geben	
Urogenital-Tuberkulose	Morgenurin	50–100 ml in sterilem Gefäß auffangen	In sterilen, fest verschließbaren Gefäßen
	Sammelurin	Bis zum Verschicken bei 4 °C aufbewahren	Bis zum Versand bei 4 °C lagern
Darmtuberkulose	Stuhl		
Organ-Tuberkulose, allgemein, einschließlich Haut	Möglichst Biopsien, keine Tupfer!		
Meningitis tuberculosa	Liquor cerebrospinalis (Spinngewebs-Gerinnsel)		

Anzüchtung. Zunächst erfolgt eine Homogenisierung des Untersuchungsmaterials. Dann muß die Begleitflora durch Alkali- oder Säurebehandlung abgetötet werden.

Anschließend werden die Tuberkulosebakterien durch Zentrifugieren (20 min bei 3000 U/min) angereichert und mindestens auf drei verschiedene Kulturmedien verimpft. Diese enthalten Eigelb oder eine andere Lipidquelle sowie Substanzen, welche das Wachstum der Begleitflora unterdrücken, z. B. Malchitgrün zur Unterdrückung der schnellwachsenden grampositiven Begleit-Flora. Bei Anzüchtung in flüssigen Kulturmedien kann letzteren eine oberflächenaktive Substanz (z. B. Tween 80) beigefügt werden, um die Bakterien leichter in Suspension zu halten.

Da Tuberkulosebakterien sich langsam vermehren, kann man frühestens nach einer Bebrütungsdauer von 2–3 Wochen mit sichtbaren Kolonien rechnen. Umgekehrt gilt das Ergebnis der Kultur als negativ, wenn

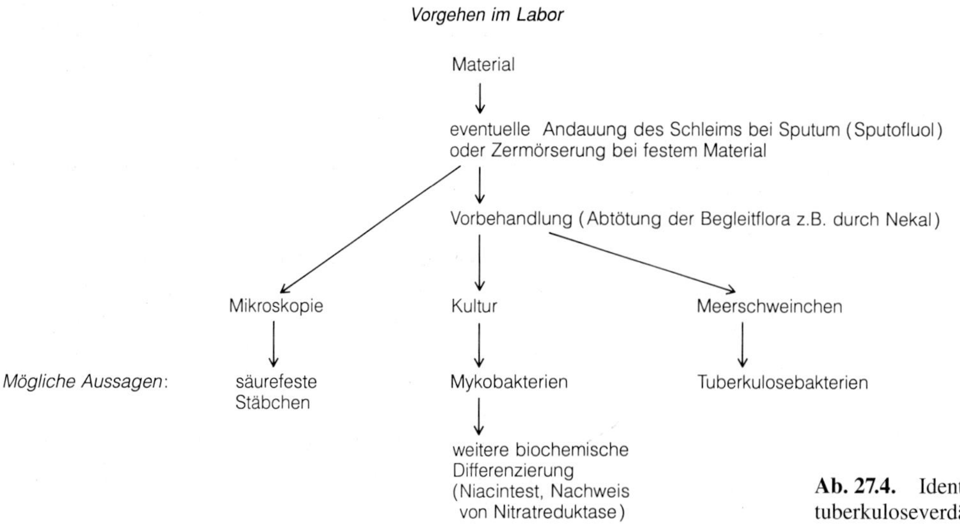

Ab. 27.4. Identifizierungsschritte bei tuberkuloseverdächtigem Material

nach 6–8 Wochen Bebrütungsdauer kein Wachstum erfolgt ist. Die Typisierung und die gleichzeitige Erstellung eines Antibiogrammes erfordern weitere sechs Wochen. Somit nimmt die bakteriologische Sicherung einer offenen Tuberkulose samt Erstellung eines Antibiogramms derzeit noch etwa 12–14 Wochen in Anspruch.

Tierversuch. Das Meerschweinchen ist extrem empfindlich gegenüber M. tuberculosis und M. bovis. Der Meerschweinchenversuch wird eingesetzt, wenn schwer oder nicht wiederholt gewinnbare Materialien (z.B. Liquor cerebrospinalis oder Biopsiematerial) vorliegen, oder wenn anzunehmen ist, daß in einem Material nur wenige Erreger vorhanden sind. Die Zahl der Tierversuche hat in den vergangenen Jahren im Hinblick auf den Tierschutz, auf die personelle Gefährdung und auf die Kosten abgenommen. Auch können INH-resistente Stämme für Meerschweinchen avirulent geworden sein. Es kann dennoch nicht gänzlich auf den Tierversuch verzichtet werden.

Schnellverfahren. In jüngster Zeit haben Schnellverfahren Eingang in die Diagnostik gefunden, die eine wesentlich kürzere Diagnosezeit ermöglichen:

Das ***Bactec-Verfahren*** beruht auf dem Prinzip, daß stoffwechselnde Tuberkulosebakterien aus radioaktiv markierter Glukose das Isotyp C14 freisetzen, das sich dadiometrisch messen läßt. Das Verfahren ermöglicht einen Erregernachweis innerhalb einer Woche. Es ist allerdings durch die Notwendigkeit der Entsorgung radioaktiven Abfalls belastet.

27.5.13 Therapie

Ein Patient mit offener Tuberkulose mußte früher stationär behandelt werden. Heute läßt sich bei guter Mitarbeit des Patienten und entsprechendem Risikoausschluß eine ambulante Behandlung rechtfertigen. Das gleiche gilt für eine geschlossene Tuberkulose, solange ein röntgenologisch aktiver Prozeß besteht, d. h. röntgenologisch Veränderungen in den Läsionen nachweisbar sind. Die Indikation zu einer Chemotherapie ist also nicht vom Erregernachweis abhängig.

Die Chemotherapie bezweckt:

- Rasche Sanierung offener Läsionen und damit Ausschaltung der Infektionsquelle
- Rasche und vollständige Erregervernichtung in den befallenen Organen
- Vernichtung auch von langsam in Vermehrung begriffenen Erregern (Persister)
- Vernichtung sowohl extrazellulärer als auch intrazellulär liegender Erreger durch Verwendung von Antituberkulotika, die auch in Makrophagen eindringen
- Wirksamkeit der Antituberkulotika im neutralen ***und*** sauren pH-Bereich (intrazellulär herrscht ein saurer pH-Wert vor!)
- Verhinderung oder Verzögerung einer Resistenzentwicklung durch Mehrfachkombination
- Möglichst kurze, aber ausreichend lange Behandlungszeiten, um die individuelle Belastung des Patienten und die Quote der Therapieabbrecher möglichst gering zu halten

Antituberkulotika

Als erste Antituberkulotika fand das von Waksman entdeckte Streptomycin im Jahre 1946 therapeutischen Einsatz. Heute werden vor allem Isoniazid (INH), Rifampicin, Ethambutol, Streptomycin und Pyrazinamid verwendet.

Wirktyp, Wirkungsmechanismus und Nebenwirkungen wichtiger Antituberkulotika sind in Tabelle 27.3 zusammengefaßt.

Um der Resistenzentwicklung unter einer Chemotherapie vorzubeugen, gibt man mehrere Antituberkulotika gleichzeitig (Kombinationstherapie), und zwar in der Initialphase (in den ersten 2–3 Monaten nach Erkrankung) drei bis vier Mittel und in der Stabilisierungsphase (ab dem 4. Monat nach Krankheitsbeginn) lediglich 2 Mittel, z. B. INH und Rifampicin.

Bakteriologische Kontrolle des Therapieerfolges

Der Therapieerfolg wird durch monatliche bakteriologische Kontrollen abgesichert. Um eine ursprünglich offene Tbc als geschlossen erklären zu können, wird gefordert, daß in drei Sputumproben mikroskopisch und durch Kultur keine Erreger nachgewiesen werden. Bei unkompliziertem Verlauf ist eine zweijährige Überwachung ausreichend.

Eine wichtige Voraussetzung für eine erfolgreiche Therapie stellt die Mitarbeit der Patienten (Compliance) dar.

Tabelle 27.3. Antituberkulotika 1.Wahl

Mittel	Dosis	Wirkungsmechanismus	Wirktyp	Nebenwirkungen
Isoniazid	5 mg/kg	Hemmung der Mykolsäuresynthese, dadurch Störung im Aufbau der Zellwand, Störung der Zellatmung	Bakterizid	Hepatitis, Neurotoxizität, Allergie, Akne, Dermatitis, Hemmung der renalen Ausscheidung von Diphenylhydantoin
Rifampicin	10 mg/kg	Hemmung der DNS-abhängigen RNS-Synthese	Bakterizid	Nierentoxizität, Allergie (selten), Thrombozytopenie
Ethambutol	25 mg/kg	Hemmung der Nukleinsynthese Mykolsäuresynthese, geringe Zellwandsynthese	Bakterio-statisch	Neuritis nervi optici (Farbsehen, Gesichtsfeldeinschränkung), Allergien, gastrointestinale Interferenz, Hyperurikämie (selten)
Streptomycin		Hemmung der Proteinsynthese	Bakterizid	Ototoxizität, Nephrotoxizität

27.5.14 Prävention

BCG-Schutzimpfung

Bei der Schutzimpfung gegen Tuberkulose setzt man einen virulenzgeschwächten lebenden Stamm von Mycobacterium bovis, den Stamm BCG, ein.

BCG ist die Abkürzung von ***Bacille Calmette-Guérin***; diese französischen Bakteriologen haben einen aus tuberkulösen Mastitis-Läsionen einer Kuh gezüchteten Stamm von M. bovis auf Kartoffel-Glycerin-Medium mit Rindergalle durch jahrelange Passagen (1908–1920) für Impfzwecke dauerhaft attenuiert.

Durchführung. Die BCG-Impfung erfolgt intrakutan. Vor jeder BCG-Impfung **muß** eine Tuberkulintestung durchgeführt werden, um auszuschließen, daß durch die Antigenbelastung durch BCG bei einem bereits Infizierten ein Herd reaktiviert wird. Unterlassung einer Tuberkulintestung vor BCG-Impfung bei anderen als Neugeborenen ist ein Kunstfehler!

Der ***Zweck*** der Tuberkuloseschutzimpfung ist die Auslösung der Bildung spezifischer T-Zellen. Bei Exposition mit virulenten Erregern sollen dadurch eine beschleunigte Immunreaktion und, damit verbunden, eine schnellere Granulombildung und Makrophagenaktivierung zustandekommen und so der Erregerausbreitung schneller Einhalt geboten werden.

Der Impfschutz wird kontrovers diskutiert. Je nach Studie bewegt er sich in Mitteleuropa und in den nördlichen Regionen der USA und Kanadas in Größenordnungen von 0 bis 80%, d. h. die Inzidenz der Tuberkulose in einer BCG-schutzgeimpften Gruppe beträgt im Optimalfall etwa 20% derjenigen in der nichtschutzgeimpften Kontrollgruppe. In Indien und anderen Regionen mit hoher Prävalenz atypischer Mykobakterien wird der Impfschutz geringer angegeben. Die Gründe für diese Widersprüche sind nicht hinreichend bekannt.

Auswahl der Impflinge. Die allgemeine BCG-Schutzimpfung wurde in der Bundesrepublik Deutschland im Säuglingsalter durchgeführt, in anderen Ländern bei Schulbeginn oder bei Schulentlassung. In Ländern mit geringer Prävalenz der Tuberkulose ist der Wert der BCG-Schutzimpfung als genereller Maßnahme umstritten. Befürworter einer allgemeinen, im Säuglingsalter durchzuführenden Schutzimpfung weisen vor allem auf die dadurch erzielte Verminderung von Meningitisfällen bei Kleinkindern hin.

Impfgegner stellen die Nebenwirkungen in den Vordergrund und betonen die Gefahr einer Verschleierung der diagnostischen Aussage der Tuberkulin-Reaktion, da man nicht zwischen einer Tuberkulin-Allergie durch Infektion mit virulenten Bakterien und einer aufgrund einer Schutzimpfung entstandenen Tuberkulinallergie unterscheiden könne. Von der Ständigen Impfkommission des Bundesgesundheitsamtes wird empfohlen, nur gefährdete Personen zu immunisieren, sofern diese tuberkulinnegativ sind. Hierzu gehören Kinder in Haushalten, in denen sich Kranke mit offener Tuberkulose befinden, und Kinder aus Ländern mit hoher Prävalenz von Tuberkulose, sowie ärztliches und Laborpersonal.

Nebenwirkungen. Nebenwirkungen der BCG-Schutzimpfung sind meist durch die Restvirulenz des Impfstammes und seine Konzentration bedingt:

- Ungewöhnlich heftige Reaktionen und länger dauernde Gewebsreaktionen der Impfstelle
- Zur Abszedierung neigende regionale Lymphadenitis (in 0,5 bis 3% der Säuglingsimpfungen)
- Osteomyelitis (etwa 1:100 000)
- Lupus
- Generalisierte Aussaat (BCG-itis) mit tödlichem Ausgang bei angeborenen oder erworbenen Immundefekten.

Sonstige Maßnahmen

Personen mit einer nicht diagnostizierten offenen Lungentuberkulose stellen die wichtigste Ansteckungsquelle für andere dar. Besonders gefährlich kann sich eine offene Tuberkulose der Lungen bei Säuglingsschwestern, Kindergärtnerinnen und Lehrern auswirken.

Patienten mit offener Tbc müssen daher unverzüglich und unbedingt einer Therapie zugeführt werden. Eine Kontrolluntersuchung ihrer ständigen Kontaktpersonen ist erforderlich. Im Haushalt sind gesondertes Bettzeug und Eßgeschirr für Tuberkulosekranke nicht notwendig.

Desinfektion. Da Tuberkulosebakterien sehr widerstandsfähig gegen Austrocknung sind, muß der Desinfektion besondere Aufmerksamkeit gewidmet werden. Sie sind auch widerstandsfähiger als andere Bakterien gegen viele Desinfektionsmittel ; daher dürfen nur solche Desinfektionsmittel eingesetzt werden, deren Wirksamkeit gegen Tuberkulosebakterien gesondert geprüft worden ist. Diese Mittel sind in der Desinfektionsmittelliste des Bundesgesundheitsamtes bzw. der Deutschen Gesellschaft für Hygiene und Mikrobiologie gesondert ausgewiesen [Bundesgesundheitsblatt 30, Nr. 8, August 1987 (Sonderdruck), Carl Heymanns Verlag Köln].

Meldepflicht. § 3 BSeuchG: Erkrankung, Tod (Verdacht ist entfallen).

Zusammenfassung: Mycobacterium tuberculosis

Bakteriologie: Obligat aerobes, langsam wachsendes, säurefestes Stäbchen mit Vorliebe für lipidhaltige Nährböden. In flüssigen Nährmedien „schimmelpilzähnliches" Oberflächenwachstum mit Klumpenbildung.

Vorkommen: Einziges Reservoir ist der Mensch, obwohl Übertragungen von Menschen auf Primaten und/oder Säugetiere möglich sind.

Resistenz: Säurefester Erreger, der seine optimale Wachstumstemperatur bei 37 °C hat. Vermehrungsfähigkeit in feuchtem oder ausgetrocknetem Sputum kann bis zu 6 Wochen erhalten bleiben. Mehrere Stunden direktes Sonnenlicht (UV) führen zum Absterben der Erreger.

Epidemiologie: Begünstigend für eine rasche Krankheitsausbreitung sind: Beengte Wohnraumverhältnisse, Übertragung durch Aerosole und eine niedrige Resistenzlage in der Bevölkerung. Weltweit mehr als 3 Millionen Todesfälle/Jahr.

Übertragung: Von Mensch zu Mensch über respiratorische Aerosole.

Pathogenese: Epidemiologische Voraussetzungen → Inhalation des Erregers → Phagozytose in den terminalen Bronchioli und Alveolen durch Alveolarmakrophagen → intraphagozytäre Vermehrung und Persistenz → Infiltration lokaler hilärer und mediastinaler Lymphknoten → mit Ausbildung der durch spezifische T-Lymphozyten vermittelten zellulären Immunität Konsolidierung des Primärkomplexes → bei mangelnder Immunabwehr Dissemination und Manifestation in verschiedenen Organsystemen → Reaktivierung eines im Rahmen einer früheren Infektion konsolidierten Primärkomplexes möglich (z. B. durch Immunsuppression etc.).

Pathomechanismen: Intrazellulär persistierender Erreger, der die angeborene unspezifische Immunabwehr umgeht. Erst durch Ausbildung einer spezifischen zellulären Immunität mit konsekutiver Granulombildung wird der Erreger an seiner Ausbreitung und Vermehrung gehindert. Tumornekrosefaktor (TNF) wahrscheinlich an Gewebeschädigung beteiligt.

Klinik: Chronisch verlaufende, zyklische Infektionskrankheit. Inkubationszeit 4–6 Wochen. Verlauf: Primärstadium, Sekundärstadium. Manifestationsformen: Lungentuberkulose, Darmtuberkulose, Nierentuberkulose, Miliartuberkulose etc.

Immunität: Entscheidend ist die zelluläre Immunität: Entwicklung einer Allergie vom verzögerten

Typ. Ausbildung einer antigenspezifischen T-Lymphozytenpopulation, die über die Aktivierung mononukleärer Phagozyten zur Riesenzell- und Granulombildung führt.

Labordiagnose: Untersuchungsmaterial: Sputum, Magensaft, Bronchialsekret, Urin, Prostatasekret, Ejakulat, Menstrualblut, Biopsien. Erregernachweis: Lichtmikroskopisch in der Ziehl-Neelsen-Färbung. Fluoreszenzmikroskopisch in der Auramin/Rhodamin-Färbung. Kultur: Nach Anreicherung und Abtötung der Begleitkeime Wachstum auf eihaltigen soliden Nährmedien innerhalb von 2–8 Wochen. Tierversuch: Meerschweinchen. Identifizierung: Biochemische Reihe, Resistenzbestimmung und Tierversuch.

Therapie: Erstbehandlung (d. h. bis zur definitiven Erregerisolierung, Identifizierung und Resistenzbestimmung): Dreifachkombination aus Isoniazid (INH), Rifampicin (RMP) und Ethambutol (EMB). Anschließend Zweifachkombination nach Antibiogramm.

Prävention: ***Epidemiologische Prophylaxe:*** Adäquate Wohnraumverhältnisse, natürliche Resistenzlage innerhalb der Bevölkerung. Chemoprophylaxe: Behandlung tuberkulinnegativer noch nicht infizierter Personen bei erhöhter Expositionsgefahr. Immunprophylaxe: BCG-Schutzimpfung.

Vakzination: BCG-Impfung nur bei noch nicht sensibilisierten Individuen. Vakzine besteht aus virulenzabgeschwächten, vermehrungsfähigen bovinen Tuberkulosebakterien, die die Produktion spezifisch reagibler T-Lymphozyten anregen soll. Impfschutz wird bei 80% der Geimpften erzielt. Miliartuberkulose und Meningitis tuberculosa werden vermindert, einer Infektion durch Tuberkelbakterien kann jedoch nicht vorgebeugt werden.

Meldepflicht: Erkrankung und Tod.

27.6 Mycobacterium leprae

G. Daeschlein

27.6.1 Definition

Mycobacterium leprae ist ein gering gebogenes, 0,3 µm bis 1,5 µm langes, grampositives säurefestes Stäbchen.

27.6.2 Rolle als Krankheitserreger

Es ist in der Lage, ein breites Spektrum klinischer Krankheitsbilder hervorzurufen, dessen Extreme die ***tuberkuloide*** Lepra einerseits, die ***lepromatöse*** Lepra andererseits darstellen.

27.6.3 Namensgebung

Der Begriff Lepra ist auf das griechische Wort Lepra für Aussatz zurückzuführen.

27.6.4 Geschichte

Die Krankheit war bereits im Altertum bekannt. Als früheste Hauptherde gelten Ägypten, Ostasien und Indien. Durch römische Soldaten, Völkerwanderung und Kreuzzüge wurde die Lepra nach Europa eingeschleppt.

Der Norweger ***Hansen*** entdeckte 1874 den Erreger.

27.6.5 Aufbau

Ähnlich Mycobacterium tuberculosis enthält Mycobacterium leprae in der Zellwand reichlich Lipide und Wachse, außerdem die für Mykobakterien typischen Mykolsäuren. Vermutlich einzigartig für Mycobacterium leprae ist das Vorhandensein eines phenolischen Glykolipids, das ein bestimmtes Trisaccharid enthält. Wie andere Mykobakterien besitzt Mycobacterium leprae auf seiner Oberfläche eine Art Netz aus tauartig verknüpften Peptido-Glykolipidfilamenten.

27.6.6 Identifizierung und Differenzierung

Mikroskopisch. Lichtmikroskopisch stellen sich die Erreger im Ausstrich nach Ziehl-Neelsen oder Fite-Faraco gefärbt als 0,3 µm bis 1,5 µm lange, typischerweise in ***Bündeln*** gelagerte Stäbchen dar.

Kultur. Bisher ist es nicht gelungen, Mycobacterium leprae in vitro zu züchten. Die Bakterien vermehren sich in Mäusen (Ohr und Fußsohle) sowie in Gürteltieren. Die meisten Tierspezies sind für den Erreger unempfänglich.

27.6.7 Vorkommen

Einziges Erregerreservoir ist nach bisherigen Erkenntnissen der unbehandelte leprakranke ***Mensch***. Eine echte Lepra im Tierreich ist nicht sicher bekannt.

27.6.8 Epidemiologie und Übertragung

Weltweit gibt es ungefähr 10 bis 15 Millionen Leprakranke, Hauptgebiete sind Indien, Zentralafrika und die ozeanischen Inseln. In der BRD (Gebietsstand 1989) wurden für 1989 lediglich 3 Fälle von Lepra gemeldet. Übertragen wird der Erreger überwiegend durch engen Kontakt von Haut zu Haut, wobei auch erregerhaltiges ***Nasenschleimhautsekret*** eine Rolle spielen dürfte. Das Überleben von Mycobacterium leprae in getrocknetem Nasensekret über mehrere Tage wurde kürzlich nachgewiesen. Eine aerogene Übertragung konnte bisher nicht nachgewiesen werden. Eine andere Infektionsquelle stellt die stark erregerhaltige Brustmilch leprakranker Frauen dar. Weiterhin dürften bestimmte beißende ***Insekten*** als Infektionsquelle eine Rolle spielen, in denen noch 72 Stunden nach Kontakt mit Leprakranken Erreger nachgewiesen werden können. Allgemein gilt, daß für die Infektion und Weiterverbreitung der Seuche ein enges Zusammenleben einen wichtigen Faktor darstellt. Am häufigsten sind Gegenden mit niedrigem Lebensstandard betroffen.

27.6.9 Pathogenese

Mycobacterium leprae ist ein *obligat intrazellulärer Erreger*, der die Eigenschaft besitzt, sich in Makrophagen und Schwannschen Zellen zu vermehren. Der antimikrobiellen Aktivität der Makrophagen entziehen sich die Erreger vermutlich durch Hemmung der Verschmelzung der Lysosomen mit Phagosomen in Makrophagen. Das Erscheinungsbild der Erkrankung steht und fällt mit dem Zustand der zellvermittelten Immunität. Entsprechend existiert eine „anergische" Form, die *lepromatöse*, sogenannte maligne Lepra auf der einen, sowie eine Form bei Immungesunden, die sogenannte benigne *tuberkuloide* Lepra auf der anderen Seite.

Lepromatöse Lepra . Bei der anergischen Form finden sich im befallenen Gewebe keinerlei Entzündungszeichen, man sieht Makrophagen prallgefüllt mit Erregern. In den Läsionen finden sich bei Fehlen von T-Helferzellen (CD4) fast ausschließlich CD8-Suppressorzellen. Diese T-Zellverteilung läßt sich auch im peripheren Blut nachweisen. Die lepromatöse Lepra läßt sich bezüglich des Immunstatus mit der Miliartuberkulose vergleichen.

Im Gegensatz zur tuberkuloiden Lepra besteht bei der lepromatösen Lepra keine Tendenz zur Selbstheilung. Die Leprominreaktion ist negativ.

Tuberkuloide Lepra. Anders bei der tuberkuloiden Form. Hier finden sich in den Läsionen organisierte Epitheloid- und Riesenzell***granulome*** mit einzelnen Erregern oder deren Fragmenten bei Überwiegen der T-Helferzellpopulation als Ausdruck weitgehend effizienter zellulärer Abwehr. Diese Form läßt sich mit der Primärtuberkulose vergleichen.

27.6.10 Klinik

Lepromatöse Lepra. Im Vordergrund der Symptomatik stehen knotige Infiltrate, die sogenannten ***Leprome***, an Ellenbogen, Knien, Gesicht und Ohren. Die Lepraherde befinden sich vorzugsweise an kühlen Körperpartien. die Infiltrationen im Gesichtsbereich zusammen mit beidseitiger Keratokonjunktivitis bedingen das charakteristische Bild der ***facies leonina*** (Löwengesicht) (Abb. 27.5). Fast stets ist die Nasen-

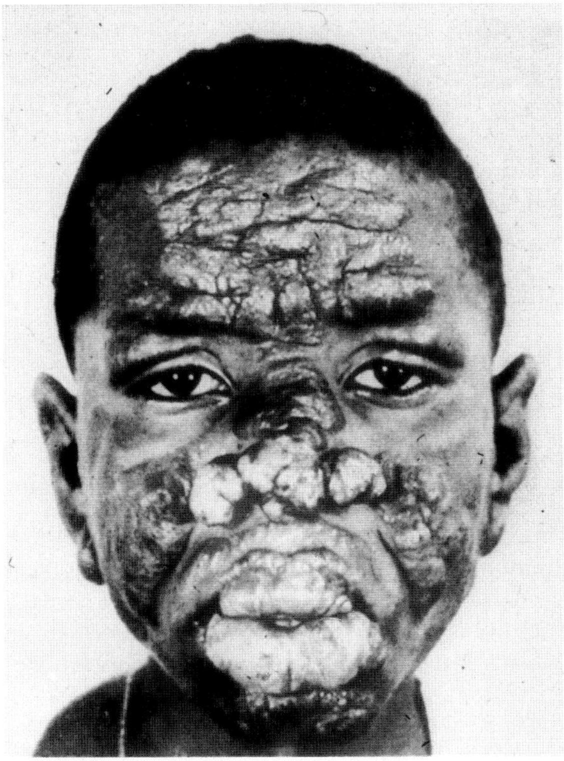

Abb. 27.5. Lepra. „Facies leonina"

schleimhaut befallen mit chronischem ***Schnupfen*** und Nasenbluten. Durch Destruktionen kommt es zur charakteristischen *Kleeblattnase*. Die Augen sind häufig betroffen unter dem Bild der Konjunktivitis, Iridozyklitis und Keratitis. Im Vergleich zur tuberkuloiden Lepra stehen Nervenbeteiligung mit Paralysen und Muskelatrophien eher im Hintergrund.

Tuberkuloide Lepra. Diese Form verläuft im Vergleich zur lepromatösen Lepra langsamer und ohne systemische Beteiligung bei *Tendenz zur spontanen Regression*. Verstümmelnde Hautveränderungen können jedoch vorkommen. Die tuberkuloide Lepra betrifft fast ausschließlich Haut und periphere Nerven. Die Hauterscheinungen zeigen sich als Papeln oder Maculae, die unter Hinterlassung depigmentierter Herde zentral abheilen. Sensibilitätsstörungen sind häufig. Eine ***Nervenbeteiligung*** bei der tuberkuloiden Lepra ist häufig und meist schwerwiegend. Die befallenen peripheren Nerven sind als verdickte Stränge tastbar, werden paretisch, wobei es zu konsekutiven Muskelatrophien, die beispielsweise im Gesicht durch Fazialisparese und Ptosis zur charakteristischen sogenannten ***facies antonina*** (Mönchsgesicht) der Leprakranken führen, kommt. An den Füßen imponieren ulzeröse Läsionen als sogenanntes „mal perforant". Beteiligung der inneren Organe kommt nicht vor. Der Lepromintest fällt positiv aus.

Borderline-Lepra. Die dritte Haupterscheinungsform der Lepra, die Borderline-Lepra, stellt einen Zustand zwischen den beschriebenen Formen dar.

27.6.11 Labordiagnose

Da die Lepraerreger bisher nicht in vitro angezüchtet werden können, kommt dem mikroskopischen Erregernachweis nach wie vor die zentrale Bedeutung zu. Die Abstriche werden aus ulzerierenden Lepromen und besonders an der Nasenschleimhaut des Septums gewonnen.

Immunologische Diagnose. Der Lepromintest dient der Unterscheidung der verschiedenen Lepraformen. 0,1 ml eines Lepromextraktes werden intrakutan in gesunde Haut injiziert. Die Reaktion wird nach frühestens drei Tagen abgelesen. Bei der tuberkuloiden Lepra und bei Gesunden zeigt sich eine Entzündungsreaktion als Ausdruck intakter zellulärer Abwehr, bei der lepromatösen Lepra zeigt sich keine Reaktion.

Serologischer Nachweis. Seit neuestem besteht die Möglichkeit, spezifische Antikörper vom IgM-Typ bei Patienten mit unbehandelter lepromatöser Lepra nachzuweisen. Diese Antikörper lassen sich bei tuberkuloider Lepra sowie bei atypischen Mykobakteriosen nicht nachweisen.

27.6.12 Therapie

Mittel der Wahl ist ***DADPS*** (Diaminodiphenylsulfon, Dapsone). Ein weiteres Mittel mit direkter Aktivität gegen die Erreger bei gleichzeitiger Aktivierung der antimikrobiellen Makrophagenaktivität ist Clofazimin. Ein weiteres wichtiges Therapeutikum ist Rifampicin, das zum Teil mit DADPS kombiniert verabreicht wird. Ausweichpräparate sind Thioharnstoffe, Langzeitsulfonamide, INH und Thalidomid (nicht bei Frauen im gebärfähigen Alter!).

27.6.13 Prophylaxe

Als allgemeinprophylaktische Maßnahmen sind Verbesserungen der hygienischen Lebensverhältnisse bei ausreichender Ernährung wichtig. Eine Schutzimpfung mit BCG zeigte bisher keine nachweisbaren sicheren Erfolge. Exponierte Kinder unter 16 Jahren erhalten Dapsone (DADPS).

Meldepflicht. Lepra ist eine meldepflichtige Erkrankung bei Verdacht, Krankheit und Tod.

Zusammenfassung: Mycobacterium leprae

Bakteriologie: Säurefestes Stäbchen, mit dem für Mykobakterien typischen Zellwandaufbau. In vitro Anzüchtung des Erregers bisher noch nicht gelungen. Anzucht nur in Mäusen und Gürteltieren.

Vorkommen: Einziges Erregerreservoir ist der Mensch. Lepra im Tierreich (abgesehen von experimentellen Bedingungen wie Züchtung im Gürteltier) nicht bekannt.

Epidemiologie: Weltweit ca. 10–15 × 10^6 Leprakranke.

Übertragung: Erfolgt überwiegend durch engen, langdauernden Hautkontakt.

Pathogenese: Obligat intrazellulärer Erreger → Persistenz in Makrophagen und Schwannschen Zellen → Aktivierung der zellvermittelten Immunität → lympho-histiozytäre Infiltration infizierter Gewebe → je nach Resistenzlage des Patienten tuberkuloide Form (günstige Prognose) oder Progression bis zur lepromatösen Lepra (schlechte Prognose).

Pathomechanismen: Obligat intrazellulärer Erreger, der den intraphagozytären Destruktionsmechanismen widersteht und sich intrazellulär vermehrt. Immunologisch induzierte Gewebezerstörung.

Zielgewebe: Haut- und Schleimhaut, Nervengewebe, Makrophagen, Schwannsche Zellen der Nervenscheiden.

Klinik: Sehr variable und schwer zu ermittelnde Inkubationszeit, oft jahrelang. Je nach Resistenzlage Manifestation als tuberkuloide, borderline oder lepromatöse Lepra. Kardinalsymptome: Neurologische Erscheinungen und Nachweis von M. leprae in Haut- oder Schleimhautläsionen.

Diagnose: 1. Mikroskopischer Nachweis aus ulzerierenden Lepromen.
2. Kultureller Nachweis in vitro nicht möglich.
3. Lepromintest
4. Serologie

Therapie: Mittel der Wahl sind: Dapsone (DADPS) und Lamprene (Clofazimine).

Immunität: T-zell-abhängig. Induktion von Suppressorzellen durch M. leprae.

Prävention: Allgemeine Verbesserung der hygienischen und sozialen Verhältnisse insbesondere in Entwicklungsländern. Individuelle Expositionsprophylaxe vor allem im Kindesalter. Passive Immunisierung nicht möglich.

Meldepflicht: Bei Verdacht, Erkrankung und Tod.

27.7 Atypische Mykobakterien (MOTT)

A.C. Rodloff

27.1.1 Definition

Unter „atypischen“ Mykobakterien versteht man diejenigen Mykobakterien, die nicht als Erreger „typischer“ Mykobakteriosen, also der Tuberkulose (M. tuberculosis und M. bovis) oder der Lepra (M. leprae), in Erscheinung treten.

Diese Benennung ist unglücklich, weil die gemeinten Bakterien im bakteriolgischen Sinn selbstverständlich typische Eigenschaften von Mykobakterien aufweisen. Im anglo-amerikanischen Sprachgebrauch hat sich die wenig bessere Bezeichnung MOTT (mycobacteria other than tuberculosis; M. bovis und M. leprae wurden dabei übersehen) eingebürgert.

27.7.2 Rolle als Krankheitserreger

MOTT sind Opportunisten und treten nur selten als Krankheitserreger in Erscheinung. Im Gegensatz zu M. tuberculosis werden sie üblicherweise nicht von Mensch zu Mensch übertragen. In der Regel sind prädisponierende Faktoren, wie eine Vorschädigung der Lunge, kleinere Verletzungen o. ä., Voraussetzung für das Auftreten einer Infektion. Auch immunsupprimierte (z. B. Transplantationspatienten) Patienten sind anfällig für MOTT-Infektionen. Disseminierte Infektionen, insbesondere mit ***M. avium-intracellulare***, werden nicht selten bei Patienten mit AIDS gefunden.

27.7.3 Taxonomie

Die Spezies der MOTT werden nach Runyon in vier Gruppen eingeteilt (Tabelle 27.4). Zur Gruppe I gehören langsam wachsende Mykobakterien, die bei Lichtexposition, nicht aber in der Dunkelheit, Farbstoffe bilden (***photochromogene*** Mykobakterien). Die ***skotochromogenen*** Mykobakterien der Gruppe II bilden Farbstoffe, auch wenn die Anzucht im Dunklen erfolgt. Die Gruppe III umfaßt die *langsam wachsenden* MOTT, die keine Farbstoffe bilden. In der Gruppe IV werden die *schnell wachsenden* (Koloniebildung innerhalb einer Woche) Mykobakterien eingeordnet.

27.7.4 Aufbau

Der Aufbau der MOTT unterscheidet sich nicht grundsätzlich von dem der bereits besprochenen Mykobakterien.

Tabelle 27.4. Einteilung der MOTT-Mykobakterien nach Runyon

Gruppe I (photochromogen)	M. marinum M. kansasii M. simiae
Gruppe II (skotochromogen)	M. scrofulaceum M. szulgai M. gordonae[a] M. flavescens[a] M. xenopii
Gruppe III (nicht chromogen)	M. avium-intracellulare M. gastri[a] M. haemophilum M. malmoense M. terrae[a]
Gruppe IV (schnell wachsend)	M. chelonae M. fortuitum M. phlei[a] M. smegmatis[a] M. vaccae[a]

[a] Saprophytische Mykobakterien

27.7.5 Kultur

Die Nährmedienansprüche der meisten Mykobakterien sind komplex. Mit wenigen Ausnahmen gelingt die Anzucht der MOTT auf den gleichen Nährböden, die auch für M. tuberculosis geeignet sind (z. B. Löwenstein-Jensen-Medium).

Bei der Inkubation muß allerdings den unterschiedlichen Temperaturbedürfnissen der MOTT Rechnung getragen werden. So wächst M. haemophilum bei Zimmertemperatur, aber nicht bei 37 °C, während M. xenopi am besten bei 42° bis 45 °C wächst.

Schnell wachsende Mykobakterien können nach 3 bis 4 Tagen Kolonien ausbilden, langsam wachsende benötigen eine Woche oder länger. MOTT sind in der Regel nicht pathogen für Meerschweinchen, so daß ein Tierversuch negativ bleibt.

27.7.6 Identifizierung und Differenzierung

Morphologisch. MOTT sind Stäbchenbakterien, deren mikroskopisches Erscheinungsbild sehr verschiedenartig sein kann (Pleomorphie). Es kommen Ketten, palisadenartige Lagerung und Verzweigungen vor. Die Säurefestigkeit kann unterschiedlich stark ausgeprägt sein. Spezies-spezifische Unterschiede können mikroskopisch nicht erkannt werden.

Biochemisch. Die Identifizierung der MOTT erfolgt vor allem aufgrund der Wachstumsgeschwindigkeit, des Temperaturoptimums, der Pigmentbildung und der Kulturmorphologie der einzelnen Spezies. Daneben können biochemische Leitungen,wie z. B. Niacinproduktion, Nitratreduktion, Tweenhydrolyse, Harnstoffabbau oder Amidaseaktivität zur Differenzierung genutzt werden.

Einige Spezies sind so schlecht voneinander zu unterscheiden, daß üblicherweise auf eine Differenzierung verzichtet wird und die Spezies zu „Komplexen" zusammengfaßt werden (M. avium-intracellulare complex, M. fortuitum-chelonei complex).

27.7.7 Resistenz gegen äußere Einflüsse

Mykobakterien sind gegen Umwelteinflüsse außergewöhnlich resistent. So kann z.B. M. phlei bei 60 °C vier Stunden überleben. Häufig besteht eine erhebliche Resistenz gegenüber Desinfektionsmitteln.

27.7.8 Vorkommen

Viele MOTT kommen in der Natur ubiquitär vor. Oft können sie in Boden- oder Wasserproben gefunden werden. Häufungen kommen in Endemiegebieten vor. Andere Mykobakterien sind auf bestimmte Standorte begrenzt; z.B. ist M. ulcerans nur in Afrika und im südöstlichen Pazifik verbreitet.

27.7.9 Klinik

Die klinischen Zeichen einer MOTT-Infektion können sehr unterschiedlich sein. Eine Reihe dieser Erreger kann insbesondere bei vorgeschädigten Patienten pulmonale Infektionen verursachen, die klinisch nicht von einer klassischen Tuberkulose unterschieden werden können (z.B. M. avium-intracellulare, M. kansasii, M. fortuitum, M. szulgai, M. xenopi).

Andere Mykobakterien verursachen granulomatöse Infektionen der Haut bzw. Lymphangitiden (z.B. M. scrofulaceum, M. haemophilum). Häufig werden Halslymphknoten betroffen. M. marinum ist als Erreger des „Schwimmbadgranuloms" bekannt geworden, einer Infektion, die nach Baden in verseuchtem Wasser auftritt. Nach einer Inkubationszeit von 2 bis 3 Wochen entstehen an der Eintrittspforte (oft Ellenbogen, Knie, Finger) Granulome, die nach einiger Zeit ulzerieren können. M. ulcerans verursacht chronische, mit Ulzerationen und erheblichen Nekrosen einhergehende Hautinfektionen.

Disseminierte Infektionen mit Beteiligung insbesondere des Gastrointestinaltrakts, werden bei immunsupprimierten Patienten, vor allem bei Patienten mit AIDS, gefunden. In den USA ist diese Komplikation des AIDS besonders häufig. Meist ist M. avium-intracellulare ursächlich, es kommen aber auch andere Erreger (z. B. M. kansasii) vor.

27.7.10 Labordiagnose

Die Labordiagnose erfolgt durch Anzüchtung auf geeigneten Kulturmedien; zur Identifizierung dient die biochemische Leistungsprüfung.

27.7.11 Therapie

Die Therapie von Infektionen durch MOTT ist äußerst schwierig, da viele dieser Mikroorganismen sich in vitro als hoch resistent gegenüber den Tuberkulostatika erweisen. Darüber hinaus kann aufgrund des langsamen Wachstums mit dem Ergebnis der Resistenzbestimmung meist erst nach Wochen gerechnet werden. Je nach Erreger und Art der Infektion werden daher zwischen drei und sechs (M. avium-intracellulare) Tuberkulostatika für die initiale Therapie kombiniert. In einzelnen Fällen kann sich die chirurgische Sanierung des Infektionsherds als hilfreich erweisen. Bei der Festlegung der Therapiedauer ist zu beachten, daß viele der betroffenen Patienten als prädisponierenden Faktor einen Immundefekt aufweisen.

28 Treponemen

H. Hahn

INHALTSÜBERSICHT

28.1 Definition 456
28.2 Rolle als Krankheitserreger 456
28.3 Taxonomie 456
28.4 Namensgebung 456
28.5 Kultur 457
28.6 Identifizierung und Differenzierung . . . 457
28.7 Resistenz gegen äußere Einflüsse 458
28.8 Vorkommen 458
28.9 Treponema pallidum: Erreger der Syphilis 458
28.9.1 Geschichte 458
28.9.2 Epidemiologie 459
28.9.3 Übertragung 459
28.9.4 Pathogenese 459
28.9.5 Klinik 460
28.9.6 Immunität 463
28.9.7 Angeborene Syphilis (Lues connata) . . . 464
28.9.8 Labordiagnose 465
28.9.9 Therapie 467
28.9.10 Prävention 470
28.9.11 T. endemicum 470
28.9.12 Frambösie (Yaws) und Pinta 470
Zusammenfassung 470

28.1 Definition

Als Treponemen bezeichnet man eine Gattung besonders dünner Schraubenbakterien. Typischerweise bewegen sich Treponemen um ihre Längsachse. Es gibt Treponemen, die sich auf künstlichen Kulturmedien anzüchten lassen, und solche, die sich dort nicht vermehren.

28.2 Rolle als Krankheitserreger

Die nicht auf künstlichen Kulturmedien anzüchtbaren Treponemen-Arten (Treponema pallidum subsp. pallidum, T. pallidum, subsp. endemicum und T. pallidum subsp. pertenue T. carateum) rufen die Treponomatosen, nämlich ***Syphilis***, Bejel, Pinta und Framboesie hervor (Tabelle 28.1).

Die auf künstlichen Kulturmedien anzüchtbaren Treponemen-Arten besiedeln die Schleimhäute des Mundes und des Genitalbereichs. Sie sind zwar nicht humanpathogen, müssen aber differentialdiagnostisch von den humanpathogenen Arten abgetrennt werden.

28.3 Taxonomie

Treponemen gehören als Gattung zu der Familie der ***Spirochaetazeen***. Die humanpathogenen Treponemen fallen alle in die Spezies T. pallidum, die wiederum in die Subspezies T. pallidum, subspecies pallidum, subspecies endemicum, subspecies carateum und pertenue eingeteilt wird.

28.4 Namensgebung

Der Name Treponema (gr. trepomai = sich drehen, nema = der Faden) nimmt auf die besondere Beweglichkeit dieser Mikroorganismen Bezug; die Bewegung erfolgt als Rotation. Das Attribut pallidum (lat. = blaß) wurde dem Erreger von seinen Entdeckern ***Schaudinn*** und ***Hoffmann*** verliehen, weil er sich im Lichtmikroskop wegen seines geringen Durchmessers und der geringen Fähigkeit nach Gram schlecht darstellen läßt.

Tabelle 28.1. Familien Spirochaetazeen und Leptospirazeen

Familie	Gattung	Art	Morphologie	Erkrankung
Spirochaetaceae	1) Treponema	T. pallidum, subsp. pallidum	regelmäßige, enge Windungen	Syphilis
		T. pallidum, subsp. endemicum		Bejel (endemische Syphilis)
		T. carateum		Pinta
		T. pallidum, subsp. pertenue		Frambösie
	2) Borrelia	B. recurrentis	lockere, oft unregelmäßige Windungen	Epidemisches Rückfallfieber
		B. duttonii und Varianten	wie B. recurrentis	Endemisches Rückfallfieber
		B. burgdorferi		Erythema migrans (Lyme-Krankheit)
Leptospiraceae	Leptospira	L. interrogans	Kleiderbügelform	Leptospirosen

28.5 Kultur

Eine Anzüchtung der humanpathogenen Treponemenarten auf künstlichen Kulturmedien ist bisher noch nicht gelungen. Die Gründe hierfür sind unbekannt. Humanpathogene Treponemen können jedoch in geeigneten Medien bei 35 °C für eine kurze Zeit lebensfähig erhalten werden, sofern mikro-aerophile Bedingungen herrschen.

Im Hoden des lebenden Kaninchens läßt sich T. pallidum zur Vermehrung bringen. Diese Methode dient zur Herstellung von Antigen für die Diagnostik der Syphilis. Die Generationszeit von T. pallidum in lebenden Geweben beträgt 30–35 Stunden und ist damit länger als diejenige der meisten humanpathogenen Bakterien.

28.6 Identifizierung und Differenzierung

Mikroskopisch. Wegen ihrer Feinheit lassen sich Treponemen nur mit Spezialmethoden (Versilberung, Immunfluoreszenz, Abb. 28.1) darstellen. In Nativpräparaten können Treponemen durch das ***Dunkelfeldverfahren*** sichtbar gemacht werden. Unter dem Lichtmikroskop erscheint Treponema pallidum als eine 5 bis 20 µm lange und 0,1 bis 0,4 µm breite Spirochäte. Die Windungen sind gleichmäßig und weisen eine Amplitude von 0,3 µm auf.

Serologisch. Humanpathogene Treponemenarten tragen Antigene auf ihrer Oberfläche, die bei den nichtpathogenen Arten fehlen. Auf dem Nachweis von Antikörpern gegen diese Antigene beruht die serologische Diagnose einer Syphilis. Von den Erregern der Frambösie (T. pallidum, subsp. pertenue) und Pinta (T. carateum) läßt sich T. pallidum, subsp. pallidum, serologisch ***nicht*** unterscheiden. Auch die Antikörper, die bei Patienten mit diesen Erkrankungen auftreten, lassen keine Differenzierung zu.

Sonstige Kriterien. Zusätzliche Merkmale, die der Identifizierung humanpathogener Treponemen dienen, sind die geographische Verbreitung der Krankheiten, die Art der Infektion und Läsion und das Verhalten in Versuchstieren. Diese und weitere Merkmale sind in Tabelle 28.2 aufgeführt.

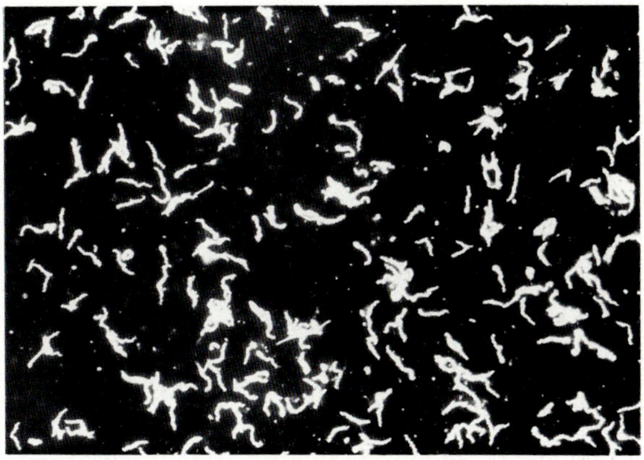

Abb. 28.1. Treponemen im fluoreszenzserologischen Präparat

Tabelle 28.2. Eigenschaften der nichtkultivierbaren humanpathogenen Treponema-Arten. (Nach Bergey's Manual 1984)

Merkmal	T. pallidum			T. carateum
	Subsp. pallidum (Syphilis)	Subsp. endemicum (Endemische Syph.)	Subsp. pertenue (Frambösie)	(Pinta)
Systemische Infektion	+	–	–	–
Vorwiegend Hautinfektion	–	+	+	+
Durch Sexualverkehr übertragen	+	–	–	–
Durch Hautkontakt übertragen[a]	–	+	+	+
Weltweite Verbreitung	+	–	–	–
Vorwiegend Tropen	–	–	+	–
Westliche Hemisphäre	–	–	–	+
Naher Osten, Afrika, SO-Asien, Jugoslawien	–	+	–	–
Hautläsionen in				
Kaninchen	+	+	+	–
Hamstern	–	+	+	–
Meerschweinchen	–	+	–	–

[a] Auch: Kontaminierte Gegenstände

28.7 Resistenz gegen äußere Einflüsse

T. pallidum ist äußerst empfindlich gegenüber äußeren Einflüssen (Trockenheit, Kälte, Hitze, pH-Schwankungen, oxidierende Substanzen und zu hohe Sauerstoffspannung). Wenn treponemenhaltige Blutkonserven länger als 24 h bei +4 °C gelagert werden, sterben die Erreger ab. Die hohe Empfindlichkeit von T. pallidum ist der Grund dafür, daß der Erreger nur durch Direktkontakt oder Frischblut übertragen werden kann.

28.8 Vorkommen

Der Mensch ist der einzige natürliche Wirt von Treponema pallidum und seinen Subspezies. Dort besiedelt der Erreger die Schleimhäute.

28.9 Treponema pallidum: Erreger der Syphilis

28.9.1 Geschichte

Nach der heute weitgehend anerkannten ***„kolumbischen Theorie“*** wurde die Syphilis von Matrosen des Columbus bei ihrer Rückkehr aus Amerika nach 1493 eingeschleppt und durch Kriegszüge schnell verbreitet. Begründet wird diese Anschauung durch zeitgenössische Hinweise auf das Auftreten von dramatisch verlaufenden Krankheitsbildern, „große Pocken“ genannt.

Folgende Daten sind für das Verständnis der Krankheit und ihre Diagnose wichtig:

1493 Einschleppung des Erregers aus Amerika durch Matrosen des Columbus (?);

1530 Lehrgedicht des italienischen Arztes Girolamo Fracastoro (1483–1553): „Syphilis sive Morbus Gallicus“.
Der Autor beschreibt die Qualen des an Syphilis erkrankten Schäfers Syphilos, die dieser zur Strafe dafür aushalten mußte, daß er die Götter gelästert hatte.

1837 Stadieneinteilung der Syphilis durch Ricord;

1905 Entdeckung von T. pallidum durch den Zoologen ***Schaudinn*** und den Dermatologen Erich ***Hoffmann***;

1906 wandten ***Wassermann***, Neisser und Bruck die von Bordet und Gengou entwickelte Komplementbindungsreaktion auf die Syphilisdiagnostik an. Sie verwandten wäßrige Extrakte aus Lebern syphilitischer Foeten.

1910 benutzten ***Ehrlich*** und ***Hata*** erstmalig Salvarsan zur Therapie.

1943 setzten Mahoney, Arnold und Harris zur Therapie erstmalig Penizillin ein;

1957 veröffentlichten Deacon, Falcon und Harris den Fluoreszenz-Treponema-pallidum-Antikörper-Test (FTA), den sie 1964 zum FTA-ABS-Test weiterentwickelten;

1965 publizierte Tara Rathlev in Kopenhagen den ersten Treponema-pallidum-Hämagglutinationstest (TPHA), der dann von japanischen Autoren weiterentwickelt wurde.

28.9.2 Epidemiologie

Die Syphilis ist weltweit verbreitet.

Nach Einführung des Penizillins sanken die Neuerkrankungsraten zunächst stark ab; zu Beginn der sechziger Jahre galt ein Primäraffekt als eine Rarität. Für das erneute Ansteigen der Erkrankungshäufigkeit wird eine veränderte Einstellung zur Sexualität verantwortlich gemacht. So findet sich die Syphilis vorwiegend bei Personen mit häufig wechselnden Sexualpartnern. Es sind mehr Infektionen bei Männern als bei Frauen bekannt. Dieser Unterschied beruht in der Hauptsache auf Infektionen bei homosexuellen Männern. In der Bundesrepublik Deutschland (Gebietsstand 1989) wurden im Jahre 1989 961 Fälle von Syphilis gemeldet, wobei die Dunkelziffer ein Mehrfaches betragen dürfte.

28.9.3 Übertragung

Da T. pallidum außerhalb des Körpers rasch zugrunde geht, setzt eine Infektion den unmittelbaren Übergang von einem Organismus auf den anderen voraus, was durch *Schleimhautkontakte* jeder Art, am häufigsten durch den Geschlechtsverkehr, geschieht. Hierbei kann der Erreger durch die unverletzte Schleimhaut in den neuen Wirt gelangen. Ein Schleimhautkontakt von weniger als einer Minute dürfte für eine Infektion ausreichen. Auch über die verletzte Haut kann der Erreger eindringen, während ein Eindringen durch die unverletzte Haut als unwahrscheinlich gilt.

Die Hauptinfektionsquellen sind der Primäraffekt und die nässenden Papeln des frühen Sekundärstadiums beim erkrankten Sexualpartner. Eine extragenitale Übertragung ist möglich, so z. B. durch Kuß, bei Geburtshelfern und Dermatologen. Auch diaplazentar und durch Bluttransfusion kann der Erreger übertragen werden. Für die beiden letztgenannten Übertragungswege ist entscheidend, daß lebende Treponemen im Blut des Spenders bzw. der Mutter kreisen. Dies kann der Fall sein, bevor klinische Erscheinungen vorliegen bzw. bevor die Seroreaktionen positiv sind.

28.9.4 Pathogenese

Die Syphilis ist eine chronisch verlaufende zyklische Infektionskrankheit. Nach Übertragung dringt der Erreger aktiv ins Gewebe ein. Für eine Infektion genügt wahrscheinlich bereits eine einzige Syphilisspirochäte.

Bereits innerhalb der ersten 24 Stunden nach der Infektion können einzelne Erreger von der Infektionsstelle aus in das Blut gelangen und sich über den ganzen Körper ausbreiten, ohne daß klinische Erscheinungen oder serologische Zeichen auftreten. Dementsprechend ist das Blut eines Infizierten schon während der Inkubationszeit als infektiös anzusehen. (Dies hat für die ***Frisch***blutspende Bedeutung. Nach 24 h bei 4 °C sind Treponemen abgestorben.)

Zunächst vermehren sich die Erreger in der Nähe der Eintrittsstelle, wo sie sich außerhalb und innerhalb von Epithel- und Endothelzellen sowie von Fibroblasten finden. Wenn eine Treponemendichte von ca. 10^7 Erreger/g Gewebe erreicht ist, entwickelt sich an der Eintrittsstelle ein ***Primäraffekt***, der ***harte Schanker***. Vom Primäraffekt aus dringen die Erreger in den regionalen Lymphknoten vor und erzeugen eine einseitige, derbe regionale Lymphknotenschwellung. Der Primäraffekt und der befallene regionale Lymphknoten bilden zusammen den ***Primärkomplex***.

An das Ende des Primärstadiums kann sich das ***Sekundärstadium*** der Krankheit anschließen. Es dauert einige Wochen bis zu einem Jahr oder mehr. Die Erreger breiten sich vom Primärkomplex über die Blutbahn aus und siedeln sich in verschiedenen Körperregionen an; bei der weiteren Vermehrung werden die Haut und die Schleimhäute bevorzugt.

Pathomechanismus. T. pallidum befällt bevorzugt die *Endothelzellen der kleinen Blutgefäße*. Grundlagen der pathologischen Veränderungen bei Syphilis sind eine ***Endarteriitis obliterans*** und eine ***Periarteriitis*** der kleinen Arterien.

Bei der Endarteriitis schwellen und proliferieren die befallenen Endothelzellen. Es kommt zu einer Verengung des Gefäßlumens und zu einer Minderversorgung befallener Gewebe mit Sauerstoff.

Bei der Periarteriitis vermehren sich extravasal gelegene Entzündungszellen (Makrophagen, Plasmazellen und Lymphozyten); die kleinen Gefäße werden durch die Zellansammlungen eingeschnürt.

Die Veränderungen bei der Spätsyphilis entstehen unter Mitbeteiligung T-zell-abhängiger Immunreaktionen. Sie sind durch Obliteration der Arteriolen und Kapillaren und in der Folge durch entzündliche Reaktionen und Nekrosen gekennzeichnet. Auch das Gumma bildet sich aufgrund zellular-immunologischer Reaktionen.

Molekular definierbare Virulenzfaktoren sind bei T. pallidum nicht bekannt.

28.9.5 Klinik

Primärstadium. Die Inkubationszeit zwischen dem Beginn der Ansteckung und dem Auftreten des ***Primäraffekts*** beträgt im Mittel etwa 3 Wochen (10–90 Tage). Dann bildet sich an der Eintrittsstelle der Treponemen eine harte, schmerzlose Papel. Diese wandelt sich in ein ***schmerzloses Geschwür*** mit derber Randzone um, den harten Schanker oder ***Ulcus durum***. Der Primäraffekt ist bis zu kleinfingernagelgroß; er findet sich meist im Genitalbereich, kann aber, je nach Kontakt, auch an jeder anderen Körperstelle auftreten.

Tritt der harte Schanker extragenital auf, so wird er leicht übersehen oder falsch interpretiert; findet er sich an den Tonsillen, so spricht man von einer ***Angina specifica***.

Im Reizserum sind Treponemen mittels der Dunkelfeldmikroskopie leicht nachweisbar. Der Primäraffekt ist hochkontagiös. Etwa eine Woche nach Entwicklung des Primäraffekts schwillt der regionale Lymphknoten einseitig an. Er fühlt sich hart an, ist leicht verschiebbar und schmerzlos. Man bezeichnet ihn als ***Satellitenbubo***.

Differentialdiagnostisch muß der *weiche Schanker* (Ulcus molle) abgegrenzt werden. Dessen Zeichen sind: schmerzhaftes weiches Geschwür mit großen weichen, nicht verschiebbaren Lymphknoten.

Der Primäraffekt heilt 3–6 Wochen nach Auftreten unter Narbenbildung ab, während die Schwellung des lokalen Lymphknotens monatelang bestehenbleiben kann. In Punktaten des geschwollenen lokalen Lymphknotens lassen sich mit Hilfe der Dunkelfeldmikroskopie massenhaft Treponemen nachweisen. Spezifische IgM-Antikörper treten frühestens eine Woche nach Infektionsbeginn auf, zwei Wochen nach Infektionsbeginn erscheinen IgG-Antikörper.

Tabelle 28.3. Klinische Erscheinungen bei der sekundären Syphilis

Syphilitisches Exanthem: Schwach-rosa Makeln, Übergang in Papeln, die oft derb und kupferfarben sind, symmetrische Ausbreitung, keine Narbenbildung
Condylomata lata: Breite, nässende Papeln in intertriginösen Partien ***Hochkontagiös!***
Plaques muqueuses: Weißliche, durchsichtige Papeln auf der Schleimhaut von Mund, Zunge, Rachen. ***Hochkontagiös!***
Alopecia areata: (Kreisrunder) Haarausfall am behaarten Kopf, zuweilen auch in der Bartgegend
Sekundäre syphilitische Lymphadenopathie: Rezidivexanthem (selten): Effloreszenzen werden immer spärlicher
Sekundäre syphilitische Meningitis
Sekundäre syphilitische Okulopathie: Zyklitis, Iritis, Iridozyklitis, Chorioiditis, Retinitis, Retinochorioiditis
Sekundäre syphilitische Osteochondropathie und Periostitis
Sekundäre Syphilis der inneren Organe
Sekundäre syphilitische Myositis

Sekundärstadium. Im Stadium II bietet die Syphilis ein vielgestaltiges Erscheinungsbild (Tabelle 28.3), vor allem an der Haut: „Die Syphilis ist der *Affe unter den Hautkrankheiten*“, d. h. die Syphilis kann nahezu jede Hautkrankheit vortäuschen. Es finden sich nichtjuckende Erytheme am Stamm und proximal an den Extremitäten; manchmal werden sie mit Arzneimittel-Exanthemen verwechselt. Die Lymphknoten sind generalisiert geschwollen; es kann leichtes Fieber bestehen, ebenso Halsentzündung oder Arthralgien.

Besonderer Erwähnung bedürfen daneben noch die ***Condylomata lata*** und die Plaques muqueuses. Erstere bilden sich als papulös veränderte nässende Hautbereiche in intertriginösen Zonen (Genitalgegend, unter der Brust und zwischen den Fingern und Zehen). Die ***Plaques muqueuses*** finden sich als weiße Papeln auf der Schleimhaut. Die feuchten Haut- und Schleimhauteffloreszenzen, aber auch die austretende Lymphe, enthalten reichlich Syphilisspirochäten; im Gegensatz zu den trockenen Hautläsionen sind sie hochkontagiös.

Die Erscheinungen der Sekundärsyphilis klingen 2–6 Wochen nach Auftreten ab. Sie können aber rezidivieren, wenn die Krankheit unbehandelt bleibt. Die serologischen Reaktionen (Nachweis von IgM- und IgG-Antikörpern) fallen immer positiv aus.

Latenz. Als Latenz bezeichnet man diejenigen Perioden nach Abheilen des Primäraffekts, in denen keine klinischen Symptome vorliegen. Die Seroreaktionen sind während der Latenz positiv. Wenn sich ein Sekundärstadium bzw. Rückfälle im Sekundärstadium entwickeln, wird die Latenz hierdurch unterbrochen.

Diese Definition der Latenz setzt voraus, daß nach der Infektion ein Primäraffekt vorhanden gewesen ist und Antikörper gebildet worden sind. Eine symptomfreie Periode ***vor*** Ablauf des Primärstadiums, d. h. die Inkubationszeit, fällt nicht unter den Latenzbegriff!

Das Latenzstadium kann weniger als ein Jahr andauern oder auch lebenslang bestehen. Man unterteilt die Latenz in die ***Frühlatenz***, die bis zu 4 Jahren nach Krankheitsbeginn definiert ist, während man die über 4 Jahre hinausgehenden Anteile der Latenz als ***Spätlatenz*** bezeichnet.

Es sind auch während der Latenz Erreger im Körper vorhanden, auch in deren späteren Abschnitten: „Die Syphilis schläft, aber sie stirbt nicht.“

In der Latenz ist die ***Kontagiosität*** bei unbehandelter Syphilis nur während des ersten Jahres nach Krankheitsbeginn hoch. Sie sinkt mit Beginn des zweiten Jahres stark ab, noch später ist sie praktisch gleich Null – mit folgenden Ausnahmen: Da in der Blutbahn des Patienten während der Latenz lebende Syphilisspirochäten kreisen können, kann eine Schwangere in der Latenz Foeten infizieren. Aus dem gleichen Grund darf das Blut eines Syphilitikers auch in den späteren Abschnitten der Latenz nicht zur Frischblutspende verwendet werden.

Tertiärstadium. Wird die Spätlatenz durch das Auftreten von syphilitischen Krankheitserscheinungen unterbrochen, so spricht man von einer ***Spät- oder Tertiärsyphilis***.

Bis 35% aller unbehandelten Syphilisfälle treten in dieses Stadium der Erkrankung ein. Die Spätsyphilis kann sich durch Erscheinungen an vielen Organen bemerkbar machen (Tabelle 28.4, Abb. 28.2).

Die wichtigsten Krankheitserscheinungen der Tertiärsyphilis sind:

Tuberonodöse Syphilide der Haut

Die tuberonodösen Syphilide bestehen aus braunroten, derben, über das Hautniveau deutlich erhabenen Knötchen von Linsen- bis Bohnengröße.

Diese Veränderungen verursachen keine Beschwerden. Sie können an jeder Stelle des Körpers, bevorzugt an den Streckseiten der oberen Extremitäten, am Rücken und im Gesicht auftreten.

Kardiovaskuläre Syphilis

Die kardiovaskulären Veränderungen beim Stadium III beruhen auf einer ***Endarteriitis obliterans***. Diese befällt vor allem an der Aorta die Vasa vasorum und führt zu deren Verschluß. Es kommt zum Untergang des von den Vasa vasorum versorgten Gewebes und zum Verlust der elastischen Fasern in der Aorten-

Tabelle 28.4. Klinische Erscheinungen der tertiären Syphilis

Syphilide: Solitär, asymmetrisch, induriert, indolent, zentrale Atrophie mit oder ohne Ulzeration, Narbenbildung; periphere Hyperpigmentierung

Sonderform: Gummen: Tiefe Knoten, gummiartige Konsistenz; Granulome in Haut, Muskulatur, Knochen, bei Zerfall → tiefe Ulzerationen, Gummata sitzen häufig in der Medianlinie des Gesichts, der perforierte harte Gaumen ist ein Hinweis auf tertiäre Syphilis! Oft an der Wade! Auch in Leber, Gehirn, Aorta

Neurosyphilis: i.a. typisch für tertiäre Syphilis, obwohl Meningitis auch eine Manifestation sekundärer Syphilis sein kann

Meningitis Tabes dorsalis: Mit Demenz und Paralyse Degeneration des Rückenmark-Hinterstranges mit
- Arthropathie bes. Knie (Charcotgelenk)
- lanzinierenden Schmerzen
- Blasenstörungen

Tertiäre syphilitische Neuritis: Betrifft meist Hör- und Sehnerv
→ Retrobulbär-Neuritis
→ Argyll-Robertson-Pupille (reagiert NICHT auf Licht, Akkomodation möglich)

Kardiovaskuläre Syphilis: Mesaortitis. Myokarditis, Perikarditis, Aortenklappen-Insuffizienz

Tertiäre syphilitische Osteochondropathie: Selten; wenn, dann oft an Schädelknochen, Tibia, Clavicula, Finger- und Zehenknochen

Tertiäre syphilitische Myositis: Betrifft die willkürlichen Muskeln

Tertiäre viszerale Syphilis: Alle Organe können befallen sein. Häufig Hepatitis, Nephropathie

Tertiäre syphilitische Okulopathie: Retino-Chorioiditis, Episkleritis

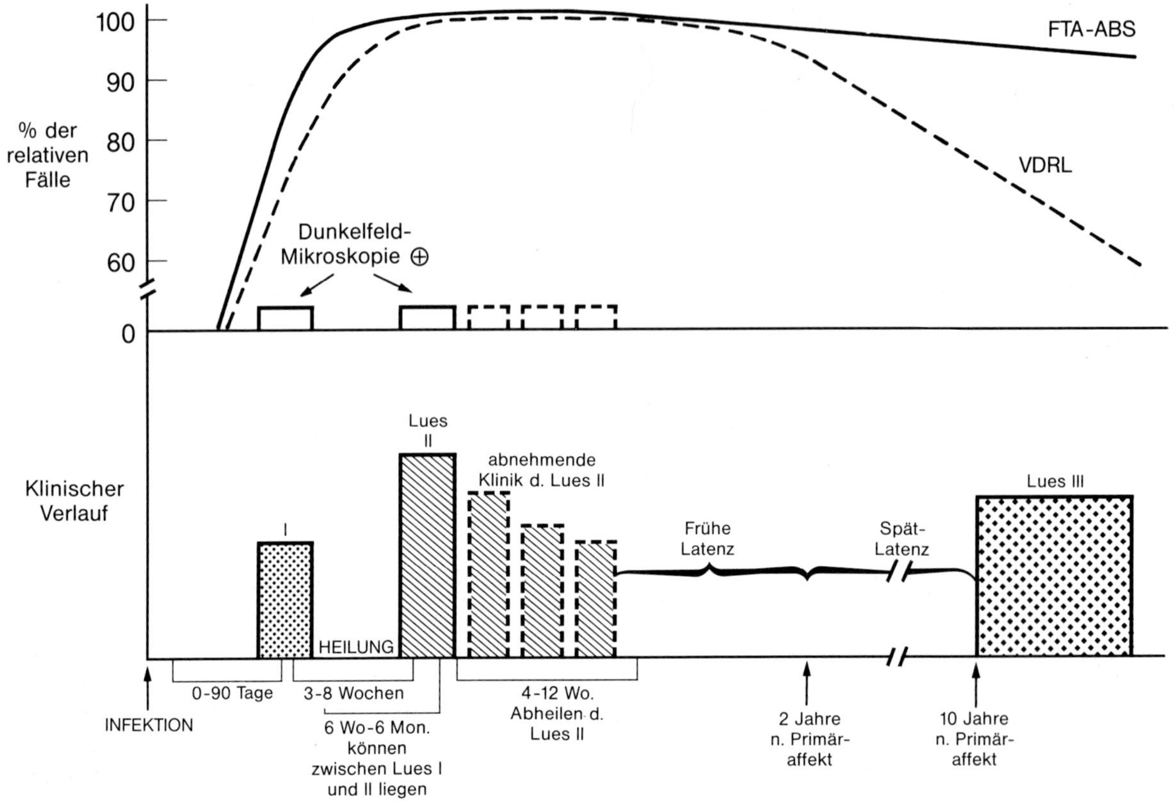

Abb. 28.2. Der Verlauf der unbehandelten Syphilis

wand. In der Folge entsteht eine Dilatation der Aorta, die bis zum ***Aneurysma*** gehen kann. Aneurysmen stellen stets ein lebensbedrohliches Krankheitsbild dar; ihre Ruptur ist meist tödlich. Oft handelt es sich um Patienten, die Jahrzehnte vorher eine Syphilis durchgemacht haben.

Neurosyphilis

Man unterscheidet zwei Hauptformen der Neurosyphilis. Die ***meningovaskuläre*** Form mit der Endangiitis obliterans als pathologisch-anatomischem Korrelat und die ***„parenchymatöse"*** Form, bei der die Zerstörung des Nervengewebes im Vordergrund steht. Fließende Übergänge kommen vor.

Bei der meningovaskulären Form werden vor allem die Blutgefäße der Meningen, des Hirngewebes und des Rückenmarks befallen. Die daraus resultierende Minderdurchblutung führt zu einer Schädigung des Nervensystems, wobei mit einem großen Spektrum von Ausfallerscheinungen, wie Halbseitenlähmungen, sowie generalisierten und fokalen Anfällen zu rechnen ist.

Typische Erscheinungsbilder der parenchymatösen Form sind die ***progressive Paralyse*** und die ***Tabes dorsalis***. Die Paralyse geht mit Nervenzellzerstörung bevorzugt im Gehirn und konsekutiver Hirnatrophie einher; besonders betroffen ist der Stirnlappen. Es kommt zu Demenz, Größenwahn, Halluzinationen und Sprachstörungen.

Bei der Tabes ist überwiegend das Rückenmark befallen. Es treten „lanzinierende" Schmerzen auf (lanzinierend = blitzartig); es kommt zu Blasenentleerungsstörungen, zur Impotenz, zum Verlust des Temperatur- und Vibrationsempfindens, zu ***ataktischen Gangstörungen***. Mit der Tabes korreliert sind pathologisch-anatomische Erscheinungen: Verlust der Myelinhüllen und Zerstörung der Achsenzylinder in den Hinterwurzeln und in den Hintersträngen im Rückenmark. Auch diese Zerstörungen beruhen auf Minderdurchblutung infolge der Gefäßentzündung.

Asymptomatische Neurosyphilis

Bei Liquorveränderungen (Pleozytose und Eiweißvermehrung) ohne klinische Erscheinungen spricht man von asymptomatischer Neurosyphilis, sofern eine intrathekale Synthese Treponema-pallidum-spezifischer Antikörper nachgewiesen ist.

Gummen

Gummen (Trivialbezeichnung: Gummiknoten) sind eine charakteristische Manifestation der Spätsyphilis. Es handelt sich um Granulome, die aus Makrophagen, Epitheloidzellen, Lymphozyten und Fibroblasten bestehen. Die Zellen sind um eine zentrale Nekrose herum angeordnet. Gummen besitzen eine unterschiedliche Größe; ihre Benennung leitet sich von ihrer gummiartigen Konsistenz ab. Sie bilden sich aufgrund der T-zell-abhängigen Immunreaktion. Die Gummen finden sich am häufigsten in Knochen, Haut und Schleimhäuten; sie können aber auch in anderen Geweben auftreten.

Ihre klinische Bedeutung liegt in der *lokalen Gewebezerstörung*; diese erscheint in Form von Hepatitis, Knochenbrüchen, Perforation des Nasenseptums oder des Gaumens.

Differentialdiagnostisch müssen syphilitische Gummen von anderen Granulomen, z.B. bei Tbc, oder von Tumoren abgegrenzt werden. Die Entstehung der Gummen setzt die Anwesenheit lebender Syphilisspirochäten in ihrem Inneren voraus, wenn auch deren Zahl gering ist.

28.9.6 Immunität

Wie bei jeder Infektion, so werden auch bei der Syphilis (Treponemen-)spezifische IgM- und IgG-Antikörper gebildet. IgM-Antikörper finden sich nur im Frühstadium der Infektion. Sie lassen sich eine Woche nach Infektionsbeginn nachweisen und verschwinden im Vergleich zu den IgG-Antikörpern rasch. IgG-Antikörper treten erst zwei Wochen nach Infektionsbeginn auf; im Gegensatz zu den IgM-Antikörpern bleiben sie jahrelang nachweisbar, auch dann, wenn die Infektion klinisch abgeheilt ist.

Lipidspezifische Antikörper

Neben den treponema-pallidum-spezifischen Antikörpern werden bei der Syphilis auch Antikörper gebildet, die nicht exklusiv spezifisch für T. pallidum sind. Sie sind als lipid-spezifische Antikörper bezeichnet worden und richten sich gegen Antigene aus Mitochondrien, stellen also körpereigene Antigene dar. Antikörper gegen derartige Antigene werden häufig gebildet, wenn Gewebe zerfällt, ihr Auftreten ist also nicht an das Vorliegen einer Syphilis gebunden. So treten sie auch bei Tumoren, Malaria oder Tbc auf, ebenso bei der Schwangerschaft.

Bedeutung der Antikörper und der T-Zellen für die Immunität

An der Immunität gegen Syphilis sind *Antikörper* und *T-Zellen* beteiligt. Ihr jeweiliger Anteil an der Erbringung der Immunleistung ist im Verlaufe der Erkrankung Schwankungen unterworfen, wobei sich die Immunität im Laufe der Zeit langsam aufbaut.

Im *Primärstadium* bildet sich eine Immunität in gewissem Umfang schnell aus; sie bietet dem Kranken offensichtlich schon in dieser Phase einen Schutz vor Superinfektionen: denn während des Primärstadiums treten Superinfektionen nur selten auf.

Im *Sekundärstadium* verstärkt sich der Schutz; Superinfektionen sind in diesem Abschnitt praktisch ausgeschlossen. Dennoch ist die Immunität im Sekundärstadium noch nicht vollständig ausgebildet: Die Erreger breiten sich in diesem Stadium trotz der hohen Antikörpertiter aus und vermehren sich in den Läsionen.

Ihre höchste Ausprägung erreicht die Immunität im *Latenzstadium*. In dieser Phase werden die Erreger so wirksam eingegrenzt, daß die Patienten nicht mehr kontagiös sind. Ausschlaggebend für diese Entwicklung ist die T-Zell-Reaktion.

Rolle der T-Zellen in den pathologischen Veränderungen der Tertiärsyphilis

Bei den pathologischen Veränderungen der Tertiärsyphilis spielen wahrscheinlich T-zell-abhängige Mechanismen die Hauptrolle. So stellen Gummen typische *Granulome* dar, wie sie auch bei anderen T-Zell-Reaktionen vorkommen. Außerdem zeigen die entzündlichen Prozesse in den Gefäßwänden *lymphozytäre Infiltrate*, die in dieser Form für die T-zell-abhängige Reaktion typisch sind. In den Gummen finden sich nur wenige infektiöse T.-pallidum-Organismen, obwohl die Gummen sehr ausgeprägte Gewebeveränderungen darstellen. Man nimmt an, daß die Treponemen der Gummen als Antigenstimulus wirken; dadurch würde sich auch die Tatsache erklären lassen, daß einige Testreaktionen, wie der TPHA- und der FTA-ABS-Test, lebenslang positiv bleiben. Die

Gummen schließen die Erreger wirksam ein: Die Patienten sind im Tertiärstadium nicht mehr kontagiös.

28.9.7 Angeborene Syphilis (Lues connata)

Pathogenese

Bei einer an Syphilis erkrankten, unbehandelten Schwangeren kann der Erreger aus der Blutbahn diaplazentar auf den Foetus übertragen werden und eine intrauterine Infektion verursachen. Dies wird möglich, sobald der Plazentarkreislauf ausgebildet ist, d. h. ab dem 4. Schwangerschaftsmonat. Eine adäquate Behandlung der Mutter vor dem 4. Schwangerschaftsmonat verhindert eine Infektion des Foeten, eine Behandlung der Mutter danach schließt eine Behandlung des Foeten wegen des Übertritts von Antibiotikum auf den Foeten mit ein.

Man schätzt das Infektionsrisiko für die Frucht bei einer Mutter mit unbehandelter Syphilis im Stadium II auf 80 bis 95%. Aber auch im Stadium I, während der Latenz und im Stadium III kann es zum Übertritt von T. pallidum in die Blutbahn und in der Folge zu einer Infektion des Foeten kommen.

Bei der angeborenen Syphilis lassen sich ein Frühstadium und ein Spätstadium unterscheiden.

Frühstadium

Beim Frühstadium treten die Krankheitserscheinungen (Tabelle 28.5) vor dem Ende des 1. Lebensjahres auf. Häufig finden sich Hautbläschen an den Handtellern und Fußsohlen (Pemphigus syphiliticus) und/ oder Hepato-Splenomegalie. Derartige Neugeborene sind hochkontagiös.

Spätstadium (Lues connata tarda)

Diese Erkrankung des Kindes entspricht dem Tertiärstadium des Erwachsenen: Das Kind wird erscheinungsfrei geboren und entwickelt erst später, d. h. nach vier Jahren und danach, typische Krankheitszeichen, der Patient ist nicht kontagiös; die Reaktionen auf Antikörper fallen aber positiv aus.

Die Symptome einer angeborenen Spätsyphilis manifestieren sich am Skelett, an den Zähnen und am Auge (Tabelle 28.6). Im einzelnen finden sich: Epiphysenwachstumsstörungen mit Erscheinungen an der Tibia, Labyrinthschwerhörigkeit, Armplexuslähmung (Erbsche Lähmung) und die sogenannte ***Hutchinsonsche Trias***: Sattelnase, eine Keratitis parenchymatosa, die zur Erblindung führen kann, und tonnenförmig gerundete, eingekerbte Schneidezähne.

Tabelle 28.5. Klinische Erscheinungen der Lues connata (Frühstadium)

Exanthem (Pemphigus syphiliticus)	Wie bei sekundärer Syphilis mit der Besonderheit von gelblich gefüllten Blasen in Hand- und Fußnagelbereich
Parrotsche Furche	Entsteht an Stellen plattenartiger Infiltrate um Körperöffnungen; am Mund entstehen beim Schreien des Kindes Risse mit lebenslangen Narben
Syphilitischer Schnupfen	Entsteht durch Entzündung der an die Haut angrenzenden Schleimhäute (oft erstes Symptom der Lues connata!)
Viszerale frühe Lues connata	Hepatomegalie, Splenomegalie, Nephropathie (Nephritis, nephrotisches Syndrom)
Frühe syphilitische Pneumonie	Mit diffuser interstitieller Fibrose
Frühe syphilitische Okulopathie	→ meist Chorioiditis Pneumonie

Tabelle 28.6. Klinische Erscheinungen der Lues connata (Spätstadium)

	Beginn nach dem 2. Lebensjahr, selten nach dem 30. Lebensjahr Bevorzugte Organe: Zähne, Skelett, Augen!
Osteochondritis	Bevorzugter Befall der Knochenwachstumszonen (bes. Femur und Humerus) → Epiphysenlösung mit Pseudoparalyse
Nasale Osteitis	→ Sattelnase
Periostitis	→ Säbelscheiden-Tibia → Verdickung der Innenseite der rechten Clavicula (Higoumenakis-Zeichen)
Arthropathie	→ Kniegelenkserguß
Odontopathie	→ Tonnenzähne (so breit wie lang, halbmondförmige Ausbuchtung der Schneidezahnkanten)
Okulopathie	→ Keratitis
Neuritis	→ Meist N. vestibulocochlearis betroffen mit Innenohrtaubheit
Hutchinsonsche Trias	Zusammenfassender Begriff für die Spätveränderungen – Tonnenzähne – Keratitis – Innenohrtaubheit

28.9.8 Labordiagnose

Die Diagnose der Syphilis kann bei frischen Läsionen durch den mikroskopischen Direktnachweis von Treponemen mit Hilfe der Dunkelfeldmikroskopie sehr wahrscheinlich gemacht werden. In der Hauptsache beruht sie aber auf dem Nachweis von spezifischen Antikörpern (Serodiagnose).

Dunkelfeldmikroskopie

Der dunkelfeldmikroskopische Nachweis von T. pallidum ist nur beim Primäraffekt und bei Vorliegen nässender Läsionen im Sekundärstadium erfolgreich. Sind Treponemen in Genitalläsionen mikroskopisch nachweisbar, so kann dies als positiver Ausfall gewertet werden. Im negativen Falle ist das Ergebnis ohne Aussagekraft. Schwieriger wird die Interpretation eines positiven Befundes bei Verdacht auf orale Syphilis, da hier Treponemen der Standortflora das Vorhandensein von Treponema pallidum vortäuschen können.

Serodiagnose

Die serologischen Nachweisreaktionen auf Syphilis sind die labordiagnostische Methode der Wahl. Mit ihrer Hilfe sollen folgende Fragen beantwortet werden:

- Ist eine Person überhaupt infiziert?
- Wenn ja, liegt eine behandlungsbedürftige Syphilis vor?
- Hatte eine ggf. durchgeführte Therapie Erfolg?

Die heute gebräuchlichen Methoden leisten diesen Erfordernissen Genüge. Man führt bei der Syphilisdiagnostik zunächst einen ***Suchtest*** durch. Ist dieser positiv, schließt man eine ***Bestätigungsreaktion*** und eine Reaktion zur Beurteilung der ***Therapiebedürftigkeit*** an, die gleichzeitig im Therapiefalle eine Reaktion zur Beurteilung des Behandlungserfolges darstellt.

Jeder Serotest zielt darauf ab, im Patientenserum solche Antikörper nachzuweisen, deren Spezifität sich ausschließlich auf die Antigene des Erregers bezieht. Diese Forderung gilt im besonderen Maße für die Diagnose der Syphilis; T. pallidum trägt nämlich zahlreiche Antigene, die auch bei Treponemen der körpereigenen Standortflora vorkommen. Dementsprechend kann eine nicht-infizierte Person Antikörper besitzen, die mit T. pallidum reagieren und eine falsch positive Reaktion auf Syphilis vortäuschen können. Derartige übergreifende Antikörper stören also; man sucht sie deshalb aus dem Patientenserum zu entfernen. Dies wird durch ***Absorption*** des Patientenserums mit solchen Treponemen erreicht, die sämtliche auf T. pallidum vorkommenden speziesübergreifenden Antigene tragen, nicht aber die speziesexklusiven Antigene von T. pallidum. Man benützt für die Absorption der speziesübergreifenden Antikörper abgetötete Treponemen des nicht-virulenten Reiter-Stammes.

Nachdem das Serum absorbiert ist, werden die eigentlichen diagnostischen Reaktionen durchgeführt (Tabellen 28.7 und 28.8).

Gebräuchliche Reaktionen (Tabellen 28.7)

Suchtest. Als Suchtest wird der TPHA-Test (Treponema-pallidum-Hämagglutinationstest) empfohlen. Dieser ist von hoher Empfindlichkeit und Spezifität und einfach durchzuführen. Er wird daher einmal nur zur Suche nach der Infektion eingesetzt, zum anderen auch bei der Untersuchung von Blutkonserven auf T.-pallidum-spezifische Antikörper.

Das Prinzip dieses Test besteht darin, daß absorbiertes Patientenserum Erythrozyten agglutiniert, die man mit speziesexklusiven T.-pallidum-Antigenen beladen hat. Der TPHA-Test erfaßt sowohl IgG- als auch IgM-Antikörper. Er wird in der zweiten Woche nach der Infektion positiv und bleibt es für viele Jahre nach Ausheilung der Erkrankung.

Bestätigungsreaktion: FTA-ABS-Test. Fällt der TPHA-Test positiv aus, so schließt man als Bestätigungsreaktion den FTA-ABS-Test (Fluoreszenz-Treponema-Antikörper-Absorptions-Test) an.

Das Verfahren beruht auf dem Prinzip der *indirekten Immunfluoreszenz*. Das absorbierte Patientenserum wird mit abgetöteten, auf einem Objektträger fixierten Treponemen des virulenten ***Nichols-Stammes*** zusammengebracht. (Der Nichols-Stamm wurde von einem Syphilitiker aus auf die Hoden von Kaninchen übertragen und wird seither in Passagen fortgezüchtet.) Wenn das Patientenserum Antikörper gegen die exklusiven Antigene von T. pallidum enthält, binden sich die Antikörper an die fixierten Nichols-Treponemen. Die gebundenen Antikörper können nach Abwaschen der nichtgebundenen Serumproteine mit einem fluoreszein-markierten Antihuman-Globulin nachgewiesen werden (Sandwich-Technik). Unter dem Fluoreszenzmikroskop erscheinen die Treponemen dann als helle, fluoreszierende Strukturen (s. Abb. 28.1).

Tabelle 28.7. Serologische Diagnostik der Lues

Eingesetzter Test	Prinzip	Einsetzen der Reaktivität	Titerverlauf	Beurteilung	Anwendung
Treponema pallidum-Hämagglutinations (TPHA)-Test	Agglutination Tr.-pallidum-beladener Schaferythrozyten durch spezifische Antikörper im Patientenserum	2.–3. Woche nach Infektionsbeginn	Auch nach ausreichender Therapie evtl. lebenslang reaktiv („Seronarbe")	Sehr hohe Spezifität, sehr hohe Empfindlichkeit	Suchreaktion
Fluoreszenz-Treponema-Antigen-Absorptions (FTA-ABS)-Test	Nachweis spezifischer Antikörper im Patientenserum nach deren Bindung an Treponema-pallidum-Antigen durch FITC-markiertes Antihumanglobulin	2.–3. Woche nach Infektionsbeginn	Auch nach ausreichender Therapie evtl. lebenslang reaktiv („Seronarbe")	Sehr hohe Spezifität, sehr hohe Empfindlichkeit	Bestätigungsreaktion, wenn TPHA zweifelhaft oder reaktiv
Veneral Diseases Research Laboratory (VDRL)-Test	Agglutination von Kardiolipin durch Antilipid-Antikörper im Patientenserum	4.–6. Woche nach Infektionsbeginn	Je nach Therapiebeginn schnelles Absinken der Titerhöhe zwischen 6–18 Monaten nach Therapiebeginn	Geringe Spezifität („charakteristische Reaktion")	Verlaufskontrolle, Therapiekontrolle (Titerabfall muß 3 Titerstufen betragen)
IgM-TPHA-Test	Nachweis von spezifischem IgM im Patientenserum nach dessen Auftrennung durch Säulenchromatographie oder Ultrazentrifugation	Am Ende der 2. Woche nach Infektionsbeginn	Absinken innerhalb von Monaten bis 1,5 Jahren (schneller bei Therapie)	Hohe Spezifität, hohe Empfindlichkeit	Zur Frühdiagnose und bei Lues connata zur Unterscheidung, ob „Leihtiter" von Mutter oder ob Infektion des Neugeborenen vorliegt. Allgemein zur Feststellung der Behandlungsbedürftigkeit

Der FTA-ABS-Test ist, ebenso wie der TPHA-Test, hochempfindlich und spezifisch. Er wird ebenfalls in der 2. Woche nach Infektionsbeginn positiv. Der FTA-Nachweis von *IgG-Antikörpern* bleibt lange nach Ausheilung der Infektion im Sinne einer sogenannten *„Seronarbe“* positiv, während der Titer nachweisbarer IgM-Antikörper innerhalb weniger Monate zurückgeht.

Diagnostische Bedeutung des Nachweises von IgG- und IgM-Antikörpern (Tabelle 28.8)

IgM-Antikörper zeigen grundsätzlich an, daß eine Infektion frisch ist, während das Vorliegen spezifischer IgG-Antikörper bei Fehlen von spezifischen IgM-Antikörpern anzeigt, daß keine frischen Läsionen vorliegen („Seronarbe“). Eine frische, *IgM-positive* Infektion ist *therapiebedürftig*, eine „Seronarbe“ nicht. Lediglich bei der Tertiärsyphilis kommt es zu therapiebedürftigen Krankheitserscheinungen, ohne daß IgM-Antikörper auftreten müssen. Will man IgM-Antikörper gesondert nachweisen, so muß man sie säulenchromatographisch oder durch Absorption von den IgG-Antikörpern im Patientenserum abtrennen und den TPHA-Test und/oder den FTA-ABS-Test mit den auf diese Weise gewonnenen Serumfraktionen durchführen.

Therapiekontrolle: Nachweis von lipidspezifischen Antikörpern durch den Kardiolipin-Mikroflockungs-(VDRL)-Test

Wie oben bereits ausgeführt, genügt der Nachweis von lipidspezifischen Antikörpern nicht für die Diagnose einer Syphilis.

Der Nachweis von lipidspezifischen Antikörpern hat dennoch einen festen Platz in der Serodiagnostik der Syphilis. Die lipidspezifischen Antikörpertiter bilden sich nämlich zurück, wenn die syphilitischen Läsionen abheilen. Diese Antikörper lassen sich zur Verlaufs- und Therapiekontrolle der Syphilis heranziehen; sie werden mit Hilfe des Kardiolipin-Mikroflockungs-Tests (VDRL, Venereal-Diseases-Research-Laboratory) bestimmt.

Kardiolipin ist ein aus Rinderherz extrahiertes Lipidantigen. Das Antigen wird an Cholesterin-Partikel gebunden und die beladenen Partikel mit dem Patientenserum zusammengebracht. Im positiven Fall ergibt sich eine Agglutination der Partikel. Dies ist vier bis sechs Wochen nach Infektionsbeginn bzw. 1–3 Wochen nach Auftreten des Primäraffektes der Fall. Tritt im Verlaufe der Behandlung ein Titerabfall um 3, besser 4, Titerstufen ein, so zeigt dies an, daß eine Therapie erfolgreich war. Ein geringerer Titerabfall deutet auf eine nicht oder nicht ausreichend behandelte Syphilis hin.

Da der Test auch bei anderen, mit Gewebezerfall einhergehenden Erkrankungen positive Ergebnisse liefern kann, sagt man: Die VDRL-Reaktion ist charakteristisch, aber nicht spezifisch. Sie eignet sich deshalb nicht als Such- oder Bestätigungsreaktion.

Serologische Liquorreaktionen

Ein besonderes Problem stellt die serologische Diagnose einer Neurosyphilis dar. Im Rahmen der Syphilis können Antikörper aus dem Serum in den Liquor *übertreten*; andererseits können sich bei einer Neurosyphilis im Liquor auch solche Antikörper finden, die in den entzündlichen Herden des *ZNS selbst* gebildet worden sind.

Bei Verdacht auf Neurosyphilis muß daher festgestellt werden, ob die im Liquor gefundenen Antikörper gegen T. pallidum im ZNS gebildet wurden oder nicht. Man bestimmt hierzu den ***„Intrathekalen T.-pallidum-Antikörper-Index (ITPA-Index)“***. Zur Berechnung des Index bestimmt man mit dem FTA-ABS-Test den Titer der treponemen-spezifischen IgG-Antikörper im Serum und im Liquor. Man setzt den erhaltenen Wert in Beziehung zu dem Gesamt-IgG im Serum und Liquor. Die entsprechende Formel lautet:

$$\frac{\text{T.-pall.-spez.IgG-Titer pro mg Gesamt-IgG (Liquor)}}{\text{T.-pall.-spez.IgG-Titer pro mg Gesamt-IgG (Serum)}}$$

Übersteigt der Index einen Wert von 2, so weist dies auf eine intrathekale Synthese von treponema-pallidum-spezifischen Antikörpern hin, was für die Diagnose „Neurosyphilis“ spricht. Bei einem ITPA-Index von über 2,0 sollte die Neurosyphilis behandelt werden, da jederzeit die Möglichkeit des Fortschreitens einer ***noch*** asymptomatischen zu einer symptomatischen Neurosyphilis gegeben ist. Hierbei spricht man von einer „asymptomatischen Neurosyphilis“, wenn bei Seropositivität des Liquors keine neurologischen Ausfallerscheinungen bestehen.

28.9.9 Therapie

Penizillin G ist das Mittel der Wahl gegen T. pallidum. Tetrazykline, Erythromycin und Cephalosporine kommen bei Penizillinallergie als Ersatzmittel in Fra-

Tabelle 28.8. Algorithmus zur serologischen Diagnostik der Syphilis

Tag	Untersuchung[1]	Ergebnis	Befund	Bewertung
1	TPHA-Test (Suchtest)	<1:80	Nicht reaktiv	Kein Nachweis von Antikörpern gegen T. pallidum Möglichkeiten: 1. Der Patient hatte niemals eine Infektion mit T. pallidum. 2. Der Patient ist mit T. pallidum infiziert, die Antikörper sind aber noch nicht in nachweisbaren Konzentrationen vorhanden. *Bei klinischem Verdacht:* Verlaufskontrolle (s. u.) 3. Der Patient kann keine Antikörper bilden. *Die Untersuchung ist mit diesem Ergebnis abgeschlossen.*
		≥1:80	Titerangabe	Der Patient hat(te) wahrscheinlich eine Infektion mit T. pallidum. *Am nächsten Tag (2.) sind weitere Untersuchungen notwendig.*
2	FTA-Abs-Test (Bestätigungstest)	Nicht reaktiv	Nicht reaktiv	Keine Bestätigung des TPHA. Da dies nicht kongruente Daten sind, *muß eine Kontrolle (mit neuer Serumprobe) durchgeführt werden.* In seltenen Ausnahmefällen kann der Befund mit einer „Seronarbe" bei niedrigem Antikörpertiter (im TPHA) vereinbar sein.
		Reaktiv	Reaktiv	Bestätigung des TPHA. Der Patient hat(te) eine Infektion mit T. pallidum. Über den Zeitpunkt der Infektion lassen sich mit Hilfe dieser beiden Tests keine Aussagen machen (Persistenz der Antikörper). *Zur Feststellung einer Behandlungsbedürftigkeit oder der Therapiekontrolle sind zusätzliche Tests erforderlich.*
	VDRL-Test[2,3]	Nicht reaktiv	Nicht reaktiv	Der Patient hatte eine Infektion mit T. pallidum, es besteht aber keine Behandlungsbedürftigkeit: „Seronarbe" *Die Untersuchung ist mit diesem Ergebnis abgeschlossen.*
		>1:16	Titerangabe	Der Patient ist behandlungsbedürftig. Ausnahme: Der Patient ist erst vor kurzem sicher mit einer ausreichenden Dosis Penicillin behandelt worden. *Die Untersuchung ist mit diesem Ergebnis abgeschlossen.*
		1:2, 1:4, 1:8	Titerangabe	Eine eindeutige Aussage ist nicht möglich. *Es sind zusätzliche Untersuchungen notwendig.* Geeignet sind eine Verlaufskontrolle (nach ca. 10–14 Tagen) oder eine Bestimmung spezifischer IgM-Antikörper (wenn eine ausreichend große Antikörpermenge im TPHA nachweisbar ist).
3–4	IgM-Bestimmung	Nicht reaktiv	Kein Nachweis von spezifischem	Der Patient hatte eine Infektion mit Treponema pallidum, es besteht aber **keine** Behandlungsbedürftigkeit: „Seronarbe" Ausnahme: bei länger bestehender Syphilis (z.B. Neurolues).[4]

[1] Bei allen serologischen Untersuchungen ist zu beachten, daß eine Titerschwankung von einer Titerstufe nicht als relevant zu bewerten ist.
Ein mindestens dreifacher Titeranstieg spricht für eine frische Infektion, ein zweifacher Anstieg ist verdächtig (Kontrolle).
Des weiteren muß bedacht weden, daß insbesondere „Nichtnachweise" bei Immunkompromittierten keine Entscheidung darüber zulassen, ob der Betreffende keinen Kontakt mit dem Erreger hatte oder trotz Kontakt keine Antikörper bilden kann.

[2] Der VDRL-Test wird meist innerhalb eines Jahres nach erfolgreicher Therapie wieder nicht reaktiv. Ein Titerabfall um mindestens zwei Titerstufen nach Therapie zeigt eine erfolgreiche Behandlung an.

[3] Der VDRL-Test kann auch bei anderen Erkrankungen, bei denen es zu einem Zellzerfall kommen kann (z. B. Malignome), erhöhte Titer anzeigen. Dies muß differentialdiagnostisch berücksichtigt werden.

[4] In diesen Fällen ist dann aber in der Regel ein deutlich erhöhter Titer im VDRL-Test nachweisbar.

Tabelle 28.8. (Fortsetzung)

Tag	Untersuchung	Ergebnis	Befund	Bewertung
		Reaktiv	Nachweis von spezifischem IgM	Der Patient hat eine frische Infektion und ist **behandlungsbedürftig.** Ausnahme: Der Patient ist erst vor kurzem mit einer ausreichenden Dosis Penicillin behandelt worden. *Die Untersuchung ist mit diesem Ergebnis abgeschlossen.*
Nach 10–14 Tagen	Verlaufskontrolle (TPHA-, FTA-Abs-, VDRL-Test mit neuer Probe)	s.o.	Titeranstieg (mindestens 3 Titerstufen)	Der Patient hat eine frische Infektion und ist **behandlungsbedürftig.** Ausnahme: Der Patient ist vor kurzem mit einer ausreichenden Dosis Penicillin behandelt worden.
			Kein Titeranstieg	Der Patient hatte eine Infektion mit T. pallidum, es besteht aber **keine Behandlungsbedürftigkeit: „Seronarbe"** Ausnahme: bei länger bestehender Syphilis (z.B. Neurolues).[4] *Die Untersuchung ist damit abgeschlossen.*
Nach Wochen	Therapiekontrolle (VDRL-Test mit neuer Probe)	s.o.	Titerabfall (mindestens 2 Titerstufen)	Der Patient ist **erfolgreich therapiert.** Ausnahme: Der Patient kann keine Antikörper nachbilden.

ge, Tetrazykline sollte man wegen der bekannten Nebenwirkungen in der Schwangerschaft und bei Kindern unter 8 Jahren nicht anwenden.

Frühsyphilis

Bei der Therapie der Frühsyphilis (die Infektion liegt weniger als 2 Jahre zurück) muß ein Penzillinspiegel von mindestens 0,03 I. E./ml im Serum wenigstens über 7 Tage aufrechterhalten werden. Als Minimaltherapie, die nur bei Frühsyphilis indiziert ist, injiziert man eine einmalige Gabe von 2,4 Mio E Benzathin-Penizillin als Depot. Dehnt man die Therapie der Frühsyphilis über zwei Wochen aus, so verbessert man die Heilungsaussicht nicht.

Bei konnataler Syphilis und Neurosyphilis sind täglich Einzelgaben notwendig, weil hier Depotpräparate keine ausreichend hohen Spiegel gewährleisten. Man verabreicht 50000 I. E. Penizillin G pro kg Körpergewicht i. m. oder i. v. täglich auf 2 Dosen verteilt über 10 Tage.

Auch bei Schwangeren ist Penizillin G das Mittel der Wahl. Eine Behandlung der Mutter und gegebenenfalls des Neugeborenen ist überhaupt in allen Zweifelsfällen indiziert; dazu gehören nicht deutbare serologische Befunde, Verdacht auf ungenügende Therapie und Ansteckung kurz vor dem Termin. Erythromycin als Base oder Stearat passiert die Plazenta nur in ungenügendem Umfange. Eventuell können Cephalosporine gegeben werden, die Verträglichkeit muß vorher am Patienten ausgetestet werden (Hauttest).

Nach der Therapie einer Frühsyphilis sollte man 3, 6 und 12 Monate nach Therapieende Kontrollen durchführen (VDRL-Test). Anschließend kontrolliert man über einige Jahre jährlich, es sei denn, der Patient gehört zu einer Risikogruppe für sexuell übertragbare Krankheiten. In diesem Fall ist die vierteljährliche Kontrolle geboten.

Jarisch-Herxheimer-Reaktion

Als seltene Komplikation der Syphilisbehandlung mit Penizillin tritt die Jarisch-Herxheimer-Reaktion auf. Man muß mit ihr besonders bei Erstbehandlung während einer treponemenreichen Phase (Lues I und II, Lues connata) rechnen. Durch den raschen massiven Erregerzerfall unter Penizillin-Einwirkung werden toxische Bakterienbestandteile freigesetzt; es entwickeln sich Fieberzustände (bis zu 40 °C) und eine Verstärkung der syphilitischen Exantheme, eventuell dekompensiert der Kreislauf. Die Symptome können durch Glukokortikoidgaben gemildert werden.

Spätsyphilis

Bei einer Spätsyphilis müssen drei Jahre lang Serum und Liquor in halbjährlichen Abständen kontrolliert werden. Dies gilt besonders dann, wenn zur Therapie der Primär- oder Sekundärsyphilis kein Penizillin G eingesetzt wurde.

28.9.10 Prävention

Kondome. Kondome bieten einen guten Schutz vor der Infektion. Eine Schutzimpfung gegen T. pallidum gibt es derzeit nicht.

Meldepflicht. Laut Gesetz zur Bekämpfung der Geschlechtskrankheiten ist eine Person, die an einer Geschlechtskrankheit (Syphilis, Gonorrhoe, Ulcus molle, Lymphogranuloma inguinale) leidet, verpflichtet, sich behandeln zu lassen. Eine namentliche Meldung hat zu erfolgen, wenn der Erkrankte sich einer Therapie entzieht.

28.9.11 T. endemicum

T. pallidum subsp. endemicum ist der Erreger der endemischen Syphilis (Bejel). Diese Form kommt in Jugoslawien vor. Sie wird nicht nur durch Sexualverkehr, sondern auch durch gemeinsam benutzte Gegenstände übertragen und findet sich dementsprechend auch häufig bei Kindern.

28.9.12 Framböse (Yaws) und Pinta

Framböse (Yaws). T.pallidum subsp. pertenue ist der Erreger der Framböse, einer Erkrankung, die in den Tropen auftritt. Sie verläuft ähnlich wie die Syphilis in drei Stadien. Die Übertragung erfolgt durch Schmierinfektion. Nach einer Inkubationszeit von 3–4 Wochen entsteht an der Eintrittsstelle des Erregers eine schmerzlose, gerötete Papel (himbeerartiges Aussehen: frz. framboise=Himbeere), die im weiteren Verlauf ulzerieren kann und schließlich abheilt. Das zweite Stadium beginnt 6–12 Wochen später und ist durch das schubweise, generalisierte Auftreten gleichartiger Läsionen gekennzeichnet. Im Tertiärstadium bilden sich gummenartige Läsionen und tiefe, chronische Ulzerationen, die zu Entstellungen besonders im Gesicht führen können. Das Mittel der Wahl ist Penizillin.

Pinta. T.carateum ist der Erreger der Pinta, einer Erkrankung, die ebenfalls primär in den Tropen auftritt. Besonders an den Händen, Füßen und auf der Kopfhaut entstehen nichtulzerierende, erythematöse Läsionen, die schubweise wiederkehren. Diese sind anfangs hyperpigmentiert, verlieren aber im Verlauf der Erkrankung die Pigmentierung und werden hyperkeratotisch. Das Mittel der Wahl ist Penizillin.

Zusammenfassung: Treponemen

Bakteriologie: Gattung besonders dünner, in der Gramfärbung schlecht darstellbarer Schraubenbakterien. Anzucht humanpathogener Treponemen auf künstlichen Kulturmedien nicht möglich. Mikroskopisch nur mit Spezialmethoden darstellbar.

Vorkommen: Mensch ist der einzige natürliche Wirt für T. pallidum und seine Subspezies.

Resistenz: Hochempfindlich gegenüber Umwelteinflüssen (Temperatur, pH etc.).

Epidemiologie: Weltweit verbreitet. Prävalenz: 3991 Fälle von Syphilis in der Bundesrepublik Deutschland 1985. Bei Männern häufiger als bei Frauen.

Zielgruppe: „HWG-Kreis". Personen mit häufig wechselnden GeschlechtspartnernInnen.

Übertragung: Horizontale (Schleimhautkontakt) und vertikale (transplazentar) Infektionswege möglich.

Pathogenese: Chronisch-zyklische Infektionskrankheit mit Verlauf in Stadien. Übertragung des Erregers → Primäraffekt → Primärkomplex (Primärstadium) → spontane Abheilung → Latenzphase → Generalisationsstadium mit vielgestaltigem Erscheinungsbild → nach dem Abklingen der Symptome → erneut Latenzphase → Tertiärsyphilis.

Pathomechanismen: Durch Befall der Endothelzellen kleiner Blutgefäße Entstehung einer Endarteriitis obliterans und Periarteriitis mit konsekutiver Verengung des Gefäßlumens und Minderperfusion befallener Gewebe. Neben der humoralen Immunantwort ist die T-zell-vermittelte zelluläre Immunreaktion wesentlich an der Entstehung der Gummata beteiligt.

Zielgewebe: Schleimhaut, lymphatisches Gewebe, ZNS, Haut, Gefäßsystem.

Klinik: Drei Formen: 1. Erworbene Syphilis. 2. Angeborene Syphilis. 3. Nicht-venerisch übertragene Syphilis. Verlauf in vier Stadien: Primärstadium, Latenzphase, Sekundärstadium, Latenzphase und Tertiärstadium mit unterschiedlicher Organmanifestation, z. B. tuberonodöse Hautsyphilide, kardiovaskuläre Syphilis, Neuro-Syphilis, Gummata.

Labordiagnose: Untersuchungsmaterial: Material aus Läsionen im Primär- und Sekundärstadium, Serum. Erregernachweis: Mikroskopischer Direktnachweis im Dunkelfeldpräparat aus Läsionen des Primär- und Sekundärstadiums. Serologisch: TPHA, FTA-ABS, VDRL und spezifischer IgM-Nachweis.

Therapie: Mittel der Wahl ist Penizillin G (CAVE! Jarisch-Herxheimer-Reaktion).

Prävention: Kondome.

Meldepflicht: Behandlungspflicht. Bei Behandlungsverweigerung namentliche Meldung.

29 Borrelien

H. Hahn

INHALTSÜBERSICHT

29.1 Allgemeines zur Gattung Borrelia . . . 472
29.2 Borrelia recurrentis, Erreger des Rückfallfiebers . . . 473
29.2.1 Vorkommen . . . 473
29.2.2 Epidemiologie . . . 473
29.2.3 Übertragung . . . 473
29.2.4 Pathogenese und Klinik . . . 473
29.2.5 Immunität . . . 473
29.2.6 Labordiagnose . . . 473
29.2.7 Therapie . . . 473
29.2.8 Prophylaxe . . . 473
29.3 Borrelia burgdorferi, Erreger der Lyme-Krankheit . . . 473
29.3.1 Geschichte . . . 473
29.3.2 Epidemiologie . . . 474
29.3.3 Übertragung und Pathogenese . . . 474
29.3.4 Klinik . . . 474
29.3.5 Immunität . . . 474
29.3.6 Labordiagnose . . . 474
29.3.7 Therapie . . . 474
29.3.8 Prävention . . . 474
Zusammenfassung . . . 475

29.1 Allgemeines zur Gattung Borrelia

Definition

Borrelien sind gramnegative, flexible Schraubenbakterien, die sich durch weite, irreguläre Spiralen auszeichnen. Borrelien lassen sich im Gegensatz zu Treponemen in künstlichen Kulturmedien züchten, sofern mikroaerophile Bedingungen gegeben sind.

Rolle als Krankheitserreger

Borrelia ***recurrentis*** ist der Erreger des ***Rückfallfiebers***, Borrelia ***burgdorferi*** der Erreger der ***Lyme-Krankheit*** (Erythema migrans chronicum).

Taxonomie

Die Gattung Borrelia gehört zur Familie der Spirochaeten und zerfällt in 16, je nach Vektor, unterscheidbare Arten. Medizinisch am bedeutsamsten sind die Arten Borrelia recurrentis und Borrelia burgdorferi.

Resistenz gegen äußere Einflüsse

Borrelien sind empfindlich gegenüber äußeren Einflüssen.

Kultur

Borrelien lassen sich in künstlichen Kulturmedien unter mikroaerophilen Wachstumsbedingungen zur Vermehrung bringen.

Identifizierung und Differenzierung

Morphologisch. Borrelien sind große gramnegative Schraubenbakterien von 10–30 μ Länge und einer Dicke von 3 μ. Die Spiralen sind unregelmäßig und haben einen Windungsabstand von 2–4 μ. Sie sind flexibel und beweglich. Durch die Flexibilität unterscheiden sie sich von den Spirillen. Zur Färbung verwendet man die Giemsa-Färbung (Dicker Tropfen) oder die Methode nach Wright.

Vorkommen

Borrelia recurrentis und Borrelia burgdorferi infizieren ein breites Spektrum von Nagetieren und anderen Säugern. Aus diesem Tierreservoir infizieren sich ***Zecken***. Die Erreger werden bei Zecken transovarial über Generationen hinweg vererbt. Auch die menschliche ***Körperlaus*** kann sich mit Borrelien infizieren; die Infektion der Läuse wird jedoch nicht transovarial weitergegeben.

29.2 Borrelia recurrentis, Erreger des Rückfallfiebers

29.2.1 Vorkommen

Borrelia recurrentis findet sich in Europa bei Läusen, in Amerika und Afrika in Zecken.

29.2.2 Epidemiologie

Das epidemische, durch Läuse übertragene Rückfallfieber tritt in Zusammenhang mit Kriegen, Überbevölkerung, Armut und schlechten Hygieneverhältnissen auf. In Deutschland gab es zuletzt 1868–1880, in Osteuropa während des 1. und 2. Weltkrieges größere Epidemien. Heute kommt Rückfallfieber in Deutschland nicht mehr vor. Es ist aber in Ägypten, Nordafrika, Nordamerika und in Ostindien endemisch. Dort wird die Infektion vorwiegend von Zecken (Ixodes-Arten) übertragen.

29.2.3 Übertragung

Borrelia recurrentis gelangt auf zwei Wegen in den menschlichen Körper: Bei der durch *Läuse* übertragenen Form des Rückfallfiebers werden die Borrelien mit dem Läusekot auf der Haut abgelagert. Wenn der Patient sich kratzt, werden die Erreger über kleine Schrunden und Risse in die Haut eingerieben. Bei der durch *Zecken* übertragenen Form wird der Erreger in die Haut injiziert.

29.2.4 Pathogenese und Klinik

Eine Woche nach Infektion entwickelt sich eine massive Bakteriämie, die zum Befall fast sämtlicher Organe führt. Die Krankheitserscheinungen beruhen auf der Wirkung des Zellwand-Endotoxins. Im Vordergrund stehen schwere Fieberanfälle, starke Kopfschmerzen und allgemeiner Kräfteverfall. Die Patienten versterben meistens an einer ***Myokarditis***. Die Fieberanfälle halten durchschnittlich drei bis sechs Tage an und sind von fieberfreien Intervallen von sechs bis zehn Tagen Dauer unterbrochen. In der Regel kommt es zu zwei oder drei Rückfällen.

29.2.5 Immunität

Der Grund für das rasche Abfallen der Fieberattacken liegt darin, daß Antikörper gegen die Oberflächenantigene von B. recurrentis gebildet werden. Durch deren Wirkung (Phagozytose) werden die Borrelien aus der Blutbahn eliminiert. Die Oberflächenantigene von B. recurrentis unterliegen aber einem raschen Wechsel (***Antigenvariation***), und der Rückfall kommt zustande, wenn sich neue Borrelien gebildet haben, deren Oberflächenantigene von den jeweils bereits gebildeten Antikörpern nicht erkannt werden. Es müssen dann wieder Antikörper gegen die neu aufgetretenen Antigene gebildet werden, bis der neue Anfall zurückgeht. Dieses Spiel setzt sich über mehrere Wochen fort.

29.2.6 Labordiagnose

Die Diagnose des Rückfallfiebers beruht auf der mikroskopischen Betrachtung eines nach Giemsa oder Wright gefärbten Blutausstriches. Unter dem Mikroskop sieht man zwischen den Erythrozyten gelegene Borrelien. Tierversuch und die Anzüchtung auf künstlichen Kulturmedien sind möglich, eine serologische Diagnose gibt es nicht.

29.2.7 Therapie

Tetrazykline sind das Mittel der Wahl.

29.2.8 Prophylaxe

Allgemeine Maßnahmen. Die wirksame Verhütung der Krankheit beruht auf der Bekämpfung von Läusen und einer allgemeinen Anhebung des Hygienestandards in den betroffenen Regionen. Erkrankte müssen abgesondert werden.

Meldepflicht (§ 3 BSeuchG): Verdacht, Erkrankung, Tod.

29.3 Borrelia burgdorferi, Erreger der Lyme-Krankheit

29.3.1 Geschichte

Das klinische Bild des Erythema migrans chronicum ist seit langem bekannt. Die Krankheit tritt im Sommer auf; sie wurde schon früh mit Zeckenstichen in Zusammenhang gebracht. In Old Lyme, Connecticut (USA), häuften sich 1975 Arthritis-Fälle (Lyme-Arthritis) bei Kindern, die durch epidemiologische Untersuchungen in Zusammenhang mit Zeckenstichen (Ixodes dammini) gebracht werden konnten.

1982 isolierte man aus diesen *Zecken* und später aus Krankheitsherden befallener Patienten eine bis dahin unbekannte Spirochäte, heute Borrelia burgdorferi genannt. Patienten mit Lyme-Arthritis besaßen Antikörper gegen diese Spirochäte. Bald erkannte man, daß die Borrelia burgdorferi auch den Erreger des Erythema chronicum migrans darstellt.

29.3.2 Epidemiologie

Die Lyme-Krankheit kommt weltweit vor. Da Zecken, in Europa ***Ixodes ricinus***, als Überträger wirken, findet sich die Erkrankung in waldreichen, zeckenreichen Gegenden, im deutschsprachigen Raum vorwiegend in ***Süddeutschland*** und ***Österreich***. Ixodes-ricinus-Arten sind dort bis zu 15% mit Borrelia burgdorferi verseucht. Die mit Borrelia burgdorferi infizierten Zecken sind in Ausbreitung begriffen.

29.3.3 Übertragung und Pathogenese

Durch Zeckenbiß gelangen die Bakterien in die Haut des Patienten und verbreiten sich über die Lymphbahnen zu den regionalen Lymphknoten; in anderen Fällen gelangen sie in die Blutbahn und erreichen das Gehirn, die Leber und die Milz. Auch gelangt der Erreger in die Gelenkflüssigkeit.

29.3.4 Klinik

Die Krankheit verläuft in Stadien.

Stadium I. Hauptsymptom ist die *Hautrötung*, das ***Erythema chronicum migrans***. Die Krankheit beginnt an der Zeckenbiß-Stelle und breitet sich kreisförmig aus. Es können im Rahmen der Generalisation des Erregers grippeähnliche Symptome, wie Fieber, Muskel- und Gelenkschmerzen sowie Nackensteifigkeit auftreten. Eine weitere Manifestation des Stadium I ist die Lymphadenosis cutis benigna.

Stadium II. Nach Wochen entwickelt sich eine Arthralgie.

In 13% der Fälle ist das Nervensystem im Sinne einer lymphozytären ***Meningitis*** (Garin, Bujadoux, Bannwarth), Poly-Meningo-Radikulitis oder chronischen Neuritits betroffen. Am Herz kann es zu Rhythmusstörungen und zu einer ***Myoperikarditis kommen.***

Stadium III. Dieses Stadium entwickelt sich nach Jahren. Es ist gekennzeichnet durch eine progressive ***Enzephalomyelitis***, ***Polyarthritis*** (Lyme-Arthritis) und an der Haut durch eine ***Acrodermatitis chronica atrophicans*** und Lymphknotenschwellung.

Der Erreger kann transplazentar übertragen werden; in der Folge kann es zu Abort oder Fehlbildungen kommen.

29.3.5 Immunität

Im Laufe der Erkrankung werden sowohl spezifische Antikörper als auch T-Zellen gebildet. Während den Antikörpern eine eindeutige Rolle bei der Diagnostik zugewiesen werden kann, ist der relative Beitrag, den T-Zellen bzw. Antikörper bei der Abwehr spielen, noch nicht abschließend geklärt.

29.3.6 Labordiagnose

Obwohl es möglich ist, Borrelia burgdorferi aus den Läsionen zu isolieren, gelingt der Nachweis nur selten. Die Labordiagnose beruht auf dem Nachweis von spezifischen ***Antikörpern*** durch Immunfluoreszenz und ELISA, bei Problemfällen durch Immunoblot. Die IgM-Titer sind drei bis sechs Wochen nach Krankheitsbeginn am höchsten, während der IgG-Titer langsamer ansteigt und erst Monate nach Krankheitsbeginn seinen Gipfel erreicht. Deshalb ist eine Verlaufsbeurteilung zur Therapiekontrolle nur in sehr großen Zeitabständen (Monate) möglich. Die Antikörper zeigen zahlreiche Kreuzreaktionen mit anderen Borrelien und T. pallidum, jedoch ist bei Patienten mit Lyme-Krankheit der VDRL-Test (s. S. 467) negativ.

29.3.7 Therapie

Tetrazykline sind im Stadium I das Mittel der Wahl, in den Stadien II und III Penizillin G oder Cephalosporine der 3. Generation (z. B. Cefotaxim).

29.3.8 Prävention

Allgemeine Maßnahmen. Eine sorgfältige Untersuchung des eigenen Körpers, insbesondere nach Wanderungen, Aufenthalt im Garten etc., auf Zecken erscheint derzeit die einzige wirksame Prävention darzustellen.

Eine Schutzimpfung existiert noch nicht, eine Meldepflicht besteht nicht.

Zusammenfassung: Borrelien

Bakteriologie: Zwei medizinisch bedeutsame Spezies (B. recurrentis, Erreger des Rückfallfiebers. B. burgdorferi, Erreger der Lyme-Erkrankung) umfassende Gattung von Schraubenbakterien. Anzucht in künstlichen Kulturmedien unter mikroaerophilen Bedingungen möglich.

Vorkommen/Epidemiologie: Anthropozoonose. Reservoir: Säugetiere (vor allem Nagetiere) und Primaten. Vektor: Laus (B. recurrentis), Zecken (B. burgdorferi u. a. m.) ***Rückfallfieber:*** Epidemien in Zeiten der Unkultur (Krieg, Hungersnot etc.). ***Lyme-Erkrankung:*** Weltweite Verbreitung, besonders in waldreichen Gebieten.

Zielgruppe: ***Rückfallfieber:*** Menschen, die unter schlechten hygienischen Umständen leben. ***Lyme-Erkrankung:*** Waldarbeiter, Touristen, Soldaten.

Übertragung: Läuse (B. recurrentis). Zecke; Ixodes-ricinus (B. burgdorferi).

Pathogenese
Rückfallfieber: Infektion → Borreliämie mit Freisetzung eines Endotoxins → Fieber → Sequestrierung der Erreger in verschiedenen Organen → afebrile Periode mit Antigenmodifikation → erneute Bakteriämie mit antigenetisch modifizierten Borrelien → zyklische Wiederholung dieses Prozesses bis zur definitiven Bildung von Antikörpern.
Lyme-Erkrankung: Infektion über die Haut → Ausbreitung über die Haut → lymphohämatogene Dissemination → Organbefall (Gehirn, Leber, Milz, Gelenke) → weiteres Schicksal des Erregers unklar → chronischer Infektionsprozeß.

Klinik
Rückfallfieber: Inkubationszeit schwer zu ermitteln. Remittierendes Fieber mit fieberfreiem Intervall von mehreren Tagen. Hauterscheinungen.
Lyme-Erkrankung: Wie bei anderen durch Spirochäten verursachten Erkrankungen Verlauf in Stadien. Stadium 1: Erythma chronicum migrans. Stadium 2: neurologische und kardiale Störungen. Stadium 3: Arthritis, Acrodermalitis, Enzepholitis.

Pathomechanismen
B. recurrentis: Endotoxinproduktion, zyklische Antigenmodifikation.
B. burgdorferi: Initiierung und Aufrechterhaltung eines chronisch entzündlichen Prozesses durch zur Zeit noch unbekannte Mechanismen.

Labordiagnose
B. recurrentis: Mikroskopie des nach Giemsa oder Wright gefärbten Blutausstriches. Tierversuch, Anzucht auf künstlichen Nährmedien möglich.
B. burgdorferi: Nachweis spezifischer Antikörper durch Immunfluoreszenz oder Immunoblot.

Therapie
Rückfallfieber: Tetrazyklin.
Lyme-Erkrankung: Tetrazykline im Stadium 1, danach Penizillin G oder Cephalosporine der 3. Generation.

Prävention: Vektorsanierung, Repellentien, Hygiene.

Vakzination: Keine.

Meldepflicht
Rückfallfieber: Verdacht, Erkrankung und Tod.
Lyme-Erkrankung: Keine.

30 Leptospiren

H. Hahn

INHALTSÜBERSICHT

30.1 Definition . . . 476
30.2 Rolle als Krankheitserreger . . . 476
30.3 Taxonomie . . . 476
30.4 Geschichte . . . 476
30.5 Namensgebung . . . 476
30.6 Aufbau . . . 476
30.7 Kultur . . . 476
30.8 Identifizierung und Differenzierung . . . 477
30.9 Resistenz gegen äußere Einflüsse . . . 477
30.10 Vorkommen . . . 477
30.11 Epidemiologie . . . 477
30.12 Übertragung . . . 477
30.13 Pathogenese . . . 478
30.14 Klinik . . . 478
30.15 Immunität . . . 478
30.16 Labordiagnose . . . 478
30.17 Therapie . . . 478
30.18 Prävention . . . 479
Zusammenfassung . . . 479

30.1 Definition

Mitglieder der Gattung Leptospira sind zarte, wellenförmige, an den Enden umgebogene Bakterien. Sie sind schlecht anfärbbar. Sie wachsen aerob, und die pathogene Art, Leptospira interrogans, braucht zur Anzucht Spezialkulturmedien.

30.2 Rolle als Krankheitserreger

Als Krankheitserreger ruft nur Leptospira interrogans Krankheiten (Leptospirosen) bei Tieren und Menschen hervor.

30.3 Taxonomie

Die Familie der Leptospirazeen enthält nur die eine Gattung Leptospira. Die Gattung enthält zwei Arten, Leptospira interrogans und Leptospira biflexa.

30.4 Geschichte

Das klinische Bild der Leptospirosen wurde bereits vor der Entdeckung des Erregers als fiebrige, durch Ikterus und Hämorrhagien gekennzeichnete Erkrankung beschrieben (***Weilsche Krankheit***). ***Stimson*** sah 1907 erstmalig Leptospiren in den Nierentubuli eines Mannes, der an einer fieberhaften Erkrankung mit Ikterus gestorben war. Hübner und Reiter (1915, 1916) sowie Uhlenhuth und Fromme (1915, 1916) übertrugen den Erreger der Weilschen Krankheit auf Meerschweinchen und erzeugten dadurch ein Krankheitsbild mit den typischen Symptomen der Leptospirose.

30.5 Namensgebung

Leptospira heißt *„zarte Windung“* [von leptos (gr.) = zart]. Das Beiwort „interrogans“ soll zum Ausdruck bringen, daß die Form der Leptospiren einem *Fragezeichen* ähnelt.

30.6 Aufbau

Der Aufbau von Leptospira interrogans entspricht dem Bauplan anderer Spirochäten.

30.7 Kultur

Leptospira interrogans läßt sich in flüssigen Spezialkulturmedien, die Albumin und langkettige Fettsäuren enthalten, unter aeroben Bedingungen anzüchten. Die notwendige Mindest-Einsaat ist sehr hoch. Die optimale Vermehrungstemperatur liegt bei 28–30 °C, der optimale pH-Wert zwischen 7,2 und 7,6. Leptospira interrogans ist ein langsam wachsendes Bakterium; seine Generationszeit beträgt 7–16 h, d. h. eine Kultur muß 6–14 Tage lang bebrütet werden.

30.8 Identifizierung und Differenzierung

Mikroskopisch. Leptospira interrogans läßt sich nicht mit den üblichen Methoden anfärben: für die mikroskopische Darstellung braucht man entweder die ***Dunkelfeld***beleuchtung oder aber die Verfahren der ***Immunfluoreszenz***. Der Erreger erscheint als schlankes, bewegliches Schraubenbakterium von 5–15 μ Länge und 0,10 μ Dicke. Die Spiralen sind enger gewunden als bei anderen Spirochäten, die Enden sind gekrümmt. Man hat die Form von Leptospira interrogans mit Kleiderbügeln oder Fragezeichen verglichen (Abb. 30.1). In flüssigen Medien rotieren die Mikroorganismen um ihre Längsachse.

Serologisch. Leptospira interrogans läßt sich serologisch in 18 *Serogruppen* unterteilen, die jeweils wiederum insgesamt in 150 Serotypen zerfallen.

30.9 Resistenz gegen äußere Einflüsse

Leptospira interrogans bleibt in Gewässern mit einem pH-Wert über 7,0 wochenlang vermehrungsfähig. Unter Säureeinwirkung, z. B. in leicht saurem Urin, wird der Erreger schnell abgetötet. Auch gegen Austrocknung und gegen Desinfektionsmittel sind Leptospiren sehr empfindlich.

30.10 Vorkommen

Das natürliche Reservoir für Leptospira interrogans umfaßt eine breite Vielfalt von wilden und domestizierten Säugetieren; dabei spielen insbesondere *Ratten* (Rattus norvegicus), Rinder, Schweine und Hunde eine Rolle. In den Nierentubuli dieser Tiere persistiert der Erreger oft lebenslang, ohne Krankheitserscheinungen hervorzurufen. Er wird mit dem Urin ausgeschieden und gelangt ins Wasser. Mit Leptospiren kontaminiertes *Wasser* ist für den Menschen die wichtigste Infektionsquelle.

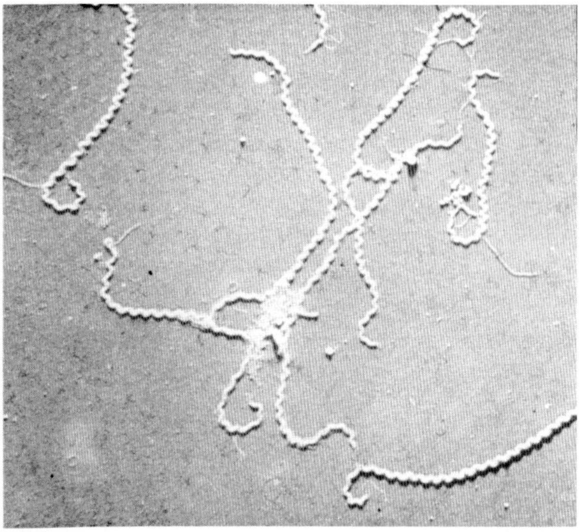

Abb. 30.1. Phasenkontrastaufnahme von Leptospiren

30.11 Epidemiologie

Leptospirosen sind typische Anthropozoonosen; sie sind *weltweit* verbreitet. Menschen werden beim Umgang mit Tieren infiziert, vor allem, wenn sie mit deren Urin oder mit Wasser, das mit Urin infizierter Tiere kontaminiert ist, in Kontakt kommen. Die Infektionen häufen sich vor allem in der sommerlichen Badesaison. Im Jahre 1989 wurden 23 Fälle in der „alten" BRD gemeldet.

Bergleute, Landarbeiter, Metzger, Hausfrauen, Kanalarbeiter oder Arbeiter in zoologischen Gärten können sich im Rahmen ihrer beruflichen Tätigkeit infizieren.

Leptospirosen treten in solchen Ländern besonders häufig auf, in denen landwirtschaftlich genutzte Flächen künstlich bewässert werden (z. B. Reisanbau in Asien).

30.12 Übertragung

Bei Kontakt mit dem Urin infizierter Tiere oder mit Wasser, das mit leptospirenhaltigem Urin kontaminiert ist, dringt der Erreger über kleinste ***Hautverlet-***

zungen in den Organismus ein (die hier gemeinten Verletzungen sind mit dem Begriff „normale Haut“ vereinbar); die Infektion kann auch über die Konjunktiva erfolgen oder aber, nach oraler Aufnahme, durch die Schleimhaut des oberen Gastrointestinaltraktes. Eine venerische oder transplanzentale Übertragung ist möglich. Die Übertragung von Mensch zu Mensch ist jedoch selten. Bei Leptospira interrogans, Serogruppe canicola, kann eine Kontaktübertragung vom Hund auf den Menschen erfolgen.

30.13 Pathogenese

Der Erreger gelangt von der Eintrittspforte in den regionalen Lymphknoten und vermehrt sich dort. Von dort aus bricht er in die Blutbahn ein. Im Verlauf der bakteriämischen Phase gelangen Erreger in den Liquorraum sowie in Leber, Nieren und andere Organe. Dort liegen sie im interstitiellen Raum, d. h. außerhalb von Zellen.

30.14 Klinik

Früher unterschied man die Leptospirosen, welche durch die einzelnen Serogruppen von Leptospira interrogans hervorgerufen werden. Da sie sich zwar durch gewisse Besonderheiten unterscheiden, diese aber hinter den Gemeinsamkeiten zurücktreten, benutzt man heute nur noch den Oberbegriff der Leptospirose. Leptospirosen beginnen nach einer *Inkubationszeit von 7–13 Tagen* mit Fieber und *Muskelschmerzen*; häufig wird dann die Fehldiagnose „Grippe“ gestellt. In diesem Stadium lassen sich Leptospiren aus Blut und aus dem Liquor anzüchten. Häufig findet man Erreger im Liquor, ohne daß klinische Hinweise auf eine Meningitis bestehen. Oft fehlt auch die zelluläre Reaktion im Liquor.

Die Fieberkurve verläuft *zweigipfelig*. Das Fieber läßt nach 3–8 Tagen nach, tritt danach aber wieder auf. In dieser „zweiten Phase“ können Meningitis, Muskelschmerzen, Vaskulitis, Kopfschmerzen, Ikterus, Hautexanthem und erythematöse Läsionen an der Tibia auftreten. Oft weisen die klinisch-chemischen Laborwerte auf eine Mitbeteiligung von Leber und Nieren hin (Hepato-renales Symptom). *Nierenversagen* ist möglich, aber meist reversibel.

Eine *pathogenetische Rolle der Immunreaktion* ist für die 2. Phase der Erkrankung wahrscheinlich: Die antimikrobielle Therapie bringt in dieser Phase keinen Nutzen; darüber hinaus lassen sich in den Fällen, in denen klinisch eine Meningitis besteht, aus dem Liquor keine Erreger anzüchten.

Die Erkrankung hält drei Wochen oder länger an. Ihre *Letalität* kann 10% erreichen. Die schwerste Form der Leptospirose wurde früher als *Weilsche Krankheit* oder ***Iktero-Haemorrhagie*** bezeichnet. Bei dieser Form kommt es zu einer kombinierten Schädigung der Leber und der Niere. Die Symptome sind Ikterus, Albuminurie, Petechien und subkonjunktivale Blutungen. Subklinische Verläufe sind häufig.

30.15 Immunität

Die Immunitätslage eines Individuums scheint maßgebend dafür zu sein, ob eine Leptospirose schwer oder leicht verläuft. Antikörper werden in der ersten Woche nach dem Auftreten von Krankheitserscheinungen gebildet. Über die Rolle von Antikörpern und T-Zellen bei der Abwehr ist wenig bekannt.

30.16 Labordiagnose

Die Labordiagnose einer Leptospirose beruht auf der *Anzüchtung* der Erreger und dem Nachweis von *Antikörpern* im Patienten.

Anzüchtung. In der ersten Krankheitswoche lassen sich Leptospiren aus dem ***Blut*** und dem ***Liquor*** cerebrospinalis anzüchten; von der 2. Krankheitswoche an läßt sich der Erreger aus frischem ***Urin*** isolieren.

Antikörpernachweis. Agglutinierende Antikörper treten im Verlauf der ersten Woche nach Einsetzen der klinischen Symptome auf. Man agglutiniert die bekannten Serotypen von Leptospira interrogans mit dem in Frage stehenden Patientenserum. Ein ***Agglutinin-Titer*** von 1:100 oder höher bei Vorliegen entsprechender klinischer Symptome wird als Hinweis auf eine Infektion akzeptiert; ein vierfacher Titeranstieg beweist eine frische Infektion. Man beobachtet die Agglutination unter dem Mikroskop in Dunkelfeldbeleuchtung.

30.17 Therapie

Penizillin und Tetrazykline beeinflussen den Krankheitsverlauf günstig, sofern sie während der ersten vier Tage der Bakteriämie gegeben werden. Eine später einsetzende antibiotische Behandlung zeitigt kaum noch Erfolge.

30.18 Prävention

Haustiere lassen sich gegen Leptospirosen ***vakzinieren***. Weitere Maßnahmen sind eine Kontrolle der Nager (Ratten!), Ableitung kontaminierter Gewässer sowie Aufklärung und Schutz gefährdeter Personen (Gummistiefel, Spritzdecken), Vorsicht ist beim Umgang mit rohem Schweinefleisch geboten.

Meldepflicht. Nach § 3 BSeuchG sind Erkrankung und Tod an Leptospirosen meldepflichtig.

Zusammenfassung: Leptospira

Bakteriologie: Wellenförmig gewundene, schlecht anfärbbare Bakterien. Wachstum in flüssigen Kulturmedien unter aeroben Bedingungen. Temperaturoptimum: 28–30 °C. Zwei Arten: Leptospira interrogans und Leptospira biflexa.

Vorkommen/Epidemiologie: Anthropozoonose, deren Erregerreservoir in Nagetieren und domestizierten Säugetieren liegt. Persistenz in den Nierentubuli und Ausscheidung mit dem Urin. Infektionsquelle: Kontaminiertes Wasser, infizierte Tiere.

Resistenz: Empfindlich für pH-Schwankungen, Trockenheit und Desinfektionsmittel.

Pathogenese: Aufnahme des Erregers über die Haut-Schleimhautbarriere → Vermehrung in den regionalen Lymphknoten → Bakteriämie → Organabsiedlung im interstitiellen Raum.

Zielgewebe: Niere, Leber, ZNS.

Klinik: Inkubationszeit 7–13 Tage. Zweiphasiger Fieberverlauf mit „grippalen" Symptomen der ersten Fieberepisode. Zweite Fieberepisode wird von iktero-hämorrhagischer Symptomatik begleitet (M. Weil). Leber- und Nierenschädigung möglich.

Labordiagnose: Direkter Erregernachweis aus Blut und Liquor in der ersten Krankheitswoche, aus frischem Urin in der zweiten Woche. Serologisch: Nachweis von agglutinierenden Antikörpern im Serum. ***Identifizierung:*** Mikroskopisch im Dunkelfeld oder mit der Immunfluoreszenz. Serologisch.

Therapie: Nur die frühzeitige antibiotische Behandlung (während der ersten vier Krankheitstage) hat Einfluß auf den Krankheitsverlauf. Mittel der Wahl sind Penizillin und Tetrazykline.

Prävention: Kontrolle des Erregerreservoirs durch hygienische Maßnahmen und Vakzination von Haustieren.

Meldepflicht: Erkrankung und Tod.

31 Rickettsien (Rickettsiazeen)

H. Hahn

INHALTSÜBERSICHT

31.1 Allgemeines zur Familie der Rickettsien . . 480
31.2 Epidemisches Fleckfieber (Epidemischer Flecktyphus) 481
31.3 Andere Rickettsiosen 482
31.4 Q-Fieber 482
Zusammenfassung 483

31.1 Allgemeines zur Familie der Rickettsien

Definition

Die Mitglieder der Familie der Rickettsiazeen (Rickettsien, Coxiellen und Rochalimeen) sind kleine pleomorphe, gramnegative Bakterien, die ein weites Spektrum von Säugetieren befallen. Sie werden, mit Ausnahme von Coxiella burnetii, durch Arthropoden übertragen.

Die Gattung Rickettsia und Coxiella sind obligate Zellparasiten: Sie vermehren sich nur in lebenden Zellen. Eine Ausnahme bildet die Gattung Rochalimea, deren Vertreter auch in künstlichen Nährmedien vermehrungsfähig sind.

Rolle der Rickettsiazeen als Krankheitserreger

Rickettsien befallen weltweit ein weites Spektrum von Säugetieren. Beim Menschen rufen sie die Rickettsiosen hervor (Tabelle 31.1). Für die Humanmedizin ist ***Fleckfieber*** von besonderer Bedeutung.

Geschichte/Namensgebung

Die Rickettsien wurden nach dem US-amerikanischen Bakteriologen ***Ricketts*** (1871–1910) benannt, der 1906 die Übertragungsweise und den Erreger des Felsengebirgsfleckfiebers (Rocky-Mountains-Spotted-Fever) entdeckte.

Während des 1. Weltkrieges wütete das *epidemische Fleckfieber* in verheerender Weise im osteuropäischen Raum. In den Jahren zwischen 1918 und

Tabelle 31.1. Die geographische Verteilung der häufigsten Rickettsiosen, ihre Erreger, Überträger und Reservoire

Erreger	Krankheit	Vorkommen	Überträger	Reservoir
Rickettsia prowazekii	Epidemisches Fleckfieber	Osteuropa	Körperlaus	Mensch
Rickettsia prowazekii	Brillsche Krankheit	USA, Australien	Keine[a]	Mensch
Rickettsia rickettsii	Felsengebirgsfleckfieber	USA	Zecken	Mensch
Rickettsia akari	Rickettsienpocken	Weltweit	Milben	Mäuse
Rickettsia tsutsugamushi	Tsutsugamushi-Fieber	S.-Pazifik, Asien	Milben	Nager
Rochalimea quintana	Wolhynisches Fieber (Fünftage-Fieber)	Ost- und Südosteuropa (in beiden Weltkriegen)	Kleiderläuse	Mäuse u.a. Nager
Coxiella burnetii	Q-Fieber	Weltweit, auch Mitteleuropa	Zecken, aerogen	Rinder, Schafe

[a] Rückfall von Fleckfieber

1920 dürften in Rußland 25 Millionen Menschen, das sind knapp ein Fünftel der damaligen Bevölkerung, an Fleckfieber erkrankt sein, von denen ca. 3 Millionen starben. Während des 2. Weltkrieges grassierte die Erkrankung vor allem in den deutschen Kriegsgefangenenlagern.

Taxonomie

Die Familie der Rickettsiazeen zerfällt in die Gattungen Rickettsia, Coxiella und Rochalimea.

Aufbau

Rickettsien sind echte Bakterien. Sie besitzen RNS und DNS sowie Ribosomen und Enzyme für die Synthese von Proteinen. In ihrem Aufbau folgen sie dem Bauplan gramnegativer Bakterien.

Kultur

Rickettsien der Gattungen Rickettsia und Coxiella sind ***obligat intrazelluläre*** Bakterien; sie wachsen nicht auf Bakteriennährböden, sondern nur in Zellkulturen oder Dottersackkulturen (Hühnerei). Zur Anzüchtung werden auch Mäuselunge und Mäusedarmpräparate verwendet.

Rochalimea quintana vermag sich extrazellulär in künstlichen Nährmedien zu vermehren.

Identifizierung und Differenzierung

Morphologisch. Unter dem Lichtmikroskop stellen sich Rickettsien als gramnegative, unbewegliche, pleomorphe meist kokkoide, vergleichweise kleine Bakterien dar. Ihr Durchmesser beträgt nur 0,3–0,5 μm. Die Erreger lassen sich, nach Giemsa gefärbt, intrazellulär nachweisen.

Kulturell. Eine Anzüchtung von Rickettsien sollte nur in ***Hochsicherheitslaboratorien*** wegen der hohen Laborinfektionsgefahr stattfinden. Eine Isolierung läßt sich aus Gewebe mit Hilfe von Gewebekulturen durchführen. Eine Spezies-Identifizierung gelingt dann mit spezifischen markierten Antikörpern.

Resistenz gegen äußere Einflüsse

Rickettsien sind sehr empfindlich gegen Hitze, Feuchtigkeit und Desinfektionsmittel, jedoch relativ resistent gegen Kälte und Trockenheit. Eine Ausnahme bildet C. burnetii: Diese Spezies besitzt eine hohe Widerstandsfähigkeit gegen Hitze, Austrocknung und Sonnenlicht.

Vorkommen

Rickettsien leben als obligate Zellparasiten in Zellen des Verdauungstrakts von ***Arthropoden***, vor allem von Läusen, Flöhen, Zecken, Milben; gelegentlich findet man sie frei in der Darmlichtung. Von Arthropoden aus werden sie durch Stich auf den Menschen übertragen.

Epidemiologie

Rickettsiosen kommen ***weltweit*** vor. Ihre geographische Verbreitung geht aus Tabelle 31.1 hervor. Der *endemische Flecktyphus* ist in Osteuropa heimisch, während in den USA das *Felsengebirgsfleckfieber* vorherrscht. Die einzige Rickettsiose, mit der man in Mitteleuropa tatsächlich rechnen muß, ist das ***Q-Fieber***.

31.2 Epidemisches Fleckfieber (Epidemischer Flecktyphus)

Rolle als Krankheitserreger

Das epidemische Fleckfieber wird durch ***Rickettsia prowazekii*** hervorgerufen. Die, auch als Hunger- oder Kriegstyphus bezeichnete Krankheit tritt unter schlechten hygienischen Bedingungen auf. Eine Schlüsselstellung kommt dabei der Verlausung der Bevölkerung zu. Das Fleckfieber ist eine Begleiterscheinung von Kriegszeiten und Hungersnöten. Es tritt in Gefangenenlagern auf, befällt aber auch Vagabunden und Flüchtlinge.

Übertragung

Die ***Körperlaus*** nimmt mit ihrer Blutmahlzeit bei einem bakteriämischen Rickettsienträger den Erreger auf. Man findet in den Läusefaeces nach 5–10 Tagen eine große Anzahl Rickettsien. Wird eine gesunde Person von einer derartig infizierten Laus gebissen, so gelangen rickettsienhaltige Faeces auf die Haut; beim Kratzen werden die Erreger in die Bißwunde eingerieben.

Eine weitere Übertragungsmöglichkeit ist dann gegeben, wenn mit rickettsienhaltigem Läusekot kontaminierter ***Staub*** über die Schleimhäute des Gastrointestinal- oder über den Respirationstrakt in den Körper gelangt.

Pathogenese

Die Erreger gelangen durch einen ***phagozytose***ähnlichen Prozeß in die ***Endothel***zellen der kleinen Blutgefäße. Wenn dort ihre Zahl eine bestimmte Größe überschritten hat, bringen sie die Zellen zum Bersten und werden in die Umgebung freigesetzt. Durch die Zerstörung der Endothelzellen entstehen Gefäßwandschädigungen. Der Befall des Gefäßendothels im Gehirn löst *zerebrale Blutungen* mit Bewußtseinsstörungen aus. In der Haut entwickeln sich Ekchymosen oder fleckförmige Exantheme. In der Folge hyperplasieren die Endothelzellen; es entstehen Entzündungsherde und Thrombosen und daraufhin Durchblutungsstörungen.

Klinik

Nach einer Inkubationszeit von 10–14 Tagen beginnt die Krankheit mit raschem Fieberanstieg, Kopf-, Muskel- und Gliederschmerzen sowie Atemwegs- und Herzsymptomen; Gedunsenheit des Gesichtes und eine Bindehautentzündung sind weitere Symptome. Zwei bis vier Tage später entwickelt sich eine ***Fieberkontinua***, die 8–10 Tage anhält. Vom 4.–7. Krankheitstag an findet sich ein makulopapulöses petechiales Exanthem, die sogenannten ***Fleckfieberroseolen***. Die zerebralen Gefäßschädigungen äußern sich in Bewußtseinstrübung bis hin zu Fleck„typhus" (griechisch typhos = Nebel), zu bulbärer Lähmung, ***Koma*** und Kreislaufversagen.

Brillsche Krankheit

Noch Jahre nach der Primärinfektion kann es zu einem Rückfall eines Fleckfiebers kommen. Man nennt diese ***späten Rückfälle*** Brillsche Krankheit. Die Brillsche Krankheit findet sich in den USA oder in Australien bei Einwanderern aus Osteuropa, wo sich die Patienten während des 2. Weltkrieges infiziert haben. Die Erreger *persistieren in Endothelzellen* und vermehren sich wieder, wenn die Immunität des Wirtes z.B. altersbedingt nachläßt. Wegen der bestehenden Restimmunität verläuft die Brillsche Erkrankung milder als das Fleckfieber.

Labordiagnose

Serologisch: Weil-Felix-Reaktion. Im Verlauf eines Fleckfiebers werden Antikörper gebildet, die mit den Proteus-Serotypen OX19 und OX2 kreuzreagieren. Diese Erscheinung läßt sich bei der Diagnose des Fleckfiebers ausnützen. Man führt mit Patientenserum und ***Proteus OX19*** eine Agglutinationsreaktion durch. Bei Vorliegen von Flecktyphus ergibt sich eine Agglutination. Die Reaktion ist nach ihren Erstbeschreibern Weil und Felix benannt worden.

Tierversuch. Obwohl es möglich ist, Rickettsia prowazekii in Versuchstieren (z.B. im Meerschweinchen) anzuzüchten, wird der Tierversuch wegen der damit verbundenen Gefahr von Laborinfektionen nur in wenigen Spezialinstituten durchgeführt.

Therapie. Tetrazykline und Chloramphenicol sind gut wirksam. Eine während der ersten Krankheitswoche durchgeführte Therapie führt zum Erfolg. Wenn erst einmal massive Gefäßschäden mit intravasaler Koagulation aufgetreten sind, verliert die Therapie an Effektivität.

Prophylaxe

Wirksame Maßnahmen sind Entlausung und häufiger Kleiderwechsel („Wäschewechsel ist den Läusen ein Greuel").

Meldepflicht. Verdacht, Erkrankung, Tod.

31.3 Andere Rickettsiosen

Weitere Rickettsiosen sind das murine Fleckfieber, das Rocky-Mountains-Spotted-Fever in den USA, das Tsutsugamushi-Fieber sowie das Wolhynische Fieber (Tabelle 31.1).

Von diesen Formen besitzt das ***Rocky-Mountains-Spotted-Fever*** in den Hochgebirgsstaaten der USA mit ca. 1000 gemeldeten Erkrankungsfällen pro Jahr eine gewisse Bedeutung. Es wird durch Zecken übertragen. Das Wolhynische Fieber ist in Osteuropa endemisch. Es zeichnet sich durch Fieberschübe aus, die alle 5 Tage wiederkehren. Der Erreger ist R. quintana, jetzt Rochalimaea quintana genannt. Die Krankheit verläuft gutartig.

31.4 Q-Fieber

Das Q-Fieber (Q von Queensland oder query = unklar) ist die einzige Rickettsiose, mit der in Mitteleuropa gerechnet werden muß. Es unterscheidet sich von den übrigen Rickettsiosen in mehrfacher Hinsicht.

Coxiella burnetii

Der Erreger Coxiella burnetii wird von Paarhufern (Rinder, Schafe), bei denen die Krankheit als Zoonose grassiert, auf den Menschen durch Inhalation erregerhaltigen Staubes übertragen. Coxiella burnetii reichert sich bei Tieren im Plazentagewebe an.

Resistenz gegen äußere Einflüsse

In der Außenwelt erweist sich Coxiella burnetii als äußerst resistent gegen Austrocknung.

Epidemiologie und Vorkommen

Q-Fieber ist hauptsächlich eine Erkrankung von Personen, die berufsmäßig mit Vieh umgehen.

Klinik

Q-Fieber äußert sich als systemische Infektion mit oder ohne Pneumonie. Die ***Q-Fieber-Pneumonie*** wird zu den „atypischen Pneumonien" gezählt. Das Q-Fieber kann auch mit Endokarditis einhergehen. Die ***Endokarditis*** findet sich vorwiegend bei Männern mit Herzschädigung. Meist ist die Aortenklappe mitbetroffen. Die Endokarditis wird häufig von Thrombozytopenie und Hypergammaglobulinämie begleitet. Eine Übertragung von Mensch zu Mensch findet nicht statt.

Diagnose

Die Diagnose erfolgt über den Nachweis von Antikörpern gegen Antigene von C. burnetii. Ein Antikörpertiter über 1:200 bei ansteigender Tendenz ist wegweisend. Ein serologischer Test auf Q-Fieber-Antikörper sollte routinemäßig durchgführt werden bei bakteriologisch negativer Endokarditis oder bei granulomatöser Hepatitis, bei der Blutkulturen serologisch negativ sind.

Therapie

Eine medikamentöse Therapie ist in der Regel nicht ausreichend, so daß häufig ein Aortenklappenersatz nötig wird.

Zusammenfassung: Rickettsien

Bakteriologie: Obligat intrazelluläre, gramnegative, pleomorphe Bakterien, die sich nur in lebenden Zellen vermehren können. Kein Wachstum auf künstlichen Nährmedien.

Vorkommen: Im Verdauungstrakt von Arthropoden.

Resistenz: Geringe Widerstandsfähigkeit gegen Umwelteinflüsse und Desinfektionsmittel.

Epidemiologie: Geographische Ausbreitung: Je nach Spezies unterschiedlich. Vektor: Arthropoden (Läuse, Zecken etc.). Reservoir: Säugetiere, Mensch. Endemisch in Kriegszeiten und Hungersnöten.

Zielgruppe: Ländliche Bevölkerung in zoonotischen Endemiegebieten. In Kriegszeiten und Hungersnöten rasche Ausbreitung.

Übertragung: Durch Arthropodenbiß oder Aufnahme rickettsienhaltigen Staubes über die Schleimhäute.

Zielgewebe: Fleckfieber- und Zeckenbißfiebergruppe: Gefäßendothelien Coxiella burnetii: Lunge, Leber, Endokard.

Pathogenese
Fleckfieber- und Zeckenbißfieber-Gruppe: Zoonotisches Endemiegebiet → Eindringen der Erreger durch Biß oder über Schleimhäute → phagozytoseähnliche Aufnahme in Gefäßendothelien → intrazelluläre Keimvermehrung → Vaskulitis mit Infiltration mononukleärer Zellen → Nekrose, Ödem, Thrombose → klinische Manifestation je nach anatomischer Lokalisation (ZNS, Lunge etc.).

Coxiella burnetii: Inhalation des Erregers → lokale Vermehrung → Rickettsiämie → granulomatöse Hepatitis mit lympho-monozytären Infiltraten und Riesenzellbildung → interstitielle (atypische) Pneumonie.

Klinik
Fleckfieber: Inkubationszeit: 10–14 Tage. Fieberanstieg, Fieberkontinua, Exanthem, Symptome bedingt durch Gefäßschäden.
Brillsche Krankheit: Rückfall einer ehemals durchgemachten Fleckfiebererkrankung.
Q-Fieber (Balkangrippe): Inkubationszeit ca. 20 Tage. Atypische Pneumonie, Hepatitis, Endokarditis.
Zeckenbißfieber: Je nach Spezies ausgeprägte Verlaufsformen, denen pathogenetisch die Vaskulitis gemeinsam ist.

Immunität:
Fleckfiebergruppe: Bei nachlassender Immunität Rückfallerkrankung.
Zeckenbißfiebergruppe: Erkrankung hinterläßt Kreuzimmunität zu anderen Spezies dieser Gruppe.
Q-Fieber: Hinterläßt solide Immunität. Stille Feiungen häufig.

Labordiagnose
Fleckfieber: Serologie (Weil-Felix-Reaktion), Tierversuch.
Q-Fieber: Serologie.
Zeckenbißfieber: Weil-Felix-Reaktion kann je nach Spezies positiv oder negativ ausfallen.

Therapie: Bei allen Rickettsiosen Mittel der Wahl Tetrazykline und Chloramphenicol.

Prävention: Epidemiologisch: Vektorsanierung. Impfprophylaxe möglich bei exponierten Personen.

Meldepflicht
Fleckfieber: Verdacht, Erkrankung und Todesfall.
Q-Fieber: Erkrankung und Todesfall.

32 Mykoplasmen und Ureaplasmen

H. Hahn

INHALTSÜBERSICHT

32.1 Mykoplasmen und Ureaplasmen 485
32.1.1 Definition 485
32.1.2 Rolle als Krankheitserreger 485
32.1.3 Taxonomie 486
32.1.4 Geschichte 486
32.1.5 Aufbau 486
32.1.6 Kultur 486
32.1.7 Identifizierung und Differenzierung 486
32.1.8 Vorkommen 487
32.2 Mycoplasma pneumoniae 487
32.2.1 Vorkommen 487
32.2.2 Epidemiologie 487
32.2.3 Übertragung 487
32.2.4 Pathogenese 487
32.2.5 Klinik 487
32.3 Mycoplasma hominis und Ureaplasma urealyticum 488
32.3.1 Epidemiologie 488
32.3.2 Pathogenese 488
32.3.3 Immunität 488
Zusammenfassung 489

32.1 Mykoplasmen und Ureaplasmen

32.1.1 Definition

Mykoplasmen und Ureaplasmen sind Bakterien, für die das Fehlen einer Zellwand charakteristisch ist. Diese Erreger sind echte Bakterien, d. h. sie besitzen sowohl DNS als auch RNS (Tabelle 32.1). Sie gehören nicht nur zu den kleinsten Bakterien; sie sind die kleinsten Lebewesen überhaupt, die außerhalb von Zellen vermehrungsfähig sind. Mykoplasmen vermehren sich extrazellulär auf Epithelzellen. Wegen der fehlenden Zellwand färben sich Mykoplasmen und Ureaplasmen nicht nach Gram, lassen sich aber mit der Giemsa-Färbung darstellen. Ureaplasmen spalten Harnstoff, Mykoplasmen nicht.

Tabelle 32.1. Beim Menschen am häufigsten gefundene Mykoplasma-Arten

	Mykoplasma-Spezies	Pathogenität
Respirationstrakt	M. pneumonia	Obligat pathogen
	M. orale	Fakultativ pathogen
	M. salivarium	Fakultativ pathogen
	M. faucium	Fakultativ pathogen
	M. buccale	Fakultativ pathogen
Urogenitaltrakt	M. hominis	
	Ureaplasma urealyticum	Fakultativ pathogen
	M. fermentans	

32.1.2 Rolle als Krankheitserreger

Von den zahlreichen bekannten Gattungen kommen nur drei Gattungen als Krankheitserreger beim Menschen in Betracht.

- ***Mycoplasma pneumoniae*** ist obligat pathogen und verursacht beim Menschen eine primär-atypische Pneumonie und andere Infektionen des Respirationstraktes.
- ***Mycoplasma hominis*** ist fakultativ pathogen und wahrscheinlich der Erreger von Infektionen des weiblichen Genitaltraktes (Vaginitis/Zervizitis).
- ***Ureaplasma urealyticum*** ist ebenfalls fakultativ pathogen und einer der Erreger von nichtgonorrhoischer Urethritis beim Manne und von Zervizitis bei der Frau.

32.1.3 Taxonomie

Die Gattungen der Mykoplasmen und Ureaplasmen bilden die Familie der Mycoplasmataceae. Die Gattung Mycoplasma enthält 60 Arten.

32.1.4 Geschichte

1898 entdeckten die Pasteur-Schüler ***Nocard*** und ***Roux*** den Erreger der Pneumonia contagiosa bovis, der ansteckenden Rinderpneumonie. 1937 isolierten ***Dienes*** und ***Edsall*** die ersten Mykoplasmen von Menschen und gaben ihnen den Namen ***„Pleuro-Pneumonia-Like-Organisms“***, abgekürzt PPLO.

1944 isolierte ***Eaton*** das „Eaton-Agent", einen der Erreger von atypischer Pneumonie des Menschen.

1945 wies ***Shepard*** bei der nichtgonorrhoischen Urethritis Ureaplasma urealyticum nach, und 1962 gelang es Chanock und Mitarbeitern, das „Eaton-Agent" auf einem zellfreien Kulturmedium anzuzüchten und das Mykoplasma zu identifizieren.

1947 wurde der Begriff Mycoplasma eingeführt.

32.1.5 Aufbau

Mykoplasmen und Ureaplasmen sind mit einem im Vergleich zu den übrigen Bakterien besonders kleinen Genom ausgestattet. Sie besitzen keine Zellwand, darüber hinaus fehlen ihnen auch Mesosomen, Geißeln, Pili und Kapseln. Auch die Enzymausstattung ist reduziert: Es fehlen *Cytochrome*. Im Gegensatz zu den Verhältnissen bei L-Formen ist das Fehlen der *Zellwand* bei Mykoplasmen ein genetisch stabiles Merkmal. Die Zellmembran der Mykoplasmen und der Ureaplasmen enthält *Cholesterin*, einen Baustein, der in der Zellmembran anderer Bakterien nicht vorkommt.

Aus dem Fehlen einer Zellwand leiten sich einige Besonderheiten der Mykoplasmen und der Ureaplasmen ab. So sind Mykoplasmen

- filtrierbar;
- gegen zellwandwirksame Antibiotika (z. B. Penizillin und Cephalosporine) unempfindlich;
- besonders empfindlich gegen Schwankungen des osmotischen Druckes, gegen Austrocknung und gegen homologes Antiserum;
- imstande, eine Vielfalt von morphologischen Formen auszubilden.

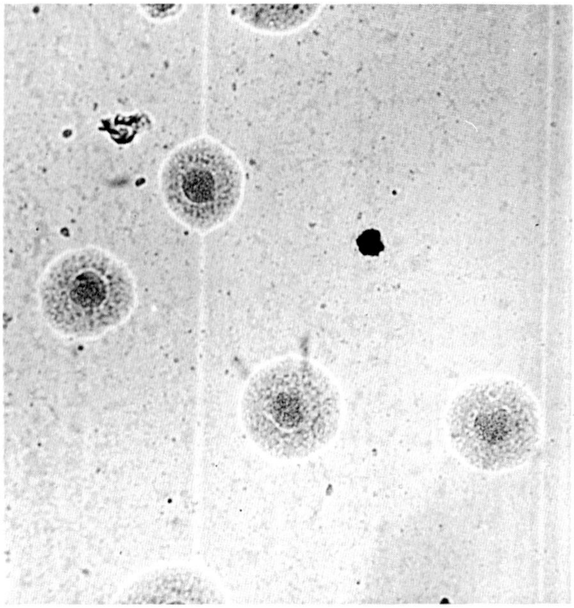

Abb. 32.1. Wachstum von Mykoplasmen auf festen Kulturmedien. Man beachte das „spiegeleiförmige" Erscheinungsbild der einzelnen Kolonien

32.1.6 Kultur

Mykoplasmen und Ureaplasmen sind fakultative Anaerobier. Sie lassen sich auf künstlichen Kulturmedien anzüchten, sofern diese durch einen Zusatz von Protein und Cholesterin angereichert werden; dies bewerkstelligt man durch die Zugabe von Pferdeserum zum Medium. Das Cholesterin wird zum Aufbau der Zellmembran benötigt.

Das Temperaturoptimum liegt bei 37 °C. Die Generationszeit beträgt 1–3, manchmal auch 6–9 Stunden. Nach 3–5 Tagen Bebrütungsdauer auf festen Kulturmedien entwickeln sich Mikrokolonien, die bei 10facher Vergrößerung unter dem Mikroskop gut sichtbar sind. Hierbei erscheinen die Kolonien von Mykoplasmen *spiegeleiförmig* (Abb. 32.1); dieses Aussehen kommt dadurch zustande, daß das Zentrum der Kolonien in den Agar hineinwächst. U. urealyticum bildet kleine, runde Kolonien aus.

32.1.7 Identifizierung und Differenzierung

Morphologisch. Mykoplasmen und Ureaplasmen lassen sich wegen ihrer Zellwandlosigkeit mit der Gram-Färbung nicht anfärben: Die Färbemethode der

Wahl ist die *Giemsa*-Färbung. Bei mikroskopischer Betrachtung eines Nativpräparates stellen sie sich als kokkoide, ring- und fadenförmige Strukturen dar (die fadenförmigen Formen erinnern gelegentlich an Pilzfäden. Die Namengebung nimmt hierauf Bezug). Die Größe liegt zwischen 100 nm und 600nm; sie schwankt stärker als bei anderen Bakterien.

Serologisch und biochemisch. Aufgrund von Membranantigenen und biochemischen Reaktionen lassen sich die einzelnen Mykoplasmenarten voneinander unterscheiden. Derartige Reaktionen werden aber nur in entsprechend ausgestatteten Speziallaboratorien durchgeführt.

32.1.8 Vorkommen

Mykoplasmen und Ureaplasmen sind zwar bei vielen Säugetieren verbreitet, die einzelnen Arten zeichnen sich aber durch ein eng *begrenztes Wirtsspektrum* aus. So gibt es Arten, die jeweils für Menschen, Mäuse, Rinder etc. pathogen sind. Die Erreger haften auf der Oberfläche von Schleimhautzellen im Urogenital- und im Respirationstrakt. Wegen ihrer Kleinheit und der dadurch bedingten Filtrierbarkeit entziehen sie sich leicht dem Nachweis, wenn man nicht gezielt nach ihnen sucht. Mykoplasmen und Ureaplasmen können eine Reihe von Stoffwechselreaktionen nicht durchführen. Sie sind daher darauf angewiesen, als ***extrazelluläre Parasiten*** auf den Schleimhäuten ihrer Wirtsorganismen zu wachsen. Von dort beziehen sie die benötigten Wuchsstoffe wie Cholesterin, Fettsäuren, einige Aminosäuren und Nukleotide. In Zellkulturen und -medien können Mykoplasmen als störende Kontaminanten vorhanden sein. In der experimentellen Medizin muß man deshalb Gewebekulturen stets auf Mykoplasmenfreiheit prüfen.

32.2 Mycoplasma pneumoniae

32.2.1 Vorkommen

Der Mensch ist das einzige Reservoir von M. pneumoniae. Dort besiedelt der Erreger die Epithelzellen des Respirationstraktes.

32.2.2 Epidemiologie

Infektionen durch Mycoplasma pneumoniae sind ***weltweit*** verbreitet. Sie treten in dichtbesiedelten Gegenden gehäuft auf und werden dort begünstigt, wo Menschen auf engem Raume zusammenleben, z. B. in Schülerheimen, Flüchtlingslagern, Notwohnungen u. a.

Am häufigsten erkranken Personen im Alter von 5–15 Jahren; bei Kindern unter 5 Jahren verlaufen die Infektionen mit M. pneumoniae meist subklinisch. Der Anteil von mykoplasmenbedingten Pneumonien an der Gesamtzahl der Lungenentzündungen bei Jugendlichen und jungen Erwachsenen beträgt etwa 15%.

32.2.3 Übertragung

M. pneumoniae wird durch Tröpfchen-Infektion übertragen.

32.2.4 Pathogenese

M. pneumoniae besitzt als Adhäsionsfaktor ein 168 kD Protein, mit dem sich der Erreger an einen neuraminsäurehaltigen Glykoproteinrezeptor von Respirationsepithelzellen bindet. Der Erreger dringt nicht in die Zelle ein, sondern bleibt auf der Zelloberfläche liegen, oder er dringt in den Interzellularraum ein. M. pneumoniae produziert H_2O_2 und Superoxide, die in Wirtszellen gelangen und dort zu einer Hemmung von Katalase führen. In der Folge reichern sich Peroxide intrazellulär an, und, zusammen mit den Superoxiden, führen sie zu einer Hemmung der Superoxiddismutase. Die Folge dieser Prozesse ist eine Ziliostase und teilweise eine Zerstörung der Zelle. Darüber hinaus interferiert M. pneumoniae auf verschiedene Weise mit dem Immunsystem (Induktion von Kälteagglutininen, polyklonale B-Zell-Aktivierung, zirkulierende Immunkomplexe, Unterdrückung einer Tuberkulinreaktion, T-Zell-Stimulation), so daß eine Autoimmun-Komponente bei dem Krankheitsbild diskutiert wird. Es kommt zu einer Tracheobronchitis und Bronchiolitis mit einer interstitiellen, sogenannten ***primär atypischen Pneumonie (PAP)***. Das entzündliche Exsudat enthält Epithelzellen, polymorphkernige Granulozyten und Makrophagen. Peribronchial finden sich Lymphozyten und Plasmazellen. Die Erreger dringen nicht tiefer in den Körper ein.

32.2.5 Klinik

Nach einer Inkubationszeit von 12–20 Tagen beginnt die Krankheit mit Fieber, Kopfschmerzen und Hu-

Tabelle 32.2. Erkrankung des Menschen durch M. pneumoniae

Respirationstrakt	Primär atypische Pneumonie (PAP) Infektionen des oberen Respirationstraktes (Tracheobronchitis) Pleuritis
Oropharynx	Otitis media Hämorrhagische bullöse Myringitis
Selten: Arthritis Karditis Enzephalitis Hämolytische Anämie	

stenreiz. Es werden geringe Mengen Sputum produziert. Neben der primär atypischen Pneumonie (PAP) sind Tracheobronchitis, Pleuritis und Otitis media charakteristische Krankheitsbilder (Tabelle 32.2).

Die Krankheit heilt innerhalb von 2–6 Wochen ab, tödliche Verläufe sind selten. Differentialdiagnostisch sind Ornithose, Q-Fieber, Legionellen-Infektionen und Viruspneumonien zu berücksichtigen.

Tabelle 32.3. Krankheitsbilder, an denen M. hominis und U. urealyticum beteiligt sein können

	M. hominis	U. urealyticum
Bei der Frau		
Bartholinitis	+	–
Vulvo-Vaginitis	+	–
Zervizitis	+	+
Endometritis	+	–
Salpingitis	+	–
Tubo-ovarialer Abszeß	+	–
Douglas-Abszeß	+	–
Fertilitätsstörungen	+	+
Puerperal-Infektionen	+	–
Clorioamnionitis	–	+
Beim Mann		
Nicht-gonorrhoische Urethritis	–	+
Prostatitis	+	+
Fertilitätsstörungen	–	+
Beide Geschlechter		
Pyelonephritis	+	–
Meningitis (selten)	+	–
Sepsis (selten)	+	–
Differentialdiagnose: Bakterien, Pilze, Trichomonaden, Chlamydien, Herpes-simplex-Viren		

32.3 Mycoplasma hominis und Ureaplasma urealyticum

U. urealyticum unterscheidet sich von Mykoplasmen durch seine Fähigkeit zur Harnstoffspaltung. Ureaplasmen wurden früher als T-Mykoplasmen (englisch „tiny“ = winzig) bezeichnet, da sie besonders kleine Kolonien bilden. M. hominis und U. urealyticum besiedeln den ***Urogenitaltrakt***, wo sie den Epithelzellen aufsitzen.

32.3.1 Epidemiologie

Man schätzt, daß ca. 20–30% aller Fälle von ***nichtgonorrhoischer Urethritis*** beim Mann und etwa 15% der Fälle von ***chronischer Prostatitis*** durch Ureaplasma urealyticum hervorgerufen werden. Die Häufigkeit, mit der Mycoplasma hominis von der Urogenitalschleimhaut isoliert wird, hängt von den Sexualgewohnheiten ab: Bei häufigem Partnerwechsel kann sie bis zu 60% betragen. Bei 10–15% aller ***Pyelonephritis***-Fälle finden sich Mykoplasmen im Harntrakt; die gefundenen Zahlen liegen allerdings meist unter den signifikanten Grenzwerten (s. u.), so daß ihre pathogenetische Bedeutung in dieser Körperregion dann fraglich ist.

32.3.2 Pathogenese

Im Gegensatz zu M. pneumoniae sind M. hominis und U. urealyticum fakultativ pathogene Krankheitserreger. Als Krankheitserreger muß man sie dann in Betracht ziehen, wenn ihre Zahl beim Vorliegen klinischer Symptome einen Wert von 10^3 bis 10^4 koloniebildenden Einheiten pro ml Ejakulat, Urethral- oder Prostatasekret überschreitet (sog. Grenzzahl). Die von diesen Erregern hervorgerufenen Erkrankungen sind in der Tabelle 32.3 zusammengefaßt. Eigentliche Virulenzfaktoren sind nicht bekannt.

32.3.3 Immunität

Bei der Mycoplasma-Infektion finden sich zunächst IgM-, dann IgG-Antikörper im Serum. Für den Infektionsschutz sind diese Antikörper aber weniger bedeutsam. Hauptträger der Immunität sind die lokalen IgA-Antikörper auf den Schleimhäuten des Respirations- bzw. des Urogenitaltraktes. Eine Schutzimpfung gegen M.-pneumoniae-Infektionen gibt es nicht.

Bei Patienten mit Infektionen durch Mycoplasma pneumoniae finden sich in 50% der Fälle ***Kälte-Agglutinine***. Es handelt sich hierbei um Autoantikörper, die mit dem I-Antigen der autologen Erythrozyten reagieren. Die Entstehungsweise dieser Kälte-Agglutinine ist noch unbekannt; sie sind nicht auf Mykoplasmeninfektionen beschränkt.

Labordiagnose der Mykoplasmen- und der Ureaplasmen-Infektionen

Untersuchungsmaterialien. Bei Infektionen des Respirationstraktes entnimmt man Rachenabstriche oder Sputum. Bei Infektionen des Urogenitaltraktes untersucht man Abstriche oder Sekrete aus dem Urogenitalbereich.

Anzüchtung. Die Anzüchtung von Mykoplasmen erfolgt auf speziellen Mycoplasma-Nährböden; diese enthalten hohe Konzentrationen von Penizillin, um die Begleitflora zu unterdrücken. Methylenblau wird zugefügt, um die apathogenen Mykoplasmenarten des Menschen zu hemmen. Nach 2–6 Tagen mikroaerophiler Bebrütung zeigen sich die typischen Kolonien unter dem Mikroskop (Abb. 32.1). Die Anzüchtung von M. pneumoniae erfolgt unter mikroaerophilen Bedingungen über mindestens 2–3 Wochen. Die charakteristische Kolonieform und -größe sind Kriterien, die im Routinelabor zur Gattungsdiagnose führen. Entscheidend ist der Zusatz von Pferdeserum als Cholesterinquelle, da Mykoplasmen einen hohen Bedarf an Cholesterin haben.

Antikörpernachweis beim Patienten. Als serologisches Verfahren zum Antikörpernachweis beim Patienten steht eine KBR mit Mykoplasmen-Antigen zur Verfügung.

Therapie

Mykoplasmen sind gegenüber Tetrazyklinen und Erythromycin empfindlich. Erwachsene werden mit Tetrazyklinen, Kinder und Schwangere mit Erythromycin behandelt.

Zusammenfassung: Mykoplasmen, Ureaplasmen

Bakteriologie: Zellwandlose Bakterien, benötigen cholesterinhaltige Kulturmedien zum Wachstum.

Vorkommen: Extrazellulär auf Schleimhautzellen verschiedener Wirtsspezies sowie in Gewebekulturmedien.

Resistenz: Gegen Penizilline, Cephalosporine.

Epidemiologie: Weltweit.

Zielgruppe: Keine besondere Zielgruppe.

Übertragung: Tröpfcheninfektion (M. pneumoniae) bzw. Sexualverkehr (M. hominis, Ureaplasma urealyticum).

Pathogenese: Infektionen des Respirationstraktes (M. pneumoniae) bzw. des Urogenitaltraktes (M. hominis, U. urealyticum).

Rolle der Virulenzfaktoren: H_2O_2-Bildung durch M. pneumoniae auf Flimmerepithelzellen. Bei M. hominis und Ureaplasma urealyticum keine besonderen P.-Faktoren bekannt.

Klinik: Primär atypische Pneumonien (PAP), nichtgonorrhoische Urethritis, Zervizitis.

Diagnose: Erregeranzüchtung. KBR bei PAP.

Therapie: Tetrazykline, Erythromycin.

33 Chlamydien

H. Hahn

INHALTSÜBERSICHT

33.1 Allgemeines zur Gattung der Chlamydien 490
33.2 Chlamydia trachomatis 492
33.2.1 Rolle als Krankheitserreger 492
33.2.2 Vorkommen 492
33.2.3 Klinik 493
33.2.4 Labordiagnose von Chlamydia-trachomatis-Infektionen 494
33.2.5 Therapie 495
33.3 Chlamydia psittaci 495
33.3.1 Rolle als Krankheitserreger 495
33.3.2 Vorkommen 495
33.3.3 Epidemiologie und Übertragung 495
33.3.4 Klinik 495
33.3.5 Immunität 495
33.3.6 Labordiagnose 495
33.3.7 Therapie 496
33.3.8 Prävention 496
33.4 Chlamydia pneumoniae 496
Zuammenfassung 496

33.1 Allgemeines zur Gattung der Chlamydien

Definition

Chlamydien sind eine Gattung von obligat intrazellulären Bakterien, die sich nur im Inneren eukaryonter Zellen vermehren.

Rolle der Chlamydien als Krankheitserreger

C. trachomatis erzeugt je nach Serotyp am Auge Trachom und Einschlußkörperchen-Konjunktivitis bzw. im urogenitalen Bereich Urethritis, Endometritis, Salpingitis. Eine besondere Stellung kommt den Erkrankungen des Neugeborenen zu. Hier findet man Konjunktivitis und Pneumonien.

C. psittaci ist der Erreger der Ornithose, auch Papageienkrankheit oder Psittakose genannt (Tabelle 33.1).

Taxonomie

Die Gattung Chlamydia gehört zu der Familie der Chlamydiazeen. Die Gattung besteht aus drei Arten, C. trachomatis, C. pneumoniae (TWAR) und C. psittaci.

Tabelle 33.1. Von Chlamydien hervorgerufene Erkrankungen

Erreger	Zielorgan	Krankheit
C. trachomatis		
– Serotypen A, B, C	Auge	Trachom
– Serotypen D bis K	Urogenitalsystem	Nichtgonorrhoische Urethritis, Zervizitis, Endometritis, Salpingitis, Proktitis, Epididymitis
	Auge	Einschlußkörperchen-Konjunktivitis, Neugeborenen-Konjunktivitis
	Lunge	Pneumonien bei Neugeborenen und Säuglingen
– Serotypen L1, 2, 3	Genitalien	Lymphogranuloma inguinale (venereum)
C. psittaci	Lunge	Ornithose
C. pneumoniae (TWAR)	Lunge	Interstitielle Pneumonie

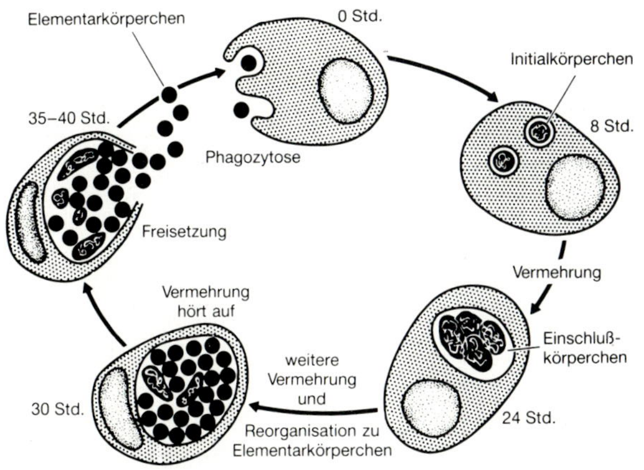

Abb. 33.1. Entwicklungszyklus von Chlamydien

Namensgebung

Der Begriff Chlamydien leitet sich von Chlamys (gr. der Mantel) ab. Früher hießen Chlamydien „Erreger der PLT-Gruppe", so benannt nach den von ihnen hervorgerufenen Krankheiten Psittakose, Lymphogranuloma inguinale und Trachom.

Geschichte

1907 wies ***v. Prowazek*** Einschlußkörperchen in Konjunktival-Epithelzellen von ***Trachom***-Patienten nach.

Während der Epidemie von 1929–1930 entdeckte ***Levinthal*** in Geweben von infizierten Papageien charakteristische Einschlußkörperchen. Den ursächlichen Zusammenhang mit der ***Ornithose*** bewies ***Bedson*** (1930). Die Anzucht von C. psittaci gelang im Dottersack von Hühnerembryonen (1935). 1957 züchteten ***Tang*** und Mitarbeiter C. trachomatis im Dottersack von Hühnerembryonen.

Obwohl Chlamydien echte Bakterien sind, wurden sie wegen ihres obligat intrazellulären Parasitismus zunächst als große Viren angesehen.

Aufbau

Chlamydien sind echte Bakterien. Sie enthalten DNS und RNS; außerdem besitzen sie Ribosomen, eine zytoplasmatische Membran und eine Zellwand, die im Aufbau derjenigen gramnegativer Bakterien entspricht. Es fehlt ihnen jedoch die Enzym-Ausstattung für die Synthese von ATP und für die Oxidation von NAD. Chlamydien sind daher auf eukaryonte Wirtszellen als ATP-Quelle angewiesen: Sie verhalten sich als Energieparasiten.

Chlamydien liegen in extrazellulärer und in intrazellulärer Form vor.

Elementarkörperchen. Die extrazelluläre Form wird als Elementarkörperchen bezeichnet. Es ist ein kugelförmiges Bakterium von 0,25 bis 0,3 μ Durchmesser (Abb. 33.1), das von einer dreischichtigen Zellwand umgeben wird, die ähnlich aufgebaut ist wie die Zellwand anderer gramnegativer Bakterien. Es fehlt ein biologisch aktives Endotoxin. Das Elementarkörperchen ist die infektiöse Form der Chlamydien.

Initialkörperchen. Hierbei handelt es sich um die intrazelluläre Form. Der Durchmesser des Initialkörperchens beträgt 1 μ. Es wird von einer flexiblen dreischichtigen Zellwand umgeben, die sehr zerbrechlich ist. Das Initialkörperchen ist nicht infektiös.

Einschlußkörperchen. Vermehren sich die Chlamydien intrazellulär zu hohen Zahlen, so bilden sie intrazellulär das Einschlußkörperchen (s. unten).

Vermehrung

Chlamydien lassen sich nur im Inneren lebender Zellen zur Vermehrung bringen. Hierzu eignen sich Kulturen von McCoy-Zellen, die ihrerseits durch Zugabe von Cycloheximid an der Vermehrung gehindert werden.

Der Vermehrungszyklus der Chlamydien (Abb.33.1) nimmt etwa 72 h in Anspruch. Er beginnt mit der Anheftung des Elementarkörperchens an die Membran der Zielzelle. Hierbei reagiert eine hitzestabile Struktur auf der Oberfläche des Elementarkörperchens mit einem trypsinempfindlichen Rezeptor auf der Zielzell-Oberfläche. Das Elementarkörperchen wird dann über einen *phagozytose-ähnlichen* Prozeß in das Innere der Zelle hereingenommen, wo es in einem *Phagosom* eingeschlossen ist. In diesem Zustand *verhindern* die Chlamydien die *Verschmelzung* von Lysosomen und Phagosomen und entziehen sich dadurch der Wirkung der lysosomalen Enzyme der Wirtszelle. Der molekulare Mechanismus der Verschmelzungshemmung ist unbekannt.

Etwa ein bis zwei Stunden nach der Infektion bilden sich die in die Zelle eingedrungenen Elementarkörperchen zu Initialkörperchen um. Diese sind größer als die Elementarkörperchen. 12 h nach Infektion beginnen sie, sich durch Teilung zu vermehren. Die neugebildeten Initialkörperchen bleiben an einer Stelle. Die Initialkörperchen von C. trachomatis werden gemeinsam von einer Glykogenschicht umschlossen. Es entsteht auf diese Weise eine neue Struktur im

Zellinneren, das ***Einschlußkörperchen***. Die Glykogenschicht läßt sich durch Jod anfärben, was die Grundlage des diagnostischen Nachweises von C. trachomatis mittels der Jodfärbung darstellt. Das Einschlußkörperchen nimmt durch die Vermehrung der Initialkörperchen so sehr an Größe zu, daß der Kern der Wirtszelle eingedellt wird (Abb. 33.1).

Nach 24 h verkleinern sich die neugebildeten Initialkörperchen und bilden sich unter fortwährender Vermehrung zu Elementarkörperchen zurück. Nach 72 h ist der Vermehrungsvorgang abgeschlossen: Sowohl das Einschlußkörperchen als auch die Zelle *bersten*; die neugebildeten Elementarkörperchen werden freigesetzt und können nun weitere Zellen befallen.

Die Initialkörperchen von C. psittaci bilden im Gegensatz zu C. trachomatis keine Glykogenschicht und verteilen sich diffus im Zytoplasma. Sie lassen sich dementsprechend nicht mit der Jodfärbemethode anfärben.

Identifizierung und Differenzierung

Mikroskopisch. Chlamydien sind größer als Viren (0,3–0,5 μm im Durchmesser). Man kann sie intrazellulär mit der Giemsa-Methode oder fluoreszenz-serologisch anfärben; sie lassen sich dann mit Hilfe des Lichtmikroskops als Einschlüsse darstellen. C. trachomatis läßt sich aufgrund des neugebildeten Glykogens in der Umhüllung des Einschlußkörperchens auch mit Jod färben.

Serologisch. Chlamydien tragen einen hitzestabilen Lipid-Kohlehydratkomplex (LPS) in der Zellwand. Der Komplex ist biologisch unwirksam; er dient als Gruppenantigen bei der Einteilung der Chlamydien. Die von diesem Antigen hervorgerufenen Antikörper lassen sich beim Patienten durch die KBR nachweisen. Daneben enthält die Zellwand Typenantigene, die sich aus Proteinen zusammensetzen. Bei C. trachomatis liefern sie die Grundlage zu einer Einteilung in Serotypen.

Eine Unterscheidung der Arten C. trachomatis und C. psittaci erfolgt auf Grund von Merkmalen, die in Tabelle 33.2 aufgeführt sind.

Resistenz gegen äußere Einflüsse

Chlamydien sind gegen Einflüsse aus der Umgebung sehr empfindlich; sie überleben außerhalb von lebenden Zellen nur für sehr kurze Zeit. Ihre Ausbreitung kann daher nur durch engen Kontakt (C. trachomatis) oder über kurze Distanzen durch kontaminierten Staub und Tröpfchen erfolgen (C. psittaci).

Tabelle 33.2. Merkmale der Arten C. trachomatis und C. psittaci

C. trachomatis	C. psittaci
Sulfonamid-empfindlich	Sulfonamid-unempfindlich
Glykogen im Einschluß-körperchen	Kein Glykogen im Einschluß-körperchen
Guanin- und Cytosin-Gehalt der DNS:	
Ca. 44%	Ca. 41%

Immunität

Chlamydia trachomatis induziert die Bildung von *Antikörpern* und von *spezifischen T-Zellen*. Bei der Pathogenese des Trachoms spielen T-zell-abhängige Immunreaktionen sicherlich eine Rolle. Bei den unspezifischen Genitalinfektionen werden lokal Antikörper der Klasse IgA gebildet. Bei Frauen, die eine aufsteigende Chlamydieninfektion durchmachen, bilden sich auch IgG-Antikörper, die sich im Serum nachweisen lassen.

33.2 Chlamydia trachomatis

33.2.1 Rolle als Krankheitserreger

Die Einteilung in Serotypen ist bei C. trachomatis deshalb von Interesse, weil bestimmte Serotypen bestimmte Krankheiten hervorrufen:

Serotypen A–C erzeugen das Trachom;

Serotypen D–K verursachen die Einschlußkörperchen-Konjunktivitis, die nicht-gonorrhoische Urethritis, Zervizitis, Endometritis, Proktitis und die Neugeborenen- und Säuglingsinfektionen (s. Tabelle 33.1);

Serotypen L1–L3 sind die Erreger des Lymphogranuloma venereum (L. inguinale).

33.2.2 Vorkommen

C. trachomatis ist in ihrem Vorkommen ausschließlich auf den Menschen beschränkt. Der Erreger findet sich in der Schleimhaut des Auges oder des Genitalsystems.

33.2.3 Klinik

Trachom

Definition. Das Trachom (gr. Rauheit; Synonyme: Granulose, ***Körnerkrankheit der Bindehaut***, Ägyptische Augenentzündung), hervorgerufen durch die Serotypen A bis C, ist eine schwere, chronisch verlaufende Konjunktivitis und Keratitis, die häufig zur *Erblindung* führt.

Epidemiologie. Weltweit dürften 500 Millionen Menschen an Trachom erkrankt sein. Die Krankheit ist in Ägypten, China und Indien endemisch; dort stellt sie die häufigste Ursache von Erblindung dar. Sie tritt besonders im Kindesalter auf. Die Verbreitung des Trachoms ist ursächlich mit mangelnder Hygiene bei gleichzeitig niedrigem Lebensstandard verbunden.

Übertragung. Der Trachomerreger wird innerhalb enger Lebensgemeinschaften, insbesondere der Familie, durch Schmierinfektion übertragen. Die häufigsten Übertragungswege sind: vom Finger zum Auge, über gemeinsam benützte Handtücher, Waschlappen, Kleidung und Bettzeug. Oft ist die an Trachom erkrankte Mutter die Infektionsquelle. Indirekt kann die Krankheit ebenfalls übertragen werden, vor allem durch Fliegen.

Pathogenese und Klinik. Bei der Infektion gelangen die Chlamydien zunächst in Form der Elementarkörperchen in das Innere der Konjunktival-Epithelzelle. Als Folge der Erstinfektion bildet sich innerhalb von fünf bis 7 Tagen eine akute ***eitrige Konjunktivitis*** aus, die mit Zellzerstörung einhergeht. Die akute eitrige Konjunktivitis geht häufig zurück. Wenige Tage nach Abklingen der akuten Konjunktivitis entwickeln sich in der Konjunktiva des Oberlids die typischen Erscheinungen des Trachoms, die ***Follikel***, grauglasige, bis zu 1 mm große Körner, die sich aus Makrophagen und Lymphozyten zusammensetzen. Ihrer Entstehung liegen T-zellabhängige Immunreaktionen zugrunde. Die Oberfläche der Bindehaut wird körnig verändert („Skibuckel-Piste"). Es kommt zur ***Pannus***-Bildung. Die Entzündung chronifiziert und vernarbt. Die narbig veränderten Lider verziehen sich und drehen sich augenwärts (Entropium). Die Wimpern kehren sich einwärts und reiben auf der Hornhaut (Trichiasis). Diese Veränderungen stören den normalen Reinigungsmechanismus am Auge, wie er durch den Lidschlag gewährleistet ist, und bereiten den Weg für Sekundärinfektionen durch eitererregende Bakterien. Die Kornea wird durch eine dünne Schicht von Granulationsgewebe überzogen und allmählich vaskularisiert. Es kommt zu einer Trübung der Kornea, die das Sehvermögen beeinträchtigt und bis zur Erblindung führen kann. Hierbei ist die Kornea porzellanweiß-opak verändert. Diese Form des Trachoms sieht man besonders häufig im Orient.

Therapie

Chloramphenicol und Tetrazyklin eignen sich zur Therapie des Trachoms. Man kombiniert eine über drei Wochen durchgeführte *systemische* Tetrazyklin-Therapie mit einer *lokalen* Salbentherapie, die über sechs Wochen durchgeführt werden sollte.

Prävention

Allgemeine Maßnahmen. Eine effektive Prophylaxe in betroffenen Regionen kann nur in der persönlichen *Hygiene* bestehen. Vor allem gilt es, Kinder vor der Infektion zu schützen. Bei bereits Erkrankten liegt das Schwergewicht auf der *Verhinderung von Reinfektionen*. Eine Schutzimpfung gegen das Trachom gibt es nicht.

Meldepflicht. Eine Meldepflicht besteht für das Trachom bei Erkrankung und Tod (§ 3, Bundesseuchengesetz).

Einschlußkörperchen-Konjunktivitis

Diese Erkrankung wird von den Serotypen D bis K verursacht. Sie entwickelt sich bei ***Neugeborenen***, die sich beim Durchtritt durch den Geburtskanal infizieren, ober bei Erwachsenen nach einer Schmierinfektion oder durch Übertragung im Schwimmbad. Die Krankheit der Erwachsenen wird als ***Schwimmbad-Konjunktivitis*** bezeichnet. Die Einschlußkörperchen-Konjuntivitis nimmt in der Regel einen gutartigen Verlauf; sie heilt nach drei bis sechs Monaten spontan aus. Es kommen aber auch Verlaufsformen vor, die vom Trachom nicht zu unterscheiden sind.

Unspezifische Genitalinfektionen

Die Serotypen D bis K von C. trachomatis besitzen hierzulande eine große Bedeutung als Erreger unspezifischer Genitalinfektionen (Tabelle 33.1). Die Organlokalisation ähnelt den Verhältnissen bei Gonorrhoe; systemische Infektionen, wie sie gelegentlich bei N.-gonorrhoeae-Infektionen auftreten, fehlen aber.

Beim Manne wird etwa die Hälfte aller Fälle von nicht-gonorrhoischer Urethritis (NGU) durch C. trachomatis hervorgerufen. Die Erkrankung wird durch Sexualkontakt übertragen. Nach einer Inkubationszeit von zwei bis sechs Wochen kommt es zu einer akut bis chronisch verlaufenden eitrigen Urethritis; eine Beteiligung von Prostata und Epididymis ist selten. Klinisch läßt sich die Erkrankung von der gonokokkenbedingten Urethritis nicht sicher unterscheiden.

Bei der Frau ruft Chlamydia trachomatis eine akute oder subaktute eitrige Urethritis und in der Folge aufsteigend Zervizitis und Salpingitis hervor. Häufig verlaufen die Infektionen bei Frauen subklinisch. Man schätzt, daß 10% aller asymptomatischen Frauen C. trachomatis in ihrer Zervixschleimhaut tragen. Dieser Personenkreis kommt als Infektionsquelle männlicher Sexualpartner in Frage. Salpingitiden durch C. trachomatis gehen oft einer PID (pelvic inflammatory disease) voraus und sind damit eine häufige Ursache von Sterilität.

Neugeborene können sich bei der Passage durch den Geburtskanal einer chlamydientragenden Mutter infizieren mit dem Ergebnis, daß eine ***Konjunktivitis*** und/oder eine interstitielle Pneumonie entstehen. Die ***Pneumonie*** entwickelt sich zwischen sechs Wochen und sechs Monaten nach der Geburt.

Lymphogranuloma inguinale (venereum) (Serotypen L1–L3)

Das Lymphogranuloma inguinale ist eine der vier „klassischen" Geschlechtskrankheiten. Es ist in Mitteleuropa selten, kommt jedoch häufig in Südamerika und Afrika vor. Der Erreger ist C. trachomatis, Serotyp L1 bis L3.

Die Krankheit wird durch Sexualkontakt übertragen.

Klinik. Nach 3–21 Tagen *Inkubationszeit* beginnt die Erkrankung mit einem ***Genital-Ulkus***, das oft vom Patienten nicht bemerkt wird. Zwei bis sechs Wochen später *schwellen die Lymphknoten* an, verschmelzen miteinander durch entzündlich verändertes Bindegewebe und vereitern schließlich. Das äußere Genitale und das Perineum zeigen häufig schwere, *granulomatöse Veränderungen*. Bei homosexuellen Männern kann es bei Infektion des Rektums zu ***Colitis*** kommen.

Prävention. Das Lymphogranuloma inguinale ist nach dem Gesetz zur Bekämpfung der Geschlechtskrankheiten meldepflichtig.

33.2.4 Labordiagnose von Chlamydia-trachomatis-Infektionen

Untersuchungsmaterialien. Im Falle einer genitalen Chlamydieninfektion gewinnt man bei der Frau einen Zervix-Abstrich, beim Manne einen Urethralabstrich; zum Nachweis des Erregers bei okulären Chlamydieninfektionen dienen Konjunktival- bzw. Kornealabstriche. Die Materialien müssen innerhalb von 4 h bei 4 °C in *Spezial-Transportmedien* in ein mikrobiologisches Labor verbracht werden.

Färbung. Das Abstrichmaterial wird nach Giemsa gefärbt und mikroskopiert. Man kann dann leicht die typischen Einschlußkörperchen entdecken (Abb. 33.2).

Anzucht in Gewebekultur. Gewachsene Chlamydien lassen sich mit Hilfe von markierten monoklonalen Antikörpern oder mittels Jodfärbung intrazellulär darstellen. Diese Methode setzt voraus, daß das frisch entnommene Patientenmaterial frisch auf McCoy-Zellen verbracht und die lebenden Chlamydien dort zur Vermehrung gebracht werden.

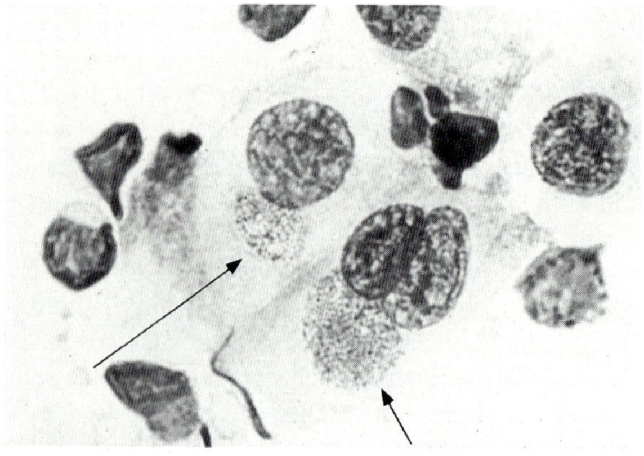

Abb. 33.2. Intrazellulär gelegene Elementarkörperchen von Chlamydia psittaci (*Pfeil*)

Antigennachweis. Zum Nachweis von Elementarkörperchen im Abstrichmaterial eignen sich monoklonale Antikörper, die gegen das gemeinsame äußere Gruppen-Zellwandantigen (LPS) von Chlamydien gerichtet sind. Die fluoreszenzserologische Methode hat den Vorteil, daß sie neben lebenden auch die nach Materialabnahme oder auf dem Transport abgestorbenen Chlamydien erfaßt.

Antikörper-Nachweis. IgA kann bei der nichtgonorrhoischen Urethritis bzw. Zervizitis sowohl lokal auf der Schleimhaut als auch im Serum vorkommen. IgM kann im Serum nachweisbar sein.

Die diagnostische Bedeutung des IgA im Serum und des lokalen IgA am Infektionsort ist nicht geklärt. Dies gilt auch für Serum-IgM. IgG im Serum wird bei Verdacht auf aufsteigende Genitalinfektion diagnostisch bewertet.

Serologische Verfahren können derzeit die Anzüchtung und/oder den Antigennachweis von genitalen Chlamydienstämmen nicht ersetzen.

Pneumonien durch Chlamydien induzieren regelmäßig einen hohen Serum-IgM-Spiegel, so daß dessen Nachweis bei Pneumonie routinemäßig unternommen werden sollte.

33.2.5 Therapie

Zur Therapie von C.-trachomatis-Infektionen eignen sich Tetrazyklinpräparate oder Erythromycin. Erythromycin kommt dann zum Einsatz, wenn die Anwendung von Tetrazyklin sich verbietet, z. B. bei Schwangeren und bei Neugeborenen.

33.3 Chlamydia psittaci

33.3.1 Rolle als Krankheitserreger

C. psittaci ist der Erreger der ***Ornithose*** (auch ***Psittakose*** oder ***Papageienkrankheit*** genannt).

33.3.2 Vorkommen

Vor allem ***Vögel*** stellen das natürliche Reservoir für C. psittaci dar. Neben Vögeln (Papageien, Wellensittiche, Tauben) erkranken aber auch Mäuse, Katzen, Hunde, Rinder, Schafe und andere Säugetierarten an Psittakose.

33.3.3 Epidemiologie und Übertragung

Ausbrüche von Psittakose betreffen hauptsächlich Personen, die berufsbedingt mit Puten, Enten und anderem Geflügel umgehen. Die Erkrankung kommt auch bei Ziervogelhaltern vor. Eine direkte Übertragung von Mensch zu Mensch ist bei Krankenhauspersonal beschrieben.

Die Mikroorganismen können im Staub von Vogelkäfigen und anderen fäkal verunreinigten Materialien aus domestizierten oder wilden Vögeln auf den Menschen übertragen werden. Die Infektion resultiert am häufigsten aus der Inhalation von kontaminierten Tröpfchen oder Staub.

33.3.4 Klinik

Die Symptome einer Ornithose sind plötzlich auftretendes Fieber, Kopfschmerzen, Husten und die röntgenologischen Zeichen einer beidseitigen interstitiellen ***Pneumonie***. Hepatosplenomegalie ist häufig. In der Anamnese läßt sich meist ein Umgang mit Geflügel ermitteln. Systemische Komplikationen mit Befall des Herzens (***Myokarditis***), des ZNS (*Enzephalitis*) und der Lebern (*Hepatitis*) sind beschrieben.

33.3.5 Immunität

Da bei der Ornithose im Gegensatz zu den Infektionen durch Chlamydia trachomatis die Erreger in die Blutbahn gelangen, finden sich im Serum Antikörper der Klassen IgM, IgG und IgA. Da Chlamydien *obligat intrazellulär* leben, werden die Antikörper immunologisch nicht wirksam; das gleiche gilt für Komplement. Dementsprechend verlaufen die Chlamydien-Infektionen häufig *chronisch*, und Trägertum ist häufig.

33.3.6 Labordiagnose

Untersuchungsmaterialien. Als Untersuchungsmaterialien kommen in Frage: Sputum für die Anzucht und Blut für den serologischen Antikörper-Nachweis.

Vorgehen im Labor. Die ***Anzucht*** von C. psittaci aus Blut und Sputum in Zellkultur ist zwar möglich, sollte jedoch wegen der Gefahr einer Laborinfektion den Speziallaboratorien der Sicherheitsstufe L3 vorbehalten bleiben.

Antikörper der Klassen IgA, IgM und IgG lassen sich durch eine KBR nachweisen. Man verwendet als Antigen das Chlamydien-Gruppenantigen (LPS) der Zellwand. Ein Titeranstieg um vier Stufen wird als beweisend für eine akute Erkrankung angesehen.

33.3.7 Therapie

Tetrazykline sind bei der Ornithose wirksam. Je früher die Behandlung einsetzt, desto besser sind die Erfolgsaussichten.

33.3.8 Prävention

Der Bekämpfung der Ornithose dienen die *Ausrottung infizierter Tierbestände* und *strikte Einfuhrkontrollen* bei Vögeln, insbesondere bei Papageien und Wellensittichen. Diese Maßnahmen haben die Erkrankung in Deutschland selten werden lassen.

Meldepflicht (§ 3 BSeuchGes). Verdacht, Erkrankung, Tod.

33.4 Chlamydia pneumoniae (TWAR)

C. pneumoniae, ursprünglich TWAR genannt, scheint bei jungen Erwachsenen häufig interstitielle Pneumonien auszulösen.

Zusammenfassung: Chlamydien

Bakteriologie: Echte Bakterien, denen die Enzyme für ATP-Synthese und Oxikation von NAD fehlen (Energieparasiten). Besitzen Zellwand, DNS ***und*** RNS, sind gegen Antibiotika empfindlich.

Vorkommen: Breites Wirtsspektrum. Optimale Anpassung an den Wirt, den sie selten töten. Nur intrazellulär.

Resistenz: Außerhalb lebender Zellen gering.

Epidemiologie: Unspezifische Genital-Infektionen: Weltweit. Trachom: Indien, Ägypten, Afrika. Ornithose: Beruflich Exponierte.

Zielgruppe: Berufsbedingt: C. psittaci. Personen mit häufig wechselndem GV: C. trachomatis.

Zielgewebe: Auge (Konjunktiva), Genitalien, Lunge.

Übertragung: Enger Kontakt (C. trachomatis), Staub oder Tröpfchen (C. psittaci).

Pathogenese
Auge: Trachom, Elementarkörperchen-Konjunktivitis.
Genitalien: Lymphogranuloma inguinale, nichtgonorrhoische Urethritis, Prostatitis, Epididymitis, Zervizitis, Endometritis, Salpingitis, PID.
Lunge: Pneumonitis des Neugeborenen, Ornithose.

Pathomechanismen: Zellzerstörung durch Toxinwirkung (?) und durch Entzug von Nährstoffen für die Zelle.

Diagnose: Fluoreszenzserologischer Nachweis oder Anzüchtung aus Patientenmaterial in Gewebekulturzellen (C. trachomatis), Antigennachweis durch ELISA. Antikörpernachweis durch KBR (Ornithose).

Therapie: Tetrazykline, Erythromycin.

Immunität: Antikörper werden zwar gebildet, aber ihre Rolle bei der Abwehr der Infektion ist unbekannt.
Verzögerte Allergie dürfte bei der Pathogenese des Trachoms eine Rolle spielen.

Prävention: Allgemeine Maßnahmen: Persönliche Hygiene (Trachom), „safe sex“ (Genitalinfektionen), Vogeleinfuhrkontrolle, Ausrottung infizierter Vogelbestände (Ornithose).

Vakzination: Nicht möglich.

Meldepflicht
a) Trachom: E + T; b) Ornithose: V, E, T.

34 Streptobacillus moniliformis, Spirillum minus (Rattenbißfieber)

K. Miksits

Streptobacillus moniliformis und Spirillum minus

Bei Infektionen, die typischerweise im Zusammenhang mit Tierbissen auftreten, sind neben Pasteurella multocida und Tollwutviren, zwei weitere Bakterien, die Erreger des ***Rattenbißfiebers,*** zu beachten.

Streptobacillus moniliformis ist ein pleomorphes nicht-bewegliches, nicht-sporenbildendes, nichtbekapseltes gramnegatives Stäbchen, das bei 37 °C unter mikroaerophilen und kapnophilen Bedingungen innerhalb von 3 Tagen auf angereicherten Spezialkulturmedien angezüchtet werden kann. Das Erregerreservoir stellen Nager, insbesondere Ratten, dar. Die Übertragung erfolgt traumatisch durch Biß oder Kratzer, jedoch ist auch die Penetration durch die intakte Haut möglich.

Nach einer Inkubationszeit von durchschnittlich 10 Tagen beginnt die Symptomatik mit plötzlichem Fieberanstieg und Schüttelfrost, Kopfschmerzen, Übelkeit mit Erbrechen und wandernden Arthralgien und Myalgien; die Bißverletzung ist in der Regel bereits abgeheilt, nur selten wird eine Lymphadenitis beobachtet. Nach 2–4 Tagen entwickeln sich ein morbilliformes (masernähnliches) Exanthem oder petechiale Effloreszenzen besonders an den Extremitäten, den Handflächen und an den Fußsohlen. In etwa der Hälfte der Fälle entsteht eine asymetrische Polyarthritis oder eine septische Arthritis überwiegend der großen Gelenke (Knie!). Nach 3–5 Tagen fällt das Fieber spontan wieder ab, und innerhalb der nächsten zwei Wochen bilden sich auch die übrigen Krankheitszeichen zurück. Als Komplikationen können Endo-, Myo- und Perikarditiden, Pneumonien sowie Abszesse in verschiedenen Organen (Gehirn!) auftreten. Gelegentlich kann das Fieber relapsieren.

Die Sicherung der klinischen Verdachtsdiagnose erfolgt durch Anzüchtung des Erregers aus Blut, Gelenkflüssigkeit oder Eiter. Unterstützend können agglutinierende Antikörper bestimmt werden. In 25% der Fälle kann ein falsch-positiver Nachweis von Antikörpern gegen Treponema pallidum festgestellt werden (Syphilis kann eine Differentialdiagnose sein!).

Mittel der Wahl ist Penizillin (Therapiedauer 2 Wochen, bei Endokarditis 4 Wochen). Mögliche L-Formen können mit Streptomycin behandelt werden.

Spirillum minus ist ein kurzes, dickes, Schraubenbakterium (2–6 Windungen), das sich nicht auf künstlichen Kulturmedien anzüchten läßt. Die terminal-polytriche Begeißelung ermöglicht eine charakteristische, schleudernde Beweglichkeit. Das Hauptreservoir sind Ratten. Die Übertragung erfolgt traumatisch durch Biß.

Nach spontaner Abheilung der Bißwunde entwickelt sich 1–4 Wochen später eine schmerzhaft-geschwollene Rötung des Gebietes mit regionärer Lymphangitis und Lymphadenitis. Im Verlauf kommt es zu Fieber mit Übelkeit und Kopfschmerzen und zur Ulzeration der lokalen Läsion. Nur selten werden Arthralgien oder Myalgien beschrieben. Die Fieberperiode dauert etwa 3–4 Tage, wiederholt sich aber in regelmäßigen Abständen von 3–9 Tagen. Während der ersten Krankheitswoche bildet sich ein makulöses Exanthem aus, das im weiteren Verlauf wieder verschwindet. Nach üblicherweise 1–2 Monaten enden die Fieberschübe. Die gefährlichste Komplikation der Erkrankung ist eine Endokarditis.

Die Sicherung der klinischen Verdachtsdiagnose erfolgt durch mikroskopische Darstellung des Erregers in Blut, Exsudat oder Lymphknotengewebe mittels Dunkelfeld-, Giemsa oder Wright-Präparaten. In 50% der Fälle ergeben sich falsch-positive Nachweise von Antikörpern gegen Treponema pallidum.

Mittel der Wahl ist Penizillin (Therapiedauer 2 Wochen).

VII
Klinische Syndrome und antibakterielle Chemotherapie

Klinische Syndrome

Anhand einiger wichtiger klinischer Syndrome und Krankheitsbilder soll die Bedeutung mikrobiologischer Kenntnisse und einer guten mikrobiologischen Diagnostik, d. h. die Notwendigkeit eines gemeinsamen Handelns des Arztes am Patienten und des Arztes im Labor, unterstrichen werden.

Die dargestellten Krankheitsbilder entsprechen in der Mehrzahl endogenen Infektionen, die sich unter bestimmten Umständen aus der körpereigenen Normal- bzw. Besiedlungsflora entwickeln. Kontagiöse bzw. seuchenhafte Erkrankungen spielen in der täglichen ärztlichen Arbeit kaum noch eine Rolle. Die Kenntnisse über spezielle Infektionskrankheiten müssen aber im Bedarfsfall zur Verfügung stehen. Es sollte nicht der Eindruck erweckt werden, daß mit der Überwindung der Seuchen vielleicht auch die Medizinische Mikrobiologie entbehrlich wurde.

Ganz das Gegenteil ist der Fall: Fakultativ pathogene Keime verursachen schwerwiegende, oft lebensbedrohliche Erkrankungen, z. B. an Sepsis, Endokarditis oder Entzündungen des Zentralnervensystems. Die mikrobiellen Gastroenteritiden und Enterokolitiden stellen Mikrobiologie und Klinik oft vor schwierige Aufgaben. Der richtige Umgang mit Harnwegsinfektionen hat sowohl die Beseitigung von Beschwerden als auch die Verhinderung fortschreitender Nierenfunktionsstörungen zum Ziel. Pneumonien verlangen je nach Ätiologie eine sehr unterschiedliche Behandlung. Die hohe Letalität nosokomialer Pneumonien von rund 50% ist eine Herausforderung und zwingt zur verbesserten mikrobiologischen Diagnostik! Peritonitis, Haut- und Weichteilinfektionen, Osteomyelitis und bakterielle Arthritis sowie Infektionen in Gynäkologie und Geburtshilfe lassen sich ohne Erregernachweis und Resistenzbestimmung meist nicht zuverlässig genug behandeln. Bei Cholezystitis und Cholangitis muß zwar oft empirisch vorgegangen werden. Soweit möglich, ist aber auch hier ein Erregernachweis anzustreben.

Einen großen Aufgabenkomplex liefern die nosokomialen Infektionen, die nach Häufigkeit und Schwere ganz wesentlich von der Abwehrlage der Patienten beeinflußt werden. Diese kann durch schwere Grundkrankheiten oder durch bestimmte ärztliche Maßnahmen beeinträchtigt sein. Deshalb sind spezielle Kenntnisse über Diagnostik und Therapie der verschiedenen Formen von Abwehrschwäche notwendig. In diesem Zusammenhang verdient auch AIDS als die bekannteste Lentivirusinfektion alle Aufmerksamkeit.

1 Sepsis

C. Tauchnitz

INHALTSÜBERSICHT

1.1 Definition . . . 501
1.2 Epidemiologie . . . 501
1.3 Erregerspektrum . . . 501
1.4 Pathogenese . . . 501
1.5 Klinik . . . 502
1.6 Septischer Schock . . . 503
1.7 Labordiagnostik . . . 505
1.8 Therapie . . . 505
1.9 Prophylaxe . . . 506
Zusammenfassung . . . 506

1.1 Definition

Sepsis (syn. Septikämie) ist der Sammelbegriff für alle Infektionszustände, bei denen, ausgehend von einem Herd, konstant oder kurzfristig-periodisch Bakterien oder Pilze in den Blutkreislauf gelangen, evtl. metastatische Ansiedlungen setzen, und bei denen die klinischen Folgen dieses Geschehens das Krankheitsbild beherrschen.

1.2 Epidemiologie

Im Neugeborenenalter ist wegen der bestehenden Unreife der Infektabwehr relativ häufig mit einer Sepsis zu rechnen. Später wird ein Minimum erreicht, von dem aus die Sepsishäufigkeit, bezogen auf die Gesamtbevölkerung, von Jahrzehnt zu Jahrzehnt bis zum Greisenalter kontinuierlich zunimmt.

Mit klinisch und mikrobiologisch gesicherten Sepsisfällen muß rund 8 mal auf 1000 stationäre Einweisungen in ein Universitätsklinikum gerechnet werden, davon je zur Hälfte ambulant erworbene und nosokomiale Erkrankungen. Da viele Tumorpatienten letztlich an einer Sepsis sterben, kann die autopisch verifizierte Sepsisrate 2% erreichen. Für die USA schätzt man jährlich 250000 Sepsisfälle mit einer Letalität von rund 20%.

1.3 Erregerspektrum

Prinzipiell kann jeder obligat oder fakultativ pathogene Keim, der Lokalinfektionen zu versursachen in der Lage ist, auch eine Sepsis auslösen. Die häufigsten grampositiven und gramnegativen Sepsiserreger zeigt Tabelle 1.1.

Insgesamt halten sich gramposivite und gramnegative Bakterien derzeit die Waage. Bei den grampositiven Sepsiserregern stehen koagulasenegative Staphylokokken, die früher als Kontaminanten galten, nach Staphylococcus aureus an 2. Stelle. Infektionen mit diesem Erreger gehen zumeist von Venenkathetern, künstlichen Herzklappen, Gelenkprothesen und anderen Kunststoffimplantaten aus („Endoplastitis").

Unter den gramnegativen Bakterien spielen E. coli und andere Enterobakterien sowie Pseudomonas spp. die größte Rolle.

1.4 Pathogenese

Die Sepsis stellt einen der 3 pathogenetischen Grundtypen von Infektionen (s. S. 103ff) dar. Im Gegensatz zur zyklischen Allgemeininfektion (mit den normierten Stadien der Inkubation, Generalisation und Organmanifestation) entsteht die Sepsis aus einer Lokalinfektion. Demgemäß gibt es *keine gesetzmäßige Selbstlimitierung*. Unbehandelt verläuft sie entweder tödlich, oder sie bildet sich bei verbesserter Abwehrlage zur Lokalinfektion zurück.

Die zugehörige Lokalinfektion erlaubt gelegentlich eine gewisse Einteilung der Sepsis nach Ursprungsort, z. B. urogene, otogene Sepsis etc. In solchen Fällen lassen sich (mit Vorsicht!) Rückschlüsse auf die manchmal möglichen Erreger ziehen (Tabelle 1.2).

Tabelle 1.1. Sepsiseinteilung nach Herd und häufigsten Erregern

Herd	Erreger
Urosepsis	E.coli, Klebsiella-Enterobacter-Serratia, Proteus sp., Ps. aeruginosa, Enterokokken
Cholangitische Sepsis	E. coli und andere Enterobakterien einschl. Salmonella sp., Anaerobier, Staph. aureus, Enterokokken
Endokarditis	Str. viridans, Enterokokken, Staph. aureus und Staph. epidermidis, Enterobakterien, Pseudomonas sp., H.influenzae, Brucella sp., Candida sp.
Otogene Sepsis	Staph. aureus, Str. pyogenes, Pneumokokken, H. influenzae, Proteus sp. und andere Enterobakterien, Pseudomonas sp.
Tonsillogene Sepsis	Str. pyogenes, Staph. aureus, Bacteroides sp.
Fremdkörpersepsis (Endoplastitis)	Staph. aureus, Staph. epidermidis, Enterobakterien, Pseudomonas sp., Candida sp.
Enterogene Sepsis	Enterobakterien einschl. Salmonella sp., Campylobacter, Anaerobier, Enterokokken, Candida sp.
Pylephlebitische Sepsis (V. portae)	Enterobakterien, Anaerobier, Staph. aureus, Enterokokken
Wundsepsis, postoperative Sepsis	Staph. aureus, Str. pyogenes, Enterobacterien, Anaerobier, Pseudomonas sp.
Puerperalsepsis, septischer Abort	Str. pyogenes, Staph. aureus, Anaerobier (Bacteroides sp., Clostridien, Peptokokken und Peptostreptokokken) Enterobakterien
Dermatogene Sepsis	Staph. aureus, Str. pyogenes
Arthrogene und osteogene Sepsis	Staph. aureus

Bei der sog. kryptogenetischen Sepsis bleibt der Herd verborgen; dazu zählen auch Keimeinschwemmungen aus dem Darm, wie sie z. B. bei Granulozytopenie oder bei Früh- und Neugeborenen vorkommen. Die Sepsis entsteht somit fast immer endogen.

Die ***nosokomiale Sepsis*** beruht auf besonders virulenten Hospital-Erregern, die entweder direkt eine Sepsis oder nach vorheriger Übernahme in die Normalflora (Haut, Schleimhäute, Darm) von dort ausgehend zunächst Lokalinfektionen verursachen.

Jede Form der Abwehrschwäche, seien es resistenzmindernde Grundkrankheiten (Tumorleiden, hämatologische Systemerkrankungen, Granulozytopenie, Leberzirrhose, Alkoholismus, Niereninsuffizienz, respiratorische Insuffizienz, Diabetes mellitus, Polytraumata, angeborene oder erworbene Immunmangelzustände) oder ärztliche Maßnahmen (Einsatz von Zytostatika, Corticosteroiden, Immunsuppressiva, operative Eingriffe) erhöht das Risiko einer Sepsisentstehung und übt einen negativen Einfluß auf Verlauf und Prognose aus. Besonders ungünstig ist diese bei polymikrobiellen Sepsisformen.

1.5 Klinik

Es gibt alle Übergänge von foudroyanten, in weniger als 24 h tödlichen Verläufen (z. B. OPSI-Syndrom = overwhelming postsplenectomy infection), Waterhouse-Friderichsen-Syndrom = Meningokokkensepsis mit intravasaler Gerinnung und Verbrauchskoagulopathie) bis zu monatelang fortschreitenden, anfangs gar nicht bedrohlich wirkenden Erkrankungen (z. B. Endocarditis lenta). Die Kardinalsymptome der Sepsis sind:

- Fieber und Schüttelfrost
  - Ausnahmen erschweren die Diagnose!
  - primäre Hypothermie zeigt schlechte Prognose an!
- Hyperventilation
- Verwirrtheitszustände
  - Lethargie
  - Exzitation
- Hauterscheinungen
  - Ekthyma gangraenosom (besonders bei Pseudomonas sp.)
  - Osler-Knötchen bei Endokarditis
- Milzvergrößerung
- Nachweis von Sepsisherden

Fast immer steht Fieber mit oder ohne Schüttelfrost im Vordergrund.

Wird die Sepsis nicht rasch genug erkannt und effektiv behandelt, so droht der Übergang in Komplikationen wie septischer Schock und Multiorganversagen (s. Tabelle 1.4).

Damit verschlechtert sich die Prognose erheblich. Einfluß auf diese nehmen weiterhin alle Arten von Risikofaktoren und Grundkrankheiten, die Virulenz der Erreger, die Massivität der Bakteriämie, das Lebens-

Tabelle 1.2. Erregerspektrum von Septikämien. (Nach Rosenthal et al. 1986)

Grampositive Keime			Gramnegative Keime		
Keimspezies	Anzahl	% der Gesamtzahl	Keimspezies	Anzahl	% der Gesamtzahl
Staph. aureus	1792	19,5	E. coli	1975	22,0
Staph. epidermidis	939	10,4	Klebsiella spp.	534	5,9
Streptokokken der Gruppe D	493	5,5	Pseudomonas aeruginosa	433	4,8
Nichthämolysierende Streptokokken	372	4,1	Enterobacter	410	4,6
Hämolysierende Streptokokken	237	2,6	Proteus mirabilis	219	2,4
Streptococcus pneumoniae	229	2,5	Acinetobacter spp.	163	1,8
Propionibakterien	64	0,7	Salmonellen	140	1,6
Clostridium perfringens	31	0,3	Pseudomonas spp.	124	1,4
Corynebacterium spp.	31	0,3	Serratia spp.	114	1,3
Listeria monocytogenes	24	0,25	Bacteroides spp.	108	1,2
Peptokokken	16	0,2	Indol-positive Proteusarten	94	1,0
Peptostreptokokken	12	0,1	Citrobacter spp.	86	1,0
			Haemophilus influenzae	81	0,9
Sonstige Krankheitserreger:			Nonfermenter	60	0,6
Sproßpilze	171	1,9	Neisseria meningitidis	25	0,3
			Yersinia enterocolitica	12	0,1
			Sonstige Keime	9	0,07
Summe		48,25			50,97

Tabelle 1.3. Entzündungsmediatoren und deren Wirkung

Komplementsystem	
C3a	Anaphylatoxin
C3e	Leukozyten-mobilisierender Faktor
C5a	Anaphylatoxin Chemotaktischer Faktor Leukozyten-Aktivator
Eicosanoide	
Tromboxan A2	Plättchenaggregation
Prostaglandin	Gefäßtonus Vaskuläre Permeabilität Hyperalgesie
Leukotriene	Gefäßkonstriktion Vaskuläre Permeabilität Chemotaxis
Endogene Opiode	
Enkephalin	Gefäßtonus
Endorphine	Körpertemperatur
Dysnorphin	Herztätigkeit

alter und die Art des Sepsisherdes. Die Letalität der Sepsis durch gramnegative Stäbchenbakterien beträgt noch immer 20 bis 30% und mehr. Differentialdiagnostisch müssen alle durch Mikroorganismen bedingte und nicht infektionsbedingte Fieberursachen berücksichtigt werden.

1.6 Septischer Schock

Im schlimmsten Fall kann die Sepsis in einen septischen Schock mit Blutdruckabfall, Verbrauchskoagulopathie und Multiorganversagen übergehen. Sehr häufig endet der septische Schock tödlich.

Eine Sepsis durch gramnegative Bakterien neigt stärker als eine Sepsis durch grampositive Bakterien dazu, in einen septischen Schock einzumünden. Dafür sind die Lipopolysaccharide der äußeren Membran gramnegativer Bakterien, insbesondere das Lipid A, verantwortlich (s. S. 18). Tierexperimentell kann ein septischer Schock allein durch Endotoxin simuliert werden.

Pathogenese des septischen Schocks

Im einzelnen kommt es beim septischen Schock zur Aktivierung folgender humoraler und zellulärer Systeme (Abb. 1.1).

Makrophagen

Von Endotoxin aktivierte Makrophagen schütten die Interleukine 1, 6 und 8 sowie Tumornekrosefaktor (TNF), Gamma-Interferon (IFN-γ) und Prostaglandin E 2 aus.

Interleukin 1 verursacht Fieber (s. oben), während TNF für zahlreiche Erscheinungen des septischen

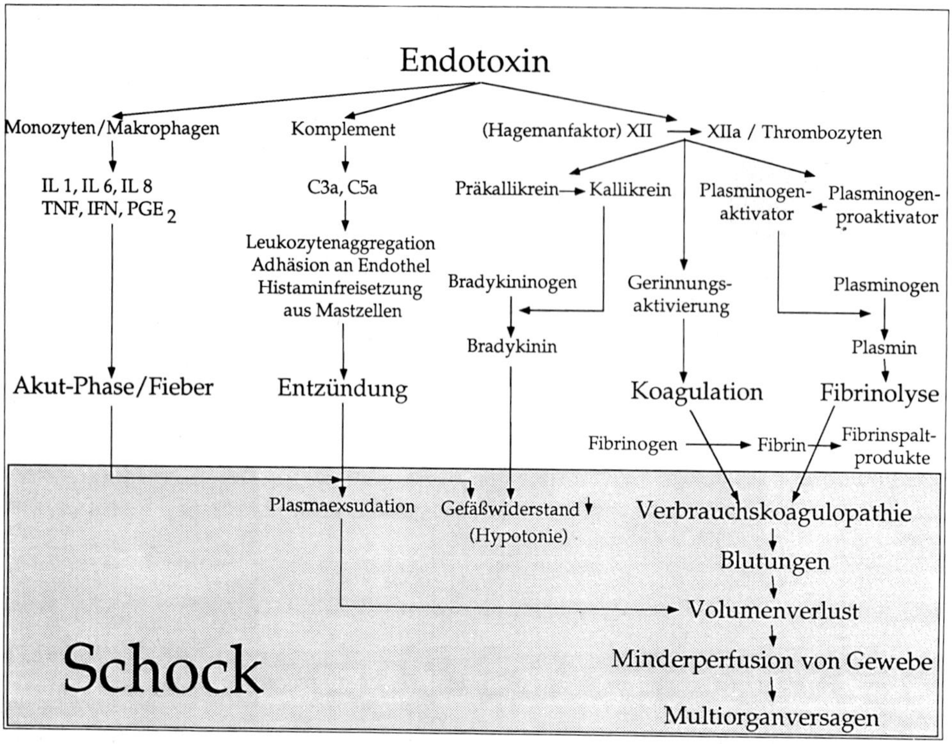

Abb. 1.1

Schocks, insbesondere die Verringerung des Gefäßwiderstandes, verantwortlich ist. Im Tierexperiment ließen sich durch Gabe von Antikörpern gegen TNF sämtliche Symptome des septischen Schocks unterdrücken. Obwohl sich diese Beobachtung am Menschen bislang nicht verifizieren ließ, macht sie doch eine zentrale Rolle des TNF auch beim Menschen wahrscheinlich.

Komplement

Die Freisetzung von C3a und C5. C3a (= Anaphylatoxin) im Rahmen der Komplementaktivierung führt zur Abgabe von Histamin aus Mastzellen und Basophilen. Histamin bewirkt eine Kontraktion der glatten Muskulatur und eine Erhöhung der Gefäßpermeabilität. C5a ist vor allem chemotaktisch wirksam und veranlaßt polymorphkernige Granulozyten über die vermehrte Ausprägung von Integrinen zu einer vermehrten Adhäsion und Aggregation am Gefäßendothel. Das kann sich im peripheren Blut als „Leukozytensturz“ auswirken.

Granulozyten

Die Bedeutung von neutrophilen Granulozyten und Makrophagen für die Entstehung des septischen Schocks wird dadurch belegt, daß bei granulozytopenischen Tieren experimentell kein septischer Schock erzeugt werden kann. Die Degranulierung von Granulozyten entspricht biochemisch der Freisetzung von Wasserstoffperoxiden und lysosomalen Enzymen, die das umgebende Gewebe schädigen.

Arachidonsäuremetaboliten

Durch die Einwirkung dabei entstehender Arachidonsäuremetaboliten (aus Zellmembran-Phospholipiden) und neutralen Proteasen bilden sich in der Lunge schwere Störungen mit dem Ergebnis einer Schocklunge aus (Tabelle 1.4).

Aus Arachidonsäure entstehen Prostaglandine und Leukotriene. Von den Prostaglandinen führt Thromboxan zu Vasokonstriktion und Thrombozytenaggregation, das Prostazyklin zur Vasodilatation und Hemmung der Thrombozytenaggregation. Im septischen Schock ruft Thromboxan A eine pulmonale Hypertension, und Prostazyklin eine gleichzeitige systemische Hypotension hervor, bei insgesamt gesteigerter Thrombozytenaggregation. Zunächst lösen die verschiedenen Mediatoren eine hyperdynamische Schockphase (über arteriovenöse Anastomosen) aus, später resultiert durch Volumenmangel, pulmonale

Tabelle 1.4. Komplikationen der Sepsis

Hypotonie (bis zum septischen Schock)
Blutungen
Leukopenie
Thrombozytopenie
Organversagen – Lungen: Hypoxie, Zyanose, Azidose – Nieren: Oligurie, Aurie, Azidose – Leber: Ikterus – Herz: Links-Rechts-Herzinsuffienz

Hypertension und Herzversagen die hypodynamische Phase.

Kininsystem

Durch Aktivierung des Kininsystems entsteht das Bradykinin, das ebenfalls eine Minderung des Gefäßwiderstandes bewirkt und damit zur Hypotonie beiträgt.

Blutgerinnungssystem

Zunächst erfolgt eine gesteigerte Blutgerinnung über eine Aktivierung des Blutgerinnungssystems mit Bildung von Fibrin und Thrombenbildung in nahezu allen Gefäßen. Wenn die Neuproduktion von Fibrin in der Leber mit dem Verbrauch nicht mehr Schritt hält, kehrt sich die überschießende Gerinnung in eine insuffiziente Gerinnung um: Es kommt zur Extravasation von Blut, wie sie sich besonders charakteristisch beim Waterhouse-Friderichsen-Syndrom (Meningokokkensepsis) oder bei der Pest („Schwarzer Tod“) manifestiert. Aber auch bei anderen Ursachen von Sepsis/septischem Schock kommt es zu Extravasaten, so daß bei der Symptomatik Fieber/Hypotonie/Extravasate (die sich in diskreten Hautflecken darstellen können) immer an Sepsis gedacht werden muß.

1.7 Labordiagnostik

Die Blutkultur

Jedes unklare Fieber verpflichtet den Arzt zur Vornahme von 3 (–5) Blutkulturen. Dabei werden 7–10 ml Venenblut in ein geeignetes Blutkulturmedium gegeben. Dieses muß vor der Beimpfung auf Körpertemperatur angewärmt werden. Neben aeroben Kulturen sollten auch anaerobe angelegt bzw. mitgeführt werden. Bei intermittierender Bakteriämie (Sepsis durch gramnegative Stäbchenbakterien, z. B. Urosepsis oder cholangitische Sepsis; Anaerobier-Sepsis) empfiehlt sich die Vornahme von Blutkulturen im Fieberanstieg. Bei Endokarditis, Venenkatheter-Infektionen, Staphylokokkensepsis und Meningokokkeninfektion besteht eine Dauerbakteriämie. Der Entnahmezeitpunkt ist dann weniger wichtig. Blutkulturen sollten aber unbedingt ***vor*** Einleitung einer antimikrobiellen Chemotherapie angelegt werden!

Weitere Materialien

Neben Blutkulturen können auch Untersuchungsmaterialien von den Sepsisherden (z. B. Urin bei Urosepsis, Eiter bei pyogenen Infektionen) wichtige Informationen liefern.

Sonstige Laborparameter

Allgemeine Entzündungszeichen wie BSR-Erhöhung, Leukozytose, c-reaktives Protein, Komplementkomponente C_3, Sideropenie und Alpha-2-Globulinvermehrung in der Elektrophorese sind zwar bei der Sepsis meist deutlich ausgeprägt, dienen aber mehr der Verlaufsbeurteilung als der Sepsisdiagnose. Auf die Parameter des beginnenden Organversagens (z. B. Niere, Leber, Lunge) muß sorgfältig geachtet werden.

1.8 Therapie

Chirurgische Therapie

Sofern der Sepsisherd einer operativen Therapie, z. B. Eiterableitung, zugäng ist, muß diese umgehend erfolgen. Ebenso wichtig ist die Beseitigung von Abflußbehinderungen oder Konkrementen im Bereich der Harn- und Gallenwege. Sofern Kunststoffimplantate oder andere Fremdkörper die Sepsis unterhalten, müssen sie entfernt werden.

Antimikrobielle Chemotherapie

Grundprinzipien. Die antimikrobielle Chemotherapie kann bei gleichzeitiger operativer Therapie als unterstützende Maßnahme hinzugezogen werden. In anderen Fällen muß sie allein zur Anwendung kommen. Grundprinzip ist dabei der Einsatz bakterizider Mittel in hoher Dosierung bei parenteraler Zufuhr, vorzugsweise als i. v. Kurzinfusion. Die Kombination mit geeigneten Aminoglycosiden (z. B. Gentamicin, Amikacin) führt bei β-Lactam-Antibiotika in der Regel zu synergistischen Effekten (syn. Potenzierung). Diese sind bei bakterieller Endokarditis lebenswichtig, bei anderen Sepsisfällen von großem Nutzen.

Die kalkulierte Chemotherapie. Als Basis der Initialtherapie vor Eingang von Kulturbefunden und Resistogrammen dient eine klinischerseits zu stellende *mikrobiologische Verdachtsdiagnose*, z. B. in Abhängigkeit vom Sepsisherd (Tabelle 1.1).

In der Regel kommen breit wirksame Notfallkombinationen zur Anwendung, z. B. ein modernes Cephalosporin plus Aminoglycosid. Bei der Möglichkeit einer Pseudomonasinfektion wird die Zugabe von Azlocillin oder einem anderen wirksamen Präparat erforderlich. Bei Bauchrauminfektionen, z. B. Peritonitis, als Sepsisherd darf auf Metronidazol nicht verzichtet werden, da jeweils mit Bacteroides fragilis zu rechnen ist. Parenterales Trimethoprim-Sulfonamid kann als Notfallskombination gegen Enterobakterien eingesetzt werden, ebenso der moderne Gyrasehemmer Ciprofloxacin, der zusätzlich auch Pseudomonas aeruginosa erfaßt.

Keine der Kombinationen ist absolut sicher, jede läßt Lücken für Problemkeime.

Die gezielte Chemotherapie. Nach Eingang der bakteriologischen Befunde (Erregernachweis und Antibiogramm) wird die begonnene Chemotherapie gezielt mit dem geeignetsten Mittel (bzw. den geeignetsten Mitteln) weitergeführt. Eine derartige gezielte Korrektur ist nicht selten von lebensrettender Bedeutung.

Abzulehnende Maßnahmen

Der Einsatz von Corticosteroiden (auch beim septischen Schock!), von Antikoagulantien, von i. v. applizierbaren Immunglobulinen sowie von Eisengaben bzw. Bluttransfusionen bringt entweder keinen Nutzen (gilt für i.v. Immunglobuline) oder sogar Schäden (gilt für alle übrigen genannten Maßnahmen). Es wird deshalb dringend davor gewarnt!

1.9 Prophylaxe

Ein Beispiel für wirksame Sepsisprophylaxe stellt die selektive Dekontaminierung des Darmes bei Granulozytopenie dar.

Die Prophylaxe der Pneumokokken-Sepsis nach Milzexstirpation im Kindesalter kann bis zum 2. bzw. 5. Lebensjahr mit Penizillin vorgenommen werden.

Der Verhinderung nosokomialer Sepsisfälle dient der Verzicht auf alle vermeidbaren Schädigungen der körpereigenen Abwehr. Dazu zählen ***Blasenverweilkatheter*** als „Routinemaßnahme" auf Intensivtherapieabteilungen, die Beschränkung ***intravenöser Verweilkatheter*** auf den absolut notwendigen Zeitraum und nicht zuletzt eine kritische Indikationsstellung für alle Antibiotikagaben: Sepsiserkrankungen durch selektionierte multiresistente Hospitalkeime bringen zusätzliche therapeutische Probleme mit sich!

Zusammenfassung

Unter ***Sepsis*** versteht man eine schwere Allgemeinerkrankung, bei der kurzfristig oder ständig Bakterien oder Pilze von einem Sepsisherd in die Blutbahn gelangen. Die Sepsis stellt einen der drei pathogenetischen Grundtypen von Infektionen dar. Es besteht keine gesetzmäßige Selbstlimitierung. Rückschlüsse auf die wichtigsten *Erreger* können bereits aus der jeweiligen Lokalinfektion (Sepsisherd) gezogen werden. Grampositive Bakterien, z. B. Staph. aureus und Staph. epidermidis, und gramnegative Keime, insbesondere Enterobakterien und Pseudomonas sp., werden annähernd gleichhäufig als Sepsiserreger angetroffen.

Epidemiologisch gesehen ist die Sepsis in der Regel eine endogene Infektion. Neugeborene erkranken besonders häufig, Jugendliche sehr selten. Im Laufe des Lebens nimmt dann die Sepsishäufigkeit der Gesamtbevölkerung von Jahrzehnt zu Jahrzehnt zu.

Sepsis durch gramnegative Bakterien führt häufiger zum ***septischen Schock*** als die Sepsis durch grampositive Bakterien. Endotoxine aktivieren humorale und zelluläre Systeme und setzen zahlreiche Entzündungsmediatoren frei. Beteiligt sind vor allem Makrophagen und Granulozyten, das Komplementsystem, Arachidonsäuremetaboliten und endogene Opioide. ***Klinisch*** gibt es alle Übergänge von foudroyant-tödlichen bis zu monatelang fortschreitenden Verläufen. Fieber mit oder ohne Schüttelfrost stellt eines der Kardinalsymptome dar. Es drohen jeweils septischer Schock und Multiorganversagen.

Die wichtigste ***diagnostische Maßnahme*** ist die Blutkultur. Es sollten mindestens 3 Kulturen vor Beginn einer Chemotherapie angelegt werden.

Neben der chirurgischen Therapie von Sepsisherden kommt der ***antimikrobiellen Chemotherapie*** überragende Bedeutung zu. Die Initialbehandlung wird kalkuliert vorgenommen, d. h. auf der Basis einer mikrobiologischen Verdachtsdiagnose. Falls notwendig, erfolgt die gezielte Korrektur nach Eingang der mikrobiologischen Befunde. Es kommen jeweils bakterizide Mittel hochdosiert und parenteral zur Anwendung. β-Lactame sollten mit Aminoglycosiden kombiniert werden. Bei Verdacht auf anaerobe Infektion bzw. Mischinfektion ist ein wirksames Anaerobiermittel zuzufügen. Besondere Bedeutung kommt der ***Verhütung*** nosokomialer Sepsisfälle zu. Dazu gehört die kritische Indikationsstellung zur Anlage von Verweilkathetern (Harnblase, Vena subclavia) und Antibiotikaeinsatz (Verhütung der Selektion multiresistenter Hospitalkeime).

2 Bakterielle (mikrobielle) Endokarditis

C. Tauchnitz

INHALTSÜBERSICHT

2.1 Definition 508
2.2 Pathogenese 508
2.3 Epidemiologie 508
2.4 Erregerspektrum 508
2.5 Klinik 509
2.6 Labordiagnostik 509
2.7 Therapie 510
2.8 Prognose 511
2.9 Prophylaxe 511
Zusammenfassung 511

2.1 Definition

Die bakterielle Endokarditis stellt eine Sepsis-Sonderform dar, die unbehandelt immer tödlich verläuft. Den Sepsisherd bilden ulzerös-polypöse Veränderungen der Herzklappen, seltener auch anderer Regionen des Endokards.

2.2 Pathogenese

Die Besonderheit der bakteriellen Endokarditis liegt in einer „lokalen Agranulozytose“. Die rasche Verdünnung chemotaktischer Substanzen durch den ständigen Kontakt mit dem Blutstrom verhindert eine Neutrophilen-Immigration, wie sie bei anderen Lokalinfektionen regelmäßig auftritt. Damit entfällt die Chance einer Selbstheilung.

Die Erreger gelangen im Rahmen passagerer Bakteriämien, z. B. bei Zahnextraktionen, urologischen Eingriffen, Entbindungen, Pneumonien oder septischen Prozessen zum Endokard und bleiben dort haften. Die subakute bakterielle Endokarditis entwickelt sich meist an Endokardvorschädigungen, z. B. durch rheumatische Endokarditis, bei angeborenen Vitien, Zustand nach Herzklappenersatz-Operation, degenerativen Endokardläsionen oder dem Mitralklappenprolaps-Syndrom. Die akute Endokarditis kann sich auch an vorher intaktem Endokard ausbilden. Die rheumatische Endokarditis, die eine immunologisch bedingte A-Streptokokken-Nachkrankheit darstellt, muß streng von der bakteriellen Endokarditis abgetrennt werden.

2.3 Epidemiologie

Die Häufigkeit der mikrobiellen Endokarditis beträgt etwa 1 Fall auf 1000 internistische Krankenhausaufnahmen bzw. 11 bis 16 Fälle auf 1 Million Einwohner jährlich. Es können alle Altersstufen betroffen sein. Während der letzten Jahre fand eine Verschiebung des Durchschnittsalters um 10–15 Jahre nach oben statt. Am häufigsten sind die Mitralklappen (weibliches Geschlecht bevorzugt), die Aortenklappen (männliches Geschlecht bevorzugt) und Mitral-Aortenvitien befallen. Eine Rechtsherzendokarditis entsteht bevorzugt nach i. v. Injektion kontaminierter Drogen. Trotz des Rückgangs rheumatischer Vitien als wichtigstem Dispositionsfaktor hat die Gesamthäufigkeit nicht abgenommen. Dafür werden kontaminierte Venenkatheter, Herzschrittmacher, Dialyseshunts und andere Fremdkörper verantwortlich gemacht, die zum Ausgangspunkt für eine nosokomiale bakterielle Endokarditis werden können. Zunehmende Bedeutung erlangten auch die Endokarditiden nach Herzklappenersatzoperationen.

2.4 Erregerspektrum

Nahezu alle pathogenen Bakterienarten sind neben Sproßpilzen, Rickettsien und Chlamydien als Endokarditiserreger nachgewiesen worden. Streptokokken der Viridansgruppe und anhämolysierende Streptokokken (zusammen 65–85% der Fälle) sowie Enterokokken (in 5–15%) herrschen bei der subakuten Endokarditis vor. Staph. aureus (in 5–15%), Enterobakterien (in 2–6%) sowie selten auch Pneumokokken und hämolysierende Streptokokken werden vorwiegend bei der akuten Endokarditis angetroffen.

Die Endokarditis nach Herzklappenersatz beruht vor allem auf Staph. epidermidis.

Seltene Endokarditiserreger sind z. B. Hämophile, Brucellen, Gonokokken, Bacteroidesarten, Laktobakterien, Pseudomonas sp., bestimmte Corynebakterien und Erysipelothrix rhusiopathiae. Von einer „abakteriämischen" (= kulturell negativen) Form sollte erst nach mehreren negativen Blutkulturen gesprochen werden. Ursachen können L-Formen, defekte Keime (z. B. Satellitenstreptokokken), Anaerobier (bei fehlender Anaerobiertechnik), Coxiellen oder Sproßpilze sein.

2.5 Klinik

Nach dem klinischen Verlauf werden die akute Endokarditis, die z. T. auch vorher intakte Herzklappen befällt und rasch zerstört, und die subakute Endokarditis (Endocarditis lenta), in der Regel bei vorgeschädigten Herzklappen, unterschieden. Die subakuten Endokarditis entwickelt sich allmählich und ist oft zunächst nur als „Leistungsknick" erkennbar, während die akute ein rasch progredientes Krankheitsbild darstellt, das binnen wenigen Tagen zu Herzinsuffizienz, Nierenversagen und zerebralem Koma führen kann.

Eine eigene Entität stellt die Endokarditis nach Herzklappenersatz dar. Frühformen treten bis zum 60. Tag nach Operation, Spätformen danach auf.

Grundsätzlich muß jedes unklare Fieber bei gleichzeitig bestehenden Herzgeräuschen an die Möglichkeit einer bakteriellen Endokarditis denken lassen. In typischen Fällen ist die Diagnose leicht zu stellen. Sie kann aber bei uncharakteristischem Verlauf schwierig bis unmöglich sein. So wird die Endokarditis bei fehlendem Fieber, z. B. ältere Menschen, oft erst bei der Sektion erkannt.

Zur typischen Klinik gehören septisch-intermittierende Temperaturen oder zumindest subfebrile Temperaturen bei vorbestehenden Herzgeräuschen. Bei der akuten Endokarditis treten diese evtl. neu auf oder ändern rasch ihren Charakter. Eine septische

Tabelle 2.1. Klinik der bakteriellen (microbiellen) Endokarditis

Symptome	Komplikationen
Fieber, Herzgeräusche (Änderungen beachten!) Milzschwellung, Osler-Knötchen, Janeway-Läsionen, Entzündungsparameter, Immunkomplexe, Mikrohämaturie und Proteinurie, Vegetationen im Echokardiogramm	Fortschreitende Herzinsuffizienz durch Klappenzerstörung, akute Herzinsuffizienz bei Klappenperforation, septische Metastasen und Embolien, einschließlich Hirnembolien mit Hemiparesen oder zerebralem Koma, Nierenversagen (sekundär zur Herzinsuffizienz)

Milzschwellung kann vorhanden sein. Oslersche Knötchen sind linsengroße, schmerzhafte Hautveränderungen durch allergische Kapillaritis. Bei der subakuten Form treten in etwa 50% der Fälle Trommelschlegelfinger und Uhrglasnägel auf. Komplikationen sind Herzinsuffizienz infolge Klappenzerstörung oder -perforation, septische Metastasen und Embolien einschließlich Hirnembolien mit Hemiparesen. Die Symptome und Komplikationen der bakteriellen Endokarditis sind in Tabelle 2.1 zusammengefaßt.

2.6 Labordiagnostik

Mikrobiologische Diagnostik

Schon beim geringsten Verdacht auf eine bakterielle Endokarditis ist die Anlage von 3–5 Blutkulturen in 4–6stündigem Intervall erforderlich! Sie sollten vor Einleitung einer Chemotherapie abgenommen werden! Es empfiehlt sich die vorherige Anwärmung der Nährlösung auf 37 °C. Bei bakterieller Endokarditis besteht eine Dauerbakteriämie. Die Abnahme der Blutkulturen braucht sich somit nicht auf den Fieberanstieg zu beschränken.

Neben aeroben Kulturen sollten möglichst auch anaerobe und Sproßpilzkulturen angelegt werden. Die mikrobiologischen Befunde bedürfen einer kritischen Interpretation, um Kontaminationen abzugrenzen. Beweisend ist der mehrfache Nachweis identischer Erreger im Zusammenhang mit einem entsprechenden klinischen Bild. Die Unterlassung von Blutkulturen bei unklarem Fieber und Vorliegen oder Neuauftreten von Herzgeräuschen stellt einen schweren

Fehler dar! Jede Verzögerung der Diagnostik und Therapie erhöht das Risiko irreversibler Komplikationen.

Weitere Diagnostik

Die BSR ist fast immer beschleunigt (Ausnahme: Polyglobulie bei zyanotischen Vitien). Entzündungsparameter wie Leukozytose mit Linksverschiebung, Infektsideropenie mit nachfolgender Infektanämie, C-reaktives Protein und Vermehrung der Alpha-2-Globuline in der Elektrophorese sind meist nachweisbar. Immunkomplexe verursachen oft positive Reaktionen von Rheumafaktortests. Urinbefunde im Sinne der Löhleinschen Herdnephritis sind Mikrohämaturie, geringe Proteinurie und gelegentlich auch Zylindrurie. Große Bedeutung hat die Echokardiographie zum Nachweis von mikrobiellen Vegetationen oder von Klappenperforationen erlangt.

2.7 Therapie

Allgemeines

Eine Heilung ist nur durch Antibiotika mit In-vivo-Bakterizidie (in der Regel als synergistische Kombination) bzw. durch operative Entfernung des Sepsisherds (Herzklappenersatzoperation) erreichbar. Jede andere Therapie, insbesondere die Gabe von Bakteriostatika, führt nicht zur Ausheilung.

Begleitmedikationen bei Zusatzkrankheiten oder Komplikationen (Herzinsuffizienz, Herzrhythmusstörungen) richten sich nach den üblichen Grundsätzen. Kontraindiziert sind:

- Antikoagulantien (Blutungen, Klappenperforation),
- Kortikosteroide (Abwehrschwäche, Klappenperforation),
- Eisengaben (freies Transferrin unterstützt die Infektabwehr, gebundenes nicht!),
- Bluttransfusionen (gleicher Effekt wie Eisengaben!).

Chemotherapie

Therapieprinzip. Bakterizide β-Lactamantibiotika (z. B. Penicilline, Cephalosporine) gewährleisten allein noch keine In-vivo-Bakterizidie. Ruheformen können persistieren. Die Kombination mit Aminoglykosiden, z. B. Gentamicin, führt zu einem synergistischen Effekt mit Elimination der Ruheformen. Der Synergismus tritt auch dann ein, wenn Streptokokken oder Enterokokken im Diffusionstest gegen das geprüfte Aminoglycosid, z. B. Gentamicin, als nur mäßig empfindlich oder resistent ausgewiesen werden.

Soforttherapie. Nach Abnahme der Blutkulturen muß mit einer kalkulierten Therapie begonnen werden. Diese beruht auf einer nach klinischen Erwägungen gestellten mikrobiologischen Verdachtsdiagnose. So ist bei subakuter Endokarditis nach Zahnextraktion am ehesten mit vergrünenden oder anhämolysierenden Streptokokken zu rechnen, nach urologischer Instrumentation mit Enterokokken, bei akuter Endokarditis vorrangig mit Staph. aureus und bei Klappenersatz-Endokarditis mit Staph. epidermidis. Die Soforttherapie wird bei Verdacht auf Viridans-Streptokokken mit täglich 10–20 Mill. IE Penicillin G als i. v. Kurzinfusion zusammen mit Streptomycin (i. m.) oder Gentamicin (i. v., i. m.), bei Verdacht auf Enterokokken mit mindestens 6 g Ampicillin i. v., zusammen mit Gentamicin (i. v., i. m.) durchgeführt.

Gezielte Therapie. Nach Kenntnis von Erreger und Antibiogramm ist gegebenenfalls eine gezielte Korrektur vorzunehmen. Einzelheiten, auch zur Therapiedauer, sind Tabelle 2.2 zu entnehmen.

Therapiekontrolle und Erfolgsbeurteilung. Ein wichtiges Kriterium stellt die Serumbakterizidie dar. Unmittelbar vor der nächsten Antibiotikagabe muß das Patientenserum in einer Bouillonverdünnung von ≥1:8 für den Patientenstamm noch bakterizid sein. Anderenfalls empfiehlt sich eine Therapieumstellung! Parameter der Heilung sind Ausbleiben des Fiebers, negative Blutkulturen und Normalisierung der Entzündungsparameter.

Chirurgische Therapie

Bei etwa 35% der Fälle von mikrobieller Endokarditis wird die Indikation zur Klappenersatz-Operation gestellt und zwar bei

- therapieresistenter Herzinsuffizienz infolge gestörter Klappenfunktion,
- ernsten embolischen Attacken,
- nicht beherrschbarer Infektion, z.B. bei Sproßpilz- oder Coxiellen-Endokarditis,

Tabelle 2.2. Beispiele zur Therapie der bakteriellen (mikrobiellen) Endokarditis

Erreger	Antibiotika	Applikation	Tagesdosis (Erwachsene)	Therapiedauer (Wochen)
Streptokokken	Penicillin G +	i.v. Kurzinfusion	10–30 Mill. IE in	3–4
(Viridansgruppe und weitere			3–4 Einzeldosen	2–3
penicillinempfindliche Keime)	Streptomycin oder	i.m.	2× 0,5 g	
	Gentamicin	i.v.; i.m.	2–3× 80 mg	2–3
Enterokokken	Ampicillin +	i.v.	≥ 6 g in 3–4 Einzeldosen	6
(und andere Streptokokken mit verminderter Penicillinsensibilität)	Gentamicin	i.v.; i.m.	3× 80mg	3–4
Staph. aureus, Staph. epidermidis	Oxacillin +	i.v. Kurzinfusion	8–12–16 g in Einzelgaben	6
(jeweils penicillinresistent)	Gentamicin	i.v.; i.m.	3 × 80 mg	3–4
Enterobakterien	β-Lactam nach Antibiogramm +	i.v. Kurzinfusion	je nach Präparat (Maximaldosen!)	6
	Gentamicin oder anderes Aminoglykosid	i.v.; i.m.	3 × 80 mg	3–4
Endokarditis ohne Erregernachweis	Wie Enterokokken-Endokarditis			

- den meisten Fällen von Klappenersatz-Endokarditis (alle Frühformen, Spätformen mit Ausnahme der Endokarditis durch Streptokokken mit hoher Penicillinempfindlichkeit).

2.8 Prognose

Auch bei optimaler Diagnostik und Therapie sterben 10–20% der Patienten mit subakuter und 30–50% der Fälle von akuter Endokarditis. Selbst nach mikrobieller Heilung sind noch vitale Bedrohungen möglich, z.B. durch Herzinsuffizienz. Die 5-Jahres-Überlebensrate nach Ausheilung liegt bei 50–60%. Patienten mit durchgemachter bakterieller Endokarditis können in 2–3% pro anno erneut eine bakterielle Endokarditis bekommen, meist durch andere Erreger. Belastbarkeit und berufliche Rehabilitation richten sich nach den hämodynamischen Gegebenheiten.

2.9 Prophylaxe

Eine Endokarditisprophylaxe wird vor häufig zu Bakteriämie führenden Eingriffen an bestimmten Risikogruppen empfohlen. Es ist dabei zwischen hohem Risiko, z.B. früher durchgemachte bakterielle Endokarditis oder Klappenprothesenträger, und geringem Risiko, z.B. konnatale oder rheumatische Vitien, zu unterscheiden. Die Prophylaxe wird als perioperative Ein-Dosis-Prophylaxe durchgeführt. Sie richtet sich bei Eingriffen am Oropharynx gegen vergrünende Streptokokken und anhämolysierende Streptokokken und besteht in Oralpenicillin, Procainpenicillin oder Ampicillin. Bei hohem Risiko muß mit Gentamicin kombiniert werden. Bei Eingriffen am Darm oder an der Harnröhre richtet sich die Prophylaxe gegen Enterokokken. Sie besteht in Ampicillin i.v. Die Zugabe von Gentamicin erfolgt bei urologischen Eingriffen für beide Risikogruppen, sonst nur bei hohem Risiko. Bei Herzoperationen sind Staphylokokken die Zielkeime der Prophylaxe. Deshalb kommen Staphylokokken-Penicilline oder ein Cephalosporin der 1. bzw. 2. Generation zum Einsatz.

Zusammenfassung

Die bakterielle (mikrobielle) Endokarditis ist eine besondere Sepsisform, die unbehandelt immer tödlich verläuft. Den Sepsisherd stellen polypös-ulzeröse Klappenveränderungen dar. Die Erreger gelangen durch passagere Bakteriämien zum Endokard. Meist begünstigen Vorschäden das Haftenbleiben. Die fehlende Neutrophilen-Immigration beruht auf der raschen Verdünnung chemotaktischer Substanzen. Es resultiert eine lokale Agranulozytose.

Es ist jährlich mit 11–16 Fällen auf eine Million Einwohner zu rechnen. Alle Altersgruppen können betroffen sein. Häufigste Erreger sind Streptokokken der Viridansgruppe, anhämolysierende Streptokokken und Enterokokken für die subakute Endokarditis, Staph. aureus für die akute Endokarditis und Staph. epidermidis für die Klappenersatz-Endokarditis. Kulturell negative Formen beruhen z. B. auf defekten Keimen.

In typischen Fällen ist die klinische Diagnose leicht zu stellen. Kardinalsymptome sind septisch-intermittierendes Fieber bei vorbestehenden oder sich rasch ändernden Herzgeräuschen. Bei uncharakteristischen Verläufen, besonders im Beginn einer subakuten Endokarditis, bereitet die Diagnose mitunter Schwierigkeiten. Wichtigste Maßnahme zur Labordiagnostik it die Anlage von 3–5 aeroben und anaeroben Blutkulturen (Dauerbakteriämie!).

Die Chemotherapie muß mit synergistischen β-Lactam-Aminoglykosid-Kombinationen durchgeführt werden, zunächst kalkuliert, später gezielt, je nach Erreger über 2, 4 oder 6 Wochen.

Der Serumbakterizidietest sollte in einer Serumverdünnung von ≥1:8 positiv ausfallen. Bei Therapieversagen muß rechtzeitig die Indikation zur Herzklappenersatz-Operation gestellt werden. Selbst bei Ausheilung der bakteriellen Endokarditis liegt die 5-Jahres-Überlebensrate nur bei 50–60%. Eine Endokarditis-Prophylaxe kommt nur für bestimmte Eingriffe und für bestimmte Risikogruppen in Betracht. Sie wird als Ein-Dosis-Prophylaxe durchgeführt.

3 Mikrobiell bedingte Entzündungen des Zentralnervensystems

W. Opferkuch

INHALTSÜBERSICHT

3.1 Allgemeines 513
3.2 Akute eitrige Meningitis 513
3.2.1 Erregerspektrum 513
3.2.2 Pathogenese 514
3.2.3 Klinik 514
3.2.4 Epidemiologie 515
3.2.5 Diagnostik 515
3.2.6 Therapie 516
3.2.7 Prophylaxe 517
3.3 Lymphozytäre bakterielle Meningitis . . . 517
3.3.1 Meningitis tuberculosa 517
3.3.2 Leptospiren-Meningitis 518
3.3.3 Listerien-Meningitis 518
3.4 Weitere chronisch verlaufende Meningitiden 518
3.4.1 Kryptokokken-Meningitis 518
3.4.2 Toxoplasmen-Meningitis 518
3.4.3 Amöben-Meningitis 518
3.5 Akute virale Erkrankungen des ZNS 519
3.6 Subdurales Empyem 519
3.7 Epiduraler Abszeß 520
3.8 Hirnabszeß 520
Zusammenfassung 520

3.1 Allgemeines

Die verschiedenen Bestandteile des Zentralnervensystems können durch mikrobielle Infektionen befallen werden. Bei Befall der weichen Hirnhäute sprechen wir von einer Meningitis, bei einer Entzündung des Hirngewebes von einer Enzephalitis oder bei einem abzedierenden lokalen Prozeß von einem Hirnabszeß. Weiterhin kommt es selten zu einer subduralen, d. h. zwischen der Dura mater und der Arachnoidea befindlichen Eiteransammlung (subdurales Empyem) oder einem epiduralen Abszeß; dieser ist zwischen der Dura mater und dem anliegenden Knochen lokalisiert. Bei der überwiegenden Mehrzahl dieser Erkrankungen erfolgt die Infektion über die Blutbahn. Der zugrundeliegende Infektionsherd findet sich dabei meist im Nasen-Rachenraum, aber auch eine Otitis media, eine Mastoiditis oder Sinusitis kann der Ausgangspunkt der Infektion sein. Traumatische Läsionen, chirurgische Eingriffe oder kongenitale Mißbildungen können ebenfalls Eintrittspforten für Krankheitserreger sein. Nur in Ausnahmefällen wird eine aufsteigende Infektion über einen intraneuralen Weg beobachtet. Bekannt ist dieser Infektionsweg für das Tollwut-Virus, für Herpessimplex-Viren und möglicherweise für Toga-Viren.

3.2 Akute eitrige Meningitis

Durch bestimmte Bakterien kommt es zu einer Entzündung der weichen Hirnhäute. Diese führt zu einer Eiteransammlung des normalerweise mit Liquor cerebrospinalis gefüllten Subarachnoidalraumes, der die Hirnhemisphären umhüllt. Man spricht deshalb auch von einer „Haubenmeningitis“.

3.2.1 Erregerspektrum

Eine eitrige Meningitis kann von einer Reihe von Erregern hervorgerufen werden. Mehr als 70% der Erkrankungen werden von Streptococcus pneumoniae, Haemophilus influenzae Typ b und Neisseria meningitidis hervorgerufen. Im Neugeborenenalter werden allerdings ca. $^2/_3$ aller Infektionen von β-hämolysie-

Tabelle 3.1. Die häufigsten Erreger von eitriger Meningitis

Pneumokokken
Meningokokken
Haemophilus influenzae Typ b
E. coli, Klebsiella sp. und andere Enterobakterien
Streptokokken der Gruppe B
Staph. aureus
Staph. epidermidis
Streptokokken der Gruppe A

renden Streptokokken der Gruppe B und ***E. coli*** (meist vom Kapseltyp K1) hervorgerufen. Bei Kindern bis zum 8. Lebensjahr sind H. influenzae und N. meningitidis die häufigsten Erreger. Während in Europa vor allem N. meningitidis vom Typ B der Erreger von sporadisch auftretenden Meningitiden ist, verursachen Meningokokken vom Typ A in Afrika und Südamerika Meningitis-Epidemien. In den folgenden Lebensjahren tritt Streptococcus pneumonieae als Meningitis-Erreger mehr in den Vordergrund. Auch Staphylococcus aureus, gramnegative Stäbchen und Streptokokken der Gruppe A im höheren Lebensalter werden als Meningitis-Erreger identifiziert. Bei Patienten nach einer Liquor-Shunt-Operation werden oft Staph. epidermidis als Erreger isoliert. Bei prädisponierenden Grundleiden rücken weitere Bakterien als Erreger einer eitrigen Meningitis in den Vordergrund (Tabelle 3.1).

3.2.2 Pathogenese

Eine Meningitis entsteht durch den Ablauf folgender 3 Prozesse:

- Infektion eines empfänglichen Patienten und Kolonisation des Keimes, meist im Bereich des Nasen-Rachenraumes;
- Ausbildung einer Bakteriämie und
- Absiedlung im Zentralnervensystem und anschließende Infektion.

Gemeinsam ist allen Erregern, die sich meist frisch im Nasen-Rachenraum festgesetzt haben, daß sie zusätzliche Virulenzmechanismen besitzen. Diese erlauben es ihnen, nach der Kolonisation in tiefere Gewebeschichten einzudringen, um dann eine Bakteriämie auszulösen. Die Kolonisation kann auch, wie das Beispiel von Strept. pneumoniae zeigt, vom Ohrbereich (Otitis, Mastoiditis) seinen Ausgang nehmen. Als Virulenzmechanismen werden die antiphagozytäre Kapsel und eine IgA-Protease-Produktion angesehen; für N. meningitidis und H. influenzae ist bekannt, daß sie außerdem noch Pili besitzen. Nicht pilierte Stämme sind apathogen. Wie die Bakterien die Schleimhautbarriere durchdringen, ist noch unbekannt. Die Kapsel schützt sie vor der Phagozytose, eine gleichzeitige Serumresistenz vor einer Abtötung durch das Komplementsystem. Obwohl es viele Bakterienspezies gibt, die zu einer Bakteriämie führen, haben bekapselte N. meningitidis, H. influenzae und S. pneumoniae die Fähigkeit, von der Blutbahn in das Zentralnervensystem überzutreten. Dies läßt vermuten, daß die Endothelzellen der kleinen Blutgefäße des Plexus choroidei oder anderer Lokalisation Rezeptoren für Adhäsine dieser Bakterien besitzen. Auf diesem Weg könnte man sich ein Eindringen der Bakterien in das Zentralnervensystem vorstellen. Im Zentralnervensystem sind sie primär keinen Abwehrmechanismen ausgesetzt. Man hat festgestellt, daß die Liquorflüssigkeit von Meningitis-Patienten chemotaktisch ist, d. h. zur Anlöckung von Granulozyten geeignet ist. Es ist allerdings noch nicht erforscht, wie diese Granulozyten die Blut-Liquor-Schranke überwinden können.

3.2.3 Klinik

Die klinische Symptomatik ist gekennzeichnet durch die Entzündungsreaktion, die Reizung von Hirnnerven und den meningealen Austrittsstellen der Rückenmarksnerven sowie durch die Folgeerscheinungen des erhöhten Hirndrucks. Fieber, Kopfschmerzen, Krampfanfall, Erbrechen, Beeinträchtigung des Bewußtseins, Nacken- und Rückensteifheit sind die üblichen Symptome. Auch Bauchschmerzen, Verwirrtheit bis zum Delir und petechiale Hautblutungen (vor allem bei Meningokokkenmeningitiden) werden beobachtet.

Bei Kindern ist der Krankheitsbeginn oft uncharakteristisch, Fieber und Erbrechen stehen im Vordergrund. Bei Säuglingen treten oft Krampfanfälle auf und die Fontanelle ist gespannt oder vorgewölbt. In 75% der Fälle geht der Meningitis eine Entzündung der Atemwege (Pneumonie oder eines Ohres) voraus.

Weitere klinische Zeichen sind ein positives Kernig- bzw. Brudzinski-Zeichen. Das positive Kernig-Zeichen besteht in Schmerzen und Widerstand beim passiven Anheben der Beine bei gestreckten Knien. Als Brudzinski-Zeichen bezeichnet man die reflektorische Anwinkelung der Beine bei passivem Anheben des Kopfes und Beugen im Nacken. Weiter kann man bei der Untersuchung des Augenhintergrundes eine Stauungspapille feststellen und bei der tuberkulösen Basalmeningitis eine Augenmuskellähmung (Schielstellung der Augen) und Doppelbilder. Die Patienten nehmen im Bett eine Schonhaltung durch Seitenlage mit angewinkelten Beinen (sogenannte Jagdhundhaltung) ein, die sich bis zu einer extremen Hohlkreuzlage (Opisthotonus) steigern kann.

Als Zeichen der zentralen Irritation durch die Entzündung und erhöhten Hirndruck kann eine Vasomotorenlähmung mit Blutdruckabfall, Bradykardie oder Tachykardie auftreten.

3.2.4 Epidemiologie

Die Erkrankungshäufigkeit ist bei Neugeborenen und Säuglingen unter 1 Monat am höchsten. Die jährliche Inzidenz auf 100 000 beträgt hier 300, bei Kleinkindern und Kindern 55, bei Erwachsenen nur 2–5. Erkrankungen entstehen meist durch Bakterienstämme, die sich erst kürzlich auf den Schleimhäuten des Nasen-Rachenraumes ansiedelten. Es ist bekannt, daß Kinder häufiger neue Stämme aufnehmen als Erwachsene. Deren Ausbreitung, mit oder ohne nachfolgende Erkrankung, wird durch engen familiären Kontakt gefördert. Die Fähigkeit zur epidemischen Ausbreitung von Meningokokken ist vor allem beim Serotyp A und C gegeben, während der Serotyp B überwiegend bei sporadischen Erkrankungen angetroffen wird. Eine Zusammenstellung der Erreger in Abhängigkeit von Alter und prädisponierenden Faktoren findet sich in Tabelle 3.2 und 3.3.

Tabelle 3.2. Häufigkeit der Meningitis-Erreger in Abhängigkeit vom Alter

Altersgruppe	Erreger	Anteil in %
Neugeborene und Säuglinge	E. coli (K 1)	55–60
	B-Streptokokken	10–25
	Listeria monocytogenes	2–10
Kinder bis zum 8. Lebensjahr	H. influenzae Typ b	44
	Meningokokken	30
	Pneumokokken	15
Jugendliche und Erwachsene bis 50 Jahre	Pneumokokken	35
	Meningokokken	35
	H. influenzae Typ b	9
	Staph. aureus	5
	gramnegative Stäbchen	6
	A-Streptokokken	3
Erwachsene über 50 Jahre	Pneumokokken	57
	Staph. aureus	8
	gramnegative Stäbchen	9
	A-Streptokokken	6
	Meningokokken	5
	H. influenzae Typ b	1– 2

Tabelle 3.3. Menigitis-Erreger in Abhängigkeit von prädisponierenden Faktoren

Grundleiden	Erreger	Häufigkeit in %
Liquorshunt	Staph. epidermidis	50–60
	Staph. aureus	25–35
	A-Streptokokken	10
	Enterokokken, Diphtheroide, Bacillus sp.	5
postoperativ (neurochirurgischer Eingriff)	Enterobakterien	50
	Staph. aureus	10
	Staph. epidermidis	10
	Pseudomonas aeruginosa	15
Abwehrschwäche (humoral, Phagozytosedefekt, Tumorleiden)	Listeria monocytogenes	22
	Enterobakterien	19
	Pseudomonas aeruginosa	15
	Staph. aureus	15
	Pneumokokken	14

3.2.5 Diagnostik

Die Diagnose wird letztendlich durch eine Lumbalpunktion und Untersuchung des Liquors gestellt. Folgende Parameter sind dabei von ausschlaggebender Bedeutung: Zellzahl und Zellqualität, Protein- und Zuckergehalt (Tabelle 3.4). Aufgrund dieser Befunde kann man im allgemeinen differentialdiagnostisch zwischen einer eitrigen Meningitis, einer tuberkulösen Meningitis und einer viralen Meningoenzephalitis unterscheiden. Kontraindikationen für eine Lumbalpunktion sind eine ausgeprägte haemorrhagische Diathese oder intrakranielle raumfordernde Prozesse.

Aus dem Sediment des Liquors (1–2 ml Liquor werden 5 min bei 5000 rpm zentrifugiert) werden ein Grampräparat und ein Giemsa-Präparat angefertigt. Dadurch können mögliche Keime identifiziert und die Zellqualität (Granulozyten, Lymphozyten und mono-

Tabelle 3.4. Differentialdiagnose der Meningitis

Erreger	Liquorbefund						
	Zellzahl	Granulozyten	Lymphozyten	Glukose[a]	Protein[a]	Mikrosk. Präparat	Kultur
1) *Bakterielle – eitrige Meningitis* Meningokokken Pneumokokken Haemoph. influenzae, Typ b Enterobakterien Streptokokken Gruppe A Streptokokken Gruppe B Staphylokokken Listerien	Erhöht >3000	Erhöht >60%		<45 oder unverändert	>80	80% positiv (bei anbehandelter M. in 60% positiv)	90% positiv (bei anbehandelter M. in 65% positiv)
2) *Bakterielle – nicht eitrige Meningitis* Mycobacterium tuberculosis Leptospiren Bruzellen Francisella tularensis	Erhöht <1000	Bei 13% vorwiegend PMN	Erhöht	<45	>100	Ziehl-Neelsen in 80 % positiv	85% positiv
3) *Virale – Meningoencephalitis* Coxsackie-Viren ECHO-Viren Mumps-Viren Arbo-Viren Herpes simplex-Viren Epstein-Bar-Viren Masern-Viren Lymphozyt. Choriomeningitis-Viren	Erhöht in 84% der Fälle <1000	Erhöht in 10% aller Patienten	Erhöht	Normal	Normal bis leicht erhöht	θ	θ
4) *Pilz-Meningoencephalitis* Coccidioides immitis Candida albicans Cryptococcus neoformans	Erhöht <500		Erhöht	Normal bis leicht erniedrigt	Normal bis leicht erhöht	θ	θ

[a] % des Gehaltes im peripheren Blut

zytäre Zellen) festgestellt werden. Der Liquor wird darüber hinaus mikrobiologisch durch Anzüchten der vorhandenen Keime weiter untersucht. Blutkulturen sind zur Identifizierung des Erregers ebenfalls immer anzulegen. Immunologische Schnellteste zur Erregeridentifizierung allein reichen nicht aus, da diese Methoden mit ca. 10–15% falsch negativen Ergebnissen behaftet sind. Ihr Hauptvorteil liegt bei antibiotisch anbehandelten Meningitisfällen, bei denen der Bakteriennachweis durch Anzüchtung nicht mehr gelingt.

3.2.6 Therapie

Die wichtigste therapeutische Maßnahme ist der frühzeitige Beginn einer adäquaten antibiotischen Therapie. Diese unterteilt sich in die Initialtherapie bei noch unbekanntem Erreger und der gezielten Therapie, nachdem der Erreger identifiziert wurde. Die Initialtherapie soll sofort begonnen werden, nachdem der Liquor gewonnen wurde. Ähnlich wie bei der Sepsis hängt die Letalitätsrate der Meningitis eng mit dem Zeitpunkt des Therapiebeginns zusammen, d. h. je später mit der Therapie begonnen wird, desto höher ist die Letalitätsrate. Dabei kann schon die Verzögerung von einer halben Stunde nicht mehr gutzumachende Folgen haben.

Die Therapie soll sich an bewährten Therapieschemata orientieren. Zur Zeit sind die Empfehlungen einer Arbeitsgruppe „Meningitis" der Paul-Ehrlich-Gesellschaft zu akzeptieren (Tabelle 3.5). Die Therapie von seltenen Meningitis-Erregern richtet sich nach

Tabelle 3.5. Empfehlungen der Arbeitsgemeinschaft Meningitis der Paul-Ehrlich-Gesellschaft zur Meningitis-Therapie jenseits des Neugeborenen-Alters. (Aus Helwig 1985)

Erreger	Dosis (mg/kg Körpergewicht)			Minimale Behandlungsdauer (Tage)
		Alternativen bei nachgewiesener Erregerempfindlichkeit		
	I	II	III	
Unbekannt oder H. influenzae	Cefotaxim 4–6 x 50 mg tägl. oder Ceftriaxon 1 x 100 mg (2 x 50 mg) tägl.	Ampicillin 4 x 50–100 mg tägl.	Chloramphenicol 2 x 50 mg tägl.	10–14
S. pneumoniae oder N. meningitidis	Penizillin G 6 x 50 000 IE tägl.	Cefotaxim oder Ceftriaxon	Chloramphenicol	10–14 8–10

deren Resistenzverhalten. Eine intrathekale Gabe von Aminoglykosiden wird heute nicht mehr empfohlen. Die Antibiotika sollen am besten als Kurzzeitinfusion in 3–4 Tagesdosen (Ausnahme Ceftriaxon) verabreicht werden. Im allgemeinen ist eine Therapiedauer von 10–14 Tagen ausreichend. Sie wird sich am klinischen Verlauf und der Normalisierung des Liquorbefundes orientieren.

3.2.7 Prophylaxe

Die Meningokokken-Meningitis ist einer Chemoprophylaxe zugängig. In Betracht kommen vor allem enge Kontaktpersonen Erkrankter. Medizinisches Personal gehört in der Regel nicht dazu (Ausnahme: Mund-zu-Mund-Beatmung). Auch die H.-influenzae-Meningitis kann sich innerhalb der betroffenen Familie und in Kinderkrippen (mit Kindern unter 4 Jahren) weiter ausbreiten. Die Risiken ähneln denen der Meningokokken-Meningitis. Mittel der Wahl zur Prophylaxe ist Rifampicin. Gegen Meningokokken werden 10 mg/kg (nicht mehr als 600 mg/Dosis) 2×täglich für 2 Tage verabfolgt. Die Prophylaxe der H.-influenzae-Meningitis wird bei Erwachsenen und Kindern mit 20 mg/kg (nicht mehr als 600 mg/Dosis) in einer täglichen Gabe für 4 aufeinanderfolgende Tage vorgenommen.

Eine Vakzination ist zur Zeit lediglich gegen N. meningitidis Typ A möglich. Diese wird in Epidemiegebieten oder bei Reisen in solche Gebiete empfohlen. Eine Vakzination gegen Pneumokokken ist wegen der Vielzahl der Kapseltypen nur in speziellen Fällen möglich. Eine Impfung gegen Haemophilus influenzae Typ b wird z.Z. eingeführt.

3.3 Lymphozytäre bakterielle Meningitis

Eine Reihe von Bakterienspezies rufen lymphozytäre, meist chronisch verlaufende Meningitiden hervor. Ihr Verlauf ist im Gegensatz zur akuten eitrigen Meningitis mehr schleichend, und das Krankheitsbild entwickelt sich allmählich. Der Prototyp dieser Erkrankung ist die Meningitis tuberculosa. Die mit der Erkrankung verbundenen Liquorveränderungen finden sich in Tabelle 3.4.

3.3.1 Meningitis tuberculosa

Die Infektion entsteht häufiger durch die Ruptur eines tuberkulösen Granuloms in den Subarachnoidalraum als durch eine hämatogene Streuung. In Gebieten mit einer hohen Durchseuchungsrate mit M. tuberculosis sind hauptsächlich Kinder unter 5 Jahren befallen. In Populationen mit geringem Durchseuchungsgrad findet man die Meningitis tuberculosa bei Patienten über 50 Jahren als Ausdruck der Reaktivierung einer alten Tuberkulose. Eine Mittelstellung nehmen immunkompromittierte Patienten ein. Die Entzündung ist an der Hirnbasis lokalisiert, wodurch es zu einer Irritation der basalen Hirnnerven kommt. Diese führt zum differentialdiagnostisch wichtigen Symptom der Abduzensparese mit einer Schielstellung der Augen. Die klinische Symptomatik entwickelt sich im allgemeinen langsam über Wochen. Sie unterscheidet sich von der akuten, eitrigen Meningitis durch geringen Temperaturanstieg, normales peripheres Blutbild und erst späten Beginn einer zerebralen Symptomatik (Bewußtlosigkeit). Die Diagnose basiert auf dem Nachweis der Tuberkulose. In 80% finden sich Zeichen einer pulmonalen Affektion. Dabei kann allerdings der Tuberkulintest negativ sein. Bei ca. 20% von Meningitis tuberculosa finden sich keine sonstigen Zeichen einer Tuberkulose. Der Nachweis von Mycobacterium tuberculosa im Liquor muß mit allen zur Verfügung stehenden Methoden (Direktpräparat, Kultur, Tierversuch) unternommen werden. Der endgültige Nachweis darf aber den Beginn der Therapie nicht verzögern. Diese besteht in der üblichen Triple-Therapie in Tuberkulostatika (INH, Rifampicin, Ethambutol, Streptomycin etc.), eventuell ergänzt durch Kortikosteroide.

3.3.2 Leptospiren-Meningitis

Die klinische Diagnose muß durch Antikörperuntersuchungen (Agglutinations-Lysis-Test) bestätigt werden. Die Meningitis ist Ausdruck einer Organmanifestation bei zyklischer Infektionskrankheit. Sie kann von einem (passageren) Nierenversagen begleitet sein. Die Notwendigkeit zu einer Chemotherapie ist umstritten. Penizillin G in hohen Dosen (mindestens 4 Mio IE/d beim Erwachsenen) wirkt nur während der ersten 4 Krankheitstage.

3.3.3 Listerien-Meningitis

Listeria monocytogenes führt vor allem bei Abwehrschwäche zur lymphozytären Meningitis. Das gilt z. B. für Tumorpatienten und ältere Menschen. Während einer Schwangerschaft besteht eine „physiologische Abwehrschwäche“, so daß intrauterine Infektionen des Foeten entstehen können. Die Erregerdiagnose muß kulturell erfolgen. Antikörperuntersuchungen haben weder eine Beweis- noch eine Ausschlußkraft. Therapie der Wahl ist die Kombination von Aminopenizillinen mit Aminoglykosiden.

3.4 Weitere chronisch verlaufende Meningitiden

3.4.1 Kryptokokken-Meningitis

Diese seltene Erkrankung (Inzidenz weniger als 1 Fall auf 100 000 Einwohner pro Jahr) verläuft als lymphozytäre Meningitis. Der Erreger, Cryptococcus neoformans, ist weit verbreitet, z. B. in Taubenkot. Die Kryptokokken-Meningitis stellt eine disseminierte Form der Erkrankung dar. Die Hälfte der Patienten weisen eine Abwehrschwäche auf, AIDS inbegriffen. Im Liquor ist der Proteingehalt erhöht, der Glukosespiegel meist erniedrigt. Bei mindestens 50% der Patienten kann der Erreger mittels Spezialfärbung (Tuschepräparat) im Liquorsediment gefunden werden. Eine kulturelle Bestätigung ist unumgänglich. Das Kryptokokken-Antigen läßt sich mittels Latextest nachweisen. Eine systemische antimykotische Therapie mit Amphotericin B in Kombination mit 5-Fluorocytosin ist unerläßlich. Eine Heilung gelingt in rund 60% der Fälle.

3.4.2 Toxoplasmen-Meningitis

Diese findet sich vor allem bei Abwehrschwäche, insbesondere bei AIDS. Sie entspricht einer Meningoenzephalitis. Fast immer liegt eine endogene Reaktivierung vor. Die Diagnose kann meist nicht auf dem üblichen serologischen Wege gestellt werden. Es gibt hinweisende Befunde im Computer-Tomogramm sowie die Möglichkeit der Hirnbiopsie. Die Therapie erfolgt wie üblich mit Pyrimethamin und Sulfadiazin.

3.4.3 Amöben-Meningitis

Frei lebende Amöben, besonders Naegleria-Arten, können eine akute eitrige Meningitis hervorrufen. Die Infektion erfolgt meist in Schwimmbädern. Die Diagnose kann im hängenden Tropfen aus nicht zentrifugiertem Liquor gestellt werden. Auch der kulturelle Nachweis ist möglich. Bei meist ausgesprochen schlechter Prognose und raschem Fortschreiten zur Enzephalitis kommt nur ein Therapieversuch mit Amphotericin B in Kombination 5-Flucytosin in Betracht.

3.5 Akute virale Erkrankungen des Zentralnervensystems

Diese Erkrankungen können entsprechend ihrer Lokalisation im Zentralnervensystem in eine akute Meningitis, Enzephalitis und Myelitis eingeteilt werden. Da diese Lokalisationen nicht immer strikt abgrenzbar sind, werden auch die Bezeichnungen Meningoenzephalitis und Enzephalomyelitis gebraucht. Alle viralen Infektionen zeichnen sich durch ein lymphozytäres Infiltrat aus. Die wichtigsten Erreger dieser Erkrankung sind in Tabelle 3.6 zusammengestellt.

Eine Abgrenzung der einzelnen Erkrankungen erfolgt aufgrund des klinischen Bildes. Der viralen Meningitis geht meist ein grippeähnliches Krankheitsbild voraus. Die Erkrankung setzt dann akut ein. Die Beteiligung des Zentralnervensystems ist durch heftige Kopfschmerzen gekennzeichnet, Krankheitsgefühl, Erbrechen, Apathie werden beobachtet. Das Bewußtsein kann getrübt sein, der Patient ist aber selten bewußtlos. Es bestehen meningitische Zeichen. Die Temperatur ist zwischen 38 und 40 °C. Die Liquorbefunde (s. Tabelle 3.4) zeigen eine klare Abgrenzung zur eitrigen Meningitis. Symptome unabhängig vom Zentralnervensystem (z. B. Parotitis) können Aufschluß über den möglichen Erreger geben. Der Verlauf ist meist komplikationsfrei, und die Behandlung beschränkt sich auf eine symptomatische Therapie.

Bei der Enzephalitis wird die Symptomatik der viralen Meningitis durch neurologische Ausfälle je nach der Lokalisation der Entzündung verstärkt. Daraus resultiert Apathie, Ataxie, sensorische Defekte oder Zeichen einer Läsion des kortikospinalen bzw. kortikobulbären Bereiches. Bei dieser Erkrankung werden neben den üblichen Liquoruntersuchungen noch EEG-Untersuchungen und Computertomographie diagnostisch eingesetzt. Weitere Details bezüglich der Besonderheiten bestimmter Viren werden im Abschnitt Virologie abgehandelt.

Tabelle 3.6. Die wichtigsten Erreger der akuten viralen Meningitis bzw. Enzephalitis

Echovirus
Coxsackie-Virus Typ A und B
Enterovirus
Mumpsvirus
Herpes-simplex-Virus Typ 1 und 2
Epstein-Barr-Virus
Human immunodeficiency virus (HIV)
Herpes-Zoster-Virus
Zytomegalievirus
Lymphochoriomeningitis-Virus
Poliovirus

3.6 Subdurales Empyem

Pathogenese

Die Infektion erreicht den Subduralraum auf venösem Wege oder von einer Osteomyelitis des Schädelknochens aus. In mehr als der Hälfte der Fälle liegt eine eitrige Entzündung der Nasennebenhöhlen zugrunde.

Erregerspektrum

Haupterreger sind Streptokokken und Staphylokokken, ferner Pneumokokken, Haemophilus influenzae und gramnegative Enterobakterien, bzw. Pseudomonas sp. Anaerobier (Peptostreptokokken, B. fragilis), werden häufig als Mischinfektionserreger gefunden.

Klinik

Das subdurale Empyem ist ein raumfordernder Prozeß und stellt einen neurochirurgischen Notfall dar. Fieber, Kopfschmerzen, Erbrechen und meningeale Reizung stehen im Vordergrund. Septische Venenthrombosen können hämorrhagische Infarkte hervorrufen. Hirnödem und transtentoriale Einklemmung entwickeln sich rasch. Neurologische Herdzeichen steigern sich bis zur Hemiparese. Fokale Krämpfe können hinzutreten.

Diagnostik

Computertomographische und angiographische Untersuchungen führen am sichersten zur Diagnose und müssen als Notmaßnahmen erfolgen. Eine Lumbalpunktion ist absolut kontraindiziert. Zur mikrobiologischen Abklärung können zunächst nur Blutkulturen herangezogen werden. Nach der chirurgischen Drainage steht auch Eiter für Grampräparat und Kultur zur Verfügung.

Therapie

Präoperativ ist eine Hirndrucksenkung mit Mannitol oder Dexamethason erforderlich. Die Entlastung erfolgt durch chirurgische Drainage und Spülung. Die initiale Chemotherapie muß bei Erwachsenen und älteren Kindern das Keimspektrum Staph. aureus und Anaerobier, bei Kleinkindern Haemophilus influenzae und bei Säuglingen Pneumokokken und B-Streptokokken erfassen. Nach Eingang der bakteriologischen Befunde ist eine gezielte Chemotherapie möglich.

3.7 Epiduraler Abszeß

Ursache, Pathogenese und Bakteriologie entsprechen dem subduralen Empyem. Fast immer ist eine Stirnhöhlenentzündung, eine Mastoiditis oder eine Kraniotomie vorausgegangen. Eine Osteomyelitis der benachbarten Schädelknochen stellt die Regel dar. Hirnabszeß und eitrige Meningitis können gleichzeitig vorliegen. Hirndruckerhöhung und Hirnnervenbeteiligung (Nervus V, Nervus VI) sind möglich. Die Diagnose beruht auf Fieber, Leukozytose und neurologischen Ausfällen bei gleichzeitiger Sinusitis. Gesichtsödem bzw. Zellulitis werden auch beobachtet. Computertomographie und Angiographie sind wesentliche Stützen der Diagnose. Eine Lumbalpunktion ist kontraindiziert.

Die Therapie besteht in Abszeßdrainage, chirurgischer Versorgung der Sinusitis bzw. Osteomyelitis und Antibiotikagaben, die sich gegen aerobe und anaerobe Streptokokken sowie Staph. aureus richten.

3.8 Hirnabszeß

Pathogenese

Es müssen Traumen, aus der Umgebung fortgeleitete Entzündungen, hämatogen-metastatische Absiedlungen und kryptogenetische Formen unterschieden werden.

Erregerspektrum

Neben Staph. aureus und Enterobacteriaceen werden vor allem mikroaerophile Streptokokken und Bacteroides-Arten nachgewiesen. Zunehmende Bedeutung erlangen auch Pilze wie Candida sp., Aspergillus sp., Cryptococcus neoformans u. a. m.

Klinik

Es können sowohl Kinder als auch Erwachsene betroffen sein. Alle Übergänge von asymptomatischen bis fulminanten Verläufen kommen vor. Zum typischen Bild gehören Fieber, Kopfschmerzen und neurologische Herdsymptome. Hinzu treten die Erscheinungen einer Raumforderung. Hemiparese, Bewußtseinsstörungen und Krämpfe sind möglich. Je nach Sitz des Prozesses können auch Hirnnervenausfälle auftreten.

Diagnostik

Eine Lumbalpunktion ist kontraindiziert. Blutkulturen erweisen sich als nützlich. Unbedingt sollte eine Computertomographie durchgeführt werden.

Therapie

Allgemeines. Nur eine rasche, effektive Therapie kann eine fortschreitende Hirnzerstörung und damit Dauerschäden verhindern. Sie ist zwischen Internist bzw. Neurologen einerseits und dem Neurochirurgen andererseits abzustimmen.

Antimikrobielle Chemotherapie. Die Blutliquorschranke ist bei Hirnabszeß verändert. Neben Chloramphenicol führt auch Metronidazol zu hohen Spiegeln im Eiter von Hirnabszessen. Beide Mittel zeigen eine gute Anaerobierwirkung. Aber auch hochdosiertes Penizillin G hat sich gegen Streptokokkeninfektionen sehr bewährt. Die Dosierung sollte bei Erwachsenen nicht unter 10 Mio IE/d liegen. Gegen Staphylokokkeninfektionen kommen vor allem Isoxacylpenizilline, Vancomycin und Rifampicin in Betracht. Enterobakterien erfordern ein Cephalosporin der 3. Generation.

Chirurgische Therapie. Bei unzureichendem Ansprechen auf eine konservative Therapie müssen chirurgische Schritte in Erwägung gezogen werden, z. B. Exzision des Herdes nach Kraniotomie oder Abszeßaspiration. Das Eitermaterial bedarf aerober und anaerober kultureller Diagnostik zur evtl. Korrektur der kalkulierten Chemotherapie. Komatöse Fälle haben eine sehr schlechte Prognose.

Zusammenfassung

Die ***eitrige Meningitis*** ist eine Eiteransammlung im Subarachnoidalraum. Sie kann spontan (hämatogen nach Kolonisation des Nasen-Rachenraums) oder fortgeleitet von der Umgebung entstehen. Am häufigsten erkranken Neugeborene und Kleinkinder. Die wichtigsten ***Erreger*** sind Meningokokken, Pneumokokken und Haemophilus influenzae

Typ b. Die typischen ***klinischen Symptome*** sind Fieber, Kopfschmerzen, Nackensteifigkeit, Übelkeit und Erbrechen. Kernig- und Brudzinski-Zeichen sprechen für meningealen Reizzustand. Petechien treten vor allem bei Meningokokkenmeningitiden auf, deren schwerste Verlaufsform das Waterhouse-Friderichsen-Syndrom (perakute Sepsis mit Verbrauchskoagulopathie) ist. Bei jedem Verdacht auf Meningitis muß eine ***Liquoruntersuchung*** erfolgen. An klinisch-chemischen Parametern wird Zellzahl, Eiweiß- und Glukosegehalt bestimmt. Aus dem Liquorsediment werden ein ***Grampräparat*** und bei entsprechendem Verdacht auch ein Ziehl-Neelsen-Präparat angefertigt. Außerdem sind aerobe und anaerobe ***Liquorkulturen*** erforderlich. Blutkulturen sollten nicht versäumt werden. Zunehmende Bedeutung besitzt die mikrobiologische ***Schnelldiagnostik***, z.B. mittels Latextest. Nach Liquorentnahme muß unverzüglich die ***kalkulierte Chemotherapie*** einsetzen. Sie richtet sich nach Grampräparat z.B. mikrobiologischer Verdachtsdiagnose. Hochdosiertes Penizillin G erfaßt Meningokokken und Pneumokokken. Im Zweifelsfall ist ein Cephalosporin der 3. Generation einzusetzen. Eine ***Prophylaxe*** der Meningokokken-Meningitis, z. B. bei Geschwisterkindern, wird mit Rifampicin über 2 Tage durchgeführt. Zu den lymphozytären bakteriellen Meningitiden gehören die Meningitis tuberculosa, Leptospiren-Meningitis und die Listerien-Meningitis. Viele lymphozytäre Meningitiden sind virusbedingt. Differentialdiagnostisch müssen außerdem Kryptokokken-, Amöben- und Toxoplasmen-Meningitis beachtet werden.

Das ***subdurale Empyem*** stellt einen neurologischen Notfall dar. Die klinische Verdachtsdiagnose wird durch Computertomogramm und Angiographie gesichert. Eine Lumbalpunktion ist absolut kontraindiziert. Die Behandlung übernimmt der Neurochirurg in Form von Drainage und Spülungen. Die kalkulierte Chemotherapie hat nur unterstützende Bedeutung. Sie richtet sich gegen Staph. aureus sowie aerobe und anaerobe Streptokokken. Beim ***epiduralen Abszeß*** wird diagnostisch und therapeutisch analog vorgegangen. Befindet sich der eitrige Prozeß im Hirnparenchym, so liegt ein ***Hirnabszeß*** vor. Die häufigsten Erreger sind Staph. aureus, Enterobakterien, Streptokokkenarten und Bacteroides sp. Klinisch bestehen Fieber, Kopfschmerzen und neurologische Herdsymptome (Raumforderung). Die Diagnose erfolgt durch Computertomographie. Eine Lumbalpunktion ist kontraindiziert. Der Schwerpunkt der Therapie liegt auf einem kalkulierten Antibiotika-Einsatz.

4 Pneumonien

W. Opferkuch

INHALTSÜBERSICHT

4.1 Definition 522
4.2 Pathogenese 522
4.3 Einteilung 522
4.4 Erregerspektrum 523
4.5 Klinik 523
4.6 Komplikationen 524
4.7 Mikrobiologische Diagnostik 524
4.8 Chemotherapie 526
Zusammenfassung 526

4.1 Definition

Die Pneumonie ist eine Entzündung der Lunge, die durch verschiedene Noxen ausgelöst wird. Als Hauptursache sind Bakterien und Viren zu nehmen, andere Mikroben sind nur selten die Ursache. Neben diesen mikrobiellen Erregern können auch chemische Schäden (z.B. Asbest) oder Allergien (allergische Alveolitis) eine Pneumonie auslösen. Man unterscheidet bei den Pneumonien zwei Formen: Bei der einen sind hauptsächlich die Alveolen (***alveoläre Pneumonie***) und bei der anderen Form das Lungengerüst (***interstitielle Pneumonie***) betroffen.

4.2 Pathogenese

Normalerweise sind die tiefen Luftwege, d.h. unterhalb der Epiglottis, keimfrei. Dafür sorgen unspezifische und spezifische Schutzmechanismen. Die unspezifischen Mechanismen umfassen die mechanische Reinigung durch Filtration, den Zilienschlag des Flimmerepithels, den Hustenstoß etc. Diese wird unterstützt durch die Sekretion von Schleim, Glykoproteinen, bakteriziden Substanzen (Lysozym und Transferrin) sowie durch polymorphkernige Leukozyten und Alveolarmakrophagen. Die bronchoalveoläre Abwehr wird durch spezifische immunologische Reaktionen komplettiert. Dazu gehören spezifische Antikörper, besonders der Klasse IgA, und die Leistung des Komplementsystems. Alveolarmakrophagen und T-Zellen vermitteln die zelluläre Immunität, die eine entscheidende Rolle für den Verlauf einer Reihe von Infektionen (z.B. M.tuberculosis) spielt.

Eine erhöhte Anfälligkeit für Pneumonien besteht bei Hypoxie, Azidose, nach Einwirkung toxischer Gase sowie während der Therapie mit Kortikosteroiden, Immunsuppressiva und Zytostatika. Weitere Risikofaktoren sind schwere Herzinsuffizienz, Lungenödem, obstruktive Lungenerkrankungen, Diabetes mellitus und andere Formen einer Abwehrschwäche einschließlich AIDS. Bakterielle Pneumonien können auch nach viraler Vorschädigung, z.B. Influenza, auftreten. Bewußtlosigkeit verschiedener Genese (Apoplexien, Vergiftung, Krampfleiden, Narkose, Alkoholmißbrauch, Schädel-Hirn-Trauma) kann zur Aspiration keimhaltigen Materials führen. Neben der kanalikulären Keimausbreitung spielt auch der hämatogene Infektionsweg für bestimmte Pneumonieformen eine große Rolle.

4.3 Einteilung

Man teilt heute die Pneumonien in zwei Kategorien ein, nämlich in primäre und sekundäre Pneumonien. Unter einer ***primären Pneumonie*** versteht man die Entzündung der Lunge bei einem Patienten, dessen Abwehrfunktionen voll intakt sind. Die ***sekundären Pneumonien*** betreffen eine Patientengruppe, die ein zusätzliches Grundleiden hat. Dazu gehören Patienten mit einer Schwächung der körpereigenen Abwehr, wie AIDS, Diabetes mellitus, zytostatische und immunsuppressive Behandlung, polytraumatisierte Patienten, Patienten auf Intensivpflegestationen (***nosokomiale Pneumonie***) etc. Sowohl bei der primären als auch bei der sekundären Pneumonie kann sich die Entzündung entweder in den Alveolen (alveoläre Pneumonie) oder im Interstitium (interstitielle Pneumonie) abspielen.

Die unterschiedliche Ausdehnung der Pneumonie, nämlich Bronchopneumonie, Segmentpneumonie oder Lobärpneumonie hängt von der Schwere der Erkrankung und dem jeweiligen Erreger ab.

4.4 Erregerspektrum

Die häufigsten Erreger primärer Pneumonien sind noch immer die Pneumokokken (alveoläre Entzündung). Daneben muß bei älteren Kindern, Jugendlichen und jüngeren Erwachsenen mit Mycoplasma pneumoniae gerechnet werden (interstitielle Entzündung). Staph. aureus und H. Influenzae treten oft als Folgeerkrankung einer Virusgrippe auf. Enterobakterien sind nur selten Erreger einer primären Pneumonie. Eine Ausnahme stellt die Lobärpneumonie durch Klebsiella pneumoniae (Friedländer-Pneumonie) dar. Als Erreger einer nosokomialen Pneumonie findet man häufig E. coli, Klebsiella sp., Enterobacter sp. und Serratia sp. sowie Pseudomonas aeruginosa.

Anaerobier wie Peptostreptokokken, Fusobakterien, Peptokokken und Bacteroides sp. werden als Erreger einer Mischinfektion, besonders bei Aspirationspneumonien angetroffen.

Pilzpneumonien, in Mitteleuropa vor allem durch Candida sp. und Aspergillus sp. hervorgerufen, setzen eine meist erhebliche Abwehrschwäche voraus. Candida-Pneumonien (und Sepsisfälle) entwickeln sich nicht selten im Gefolge einer hochdosierten und langdauernden antibakteriellen Therapie. Auch die Legionellen-Pneumonie durch L. pneumophila und L. micdadei ist in der Regel an prädisponierende Faktoren (höheres Alter, konsumierende Grundkrankheit, Nikotin- und Alkoholabusus) gebunden. Pneumocystis carinii, früher häufiger Erreger interstitieller Pneumonien im Säuglingsalter, kommt heute vorwiegend bei AIDS-Patienten vor. Neben der Mycoplasma- und Pneumocystis-Pneumonie verlaufen auch die Coxiellen-Pneumonie (Q-Fieber), die Chlamydienpneumonie (Chl. psittaci und Chl. trachomatis) sowie alle Viruspneumonien unter dem Bild der interstitiellen Pneumonie. Eine Zusammenstellung der häufigen und seltenen Pneumonieerreger findet sich in Tabelle 4.1 und 4.2.

Tabelle 4.1. Wichtige (häufige) Pneumonieerreger

Erreger	Hinweis
Pneumokokken	Sehr häufig bei primären Lobär- und Bronchopneumonien
Mycoplasma pneumoniae	10-30% der primären Pneumonien, ältere Kinder und jüngerer Erwachsener
Staph. aureus Haemophilus influenzae	Oft nach Virusgrippe
Peptosteptrococcus sp. Peptococcus sp. Bacteroides sp. Fusobacterium sp.	Mischinfektionserreger bei Aspirationspneumonie
Legionella sp.	Endemisches oder epidermisches Vorkommen, meist prädisponierende Faktoren
Enterobakterien (z.B. E.coli, Klebsiella sp., Enterobacter sp., Serratia sp.) Pseudomonas aeroginusa	Häufig bei nosokomialer Pneumonie, multiresistente Hospitalflora
Coxiella burneti	Besonders bei beruflichem Tierkontakt (Ziegen, Rinder, Schafe)
Chlamydia psittaci	Vogelkontakt (Sittiche, Enten, Tauben)
RS-Virus, Parainfluenzaviren, Influenzavirus A., Varicellavirus	Viruspneumonien bei Kindern
Influenzavirus A, B	Viruspneumonien Erwachsener
Candida sp.	Bei Abwehrschwäche, postantibiotisch
Aspergillus sp.	Bei konsumierender Grundkrankheit
Pneumocystis carinii	Vorwiegend bei AIDS-Patienten

4.5 Klinik

Die Diagnose „Pneumonie" wird aufgrund klinischer Symptome wie Fieber, Husten mit oder ohne Auswurf, Dyspnoe, Zyanose und Schmerzen beim Atmen gestellt. Dazu kommen physikalische Veränderungen,

Tabelle 4.2. Auswahl weiterer (seltener) Pneumonieerreger

Bakteriell	Gramnegative Kokken	Branhamella catarrhalis Neisseria meningitidis
	Grampositive Kokken	Streptococcus pyogenes Streptococcus faecalis
	Gramnegative Stäbchen	Eikenella corrodens Francisella tularensis Pasteurella multocida Proteus sp. Yersinia pestis
	Grampositive Stäbchen	Actinomyces sp. Nocardia sp. Mycobakterium tuberculosis, M. bovis, atypische Mycobakterien
Bakterienähnlich		Chlamydia trachomatis
Viral	(Kinder)	Adenoviren Enteroviren Influenzavirus B Masernvirus Rhinoviren
	(Erwachsene)	Adenoviren Enteroviren Epstein-Barr-Virus Rhinovirus Zytomegalieviren
Pilzbedingt		Cryptococcus neoformans

die durch Auskultation, Perkussion und Röntgenuntersuchung festgestellt werden. Eine Röntgenuntersuchung des Thorax ist vor allem bei schwerem Krankheitszustand, der eine stationäre Behandlung erfordert, wichtig. Ausdehnung und Charakter der Lungenverschattungen sind sehr variabel und müssen oft durch die seitliche Thoraxaufnahme und ein Tomogramm näher präzisiert werden. Eine Röntgenuntersuchung ist unumgänglich, da weniger ausgedehnte Bronchopneumonien der klinischen Diagnostik entgehen können und interstitielle Pneumonien generell nur spärliche Phänomene bieten. Alveoläre Pneumonien gehen mit reichlichem Abhusten von mukopurulentem Sputum einher. Patienten mit Pneumokokken-Pneumonien weisen zu 40% einen Herpes labialis auf.

Der Verlauf bzw. die Heilung einer Pneumonie sollten stets durch ein zweites Röntgenbild bestätigt werden. Bei Persistenz des radiologischen Befundes erhebt sich der Verdacht auf Komplikationen, welche mit einem Bronchialkarzinom, einer Bronchialstenose durch Fremdkörper, Bronchiektasen, Herzkrankheiten, Lungenembolie oder Tuberkulose zusammenhängen können. Dabei ist allerdings zu berücksichtigen, daß die radiologischen Lungenverschattungen bei Virus- und Mykoplasmenpneumonien nach Rückbildung der klinischen Erscheinungen Wochen unverändert sichtbar bleiben.

4.6 Komplikationen

Bei ungenügender Therapie und/oder schlechter Abwehrlage kann eine akute Pneumonie in eine chronische übergehen. Chronische Verläufe müssen generell an Tuberkulose, Aktinomykose, Nocardiose, Pilzpneumonie, Wurmbefall, Tumorleiden und andere nichtinfektiöse Infiltrationen denken lassen und erfordern eine entsprechende Diagnostik. Bakterielle Pleuritiden können eine Pneumonie begleiten (Pleuropneumonie) oder ihr nachfolgen (postpneumonisches Empyem). Die Diagnose der eitrigen Pleuritis wird durch die Pleurapunktion gestellt. Mikroskopische und kulturelle Untersuchungen dienen dem Erregernachweis. Am häufigsten finden sich Pneumokokken, Staph. aureus und H. influenzae. Therapeutisch sind wiederholte Pleurapunktionen oder Drainagen zur Eiterableitung in Kombination mit systemischen Gaben geeigneter Antibiotika erforderlich.

Lungenabszesse entwickeln sich häufig im Gefolge von Aspirationspneumonien. Mirkobiologisch wird dann meist eine anaerobe Mischflora gefunden. Es kommen aber auch Staphylokokken und Enterobakterien als Erreger in Betracht. Bei ungenügendem Ansprechen auf eine systemische Chemotherapie ist die bronchoskopische Abszeßdrainage indiziert. Chirurgische Eingriffe (Abszeßresektion) sollten möglichst umgangen werden.

4.7 Mikrobiologische Diagnostik

Blutkulturen

Die Anlage von 2–3 (–5) Blutkulturen ist bei Verdacht auf bakterielle Pneumonie sehr zu empfehlen. Man kann in 10% mit positiven Befunden rechnen, bei Pneumokokken-Pneumonie in bis zu 30%.

Sputumdiagnostik

Sputumsekret ist naturgemäß durch die Speichelflora kontaminiert. Das erschwert die Befundinterpretation erheblich. Nur die Untersuchung von korrekt gewonnenem Material ist sinnvoll. Es muß sich um eitriges, d.h. geballtes und gefärbtes Sputum handeln.

Eine wichtige Vorprobe stellt die mikroskopische Untersuchung auf neutrophile Granulozyten dar. In der Ölimmersion (100fache Vergrößerung) sollten von diesen pro Gesichtsfeld ≥25 vorhanden sein. Anderenfalls kann das Material verworfen werden.

Die Gramfärbung ermöglicht die Unterscheidung in grampositive Diplokokken (=Pneumokokken), grampositive Haufenkokken (=Staphylokokken), gramnegative kokkoide Stäbchen (=Enterobakterien oder Pseudomonas). Damit werden wichtige Entscheidungshilfen für eine Initialtherapie geliefert. Die mikroskopischen Verdachtsdiagnosen bedürfen der kulturellen Bestätigung.

Die Sputumkultur stellt die Voraussetzung für jegliche Resistenzbestimmung dar. Die Verarbeitung des Materials muß binnen 2 Stunden erfolgen. Sonst besteht die Gefahr der Überwucherung durch Kontaminanten aus der Speichelflora. Anaerobe Kulturen sind zumindest bei Aspirationspneumonie erforderlich. Semiquantitative und quantitative Beurteilungen erleichtern die Abtrennung von Kontaminanten.

Der Nachweis bzw. Ausschluß von Mykobakterien durch das Ziehl-Neelsen-Präparat (säurefeste Stäbchen) und Mykobakterien-Kultur ist dringend anzuraten: Hinter jeder pulmonalen Infiltration kann sich auch eine Tuberkulose verbergen.

Bronchoskopische Aspirate, bronchoalveoläre Lavage

Bei unklarem Sputumbefund und dringlicher Situation kommt die Materialgewinnung über Bronchoskopie in Betracht. Da die Geräte den Oropharynx passieren müssen, sind die gewonnenen Sekrete nicht frei von Speichelflora. Außerdem wirken die verwendeten Lokalanästhetika z. T. antibakteriell. Es wird deshalb versucht, mittels geschützter Bürste in einem Extrakanal mit Wachsverschluß diese Schwierigkeiten zu umgehen.

Aggressive Untersuchungstechniken

Diese sind nur in dringlichen Situationen und bei Versagen der nichtaggressiven Methoden angezeigt.

Die transtracheale Aspiration dient der Sputumgewinnung unter Umgehung des Oropharynx. Bei nichtkomatösen Patienten ist eine Lokalanästhesie erforderlich. Die Kontraindikationen, z.B. hämorrhagische Diathese, sind zu beachten. Die Methode ist nicht risikolos, kann aber bei nosokomialen Pneumonien (Letalität 30–50%) lebenswichtige Informationen liefern.

Die direkte perkutane Lungenbiopsie hat noch höhere Komplikationsraten (Pneumothorax, Hämoptysen, Luftembolien) und eine Letalität von 0,1%. Die Indikation ist entsprechend kritisch zu stellen. Die Methode bietet gewisse Vorteile in der Pädiatrie.

Die offene (operative) Lungenbiopsie ist nur bei vitaler Indikation gerechtfertigt, z.B. bei Verdacht auf Pneumocystis-Pneumonie, Aspergillose, Soorpneumonie, Nocardiose, Aktinomykose oder Miliartuberkulose.

Pleurapunktate

Bei bakterieller Pleuritis und Pleuraempyem liefern mikroskopische und kulturelle Untersuchungen der Pleurapunktate zuverlässige Ergebnisse. Eine anaerobe Kultur sollte mitgeführt werden.

Serologische Diagnostik

Für eine Reihe von Erregern kann eine ätiologische Abklärung mit Hilfe des Antikörpernachweises im Blut erfolgen. Dieser ist wichtig für die Diagnostik interstitieller Pneumonien (Mycoplasma-Pneumonie, Ornithose, Q-Fieber, Virusgrippe, Parainfluenza- und Adenovirusinfektionen). Darüber hinaus können Krankheitserreger im Sputum mit Hilfe fluoreszeinmarkierter spezifischer Antikörper direkt identifiziert werden (z.B. Bordetella pertussis, Pneumocystis carinii). In letzter Zeit wurden auch Methoden ausgearbeitet, um bakterielle Antigene im Sputum oder Blut nachzuweisen. Dies gelingt z.B. mit der Gegenstrom-Immunelektrophorese. Diese Methode hat den Vorteil, daß innerhalb von Stunden der Krankheitserreger identifiziert wird. Für die Festsetzung einer gezielten Therapie ist aber nach wie vor die Anzüchtung der Keime unerläßlich.

Hohe Einzeltiter bzw. spezifische IgM-Antikörper erlauben den Nachweis einer akuten Erkrankung.

Mit Hilfe der Latex-Agglutinationsreaktion kann das Kapselpolysaccharid-Antigen mancher Keime (Pneumokokken, Haemophilus influenzae Typ b) nachgewiesen werden. Als Untersuchungsmaterialien können Urin, Sputum, Speichel, Serum und/oder Pleurapunktate verwendet werden.

Bakterielle (z. B. Pneumokokken, H. influenzae Typ b) und virale (z.B. Influenza A) Antigene werden durch die Gegenstromimmunelektrophorese erfaßt.

Die direkte und/oder indirekte Immunfluoreszenz kann zum Nachweis von Chlamydieninfektionen, Legionellose und RS-Virus-Infektion eingesetzt werden.

Tabelle 4. 3. Chemotherapie von Pneumonien

Vermuteter oder nachgewiesener Erreger	Mittel der Wahl	Alternativ
Pneumokokken	Penizillin G	Erythromycin Tetracycline
Mycoplasma pneumoniae	Erythromycin	Tetracycline
Staph. aureus	Isoxacyl-penezillin	Erythromycin Clindamycin
H. influenza	Aminopenizilline	Cephalosporine der 3. Generation Gyrasehemmer
Anaerobier	Metronidazol	Chloramphenicol Clindamycin
Enterobakterien	geeignetes β-Laktam + Aminoglykosid-Antibiotikum	Gyrasehemmer
Pseudomonas Sp.	geeignetes β-Laktam + Aminoglykosid-Antibiotikum	Gyrasehemmer
Legionella sp.	Erythromycin	Rifampicin + Doxycyclin
Chlamydien	Erythromycin	Tetracycline (Doxycyclin)
Candida sp.	Amphotericin B + 5-Fluorocytosin	Neuere systemische Imidazole
Pneumocystis carinii	Trimethoprim-Sulfonamid in 4-5-facher Normaldosis	Pentamidin

4.8 Chemotherapie

Die Chemotherapie von Pneumonien erfolgt meist empirisch. Das mag für primäre Pneumonien angehen. Bei sekundären bzw. nosokomialen Pneumonien sollte vor Beginn einer kalkulierten Chemotherapie eine mikrobiologische Diagnostik eingeleitet werden, um später gegebenenfalls eine gezielte Korrektur vornehmen zu können.

Die Therapie der Pneumokokkenpneumonie erfolgt mit Penizillin G. Erwachsene und Schulkinder erhalten 1,5–2 Mio. (IE/d in Form von Procainpenizillin.

Die Mycoplasma-Pneumonie wird mit Erythromycin oder (Erwachsene und Kinder über 8 Jahre) mit Tetrazyklinen, z.B. Doxycyclin, behandelt. Da Stämme von H. influenzae mit β-Laktamase in Mitteleuropa noch selten sind, werden für die kalkulierte Chemotherapie vorrangig Amino- oder Ureidopenizilline eingesetzt. Staphylokokken-Pneumonien bedürfen einer Therapie mit Isoxacyl-Penizillinen wie Oxacillin oder Flucloxacillin. Bei nosokomialen Pneumonien muß die kalkulierte Therapie auf Enterobakterien, evtl. auch auf Pseudomonas sp. ausgerichtet sein. In Betracht kommen geeignete β-Laktane in Verbindung mit einem Aminoglykosid. Bei Aspirationspneumonie ist ein wirksames Anaerobierpräparat. z. B. Metronidazol, zuzuführen. Nähere Hinweise zur Therapie gibt Tabelle 4.3.

Zusammenfassung

Pneumonien verlaufen unter den Hauptsyndromen Lobärpneumonie, Bronchopneumonie und interstitielle (=atypische) Pneumonie. Sie entstehen kanalikulär oder hämatogen. Es ist zwischen primären und sekundären Pneumonien zu unterscheiden, wobei die sekundären sich infolge von Grundkrankheiten und Abwehrschwäche entwickeln. Nosokomiale Pneumonien haben eine schlechtere Prognose als primäre Pneumonien. Die häufigsten ***Erreger*** primärer Pneumonien sind Pneumokokken und Mycoplasma pneumoniae sowie verschiedene Virusarten. Auf eine Virusgrippe pfropft sich gerne eine bakterielle Pneumonie durch Staph. aureus oder H. influenzae auf. Enterobakterien und Pseudomonas aeruginosa werden vorwiegend bei nosokomialen Pneumonien und Anaerobier bei Aspirationspneumonien angetroffen. Interstitielle Pneumonien beruhen vor allem auf einer Infektion mit Mycoplasma pneumoniae,

Chamydien und bestimmten Virusarten. ***Klinisch*** bestehen Fieber, Husten und Auswurf. An Komplikationen können Pleuritis und Pleuraempyem sowie Lungenabszesse auftreten. Die ***mikrobiologische Diagnostik*** besteht zunächst in Blutkultur und Sputumuntersuchungen. Dabei liefert das Grampräparat bereits wichtige Hinweise. Die Sputumkultur muß wegen der obligaten Kontamination durch die Mundhöhlenflora kritisch interpretiert werden. Bessere Ergebnisse bringen die bronchoalveoläre Lavage und die verschiedenen aggressiven Untersuchungstechniken. Für die Diagnostik interstitieller Pneumonien eignen sich KBR und Immunfluoreszenz. Die ***Chemotherapie*** von Pneumokokken-Pneumonien erfolgt mit Penizillin G, von Mykoplasma-Pneumonien mit Erythromycin oder Tetrazyklinen. Bei nosokomialen Pneumonien muß die kalkulierte Therapie auf Enterobakterien und Pseudomonas ausgerichtet sein. Aspirationspneumonien und Lungenabszesse erfordern den zusätzlichen Einsatz von Anaerobierpräparaten, z.B. Metronidazol.

5 Harnwegsinfektionen

C. Tauchnitz

INHALTSÜBERSICHT

5.1 Definition 528
5.2 Einteilung 528
5.3 Pathogenese und Epidemiologie 528
5.4 Erregerspektrum 529
5.5 Klinik 529
5.6 Diagnose 529
5.7 Therapie 530
5.8 Reinfektionsprophylaxe 531

5.1 Definition

Zu den Harnwegsinfektionen gehören entzündliche Erkrankungen der *Nieren* und *ableitenden Harnwege*. Nur die Nierenbeteiligung (interstitielle eitrige Nephritis) ist mit der Gefahr einer fortschreitenden renalen Insuffizienz verbunden. Harnwegsinfektionen stellen die häufigste Indikation für eine antimikrobielle Chemotherapie dar.

5.2 Einteilung

Es ist zwischen Infektionen der ableitenden Harnwege (*Urethritis, Zystitis, Prostatitis*) und der Niere (*Pyelonephritis, syn. interstitielle eitrige Nephritis*) zu unterscheiden. Eine Nierenbeckenentzündung (Pyelitis) zeigt immer eine Nierenbeteiligung, stellt also eine Pyelonephritis dar.

Weiterhin muß zwischen primären und sekundären Harnwegsinfektionen differenziert werden. Primäre Erkrankungen sind chemotherapeutisch beeinflußbar, sekundäre (mit Steinleiden, Abflußbehinderungen, Darm- oder Vaginalfisteln, Abszessen, Anomalien und Fremdkörpern einschl. des Blasenverweilkatheters) sollten nach Möglichkeit einer urologischen Behandlung zugeführt werden.

Harnwegsinfektionen können akut oder chronisch (Bakteriurie über länger als 6 Wochen) verlaufen. Es sind alle Übergänge von der asymptomatischen Bakteriurie bis zur perakuten Pyelonephritis bzw. Urosepsis möglich.

Eine weitere Einteilung stellt die mikrobiologische, auf den Erreger bezogene dar, z.B. nach den verschiedenen Bakterienarten sowie Chlamydien, Mykoplasmen, Trichomonaden oder Hefepilze.

5.3 Pathogenese und Epidemiologie

Der häufigste Infektionsweg ist die ***aszendierende Infektion***, ausgehend von der kolonisierten Urethramündung. Wegen der Kürze der weiblichen Harnröhre ist das weibliche Geschlecht häufiger betroffen. Erst mit dem Auftreten von Urethra-Obstruktionen durch ***periurethrale Adenome*** (sog. ***Prostatahypertrophie***) bei älteren Männern gleicht sich die Häufigkeit aus. Für Frauen stellen der Beginn des Geschlechtslebens sowie Schwangerschaft und Entbindung besondere Gefährdungen dar. In der Schwangerschaft zeigen 6–8% der Frauen eine Bakteriurie. Insgesamt machen 15–20% aller Frauen im Laufe ihres Lebens eine oder mehrere Harnwegsinfektionen durch. Mit steigendem Lebensalter nimmt für beide Geschlechter die Neigung zu Harnwegsinfektionen zu.

Die individuelle Disposition wird durch alle Arten lokaler und allgemeiner *Abwehrschwäche*, z.B. Diabetes mellitus, gefördert. Offenbar reichen mechanische Irritationen der Harnröhrenmündung, z.B. beim Geschlechtsverkehr, aus, um Bakterien die Aszension in die Harnblase zu ermöglichen. Bei entsprechender Disposition, die individuell festgelegt ist, bzw. Virulenz der Keime, z.B. durch vorhandene Adhäsine, entsteht daraus eine Harnwegsinfektion.

Auch nosokomiale Harnwegsinfektionen beruhen in erster Linie auf Keimaszension. ***Diagnostische Harnblasenkatheterisierung*** hinterläßt in 1–2% bleibende Harnwegsinfektionen und sollte deshalb vermieden werden. Ein ***Blasenverweilkatheter*** (offenes System) führt binnen 3 Tagen bei *99% der Patienten* zu einer Harnwegsinfektion.

Die hämatogene Keimbesiedlung der Nieren, z.B. im Rahmen einer septischen Streuung, stellt im Vergleich zur Keimaszension die Ausnahme dar. Es resultieren dann vor allem Nierenabszesse. Diese haben oft keinen Anschluß an das Hohlsystem. Die praktische Bedeutung des lymphogenen Infektionswegs ist umstritten.

5.4 Erregerspektrum

Die Erreger bakterieller Harnwegsinfektionen rekrutieren sich ganz überwiegend aus der normalen *Darmflora*. E.coli wird bei Erkrankungen aus dem häuslichen Milieu in 70% und mehr der Fälle gefunden.

In Krankenhäusern und Kliniken nimmt der Anteil an E.-coli-Infektionen ab und beträgt z. B. in urologischen Kliniken nur noch 30%. An die Stelle von E. coli treten dann Proteus sp., Klebsiella-Enterobacter-Serratia, Citrobacter und Pseudomonas sp., meist mit *Multiresistenz* gegen die Standardantibiotika. Weiterhin sind Enterokokken, Staph. aureus und bestimmte Stämme von koagulasenegativen Staphylokokken (Staph. saprophyticus Biotyp 3) beteiligt. Staph. epidermidis ist in der Regel als Kontaminante anzusehen. Das gilt auch für Candida sp., obwohl bei hochgradiger Abwehrschwäche auch Candida-Pyelonephritiden möglich sind.

Als Erreger von Urethritis und Urethrozystitis spielen (neben Gonokokken) Chlamydia trachomatis, Trichomonas vaginalis und Ureaplasma urealyticum eine Rolle. Nieren und ableitende Harnwege können auch von Mycobacterium tuberculosis befallen sein. Bakterielle Doppel- und Mehrfachinfektionen sind möglich. Je mehr Keimarten gleichzeitig gefunden werden, um so größer ist allerdings die Wahrscheinlichkeit einer Kontamination.

5.5 Klinik

Eine Nierenbeteiligung ist sowohl bei typischer Symptomatik (Fieber, Schüttelfrost, Flankenschmerz, Übelkeit, Erbrechen) als auch bei bloßen zystischen Beschwerden (Dysurie, Pollakisurie) möglich. Mitunter fehlen subjektive Beschwerden völlig. Man spricht dann von einer ***asymptomatischen Bakteriurie***. Falls bei einer mit typischer Symptomatik einhergehende Zystitis bzw. Urethritis (Eiterabsonderung aus der Harnröhre) keine Bakteriurie besteht, spricht man von einer ***„symptomatischen Abakteriurie“***. Es ist dann in erster Linie mit Chlamydia trachomatis zu rechnen, ferner mit Ureaplasma urealyticum und Trichomonas vaginalis, in seltenen Fällen mit Mycobakterien. Daneben muß an nichtmikrobielle Ursachen gedacht werden, z.B. Blasensteine oder Blasentumoren.

Insgesamt kann das klinische Bild nur Hinweise geben. Selbst das Krankheitsbild der akuten Pyelonephritis ist mitunter nur schwer von Steineinklemmungen, Gefäßerkrankungen (z.B. Nieren- oder Milzvenenthrombose) bzw. Nierenabszessen abzugrenzen, die jeweils auch einen Flankenschmerz aufweisen.

5.6 Diagnose

Die Entscheidung, ob eine bakterielle Harnwegsinfektion vorliegt, wird *mikrobiologisch* getroffen! Voraussetzung ist der Nachweis einer ***signifikanten Bakteriurie***. Darunter versteht man nach KASS eine Keimzahl von $\geq 10^5$/ml im frisch gewonnenen ***Mittelstrahlurin***. Diese Grenzkeimzahl erlaubt mit hoher Wahrscheinlichkeit die Unterscheidung von Infektion und Kontamination. Reproduzierbare Befunde hinsichtlich Keimart und Antibiogramm erhöhen die Aussagekraft. Dennoch ist die Grenzkeimzahl nicht als absolute Größe anzusehen, sondern als statistische Größe aufzufassen. Ausnahmen zeigt die Tabelle 5.1.

Bei der Gewinnung des Mittelstrahlurins ist auf die Verwendung von Seife und Waschlappen (Konta-

Tabelle 5.1. Grenzkeimzahlen bei Harnwegsinfektionen

Signifikante Bakteriurie (Erwachsene und Kinder über 3 Jahre)	$\geq 10^5$/ml
Signifikante Bakteriurie (Kinder bis 3 Jahre)	$\geq 10^4$/ml
Untersuchungsmaterial Blasenpunktat	$>10^3$/ ml
Nachweis von Sproßpilzen	10^{4-5}/ml
Nachweis von Ureaplasmen (Urethral- bzw. Prostatasekret)	$\geq 10^4$/ml

minationsgefahr) oder Desinfektionsmittel (Gefahr falsch negativer Befunde) zu verzichten. *Katheterurin ist abzulehnen*, da der diagnostische Blasenkatheterismus in 1–2% bleibende Harnwegsinfektionen zurückläßt. In Zweifelsfällen (z.B. ständig wechselnde Befunde) ist eine ***Blasenpunktion*** vorzunehmen. Im Blasenpunktat gelten bereits Keimzahlen von $>10^3$/ml als beweisend. Auch für Kinder bis 3 Jahren wird die Grenzkeimzahl bereits bei $\geq 10^4$/ml angenommen.

Da Urin in der Regel ein gutes Kulturmedium für die üblichen Harnkeime darstellt, ist jede Transportverzögerung mit einer Keimzahlvermehrung verbunden. Die Generationszeit für E.coli, d.h. die Zeit bis zur Verdoppelung der Keimzahl, beträgt 20 min. Die Einsendung von Nativurin ist wegen eines hohen Anteils falsch-positiver Befunde unzulässig.

Der ärztlichen Praxis werden deshalb Urintauchkulturen nach dem Prinzip von Uricult am besten gerecht. Die Objektträger sind meist doppelseitig mit Kulturmedien beschichtet, z.B. mit MacConkey-Agar und CLED-Agar. Letzterer dient der Proteusschwärmhemmung.

Mit dem Eintauchen (steriles Auffanggefäß erforderlich), Herausziehen und Abtropfenlassen überschüssigen Urins auf Fließpapier ist die Keimzahl fixiert und wird durch Transportverzögerung nicht mehr verfälscht. Nach Bebrütung bei 37 °C über Nacht (mindestens 14 h) kann die Keimzahl anhand der gewachsenen Kolonien nach einem Vergleichsstandard abgelesen werden. Positive Kulturen, d. h. mit signifikanter Bakteriurie, erfordern eine mikrobiologische Keimdifferenzierung und Resistenzbestimmung. Situationen, in denen trotz fehlender signifikanter Bakteriurie eine Harnwegsinfektion vorliegen kann, sind aus Tabelle 5.2 ersichtlich.

Eine signifikante Bakteriurie kann mit ***Proteinurie*** und/oder ***Leukozyturie*** einhergehen, aber auch isoliert vorhanden sein. Proteinurie und Leukozyturie ohne Bakteriurie lassen sich nicht als Hinweis auf eine Harnwegsinfektion verwerten, da sie Begleitphänomene zahlreicher nichtbakterieller Nierenkrankheiten oder auch nur von Fieberzuständen sind.

Bakterienbefunde im Sediment sind nur bei sofortiger Untersuchung von sauber gewonnenem Urin (sterile Gläser, sterile Röhrchen) aussagekräftig. Das routinemäßige ***Urinsediment*** erfüllt diese Bedingung nicht! Bei fehlender signifikanter Bakteriurie und Beschwerden im Berreich der ableitenden Harnwege („symptomatische Abakteriurie") muß an Gonokokken, Chlamydien, Trichomonaden, Ureaplasmen und evtl. an Mykobakterien gedacht und eine entsprechende Diagnostik eingeleitet werden.

Tabelle 5.2. Ursachen für Harnwegsinfektionen ohne Nachweis einer signifikanten Bakteriurie

Infektionen mit Chlamydien, Trichomonaden oder Ureaplasmen (= „symptomatische Abakteriurie")
Chemotherapeutika-Einfluß (Anbehandlung)
Desinfektionsmittel-Einfluß (fehlerhafte Uringewinnung)
Kompletter Ureterenverschluß
Nierenabszesse ohne Verbindung zum Hohlsystem
Verweildauer des Urin in der Blase von < 4 h
pH-Wert des Urins unter 5,0

5.7 Therapie

Bakterielle Harnwegsinfektionen werden bei dringlicher Indikation empirisch behandelt, d. h. im Sinne einer kalkulierten Chemotherapie. Der behandelnde Arzt muß eine mikrobiologische Verdachtsdiagnose stellen und die Resistenzsituation berücksichtigen.

Für ambulante Patienten eignen sich besonders Trimethoprim-Sulfonamid-Präparate (z.B. Bactrim), Amoxycillin und moderne Gyrasehemmer wie Ciprofloxacin oder Ofloxacin. Für stationäre Patienten kommen zusätzlich Azylureidopenicilline, Cephalosporine der 2. oder 3. Generation und weitere moderne β-Lactame (z.B. Thienamycin, Aztreonam) in Betracht. Nitrofurantoin sollte nur für Infektionen der ableitenden Harnwege eingesetzt werden.

Für die Therapie der Zystitis hat sich eine ***Ein-Dosis-Behandlung*** oder eine Kurzzeittherapie von maximal 3 Tagen bewährt. Damit gelingt auch in hohem Maße eine Trennung von Infektionen der ableitenden Harnwege von denen mit Nierenbeteiligung: Läßt sich die Bakteriurie durch eine Ein-Dosis-Gabe beseitigen, so lag keine Nierenbeteiligung vor. Besteht die Bakteriurie weiter, so muß sich eine Behandlung über 7–10 Tage anschließen. Voraussetzung für ein solches Vorgehen sind engmaschige Kontrolluntersuchungen auf Bakteriurie. Schwere Pyelonephritiden sollten über 2–3 Wochen behandelt werden.

Gelingt die Beseitigung der Bakteriurie nicht oder kommt es rasch erneut zu einer signifikanten Bakteriurie, so muß zwischen ***persistierender Infektion*** bzw. ***Relaps*** (gleiche Keimart, gleicher Serotyp, identisches Antibiogramm) und ***Reinfektionen*** (andere

Keimart) oder zumindest anderes Antibiogramm) unterschieden werden.

Keimpersistenz muß an sekundäre Harnwegsinfektionen denken lassen. Diese können mit antibakteriellen Mitteln allein nicht zur Ausheilung gebracht werden. Erforderlich sind urologische Bemühungen zur Beseitigung von Steinen, Abflußhindernissen oder Anomalien, d. h. um die Umwandlung sekundärer Harnwegsinfektionen in primäre. Ist das im Einzelfall nicht möglich, z.B. bei Inoperabilität, so kommt nur eine Langzeit-Suppressionstherapie, z. B. mit Trimethoprim-Sulfonamid, in Betracht. Diese Therapie wirkt bestenfalls, d.h. solange keine Resistenzen auftreten, so lange, wie man sie gibt.

Reinfektionen erfordern erneute Behandlungen über 7–10 Tage. Auch sogenannte ***chronische Pyelonephritiden*** sind, sofern es sich um primäre Harnwegsinfektionen handelt, mit einer solchen begrenzten Therapiezeit heilbar. Bei erheblicher Reinfektionsneigung sollte eine Reinfektionsprophylaxe eingeleitet werden (s. diese).

Harnwegsinfektionen während einer ***Schwangerschaft*** bedürfen einer sorgfältigen Diagnostik und Therapie, auch wenn sie asymptomatisch verlaufen. Es sind nur solche Mittel einzusetzen, die keine Gefahr einer Fruchtschädigung mit sich bringen. Unbedenklich sind z.B. alle β-Lactame. Aber auch bei Verwendung von Trimethoprim-Sulfonamid wurden bisher keinerlei Schäden bekannt.

Bezüglich der Therapie der Gonorrhoe bzw. von Chlamydien-, Trichomonaden- und Ureaplasma-Infektionen sei auf die entsprechenden Kapitel verwiesen. Es handelt sich jeweils um sexuell übertragbare Krankheiten, die eine Mitbehandlung des Sexualpartners erfordern (Ping-Pong-Infektionen).

5.8 Reinfektionsprophylaxe

Von der Reinfektionsprophylaxe bakterieller Harnwegsinfektionen profitieren vor allem jüngere Frauen mit häufigen symptomatischen Rezidiven. Voraussetzung für die Einleitung einer Prophylaxe stellt der Nachweis der Ausheilung der vorangegangenen Infektion dar, d.h. es darf bei Beginn der Prophylaxe keine signifikante Bakteriurie vorliegen. Die Prophylaxe besteht in der Gabe von $^1/_8$ der therapeutischen Dosis geeigneter Mittel, z.B. 50 mg Nitrofurantoin oder $^1/_2$ Erwachsenentablette Trimethoprim-Sulfonamid entsprechend 40 mg Trimethoprim, täglich vor dem Schlafengehen. Damit lassen sich über 90% der symptomatischen Rezidive vermeiden. Die Prophylaxe kann über Monate, evtl. über Jahre fortgesetzt werden.

6 Gynäkologische Infektionen

C. Tauchnitz

INHALTSÜBERSICHT

6.1 Defintion 532
6.2 Vaginitis und Zervizitis 532
6.3 Akute Salpingitis (PID) 533
6.4 Infizierter Abort 534
6.5 Abszesse im kleinen Becken 535
6.6 Bartholinitis 535
6.7 Puerperale Endometritis 535
6.8 Mastitis puerperalis 536
Zusammenfassung 536

6.1 Definition

Unter gynäkologischen Infektionen werden sowohl die mikrobiell bedingten *Entzündungen* von *Vagina* und *Cervix uteri* als auch die akute *Salpingitis* (syn. *pelvic inflammatory disease, PID*), der *infizierte Abort*, Abszeßbildung im kleinen Becken und die puerperale *Endometritis* zusammengefaßt. Ein eigenständiges Krankheitsbild ist die Entzündung der Bartholinschen Drüsen (*Bartholinitis*). Im weiteren Sinne gehört auch die *Mastitis puerperalis* zu den gynäkologischen Infektionen.

6.2 Vaginitis und Zervizitis

Candida-Vaginitis

In der Regel liegt eine endogene Infektion vor. Begünstigend wirken Schwangerschaft, orale Antikonzeptiva, Antibiotika, Diabetes mellitus, Kortikosteroide und zu enge Kleidung. Hauptsymptome sind-*Pruritus* und *dick-weißlicher Fluor*. Der Nachweis von Candida sp. reicht nicht für die Diagnose einer Candida-Vaginitis aus. Es müssen die entsprechenden Beschwerden und Befunde zusätzlich vorhanden sein.

Der mikrobiologische Nachweis von Candida sp. kann im *Nativpräparat*, durch Gramfärbung oder über die Kultur erfolgen. Serologische Verfahren, z.B. der Candida-Präzipitin-Test, führen bei Vaginitis nicht weiter.

Die Therapie wird lokal mit *Nystatin*, z.B. 2 × tägl. 1 Vaginaltablette für 14 Tage, oder Imidazolen durchgeführt. Geeignet sind z. B. Miconazol, Clotrimazol oder Econazol als Creme bzw. Vaginaltabletten. Systemische Antimykotika wie Ketoconazol sollten bei vaginaler Candidiasis möglichst nicht eingesetzt werden, um unnötige Nebenwirkungen zu vermeiden.

Trichomonas-Vaginitis

Trichomonas vaginalis wird sexuell übertragen. Ein normaler pH-Wert der Vagina von 4,0 unterdrückt die Vermehrung. Das pH-Optimum für die Protozoen liegt bei 5,5 bis 6,5. Deshalb setzen die Symptome oft mit der Menstruation ein. Häufige klinische Beschwerden sind *Juckreiz, Fluor* und *Dysurie*. Der Fluor ist purulent und übelriechend. Die Vaginalschleimhaut zeigt granuläre Entzündung und evtl. punktförmige Hämorrhagien.

Das *Nativpräparat* stellt die zuverlässigste Untersuchungsmethode dar. Da Abkühlung die charakteristische Beweglichkeit der Organismen unterdrückt, muß die Untersuchung mit körperwarmem Material erfolgen. Es empfiehlt sich die Anwärmung des Objektträgers. Sehr dickflüssiges Sekret kann mit einem Tropfen Kochsalzlösung verdünnt werden. Gefärbte Präparate (nach Giemsa oder Gram) erfordern geübte Untersucher und sollten nicht für die Routinediagnostik verwendet werden.

Mittel der Wahl ist *Metronidazol*. Die Sexualpartner müssen gleichzeitig behandelt werden, auch wenn sie keine Symptome zeigen. Die Gabe einer Einzeldosis von 2 g ist ebenso wirksam wie 3 × 0,25 g/d für 7 Tage. Während einer Schwangerschaft darf Metronidazol nicht eingesetzt werden. Es kann dann ein Versuch mit Clotrimazol (100 mg/d intravaginal für 7 Tage) unternommen werden.

Sog. „unspezifische" Vaginitis

Als Erreger wird ein kurzes gramnegatives bis gramlabiles Stäbchen angesehen, das jetzt als ***Gardnerella vaginalis*** bezeichnet wird. Zunächst bestand die Diagnose nur im Ausschluß von Trichomonaden und Hefen. Für die Infektion mit Gardnerella vaginalis spricht eine charakteristiche Zytologie mit sogenannten ***„Schlüsselzellen"*** (clue cells). Plattenepithelien sind dabei dicht mit kleinen Stäbchenbakterien besetzt.

Gardnerella vaginalis führt zu einer Zunahme von Anaerobiern wie Bacteroides sp. und Peptococcus sp. Die Erkrankung beruht offenbar auf einem Synergismus dieser Keime. Die Symptome bestehen in *Fluor* und *Juckreiz*. Nach Zugabe von 10% KOH entwickelt das dünnflüssige graue Sekret einen charakteristischen, *fischartigen Geruch*.

Therapeutisch zeigt *Metronidazol* (2 × 0,5 g/d für 7 Tage) die beste Wirkung und stellt das Mittel der Wahl dar. Ampicillin sollte nur bei Schwangerschaft oder anderen Metronidazol-Kontraindikationen gegeben werden, da es die Entwicklung einer Candida-Vaginitis fördert.

Zervizitis

Zwischen Vaginitis und Zervizitis gibt es klinisch und mikrobiologisch häufig Überlappungen. Eine isolierte Zervizitis kann z. B. auf Gonokokken beruhen. Auch ein rekurrierender genitaler Herpes simplex, hervorgerufen durch das Herpes-simplex-Virus, führt häufig zu isolierten Zervixulzerationen. Bei primären genitalen Herpesinfektionen im Präpartalzeitraum wird im Interesse des Föten eine Schnittentbindung empfohlen.

Eine weitere Ursache von Genitalinfektionen einschließlich Zervizitis stellt ***Chlamydia trachomatis*** dar. Der Erreger wird sexuell übertragen.

Die direkte Erregerdiagnose läßt sich durch Chlamydienkultur vom Zervixsekret stellen. Giemsapräparate sind weniger sensitiv. Für die Schnelldiagnose eignet sich die direkte Immunfluoreszenz mit monoklonalen Antikörpern. Auch ein Enzym-Immuno-Assay wurde entwickelt. Die indirekte Immunfluoreszenz (Antikörpernachweis in Serum oder Sekreten) hat noch keine praktische Bedeutung erlangt. Alle symptomatischen und asymptomatischen Patienten und ihre Sexualpartner sollten einer Therapie mit Tetrazyklinen, z. B. Doxycyclin für 1–2 Wochen, alternativ, z. B. während einer Schwangerschaft, mit Erythromycin unterzogen werden.

6.3 Akute Salpingitis (syn. pelvic inflammatory disease = PID; akute Adnexitis)

Pathogenese

Die akute Entzündung der Tuben und Ovarien setzt eine Keimaszension in diese normalerweise sterile Region voraus. Bei Vorliegen von Virulenzfaktoren der Mikroflora (z. B. Adhäsivität, Invasivität) bzw. unzureichender Abwehr des Wirts entsteht daraus eine akute Entzündung.

Erregerspektrum

Die häufigsten Erreger sind ***Chlamydia trachomatis*** und ***Neisseria gonorrhoeae***. Auf diese lassen sich 30–80% der Fälle zurückführen. Wenn Kulturen von der Zervix und dem Rektum negativ bleiben, ist N. gonorrhoeae als Ursache der Salpingitis weitgehend auszuschließen.

Von aeroben Keimen sind E. coli und andere Enterobakterien, Streptokokken, Staphylokokken (koagulasenegativ), Korynebakterien und Laktobakterien als Erreger anzutreffen. Daneben spielen Anaerobier (Peptostreptokokken, Peptokokken, Fusobakterien, Bacteroides sp.) entweder allein oder in Mischkultur mit Aerobiern eine Rolle. Es muß generell mit Mischinfektionen gerechnet werden.

In Einzelfällen werden auch Mykoplasmen in Reinkultur aus Tubeneiter angezüchtet. Eine wesentlich größere Bedeutung kommt jedoch Chlamydia trachomatis zu.

Diagnostik

Abgesehen von der Gonorrhoe haben Zervixabstriche keinerlei Aussagekraft für die Ätiologie einer eitrigen Salpingitis. Kulturmaterial muß vielmehr bei der Laparoskopie oder durch Punktion (***Culdozentese***) gewonnen werden. Die Bebrütung des Materials erfolgt aerob und anaerob. Bei fieberhaften Verläufen sollten Blutkulturen abgenommen werden.

Klinik

Als Risikofaktoren gelten Infektionen mit Gonokokken und Chlamydien, das Tragen von Intrauterin-Pessaren und durchgemachte gynäkologische Operationen. Die typischen Symptome sind Schmerzen im Unterbauch, Fluor genitalis, Fieber, evtl. mit Schüttelfrost, Übelkeit und Erbrechen. Gonokokken-Infektionen exazerbieren oft zum Menstruationszeitpunkt.

Bei der Palpation findet sich eine Berührungsempfindlichkeit der Zervix und ein Druckschmerz im Adnexbereich, evtl. auch ein tastbarer Adnexprozeß. Dieser läßt sich auch sonographisch nachweisen. Auch die Leber kann druckempfindlich werden. Eine reflektorische Darmbeteiligung äußert sich mitunter als paralytischer Ileus. Eine sichere klinische Einordnung in Abhängigkeit von der Ätiologie ist nicht möglich. Leukozytose mit Linksverschiebung sowie BSR-Erhöhung werden oft angetroffen.

Differentialdiagnostisch müssen die akute Appendizitis, eine Extrauteringravidität, Ovarialzysten (Ruptur oder Blutung), Pelveoperitonitis nach septischem Abort, Adnextorsion und entzündliche Darmkrankheiten ausgeschlossen werden.

Therapie

Eine Antibiotikatherapie sollte erst nach Materialentnahme für Kultur und Grampräparat eingeleitet werden. Sie muß auf alle Fälle Gonokokken miterfassen. Dies gelingt am sichersten mit einem Cephalosporin der 2. Generation (bei Stämmen mit β-Lactamase), z.B. 2 g Cefoxitin oder Cefotiam i. m. Bei Nachweis oder Verdacht auf Chlamydieninfektion ist Doxycyclin ($2 \times 0{,}1$ g/d i.v.) indiziert. Bei Gravidität wird anstelle von Doxycyclin Erythromycin eingesetzt. Mittel der Wahl gegen Anaerobier stellen Metronidazol oder Clindamycin dar. Die Therapie sollte parenteral begonnen und später oral fortgesetzt werden. Wegen der häufigen Mischinfektionen wird in der Praxis oft eine Kombinationstherapie durchgeführt. Bei diagnostischer Unklarheit oder fehlendem Ansprechen auf die kalkulierte Therapie lassen sich chirurgische Eingriffe nicht umgehen.

Folgezustände

Durch Störung der Tubenfunktion und/oder Obstruktion erhöht sich das Risiko einer Extrauteringravidität. Tubenverschluß nach Salpingitis führt zur Infertilität. Außerdem können Verwachsungen im kleinen Becken zurückbleiben, die spätere Operationen erschweren bzw. anhaltende Unterbauchschmerzen verursachen.

6.4 Infizierter Abort

Auch bei fachgerechter Interruptio sind entzündliche Komplikationen möglich. Erreger aszendierender Infektionen entstammen der Vaginalflora. N. gonorrhoeae und C. trachomatis sollten vor dem Eingriff eliminiert werden! Bei Fieber post abortum muß auch an Mycoplasma hominis gedacht werden.

Risikofaktoren für infizierten Abort stellen inkomplette Abgänge, massive Uterusblutungen, fortgeschrittene Schwangerschaft, floride Harnwegsinfektionen und Intrauterinpessare dar.

Die klinische Symptomatik umfaßt Fieber, Schüttelfrost, Vaginalblutungen, Unterbauchschmerzen, Übelkeit, Erbrechen und Durchfall in beliebiger Kombination. Gewebsabgänge beweisen einen inkompletten Abort. Es sind alle Übergänge von leichten Krankheitserscheinungen bis zur lokalen Peritonitis und zum septischen Schock möglich.

Zur mikrobiologischen Diagnostik gehören Blutkulturen, aerobe und anaerobe Kulturen von Uterusinhalt und Grampräparate zum Clostridiennachweis bzw. -ausschluß. Positive Clostridienbefunde müssen zum klinischen Bild in Beziehung gesetzt werden und rechtfertigen für sich allein eine Hysterektomie nicht.

Therapeutisch kann bereits eine Curettage hilfreich sein, um retiniertes Material zu entfernen. Chirurgische Eingriffe sind bei Uterusperforation, Darmperforation, Gasgangrän des Uterus und zur Abszeßdrainage erforderlich.

Die Antibiotikatherapie muß gramnegative Stäbchenbakterien und Anaerobier erfassen. Ergebnisse der Gramfärbung von Abgängen aus dem Uterus geben wichtige Hinweise.

Die kalkulierte Therapie besteht aus einer Kombination von 20 Mio. IE Penicillin G/d, einem Aminoglycosid, z. B. Gentamicin, und einem Mittel gegen Anaerobier, am besten Metronidazol. Bei Nachweis von gramnegativen Stäbchen mit besonderer Resistenzsituation kommen Cephalosporine der 2. und 3. Generation, moderne Gyrasehemmer (z. B. Ciprofloxacin), Aztreonam oder Imipenem-Cilastatin in Betracht.

6.5 Abszesse im kleinen Becken

Diese stellen Komplikationen verschiedener gynäkologischer Infektionen und Erkrankungen dar. Die Erreger breiten sich aszendierend, fortgeleitet von der Umgebung, lymphogen oder hämatogen aus. Im einzelnen sind ***Tuboovarialabszesse*** und isolierte ***Ovarialabszesse*** zu unterscheiden.

Die Erreger entsprechen weitgehend denen der akuten Salpingitis (Neisseria gonorrhoeae, aerob-anaerobe Mischflora, Mykoplasmen, Chlamydia trachomatis).

Die tuboovariellen Abszesse können akut oder chronisch verlaufen. Rupturen führen zu dramatischer Symptomatik, evtl. mit rascher Schockentwicklung.

Die klinische Diagnose kann durch *Röntgenuntersuchung* (Leeraufnahme, Kontrastuntersuchung der Nachbarorgane), *Sonographie* und *Computertomographie* abgesichert werden.

Die mikrobiologische Diagnostik beruht auf aeroben und anaeroben Blutkulturen sowie analogen Kulturen von Eitermaterial, das durch Douglaspunktion, Parazentese oder direkte chirurgische Abszeßpunktion gewonnen werden muß.

Die Therapie stützt sich in erster Linie auf Antibiotika. Die meisten Abszesse heilen konservativ aus. Als Initialtherapie kann Ampicillin (2 g i. v. alle 4 h) in Kombination mit einem Aminoglykosid, z. B. Gentamicin, und einem Anaerobiermittel, am besten Metronidazol, eingesetzt werden. Anstelle von Ampicillin ist auch die Gabe von 20 Mill. IE Penicillin G/d möglich.

Bei Penicillinallergie kommen Chloramphenicol, Cephalosporine der 2. oder 3. Generation, moderne Gyrasehemmer, Aztreonam oder Imipenem-Cilastatin in Betracht.

Die laparoskopische Abszeßpunktion unterstützt die konservative Therapie. Chirurgische Eingriffe werden bei Abszeßruptur oder ungenügendem Ansprechen auf die medikamentöse Therapie erforderlich.

6.6 Bartholinitis

Durch Gangobstruktion kann es zu perinealer Zellulitis (s. S. 552) und/oder Abszeßbildung kommen.

Das Erregerspektrum umfaßt Gonokokken, E. coli und andere Enterobakterien, Streptokokken, Staphylokokken, Mykoplasmen und Chlamydia trachomatis.

Die Therapie bei umschriebener Entzündung besteht vor allem in breiter *chirurgischer Drainage*. Einfache Inzision und Aspiration führen oft zu Rückfällen. Nur bei ausgedehnter Weichteilinfektion werden zusätzlich zur chirurgischen Intervention parenterale Antibiotika eingesetzt, die gegen Anaerobier und gramnegative Stäbchenbakterien wirksam sein müssen. Somit kommt eine Kombination von Metronidazol und einem Aminoglykosid in Betracht. Bei Nachweis oder Verdacht auf Gonokokkeninfektion wird hochdosiertes Penicillin G empfohlen.

6.7 Puerperale Endometritis

Die Erkrankung ist zwar selten geworden, kommt aber auch heute noch vor. Man muß bei 1–4% der Entbindungen damit rechnen. Risikofaktoren sind verzögerte Membranruptur, unvollständige Uterusentleerung, Sectio ceasarea und mütterliche Grundkrankheiten.

Das Erregerspektrum entspricht der normalen Vaginalflora. Nichtsporenbildende Anaerobier spielen eine bedeutsame Rolle. Clostridienbefunde bedürfen der Einordnung in das klinische Gesamtbild. An Aerobiern sind B-Streptokokken, seltener A-Streptokokken, ferner E. coli und andere Enterobakterien vorherrschend. Nur selten ist mit Gardnerella vaginalis oder Listeria monocytogenes zu rechnen. Bei Fieber post partum kommt auch Mycoplasma hominis als Erreger in Frage.

Die Endometritis durch A-Steptokokken verläuft relativ rasch und dramatisch. Die Diagnose muß kulturell gestellt werden. Die endogenen Formen beginnen allmählich. Dennoch kann es zu septischem Schock, besonders bei Infektion mit gramnegativen Stäbchenbakterien, kommen. Andere Fälle zeigen lediglich Fieber und sprechen gut auf eine kalkulierte Therapie an.

Die mikrobiologische Diagnostik besteht in Grampräparaten sowie aerober und anaerober Kultur von Material aus dem Uterus, ferner aus Blutkulturen. Untersuchungen von Vaginal- bzw. Zervixsekret sind nutzlos.

Die Therapie der A-Streptokokken-Endometritis besteht in 20 Mill. IE Penicillin G/d, alternativ in Erythromycin oder einem Cephalosporin der 1. Generation. Alle anderen Formen von Endometritis puerperalis erhalten eine kalkulierte Initialtherapie gegen aerobe und anaerobe Keime, analog zum Abschnitt 5.

6.8 Mastitis puerperalis

Eine eitrige Mastitis (= Brustdrüsenentzündung) kann sporadisch oder epidemisch auftreten. Die zweite Form entspricht einer nosokomialen Erkrankung. Haupterreger ist jeweils *Staph. aureus*. A- und B-Streptokokken sind nur selten beteiligt. Die Erreger lassen sich aus Milch bzw. Eiter anzüchten. Bei fieberhaften Verläufen sind Blutkulturen indiziert.

Die klinische Symptomatik umfaßt Schmerzen, Rötung und Schwellung der betroffenen Areale sowie Fieber, Schüttelfrost und allgemeines Krankheitsgefühl. Die Erkrankung kann ein- oder beidseitig auftreten.

Therapeutisch sind Staphylokokkenpenicilline, in schweren Fällen 1–2 g i. v. alle 6 Stunden für 10–14 Tage, bei leichteren Verläufen 2–3 g/d oral erforderlich. Als Alternative bei Penicillinallergie kommt ein Cephalosporin der 1. Generation oder Erythromycin in Frage. Ein Abstillen ist bei sporadischen Fällen nicht erforderlich! Die ausgiebige Brustentleerung fördert die Abheilung.

Als Komplikation kann es zur Abszeßbildung kommen. In diesem Fall ist ein Abstillen unumgänglich. Die Antibiotikatherapie mit einem Staphylokokkenpenicillin, z. B. Cloxacillin, kann i. v. oder oral durchgeführt werden. Bei Fluktuation muß eine chirurgische Drainage vorgenommen werden.

Zusammenfassung

Zu den gynäkologischen Infektionen gehören Vaginitis und Zervizitis sowie Salpingitis, infizierter Abort, Abszesse im kleinen Becken und puerperale Endometritis, ferner die Bartholinitis. Im weiteren Sinne ist auch die Mastitis puerperalis hier einzuordnen.

Die ***Candida-Vaginitis*** geht mit Pruritus und dick-weißlichem Fluor einher. Der Erregernachweis erfolgt mikroskopisch oder kulturell. Mittel der Wahl ist Nystatin als Lokaltherapeutikum. Die ***Trichomonas-Vaginitis*** wird sexuell übertragen. Klinisch bestehen Juckreiz, Dysurie und purulent-übelriechender Fluor. Die Diagnose wird im Nativpräparat gestellt. Mittel der Wahl ist Metronidazol unter Einbeziehung der Sexualpartner. Die sog. ***„unspezifische" Vaginitis*** beruht auf Gardnerella vaginalis. Der Nachweis erfolgt zytologisch oder kulturell. Therapeutisch zeigt Metronidazol die beste Wirkung. ***Entzündungen der Endozervix*** können eine Vaginitis begleiten oder isoliert auftreten. Dann kommen als Erreger Gonokokken, Chlamydien und Herpesviren in Betracht. Chlamydien lassen sich mikroskopisch (Giemsa-Präparat), kulturell und durch direkte Immunfluoreszenz nachweisen. Mittel der Wahl sind Tetrazykline.

Die ***akute Salpingitis*** wird durch eine Keimaszension in Tuben und Ovarien ausgelöst. Wichtigste Erreger sind Gonokokken und Chlamydien. Die klinischen Symptome bestehen in Schmerzen im Unterbauch, Fluor, evtl. Fieber, Übelkeit und Erbrechen. Zervixabstriche haben, außer zum Gonokokkennachweis, keine Bedeutung für die mikrobiologische Diagnostik der Salpingitis. Das Untersuchungsmaterial muß durch Laparoskopie bzw. Punktion gewonnen werden. Die kalkulierte Chemotherapie richtet sich gegen Gonokokken, Chlamydien und Anaerobier.

Der ***infizierte Abort*** beruht auf Keimen der Vaginalflora. Klinisch bestehen Fieber, Schüttelfrost, Vaginalblutungen, evtl. Gewebsabgänge, Unterbauchschmerzen, Übelkeit und Erbrechen. Blutkulturen, aerobe und anaerobe Kulturen von Uterussekret sowie entsprechende Grampräparate dienen der mikrobiologischen Diagnostik. Therapeutisch ist eine Curettage erforderlich. Die kalkulierte Chemotherapie wird mit hochdosiertem Penicillin G, Gentamicin und Metronidazol durchgeführt. ***Abszesse im kleinen Becken*** beruhen auf den gleichen Erregern wie die akute Salpingitis. Klinisch sind akute und chronische Verläufe möglich. Sonographie und Computertomographie erleichtern die Diagnose. Neben Blutkulturen wird durch Punktion gewonnenes Eitermaterial aerob und anaerob kultiviert. Die meisten Abszesse heilen unter Antibiotikatherapie aus.

Die ***Bartholinitis*** wird durch zahlreiche Erregerarten, darunter Gonokokken, Staphylokokken und Chlamydien, hervorgerufen. Die Behandlung besteht in breiter Drainage. Bei Gonokokkeninfektion wird hochdosiertes Penicillin G empfohlen. Die ***puerperale Endometritis*** kommt auch heute noch vor. Das Erregerspektrum entspricht der Vaginalflora. Hinzu kommen B- und A-Streptokokken. Es gibt blande Verläufe, aber auch rasche Übergänge in septischen Schock. Das Untersuchungsmaterial für Grampräparat und Kultur muß dem Uterus entnommen werden. Die kalkulierte Chemotherapie entspricht der von Abszessen im kleinen Becken. Die ***Mastitis puerperalis*** beruht vor allem auf Staph. aureus. Untersuchungsmaterialien sind Milch und Eiter, evtl. auch Blutkulturen. Staphylokokken-Penicilline stellen die Mittel der Wahl dar. Abstillen ist bei sporadischen Fällen nicht erforderlich, sofern es nicht zur Abszeßbildung kommt.

7 Infektionsbedingte Gastroenteritis und Enterokolitis

W. Opferkuch

INHALTSÜBERSICHT

7.1 Definition 538
7.2 Erregerspektrum 538
7.3 Pathogenese 539
7.4 Klinisches Bild und Lokalisation der Erkrankung 540
7.5 Epidemiologie 541
7.6 Diagnostik 541
7.7 Differentialdiagnose 542
7.8 Therapie 542
7.9 Prophylaxe 542
Zusammenfassung 542

7.1 Definition

Unter Gastroenteritiden und Enterokolitiden versteht man Erkrankungen der Schleimhäute des Magen- und Darmtraktes, die durch Mikroorganismen verursacht werden. Sie führen klinisch zu Übelkeit, Erbrechen, Durchfall, Leibschmerzen und Fieber. Im Vordergrund der Symptomatik steht der Wasser- und Elektrolytverlust. Die Schädigung der Schleimhaut, die Lokalisation der Erkrankung und die besondere klinische Symptomatik hängen von den Pathogenitätsfaktoren des jeweiligen Erregers ab.

7.2 Erregerspektrum

Als Erreger von entzündlichen Darmerkrankungen werden hauptsächlich Viren und Bakterien gefunden, aber auch Pilze, Würmer oder Protozoen können als Ursache diagnostiziert werden. Die wichtigsten Erreger sind in Tabelle 7.1 zusammengefaßt.

Die Häufigkeit des Auftretens bestimmter Erreger ist großen örtlichen Schwankungen unterworfen und ist eng mit dem jeweiligen hygienischen Standard der Region verbunden.

Sowohl die große Reisefreudigkeit der Bevölkerung als auch die steigende Anzahl immunkomprimittierter Patienten (therapeutisch induzierte Immunschwäche, AIDS etc.) haben die Vielfalt der beobachteten Erreger deutlich vergrößert. In unseren Breiten sind z. Z. Salmonellen, Yersinien, Campylobacter jejuni und Rotaviren die am häufigsten diagnostizierten Keime. Es muß allerdings gesagt werden, daß bei ca. 50% der Patienten mit einer Durchfallerkrankung ein Keimnachweis nicht gelingt.

Tabelle 7.1. Die wichtigsten Durchfallerreger

Salmonellen
Shigellen
E. coli
Yersinia enterocolitica
Campylobacter jejuni
Aeromonas hydrophila
Clostridium difficile
Vibrio cholerae
Staphylococcus aureus
Clostridium botulinum
Bacillus cereus
Entamoeba histolytica
Giardia lamblia
Kryptosporidien
Bospora belli
Balantidium coli
Schistosoma japonicum, mansoni
Trichinella spiralis
Strongyloides stercoralis
Rotaviren
Norwalk-Agens
Enteroviren
Adenoviren

Wie Studien belegen, besteht ein deutlicher Zusammenhang zwischen Alter und Krankheitserregern. So finden sich bei Kindern unter 1 Jahr vor allem Staphylococcus aureus und Rotaviren und erst in zweiter Linie Salmonellen bzw. Campylobacter jejuni. Bei Kindern bis zu 4 Jahren finden sich in ungefähr gleicher Häufigkeit Salmonellen, Campylobacter, Staphylokokken und Rotaviren. Im Alter bis zu 14 Jahren sind Salmonellen und Campylobacter für mehr als ein Drittel der Durchfallerkrankungen verantwortlich.

7.3 Pathogenese

Über das Auftreten und die Schwere der Krankheitserscheinungen entscheiden nicht allein mikrobielle Einflüsse, sondern auch die Disposition des Wirts. Diese wird bestimmt durch das Lebensalter (Säuglinge, Kleinkinder und ältere Menschen erkranken häufiger und schwerer), mangelhafte persönliche Hygiene (besonders bei fäkal-oralem Infektionsweg), fehlende Magensäure (die Dosis infectiosa minima sinkt dann um 3–4 Zehnerpotenzen ab!), gestörte Darmmotilität, veränderte physiologische Darmflora (z.B. verminderte Kolonisationsresistenz unter Antibiotika-Einfluß), Unterernährung sowie gestörte unspezifische und spezifische Abwehr. Der Verzicht auf das Stillen der Säuglinge erhöht deren Anfälligkeit gegenüber enteralen Infektionen ganz erheblich. Das gilt insbesondere für Entwicklungsländer.

Die einzelnen Durchfallerreger entwickeln unterschiedliche Pathogenitätsmechanismen, die sich in 5 Kategorien einteilen lassen:

- Adhärenz
- Toxinbildung
- Invasion
- Resorptionsblockade
- Penetration

Diese Mechanismen werden bei Bakterien einzeln oder kombiniert beobachtet. Sie führen zu unterschiedlichen Erkrankungen. In Tabelle 7.2 sind die Pathogenitätsmechanismen der wichtigsten Durchfallerreger zusammengestellt. Bemerkenswert ist, daß für gastroenteritische Salmonellen der zugrundeliegende Pathomechanismus bisher noch nicht klar definiert ist.

Adhärenz

Die Adhärenzmechanismen der einzelnen Keimspezies sind nicht völlig klar. Bei E. coli sind mannosesensitive (Typ I) und mannoseresistente (CFA, EAF) *Adhäsine* nachgewiesen worden (s. S. 107ff). Aber auch membranassoziierte Adhäsine sind von Bedeutung. Bei enteropathogenen Colikeimen wurde ein 94-kD-Protein der äußeren Membran identifiziert. Inwieweit diese Adhäsine oder andere Strukturen für die

Tabelle 7. 2. Wichtigste Erreger von Gastroenteritis und Enterokolitis und deren Pathomechanismus

Keimspezies	Pathogenitätsmechnismus
Bakterien	
Enteropathogene E. coli Salmonellen	Adhärenz ohne bekannte Toxinbildung
Staphylococcus aureus C. cereus (rasche Wirkung) C. botulinum C. perfringens	Präformiertes Toxin
B. cereus (verzögerte Wirkung) C. botulinum (Säuglings botulismus) Enterotoxinbildende E. coli und andere Enterobakterien V. cholerae Aeromonas sp.	Toxinbildung in vivo
Shigella sp. Enteroinvasive E. coli Enteropathogene E. coli Campylobacter jejuni Vibrio parahaemolyticus Yersinia enterocolitica	Gewebsinvasion mit oder ohne Toxinbildung
Salmonella typhi, paratyphi AB Yersinia enterocolitica	Schleimhautpenetration und Generalisation
Viren	
Rotaviren Norwalk-Agens	Zerstörung der resorbierenden Zellen der Mikrovilli des Dünndarms
Enteroviren (Coxsackie- und ECHO-Viren) Adenoviren	Darmbeteiligung bei zyklischer Infektion (Organmanifestation)
Protozoen	
Giardia lamblia	Resorptionshemmung, Gewebsaggression
Entamoeba histolytica	Gewebsaggression nur durch vegetative Magnaform
Cryptosporidium sp.	Nur bei Immunschwäche, z.B. AIDS
Helminthen	
Trichinella spiralis Strongyloides stercoralis Schistosoma sp.	

Pathogenität des jeweiligen Stammes verantwortlich sind, konnte nicht zweifelsfrei festgestellt werden. Bei enteropathogenen E.-coli-Stämmen findet man eine Verminderung der Resorptionsfläche des Dünndarms durch eine intensive bakterielle Adhärenz, Reduktion der mikrovillösen Oberfläche und Verlust von Bürstensaumenzymen.

Toxinbildung

Man unterscheidet 3 Arten von Toxinen, die zu einer Darmerkrankung führen können: Neurotoxine, Enterotoxine und Zytotoxine.

Darmwirksame Neurotoxine. Sie werden durch bestimmte Stämme von Staphylococcus aureus, Clostridium botulinum und Bacillus cereus gebildet. Das Staphylokokken-Enterotoxin greift am autonomen Nervensystem an, das Botulinustoxin an den neuromuskulären Synapsen und verhindert die Freisetzung von Acetylcholin. B. cereus produziert mehrere Toxine, die noch nicht ausreichend identifiziert sind. Diesen Toxinen ist gemeinsam, daß sie rein funktionelle Störungen hervorrufen. Die Darmschleimhaut bleibt morphologisch unversehrt. Man spricht deshalb von „nichtentzündlicher“ Enteritis. Dem entspricht auch das Fehlen von Granulozyten und Monozyten im Stuhl. Diese Toxine werden in mit Bakterien kontaminierten Nahrungsmitteln gefunden, d.h. eine Vermehrung der Erreger findet außerhalb des Organismus statt.

Enterotoxine. Diese Toxine sind plasmidkodiert. Dies erklärt die Vielzahl von Serotypen und Spezies, die identische Toxine bilden. Der Prototyp dieser Toxine ist das Choleratoxin. Bei E. coli wurden 3 Enterotoxine gefunden, die als LT (hitzelabil) bzw. STa und STb (hitzestabil) bezeichnet wurden. Enterotoxine aktivieren die Adenyl- bzw. Guanylzyklase der Mukosazellen, wodurch es zu einem Anstieg des intrazellulären cAMP bzw. des cGMP kommt. Es resultiert eine aktive Elektrolytsekretion in das Lumen des Dünndarms. Der Dickdarm kann die auf ihn einströmende Flüssigkeitsmenge nicht mehr rückresorbieren, und es kommt zu einem Flüssigkeits- und Elektrolytverlust. Beim gesunden Menschen werden täglich etwa 50 l Wasser und Elektrolyte in den Dünndarm abgegeben und im gesamten Darm rückresorbiert.

Invasion

Der Grund für die ***Invasivität*** mancher Erreger (Shigellen, enteroinvasive E.coli, Campylobacter jejuni) ist unklar. Diese Keime besitzen ein Plasmid von ungefähr 120–140 Megadalton Größe, durch das ein bestimmtes Membranprotein kodiert wird. Dieses scheint für den *Endozytosevorgang* in die Intestinalzellen notwendig zu sein. Intrazellulär führen die Bakterien durch Zytotoxine zur Zytolyse und zerstören so das Schleimhautepithel. Die Keime dringen nur wenig in die submukösen Gewebeschichten vor, lösen dort allerdings eine Entzündungsreaktion aus. Dieser Vorgang führt zu einer morphologischen Schädigung der Darmschleimhaut und zu einer enteralen Lokalinfektion. Die Schleimhautulzerationen führen zu den klinischen Symptomen Tenesmen und blutigschleimige Stühle. Zytotoxine produzieren weiterhin Clostridium perfringens (Typ A), Vibrio parahaemolyticus, Clostridium difficile und einige Stämme von Staphylococcus aureus.

Resorptionsblockade

Die Zerstörung der Mikrovilli der resorbierenden Zellen des Dünndarms durch Rotaviren führt zu einer vermehrten Flüssigkeitsansammlung im Darm.

Penetration

Der Prototyp eines durch die Schleimhaut penetrierenden Keimes ist Salmonella typhi und Yersinia enterocolitica. Die Keime durchwandern die Schleimhaut, vermehren sich und rufen in der Lamina propria eine Entzündungsreaktion hervor. Von dort gelangen die Keime über Lymphgefäße in den Blutkreislauf. Es kommt zur Generalisation und der Ausbildung eines septischen Krankheitsbildes. Dabei siedeln sie sich in verschiedenen Organen ab. Salmonella typhi findet sich dann typischerweise im lymphatischen Gewebe (Peyersche Plaques) des distalen Dünndarms wieder und ruft dort eine Entzündungsreaktion hervor, die zur Geschwürbildung führen kann.

7.4 Klinisches Bild und Lokalisation der Erkrankung

Entsprechend der Pathogenitätsfaktoren kommt es zur Ausprägung unterschiedlicher klinischer Manifestationen. Man unterscheidet folgende Krankheitsbilder:

- die nicht-entzündliche Enteritis,
- die entzündliche Enterocolitis und
- die septische Enteritis.

Diese drei Krankheitsbilder unterscheiden sich in ihrer Lokalisation, der klinischen Ausprägung und in ihren pathologisch-anatomischen Veränderungen. Die wichtigsten Kriterien sind in Tabelle 7.3 zusammengefaßt.

Das klinische Erscheinungsbild der Gastroenteritis äußert sich in Übelkeit, Erbrechen, Durchfall, Fieber, Leibschmerzen und Tenesmen.

Bei der Infektion mit toxinbildenden Erregern gibt es keine echte Inkubationszeit. Entscheidend ist die Menge des aufgenommenen Toxins bzw. Erregers. Die Inkubationszeit beträgt bis zum Krankheitsbeginn (Übelkeit, Erbrechen) bei Aufnahme von präformiertem Toxin (z. B. Staph. aureus, B. cereus) oft nur 2–7 h. Bis zur Bildung ausreichender Toxinmengen in vivo vergehen meist 1–2 Tage.

Im Einzelfall sind alle Übergänge von leichten bis zu schwersten Verläufen möglich. Bei massiver Intoxikation kann es durch starken Flüssigkeits- und Elektrolytverlust binnen Stunden zum tödlichen Kreislaufschock kommen. Gefährdet sind vor allem Säuglinge und Kleinkinder, sowie ältere Menschen. Die Schwere des klinischen Bildes wird sowohl durch die Virulenz der Erreger als auch durch die Disposition des Wirtes geprägt.

Als klinische Sonderformen sind postantibiotische Staphyolokokkenenterokolitis und die pseudomembranöse Enterokolitis, vor allem nach Anwendung von Clindamycin und Lincomycin, durch zytotoxinbildende Clostridium difficile anzusehen. Andere Antibiotika können aber auch durch Störung der normalen Darmflora in einem gewissen Prozentsatz durchfällige Stühle verursachen.

7.5 Epidemiologie

Durchfallserkrankungen stellen weltweit eine bedeutsame Ursache für Morbidität und Mortalität der Bevölkerung dar. So schätzt man, daß allein 5 Mio. Kinder pro Jahr an Diarrhoe versterben; Entwicklungsländer sind am stärksten betroffen. Neben der allgemeinen (Lebensmittel- und Trinkwasserhygiene) und der persönlichen Hygiene haben klimatische Bedingungen einen Einfluß. In allen warmen Ländern und in der warmen Jahreszeit besteht erhöhte Gefahr von Lebensmittelvergiftungen bzw. Infektionen. Viele Erreger benötigen eine Anreicherung in Lebensmitteln, um die zur Krankheitsauslösung erforderlichen Keimzahlen oder Toxinmengen zu erreichen. Bei Salmonellen-Enteritiden, E.-coli-Infektionen, Cholera oder Campylobacter-jejuni-Infektionen sind Infektionsdosen von 10^5–10^8 erforderlich. Bei Shigellen, Giardia lamblia und Entamoeba histolytica reichen 10^1–10^2 Keime aus. Auch zur Auslösung zyklischer Infektionen genügen meist geringe Keimzahlen. Hier ist somit die Gefahr der direkten fäkal-oralen Übertragung ohne vorherige Anreicherung im Lebensmittel gegeben.

Im Zeitalter des Massentourismus kommt der Reisediarrhoe eine große Bedeutung zu. Im Gegensatz zur ansässigen Bevölkerung erkranken Reisende aus Europa und Nordamerika bei kurzfristigem Aufenthalt in tropischen und subtropischen Ländern häufig an oft sehr massiven Durchfällen. Als Haupterreger gelten enterotoxinbildende E. coli oder Rotaviren.

7.6 Diagnostik

Zur Diagnostik infektiöser Darmerkrankungen dient im allgemeinen der direkte Erregernachweis im Stuhl. Wichtig ist dabei, daß bestimmte Keime nur im frischen, körperwarmen Stuhl nachgewiesen werden

Tabelle 7.3. Klinische Erscheinungsbilder bei Darminfektionen

	Nicht entzündliche Enteritis	Entzündliche Enterokolitis	Septische Enteritis
Ursache	Adhärenz, Toxinbildung, Resorptionsstörungen	Invasivität in Schleimhautzellen	Penetration der Schleimhautbarriere und Septikämie
Lokalisation	Proximales Ileum	Kolon	Distales Ileum
Stuhlbeschaffenheit	Wäßriger Stuhl, keine Entzündungszellen	Eitrig, blutiger Stuhl, Leukozyten, Erythrozyten	Kein Durchfall, Mononukleäre Zellen

können (z. B. Shigellen). Der Erregernachweis geschieht entweder durch die kulturelle Anzüchtung, wie dies bei bakteriellen Erkrankungen üblich ist, dem direkten Antigennachweis (Rotaviren) oder dem mikroskopischen Präparat bei Protozoen. Eine Sonderstellung nimmt die Diagnostik der durch E. coli hervorgerufenen Durchfallerkrankungen ein. Da es bisher noch keinen allgemein verwendbaren Toxinnachweis gibt, muß man sich auf die Bestimmung des O-Serotyps beschränken. Dieser ist für die einzelnen Kategorien von E. coli charakteristisch. Die wichtigsten O-Serotypen sind:

- Enteropathogene E. coli: 26, 55, 86, 111, 119, 125, 126, 127, 128ab
- Enterotoxische E. coli: 6, 8, 15, 25, 27, 63, 78, 148, 159
- Enteroinvasive E. coli: 28ac, 112ac, 124
- Enterohämorrhagische E. coli: 157

Bei der septischen Enteritis wird der Keimnachweis zu Beginn der Erkrankung aus der Blutkultur und dem Knochenmarkspunktat geführt. Erst im späteren Verlauf kann der Keim auch im Stuhl bzw. Urin angezüchtet werden.

Der indirekte Erregernachweis spielt nur eine untergeordnete Rolle. Von Bedeutung sind die Widalreaktion bei Typhus abdominalis und Yersiniosen sowie die indirekte Hämagglutination bei Amöbeninfektion.

7.7 Differentialdiagnose

Bei jedem Durchfall muß auch an nichtmikrobielle Ursachen gedacht werden. Dazu zählen Schwermetallvergiftungen (oft über Lebensmittel) wie As, Sn, Cd, Pb, Cu sowie Fisch- und Pilzvergiftungen.

Colitis ulcerosa und Morbus Crohn als entzündliche Darmkrankheit unbekannter Genese lassen sich durch den chronischen Verlauf abgrenzen. Ähnliches gilt für endokrine Durchfälle (z. B. Thyreotoxikose, Karzinoidsyndrom, vasoaktive enterale Polypeptide = VEP), Lactosemangel und Pankreasinsuffizienz. Nicht zuletzt sollte auch an die abführende Wirkung von Zuckeraustauschstoffen (z. B. Sorbitol) und an den Laxantienabusus vor allem älterer Menschen gedacht werden.

7.8 Therapie

Die Therapie von Durchfallerkrankungen besteht in erster Linie im Flüssigkeits- und Elektrolytersatz. Dies geschieht je nach Schwere der Erkrankung oral oder parenteral. Die einfachste Methode (leichte Fälle, Massenerkrankungen) ist dabei die orale Rehydratation, z. B. in Form der Elektrolyt-Glukose-Lösung der WHO (3,5 g NaCl, 2,5 g $NaHCO_3$, 1,5 g KCl sowie 20 g Glucose auf 1 Liter Trinkwasser). Für klinische Fälle bietet sich die i. v. Infusionsbehandlung an.

Bei toxinbedingten, nicht entzündlichen Enteritiden wird die antibiotische Therapie, wie kontrollierte Studien zeigen, die Schwere und Dauer der Erkrankung und damit auch die Dauer der Keimausscheidung abkürzen. Meist genügt dabei eine Kurzzeittherapie von 3–5 Tagen. Als Therapeutika stehen je nach Erreger Tetrazyklin, Cotrimoxazol, Ampicillin, Colistin und Erythromycin zur Verfügung.

Infektionen mit invasiven Keimen, die zu Schleimhautdefekten führen, müssen antibiotisch therapiert werden. Hier hat sich die Auswahl des Antibiotikums am Erreger zu orientieren. Shigellen, E. coli und Aeromonas hydrophila sind mit Trimethoprim-Sulfamethoxazol, Ampicillin oder Chinolon-Präparaten zu behandeln, Campylobacter jejuni mit Erythromycin, Clostridium difficile mit Vancomycin. Bei Entamoeba-histolytica-Infektionen hat sich Metronidazol bewährt.

7.9 Prophylaxe

Vorrangig sind Maßnahmen der allgemeinen Hygiene (Lebensmittel- und Wasserhygiene) und der persönlichen Hygiene.

Die Reisediarrhoe läßt sich durch Verzicht auf Salate, rohes Gemüse und unabgekochtes Wasser einschränken. Eine medikamentöse Prophylaxe ist wenig sinnvoll, da eine wirksame Therapie zur Verfügung steht.

Zusammenfassung: Infektionsbedingte Gastroenteritis und Enterokolitis

Mikrobielle Gastroenteritiden und Enterokolitiden können durch zahlreiche Bakterien- oder Virusarten, aber auch durch Protozoen oder Helminthen hervorgerufen werden. ***Pathogenetisch*** bestehen erhebliche Unterschiede. Bakterielle Enterotoxine aktivieren die Adenylzyklase und führen zur Vermehrung des zyklischen AMP; damit verbunden ist eine Elektrolytsekretion und Flüssigkeitsverlust. Diese Störungen sind rein funktioneller Art. Bakterielle Zytotoxine verursachen dagegen mit der Invasivitität der Erreger eine morphologische Schädigung der Darmschleimhaut. Sie werden z.B. bei Shigellen und enteroinvasiven ***E. coli*** beobachtet. Aber auch ***Clostridium perfringens***, bestimmte Staphylokokkenstämme, ***Campylobacter spp.*** und ***Yersinia spp.*** führen zur Enterokolitis. Penetrierende Erreger dringen in die Blutbahn ein und lösen zyklische Infektionen oder septische Erkrankungen aus. Neben den Virulenzfaktoren der Erreger beeinflussen auch die Dispositionsfaktoren des Wirts den Krankheitsablauf.

Die ***Epidemiologie*** der Durchfallserkrankungen wird durch allgemeine und persönliche Hygiene, durch sozioökonomischen Standard und klimatische Bedingungen beeinflußt. Wärme fördert die Anreicherung von Mikroorganismen bzw. deren Toxinen in Lebensmitteln und begünstigt damit die von diesen ausgelösten Lebensmittelvergiftungen. Für Shigellen, Lamblien und Entamoeben, ebenso wie für Erreger zyklischer Infektionen, genügen geringere Keimzahlen, so daß auch die direkte fäkal-orale Übertragung möglich ist. Reisende aus Europa und Nordamerika erkranken bei kurzfristigem Aufenthalt in warmen Ländern häufig an Reisediarrhoe durch Genuß kontaminierter Lebensmittel.

Zum ***Erregerspektrum*** des Durchfallsyndroms gehören zahlreiche enterotoxinbildende (***E. coli, Staph. aureus, Clostridium sp., B. cereus, Vibrio cholerae***) und enteroinvasive (***Shigella sp., E. coli***, Enteritis-Salmonellen, ***Campylobacter sp., Yersinia sp.***) Bakterienarten, ferner Viren (z.B. Rotaviren), Protozoen und Helminthen.

Klinisch bestehen neben Durchfall häufig Übelkeit, Erbrechen, Fieber und Leibschmerzen. Die Symptome werden durch die Menge der aufgenommenen Toxine bzw. Erreger beeinflußt. Es sind alle Übergänge von leichtem Durchfall bis zu tödlichem Kreislaufschock möglich.

Der kulturelle ***Erregernachweis*** kann aus Stuhl, Erbrochenem oder Lebensmittelresten geführt werden, zum Teil sind besondere Selektiv- und Anreicherungs-Kulturmedien erforderlich. Bei Fieber sind Blutkulturen indiziert. Weiterhin können der direkte Erregernachweis (Rotaviren, Protozoen) und der Toxinnachweis (z.B. beim Botulismus) hinzugezogen werden.

Differentialdiagnostisch muß an alle nichtmikrobiellen Vergiftungen und Darmentzündungen gedacht werden, ferner an endokrine Durchfälle und Abführmittelmißbrauch.

Therapeutisch ist der Elektrolyt- und Flüssigkeitsersatz entscheidend, sei es oral oder parenteral. Antibiotika sind bei toxinbedingten Diarrhoen in der Regel nicht notwendig. Hingegen sind die Enterokolitis und Enteritiden mit Generalisation eine Indikation für eine antibiotische Behandlung. Der Schwerpunkt der ***Prophylaxe*** liegt auf Maßnahmen der persönlichen und allgemeinen Hygiene.

8 Cholezystitis und Cholangitis

C. Tauchnitz

8.1 Cholezystitis

Definition

Die Cholezystitis als mikrobielle Gallenblasenentzündung stellt in der Regel ein sekundäres Ereignis dar. Meist geht eine „chemische" Entzündung der Gallenblasenwand infolge Abflußbehinderung voraus.

Pathogenese

In 85 bis 95% liegt eine *Steinbildung* zugrunde. Durch Verschluß des Ductus cysticus entsteht eine Innendruckerhöhung in der Gallenblase mit nachfolgender *„chemischer Entzündung"*, d. h. Wandödem, Ischämie, evtl. Ulzeration, Nekrose, Gangrän und Perforation.

Bei sekundärer bakterieller Besiedlung, deren Wahrscheinlichkeit mit der Dauer der Erkrankung zunimmt, entsteht eine ***eitrige Cholezystitis***. Diese wiederum kann zu *Pericholezystitis, Durchwanderungsperitonitis, Gallenblasenempyem* und *Gallenblasenperforation* führen. Ob die Besiedlung durch Keimaszension aus dem Duodenum oder hämatogen über das Pfortaderblut erfolgt, ist noch unklar. Insgesamt ist bei etwa 50% der akuten Cholezystitiden mit bakterieller Superinfektion zu rechnen.

Epidemiologie

Die Cholezystitis tritt ganz überwiegend bei Gallensteinträgern auf. Deren Häufigkeit steigt mit dem Lebensalter an. In seltenen Fällen kann aber bereits das frühe Kindesalter betroffen sein. Eine eitrige Cholezystitis ohne Choletithiasis wird z. B. bei totaler parenteraler Ernährung beobachtet.

Erregerspektrum

Häufigste aerobe Erreger stellen E. coli und weitere Enterobakterien (z. B. Klebsiella sp., Enterobacter sp., Proteus sp.), ferner Enterokokken (Streptococus faecalis) und andere Streptokokkenarten dar.

Pseudomonas aeruginosa findet sich besonders nach endoskopisch-invasiven Maßnahmen am Gallengang. In rund 40% der positiven Proben ist mit Anaerobiern zu rechnen, meist als Mischkultur. Bei gangränöser Cholezystitis erhöht sich die Anaerobierbeteiligung auf 75%. Häufigster anaerober Erreger ist Bacteroides fragilis.

Es kommen auch andere Bacteroidesarten, ferner Clostridien (einschließlich C. perfringens), anaerobe Kokken, Fusobakterien und Aktinomyzeten vor. In positiven Blutkulturen finden sich Anaerobier etwas häufiger als in Gallekulturen. In seltenen Fällen werden bei Cholezystitis sogar Pilze wie Candida albicans nachgewiesen.

Klinik

Zur typischen Symptomatik gehören rechtsseitige Oberbauchbeschwerden, ein Druckschmerz bei der Palpation, Fieber, Leukozytose und weitere laborative Entzündungszeichen. Obstruktion der Gallenwege und Cholostase sind nicht obligat, können aber hinzutreten. Es ist zwischen akuten und chronischen Verläufen zu unterscheiden.

Der Nachweis der Gallensteine erfolgt in erster Linie sonographisch.

Eine seltene Sonderform stellt die ***emphysematöse Cholezystitis*** durch gasbildende Clostridien, oft als Mischinfektion mit E. coli, dar. Sie geht häufig mit Gangrän und Perforation einher.

Mikrobiologische Diagnostik

Der direkte Erregernachweis ist nur über Blutkulturen bzw. operativ-invasive Techniken möglich. Die Duodenalsondierung zur Gewinnung von Kulturmaterial wird durch die obligatorische Kontaminierung bei der Mundhöhlen- und Rachenpassage belastet und ist schon wegen des praktisch immer vorhandenen Zystikusverschlusses wenig erfolgversprechend.

Mindestens 90% der positiven peroperativen Gallenkulturen zeigen eine Keimzahl von $\geq 10^5$/ml. Damit lassen sich Infektion und Kontamination durch quantitative Kulturen (=signifikante Bakteriocholie) unterscheiden. Es sind jeweils aerobe und anaerobe Kulturverfahren erforderlich. Häufigste aerobe Erreger stellen E. coli und weitere Enterobakterien (z. B. Klebsiella sp., Enterobacter sp., Proteus sp.) dar.

Therapie

Allgemeines. Solange keine bakterielle Superinfektion vorliegt, kann eine spontane Rückbildung der akuten („chemischen") Cholezystitis eintreten. In leichten Fällen kann deshalb unter Einsatz symptomatischer Maßnahmen einige Tage zugewartet werden. Eine antimikrobielle Chemotherapie ist dann nicht erforderlich.

Chirurgische Therapie. Bei anhaltendem Zystikusverschluß besteht die kausale Therapie in der Cholezystektomie. Diese wird zunehmend als Sofortoperation durchgeführt, d.h. nach 1–3tägiger Operationsvorbereitung im Rahmen des routinemäßigen Operationsprogramms. Die Ergebnisse sind günstiger als bei einer Notoperation, die z.B. bei Perforation oder Empyem notwendig wird. Die Sofortoperation erwies sich der Intervalloperation 2–3 Monate nach der akuten Erkrankung als überlegen, schon wegen der Verkürzung des Krankenhausaufenthalts und geringerer Komplikationsraten.

Antimikrobielle Chemotherapie. Die Anwendung antimikrobieller Chemotherapeutika beschränkt sich auf eine unterstützende Wirkung im Zusammenhang mit der Sofortoperation, eine Suppressionsbehandlung bei Kontraindikationen gegen Sofortoperation oder fehlender Einwilligung der Patienten in diese und eine Chemoprophylaxe als perioperative Ein-Dosis-Gabe bei Risikopatienten.

Die Auswahl der Mittel richtet sich nach ihrem antibakteriellen Spektrum, das die häufigsten Erreger erfassen muß, der Pharmakokinetik, der Nebenwirkungsgefahr und der Wirtschaftlichkeit. Serum- und Gewebskonzentrationen sind wichtiger als die Gallengängigkeit. Bei 1%iger Ausscheidung in die Gallenflüssigkeit kommt nach Gabe von 1 g eines Chemotherapeutikums und Annahme von 1 l Gallenflüssigkeit/Tag eine Konzentration von 10 μg/ml zustande, was in der Regel einer suprainhibitorischen Konzentration entspricht.

Geeignete Chemotherapeutika sind β-Lactame wie Azylureidopenicilline, besonders Mezlocillin, oder Cephalosporine der 2. und 3. Generation, ferner Trimethoprim-Sulfonamid-Kombinationen oder moderne Gyrasehemmer. Ampicillin bzw. Tetrazykline sollten bei weniger umfassendem Spektrum und relativ hohen Resistenzquoten nicht mehr als Mittel der 1. Wahl eingesetzt werden. β-Lactame lassen sich synergistisch mit Aminoglykosiden kombinieren. Die Mitführung eines Anaerobiermittels, z.B. Metronidazol, ist jeweils erforderlich.

8.2 Cholangitis

Definition

Die Cholangitis als *bakterielle Entzündung der Gallengänge* beruht praktisch immer auf einer mechanischen Cholostase.

Pathogenese

Bei partiellem oder komplettem Verschluß des Gallengangs mit nachfolgender Keimaszension entwickelt sich eine ***eitrige Cholangitis***. Neben Konkrementen können auch Tumoren oder Parasiten ursächlich beteiligt sein. Abgesehen von angeborenen Mißbildungen sind vorwiegend Patienten über 50 Jahre betroffen.

Erregerspektrum

Die Mikroflora der Cholangitis entspricht weitgehend der der eitrigen Cholezystitis. Bei chronischen Verläufen mit vorangegangenen Antibiotikaanwendungen finden sich häufiger Klebsiellen, bei liegenden Sonden und Drains bzw. nach invasiver Endoskopie mehr Pseudomonas aeruginosa.

Klinik

Die akute Cholangitis geht mit plötzlichen Fieberschüben, meist mit Schüttelfrost, Ikterus, rechtsseitigen Oberbauchbeschwerden, BSR-Erhöhung, Leukozytose, Anstieg von SGPT, Gamma-GT und alkalischer Phosphatase sowie Urobilinogenvermehrung im Urin einher.

Der Übergang in ***cholangitische Sepsis*** ist fließend. Diese macht etwa 10% der internistischen Sepsisfälle aus. Es drohen Endotoxinschock und Multiorganversagen. Daneben gibt es auch chronische Verläufe der bakteriellen Cholangitis mit der Gefahr einer cholangitischen Leberzirrhose.

Mikrobiologische Diagnostik

Die eitrige Cholangitis geht mit einer signifikanten Bakteriocholie ($\geq 10^5$ Keime/ml) einher. Neben Blutkulturen, Leberbiopsien und über *perkutane transhepatische Choledochussondierung (PTC)* gewonnenem Gallensekret kann auch eine Duodenalsondierung zu brauchbarem Kulturmaterial führen, sofern quantitative Bestimmungen erfolgen. Damit lassen sich Infektion und Kontamination voneinander trennen.

Therapie

Eine chemotherapeutische Sanierung ist bei fortbestehender Cholangiolithiasis bzw. Obstruktion nicht möglich. Falls eine kausale Korrektur nicht erfolgen kann, kommt eine orale Langzeit-Suppressionsbehandlung in Betracht. Dafür eignet sich besonders Trimethoprim-Sulfonamid. Wegen der hohen Letalität von Gallengangsoperationen bei bestehender Cholangitis werden zunächst endoskopisch-invasive Verfahren eingesetzt. Nur bei Mißlingen dieser oder bei Tumorverschluß ist die Operation indiziert. Zusätzlich muß eine Chemotherapie nach den Prinzipien der Sepsisbehandlung vorgenommen werden. Bevorzugt werden bakterizide Substanzen, zu denen neben β-Lactamen auch Trimethoprim-Sulfonamid (anfangs parenteral, später oral) und die modernen Gyrasehemmer gehören. β-Lactame (z.B. Azylureidopenicilline oder Cephalosporine der 2. und 3. Generation) sollten mit einem Aminoglykosid (z.B. Gentamicin, Amikacin) kombiniert werden. Die Gabe von Metronidazol ist jeweils erforderlich, um auch anaerobe Keime zu erfassen.

Zusammenfassung

Der eitrigen ***Cholezystitis*** liegen in über 95% eine Steinbildung mit *Verschluß des Ductus cysticus* zugrunde. Häufigste ***Erreger*** sind Enterobakterien, z.B. E.coli, Enterokokken und andere Streptokokken sowie Anaerobier. Die Erkrankung geht mit rechtseitigen Oberbauchbeschwerden bis zu Koliken, Druckschmerz bei der Palpation sowie Fieber und Leukozytose einher. Sie kann auch einen mehr chronischen Verlauf mit abgeschwächter Symptomatik nehmen. Der Erregernachweis läßt sich nur über Blutkulturen oder operativ-invasive Techniken führen. Keimzahlbestimmungen in der so gewonnenen Gallenflüssigkeit (signifikante Bakteriocholie entspricht $\geq 10^5$ Keimen/ml) erlauben die Trennung von Infektion und Kontamination. Die ***Therapie*** der Wahl ist die Cholezystektomie als Sofortoperation (binnen 3 Tagen). Chemotherapeutika haben nur eine unterstützende bzw. palliative Wirkung.

Die eitrige ***Cholangitis*** setzt einen partiellen oder kompletten *Verschluß des Ductus hepaticocholedochus* voraus. Die ***Erreger*** entsprechen denen der Cholezystitis. Die typische ***klinische Symptomatik*** besteht in plötzlichen Fieberschüben, meist mit Schüttelfrost, Ikterus und rechtsseitigen Oberbauchbeschwerden. Es droht der Übergang in eine ***cholangitische Sepsis***. Die ***Labordiagnostik*** zeigt Entzündungsparameter, Enzymerhöhungen, Hyperbilirubinämie und vermehrte Urobilirubinogenausscheidung im Urin. Der ***mikrobiologischen Diagnostik*** dienen Blutkulturen und Gallensekret. Bei quantitativer Beurteilung (signifikante Bakteriocholie) kann dieses auch über Duodenalsondierung gewonnen werden. ***Therapie:*** Chirurgische Eingriffe kommen nur in Frage, wenn endoskopisch-invasive Maßnahmen nicht zum Erfolg führen. Die antimikrobielle Chemotherapie hat nur eine palliative Bedeutung. Sie wird nach den Prinzipien der Sepsisbehandlung durchgeführt. Nur bei fehlender Möglichkeit zur kausalen Korrektur kommt eine orale Langzeitsuppressionsbehandlung in Betracht.

9 Peritonitis

C. Tauchnitz

INHALTSÜBERSICHT

9.1 Definition ... 547
9.2 Pathogenese ... 547
9.3 Epidemiologie ... 547
9.4 Erregerspektrum ... 547
9.5 Klinik ... 548
9.6 Diagnostik ... 548
9.7 Prognose ... 548
9.8 Therapie ... 548
9.9 Prophylaxe ... 549
Zusammenfassung ... 549

9.1 Definition

Entzündungen innerhalb der Peritonealhöhle können diffus oder lokalisiert ablaufen. Die diffuse Form zeigt fließende Übergänge zur *Sepsis*. Lokalisierte Erkrankungen betreffen intraperitoneale Abszesse in den verschiedenen Recessus (z. B. Douglasabszeß, subphrenischer Abszeß) oder abgegrenzte Entzündungen in der Umgebung erkrankter Hohlorgane, z.B. *Pericholezystitis, perityphlitische* (= periappendizitische) oder *perikolische Infiltrate*.

9.2 Pathogenese

Es ist zwischen *primärer* und *sekundärer Peritonitis* zu unterscheiden.

Primäre Formen entstehen hämatogen, lymphogen oder aszendieren über die Tuben. Besonders werden Kinder betroffen, weiterhin Erwachsene mit dekompensierter (meist alkoholischer) Leberzirrhose.

Sekundäre Formen beruhen auf intraabdominellen chirurgischen Erkrankungen, z. B. Perforation von Hohlorganen wie Magen, Appendix, Gallenblase oder Kolon. Eine Sonderform stellt die Peritonitis nach Peritoneal-Dialyse dar. Im Falle perforierter Hohlorgane wie Magen, Duodenum oder Gallenblase kommt zur mikrobiellen noch eine chemische Entzündung hinzu. Bei Ileus bildet sich häufig eine Durchwanderungsperitonitis aus. Freies Hämoglobin fördert, offenbar über seinen Eisengehalt, das Entstehen bedrohlicher Verläufe, sofern vermehrungsfähige Bakterien vorhanden sind.

Folge der mikrobiellen und chemischen Einflüsse ist eine erhebliche Flüssigkeitssekretion mit einem Eiweißgehalt über 3 g/dl und zahlreichen Leukozyten, insbesondere Granulozyten.

9.3 Epidemiologie

Primäre Peritonitiden machen nur noch 1–2% der akuten Baucherkrankungen im Kindesalter aus. Vor der Antibiotikaära waren es 10%. Bei Erwachsenen ist jeweils eine Grunderkrankung im Sinne einer Abwehrschwäche erforderlich. Die größte Bedeutung hat dabei die dekompensierte, d. h. mit Aszites einhergehende Leberzirrhose.

Sekundäre Formen betreffen alle Lebensalter und überwiegen zahlenmäßig bei weitem.

9.4 Erregerspektrum

Primäre Peritonitiden werden im Kindesalter besonders durch *Pneumokokken* und *A-Streptokokken* hervorgerufen. Bei Erwachsenen muß in erster Linie mit *E. coli* und nichtsporenbildenden Anaerobiern gerechnet werden. Sehr selten ist eine Peritonitis tuberculosa.

Sekundäre Peritonitiden beruhen in der Regel auf der physiologischen Darmflora. Sie entsprechen somit endogenen Infektionen und stellen so gut wie immer (93–96%) aerob-anaerobe Mischinfektionen dar, wobei die Anaerobier quantitativ überwiegen. Es wird eine gegenseitige synergistische Beeinflussung im Sinne der Infektionsförderung angenommen. Die Beseitigung einer Komponente senkt tierexperimentell die Letalitätsquote.

Neben B. fragilis und B. melaninogenicus werden Fusobakterien, Peptokokken, Peptostreptokokken, evtl. auch Sporenbildner, angetroffen. Unter den Aerobiern spielen E. coli, andere Enterobakterien, Enterokokken und vergrünende Streptokokken die größte Rolle. Als Erreger aszendierender Infektionen bei Salpingitis kommen auch Gonokokken in Betracht.

9.5 Klinik

Leibschmerzen und *Abwehrspannung* sind die Kardinalsymptome. Der Schmerz ist bei Perforation eines peptischen Ulkus viel intensiver als bei perforierter Appendizitis. Übelkeit, Erbrechen, Appetitlosigkeit und Fieber, evtl. mit Schüttelfrost, können hinzutreten.

Komplikation seitens des Darmes ist ein paralytischer Ileus, seitens des Herzkreislaufsystems ein Volumenmangel mit Hämatokrit-Anstieg bis zum hypovolämischen Schock. Weiterhin können sich eine respiratorische Insuffizienz und extrarenales Nierenversagen entwickeln.

Das Vollbild der Erkrankung zeigt die *Facies hypocratica* mit spitzer Nase, tiefliegenden Augen, kühlen Ohren und grau-lividem Hautkolorit. Zur Linderung der Schmerzen werden die Knie angezogen, die Atmung ist flach und beschleunigt. Das *Fieber* kann bis 42 °C steigen. Ein Abfall auf 35 °C kündigt einen septischen Schock an. Gleiches gilt für bedrohlichen Blutdruckabfall bei zunehmender Tachykardie. Bei der Palpation werden starke Schmerzen geäußert. Typisch sind Abwehrspannung (reflektorischer Muskelspasmus) und *Loslaßschmerz*. Die Darmgeräusche schwächen sich oft ab und verschwinden bei paralytischem Ileus. Schmerzen bei rektaler oder vaginaler Untersuchung sprechen für Abszeßbildung im kleinen Becken.

Je nach Abwehrlage und Wirksamkeit der Therapie kann eine diffuse Peritonitis in Heilung übergehen, zur Abszeßbildung führen oder eine Sepsis auslösen. Auf diese Entwicklung nimmt auch die Virulenz der Erreger Einfluß.

9.6 Diagnostik

Die Diagnose Peritonitis muß klinisch gestellt werden. Differentialdiagnostische Schwierigkeiten ergeben sich mitunter bei Pleuropneumonie, diabetischer Ketoazidose, Pankreatitis und Porphyrie.

Im weißen Blutbild finden sich bei akuter Peritonitis meist Werte zwischen 17000 und 25000/mm^3 bei Vorherrschen der Granulozyten und mehr oder weniger ausgeprägter Linksverschiebung. Der Anstieg von Hämatokrit und Kreatinin spricht für Volumenmangel. Bei schweren Verläufen stellt sich bald eine metabolische und respiratorische Azidose ein. Eine Abdomen-Übersichtsaufnahme im Stehen (oder in Seitenlage) informiert über Spiegelbildungen im Dünn- oder Dickdarm bzw. Ansammlung von freier Luft in der Bauchhöhle.

Mittels *Peritonealpunktion* oder peritonealer *Lavage* läßt sich Material für eine mikrobiologische Diagnostik gewinnen. Diese besteht aus einem Grampräparat sowie aus aerober und anaerober Kultur. Daneben sind Untersuchungen auf Blut, Eiter und Galle sowie Amylasebestimmung erforderlich. Die geeignetste Punktionsstelle kann durch Ultraschall oder CT-Diagnostik ermittelt werden. Bei fieberhaften Verläufen sollten *Blutkulturen* nie versäumt werden!

9.7 Prognose

Diese hängt vom Alter (schlechter bei Säuglingen und sehr alten Menschen), von Grund- und Begleitkrankheiten sowie vom rechtzeitigen Beginn einer effektiven Therapie ab. Wird diese versäumt, so droht der tödliche Ausgang durch kardiovaskuläre bzw. respiratorische Insuffizienz sowie extrarenales Nierenversagen.

9.8 Therapie

Sekundäre Peritonitiden bedürfen grundsätzlich einer chirurgischen Behandlung. Die antimikrobielle Chemotherapie hat nur eine unterstützende Wirkung. Bei primärer Peritonitis kommt ihr die Hauptbedeutung zu.

Entsprechend der polymikrobiellen Flora bei sekundärer Peritonitis muß eine Kombinationstherapie zur Spektrumserweiterung durchgeführt werden. Wirksame Anaerobiermittel sind Metronidazol oder Clindamycin. Gegen Enterobakterien werden geeignete β-Lactame (Ureidopenicilline oder Cephalosporine der 2. und 3. Generation) eingesetzt. Die Ausnutzung synergistischer Effekte mit Aminoglycosiden, z.B. Gentamicin oder Amikacin, ist analog der Sepsistherapie sehr zu empfehlen, sofern die individuelle Nierenfunktion berücksichtigt wird. Auch moderne Gyrasehemmer können zum Einsatz kommen. Chloramphenicol sollte als Monotherapeutikum verwendet werden: Sowohl mit β-Lactamen als auch mit Aminoglycosiden kommt es zu antibakteriellem Antagonismus.

Wegen ungünstiger Resistenzlage im aeroben und anaeroben Bereich werden Tetrazykline nicht mehr zur Peritonitisbehandlung empfohlen. Penicillin G erfaßt zwar sehr viele Arten von Anaerobiern, nicht aber den besonders bedeutsamen B. fragilis. Es kann deshalb nur gezielt, z. B. bei primärer Pneumokokken-Peritonitis, angewendet werden. Das Versagen einer empirischen Therapie erfordert Korrekturen. Inzwischen eingegangene Antibiogramme erweisen sich dann als hilfreich.

Die Zufuhr der Antibiotika sollte vorrangig als i. v. Kurzinfusion erfolgen. Die intraperitoneale Anwendung führt fast ebenso rasch zu Blut- und Gewebsspiegeln. Im Rahmen einer Spülbehandlung werden unkalkulierbare Mengen resorbiert, auch von sog. Lokalantibiotika, die wegen toxischer Effekte kontraindiziert sind. Peritonealspülungen im Rahmen der Peritonitisbehandlung sollten deshalb ohne Zusätze von Antibiotika vorgenommen werden.

Neben der antibakteriellen Therapie ist auf Flüssigkeits- und Elektrolytersatz, Azidosebekämpfung und Herzkreislaufbehandlung zu achten. In vielen Fällen ist neben der Nahrungskarenz auch eine Magenablaufsonde notwendig.

9.9 Prophylaxe

Einer solchen sind vor allem die postoperativen Peritonitiden zugängig. Bei kolorektalen Eingriffen und anderen intraabdominellen Operationen mit erfahrungsgemäß hohen postoperativen Wundinfektionsraten hat sich die perioperative Ein-Dosis-Prophylaxe mit Metronidazol und einem geeigneten β-Lactam bewährt. Bei der Appendektomie führte bereits die Gabe von 0,5 g Metronidazol als Suppositorium zu einer beträchtlichen Senkung der Wundheilungsstörungen.

Zusammenfassung

Die ***bakterielle Peritonitis*** stellt eine diffuse oder lokalisierte Entzündung innerhalb der Peritonealhöhle dar. Es ist zwischen primärer Peritonitis (hämatogen, lymphogen, aszendierend) und sekundären Peritonitiden nach intraabdominellen chirurgischen Erkrankungen, inbesondere Perforation von Hohlorganen) zu unterscheiden. Bei Magen-, Duodenal- oder Gallenblasenperforation tritt zur mikrobiellen noch eine ***chemische*** Entzündung hinzu. Das entzündliche Peritonealexsudat enthält >3 g Eiweiß/dl und massenhaft Granulozyten.

Primäre Peritonitiden machen noch 1–2% der akuten Baucherkrankungen im Kindesalter aus. Beim Erwachsenen finden sie sich gelegentlich im Rahmen einer dekompensierten Leberzirrhose. Sekundäre Formen betreffen alle Lebensalter. Primäre Peritonitiden im Kindesalter beruhen vor allem auf Pneumokokken und A-Steptokokken. Beim Erwachsenen sind in erster Linie Enterobakterien und nichtsporenbildende Anaerobier zu erwarten. Die sekundäre Peritonitis entspricht fast immer einer ***aerob-anaeroben Mischinfektion*** analog der physiologischen Darmflora.

Leibschmerzen und Abwehrspannung sind die ***Kardinalsymptome***. Übelkeit, Erbrechen und Fieber können hinzutreten. Das Vollbild der Erkrankung zeigt die Facies hypocratica. Es droht dann der Übergang in septischen Schock und Multiorganversagen. Es ist auch mit paralytischem Ileus zu rechnen.

Die ***Diagnose*** muß klinisch gestellt werden. Häufig findet sich eine Leukozytose. Mittels Peritonealpunktion bzw. Lavage wird Material zur ***mikrobiologischen Diagnostik*** gewonnen. Diese besteht aus Grampräparat und aerober sowie anaerober Kultur. Bei Fieber sind auch Blutkulturen sinnvoll. Auf die ***Prognose*** haben vor allem Alter, Grundkrankheit und rechtzeitiger Beginn einer effektiven Therapie Einfluß.

Primäre Peritonitiden sprechen gut auf eine ***antimikrobielle Chemotherapie*** an. Sekundäre Peritonitiden sind grundsätzlich ***chirurgisch*** zu behandeln. Die antimikrobielle Chemotherapie wirkt nur unterstützend. Sie richtet sich gegen die aerob-anaerobe Mischflora und besteht in der Regel in der Kombination eines neueren β-Lactams mit einem geeigneten Aminoglykosid und Metronidazol bzw. Clindamycin. Ebenso wichtig sind der Flüssigkeits- und Elektrolytersatz, der Azidoseausgleich und die Herz-Kreislauf-Behandlung. ***Postoperative Peritonitiden*** lassen sich bei bestimmten Operationen durch eine perioperative antibiotische Ein-Dosis-***Prophylaxe*** drastisch vermindern.

10 Haut- und Weichteilinfektionen

C. Tauchnitz

INHALTSÜBERSICHT

10.1 Definition ... 551
10.2 Impetigo ... 551
10.3 Furunkel und Karbunkel ... 551
10.4 Erysipel ... 552
10.5 Staphylokokken-Toxin-Syndrome ... 552
10.6 Zellulitis ... 552
10.7 Erythrasma ... 553
10.8 Tiefe Phlegmonen und Abszesse ... 553
Zusammenfassung ... 554

10.1 Definition

Hierzu zählen klinisch und mikrobiologisch gesehen recht unterschiedliche Infektionen wie Impetigo, Furunkel und Karbunkel, die Staphylokokken-Toxinkrankheiten, ferner Erysipel, Zellulitis, Hautdiphtherie und Erythrasma sowie tiefe Weichteilinfektionen und Abszesse.

Pathogenese, klinisches Bild, Diagnostik, Therapie und gegebenenfalls Prophylaxe müssen für die einzelnen Krankheiten besonders dargestellt werden.

10.2 Impetigo

Diese oberflächliche Hautinfektion besteht aus Bläschen mit Übergang in goldgelbe Krustenbildung. Sie betrifft vorwiegend Kinder. Juckreiz und Kratzeffekte bedingen die weitere Ausbreitung. Vorwiegend sind Gesicht und Extremitätenstreckseiten befallen. Nach Ablösen der Krusten bleiben keine Narben zurück. Zu über 90% sind A-Streptokokken der verschiedenen M-Serotypen verantwortlich, seltener C- und G-Streptokokken. Beim Neugeborenen werden auch B-Streptokokken angetroffen. Staph. aureus kann Mischinfektionserreger sein.

Die A-Streptokokken-Infektionen lösen mitunter Nachkrankheiten im Sinne eines A-Streptokokken-Rheumatismus aus, insbesondere als Glomerulonephritis. Im Gegensatz zum Antistreptolysintest (AST) zeigt die Streptokokken-Anti-DNase B in über 90% erhöhte Titer. Therapie der Wahl ist Penicillin G oder V.

10.3 Furunkel und Karbunkel

Furunkel entwickeln sich auf der behaarten Haut entlang eines Haarfollikels. Zunächst entsteht somit eine ***Follikulitis***. Die konzentrische Ausdehnung der Entzündung führt zum Furunkel bzw. zum Karbunkel. Dieser reicht noch weiter in die Tiefe. Bevorzugter Sitz für Karbunkel sind Nacken, Rücken und Gesäßregion.

Als Erreger kommen praktisch nur koagulasepositive Staphylokokken in Betracht. Oft liegt eine Abwehrschwäche zugrunde. Nach schmerzhafter Rötung und Anschwellung setzt Fluktuation ein. Oft entleert sich der Eiter spontan, sonst werden Inzisionen erforderlich. In schweren Fällen bestehen Fieber und Leukozytose. An Komplikationen sind Zellulitis (s. unten) und Sepsis möglich.

Eine antibiotische Therapie ist nur bei drohenden Komplikationen bzw. ungünstigem Sitz (Oberlippen-Nasen-Bereich: Gefahr der ***Sinus-cavernosus-Thrombose***) erforderlich. Mittel der Wahl sind Staphylokokken-Penicilline, alternativ Clindamycin oder Erythromycin.

Bei häufig rezidivierender Furunkulose haben sich regelmäßiges Duschen mit Seife, täglicher Wäschewechsel und Abdeckung sezernierender Effloreszenzen bewährt. Damit läßt sich die Staphylokokken-Kolonisation der Haut vermindern.

Eine Sonderform der Follikulitis stellt die flächenhafte Ausbreitung im Bartbereich (***Sycosis barbae***) dar. Neben Staph. aureus können hier auch Pseudomonasarten und Candida albicans beteiligt sein.

10.4 Erysipel

Erreger dieser ***intrakutanen Phlegmone*** sind fast ausschließlich A-Streptokokken, seltener auch Streptokokken der Gruppen C, G oder B. Sehr selten ist Staph. aureus beteiligt. Die Haut der Unterschenkel und des Gesichts wird am häufigsten betroffen. Lymphabflußstörungen begünstigen die Erkrankung. Sie verschlimmern sich andererseits als Folge einer solchen Entzündung. Das erklärt die Rezidivneigung. Im Bereich des Erysipels zeigt die Haut eine schmerzhafte Rötung mit Ödem bei deutlicher Randmarkierung. Als Komplikationen können sich Zellulitis und Sepsis entwickeln. Meist besteht eine Leukozytose. Der Erregernachweis gelingt nur selten: Die Diagnose wird klinisch gestellt. Mittel der Wahl für die Therapie sind Penicillin G oder V, alternativ Erythromycin. Bei gehäuften Rezidiven kann eine Prophylaxe mit Benzathinpenicillin (Erwachsene 1,2 Mio. IE alle 3–4 Wochen) oder Oralpenicillin eingeleitet werden.

10.5 Staphylokokken-Toxin-Syndrome

Impetigo bullosa bei Neugeborenen und Kleinkindern beruht auf einem extrazellulären exfoliativen Toxin von Staph. aureus der Phagengruppe II, meist Typ 71. Nach Einriß der Blasen erfolgt Abheilung unter Krustenbildung. Der Erregernachweis bereitet keine Schwierigkeiten. Therapeutisch wird ein Staphylokokken-Penicillin gegeben, alternativ Erythromycin.

Das ***Spalthaut-Syndrom*** (Morbus Ritter) beruht auf dem gleichen Pathomechanismus, zeigt aber eine Blasenbildung ohne Begleitentzündung. Die Abhebung der Oberhaut erfolgt unmittelbar unter dem Stratum corneum. (Bei toxischer epidermaler Nekrolyse und Erythema multiforme löst sich die Haut auf der Höhe der basalen Zellschicht.) Betroffen sind vor allem Neugeborene und Kleinkinder, nur selten Erwachsene. Nach vorangeganger Staphylokokken-Infektion (primär meist nicht die Haut betreffend) kommt es zu Fieber, Spannungsgefühl im befallenen Hautareal und einem scharlachähnlichen Exanthem. Es bilden sich große Blasen mit seröser Flüssigkeit, die rasch einreißen. Die Haut löst sich großflächig ab. Die Abheilung nimmt etwa 2 Wochen in Anspruch. Narben bleiben in der Regel nicht zurück. Die Toxinbildung von Staph. aureus, Phagengruppe II, kann plasmidisch oder chromosomal festgelegt ein. Therapeutisch kommen Staphylokokkenpenicilline als i. v. Infusion zur Anwendung, alternativ Erythromycin.

Das ***toxische Schock-Syndrom*** wird durch das Enterotoxin F und ein pyrogenes Exotoxin bestimmter Phagentypen von Staph. aureus ausgelöst. Außer einer vaginalen Staphylokokkenbesiedlung (zunächst wurde das Syndrom vorwiegend bei menstruierenden Frauen unter Anwendung stark saugfähiger Tampons beobachtet) können auch sehr unterschiedliche lokale Staphylokokkeninfektionen zugrunde liegen. Die klinische Symptomatik besteht in Fieber und rascher Ausbildung einer Schocksymptomatik. Daneben treten Übelkeit, Durchfall, Rachenreizung, Konjunktivitis und skarlitiniformer Hautausschlag auf. Im Rahmen des Schocks kann es zu Multiorganversagen (Leber, Niere, ZNS, Muskulatur) kommen. Nach überstandenem Krankheitsbild, d. h. 1–2 Wochen später, zeigen sich lamelläre Hautablösungen an Handtellern und Fußsohlen. Der Erregernachweis sollte über Blutkulturen und örtliche Materialgewinnung versucht werden. Laborativ finden sich Leukozytose, Thrombozytopenie und evtl. Kreatininanstieg. Bei Beteiligung des Muskelapparats (klinisch Muskelschwäche) ist auch die Kreatininkinase erhöht. Die Therapie besteht in rascher intravenöser Flüssigkeits- und Elektrolytzufuhr, Schockbekämpfung, gegebenenfalls chirurgischer Therapie lokaler Staphylokokkeninfektionen sowie i.v. Zufuhr eines Staphylokokkenpenicillins, z. B. Dicloxacillin.

10.6 Zellulitis (subkutane Phlegmone)

Im Gegensatz zum Erysipel reicht die Zellulitis tiefer in das Unterhautgewebe hinein. Neben A-Streptokokken wird häufig Staph. aureus angetroffen. Der Erkrankung geht oft ein Trauma voraus. Im Bereich der betroffenen Region bildet sich eine schmerzhafte Rötung mit Schwellung bei unscharfer Begrenzung zur Umgebung. Als Komplikationen drohen Übergang in tiefe Phlegmone sowie Ausbildung von Lymphadenitis und Sepsis. Im Blutbild findet sich meist eine

Leukozytose (Granulozytenvermehrung). Differentialdiagnostisch muß das Erysipeloid (Schweinerotlauf), hervorgerufen durch Erysipelothrix rhusiopathiae, abgegrenzt werden. Als Zellulitis-Erreger kommen auch Enterokokken (besonders bei Granulozytopenie) und Aeromonas hydrophila in Betracht. Es empfiehlt sich deshalb, im Gegensatz zum Erysipel, eine mikrobiologische Diagnostik zu veranlassen. Therapeutisch werden bei Streptokokkengenese Penicillin G, bei Staphylokokkeninfektionen Staphylokokkenpenicilline gegeben, alternativ (z.B. Penicillinallergie) auch Vancomycin. Das Erysipeloid spricht gut auf Penicillin G an.

10.7 Erythrasma

Erreger dieser oberflächlichen Hautentzündung, besonders des Inguinalbereichs, ist Corynebacterium minutissimum. Die rotbraune, juckende Hautveränderung breitet sich allmählich in die Umgebung aus. Der Erregernachweis ist mikroskopisch oder kulturell möglich. Die Therapie besteht in der Gabe von Erythromycin.

10.8 Tiefe Phlegmonen und Abszesse

An diesen Erkrankungen können zahlreiche Erreger beteiligt sein. Klinisch und mikrobiologisch lassen sich einige Syndrome unterscheiden.

Die ***Gasphlegmone*** (syn.Gasödem) durch Clostridien stellt eine nekrotisierende Entzündung dar, die tiefe Faszien nicht durchbricht und in der Regel nicht auf die Muskulatur übergreift. Wichtigster Erreger ist Clostridium perfringens. Andere Clostridienarten werden seltener angetroffen. Die Erreger dringen im Rahmen von Traumen oder Operationen ins Gewebe ein. Tiefe Nekrosen liefern ausreichende anaerobe Bedingungen. Das klinische Bild wird durch Schmerzen, Anschwellung des betroffenen Gewebes und Toxineinwirkung geprägt. Dunkles, faulig riechendes Wundsekret und Gasbildung im Gewebe (Knistergeräusch) sind charakteristisch. Grampräparat und anaerobe Kultur sichern die Diagnose. Therapeutisch sind die rasche Eröffnung von nekrotischem Gewebe und Abszeßdrainage erforderlich, ferner der Einsatz von hochdosiertem Penicillin G, 20–40 Mio. IE/d als i.v. Infusionen. Bei Mischinfektionen kann auch Chloramphenicol zum Einsatz kommen.

Ein sehr ähnliches Krankheitsbild wird durch aerob-anaerobe Mischinfektion ohne Mitwirkung von Clostridien hervorgerufen. Beteiligt sind Bacteroidesarten, Peptostreptokokken und Peptokokken einerseits sowie aerobe Streptokokken, Staph. aureus und Enterobakterien andererseits. Die Gasbildung beruht dann auf E. coli, Klebsiella sp. und Aeromonas sp. Grampräparat und Kulturbefund führen zur mikrobiologischen Diagnose. Die chirurgische Therapie entspricht der des Gasödems. Die Antibiotikatherapie muß das breite Erregerspektrum berücksichtigen. Neben Metronidazol sind geeignete β-Lactame (Ureidopenicilline, Cephalosporine bzw. ein Staphylokokkenpenicillin) erforderlich.

Auch die nekrotisierende ***Fasziitis*** beruht meist auf aerob-anaerober Mischinfektion. Neben Bacteroidesarten und Peptostreptokokken ist mit A-Streptokokken und Staph. aureus zu rechnen, evtl. auch mit Enterobakterien wie E. coli, Klebsiella sp., Eterobacter sp. und Proteus sp. Die rasch fortschreitende Entzündung, die neben oberflächlichen oft auch tiefe Faszien mit einbezieht, betrifft vorzugsweise die Extremitäten, seltener die Bauchwand oder die Perinealregion. Eintrittspforten stellen Verletzungen oder Operationen dar. Klinisch beginnt die Erkrankung mit Schmerzen, Rötung und Anschwellung. Später setzt eine blaugraue Hautverfärbung ein, die in Hautnekrosen und Gewebsgangrän übergeht. Nekrosen der Hautnerven führen zu Schmerzlosigkeit. Grampräparat und Kulturergebnis informieren über die beteiligten Erreger. Therapeutisch sind ausgedehnte Inzisionen und Nekrektomien erforderlich. Die initiale antimikrobielle Therapie richtet sich gegen Anaerobier z.B. in Form von Metronidazol oder Clindamycin, und Aerobier entsprechend dem mikrobiologischen Befund, wobei das Grampräparat bereits gewisse Rückschlüsse zuläßt. Die Letalität des Krankheitsbildes erreicht 35%!

Die ***bakterielle Myositis*** ist ein seltenes, aber meist sehr schweres Krankheitsbild. Als Erreger muß in 95% mit Staph. aureus gerechnet werden. Daneben kommen auch A-Streptokokken und Pneumokokken vor. Die Erkrankung tritt fast ausschließlich in tropischen Ländern auf und betrifft alle Lebensalter. Sie beginnt mit Muskelschmerzen, Schwellungen, Fieber und Schüttelfrost. Alsbald bilden sich Abszesse aus.

Die Therapie besteht in chirurgischer Abszeßeröffnung und Einsatz eines Staphylokokkenpenicillins. Bei Nachweis von A-Streptokokken oder Pneumokokken wechselt man auf Penicillin G über.

Gasgangrän bezieht im Gegensatz zum Gasödem eine Myonekrose mit ein. Die Erkrankung schreitet rasch fort. Sie wird durch massive Toxineinwirkung geprägt und stellt eine akute Lebensbedrohung dar. Haupterreger ist wie beim Gasödem C. perfringens. Es wird durch tiefe Verletzungen oder operativ in die Muskulatur eingebracht. Fremdkörper und nekrotisches Gewebe fördern das Angehen der Infektion. Die befallene Muskulatur zeigt eine graubraune Verfärbung, reagiert nicht auf Kontraktionsreize und blutet intraoperativ nicht von der Schnittfläche. Histologisch liegt eine Koagulationsnekrose vor. Das Wundsekret riecht faulig. Gasblasen können sichtbar werden. Grampräparat und anaerobe Kultur sichern die mikrobiologische Diagnose. Außer C. perfringens können auch C. novyi, C. septicum und C. histolyticum gefunden werden, als aerobe Mischinfektionserreger Enterobakterien und Enterokokken. Die Soforttherapie besteht in breiter chirurgischer Eröffnung. Dabei bestimmt der Befund an der Muskulatur die Einordnung des Krankheitsbildes. Befallene Muskulatur muß exzidiert werden. Amputationen lassen sich nicht immer umgehen. Antibiotisch sind hohe Dosen von Penicillin G (20 Mill. IE/d als i.v. Infusionen) erforderlich. Bei Mischinfektionen oder Penicillinallergie stellt Chloramphenicol eine geeignete Alternative dar. Der Wert der hyperbaren Sauerstofftherapie ist umstritten. Auf ausreichende parenterale Flüssigkeits- und Elektrolytzufuhr muß geachtet werden. Die Myonekrose durch anaerobe Streptokokken bedarf der differentialdiagnostischen Abgrenzung.

Psoasabszesse entstehen hämatogen, posttraumatisch oder fortgeleitet (z. B. Wirbelosteomyelitis, perinephritischer Abszeß, Divertikulitis). Häufigster Erreger ist Staph. aureus. Klinisch bestehen Fieber und Rücken- bzw. Unterbauchschmerzen. Das Röntgenbild zeigt Veränderungen der Psoasbegrenzung und evtl. auch Gasansammlung innerhalb des Psoasschattens. Über die genaue Lokalisation und Ausdehnung des Abszesses informieren Computer-Tomographie und Sonographie. Die Therapie besteht in chirurgischer Drainage und Gabe eines Staphylokokkenpenicillins. Kulturbefunde ermöglichen gezielte Korrekturen.

Zusammenfassung

Unter den Infektionen der Haut und des Unterhautgewebes werden zahlreiche Krankheitsbilder zusammengefaßt.

Impetigo beruht fast ausschließlich auf A-Streptokokken. Die vorwiegend im Gesicht angesiedelten Eiterbläschen heilen unter Bildung goldgelber Krusten ohne Narben ab. Therapie der Wahl ist Penicillin G oder V.

Furunkel und Karbunkel beruhen praktisch immer auf Staph. aureus. Von der Follikulitis (Haarbalgentzündung) kommt es zu konzentrischen Entzündungen mit schmerzhafter Rötung und Anschwellung. Der Übergang von Furunkel zu Karbunkel ist fließend, d. h. größenabhängig. Bei Fluktuation muß inzidiert werden. Antibiotika, z. B. Staphylokokken-Penicilline, Clindamycin oder Erythromycin, kommen nur bei drohenden Komplikationen in Betracht.

Das ***Erysipel*** als intrakutane Phlegmone stellt in der Regel eine A-Streptokokken-Erkrankung dar. Häufigster Sitz ist die Haut der Unterschenkel oder des Gesichts. Klinisch besteht eine schmerzhafte Rötung und Schwellung der Haut bei deutlicher Randmarkierung. Mittel der Wahl ist Penicillin G, alternativ Erythromycin.

Zu den ***Staphylokokken-Toxin-Syndromen*** gehören bullöser Impetigo bei Neugeborenen und Kleinkindern, das Spalthautsyndrom (Morbus Ritter) und das toxische Schock-Syndrom. Besonders das letztgenannte Krankheitsbild kann sehr foudroyant verlaufen. Nach Materialentnahme zum Erregernachweis (Blutkultur bzw. örtliche Materialentnahme) sind unverzüglich Staphylokokkenpenicilline parenteral zu geben, alternativ Erythromycin. Die entsprechenden Maßnahmen der Schockbekämpfung, insbesondere Flüssigkeits- und Elektrolytzufuhr, kommen hinzu.

Die ***Zellulitis*** stellt eine subkutane Phlegmone dar. Erreger können A-Streptokokken, Staph. aureus, Enterokokken und andere Keime sein. Eine mikrobiologische Abklärung ist deshalb erforderlich. Die Erkrankung kann in eine tiefe Phlegmone übergehen. Die kalkulierte Therapie muß die wichtigsten Erreger berücksichtigen.

Erythrasma, eine oberflächliche Hautentzündung vor allem des Inguinalbereichs, beruht auf

Corynebacterium minutissimum. Mittel der Wahl ist Erythromycin.

Tiefe Phlegmonen beruhen entweder auf bestimmten Clostridienarten (Gasödem, Gasgangrän) oder auf aerob-anaerober Mischflora. Durch letztere wird auch die nekrotisierende Fasziitis hervorgerufen. Dagegen stellt die bakterielle Myositis warmer Länder meist eine Staphylokokkenerkrankung dar. Auch bei ***Abszessen***, z.B. Psoasabszessen, muß in erster Linie mit Staph. aureus, aber auch mit aerob-anaerober Mischflora gerechnet werden. Die Therapie gehört in die Hände des Chirurgen. Die unterstützende antimikrobielle Chemotherapie richtet sich nach den vermuteten oder nachgewiesenen Erregern.

11 Osteomyelitis und Arthritis

C. Tauchnitz

INHALTSÜBERSICHT

11.1 Definition 556
11.2 Osteomyelitis 556
11.3 Arthritis 557
Zusammenfassung 559

11.1 Definition

Eine Osteomyelitis stellt eine Entzündung des Knochenmarks dar, die durch Störung der Gefäßversorgung zu Knochennekrosen führen kann. Unter (bakterieller) Arthritis wird eine entzündliche Reaktion der Synovia verstanden, die in der Regel mit Eiteransammlung im Gelenkspalt einhergeht und auf die Umgebung (Gelenkkapsel, Knorpel) übergreifen kann. Beide Erkrankungen müssen getrennt dargestellt werden.

11.2 Osteomyelitis

Pathogenese

Es ist zwischen hämatogener und posttraumatisch-postoperativer Osteomyelitis zu unterscheiden. Daneben gibt es Fortleitungen aus der Umgebung und die Osteomyelitis bei arteriellen Durchblutungsstörungen.

Unabhängig vom Entstehungsweg besteht die Gefahr, daß die Gefäßversorgung des Knochens beeinträchtigt wird. Folgen sind Nekrosen und Sequester.

Subperiostale Brodie-Abszesse (= chronisch verlaufende Osteomyelitis-Sonderform) werden vor allem im Kindesalter angetroffen. Auch die hämatogene Osteomyelitis bevorzugt das Kindesalter, ohne auf dieses beschränkt zu sein. Postoperative Osteomyelitiden stellen sich vor allem nach Behandlung offener Frakturen und nach neurochirurgischen Eingriffen ein. Alle Formen der Abwehrschwäche, z. B. Diabetes mellitus, Alkoholismus und Drogenabhängigkeit, begünstigen das Auftreten der Erkrankung.

Erregerspektrum

Als Erreger einer akuten hämatogenen Osteomyelitis wird bei Kindern unter 2 Jahren bevorzugt Haemophilus influenzae Typ b angetroffen. Später findet man vor allem Staph. aureus, nur selten A-Streptokokken oder andere Streptokokkenarten. Enterobakterien (z. B. E. coli, Salmonella sp. und Proteus sp.) erfordern ebenso wie Pseudomonas sp. eine besondere Disposition. So sind Salmonellen bevorzugte Osteomyelitis-Erreger bei Patienten mit Sichelzellanämie, während bei Drogenabhängigen Pseudomonas aeruginosa den Haupterreger darstellt. Auch bei nicht-hämatogenen Osteomyelitiden dominiert Staph. aureus. Man findet aber häufiger Mischinfektionen, auch mit Anaerobiern wie B. fragilis.

Klinik

Die ***akute hämatogene Osteomyelitis*** betrifft vor allem die langen Röhrenknochen wie Femur, Tibia und Humerus. Sie beginnt plötzlich mit hohem Fieber, Schüttelfrost, allgemeinem Krankheitsgefühl und örtlichen Schmerzen bzw. Entzündungszeichen. Fistelbildungen zeigen den Übergang in eine chronische Osteomyelitis an. Die BSR ist meist erhöht, ebenso die Leukozytenzahl (Granulozytose und Linksverschiebung).

Die ***postoperative Osteomyelitis*** kommt in allen Lebensaltern vor, bevorzugt bei älteren Personen. Es erkranken vor allem die langen Röhrenknochen (bei offener Fraktur), die Schädelknochen (nach neurochirurgischen Eingriffen), die Mandibula (nach kieferchirurgischen Maßnahmen) und das Sternum bzw. die Rippenansätze (nach Herzoperationen und anderen thoraxchirurgischen Eingriffen). Die Erkrankung nimmt meist einen chronischen Verlauf, d. h. mit Fistelsekretion.

Die Sonderform ***Wirbelosteomyelitis*** kann hämatogen, posttraumatisch oder fortgeleitet entstehen. Die Entzündung beginnt in den Zwischenwirbelscheiben (Disziitis) und geht von dort auf die benachbarten Wirbel über. Die Patienten zeigen Fieber und klagen über heftige Rückenschmerzen bei jeder Bewegung.

Die Osteomyelitis bei arteriellen Durchblutungsstörungen befällt ausschließlich Zehen und Vorfüße bei Diabetikern und Patienten mit schwerer Arteriosklerose, meist im Alter zwischen 50 und 70 Jahren. Sie verläuft in der Regel subakut bis chronisch. Wegbereitend sind Druckstellen und andere Läsionen, die infolge der gestörten Schmerzempfindung (Neuropathia diabetica) unbeachtet blieben.

Diagnose

Die Diagnose muß aus dem klinischen Bild gestellt werden. Röntgenologisch sind frühestens nach 2 Wochen Veränderungen zu erwarten. Spätere Röntgenaufnahmen informieren über Lokalisation und Ausdehnung der Osteomyelitis sowie über den weiteren Verlauf. Zusätzlich können nuklearmedizinische Verfahren herangezogen werden.

Der mikrobiologischen Diagnostik kommt ein hoher Stellenwert zu. Die Kenntnis der Erreger ist die Voraussetzung für eine gezielte Chemotherapie. Bei fieberhaften Verläufen sollten deshalb umgehend *Blutkulturen* angelegt werden. Weiteres Untersuchungsmaterial stellen durch Nadelaspiration oder offene Chirurgie gewonnene *Eiterproben* dar. Im Fisteleiter finden sich häufig oberflächliche Kontaminanten. Die Erregernatur der Isolate, abgesehen von Staph. aureus, muß deshalb durch Vergleich mit Direktmaterial aus dem Knochen abgesichert werden.

Differentialdiagnose

Skelett-Tuberkulose und Pilzosteomyelitis (z. B. Kryptokokkose, Aspergillose oder Candidiasis) bedürfen einer Abgrenzung von der pygenen Osteomyelitis. Pilzosteomyelitis kommt fast nur bei ausgeprägter Abwehrschwäche vor.

Therapie

Hämatogene Osteomyelitiden sprechen auf eine rasch einsetzende antimikrobielle Chemotherapie meist gut an. Diese sollte mindestens über 3 Wochen fortgesetzt werden. Sie richtet sich nach Kulturbefunden einschließlich Antibiogramm oder nach der mikrobiologischen Verdachtsdiagnose. Bei Kindern unter 2 Jahren muß dabei in erster Linie mit H. influenzae Typ b gerechnet werden. Geeignet sind dann Ampicillin, Chloramphenicol oder Cephalosporine der 2. und 3. Generation, jeweils parenteral. Gegen nachgewiesene oder vermutete Stämme von Staph. aureus empfiehlt sich die i. v. Gabe eines Staphylokokken-Penicillins, evtl. in Kombination mit einem Aminoglycosid. Clindamycin und Lincomycin verfügen über eine sehr gute Staphylokokkenwirkung bei besonders günstigen Knochenspiegeln. Sie eignen sich auch für eine Langzeitbehandlung.

Eine chronische Osteomyelitis, gleich welcher Pathogenese, erfordert meist eine kombinierte chirurgisch-medikamentöse Therapie. Mit der Entfernung von Sequestern und Nekrosen steigen die Heilungschancen unter konservativ-medikamentöser Therapie. In günstigen Fällen kann diese auch allein eingesetzt werden. Es empfiehlt sich dann eine Langzeittherapie über Wochen und Monate, über den Fistelschluß hinaus. Geeignet sind orale Staphylokokkenpenicilline, wie Cloxacillin oder Clindamycin bzw. Lincomycin. Eine Resistenzentwicklung unter der Therapie muß durch mikrobiologische Kontrollen ausgeschlossen werden. Für die Lokalbehandlung ist ein Versuch mit Gentamicin-PMMA-Ketten gerechtfertigt. Spülungen mit antibiotikahaltigen Lösungen haben sich nicht bewährt.

Prognose

Bei frühzeitigem Therapiebeginn mit einem wirksamen Mittel und einer Behandlungszeit von mindestens 3 Wochen heilen hämatogene Osteomyelitiden fast immer aus. Chronische Osteomyelitiden haben unabhängig von ihrer Entstehung eine schlechtere Prognose quoad sanationem. Durch die Langzeitanwendung geeigneter Mittel wird zumindest bei Staphylokokkengenese eine hohe Heilungsrate erreicht. Infektionen durch Pseudomonas sp. oder Enterobakterien bringen besondere Probleme mit sich. Ein Versuch mit Gyrasehemmern, z. B. Ciprofloxacin, ist gerechtfertigt. Bei fortbestehender chronischer Osteomyelitis kann sich später ein Fistelkarzinom ausbilden.

11.3 Arthritis

Pathogenese und Einteilung

Eine eitrige Arthritis, d. h. Entzündung des Gelenkspalts, entsteht vorwiegend hämatogen, meist als

Monarthritis. Bei septischer Streuung können auch mehrere Gelenke betroffen sein.

Seltener ist die direkte Gelenkinfektion, z. B. traumatisch oder nach intraartikulärer Injektion. Vorausgegangene Traumen erleichtern auch das Angehen hämatogener Infektionen.

Ein weiterer Entstehungsweg ist die Fortleitung aus der Umgebung. Bei Kindern unter 1 Jahr kann eine hämatogene Osteomyelitis direkt auf das Gelenk übergreifen.

Bei Ewachsenen liegen der eitrigen Arthritis meist besondere Dispositionen oder Abwehrschwäche zugrunde (z. B. Diabetes mellitus, Hämoblastosen, Corticosteroid-Anwendung sowie rheumatische oder degenerative Vorschäden am Gelenk.

Chronische Monarthritiden werden auch durch Mykobakterien und Pilze hervorgerufen. Sie stellen klinische Sonderformen dar. Weiterhin gibt es Gelenkbeteiligungen im Rahmen von Virusinfektionen sowohl durch DNS-Viren (Adenoviren, Varicella-, Epstein-Barr- und Hepatitis-B-Virus) als auch RNS-Viren (z. B. Mumps-, Röteln- und Arenavirus). Diese stellen Organmanifestationen im Rahmen einer zyklischen Infektion dar, sind also selbstlimitierend.

Erregerspektrum

Pyogene Arthritiden werden durch zahlreiche Keime hervorgerufen. Wie bei der Osteomyelitis herrscht bei Kindern unter 2 Jahren H. influenzae Typ b vor. Nach dem 5. Jahr wird er kaum noch angetroffen. Bei Neugeborenen muß auch mit B-Streptokokken gerechnet werden. Staph. aureus spielt in jedem Lebensalter eine bedeutsame Rolle. Er erreicht bei Erwachsenen einen Anteil von 70%. Streptokokkenarten, Enterobakterien und Pseudomonas sp. gehören ebenso wie Anaerobier zu den eher seltenen Arthritis-Erregern. Dabei sind Enterobakterien und Pseudomonas sp. an Vorschäden, Grundkrankheiten oder besondere Dispositionen gebunden. Eine Arthritis durch Enterobakterien kann sich z. B. an eine Urosepsis anschließen. Neisseria gonorrhoeae findet sich vor allem bei jüngeren Erwachsenen. Gelenkbefall wird auch im Rahmen einer Meningokokken-Sepsis gesehen.

Chronische Monarthritiden können durch Mycobacterium tuberculosis, atypische Mykobakterien und Nocardia asteroides bedingt sein, ferner durch Pilze wie Sporothrix schenckii oder C. albicans nach septischer Streuung.

Klinik

90% der eitrigen Arthritiden sind Monarthritiden. Am häufigsten werden Knie- und Hüftgelenke betroffen. Es folgen Sprung-, Ellbogen-, Hand- und Schultergelenke. Meist bestehen Fieber, Gelenkschmerzen und Bewegungseinschränkung. Fast immer liegen Gelenkergüsse vor. Die umgebende Haut zeigt meist eine Rötung, das Unterhautgewebe ist ödematös verdickt. Eine septische Bursitis betrifft vor allem die Ellbogenregion und die Bursa praepatellaris. Wichtigster Erreger ist dabei Staph. aureus.

Arthritiden durch Mykobakterien oder Pilze zeigen oft nur geringe lokale Entzündungszeichen und einen sehr protrahierten Verlauf.

Diagnostik und Differentialdiagnose

Die klinische Verdachtsdiagnose sollte mikrobiologisch abgeklärt werden. Dazu dienen bei febrilen Verläufen *Blutkulturen*, ansonsten Grampräparat sowie aerobe und anaerobe Kultur von *Synovialflüssigkeit*. Bei entsprechendem Verdacht müssen auch Kulturen auf Mykobakterien und Pilze angelegt werden.

Granulozytenvermehrung und Glucoseverminderung in der Synovialflüssigkeit geben einen Hinweis auf eitrige Arthritis, sind aber nicht spezifisch für diese.

Rheumatoid-Arthritis und postinfektiöser Streptokokkenrheumatismus lassen sich ebenso wie die immunologisch bedingten Arthritiden nach Yersinia-enterocolitica-Infektion serologisch abgrenzen. Eine Arthritis urica geht mit Hyperurikämie und Harnsäurekristallen im Gelenkpunktat einher. Das Reiter-Syndrom zeigt neben der Gelenkaffektion noch Urethritis und Konjunktivitis. Neisseria gonorrhoeae kann sowohl ein polyartikuläres Syndrom im Rahmen der septischen Streuung verursachen als auch später eine eitrige Monarthritis. Gelenkbeteiligungen im Rahmen zyklischer Virusinfektionen heilen folgenlos aus.

Therapie

Sowohl bei intravenöser als auch bei oraler Zufuhr geeigneter Chemotherapeutika lassen sich ausreichende Spiegel im infizierten Gelenk erreichen. In der Regel wird die Therapie parenteral begonnen und später oral fortgesetzt. Intraartikuläre Zufuhr von Antibiotika ist unnötig und nicht ohne Risiko: Sie kann zu Gelenkreizungen und Superinfektionen führen.

Bei nachgewiesener oder vermuteter Infektion mit Staph. aureus kommen Staphylokokken-Penicilline,

z. B. Di-Cloxacillin oder Clindamycin bzw. Lincomycin zur Anwendung. Gegen H.-influenzae-Arthritis werden Ampicillin oder Cephalosporine der 2. bzw. 3. Generation eingesetzt, alternativ Chloramphenicol. Der Nachweis von Streptokokken, aeroben grampositiven Kokken und Neisserien erfordert die Gabe von hochdosiertem Penicillin G als i. v.-Kurzinfusion. Erythromycin erreicht im Gegensatz zu Vancomycin nur grenzwertige Konzentrationen in der Gelenkflüssigkeit. Vancomycin eignet sich gegen Infektionen durch grampositive Kokken, sofern Penicilline (einschl. Staphylokokken-Penicilline) oder Clindamycin bzw. Lincomycin nicht eingesetzt werden können. Neben der Chemotherapie können Entlastungspunktionen vorgenommen werden. Bei eitriger Coxitis wird u. U. eine chirurgische Drainage erforderlich. Eine Belastung erkrankter Gelenke ist zu vermeiden. Die völlige Ruhigstellung ist jedoch nicht nötig. Passive Bewegungsübungen sollen einer Gelenkversteifung vorbeugen.

Prognose

Bei rechtzeitiger und wirksamer Therapie läßt sich meist eine Heilung ohne Dauerschäden erreichen. Das gilt nicht für die Coxitis Erwachsener. Hier muß in rund 50% der Fälle mit bleibenden Bewegungseinschränkungen und anhaltenden Schmerzen gerechnet werden. Schlechtere Ergebnisse sind auch nach Infektionen durch gramnegative Stäbchenbakterien zu erwarten.

Zusammenfassung

Eine ***Osteomyelitis*** kann hämatogen (vorwiegend im Kindesalter), posttraumatisch-postoperativ, fortgeleitet oder bei arteriellen Durchblutungsstörungen zustande kommen. Wichtigster ***Erreger*** ist Staph. aureus, bei Kindern unter 2 Jahren Haemophilus influenzae Typ b. ***Klinisch*** ist zwischen akuter und chronischer Osteomyelitis zu unterscheiden. Die akute Osteomyelitis geht mit Fieber, Schüttelfrost und Schmerzen einher. Fistelbildungen zeigen den Übergang in eine chronische Form an. Die ***Diagnose*** muß klinisch gestellt werden. Röntgenveränderungen bilden sich erst nach Wochen heraus. ***Mikrobiologische Befunde*** (Blutkultur, Eiterproben aus dem Knochen) sind Voraussetzung für eine gezielte Therapie. Fisteleiter enthält oft Kontaminanten. Die ***Therapie*** der akuten hämatogenen Osteomyelitis besteht in unverzüglicher Antibiotikagabe, anfangs als kalkulierte, nach Eingang von Befunden als gezielte Chemotherapie. Chronische Formen erfordern meist eine kombinierte chirurgisch-medikamentöse Behandlung. In manchen Fällen genügt auch eine alleinige Chemotherapie, dann aber über Wochen und Monate. Die kalkulierte Therapie jenseits des 2. Lebensjahres richtet sich gegen Staph. aureus und besteht in der Gabe von Staphylokokkenpenicillinen bzw. Clindamycin/Lincomycin. Eine Spülbehandlung mit Antibiotika-haltigen Lösungen hat sich nicht bewährt.

Eine ***eitrige Arthritis*** entsteht meist hämatogen, aber auch posttraumatisch oder iatrogen (Gelenkpunktion, intraartikuläre Injektion) bzw. fortgeleitet. Es überwiegen Monoarthritiden. Häufigster ***Erreger*** ist Staph. aureus. Bei Neugeborenen muß mit B-Streptokokken, bei Kindern unter 2 Jahren mit Hämophilus influenzae gerechnet werden. Es können aber in allen Lebensaltern die verschiedensten grampositiven und gramnegativen aeroben und anaeroben Keime beteiligt sein. ***Klinisch*** bestehen Fieber, Gelenkschmerzen und -schwellungen sowie Bewegungseinschränkung. Die umgebende Haut ist meist gerötet. Die ***mikrobiologische Diagnose*** umfaßt Blutkulturen, Grampräparat sowie aerobe und anaerobe Kulturen von Synovialflüssigkeit. Die initial kalkulierte, später gezielte ***Chemotherapie*** wird in der Regel parenteral begonnen, später oral fortgesetzt. Sie richtet sich nach den vermuteten oder nachgewiesenen Erregern, d. h. in erster Linie gegen Staph. aureus. Meist läßt sich eine Heilung ohne Dauerschäden erreichen.

12 Nosokomiale Infektionen

C. Tauchnitz

INHALTSÜBERSICHT

12.1 Definition 560
12.2 Allgemeine Bedeutung 560
12.3 Epidemiologie 560
12.4 Erregerspektrum 561
12.5 Klinik 561
12.6 Diagnostik 561
12.7 Vorbeugung 562
12.8 Bekämpfung 563
Zusammenfassung 563

12.1 Definition

Unter nosokomialen (syn. Hospital-)Infektionen werden Infektionen verstanden, die in einer stationären medizinischen Einrichtung auftreten und bei Aufnahme des Patienten sich weder als Prodromi zeigten noch sich in der Inkubationsphase befanden.

Bei unbekannter Inkubationszeit gelten 2–3 Tage Abstand zum Aufnahmetermin als Minimum für die Einordnung als nosokomiale Infektion. Ausnahmen sind epidemiologische Beziehungen zu früheren Krankenhausaufenthalten oder zu ambulanten diagnostischen oder therapeutischen Maßnahmen. Alle anderen Infektionen werden als außerhalb des Krankenhauses, d.h. im Wohngebiet erworben („community-acquired") bezeichnet.

12.2 Allgemeine Bedeutung

Der Bekämpfung nosokomialer Infektionen kommt eine große Bedeutung für das Einzelschicksal und für die gesamte Volkswirtschaft zu. Man darf annehmen, daß zwischen 5 und 10% aller Krankenhauspatienten eine nosokomiale Infektion erwerben, was zumindest zu einer Verlängerung des Krankenhausaufenthalts, evtl. aber auch zum Tode des Patienten führt.

12.3 Epidemiologie

Häufigkeit

Nosokomiale Infektionen kommen in allen stationären Einrichtungen, unabhängig von der Größe oder der Fachdisziplin, vor. *Operative Fächer*, z.B. Chirurgie, Urologie, Orthopädie, Gynäkologie und Geburtshilfe, sind häufiger betroffen als konservative Fächer wie Innere Medizin oder Pädiatrie. Die höchsten Quoten weisen *Intensivtherapiestationen* bzw. -abteilungen auf. Dort besteht die Gefahr, daß der Nutzen, den die Aufrechterhaltung von Vitalfuktionen bringt, durch akquirierte lebensbedrohliche Infektionen wieder zunichte gemacht wird.

Die angegebenen Zahlen für die einzelnen Krankenhäuser, Abteilungen und Fachgebiete hängen in erster Linie von der sorgfältigen Erfassung ab. Es hat sich gezeigt, daß eine darauf geschulte Hygieneschwester sehr viel mehr nosokomiale Infektionen als solche erkennt, als das nicht auf solche Fragen spezialisierte ärztliche Personal.

Risikofaktoren

Nosokomiale Infektionen werden durch grobe Fehler im Hygiene-Regime begünstigt. Häufigkeit und Schwere nosokomialer Erkrankungen nehmen zu, wenn versucht wird, Hygienemängel durch einen unkritischen Einsatz moderner antimikrobieller Chemotherapeutika bzw. Antibiotika „auszugleichen". Die dennoch entstehenden Infektionen beruhen dann auf ***multiresistenten Hospitalkeimen***, selektioniert aus der ursprünglichen Normalflora.

Die Wahrscheinlichkeit einer novokomialen Infektion wird ganz wesentlich von der Abwehrlage des Patienten bestimmt. Diese verschlechtert sich bei schweren Grundkrankheiten, z. B. Tumorleiden,

Stoffwechselstörungen, hämatologische Systemerkrankungen bzw. bei polytraumatisierten Patienten. In gleiche Richtung wirken sich bestimmte ärztliche Maßnahmen aus, z. B. schwere Operationen, Anwendung von Kortikosteroiden, Zytostatika und Immunsuppressiva. Hochrisikopatienten sind solche mit ausgeprägter spontaner oder iatrogener *Granulozytopenie*.

Eine große Bedeutung kommt invasiven diagnostischen und therapeutischen Maßnahmen zu, z. B. Anlage von *Verweilkathetern*, Implantation von Kunststoffen, maschinelle Beatmung, Hämo- und Peritonealdialyse sowie invasive Endoskopie.

Allgemeine Risikofaktoren für Infektionen, z. B. bestimmte Lebensalter (Früh- und Neugeborene sowie sehr alte Menschen), gelten in gleicher Weise auch für nosokomiale Infektionen.

Infektionsquellen und Übertragungswege

Hauptreservoir ist die körpereigene Flora von Haut, oberen Luftwegen und Magen-Darm-Trakt der Patienten. Multiresistente Stämme, sog. Hospitalkeime, können zunächst in die Normalflora integriert werden oder direkt zu Infektionen führen. Sie werden vom infizierten oder kolonisierten Personal oder Mitpatienten übertragen.

Die größte Bedeutung haben dabei die *Hände des Pflegepersonals*. Sie stellen die wichtigste Form der Kontaktinfektion dar. Daneben kann es auch zur fäkal-oralen Ausbreitung von bestimmten Erregern (z.B. Hepatitisvirus A) und zur indirekten Infektion über kontaminierte Instrumente und Ausrüstungen kommen, z.B. Endoskope oder Beatmungsgeräte. Tröpfcheninfektionen spielen im Gegensatz zu kontagiösen Erkrankungen nur eine untergeordnete Rolle.

Ausbreitung über *kontaminierte Vehikel* (unbelebtes Material) führt häufig zu Gruppenerkrankungen. Dazu gehören z.B. Seife, textile Handtücher, Infusionslösungen, Beatmungsgeräte, Dialyseausrüstungen und Nahrungsmittel. Eine wesentliche Rolle bei der Auslösung nosokomialer Infektionen spielen auch Harnblasenkatheterismus, insbesondere der *Blasenverweilkatheter*, sowie intravenöse Verweilkatheter.

12.4 Erregerspektrum

Theoretisch können alle pathogenen oder fakultativ pathogenen Mikroorganismen nosokomiale Infektionen auslösen. Die Schwerpunkte haben sich im Verlauf der Entwicklung wiederholt verlagert. Im vorigen Jahrhundert spielten puerperale Infektionen durch A-Streptokokken eine berühmt-berüchtigte Rolle. In den 50er Jahren unseres Jahrhunderts waren es Staphylokokkeninfektionen, z. B. als Mastitis puerperalis. Zur Zeit stellen nur Infektionen durch *methicillinresistente Staphylokokken* ein wesentliches Problem dar.

Haupterreger sind heute multiresistente *Enterobakterien* und *Pseudomonaden*. Daneben müssen auch Legionellen, verschiedene Virusarten, Pilze und, besonders bei Abwehrschwäche, auch Protozoen wie Pneumocystis carinii und Cryptosporidium sp. beachtet werden. Mykobakterien, einschließlich atypischer Mykobakterienarten, setzen in der Regel eine Abwehrschwäche voraus.

12.5 Klinik

Die weitaus häufigste Manifestation einer nosokomialen Erkrankung sind *Harnwegsinfektionen*, von der asymptomatischen Bakteriurie bis zur Urosepsis. Sie machen insgesamt 40% der nosokomialen Infektionen aus. (Ein einmaliger Blasenkatheterismus hinterläßt in 1–2% bleibende Infektionen. Ein *Blasenverweilkatheter* führt binnen 3 Tagen bei rund *99% der Patienten* zu einer bakteriellen Harnwegsinfektion.)

Der Häufigkeit nach folgen postoperative *Wundinfektionen*, Pneumonien (besonders bei Beatmungspatienten), Haut- und Weichteilinfektionen und andere lokale Entzündungsprozesse. Infektionen durch *intravenöse Verweilkatheter* können sich an der Eintrittsstelle (ca.46% der Katheterinfektionen reichen nicht weiter als 2 cm), als „Tunnelinfektion" (ca. 20% der Katheterinfektionen) oder als septische Thrombophlebitis bzw. alleinige Sepsis (3,5 bzw. 30,5%) manifestieren.

Generell besteht bei jeder nosokomialen Lokalinfektion die Gefahr des Übergangs in eine nosokomiale *Sepsis* mit einer relativ hohen Letalitätsrate von 20–50%.

12.6 Diagnostik

Die Diagnose einer nosokomialen Infektion wird zunächst nach klinischen Kriterien gestellt. Bezüglich der Symptome der einzelnen Lokalinfektionen bzw. der Sepsis wird auf die entsprechenden Kapitel verwiesen. Eine unerläßliche Ergänzung stellt die Arbeit des mikrobiologischen Labors dar, das über Blutkulturen, Urin, Eiter, Punktate und sonstige Einsendematerialien den Erregernachweis führt. Dieser ist die Voraussetzung für eine Resistenzbestimmung und weitere Stammtypisierungen. Solche können für die Erkennung besonderer Hospitalstämme erforderlich werden.

Erreger- und Resistenzbestimmungen sind nicht nur für den klinischen Einzelfall von Bedeutung, sondern auch für generelle *Trendentwicklungen nosokomialer Erreger* und ihrer Resistenzsituation.

Dagegen wird die routinemäßige mikrobiologische Überwachung von Fußböden, Wänden und Ausrüstungen ohne spezielle Fragestellung nicht mehr für erforderlich gehalten. Die Funktion von Sterilisationsanlagen muß regelmäßig durch Sporenpäckchen überprüft werden. Dialyseflüssigkeit und Dialysat sind auf Grenzkeimzahlen zu untersuchen. Diese liegen bei ≤2000 Kolonien/ml für Dialysewasser und ≤200 Kolonien/ml für Dialysat. Mikrobiologische Überwachungen des Personals, z.B. in Operationssälen, kommen nur zur Abklärung gehäufter Erkrankungen in Betracht.

12.7 Vorbeugung

Allgemeines

Grundsätzlich kann der Ausbreitung nosokomialer Infektionen nur durch eine sorgfältige *Krankenhaushygiene* begegnet werden. Die dafür erforderlichen Anstrengungen und Kosten zahlen sich in erstaunlich hohem Umfang wieder aus.

Händewaschen

Erwiesenermaßen wurden zahlreiche nosokomiale Gruppenerkrankungen durch grampositive oder gramnegative Mikroorganismen über die Hände des Pflegepersonals ausgelöst. Händewaschen stellt eine wichtige, nicht hoch genug zu schätzende Maßnahme zur Eindämmung nosokomialer Infektionen dar.

Nach jeder Tätigkeit am Patienten ist ein Händewaschen mit Wasser und Seife über 10–15 sec erforderlich. *Flüssigseife*, die portionsweise aus einem Seifenspender abgegeben wird, ist der Stückseife überlegen, sofern keine primäre Kontamination gegeben ist. *Papierhandtücher* sind textilen Handtüchern vorzuziehen.

Die chirurgische Händereinigung vor invasiven Eingriffen muß über 5 min mit Wasser und Bürste erfolgen. Anschließend kann ein Antiseptikum eingesetzt werden. Hautschädigende Stoffe sind dabei zu vermeiden.

Einschränkung von infektionsfördernden Maßnahmen

Zur Vermeidung nosokomialer Infektionen ist der Verzicht auf Blasenkatheterismus zu diagnostischen Zwecken zu fordern. Ein *Blasenverweilkatheter* darf nur bei kritischer Indikationsstellung gelegt werden. Im Zweifelsfall ist die suprapubische Harnableitung vorzuziehen.

Auch *intravenöse Verweilkatheter* sollten nicht bedenkenlos routinemäßig zur Awendung kommen, sondern nur dort, wo sie nicht vermeidbar sind.

Bei Granulozytopenien unter $100/mm^3$ hat sich die wiederholte i.v. Kurzinfusion im Vergleich zur i.v. Dauerinfusion über Verweilkatheter als überlegen erwiesen. Auf diese Weise kommen weniger Infektionen zustande.

Prophylaxe postoperativer Wundinfektionen

Bei Operationen mit erfahrungsgemäß hohen postoperativen Wundinfektionsraten hat sich die *perioperative Ein-Dosis-Prophylaxe* mit geeigneten Antibiotika bewährt. Die Prophylaxe muß sich gegen die häufigsten Wundinfektionserreger der jeweiligen Operationsart bzw. die im Operationsgebiet vorherrschende Flora richten.

Eine allgemein anerkannte Indikation stellen z.B. *kolorektale Operationen* dar. Man verwendet hier ein Breitspektrum-β-Lactam (z.B. ein Azylureidopenizillin oder ein Cephalosporin der 2. Generation), zusammen mit Metronidazol. Die Wundinfektionsrate kann damit von 20–30% auf unter 5% gesenkt werden.

In der Kardiochirurgie richtet sich die Prophylaxe gegen Staph. aureus als Erreger von *Sternumosteomyelitis*. Man gibt ein Staphylokokkenpenicillin oder Lincomycin/Clindamycin.

Im einzelnen werden in Abhängigkeit von Operationsart gesicherte, akzeptierte und unsichere Indikationen für eine Ein-Dosis-Prophylaxe unterschieden. Daneben gibt es Eingriffe, bei denen eine Prophylaxe kontraindiziert ist.

Indikationen zur perioperativen Ein-Dosis-Prophylaxe:

- gesichert:
  - Kolon-Rektum-Chirurgie
  - Chirurgie des Magen- und Ösophaguskarzinoms
  - Gallenwegschirurgie bei Obstruktion oder Risikopatienten
  - Karzinomchirurgie an Pharynx und Larynx
  - vaginale Hysterektomie
- akzeptiert:
  - Chirurgie des offenen Herzens
  - Gefäßchirurgie (intraabdominell und untere Extremitäten)
  - Implantationschirurgie (z.B. Gelenkersatz)
  - Sectio caesarea
- unsicher:
  - Koronarchirurgie
  - Thoraxchirurgie
  - Neurochirurgie
  - Urologische Eingriffe
  - Unfallchirurgie
- kontraindiziert:
  - Anlage von Venen- oder Arterienkatheter
  - Angiographien einschl. Herzkatheter
  - Blasenkatheterismus
  - Intubation

Patientenisolierung

Bei Gruppenerkrankungen kann es sinnvoll sein, Patienten mit der gleichen Infektion in geeigneten Zimmern zusammenzufassen. Eine komplette Isolierung ist nur für bestimmte kontagiöse Erkrankungen sinnvoll. Unnötige Isolierungen belasten Patienten, Besucher und Personal.

12.8 Bekämpfung

Voraussetzung für eine Bekämpfung nosokomialer Infektionen ist eine sorgfältige Erfassung durch speziell geschultes Personal, z.B. eine ***Hygieneschwester***. Man rechnet dafür eine Planstelle auf 250 Betten. Die Schwester muß durch einen Arzt (Infektionist) angeleitet und unterstützt werden. Die Gesamtleitung der Bekämpfung nosokomialer Infektionen ist Aufgabe der interdisziplinären ***Hygienekommission*** der Klinik bzw. des Krankenhauses. An ihrer Spitze sollte ein Arzt mit Erfahrung in der Infektionsmedizin und Epidemiologie stehen. Hauptaufgabe ist die korrekte Sammlung und Nutzung von Daten als Basis von *Dienstanweisungen* sowie Gegenstand von Aus- und Weiterbildungsmaßnahmen. Auf Trendentwicklungen muß rechtzeitig zielstrebig eingegangen werden.

Bei konsequenter Anwendung der unter 7. beschriebenen Maßnahmen kann die Häufigkeit nosokomialer Infektionen drastisch gesenkt werden. Bei *Gruppenerkrankungen* hat sich folgendes Vorgehen bewährt: Sicherung der Diagnose, Bestätigung eines infektiösen Geschehens (Ausbruch), Festlegung von Gegenmaßnahmen und Suche nach weiteren Fällen.

Eine weitere wichtige Aufgabe der Hygienekommission ist die Analyse des Antibiotikaverbrauchs, eine zweckdienliche Beeinflussung der *Verordnungsgewohnheiten* und die Festlegung von Restriktionen, d.h. von Antibiotika, die nur mit besonderer Genehmigung zur Anwendung kommen dürfen.

Medizinisches Personal sollte bei Einstellung einem Tuberkulin-Hauttest unterzogen werden. Auch wird die Impfung gegen Hepatitis B empfohlen.

Zusammenfassung

Nosokomiale Infektionen sind Infektionen, die erst im Krankenhaus auftreten, d.h. bei Aufnahme nicht vorhanden waren und sich auch nicht in der Inkubation befanden. Sie haben bei einer Häufigkeit von mindestens 5% der gesamten Krankenhauspatienten eine große medizinische und volkswirtschaftliche Bedeutung. Operative Fächer sind häufiger betroffen als konservative. Besondere Probleme bringen die Intensivtherapieabteilungen mit sich.

Nosokomiale Infektionen werden durch ***Hygienemängel*** begünstigt. Von Einfluß ist aber auch die Abwehrlage des Patienten (Grundkrankheiten, ärztlich bedingte ***Abwehrschwäche***, besonders disponiertes Lebensalter). Als Infektionsreservoir dient vor allem die endogene Flora von Haut und Schleimhäuten, insbesondere des Respirations- und Magen-Darm-Trakts. Als häufigster Übertragungsweg gelten ***Kontaktinfektionen*** durch die Hände des Pflegepersonals. Wichtigste Erreger sind z.Z. multiresistente gramnegative Stäbchenbakterien und Staphylokokken.

40% der nosokomialen Infektionen manifestieren sich als ***Harnwegsinfektionen***, meist durch Harnblasenkatheterismus. Der Häufigkeit nach folgen postoperative ***Wundinfektionen***, Pneumonien, Haut- und Weichteilinfektionen sowie septische Erkrankungen. Letztere beruhen oft auf intravenösen Verweilkathetern.

Die Diagnose muß klinisch gestellt und mikrobiologisch abgesichert werden. Dazu gehören auch Antibiogramme und gegebenenfalls Stammtypisierungen.

Eine wichtige Vorbeugungsmaßnahme ist das ***Händewaschen*** des Personals nach jedem Patientenkontakt. Infektionsfördernde Maßnahmen wie ***Harnblasenkatheter*** oder i.v. ***Verweilkatheter*** sind auf das unumgängliche Maß zu beschränken. Postoperative Wundinfektionen lassen sich bei bestimmten Operationen durch eine perioperative ***Ein-Dosis-Prophylaxe*** drastisch reduzieren.

Die Bekämpfung nosokomialer Infektionen liegt in den Händen der ***Hygienekommission*** der Gesundheitseinrichtung. Diese arbeitet mit den von der ***Hygieneschwester*** (1 Planstelle für 250 Betten) gewonnenen Daten über Häufigkeit, Art und Ursache nosokomialer Infektionen. Analysen des Antibiotikaverbrauchs, Beeinflussung der Verordnungsgewohnheiten und restriktive Handhabung neuer Antibiotika haben sich bewährt.

13 Der abwehrgeschwächte Patient

C. Tauchnitz

INHALTSÜBERSICHT

13.1 Definition 565
13.2 Epidemiologie 565
13.3 Pathogenese 565
13.3.1 Einteilung 565
13.3.2 Mechanismen der Infektabwehr 566
13.3.3 Beispiele für klinisch manifeste Abwehrschwäche 567
13.4 Klinik 567
13.5 Diagnostik 567
13.6 Therapeutische Möglichkeiten 568

Zusammenfassung 569

13.1 Definition

Jede Störung der unspezifischen und spezifischen (zellulär, humoral) Abwehrleistungen führt zu einer erhöhten Anfälligkeit für Infektionen. Diese Störungen können primär (= kongenital bedingt) vorhanden sein oder sekundär (= im Laufe des Lebens erworben) auftreten.

13.2 Epidemiologie

Angeborene Störungen sind relativ selten, haben aber als „Experimente der Natur" sehr zum Verständnis der Abwehrfunktionen beigetragen. Die sehr viel häufigeren erworbenen Abwehrschäden zeigten in den letzten Jahren eine ständige Zunahme, weil viele Fortschritte der modernen Medizin, z. B. Transplantationschirurgie, Dialyse oder Tumorchemotherapie, nur um den Preis einer Abwehrbeeinträchtigung möglich sind.

13.3 Pathogenese

13.3.1 Einteilung

Primäre Störungen der Infektabwehr betreffen die neutrophilen Granulozyten, die zelluläre Immunität, die Antikörperbildung, das Komplementsystem oder kombinierte Störungen:

Primäre Abwehrschwäche:

- Granulozytenstörungen
  - angeborene Granulozytopenie oder Agranulozytose
  - Defekte der Chemotaxis, z. B. Chediak-Higachi-Syndrom
  - gestörte intrazelluläre Abtötung, z. B. chronisch-granulomatöse Erkrankungen oder Myeloperoxidase-Mangel
- Gestörte zelluläre Immunität
  - Thymushypoplasie mit Hypokalzämie: Di-George-Syndrom
  - chronisch-mukokutane Candidiasis
- Gestörte humorale Abwehr (= Antikörpermangelsyndrom)
  - x-chromosomale Hypogammaglobulinämie = Morbus Bruton
  - passagere kindliche Hypogammaglobulinämie
  - selektiver Mangel von IgA, IgM oder IgG
- Störungen des Komplementsystems
  - Mangel an C1q, C1r, C1s
  - Mangel an C2, C3, C5–C8
  - familiäre C5-Dysfunktion
- Kombinierte zelluläre und humorale Immunmangelzustände, z. B. Wiskott-Aldrich-Syndrom = Abwehrschwäche mit Ekzem und Thrombozytopenie.

Erworbene Abwehrschwäche beruht entweder auf einer schweren Grundkrankheit oder auf deren Behandlung. Dabei können die Mechanismen der Infektabwehr partiell oder kombiniert gestört sein.

13.3.2 Mechanismen der Infektabwehr

Unspezifische Mechanismen

Haut und Schleimhäute stellen natürliche Barrieren gegen das Eindringen von Krankheitserregern dar. Dabei wirken mechanische, biologische und immunologische Mechanismen gemeinsam. So sind Schleim und Sekrete reich an Enzymen, die Mikroorganismen schädigen. Bei Störungen kommt es zunächst zu Infektionen durch die normale Haut- oder Schleimhautflora, evtl. durch multiresistente Hospitalflora. Der Zugang ubiquitärer Saprophyten in normalerweise sterile Regionen wird durch endotracheale Tuben, durch Blasenverweilkatheter und i. v. Katheter ausgelöst.

Zelluläre Abwehrmechanismen

Neutrophile Granulozyten (syn. Mikrophagen) werden aus dem Blut durch Chemotaxis an die Infektionsherde herangeführt. Mit Immunglobulinen und Komplement besetzte (= opsonierte) Mikroorganismen verfallen der Phagozytose und nachfolgenden Abtötung. Agranulozytose, Granulozytopenie oder gestörte Partialfunktionen lösen bedrohliche Abwehrschwäche aus.

Monozyten (syn. Makrophagen) des peripheren Blutes können im Entzündungsgebiet zu Gewebsmakrophagen werden. Sie beteiligen sich an Phagozytose und Abtötung eingedrungener Mikroorganismen und werden durch Mediatoren der T-Lymphozyten (Lymphokinine) in ihrer Funktion angeregt.

T-Lymphozyten besitzen eine Schlüsselfunktion für die zelluläre Immunität und bewirken insgesamt eine rasche Abtötung von Mikroorganismen. Dabei induzieren die T-Helfer-Zellen, definiert durch monoklonale Antikörper gegen ihre T_4-Oberflächenantigene, die Immunantwort im Sinne einer vitalen Funktion.

T-Effektorzellen sind für die Immunität vom verzögerten Typ verantwortlich und rufen auch zytotoxische Effekte hervor (T-Killer-Zellen). Sie sind maßgeblich bei der Bekämpfung viraler, mykotischer, parasitärer und bakteriell-intrazellulärer Infektionen beteiligt. T-Suppressorzellen wirken immunregulatorisch und halten die Immuntoleranz gegen körpereigenes Gewebe aufrecht.

B-Lymphozyten stellen die Schlüsselzellen für das humorale Immunsystem dar. Sie werden im Knochenmark produziert, zirkulieren im peripheren Blut und wandern in das lymphatische Gewebe ein. Nach Stimulation durch Antigene oder Lymphokinine spalten ruhende B-Zellen sich in 2 Klone: Memory- oder Gedächtniszellen und Plasmazellen für die Bildung von Immunglobulinen.

Humorale Immunmechanismen

Diese werden durch die 5 Immunglobulinklassen vermittelt. Zur Bedeutung von IgG, IgM, IgA, IgE und IgD siehe Tabelle 13.1. Alle Antikörper haben ein Fab-Fragment mit spezifischer Bindung an ein spezielles Antigen und ein Fc-Fragment zur Aktivierung von Komplement bzw. Bindung an Granulozyten, Monozyten, T-Zellen und Mastzellen. Dieses sorgt auch für den transplazentaren Transport der Antikörper.

Komplementsystem

Die Komplementhauptfaktoren stellen regulatorische Proteine dar. Sie steigern die Wirkung von Antikörpern und Phagozyten gegen Mikroorganismen. Nach Komplementaktivierung entwickeln C6 bis C9 eine direkte antibakterielle Wirkung. C3b und C4b zeigen einen opsonierenden Effekt. C5A gibt chemotaktische Signale an Granulozyten. C3A, C4A und C5A aktivieren Mastzellen.

Komplementmangelzustände sind meist angeboren, seltener auch erworben. Es lassen sich eine Reihe von Partialdefekten abgrenzen. C1-Esterase-Mangel ist die Ursache für das hereditäre Quincke-Ödem. Bei Milzexstirpation ist die Opsonin-Aktivität gestört (Opsonine = verschiedene phagozytosefördernde Plasmabestandteile).

Tabelle 13.1. Bedeutung der Immunglobuline

IgG:	Besitzt die größte Bedeutung und ist quantitativ vorherrschend
IgM:	Wird nach Antigeneinwirkung besonders rasch gebildet und zeigt somit frische Erstinfektionen an
IgA:	Schützt als sekretorisches IgA äußere Oberflächen von Gastrointestinal- und Respirationstrakt. Es ist auch in Kolostrum und Milch enthalten
IgE:	Vermittelt allergische Reaktionen, z.B. bei parasitären Erkrankungen
IgD:	Die Funktion ist noch ungeklärt

13.3.3 Beispiele für klinisch manifeste Abwehrschwäche

- Gestörte *Haut- und Schleimhautbarriere*: Verletzungen, Verbrennungen, Verweilkatheter, Fremdkörper, Kunststoff-Implantate
- Erhöhte Infektionsneigung bestimmter *Lebensphasen*: Früh- und Neugeborene, Schwangere, Greisenalter
- Ernährungseinflüsse: *Mangelernährung*, insbesondere Eiweißmangel, Eisenüberladung
- Gestörte *humorale* Immunität: Durch Verlust von Immunglobulinen, z.B. Eiweißverlust-Enteropathie bzw. nephrotisches Syndrom sowie Zustand nach Milzentfernung
- Gestörte *zelluläre* Immunität: Neoplasien, hämatologische Systemerkrankung, Infektionen durch bestimmte Viren (z. B. Masern, Zytomegalie, AIDS) oder Bakterien (Mycobacterium tuberculosis, M. leprae, Brucellen), Autoimmunkrankheiten und Kollagenosen
- *Komplexe* Störungen: Polytraumatisierte, Stoffwechselstörungen (z.B. Diabetes mellitus), Organinsuffizienz (z.B. Nieren, Leber)
- *Therapeutische* (= iatrogene) Einflüsse: Corticosteroide (zelluläre Immunität), Zytostatika, Strahlenschäden (Granulozytopenie), Antilymphozytenserum (B- und T-Zellfunktion), Immunsuppressiva (humorale Abwehr), Antibiotika (gestörte Normalflora, Förderung des Pilzwachstums).

13.4 Klinik

Allgemeines

Jede Abwehrschwäche erhöht das Risiko von Infektionen bis hin zu lebensbedrohlichen Erkrankungen wie Sepsis, Meningitis oder Pneumonien. Gerade die iatrogenen Ursachen sind oft nur vorübergehend wirksam. Mit Ausschaltung des ursächlichen Faktors normalisiert sich die Abwehrfunktion wieder. Es kommt somit auf rasche Diagnose und unverzügliche effektive Therapie an.

Erschwerend wirken sich aus:

- Ungewöhnliche opportunistische Erreger wie Candida sp., Aspergillus sp., Pneumocystis carinii, Mykobakterien oder Toxoplasmen (einschließlich endogener Reaktivierung)
- Ungewöhnliches klinisches Bild, z.B. anorektale Abszesse bei Agranulozytose, ferner Fehlen von typischen Entzündungszeichen oder rascher foudroyanter Verlauf
- Ungewöhnliche Infektionswege, z.B. im Rahmen invasiver Diagnostik.

Situation bei Empfängern von Transplantat-Nieren

Die Abwehrschwäche beruht auf dem *chirurgischen Eingriff*, der Verwendung von i. v. Kathetern und Blasenkathetern, dem Einsatz von Corticosteroiden, Zytostatika, Immunsuppressiva und Antibiotika sowie nachfolgenden Virusinfektionen, z.B. mit Zytomegalievirus.

An infektiösen Komplikationen ist unmittelbar postoperativ mit Harnwegsinfektionen, Luftwegsinfektionen und Wundinfektionen zu rechnen. Im zweiten Monat wirken sich auch *Immunsuppressiva* und *Zytomegalieinfektionen* aus und fördern das Auftreten opportunistischer Erreger. Später ist bei immunsuppressiver Dauergabe sowohl mit konventionellen als auch mit opportunistischen Infektionen zu rechnen. Die Unterscheidung von Infektion und Abstoßungskrise kann schwierig sein.

Situation bei Empfängern von Knochenmark

Die Abwehrschwäche beruht vor allem auf der aggressiven *zytostatischen Chemotherapie*, der intensiven *Immunsuppression* (zum Schutze des Transplantats und zum Schutze des Wirts, d.h. zur Verhinderung von „host versus graft"- und einer „graft versus host"-Reaktion. Verletzte Haut- und Schleimhautbarrieren kommen hinzu. Infektionen sind durch fast alle pathogenen Mikroorganismen möglich. Zunächst bestimmt die Agranulozytose das Geschehen. Nach Rückkehr zu normalen Granulozytenzahlen können diese noch funktionsgestört sein. In den nächsten Monaten muß mit *Zytomegalie* und anderen opportunistischen Infektionen gerechnet werden, z.B. interstitielle Pneumonie durch *Pneumocystis carinii*.

Weitere Beispiele

Besondere infektiologische Probleme bringen auch Herz- und Lebertransplantationen mit sich.

13.5 Diagnostik

Die Erfassung der Abwehrschwäche kann komplex, d.h. nach den klinischen Auswirkungen, oder durch

Tabelle 13.2. Laborverfahren bei Abwehrschwäche

Störung von	Orientierungstests	Spezialtests
Phagozytose	Gesamtleukozyten, Differentialblutbild, Morphologie	1. Rebuck-Test 2. Chemotaxis von Neutrophilen und Monozyten 3. Bakterielle Phagozytose und Abtötung 4. Nitroblau-Tetrazolium-Test
Zellulärer Immunität	1. Lymphozytenzahl und -morphologie 2. Haut-Tests mit Tuberkulin und anderen Antigenen	1. Dinitrochlorobenzen-Belastung 2. T-Zell-Zählung und Differenzierung 3. Lymphozytentransformationstest 4. Lymphknotenbiopsie 5. Nachweis zellulärer Mediatoren
Humoraler Immunität	1. Spiegelbestimmung von IgG, IgM, IgA 2. Titer der Isohämagglutinine 3. Antikörperbildung nach Vakzination	1. Antikörper in Sekreten 2. IgG-Unterklassen 3. Immunglobulin-Halbwertszeit 4. B-Zell-Zählung 5. Lymphknotenbiopsie
Komplementmangel; gestörte Opsonierung	1. Gesamtes hämolytisches Komplement 2. C3-Spiegel 3. C1q- und C4-Spiegel	1. Weitere Komplementkomponenten 2. Opsonisierungsteste 3. Immunadhärenz, Chemotaxis

Einsatz bestimmter Teste für Partialfunktionen vorgenommen werden. Diese beziehen sich auf Phagozytose, zelluläre und humorale Abwehrmechanismen sowie auf das Komplement. Es ist zwischen einfachen, d.h. routinemäßig möglichen, und speziellen, nur für wissenschaftliche Fragen üblichen Verfahren zu unterscheiden (Tabelle 13.2).

13.6 Therapeutische Möglichkeiten

Primäre Abwehrschwäche

Patienten mit gestörter zellulärer Immunität neigen zu intrazellulären Infektionen durch Bakterien, Viren, Pilze und Protozoen. Sie dürfen niemals mit Lebendimpfstoffen vakziniert werden.

Störungen der humoralen Abwehr manifestieren sich wegen des allmählichen Abbaus mütterlicher Antikörper erst im 5. bis 6. Lebensmonat. Die Patienten neigen zu gehäuften Pneumonien und Sinusitiden, ferner zu Sepsis, Meningitis oder Osteomyelitis. Haupterreger sind Pneumokokken, Haemophilus influenzae und Neisseria meningitidis. Lebensverlängernd wirken intravenöse *Gammaglobulingaben* (als Substitution), evtl. Thymus- oder Knochenmarktransplantation sowie eine effektive antimikrobielle Chemotherapie, die auf die einzelnen Erreger ausgerichtet ist.

Erworbene Abwehrschwäche

Entscheidend sind frühzeitige Diagnostik, Bekämpfung der Grundkrankheit, Verzicht auf Verweilkatheter, Immunsuppressiva und Zytostatika (soweit nicht vital indiziert). Infektiöse Komplikationen bei Corticosteroid-Dauergaben lassen sich bei alternierender Anwendung, d.h. jeden 2. Tag, drastisch vermindern.

Bei bedrohlicher Granulozytopenie hat sich die selektive *Dekontaminierung des Darmes* (Reduktion der Enterobakterien durch geeignete Antibiotika, von Pilzen durch geeignete Antimykotika) unter Schonung der Kolonisationsresistenz der Anaerobier bewährt.

Granulozytentransfusionen sind aufwendig und in ihrer Effektivität umstritten. Auch der Wert des *Transfer-Faktors* ist nicht gesichert. Dagegen lassen sich spezielle *Komplement*komponenten bei entsprechenden Mangelzuständen mit Erfolg zuführen, z.B. C1-Esterase bei akutem Quincke-Ödem. Zufuhr von intravenösen *Gammaglobulinen* ist nur bei IgG-Mangel sinnvoll, sonst nicht ungefährlich. Berechtigt ist die Anwendung auch bei passageren Mangelzuständen im Rahmen von Verbrennungen, schweren Verletzungen oder großen Operationen sowie zur Prophylaxe von Zytomegalievirus-Infektionen bei Transplantatempfängern.

Die *Immunmodulation* mit unspezifischen Substanzen (BCG, C. parvum, Levamisol, Indomethacin oder Cimetidin) hat enttäuscht. Über die Wirkung von Interferonen und Interleukin 2 ist noch kein abschließendes Urteil möglich. *Vakzination*en, z.B. gegen Meningokokken oder Pneumokokken, können unter Umständen sinnvoll sein.

Zusammenfassung

Störungen der unspezifischen und spezifischen Abwehr können primär (= angeboren) oder sekundär (= erworben) auftreten. ***Erworbene*** Formen sind bei weitem häufiger und haben eine zunehmende Tendenz als Folge erhöhter Überlebenschance bei schweren Grundkrankheiten und als Folge von deren Behandlung.

Pathogenetisch sind Verletzungen von Haut- und Schleimhäuten bzw. die Anwendung von Tuben und Verweilkathetern, ferner zelluläre Mechanismen (Granulozyten, Monozyten, T- und B-Lymphozyten), humorale Ausfälle (IgG, IgM, IgA, IgE, IgD) und Störungen des Komplementsystems beteiligt. Erhöhte Anfälligkeit gegenüber Infektionen besteht für bestimmte Lebensalter, bei Mangel- bzw. Fehlernährung, Neoplasien, hämatopoetische Systemerkrankungen, Polytraumatisierten, Diabetikern und Patienten mit Organinsuffizienz.

Iatrogene Abwehrschwächen werden durch Kortikosteroide, Immunsuppressiva, Zytostatika, Strahlenschäden, ausgedehnte Operationen und evtl. auch durch Einsatz von Antibiotika ausgelöst.

Klinische Besonderheiten werden durch ungewöhnliche opportunistische Keime wie Pilze oder Protozoen bedingt, die neben konventionellen Vertretern der Normalflora vorkommen. Auch Lokalisation und Symptome der Infektion sind oft atypisch. Spezielle Situationen liegen für Empfänger von Transplantat-Nieren oder Knochenmark vor.

Der ***Diagnostik*** von gestörten Partialfunktionen dienen sowohl klinisch wichtige Orientierungsteste als auch Spezialuntersuchungen, die mehr von wissenschaftlichem Wert sind. Eine therapeutische Beeinflussung angeborener Abwehrstörungen ist durch Immunglobulin-Substitution sowie evtl. Thymus- oder Knochenmarktransplantationen möglich. Lebensverlängernd wirkt sich eine effektive antimikrobielle Chemotherapie aus.

Bei erworbener Abwehrschwäche ist der Verzicht auf negative ***iatrogene Einflüsse*** vorrangig (Katheter, Beschränkung von Corticosteroiden, Immunsuppressiva und Zytostatika auf vitale Indikationen). Einen gewissen Schutz vor den Auswirkungen einer passageren Granulozytopenie bewirkt die selektive Dekontaminierung des Darmes. Intravenöse Gamma-Globuline und Komplement-Komponenten dienen vor allem der Substitution. Granulozytentransfusionen und Gaben von Transfer-Faktor sind umstritten. Unspezifische Immunmodulatoren haben bisher enttäuscht.

14 Klinisches Bild der HIV-Infektion

H. Hahn

INHALTSÜBERSICHT

14.1 Einleitung 570
14.2 Stadien der HIV-Infektion 571
14.3 Akute HIV-Infektion 571
14.4 Asymptomatische HIV-Infektion 571
14.5 Symptomatische HIV-Infektion 572
14.6 AIDS 573
14.6.1 AIDS-definierende Infektionen durch opportunistische und obligat pathogene Erreger 575
14.6.2 Bakterielle Infektionen 580
14.6.3 Virusinfektionen 582
14.6.4 Sonstige AIDS-definierende Erkrankungen 584

14.1 Einleitung

Das Human Immunodeficiency Virus (HIV) ist der Erreger eines Krankheitsbildes, das als ***HIV-Infektion*** bezeichnet wird.

Folgende Varianten des Virus sind bislang bekannt:

- HIV-1, überwiegend in Afrika, in den USA und Europa vorkommend
- HIV-2, dessen Endemiegebiet West-Afrika ist.

Die HIV-Infektion beginnt mit der Bindung von HIV-1 bzw. HIV-2 an CD_4-Rezeptoren tragende Zielzellen wie T-Helfer-Lymphozyten (T_H-Lymphozyten), Makrophagen u. a. Die T_H-Lymphozyten tragen die größte Dichte von CD_4-Rezeptoren auf der Zellmembran. Durch die Infektion mit dem HIV verlieren sie und die Makrophagen allmählich ihre Funktion und werden zerstört. Es resultiert eine auf vielfältigen Störungen (Tabelle 14.1) beruhende Schädigung der zellvermittelten Infektionsabwehr. Diese läßt sich laborchemisch durch die Verminderung der CD_4+T_H-Lymphozyten im peripheren Blut messen (Abb. 14.1). Wenn die Zahl der T_H-Lymphozyten eine kritische Grenze unterschritten hat, muß mit Infektionen durch solche Krankheitserreger gerechnet werden, die überwiegend durch Leistungen des T_H-lymphozyten-abhängigen Immunsystems bekämpft werden. Derartige Infektionen [Opportunisteninfektionen (OI)] sind zu etwa 90% die Todesursache bei denjenigen Patienten,

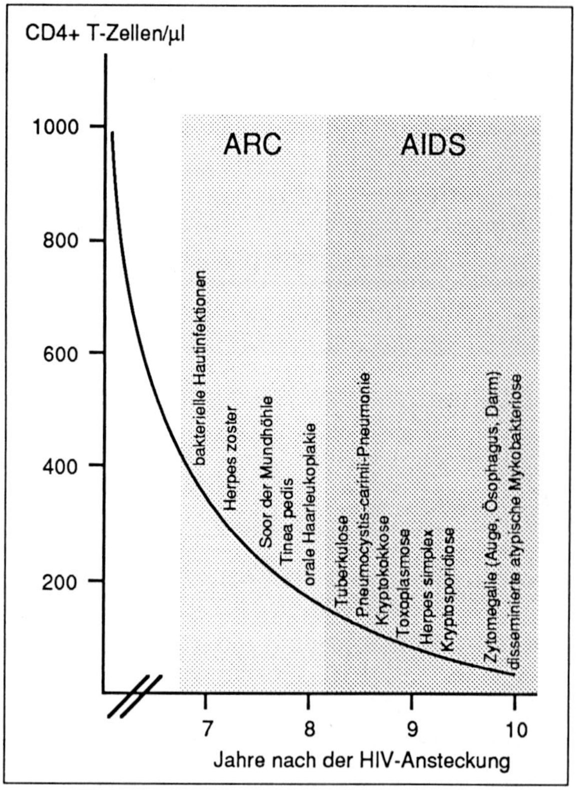

Abb.14.1. Beziehung zwischen der Zahl der T-Helferzellen und dem Auftreten AIDS-definierender Begleitinfektionen bei der HIV-Infektion

Tabelle 14.1. Mechanismen der Immunsuppression durch die HIV-Infektion (Nach Levy JA (1988) Nature 333, 519–522)

Direkte Mechanismen:
- Zytozider Effekt von HIV auf CD4+–Lymphozyten
- Funktionelle Defekte an infizierten CD4+–Zellen:
  - verminderte Expression von Zelloberflächenproteinen (z.B. Interleukin-2-Rezeptor, CD4);
  - reduzierte Produktion von Lymphokinen, wie Interleukin 2 oder Gammainterferon.
- Verminderte Antigenpräsentation und/oder Monokinpräsentation durch infizierte Makrophagen; Zelltod.

Indirekte Mechanismen:
- Bildung von Suppressor-T-Zellen und/oder Suppressor-Faktoren.
- Toxische oder inhibitorische Effekte viraler Proteine.
- Immunkomplexbildung
- Induktion von Autoimmunphänomenen
- – Antikörper, die von polyklonal aktivierten B-Zellen gebildet werden oder aufgrund von Antigenmimikry;
  - virusvermittelte, gesteigerte Immunogenität normaler zellulärer Proteine.
- Zytotoxische Zellaktivität gegen Virus- oder Self-Proteine.

Dysfunktion der einzelnen Zellarten:

T-Lymphozyten:
- Verminderte Proliferationsantwort gegenüber Mitogenen, löslichen Antigenen und allogenen Zellen.
- Verminderte Lymphokinproduktion (Interleukin-2, Gammainterferon) auf Antigengabe.
- Verminderte zytotoxische T-Lymphozytenaktivität gegen virusinfizierte Zellen.

B-Lymphozyten:
- Polyklonale Aktivierung mit Hypergammaglobulinämie und spontaner Ausbildung von plaquebildenden Zellen.
- Verminderte humorale Immunantwort auf Immunisierung.
- Produktion von Autoantikörpern

Monozyten:
- Verminderte Chemotaxis.
- Verminderte Interleukin-1-Produktion (oder Produktion eines Inhibitors von Interleukin 1).
- Verminderte antibakterielle Aktivität

NK-Zellen:
- Verminderte zytotoxische Aktivität.

die das Endstadium der HIV-Infektion, AIDS, erreicht haben.

Von Infektionsbeginn bis zu diesem Endstadium können mehrere Monate bis viele Jahre vergehen. Es ist heute noch unklar, welche Faktoren die Dauer der Erkrankung im Individualfall beeinflussen.

14.2 Stadien der HIV-Infektion

Von verschiedenen Arbeitsgruppen wurde die HIV-Infektion in Stadien eingeteilt. Diese Stadieneinteilungen berücksichtigen die klinischen Symptome und die immunologischen Veränderungen, die im Verlauf der Erkrankung auftreten.

Die wichtigsten Stadieneinteilungen (Tabelle 14.2) stammen von CDC (Centers for Disease Control) in Atlanta, USA, vom Walter-Reed-Hospital (WR) in Bethesda, USA, von der WHO, von einer Frankfurter AIDS-Arbeitsgruppe und vom Bundesgesundheitsamt.

Im folgenden wird der Verlauf der HIV-Infektion anhand der klinischen Stadieneinteilung, wie sie im BGA-Merkblatt vom Oktober 1990 veröffentlicht wurde, dargestellt (Tabelle 14.3). Diese Stadieneinteilung beginnt mit dem Auftreten der ersten klinischen Symptome; die Periode zwischen der Ansteckung und dem ersten Auftreten durch das HIV bedingter klinischer Symptome, also die eigentliche Inkubationszeit, bleibt bei dieser Stadieneinteilung unberücksichtigt. Die einzelnen Stadien sind:

- Akute Phase
- Asymptomatische HIV-Infektion
- Symptomatische HIV-Infektion
- Schwerer Immundefekt (AIDS)

14.3 Akute HIV-Infektion

In einem Zeitraum von 3 Wochen bis 3 Monaten nach Infektionsbeginn kann es bei etwa 20–30% der Betroffenen zu einem akuten Krankheitsbild kommen, das klinisch dem Pfeifferschen Drüsenfieber ähnelt. Zu den für dieses Krankheitsbild typischen Symptomen können Diarrhoen, Exantheme, Muskelschmerzen und eine leichte Enzephalitis hinzukommen. Statt der Lymphomonozytose sind jedoch bei der akuten HIV-Infektion die Gesamtleukozyten normal oder erniedrigt. Selbst wenn mit vermehrungsfähigen Erregern im Blut der Betroffenen gerechnet werden muß, fehlen HIV-spezifische Antikörper zunächst noch. Mit ihrem Auftreten ist nach dem Abklingen der akuten Krankheitserscheinungen, d.h. etwa ab der vierten Woche nach Ansteckung zu rechnen. Dies gilt auch für diejenigen Patienten, bei denen keine akute HIV-Infektion zu beobachten ist.

Der Verlauf der akuten HIV-Infektion ist vergleichsweise gutartig. Nach wenigen Tagen bis 4 Wochen verschwinden die Symptome vollständig.

14.4 Asymptomatische HIV-Infektion (Lymphadenopathie-Syndrom, LAS)

Nach Infektionsbeginn bzw. nach Abklingen der akuten HIV-Infektion folgt eine asymptomatische Phase,

Tabelle 14.2. Vergleichende Gegenüberstellung gebräuchlicher Stadien-Einteilungen der HIV-Infektion (außer BGA) (Aus: L'age-Stehr J, Helm EB (Hrsg) (1991) Aids und die Vorstadien. Springer, Berlin Heidelberg NewYork Tokyo)

Gebräuchliche Stadienbezeichnungen					Laborparameter		Klinik
Allgemein	CDC[1]	WHO	W. Reed[2]	Frankfurt	HIV-Antikörper	CD4-Zellen	
Relevantes Infektions-Risiko	nicht definiert		WR 0	1a	neg.	Normalwert	Gesund
Akute HIV-Infektion Beginn	I		WR 0	1a	neg.	Normalwert	Mononukleose-ähnliches Krankheitsbild
Akute HIV-Infektion Ende			WR 1	1b	pos.		
Inkubations- bzw. Latenzzeit	II	1	WR 1	1b	pos.	Normalwert	Klinisch keine faßbaren Symptome
LAS Lymphadenopathiesyndrom	III	1	WR 2	2a	pos.	=<Normalwert	persistierende (>3 Monate) Lymphknotenschwellung
ARC AIDS-related complex	IV A	2 3	WR 3 WR 4 WR 5	2b	pos.	<400	progrediente klinische Zeichen eines Immundefektes (z.B. Soor) oder persistierende unspezifische Symptome (>= 3 Monate)
AIDS Acquired immunodeficiency Syndrome	IV B-E	4	WR6	3	pos.	<400	schwere Opportunisten Infektionen, typische Malignome. Progrediente neurologische Symptomatik

[1] ***Erklärung zur CDC-Klassifikation***

- IV A – Ein oder mehrere unspezifische Symptome, wie persistierendes Fieber, Durchfall, Gewichtsverlust (>10% des Körpergewichts)
- IV – Neurologische Symptomatik (bei AIDS: gesicherte Zeichen einer progredienten HIV-Enzephalopathie)
- IV C–E – AIDS siehe CDC-Definition

[2] ***Erklärung zur W.-Reed-Klassifikation***

- WR1 hier gilt auch der direkte HIV-Nachweis
- WR3 CD4+Zellen <400 (länger als 3 Monate) mit und ohne generalisierte LK-Schwellung
- WR4 wie WR3 plus partielle kutane Anergie
- WR5 wie WR3 plus komplette kutane Anergie und Wundsoor

in der die Betroffenen nahezu nichts von ihrer Krankheit bemerken. Lediglich eine generalisierte persistierende Lymphknotenschwellung (Definition: mehr als eine Körperregion betroffen, länger als 3 Monate anhaltend), der das Krankheitsstadium auch den Namen Lymphadenopathie-Syndrom (LAS) verdankt, findet sich bei etwa 70% der Patienten.

Die Dauer der asymptomatischen Phase weist von Patient zu Patient große Schwankungen auf; sie kann mehrere Monate bis viele Jahre betragen. Am Ende dieser Phase kommt es durch den stetigen Rückgang von Helferzellen zum Auftreten von Infektionen, die zunächst noch keinen lebensbedrohlichen Charakter haben. Hier beginnt der Übergang in die symptomatische Phase der HIV-Infektion.

14.5 Symptomatische HIV-Infektion

Dieses Stadium, das auch als ***AIDS-Related-Complex*** (***ARC***) bezeichnet wird, kann wiederum Monate bis Jahre anhalten. Es ist gekennzeichnet durch das Auftreten unspezifischer Symptome wie Abgeschlagenheit, anhaltendes Fieber bzw. Fieberschübe, anhaltende Diarrhoe und progredienten Gewichtsverlust. Zusätzlich können Hautveränderungen wie eine trockene Haut, ein seborrhoisches Ekzem, Papillome und Mollusca contagiosa auftreten. Bei der Inspektion der Mundhöhle findet man nicht selten eine orale Candidiasis oder eine Haar-Leukoplakie am Zungenrand. Auch bakterielle Infektionen, vor allem durch Streptococcus pneumoniae und Enteritis-Salmonellen,

Tabelle 14.3. Stadieneinteilung der HIV-Infektion (modifiziert nach einem Vorschlag der WHO 1990) durch das Bundesgesundheitsamt (Aus: Merkblatt 43 des BGA, Oktober 1990), mit Genehmigung des Deutschen Ärzteverlages, Köln

Stadium	Dauer	Klinik	Diagnostik/Laborbefunde
akute Infektion	3 Tage bis 3 Wochen	gelegentlich flüchtige mononukleose-ähnliche Symptomatik	Nachweis von Antikörpern nach 4–16 Wochen
asymptomatische HIV-Infektion	Monate bis Jahre	gelegentlich indolente, persistierende generalisierte Lymphknotenschwellungen	
symptomatische HIV-Infektion	Monate bis Jahre	leichte Formen mit geringer Beeinträchtigung des Allgemeinbefindens Gewichtsverlust (<10% des Normalgewichts) Mukokutane Veränderungen: seborrhoisches Ekzem, lokal rez. Herpes simplex, segmentaler Herpes zoster rez. leichtere Atemwegsinfektionen, z.B. bakterielle Sinusitis) schwere Formen mit deutlicher Beeinträchtigung des Allgemeinbefindens Gewichtsverlust (>10% des Normalgewichts) chronische Durchfälle; intermittierend oder konstant erhöhte Temperatur (>1 Monat) orale Candidiasis (Soor), orale Haarleukoplakie schwerere bakterielle Infektionen (z.B. bakterielle Lungenentzündung)	HIV-Antikörper-Nachweis Erhöhung von IgG und IgA erhöhte BSG allmähliche Abnahme der Leukozyten, Lymphozyten und T-Helferzellen ($CD4^+$) im Verlauf gelegentlich Thrombozytopenie
schwerer Immundefekt (AIDS)	Monate bis Jahre abhängig von der Beherrschbarkeit der Komplikationen	– rezidivierende Infektionen mit opportunistischen Erregern und Parasiten (z.B. Pneumocystis- carinii-Pneumonie, Candida-Ösophagitis, zerebrale Toxoplasmose) – und/oder Kaposi-Sarkom (aggressive, disseminierte Form) – und/oder Neoplasien vorwiegend des lymphoretikulären Systems (Non-Hodgkin-Lymphome) – HIV-Enzephalopathie – HIV-Kachexie	HIV-Antikörper-Nachweis häufig Nachweis von p24-Antigen Leukopenie, Lymphopenie T-Helferzellen stark erniedrigt (i.d.R. <200/mm³) oder fehlend gelegentlich Anämie und Thrombozytopenie Anergie (Intrakutantest wiederholt negativ)

kommen in diesem Stadium häufiger als bei der Normalbevölkerung vor. Mit der Exazerbation nicht unmittelbar lebensbedrohlicher Infektionen, z. B. eines segmentalen Zoster oder einer Lungentuberkulose, muß gerechnet werden.

14.6 AIDS

Definition. AIDS ist das vierte, das Endstadium der HIV-Infektion. Nach der Falldefinition der Centers for Disease Control ist AIDS charakterisiert durch das Auftreten lebensbedrohlicher Opportunisteninfektionen sowie typischer Tumoren wie des Kaposi-Sarkoms und eines malignen Lymphoms bei gleichzeitigem Nachweis einer Infektion mit dem HIV-1/HIV-2 (Tabelle 14.2).

Laborbefunde.

Die absolute Helferzellzahl pro µl Blut ist der wichtigste Parameter zur Abschätzung der Gefährdung eines HIV-infizierten Patienten, an einer Opportunisteninfektion zu erkranken.

Wie oben erwähnt, kommt es im Verlauf der HIV-Infektion zu einem stetigen Rückgang der $CD_4 + T_H$-

Tabelle 14.4. Wichtige AIDS-definierende Krankheitsbilder, ihre Erreger, Leitsymptome, diagnostische Maßnahmen und richtungsweisende Befunde

Erreger	Typische Krankheitsbilder	Leitsymptome	Diagnostische Maßnahmen und richtungsweisende Befunde
1. Parasiten			
Pneumocystis carinii	Pneumocystis-carinii-Pneumonie	Fieber, trockener Husten, zunehmende Dyspnoe CD_4+Zellen ≤250/µl	Röntgenthorax: beidseitige interstitielle Zeichnungsvermehrung, Sputuminduktion bzw. BAL: Erreger mit Grocott-Färbung nachweisbar
Toxoplasma gondii	ZNS-Toxoplasmose	Wesensveränderung, Kopfschmerzen, Fieber, Krampfanfälle, Lähmungserscheinungen CD_4+Zellen ≤250/µl	Serologie: Antikörper gegen T. gondii im Serum nachweisbar, CT des Schädels: typische hypodense Läsionen mit deutlichen Randkonturen nach Kontrastmittelgabe
Cryptosporidium	Cryptosporidiose	therapieresistente, persistierende, sehr starke Durchfälle, ≥20 Entleerungen/Tag Exsikkose und progrediente Gewichtsabnahme CD_4+Zellen ≤100/µl	Stuhlmikroskopie nach Kinyoun-Färbung: leuchtend rote rundliche Gebilde mit scholligen Innenstrukturen, Durchmesser 4-6 µ
2. Pilze			
Candida sp.	Soor-Ösophagitis	Schluckstörungen, Kloßgefühl im Hals, Schmerzen hinter dem Sternum, gleichzeitig ausgeprägter Mundsoor CD_4+Zellen ≤250/µl	Endoskopie: dicke weißliche Beläge im Ösophagus, Ösophagus-Breischluck: perlschnurartige Aussparungen im Ösophagus
Cryptococcus neoformans	Kryptokokken-Meningitis sichtbare Zeichen: typische Hautherde diss. Kryptokokkose	Fieber, starke Kopfschmerzen Hirnnervenausfälle, Krampfanfälle, Meningismus (nicht obligat) CD_4+Zellen ≤100/µl	Serologie: Antigen im Serum, Urin und Punktatmaterialien nachweisbar, Erregernachweis im Tusche-Liquorpräparat: nicht angefärbte Sproßzellen mit heller großer Schleimkapsel Kulturell: Blut, Liquor, Urin u.a. Körpermaterialien
Aspergillus sp.	Lungen-Aspergillose diss. Aspergillose	Husten, Fieber, massiver Auswurf bei Anschluß an das Bronchialsystem CD_4+Zellen ≤50/µl	Kulturell: Aspergillus im Sputum Beweisend ist nur mehr als 1 Kolonie bzw. der wiederholte Nachweis aus verschiedenen Sputumproben Histologisch: Pilzfäden im Organmaterial
3. Bakterien			
M. tuberculosis	diss. Tuberkulose Landouzy-Sepsis	Fieber, Nachtschweiß, Husten, Auswurf, Hepalo-/Splenomegalie generalisierte Lymphknotenschwellung, therapieresistente Durchfälle progredienter Gewichtsverlust CD_4+Zellen ≤100/µl	Blut, Knochenmark, induziertes Sputum, BL und anderer Knochenmaterialien mikroskopisch und kulturell, ggf. histologisch
MAI	mykobakterielle Histiozytose	wie bei TB CD_4+Zellen ≤50/µl	wie bei TB

Tabelle 14.4. (Fortsetzung)

Erreger	Typische Krankheitsbilder	Leitsymptome	Diagnostische Maßnahmen und richtungsweisende Befunde
3. Bakterien (Fortsetzung)			
Salmonella sp.	rezidivierende Salmonellen-Sepsis	Fieber, Enteritis, Organabszesse CD_4+Zellen ≤250/µl	Blutkultur und Kultur anderer Körperflüssigkeiten anlegen Salmonellen-Enteritis bzw. Sepsis in der Anamnese
Nocardia sp.	Nocardien-Sepsis	Fieber CD_4+Zellen ≤100/µl	Blutkultur und Kultur anderer Körpermaterialien anlegen typ. histologischer Befund
4. Viren			
Herpes simplex Typ I und II	nekrot. Herpes analis/genitalis/oralis	mukokutane, stark schmerzende Läsionen, unbehandelt an Größe zunehmend CD_4+Zellen ≤250/µl	Ulcusabstrich: Erregernachweis kulturell Serologie: evtl. Titeranstieg der IgG-Antikörper, evtl. IgA bzw. IgM-Antikörper
Varizella-Zoster-Virus	Zoster multiplex gen. H. zoster Zoster-Pneumonie	Hautrötung und typ. Bläschen stark schmerzend, in mehreren Hautsegmenten diss. Bläschenbildung wie bei Windpocken CD_4+Zellen ≤250/µl	Bläschenabstrich: Erregernachweis kulturell Serologie: evtl. Titeranstieg der IgG-Antigene, evtl. IgA- und IgM-Antikörper
Cytomegalo-Virus Entzündungen	CMV-Retinitis CMV-Ösophagitis/ Enteritis und Entzündungen anderer Organe diss. CMV-Infektion	progred. Sehverschlechterung Schmerzen beim Schlucken starke therapieresist. Diarrhoe CD_4+Zellen ≤50/µl	Serologie: Antikörper der IgG-Klasse vorhanden, evtl. IgA-Antikörper Funduskopie: typ. Befund Endoskopisch: Ulcera im Ösophagus bzw. anderen Darmabschnitten Histologie: typ. Eulenaugen-Zellen und Begleitnekrosen

Lymphozyten (Normalwert: 1000/µl Blut), einem Abfall der Leukozyten im peripheren Blut und nicht selten zu einer Anämie. Bei einer Konzentration von CD_4 + T_H-Lymphozyten von unter 250/µl Blut muß mit dem gehäuften Auftreten lebensbedrohlicher Opportunisteninfektionen gerechnet werden. Im Gegensatz dazu können das Kaposi-Sarkom, die HIV-Enzephalopathie und auch das maligne Lymphom der Immundefizienz vorausgehen.

HIV-Antikörper sind nach dem ersten Auftreten von Antikörpern nahezu immer in allen Stadien der HIV-Infektion nachweisbar. Mit zunehmender Abwehrschwäche steigt der Anteil der Patienten, bei denen P24-Antigen im Serum nachweisbar ist.

Bei negativem Ausfall der Antikörper-Reaktion und klinischem Verdacht auf das Vorliegen einer HIV-Infektion sollten andere Nachweismethoden wie die Virus-Anzucht und die Polymeraseketten-Reaktion (PCR) angewandt werden.

14.6.1 AIDS-definierende Infektionen durch opportunistische und obligat pathogene Erreger

Bei der Mehrzahl der Opportunisteninfektionen im Rahmen von AIDS handelt es sich um die Exazerbation latenter Infektionen, die durch das zelluläre Immunsystem solange in Schach gehalten werden, bis dieses zusammenbricht. Die wichtigsten AIDS-definierenden opportunistischen Erreger und ihre Krankheitsbilder sind in Tabelle 14.4 zusammengefaßt.

Neben den opportunistischen Erregern können auch bestimmte obligat pathogene Erreger, vor allem Mycobacterium tuberculosis und Salmonellen, bei AIDS-Patienten ebenfalls häufig schwere Erkrankungen verursachen. Typisch ist der ungewöhnliche Verlauf, etwa die sog. Landouzy-Sepsis durch M. tuberculosis bzw. durch Salmonellen der Enteritis-Gruppe (z. B. Salmonella typhimurium).

Tabelle 14.5. Erregerspektrum und Krankheitsbild bakterieller Infektionen in Abhängigkeit vom Krankheitsstadium bei HIV-infizierten Patienten

Erreger	LAS	ARC	AIDS
Str. pneumoniae H. influenzae H. parainfluenzae	Bronchitis Pneumonie	Bronchitis Pneumonie	Bronchitis Pneumonie Sepsis
Staph. aureus Str. pyogenes	Abszeß	Abszeß Sepsis	Abszeß rezidivierende Sepsis
Salmonellen sp.	Enteritis	Enteritis Sepsis	Enteritis rezidivierende Sepsis
Pseudomonas sp.	–	Bronchitis	Bronchitis Pneumonie Sepsis Pyoderma gangraenosum
Nocardia sp.	–	–	Pneumonie Organ-Abszesse Sepsis
Rhodococcus equi	–	–	Pneumonie Sepsis

14.6.1.1 Parasiteninfektionen

Pneumocystis-carinii-Pneumonie

Epidemiologie. Das natürliche Habitat von Pneumocystis carinii ist nicht bekannt. Die Pneumocystis-carinii-Pneumonie (PcP) ist in den Industrieländern bei AIDS-Patienten die häufigste Opportunisteninfektion; in der Tat ist ihr Auftreten bei HIV-infizierten Patienten gleichbedeutend mit der Diagnose AIDS. In der alten Bundesrepublik manifestierte sich die PcP vor Einführung einer wirksamen Prophylaxe (s. unten) bei etwa 45% aller Patienten mit AIDS. Nach erfolgreicher Behandlung ist bei etwa 60% der Patienten mit einem Rückfall innerhalb eines Jahres zu rechnen. Durch moderne Behandlungsmethoden konnte die anfänglich hohe Letalität von 30%–40% auf unter 10% gesenkt werden. Durch die Einführung von Zidovudin (Retrovir) nach erfolgreicher Behandlung einer PcP wurde die mittlere Überlebenszeit von ca. einem Jahr auf 18 Monate verlängert.

Übertragung und Pathogenese. Pneumocystis carinii wird aerogen übertragen, wobei davon ausgegangen werden kann, daß nahezu bei jedem gesunden Erwachsenen die Alveolen der Lunge kolonisiert sind. Bei AIDS-Patienten kann es zu einer Aktivierung und Vermehrung der Pneumocysten kommen, was eine entzündliche Reaktion und Ansammlung größerer Mengen von Erregern und Entzündungszellen in den Alveolen zur Folge hat. Der Austausch von Sauerstoff wird dadurch behindert; unbehandelt versterben die Patienten in der respiratorischen Insuffizienz.

Klinisches Bild. Die Erkrankung entwickelt sich meist über mehrere Wochen mit einer an Foudroyanz zunehmenden Symptomatik. Leitsymptome sind Fieber, trockener Husten ohne Auswurf und eine zunehmende Dyspnoe. Diese, einzeln betrachtet, wenig charakteristischen Symptome sollten bei HIV-Infizierten immer der Anlaß zu einer Röntgenthorax-Aufnahme sein, bei der sich typischerweise eine beidseitige interstitielle Zeichnungsvermehrung zunächst überwiegend der Unterfelder finden läßt. Bei fortgeschrittener PcP findet sich eine sogenannte „weiße Lunge". Parallel mit der Verschlechterung des Röntgenbefundes geht der Abfall des arteriellen Sauerstoffpartialdruckes (PO_2) und der Vitalkapazität (VK) einher. Bei einer VK von weniger als 50% des Sollwertes und einem PO_2 unter 60 mmHg liegt definitionsgemäß eine schwere PcP vor.

Labordiagnose. Die Verdachtsdiagnose einer PcP sollte durch den mikroskopischen Erregernachweis aus Alveolarmaterial gesichert werden. Dieses wird durch Sputuminduktion mittels Inhalation von 3%iger Kochsalzlösung bzw. durch bronchoalveoläre Lavage gewonnen. Anschließend wird das Material nach einem Anreicherungsverfahren mit Spezialfärbemethoden nach Grocott und Gomori bzw. mit der Giemsa- oder Wright-Färbung gefärbt.

Im Mikroskop stellen sich die nach Grocott gefärbten Erreger als dunkelviolette runde bis ovale Zysten mit einem dichteren Innenkörper und einem Durchmesser bis zu 5 μ dar, die häufig in Haufen zusammenliegen. Einzelne Parasiten können mit Candida verwechselt werden.

Therapie. Das Mittel der Wahl bei der PcP ist Cotrimoxazol hochdosiert. Bei Unverträglichkeit kann Pentamidin-Isothionat (Pentacarinat) i. v. angewandt werden. Die Aerosol-Behandlung mit Pentacarinat ist nur bei leichter PcP (PO2 > 70 mmHg) erfolgversprechend.

Die Therapie der PcP sollte so frühzeitig wie möglich einsetzen. Es ist nicht zwingend, zuvor den Erregernachweis zu erbringen, zumal dieser noch in aller Regel in den ersten 7 Tagen unter Therapie gelingt. Bei schwerer PcP muß allein aufgrund des klinischen Bildes mit der Behandlung sofort begonnen werden. Zusätzlich zu Cotrimoxazol sollte in diesen Fällen eine adjuvante Cortison-Behandlung erfolgen.

Die Cotrimoxazol-Therapie ist mit Nebenwirkungen belastet, die vor allem die Haut (Allergien) und das Knochenmark (Leukopenie) betreffen.

Prophylaxe. Man unterscheidet zwischen ***Primärprophylaxe***, d. h. Prophylaxe vor dem Auftreten der ersten Erkrankung und der ***Sekundärprophylaxe***, die nach überstandener Erkrankung mit dem Ziel, ein Rezidiv zu verhindern, beginnt.

Das wichtigste Medikament zur Prophylaxe der PcP ist Pentacarinat als Aerosol. Falls die Inhalationsprophylaxe nicht vertragen wird (z. B. bei asthmoiden Beschwerden), kann Cotrimoxazol in einer niedrigen Dosierung bzw. Fansidar gegeben werden.

Mit der Primärprophylaxe sollte bei HIV-infizierten Patienten begonnen werden, wenn die Helferzell-Zahl auf Werte unter 200/µl abfällt. Mit einer Sekundärprophylaxe wird etwa 14 Tage nach Abschluß der erfolgreichen Behandlung einer PcP begonnen.

Toxoplasmose des zentralen Nervensystems (ZNS-Toxoplasmose)

Epidemiologie. Die Toxoplasmose ist in der mitteleuropäischen Bevölkerung als latente Infektion weit verbreitet. In Abhängigkeit vom Alter, den Lebensgewohnheiten und der Region lassen sich bei etwa 70% der Bevölkerung in den alten Bundesländern (in Berlin evtl. höher!) Antikörper im Serum nachweisen. Etwa 20% aller AIDS-Patienten erkranken an einer Toxoplasmose; bei 5–10% aller AIDS-Patienten ist diese Opportunisteninfektion die AIDS-definierende Erkrankung.

Übertragung. Menschen infizieren sich mit T. gondii über den Kontakt mit zystenhaltigem Kot infizierter Haustiere oder durch den Genuß nicht durchgegarten Fleisches infizierter Schlachttiere.

Pathogenese. Toxoplasma gondii hat eine Affinität zum ZNS. Beim Gesunden persistieren nach der Infektion die Zysten des Erregers lebenslang, ohne Symptome hervorzurufen, im Gehirn. Bei AIDS-Patienten entstehen aus persistierenden Zysten im Zusammenhang mit dem Zusammenbruch der zellulären Abwehr herdförmige große nekrotisierende Entzündungsherde.

Klinisches Bild. Die häufigsten Symptome einer ZNS-Toxoplasmose bei AIDS sind Wesensveränderungen, Kopfschmerzen und Fieber. Weitere typische Symptome sind Krampfanfälle, Gleichgewichtsstörungen, Lähmungserscheinungen und eine Chorio-Retinitis. Unbehandelt führt die ZNS-Toxoplasmose innerhalb weniger Wochen zum Tode.

Diagnose. Die Diagnose der Erkrankung beruht auf den klinischen Symptomen, dem Nachweis von Antikörpern gegen Toxoplasma gondii im Serum, wobei ein Titeranstieg und IgM-Antikörper häufig nicht vorhanden sind, und der Computer-Tomographie (CT). Typische CT-Befunde sind eine oder mehrere hypodense Läsionen mit perifokalem Ödem und nach Kontrastmittelgabe deutlichen Randkonturen.

Therapie und Prophylaxe. Die Therapie besteht in einer Kombination von Pyrimethamin und einem Sulfonamid für die Dauer von 3 Wochen. Falls Sulfonamide nicht vertragen werden, können sie durch Clindamycin ersetzt werden. Zur Behandlung des Hirnödems sollte Dexamethason gegeben werden.

Bei rechtzeitigem Behandlungsbeginn ist mit nahezu vollständiger Heilung und Rückbildung der Hirnherde innerhalb von 3 Wochen zu rechnen. Im Anschluß an die 3wöchige Behandlung ist eine lebenslange Rezidivprophylaxe mit Pyrimethamin oder Fansidar indiziert.

Kryptosporidiose

Epidemiologie. Kryptosporidien sind ebenfalls Protozoen und sind wie Toxoplasma gondii, mit dem sie verwandt sind, im Tierreich weit verbreitet. In der Veterinärmedizin spielen sie als Erreger schwerer Enteritiden bei Kälbern eine wichtige Rolle. Infizierte Kälber und andere Tierarten sind das Erregerreservoir der Kryptosporidien.

Übertragung und Pathogenese. Die Infektion des Menschen erfolgt oral über verschmutztes Wasser bzw. Tierkontakte durch infektiöse Oozysten. Wie aus Berichten aus Entwicklungsländern hervorgeht, verläuft die Kryptosporidien-Enteritis in der Regel als akute, selbstheilende Durchfallerkrankung. Im Gegensatz dazu verursacht die Kryptosporidiose bei Menschen mit ausgeprägtem Immundefekt im Rahmen der HIV-Infektion ein sehr schweres Krankheitsbild ohne Tendenz zur Selbstheilung. Bei immungeschwächten Patienten scheint zusätzlich die direkte Übertragung von Mensch zu Mensch fäkal- oral möglich zu sein.

Klinisches Bild. Die Kryptosporidien-Enteritis gehört zu den AIDS-definierenden Erkrankungen. Bei Patienten mit HIV-Infektion verursachen diese Erreger Diarrhoen mit Stuhlmengen von mehreren Litern pro Tag. Als Folge dieser Diarrhoen kann es zu einer schweren Exsikkose und allgemeinem körperlichen Verfall kommen. Der gesamte Intestinal-Trakt einschließlich der Gallenwege kann befallen sein, was laborchemisch mit Zeichen einer Cholestase und klinisch mit Übelkeit, Erbrechen und Oberbauchschmerzen einhergehen kann.

Diagnose. Die Diagnose der Kryptosporidiose beruht auf dem Nachweis der Erreger im Stuhl. Kryptosporidien sind säurefest und können deshalb mit der Ziehl-Neelsen-Färbung in Biopsie-Material, in Stuhlproben und Gallenflüssigkeit nachgewiesen werden. Mit der Ziehl-Neelsen-Färbung erscheinen die Kryptosporidien gegenüber den blaugefärbten Hefen und dem sonstigen Stuhlmaterial als leuchtend rote, rundliche Gebilde mit einer scholligen Innenstruktur und einem hellen umgebenden Hof. Der Durchmesser der Kryptosporidien beträgt 4 – 6 μ .

Therapie. Z. Z. stehen keine gegenüber Kryptosporidien wirksame Chemotherapeutika zur Verfügung. Die Therapie der Kryptosporidien-Enteritis beschränkt sich deshalb auf symptomatische Maßnahmen wie Flüssigkeitsersatz und ggf. Peristaltik-Hemmer.

14.6.1.2 Pilzinfektionen

Candidiasis

Epidemiologie. Candida albicans, ein Hefepilz, ist sicherlich der am häufigsten vorkommende Erreger bei Patienten mit HIV-Infektionen. In kleinen Mengen gehört C. albicans zur normalen Körperflora.

Übertragung und Pathogenese. Die orale Candidiasis ist eine endogene Infektion, d. h. die eigentliche Infektionsquelle ist der Patient selbst. In Abhängigkeit vom Ausmaß des Immundefektes kommt es zunehmend häufig bei HIV-Infizierten zu einer oropharyngealen Candidiasis. Im Endstadium der HIV-Infektion haben nahezu alle Patienten einen Mundsoor; häufig ist der Ösophagus mitbefallen.

Klinisches Bild. Der Lokalbefund sind auffallend weiße Beläge am Mund, die vorzugsweise an der Wangenschleimhaut und am Gaumen zu finden sind. Gleichzeitig kann ein Enanthem der Mundschleimhaut bestehen. Die subjektiven Beschwerden bestehen in einem pelzigen Gefühl im Mund, in Geschmacksstörungen, Appetitlosigkeit und gelegentlichem Zungenbrennen. Wenn zu den Schluckbeschwerden und Kloßgefühl im Hals Schmerzen hinter dem Sternum hinzukommen, besteht der Verdacht auf eine Soor-Ösophagitis. Nur diese gilt als AIDS-definierende Erkrankung. Die Schluckstörungen können so ausgeprägt sein, daß die Nahrungsaufnahme erschwert oder unmöglich ist.

Diagnose. Der kulturelle Nachweis von Candida-Arten im Rachenabstrich ist nur bei gleichzeitig bestehenden Symptomen für eine orale Candidiasis des Mundes beweisend. Da kleine Mengen Candida-Arten bei jedem Menschen in der Mundhöhle vorkommen, ist die Quantifizierung bei Verdacht auf eine Pilzinfektion auch im Hinblick auf die Therapieempfehlung wichtig. Die Erregerzahlbestimmung kann mit Hilfe eines Reihenverdünnungstestes am Mundspülwasser versucht werden.

Die Soor-Ösophagitis wird durch den endoskopischen Befund – dicke weißliche Beläge im Ösophagus – verifiziert. Eine andere Methode ist die röntgenologische Darstellung. Durch einen Ösophagus-Breischluck können perlschnurartige Aussparungen im Bereich des Ösophagus sichtbar gemacht werden.

Therapie. Die Behandlung einer ausgeprägten Candidiasis bei Patienten mit AIDS erfordert den systemischen Einsatz von Antimykotika. Hierzu sind die Imidazol-Derivate Ketoconazol und Fluconazol besonders geeignet. Fluconazol ist dem Ketoconazol vorzuziehen, weil Ketoconazol mit einigen Medikamenten, z. B. Rifampicin, interagiert.

Die Therapiedauer richtet sich nach den klinischen Symptomen und muß ggf. auch über mehrere Wochen durchgeführt werden. Nach erfolgreicher Behandlung der ersten Episode einer oralen Candidiasis ist zunächst eine Rezidiv-Prophylaxe nicht notwendig. Bei einem gehäuften Auftreten von Rezidiven, die wie die Primärinfektion behandelt werden, sollte eine Dauerprophylaxe erwogen werden.

Kryptokokkose

Epidemiologie. Cryptococcus neoformans ist ein Hefepilz, der sich durch eine dicke Schleimkapsel und damit verbunden eine hohe Resistenz gegen Phagozytose und intrazelluläre Abtötung auszeichnet. Cryptococcus neoformans kommt im Boden und in Staub vor, wobei warmes, feuchtes Klima und das Vorhandensein von Exkrementen von Vögeln (stickstoffhaltig) das Vorkommen begünstigen. In tropischen Ländern, z. B. in Afrika, ist die Kryptokokkose sehr viel häufiger als in Europa.

Übertragung. Die Übertragung von Cryptococcus neoformans erfolgt aerogen durch die Inhalation von erregerhaltigem Staub.

Pathogenese. Die selbst bei HIV-infizierten Patienten meist blande verlaufende Lungeninfektion mit Cryptococcus neoformans (Primärstadium) wird häufig übersehen. Von der Lunge aus gelangt der Erreger in die Blutbahn und kann sich, da er durch die Schleimkapsel gegen Phagozytose geschützt ist, im gesamten Organismus ausbreiten.

Klinisches Erscheinungsbild. Bei HIV-infizierten Patienten manifestiert sich die Cryptococcus-neoformans-Erkrankung am häufigsten als Meningitis. Die Cryptococcus-neoformans-Meningitis beginnt schleichend. Die typischen Symptome bei HIV-infizierten Patienten sind starke Kopfschmerzen und Fieber. Häufig treten Anfälle auf. Zusätzlich können Hirnnervenausfälle und ein Papillen-Ödem vorhanden sein. Die Nackensteifigkeit (Meningismus) tritt dagegen in den Hintergrund. Zu Beginn der Meningitis fehlt sie häufig. Meningismus deutet immer auf eine weit fortgeschrittene Erkrankung hin. Unbehandelt führt die Cryptococcus neoformans-Meningitis bei HIV-Patienten stets zum Tode. Gelegentlich findet man eine Kryptokokkose der Haut, die sich als rötliche Infiltrationen, die in flache, schmierig belegte Ulzera übergehen, darstellt.

Diagnose. Bei der Kryptokokkose handelt es sich immer um eine generalisierte Infektion, bei der in der Regel Fieber den organtypischen Veränderungen, insbesondere der Meningo-Enzephalitis, vorausgeht. Deshalb sollten bei allen fieberhaften Zuständen im Rahmen der HIV-Infektion der Erregernachweis und der Nachweis des Kapsel-Antigens im Blut versucht werden. Der Nachweis von Cryptococcus-Antigen im Blut ist beweisend für eine Kryptokokkose. In diesem Fall sollte zusätzlich Liquor, evtl. andere Punktatmaterialien und Urin kulturell und auf Vorhandensein von Antigen untersucht werden. Bei Meningo-Enzephalitis wird die Diagnose durch den Erregernachweis im Tuschepräparat aus Nativliquor gestellt.

Therapie. Die Therapie der Kryptokokkose bei AIDS-Patienten besteht in einer Dreierkombination aus Amphotericin B, 5-Flucytosin und Fluconazol. Bei rechtzeitigem Einsatz der Therapie ist die Prognose der Cryptococcus-neoformans-Meningitis gut. Wenige Tage nach Therapiebeginn gelingt die Anzucht aus Blut und Liquor nicht mehr, während das Antigen dauerhaft persistiert – ein Zeichen dafür, daß auch Cryptococcus neoformans letztlich bei diesen Patienten trotz wirksamer Therapie nicht eliminiert, sondern nur unterdrückt werden kann.

Prävention. Nach erfolgreicher Behandlung ist eine lebenslange Rezidivprophylaxe mit Fluconazol indiziert.

Aspergillus

Epidemiologie. Aspergillus-Arten kommen ubiquitär vor. Ihre Sporen können praktisch überall z. B. im Erdreich, im Hausstaub, an den Wänden von unbewohnten und bewohnten Räumen nachgewiesen werden. Die wichtigste Spezies ist Aspergillus fumigatus.

Übertragung und Pathogenese. Die Infektion des Menschen erfolgt durch Inhalation von Sporen. Bei immunkompetenten Personen kommt es nach der Inhalation von Aspergillus-Sporen nur sehr selten zu einer invasiven Erkrankung der Lunge. Bei Allergikern ist nach Inhalation von Aspergillus-Sporen das Schimmelpilz-Asthma häufig. Bei Patienten mit onkologischen Grundleiden dagegen sind Erkrankungen durch Aspergillus sehr gefürchtet. Begünstigt wird ihr Auftreten vor allem durch eine länger bestehende Leukopenie. Bei Patienten mit HIV-Infektion sind Erkrankungen durch Aspergillus fumigatus eine Komplikation des Spätstadiums.

Klinik. Klinisch manifestiert sich die Aspergillose bei AIDS-Patienten als invasive Organerkrankung, bei der neben der Lunge andere Organe, insbesondere das

Gehirn, befallen sein können. Am häufigsten ist aber auch bei diesen Patienten die Lungen-Aspergillose anzutreffen. Röntgenologisch können sich kleinfleckige Infiltrationen oder Kavernen nachweisen lassen, weshalb differentialdiagnostisch immer eine Lungentuberkulose ausgeschlossen werden muß. Gelegentlich lassen sich in der CT als richtungsweisende Veränderungen präformierte Höhlen mit einspringenden Septen nachweisen. Der Aspergillus-Befall anderer Organe, insbesondere des zentralen Nervensystems, geht nicht mit einem typischen Krankheitsbild einher.

Diagnose. Die Diagnose einer Erkrankung durch Aspergillus fumigatus ist intra vitam schwer zu stellen. Da die röntgenologischen Lungenveränderungen bei Aspergillus-Befall wenig typisch sein können, sollte bei allen Lungenerkrankungen immer das Sputum auch auf Aspergillus untersucht werden. Mehrere Aspergillus-Kolonien in einer Sputumprobe bzw. im Bronchialsekret und der wiederholte Nachweis des Erregers zu unterschiedlichen Zeitpunkten sind ein Beweis für einen Lungenbefall mit Aspergillus fumigatus.

Therapie. Infektionen durch Aspergillus fumigatus erfordern immer eine Kombinationstherapie, bestehend aus Amphotericin B und 5-Flucytosin. Itraconazol, ein weiteres Präparat mit einer guten In-vitro-Wirksamkeit gegen Aspergillus, ist z. Z. noch in der klinischen Erprobung.

Trotz der Kombinationstherapie ist die Behandlung der Lungen-Aspergillose bei HIV-infizierten Patienten wenig erfolgversprechend.

14.6.2 Bakterielle Infektionen

Tuberkulose

Epidemiologie. Das Erregerreservoir von M. tuberculosis ist der infizierte Mensch. Die Zahl der Neuerkrankungen an Tuberkulose hat in den USA und in Westeuropa seit dem 2. Weltkrieg bis Mitte der 80er Jahre kontinuierlich abgenommen. Seit 1986 ist die Inzidenz der Tuberkulose in den USA wieder angestiegen, wobei besonders Gebiete mit hoher HIV-Prävalenz betroffen sind. Auch in der Bundesrepublik muß in Zukunft mit einer Zunahme der jährlichen Neuerkrankungen an Tuberkulose gerechnet werden.

Übertragung und Pathogenese. Die Tuberkulose wird aerogen übertragen. Das Erregerreservoir sind Personen, die im Sputum Tuberkulosebakterien ausscheiden (offene Lungentuberkulose). Andere Tuberkuloseformen wie die generalisierte Lymphknotentuberkulose, die Darmtuberkulose und die Urogenitaltuberkulose kommen für immunkompetente Personen als Infektionsquelle nicht in Betracht.

Patienten mit einer Abwehrschwäche im Rahmen der HIV-Infektion sind hinsichtlich der Tuberkulose besonders gefährdet. Bei diesen Patienten ist sowohl die Exazerbation einer früher erworbenen Tuberkulose als auch die Neuansteckung häufiger als bei Immunkompetenten, wobei die Gefährdung, an einer Tuberkulose zu erkranken, mit Fortschreiten des Immundefektes deutlich zunimmt.

Klinik. Die Tuberkulose verläuft bei Patienten mit zugrundeliegender HIV-Infektion rascher, progredient und häufiger disseminiert als bei Immunkompetenten. Nur die disseminierte und die extrapulmonale Tuberkulose gelten als AIDS-definierende Erkrankungen. Patienten in den Vorstadien von AIDS erkranken überwiegend an einer Lungentuberkulose. Aber auch im Spätstadium ist diese Form der Tuberkulose nicht selten, wobei sie sehr rasch progredient ohne typische Kavernenbildung verlaufen kann. Gerade weil der Verlauf im Endstadium von AIDS so untypisch ist, wird diese Erkrankung häufig übersehen mit der Folge, daß es ausgehend von diesen Personen zu Ansteckungskette kommen kann.

Die Leitsymptome der Tuberkulose auch bei HIV-infizierten Patienten sind Fieber und starker Nachtschweiß. Wie oben erwähnt, ist die Kavernenbildung bei HIV-infizierten Patienten mit Lungentuberkulose eher selten. Häufig dagegen finden sich uncharakteristische Infiltrationen und eine Hilus-Lymphknotenschwellung. Im Gegensatz zur Pneumocystis-carinii-Pneumonie steht bei der Lungentuberkulose der produktive Husten im Vordergrund.

Die Lymphknotentuberkulose, die nach der Lungentuberkulose der Häufigkeit nach an zweiter Stelle steht, ist bei allen Lymphknotenschwellungen – gleichgültig, in welchem Stadium der HIV-Infektion sie auftreten – in die differentialdiagnostischen Überlegungen miteinzubeziehen.

Auf eine Darmtuberkulose können unstillbare Durchfälle hinweisen. Wenn gleichzeitig Fieber und Nachtschweiß bestehen, muß diese Diagnose in Betracht gezogen werden.

Diagnose. Da bei AIDS-Patienten mit Lungentuberkulose die bekannten röntgenmorphologischen Veränderungen fehlen können (insbesondere im Falle einer Bronchialschleimhauttuberkulose), sollten bei gleichzeitig bestehendem Fieber und produktivem Husten immer eine mikroskopische und auch eine kulturelle Untersuchung des Sputums veranlaßt werden. Wenn es nicht gelingt, im Sputum den Erreger nachzuweisen, ist die Sputuminduktion (s. unter PcP) bzw. eine Bronchoskopie mit Lavage indiziert. Bei Lymphknotentuberkulose steht die Gewebeuntersuchung im Vordergrund, wobei das typische Granulomgewebe fehlen kann, so daß hier die Diagnose durch den mikroskopischen bzw. kulturellen Erregernachweis gesichert werden muß. Auch Eiter aus fistelnden Wunden und Stuhl bei starken Durchfällen sollte immer mikroskopisch und kulturell auf Tuberkulose-Erreger untersucht werden.

Der Tine-Test ist diagnostisch nur in den Vorstadien von AIDS verwertbar. Bei Patienten mit ausgeprägtem Immundefekt (CD_4 + T_H-Lymphozyten <100/µl) fällt er selbst bei nachgewiesener Tuberkulose in der Regel negativ aus.

Therapie. Die Behandlung der Tuberkulose bei Patienten mit schwerem Immundefekt besteht in einer Kombination aus 5 Tuberkulostatika. Rifampicin und INH werden dabei täglich gegeben; EMB und Streptomycin alternierend jeden 2. Tag und PZA täglich über die Dauer von 8 Wochen. Bei Unverträglichkeit gegenüber einem der oben angegebenen Medikamente gibt man PTH oder einen Gyrase-Hemmer. Möglicherweise stehen mit neuen Erythromycin-Derivaten weitere wirksame Tuberkulostatika zur Verfügung, jedoch sind die klinischen Studien zur Bewertung dieser Substanzen noch nicht abgeschlossen.

Mykobakteriosen durch ubiquitär vorkommende Mykobakterien (UVM)

Epidemiologie. UVM sind säurefeste Bakterien, die zur normalen Umgebungsflora gehören. Sie können aus Bodenproben, Trink- und Abwässern, Fäkalien, insbesondere Tierfäkalien, isoliert werden.

Die UVM-Stämme haben z. T. unterschiedliche Virulenz für den Menschen. M. kansasii und M. xenopi können gelegentlich auch bei immunkompetenten Personen Krankheiten auslösen. Mycobacterium avium intracellulare (MAI) ist die bei AIDS-Patienten am häufigsten vorkommende Spezies.

Je ausgeprägter der Immundefekt ist und je länger die Patienten die AIDS-Manifestation überleben, um so häufiger erkranken sie letztlich an einer MAI-Infektion, wobei bei vielen Patienten die Diagnose erst post mortem gestellt wird.

Übertragung und Pathogenese. Die Infektion mit MAI erfolgt vermutlich über die Nahrung und das Trinkwasser. Eine Infektion von Mensch zu Mensch ist bislang nicht beobachtet worden. Nach der Aufnahme über den Gastrointestinaltrakt kann es zu einer Kolonisation kommen, bei der die Erreger im Stuhl ausgeschieden werden. Ob und zu welchem Zeitpunkt es nach der Kolonisation zu einer Dissemination über das Blut in alle Organe kommt, hängt von der Funktionsfähigkeit der Makrophagen und damit vom Ausmaß des Immundefektes des Betroffenen ab. Bei Patienten mit ausgeprägtem Immundefekt lassen sich die Erreger häufig in Leber, Milz, Lymphknoten und Knochenmark sowie im Verdauungstrakt nachweisen. Histologisch findet sich in den befallenen Organen das Bild einer mykobakteriellen Histiozytose.

Klinik. Leitsymptom einer MAI-Infektion sind andauerndes Fieber, allgemeine Schwäche und progredienter Gewichtsverlust. Da dies im einzelnen wenig charakteristische Symptome sind, müssen andere Erkrankungen ausgeschlossen werden. Bei MAI-Erkrankungen findet sich häufig eine generalisierte Lymphknotenschwellung, wobei auch die intraabdominellen und intrathorakalen Lymphknoten vergrößert sein können. Selten dagegen sind eine ausschließliche MAI-Infektion der Lunge und eine Meningitis mit MAI.

Diagnose. Die wichtigste diagnostische Maßnahme bei Verdacht auf MAI-Erkrankung ist das Anlegen einer Blutkultur. Auch andere Materialien, insbesondere Gewebeproben, z. B. Biopsiematerial aus Lymphknoten, Leber und Knochenmark kommen für den Erregernachweis in Frage, wobei zusätzlich zu der mikroskopischen Untersuchung immer auch eine Kultur angelegt werden sollte. Auch Stuhl ist bei Durchfall mikroskopisch und kulturell auf säurefeste Stäbchen zu untersuchen. Zum Nachweis intraabdomineller Lymphknoten ist neben der Sonographie die CT geeignet.

Therapie. Die Behandlung der MAI-Erkrankung ist schwierig. Wegen z. T. erheblicher Nebenwirkungen der Medikamente sollte die Therapie nur bei ausreichender Sicherung der Diagnose durchgeführt werden. Hierzu gehören neben dem kulturellen Nachweis auch die entsprechenden körperlichen Beschwerden (s. o.).

Ggf. wird eine Fünfer-Kombination aus EMB, Rifabutin, Clofazimin und Amikazin sowie einem der neuen Erythromycin-Derivate empfohlen. Die Effektivität dieser Kombination ist aber noch nicht ausreichend gesichert.

Vielfach bedeutet diese Therapie eine größere Belästigung für die Patienten als die nur sehr langsam fortschreitende Erkrankung durch MAI.

Sonstige bakterielle Infektionen

Bakterielle Infektionen treten in allen Stadien der HIV-Infektion häufiger als bei immunkompetenten Personen auf. Es besteht eine Korrelation zwischen dem Ausmaß des Immundefektes, dem Erregerspektrum bakterieller Infektionen und der Schwere des Krankheitsbildes (s. Tabelle 14.5). So kommt die Salmonellen-Enteritis zwar in allen Stadien der HIV-Infektion häufig vor, doch ist mit einer Sepsis durch Enteritis-Salmonellen erst ab Stadium ARC zu rechnen. Ein Rezidiv der Salmonellen-Sepsis ist immer ein Hinweis auf einen schweren Immundefekt und gilt deshalb als „AIDS-Marker".

Die Rolle der bakteriellen Infektionen im Rahmen der HIV-Infektion ist noch nicht genau definiert. Es gibt Erreger wie ***Streptococcus pneumoniae*** und ***Haemophilus influenzae***, die auffallend häufig schon im Stadium des Lymphadenopathie-Syndroms bzw. im Stadium des ARC Infektionen z. B. schwere Pneumonien verursachen können. Das gleiche Spektrum bakterieller Erreger findet sich bei der foudroyant verlaufenden Sepsis nach Milz-Exstirpation; auch bei Verlust der Milz kommt es wie im Verlauf der HIV-Infektion zu einer zellulären Immundefizienz.

Andere Streptokokken-Spezies, Staphylococcus aureus, verschiedene Pseudomonas-Arten und Nocardien, werden bei Patienten mit HIV-Infektion ebenfalls deutlich häufiger als bei Immunkompetenten als Sepsis-Erreger nachgewiesen. Staphylococcus aureus ist der Leitkeim bei HIV-infizierten Drogensüchtigen. In den Vorstadien von AIDS steht der Abszeß und die Pyodermie im Vordergrund; bei zunehmender Abwehrschwäche kann es zu einer Sepsis kommen, bei der wie bei der Salmonellen-Sepsis nach Absetzen der Antibiotika mit einem Rezidiv gerechnet werden muß. Dagegen ist die bei Leukämie-Kranken und Tumor-Patienten gefürchtete Sepsis durch gramnegative Bakterien wie E. coli, Klebsiella sp. u. a. bei AIDS-Patienten selten.

Der Verlauf der ***Sepsis*** bei HIV-infizierten Patienten weist einige Besonderheiten auf. Bei ausgeprägtem Immundefekt kommt es trotz Nachweis der Keime in der Blutkultur nahezu nie zu dem Vollbild eines septischen Schocks mit Verbrauchskoagulopathie. Ursächlich für dieses Phänomen ist das Fehlen von Zellmediatoren. Trotzdem stellt die bakterielle Sepsis für AIDS-Patienten eine ernste Bedrohung dar, die unbehandelt nach wenigen Tagen zum Tode führen kann. Die wichtigste diagnostische Maßnahme bei Verdacht auf Sepsis ist das Anlegen einer Blutkultur, die bei allen unklaren Fieberzuständen durchgeführt werden sollte. Es empfiehlt sich, unmittelbar nach Abnahme der Blutkultur mit der antibakteriellen Therapie zu beginnen und nicht zuvor das Ergebnis der bakteriologischen Untersuchung abzuwarten. Bei der Wahl des Antibiotikums muß das in Tabelle 14.5 angegebene Erregerspektrum berücksichtigt werden. Geeignet für eine derartige Therapie sind Gyrase-Hemmer, die gegenüber der Mehrzahl der AIDS-typischen bakteriellen Erreger wirksam sind. Bei Versagen kann statt Gyrase-Hemmer ggf. Imipenem gegeben werden.

14.6.3 Virusinfektionen

Herpes-simplex-Infektion

Übertragung und Pathogenese. Die Übertragung von Herpes-simplex-Viren erfolgt durch virushaltigen Speichel und direkten Schleimhaut- zu Schleimhaut- bzw. Schleimhaut- zu Hautkontakt. Auch Tröpfchen-Infektionen kommen vor. Nach überstandener Herpes-simplex-Primärinfektion persistiert der Erreger im Organismus. Ausgehend von der latent vorhandenen Infektion kann es im späteren Leben immer wieder zu einer Reaktivierung der Herpes-simplex-Infektion kommen. So dürften die meisten Herpes-Erkrankungen im Erwachsenenalter auf eine Reaktivierung zurückzuführen sein, selbst wenn auch exogene Reinfektionen möglich sind.

Erkrankungen durch das HSV sind bei Menschen mit Immundefekt deutlich häufiger als bei gesunden Normalpersonen. Bei Patienten mit HIV-Infektion besteht, wie auch bei nahezu allen anderen Erregern, eine Abhängigkeit zwischen Erkrankungshäufigkeit und Schwere der Erkrankung und dem Ausmaß des Immundefektes.

Klinik. Die häufigste Manifestation einer Erkrankung durch das HSV sind Schleimhautläsionen, die sehr schmerzhaft sein können. Sie heilen auch in den Vorstadien von AIDS in der Regel spontan nach wenigen Tagen ab.

Bei Patienten mit ausgeprägtem Immundefekt können aus den kleinen Läsionen sich ständig vergrößernde, mukokutane Ulzera werden, die bis in die Subkutis reichen und keinerlei Tendenz zur Selbstheilung haben. Diese Form der Herpes simplex wird als nekrotisierender Herpes bezeichnet und gilt als AIDS-definierende Erkrankung. An dieser Stelle sei darauf hingewiesen, daß bei der überwiegenden Mehrzahl der AIDS-Patienten vorzugsweise die Genital-/Analregion befallen ist. Gelegentlich werden schwere Pneumonien bei AIDS-Patienten, die auf das HSV zurückzuführen sind, beobachtet.

Diagnose. Zur Diagnose der HSV-Infektion s. S. 797.

Therapie. Die Therapie der Wahl ist die i.v.-Gabe von Aciclovir. Bei empfindlichen Stämmen muß es innerhalb von 48 Stunden zu einer klinischen Besserung und Rückgang der Schmerzen kommen. Auch große mukokutane Ulcera heilen meist mit Narbenbildung und Depigmentierung ab. Bei fehlendem Ansprechen steht mit Foscarnet ein weiteres Medikament mit einer guten Wirksamkeit gegen HSV zur Verfügung. Nach erfolgreicher Behandlung sind Rezidive häufig. Diese werden wie die Ersterkrankung behandelt. Eine Dauerprophylaxe ist nur in Ausnahmefällen indiziert.

Varizella-zoster-Virus (VZV)

Epidemiologie. Nahezu alle Mitteleuropäer sind mit dem VZV infiziert. Der Mensch ist das einzig bekannte Erreger-Reservoir dieses Virus.

Patienten mit HIV-Infektion erkranken bereits im Stadium des LAS etwa zehnmal so häufig wie Normalpersonen an einem Herpes zoster. Je ausgeprägter der Immundefekt ist, um so häufiger kommt es zu einer Reaktivierung des VZV, und um so schwerer ist der Krankheitsverlauf.

Klinik. Bei Patienten mit schwerem Immundefekt können mehrere Hautsegmente befallen sein (Zoster multiplex). Auch eine Dissemination, die klinisch dem Bild der Varizellen ähneln kann, wird gelegentlich bei AIDS-Patienten beobachtet. Eine weitere schwere Erkrankung durch das VZV bei AIDS-Patienten ist die Pneumonie. VZV-Erkrankungen gelten bislang nicht als AIDS-Marker, obwohl sie sehr schwer verlaufen können.

Diagnose (s. S. 801)

Therapie. Selbst wenn in den Vorstadien von AIDS der Herpes zoster spontan abheilt, wird die Behandlung mit Aciclovir empfohlen. Bei AIDS-Patienten ist die i.v.-Gabe von Aciclovir obligat.

Zytomegalo-Virus (CMV)

Übertragung und Pathogenese. Das CMV kann durch sexuelle Kontakte, durch Blut und Blutprodukte sowie perinatal übertragen werden. Bei HIV-infizierten Patienten kann es in Abhängigkeit vom Ausmaß des Immundefektes jederzeit zu einer Reaktivierung der latenten Infektion kommen. Besonders häufig manifestiert sich das endogene CMV-Rezidiv als nekrotisierende Retinitis oder als ulzerative Darmerkrankung.

Klinik. Die folgenschwerste Erkrankung ist die CMV-Retinitis. Bei vielen Patienten bestehen in der Initialphase keine Beschwerden. Die Sehverschlechterung läßt auf einen fortgeschrittenen Prozeß schließen. Als Folge einer lang bestehenden CMV-Retinitis kann es zu Erblindung trotz Therapie (s.u.) kommen.

Gelegentlich kommen Pneumonien, die auf eine CMV-Infektion zurückzuführen sind, vor. Auch andere Organe, insbesondere der Gastrointestinal-Trakt, können betroffen sein. Die intestinale Manifestation einer CMV-Erkrankung äußert sich im Ösophagus mit starken retrosternalen Schmerzen und im Kolon mit persistierenden Durchfällen. Im Spätstadium von AIDS kommt es bei vielen Patienten zu einem disseminierten Befall mit dem CMV. Inwieweit es sich hier um eine relevante Erkrankung oder um ein präfinales Geschehen ohne nennenswerten Krankheitswert handelt, ist noch nicht geklärt.

Diagnose. Die Verdachtsdiagnose auf das Vorliegen einer CMV-Erkrankung ergibt sich zunächst aufgrund der klinischen Beschwerden. Die CMV-Retinitis wird fundusskopisch gestellt. Bei intestinalen Symptomen lassen sich endoskopisch Ulcera nachweisen. Zur Absicherung der Diagnose ist in diesem Fall eine Biopsie zum Nachweis der CMV-spezifischen „Eulenaugen-Zellen“ notwendig. Der Nachweis von Antikörpern der IgG-Klasse ist differentialdiagnostisch nur insofern zu bewerten, als ein negatives Ergebnis eine CMV-Reaktivierung als Ursache des Krankheitsbildes nahezu ausschließt. Bei Patienten mit fortgeschrittenem Immundefekt lassen sich trotz aktiver CMV-Erkrankung Antikörper der IgM-Klasse nur sehr selten nachweisen. Gelegentlich zeigt sich ein Titeranstieg der IgG-Antikörper und IgA-Antikörper gegen CMV. Das Vorhandensein von CMV-Antigen in Urin und anderen Körpermaterialien ist kein Beweis für eine CMV-Erkrankung. Da bei Patienten im Endstadium von AIDS nahezu alle Organe mit CMV befallen sein können, ist die Interpretation histologischer Ergebnisse schwierig. Um ein Krankheitsbild auf eine CMV-Exazerbation zurückzuführen, werden deshalb heute das Vorhandensein von IgG-Antikörpern und der typische histologische Befund, „Eulenaugen-Zellen“ sowie Zeichen einer Nekrose in den Gewebsproben gefordert. Zusätzlich sollte der Erregernachweis im Bioptatmaterial durch immunhistochemische Methoden gesichert sein.

Immunhistochemische Nachweismethoden und die Polymerasekettenreaktion auf CMV dürften in Zukunft als diagnostische Maßnahmen an Bedeutung gewinnen.

Therapie. Die Therapie der CMV-Erkrankung besteht in Ganciclovir, einem Medikament, das bei längerer Behandlung in Abhängigkeit von der Dosis myelotoxisch wirken kann. Bei ungenügendem Ansprechen auf Ganciclovir steht Foscarnet zur Verfügung. Nach erfolgreicher Behandlung einer CMV-Retinitis ist zur Vermeidung eines Rezidivs eine lebenslange Behandlung mit Ganciclovir in verringerter Dosierung notwendig.

14.6.4 Sonstige AIDS-definierende Erkrankungen

HIV-Enzephalopathie

Epidemiologie. Bei etwa 5% der Patienten manifestiert sich das Endstadium AIDS mit einer HIV-Enzephalopathie (s. Tabelle 14.6). In Abhängigkeit von der Überlebensdauer nach der AIDS-Manifestation steigt die Zahl der Patienten, bei denen eine HIV-Enzephalopathie auftritt, deutlich an. Etwa 30% derjenigen Patienten, die länger als 18 Monate die AIDS-Manifestation überleben, haben Zeichen einer beginnenden HIV-Enzephalopathie.

Pathogenese. Die HIV-Enzephalopathie ist keine durch einen Opportunisten hervorgerufene Erkrankung, sondern sie ist direkt auf die Einwirkung des HIV im Gehirn zurückzuführen. Eine Reihe von Zellarten des Gehirns kann entweder direkt oder über CD4-Oberflächenantigene mit dem HIV infiziert werden. Offensichtlich kann die HIV-Infektion über infizierte Monozyten/Makrophagen die Blut-/Hirnschranke passieren und in das Nervensystem eindringen.

Klinik. Die HIV-Enzephalopathie nimmt häufig bereits bei HIV-infizierten Patienten, die noch keinen nennenswerten Immundefekt haben, ihren Anfang. Die ersten Symptome sind eine Leistungsminderung,

Tabelle 14.6. Andere AIDS-definierende Erkrankungen

Krankheitsbild	Pathogenese	Leitsymptome	Diagnostische vorgehend und richtungweisende Befunde
HIV-Enzephalopathie	Infektion verschied. Zellarten des ZNS mit HIV	Konzentrations-/Gedächtnisstörungen mentale Verflachung fortschreitende Demenz CD4+ Zellen ≤500	EEG: Verlangsamung CT: äußere und innere Hirnatrophie Lumbalpunktion: normale oder leicht erhöhte Zellzahl, deutliche Eiweißerhöung im Liquor, Nachweis autochthoner Antikörper gegen HIV
Wasting-Syndrom	ungenügende enterale Resorption (HIV-bedingt)	allgemeine Schwäche, vorgealtert rezidivierende Durchfälle progredienter Gewichtsverlust CD4+ Zellen ≤100	schwere Kachexie infektiöse und tumoröse Ursachen ausschließen

Beeinträchtigung des Gedächtnisses und Konzentrationsstörungen. Im weiteren Verlauf kommt eine mentale Verflachung dazu, die Patienten nehmen an ihrer Umwelt kaum Anteil und vernachlässigen sich. Das Ende ist eine schwere Demenz.

Diagnose. EEG: Verlangsamte elektrische Hirntätigkeit verglichen mit gesunden Personen. **CT und NMR:** Typisch ist eine äußere und innere Hirnatrophie, die im weiteren Krankheitsverlauf zunimmt. Fokale Läsionen dagegen sind bei der HIV-Enzephalopathie nicht zu finden. **Lumbalpunktion:** Typisch ist eine Vermehrung der Gesamtproteine bei normaler oder nur leicht erhöhter Zellzahl. Es lassen sich autochthone Antikörper gegen HIV nachweisen. Auch der Antigen-Nachweis und die HIV-Anzucht im Liquor gelingen in der Regel. Die HIV-Enzephalopathie muß gegen andere, meist virusbedingte Enzephalitiden abgegrenzt werden.

Therapie. Bei HIV-Enzephalopathie ist ein Versuch mit Retrovir® angezeigt. Bei Versagen beschränkt sich die Therapie auf symptomatische Maßnahmen.

Wasting-Syndrom (AIDS-Kachexie-Syndrom)

Epidemiologie. Das Wasting-Syndrom (s.Tabelle 14.6) kommt als AIDS-Manifestation etwa gleich häufig wie die HIV-Enzephalopathie vor. Auch die Häufigkeit im Spätstadium beträgt etwa 30%.

Pathogenese. Die Pathogenese des Wasting-Syndroms ist bislang nicht geklärt. Als Ursache für den progredienten Gewichtsverlust wird eine ungenügende enterale Resorption diskutiert, die möglicherweise auf die Infektion von Darmepithelien mit dem HIV zurückzuführen ist. Auch an bislang nicht bekannte Opportunisten als Ursache des Wasting-Syndroms muß gedacht werden.

Klinik. Das Wasting-Syndrom ist gekennzeichnet durch einen progredienten Gewichtsverlust, bei dem die Patienten bis zu einem Skelett abmagern können. Der Gang der Patienten ist langsam und schleppend, die Haltung gebückt, die Patienten wirken vorgealtert, die Haut ist trocken, das Haar schütter. Bei einigen Patienten besteht gleichzeitig eine HIV-Enzephalopathie; andere sind bis zum Tod geistig normal leistungsfähig.

Die meisten Patienten mit Wasting-Syndrom leiden unter immer wiederkehrenden Durchfallepisoden, bei denen sich keine Erreger, weder im Stuhl noch in Schleimhautbiopsien, nachweisen lassen.

Diagnose. Die Diagnose ergibt sich aufgrund des klinischen Bildes und der Gesamtkonstellation. Patienten mit Wasting-Syndrom zeigen immer eine extreme Abwehrschwäche, die sich in sehr niedrigen CD_4+ T_H-Lymphozyten-Zahlen ausdrückt.

Therapie. Die wichtigste therapeutische Maßnahme besteht in einer hochkalorischen Ernährung und ausreichender Substitution von Vitaminen. Da die Resorption gestört ist, empfiehlt sich ein Versuch mit parenteraler Ernährung und Vitaminsubstitution. Bei einigen Patienten bessert sich das Krankheitsbild unter Steroid-Behandlung. Auch die Behandlung mit Anabolika führt gelegentlich zu einer Gewichtszunahme.

Kaposi-Sarkom

Epidemiologie. Das Kaposi-Sarkom (KS) (Tabelle 14.7) ist bei 15–20% aller AIDS-Patienten die Erstmanifestation von AIDS. Weitere 15–20% erkranken an einem KS, nachdem AIDS sich zuvor mit einer anderen Komplikation manifestiert hat. Besonders häufig ist das KS bei Homosexuellen. Bei Drogensüchtigen und Haemophiliepatienten dagegen ist es ausgesprochen selten.

Pathogenese. Das KS ist ein von Gefäßendothelien ausgehender Tumor, der von Anfang an multilokulär wachsen kann. Es wird heute angenommen, daß bei der Genese des KS ein zweites infektiöses Agens eine Rolle spielt. Das KS kommt bei Patienten mit Immundefizienz unterschiedlicher Genese, z. B. nach Organtransplantation, deutlich häufiger als bei Normalpersonen vor. Bei Patienten mit HIV-Infektion kann das KS dem Immundefekt vorausgehen. In diesen Fällen ist der Verlauf meist protrahiert, während bei Patienten mit ausgeprägtem Immundefekt das KS sich rasch im Organismus ausbreitet, was einer progredienten Verschlechterung gleichkommt.

Klinik. Das KS beginnt meist an der Haut, seltener an der Mundschleimhaut. Gelegentlich ist als erstes ein Lymphknoten befallen. Die Flecken können zu Beginn mit anderen Effloreszenzen verwechselt werden. Sie sind klein, rötlich-livide, länglich nach den Spaltlinien der Haut angeordnet. Sie können einzeln oder von Anfang an disseminiert auftreten. Im weiteren Verlauf nehmen sie an Zahl und Größe zu und be-

Tabelle 14.7. AIDS-definierende Tumoren

Krankheitsbild	Pathogenese	Leitsymptome	Diagnostische vorgehend und richtungweisende Befunde
Kaposi-Sarkom	von den Gefäßendothelien ausgehend multilokulär wachsend, möglicherweise durch infektiöses Agens induziert	Haut und Schleimhaut; livide, leicht erhobene Flecken, an Zahl und Größe zunehmend. Befall von Lymphknoten u. inneren Organen häufig, Ausnahme ZNS, CD_4+ Zellen können normal oder deutlich erniedrigt sein.	Biopsie: typische Malignitätszeichen (polymorph; infiltrativ; schlecht begrenzt) und Nachweis von Endothelzellen mittels Immunhistochemie
Maligne Non-Hodgkin-Lymphome	assoziert mit Immundefizienz unterschiedlicher Genese, besonders häufig bei HIV-Infektion	rasch wachsende Lymphknoten, Splenomegalie, Rundherde in verschiedenen Organen, z.B. Lunge, Gehirn. Typ. Allgemeinsymptome: Fieber, Anämie, Leistungsschwäche, Nachtschweiß CD_4-Zellen können normal oder deutlich erniedrigt sein	Bei peripheren LK-Vergrößerungen: Biopsie und Histologie Sonographie und CT von Thorax und Abdomen zum Nachweis von Lymphknoten und Organveränderungen Knochenmarkbiopsie und Histologie CT von ZNS wegen Lymphom

decken zum Teil große Hautareale. Nicht selten ulzeriert das KS.

Da das KS auch das Lymphsystem einbeziehen kann, sind starke Schwellungen der peripheren Körperteile häufig. Alle inneren Organe können befallen sein, wobei das ZNS eine Ausnahme darstellt. Die klinischen Symptome sind Atemnot bei Lungen-KS, gastrointestinale Blutungen und gelegentlich Ileussymptomatik beim intestinalen KS.

Diagnose. Die Diagnose wird bioptisch gesichert. Beweisend ist der immunhistochemische Nachweis von Endothelzellen bei einem malignen Tumor.

Therapie. Die Behandlung des KS ist in den verschiedenen Stadien der Erkrankung unterschiedlich. Das beginnende KS bei Patienten mit Helferzellen über 250/μl spricht zum Teil auf Interferon an.

Bei fortgeschrittenem KS und ausgeprägtem Immundefekt versagt Interferon. Die Chemotherapie – allein oder zusammen mit Corticosteroiden – wird vor allem bei Befall lebenswichtiger Organe (Lunge) angewandt.

Maligne Lymphome

Epidemiologie. Maligne Non-Hodgkin-Lymphome (NHL) (s.Tabelle 14.7) sind wie das KS AIDS-definierende Tumoren. In Europa manifestiert sich das Endstadium bei etwa 5% der Patienten mit einem NHL. Weitere 5–10% der Patienten erkranken zu einem späteren Zeitpunkt an dieser Tumorart.

Pathogenese. Generell bedeutet jede Immundefizienz ein erhöhtes Risiko, an einem NHL zu erkranken. Unter dem Begriff NHL verbergen sich verschiedene Lymphome, die hinsichtlich Histologie, Pathogenese und Prognose Unterschiede aufweisen. B-Zell-Lymphome sind wahrscheinlich durch Epstein-Barr-Virus induziert. Auch Retroviren spielen eine Rolle. So wird ein Zusammenhang zwischen T-Zell-Lymphomen und HTLV-1 vermutet.

Klinik. Grundsätzlich sollte bei jeder Lymphknotenvergrößerung an ein NHL gedacht werden. Insbesondere sind rasch sich vergrößernde Knoten verdächtig. Aber auch eine ausschließlich extranoduläre Manifestation des NHL kommt bei AIDS-Patienten häufig vor. So ist das NHL des Gastrointestinaltraktes keine Seltenheit. Schmerzen, Inappetenz und Zeichen eines Ileus können im Vordergrund stehen. Auf ein primäres NHL des Gehirns weisen je nach Lokalisation sehr unterschiedliche Symptome wie Antriebsstörungen, Krampfanfälle, Gangstörungen und Lähmungserscheinungen hin. Nicht selten zeigen sich zunächst nur Allgemeinsymptome wie Fieber, Nachtschweiß, progredienter Gewichtsverlust und Anämie.

Diagnostik. Für ein NHL gibt es keine beweisende Laborparameter. Die CD_4+T_H-Lymphozyten können noch normal, aber auch deutlich erniedrigt sein; in der Mehrzahl der Fälle sind sie <250/µl. Jeder verdächtige Lymphknoten sollte, soweit dies möglich ist, entfernt und histologisch untersucht werden.

Bei Verdacht auf ein NHL, das noch nicht lokalisiert werden konnte, empfiehlt sich folgendes Vorgehen:

- Röntgenaufnahme und CT von Thorax und Abdominalorganen
- Beckenkammbiopsie
- Endoskopie mit Biopsie verdächtiger Herde

Bei Verdacht auf ein NHL des Gehirns:

- Kraniale Computer-Tomographie
- Lumbalpunktion und zytologische bzw. immunologische Charakterisierung der Liquorzellen

Therapie. Folgende Behandlungsmöglichkeiten des NHL stehen zur Verfügung:

- Operation: sinnvoll bei solitärem Befall eines Organs, z.B. Magen
- Radiotherapie (z.B. bei ZNS-Lymphom)
- Chemotherapie mit der Kombination verschiedener Substanzen, z.B. CHOP-Schema (Cyclophosphamid, Adriamycin, Vincristin und Prednison)
- Kombination von Radiotherapie plus Chemotherapie

Trotz Immundefekt sollte bei AIDS-Patienten eine Behandlung des NHL durchgeführt werden. Unter der Behandlung mit Chemotherapeutika (evtl. reduzierte Dosis) ist auch bei vielen AIDS-Patienten mit einer Remission zu rechnen.

15 Antibakterielle Chemotherapie

C. Simon

INHALTSÜBERSICHT

15.1 Definition und Einteilung antibakterieller Substanzen ... 588
15.2 Historie ... 588
15.3 Antibakterielle Wirkung ... 590
15.4 Resistenz ... 591
15.5 Pharmakokinetik ... 592
15.6 Nebenwirkungen ... 593
15.7 Applikation und Dosierung ... 593
15.8 Eigenschaften der wichtigsten Antibiotika ... 596
15.8.1 Penizilline ... 596
15.8.2 Cephalosporine ... 600
15.8.3 Clavulansäure-Amoxycillin-Kombination (Augmentan) ... 602
15.8.4 Imipenem und Cilastatin ... 603
15.8.5 Aminoglykoside ... 603
15.8.6 Tetrazykline ... 604
15.8.7 Chloramphenicol ... 605
15.8.8 Erythromycin ... 605
15.8.9 Clindamycin ... 606
15.8.10 Vancomycin ... 606
15.8.11 Sulfonamide ... 606
15.8.12 Trimethoprim/Sulfonamid (Cotrimoxazol) ... 607
15.8.13 Gyrase-Hemmer ... 607
15.8.14 Nitrofurantoin ... 608
15.8.15 Metronidazol ... 609

15.1 Definition und Einteilung antibakterieller Substanzen

Antibiotika sind von *Pilzen* oder *Bakterien* gebildete Stoffe, die das Wachstum von anderen Mikroorganismen hemmen oder diese abtöten.

Dagegen bezeichnet man als ***antibakterielle Chemotherapeutika*** alle in der Natur nicht vorkommenden *synthetisch* gewonnenen Substanzen mit antibakterieller Wirkung. Allerdings werden heute die antibakteriell wirksamen Chemotherapeutika häufig ebenfalls als Antibiotika bezeichnet.

Eine Einteilung der Antibiotika und Chemotherapeutika ist hinsichtlich ihrer *chemischen Struktur*, ihrer *biologischen Herkunft* oder nach der *therapeutischen Anwendung* möglich. Nach diesen Gesichtspunkten lassen sich verschiedene Gruppen bilden (Tabellen 15.1–15.3). Bei den Substanzen mit der gleichen Struktur (z. B. den Aminoglykosiden) ähneln sich Wirkungsmechanismus und Wirkungsspektrum; derartige Substanzen führen in der Regel zu einer partiellen Kreuzresistenz der Bakterien; auch weisen sie eine ähnliche Toxizität für den Makroorganismus auf.

Auch eine Einteilung nach der *Breite des erfaßten bakteriellen Spektrums* läßt sich durchführen. Man unterscheidet dementsprechend Breitspektrum- und Schmalspektrum-Antibiotika. ***Schmalspektrum***-Antibiotika wirken nur gegen bestimmte Erreger (z. B. Staphylokokken, Pseudomonas oder Tuberkelbakterien), während ***Breitspektrum***-Antibiotika ein mehr oder weniger breites Wirkungsspektrum haben. Als ***Lokalantibiotika*** bezeichnet man solche Mittel, welche wegen ihrer Toxizität nur lokal anwendbar sind (z. B. Neomycin, Paromomycin, Bacitracin).

15.2 Historie

Als erstes ***Sulfonamid*** wurde 1908 Sulfonilamid synthetisiert. G. ***Domagk*** entdeckte 1932 im Tierversuch seine antibakterielle Wirkung und erhielt dafür 1939 den Nobelpreis für Medizin.

Tabelle 15.1. Einteilung der β-Lactam-Antibiotika

Gruppe	Untergruppe	Wichtige Derivate
Penizilline	Benzyl-Penizilline	Benzylpenicillin-Natrium Procain-Benzylpenicillin Benzathin-Benzylpenicillin
	Phenoxy-Penizilline	Phenoxymethylpenicillin Propicillin
	Aminobenzyl-Penizilline	Ampicillin Amoxycillin Pivampicillin Bacampicillin
	Acylamino-Penizilline	Azlocillin Mezlocillin Piperacillin
	Carboxy-Penizilline	Carbenicillin Carindacillin Ticarcillin Temocillin
	Isoxazolyl-Penizilline	Oxacillin Clocacillin Dicloxacillin Flucloxacillin
	Amidin-Penizillin	Mecillinam
Cephalosporine	Cefazolin-Gruppe	Cefazolin Cefazedon
	Cefuroxim-Gruppe	Cefuroxim Cefamandol Cefotiam
	Cefoxitin-Gruppe	Cefoxitin Cefotetan Latamoxef Flomoxef
	Cefotaxim-Gruppe	Cefotaxim Ceftriaxon Ceftizoxim Cefmenoxim Ceftazidim
	Ältere Oralcephalosporine	Cefalexin Cefaclor Cefadroxil Cefradin
	Neuere Oralcephalosporine	Cefixim Cefetamet Cefuroxim-Axetil Loracarbef Cefotiam-Hexetil
	Sonstige Cephalosporine	Cefsulodin Cefoperazon
Carbapeneme	–	Imipenem
Monobactame	–	Aztreonam
β-Lactamase-Hemmer	–	Clavulansäure Sulbactam Tazobactam

Tabelle 15.2. Einteilung der Anitibiotika (ohne β-Lactame)

Gruppe	Untergruppe	Wichtige Derivate
Aminoglykoside	Ältere Aminoglykoside	Streptomycin
		Neomycin
		Paromomycin
		Kanamycin
		Spectinomycin
	Neuere Aminoglykoside	Gentamicin
		Sisomicin
		Tobramycin
		Netilmicin
		Amikacin
Bakteriostatische Breitspektrum-Antibiotika	Tetracycline	Tetracyclin
		Oxytetracyclin
		Doxycyclin
		Minocyclin
	Chloramphenicol-Gruppe	Chloramphenicol
		Thiamphenicol
Schmalspektrum-Antibiotika	Makrolide	Erythromycin
		Josamycin
		Roxythromycin
		Azithromycin
		Spiramycin
	Polymyxine	Polymyxin B
		Colistin
	Lincosamide	Lincomycin
		Clindamycin
Zellwandantagonisten (keine β-Lactame)	Glykopeptide	Vancomycin
		Teicoplanin

1928 beobachtete ***Fleming*** die antibakterielle Wirkung eines zufällig auf eine Kulturplatte geratenen Schimmelpilzes. Er züchtete den Pilz, Penicillium notatum, in Nährbouillon und gab dem darin enthaltenen antibakteriell wirkenden Agens den Namen „***Penizillin***".

1939 erfolgten die Reindarstellung des Penizillin G, In-vitro-Teste und erste Tierversuche durch Florey, Chain und Abraham.

Unter den Aminoglykosiden wurde zuerst ***Streptomycin*** 1943 von der Arbeitsgruppe um S. A. Waksman entdeckt und weiterentwickelt.

15.3 Antibakterielle Wirkung

Wirkungsweise: Während bei einigen Antibiotika nur die Vermehrung der Bakterien gehemmt wird (***Bakteriostase***), kommt es bei anderen Antibiotika zu einer Keimabtötung (***Bakterizidie***).

Die wichtigsten ***bakteriziden*** Antibiotika sind die Penizilline und Cephalosporine sowie die Aminoglykoside. Die Penizilline und Cephalosporine wirken nur auf proliferierende Bakterien bakterizid (sekundär bakterizid), während die Aminoglykoside auch gegen ruhende Bakterien (primär bakterizid) wirken.

Die bakterizide Wirkung kann verschieden lange Einwirkungszeiten erfordern; von einer klinisch relevanten Bakterizidie spricht man erst dann, wenn innerhalb von 4 h nach Einwirkungsbeginn mindestens 99 % aller Bakterien abgetötet worden sind.

Die antibakterielle Wirksamkeit eines Antibiotikums auf einen Bakterienstamm kann in vitro durch Bestimmung der ***minimalen Hemmkonzentration (MHK)*** im Reihenverdünnungstest beurteilt werden. Sie ist definiert als diejenige Konzentration, welche zur kompletten Wachstumshemmung nach 18–24 h führt. Die MHK ist abhängig von der Keimeinsaat, dem Nährboden und der Bebrütungszeit.

Tabelle 15.3. Einteilung der antibakteriellen Chemotherapeutika

Gruppe	Derivate
Sulfonamide	Kurzzeit-Sulfonamide Mittelzeit-Sulfonamide Langzeit-Sulfonamide Ultralangzeit-Sulfonamide
Sulfonamid-Diaminopyrimidin-Kombinationen	Co-Trimoxazol Co-Trimetrol Co-Trimazin
Nitrofurane	Nitrofurantoin Nitrofurazon
Ältere Gyrase-Hemmer	Nalidixinsäure Oxolinsäure Pipemidsäure Cinoxacin
Neuere Gyrase-Hemmer	Norfloxacin Ofloxacin Ciprofloxacin Enoxacin Fleroxacin Pefloxacin
Nitroimidazole	Metronidazol Tinidazol Ornidazol

Einfacher als der ***Reihenverdünnungsversuch*** ist der ***Blättchen-Diffusionstest***. Dabei wird eine radiäre Diffusion des Antibiotikums von einem Antibiotika-haltigen Filterpapierblättchen in den festen Nährboden zur Beurteilung der Antibiotika-Wirksamkeit benutzt. Sensible Stämme bilden einen mehr oder weniger großen Hemmhof um das Testblättchen. Der Blättchen-Test ist stark abhängig von der Einsaatdichte, dem Medium, der Agar-Schichthöhe, der Stabilität des Antibiotikums sowie der Diffundierbarkeit des Antibiotikums im Agar. Die Korrelation zwischen MHK und Blättchen-Test ist relativ schlecht; bei einer MHK von 2 mg/l können Hemmhöfe von 15–25 mm auftreten. Der Zweck des Blättchen-Testes besteht in der Erkennung resistenter Stämme, nicht in der Wertbemessung verschiedener Antibiotika.

Der ***Wirkungsmechanismus*** ist bei den meisten Antibiotika und Chemotherapeutika bekannt. Penizilline z. B. *hemmen die Bakterienzellwandsynthese und aktivieren Zellwand-Autolysine*; außerdem werden sie nach Durchdringen der Zellwand an die Penizillin-Bindeproteine (PBP) der Zellwandmembran gebunden. Andere Antibiotika hemmen die *Zytoplasma-Synthese*, schädigen die Zytoplasmamembran oder stören die *Nukleinsäuresynthese*. Ein synergistischer (potenzierter) Effekt der Antibiotika bei Kombination ist nur möglich, wenn die Kombinationspartner einen *verschiedenen Angriffspunkt* haben.

15.4 Resistenz

Eine Bakterienresistenz liegt vor, wenn sich die Bakterien bei therapeutisch relevanten Konzentrationen des Antibiotikums bzw. Chemotherapeutikums noch vermehren. Sie beruht häufig auf einer Unempfindlichkeit der Bakterien gegenüber der Substanz; diese wird dabei nicht zerstört. Das trifft für verschiedene Resistenzmechanismen zu. Andererseits kann eine bakterielle Resistenz durch Inaktivierung des Antibiotikums infolge Einwirkung eines bakteriellen Enzyms bedingt sein (Tabelle 15.4).

Man unterscheidet:

- ***Natürliche Resistenz***: Diese beruht auf einer stets vorhandenen genetisch bedingten Unempfindlichkeit einer Bakterienart gegen ein bestimmtes Antibiotikum. Ein Beispiel hierfür ist die Unwirksamkeit von Penizillin G auf Pseudomonas aeruginosa.
- ***Mutations-Resistenz***: Sie steht in keiner Beziehung zu einer vorangegangenen Antibiotika-Therapie. Einzelne durch Mutation resistent gewordene Zellen einer Bakterienpopulation vermehren sich erst in stärkerem Maße, wenn sie durch eine Antibiotika-Behandlung selektioniert werden.
- ***Sekundäre Resistenz***: Die sekundäre Resistenz entsteht erst während der Therapie. Dabei kommt es durch Kontakt mit dem Antibiotikum zur Selektion resistenter Varianten, die in großen Bakterienpopulationen in geringer Zahl vorkommen.

Genetik der Antibiotika-Resistenz. Bakterien können durch ***Chromosomen-Mutation*** oder durch Plasmid-Erwerb resistent werden (***übertragbare Resistenz***).

Plasmide sind extrachromosomale DNS-Elemente der Bakterien, die wie Chromosomen genetische Informationen für die Ausbildung einer Antibiotika-Resistenz tragen. Man bezeichnet die Resistenz-übertragenden Plasmide auch als Resistenz-Transfer-Faktoren oder einfach RTF.

Mutationen der Antibiotika-Resistenz treten spontan auf und werden durch die Anwesenheit von Antibiotika in der Häufigkeit nicht beeinflußt.

Tabelle 15.4. Beispiele für Resistenzmechanismen bei chromosomaler und bei plasmidvermittelter Resistenz

Resistenzmechanismen bei	
Chromosomenmutation	Plasmiderwerb (extrachromosomal)
Vermehrte Bildung eines inaktivierenden Enzyms (z. B. gegen Ampicillin durch E. coli)	Enzymatische Hydrolyse des β-Lactamringes bei Penicillin und Cephalosporinen (durch β-Lactamasen)
Verminderte Permeabilität (z.B. von Penicillin G bei Gonokokken)	Azetylierung durch bakterielle Azetyltransferase (z. B. von Chloramphenicol durch Haemophilus)
Verminderte Bindung an die bakteriellen Ribosomen (z. B. von Streptomycin bei Enterokokken)	Enzymatische Veränderungen durch Phosphorylasen (z. B. von Gentamicin bei grampositiven Bakterien)
	Transportstörung durch Zellmembranen (Tetracycline)
	Metabolischer Bypass durch Bildung eines neuen bakteriellen Enzyms (z.B. von Dihydrofolatreduktase, die Trimethoprim-resistent ist)

In der Klinik spielt die Plasmid-vermittelte Resistenz eine größere Rolle als die chromosomale Resistenz, da die chromosomal mutierten Bakterien in ihrem Stoffwechsel gestört sind und sich nicht so gut vermehren können wie die nichtmutierten Bakterien.

Die übertragbare Resistenz kommt vor allem bei gramnegativen Stäbchen vor. Das extrachromosomale Genmaterial wird durch Konjugation von einer Bakterienart auf die andere durch Plasmide übertragen. So kann z.B. die Mehrfachresistenz von Salmonellen (gegen Sulfonamide, Tetrazyklin, Chloramphenicol und Streptomycin) auf einen empfindlichen E. coli-Stamm transferiert werden. Die Übertragung einer Mehrfachresistenz kann im menschlichen Darm, auf anderen Schleimhäuten oder auf der Haut stattfinden. Sie geht später oft spontan verloren.

15.5 Pharmakokinetik

Die ***Resorptionsrate und -geschwindigkeit*** nach oraler Gabe beeinflussen den Blutspiegelverlauf und sind bei einer Reihe von Mitteln günstig, bei anderen so ungenügend, daß letztere parenteral verabfolgt werden müssen.

Schnelle Resorption bei oraler Gabe führt bei Mitteln mit guten Diffusionseigenschaften und nicht zu kurzer Halbwertszeit zu höheren Gewebespiegeln als langsame Resorption.

Auch bei i.m. Applikationen werden Antibiotika verschieden schnell resorbiert (z.B. Penizillin-G-Natrium und Procain-Penizillin G), was in den unterschiedlichen Blutspiegeln und der Dauer therapeutisch ausreichender Konzentrationen zum Ausdruck kommt.

Höhe und Dauer der Blut- und Gewebespiegel sind für die erwünschte Wirkung am Ort der Infektion entscheidend.

Bei vorwiegend bakteriostatisch wirkenden Mitteln kommt es auf möglichst gleichbleibende ***Spiegel*** an, welche die minimale Hemmkonzentration der Erreger überschreiten sollen. Bei den bakterizid wirkenden Penizillinen und Cephalosporinen sind bezüglich der Gewebespiegel hohe ***Konzentrationsspitzen*** nach i.v. Injektion im allgemeinen günstiger als länger anhaltende relativ niedrige Spiegel bei i.v. Dauerinfusion und gleicher Tagesdosis.

Die ***Diffusion ins Gewebe*** erfolgt je nach Diffusionseigenschaften des betreffenden Antibiotikums mit verschiedener Geschwindigkeit. Im allgemeinen werden die Gewebespiegelmaxima später erreicht als die Blutspiegelmaxima und fallen auch langsamer wieder ab.

Einen Hinweis auf die Gewebediffusion eines Antibiotikums geben Konzentrationsmessungen in der Lymphe, in Gelenkflüssigkeit, Liquor, Speichel und Tränenflüssigkeit. Die Antibiotikaspiegel in Körperflüssigkeiten sind für die Therapie bestimmter Erkrankungen (Meningitis, Cholangitis, Harnwegsinfektionen, Chorioamnionitis) wichtig.

Die meisten Antibiotika werden *an Serumeiweißkörper gebunden*. Nur der freie, ungebundene Anteil ist antibakteriell wirksam. Gebundener und ungebundener Anteil des Antibiotikums stehen im Plasma und Gewebe in Abhängigkeit von der Konzentration in einem bestimmten Gleichgewicht. Der Grad der Eiweißbindung ist je nach Wirkstoff verschieden und hängt von der Konzentration, vom pH-Wert, vom Eiweißgehalt im Blut und im entzündeten Gewebe, von der gleichzeitigen Gabe anderer Medikamente (Verdrängungseffekt) und vom Alter ab (bei Neugeborenen geringer).

Eine ***Metabolisierung*** findet bei den meisten Antibiotika in verschiedenem Grade statt. Die durch Oxidation, Reduktion, Hydrolyse oder Konjugation entstandenen Abbauprodukte sind z.T. antibakteriell inaktiv und erscheinen in dieser Form im Blut, im Urin, in der Galle oder in den Fäzes. Die Inaktivierung ist z.B. bei Chloramphenicol durch Koppelung an Glukuronsäure mit einer Entgiftung des Antibiotikums verbunden; sie kann aber auch zur Bildung von stärker toxischen Verbindungen führen (z.B. bei Sulfonamiden durch Azetylierung).

Die ***Elimination*** der meisten Antibiotika erfolgt vorwiegend durch die Nieren. Einige Antibiotika (z.B. Rifampicin, Fusidinsäure, Cefoperazon und Ceftriaxon) werden in erster Linie durch die Galle und die Fäzes ausgeschieden. Dabei kann es zu einer Rückresorption im Darm kommen.

15.6 Nebenwirkungen

Man unterscheidet toxische, allergische und biologische Nebenwirkungen.

Antibiotika mit *geringer Toxizität* (Penizilline, Cephalosporine, Fusidinsäure u. a.) stehen potentiell *toxischen Antibiotika*, wie Aminoglykosiden, gegenüber, die bei Überdosierung teils reversible, teils irreversible Schäden hervorrufen können.

Aber auch bei normaler Dosiereung sind Antibiotika-Nebenwirkungen möglich, wenn durch eine Störung der Entgiftungsfunktion der Leber oder durch eine Ausscheidungsstörung bei Herz- oder Niereninsuffizienz eine ***Kumulierung*** des Antibiotikums stattfindet. Intrazellulär wirkende Mittel sind oft hämato- und hepatotoxisch (z.B. Rifampicin, Co-Trimoxazol und Isoniazid). Über die Unterschiede in der Häufigkeit von Nebenwirkungen informiert Tabelle 15.5.

Allergische Nebenwirkungen kommen vor allem bei der Therapie mit ***Penizillinen*** vor, und zwar am häufigsten bei parenteraler und lokaler Anwendung, seltener bei oraler Gabe. Es können polymorphe Exantheme, Urtikaria, Eosinophilie, Ödeme, Fieber, Konjunktivitis, Photodermatosen, Immunhämatopathie usw. auftreten.

Die allergischen Nebenwirkungen können sich als Frühreaktion bei schon bestehender Allergie oder als Spätreaktion unter der Antibiotika-Behandlung (frühestens nach 9–11 Tagen) manifestieren. Gefürchtet ist der ***anaphylaktische Schock*** mit u. U. tödlichem Ausgang.

Eine Sensibilisierung durch Sulfonamide ist ebenfalls häufig und äußert sich z.B. als Exanthem, Stevens-Johnson-Syndrom, Dermatitis exfoliativa oder Hämatopathie. Auch Vancomycin, Streptomycin und Nitrofurane führen nicht selten zu allergischen Reaktionen. Eine Allergisierung durch andere Antibiotika ist bei einer Allgemeinbehandlung relativ selten, wird aber als Kontaktallergie nach lokaler Anwendung häufiger beobachtet.

Biologische Nebenwirkungen entstehen durch die Beeinflussung der normalen Bakterienflora auf der Haut oder Schleimhaut. Sie sind besonders häufig unter der Behandlung mit Breitspektrumantibiotika (z.B. Tetrazyklinen). Durch Überwuchern von Pilzen (z.B. Candida albicans) oder von resistenten Bakterien (z.B. Staphylokokken, Pseudomonas, Klebsiella) können ***Sekundärinfektionen*** ausgelöst werden (z.B. Candida-Stomatitis mit weißlichen Belägen in der Mundhöhle).

Die ***Antibiotika-induzierte Enterokolitis*** kann unter einer Behandlung mit Ampicillin, Tetrazyklinen, Clindamycin und anderen Breitspektrum-Antibiotika auftreten. Sie ist häufig durch das Überwuchern von Enterotoxin-bildenden Clostridium-difficile-Stämmen bedingt und nimmt meist einen ungünstigen Verlauf.

15.7 Applikation und Dosierung

Bei ***parenteraler Applikation*** findet meist eine vollständigere Resorption als bei oraler Gabe statt. Deshalb empfiehlt sich bei schweren Infektionen ein Behandlungsbeginn mit ***i.v.*** Antibiotika-Gaben (als *langsame Injektion oder Kurzinfusion*), wodurch rasch hohe, ggf. *bakterizid* wirkende Blut- und Gewebespiegel erzeugt werden. Nach Eintritt einer Besserung kann man die Behandlung mit oralen Gaben fortsetzen. Eine Antibiotika-Zufuhr durch *Dauertropfinfusion* ist nur bei *bakteriostatischen* Mitteln zur Erzielung gleichbleibend hoher Spiegel vorteilhaft.

Tabelle 15.5. Nebenwirkungen wichtiger Chemotherapeutika

Antibiotikum Chemotherapeutikum	Nebenwirkungen							Kontraindiziert (ausgenommen vitale Indikation)		
	Allergisch	Hämatotoxisch	Nephrotoxisch	Hepatotoxisch	Neurotoxisch	Biologisch	Sonstige	Gravid. M.I–III	Neugeborene	Schwere Niereninsuffizienz
Penicillin G	++				+	s				
Methicillin	++	s	s							x
Flucloxacillin	++				s		1,2			
Ampicillin	⊞⊞		s		s	+	3			
Amoxycillin/Clavulansäure	⊞⊞		s		s	+	3	x		?
Azlo-. Mezlo-, Piperacillin	++	+			s	+	2			
Cefazolin	+	s				s	1,2			
Cefoxitin	+	s				s	1			
Cefotaxim	+	s				s	1			
Latamoxef	+	s				s	1,7,8			
Cefoperazon	+	s				s	1,3,7,8			
Aztreonam	+	s				s	2,3,7	x		
Imipenem	+	s	s		+	s	2,3,7	x		?
Tetracycline	s	s	s	+		+	2,3	x	x	x
Chloramphenicol	s	⊞			s	+	3	x	x	
Gentamicin	s		+		⊞⊞	s	4	x		
Amikacin	+		+		⊞⊞	s	4	x		
Erythromycin*	s			+		s	1,2,3			
Clindamycin	s			s		⊞	3			
Fusidinsäure	s			+			1,3,5			
Vancomycin	++	s	s		+		1,2	x		
Isoniazid	s	s		+	⊞⊞		5,8			
Rifampicin	+	+	+	⊞⊞	+		3,5	x	x	
Ethambutol	s			s	⊞⊞		5			
Streptomycin	++	s	s		⊞⊞	s	4,5	x	x	x
Amphotericin B	s	s	⊞⊞	s	s		1,2	x		x
Flucytosin		⊞⊞		++			3,5	x		
Griseofulvin	+	s	s	s	s		3,8	x	x	
Miconazol	+	s		+	+		3	x		
Ketoconazol	+	s		⊞⊞	s		3	x	x	
Sulfonamide	++	s	s	s			3	x	x	x
Co-Trimoxazol	++	+	+	+		+	3	x	x	x
Nitrofurantoin	⊞⊞	s		+	⊞⊞		3,6	x	x	x
Norfloxacin	s				+	s	2,3,5	x	x	
Ofloxacin	s				+	s	2,3,5	x	x	
Ciprofloxacin	s				s	s	2,3,5	x	x	
Metronidazol	s	+			+		2,3,8	x		

* Als Estolat.

Zeichenerklärung (bezüglich Nebenwirkungen): ++ = relativ häufig, + = selten, s = sehr selten, ⊞⊞ = Hauptkomplikation, häufig limitierender Faktor der Therapie, 1 = lokale Unverträglichkeit bei i.m. oder s.c. Applikation, 2 = Venenreizung bei i.v. Gabe, 3 = gastrointestinale Unverträglichkeit, 4 = Histaminliberation, 5 = sekundäre Resistenzentwicklung, 6 = Lungenfibrose, Pneumonie, 7 = Blutungsneigung, 8 = Alkoholintoleranz, x = kontraindiziert.

Tabelle 15.6. Tagesdosen wichtiger Antibiotika bei Erwachsenen und Kindern

Antibiotikum	Applikation	Erwachsene	Kinder (außer Neugeborene)
Penicillin G	i. v.	1–5 (–20) Mill. E.	0,04–0,1 (–1) Mill. E/kg
Phenoxypenicilline	oral	1,5–3 Mill. E.	0,05 (–0,1) Mill. E/kg
Di.-, Flucloxacillin	oral, i.v.	2–4 (–10) g	100 (–200) mg/kg
Ampicillin	oral	3–4 g	100–150 (–200) mg/kg
	i.v.	1,5–6 (–20)g	100 (–200–400) mg/kg
Amoxycillin	oral	1–1,5 (–3) g	50 mg/kg
Azlo-, Mezlo-, Piperacillin	i. v.	6 (–15) g	100 (–200) mg/kg
Cefazolin, Cefazedon, Cefoxitin, Cefuroxim, Cefotiam, Cefamandol, Cefotaxim, Ceftazidim u.a.	i. v.	3–6 g	60 (–150) mg/kg
Ceftriaxon	i. v.	2–4 g	30–60 mg/kg
Cefaclor, Cefadroxil, Cefalexin	oral	1,5–3 g	50–100 mg/kg
Imipenem	i. v.	1,5–2 (–4) g	30–60 mg/kg
Aztreonam	i. v.	3–6 (–8) g	45–90 (–120) mg/kg
Clavulansäure/Amoxycillin	oral	1,87 g	45 mg/kg
	i. v.	3,6 g	60 mg/kg
Genta-, Tobramycin, Netilmicin	i. m.	(0,16–) 0,24–0,32 g	3–5 mg/kg
Amikacin	i. m.	1 g	15 mg/kg
Spectinomycin	i. m.	2 g (einmalig)	–
Doxycyclin	oral, i. v.	0,1–0,2 g	2–4 mg/kg
Tetracyclin	oral	1–1,5 (–2) g	20–30 mg/kg
Rolitetracyclin	i. v.	(0,25–) 0,5 g	10 mg/kg
Erythromycin	oral, i. v.	1–2 g	30–50 mg/kg
Fusidinsäure	oral	1,5 (–3) g	20 mg/kg
Vancomycin	i. v.	2 g	20–40 mg/kg
Clindamycin	oral, i. v.	0,6–1,2 (–2,4) g	10–20 mg/kg
Metronidazol (gegen Anaerobier)	oral, i. v.	1–1,2 (–2) g	14–21 mg/kg
Ornidazol (Anaerobier)	oral, i. v.	1 g	15 mg/kg
Rifampicin	oral i. v.	0,6 g	10 mg/kg
Fosfomycin	i. v.	6–15 g	100–240 mg/kg
Chloramphenicol	oral, i. v.	2–3 g	50 (–80) mg/kg
Ofloxacin	oral	0,4 g	–
Ciprofloxacin	oral	0,5–1 (–1,5) g	–
	i. v.	0,2–0,4 g	–
Norfloxacin, Enoxacin	oral	0,8 g	–
Co-Trimoxazol[a]	oral	(0,9–) 1,9 (–2,8) g	20–30 mg/kg
Nitrofurantoin	oral	(0,1–) 0,2–0,3 g	(2-3–) 5 mg/kg

[a] Bei Pneumozystis-Pneumonie höhere Dosierung

Die ***intramuskuläre*** Injektion ruft bei schwer löslichen Antibiotika, z. B. Procain-Penizillin G, einen erwünschten ***Depoteffekt*** hervor. Die i.m. Injektion kann bei bestimmten Antibiotika zu *lokalen Reizerscheinungen* (mit Anstieg der LDH und CK im Serum) führen.

Eine ***orale*** Gabe ist nur bei einem Teil der Antibiotika möglich. Die ***Resorptionsrate*** hängt u. a. von der galenischen Zubereitung ab, die von Präparat zu Präparat verschieden sein kann. Bei Bewußtlosigkeit, Erbrechen, Schluckstörungen und Magenerkrankungen ist eine orale Verabreichung nicht sinnvoll. Einige Antibiotika, z. B. Penizillin V, Dicloxacillin und Lincomycin, werden nüchtern besser resorbiert als nach Gabe mit einer Mahlzeit.

Das erforderliche ***Dosierungsintervall*** hängt von der Geschwindigkeit der Resorption, der Metabolisierung und der Ausscheidung ab. Bei rascher Resorption und Elimination muß das Antibiotikum, z. B. i. v. injiziertes Penizillin-G-Natrium, in kürzeren Abständen gegeben werden als Phenoxypenizillin, welches langsamer resorbiert wird.

Die ***lokale*** Anwendung von Antibiotika ist im allgemeinen ungefährlich, jedoch muß bei großflächigen Wunden oder bei Instillation in Körperhöhlen mit der Möglichkeit einer teilweisen Resorption und mit Nebenwirkungen gerechnet werden.

Bei der ***Dosierung*** müssen die Empfindlichkeit der Erreger, die Pharmakokinetik und die Verträglichkeit des Antibiotikums sowie die Lokalisation des Krankheitsprozesses berücksichtigt werden. Bei schwer zugänglichen Prozessen muß ein Antibiotikum in der erlaubten Maximaldosis gegeben werden. So muß man z. B. bei bakterieller Meningitis das relativ schlecht liquorgängige Penizillin 10–20fach höher als sonst dosieren, um genügend hohe Liquorspiegel zu erreichen. Über die Tagesdosen der wichtigsten Antibiotika bei Erwachsenen und Kindern informiert Tabelle 15.6.

Die ***Behandlungsdauer*** hängt vom Krankheitsverlauf und von der Erregerart ab. Sie darf nicht zu kurz sein, damit ein optimales Therapieresultat erreicht wird. Eine unnötig lange Behandlung ist durch das Risiko der Selektion von resistenten Bakterien belastet. Bei chronischen Infektionen (z. B. Tuberkulose) ist eine längere Behandlung notwendig, ebenso bei septischen Erkrankungen mit Rezidivneigung (z. B. Staphylokokken-Sepsis). Eine Rezidivprophylaxe wird vor allem bei Patienten mit Abwehrschwäche (Leukämie, Immunmangelkrankheit usw.) empfohlen.

15.8 Eigenschaften der wichtigsten Antibiotika (Wirkungsspektrum, Pharmakologie, Indikationen)

15.8.1 Penizilline

15.8.1.1 Penizillin G

Penizillin G (Benzylpenizillin) ist wie alle Penizilline ein Derivat der 6-Amino-Penizillansäure (Abb. 15.1). An die Aminogruppe können saure Radikale (R 1) angehängt werden. Die Art der Seitenkette beeinflußt vor allem die antibakterielle Wirksamkeit. Penizillin G hat die stärkste Aktivität gegen ***grampositive*** Bakterien.

Ein Nachteil ist die Empfindlichkeit gegen bakterielle ***β-Laktamasen***, welche Penizillin G hydrolysieren und damit unwirksam machen.

Wirkungsspektrum

Penizillin G hat eine starke Wirksamkeit gegen Streptokokken-Arten (außer Enterokokken), gegen Diphtheriebakterien, Listerien, Spirochäten, Clostridien und Actinomyces israelii. Es wirkt auch gegen Gonokokken und Meningokokken sowie viele gramnegative Anaerobier (z. B. Bacteroides melaninogenicus und Fusobakterien). Auch Pasteurella multocida und Bacillus anthracis sind meist empfindlich. Die meisten Staphylokokken-Stämme sind resistent, jedoch ist Penizillin G gegen empfindliche Stämme stark wirksam.

Wirkungsmechanismus des Penizillins

Störung im Aufbau des Peptidoglykans und der Zytoplasmamembran: Bei der Biosynthese des Peptidoglykans werden zuerst intrazellulär kleinere Komplexe aus jeweils einem Molekül N-Azetylglukosamin, N-Azetylmuraminsäure und Oligopeptid synthetisiert und erst dann als „Fertigteil“ extrazellular in die Zellwand eingebaut.

Penizillin und die mit ihm wirkungsgleichen Stoffe (z. B. Cephalosporine) hemmen das Enzym ***Trans-***

R=H: 6-Aminopenizillansäure

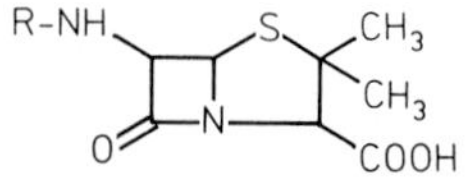

Abb. 15.1. Grundgerüst des Betalaktam-Antibiotikum 6-Amino-Penizillansäure

peptidase und damit die peptidische Verbindung des neuen Bauteils mit dem Zellwandgerüst. Sie beeinträchtigen hierdurch den geordneten Zellwandaufbau, so daß es zur Hemmung des Wachstums oder zum Absterben der Bakterien kommen kann. Das Penizillin hemmt damit einen Stoffwechselvorgang, der für Bakterien exklusiv ist, d.h. beim Tier nicht vorkommt. Der tierische Organismus bietet dem Penizillin im Hinblick auf dessen enzymhemmende Eigenschaft keinerlei Angriffspunkte. Damit erfüllt Penizillin die klassische Forderung der Chemotherapie nach minimaler Giftigkeit für den Wirtsorganismus bei maximaler Giftigkeit für den Parasiten. Die allergisierende Wirkung von Penizillin bleibt hierbei außer Betracht.

Für den Mediziner ist es wichtig zu wissen, daß es in Abhängigkeit von der jeweils gewählten Penizillinkonzentration zu sehr unterschiedlichen Veränderungen der betroffenen Bakterien kommen kann. Wir haben drei verschiedene Reaktionen zu berücksichtigen: Einmal die Wachstumshemmung und zwei verschiedene bakterizide Mechanismen, nämlich die Bakteriolyse und das nicht-lytische Absterben.

- ***Wachstumshemmung***: Geringe Penizillindosen, die etwa 0,5 MIC entsprechen (MIC = Minimale Inhibitorische Konzentration) führen nur zu einer schwachen Wachstumshemmung. Die Bakterien sterben dabei nicht ab.
- ***Bakteriolyse***: Unter lytischen Penizillin-Konzentrationen (1–5×MIC) kommt es bei einem Großteil der betroffenen Bakterien zu einer besonderen Form der Bakterizidie, nämlich zur Bakteriolyse („***lytic death***"); dabei kommt es zu einem lokalen Defekt der schützenden Zellwand. Dies führt wegen des hohen Innendrucks in der Bakterienzelle zu einem Auslaufen des Zellinhalts. Die Bakteriolyse erfolgt meist während der zweiten Zelltrennung nach Zugabe des Penizillins.

Um diese Bakteriolyse verstehen zu können, muß man den normalen Prozeß der Zellteilung kennen, wie er besonders gut bei Staphylokokken zu beobachten ist: Dabei bilden die Bakterien zuerst eine doppelt angelegte Querwand aus (= ***Zellteilung***). Mit Hilfe kleiner, lytisch aktiver Zellwand-Vesikel (Murosomen) wird die ***Zelltrennung*** durch Perforationen in der Mitte der Querwand vorgenommen.

Nach Penizillinzugabe wird aber nur eine einfach angelegte Querwand gebildet; das neu synthetisierte Wandmaterial zur Bildung der zweiten Querwandschicht wird nicht am präsumptiven Ort der nächsten Teilungsebene, sondern an anderen Stellen der Zellwand eingebaut. Wenn zum Zeitpunkt der zweiten Zelltrennung die Murosomen die einfache Querwand in der Teilungsebene perforieren, so kommt es wegen des hohen Innendrucks zwangsläufig zur Bakteriolyse. Die Penizillin-induzierte Bakteriolyse ist also die Folge eines morphogenetischen Fehlers bei der Verteilung des neusynthetisierten Querwandmaterials.

- ***Nichtlytischer Tod***: Unter höheren Dosen von Penizillin (10×MIC oder mehr) kommt es häufig zur relativ schnellen Abtötung von einem Großteil der Bakterien, und zwar noch ***vor*** dem Zeitpunkt, bei dem eine Bakteriolyse eintreten kann, also noch vor Beginn der zweiten Zelltrennung. Man nennt diesen bakteriziden Mechanismus der Penizillin-Wirkung den nicht-lytischen Tod („non-lytic death").

Wir wissen, daß in diesem Fall auf noch ungeklärte Weise eine Schädigung der Zytoplasmamembran durch die Reaktion des Penizillins mit den auf der Zytoplasmamembran aufliegenden Penizillin-bindenden Proteinen eintritt. Dabei verliert die Zytoplasmamembran ihre Funktion als Permeationsbarriere. Darüber hinaus wird auch ihre Architektur so verändert, daß Zytoplasma-Bestandteile in beachtlichen Mengen austreten. Dieser Verlust an Zellmaterial führt offenbar zum nicht-lytischen Tod unter Penizillin.

Bei Bakterien, die längere Zeit unter lytischen Penizillin-Konzentrationen (1–5×MIC) gehalten wurden, kann es bei denjenigen Zellen, die der Lyse aus bisher ungeklärten Gründen widerstehen, zur Ausbildung zellwanddefekter Formen (Sphäroplasten, s. S 20) oder zellwandfreier Gebilde (Protoplasten, s. S. 20) kommen. Unter bestimmten Bedingungen wird auch beobachtet, daß Bakterien nur am Wachstum gehindert werden, ohne daß jedoch ein lytisches oder nicht-lytisches Absterben beobachtet wird. Im Unterschied zur Resistenz wird dieses Verhalten als ***Toleranz*** bezeichnet. Möglicherweise spielen bei diesem Phänomen der Toleranz auch Regenerationsvorgänge nach vorangegangener, Penizillin-bedingter Schädigung eine Rolle.

Pharmakokinetik

Je nach der verabreichten Dosis werden in Serum und Gewebe unterschiedlich hohe Konzentrationen erreicht. Penizillin G hat eine relativ kurze ***Halbwertszeit*** (40 min), wird im Körper *wenig metabolisiert* und überwiegend durch die *Nieren* ausgeschieden. Da es schlecht fettlöslich ist, diffundiert es nur in geringem Maße in Nervengewebe, Gehirn und Kammerwasser des Auges. Es dringt nicht in Körperzellen ein und ist daher bei intrazellulären bakteriellen Infektionen ungenügend wirksam.

Allergische Nebenwirkungen

Diese sind relativ häufig. Seltener sind neurotoxische Reaktionen mit Krampfanfällen bei sehr hoher Dosierung und eingeschränkter Nierenfunktion sowie bei Krampfbereitschaft.

Indikationen

Indikationen zur Penizillin-G-Behandlung sind vor allem Streptokokken-, Pneumokokken- und Meningokokkeninfektionen, Infektionen durch Penizillin-G-empfindliche Staphylokokken, außerdem Lues, Diphtherie (neben der Antitoxingabe), Scharlach, Erysipel und Endocarditis lenta (zusammen mit einem Aminoglykosid). Penizillin G ist indiziert bei Tetanus (neben Antitoxin), Gasbrand und bei einer Borrelieninfektion.

15.8.1.2 Penizillin V

Penizillin V und Propicillin gehören zu den Phenoxypenizillinen, die das gleiche Spektrum wie Penizillin G haben, aber relativ stabil gegenüber der Magensalzsäure sind und daher ***oral*** appliziert werden können. Penizillin V ist chemisch Phenoxymethyl-Penizillin und wird meist als Alkalisalz verabreicht.

Wirkungsintensität

Die Wirkungsintensität auf grampositive sensible Bakterien ist 2–4mal geringer als die von Penizillin G. Bakterien, die gegen Penizillin G resistent sind, sind immer auch unempfindlich gegenüber Penizillin V.

Pharmakokinetik

Penizillin V wird nach oraler Gabe unvollständig (zu etwa 50%) resorbiert. Die erreichbaren Blutspiegel hängen von der Höhe der Dosierung ab. Die Halbwertszeit beträgt nur 30 min. Penizillin V wird im Organismus stärker metabolisiert als Penizillin G und nur zu 30 bis 50% mit dem Urin in aktiver Form ausgeschieden. Penizillin V wird im allgemeinen gut vertragen und führt relativ selten zu einer Allergie.

Indikationen

Die wichtigsten Indikationen sind leichtere Infektionen durch Penizillin-empfindliche Bakterien, z.B. Angina, Erysipel, Scharlach, Rezidivprophylaxe des rheumatischen Fiebers und Scharlachprophylaxe.

15.8.1.3 Ampicillin

Ampicillin ist ein halbsynthetisches Penizillin-Derivat (α-Aminobenzyl-Penizillin) mit erweitertem Spektrum. Es ist in Lösung relativ unstabil.

Wirkungsspektrum

Das Wirkungsspektrum umfaßt Penizillin-G-empfindliche Keime. Ampicillin wirkt aber außerdem auf Enterokokken, Haemophilus influenzae, E. coli (in 30–50% der Stämme) und Proteus mirabilis. Resistent sind u.a. Klebsiella, Enterobacter, Proteus vulgaris, Bacteroides fragilis und Pseudomonas aeruginosa. Ein Teil der Erreger von bakteriellen Darminfektionen (Salmonellen, Shigellen, Yersinien) ist empfindlich. Ein Nachteil des Ampicillins ist die β-Laktamase-Empfindlichkeit.

Pharmakologie

Nach oraler Gabe wird Ampicillin nur zu 30–40% resorbiert. Die Halbwertzeit beträgt eine Stunde. Die Plasmaeiweißbindung ist niedrig, die Gewebegängigkeit gut. Ampicillin wird im Körper zum Teil metabolisiert und nach oraler Gabe zu 20–30% mit dem Urin ausgeschieden. Nach intravenöser Applikation sind die Serumspiegel höher, ebenso die Harnkonzentrationen. Nach i. v. Gabe werden 60% der verabreichten Dosis im Harn ausgeschieden.

Nebenwirkungen

Häufige Nebenwirkungen von Ampicillin sind Hautexantheme, auch Urtikaria und weiche Stühle oder Durchfälle, verbunden mit Brechreiz und Übelkeit. Auch durch Ampicillin kann die pseudomembranöse Enterokolitis ausgelöst werden, die durch Clostridium difficile im Darm verursacht wird.

Indikationen

Die wichtigsten Indikationen für Ampicillin sind Haemophilus-Infektionen (bei nachgewiesener Empfindlichkeit), Enterokokken-Infektionen (vor allem Endokarditis in Kombination mit Gentamicin) sowie Listeriose. Bei empfindlichen Salmonellen kann auch die Salmonellen-Endokarditis, -Osteomyelitis und -Meningitis durch Ampicillin behandelt werden.

Zur oralen Anwendung ist Amoxycillin zu bevorzugen, das wesentlich besser aus dem Magen-Darm-Kanal resorbiert wird. Amoxycillin ist auch bei akuten Harnwegsinfektionen mit empfindlichen Erregern indiziert.

15.8.1.4 Azlo-, Mezlo- und Piperacillin

Die Azylaminopenizilline (Azlo-, Mezlo- und Piperacillin) haben ein ähnliches Wirkungsspektrum wie Ampicillin und Amoxycillin, besitzen aber teilweise eine stärkere Aktivität gegen gramnegative Stäbchen und sind auch gegen Pseudomonas aeruginosa wirksam. Sie sind nicht penizillinasefest und können nur parenteral angewendet werden.

Wirkungsspektrum

Mezlocillin und Piperacillin haben eine gute Wirksamkeit gegen die meisten Enterobakterien. Gegen Pseudomonas aeruginosa wirken Azlocillin und Piperacillin stärker. Mezlocillin ist in der Enterokokken-Wirksamkeit dem Ampicillin, Piperacillin und Azlocillin überlegen. Bei Haemophilus und sporenlosen Anaerobiern (auch Bacteroides fragilis) gibt es keine wesentlichen Unterschiede zwischen Piperacillin, Azlocillin und Mezlocillin.

Gegenüber Penizillinase-bildenden Staphylokokken sind alle Azylaminopenizilline unwirksam. Zusammen mit Aminoglykosiden wirken sie bei gramnegativen Stäbchen und Enterokokken synergistisch. Ein Teil der Enterobacter-, Serratia- und Klebsiella-Stämme ist resistent.

Pharmakokinetik

Die pharmakokinetischen Daten von Azlocillin, Mezlocillin und Piperacillin sind ähnlich. Die Serumspiegel nach i. v. Gabe der gleichen Dosis entsprechen sich ungefähr. Die Halbwertzeit beträgt durchschnittlich 1 h. Ein bestimmter Anteil wird im Organismus metabolisiert. Die Gewebegängigkeit ist gut, die Liquorkonzentrationen sind relativ niedrig. Im Urin werden etwa 60% der verabreichten Dosis in aktiver Form ausgeschieden.

Nebenwirkungen

Als Nebenwirkungen können gastrointestinale Störungen (Übelkeit, Durchfall) und bei wiederholter i.v. Injektion Thrombophlebitis auftreten. Hautexantheme sind seltener als bei Ampicillin und Amoxycillin.

Indikationen

Dies sind Infektionen der ***Harnwege***, des Genitaltraktes und der ***Gallenwege*** durch empfindliche gramnegative Stäbchen. Azlocillin und Piperacillin eignen sich auch zur Behandlung von nachgewiesenen oder vermuteten Pseudomonas-Infektionen (bevorzugt in Kombination mit Tobramycin). In Kombination mit einem Aminoglykosid oder einem Cephalosporin kann Mezlocillin oder Piperacillin zur Behandlung schwerer ***Allgemeininfektionen*** (Septikämie, Meningitis, Pneumonie usw.) verwendet werden.

14.8.1.5 Dicloxa-, Flucloxacillin

Die Isoxazolylpenizilline Dicloxa- und Flucloxacillin sind resistent gegen die von Staphylokokken gebildeten β-Laktamasen und werden daher auch als ***penizillinasefeste*** Penizilline oder Staphylokokken-Penizilline bezeichnet.

Wirkungsspektrum

Auf Penizillin-G-empfindliche Staphylokokken wirken die Isoxazolylpenizilline schwächer. Eine Resistenz von Staphylococcus-epidermidis-Stämmen gegen Dicloxa- und Flucloxacillin ist in den letzten Jahren häufiger geworden (Anstieg in Krankenhäusern auf >50%). Bei Staphylococcus aureus ist die Häufigkeit einer Resistenz regional verschieden. Bei Staphylokokken besteht eine Kreuzresistenz zwischen den penizillinasefesten Penizillinen und Cephalosporinen. Penizillin-G-empfindliche Staphylokokken sind immer empfindlich gegenüber Dicloxa- und Flucloxacillin. Gegen die übrigen grampositiven Bakterien haben sie eine schwächere Aktivität als Penizillin G, und gegen gramnegative Stäbchen sind sie unwirksam.

Pharmakokinetik

Dicloxa- und Flucloxacillin sind weitgehend säurestabil und können oral verabreicht werden. Dagegen werden Cloxacillin und Oxacillin, die weniger säurestabil sind, schlechter resorbiert. Nach oraler Gabe einer entsprechenden Dosis sind die maximalen Konzentrationen von Flucloxacillin im Serum höher als die von Dicloxacillin. Dicloxa- und Flucloxacillin können auch parenteral verabreicht werden. Die Halbwertszeit von Dicloxa- und Flucloxacillin beträgt 45 min. Im Harn werden nach parenteraler Gabe 65% der verabreichten Dicloxacillin-Dosis und 35% der verabreichten Flucloxacillin-Dosis wiedergefunden. Der Unterschied erklärt sich durch die verschiedengradige Metabolisierung im Organismus.

Nebenwirkungen

Die Nebenwirkungen durch Dicloxa- und Flucloxacillin sind selten und entsprechen denen von Penizillin G. Bei wiederholter i.v. Gabe kann es zu Phlebitis kommen.

Indikationen

Die Indikationen sind Infektionen durch Penizillin-G-resistente Staphylokokken (im Beginn auch bei Verdacht).

15.8.2 Cephalosporine

Die Cephalosporine hemmen wie Penizillin die Synthese der Bakterienzellwand. Sie wirken nur in der Wachstumsphase der Bakterien bakterizid. Alle Cephalosporine sind Abkömmlinge der 7-Amino-Cephalosporansäure (Abb. 15.2).

15.8.2.1 Basis-Cephalosporine (Cefazolin-Gruppe)

Wirkungsspektrum

Das Wirkungsspektrum der Basis-Cephalosporine umfaßt viele grampositive und gramnegative Bakterien. Hervorzuheben ist die gute Staphylokokkenaktivität (auch bei β-Laktamase-bildenden Stämmen). Enterokokken sind resistent, außerdem Pseudomonas, bestimmte Proteus-Arten und Haemophilus influenzae sowie Bacteroides fragilis. Primär resistente Stämme kommen bei gramnegativen Bakterien häufiger, bei grampositiven Bakterien selten vor.

Pharmakokinetik

Nach oraler Gabe erfolgt keine Resorption. Nach i.v. Applikation sind die pharmakokinetischen Daten von Cefazolin und Cefazedon ähnlich, jedoch ist die Halbwertszeit von Cefazedon länger. Die Gewebediffusion ist gut. Die Wiederfindungsrate im Urin liegt über 90%; auch in der Galle werden therapeutisch ausreichende Konzentrationen gefunden.

Nebenwirkungen

Als Nebenwirkungen kommen allergische Reaktionen, wie Fieber, Exantheme und Urtikaria, vor. Auch eine allergische Neutropenie, die nach Absetzen

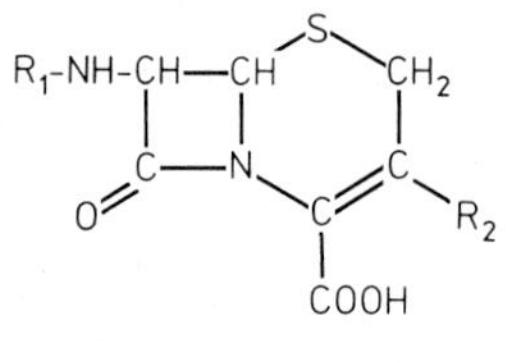

Abb. 15.2. Grundgerüst des Betalaktam-Antibiotikum 7-Amino-Cephalosporansäure

schnell verschwindet, wird gelegentlich beobachtet. Die Nierenverträglichkeit ist gut.

Indikationen

Als Indikationen kommen in Frage primäre Pneumonien, die außerhalb des Krankenhauses erworben sind, Wundinfektionen und Indikationen für Penizillin G, wenn eine Penizillin-Allergie besteht; eine Kreuzallergie mit Penizillin ist selten. Außerdem wird Cefazolin oder Cefazedon zur perioperativen Prophylaxe (besonders bei Fremdkörper-Implantationen) eingesetzt.

15.8.2.2 Intermediär-Cephalosporine (Cefuroxim-Gruppe)

Zu den Intermediär-Cephalosporinen gehören Cefuroxim, Cefamandol und Cefotiam.

Wirkungsspektrum

Diese Mittel sind weitgehend ***β-Laktamase-stabil***. Die Intermediär-Cephalosporine wirken wesentlich stärker gegen gramnegative Stäbchen als Cefazolin und Cefazedon. Cefamandol, Cefotiam und Cefuroxim haben außerdem eine gute Aktivität auf Staphylokokken (auch Penizillinase-bildende Stämme). Hervorzuheben ist die gute Gonokokken-Wirksamkeit, auch gegen Penizillin-G-resistente Stämme. Gegen Haemophilus influenzae wirken die Intermediär-Cephalosporine auch bei Vorliegen einer Ampicillin-Resistenz. Resistent sind Pseudomonas aeruginosa, Enterokokken, Mykoplasmen, Chlamydien und meist auch Bacteroides fragilis.

Pharmakokinetik

Nach i.v. Injektion einer entsprechenden Dosis sind die ***Serumspiegel*** von Cefuroxim höher als die von Cefamandol und Cefotiam. Cefuroxim hat eine längere Halbwertszeit (70 min). Die ***Gewebegängigkeit*** ist gut. Im Harn werden über 90% der verabreichten Cefuroxim- und Cefamandol-Dosis und 70% der verabreichten Cefotiam-Dosis in aktiver Form wiedergefunden. Ein kleiner Teil wird mit der Galle ausgeschieden. Die Metabolisierungsrate ist niedrig.

Nebenwirkungen

Nebenwirkungen durch Intermediär-Cephalosporine sind wie bei Cefazolin und Cefazedon selten. Cefamandol kann Alkoholunverträglichkeit und Hypoprothrombinämie hervorrufen. Die Hypoprothrombinämie läßt sich durch Vitamin-K-Gaben rasch bessern. Sie beruht offenbar auf einem ***Vitamin-K-Antagonismus*** und hängt mit der N-Methyl-thiotetrazol-Seitenkette zusammen. Die Alkoholunverträglichkeit ist ebenfalls durch den Methylthiotetrazolring bedingt. Dabei kommt es zu einer Blockierung der Azetaldehyd-Dehydrogenase, und bei Alkoholgenuß steigt die Azetaldehyd-Konzentration an, wodurch sich Hautrötung, Schweißausbruch, Blutdruckabfall, Tachykardie, Erbrechen und Kopfschmerzen erklären.

Indikationen

Die Intermediär-Cephalosporine eignen sich zur ungezielten Therpie (vor Erregeranzüchtung und Empfindlichkeitsprüfung) bakterieller Infektionen, bei denen als Erreger mit Staphylokokken, aber auch mit anderweitig resistenten gramnegativen Stäbchen gerechnet werden muß. Derartige Indikationen sind sekundäre Pneumonie, postoperative Harnwegsinfektionen, schwere Wund- und Gewebsinfektionen. Die ***Pseudomonas***- und ***Enterokokken-Lücke*** kann durch die gleichzeitige Gabe von Azlocillin oder Piperacillin geschlossen werden. Bei schweren Infektionen durch Enterobakterien können zur Verstärkung des antibakteriellen Effektes Intermediär-Cephalosporine mit einem ***Aminoglykosid*** (Gentamicin, Amikacin) kombiniert werden.

15.8.2.3 Breitspektrum-Cephalosporine (Cefotaxim-Gruppe)

Cefotaxim, Ceftriaxon, Ceftizoxim, Cefmenoxim und Ceftazidim gehören zu den Aminothiazolcephalosporinen. Sie haben im Vergleich zu den Basis- und Intermediär-Cephalosporinen ein breiteres Spektrum, eine stärkere antibakterielle Aktivität und eine unterschiedliche Wirksamkeit gegen Pseudomonas aeruginosa. Es gibt in dieser Gruppe strukturbedingte Unterschiede in der β-Laktamase-Stabilität, im Penetrationsvermögen durch die Bakterienzellwand und in der Affinität zu den Penizillin-Bindeproteinen.

Wirkungsspektrum

Das Wirkungsspektrum innerhalb der Cefotaxim-Gruppe ist teilweise identisch. Gegen Haemophilus influenzae (Ampicillin-empfindliche und -resistente Stämme) sind alle Mittel der Cefotaxim-Gruppe im Gegensatz zu den älteren Cephalosporinen bei sehr niedrigen Konzentrationen wirksam. Die Aktivität ist besonders stark gegen Klebsiella pneumoniae und Proteus vulgaris, während sie gegen Enterobacter cloacae relativ schwach ist. Die meisten Vertreter der Cefotaxim-Gruppe sind gegen Pseudomonas nur schwach wirksam; nur Ceftazidim bildet eine Ausnahme. Diese Substanz hat von allen Cephalosporinen die beste Aktivität gegen Pseudomonas aeruginosa und Acinetobacter. Die Wirkung auf Staphylokokken ist unsicher. Die Enterokokkenlücke ist allen Cephalosporinen gemeinsam.

Pharmakokinetik

Nach i. v. Injektion einer entsprechenden Dosis sind die Serumspiegel von Cefotaxim, welches stärker metabolisiert wird, niedriger als die der übrigen Mittel dieser Gruppe. Die höchsten Spiegel erreicht man mit Ceftriaxon, welches die längste Halbwertszeit hat. Diese beträgt bei Ceftriaxon 7–8 Stunden, bei Cefotaxim 1 Stunde. Die *Gewebegängigkeit* ist gut. Die *Liquorgängigkeit* ist wie bei den anderen Cephalosporinen relativ schlecht, jedoch werden bei eitriger Meningitis therapeutisch wirksame Liquorkonzentrationen erreicht. Die Wiederfindungsrate im Urin ist am höchsten bei Ceftazidim (80–90%), während sie bei Cefotaxim und Ceftriaxon nur etwa 50% beträgt. Bei Ceftriaxon wird ein größerer Teil mit der Galle in den Darm ausgeschieden.

Nebenwirkungen

Nebenwirkungen sind selten und entsprechen denen anderer parenteraler Cephalosporine. Sehr selten sind Blutgerinnungsstörungen durch Cefmenoxim (mit Verlängerung der Prothrombinzeit). Bei Cefmenoxim ist Alkoholunverträglichkeit beobachtet worden.

Indikationen

Die Breitspektrum-Cephalosporine der Cefotaxim-Gruppe werden zur ungezielten Therapie *schwerer lebensbedrohender Infektionen* verwendet, wenn durch ein schweres Grundleiden die *Abwehrkraft geschwächt* ist und ***multiresistente gramnegative Stäbchen*** zu erwarten sind. Cefotaxim und Analoga können auch zur gezielten Therapie schwerer Allgemein- oder Organinfektionen (Pneumonie, Pyelonephritis, Gallenwegsinfektionen) durch ***Cefazolin-resistente*** Erreger eingesetzt werden. Wenn mit Bacteroides fragilis zu rechnen ist (vom Darm ausgehende Infektionen), kann mit *Metronidazol* kombiniert werden. Bei schweren Allgemeininfektionen ist stets eine kombinierte Behandlung durchzuführen (mit einem *Aminoglykosid* oder *Acylaminopenicillin*).

15.8.2.4 Oralcephalosporine (Cefalexin-Gruppe)

Zu den im Handel befindlichen Oralcephalosporinen gehören Cefalexin, Cefadroxil, Cefaclor und Cefradin. Sie sind säurestabil und können oral verabreicht werden.

Wirkungsspektrum

Das Wirkungsspektrum ähnelt dem von Cefazolin, jedoch ist die Aktivität schwächer. Ein Teil der E. coli-, Klebsiella- und Proteus-Stämme ist resistent. Die Oralcephalosporine wirken nicht gegen Enterobacter-Arten, Serratia, Pseudomonas, Bacteroides fragilis und Enterokokken. Die Wirksamkeit gegen Bordetella pertussis und Haemophilus influenzae ist gering. Nur Cefaclor hat eine gute Haemophilus-Aktivität (auf Ampicillin-empfindliche und -resistente Stämme), die therapeutisch genutzt wird.

Pharmakokinetik

Die Oralcephalosporine werden weitgehend vollständig resorbiert und haben eine günstige Pharmakokinetik. Nur Cefaclor wird stärker metabolisiert und weist daher eine niedrigere Wiederfindungsrate im Urin auf. Die Halbwertszeit von Cefadroxil ist 30 min länger als die von Cefalexin; gegenüber Cefradin beträgt der Unterschied sogar eine Stunde.

Nebenwirkungen

Als Nebenwirkungen können Magen-Darm-Störungen (Erbrechen, Diarrhoe) auftreten; sie sind jedoch selten.

Indikationen

Die Indikationen sind Atemwegs- Harnwegs- und Hautinfektionen durch empfindliche Erreger (insbesondere Staphylokokken, teilweise auch E. coli, Klebsiella und Proteus), bei Cefaclor auch Haemophilus-Infektionen. Die Oralcephalosporine werden bei Kindern häufig angewandt und gut vertragen, sind aber erheblich schwächer wirksam als die β-Laktamase-stabilen parenteralen Cephalosporine.

15.8.3 Clavulansäure-Amoxycillin-Kombination (Augmentan)

Wirkungsspektrum

Die Clavulansäure gehört zu den β-Laktam-Antibiotika, hat aber keine Acylamino-Seitenkette und besitzt selbst nur eine schwache antibakterielle Aktivität. Von klinischem Interesse ist die Eigenschaft, die *β-Laktamasen* von Bakterien zu *hemmen*. Es werden jedoch nur die Typen II, III, IV und V inhibiert. Gegen die β-Laktamase vom Typ I wirkt Clavulansäure nur, wenn sie von Bacteroides fragilis gebildet wird. In Gegenwart von Clavulansäure sind Amoxycillin-resistente (β-Laktamase-bildende) Stämme von Staphylococcus aureus und epidermidis, Haemophilus influenzae, Branhamella catarrhalis, Gonokokken, E. coli, Klebsiella pneumoniae, Proteus mirabilis, Proteus vulgaris und Bacteroides fragilis meist ebenso empfindlich gegen Amoxycillin wie Amoxycillin-sensible Stämme. Man kombiniert daher Clavulansäure und Amoxycillin; das Kombinationsprodukt heißt Augmentan. Clavulansäure schützt Amoxycillin nicht vor einer Inaktivierung durch β-Laktamasen von Pseudomonas, Serratia, Enterobacter-Arten, Morganella und Proteus rettgeri. Daher läßt sich Augmentan nicht bei Infektionen durch β-Laktamase-bildende Stämme dieser Arten einsetzen. Es gibt eine orale und eine parenterale Verabreichungsform von Clavulansäure und Amoxycillin, bei der die Kombinationspartner in einem bestimmten Verhältnis gemischt sind.

Pharmakokinetik

Die Pharmakokinetik von Clavulansäure und Amoxycillin ist ähnlich. Diese Ähnlichkeit bedingt es, daß man beide Substanzen kombinieren kann.

Nebenwirkungen

Als Nebenwirkungen kommen in bis zu 10 % Übelkeit, krampfartige Bauchschmerzen, Erbrechen und Durchfall vor (in erster Linie durch die Clavulansäure bedingt). Eine Überschreitung der empfohlenen oralen Dosis von Clavulansäure ist daher nicht ratsam. Hautexantheme durch Amoxycillin sind nicht selten.

Indikationen

Indikationen für den Einsatz von Augmentan sind Infektionen durch Amoxycillin-resistente Bakterien, deren β-Laktamasen durch Clavulansäure gehemmt werden. In Frage kommen leichtere Atemwegsinfektionen (Sinusitis, Otitis media und eitrige Bronchitis durch β-Laktamase-bildende Haemophilus- und Branhamella-Stämme), auch Harnwegsinfektionen durch Amoxycillin-resistente E. coli und Klebsiellen.

15.8.4 Imipenem und Cilastatin

Imipenem ist das erste Mittel einer neuen Klasse von β-Laktam-Antibiotika mit sehr breitem Spektrum gegen fast alle grampositiven und gramnegativen Bakterien. Es verfügt über eine starke bakterizide Aktivität, auch bei Anaerobiern. Imipenem ist ein Amidinderivat des Thienamycins. Cilastatin ist ein kompetitiver reversibler Inhibitor der Dehydropeptidase-I, eines renalen Enzyms, welches Imipenem metabolisiert und inaktiviert. Um die Inaktivierung des Imipenems zu verhindern, wird Cilastatin mit Imipenem im Verhältnis 1:1 gemischt.

Wirkungsspektrum

Imipenem wirkt gegen fast alle grampositiven und gramnegativen Bakterien (einschließlich Enterokokken, Listerien, Pseudomonas und β-Laktamase-bildende Stämme von Haemophilus, Pneumokokken und Gonokokken). Es wirkt stärker als Clindamycin und Metronidazol gegen Bacteroides fragilis und die meisten anderen Anaerobier. Imipenem ist unwirksam gegen einige Dicloxacillin-resistente Staphylokokken und gegen Clostridium difficile, auch gegen Mykoplasmen, Chlamydien und Legionellen. Eine Kreuzresistenz mit Penizillinen und Cephalosporinen ist selten; wenn vorhanden, ist sie nur partiell.

Pharmakokinetik

Die Pharmakokinetik von Imipenem und Cilastatin ist ähnlich. Imipenem hat eine Halbwertszeit von einer Stunde. Die Gewebegängigkeit ist gut, die Liquorgängigkeit gering. Durch Cilastatin wird die Urin-Wiederfindungsrate von Imipenem von 20% auf 70% erhöht.

Nebenwirkungen

Ernste Nebenwirkungen sind selten. Gastrointestinale Reaktionen, Thrombophlebitis und allergische Reaktionen sind möglich. In 1–2% können zentralnervöse Nebenwirkungen (Krämpfe, Verwirrtheitszustände, Somnolenz) auftreten, die jedoch nur bei Überschreiten der Normaldosis, bei eingeschränkter Nierenfunktion und bei Vorschädigung des ZNS vorkommen. Eine vorübergehende Verlängerung der Prothrombinzeit kommt in weniger als 2% der Fälle vor. Nierenfunktionsstörungen sind selten.

Indikationen

Indikationen sind Mischinfektionen und schwere Infektionen (vor dem Erregernachweis), besonders bei gleichzeitiger Abwehrschwäche, Sepsis, intraabdominellen und gynäkologischen Infektionen, Knochen- und Gelenkinfektionen. Bei schweren Pseudomonas-Infektionen sollte Imipenem immer mit einem Aminoglykosid kombiniert werden.

15.8.5 Aminoglykoside

15.8.5.1 Gentamicin, Tobramycin

Gentamicin gehört wie Tobramycin, Amikacin u. a. zu den Aminoglykosiden, deren gemeinsamer Bestandteil Streptamin oder ein ähnlicher zyklischer Aminoalkohol ist, der mit zwei Aminozuckern glykosidisch verbunden ist. Die Aminoglykoside *hemmen* vor allem die *ribosomale Proteinsynthese* in der Bakterienzelle, was den Tod der Bakterienzelle zur Folge hat (sie sind also bakterizid).

Wirkungsspektrum

Das ***Wirkungsspektrum*** von Gentamicin und Tobramycin umfaßt Pseudomonas aeruginosa, Staphylokokken und Enterobakterien, auch Pasteurellen und Brucellen. Primär resistente Stämme von Staphylococcus epidermidis, Serratia und Pseudomonas aeruginosa kommen in zunehmender Häufigkeit vor. Zwischen Gentamicin und Tobramycin besteht eine fast vollständige Kreuzresistenz. Dagegen können Gentamicin-resistente Pseudomonas-Stämme gegen Amikacin sensibel sein. Gegen Streptokokken, Haemophilus und Anaerobier (Bacteroides-Arten, Clostridien) sind alle Aminoglykoside schlecht wirksam.

Pharmokokinetik

Die Resorption nach oraler Gabe ist gering. In der Regel wird Gentamicin *intramuskulär* injiziert. Auch eine i. v. Kurzinfusion ist möglich. Die maximalen Serumspiegel von Gentamicin und Tobramycin werden nach einer Stunde erreicht und sind bei einer Halbwertszeit von 2 h nach ungefähr 6 h auf so niedrige Werte abgefallen, daß eine erneute Gabe ratsam ist. Gentamicin und Tobramycin werden gering metabolisiert und zu etwa 90% in aktiver Form mit dem Harn ausgeschieden.

Nebenwirkungen

Als Nebenwirkungen können bei höherer Dosierung und längerer Therapie, vor allem bei eingeschränkter Nierenfunktion (Akkumulation!) eine ***Vestibularis-*** und eine ***Akustikusschädigung*** auftreten. Eine Nephrotoxizität wird bei sachgemäß durchgeführter Therapie selten beobachtet. Gentamicin und Tobramycin haben ein geringe therapeutische Breite und müssen daher vorsichtig dosiert werden.

Indikationen

Gentamicin und Tobramycin werden vor allem bei *schweren Infektionen* durch gramnegative Stäbchen bei Abwehrschwäche verwendet (bevorzugt in Kombination mit einem zweiten wirksamen Antibiotikum, z.B. mit einem Acylaminopenizillin oder Cephalosporin). Gentamicin ist wichtig zur *Endokarditis-Kombinations-Behandlung* und zur Monotherapie bei *Harnwegsinfektionen* durch Bakterien, die gegen andere Antibiotika resistent sind.

15.8.5.2 Amikacin

Wirkungsspektrum

Amikacin ist ein Kanamycin-Derivat, das von den meisten Aminoglykosid-inaktivierenden Bakterienenzymen nicht angegriffen wird.

Es hat daher ein breiteres Spektrum als Gentamicin und Tobramycin und hemmt die meisten Gentamicin-resistenten Stämme von Enterobakterien und Staphylococcus aureus. Die Aktivität ist schwächer als die von Gentamicin und Tobramycin, weswegen Amikacin höher dosiert werden muß.

Pharmakokinetik

Amikacin muß *parenteral* verabreicht werden und hat eine Halbwertszeit von über zwei Stunden. Mehr als 90% der verabreichten Dosis werden im Urin in aktiver Form ausgeschieden.

Nebenwirkungen

Als mögliche Nebenwirkungen hat Amikacin wie die anderen Aminoglykoside eine gewisse Ototoxizität, Nephrotoxizität und Neurotoxizität, welche eine exakte Dosierung und Überwachung des Patienten erfordern.

Indikationen

Indikationen sind schwere bakterielle Erkrankungen bei Versagen anderer Aminoglykoside. Es sollte nur in Kombination mit geeigneten β-Laktam-Antibiotika verwendet werden.

15.8.6 Tetrazykline

Die Tetrazykline sind bakteriostatisch wirkende Breitspektrumantibiotika mit einem Naphthacen-Ringsystem. Die Derivate Tetracyclin, Oxytetracyclin, Rolitetracyclin, Minocyclin und Doxycyclin unterscheiden sich in der Zusammensetzung der Seitenketten.

Wirkungsspektrum

Die Tetrazykline haben ein identisches Wirkungsspektrum; nur Minocyclin wirkt auf einen Teil der Tetrazyklin-resistenten Staphylokokken-Stämme. Therapeutisch bedeutsam ist die Wirksamkeit auf Mykoplasmen und andere intrazelluläre Bakterienarten (Chlamydien und Rickettsien). Ein Teil der sporenlosen Anaerobier ist empfindlich. Tetrazykline wirken nicht auf Pseudomonas aeruginosa, Proteus-Arten und Serratia marcescens. 10–30 % der Staphylokokken-Stämme sind resistent. Auch unter hämolysierenden Streptokokken, Pneumokokken und Gonokokken sowie Clostridien und Haemophilus influenzae kommen resistente Stämme häufiger vor. Zwischen allen Tetrazyklinen besteht eine Kreuzresistenz (außer mit Minocyclin bei Staphylokokken).

Pharmakokinetik

Doxycyclin wird von allen Tetrazyklinen am besten resorbiert, am geringsten metabolisiert und am besten vertragen. Es sollte daher für die orale Behandlung bevorzugt werden. Die Resorption der anderen Tetrazykline ist unvollständig. Doxycyclin hat eine längere Halbwertszeit (25 h). Es wird nach i.v. Gabe zu 70%, nach oraler Gabe zu 40% mit dem Harn ausgeschieden.

Nebenwirkungen

Als intrazellulär wirksame Antibiotika rufen die Tetrazykline nicht selten Nebenwirkungen hervor. Am häufigsten sind Magen-Darm-Störungen; auch eine pseudomembranöse Enterokolitis ist möglich. Eine schwere Leberschädigung kann sich bei erheblicher Überdosierung oder durch Kumulation von Tetrazyklinen bei Niereninsuffizienz entwickeln. Andere Nebenwirkungen sind Photosensibilisierung, Gelbfärbung der Zähne (wenn das Mittel während der Zahnbildungsperiode, also bei Kindern bis zum Ende des

7. Lebensjahres gegeben wird), reversible intrakranielle Drucksteigerung, Nierenschädigungen, lokale Reizerscheinungen bei i.v. Gabe.

Indikationen

Doxycyclin wird zur Behandlung akuter Exazerbationen der chronischen Bronchitis und bei interstitieller Pneumonie durch Mykoplasmen, bei Ornithose und Q-Fieber verwandt. Tetrazykline wirken bei der nichtgonorrhoischen Urethritis durch Chlamydia trachomatis oder Ureaplasma urealyticum. Auch Leptospirosen stellen ein Anwendungsgebiet der Tetrazykline dar, ebenso Infektionen durch Borrelia burgdorferi (Lyme-Krankheit).

15.8.7 Chloramphenicol

Wirkungsspektrum

Chloramphenicol ist ein bakteriostatisch wirkendes vollsynthetisches Chemotherapeutikum, das wegen seiner gefährlichen Hämatotoxizität nur noch bei wenigen Indikationen verwandt werden sollte. Sein Wirkungsspektrum umfaßt grampositive und gramnegative Bakterien (einschließlich Salmonellen, Rickettsien, Chlamydien, Mykoplasmen und Leptospiren).

Pharmakokinetik

Nach oraler Gabe wird Chloramphenicol fast vollständig resorbiert. Ein Teil wird im Organismus durch Bindung an Glukuronsäure inaktiviert, ein Teil wird hydrolysiert und durch Reduktion der Nitroverbindung zum Amin umgewandelt. Die Gewebediffusion ist gut. Im Liquor finden sich etwa 50% der Serumkonzentration.

Nebenwirkungen

Mit einer Häufigkeit von 1:10000 bis 1:40000 ruft Chloramphenicol ***aplastische Blutschäden*** hervor. Bei Neugeborenen kann das sog. ***Gray-Syndrom*** (mit Atemstörungen, grauer Hautverfärbung und unbeherrschbarem Kreislaufkollaps) auftreten, das oft in wenigen Stunden zum Tode führt. Es beruht auf der Kumulation des toxisch wirkenden Chloramphenicol, das die unreife Leber nicht ausreichend an Glukuronsäure koppeln kann.

Indikationen

Früher waren Salmonellen-Infektionen (Typhus, Salmonellen-Sepsis, Salmonellen-Meningitis) und die Haemophilus-Meningitis gültige Indikationen. Heute wirken Cefotaxim und neue Gyrase-Hemmer (z.B. Ciprofloxacin) sicherer und gefahrloser. Eine Anwendung ist noch bei ***Rickettsiosen*** (z.B. Rocky-Mountains-Spotted-Fieber) gerechtfertigt. Daneben wird Chloramphenicol nur eingesetzt, wenn bei ***lebensbedrohlichen Infektionen*** andere Mittel versagen oder aus anderen Gründen (Allergie) nicht zum Einsatz gelangen dürfen.

15.8.8 Erythromycin

Erythromycin gehört zu den Makroliden. Diese besitzen einen Laktonring und weisen glykosidische Bindungen an Zucker und/oder Aminozucker auf. Die antibakteriell wirksame Erythromycin-Base ist säurelabil. Therapeutisch verwendet werden die Erythromycin-Base (als magensaftresistente Tabletten), der Ester Erythromycin-Äthylsukzinat und die Salze Erythromycin-Estolat und -Stearat. Aus den Erythromycinsalzen und dem Ester entsteht im Blut die Erythromycin-Base. Erythromycin hemmt die bakterielle Proteinsynthese und wirkt in therapeutischen Konzentrationen bakteriostatisch.

Wirkungsspektrum

Erythromycin wirkt auf die meisten grampositiven Bakterien (Streptokokken, Staphylokokken, Clostridien u. a.), außerdem gegen Bordetella pertussis, Legionellen, Campylobacter jejuni und Propionibacterium acnes. Auch Diphtheriebakterien sind empfindlich. Es dringt in die Wirtszelle ein und hat daher auch eine Wirkung auf intrazelluläre Bakterien.

Pharmakokinetik

Die Resorption der einzelnen Verbindungen nach oraler Gabe ist unvollständig. Am besten resorbiert werden das Äthylsukzinat und das Estolat. Eine intravenöse Anwendung ist möglich, wird aber oft schlecht vertragen. Die Halbwertszeit beträgt zwei Stunden. Die Gewebepenetration ist gut. Im Körper wird Erythromycin in starkem Umfang metabolisiert, so daß im Harn nach oraler Gabe nur 2–8 % der verabreichten Dosis in aktiver Form ausgeschieden werden.

Nebenwirkungen

An Nebenwirkungen treten insbesondere bei höherer Dosierung nicht selten *gastrointestinale Störungen* wie Leibschmerzen, Übelkeit oder dünne Stühle auf. Erythromycin-Estolat kann vor allem bei Erwachsenen bei zwei bis drei Wochen dauernder Therapie infolge Sensibilisierung zu einer *intrahepatischen Cholestase* mit oder ohne Ikterus, z.T. mit kolikartigen Leibschmerzen führen.

Indikationen

Diese sind *akute Infektionen des Respirationstraktes*, vor allem durch Staphylokokken, Streptokokken, Pneumokokken, Mykoplasmen, Chlamydia trachomatis sowie *Hautinfektionen* durch empfindliche Keime, Erythrasma und Akne vulgaris. Des weiteren ist Erythromycin das Mittel der Wahl bei Legionellose und wirksam bei Campylobacter-Enteritis, bei Trachom und bei der durch Chlamydien verursachten nicht-gonorrhoischen Urethritis. Auch bei Keuchhusten läßt sich Erythromycin einsetzen.

15.8.9 Clindamycin

Clindamycin gehört wie Lincomycin zu den Lincosamiden und ist ein hochwirksames Staphylokokken- und Anaerobier-Antibiotikum, das auch gegen Pneumokokken, andere Streptokokken und Diphtheriebakterien wirkt. Die Anaerobier-Wirksamkeit bezieht sich auf Bacteroides-, Fusobacterium-, Actinomyces-Arten, Peptostreptokokken und Peptokokken, außerdem Propionibakterien und die meisten Clostridium perfringens-Stämme. Andere Clostridien-Arten sind resistent, ebenso Enterokokken, Haemophilus, Mykoplasmen und sämtliche aeroben gramnegativen Stäbchen.

Pharmakokinetik

Clindamycin wird nach oraler Gabe gut resorbiert und kann auch intravenös appliziert werden. Die *Halbwertszeit* beträgt $2^3/_4$h. Es hat eine gute *Gewebegängigkeit* und penetriert relativ gut in den Knochen. Clindamycin wird im Organismus stark metabolisiert und nur zu 30 % in aktiver Form mit dem Harn ausgeschieden.

Nebenwirkungen

Eine gefährliche Nebenwirkung von Clindamycin ist die bei Erwachsenen häufiger als bei Kindern auftretende *pseudomembranöse Enterokolitis*, welche durch das Überwuchern Clindamycin-resistenter toxin-bildender Clostridium-difficile-Stämme ausgelöst werden kann. Es gibt auch leichtere gastrointestinale Störungen, die rasch vorübergehen. *Allergische Reaktionen* durch Clindamycin sind selten. Nach i. v. Gabe von Clindamycin können ein *Ikterus* oder pathologische Leberfunktionsproben auftreten.

Indikationen

Clindamycin wird wegen der Gefahr einer Enterokolitis heute nur bei *Anaerobier-Infektionen* und schweren Staphylokokken-Infektionen bei Penicillin-Allergie oder Dicloxacillin-Resistenz verwendet.

15.8.10 Vancomycin

Vancomycin ist ein großmolekulares *Glykopeptid* mit ausschließlicher Wirkung auf grampositive Erreger.

Pharmakokinetik

Es hat eine schlechte Gewebepenetration.

Nebenwirkungen

Vancomycin kann zu *allergischen* Reaktionen und *Schwerhörigkeit* (besonders bei Niereninsuffizienz) führen.

Indikationen

Als Indikationen gelten schwere *Staphylokokken-Infektionen*, die wegen Penizillin-Allergie oder Dicloxacillin-Resistenz nicht mit β-Laktam-Antibiotika behandelt werden können. Die orale Gabe ist indiziert bei pseudomembranöser Enterokolitis (durch Clostridium difficile).

15.8.11 Sulfonamide

Sulfonamide werden wegen ihrer geringen Aktivität und der Gefahr einer schnellen Resistenzentwicklung heute kaum noch zur Monotherapie benutzt. Sulfonamide sind Derivate des *p-Amino-benzol-Sulfonamids* (Sulfanilamid) und bestehen aus einem Benzolkern mit einer Amino-(NH_2)- und einer Sulfamid-(SO_2-NH_2)-Gruppe. Sulfonamide wirken nur ***bakteriostatisch*** auf proliferierende Keime durch Hemmung der ***Folsäuresynthese*** (Blockierung des Fermentes, welches unter Verwendung von p-Aminobenzoesäure die Bildung von Folsäure bewirkt), teilweise auch durch Inaktivierung anderer Fermente.

Wirkungsspektrum

Die Sulfonamide wirken besonders gegen *Streptokokken* (außer Enterokokken), auch Pneumokokken, Meningokokken, Aktinomyzeten, Nocardien und Chlamydien. Die Wirksamkeit gegen E. coli, Proteus, Klebsiella pneumoniae, Enterobacter aerogenes, Haemophilus influenzae, Pseudomonas aeruginosa und Staphylokokken ist unterschiedlich. Ein großer Teil der Gonokokken-Stämme ist resistent. Sulfonamide wirken auch auf bestimmte *Protozoen* (Pneumocystis, Toxoplasmen, Malariaplasmodien). Völlig resistent sind Rickettsien, Spirochäten, Mykobakterien, Pilze u. a.

Pharmakokinetik

Die meisten Sulfonamide werden nach oraler Gabe gut resorbiert. Die maximalen Blutspiegel finden sich nach 4–6 h. Die Plasmaeiweißbindung ist je nach Präparat verschieden. Die Liquorgängigkeit ist relativ gut bei Sulfamethoxydiazin und Sulfadiazin. Die Sulfonamide werden hauptsächlich mit dem Harn ausgeschieden (bei den meisten Präparaten zwischen 60–90%), der Rest mit den Fäzes. Sie erscheinen im Urin als freies Sulfonamid und als antibakteriell inaktive Substanzen (Azetylderivat, Glukuronid).

Nebenwirkungen

Als Nebenwirkungen sind relativ häufig *allergische Reaktionen*, seltener eine *Nierenschädigung, gastrointestinale Beschwerden, Blutbildungsstörungen*, Zyanose und eine cholestatische Hepatose.

Indikationen

Diese sind heute Toxoplasmose (in Kombination mit Pyrimethamin), Pneumocystis-Pneumonie (in Kombination mit Trimethoprim), lokale und systemische Therapie des Trachoms, Nocardiose (in Kombination mit einem anderen Mittel), Chloroquin-resistente Malaria (in Kombination mit Pyrimethamin u. a.) und bakterielle Infektionen (in Kombination mit Trimethoprim, s. u.). Andere Indikationen sind überholt. Die immer noch weit verbreitete topische Anwendung von Sulfonamiden ist (abgesehen von Augenpräparaten) heute nicht mehr gerechtfertigt. Das gilt auch für Blaseninstillationen von Sulfonamiden.

15.8.12 Trimethoprim/Sulfonamid (Cotrimoxazol)

Die Kombination von Trimethoprim und einem Sulfonamid (meist Sulfamethoxazol) wird auch als Co-Trimoxazol bezeichnet. Trimethoprim gehört wie das Malariamittel Pyrimethamin zu den Diaminopyrimidinen. Es hemmt die bakterielle Folsäuresynthese, aber an einer anderen Stelle als das Sulfonamid. Beide Mittel können zusammen synergistisch wirken. Teilweise wird durch die Kombination das Wirkungsspektrum der Einzelsubstanzen verbreitert.

Wirkungsspektrum

Trimethoprim ist wirksam auf viele pathogene Bakterien, jedoch nicht auf Clostridien, Treponema pallidum, Leptospiren, Rickettsien, Chlamydia psittaci, Tuberkelbakterien, Pseudomonas aeruginosa und Mykoplasmen. Heute ist ein wachsender Anteil der Erreger von Atem- und Harnwegsinfektionen gegen Co-Trimoxazol resistent. Teilweise resistent sind auch Staphylokokken, Enterokokken und Pneumokokken, unter den Enterobakterien Klebsiella- und Enterobacter-Arten. Bei Haemophilus influenzae kommen resistente Stämme selten vor.

Nebenwirkungen

Als Nebenwirkungen sind eine meist reversible *Hämatotoxizität, allergische Reaktionen*, bei i. v. Gabe auch Venenschmerzen oder Phlebitis beobachtet.

Indikationen

Die Indikationen sind akute und chronische *Harnwegsinfektionen*, akute und chronische *Bronchitis, Sinusitis*, außerdem Wund- und Gallenwegsinfektionen, Prostatitis und Prostataabszeß. Co-Trimoxazol kann bei schweren bakteriellen Enteritiden (Ruhr, Cholera, Salmonellosen) nützlich sein. Eine wichtige Indikation ist die Therapie und Prophylaxe der Pneumocystis-Pneumonie, z. B. bei mit Zytostatika behandelten Leukämiepatienten.

15.8.13 Gyrase-Hemmer

Die Gyrase-Hemmer, auch Chinolone genannt, sind Chemotherapeutika, welche die bakteriellen DNS-Topoisomerasen (oder Gyrasen) hemmen, so daß eine Nukleinsäure-Synthese der Bakterien nicht mehr möglich ist. Zu den älteren Gyrase-Hemmern, die ausschließlich gegen gramnegative Bakterien wirken und eine schwache antibakterielle Aktivität haben, gehört die Nalidixinsäure, welche heute nicht mehr verwendet werden sollte. Die neueren Gyrase-Hemmer Norfloxacin, Ofloxacin, Ciprofloxacin und Enoxacin haben eine wesentlich stärkere antibakterielle Aktivität und wirken auch gegen grampositive Bakterien (außer Pneumokokken). Bemerkenswert ist die Wirksamkeit von Ofloxacin und Ciprofloxacin auf intrazellulär gelegene Erreger, wie Chlamydien. Auch Mykoplasmen werden erfaßt. Resistent ist ein Teil der Clostridien-Stämme (auch Clostridium difficile) und der Bacteroides-Stämme, außerdem Nocardia asteroides und Ureaplasma urealyticum. Enterokokken sind teilweise resistent. Eine sekundäre Resistenzentwicklung ist bei Pseudomonas aeruginosa und bei Staphylococcus aureus in vitro und während der Behandlung möglich. Zwischen den neuen Gyrase-Hemmern besteht eine fast vollständige Kreuzresistenz.

Pharmakokinetik

Norfloxacin wird nach oraler Gabe unvollständig resorbiert, so daß es nur zur Behandlung von Harnwegsinfektionen verwendet wird. Ofloxacin wird von allen Gyrase-Hemmern am besten resorbiert, hat eine längere Halbwertszeit und eine geringere Metabolisierungsrate als Ciprofloxacin. Enoxacin wird wie Ciprofloxacin nach oraler Gabe schlechter resorbiert. Eine intravenöse Anwendung ist bei Ciprofloxacin und Ofloxacin möglich. Die Halbwertszeit beträgt bei den neuen Gyrase-Hemmern etwa 5 h. Die Wiederfindungsrate im Urin ist bei Ofloxacin 70–80%, bei Ciprofloxacin 30–50%, bei Enoxacin 60%. Die neuen Gyrase-Hemmer haben eine ausgezeichnete Gewebegängigkeit. Die Liquorkonzentrationen betragen etwa 20% der Serumspiegel.

Nebenwirkungen

Unter den Nebenwirkungen sind am häufigsten *gastrointestinale Reaktionen*, seltener *zentralnervöse Reaktionen* (Schwindel, Kopfschmerzen, Müdigkeit, Erregtheit, Sehstörungen, Krampfanfälle), außerdem *allergische Reaktionen* (Exantheme, Juckreiz, Gesichtsödeme) und Kreislaufreaktionen (Blutdruckanstieg, Tachykardie, Hautrötung). Da bei jungen Beagle-Hunden am wachsenden Knochen Knorpelschäden (Wucherungen und Erosionen) an belasteten Gelenken beobachtet worden sind, sollen alle Gyrase-Hemmer *nicht an Kinder und Jugendliche* im Wachstumsalter verabreicht werden.

Bei gleichzeitiger Gabe von Enoxacin wird die Elimination von Theophyllin und von Coffein verzögert, und die Blutspiegel dieser Substanzen sind erhöht. Die Interaktion mit Theophyllin ist bei Enoxacin am stärksten ausgeprägt, geringer bei Ciprofloxacin, während sie bei Ofloxacin fehlt.

Indikationen

Indikationen für neue Gyrase-Hemmer sind Organinfektionen durch nachgewiesene oder vermutete empfindliche Erreger, vor allem wenn ein Gyrase-Hemmer das einzige oral wirksame Mittel ist. Spezielle Indikationen können *Gonorrhoe*, *Chlamydien-* und *Mykoplasmen*-Infektionen sein, außerdem Legionellose und Salmonellose. Bei Pseudomonas-Infektionen sollte wegen der besseren Wirkung und der Gefahr einer Resistenzentwicklung Ofloxacin oder Ciprofloxacin mit einem Aminoglykosid kombiniert werden.

15.8.14 Nitrofurantoin

Nitrofurantoin ist ein synthetisches Harnwegs-Chemotherapeutikum aus der Gruppe der Nitrofurane.

Wirkungsspektrum

Nitrofurantoin wirkt gegen die meisten üblichen Erreger von Harnwegsinfektionen (E. coli, Klebsiella und Enterobacter-Arten, Enterokokken, Staphylokokken). Proteus und Pseudomonas-Arten sind resistent.

Pharmakokinetik

Nitrofurantoin wird rasch und nahezu vollständig im Darm resorbiert und in alle Gewebe verteilt, aber es werden weder im Serum noch im Gewebe therapeutisch wirksame Spiegel erreicht. Die Elimination erfolgt hauptsächlich renal (zu 40%), ein kleiner Teil wird durch die Galle ausgeschieden und der Rest zu inaktiven Metaboliten abgebaut.

Nebenwirkungen

Es gibt gefährliche Nebenwirkungen von Nitrofurantoin (*Polyneuropathie*, *Lungenreaktionen, allergische Reaktionen, Leberreaktionen, Blutbildungsstörungen*, eventuell auch eine reversible Hemmung der *Spermatogenese*). Nitrofurantoin wird im Organismus zu einem Metaboliten mit potentiell ***karzinogenen Eigenschaften*** abgebaut (Aminofurantoin). Im Tierexperiment wurde eine *erhöhte Mißbildungsrate* beobachtet.

Indikationen

Wegen der möglichen Nebenwirkungen sollte die Anwendung von Nitrofurantoin stark eingeschränkt werden. Die wichtigste Indikation bleibt die *Suppressivtherapie chronisch-obstruktiver Harnwegsinfektionen* bei Patienten mit angeborener oder erworbener

Abflußbehinderung der Harnwege, bei denen effektivere und risikoärmere antibakterielle Mittel nicht eingesetzt werden können. Wenn Nitrofurantoin zur *Reaszensionsprophylaxe* chronisch rezidivierender Harnwegsinfektionen benutzt wird, ist bei Langzeitanwendung eine strikte Überwachung unbedingt notwendig. Bei eingeschränkter Nierenfunktion ist es kontraindiziert!

15.8.15 Metronidazol

Metronidazol, Tinidazol und Ornidazol gehören zu den Nitroimidazolen, einer Gruppe heterozyklischer Verbindungen mit einem 5er-Ring ähnlich den Nitrofuranen. Sie wirken gegen Protozoen und Anaerobier. Bei anaeroben Bakterien bewirken sie eine Hemmung der Nukleinsäuresynthese.

Wirkungsspektrum

Die Protozoen Entamoeba histolytica, Trichomonas vaginalis und Gardia lamblia (Lamblia intestinalis) werden von Metronidazol, Tinidazol und Ornidazol bei niedrigen Konzentrationen gehemmt. Diese Mittel wirken auch gegen alle obligat anaeroben Bakterien (Clostridien und sporenlose Anaerobier) außer gegen Propionibakterien und Aktinomyzeten.

Pharmakokinetik

Nach oraler Gabe ist die Resorption gut, nach rektaler Anwendung gering. Nach intravaginaler Applikation finden sich niedrige Serumspiegel. Bei intravenöser Anwendung gibt es bei wiederholter Gabe keine Kumulation. Die Halbwertszeit von Metronidazol ist 7 h, von Tinidazol und Ornidazol 13 h. Die Gewebepenetration ist gut, besonders in Hirn, Leber, Uterus (auch in Abszeßhöhlen). Hohe Konzentrationen werden in Liquor, Vaginalsekret und Fruchtwasser erreicht. Metronidazol wird in der Leber in starkem Maße oxidiert und zu antibakteriell schwach wirksamen Metaboliten konjugiert. Tinidazol wird in der Leber geringer metabolisiert; daher sind die wirksamen Konzentrationen in den Geweben und Körperflüssigkeiten höher. Die Wiederfindungsrate im Urin beträgt bei Metronidazol 30%, bei Tinidazol 15% und bei Ornidazol 63%.

Nebenwirkungen

Die Nebenwirkungen sind dosisabhängig und bei Tinidazol und Ornidazol anscheinend nicht so häufig wie nach Metronidazol. In 3% treten *gastrointestinale Störungen* auf. Bei längerer Therapie und höherer Dosierung kommen eine *periphere Neuropathie* (mit Parästhesien) sowie *zentralnervöse Störungen* (Schwindel, Ataxie, Bewußtseinsstörungen, Krämpfe u. a.) vor. Es besteht eine ausgeprägte ***Alkoholintoleranz***.

Indikationen

Die Indikationen sind Trichomoniasis und Vaginitis durch Gardnerella vaginalis, Amöbenruhr (alle Formen, auch Leberabszeß), Darminfektionen durch Gardia sowie Anaerobier-Infektionen (z.B. bei Thrombophlebitis, Aspirationspneumonie, Organabszessen, intraabdominelle Abszesse, Peritonitis, Endometritis, Puerperalsepsis, fieberhafter Abort, Gangrän). Dabei kombiniert man stets mit einem Aerobier-wirksamen Breitspektrum-Antibiotikum (Aminoglykosid oder Cephalosporin). Metronidazol wird auch zur Prophylaxe bei großen gynäkologischen Operationen und Dickdarmoperationen verwendet.

VIII
Allgemeine Virologie

Glossar für häufig benutzte Abkürzungen

D	= Dalton
EBV	= Epstein-Barr-Virus
EM	= Elektronenmikroskop
FSME	= Frühjahrs-Sommer-Meningoenzephalitis
HAV	= Hepatitis A-Virus
HBV	= Hepatitis B-Virus
HCV, HEV	= Hepatitis C-(E)-Virus
HDV	= Hepatitis D-Virus
HHV–6	= Human-Herpes-Virus 6
HIV	= Human-Immundefizienz-Virus
HPV	= Humane Papillom-Viren
HSV	= Herpes-simplex-Virus
HTLV	= Human-T-Zell-Leukämie-Virus
IFN	= Interferon
IFT	= Immunfluoreszenz-Test
LCM	= Lymphozytäre Choriomeningitis
LDH-Virus	= Lactat-dehydrogenase-Virus
LTR	= Long Terminal Repeat (Regulationselemente der Retro-Viren)
M.G.	= Molekulargewicht
MHC	= Haupt-Histokompatibilitätskomplex
NonA/NonB	= NonA/NonB-Hepatitis-Virus
PCR	= Polymerase-Ketten-Reaktion (polymerase-chain-reaction)
PFU	= Plaque forming unit
PLT	= Psittakose/Ornithose/Lymphogranuloma ing./Trachom-Gruppe (Chlamydien)
RE	= Restriktionsenzym
RSV	= Rous-Sarkom-Virus
RS-Virus	= Respiratory-synzytial-Virus
SSPE	= Subakute sklerosierende Panenzephalitis
TMV	= Tabakmosaik-Virus
TNF	= Tumornekrose-Faktor
VZV	= Varizellen-Zoster-Virus
ZMV	= Zytomegalie-Virus
ZTL	= Zytotoxische Lymphozyten

1 Virusbegriff – Struktur und Systematik

D. Falke

INHALTSÜBERSICHT

1.1 Definition des Virusbegriffs 613
1.2 Merkmale von Viren 613
1.3 Das Virion 613
1.3.1 Bestandteile des Virions 613
1.3.2 Strukturprinzipien des Virions 614
1.3.3 Symmetrieformen des Virions 615
1.4 Einteilung der Viren 615
1.4.1 Einteilungskriterien 615
1.4.2 Strukturprototypen 615
1.5 Bakteriophagen 619
1.6 Unkonventionelle Viren: Viroide, Delta-Agens, Prionen 619

1.1 Definition des Virusbegriffs

Als Virus bezeichnet man einen außerhalb der Zelle nicht vermehrungsfähigen Komplex von Nukleinsäuren und Proteinen sowie gegebenenfalls Lipiden mit charakteristischer Partikelstruktur. Viren haben das Vermögen, in lebende Zellen einzudringen und deren Stoffwechselapparat zur eigenen Replikation zu verwenden.

1.2 Merkmale von Viren

- Viren sind ***filtrierbare Partikel***. Ihre Größe liegt zwischen 25 (Virus der Maul- und Klauenseuche) und 300 nm (Pocken-Viren). Der Ausdruck „filtrierbar" bedeutet, daß Viren bakteriendichte Filter passieren können („Ultrafiltrat").
- Viren sind ***einfach aufgebaut***. Sie enthalten zwar Nukleinsäure, Proteine und Lipide, aber kein einziges der komplexen Strukturelemente, welche für den Aufbau der Zelle typisch sind, wie Kern, Mitochondrien, Ribosomen u. ä.
- Viren enthalten entweder ***DNA oder RNA***, niemals aber beide Nukleinsäuretypen. Einige Viren sind mit Enzymen ausgestattet.
- Viren sind ***obligate Zellparasiten***: Sie können sich außerhalb lebender Zellen nicht vermehren.
- Die ***Vermehrung*** der Viren erfolgt ausschließlich durch anabolische Leistungen der Wirtszelle; dabei liefert das eingedrungene Viruspartikel der Zelle nur Syntheseprogramme. Die Virusvermehrung erfolgt dadurch, daß in einer frühen Phase alle benötigten Virusbausteine vorgefertigt werden; der Zusammenbau erfolgt dann in einer später ablaufenden „Montagephase".

1.3 Das Virion

Das vollständig (komplett) aufgebaute, reife Viruspartikel bezeichnet man als ***Virion***. Inkomplette, d. h. „unreife" Partikel sind als Vorstufe des ausgereiften Virions oder als Überschußmaterial in bestimmten Phasen der Virussynthese intrazellulär und extrazellulär nachweisbar. Im Gegensatz zu den infektionstüchtigen, kompletten Partikeln sind die inkompletten Partikel nicht infektiös. Sie können nur elektronenoptisch, biochemisch (durch Enzyme) oder serologisch, nicht aber durch den klassischen Infektionsversuch nachgewiesen werden. Sie sind jedoch von großer Bedeutung für chronische Infektionsverläufe.

1.3.1 Bestandteile des Virions

Von den drei wichtigsten Bauelementen der Viruspartikel sind zwei stets vorhanden; ein drittes ist nur gelegentlich zu finden. Die ***Bestandteile*** sind:

- Die ***Nukleinsäure*** (DNA oder RNA) als Träger der genetischen Information. RNA oder DNA ist stets vorhanden und wirkt nicht als Antigen. Die DNA ist linear oder ringförmig und meist doppelsträngig. Die RNA ist meist einzelsträngig und linear, bei einigen Viren ist die RNA segmentiert.
- Das ***Capsid*** als Schutzmantel der Nukleinsäure. Es besteht aus Protein, wirkt antigen und ist aus Capsomeren zusammengesetzt. Der Komplex aus Nukleinsäure und Capsid wird als ***Nukleocapsid*** bezeichnet.

Capsomere sind die Bausteine des Capsids. So setzt sich z. B. das einem Hohlzylinder gleichende Capsid des TMV aus kugelähnlichen Capsomeren zusammen.

Mehrere dieser Capsomere bilden zunächst eine Capsid-Untereinheit in Form eines mit einem Loch versehenen runden Scheibchens. Der Hohlzylinder des Capsids kann als Stapel dieser Capsid-Untereinheiten aufgefaßt werden. Jedes Scheibchen erscheint an einer Stelle durchgeschnitten, ein Ende nach oben und eines nach unten gebogen, so daß mit den entsprechenden Schnittstellen der anliegenden Scheibchen eine Verbindung zustande kommt und eine Art Wendeltreppe entsteht. Von außen gesehen, erinnert das Modell des TMV-Capsids an einen Maiskolben. Die den Maiskörnern entsprechenden Untereinheiten entsprechen den Capsomeren. Im TMV-Capsid verläuft der RNA-Faden innerhalb der Wand des Hohlzylinders, der „Wendeltreppe" folgend.

- Die ***Hülle***. Sie kommt nur bei einigen Virusarten vor und umgibt das Capsid von außen. Das Hüllmaterial besteht in der Regel aus Proteinen, Glykoproteinen und Lipiden; es wirkt ebenfalls antigen. Die Glykoproteine der Hülle sind als „spikes" angeordnet.

1.3.2 Strukturprinzipien des Virions

Man unterscheidet einfach-symmetrisch und komplex-symmetrisch aufgebaute Viria.

Von den einfach-symmetrischen Viria kann man vier Partikelprototypen als Modell betrachten:

- Das ***Tabakmosaik-Virus*** (Abb. 1.1) ist stäbchenförmig (20×300 nm) und besteht aus einer ***einsträngigen RNA*** und dem zylindrischen Capsid. Die RNA verläuft innerhalb des Capsidzylinders wie in einer Wendeltreppe.

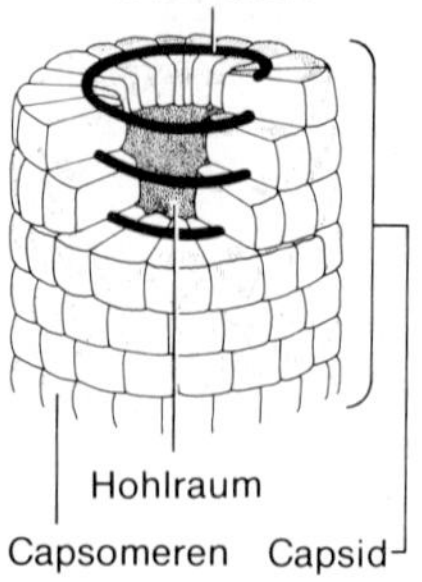

Abb. 1.1. Tabakmosaik-Virus

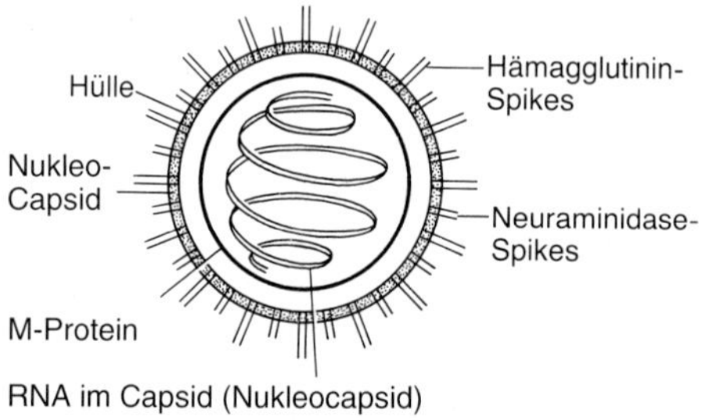

Abb. 1.2. Myxo-Virus (Influenza-Virus etc.)

- Das ***Influenza-Virus*** (Abb. 1.2) ist kugelig (80 nm Durchmesser) und besteht im inneren Teil aus einem aufgeknäuelten, fadenförmigen ***Nukleocapsid***. Das Nukleocapsid-Knäuel ist seinerseits von einer ***Hülle*** umgeben. Unter der Hülle befindet sich eine Membran (M-Protein). In der Hülle befinden sich „spikes".
- Das ***Adeno-Virus*** (Abb. 1.3) ist kugelig (80 nm Durchmesser) und besteht aus einem kugeligen DNA-„***Kern***" (Innenkörper, „***core***"), der von einem Capsid umgeben ist. Zum Unterschied vom Influenza-Virus ist beim Adeno-Virus lediglich die DNA verknäuelt.

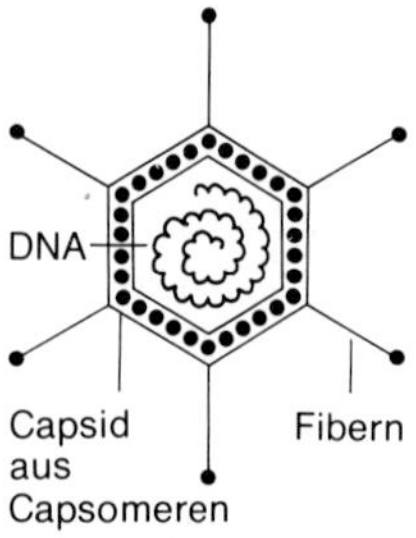

Abb. 1.3. Adeno-Virus

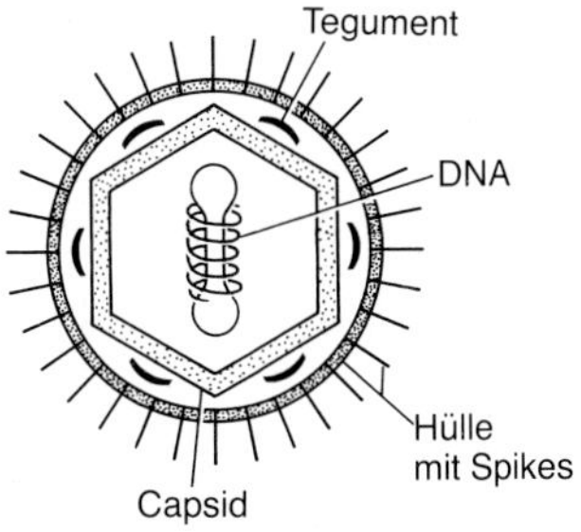

Abb. 1.4. Herpes-Virus

Das Capsid ist in die Verknäuelung nicht einbezogen; es umschließt die DNA wie eine Schale. Aus dem Capsid ragen 12 feine Stäbchen antennenartig heraus. Die ***Capsomeren*** sind so angeordnet, daß die Capsidoberfläche aus 20 Dreiecken zusammengesetzt erscheint (Ikosaeder, 20-Flächner).

- Das ***Herpes-Virus*** (Abb. 1.4) ist kugelig (180 nm Durchmesser) und besteht aus einem Kern von verknäuelter DNA; das DNA-Knäuel wird vom schalenförmigen Capsid in der gleichen Art umschlossen wie beim Adeno-Virus-Partikel. Zum Unterschied vom Adeno-Virus ist das schalenförmige Capsid der Herpes-Partikel außen noch von einer spikes-tragenden Hülle (envelope) umgeben. Die DNA des Herpes-Virus ist somit von zwei konzentrisch übereinander liegenden Schutzschichten umgeben. Auch das Herpes-Capsid ist ein Ikosaeder.

1.3.3 Symmetrieformen des Virions

Die Symmetrieverhältnisse der Virusteilchen entsprechen – vereinfacht gesehen – einer der folgenden zwei Grundformen. Die Angaben über die Symmetrie beziehen sich stets auf das Nukleocapsid.

- ***Einfache Symmetrie***: Die Spiegelbildlichkeit ist hierbei in allen Achsen vorhanden.
  - ***Translationssymmetrie***: Eine Achse des Capsids ist länger als die andere. Diese Form der Symmetrie wird mit der Bezeichnung helixförmig (helikal) versehen. Die Capside sind polar aufgebaut, ihre Montage erfolgt von einem bestimmten Ende aus. Beispiel: TMV.
  - ***Rotationssymmetrie***: Alle drei Achsen der Ikosaeder sind etwa gleich lang. Das Nukleocapsid nähert sich der kugeligen Form. Beispiel: Adeno- und Herpes-Virus.
- ***Komplexe Symmetrie***: Die Achsen sind entweder alle ungleich lang oder es existiert innerhalb einer oder mehrerer Achsen keine Spiegelbildlichkeit. Beispiel: T-Phagen haben Kopf- und Schwanzteil.

1.4 Einteilung der Viren

Eine grobe Gruppierung der Viren ist möglich, wenn man die ***pflanzenpathogenen*** Viren (z. B. TMV) von den ***menschen-*** und ***tierpathogenen*** Viren („animalen Viren") und von den ***Bakteriophagen*** trennt.

1.4.1 Einteilungskriterien

Folgende Einteilungskriterien (Tabelle 1.1) liegen der heute üblichen Virussystematik zugrunde:

- Der ***Typ der Nukleinsäure***. Danach unterscheidet man DNA-Viren und RNA-Viren. Außerdem wird die Frage berücksichtigt, ob die Virusnukleinsäure einsträngig oder doppelsträngig ist. Meist ist die RNA der Viren einsträngig. Dagegen ist die DNA bei Viren überwiegend doppelsträngig.
- Die ***Symmetrie*** des Nukleinsäure-Capsid-Komplexes (z. B. stäbchenförmig oder kugelig bzw. helikal oder ikosaedrisch).
- Das Vorhandensein oder Fehlen einer ***Hülle*** (*envelope*).
- Die ***serologischen Eigenschaften*** des Capsids und der Glykoproteine der Hülle (spikes); mit diesem Kriterium werden Differenzierungen vorgenommen. Eine verfeinerte Einteilung läßt sich erreichen, wenn man mit monoklonalen Antikörpern einzelne Antigen-Determinanten nachweist.
- Das Vorhandensein gewisser ***Enzyme*** im Virus, wie Neuraminidase, Polymerase, Reverse Transkriptase.

1.4.2 Strukturprototypen

Aufgrund der geschilderten Kriterien kann man für die beiden großen Gruppen der RNA- und der DNA-Viren charakteristische Strukturprototypen aufstellen. Diese werden jeweils durch ein besonders charakteristisches Virus („Prototyp") repräsentiert. Obwohl veraltet, dienen Wirtsspezifität und der Organotropismus

Tabelle 1.1. Schema der Viruseinteilung

Nukleinsäure	Capsid	Hülle	Enzym(e)	Virusgruppe oder Virus	Durchmesser (nm)
+-∫-RNA	═══	–	–	TMV	20 x 300
+-∫-RNA	⬡	–	–	Picorna (Polio,Coxs, ECHO, HAV, MKS, Rhino)	30
– -∫-RNA	═══	+	+	Myxo (Influenza (8), Parainfluenza), Corona-Viren	80-200
+-∫-RNA	⬡	+	–	Toga (Röteln)	70
– -∫-RNA^{y}	═══	+	+	Arena (LCM, Lassa) (2)	100 – 150
– -∫-RNA	═══	+	+	Rhabdo-Viren (Tollwut) Filo-Viren (Marburg, Ebola)	50 x 200
∫∫-RNA	⬡	–	+	Reo (10), Rota (11)	80
+-∫-RNA	═══ ⬡	+	+	Retro, HIV-1,2; HTLV-1,2	100
– -∫-RNA	⬡	Helfer-hülle	–	Delta-Virus (HDV)	35
+/-∫-DNA	⬡	–	–	Parvo (B 19)	22
∫∫-DNA	⬡	–	–	Adeno, Papova (ohne „Fibern")	80 50
∫∫-DNA	⬡	+	–	Herpesgruppe (HSV, VZV, ZMV, EBV, HHV-6, Herpes-B-Virus)	180
∫∫-DNA	⬡	+	+	Hepadna (HBV)	42
∫∫-DNA	═══	++	+	Variola (V. vera, V. minor, Vaccinia)	100 x 200 x 300

+-∫-RNA = Positiv-Strang-RNA; – -∫-RNA = Negativ-Strang-RNA; ∫∫ = Doppelstrang; ∫ = Einzelstrang; ^{y} = ambisense RNA; (11) = Anzahl der RNA-Segmente; ⬡ = Capsid (Ikosaeder) ═══ = Capsid (helikal)

in klinischen Lehrbüchern z. T. auch heute noch als Einteilungskriterien. Diese Eigenschaften besitzen für die Laborpraxis noch immer Bedeutung, z. B. dann, wenn man für die Serodiagnose diejenigen Virus-Antigene auswählt, die nach dem klinischen Bild am ehesten einen Treffer versprechen.

1.4.2.1 RNA-Viren

Für die RNA-Viren kann man heute neun Prototypen aufstellen. Sieben Prototypen enthalten eine einsträngige RNA; zwei Prototypen enthalten eine doppelsträngige RNA.

- ***Tabakmosaik-Virus***: Fadenförmiges Nukleocapsid (s. Abb. 1.1).
- ***Picorna-Viren*** (Abb. 1.5): (Pico, ital. klein, rna = RNA). Ein kugeliges RNA-Knäuel wird außen von einem schalenförmigen Capsid umgeben. Beispiel: Polio-Virus.
- ***Myxo-Viren*** (Orthomyxo- und Paramyxo-Viren) (s. Abb. 1.2): Ein stäbchen- bzw. fadenförmiges Nukleocapsid ist kugelig verknäuelt und außen von einer Membran und der Hülle umgeben. In der Hülle befinden sich spikes, die aus immunogenen Glykoproteinen bestehen.

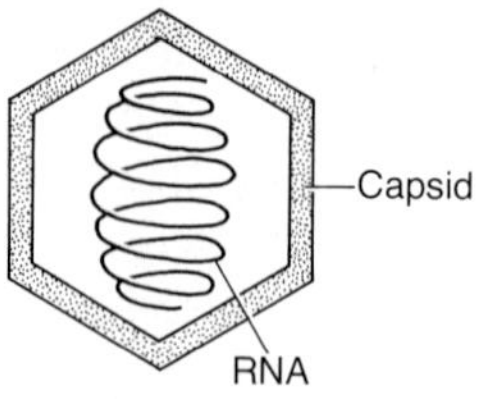

Abb. 1.5. Picorna-Virus

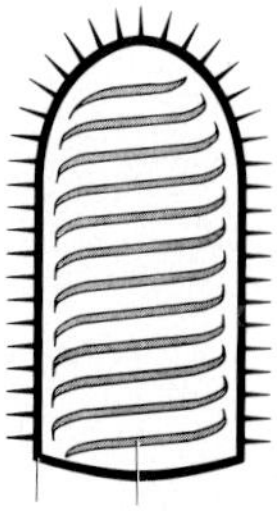

Abb. 1.6. Rabies (Tollwut)-Virus

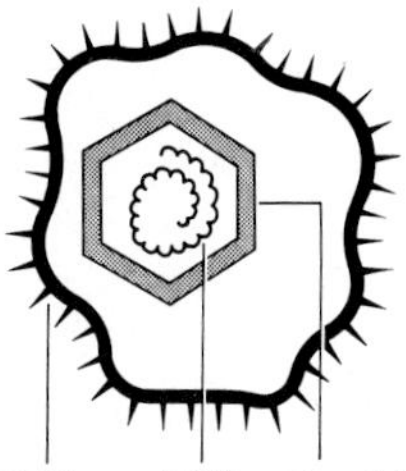

Abb. 1.7. Toga-Virus

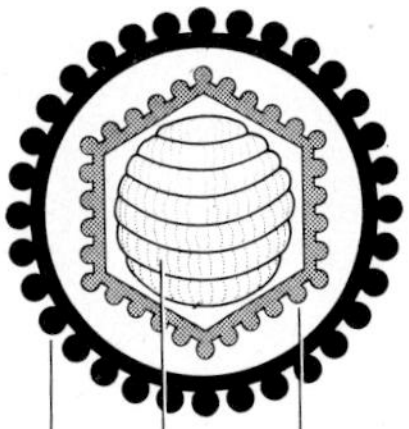

Abb. 1.8. Retro-Virus

- ***Rhabdo-Viren*** (Abb. 1.6): Es sind kegel- bzw. geschoßförmige Partikel. Das helixartig angeordnete, fadenförmige Nukleocapsid wird von einer außen liegenden Hülle umgeben. Beispiel: Tollwut-Virus.
- ***Toga-Viren*** (Abb. 1.7): Ein zentral angeordnetes RNA-Knäuel ist von einem schalenförmigen Capsid umgeben; das kugelige Nukleocapsid steckt seinerseits in einer auffallend weiten, faltigen Hülle (Toga). Beispiel: Röteln-Virus, Gelbfieber-Virus.
- ***Retro-Viren*** (Abb. 1.8): Es sind RNA-haltige, kugelige Viren; sie können beim Menschen ***Tumoren*** erzeugen oder ***AIDS*** hervorrufen. Die RNA ist

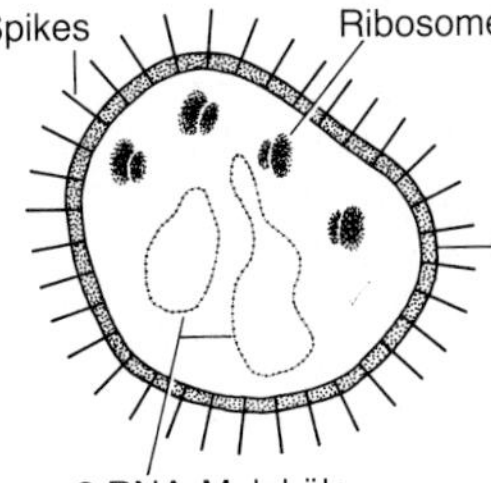

Abb. 1.9. Arena-Virus

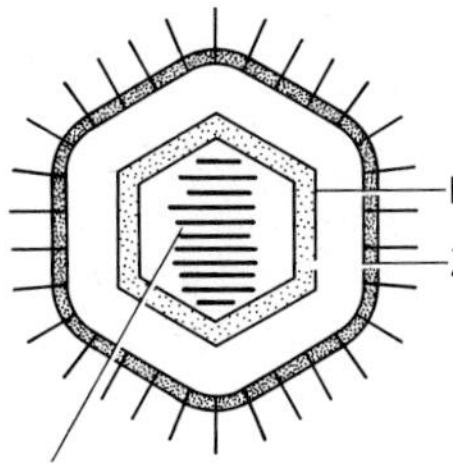

Abb. 1.10. Rota-Virus

in einem schlauchförmigen Nukleocapsid enthalten; dieses ist zu einem kugeligen Innenkörper unterschiedlicher Gestalt zusammengerollt. Der Innenkörper ist von einem schalenförmigen *Zweitcapsid in Form eines Ikosaeders* und ganz außen von einer Hülle umgeben. Die Hülle trägt einen Besatz aus knopfartigen Strukturen (spikes). Beispiel: Rous-Sarkom-Virus, Humanes Immundefizienz-Virus (HIV).

- ***Arena-Viren*** (Abb. 1.9): Die RNA der Viren existiert als großes und kleines Molekül; außerdem befinden sich mehrere Ribosomen im Innern der mit Spikes besetzten Hülle. Ein Capsid ist nicht bekannt. Beispiel: Virus der Lymphozytären Choriomeningitis (LCM).
- ***Reo-Viren*** (Abb. 1.10): Eine *doppel*strängige und segmentierte RNA ist für sich allein verknäuelt; das Knäuel wird außen von *zwei* ineinander geschachtelten, schalenförmigen Capsiden (*Doppelcapsid*) umgeben. Das Virion der ***Rota-Viren*** bietet im Negativ-Kontrast das Bild eines Rades mit deutlich hervortretender Speichenstruktur, außen befinden sich „spikes".
- ***Corona-Viren*** (Abb. 1.11): Die Einzelstrang-RNA liegt in einem fadenförmigen Capsid vor; das Nukleocapsid ist von einer Hülle umgeben, die Spikes mit endständigen Knöpfen wie eine Krone (lat. „corona") trägt.

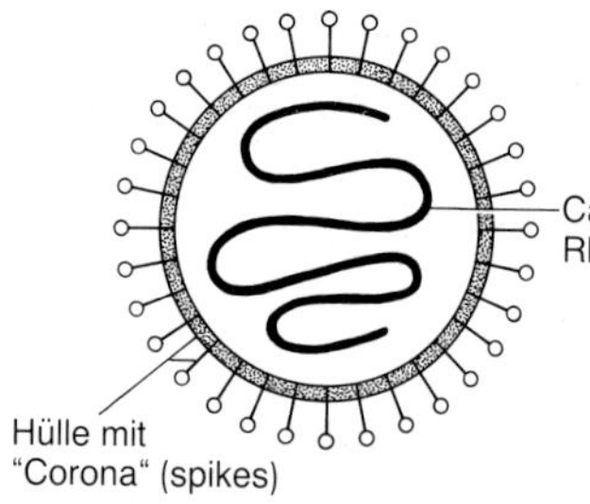

Abb. 1.11. Corona-Virus

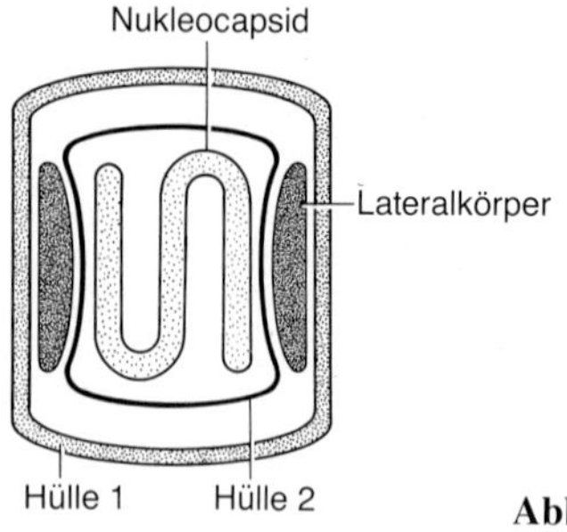

Abb. 1.12. Pocken-Virus

1.4.2.2 DNA-Viren

Bei den DNA-Viren ist – zum Unterschied von den RNA-Viren – die doppelsträngige Nukleinsäure die Regel und die einsträngige die Ausnahme. Man unterscheidet sieben Prototypen:

Doppelsträngige DNA-Viren

- Der ***Coli-Phage*** mit der Bezeichnung „fd": Er besteht aus einem stäbchenförmigen Nukleocapsid (6×800 nm); die Struktur ähnelt derjenigen des TMV.
- ***Adeno-Viren*** (s. Abb. 1.3) und ***Papova-Viren***: Die DNA ist für sich allein verknäuelt. Außen ist das DNA-Knäuel von einem Capsidmantel schalenförmig umschlossen. Das Nukleocapsid hat die Form eines rotationssymmetrischen Ikosaeders. Aus den 12 Ecken des Adeno-Virus ragen 12 Fibern, „Antennen" vergleichbar, heraus. -Papova-Viren sind rotationssymmetrische Ikosaeder mit einem Durchmesser von etwa 50 nm.
- ***Herpes-Viren*** (s. Abb. 1.4): Die für sich allein verknäuelte DNA wird von außen von einem Capsid umschlossen. Das kugelförmige Nukleocapsid ist seinerseits wieder von einer Hülle (*envelope*) umgeben. Unter der Hülle liegt eine Schicht (Tegument) aus Proteinen. Ähnlich gebaut, aber viel kleiner ist das Virus der Hepatitis B.
- ***Pocken-Viren*** (Abb. 1.12): Es sind Viren mit komplex-symmetrischer Quaderstruktur. Die Partikel enthalten in ihrem Innern ein Capsid in Form eines S-förmigen Proteinstabes; dieser enthält die DNA und bildet mit ihr ein Nukleocapsid. Das Nukleocapsid wird von zwei übereinanderliegenden Hüllen umschlossen.
- ***T-Bakteriophagen*** (Abb. 1.13): Diese sind komplex-symmetrisch aufgebaut; sie bestehen aus einem Kopfteil, einem Schwanzteil und einer Grundplatte.

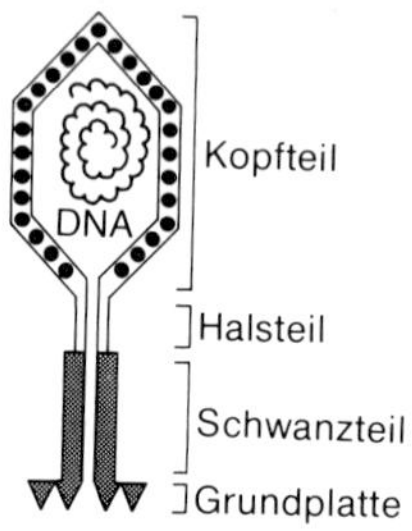

Abb. 1.13. T-Phage

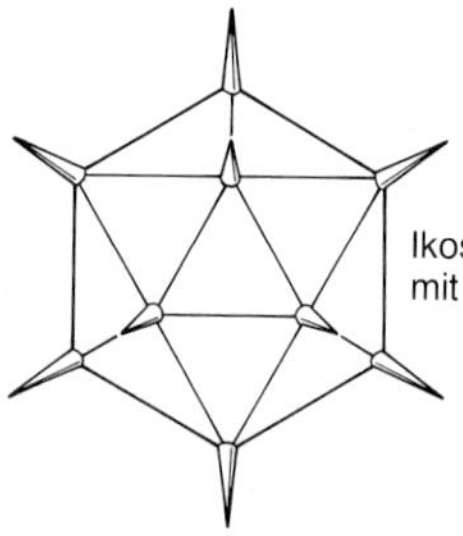

Abb. 1.14. Bakteriophage (ϕ×174)

Einsträngige DNA-Viren

Eine Sonderstellung kommt zwei weiteren Strukturtypen zu. Sie besitzen zum Unterschied von den bisher geschilderten Viren eine ***einsträngige*** DNA. Die Vertreter sind:

- Der ***Bakteriophage ϕ×174 (Phi×174)*** (Abb. 1.14): Er besitzt eine ringförmig angeordnete, einsträngige DNA in einem Ikosaeder-Nukleocapsid.
- ***Parvo-Viren***: Es sind sehr kleine, kugelige Viren (22 nm), die bei vielen Säugetieren und beim Menschen vorkommen. Sie enthalten eine sehr kurze lineare Einzelstrang-DNA. Sie vermehren sich nur dann in der Zelle, wenn diese gewisse Sonderleistungen vollbringt; dies ist lediglich in der S-Phase des Zellzyklus der Fall. Einige Parvo-Viren benötigen für ihre Replikation ein Helfervirus.

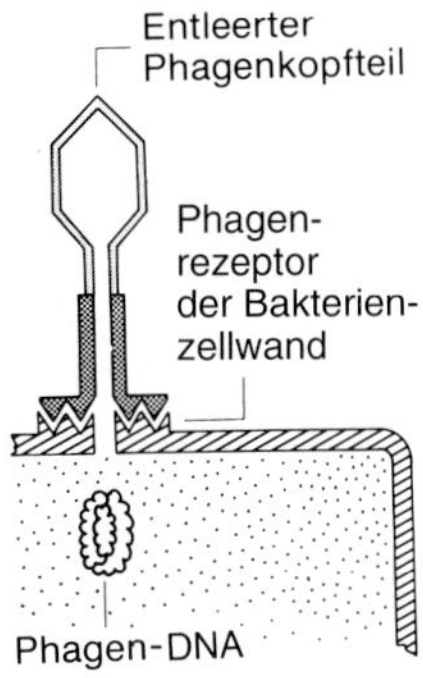

Abb. 1.15. T-Phage auf dem Bakterium

1.5 Bakteriophagen

Definition

Unter einem Bakteriophagen versteht man ein Virus, welches ausschließlich Bakterien befällt. Im allgemeinen gehören die Bakteriophagen zu den DNA-Viren; es gibt aber auch RNA-Phagen. Der Bereich der Wirtsspezifität ist für Bakteriophagen besonders eng: Sie sind in der Regel nur für eine einzige Bakterien-Subspezies infektiös. Nach Befall durch einen virulenten Bakteriophagen zerfällt die Bakterienzelle innerhalb von 15 min (Lyse) und gibt die Nachkommenschaft des Bakteriophagen frei.

Züchtung

Sprüht man Bakteriophagen als dünne Suspension auf einen geeigneten Bakterienrasen, so entstehen überall dort, wo Bakterienzellen durch Phagen infiziert worden sind, lochartige Aussparungen des Rasens: Der Phage erzeugt in der Wirtszelle etwa 200 Nachkommen; diese infizieren jeweils die benachbarten Zellen im Rasen. Die Infektion und damit der Lyseprozeß schreitet somit von der Stelle der primären Infektion zentrifugal fort (Infektionsausbreitung per continuitatem).

Grundformen der Phagen

Die Bakteriophagen unterscheidet man wie die übrigen Viren nach ihrem Aufbau. Man kennt drei morphologische Typen:

- Stäbchenförmige Phagen. Sie sind 750 nm lang und 7 nm breit. Beispiel: der fd-Phage.
- Kugelförmige Phagen. Ihr Durchmesser beträgt ca. 25 nm. Im Elektronenmikroskop sehen sie wie eine Maulbeere aus. Beispiel: Der Phage $\phi \times 174$ (Abb. 1.14).
- Phagen mit komplexer Symmetrie. Sie besitzen einen kugeligen Kopfteil (80×125 nm) und einen Schwanzteil (100 nm) mit Grundplatte. Das bekannteste Beispiel liefern die T-Phagen (Abb. 1.13). Im Kopfteil der T-Phagen liegt die von einem Eiweißmantel umschlossene DNA. Der Schwanzteil ist als Röhre ausgebildet; er trägt an seinem Ende eine ***Platte*** mit Strukturen, die sich zu dem Zellwandrezeptor des Wirtes komplementär verhalten.

Infektionsmodus der Phagen

Am Beispiel der T-Phagen soll der Infektionsmodus der Phagen für die Bakterienzelle geschildert werden (Abb. 1.15).

Trifft die Endplatte mit dem homologen Rezeptor der Wirtszelle zusammen, so wird der Phage spezifisch gebunden. Es kommt dadurch zu zwei nacheinander ablaufenden Vorgängen: Zuerst entsteht durch Enzymwirkung unter der Endplatte ein Loch in der Zellwand; anschließend kontrahiert sich die Eiweißhülle und injiziert die Phagen-DNA durch den röhrenförmigen Schwanzteil in das Zytoplasma der befallenen Bakterienzelle. Zum Unterschied von den übrigen Viren erfolgt bei den T-Phagen das *Uncoating* (s. nächstes Kapitel) bereits außerhalb der Wirtszelle; das Zellplasma nimmt also nicht das gesamte Phagenpartikel auf, sondern nur dessen DNA.

1.6 Unkonventionelle Viren: Viroide, Delta-Agens, Prionen

In den letzten zwei Jahrzehnten hat sich die Existenz von virusähnlichen Partikeln beweisen lassen, die mit einem Minimum an genetischer Ausstattung Krankheiten erzeugen. Man bezeichnet die Mitglieder dieser Erregerklassen als ***Viroide*** und ***Prionen***. In gewisser Weise verwandt mit ihnen erscheint das Delta-Agens (Hepatitis D-Virus).

Viroide

In der Natur kommen ***typische*** Virusnukleinsäuren in freier Form nicht vor; die weitverbreiteten Enzyme RNase bzw. DNase würden sie sofort zerstören. Andererseits werden gewisse Erkrankungen im Tier- und Pflanzenbereich durch infektiöse Partikel hervorgerufen, die aus reiner RNA bestehen; diese liegt jedoch in einer atypischen, nicht abbaufähigen Ringform vor.

Derartige Partikel heißen Viroide; ihr Informationsgehalt ist sehr gering.

Viroide sind die Erreger der Exocortis-Krankheit von Zitrusbäumen, von Erkrankungen der Kartoffeln, der Tabakpflanzen u. a. Ihre RNA ist ein ringförmiges Molekül mit einem M. G. von etwa 100000 D, das sich zu einer kleeblatt-ähnlichen Struktur zusammenfaltet. Es ist weder durch ein Capsid noch durch ein Protein geschützt. Eine Wirtszellpolymerase repliziert die RNA. Viroide sind sehr stabil gegenüber Erhitzung und organischen Lösungsmitteln; sie lassen sich aber durch Ribonukleasen zerstören. Man beginnt jetzt mit dem Studium ihrer pathogenen Wirkung.

Delta-Agens

Das ***Delta-Agens*** (35 nm) besitzt eine ringförmige Einzelstrang-RNA und kodiert lediglich für wenige Proteine. Die (-)-Strang-RNA enthält 1678 Basen; für die Komplettierung des Aufbaues zum infektiösen Partikel ist ein Helfervirus, in diesem Falle das Hepatitis B-Virus notwendig. Davon abgesehen erfolgt die Replikation des Delta-Virus unabhängig vom HBV nach dem ***Rolling-Circle-Modell*** (s. S. 631).

Prionen

Prion ist eine Bezeichnung für „***pr***oteinaceus ***i***nfectious particles“. Prionen enthalten *keine Nukleinsäuren, sondern nur Protein*. Man bringt sie in Beziehung zu den Erregern der Scrapie bei Schafen und Ziegen sowie des Kuru und der Jakob-Creutzfeldt-Krankheit des Menschen. Das Protein hat ein M. G. von 27000–30000 D. Vorläufig gibt es über ihre Entstehung, ihre Replikation und pathogene Wirkung nur Hypothesen.

2 Nukleinsäure als Informationsträger und Virusgenetik

D. Falke

INHALTSÜBERSICHT

2.1 Nachweis von DNA und RNA als Informationsträger 621
2.2 Genbestand der Viren 621
2.3 Genotypische Veränderungen 622
2.4 Phänotypische Virus-Interaktionen 623
2.5 Transfektion 624
2.6 Hybrid-Viren 625

2.1 Nachweis von DNA und RNA als Informationsträger

Avery hat die Rolle der DNA als Informationsträger bei *Bakterien* demonstriert und Hershey und Chase bewiesen sie für die ***DNA-Viren***. Dazu markierten sie bei T-Phagen die Nukleinsäure mit ^{32}P und die Proteine mit ^{35}S. Bei der Infektion mit den doppelt markierten Phagen blieb die gesamte ***Schwefel***aktivität an der Zellwand der Bakterienzelle hängen, während allein die Phosphoraktivität im Plasma auftauchte: Die neu entstandenen Phagen enthielten Radiophosphor, jedoch keinen Radioschwefel.

Schlußfolgerung: Vom Phagen dringt nur die DNA in die Zelle ein; das gesamte Protein des Virus bleibt außen hängen. Da die neu entstandenen Phagen den infizierten Phageneltern in jeder Hinsicht gleichen, muß man annehmen, daß die gesamte genetische Information in der DNA enthalten ist.

Für ***RNA-Viren*** gilt das gleiche. Auch hier ist die genetische Information ausschließlich in der Nukleinsäure enthalten. Als experimentellen Kronzeugen kann man das pflanzenpathogene Tabakmosaik-Virus (TMV) anführen:

Durch Phenol-Extraktion läßt sich aus TMV eine capsidfreie („nackte"), aber dennoch infektionstüchtige RNA gewinnen. Infiziert man mit der nackten TMV-RNA eine Pflanze, so gleicht die Nachkommenschaft des Virus vollkommen den intakten TMV-Partikeln. Ihr Capsid zeigt z.B. die gleichen serologischen Eigenschaften wie das Capsid derjenigen Viruspartikel, welche zur Herstellung der nackten RNA verwendet wurden.

Die Nukleinsäure der infizierten Viruspartikel muß demnach die Information zumindest für folgende Vorgänge liefern:

- Synthese derjenigen Enzyme, welche zur Autoreplikation der Virusnukleinsäure gebraucht werden (Polymerasen, Replikasen);
- Beeinflussung der Zellmaschinerie und Regulation der eigenen Replikation;
- Synthese von Capsidmaterial.

Der Informationsgehalt der Viren variiert sehr stark: Das Molekulargewicht (M. G.) der RNA des TMV beträgt etwa 2×10^6 D, dies gilt auch für die RNA der Picorna-Viren; der Informationsgehalt der Parvo-Viren ist nur etwa halb so groß. Andererseits ist der Informationsgehalt der Pocken- und Herpes-Viren etwa 100 mal größer: Die Herpes-DNA besitzt ein M.G. von etwa 150×10^6 D, die des Pocken-Virus etwa 170×10^6 D; die Adeno-Virus-DNA hat ein M. G. von etwa 22×10^6 D. – Picorna-Virus-RNA kodiert für etwa 10 Proteine.

2.2 Genbestand der Viren

Die Nukleinsäure der verschiedenen Virusspezies enthält eine unterschiedliche Anzahl von Genen. Diese kodieren nicht nur für Enzyme (Replikasen, Polymerasen, Thymidin-Kinase u. a.) und für Proteine, die bei der Nukleinsäurereplikation mitwirken (DNA-bindende Proteine), sondern auch für Strukturproteine des Capsids und der Hülle. Außerdem lassen sich auf den Nukleinsäuremolekülen Regulatorgene und Regulatorsignale, sowie Verstärker- und Abschwächer-Sequenzen nachweisen. Diese Sequenzen sorgen für eine optimale Geschwindigkeit bei der Transkription der Virusinformation; sie können hemmend oder fördernd auf die Replikation einwirken. Daneben bestimmen und kontrollieren sie die Reihenfolge, nach welcher die Gene transkribiert werden, d. h. sie bestimmen den Beginn der Sofortphase, der Früh- und Spätphase. Eine weitere Gruppe von Genprodukten übt Rückwirkungen auf das Zellgenom aus; hieraus resultiert das bedarfsgerechte An- oder Abschalten von Funktionen der Wirtszelle (host-shut-off).

Die Gene sind oftmals nicht einfach auf der DNA aufgereiht; manche von ihnen sind in komplizierter Weise ineinander verschachtelt. So können kleinere Gene in größeren Genen zur Gänze enthalten sein, oder zwei Gene besitzen einen gemeinsamen Sequenz-Abschnitt. Derartige DNA-Abschnitte können je nach Ablesemodus die eine oder die andere Information liefern: Sie enthalten zwei oder mehr mögliche „Leserahmen". Das Vorkommen solcher Ableserahmen erlaubt es, die Genomabschnitte für Hybridisierungsexperimente zu verwenden und aufgrund der abgeleiteten Aminosäuresequenz nach bisher nicht bekannten Proteinen zu fahnden. Vergleicht man bei verschiedenen Virusspezies die Anordnung der Gene, der Regulator- und Signalsequenzen auf dem Genom miteinander, so kann man u. U. ihre phylogenetische Verwandtschaft erschließen. „Konsensus"-Sequenzen lassen ähnliche Rückschlüsse zu, man versteht darunter ähnliche oder identische Sequenzen, z. B. im aktiven Zentrum von Enzymen.

2.3 Genotypische Veränderungen

Bei der Virusvermehrung kann es, wie bei Bakterien, spontan zu genetischen Veränderungen kommen. So können Punktmutationen und komplexe Mutationen sowie Rückmutationen ebenso auftreten wie Rekombinationen und Komplementationen. In Verbindung mit Selektionsprozessen entstehen dann Klone, deren Eigenschaften von denjenigen des Ausgangsvirus abweichen. Als generelle Regel läßt sich aussagen, daß RNA-haltige Viren eine hohe, DNA-haltige Viren aber eine geringe Spontanmutationsrate besitzen. Dies beruht auf den Eigenschaften der RNA-Replikasen oder DNA-Polymerasen, die die Replikation unterschiedlich gut überprüfen.

Mutation

Die Mutation kann verschiedene Eigenschaften (Marker) des Virus betreffen. So ändern sich z. B. durch Mutationen die äußeren Erscheinungen der vom Virus bewirkten Zellschädigung, das Antigenmuster (z. B. Antigendrift des Influenza-Virus), das Temperaturoptimum für die Vermehrung des Virus, die Pathogenität für einen bestimmten Wirt oder die Capsidstruktur.

Mutative Abschwächungen der Virulenz bilden die Grundlage für die Herstellung von Lebendimpfstoffen. Dabei wird das in der Natur vorkommende, ausgangsweise verwendete Virus als „***Wildform***" bezeichnet, während die Nachkommen der in ihrer Virulenz geschwächten Mutante als „***attenuierter Stamm***" (***Impfstamm***) bezeichnet werden. Rückmutationen von Impfstämmen zur Wildform sind zwar möglich, für die heutigen Lebendimpfungen stellen sie aber keine Gefahr dar (s. S. 710).

Eine bedeutsame Rolle in der Virologie spielen ***ts*** – (= *t*emperature-*s*ensitive) ***Mutanten***; sie entstehen durch Punktmutationen. Die Funktion des mutierten Gens erlischt bei höherer Temperatur (38–39 °C), ist aber bei 34 °C normal. Die Proteine dieser Mutanten nehmen bei 38–39 °C einen Konformationszustand ein, der sie funktionell inaktiv macht, während bei 34 °C der funktionstüchtige Konformationszustand vorliegt.

Rekombination

Rekombination ist der Austausch von Informationen zwischen zwei Viren (Abb. 2.1).

Besondere Verhältnisse bei der *Rekombination* sind in der Wirtszelle dann gegeben, wenn die Virusnukleinsäure in Form freier Segmente vorliegt. Die Seg-

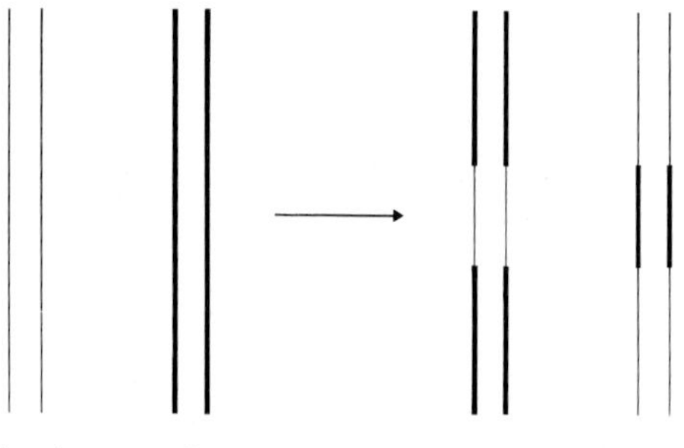

Abb. 2.1. Rekombination. Ein beliebiges Segment eines Virus wird durch das eines anderen ersetzt

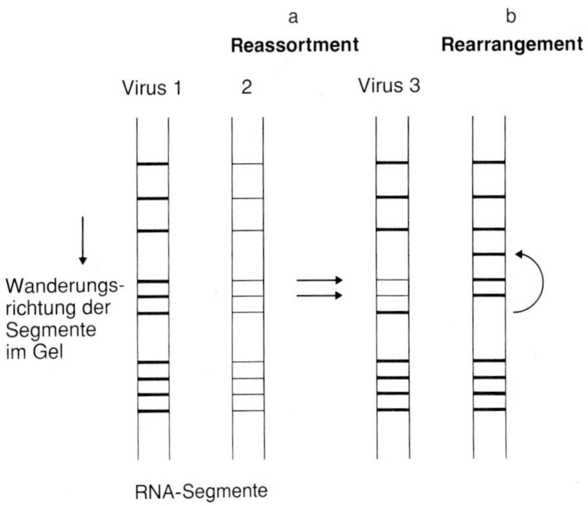

Abb. 2.2. a Reassortment. Es handelt sich um eine Rekombination vorgebildeter RNA-Segmente. **b** Rearrangement. Einbau eines beliebigen Segmentteils in ein anderes Segment

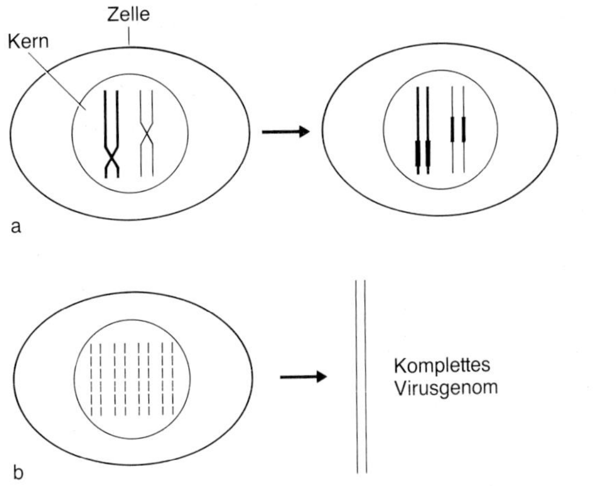

Abb. 2.3. a Bei der Kreuzreaktivierung wird der Defekt (x) eines Virus durch ein homologes Gen ausgeglichen. **b** Unter Multiplizitätsreaktivierung versteht man die Entstehung eines infektionstüchtigen Virus aus Viren mit multiplen Schäden

mente von zwei verschiedenen Viren (z. B. eines tierischen und eines menschlichen Influenza-Virus, s. S. 719) können beliebig rekombiniert werden (Abb. 2.2). Dabei können jeweils ein oder mehrere Segmente eines Virusgenoms durch die homologen Segmente eines anderen Virus ersetzt werden. Dieser Austausch ist eine Rekombination (Abb. 2.2); er wird in diesem Fall ***Reassortment*** genannt. Er spielt beim Antigen-Shift des Influenza-Virus und beim Antigen-Wandel der Rota-Viren eine Rolle. Bei dem Reassortment werden vorgegebene RNA-Segmente in toto ausgetauscht.

Unter ***Rearrangement*** versteht man dagegen den Einbau eines gegebenen Segment-Teils (von Rota-Viren) in ein anderes Segment (Abb. 2.2); dies geschieht manchmal in Form von mehreren, hintereinander geschalteten Kopien. Gemeinsam ist allen diesen Veränderungen, daß sie ***Neuordnungen*** des Virusgenoms zur Folge haben und damit zum Auftreten neuer Eigenschaften führen können.

Kreuzreaktivierung und Multiplizitätsreaktivierung

Die Begriffe „*Kreuzreaktivierung*" und „*Multiplizitätsreaktivierung*" (Abb. 2.3) beinhalten folgendes: Befindet sich in einer Zelle ein Virus mit einem Defekt z. B. des Polymerase-Gens oder eines Glykoprotein-Gens und zugleich ein intaktes Virusgenom eines verwandten Virus, so substituiert das intakte Virusgenom das defekte Virusgenom; dies kann auch kreuzweise geschehen. Dabei erfolgt eine Rekombination des genetischen Materials. Es kann vorkommen, daß mehrere Viren einer Spezies mit unterschiedlichen Genom-Defekten in ein und derselben Zelle zusammentreffen. Hier könnte aus dem Genom von mehreren Defekt-Viren gegebenenfalls wieder ein infektionstüchtiges Virus montiert werden („Auto aus dem Schrotthaufen"). Dies wird als „Multiplizitätsreaktivierung" bezeichnet, sie kann z.B. auftreten, wenn UV-inaktiviertes Virus auf Zellen gegeben wird.

2.4 Phänotypische Virus-Interaktionen

Hierbei handelt es sich um Phänomene, die sich als Wechselwirkung zwischen Viren auf der Ebene des Phänotyps abspielen; es sind also nicht-erhebliche Ergänzungsvorgänge.

Komplementation

Als *Komplementation* (Abb. 2.4) bezeichnet man die funktionelle Ergänzung eines defekten Virusgenoms. Ein Rekombinationsereignis findet dabei ***nicht*** statt. Von Komplementation spricht man z. B., wenn ein komplettes Virus einem defekten Virus in der infizierten Zelle seine Replikase oder Polymerase „ausleiht". Das defekte Virus wird dann als funktionstüchtiges Virus montiert; es kann in eine Zelle eindringen. Weil

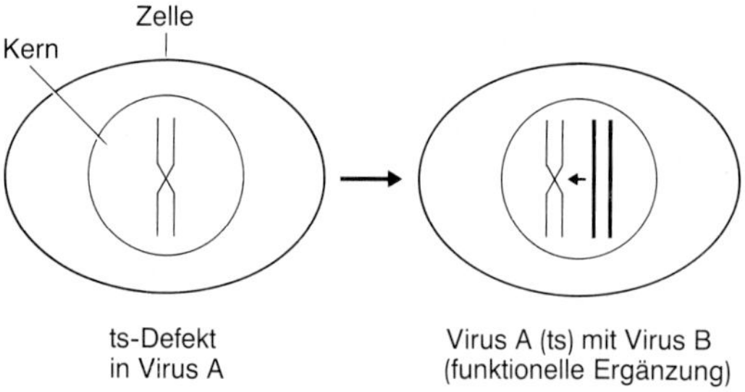

Abb. 2.4. Komplementation. Darunter versteht man den Ausgleich eines Defekts (x) einer ts-Mutation durch den Ersatz des defekten Proteins infolge Transskription und Translation von einem nicht geschädigten Gen

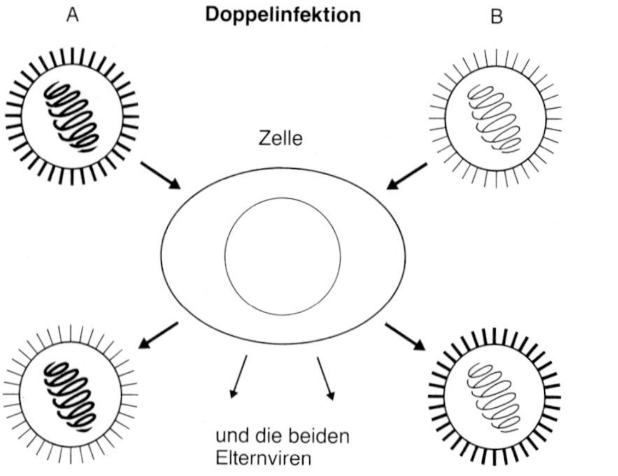

Abb. 2.5. Phenotypic mixing. Infolge der Doppelinfektion einer einzigen Zelle von 2 Viren mit unterschiedlichen Hülleigenschaften gelangt das Genom des Virus B in die Hülle A und umgekehrt

ihm aber eine genomische Funktion fehlt, benötigt es zur erneuten Replikation wiederum phänotypische „Hilfe". Man kann diese Komplementationen auch als „Helfer"-Phänomene bezeichnen. Diese Bezeichnung wird vor allem dann verwendet, wenn das Helfervirus seinen Hüllbestandteil „ausleiht". Ein Beispiel stellt das hüll-defekte Rous-Sarkom-Virus dar, dem ein relativ harmloses Helfervirus seine Hülle leiht („Wolf im Schafspelz"). Das gleiche Prinzip gilt auch für das System Hepatitis B-Virus/Delta-Agens (HDV).

Phenotypic mixing

Gerät in einer doppelt infizierten Zelle das Genom des Virus A in die Hülle des Virus B (und umgekehrt), so spricht man von ***phenotypic mixing*** (Abb. 2.5). Analog gibt es eine ***„Transcapsidation"***.

Verstärker-Effekte

Schließlich können auch „Verstärker-Effekte" ausgelöst werden. Diese Effekte treten auf, wenn ein Regulationssignal (Verstärker, Enhancer) eines Virus einem anderen Virus zu einer besseren Replikation verhilft; so helfen z.B. Zytomegalie- und Herpes-simplex-Viren dem ***HIV*** bei der Replikation in der Makroglia. Es gibt auch Virus-DNA-Sequenzen, die die Ablesung von Genen abschwächen oder hemmen („Silencer, Abschwächer"). -Viruspartikel enthalten Proteine, die als „Transaktivatoren" wirken („Tegument" des HSV; s. S. 615).

2.5 Transfektion

Der Defekt einer in der Zelle befindlichen ***ts-Mutante*** kann bei der nicht permissiven Temperatur dadurch ausgeglichen werden, daß man den infizierten Zellen ein korrespondierendes Stück DNA des Wildtyps hinzufügt. Die DNA wird von den Zellen in großer Menge aufgenommen und bei der nächsten Replikationsrunde anstelle des mangelhaften ts-Stückes in das Virus eingebaut. Auf diese Weise kann man den Defekt dauernd ausgleichen. Man nennt diesen Vorgang Transfektion (Abb. 2.6). Darüber hinaus kann man

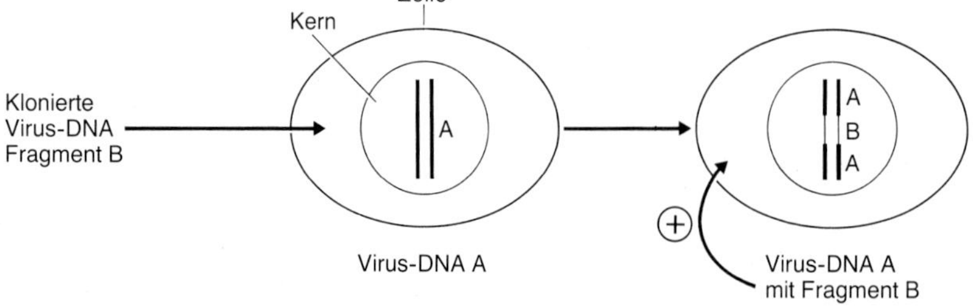

Abb. 2.6. Transfektion. Klonierte DNA-Stücke des Virus B werden in eine Zelle übertragen, die das Virus A enthält. Das Stück B⊕ wird in das Genom des Virus A integriert

sogar ein Stück DNA mit völlig neuen Eigenschaften (z. B. hinsichtlich des Zelltropismus) anbieten. Sucht man mit Hilfe eines geeigneten Selektionssystems anschließend nach „***Transfektanten***", so kann man gegebenenfalls Viren mit neuen Eigenschaften isolieren; man erhält dann z. B. ein Virus mit einem neuen Tropismus. Die Technik der Transfektion ist für die experimentelle Virusforschung, aber auch für die Herstellung von Impf-Viren bedeutungsvoll.

2.6 Hybrid-Viren

Mit dieser Bezeichnung belegt man Viren, in die man das Gen für ein Glykoprotein eines anderen Virus, z. B. von HIV, von Herpes-simplex-Virus oder von Hepatitis B-Virus eingebaut hat (Abb. 2.7). Mit einem Vaccinia-Virus, dem man das HBs-Gen des HBV eingebaut hat, kann im Experiment eine Immunität gegen HBV erzeugt werden. Dieses Prinzip könnte als Basis für eine Lebendimpfung des Menschen Anwendung finden (s.S. 768).

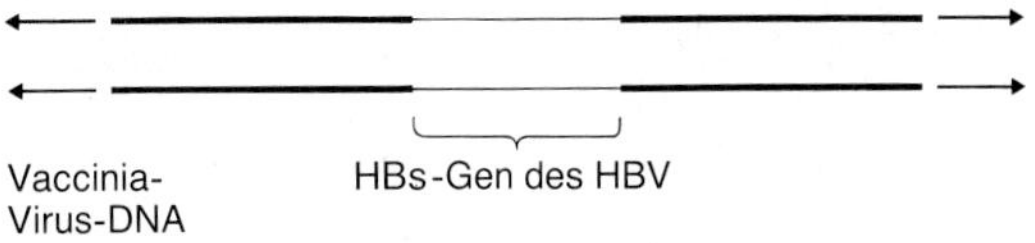

Abb. 2.7. Hybrid-Virus. In das Genom z. B. des Vaccinia-Virus wird innerhalb der Zelle ein Gen mit besonderen Funktionen (z. B. HBs-Gen des Hepatitis B-Virus) eingebaut

Lebendimpfstoffe werden gentechnologisch auch auf einem anderen Wege hergestellt. Man kennt beim Polio-Virus die genetische Lokalisation derjenigen Capsid-Epitope, welche für die protektive Immunität maßgebend sind. Dementsprechend baut man in die capsid-kodierenden Genbereiche des Impfpolio-Virus vom Typ 1 Genomsegmente der Typen 2 oder 3 ein. Die Insertionsstelle wird beim Empfängergenom (Typ 1) so gewählt, daß die neuen Epitope exponiert und damit immunologisch wirksam werden. Die resultierenden Hybrid-Viren erscheinen prinzipiell als Lebendimpfstoff geeignet.

3 Stadien der Virusvermehrung

D. Falke

INHALTSÜBERSICHT

3.1 Einstufen-Vermehrungsversuch 626
3.2 Replikationszyklus von Viren 626
3.2.1 Adsorption 626
3.2.2 Penetration 626
3.2.3 Eklipse 627
3.2.4 Zusammenbau der Viren (Montage) 633
3.2.5 Ausschleusung 633
3.3 Abortiver Zyklus 633

3.1 Einstufen-Vermehrungsversuch

Mit der Infektion durch ein Virus wird in der Zelle eine Vielzahl von biochemischen Prozessen in Gang gesetzt; sie enden mit der Entstehung von neuen Viruspartikeln. – Das Studium der Virusreplikation erfolgt mittels des sogenannten ***Einstufen-Vermehrungsversuchs***. Hierbei werden alle Zellen einer Kultur gleichzeitig mit mindestens einem aktiven Viruspartikel infiziert. Die Virussynthese in der Kultur läuft dann synchron ab; sie erfolgt bei allen Zellen sozusagen im Gleichschritt. Nur unter dieser Voraussetzung lassen sich alle durch das Virus ausgelösten Veränderungen biochemischer oder morphologischer Art optimal erfassen und in bestimmte Stadien einteilen.

3.2 Replikationszyklus von Viren

Die Vorgänge, aus denen sich der Replikationszyklus zusammensetzt, werden wie folgt benannt (Abb. 3.1):

- Adsorption
- Penetration
- Eklipse: Uncoating und Synthesephase:
  - Synthese von Sofort- und Frühproteinen
  - Replikation der Virusnukleinsäure
  - Synthese der Spätproteine (Capsid- und Hüllmaterial)
- Montage der Virusbausteine
- Ausschleusung (Freigabe).

3.2.1 Adsorption

Bei der Adsorption reagiert ein außen liegendes Strukturelement der Viruspartikel ***Ligand*** mit einem besonderen Areal (***Rezeptor***) der Zellwand (bei Bakterien) oder der Zellmembran (bei animalen Zellen). Dadurch werden die Partikel an die Zelle gebunden. Beispiele sind der C3d-Rezeptor (s. Kapitel Immunologie) als Anheftungsstelle für das Epstein-Barr-Virus und das CD4(+)-Antigen als Adsorptionsstelle für HIV-1 und HIV-2. Während der Adsorptionsphase kann das Virus durch Antikörper neutralisiert werden.

3.2.2 Penetration

Die ***Penetration*** des adsorbierten Virus in die Zelle erfolgt jeweils nach Virusart und Wirtsspezies durch verschiedene Mechanismen:

- Durch ***Injektion*** der Nukleinsäure in die Zelle. In diesem Fall bleiben die Eiweißbestandteile, welche die Virusnukleinsäure umgeben, außen an der Zelle hängen. Beispiel: Befall von Bakterien durch T-Phagen.
- Durch ***Pinozytose***; dieser Modus gilt beim Befall von animalen Zellen. Die Pinozytose ist in Analogie zur Phagozytose eine aktive Leistung der Zelle. Dabei wird das Viruspartikel im Anschluß an seine Adsorption durch Einstülpung der Membran ins Innere der Zelle befördert; es befindet sich dann inmitten einer Vakuole, die ihrerseits vom Plasma der

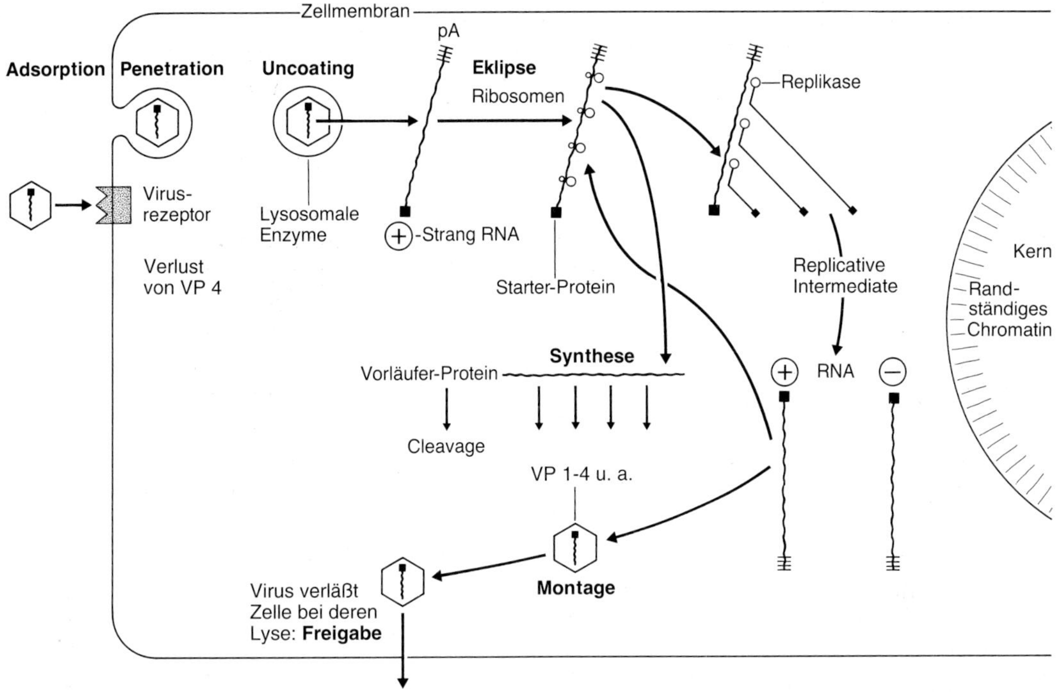

Abb. 3.1. Die Replikation des Polio-Virus. Nach der Adsorption des Polio-Virus an die entsprechenden Rezeptoren (Moleküle der Immunglobulin-Superfamilie) erfolgt die Aufnahme (Penetration) in die Zelle durch Pinozytose und das Uncoating bei saurem pH in den Pinosomen. In der Eklipse verbindet sich die (+)-Strang-RNA, die mit einem „Starter-Protein" ausgerüstet ist, mit Ribosomen, um zunächst die Replikase zu bilden. Es erfolgt dann die Synthese über „replicative intermediates". Die mRNA wird zunächst zu einem Vorläuferprotein translatiert, dieses wird dann durch eine eigene Protease gespalten (VP 1–4 u. a.). Die Montage der Strukturproteine zum Capsid erfolgt in mehreren Zwischenstufen. Die Virionen werden beim Zerfall der Zellen freigesetzt (Freigabe)

Wirtszelle eingeschlossen ist. Die Einstülpung der Membran erfolgt auf ein chemisches Signal, dessen Abgabe durch die Adsorption ausgelöst wird. Während der Penetrationsphase kann das Virus durch Antikörper so lange neutralisiert werden, wie es vom äußeren Milieu her erreichbar ist (Beispiel: Polio-Virus).

- Durch ***Fusion*** der Virushülle mit der Zellmembran; bei Viren mit Hülle kann der Prozeß der Hüllbildung quasi umgekehrt werden. Während bei der normal ablaufenden Virussynthese dessen Hülle aus der Matrix der Zell- oder Kernmembran entsteht, kommt es bei der Aufnahme der Viruspartikel durch die befallene Zelle zu einer ***Fusion der Virushülle*** mit der Zellmembran, wobei das Capsid ins Zytoplasma eingeschleust wird. Die Zellmembran wird dadurch heterogen: Sie enthält jetzt neben den eigenen Bauelementen auch Material der Virushülle mit deren Glykoproteinen (Beispiel: Vaccinia-Virus).
- Durch ***Penetration der Adeno-Viren***; Adeno-Viren gelangen durch einen überaus schnellen Prozeß ins Zytoplasma. Das Virion wird an den Rezeptor gebunden und in Verbindung mit diesem Vorgang unmittelbar in das Zell-Innere befördert. Man kann diesen Prozeß mit dem Eindringen eines Geschosses in einen Körper vergleichen. Die Adeno-Viren verlieren dabei ihre „Antennen".

3.2.3 Eklipse

Die ***Eklipse*** (grch. ek-leipein, verschwinden) umfaßt diejenigen Stadien der Virusvermehrung, während derer innerhalb der befallenen Zelle keine infektionstüchtigen Partikel nachweisbar sind. Die in die Zelle eingedrungenen, ursprünglich infektionstüchtigen Partikel verlieren diese Fähigkeit bei Beginn der Eklipse.

Erst dann, wenn die voll ausgereiften Nachkommen der infizierenden Partikel auftauchen, ist es wieder möglich, infektionstüchtiges Virus in der Zelle nachzuweisen. Während der Eklipse enthält die Zelle lediglich die „nackte" Nukleinsäure des infizierenden Virus bzw. unreife, nicht-infektiöse Viruspartikel, ferner neugebildete Enzyme und die noch nicht zusammengefügten Proteinbausteine der Tochterviren. (Eine nackte Nukleinsäure ist im Prinzip zwar infektiös, jedoch sind die für die einzelnen Moleküle existierenden Chancen, eine Infektion auszulösen, sehr gering; die Infektion erfolgt deshalb nicht nach den Gesetzen der Treffer-Kinetik. – Die Nukleinsäure der DNA-Viren ist im Virion zumeist mit Histonen komplexiert.)

Um die Information der Virusnukleinsäure freizusetzen und zu nutzen, muß zunächst die „Verpackung" (Capsid und gegebenenfalls Hülle) aufgelöst werden. Dies geschieht bei den Viren, die von der Zelle pinozytiert werden, durch enzymatischen Abbau. Der gesamte Prozeß wird als ***„uncoating"*** (Entkleidung) der Virusnukleinsäure bezeichnet. Beim HSV wird durch das Auspacken ein Protein frei, welches die Transkription viruskodierter „Sofort"-Proteine in Gang setzt. Dieses Protein wird als ein ***transaktivierendes*** Protein bezeichnet.

Die zum Uncoating notwendigen Enzyme sind für einfach gebaute Viren in den Lysosomen der Wirtszelle vorhanden; sie werden permanent synthetisiert (konstitutive Enzyme).

3.2.3.1 Frühphase bei DNA-Viren

Mit der Beendigung des Uncoating beginnt die freigelegte Virusnukleinsäure mit der für die Synthese notwendigen Informationsabgabe (Abb. 3.2). Bei Herpes-Viren wird ein transaktivierendes Protein aus dem Virion frei, welches sogleich die Transkription der ***Sofortproteine*** und damit die Virussynthese einleitet. Die Sofortproteine lassen sich zu Beginn des Viruszyklus nur unter besonderen Bedingungen nachweisen; sie spielen in der Gentechnologie eine wichtige Rolle, da sie die Transkriptionsvorgänge steigern.

Der Informationsfluß geht in dieser frühen Phase von der viralen Eltern-DNA aus: Es beginnt die Transkription und Translation der sogenannten ***Frühproteine***. Zu dieser Kategorie rechnet man diejenigen Enzyme, welche zur Replikation der Virus-DNA unentbehrlich sind. Zu den Frühproteinen zählt man vor allem die ***Polymerasen***, aber auch andere Enzyme, wie z. B. die Thymidin-Kinase und die Ribonukleotid-Reduktase. Die Frühphase der Virussynthese ist unter

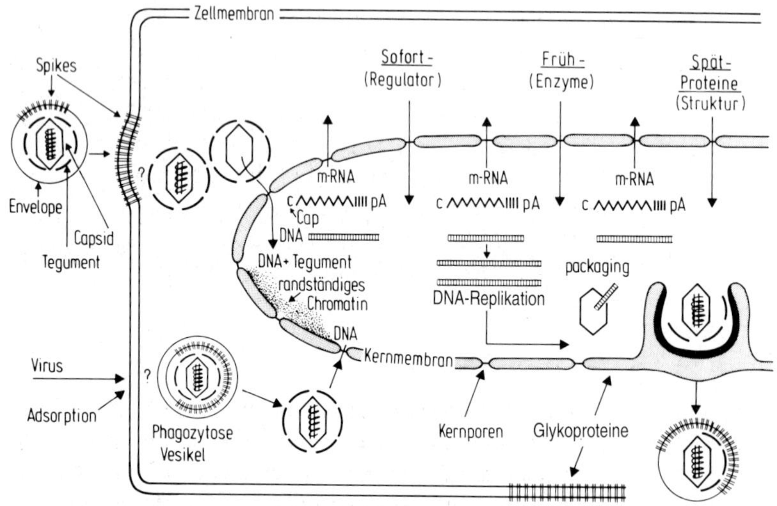

Abb. 3.2. Die Replikation des Herpes-simplex-Virus. Nach der Adsorption und Penetration erfolgt im Zytoplasma der Abbau des Capsids. Die DNA tritt wahrscheinlich durch die Kernporen (zugleich mit dem Transaktivatorprotein) in den Kern ein. Dort beginnt die in 3 Kaskaden erfolgende Transkription (α-, β- und γ-Proteine); die Proteine werden im Zytoplasma synthetisiert und in den Kern zurück transportiert. Die Montage der Virionen erfolgt in 2 Stufen: Zuerst bilden sich Capside, von denen die DNA aufgenommen wird. In die innere Lamelle der Kernmembran werden – ebenso wie in die Zellmembran („Verfremdung") – herpeskodierte Glykoproteine eingebaut. Durch Bildung von Einstülpungen und Abschnürung der Partikel erfolgt die Endmontage unter Einschluß des transaktivierenden Proteins. Die Freigabe des Virus erfolgt durch das endoplasmatische Retikulum und beim Zerfall der Zelle

dem Aspekt der ***Chemotherapie*** wichtig. Da es sich bei den Frühproteinen um viruskodierte Enzyme handelt, bietet sich hier ein wichtiger Ansatzpunkt für die Entwicklung von antiviralen Chemotherapeutika.

3.2.3.2 Frühphase bei RNA-Viren

Auch bei RNA-Viren wird die Synthese der Frühproteine (***Replikasen*** s. u.) sogleich nach dem Abschluß des Uncoating in Gang gesetzt. In vielen Fällen wird die Information vom Virusgenom direkt den Ribosomen übermittelt (direkte Translation). Man bezeichnet eine zur Translation befähigte RNA als ***Plus (+) -Strang-RNA***. Bei (+)-Strang-RNA-Viren dient die Virus-RNA direkt als m RNA; der Transkriptionsschritt entfällt. Das Polio-Virus und das Röteln-Virus gehören zu dieser Gruppe.

In anderen Fällen ist die Virus-RNA zur Translation unfähig. Eine RNA dieses Typs wird als ***Minus (–)-Strang-RNA*** bezeichnet. Es muß in diesen Fällen zuerst eine Transkription erfolgen. Hierdurch entsteht (sekundär!) eine translationstüchtige (+)-Strang-RNA. Dieser Vorgang wird durch eine in das Viruspartikel eingebaute Replikase katalysiert. Die Viren dieser Gruppe werden als (–)-Strang-RNA-Viren bezeichnet. Beispiele sind Myxo-Viren, das Hepatitis D- und das Tollwut-Virus.

Eine ***„ambisense“***-RNA ist eine RNA-Spezies, die zuerst vom 5´-Ende her abgelesen wird und anschließend noch einmal (mit umgekehrter Polarität) vom 3´-Ende her.

3.2.3.3 Für die Virussynthese benötigte Bausteine:

Mit der Bereitstellung der Sofort- und der Frühproteine sind wichtige Voraussetzungen für die Replikation der Virusnukleinsäure gegeben.

Für die Synthese neuer Virusnukleinsäure müssen folgende Elemente zur Verfügung stehen:

- Energiereiche ***Nukleotide***. Diese werden von der Zelle, z.T. unter der Mithilfe viruskodierter Enzyme (Thymidin-Kinase), geliefert.
- Ein ***Nukleinsäure-Muster*** (Matrize), nach dessen Bauplan die Herstellung der Kopien erfolgt. Diese Aufgabe wird von der nackten Virusnukleinsäure wahrgenommen. Viele DNA-Viren benötigen dabei ein Stück RNA; diese RNA wird als Starter-RNA bezeichnet. Einige RNA-Viren und DNA-Viren benötigen ein kovalent gebundenes Starterprotein (Picorna-, Adeno-Viren) oder besitzen am 5´-Ende eine „cap“-Struktur (Toga-, Myxo-Viren).
- Das Enzym ***Polymerase*** für die DNA-Synthese, die ***Replikase*** für die RNA-Synthese und die ***Reverse Transkriptase*** bei den Retro-Viren.
  Bei kleinen RNA-Viren ist die Replikase ein viruskodiertes Enzym; bei DNA-Viren ist die Information zur Synthese der Polymerase häufig im Virusgenom enthalten. Fehlt sie, so wird eine zelleigene DNA-Polymerase verwendet. – Lediglich das Vaccinia-Virus besitzt eine viruskodierte, partikelgebundene Transkriptase.

3.2.3.4 Einfluß der Virussynthese auf den Zellstoffwechsel

In der ***Frühphase*** der Virussynthese wird der Stoffwechsel der Zelle tiefgreifend beeinflußt.

Durch ***„host-shut-off“***-Funktionen der Viren wird die zelluläre Synthese von DNA, von RNA und von Proteinen abgeschaltet (Host-shut-off = „Abschaltung“ der Wirtszelle). Bei der Transformation wird dagegen die zelluläre DNA-Synthese nicht abgeschaltet, sondern verstärkt, und die Abschaltungsmechanismen bleiben unwirksam. Man kennt Proteine im Virion, die direkt DNA-Synthese, Transkription und Translation der Zelle hemmen (Polio- und Adeno-Virus, HSV).

In der Frühphase werden viruskodierte Glykoproteine in die Zellmembran eingebaut. Dies wirkt – immunologisch gesehen – als „Verfremdung“ der Zellmembran gegenüber dem Immunapparat, so daß letzterer die virusinfizierten Zellen erkennt und gegen sie Immunmechanismen in Gang bringen kann.

In der Frühphase werden die Signale für die Form des zytopathischen Effektes (Fusion oder Zell-Lyse) abgegeben. Die Induktion von Interferon erfolgt in der gleichen Phase.

Bei Tumor-Viren beeinflussen besondere Gene (Transformationsgene) Gestalt und Funktion der Zelle. Dies geschieht über einen Umbau des Zellskelettes. Außerdem werden die Zellen unsterblich („immortalisiert“) und wachstumsregulatorisch umgestellt. – Frühe Gene der Adeno-Viren sind z.B. für zytogenetische Veränderungen als Chromosomenbrüche oder Deletionen verantwortlich.

Mit dem Beginn der Nukleinsäuresynthese ist die Frühphase des Vermehrungszyklus abgeschlossen. Es folgt die ***Synthese*** bzw. ***Spätsynthese***. Diese Abschnitte sind dadurch gekennzeichnet, daß Nukleinsäuren gebildet werden und daß der Informationsfluß nicht mehr ausschließlich vom Virus-Eltern-Genom, sondern auch von den Tochternukleinsäuren ausgeht.

3.2.3.5 Spätsynthese der Viren

Replikation der Nukleinsäure

Die Replikation der Nukleinsäure erfolgt durch unterschiedliche Mechanismen.

(+)-Strang-RNA-Viren. RNA-Viren mit einem (+)-Strang dringen in die Zelle ein; ihre RNA wird freigesetzt und verbindet sich als „messenger RNA" mit den Ribosomen. Am 5'-Ende befindet sich ein Starter-Protein. Diese Komplexe synthetisieren zuerst eine Replikase, die dann ihrerseits mit der Synthese von (–)-Strang-RNA beginnt. An den neugebildeten (–)-Strängen werden weitere (+)-Stränge synthetisiert. Die Komplexe, die sich aus (+)- bzw. (–)-Strängen, ferner aus Replikasemolekülen und schließlich aus unterschiedlich langen Strängen der neugebildeten RNA zusammensetzen, werden als ***„replicative intermediate"*** bezeichnet. Als Nebenprodukt fallen *Doppelstrang-RNA-Moleküle* an, die ihrerseits als Interferon-Induktoren wirken. Das Zahlenverhältnis zwischen (+)- und (–)-Strang-RNA-Molekülen ist auf den Verbrauch abgestimmt; es gibt mehr (+)- als (–)-Stränge, weil die (+)-Stränge in neue Virionen eingebaut werden müssen und zugleich als mRNA-Moleküle benötigt werden (Abb. 3.3).

Man kann nun fragen, ob sich die Nukleinsäure nach ihrer Freilegung in der Zelle von einer zelleigenen mRNA prinzipiell unterscheidet. Der einzige Unterschied liegt in dem Vermögen zur ***Auto-Replikation***. Die zelluläre mRNA gibt in ihrer Nukleotidsequenz stets die Basenfolge eines Abschnittes aus dem Zellgenom wieder. Ihre Bildung erfolgt niemals durch Autoreplikation von prä-existenten RNA-Molekülen, sondern entsteht „de novo" d. h. durch Ablesen und Transkribieren der zellulären DNA. Damit ist die ***zelluläre mRNA*** hinsichtlich ihrer Synthese ***DNA-abhängig***. Demgegenüber besitzt Virus-RNA die Fähigkeit, sich selbst, d. h. ohne die Mitwirkung von DNA zu replizieren: Sie kann ihr eigenes Molekül ganz oder teilweise als Matrize benutzen. Die ***Virus-RNA*** ist somit ***autonom***, die zelluläre mRNA ist es nicht. Diese Charakterisierung gilt für die klassischen RNA-Viren, aber nicht für die Retro-Viren.

(–)-Strang-RNA-Viren. RNA-Viren mit (–)-Strang-RNA enthalten eine Replikase. Die Synthese der (+)-Strang-RNA wird durch dieses Enzym am Molekül der Virus-RNA vorgenommen. Anschließend verläuft die RNA-Synthese wie bei den (+)-Strang-Viren. Es gibt aber einen quantitativen Unterschied: Bei den (–)-Strang-Viren wird relativ mehr (–)-Strang-RNA gebildet als bei den (+)-Strang-Viren, weil die (–)-Stränge in das Virion eingebaut werden (Abb. 3.4).

Der Rolling-Circle-Weg. Der „rolling-circle"-Weg der DNA-Replikation wird bei den Herpes-Viren (in vivo) und beim Hepatitis B-Virus (***in vitro***) beschritten. An einem „rotierenden" DNA-Ring von (–)-Polarität wird laufend neue (+)-DNA als Einzelstrang nachgebildet. Die neugebildete DNA drängt ihrerseits das 5'-Ende des neuen Stranges vom Mutterstrang ab. Der freie Einzelstrang wird durch den sogenannten „Okazaki"-Mechanismus zum Doppelstrang: Zuerst wird ein RNA-„primer" synthetisiert; an diesem Ausgangspunkt beginnt die Synthese des Komplementär-

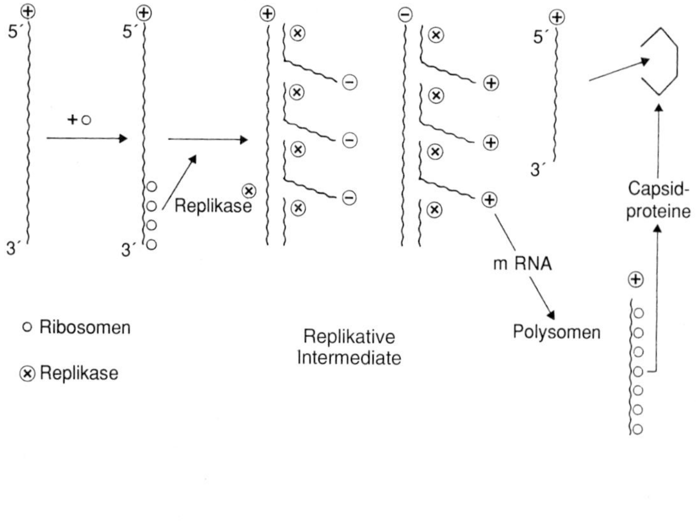

Abb. 3.3. (+)-Strang RNA-Viren. Nach dem Eindringen in die Zelle kann sich die freigesetzte (+)- Strang-RNA direkt mit den Ribosomen verbinden, so daß neue Replikase-Moleküle entstehen können. Am (+)-Strang bilden sich (–)-Strang-Moleküle und umgekehrt. Die Proteinsynthese erfolgt an den (+)-Strängen, die auch in neue Virionen eingebaut werden. Die Komplexe aus (+)- und (–)-RNA-Strängen werden als replikative Intermediärformen bezeichnet

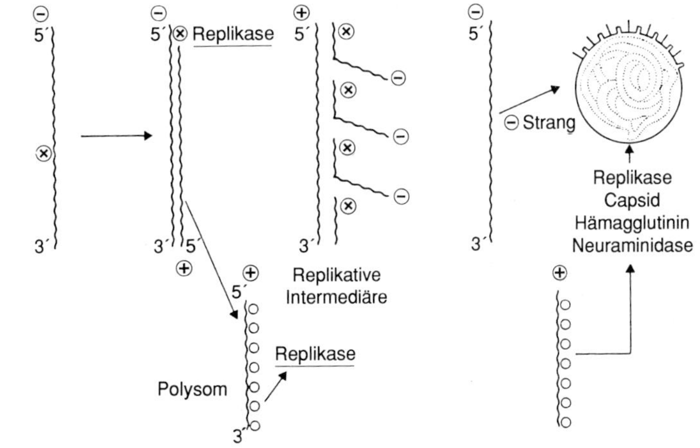

Abb. 3.4. (–)-Strang-RNA-Viren. Ein (–)-RNA-Strang kann sich nicht mit den Ribosomen verbinden. Die im Viruspartikel mitgeführte Replikase muß also zunächst einige (+)-Stränge synthetisieren, ehe die Replikation wie bei den (+)-Strang-RNA-Viren weiterlaufen kann

stranges in 5'→3'-Richtung. Nach dem Abbau des Primers durch eine Ribonuklease wird die Lücke zum nächsten Okazaki-Fragment durch eine Ligase ausgefüllt. Die DNA wird anschließend in Stücke mit Einheitslänge für den Einbau in die Virionen zerschnitten (Abb. 3.5a, b).

In vivo entsteht die HBV-DNA mit Hilfe der im Virion enthaltenen ***Polymerase***; dieses Enzym hat zugleich die Eigenschaften einer ***Reversen Transkriptase***. Zuerst wird der unvollständige (+)-DNA-Strang vervollständigt; der (–)-Strang dient anschließend als Matrize für die Synthese einer (+)-Strang-RNA. Die auf diese Weise synthetisierte ringförmige RNA wird auch als „Prägenom" bezeichnet; sie dient ihrerseits als Informationsquelle für die Synthese einer (–)-Strang-DNA. Außer dem RNA-Prägenom entsteht auch mRNA. Eine Integration der Virus-DNA in das Zellgenom erfolgt häufig; sie folgt statistischen Gesetzen.

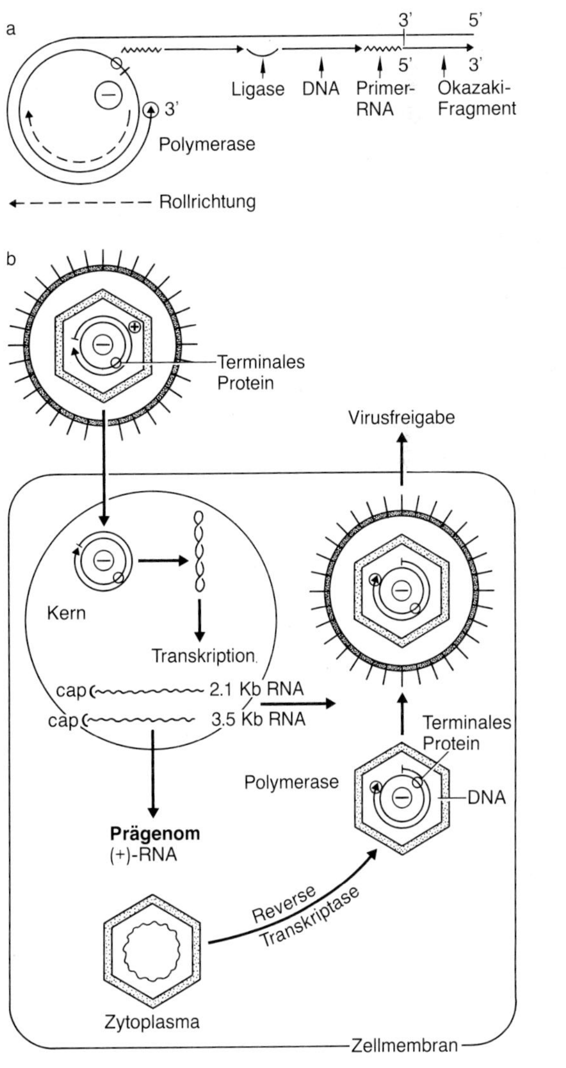

Abb. 3.5 a, b. Der Rolling-Circle und die Replikation des Hepatitis B-Virus. In vitro ist die Replikation nach dem Rolling-Circle-Modell beobachtet worden. Zunächst wird der inkomplette (+)-DNA-Strang vervollständigt. Der (–)-Strang „dreht" sich dann sozusagen weiter: Am 3'-Ende synthetisiert die DNA-Polymerase (+)-Strang-DNA, während am 5'-Ende der gleiche Strang gleichsam abgerollt wird. Die Synthese des (–)-Strangs erfolgt durch Bildung von Okazaki-Fragmenten und Ligierung der Lücken. Als Primer dienen kurze RNA-Sequenzen. In vivo wird nach dem Eintritt in die Zelle zunächst der inkomplette (+)-Strang komplettiert, dann entsteht eine verknäuelte Superhelix, die transkribiert wird. Das dabei entstehende (+)-Strang RNA-Molekül (Prägenom) verbindet sich mit dem Capsid, wobei sogleich der (–)-DNA-Strang entsteht. Gleichzeitig wird die „abgenutzte" (+)-Strang-RNA abgebaut und (+)-Strang-DNA gebildet. Die Montage des Virus erfolgt im Zytoplasma

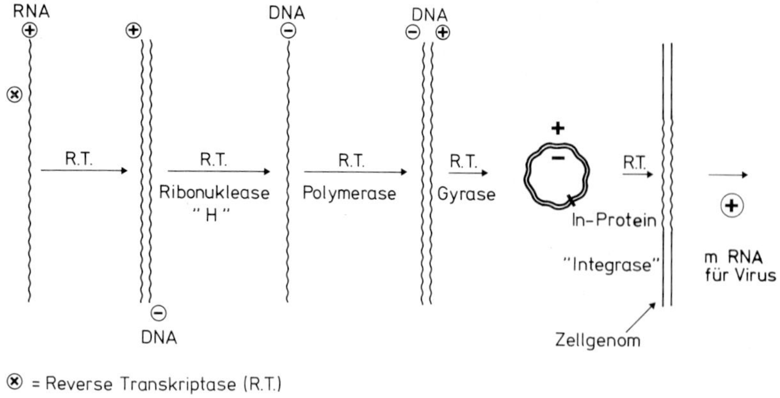

Abb. 3.6. Die Replikation der RNA der Retro-Viren. Nach dem Uncoating der RNA wird mittels der Reversen Transkriptase (R.T.) ein (–)-DNA-Strang gebildet, der RNA-Strang abgebaut (Ribonuklease H), der (+)-DNA-Strang synthetisiert und mittels der R.T. in eine Pseudoringform (durch das „In"-Protein zusammengehalten) umgewandelt, die schließlich durch das gleiche Enzym integriert wird, so daß das Provirus entsteht. Neue Viruspartikel entstehen durch Transkription des Provirus

Reverse Transkription. Die Umschreibung der ***Retro-Virus-RNA*** in DNA erfolgt durch die Reverse Transkriptase in mehreren Schritten (Abb. 3.6). Zuerst wird ein (–)-DNA-Strang gebildet, dieser bildet mit dem (+)-Strang der Virus-RNA ein „Hybrid"-Molekül (RNA/DNA). Die RNA wird dann abgebaut und der zweite DNA-Strang angefertigt. Die jetzt vorliegende DNA-Doppelhelix wird zu einem Ringmolekül umgeformt; dieses eignet sich besonders gut für die Integration in das Zellgenom.

Die Replikation des Virus beginnt erst dann, wenn das reverse DNA-Transkript in das Zellgenom integriert worden ist. Dies gilt für alle Retro-Viren. Das integrierte DNA-Transkript wird als „***Provirus***" bezeichnet.

Replikation der Herpes-simplex-Virus-DNA. Die Replikation der Herpes-simplex-Virus-DNA erfolgt nach dem Rolling-Circle-Modell in einem komplizierten Prozeß. Die Transkription geht in drei Schritten vonstatten (Abb. 3.7). Zuerst werden die „Sofort"-Proteine gebildet, welche die weitere Transkription steuern. In einem zweiten Transkriptionsschritt wird die mRNA für „Früh"-Proteine synthetisiert. Zuletzt entstehen die „Spät"-Proteine in einem dritten Transkriptionsschritt als Bausteine des Virions; hierzu gehört auch das in die Virionen eingebaute transaktivierende Protein.

Synthese von Capsid- und Hüllmaterial

Die Synthese von Capsid- und Hüllmaterial erfolgt aufgrund von im Virusgenom enthaltenen Informationen; sie beginnt in der Regel erst dann, wenn die Synthese von Frühproteinen abgeschlossen und die Synthese der Virusnukleinsäure in Gang gekommen ist. Auch hier gilt die Regel, daß DNA-Viren ihr Capsid-

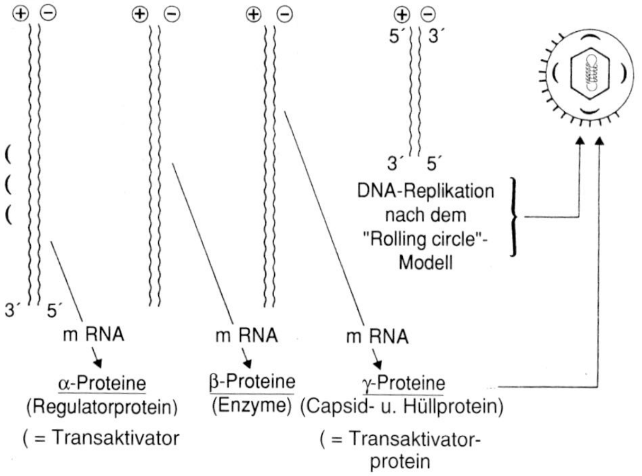

Abb. 3.7. Die Replikation der großen DNA-Viren (Herpes-Gruppe). Nach der Freisetzung der Doppelstrang-DNA erfolgt die Replikation der DNA nach dem Rolling-Circle-Modell. Die Proteine werden in drei Kaskaden abgerufen (α-, β- und γ-Proteine), wobei jeweils die entsprechenden mRNA-Moleküle entstehen.
Die α-Proteine sind zumeist Regulatorproteine, die β-Proteine Enzyme und die γ-Proteine Strukturproteine. Das Transaktivator-Protein entsteht als Spätprotein, wird in die Tegumentschicht eingebaut und sorgt für den Beginn der Bildung von α-Phasen-mRNA

bzw. Hüllmaterial über eine mRNA synthetisieren lassen, während die RNA-Viren ihre eigenen Nukleinsäure-Kopien (Tochter-RNA) oder entsprechende Teile davon als mRNA benutzen. Die Synthese des Materials erfolgt an Polysomen. Man versteht darunter einen Komplex, der durch perlschnurartige Anlagerung mehrerer Ribosomen an die fadenförmige mRNA entsteht.

3.2.4 Zusammenbau der Viren (Montage)

Der ***Zusammenbau*** der Viren erfolgt in der Zelle entweder im Kern oder im Zytoplasma, oder aber im Kern *und* im Zytoplasma. Die „Montage" beginnt wahrscheinlich ohne Energieverbrauch an bestimmten Erkennungsstellen von Nukleinsäure und Capsidprotein.

Dies läßt sich am Beispiel des TMV durch einen Reagenzglasversuch belegen: Die freien Capsomere und die intakte Nukleinsäure des TMV können in vitro schon durch Änderung des pH dazu gebracht werden, sich zum intakten Viruspartikel zusammenzuschließen. Dieser Vorgang läuft auf eine sequentiell angelegte Serie von Erkennungsvorgängen zwischen den reagierenden Bausteinen hinaus. – Bei Viren, die außer dem Capsid noch eine Hülle aufweisen, ist der Zusammenbau komplizierter: Es werden zuerst inkomplette Partikel in Form des Nukleocapsids aufgebaut; dieses wird dann im Zusammenwirken mit der Kernmembran oder der Zellmembran mit einer Hülle versehen und damit zu reifen Partikeln entwickelt.

Die Anzahl der von einer einzigen Zelle synthetisierten neuen infektiösen Viruspartikel variiert beträchtlich. Pro Zelle werden z.B. 1000 neue Polio-Viren, aber nur 40–50 Herpes-simplex-Viren gebildet.

3.2.5 Ausschleusung

Die ***Ausschleusung*** des Virus ist vielfach eine aktive Leistung der Wirtszelle. Hier spielen sich Vorgänge ab, die man als Umkehrung der Pinozytose (***Exozytose***) bezeichnen kann.

Bei Viren, die eine Hülle besitzen, erfolgt die Ausschleusung zugleich und in enger Verbindung mit der Hüllenmontage; elektronenmikroskopisch sieht man dann oft eine Art Knospungsvorgang („budding") an der Kern- oder an der Zellmembran. Knospung aus dem Zellkern sieht man bei Herpes-Viren; Knospung aus der Zellmembran ist typisch für die Myxo- und Retro-Viren, während die Montage des Pocken- und des Tollwut-Virus im Zytoplasma erfolgt.

In anderen Fällen geht die Zelle nach Beendigung der Montage zugrunde, und die Viren werden passiv entlassen (Picorna-Viren).

3.3 Abortiver Zyklus

Ein abortiver Zyklus liegt dann vor, wenn in der Zelle inkomplette Viria entstehen. Dies kann zustandekommen, wenn bei der Montage der eine oder andere Baustein fehlt, oder die Replikation nicht vollständig abläuft.

Dies ist bei HIV-infizierten, ruhenden Lymphozyten der Fall, in denen z. T. das Genom integriert ist. Erst nach der Aktivierung der Lymphozyten beginnt die Virussynthese. (s.S.766)

Die Regulation der Virussynthese kann auch unter die Kontrolle des Zellgenoms geraten, z.B. beim HSV, und dieses in den Neuronen persistieren; erst hormonelle Einflüsse oder andere Faktoren reaktivieren das HSV. – Die Replikation eines Virus kann auch durch Hormone gesteuert werden.

Ein abortiver Zyklus liegt auch dann vor, wenn zwar alle Bausteine in der Zelle gebildet werden, die für die Montage erforderlichen Transportmechanismen in einer bestimmten Zellart aber nicht wirksam werden.

„Defekte-interferierende Partikel" entstehen auch dann, wenn viele Viren der gleichen Spezies in eine Zelle gelangen, die Replikation zwar beginnt, aber wegen „Überlastung" der Zelle nicht zu Ende geführt werden kann, oder wenn Regulator- oder Strukturgene durch Mutationen oder Deletionen verändert sind. In diesem Falle wird trotzdem ein Interferenzmechanismus in Gang gesetzt. Diese unvollständigen Replikationszyklen spielen bei der Pathogenese von Viruskrankheiten eine wichtige Rolle.

4 Pathogenität – Infektionsverlauf

D. Falke

INHALTSÜBERSICHT

4.1 Voraussetzungen der Viruspathogenität . . 634
4.2 Virusrezeptor 634
4.3 Wirtsspektrum 634
4.4 Organotropismus 635
4.5 Pathogenität von Viren 635
4.5.1 Primärschäden 635
4.5.2 Sekundäre Pathogenitätsmechanismen . . 637
4.5.3 Messung der Pathogenität von Viren 637
4.6 Drosselung der Virulenz: Impfstoffe 637
4.7 Infektionsverlauf 638
4.7.1 Akute Infektion mit Viruselimination . . . 638
4.7.2 Latente Infektion 638
4.7.3 Latent-persistierende Infektion im engeren Sinne 639
4.7.4 Immunkrankheiten 639
4.7.5 Viruspersistenz im Organismus 640
4.7.6 Slow Virus Diseases 640
4.7.7 Pränatale und perinatale Infektionen 640
4.7.8 Onkogene Situation 640
4.8 Ausbreitungswege von Viren im Organismus 641
4.9 Abwehrmechanismen bei Virusinfektionen 642
4.9.1 Allgemeines 642
4.9.2 Unspezifische Mechanismen der Basisabwehr 643
4.9.3 Spezifische Abwehrmechanismen 644

4.1 Voraussetzungen der Viruspathogenität

Die Pathogenität eines Virus für eine bestimmte Tier- und Pflanzenspezies ist an eine Reihe von Voraussetzungen gebunden:

- Das Virus muß von der Zelle adsorbiert und einverleibt werden.
- Es muß sich nach der Penetration in der Wirtszelle vermehren oder seine Nukleinsäure wirksam in das Zellgenom integrieren.
- Das Virus oder seine Bestandteile müssen in der Synthesephase Rückwirkungen auf den Zellstoffwechsel ausüben.

4.2 Virusrezeptor

Das Vermögen, eine bestimmte Zelle zu infizieren, ist für ein gegebenes Virus von dessen Adsorptionsfähigkeit und damit von der Konfiguration seiner Außenstruktur abhängig. Die Wirtsspezifität wird somit durch reagible Strukturelemente (***Liganden***) des Capsids bzw. der Hülle bestimmt; bei T-Phagen sitzen diese Strukturen an der Grundplatte.

Den reagiblen Außenstrukturen des Virus stehen entsprechende Zellstrukturen, ***Rezeptoren*** genannt, gegenüber: Sind die Zellen einer Tierspezies im Wirtsspektrum des Virus enthalten, so verhält sich ihre Rezeptorstruktur zur reagiblen Virusaußenstruktur ***komplementär***. Es kann dann zur spezifischen Bindung des Virus an die Zelloberfläche kommen.

In vitro gehaltene Animalzellen besitzen jeweils etwa 10^4–10^6 Rezeptor-Moleküle. Wird das Virus an der Membran einer tierischen Zelle spezifisch verankert, so geht von dem betroffenen Rezeptorbereich ein Signal aus, das Pinozytose oder Fusion auslöst. – Für Bakteriophagen gilt ein anderer Mechanismus (s. S. 619).

4.3 Wirtsspektrum

Unter den virus-homologen Zellrezeptoren gibt es solche, die als banale Strukturen weit verbreitet sind, also bei zahlreichen Spezies vorkommen. Das korrespondierende Virus hat in diesem Fall ein ***breites Wirtsspektrum***. – Andere Rezeptoren kommen nur bei wenigen oder bei einer einzigen Spezies vor. In diesem Fall hat das rezeptor-homologe Virus ein *enges Wirtsspektrum*.

Extrem eng ist das Wirtsspektrum des Hepatitis B-Virus und des menschlichen Zytomegalie-Virus; beide sind nur für den Menschen infektiös. Auch das Polio-Virus befällt spontan nur den Menschen. – Die Wirtsspezifität des Herpes-simplex-Virus ist breiter: Sein natürlicher Wirt ist der Mensch, es läßt sich aber auf mehrere Tierspezies übertragen. Das Wirtsspektrum des Tollwut-Virus ist sehr breit; es umfaßt praktisch alle Warmblüter. – Den engsten Spezifitätsbereich haben Bakteriophagen: Sie befallen innerhalb einer Bakterienspezies nur besondere Typen bzw. Subtypen. Dies ist die Grundlage der ***Lysotypie*** (s. S. 242).

4.4 Organotropismus

Neben der Wirtsspezifität kommt den Viren noch eine zweite Selektivqualität zu: Wird ein Wirtsorganismus infiziert, so bevorzugen die Viren im Hinblick auf ihre pathogene Wirkung vielfach bestimmte Organe bzw. Organsysteme. So gibt es z. B. „neurotrope" und „viszerotrope" Varianten von ein- und derselben Virusart. Diese ***Organspezifität*** wird durch eine besonders gute oder geringe Replikationsmöglichkeit in verschiedenen Zellarten bestimmt, sie hängt ab vom Vorkommen von Rezeptoren bzw. bestimmten Eigenschaften der Wirtszelle und des Virus. Man weiß heute, daß bestimmte regulativ wirkende Signalsequenzen der Virus-DNA (Enhancer) ebenso den Tropismus bestimmen wie Oberflächen-Eigenschaften des Viruscapsides oder der Hülle. Die von der Zelle zu liefernden Voraussetzungen für die Virusreplikation kennt man kaum; in den Lymphozyten z.B. ist die Replikation nur dann produktiv, wenn die Lymphozyten „aktiviert" sind.

Die als ***Organotropismus*** bezeichnete Bevorzugung bei der Schädigung bestimmter Wirtszellen muß von der eigentlichen Selektivität gegenüber der Wirtsspezies unterschieden werden. So ist z. B. das Wirtsspektrum des Tollwut-Virus sehr breit, während der Organotropismus ausgeprägt ist: Immer werden bevorzugt die Zellen des ZNS geschädigt.

Umgekehrt gibt es Viren, die bei engem Wirtsspektrum in nahezu allen Organen des infizierten Wirtsorganismus Schäden setzen können, so z. B. bei der Zytomegalie und der Herpes-Sepsis des Neugeborenen. Dies gilt vor allem beim Vorliegen von Immundefekten.

Schließlich kennt man eine Kombination von engem Wirtsspektrum und engem Organotropismus, z. B. bei der Virushepatitis. Es gibt Situationen, in welchen das Virus trotz regelrechter Adsorption, Penetration und Uncoating in der Zelle nicht Fuß fassen kann. Dies ist zum Beispiel der Fall, wenn das Virus eine unter ***Interferon***-Einfluß stehende Zelle befällt. Hier wird der vom Virusgenom ausgehende Informationsfluß vom Interferon-System verriegelt. Das Virusgenom kann nicht in Funktion treten und wird durch RNAse oder DNAse abgebaut.

4.5 Pathogenität von Viren

Nicht alle Viren richten die Zelle dadurch zugrunde, daß sie deren Syntheseapparat für die eigene Vermehrung in Anspruch nehmen. Wir unterscheiden ***zytozide*** (zellabtötende) und ***nicht-zytozide*** Replikationsvorgänge. Bei den letzteren zeigt sich die Zelle der doppelten Belastung, die sich aus dem Anabolismus zur Selbsterhaltung einerseits und der Virussynthese andererseits ergibt, gewachsen; sie produziert das Virus gewissermaßen „nebenbei". Es hat sich allerdings herausgestellt, daß in solchen „persistent" infizierten Zellen z.B. die Hormonproduktion beeinträchtigt sein kann.

Schädigungsmechanismen

Zweckmäßigerweise unterscheidet man die direkten, durch den Virusbefall bedingten Schädigungen der infizierten Zelle als ***Primärschäden*** von den ***Sekundärschäden***, d. h. von den indirekten Auswirkungen der Virusinfektion auf den Gesamtorganismus. Die Sekundärschäden sind immunologisch bedingt.

4.5.1 Primärschäden

Ein „Primärschaden" kann durch folgende Ursachen ausgelöst werden:

Rückwirkungen der Virussynthese auf den Zellstoffwechsel. Sobald die Virusnukleinsäure „nackt" vorliegt, gehen zwei Informationsströme zum Ribosom: Der eine kommt vom Zellgenom, während der zweite vom Genom des infizierenden Virus ausgesandt wird (Virus-Elterngenom). In dieser Phase kommt es durch selektive Repression zu einer fortschreitenden Drosselung des Informationsflusses vom Zellgenom zum Ribosom, während der Informationsfluß vom Virusgenom zum Ribosom anschwillt: Die zelleigene mRNA wird quasi durch die neugebildete virale RNA verdrängt (***host-shut-off***) (s. S. 629). Insgesamt werden die zellulären Vorgänge der DNA-, der RNA- und der Protein-Synthese aber selektiv blockiert. Die Konkurrenz zwischen dem viralen und dem zelleigenen Informationsfluß ist bei den einzelnen Viren verschieden stark ausgeprägt und wird durch unterschiedliche Mechanismen bewirkt.

Riesenzellbildung und andere Vorgänge. Die Zelle kann auch durch andere, ebenso von der Virussynthese abhängige Mechanismen, geschädigt oder beeinflußt werden. So geht beispielsweise vom Elterngenom des HSV und des HIV-1 nach dessen Uncoating eine Information ab, welche die Umbildung der Wirtszelle zur ***Riesenzelle*** veranlaßt. Dies geschieht bei vielen Virusarten durch den Einbau von virusspezifischen Glykoproteinen in die Zellmembran, die dadurch, immunologisch betrachtet, eine „Verfremdung" erfährt. Die hierfür verantwortliche Information wird bei einigen Virusarten unabhängig von der Replikation des Elterngenoms frei.

Fusionierende Viren (z. B. HSV) besitzen das Vermögen, die Bildung von ***Interzellularbrücken*** (Mikrofusion) anzuregen; sie breiten sich über diese Brücken aus und entziehen sich so dem Zugriff der Antikörper.

Bestimmte Tumor-Viren stimulieren gewisse zelleigene Synthesevorgänge, z. B. die DNA-Synthese. Im Verlauf der Replikation kann auch die Expression von Lymphokinen gesteigert oder verringert sein. Das EBV regt z. B. die Ausbildung von Differenzierungsantigenen auf der Membran von B-Lymphozyten an. – Das LCM-Virus reduziert andererseits die Bildung von Wachstumshormonen.

Zytopathischer Effekt (ZPE). Im histologischen Schnittpräparat kann man in besonderen Fällen den Primärschaden als Zelluntergang erkennen, z. B. bei der Poliomyelitis. Wesentlich ergiebiger ist die Direktbeobachtung der lebenden Zellkultur mit dem Mikroskop; hier können als Folge der Virusinfektion

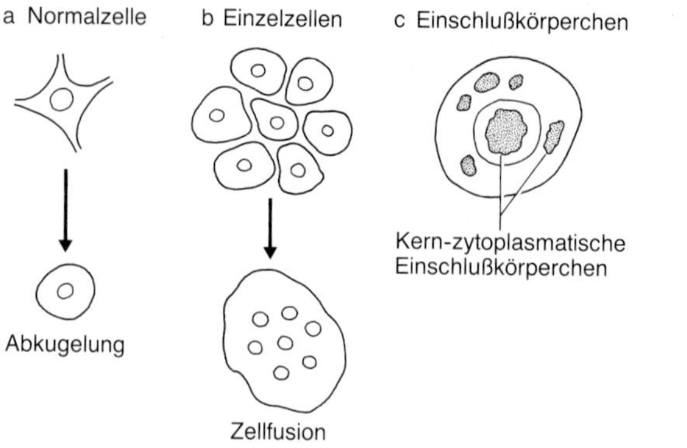

Abb. 4.1. Der zytopathische Effekt. Die Infektion von Zellen kann zu Abkugelung und Lyse (**a**), zur Fusion von Zellen (**b**) oder zur Bildung von Einschlußkörperchen (**c**) führen

typische Veränderungen der Zellmorphologie auftreten. Sie werden als ***zytopathischer Effekt*** (ZPE) bezeichnet (Abb. 4.1). Man darf annehmen, daß die Erscheinungen des ZPE, wie sie in der Zellkultur auftreten, ein Spiegelbild der Verhältnisse im infizierten Organismus liefern. Tatsächlich treten Riesenzellen auch in vivo bei Masern- und RS-Virus-, bei VZV- und HSV-Infektionen auf.

Folgende Erscheinungen sind typisch:

- **Zellabkugelung**. Die in der nicht infizierten Kultur polygonal oder sternförmig aussehenden, mit Fortsätzen versehenen Zellen runden sich ab. Beispiele: Mit Polio-Virus infizierte Affennierenzellen.

Der Zellrasen einer normalen, nicht infizierten Kultur nimmt den Vitalfarbstoff Neutralrot schnell auf und erscheint dann als kontinuierlich rosa gefärbte Schicht auf dem Boden der Petri-Schale. Infiziert man einen solchen Zellrasen mit wenigen Viruspartikeln, wäscht nach der Adsorptionsphase die nicht adsorbierten Viria ab und überschichtet den Rasen mit einem nährstoffhaltigen Agar, so bilden sich einzelne Herde mit zerstörten Zellen. Zellareale, die durch Virusbefall geschädigt sind, verlieren die Fähigkeit, den Farbstoff aufzunehmen. Sie erscheinen dann makroskopisch erkennbar als farblose Flecken („plaques") innerhalb des gefärbten Rasens der Normalzellen. Dies ist die Grundlage eines Verfahrens zur Partikelzählung (s. S. 702).

- **Riesenzellbildung**. Die einkernigen, normal dimensionierten Zellen fusionieren und bilden zusammen sehr große, mehrkernige Gebilde; diese werden als Riesenzellen oder Polykaryozyten bezeichnet. Beispiel: Kaninchennierenzellen nach Infektion mit HSV.

- **Einschlußkörperchen.** Es treten im Kern und/oder im Zytoplasma der befallenen Zelle kugelige Strukturen auf, die in typischer Weise färbbar sind (Einschlußkörperchen). Sie können lichtmikroskopisch leicht wahrgenommen werden. Ihre Größe liegt zwischen 2 und 10 μm. Die Einschlußkörperchen sind als *Aggregate von inkompletten Viria* zu verstehen; ihre Lokalisation entspricht den Montageorten in der Spätphase des Vermehrungszyklus. Beispiele: Die *Guarnieri'schen* Körperchen bei Pocken; die *Negri'schen* Körperchen bei Tollwut; Einschlußkörperchen im Kern bei Masern und bei den Viren der Herpesgruppe.

Die Einschlußkörperchen können als Erscheinungen betrachtet werden, die mit der normalen Virussynthese notwendigerweise verknüpft sind. In der virologischen Diagnostik bewertet man sie als Zeichen des ZPE.

- **Chromosomenbrüche**. Diese sind mit spezifischen Methoden der Lichtmikroskopie darstellbar. Sie werden bei vielen Virusinfektionen sowohl in vitro als auch in vivo beobachtet. Beispiel: Menschliche Leukozyten nach Masern-Infektion. „Translokationen" von Teilen der Chromosomen erfolgen z. B. bei der Entstehung des Burkitt-Lymphoms (s. S.805ff).

- **Transformation**. Sonderform des ZPE (s. S. 650)

4.5.2 Sekundäre Pathogenitätsmechanismen

Bei einer Virusinfektion können pyrogene Stoffe (wie Interleukin-1) freigesetzt und wirksam werden. Bei Röteln wird das freigesetzte Interferon als besonderer Pathogenitätsfaktor wirksam; es hemmt die Zellteilung und führt bei intrauteriner Infektion zu einer Störung des Extremitätenwachstums. – Hierher gehören auch Lymphokine, deren Blutpegel oder Freisetzbarkeit aus Blutzellen verändert ist. Sie können die Funktionen des Immun-Netzwerkes stören.

Zu den sekundären Pathogenitätsfaktoren gehören vor allem immunpathologische Prozesse, welche bei vielen Virusinfektionen ablaufen, z. B. bei denen der Herpes-Gruppe, der Myxo-Viren, bei der lymphozytären Choriomeningitis und bei der Hepatitis A. Die Ursache liegt in einer „Verfremdung" der Zellmembran durch Einbau von Virusantigen, gegen das sich dann Immunreaktionen richten.

4.5.3 Messung der Pathogenität von Viren

Der Ausdruck „Pathogenität" beinhaltet auch in der Virologie eine Aussage über die Fähigkeit einer Virusspezies, in einem Wirtsorganismus eine Krankheit zu erzeugen. Durch den Begriff ***„Virulenz"*** wird der unterschiedliche *Grad* der krankmachenden Wirkung von Virus-Varianten und Deletanten gekennzeichnet.

Als Maß für die Pathogenität gibt man für einen bestimmten Virusstamm bei festgelegtem Wirt die ID_{50} an, d. h. diejenige Zahl lebender Viren, die, pro Tier verabreicht, innerhalb eines Kollektivs bei 50% der Individuen eine Infektion hervorruft.

Der Begriff „Pathogenität" kann in dem eben erläuterten Sinne nur im Hinblick auf das lebende Tier benutzt werden. Bei Arbeiten mit virusempfänglichen Zellkulturen nimmt man in der Regel eine maximale Pathogenität an; man weiß, daß u. U. ein einziges Viruspartikel genügt, um pro Zelle eine Infektion zu setzen.

In der Natur kommen bei ein und derselben Virusart zahlreiche Varianten mit sehr verschiedenartiger Virulenz vor. So unterscheiden sich die Subtypen der Influenza A hinsichtlich ihrer Virulenz in erheblichem Maße. Dem hochvirulenten A-Subtyp der Pandemie 1918 steht der relativ schwach virulente Suptyp A2 (Asia) aus der Pandemie 1957 gegenüber.

4.6 Drosselung der Virulenz: Impfstoffe

Die Pathogenität für einen bestimmten Wirt ist bei Viren eine genetisch bestimmte Größe. Spontan entstehende Mutanten mit größerer oder geringerer Virulenz werden bei Vorliegen einer entsprechenden Selektionssituation begünstigt. Von besonderer Bedeutung ist die Tatsache, daß bei einem gegebenen Virus die Pathogenitätsmerkmale für verschiedene Wirtsorganismen durch jeweils verschiedene Gene kontrolliert werden können. Wird beispielsweise die Mäusevirulenz eines Gelbfieber-Virusstammes durch Mäusepassagen gesteigert, so segregieren u. U. die Virulenzmerkmale für andere Wirtsspezies, z. B. für den Menschen. Die schließlich erhaltene Variante zeigt eine gesteigerte Mäusevirulenz, aber eine herabgesetzte Menschenvirulenz. Die auf diese Weise erzielte Virulenzdrosselung ist die Grundlage für die Herstellung von ***Lebendimpfstoffen*** für den Menschen mit abgeschwächten (***attenuierten***) Viren. Als

Beispiele für Virusimpfstoffe dieser Art seien genannt die Impfstoffe gegen ***Poliomyelitis, Gelbfieber, Masern, Pocken, Mumps, Röteln, Varizellen***.

Die attenuierten Viren behalten ihre Antigenstruktur; ihre Fähigkeit, in bestimmte Zellen einzudringen und sich dort zu vermehren, hat sich jedoch geändert. Die Abschwächung hat also lediglich die Fähigkeit zur primären und sekundären Schädigung besonders sensibler Zellen herabgesetzt: Der Impfling macht eine künstlich hervorgerufene, klinisch inapparente Infektion durch.

Scheidet der Impfling das verimpfte Virus in großen Mengen aus, so kann seine Umgebung damit infiziert werden. Dies wirkt sich z. B. bei der Polio günstig auf die Zahl der „geimpften" Personen aus; der Prozentsatz der geschützten Personen steigt. Theoretisch besteht aber die Gefahr, daß bei Passagen des Impfvirus von Mensch zu Mensch die Virulenz im Sinne einer Selektion von ***Rückmutanten*** wieder ansteigt. Die ersten Impfungen mit dem Lebendimpfstoff gegen die Polio sind unter diesem Risiko unternommen worden. Glücklicherweise war in praxi eine Virulenzsteigerung des Impfvirus nur sehr geringfügig.

4.7 Infektionsverlauf

Die als Primär- und Sekundärschädigung bezeichneten Auswirkungen der Virusinfektion müssen keineswegs als obligate Begleiterscheinungen jeder angegangenen Virusinfektion betrachtet werden. Welches Ausmaß die Schädigung erreicht, hängt von den Eigenschaften des Virus ebenso ab wie von den Eigenschaften des befallenen Wirtsorganismus. So gibt es eine große Reihe von Virusinfektionen, bei denen die Sekundärschäden fehlen oder gering sind. In manchen Fällen fehlt die primäre Zellschädigung völlig: Die Zelle produziert Virus und bleibt dabei intakt.

Das Häufigkeitsverhältnis zwischen apparenter und inapparenter Infektion variiert beträchtlich: Die ***Masern*** sind fast immer ***apparent***, die ***Polio***myelitis zu mehr als 99% ***inapparent***. – Die primäre Herpes-Infektion ist nur bei etwa 5–10% der Fälle apparent, während Mumps- und Influenza-Infektionen zu etwa 50% apparent verlaufen. Die Spielarten des Infektionsverlaufes von Viren lassen sich durch folgende Prototypen repräsentieren:

4.7.1 Akute Infektion mit Viruselimination

Es entsteht hierbei eine erkennbare, zeitlich begrenzte, klinisch apparente Krankheit. Es kommt zur Virusvermehrung und zur Ausscheidung von infektiösen Viruspartikeln. Die Infektion kann im Sinne einer ***Lokalinfektion*** auf die Eintrittspforte und deren Umgebung beschränkt bleiben, wie beim banalen Schnupfen, oder sich über den gesamten Organismus ausbreiten und eine ***zyklische Infektionskrankheit***, wie die Polio, hervorrufen. In beiden Fällen treten Antikörper auf: Der Patient erwirbt eine Immunität. Am Ende der Krankheit enthält der Wirtsorganismus kein infektiöses Virus mehr, d. h. das Virus ist eliminiert.

Die Infektion kann auch ***klinisch inapparent*** („stumm") verlaufen. Es kommt zu einem objektiv und subjektiv symptomfreien (subklinischen) Virusbefall von begrenzter Dauer. Während des Ablaufs vermehrt sich das Virus und erscheint in den Ausscheidungen. Es werden Antikörper gebildet. Der Patient erwirbt unbemerkt eine Immunität (***„stille Feiung"***). Die Infektion endet mit der Viruselimination. Die inapparente Infektion gleicht also, wenn wir von der klinischen Wahrnehmbarkeit absehen, in jeder Hinsicht der apparenten Infektion. Beispiel: Die klinisch nicht faßbaren Fälle von Polioinfektionen.

4.7.2 Latente Infektion

Nach der apparent oder inapparent verlaufenden Primärinfektion wird das Virus nicht vollständig aus dem Organismus eliminiert: Adeno- und Herpes-Viren, Papova-Viren, Hepadna- und Retro-Viren. Die Viren bleiben ***latent (nicht produktiv)*** oder ***persistieren (produktiver Replikationszyklus).*** Die latent-persistierenden Virusinfektionen beruhen auf bestimmten Viruseigenschaften, die es dem Virus erlauben, dem Zugriff des Immunapparates zu entgehen; hierzu haben die Viren offenbar besondere Strategien entwickelt. Die latenten oder persistierenden Zustände beziehen sich dabei jeweils nur auf bestimmte Zelltypen; z. B. bleibt das HSV in den Neuronen latent, während das HBV in den Leberzellen persistiert.

Beim ***EBV*** hat man jüngst ein Translationsprodukt des „Zebra"-Gens nachgewiesen, das in B-Zellen die Transkription des latenten, episomal-ringförmigen Genoms anschaltet und den lytischen Zyklus einleitet.

Das gleiche Virus durchläuft jedoch in den Epithelzellen eher persistierende Zyklen mit Replikation.

Bei den ***Papova-Viren*** scheint das Virus in den Basalzellen des Hautepithels als episomale DNA zu persistieren. – Das ***HBV*** persistiert in den Leberzellen (chronisch-persistierende bzw. chronisch-aktive Hepatitis) und setzt Antigene in einem komplexen Zell-Virus-System bei z.T. integrierter DNA frei. – Das ***HIV*** macht in der klinisch stummen Phase der Infektion offenbar defekte, nicht-produktive Replikationszyklen durch, die nach der Aktivierung der T4(+)-Lymphozyten in produktiv-lytische Replikationen übergehen (s. S. 766). Vielleicht wirkt hier der NFκ B-Faktor (s. S. 761) aktivierend auf die LTR-Sequenzen ein. – Das ***Zytomegalie-Virus*** scheint in den Epithelzellen der Speicheldrüsen latent zu persistieren. Auch die subakute sklerosierende Panenzephalitis (SSPE) kann man zu den persistierenden Virusinfektionen zählen (s. S. 732).

Insgesamt sind die Kenntnisse über die Molekularbiologie des Komplexes „Latenz-Persistenz" noch sehr gering. Im Brennpunkt des Interesses steht die Frage, wie eine latente (HSV) oder persistierende („langsame") Replikation geregelt wird bzw. wie die Aktivierung des latenten Genoms erfolgt. Es wird diskutiert, ob die Zelle z. B. durch Methylierung das Virusgenom kontrolliert (Repressor-Modell) oder ob ein Fehlen von positiven Regulationssignalen den latenten Zustand des Virusgenoms bedingt, z. B. beim EBV (s. S. 638). Bezüglich des Immunapparates interessiert die Frage, auf welche Weise das Virus den Immunapparat „hintergeht", d.h. wie die „immunologische Nische" beschaffen ist.

Das ***Adeno-Virus persistiert*** in den Tonsillen noch mehrere Jahre nach der Primärinfektion, ohne klinische Symptome auszulösen. Man kann von einer verlängerten, subklinisch ablaufenden Form der Infektion sprechen. Es kommt dabei zu einer geringen Virusvermehrung und zur Immunstimulation. Zwischen Virus und Wirt stellt sich ein langdauerndes Gleichgewicht über einige Jahre hin ein. Im allgemeinen ist der latent Infizierte keine Ansteckungsquelle. Er gibt infektiöses Virus nur dann an die Umgebung ab, wenn ein Immunschaden vorliegt. Über den Status des Adeno-Virus bzw. seiner DNA in den Tonsillarzellen ist nichts bekannt.

4.7.3 Latent-persistierende Infektion im engeren Sinne

Der Organismus ist und bleibt lebenslang infiziert, jedoch ohne klinische Symptome zu zeigen und ohne daß Virus im direkten Infektionsversuch nachweisbar wäre: Das Virus „ist in den Untergrund gegangen" (z. B. HSV in den Neuronen der Spinalganglien); die Anwesenheit des gesamten Virusgenoms ist zwingend. Das HSV läßt sich nur durch Ko-Kultivierung nachweisen. Neutralisierende und komplementbindende Antikörper sowie virusspezifische T-Zellen sind nachweisbar. Das ***latente*** Stadium der Infektion wird jedoch gelegentlich unterbrochen von einer ***Exazerbation*** („Rezidiv"). Dabei erfolgt eine Reaktivierung des Virus; das Virus kann jetzt durch den Infektionsversuch direkt nachgewiesen werden. Klassisches Beispiel: Herpes simplex rezidivans; ähnliche Verhältnisse gelten auch für das Varizellen-Virus beim Zoster. Der Herpes-Infizierte kann auch subklinisch verlaufende Reaktivierungen aufweisen; er kann in diesem Fall zum Überträger werden. Im Falle des HSV hat man während der Latenz Transkripte des LAT-Gens (***L****atenz* ***a****ssoziierte* ***T****ranskripte*) nachgewiesen. Es ist nach wie vor unklar, auf welche Weise die das Rezidiv auslösenden „Noxen" wirken.

4.7.4 Immunkrankheiten

Viruskrankheiten kommen durch zwei unterschiedliche Mechanismen zustande: „Primärschäden" sind virusbedingt, während „Sekundärschäden" durch den Immunapparat verursacht werden (s. S. 629).

Fehlt einem Virus die Zytopathogenität, oder ist sie gering und gelangt das Virus in einen immunologisch reifen und nicht immungeschädigten Organismus, so kann die Krankheit allein durch den Immunapparat ausgelöst sein, sobald die zellvermittelten Mechanismen wirksam werden (***Immunkrankheit***). Das Hauptbeispiel ist die lymphozytäre Choriomeningitis (LCM) der erwachsenen Maus und wahrscheinlich die Hepatitis A und B des Menschen. – Bei vielen Viruskrankheiten liegt eine Kombination von Primär- und Sekundärschäden vor.

4.7.5 Viruspersistenz im Organismus

Gewisse Virusinfektionen erfolgen vor der immunologischen Reifung, (vertikale Infektion in utero), sie befallen also einen immunologisch inkompetenten Organismus. Es entsteht hierdurch eine „Toleranz“ vom „high-dose“-Typ. Das Virus vermehrt sich lebenslang im Organismus; trotzdem tritt keine Erkrankung auf. Das beste Beispiel hierfür ist die intrauterin mit dem LCM-Virus infizierte „Carrier“-Maus, die dauernd Virus ausscheidet. Vermutlich trifft diese Vorstellung auch für die perinatal erworbene Hepatitis B zu (Tabelle 4. 1).

Die intrauterine Infektion mit dem Röteln-Virus. Embryopathie) erzeugt nur eine partielle Toleranz; je früher die Infektion erfolgt, desto mehr rötelnspezifisches IgM läßt sich nach der Geburt als Anzeichen einer Infektion und eines Immunschadens nachweisen. Außerdem ist die Lymphozytenproliferation nach Mitogengabe gestört. Auch in diesem Fall persistiert das Virus und wird jahrelang mit Speichel und Urin ausgeschieden. – Im Gegensatz zum LCM-Virus ist das ***Röteln-Virus*** jedoch zytopathogen, so daß auch virusbedingte Zellschäden auftreten.

Zytomegalie- und ***Epstein-Barr-Virus*** werden normalerweise im menschlichen Organismus ausreichend immunologisch kontrolliert, so daß trotz Persistenz keine Krankheitssymptome vorhanden sind. Auch hier kann Virus ausgeschieden werden und stammt dann aus immunologischen „Nischen“ (Epithelien der Speicheldrüsen, Nieren und Mundhöhle). Beim Auftreten eines Immunschadens steigt die Ausscheidung und es kann zur Erkrankung kommen.

Das ***HIV*** kann im menschlichen Organismus jahrelang infolge Integration des Virus und mangelhafter Expression in verschiedenen Zelltypen symptomlos persistieren, ehe ein durch das Virus selbst erzeugter Schaden am Immunsystem zu opportunistischen Infektionen führt.

Persistenz von Viren kommt also infolge eines Immun-Mangelzustandes („Toleranz“) oder durch Verbleiben des Virus in immunologisch unangreifbaren Nischen zustande. Viren können sich einerseits in immunkompetenten Zellen vermehren und *suppressiv* wirken. Von Seiten des Virus steuern andererseits verringerte Vermehrungseigenschaften zur Persistenz bei (verminderte Genexpression, abortive Replikationszyklen und Mutantenbildung mit geändertem Zelltropismus).

4.7.6 Slow Virus Diseases

Bei extremer Verlängerung des Zeitabstandes zwischen Infektion und Krankheitsausbruch sprechen wir von ***„slow virus diseases“***. Man versteht darunter einen chronischen Krankheitsprozeß, der erst mehrere Monate oder Jahre nach der Infektion einsetzt. Typisch sind gewisse Erkrankungen des ZNS, z. B. bei der subakuten sklerosierenden Panenzephalitis (SSPE). Immunologische Reaktionen spielen bei der Pathogenese offenbar häufig eine Rolle. Konventionelle und unkonventionelle Viren (z. B. Scrapie der Schafe und Kuru des Menschen) können Slow-Virus-Diseases auslösen.

4.7.7 Pränatale und perinatale Infektionen

Eine besondere Situation liegt vor, wenn eine Virus-Infektion auf den Embryo oder den Fötus übertritt. Dies ist z. B. bei ZMV, bei Röteln- und bei Parvo-Viren der Fall. Embryopathien werden durch Viren ausgelöst, wenn die Infektion auf bestimmte sensible Differenzierungsstadien einwirken kann: Die Folgen sind Mißbildungen (ZMV, Röteln-Virus). Perinatale Infektionen liegen vor, wenn die Infektion kurz vor, unter oder kurz nach der Geburt erfolgt (HIV, HSV, HBV, VZV, Coxsackie-Viren) (s. Tabelle 4.1).

4.7.8 Onkogene Situation

Die infizierte Zelle wird transformiert (s. S. 647) und vermehrt sich *autonom* weiter: Es kommt zur Tumorkrankheit. Hierbei kann das Virus von der transformierten Zelle weiterhin synthetisiert werden (Rous-Sarkom-Virus), in anderen Fällen wird das Virusgenom zwar ganz oder in Teilen integriert, es lassen sich aber nur noch seine „Spuren“ nachweisen. Schließlich kann das Virus im Sinne eines „Hit- und Run“-Geschehens völlig aus der Zelle verschwinden, nachdem es einen Schaden an der DNA verursacht hat (HSV, ZMV). Zusammenhänge zwischen Viren und Tumorgenese werden auf den Seiten 646 ff. und 654 ff. eingehender besprochen.

Tabelle 4.1. Embryopathien, Fetopathien und perinatale Infektionen

Virus	Art der Schädigung	Besonderes
Röteln[b]	Embryopathie	Selten „SSPE"[a] bei überlebenden Kindern
ZMV	Embryopathie	Auch bei Reaktivierung
HSV[b]	Embryopathie (?)	Wegen hoher Durchseuchungsrate seltene Konstellation; Embryopathogenität ist unsicher, Herpes-Sepsis[c]
VZV[b]	Embryopathie	Geringe Embryopathogenität (selten); Varizellen der Neugeborenen
EBV	Fraglich	–
Hepatitis B	–	Am Ende der Gravidität erfolgt ***perinatale Infektion!*** Impfung!
Hepatitis A	–	–
Polio Impfstoff	–	Impfindikation während der Gravidität
Parvo B-19	Abort, Hydrops fetalis	Embryopathie (?)
Masern	–	Keine Embryopathie, jedoch Aborte und Totgeburten
Mumps	–	Keine Embryopathie bewiesen, Aborte im ersten Trimester
Toxoplasmose[b]	Embryopathie	–
Vaccinia	Abort/Totgeburt	–
HIV-1	–	Keine sofort erkennbaren Schädigungen
Coxsackie	–	Neugeborenen-Myokarditis

[a] Subakute sklerosierende Panenzephalitis (s. S. 732).
[b] Embryopathien nur bei Primär-Infektionen.
[c] Herpes-Sepsis: Nur bei Primär-Infektionen.

4.8 Ausbreitungswege von Viren im Organismus

Virusinfektionen des Menschen oder der Tiere können auf die Region der Eintrittspforte begrenzt bleiben (***Lokalinfektion***, z. B. bei Rhino- und Adeno-Viren).

Sie können aber auch in den Organismus vordringen (Abb. 4.2) und eine ***zyklische Infektionskrankheit*** auslösen (Röteln, Masern); ihr weiteres Verbleiben wird durch die Basisabwehr und spezifische Immunreaktionen begrenzt, schließlich werden sie eliminiert.

Diese Vorstellungen vom Ablauf von Viruskrankheiten wurden in ihrer Allgemeingültigkeit erstmals in Frage gestellt, als man feststellte, daß der Herpes „Rezidivans" trotz Vorhandenseins von neutralisierenden Antikörpern auftrat („Immunologisches Herpes-Paradoxon"). Als Ursache erkannte man die Tatsache, daß das HSV als latentes Virus lebenslang in den Spinalganglien persistiert. Inzwischen haben sich weitere Virusinfektionen als ***lebenslang persistierend*** herausgestellt (EBV, ZMV u. a.), nicht nur im normalen Ablauf, sondern auch bei den Masern mit Spätmanifestation (SSPE).

Unabhängig davon kann sich eine Infektion auch nach monate- oder jahrelanger Inkubationsperiode als

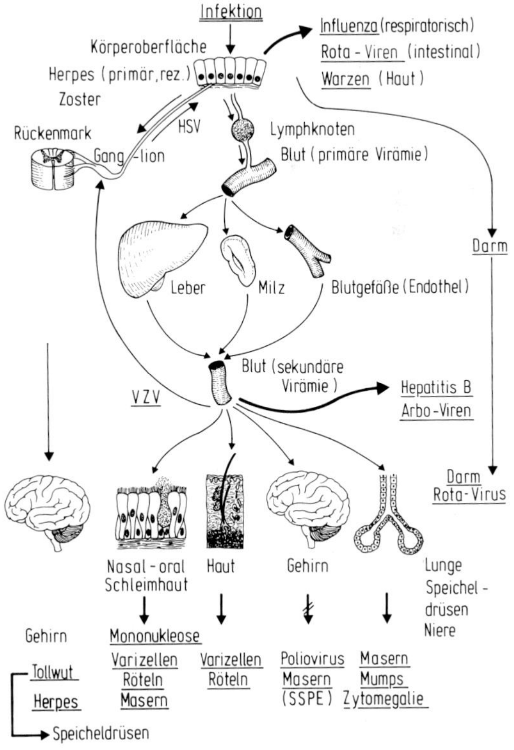

Abb. 4.2. Die Ausbreitung von Virusinfektionen im Organismus. *Lange Pfeile* zeigen Ausbreitungswege und *breite Pfeile* die Ausscheidung an. Es werden Beispiele von Krankheiten gegeben.

Tabelle 4.2. Virus-Infektionen des Menschen mit intermittierender oder persistierender Ausscheidung

Virus	Ort der Ausscheidung
Herpes-simplex-Virus-1 und -2	Wiederholte Ausscheidung im Speichel, Genitalsekret und aus den Herpesbläschen
Humanes Zytomegalie-Virus	Intermittierende Ausscheidung in Urin, Speichel, Samen, Muttermilch
Epstein-Barr-Virus	Lebenslange Ausscheidung im Speichel
Adeno-Viren	Intermittierend (Rachen, Stuhl)
Menschliche Papillom-Viren	Freigabe aus Warzen etc., Kondyloma akuminata und Genitalsekreten
Papova-Viren (BK, JC)	Urin
Hepatitis B-Virus	Persistierendes HBV im Blut; Samen, Speichel, Körpersekrete
Röteln-Virus	Urin und Speichel von kongenital infizierten Kindern
Retro-Viren (HIV-1/2)	Persistierende Virämie; Samen, Speichel, Körpersekrete

Erkrankung bemerkbar machen („slow virus diseases"). In allen diesen Fällen muß im Verlaufe der Evolution eine hochgradige wechselseitige Anpassung vom Wirt an das Virus und umgekehrt erfolgt sein.

Viren treten in den Organismus über die Konjunktiven, die Mundhöhle, den Nasen-Rachenraum, den Gastrointestinaltrakt oder das Genitale ein. Toga-Viren gelangen z. T. durch den Stich eines Insekts direkt in das Blut; primärer Ansiedlungsort für Papillom-Viren ist das Epithel der Haut.

An den ***Eintrittspforten*** kann sich das Virus vermehren, in die regionalen Lymphbahnen wandern oder Zugang zu den Nervenendigungen finden (HSV, Tollwut). Warzen entstehen direkt im Epithel der Haut, das HSV erzeugt bei der Primärinfektion Bläschen in der Mundschleimhaut. Viele Viren erzeugen lokale Erkältungskrankheiten („Schnupfen", Pharyngitis u. a. m.).

Über die ***Lymphknoten*** gelangt das Virus in die ***Blutbahn*** und verursacht eine ***primäre Virämie***, wobei es sich in Endothel-Zellen, in RES-Zellen und auch im Knochenmark vermehren kann und eine ***sekundäre Virämie*** erzeugt, die schließlich zur Organmanifestation (Gehirn, Meningen, Haut, Schleimhäute, Speicheldrüsen, B-Zellen u. a.) führt.

Exantheme (Masern, Röteln) sind die Folge von Immunreaktionen.

Modifikationen dieses Grundschemas existieren in vielfacher Weise: Das HSV wandert von der Eintrittspforte axonal in die sensorischen Ganglien, das VZV gelangt wahrscheinlich virämisch ebendorthin. Das Tollwut-Virus bzw. das Polio-Virus (nach Tonsillektomie) wandert von den Wunden aus via Nervenfasern in das Rückenmark und weiter in das Gehirn bzw. das Polio-Virus in das Stammhirn, wo sie die jeweilige Symptomatik auslösen. Das Tollwut-Virus wandert, nachdem es das ZNS erreicht hat, peripherwärts in die Speicheldrüsen und Haarbalgdrüsen.

Virusinfektionen der oberen Luftwege können sich per continuitatem in den Bronchialbaum und die Lunge ausbreiten.

Die ***Ausscheidung*** schließlich kann vom Ort der Primäransiedlung oder vom Manifestationsort der Haut (Pocken, Masern, Varizellen) aus erfolgen. Das HAV gelangt über die Gallenwege in den Darm; Entero- und Rota-Viren werden nach der Infektion im Darm mit dem Stuhl ausgeschieden. Das HBV wird aus der Leber in großen Mengen in das Blut abgegeben und läßt sich dort nachweisen (Tabelle 4.2).

4.9 Abwehrmechanismen bei Virusinfektionen

4.9.1 Allgemeines

Im Verlauf der Evolution haben sich Erreger und Wirt wechselseitig anpassen müssen, um zu überleben. Der Erreger hat sich die optimalen Ausbreitungswege und die vorteilhaftesten Standorte (Replikationsnischen) ausgewählt, während im Wirtsorganismus die besonders geeigneten Schutzmechanismen der Basisabwehr und der spezifischen Immunreaktion weiterentwickelt und zu typischen Ablaufmustern zusammengefaßt worden sind: Der Wirt kann auf die vielfältigen Eigenschaften der Erreger mit einem jeweils adäquaten Repertoire von Abwehrmaßnahmen antworten. So stehen bei der Poliomyelitis humorale Abwehrvorgänge im Vordergrund, während bei Infektionen mit Herpes- oder Masern-Virus die T-Zell-abhängigen Mechanismen überwiegen.

Das angeregte Immunsystem vermittelt aber nicht nur Schutz und Heilung; es kann selbst zur Ursache von Störungen werden: Neben den Schäden, die im Wirtsorganismus ***direkt*** durch den Virusbefall von Zellen hervorgerufen werden – etwa bei der Polio oder der Tollwut – treten pathologische Prozesse auf, die nur ***indirekt*** mit der Virusinfektion zusammenhängen; sie entstehen durch Reaktionen des Immunsystems. Man spricht demgemäß von ***immunpathologischen*** Reaktionen. Typische Beispiele finden sich bei den Hepatitiden A und B und bei postinfektiösen Enzephalitiden, ferner bei der chronischen Myokarditis, beim virusbedingten Diabetes und beim Guillain-Barré-Syndrom. Diesen Krankheitsbildern liegt eine abartig-übersteigerte Reaktion des Immunsystems auf einen viralen Infekt zugrunde. Es gibt aber auch Fälle, bei denen die Virusinfektion immunsuppressiv wirkt. Dies geschieht z. B. bei Masern, bei Infektionen mit dem Zytomegalie-Virus und dem HIV.

Die Gesamtheit der antiviralen Abwehr- und Schutzmaßnahmen läßt sich in zwei Komplexe gliedern:

- Zum einen existiert ein Apparat, dessen Leistungsfähigkeit von Geburt an bei jedem Individuum sofort verfügbar ist, die sogenannte ***Basisabwehr***. Seine Leistungen erfassen zahlreiche Erregerspezies, sie sind ***unspezifisch,*** d. h. nicht auf bestimmte Erreger-Arten oder -Typen beschränkt.
- Zum anderen kann der Organismus auf ***erblich-erworbene*** Leistungen des Immunsystems gegen einzelne Viren zurückgreifen. Diese sind erst nach einer gewissen Anlaufzeit verfügbar und beziehen sich ausschließlich auf die Antigene des auslösenden Virus, d. h. sie sind ***spezifisch.*** Im Hinblick auf den Verlauf einer erstmaligen Infektion weist man der Frühphase eine besondere Stellung zu: Für die Dauer einer knappen Woche ist die Basisabwehr die einzige Defensivmaßnahme, über die der Organismus verfügt. Nach einer Woche kommen dazu die Effektoren der spezifischen Immunreaktion.

4.9.2 Unspezifische Mechanismen der Basisabwehr

Nach einer Primärinfektion werden die unspezifischen Abwehrmechanismen sofort wirksam. Die Intensität ihrer Ausprägung ist genetisch bestimmt.

- ***Makrophagen*** sind bewegliche Freßzellen, die Viren abbauen können. In ihnen können sich andererseits Viren mehr oder weniger stark replizieren; teilweise wird der Makrophage abgetötet. Es gibt aber auch Beispiele, bei denen Viren in Makrophagen über längere Zeit persistieren (HIV, LDH-, LCM-Virus). In diesen Fällen kann der infizierte Makrophage als Vehikel die Ausbreitung des Virus im Organismus fördern. Im Gefolge seiner Infektion gibt der Makrophage Interferon α/β ab, er sezerniert IL-1 („endogenes Pyrogen") und präsentiert Antigene.
- Ein infizierter Makrophage kann Stoffe (TNF und andere) abgeben, die das Vermögen haben, virusinfizierte Zellen zu lysieren.
- Makrophagen werden durch lösliche Botenstoffe, z. B. durch γ-Interferon „aktiviert", sie verstärken dadurch ihre virusinaktivierende Fähigkeit. Auf diese Weise werden Makrophagen zu einem wichtigen Instrument der Infektionsabwehr, z. B. bei Neugeborenen.
- ***Natürliche Killerzellen*** („natural killer cells") sind große, granuläre Lymphozyten mit der Fähigkeit zur Zytolyse; sie werden durch Interferon zusätzlich aktiviert. Bereits kurze Zeit nach der Infektion beginnen sie, virusinfizierte Zellen zu lysieren.
- ***Polymorphkernige Leukozyten*** sind, ebenso wie Makrophagen, befähigt, Viren aufzunehmen und abzutöten. Infizierte Granulozyten können aber auch als Vehikel für die Ausbreitung von Viren im Organismus dienen; auch in dieser Hinsicht gleichen sie den Makrophagen.
- ***Komplement*** kann über den klassischen und den alternativen Weg aktiviert werden. Komplement bewältigt im Zusammenwirken mit Antikörpern, mit Neutrophilen, mit Makrophagen und mit Lymphozyten eine Vielzahl von Einzelaufgaben (s. Kapitel IV.5, Immunologie). Über eine direkte Inaktivierung von Viren über den alternativen Weg ist nichts bekannt.
- ***Interferone*** werden zu Beginn und auch im Verlauf von Virusinfektionen im Organismus freigesetzt. Die Interferone α/β sind die ersten antiviralen Eigensubstanzen, die im Organismus wirksam werden; sie werden von Makrophagen und verwandten Zellen sezerniert. Interferon-γ (Immun-Interferon) wird von T-Zellen nach deren Antigenstimulation gebildet. Der Tumornekrosefaktor (TNF-α) stammt aus Makrophagen; seine antiviralen Wirkungen sind erst in jüngster Zeit bekannt geworden.

4.9.3 Spezifische Abwehrmechanismen

Die spezifischen Abwehrmechanismen (s. a. Abschnitt IV, S. 129) werden bei der Primärinfektion erst 3–5 Tage nach der Erkennung der Antigene durch den Immunapparat wirksam.

Die Erinnerungsreaktion („booster") setzt bei der Zweitbegegnung mit dem Erreger ein; sie ist nach wenigen Stunden voll wirksam. Virusantigene nehmen sowohl bei der Induktion der Immunreaktion als auch beim Effektoren-Einsatz eine besondere Stellung ein. Die wichtigsten Besonderheiten betreffen die folgenden Punkte:

Induktionsreaktionen

Für Virusantigene gelten bestimmte Regeln hinsichtlich der ***Präsentation*** (s. S. 201, s. auch Abb. 4.3). Dabei muß man zwei Situationen voneinander unterscheiden. Zum einen kennt man die Antigene von nicht-replikationsfähigen (inaktivierten) Viren, z. B. bei Totimpfstoffen; zum anderen gibt es Virusantigene, die im Zuge einer Infektion von Zellen des Organismus neu gebildet werden.

Die Antigene der inaktivierten Viren werden von den akzessorischen Zellen (s. S. 201) oder von B-Zellen überwiegend im Zusammenhang mit den MHC-Produkten der Klasse II (s. a. S. 179ff) präsentiert. Dieser Präsentationsmodus spricht ausschließlich T-Zellen an, die den Marker CD4(+) (s. a. S. 185) tragen (Helferzellen).

Die neugebildeten Antigene werden dagegen in doppelter Form präsentiert, nämlich sowohl im Zusammenhang mit MHC-Produkten der Klasse II als

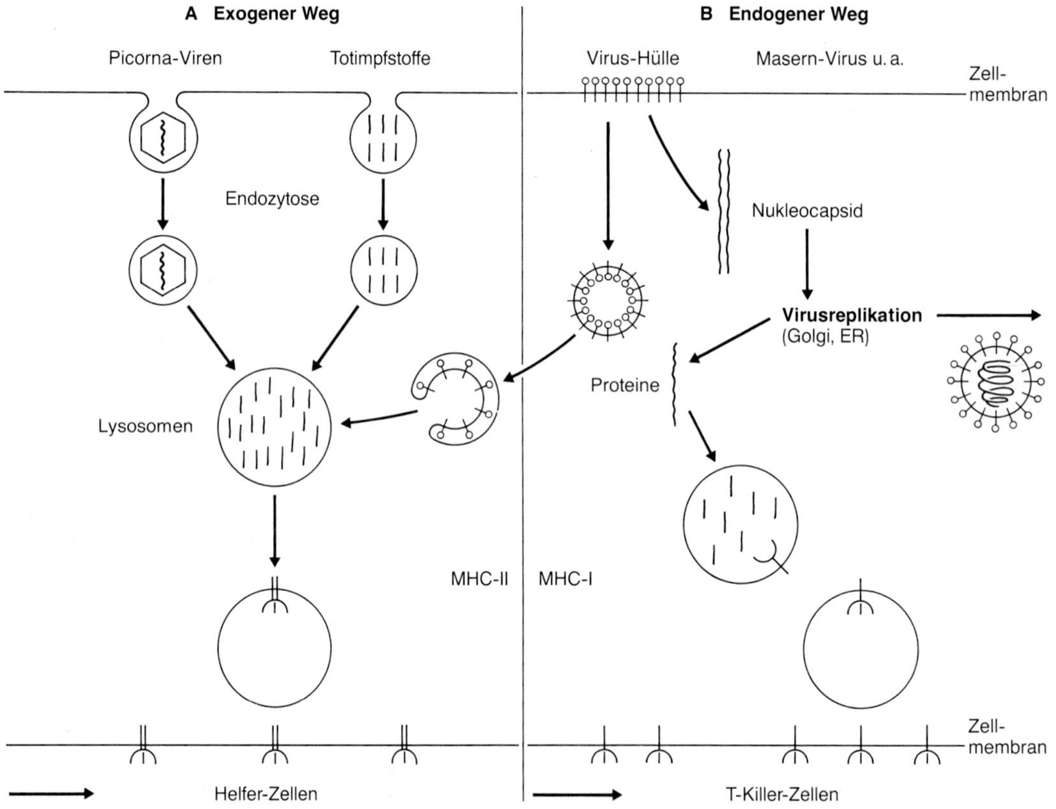

Abb. 4.3. Antigenprozessing und -präsentation. Man unterscheidet zwischen einem „exogenen Weg" (A) für z. B. Picorna-Viren, Totimpfstoffe und nicht vermehrungsfähige Antigene und einem „endogenen Weg" für replizierende Viren (B). Bei (A) werden die Antigene durch Endozytose aufgenommen, in Lysosomen bei niedrigem pH zu Oligopeptiden (optimal 8 Aminosäuren) abgebaut, auf MHC-II-Moleküle aufgelagert und auf der Zelloberfläche für Helfer-Zellen präsentiert. Die Hüllen von Viren, die durch Fusion in die Zelle gelangen, werden nach (A) prozessiert, während die Nukleocapside mit der RNA oder DNA die Replikation der Viren einleiten. Die Capsid- und Hüllproteine werden einerseits zur Virusreplikation verwendet, ein Teil jedoch wird im Golgi-Apparat und Endoplasmatischen Retikulum prozessiert und zu Oligopeptiden gespalten; diese werden durch MHC-I-Moleküle präsentiert (B).

auch mit MHC-Produkten der Klasse I. Virale Antigene, die im Zusammenhang mit den MHC-Produkten der Klasse I präsentiert werden, sprechen T-Zellen an, die den Marker CD8(+) (s. a. S. 185) tragen, d. h. vorwiegend potentiell ***zytolytische*** Zellen (Killerzellen). Dies bedeutet, daß sich bei Verabfolgung von Totimpfstoffen eine T-Zell-vermittelte Immunität vom zytolytischen Typ nicht ausbilden kann: Das präsentierte Antigen wird nur von T-Helfer-Zellen erkannt. Nur diese Zellen expandieren; sie ermöglichen die ***Antikörperbildung***. Dagegen entstehen bei der Infektion mit replikationsfähigen Viren nicht nur virusspezifische Helferzellen, sondern auch virusspezifische Killerzellen. Mit anderen Worten: Das Effektorensortiment ist bei der Lebendimpfung oder bei der Infektion reichhaltiger; es enthält neben den Antikörpern auch virusspezifische T-Zellen vom zytolytischen Typ.

Der Weg A läßt sich offensichtlich modulieren: Die Kupplung von Lipiden an ein Epitop (Oligopeptid) erlaubt nicht nur die Induktion der Antikörperproduktion, sondern auch die Stimulierung von zytotoxischen Lymphozyten.

Viren können prinzipiell alle bei der Induktionsreaktion beteiligten Zellpopulationen befallen und gegebenenfalls zerstören oder funktionell beeinflussen. Dies gilt für die akzessorischen Zellen ebenso wie für T-Zellen und für B-Zellen. Einen Sonderfall stellt z. B. die Immortalisierung der B-Zellen durch EBV-Infektion dar. Ein weiterer Sonderfall ist durch die Tatsache gegeben, daß bei latent-persistent HIV-infizierten T-Zellen die Erkennung des zuständigen Antigens durch die T-Zelle („Aktivierung") zur Durchbrechung der Virus-Latenz führt.

Effektorwirkung

Im Verlaufe der Virusinfektion entstehen überwiegend ***Antikörper*** der Klassen IgM, IgG und IgA. (Antikörper der Klasse IgE werden u. a. bei Infektionen mit Parainfluenza-Viren vermehrt gebildet. Sie können Bronchospasmen auslösen und zum Pseudo-Krupp führen). Die Antikörper reagieren spezifisch mit den zugänglichen Epitopen des Virions. Sie neutralisieren das Virus und besorgen durch ***Opsonisierung*** die Beseitigung der Viren aus den Lymph- und Blutwegen.

Antikörper treten im Serum, in der Lymphe, auf Schleimhäuten und in der Milch auf. In Serum und Lymphe findet man IgM, IgG und IgA. Auf den Schleimhäuten findet man nur IgA. Die auf den Schleimhäuten befindlichen ***IgA-Antikörper*** vermitteln die lokale Schleimhautimmunität, d. h. Schutz vor Ansiedlung bzw. vor Infektion der Oberflächenzellen. Dies ist im Hinblick auf Erkrankungen des Respirations- und Intestinaltraktes von großer Bedeutung. Demgegenüber bieten die Serumantikörper der ***Klassen IgM und IgG*** in erster Linie einen Generalisationsschutz. Diese Unterschiede spielen bei den beiden heute geübten Verfahren der Polio-Impfung eine bedeutende Rolle.

Antikörper müssen Viren nicht in jedem Fall neutralisieren. In einigen Fällen bindet sich der Antikörper an das Virus und erleichtert diesem durch sein Fc-Stück den Einlaß in bestimmte Zellen, z. B. in Makrophagen; dadurch breitet sich die Infektion schneller und stärker aus („enhancing effect"). Virionen, die zusammen mit Antikörpern Immunkomplexe bilden, können bei der Entstehung von Immunkomplex-Krankheiten eine Rolle spielen, z. B. bei LCM und Hepatitis B.

ADCC („*a*ntibody *d*ependent *c*ellular *c*ytotoxicity"). Eine besondere Situation liegt der ***Antikörper-abhängigen Zell-Zytotoxizität*** zugrunde. Dabei binden sich virusspezifische Antikörper an virusbefallene Zellen. Die Fc-Stücke der Antikörper werden dadurch exponiert und dienen als erkennbare Struktur für Makrophagen, für K-Zellen und für Granulozyten; diese Zellen sind allesamt mit Fc-Rezeptoren ausgestattet. Dabei kommt es zur Lyse der virusbefallenen Zelle.

T-Helferzellen (CD4(+)). CD4(+)-Zellen sind bei vielen Einzelprozessen der Immunreaktion beteiligt – etwa durch Sekretion von Interleukinen. Sie können von Viren (HSV, HIV, u. a.) latent, lytisch oder transformierend befallen werden. Latent, bzw. persistierend infizierte CD4(+)-Zellen können HIV über lange Zeit als ***Provirus*** beherbergen, ehe sie durch die Antigen-Erkennung aktiviert werden und dann mit der Virussynthese beginnen. Die Zerstörung der CD4(+)-Zellen bei HIV-Infizierten ist ein wichtiger Teil des pathogenetischen Geschehens bei AIDS.

T_8-Zellen (CD8(+)). Diese Zellen erscheinen im Verlaufe von Virusinfektionen als ***T-Killer-Zellen*** und als ***Suppressor-Zellen*** mit Regulatorfunktion. Auch sie können transformiert, lysiert oder in ihrer Funktion dereguliert werden. Sie sezernieren Interferone und andere Interleukine.

5 Beziehung zwischen Viren und bösartigen Geschwülsten (1): Grundbegriffe der allgemeinen Onkologie

D. Falke

INHALTSÜBERSICHT

5.1 Einführung 646
5.2 Grundbegriffe der allgemeinen Onkologie 647
5.2.1 Transformation in vitro 647
5.2.2 Phänotypisches Verhalten der Tumorzelle 647
5.2.3 Transformierende Noxen 649
5.2.4 Stufen der Karzinogenese 651
5.2.5 Transformation durch Virusbefall 652
5.2.6 Nachweis des Provirus in Tumorzellen . . 652
5.2.7 Der Tumor im Organismus 653

5.1 Einführung

Bösartige Tumoren sind eine häufige Todesursache. In der Bundesrepublik Deutschland liegt die jährliche Gesamtzahl aller Todesfälle bei 700 000. Hiervon entfallen 22% auf bösartige Tumoren als Ursache.

Zwischen Viren und der Entstehung von bösartigen Tumoren konnten Zusammenhänge durch Tierexperimente hergestellt und aufgeklärt werden. Dabei haben sich drei Ansätze als besonders fruchtbar erwiesen.

Erzeugung von Tumoren im lebenden Tier

Ellermann und ***Bang*** haben 1908 gezeigt, daß die spontan auftretende Hühnerleukämie durch ein filtrierbares Agens auf gesunde Tiere übertragen werden kann. („Filtrierbar" heißt hier: „Durchgängig bei Verwendung von bakteriendichten Filtern"). Drei Jahre später demonstrierte ***Rous*** die Übertragbarkeit des Hühnersarkoms durch zell- und bakterienfreie Filtrate aus Tumorgewebe (1911). – In Analogie zu den Versuchen von Rous konnte ***Shope*** aus Kaninchenpapillomen und -fibromen einen Extrakt gewinnen, der beim Normaltier zur Bildung der gleichen Tumoren führte; das Agens ließ sich in Passagen fortführen (1932/33). Aus den experimentell erzeugten Papillomen entwickelten sich nach einiger Zeit Karzinome; daraus wurde gefolgert, daß Papillome und Karzinome zwei Konsekutiv-Stufen des gesamten Malignisierungsprozesses darstellen. – 1935 wies ***Bittner*** nach, daß gewisse Brustdrüsenkarzinome bei der Maus nur dann entstehen, wenn das betroffene Tier als Neugeborenes einen in der Muttermilch vorhandenen Essentialfaktor aufgenommen hat. Der „Bittnersche Milchfaktor" wurde als Virus angesehen. – Schließlich hat ***Gross*** 1951 nachgewiesen, daß auch bei der Maus Leukämien und Lymphome durch zellfreie Tumorextrakte übertragen werden können.

In der Folge haben sich die Möglichkeiten, Tumoren im Tierexperiment zu erzeugen, vervielfacht: Eine beträchtliche Zahl von Tumorzellen ist mit Hilfe der experimentellen Virusinfektion geschaffen worden. Drei Entdeckungen haben hierzu die Voraussetzungen geliefert:

- Die Erkenntnis, daß bei Säugetieren die Übertragung von onkogenen Viren nur dann regelmäßig zur Tumorbildung führt, wenn immunologisch unreife, neugeborene Tiere verwendet werden.
- Die Beobachtung, daß die genetische Konstitution des Versuchstieres für die Tumorbildung eine entscheidende Rolle spielt.
- Die Erfahrung, daß die Bereitschaft, einen virusinduzierten Tumor zu bilden, durch Hormone gesteigert werden kann.

Diese Entdeckungen haben die entscheidende Rolle der Individualdisposition für die onkogene Wirkung von Viren erwiesen.

Transformation von Zellen in vitro

Mit Hilfe der Zellkultur konnte man in den fünfziger Jahren beweisen, daß normale, in der Kultur gehaltene Zellen durch die Infektion mit geeigneten Viren zu

Tumorzellen werden. Zellen, die durch eine Virusinfektion in vitro transformiert worden waren, erwiesen sich als fähig, im lebenden Tier Tumoren hervorzurufen. Für diese Umwandlung ist das Wort „***Transformation***" geprägt worden. Die Entdeckung der In-vitro-Transformation hat die Möglichkeit eröffnet, den Mechanismus der Tumorentstehung auf der zellulären Ebene zu studieren.

Experimentelle Manipulation des viralen und zellulären Genoms

Eine neue Betrachtungsebene wurde erschlossen, als man die Lysogenisierung von Bakterienzellen entdeckte und die Integration der Phagen-DNA als Modell für einen besonderen Ablauf der Virusinfektion begriff. Der entscheidende Schritt ergab sich, als es gelang, das Rous'sche Sarkom-Virus zu mutagenisieren: Es stellte sich heraus, daß es Mutanten gibt, die wohl noch infektiös sind, aber nicht mehr transformieren können. Zwei weitere Entdeckungen haben diesen Vorstoß ergänzt. Einmal die Auffindung der ***Reversen Transkriptase*** und zum anderen der Nachweis, daß die tumorerzeugenden RNA-Viren ein DNA-Retroskript liefern, welches in das Genom der befallenen Zelle als ***Provirus*** integriert wird. Heute fragt man in der Tumorforschung vor allem nach den molekulargenetischen Grundlagen der Transformation.

Für den Humanmediziner sind die RNA-Tumorviren überwiegend heuristisch bedeutsam: Sie stellen ein ideales Instrument zur Erkenntnisgewinnung dar. Mit ihrer Hilfe kann man den Mechanismus der Tumorentstehung auch dort verstehen, wo andere Ursachen maßgebend sind: Es war notwendig, die Tumorviren zu studieren, um zu verstehen, daß bei Mensch und Tier eine große Zahl von DNA-Abschnitten als normale Bestandteile des Zellgenoms existieren, deren Aktivierung zur Tumorentstehung führt.

Diese Genombereiche werden als ***Proto-Onkogene*** bezeichnet. Ihre Aktivierung kann durch vielfältige Ereignisse (Mutationen, Chromosomenbrüche u. a.) erfolgen; die Infektion mit onkogenen RNA-Viren stellt dabei einen Sonderfall dar. Während bei Tieren die meisten Tumoren durch Viren ausgelöst werden, ist der Nachweis der Virusgene von RNA-Viren bei der Tumorbildung beim Menschen bisher nur bei den Erwachsenen-Leukämien gelungen. Hingegen sind DNA-Viren an der Entstehung von mehreren Tumorarten (Burkitt-Lymphom, Nasopharynx-Karzinom, primäres Leber-Karzinom, Zervix-Karzinom u. a.) beteiligt.

5.2 Grundbegriffe der allgemeinen Onkologie

5.2.1 Transformation in vitro

Man kann die vielfältigen, vom Normalzustand abweichenden Eigenschaften der Tumorzelle erklären, wenn man sie auf Änderungen des Zellgenoms zurückführt. Innerhalb einer Population von Normalzellen entsteht eine Tumorzelle durch Änderung ihrer DNA-Struktur; dieses Ereignis kann das Resultat von einem oder von mehreren Schritten sein. Man bezeichnet die Umwandlung einer Normalzelle in eine Tumorzelle als ***Transformation***.

Für Transformationsversuche verwendet man entweder primäre Zellkulturen von Nagetieren oder vom Menschen oder aber Zell-Linien, die sich beliebig oft in Passagen weiterzüchten lassen. Dieses Verhalten wird durch den Ausdruck „Immortalisierung" bezeichnet.

Züchtet man humane Zellen direkt aus dem Gewebe an, so lassen sie sich nur über eine begrenzte Zahl von Generationen fortführen. Nach etwa 50 Passagen sterben sie unweigerlich ab. Hingegen geraten Zellen von Nagetieren (Mäuse, Goldhamster, Ratten) nach anfänglich stärkerer Replikation in eine kritische, teilungsarme Phase. Aus dieser „Krisis" gehen dann oft „immortalisierte" Zellen hervor, die sich unbegrenzt fortzüchten lassen und damit zu „Linien" werden (s. S. 691).

5.2.2 Phänotypisches Verhalten der Tumorzelle

Die transformierte Zelle unterscheidet sich von der Normalzelle durch folgende Merkmale (Abb. 5.1):

Immortalisierung

Immortalisierung bedeutet die unbegrenzte Fähigkeit, in Passagen fortgeführt zu werden. Diese Eigenschaft bedeutet aber für sich allein noch keine Bösartigkeit. Die Infektion des Menschen mit dem Epstein-Barr-Virus (EBV) liefert dafür ein Beispiel. Das EBV-Virus befällt u. a. die B-Lymphozyten. Die Zellen werden nach der Infektion kontinuierlich fortzüchtbar, sie sind immortalisiert. Untersucht man solche Zellen, so

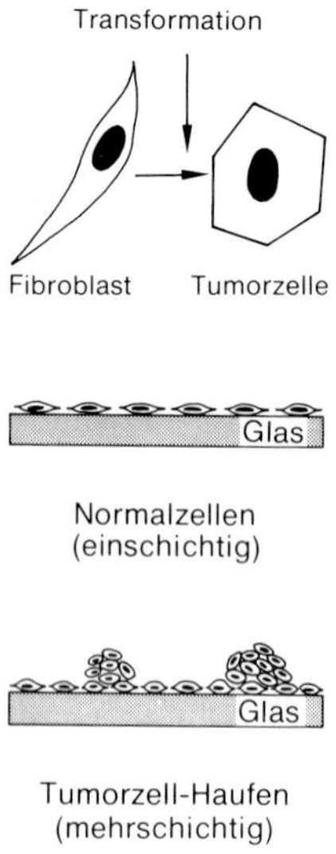

Abb. 5.1. Unterschiede zwischen Normalzelle und Tumorzelle

stellt man fest, daß sie sich im Hinblick auf das Milieu weniger anspruchsvoll verhalten als Normalzellen: Sie sind von der äußeren Zufuhr gewisser Wachstumsfaktoren unabhängig geworden. Die Immortalisierung der B-Zellen durch EBV hat für den menschlichen Träger keinerlei nachteilige Folgen, solange der Immunapparat abnormale Zellen erkennt und eliminiert.

Morphologische Transformation

Die einzelne Tumorzelle zeigt eine charakteristische Veränderung ihrer Gestalt. Typisch ist z. B. die Umgestaltung der normalen Fibroblastenzelle durch ein Tumor-Virus: Aus der sternförmig ausgezogenen Zelle wird ein ***polygonales*** oder ***abgerundetes*** Gebilde. Vorzugsweise wird das Mikrofilament-System zerstört. Transformierte Lymphozyten bilden in vitro Aggregate.

Schrankenloses Wachstum

Für die Verhältnisse ***in vivo*** ist das unkontrollierte, „***autonome***" Wachstum der spontan entstehenden Tumoren wohlbekannt. Tumorzellen, die von einem Spendertier unter geeigneten Umständen auf ein gesundes Empfängertier übertragen werden, vermehren sich im neuen Wirt ungehemmt; sie sind gegenüber regulativen Einflüssen offenkundig „blind".

In der *Kultur* hören bei normalen Zellen die Vorgänge des Wachstums, der Teilung und der Bewegung auf, sobald sich zwei benachbarte Zellen mit ihren Membranen berühren (***Kontaktinhibition***); der Zellrasen bleibt stets einschichtig. Demgegenüber zeigen Tumorzellen in vitro keine Kontakthemmung. Sie teilen sich nach der Membranberührung weiter und schieben sich dadurch übereinander. Es bilden sich charakteristische, aus mehreren ungeordneten Schichten bestehende Haufen (Foci). Dies wird deshalb möglich, weil die Tumorzellen die Fähigkeit erworben haben, ohne feste Verbindung mit der Unterlage in einem halbfesten Agar zu wachsen: Sie haben ihre „Verankerungsabhängigkeit" verloren. Dies ist das wichtigste in-vitro-Merkmal für die Erkennung von transformierten Zellen.

Als Ausdruck einer durch äußere Einflüsse nicht mehr steuerbaren Zellproliferation kann auch die Tatsache gewertet werden, daß transformierte Zellen auch dann noch wachsen, wenn der Serumgehalt im Nährmedium stark herabgesetzt wird; Normalzellen stellen unter diesen Bedingungen ihr Wachstum ein. Die Ursache dieser Erscheinung liegt darin, daß im Serum Wachstumsfaktoren enthalten sind, die für die Proliferation von Normalzellen essentiell sind, während Tumorzellen in dieser Hinsicht autonom geworden sind. Hierher gehört auch die ***„autokrine Schleife"***: In vielen Fällen zeigt sich, daß Tumorzellen das Vermögen erworben haben, wachstumsstimulierende Faktoren mitsamt den dazugehörigen Membranrezeptoren zu synthetisieren. Damit können sie sich die notwendigen Wachstumssignale selbst geben. Andererseits haben transformierte Zellen das Vermögen verloren, auf inhibitorisch wirksame Botenstoffe zu reagieren, die das Wachstum der Normalzelle zügeln.

Auftreten neuer Antigene

Eng verknüpft mit der morphologischen Transformation ist das Auftreten neuer Antigene auf der Zelloberfläche, im Zytoplasma oder im Kern. Die Tumorantigene spielen bei der Charakterisierung von Geschwulstzellen eine wichtige Rolle. Man unterscheidet zellulär und viral kodierte Antigene. Zu den letzteren zählen die ***T***-(Tumor) ***Antigene*** der DNA-Tumor-Viren; bei ihnen handelt es sich um Frühproteine.

T-Antigene werden nach der Infektion mit dem Polyoma-Virus, dem SV 40-Virus und den Adeno-Viren gebildet. Das ***EBNA*** (***E***pstein-***B***arr ***N***uclear ***A***ntigen) genannte Antigen läßt sich im Kern der B-Lymphozyten nach der Infektion mit dem EBV nachweisen.

„***Transplantationsaktiv***" sind diejenigen Antigene, welche bei der Übertragung eines Tumors auf ein gesundes Tier aus gleichem Inzuchtstamm eine zelluläre Immunreaktion induzieren, die der Transplantat-Abstoßungsreaktion analog ist (TSTA-Antigene).

Veränderungen im Membranaufbau

Die Tumorzelle kann durch Bindung von Lektinen (z. B. Concanavalin A) leicht agglutiniert werden. Lektine erkennen Zuckermoleküle, z. B. auf Glykoproteinen. Diese Strukturen sind in der ruhenden Normalzelle zwar auch vorhanden; in der Mitose oder nach nicht-onkogenen Virusinfektionen erweisen sie sich jedoch als verschieblich bzw. beweglich. Bei der Tumorzelle sind sie als Folge eines tiefgreifenden Membran-Umbaues ständig zugänglich und reagibel.

Darüber hinaus kann sich die Membranstruktur in mehrfacher Hinsicht ändern. So werden in besonderen Fällen die Rezeptoren für Wachstumsfaktoren abartig aufgebaut; diese Rezeptoren sind konstitutiv-permanente Signalemittenten. In anderen Fällen ändern die Zellen ihren Membranaufbau, wenn das mikrofilamentöse Zellskelett infolge der Wirkung des Virus zerfallen ist. Zugleich zerfallen die Adhäsionsplaques („Zellfüßchen"). Das Fibronektin, welches der Zelle aufgelagert ist, geht verloren.

Transplantierbarkeit

Als schärfstes Kriterium der Transformation gilt nach wie vor die Fähigkeit der behandelten Kulturzellen, nach *Übertragung auf ein syngenetisches Tier* dortselbst zum *Tumor* auszuwachsen. Dies gelingt nicht bei allen Zellen, die in vitro die Zeichen einer Transformation zeigen.

Bei Versuchen dieser Art spielen nackte Mäuse (nu^-/nu^-) eine wichtige Rolle, da sie keine T-zellabhängige Immunität aufbauen. Mit ihrer Hilfe lassen sich u. a. auch menschliche Lymphozyten auf „Transplantierbarkeit" testen: Durch EBV immortalisierte B-Zellen wachsen in diesen Mäusen nicht zu einem Tumor aus, wohl aber Zellen aus den EBV-haltigen Burkitt-Lymphomen oder Nasopharynx-Karzinomen. Durch EBV immortalisierte B-Zellen sind also „unvollständig" transformiert. Man muß aus diesen Versuchen schließen, daß im lebenden Tier eine Transformation im Sinne der Fähigkeit zur Tumorbildung in zwei oder mehreren ***Stufen*** zustande kommt. Dies gilt ganz besonders für die zur Metastasenbildung befähigten Zellen.

Metastasenbildung

Die Fähigkeit zur Bildung von ***Metastasen*** ist ein Hauptcharakteristikum bösartiger Tumorzellen. Der krebskranke Mensch stirbt meist an der Metastasierung. Bei Tieren treten Absiedlungen nur nach der Übertragung von vollständig transformierten Zellen (Abb. 5.2) auf. Die Fähigkeit zur Metastasenbildung entsteht im Primärtumor durch eine komplexe Serie von aufeinanderfolgenden Schritten; dabei werden die Eigenschaften der Tumorzellen schrittweise verändert. Absiedlungstüchtige Zellen müssen mit Eigenschaften ausgerüstet sein, die es ihnen erlauben, in eine neue Umgebung vorzudringen, z. B. durch die Basalmembran eines Epithels in das darunterliegende Gewebe. Dieses Vermögen nennt man ***Invasivität***. Bei der Steigerung der Invasivität spielt die vorherige Vaskularisierung des Tumors eine wichtige Rolle. Inzwischen ist bekannt geworden, daß die Vaskularisierung durch Faktoren ausgelöst wird, die der Tumor in das umliegende Gewebe abgibt (Angiogenese-Faktoren).

Metastasierungsfähige Tumorzellen müssen die Fähigkeit besitzen, sich über den Blutweg in einer anderen Umgebung anzusiedeln. Sie sezernieren u. U. vermehrt Kollagenasen, Elastase, Proteoglykanasen, Plasminogenaktivator u. a. Eine besondere Bedeutung kommt der Fähigkeit zu, den Einwirkungen des Immunsystems zu entgehen. So haben einige Tumorzellen die Eigenschaft verloren, MHC-Antigene zu exprimieren, oder sie umgeben immunologisch relevante Antigenstrukturen mit einem Mantel von schützenden Zuckermolekülen. Bei der Ansiedlung der metastasierenden Zellen werden diejenigen Organe oder Gewebe bevorzugt, die besonders günstige Vermehrungsbedingungen – etwa in Gestalt von Wachstumsfaktoren – bieten.

Die Chromosomen der Tochtergeschwülste unterscheiden sich von Normalzellen und von den Zellen des Primärtumors oft durch das Vorkommen von aneuploiden Chromosomensätzen. In gewebetypischen Tumoren finden sich oft bestimmte Veränderungen der Chromosomen. Man beobachtet auch Translokationen von bestimmten Teilen der Chromosomen.

5.2.3 Transformierende Noxen

Als Auslöser für die zur Transformation führende(n) Genomänderung(en) kommen in Betracht:

Spontane Mutationen

Diese können direkt „Tumorgene“ betreffen oder aber Gene verändern, die hemmend auf die Transformation einwirken. Im ersten Fall wird ein potentielles Tumorgen aktiviert, im zweiten Fall wird die Wirkung eines Suppressorgens (***Anti-Onkogen***) aufgehoben.

Physikalisch oder chemisch induzierte Mutationen (Strahlen, mutagene Stoffe)

Die biophysikalisch entstandenen Mutationen sollen hier nur erwähnt werden; sie spielen bei der Krebsentstehung eine bedeutende Rolle. – Krebserzeugende Stoffe, die sog. ***Karzinogene***, müssen in der Regel aktiviert werden, bevor sie auf die DNA mutativ einwirken können. So bewirkt ein System von Enzymen in mehreren Schritten die Aktivierung von ***Benzpyren***. Für Stoffe dieser Art wäre mithin der Ausdruck „Prokarzinogen“ korrekter. Es gibt aber auch metabolische Wege, auf denen Karzinogene unschädlich gemacht werden.

DNA-Reparatursysteme können karzinogeninduzierte Mutationen der DNA rückgängig machen. Fehlen diese Reparatursysteme im Sinne eines genetischen Defektes, so werden Tumoren gehäuft beobachtet. – Man nimmt heute an, daß chemische Karzinogene durch ihre mutative und DNA-amplifizierende Wirkung zu Initiatoren der Karzinomentstehung werden. Hier treffen sich die Wirkungen der chemischen Karzinogene mit denjenigen der mutagen und genamplifizierend wirkenden Viren.

Befall durch transformierende Viren

Hierbei sind zwei prinzipiell verschiedene Situationen denkbar. Einmal kommt es durch die Virusinfektion zu einer dauernden Änderung des Informationsgehaltes im Zellgenom: Das Virusgenom wird ganz oder teilweise integriert. Andererseits gibt es Fälle, in denen ein Tumorvirus seine transformierende Wirkung nur kurzzeitig ausübt und dann aus der Zelle verschwindet („***hit-and-run***“-Mechanismus).

Beide Mechanismen sind experimentell bewiesen: Werden Wirtszellen durch hitzeempfindliche Mutanten (ts-Mutanten, s. S. 622) eines Tumor-Virus transformiert, so verhalten sie sich nur bei niedrigen Tem-

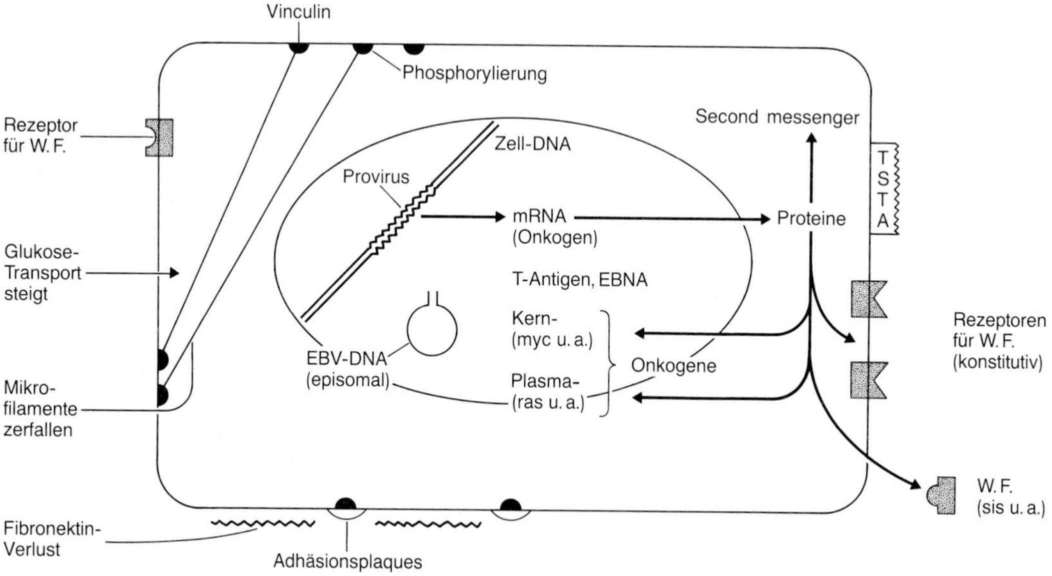

Abb. 5.2. Die transformierte Zelle. Nach der Transformation sind die Eigenschaften der Zelle in vielerlei Hinsicht verändert: Die Veränderung der Zellgestalt erfolgt durch Zerfall der Mikrofilamente, Verlust von Fibronektin und Adhäsionsplaques („Zellfüßchen“, focal contacts). Der Verlust der Kontakthemmung der Mitose und der Bewegung erfolgt durch die Wirkung von Onkogenen und Ausfall von Suppressorgenen. „Verfremdung“ der Zellmembran (im immunologischen Sinne) durch das ***t***umor***s***pezifische ***T***ransplantations***a***ntigen (TSTA), Rezeptoren, andere viruskodierte und zellkodierte Antigene. Die Aufnahme von Glukose steigt. Es entstehen nukleäre Onkogenproteine für die Immortalisierung sowie zytoplasmatische für die morphologische Transformation. Sie sind DNA-bindend oder wirken im Zytoplasma durch sekundäre messengers. Sie wirken als Wachstumsfaktoren (W. F.) oder deren Rezeptoren. Der Informationsfluß geht vom Provirus oder von der episomalen DNA des EBV aus

peraturen wie Tumorzellen; bei höheren Temperaturen sind sie phänotypisch normal. In diesem Fall ist also die dauernde Wirksamkeit des Virusgenoms für den malignen Status unerläßlich. – Das Genom des HSV wird dagegen nur kurzzeitig integriert; während dieser Phase wirkt es mutagenisierend und DNA-amplifizierend auf das Zellgenom ein.

Wachstumshormone

Auch ***„epigenetische" Einflüsse*** können zur Transformation bzw. zur Tumorbildung führen. Man versteht darunter das Auftreten von Tumoren infolge einer Umsteuerung der Wachstums- und Differenzierungsregulation durch Wachstumshormone, die von außen auf die Zelle einwirken. Eine Situation dieser Art liegt vor, wenn erwachsene Tiere Transplantate von ***embryonalem*** Gewebe erhalten: Die implantierten Zellen wachsen in der unphysiologischen Umgebung zu Tumoren aus.

5.2.4 Stufen der Karzinogenese

Karzinogene Noxen können sich gegenseitig unterstützen. Die krebserregende Substanz wird als ***Initiator*** bezeichnet, während die fördernde Substanz ***Promotor*** genannt wird. Ein Beispiel für einen Initiator ist z.B. ein Tumor-Virus (RSV) oder ein chemisches Karzinogen. Ein Promotor ist z.B. das Krotonöl, aus dem die promotor-aktiven Phorbolester isoliert werden. Die Wirkungsweise von Initiatoren und von Promotoren ist stets verschiedenartig.

Schon in den Anfängen der experimentellen Krebsforschung wurde gezeigt, daß sich zwei krebserregende Agentien (Initiatoren) in ihrer Wirkung gegenseitig steigern können; diese Erscheinung wird ***Syn-Karzinogenese*** genannt. Ein Beispiel ist die Infektion eines Kaninchens mit dem Fibrom-Virus bei gleichzeitiger Lokal-Verabreichung von chemischen Karzinogenen. Tumoren entstehen dadurch häufiger als bei alleiniger Gabe von einem der beiden Agentien. Die experimentelle Tumorforschung bei Maus und Kaninchen hat ferner gezeigt, daß die Wirkung einer karzinogenen Substanz oder eines Virus durch einen per se nicht karzinogenen „Promotor" beträchtlich verstärkt werden kann. Dies wird als ***Ko-Karzinogenese*** bezeichnet.

Die Transformation ist nicht immer die Folge einer einzigen Veränderung in der Zelle. Manche Tumoren entstehen zwar durch ein molekulares Einzelgeschehen; ein großer Teil der Tumoren wird aber durch eine *Sequenz* von ursächlich wirksamen Ereignissen hervorgerufen. Im ersten Fall spricht man von ***Einstufen-Transformation***, im zweiten Fall von ***Mehrstufen-Transformation*** (Abb. 5.3).

Im Falle der Zweistufen-Transformation wird die Zelle durch das erste Ereignis so verändert, daß sie für das zweite Ereignis empfänglich wird. So kann man

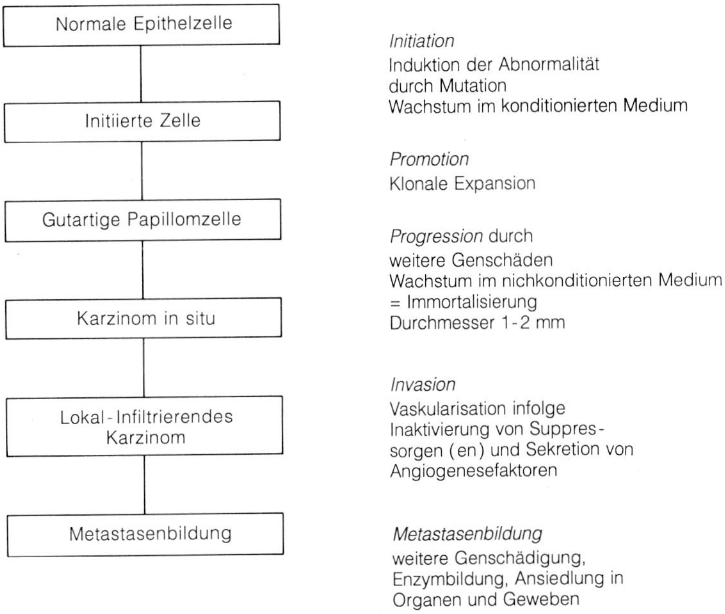

Abb. 5.3. Die Stadien der Tumorentstehung. Die Entstehung bösartiger Epithelzellen wird durch exogene oder endogene Faktoren in Gang gebracht. Sie beruht auf verschiedenen genetischen Elementen und komplexen biochemischen Prozessen. Die *Initiation* ist irreversibel und dosisabhängig. Die *Promotion* ist nur anfänglich reversibel und nicht dosisabhängig, es entstehen gutartige Papillome. Während der *Progression* durch weitere Genschädigungen nimmt die autonome Vermehrung der Zellen zu, es entwickelt sich ein Karzinom in situ. Die *Invasion* erfolgt nach der Vaskularisierung des Karzinoms in situ. Die sich anschließende Metastasenbildung ist offenbar die Folge weiterer Mutationen

z. B. mit gewissen Onkogenen, die aus menschlichen Tumoren isoliert worden sind, eine transformierende Wirkung nur bei solchen Zellen erzielen, die vorher immortalisiert („antransformiert") worden sind.

In anderen Fällen ist eine komplizierte Kooperation mehrerer Faktoren notwendig, wenn eine voll transformierte Zelle entstehen soll. Ob die Einzelfaktoren in einer festgelegten Sequenz einwirken müssen, ist für diese Fälle nicht bekannt. Möglicherweise gibt es additive Wirkungen, ohne daß eine bestimmte Reihenfolge eingehalten wird. – Man rechnet mit 20–30 Mutationsschritten bei der Entstehung des kleinzelligen Lungenkarzinoms.

Einstufen-Transformanten und die daraus entstehenden Tumoren sind ***polyklonal:*** Das zur Transformation führende Ereignis ist häufig. Dagegen sind Mehrstufen-Transformanten oder Tumoren ***monoklonal:*** Das transformierende Ereignis ist selten.

5.2.5 Transformation durch Virusbefall

Ein vollständig abgelaufener Vermehrungszyklus von *nicht-onkogenen* Viren kann zu zwei Endzuständen der Zelle führen:

- Die Zelle synthetisiert die Virusnachkommenschaft und geht darüber zugrunde (zytozider Zyklus). Beispiel: Polio-Virus.
- Die Zelle synthetisiert die Viruspartikel, ohne dabei Schaden zu erleiden: Sie überlegt und produziert intakte Virionen (nicht-zytozider Zyklus). Beispiel: LCM-Virus bei vertikaler Infektion der Maus.

Aus dem eben Geschilderten ergibt sich die Folgerung, daß eine Transformation durch Virusbefall offenbar nur dann erfolgen kann, wenn der Vermehrungszyklus nach dem nicht-zytoziden Typ verläuft. Dies ist in der Tat der Fall: Eine viral transformierte Zelle wird stets überleben. Hinsichtlich der Virusvermehrung können sich jedoch verschiedenartige Zustände herausbilden; sie werden durch die Bezeichnungen „permissiv" und „nicht-permissiv" charakterisiert.

- ***Permissive (produktive) Transformation***. Die Zelle produziert in Permanenz intakte, infektiöse Viruspartikel und schleust sie aus, ohne daß ihre Lebens- und Vermehrungsfähigkeit darunter leidet. Sie zeigt im übrigen alle Merkmale der Tumorzelle.

Die durch Retro-Viren permissiv transformierte Tumorzelle enthält in ihrem Zellgenom den gesamten zur Replikation des Virus notwendigen Bestand an viralen Genen. Die Replikation der viralen Nukleinsäuren geht in diesem Fall stets von der integrierten Virusnukleinsäure aus.

- ***Nicht-permissive (nicht-produktive) Transformation***. Das eingeschleuste Virus verschwindet mit dem Beginn der Eklipse und taucht nicht wieder auf („***Eklipse ohne Ende***"). Die Zelle produziert keine Viruspartikel. Sie besitzt die typischen Kennzeichen der Tumorzelle. Die auf diese Weise bewirkte Transformation ist bei einigen Zellen labil, d. h. sie verliert sich nach einigen Generationen (abortive Transformation). Bei anderen Zellen ist sie stabil und damit endgültig.

Bei der nicht-permissiven Tumorzelle ist das virale Genom nur in Teilen integriert worden oder nur in Teilen transkribierbar. Die Zelle kann deshalb nur einzelne Virusproteine synthetisieren. Diese können an verschiedenen Orten der Zelle als „Fußspuren" des Virus nachgewiesen werden; intakte Viruspartikel werden nicht gebildet. Auch hier geht der Informationsfluß einzig und allein vom Provirus aus.

Permissiv und nicht-permissiv transformierte Zellen zeigen eine grundsätzliche Gemeinsamkeit: In beiden Fällen wird das Virusgenom integriert. Bei RNA-Viren wird mit Hilfe der Reversen Transkriptase zuerst ein DNA-Retroskript hergestellt; dieses wird dann integriert. Das integrierte Virusgenom wird in Analogie zu den Verhältnissen bei der lysogenisierten Zelle als ***Provirus*** bezeichnet. Diese beiden Transformationstypen gelten streng genommen nur für Retro-Viren; bei den DNA-Tumor-Viren liegen andere Verhältnisse vor.

Im Unterschied zu den Retro-Viren wird die Nukleinsäure vieler ***DNA-Tumor-Viren*** (Polyoma, SV40, Adeno) bei der permissiven Infektion nicht integriert. Dies gilt allerdings nur für die Zellen des natürlichen Wirtes. Dagegen wird bei der experimentellen Infektion von Zellen nicht-natürlicher Wirte das Virusgenom ganz oder teilweise integriert. Nur unter diesen Umständen wirken diese DNA-Tumor-Viren onkogen. Für die humanpathogenen DNA-Tumor-Viren liegen besondere Verhältnisse vor.

5.2.6 Nachweis des Provirus in Tumorzellen

In Analogie zu den Verhältnissen bei lysogenen Bakterien kann man versuchen, das Provirus zu autonomisieren, d. h. ihm durch „Induktion“ zur Selbständigkeit zu verhelfen.

„Induktiv“ (reaktivierend) wirken UV-Strahlen, Gaben von Mitomyzin oder von Brom-Desoxy-Uridin. Gelingt die Reaktivierung des vermuteten Tumor-Provirus auf diese Weise nicht, so kann man die Anwesenheit des Provirus durch die immunspezifische Färbung (IFT) der tumorspezifischen Antigene oder durch die enzymologische Darstellung der Reversen Transkriptase nachweisen.

RNA-Tumor-Viren des Menschen (HTLV-1/2) lassen sich nur durch einen Kunstgriff isolieren. Diese Viren vermehren sich nämlich nur in stimulierten Zellen; ruhende Lymphozyten enthalten nur das Provirus, das nicht exprimiert wird. Deshalb versetzt man die untersuchten Lymphozyten mit Lektin und IL-2. Durch diesen Stimulator-Effekt wird die Virusvermehrung induziert. – Als wichtigster Spurennachweis gilt heute die Nukleinsäure-Hybridisierung (s. S. 694).

Die Virusgenese eines Tumors kann wahrscheinlich gemacht werden, wenn man ein Tier, welches für die Tumorimplantation empfänglich ist, mit Virusmaterial immunisiert und anschließend Tumormaterial einpflanzt. Die *Abstoßung des Implantates* gilt als Nachweis für die immunologische Beziehung des Tumors zum Virus.

5.2.7 Der Tumor im Organismus

Ist im Organismus eine einzelne Zelle transformiert worden, so entsteht deshalb nicht notwendigerweise ein Tumor. Aller Wahrscheinlichkeit nach ist die Transformation einzelner Zellen im lebenden Organismus sogar ein relativ häufiges und meistens folgenloses Ereignis. Die entgleisten Zellen werden nämlich durch das ***zelluläre Immunsystem*** in der Regel als fremd, d. h. als nicht-konform erkannt und vernichtet. Die Kontroll- und Eliminierungsfunktion des Immunsystems („tumor surveillance system“, „natural killer cells“) versagt nur unter besonderen Umständen, beispielsweise dann, wenn sich abseits des immunologischen Zugriffbereiches („***immunologische Nische***“) eine größere Masse von Tumorzellen bildet, wenn das Humoralsystem die Tumorzellen vor den zellulären Abwehrelementen schützt („enhancing effect“) oder wenn das Immunsystem durch ein Virus (HIV-1 und -2) in seiner Aktivität blockiert wird. Bei immunologisch unreifen Tieren besteht sogar die Möglichkeit, daß sich gegen die Tumorantigene eine ***Toleranz*** ausbildet. Dies ist vermutlich der Grund, warum die Tumorinduktion mit Viren bei neugeborenen Tieren leichter vonstatten geht als bei erwachsenen Individuen: Durch Toleranzinduktion unterläuft der Tumor die immunologische Überwachung.

6 Beziehung zwischen Viren und bösartigen Geschwülsten (2): Molekularbiologie der Onkogenese

K. Mölling

INHALTSÜBERSICHT

6.1 Wirkungsweise tierpathogener Onkornaviren 654
6.1.1 Onkornaviren ohne Onkogen 655
6.1.2 Onkornaviren mit Onkogen 657
6.2 Proto-Onkogene, Onkogene, Anti-Onkogene 658
6.2.1 Genetische Analogien zwischen Animalzellen und Onkornaviren 658
6.2.2 Nachweis eines Onkogens in Tumorzellen 659
6.2.3 Funktion der Onkogenproteine 661
6.2.4 Veränderung des Zellgenoms als Ursache der Onkogenese 663
6.3 Humanpathogene Retroviren 666
6.3.1 Genomstruktur von HTLV-I- und HIV... 667
6.3.2 Genexpression in der Frühphase 667
6.3.3 Induktion der Spätphase.............. 669
6.4 Onkogene DNA-Viren 670
6.4.1 Allgemeines 670
6.4.2 Spezielle Verhältnisse 672

6.1 Wirkungsweise tierpathogener Onkornaviren

Bei der Entwicklung unserer Vorstellungen über die Entstehungsprozesse von Tumoren haben die tumorerzeugenden RNA-Viren eine besonders wichtige Rolle gespielt. Sie gehören zu den Retroviren, d. h. die Replikation ihrer RNA erfolgt über ein DNA-Transkript. Die Genome von Retroviren sind verhältnismäßig einfach aufgebaut, sie bestehen nur aus wenigen Genen.

Am längsten bekannt ist das Rous-Sarkom-Virus (RSV), dessen Genom aus vier Genen besteht; drei davon sind essentiell für die Replikation des Virus, das vierte wurde wegen seiner tumorerzeugenden Wirkung als Onkogen bezeichnet. Demgegenüber ist die genetische Komplexität einer Säugerzelle erheblich größer; man schätzt sie auf etwa 200 000 Gene. Prinzipiell könnten sich viele von diesen Genen so verändern, daß die Zelle dadurch zur Tumorzelle wird. Ein solches Tumorgen in der Zelle zu finden, ist sehr schwierig. Hier bieten sich Viren von der Art des RSV wegen ihrer Einfachheit als Modell an; man kann mit ihrer Hilfe die molekularen Vorgänge bei der Krebsentstehung studieren. Dies gilt unbeschadet der Tatsache, daß Viren beim Menschen oftmals gar nicht die Ursache von Krebs sind.

Die Familie der Retroviren gliedert sich in die drei Hauptgruppen der Onkornaviren, der Lentiviren und der Spumaviren.

In der experimentellen Erforschung der Tumorgenese nehmen die tierpathogenen ***Onkornaviren*** einen besonders wichtigen Platz ein. Sie erzeugen bei Mäusen, Hühnern, Katzen und anderen Tieren *Leukämien* und *Sarkome*. Nur zwei Vertreter der Onkornaviren sind im Sinne der Tumorbildung menschenpathogen: Es sind dies die als HTLV-I und HTLV-II bezeichneten Leukämie-Erreger (s. S. 757ff).

Der wichtigste Vertreter der ***Lentiviren*** ist das humanpathogene HIV, der Erreger der erworbenen Immunschwäche.

Die ***Spumaviren*** kommen nur bei Primaten vor; sie sind für die in diesem Abschnitt behandelten Probleme ohne Bedeutung.

Die Onkornaviren lassen sich im Hinblick auf die Art und Weise ihrer tumorerzeugenden Wirkung in zwei Gruppen einteilen:

- Viren, die zur Tumor-Induktion befähigt sind, ohne ein spezielles Tumorgen (Onkogen) zu besitzen.
- Viren, die über ein spezielles, für die Tumorerzeugung essentielles Gen (Onkogen) verfügen. Dieses Gen ist für die Tumor-Induktion verantwortlich.

6.1.1 Onkornaviren ohne Onkogen

Die Mitglieder dieser Gruppe können sich in der Wirtszelle selbständig, d. h. ohne die Mitwirkung von Helferviren vermehren. Ihr Genom enthält die dazu notwendigen Gene. Diese werden von einer einsträngigen RNA kodiert. Durchschnittlich enthält jedes Viruspartikel zwei Moleküle dieser Art.

Im einfachsten Fall verfügen diese Viren über die drei Replikationsgene, ***gag, pol*** und ***env*** (Abb. 6.1). Die Gengruppe ***gag*** (group specific antigens) kodiert für die Strukturproteine des Virions; ***pol*** entspricht der RNA-abhängigen DNA-Polymerase, d. h. der Reversen Transkriptase und ***env*** (envelope) den Glykoproteinen. Außer der Reversen Transkriptase verfügen Retroviren noch über zwei weitere Enzyme, eine Protease und eine Integrase; letztere wird auch als Endonuklease bezeichnet. Diese drei Enzyme sind für die Synthese des DNA-Provirus, für dessen Integration, bzw. für das Zuschneiden der Virusproteine essentiell; ihre Funktionen können von zellulären Enzymen nicht übernommen werden.

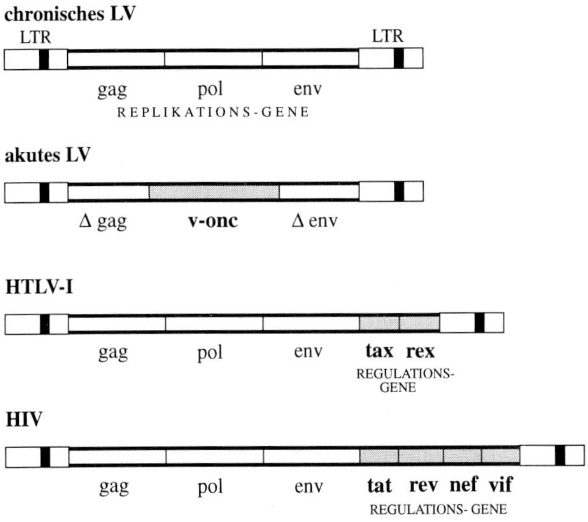

Abb. 6.1. Genkarten von Retroviren. Die ersten drei dargestellten Gruppen umfassen Retroviren, welche Leukämien hervorrufen und dafür drei verschiedene Mechanismen nutzen. Die chronischen Leukämieviren (*LV*) induzieren eine Erkrankung durch indirekte Wirkung der viralen Promoter/Enhancer Region LTR (long terminal repeat) auf benachbarte zelluläre Gene – ein langsamer (chronischer) Prozeß. Dieser Prozeß der Tumorentstehung wird als Insertionsmutagenese oder Promoter Insertion bezeichnet. Die akuten LV induzieren Tumore mittels des Onkogens v-onc, das intrazelluläre Signalwege stört und so im Tier schnell zum Tumor führt. Die akuten LV induzieren nicht nur Leukämien, sondern auch Sarkome u. a. Diese Viren sind defekt, d. h. vermehrungsunfähig (Δgag und Δenv sind unvollständig, pol fehlt). Für die Vermehrung muß die Zelle gleichzeitig mit einem intakten Helfervirus infiziert werden. Eine Ausnahme bildet das RSV, das aus gag, pol, env und src besteht. Die humanen Retroviren HTLV-I und -II führen zur Adulten T-Zell Leukämie bzw. zur Haarzell-Leukämie. tax und rex regulieren die Virusreplikation. ***tax*** kann außerdem zelluläre Gene anschalten und so zur Tumorentstehung beitragen. HIV verfügt über mindestens vier Regulationsfaktoren. tat und rev steuern u. a. den Übergang von der Latenz- zur Lysephase. nef ist ein negativer Faktor und vif spielt eine Rolle bei der Infektiosität.

Die virale RNA ist gut geschützt: sie ist in mehrere Proteinschichten verpackt; eine davon sitzt in Gestalt der sog. Nukleokapsidproteine direkt auf der RNA. Die RNA befindet sich zusammen mit den Nukleokapsidproteinen im sog. Viruskern (core), einer hochsymmetrischen Ikosaeder-Struktur. Der Viruskern entsteht, energetisch begünstigt, spontan durch Zusammenlagerung der core-Bausteine. Das Viruspartikel ist außen durch eine Lipidmembran begrenzt, die beim Ausstülpen des Partikels aus der Wirtszelle von dieser mitgenommen wird (Abb. 6.2). Die Lipidmembran ist empfindlich gegen fettlösende Stoffe; sie gestattet es, Retroviren auf einfache Weise, etwa durch Detergentien, z. B. Seife, abzutöten. In der Lipidhülle befinden sich in Form von Fortsätzen die viralen Glykoproteine; sie bestehen aus einem Transmembranglykoprotein und einem locker darauf sitzenden weiteren Glykoprotein. Diese Fortsätze dienen zur Erkennung von Rezeptoren auf den Wirtszellen; sie bestimmen den Wirtsbereich eines Virus. Derartige Wechselwirkungen sind sehr spezifisch. So läßt sich z. B. nicht jedes Küken mit jedem Vogelretrovirus infizieren; es gibt mindestens vier genetisch verschiedenartige determinierte Vogelvirustypen. Zellen anderer Tierspezies, z. B. von Mäusen, lassen sich durch Vogelviren überhaupt nicht infizieren. Das HIV wiederum bindet spezifisch an die CD_4-Rezeptoren von T-Lymphozyten und wählt diese als Wirtszelle.

Der Replikationszyklus aller Retroviren verläuft über einen „Umweg" (Abb. 6.2). Nach Infektion einer Wirtszelle mit einem Retrovirus wird zunächst die einzelsträngige RNA in eine Doppelstrang-DNA übersetzt. Dies erfolgt durch umgekehrte Transkription mit Hilfe der eigens dafür mitgebrachten Reversen Transkriptase, einer RNA-abhängigen DNA-Polymerase, die im Virion enthalten ist, aber in der Wirtszelle nicht vorkommt. Die Umkehrung der normalen Transkription ist es gewesen, die dem Enzym seinen Namen und den Viren die Bezeichnung „Retroviren" gegeben hat.

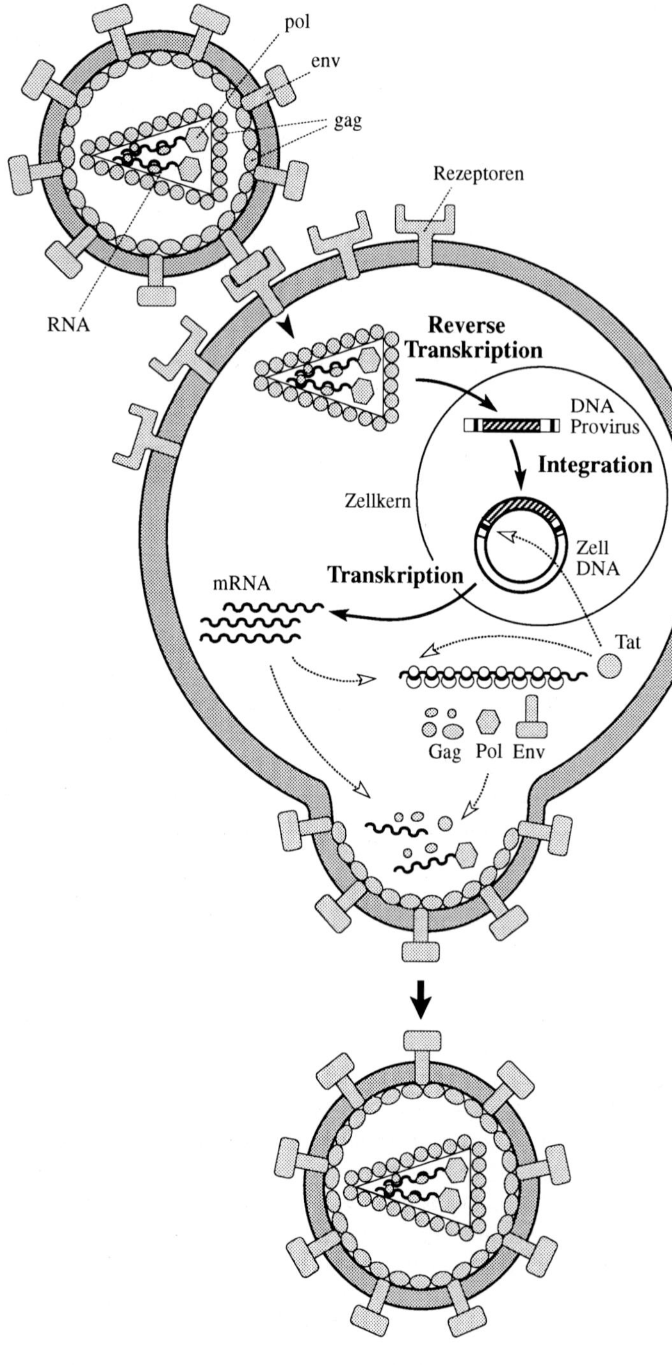

Abb. 6.2. Replikation eines Retrovirus. Das Virus besteht aus zwei identischen viralen RNA Genomen, einigen Reverse Transkriptase (pol) Molekülen, die sich in einer symmetrischen Innenstruktur im Viruskern befinden. Dieser wird von einer aus der Zelle stammenden Membran umgeben, in welche virale Glykoproteine (env) eingepflanzt sind. Diese erkennen bestimmte Rezeptoren der Wirtszelle – im Falle der HIV die CD4 Rezeptoren der T-Lymphozyten – über die das Virus in die Zelle eindringt. Die virale RNA wird mittels der Reversen Transkriptase in eine Doppelstrang DNA übersetzt, die als DNA Provirus ins Zellgenom integriert wird. Die zelluläre Transkriptions- und Translationsmaschinerien übernehmen die Synthese der RNA für die Nachkommen, sowie die der Virusproteine gag, pol und env für die Zusammenlagerung der Viren. Sie stülpen sich aus der Zelle unter Mitnahme der Zellmembran heraus. In den meisten Fällen bleibt die Zelle dabei unversehrt. Eine Ausnahme stellt das HIV dar, dessen Lebenszyklus durch virale Regulationsfaktoren (z. B. tat und rev) in eine Latenzphase und eine lytische Phase zweigeteilt wird. (Abb. nach: „Das AIDS-Virus", K. Moelling, Verlag Chemie, Weinheim, 1988).

An der umgekehrten Transkription nehmen vermutlich beide RNA-Moleküle des Partikels teil. Die neu entstandene Doppelstrang-DNA ist etwas größer als die RNA-Vorlage, ein Ergebnis der sehr komplizierten reversen Transkription von RNA in DNA, bei der genetische Information von einem Ende jeweils zusätzlich zum anderen addiert wird. Die so entstandenen Strukturen flankieren an beiden Enden das DNA-Provirus; sie werden „long terminal repeats" oder LTRs genannt.

Die LTR-Sequenzen stellen regulatorische Regionen von großer Bedeutung dar; sie üben mehrere Funktionen aus.

Zum ersten dienen die zwei LTRs, welche die virale DNA rechts und links flankieren, zur *Integration* der Virus-DNA ins zelluläre Genom. Ist dies einmal geschehen, so ist die genetische Information des Retrovirus in Form des DNA-Provirus in der Wirtszelle genetisch fixiert. Sie wird nicht wieder entfernt und an jede Tochterzelle vererbt – ein großer Vorteil für das Retrovirus.

Weiterhin liefern die LTR-Sequenzen Information für den nächsten Schritt in der Wirtszelle, die Transkription der DNA in mRNA. Die LTRs enthalten ***Promoter***- und ***Enhancer***-Sequenzen, deren Wechselwirkung mit zellulären Proteinen und der RNA-Polymerase II die effiziente Expression der Virusgene gewährleistet; die LTRs von Retroviren gehören zu den effizientesten Promotoren, die man kennt.

Schließlich haben die LTR-Bereiche eine dritte, sehr wichtige Funktion. Da sie ins Zellgenom mit eingebaut werden, schalten sie nicht nur Gene des Provirus, sondern *auch zelluläre Gene* in der Umgebung an. Da der Integrationsort von Retroviren nicht definiert ist, können die verschiedensten Zell-Gene aktiviert werden. Die LTR-Stücke können auf diese Weise zu Tumoren führen. Diese bilden sich meist nur langsam aus.

Viren, welche mittels ihrer LTRs zu Tumoren führen, werden aus historischen Gründen oft als ***chronische Leukämieviren*** bezeichnet (s. Abb. 6.1). Der Mechanismus der Onkogenese durch die integrierten Promotor-/Enhancer-Sequenzen des Retrovirus wird durch die synonymen Ausdrücke „Promoter-Insertion", „Downstream-Promotion" oder „Insertions-Mutagenese" bezeichnet. Für diesen Prozeß ist kein retrovirales Onkogen erforderlich.

Ein charakteristisches Merkmal der replikationsfähigen Leukämieviren ist ihre friedliche Koexistenz mit der Wirtszelle. Sie nutzen die Zelle als quasi-Parasiten und vermehren sich auf Kosten des Wirts. Die Zelle bleibt jedoch unzerstört und funktionsfähig: Sie transkribiert mit Hilfe der RNA-Polymerase II die Provirus-DNA in die entsprechende mRNA; damit generiert sie die RNA für die Virusnachkommen und leitet auch die Translation an den Ribosomen und damit die virale Proteinsynthese ein (Abb. 6.2).

Die neugebildeten Proteine und die virale RNA lagern sich der Zellmembran an, und die Glykoproteine pflanzen sich an der Austrittstelle in die Zellmembran ein. Zur Ausbildung des Viruskerns müssen die viralen Proteine noch „zugeschnitten" werden. Die virale Protease bringt sie unmittelbar vor dem Prozeß des Ausstülpens auf die richtige Länge. Oftmals erstreckt sich die Wirkung dieser Protease auch noch auf junge Viruspartikel: Frisch ausgeschlüpfte Viren sehen morphologisch unreif aus; ihr Kern ist noch unkondensiert. Durch Wirkung der Protease verdichtet er sich. Diese Strukturveränderungen lassen sich in elektronenmikroskopischen Aufnahmen nachweisen. Ist die virale Protease defekt, dann können die ausgeschleusten Viruspartikel nicht nachreifen: das Virus ist nicht infektiös. Proteasehemmsubstanzen sind daher ein wichtiges Ziel bei der Entwicklung einer antiviralen Therapie.

6.1.2 Onkornaviren mit Onkogen

Als historischen Hauptvertreter dieser Viren betrachtet man das ***Rous-Sarkom-Virus (RSV)***. Das RSV stellt eine einmalige Ausnahme unter den animalen Onkornaviren dar, denn es enthält außer dem vollständigen Satz der Replikationsgene ***gag, pol*** und ***env*** zusätzlich noch ein Onkogen ***v-onc,*** genauer ***v-src***.

Alle anderen animalen Onkornaviren, die Onkogene besitzen, weisen in anderen Bereichen ihres Genoms Defekte auf: Sie haben zugunsten eines Onkogens eines oder mehrere der drei essentiellen Replikationsgene eingebüßt. Das RSV ist also sehr vorteilhaft für die Virologen, denn es liefert dem Experimentator ein Tumorvirus, das transformiert und sich selbständig vermehrt. Demgegenüber sind alle anderen Vertreter der Onkornaviren zur autonomen Replikation unfähig. Meistens fehlt ihnen das ***pol***-Gen, oft auch zusätzlich noch Teile des ***gag*** oder des ***env*** (Abb. 6.1).

Diese Viren benötigen die Hilfe von anderen replikationsfähigen Viren, den sog. ***Helferviren***, wenn es gilt, von einer Zelle in die nächste zu gelangen. Die Helferviren müssen dazu gleichzeitig mit den Tumorviren dieselbe Zelle infizieren. Auf diese Weise kann die RNA der defekten Viren in die Proteinhülle von Helferviren verpackt werden; nur auf diesem Wege können defekte Viren in eine neue Zelle gelangen. Ist dies gelungen, so wird die defekte Virus-RNA mit Hilfe der Reserven Transkriptase des Helfervirus transkribiert und als defektes DNA-Provirus ins Genom der Zelle integriert.

Hat die Zelle das defekte DNA-Provirus integriert, so exprimiert sie unter der Regie von einem der beiden ***LTRs*** das integrierte Onkogen; Viruspartikel können nicht entstehen, denn die dazu essentiellen Proteine, etwa das ***gag***- oder das ***env***-Protein, sind defekt. In dieser Situation bleibt nur das Expressionsprodukt des Onkogens biologisch wirksam: Als Tumorprotein verwandelt es die Zelle in eine Tumorzelle. Ein Experimentator, der in einer Tumorzelle dieser Art nach der Ursache der malignen Transformation sucht, findet kein Virus, es sei denn, er bediente sich eines Tricks: Er muß dazu die Zelle mit einem Helfervirus von außen überinfizieren; auf diese Weise wird die defekte RNA in Proteine verpackt und kann so aus der Zelle herausgelangen und nachgewiesen werden.

Zellen, die durch ein defektes Virus transformiert worden sind, werden als *„non-producer"*, als nichtproduzierende, virusfreie Zellen bezeichnet. Die Anwesenheit des Onkogens in der Zelle hat Vorteile für die Zelle – sie verleiht ihr größere Wachstumsgeschwindigkeit und Unsterblichkeit. Normale Humanzellen verfügen weder im Organismus noch in der Zellkultur über das Vermögen, sich unbegrenzt zu teilen; diese Fähigkeit erlischt nach 30–50 Generationen (s. S. 768). Demgegenüber kann die Tumorzelle in der Kultur über beliebig viele Generationen lebensfähig erhalten werden: Sie wird zur ***permanenten Linie***.

Die onkogentragenden Retroviren führen im Tier schnell zum Ausbruch der Erkrankung. Deshalb nennt man diese Virusklasse die ***„akuten Leukämieviren"*** (s. Abb. 6.1). Es gibt einige wenige Retroviren, die sogar über zwei Onkogene pro Genom verfügen; diese sind in besonders starkem Ausmaß tumorerzeugend. Onkogene können sich in ihrer Wirkung also gegenseitig steigern.

6.2 Proto-Onkogene, Onkogene, Anti-Onkogene

6.2.1 Genetische Analogien zwischen Animalzellen und Onkornaviren

Woher stammen die Onkogene der Retroviren?

Hybridisierungsversuche führten vor etwa 15 Jahren zu dem Überraschungsbefund, daß *virale Onkogene mit normalen zellulären Genen verwandt* sind. Offenbar sind sie während der Evolution aus der normalen Zelle ins Genom der Retroviren aufgenommen worden. Dieser Vorgang wird als Transduktion bezeichnet (Abb. 6.3). Genaue Sequenzanalysen der viralen Onkogene und der korrespondierenden Zell-Gene brachten jedoch entscheidende Unterschiede zwischen beiden ans Tageslicht: Virale Onkogene und die entsprechenden Gene der Zelle sind ***nie*** identisch. Man verwarf deshalb den irreführenden Namen „zelluläre Onkogene", denn die so bezeichneten Gene der Zelle sind im Normalzustand gerade *nicht* onkogen; trotzdem wird noch häufig die Abkürzung ***c-onc*** verwendet. Heute gebraucht man die korrektere Bezeichnung ***„Proto-Onkogene"***. Diese Bereiche des Zellgenoms sind in der Tat die Vorläufergene der viralen Onkogene (***v-onc's***). Die Unterschiede zwischen den zellulären Proto-Onkogenen und den viralen Onkogenen sind es, welche diesen ihre tumorerzeugende Wirkung verleihen (Abb. 6.4).

Die Unterschiede können durch folgende Prozesse zustande kommen:

- ***Punktmutationen***, wie z. B. im Fall des Onkogens ***ras***, welches sich von seinem Proto-Onkogen oft nur durch eine einzige Mutation z. B. in seiner 12. Aminosäure unterscheidet.

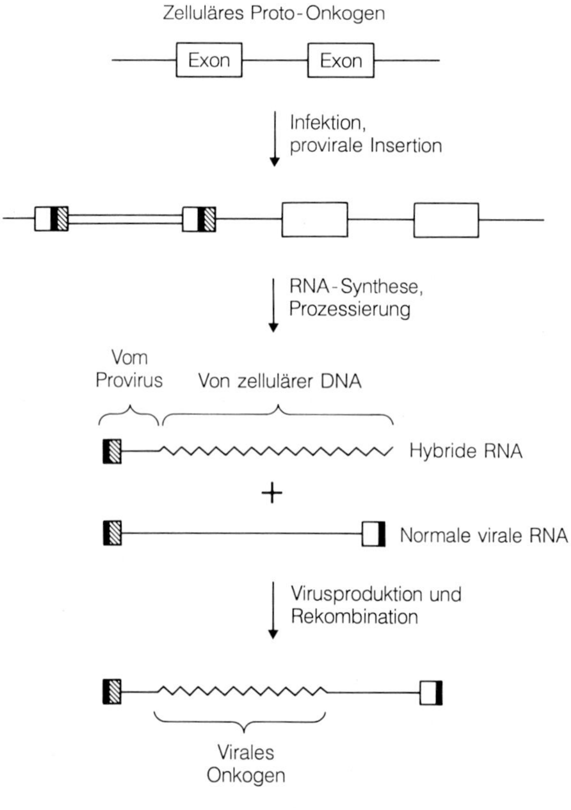

Abb. 6.3. Modell für die Transduktion von zellulären Proto-Onkogenen zur Entstehung von retroviralen Onkogenen. Ein Retrovirus mit flankierenden LTRs integriert neben einem Zellgen, einem Proto-Onkogen, das aus zwei Exons besteht. Die daraus entstehende Hybrid mRNA stammt teils vom Provirus, teils von der zellulären DNA. Rekombination mit viraler RNA führt zur Entstehung einer neuen Virus-RNA, die ein virales Onkogen trägt. (Abb. nach „Retroviren und Onkogene II", J. M. Bishop, Angew. Chem. 102, 756 [1990]).

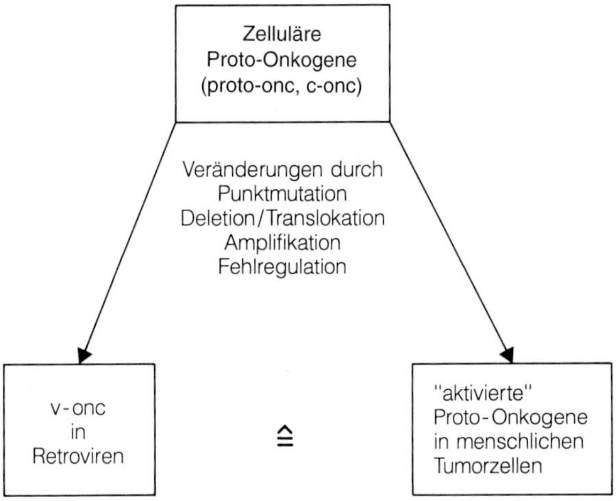

Abb. 6.4. Die zellulären Proto-Onkogene (proto-onc oder auch c-onc genannt) sind mit den viralen Onkogenen (v-onc) verwandt, aber nie identisch. Sie werden z. B. durch Punktmutation, Deletion oder Amplifikation (durch das LTR) verändert. Alle diese Vorgänge führen zu Fehlregulationen. In Tumorzellen findet man Gene, die von Proto-Onkogenen abstammen und durch analoge Veränderungen „aktiviert" worden sind. Chromosomale Veränderungen bestehen aus Mutationen, Deletionen, Amplifikationen und Translokationen.

- ***Deletionen:*** Fast alle Proto-Onkogene enthalten eine höhere Anzahl von kodierenden Bereichen (Exons) als die viralen Onkogene; diese sind daher meistens verstümmelt. Deletionen können auch auftreten, wenn nur ein Teil eines Gens von einem Chromosom auf ein anderes transloziert wird (Translokation).
- ***Amplifikation:*** Das virale Onkogen steht unter der Regie des viralen LTR-Promotors. Dieser fehlt dem Proto-Onkogen. Der LTR-Promotor garantiert die besonders effiziente Produktion von Tumorproteinen. Zelluläre Proto-Onkogene werden meist *schwächer exprimiert.*
- ***Fehlregulation:*** Die Umgebung eines zellulären Proto-Onkogens steuert dessen Funktion in bestimmten Differenzierungsstadien oder Zellzyklusphasen durch An- oder Abschalten. Diese Regulation ist bei viralen Onkogenen gestört.

Der Nachweis der Sequenz-Homologie zwischen den viralen Onkogenen und den zellulären Proto-Onkogenen war zunächst eine Überraschung. Die Entdecker wollten ihren eigenen Befunden anfangs nicht trauen: Jede Zelle, die sie analysierten, besaß Gene mit Sequenz-Homologie zum viralen ***src***-Gen – dies galt selbst für ***Drosophila***! Heute weiß man, daß die Proto-Onkogene in der Evolution hoch konserviert sind und in allen Spezies vorkommen können. Sie erfüllen essentielle Funktionen in der normalen Zelle (Tabelle 6.1). Veränderungen dieser Gene können zur malignen Entartung der betroffenen Zelle führen.

6.2.2 Nachweis eines Onkogens in Tumorzellen

In menschlichen Tumorzellen lassen sich oftmals statt der Proto-Onkogene Onkogene finden, die mit den aus Retroviren bekannten Onkogenen große Ähnlichkeit oder sogar Identität aufweisen können. Aus diesem Grund sind die Retroviren für das Verständnis der Tumorentstehung beim Menschen aufschlußreich.

Die Zahl der retroviralen Onkogene ist beachtlich, sie umfaßt mehrere Dutzend (Tabelle 6.2); jedoch ist sie im Vergleich zu den etwa 1000 verschiedenen Tumoren, die man beim Menschen kennt, viel zu gering, um deren Vielfalt erklären zu können. Man versuchte daher, einen experimentellen Ansatz zum allgemeingültigen Nachweis von Onkogenen zu entwickeln.

Aus Tumorzellen wird die DNA isoliert. In einem Verfahren, das man als ***Transfektion*** bezeichnet, werden Empfängerzellen zur Aufnahme dieser DNA gezwungen. Um festzustellen, ob in der transfizierten DNA ein Onkogen vorhanden ist oder nicht, unter-

Tabelle 6.1. Verwandtschaft von v-onc und Proto-Onkogenen. Computervergleiche haben den Nachweis erbracht, daß einige virale Onkogene mit zellulären Wachstumsfaktoren oder deren Rezeptoren verwandt sind. Inzwischen sind weiterhin Verwandtschaften zwischen v-onc und zellulären Transkriptionsfaktoren, z. B. dem AP-1, gezeigt worden. Das hst (human stomach cancer)-Gen oder das int (Integrations)-Gen sind verwandt mit dem Fibroblastenwachstumsfaktor. Sie wurden bisher noch nicht als v-onc in Retroviren gefunden, sondern aus menschlichen Tumoren isoliert. Mit dem int-Gen ließ sich ein transformierendes Retrovirus synthetisch herstellen (s. 3.2.4.1).

v-onc	Proto-Onkogene
sis	PDGF (Thrombozytenwachstumsfaktor)
erb B	EGF-(Epidermaler Wachstumsfaktor)-Rezeptor
fms	CSF-(Kolonie-stimulierender Wachstumsfaktor)-1 Rezeptor
neu/erb B-2	EGF-Rezeptor 2
erb A	T3-(Thyroid)-Rezeptor
jun	AP (Aktivatorprotein)-1
crk	PL (Phospholipase)-C
hst/int	FGF (Fibroblastenwachstumsfaktor)

Tabelle 6.2. Retrovirale Onkogene. Retrovirale Onkogene werden meist mit 3 Buchstaben abgekürzt. Proteine *(p)* und Phosphoproteine *(pp)* werden mit dem Molekulargewicht in Kilodalton ausgedrückt. *M:* Membran, *Z:* Zytoplasma, *K:* Kern; *S:* sezerniert, *Tyr:* Tyrosin, *S/T:* Serin/Threonin, *PK:* Proteinkinase

onc	Retrovirus Isolat	v-onc Ursprung	v-onc Protein		Erkrankungen	Funktion
src	Rous sarcoma virus (RSV)	Huhn	pp60^{src}	M	Sarkom	Tyr PK
fps	Fujinami sarcoma virus (FuSV)	Huhn	ZP130$^{\text{gag-fps}}$	Z	Sarkom	Tyr PK
	PRCII-avian sarcoma virus (ASV)	Huhn	P105$^{\text{gag-fps}}$	Z	Sarkom	Tyr PK
fes	Snyder-Theilen feline sarcoma virus (FeSV)	Katze	P85$^{\text{gag-fes}}$	Z	Sarkom	Tyr PK
	Gardner-Arnstein FeSV	Katze	P110$^{\text{gag-fes}}$	Z	Sarkom	Tyr PK
yes	Yamaguchi 73 sarcoma virus	Huhn	P90$^{\text{gag-yes}}$	?	Sarkom	Tyr PK
fgr	Garnder-Rasheed FeSV	Katze	P70$^{\text{gag-actin-fgr}}$	?	Sarkom	?
ros	UR2-ASV	Huhn	P68$^{\text{gag-ros}}$	M	Sarkom	Tyr PK
abl	Abelson murine leukemia virus (MLV)	Maus	P90–P160$^{\text{gag-abl}}$	M	Prä-B-Zell-Leukämie	Tyr PK
	Hardy-Zuckerman (HZ2)-FeSV	Katze	P98$^{\text{gag-abl}}$		Sarkom	
ski	Sloan Kettering Virus	Huhn	P110$^{\text{gag-ski-pol}}$		Squamous Karzinom	
erbA	Avian erythroblastosis virus (AEV)	Huhn	P75$^{\text{gag-erbA}}$	K/Z	Erythroblastose, Sarkom	
erbB	Avian erythroblastosis virus (AEV)	Huhn	gp65^{erbB}	M	s. erbA	Tyr PK
fms	Susan McDonough (SM)-FeSV	Katze	gp180$^{\text{gag-fms}}$	M	Sarkom	Tyr PK
fos	FBJ (Finkel-Biskis-Jinkins)-MSV	Maus	pp55^{fos}	K	Osteosarkom	
mos	Moloney murine sarcoma virus-(MSV)	Maus	P37$^{\text{env-mos}}$	Z	Sarkom	S/T PK
sis	Simian sarcoma virus (SSV)	Affe	P28$^{\text{env-sis}}$	S	Sarkom	
	Parodi-Irgens FeSV	Katze	P76$^{\text{gag-sis}}$		Sarkom	
myc	MC29	Huhn	P100$^{\text{gag-myc}}$	K	Sarkom Karinom Myelocytom	
myb	Avian myeloblastosis virus	Huhn	p45^{myb}	K	Myeloblastose	
	AMV-E26	Huhn	P135$^{\text{gag-myb-ets}}$	K	Myeloblastose, Erythroblastose	
rel	Reticuloendotheliosis virus (REV)	Truthahn	p64^{rel}	K	Reticuloendotheliose	
mil/	Mill Hill virus (MH2)	Huhn/	p100$^{\text{gag-mil}}$	Z	Sarkom	S/T PK
raf	und 3611-MSV	Maus	P75$^{\text{gag-raf}}$	Z	Sarkom	S/T PK
H-ras	Harvey MSV (Ha-MSV)	Ratte	pp21^{ras}	M	Sarkom und Erytholeukämie	
	Ratten SV	Ratte	P29$^{\text{gag-ras}}$	M	Sarkom	
K-ras	Kirsten MSV (Ki-MSV)	Ratte	pp21^{ras}	M	Sarkom und Erytholeukämie	
ets	AMV-E26	Huhn	P35$^{\text{gag-myb-ets}}$	K	siehe myb	

sucht man die Eigenschaften der transfizierten Zellen. Für den Transfektionsversuch kann man Normalzellen als Empfänger nicht verwenden; dies ist experimentell zu schwierig. Stattdessen verwendet man die sog. NIH/3T3-Zellen, eine etablierte Mäusefibroblasten-Zell-Linie, die von sich aus schon „antransformiert" (immortalisiert) ist. Dadurch wird es relativ einfach, diese Zelle zur vollen Transformation zu bringen.

Bei der Untersuchung von DNA aus den verschiedensten Tumorzellen hat dieser Test mit überraschender Häufigkeit zum Nachweis des Onkogens ***ras*** geführt. Man muß jedoch damit rechnen, daß dieses Gen in den Empfängerzellen bereits vorhanden war und durch das transfizierte Onkogen, d. h. sekundär, angeschaltet worden ist. Das so aufgefundene Onkogen würde in diesem Falle nicht unbedingt aus der DNA des ursprünglich analysierten Tumors stammen.

Trotz dieser Vorbehalte hat man mit dem NIH/3T3-Test neue Onkogene identifizieren können, z. B. ***neu***, das Onkogen des Neuroblastoms. Dieses Onkogen hat man bei Retroviren bislang nicht nachweisen können. Dennoch erinnert es an deren Onkogene. Das Genprodukt von ***neu*** ist eine Tyrosin-Kinase und damit ein Wachstumsfaktor-Rezeptor, der in der Zellmembran lokalisiert ist.

Den zu dem Rezeptor gehörigen Wachstumsfaktor kennt man nicht. Das neu-Onkogen ist einem anderen Onkogen verwandt, dem ***erbB***, einem verkürzten Wachstumsfaktor Rezeptor. Deshalb wird ***neu*** auch als ***erbB-2*** **bezeichnet.** – Ein weiteres Beispiel ist das ***hst***-(***h***uman ***st***omach)-Onkogen, das in Japan durch Transfektion von DNA aus menschlichen Magenkarzinomzellen identifiziert worden ist. Das ***hst*** gehört zu einer Gruppe von Genen, die auch bei anderen Tumoren eine Rolle spielen, z. B. beim Kaposi-Sarkom (KS) und einem Blasenkarzinom. Vergleiche zwischen computergespeicherten Gensequenzen haben ergeben, daß zwischen ***hst*** und dem Gen für den basischen Fibroblastenwachstumsfaktor FGF eine Homologie von etwa 45% besteht. Das unten erwähnte, durch Insertionsmutagenese angeschaltete ***int***-Gen kodiert ebenfalls für ein Protein, welches in die Gruppe der Fibroblasten-Wachstumsfaktoren gehört (s. S. 664). Diese werden auch als Angiogenesefaktoren bezeichnet; sie sind für die Bildung neuer Blutgefäße verantwortlich (Tabelle 6.1).

6.2.3 Funktion der Onkogenproteine

Die Namen der viralen Onkogene bestehen aus drei Buchstaben. Meist beziehen sie sich aus historischen Gründen auf Krankheiten, z. B. ***src*** für Sarkome, manchmal auch auf Personen, z. B. ***abl*** für Abelson. Einige virale Onkogene sind in der Tabelle 6.2 zusammengestellt.

Das ***src***-Gen des RSV war seit längerer Zeit bekannt, nur verstand man seine Funktion nicht. Sein Genprodukt, das ***src***-Protein, entzog sich dem experimentellen Zugang, da es in der transformierten Zelle nur in außerordentlich geringen Mengen vorkommt. Außerdem sind Onkogenproteine oft nur schwach immunogen, da sie den Proto-Onkogen-Proteinen der normalen Zelle zu sehr ähneln. So gelang es anfänglich nur durch einen Zufall, Antikörper gegen das Produkt von ***src*** zu produzieren: Man injizierte neugeborenen Kaninchen RSV und erzeugte damit Tumore, die zu Antikörpern führten. Später erbrachte die Gentechnologie die Möglichkeit, Onkogen-Proteine in ***E. coli***-Bakterien in beliebiger Menge herzustellen. Die Antikörper gegen ***src*** führten zu einem sonderbaren Testergebnis: Es zeigte sich, daß ein ***src***-Protein, welches sich in einem Immunkomplex befindet, dort als Proteinkinase wirksam wird: Das Immunglobulin wird anstelle anderer Akzeptoren phosphoryliert, und zwar an der Aminosäure Tyrosin. Damit hatte man einen einfachen Test für die Funktion des ***src***-Proteins. Die wahren Akzeptoren kennt man bis heute nicht genau. Inzwischen haben sich die Expressionsprodukte von mehreren Onkogenen als ***Tyrosin-Kinasen*** erwiesen, Tyrosin-Kinasen sind typisch für Wachstumsfaktor-Rezeptoren.

Ein anderer Hinweis auf die Funktionsweise von Onkogenen und Proto-Onkogenen kam aus unerwarteter Richtung; er kam nicht aus der Enzymologie, auch nicht aus der Proteinchemie, sondern aus der Datenverarbeitung: Durch Vergleiche von Genen, deren Sequenz in Großrechnern gespeichert war, entdeckte man Verwandtschaften zwischen Onkogenen einerseits und den Genen von Wachstumsfaktoren bzw. Wachstumsfaktor-Rezeptoren andererseits (s. Tabelle 6.1 und 6.2). So zeigte das Onkogen ***sis*** des Simian Sarcoma Virus eine ausgeprägte Homologie zu dem Gen für eine der beiden Ketten des Thrombozyten-Wachstumsfaktors PDGF (***p***latelet ***d***erived ***g***rowth ***f***actor); ebenso erwies sich das Onkogen ***erbB*** des Avian-Erythroblastose-Virus als homolog mit dem Gen, dessen Produkt als Rezeptor für den Epidermalen Wachstumsfaktor (EGF) dient. Schließlich ist das Onkogen ***fms***, des Felinen Leukämie-Virus, demjenigen Gen homolog, welches für den koloniestimulierender Wachstumsfaktor-(CSF-1)-Rezeptor kodiert.

Nicht nur die Homologien waren frappant. Bei den Sequenzvergleichen traten Unterschiede zwischen Proto-Onkogenen und Onkogenen zu Tage; diese Unterschiede sind es, die für die Malignität der Onkogene verantwortlich zu machen sind. So kann man das Onkogen ***erbB*** als verstümmelte Form des zellulären Normalgens für den EGF-Rezeptor ansehen. Das Onkogenprotein ist somit ein *alterierter Rezeptor*; es erkennt den Wachstumsfaktor EGF nicht mehr, es spricht auf dessen Stimulation nicht an. Der modifizierte Rezeptor ist nicht nur in seinem extrazellulären Ende, sondern auch an seinem ins Zytoplasma reichenden Ende verkürzt. Durch diese Veränderungen entsteht eine *permanente Signalübertragung* vom alterierten Rezeptor ins Innere der Zelle. Der veränderte Rezeptor verhält sich so, als würde er unentwegt durch EGF stimuliert und ließe sich nicht mehr abschalten. Das Resultat ist eine dauernde Wachstumsstimulation. Onkogene bewirken also ***Störungen*** in der ***Signalübertragung*** der Zelle.

Weitere Sequenzvergleiche führten zu der Entdeckung, daß das Produkt des kürzlich gefundenen Onkogens ***jun*** (japanisch 17; es wurde von einem Japaner als 17. Isolat von Vogel-Sarkomen gefunden) mit einem Kernantigen von normalen Zellen verwandt ist. Dieses Protein ist identisch mit dem Aktivatorprotein AP-1, das die Gen-Expression in normalen Zellen reguliert. Die durch ***jun*** veränderte Genexpression führt zur Tumorzelle. Viele der im Kern lokalisierten Onkogenproteine sind ***modifizierte Genregulatoren***. Weitere Sequenzhomologien ergaben sich zwischen dem Gen für eine Phospholipase (PL-C) und dem Onkogen ***crk*** (Tabelle 6.1).

Die aus den Sequenzvergleichen erhaltenen Hinweise auf die Funktion der Onkogenproteine haben in letzter Zeit dazu geführt, daß die Vorgänge, die bei der ***Signalübertragung*** und der ***Wachstumskontrolle*** in der normalen Zelle eine Rolle spielen, zu einem Hauptthema der Krebsforschung geworden sind. Heute lassen sich Signalwege vom Hormon über dessen Rezeptor und weiter über die second messengers bis hin zu den Genregulatoren nachzeichnen.

Die Onkogene, die in diese Signalkette im Sinne einer Fehlsteuerung eingreifen, lassen sich nach ihrer räumlichen Anordnung in der Zelle und nach ihrer Rolle bei der Signalübertragung grob einteilen. Das dazu gehörige Schema umfaßt den Raum außerhalb der Zelle, die Membran mit den Tyrosinkinase-Rezeptoren sowie das Zytoplasma und den Zellkern (Tabelle 6.3 und Abb. 6.5).

Außerhalb der Zelle befindet sich z. B. das Genprodukt ***sis***, in der Membran die Produkte ***abl, erbB-2*** und ***fms***. Nahe der Membran befinden sich die Onkogenproteine ***src*** und ***ras***. Das ras-Genprodukt wird zur Gruppe der sog. G-Proteine gezählt; diese Proteine binden GTP (Guanosintriphosphat) und gelten ebenfalls als Signalüberträger.

Im Zytoplasma befindet sich das Onkogenprotein ***mil/raf;*** es wirkt als Serin-Threonin-Proteinkinase. (Die zwei Namen für dieses Onkogen sind historisch bedingt: Eines wurde in Vogel- und das andere in Mäuseviren gefunden; erst später stellte sich ihre Verwandtschaft heraus.) Welches Protein von diesem Enzym phosphoryliert wird, ist noch unklar. Diese Serin-Threonin-Kinase ist zwar nicht mit Wachstumsfaktoren verwandt, hat aber trotzdem etwas mit dem Wachstumsverhalten der Zelle zu tun: Sie macht die Zelle unabhängig von der Zufuhr von Wachstumsfaktoren (Tabelle 6.3 und Abb. 6.5).

Die im Kern lokalisierten Onkogenproteine des Myelocytomatosevirus (***myc***) und des Myeloblastosevirus (***myb***) sind an der Steuerung des Phasenablaufs beim Zellwachstum beteiligt. Die Anwesenheit von ***myc*** zwingt eine Zelle permanent *zur Teilung* und verhindert den Eintritt in die ***Ruhephase***, die sog. G_0-Phase. Gerade diese Phase ist charakteristisch für normale Zellen, wenn sie zu einem konfluenten Zellrasen zusammengewachsen sind und dann ihr Wachstum einstellen. Diese Ruhephase ist auch die Voraussetzung für die Zelle, sich zu differenzieren.

Dem Pathologen ist der Zusammenhang zwischen unkontrolliertem Wachstum und dem Verharren im unreifen Zustand („Entdifferenzierung") bekannt. Dieser Zusammenhang ist an einem einfachen Expe-

Tabelle 6.3. Einteilung der Onkogene. Eine Einteilung der Onkogene läßt sich nach ihren räumlichen Vorkommen vornehmen, Wachstumsfaktoren befinden sich außerhalb der Zelle, Rezeptor Tyrosin-Protein Kinasen *(Tyr-PK)* nahe bzw. in der Membran, Serin/Threonin *(Ser/Thr)* PK ersetzen Wachstumsfaktoren und befinden sich als Signalüberträger im Zytoplasma. Die Kernonkogenproteine regulieren die Genexpression bzw. die DNA Replikation

I	II	III	IV
Wachstums-faktor	Tyr-PK Wachstumsfaktor-Rezeptor	Ser/Thr-PK Ersatz für Wachstumsfaktor	Regulator der Genexpression; Replikation
Außen	*Membran*	*Zytoplasma*	*Kern*
sis	src, abl, erbB, fms, ras	mil/raf, mos, crk	myc, myb, fos, erbA, jun, tat, tax

riment darstellbar. Die Tumorzell-Linie HL60 stammt aus einer Promyelozyten-Leukämie. Sie produziert große Mengen der Onkogenproteine ***myc*** und ***myb***. Die Zellen zeigen eine hohe Proliferationsrate. Fügt man dem Wachstumsmedium Agentien wie Dimethylsulfoxyd (DMSO) oder Vitamin D-Säure zu, so werden die Onkogene ***myc*** und ***myb*** abgeschaltet, und die Proliferationsrate der Zellen nimmt stark ab. Gleichzeitig beginnen die Zellen, sich zu differenzieren. Die Onkogene erzwingen hohe Teilungsraten und blockieren die Differenzierung. Das Abschalten des permanenten Proliferationssignals führt zum Ausreifen der Zellen.

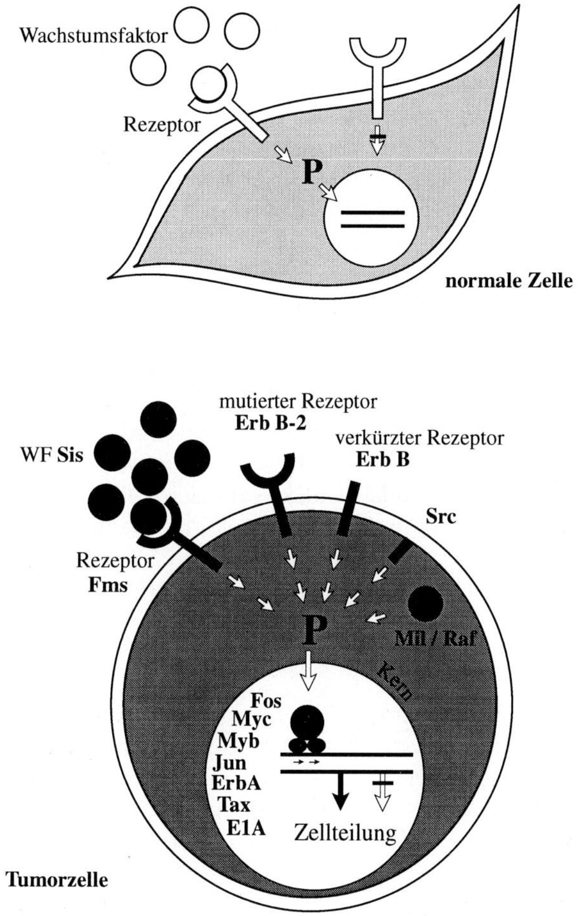

Abb. 6.5. Onkogene als Fehler in der Signalübertragung. Außerhalb der Zellmembran der Tumorzelle wirken die Wachstumsfaktoren (*WF*) wie das sis, das dem PDGF (platelet-derived growth factor) verwandt ist. In die Membran sind die Wachstumsfaktorrezeptoren eingelagert, wie z. B. das fms (colony-stimulating factor-1 receptor). Das erbB ist ein verstümmelter *EGF* (epidermal growth factor)-Rezeptor. Das erbB-2 (auch neu oder HER-2 genannt) ist ein Rezeptor mit einer Mutation in der Transmembranregion. Das Onkogen src befindet sich an der zytoplasmatischen Seite der Zellmembran. Die Rezeptoren sowie src wirken als Tyrosin Protein Kinasen. Das mil/raf Protein ist eine Serin/Threonin Protein Kinase im Zytoplasma. Die Signalübertragung erfolgt durch Phosphorylierung (P), die letztlich die Kernonkogene modifiziert und zur Zellteilung führt. In der Tumorzelle werden diese Signale permanent geliefert, während in der normalen Zelle ein Rezeptor nur durch Anwesenheit eines WF aktiviert wird. Nur dann kommt es zur Zellteilung einer normalen Zelle.

6.2.4 Veränderung des Zellgenoms als Ursache der Onkogenese

Die normale Zelle enthält Proto-Onkogene, die unter physiologischen Bedingungen keine tumorinduzierende Wirkung ausüben, sondern normale Fuktionen erfüllen. Es besteht jedoch die Möglichkeit, Proto-Onkogene zu Onkogenen zu ***aktivieren*** und damit die normale Zelle in eine Tumorzelle umzuwandeln (Abb. 6.4). Dies läßt sich unter Laborbedingungen mit Retroviren, die keine Onkogene tragen, durchführen, wobei der virale Promoter/Enhancer, das LTR, zelluläre Gene anschaltet. Dieser indirekte krebserzeugende Vorgang ist die in 3.1.1 beschriebene Insertionsmutagenese. Weitere drei zelluläre Grundvorgänge, die ohne Beteiligung von Viren zur Entstehung einer Tumorzelle führen, sind Mutationen, chromosomale Translokationen (oft verbunden mit Deletionen) und Amplifikationen (s. Abb. 6.4). Diese Veränderungen können ohne Wirkung von Retroviren z. B. durch chemische Kanzerogene, Strahlenschäden oder Alterungsprozesse auftreten. Interessanterweise sind diese Vorgänge ganz analog zu denen, die aus zellulären Proto-Onkogenen virale Onkogene erzeugt haben (Tabelle 6.4). Diese Veränderungen führen letztlich zu Fehlregulationen und somit zu Krebs. Ein weiterer, vierter Grundvorgang zur Krebsentstehung wird durch die Anti-Onkogene bewirkt. Diese sind ursprünglich bei DNA Tumorviren entdeckt worden, jedoch noch nie bei Retroviren nachgewiesen worden. Sie treten auch unabhängig von Viren auf. Im Folgenden werden diese vier Grundvorgänge ausführlicher erläutert.

6.2.4.1 Insertions-Mutagenese

Retroviren, die keine Onkogene besitzen, können trotzdem Tumoren induzieren (s. oben und Abb. 6.1 und 6.4), wenn sie Genfunktionen der Zelle entsprechend verändern. Dies geschieht durch ***Promotor-In-***

Tabelle 6.4. Proto-Onkogene und Tumoren des Menschen. Die Proto-Onkogene werden durch Punktmutation, Translokation oder Amplifikation in menschlichen Tumoren aktiviert. *L:* Lunge, *N:* Neuroblastom, *K, H:* Kirsten und Harvey ras

Proto-Onkogene	Neoplasma	Läsion
abl	Chronische myelogische Leukämie	Translokation
erbB	Squamosa-Zell-Karzinom Glioblastom	Amplifikation
erbB-2 (neu)	Adenokarzinome von Brust und Ovarien	Amplifikation
myc	Burkitt Lymphom	Translokation
	Kleinzelliges Lungenkarzinom	Amplifikation
	Mammakarzinom	
	Cervixkarzinom	
L-myc	Kleinzelliges Lungenkarzinom	Amplifikation
N-myc	Neuroblastom	Amplifikation
	Kleinzelliges Lungenkarzinom	
K-ras	Colon-, Lungen- und Pankreaskarzinom	Punktmutation
	Akute myelogische und akute lymphoblastische Leukämie	Punktmutation
	Schilddrüsenkarzinom	
H-ras	Karzinome des Urogenitaltraktes und der Schilddrüse	Punktmutation

sertion oder durch ***Insertions-Mutagenese*** (s. S. 668). Die Integration des Provirus ins zelluläre Genom erfolgt ohne Bevorzugung bestimmter Stellen. Dabei werden zelluläre Gene entweder zerstört oder durch die viralen LTRs angeschaltet und gegebenenfalls überexprimiert. Diese Veränderungen können zur Entstehung von Tumoren führen. Die Untersuchung von einigen auf diese Weise entstandenen Tumoren führte zu dem überraschenden Ergebnis, daß durch die Insertion von onkogenfreien und von onkogenhaltigen Viren *ähnliche Zellveränderungen* hervorgerufen werden. Entstand z. B. bei einem Huhn durch Insertions-Mutagenese ein Lymphom, so ließ sich darin eine *Amplifikation* des ***zellulären myc-Gens*** nachweisen – in ähnlicher Weise hätte das Lymphom auch durch ein ***myc-Onkogen***-tragendes Myelocytomatose-Virus entstehen können.

Ähnliche Ergebnisse erhielt man mit den zellulären Genen ***erbB, myb, ras*** und ***mos***; jedoch kam es bei den Insertionen nicht regelmäßig zur Tumorbildung. Daraus muß man schließen, daß die viralen LTRs zwar eine Vielzahl von verschiedenen Genen anschalten können, daß aber nicht alle zur Tumorbildung führen. Die LTRs wirken z. B. nur in bestimmten Zellen, und diese entwickeln Tumore nur, wenn bestimmte Gene verändert werden, z. B. das zelluläre ***myc*** in Lymphomen.

Die Insertions-Mutagenese hat ein Modell geliefert, welches die Vorstellung vom *zellulären Ursprung der retroviralen Onkogene* auf elegante Weise stützt. Dieses Modell beinhaltet, daß die Viren diese Gene im Lauf der Evolution als Vorteil aus den Wirtszellen mitgenommen haben könnten. Durch Insertion eines Mäuseretrovirus wird ein zelluläres Proto-Onkogen ***int*** (von ***int***egration) angeschaltet (Tabelle 6.1). Dieser Effekt beruht auf der Wirkung des LTR. Man kann das ***int***-Gen isolieren und als Onkogen in ein Retrovirus einbauen; die Infektion einer Zellkultur mit diesem Virus führte zur Bildung von Tumorzellen. Theoretisch gesehen hätte die Natur auf diese Weise ein Retrovirus mit einem ***int***-Onkogen ausbilden können. Bisher wurde es nicht gefunden. Dies Experiment vollzieht im Labor nach, was die Natur bei der Erschaffung von onkogenen Retroviren während der Evolution durchgeführt haben könnte.

6.2.4.2 Chromosomale Translokation

Krebszellen sind karyotypisch instabil, sie zeigen Abweichungen vom normalen Chromosomenmuster. Translokationen von Chromosomenfragmenten sind häufig. Es hat sich gezeigt, daß die *„Nahtstellen"* bei wieder zusammengefügten Chromosomen häufig *in der Nähe von Proto-Onkogenen* zu finden sind. Außerdem zeigen Träger von Chromosomentranslokationen eine deutliche Häufung von Tumoren. Einige Translokationen findet man mit großer Regelmäßigkeit bei bestimmten Tumoren. Ein besonders gut untersuchtes Beispiel ist das humane Onkogen ***myc***. Das zelluläre Proto-Onkogen c-***myc*** besteht aus drei Exons, d. h. aus drei kodierenden Regionen, von denen nur zwei gemeinsam für das ***myc***-Protein kodieren. Ein weiteres Exon enthält Regulationssequenzen.

Durch das ***Burkitt-Lymphom*** hat die Natur dem Virologen ein schwieriges Experiment abgenommen. Bei diesem B-Zell Tumor ist der strukturkodierende Anteil des ***myc***-Gens vom Chromosom 8 auf das Chromosom 14 transloziert worden t(8,14); dabei bleibt das regulativ wirkende Exon 1 zusammen mit den übrigen Regulationsregionen auf dem Chromosom 8 zurück. Exon 2 und Exon 3 werden auf Chromosom 14 neben einen neuen Promotor/Enhancer plaziert; dieser *reguliert* normalerweise die Synthese der Immunglobuline und ist in den antikörperbildenden B-Zellen angeschaltet. Es kommt auf diese Weise zur permanenten ***myc***-Expression in den von der Translokation betroffenen Zellen. Diese Translokation führt somit zur Deletion und Fehlregulation eines Proto-Onkogens (s. Abb. 6.4). Als Beweis dafür, daß ***translozierte Proto-Onkogene*** zu Tumoren führen, hat man die Kopie eines translozierten ***myc***-Gens in die Keimbahn von Mäuse-Embryonen eingebracht, die Feten in die Maus zurückimplantiert und die transgenen Nachkommen analysiert. Es entwickelten sich lymphoide Tumoren. Diese entstanden interessanterweise nicht sofort, sondern in späteren Generationen. Das eine Onkogen hatte nicht zur Tumorentstehung ausgereicht. Erst ein oder mehrere weitere onkogene Ereignisse führten letztlich zu Tumoren und begründen die These, daß Krebs ein Mehrstufenprozeß ist.

Ein ähnliches Beispiel läßt sich für die Tyrosin-Kinasen bringen. In der Normalzelle ist das zelluläre Proto-Onkogen c-***abl*** im Hinblick auf die Expression seines Genproduktes, der Proteinkinase, inaktiv; wird es aber durch Translokation von Chromosom 9 nach Chromosom 22, dem sog. Philadelphia-Chromosom, „versetzt", t(9,22), so entzieht es sich der Kontrolle: Es wird zum permanent angeschalteten (konstitutiven) Gen für die Tyrosin-Kinase. Nach der Explosion der Hiroshima-Bombe sind bei Patienten mit chronischer myeloischer Leukämie (CML) am Chromosom 22 charakteristische Translokationen nachgewiesen worden. Das translozierte Gen wird ***bcr*** (***b***reakpoint ***c***luster ***r***egion) benannt. Es wird durch Translokation direkt neben das ***abl***-Gen plaziert und mit ihm fusioniert. Das ***bcr-abl*** gilt als Marker für die Diagnose der CML. Der Wirkungsmechanismus der ***abl***-Proteinkinase bei der Tumorentstehung ist auf molekularer Ebene noch nicht aufgeklärt.

6.2.4.3 Genamplifikation

Zwei karyotypische Anomalien sind bei Tumorzellen bekannt, einmal die „double-minute"-Chromosomen und zum anderen die „***h***omogeneously ***s***taining ***r***egions" (***HSR***). Beide verändern das normale Bandenmuster von Chromosomen; beide sind die *Folge von Gen-Amplifikationen.* Von der Amplifikation betroffen sind u. a. Proto-Onkogene, wie ***myc*** und ***myb***, die damit zu Onkogenen werden. Genamplifikationen treten möglicherweise erst als spätere Ereignisse in der Tumorentstehung auf. Sie scheinen den Zellen Wachstumsvorteile zu verschaffen – so wie es von den viralen Onkogenen her bekannt ist.

6.2.4.4 Ausschaltung von Anti-Onkogenen

In der bisherigen Darstellung ging es um Onkogene, die als retrovirale Gene oder als aktivierte Proto-Onkogene zur Fehlsteuerung der zellulären Wachstumskontrolle führen. Bei den bisher geschilderten Beispielen handelt es sich um dominante Gene, die durch ***Funktionsgewinn*** aus der normalen Zelle eine Tumorzelle werden lassen.

Die dominanten Onkogene haben jedoch kein Monopol auf die Tumorgenese: Seit etwa 15 Jahren weiß man, daß Tumoren auch durch ***Funktionsverlust*** *von Genen* entstehen können.

Verschmilzt man zwei verschiedenartige, hochmaligne Tumor-Zell-Linien, so ist die entstehende Hybridzelle meistens nicht maligne. Desgleichen ist ein Hybrid aus einer normalen Zelle und einer Tumorzelle zunächst normal (Abb. 6.6). Vermehrt man jedoch eine Hybridzelle dieser Art über mehrere Kulturpassagen, so kann daraus wieder eine Tumorzelle entstehen; diese Erscheinung ist mit Chromosomenverlust verbunden.

So ergibt die Fusion einer normalen menschlichen Fibroblastenzelle mit der aus einem Tumor stammenden HeLa-Zelle ein Hybrid, das erst nach mehreren

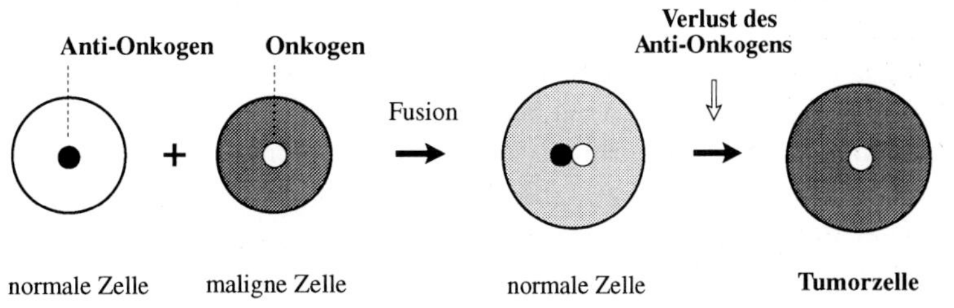

Abb. 6.6. Anti-Onkogene. Eine normale Zelle kann mit einer Tumorzelle fusioniert werden und den malignen Zustand unterdrücken. Erst der Verlust von Suppressorgenen oder sog. Anti-Onkogenen führt zur Tumorzelle.

Passagen zur Tumorzelle wird; gleichzeitig geht das Chromosom 11 des normalen Fibroblasten verloren. Wenn man dessen Chromosom 11 isoliert und durch Mikromanipulation in HeLa-Zellen einführt, so wird deren Tumor-Natur erneut unterdrückt. *Chromosom 11 trägt ein* ***Suppressor-Gen***, das auch als ***Anti-Onkogen*** bezeichnet wird. Überträgt man Chromosom 11 einer normalen Zelle auf eine Tumorzelle, in der z. B. ***myc*** oder ***ras*** überexprimiert ist, so wird die hohe Produktion an Onkogenproteinen in der Hybridzelle nicht reduziert. Trotzdem setzt sich die aus der normalen Zelle stammende Information durch: Sie bestimmt den Phänotyp des Hybrids. Erst durch Inaktivierung oder Verlust von Suppressorgenen gewinnen die Onkogene die Oberhand, die Zellproliferation nimmt zu und die Tumorentstehung wird begünstigt. Die Inaktivierung von Suppressorgenen kann durch Punktmutationen, Translokation oder Deletionen zustande kommen.

Ein erstes Suppressorgen oder Anti-Onkogen ist kürzlich identifiziert worden; es ist das ***Retinoblastom-Gen Rb-1***. Dieses Gen gehört zu den Genen, die eine Rolle in seltenen, familär gehäuft auftretenden Tumoren spielen. Der Verlust von einer der beiden Gen-Kopien bedeutet, daß der Betroffene eine erbliche Anlage für die Tumorerkrankung besitzt. Erstreckt sich der Defekt auf beide Kopien, so wird die Krankheit manifest. Fehlen beide Kopien des Rb-1-Gens, so entstehen Retinoblastome und Osteosarkome. Das Rb-1-Gen wurde aufgrund von genetischen Analysen auf dem Chromosom 13 lokalisiert.

Wie sucht man ein Gen, das sich nur manifestiert, wenn es fehlt? Bei dem genannten Beispiel zerkleinert man die DNA des Chromosoms 13 aus einer Normalzelle mit Hilfe von Restriktionsenzymen und benutzt die Fragmente jeweils als Hybridisierungs-Sonde: Man prüft, ob die zerkleinerte DNA aus normalen und aus Retinoblastomzellen in einer Hybridisierungsreaktion zusammenpassen. Dabei erwartet man, daß ein passendes DNA-Fragment nur in normalen Zellen, nicht in Tumorzellen vorkommt.

Das gesuchte Fragment ließ sich in der normalen Zell-DNA tatsächlich finden und isolieren. Es entspricht in der Größe einem Tausendstel des Chromosoms 13, und ohne Glück hätte man es kaum gefunden. Wie erwartet wird es in allen anderen analysierten Zellen exprimiert, fehlt jedoch in Retinoblastomzellen. Rb-1 ist das erste Anti-Onkogen, das isoliert und charakterisiert worden ist.

Als Genprodukt des ***RB-1***-Gens ist ein Protein (p105-RB) erkannt worden, welches die Zellproliferation zügelt. Dies geschieht vermutlich dadurch, daß p105-RB die Wirkung von Proteinen, die Wachstumsimpulse vermitteln, blockiert. Der Ausfall des p105-RB führt dementsprechend zum unkontrollierten Wachstum.

Die Anti-Onkogene wurden durch Protein-Protein Bindung, d. h. durch Wechselwirkung mit Tumorproteinen von DNA-Tumorviren, entdeckt (s. u.). Dies gilt für Adenoviren (E1A-Protein), für SV40 („großes T"), sowie für HPV16 (E7). Gemeinsame Sequenzen dieser genannten Genprodukte haben das Vermögen, das Protein p105-RB zu binden. Dadurch wird die durch das Retinoblastom-Protein ausgeübte Wachstumskontrolle aufgehoben; es kommt zum Sieg der Tumorproteine, die zu Wachstum und Tumorentstehung führen.

Hinsichtlich der Zahl der zu erwartenden Anti-Onkogene gibt es keine Vorhersage. Man kennt außer dem Retinoblastom Gen noch ein weiteres Anti-Onkogen, das ***p53*** Protein, das ähnlich wie das ***Rb-1*** Protein die Wirkung von Onkogenen durch eine neutralisierende Paarbildung aufheben kann. Durch Mutationen in p53 oder Überexpression des Onkogens geht diese Hemmwirkung verloren. Mutiertes p53 ist in zahlreichen Tumoren nachgewiesen worden. Das dritte Anti-Onkogen ***DCC*** (***d***eleted in ***c***olon ***c***arcinoma) hat zu einem interessanten Stufenmodell der Tumorentstehung geführt: Aktivierung des Onkogens ***ras,*** anschließend der Verlust des ersten und dann des zweiten Anti-Onkogens korreliert mit verschiedenen Tumorstadien von der weniger malignen zur stärker malignen Form. Die Zahl von Tumoren, bei denen Chromosomenverluste bekannt sind, ist groß. Zu diesen Tumoren gehören Neuroblastome, Wilms-Tumoren der Niere, Lebertumoren, Rhabdomyosarkome, Ewing-Tumoren, Osteosarkome, kleinzellige und nicht-kleinzellige Lungenkarzinome, Colorektalkarzinome u. v. a. Für diese Tumoren kann man als Entstehungsmechanismus möglicherweise Verlust von Suppressorgenen erwarten.

6.3 Humanpathogene Retroviren

Nahezu alle Tierspezies können Retroviren beherbergen; angesichts dieser Tatsache war anzunehmen, daß dies auch für den Menschen gilt. Dort konnten sie jedoch trotz jahrelanger Suche nicht gefunden werden.

Das Problem lag darin, daß die damalige Technik der *in-vitro*-Haltung und -Züchtung für viele Zellarten noch nicht befriedigend ausgearbeitet war. So ist z. B. die Kultivierung von T-Zellen erst möglich geworden, als man über „konditionierende“ Medium-Zusätze verfügte, etwa über T-Zell-Wachstumsfaktoren oder das Interleukin-2 (1978).

Die Einführung dieser Faktoren führte schnell zum Erfolg: Aus T-Lymphozyten von Patienten mit der ***Adulten T-Zell-Leukämie (ATL)*** wurde kurz darauf das Humane T-Zell-Leukämie-Virus ***HTLV-I*** isoliert. Einige Jahre später fand man ein weiteres Virus: Aus Lymphozyten eines Patienten mit ***Haarzell-Leukämie*** ließ sich das mit ***HTLV-II*** bezeichnete Virus isolieren. In den Jahren 1983/84 wurde schließlich das Virus entdeckt, welches wir heute als ***HIV*** (***H***uman ***I***mmunodeficiency ***V***irus) bezeichnen. Dieses Virus ist der Erreger der ***AIDS*** genannten Krankheit (***a***cquired ***i***mmune ***d***eficiency ***s***yndrome). Heute kennt man zwei Virustypen als Erreger dieser Krankheit. Sie werden ***HIV-1*** und ***HIV-2*** genannt und sind nahe verwandt.

HTLV und HIV teilen einige Eigenschaften, andere sind für jeden der beiden Virustypen individuell ausgeprägt. Beide unterscheiden sich jedoch wesentlich von den animalen Retroviren: Im Gegensatz zu diesen Viren ist der Replikationszyklus von HTLV und HIV zweigeteilt; er wird durch frühe und durch späte Gene in zwei Phasen geteilt, in die *Latenzphase* und die *Lytische Phase*. Diese Eigenschaft erinnert eher an DNA-Tumorviren als an Retroviren, jedoch sind im Gegensatz zu den DNA-Tumorviren die frühen Gene der Retroviren für deren Replikation nicht notwendig.

6.3.1 Genomstruktur von HTLV-I und HIV

Die Analyse der Genomstruktur von HTLV-I (Abb. 6.1) erinnert auf den ersten Blick an das RSV: Alle drei Replikationsgene, ***gag, pol, env,*** sind funktionstüchtig; zusätzlich enthält die Virus-RNA die Information für ein weiteres Gen. Dieses wurde zunächst x genannt; es kodiert, wie man inzwischen weiß, für zwei Gen-Funktionen ***tax*** und ***rex*** (***T***rans***a***ktivator und ***Re***gulator der ***x***-Region). – Transaktivator- und Regulatorproteine kannte man derzeit nicht bei den animalen Retroviren. Ihre Existenz bei HTLV-I brachte man deshalb in Zusammenhang mit der langen Latenzphase der Erkrankung, die bis dahin bei Retroviren gleichfalls unbekannt war.

Das HIV verhält sich hinsichtlich seines Genomaufbaues ähnlich wie das HTLV-I, ist jedoch noch komplizierter (Abb. 6.1). Es verfügt über die drei Gene ***gag, pol, env*** und außerdem über mindestens vier zusätzliche Gene: ***tat***, ein ***T***rans***a***ktivator, welcher andere Gene (in ***tr***ans) anschaltet; ***rev*** (früher ***art/trs*** genannt), ein ***R***egulatorprotein für die ***E***xpression von ***V***iren; ***nef*** (vormals ***3'orf***), ein ***ne***gativer ***F***aktor, der die Virusproduktion unterdrückt. Das ***vif*** (***v***iraler ***I***nfektionsitäts***f***aktor) spielt eine Rolle bei der Infektion. Die Produkte der Gene ***vpu*** und ***vpr*** sind die beiden ***V***irus***p***roteine ***u*** und ***r***; ihre Funktionen sind unbekannt. Dann können tat und rev noch zu einem einzigen Protein ***„tev“*** verschmelzen.

6.3.2 Genexpression in der Frühphase

Die Transaktivatorgene ***tax*** (HTLV-I) und ***tat*** (HIV) gehören zu den Frühgenen. Ihre Genprodukte sind im Zellkern nachweisbar und werden deshalb als „Kernantigene“ bezeichnet. Beide beeinflussen die Genexpression. Das ***tax***- und ***tat***-Gen führten in transgenen Mäusen zur Ausbildung von Tumoren (Sjögren Erkrankung bzw. Kaposi Sarkom). Die Rolle des ***tat*** ist nicht eindeutig geklärt und als Ursache des Kaposi Sarkoms umstritten.

Transgene Mäuse entstehen, indem man einem Früh-Embryo während des Zwei- bis Vierzellstadiums Fremd-Gene einführt. Nach dem Gentransfer werden die Embryonen in die Muttermaus reimplantiert. Gelingt das Experiment, so trägt jede Zelle des neugeborenen Tieres das transfizierte Gen. Die Promotoren der Umgebung, in die das Gen zufällig integriert wurde, oder der eigene mitgebrachte Promoter entscheiden über die Expression des Gens in verschiedenen Geweben.

Definiert man den Onkogenbegriff streng im Sinne der Retrovirologie, so gehören die Transaktivatorgene ***tax*** und ***tat*** nicht dazu: Weder für ***tax*** noch für ***tat*** sind zelluläre Proto-Onkogene mit entsprechender Homologie nachweisbar. Als Onkogene könnte man diese beiden Gene wegen ihrer Wirkung bezeichnen, sie induzieren Tumore durch indirekte Wirkung vermutlich durch Aktivierung von zellulären Genen. Man verfährt dabei in Analogie zu den Onkogenen der DNA-Tumorviren, für die korrespondierende Proto-Onkogene ebenfalls unbekannt sind (s. unten). HTLV-I und HIV sind keine klassischen onkogenen Retroviren. Sie werden wegen ihrer jahrelangen Latenz als Lenti-viren bezeichnet (s. 3.1). Ihr wichtigster Vertreter bei Tieren ist das ***Visna maedi*** Virus der Schafe. Das ***tax***-Protein von HTLV-I transaktiviert einerseits zelluläre Gene und führt so zur Adulten T-Zell-Leukämie, ATL (s. S. 770), wobei es jedoch nur in der Anfangsphase wirkt. Andererseits aktiviert es das eigene Virus, indem es einen besonderen Abschnitt innerhalb der proviralen LTR-Sequenz (s. S. 768) funktionell beeinflußt. Die LTR-Sequenz wird als ***tax***-Akzeptor Region, TAR, bezeichnet. Die Transaktivierung ist für die Transkription der proviralen DNA unerläßlich: Das ***tax***-Protein aktiviert die mRNA-Synthese für alle proviralen Genprodukte, also auch für sich selbst. Darüber hinaus beeinflußt ***tax*** auch das Zellgenom: Es aktiviert mehrere Gene der Wachstumssteuerung, z. B. die Gene für das Interleukin-2, IL-2, und für dessen Rezeptor. Sind diese beiden Gene in ein und derselben Zelle vorhanden und aktiviert, so entsteht eine *autokrine Schleife*: die Tumorzellen können sich durch Eigen-Produktion von Wachstumsfaktoren selbst stimulieren. Hat sich dieser Mechanismus einmal etabliert, so ist das ***tax***-Protein überflüssig: Die ATL schreitet dann ohne die Mitwirkung von ***tax*** voran. Da die ATL jedoch ein klonaler Tumor ist, also alle Tumorzellen von derselben Ausgangszelle abstammen, nimmt man an, daß ein zweites Ereignis für die Entstehung dieses Tumors hinzukommt.

Im Fall von ***tax*** wird die Wirkung eines Genregulators aus dem Kern durch den indirekten Effekt von Wachstumsfaktoren und deren Rezeptoren potenziert. Man bezeichnet dies als Kooperation zweier Onkogene. Diejenigen Onkogene, deren Proteine im Zellkern die Genexpression de-regulieren, gelten als Onkogene der Klasse I, während die Onkogene, die der Zelle zur Unabhängigkeit von Wachstumsfaktoren verhelfen, zu Onkogenen der Klasse II gerechnet werden. Meistens reicht ein Onkogen allein nicht aus, um zur malignen Transformation zu führen.

Das ***tat***-Protein von HIV übt gleichfalls eine Rückwirkung auf die LTR-Sequenz des Provirus aus; es ermöglicht damit ebenfalls die Transkription der proviralen Gene und damit letzten Endes der Virus-Nachkommen. Die Wirkungen des ***tax*** (HTLV-I) und des ***tat*** (HIV) sind in dieser Hinsicht analog. Allerdings verfolgt tat ***tat***-Protein eine völlig andere Molekularstrategie als das ***tax***.

Während das ***tax***-Protein ein auf der DNA sitzendes Kontrollprotein moduliert, wirkt das ***tat***-Protein als Antiterminator: Es sprengt die Transkriptionsblockierende Sekundärstruktur der mRNA, die sich im Bereich der selbst-komplementären LTR-Sequenzabschnitte spontan herausbildet. Diese wird auch als Haarnadelstruktur bezeichnet. Durch Wechselwirkung des ***tat***-Proteins mit Zellfaktoren und der RNA wird der Transkriptions-Stopp aufgehoben.

Zusammenfassend kann man feststellen: Bestimmte Sequenzen des LTR-Bereichs regulieren die Transkription der proviralen Gesamt-DNA. Die Genprodukte von ***tax*** bzw. ***tat*** wirken auf diese Sequenzen und setzen die Synthese der mRNA in Gang.

Im Fall des HIV existiert aber noch eine zweite Transkriptionsbarriere. Es ist der hemmende Einfluß eines besonderen LTR-Abschnitts, der als ***NRE*** (***n***egative ***r***esponse ***e***lement) bezeichnet wird. Die Hemmungswirkung des NRE hängt davon ab, daß dieser Genabschnitt mit einem besonderen Protein in Wechselwirkung tritt. Dieses Protein ist das Produkt des HIV-Gens ***nef***. Damit verringert das ***nef***-Protein die Virusproduktion: Es dient möglicherweise als Garant der Viruslatenz. Neuerdings stellte sich heraus, daß *nef* nicht so negativ wirkt, wie sein Name sagt, sondern für die Entstehung der AIDS-Erkrankung wesentlich ist.

Beim Wechselspiel zwischen den Kräften der positiven und der negativen Regulationsgene muß es einen Vorgang geben, durch den der Einfluß des ***nef***-Proteins aufgehoben wird, damit das HIV-Frühgen ***tat*** in Funktion treten und die Synthese der retroviralen mRNA initiieren kann. Diese Situation kann durch mehrere Faktoren herbeigeführt werden. Ein Beispiel liefert der HIV-infizierte T-Lymphozyt (Abb. 6.7). Er befindet sich in Ruhe, solange er nicht durch Antigene stimuliert wird; ***in vitro*** kann man diesen Stimulus durch mitogene Substanzen, durch Tumorpromotoren oder durch chemische Stoffe ersetzen. Aktiviert man HIV-infizierte T-Lymphozyten in diesem Sinne, so bringt man damit ein Protein zur Wirkung, welches als ***NF-Kappa-B*** bezeichnet wird. ***NF-Kappa-B*** ist ein ***n***ukleärer ***F***aktor der Immunglobulin-***Kappa***-Kette, ein Genregulator, der nicht nur in ***B***-Zellen vorkommt. Sein Name ist historisch bedingt. Dieses Protein wird in der ruhenden T-Zelle durch einen Inhibitor an seiner Wirkung gehindert. Durch die T-Zell-Aktivierung wird das Protein vom Inhibitor abdissoziiert und wandert in den Zellkern. Dort erkennt es einen besonderen Abschnitt der proviralen LTR-Sequenz und aktiviert das LTR zur RNA Synthese (Abb. 6.7).

Interessanterweise kann die Latenz auch durch eine Superinfektion mit HTLV-I beendet werden. Anstelle von NF-Kappa-B wirkt in diesem Fall das ***tax***-Protein des HTLV-I auf das LTR von HIV ein. Eine Doppelinfektion mit HTLV-I und HIV wirkt sich somit ungünstig für den Patienten aus. Auch andere Viren, wie ***Herpes simplex*** und das ***Cytomegalie-Virus***, verfügen über frühe Genprodukte, die auf das HIV-LTR aktivierend wirken. Vielfach-Infektionen eines HIV-Infizierten potenzieren also die Gefahr der HIV-Aktivierung.

6.3.3 Induktion der Spätphase

In der Frühphase sorgen ***tax*** und ***tat*** jeweils für die Synthese von viraler mRNA für die frühen Genprodukte. In der nachfolgenden Spätphase beginnen die Vorgänge der eigentlichen Virusproduktion. Die dazu notwendigen Einzelprozesse werden durch das Produkt eines weiteren Gens in Gang gesetzt; dieses Gen kommt sowohl in HTLV-I als auch in HIV vor; es weist für beide Viren große Ähnlichkeit auf. Das HTLV-I-Gen heißt ***rex***, das HIV-Gen ***rev***. Beide funktionieren als Regulationsgene der Virusexpression: Ihre Expressionsprodukte verhindern die Verkürzung (Spleißen) der primären (langen) mRNA.

Das ***Spleißen*** ist ein spontaner Vorgang im normalen Zellstoffwechsel; dabei wird die primäre mRNA, die aus kodierenden und nichtkodierenden Sequenzen (Exons und Introns) besteht, verkürzt: Die Introns werden durch Schlaufenbildung und durch End-zu-End-Vereinigung der Exons eliminiert. Auf diese Weise entsteht aus der primären mRNA eine sekundäre, doppelt gespleißte mRNA, die dann allein trans-

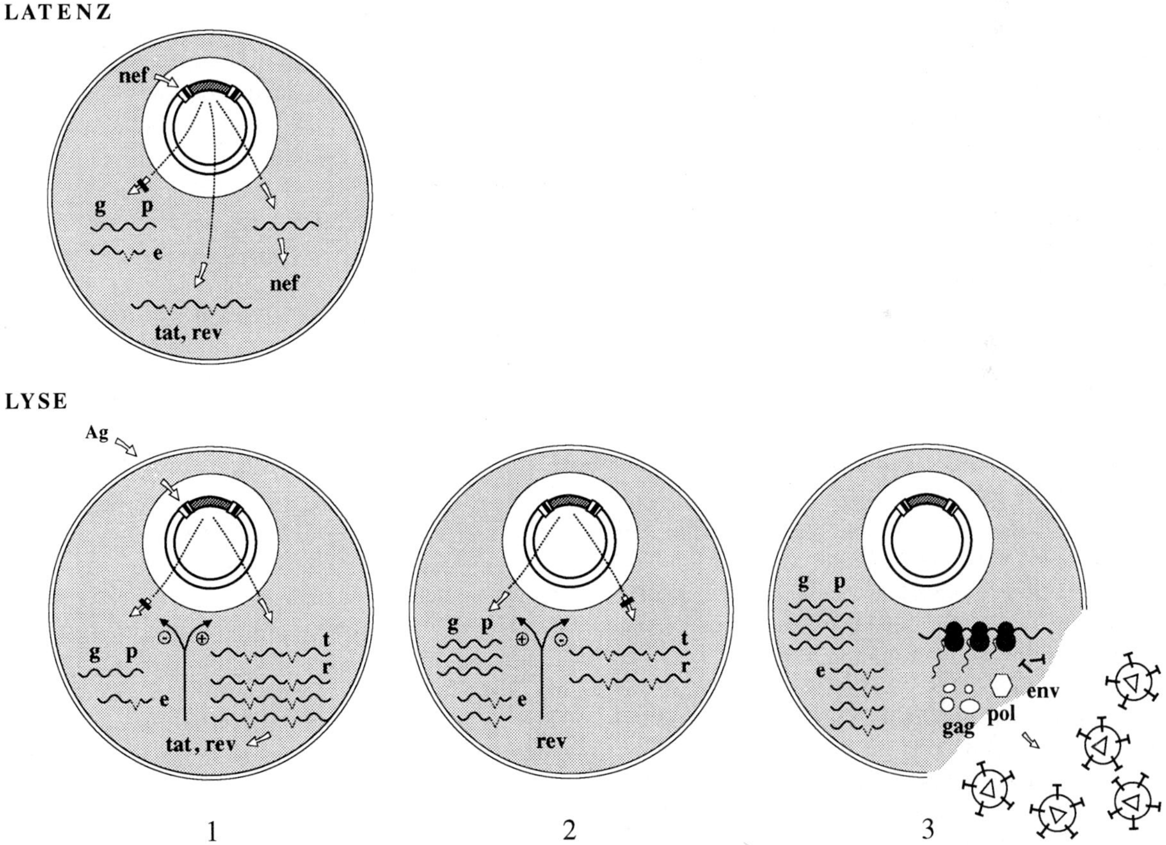

Abb. 6.7. Die Replikation von HIV erfolgt in zwei Phasen. Während der Latenz werden nur wenig virale Genprodukte produziert, nef unterdrückt den viralen Promoter im LTR. Stimulation des Lymphozyten, z. B. durch Antigen (Ag), führt zur Aktivierung der frühen Gene tat (t) und rev (r) und leitet die Lyse ein. Tat Synthese führt zur Anti-Termination und damit zur Translation der RNA. Rev beendet die Synthese der frühen Genprodukte, indem es die RNA aus dem Kern transportiert und dem Spleißen entzieht. Es schaltet damit die späten Gene gag, pol, env (g, p, e) an. Plötzliche große Virusproduktion führt zur Lyse der Zelle. Gepunktet dargestellte Zacken in der RNA symbolisieren das Spleißen (Abb. nach „Das AIDS-Virus", s. 6.2).

latiert wird. Bei der HIV-Transkription entsteht durch das Spleißen die mRNA nur für die frühen Gene. Diese werden in der Frühphase translatiert. Die ungespleißte Primär-mRNA des Provirus kommt erst in der Spätphase zur Translation; dadurch entstehen die Spätprodukte der Virussynthese. Wird das doppelte Spleißen blockiert, so bedeutet dies ein Umschalten der Proteinsynthese von Früh- auf Spätprodukte. Der Schalthebel, der das Spleißen verhindert, ist das retrovirale ***rex/rev***-Genprodukt: Dieses Protein erkennt eine bestimmte Struktur auf der viralen Primär-RNA, ***RRE*** (***rex/rev r***esponse ***e***lement) genannt, bindet die RNA, transportiert sie aus dem Kern und entzieht sie auf diese Weise dem Spleißen, das im Kern stattfindet. (Die ***env*** RNA ist einfach gespleißt). Im Zytoplasma kann die RNA nun in die Strukturproteine ***gag, pol*** und ***env*** translatiert werden. Diese bauen sich zu fertigen Viruspartikeln zusammen und werden in dieser Form aus der Zelle geschleust (Abb. 6.7). Bei der HTLV-I Replikation geht die Zelle dabei nicht zugrunde, bei der Vermehrung von HIV kommt es dagegen zur Zytolyse. Dieser unterschiedliche Effekt der beiden Virusarten wird auf die besondere Wirkung des ***tat***-Proteins zurückgeführt. Bei HIV führt das ***tat***-Protein zu einer explosionsartigen Steigerung der RNA Synthese und damit von Proteinen, so daß die Zelle an der hohen Virusproduktion zugrunde geht.

6.4 Onkogene DNA-Viren

6.4.1 Allgemeines

Die meisten Retrovirus-Tumormodelle sind artifiziell. Beim Menschen ist nach heutiger Kenntnis die Ursache von Retrovirus-bedingten Tumoren auf das HTLV beschränkt. DNA-Viren sind beim Menschen häufiger an der Entstehung von Tumoren beteiligt.

Bei den DNA-Viren sind die experimentellen Verhältnisse jedoch komplizierter als bei den Retroviren. Ein wichtiges Hindernis für den Experimentator ist die Tatsache, daß die viralen Genprodukte, die zur Tumorbildung führen, auch bei der Replikation der DNA eine essentielle Rolle spielen. So wurde gezeigt, daß gewisse Mutanten eines DNA-Virus die Fähigkeit verloren hatten, Zellen zu transformieren. Damit konnte man zwar ein virales Gen für die Transformation verantwortlich machen; das mutierte Virus kann sich aber nicht mehr vermehren und entzieht sich auf diese Weise der Untersuchung.

Ein weiteres Handicap ergibt sich aus der Neigung vieler DNA-Tumorviren, die für das Experiment gewählte Wirtszelle bei der Vermehrung zu zerstören: Es fehlt der produktive, nichtlytische Zyklus, der für die meisten Retroviren charakteristisch ist.

Es gibt fünf Gruppen von Doppelstrang-DNA-Tumorviren (Tabelle 6.5). Aufgrund epidemiologischer Studien werden insbesondere drei Gruppen mit dem Krebs des Menschen in Verbindung gebracht: Papillomviren mit Urogenitalkrebs, Herpesviren mit Burkitt-Lymphom und Nasopharyngeal-Karzinom sowie Hepatitis-Viren mit Leberkrebs.

Die Onkogene von Papillomviren und Hepatitis-Viren wurden erst in neuester Zeit experimentell zugänglich. Diese für den Menschen so wichtigen Viren haben den Nachteil, daß sie große und komplizierte Genome aufweisen; außerdem standen lange Zeit keine guten Modellsysteme für biochemische Analysen zur Verfügung: Einige dieser Viren ließen sich bis vor kurzem im Labor nicht einmal züchten.

Dagegen sind die Onkogene von Polyoma-Viren und von Adenoviren seit Jahren Gegenstand sorgfältiger Analysen. Sie konnten mit sehr großer Genauigkeit biochemisch charakterisiert werden. Diese Viren treten jedoch in der Natur nicht als Verursacher von Tumoren auf: Sie transformieren Zellen nur in der Kultur, und sie können im lebenden Tier nur unter experimentellen Bedingungen Tumoren hervorrufen. Die Onkogene dieser beiden Virusarten sind in ihrer Sequenz und Struktur mit den retroviralen Onkogenen entfernt verwandt und erfüllen ähnliche Funktionen; sie können sich z.T. gegenseitig ersetzen.

Eigentlich ist die Zweiteilung der Tumorviren in DNA- und RNA-Tumorviren gar nicht zwingend: Die Umwandlung des Genoms von Retroviren in Doppelstrang-DNA-Proviren bedeutet, daß man Retroviren als Quasi-DNA-Tumorviren betrachten kann. Diese Überlegung gilt besonders für die Hepatitis-Viren mit ihrem komplizierten Genom. Dieses besteht aus einem partiellen DNA-Doppelstrang. Die Virus-DNA wird in der Zelle zuerst in ein ***RNA-Prägenom*** umgeschrieben; dies wird dann mit Hilfe einer Reversen Transkriptase zur Virus-DNA transkribiert. Das Hepatitis-Virus kann daher als Variante der Retroviren betrachtet werden.

Die Onkogene der DNA-Tumorviren sind, evolutionsbiologisch betrachtet, Innovationen: Es gibt in der Zelle keine zellulären Proto-Onkogene, die ihnen homolog sind, wie dies bei den Retrovirus-Onkogenen

Tabelle 6.5. Übersicht über DNA-Tumoren

	DNA	Tumorviren	Spezies
1)	Papilloma Virus		Mensch, Rind, Kaninchen, Pferd, Elch, Reh, Schaf
2)	Herpes Virus		
	Alpha Subfamilie	Herpes simplex 1 und 2	Mensch
		Herpes simplex 1	Pferd
	Beta Subfamilie	Cytomegalievirus	Mensch
	Gamma Subfamilie	Epstein-Barr-Virus	Mensch
		Mareks's Virus	Vogel (Huhn)
		Herpes Virus saimiri	Affe
		Herpes Virus ateles	Affe
	andere	Lucke-Herpes Virus	Frosch
		Herpes Virus Sylvitagus	Kaninchen
3)	Hepatitis B-Familie	Hepatitis B	Mensch
		Hepatitis Marmota monax	Waldmurmeltier
		Hepatitis spermophilus beecheyi	Erdhörnchen
		Enten Hepatitis Virus	Hausente, Pekingente
4)	Polyoma Virus	Polyoma Virus	Maus
		Simian Virus 40 (SV_{40})	Affe
		BK Virus	Mensch
		JC Virus	Mensch
5)	Adenovirus	Gruppe A–E, 37 Typen	Mensch viele Tierarten

der Fall ist. Die Onkogene der DNA-Viren müssen deshalb auf andere Art entstanden sein als die Onkogene der Retroviren.

Die DNA-Tumorviren exprimieren nacheinander zwei charakteristische Gruppen von Genen:

- ***Frühe Gene:*** Diese sind für die virale DNA-Replikation und für die mRNA-Expression nötig; als Expressionsprodukte der frühen Gene entstehen neben den frühen Enzymen (Polymerase, Thymidinkinase) noch Proteine, die für die Transformation essentiell sind.
- ***Späte Gene:*** Diese kodieren für Strukturproteine als Verpackungsmaterial zum Aufbau von infektiösen Virus-Nachkommen. Die Zweiteilung des Lebenszyklus in frühe und späte Genfunktionen gibt es, wie geschildert, auch bei den humanen Retroviren HTLV und HIV (s. S. 757ff).

Die Transformations-induzierenden Genprodukte der DNA-Tumoren enthalten z.T. spezies-übergreifende Sequenzen; diese haben nach neueren Befunden das Vermögen, komplementäre Sequenzen auf Produkten einiger Anti-Onkogene zu erkennen und damit Komplexe zu bilden. Dies führt zum Ausfall der wachstumskontrollierenden Anti-Onkogen-Funktion und somit zum Tumor (s. S. 665).

Papova-, Adeno- und Herpesviren verhalten sich je nach dem Typ der Zelle, in dem sie sich befinden, verschiedenartig. In permissiven Zellen ist die Virus-Replikation möglich: es läuft ein produktiver Vermehrungszyklus ab. Dabei werden Virusnachkommen produziert, während die Wirtszelle zerstört wird. Unter diesen Umständen wird das gesamte Virusgenom einschließlich aller späten Gene exprimiert: Deren Expressionsprodukte sind zum Verpacken der Virus-DNA und zur Ausbildung intakter Partikel notwendig. Bringt man die gleichen Viren in sog. nichtpermissive Zellen, so läuft der Zyklus nicht-produktiv ab: Es wird nur derjenige Teil der Virusgene exprimiert, der die Transformationsfunktion ausübt; es entstehen keine Viruspartikel, und die Zelle wird nicht zerstört. (***Hinweis:*** Die onkogenen Retroviren zerstören ihre permissive Wirtszelle normalerweise nicht, nur die humanen Retroviren verhalten sich bezüglich Latenz und Lyse den DNA-Tumorviren analog!)

Im Gegensatz zu den permissiven Zellen laufen bei den semipermissiven Zellen jeweils zwei verschiedene Zyklen ab. Der größte Teil der Zellpopulation bildet reife Viruspartikel aus und wird dabei zerstört. Bei einem kleinen Prozentsatz der Zellen läuft der Zyklus hingegen nicht-produktiv ab: Es werden keine Partikel gebildet, und die Zelle wird transformiert; sie entgeht dadurch der Zerstörung und kann zu einer permanenten Zell-Linie auswachsen. Im Falle der Adenoviren und der Polyoma-Viren wird bei der Transformation Virus-DNA ins Wirtsgenom integriert.

6.4.2 Spezielle Verhältnisse

6.4.2.1 Papillomviren

Über 50 ***h**umane **P**apillom**v**iren* (HPVs) sind bis heute isoliert worden. Sie finden sich außer beim Menschen auch bei Rindern, Kaninchen, Schafen und anderen Tierarten. Sie verursachen Warzen oder Papillome, d. h. gutartige Neoplasien.

Beim Menschen treten Papillomviren häufig mit Genitalwarzen (condylomata acuminata) assoziiert auf. Biochemische und epidemiologische Untersuchungen bringen bestimmte Papillomviren mit humanem Urogenitalkrebs in Verbindung; dazu gehören Cervixkarzinom, Vulvakarzinom, Peniskarzinom u. a.

Die HPV-DNA besteht aus einem zirkulären Doppelstrang, der sich normalerweise episomal, d. h. ohne Integration, in die Zell-DNA vermehrt. Jedoch ist die DNA der Typen HPV-16 und HPV-18 in der Mehrzahl der Cervixkarzinome und in den davon hergeleiteten Zell-Linien als integriert nachgewiesen worden. Diese beiden Virustypen werden mit der Entstehung des Cervixkarzinoms der Frau in Zusammenhang gebracht.

Am besten untersucht ist das ***B**ovine **P**apillom-**V**irus* (BPV), da es Nagerzellen in Kultur transformiert. Wahrscheinlich sind BPV und HPV nahe genug verwandt, um Rückschlüsse vom BPV-Genom auf das von HPV zuzulassen. BPV hat acht frühe Gene, E_1 bis E_8, und zwei späte Gene, L_1 und L_2. Zwei frühe Gene, E_5 und E_6, sind ausreichend für Transformation. E_5 liefert das kleinste der bisher bekannten Transformations-Proteine. Eine Teilmenge dieses Proteins ist membranassoziiert, jedoch ohne die Funktion einer Proteinkinase; ein anderer Teil befindet sich im Kern. Das E_6-Protein ist etwa doppelt so groß und verteilt sich zu etwa gleichen Teilen im Kern und Zytoplasma. Es ist möglicherweise mit dem ***myc***-Protein verwandt, da es die befallenen Zellen zur Proliferation zwingt und damit immortalisiert. Jedoch weisen E_5 und E_6 in ihrer Sequenz keinerlei Homologie mit anderen transformierenden Proteinen auf.

Das E_7 Protein von HPV komplexiert das p105-RB Anti-Onkogen und E_6 das p53. Diese Bindungen gelten insbesondere für HPV-16 und -18. Die Malignität dieser Viren könnte also z. T. auf der Inaktivierung von Anti-Onkogenen beruhen.

6.4.2.2 Polyomaviren

Zu den Polyomaviren gehören das ***SV**$_{40}$*-Virus (***S**imian **V**irus* 40) der Affen und die menschlichen Viren BK und JC (die Abkürzungen beziehen sich auf Patientennamen). Das Polyomavirus war der erste Vertreter der DNA-Viren, mit dem Zellen in Kultur transformiert wurden. Inzwischen hat sich herausgestellt, daß alle Polyomaviren das Vermögen besitzen, Zellen in der Kultur mit hoher Effizienz zu transformieren; alle sind für neugeborene Nagetiere onkogen.

Außer für das humane JC-Virus (***JCV***) ist für diese Viren keine Krankheit bekannt: JCV induziert die ***P**rogressive **M**ultifokale **L**eukoencephalopathie* (PML). Bei dieser Krankheit kommt es zur Zerstörung der Myelinschichten und in der Folge zur Demenz.

Keines der Viren aus dieser Gruppe kann mit irgendeinem natürlich auftretenden Tumor in Verbindung gebracht werden. Jedoch gehören sie trotz des Fehlens von natürlicher Onkogenität zu den am besten untersuchten DNA-Tumorviren; dies verdanken sie nicht zuletzt ihrer Fähigkeit, sich in der Zellkultur zu vermehren.

SV_{40} und Polyoma verfügen über kleine, zirkuläre Doppelstrang-DNA-Genome. Ihr Genomaufbau ist ähnlich, aber nicht identisch. Es gibt frühe Gene und späte Gene; sie werden jeweils vor und nach der viralen DNA-Replikation exprimiert. Die transformierenden Funktionen gehören zu den Aufgaben der frühen, die Kodierung der Strukturproteine zu den Aufgaben der späten Gene. Wenn nicht besondere Bedingungen vorliegen, ist die Transformation ein seltenes Ereignis. Meist ist sie vorübergehend (transient, abortiv): Nur in wenigen Zellen kommt es zur stabilen Integration der viralen DNA und damit zur Ausbildung permanent transformierter Zell-Linien. Die transformierenden Onkogene von Polyoma und SV_{40} sind sehr genau untersucht.

Das Onkogen des SV_{40} kodiert für ein sog. „Großes T(Transformations)-Antigen“ und ein „kleines t-Antigen“.

Das T-Antigen ist multifunktionell: Es beteiligt sich an der Initiation der Virus-Replikation und an der Autoregulation der frühen Virus-Transkription; außerdem induziert es die Transkription der späten Gene und aktiviert die zelluläre RNA-Polymerase; schließlich aktiviert es auch die Transkription zellulärer Gene und induziert damit die Synthese von zellulären Enzymen. Das T-Antigen bindet an bestimmte Sequenzen der viralen DNA; diese Bindung erfolgt im Zellkern. Ein kleiner Teil des T-Antigens ist mit der Zellmembran assoziiert. Insgesamt betrachtet ist das T-Antigen essentiell für die Initiation und Aufrechterhaltung der Transformation; sein amino-terminaler Teil immortalisiert Zellen in der Kultur. Das T-Antigen spielt bei der Ausschaltung der beiden Anti-Onkogen-Produkte p105-RB und p53 eine wesentliche Rolle. Es bindet an diese beiden Proteine.

Das t-Antigen von SV_{40} ist weniger gut charakterisiert; es verstärkt die Transformation.

Das Genom des Polyomavirus kodiert für die drei T-Antigene, „Großes T“, „Mittel-T“ und „kleines t“.

Mittel-T ist essentiell für die Zell-Transformation. Es kann aber nur etablierte Zell-Linien transformieren; primäre Zellen benötigen die Mitwirkung des Groß-T. Mittel-T ist teilweise im Kern und teilweise an der Kernmembran lokalisiert; es bindet an das zelluläre Proto-Onkogen ***src***, steigert dadurch dessen Kinase-Aktivität und bewirkt möglicherweise auf diese Weise Transformation. Einige der Funktionen, die das SV_{40}-T-Antigen allein ausübt, sind beim Polyomavirus auf zwei Antigene, das Große T und Mittel-T, verteilt. Das Große T-Antigen von Polyoma ist deshalb nicht ganz so vielseitig wie das von SV_{40}. Es bindet aber ebenso an die virale DNA, und zwar an den Replikations-Ursprung; überdies besitzt es ATPase-Aktivität. Der amino-terminale Bereich des Proteins von Polyoma-Groß-T erlaubt die Immortalisierung von Kulturzellen.

Das Polyoma-klein-t-Antigen is für die Zell-Transformation nicht absolut notwendig, es unterstützt jedoch die Wirkung von Mittel-T. Es könnte die Wirkung von Wachstumsfaktoren vortäuschen, denn es initiiert ausschließlich die Transformation ruhender Zellen.

6.4.2.3 Herpesviren

Herpesviren gehören zu den großen Doppelstrang-DNA-Viren mit Hülle. Die meisten von ihnen transformieren Zellen in der Kultur, aber nur einige stehen zu Neoplasien des Menschen in Beziehung. Einige Herpesviren führen im Wirtstier zu Krebs, etwa zur Marek-Erkrankung des Huhns und zum Lucké-Karzinom des Frosches. Die beiden Primaten-Viren, ***Herpesvirus saimiri*** und ***H. ateles*** sind hoch-onkogen und induzieren maligne Lymphome – jedoch nicht in Primaten, sondern nur in Wirtsspezies, in denen sie normalerweise nicht vorkommen. Von den humanen Herpesviren wird das ***Epstein-Barr-Virus (EBV)*** mit dem Burkitt-Lymphom in Afrika und dem Nasopharyngeal-Karzinom in Asien in Zusammenhang gebracht.

Herpesviren bieten im Hinblick auf die Tumorforschung experimentelle Schwierigkeiten: Es fehlt ein gutes Kultur-Testsystem; außerdem wird die Wirtszelle durch die Infektion zerstört. Tumorgene sind bei diesen Viren bislang nicht identifiziert worden. Paradoxerweise beziehen sich die genauesten Beschreibungen der Transformation auf Vorgänge, die durch ***Herpes simplex-(HSV)*** und ***Cytomegalo-Virus (CMV)*** induziert werden. Beide Viren gelten als nicht-tumorerzeugend. Ihre transformierenden Genabschnitte sind in transformierten Zellen nur noch unvollständig vorhanden. Überdies findet man von Fall zu Fall verschiedene Genfragmente; es kann sogar vorkommen, daß die gesamte Virus-DNA verloren geht. Dies führt zu der Überlegung, ob HSV einen „Hit-and-run“-Mechanismus induziert.

Viele Herpesviren transformieren Lymphozyten: ***EBV*** transformiert in der Kultur B-Lymphozyten, während ***Herpesvirus saimiri*** die gleiche Wirkung auf T-Lymphozyten ausübt. Die befallenen Zellen werden immortalisiert und dadurch zu Linien. Beim EBV war lange Zeit ein Genprodukt, das EB-Nuclear Protein (EBNA) im Verdacht, ein Tumorprotein zu sein. Inzwischen hat sich diese Hypothese bestätigt.

6.4.2.4 Hepatitis-B-Viren

Bislang kennt man drei ***Hepatitis-B***-Viren. Alle sind mit dem ***primären Leberzellkarzinom*** ihres natürlichen Wirtes assoziiert. Man unterscheidet das humane Hepatitis-B-Virus (HBV), das Hepatitisvirus des Waldmurmeltieres (Woodchuck-Hepatits-Virus B, WHVB) und das Enten-Hepatitisvirus (Duck-Hepatitis-Virus B, DHBV). Auch hier behinderte der

Mangel an Zellkultursystemen lange die Aufklärung der biochemischen Eigenschaften. Neuerdings kann das Entenvirus in Kultur gezüchtet werden.

Zwar sind die Hinweise, daß HBV zu Leberkrebs führt, nur epidemiologischer Art; sie werden aber immer überzeugender. Leberkrebs ist in der westlichen Welt zwar selten; global betrachtet gehört er jedoch zu den häufigsten Tumoren: In Taiwan ist er die zweithäufigste Todesursache und für 20% der Todesfälle verantwortlich. Die chronische Infektion mit HBV scheint die alleinige Ursache zu sein.

Das Genom der Hepatitisviren entspricht hinsichtlich seiner Replikation dem Zwischenzustand, der bei der Replikation von Retroviren dann entsteht, wenn die virale RNA in die DNA des Provirus umgeschrieben wird: Im Virion ist eine DNA vorhanden, die aus z.T. einsträngiger und zum Teil aus doppelsträngiger DNA besteht (partielle Doppelstrang-DNA). Nach Infektion der Wirtszelle entsteht daraus eine vollständige Doppelstrang-DNA. Davon wird ein RNA-Transkript hergestellt, das sog. RNA-Prägenom. Dieses wird dann mit Hilfe einer Reversen Transkriptase umgeschrieben; dabei erscheint zuerst die ringförmige Einzelstrang-DNA und dann die unvollständige Zweitstrang-DNA.

In frisch infizierten Zellen existiert die HBV-DNA frei im Zytoplasma. In chronisch infizierten Zellen und in Hepatomen finden sich im Zellgenom integrierte HBV-DNA-Sequenzen. Auf dem Hepatozytengenom gibt es keine spezifische Integrationsstelle für die DNA des HBV; wiederum fällt die Ähnlichkeit mit den Retroviren auf: Deren Provirus-DNA hat ebenfalls keine bestimmte Integrationsstelle. In den undifferenzierten Hepatozyten von fortgeschrittenen Tumoren läßt sich keine Virusvermehrung mehr nachweisen: Die virale Genexpression fehlt gänzlich. Der Mechanismus der Onkogenese durch HBV ist noch unklar.

Die HBV-DNA kodiert für die vier Gene ***S, C, P*** und ***X***. Das Gen ***S*** kodiert für das Oberflächenantigen ***HBs***; dieses Antigen wird zur serologischen Diagnostik und zur Impfung verwendet. ***C*** entspricht dem Core-Protein, ***P*** kodiert für die Polymerase, deren Region z.T. mit den Regionen ***C*** und ***X*** überlappt. Die Polymerase hat Ähnlichkeit mit der Reversen Transkriptase der Retroviren. Die Rolle der ***X***-Region entspricht nach neuesten Untersuchungen der Funktion des ***tax*** bei HTLV-I: Das ***X***-Protein ist ein Transaktivator, der andere Gene anschaltet. Vielleicht ist das ***X***-Gen im Hinblick auf seine Wirkung, wie auch das ***tax***, ein Onkogen. Der genetische Aufbau von HBV ist also mit dem der Retroviren ähnlich: ***C, P, S, X*** entsprechen etwa den Genen ***gag, pol, env, tax/tat.*** LTRs gibt es bei den Hepatitis-Viren nicht, auch ist bislang eine Promotor-Insertion nicht beschrieben worden. Angeschaltete Zell-Gene sind gleichfalls nicht bekannt.

6.4.2.5 Adenoviren

Es gibt fünf Gruppen von Adenoviren; A bis E, mit 41 humanen Adenoviren. Einige sind vollständig sequenziert und kartiert worden. Es gibt frühe und späte Gene. Die Onkogene gehören zu den frühen Genen. Zwei Regionen, ***E1A*** und ***E1B***, sind für die Transformation verantwortlich. Jede Region kodiert für zwei Proteine bzw. Proteinbereiche, die bei der Transformation eine Rolle spielen.

Das ***E1A***-Gen kodiert für zwei Proteine, von denen das eine einen Teil des anderen darstellt. Beide Proteine haben verschiedene Funktionen: Jeder Anteil kann für sich allein permanentes Wachstum induzieren, jedoch sind beide Anteile notwendig, wenn es zur Transformation kommen soll. Der kleinere ***E1A***-Anteil gestattet das Wachstum in Suspension – eine typische Eigenschaft von Tumorzellen. ***E1A***-Genprodukte sind im Zellkern lokalisiert; beide aktivieren die Transkription von zellulären Genen. Interessant ist die Beobachtung, daß das ***E1A***-Protein die Transkription von MHC(***m***ajor ***h***istocompatibility ***c***omplex)-Klasse-I-Antigenen in transformierten Rattenzellen verhindert. Dies gilt besonders für das tumorinduzierende Adenovirus 12. Die transformierten Zellen führen im Tierversuch zu Tumoren; sie verlieren diese Fähigkeit jedoch, wenn man sie mit einem MHC-I-Gen transfiziert. Dieser Befund läßt sich folgendermaßen deuten: Exprimierte MHC-I-Antigene führen dazu, daß das Immunsystem diese Zelle erkennen kann; damit wird das Auswachsen zum Tumor verhindert. Fehlt es, wie im Fall von Adenovirus 12, so kommt es zum Tumor.

Im Unterschied zur ***E1A***-Region kodiert ***E1B*** für zwei verschiedene Proteine. Das größere der beiden Proteine ist für die Transformation essentiell; es verteilt sich auf Kern und Zytoplasma. Das kleinere Protein ist für die Tumorinduktion in nackten Mäusen erforderlich. Es ist ebenfalls im Kern und im Zytoplasma lokalisiert; möglicherweise besitzt es Proteinkinase-Aktivität. Da die beiden ***E1B***-Proteine vom selben Genbereich in verschiedenen Leserastern kodiert werden, ist es schwer, ihre Wirkungen auseinanderzuhalten: Veränderungen an einem Protein bedeuten stets auch Veränderungen am anderen Protein. Das ***E1A***-Protein komplexiert mit dem p105-RB-Protein und das ***E1B***-Protein mit dem p53. Dadurch werden diese Anti-Onkogene inaktiviert. Dieser Effekt wird für die Onkogenität der Adenoviren mit verantwortlich gemacht.

Danksagung. Die Abbildungen erstellte Eva Philippi, Max-Planck-Institut für Molekulare Genetik, Berlin.

7 Epidemiologie

D. Falke

INHALTSÜBERSICHT

7.1 Epidemiologische Grundbegriffe 676
7.2 Interepidemischer Verbleib der Viren 676
7.3 Übertragung 677
7.4 Infektketten 677
7.5 Herdimmunität 677
7.6 Spezielle epidemiologische Aspekte bei Virusinfektionen 678

Epidemiologie im Sinne der Virologie ist die Lehre von der Verbreitung der Viren außerhalb und innerhalb eines Organismus, gleichgültig, ob der Organismus erkrankt oder nicht.

„Exo"-Epidemiologie behandelt die Verbreitung von Viren nach ihrer Freisetzung aus dem Organismus: Sie verfolgt den Übergang der Viren in die unbelebte Umwelt einerseits (Wasser, Staub, Luft, Lebensmittel und alle denkbaren „Vehikel") und in tierische und menschliche Organismen andererseits.

7.1 Epidemiologische Grundbegriffe

Eine ***Pandemie*** überzieht den gesamten Erdball, während eine ***Epidemie*** mehr oder minderen Ausmaßes lokalisiert bleibt.

Epidemien können als ***Explosiv***- oder als ***Tardiv***-Epidemien auftreten. Explosiv-Epidemien (hohe Fallzahl in kurzer Zeit) wurden z. B. in Spitzbergen beobachtet: Im Winter waren keine respiratorischen Infektionen aufgetreten; mit dem Rückgang des Eises im Frühjahr lief das erste Postboot ein und brachte Erkältungskrankheiten mit, die sich stürmisch ausbreiteten.

Endemisch ist z. B. das Tollwut-Virus in der Bundesrepublik Deutschland; es breitet sich langsam weiter nach Frankreich aus.

Morbidität bezeichnet die Anzahl der Erkrankungen auf 100 000 Personen, ***Letalität*** den tödlichen Ausgang einer Krankheit, bezogen auf die Anzahl der Erkrankten. Die ***Mortalität*** gibt die Anzahl der an einer bestimmten Infektionskrankheit Gestorbenen, bezogen auf eine bestimmte Zahl von Personen (meist 100 000) an. Mit ***Übersterblichkeit*** bezeichnet man die über ein langjähriges Mittel hinausgehende Sterblichkeit der Gesamtbevölkerung.

7.2 Interepidemischer Verbleib der Viren

Trotz jahrzehntelanger Untersuchungen sind der Verbleib von Viren in den interepidemischen Zeiten und die Quelle des Wiederauftauchens bei vielen Viren nur unvollständig geklärt. Klar ist die Situation bei den Herpes-Viren: Die lebenslange Persistenz mit dauernder oder intermittierender Ausscheidung ermöglicht jederzeit erneute Infektionen. Diese Viren dürften zu den phylogenetisch „alten" und gut an den Menschen angepaßten Viren zählen.

Anders hingegen muß man die Infektionen mit Polio-, Masern-, Mumps- oder Röteln-Virus betrachten. Sie werden einige Wochen nach der Infektion aus dem Organismus eliminiert; über ihren Verbleib ist wenig bekannt. Das Polio-Virus wird heute noch gelegentlich in eine Bevölkerung „eingeschleppt" und kann dann bei nicht geimpften Personen eine Polio-Erkrankung hervorrufen. Diese Viren würden eine kleine Gruppe Menschen durch „Einschleppung" infizieren können; ein geringer Prozentsatz würde erkranken. Schließlich würde das Virus aber „aussterben", da keine empfänglichen Personen in der Gruppe mehr vorhanden sind. Polio, Masern u. a. dürften also relativ „junge" Viruskrankheiten des Menschen sein, deren Etablierung im Menschen an die ***Urbanisation*** geknüpft ist.

Früher wurden im Sinne des zyklischen Ablaufes von Infektionskrankheiten mit Infektion, Erkrankung und Elimination nur relativ ***kurzdauernde Ausscheidungsperioden*** angenommen. Dies ist bei einer Vielzahl von Virusinfektionen tatsächlich der Fall (Polio, Masern, Mumps); es hat sich jedoch gezeigt, daß es Virusinfektionen gibt, die monatelang und jahrelang mit einer z.T. intermittierenden Ausscheidung einhergehen.

7.3 Übertragung

Die Übertragung eines Virus kann ***vertikal*** oder ***horizontal*** erfolgen. Eine vertikale Infektion liegt vor, wenn mit den Keimzellen ***integrierte Virus-Nukleinsäure*** (Retro-Viren) auf den Organismus übergeht. Eine vertikale Infektion kann aber auch durch ***infektionstüchtiges Virus*** zustande kommen, wenn es z.B. transovariell oder mit dem Samen übertragen wird. In erweitertem Sinne erfolgt auch die Infektion des Embryos – mit oder ohne besondere Infektionsfolgen – vertikal. Als ***horizontal*** wird eine Übertragung immer dann bezeichnet, wenn ein Organismus nach der Geburt infiziert wird, gleichgültig auf welche Weise.

Der ***Übertragungsmodus*** kann direkt oder indirekt sein. Direkte Übertragung erfolgt z.B. durch hetero- oder homosexuellen Kontakt oder durch Kuß. Als Vehikel bei der indirekten Übertragung können Staubpartikel, Aerosole, Handtücher, Hände, mit Blut kontaminierte Kanülen oder *ärztliche Geräte* dienen (Tabelle 7.1).

Tabelle 7.1. Die Übertragung von Viren

Übertragungsweg	Virus
Kuß	EBV, HSV-1, ZMV
Sexualverkehr	HIV-1/2, HBV, ZMV, HSV-2, HPV's
Tröpfchen,Speichel	Influenza, Masern, EBV, HSV-1, Rhino, ZMV, Polio, Röteln
Schmutz- und Schmierinfektion	Picorna, Rota, HAV, HEV
Lebensmittel, Trinkwasser	Polio, Rota, Norwalk-Agens
Schwimmbäder	Polio, PLT-Gruppe, HPV's
Staub, Handtücher	LCM, PLT-Gruppe, Q-Fieber, VZV
Instrumente, Tonometer, Endoskope	Adeno, HBV, HIV-1/2, unkonventionelle Viren!
Berührung, Händedruck, Türklinke	Rhino-, Papillom-Viren
Organe, Blutproben	ZMV, HIV-1/2, HBV, HCV, HDV, HTLV-1, EBV
Kanülen	HBV, HIV-1/2, HCV, HDV
Vektoren	Gelbfieber, FSME, (HBV), Bunya-Viren, Dengue
Perinatal	HBV, HSV, Coxsackie-Viren, VZV
Intrauterin	ZMV, Röteln, Toxoplasmose, Parvo, VZV, HIV-1/2, HSV-2
Biß	Tollwut

7.4 Infektketten

Man unterscheidet ***homologe*** und ***heterologe Infektketten***: Als homolog bezeichnet man die Infektion von Mensch zu Mensch, als heterolog diejenige vom Tier auf den Menschen. In die Infektkette kann ein ***Vektor*** eingeschaltet sein, z.B. beim Gelbfieber die Aedes-Mücke oder bei der Frühsommer-Meningo-Enzephalitis (FSME) die Zecke (s. S. 740). Die Tollwut wird durch den Biß eines Tieres (Hund, Katze, Fuchs, Fledermaus) auf den Menschen übertragen.

7.5 Herdimmunität

Der Begriff ***„Herdimmunität“*** beschreibt den *Grad der Gesamtimmunität einer Bevölkerung*. Immunbiologisch liegt ihm der Prozentsatz der Antikörperträger sowie die Höhe der Antikörperspiegel bzw. der zellulären Immunität zugrunde.

Herdimmunität kommt sowohl durch natürliche Infektionen als auch durch Impfungen zustande. Sie sollte möglichst hoch sein, um das Angehen und die Ausbreitung eines eingeschleppten Virus zu verhindern. Z.B. ist gegen ein neues pandemisches Influenza-Virus die Herdimmunität fast gleich Null; nur die über 60jährigen Personen sind in geringem Grade geschützt, weil sie von früheren Epidemien her noch Antikörper besitzen.

Der Grad der Herdimmunität, der einen wirksamen oder gar vollständigen Schutz der Bevölkerung verursacht, ist für verschiedene Virusinfektionen sehr unterschiedlich. Mathematische Modelle für die Herdimmunität, z.B. gegen die Röteln oder die Polio, haben wichtige Erkenntnisse über das Ausmaß des

Schutzes erbracht, der durch eine Massenimpfung hervorgerufen wird. Bei den Röteln müssen die Antikörperträger über 95% der Gesamtbevölkerung ausmachen, um das Auftreten von Embryopathien zu verhindern.

Wichtige Erkenntnisse für diese Überlegung haben die Studien über das Auftreten von Masern, Röteln und Mumps auf entlegenen Inseln mit bestimmten Bevölkerungsgrößen erbracht. Masern halten sich ohne Einschleppung von außen nur dann dauernd auf einer Insel, wenn die Bevölkerungszahl größer ist als 500 000. Beim Mumps-Virus genügt eine Bevölkerungszahl von etwa 350 000. Dagegen bleiben die Viren der Herpesgruppe auch in viel kleineren Populationen ständig präsent.

7.6 Spezielle epidemiologische Aspekte bei Virusinfektionen

Entero-Virusinfektionen treten zumeist in der warmen Jahreszeit auf. Die Infektionsausbreitung wird durch Abwasserverunreinigung von Schwimmbädern und durch engen Kontakt zwischen den Menschen erleichtert. Im Winter breiten sich vorzugsweise diejenigen Viren aus, die durch engen Kontakt übertragen werden (Abb. 7.1).

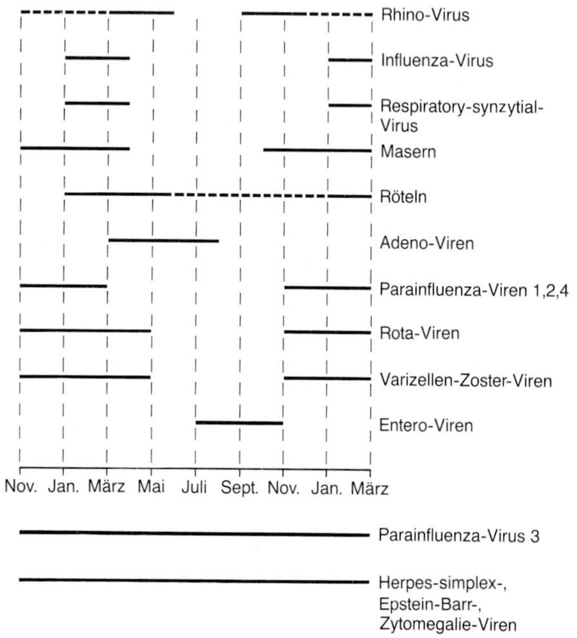

Abb. 7.1. Jahreszeitliche Häufung von Virusinfektionen

Inapparente Infektionen, gelegentlich längerfristige Ausscheidung und sporadische Fälle sind wahrscheinlich die Herde für neue epidemische Wellen. Das Respiratory-synzytial-Virus erzeugt regelmäßig in jedem Winterhalbjahr neue Erkrankungen, während die Röteln-Viren trotz sporadischer Fälle nur alle 4 – 6 – 8 Jahre, d. h. nach dem Heranwachsen einer genügend großen Zahl empfänglicher Personen, größere Epidemien auslösen.

Eine besondere Rolle für die Epidemiologie der pandemischen Influenza A spielt die Haustier-Umgebung des Menschen (Schwein) und wildlebende Vögel. Die letzteren bilden das eigentliche Reservoir für Influenza-Viren, während das Hausschwein als „Mischgefäß" für die Rekombination von menschlichen und tierischen Influenza-Viren betrachtet werden kann (s. S. 719).

Diverse Affenspezies haben sich schließlich als Quelle für menschenpathogene Viren herausgestellt: Das Herpes-Virus-B-simiae, das Marburg-Virus, das Ebola-Virus, das Affenpocken-Virus und auch HIV-1 und -2.

Schließlich sind ***nosokomiale*** und ***iatrogene*** Virusinfektionen von großer Bedeutung (Tabelle 7.2). Sie erfolgten früher durch nicht vorgeprüfte Blutproben, durch Wiederverwendung ungenügend sterilisierter Kanülen und Spritzen sowie durch nicht sterilisierte Instrumente. Die Übertragung von ZMV-Infektionen durch Organtransplantate läßt sich bis heute nicht vermeiden, nur einschränken.

Nosokomiale Infektionen kommen in Kliniken und Krankenhäusern durch die Übertragung von Viren von Mensch zu Mensch zustande; dabei ist eine Übertragung von Patient zu Patient ebenso möglich wie vom Vater oder der Säuglingsschwester auf das Neugeborene (HSV, ZMV). Adeno-Viren werden in Augenkliniken oftmals durch ungenügend sterilisierte Gerätschaften übertragen; dabei kommt es zu epidemischen Ausbrüchen von Konjunktivitis. Nicht immune Ärzte oder Pflegepersonal können sich außerhalb der Klinik eine Infektion zuziehen (Röteln, VZV, Coxsackie-Viren) und Patienten in der Klinik anstecken. Das gesamte Personal sollte daher auf Antikörper gegen Virusinfektionen geprüft werden, gegen die ein Impfstoff zur Verfügung steht (Röteln, Windpocken, Hepatitis B).

Personen mit früher durchgemachten Infektionskrankheiten können zu Überträgern werden, wenn die Immunität im Verlauf der Jahre nachgelassen hat. Sie infizieren sich dann inapparent und werden gegebe-

Tabelle 7.2. Nosokomiale Virusinfektionen

Übertragungsmodus	Infektionsquelle	Virus	Erkrankung	Wo?
Parenteral	Blut Blutprodukte	Hepatitis B HIV-1/2 Hepatitis C Hepatitis D EBV	Hepatitis AIDS Hepatitis Hepatitis Transfusions-Mononukleose	Dialyse-Labor Intensivstation
Oral (Schmierinfektion)	Stuhl	Hepatitis A Hepatitis E Rota-Virus Adeno 40,41	Hepatitis Hepatitis Diarrhoe	Psychiatrie Pflegeheime Pädiatrie
Tröpfcheninfektion	Sekrete des Respirationstraktes	RS-Virus VZV Masern Mumps Röteln Influenza	Bronchitis Windpocken Masern Mumps Röteln-(Embryopathie) Grippe	 Pädiatrie Überall
Indirekter Kontakt	Geräte Inhalatoren	Adeno Viren des Respirationstraktes	Konjunktivitis Infektionen der oberen Luftwege	Augenheilkunde Überall
Endogene Reinfektion	Latent-persistierendes Virus im Körper	HSV ZMV VZV	Generalisierter Herpes Pneumonie-(Embryopathie) Windpocken	Transplantations-patienten Tumorpatienten
Transplantation	Organe	ZMV	Pneumonae	

nenfalls zu Überträgern des Virus. Berüchtigte Beispiele waren Ärzte mit lange Zeit zurückliegenden Pocken-Impfungen, die sich bei Patienten infiziert hatten und nur eine uncharakteristische Infektion, „Variolois" genannt, durchmachten und auf diese Weise viele ihrer Patienten angesteckt haben. Ein weiteres Beispiel sind unerkannte HBs-Antigen-Träger. – Ein großes Infektionsrisiko besteht für Ärzte und ärztliches Personal für HBV, HCV und HIV auf Intensiv- und Dialyse-Stationen.

In Anbetracht der großen Gefährlichkeit der Übertragung von Retro-Viren und von unkonventionellen Viren sollte man die Verwendung von Blut und Blutpräparaten streng überwachen, ebenso wie die Verwendung von Organen, die zur Transplantation vorgesehen sind. Dies gilt auch für den Umgang mit Körperflüssigkeiten und Sekreten sowie für die Anwendung von zahlreichen medizinischen Routinemethoden (Endoskopie, Augendruckmessung etc.). Durch Kornea- und Meningen-Transplantationen wurde die Tollwut und die Jakob-Creutzfeldt'sche Erkrankung übertragen, durch künstliche Besamung HBV und HIV. Man muß außerdem damit rechnen, daß Viren existieren, die wir noch nicht kennen (Kaposi-Sarkom?).

Nach Möglichkeit sollten vor Operationen mit zu erwartenden großen Blutverlusten vorher Eigenblutkonserven des betreffenden Patienten angelegt werden.

8 Interferon

D. Falke

INHALTSÜBERSICHT

8.1 Interferenz 680
8.2 Interferonnachweis in vitro 680
8.3 Eigenschaften und Herkunft der Interferone 680
8.4 Wirkungsweise der Interferone 681
8.5 Therapeutische Anwendung von Interferon 682

8.1 Interferenz

Man versteht unter ***Interferenz*** die Beeinflussung der Wirtsempfänglichkeit für das pathogene Virus „A" durch eine vorhergehende Infektion mit einem avirulenten Virus „B": Die Infektion mit B schützt den Organismus (oder dessen Zellen) vor dem Angehen von A. Dieser Effekt hat nichts mit Antikörpern oder anderen Faktoren der erworbenen Immunität zu tun, vielmehr geht die Interferenz auf die Produktion eines Stoffes zurück, den Isaacs und Lindenmann 1957 erstmals nachgewiesen und ***Interferon*** genannt haben. Seine Isolierung, Charakterisierung und Klonierung sind gelungen.

8.2 Interferonnachweis in vitro

In vitro wird Interferon auf folgende Weise nachgewiesen: Eine Hühnerfibroblastenkultur wird mit einem Virus infiziert und einige Stunden bebrütet. Anschließend nimmt man das Kulturmedium von der infizierten Zellkultur ab und befreit es in der Ultrazentrifuge von Virus. Der so gewonnene, virusfreie Kulturüberstand wird auf eine neue Hühnerfibroblastenkultur gegeben. Einige Stunden danach infiziert man diese Kultur mit einem zytopathogenen Virus. Wegen der biologischen Schutzwirkung des Überstandes bleibt der zu erwartende zytopathische Effekt aus. Die nähere Untersuchung ergibt, daß sich das zur

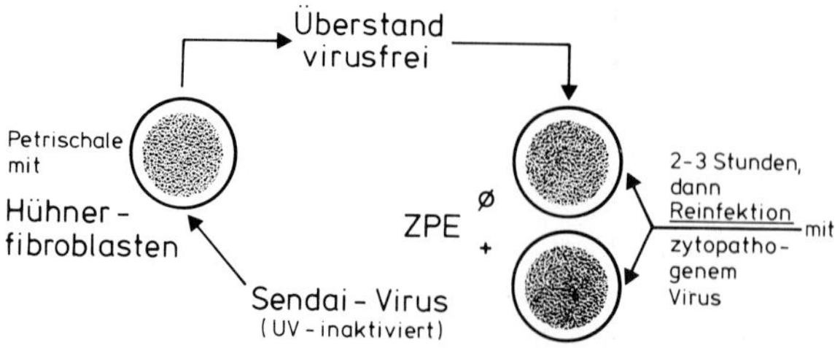

Abb. 8.1. Nachweis von Interferon. Es wird z. B. UV-bestrahltes Sendai-Virus mehrere Stunden (6–12) auf eine Hühnerfibroblastenkultur gegeben, der Überstand abgenommen und virusfrei gemacht. 2–3 h nach der Übertragung auf eine frische Kultur wird mit einem zytopathogenen Virus infiziert und später der ZPE abgelesen

Infektion verwendete zytopathogene Virus nicht mehr vermehrt hat. Es muß also ein im Überstand enthaltenes aktives Prinzip den Zellrasen vor dem Angehen einer neuen Infektion geschützt haben (Abb. 8.1).

8.3 Eigenschaften und Herkunft der Interferone

Interferone sind Glykoproteine mit einem Molekulargewicht von etwa 19 000 bis 45 000 D. Sie werden von der Zelle nach Stimulation sehr rasch gebildet und abgegeben. Interferon ist gegenüber freien, extrazellulären Viruspartikeln unwirksam. Sein Angriffspunkt liegt in der Wirtszelle: In Gegenwart von Interferon können die Adsorption und die Penetration des

Virus erfolgen, nicht aber dessen Vermehrung in der Zelle.

Man unterscheidet heute α-, β- und γ-Interferon. α-Interferon wird von Monozyten, Makrophagen und B-Zellen, β-Interferon von Fibroblasten und γ-Interferon von T-Zellen gebildet.

Die Bildung der α- und β-Interferone wird aufgrund einer Virusinfektion induziert. Für γ-Interferon ist das auslösende Moment nicht die Virusinfektion, sondern die Erkennung von Antigen durch die T-Zelle.

Heute sind DNA-Sequenzen und die chromosomale Gen-Lokalisation für die drei Interferone bekannt. Hinsichtlich ihrer biologischen und biochemischen Eigenschaften unterscheiden sich die Interferone voneinander. Man kann eine bestimmte Viruskrankheit nicht einfach mit „Interferon", sondern nur mit bestimmten Mitgliedern der α-, β- oder γ-Interferon-Familie behandeln.

Die α- und β-Interferone entstehen nicht ausschließlich nach einer Virusinfektion; sie lassen sich sowohl in vivo als auch in vitro durch künstliche „Induktoren" erzeugen. Zur Behandlung von menschlichen Viruskrankheiten eignen sich solche Interferon-Induktoren aber nicht. Induktoren sind synthetische Präparate von doppelsträngiger RNA; sie setzen aus Fibroblasten β-Interferon frei. Obwohl in der Maus gut wirksam, sind diese Induktoren für den Menschen zu toxisch. Interferon-α wird aus B-Lymphozytenlinien, Interferon-β aus Maus-Fibroblasten nach Behandlung z. B. mit einem Myxo-Virus (Sendai-Virus) freigesetzt, Interferon-γ gewinnt man aus mitogen-behandelten Lymphozyten. Neuerdings werden Interferone gentechnologisch hergestellt, vor allem menschliches Interferon α-2 (Tabelle 8.1)

8.4 Wirkungsweise der Interferone

Interferone werden von der virusinfizierten Wirtszelle nach der Penetration des infizierenden Viruspartikels synthetisiert. Die Synthese-Instruktion ist im Genom der Wirtszelle kodiert; die Synthese wird durch einen ***Derepressor-Mechanismus*** ausgelöst. – Interferon beeinflußt die Virussynthese indirekt: Es wirkt seinerseits als Derepressor, d. h. es öffnet in der Wirtszelle den Informationsfluß für die Synthese von ***translationshemmenden Enzymen***. Diese wurden ursprünglich als „***T***ranslation ***I***nhibiting ***P***roteins" (TIP) bezeichnet (Abb. 8.2). Sie wirken als RNAasen, indem sie die mRNA abbauen; diese werden durch Oligo 2',5'-Adenosin-Nukleotide aktiviert. Andere wirken über eine Hemmung bei der Bildung von Polysomen infolge Phosphorylierung von Initiationsfaktoren der Proteinsynthese. – Interferon stimuliert schließlich das ebenso antivirale Mx-System.

Die Interferenz beruht somit auf einer Sequenz von mindestens zwei funktionellen Entriegelungen der Genom-Funktion: Der erste Derepressor entsteht nach der Viruspenetration. Er löst die Synthese des zweiten Derepressors in Gestalt von Interferon aus. Das neugebildete Interferon diffundiert in das Gewebe und kreist im Blut; es heftet sich an Rezeptoren von vielen Organ- und Gewebezellen an und löst eine Vielzahl von Wirkungen aus.

Die Interferon-Wirkung ist nicht sehr selektiv, d. h. sie unterscheidet nicht streng zwischen Prozessen zur Synthese von viralen und zellulären Proteinen. Diese Tatsache erklärt die Nebenwirkungen bei hochdosierter, lang dauernder Interferon-Therapie, wie Fieber, Schädigungen der blutbildenden Zellen u. a.

Tabelle 8.1. Eigenschaften der Interferone

Typ	Anzahl der Gene	Chromosom # (Mensch)	Introns	Aminosäure Homologie	M. G. kD	Herkunft aus Zelltyp	Rezeptor Gemeinschaft	Wirkungen	Therapeutische Anwendung
α	$\geqq$ 15	9	–	+	19	Monozyten Makrophagen B-Lymphozyten	+	Antiviral Antitumoral	++
β	1[a]	9	–	+	24	Fibroblasten[b]	+	Antiviral	(+)
γ	1	12	3	–	45 (Dimer)	T-Zellen	–	Immunstimulierend u. antiviral	(+)

[a] IFN β2 = IL-6
[b] Wird nur wenig gebildet.

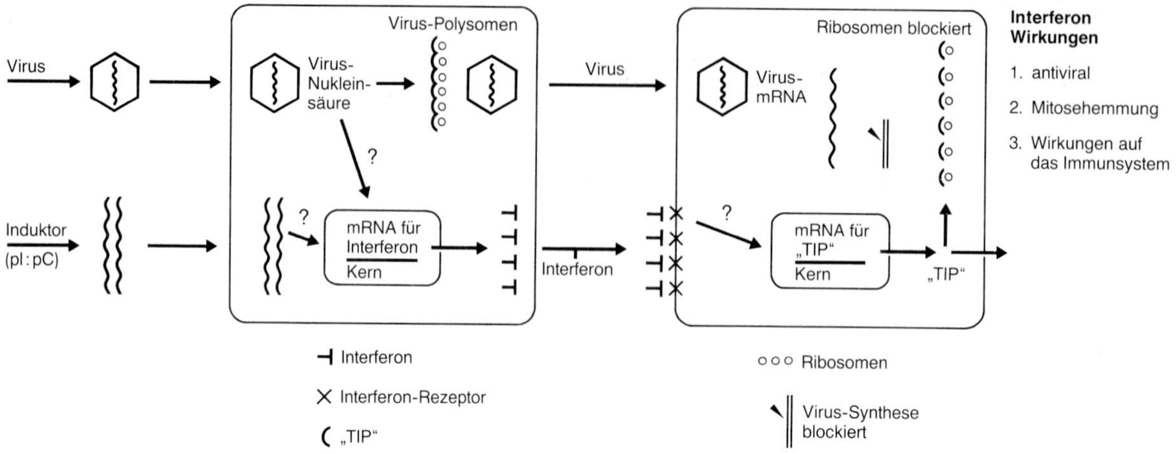

Abb. 8.2. Die Induktion von Interferon und seine Wirkungen. Virus bzw. ein Interferon-Induktor gelangen in eine Zelle und induzieren auf unbekanntem Wege die Produktion von mRNA für Interferon. Als Induktor wirken Doppelstrang-RNA bzw. die replicative intermediates. Das neugebildete Interferon wird in die Umgebung abgegeben (Interzellulär-Spalten und Serum), heftet sich an entsprechende Rezeptoren, die über Transkriptionsaktivatoren die Induktion der „TIP"-Proteine hervorrufen. Hierdurch wird die Virussynthese blockiert. Weitere Wirkungen der Interferone sind die Hemmung der Zellvermehrung und vielfältige Wirkungen auf das Immunsystem

Interferon ist im Hinblick auf seinen Wirkungsbereich nicht von der Art des induzierenden Virus, sondern nur von der Artzugehörigkeit der Wirtszellen bestimmt: Menschen-Interferon ist gegen viele Viren wirksam (***virus-unspezifisch***), aber nur dann, wenn Menschenzellen damit behandelt wurden; gegenüber infizierten Schweinezellen bleibt es unwirksam (***artspezifisch***). Das Interferon blockiert in einem spezieshomologen Wirt die Synthese von nahezu allen Virusarten.

Im Organismus kommt dem α/β-Interferon die Aufgabe des „Sofortschutzes" zu; Makrophagen sind die Hauptlieferanten. Das innerhalb von wenigen Stunden gebildete Interferon kann in der Zeit bis zum Erscheinen der Antikörper und der spezifischen T-Lymphozyten die Ausbreitung der Infektion auf gesunde Zellen verhindern. Virusinfektionen, die bei kurzer Inkubationszeit innerhalb der ersten Woche abklingen, werden hinsichtlich ihres Verlaufs viel eher durch Interferon beeinflußt als durch Antikörper oder zellvermittelte Immun-Mechanismen. Der affirmative Beweis, daß Interferone wichtige Funktionen bei der Abwehr von Virusinfektionen besitzen, läßt sich im Experiment durch die passive Zufuhr von Interferon erbringen: Die Interferon-behandelten Tiere erweisen sich gegenüber einer Virusinfektion geschützt. Verabreicht man einem sonst unbehandelten Tier vor der Virusinfektion aber einen Interferon-spezifischen Antikörper, so erkrankt das Tier schwerer als gewöhnlich oder gar tödlich.

Neben seiner Wirkung auf die virusinfizierte Zelle übt das γ-Interferon eine aktivierende Wirkung auf die antigen-unspezifischen Effektorzellen des Abwehrsystems (Lymphozyten, „natural killer cells", Makrophagen) aus. Darüber hinaus wirkt es in vielfältiger Form auf den Immunapparat. So bewirkt γ-Interferon die vermehrte Expression von MHC-Antigenen der Klasse I und II, ein Vorgang, der z.B. für die Entstehung von Autoimmun-Krankheiten (siehe Coxsackie-Viren) wichtig erscheint.

8.5 Therapeutische Anwendung von Interferon

Interferon wird heute für die Therapie gewisser Virus-Erkrankungen eingesetzt (s. d.). Interferone können auch die Entstehung von Leukämien, von Karzinomen und von Sarkomen in Versuchstieren verhindern, gleichgültig, ob es sich um virusinduzierte Tumoren handelt oder nicht. Diese Effekte der Interferone lassen sich z.T. auf die Hemmung der Virussynthese und z.T. auf die Hemmung der Zellvermehrung zurückführen. Interferone finden heute zur Behandlung von bestimmten Tumoren Anwendung. Allerdings müssen sehr hohe Dosen gegeben werden, weil die Halbwertszeit sehr kurz ist. Der Abbau erfolgt in der Leber und der Niere. IFN passiert kaum die Blut-Liquor-Schranke; bei einer HSV-Enzephalitis muß es deshalb intrathekal verabreicht werden. Oral ist IFN unwirksam, man kann es jedoch intranasal versprayen. IFN läßt sich auch mit Erfolg direkt in den Tumor injizieren. Bisher hat man Interferon bei Virusinfektionen in größerem Maßstab nicht einsetzen können; es hat sich aber doch gezeigt, daß diese Lymphokine die Schwere von HSV- oder VZV-Infektionen bei Krebspatienten reduzieren können; desgleichen wird der Schweregrad der ZMV-Exazerbationen bei immunsupprimierten Patienten herabgesetzt. Ein weiteres Anwendungsgebiet von IFN liegt in der Kombination mit antiviralen Substanzen (AraA, ACG, s. S. 687). Bei der Behandlung von

- Haar-Zell-Leukämien,
- juvenilen Kehlkopfpapillomen,
- Kaposi-Sarkomen,
- Basaliomen,
- Kondylomata akuminata
- chronischer Hepatitis B

sind Interferone therapeutisch wirksam.

9 Virus-Chemotherapie

D. Falke

INHALTSÜBERSICHT

9.1 Allgemeines 684
9.2 Kombinationstherapie 685
9.3 Resistenzentwicklung 685
9.4 Aktinomycin D 685
9.5 Inhibitoren der Proteinsynthese 685
9.6 Antiviral wirksame Substanzen und ihre Wirkungsmechanismen 685

9.1 Allgemeines

Als obligate Zell-Parasiten sind Viren hinsichtlich ihrer Replikation überwiegend auf Stoffwechselleistungen der befallenen Zelle angewiesen. Die „Selektivität" eines antiviralen Chemotherapeutikums ist nur dann gegeben, wenn die Substanz ausschließlich mit viruskodierten Proteinen oder Enzymen gehemmt wird, ohne daß die zellulären Polymerasen behindert werden. Als Angriffspunkte für eine selektiv wirkende Chemotherapie kann man sich die Prozesse des Uncoating, verschiedene Enzyme (Replikasen, Reverse Transkriptase, Polymerasen, Ribonukleotid-Reduktase, Proteasen), ferner die Prozesse der Virusmontage und schließlich eine spezifische Blockade der Virusadsorption an die Rezeptoren der Zelle vorstellen (Abb. 9.1). Möglicherweise gibt es auch bisher nicht erkannte Möglichkeiten, in den Replikationszyklus der Viren einzugreifen (Abb. 9.1).

Als therapiebedürftig sind alle diejenigen Viruskrankheiten einzustufen, die sich durch eine Impfprophylaxe nicht verhüten lassen, aber lebensbedrohlich sind oder mit Folgekrankheiten einhergehen (z. B. Hepatitis B, Herpes-Enzephalitis, AIDS, Lassa-Fieber, Rota-Gastroenteritis).

Voraussetzung für eine effektive Virus-Chemotherapie ist die Kenntnis oder Schnelldiagnose des Erregers. Diese ist unentbehrlich, weil eine Virus-Chemotherapie nur gegen jeweils bestimmte Viren möglich erscheint. Eine Schnelldiagnose kann aber bislang nur bei einem kleinen Teil der Viruskrankheiten durchgeführt werden. Wenn die virologische und klinische Differenzierung versagt oder unsicher ist, z. B. bei der lebensbedrohlichen Herpes-Enzephalitis, muß deshalb schon bei Verdacht, also „blind", mit der Chemotherapie begonnen werden; die virologische Diagnose wird dann gegebenenfalls nachgeliefert. Dieses Vorgehen ist von entscheidender Bedeutung für den Erfolg: Ein verzögerter Beginn erhöht das Risiko von Spätschäden oder Tod.

Einige Chemotherapeutika haben sich bei Viruserkrankungen bewährt; diese Substanzen erlangen auch

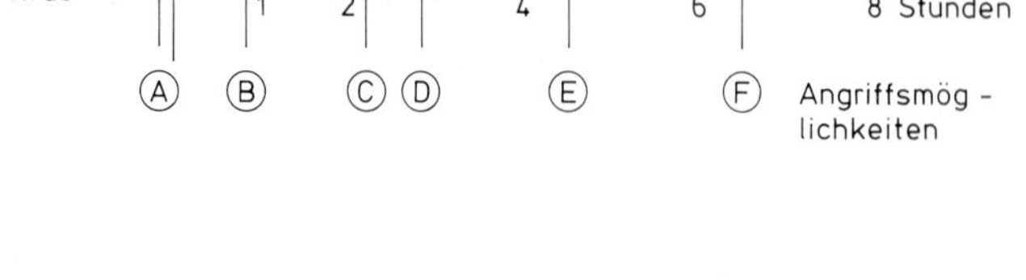

Abb. 9.1. Phasen der Virusreplikation: ① Adsorption; ② Penetration; ③ Eklipse, (a) Sofortphase (Regulatoren), (b) Enzymphase („Frühphase"), (c) Synthesephase der RNA, DNA und Strukturproteine („Spätphase"); ④ Montage („packaging"); ⑤ Freigabe
Angriffsmöglichkeiten der Chemotherapeutika: Ⓐ CD 4(+)-Rezeptor, Polyzucker; Ⓑ Adamantanamin; Ⓒ Basenanaloge (IdU etc.), Ribavarin. Mögliche Angriffspunkte: Ⓓ Protease-Inhibitoren; Ⓔ Montage-Inhibitoren; Ⓕ Hemmung der Freigabe

bei Virusinfektionen mit Immun-Mangelzuständen infolge von AIDS, bei Tumoren oder nach Transplantationen zunehmende Bedeutung. Es sind strukturanaloge Abkömmlinge der Nukleoside; ihre Triphosphate wirken als Polymerase-Hemmstoffe.

9.2 Kombinationstherapie

Bei der Herpes-Enzephalitis wirkt eine Kombination von Adenosin-Arabinosid (AraA, s. S. 687) und Acycloguanosin (ACG, s. S. 687) systemisch besser als jede Substanz für sich. Eine Kombination von ACG und Interferon-α/β soll bei der HSV-Enzephalitis besser wirken als ACG allein; dies gilt auch für die Behandlung der Herpes-Keratitis. Man prüft auch die Kombination von DHPG (s. S. 687) mit ZMV-Immunglobulin.

9.3 Resistenzentwicklung

Die Möglichkeit, daß resistente Mutanten auftreten, besteht z. B. bei der ACG-Behandlung eines HSV-Rezidivs, der HSV-Enzephalitis und der HSV-Keratitis. Praktisch gesehen hat sich diese Erscheinung bisher nicht negativ ausgewirkt, weil die Mutanten relativ apathogen sind. Trotzdem sollte nach 7–10 Tagen die Behandlung mit ACG abgesetzt und mit AraA oder PFA fortgeführt werden (Enzephalitis und Keratitis). – Insgesamt sind alle Chemotherapeutika restriktiv anzuwenden, wenn es sich um einfache Rezidive oder leichte Varizellen-Zoster-Erkrankungen handelt.

Die Gefahr, daß in der Peripherie resistent gewordene Mutanten des HSV die Spinalganglien des Patienten besiedeln, besteht nicht. Das beim nächsten Rezidiv auftretende HSV erweist sich wieder als sensibel für das Medikament. Für die Möglichkeit, daß solche Mutanten bisher seronegative Personen infizieren, gibt es keine Anhaltspunkte.

Bei der Behandlung von Patienten mit Immunschäden ist die Situation anders: Die Anwendung von DHPG bewirkt auch hier Resistenzen des ZMV, das resistente Virus breitet sich dann aber im Organismus aus und verstärkt das Krankheitsgeschehen. Die Indikation für die Behandlung muß hier also streng gestellt werden.

9.4 Aktinomycin D

Aktinomycin D als Inhibitor der Transkription ist sehr toxisch für die Zelle, es besitzt nur ein geringes Vermögen, zwischen der Transkription der Virus- und Zell-DNA zu unterscheiden. Aktinomycin D eignet sich also ***nicht*** für eine selektive Virus-Chemotherapie. Es wird in der Zellforschung eingesetzt. – Um selektiv zu wirken, müssen Virostatika besondere Eigenschaften aufweisen. Ihre Affinität gegenüber den Virus-Polymerasen muß möglichst hoch und gegenüber den zellulären Polymerasen möglichst gering sein.

Diese Eigenschaften werden z. Zt. nur von wenigen Substanzen erfüllt, z. B. von AraA oder von ACG. ACG und seine Derivate werden zudem durch die HSV-kodierte Thymidin-Kinase phosphoryliert und somit virusspezifisch aktiviert. Sie werden erst in diesem Zustand wirksam. Die dazu notwendige Thymidin-Kinase ist viruskodiert; sie kommt nur bei HSV und VZV vor.

9.5 Inhibitoren der Proteinsynthese

Die Proteinsynthese am Ribosom läßt sich durch Cycloheximid hemmen.

Durch Anbieten eines abartigen Bausteins kann man die Eiweißsynthese zwar nicht hemmen, aber so beeinflussen, daß nur noch biologisch inaktive Proteine produziert werden. Man bietet der infizierten Zelle z. B. in der Gestalt von p-Fluor-Phenylalanin eine „falsche" Aminosäure an; diese wird anstelle des Phenylalanins eingebaut. Dadurch wird das ganze Gefüge des neu synthetisierten Eiweißmoleküls so verändert, daß sich dessen funktionelle Eigenschaften grundlegend wandeln: Anstelle eines Enzyms entsteht ein inaktives Protein; anstelle des Capsomers entsteht ein nicht montierbares Polypeptid. Eine ***selektive*** Chemotherapie auf der Ebene der Proteinsynthese gibt es bisher nicht. Das gleiche gilt aber nicht für den Einbau von falschen Basen in die DNA. Die meisten wirksamen Chemotherapeutika für Viruserkrankungen sind Nukleosidanaloge.

9.6 Antiviral wirksame Substanzen und ihre Wirkungsmechanismen

Adamantanamin (1-aminoadamantan-HC1) (Amantadin) blockiert selektiv das Uncoating der Influenza A-Viren (Abb. 9.2). Es hemmt das Uncoating wahrscheinlich durch Anheben des pH in den virushaltigen Phagosomen. Es kann bei einer drohenden

Influenza A2-Pandemie über längere Zeit prophylaktisch und therapeutisch eingenommen werden (Tabelle 9.1). Resistenzen entstehen leicht. Ein Derivat ist das ***Rimantidin*** (α-methyl-1-adamantan-methylamin-HCl), es wirkt ähnlich.

Joddesoxyuridin (IdU) ist ein Basenanalogon des Thymidins. Es wird in der infizierten Zelle durch die zelluläre und die viruskodierte Thymidin-Kinase phosphoryliert. Das Triphosphat hemmt dann die zellulären DNA-Polymerasen ebenso wie die HSV-kodierte DNA-Polymerase.

Trifluormethyl-Thymidin (TFT), ebenso ein Thymidinderivat, wirkt ähnlich, aber besser als IdU. Es besteht keine Selektivität. Beide Substanzen wirken zwar toxisch, sind aber in Geweben mit geringer Zellteilungsrate therapeutisch wirksam.

Äthyldesoxyuridin (ein Thymidin-Analogon) wirkt ähnlich wie IdU, ist aber besser löslich. Es wirkt stärker gegen HSV-2- als HSV-1-Infektionen; seine lokale Anwendung als Salbe ist vor allem wegen seiner besseren Löslichkeit bei Genital-Herpes-Rezidiven indiziert.

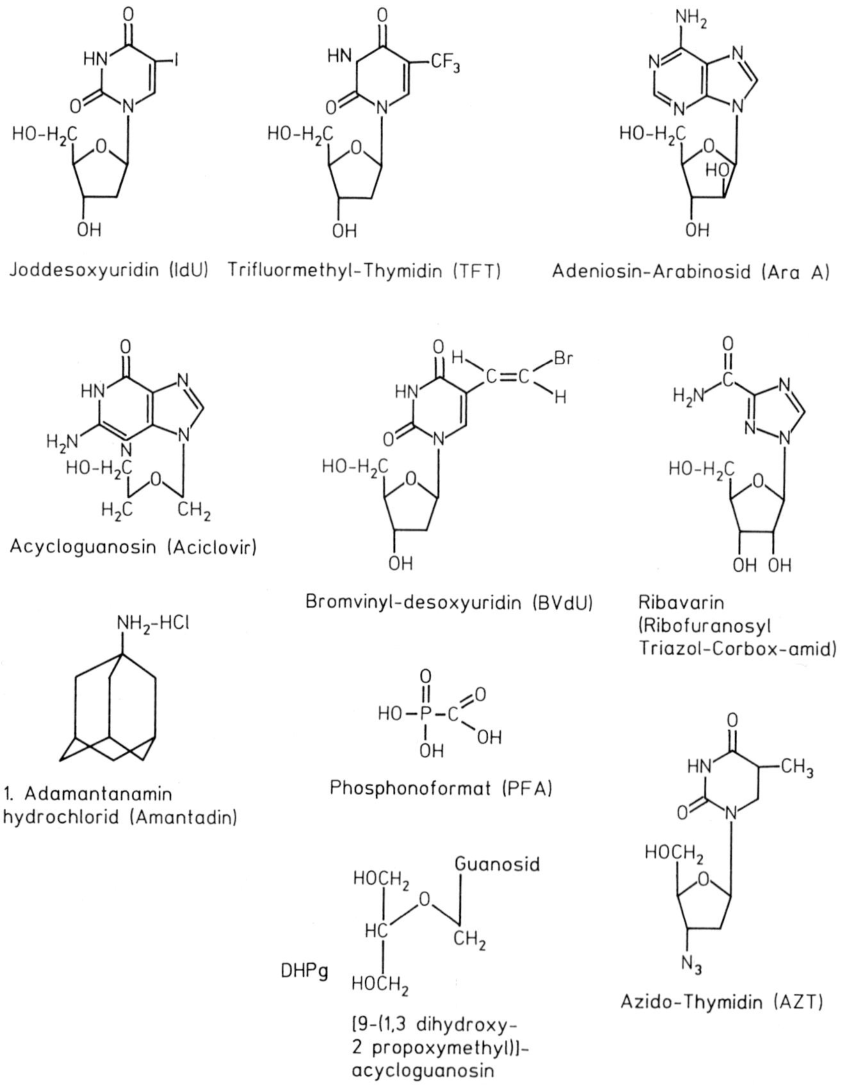

Abb. 9.2. Antiviral wirksame Substanzen

Tabelle 9.1. Zusammenfassung der Chemotherapeutika zur Behandlung von Viruskrankheiten

Substanz	Krankheit	Anwendung
Adamantanamin	Influenza A	pr, th, oral
Joddesoxyuridin in DMSO	Herpes-Keratitis	th, top
Trifluormethyl-Thymidin	Herpes-Keratitis	th, top; bei oberfl. Keratitis komb. mit IFN
Adenosin-Arabinosid (Vidarabin)	Herpes-Enzephalitis	th, sys
	Herpesneonatorum	th, sys
Acycloguanosin (Aciclovir, Zovirax°)	Herpes-Enzephalitis	th, sys
	Herpesneonatorum	th, sys
	Primärer Herpes genitalis[a]	th, sys, oral
	rez. Herpes genitalis	th, sys, oral, pr
	Herpes Keratitis	th, top
	Herpes rezidivans	th, top
	Zoster (bei Immunmangel)	th, sys
	VZV-Pneumonie	th, sys
DHPG[b]	ZMV-Retinitis	th, sys } Wirkung während der Dauer der Anwendung
	ZMV-Pneumonie	th, sys
	ZMV-Kolitis	th, sys
Ribavarin	Lassa-Fieber	th
	RS-Virus	th (Aerosolspray)
Phosphonoformat, (Foscarnet)	Zoster (s. ACG)	th, sys, top
	ZMV-Retinitis	th, sys
	ZMV-Pneumonie	th, sys
	ZMV-Kolitis	th, sys
Azido-Thymidin	AIDS	th, oral Wirkung während der Dauer der Anwendung

[a] ACG wirkt bei primären Infektionen besser als bei Rezidiven.
[b] DHPG: (s. u.).
DMSO: Dimethylsulfoxid, Lösungsmittel für IdU, *pr:* prophylaktisch, *top:* topisch, *th:* therapeutisch, *sys:* systemisch.

Adenosin-Arabinosid (AraA) wird durch zelluläre Kinasen phosphoryliert. Das Triphosphat hemmt *selektiv* die HSV-kodierte DNA-Polymerase. Wegen der geringen Löslichkeit wird anstelle von AraA oft dessen Monophosphat AraAMP verwendet.

Acycloguanosin (ACG) („Aciclovir") wird selektiv durch die HSV-kodierte Thymidin-Kinase phosphoryliert; es kann somit nur in HSV-infizierten Zellen wirken. Das Triphosphat wirkt auf die HSV-kodierte DNA-Polymerase in höherem Maße selektiv als AraATP. Es erfolgt ein Kettenabbruch bei der DNA-Synthese.

Dihydropropoxy-methyl-Guanosin (DHPG) („Ganciclovir") ist eine Fortentwicklung des ACG; es wird bei Retinitis, Kolitis und Pneumonie infolge von Zytomegalie-Infektionen bei Personen mit Immundefekten angewendet. Es sollte nur bei schweren Krankheitszuständen angewendet werden, da leicht resistente Viren auftreten, so daß die Therapie unwirksam wird. DHPG wird durch ein unbekanntes Enzym phosphoryliert, da das ZMV keine Thymidin-Kinase besitzt.

Phosphonoformat (PFA) („Foscarnet") ist ein selektiver Hemmstoff der HSV-kodierten DNA-Polymerase. Die Substanz wirkt nicht kompetitiv. Alle anderen oben genannten Basenanalogen wirken kompetitiv. Das Medikament wird lokal und systemisch wie DHPG eingesetzt.

Bromvinyl-desoxy-Uridin (BVdU) ist ein Antimetabolit des Thymidins; es wird in klinischen Studien gegen HSV-1 geprüft. Die Selektivität dieser Substanz ist groß: Die Wirkung richtet sich nur gegen HSV-1. Leider wird die Substanz im Organismus schnell abgebaut.

Ribavarin ist ein Antimetabolit des Guanosins. Die Substanz hemmt nach ihrer Phosphorylierung vorwiegend die mRNA-Synthese; sie hat eine relativ hohe Halbwertszeit. Die Substanz liegt in der Zelle als Triphosphat vor und behindert die Cap-Bildung an der RNA. [Bei der Synthese von mRNA wird deren 5'-Ende physiologischerweise methyliert. Dies führt zu einer kurzen Schleife (Cap) am endständigen Guanosin (z. B. bei Myxo-, aber nicht bei den Picorna-Viren)]. In vitro wird eine Vielzahl von Viren gehemmt. Bei dieser Wirkungsweise liegt der Schluß nahe, daß Ribavarin auch toxisch wirkt. Die Indikation zur Anwendung ist deshalb auf schwere Erkrankungen beschränkt (Lassa-Fieber, RS-Virus-Bronchiolitis).

Azido-Thymidin (AZT) bzw. sein Triphosphat ist ein Inhibitor für die Reverse Transkriptase des HIV-1. Es wirkt kompetitiv, ist aber toxisch (Knochenmark); seine Wirkung beruht auf einem Kettenabbruch infolge Fehlens der 3'OH-Gruppe. Die Substanz reduziert während der Dauer ihrer Applikation die Virussynthese bei AIDS-Patienten; eine nachhaltige Wirkung fehlt. Nach dem Absetzen gibt es einen „rebound"-Effekt. Es treten bald AZT-resistente Mutanten auf, die sich auf die Wirksamkeit der Substanz aber bisher nicht ausgewirkt haben. Eine weitere vielversprechende Substanz mit Wirkung gegen HIV ist das 2,3-Dideoxycytidin. – Man versucht jetzt, die Adsorption des HIV an die Zelle durch Gaben des Rezeptors für HIV (CD 4(+)-Rezeptor) und durch adsorptionshemmende Poly-Zucker (Dextansulfat) zu hemmen. Ebenso bemüht man sich, selektive Inhibitoren für die Protease des HIV zu entwickeln. AZT hemmt auch die Montage der Viruspartikel.

10 Labormethoden der Virologie

D. Falke

INHALTSÜBERSICHT

10.1 Isolierung, Züchtung und Identifizierung des Virus vom Kranken 689
10.1.1 Züchtung von Viren 690
10.1.2 Nachweis der erfolgreichen Züchtung von Viren 691
10.1.3 Identifizierung der gezüchteten Viren 693
10.2 Serologische Verfahren zum Nachweis von virusspezifischen Antikörpern 696
10.2.1 Neutralisationstest (NT) 697
10.2.2 Komplementbindungsreaktion (KBR) . . 697
10.2.3 Hirst-Test oder Hämagglutinations-Hemmungstest (HHT) 699
10.2.4 ELISA 699
10.2.5 Immunoblotting („Westernblotting") . . . 700
10.3 Labormethoden der virologischen Forschung 700
10.3.1 Reinigung von Viren 700
10.3.2 Elektronenoptische Darstellung 701
10.3.3 Bestimmung der Zahl infektionstüchtiger Viruspartikel 701

Die klinische Labordiagnostik der Viruskrankheiten beruht auf zwei Verfahrensprinzipien. Diese sind:

- Nachweis, Züchtung und Identifizierung des ***Virus*** vom Kranken sowie
- Nachweis von virus- und krankheitsspezifischen ***Antikörpern*** oder ***Antigenen*** im Serum, Liquor oder in Ausscheidungen des Kranken, d. h. serologische Methoden.

Die Methoden der Virusisolierung („große Virusdiagnostik") sind z.T. kostspielig und mühevoll, aber in bestimmten Fällen notwendig. Es ist deshalb eine genaue Indikationsstellung erforderlich.

Serologische Verfahren sind einfacher auszuführen und besitzen für den Klinikbetrieb große Bedeutung. Sie lassen sich als „kleine Virusdiagnostik" bezeichnen.

10.1 Isolierung, Züchtung und Identifizierung des Virus vom Kranken

Züchtung, Isolierung und Identifizierung erfolgen für die in Verdacht stehende Virusart jeweils mit den speziell dafür entwickelten Methoden. Eine allgemein anwendbare, alle Virusarten umfassende Methode gibt es nicht. Deshalb ist es ***ohne klinische Verdachtsdiagnose nicht möglich,*** geeignete Nachweisverfahren anzuwenden.

Die Isolierung oder Züchtung eines Virus gelingt aus Stuhl, Urin, Rachenspülwasser, Konjunktivalspülflüssigkeit, aus Liquor, Blut, Hauteffloreszenzen (Bläschen) oder Zellen (T-Lymphozyten) und Geweben. Der dazu notwendige Aufwand ist groß und die verwendeten Verfahren vielfältig. Hier hat sich eine Arbeitsteilung dadurch ergeben, daß bestimmte Isolierungsverfahren nur in bestimmten Instituten routinemäßig ausgeführt werden. Dies gilt z. B. für die Poliomyelitis oder für die Tollwut. – Man unterscheidet transportstabile und -labile Virusspezies. Transportstabil sind z. B. Enteroviren, transportlabil Myxo- oder Herpes-Viren. Zwecks Virusisolierung müssen die Proben also sehr schnell in ein Viruslabor gebracht oder bei –70 °C transportiert werden.

Die große Virusdiagnostik ist für die Klinik nicht immer ergiebig; dies gilt z. B. dann, wenn Erkrankungen der oberen Luftwege ätiologisch abgeklärt werden sollen. In diesen Fällen bedeuten Isolierung und Identifizierung für den behandelnden Arzt wenig: Die Resultate kommen zu spät. Die Isolierung ist aber von größter Bedeutung für die Beurteilung der *epidemiologischen Situation*: Virusisolierungen an einigen Kranken erlauben es, gewisse Diagnosemöglichkeiten (z. B. Influenza) in Betracht zu ziehen.

10.1.1 Züchtung von Viren

Zur ***Züchtung von Viren*** benötigt man lebende Zellen; diese müssen innerhalb des für das Virus charakteristischen Pathogenitätsspektrums liegen. Die Züchtung kann erfolgen:

- im lebenden Tier
- im bebrüteten Hühnerei und
- in der Zellkultur

10.1.1.1 Lebendes Tier

Zur Anzüchtung und zur Fortzüchtung ist für manche Viren das ***lebende Tier*** der bestgeeignete Wirt.

Die Isolierung von ***Coxsackie-Viren vom Typ A*** (die sich nicht in der Zellkultur vermehren) sowie von einigen Toga-Viren kann in der Saugmaus erfolgen. Die erwachsene Maus wird zur Isolierung des Virus der Lymphozytären Choriomeningitis und des Tollwut-Virus verwandt.

Bei manchen Viren ergeben sich im Tierversuch charakteristische Verlaufs-Symptome und typische Sektionsbefunde. Diese wurden früher zur Virusidentifizierung herangezogen. Der diagnostische Tierversuch spielt heute kaum noch eine Rolle. Tierversuche werden heute meist nur noch für das Studium der Pathogenese von Viruskrankheiten verwendet.

10.1.1.2 Bebrütetes Hühnerei

Das bebrütete Hühnerei hat drei mit einer einheitlichen Zellschicht ausgekleidete Höhlen, nämlich:

- die Allantoishöhle
- die Amnionhöhle und
- den Dottersack.

Die Zellschichten dieser Höhlen sind für die Vermehrung zahlreicher Virusarten geeignet. Amnion- und Allantoishöhle werden für die Isolierung bzw. Züchtung von Influenza-Viren verwendet. Das Pocken-Virus und das HSV vermehren sich in den Zellen der Chorioallantois-Membran unter Ausprägung charakteristischer Erscheinungen (Plaques) (Abb. 10.1).

10.1.1.3 Zellkultur

Die Zellkultur ist heute das wichtigste Handwerkszeug des Virologen. Sie hat in vielen Bereichen das umständliche Arbeiten mit lebenden Tieren abgelöst. Darüber hinaus hat sie die molekularbiologische Betrachtungsweise des Parasitismus von animalen Viren erst möglich gemacht.

Die in der Kultur gehaltenen Zellen verändern sich nach der Explantation morphologisch, biochemisch und im Hinblick auf ihre Membran. Man spricht von „Entdifferenzierung". Für den Virologen wichtig ist die Tatsache, daß einige Zellspezies, die in vivo für gewisse Viren unempfänglich sind, diese Eigenschaften in der Kultur ändern. So können die in vivo unempfindlichen Affennierenzellen des tubulären Apparates nach Verbringung in die Kultur mit Polio-Virus infiziert werden.

Es gibt zwei Grundformen der Zellkultur: Die primäre Kultur und die permanente Kultur.

Primäre Zellkulturen. Primäre Zellkulturen werden jedesmal direkt vom lebenden Tier aus hergestellt. Beispiele sind: Affennierenzellen, Hühnerfibroblasten, menschliche Amnionzellen.

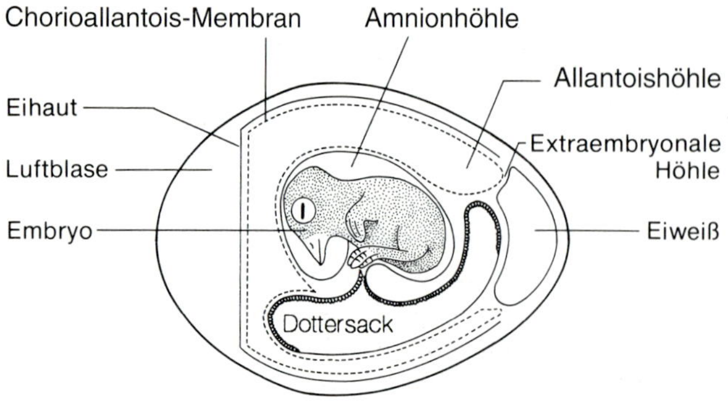

Abb. 10.1. Das bebrütete Hühnerei. Für Züchtungszwecke werden etwa 9–10 Tage bebrütete Hühnerembryonen benutzt. Sie dienen zur Isolierung und Züchtung von Viren und Rickettsien: 1) Die Amnionhöhle für die Isolierung des Influenza-Virus. 2) Die Allantoishöhle zur Mengenzüchtung von Influenza-Virus. 3) Der Dottersack für die Züchtung von Rickettsien. 4) Auf der Chorioallantois-Membran läßt sich das Pocken- bzw. Vaccinia-Virus und das HSV züchten

Man zerschneidet die Organe in kleine Stückchen und behandelt diese kurzdauernd in isotonischer Trypsin-Lösung. Dadurch löst sich der Gewebsverband auf und die Zellen werden einzeln ins Milieu entlassen. Man wäscht dann das Trypsin aus und transferiert die Zellen in ein mit gepufferter, isotonischer Nährlösung (Aminosäuren, Vitamine, Glukose) mit Zusatz von Kälberserum („Kulturmedium") versetztes Glasgefäß, auf dessen Boden sie sedimentieren; die Zellen haften schnell auf dem Glas und wachsen dann zum Monolayer aus. Man verwendet auch verschiedenartig geformte Vertiefungen von Kunststoffplatten. Der größte Teil der Primärkulturen läßt sich in vitro nur über wenige Passagen weiterzüchten: Sie degenerieren schnell und sterben ab; ihr Chromosomenbestand ist aber diploid und unverändert. Eine Affennierenzelle z. B. ist empfänglich für: Polio-Viren, Coxsackie-Viren Typ B, Echo-, Reo- und Masern-Viren.

Diploide Zellkulturen. Die meisten Vertebratenzellen sterben in vitro nach etwa 50–100 Passagen ab (Abb. 10.2). Es handelt sich dabei z. B. um menschliche Lungenfibroblasten oder Hautfibroblasten. Diese Zellen sind bei guten Züchtungsbedingungen ***diploid***, also mit dem normalen Chromosomensatz ausgestattet. In der Viruszüchtung spielen sie eine besondere Rolle, z. B. bei der Züchtung des Tollwut-Virus für die Impfstoffherstellung. Auf WI-38-Zellen lassen sich Rhino-Viren sowie Varizellen-Virus, Zytomegalie-Virus und HSV züchten.

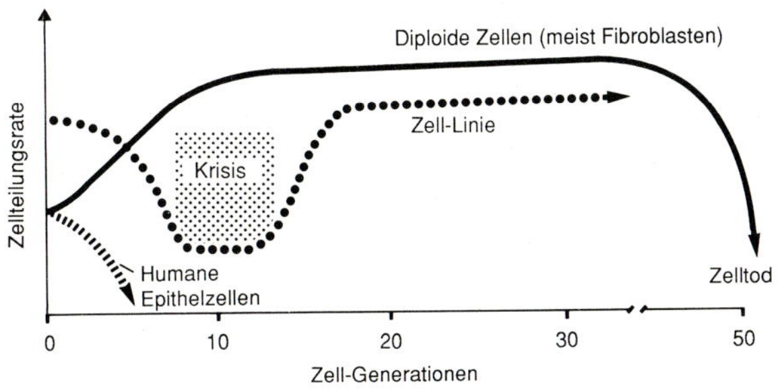

Abb. 10.2. Schematische Darstellung der Entstehung von diploiden Zellstämmen oder von Zellinien. Epithelzellen lassen sich in vitro nur über eine begrenzte Zeitspanne züchten, sie sterben dann ab. Fibroblasten-ähnliche Zellen (Mensch, Nagetiere) lassen sich für etwa 50–100 Passagen in vitro, bei guter Pflege auch als diploide Zellen halten. Sie sterben dann unweigerlich ab. Die meisten Zellen teilen sich anfangs in vitro gut, machen dann eine Krisis durch, in der chromosomale Veränderungen auftreten, so daß veränderte Zellklone beobachtet werden. Diese lassen sich dann als Zellinien unbegrenzt fortzüchten

Permanente Zellkulturen. Bei einigen, ursprünglich zur Primärkultur verwendeten Zellen hat sich herausgestellt, daß sie sich über Jahrzehnte hinweg züchten lassen. Bei ihnen überträgt man die ausgewachsene Kultur mit einem dichten „Zellrasen" nach dem Ablösen durch eine trypsinhaltige Lösung in neues Kulturmedium. Auch diese Flüssigkeit muß Kälberserum mit seinen Wachstumsfaktoren enthalten. Kälberserum läßt sich neuerdings auch durch geeignete Wachstumsfaktoren ersetzen. Bevor diese Zellen jedoch zu einer ***Zellinie*** anwachsen, machen sie eine Krisenphase durch, ehe sie stabil bleiben und z.T. bereits über drei Jahrzehnte in Gebrauch sind (Hela-, Vero-Zellen). Auch diese Zellen besitzen ein charakteristisches Empfänglichkeitsspektrum für Viren.

Die Zellen der permanenten Kultur weisen fast immer Abweichungen im Hinblick auf den normalen („euploiden") Chromosomensatz auf. Die Aberrationen sind entweder von Anfang an vorhanden (z. B. bei Tumorzellen), oder sie entstehen im Verlaufe der Kultur als „Aneuploidie" aus ursprünglich diploiden („euploiden") Zellen. Die Ursache der Dauerzüchtbarkeit ist in Mutationen zu suchen, die das Teilungsvermögen der Zellen betreffen.

Ko-Kultivierung. Die Ko-Kultivierung wird zumeist für die Isolierung und den Nachweis von latenten oder latent-persistierenden Viren angewendet, die sich durch den klassischen Isolierungsversuch nicht feststellen lassen. Man geht dabei so vor, daß das virushaltige Gewebe (z. B. Spinal-Ganglien) in kleine Stücke geschnitten und in einem Kulturgefäß mit einer Zellart, z. B. Vero-Zellen, zusammengegeben wird, in der das vermutete Virus einen typischen zytopathischen Effekt (ZPE) erzeugt. Nach längerer Zeit (2–4 Wochen) tritt beim Vorhandensein des vermuteten Virus der ZPE auf.

10.1.2 Nachweis der erfolgreichen Züchtung von Viren

Der gelungene ***Infektionsversuch*** zeigt sich in der Kultur vielfach durch charakteristische Veränderungen an. Diese können entweder durch direkte Beobachtung der Kultur im Mikroskop (schwache Vergrößerung) oder mit Hilfe von besonderen Laboratoriumsmethoden kenntlich gemacht werden.

Folgende Methoden sind gebräuchlich:

- Mikroskopische Darstellung des zytopathischen Effektes und die Plaquebildung;
- Nachweis von virusspezifischem Antigen auf der Zelloberfläche oder innerhalb der Zelle;
- Nachweis von virusspezifischem Antigen in der Kulturflüssigkeit;
- Nachweis der gesteigerten Nukleinsäuresynthese durch Autoradiographie mit markiertem Thymidin für DNA-Viren und mit markiertem Uridin für RNA-Viren.

10.1.2.1 Zytopathischer Effekt

Der zytopathische Effekt tritt in mehreren Erscheinungsformen auf:

- ***Zellabkugelung***; Beispiel: Polio-Virus.
- ***Riesenzellbildung***; Beispiel: Herpes-Virus, Masern-Virus, HIV-1.
- ***Einschlußkörperchen (EK)***; Beispiel: Negri-Körperchen bei Tollwut (fluoreszenzserologische Darstellung); Guarnieri-Körperchen bei Pocken; EK im Kern infizierter Zellen bei Herpes und bei Masern. EK treten auch in vivo auf, sie sind wichtige Indizien, z. B. bei der Diagnose der Tollwut.
- ***Chromosomenbrüche***; z. B. bei Masern; ***Translokationen*** beim Burkitt-Lymphom (s. S. 648).

Nicht alle Viren induzieren einen zytopathischen Effekt. Beispielsweise verläuft die Vermehrung des Influenza- und des LCM-Virus in der Zellkultur ohne erkennbare Veränderung der befallenen Zellen.

10.1.2.2 Darstellung virusspezifischer Antigene auf infizierten Zellen

Die Darstellung von virusspezifischen Antigenen auf infizierten Zellen ermöglicht es u. U. schon vor Auftreten des ZPE, die befallenen von den nicht-befallenen Zellen zu unterscheiden. Außerdem kann man auf diese Weise virusspezifische Antigene in der Membran der befallenen Zellen darstellen, z. B. in transformierten Zellen die sogenannten Tumor-Antigene (s. S. 650).

Folgende Methoden sind in Gebrauch:

- ***Die fluoreszenzserologische Färbung*** mit markierten Immunseren. Dabei wird der auf einem Objektträger gewachsene, infizierte Zellrasen fixiert und dann mit einem bekannten virusspezifischen Immunserum behandelt. Anschließend wird das Präparat mit einem fluoreszeinmarkierten Antiglobulin überschichtet, wobei sich die Spezifität des Antiglobulins gegen das Antikörpermaterial des unmarkierten, virusspezifischen Immunserums richtet. Das Präparat wird im UV-Licht mikroskopiert.
- ***Der Nachweis von viruskodierten Antigenen*** mit einem geeigneten Antikörper. Er wird über die Enzymkoppelung eines zweiten, enzymmarkierten Antiglobulin-Antikörpers lokalisiert. So ist der Antigennachweis in Bronchialsekreten etc. oder in Gewebeschnitten möglich.
- Die ***Hämadsorption***; sie wird in zwei Formen praktiziert:
  - ***Direkte Hämadsorption***. Hierbei wird nach Antigenen in der Zellmembran gefahndet, die unmittelbar mit Erythrozyten reagieren und sie binden (Beispiel: Hüll-Antigen der Myxo-Viren). Man setzt der Zellkultur einen Überschuß von Erythrozyten zu und stellt fest, ob diese an den infizierten Zellen verankert werden; ist dies der Fall, so erscheinen nach vorsichtigem Abspülen charakteristische Erythrozytenhaufen (Rosetten).
  - ***Indirekte Hämadsorption*** (Immunadhärenz). Dieses Verfahren beruht auf der Tatsache, daß Antigen-Antikörper-Komplement-Komplexe Erythrozyten der Gruppe 0 binden, und zwar unabhängig von der Natur des Antigens. Man behandelt die Zellkultur zuerst mit einem Antiserum von bekannter Virusspezifität und dann mit Komplement (maßgebend sind die Komponenten C1, C4, C2, C3). Wenn man jetzt wäscht und dann Human-Erythrozyten dazu gibt, werden diese an den Orten der Antigen-Antikörper-Komplement-Reaktion selektiv festgehalten und bilden Rosetten.

10.1.2.3 Nachweis von virusspezifischen Antigenen in der Kulturflüssigkeit

In den Fällen, bei denen der ZPE ausbleibt, kann man die „symptomlos" verlaufende Virusvermehrung durch den Nachweis des ausgeschleusten Virusmaterials im Kulturüberstand beweisen. Der Nachweis erfolgt in vielen Fällen durch die ***Komplementbindungsreaktion*** unter Verwendung eines virusspezifi-

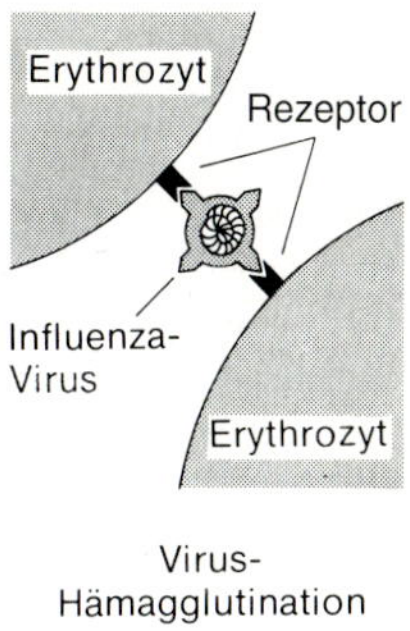

Abb. 10.3. Die Hämagglutination. Einige Viren besitzen die Eigenschaft, bestimmte Erythrozyten zu agglutinieren. Das Virus bindet sich an je einen Rezeptor zweier Erythrozyten, so daß schnell sedimentierende Agglutinate entstehen. Diese Bindung läßt sich durch Zugabe von Immunseren hemmen (Hämagglutinationshemmung)

schen Immunserums als Reagenz. In anderen Fällen nutzt man die ***hämagglutinierende Wirkung*** der Virionen direkt, d. h. ohne Antiserum, aus.

Bei einigen Viren kann man die Außenstruktur mit bestimmten Oberflächenstrukturen (Rezeptoren) von Warmblütererythrozyten zur Reaktion bringen. Es kommt dann zur Bindung des Virus an den Erythrozyten. Da das Virion mehrere „Haftstrukturen" besitzt, bildet es eine Verbindung zwischen jeweils zwei Erythrozyten:

Es kommt durch Vernetzung zur Bildung von Aggregaten. Diese Erscheinung wird ***Hämagglutination*** genannt. Mischt man den Kulturüberstand mit Erythrozyten, so werden diese bei Anwesenheit von hämagglutinisierendem Virus vernetzt (Abb. 10.3). Nicht alle Viren sind zur Hämagglutination befähigt. Diagnostisch besonders wichtig ist die hämagglutinierende Wirkung der Myxo-Viren und des Röteln-Virus. Daneben zeigen aber auch Arbo-Viren, Adeno- und Pocken-Viren eine Hämagglutination.

Der Erythrozytenrezeptor für das Influenza-Virus ist ein Glykoprotein; sein maßgebender Zuckeranteil ist Sialinsäure (Neuraminsäure). Die Rezeptoraktivität kann durch das Enzym Neuraminidase („receptor destroying enzyme") zerstört werden; als Produkt der Enzymeinwirkung wird dabei N-Acetylneuraminsäure frei. Manche Viren besitzen im Virion Neuraminidase in aktiver Form. Dementsprechend zerstören sie den Rezeptor schon einige Minuten nach ihrer Bindung an den Erythrozyten. Dadurch kommt es kurze Zeit nach der Virusbindung zu einer Virusfreisetzung (Virus-Elution): Die Erythrozytenaggregate lösen sich auf. Hatte der aus dem Aggregat befreite Erythrozyt vorher alle seine Rezeptoren mit Virus besetzt, so kann er durch neue Viruspartikel nicht mehr aggregiert werden, da seine Rezeptoren sämtlich zerstört sind.

10.1.2.4 Nachweis der Nukleinsäuresynthese durch Autoradiographie

Als Autoradiographie bezeichnet man die photographische Registrierung und Lokalisation strahlender Substanzen in Gewebsschnitten oder auf Monolayern. Man bietet der lebenden, infizierten Wirtszelle ^{3}H-markiertes ***Thymidin*** an. An den Stellen, wo sich die DNA-Synthese vollzieht, reichert sich das strahlende Material an. Anschließend legt man einen Film auf den Schnitt oder den Zellrasen und läßt die Strahlen einwirken. Die Orte der DNA-Synthese erscheinen dann als schwarze Körnchen. – Das gleiche Verfahren wird für die Darstellung der RNA-Synthese verwendet. Man bietet der Zelle dabei ^{3}H-markiertes ***Uridin*** an. Bei beiden Verfahren muß die Synthese der zelleigenen Nukleinsäure sorgfältig von der Synthese der Virusnukleinsäure unterschieden werden. Dies geschieht durch entsprechende Kontrollen. Die Autoradiographie spielt eine wichtige Rolle beim Nachweis von hybridisierenden Nukleinsäuren (s. Kap. Tumor-Viren).

10.1.3 Identifizierung der gezüchteten Viren

Bereits das Spektrum der Zellen, in denen sich ein Isolat vermehrt, erbringt Hinweise auf die Gruppenzugehörigkeit; so repliziert sich z. B. das Polio-Virus in Affennierenzellen, aber nicht in Kaninchennierenzellen.

Die Identifizierung des in der Zellkultur oder im Hühnerei gezüchteten Virus erfolgt ***serologisch***. Das virushaltige Kulturmaterial wird als unbekanntes Antigen betrachtet und mit Hilfe von virusspezifischen Antiseren als authentische Reagentien untersucht.

Es kommen die Methoden der Neutralisation, der Komplementbindung, der Präzipitation (ggf. der Agglutination) sowie der Fluoreszenzserologie zur Anwendung. Die größte Bedeutung kommt der ***Komplementbindungsreaktion*** und den verschiedenen Formen des ***ELISA***-Prinzips zu.

10.1.3.1 Neutralisation

Beim Neutralisationstest, wie er zur Virusidentifizierung ausgeführt wird, stellt man im Prinzip fest, ob der zytopathische Effekt einer bestimmten Virussuspension gegenüber einer Zellkultur durch vorherige

Bebrütung mit einem authentischen ***Immunserum*** aufgehoben wird. – Durch dieses Verfahren werden andere Antigene (bzw. Antikörper) besser erfaßt als mit der KBR oder dem ELISA.

10.1.3.2 Komplementbindungsreaktion (KBR)

Auch mit der KBR lassen sich viruskodierte Antigene identifizieren. Es werden zu diesem Zweck bekannte Seren eingesetzt. Die Antigene sind häufig Gemeinbesitz von mehreren Virustypen bzw. Subtypen. Die KBR ist somit weniger spezifisch als der Neutralisationstest.

10.1.3.3 Hämagglutination

Einzelne Viren haben die Eigenschaft, Erythrozyten von bestimmten Spezies zu agglutinieren (z. B. Influenza, Masern, Röteln, Mumps, Adeno-Viren). Diese Eigenschaft läßt sich zu ihrer Identifizierung ausnutzen. Die Hemmung der Hämagglutination erlaubt eine Bestätigung des Ergebnisses (s. S. 699).

Will man ein hämagglutinierendes Virus identifizieren, so bringt man mehrere Ansätze einer hämagglutinierenden Virusverdünnung jeweils mit Antiseren gegen die in Betracht kommenden Viren zusammen; man bebrütet die Mischung und stellt nach ~~der durch~~ Zugabe der als Indikator dienenden Erythrozyten fest, welches der eingesetzten und bekannten Antiseren die hämagglutinierende Eigenschaft blockiert hat. Das Virus ist dann diesem Serum homolog.

10.1.3.4 ELISA

Ein häufig benutztes Verfahren zum Nachweis von Viren in Körperausscheidungen (Rota-Virus im Stuhl) oder Virus-Antigenen im Serum (HBsAg oder HBeAg im Serum) ist der ELISA. Das Verfahren wird auf S. 699 beschrieben.

10.1.3.5 Analyse der Virus-DNA durch Restriktionsenzyme

Seit einigen Jahren benutzt man zur Feindifferenzierung von Viren (HSV, VZV, CMV, Adeno-Virus) die Analyse der Virus-DNA durch Restriktionsenzyme (RE). Diese Enzyme sind ***Endonukleasen***, die an der DNA bestimmte Basensequenzen erkennen und dort die Nukleinsäure durchtrennen. Diese Sequenzen sind

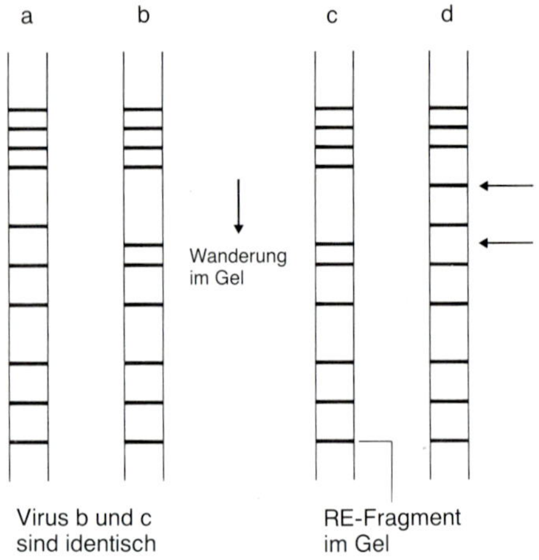

Abb. 10.4. Restriktionsenzymanalyse der DNA von Viren. RE schneiden Virus-DNA an unterschiedlichen Sequenzen mit variabler Häufigkeit. Dabei entstehen kleinere und größere DNA-Fragmente, die im Agarose-Gel unterschiedlich weit wandern. So ist eine Feinanalyse der DNA eines Virustyps möglich

auf dem Genom unregelmäßig verteilt; dementsprechend sind die entstehenden DNA-Fragmente unterschiedlich lang. Die Schnittstellen für ein Enzym kommen außerdem mit unterschiedlicher Häufigkeit vor. Infolge von Veränderungen der DNA (Deletionen, Insertionen, Mutationen) verschwinden einige von ihnen; andere treten neu auf. Die jetzt entstehenden Fragmente zeigen Abweichungen hinsichtlich ihrer Größe; sie wandern langsamer oder schneller. Die mit einem gegebenen Enzym entstehenden Schnittmuster sind charakteristisch für ein Virus.

Man kann z. B. feststellen, ob das HSV eines Kindes mit Herpes-Sepsis von der Mutter, vom Vater oder von der Säuglingsschwester auf das Kind übertragen wurde. Damit wird es möglich, eine ***Feinst-Typisierung*** zu betreiben, wenn andere Verfahren keine Unterscheidung mehr zulassen (Analogie zur Lysotypie der Salmonellen). Um die DNA-Fragmente im Agarose-Gel feststellen zu können, muß die DNA entweder mit ^{32}P markiert sein oder eine DNA-spezifische Fluoreszenz im UV-Licht festgestellt werden (Abb. 10.4).

10.1.3.6 DNA-Hybridisierung

Die Hybridisierungen vom Typ DNA/DNA oder DNA/RNA ermöglichen den Vergleich von DNA verschiedener Herkunft auf der Ebene der Basensequenz. Die Hybridisierung ist der empfindlichste Test zum

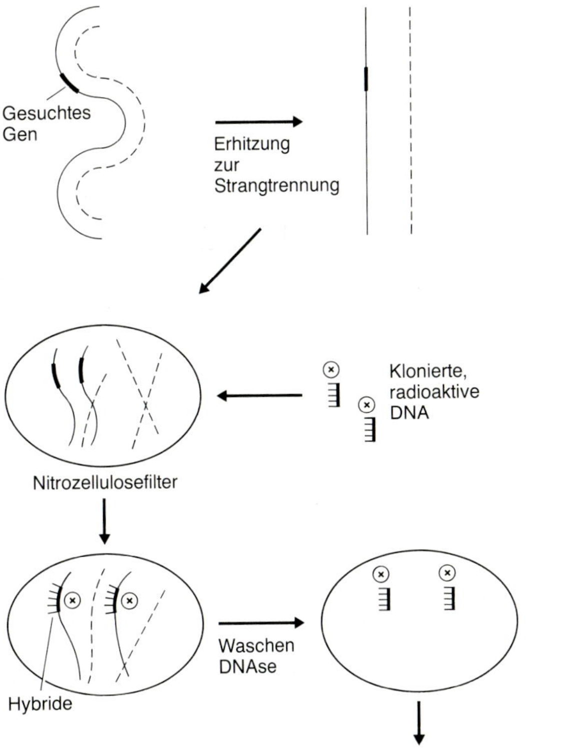

Abb. 10.5. In-vitro-Hybridisierung. Die extrahierte DNA wird zunächst denaturiert und auf ein Nitrozellulosefilter gegeben. Radioaktive DNA (kloniert) mit der gesuchten Spezifität wird zugefügt, gewaschen, restliche Einzelstrang-DNA mit einer Nuklease abgebaut und autoradiographisch oder im Szintillationsfilter gemessen

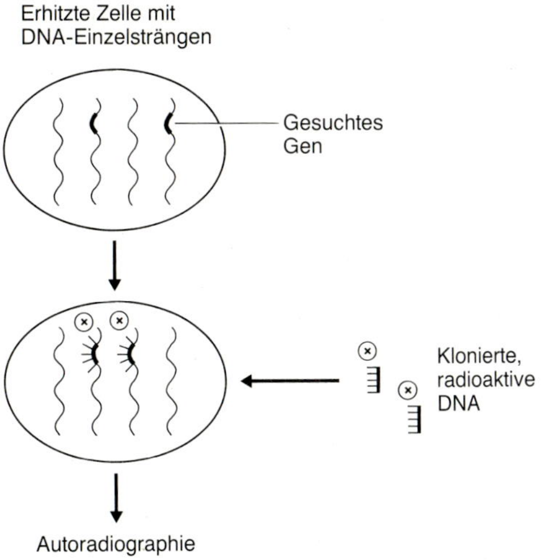

Abb. 10.6. In-situ-Hybridisierung. Der Gewebeschnitt wird zwecks Denaturierung der DNA erhitzt. Auf die Schnitte wird dann radioaktiv markierte (^{35}S, ^{32}P, biotiniliert), klonierte DNA mit der gewünschten Spezifität gegeben. Nicht gebundene Reste werden abgewaschen und der Schnitt dann autoradiographisch entwickelt

Vergleich von zwei DNA-Proben. Man kann eine Hybridisierung in situ (d. h. in der fixierten Zelle) oder in vitro (auf dem Nitrozellulose-Filter) vornehmen. Zunächst müssen die beiden DNA-Stränge durch Erhitzen voneinander getrennt werden („Denaturierung"). ***In vitro*** werden die getrennten Stränge auf Nitrozellulose fixiert und dann radioaktive Einzelstrang-DNA (bzw. -RNA) zugefügt. Finden sich in der „heißen" Probe Nukleinsäure-Stücke, die zu der fixierten DNA passen, so bleiben diese Stücke – aufgrund der Basenpaarung – auf dem Filter hängen. Der nicht fixierte Rest wird abgewaschen. Die gemessene Radioaktivität entspricht der Menge der hybridisierenden DNA (Abb. 10.5).

In-situ-Hybridisierung (Abb. 10.6) wird auf folgende Weise vorgenommen: Der histologische Schnitt wird zur Strangtrennung erhitzt. Dann werden radioaktive DNA-Fragmente (mit bekannter Spezifität, z. B. für das HBs-Gen) zugefügt. Es wird dann gewaschen und autoradiographiert. Man kann damit die Schwärzung über denjenigen Zellarealen feststellen, in welchen sich z. B. die markierte DNA befindet. Dieses Verfahren hat bei dem Nachweis der EBV-DNA im Burkitt-Lymphom eine wichtige Rolle gespielt.

10.1.3.7 Polymerase-Kettenreaktion (polymerase chain reaction, PCR)

Die PCR ist ein Nachweisverfahren für kleinste Mengen an DNA (bis 1 fg). Eine bestimmte DNA-Sequenz kann dabei unter einer Vielzahl von anderen erkannt und nach ihrer Amplifikation (= Vervielfältigung) nachgewiesen werden. Sie findet Anwendung für diagnostische (als „Sonderdiagnostik") und für experimentelle Zwecke. So gelingt der Nachweis von DNA bei HIV-Infizierten auch in solchen Fällen, bei denen noch keine Antikörper gebildet worden sind.

Die PCR wird in der klinischen Virologie auch zur Unterscheidung eines Impfvirus vom entsprechenden Wildtyp angewandt. Eine weitere Anwendung ist der Nachweis von Hepatitis B-DNA im Serum (Abb.10.7).

Das Prinzip der Reaktion ist folgendes: Die im Gewebe oder im Serum vermutete DNA (mit bekannter

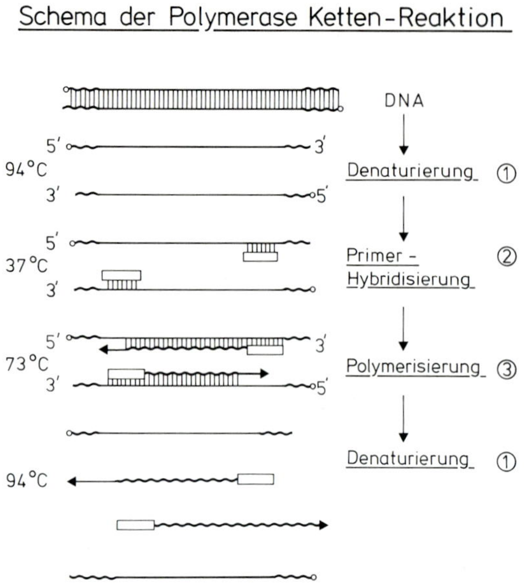

Abb. 10.7. Die Polymerase-Kettenreaktion. Auch hier wird die DNA zunächst denaturiert (94 °C) und bei 37 °C die Primer-DNA sowie die temperaturresistente Polymerase zugegeben. Bei 73 °C erfolgt dann die Polymerisierung. Diese Reaktionen erfolgen in einem Apparat, der automatisch die jeweiligen Temperaturen im Reaktionsgefäß einstellt

Sequenz) wird bei 94 °C denaturiert (also in ihre Einzelstränge aufgespalten) und mit ausgewählten Primern (synthetische Oligonukleotide, die komplementär zum Anfang und zum Ende der gesuchten DNA-Sequenz sind) hybridisiert (37 °C). Primer werden auch als Starter-Ketten bezeichnet, weil sie die Verdoppelungsreaktion (Polymerisierung) des jeweiligen DNA-Stranges in Gang setzen helfen. Es wird dann eine temperaturstabile DNA-Polymerase zugegeben, die den komplementären Zweitstrang des jeweiligen DNA-Stückes bei 73 °C synthetisiert. Die neugebildete DNA wird bei 94 °C nochmals denaturiert; sodann werden bei 37 °C erneut die beiden Primer angelagert, und schließlich wird bei 73 °C erneut polymerisiert.

Nach 25maliger Wiederholung (ca. in 3 h) dieser Reaktionsfolge ist die spezielle DNA-Sequenz etwa 100 000fach amplifiziert worden. Voraussetzung für die Reaktion ist die einmalige Zugabe von Primern im Überschuß und der temperatur-unempfindlichen DNA-Polymerase mit den als Baumaterial notwendigen Triphosphaten. Die DNA kann nachher durch Farbreaktionen oder durch Zugabe von radioaktiver DNA mittels Hybridisierung nach Trennung im Gel festgestellt werden.

Die PCR besteht also aus drei Schritten, die beliebig oft wiederholt werden können:

- Denaturierung der DNA bei ***94 °C***
- Zugaben von Primer und DNA-Polymerase bei ***37 °C*** (Hybridisierung)
- Polymerisierung (Synthese des jeweils komplementären Strangs) bei ***73 °C.***

10.2 Serologische Verfahren zum Nachweis von virusspezifischen Antikörpern

Das Repertoire der ***klinischen Virusserologie*** umfaßt fünf Methoden. Diese sind:

- Neutralisationstest (NT)
- Komplementbindungsreaktion (KBR)
- Hämagglutinations-Hemmungstest (Hirst-Test, HHT)
- ELISA
- Immunoblotting

Die Verfahren dienen alle zum Nachweis von virusspezifischen Antikörpern im Patientenserum.

Die KBR, ELISA und der Hirst-Test sind einfacher, weniger aufwendig und weniger störungsanfällig als der Neutralisationstest. KBR, Hirst-Test und ELISA werden deshalb in der klinischen Virusserologie bevorzugt eingesetzt.

Grundsätzlich ist für alle serologischen Untersuchungen zu fordern, daß sie ***gleichzeitig an zwei Serumproben desselben Kranken*** quantitativ ausgeführt werden. Die erste Serumprobe soll unmittelbar nach dem Erscheinen der klinischen Symptome entnommen werden, die zweite Serumprobe nach etwa 14 Tagen (Abb. 10.8). Die Serumproben werden sofort nach der Entnahme eingeschickt und im Laboratorium eingefroren. Die Untersuchung des Serumprobenpaares erfolgt stets am gleichen Tag. Die nach der Untersuchung übrig bleibenden ***Serumreste werden eingefroren und noch ein Jahr lang aufbewahrt***.

Für die Untersuchungen bevorzugt man jetzt Mikroverfahren. Die Zahl der Antigene, die bei einem Symptomenkomplex zur Untersuchung herangezogen werden, kann bis zu 15 betragen (Tabelle 10.1) (s. Differentialdiagnose, S. 846f, z. B. bei Pneumonie oder Meningitis).

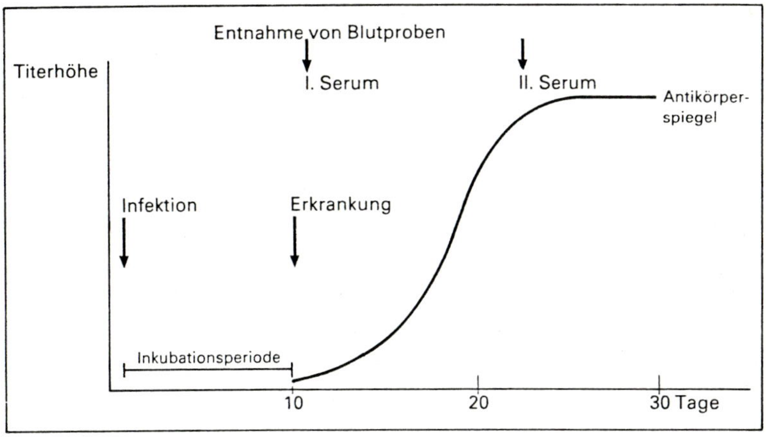

Abb. 10.8. Schematische Darstellung über den Zeitpunkt der Entnahme von Blutproben zur Antikörperbestimmung. Erst nach Ablauf der Inkubationsperiode werden Antikörper in das Blut abgegeben. Zur Bestimmung des Antikörperpegels nach Infektionskrankheiten benötigt man 2 Blutproben. Die erste Blutprobe soll möglichst frühzeitig nach Beginn der Erkrankung, die zweite 10–14 Tage später entnommen werden

10.2.1 Neutralisationstest (NT)

Prinzip des Neutralisationstests

Treffen homologe Antikörper mit den außenliegenden Epitopen des Virions zusammen, so entsteht ein Virus-Antikörper-Komplex, an den sich u.U. noch Komplementmaterial anlagert. Hierdurch werden die Außenstrukturen, mit deren Hilfe sich das Virus an die Wirtszellmembran bindet, sterisch blockiert: Das betreffende Virion büßt seine Infektiosität ein (Virusneutralisation). Erkennt der Antikörper nur solche Epitope, die in der Tiefe des Virions liegen, so ist er zur Neutralisation unfähig. Nicht jeder virusspezifische Antikörper ist somit neutralisierend.

Durchführung

Der Nachweis dieser Antikörper beruht auf dem Prinzip der Neutralisation des Virus durch Antikörper: Der ZPE bleibt aus. Vom Patientenserum werden Verdünnungen hergestellt; zu jeder Verdünnungsstufe wird eine gleichbleibende Menge („Vorlage“) von infektiösem Virus von 50–100 PFU gegeben. Die Mischung wird 30 Minuten bebrütet und dann auf Infektiosität geprüft. Als ***Neutralisationstiter*** wird der Verdünnungsfaktor derjenigen Serumprobe angegeben, welche die Virusvorlage im Hinblick auf ihre Infektiosität gänzlich unwirksam macht. Die Infektiosität des Virus wird in der Regel mit der Zellkultur geprüft. In Ausnahmefällen muß man das Brutei oder lebende Tiere heranziehen. Findet man zwischen den beiden Serumproben des Patienten eine Titerdifferenz von mindestens dem Vierfachen (zwei Verdünnungsstufen), so ist der Schluß auf eine ***akute Erkrankung*** berechtigt.

Die neutralisierenden Antikörper sind noch lange nach der Genesung im Serum nachweisbar. Sie eignen sich deshalb als Indikator für Untersuchungen, in denen der ***Durchseuchungsgrad*** der Bevölkerung festgestellt werden soll (***serologischer Kataster***). Die neutralisierenden Antikörper spiegeln die effektive Abwehrbereitschaft des Patienten bzw. des Rekonvaleszenten wider: Sie sind ein Indikator für das Vorhandensein oder das Fehlen einer humoralen Immunität.

10.2.2 Komplementbindungsreaktion (KBR)

Komplementbindende Antikörper im Patientenserum werden mit einem Virusantigen als authentisches Reagenz nach den Prinzipien der Komplementbindungsreaktion (Wassermann-Reaktion) erfaßt. Die Reaktion muß immer quantitativ angesetzt und an einem Serumprobenpaar vorgenommen werden. Auch hier muß für die Diagnose einer akuten Infektion der Titerunterschied mindestens zwei Verdünnungsstufen betragen. Bei einigen Virus-Antigenen ergibt die KBR auch bei manifesten Erkrankungen nur niedrige Titer. Dies gilt z. B. für Coxsackie- und für Polio-Erkrankungen. Hier besteht die Möglichkeit, die KBR durch den Einsatz des ELISA-Prinzips zu ersetzen. Leider sind für Polio-, Coxsackie- und ECHO-Viren noch keine kommerziellen ELISA-Bestecke erhältlich.

Die komplementbindenden Antikörper erscheinen und verschwinden schnell. Sie spiegeln die akute Krankheitsphase wider und lassen keine Rückschlüsse auf die belastbare Immunität zu. Für Durchseuchungsstudien sind sie ungeeignet.

Tabelle 10.1. Diagnostik der Viruserkrankungen

Virus	Isolierung bzw. Nachweis des Virus aus	Züchtung des Virus auf	Methoden zum Ak-Nachweis	ELISA IgM	ELISA IgG	Ag-Nachweis bzw. Sonderdiagnostik
Entero-[a]	Stuhl, Urin, Liquor	Zellkultur (Coxsackie A: Babymaus)	NT (KBR)	–	–	
Rhino-	RSW	Zellkultur (32 °C)	NT	–	–	
Influenza- Parainfluenza- RS-	RSW	Brutei, Zellkultur	KBR, HHT	–	–	
Adeno-[a]	RSW, ASW	Zellkultur	KBR, HHT	–	–	
Masern-	RSW	Zellkultur	KBR, HHT	+	+	
Mumps-	RSW	Zellkultur	KBR, HHT	+	+	
Röteln-	RSW	Zellkultur	HHT	+	+	Störfaktor beim IgM-Nachweis![b]
Ringelröteln (Parvo B19)	Blut	–	–	+	+	DNA-Hybridisierung
HSV	Bläschen, Liquor, Gewebe, ASW	Zellkultur	KBR	+	+	
VZV	Bläschen, Liquor, Gewebe	Zellkultur	KBR	+	+	
ZMV[a]	Speichel, Urin, Gewebe, Blut	Zellkultur	KBR	+	+	PCR, DNA-Hybridisierung
EBV	Blutzellen	Ko-Kultivierung	IFT (IgM, IgG)	+	+	PBT
HHV-6	Blutzellen	Ko-Kultivierung	IFT, ELISA	–	–	PCR
FSME-	Liquor	Zellkultur	NT	+	+	
LCM-	Liquor	Maus	NT	–	–	
Tollwut-[a]	Gewebe	Maus	–	–	–	Negri-Körperchen im ZNS, Hautstanzen und Konj.-Tupfpräparaten
Hepatitis A	Stuhl	–	ELISA	+	+	Virus im Stuhl (ELISA)
Hepatitis B	Blut	–	ELISA, RIA (HBs, HBe, HBc)	+	+	HBs-Ag, DNA-Polymerase HBe-Ag, DNA (PCR)
Hepatitis C	Blut	–	ELISA	–	+	
Hepatitis D	Blut	–	ELISA	–	+	
Hepatitis E	Stuhl	–	–	–	–	EM
HIV-1/2	Blut Sekreten Gewebe	Ko-Kultivierung	IFT ELISA	–	+	Westernblot PCR
Rota-[a]	Stuhl	–	HHT	–	–	Virus im Stuhl (ELISA)
Adeno 40+41[a]	Stuhl	–	–	–	–	Virus im Stuhl (ELISA)
Norwalk-Agens[a]	Stuhl	–	–	–	–	EM
Papillom-	Warzen, Kondylomen, Karzinomen	–	–	–	–	PCR, DNA-Hybridisierung
Rickettsien	Sputum	Brutei	KBR	–	–	
M. pneumoniae	Sputum	Nährboden	KBR	–	+	
Chlamydien:						
Ornithose-Psittakose	Sputum	Brutei	KBR ELISA	–	+	Chlamydien im Abstrich
Lymphogranuloma ing., Trachom	Lymphknoten		KBR			

[a] Nur bei diesen Viren ist Isolierung nach Postversand möglich. Sonst: Direkt-Verimpfung oder –70 °C.
[b] Untersuchung eines Serumpaars in einem Ansatz. Seren ggf. aufbewahren (Schwangerschaft).

KBR: Komplementbindungsreaktion, *HHT:* Hämagglutinations-Hemmungstest, *NT:* Neutralisationstest, *RSW:* Rachenspülwasser, *ASW:* Augenspülwasser, *EM:* Elektronenmikroskop, *IFT:* Immunfluoreszenz-Test, *PBT:* Paul-Bunnell-Test, *RIA:* Radio-immunassay, *PCR:* Polymerase-Kettenreaktion.

Rickettsien, M. pneumonia und Chlamydien werden nur aus differentialdiagnostischen Erwägungen angeführt; es handelt sich nicht um Viren.

10.2.3 Hirst-Test oder Hämagglutinations-Hemmungstest (HHT)

Die als ***Hirst-Test*** bezeichnete, klinisch-serologische Form des Hämagglutinations-Hemmungstests wird vornehmlich zur Stützung der klinischen Verdachtsdiagnose „Röteln“, „Influenza“ u. a. verwendet. – Man kann ihn auch zur Identifizierung von entsprechenden Virusisolaten benutzen (s. S. 694).

Prinzip des HHT

Versetzt man hämagglutinierende Viren mit einem Immunserum, welches außenliegende Epitope des Virions erkennt, wird der Antikörper an das Viruspartikel gebunden. Der gebundene Antikörper behindert dann sterisch die für die Hämagglutination maßgebenden Außenstrukturen des Virions; dadurch verliert das Virus seine hämagglutinierende Fähigkeit. Mit diesem System kann man bei hämagglutinierenden Viren das Oberflächenantigen untersuchen und es identifizieren. Der Hämagglutinations-Hemmungstest, auch nach seinem Erstbeschreiber ***Hirst-Test*** genannt, kann zur Virusidentifizierung bei Influenza, Mumps, Masern und Röteln verwendet werden (Abb. 10.3).

Durchführung des HHT

Von dem Serumprobenpaar wird je eine Verdünnungsreihe angelegt und mit einer gleichbleibenden Menge des Virus-Antigens versetzt. Man bebrütet eine halbe Stunde und gibt dann Hühner-Erythrozyten als Indikator zu jedem Röhrchen. Man stellt fest, in welcher Verdünnung das geprüfte Serum die Hämagglutination noch völlig verhindert, d. h. bis zu welcher Serumverdünnung die durch Antikörper bedingte Hämagglutinationsblockade reicht. Zur Positivbewertung ist eine Differenz von zwei Titerstufen notwendig. – Unspezifische Inhibitoren im Serum können Antikörper vortäuschen, z. B. bei den Röteln. Ihre sachgerechte Entfernung ist deshalb wichtig.

Die hämagglutinationshemmenden Antikörper spiegeln die belastbare Immunität wider; sie bleiben noch lange nach Überstehen der Krankheit nachweisbar. Ihr Nachweis ist bei Durchseuchungsuntersuchungen z. B. im Hinblick auf Influenza oder Röteln von großem Wert.

10.2.4 ELISA

ELISA-Verfahren (***E****nzyme-****l****inked* ***i****mmuno-****s****orption* ***a****ssays*) basieren auf folgendem Prinzip:

- Auf der Oberfläche einer „festen Phase“ (z. B. in der Vertiefung einer Kunststoff-Mikrotiterplatte oder einer kleinen Kugel) wird ein Virusantigen kovalent oder nicht kovalent verankert. Dann werden Verdünnungen des Patientenserums auf die antigenhaltige Oberfläche gebracht. Nach dem Waschen wird ein verdünntes Coombsserum aufgetragen. Die Antikörper dieses Reagenz sind mit alkalischer Phosphatase oder mit Peroxydase markiert. Nach erneuter Waschung wird das entsprechende spaltbare Substrat zugefügt. Die Farbintensität wird schließlich in einem geeigneten Photometer gemessen.
- In analoger Weise kann man ein μ-kettenspezifisches Antiserum an die feste Phase binden. Es werden dann nur IgM-Antikörper aus dem Patientenserum gebunden. Anschließend gibt man das Antigen zu, von dem man mutmaßt, es sei dem gesuchten Patienten-Antikörper homolog. Das gebundene Antigen wird schließlich durch Zugabe eines enzym-markierten, virus-spezifischen Antikörpers aus einer anderen Spezies nachgewiesen.
- Zum ***Sofort-Nachweis von Viren*** im Stuhl (Rota, Adeno 40,41 oder Hepatitis A) wird eine feste Phase verwendet, deren Oberfläche mit adsorptiv oder kovalent gebundenen Antikörpern gegen das gesuchte Virus beschickt ist. Man gibt einen 10–20%igen Stuhlextrakt in die Vertiefung und wäscht anschließend. Die Viruspartikel werden auf diese Weise aus dem Stuhl „herausgefischt“ und mit einem enzym-markierten Anti-Virusserum dargestellt; man verfährt dann weiter wie im ersten Absatz beschrieben. – Nach dem gleichen Prinzip geht man zum Nachweis von Antigenen im Serum (HBsAg) vor.
- Eine weitere Anwendung des ELISA beruht auf dem Prinzip der Verdrängung von enzym-markierten Referenz-Antikörpern durch die vorher applizierten Patienten-Antikörper. In diesem Fall zeigt – bei regelrechtem Ausgang aller Kontrollteste – ein geringer Substratumsatz das Vorhandensein von konkurrierenden Antikörpern im Test-Serum an und umgekehrt.
- ***Störquellen***: Hier ist vornehmlich der μ-kettenhaltige ***Rheumafaktor*** zu nennen. Er bindet sich u. U. an den Patienten-Antikörper der Klasse IgG (s. S. 774), sofern dieser seinerseits vom Antigen gebunden wird. Bei Anwendung eines Anti-μ-Ketten-Serums für den IgM-ELISA entstehen dann falsch-positive Reaktionen. Diese Fehlerquelle läßt sich

ausschalten, wenn man über Ionenaustauscher-Säulen oder durch Ultrazentrifugation die IgM-Fraktion des Patientenserums abtrennt.

ELISA, HHT und NT werden in der Klinik zur Feststellung von ***Titeranstiegen*** benutzt (Primärerkrankungen, Boosterungen). Der IgM-Nachweis im ELISA ergänzt diese Diagnosemöglichkeit. Durchseuchungsstudien sollten nach Möglichkeit mit einem IgG-ELISA angestellt werden. Dieser Test spiegelt die belastbare Humoral-Immunität wider. Die KBR gibt nur Auskunft über die akute Infektion (Titeranstieg). Für die Feststellung, ob Antikörper vorhanden sind oder nicht, eignet sich die KBR nur für die Infektion mit ZMV und mit HSV. Aber auch hier gilt die Regel, daß der ELISA viel empfindlicher ist.

10.2.5 Immunoblotting („Westernblotting")

In den letzten Jahren hat sich das Immunoblotting als wichtiges Verfahren zum Nachweis von Antikörpern gegen bestimmte Antigene erwiesen; es ist für die experimentelle wie auch die diagnostische Virologie sehr wichtig geworden. Allgemeine Anwendung hat dieses Verfahren als ***Bestätigungstest für HIV-Infektionen*** gefunden.

Man geht bei dieser Fragestellung folgendermaßen vor: Gereinigtes HIV-1 wird durch Detergentien zerlegt und durch Polyacrylamidgelelektrophorese in seine Glykoprotein- und Proteinbestandteile aufgetrennt. Die im Gel befindlichen Strukturbestandteile werden aus dem Gel auf eine daraufgelegte Nitrozellulosefolie durch erneute Elektrophorese übertragen; die Folie enthält jetzt auf ihrer Oberfläche die Proteinbanden in einer sehr dünnen Schicht. Die Folie wird dann mit einer Verdünnung (1:200, 1:500) von Patientenseren inkubiert und gut gewaschen. Das weitere Vorgehen ist wie beim ELISA: Absättigungsschritte wechseln mit Inkubationsschritten (Anti-Human-IgG-Serum mit Enzym markiert, Inkubation mit einem Substrat). Ist ein Antikörper z. B. gegen das p24 und gp42 des HIV vorhanden, so erscheinen diese als gefärbte Banden. Man kann auf diese Weise feststellen, gegen welche Strukturproteine des Virus der Organismus Antikörper gebildet hat.

10.3 Labormethoden der virologischen Forschung

10.3.1 Reinigung von Viren

Voraussetzung für sinnvolles Arbeiten mit Viren ist ihre Reinigung. ***„Reinigung"*** bedeutet bei einer Virussuspension die Elimination aller Fremdpartikel. Das Ziel der Reinigung ist, eine homogene Partikelpopulation in einem definierten Suspensionsmilieu zu erhalten.

Eine homogene Partikelpopulation dient folgenden Zwecken:

- der sauberen optischen Darstellung;
- der chemischen Charakterisierung;
- der Herstellung von Impfstoffen.

Bei der Reinigung kommen folgende Methoden zur Anwendung:

- ***Die Ultrazentrifugation***
  - im ***Saccharosegradienten***. Hierbei werden die Teilchen nach ihrer Sedimentationsgeschwindigkeit getrennt. Diese hängt u. a. vom absoluten Teilchengewicht ab; dies wiederum kann in praxi mit der absoluten ***Teilchengröße*** korreliert werden.
  - im ***Cäsiumchloridgradienten***. Hierbei werden die Teilchen nach ihrer ***Schwebedichte,*** d. h. nach dem Verhältnis von absolutem Partikelgewicht zum Partikelvolumen getrennt.
- ***Die Zellulose-Chromatographie***. Die Auftrennung durch dieses Verfahren beruht auf der Tatsache, daß sich verschiedene Teilchen mit unterschiedlicher Festigkeit an bestimmte chemische Gruppen anlagern. Die in Betracht kommenden Gruppen sind Oberflächenbestandteile von komplexen Zellulosemolekülen. Die Bindungsfestigkeit ergibt sich aus den Charakteristika der Elution.
- ***Die präparative Elektrophorese***. Bei diesem Verfahren ist die Wanderungsgeschwindigkeit im elektrischen Feld für den Trenneffekt maßgebend. Als Milieu verwendet man verschiedene Gele.
- ***Die Gel-Filtration***. Bei diesem Verfahren werden die Partikel nach ihrem Partikelvolumen sortiert. In einer Chromatographiesäule befindliche Gelkügelchen halten die Virusbestandteile je nach ihrer Größe zurück. Dies beruht auf unterschiedlich

großen Vertiefungen auf den Gelkügelchen. Bei der Elution erscheinen zuerst die großen Moleküle im Durchfluß, ehe kleinere Moleküle durchgewaschen werden.

- ***Eiweiß-Fällungsverfahren*** (z. B. mit Ammoniumsulfat).

10.3.2 Elektronenoptische Darstellung

Viren lassen sich im Lichtmikroskop nicht darstellen. Dagegen eröffnet die Elektronenmikroskopie sehr gute Darstellungsmöglichkeiten. Ihre Leistungsfähigkeit wird durch folgende Daten charakterisiert:

- Sinnvolle Vergrößerungen: 25 000–100 000fach
- Theoretisches Auflösungsvermögen: 0,05 nm
- Praktisches Auflösungsvermögen: 1 nm

Insgesamt ist die Leistungsfähigkeit des Elektronenmikroskops 100–500mal größer als die des Lichtmikroskops.

Kontrastierung

Die Elektronenmikroskopie ist nur dann ergiebig, wenn die Strukturelemente der Viruspartikel sich als Diskontinuität in der Elektronendichte darstellen lassen. Hierzu dienen die Verfahren der Kontrastierung. Die Kontrastierung wird entweder bei einer auf den „Objektträger" gebrachten, gereinigten Partikelsuspension oder an einem Ultradünnschnitt vorgenommen. Ein Ultradünnschnitt hat eine Dicke von 0,3 µm. Er ist somit 10mal dünner als ein Paraffinschnitt.

Zur Kontrastierung sind folgende Verfahren im Gebrauch:

- ***Negativkontrastierung*** mit Phosphorwolframsäure (PWS),
- Kontrastierung mit ***strahlendichten Antikörpern***,
- ***Schrägbedampfung*** mit Schwermetallen (Gold, Platin),
- ***Spreitung von Nukleinsäuren*** auf einer monomolekularen Schicht von Zytochrom C und letztlich
- ***Immunelektronenmikroskopie*** (virushaltige Proben werden mit den entsprechenden Antiseren zusammengebracht; dabei entstehen Agglutinate, die eine Identifizierung des Virus im elektronenmikroskopischen Präparat ermöglichen).

PWS dringt in Spalten oder Hohlräume der Viruspartikel ein, der Überschuß wird abgesaugt. Der im Negativ erscheinende Kontrast wird durch die Elektronenstrahlen-absorbierende PWS verursacht.

10.3.3 Bestimmung der Zahl infektionstüchtiger Viruspartikel

Um die Zahl der infektionstüchtigen Partikel in einer Virussuspension festzustellen, geht man von der theoretischen Annahme aus, daß in der Zellkultur oder im Tierversuch unter optimalen Bedingungen eine geringe Partikelzahl (im Idealfall ein einziges Partikel) genügt, um einen Infektionsherd zu setzen. Die kleinste Menge Virus, die zu einer Infektion ausreicht, wird als „infektiöse Einheit" bezeichnet.

Zwei Prinzipien müssen unterschieden werden:

- die Endpunktmethode und
- die Plaque-Methode.

10.3.3.1 Endpunktmethode

Es werden Virusverdünnungen angelegt und zur Infektion lebender Tiere verwendet. Für jede Verdünnung verwendet man 6–10 Tiere. Man stellt fest, welche Verdünnung ausreicht, um 50% der damit behandelten Tiere zu töten oder krank zu machen. Diese Dosis wird als Letaldosis (LD_{50}) bzw. als Infektionsdosis (ID_{50}) bezeichnet. – Die Endpunktmethode kann auch mit Zellkulturen ausgeführt werden. Ablesemaß ist dann das am ZPE erkennbare „Angehen" der Infektion in einem Kulturröhrchen.

Diese Methode beruht auf folgender Überlegung: Wird eine Zellkultur durch ein einziges Partikel infiziert, so breitet sich die Infektion von der befallenen Zelle auf zwei Wegen aus:

- Per continuitatem, also durch Übergreifen auf die Nachbarzellen. Diese Ausbreitung erfolgt meistens durch Mikrofusionen zwischen Zellen, z. B. beim Herpes-simplex-Virus.
- Infolge der Verschleppung von infektiösen Teilchen durch die Kulturflüssigkeit an Orte, die abseits von dem primären Infektionsherd liegen; es bilden sich dort sekundäre Infektionsherde aus.

Wenn es gelingt, die Verschleppung zu unterbinden, so wird die primäre Infektion einer Zelle durch einen einzigen Herd von zytopathischen Veränderungen angezeigt. Ein lokaler Krankheitsherd dieser Art entspricht dann im Idealfall der Wirkung eines einzigen Viruspartikels. Folgendes Verfahren dient hierzu:

10.3.3.2 Plaque-Methode

Man setzt eine hochverdünnte Virussuspension einem Zellrasen zu und wartet 30 min, bis die Stadien der Adsorption und der Penetration abgelaufen sind. Dann gießt man die Kulturflüssigkeit ab und überschichtet den infizierten Rasen mit 45 °C warmem, noch flüssigem Agar. Nach der Erstarrung des Agars bleibt die Infektion auf umschriebene Bezirke des Zellrasens, d. h. auf die Nachbarschaft der primär infizierten Zelle beschränkt und kann nicht mehr verschleppt werden. Man bebrütet mehrere Tage und färbt dann mit einem Vitalfarbstoff (Neutralrot). Die Zellen, die vom Virus befallen sind, können sich nicht mehr anfärben. Dadurch entstehen im rot gefärbten Feld der gesunden Zellen helle, ungefärbte rundliche Aussparungen. Diese entsprechen den Infektionsherden, die durch den Primärbefall einer Zelle entstehen; sie werden Plaques genannt. Man bezeichnet die Virusmenge, die ausreicht, um einen Plaque zu erzeugen, als eine ***„plaque-forming-unit“*** (PFU); im Idealfall entspricht sie, wie erwähnt, einem einzigen Viruspartikel.

IX
Spezielle Virologie

1 Picorna-Viren

D. Falke

INHALTSÜBERSICHT

1.1 Beschreibung der Gruppe der Picorna-Viren . . . 705
1.2 Entero-Viren . . . 706
1.2.1 Polio-Viren . . . 706
Zusammenfassung . . . 711
1.2.2 Coxsackie-Viren . . . 711
Zusammenfassung . . . 713
1.2.3 ECHO-Viren . . . 713
1.2.4 Entero-Viren 68, 69, 70, 71 und 72 . . . 714
Zusammenfassung . . . 714
1.3 Rhino-Viren . . . 714
Zusammenfassung . . . 716
1.4 Maul- und Klauenseuche-Virus . . . 716

1.1 Beschreibung der Gruppe der Picorna-Viren

Das Virus

Picorna-Viren sind kleine RNA-Viren von kugeliger Form (Ikosaeder) und einem Durchmesser von etwa 30 nm.

Das Virion besteht aus einem zentralen RNA-Knäuel und einem außen liegenden Capsid. Die ***RNA*** liegt im Virion als ***(+)-Strang RNA*** vor, sie besteht aus einer nicht-kodierenden Region am 5'-Ende und einer kodierenden Region für Struktur- und Nichtstruktur-Proteine am 3'-Ende des Moleküls. Sie enthält etwa 7500 Basen und besitzt ein M.G. von 2×10^6 D. Am ***5'-Ende der (+)- und (–)-RNA-Stränge*** sitzt jeweils ein kovalent gebundenes Protein, das als Primer für die Replikation erforderlich ist. Am 3'-Ende befindet sich eine poly Adenosin-Sequenz. Das Capsid der Picorna-Viren besteht aus 60 Protein-Untereinheiten mit je 4 Proteinen. Die Viren sind ätherresistent und außerhalb des Menschen sehr stabil.

Evolution

Die große Vielfalt der Picorna-Viren legt die Frage nach ihrer Entstehung bzw. ihrem Verwandtschaftsgrad nahe. Man geht heute davon aus, daß alle Genera und Serotypen von einem gemeinsamen Vorfahren abstammen. Sehr wahrscheinlich hat sich das Hepatitis A-Virus bereits sehr frühzeitig als eigenes 4. Genus abgespalten. Von einem 1. Genus stammen Polio-, Coxsackie- und ECHO-(?)-Viren, von einem 2. Genus das Maul- und Klauenseuche-Virus und von einem 3. Genus die Kardio- und Mäuse-Poliomyelitis-Viren ab. Die Entero-Viren mit den Bezeichnungen 68–71 gehören wahrscheinlich auch zum 1. Genus.

Die Entstehung dieser Gruppe von Viren hat man sich durch Punktmutationen vorzustellen, die bei der hohen Mutationsrate der RNA-haltigen Viren häufig sind. Man vermutet weiterhin Rekombinationen zwischen Vorstufen-Viren. So enthält das Entero-Virus 70 die nicht-kodierende Region der Polio-Viren und den kodierenden Teil von anderen Entero-Viren. Das Coxsackie-Virus A23 besteht aus 2000 Nukleotiden am 3'-Ende vom Polio-Virus, der Rest stammt von Rhino- und Coxsackie-Viren. Man hat auch Hinweise dafür, daß zelluläre Sequenzen während der Evolution vom Coxsackie-A9-Virus aufgenommen wurden.

Einteilung der Picorna-Viren

Man unterscheidet bei den menschenpathogenen Picorna-Viren drei Gruppen:

- Entero-Viren
- Rhino-Viren
- Maul- und Klauenseuche-Virus

1.2 Entero-Viren

Diese Bezeichnung trägt der Tatsache Rechnung, daß sich die Viren dieser Gruppe vorzugsweise in den Zellen des Dünndarms vermehren und mit den Faeces ausgeschieden werden. Der natürliche Wirt für die Entero-Viren ist der Mensch.

Zu den Entero-Viren gehören:

- ***Virus der Poliomyelitis*** (Polio-Virus) mit seinen drei Typen,
- ***Coxsackie-Viren*** mit ihren Untergruppen A und B,
- ***ECHO-Viren***,
- ***Entero-Virus 68–71*** und
- ***Entero-Virus 72*** (***Hepatitis A***-Virus). Dieses Virus wird zu den Picorna-Viren gerechnet, wird jedoch im Abschnitt „Hepatitis" besprochen (s. S. 816).

1.2.1 Polio-Viren

1.2.1.1 Beschreibung des Virus

Rolle als Krankheitserreger. Das Polio-Virus ist der Erreger der spinalen Kinderlähmung oder Poliomyelitis.

Genom. Die RNA des Polio-Virus ist einsträngig; funktionell verhält sie sich als (+)-Strang-RNA.

Morphologie. Bei der Translation entsteht zunächst ein Vorläufer-Protein; es wird für den Aufbau des Capsids in 4 Virusproteine (VP 1–4) sowie Nichtstruktur-Proteine gespalten. Die VP 1, 2 und 3 sind die wichtigsten immunisierenden Proteine, das VP 1 dient als Ligand für den Rezeptor auf der Wirtszelle. Das VP4 liegt im Inneren des Capsids. Die Capsomeren bilden ein rotationssymmetrisches Capsid mit einem Durchmesser von 27 nm.

Resistenz gegen äußere Einflüsse. Das Polio-Virus ist empfindlich gegen Austrocknen, gegen UV-Strahlen und gegen mäßiges Erhitzen. In den Abwässern läßt es sich lange Zeit nachweisen, vor allem bei Anwesenheit von organischen Stoffen. Na-Hypochloritlösung ist ein gutes Inaktivierungsmittel, solange freies Chlor vorhanden ist. Durch Formalin kann Polio-Virus unter Erhaltung der Capsid-Antigenität inaktiviert werden.

Züchtung. In vitro vermehrt sich das Virus in Affennierenzellen. Der zytopathische Effekt ist deutlich wahrnehmbar; er zeigt sich als ***Abkugelung*** und Loslösung der Zellen von der Glasfläche. Das Virus läßt sich auf Affenspezies übertragen.

Einteilung der Polio-Viren. Das Virus kommt in drei serologisch distinkten Typen vor; die als Prototypen dienenden Stämme tragen die Namen

- „Brunhilde" für ***Typ 1***
- „Lansing" für ***Typ 2***
- „Leon" für ***Typ 3***

1.2.1.2 Geschichte

Die Kinderlähmung wurde 1840 als Heine-Medin'sche Krankheit beschrieben. 1909 wurde von Landsteiner und Popper das Virus auf Affen übertragen. 1920 erkrankte der frühere Präsident der USA, Franklin D. Roosevelt, an einer Polio. Ihm ist die Gründung einer Stiftung zu verdanken, die für die Bekämpfung der Polio und darüber hinaus für die Entwicklung der Virologie entscheidende Bedeutung erlangt hat.

1949 gelang es den späteren Nobelpreisträgern Enders, Weller und Robbins, Polio-Virus in nicht-neuralem Gewebe zu züchten (Affennierengewebe) und erstmals den zytopathischen Effekt nachzuweisen. Erst diese Entdeckung machte die Züchtung der Viren in vitro und die Entwicklung von Impfstoffen möglich. Vor der Einführung der Schluckimpfung war das Polio-Virus in der Bevölkerung weit verbreitet. Die Furcht vor der Polio war so groß, daß Mütter ihre Kinder in der Sommerzeit nicht in die Schwimmbäder gehen ließen, oder sie aus Furcht vor einer Ansteckung sogar ganz zu Hause hielten. Inzwischen ist in den Industrieländern das voll pathogene Wildvirus vom attenuierten Impfvirus weitgehend verdrängt worden.

Maßgebend für die Motivation zur Bekämpfung sind die schwerwiegenden Folgen der zerebrospinalen Komplikation für den betroffenen Einzelnen: Die Lähmungen können zum Tode oder zum Krüppeltum führen. Patienten mit Atemlähmung durch Polio überleben u. U. die Krankheit als Dauergäste der Eisernen Lunge; ihr trauriges Schicksal macht die Poliomyelitis (jetzt nur noch in den Entwicklungsländern) zu einer gefürchteten Krankheit.

1.2.1.3 Vorkommen

Virusreservoir und alleinige Infektionsquelle sind der Nasenrachenraum und der Darmkanal von Menschen und Affen. Entsprechend der Ausscheidung des Virus in Fäkalien findet sich das Virus in Abwässern und gelegentlich in Freibädern.

1.2.1.4 Epidemiologie

Sommerzeit und Frühherbst sind bei der Ausbreitung des Polio-Virus die bevorzugten Jahreszeiten.

Die Polio ist das Musterbeispiel einer Krankheit mit einer hohen Quote an stiller Durchseuchung.

Wegen des großen Anteils an klinisch inapparenten Infektionen sind Infektketten nur schwer nachzuweisen. Die hohe Verbreitungspotenz ist vor allem durch Isolierungsversuche an solchen Familien erkannt worden, in welchen ein Mitglied mit der Lebendvakzine geimpft worden war. In Ländern mit niedrigem Hygienestandard und ohne Schutzimpfung werden bereits die Kleinkinder voll durchseucht. Bei besseren Lebensverhältnissen verschiebt sich das Lebensalter der Erstbekanntschaft mit dem Virus zur Adoleszenz hin; die Durchseuchung der Kinder ist nicht mehr vollständig, und die von der Infektion verschonten Kinder können als Erwachsene erkranken. – Diese Tatsache gilt für viele virusbedingte Infektionskrankheiten. Bei den Röteln steigt damit das Risiko der Embryopathie.

Die Epidemiologie der Polio hat sich in den Industrieländern durch die Einführung der Schluckimpfung grundsätzlich gewandelt. Durch die Anwendung des ***Salk-Impfstoffes*** sank die Inzidenz in den Jahren 1955–1960 von 13,9 auf 0,5 Fälle pro 100 000 Einwohner. Das Wildvirus ist vom Impfvirus verdrängt worden. Bei dem Rückgang der Polio hat auch die Tatsache mitgewirkt, daß der Anteil der Kinder an der Bevölkerung kleiner geworden ist („Altersverschiebung"). In den Entwicklungsländern gibt es laut Angaben der WHO jährlich bis zu 2 Mio Polio-Erkrankungen.

1.2.1.5 Übertragung und Ausscheidung

Die Übertragung erfolgt direkt von Mensch zu Mensch durch Schmierinfektion ***fäkal-oral***. Als Vehikel dienen verunreinigte Hände, Gebrauchsgegenstände, Wasser und Fliegen. Die Verbreitungspotenz des Virus ist sehr groß: Auch bei strengster Sauberkeit und guten hygienischen Verhältnissen ist eine Übertragung im Familienmilieu praktisch unvermeidbar. Neben der Übertragung durch Fäkalmaterial spielt die Infektion durch ***Speichel*** im Sinne der Schmierinfektion und der *Tröpfcheninfektion* eine wichtige Rolle. – Die Ausscheidung des Virus im Stuhl dauert nach apparenter und inapparenter Infektion etwa 6–8 Wochen, gelegentlich auch mehrere Monate, Dauerausscheider gibt es jedoch nicht.

1.2.1.6 Pathogenese

Die Polio ist das Musterbeispiel für die Entstehung einer Viruskrankheit durch einen direkten virusbedingten Zellschaden: Die Immunreaktion des befallenen Organismus spielt für die Zellschädigung keine Rolle.

Das Polio-Virus ist primär enterotrop, es infiziert nur selten das ZNS. Seine Rezeptoren auf der Zellmembran hat man jüngst als Moleküle der Immunglobulinsuperfamilie der Zellen identifiziert. – Der Host-shut-off wird durch eine viruskodierte Protease erzeugt, die einen Initiationsfaktor für die Zelltranslation zerstört.

Hinsichtlich der Virusausbreitung im Organismus kann man fünf Stadien des Infektionsverlaufes unterscheiden:

- ***Lokale Ansiedlung*** und Vermehrung des Virus in den Zellen der Rachen- und Darmschleimhaut sowie in den Tonsillen und den Peyer'schen Plaques.
- ***Invasion*** durch Einbruch des Virus in die Lymphgefäße und dann in die Blutbahn (primäre Virämie): „Vorkrankheit". Hierbei werden viele Viren vom RES abgefangen und abgebaut. Das Virus gelangt auf diesem Weg zunächst in die Lymphknoten des Intestinums und vermehrt sich dort. In einem zweiten Schub gelangt es erneut in die Blutbahn (sekundäre Virämie).
- ***Befall des „Erfolgsorganes"*** mit erneuter Vermehrung. Das Virus gelangt durch die *Blut-Liquor-schranke* (Plexus chorioideus?) in den Meningealraum. Über kleine Gefäße infiziert es die motorischen ***Vorderhornzellen*** des Rückenmarkes und vermehrt sich darin. Dies kann zur Schädigung oder zum Untergang der Zellen und damit zu schlaffen Lähmungen führen. Eine Besonderheit stellt das Wandern des Virus entlang der Axone von peripheren Nerven dar; das Vorhandensein von Wunden im Rachenraum (Tonsillektomie) ermög-

licht den Eintritt in die Nervenfasern und kann die gefürchteten ***Bulbärparalysen*** hervorrufen.
In seltenen Fällen kann das Hinterhorn der grauen Rückenmarkssubstanz und das Gehirn befallen werden. – Auch hat man eine Beteiligung des Myokards bei der Polio beobachtet.

- ***Elimination*** des Virus in der Rekonvaleszenz. Dies geschieht bei der Polio und den übrigen Picorna-Infektionen ausnahmslos und vollständig. Hierfür sind neben dem Interferon vor allem humorale Antikörper verantwortlich. Ihre Bedeutung geht aus dem mangelhaften Impfschutz bei Agammaglobulinämie hervor.
- ***Persistierende Infektionen***: Persistierende Infektionen (Polio-, Coxsackie-, ECHO-Viren) hat man bei Patienten mit und ohne Defekt des humoralen Immunsystems festgestellt. Pathohistologisch findet man in den befallenen Bezirken des ZNS perivaskuläre Infiltrate. Die nekrotischen Ganglien-Zellen sind von Infiltraten monozytärer Zellen umgeben. – Sehr selten ist das Post-Polio-Syndrom, d. h. fortschreitende Lähmungen Jahre nach der Erstlähmung.

1.2.1.7 Klinik

Die Inkubationszeit beträgt für die klinisch manifesten Fälle 5–10 Tage.

Nach dem Schweregrad des Krankheitsbildes unterscheidet man 4 Verlaufsformen:

- ***Inapparenter Verlauf.*** Weitaus am häufigsten (>99%).
- ***Abortiver Verlauf*** mit katarrhalischen Symptomen („minor illness"). Hier finden sich leichte, uncharakteristische Symptome einer „Indisposition".
- ***Meningitis ohne Lähmungen.*** Im klaren Liquor findet sich eine lymphozytäre Zellvermehrung („aseptische Meningitis"); meningitische Erscheinungen treten relativ selten auf.
- ***Paralytische Form.*** Charakteristisch sind ***schlaffe Lähmungen***, vornehmlich an der Extremitätenmuskulatur. Es können aber auch die Atemmuskeln ergriffen werden. In schweren Fällen verläuft die Polio als Meningo-Enzephalo-Myelitis mit ausgedehnten Schädigungen der ZNS-Funktion. Der Kortex wird dabei nicht befallen.
Der Tod kann durch ***Atemlähmung*** oder Herzversagen eintreten. Die Lähmungen bilden sich, sofern der Patient überlebt (z. B. mit Hilfe der Eisernen Lunge), häufig zurück.

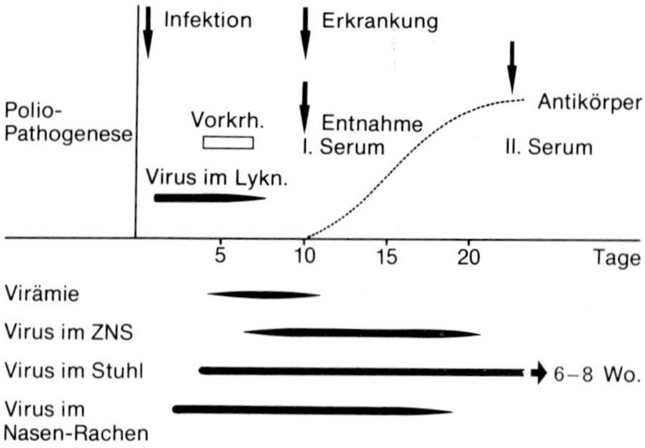

Abb. 1.1. Der Ablauf der Polio-Infektion

Primäre Infektionen verlaufen bei Erwachsenen im statistischen Mittel schwerer als bei Kindern (Abb. 1.1).

1.2.1.8 Immunität

Die im Gefolge einer natürlichen Infektion auftretende Immunität gegen Poliomyelitis ist ***humoral*** und ***typenspezifisch***. Vor Einführung der Schutzimpfung hat in Mitteleuropa ein großer Teil der Bevölkerung eine inapparente Infektion mit Wildstämmen durchgemacht und dadurch eine ***„stille Feiung"*** erworben.

Im ersten Lebensjahr schützt mütterliches IgG gegen eine Erkrankung.Die durch Infektion mit Wildstämmen erworbene Immunität kann auf zweierlei Weise wirksam werden:

- ***IgA: Lokal.*** Im Idealfalle wird bereits die Besiedelung der Schleimhaut verhindert. Hierfür sind Antikörper der Klasse IgA verantwortlich.
- ***IgG: Systemisch.*** Bei schwächer ausgeprägter Immunität wird die Schleimhaut zwar besiedelt, die Invasion des ZNS wird aber durch Neutralisation verhindert. Dies geschieht in der Blutbahn durch IgG-Antikörper. Die lange Dauer der Polio-Immunität beruht vermutlich darauf, daß beim Nachlassen der Immunität unbemerkt verlaufende Neuinfektionen als „booster" wirken. – Über die Beteiligung zellulärer Effektoren bei der Immunität (T-Zellen) ist kaum etwas bekannt.

1.2.1.9 Labordiagnose

Die Laboratoriumsdiagnose der Poliomyelitis erfolgt

- durch Isolierung und Identifizierung des Virus aus Patientenmaterialien sowie
- durch Nachweis der spezifischen Antikörper im Patientenserum.

Isolierung. Aus Faeces oder Rachenspülwasser macht man einen NaCl-Extrakt; man zentrifugiert die begleitenden Bakterien ab und verimpft das Material auf eine ***Affennieren-Zellkultur***. Dann beobachtet man, ob sich ein *zytopathischer Effekt* zeigt. Ist dies der Fall, so legt man von der positiven Kultur eine Passage an.

Identifizierung. Der so gezüchtete Stamm muß sich anschließend durch ein typenspezifisches ***Anti-Polio-Serum*** 1, 2 oder 3 neutralisieren lassen. Die Isolierung des Polio-Virus aus dem Blut oder dem Liquor gelingt nur selten.

Nachweis von poliospezifischen Antikörpern im Patienten-Serum. Zwei im Abstand von 14 Tagen entnommene Serumproben werden mit dem Neutralisationstest oder der KBR gleichzeitig getestet. Ein Titeranstieg um das Vierfache oder mehr spricht für eine akute Polio-Infektion. Die KBR liefert bei Polio nicht sehr aussagekräftige Resultate, weil sie relativ unempfindlich ist. – Ein ELISA ist noch nicht verfügbar.

1.2.1.10 Prävention

Vakzination

Für die Schutzimpfung stehen zwei Impfstoffe zur Verfügung, die Salk-Vakzine und die Sabin-Vakzine. Beide sind wirksam. In Deutschland wird der Sabin-Impfstoff angewendet.

Der Salk-Impfstoff

Die Salk-Vakzine ist ein ***Totimpfstoff***. Der Impfstoff besteht aus formol- oder β-propiolacton-inaktiviertem Polio-Virus der drei Typen. Die drei Virustypen werden jeweils in der Zellkultur gezüchtet und vor der Inaktivierung gereinigt.

Bei der Herstellung des Salk-Impfstoffes bestehen prinzipiell folgende Risiken:

- Die ***übermäßige Inaktivierung***. Es erfolgt dabei eine Zerstörung der Antigenität durch überlange Formalinexposition oder durch allzu hohe Formalinkonzentrationen. Der Impfstoff ist dann zwar unschädlich, aber auch unwirksam.
- Das Übrigbleiben von ***aktiven, vermehrungsfähigen Viren*** durch eine ungenügende Inaktivierung mit Formalin. Dies hat zu iatrogenen Infektionen geführt, die z. T. mit Lähmungen und z. T. tödlich verliefen. Diese Fehlerquelle ist heute ausgeschaltet.

Durchführung. Die Anwendung der Salk-Vakzine erfolgt durch ***Injektion*** des trivalenten Totimpfstoffes. Die Impflinge sollen 3–6 Monate alt sein und erhalten die Impfung dreimal intramuskulär in Abständen von mehreren Wochen. Die Salk-Impfung wird in Kombination mit anderen Totimpfstoffen angewendet. Sie muß später in größeren Zeitabständen wiederholt werden.

Die Salk-Vakzine ist heute zugunsten der Sabin-Vakzine in den Hintergrund getreten, doch versucht man, ihre Antigenität zu steigern. Die Salk-Vakzine wird in Schweden und Holland mit gutem Erfolg angewendet.

Die Sabin-Vakzine

Der Sabin'sche Lebendimpfstoff ist seit 1961 als „Schluckimpfung" in Gebrauch. Er besteht aus lebenden, durch Mutation und Selektion abgeschwächten (***„attenuierten"***) Polio-Viren. Die Abschwächung erfolgt für jeden der drei Typen durch geeignete Passagen. Bei den so selektionierten Varianten ist die Neurovirulenz stark reduziert, während die Infektiosität und die Antigenität erhalten bleiben.

Die Viren des Impfstammes werden vom Impfling über den Magen-Darm-Kanal aufgenommen. Sie führen zu einer inapparenten Infektion und induzieren die Bildung von neutralisierenden Antikörpern der Klassen IgM und IgG; außerdem bildet sich eine lokale, durch IgA bedingte Schleimhautimmunität aus, so daß sich Wildviren im Magen-Darm-Trakt nicht ansiedeln können. Die Sabin-Impfung stellt heute die Methode der Wahl dar.

In jüngster Zeit ist die Basensequenz des Polio-Virus nach deren Transkription in DNA analysiert worden. Man hat begonnen, nach RNA-Bereichen zu fahnden, die für die Neurovirulenz verantwortlich sind. Dabei hat sich herausgestellt, daß die Neurovirulenz durch eine Punktmutation und die „Attenuierung" durch mehrere Punktmutationen zustande kommt: So enthält der Impfstamm Sabin 1 etwa 20, der Impfstamm Sabin 3 hingegen nur zwei Punktmutationen gegenüber den Wildstämmen. – Molekulargenetische Modifizierung durch den Einbau der immunisierenden Region des Polio-Virus vom Typ 3 (und 2) in das genetisch stabile Polio-Virus vom Typ 1 soll größere Sicherheit gewährleisten als die bisher verwendeten Stämme.

Alle Stämme eines Typs sind serologisch konstant. Dabei bezieht man sich auf die typenspezifischen Epitop-Muster, wie sie von polyklonalen Antikörpern erkannt werden. Mit monoklonalen Antikörpern lassen sich bei ein und demselben Typ noch unterschiedliche Nebendeterminanten nachweisen. Man hat auch intertypische Rekombinanten beobachtet; diese sind für die Epidemiologie jedoch ohne wesentliche Bedeutung. – Die Persistenz der Entero-Viren ist wahrscheinlich durch eine Verschiebung der Relation von (+)- zu (–)-RNA-Strängen bei der Replikation bedingt.

Risiken der Schutzimpfung: Minimal. Es kommt zwar zu ***Rückmutationen*** zur virulenten Form; da die Rückmutationswahrscheinlichkeit und die Manifestationsrate der Krankheit aber sehr klein sind, ist das Risiko einer Impfpolio gering. Man rechnet in den USA jährlich mit etwa 10 Fällen von Impfpolio bei mehr als 10^7 Impflingen. Ein Teil der als „Impfzwischenfälle" deklarierten Schäden ist im übrigen nicht durch den Impfstoff, sondern durch humorale ***Immundefekte*** des Impflings bedingt. Der größere Teil der Impfzwischenfälle ist durch Impfvirus vom Typ 3 (und 2) bedingt, die offenbar genetisch nicht so stabil sind wie der Typ 1. – Verunreinigungen des Impfstoffes durch „pick-up"-Viren, die aus Affennierenzellen stammen, die zur Züchtung des Virus benutzt werden, lassen sich heute ausschließen.

Durchführung der Sabin-Impfung. Die Sabin'sche Impfung wird mit monovalenten und mit trivalenten Impfstoffen vorgenommen. Die Applikation erfolgt oral; als Vehikel dient bei Säuglingen Milch, bei älteren Impflingen ein Zuckerstück. Bei der Erstimpfung eines drei Monate alten Säuglings verabreicht man im Abstand von mindestens 6–8 Wochen zweimal trivalenten Impfstoff. Wegen der möglichen Interferenz mit den im Darm des Impflings befindlichen Entero-Viren sollte in den Wintermonaten geimpft werden, da in dieser Jahreszeit die Infektionen mit anderen Entero-Viren selten sind.

Im 2. Lebensjahr erhält der Impfling eine Auffrischungsimpfung (***„booster"***) mit dem trivalenten Sabin-Impfstoff, der fünf Jahre später oder im 10. Lebensjahr erneuert wird. Ist eine besondere Gefährdung anzunehmen, so sollte die Dauer des Impfschutzes nicht unbegrenzt, sondern nur mit *4–6 Jahren* angenommen werden. Dies gilt für Reisende in gefährdete Gegenden und für Laborpersonal. Gegen eine Impfung von Schwangeren bestehen keine Bedenken. Auch die Eltern von Impflingen sollten geimpft werden.

Durch die Sabin-Impfung ist die Polio in unserem Land praktisch unter Kontrolle gebracht worden. Eine erhebliche Gefahr erwächst aus der periodisch auftretenden ***Impfmüdigkeit*** der Eltern in Verbindung mit der Einschleppung von neuem Wildvirus, etwa durch Gastarbeiter oder Auslandsreisende. – Die Infektion mit dem Wildvirus führt zu dessen Ausscheidung im Stuhl.

Der Impfling ist zwar weniger kontagiös als der mit Wildvirus Infizierte, trotzdem aber ist die Übertragung des Impfvirus auf andere Personen unvermeidlich. Eine Selektion von Rückmutationen zur Wildform ist glücklicherweise extrem selten. Nichtsdestoweniger empfiehlt es sich, bei Impfterminen möglichst alle Nichtgeimpften auf einmal zu erfassen.

Bewertung der Vakzinen

Salk. Die Immunisierung nach Salk induziert zwar eine ***humorale*** Immunreaktion; es werden hierbei aber lediglich Antikörper der Klassen ***IgM*** und ***IgG*** gebildet. Die schleimhautgängigen Antikörper der Klasse IgA fehlen. Dies bedeutet, daß der Geimpfte mit Wildvirus infiziert werden kann, daß er aber vor der *Generalisation* geschützt ist. Der Salk-Geimpfte, der eine auf die Eintrittspforte beschränkte Infektion mit Wildvirus durchmacht, kann auf diese Weise seine lückenhafte Humoralimmunität komplettieren und erwirbt einen vollen Schutz. Andererseits bringt er das Wildvirus aber zur Vermehrung und scheidet es aus. Damit ist er – obwohl selbst nicht gefährdet – zum Bestandteil des Wildvirusreservoirs geworden. Die Salk-Impfung engt somit die Verbreitung des Wildvirus nicht ein; sie schützt aber den Befallenen vor der Generalisation und damit vor Lähmungen: Der Salk-Impfstoff veranlaßt den inapparenten Verlauf nach einer Wildvirusinfektion.

Sabin. Im Gegensatz zur Salk-Impfung induziert die Sabin-Impfung die Bildung von Antikörpern der Klassen ***IgM, IgG*** und ***IgA***. Dies bedeutet, daß der Impfschutz auch eine lokale Darm- und Rachenimmunität einschließt. Dementsprechend kann sich Wildvirus im Organismus des Sabin-Geimpften gar nicht erst ansiedeln. Die Sabin-Impfung verkleinert somit das Wildvirusreservoir proportional mit dem Anteil der Geimpften an der Bevölkerung. Theoretisch ist zu erwarten, daß bei einer vollständigen Durchimpfung der Gesamtbevölkerung das Wildvirus vollständig verschwindet und vom Impfvirus ersetzt wird. Bei hoher Durchimpfungsrate kommt man diesem Ziel sehr nahe; eine Gefahr besteht dann nur durch die Einschleppung der Polio durch Ungeimpfte.

Meldepflicht

Meldepflichtig sind Verdacht, Erkrankung oder Tod an Poliomyelitis.

Zusammenfassung: Polio-Viren

Das Virus: Entero-Virus, Subgruppe der Picorna-Viren, (+)-Strang RNA-Virus, Typ 1, 2 und 3. Ikosaeder mit 27 nm Durchmesser. Ätherresistent. – Virus in Umwelt sehr stabil.

Vorkommen: Virusreservoir ist der Nasen-Rachenraum und der Darmkanal. Ausscheidung als Aerosol sowie im Stuhl und Urin. Virus in Abwässern und Badegewässern. Meist nur im Sommerhalbjahr.

Epidemiologie: Jetzt Einschleppung aus Entwicklungsländern wegen Impfmüdigkeit.

Übertragung: Schmutz- und Schmierinfektion, Aerosolübertragung, Virus in Abwässern.

Pathogenese: Virusbedingte Zellschäden an den motorischen Vorderhornzellen. Ausbreitung von Magen- und Darmschleimhaut über Lymph- und Blutgefäße mit dem Blut, Eindringen und Replikation im Rückenmark und Gehirn. Inkubationsperiode 5–10 Tage. Weniger als 1% erkranken mit Lähmungen, Infektionen meist inapparent.

Klinik: Abortive Verläufe, Meningitis und schlaffe Lähmungen mit Meningitis, Atemlähmungen.

Diagnose: Virusisolierung aus Liquor, RSW, Stuhl, Urin und Blut in Zellkulturen. Antikörperbestimmung im Neutralisationstest.

Therapie: Keine spezifische Therapie, symptomatisch, künstliche Beatmung, Rehabilitationsmaßnahmen.

Immunität: IgM-, IgG- und IgA-Schleimhaut-Antikörper. Keine Kreuzimmunität zwischen den Typen. Zelluläre Immunität?

Prävention: Schutzimpfung mit Sabin- (oder Salk-)Impfstoff. Auffrischung alle 10 Jahre. Meldepflicht.

1.2.2 Coxsackie-Viren

Beschreibung des Virus

Rolle als Krankheitserreger. Die Infektion des Menschen mit Coxsackie-Viren verursacht Krankheitsbilder von sehr verschiedenartigen Schweregraden: Von der subklinischen Infektion bis zur tödlichen Erkrankung beobachtet man zahlreiche Zwischenstufen. – Im Experiment sind Coxsackie-Viren pathogen für Babymäuse; auch hier variieren die Krankheitsformen beträchtlich.

Einteilung. Die Coxsackie-Viren sind serologisch nicht mit den Polio-Viren verwandt, ihre Struktur, der Modus ihrer Replikation und ihr Verhalten in der Umwelt sind jedoch weitgehend identisch.

Man unterscheidet nach den typischen Läsionen im Babymaus-Versuch:

- Die ***Untergrupe A*** mit 24 Serotypen; diese erzeugen bei der Babymaus eine ***diffuse*** Myositis.
- Die ***Untergrupe B*** mit 6 Typen erzeugt eine ***herdförmige*** Myositis, daneben aber auch noch zahlreiche Organ- und Gewebsschädigungen: Eine Enzephalomyelitis mit spastischen Lähmungen, eine nekrotisierende Fettgewebsentzündung sowie Pankreatitis, Myokarditis und Endokarditis.

Namengebung

Coxsackie ist der Name des Ortes im US-Staat New York, wo die Erstisolierung erfolgte.

Epidemiologie

Coxsackie-Viren sind in der ganzen Welt verbreitet. Innerhalb eines Haushaltes ist eine Ausbreitung unvermeidlich, sobald sich ein Familienmitglied infiziert. Bei nicht-immunen Kindern zirkulieren mehrere Typen gleichzeitig. Diese Gruppe stellt das Hauptreservoir für Coxsackie-Viren dar.

Übertragung

Die Viren werden mit dem Stuhl ausgeschieden, ihre Übertragung erfolgt von Mensch zu Mensch auf ***fäkaloralem*** Wege oder durch ***Tröpfchen***-Infektion.

Pathogenese

Eintrittspforte der Coxsackie-Viren sind der Nasen-Rachenraum und der Dünndarm. Es kommt hier, wie bei der Polio, zur lokalen Vermehrung, anschließend zur Generalisierung und zur sekundären Absiedelung und Vermehrung in den Zielorganen (*Muskeln, Meningen, Pankreas, Herz und Haut*). Coxsackie-Virus-Infektionen sind wahrscheinlich bei der Entstehung einer ***Kardiomyopathie*** bedeutsam. Durch Hybridisierung hat man persistierende RNA des Coxsackie-Virus in Herzmuskel-Zellen des Menschen nachgewiesen; die kardiale Persistenz der RNA bleibt über längere Zeit nach Abklingen der akuten Infektion bestehen. – Beim „chronischen Müdigkeitssyndrom" hat man Coxsackie-RNA in der Muskulatur nachgewiesen.

Klinik

Die Mehrzahl der Erkrankungsfälle verläuft symptomlos oder wird nicht diagnostiziert. Die Inkubationsperiode variiert von 1 Tag bis zu 2–3 Wochen. Die klinisch wahrnehmbare Infektion mit Coxsackie-Viren verläuft stets fieberhaft und manchmal mit Exanthem. Folgende Symptomenkomplexe sollten den Verdacht auf eine Coxsackie-Infektion entstehen lassen:

Herpangina. Eine mit Bläschen einhergehende fieberhafte Rachenentzündung. Der Patient hat Schluckbeschwerden. Die Herpangina wird vornehmlich durch die Viren der Untergruppe A verursacht.

Schnupfen und Pharyngitis. Einige Coxsackie-Viren, z. B. A21, erzeugen ein Krankheitsbild, welches als banaler Schnupfen oder als fieberhafte Pharyngitis auftritt.

„Sommergrippe". Eine unter dem Bilde einer Erkältungskrankheit verlaufende fieberhafte Infektion im Frühjahr, Sommer und Frühherbst. Hier kommen alle Typen in Betracht.

Pleurodynie. (Symptome: Bornholm'sche Erkrankung, epidemische Myalgie). Die Patienten klagen über plötzlich auftretendes Unwohlsein mit Fieber und heftigen Thoraxschmerzen, z.T. auch über Leibschmerzen. Dieses Krankheitsbild wird vor allem durch Viren der Untergruppe B hervorgerufen.

Abakterielle Meningitis. Es kommt zum Meningismus mit Fieber, Nackensteifheit, geringgradiger Zellvermehrung (Lymphozyten) im Liquor; gelegentlich beobachtet man lokale Pseudoparesen aufgrund von myalgischer Muskelschwäche. Die „Paresen" bilden sich stets vollkommen zurück. Bei der Meningitis sind vornehmlich die Viren der Untergruppe B beteiligt; Viren der Untergruppe A findet man seltener.

Das myokarditische Bild. Beim Neugeborenen und bei Säuglingen verursachen die Viren der Gruppe B eine Myokarditis mit hoher Letalität (sog. ***Säuglingsmyokarditis***). Tritt der Tod nicht ein, so erholen sich die Kinder vollständig. Die Symptome sind Zyanose, Dyspnoe und Tachykardie.

Beim Erwachsenen kommt es durch Viren der Untergruppe A und B zu einer akuten Myokarditis bzw. Myoperikarditis, deren Bild manchmal an einen Herzinfarkt erinnert. Man schätzt, daß 5% aller apparent verlaufenden Infektionen durch Coxsackie-Viren mit Beteiligung des Herzens einhergehen. Die Prognose der Erkrankung beim Erwachsenen ist besser als beim Neugeborenen. Pro Jahr beobachtete man in der Bundesrepublik etwa 8 000 neue Fälle mit einer Kardiomyopathie, davon sind $^1/_3$ durch Coxsackie-Viren bedingt.

Exantheme des Boston-Typs. Generalisiert, Röteln-ähnlich; oder das sog. ***„hand-foot-and-mouth-disease"*** (Bläschen auf Handinnenfläche, Fußsohle und Mundschleimhaut).

Akuter IDDM. *Coxsackie B4- und B5*-Infektionen sind in Beziehung zur Entstehung eines ***„insulinabhängigen Diabetes mellitus"*** (IDDM) gebracht worden. In einigen Fällen ist tatsächlich dieses Virus in den Inselzellen, zusammen mit einer IgM-Reaktion im Serum, nachgewiesen worden.

Nach den heutigen Kenntnissen wird der akute IDDM allerdings nur zu einem kleinen Teil durch Viren verursacht. Für die Entstehung des Diabetes vom Typ 1 macht man Autoimmunprozesse in Verbindung mit bestimmten MHC-Konstellationen (DR3 und DR4) verantwortlich. Welche Rolle die verschiedenen Virusarten als Auslöser spielen, ist noch nicht klar. Die epidemiologischen Daten sprechen für einen ***Hit und Run-Prozeß***, dem sich immunpathologische Vorgänge anschließen. Im Tiermodell (EMC-Virus in der Maus) ist ein primärer Virusschaden mit einem Autoimmunprozeß verknüpft.

Hämorrhagische Konjunktivitis. Das ***Coxsackie A24-Virus*** erzeugt seit 1969 ausgedehnte Epidemien von akuter, hämorrhagischer Konjunktivitis; die Infektion geht aber nicht mit neurologischen Symptomen einher, wie dies für das Entero-Virus 70 gilt.

Immunität

Die durch Überstehen der Krankheit erworbene Immunität ist relativ dauerhaft, so daß ältere Personen seltener infiziert werden.

Es gibt innerhalb der Coxsackie-Gruppe eine Vielzahl von serologischen ***Kreuzreaktionen***, die sich im Neutralisationstest und in der KBR nachweisen lassen. Die Aussagefähigkeit der Seroreaktionen ist deshalb beschränkt; die Typendiagnose ist nicht möglich.

Labordiagnose

Züchtung. In der akuten Phase der Coxsackie-Infektionen untersucht man Stuhl, Rachenspülwasser und Liquor. In der Rekonvaleszenz ist nur die Stuhluntersuchung sinnvoll. Die primäre Verimpfung des infektiösen Materials erfolgt auf ***Babymäuse*** und auf ***Affennieren***-Zellkulturen. Alle Coxsackie-Viren gehen auf Babymäusen gut an; an die Zellkultur lassen sich die meisten Stämme beider Untergruppen adaptieren.

Nachweis von Antikörpern. Typenspezifische Antikörper lassen sich durch den Neutralisationstest bestimmen. Die KBR ist wenig empfindlich; neuerdings wird ein ELISA (IgG und IgM) mit Gruppenreaktivität angeboten.

Therapie, Schutzimpfung, allgemeine Maßnahmen

Es gibt weder eine spezifische Therapie noch eine Schutzimpfung. Allgemeine Maßnahmen sind nicht erforderlich. – ***Meldepflichtig*** sind Erkrankung und Tod an Meningitis/Enzephalitis.

Zusammenfassung: Coxsackie-Virus

Das Virus: Entero-Virus, Subgruppe der Picorna-Viren. (+)-RNA-Virus wie Polio; Gruppe A mit 24 und Gruppe B mit 6 Serotypen. Transportstabiles Virus.

Vorkommen: Virusreservoir ist der Nasen-Rachenraum und der Darmkanal des Menschen. Ausscheidung als Aerosol sowie im Stuhl und Urin. Virus in Abwässern und Freibädern. Meist im Sommerhalbjahr.

Epidemiologie: Weltweite Verbreitung und frühzeitige Durchseuchung. Virusreservoir ist nur der Mensch.

Übertragung: Ausscheidung mit dem Stuhl, fäkal-orale Übertragung sowie Tröpfcheninfektion.

Pathogenese: Ausbreitung im Organismus wie Polio. Gruppe A erzeugt in der Babymaus eine diffuse, Gruppe B eine herdförmige Myositis. Myokardbefall kann zu Kardiomyopathie führen.

Klinik: Inkubationsperiode 6–12 Tage. Herpangina, Schnupfen, Pharyngitis, „Sommergrippe", Bornholm'sche Erkrankung, Myo-Perikarditis, Meningitis, Exantheme, Konjunktivitis, Säuglingsmyokarditis. *Differentialdiagnose:* Herzinfarkt.

Diagnose: Isolierung in der Babymaus und Zellkulturen aus Rachenspülwasser, Stuhl, Liquor. Typisierung im Neutralisationstest.

Therapie: Symptomatisch.

Immunität: Relativ dauerhafte Immunität, serologische Kreuzreaktionen.

Prävention: Keine. ***Cave:*** Nosokomiale Infektion (Säuglinge).

1.2.3 ECHO-Viren

Beschreibung des Virus

Genom und Morphologie. Das Genom der ECHO-Viren entspricht demjenigen von Polio-Viren, ebenso ihre Morphologie und das Stabilitätsverhalten.

Züchtung. ECHO-Viren lassen sich auf Zellkulturen züchten; Affennierenzellen und menschliche Amnionzellen sind hierzu geeignet.

Tierpathogenität. Im Unterschied zu den Coxsackie-Viren zeigen die ECHO-Viren keine Infektiosität für Säuglingsmäuse.

Einteilung. Innerhalb der ECHO-Gruppe gibt es ***32 verschiedene Serotypen***.

Namengebung

ECHO ist ein Kunstwort aus ***E***nteric, ***C***ytopathogenic, ***H***uman, ***O***rphan. Der Ausdruck „Orphan" (= Waisenkind) bezog sich ursprünglich auf die Tatsache, daß man die Viren im Darmtrakt fand, sie aber einer Infektionskrankheit nicht zuordnen konnte.

Pathogenese

Lymphogen-hämatogene Ausbreitung.

Klinik

Die Inkubationszeit beträgt von 12 Stunden bis zu einem Monat, meistens 6–12 Tage. Die Infektion mit ECHO-Viren verläuft in der überwiegenden Mehrzahl der Fälle inapparent. In relativ wenigen Fällen kommt es zu fieberhaften Erkrankungen mit einem gelegentlichen Ausbruch von papulo-makulösen Exanthemen. Es können sich dabei die folgenden Symptome herausbilden: Meningitis, Myalgie, Pharyngitis, Schnupfen, fieberhaftes Exanthem („Boston"-Exanthem), übertragbare hämorrhagische Konjunktivitis, hand-foot-and-mouth-disease (s. S. 712).

Immunität

Die Humoralimmunität wird durch IgM- und IgG-Antikörper hervorgerufen, IgA-Antikörper schützen die Schleimhäute. Während bei Erstinfektionen typenspezifische Antikörper entstehen, bilden sich bei Reinfektionen zunehmend kreuzreagierende Antikörper.

Labordiagnose

Während der akuten Phase untersucht man ***Rachenspülwasser, Liquor und Stuhl (Analabstriche)*** auf die Anwesenheit des Virus. In der Rekonvaleszenz ist nur die Stuhluntersuchung aussichtsreich. Das Material wird auf Zellkulturen von Mensch und Affe verimpft.

Die ***Identifizierung*** erfolgt nach Angehen des Virus durch Neutralisation mit bekannten Seren. Nicht selten werden Virusgemische isoliert. Hier ist eine Klonierung durch Abimpfung einzelner Plaques notwendig.

Die ***serologische Untersuchung*** der Kranken ist wegen der stillen Durchseuchung und der Typenvielfalt ohne diagnostischen Wert.

1.2.4 Entero-Viren 68, 69, 70, 71 und 72

Diese Viren sind erst im letzten Jahrzehnt isoliert worden. Das ***Entero-Virus 70*** ruft eine akute, hämorrhagische Konjunktivitis hervor. Die Erkrankungen treten pandemisch-epidemisch vorzugsweise in übervölkerten tropischen Städten (Nord- und Südamerika, Japan, Indien und südpazifische Inselwelt) auf. Die Konjunktiven sezernieren ein sero-muköses Sekret. Kurzfristige Titer von IgM-Antikörpern sind im Serum festgestellt worden. Während die Infektionen bei Kindern häufig asymptomatisch sind, führt die Infektion der Erwachsenen zur akuten hämorrhagischen Konjunktivitis.

Der ***Typ 71*** ruft Meningitis, schlaffe Paralysen und Enzephalitis hervor.

Die Typen ***68 und 69*** haben sich bisher keinem Krankheitsbild zuordnen lassen. Das Entero-Virus ***72*** ist mit dem Hepatitis A-Virus identisch (s. S. 816).

Zusammenfassung: ECHO-Viren

Das Virus: Entero-Virus, Subgruppe der Picorna-Viren. (+)-RNA-Virus wie Polio; mehr als 32 Typen, sowie Entero-Viren 68–71. Transportstabil.

Vorkommen: Virusreservoir ist der Nasen-Rachenraum und der Darmkanal. Ausscheidung als Aerosol sowie im Stuhl und Urin. Virus in Abwässern und Freibädern. Meist im Sommerhalbjahr.

Epidemiologie: Weltweite Verbreitung und frühzeitige oder auch spätere Durchseuchung.

Übertragung: Ausscheidung und Übertragung wie Polio- und Coxsackie-Viren.

Pathogenese: Keine Babymaus-Pathogenität. Ausbreitung im Organismus lympho-hämatogen.

Klinik: Inkubationsperiode 6–12 Tage. Fieberhafte Infekte, makulo-papulöse Exantheme, Meningitis, Myalgie, Pharyngitis, hämorrhagische Konjunktivitis (Typ 70), hand-foot-and-mouth-disease, z. T. schlaffe Paralysen und Enzephalitis (Typ 71).

Diagnose: Rachenspülwasser, Liquor, Stuhl zur Isolierung auf Zellkulturen; Identifizierung im Neutralisationstest.

Therapie: Symptomatisch.

Immunität: Die Immunität ist humoral bedingt. Hinzu kommt Schleimhautimmunität (IgA).

Prävention: Keine.

1.3 Rhino-Viren

Beschreibung des Virus

Rolle als Krankheitserreger. Die Rhino-Viren sind neben anderen Viren die Haupterreger des Schnupfens („common cold"). Ihr Wirtsspektrum ist eng: Sie sind nur für den Menschen pathogen. Sie sind trotz ihrer Harmlosigkeit für einen hohen Anteil an Arbeitsausfällen verantwortlich.

Morphologie. Rhino-Viren sind kleine, ikosaederförmige (+)-RNA-Viren, ähnlich den Entero-Viren.

Resistenz gegen äußere Einflüsse. Im Gegensatz zu den Entero-Viren sind sie nur in einem pH-Bereich von 6,0–7,5 stabil und temperaturempfindlich.

Einteilung. Es gibt über 110 Serotypen; sie lassen sich im Hinblick auf ihre Bindung an bestimmte Zellrezeptoren (interzelluläres Adhäsionsmolekül, „Icam") in 2 Gruppen einteilen.

Vorkommen

Sie kommen nur beim Menschen vor, und zwar während des ganzen Jahres.

Übertragung

Die Übertragung erfolgt überwiegend durch virusverschmutzte Hände oder Gegenstände, nur zu einem kleinen Teil durch Aerosol-Infektion.

Pathogenese

Rhino-Viren befallen die *Epithel-Zellen des Nasen-Rachenraumes.* Sie rufen im allgemeinen nur begrenzte Schädigungen hervor. Im Elektronenmikroskop erkennt man einzelne, abgestoßene Zellen. Es kommt fast nie zu einer Generalisation; andere Schleimhäute werden nicht befallen. Dies ist u. U. für die klinische Differentialdiagnose gegenüber Adeno-, Coxsackie- und ECHO-Viren wichtig. Die „Erkältungen" durch Rhino-Viren, durch Corona-Viren und durch das Respiratory-Synzytial-(RS-)Virus laufen in der gleichen Weise ab. Man nimmt daher an, daß ihnen ein gleichartiger Entzündungsmechanismus zugrunde liegt (Vasokine?). Die Symptome beruhen auf einer Hypersekretion von Schleim sowie einer akuten Entzündung der Schleimhaut. Die größte Menge an Virus läßt sich immer dann feststellen, wenn die wäßrige Sekretion am größten ist. Bei Rhino-Virusinfektionen wird ein Faktor freigesetzt, der Leukozyten anlockt; diese treten im Nasalsekret bereits vor dem „Schnupfen" auf. Ob Lymphokine auftreten, ist unbekannt; Histamin wird nicht gefunden. Mit einiger Sicherheit werden auch die Nebenhöhlen in die Erkältung mit einbezogen; dies bedeutet aber noch keineswegs eine mit Antibiotika behandlungsbedürftige Sinusitis!

Klinik

Nach einer Inkubationsperiode von 1–3 Tagen entwickeln sich typische Symptome: Ausfluß aus der Nase, Niesen, Husten, Kopfdruck, verstopfte Nase und rauher Hals. Die Beteiligung von pharyngealen und bronchitischen Symptomen wechselt mit dem Serotyp und von Person zu Person. Innerhalb von 2–3 Tagen werden die Symptome ausgeprägter, sie bleiben dann 2–3 Tage im Maximum und gehen im Anschluß daran schnell zurück. Fieber fehlt meistens. Häufig werden die Nebenhöhlen einbezogen.

Bei Rauchern treten Rhino-Virusinfektionen nicht gehäuft auf; die Krankheit dauert aber durchschnittlich länger und verläuft schwerer. Bei Rauchern ist die Phagozytosefähigkeit der Makrophagen herabgesetzt.

Immunität

Die Antigenität der Rhino-Viren ist schwach, so daß keine dauerhafte Immunität entsteht. IgG- und IgA-Antikörper bewirken den Immunschutz; es gibt zwischen den Typen keine Kreuzimmunität. Ob T-Lymphozyten zum Schutz des Organismus beitragen, ist nicht bekannt.

Labordiagnose

Rhino-Viren können in Zellkulturen aus menschlichem Material gezüchtet werden. Die Züchtung gelingt, wenn man die Temperatur und den pH-Wert der Kultur den Verhältnissen der Nasenschleimhaut beim Lebenden angleicht (Optimum 32 °C, leicht saures pH). Die zahlreichen Typen lassen sich durch den Neutralisationstest unterscheiden. Eine Routinediagnostik gibt es nicht.

Therapie

Rhino-Virusinfektionen sind eher unangenehm als bedrohlich. Man hat mit Erfolg versucht, ihr Angehen durch Gaben von α-Interferon zu hindern. Eine Dauerbehandlung mit Interferon verbietet sich, da Nebenwirkungen (Nasenbluten und Verstopfung der Nase) auftreten. Eine kausale Therapie gibt es noch nicht, doch wird in verschiedenen Richtungen daran gearbeitet (Chemotherapie, Interferon).

Zusammenfassung: Rhino-Viren

Das Virus: Picorna-Virus. Mehr als 110 Typen von (+)-RNA-haltigen Viren, relativ temperaturempfindlich.

Vorkommen: Ganzjährig, nur beim Menschen.

Epidemiologie: Mehrere Infektionen pro Jahr (4–6).

Übertragung: Durch virushaltige Hände (Nasalsekret), seltener Tröpfcheninfektion.

Pathogenese: Interzelluläre Adhäsionsmoleküle (Icam's) dienen als Rezeptoren auf der Zelle. Lokale Schleimhautinfektionen, kaum Generalisierung. Zerstörung einzelner Schleimhautzellen.

Klinik: Banaler Schnupfen, 1–3 Tage nach Ansteckung.

Diagnose: Züchtung in Zellkulturen bei 32 °C (nicht gebräuchlich).

Therapie: Symptomatisch.

Immunität: Kurzdauernde Immunität durch IgA-Antikörper. Keine Kreuzimmunität.

Prävention: Händewaschen. Hygienisches Verhalten bei Schnupfen.

1.4 Maul- und Klauenseuche-Virus

Das MKS-Virus ist der Erreger der Maul- und Klauenseuche (MKS), einer Zoonose, die vornehmlich Paarhufer (Rinder, Schweine, Schafe, Ziegen) befällt; die Erkrankung hat große Bedeutung für die Landwirtschaft. Die Krankheit wird nur selten auf den Menschen übertragen (Kontakt mit krankem Vieh, Verzehr von infizierten Nahrungsmitteln animalischer Herkunft). Die Verbreitung der MKS wird in der Veterinärmedizin durch einen Totimpfstoff verhindert.

2 Myxo-Viren

D. Falke

INHALTSÜBERSICHT

2.1 Beschreibung der Gruppe der Myxo-Viren 717
2.2 Influenza-Virus 718
2.2.1 Beschreibung des Virus 718
2.2.2 Namensgebung 720
2.2.3 Epidemiologie 720
2.2.4 Pathogenese 721
2.2.5 Klinik 721
2.2.6 Immunität 722
2.2.7 Labordiagnose 722
2.2.8 Therapie 722
2.2.9 Prophylaxe 722
Zusammenfassung 723
2.3 Parainfluenza-Viren 723
Zusammenfassung 725
2.4 Mumps-Virus 725
Zusammenfassung 727
2.5 Newcastle-Disease-Virus 727
2.6 Respiratory-Synzytial-Virus (RS-Virus) 727
Zusammenfassung 729
2.7 Masern-Virus 729
2.7.1 Beschreibung des Virus 729
2.7.2 Vorkommen 729
2.7.3 Epidemiologie 729
2.7.4 Übertragung 729
2.7.5 Pathogenese 730
2.7.6 Klinik 730
2.7.7 Immunität 730
2.7.8 Diagnose 731
2.7.9 Therapie 731
2.7.10 Prävention 731
2.7.11 SSPE 732
Zusammenfassung 732

2.1 Beschreibung der Gruppe der Myxo-Viren

Zu den Myxo-Viren zählt man die Erreger der ***Influenza***, des ***Mumps*** und der ***Masern***, aber auch die ***Parainfluenza-Viren*** und das ***Respiratory-Synzytial-Virus,*** ebenfalls Erreger von Infektionen des Respirationstraktes.

Myxo-Viren sind mittelgroße (–)-Strang RNA-Viren mit einem Durchmesser von etwa 80–200 nm. Die einsträngige RNA liegt in Form eines schlauchförmigen Nukleocapsids vor. Dieses bildet seinerseits ein kugeliges Knäuel. Außen ist das Virion von einer lipidhaltigen Hülle („envelope") umgeben (s. S. 614). Zwischen dem Envelope und dem Nukleocapsidknäuel befindet sich ein als Membran-Protein bezeichneter Eiweißkörper.

Ein Teil der Myxo-Viren enthält als Partikelbestandteil ***Neuraminidase*** („*r*eceptor *d*estroying *e*nzyme", ***RDE***). Man unterscheidet in der Systematik dementsprechend neuraminidase-haltige Myxo-Viren von neuraminidase-freien Myxo-Viren. Die Myxo-Viren sind ***äther-empfindlich***; sie verlieren nach Ätherbehandlung ihre Infektiosität. In der Außenwelt ist das Virus relativ labil. Myxo-Viren werden in ihrer Mehrzahl an Erythrozyten gebunden und vernetzen diese; auf diese Weise kommt es zur ***Hämagglutination***.

Einteilung

Die Myxo-Virus-Gruppe (in weiterem Sinne) besteht aus den stets neuraminidase-haltigen ***Orthomyxo-Viren*** und den ***Paramyxo-Viren***; letztere gliedert man in solche mit Neuraminidase und ohne Neuraminidase, so daß letztlich drei Gruppierungen entstehen.

Orthomyxo-Viren (Influenza-Viren)

Sie enthalten Neuraminidase und sind menschen- oder tierpathogen.

Menschenpathogene Influenza-Viren. Man unterscheidet drei Typen der Influenza-Viren: Typ A ist der Erreger der pandemischen und epidemischen Influenza. Er umfaßt zahlreiche Subtypen, die von Pandemie zu Pandemie wechseln (Subtypenwandel, Antigenwandel).

Die Typen B und C verursachen vorwiegend lokale Influenza-Epidemien bzw. sporadische Fälle; sie zeigen den Antigenwandel nur in geringem Maße.

Tierpathogene Influenza-Viren. Hierzu gehören die klassische Geflügelpest, die Schweine-Influenza sowie das Influenza-Virus der Pferde und vieler Vogelspezies.

Parainfluenza-Viren. Sie umfassen die Typen 1, 2, 3 und 4. Es existieren keine Subtypen. Erkrankungen bei Kindern sind: Pneumonie, Bronchiolitis, Tracheo-Laryngitis (Pseudokrupp). Bei Erwachsenen: Bronchitis, Pharyngitis, Schnupfen.

Mumps-Virus. Es erzeugt die Parotitis epidemica und ihre Komplikationen.

Newcastle-Virus. Es ist der Erreger der atypischen Geflügelpest und einer Konjunktivitis beim Menschen (Arbeiter auf Geflügelfarmen).

Paramyxo-Viren ohne Neuraminidase

Hierzu gehören die folgenden Krankheitserreger:

Masern-Virus. Es ist der serologisch einheitliche Erreger der Masern.

Respiratory-Synzytial-Virus (RS-Virus). Dieses Virus induziert in Zellkulturen die Bildung von ***Synzytien***. Der Hülle ***fehlen*** hämagglutinierende Eigenschaften. Es verursacht bei Säuglingen und Kleinkindern Bronchiolitiden und Pneumonien. Bei Erwachsenen verursacht das Virus in der Regel milde verlaufende Katarrhe der oberen Luftwege, aber auch Laryngo-Tracheitis.

Erreger der Rinderpest und der Hundestaupe. Sie sind typische Paramyxo-Viren ohne Neuraminidase. Sie sind nur für den Tierarzt von Interesse.

2.2 Influenza-Virus

2.2.1 Beschreibung des Virus

2.2.1.1 Rolle als Krankheitserreger

Das Influenza-Virus erzeugt die Influenza (Grippe).

2.2.1.2 Genom

Die RNA der Myxo-Viren ist eine ***(–)-Strang-RNA;*** sie kann sich deshalb nicht mit den Ribosomen verbinden. Ein (+)-Strang dieser RNA wird gleich zu Beginn der Replikation durch eine im Virion enthaltene Replikase synthetisiert. Erst dann kann die Synthese von viralen Proteinen beginnen.

Die RNA der Influenza-Viren ist segmentiert. Beim Influenza-Virus A und B gibt es jeweils 8 Segmente; bei Influenza C liegen 7 Segmente vor. – Bei Mumps-, Masern- und den Parainfluenza-Viren ist die RNA dagegen ein langgestrecktes Einzelmolekül.

2.2.1.3 Morphologie

Das Influenza-Virus besteht aus einem schneckenartig aufgeknäuelten fadenförmigen Ribonukleocapsid, das von einer Hülle mit Spikes umgeben ist. Diese sitzen auf der Außenseite der Hülle; es sind stachelartige Gebilde, die über die Oberfläche der Hülle hinausragen. Sie bestehen aus dem als ***HAo*** bezeichneten Hämagglutinin. Dies wiederum besteht aus den beiden Molekularabschnitten Ha1 und Ha2. Durch enzymatische Spaltung des Gesamtmoleküls HAo entstehen zwei getrennte Abschnitte der Proteinkette; ihr Zusammenhalt wird durch eine S-S-Brücke in der Protein-Schleife gesichert. Durch die Spaltung gewinnt das Molekül eine neue, pathogenetisch wirksame Eigenschaft.

Bei neuraminidase-haltigen Viren gibt es außerdem kleinere, spikes-ähnliche Strukturen, die aus diesem Enzym bestehen. Unter der Lipid-Hülle befindet sich das sogenannte Membranprotein (M-Protein).

Schüttelt man intakte Partikel des Influenza-Virus mit Äther, so kann man elektronenoptisch und serologisch folgende ***Partikelfragmente*** nach Ätherausschüttelung bzw. deren Aggregate nachweisen.

- ***Hämagglutininpartikel*** von ca. 30 nm. Sie entstehen durch Zusammenlagerung einzelner Hüllenteile und der Neuraminidase. Diese Partikelbestandteile haben die gleiche Antigenspezifität wie im intakten Virion; man bezeichnet das Partikelpräparat auch als ***V(irus)-Antigen***.
- ***Nukleocapsid***. Es sind fädige Bruchstücke von 10 nm Durchmesser und durchschnittlich 60 nm Länge. Es handelt sich um Fragmente, denn die Nukleocapsid-Fäden des intakten Virions sind viel länger; durch die Ätherausschüttelung werden sie zerrissen. Die Nukleocapsid-Fragmente sind so

klein, daß sie als „löslich" betrachtet werden können; das Material wird deswegen auch als ***S-Antigen*** („*s*oluble antigen") bezeichnet. Die Fragmente bestehen aus einer „RNA-Seele" und einem diese „Seele" einhüllenden „Capsidschlauch".

Aus der Ätherphase kann man Lipide gewinnen, die auch als „Kittsubstanz" bezeichnet werden. Sie halten beim intakten Viruspartikel das Hämagglutinin und den Nukleocapsidschlauch zusammen. Das M-Protein verbleibt ebenfalls in der Ätherphase.

Die ***Bauelemente*** des Influenza-Virus sind biologisch in verschiedener Hinsicht wirksam.

Die Hülle trägt folgende Aktivitäten bzw. funktionell wirksame Strukturen:

- Die hämagglutinierenden Strukturen und die Antigendeterminanten, die für die Neutralisation und für die Hämagglutinationshemmung maßgebend sind. Sie bestimmen die serologische Spezifität der Subtypen und deren Varianten.
- Die Neuraminidase-Aktivität (RDE-Aktivität); sie ist in der Hülle des Virions neben den Hämagglutinin-Spikes in Form kleinerer Spikes lokalisiert.

Das Nukleocapsid ist der Sitz der typenspezifischen Capsid-Antigene. Diese haben keine Beziehung zur Neutralisation und auch nicht zur Hämagglutinationshemmung; ihre Reaktion mit den homologen Antikörpern kann durch die Komplementbindung nachgewiesen werden (S-Antigen).

Das M-Protein wird weder in der diagnostischen KBR noch im Hämagglutinationstest erfaßt. Seine Antigeneigenschaften kann man nur mit besonderen Methoden erfassen. Das M-Protein ist, ebenso wie das Capsidmaterial, ein typenspezifisches Antigen.

2.2.1.4 Typen

Man bezeichnet die Gesamtheit all derjenigen Virusstämme, welche das gleiche Capsid-Antigen haben, als ***Typ*** (A, B oder C). Ein und derselbe Typ weist bei konstantem Capsid-Antigen hinsichtlich seiner Hülle wesentliche Strukturverschiedenheiten auf: Die Spikes der Hülle kommen in Form mehrerer, serologisch distinkter ***Subtypen*** vor (z. B. H1, H2 oder H3). Zwei Viruspartikel eines Typs gehören nur dann zum gleichen Subtyp, wenn sie hinsichtlich ihrer *envelope*-Struktur identisch oder teilidentisch sind.

Das Hüllmaterial wird mit Hilfe bekannter, subtypenspezifischer Antikörper charakterisiert. Man verwendet dazu den Hämagglutinations-Hemmungstest oder den Neutralisationstest. Das Capsidmaterial wird mit Hilfe von bekannten typenspezifischen Antikörpern in der Komplementbindungsreaktion bestimmt. Man pflegt deshalb das Capsidmaterial als „komplementbindendes Antigen" (S-Antigen) zu bezeichnen. Dieser Terminus ist streng genommen unrichtig: Auch Hüllmaterial (= V-Antigen) ergibt mit dem homologen Antikörper eine Komplementbindung. Der Effekt der Hämagglutinationshemmung ist aber viel spezifischer, so daß die KBR de facto nur für den Nachweis des Capsidmaterials verwendet wird.

2.2.1.5 Antigenwandel

Der ***Typ A*** zeigt das Phänomen des ***Antigenwandels***. Dieser Antigenwandel führt zur Erscheinung des periodischen, alle 10–20 Jahre zu beobachtenden Auftauchens von neuen Subtypen, was sich im Auftreten einer neuen Pandemie zeigt. Die Veränderungen des Genoms werden als „antigenic ***shift***" bezeichnet. Unabhängig von dem in langen Zeiträumen erfolgenden „großen" Antigenwandel kommen zwischenzeitlich kleinere Antigenveränderungen vor; sie führen nicht zu neuen Subtypen, sondern nur zu Abwandlungen des alten Subtyps (Subtypen***varianten***). Die Tendenz zur Entstehung der Subtypenvarianten wird „antigenic ***drift***" genannt. Ihr Auftauchen ist für die Herstellung der Influenza-Totimpfstoffe von großer Bedeutung.

Über den Mechanismus der Entstehung des Antigenshiftes und des Antigendriftes weiß man heute folgendes:

Antigenshift. Der Antigenshift ist die Folge eines „reassortment": Es erfolgt zwischen verschiedenen Virusgenomen ein *Austausch von funktionell homologen RNA-Segmenten*. So ist 1968 das Reassortment zwischen einem Asia-Virus mit der Antigenformel ***H2N2*** und einem tierischen Virus mit der Formel ***H3Nx*** erfolgt. Das Ergebnis dieser Rekombination war das Hongkong-Virus, das eine Pandemie auslöste; es entsprach der Formel ***H3N2***. Wegen des neuen H3 besaß das Hongkong-Virus einen starken Selektionsvorteil gegenüber dem Asia-Virus. Viren mit der Antigenformel H3Nx hatte man bereits Jahre vorher z. B. bei Pferden und Enten isoliert. Wahrscheinlich erfolgte diese Rekombination im Schwein, da sich nur in dieser Spezies sowohl tierische als auch menschliche Influenza-Viren replizieren können. – Ein „neuer"

Subtyp kommt auch dann zustande, wenn durch eine Mutation an kritischen Stellen des Ha2 eine völlige Umfaltung des Moleküls zustande kommt, und damit eine neue Antigen-Eigenschaft erzeugt wird.

Antigendrift. Der Antigendrift ist die Folge von ***Punktmutationen***; das Hämagglutinin wird dadurch so verändert, daß sich der „neuen" Variante im Sinne der Selektion neue Überlebenschancen bieten. Die „Entwicklungsgeschichte" eines Subtyps mit seinen Varianten läßt sich anhand der Punktmutationen rekonstruieren. – Die Neuraminidase besitzt für die Immunität nur eine untergeordnete Bedeutung. – Der Typ B zeigt nur Antigendrift.

2.2.2 Namensgebung

Die Bezeichnung eines Influenza-Virus ergibt sich aus einer Formel, z. B. A3/Hongkong/1/68. Dabei ist A die Typenbezeichnung; der Ortsname bezieht sich auf den ersten Fundort. Die Ziffer 1 gibt die Nummer des jeweils isolierten Stammes an; die Zahl 68 bezieht sich auf das Isolierungsjahr.

2.2.3 Epidemiologie

Die Influenza ist eine hochkontagiöse Krankheit. Als Virusquelle dient in Epidemiezeiten der Kranke und der subklinisch infizierte Mensch, vorzugsweise Kinder und Jugendliche. Die Übertragung erfolgt durch ***Tröpfcheninfektion***. Haupterkrankungszeit ist der Winter. Die Hälfte der Infizierten macht die Krankheit symptomlos oder symptomarm durch.

Der Aufenthaltsort des Influenza-Virus zwischen den großen Pandemien ist im einzelnen nicht bekannt; jedoch weiß man, daß das in Ostasien gehaltene ***Hausschwein*** sowie Pferde, Enten, Puter und andere Tiere (Seevögel) Influenza-Virus aufnehmen, über längere Zeitspannen beherbergen und ausscheiden können. Als erwiesen gilt inzwischen, daß das Influenza-Virus vom Schwein auf den Menschen und umgekehrt übertragen werden kann.

Für den Subtypenwandel spielt das Schwein eine wichtige Rolle: Als Träger von Doppelinfektionen dient es quasi als *„Mischgefäß"* für die rekombinierenden RNA-Segmente von tierischen und/oder menschlichen Influenza-Viren.

Kürzlich hat sich herausgestellt, daß u. a. bestimmte Nukleoproteine des Influenza-Virus das pathogene Wirtsspektrum bestimmen. Sie entscheiden darüber, ob sich das Virus beim Menschen oder in den Zellen bestimmter Tierspezies vermehren kann oder nicht. Andererseits glaubt man zu wissen, daß alle existierenden Hämagglutinine und Neuraminidasen in die menschenpathogenen Influenza-Viren eingebaut werden können. Man kennt 13 verschiedene Hämagglutinine und 9 Neuraminidasen (Ha 1–13, N 1–9). Die Antigenformeln der Pandemie-Stämme sind in Tabelle 2.1 aufgeführt.

Epidemiologisch unterscheiden sich die Influenza-Typen A, B und C in dreierlei Hinsicht:

- Der ***Typ A*** breitet sich typischerweise ***pandemisch*** aus, während
- die ***Typen B und C*** vornehmlich ***epidemisch*** oder ***sporadisch*** auftreten.

In den letzten 100 Jahren haben sechs verschiedenartige Subtypen der A-Influenza jeweils eine Pandemie verursacht; der Ausgangspunkt lag häufig in China. Die Antigenformel der Subtypen wird durch die serologische Spezifität des Hämagglutinin (Ha) und der Neuraminidase (N) bestimmt.

Aus der Tabelle 2.1 läßt sich entnehmen, daß in längeren Zeiträumen Influenza-Viren oder einige ihrer Komponenten wiederkehren.

Die Subtypen der Influenza kommen *zeitlich gesehen* in einem typischen *Nacheinander* vor: Sie lösen sich gewissermaßen ab. Hat ein gegebener Subtyp in einem bestimmten Jahr eine Pandemie verursacht, so folgen periodisch, und zwar im Abstand von 1–3 Jahren, Epidemien mit wesentlich geringerer Erkrankungszahl („Nachwellen"). Hierbei erkranken solche Personen, die während der Pandemie nicht oder nur schwach immunisiert worden sind. Die Nachwellen erfassen sukzessive immer weniger Personen; sie tre-

Tabelle 2.1. Pandemien durch Influenza-Viren

Virussubtyp	Pandemiebeginn	Antigenformel	
A2 Asia-ähnlich	1890	Ha2N8	
A3 Hongkong-ähnlich	1900	Ha3N8	
A1 Swine-ähnlich	1918	Ha1N1	
A2 Asia	1957	Ha2N2	
A3 Hongkong	1968/69	Ha3N2	kommen seit 1976 gleichzeitig vor
A1 UdSSR	1976	Ha1N1	

ten zunächst als Seuchenherd und schließlich nur noch in Gestalt von sporadischen Fällen auf. Ein Subtyp erfaßt im Laufe seiner 15–20 Jahre währenden „Amtszeit" bis zu 70% der Weltbevölkerung; bei dieser Durchseuchungsquote ist die Immunität so weit verbreitet, daß der Subtyp praktisch verschwindet: Die Seuche ist damit als Pandemie erloschen.

Die von kleineren Epidemien ausgefüllte Zeitspanne währt so lange, bis ein neuer Subtyp entsteht (Antigenshift, s. oben). Dieser „debütiert" dann mit einer Pandemie, da er in der Lage ist, die Massenimmunität, wie sie durch den vorigen Subtyp hervorgerufen worden ist, zu unterlaufen.

2.2.4 Pathogenese

Eintrittspforte und zugleich Ansiedlungsort ist der ***Respirationstrakt***, insbesondere die Bronchialschleimhaut. Die im Virion enthaltene Neuraminidase kann den Bronchialschleim verflüssigen. Auf diese Weise dringt das Viruspartikel leichter zu den Bronchialepithelzellen vor; es kann dort nach seiner Adsorption an die Membranrezeptoren den Vermehrungszyklus einleiten.

Bei der Adsorption bindet sich das enzymatisch gespaltene Hämagglutinin mit dem Anteil Ha1 an den neuraminsäure-haltigen Rezeptor der Zellmembran. Dann erfolgt die Aufnahme des Virions über den Ha2-Teil in die Zelle. Dabei stülpt sich das virusbesetzte Membranstück ein; es bildet zunächst ein pinozytotisches Bläschen, in dessen Zentrum sich das Virion befindet. Erst anschließend verschmilzt die Hülle des Virions mit der Bläschenmembran. Das auf diese Weise freigelegte Nukleocapsid wird dann vom Zytoplasma aufgenommen.

Die Influenza-Viren bleiben während der Krankheit vorwiegend ***im Bronchialbaum*** lokalisiert. Sie führen zu einer Epithelschädigung mit Transsudation, Nekrose und Desquamation; hierdurch wird die örtliche Resistenz gegenüber bakteriellen Infektionen vermindert. Dementsprechend wird die Influenza oft durch sekundäre Infektionen in Form von bakteriellen Bronchopneumonien kompliziert. Diese sind häufig die Todesursache.

Als Erreger der Bronchopneumonie tritt H. influenzae ebenso in Erscheinung wie Staph. aureus und Str. pyogenes. Die Benennung des H. influenzae geht darauf zurück, daß man diese Bakterienspezies in zahlreichen Fällen von Influenza nachweisen konnte und irrtümlicherweise für den Erreger der Grundkrankheit hielt.

Beim Studium der Vorgänge im Bronchialepithel haben sich interessante Befunde ergeben. Als erster Lokal-Abwehrstoff wird α/β-Interferon gebildet. Influenza-Viren vermindern die Phagozytose-Kapazität der Makrophagen gegenüber Staph. aureus; die gleiche Wirkung wird in späteren Phasen der Infektion durch Virus-Antikörperkomplexe hervorgerufen. Lokal bewirken Influenza-Viren eine Verringerung der T- und der B-Zellen, sowie der natürlichen Killerzellen.

Von besonderem Interesse ist die Tatsache, daß sich zwischen Influenza-Viren und gewissen Proteasen des ***Staph. aureus*** eine Kooperation herausbilden kann. Influenza-Virus ist nur dann „pathogen", wenn das Vorläufer-Hämagglutinin (HAo) in die Fragmente Ha1 und Ha2 gespalten wird. Dann kann der oben geschilderte Mechanismus der Adsorption/Penetration verstärkt ablaufen. Die Besiedlung des Bronchialbaumes mit Staph. aureus kann eine Protease liefern, die zu dieser Spaltung befähigt ist. Auf diese Weise läßt sich der besonders hohe Schweregrad der Influenza-Erkrankung beim Vorhandensein von Staph. aureus erklären.

Bei vielen Infektionskrankheiten des Respirationstraktes setzt das Virus einen Primärschaden am Flimmerepithel, der dann seinerseits die Vorbedingung für die sekundär-bakterielle Besiedlung schafft. Bei der Influenza fördert die bakterielle Besiedlung wiederum die krankmachende Wirkung des Virus. Möglicherweise ist die häufig beobachtete Wirksamkeit von *Antibiotika* bei Influenza durch die Behinderung der „Helferbakterien" bedingt.

2.2.5 Klinik

Während man als „Grippe" oder „grippalen Infekt" relativ mild verlaufende Erkrankungen durch die vielen „respiratorischen Viren" bezeichnet, ist die echte Influenza eine schwere Erkrankung. Nur Influenza-Infektionen verursachen eine statistisch erfaßbare ***Übersterblichkeit***. Im allgemeinen nimmt die Influenza nur bei älteren oder geschwächten Personen einen tödlichen Verlauf; vorzugsweise bei zusätzlich bestehenden Lungen- oder Herzkrankheiten.

Die Influenza ist eine lokale Erkrankung mit systemischem Charakter. Sie tritt nach einer Inkubationsperiode von 1–5 Tagen auf. Die akute Krankheit dauert etwa 8–10 Tage. Es werden hohes Fieber, Kopfschmerzen, Kältegefühl, Glieder- und Muskelschmerzen sowie allgemeine Hinfälligkeit beobachtet. Oftmals tritt eine ***Myokarditis*** mit z. T. lang anhaltender Kreislaufschwäche hinzu. Rauher Hals und Husten treten ebenfalls auf. Eine verstopfte und laufende Nase ist untypisch. Typisch ist hingegen eine hochfieberhafte ***Bronchitis***. In allen Altersgruppen kann es zur Laryngo-Tracheitis und selten zu einer durch das Influenza-Virus verursachten Pneumonie kommen. Als Komplikation wird bei Kindern Pseudokrupp beobachtet. Weitere Komplikationen sind Otitis media, Meningitis, Enzephalitis und Guillain-Barré-Syndrom. Häufig entstehen durch bakterielle Superinfektionen mit Staphylokokken, Streptokokken oder Hämophilus influenzae ***Sekundärpneumonien*** (Bronchopneumonien), die z. T. hämorrhagisch verlaufen. Diese Komplikationen sind zumeist die Todesursache vornehmlich bei alten Menschen. Dies gilt vor allem für Influenza A und B.

Influenza-Pandemien oder -Epidemien variieren hinsichtlich ihres Schweregrades beträchtlich. Die „spanische Grippe", ursprünglich aus China kommend, forderte 1918/19 etwa 20 Millionen Todesopfer – mehr als der 1. Weltkrieg selbst. Als Folgekrankheit trat die nach v. ***Economo*** benannte „postinfektiöse" Enzephalitis auf. Die „Asien"-Influenza von 1957 hingegen verlief viel leichter; allerdings hat man hier neben vereinzelten Pneumonien auch foudroyante Verläufe mit tödlichem Ausgang beobachtet.

2.2.6 Immunität

Maßgebend für die Erlangung der Humoral-Immunität gegen das Influenza-Virus ist das außensitzende Hämagglutinin: Es induziert die Bildung von Antikörpern, die zugleich neutralisierend und hämagglutinationshemmend wirken. Die Schleimhaut-Immunität ist der bestimmende Faktor gegen Reinfektion. Die Neuraminidase spielt nur eine untergeordnete Rolle. Der humorale Immunschutz ist subtypenspezifisch und an die Anwesenheit von IgA- und IgG-Antikörpern gebunden. Das Capsid regt zwar ebenfalls die Bildung von Antikörpern an; da es jedoch im Innern des Partikels liegt, liefert es für die Neutralisation keinen Ansatzpunkt. Das *envelope* induziert somit die Bildung von *protektiven* Antikörpern, während das *Capsid* zur Bildung von *nicht-protektiven* Antikörpern stimuliert. Die *zelluläre Immunität* wird durch mehrere Virusproteine stimuliert, sie sorgt für die Eliminierung des Virus.

2.2.7 Labordiagnose

Die *Isolierung* der Influenza-Viren erfolgt nach wie vor über das bebrütete ***Hühnerei*** (Amnionhöhle). Die Isolierung gelingt aber auch auf empfänglichen Affennierenzellen; der Nachweis des Befalls erfolgt hier mittels Hämadsorption (Anlagerung von Erythrozyten an infizierte Zellareale), da das Virus keinen ZPE erzeugt. Man kann das Virus auch auf Frettchen übertragen.

Routinemäßig wird das Virus nur in Speziallaboratorien isoliert, es ist transportlabil. – Die ***Serodiagnose*** wird zumeist mit dem S-Antigen (typenspezifisch) oder mit dem V-Antigen (subtypenspezifisch) durch die KBR vorgenommen. Als positiv gelten nur Serumpaare mit mehr als dem vierfachen Titeranstieg. Der Hirst-Test ist Speziallaboratorien vorbehalten, wie auch die Variantendiagnose.

2.2.8 Therapie

Für Prophylaxe und Therapie der pandemischen und der epidemischen Influenza A eignen sich ***Adamantanamin***präparate. Lebendimpfstoffe werden z. Z. erprobt.

2.2.9 Prophylaxe

Die spezifische Prophylaxe ist mit einem ***Totimpfstoff*** („Spaltimpfstoff") möglich. Seine Anwendung verleiht in 50% der Fälle einen vollen Schutz gegen die Erkrankung; bei den übrigen Impflingen ist die Schwere der Krankheit abgemildert. Der Impfstoff enthält Hüllmaterial des Influenza-Virus A und B. Die Dauer der Wirkung beträgt etwa 1 Jahr. Dann muß mit einem neu zusammengesetzten Impfstoff weitergeimpft werden. Der neue Impfstoff muß das Hüllenmaterial der zuletzt aufgetauchten Subtypvariante (Antigendrift) enthalten. Im Falle von Pandemien bildet das neue, pandemische Virus die Hauptkomponente des Impfstoffs. Die pharmazeutische Industrie steht dann vor der Aufgabe, in kurzer Zeit ein neues Virus für die Impfstoffertigstellung bereitzustellen. Indiziert ist die Impfung für Personen mit einem Grundleiden und bei Senioren. Im Sinne eines „Immunitätsherdes" innerhalb der Population läßt sich durch Impfung die ***Ausbreitung*** des Virus hemmen, sofern möglichst viele Personen geimpft werden und damit als Überträger ausfallen.

Meldepflicht. Der Tod an Influenza ist meldepflichtig.

Zusammenfassung: Influenza-Viren

Das Virus: Myxo-Virus. (–)-Strang-RNA-Virus, 8 Segmente mit Replikase im helikalen Nukleocapsid mit umgebendem M-Protein. Zusammengehalten von Hülle mit Spikes (Hämagglutinin, Neuraminidase). Etwa 80–100 nm Ø. Typen A, B, C sowie Subtypen und Varianten. Ätherempfindlich.

Vorkommen: Mensch, Schwein, Pferd und Vogelspezies.

Epidemiologie: Nach Reassortment im Schwein kann eine Pandemie in Abständen von 10–15 Jahren erfolgen (Antigen***shift***). Epidemien eines Subtyps in kurzen Abständen infolge Punktmutationen (Antigen***drift***). Etwa 50% der Infektionen verlaufen inapparent.

Übertragung: Durch Aerosol-Infektion von Mensch zu Mensch. Wechselseitige Infektionen zwischen Schwein, Vogelspezies und Mensch als Ursache der Pandemien.

Pathogenese: Ausbreitung von Rachen und Kehlkopf in den Bronchialbaum und die Lunge. Zerstörung der Schleimhaut bis zu Hämorrhagien. Staph. aureus Protease spaltet zusätzlich HAo in Ha1 und Ha2, dadurch Steigerung der Infektiosität, oft Bronchopneumonien.

Klinik: Die Influenza ist eine schwere Erkrankung (mit Inkubationsperiode von 1–3 Tagen) der mittleren und oberen Luftwege, selten Viruspneumonie, oft sek. bakteriell bedingte Bronchopneumonien (H. infl., Staph. aureus, Str. pyogenes). Kreislaufkollaps, Myokarditis, lang anhaltendes Postinfektions-Syndrom und Übersterblichkeit. Komplikationen sind Pseudokrupp, Otitis media, Meningitis, Meningoenzephalitis u. a.

Diagnose: Isolierung des Virus im bebrüteten Hühnerei und Antikörper-Bestimmung in der KBR und im HHT.

Therapie: Symptomatisch und bei Influenza A Adamantanamin-Präparate.

Immunität: IgA-Antikörper der Schleimhaut, humorale Antikörper und zelluläre Immunmechanismen sind für die erworbene Immunität verantwortlich.

Prävention: Influenza-Schutzimpfung mit Spalt-Vakzinen bei Personen mit Grundleiden, Senioren und Kindern mit Herzfehlern u. a. Nach Möglichkeit Aufbau einer Herdimmunität.

2.3 Parainfluenza-Viren

Beschreibung des Virus

Rolle als Krankheitserreger. Die Parainfluenza-Viren treten als Erreger von Erkältungskrankheiten auf.

Genom. Parainfluenza-Viren enthalten eine (–)-Strang-RNA mit Replikase. Ihre RNA besteht aus einem einzigen fadenförmigen Molekül.

Morphologie. Parainfluenza-Viren sind größer als Influenza-Viren. Das RNA-Molekül ist in einem schlauchförmigen Capsid eingeschlossen; das Capsid wird wie das Influenza-Virus von einer Membran umgeben (M-Protein) und zusätzlich von einem *envelope* umhüllt. Wie die Influenza-Viren hämagglutinieren die Parainfluenza-Viren mit anschließender Dissoziation. Das Hämagglutinin kommt in vier serologisch distinkten Varianten vor. Außer dem Hämagglutinin und der Neuraminidase besitzen diese Viren ein Fusionsprotein (F-Protein).

Parainfluenza-Viren besitzen zwei Arten von Spikes:

- ***HN-Spikes***. Diese enthalten das Hämagglutinin und die Neuraminidase. Antikörper gegen das Hämagglutinin neutralisieren das Virus und blockieren dessen Adsorption bzw. die Penetration.
- ***F-Spikes***. Diese wirken hämolysierend und zellfusionierend. Nur Antikörper gegen das Fusionsprotein (F-Protein) haben das Vermögen, die Ausbreitung der Virus-Infektion im Gewebe zu hemmen: Antikörper gegen die HN-Proteine sind dazu nicht in der Lage. Durch Behandlung mit Formalin wird das F-Protein zerstört. Totimpfstoffe auf dieser Basis sind deshalb unwirksam.

Resistenz gegen äußere Einflüsse. Die Parainfluenza-Viren sind ätherempfindlich.

Züchtung in vitro. Diese Viren vermehren sich in mehreren Zellinien.

Züchtung in vivo. Das Virus vermehrt sich in kleinen Laboratoriumstieren.

Vorkommen

Die Parainfluenza-Viren sind bei Mensch und Tier weit verbreitet.

Epidemiologie

Parainfluenza-Viren verursachen keine größeren Krankheitsausbrüche; sie führen das ganze Jahr über, besonders aber im Winter, zu epidemisch auftretenden Erkrankungen, die beim Kleinkind schwerer und beim Erwachsenen relativ unauffällig verlaufen. Ein großer Teil der Erkältungskrankheiten geht auf das Konto der Parainfluenza-Viren. Der Unterschied zu den Influenza-Viren besteht darin, daß diese jahreszeitlich gebunden auftreten.

Die Typen der Parainfluenza unterscheiden sich epidemiologisch. Die meisten *Kinder* machen in den ersten Lebensjahren eine Infektion mit dem ***Typ 3*** durch. Die Durchseuchung mit den anderen Typen erfolgt erst später; sie erfaßt den Großteil der Kinder bis zum 10. Lebensjahr. Mütterliche Antikörper verhindern schwere Verläufe im ersten Lebenshalbjahr. – In den Vereinigten Staaten spielen nahe Verwandte der Parainfluenza-Viren als Erreger des „shipping fever" der Kälber eine große Rolle.

Übertragung

Die Übertragung erfolgt durch Tröpfchen und durch Kontakt mit Nasensekret.

Pathogenese

Eintrittspforte ist der Nasen-Rachenraum. Dort kommt es zunächst zur lokalen Virusvermehrung auf den Schleimhäuten der oberen Atemwege. Beim Erwachsenen entsteht das Bild der katarrhalischen Entzündung. Bei Kleinkindern breitet sich die Infektion jedoch in die Tiefe des Bronchialbaums aus. Bei der Pathogenese spielt das Zusammenwirken von primär virusbedingtem Epithelschaden und darauf folgenden ***Staphylokokken***infektionen eine wichtige Rolle.

Viele, aber nicht alle Fälle von Laryngo-Tracheitis führen zum ***Pseudokrupp***. Die besonderen Verhältnisse bei dieser Komplikation zeigen sich durch einen erhöhten Gehalt an IgE-Antikörpern und an Histamin im Bronchialsekret. Hieraus kann man für den Pseudokrupp eine immunpathogenetische Komponente ableiten. Man hat aber auch Gründe für die Annahme, daß psychosoziale Faktoren eine Rolle spielen.

Klinik

Die Inkubationsperiode beträgt 2–6 Tage. Bei Kleinkindern führt die Infektion zu Laryngo-Tracheitis, zum Pseudokrupp und zur Pneumonie. Dagegen bewirkt die Infektion beim Erwachsenen relativ milde Katarrhe der oberen Luftwege. Das Parainfluenza-Virus vom Typ 2 wurde ursprünglich als ***„croup-associated"*** (***CA***)-Virus bezeichnet.

Der Typ 3 ist für die schweren Fälle von Pneumonie und Bronchiolitis verantwortlich. Da die protektive Immunität trotz vorhandener Serum-Antikörper nur geringgradig ausgeprägt ist, sind wiederholte, milde verlaufende Infektionen mit dem gleichen Typ die Regel (Tabelle 2.2).

Immunität

Die Immunität hat *lokalen* Charakter: Träger sind die im Bronchialschleim ausgeschiedenen Antikörper der Klasse *IgA*. Eine Ausschaltung der T-Zellen im Modelltier führt zu Pneumonien. Interferon wird sehr frühzeitig gebildet.

Labordiagnose

Man kann das Virus durch Züchtung auf humanen Zellkulturen isolieren und im *Hämagglutinations-Hemmungstest* oder mit dem Neutralisationstest typisieren.

Als ***Material*** wird Rachenspülwasser oder Sputum aus der akuten katarrhalischen Phase benötigt.

Die ***Serodiagnose*** der akuten Erkrankung kann dann durch die Untersuchung von zwei Serumproben mit Hilfe der *Komplementbindungsreaktion* erfolgen. Der Hämagglutinations-Hemmungstest ist in der Labordiagnostik nicht gebräuchlich; er wird vornehmlich für Durchseuchungsstudien verwendet. Bei der Komplementbindungsreaktion ist aber zu beachten, daß wegen Antigenverwandtschaften zu anderen Parainfluenza-Viren ***Mitreaktionen*** auftreten. Zur Zeit laufen Versuche, die das Virus in den Zellen der Rachen- oder Bronchialsekrete durch einen Schnelltest nachweisen. Das Verfahren beruht auf dem IFT bzw. auf dem ELISA.

Tabelle 2.2. Erkrankungen der Luftwege und ihre Erreger

Virus	Banaler Schnupfen[1]	Pharyngitis[2]	Tracheo-bronchitis[3]	Pneumonie[4]	Bronchiolitis	Pseudo-krupp[a]
Rhino	++	++	–			
Influenza A	–	+	++	+		(+)
Influenza B	–	+	++	+		
Corona	++	++	+	(+)		
Adeno	+	++	(+)	++		
Parainfluenza 1-4	++	+	+	+	+	++
RS	++	+	++	++	++	(+)
Herpes simplex		(+)				
Mycoplasma pneumoniae		+	+	++		
Str. haemolyticus		(+)				
Chlamydien (Ornithose/Psittakose)			(+)	(+)		

[1, 2, 3, 4] Seltene Fälle bei den genannten Krankheitsformen durch Infektionen mit folgenden Viren: Influenza C-, Epstein-Barr-, Coxsackie A und B-, ECHO- und Polio-Virus.
[a] In den USA: Croup.
++ Großer Anteil, + Mittlerer Anteil an allen Infektionen bei Erwachsenen oder Kindern, (+) Geringer Anteil.

Verhütung, Prophylaxe, Chemotherapie

Bisher gibt es keine wirksamen Maßnahmen zur Prophylaxe. Verwendbare Impfstoffe existieren noch nicht. Zur Zeit gibt es auch kein Chemotherapeutikum.

Zusammenfassung: Parainfluenza-Virus

Das Virus: Myxo-Virus. (–)-Strang-RNA in einem helikalen Capsidschlauch. Umgeben von M-Protein und Hülle mit Spikes. 4 Serotypen unterscheiden sich im Hämagglutinin; Hämagglutinin zusammen mit Neuraminidase: HN-Spikes; Fusionsprotein: F-Spikes. Ätherempfindlich.

Vorkommen: Beim Menschen (und verwandte Typen beim Kalb).

Epidemiologie: Erkrankungen während des gesamten Jahres, zuerst erfolgt die Durchseuchung mit dem Typ 3.

Übertragung: Tröpfchen-Infektion.

Pathogenese: Primärer Epithelschaden am Flimmerepithel mit sekundären Staphylokokken-Infektionen. Lokalerkrankung.

Klinik: Katarrhalische Entzündungen der oberen und unteren Luftwege mit Fieber, Laryngitis, Pseudokrupp, Bronchitis und Pneumonie.

Diagnose: Antikörperbestimmung mit der KBR. Virusisolierung in der Zellkultur aus Rachenspülwasser.

Therapie: Symptomatisch.

Immunität: Schleimhautimmunität mit typenkreuzenden Antikörpern. Zellvermittelte Immunität. Lokal tritt Interferon sehr frühzeitig auf.

Prävention: Keine.

2.4 Mumps-Virus

Beschreibung des Virus

Rolle als Krankheitserreger. Das Virus kommt nur beim Menschen vor; es verursacht die epidemische Parotitis (Mumps, „Ziegenpeter").

Genom. Das Virion enthält einen langen Faden einer (–)-Strang-RNA und eine Replikase.

Morphologie. Das Mumps-Virus mißt etwa 150 nm und gehört zu den neuraminidase-haltigen Paramyxo-Viren.

Resistenz gegen äußere Einflüsse. Das Virus ist ätherempfindlich und außerhalb des Menschen wenig stabil.

Züchtung. Der Mensch ist der einzige natürliche Wirt des Virus. Man kann es jedoch auf den Affen übertragen und im bebrüteten Hühnerei sowie in Zellkulturen züchten. Das Mumps-Virus erzeugt Zellfusionen und Zellabkugelung.

Einteilung. Die Antigenität des Mumps-Virus ist einheitlich und verändert sich nicht.

Epidemiologie

Das Virus ist auf der ganzen Welt verbreitet. Man findet bei etwa 80% der Erwachsenen komplementbindende Antikörper gegen das Mumps-Virus. Durch den höheren Lebens- und Hygienestandard hat sich in den Industriestaaten das Lebensalter, bei dem wir frühestens mit der maximalen Durchseuchung rechnen konnten, zugunsten älterer Jahrgänge verschoben. Deshalb steigt die Zahl der nicht-immunen Erwachsenen an. Dies ist ein wichtiger Grund, die ***Impfung*** zu empfehlen. Immunsupprimierte Personen sind nosokomialen Mumps-Infektionen ausgesetzt. Eine saisonale Häufung besteht nicht: Sporadische Fälle findet man das ganze Jahr über. Etwa 30–50% der Infektionen verlaufen inapparent. Todesfälle durch Mumps gibt es kaum.

Übertragung

Kontagiös ist der Mumpskranke vier Tage vor und sieben Tage nach dem Auftreten der Erstsymptome. Mumps ist jedoch bei weitem nicht so kontagiös wie die Masern oder die Influenza: Der Kontakt zwischen der Infektionsquelle und dem Exponierten muß relativ eng sein. Das Mumps-Virus wird durch ***Speichel***tröpfchen oder Nasensekret von Mensch zu Mensch übertragen, man findet es auch im Urin.

Pathogenese

Das Mumps-Virus dringt in die Mundhöhle und den Nasen-Rachenraum ein, vermehrt sich dort und gelangt lymphogen oder hämatogen in die ***Parotis***. Dort vermehrt es sich u. a. in den Parenchymzellen. Im Rahmen einer Generalisation kann das Virus die ***Hoden*** bzw. die Ovarien, das Pankreas, die Schilddrüse, die Mammae und das Gehirn besiedeln. Man nimmt heute an, daß mit der pubertären Reifung im Hoden eine Zellart auftritt, die den Replikationsprozeß des Mumps-Virus und damit den Virusbefall ermöglicht.

Klinik

Die Inkubationszeit der Mumps-Infektion beträgt im Durchschnitt 18 Tage.

Parotitis. Die Krankheit beginnt stets mit Fieber und in der überwiegenden Mehrzahl der Fälle mit einer einseitigen ***Parotisschwellung***. Diese ist an der Abhebung des Ohrläppchens leicht zu erkennen; die andere Seite wird meist etwas später befallen. Es gibt aber auch Mumpsfälle ohne klinisch erkennbaren Parotisbefall.

Pankreatitis und Diabetes mellitus. Die Bauchspeicheldrüse wird nicht selten mit ergriffen. Die Symptome einer Mumps-Pankreatitis sind Erbrechen, Druckschmerz, Enzym-Anomalien, Hyperglykämie.

Nach einer Mumps-Erkrankung entwickelt sich in sehr seltenen Fällen das Bild eines insulinabhängigen Diabetes mellitus .

Orchitis. Eine klinisch erkennbare Orchitis tritt als Komplikation bei etwa 20% der Kranken auf, die älter als 15 Jahre sind. Sie ist meist einseitig. Tritt sie doppelseitig auf, so kommt es wegen der daraus resultierenden Hodenatrophie zur Sterilität.

Bei Frauen bleibt der Befall der Ovarien dagegen ohne Folgen.

Meningoenzephalitis. In 10% der Fälle tritt, vorwiegend im ersten Lebensjahrzehnt, eine meistens gutartige Meningoenzephalitis auf. Die Meningoenzephalitis ist bei Erwachsenen sehr selten; Taubheit als Folge ist selten.

Schwangeren-Mumps. Bei Schwangeren kann eine Mumps-Infektion innerhalb der ersten 3 Schwangerschaftsmonate zu ***Aborten*** führen. Embryopathien mit post partum feststellbaren Schäden sind aber nicht bekannt geworden.

Immunologie

Die Immunität wird durch eine manifeste Erkrankung ebenso erworben wie durch die inapparente Infektion. Der Immunschutz dauert praktisch das *ganze Leben* an. Es gibt keine manifesten Zweiterkrankungen, wohl aber inapparente Reinfektionen; diese treiben die Immunität jeweils wieder hoch. Die diaplazentar übertragenen Antikörper der Mutter schützen den Säugling während der ersten 6 Monate nach der Geburt vor der Infektion. Bei einer frischen Infektion kann man IgM-Antikörper nachweisen. Die zellvermittelte, zytotoxische Immunität scheint an der Pathogenese des Mumps wesentlichen Anteil zu haben.

Diagnose

Klinische Diagnose. Die klinische Diagnose ist nur dort schwierig, wo die Parotisbeteiligung nicht erkennbar ist. Bei nicht-bakteriellen Meningoenzephalitiden sollte man stets auch an Mumps denken. Für die Diagnose ist es wichtig, daß Mumps eine Krankheit der Kinder und der jungen Menschen ist. Infektionen in höherem Alter kommen zwar auch vor, sie sind aber selten.

Labordiagnose. Die Virusisolierung kann aus dem Speichel des Kranken vorgenommen werden. Die Züchtung erfolgt auf Affennierenzellen und in embryonierten Hühnereiern. Für die Praxis ist die Virusisolierung entbehrlich. Für die Labordiagnose sind geeignet: Die Pankreas-Funktionstests, die KBR sowie der IgM- und der IgG-ELISA. Die Hämagglutinationsreaktion braucht wegen des einheitlichen Serotyps nicht angewendet zu werden. Die Bestimmung der Antikörper sollte in zwei nacheinander entnommenen Serumproben vorgenommen werden. Als Erreger einer „Parotitis" gelten auch andere Viren (Coxsackie, ECHO, Parainfluenza und Influenza A).

Prophylaxe

Schutzimpfung. Die Schutzimpfung wird allgemein empfohlen. Sie wird mit einem Lebendimpfstoff ausgeführt. Der Impfstoff ergibt eine Konversionsrate von 95%. Die Impfung kommt für Kinder und für exponierte Erwachsene in Betracht (Krankenhauspersonal, Laborpersonal u. a.), bei denen der Antikörpertest negativ ist.

Zusammenfassung: Mumps-Virus

Das Virus: (–)-Strang-RNA-Virus. Typisches Myxo-Virus mit Neuraminidase; ätherempfindlich.

Vorkommen: Virusreservoir ist der Nasen-Rachenraum des Menschen.

Epidemiologie: Das Virus ist weltweit verbreitet, etwa 50% der Infizierten erkranken.

Übertragung: Tröpfchen-Infektion.

Pathogenese: Das Virus dringt aus dem Nasen-Rachenraum hämatogen in die Speicheldrüsen (u. a.), bei Männern in Testes ein.

Klinik: Inkubationszeit 2–3 Wochen. Ein- oder beidseitige Parotitis, Meningoenzephalitis mit Taubheit, Meningitis auch ohne Parotitis, meist einseitige Orchitis, bei beidseitigem Befall Sterilität. Im ersten Trimenon Aborte.

Diagnose: KBR oder IgM- und IgG-ELISA, HHT, Virusisolierung.

Therapie: Symptomatisch.

Immunität: Lebenslange Immunität durch zytotoxische Lymphozyten; IgA-, IgM- und IgG-Antikörper.

Prävention: Mumps-Schutzimpfung.

2.5 Newcastle-Disease-Virus

Das Newcastle-Virus ist der dritte Vertreter der neuraminidase-haltigen Paramyxo-Viren. Als Erreger der ***atypischen Geflügelpest*** kommt ihm veterinärmedizinische Bedeutung zu. Bei exponierten Menschen (Geflügelzüchter, Arbeiter auf Geflügelfarmen) kann das Virus eine Konjunktivitis hervorrufen.

2.6 Respiratory-Synzytial-Virus (RS-Virus)

Beschreibung des Virus

Rolle als Krankheitserreger. Das Respiratory-Synzytial-(RS-)Virus wird aufgrund der Erscheinungen benannt, die es beim Kranken und in den menschlichen Kulturzellen verursacht: Beim Infizierten entstehen Entzündungen des Respirationstraktes; in der Zellkultur bilden sich typische ***Riesenzellen*** (Synzytien) aus.

Genom. Das RS-Virus ist ähnlich wie die Parainfluenza-Viren gebaut: Seine RNA besteht aus einem (–)-Strang; in dem Partikel befindet sich eine Replikase.

Morphologie. Die Hülle enthält ein Protein (*F-Protein*), welches die *F*usion der befallenen Zellen zu Synzytien (Riesenzellen) vermittelt. Die Adsorption wird durch ein weiteres Glykoprotein (G) vermittelt. Unter der Hülle befindet sich das M-Protein, im Inneren das helikale Nukleocapsid.

Resistenz gegen äußere Einflüsse. Das Virus ist ätherempfindlich und außerhalb des Menschen wenig stabil.

Züchtung. Der Nachweis des Virus gelingt in Zellkulturen, ist aber in der Laborpraxis nicht üblich.

Einteilung. Das Virus ist serologisch nicht in strengem Sinne einheitlich: Es gibt 5 Varianten, die untereinander starke Antigenverwandtschaft zeigen.

Das RS-Virus gehört zur Gruppe der Paramyxo-Viren ohne Neuraminidase, es besitzt weder hämagglutinierende noch hämolysierende Eigenschaften.

Epidemiologie

Neben den Masern gehört die Infektion mit dem RS-Virus *zu den wichtigsten Viruskrankheiten des Kindes* und ist ein Hauptanlaß für Hospitaleinweisungen.

Das Virus breitet sich in jedem ***Winter*** epidemisch aus. Dieses Verhalten steht im Gegensatz zur Influenza, bei der es nur alle 2–3 Jahre zu einer Epidemie kommt, und auch zur Parainfluenza, bei der die Erkrankungen das ganze Jahr über vorkommen. Die Durchseuchung steigt sehr früh an, so daß am Ende des 2. Lebensjahres alle Kinder Antikörper tragen. Die häufigen Zweitinfektionen verlaufen milder. Asymptomatische Primärinfektionen gibt es kaum.

Übertragung

Als Überträger dienen Erkrankte und Personen mit abgeklungenem Immunschutz. Das Virus ist hochinfektiös und wird über mehrere Tage ausgeschieden.

Pathogenese

Das Virus repliziert sich in den Epithelzellen der Trachea, der Bronchien, der Bronchiolen und in den Alveolen. Dabei entsteht besonders in den Bronchiolen eine Entzündung: Die Zellen runden sich ab; z.T. fusionieren sie; zusätzlich entstehen interstitielle Infiltrate. Es gibt Anhaltspunkte dafür, daß bei der Entzündung der Bronchiolen immunologische Mechanismen eine Rolle spielen. Für Kinder mit einer abgelaufenen ***Bronchiolitis*** erhöht sich die Wahrscheinlichkeit, später eine „allergische Bronchitis" oder ***Asthma*** zu bekommen. Kinder mit Bronchiolitis haben virusspezifische IgE-Antikörper im Bronchialsekret; das Sekret enthält zudem viel Histamin. Die Lymphozyten reagieren auf RS-Virus-Antigen mit verstärkter Proliferation.

Klinik

Nach einer Inkubationsperiode von 4–5 Tagen entsteht bei Kindern eine leichte Rachenentzündung und anschließend eine Bronchiolitis. Die Krankheit ist durch Zyanose, Fieber, keuchenden Husten und zunehmende ***Dyspnoe*** gekennzeichnet. Die Bronchiolitis befällt vornehmlich Säuglinge, aber auch Kleinkinder. Besonders gefährlich ist der Verlauf bei Kindern, die jünger als $^1/_2$ Jahr alt sind; die Bronchiolitis führt dann häufig zu einer Pneumonie. Ein Drittel aller kranken Kinder entwickelt eine Otitis media, die durch bakterielle Superinfektionen kompliziert wird. Beim Erwachsenen verläuft die Infektion als Schnupfen bzw. als milde Erkältungskrankheit. Bei alten Personen kommt es zu schweren Pneumonien.

Immunität

Der Schleimhautgehalt an IgA-Antikörpern geht mit einem entsprechenden Schutzzustand einher. Andererseits scheiden Kinder, die an einem angeborenen T-Zell-Defekt leiden, das Virus monatelang aus. Man nimmt deshalb an, daß die protektive Immunität T-zellabhängig ist. Antikörper gegen das F-Protein hemmen die Zellfusion und damit die Ausbreitung der Infektion im Gewebe.

Labordiagnose

Die Labordiagnose fußt auf der Komplementbindungsreaktion. Zur Zeit laufen erfolgversprechende Versuche mit dem IFT und ELISA zum Nachweis von RS-Antigen in Zellen des Respirationstraktes. Eine exakte Diagnose ist die wichtigste Voraussetzung für den gezielten Einsatz von Ribavarin.

Therapie

Allgemeine Maßnahmen. Gute Betreuung in der Intensiv-Abteilung kann den letalen Ausgang der Bronchiolitis-Pneumonie bei Säuglingen und Kleinkindern verhindern.

Ribavarin. Ribavarin (s. S. 687) hat sich als wirksames Chemotherapeutikum herausgestellt. Die Substanz wird in Form eines sauerstoffhaltigen Aerosols verabfolgt. Vor der Anwendung des Ribavarin ist die Schnelldiagnose des Erregers notwendig. Die Anwendung von Interferon ist noch nicht erprobt worden.

Prävention. Ein Impfstoff ist noch nicht in Sicht, aber dringend erforderlich.

Zusammenfassung: RS-Virus

Das Virus: (–)-Strang-RNA-Virus, typisches Myxo-Virus ***ohne*** Neuraminidase, ätherempfindlich. Unter der Hülle ein M-Protein mit F-Protein-Spikes.

Vorkommen: Nur im oberen und unteren Respirationstrakt des Menschen.

Epidemiologie: Erkrankungen vorwiegend im Winter. Durchseuchung bis zum Ende des 2. Lebensjahres hoch.

Übertragung: Aerosol-Tröpfchen-Infektion.

Pathogenese: Replikation im mittleren und unteren Respirationstrakt. Riesenzellen durch F-Protein-Spikes. Schwere Flimmerepithelschäden am Kehlkopfepithel. Bronchiolitis.

Klinik: Gehört zu den wichtigen Kinderkrankheiten: Bronchitis, Laryngitis, Pseudokrupp, lebensbedrohliche Bronchiolitis-Pneumonie.

Diagnose: KBR, Virusisolierung in Zellkulturen: Riesenzellen.

Therapie: Keine spezifische Therapie. Ribavarin-Spray? O_2-Inhalation.

Immunität: Langandauernd; ZTL; Antikörper gegen F-Protein verhindern Virusausbreitung infolge Zellfusion.

Prävention: Bisher keine Impfung möglich.

2.7 Masern-Virus

2.7.1 Beschreibung des Virus

Rolle als Krankheitserreger. Das Wirtsspektrum ist eng; nur der Mensch erkrankt spontan.

Morphologie. Das Masern-Virus ist ein (–) -Strang-Virus wie alle Myxo-Viren, seine RNA liegt in einem einzigen Stück vor. Das Virus mißt etwa 140 nm im Durchmesser; es besitzt eine hämagglutinierende Hülle, deren serologische Eigenschaften, im Gegensatz zu denen des Influenza-Virus, einheitlich und konstant sind. Unter der Hülle befindet sich das M-Protein und das helikale Nukleocapsid.

Züchtung. Die Züchtung in vitro gelingt auf verschiedenen Zellarten. Es entstehen oftmals Riesenzellen. Zur Züchtung in vivo läßt sich das Masern-Virus auf Affen übertragen.

Resistenz gegen äußere Einflüsse. Das Virus ist ätherlabil und relativ empfindlich gegenüber äußeren Einflüssen.

Einteilung. Das Masern-Virus gehört zu den Paramyxo-Viren ohne Neuraminidase.

2.7.2 Vorkommen

Einziges Reservoir ist der masernkranke Mensch.

2.7.3 Epidemiologie

Das Masern-Virus ist *leicht übertragbar*, und die *Empfänglichkeit des Menschen* ist sehr hoch. Dementsprechend ist die Krankheit ***hochkontagiös***, sie kann durch allgemein-hygienische Maßnahmen nicht bekämpft werden. Die Exposition von nicht immunen Personen führt so gut wie immer zur Ansteckung; die Krankheit verläuft dabei fast stets manifest und selten inapparent (Manifestationsindex 90%). Dies bedeutet, daß die Bevölkerung bis zum 10. Lebensjahr fast vollständig verseucht ist. Die Masern zeigen ihren ***Häufigkeitsgipfel im Winter***.

2.7.4 Übertragung

Die Virusausscheidung ist im katarrhalischen Vorstadium maximal und verschwindet nach dem Ausbruch des Exanthems, Dauerausscheider gibt es nicht. Demzufolge kann die Ansteckung nur vom katarrhalisch erkrankten Kind her und vom inapparent Reinfizierten erfolgen.

2.7.5 Pathogenese

Das Virus dringt aerogen in den Respirationstrakt ein und vermehrt sich zunächst in dessen Epithelzellen. Die weitere Ausbreitung erfolgt per continuitatem in den Bronchialbaum und auf dem Lymph- und Blutweg in die ***Haut*** (Exanthem); außerdem befällt das Virus Zellen des Immunsystems (Lymphknoten, Milz) und vermehrt sich in ihnen. Besonders folgenschwer ist der Befall der ***T-Lymphozyten***: Dies führt zu einer T-Zell-Verarmung. Hier ist vermutlich die Ursache der *allgemeinen Abwehrschwäche von Masernkranken* gegen andere Infektionen, insbesondere gegen Tuberkulose, zu suchen. Über den Mechanismus, der zur Leistungsminderung des Immunsystems führt, ist nur wenig bekannt. Die T-Zellen des Masernkranken teilen sich nach mitogenen Stimuli (Lektine) nur mangelhaft. Das Exanthem wird auf eine Antigen-Antikörper-Reaktion und ZTL im Bereich der Haut zurückgeführt.

Pneumonien können als Komplikation auftreten; sie entstehen überwiegend sekundär-bakteriell. Wegbereiter ist – analog der Influenza – der primär virusbedingte Zellschaden am Bronchialepithel.

Im Anschluß an die Infektion kann es zu einer ***Enzephalomyelitis*** kommen. Bei der postinfektiösen Form spielen fehlgeleitete Immunreaktionen eine bedeutendere Rolle als die virale Primärschädigung. Diese spielt die Hauptrolle bei der parainfektiösen ***Einschlußkörperchen***-Enzephalitis.

Der zytopathische Effekt besteht in einer charakteristischen Riesenzellbildung und in Chromosomenbrüchen. – Studien über Pathogenitätsfaktoren des Virus gibt es mangels eines geeigneten Modellsystems kaum.

2.7.6 Klinik

Die ***Inkubationszeit*** beträgt 10–14 Tage.

Die ersten Erscheinungen sind katarrhalisch: Fieber, Husten, Schnupfen, Konjunktivitis. Typisch und als Frühsymptom wertvoll sind die ***Koplikschen Flecken*** an der Wangenschleimhaut der Mundhöhle; es sind weißliche, 1–2 mm messende flache Bläschen mit nekrotischer Oberfläche.

Das präexanthematisch-katarrhalische Krankheitsstadium dauert etwa 4 Tage. Dann tritt der ***Ausschlag*** auf; er beginnt hinter den Ohren und breitet sich in 1–2 Tagen über den ganzen Körper aus. Im Gegensatz zum Scharlach ist das Masern-Exanthem ***grobfleckig-erhaben*** (makulo-papulös): Zwischen den linsengroßen Herden ist unveränderte Haut wahrnehmbar; dies ist für die Unterscheidung von Scharlach wichtig. 1–2 Tage nach dem Auftreten des Exanthems gehen Fieber und Schnupfen zurück. Das Exanthem selbst persistiert bis zu 10 Tagen. – Die Konjunktivitis bewirkt Lichtscheue.

Die durch das Virus selbst bedingten ***Komplikationen*** treten als kindlicher *Pseudokrupp*, als schwere *Bronchitis* oder als *Broncho-Pneumonie* auf. Oft tritt eine *Otitis media* hinzu. Beim Vorhandensein zellulärer Immundefekte beobachtet man das Bild der *Hechtschen Riesenzellpneumonie* und die subakute *Einschlußkörperchen-Enzephalitis*.

Die folgenschwerste Komplikation der Masern ist die ***Enzephalomyelitis***. Sie tritt zumeist nach dem Abklingen der akuten Symptome als postinfektiöse Komplikation auf. Es kommt nach der ersten Abfieberung zu einem zweiten Fieberanstieg mit Benommenheit und u. U. mit Krämpfen. Auf 1000 Masernfälle kommt ein Fall von Enzephalomyelitis. Die Letalität beträgt etwa 15%. Die Überlebenden zeigen häufig psychotische Persönlichkeitsveränderungen und Lähmungen. Das EEG zeigt im übrigen bei 50% der komplikationslos verlaufenden Masern reversible Veränderungen; dies deutet darauf hin, daß das ZNS häufiger als bisher angenommen in Mitleidenschaft gezogen wird.

Die stets tödlich verlaufende ***subakute sklerosierende Panenzephalitis (SSPE)*** (s. S. 732) wird als besondere Verlaufsform der Masern betrachtet. Sie ist sehr selten.

2.7.7 Immunität

Das Masern-Virus ist *immunbiologisch einheitlich* und zeigt keine Antigenvarianten. Die durch die Krankheit erworbene Immunität ist sehr dauerhaft; sie wird durch inapparente Reinfektionen immer wieder hochgetrieben. Deshalb ist bei einem Exanthem die Diagnose „Masern“ mit großer Wahrscheinlichkeit falsch, wenn der Patient älter als 10–12 Jahre ist.

Das Masern-Virus ist das erste Virus, bei dem man *immunsuppressive Wirkungen* festgestellt hat.

IgG-Antikörper verhindern die Generalisation, ZTL bewirken die Elimination des Virus.

2.7.8 Diagnose

Klinische Diagnose. Die klinische Diagnose der Masern ist leicht zu stellen: Die Symptome sind fast stets in charakteristischer Ausprägung vorhanden. Alle anderen Exantheme bieten diagnostisch größere Schwierigkeiten.

Labordiagnose. Während der Initialphase kann man das Virus aus dem Nasopharynx und dem Blut *isolieren*. Zur Verwendung kommen Kulturen von menschlichen Zellen. Die Virusisolierung wird aber nur zu wissenschaftlichen Zwecken vorgenommen.

Antikörper tauchen beim Kranken sehr früh auf; sie sind durch Neutralisation, durch Hämagglutinationshemmung oder durch Komplementbindung nachzuweisen. Am besten eignen sich die KBR und IgM- und IgG-ELISA. ***Differentialdiagnostisch*** sind alle exanthembildenden Krankheiten in Betracht zu ziehen.

2.7.9 Therapie

Seit der Einführung der Masern-Schutzimpfung sind die Masern wie auch die schwerwiegenden Komplikationen (Enzephalitis und SSPE) stark zurückgegangen. Eine Chemotherapie für die Masern-Infektion gibt es noch nicht. Möglicherweise erweist sich die Chemotherapie mit ***Ribavarin*** als brauchbar. Die sekundär-bakteriellen Infektionen (eitrige Otitis und Bronchopneumonie) werden mit Antibiotika behandelt.

2.7.10 Prävention

Allgemeine Maßnahmen: Expositionsprophylaxe

Die Masern sind in Europa weit verbreitet. Ihre Bekämpfung durch allgemein-hygienische Maßnahmen ist nicht möglich, weil die Infektion aerogen vor sich geht. Für das einzelne Kind ist eine Expositionsprophylaxe wirksam, aber nur zeitweise: Das Kind darf dabei nur von Erwachsenen umgeben sein. Die Expositionsprophylaxe ist indiziert, wenn bei einem ungeimpften Kind eine latente Tuberkulose besteht. Die gleiche Indikation gilt auch für Kinder, die sich in einem schlechten Ernährungszustand befinden, sowie für Diabetiker.

Schutzimpfung

Man kann gegen Masern passiv und aktiv immunisieren:

Passive Immunisierung. Ist ein Kind zu einem festlegbaren Zeitpunkt exponiert gewesen, so kann man den Ausbruch der Masern durch die Gabe von *Human-Gammaglobulin* verhindern oder den Krankheitsverlauf mildern. Gibt man das Globulin innerhalb von zwei Tagen nach der Exposition, so wird die Krankheit verhindert; gibt man das Globulin zwischen dem 3. und 10. Tag, so wird der Verlauf der Krankheit abgemildert („mitigiert"). Die auf diese Weise erworbene Passiv-Immunität dauert aber höchstens 3 Wochen. Indikationen: Noch nicht geimpfte Kinder mit latenter Tuberkulose oder mit Stoffwechselkrankheiten. Die versäumte Aktiv-Impfung ist in diesem Fall unverzüglich nachzuholen!

Aktive Immunisierung. Es wird ein *Lebendimpfstoff* verwendet. Die Masern-Impfung wird auf breiter Basis durchgeführt. Zur Verfügung steht ein Masernstamm, der durch Passagen abgeschwächt ist. Der Impfstoff wird subkutan injiziert. Der Stamm führt bei einigen Impflingen zwar zu leichtem Fieber und gelegentlich zu einem schwachen Exanthem, ernste Komplikationen sind jedoch nicht bekannt geworden; insbesondere fehlen bei Impflingen EEG-Veränderungen. Die durch Impfung erworbene Immunität dauert sehr lange, wahrscheinlich das ganze Leben. – Die gelegentlich auftretenden Impf-Masern können durch gleichzeitige subkutane Gabe von Gammaglobulin weitgehend vermieden werden. Das Gammaglobulin wird an einer anderen Stelle injiziert als der Impfstoff. Die Lebendimpfung sollte erst dann durchgeführt werden, wenn die mütterlichen Masern-Antikörper aus dem kindlichen Organismus verschwunden sind. Dies ist in der Regel 6–8 Monate nach der Geburt der Fall.

Die Masernimpfung ist aus folgenden Gründen gerechtfertigt und zur breiten Anwendung zu empfehlen:

- Fast jede Infektion mit Masern-Virus führt zur Krankheit.
- Masern sind wegen der relativ häufigen Komplikationen alles andere als eine „leichte Krankheit": Pneumonie, Enzephalitis, EEG-Veränderungen, Immunsuppression.

- Jeder Mensch wird bis zu seinem 10. Lebensjahr mit dem Wildvirus angesteckt. Dieser Tatbestand ist nicht zu ändern. Die Isolierung kann ein Einzelkind nur für einen begrenzten Zeitraum vor der Infektion schützen.
- Die Zahl der Erkrankungen an Enzephalomyelitis und SSPE nimmt seit Einführung der Schutzimpfung ab.

Durch die Anwendung der Lebendimpfung ist in einigen Staaten Europas das Wildvirus nahezu verschwunden. Im Unterschied zum Polio-Impfvirus ist das Masern-Impfvirus aber nicht übertragbar; es erscheint nach der Impfung weder im Rachenraum noch im Blut. Der Totimpfstoff wird nur noch in besonderen Fällen angewendet (Immunschwäche, HIV). Die Dauer des Impfschutzes beträgt etwa 20 Jahre, danach können Masern erneut auftreten.

Meldepflicht. Der Tod nach Masern ist meldepflichtig.

2.7.11 SSPE

Allgemeines. Die *s*ubakute *s*klerosierende ***P****an****e****nze*phalitis (SSPE) ist eine Viruskrankheit, die sich nach einer langen *Zwischenperiode von 2–10 Jahren* nach einer normal verlaufenen Maserninfektion entwickelt. Das Virus persistiert dabei jahrelang ohne Zeichen einer Erkrankung. Sie ist zahlenmäßig selten. Der Mechanismus ihrer Entstehung ist ein Lehrbeispiel für das Zusammenwirken von *virologischen Abnormitäten* mit einer *fehlgeleiteten Immunreaktion.* Seit der Einführung der Masernschutzimpfung nimmt die Erkrankungshäufigkeit ab.

Pathogenese. Pathohistologisch zeigen sich perivaskuläre Infiltrate mit Lymphozyten und Plasmazellen. Die Veränderungen sind über das ganze Gehirn verteilt; in den Basalganglien und in der Rinde treten sie gehäuft auf. Man hat diese Form der Enzephalitis auch als subakute sklerosierende Leuko- oder Panenzephalitis oder als „Knötchen-Panenzephalitis“ bezeichnet. Das Masern-Virus ***persistiert*** offenbar über Jahre in ***defekter Form***, man vermutet eine gestörte Transkription und Translation des M-Proteins infolge von Mutationen, die zu einer Imbalance der Immunabwehr infolge M-Protein-Mangels führt. Hinzu mag treten, daß 50% der SSPE-Fälle ihre Masern vor dem 2. Lebensjahr durch gemacht haben. Es könnte sein, daß auf diese Weise die Einnistung des Erregers in einen immunologisch nicht ausgereiften Organismus erleichtert wird. Das SSPE-Masern-Virus hat sich auch als interferon-resistent erwiesen.

Epidemiologie. Auffallenderweise werden mehr männliche als weibliche Personen befallen. Man vermutet eine Beteiligung des MHC am Zustandekommen der Krankheit.

Klinik. Das Krankheitsbild tritt bei Kindern oder Jugendlichen Jahre nach einer abgelaufenen Maserninfektion auf. Der Beginn ist ***schleichend***; man beobachtet motorische Störungen und einen Abbau der geistigen Leistungsfähigkeit. Auffallend sind Unaufmerksamkeit und Gefühlslabilität. Im Endstadium treten Konvulsionen und komatöse Zustände auf. Die *Prognose ist schlecht.* Eine Therapie gibt es nicht.

Labordiagnose. Im Serum und Liquor lassen sich schon frühzeitig exzessiv hohe Titer an komplementbindenden, hämagglutinationshemmenden und neutralisierenden Antikörpern nachweisen; es fehlen jedoch die Antikörper gegen das M-Protein sowie eine IgM-Reaktion. Die Reaktion der Lymphozyten auf Lektine ist normal. Im Gewebe der befallenen Bezirke lassen sich Antigene des Masern-Virus zwar nachweisen, nicht aber infektiöse Viria; die Infektion breitet sich aber im Gewebe aus. Um infektiöse Partikel zu isolieren, muß man die Verfahren der Zell-Ko-Kultivierung (s. S. 691) anwenden.

Zusammenfassung: Masern-Virus

Das Virus: (–)-Strang-RNA-Molekül, helikales Nukleocapsid. Typisches Myxo-Virus, ohne Neuraminidase, ätherempfindlich. M-Protein unter der Spike-tragenden Hülle (Hämagglutinin, F-Protein).

Vorkommen: Nur beim Menschen, Nasen-Rachenraum, Bronchialbaum, Konjunktiven.

Epidemiologie: Hohe Kontagiosität, kaum inapparente Infektionen.

Übertragung: Tröpfchen-Infektion, ausgehend vom Nasen-Rachenraum, Konjunktiven.

Pathogenese: Systemische Infektion mit hämatogener Ausbreitung: Exanthem ist immunbiologisch bedingt. Durch Flimmerepithelschäden schwere Bronchitis, Masern-***Virus***-Pneumonien.

Klinik: Inkubationsperiode 10–14 Tage. Schwere Kinderkrankheit. Exanthem, Konjunktivitis, Otitis media, Bronchitis, primäre (Virus-) und sek. bakterielle Pneumonie, EEG-Veränderungen, Enzephalitis, SSPE. Bei Immunschaden: Hecht'sche Riesenzellenpneumonie.

Diagnose: KBR, IgM- und IgG-ELISA. Virusisolierung.

Therapie: Symptomatisch.

Immunität: Dauerhafte Immunität, ZTL, Antikörperbildung, allgemeine Suppression der zell. Immunität.

Prävention: Schutzimpfung.

3 Corona-Viren

D. Falke

Beschreibung des Virus

Rolle als Krankheitserreger. Corona-Viren sind vor allem bei Mäusen als Erreger von verschiedenen Formen der Hepatitis bekannt geworden. Als Modellvirus kommt ihnen große Bedeutung zu. Bei Hühnern erzeugen sie eine infektiöse Bronchitis und bei Schweinen eine Gastroenteritis. Beim Menschen führt die Infektion zu ***„grippalen“*** Krankheitsbildern.

Genom. Die Corona-Viren sind (+)-Strang-RNA-haltige Viren.

Morphologie. Corona-Viren besitzen eine Hülle; das Virus hat einen Durchmesser von 100–150 nm. Im Inneren der Hülle befindet sich ein helikales Capsid, das die (+)-Strang-RNA enthält, auf der Hülle sitzen Spikes.

Resistenz gegen äußere Einflüsse. Das Virus ist ätherempfindlich.

Namensgebung

Ihren Namen tragen diese Viren wegen ihrer Spikes, die weit aus dem *envelope* herausragen und an den Enden kleine Knötchen tragen; diese umgeben das Virion wie eine „Corona“.

Vorkommen

Die Corona-Viren sind streng artspezifisch. Es gibt bei Mäusen Corona-Viren, die eine Hepatitis hervorrufen. Diese sind aber nicht menschenpathogen.

Epidemiologie

Die Durchseuchung ist hoch. Die Erkrankungen treten vor allem im Winter und Frühjahr auf, und zwar vorwiegend bei Kindern.

Klinik

Die Inkubationsperiode beträgt 2–5 Tage. Corona-Viren werden für 10–25% aller ***Erkältungskrankheiten*** verantwortlich gemacht; gelegentlich rufen sie Bronchitis und Pneumonie hervor. Die Übertragung erfolgt durch Tröpfcheninfektion.

Immunität

Die Immunität ist nicht sehr dauerhaft; es treten deshalb Reinfektionen auf.

Labordiagnose

Zur Organkultur wird ein Explantat von kleinen ***Trachea-Stückchen*** verwendet. Als „zytopathischer Effekt“ wird das Sistieren der Zilienbewegung auf den Epithelzellen registriert. Selten beobachtet man typische Zellzerstörungen. Antikörper gegen Corona-Viren lassen sich im Hämagglutinationshemmungstest und in der KBR nachweisen; ein Routinetest existiert noch nicht. Zur Zeit laufen Versuche, die das Virus im Rachen- oder Bronchialsekret durch einen Schnelltest nachweisen. Das Verfahren beruht auf dem IFT oder dem ELISA.

Verhütung, Prophylaxe, Chemotherapie

Bisher gibt es keine wirksamen Maßnahmen zur Prophylaxe. Verwendbare Impfstoffe existieren noch nicht. Zur Zeit gibt es auch kein Chemotherapeutikum.

Zusammenfassung: Corona-Viren

Das Virus: (+)-Strang-RNA-Virus aus helikalem Capsid und Hülle mit Spikes: „Corona“; ätherempfindlich.

Vorkommen: Spezies-spezifische Corona-Viren.

Epidemiologie: Hohe Durchseuchung.

Übertragung: Aerosol-Infektion.

Pathogenese: Ansiedlung in den oberen und unteren Luftwegen.

Klinik: Erkältungskrankheiten, gelegentlich Bronchitis und Pneumonie.

Diagnose: Noch kein Routine-Test, HHT und KBR.

Therapie: Symptomatisch.

Immunität: Nicht dauerhaft, Reinfektion.

Prävention: Keine.

4 Toga-Viren

D. Falke

INHALTSÜBERSICHT

4.1 Beschreibung der Gruppe der Toga- und Bunya-Viren 736
4.2 Toga-Viren (im engeren Sinne) 737
4.3 Gelbfieber 738
Zusammenfassung 739
4.4 Dengue-Fieber-Virus 739
4.5 Virus der Frühsommer-Meningoenzephalitis (FSME) 740
Zusammenfassung 741
4.6 Bunya-Viren 742

4.1 Beschreibung der Gruppe der Toga- und Bunya-Viren

Die Charakteristika dieser Viren lassen sich in fünf Punkten zusammenfassen:

- Es sind RNA-Viren von sehr unterschiedlicher Größe (50–140 nm) und Gestalt.
- Sie enthalten RNA in einem Ikosaeder-Capsid; dieses ist von einer außen liegenden Hülle mit Spikes umgeben.
- Alle Viren replizieren sich im Zytoplasma und werden im Zytoplasma oder an der Zellmembran montiert. Der Replikationsmechanismus der RNA ist sehr unterschiedlich. Die RNA enthält 10 000 – 11 000 Nukleinsäurebasen, am 5'-Ende befindet sich eine Cap-Struktur, am 3'-Ende eine pA-Sequenz.
- Sie befallen verschiedenartige Vertebraten. Ihre Übertragung erfolgt ausschließlich durch Insekten. Nur das Röteln-(Rubi-)Virus (s. S. 743) wird durch Aerosolinfektion von Mensch zu Mensch übertragen.
- Sie sind zur Hämagglutination befähigt und ätherempfindlich.

Rolle als Krankheitserreger. Bei den manifesten Infektionen mit Toga- und Bunya-Viren kann man hinsichtlich der klinischen Symptomatik sieben Syndrome herausschälen. Allen gemeinsam ist der hochfieberhafte Charakter:

- ***Gelenkschmerzen und Exanthem*** oder eines dieser beiden Zeichen. Beispiel: Das in Indien vorkommende ***Dengue-Fieber***.
- Das ***Dengue-hämorrhagische Fieber*** (Schock) ist die Folge einer Superinfektion mit einem anderen Typ des Dengue-Virus (s. S. 739).
- Schädigung von Leber und Niere mit Gelbsucht und Albuminurie sowie, in wechselndem Ausmaße, Hämorrhagien (Haut, Niere, Magen). Beispiel: Das in Mittel- und Südamerika sowie Afrika vorkommende ***Gelbfieber***.
- Benommenheit, Schlafsucht, Krämpfe, Meningoenzephalitis. Beispiel: Die in Ost- und Südosteuropa vorkommende ***Frühjahrs- und Sommer-Meningoenzephalitis (FSME)***.
- Nephropathie und Hämorrhagien. Beispiel: Das ***Hantaan-Virus***.
- Hämorrhagien (mit Fieber) stehen bei dem sogenannten „Hämorrhagischen Fieber" im Vordergrund (Hämorrhagisches Fieber der Krim).
- Exanthem, Embryopathien und seltener Arthralgien. Beispiel: Das ubiquitär vorkommende ***Röteln-Virus***.

Die meisten Infektionen verlaufen subklinisch und führen zur stillen Durchseuchung der Bevölkerung.

Wird die Infektion manifest, so verläuft sie bei gewissen Virusspezies stets milde, bei anderen Viren schwer, u. U. sogar tödlich.

Differentialdiagnostisch ist bei Reisenden aus Zentralafrika und Südamerika mit Fieber und Hämorrhagien an die Marburg-Krankheit oder das Ebola-Fieber (Filo-Viren, s. S. 748) zu denken; ebenso ist das Lassa-Fieber (Arena-Virus, s. S. 754) in Betracht zu ziehen.

4.2 Toga-Viren (im engeren Sinne)

Einteilung der Toga-Viren

Die Gruppe der Toga-Viren umfaßt mehr als 600 verschiedene Erreger; im Hinblick auf die jeweils entstehenden Krankheitsbilder, auf den Übertragungsmodus, auf die Antigenität und auf die Virusstruktur sind sie äußerst heterogen.

Die ***Gruppe der Toga-Viren*** hat man aufgrund ihrer Eigenschaften unterteilt in:

- Gruppe A) ***Alpha-Viren***
  (Sindbis-Virus sowie Pferde-, Venezuela-Enzephalitis-Virus, Semliki-Forest-Virus und Ross-River-Virus)
- Gruppe B) ***Flavi-Viren***
  (Gelbfieber, Dengue-Virus, Japan B-Enzephalitis, Zeckenenzephalitis (FSME), u. a.)
- Gruppe C) ***Rubi-Viren***
  Röteln-Virus (s. S. 743).

Die Gruppe der ***Bunya-Viren*** umfaßt: Das Virus des Pappataci-Fiebers, das Hantaan-Virus, das Virus der California-Enzephalitis, das Virus des Hämorrhagischen Fiebers der Krim, das Virus des Hämorrhagischen Fiebers in Korea. – Bunya-Viren sind jetzt als selbständige Virusgruppe mit über 200 Vertretern zusammengefaßt worden.

Namensgebung

Die Bezeichnung „Toga" leitet sich von der im Vergleich zum Capsid sehr groß ausgebildeten Hülle ab (die „schlotternde Toga").

Das Präfix „Arbo" – die Viren dieser Gruppe werden auch als Arbo-Viren bezeichnet – bezieht sich auf die Tatsache, daß die Viren durch Arthropoden übertragen werden (***ar***thropod-***bo***rne).

Die Viren der „Bunya"- Gruppe tragen ihren Namen nach dem Prototyp-Virus, dem Bunyamvera-Virus.

Vorkommen

Als Reservoir für die Viren kennt man Säugetiere (***Affen***, kleine ***Nagetiere***), die das Virus lange Zeit beherbergen. Die Säugetiere werden von Arthropoden gestochen. Diese nehmen während der virämischen Phase das Virus auf; sie können es dann auf andere Wirte (Mensch u. a.) durch Stich oder Biß übertragen. In ***Arthropoden*** kann sich das Virus nicht nur vermehren und „überwintern", sondern es kann auch transovariell übertragen werden; auf diese Weise erhält es sich jahrelang unabhängig vom Vertebraten-Reservoir. – Im Falle der Bunya-Viren erfolgt die Übertragung auf den Menschen auch von kleinen Nagetieren aus.

Epidemiologie

Arbo-Viren sind besonders in den Tropen weit verbreitet und dort endemisch. Einige von ihnen kommen auch in Europa sporadisch vor.

Übertragung

Im Falle der Arbo-Viren kommen als Vektoren drei Arthropodenarten in Betracht:

- Übertragung durch ***Mücken***: Virus des Dengue-Fiebers, des Gelbfiebers, Viren der Pferde-Enzephalitis („eastern and western equine", „Venezuela" u. a.).
- Übertragung durch ***Sandmücken***: Virus des Pappataci-Fiebers (Bunya-Gruppe).
- Übertragung durch ***Zecken***: Virus der russischen, der zentraleuropäischen Frühsommer-Meningoenzephalitis (FSME), der Drehkrankheit der Schafe („looping ill") und des Colorado-Fiebers.

Toga-Viren der Gruppe A: Alpha-Viren

Die Viren der Gruppe A mit dem Sindbis-Virus als Prototyp spielen in Mitteleuropa keine Rolle. Sie bestehen aus einer (+)-Strang-RNA, die in einem Ikosaeder-Capsid enthalten ist. Das Virion ist von einer Hülle umgeben, die ***zwei*** Glykoproteine trägt. Das Ross-River-Virus erzeugt eine epidemische Polyarthritis.

Toga-Viren der Gruppe B: Flavi-Viren

Die Viren der Gruppe B sind (+)-Strang-RNA-Viren. Die RNA ist in ein Ikosaeder-Capsid verpackt, welches seinerseits von einer Hülle umgeben ist. Die Hülle trägt ***ein*** Glykoprotein in Form von Spikes.

Rolle als Krankheitserreger. Wichtige humanpathogene Toga-Viren der Gruppe B sind das Gelbfieber-Virus, das Dengue-Virus und die Viren der Zeckenenzephalitis.

4.3 Gelbfieber

Geschichte. Das Gelbfieber war ursprünglich nur in ***Afrika*** heimisch. Von dort ist es mit Handels- und Sklavenschiffen (mitsamt den Vektoren) nach Amerika transportiert worden und hat dort zu großen Epidemien geführt. Das bekannteste Beispiel sind die Gelbfieber-Ausbrüche beim Bau des Panama-Kanals. Bei diesen Ausbrüchen sind die nicht immunisierten Fremdarbeiter mit Gelbfieber infiziert worden und zu Tausenden gestorben. Walter Reed wies 1900 das Gelbfieber-Virus im Blut Infizierter nach und zeigte die Übertragung durch Aedes aegypti.

Vorkommen. Das Gelbfieber-Virus hat ein sehr breites Wirtsspektrum; es befällt eine Reihe von sehr unterschiedlichen Vertebraten. Das Reservoir für das Virus umfaßt u. a. Vögel, Affen, Fledermäuse, Schlangen und Menschen.

Epidemiologie. Nach wie vor tritt Gelbfieber in Afrika sowie Süd- und Mittelamerika endemisch und epidemisch auf; nach wie vor ist der Verlauf oft tödlich. Die Durchseuchung unter der einheimischen Bevölkerung ist hoch. Erstaunlicherweise wird Gelbfieber in Asien nicht beobachtet.

Übertragung. Als Überträger für den Menschen dient ausschließlich die Aedes aegypti (Gelbfieber-Mücke). Die Krankheit kann von Mensch zu Mensch („urbanes" Gelbfieber) oder vom Tier auf den Menschen übertragen werden. Im ersten Fall spricht man von einer ***homogenen Infektkette***, im zweiten Fall von einer ***heterogenen Infektkette***. Die homogene Infektkette des Typs „Mensch-Mücke-Mensch" wird auch in den tropischen Wäldern beobachtet; sie stellt eine Seitenlinie der im Urwald vornehmlich ablaufenden Infektkette „Affe-Mücke-Affe" dar (Dschungel-Gelbfieber).

- ***Primäre Besiedlung:*** Durch den Mückenstich gelangt das Virus in die Blutbahn und anschließend in die ***Gefäß-Endothelien***. Befallen werden auch die Makrophagen in den Lymphknoten, im Knochenmark, in der Milz und in der Leber. In diesen Zellen vermehrt sich das Virus und setzt seine Nachkommen frei: Es entsteht eine Virämie von 2–4tägiger Dauer, während der sich das Virus isolieren läßt.
- ***Sekundäre Besiedlung:*** Erst am Ende der 3–8 Tage währenden Inkubationsperiode siedelt sich das Virus in den Zielorganen an. Diese, die sogenannte Sekundärbesiedlung, betrifft die Gelenke, die Muskeln, die Haut, das ***ZNS*** und die ***Leber***. In den Organen vermehrt sich das Virus erneut und erzeugt auf diese Weise die oben genannten Krankheitssymptome.

Klinik. Das Gelbfieber läuft in zwei Phasen ab. Einige Tage nach der Infektion treten Fieber, Schüttelfrost und Kopfschmerzen auf. Hinzu gesellen sich Muskelschmerzen, Brechreiz und Erbrechen. Nach einigen Tagen verschwinden bei einigen Patienten diese Symptome. Bei anderen folgt nach einer Besserung ein Relaps mit Fieber, Bradykardie, Gelbsucht und Hämorrhagien infolge des Leberschadens. Bis zu 50% der so Erkrankten sterben.

Immunologie. Abgesehen vom Dengue-Fieber währt die Immunität nach Infektionen mit Arbo-Viren lebenslang. Da Kreuzreaktionen zwischen den Arbo-Viren häufig sind, baut sich nach dem Überstehen von Arbo-Virusinfektionen eine viele Arbo-Viren umfassende Immunität auf, die sich u. U. auch gegen Gelbfieber richtet. Dies ist die Ursache dafür, daß man das Gelbfieber bei der eingeborenen Bevölkerung in Afrika nur relativ selten oder nur in milder Form beobachtet, während der erstmals infizierte Europäer eine schwere Erkrankung durchmacht.

Prävention

Mückenbekämpfung. Durch gezielte Mückenbekämpfung sind im Hinblick auf die Gelbfieber-Prophylaxe schon sehr früh große Erfolge erzielt worden, z. B. beim Bau des Panama-Kanals zu Anfang dieses Jahrhunderts.

Vakzination. Folgende zwei Lebendimpfstoffe werden verwendet:

- ***Der D-17-Stamm von Theiler.*** Es handelt sich um einen an die Verhältnisse des bebrüteten Hühnereies adaptierten, vermehrungsfähigen Stamm, der als Lyophilisat im Handel ist. Komplikationen: Allergie gegen Hühnerei-Antigene.

- ***Der Dakar-Stamm.*** Es handelt sich um einen an Mäuse adaptierten Stamm.

Der D-17-Stamm findet in Deutschland Verwendung. Die durch Impfung erworbene Immunität hält etwa 10 Jahre an. Für die Durchführung der Impfung braucht der Arzt eine besondere Lizenz der Weltgesundheitsorganisation. Zur Impfung genügt eine einmalige subkutane Injektion. Empfohlen bzw. verlangt wird die Impfung bei Reisen nach Mittel- und Südamerika sowie nach Zentral- und Ostafrika.

Meldepflicht. Meldepflichtig sind der Verdacht, Erkrankung und Tod an hämorrhagischem Fieber und Gelbfieber.

Zusammenfassung: Gelbfieber-Virus

Das Virus: (+)-Strang-RNA-Viren, Ikosaeder-Capsid in einer weiten Hülle mit Spikes.

Vorkommen: Das ***Gelbfieber-Virus*** der Gruppe B der Toga-Viren kommt in Afrika sowie in Mittel- und Südamerika bei vielen wildlebenden Tierspezies vor.

Epidemiologie: Aus dem Tierreservoir wird das Virus auf den Menschen übertragen, die Durchseuchung ist hoch.

Übertragung: Großes Tierreservoir in der Wildnis (Dschungel-Gelbfieber bei Affen). Übertragung durch die Gelbfieber-Mücke auf den Menschen in heterogenen Infektketten. Urbanes Gelbfieber infolge Übertragung von Mensch zu Mensch (= homogene Infektkette).

Pathogenese: Durch Mückenstich in die Blutbahn und Kapillar-Endothelien – lokale Replikation. Besiedlung der Lymphknoten und der Leber infolge Virämie.

Klinik: Hauptsymptom ist die Hepatitis in der 2. Phase der Erkrankung. Fieber und Hämorrhagien.

Diagnose: Klinisch und durch Antikörpernachweis, Differentialdiagnose: s. Hepatitis.

Therapie: Symptomatisch.

Immunität: Humorale Antikörper, langdauernde Immunität.

Prävention: Gelbfieber-Schutzimpfung.

4.4 Dengue-Fieber-Virus

Das Dengue-Fieber-Virus ist das am weitesten verbreitete Toga-Virus der Flavi-Gruppe. Es kommt in vier Serotypen vor.

Epidemiologie. Nach dem 2. Weltkrieg hat sich das Dengue-Virus mehr und mehr ausgebreitet; gleichzeitig ist der Verlauf der Erkrankung schwerer geworden. Als Ursache wird zum einen die zunehmende ***Urbanisation*** angenommen. Dadurch wird die immunisierende Infektion mit den vielen relativ harmlosen Arbo-Viren verhindert, die Primärinfektion wird dadurch in das spätere Lebensalter verschoben. So hat man in den letzten Jahren große Dengue-Epidemien mit schwerem Verlauf beobachtet, das gefürchtete „Schock-Syndrom“ trat häufig auf. Die andere Ursache ist durch den ***Reiseverkehr*** gegeben.

Übertragung. Dengue-Fieber wird, ebenso wie auch das urbane Gelbfieber, durch Aedes aegypti u. a. Stechmücken übertragen.

Durch den Import von alten Autoreifen ist jüngst ein Vektor des Dengue-Virus in die USA importiert worden (Aedes albopictus). Zur Auslösung einer Dengue-Epidemie fehlt jetzt nur noch eine genügende Anzahl von infizierten Personen.

Pathogenese. Das klassische Dengue-Fieber zeigt sich nach 2–7tägiger Inkubationsperiode als selbstlimitierende Infektion beim Menschen mit Fieber, Exanthem und Arthralgien. Das Fieber manifestiert sich in einer zweigipfligen Kurve. Pathologisch-anatomisch wurden im Bereich des Exanthems eine Schwellung der Endothelien der kleinen Gefäße, perivaskuläre Ödeme und Monozyten-Infiltrate beobachtet.

Nach Zweitinfektion mit einem heterologen Serotyp des Dengue-Virus tritt eine schwere Komplikation auf: Es ist der ***hämorrhagische Dengue-Schock***. Man erklärt den Pathomechanismus auf folgende Weise: Der Dengue-Schock tritt fast ausschließlich bei Personen auf, die nicht-neutralisierende, d. h. nicht-protektive Antikörper, besitzen. Dabei ist es gleichgültig, ob die Antikörper passiv (von der Mutter) übertragen wurden oder aktiv (durch Infektion innerhalb der letzten fünf Jahre) entstanden sind. Bei einer Reinfektion mit einem anderen Serotyp des Dengue-Virus vermehrt sich das Virus trotz der vorhandenen Antikörper, ja, seine Infektiosität wird durch diese gesteigert (***antibody-enhancing-effect***). Es treten Ag-Ak-Komplexe auf. Diese aktivieren Komplement und lösen dadurch einen Schock aus. Dabei ist insbesondere die Blutgerinnung gestört: Es entsteht das Vollbild eines hämorrhagischen Zustandes.

4.5 Virus der Frühsommer-Meningoenzephalitis (FSME)

Beschreibung des Erregers

Rolle als Krankheitserreger. Das FSME-Virus ruft die Frühsommer-Meningoenzephalitis hervor.

Morphologie. Es handelt sich um ein (+)-Strang-RNA-Virus, das aus einer „spikes"-tragenden Hülle und einem darunter liegenden Capsid besteht. Der Durchmesser des Virus beträgt 50 nm, der des Capsids etwa 25 nm. Die (+)-Strang-RNA dient als Matrize für die Replikation des Virus, die im Zytoplasma der Zelle erfolgt.

Vorkommen. Als Erreger-Reservoir dienen wildlebende, kleine ***Nagetiere***. In Europa beherbergen wildlebende Mäusespezies sowie Maulwürfe und Igel das FSME-Virus, wobei die ***Zecke*** (Ixodes ricinus) den Hauptüberträger darstellt. Das Virus kann auf die Zecke nur beim Saugen auf einem virämischen Wirt übergehen. Das FSME-Virus kann in den Zecken längere Zeit persistieren und sogar überwintern, da die Möglichkeit eines ***transovariellen Überganges*** auf die Zeckeneier besteht. Die infizierten Zecken sitzen auf Gräsern und Büschen; sie lassen sich auf den Wirt fallen, setzen sich auf der Haut fest und saugen. Rehe werden häufig von Zecken befallen; sie sind deshalb gute Indikatortiere für das Vorhandensein von FSME-Virus.

Epidemiologie

In Zentraleuropa kommt das FSME-Virus vor allem in der CSFR und im südlichen Teil von Österreich vor. In der Bundesrepublik Deutschland gibt es am Oberrhein und im Bereich der Donau endemische Virusherde. Im Fernen Osten kommt ein nahe verwandtes Virus vor.

In den Endemiegegenden sind ***weit weniger als 1%*** der Zecken infiziert. Von den Personen, welche von virushaltigen Zecken gebissen worden sind, erkranken weniger als 30%. Bei etwa 10–20% der Erkrankten wird eine Beteiligung des ZNS festgestellt. Die virushaltigen Öko-Räume (Naturherde) sind z. T. sehr klein; sie zeigen keine Tendenz zur Vergrößerung. In Naturherden ist die Durchseuchung bei Waldarbeitern deutlich höher als bei Stadtbewohnern.

Übertragung

Die Übertragung auf den Menschen erfolgt durch blutsaugende, virushaltige Zecken.

Pathogenese

Durch den Zeckenbiß gelangt das Virus ins Blut. Es wird wahrscheinlich durch ***Makrophagen*** bzw. ***Endothelzellen*** aufgenommen und vermehrt sich dort. Durch virämische Ausbreitung entsteht nach 7–10 Tagen ein erster Krankheitsgipfel. Wahrscheinlich erfolgt im Anschluß daran eine zweite Virämie, die zu den Organmanifestationen in den Meningen und im Gehirn führt. Diese Zweigipfligkeit des Verlaufs kann mit dem Verlauf der Polio verglichen werden. Im Rückenmark werden vorwiegend die ***motorischen Vorderhornzellen*** befallen. Ob eine immunpathogenetische Komponente bei der Entstehung der Radikuloneuritis mitwirkt, ist noch unklar.

Klinik

Die Inkubationszeit beträgt 7–14 Tage. Die meisten Infektionen (70%) verlaufen inapparent.

Bei den apparent verlaufenden Formen unterscheidet man zwei Stadien:

- ***Primärstadium:*** Im Primärstadium entwickelt sich ein relativ uncharakteristisches Krankheitsbild in Form eines ***grippalen Infektes*** mit Kopf-, Kreuz- und Gliederschmerzen. Gelegentlich werden katarrhalische oder gastrointestinale Symptome beobachtet. Die Körpertemperatur übersteigt selten 38 °C. Dieses erste Stadium dauert 2–4 Tage, gefolgt von einem fast beschwerdefreien Intervall.
- ***Sekundärstadium:*** Die zweite Phase beobachtet man bei 10–20% der Infizierten. Sie ist durch den Befall des ZNS gekennzeichnet; sie kann sich als ***Meningitis***, Meningoenzephalitis, Meningoenzephalomyelitis oder als Meningitis mit Radikuloneuritis manifestieren. Meningitis wird in 60% und Meningoenzephalitis in etwa 30% der Fälle beobachtet. Beim Vorliegen einer Meningitis treten heftige ***Kopfschmerzen*** auf, die häufig mit Fieber bis 40 °C einhergehen. Bei Mitbeteiligung des Gehirns werden Hyperkinesien, Bewußtseinstrübungen,

Bewußtlosigkeit und Sprachstörungen beobachtet. In einem geringen Prozentsatz der Fälle werden ***Paresen*** im Bereich des Okulomotorius und des Fazialis sowie Blasenlähmungen festgestellt; außerdem treten ***Sensibilitätsstörungen*** auf. Die paralytische Form kann von einer Polio nicht unterschieden werden (Anamnese!). Die schlaffen Lähmungen können im Bereich von Hals, Schultergürtel und oberen Extremitäten auftreten; sehr selten gehen sie in eine Landry'sche Paralyse über. Bei Kindern überwiegt die meningitische, bei Erwachsenen die enzephalitische Form. Die Letalität beträgt etwa 1%. Die Meningitis heilt ohne Folgen aus, nach dem enzephalitischen Verlauf bleiben bei etwa 7% der Fälle ***Restzustände*** mit geringen Lähmungen zurück.

Immunologie

Das Glykoprotein der Hülle regt die Bildung von neutralisierenden und hämagglutinationshemmenden Antikörpern an. Es entstehen im Verlauf der Infektion zuerst IgM- und dann IgG-Antikörper. Ob eine zelluläre Immunität entsteht, ist nicht bekannt, aber wahrscheinlich.

Labordiagnose

Die Diagnose erfolgt durch Nachweis des ***Antikörper-Anstiegs*** mit Hilfe der KBR (mit Einschränkung brauchbar) und eines IgM-ELISA, der allerdings nur in wenigen Labors durchgeführt wird. Differentialdiagnostisch ist die ebenfalls durch Zecken übertragene ***Lyme-Krankheit*** zu nennen, die wesentlich häufiger vorkommt als die FSME. IgM-Antikörper können durch eine große Menge von IgG-Antikörpern im ELISA „verdeckt" werden. In diesen Fällen empfiehlt sich die Anwendung eines μ-ketten-spezifischen ELISA.

Prävention

Allgemeine Maßnahmen. Für Wanderer in Endemiegebieten sind Mittel zur Abwehr blutsaugender Ektoparasiten zu empfehlen.

Schutzimpfung. Es gibt eine Schutzimpfung gegen FSME. Der ***Totimpfstoff*** ist gut wirksam und verträglich; die Wirksamkeit der Impfung hält 2–3 Jahre an. Eine Empfehlung zur Schutzimpfung besteht nur für ***Waldarbeiter*** in bekannten Endemiegebieten. Das Bundesgesundheitsamt klassifiziert die aktive Schutzimpfung gegen FSME als eine „Sonderimpfung" bzw. eine „Reiseimpfung". Die Grundimmunisierung erfolgt durch drei Impfungen, zwei Impfungen werden in 1–3monatigem Abstand appliziert; nach Ablauf eines Jahres verabfolgt man eine Booster-Impfung. Zur Auffrischung wird alle drei Jahre eine weitere Impfung empfohlen. Bei ***Zeckenbissen*** in Endemiegebieten ist eine ***passive*** Immunprophylaxe ratsam. Sie sollte als Expositionsprophylaxe in Analogie zu anderen Passiv-Immunisierungen möglichst bald, d. h. spätestens 1–2 Tage nach dem Biß, erfolgen. Besser ist auf jeden Fall die vorbeugende Aktiv-Schutzimpfung. Infolge der Schutzimpfung geht die Zahl der Fälle in Österreich zurück.

Zusammenfassung: Zeckenenzephalitis-(FSME-)Virus

Das Virus: s. Toga-Viren (s. S. 736).

Vorkommen: Einzelne Regionen in Deutschland, Südösterreich, CSFR.

Epidemiologie: Weniger als 1% der Zecken in Endemiegegenden sind infiziert. Weniger als 30% der gebissenen Personen erkranken. Höhere Durchseuchung bei Waldarbeitern u. a.

Übertragung: Durch Zecken von kleinen Nagetieren auf den Menschen übertragen.

Pathogenese: 1. Virämie nach dem Biß der virushaltigen Zecke mit grippalem Infekt, dann 2. Virämie mit Organmanifestation im ZNS.

Klinik: Inkubationsperiode 7–14 Tage. Primärstadium mit grippalem Infekt von 2–4 Tagen, nach Intervall, in 10–20% Meningitis, Meningoenzephalitis.

Diagnose: Anamnese: Zeckenbiß in bestimmten Regionen (Oberrhein, Donau), IgG- und IgM-Bestimmung, ggf. Virusisolierung. *Differentialdiagnose:* Lyme-Krankheit.

Therapie: Symptomatisch.

Immunität: Lebenslange humorale und zelluläre (?) Immunität.

Prävention: Schutzimpfung, Gabe von IgG, Verwendung von Repellents.

4.6 Bunya-Viren

Beschreibung des Erregers

Rolle als Krankheitserreger. Nur ein Vertreter dieser Viren hat in Mitteleuropa eine gewisse Bedeutung: Das durch Nagetiere (Ratten) übertragene ***Hantaan-Virus***.

Morphologie. Bunya-Viren enthalten eine (–)-Strang-RNA, die in 3 verschieden großen Segmenten vorliegt. Die 3'- und 5'-Enden der RNA-Segmente werden jeweils durch Wasserstoffbrücken zusammengehalten. Die Hülle des Virus trägt zwei Glykoproteine, im Inneren des helikalen Capsids befindet sich eine Polymerase.

Einteilung. Die Familie der Bunya-Viren umfaßt die Gattungen Bunya-, Phlebo-, Hantaan- und Nairi-Virus; sie enthält mehr als 200 verschiedene Virusspezies. Hierzu gehören auch die Viren der California-Gruppe und das La Crosse-Virus (Enzephalitis).

Geschichte

Während des Korea-Krieges wurde bei den US-amerikanischen Truppen ein hochfieberhaftes Krankheitsbild mit starken Schmerzen im Rumpf beobachtet. Typisch für die epidemisch-endemisch auftretenden Erkrankungen sind Hämorrhagien und eine Nephropathie. Ähnliche Krankheitsbilder waren bereits früher beobachtet worden. Später kamen einschlägige Berichte aus vielen Regionen der Welt. Im Norden Skandinaviens war während des II. Weltkrieges unter finnischen und deutschen Soldaten eine „Nephropathia epidemica“ beobachtet worden.

Vorkommen

Bei ***Ratten*** und anderen kleinen Nagetieren.

Übertragung

Die Mitglieder der Bunya-Gruppe werden von Tier zu Tier durch Moskitos, durch Sandfliegen und durch Zecken übertragen. Der Mensch wird aber nicht durch Arthropoden infiziert, sondern direkt durch ***Ausscheidungen der Ratten*** wahrscheinlich direkt oder durch kontaminierte Staubpartikel. Die Weitergabe des Virus von Mensch zu Mensch ist unwahrscheinlich.

Klinik

Die Inkubationsperiode beträgt 12–24 Tage. Das Krankheitsbild läßt sich durch seinen biphasischen Verlauf (1. Phase: Fieber; 2. Phase: Hämorrhagien und Nephropathie) diagnostizieren. Die Letalität beträgt in China etwa 5%.

- Nephropathie: Die Nephropathie geht mit ***Oliguri*e** und ***N_2-Retention***, aber ohne Blutdruckerhöhung, einher. Für den Beginn der Krankheit ist eine Polyurie typisch.
- Hämorrhagien: Die Hämorrhagien kommen durch erweiterte Blutgefäße und Extravasate zustande. Die Nierenschäden und Rumpfschmerzen sind wahrscheinlich eine Folge der Gefäßschädigungen.

Diese Krankheitssymptome werden z. Zt. in ganz China beobachtet. Besonders gilt dies für die Hantaan-Region. Hier existiert ein bedeutendes Reservoir in Gestalt von Ratten und verschiedenen Mäusespezies.

Labordiagnose

Zum Nachweis der Antikörper (zuerst IgM, dann IgG) dient ein ***Immunfluoreszenz-Test***; zur Bestätigung läßt sich ein Immunoblot heranziehen. Eine Typendifferenzierung ist mit dem Hämagglutinationstest möglich, ebenso mit der Immunpräzipitation. Die Erkrankung soll eine lebenslange Immunität hinterlassen. Antikörper gegen dieses Virus sind auch in Europa festgestellt worden.

Prävention

Die Bekämpfung von Infektionsmöglichkeiten (Bekämpfung der Rattenplage) scheint das beste Mittel zur Verhütung von Erkrankungen zu sein. Eine Chemotherapie existiert nicht.

5 Röteln-Virus

D. Falke

Das Röteln-Virus rechnet man als Rubi-Virus zur Gruppe C der Toga-Viren.

Beschreibung des Virus

Rolle des Krankheitserregers. Das Virus erzeugt die Röteln und kann Embryopathien hervorrufen.

Genom. Das Röteln-Virus ist ein (+)-Strang-RNA-Virus.

Morphologie. Das Röteln-Virus mißt etwa 60 nm. Das Virion besteht aus einem kugeligen RNA-Knäuel, welches von einem Ikosaeder-Capsid und einer weiten, faltigen Hülle („schlotternde Toga") umschlossen ist. Die Hülle trägt Spikes aus 3 Glykoproteinen.

Resistenz gegen äußere Einflüsse. Das Virus ist außerhalb des Körpers wenig beständig, es gehört zu den hämagglutinierenden, ätherempfindlichen RNA-Viren der Rubi-Virusgruppe (s. Toga-Viren).

Züchtung. Die Züchtung ist in Zellkulturen möglich.

Einteilung. Das Röteln-Virus ist serologisch einheitlich, d. h. es gibt nur einen einzigen Typ.

Geschichte

Das Virus der Röteln wurde 1938 durch Ultrafiltrate aus Rachenspülwasser von Erkrankten auf Affen und Menschen übertragen. 1962 gelang Weller die Züchtung in vitro. Das Virus erzeugt einen ZPE und repliziert sich im Plasma der Zelle.

1941 wurde von dem australischen Augenarzt Sir Norman ***Gregg*** beobachtet, daß nach einer Röteln-Epidemie gehäuft ***Embryopathien*** aufgetreten waren. In den Jahren 1964/65 verursachte eine weltweite Röteln-Epidemie zahlreiche Embryopathien. Seit der Einführung der Schutzimpfung (1969) ist die Zahl der Röteln-Erkrankungen ständig zurückgegangen. Obwohl man seit 20 Jahren einen Impfstoff zur Verfügung hat, wird in Deutschland nach wie vor zu wenig geimpft: Es gibt pro Jahr noch etwa 200 Embryopathien, außerdem müssen viele Schwangerschaften wegen Embryopathiegefahr abgebrochen werden.

Epidemiologie

Die Röteln treten vornehmlich im Frühjahr auf. Epidemische Häufungen von Röteln beobachtet man alle 3–5 Jahre. Früher erkrankten vorzugsweise Kinder; heute sind es vornehmlich Jugendliche und Erwachsene. In Mitteleuropa sind z. Zt. 10% der Frauen, die im gebärfähigen Alter stehen, seronegativ; 90% sind Antikörperträger. Dieser Durchseuchungsgrad reicht nicht aus, um sporadische und epidemische Rötelnfälle bei Frauen zu verhindern.

Mindestens die Hälfte der Röteln-Infektionen verläuft inapparent. Die Durchseuchung der Bevölkerung erfolgt aber nicht so vollständig wie bei den Masern: Wie erwähnt, bleiben 10% der Erwachsenen seronegativ und dementsprechend empfänglich. Dies hat für die Schwangerschaftsvorsorge erhebliche Bedeutung: Seronegative Schwangere sind im Hinblick auf die Embryopathie in hohem Maße gefährdet. Dabei spielt die Schwere der Erkrankung keine Rolle: Inapparent verlaufende Röteln führen bei Schwangeren genauso zur Embryopathie wie die klinisch manifesten Abläufe.

Übertragung

Die Infektion erfolgt nur bei engem Kontakt von Mensch zu Mensch, in der Hauptsache durch ***Tröpfchen-*** und ***Schmierinfektion***. Das Virus findet sich auch im Zervix-Sekret von Schwangeren, hat aber im Hinblick auf den Befall des Embryos durch eine Infektion keine Bedeutung. Kontagiös sind das Sputum, das Blut, aber auch der Urin, der Stuhl und das Konjunktivalsekret der Kranken und Infizierten; Virusantigen läßt sich bei Arthralgien auch in der Synovialflüssigkeit nachweisen.

Als ***Infektionsquelle*** kommen in Betracht:

- **Kranke**, die sich als Kleinkinder oder später infiziert haben und akute Röteln durchmachen. Die Infektiosität beginnt sieben Tage vor Ausbruch des Exanthems. Klinisch bedeutsam ist die Tatsache, daß seronegative Krankenschwestern die Röteln bekommen und dann auch übertragen können. Alles ***ärztliche Personal*** sollte vor Dienstantritt auf Röteln-Antikörper getestet und ggf. geimpft werden.
- ***Kinder*** gelten als *dauernde Quelle*, wenn sie *pränatal infiziert* waren und deshalb eine *chronische* Rötelnerkrankung entwickeln. Die Kinder sind über mehr als zwei Jahre nach der Geburt kontagiös; sie können seronegative Personen aus ihrer Umgebung, z. B. Säuglingsschwestern, anstecken.
- ***Erwachsene*** im Verlauf von *flüchtigen Reinfektionen.*

Pathogenese

Als Eintrittspforte des Virus dient der Nasen-Rachenraum. Das Virus vermehrt sich zunächst im Epithel der oberen Luftwege. Es kommt zu einer Generalisation auf dem Lymph- und Blutweg mit Virämie und zu multipler Organlokalisation. Das Virus ist u. a. in den Lymphknoten und in der Haut nachweisbar. Die Röteln-Infektion verläuft, wenn sie post partum erworben wird, stets ***zyklisch***; der Infizierte wird in kurzer Zeit virusfrei. Ob das Exanthem durch eine ***Immunkomplex-Vaskulitis*** zustandekommt, ist nicht klar; der Ausschlag tritt auf, wenn die Virämie endet. – Bei der pränatalen Infektion verläuft die Infektion hingegen ***chronisch***; es kommt zur Embryopathie und nach der Geburt zu ausgeprägt protrahiertem Verlauf mit massiver Virus-Produktion und -Ausscheidung. In diesen Fällen liegt ein ***Immunschaden*** vor, der sich in einer persistierenden IgM-Produktion äußert. Das gestörte Längenwachstum der großen Extremitäten-Knochen führt man auf das in den Epiphysen vorhandene Röteln-Virus zurück; die ablaufenden Zellteilungsvorgänge werden offenbar durch die Produktion von Interferon behindert (Abb. 5.1).

Klinik

Die manifeste Krankheit der Röteln beginnt nach einer Inkubationsperiode von etwa 2–3 Wochen mit einer katarrhalischen Initialphase von etwa zwei Tagen bei nur geringfügiger Temperaturerhöhung. Die Ansteckungsfähigkeit beginnt sieben Tage vor Ausbruch des Exanthems. Charakteristisch sind dabei die Schwellung der zervikalen und okzipitalen ***Lymphknoten***. In 50% der Fälle ist die Milz geschwollen. Nicht selten werden rheumatoide Gelenkschmerzen beobachtet, besonders wenn Erwachsene an Röteln erkranken. Der ***Ausschlag*** beginnt hinter den Ohren

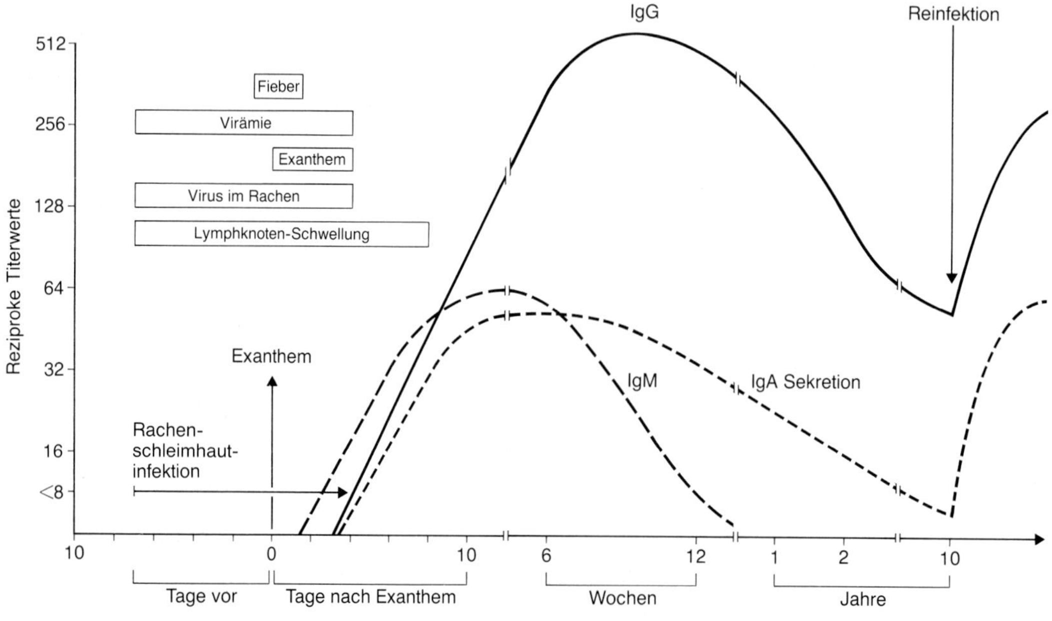

Abb. 5.1. Der Ablauf einer Röteln-Infektion

und dehnt sich auf Brust und Bauch aus. Die Flecken sind kleiner als bei Masern, aber größer als bei Scharlach und konfluieren nicht; das Exanthem ist kurzdauernd. Es ist etwa 2–3 Tage sichtbar, oft aber auch nur Stunden.

Die Abgrenzung von Erythema infektiosum (Ringelröteln durch Parvo-Virus B19), von Exanthema subitum (HHV-6), von Scharlach und von Masern ist nicht leicht. ***Differentialdiagnostisch*** sind Picorna-Viren sowie auch flüchtige Arzneimittelexantheme zu berücksichtigen. Für die Diagnose wichtig ist die Leukopenie mit Lymphozytose bei auffallend vielen monozytoiden jugendlichen Zellen.

Komplikationen sind bei den akuten postnatalen Röteln sehr selten. Es wurde über postinfektiöse Enzephalitis und hämolytische Anämien berichtet.

Embryopathie

Wenn eine Schwangere an Röteln erkrankt oder eine inapparente Infektion durchmacht, so kann das Virus im Zuge der Generalisation auf den Embryo übertragen werden; es verursacht dort eine chronische Infektion. Die Infektion des Embryo behindert vermutlich die Zellteilungsvorgänge; sie verursacht besonders in den *ersten drei bis vier Schwangerschaftsmonaten* Schädigungen. Die Schädigung des Embryo führt entweder zum Abort oder zum konnatalen ***Röteln-Syndrom des Neugeborenen***. Die postnatalen Erscheinungen der Embryopathie sind vielfältig: Katarakt, Taubheit, Mikrozephalie, geringe Körperlänge bei der Geburt, angeborene Herzfehler (vor allem persistierender Ductus Botalli), Verlangsamung des Wachstums, Hepatosplenomegalie mit Stauungsikterus, thrombozytopenische Purpura, hämolytische Anämie. Man hat auch einen insulinabhängigen Diabetes mellitus und eine subakute sklerosierende Panenzephalitis (SSPE) beobachtet.

Das Risiko der Embryopathie ist während des ersten Schwangerschaftsmonats am höchsten (60%); es fällt bis zum 3./4. Monat progressiv auf 10–15% ab. In den späteren Schwangerschaftsmonaten ist das Risiko zwar geringer, es kann aber doch zu ***Sprach- und Hörstörungen*** kommen, die erst nach einigen Jahren auffallen. Als Folge der Röteln-Embryopathie sterben viele der betroffenen Kinder vor Abschluß des ersten Lebensjahres. Eine Röteln-Infektion kurz vor der Konzeption birgt kein Risiko. Die Reinfektion einer Graviden, die über natürlich erworbene Antikörper verfügt, ist ohne Gefahr für den Embryo, wenn der hämagglutinationshemmende Titer bei 1 : 32 oder höher liegt (s. S. 699).

Immunologie

Das Röteln-Virus ist ***immunologisch einheitlich***. Das Überstehen der Krankheit hinterläßt eine lange, wahrscheinlich sogar lebenslange Immunität; sie verhindert zwar erneute Erkrankungen, schützt aber nicht vor lokalen Reinfektionen. Die Immunität des Erwachsenen beruht auf Antikörpern der Klasse IgG und IgA. IgG-Antikörper sind das ganze Leben hindurch nachweisbar; sie werden von der Mutter auf das Kind übertragen und verleihen diesem über einen Zeitraum von 3–6 Monaten Schutz. Die in der Frühschwangerschaft mit Röteln-Virus infizierten Neugeborenen weisen keine voll ausgebildete, komplette Immuntoleranz („high dose tolerance") gegen das Virus auf; sie bilden vielmehr über lange Zeit eigene Antikörper der Klasse IgM. Die Wahrscheinlichkeit, IgM-Antikörper nach der Geburt aufzufinden, ist umso größer, je früher die Infektion in der Schwangerschaft erfolgt ist.

Labordiagnose

Die Labordiagnose erfolgt auf folgende Weise:

Isolierung des Virus. Am besten eignet sich Rachenspülwasser. Die Isolierung erfolgt in Zellkulturen.

Antikörpernachweis beim akuten Fall. Er erfolgt in zwei separat und im Abstand von 10 Tagen entnommenen Serumproben. Man untersucht die beiden Proben im Hämagglutinations-Hemmungstest (Hirst-Test) und im IgM- und im IgG-ELISA gleichzeitig. IgM-Antikörper hat man bis zu 6 bis 9 Monaten nach der Infektion nachgewiesen.

Anamnestischer Antikörpernachweis. Er erfolgt im Hirst-Test mit einer einzigen Serumprobe. Man findet Titer zwischen 1:16 und 256. Bei akuten Infektionen beträgt der Titer bis zu 1:1024 und mehr. Nach Schutzimpfungen liegen die Titerwerte generell niedriger als bei der natürlichen Durchseuchung. Sie sinken auch schneller ab, als man ursprünglich angenommen hatte. So gilt, daß alle geimpften Frauen mit Kinderwunsch beim Vorhandensein von niedrigen Werten (1:8, 1:16 und 1:32) weiter überprüft werden müssen, etwa durch den Hirst-Test und den IgG-ELISA. Die IgM- und IgG-Antikörper steigen nach

Schutzimpfungen langsamer an als bei der natürlichen Röteln-Infektion. IgM-Antikörper hat man bis zu 20 Wochen nach der Impfung nachgewiesen.

Zusammenfassend kann man sagen: Niedrige Titerwerte im HHT von 1:8, 1:16 und 1:32 bedeuten keine sichere Immunität gegenüber der Embryopathie! In diesen Fällen empfiehlt sich Überprüfung und gegebenenfalls eine Schutzimpfung.

Antikörpernachweis im Blut des Neugeborenen. Bei Verdacht auf Embryopathie:

- Man untersucht zunächst mit dem ***Ouchterlony-Test*** auf Gesamt-IgM und -IgG. Diese Tests sind nicht Röteln-spezifisch. Sie können aber, in Verbindung mit einem positiven Hirst-Test, zur Beurteilung der Frage herangezogen werden, ob das Kind eigene Antikörper (IgM) gebildet hat oder ob die hämagglutinationshemmenden Antikörper von der Mutter stammen (IgG).
- Der Nachweis von Röteln-Antikörpern in der ***IgM-Fraktion*** (Auftrennung über eine Austauscher-Säule oder im Saccharose-Gradienten) hat einen hohen Aussagewert. Man setzt einen IgM- und einen IgG-ELISA an.

Hämagglutinations-Hemmungstest und ELISA (IgM und IgG). Sie sollten nur in Form der standardisierten Verfahren durchgeführt werden. Sie sollten nur von Laboratorien durchgeführt werden, die durch Ringversuche kontrolliert werden. Alle Seren sollten bis zum Ende der Gravidität aufbewahrt werden. Die verschiedenen Methoden des Hirst-Tests ergeben gleichwertige Resultate.

Bewertung. Findet man bei einem Säugling gleichzeitig IgM-Protein und einen positiven Hirst-Test, so ist der Fall als verdächtig anzusehen. Es muß festgestellt werden, ob im Serum rötelnspezifische Antikörper der Klasse IgM existieren. Ist dies der Fall, so kann man folgern, daß eine aktive Immunisierung stattgefunden hat. Findet man dagegen einen positiven Hirst-Test ohne IgM-Antikörper, so ist nur die Annahme erlaubt, daß IgG-Antikörper von der Mutter übergetreten sind („Leihtiter"). Der Nachweis von Röteln-Antikörpern der Klasse IgM (nicht-plazentagängig) ist also ein Indiz für eine intrauterine Röteln-Infektion. Neuerdings versucht man in besonders gelagerten Fällen, IgM-Antikörper auch im intrauterinen Nabelschnurblut nachzuweisen.

Prophylaxe

Schutzimpfung. Wegen des harmlosen Charakters der postnatalen Krankheit hat man früher empfohlen, Mädchen vor der Menarche absichtlich mit Röteln-Kranken in Kontakt zu bringen. Heute steht eine Schutzimpfung zur Verfügung, die bei *allen Mädchen im Vorschulalter* vorgenommen werden sollte. Eine Wiederholungsimpfung ist bei allen Mädchen und Frauen vor der Menarche wichtig. Wegen des relativ baldigen Absinkens der Antikörper ist *vor jeder Schwangerschaft* eine Titerbestimmung erforderlich. Die Impfung sollte auch Jungen erfassen; die ***Herdimmunität*** würde dadurch verstärkt werden und eine geringere Gefahr für seronegative Gravide resultieren.

Der ***Impfstoff*** besteht aus aktiven ***virulenzgeschwächten Viren***. Seine Anwendung führt zuverlässig zur Immunität; als Nebenwirkung ergeben sich nur gelegentlich Arthralgien. Die Impfprophylaxe zielt auf die Verhinderung der Embryopathie; sie ist für alle weiblichen Personen indiziert, die bis zur Pubertät keine Röteln durchgemacht haben, also seronegativ sind. Erfahrungsgemäß beträgt der Prozentsatz der serologisch negativen Frauen etwa 10%.

Während der Gravidität ist die Impfung kontraindiziert. Nach einer Schutzimpfung ist eine Karenzzeit von drei Monaten bis zur nächsten Konzeption einzuhalten. Allerdings sind bisher keine durch das Impf-Virus hervorgerufenen Embryopathien bekannt geworden.

Gammaglobulin-Prophylaxe. Hat eine seronegative und schwangere Frau mit Rötelnkranken Kontakt gehabt, so sollte ***Human-Röteln-Gammaglobulin*** verabreicht werden. Die Wirkung ist nur dann sicher, wenn das Gammaglobulin *innerhalb von 1–2 Tagen* nach der Exposition gegeben wird. Die passiv zugeführten Antikörper machen sich serologisch nicht bemerkbar. Zur Überprüfung der Wirksamkeit der passiven Schutzimpfung muß bis zum Ende der gefährdeten Phase kontrolliert werden, ob eine ***Serokonversion*** erfolgt oder nicht.

Schwangerschaftsabbruch. Ist bei Schwangeren vor dem 4. Monat ein Ausbruch von Röteln klinisch und serologisch festgestellt worden, so ist ein Abbruch der Schwangerschaft indiziert. Stellt man während einer Schwangerschaft fest, daß eine Frau für Röteln seronegativ ist, so muß sie fortlaufend auf Antikörper kontrolliert werden; die aktive Schutzimpfung sollte nachgeholt werden (Impfung im Wochenbett).

Meldepflicht. Röteln-Embryopathien sind meldepflichtig.

Zusammenfassung: Röteln-Virus

Das Virus: (+)-Strang-RNA-Virus, bestehend aus Capsid und Hülle (s. Toga-Viren).

Vorkommen: Weltweit, alleiniger Wirt ist der Mensch.

Epidemiologie: Kinderkrankheit, bei Primärinfektion einer seronegativen Schwangeren besteht das Risiko der Entstehung einer Embryopathie. Frauen sollten zu mehr als 95% Antikörperträger sein!

Übertragung: Tröpfcheninfektion durch Erkrankte, Kinder mit Embryopathie, inapparent Infizierte und reinfizierte Personen.

Pathogenese: Zyklische Viruskrankheit mit Elimination des Virus. 50% der Infektionen verlaufen inapparent.

Klinik: Inkubationsperiode 14–21 Tage. Kinderkrankheit mit Exanthem und kaum Nebensymptomen. Gefahr der Embryopathie im 1.–4. Schwangerschaftsmonat, abnehmend von 60% auf 10%.

Diagnose: Klinisch nicht sicher möglich, deswegen HHT und IgM- und IgG-ELISA. Störfaktoren: Cave! *Differentialdiagnose*: Masern, Scharlach, Arzneimittelexantheme, Picorna-Infektionen, Exanthema subitum, infektiöse Mononukleose, Erythema infektiosum.

Therapie: Symptomatisch.

Immunität: Lebenslange Immunität gegen die Röteln, bei Antikörpertitern unter 1:32 bei der Schwangeren Gefahr der Rötelnembryopathie.

Prävention: Schutzimpfung, Impfung im Wochenbett. Bei Mädchen: zweimalige Schutzimpfung, auch Jungen impfen! Impfung von ärztlichem Personal mit ungenügendem Antikörpertiter (unter 1:32).

6 Tollwut-Virus

D. Falke

INHALTSÜBERSICHT

6.1 Beschreibung des Virus 748
6.2 Vorkommen 748
6.3 Epidemiologie 749
6.4 Übertragung 749
6.5 Pathogenese 749
6.6 Klinik 750
6.7 Immunität 750
6.8 Labordiagnose 751
6.9 Prävention 751
6.9.1 Vorgehen nach dem Biß durch ein tollwutverdächtiges Tier 751
6.9.2 Schutzimpfung 752
6.9.3 Sonstige Maßnahmen 752
6.9.4 Meldepflicht........................ 752
Zusammenfassung 753

6.1 Beschreibung des Virus

Rolle als Krankheitserreger. Das Virus ruft die Tollwut (Rabies, Lyssa) hervor.

Genom. Das Tollwut-Virus zählt zu den (–)-Strang-RNA-Viren.

Morphologie. Das Tollwut-Virus besitzt eine „patronenförmige" Gestalt mit einer Länge von 200 nm und einem Durchmesser von 50 nm. Die RNA ist in einem schraubenförmig angeordneten Capsid enthalten; das Nukleocapsid ist von einer Hülle mit Spikes umgeben.

Resistenz gegen äußere Einflüsse. Das Virus verliert durch Ätherbehandlung und Detergentien sehr bald seine Infektiosität.

Züchtung. Im Laboratorium wird das Tollwut-Virus in drei Versuchsanordnungen gezüchtet und in Passagen fortgeführt:

- Im Gehirn des lebenden Kaninchens und der lebenden Maus.
- Im bebrüteten Ei (Enteneier).
- In der Zellkultur aus humanen Diploid-Zellen (u. a.).

Die Passagen nach einer dieser drei Methoden führt schnell zur „Adaption", d. h. zur Veränderung der Pathogenität gegenüber anderen Spezies.

Man unterscheidet beim Tollwut-Virus die in Passagen gehaltenen Laborstämme von dem in der Natur vorkommenden Wildvirus; dieses wird auch als ***„Straßenvirus"*** bezeichnet. Als Prototyp der Laborstämme gilt das sogenannte ***„Virus fixe"***. Damit wird ein Stamm bezeichnet, der durch intrazerebrale Inokulation in Kaninchen-Passagen fortgeführt wird; hierdurch hat er seine ursprüngliche Virulenz verloren. Der von Pasteur seinerzeit adaptierte und als Virus fixe bezeichnete Stamm ist heute noch in Gebrauch.

Einteilung. Das Virus der Tollwut gehört zusammen mit dem Virus der Vesicular-Stomatitis (VSV) zu der Gruppe der zylindrisch geformten RNA-Viren. Diese Viren werden heute als ***Rhabdo-Viren*** bezeichnet.

Zu dieser Gruppe zählte man früher auch das „Marburg"-Virus, den Erreger einer auf den Menschen übertragbaren Affen-Infektion, und das Ebola-Virus, den Erreger einer Form des hämorrhagischen Fiebers. Die beiden letztgenannten Viren rechnet man jetzt zu den Filo-Viren (s. S. 843).

6.2 Vorkommen

Die Tollwut ist eine weitverbreitete Tierkrankheit (Zoonose), die den Menschen nur ausnahmsweise befällt. Es ergeben sich permanente Infektketten innerhalb des Tierbestandes; diese verleihen der Krankheit endemischen Charakter. Die Infektion des Menschen erfolgt durch den Biß eines Tieres.

In unseren Breiten stellen die stark vermehrten, wildlebenden Carnivoren das Virusreservoir dar (*Füchse, Dachse*), in Amerika sind es die Skunks. Von hier aus werden *Hunde oder Katzen* infiziert, die dann neue Infektketten unter sich oder in Kombination mit anderen Tierspezies bilden können. Eine „epidemiologische Sackgasse" stellt die relativ häufige Infektion des Rindes dar: Das auf der Weide durch Bißverletzungen infizierte Rind überträgt die Infektion so gut wie niemals weiter. Der Mensch wird in unseren Gegenden in der Regel durch Hunde oder Katzen (Bißverletzungen, Belecken) infiziert. Anstelle des Hundes können Wölfe (Osteuropa) oder Schakale (Südafrika) die Krankheit auf den Menschen übertragen. In Südamerika wird das Virusreservoir durch blutsaugende *Fledermäuse* unterhalten; von hier aus wird das Virus auf das Rind und auf andere Tiere übertragen.

Die Infektion verläuft bei Tier und Mensch stets manifest und endet *immer tödlich*. Eine Ausnahme bilden in dieser Hinsicht lediglich die Fledermäuse: Sie erkranken inapparent oder sie überleben die manifeste Krankheit und sind dann in gesundem Zustand als „Dauerausscheider" infektiös.

An der Nord- und Ostseeküste zwischen Holland und Finnland gibt es eine Variante mit abweichendem Antigenverhalten (ähnlich dem Duvenhage-Virus); sie verursacht die Tollwut der „Breitmaulfledermaus". Infektionen des Menschen sind bisher nicht bekannt geworden.

6.3 Epidemiologie

Seit dem Ende des II. Weltkriegs breitet sich die Tollwut westwärts von Rußland mit einer Geschwindigkeit von etwa 30 km pro Jahr aus. Sie hat jetzt Zentralfrankreich erreicht. Hunderte von Tieren haben sich jedes Jahr als tollwutinfiziert erwiesen. In den schutzgeimpften Gebieten ist jetzt die Fallzahl praktisch auf Null abgesunken. – Menschen sind nur ausnahmsweise erkrankt. Der letzte Fall in Deutschland ist 1986 in Hamburg aufgetreten; der Patient war in Indien von einem Fuchs gebissen worden.

6.4 Übertragung

Keimreservoir ist das erkrankte Tier; die Infektion erfolgt durch Speichel von Tier zu Tier. Das infizierte Tier wird erst kurz vor dem Auftreten der klinischen Erscheinungen kontagiös: Vom Auftreten des Virus im Speichel bis zum Auftreten der typischen Symptome vergeht höchstens eine Woche und bis zum Tode des Tieres höchstens eine weitere Woche. Dies bedeutet, daß ein Hund, der eine Woche lang in Isolierung gehalten wird und keine klinischen Erscheinungen zeigt, als Infektionsquelle nicht in Betracht kommen kann.

Als Eintrittspforte dienen Hautwunden; in Betracht kommen vornehmlich Bißwunden, aber auch oberflächliche Abschürfungen. Das Virus kann auch durch die unverletzte Schleimhaut der Lippen, der Nase und (extrem selten) der Augen eindringen. Als Seltenheit werden Infektionen durch Aerosole beschrieben (Fledermaushöhlen).

6.5 Pathogenese

Wirtsspektrum und Organotropismus

Das Tollwut-Virus hat ein extrem *breites Wirtsspektrum*; dieses erstreckt sich auf alle Warmblüter und reicht vom Rind bis zur Fledermaus. Das Virus ist im Hinblick auf seine pathogene Wirkung ***neurotrop***: Die Tollwut verläuft als bösartige Enzephalitis. Im Hinblick auf seine Vermehrungsfähigkeit ist das Tollwut-Virus jedoch neuro-viszerotrop: Es befällt neben dem ZNS vor allem die Speicheldrüsen und z. B. auch die Haarfollikel. Das Virus wird vom erkrankten Tier und vom befallenen Menschen im Speichel massiv ausgeschieden. Die Krankheit verläuft bei Säugetieren und beim Menschen stets manifest und ausnahmslos tödlich.

Während das Straßenvirus im Hinblick auf seine Vermehrungsfähigkeit neuro-viszerotrop ist, verhält sich das *Virus fixe* dagegen exklusiv neurotrop: Es hat durch die Passagen die fakultativ viszerotrope Eigenschaft des Straßenvirus eingebüßt und dafür an Neuropathogenität gewonnen. Das Straßenvirus wird im Speichel massenhaft ausgeschieden, während das Virus fixe im Speichel nicht erscheint. – Diese Eigenschaften des Virus fixe beruhen auf einer Anreicherung derjenigen Varianten im Straßenvirus, welche die genetisch bestimmte Merkmalkombination „hohe Neurovirulenz bei geringer Invasivität für das ZNS und fehlender Viszerotropie" besitzen. In der Kaninchenhirn-Passage werden diese Varianten auf Kosten derjenigen Partikel bevorzugt, welche bei mäßiger

Neurovirulenz über eine gewisse Viszerotropie verfügen.

Ausbreitung

An der Infektionsstelle vermehrt sich das Virus zunächst in den Muskelzellen, ehe es Zugang zu den Nervenendigungen findet; es wandert dann ab 3 Tage nach der Infektion *axonal zum ZNS*, vermehrt sich dort und gelangt dann zentrifugal in die Speicheldrüsen, den Pankreas, Haarbalgdrüsen u. a., in denen eine starke Vermehrung erfolgt. Da sich das Virus fast exklusiv im Nervensystem aufhält, wird das Immunsystem erst dann stimuliert, wenn sich das Virus in großen Mengen vermehrt hat, d. h. während der klinisch manifesten Erkrankung.

Die pathologisch-anatomische Schädigung

Die pathologisch-anatomische Schädigung betrifft nur das ***ZNS***, und zwar vornehmlich die Gegenden des Hippocampus (Ammonshorn), der Medulla und des Kleinhirns. Später werden aber auch die übrigen Regionen der Großhirnrinde und der Pons betroffen. Die Virusvermehrung erfolgt in den Neuronen; sie führt zunächst zum Auftreten von typischen Einschlußkörperchen (***Negri'sche Körperchen***), auch in den Speicheldrüsen. Später kommt es zum Untergang des Neurons, zur Neuronophagie und zur herdförmigen Zellinfiltration mit Gliawucherung. Die histologischen Veränderungen erscheinen im Vergleich zur Schwere des Krankheitsbildes geringfügig. Über die Ursache, die zu einer Funktionsstörung der Neuronen führt, ist nichts bekannt. Im Endstadium findet man ausgedehnte Zerstörungen der grauen und der weißen Substanz.

6.6 Klinik

Beim Menschen verläuft die Tollwut in drei Stadien. Zwischen den ersten Symptomen und dem tödlichen Ausgang liegen, wenn nicht künstlich beatmet wird, höchstens 7 Tage.

Inkubationszeit

Die Inkubationszeit beträgt durchschnittlich ***1–3 Monate***; in Extremfällen kann sie aber 10 Tage oder auch 10 Monate dauern. Neben der Virusmenge beeinflußt die räumliche Entfernung der Bißstelle vom ZNS die Dauer der Inkubationszeit: Bei Kopfverletzungen ist mit einer kürzeren Inkubationszeit zu rechnen als bei Extremitätenverletzungen.

Erste Anzeichen der Erkrankung: Beim Hund beobachtet man verändertes Benehmen, blinde Aggressivität, Herumstreunen, Verschlingen ungenießbarer Gegenstände, heiseres Bellen und Heulen. Es besteht beim Hund jedoch keine Wasserscheu. Beim Wild fällt das Fehlen der natürlichen Scheu in Kombination mit Aggressivität auf.

Prodromalstadium

Beim Menschen besteht eine Hyperästhesie in der Gegend der Bißwunde: Der Patient klagt über lokales Brennen und Jucken. Es tritt Fieber mit uncharakteristischen Krankheitsbeschwerden (Kopfschmerzen, Appetitlosigkeit) auf.

Exzitationsstadium („rasende Wut")

Der Patient bekommt Angstgefühle und wird motorisch unruhig. Es beginnen ***Krämpfe der Schluckmuskulatur***, die jeweils durch den Schluckakt ausgelöst werden. Der Patient vermeidet dementsprechend das Schlucken: Er hat *Angst, zu trinken* und läßt aus Furcht vor den schmerzhaften Krämpfen den Speichel lieber aus dem Mund tropfen, als ihn zu verschlucken. Zu der motorischen Unruhe kommen abwechselnd aggressive und depressive Zustände der Psyche. Charakteristisch ist die ***Wasserscheu***: Die optische oder akustische Wahrnehmung von Wasser führt zu Unruhe und zu Krämpfen, die sich auf die gesamte Muskulatur erstrecken können. Zum Unterschied von Tetanus besteht aber kein Trismus.

Paralyse („stille Wut")

Einige Stunden vor dem Tod lassen die Krämpfe und die Unruhezustände nach. Es kommt zu Paresen, zu fortschreitenden Lähmungen und schließlich zum Exitus.

6.7 Immunität

Früher nahm man an, das Tollwut-Virus sei serologisch einheitlich. Bei der Untersuchung der Antigenstruktur mit monoklonalen Antikörpern hat sich jedoch eine beträchtliche Epitopenvariabilität herausgestellt. Im Hinblick auf die Schutzimpfung spielen diese Varianten jedoch keine Rolle; in Europa kann man nach wie vor mit der Einheitlichkeit des Virus rechnen.

Der Mensch entwickelt während der Rabies weder neutralisierende noch komplementbindende Antikörper, da der Tod vorher eintritt. IgM- und IgG-Antikörper können nur durch die Schutzimpfung entstehen.

6.8 Labordiagnose

Die Diagnose stützt sich auf Verfahren zum mikroskopischen *Direktnachweis* von Virusmaterial. Im Vergleich dazu hat die Virusisolierung und -züchtung für den Einzelfall weniger Bedeutung. Die serologischen Reaktionen sind wertlos.

Die Labordiagnose „Tollwut" wird durch Nachweis der Antigene bzw. der Negri-Körperchen gestellt. In Zweifelsfällen muß ein Tierversuch angesetzt werden (s. unten, Isolierung des Virus).

Morphologischer Virusnachweis durch Fluoreszenzserologie

Hierbei wird in den Zellen des verdächtigen Tieres oder des menschlichen Falles nach Virus-Antigen gesucht. Die Darstellung geschieht mit einem Anti-Tollwutserum im Sandwichverfahren. Folgende Tests sind im Gebrauch:

Kornealtest. Vom lebenden Tier oder vom Patienten werden ***Kornealzellen*** durch Abklatschen auf ein Deckglas gebracht, fixiert und fluoreszenzserologisch gefärbt. Im positiven Falle sieht man mikroskopisch Antigenanhäufungen in den Pflasterepithelzellen.

Nachweis der Negri-Körperchen. Post mortem werden mehrere Schnitte aus der Gegend des Hippocampus, speziell des Ammonshorns, angefertigt und im Sandwichverfahren gefärbt. Zusätzlich färbt man die Schnitte nach Giemsa. Die Negri-Körperchen erscheinen im Zytoplasma als 2–10 μm messende eosinophile Einschlüsse. Sie bestehen, wie der Sandwichtest ergibt, aus viralem Antigen.

Haut-Biopsien. Neuerdings stellt man die Diagnose der Tollwut beim Lebenden auch durch Untersuchung von Haut-Biopsien (Hautstanzen) aus dem Nackengebiet. Auch hier geht es um den Nachweis von Tollwut-Antigen durch die Sandwich-Technik. Das Virusantigen ist in den Zellen der ***Haarfollikel*** enthalten. Dieses Nachweisverfahren soll empfindlicher als der Kornealtest sein.

Isolierung des Virus

Die Isolierung des Virus erfolgt durch intrazerebrale Verimpfung des verdächtigen Materials auf Mäuse. Man untersucht den Speichel des Patienten und das Hirn von verdächtigen Hunden, wenn nach deren Tötung der Nachweis von Negri-Körperchen negativ bleibt; dies ist bei etwa 5% der tollwütigen Tiere der Fall. Die inokulierten Mäuse sterben unter Lähmungserscheinungen und zeigen fluoreszenzserologisch Negri-Körperchen. Außerdem bleiben diejenigen Kontrolltiere am Leben, welche das Virus zusammen mit neutralisierenden Antikörpern erhalten haben.

6.9 Prävention

Im allgemeinen wird die Tollwut nur durch den Biß übertragen. Hantieren mit virusbehaftetem Material führt nur beim Vorhandensein von Hautverletzungen zur Infektion (Gummihandschuhe!). Aerosol-Infektionen sind eine Rarität.

6.9.1 Vorgehen nach dem Biß durch ein tollwutverdächtiges Tier

Nach jeder Bißverletzung durch einen Hund ist das Tier nach Möglichkeit einzufangen und zu isolieren. Das Tier muß mindestens 7 Tage lang durch einen Veterinär beobachtet werden. Treten nach 7 Tagen keine Symptome der Tollwut auf, so ist der Hund als gesund anzusehen; eine Exposition des gebissenen Patienten ist in diesem Fall nicht anzunehmen. Unabhängig davon muß mit den aktiv-prophylaktischen Maßnahmen sofort nach der Bißverletzung dann begonnen werden, wenn das Tier als tollwutverdächtig anzusehen ist. Zeigt der Hund deutliche Symptome der Tollwut, so wird er getötet und virologisch untersucht. Ist der Hund nach dem Biß unauffindbar, so besteht für den Patienten in jedem Fall Expositionsverdacht. Schwierig wird die Beurteilung, wenn der Hund sofort nach dem Biß getötet worden ist. Hier wird man das Hirn und die Speicheldrüsen zum Isolierungsversuch verwenden müssen.

Bei Verdacht auf Tollwut-Exposition muß die nächste amtlich zugelassene ***Wutschutzstelle*** konsultiert werden. Ist eine Exposition anzunehmen, so sind folgende Maßnahmen indiziert:

- Lokale und allgemeine Wundbehandlung. Man exzidiert die Wunde und spült mit starken Seifenlösungen oder mit Detergentien. Zusätzlich umspritzt man die ***Wunde*** mit Anti-Tollwut-***Hyperimmunglobulin***. – Nach wie vor bleibt daneben die aktive Tetanusprophylaxe notwendig.

- Der Exponierte erhält möglichst noch am Tage der Exposition eine ***intramuskuläre*** Gabe von Anti-Tollwut-Hyperimmunglobulin. – Zusätzlich ist die Gabe von Interferon zu erwägen.
- Man verabreicht dem Exponierten einen Tag nach der Gabe des Immunserums (und später mehrmals) die vorgeschriebene Dosis des amtlich empfohlenen ***Totimpfstoffes.*** Dieses Vorgehen erstreckt sich auch auf Verletzungen nach Kontakt mit Breitmaulfledermäusen.

6.9.2 Schutzimpfung

Die *lange Inkubationszeit* der Tollwut eröffnet die Chance, infizierte Personen durch Verabfolgen von Virus-Antigen *aktiv zu immunisieren* und das in der Wunde befindliche Virus *passiv* vor dessen Ankunft im peripheren Nervensystem durch spezifische Neutralisation zu inaktivieren. Dies gelingt, sofern die Immunisierung früh genug erfolgt, d. h. spätestens innerhalb von 3 Tagen nach der Exposition. Die virusspezifischen Antikörper reagieren dann mit Virionen in der Wunde und deren Umgebung. Damit sind die betroffenen Partikel unfähig, die peripheren Nerven und damit die zentralen Neuronen zu befallen, die Infektion wird cupiert.

Pasteur hat 1885 die Wirksamkeit der Tollwut-Schutzimpfung bewiesen. Er verwendete Hirn und Rückenmark von Kaninchen, die intrazerebral mit dem Virus fixe infiziert worden waren. Die virushaltige ZNS-Masse wurde vor der Verabreichung getrocknet. Der früher benutzte Hempt-Impfstoff fußte auf dem alten Verfahren von Pasteur.

Es gibt heute zwei Verfahrensprinzipien: Die Totimpfung und die Lebendimpfung. Für den Menschen geeignet ist nur die Totimpfung.

Totimpfung

Die Verwendung von inaktiviertem Virus fixe in Form des Hempt-Impfstoffes ist in den Industrieländern überholt, weil relativ häufig eine postvakzinale Enzephalitis auftritt.

Diploidzell-Impfstoff. Das Tollwut-Virus wird in der Zellkultur (humane diploide Stämme) gezüchtet und inaktiviert. Diese Vakzine hat sich sehr bewährt, sie ist aber sehr teuer, weil die Züchtung in diploiden Zellen erfolgt. Die Impfindikation kann großzügig gestellt werden.

Embryofibroblasten-Impfstoff. Der Embryofibroblasten-Impfstoff wird in Deutschland seit 4 Jahren mit gutem Erfolg eingesetzt. Er weist übrigens eine weitgehende Kreuzimmunität mit dem Tollwut-Virus der Breitmaulfledermaus auf.

Lebendimpfung

Es werden verschiedene attenuierte Stämme als Abkömmlinge des Flury-Stammes verwendet. Die Impfung eignet sich aber nur für die *Anwendung bei Tieren.* Sie wird z. B. für den Schutz der Rinder in Südamerika und für die Impfung von freilebenden Füchsen angewendet. – In der Schweiz, in Hessen und in Bayern haben sich die Impfungen der Füchse mit infizierten Ködern sehr bewährt. Die Zahl der Tollwutverdachtsfälle geht stark zurück.

6.9.3 Sonstige Maßnahmen

Bekämpfung der Tollwut

Verkleinerung des Virusreservoirs. Die Bekämpfung der Tollwut erfolgt durch Verringerung des Bestandes an Überträgertieren. In unseren Breiten beseitigt man streunende Hunde und Katzen. In den USA bekämpft man Fledermäuse und impft alle Hunde.

Hundesperre. Zeitweise ist Hundesperre notwendig, u. U. Maulkorbzwang.

Prophylaktische Immunisierung von Tieren. In Betracht kommen vor allem Hunde, Füchse und Rinder. Die Immunisierung der Füchse erfolgt jetzt durch impfstoffhaltige Köder. Durch diese Impfungen wird sich die Tollwut weitgehend beherrschen, wenn nicht gar ausrotten lassen.

6.9.4 Meldepflicht

Tollwut ist bei Verdacht der Erkrankung und im Todesfall meldepflichtig. Der ***Verdacht*** ist im Sinne der Meldepflicht schon dann gegeben, wenn Kontakte mit tollwutkranken oder tollwutverdächtigen Tieren nachgewiesen werden. Neben dem Hund kommt als Infektionsquelle für Jäger, Forstbeamte und Metzger auch Wild in Betracht (Rehe, Hasen, Füchse). Die Infektion kann in diesen Fällen durch *Hantieren mit infektiösen Organen* (Ausweiden) zustandekommen. Beim erkrankten Tier müssen alle Organe als kontagiös angesehen werden, denn das Virus vermehrt sich auch außerhalb des ZNS in den Speicheldrüsen. Eine indirekte Infektion kann durch Hundespeichel zustandekommen, wenn der Maulkorb oder die Hundeleine als Vehikel dienen.

Nach § 3 BSeuchG sind der Krankheitsverdacht, die Erkrankung und der Tod an Tollwut dem Gesundheitsamt, das für den Wohnort des Betroffenen zuständig ist, zu melden. Darüber hinaus ist jede Verletzung eines Menschen durch ein tollwutkrankes oder -verdächtiges Tier sowie die Berührung eines solchen Tieres oder Tierkörpers meldepflichtig.

Zusammenfassung: Tollwut-Virus

Das Virus: (–)-Strang-RNA-Virus mit helikalem Capsid in einer Hülle mit Spikes. Geschoß-ähnliche Gestalt.

Vorkommen: Zoonose, bei vielen Tierspezies, u. a. Füchse, Skunks, Wölfe, Fledermäuse: „Straßen-Virus"; attenuiertes Virus heißt „Virus fixe".

Epidemiologie: Tollwut ist eine Zoonose mit gelegentlichem Übergang auf den Menschen. Fortschreiten in Ost-West-Richtung, jetzt Eindämmung durch Fuchslebendimpfung mit Ködern.

Übertragung: Durch den Biß eines tollwütigen Tieres, Infektiosität des Tieres bereits einige Tage vor Ausbruch der Symptome. Isolierung des Tieres 8–10 Tage zur Beobachtung zwecks Nachweis von Negri-Körperchen.

Pathogenese: Inkubationsperiode 1–3 (–10) Monate. Primäre Replikation des Virus in Muskelzellen an der Bißstelle, erst dann Eindringen in Nervenfasern, Rückenmark und Gehirn; von dort Wanderung in Speichel- und Hautdrüsen.

Klinik: Schmerzen an der Bißstelle, Fieber. Ausbruch mit „rasender" und Übergang in „stille" Wut. Hydrophobie, motorische Unruhe; vor dem Tod Nachlassen der Krämpfe und beginnende Lähmungen.

Diagnose: Ohne Biß-Anamnese im allgemeinen keine Tollwut. Nachweis von Negri-Körperchen im ZNS; beim Menschen Hautbiopsien und Konjunktivaltupfpräparate zum IFT.

Therapie: Symptomatisch, Impfung möglichst frühzeitig in der Inkubationszeit.

Immunität: Antikörper entstehen erst zum Zeitpunkt der Erkrankung, keine Bedeutung für Sero-Diagnose.

Prävention: Schutzimpfung mit Totimpfstoff als Prophylaxe (Waldarbeiter u. a.) und als aktive ***und*** passive Exponierten-Impfung. Säuberung der Wunde! – Schutzimpfung der Füchse und der Haustiere mit Lebendimpfstoff.

7 Arena-Viren

D. Falke

Beschreibung des Virus

Rolle als Krankheitserreger. Der Prototyp der Arena-Virus-Gruppe ist das Virus der ***L***ymphozytären ***C***horio***m***eningitis (***LCM***); außerdem enthält die Gruppe das Virus des ***Lassa-Fiebers***, einer nur in den Tropen vorkommenden fieberhaften Allgemeinerkrankung mit Hämorrhagien. In diese Gruppe gehört auch das Machupo- und das Junin-Virus.

Genom. Das LCM-Virus gehört zu den pleomorphen (–)-Strang-RNA-Viren. Es enthält ein kleines und ein großes RNA-Segment; beide werden an den komplementären 3'- und 5'-Enden durch Wasserstoffbrücken zu je einem ringförmigen Molekül zusammengeschlossen.

Morphologie. Das annähernd kugelförmige Viruspartikel mit einem Durchmesser von etwa 100–150 nm besitzt eine lipoproteinhaltige Hülle mit Spikes; es zeigt im Inneren in charakteristischer Weise elektronendichte Körner (***„Pantherfellzeichnung“***). Die Hülle des Virus trägt zwei Glykoproteine. Im Innern des Virus kann man einen Nukleoprotein-Komplex nachweisen, der ein Protein, die RNA und eine Replikase enthält. Das Nukleoprotein kann auch in der Hülle des Virions und in der Membran von infizierten Zellen nachgewiesen werden.

Vermehrung. Die Replikation erfolgt im Plasma der Zelle. Merkwürdigerweise enthält das Virion *Ribosomen*, die durch Mitnahme aus der Zelle in das Virion gelangen. Bei der Ausschleusung aus der Wirtszelle bilden sich charakteristische Knospen in Form einer Membranausstülpung, die das Virusmaterial umgibt. Das Virus erzeugt in der Zellkultur keine zytopathischen Effekte. Bei der Replikation des Virus entstehen in großer Zahl defekte Virionen.

Resistenz gegen äußere Einflüsse. Arena-Viren sind außerhalb des Wirtes relativ stabil, sie sind aber ätherempfindlich.

Vorkommen

Als Reservoir für das LCM-Virus dienen in unseren Breiten die Hausmaus, die Labormaus und der Goldhamster (***„Hamsterkrankheit“***). Innerhalb eines betroffenen Mäusebestandes hat der Befall mit LCM-Virus endemischen Charakter. Die ***Mäuse*** infizieren sich untereinander entweder horizontal, d. h. von Tier zu Tier, oder vertikal, d. h. von der Mutter auf die immunologisch unreife Nachkommenschaft in frühen Stadien der Embryogenese. Ob eine transovarielle Infektion vorkommt, ist noch nicht erwiesen. Die vertikal infizierten Mäuse entwickeln nach der Infektion eine „Immuntoleranz“ (s. unten). Die horizontale Übertragung von Tier zu Tier erfolgt wahrscheinlich durch Aerosole, wobei eingetrockneter Kot und Urin die Hauptrolle spielen dürften.

Epidemiologie

Im Verhältnis zur Häufigkeit der LCM-Infektion bei Mäusen ergreift die Krankheit den Menschen sehr selten.

Übertragung

Wahrscheinlich wird das Virus auf den Menschen durch kontaminierte Nahrungsmittel oder kothaltigen Staub übertragen.

Pathogenese und Immunologie

Die LCM-Infektion der Maus ist ein Paradigma für alle Infektionskrankheiten, deren Verlauf überwiegend von den Abwehrreaktionen des Wirtes und weniger von der direkten Wirkung des Erregers bestimmt wird. Für die Pathogenese der LCM-Infektion ist so gut wie ausschließlich die ***Immunreaktion*** gegen einen nicht direkt zytopathogenen Parasiten maßgebend. Immun-pathogenetische Mechanismen dieser

Art werden in letzter Zeit bei zahlreichen Virusinfektionen aufgedeckt, z. B. bei der Hepatitis A.

Wird eine erwachsene Maus mit dem LCM-Virus erstmals infiziert, so erkrankt sie unter dem Bilde einer schweren Affektion des *Zentralnervensystems.* Die Krankheit geht mit hohen Virustitern in allen Organen einher und führt bei einem Teil der Tiere zum Tode; die überlebenden Tiere erweisen sich nach der Rekonvaleszenz als virusfrei und zeigen keine Krankheitsfolgen. Sie haben neutralisierende Antikörper gebildet und weisen spezifisch-reagible T-Lymphozyten auf; diese sind für die Immunität verantwortlich. – Werden Mäuse dagegen in utero oder kurz nach der Geburt infiziert, so entwickelt sich in der Mehrzahl der Fälle trotz massiver Virusvermehrung kein erkennbares Krankheitsbild. Erst nach 10–12 Monaten kommt es zu einer „Spätkrankheit"; bei dieser dominiert eine chronisch-entzündliche Nierenschädigung. Die im Stadium der immunologischen Unreife infizierte Maus scheidet lebenslang Virus aus; sie wird als *Carrier-Maus* bezeichnet. Die für diesen Zustand verantwortliche ***Immuntoleranz*** (sog. „high dose tolerance") erstreckt sich vor allem auf die zellvermittelte Immunität; Antikörper werden zwar gebildet, aber verzögert und in verringerter Menge.

Die Erklärung für diese Verhältnisse liegt in der Erkenntnis, daß die LCM-Infektion als solche die befallenen Wirtszellen nicht schädigt: Das Virus kann von der Zelle gewissermaßen „nebenbei", d. h. ohne Nachteil, vermehrt werden. Ein schädigendes Moment entsteht aber dann, wenn der vom Virus befallene Organismus eine Immunreaktion gegen die im Virion enthaltenen Antigene produziert. Hierbei sind folgende Situationen zu unterscheiden: Bei der akuten Krankheit, wie sie nach Infektionen des erwachsenen, immunologisch reifen Tieres auftritt, wird Virus-Antigen in die Membran von befallenen Zellen eingebaut. Die Zelle wird damit immunologisch „verfremdet". Dementsprechend dient sie als Ziel für virusspezifisch reagible T-Killerzellen, wie sie als Antwort auf den viralen Antigenreiz vom thymusabhängigen Immunorgan der Maus gebildet werden. Durch diese Situation entstehen schwere Zellschädigungen. Daneben bildet die akut erkrankte Maus virusspezifische Antikörper, die zur Neutralisation befähigt sind. – Die zweigleisig erfolgende Immunantwort schädigt somit nicht nur die Viren selbst, sondern auch den Wirtsorganismus. Angelpunkt der Schädigung ist das in die Wirtszellmembran eingebettete oder präsentierte Virus-Antigen.

Wird das Tier vor Erlangen seiner immunologischen Reife infiziert, so entwickelt sich eine „high dose"-Toleranz gegen Virus-Antigene. Die Toleranz hält im Hinblick auf die zellvermittelte Immunität das ganze Leben an. Im Hinblick auf das B-Zell-System ist die Toleranz unvollständig. Es entstehen Antikörper gegen Virusmaterial; diese sind unfähig, das Virus zu eliminieren und die Infektion zu überwinden. Sie bilden aber mit Antigenkomponenten des Virions Immunkomplexe, die im Glomerulum abgelagert werden und so zu einer Nierenschädigung führen (***Immunkomplex-Nephritis***). Überdies wirkt das LCM-Virus suppressiv auf die humorale und T-Zell-Immunantwort gegenüber dem Virus selbst. – Die geschilderte Auffassung über den pathogenetischen Grundmechanismus der akuten LCM-Krankheit bei der Maus ist experimentell gut fundiert.

Folgende Befunde sind dabei besonders bedeutsam:

- ***Immunsuppressive*** Maßnahmen verhindern nach Infektion der erwachsenen Maus den Ausbruch der akuten Krankheit. Wirksam sind Röntgenstrahlen, immunsuppressive Substanzen und Antilymphozytenseren.
- Bei neonatal thymektomierten Tieren bleibt die akute Krankheit nach der Infektion aus.
- Die T-Zellen von infizierten und akut erkrankten Erwachsenen-Tieren zeigen Killeraktivität gegenüber syngenetischen Zellen von pränatal infizierten Tieren.

Klinik

Von den Infektionen des Menschen verlaufen viele inapparent. Die manifeste Erkrankung erweist sich zunächst als grippeähnlicher, mild, aber fieberhaft verlaufender Infekt (erste Krankheitsphase). In einer zweiten Phase tritt als häufigste Komplikation eine *nicht-eitrige Meningitis* mit erhöhten Lymphozytenzahlen im Liquor auf. Sie ist durch einen neuen Fieberschub und durch heftige Kopfschmerzen gekennzeichnet. Die Prognose der Meningitis ist gut. – Sehr selten kommt es im Verlauf der menschlichen LCM-Infektion zu anderen Organerkrankungen (Enzephalitis, Orchitis, Myokarditis u. a.) oder gar zu einer tödlichen Allgemeininfektion. Während der Schwangerschaft kann die Infektion sehr selten Aborte oder aber Gehirnschäden (Hydrozephalus, Chorioretinitis) beim Neugeborenen herbeiführen.

Labordiagnose

Virusisolierung. Die virologische Diagnose stützt sich auf die Virusisolierung aus dem Liquor und dem Blut mittels Zellkultur (Nachweis des Antigens durch den IFT) oder besser in der lebenden Maus.

Antikörpernachweis. Daneben untersucht man auf neutralisierende und komplementbindende Antikörper. Die verbindliche Diagnose des Einzelfalles bleibt zwar Spezialinstituten vorbehalten, doch gibt schon die KBR deutliche Hinweise auf die Erkrankung. Ein ELISA zum Nachweis von IgM- und IgG-Antikörpern ist verfügbar.

Therapie

Eine spezielle Therapie gibt es nicht.

Prophylaxe

Die hygienischen Maßnahmen zur Prophylaxe konzentrieren sich auf die Bekämpfung der Hausmaus. Eine Schutzimpfung existiert nicht.

Das Lassa-Fieber

Das Lassa-Fieber rückte durch einen in die Bundesrepublik eingeschleppten Fall in den Blickwinkel der Öffentlichkeit. In *Westafrika* treten jedes Jahr etwa 200 000 Fälle auf, von denen mehrere tausend tödlich ausgehen. Natürlicher Wirt für das Virus ist die persistent infizierte *Ratte Mastomyx natalensis*, die das Virus mit dem Urin ausscheidet; die Persistenz entsteht ähnlich wie bei der LCM-infizierten Maus. Histologisch sind keine Läsionen festzustellen. Durch engen Kontakt infiziert sich der Mensch. *Ribavarin* hat sich als wirksames Chemotherapeutikum bewährt. Zur Zeit stellt man ein Hybrid-Virus zwischen dem Vaccinia-Virus und den Glykoproteinen des Lassa-Virus her, um es auf seine Schutzwirkung zu prüfen.

Zusammenfassung: Arena-Viren

Das Virus: (–)-Strang-RNA-Virus, pleomorphe Hülle mit Spikes, kein Capsid, 2 Moleküle RNA, Ribosomen als Körner: „Arenosus" (lat. körnig).

Vorkommen: Das LCM-Virus ist endemisch bei wildlebenden Mäusen, Ausscheidung mit Urin und Kot. Goldhamster.

Epidemiologie: Carrier-Mäuse scheiden das Virus lebenslang aus, hochgradige Anpassung des Virus an den Wirt ohne Beeinträchtigung der Lebensdauer

Übertragung: Von Mäusen und Hamstern erfolgt durch Aerosole und Staub die Infektion des Menschen. Carrier-Mäuse übertragen das Virus vertikal auf Nachkommen.

Pathogenese: Inkubationsperiode 10–20 Tage. ***Mensch***: Akute Viruskrankheit, sehr selten, häufig inapparent, ist immunologisch bedingt, kein primärer Viruszellschaden. ***Maus***: Trägermaus in utero infiziert, lebenslang Virus in vielen Organen, „highdose"-Toleranz, nur wenig Antikörper, diese bewirken Immunkomplex-Nephritis. Virus wirkt immunsuppressiv.

Klinik: Meist grippaler Infekt, selten Meningitis mit Enzephalitis.

Diagnose: Anamnese! Virus-IgM und -IgG. Virusisolierung.

Immunität: Bei erwachsenen Menschen und Mäusen akute LCM-Krankheit, bei der Maus bei Infektion in utero: Carrier-Zustand der Nachkommen.

Therapie: Symptomatisch.

Prävention: Sanierung von Tierzuchten.

8 Retro-Viren

D. Falke

INHALTSÜBERSICHT

8.1 Beschreibung der Gruppe der Retro-Viren . . . 757
8.1.1 Genom . . . 757
8.1.2 Morphologie . . . 758
8.1.3 Einteilung . . . 758
8.1.4 Vorkommen und Übertragung . . . 760
8.2 Human-Immundefizienz-Virus (HIV) . . . 760
8.2.1 Beschreibung des Virus . . . 760
8.2.2 Geschichte . . . 762
8.2.3 Epidemiologie . . . 763
8.2.4 Übertragung . . . 763
8.2.5 Pathogenese . . . 764
8.2.6 Labordiagnose . . . 767
8.2.7 Prognose, Prävention, Therapie . . . 767
Zusammenfassung . . . 768
8.3 Human-T-Zell-Leukämie-Virus-1 (HTLV-1) . . . 768
8.4 HTLV-2 . . . 770
8.5 Affen-Lenti-Viren . . . 770
Zusammenfassung . . . 771

8.1 Beschreibung der Gruppe der Retro-Viren

8.1.1 Genom

Die Retro-Viren zählen zu den RNA-Viren. Die Gene der Retro-Viren kodieren für ***Strukturproteine*** und ***Funktionsproteine*** (Reverse Transkriptase und Regulatorproteine). Transformierende Viren enthalten außerdem ein ***Transformationsgen.*** Das Genom der Retro-Viren neigt zu Mutationen, Rearrangements und Defektbildungen, auch sind Rekombinationen zwischen verschiedenen Vertretern dieser Gruppe beschrieben worden. Die Integration des Retro-Virus-Genoms ***(Provirus)*** ist Voraussetzung für eine produktive Infektion (Ausnahme: Spuma-Virus). Man hat Anhaltspunkte dafür, daß Veränderungen der Genomstruktur die pathogenen Eigenschaften beeinflussen.

Im einzelnen unterscheidet man folgende Gene:

- Das ***gag-Gen*** (*g*roup specific *a*nti*g*en) kodiert für ein Vorläufer-Protein, das in mehrere Fragmente gespalten wird; diese bilden die Capside. Deren Eigenschaften determinieren die speziesübergreifende Reaktion im Sinne der gruppenspezifischen Antigenität.
- Das ***Polymerase-Gen*** (***pol***) kodiert für die ***Reverse Transkriptase*** und meistens auch für eine Protease (sonst im gag-Gen), die ihrerseits das gag-Vorläufer-Protein spaltet. Ein Teil der Polymerase, das „In"-Protein, wirkt als „Integrase": Es bewirkt den Einbau der viralen Doppelstrang-DNA in das Zell-Genom.
- Das ***Envelope-Gen*** (***env***) kodiert für die typenspezifischen Glykoproteine; diese ragen als Spikes aus der Lipid-Matrix der Hülle heraus. Auch hier erfolgt eine Spaltung des Vorläufer-Proteins.
- Das ***v-onc-Gen*** (*v*irus-*onc*ogen) kodiert für transformationsaktive Proteine; beim Rous-Sarkom-Virus ist es am 3'-Ende des Genoms lokalisiert. In den defekten Retro-Viren sind die v-onc-Gene (v-vis, v-ras, v-myc etc.) in deletierte gag-, env- oder pol-Gene inseriert.
- **LTR-Sequenzen:** Am 5'- und 3'-Ende des Genoms befinden sich „*l*ong *t*erminal *r*epeats". Diese Sequenzen besitzen einerseits Regulator-Funktionen: Sie enthalten ***Enhancer*** und ***Promotoren***. Andererseits ermöglichen sie die Integration der viralen DNA in das Zellgenom, diese ist von Insertionsmutagenese gefolgt. Schließlich fungieren sie auch als Bindungsstellen für Regulatorproteine, z. B. für die Produkte des transaktivierenden tat- und tax-Gens von HIV-1 und HTLV-1 und den NF κB-Faktor.

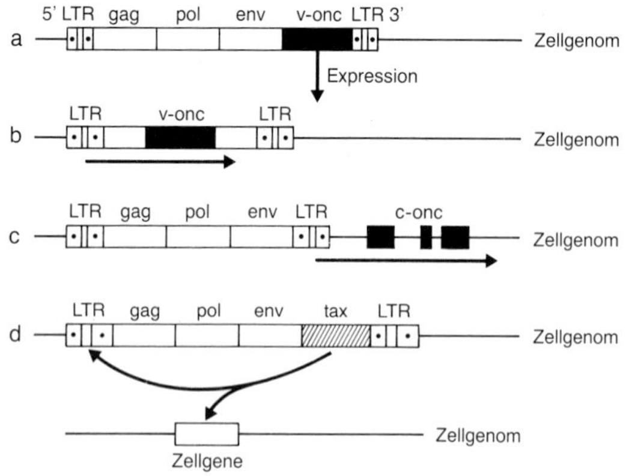

Abb. 8.1. Die Genanordnung transformierender Retro-Viren und ihre Wirkung.

(**a**) Retrovirus-Genom mit Transformationsgen, (**b**) Genom eines defekten Tumor-Virus, (**c**) Leukämie-Retro-Virus-Genom, (**d**) HTLV-1

Das Genom der Retro-Viren (Abb. 8.1) besteht aus je 1 LTR-Region am 5'- und am 3'-Ende. Die gag-, pol- und env-Gene sind bei Sarkom-Viren (Abb. 8.1a), Leukämie-Viren (Abb. 8.1c) und dem HTLV-1 (Abb. 8.1d) vorhanden. In das gag- bzw. env-Gen der defekten Viren ist ein v-onc-Gen eingebaut (Abb. 8.1b). Das aktive v-onc (Abb. 8.1a) bildet das transformierende Protein; im Falle des defekten Virus (Abb. 8.1b) wird das v-onc vom LTR her zur Expression angeregt; im Fall der Abb. 8.1c kann das LTR am 3'-Ende aktivierend auf ein zelluläres c-onc einwirken, während das tax-Gen des HTLV transaktivierend auf das 5'-LTR und das Zellgenom einwirkt (Abb. 8.1d).

8.1.2 Morphologie

Retro-Viren werden nach ihrer Gestalt eingeteilt. Die biomolekularen Eigenschaften stimmen mit dieser Klassifizierung befriedigend überein (Abb. 8.2).

- ***C-Partikel*** enthalten einen runden Innenkörper mit 2 Molekülen RNA. Dieser hat die Form eines schlauchförmigen, helikalen Nukleocapsids und ist von einem Zweitcapsid in Ikosaederform umgeben. Außen befindet sich eine Hülle. Im Zytoplasma sind keine Vorstufen des Virus erkennbar. Die Endmontage des Virions erfolgt durch Knospung („budding") an der Zellmembran. – Man hat jetzt eine Einteilung aufgrund der Genom-Struktur vorgeschlagen.
- Elektronenmikroskopisch unterscheidet man neben dem C-Partikel das etwas einfacher gebaute ***B-Partikel*** mit seinem exzentrisch gelegenen Innenkörper. Bei B-Partikeln findet man Vorstufen im Zytoplasma.
- Diese Vorstufen werden als ***A-Partikel*** bezeichnet: A-Partikel sind inkomplette, im Zytoplasma liegende Partikel-Vorläufer, die bei der Replikation der B-Partikel auftreten.
- ***D-Partikel*** sind durch ein konisches Zweitcapsid mit einem zentral gelegenen Kern charakterisiert. Man beobachtet bei ihnen A-Partikel an der Zellmembran. Durch die Art des „buddings" unterscheiden sie sich von den Lenti-Viren und dem HTLV-1/2.
- ***Lenti-Viren*** weisen ein konisches oder balkenähnliches Erstcapsid auf; das weiter außen liegende Zweitcapsid ist bei ihnen als eine unter der Hülle liegende „Membran" ausgebildet. Vorstufen treten nicht auf; das „budding" ist dem der C-Typ-Viren vergleichbar.

8.1.3 Einteilung

Man kann die Gruppe der Retro-Viren in der Praxis in onkogene und nicht-onkogene Spezies einteilen. Einige Spezies wirken immunsupprimierend und können das ZNS befallen.

Rous-Sarkom-Virus

Das ***Rous-Sarkom-Virus*** gehört zu den Viren des C-Partikel-Typs (s. oben); es erzeugt beim Huhn Sarkome. Das RSV ist ein transformierendes Virus; es enthält ein besonderes *Transformationsgen;* ähnliche, z.T. defekte Leukämie-Viren existieren bei vielen Geflügelrassen und Nagetierspezies. Sarkom- und diese Leukämie-Viren erzeugen im allgemeinen nach kurzer Latenzperiode Tumoren. Andererseits beherbergen viele Geflügelrassen, aber auch Nagetiere und Rinder, ***Leukämie-Viren***, die *kein* Transformationsgen besitzen. Den Leukose-Viren des Geflügels und der Rinder kommt große wirtschaftliche Bedeutung zu. Ihre Inkubationsperiode ist wesentlich länger.

Auch ***Leukämie-Viren*** sind Gegenstand vieler Untersuchungen gewesen und haben wichtige Einsichten zur Biologie und Pathologie der Tumoren und zur Biochemie der Viren erbracht. Viele dieser Viren wirken als „Helfer" für defekte, transformierende Retro-Viren. Die Leukämie-Viren werden z.T. vertikal als endogene Proviren übertragen. Die Krankheit entsteht

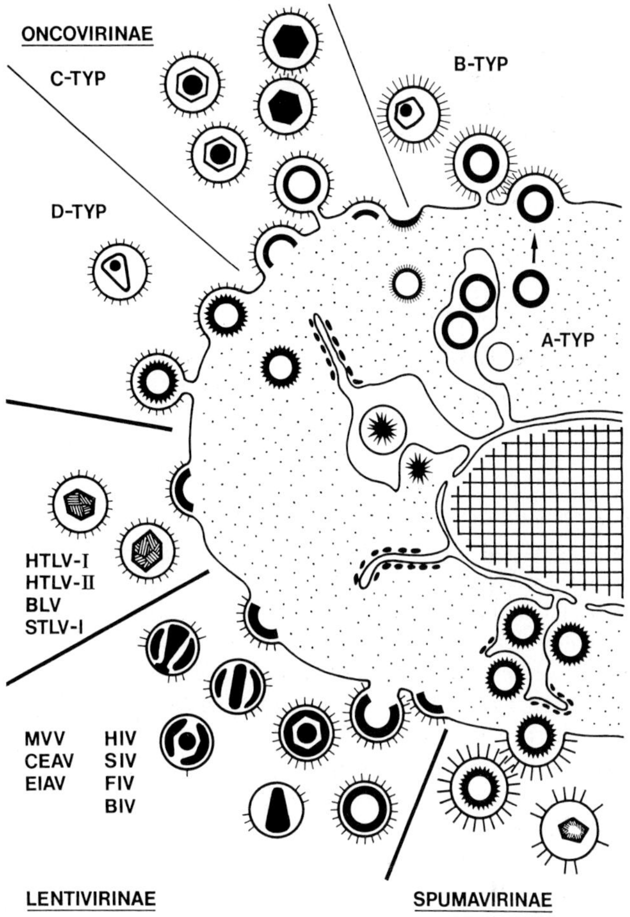

Abb. 8.2. Einteilung der Retro-Viren und ihre Morphogenese (Ultradünnschnitt).

A-Typ-Partikel sind komplette, im Zytoplasma vorgeformte Innenkörper des *B-Typ-Virus* (Prototyp: Maus-Mammatumor-Virus). Nach Transport an die Plasmamembran wird das A-Partikel von der Lipidhülle der Zelle und zusätzlich viruskodierten Strukturproteinen umhüllt und durch Budding als B-Typ-Teilchen freigesetzt. Die RNP-core-Strukturen kondensieren im „reifen" Virion zum exzentrisch liegenden Capsid („core"). Auf der Hülle befinden sich Spikes (8 nm).

Säuger- und Geflügel-C-Typ-Viren: Diese Viren sind häufig Erreger von Leukosen und Tumoren (Prototypen: Mäuse-Leukämie, RSV). Sie lassen sich an ihrer unterschiedlichen Core-Organisation beim Budding und im reifen Teilchen unterscheiden. Das Budding findet zeitgleich mit der Montage der Core-Komponenten an der Zelloberfläche statt. Das Core wird im „reifen" Partikel polygonal isometrisch umgeformt. C-Typ-Viren tragen 5 nm lange Oberflächenfortsätze (Spikes).

HTLV-1- und -2: Das Budding und die Montage erfolgen an der Zelloberfläche. Die Cores bilden sich zu isometrischen Innenkörpern aus. Die Hülle trägt Spikes.

HIV-1 und -2: Das Budding dieser Viren findet zeitgleich mit der Montage des Cores an der Zelloberfläche statt. Zwischen den Core-Komponenten und der späteren Virushülle ist, anders als bei C-Typen, kein Spalt ausgebildet. Die Cores von HIV differenzieren sich im „reifen" Partikel zu tubulären Innenkörpern. Beide Viren tragen 5 nm lange Spikes auf ihrer Hülle.

Lentivirinae (Prototyp: Maedi/Visna-Virus der Schafe, MVV). Montage der Core-Komponenten und Freisetzen finden zugleich an der Zelloberfläche statt. Dabei liegt die Core-Schale unmittelbar der späteren Virushülle an. Im „reifen" Virion werden kegelartige Innenkörper und auf der Virushülle 5 nm lange Spikes beobachtet.

Spumavirinae (Prototyp: Human-Foamy-Virus). Bei dieser Retro-Virussubfamilie werden die Virusinnenkörper vorab im Zytoplasma zusammengefügt. Das Budding findet an den Membranen des endoplasmatischen Retikulums und/oder an der Zelloberfläche statt. Die „reifen" Cores zeigen ein helles Zentrum. Spumavirinae sind auch durch die 10 nm langen Oberflächenfortsätze leicht von anderen Retro-Viren zu unterscheiden. (Mit freundlicher Genehmigung von Herrn Dr. Gelderblom, Berlin) meist nach einer langen Inkubationsperiode. Durch Röntgenbestrahlung oder durch Gabe von „Karzinogenen“ kann man ihre Entstehung beschleunigen. – Leukämien entstehen infolge „Insertionsmutagenese“ und z. T. infolge von Rekombinationen zweier Leukämie-Viren. Der Zell-Tropismus für die verschiedenen Leukämie- und Lymphom-Typen wird wahrscheinlich durch Enhancer-Elemente und/oder durch Eigenschaften der env- und gag-Proteine bestimmt.

Bittner-Faktor

Der ***Bittner-Faktor*** ist ein tumorerzeugendes Retro-Virus; er kommt bei der Maus in Gestalt des B-Partikels vor. Das Virus erzeugt beim weiblichen Tier nach einer relativ langen Inkubationszeit ein Brustdrüsenkarzinom. Dessen Entstehung wird durch hormonelle Faktoren gesteuert: Zur Tumorbildung kommt es erst in der Schwangerschaft; nach der Schwangerschaft gehen die Tumoren zunächst zurück und vergrößern sich erst wieder, wenn die nächste Schwangerschaft eintritt. Auch die männlichen Tiere beherbergen das Virus; sie bilden jedoch nur dann Brustdrüsentumoren, wenn man mit weiblichen Sexualhormonen behandelt. Die Entstehung der Brustdrüsenkarzinome wird durch „Insertionsmutagenese“ (s. S. 663ff) ausgelöst, dabei werden Proto-Onkogene (s. S. 658ff) aktiviert.

D-Partikel

D-Partikel kommen in Form eines Affen-Virus vor (Mason-Pfizer-Monkey-Virus); sie wirken immunsuppressiv. Die Zuordnung des HTLV-1 und -2, des Rinderleukose-Virus und des STLV-1 der Affen in diese Gruppe ist noch nicht endgültig.

Spuma- oder Foamy-Viren

Spuma- (oder Foamy-)Viren tragen ihren Namen von der Vielzahl an Vakuolen, die im Zytoplasma von mehrkernigen Riesenzellen auftreten, in denen sich das Virus vermehrt. Es handelt sich um Auftreibungen des Golgi-Apparates und des endoplasmatischen Retikulums. Sie sind morphologisch charakterisiert durch lange Spikes sowie durch ein kugelartig angeordnetes, helikales Erstcapsid. Vertreter der Spuma-Viren hat man in vielen Säugetieren festgestellt. Zu den Spuma-Viren gehört das erste Retro-Virus, das man beim Menschen nachgewiesen hat; es ließ sich aus verschiedenen Organen isolieren. Menschliche Antikörper gegen dieses Virus wurden in Afrika zwar festgestellt; bisher ist aber noch keine Krankheit bekannt, die durch dieses Virus ausgelöst wird. Das Genom der beim Menschen gefundenen Spuma-Viren ist kürzlich sequenziert worden.

Lenti-Viren

Lenti-Viren erzeugen vor allem das AIDS des Menschen (HIV), der Affen (SIV), Katzen (FIV) und Rinder (BIV) (s. S. 759ff).

8.1.4 Vorkommen und Übertragung

Retro-Viren kommen bei Kaltblütern ebenso vor wie bei Vögeln und Säugetieren einschließlich des Menschen. Retro-Viren werden horizontal oder vertikal übertragen.

8.2 Human-Immundefizienz-Virus (HIV)

8.2.1 Beschreibung des Virus

Rolle als Krankheitserreger

HIV-1 und -2 sind die Erreger des erworbenen Immundefektsyndroms (AIDS).

Genom

Die Nukleinsäure hat einen Informationsgehalt von etwa 9 kb; sie liegt als RNA vor. In jedem Partikel gibt es zwei identische (+)-Strang-RNA-Fäden. In enger Beziehung zur RNA liegen einige Moleküle der Reversen Transkriptase. Das ***DNA-Retroskript*** des Virusgenoms wird in das Genom der Wirtszellen an beliebiger Stelle integriert. Die RNA für neue Viria entsteht ebenso wie die mRNA über die integrierte DNA. Die Nukleinsäure des HIV ist vollständig sequenziert worden.

Genfunktionen. Außer den zwei Strukturgenen und dem Polymerase-Gen existieren sechs weitere, regulationsaktive Gene. Die gag-, pol- und env-Vorläuferproteine werden nach ihrer Entstehung durch eine Protease in verschiedene Untereinheiten gespalten. Das ***tat-Gen*** spielt eine wichtige Rolle bei der Steuerung der Replikation; sein Translationsprodukt verstärkt im Sinne einer positiven Rückkopplung die Transkription der Virusproteine. Dieser Regulationsmechanismus ist spezifisch für das LTR-System des HIV-1. Das ***rev-Gen*** bewirkt eine Verstärkung der Synthese von gag- und von env-Antigenen. Das ***vif-Gen*** steigert die Infektiosität der Viren. Der ***nef-Fak-***

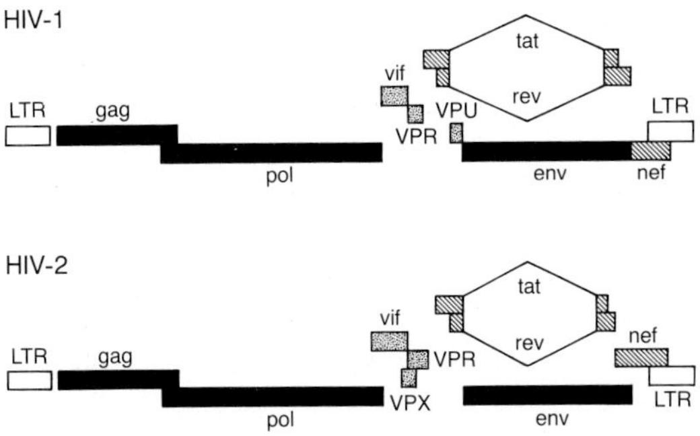

Abb. 8.3. Die Genkarte des HIV. Die Genome des HIV-1 und -2 mit seinen beiden LTR-Abschnitten, dem gag-, pol- und env-Gen, sowie den 4 Regulationsgenen (vif, tat, rev und nef). Die 7 mRNA-Moleküle der Regulator-Gene entstehen von verschiedenen Ableserahmen und werden gespliced (rev, tat). 2 Gene besitzen bisher unbekannte Funktionen (VPU, VPR und VPX). (Aus Levy 1989)

tor ist ein Gegenspieler des tat und des rev; er reduziert die Synthese der Virus-RNA. Der nef-Faktor ist GTP-bindend und phosphoryliert sich selbst.

Das Genom des HIV besteht im Detail aus folgenden Regulationssequenzen und Genen (Abb. 8.3):

- ***LTR-Abschnitt*** (5'-Ende). Er enthält Promotoren der Genexpression und Enhancer-Elemente, sowie Bindungsstellen für zelluläre Regulatorproteine (z. B. für NF κB).
- ***Gag-Gen.*** Das primäre Genprodukt wird gespalten in Untereinheiten (cleavage) p 24, 18, 9, 7 (s. S. 757). Die Spaltprodukte werden zum Aufbau der beiden Capside verwendet.
- ***Polymerase-Gen.*** Es kodiert für die Reverse Transkriptase, für eine Protease und für die Endonuklease (Integrase). Die Protease bewirkt die Spaltung der Vorläuferproteine.
- ***Env-Gen.*** Die Genprodukte gp 120 und gp 41 werden in die Hülle eingebaut. Das gp 41 ist für die Zellfusion verantwortlich (gp steht für Glykoprotein).
- ***LTR-Abschnitt.*** (3'-Ende) (s. oben).
- ***Tat-Gen.*** Das Gen entsteht durch Zusammenfügen zweier Regionen des Virus-Genoms (***t****rans****a****ctivation* ***t****ranslation*) durch Splicing; das Genprodukt bewirkt vermutlich die Transkription aller Gene des HIV am 5'-LTR. Möglicherweise wirkt es auch lymphozytotoxisch.
- ***Rev-Gen.*** Regulator der Expression der Virusproteine, bewirkt die Expression der Virus-mRNA bzw. der Virusstrukturproteine.

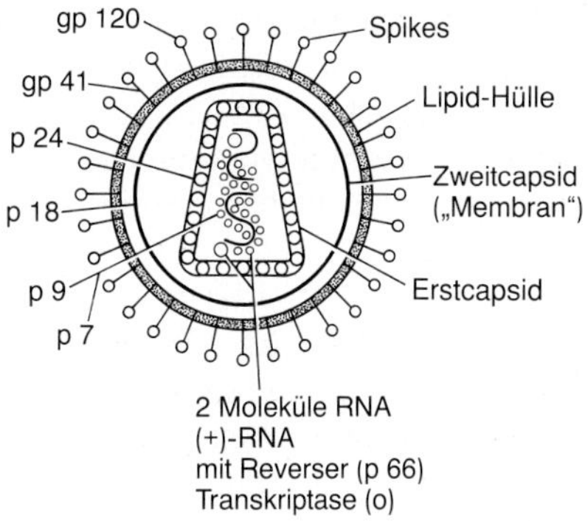

Abb. 8.4. Schematische Darstellung des HIV und seiner Proteine.

- ***Vif*** (***V****irus-****I****nfektions-****F****aktor*). Er steigert die Infektiosität bei Adhäsion und Penetration.
- ***Nef*** (am 3'-Ende, negativer Faktor). GTP-bindend und autophosphorylierend; er unterbindet die virale mRNA-Synthese. Man vermutet, daß dieses Protein toxisch für Glia-Zellen wirkt.
- Zwei Gene sind hinsichtlich ihrer Funktion noch wenig charakterisiert. Sie werden mit den Symbolen VPU und VPR bezeichnet. Sie sollen die Virusfreigabe bzw. die Zytopathogenität und die Replikation verstärken. Das HIV-2 besitzt anstelle des VPU- das VPX-Gen.

Morphologie

Das Virus besteht aus einem fadenförmigen Capsid, das in Form eines stumpfen Kegels vorliegt und von einem Zweitcapsid eingeschlossen ist. Dieses ist zusätzlich von einer Hülle mit „spikes" umgeben (Abb. 8.4). Innen befindet sich die RNA mit einigen Molekülen an p9 und p7 und Reverser Transkriptase.

Resistenz gegen äußere Einflüsse

Das HIV ist als Virus mit einer lipidhaltigen Hülle sehr empfindlich für Lipidlösungsmittel. Außerhalb des Organismus verliert es durch Austrocknen nach mehreren Stunden 90–99% seiner Infektiosität; bei hoher Konzentration kann dies einige Tage dauern. Das Virus hält sich in zellfreien Kulturflüssigkeiten bei Raumtemperatur bis zu 15 Tagen. Die Inaktivierbarkeit bei 56 °C und 60 °C hängt vom Eiweißgehalt der Flüssigkeit ab. In Anwesenheit von 10% fetalem Kälberserum oder 50–90% menschlichen Serums erfolgt Infektiositätsverlust bei 56 °C nach 8–30 min. Bei 60 °C und Anwesenheit von 10% fetalem Kälberserum erfolgt die Inaktivierung innerhalb von 2 min.

Natriumhypochlorit (10%) und 70%iger Alkohol inaktivieren das Virus innerhalb von wenigen Minuten. Eine 0,3%ige Lösung von H_2O_2 inaktiviert das Virus in 2–10 min. Quarternäre Ammoniumbasen (0,08%) zerstören die Infektiosität innerhalb von 10 min.

Züchtung

Das Virus läßt sich in ***CD4(+)-Zellen*** (T-Helferzellen), einer Vero-Zellinie und in Makrophagen züchten. Das CD4(+)-Molekül dient als Anheftungsstelle für das Virus; es scheint für die Penetration aber nicht zu genügen. Nach einiger Zeit fusionieren die infizierten Lymphozyten zu Riesenzellen und sterben dann ab. Bereits einige Stunden nach der Infektion werden neue Viria durch Knospung („budding") an der Zellmembran gebildet. Neuerdings hat man Varianten des HIV-1/2 isoliert, die kaum zytopathogen wirken. Die Züchtung des Virus in peripheren Blutlymphozyten gelingt nur, wenn Wachstumsfaktoren (***IL-2***) und Mitogene zur Stimulierung der T-Helferzellen zugegeben werden. Zur Viruszüchtung in großem Maßstab benutzt man auch CD4(+)-Lymphozyten-Linien, die sich unabhängig von der Zugabe von IL-2 teilen. HIV-1 und -2 bewirken *keine Zell-Transformation* im Sinne der Malignisierung.

Tierpathogenität

Das HIV-1 läßt sich auf Schimpansen und Gibbons übertragen; es verursacht hier eine persistierende, aber inapparente Infektion. Die Zahl der CD4(+)-Zellen ändert sich dabei anfangs nicht. Erst Jahre später treten erste Zeichen einer Infektion auf.

Einteilung

Das HIV gehört zur Subfamilie der Lenti-Viren. Nahe Verwandte (s. S. 759) sind das Virus der Pferdeanämie (EIAV), das Virus der Enzephalitis-Arthritis bei Ziegen (CEAV), die Viren der Immundefizienz bei Affen (SIV), bei Katzen (FIV) und bei Rindern (BIV), sowie das Maedi- und das Visna-Virus (MVV). Bisher kennt man im Bereich der Human-Medizin 2 AIDS-Viren, HIV-1 und HIV-2. Sie besitzen zwar gemeinsame Capsid-Antigene (gruppenspezifisch), aber unterschiedliche env-Gene (typenspezifisch).

8.2.2 Geschichte

1981 wurde in San Francisco und Los Angeles bei fünf jungen Männern ein bis dahin unbekanntes Krankheitsbild festgestellt: AIDS, das *a*cquired-*i*mmune*d*eficiency-*s*yndrome. Die Patienten litten an ***Pneumocystis carinii***-Infektionen, bei jungen Personen ein ganz ungewöhnliches Ereignis. In New York hatte man außerdem vier junge Männer mit einem ***Kaposi-Sarkom*** beobachtet. Bereits vorher war in der Gruppe der Homosexuellen eine Zunahme von Geschlechtskrankheiten in Verbindung mit atypischen Lokalisationen („Gay bowel syndrome", Entzündungszustände des Enddarms), festgestellt worden. Serologisch konnten retrospektiv einige Fälle von Immunschwäche erstmals 1959 in Zaire und in Manchester identifiziert werden. Erst ab 1979 haben sich HIV-Infektionen verstärkt ausgebreitet.

HIV-1

AIDS ist ein Krankheitssyndrom, das mit einer Letalität von 100% einhergeht. Man beobachtet Gewichtsabnahme, Schwächezustände, ***opportunistische Infektionen***, Diarrhoen, sowie Pneumonien; auffallend häufig fand man das ***Kaposi-Sarkom***. Als konstanter Befund ergab sich ferner eine starke Reduktion der T-Helfer-Zellpopulation; dies deutete auf eine Beteiligung des Immun-Apparates beim Krankheitsgeschehen hin. Anfangs wurden vor allem männliche Homosexuelle betroffen; dazu gesellten sich später Prostituierte, männliche und weibliche Drogenabhängige, Hämophile, Empfänger von Blutkonserven und schließlich auch Kinder von AIDS-gefährdeten bzw. -infizierten Müttern. Nachdem die Versuche zur Züchtung von Bakterien fehlgeschlagen waren, richtete sich die Aufmerksamkeit auf die Möglichkeit eines ursächlich verantwortlichen Virus. Zunächst wurde nur Sperma als Infektionsquelle angeschuldigt. Die Übertragung der Krankheit durch Blut und dessen Produkte lenkte dann die Aufmerksamkeit auf die zusätzlichen Möglichkeiten der Infektion: Der extragenitale Infektionsweg erwies sich als unübersehbar.

Bereits 1983 gelang ***Montagnier*** und seiner Arbeitsgruppe am Institut Pasteur in Paris die Isolierung eines Retro-Virus aus den Lymphozyten eines jungen Homosexuellen mit den Krankheitszeichen des Lymphadenopathie-Syndroms (2. AIDS-Stadium). Im folgenden Jahr isolierten ***Gallo*** und seine Arbeitsgruppe in den USA ähnliche Retro-Viren von Patienten, die das vollausgebildete Krankheitsbild AIDS aufwiesen. Die französischen Viren wurden zunächst als LAV-1 (Lymphadenopathie-Virus 1) bzw. das

USA-Virus als HTLV-III (***H***uman-***T***-Cell-***L***ymphotropic-***V***irus III) bezeichnet. Später ergab sich, daß die in Amerika isolierten Viren mit den französischen Viren identisch sind, d. h. ein und dieselbe Spezies bilden. Man bezeichnet diese Spezies jetzt als HIV (***H***uman-***I***mmundefizienz-***V***irus).

HIV-2

Nachdem 1983 und 1984 das HIV-1 isoliert worden war, wurde 1986 in Westafrika das HIV-2 von AIDS-Patienten isoliert. Hier läßt sich die Spur des Virus bis Anfang der 70er Jahre zurückverfolgen. Das HIV-2 ist eng verwandt, aber nicht identisch mit dem HIV-1. Im Gegensatz zu HIV-2 war HIV-1 überwiegend in Zentralafrika festgestellt worden. Die genauere Untersuchung des HIV-2 hinsichtlich seines Verwandtschaftsverhältnisses zum HIV-1 geschah durch Hybridisierung, durch Immunpräzipitation und durch den Westernblot. Es ergab sich folgendes: Kreuz-Hybridisierungen mit verschiedenen env-Genen verliefen negativ; mit dem gag- und dem pol-Gen des HIV-1 waren jedoch Kreuzreaktionen zu beobachten. Dies paßte gut zu den Ergebnissen der Westernblots. Hier zeigte sich, daß die beiden Glykoproteine der Virushülle bei HIV-1 und bei HIV-2 völlig verschieden waren; die Polymerase und die Capsid-Antigene ließen jedoch eine Verwandtschaft zwischen HIV-1 und HIV-2 erkennen. HIV-1 und HIV-2 gehören also zu derselben Gruppe von Viren; sie unterscheiden sich aber bezüglich ihrer Typenspezifität.

8.2.3 Epidemiologie

Während es 1981 in den USA 219 Todesfälle an AIDS gab, waren es 1985 bereits 2469 Todesfälle und 7531 Erkrankte. 1991 erwartet man in den USA kumulativ 270 000 AIDS-Fälle oder sogar $^1/_3$ mehr; für 1988 prognostizierte man 1–2 Mio Infizierte. Die Hauptrisikogruppe in den USA, die Homosexuellen, sind in den großen Metropolen zu fast 100% durchseucht. Die Durchseuchung in der Bundesrepublik Deutschland mit HIV-1 ist bei Prostituierten mit Drogenabhängigkeit hoch. Deshalb besteht die Gefahr, daß auf diese Weise – etwa durch heterosexuelle Männer und drogenabhängige Prostituierte – die Infektion in die heterosexuell lebende Bevölkerung hineingetragen wird. Besonders tragisch ist die Durchseuchung der Hämophilen, die ihre Infektion durch kontaminierte Faktor VIII-Präparate bekommen haben. – Weltweit rechnet man für 1990 mit 5–10 Mio oder mehr Infizierten. Das Zahlenverhältnis zwischen Männern und Frauen beträgt 14 : 1. Die Zahl der klinisch Kranken steigt dramatisch: Sie verdoppelt sich etwa alle 8–12 Monate. In Deutschland wurden bis Anfang 1991 5821 registrierte AIDS-Erkrankungen festgestellt, von denen bisher 47% gestorben sind. Insgesamt vermutet man in Deutschland 40 000 bis 80 000 Infizierte. In der Risikogruppe der Homosexuellen schätzt man 30–70%, bei Drogenabhängigen 23% und bei Prostituierten 0,3% Seropositive, bei den Blutspendern findet man 0,02% Serokonversion. HIV-2-Antikörper wurden bei etwa 80 Personen festgestellt.

8.2.4 Übertragung

Das HIV wird im wesentlichen durch homo- oder heterosexuellen ***Geschlechtsverkehr***, durch ***Blut*** oder ***Blutprodukte*** übertragen. ***Sperma*** hat sich ebenfalls als Infektionsquelle herausgestellt. Nicht jeder sexuelle Kontakt mit einem Infizierten bewirkt aber eine Infektion. Nach Schätzungen ist beim Vaginalverkehr die Infektionsgefahr geringer als beim Analverkehr, obwohl der Virusgehalt im ***Vaginalsekret*** oft hoch ist. Der Grund für diesen Unterschied dürfte darin bestehen, daß beim Analverkehr häufig Mikrotraumen entstehen, durch die das Virus leicht in den Körper gelangt. ***Speichel*** ist weniger virushaltig als Blut; epidemiologisch hat sich noch kein Anhalt für eine Übertragung durch den Kuß gegeben. Womöglich fehlen in den Mundschleimhautzellen die geeigneten Rezeptoren für das Virus, oder die übertragene Virusdosis ist zu gering, um eine Infektion auszulösen. Auch ***Muttermilch, Tränen, Schweiß*** und ***Urin*** enthalten Virus.

Die ***Infektion der Neugeborenen*** soll zumeist gegen Ende der Schwangerschaft oder unter der Geburt erfolgen, aber auch Übertragung durch Stillen ist beschrieben worden. Für die Übertragung durch ***Insekten*** gibt es bislang keine Anhaltspunkte.

Insgesamt gesehen ist die ***Kontagiosität des HIV*** geringer als die des Hepatitis B-Virus. Bisher sind nur wenige Infektionen durch kontaminierte Kanülen bei ärztlichem Personal bekannt geworden. Die gemeinsame Benutzung von Spritzen bei Drogenabhängigen bildet jedoch einen Hauptausbreitungsweg. – Endoskope etc. sind peinlich genau zu reinigen. 3–5%ige

Na-Hypochloritlösung, 20% Alkohol oder Formalin wirken viruzid. Infektionsgefahr besteht auch beim Tätowieren und bei der Beschneidung. Die Infektionsgefährdung bei Verletzungen durch kontaminierte Kanülen ist gering, sie besteht aber. Unbedingt sollte verhindert werden, daß Blut von Seropositiven auf die unbedeckte Haut gerät (kleine Wunden lassen sich nie ausschließen). Bisher sind vier Fälle von Serokonversion bekannt geworden, bei denen eine größere Blutmenge auf die ungeschützte Haut gelangte. Bei Ekzematikern könnte eine erhöhte Infektionsgefahr bestehen, weil die bei ihnen im Epithel vorhandenen Langerhans-Zellen vermehrt CD4(+)-Rezeptoren ausbilden.

Eine Ansteckung innerhalb von ***Wohngemeinschaften***, durch pflegerischen Umgang mit Seropositiven oder AIDS-Kranken, durch Händeschütteln ist nicht beschrieben. Die Desinfektion von Räumlichkeiten, in denen ein AIDS-Kranker gestorben ist, ist nicht erforderlich; allgemeine hygienische Regeln sollten jedoch beachtet werden.

In ***Afrika*** wird die HIV-Infektion vorwiegend durch heterosexuellen Verkehr in Verbindung mit Promiskuität übertragen. Das Verhältnis von infizierten Männern zu Frauen beträgt etwa 1 : 1. In den großen Städten Zentralafrikas sind bis zu 20% oder mehr der Einwohner durchseucht. AIDS tritt dort in einer etwas anderen Form auf: Es kommt zur „Slim-Disease“ mit einem Überwiegen von Diarrhoen und Abmagerung.

Während der gesamten ***Latenz- und Krankheitsphase*** ist der Mensch potentiell als ***kontagiös*** anzusehen. Die Infektionsgefahr ist umso größer, je geringer die Zahl der CD4(+)-Zellen ist. Die langdauernde „Inkubationsperiode“ verschleiert die Gefährlichkeit der Situation: Bisher hat man das Ausmaß der Pandemie fast immer unterschätzt. Bei den früheren großen Seuchen (Pocken, Pest, Cholera), die ihre Bedrohlichkeit unmittelbar durch akute Lebensgefährdung demonstriert haben, starben etwa 50% der Erkrankten, von den an AIDS Erkrankten stirbt hingegen jeder.

8.2.5 Pathogenese

Der Infektions- und Krankheitsverlauf (Abb. 8.5) von AIDS wird vorwiegend durch virusbedingte Eingriffe in das Wirkungsnetz des Immunapparates bezüglich seiner zellulären und humoralen Komponenten einschließlich der Lymphokine bestimmt. Hinzu tritt der Befall von Zellen des ZNS. Zusätzlich hat sich die Interaktion des Virus mit verschiedenen Zelltypen als außerordentlich variabel erwiesen, z. T. bedingt durch die hohe Mutationsrate des Virus. HIV-1 und -2 infizieren vorzugsweise Helfer-Lymphozyten, die das CD4(+)-Molekül tragen. HIV-1 ist jedoch auch in Makrophagen und Langerhans'schen Zellen, in Enddarmschleimhautzellen sowie in Mikroglia-Zellen nachgewiesen worden. Der Grad der Immunsuppression nach der HIV-Infektion wird nach dem Wert des

Abb. 8.5. Schematische Darstellung des Verlaufs einer HIV-Infektion und Erkrankung.

① 2–4 Wochen nach der Infektion tritt bei etwa 20% der Infizierten ein mononukleoseartiges Krankheitsbild auf (I), dem die Latenzphase (II), das LAS bzw. ARC (III) und schließlich AIDS (IV) folgt. Das p24 läßt sich während der Mononukleose und gegen Ende der AIDS-Erkrankung im Serum in größeren Mengen nachweisen. Der Virusgehalt im Blut schwankt stark, er ist besonders hoch während der Mononukleose und beim Einsetzen von AIDS. Die p24-Antikörper sinken beim Auftreten von Stadium III/IV stark ab.

② Im Stadium I nimmt die Zahl der T4(+)-Lymphozyten zunächst kurzfristig ab, um zu Beginn der Phase II normal zu sein. Beim Absinken der T4(+)-Zahl unter 500/μl treten lebensbedrohliche opportunistische Infektionen auf. Im Stadium II zeigt sich eine polyklonale Stimulation der B-Zellen. Die Stimulierbarkeit der Lymphozyten durch Mitogene sinkt frühzeitig, das immunologische Gedächtnis später ab. Das aus den weißen Blutzellen durch in vitro-Stimulation freisetzbare Interferon α/β sinkt über Stadium II zu III und IV kontinuierlich ab, während vermehrt TNF-α freisetzbar wird. Die Aktivität der natürlichen Killer-Zellen wird im Stadium III und IV geringer.

③ Die „Latenzperiode“ erstreckt sich von Phase I bis zum Auftreten der ersten Symptome (LAS, ARC) der Phase III. Bereits in dieser Phase lassen sich viele Mutationen (Ag-Varianten u. a.) feststellen. In der Phase II läßt sich relativ wenig Virus im Blut nachweisen. Auch die Eigenschaften des Virus variieren: (o) langsam replizierendes Virus ohne Fusionseigenschaften, (⊘) schnell replizierendes Virus ohne und mit (●) Fusionskapazität.

④ Infizierte Makrophagen geben während ihrer Wanderung durch den Organismus dauernd Virus ab; es hat sich als infektiös für CD4(+)- und die Mikroglia-Zellen erwiesen. Die Helfer-Zellen enthalten wahrscheinlich z. T. das Provirus, die Replikation läuft jedoch auch im Sinne eines defekten Zyklus ab, oder es werden im produktiven Zyklus Zellyse oder Fusion hervorgerufen. Als Zeichen der zunehmenden Immunsuppression durch das HIV steigt die Ausscheidung des EBV und des ZMV als „Marker-Infektionen“ an.

T4/T8-Quotienten beurteilt; die Situation wird kritisch, wenn die CD4(+)-Zellzahl unter 500/µl absinkt. Als Folge der Immunsuppression treten opportunistische Infektionen auf (s. S. 570ff).

Die ***Infektiosität*** für ***CD4(+)-Zellen*** und Makrophagen wird durch Eigenschaften des env-Gens bestimmt. Das CD4(+)-Molekül dient als Rezeptor für die Anlagerung des Virus an die Zelle, sie erfolgt über dessen gp 120. Diese Anlagerung bewirkt innerhalb der Zelle aber keine Aktivierung der CD4(+)-Lymphozyten. Die Penetration erfolgt dann durch Fusion. Infizierte Lymphozyten, die das Provirus beherber-

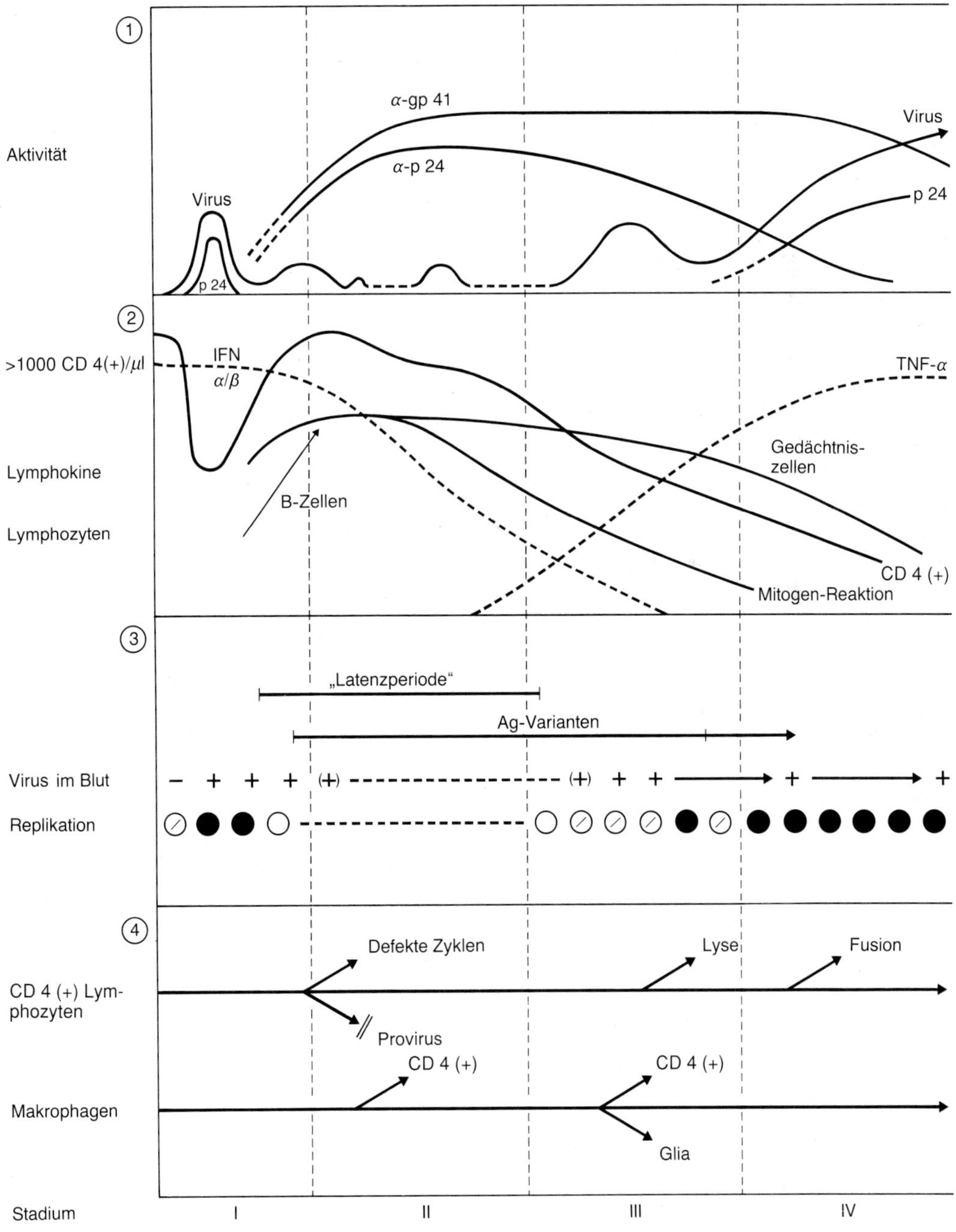

Abb. 8.5

gen, können dies möglicherweise längere Zeit latent beherbergen, ehe sie – etwa durch Antigenerkennung – aktiviert werden und daraufhin mit dem produktiv-lytischen Synthesezyklus beginnen. Man weiß aber auch, daß CD4(+)-Lymphozyten im Sinne eines defekten Replikationszyklus nicht integrierte Provirus-DNA, mRNA und einige Proteine aufweisen können, ohne zerstört zu werden. Nach einer Aktivierung integrieren diese Zellen die Virus-DNA und gehen in den produktiv-lytischen Replikationszyklus über. Eine von 400 Zellen soll infiziert sein, aber nur 1 unter 10^4 Zellen ist virusproduktiv; dementsprechend wird nur ein kleiner Teil der Zellen zytopathisch geschädigt. Die Zerstörung der CD4(+)-Zellen wird auch durch passiv an den Rezeptor gebundenes gp 120 bewirkt, das diese Zellen für ZTL sensibilisiert. Man vermutet weitere zellschädigende Mechanismen und eine Dysregulation der Lymphokine als Ursache des Ausfalles der Helferfunktion der CD4(+)-Zellen im Stadium III und IV der Erkrankung. Die HIV-induzierte Schädigung der CD4(+)-Lymphozyten wird also nicht nur durch Zellzerstörung (Fusion der Zellen und anschließender Zelltod) bewirkt, sondern auch durch funktionelle Ausfälle der Lymphokinproduktion.

Die ***Zytopathogenität*** des HIV für ***Makrophagen*** ist geringer als für CD4(+)-Lymphozyten; Makrophagen fungieren dabei als virus-empfängliche Zielzellen und dauerhaftes Virusreservoir und zugleich als immunregulatorische Elemente, die die Virusreplikation und das Ausmaß des CD4(+)-Zellschadens bestimmen. So wird die ***Lymphokinproduktion*** von Monozyten und Makrophagen verändert (Interferon, Tumornekrosefaktor). Der Makrophage kann, ohne Schaden zu nehmen, lange Zeit als Virusreservoir dienen und das Virus im Organismus verbreiten. Die Montage des Virus erfolgt bei ihm im Zytoplasma, in dem sich große Mengen an Virus ansammeln. Aus Makrophagen stammendes Virus kann CD4(+)-Lymphozyten infizieren und damit zerstören, aber nicht umgekehrt. Insgesamt ist die Bedeutung der Makrophagen für den Ablauf der Infektion größer als bisher angenommen.

Bei den B-Zellen kann man anfangs eine ***polyklonale Stimulation*** beobachten: Die Serum-Immunglobulinspiegel sind erhöht. Man beobachtet auch Autoantikörper und Immunkomplexe. Man vermutet, daß HIV-Antigen-präsentierende B-Zellen von ZTL erkannt und zerstört werden. Möglicherweise sind bei der Krankheitsentstehung auch noch weitere Autoimmun-Prozesse und Toleranzeffekte beteiligt. Antikörper gegen neue Antigene werden kaum gebildet. Im fortgeschrittenen Stadium der Erkrankung werden die B-Zellen funktionell ausgeschaltet, so daß die Antikörper-Pegel gegen das Virus zurückgehen.

Die ***zytopathogene Eigenschaft*** des HIV variiert im Verlauf der Infektion beträchtlich: Im Stadium I („Mononukleose") wird viel synzytiumbildendes Virus, in der „Latenzphase" lediglich langsam replizierendes Virus ohne Riesenzellbildung festgestellt. Erst beim Übergang von Stadium II zu III steigt die Menge des schnell replizierenden Virus mit Synzytiumbildung erneut an. – Außerdem ist eine beträchtliche Variabilität der Hüllproteinantigene zu verzeichnen.

Eine zentrale Frage der AIDS-Forschung ist es, warum nach einer symptomfreien „Latenzperiode" von einigen Jahren der Krankheitsprozeß zu einem beliebigen Zeitpunkt einsetzt. Die ***Aktivierungstheorie*** besagt folgendes: Andere Infektionen, etwa durch das Zytomegalie- und das Hepatitis B-Virus, wirken aktivierend auf die zuständigen T-Lymphozyten ein. Auf diese Weise können ruhende Lymphozyten, die das Provirus beherbergen, oder in denen inkomplette Synthesezyklen ablaufen, zu HIV-produzierenden Zellen werden und den Prozeß der Krankheitsentstehung einleiten oder verstärken. Man diskutiert auch die Möglichkeit, daß Makrophagen andauernd neue CD4(+)-Lymphozyten infizieren und auf diese Weise die CD4(+)-Zellzahl reduzieren.

Das ***Kaposi-Sarkom*** tritt vorwiegend bei seropositiven Homosexuellen, selten bei HIV-Transfundierten, aber nicht bei Hämophilen mit HIV-Infektion auf. Der Grund hierfür ist nicht bekannt. Offenbar wird die Zahl der Kaposi-Sarkome bei den Erstmanifestationen jetzt geringer (12,5% gegen 20% früher). Im Gegensatz hierzu steigt die Zahl der malignen Lymphome (Burkitt-Lymphom, HTLV-1-bedingte Lymphome u. a.) gering an (von 3,1% auf 3,9%). Das Kaposi-Sarkom leitet sich von endothelartigen Zellen kleiner Gefäße ab. Es kommt auf der Haut und den Schleimhäuten vor; es ist ein polyklonaler Tumor, der multizentrisch auftritt. Die Vermehrung seiner Zellen läßt sich durch Produkte des tat-Gens steigern. – Man beobachtet jetzt vermehrt Kaposi-Sarkome bei jungen Homosexuellen ohne HIV-Antikörper. Man vermutet deshalb ein Agens, das separat durch homosexuellen Verkehr übertragen wird.

Ist die Krankheit genügend weit fortgeschritten, so setzt nahezu regelmäßig die ***immunsuppressorische Wirkung*** des exazerbierten ***Zytomegalie-Virus*** auf

Vorläufer-Zellen des Knochenmarkes ein und verstärkt die allgemeine Immunschwäche.

Die ***AIDS-Demenz*** kommt durch direkten Befall der Glia-Zellen mit dem HIV zustande, auch hier wurden inkomplette Synthesezyklen mit nicht integrierter DNA beobachtet. Das ZMV und das HSV wirken möglicherweise als intrazelluläre Helferviren für das HIV. Die schweren Stadien der Demenz sind pathohistologisch durch Riesenzellen gekennzeichnet. Das Virus läßt sich im Liquor nachweisen.

8.2.6 Labordiagnose

Die Ansteckungsfähigkeit beginnt schon kurze Zeit nach der Infektion. Die Virusisolierung aus dem ***Blut*** oder in ***Lymphozyten*** oder dem ***Liquor*** ist routinemäßig noch nicht möglich. Die ersten Antikörper lassen sich beim Menschen etwa 6–12 Wochen nach der Infektion nachweisen. Bereits vorher kann man das Virus und die RNA in den Lymphozyten feststellen. Im menschlichen Körper werden vorwiegend Antikörper gegen Hüllantigene (gp 120, gp 41), gegen Capsid-Antigene (p 18, p 24, p 32, p 55) und gegen die Polymerase (p 51 und p 66) gebildet. Es gibt Personen, die erst längere Zeit (mehrere Monate) nach der Infektion Antikörper bilden. Diese Ak-negative Phase stellt insofern ein Problem dar, als diese Personen bereits kontagiös sind. Man bemüht sich deshalb, auf verschiedenen Wegen dieses „Fenster" zu schließen (Nachweis von DNA und Antigenen, empfindlichere Antikörper-Tests speziell gegen Regulatorproteine). – Die vertikale Übertragung des HIV auf das Neugeborene soll vorwiegend beim Fehlen von Antikörpern gegen das gp 120 erfolgen.

Die serologisch-virologische Diagnose erfolgt zunächst durch den ELISA mit dem core- und env-Antigen. Dies gilt auch für die Untersuchung von Blutspendern. Zwar treten auch bei der HIV-Infektion zunächst IgM-Antikörper auf, ihr Nachweis ist aber noch nicht routinemäßig möglich. Jeder Verdachtsfall wird dann durch einen „Bestätigungstest" abgeklärt (Westernblotting, IFT). Es sollte jedoch festgehalten werden, daß vor allem die Screening-Tests falsch positive (ca. 1%) und falsch negative (ca. 1%) Ergebnisse erbringen (Wiederholung!). Beim Blotting wird vorzugsweise nach Antikörpern gegen die Proteine p 18, p 24 und p 55 kD, sowie das gp 41 und gp 120 kD gefahndet. Polymerase-Antikörper binden sich im Molekularbereich von 51 bis 66 kD. Im IFT wird nach einem bestimmten Fluoreszenz-Muster auf den Zellen gesucht.

8.2.7 Prognose, Prävention, Therapie

Prognose. Die ***Prognose*** der Kranken mit dem Vollbild ist sehr schlecht: Mehr als 80% von ihnen sterben nach zwei Jahren. Die Fünf-Jahresfrist überlebt niemand. – Die Infektion muß z. T. als Geschlechtskrankheit angesehen werden; Verhütungsmaßnahmen müssen dies berücksichtigen. Als Beitrag zur Verhinderung einer weiteren Ausbreitung ist eine intensive Aufklärungsarbeit vonnöten. Eine soziale Ausgrenzung der Infizierten oder Erkrankten muß vermieden werden.

Prävention. Unbedingt muß darauf geachtet werden, daß im klinischen Alltag bei Blutentnahmen Einmalgeräte etc. benutzt werden. Auf den Gebrauch von Gummihandschuhen ist strengstens zu achten. Über die allgemeinen Vorsichtsregeln bei AIDS informiert im übrigen ein Merkblatt des Bundesgesundheitsamtes.

Therapie. Eine ***Chemotherapie*** der HIV-Infektion ist bisher noch nicht möglich. Der Thymidin-Antimetabolit AZT (Azido-Thymidin) reduziert zwar zeitweise den Virusgehalt (p 24) im Blut, ist aber bei längerer Anwendung relativ toxisch; es wird vor allem bei höheren Dosierungen (1200–1500 mg/die) eine Anämie und eine Leukopenie beobachtet. Geringere Dosierungen (300 mg/die) haben fast ohne Nebenwirkungen die gleichen Effekte auf die Infektion. Das integrierte Retro-Virusgenom läßt sich nicht beeinflussen. Neuerdings hat man Resistenzentstehungen gegen AZT festgestellt, ihre Bedeutung ist noch nicht klar. – Im Gegensatz zur HIV-Infektion sind auf dem Gebiet der opportunistischen Folgeerscheinungen in den vergangenen Jahren erhebliche Fortschritte gemacht worden. Auf die Therapie dieser opportunistischen Infektionen wird auf S. 570ff eingegangen.

Impfstoffe sind noch nicht in Sicht. Die Schwierigkeiten liegen hier darin, daß mehrere HIV-Typen vorkommen; außerdem verändert sich das env-Antigen im Sinne des Antigenwandels (s. S. 719) fortlaufend: Bei ein und demselben Patienten lassen sich gleichzeitig Viren isolieren, die serologisch verschiedenartig sind. Ob sich ein Lebendimpfstoff auf der Basis eines Vaccinia-Hybrid-Virus entwickeln läßt, ist noch ungewiß, da man die Immunmechanismen, die zur Vermehrungslimitierung und zur Elimination des Virus beitragen, nicht kennt.

Schutzimpfungen bei Seropositiven. Lebendimpfstoffe sollten nicht angewendet werden, Totimpfstoffe nur im Latenzstadium (Stadium II).

Meldepflicht. Es besteht eine anonyme Meldepflicht.

Zusammenfassung: HIV-1 und -2

Das Virus: Lenti-Viren, 2 Typen, 2 Moleküle (+)-Strang-RNA mit Reverser Transkriptase in konischem Capsid, umgeben von Zweitcapsid und Hülle mit Spikes. p 18, 24, 32 und gp 41, 120. Strukturgene, Funktionsgene und Regulatorgene. Integration der Nukleinsäure ist Voraussetzung für Replikation.

Vorkommen: HIV-1 in Zentralafrika, USA, Karibik und weltweit. HIV-2 vorwiegend in Westafrika. Nur beim Menschen. Bei Affen nahe verwandte Viren als Reservoir und Ursprung des menschlichen Virus.

Epidemiologie: Das Virus ist weltweit verbreitet, man schätzt 5–10×10^{6} Infizierte. Risikogruppen: Homosexuelle, Drogenabhängige, Prostituierte und Hämophile. Etwa 100 000 und mehr Erkrankte und Gestorbene.

Übertragung: Durch homo- und heterosexuellen Verkehr, Drogenmißbrauch, Prostitution, infolge Infektion mit virushaltigen Faktor VIII-Präparaten, intrauterine und konnatale Infektion, Verletzungen etc. bei ärztlichem Personal. **Cave:** Intensivstationen, Blutproben, ärztliche Geräte. Blut und Blutprodukte, Samen, Speichel und Körpersekrete. Eintrittspforten sind kleine Hautverletzungen, Wunden; durch Injektionen, Bluttransfusionen wird Virus übertragen.

Pathogenese: Adsorption des Virus an CD4(+)-Rezeptor-positive Zellen, Integration, durch Aktivierung der Lymphozyten Virusreplikation. Defekte Replikation, Virus-Mutanten, langsame Replikation. Zellfusion bei der produktiven Replikation. Zerstörung von T-Helferzellen. Makrophagen mit langsamer Replikation verbreiten das Virus, Ansiedlung in Glia-Zellen im ZNS. Durch Ausschaltung des Immunsystems opportunistische Infektionen (Viren und Bakterien).

Klinik: 4 Stadien: I. „Infektiöse Mononuklose", II. Latenz, III. Lymphadenopathie und ARC, IV. AIDS mit opportunistischen Infektionen. Kaposi-Sarkome. „Marker-Infektionen".

Diagnose: Screening-ELISA, IFT, Westernblot (Viruszüchtung), DNA/RNA-Nachweis durch PCR. CD4(+)/CD8(+) = <1.0.

Therapie: Symptomatisch, die Therapie opportunistischer Infektionen hat bisher gute Fortschritte gemacht. AZT (u. a.?).

Immunität: Bildung von Antikörpern erst ab 6–12 Wochen, später Immunsuppression durch CD4(+)-Zellbefall. Cave: Antikörper-negative Personen.

Prävention: Verhütung der Übertragung des HIV beim Geschlechtsverkehr, Verringerung der Drogenabhängigkeit, Screening von Blutkonserven, Reinigung ärztlicher Geräte, Einmalspritzen etc.

8.3 Human-T-Zell-Leukämie-Virus-1 (HTLV-1)

Beschreibung des Virus

Rolle als Krankheitserreger. HTLV-1 und -2 sind Retro-Viren. Sie heften sich ebenso wie das HIV an das CD4(+)-Molekül der T-Helferzellen. Das Virus erzeugt beim Menschen Lymphome.

Genom. Das RNA-Genom des Virus besitzt außer den typischen Retro-Virus-Genen ein ***zell-immortalisierendes Gen***, das sogenannte tax-Gen, das bezüglich seiner Wirkung neuartig ist. Die Besonderheit des Virusgenoms besteht darin, daß es an beliebiger Stelle in das Wirtszellgenom integriert werden kann; von dort aus wirkt das tax-Gen über sein Genprodukt „trans"-aktivierend auf das am 5'-Ende des Genoms gelegene LTR-Element ein und verstärkt damit die Replikation des Virus (s. S. 761). Das Auftreten des tax-Genproduktes bewirkt auch die konstitutive Expression des Interleukin-2(IL-2)-Rezeptors der Lymphozyten und die Sekretion von IL-2. Ein weiteres, als

„rex" bezeichnetes Regulatorgen, wirkt ähnlich wie das rev-Gen beim HIV.

Morphologie. Das Virus besteht aus einem helikalen Erst- und einem Ikosaeder-Zweitcapsid (s. S.761) innerhalb der Hülle.

Züchtung. In vitro- und in vivo-Infektionen bewirken gleichartige Zellveränderungen. Die Montage des HTLV-1 erfolgt ausschließlich an der Zellmembran durch Knospung („budding"). – HTLV-1 und die STLVs erweisen sich sowohl im Hybridisierungstest als auch serologisch eng verwandt.

Geschichte

In *Japan* wurde bei Erwachsenen mit T-Zell-Leukämien erstmals ein menschenpathogenes Retro-Virus isoliert, nachdem man zu Anfang der 70er Jahre in Südjapan gehäufte Erwachsenen-Leukämien beschrieben hatte. In den USA wurde das gleiche oder ein nahe verwandtes Virus festgestellt. Die Isolierung erfolgte durch ***Ko-Kultivierung*** der Lymphozyten mit virusfreien Nabelschnur-Lymphozyten in Gegenwart von IL-2 und Mitogenen. Man bezeichnete das Virus als HTLV-1 (***H***umanes ***T***-Zell-***L***eukämie-***V***irus). Kurze Zeit danach isolierte man ein Virus, welches HTLV-2 benannt wurde. Zusammen mit dem Virus der Rinder-Leukose und dem STLV-1 bilden diese Viren eine eigene Subfamilie.

Epidemiologie

Die T-Zell-Leukämie kommt hauptsächlich in Japan, in Afrika, in Neuguinea und in Westindien vor; aber auch in den USA und in Europa wird diese Krankheit jetzt häufiger beobachtet, vor allem bei ***Drogenabhängigen***. Alle erwachsenen Leukämiepatienten in Japan sind seropositiv für HTLV-1. In Japan gibt es regionale Häufungen; dort sind die Familienangehörigen der Kranken bis zu 40% seropositiv. In Endemie-Gebieten sind etwa 1% der Bevölkerung als Antikörperträger anzusehen, während in anderen Gegenden seropositive Individuen selten sind. Von 2000 Seropositiven erkrankt einer an Leukämie. Das Virus wird wahrscheinlich durch Intimkontakt von Männern auf Frauen und umgekehrt ausschließlich zellgebunden übertragen; Mütter geben es mit der Muttermilch an Kinder weiter. Bei der Häufigkeit der heute vorgenommenen ***Bluttransfusionen*** sind diese sehr wahrscheinlich eine weitere Infektionsquelle. Man vermutet außerdem ***Insekten*** als Vektoren der Übertragung. Insgesamt ist der Infektionsweg stets horizontal. – Ein Screening-Test-System steht vor der Zulassung.

Man vermutet, daß das HTLV aus Afrika, wo es vermutlich von Affen auf den Menschen übertragen wurde, durch den Sklavenhandel in die Karibik und die USA verschleppt wurde; wie das HTLV nach Japan gelangt ist, ist unklar. Bei afrikanischen und asiatischen Makaken sowie Menschenaffen (nicht aber Neuweltaffen) hat man nahe Verwandte des HTLV-1 festgestellt (s. dort), sogenannte STLV-1-Viren. Sie erzeugen bei Makaken Lymphome.

Pathogenese

Das ***tax***-Gen-Produkt (s. S. 768) wirkt immortalisierend auf die T-Zellen ein. Angesichts der langen Inkubationsperiode ist es wahrscheinlich, daß zur Leukämieentstehung weitere Faktoren hinzutreten müssen. Eine Reihe von Hinweisen deutet an, daß die Entstehung der Leukämien in mehreren Stadien verläuft. Zum Vergleich ist an die Situation bei den Burkitt-Lymphomen oder bei der Epidermodysplasia verruciformis (EV; s. S. 809 und 782) zu denken. Transgene Mäuse, die das tax-Gen enthalten, entwickeln Tumoren, die dem M. Recklinghausen gleichen. – Alle Tumorzellinien enthalten das gesamte Virusgenom, es läßt sich auf Nabelschnurblut-Lymphozyten durch Ko-Kultivierung in Anwesenheit von IL-2 und Mitogenen übertragen. Das Virus läßt sich auch in Lymphozyten von Seropositiven nachweisen.

Die Immortalisierung der T-Zellen wird von einer konstitutiven Expression des IL-2-Rezeptors begleitet, die durch das transaktivierende Protein erfolgt. Alle Tumorzellen eines Individuums enthalten das Virusgenom an der gleichen Integrationsstelle. Diese Stelle variiert aber bei jedem der befallenen Individuen. Die Tumorzellen eines Kranken sind somit monoklonal. Die Zellinien tragen meist den CD4(+)-Marker; nur wenige entsprechen der Formel CD8(+). Außer den Lymphozyten werden auch Endothelzellen und Fibroblasten befallen. In vitro werden auch Makrophagen infiziert. Die daraus angelegten Zellinien sind meist unabhängig (immortalisiert) von exogen gegebenem IL-2. Die immunbiologische Funktion der befallenen Zellen (Helfer-Zellen) ist verändert und gestört; insgesamt gesehen ist aber die schädigende Wirkung dieses Virus gegenüber dem Immunsystem gering, wenn man die Wirkung des HIV-1 und des

HIV-2 zum Vergleich heranzieht. Die Hauptproteine, gegen die der Mensch Antikörper bildet, sind das p 24 (Capsid) und das gp 42 (Hüllprotein).

Krankheitsbild

Man schätzt die Inkubationsperiode nach einer Infektion mit HTLV-1 auf 10–20 Jahre. Die T-Zell-Leukämie kommt in 4 Krankheitsformen vor:

- T-Zell-Leukämie i. e. S. des Erwachsenen
- Lymphosarkom mit begleitender T-Zell-Leukämie
- Kutane Form der T-Zell-Lymphome
- Man vermutet auch ätiologische Beziehungen zum ***Morbus Recklinghausen***. – Auch die ***Mycosis fungoides*** sowie das ***Sezary-Syndrom*** scheint durch HTLV ausgelöst zu werden.

Man vermutet, daß die in Afrika, in der Karibik und in Indien vorkommende ***spastische Paraparese*** ebenfalls auf die Infektion mit dem HTLV-1 zurückzuführen ist. In Japan kennt man eine HTLV-assoziierte ***Myelopathie***. – Im Verlaufe der Tumorentstehung erfolgt eine polyklonale B-Zellstimulation; außerdem machen sich opportunistische Infektionen bemerkbar.

8.4 HTLV-2

In den USA beobachtet man eine andere Form der Leukämien: Die sogenannte ***Haarzell-Leukämie***; sie trägt ihren Namen nach der Form der Lymphozyten mit langen, haarartigen Ausläufern. 2000 Fälle werden dort pro Jahr festgestellt. IFN-α ist als Therapeutikum von der FDA zugelassen. Als Erreger der Leukämie gilt das ***HTLV-2***.

8.5 Affen-Lenti-Viren

In Afrika wurden aus Grünen Meerkatzen und Mohrenmangaben-Affen Retro-Viren isoliert, die man als SIV (*S*imian-*i*mmune-deficiency-*v*irus) bezeichnet (SIV_{AGM}, SIV_{SMM}). Sie erzeugen in ihren natürlichen Wirten keine Krankheiten, persistieren aber lebenslang. In Gefangenschaft gehaltene Rhesusaffen erkrankten jedoch an ***SAIDS*** (***S***imian ***a***cquaired ***i***mmune ***d***eficiency ***s***yndrome); bei ihnen ließen sich Viren isolieren, die den Namen SVI_{MAC} erhielten. Zwar zeigte sich, daß wildlebende Makaken frei von diesem Virus sind; gefangene Tiere waren jedoch durch das SIV_{AGM} oder SIV_{SMM} infizierbar und bekamen ***„Lenti-SAIDS“***. Ebenso verursacht das von gesunden Mohrenmangaben isolierte SIV_{SMM} SAIDS in Rhesusaffen. Als Gesamtbilanz ergab sich, daß wildlebende Affenspezies Retro-Viren beherbergen, die für andere Spezies pathogen sind. Nach längerer Gefangenschaft ließen sich von Makaken Viren isolieren, die mit dem Mason-Pfizer-Monkey-Virus (MPMV) verwandt sind. Die isolierten Viren erzeugen ein Krankheitsbild, welches dem menschlichen AIDS sehr ähnlich ist. Die Erreger zählt man zu den Typ D-Viren (***SRV-1*** und ***-2***) (***S***imian ***R***etro-***V***irus).

Makaken sind also ***Indikator-Tiere*** zum Nachweis von Retro-Viren aus verschiedenen wildlebenden Affenarten. Sie erlauben den Nachweis, daß es weitere Retro-Viren nach Art des HIV-1 oder -2 gibt, die AIDS oder ein vergleichbares Krankheitsbild bei Affen hervorrufen können.

Über die ***Herkunft*** des HIV-1 läßt sich bisher nur wenig sagen, beim Schimpansen hat man nahe Verwandte entdeckt. Dagegen kann man vermuten, daß Vorläufer des HIV-2 von einigen Affenspezies auf den Menschen übergetreten sind: HIV-2 ist näher mit dem SIV_{MAC} verwandt als mit dem HIV-1; ebenso besitzen HIV-2 und SIV das Regulatorprotein VPX, während HIV-1 dasjenige mit der Bezeichnung VPU (verdoppeltes VPX) trägt. Ganz besonders nah verwandt erscheint das Virus der Mangaben mit dem HIV-2. Möglicherweise ist also eine menschenpathogene Variante oder Rekombinante in Mangabe-Affen entstanden und auf den Menschen übergetreten. Hierzu paßt die Beobachtung, daß die bei afrikanischen Grünen Meerkatzen vorkommenden SIV_{AGM} eine große Variabilität ihrer Eigenschaften aufweisen. Man sucht jetzt unter ihnen nach Vertretern, die eine möglichst große Verwandtschaft mit dem menschlichen HIV besitzen. – Eine andere Hypothese besagt, daß eine kleine Gruppe von Menschen in Afrika das AIDS-Virus bereits lange Zeit unerkannt beherbergt hatte, ohne daß sich die Krankheit bemerkbar machte. Von dort könnte es durch Homosexuelle „exportiert“ worden sein und zur jetzigen Pandemie geführt haben. – Man vermutet auch, daß durch Inaugurationsriten das Virus vom Affen auf den Menschen übertragen wurde.

Die Tatsache, daß es Affenspezies gibt, die für bestimmte Retro-Viren empfänglich sind und erkranken, eröffnet die Möglichkeit, die Pathogenese der Erkrankung im Tiermodell zu studieren.

Zusammenfassung: HTLV-1/2

Das Virus: Retro-Virus (s. HIV), 2 Typen, transaktivierendes tax-Gen.

Vorkommen: Gehäuft in Japan, Neuguinea, Afrika und Westindien, sporadisch weltweit. Bei Drogenabhängigen.

Epidemiologie: Erwachsene mit T-Zell-Leukämie haben Antikörper, Familienangehörige dann bis 40%, sonst ≪1%.

Übertragung: Intimkontakte, Muttermilch, Bluttransfusionen. Vektoren?

Pathogenese: Immortalisierung der Lymphozyten durch tax-Genprodukte, monoklonaler Tumor durch Mehrstufentransformation.

Klinik: 10–20jährige Inkubation: T-Zell-Leukämie des Erwachsenen und „Haarzell-Leukämie" (HTLV-2).

Diagnose: Klinisch, pathohistologisch, Antikörpernachweis.

Therapie: Bei HTLV-2: Interferon.

Immunität: Wirkt immunsuppressiv.

Prävention: Ausschaltung von positiven Blutspendeproben.

9 Virusbedingte Gastroenteritis

D. Falke

INHALTSÜBERSICHT

9.1 Reo-Viren 772
9.2 Rota-Viren 772
Zusammenfassung 775
9.3 Enterische Adeno-Viren 775
Zusammenfassung 776
9.4 Norwalk-Agens 776
9.5 Calici-Viren 777
Zusammenfassung 777

Die Gastroenteritis wird beim Menschen nicht nur durch Bakterien verursacht, sondern auch durch Viren. Die viral bedingte Gastroenteritis ist die Hauptursache der hohen ***Säuglingssterblichkeit*** in den Tropen. Man schätzt, daß dort pro Jahr etwa 4–5 Mio Kinder an einer Virus-Gastroenteritis sterben. Diese Erkenntnis hat sich erst in den letzten Jahren durchgesetzt. Zu den Viren, die eine Gastroenteritis verursachen, zählt man die ***Rota***- und ***Adeno***-Viren sowie das ***Norwalk-Agens***. Epidemiologische Studien haben aber gezeigt, daß dafür noch weitere Virusspezies in Frage kommen, z. B. ***Calici***-Viren, Astro-Viren u. a. Man vermutet, daß man bisher nur einen kleinen Teil der Viren kennt, die für dieses Krankheitsbild verantwortlich sind (Tabelle 9.1).

9.1 Reo-Viren

Beschreibung des Virus

Rolle als Krankheitserreger. Es gibt keine feste Zuordnung von Reo-Viren zu einem bestimmten Krankheitsbild, obwohl die Durchseuchung des Menschen hoch ist. Für diese Viren gilt das Wort *„Viruses in Search of Disease"*. Im Tierversuch löst die Infektion mit Reo-Viren einen immunpathogenetisch bedingten insulinabhängigen ***Diabetes mellitus*** (***IDDM***) aus.

Genom. Die in drei Serotypen vorkommenden Reo-Viren gehören zu den großen ***RNA-Viren***.

Sie besitzen im Gegensatz zu allen übrigen animalen RNA-Viren eine ***doppel***strängige und nicht eine einsträngige RNA. – Die RNA liegt in 10 Segmenten vor.

Morphologie. Die RNA ist in ein ***Doppel***capsid verpackt. Diese Besonderheit ist maßgebend dafür, daß man den Reo- (und Rota-)Viren in der Systematik eine eigene Position einräumt.

Einteilung. Man hat die Reo-Viren anfänglich der ECHO-Gruppe zugerechnet und sie als ECHO-Virus vom Typ 10 bezeichnet.

Namensgebung. Die Bezeichnung „Reo" ist ein Kunstwort („***r***espiratoric ***e***nteric ***o***rphan").

9.2 Rota-Viren

Beschreibung des Virus

Rolle als Krankheitserreger. Rota-Viren rufen bei Säuglingen und Kleinkindern Enteritis hervor.

Genom. Rota-Viren enthalten, ebenso wie die Reo-Viren, eine ***Doppel***strang-RNA.

Die RNA der Rota-Viren liegt als Doppelstrang-Molekül in 11 Segmenten vor. Jedes Segment kodiert für 1 Protein, von denen 2 Proteine glykosiliert sind. Das Virion enthält eine RNA-abhängige Replikase.

Morphologie. Das Virus besteht aus zwei ineinander verpackten Capsiden. In der Negativkontrastierung ergibt sich das Bild eines Rades mit Speichen. Es trägt

Tabelle 9.1. Klinisch wichtige Daten von Rota-, Adeno-, Calici- und Norwalk-Virus-Erkrankungen

	Rota-Virus	Adeno-Virus	Norwalk-Agens	Calici-Virus
Inkubationsperiode	2– (3) Tage	8–10 Tage	1–2 Tage	Wenige Tage
Virusausscheidung	4–8(–10) Tage	?	3–5 Tage	?
Dauer der Erkrankung	4–7 Tage	7–10 Tage z.T. länger oder chronisch	2–3 Tage	2–4 Tage
Häufigkeit	Winter, Tropen: Ganzjährig	Ganzjährig	Ganzjährig	?
Säuglinge und Kleinkinder	Häufig	Häufig	Selten	?
Kinder, Jugendliche und Erwachsene	Selten	Selten	Häufig	?
Symptome	*Diarrhoe* *Erbrechen* (88%) *Fieber* (77%) Dehydratation Bauchschmerzen (selten)	*Diarrhoe* Erbrechen Fieber selten Dehydratation respiratorische Symptome	*Diarrhoe* *Erbrechen* 66% *Fieber* (30–45 %) *Magen-Darm-Krämpfe* (60%)	*Diarrhoe* Erbrechen (selten) Fieber (selten) Magen-Darm-Krämpfe
Züchtbarkeit	Begrenzt	Begrenzt	Sehr begrenzt	Nicht
Virus-Diagnose	Antigen-ELISA	Antigen-ELISA	EM	EM

eine Art Spikes. Der Durchmesser des Virus beträgt etwa 80 nm.

Züchtung. Rota-Viren replizieren sich im Plasma der Zellen. Die menschlichen Rota-Viren lassen sich nur bei niedrigem Serumgehalt in vitro züchten, hingegen vermehrt sich das Rota-Virus der Kälber gut.

Einteilung. Sie werden in Gruppen (A, B, C–F) und Subgruppen (AI, II, III) sowie Typen A (1, 2, 3, 4 und 5) eingeteilt. Die Gruppen- und Untergruppenspezifität wird durch die inneren, die Typenspezifität durch die äußeren Capsidantigene bestimmt.

Geschichte

1943 wurde gezeigt, daß sich die menschliche Gastroenteritis durch Ultrafiltrate übertragen läßt. 1973/74 wurden dann bei der elektronenmikroskopischen Direktuntersuchung des Stuhlmaterials von erkrankten Säuglingen und Kleinkindern Viruspartikel, bestehend aus zwei konzentrisch angeordneten Capsiden, beobachtet.

Vorkommen

Rota-Viren sind im Tierreich ***weit verbreitet***, u. a. bei Kälbern.

Die meisten der bisher bei Mensch und Tier isolierten Rota-Viren gehören zu der Gruppe A.

Die Gruppe B stammt ursprünglich vom Schwein und ist jetzt beim Menschen heimisch geworden.

Epidemiologie

Die Kontagiosität des Virus ist sehr hoch, so daß im Alter von zwei Jahren fast alle Kinder Antikörper tragen. Jugendliche und Erwachsene werden erneut infiziert; sie erkranken aber nur selten; zumeist fungieren sie als gesunde Ausscheider und Überträger. Die Ausscheidung des Virus dauert bei primären Infektionen 8(–14) Tage, bei inapparenten Reinfekten mehrere Tage und bei Immundefizienz Monate und Jahre.

Infektionsquelle sind der Stuhl und verunreinigtes Trinkwasser. Es gibt aber auch Hinweise auf eine Übertragung durch Tröpfcheninfektion. Außerhalb des Menschen ist das Virus sehr stabil.

Infektionen von alten Menschen verlaufen oftmals schwer. Es kommen Krankenhaus- und Altenheim-Epidemien vor; Rota-Viren können auch die „Reise-Diarrhoe" hervorrufen.

Die Viren der Gruppe B (Schweinerota-Viren) wurden zunächst bei durchfallkranken Erwachsenen (Bergarbeiter in China) isoliert, ehe man sie später auch bei Säuglingen feststellte.

Die serologische und genetische Variabilität der Rota-Viren ist groß. Innerhalb einer Epidemie ändern sich die Subgruppen- und Typenspezifitäten sehr schnell. Diese Erscheinung geht wahrscheinlich auf

Punktmutationen (Antigendrift) sowie auf einen Austausch von RNA-Segmenten (Reassortment) zurück. Man hat auch Vorgänge des genetischen Rearrangements beobachtet. (Als ***Reassortment*** bezeichnet man den Austausch von vorgegebenen RNA-Segmenten zwischen zwei Virusgenomen. Als ***Rearrangement*** bei Rota-Viren bezeichnet man das Einfügen von informativen Sequenzen in ein anderes Segment).

Patienten, die durch AIDS oder anderweitig immungeschädigt sind, erkranken häufig an langdauernden Diarrhoen; sie scheiden dann monatelang Rota-Viren aus. Unter diesen Umständen ändern die Viren ihre serologischen und genetischen Eigenschaften andauernd und sehr schnell. Die Verabreichung von antikörperhaltiger Milch kann hier Besserung der Symptome bewirken.

Pathogenese

Unsere Kenntnisse über die geweblichen Veränderungen bei Rota-Virusinfektionen stammen aus Freiwilligenversuchen und aus der experimentell erzeugten Infektion von Kälbern. In den Epithelzellen der ***Dünndarmzotten*** läßt sich Rota-Antigen nachweisen. Man findet Verkürzungen der Zotten und monozytäre Infiltrate bis zur Lamina propria. Das Epithel der Zotten wird durch die Infektion zerstört; es regeneriert sich jedoch schnell. Dieser Prozeß setzt sich von kranial nach kaudal fort. – Für die Pathogenität ist das 4. RNA-Segment verantwortlich.

Die Infektion bleibt meist auf den Dünndarm beschränkt. Diese Tatsache ist wahrscheinlich durch Proteasen bedingt, die nur in diesem Darmabschnitt vorkommen. Die Proteasen spalten ein virales Glykoprotein in zwei Untereinheiten und erhöhen damit die Infektiosität des Virus. Damit ergibt sich eine Analogie zu den Verhältnissen bei dem Influenza-Virus.

Pathophysiologisch beobachtet man eine Malabsorption: D-Xylose und Fette werden nicht absorbiert. Der starke Wasserverlust bewirkt eine Dehydratation.

Klinik

Die Inkubationsperiode beträgt 2–3 Tage; die Virusausscheidung erstreckt sich über 8–14 Tage.

Die Erkrankung dauert etwa 4–7 Tage. Ein Häufigkeitsgipfel besteht im Winter. In den Tropen erfolgen die Infektionen ganzjährig. Befallen werden vorwiegend Säuglinge und Kleinkinder. Andere Altersgruppen sind seltener betroffen.

Das Krankheitsbild ist durch eine Trias aus ***Diarrhoe, Erbrechen*** und ***Fieber*** gekennzeichnet. Bauchschmerzen sind selten, eine Dehydratation wird in der Hälfte der Fälle beobachtet. Gelegentlich lassen sich Infekte des oberen Respirationstraktes feststellen, die zeitlich mit der Gastroenteritis korreliert sind. In Entwicklungsländern ist diese Infektionskrankheit weit verbreitet und für die hohe Säuglingssterblichkeit an erster Stelle verantwortlich.

Asymptomatische Infektionen werden im ersten Lebenshalbjahr beobachtet. Sie stehen vermutlich unter dem Einfluß von passiv übertragenen Antikörpern der Mutter und erzeugen nur eine geringgradige Aktiv-Immunität.

Ein besonderes Krankheitsbild ergibt sich bei immungeschädigten Personen. Hier verläuft die Infektion chronisch; die Virus-Ausscheidung hält über Monate an. Dies gilt auch für AIDS-Patienten.

Immunologie

IgA-Antikörper. Verantwortlich für die Immunität sind IgA-Antikörper; sie vermitteln eine Schleimhautimmunität. Bei Säuglingen werden sie durch die Muttermilch übertragen.

IgG-Antikörper. Im Gegensatz zu IgA-Antikörpern verleihen intrauterin übertragene IgG-Antikörper keinen Schutz. Bei abgestillten Kindern findet man IgA-Antikörper bereits eine Woche nach Beginn der Erkrankung im Darm. IgM-, IgA- und IgG-Antikörper treten später im Serum auf. Es ist bisher nur wenig über die Dauer, den Mechanismus und die Typenspezifität der postinfektiösen Immunität bekannt.

Labordiagnose

ELISA. Bei Rota-Viren ist mittels ELISA eine Schnelldiagnose im Stuhl möglich. Bei diesem Test werden die Viren durch gruppenspezifische Antikörper, die an die feste Phase gebunden sind, aus den Stuhlextrakten „herausgefischt".

Polyacrylamidgel-Elektrophorese. Für wissenschaftliche Untersuchungen wird die Polyacrylamidgel-Elektrophorese verwendet; sie dient zur Darstellung der RNA-Segmente bei der Fein-Identifizierung.

Immun-Elektronenmikroskopie. Im Gebrauch ist auch die Immun-Elektronenmikroskopie für die Identifizierung der Rota-Viren.

HHT. Für die serologische Typendiagnose eignet sich ein Hämagglutinations-Hemmungstest.

Die KBR ergibt keine brauchbaren Ergebnisse.

Prognose, Verhütung, Chemotherapie

Die ***Prognose*** der Erkrankungen ist in den Industriestaaten gut. In den Entwicklungsländern sind die Rota-Infektionen wegen der mangelhaften Ernährung und der ungenügenden Pflege die Hauptursache für die hohe Säuglingssterblichkeit. Die fäkal-orale Übertragung deutet auf den besten Weg zur Verhütung: Optimale ***Allgemeinhygiene***. In den Entwicklungsländern gilt das Motto: Zu allererst sauberes Trinkwasser. Leider ist die Chlorierung des Trinkwassers gegenüber dem Virus wirkungslos. Das Stillen der Kinder reduziert den Schweregrad der Infektion und die Dauer der Virusausscheidung; als Ursache hierfür werden mütterliches IgA und andere noch unbekannte Faktoren vermutet.

Eine Chemotherapie oder -prophylaxe gibt es noch nicht, Impfungen sind noch nicht möglich. Beides wäre gerade für diese Virusinfektionen dringend zu wünschen. – Lebensrettend haben sich Flüssigkeits-Salz-Infusionen erwiesen.

Zusammenfassung: Rota-Viren

Das Virus: Doppelstrang-RNA-Virus (11 Segmente) mit Doppelcapsid und Enzymen: „Rad mit Speichen". Replikation im Plasma der Zelle.

Vorkommen: Rota-Viren im Tierreich weit verbreitet, beim Menschen meist Gruppe A mit mehreren Typen. – Vor allem im Winter.

Epidemiologie: Vorwiegend bei Kleinkindern, sonst sporadisch, Viruszwischenträger. Reassortment, Rearrangement und Antigendrift als Ursache von Epidemien und Endemien.

Übertragung: Schmutz- und Schmierinfektion, verunreinigtes Trinkwasser.

Pathogenese: Gastroenteritis aboral fortschreitend, gestauchte und verbreiterte Darmzotten mit Epithelverlust, schnelle Regeneration.

Klinik: Inkubationsperiode 2–3 Tage. Diarrhoe, Fieber, Erbrechen, Wasserverlust, Malabsorption.

Diagnose: Virus im Stuhl durch Antigen-ELISA.

Therapie: Symptomatisch.

Immunität: Vor allem IgA-Antikörper.

Prävention: Allgemeine Hygiene, sauberes Trinkwasser.

9.3 Enterische Adeno-Viren (Typ 40 und 41)

Rolle als Krankheitserreger. Adeno-Viren vom Typ 40 und 41, aber auch die Typen 12, 18 und 31 können eine Gastroenteritis auslösen.

Genom, Morphologie. Die enterischen Adeno-Viren gleichen den normalen Adeno-Viren in vieler Hinsicht.

Züchtung. Sie lassen sich nur in bestimmten Zellstämmen bei niedrigem Serumgehalt züchten.

Epidemiologie und Pathogenese

Das Virus kommt nur beim Menschen vor. Es wird mit dem Stuhl ausgeschieden. Die Übertragung erfolgt fäkal-oral durch Schmierinfektion.

Über die Pathogenese ist kaum etwas bekannt.

Klinik

Adeno-Viren werden in 4–12% aller Stuhlproben von Säuglingen, Kleinkindern und Kindern mit akuter Gastroenteritis nachgewiesen. Die Infektionen kommen ganzjährig vor. Sie betreffen vorwiegend Säuglinge und Kleinkinder; bei Jugendlichen und Erwachsenen sind Erkrankungen seltener.

Leitsymptome sind ***Diarrhoe*** und seltener ***Erbrechen*** und ***Fieber***. Die Diarrhoe kann bis zu 10 Tagen andauern. Zusätzlich werden respiratorische Symptome beobachtet. Eine Dehydratation ist selten.

Labordiagnose

Die Züchtung ist bisher nur in einigen Speziallabors möglich. Es gibt einen ELISA zum Nachweis der Viruspartikel im Stuhl. Für wissenschaftliche Zwecke werden Antikörper mit dem IFT auf infizierten Zellkulturen nachgewiesen.

Therapie, Prävention

Es gibt keine spezifische Therapie; ein Impfstoff ist in der Entwicklung.

Zusammenfassung: Adenotypen 40 u. 41

Das Virus: Wie Adeno-Viren. Schlecht züchtbare, stabile Viren.

Vorkommen: Beim Menschen im Stuhl, ganzjährig.

Epidemiologie: Frühzeitige Durchseuchung bei Säuglingen und Kleinkindern.

Übertragung: Fäkal-oral als Schmutz- und Schmierinfektion.

Klinik: Diarrhoe, Erbrechen und Fieber.

Diagnose: Antigen-ELISA. Züchtung nur in Speziallabors.

Therapie: Symptomatisch.

Prävention: Allgemeine Hygiene.

9.4 Norwalk-Agens

Beschreibung

Rolle als Krankheitserreger. Das Norwalk-Agens gilt als ein Erreger von Gastroenteritis beim Menschen.

Genom. Die Nukleinsäure des Norwalk-Agens und seiner Verwandten ist eine Einzelstrang-RNA.

Morphologie. Diese Viren sind etwas größer als die Picorna-Viren; ihre Capsomeren sind derart angeordnet, daß in der Negativkontrastierung ein Muster entsteht, welches an eine kreisförmige Anordnung von nach außen gerichteten Teetassen erinnert. Die U-förmigen „Tassen" des Norwalk-Agens sind allerdings kleiner als die der typischen Calici-Viren.

Züchtung. Die Züchtung ist bisher noch nicht gelungen.

Einteilung. Man zählt das Virus vorläufig zu den Calici-Viren (s. S. 777, 843).

Vorkommen

Die Viren kommen im Stuhl des Menschen in sehr großer Menge vor; man bedient sich für viele Studien dieser Quelle.

Geschichte und Namensgebung

Die Identifizierung des Virus als „kleine, runde Viruspartikel" erfolgte 1972 durch Immun-Elektronenmikroskopie. Die Benennung des Virus erfolgte nach dem Ort Norwalk, Ohio (USA) unter Bezugnahme auf einen dort beobachteten Ausbruch von Gastroenteritis.

Epidemiologie

Ein wichtiges Merkmal der ***Norwalk-Gastroenteritis*** ist die Tatsache, daß Infektionen und Erkrankungen kaum in den ersten Lebensjahren vorkommen; diese treten vielmehr erst bei Jugendlichen und Erwachsenen auf. Die Kontagiosität ist also geringer als die der Rota-Viren.

Außerdem sind die Norwalk-Viren sehr häufig die Ursache von kleinen Lokal-Epidemien in Familien, Heimen, Lagern, Schulen und dgl. Es gibt dabei typische ***Explosiv-Epidemien***. Auch dies steht im Gegensatz zur Epidemiologie der Rota-Viren.

Das Virus ist auch als Ursache von Gastroenteritis-Fällen anzusehen, die durch kontaminierte Lebensmittel ausgelöst werden. So sind Salat, Muscheln, Krabben und Austern die Ausgangspunkte von Epidemien gewesen. Auch verunreinigte Wasserversorgungssysteme waren die Ursache von Norwalk-Agens-Epidemien. Man vermutet ferner eine ätiologische Rolle des Norwalk-Virus bei der endemischen Gastroenteritis. Eine jahreszeitliche Häufung von Infektionen mit Norwalk-Viren gibt es nicht – ein weiterer Unterschied im Vergleich zu den Rota-Viren. In den USA sind im Erwachsenenalter $^2/_3$ oder mehr aller Personen Antikörperträger.

Übertragung

Die Übertragung des Virus erfolgt ***fäkal-oral***, häufig durch kontaminiertes Trinkwasser oder Lebensmittel.

Pathogenese

Über die Pathogenese weiß man, daß es charakteristische Läsionen bei allen Patienten gibt. Magen und Colon sind normal. Die Zotten des ***Jejunums*** erscheinen jedoch „gestaucht", die Mucosa ist teilweise intakt. Monozytäre Zellen und segmentierte Leukozyten werden in der Lamina propria festgestellt. Die interzellulären Spalten sind erheblich verbreitert; dies wird bereits 24 h nach der experimentellen Infektion beobachtet. Nach zwei Wochen sind alle Veränderungen verschwunden.

Klinik

Das Norwalk-Agens erzeugt nach einer Inkubationsperiode von 1–3 Tagen eine typische ***Diarrhoe***, die allerdings seltener mit Erbrechen, Magen-Darm-Krämpfen und Fieber verbunden ist als bei Rota-Viren. Das Norwalk-Agens gilt neben dem Rota-Virus als eine der häufigsten Ursachen für die Reise-Diarrhoe. Die Stühle sind wäßrig, aber nicht schleimig oder blutig. Maladsorption von Fett und D-Xylose ist häufig.

Immunologie

Im Verlaufe von Infektionen mit dem Norwalk-Agens entstehen Antikörper, die sich durch Immun-Elektronenmikroskopie oder im ELISA mit bekanntem Virusmaterial nachweisen lassen. Es handelt sich dabei jedoch nicht um protektive Antikörper. Ob im Jejunum schützende Schleimhaut-Antikörper auftreten, ist nach den bisherigen Erkenntnissen ungewiß. Die Immunität gegen eine Reinfektion scheint nur etwa zwei Monate anzudauern. Offenbar gibt es aber auch unspezifische Mechanismen, die eine Reinfektion verhindern.

Labordiagnose

Eine Labordiagnose ist routinemäßig noch nicht möglich, eine spezifische Therapie gibt es nicht.

Prophylaxe

Prophylaktisch ist die Allgemein-Hygiene wichtig.

9.5 Calici-Viren

Beschreibung

Rolle als Krankheitserreger. Infektionen mit Calici-Viren sollen Gastroenteritis beim Menschen auslösen.

Genom. Die RNA der Calici-Viren ist ein einzelnes *(+)-**Strang***-Molekül. Die Viren werden durch Immun-Elektronenmikroskopie dargestellt. Die Partikelstruktur ist auffällig: Die Oberfläche des Virions enthält 32 tassenähnliche, nach außen gerichtete Vertiefungen (Calix, lt. Kelch). Die Replikation erfolgt im Zytoplasma.

Morphologie. Sie sind um einiges größer (35–40 nm) als Picorna-Viren.

Epidemiologie

Die Epidemiologie gleicht weitgehend der des Norwalk-Agens. Das Virus ist *weltweit verbreitet*. Im Alter von 12 Jahren ist der größte Teil der Kinder bereits durchseucht.

Klinik

Beim Menschen macht man Calici-Viren für Gastroenteritis-Fälle sowohl bei Kindern und Erwachsenen als auch Senioren verantwortlich. Die Symptome bestehen in ***Diarrhoe,*** Erbrechen und Abdominalkrämpfen – ähnlich den durch das Norwalk-Agens hervorgerufenen.

Labordiagnose

Eine Züchtung in vitro gelingt noch nicht.

Kommerziell erhältliche Bestecke für Antigene und Antikörper existieren ebenfalls noch nicht.

Zusammenfassung: Norwalk-Agens

Das Virus: RNA-haltiges, kleines Virus. Bisher nicht züchtbar.

Vorkommen: Nur beim Menschen im Stuhl in großen Mengen, während des ganzen Jahres.

Epidemiologie: Erkrankungen treten erst bei Jugendlichen und Erwachsenen auf. Lokale Kleinepidemien.

Übertragung: Schmutz- u. Schmierinfektionen, Lebensmittel-Epidemien, verunreinigtes Leitungswasser.

Pathogenese: Epithelzerstörung, die Zotten des Jejunums erscheinen gestaucht, Malabsorption. Nach 2 Wochen spätestens Regeneration der Schleimhaut.

Klinik: 1–3tägige Inkubationsperiode: Vorwiegend Diarrhoe, seltener Fieber und Erbrechen.

Labordiagnose: Noch nicht routinemäßig.

Therapie: Symptomatisch.

Immunität: Nachweis der Antikörper durch Immun-Elektronenmikroskopie oder ELISA.

Prävention: Allgemeine Hygiene.

10 Parvo-Viren: das Parvo-Virus B19

D. Falke

Beschreibung des Virus

Rolle als Krankheitserreger. Die pathogene Wirkung wurde 1983 durch intranasale Infektion von seronegativen, gesunden Normalpersonen erwiesen. Die Probanden entwickelten in typischer Form das Bild der ***Ringelröteln*** (Erythema infektiosum). Die Erythropoese war für die Dauer von 7–11 Tagen gehemmt. Die Virusreplikation erfolgte in den Kernen der ***Erythroblasten***. Pro ml Blut wurden bis zu 10^{11} Viruspartikel gezählt. Durch Blot-Hybridisierung wurde vor dem Ausbruch des Exanthems virale DNA im Blut des Infizierten nachgewiesen.

Genom. Das Parvo-Virus B19 besteht aus kleinen DNA-haltigen Partikeln mit einem Durchmesser von 20–25 nm. Die Capside bestehen aus drei Proteinen und umschließen eine Einzelstrang-DNA. Der Informationsgehalt der DNA ist so gering, daß das Virus für seine Replikation gewisse Funktionen der Wirtszelle in Anspruch nehmen muß, die nur in deren S-Phase verfügbar sind. An beiden Enden der DNA befinden sich palindromartige Sequenzen; diese sind für den Replikationsprozeß notwendig.

Epidemiologie

Eine saisonale Häufung ist im Winter und Frühjahr zu verzeichnen. Eine epidemische Häufung wird alle 3–5 Jahre festgestellt – dann nämlich, wenn eine genügend große Anzahl empfänglicher Kinder herangewachsen ist. Parvo-Viren erreichen in der Weltbevölkerung eine Durchseuchung von 50–80%. Inapparente Infektionen sind offenbar häufig, ebenso abortive Verläufe. In Familien, Kindergärten, Kinderheimen und Schulen erfolgt die Ausbreitung schnell. Die Durchseuchung steigt etwa bis zum 30. Lebensjahr, dabei sind mehr Frauen als Männer durchseucht.

Übertragung und Ausscheidung

Die Übertragung des Virus erfolgt wahrscheinlich durch ***Tröpfcheninfektion***. Kinder mit Exanthem sind nicht mehr infektiös für ihre Umgebung. Das Virus wird über die Sekrete des Nasen-Rachenraums ausgeschieden und ist im Urin nachweisbar. Aber auch Blutkonserven und Plasmaprodukte können das Virus enthalten.

Pathogenese

Die Replikation der Parvo-Viren ist nur in solchen Zellen möglich, die sich in der S-Phase des Zellzyklus befinden. Man findet das Virus deshalb vorwiegend in den Erythroblasten, d. h. in den unreifen Vorstufen der roten Blutzellen. Ob die DNA des Virus in das Zellgenom integriert wird, ist noch nicht bekannt. Fraglich ist die Beziehung der Infektion zu Störungen der Blutbildung (Purpura Schönlein-Henoch).

Die Replikation der Viren verursacht eine ***Hemmung der Erythropoese***. Durch elektronenmikroskopische Untersuchungen und durch Hybridisierungen wurde beim Vorliegen von ***Hydrops fetalis*** in zahlreichen Organen des Fötus Virus-DNA nachgewiesen. Dies spricht für eine Replikation des Virus auch außerhalb der Erythroblasten; im Fruchtwasser findet man auch dann noch Virus-DNA, wenn die Mutter hohe IgG-Antikörperspiegel aufweist. Neben der Hemmung der Erythropoese tritt beim Föten auch eine starke Hämolyse auf. Die Entstehung des Exanthems ist wahrscheinlich durch Virus-Antikörper-Komplexe bedingt, da es am Ende der Virämie auftritt. Die ***Arthralgien*** sollen ebenso durch Immunkomplexe zustande kommen.

Klinik

Das häufigste Krankheitsbild, welches nach einer Infektion mit Parvo-Virus B19 entsteht, ist das ***Erythema infektiosum*** (Ringelröteln oder 5. Krankheit); es ist nicht immer typisch ausgeprägt. Die Parvo B19-Infektion manifestiert sich auch als ***„grippaler Infekt“***. Die Inkubationszeit beträgt 5–10 Tage. Bereits gegen Ende der Inkubationsperiode – zur Zeit der Virämie – werden Fieber, Muskelschmerzen und Kältegefühl beobachtet. Zum Exanthem gesellen sich dann Arthralgien, Fieber, Erbrechen, Kopfschmerzen, starker Pruritus sowie eine Lymphadenopathie. Lymphopenie, Thrombozytopenie, Retikulozytopenie sowie Eosinophilie wurden ebenfalls beobachtet. Bei Kindern treten Arthralgien seltener auf als bei Erwachsenen. Die Arthropathie kann Monate, z. T. Jahre andauern. Sehr selten manifestiert sich die Infektion mit ***Pneumonie*** oder Enzephalitis. Bei der Infektion von gesunden Personen wird nur eine passagere Störung der Erythropoese beobachtet, die endet, sobald die Antikörperantwort einsetzt (Abb.10.1).

Parvo-Virus B19 kann bei der Primärinfektion von Personen mit einer Sichelzellen-Anämie eine ***aplastische Krise*** auslösen. Im Blut von kindlichen Patienten ließ sich B19-Virus durch DNA-Hybridisierung nachweisen. Wahrscheinlich führt das Virus auch bei chronisch hämolytischen Anämien zu aplastischen Krisen. Bei Immungeschädigten kann die Infektion chronisch werden: Man beobachtet eine persistierende Anämie. Sie soll sich durch Antikörperzufuhr bessern lassen.

Die Infektion bei Seronegativen kann während der Schwangerschaft in 30% der Fälle einen ***Hydrops fetalis*** auslösen; dieser führt in $^1/_3$ der Fälle zum Fruchttod; auch ***Aborte*** sollen ausgelöst werden. Die Zeitspanne bis zum Beginn der fetalen Komplikationen ist variabel (8.–39. Woche). Das Gestationsalter zur Zeit der mütterlichen Infektion scheint die Häufigkeit des Auftretens von Hydrops fetalis nicht zu beeinflussen. Dies steht im Gegensatz zu den Fruchtschäden nach Infektionen mit dem Röteln- und dem Varizellen-Zoster-Virus: Bei diesen Infektionen besteht für die Frucht nur während der ersten 3–4 Schwangerschaftsmonate Gefahr. Der Hydrops fetalis ist somit nicht als typische Embryopathie anzusehen. Dementsprechend gilt der Abbruch einer Schwangerschaft wegen einer Gefährdung durch eine Infektion mit Parvo-Viren z. Zt. als nicht indiziert. Bei allen Fällen von Erythema infektiosum während der Schwangerschaft erlaubt die Ultraschalluntersuchung eine sichere Erkennung des Hydrops fetalis. Bei der Mutter ist die Konzentration an α-Fetoprotein erhöht; je höher der Gehalt ist, desto größer soll die Gefahr für das Kind sein.

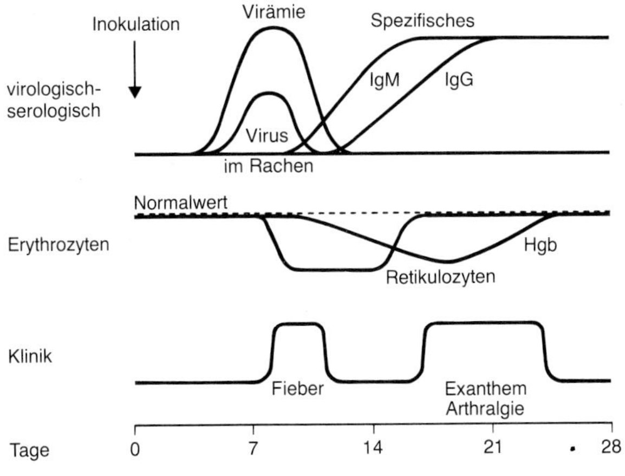

Abb. 10.1. Der Ablauf einer intranasalen Infektion mit dem Parvo-Virus B19

Immunologie

IgM-Antikörper lassen sich für die Dauer von drei Monaten nachweisen. IgG-Antikörper vermitteln eine lebenslange Immunität. Boosterungen des Antikörperpegels – wie bei den Röteln – haben sich bislang nicht nachweisen lassen.

Labordiagnose

Die Züchtung von Parvo-Viren in vitro ist bisher noch nicht gelungen. Die Nachweisverfahren beruhen auf der DNA-Hybridisierung und dem ELISA zum Nachweis von IgM- und IgG-Antikörpern im Blut. Das Parvo B19-Virus läßt sich auch elektronenmikroskopisch darstellen. Differentialdiagnostisch sind alle anderen exanthembildenden Erkrankungen bzw. Viren (Masern, Röteln, Coxsackie-, ECHO-Viren, Exanthema subitum, infektiöse Mononukleose, Arzneimittelexantheme) zu beachten.

Es gibt jetzt einen kommerziell erhältlichen ELISA für IgM und IgG; die Labordiagnose kann daher routinemäßig durchgeführt werden. Gegebenenfalls kann Nabelschnurblut zur Diagnose herangezogen werden. Parvo B19-DNA wurde auch im Fruchtwasser nachgewiesen.

Verhütung

Über eine Immunprophylaxe durch passive Zufuhr von Antikörpern liegen bisher keine Daten vor. In einem Fall soll eine intrauterine Bluttransfusion einen Hydrops fetalis zum Verschwinden gebracht haben. Ringelröteln treten oft epidemisch in Kindergärten etc. auf. Deshalb sollten sich Schwangere dort nicht aufhalten.

Adeno-assoziierte Viren (AAV)

Adeno-assoziierte Viren sind defekte Partikel; sie benötigen Adeno- oder Herpes-Viren für ihre Replikation. Man rechnet sie zu der ***Dependo-Gruppe*** der

Parvoviridae. Serologische Studien haben gezeigt, daß die Viren weit verbreitet sind; man kennt aber noch keine Krankheit, die sie verursachen. Ihr Genom persistiert als integrierte Doppelstrang-DNA in den infizierten Zellen. Im Labor kann man das Virus u. U. entdecken, wenn man eine als virusfrei angesehene Zellkultur mit Adeno-Viren infiziert.

Zusammenfassung: Parvo-Viren

Das Virus: Parvo-Virus B19: Kleines, DNA-haltiges Virus (Einzelstrang). Ikosaeder.

Vorkommen: B19 nur beim Menschen, bei vielen Spezies Parvo-Viren.

Epidemiologie: Durchseuchung hoch, epidemisch in Familien, Kindergärten, Heimen etc.

Übertragung: Tröpfcheninfektion, durch Blutkonserven und Plasmaprodukte. Intrauterin auf Embryo.

Pathogenese: Replikation nur in teilenden Zellen der kernhaltigen Erythrozyten-Vorstufen. Hemmung der Erythropoese.

Klinik: Inkubationsperiode 5–10 Tage. 1. Grippaler Infekt, mit Fieber, selten mit Pneumonie, 2. Erythema infektiosum (Ringelröteln) und Schmetterlingserythem im Gesicht, 3. aplastische Krise, 4. Hydrops fetalis mit Abort oder Totgeburt.

Diagnose: Noch nicht routinemäßig: DNA-Nachweis. Antikörpernachweis durch IgM- und IgG-Elisa. Ultraschalluntersuchung des Embryos.

Therapie: Symptomatisch.

Immunität: Wahrscheinlich durch Antikörper bedingt.

Prävention: Vermeidung der Exposition von Schwangeren in Kindergärten bei Erythema infektiosum.

11 Papova-Viren

D. Falke

INHALTSÜBERSICHT

11.1 Beschreibung der Gruppe der Papova-Viren 781
11.2 Papillom-Viren des Menschen 781
11.3 Das Virus der progressiven multifokalen Leukoenzephalopathie (PML) 785
11.4 Das BK-Virus 786
11.5 Das lymphotrope Papova-Virus 786
Zusammenfassung 786

11.1 Beschreibung der Gruppe der Papova-Viren

Rolle als Krankheitserreger. Papova-Viren sind DNA-Viren, die vor allem wegen ihrer tumor-erzeugenden Wirkung bei Mensch und Tier Bedeutsamkeit besitzen.

Das ***Kaninchen-Papillom-Virus*** erzeugt im Kaninchen gutartige Papillome, die in Karzinome übergehen können. Anhand dieser Tumoren wurde erstmals die Zweistufen-Entstehung bösartiger Tumoren gezeigt.

Das ***Polyoma-Virus*** der Maus wirkt in vitro transformierend und kann nach der Infektion von neugeborenen Mäusen bis zu 20 verschiedene Tumorformen erzeugen.

Das ***Simian-Virus-40*** (SV-40) wurde bei gesunden Affen isoliert. Es erzeugt z. B. im Goldhamster Tumoren. Das SV-40 (und das Polyoma-Virus) bilden die klassischen Beispiele für die Transformation von heterologen Zellen bei gleichzeitigem Verschwinden des infektiösen Virus und des Auftretens von „Fußspuren" in der Zelle.

Einteilung der Papova-Viren. Die menschlichen Papillom-Viren (HPVs) sowie das Kaninchen-Papillom-Virus u. a. gehören in die Gruppe A der Papova-Viren. Zur Gruppe B werden gerechnet: Das Polyoma-Virus der Maus, das vakuolisierende Virus der Affen (SV-40), das BK- und JC-Virus des Menschen sowie das lymphotrope Papova-Virus.

11.2 Papillom-Viren des Menschen

Beschreibung des Virus

Rolle als Krankheitserreger. Die Papillom-Viren erzeugen zahlreiche, z. T. gutartige, z. T. selten oder auch häufig malignisierende Tumortypen bei Mensch und Tier. Die Erforschung der Pathobiologie und Virologie der menschlichen Papillom-Viren (Human Papilloma Virus, HPV) ist heute ein sehr intensiv bearbeitetes Gebiet, von dem man sich wichtige Einsichten in die Entstehung von gutartigen Zellproliferationen (Papillome, „Warzen") und den Übergang zur bösartigen Zelle (Transformation, Transplantierbarkeit und autonomes Wachstum) verspricht. Insbesondere erscheint die Beteiligung der HPV bei der Entstehung des menschlichen ***Zervix-Karzinoms*** wichtig. Außerdem existieren weitere Tumorformen, bei denen man die Mitwirkung der HPV gesichert hat (Tabelle 11.1 und 11.2).

Genom. Die Papillom-Viren zählen zu den DNA-Viren. Man kennt Regulatorgene und Strukturgene; sie werden als Früh- und als Spät-Gene zu unterschiedlichen Zeiten im Replikationszyklus wirksam. Einige Früh-Gene wirken auch als Transformations-Gene. Ihre Genprodukte sind für die mit der Zelltransformation zusammenhängenden Prozesse von großer Bedeutung.

Der Genbestand der menschlichen Papillom-Viren enthält u. a. Information für die episomale Persistenz des Genoms und für 2 transformationsaktive Gene, außerdem sind bei HPV-16 u. a. hormonabhängige Regulatorsequenzen vorhanden. Die DNA der HPV liegt als ringförmiges Doppelstrang-Molekül vor. Die Partikel bestehen aus einem Ikosaeder-Capsid (Durchmesser 55 nm), das eine histon-verpackte DNA enthält.

Tabelle 11.1. Gruppen, Typen und Läsionen durch HPV

Gruppe	Typ	Läsionen
A	HPV–1	Verruca plantaris und vulgaris
B	HPV–2	Verruca vulgaris, Karzinom in Mundhöhle
	HPV–3	Verruca plana
	HPV–10	Verruca plana, EV
C	HPV–4	Verruca vulgaris, plantaris
D	HPV–5 bei 85%	EV mit Hautkarzinom
	HPV–9, 12, 14, 15	EV
	HPV–8,17, 19–29	EV mit Hautkarzinom
E	HPV–6 u. –11	In 80% aller Kehlkopfpapillome, Kond. akuminata u. plana, Konjunktival-Papillom, CIN I und II
F	HPV–7	Verruca vulgaris
G	HPV–16, 18, 31, 33, 35, u.a.	M. Bowen, Kond. akuminata, CIN III, Zervix-, Penis-Karzinom, Kehlkopf-Karzinom, Karzinom in der Mundhöhle

CIN: (***c***ervikale, ***i***ntraepitheliale ***N***eoplasie, Stadium I, II, III)
EV: (***E***pidermodysplasia ***v***erruciformis)

Einteilung

Man kennt inzwischen mehr als 60 verschiedene Typen des menschlichen Papillom-Virus. Bislang läßt sich das Virus in vitro nicht züchten. Für die Untersuchung ist man deshalb auf das Tumorgewebe angewiesen, welches das Virus oder dessen DNA enthält. So gewinnt man z.B. Antigene, die mit HPV kreuzreagieren, aus Rinderpapillomen. Während alle anderen Virusspezies eine serologische Unterteilung erfahren haben, basiert die Gruppen- bzw. Typeneinteilung der HPVs ausschließlich auf dem Grad der *Kreuz-Hybridisierbarkeit ihrer DNA*. Transformations-Experimente lassen sich bisher nur mit Rinderpapillom-Viren sowie mit HPV-16 und -18 durchführen. Das Vorkommen von bestimmten HPV-Typen in bestimmten Tumoren läßt hoffen, daß man in Zukunft prospektive Aussagen zur Entstehung des Zervix-Karzinoms treffen kann.

Tabelle 11.2. Die Beziehung zwischen den Papillom-Virus-Typen des Menschen und Lokalisation des Tumors

Typ	Lokalisation
HPV-1, 2, 3, 4, 7, 10, 31, 32	Warzen
HPV-3, 5, 8, 9, 10, 12, 14, 15, 17, 19–29	EV
HPV-13	Mundschleimhaut
HPV-6, 11, 30	Kehlkopf, Genitale
HPV-16, 18, 31, 33, 35	Genitale
HPV-6, 11	Konjunktiven

Geschichte

Die ***Warzen*** des Menschen sind seit altersher bekannt. Ihre Übertragbarkeit von Mensch zu Mensch wurde durch Variot bereits 1893 und durch Jadasohn 1896 gezeigt. Die Ultrafiltrierbarkeit wurde 1907 bewiesen. Die „Behandlung" der oftmals unangenehmen Hautveränderungen durch „Besprechen" (Hypnose und Psychotherapie) umgab die Warzen seit je mit der Aura des Mystisch-Wunderbaren. Warzenartige Bildungen werden auch bei vielen Tierspezies beobachtet, z. B. bei Wildkaninchen und Rindern. In der Tat hat die virologische Bearbeitung der Warzen von Tieren wichtige allgemeine Grundlagen der Virus-Tumorforschung (Kaninchen-Papillom) und epidemiologisch-pathogenetisches Detailwissen erbracht.

Epidemiologie

Die Durchseuchung durch die mit dem Zervix-Karzinom assoziierten HPVs ist sehr hoch (bis 90%). Pro Jahr gibt es in der Bundesrepublik ca. 4000 neue Fälle von Zervix-Karzinom. Bei Immunsupprimierten (bei AIDS oder nach Transplantationen) werden gehäuft HPV-Infektionen und Warzen festgestellt.

Die geographische Verteilung der Typen HPV-16 und -18 ist sehr unterschiedlich: HPV-16 ist in Biopsien aus Deutschland sehr häufig, während HPV-18 in Präparaten aus Südamerika und Afrika häufiger zu finden ist. Man kann daraus schließen, daß diese beiden HPVs unterschiedliche Regionen besiedeln. Hautwarzen sind bei Kindern und Jugendlichen häufig zu finden. Da man bei jungen Erwachsenen zur Hälfte Antikörper gegen das HPV-1 feststellen kann, muß die Durchseuchung in dem vorausgegangenen Lebensabschnitt erfolgt sein. Man nimmt an, daß auch inapparente Infektionen für die Verbreitung der HPVs verantwortlich sind.

Die Genitalwarzen hingegen weisen eine Altersverteilung wie andere venerische Infektionen auf. Prostituierte lassen eine Häufung von HPV, Genitalwarzen und Zervix-Karzinomen erkennen. Promiskuität – verbunden mit der Kontaktmöglichkeit zu verschiedenen HPVs – sollte deshalb zu einer Häufung von Genitalwarzen, Antikörpern gegen die entsprechenden Viren und zu Zervix-Karzinomen führen. Dieser Zusammenhang hat sich tatsächlich nachweisen lassen. So bildet die Bowen'sche Papillomatose des Mannes (HPV-16) z. B. das Reservoir für die Übertragung des HPV-16 auf die Frau.

Übertragung

Die Übertragung erfolgt durch direkten Hautkontakt, indirekt durch Kleider oder z. B. durch Fußböden in Waschräumen. Die juvenile Papillomatose des Kehlkopfes (HPV-6 und -11) wird sehr wahrscheinlich beim Durchtritt durch den Geburtskanal übertragen. Hierfür spricht, daß man in den flachen Kondylomen der Frau die DNA eben dieser Typen nachweisen kann. Die Durchseuchung soll bereits nach der Geburt durch die Mutter beginnen. HPVs können sich auch in Wunden ansiedeln. Die Übertragung der Typen 6, 11, 16, 18, 31 u. a. erfolgt besonders durch Intim-Verkehr; man weiß außerdem, daß HPV im Sperma enthalten ist.

Pathogenese

Die vielen unterschiedlichen, durch menschliche (und tierische) Papillom-Viren erzeugten Tumortypen (gutartig, selten oder häufig malignisierend) machen komplexe Wirtszell-Virus-Interaktionen sehr wahrscheinlich: So wird zum Beispiel die Transformation durch das Rinderpapillom-Virus durch einen Initiationsprozeß nach dem Hit- und Run-Prinzip hervorgerufen, während beim menschlichen Zervix-Karzinom offenbar zuerst HPV-6 oder -11 und dann HPV-16 oder -18 oder andere beteiligt sind.

Erst seit kurzem vermutet man zelluläre Homologe der Transformationsgene (s. S. 647, 657); es ergibt sich deshalb die Frage nach ihrer phylogenetischen Herkunft. Dies stellt man sich heute folgendermaßen vor: Papova- (und Adeno-)Viren vermehren sich vorzugsweise in differenzierten Epithelzellen der Haut oder Schleimhäute. Infolge der geringen Stoffwechselaktivität dieser Zellen, die den Viren nur eine geringe Replikationsrate ermöglichen würde, haben die genannten Viren einen Mechanismus entwickelt, die Zellen zu vermehrten Teilungen anzuregen. Dies erfolgt durch funktionelle *Inaktivierung von Suppressorgenproteinen* (s. S. 665) durch die Produkte der Transformationsgene, die man sich abstammend von mutierten Suppressorgenen der Zelle vorstellt. – In den ***Papillomen*** findet sich infektiöses Virus nur in den differenzierten Keratinozyten, in den Basalzellen jedoch nur Virus-DNA. Die Karzinome sind hingegen frei von Virus, enthalten aber DNA.

Papillom-Viren und Zervix-Karzinom

Das Hauptproblem der HPV-Forschung betrifft die Beteiligung der HPVs bei der Entstehung des Zervix-Karzinoms: In Zellatypien und in der zervikalen intraepithelialen Neoplasie (CIN) I und II stellt man vorwiegend HPV-6 und -11 fest. Hingegen lassen sich im Stadium CIN III und im Karzinom fast ausschließlich die Typen 16 und 18 u. a. nachweisen. Man schätzt die „Inkubationsperiode" zumindest auf 10 Jahre. Im allgemeinen liegt die DNA der HPVs in den Frühstadien (Zellatypien, CIN I, II und M. Bowen) in episomaler Form vor, während sie in den Karzinomen (und CIN III) in das Zellgenom integriert ist.

Die Analyse der Tumorentstehung hat ergeben, daß Rinderpapillom-Viren und HPV-16 und -18 immortalisierend wirken. Für den kompletten Transformationseffekt ist ein aktiviertes c-ras-Gen erforderlich; das c-myc-Gen ist diesbezüglich unwirksam (s. S. 660, 664).

Der hohe Prozentsatz von Zervix-Karzinomen, bei denen HPVs vorkommen, legt die Beteiligung bestimmter Typen an seiner Entstehung nahe. Insbesondere spricht die Beobachtung, daß im Dysplasie- und im CIN I- und II-Stadium vorwiegend episomale DNA vorliegt, im CIN III und in den Karzinomen dann jedoch integrierte und exprimierte DNA, sehr für einen kausalen Zusammenhang. Die Regelmäßigkeit, mit der integrierte HPV-DNA in Tumor-Zellinien aus Zervix-Karzinomen festgestellt wird, deutet darauf hin, daß die Integration und Expression für die Erhaltung des malignen Zustandes notwendig ist.

Die heutigen Vorstellungen gehen dahin, daß die Infektion mit einem HPV streng mit der Entstehung des Tumorgeschehens verknüpft ist. – Zervix-Karzinome entstehen wahrscheinlich durch das Zusammenwirken von zwei oder mehr Faktoren: HSV oder ZMV sind im Zervix-Sekret nachgewiesen, chemische Karzinogene aus Verbrennungsprodukten des Tabaks, Hormone sowie bestimmte HPVs wirken in einer vorläufig noch nicht bekannten Weise bei ihrer Entstehung zusammen. Bei etwa 90% der Zervix-Karzinome wurde integrierte und exprimierte HPV-DNA festgestellt.

Klinik

Als wichtigste Ausprägungsformen unterscheidet man die ***gemeinen Warzen*** von den juvenilen ***Kehlkopf-Papillomen*** und den ***Kondylomata akuminata*** des Genitalbereichs. Die gemeinen Warzen treten häufig mit der Pubertät auf und verschwinden später oft ohne Zutun.

Gemeine Warzen und Konjunktival-Papillom. Die gemeinen Warzen sind ***gutartig***, ebenso das Konjunktival-Papillom. Die Inkubationsperiode beträgt 2–3 Monate. Diese gutartigen Tumoren sind epithelial oder fibroepithelial und können ebenso wie Zervix-Dysplasien nach unterschiedlich langer Zeit spontan zurückgehen. Unterschiedliche HPV-Typen bewirken die Entstehung verschiedener Tumortypen, die sich morphologisch, histologisch und bezüglich ihrer Lokalisation am Körper unterscheiden. Virustypen, deren DNA etwas näher verwandt ist, besitzen ähnliche pathobiologische Eigenschaften; z. B. sind HPV-6 und HPV-11 induzierte Genitalwarzen histologisch kaum zu unterscheiden.

Epidermodysplasia verruciformis. Ein interessantes Beispiel ist die Epidermodysplasia verruciformis. Infolge eines angeborenen Defektes der zellulären Immunität entstehen bei Kindern Warzen, die aber persistieren und allmählich die ganze Hautoberfläche überziehen (ausgenommen sind Kopfhaut, Fußsohlen und Handinnenflächen). Die HPV-Typen 5 und 8 erzeugen dabei flache Warzen, rötliche Plaques und pityriasis-versicolor-ähnliche Veränderungen. Die Histologie ist typisch, daher der Name ***Epidermodysplasia verruciformis*** (***EV***). Nach einer Inkubationsperiode von 10–20 Jahren entwickeln sich in 25–50% der Fälle Karzinome. Für die ***Malignisierung*** macht man die Einwirkung von *UV-Licht* verantwortlich. Während bei der EV die DNA episomal vorkommt, läßt sich in den Karzinomen integrierte Virus-DNA nachweisen.

Bösartige Tumoren. Nur aus bestimmten Papillomformen können nach langen Inkubationsperioden (10–20 Jahre) bösartige Karzinome hervorgehen, nämlich aus den Kondylomata akuminata, den flachen Kondylomen, der Epidermodysplasia verruciformis sowie den Kehlkopfpapillomen der Erwachsenen. Die juvenilen Kehlkopfpapillome sind nicht im eigentlichen Sinne bösartig, jedoch bilden sie sich nach der Exstirpation bald wieder neu. Früher durchgeführte Röntgenbestrahlungen haben nach langen Jahren die Entstehung von Karzinomen bewirkt.

Immunologie

Erst in den letzten Jahren ist klar geworden, daß der Mensch auch auf HPV-Infektionen immunologisch reagiert, man hat jetzt Antikörper gegen frühe und späte Genprodukte festgestellt; man versucht, sie in Beziehung zu den verschiedenen Krankheitsstadien zu bringen. IgM- und IgG-Antikörper wurden bei infizierten Personen festgestellt. Antikörper gegen die Capside treten während der akuten Durchseuchung auf, während das Auftreten von Antikörpern gegen Frühantigene möglicherweise prognostischen Wert für die Entstehung des Zervix-Karzinoms hat.

Da Warzen bei immunsupprimierten Personen gehäuft vorkommen, denkt man an die Mitwirkung der zellulären Immunität bei der Abstoßungsreaktion. Man beobachtet dabei aktivierte Langerhans-Zellen sowie Infiltrate aus Makrophagen und Lymphozyten. Bei humoralen Immundefekten wurde hingegen keine Häufung von Warzen festgestellt. So bietet insgesamt die Epidemiologie und Immunologie der tumorerzeugenden HPVs des Menschen ein Bild wie andere Infektionskrankheiten auch.

Labordiagnose

Die meisten Warzenarten lassen sich klinisch diagnostizieren. Schwierigkeiten bereitet die Diagnose der EV und der flachen Kondylome.

Der Nachweis viraler DNA durch Hybridisierung ist bisher nur in Speziallabors durchführbar. Es besteht jedoch die Aussicht, daß die *Hybridisierung mit Biotin-markierter DNA* allgemeine Anwendung finden kann. Dies gilt ganz besonders für die ***Vorsorgeuntersuchungen*** von Frauen beim Vorliegen von Epithelatypien im Rahmen der üblichen Untersuchung der Zellabstriche oder besser von Biopsien.

Der Nachweis der HPVs (16, 18. u. a.) im Zervixmaterial ist wegen der starken, früh einsetzenden Durchseuchung zwar nur von begrenztem prognostischem Wert, wegen der hohen Rate an falsch-negativen Resultaten (bis zu 50%), bei der Untersuchung mit der herkömmlichen Papanicolaou-Methode aber als Ergänzung wichtig.

Bei der Beurteilung des Nachweises von HPV-DNA im Zervixmaterial muß jedoch auch die Menge der DNA berücksichtigt werden: Während der Durchseuchungsphase ist nur wenig DNA vorhanden, nach Beginn der Malignisierung enthalten jedoch viele Tumorzellen viele Kopien des Genoms.

Therapie, Prophylaxe

Warzen verschwinden oft spontan oder nach Suggestivmaßnahmen. Der Arzt kann $AgNO_3$ oder die Kryotherapie anwenden. Die juvenilen Kehlkopfpapillome lassen sich durch Behandlung mit ***α-Interferon*** oftmals zum Verschwinden bringen. Rezidive sind jedoch häufig. Auch bei Patienten mit malignisierter EV hat sich Interferon als wirksam erwiesen. Kleine Tumoren der Art des M. Bowen sprechen gut an, während große invasive Karzinome refraktär gegen α-Interferon sind.

Die lange Zeitspanne bis zum Auftreten der bösartigen Eigenschaften der Zellen und das Vorkommen von bestimmten Typen der HPVs in den Tumoren läßt hoffen, daß eine ***Impfung*** mit einer geeigneten Vakzine das Auftreten vieler Tumorformen verhindern kann. Ein Erfolg dieser Art würde überdies das wichtigste Beweisstück für die Bedeutung der HPV für die Tumorentstehung liefern. Der Weg bis dahin dürfte jedoch noch weit sein.

11.3 Das Virus der progressiven multifokalen Leukoenzephalopathie (PML)

Definition

Der Erreger ist ein DNA-haltiges Virus von 40 nm Durchmesser. Das Virion besteht aus einem Capsid, das eine Doppelstrang-DNA umschließt. Das Virus gehört zur Gruppe B und wird als JC-Virus bezeichnet. Die Namengebung erfolgte wie beim BK-Virus (s. S. 786).

Rolle als Krankheitserreger

Es ist der Erreger der progressiven multifokalen Leukoenzephalopathie des Menschen (PML). Das JC-Virus wurde zuerst aus dem Gehirn von PML-Kranken isoliert. Die PML tritt bei immungeschädigten Patienten auf (Transplantationsempfänger, Tumorpatienten, angeborenem Immunmangelsyndrom und vor allem bei AIDS-Patienten). In geeigneten Tierspezies induziert das Virus die Bildung von Tumoren.

Züchtung

Man kennt die Replikationsweise, die DNA und die Proteine des Virus gut. In den mit dem JC-Virus infizierten Zellkulturen werden ***nukleäre Einschlußkörperchen*** beobachtet. Die Kulturflüssigkeit enthält hämagglutinierende Viruspartikel. Ein zytopathischer Effekt wird erst nach mehr als 10 Tagen beobachtet; er tritt in Primärkulturen menschlicher Foetal-Gliazellen sowie in Astrozyten auf. Die Virus-DNA ist in der befallenen Zelle integriert oder liegt episomal vor.

Epidemiologie

Die Durchseuchung mit diesem Virus ist sehr hoch; bereits im 10. Lebensjahr liegt sie bei fast 100%. Trotzdem ist die Krankheit sehr selten, die als Reaktivierung einer zurückliegenden Infektion aufzufassen ist.

Pathogenese

Das JC-Virus kann in der Niere nachgewiesen werden; es wird mit dem Urin ausgeschieden. Man findet es bei Graviden, bei AIDS-Patienten und bei 10–40% der Empfänger von Organtransplantaten. Bei Kindern mit Malignomen erscheint das Virus in 5–10% der

Fälle im Urin. – Für die Erkrankung des ZNS durch das JC-Virus sind offenbar Enhancer-Elemente verantwortlich, die für die Replikation in den Zellen des ZNS erforderlich sind. Das „Nieren-Virus“ enthält diese Elemente nicht.

Interessanterweise wird in den Kernen der infizierten Zellen ein „Tumor-Antigen“ (T-Ag) (s. S. 650) gebildet. Dieses ist eng mit der transformierenden Aktivität des Virus gegenüber tierischen und menschlichen Zellen verknüpft.

Klinik

Die PML ist eine seltene Entmarkungskrankheit des Menschen, sie tritt gehäuft bei Personen mit einem Immun-Mangelsyndrom auf.
Vorwiegend sind Oligodendrogliazellen, seltener Astrozyten befallen, die Zeichen der Infektion zeigen (Vergrößerung der Kerne, nukleäre Einschlußkörperchen, Pyknose). Das Hauptelement der Pathogenese ist die zytozide Infektion der Gliazellen, der sich Entmarkungen anschließen.

Die ersten klinischen Anzeichen sind Sprachstörungen und Demenz. Lähmungen, Sensibilitätsstörungen und Rindenblindheit bestimmen das sonst variable klinische Bild. – Man hat ferner Anhaltspunkte dafür, daß das JC-Virus leichte Infekte der Atemwege, Zystitis bei Kindern und bei Knochenmarkstransplantat-Empfängern eine hämorrhagische Zystitis hervorrufen kann. Beziehungen zu Tumoren des Menschen sind noch nicht gesichert. – Bei AIDS-Kranken mit neurologischen Symptomen beobachtet man die PML in 4%.

Diagnose

Das Virus läßt sich züchten und IgM- und IgG-Antikörper nachweisen.

11.4 Das BK-Virus

Das zur Gruppe der Polyoma/Papova-Viren gehörende BK-Virus wurde 1971 erstmals nach einer Nierentransplantation im Urin nachgewiesen. Die Bezeichnung BK leitet sich von den Anfangsbuchstaben des Patienten her, bei dem das Virus isoliert wurde.

Bisher hat man dieses Virus nicht in Beziehung zu menschlichen Erkrankungen bringen können; 75% der Weltbevölkerung besitzen aber Antikörper. Die Infektion des Menschen findet vermutlich in den ersten 5 Lebensjahren statt; sie verläuft subklinisch, persistiert aber lebenslang. Das Virus wird vor allem von Immunsupprimierten mit dem Urin ausgeschieden. Eine vermehrte Ausscheidung läßt sich auch während der Gravidität beobachten; dabei werden häufig IgM-Antikörper gebildet. Bei Krebs-Patienten hat man bisher keine erhöhten IgM-Werte festgestellt.

Züchtung. Das Virus läßt sich in embryonalen Nierenzellen des Menschen züchten. In vitro transformiert das Virus menschliche Zellen, die dann im Versuchstier Tumoren bilden.

11.5 Das lymphotrope Papova-Virus

Das ursprünglich aus Affen isolierte Virus vermehrt sich in B-Zellblasten. Es gehört zu den defektiv-interferierenden Viren (s. S. 633). 25% aller Menschen haben neutralisierende Antikörper. Eine Erkrankung des Menschen durch dieses Virus hat man noch nicht feststellen können.

Zusammenfassung: Papova-Viren des Menschen

Das Virus: DNA-Viren mit ringförmigem Doppelstrang. Ikosaeder, mehr als 60 Typen, Typisierung durch Hybridisierung. Virus ist stabil.

Vorkommen: Artspezifische Viren bei Mensch und Tier. – Weltweit.

Epidemiologie: Durchseuchung mit Warzen-Viren hoch. Typ 16 und 18 bis 90%.

Übertragung: Durch Hautkontakt (direkt, indirekt), im Geburtskanal, Intimverkehr.

Pathogenese: Gutartige Tumoren (gemeine und flache Warzen); andere zunächst gutartige können entarten (E. verruciformis, Kondylomata akuminata). Zervixdysplasien (Typ 6 u. 11) können entarten. Beim Zervix-Karzinom findet man Typ 16 und 18 u. a.

Klinik: Gemeine und flache Warzen, Papillome im Mund, im Kehlkopf und den Konjunktiven; Kondylome, E. verruciformis, M. Bowen, Zervixdysplasien, Penis- und Zervix-Karzinom.

Labordiagnose: Bisher keine Züchtung möglich. Hybridisierung.

Therapie: Scharfer Löffel, Silbernitrat, Besprechen, IFN bei juvenilen Kehlkopfpapillomen.

Immunität: Antikörperbildung, sehr wahrscheinlich auch zellabhängige Immunität.

JC- und BK-Virus: Weite Verbreitung, das JC-Virus ist der Erreger der PML bei immungeschädigten Personen.

12 Adeno-Viren

D. Falke

Adeno-Viren besitzen eine einheitliche Gestalt; sie gehören zu den hüllenlosen Doppelstrang-DNA-Viren. Alle Adeno-Viren bestehen aus einem DNA-Knäuel, welches in ein ikosaedrisch ausgebildetes Capsid eingebettet ist. Aus den Ecken des Ikosaeders ragen 12 antennen-ähnliche Fibern hervor. Zur Zeit sind 41 menschenpathogene Typen der Adeno-Viren bekannt; sie zeigen untereinander Antigenverwandtschaft.

Die DNA des Adeno-Virus ist ein lineares Doppelstrangmolekül mit einem Molekulargewicht von $20–25 \times 10^6$ D. Am 5'-Ende der beiden Stränge sitzt jeweils ein kovalent gebundenes Proteinmolekül. – Das Capsid besteht aus 252 Untereinheiten (Capsomeren). Hiervon zeigen 240 eine sechseckige Form; diese „Hexone" tragen das bei allen Adeno-Viren vorkommende gruppenspezifische Antigen. Die restlichen 12 Capsomere sind fünfeckig; sie enthalten in Gestalt der „Pentone" und der daran inserierenden Fibern das typenspezifische Antigen. – Der Durchmesser des Virions beträgt 80 nm.

Rolle als Krankheitserreger. Das Virus wurde erstmals 1953 in Explantaten von Tonsillengewebe anhand seines zytopathischen Effekts nachgewiesen. 1956 erhielten die Isolate die Bezeichnung „Adeno-Viren" (Tonsillen = adenoides Gewebe). Viren dieser Art kommen auch bei anderen Spezies vor.

Züchtung. Adeno-Viren lassen sich in Human-Zellkulturen gut züchten. Die Vermehrung erfolgt ausschließlich im Zellkern. In Mäuse- oder Hamsterzellen wirken Adeno-Viren transformierend.

Resistenz gegen äußere Einflüsse. Das Virus ist außerhalb des Menschen relativ stabil; seine Infektiosität wird durch Äther nicht zerstört.

Einteilung der Adeno-Viren. Die Mehrzahl der Adeno-Viren agglutiniert Erythrozyten bestimmter Tierspezies, obwohl Adeno-Viren keine Hülle besitzen. Die Hämagglutination kann zur serologischen Typisierung verwendet werden, steht aber an Bedeutung dem Neutralisationstest nach; sie wird durch Antikörper gegen die Fibern und die Pentone bewirkt.

Eine Feindifferenzierung der Adeno-Viren gelingt durch vergleichende Analyse der DNA mit Hilfe von Restriktionsenzymen (RE-Analyse).

Vorkommen

Nur menschliche Adeno-Viren sind für den Menschen pathogen. – Überträgt man die Typen 12, 18 u. a. auf Hamster oder Mäuse, entstehen Tumoren (s. S. 674).

Epidemiologie

Im Alter von zwei Jahren haben viele Kinder eine Adeno-Infektion durchgemacht. Etwa 50% der Infektionen im Kindesalter verlaufen inapparent.

Übertragung

Adeno-Viren werden ausschließlich von Mensch zu Mensch übertragen, und zwar vorwiegend durch ***Tröpfcheninfektion***. Es kann die Übertragung aber auch durch Stuhl und Urin erfolgen (Schmutz- und Schmierinfektion). Die Ansteckung erfolgt leicht und schnell.

Als Infektionsquelle kommt der akut Erkrankte, und möglicherweise der latent Infizierte, in Betracht. Beim akut Erkrankten wird das Virus im Speichel bzw. im Stuhl ausgeschieden. Beim latent Infizierten gelangt das Virus nur fluktuierend in den Speichel.

Einige Typen der Adeno-Viren treten auch im Stuhl auf, z. B. Adeno-Virus-31. Als typische Gastroenteritis-Erreger erscheinen die Typen 40 und 41 im Stuhl.

Gefürchtet sind bei Augenärzten, in ***Augenkliniken*** und bei Betriebsärzten nosokomiale Infektionen mit den Typen 3, 7, 8, 11, 19 und 37. Die Infektionen breiten sich schnell aus, wenn Tropfpipetten mehrfach benützt werden. In den Augenkliniken sind ungenügend sterilisierte Geräte, z. B. Tensiometer, eine weitere Ansteckungsquelle.

Pathogenese

Eintrittspforten für die Adeno-Viren sind der Nasen-Rachenraum und die Konjunktiven. Adeno-Viren werden aber auch fäkal-oral aufgenommen. Die Adeno-Viren replizieren sich vorwiegend auf den Schleimhäuten der Luftwege (Nase, Rachen, Larynx, Konjunktiven, Bronchien und Lunge) sowie im Gastrointestinal-Trakt und in den dazugehörigen Lymphknoten sowie in den Meningen.

Im Sinne einer latenten Infektion beherbergt ein großer Teil der Menschen in den ***Tonsillen*** („adenoides Gewebe") Adeno-Viren über lange Zeit, ohne klinische Erscheinungen zu zeigen und meist ohne infektiöses Virus abzugeben. In den letzten Jahren hat sich ergeben, daß latente Adeno-Virusinfektionen reaktiviert werden können, z. B. im Verlauf von Masern- oder B. pertussis-Infektionen. Dementsprechend fluktuiert die Virusausscheidung. – Krankheitssymptome werden dabei aber nicht beobachtet. Die latente Infektion bleibt trotz der Anwesenheit von humoralen Antikörpern und zytotoxischen Lymphozyten bestehen, vermutlich werden keine frühen Antigene des Adeno-Virus oder MHC-Antigene auf der Zellmembran exprimiert. – Für Art und Ausmaß der Lungenveränderungen scheinen frühe Proteine verantwortlich zu sein.

Klinik

Die Inkubationsperiode beträgt 2–6 Tage. Adeno-Viren verursachen eine Vielfalt von Krankheitsbildern. Die Symptomatik ist nicht streng typgebunden. Folgende Bilder werden beobachtet:

Akute fieberhafte Pharyngitis. Sie wird vorzugsweise bei Kindern beobachtet. Die Symptome sind Husten, verstopfte Nase, entzündeter Rachen und geschwollene Zervikal-Lymphknoten. Die Adeno-Viren der Typen 1, 2, 3, 5, 6 und 7 sind für diese meist sporadischen Infektionen verantwortlich.

Pharyngokonjunktival-Fieber. Dieses Krankheitsbild tritt epidemisch in Schulen und Kindergärten auf. Die Symptome sind Pharyngitis, Fieber und allgemeines Krankheitsgefühl. Bei den Typen 3 und 7 (und weiteren) steht als charakteristisches Symptom eine follikuläre *Konjunktivitis* im Vordergrund. Die Infektion erfolgt in diesen Fällen häufig in Schwimmbädern durch nicht-chloriertes Wasser („Schwimmbadkonjunktivitis" – diese Konjunktivitis ist jedoch nicht zu verwechseln mit der durch Chlamydien erzeugten Krankheit, die ebenfalls als „Schwimmbadkonjunktivitis" bezeichnet wird).

Akutes respiratorisches Syndrom. Dieser Symptomenkomplex ist durch Fieber, Pharyngitis, Husten, Krankheitsgefühl und Lymphadenitis colli charakterisiert. Er tritt in epidemischer Form bei Adoleszenten, z. B. bei Soldaten, auf. Man findet vorwiegend die Typen 3, 4, 7, 14, 21 und 24. Die Erkrankungen sind im allgemeinen gutartig und bleiben auf die oberen Luftwege beschränkt. Die Infektion kann sich aber bis zur Virus-Pneumonie steigern. Bei Kindern verläuft die Pneumonie in seltenen Fällen tödlich.

Keratokonjunktivitis. Die Typen 8, 11, 19 und 37 nehmen eine Sonderstellung ein. Nach einer Inkubationsperiode von 8–10 Tagen verursachen sie eine schmerzhafte Keratokonjunktivitis. Die Schmerzhaftigkeit der Adeno-Erkrankung ist ein differentialdiagnostisches Merkmal: Die Herpes-Keratitis verläuft demgegenüber schmerzlos. Es treten im Verlauf der Entzündung Hornhauttrübungen auf, die trotz ihrer längeren Dauer gutartig sind. Typisch für dieses Krankheitsbild ist die Schwellung der präauriculären Lymphknoten. Diese Keratokonjunktivitis tritt bei Metallarbeitern („shipyard eye") und als nosokomiale Infektion in Augenkliniken auf.

Meningitis. Eine Meningitis durch Adeno-Viren (Typen 3, 4, 7, 12) ist selten.

Hämorrhagische Zystitis. Eine hämorrhagische Zystitis ist bekannt (Typen 11, 21). Adeno-Viren kommen auch als Erreger einer ***Urethritis*** und einer ***Zervizitis*** vor.

Otitis media. Als Folge einer Adeno-Virusinfektion kann es schließlich auch zu einer Otitis media kommen. Auch hier gilt, daß Viren zumeist die Wegbereiter einer bakteriellen Superinfektion sind.

Mesenterial-Adenitis. Eine durch Adeno-Virus bedingte Mesenterial-Adenitis täuscht eine Appendizitis vor.

Pneumonie. Besonders gefährlich ist eine Pneumonie bei immundefizienten oder immunsupprimierten Personen. Auch im Gefolge einer durch eine Masern-Erkrankung hervorgerufenen Immunsuppression kann eine Adeno-Virus-Pneumonie auftreten.

Generalisierte Infektionen. Generalisierte Infektionen werden als Meningoenzephalitis, als Hepatitis, als Myokarditis, z. T. mit Exanthemen, beobachtet (Typen 4, 7, 34, 35); sie sind aber selten.

Immunologie

Adeno-Virusinfektionen verursachen eine relativ dauerhafte Immunität. Kinder zeigen wegen der geringen Anzahl der vorausgehenden Infekte eher typenspezifische Reaktionen als Erwachsene. Durchseuchungsstudien lassen sich mit der KBR nur bedingt durchführen, weil die Antikörper gegen das Hexon-(Gruppen-)Antigen nach einigen Jahren verschwinden. Bei der Pneumonie durch Adeno-Viren fehlen die Kälteagglutinine; dies steht im Gegensatz zu den Infektionen mit M. pneumoniae.

Labordiagnose

Die Labordiagnose von Adeno-Virusinfektionen läuft nur über eine Isolierung des Virus selbst, die nur in einigen Speziallabors durchgeführt wird. Die Isolierung der Adeno-Viren bei der akuten Infektion gelingt aus Rachenspülwasser, Konjunktivalsekret, aus dem Liquor und dem Stuhl. In der Latenzphase ist die Isolierung des Virus aus den Tonsillen nur durch Langzeitkultivierung des Gewebes möglich; im Direkt-Extrakt erweist sich das Gewebe meist als virus-negativ. Durch DNA-Hybridisierung kann man den direkten Virusnachweis aber auch in diesen Fällen führen. – Antikörper lassen sich mit der gruppenspezifischen KBR und dem eher typenspezifischen HHT nachweisen.

Verhütung

Allgemeine Maßnahmen. Schmutz- und Schmierinfektionen lassen sich durch Allgemeinhygiene reduzieren. In Schwimmbädern verhindert Chlorierung des Wassers lokale Epidemien. In Augenkliniken ist strengste Hygiene einzuhalten. Das gehäufte Auftreten von Infektionen in Kindergärten etc. läßt sich durch gezielte Hygienekontrollen verhindern oder zumindest reduzieren.

Vakzination. Zur Verhütung der akuten Atemwegserkrankungen wurde ein Lebendimpfstoff entwickelt. Man verwendet Adeno-Virus vom Typ 3, 4, 7 und 21. Das Impf-Virus wird in menschlichen Zellen gezüchtet; man appliziert es in Gelatine-Kapseln. Man verhindert auf diese Weise ein Angehen der Infektion im Nasen-Rachenraum, im Magen wird jedoch das Virus frei und stimuliert den Immunapparat.

Therapie

Ein Chemotherapeutikum existiert noch nicht.

Zusammenfassung: Adeno-Viren

Das Virus: Doppelstrang-DNA-Viren in Ikosaeder-Capsid mit Fibern an 12 Pentonen; 240 Hexone; 41 Typen. ZPE in menschlichen Zellen, Transformation tierischer Zellen.

Vorkommen: Bei vielen Tierspezies vorkommend, streng artspezifisch.

Epidemiologie: Weit verbreitet, frühzeitige Durchseuchung.

Übertragung: Tröpfcheninfektion, Konjunktival-, Nosokomialinfektion, Virus ist relativ stabil.

Pathogenese: Akute Erkrankung durch primären Zellschaden. Adeno-Viren persistieren latent für Jahre ohne Erkrankung in den Tonsillen.

Klinik: 2–6tägige Inkubationsperiode: Fieberhafte Pharyngitis, Pharyngokonjunktivalfieber, akutes respiratorisches Syndrom, schmerzhafte Keratokonjunktivitis, Meningitis, Pneumonie u. a.

Diagnose: Virusisolierung in einigen Labors, HHT zur Typendifferenzierung, KBR wegen Kreuzreaktionen unbefriedigend. RE-Analysen.

Therapie: Keine spezifische Therapie.

Immunität: Relativ dauerhaft.

Prävention: Verhütung von nosokomialen Infektionen, Impfstoff nicht gebräuchlich.

13 Herpes-Gruppe

D. Falke

INHALTSÜBERSICHT

13.1 Beschreibung der Gruppe der Herpes-Viren . . . 791
13.2 Herpes-simplex-Virus . . . 792
13.2.1 Beschreibung des Virus . . . 792
13.2.2 Vorkommen . . . 793
13.2.3 Epidemiologie . . . 793
13.2.4 Übertragung . . . 793
13.2.5 Pathogenese . . . 793
13.2.6 Klinik . . . 795
13.2.7 Immunologie . . . 797
13.2.8 Labordiagnose . . . 797
13.2.9 Therapie . . . 798
13.2.10 Prävention . . . 798
Zusammenfassung . . . 798
13.3 Varizellen-Zoster-Virus . . . 799
Zusammenfassung . . . 801
13.4 Virus der Zytomegalie . . . 802
13.4.1 Beschreibung des Virus . . . 802
13.4.2 Epidemiologie . . . 802
13.4.3 Übertragung und Ausscheidung . . . 802
13.4.4 Pathogenese . . . 802
13.4.5 Klinik . . . 803
13.4.6 Immunologie . . . 805
13.4.7 Therapie . . . 805
13.4.8 Labordiagnose . . . 805
13.4.9 Prävention . . . 806
Zusammenfassung . . . 806
13.5 Epstein-Barr-Virus . . . 807
13.5.1 Beschreibung des Virus . . . 807
13.5.2 Geschichte . . . 807
13.5.3 Epidemiologie . . . 807
13.5.4 Übertragung (Ausscheidung) . . . 808
13.5.5 Pathogenese . . . 808
13.5.6 Klinik . . . 808
13.5.7 Immunologie . . . 810
13.5.8 Labordiagnose . . . 810
13.5.9 Therapie, Prophylaxe und Prävention . . 811
Zusammenfassung . . . 812
13.6 Herpes-B-Virus . . . 812
13.7 Humanes Herpes-Virus-6 . . . 812
Zusammenfassung . . . 814

13.1 Beschreibung der Gruppe der Herpes-Viren

Die Erreger der Herpes-Gruppe besitzen einen zentralen DNA-Innenkörper. Dieser ist in ein ikosaederförmiges Capsid mit 162 Capsomeren eingebaut. Das Virion mißt etwa 180 nm im Durchmesser. Außen ist das Capsid von einer lipidhaltigen Hülle umgeben. In diese Hülle sind verschiedene Glykoproteine eingebaut, die unterschiedlich lange Spikes bilden.

Die DNA besitzt ein Molekulargewicht von $100–220 \times 10^6$ D. Die isolierte DNA ist selbst infektiös; inzwischen ist sie sequenziert worden. Ein Vergleich der DNA-Eigenschaften von verschiedenen Herpes-Viren erlaubt Aussagen über die phylogenetische Verwandtschaft innerhalb der Herpes-Gruppe.

Alle Viren der Herpes-Gruppe persistieren trotz der Anwesenheit von neutralisierenden Antikörpern und von zytolytischen Gedächtniszellen lebenslang im Organismus.

Einteilung

Die Herpes-Gruppe umfaßt folgende Erreger:

- Herpes-simplex-Virus α-Herpes-Virus (HSV)
- Varizellen-Zoster-Virus α-Herpes-Virus (VZV)
- Zytomegalie-Virus β-Herpes-Virus (ZMV)
- Epstein-Barr-Virus γ-Herpes-Virus (EBV)

• Virus des Herpes-B-simiae der Affen	α-Herpes-Virus
• Humanes Herpes-Virus-6	β-Herpes-Virus (HHV-6)

Vorkommen

Bei verschiedenen Affenarten treten Tumoren der weißen Blutkörperchen auf, die man auf Infektionen mit Viren der Herpes-Gruppe (H. saimiri, H. ateles u. a.) zurückführt. Tumoren treten in den natürlichen Wirten nicht auf, nur bei der experimentellen Infektion anderer Affenspezies.

Das Virus der als Marek'sche Geflügellähme bezeichneten Tumorkrankheit ist ebenso ein Herpes-Virus. Durch Immunisierung mit dem nicht tumorigenen, aber kreuzimmunisierenden Puten-Herpes-Virus kann man das Entstehen der Geflügellähme verhindern. – Das Herpes-Virus des Frosches erzeugt das Lucké'sche Adeno-Karzinom der Niere. Cynomolgus- und Rhesusaffen beherbergen das für den Menschen hochpathogene Herpes-B-simiae-Virus.

Der Mensch beherbergt zwei Typen des Herpes-simplex-Virus sowie die anderen menschenpathogenen Herpes-Viren.

13.2 Herpes-simplex-Virus

13.2.1 Beschreibung des Virus

Rolle als Krankheitserreger

Der Typ 1 des Herpes-Virus wird als ***„Oraltyp"*** bezeichnet, weil die Primärinfektion vorwiegend über die Mundhöhle erfolgt. Bis zum 6.–10. Lebensjahr werden praktisch alle Kinder mit dem Typ 1 infiziert. – Der Typ 2 wird als ***„Genitaltyp"*** bezeichnet. Er ist seltener und verursacht vornehmlich bei Jugendlichen und Erwachsenen herpetische Erkrankungen am Genitale. Möglicherweise besteht zwischen dem Herpes-Virus des Typs 2 und dem Zervix-Karzinom der Frau eine ätiologische Beziehung.

Die Infektion verläuft in etwa 90% der Fälle inapparent und bleibt das ganze Leben über als latente Infektion bestehen. Aus dieser Situation entwickeln sich wiederholt kurzdauernde Exazerbationen, meistens als bläschenförmige, harmlose Hauteruptionen: ***Herpes rezidivans***. In Einzelfällen aber verursacht das Herpes-simplex-Virus lebensbedrohliche Krankheiten, sei es als direkte Folge der Primär-Infektion (Primärerkrankung) oder als Exazerbation (Rezidiv).

Morphologie und Genom

Das Virusgenom kodiert für etwa 80 Proteine; diese werden in „Sofort"-Proteine, „Früh"-Proteine und „Spät"-Proteine eingeteilt. Ihre Synthese wird vom Genom in einer genau geregelten 3-Stufen-Sequenz abgerufen. Die Sofortproteine üben Regulationsfunktionen aus, während die Frühproteine zumeist Enzyme der DNA-Synthese sind (DNA-Polymerase, Thymidin-Kinase, Ribonukleotid-Reduktase u. a.). Als Spätproteine werden diejenigen Genprodukte bezeichnet, die relativ spät nach der Infektion auftreten und vorzugsweise als Strukturproteine, d. h. als Bausteine des Virus dienen; zu ihnen gehört außerdem ein transaktivierendes Protein.

Replikation

Das Virus wird im Kern der Zelle montiert, wobei ein Teil der Kernmembran die Matrix für die Virushülle abgibt. Diese Matrix enthält 8 Glykoproteine, die beim Befall humorale und zelluläre Immunreaktionen auslösen. Sofortproteine, Capsid und Enzyme regen ebenso die Bildung von Antikörpern an. Unter der Hülle läßt sich ein „Tegument" nachweisen; es enthält ein Protein, das zwar als Spätprotein gebildet wird, aber nach dem Eindringen des Virus in die Zelle die Wirkung der Sofortproteine verstärkt („Transaktivator"-Wirkung). Man ist jetzt dabei, die verschiedenen Gene des HSV zu kartieren. So kennt man z. B. sechs Gene, die für die Fusion der befallenen Zellen notwendig sind. Zwei Glykoproteine wirken ähnlich wie Fc-Rezeptoren (s. S. 138, 198): Sie binden in unspezifischer Weise Antikörper der Klasse IgG an deren Fc-Stück. Ein anderes Glykoprotein bindet die C3b-Komponente des Komplements. HSV-1 besitzt ferner ein Gen, dem man zelltransformierende Eigenschaften zuschreibt, bei HSV-2 sind zwei zelltransformierende Gene vorhanden. Experimentelle Transformationen kann man durch die Infektion von Zellen mit partiell UV-inaktivierten HSV-Partikeln erzielen; den gleichen Effekt beobachtet man nach Transfektion mit der DNA der transformierenden Genabschnitte. Nach den bisherigen Untersuchungen wirkt die DNA des HSV mutagenisierend, DNA-synthese-steigernd und DNA-amplifizierend. Isolierte HSV-DNA erzeugt im Tier Zervix-Karzinome. HSV-2-DNA kooperiert nach der Transfektion mit der HPV-16-DNA bei der Transformation von Epithelzellen.

Resistenz gegen äußere Einflüsse

Das HSV ist bei höherer Temperatur sehr empfindlich; dagegen hält es sich längere Zeit im Kühlschrank und ist bei −70 °C stabil. Seine Infektiosität wird durch Lipidlösungsmittel und durch Na-Hypochlorit schnell zerstört.

Züchtung

- Auf der *Chorioallantois-Membran* des bebrüteten Hühnereies. Es bildet sich, von jedem Viruspartikel ausgehend, ein kleiner weißer Fleck (Plaque), der mit freiem Auge zu sehen ist.
- Auf der *Kornea* des lebenden Kaninchens sind Herpes-Viren sehr leicht zu züchten. Sie erzeugen dort eine typische Keratitis. Man weist Herpes-Einschlußkörperchen im Kern der Zellen mit der indirekten Immunfluoreszenz nach.
- In der *Zellkultur*. Hierzu sind zahlreiche Zellspezies geeignet, z. B. menschliche Amnionzellen oder Kaninchennierenzellen. Der zytopathische Effekt besteht in Abkugelung mit nachfolgender Lyse und in Chromosomenschäden sowie in einer synzytialen Verschmelzung (Fusion) der vom Virus befallenen Zellen. Die so entstandenen Riesenzellen (Polykaryozyten) sind mehrkernig; sie enthalten in ihren Kernen typische Einschlußkörperchen. Man beobachtet Riesenzellen sowohl in vitro als auch im Organismus.

Einteilung

Das HSV kommt in zwei Typen, Typ 1 und Typ 2, vor, die sich durch ihre biologischen und pathogenetischen Eigenschaften beträchtlich unterscheiden.

13.2.2 Vorkommen

Das Wirtsspektrum des HSV ist breit; es umfaßt neben dem Menschen als natürlichem Wirt zahlreiche Nagetiere, darunter das Kaninchen.

13.2.3 Epidemiologie

Die Durchseuchung steigt in den Entwicklungsländern durchweg viel früher an als in den Ländern mit hohem Lebensstandard. Die RE-Analyse (s. S.694) von HSV-Stämmen aus Japan und aus den USA hat ergeben, daß es kontinent-spezifische DNA-Sequenzen gibt. – Die ***Herpes-Enzephalitis*** ist mit 50% Hauptrepräsentant aller Enzephalitiserkrankungen in unseren Breiten. In Deutschland kommen bei einer Durchseuchung von mehr als 95% etwa 100 Fälle von Herpes-Enzephalitis pro Jahr vor; die ebenfalls gefürchtete Herpes-***Sepsis*** erbringt 100 Fälle.

13.2.4 Übertragung

Die Infektion durch das HSV erfolgt von Mensch zu Mensch; sie zeigt endemischen Charakter. Als Virusreservoir sind Dauerausscheider erkannt worden: 10–15% aller Menschen, die älter sind als 6 Jahre, scheiden während ihres Lebens das Virus in der Tränenflüssigkeit, im Speichel oder im Genitalsekret für kürzere oder längere Zeit aus. Prostituierte beherbergen im Genitale oft den Typ 2. Die Durchseuchung mit dem HSV-2 steigt seit zwei Jahrzehnten deutlich an.

Die Kontagiosität ist nicht sehr hoch: Ein intimer Kontakt im Sinne der ***Schmierinfektion*** ist notwendig. In Betracht kommt die Infektion von Mund zu Mund, durch Direktkontakt oder im Sinne der Schmierinfektion über ein Vehikel (Finger), ferner die Infektion durch Geschlechtsverkehr (für Typ 2 und 1) sowie die Infektion während der Geburt. Die Herpes-Sepsis tritt auch bei den Neugeborenen von symptomfreien Graviden auf. Es gibt auch nosokomiale Infektionen, z. B. durch die Säuglingsschwestern, über kontaminierte Hände. Der Ursprung der nosokomialen Infektionen läßt sich durch RE-Analysen der HSV-DNA aufklären. Die Gefahr einer Säuglings-Infektion wird geringer, wenn die Mutter Antikörper vom Typ der Klasse IgG an das Kind weitergegeben hat.

13.2.5 Pathogenese

Allgemeines

Die Besonderheit der Wirts-Virus-Beziehungen beim HSV besteht darin, daß nach der Primärinfektion das Virus – dies gilt für alle Herpes-Viren – *dauernd im Organismus verbleibt*. Seit 1930 ist bekannt, daß Herpes-Rezidive nur bei denjenigen Personen auftreten, welche bereits neutralisierende Antikörper aufweisen. Man sprach vom ***„immunologischen Herpes-Paradoxon“***. Diese Erscheinung läßt sich durch die Tatsache erklären, daß sich das latente Virus in den Neuronen der Spinalganglien aufhält und dadurch dem Zugriff der humoralen und der zellulären Immunabwehrfaktoren entzogen ist. – Bei einem Rezidiv erfolgt die Virusübertragung in der Peripherie durch (Mikro-)Fusionen direkt von Zelle zu Zelle. Die Situation wird noch komplizierter, wenn man bedenkt, daß bei schon vorhandener Typ 1-Infektion eine genitale Primärinfektion mit dem Typ 2 erfolgen kann; dieses Virus nistet sich dann in den Lumbosakralganglien ein.

Die latente Infektion

Nach der Übertragung auf die Haut oder die Schleimhäute sowie der Replikation gewinnt das Virus alsbald Zugang zu den sensorischen Nervenendigungen des zuständigen Dermatoms; es erreicht nach einer axonalen Wanderung von 1–2 Tagen das ***sensorische Ganglion***; im Falle einer oralen Infektion wird meist das Trigeminus-Ganglion besiedelt. Dort vermehrt sich das Virus etwa 6–8 Tage lang. Das Virus wird aber ***nicht*** eliminiert. Vielmehr persistiert die Virus-DNA lebenslang. Sie bildet einen Ring und verbleibt in nicht-integriertem Zustand im Neuron, wobei nur die Gene für die LATs (*l*atency-*a*ssociated *t*ranscripts) transkribiert werden. Damit hat sich das Stadium der latenten Infektion herausgebildet. Infektiöses Virus läßt sich jetzt nicht mehr nachweisen. Die Anwesenheit des Virusgenoms läßt sich aber durch Ko-Kultivierung beweisen. Es gibt Anhaltspunkte dafür, daß HSV-DNA auch im ZNS und anderswo persistiert.

Enzephalitis

Die Enzephalitis wird nur durch HSV-1 verursacht. Sie befällt die temporalen, orbitoparietalen Gebiete des ZNS und wird als ***nekrotisierende*** Enzephalitis manifest. Unbehandelt sterben etwa 70% der Erkrankten; der Rest überlebt mit neurologischen Abnormitäten. Der Grund für die Lokalisation sind möglicherweise HSV-empfängliche Astrozyten des primären Neurons des Bulbus olfactorius („empfängliches Fenster"). Die Fasern des Bulbus olfactorius sind mit den Regionen des limbischen Systems im Parietallappen verbunden. Man schätzt in etwa 60% der Fälle, daß diese zusätzliche Infektion mit Propagation über den N. olfactorius die Ursache ist. In anderen Fällen sind Exazerbationen selbst die Ursache der Enzephalitis; man vermutet ein vom Trigeminus-Ganglion ausgehendes Wandern des Virus oder die Aktivierung von bereits im ZNS vorhandener HSV-DNA.

Infektionen durch HSV-2

Die Primärinfektion erfolgt bei HSV-2 über die ***Genitalorgane***. Es kommt im Anschluß an den Primäreffekt zur Besiedlung der Lumbo-Sakralganglien. Oft werden Kopfschmerzen und Nackensteifigkeit beobachtet. Die HSV-2 bedingte ***Meningitis*** kann primär und als Rezidiv entstehen. Ein beträchtlicher Anteil der Meningitiden verläuft ohne Auftreten eines Haut-Rezidivs.

Reaktivierung

In welcher Weise exogene Noxen die Reaktivierung des HSV-Genoms bewirken, ist noch nicht klar. Man vermutet ein Nachlassen der zellgebundenen Immunität und zieht hormonale Einflüsse in Betracht. Im Tierexperiment hat sich zeigen lassen, daß bei Mäusen eine ***UV-Hautbestrahlung*** die Entstehung von *Suppressorzellen* hervorruft. – Nach der Reaktivierung wird HSV im Spinalganglion in relativ großen Mengen gebildet. Das Virus wandert dann über das Axon zurück zur Peripherie. Es verläßt dann die Nervenendigungen und gewinnt Zugang zu den Epithelzellen der Haut. Hier vermehrt es sich. Damit ist das Stadium der ***Rekurrenz*** erreicht. Man bezeichnet als Rekurrenz das symptomlose Wiederauftreten von infektiösen Herpes-Partikeln in der Peripherie.

Treten bei der Reaktivierung der persistenten Herpes-Infektion klinische Symptome auf, so spricht man von ***Rekrudeszenz*** oder gleichsinnig vom Rezidiv. Die Rekurrenz tritt häufiger auf als die Rekrudeszenz. Bei immundefizienten und immunsupprimierten Personen kann die Reaktivierung des Virus und seine Ausscheidung mit oder ohne klinische Symptome erfolgen. – Rezidive sind bei manchen Menschen häufig, bei anderen selten; bei der Hälfte der Virusträger treten keinerlei Rezidive auf.

Die Rolle von neutralisierenden Antikörpern in der Pathogenese

Vor dem Eintritt in die Epithelzellen der Haut (s. oben) ist das Virus kurze Zeit (im Experiment) durch Antikörper neutralisierbar. Sobald es sich aber erst in den Epithelzellen repliziert, induziert es ***Mikrofusionen*** zwischen benachbarten Zellen und breitet sich, ungestört durch den Immunapparat, über Zellverbindungen aus. Erst einige Zeit später setzen Entzündungsvorgänge ein. Die weitere Ausbreitung der lokalen Infektion kann jetzt durch das Austreten von Antikörpern und zellulären Elementen (ADCC und ZTL!) blockiert werden.

Das HSV ist ein Schulbeispiel für die immunologische Verfremdung der Zellmembranen durch viruskodierte Glykoproteine. Da aber Glykoproteine membranständig werden, die das Vermögen haben, IgG über dessen Fc-Stück zu binden, kann sich die befallene Zelle gegen die zytolytische Wirkung von T-Lymphozyten schützen.

HSV-Keratitis

Es ist bislang nicht sicher, ob eine rezidivierende HSV-Keratitis die Folge einer primären Kornealinfektion ist; sie könnte auch im Ganglion auf weitere Neuronen überspringen, die die Kornea versorgen. Zwar sprechen Tierversuche für die erste Annahme, sie geben auch Hinweise dafür, daß das HSV oder sein Genom in der Peripherie z. B. auf der Haut oder der Kornea persistieren kann. Auch beim Menschen gibt es neuerdings solche Befunde.

Laborversuche haben ergeben, daß die Virulenz der beim Menschen isolierten Herpesstämme unterschiedlich ist. So ist z. B. die Fähigkeit des HSV, sich vom Epithel der Kornea in das Stroma auszubreiten, durch „Pathogenitätsgene" bedingt. Dies gilt auch für das Vordringen des HSV vom Spinalganglion ins Rückenmark oder in das ZNS (Neuroinvasivität, Neurovirulenz). – Bei bestimmten Formen der Keratitis stehen pathogenetisch immunologische Prozesse im Vordergrund.

Herpes-Sepsis

Die Herpes-Sepsis der Neugeborenen ist wahrscheinlich die Folge einer ungenügenden Funktion der Monozyten und Makrophagen.

13.2.6 Klinik

Bei einem Großteil der HSV-bedingten Erkrankungen dominiert das Bild der ***Bläschenbildung*** auf der Haut und den Schleimhäuten. Hinzu gesellen sich Erscheinungen am Auge, am peripheren und zentralen Nervensystem, an den inneren Organen und im Gastrointestinaltrakt.

Grundsätzlich muß zwischen Primärerkrankungen und Exazerbationen unterschieden werden. Die Exazerbationen können wiederum als Rezidive im Sinn der Rekurrenz oder als Rekrudeszenz auftreten. Die Inkubationsperiode beträgt bei der Primärinfektion 2–12 Tage (im Mittel 6 Tage). Diese Angabe bezieht sich auf den Zeitraum zwischen der Exposition und dem Auftreten von Hauterscheinungen.

13.2.6.1 Primärerkrankungen

Ein Großteil der Primärerkrankungen durch Herpes-Viren sind ***Kinderkrankheiten***. Obwohl etwa 90% der Herpes-Infektionen symptomlos bleiben, sieht man die manifeste Primärerkrankung durch Typ 1 relativ häufig, da praktisch alle Kinder infiziert werden. Demgegenüber tritt die Primärerkrankung bei Erwachsenen wegen der relativen Seltenheit der hier in Betracht kommenden Infektionen mit Typ 2 in den Hintergrund.

Gingivostomatitis herpetica

Die Gingivostomatitis herpetica ist eine mit Bläschenbildung einhergehende Entzündung der Mundschleimhaut und des Zahnfleisches im Bereich der vorderen Mundhöhle. Die Bläschen mazerieren und exulzerieren leicht und zeigen dann einen blutigen Grund. Die Primärinfektion kann sich als Rhinitis, als Tonsillitis oder als Pharyngitis mit Lymphknotenschwellungen manifestieren. Zur Differentialdiagnose müssen die Herpangina und Stomatitiden anderer Genese (Stomatitis aphthosa, Agranulozytose) in Betracht gezogen werden.

Vulvovaginitis herpetica

Es kommt zu einer Entzündung des weiblichen Genitales einschließlich der Zervix mit weißen, scharf abgegrenzten plaqueartigen Herden. Die Herde erinnern an Aphthen. Die Affektion kommt vorwiegend bei Jugendlichen und Erwachsenen nach Infektion mit dem HSV-2 vor. Liegt bereits eine orale HSV-1-Infektion vor, so verläuft eine genitale Primärinfektion im allgemeinen leichter. Nur 12% aller genitalen HSV-Infektionen sind apparent.

Keratokonjunktivitis

Es entsteht eine ***Hornhauttrübung*** mit Bläschenbildung auf der Kornea und auf der Bindehaut. Auf der Kornea kann es zu flachen Ulzera kommen; die Infektion kann aber auch in die Tiefe vordringen, bereitet aber keine Schmerzen.

Ekzema herpeticum

In Hautgebieten mit Ekzem-Effloreszenzen breitet sich die sonst lokal verbleibende bläschenförmige

Herpes-Effloreszenz diffus aus und ergreift ausgedehnte Hautbezirke. Bei der Abheilung bilden sich dicke Krusten.

Meningitis und Meningoenzephalitis

Die primäre Herpes-Meningitis wird durch den Typ 2 verursacht. Sie ist gutartig, zeigt aber eine anfängliche Vermehrung der Neutrophilen; später finden sich nur noch Lymphozyten. Dagegen ist die primäre, durch HSV-1 verursachte Meningoenzephalitis herpetica eine ernste Krankheit, die tödlich ausgehen kann. Sie bildet klinisch die allgemeinen Symptome einer Enzephalitis aus (Erbrechen, Krämpfe, Bewußtseinstrübung, Lähmungen).

Generalisierter Herpes der Neugeborenen (Herpes neonatorum)

Besonders gefährdet sind frühgeborene Kinder. Die Infektion durch HSV-2 erfolgt meist im Geburtskanal; seltener ist die Übertragung nosokomial bedingt (Säuglingsschwester, Vater). Nur bei einem Drittel der Patienten beobachtet man Bläschen auf der Haut. In diesen Fällen findet man zahllose Bläschen auf der ganzen Hautoberfläche, ferner Leber- und Milzschwellung und schließlich auch Ikterus. Meist tritt eine Enzephalitis hinzu. Der Herpes neonatorum führt – unbehandelt – fast stets zum Tode. Glücklicherweise ist diese Krankheit selten (1 Fall auf 2000–5000 Geburten). Liegen keine Bläschen vor, so bietet sich das Bild einer reinen Sepsis. Die Mütter der Kinder mit Herpes neonatorum haben oft keine Vorgeschichte bzgl. Herpes genitalis.

Infektionen der Neugeborenen erfolgen auch ohne erkennbare Bläschen der Mutter. Kinder, deren Mütter HSV-Antikörper besitzen, erscheinen weniger gefährdet.

Seltenere Erkrankungen

Seltenere Formen der primären Herpesinfektion sind ***Bläschenbildungen*** am Stamm oder an den Fingern, z. B. bei Schwestern und Krankenpflegern sowie Ringkämpfern (herpetic whitlow, herpetisches Panaritium). Selten ist auch die ***Hepatitis***, die Ösophagitis und der Befall des Duodenums. Bei Homosexuellen beobachtet man eine Herpes-Proktitis und eine Herpes-Urethritis. Neuerdings vermutet man als Ursache eines Ulcus duodeni Herpesinfektionen.

Primärinfektionen in der Schwangerschaft sind wegen der hohen Durchseuchung sehr selten, sie rufen nach den heutigen Kenntnissen nur ganz selten Embryopathien hervor. Möglicherweise gibt es auch „latente" Infektionen des Endometriums mit HSV-2. Man macht sie für Spontanaborte ebenso verantwortlich wie für Virusausscheidung ohne erkennbare Bläschen.

13.2.6.2 Die Exazerbation

Als auslösende Momente für die Exazerbation im Sinne der rekurrierenden Erkrankung kommen in Betracht: Fieberhafte Infekte, Sonnenbrand, Röntgenbestrahlung, Menstruation, akute Gastritis. Die Bezeichnung „Schreckblase" deutet auch auf die Möglichkeit hin, eine Herpes-Exazerbation durch psychische Einwirkungen auszulösen.

Herpes simplex

In der häufigsten Erscheinungsform tritt die Exazerbation als Herpes simplex „rezidivans" auf. Es treten – meistens an Übergangsstellen zwischen Haut und Schleimhaut – juckende Papeln auf, die sich schnell zu prallen ***Bläschen*** entwickeln. Die Bläschen sind *1–3 mm groß* und haben einen *klaren Inhalt*. Sie heilen unter Krustenbildung ab. Betroffen ist die Nasolabialgegend (Herpes labialis, Herpes fazialis) und zunehmend häufiger der Genitalbereich (Herpes genitalis). Oftmals werden beim Rezidiv Kopfschmerzen und Lymphknotenschwellungen beobachtet. – Sehr schwer verlaufen Rezidive bei AIDS-Patienten (s. S. 583).

Herpes-Keratitis

Eine weitere Manifestation ist die Herpes-Keratitis. Diese ist wegen der Bläschenbildung und der Korneatrübung leicht zu erkennen; die Bläschen können exulzerieren. Die Krankheit ist langwierig und dauert oftmals einige Monate. Die Prognose ist nicht immer gut, weil der Entzündungsprozeß in das Stroma der Kornea vordringen kann und bei häufiger Wiederholung bleibende Trübungen der Hornhaut auftreten. Schmerzen werden nicht verspürt. Bei Personen, die älter sind als fünf Jahre, ist jede Keratitis herpetica als Exazerbation zu betrachten. Primäre Keratitiden kommen nur im frühkindlichen Alter vor.

Herpes-Meningitis

Als ernste Form der Exazerbation kann auch eine Herpes-Meningitis auftreten. Sie bietet das gleiche Krankheitsbild wie die primäre Herpes-Meningitis.

Polyneuritis

Eine Polyneuritis (Guillain-Barré) kommt wahrscheinlich ebenso im Verlauf von Rezidiven vor.

13.2.6.3 Klinische Differentialdiagnose

In die klinische Differentialdiagnose zwischen primärem und rezidivierendem (exazerbiertem) Herpes sind folgende Überlegungen mit einzubeziehen:

- Die extragenitale Primärinfektion kommt praktisch nur bei kleinen Kindern vor. Bei Erwachsenen tritt der orale Herpes nur als Exazerbation auf.
- Die genitale Primärinfektion kommt vornehmlich nach dem 15. Lebensjahr vor. Auch hier gibt es Rezidive.
- Bei der Primärinfektion wird das Virus etwa drei Wochen lang durch den Speichel, durch den Stuhl oder durch Genitalsekrete ausgeschieden, bei Rezidiven nur einige Tage.

Diagnose der Herpes-Enzephalitis

Zur Diagnose Herpes-Enzephalitis führt man ein Elektro-Enzephalogramm, ein Computer-Tomogramm und einen Technetium-Gehirn-Scan durch. Die Befunde der Liquor-Diagnostik kommen meist zu spät, sofern sie überhaupt einen Hinweis auf eine Enzephalitis erbringen. Neuerdings wird die PCR durchgeführt.

Die wichtigsten Symptome sind Kopfschmerzen, Fieber, Verhaltensstörungen, Sprachschwierigkeiten und Lähmungen. Tritt Bewußtlosigkeit (Koma) hinzu, so sind die Wirkungsmöglichkeiten der Chemotherapie gering.

13.2.7 Immunologie

Im Verlaufe einer primären HSV-Infektion entstehen zunächst IgM-Antikörper. Sie treten wenige Tage nach der Erkrankung auf. Die Glykoproteine spielen dabei die wichtigste Rolle. Sie reagieren weitgehend typenüberkreuzend. Lediglich zwei davon (Glykoprotein G-1 und G-2) stimulieren die Bildung von typenspezifischen Antikörpern. Bei der Untersuchung von menschlichen Seren ist jetzt die Entscheidung darüber, ob eine Typ 1- oder eine Typ 2-Infektion vorliegt, mit Routinemethoden möglich.

Nach einer Primärinfektion entstehen neutralisierende und komplementbindende Antikörper der Klasse IgG sowie IgA-Antikörper. Die IgG-Antikörper lassen sich lebenslang nachweisen. Ihr Titer im Serum (KBR) ist weitgehend stabil; man nimmt an, daß wiederholte Boosterungen durch Rekurrenzen oder Rekrudeszenzen auftreten. Größere Titerschwankungen lassen sich jedoch kaum beobachten. IgM-Antikörper treten während eines Rezidivs nur sehr selten auf. Im Gegensatz zu den Verhältnissen bei HSV sinken die Antikörper (KBR) nach primären VZV-Infektionen im Laufe der Jahre ab; bei einem Zoster lassen sich in diesem Fall aber kräftige Titersteigerungen feststellen.

Zelluläre Immunreaktionen (ADCC, zytotoxische Lymphozyten und T-Helfer-abhängige Antikörperbildung) spielen die wichtigste Rolle bei der Limitierung der HSV-Infektion. IgA-Antikörper-Anstiege bzw. hohe Titer werden sowohl nach genitalen Primärinfektionen mit HSV-2 als auch nach Rekurrenzen oder Rekrudeszenzen regelmäßig beobachtet, während die IgA-Antikörper nach Rekurrenzen mit HSV-1 kaum ansteigen.

13.2.8 Labordiagnose

Die Labordiagnose stützt sich auf die Virusisolierung und auf den Antikörpernachweis.

Isolierung des HSV

Die Isolierung des HSV wird in Zellkulturen vorgenommen. Als Untersuchungsmaterial dienen Rachenspülwasser, Liquor, Tränenflüssigkeit und Bläschenflüssigkeit; bei Autopsien entnimmt man Gewebeproben aus Gehirn und Leber. Typisch sind die nukleären ***Einschlußkörperchen*** in der Zellkultur oder im Gewebe. Der endgültige Nachweis erfolgt durch Neutralisation mit bekannten Seren. Die Typisierung des Virus gelingt im ELISA mit typenspezifischen, monoklonalen Antikörpern auf der festen Phase.

Serologische Diagnose

Die serologische Diagnose erfaßt im Neutralisationstest, in der KBR und im ELISA Antikörper der Klasse IgM, IgG und IgA. Nur deutliche Titeranstiege dürfen verwertet werden; sie kommen fast nur bei Erstinfektionen vor. – Hinweise auf vorliegende genitale HSV-2-Infektionen sollen sich durch hohe IgA-Antikörper erbringen lassen. Neuerdings ist ein typspezifischer ELISA mit den Glykoproteinen G-1 (HSV-1) und G-2 (HSV-2) zur Antikörperbestimmung entwickelt worden.

Liquordiagnose

Bei der Diagnose der Herpes-Enzephalitis gelingt die Isolierung des Virus im Liquor nur in 10% der Fälle. Deshalb ist mit der Behandlung bereits bei Verdacht auf eine HSV-Enzephalitis zu beginnen. – PCR!

Neuerdings hat man den Nachweis von HSV-spezifischen Glykoproteinen im Liquor vorgeschlagen. Serologisch versucht man, IgM-, IgA- und IgG-Antikörper im Liquor nachzuweisen. Die Antikörper treten nach der virusbedingten Schädigung der Blut-Liquorschranke vermehrt in den Zerebrospinalraum über; sie werden aber auch lokal gebildet.

13.2.9 Therapie

Die Folgen einer HSV-Enzephalitis lassen sich durch rechtzeitigen Beginn der Behandlung deutlich abschwächen. Es ist vorzugsweise Acycloguanosin (Aciclovir) angezeigt; eine kombinierte Behandlung mit Acycloguanosin und Adenosin-Arabinosid verspricht einen optimalen Behandlungserfolg. Auch die bislang meist tödliche Herpes-Sepsis der Neugeborenen läßt sich durch diese beiden Substanzen erfolgreich behandeln; die HSV-1-infizierten Kinder haben nach der Behandlung eine bessere Prognose als HSV-2-infizierte.

Die Keratitis herpetica kann durch Joddesoxyuridin-Präparate in Dimethylsulfoxid, besser aber mit Trifluormethylthymidin (TFT), oder mit Acycloguanosin behandelt werden. Eine Kombination von ACG oder von TFT mit Interferon soll besonders gute Erfolge erbringen. Keinesfalls darf Kortison im frühen Stadium angewandt werden; es ist nur bei bestimmten tiefliegenden Prozessen indiziert.

13.2.10 Prävention

Allgemeine hygienische Maßnahmen

Nosokomiale Infektionen in Krankenhausabteilungen für Neugeborene und für Immunsupprimierte sollten sich durch allgemeine Hygiene vermeiden lassen. Auf entsprechende Fürsorge haben auch Leukämiekranke und Zytostatika-behandelte Patienten Anspruch. Schließlich sollten auch Ekzemträger vor Herpes-Infektionen geschützt werden.

Maßnahmen unter der Geburt

In der Geburtshilfe ist u. U. eine gezielte Prophylaxe notwendig: Zeigt eine Schwangere die Zeichen einer primären oder rezidivierenden genitalen Herpeserkrankung (in Form der Vulvovaginitis herpetica), so ist die ***Schnittentbindung*** angezeigt. Das Neugeborene kann durch die Gabe von ***Gamma-Globulin*** zusätzlich Schutz erfahren; besonders indiziert ist diese Maßnahme dann, wenn ein frühgeborenes Kind auf natürlichem Weg zur Welt gekommen ist und die Mutter Herpesbläschen zeigt.

Schutzimpfung

Die bisher angebotenen Impfstoffe zur Verhütung von Primärinfektionen oder von HSV-Rezidiven sind im Sinne eines spezifischen Immunschutzes wirkungslos; sie lösen allenfalls Placebo-Effekte aus.

Chemoprophylaxe

Eine Chemoprophylaxe von primären oder von rezidivierenden Genitalinfektionen läßt sich längerfristig durch orale Gaben von Acycloguanosin betreiben. Das in den Ganglien befindliche Virus wird aber nicht eliminiert. Alle Herpeseffloreszenzen (HSV-1 und -2) können frühzeitig mit einer der genannten Substanzen behandelt werden (s. S. 687).

Zusammenfassung: Herpes-simplex-Virus

Das Virus: Doppelstrang-DNA-Virus aus Capsid mit spike-besetzter Hülle. Leicht züchtbar, Replikation in 3 Phasen. 2 Typen: Oral und genital. Nach UV-Bestrahlung transformierend.

Vorkommen: Artspezifische Viren, weltweit.

Epidemiologie: HSV-1: Durchseuchung fast 100%; etwa 10% apparente Primärinfektionen; HSV-2: Genitale Durchseuchung geringer, beginnt mit Intimverkehr (Risikogruppen!).

Übertragung: Übertragung durch Kuß, Geschlechtsverkehr, durch Verletzungen am Finger, bei Geburt. Virus in Speichel, Genitalsekreten, Bläschen.

Pathogenese: Orale und genitale Primärinfektion – Wanderung zu sensorischen Spinalganglien, Latenz, Reaktivierung durch Streß, UV-Strahlen; Rekurrenz in der Peripherie bzw. apparente Rekrudeszenz mit Bläschenrezidiv. Persistenz auch im ZNS.

Klinik: Gingivostomatitis herpetica, Vulvovaginitis herpetica, Keratokonjunktivitis, Ekzema herpeticum, Meningitis, Meningoenzephalitis, Herpes neonatorum. Rezidivierend als Herpes labialis bzw. genitalis. Rezidive auch bei Keratokonjunktivitis.

Labordiagnose: Bei Primärinfektion KBR und IgM-, IgG-ELISA, Virusisolierung. Bei Rezidiven nur selten IgM-Reaktion und kaum Titerbewegungen. Enzephalitis: Virus nur in 10% aus Liquor isolierbar.

Therapie: Acycloguanosin, AraA, u. a. bei Bläschen-Eruptionen auch prophylaktisch, bei Enzephalitis bereits bei Verdacht.

Immunität: Rezidive trotz humoraler Antikörper und zellvermittelter Immunaktivität („Immunologisches Herpes-Paradoxon").

Prävention: Screening von Frauen vor Geburt auf HSV im Genitale zur Verhinderung des Herpes neonatorum.

13.3 Varizellen-Zoster-Virus

Beschreibung des Virus

Rolle als Krankheitserreger. Das Varizellen-Zoster-Virus (VZV) ruft die ***Windpocken*** (Varizellen) und die ***Gürtelrose (Zoster)*** hervor. Das Virus ist serologisch und biologisch einheitlich. Die ätiologische Einheitlichkeit beider Krankheitsformen wurde 1931 durch Übertragung des „Zoster-Virus" auf seronegative Kinder bewiesen; die Empfänger erkrankten an Windpocken.

Genom. Die RE-Analyse (s. S. 694) ergibt deutliche Unterschiede zwischen dem VZV und den übrigen Herpes-Viren.

Morphologie. Das VZV ist morphologisch vom HSV nicht zu unterscheiden, biologisch zeigt es jedoch gänzlich andere Eigenschaften.

Züchtung. In vitro ist das Virus nur schwer züchtbar: Man benötigt dazu menschliche Embryonalzellen. In der Zellkultur und den Vesikeln der Haut produziert es typische, im Zellkern lokalisierte Einschlußkörperchen.

Verhalten in vivo. Das Varizellen-Zoster-Virus läßt sich auf keinem Versuchstier züchten.

Epidemiologie

Der weitaus größte Teil der Kinder macht die Varizellen bis zum 10. Lebensjahr durch. Das Ansteckungsmaximum liegt bei der Gruppe der zwei- bis sechsjährigen Kinder. Erwachsene erkranken sehr selten. Varizellen treten endemisch-epidemisch auf; hierbei sind der Winter und das Frühjahr die Haupterkrankungszeiten.

Übertragung

Die Infektion erfolgt von Mensch zu Mensch als Tröpfcheninfektion oder durch direkten Kontakt. Virus-Emittent ist der akut an Varizellen Erkrankte; gesunde Ausscheider existieren nicht. Oftmals sind der Zoster der Eltern oder Großeltern eine Ansteckungsquelle für die Kinder und Enkel. Varizellen sind wahrscheinlich die kontagiöseste Krankheit, die wir kennen: Die Übertragung von infektiösem Virus durch Luftzug über verschiedene Räume hinweg („fliegender Infekt") ist verschiedentlich beobachtet worden; der deutsche Namen „Windpocken" spiegelt diese Beobachtung wider. Die Kontagiosität der Varizellen ist größer als diejenige der Pocken.

Der Infizierte wird 3–4 Tage vor Ausbruch der Erkrankung selbst kontagiös und scheidet dann für etwa eine Woche das Virus massiv aus. Die Kontagiosität erlischt erst mit dem völligen Abheilen des Exanthems, d. h. mit dem Abfall der Borken.

Pathogenese

Windpocken sind eine weitverbreitete und häufig auftretende Kinderkrankheit von äußerst hoher Kontagiosität; sie treten endemisch auf. Eine primäre Empfänglichkeit ist immer vorhanden; die Infektion verläuft stets apparent.

Die Durchseuchung erfolgt für den größten Teil der Kinder innerhalb der ersten 10 Lebensjahre. Das Virus persistiert dann lebenslang und kann später Rezidive bzw. Exazerbationen hervorrufen. Unter diesen ist die sporadisch als ***Zoster*** auftretende Neuritis der Erwachsenen (***Gürtelrose***) die wichtigste Erscheinungsform. Die Latenz des VZV ist ein Analogon zur Latenz des HSV.

Eintrittspforten sind der Nasen-Rachenraum und die Konjunktiven. Das Virus gelangt von der Eintrittspforte auf dem Blutweg in die Haut und in die Schleimhäute; dort verursacht es das typische Exanthem und Enanthem.

Wahrscheinlich gelangt das Virus während der akuten Erkrankung hämatogen in die Spinalganglien: Es läßt sich in den Neuronen und der Glia nachweisen. Besiedelt werden die sensorischen Ganglien entlang der Wirbelsäule bzw. die Ganglien der Gehirnnerven. Im Gegensatz zum HSV persistiert das VZV-Genom wahrscheinlich nicht in den Neuronen, sondern in deren ***Glia-Satellitenzellen***, wobei die Transkription mehrerer Genregionen erfolgt; das Genom läßt sich durch Hybridisierung und Ko-Kultivierung nachweisen. Das latente Virus vermehrt sich nach der ***Reaktivierung*** in Gliazellen und Neuronen und zerstört – im Gegensatz zum HSV – einen größeren Teil des Ganglions.

Klinik

Die Inkubationszeit beträgt 2–3 Wochen. Danach bilden sich zunächst kleine Papeln und dann streichholzkopf-große, einzeln stehende, nicht-gekammerte Bläschen mit anfänglich klarem, später trübem Inhalt, die große Mengen an Virus enthalten. Die Bläschen sind von einem roten Saum umgeben; sie jucken und werden von Patienten oft zerkratzt. In späteren Stadien zeigen die unverletzten und größeren Bläschen eine zentrale Delle. Die Bläschen entstehen in *Schüben*; d. h. nicht gleichzeitig: Man findet auf der Haut nebeneinander die verschiedenen Entwicklungsstadien der Effloreszenz von der Papel bis zur Borke („Sternenhimmel"). Einzelne Bläschen können nach Verletzung durch Kratzen superinfiziert werden und vereitern. Dann entstehen kreisrunde Narben von etwa 2–3 mm Durchmesser.

Die Infektion verläuft stets manifest, aber häufig afebril. Der Verlauf ist häufig so milde, daß die übrigen Symptome nicht beachtet werden („Spielplatz-Varizellen").

Komplikationen. In seltenen Fällen entstehen als Komplikationen der Varizellen eine ***VZV-Otitis***, eine ***Pneumonie*** oder eine ***Nephritis***. Als schwerwiegende Weiterung imponiert die ***Meningoenzephalitis***, meist als Zerebellitis mit Ataxie. Sie heilt aber meist ohne Folgen aus. Selten ist eine ***Polyradikuloneuritis*** vom Typ Guillain-Barré; selten ist auch das Reye-Syndrom.

Bei Kortison-behandelten Kindern und Erwachsenen, bei Leukämiepatienten, bei immunsupprimierten Transplantat-Empfängern und bei AIDS-Kranken verläuft die Krankheit oft bösartig-generalisiert im Sinne einer ***hämorrhagischen Allgemeininfektion***. Die hierbei auftretenden VZV-Pneumonien sind gefürchtet; dabei bedeutet es keinen Unterschied, ob es sich um eine Primärinfektion oder um eine Exazerbation handelt.

Die äußerst seltene Varizellenerkrankung von ***Graviden*** führt nach den bisherigen Erfahrungen nur sehr selten zur Embryopathie (hypoplastische Gliedmaßen, Hautläsionen, ZNS- und Augenschäden). Gegen Ende der Schwangerschaft auftretende Varizellen der Mutter können das Kind in utero infizieren. Es kann dann mit Narben oder Bläschen geboren werden.

Herpes Zoster (Gürtelrose)

Nach Abheilung der Varizellen bleibt eine mit der Viruslatenz verbundene lebenslange Immunität bestehen. Das latente Virus kann bei Nachlassen der Immunität Exazerbationen verursachen. Diese Situation entwickelt sich meist ohne erkennbare Ursache; in einzelnen Fällen kann man dafür Kachexien, Tumoren, Abwehrinsuffizienz – etwa durch Leukämie (5–10% aller Fälle) oder durch zytostatische Therapie – verantwortlich machen. Die Exazerbationen verlaufen, durch die noch bestehende Teilimmunität bedingt, nicht als generalisiertes Exanthem, sondern als lokal begrenzte exanthematische Neuroradikulitis (Herpes-Zoster, Gürtelrose). In aller Regel treten die Exazerbationen entlang den Austrittsstellen eines Nerven in der Haut auf, z. B. beim Trigeminus-Befall im Gesicht, als Zoster ophthalmicus am Auge, bei Befall von Interkostalnerven am Brustkorb und entsprechend dem Innervationssegment eines Nerven. Für den Zoster kommen überwiegend ältere Kinder, Erwachsene und Senioren in Betracht. Bei stärker reduzierter Immunitätslage (Kortison!) kann ein generalisierter Herpes-Zoster mit Pneumonie auftreten (Lebensgefahr!).

Immunität

Im Verlauf der Varizellen-Infektion entstehen zunächst IgM- und dann IgG-Antikörper, die sich im ELISA oder in der KBR nachweisen lassen. IgG-ELISA-Antikörper persistieren lebenslang, komplementbindende Antikörper verschwinden einige Jahre nach der Infektion. Durch eine Exazerbation in Form des Zosters erfolgt ein sehr deutlicher „booster" der Antikörperbildung mit IgM-Reaktion. Dies steht im Gegensatz zu den Verhältnissen bei HSV-Rezidiven. Bestimmend für den Schutz ist die T-Zell-vermittelte Immunität.

Labordiagnose

Die klinische Diagnose bereitet im allgemeinen keine Schwierigkeiten. Die Virusisolierung ist nicht üblich. Für die affirmative Varizellendiagnose dient der Antikörpernachweis. Er wird als Komplementbindung oder besser mit einem IgM- und IgG-ELISA vorgenommen. Die KBR ist für epidemiologische Untersuchungen nicht geeignet, weil der Antikörperpegel oft sehr niedrig ist (s. Ggs. HSV und ZMV). Hier wird der IgG-ELISA eingesetzt.

Chemotherapie

Zwei Krankheitsbilder bedürfen der antiviralen Therapie: der Zoster und die schweren Varizellen-Komplikationen der Immunsupprimierten. Im allgemeinen verabreicht man systemisch höhere Dosen von Acycloguanosin (***ACG***) in Kombination mit ***„ZIG"*** (***Z***oster-***I***mmun-***G***lobulin). Möglicherweise ist die Kombinationstherapie von ACG mit ***Interferon*** wirksamer als jede Substanz für sich allein. Interferon α soll bei Zoster-Fällen, wenn es frühzeitig gegeben wird, bessernd wirken. – Auch BvdU (s. S. 687) – oral gegeben – soll besser als ACG wirken.

Bei Zoster kann ACG frühzeitig lokal und systemisch verabreicht werden. Vor allem bei Immungeschädigten läßt sich der Zoster gut mit ACG behandeln; die Behandlung eines Zosters durch ACG beim sonst Gesunden zeigt nicht in allen Fällen eine Besserung. ACG-Gaben bei Windpocken der Neugeborenen sind empfehlenswert.

Prävention

Allgemeine Maßnahmen. Als gezielte Maßnahme der Hygiene empfiehlt sich die Untersuchung aller Säuglingsschwestern und Schwesternschülerinnen auf Antikörper gegen das VZV. Die Untersuchung sollte vor Antritt der Tätigkeit erfolgen. Seronegative Personen sollten geimpft werden.

Immunglobulin-Prophylaxe bei Schwangeren. Der Nachweis einer frischen (IgM-positiven) VZV-Infektion in der Frühschwangerschaft ist keine Indikation zu einer Interruption. Die gesund geborenen Kinder sollten jedoch serologisch kontrolliert und hinsichtlich ihrer geistigen Entwicklung beobachtet werden. Um das Risiko möglichst ganz auszuschalten, betreibt man die spezifische Prophylaxe mit Immunglobulin: Ist eine seronegative Schwangere mit einem Varizellen-Kranken in Kontakt gekommen, so ist innerhalb von 1–2 Tagen nach der Exposition die Verabfolgung von VZV-Immunglobulin („ZIG") angezeigt. Dies gilt für die gesamte Dauer der Gravidität. Das gegebene Immunglobulin soll dem Neugeborenen eine Varizellen-Erkrankung ersparen. Natürlich muß der Antikörperpegel laufend kontrolliert werden. – Bei 0,7‰ der Schwangeren mit einer primären VZV-Infektion zeigen sich Schäden beim Kind.

Schutzimpfung. Der jetzt erhältliche Impfstoff mit lebendem VZV sollte vor Transplantationen zur Immunisierung seronegativer Personen angewendet werden. Die Vakzine ist bei gesunden und bei immundefizienten Kindern sicher und gut wirksam. Ihre Konversionsrate beträgt bei leukämischen Kindern 80%. Das Impfvirus kann jedoch latent werden und nach Jahren als Zoster in Erscheinung treten.

Meldepflicht. Meldepflicht besteht bei Erkrankungen in größeren Gemeinschaften.

Zusammenfassung: Varizellen-Zoster-Virus

Das Virus: Typisches Herpes-Virus (s. HSV), nur 1 Typ.

Vorkommen: Nur beim Menschen.

Epidemiologie: Sehr hohe und frühzeitige Durchseuchung.

Übertragung: Von Bläschen (Windpocken, Zoster) auf Empfängliche, Aerosol („Windpocken").

Pathogenese: Analog HSV, lebenslange Latenz in Spinalganglien; Zoster ist ein Rezidiv einer früheren Windpocken-Infektion im Bereich eines Dermatoms.

Klinik: Inkubationsperiode 13–17 Tage. „Windpocken" mit sternkartenartig verteilten Bläschen, Zoster (am Stamm, Extremitäten, Auge).

Labordiagnose: IgM- und IgG-Antikörperanstieg im ELISA, KBR.

Therapie: Bei schwerem Zoster: Acycloguanosin, ebenso bei der VZV-Pneumonie bei Immunsupprimierten.

Immunität: Humorale Antikörper, wichtig ist zellvermittelte Immunreaktion. Bei Nachlassen: Zoster.

Prävention: Ein Impfstoff wirkt gut, prophylaktisch Immunglobuline bei Immungeschädigten und Schwangerschaftsinfektionen.

13.4 Virus der Zytomegalie

13.4.1 Beschreibung des Virus

Rolle als Krankheitserreger. Für den Menschen ist nur das Virus der humanen Zytomegalie (ZMV) pathogen.

Morphologie. Das humane Zytomegalie-Virus ist morphologisch von dem Herpes-simplex-Virus, dem Varizellen-Zoster-Virus und dem EBV nicht zu unterscheiden.

Züchtung. Es vermehrt sich nur in humanen Fibroblasten. Die Synthesevorgänge für die Proteine des ZMV werden in einer 3-Stufen-Sequenz vom Genom abgerufen. Für die Stimulation des zellulären Immunapparates sind die Sofortproteine besonders wichtig. Das ZMV enthält ein viruskodiertes Glykoprotein, das den MHC-Molekülen gleicht, es bindet β-2-Mikroglobuline. Ein Glykoprotein wirkt als Fc-Rezeptor.

13.4.2 Epidemiologie

Die Ansteckung hat bis zum 35. Lebensjahr etwa 80% der Menschen erfaßt. Die Durchseuchungsrate variiert jedoch je nach dem Lebensstandard bzw. dem sozialen Status.

Im Gegensatz zu den Verhältnissen bei Masern und bei Röteln findet man sogar auf entlegenen Inseln mit geringer Bevölkerungszahl ständig ZMV-Infektionen.

13.4.3 Übertragung und Ausscheidung

Die Übertragung erfolgt als ***Tröpfcheninfektion*** über den Respirationstrakt und bei engem Kontakt als Schmierinfektion über den Gastrointestinaltrakt. Die Übertragung kann außerdem als iatrogene Infektion und als nosokomiale Infektion, z. B. auf Kinderstationen oder durch Geschlechtsverkehr, erfolgen.

Die Übertragung des Virus im Sinne der Primärinfektion kann bei Erwachsenen auch durch Bluttransfusion oder durch transplantierte Nieren zustande kommen.

Als postnatale Infektionsquellen kommen vor allem gesunde Kleinkinder, Kinder und Jugendliche in Betracht. Innerhalb eines halben Jahres infizieren sich 50% aller Familienangehörigen, wenn ein Mitglied das Virus in die Familie hineinträgt.

Bei Neugeborenen wird das Virus in 0,3–2,5% mit dem Urin ausgeschieden; bei Kindern bis zu 5 Jahren ist die Ausscheidungsquote mit 10–30% besonders hoch; im Alter zwischen 5–15 Jahren liegt die Ausscheidungsquote bei 10–20%, bei Erwachsenen bei 0–2,5%. Außer im Urin und im Speichel findet sich das Virus auch im Samen, in den Zervix-Sekreten, in der Muttermilch und in der Tränenflüssigkeit. Im Stuhl ist das Virus bei Immungeschädigten gefunden worden. 90% aller immunsupprimierten Personen scheiden das ZMV mit dem Urin aus.

Die Ausscheidung erfolgt oftmals monate- und jahrelang.

13.4.4 Pathogenese

Primäre Replikation

Die primäre Virusreplikation erfolgt vermutlich in den Epithelzellen des Oropharynx. Man hat die Virus-DNA auch in den Leukozyten der Tonsillen festgestellt.

Das Virus repliziert sich pränatal und postnatal besonders gut in den Speicheldrüsen und in Neuronen. Im Kern der infizierten Zelle stellt man die dem Pathologen geläufigen „eulenaugenartigen“ Einschlußkörperchen fest.

Ausbreitung

Im Organismus breitet sich der Erreger der Zytomegalie wahrscheinlich ***hämatogen*** als intrazelluläres Virus aus (Leukovirämie). Hierbei scheint das Virus an segmentierte Leukozyten und an mononukleäre Zellen gebunden zu sein.

Latente Infektion, Persistenz des Virus

Das ZMV führt bei Kindern und jungen Menschen zu Infektionen, die in der Regel inapparent verlaufen.

Alle Infektionen gehen in Persistenz über: Sie bewirken Virusträgertum auf Dauer.

Hauptpersistenzorte sind die ***Speicheldrüsen*** und die ***Nieren***. Das Virus kommt vorzugsweise in den Epithelien vor, welche die Ausführungsgänge der Speicheldrüsen auskleiden, niemals aber in Bindegewebszellen. In der Niere befindet sich das Virus in den Zellen der Tubuli. Dementsprechend lassen sich bei nichtausgewählten Autopsien in einem hohen Prozentsatz der Fälle die ZMV-spezifischen Einschlußkörperchen in der Niere und in den Ausführungsgängen der Speicheldrüsen nachweisen.

Je schwerer die Infektion verläuft, desto mehr Organe sind befallen. Beim Neugeborenen ist die Organbevorzugung gering: Zahlreiche Organsysteme können befallen sein. Bei Erwachsenen treten eher organtypische Infektionen auf.

Status der DNA in der Latenz. Über den Status der DNA in der Latenz ist nur wenig Definitives bekannt; vermutlich erfolgt eine langsame Replikation mit einem primären Zellschaden. Die Zelle, die das Virus beherbergt, stirbt vermutlich nach einiger Zeit ab; die Infektion geht vorher auf andere Zellen über. Die Annahme eines Latenzstadiums mit geringgradiger Expression des Virus-Genoms wird jetzt aber wahrscheinlich. – Das Virus besitzt zelltransformierende Eigenschaften, wenn es nach UV-Inaktivierung auf Zellen verimpft wird; es ist gelungen, eine zelltransformierende Region auf dem Virusgenom zu identifizieren.

Pathologische Auswirkungen der Infektion

Pathologische Auswirkungen der Infektion kommen vor allem bei Neugeborenen nach intrauteriner Infektion vor: *Die Zytomegalie ist z. Zt. die häufigste Ursache von Mißbildungen; sie rangiert in dieser Hinsicht vor den Röteln und vor der Toxoplasmose.*

13.4.5 Klinik

Die vielfältigen Infektionsmöglichkeiten des Menschen mit dem ZMV machen eine Einteilung der klinischen Bilder nach dem *Lebensalter* erforderlich. Grundsätzlich unterscheidet man Primärinfektionen einerseits und Reaktivierungen einer persistenten Infektion andererseits. Beide Situationen unterscheiden sich im Hinblick auf die Dauer der Virusausscheidung. Nach der Primärinfektion dauert die Virusausscheidung länger als nach Rezidiven.

Die Inkubationszeit bei der Primärinfektion schwankt zwischen 4 und 12 Wochen. Ihre Länge wird durch die Infektionsdosis und den Immunitätszustand des Infizierten bedingt.

Kinder, Jugendliche, Erwachsene

Bei Kindern, Jugendlichen und Erwachsenen verläuft nur etwa 1% der primären ZMV-Infektionen apparent.

Beim Erwachsenen kommt es zur manifesten Erkrankung nur dann, wenn bei allgemeiner Abwehrschwäche oder durch Gravidität die latente Infektion aktiviert wird. Aber auch bei intrauteriner Übertragung verläuft ein Teil der Infektionen inapparent; das Virus wird trotzdem von Mutter und Kind ausgeschieden. In der Praxis muß man besonders nach Transplantationen mit einer Aktivierung rechnen.

Die Symptomatik läßt sich als ***mononukleose-ähnliches*** Syndrom mit Fieber, ***leichter Hepatitis***, allgemeinem Krankheitsgefühl und atypischer Lymphozytose charakterisieren. Im Unterschied zur EBV-Infektion ist die Tonsillitis und die Lymphadenopathie im Halsbereich seltener. Das ZMV ist für 70% der sogenannten „Paul-Bunnell-negativen Mononukleosen" verantwortlich.

Die Infektion kann zusätzlich mit einer interstitiellen ***Virus-Pneumonie*** einhergehen, vor allem bei Kleinkindern. Die Pneumonie ist durch Husten, Atemnot und inspiratorische Einziehungen des Thorax gekennzeichnet. Seltenere Krankheitsbilder sind eine Polyradikulitis (Guillain-Barré), eine hämolytische Anämie, Retinitis und selten Vaskulitis und Purpura. Es wurden auch Fälle mit Gastritis, Ösophagitis, Pankreatitis, ulzerativer Kolitis und Perimyokarditis festgestellt. Gelegentlich treten die Symptome einer Meningoenzephalitis auf. Die genannten Erscheinungen können sich über Wochen und Monate erstrecken.

Intrauterine Infektionen

Intrauterine Infektionen des Embryos erfolgen zumeist nach primären Infektionen der Mütter; nur selten entstehen sie durch Reaktivierung einer persistierenden Infektion durch die Schwangerschaft.

Je nach dem Durchseuchungsgrad der Bevölkerung muß man für 1–3% aller Neugeborenen annehmen, daß sie intrauterin mit dem ZMV infiziert worden sind. Die Schädigungsrate liegt bei 2–4‰ aller Neugeborenen; sie hängt von der Durchseuchungsrate der jeweiligen Bevölkerung ab.

Etwa 2–4% aller seronegativen Schwangeren machen eine primäre Infektion durch, bei etwa 10–20% der seropositiven Schwangeren wird die latente Infektion aktiviert, vor allem im 2. und 3. Trimenon. Etwa 20% aller seropositiven Schwangeren scheiden das Virus während der Schwangerschaft im Zervix-Sekret aus; gegen Ende der Schwangerschaft nimmt die Ausscheidungshäufigkeit zu. Schäden treten vor allem im 1. und 2. Trimenon auf.

Trotzdem ist die Bedeutung der Primärinfektion im Hinblick auf die Schädigung des Neugeborenen ungleich größer. Bei Reaktivierungen treten nämlich nur ganz selten Schäden des Kindes auf. Andererseits gehen $^1/_3$ aller Primärinfektionen auf den Embryo über; allerdings treten nur in 25% dieser Fälle Schädigungen auf. Die Schädigungsrate beträgt aber 40%, wenn die Infektion in der ersten Hälfte der Schwangerschaft erfolgt. Schwere Schäden ergeben sich nur bei 5% derjenigen Fälle, bei welchen während der Gravidität eine Primärinfektion erfolgt. Bei weiteren 2–3% beobachtet man leichtere Schäden.

Bei der intrauterin erworbenen Infektion zeigt die manifest verlaufende Krankheit eine Vielzahl von Erscheinungen. Bei der transplazentaren Infektion kann es zur Totgeburt kommen. Beim lebend geborenen kranken Kind findet man Hepatosplenomegalie, thrombozytopenische Purpura, hämolytische Anämie, Ikterus, daneben Mikrozephalie. Andere Erscheinungen sind Optikusatrophie, intrazerebrale Verkalkungen, Chorioretinitis und geistige Retardierung. Leichte Schädigungen machen sich oft erst später bemerkbar; sie treten als Entwicklungsstörungen (Gehör, Sprache) oder als Beeinträchtigung der Motorik auf. Beim Vorliegen einer gesicherten Primärinfektion im ersten Drittel der Gravidität ist ein *Abbruch der Schwangerschaft* in Erwägung zu ziehen. Wird eine Reaktivierung während der Schwangerschaft festgestellt, so ist zu empfehlen, das Kind auszutragen. Nach der Geburt muß das Kind aber regelmäßig auf das Vorkommen von Defekten und auf später auftretende Schäden untersucht werden.

Perinatale Infektionen

Als Infektionsquellen für die perinatalen Übertragungen kommen in erster Linie die infizierten ***Geburtswege*** der Mutter und die ***Muttermilch*** in Betracht. Etwa $^1/_3$ aller seropositiven Frauen scheiden das Virus mit der Milch aus. Die Virus-Ausscheidung der Mutter durch den Pharynx und durch den Urin hat dagegen nur eine geringe Bedeutung.

Die perinatale Infektion bleibt für das Kind selbst meist folgenlos: Nur ganz selten wird bei sonst gesunden Neugeborenen eine Pneumonie (evtl. in Mischinfektion mit Pneumocystis carinii) oder eine Hepatosplenomegalie mit Hepatitis und Thrombozytopenie beobachtet. In jedem Falle aber entwickelt sich eine Persistenz des ZMV.

Transfusions-Infektionen

Mit der zunehmenden Häufigkeit von Bluttransfusionen wächst die Gefahr der ZMV-Übertragung. Dies gilt besonders für die Bluttransfusion bei Früh- oder Neugeborenen. Eine Transfusion mit ZMV-positivem Blut („***Perfusionssyndrom***“) führt bei einem seronegativen Kind zu schweren, häufig tödlichen Erkrankungen, vor allem bei Frühgeborenen. Bei seronegativen Erwachsenen, die durch eine Bluttransfusion infiziert wurden, etwa bei Herzoperationen, entsteht in etwa einem Viertel aller Fälle ein mononukleose-artiges Krankheitsbild („***Transfusions-Mononukleose***“). Die Infektionsgefahr läßt sich verringern, wenn das Blut vor der Verwendung einige Tage im ***Kühlraum*** gehalten wird. Die ZMV-haltigen Granulozyten sterben unter diesen Bedingungen ab, in den Lymphozyten hält sich das Virus offenbar länger.

Zytomegalie bei Immungeschädigten

Bei Immungeschädigten verläuft die ZMV-Infektion schwerer als bei Normalpersonen. Primärinfektionen verlaufen dabei in jedem Fall schwerer als Reaktivierungen. Als allgemeine Regel gilt: Je stärker die Immunsuppression, desto schwerer der Verlauf der Infektion. Deshalb ist die laufende Beurteilung der Abwehrlage beim Kranken von großer Bedeutung.

Man kontrolliert laufend den Antikörperpegel und die Virusausscheidung. Als Ursache des Immunschadens kommen in Betracht: Immunsuppression bei Transplantationen (Niere, Herz, Knochenmark), Chemotherapie von Tumoren (Leukämie, Karzinome) und AIDS. Die ZMV-Infektion dieser Patienten bleibt bis zu $^2/_3$ asymptomatisch; in $^1/_3$ der Fälle werden schwere Verläufe beobachtet. AIDS-Patienten haben eine sehr hohe Rate an ZMV-Infektionen. Ein prognostisch schlechtes Zeichen bei AIDS-Patienten ist die Vergesellschaftung der ZMV-Infektion mit Pneumocystis carinii.

Bei immunschwachen Patienten verläuft die ZMV-Infektion mit Fieber, Nachtschweiß, allgemeinem Krankheitsgefühl, Appetitlosigkeit, Muskelschmerzen, Gelenkbeschwerden, Ulzerationen im Gastrointestinaltrakt, Hepatosplenomegalie und Retinitis. Als Hauptsymptom tritt die gefürchtete interstitielle ***ZMV-Pneumonie*** (immunpathologisch) hinzu. Diese Pneumonie ist bei Empfängern von Knochenmarkstransplantaten und bei 20% der AIDS-Patienten die unmittelbare Todesursache.

13.4.6 Immunologie

Die Infektion mit dem ZMV wird normalerweise durch zellvermittelte und durch humorale Immunreaktionen unter Kontrolle gehalten. Nach einer Primärinfektion entstehen IgM-, IgA- und IgG-Antikörper. Erkrankungen und Virämie bei Reaktivierung erfolgen trotz hoher Titer an neutralisierenden Antikörpern. Die epidemiologischen Daten haben gezeigt, daß Infektionen des Neugeborenen ungeachtet der von der Mutter übertragenen IgG-Antikörper möglich sind. Hohe KBR-Antikörpertiter reduzieren aber den Schweregrad einer ZMV-Pneumonie, während bei fehlenden Antikörpern oft der Tod eintritt.

Für die Induktion der zellvermittelten Immunität sind überraschenderweise die Sofortproteine verantwortlich, während die in der Virushülle befindlichen Glykoproteine wenig wirksam sind. Infektionen mit dem ZMV wirken selbst ***immunsuppressiv*** – wenn auch in geringerem Grade als bei HIV-1 und HIV-2.

Die Bedeutung der ***zellvermittelten*** Immunität für die Kontrolle der Infektionen wird durch die Tatsache bewiesen, daß bei immunsuppressorischen Maßnahmen oft schwere ZMV-Verläufe festgestellt werden. Dies hat sich auch bei Tierversuchen gezeigt. Unspezifische Resistenzeigenschaften des Organismus, wie z. B. die Makrophagen-Funktion, spielen bei der ZMV-Infektion – im Gegensatz zu den Listerien- und den Mykobakterien-Infektionen – nur eine untergeordnete Rolle. Die Verminderung der zellvermittelten Immunität – etwa durch Zytostatika – führt zu einer erhöhten Virusausscheidung. Wichtig für die Prognose ist der Lymphozyten-Quotient T4/T8; eine Verringerung der CD4(+)-Zellen deutet auf eine Minderung der Immunitätsleistung hin. Sie führt bei seropositiven Personen zu Reaktivierungen. Hierzu gehört auch die hormonelle Umstellung während der Schwangerschaft; in jeder Schwangerschaft wird vermehrt Virus ausgeschieden.

Während einer ZMV-Infektion können ***immunologische Abnormitäten*** auftreten: Es werden zirkulierende Immunkomplexe, Kälte-Hämagglutinine, Rheumafaktoren, antinukleäre Antikörper, ein positiver Coombstest u. a. beobachtet. Diese Erscheinungen gehen zurück, wenn die Primärinfektion oder die Reaktivierung immunologisch beherrscht wird. – In den transplantierten Organen sind die Leukozyten als Quelle der Virus-Übertragung anzusehen.

13.4.7 Therapie

Die Gabe von Anti-ZMV-Globulin wie auch die von DHPG (Ganciclovir) allein hat sich zur Therapie der gefürchteten ZMV-Pneumonie als unwirksam erwiesen. Man prüft jetzt ihre kombinierte Anwendung. Bei Retinitis, Gastroenteritis und Hepatitis hat sich eine Dauertherapie mit DHPG oder Foscarnet bewährt. Bei längerer Verabreichung besteht die Gefahr der Resistenzentstehung.

13.4.8 Labordiagnose

Klinisch läßt sich eine ZMV-Infektion nicht diagnostizieren: Man ist auf die Virusisolierung sowie auf den IgM- und IgG-Antikörpernachweis angewiesen.

Die ***Virusisolierung*** wird durch die Tatsache erleichtert, daß Materialgewinnung, -versand und -aufbewahrung keine Schwierigkeiten bieten: Das ZMV ist relativ transportstabil; es hält sich mehrere Tage lang im Kühlschrank. Bei –70 °C ist es sehr lange haltbar, nicht aber bei –20 °C. Das Virus läßt sich auf diploiden, permanenten menschlichen Zellen (Vorhaut-Zellen) gut züchten. Die Zeitspanne bis zum Auftreten des zytopathischen Effekts (***ZPE***) kann 3–4 Wochen dauern. Die Anwesenheit des Virus in der Zellkultur kann aber schon vorher durch den immunspezifischen Nachweis der ***Frühantigene*** erkannt werden (Färbung mit markierten Antikörpern). Die Schnelligkeit, mit der in der Zellkultur ein ZPE auftritt, gibt einen gewissen Hinweis auf die Menge des ausgeschiedenen Virus. Wichtig ist die baldige Verimpfung des Probenmaterials, das möglichst steril oder wenigstens keimarm abgenommen werden sollte (Blasenpunktion, Katheter-Urin, Lungenspülwasser, Genitalsekrete). Im Urin gelingt bei schweren Fällen der Nachweis von Einschlußkörperchen in Nierenepithelzellen. Bei der Beurteilung von Totgeburten spielt die Darstellung der Einschlußkörperchen eine entscheidende Rolle. Bei Autopsien sollte man stets versuchen, das Virus aus dem Urin, dem Speichel, der Milch, aus Genitalsekreten, Leukozyten oder Geweben zu isolieren.

Wichtig ist die kontinuierliche ***Kontrolle*** der Virusausscheidung im Urin und im Rachenspülwasser, vor allem bei Transplantationspatienten und bei Immunsupprimierten. Ein positiver Virusnachweis im Urin ist aber nicht gleichbedeutend mit einer Erkrankung; man kann ihn auch nicht zur Unterscheidung zwischen einer Primärinfektion und einer Reinfektion heranziehen.

Der Nachweis hybridisierender DNA in Körperausscheidungen durch das sogenannte dot-blot-Verfahren wird nur von wenigen Labors praktiziert. Zur Erfassung der ZMV-ausscheidenden Neugeborenen ist der Nachweis des Virus oder seiner DNA erforderlich. Die verschiedenen ZMV-Stämme lassen sich durch RE-Analysen (s. S. 694) unterscheiden.

Für die Diagnose einer Primärinfektion sind der Nachweis eines Titeranstiegs (ELISA, KBR) und der IgM-Nachweis wichtig. Der ELISA ist wesentlich empfindlicher als die KBR. Die IgM-Bestimmung im ELISA wird zwar routinemäßig durchgeführt; sie ist aber immer noch mit Fehlerquellen behaftet. Bei einem Verdacht auf die primäre Infektion einer Graviden ist nach Möglichkeit eine Probe von fetalem Blut zu gewinnen und ein kompletter Anti-ZMV-Status zu erstellen. – Bei Reaktivierungen kann man häufig den IgM-Nachweis führen, während die KBR und der ELISA nur geringe Titerbewegungen zeigen.

13.4.9 Prävention

Allgemeine hygienische Maßnahmen. Durch die Regeln der Hygiene läßt sich die menschliche Zytomegalie nicht unter Kontrolle bringen; allenfalls lassen sich nosokomiale Infektionen von Säuglingen oder Infektionen in Kindergärten verhindern.

Vom gegenwärtigen Standpunkt aus erscheint die Auswahl von Blut- bzw. Organspendern für Säuglinge und Knochenmarkstransplantationen bezüglich ihrer Seronegativität wichtig. Nach Möglichkeit sollten nur Knochenmarkszellen von Seronegativen übertragen werden.

Schwangerenvorsorge. Im Rahmen der Schwangerschaftsvorsorge sollten alle Frauen auf das Vorhandensein von ZMV-Antikörpern getestet werden (ELISA). Dieser Test sollte obligatorisch werden, bis ein geeigneter Impfstoff vorliegt.

Schutzimpfung. Ein Lebendimpfstoff befindet sich in Erprobung. Zu Bedenken gibt jedoch die Transformationsaktivität des ZMV Anlaß, sowie die Möglichkeit, daß auch das Impfvirus latent wird (s. VZV). Man sieht die Zukunftschancen weniger in einem abgeschwächten ZMV-Lebendimpfstoff, der Reaktivierungen zulassen würde (s. VZV), sondern eher in einem Hybrid-Lebendimpfstoff (Vaccinia?) mit einem eingebauten Gen für das ZMV-Sofortprotein zur Stimulierung der zellulären Immunität. Immerhin hat ein ZMV-Impfstoff bei Immunsupprimierten gegen Pneumonie geschützt, jedoch nicht gegen eine exogene Reinfektion.

Zusammenfassung: Zytomegalie-Virus

Das Virus: Typisches Herpes-Virus (s. HSV), langsame Replikation in einigen Zellarten, nach UV-Bestrahlung transformationsaktiv.

Vorkommen: Zytomegalie-Viren sind artspezifisch.

Epidemiologie: Hohe Durchseuchung bis zum Erwachsenenalter. Ausscheidung durch Kinder für Wochen, Monate und Jahre. Bei Immungeschädigten in 90% Ausscheidung. Bei Graviden vermehrte Ausscheidung im Genitale. Virus in Muttermilch.

Übertragung: Bei engem Kontakt über Tröpfchen-Kuß-Infektion. Iatrogen durch Blut und Organe. Nosokomiale Infektionen. Virus im Speichel, Urin, Samen, Sekreten.

Pathogenese: Typische Einschlußkörperchen in den Kernen, bei Immunschäden vermehrt Persistenz des Virus in Epithelzellen von Speicheldrüsen, Niere u. a.

Klinik: Einteilung nach dem Lebensalter: ***Intrauterine Infektion*** bewirkt Embryopathie, ***perinatale Infektion*** meist ohne Folgen. ***Transfusion:*** Transfusionsmononukleose. ***Immunschäden*** bewirken Organ-Zytomegalie (Retinitis, Kolitis, Pneumonie u. a.), ***Erwachsene*** meist inapparent, selten Zytomegalie einzelner Organe. Die Inkubationsperiode dauert einige Wochen.

Labordiagnose: IgM- und IgG-ELISA, KBR. Virusnachweis aus Urin, Sekreten u. a. in Zellkulturen. DNA-Hybridisierung.

Therapie: Bei Retinitis, Kolitis, Pneumonie: DHPG, Foscarnet und IgG.

Immunität: Lebenslange Immunität durch Antikörper und Lymphozyten, bei Immunschaden Reaktivierung und schwere, generalisierte Erkrankung.

Prävention: Impfstoff in Entwicklung. Testung von Blut- und Organspendern auf Durchseuchung. Allgemeine Hygiene.

13.5 Epstein-Barr-Virus

13.5.1 Beschreibung des Virus

Rolle als Krankheitserreger. Das Epstein-Barr-Virus ist der Erreger der ***infektiösen Mononukleose*** (Pfeiffer'sches Drüsenfieber). Möglicherweise entsteht das in Afrika vorkommende ***Burkitt-Lymphom*** ebenso wie das ***lympho-epitheliale Nasopharynx-Karzinom*** (Schmincke-Tumor) aufgrund einer EBV-Infektion. Die tumor-induzierende Wirkung des EBV wurde durch die Übertragung auf Affenarten erwiesen; dabei entstehen gutartige proliferative Zustände bis zu oligoklonalen bösartigen Tumoren.

Genom. Das EBV besitzt wie alle Herpes-Viren eine Doppelstrang-DNA, deren M. G. etwa 170×10^6 D beträgt. Die DNA hat eine Kodierungskapazität für etwa 100 Proteine, von denen erst etwa 30 genauer untersucht worden sind.

Morphologie. Es läßt sich morphologisch von den übrigen Mitgliedern der Herpes-Gruppe nicht unterscheiden.

Proteine. Wie bei allen Herpes-Viren wird die Synthese der Proteine in drei Stufen kaskadenartig abgerufen. Für die serologische Diagnose der infektiösen Mononukleose, des Burkitt-Lymphoms sowie des Nasopharynx-Karzinoms ist die Verwendung bestimmter Antigene bzw. Antigen-Komplexe von Bedeutung. Man unterscheidet die frühen Antigene ***EA*** (***e***arly ***a***ntigen), die Kernantigene ***EBNA*** (***EB***V specific ***N***uclear ***A***ntigen), das Viruscapsidantigen ***VCA*** (***V***irus-***C***apsid-***A***ntigen) und das ***M***embran-***A***ntigen (***MA***). EBNA-Antigene und das LMP (***L***atenz-***M***embran-***P***rotein-Antigen) sind für die Immortalisierung der Zellen verantwortlich. Das als „Lydma" bezeichnete Antigen dient als Ziel für ZTL.

Züchtung. Das Virus läßt sich durch Ko-Kultivierung auf Nabelschnurlymphozyten übertragen. Diese B-Zellen werden immortalisiert. In vitro produziert nur ein kleiner Teil der infizierten B-Zellen infektionstüchtige Viruspartikel und erliegt dem ZPE. Die Züchtung des Virus ist deshalb schwierig. Die Virusproduktion läßt sich jedoch induzieren, wenn der Kultur Phorbolester zugefügt werden; dieses Verhalten findet man auch bei Retro-Viren.

Beim Übergang in die ***lytische Form*** wird aus der ringförmig-episomalen eine lineare DNA. Man nimmt jetzt an, daß beim Switch von Latenz zu Replikation ein „Zebra" genanntes Gen ein Protein liefert, das die Synthese der frühen Gene anschaltet. Es wirkt dabei als „Transaktivator". – Der Rezeptor für das EBV auf den Lymphozyten ist identisch mit dem für das Cd3-Fragment aus dem Komplementsystem.

Einteilung. Das Epstein-Barr-Virus gehört zur Herpes-Gruppe, es ist serologisch einheitlich.
Das EBV von Mononukleose-Kranken ist mit dem EBV aus Burkitt-Lymphomen serologisch identisch.

13.5.2 Geschichte

1889 hat ***Pfeiffer*** das nach ihm benannte Pfeiffer'sche Drüsenfieber mit Angina, Lymphknotenschwellungen und gelegentlicher Hepatosplenomegalie beschrieben. Erst 30 Jahre später wurden die atypischen Lymphozyten entdeckt, die dem Krankheitsbild zur Bezeichnung „infektiöse Mononukleose" verholfen haben. 1932 entdeckten ***Paul*** und ***Bunnell*** die heterophilen Antikörper. 1964 beobachteten ***Epstein*** und ***Barr*** in kultivierten Burkitt-Lymphomzellen ein „herpes-ähnliches" Virus. Schließlich wurde 1968 durch Werner und Gertrude ***Henle*** der Beweis erbracht, daß die infektiöse Mononukleose durch das EBV hervorgerufen wird.

13.5.3 Epidemiologie

Entsprechend der Übertragung des EBV (s. u.) tritt die Krankheit am häufigsten bei jungen Leuten zwischen 15 und 30 Jahren auf. Bei etwa 50% der Angesteckten verläuft die Infektion inapparent. Bei Kindern unter 5 Jahren ist die Inapparenz die Regel. Der Durchseuchungsgrad ist sehr hoch: Bis zum 30. Lebensjahr ist praktisch die ganze Bevölkerung infiziert worden.

In den unterentwickelten Ländern erfolgt die Durchseuchung mit dem EBV bereits in den ersten 2–5 Lebensjahren. Mit steigendem Lebensstandard verschiebt sich das Durchseuchungsalter zu späteren Lebensjahren hin. In unseren Breiten ist das Maximum der Durchseuchung etwa im 15.–25. Lebensjahr erreicht. Bei Jugendlichen beginnt die Durchseuchung mit dem Beginn der sexuellen Aktivität.

Die Häufigkeit des ***Burkitt-Lymphoms*** wird in Malariagebieten mit 8–10 pro 100 000 Personen pro Jahr angegeben; der Tumor tritt vorwiegend bei Kindern auf. Andererseits werden in China pro Jahr mehr als 100 000 Fälle von ***Nasopharynx-Karzinom*** festgestellt, hier aber vorwiegend bei Personen im Alter von 35–50 Jahren. In diesem Lebensalter ist das endemische Burkitt-Lymphom in allen Gegenden, in denen es vorkommt, sehr selten.

13.5.4 Übertragung (Ausscheidung)

Die Übertragung des EBV erfolgt oral, meist durch kontaminierten Speichel, z. B. beim Küssen (College-Krankheit, „kissing disease").

Während und nach der infektiösen Mononukleose scheiden fast alle Patienten das EBV wochen- und monatelang aus. Eine ***Dauerausscheidung*** stellt man bei 20–30% von sonst gesunden Erwachsenen fest. – Bei AIDS-Patienten ist die Ausscheidung erhöht.

13.5.5 Pathogenese

Die primäre Vermehrung des Virus erfolgt im Epithel der Mundhöhle. Nach der Primärinfektion wird das Virus in den Epithelzellen der Ohrspeicheldrüse bei vielen Patienten lebenslang gebildet und ausgeschieden. Der Mensch bleibt also u. U. ein EBV-Dauerausscheider. Bei seropositiven Erwachsenen findet man das EBV in einem unter 10 000 ***B-Lymphozyten***. Kultiviert man B-Lymphozyten von EBV-infizierten Personen, so erweisen sie sich als unbegrenzt fortzüchtbar, sie sind ***„unsterblich"*** (immortalized). Diese Eigenschaft ist an die Anwesenheit des EBV in der Zelle geknüpft. Im Verlauf der akut-infektiösen Mononukleose proliferieren die B-Lymphozyten sehr stark. Sie werden polyklonal stimuliert und exprimieren EBNA und Membranantigene; deswegen werden sie von zytolytischen T-Zellen (mononukleären Zellen) erkannt und lysiert. Wegen der kurzen Lebenszeit der B-Lymphozyten muß man annehmen, daß andauernd neue Lymphozyten rekrutiert und in den Tonsillen (?) nachinfiziert werden. Demnach persistiert das EBV primär in den Epithelzellen der Mundhöhle; es erscheint erst sekundär in den B-Lymphozyten.

13.5.6 Klinik

Infektiöse Mononukleose (Pfeiffer'sches Drüsenfieber)

Die Inkubationszeit beträgt bei Jugendlichen 10–14 Tage und bei Erwachsenen 4–8 Wochen. Als Symptome treten auf:

- Fieber
- Angina mit „rauhem Hals"
- Lymphdrüsenschwellung mit Milztumor
- Veränderungen des Blutbildes

Die ***Angina*** ist oft flächenhaft und führt auf den Tonsillen zu graugelben Belägen und gelegentlich auch zu Ulzera. Es kann sich aber auch das vorwiegend katarrhalische Bild einer Pharyngitis bilden. Häufig ist ein starker ***Foetor*** ex ore vorhanden. Die ***Lymphknotenschwellungen*** finden sich zunächst am Hals, dann in der Achselbeuge, in der Leistengegend, aber auch im Hilus. Der Milztumor ist weich; es besteht die Gefahr einer Milzruptur. Im Blutbild findet man typischerweise eine große Zahl von großen Lymphoidzellen. Sie werden im Gegensatz zu den segmentkernigen Neutrophilen als ***„mononukleäre Zellen"*** bezeichnet; es handelt sich um *aktivierte T-Lymphozyten*. Diese Zellen haben einen lockeren Kern, der gelegentlich gelappt ist; sie ähneln den Monozyten. Der Unerfahrene hält sie gelegentlich für Paramyeloblasten und diagnostiziert irrtümlicherweise eine akute Leukämie.

Weitere Erscheinungen der infektiösen Mononukleose sind Hepatitis mit Ikterus, Meningitis, Meningoenzephalitis, Myalgie, Polyneuritis, Guillain-Barré-Syndrom, Exantheme, Thrombozytopenie, Myokarditis, Perikarditis, Pneumonie und auch Glomerulonephritis. Ob das EBV eine Embryopathie hervorrufen kann, läßt sich bisher nicht ausschließen; die Wahrscheinlichkeit ist aber gering. Differentialdiagnostisch ist auch die „Mononukleose" durch das ZMV in Betracht zu ziehen.

EBV-Infektionen bei Immunsupprimierten

Im Verlaufe von AIDS beobachtet man gehäuft Burkitt-Lymphome und die Haarleukoplakie der Zunge („Marker"-Symptom). Auch bei Transplantatempfängern und bei Kindern mit primären Immundefizienzen oder bei immunsupprimierten Personen beobachtet man progressive, polyklonal-lymphoproliferative Zustände der B-Zellen, die auf das EBV zurückgeführt werden.

Auffallenderweise gibt es bei sonst Gesunden Infektionsverläufe, die sich monatelang hinziehen.

Chronisch aktive EBV-Infektion

Neuerdings glaubt man, eine besondere Verlaufsform der EBV-Infektion abgrenzen zu können: Die „chronisch-aktive EBV-Infektion". Sie ist durch rezidivierendes Fieber, Splenomegalie, Hepatitis, Viruspneumonie, Lymphknotenschwellungen, Arthralgien infolge Infiltration von EBV-haltigen B-Lymphozyten charakterisiert. Serologisch fallen hohe Titer gegen das Early-Antigen auf.

X-linked lymphoproliferatives Syndrom

Beim angeborenen „X-linked lymphoproliferative Syndrom" der ***Männer*** beobachtet man häufig schwere Verläufe einer EBV-Infektion, andere Virusinfektionen sind unauffällig. Es kommt zu Hypogammaglobulinämie, zur aplastischen Anämie und zu malignen Lymphomen. Die Sterblichkeit im akuten Stadium beträgt bei diesen Verlaufsformen etwa 70%. Der Tod erfolgt meist aufgrund von ***Lebernekrosen***.

Burkitt-Lymphom

Nach einer vorhergehenden Infektion mit dem EBV kann es – vor allem in Afrika – zum endemischen Auftreten des Burkitt-Lymphoms kommen. Möglicherweise spielt dabei die schädigende Wirkung der ***Malaria*** auf das Immunsystem die entscheidende Rolle.

Das Auftreten des EBV ist mit dem in China weit verbreiteten Nasopharynx-Karzinom (s. unten) eng korreliert, wobei als Kofaktor Ernährungseinflüsse angenommen werden. Diese beiden Tumorformen sind ein gutes Beispiel für das Zusammenwirken von Viren mit Kofaktoren bei der Karzinogenese.

Der ***Burkitt-Tumor*** wird als bösartiges Lymphom des Kindesalters vorzugsweise in stark malariaverseuchten Gegenden Afrikas beobachtet; es ist dort der häufigste maligne Tumor. Kinder haben bis zu 1% Burkitt-Lymphome. In den USA und in Europa kommt es sporadisch vor; hier werden vorzugsweise Erwachsene befallen. Im Tumor läßt sich nur Virus-DNA nachweisen, nach Züchtung in vitro werden auch Capside gebildet. In den Tumorzellen liegt die DNA episomal in Ringform vor.

Heute stellt man sich die Entstehung des afrikanischen Burkitt-Lymphoms folgendermaßen vor: Bei der Malaria proliferieren die B-Zellen sehr stark. Eine EBV-Infektion verstärkt die Proliferation noch zusätzlich. Während bei der unkomplizierten Malaria die Proliferation der (immortalisierten?) B-Lymphozyten polyklonal ist, treten bei den zusätzlichen Proliferationsreizen durch das EBV – möglicherweise durch Infektion von unreifen B-Zellen – fehlerhafte Umlagerungen im Bereich der Immunglobulingene auf, so daß monoklonale Burkitt-Lymphome zustande kommen.

Es kommt hierdurch zur reziproken Translokation zwischen dem Chromosom 8 (Träger des c-myc-Onkogens) und dem Chromosom 14 (2,22) (Träger der Gen-Garnitur für H-, K- und L-Ketten) der B-Zellen. Man kann diese Ereignisse als „zytogenetische Unglücksfälle" bezeichnen. Hierdurch gerät das c-myc-Onkogen unter den Einfluß der transkriptions- und translationsaktiven Gengruppierung im Chromosom 14. Als Folge der veränderten Regulationsverhältnisse steigert sich die Expression des c-myc-Onkogens. Dies führt wiederum zu einer Intensivierung der Expression von EBV-spezifischen Membran-Antigenen; gleichzeitig wird das Expressionsmuster der MHC-Antigene und der interzellulären Adhäsionsmoleküle verändert (s. S. 664).

Nasopharynx-Karzinom (Schmincke-Tumor)

Das Nasopharynx-Karzinom (Schmincke-Tumor) ist ein lympho-epithelialer Tumor; er wird vorwiegend bei der chinesischen Bevölkerung Südostasiens beobachtet. Seine Inzidenz beträgt weltweit 0,3/100 000/Jahr. In China wird eine jährliche Fallzahl von etwa 100 000 angegeben. In der Bundesrepublik Deutschland sind 4% aller bösartigen Tumoren im HNO-Bereich Nasopharynx-Karzinome.

Im Nasopharynx-Karzinom enthalten nur die epithelialen Tumorzellen EBV-DNA, nicht aber die Lymphozyten. Als Träger des karzinogenen Kofaktors zieht man den in China häufig genossenen Salzfisch in Betracht. Auch das Nasopharynx-Karzinom ist monoklonal. Man vermutet eine multifaktorielle Entstehung in zwei oder mehr Stufen.

Beide Tumorformen entstehen in ihrer epidemischen Form durch das Zusammenwirken des EBV mit anderen Zellschädigungen. B-Lymphozyten des Burkitt-Tumors und die Epithelzellen des Nasopharynx-Karzinoms enthalten die EBV-DNA in episomal-zirkulärer Form, jedoch keine Capside.

B-lymphoproliferatives Syndrom bei Kindern

Bei Kindern mit angeborenen Störungen des zellulären Immunsystems oder bei erworbenen Störungen bei Erwachsenen kann das ***B-lymphoproliferative Syndrom*** entstehen. Bei ihnen kann sich eine tödliche Tumorkrankheit entwickeln.

13.5.7 Immunologie

Die verschiedenen Antigene des EBV stimulieren den humoralen und den zellulären Immunapparat. Die Besonderheiten der Antikörper-Produktion (heterophile Antikörper u. a.) kommen durch die polyklonale Stimulation der B-Zellen mit dem EBV zustande. Viele EBNA-positive Zellen sezernieren Immunglobuline; deren Spezifität ist aber weitgehend unbekannt. Die im Verlauf der Erkrankung auftretenden Antikörper entstehen möglicherweise z. T. durch eine Antigengemeinschaft zwischen dem EBV und Hammelblutkörperchen. Einige EBNA (+)-Zellen bilden auch IgM.

Antikörper gegen die Antigene des EBV treten in einer typischen Reihenfolge auf. Zu Beginn der klinischen Erkrankung sind meistens schon IgM-Antikörper nachweisbar (Tabelle 13.1; Abb. 13.1).

13.5.8 Labordiagnose

Paul-Bunnell-Test

Die Züchtung des Virus ist außerordentlich schwierig; sie spielt in der Praxis keine Rolle. Neben dem Blutbild und den Lebertests ist die ***Paul-Bunnell-Reaktion*** (Hanganatziu-Deicher-Reaktion) als eine Stütze der Diagnose anzusehen: Im Serum des akut Erkrankten tauchen Antikörper auf, die Schafs-Erythrozyten agglutinieren. Die ***Agglutinine*** im Patientenserum sind allerdings nur dann diagnostisch verwertbar, wenn andere, nicht krankheitstypische Agglutinine aus dem Patientenserum durch Absorption mit Meerschweinchen-Nierenbrei entfernt worden sind. Zusätzlich muß die diagnostische Wertigkeit der abgelesenen Agglutinationskontrollen mit Erythrozyten anderer Spezies überprüft werden; diese Kontrollen müssen negativ bleiben. – Der Paul-Bunnell-Test erfaßt vorzugsweise früh auftretende Antikörper („Pseudo-IgM"-Nachweis).

Tabelle 13.1. Antikörper-Entwicklung bei der infektiösen Mononukleose

Infektionsstatus	Anti-EBV-VCA (IgG)	Anti-EBV-VCA (IgM)	Anti-EBV-VCA (IgA)	Anti-EBV-EA (IgG)	Anti-EBNA-(IgM)	Anti-EBNA-(IgG)	Anti-MA-(IgG)	PBT
Durchseuchungstiter (90% der erwachs. Bevölkerung)	+	–	–	–	–	+	+	–
Frische Infektion	++	+	–	+	+	–	+	++[a]
Protrahiert verlaufende Infektion	+	+/–	–	+	–	+	+	+[a]
Reaktivierung bei geschwächter Immunitätslage	+	(+)	–	+	–	+	+	–
Patienten mit Burkitt-Lymphom oder Karzinom des Nasopharynx	++	–	++	+	–	+	+	–

[a] Bis zu 30% falsch negative Befunde.

VCA: Virus-Capsid-Antigen, *EA:* Early-Antigen, *MA:* Membran-Antigen, *EBNA:* Epstein-Barr-nuclear-antigen, *PBT:* Paul-Bunnell-Test.

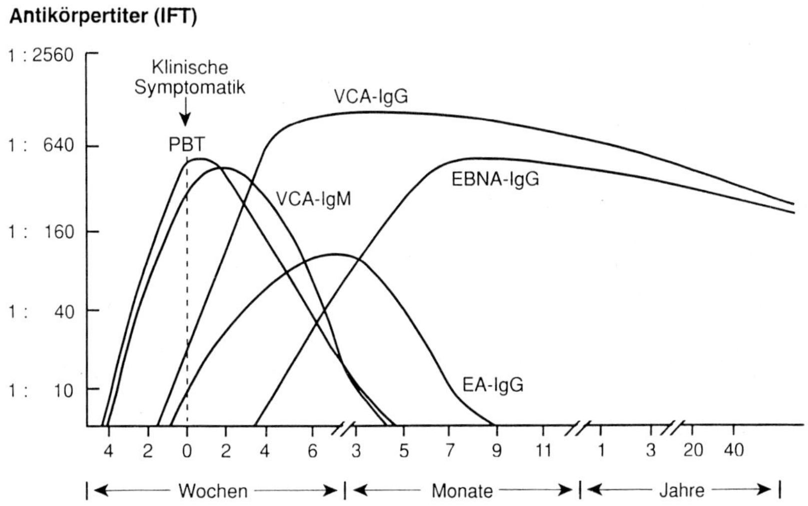

Abb. 13.1. Antikörperbildung bei der infektiösen Mononukleose

Henle-Test

Als wichtigstes Nachweisverfahren für Antikörper muß der Henle-Test angesehen werden. Durch die Wahl entsprechender Entwicklungsreagentien kann er zum Nachweis von IgM-, IgA- oder IgG-Antikörpern herangezogen werden.

Als Henle-Test bezeichnet man einen Sandwich-Fluoreszenz-Test mit dem Serum des Kranken oder des Rekonvaleszenten; als Antigen dienen die Antigene des Epstein-Barr-Virus. ***Capsidantigene*** befinden sich in 1–10% der Zellen aus lymphoblastoiden Linien. Man gewinnt die Ausgangszellen aus Burkitt-Tumoren, führt sie über längere Zeit in vitro fort und streicht sie schließlich auf dem Objektträger aus: Das gleiche Capsidmaterial kommt auch in Lymphozyten von Mononukleose-Kranken vor, sofern die Zellen in vitro kultiviert worden sind und mehrere Generationen durchlaufen haben (Tabelle 13.1).

Viele Zellinien verlieren nach längerer Züchtung in vitro die Fähigkeit, EBV zu produzieren. Sie enthalten aber noch ringförmige DNA als Episom und produzieren auch noch virale Antigene; diese sind im ***Kern*** (EBNA) und gelegentlich auf der ***Zellmembran*** (MA) lokalisiert.

Bei Verwendung von Zellen, die nur EBNA-Antigene exprimieren, können die entsprechenden Antikörper mit Hilfe der Antikomplement-Fluoreszenz nachgewiesen werden. Wenn man die Zellen mit Nukleosidanalogen, mit Phorbolestern oder mit Buttersäure behandelt, oder aber eine Überinfektion mit EBV vornimmt, so werden frühe Virusantigene (EA) exprimiert. Damit steht auch diese Antigenklasse für serologische Untersuchungen zur Verfügung.

Ein wichtiger Prospektiv-Marker für das Entstehen des Burkitt-Lymphoms und des Nasopharynx-Karzinoms ergibt sich aus der Titration der Antikörper gegen das Capsid- und das Early-Antigen. Desgleichen bedeutet die Kombination von IgA-Antikörpern mit hohen Titern von IgG-Antikörpern ein erhöhtes Prospektiv-Risiko. Zwar sind bei verschiedenen Malignomen der weißen Blutzellen, bei Immunsupprimierten, bei alten Personen und in der Gravidität die Ak gegen die EA und das Capsid-Antigen erhöht; die Titer erreichen aber selten die hohen Werte, wie sie bei den EBV-assoziierten Tumorformen festgestellt werden.

13.5.9 Therapie, Prophylaxe und Prävention

Die Therapie einer EBV-Infektion kann bisher nur symptomatisch erfolgen. Für die chronisch aktive EBV-Infektion sind Interleukin 2 und hohe Dosen von Aciclovir in der Erprobung. – Die Haarleukoplakie der Zunge spricht gut auf ACG an.

Schutzimpfung. Eine Impfung gegen EBV steht noch nicht zur Verfügung; sie ist jedoch in hohem Maße wünschenswert. Dabei geht es weniger um die infektiöse Mononukleose als um die beiden EBV-assoziierten Tumorarten (Burkitt-Lymphom und Nasopharynx-Karzinom).

Im Vergleich zu der angestrebten Herpes-Impfung ist das Ziel der EBV-Impfung einfacher: Während das Ziel eines Herpes-simplex-Impfstoffes in der Verhinderung der Primärinfektion und in der Milderung der Rezidive liegt, soll sich der EBV-Impfstoff nur gegen die Primärinfektion richten. – Ein Hybrid-Impfstoff (Vaccinia-Virus mit einem EBV-Glykoprotein) wird gegenwärtig am Menschen geprüft.

Zusammenfassung: Epstein-Barr-Virus

Das Virus: Typisches Herpes-Virus, infiziert Epithelien und B-Lymphozyten; schlecht züchtbar; immortalisiert B-Lymphozyten, das Virus wird dabei latent, ist aktivierbar mit lytischem Zyklus. Replikation in 3 Phasen.

Vorkommen: Beim Menschen weltweit.

Epidemiologie: Durchseuchung hoch, abhängig vom hygienischen Standard.

Übertragung: Durch Kuß („kissingdisease"), Speichel infektiös, lebenslange Ausscheidung.

Pathogenese: Primäre Infektion von Epithelzellen im Nasen-Rachenraum, in Tonsillen von B-Lymphozyten. Epithelzellen scheiden das Virus lebenslang aus. Auslöser von Burkitt-Lymphomen und Nasopharynx-Karzinomen.

Klinik: Infektiöse Mononukleose mit Fieber, Lymphknotenschwellungen mit Milztumor, „buntem" Blutbild, Angina, selten Meningitis, Hepatitis, Exanthem u. a. Inkubationsperiode 20–50 Tage.

Labordiagnose: Henle-Test: IFT (IgM und IgG), Paul-Bunnell-Test.

Therapie: Symptomatisch.

Immunität: Dauerhafte Immunität durch ZTL, Antikörper gegen Capsid, EBNA, Early- u. Membranantigene.

Prävention: Impfstoff wird entwickelt.

13.6 Herpes-B-Virus

Beschreibung des Virus

Rolle als Krankheitserreger. Das Herpes-B-Virus ist serologisch eng mit dem Herpes-simplex-Virus verwandt und morphologisch identisch. Die Unterscheidung ist durch den Neutralisationstest und durch die RE-Analyse der DNA möglich. – Bei Rhesus- und Cynomolgus-Affen kommt es endemisch vor, es wird z. T. genital weitergegeben. Von Affen kann es auf den Menschen übertragen werden und bei diesem tödliche Erkrankungen hervorrufen. – Experimentell läßt es sich auf Nagetiere übertragen.

Geschichte

Das Herpes-B-Virus war das erste Beispiel für den Erreger einer schweren, tödlich verlaufenden Infektion des Menschen mit einem Affen-Virus. Das Virus wurde erstmals 1933 beim Menschen isoliert; es handelte sich um eine Myeloenzephalitis nach Affenbiß-Verletzung. In der Literatur sind etwa 70 weitere Fälle von Human-Infektionen bekannt geworden.

Vorkommen

Die Infektion der Affen verläuft als Primärerkrankung mit lebenslanger Latenz. Die infizierten Tiere sind klinisch gesund, scheiden das Virus aber aus.

Übertragung

Die Infektiosität des Virus ist nicht sehr hoch, wenn es auf die Schleimhäute gelangt. Auf den Menschen wird das Virus ausschließlich durch engen Kontakt mit lebenden Affen oder mit entsprechendem Gewebematerial übertragen. In Betracht kommen Bißwunden, Kratzwunden und der Umgang mit Zellkulturen.

Bei der Herstellung von *Impfstoffen in Affennierenzellkulturen* (Beispiel: Polio) stellt das B-Virus eine große Gefahr dar; es kann die Zellkulturen als „pick-up"-Virus verunreinigen. Sorgfältige Kontrollen sind zum Ausschluß des B-Virus in allen Präparaten notwendig.

Neuerdings ist die Gefahr einer Infektion mit dem B-Virus wieder akut geworden, da Affen als Modelle für das Studium der Pathogenese des HIV verwendet werden.

Pathogenese und Klinik

Nach einer Inkubationszeit von sieben Tagen entwickelt sich eine äußerst bösartige Meningoenzephalomyelitis. Der Ausgang für den Menschen ist fast immer tödlich.

Therapie

Bei Affenbißwunden wird die Umspritzung der Wunde mit spezifischem ***Antiserum*** empfohlen. Möglicherweise wirkt Aciclovir bei einer Infektion des Menschen replikationshemmend auf das Virus ein.

13.7 Humanes Herpes-Virus-6

Beschreibung des Virus

Rolle als Krankheitserreger. Die Entdeckung des HTLV-1 und -2 sowie des HIV-1 und -2 hat angesichts der ungeklärten Ätiologie und Pathogenese vieler Krankheiten des Menschen die Suche nach bisher nicht bekannten Viren stark angeregt. Der Arbeitsgruppe von ***Gallo*** ist es 1986 gelungen, ein weiteres, bisher unbekanntes Virus zu isolieren. Das Virus fand sich bei zwei AIDS-Patienten und bei drei HIV-1 negativen Patienten mit Lymphadenopathie, ferner bei einem T-Zell-Sarkom, sodann einem immunoblastischen Lymphom und schließlich auch bei einem HIV-1 negativen Patienten mit einer akuten lymphozytären Leukämie. Das neue Virus wurde aufgrund seiner Eigenschaften von den Autoren in die Gruppe der Herpes-Viren eingeordnet und als Humanes Herpes-Virus-6 (HHV-6) bezeichnet. Die Seren der erwähnten sechs Patienten reagierten jeweils mit allen sechs Isolaten.

Genom. Die Genom-Analyse des neuen HHV-6 ergab ein Molekulargewicht von etwa 110×10^6 D. Kreuzhybridisierung ließ sich vorzugsweise zum ZMV nachweisen. Das Virus wird zu den β-Herpes-Viren gerechnet.

Morphologie. Elektronenmikroskopisch wurden herpes-ähnliche Partikel, bestehend aus Hülle, Tegument, Capsid und Binnenkörperchen mit DNA, festgestellt. Die Hülle trägt typische Spikes.

Vermehrung des Virus in vitro. Bei der Isolierung dieser Viren wurden die gleichen Verfahren angewendet wie bei der Isolierung des HIV; Kernpunkt der Technik ist die Kultivierung von Lymphozyten aus Nabelschnurblut mit Hilfe von stimulierenden Wachstumsfaktoren (IL-2). Die infizierten Zellen reagieren mit der Virus-DNA im Hybridisierungstest.

Die Viren werden im Kern gebildet und montiert (etwa 10^6 Partikel pro Zelle); sie werden beim Zerfall der Zelle freigesetzt. Die im Laboratorium infizierten Zellen werden nicht immortalisiert, vielmehr wird eine Fusionierung der Zellen beobachtet.

Das Virus läßt sich auf B- und CD4(+)-Lymphozyten von Neugeborenen oder auf T-Zellinien übertragen und produziert in typischer Weise einen zytopathischen Effekt (ZPE); es bilden sich dabei ein- oder mehrkernige Zellen (Fusion) aus, die nukleäre und zytoplasmatische Einschlußkörperchen enthalten.

Epidemiologie

Die Durchseuchung beginnt mit dem Verschwinden der mütterlichen Antikörper 5–6 Monate nach der Geburt, also viel früher als mit dem EBV. Die Übertragung erfolgt wahrscheinlich durch Speichel und Aerosole. Bald danach steigt die Durchseuchung drastisch an. In der akuten Phase läßt sich das Virus im Blut und im Speichel nachweisen. Die Erkrankung ist also vorzugsweise die Folge von Infektionen im Säuglings- und Kleinkindesalter. Im Alter von 2 Jahren sind etwa 50%, im Alter von 5 Jahren 80% der Kinder oder mehr durchseucht. Bei 40jährigen wurden 66% Antikörperträger festgestellt; man schließt daraus, daß es kaum Reaktivierungen gibt. Bei Seropositiven kann das HHV-6 aus Blutzellen isoliert werden. – Über den Status von DNA und Virus in der Zelle nach der Primärinfektion ist kaum etwas bekannt. Bei seronegativen Graviden hat man im Falle von Infektionen bisher keine Beeinträchtigung der Embryonen festgestellt. Bei Erwachsenen soll das Virus längerdauernd ausgeschieden werden.

Klinik

Nach jüngst erhobenen Befunden ist das HHV-6 der Erreger des ***Drei-Tage-Fiebers*** (Exanthema subitum oder Roseola infantum). Das Exanthem tritt gegen Ende der Fieberphase auf. Man kennt auch Fälle ohne Exanthem und inapparente Verläufe sowie eine „infektiöse Mononukleose“ bei Jugendlichen und Erwachsenen. Die Erkrankung heilt ohne Folgezustände aus. Das Virus wird auch in Zusammenhang mit einem ***chronischen Müdigkeitszustand*** gebracht („Lake-Tahoe-Syndrom“). Das HHV-6 persistiert wie die anderen Herpes-Viren lebenslang im Organismus, bei Immundefekten wird es reaktiviert. Schließlich bringt man das Virus in Beziehung zur Entstehung von lymphoproliferativen Zuständen und bösartigen Tumoren des lymphatischen Systems.

Labordiagnose

Antikörper der Klassen IgM und IgG lassen sich in einem Immunfluoreszenztest auf infizierten T-Lymphozyten nachweisen (s. Henle-Test). Der Test wird noch empfindlicher, wenn auf den Antikörper Komplement gegeben wird und ein fluoreszeinmarkiertes Antikomplement verwendet wird (ACIF). Mit einem Blotting-Test ließen sich bisher 20 verschiedene Antigene nachweisen. Es existiert auch ein ELISA.

Coda

Insgesamt ergibt sich, daß in der Herpes-Gruppe möglicherweise zusätzlich zu den bisher bekannten Viren weitere Vertreter menschenpathogener Erreger existieren. Gerade auch die durch das HIV ausgelösten Immunschäden bieten die Möglichkeit, bisher nicht bekannte, opportunistische Viren zu erfassen. So hat man jüngst das HHV-7 isoliert und vermutet als Erreger des Kaposi-Sarkoms ein neues Virus.

Zusammenfassung: HHV-6

Das Virus: Typisches Herpes-Virus. Züchtung des Virus durch Ko-Kultivierung auf Nabelschnur-Lymphozyten, von T- und B-Zellen übertragen.

Vorkommen: Nur beim Menschen, hohe Durchseuchung.

Epidemiologie: Beginn der Durchseuchung im 6. Lebensmonat nach Verschwinden der mütterlichen Antikörper.

Übertragung: Durch engen Kontakt (Speichel?).

Pathogenese: Wahrscheinlich Latenz in Lymphozyten.

Klinik: Drei-Tage-Fieber (Exanthema subitum), mononukleose-ähnliches Krankheitsbild, Tumoren des lymphatischen Systems. Inkubationsperiode 3–15 Tage.

Labordiagnose: Bisher noch keine Routinediagnostik (IFT, ELISA). Virusisolierung durch Ko-Kultivierung. – *Differentialdiagnose:* Exanthematische Viruserkrankungen, Arzneimittel-Exantheme, ZMV.

Therapie: Keine.

Immunität: Wahrscheinlich lebenslang.

Prävention: Keine.

14 Virushepatitis

D. Falke

INHALTSÜBERSICHT

14.1 Allgemeines 815
14.2 Hepatitis A-Virus (HAV) 816
Zusammenfassung 818
14.3 Hepatitis B-Virus (HBV) 818
14.3.1 Beschreibung des Erregers 818
14.3.2 Geschichte 821
14.3.3 Epidemiologie 821
14.3.4 Übertragung 821
14.3.5 Pathogenese 822
14.3.6 Klinik 822
14.3.7 Differentialdiagnose 822
14.3.8 Immunologie 822
14.3.9 Labordiagnose 823
14.3.10 Therapie 825
14.3.11 Prävention 825
14.3.12 Das HBV und das primäre Leberzellkarzinom 825
Zusammenfassung 826
14.4 Hepatitis D-Virus (HDV) 827
Zusammenfassung 829
14.5 NonA/NonB-Hepatitis (HCV und HEV) 829
14.6 „Autoimmun-Hepatitis“ 830
Zusammenfassung: Hepatitis C 830
Zusammenfassung: Hepatitis E 831

14.1 Allgemeines

Definition

Als Virushepatitis wird unter Ausschluß der Gelbfieber-Hepatitis ein Krankheitsbild bezeichnet, bei dem sich aufgrund einer Infektion mit „hepatotropen“ Viren ein Krankheitsprozeß entwickelt, der sich primär auf die Leber beschränkt und nur sekundär andere Organsysteme in Mitleidenschaft zieht (Tabelle 14.1).

Epidemiologie

Die verschiedenen Formen der Virushepatitis sind weltweit verbreitet; hierzulande gehört die Virushepatitis zu den wichtigsten Infektionskrankheiten. Auch in der Häufigkeitsstatistik der Virusinfektionen ist ihre Stellung prominent: Sieht man von den exanthematischen Viruskrankheiten (Masern, Röteln u. a.) und den Viruskrankheiten des Respirationstraktes ab, so erweist sich die infektiöse Hepatitis als die häufigste Viruskrankheit. Sie steht in der Statistik der infektiös bedingten Berufskrankheiten nach der Tuberkulose an zweiter Stelle. Ihre Auswirkungen auf die Volksgesundheit sind ebenso gravierend wie die durch sie bedingten wirtschaftlichen Folgen. Deshalb stellt die Virushepatitis z. Zt. neben AIDS das wichtigste Seuchenproblem unseres Landes dar. In den Entwicklungsländern mit endemisch auftretender Hepatitis B

Tabelle 14.1. Antigene der Hepatitis-Viren und Abkürzungen

Antigen	Abkürzung
Hepatitis A-Virus	HAV
Hepatitis A-Antigen	HAV Ag
Hepatitis A-Antikörper	Anti-HAV
Hepatitis B-Virus	HBV
Hepatitis B-Surface-Antigen	HBsAg
Hepatitis B-Capsid-Antigen	HBc Ag
Hepatitis B-e-Antigen	HBe Ag
IgM- oder IgG-Antikörper gegen HBs-, HBc- und HBe Ag	Anti-HBs Anti-HBc Anti-HBe
Hepatitis D-Virus	HDV
Hepatitis D-Antigen	HD Ag
Hepatitis D-Antikörper	Anti-HDV
Hepatitis C-Virus	HCV
Hepatitis E-Virus	HEV

Ag: Antigen

ist diese Infektion der wichtigste Faktor für die Entstehung des ***Leberkarzinoms***; man zählt das Hepatitisvirus B (HBV) deshalb zu den krebserzeugenden Viren.

Formen

Aufgrund des jeweils typischen Übertragungsmodus und der Inkubationszeit kann man bei der Virushepatitis trotz etwa gleichartiger Symptomatologie ***fünf Krankheitsformen*** unterscheiden: Hepatitis A, B, D und zwei Formen der NonA/NonB-Hepatitis. Die parenteral übertragene Form der NonA/NonB-Hepatitis wird jetzt auch als Hepatitis C bezeichnet, die enteral übertragene als Hepatitis E (Tabelle 14.4).

Die Tatsache, daß es fünf verschiedene Hepatitis-Viren im engeren Sinne gibt, wird durch virusserologische und pathohistologische Untersuchungen untermauert: Jede Hepatitis-Form zeigt neben der unterschiedlichen Ätiologie auch ein typisches pathologisches Gewebebild.

Der weitaus größte Teil der Hepatitis-Infektionen heilt folgenlos aus. Bei einem kleineren Teil entsteht aber ein lebenslanges Trägertum. Das Trägertum kann ohne Dauerschäden der Leber vorkommen; in anderen Fällen tritt als Spätfolge eine Zirrhose auf, aus der sich das primäre Leberkarzinom entwickeln kann.

Man unterscheidet folgende Prozesse:

- Direkter Übergang in eine Zirrhose; diese kann sich innerhalb von Monaten entwickeln.
- Übergang in ein symptomloses Trägertum.
- Übergang in eine chronische Hepatitis. Diese kann als milder, nicht-aggressiver Prozeß verlaufen (chronisch-persistierende Hepatitis); sie tritt aber auch als chronisch-aktive Hepatitis (sog. aggressiver Histotyp) in Erscheinung. Die chronisch-persistierende Hepatitis hat eine gute Prognose, während die chronisch-aktive Hepatitis zur Selbstperpetuierung neigt und in der Mehrzahl der Fälle zur Leberzirrhose führt.

Differentialdiagnose

Die Differentialdiagnose eines akuten Hepatitis-Falles umfaßt den Nachweis des HAV, des HBV, des HDV, des HCV und HEV sowie des ZMV, EBV und HSV, bzw. der entsprechenden Antikörper. Auch werden Transaminasen bestimmt und Biopsien gewonnen.

Meldepflicht

Erkrankung und Tod durch Hepatitis-Viren jeder Art sind meldepflichtig.

14.2 Hepatitis A-Virus (HAV)

Beschreibung des Virus

Genom. Das Virion besitzt eine (+)-Strang-RNA mit einem kovalent gebundenen Protein am 5'-Ende. Das Genom ist sequenziert worden.

Morphologie. Das Capsid besteht aus Capsomeren, die jeweils aus 4 Proteinen bestehen. Es existiert nur ein einziger Serotyp.

Resistenz gegen äußere Einflüsse. Das HAV bleibt unter durchschnittlichen Umweltbedingungen außerhalb des Menschen über mehr als 4 Wochen infektiös.

Das Virus ist ätherstabil und etwas hitzestabiler als die übrigen Picorna-Viren: Es wird erst durch 5minütiges Erhitzen auf 100 °C zerstört, es übersteht 30 min bei 60 °C.

Verhalten im Versuchstier. Das Hepatitis A-Virus läßt sich auf Affen (Marmosets und Schimpansen) übertragen.

Züchtung. In bestimmten Zellinien vermehrt es sich, ohne einen ZPE hervorzurufen.

Geschichte und Namengebung

Das Virus wurde 1973 durch Immun-Elektronenmikroskopie im Stuhl von Patienten entdeckt. Die Untersuchungen ergaben, daß es sich um einen Vertreter der ***Picorna***-Viren handelt. Das Hepatitis A-Virus wird deshalb auch als ***Entero-Virus 72*** bezeichnet.

Epidemiologie

In den *Entwicklungsländern* ist die Durchseuchung sehr stark ausgeprägt; die Infektionen erfolgen im frühen Kindesalter; in dieser Entwicklungsperiode verlaufen die Infektionen meist asymptomatisch. Das voll entwickelte Krankheitsbild ist deswegen in diesem Alter selten. In den Industrieländern lassen sich nur noch sporadisch Krankheitsfälle feststellen; sie treten überwiegend bei Erwachsenen auf. Dementsprechend lassen sich Antikörper nur noch bei älteren Personen nachweisen.

Übertragung

Verunreinigte *Lebensmittel* (Muscheln, Salat etc.) und vor allem *Trinkwasser* sind die wichtigsten Ansteckungsquellen. Eine Übertragung durch Aerosole ist nicht festgestellt worden.

Man hat größere Epidemien beobachtet, die durch verunreinigtes Trinkwasser entstanden sind, vor allem in Kriegs- und Notzeiten oder bei Naturkatastrophen. In Kinderheimen, Lagern und dgl. erfolgt die Ausbreitung fäkal-oral schnell. Durch mit Abwässern verunreinigte Schwimmbäder oder Teiche können ***Explosiv-Epidemien*** zustandekommen. Durch Bluttransfusionen ist das HAV nur in Ausnahmefällen übertragen worden. Man hat Hepatitis A-Fälle jetzt auch vermehrt bei Drogensüchtigen festgestellt.

Pathogenese

Man nimmt an, daß das Virus nach einer ***fäkal-oralen*** Übertragung in den Magen-Darmtrakt gelangt. Bisher hat sich kein Hinweis auf eine Replikation im Epithel des Intestinums finden lassen. Das HAV gelangt wahrscheinlich über eine kurzdauernde Virämie in die Leber. Nach einer anderen Hypothese soll der Transport in die Leber durch Lymphozyten erfolgen. Die Leberzellen und Kupffer-Zellen enthalten viel Antigen. HAV-Antigen wird aber auch in der Milz und in den Lymphknoten beobachtet. Die Virusvermehrung kann für sich allein keine Zellschädigung bewirken. Der Zellschaden bei der Hepatitis A ist *indirekt*: Er wird durch ***zytotoxische Lymphozyten*** verursacht. Das im Stuhl erscheinende Virus stammt aus den Gallenwegen; es wird bereits 14 Tage ***vor*** dem Auftreten des Ikterus nachweisbar. Auf dem Höhepunkt der Ausscheidung enthält der Stuhl etwa 10^9 Viren pro Gramm. Bereits vor Beginn der Erkrankung geht die Virus-Ausscheidung drastisch zurück. Man vermutet, daß bereits in dieser Phase IgA-Antikörper auf der Schleimhaut erscheinen und die Ausscheidung von infektiösem Virus reduzieren. Bereits zu Beginn der klinischen Erkrankung lassen sich im Serum IgM-Antikörper nachweisen. IgM- und IgG-Antikörper wirken Virus-neutralisierend (Abb. 14.1).

Zellinfiltrate sind vorwiegend portal und periportal zu finden. Plasmazellen sind häufig anzutreffen. Die Schädigung der Hepatozyten erfolgt unter dem Bild einer herdförmigen Nekrose. Die Herde liegen in der Umgebung der Zellinfiltrate und nicht im Zentrum der Läppchen. Bei Kindern sind die Läsionen viel weniger ausgeprägt als bei Erwachsenen.

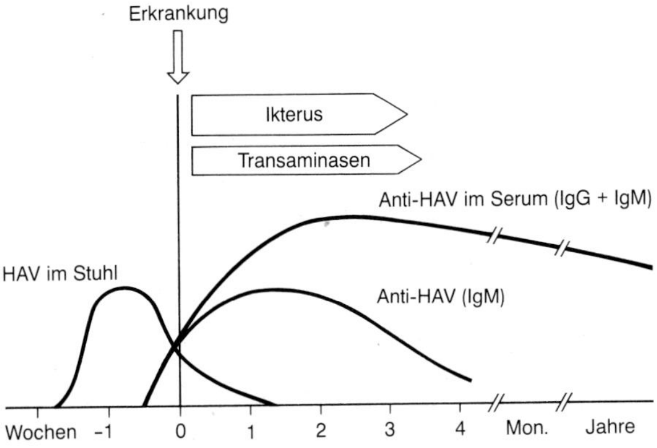

Abb. 14.1. Hepatitis A. Virusausscheidung und Antikörperbildung

Klinik

Die Hepatitis A wird auch mit der klinischen Bezeichnung „Hepatitis epidemica" versehen. Ihre Inkubationsperiode beträgt 2–6 Wochen. Die klinischen Symptome gleichen denen der Hepatitis B. Der Ausbruch ist abrupt, aber leicht; Fieber wird häufiger als bei Hepatitis B beobachtet. Die Infektionen verlaufen bei Kindern meist anikterisch; bei Erwachsenen wird der ***Ikterus*** häufiger beobachtet. Es gibt nur wenige schwer verlaufende Fälle. 15% aller klinisch-ikterischen Fälle verlaufen protrahiert. Die Letalität beträgt 0,1–0,2% der hospitalisierten (!) Fälle. Es entstehen keine Virusträger, Zweiterkrankungen und Folgezustände sind unbekannt.

Immunität

Das Überstehen der Hepatitis A hinterläßt eine *lebenslange Immunität.* Spätfolgen (wie bei Hepatitis B) gibt es nicht.

Labordiagnose

Im Stuhl läßt sich das Virus bereits 14 Tage vor der klinischen Erkrankung mit dem Antigen-ELISA feststellen. Die Nachweisrate für das Virus sinkt bei Beginn der klinischen Erkrankung jedoch stark ab. Die Sero-Diagnose erfolgt durch einen ELISA. Bereits zu Beginn der Erkrankung lassen sich IgM-Antikörper nachweisen; der Befund bleibt für etwa 3–4 Monate positiv. Zu Beginn der Erkrankung sind aber auch bereits IgG-Antikörper vorhanden.

Prävention

Allgemeine Hygiene-Maßnahmen. Der beste Weg zur Verhütung der Hepatitis A ist eine gute Allgemeinhygiene. In Hospitälern haben sich unter guten hygienischen Bedingungen keine Sekundärfälle feststellen lassen. Deshalb erscheinen strenge Isolierungsmaßnahmen kaum lohnend, zumal die Virusausscheidung zum Zeitpunkt der Hospitalisierung stets reduziert ist.

Gamma-Globulin-Gabe. Erkrankungen bei Reisenden in Ländern mit niedrigem Lebensstandard lassen sich z. T. durch vorbeugende Gaben von Gamma-Globulin verhindern. In den Entwicklungsländern wird ein Impfstoff dringend benötigt. Ein ***Totimpfstoff*** wird zur Zeit erprobt.

Zusammenfassung: Hepatitis A

Das Virus: Das (+)-Strang-RNA-Virus gehört zu den Picorna-Viren (Entero-Virus 72). Nur 1 Serotyp. Ätherstabil, in der Außenwelt sehr haltbar.

Vorkommen: Sehr weit verbreitet. Bei gutem Hygienestandard verschwindet das Virus aus der Bevölkerung.

Epidemiologie: Hohe Durchseuchung in den Entwicklungsländern, häufig asymptomatisch, vorzugsweise bei Kindern.

Übertragung: Schmutz-Schmier-Infektion sowie durch Lebensmittel und Trinkwasser.

Pathogenese: Nach oraler Infektion über eine Virämie in die Leber. Das Stuhlvirus stammt aus den Gallenwegen. Das Virus selbst wirkt nicht zytolytisch, ZTL zerstören die Leberzellen.

Klinik: Inkubationsperiode 2–6 Wochen. Fieber, Ikterus, Hepatitis, viele subikterische Fälle, sehr selten Todesfälle, keine Zirrhosen, kein Leberkarzinom.

Labordiagnose: Virusausscheidung bereits 10–14 Tage vor Erkrankung, nimmt vor Krankheitsbeginn schnell ab. Antigen-ELISA, IgM- und IgG-Antikörper.

Therapie: Keine spezifische Therapie.

Immunität: Die Infektion erzeugt eine lebenslange Immunität, wahrscheinlich inapparente Booster-Infektionen.

Prävention: Immunglobuline vor Tropenreisen, Totimpfstoff in Erprobung, gute Konversionsrate.

14.3 Hepatitis B-Virus (HBV)

14.3.1 Beschreibung des Erregers

Rolle als Krankheitserreger

Das Virus ruft die Hepatitis B hervor. Die Hepatitis wird auch als „Serumhepatitis", „Transfusionshepatitis", „Fixer-Hepatitis" oder „Hippie-Hepatitis" bezeichnet. Sie kann in chronische Verlaufsformen einmünden und zur Leberzirrhose und zu Leberkarzinom führen. – Das HBV wird zu den Hepadna-Viren gerechnet. Viren dieser Gruppe finden sich auch bei Waldmurmeltieren, Erdhörnchen und Enten.

Genom

Das HBV enthält eine Doppelstrang-DNA, bestehend aus einem kompletten (–)- und einem inkompletten (+)-Strang. Am 5'-Ende des (–)-Strangs sitzt ein kovalent gebundenes Protein, das als Primer für die Synthese dieses Strangs benötigt wird. Der Gegenstrang (+) ist am 3'-Ende inkomplett (Abb. 14.2). Das gesamte Genom ist sequenziert worden. Man unterscheidet 4 Gene : HBs-, Polymerase-, Core- und x-Gen.

Morphologie

DANE-Partikel. Das HBV wird in seiner infektiösen Form als DANE-Partikel bezeichnet (Durchmesser 42 nm). Es besteht aus einem Nukleocapsid aus Hepatitis B Core-Antigen (HBcAg) sowie der lipidhaltigen Hülle mit dem Surface-Antigen (HBsAg). Im Capsid befindet sich eine doppelsträngige DNA und eine Polymerase mit den Eigenschaften einer Reversen Transkriptase. Außerdem beobachtet man im Blut Infizierter noch 22 nm messende, nicht-infektiöse Partikel sowie filamentöse Formen (20×300 nm); beide bestehen aus HBsAg. Das HBeAg ist ein lösliches Protein, das im Serum auftritt.

HBs-Antigen. Das HBsAg ist das immunisierende Antigen. Es wird im Zytoplasma gebildet und läßt sich dort durch fluoreszierende Antikörper nachweisen. In der Leber wird es im Überschuß gebildet und in das Blut sezerniert. Ein typischer Virusträger (s. S. 823) hat etwa 10^8 DANE-Partikel, 10^9 Filamente und 10^{13} HBsAg-Partikel pro ml im Blut. Das Epitopenmuster des HBsAg ist komplex. Jeder Komplex trägt die immunisierende Komponente „a". Andere Teilkomplexe werden mit den Buchstaben d, w, y, r be-

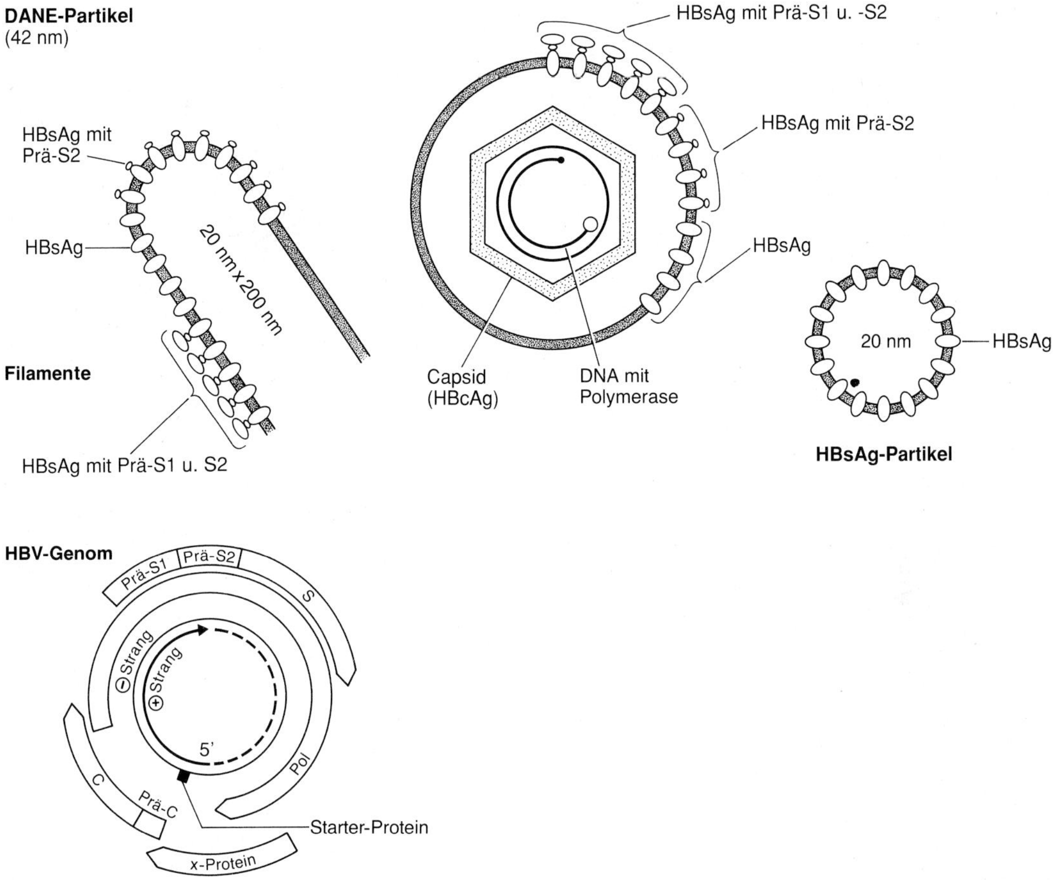

Abb. 14.2. Schema des Hepatitis B-Virus und seines Genoms. Das Genom des HBV enthält folgende Genabschnitte: 1. C mit Prä-C kodiert für HBc und HBe; 2. S mit Prä-S1 und -S2 kodiert für HBs, Prä-S1 und Prä-S2; 3. X-Region kodiert für das transaktivierende Protein; 4. pol-Region kodiert für die DNA-Polymerase

zeichnet; sie kommen in Kombination vor, wie z. B. ayw, adr, ayr und adw. Diese Formeln bezeichnen Markerantigene für die Feinepidemiologie. Das Gen des Gesamt-HBs-Antigens besitzt 3 aneinandergereihte Abschnitte: Prä-S1, Prä-S2 und HBs. DANE-Partikel und Filamente enthalten neben HBsAg auch Prä-S1- und Prä-S2-Ag, die 22 nm HBs-Partikel aber nur HBsAg.

HBe-Antigen. Das HBeAg läßt sich durch den IFT im Kern der Zelle und in der Zellmembran demonstrieren. Das HBeAg läßt sich ebenso wie das HBsAg, die DNA-Polymerase und Virus-DNA im Serum nachweisen. HBeAg und DNA sind wichtige Marker für die Infektiosität des Serums bzw. des Patienten. – Fehlt das HBeAg im Serum beim Vorhandensein von HBV-DNA und Anti-HBe, können Mutationen in der Regulator-Region des HBc-Gens die Ursache dieser besonderen Marker-Konstellation sein.

HBc-Antigen. HBcAg läßt sich in den Kernen von Leberbiopsiematerial durch den IFT nachweisen. Im Serum wird HBcAg nicht gefunden. HBcAg und HBeAg weisen keine serologischen Kreuzreaktivitäten auf.

Das gesamte HBc-Gen besteht aus der PräC-Region am NH_2-Terminus und dem eigentlichen HBc-Gen. Wird nur ein Teil des Prä-Core abgespalten, so entsteht das membranständige HBe (p 23); erfolgt auch am COOH-Terminus eine Abspaltung, liegt das sezernierte HBeAg (p 18/20) vor.

Das HBx-Protein. Seine Funktionen sind noch nicht genau bekannt. Es wirkt als „Transaktivator" (s. S.

Tabelle 14.2 Eigenschaften der Hepatitis-Viren

Eigenschaft	Hepatitis			NonA/NonB-Hepatitis	
				Parenteral	Enteral
	A	B	D	C	E
Erreger	HAV	HBV	HDV	Flavi-Virus	Calici-Virus
Nukleinsäure	RNA(+)	DNA	RNA(–)	RNA(+)	RNA
Hülle	–	+	+ (des HBV)	+	–
Virusfamilie	Picorna	Hepadna	Nicht klassifiziert	Toga-Viren	
Züchtung in vitro	(+)	(+)	–	+	–
Übertragung:					
Fäkal-oral	+++	+?	–	–	++
Enger Kontakt/genital	+	++	+	+	?
Blut und -produkte	–	+++	+++	+++	–
Stabilität –20 °C	+	+	?	?	?
Stabilität 60 °C/1h	Stabil	Stabil	Weitgehend inaktiv	Weitgehend inaktiv (?)	
Stabilität 100 °C/5'	Inaktiviert	Inaktiviert	Inaktiviert	?	?

+++, ++, +, –: Schweregrad

668, 761, 792) für virale Promotoren; diese Wirkung ist zelltypisch, aber nicht artspezifisch. So verstärkt es die Replikation des HBV in der Leberzelle. – Man vermutet auch eine Mitwirkung bei der Entstehung des primären Leberzellkarzinoms.

Resistenz gegen äußere Einflüsse. Das Virus ist relativ stabil, auch gegen Ätherbehandlung. Es übersteht z. B. eine 30minütige Behandlung bei 50 °C, eine 1stündige Behandlung bei 60 °C und wird erst nach 10stündiger Behandlung bei dieser Temperatur fast inaktiviert. Bei 100 °C ist es nach 5 min inaktiv. (Tabelle 14.2).

Replikation

Die Replikation des Virus in der Zelle beginnt mit der Komplettierung des unvollständigen (+)-DNA-Stranges. Die Transkription wird an dem kompletten DNA-(–)-Strang vorgenommen. Dabei entsteht informative (+)-RNA, die in zwei Formen auftritt: In linearen Abschnitten dient sie als mRNA, in Ringform als Matrize für die Synthese einer neuen ringförmigen (–)-Strang-DNA. Die ringförmige (+)-RNA wird auch als ***Prägenom*** bezeichnet. Ihre Ringform kommt durch etwa 200 RNA-Basen zustande, die sich an den 5'- und 3'-Enden überlappen. Das Prägenom aus (+)-RNA wird in DNA umgesetzt und nach der reversen Transkription sofort abgebaut; erst dann erfolgt die Synthese des DNA-(+)-Stranges. Als Enzym dient die DNA-Polymerase des HBV.

Zusammenlagerung zu Core-Partikeln. Neugebildetes Core-Protein und die Polymerase lagern sich spontan mit ringförmiger (+)-Strang-RNA („Prägenom") zu Core-Partikeln zusammen, wobei die Polymerase Montagefunktionen ausübt. Im Zytoplasma erfolgt auch die Umschreibung des Prägenoms mittels der ***Polymerase*** mit den Funktionen einer Reversen Transkriptase in einen kompletten (–)-DNA-Strang, der Abbau der RNA und die Synthese des inkompletten (+)-DNA-Stranges. Schließlich erfolgt im Zytoplasma die Umhüllung der Cores (Capside).

Integration der HBV-DNA. Wahrscheinlich erfolgt schon während dieser Replikationszyklen eine ***Integration*** der HBV-DNA in das Wirtszell-Genom. Im Gegensatz zur Situation bei den Retro-Viren ist aber die Integration nicht eine Voraussetzung für die Replikation. In den Hepatozyten von chronisch infizierten Patienten findet man oftmals integrierte, aber defekte HBV-DNA; im floriden Stadium liegt die freie Virus-DNA quasi episomal in der Zelle vor.

Die ***DNA-Polymerase*** (Reverse Transkriptase) des HBV bewirkt wahrscheinlich auch die Integration der komplettierten DNA in das Zellgenom.

Züchtung

Das HBV läßt sich routinemäßig noch nicht züchten. In Schimpansen erzeugt es eine Hepatitis B.

14.3.2 Geschichte

Bereits 1885 wurde von ***Lürmann*** eine „Ikterus-Epidemie“ beschrieben, die im Gefolge einer Pocken-Impfaktion aufgetreten war. Rückschauend lassen sich diese Fälle und auch der „Salvarsan“-Ikterus der Syphilitiker auf eine Übertragung des Hepatitis B-Virus zurückführen. Vorkommnisse dieser Art legten bereits frühzeitig den Gedanken nahe, in menschlichen Seren befinde sich ein infektiöses Agens, das Hepatitis verursache. 1938 wurde klar, daß durch die Anwendung von Masern-Rekonvaleszenten-Serum eine infektiöse Hepatitis entsteht: Der „homologe Serum-Ikterus“. Diese Erkenntnis wurde auf die Hepatitis-Fälle übertragen, die nach Bluttransfusionen ebenso auftraten wie nach ärztlichen Eingriffen mit ungenügend sterilisierten Geräten. 1963 entdeckte dann ***Blumberg*** in den Seren der Ureinwohner Australiens ein Antigen, das mit den Seren von multitransfundierten Hämophilen präzipitierte, das sogenannte ***„Australia“-Antigen***; es wurde später in HBs-Antigen umbenannt. 1970 wurde die Bezeichnung Hepatitis B eingeführt.

14.3.3 Epidemiologie

Man schätzt, daß auf der Erde etwa 250 Mio Menschen an einer chronischen Hepatitis erkrankt sind.

Die Verbreitung ist weltweit. In den USA sind 0,1–0,5% der Bevölkerung chronische Träger; die Durchseuchung in den Entwicklungsländern beträgt 10–40%. In Griechenland z. B. liegt die Zahl der HBsAg-Träger bei 5%, die Zahl der Träger von HBc-Antikörpern bei 20–50%. In Deutschland sind weniger als 0,5% HBsAg-positiv. In einer gesunden Population junger Erwachsener in Deutschland sind Antikörper gegen das *HBc*Ag in 2–4% zu finden; diese Antikörper stellen einen verläßlicheren Indikator für eine früher erfolgte Durchseuchung dar als Antikörper gegen das HBsAg. – In Taiwan spielt die *perinatale* Infektion für die Durchseuchung eine bedeutende Rolle. Dieser Übertragungsweg ist in Ostasien häufig.

Bei bestimmten Risikogruppen (Homosexuelle, Prostituierte, Drogensüchtige und Personen mit häufig wechselnden Geschlechtspartnern) ist die Durchseuchung ebenfalls hoch. *Heterosexueller Intimverkehr* ist im übrigen ein wichtiger Übertragungsmodus. – AIDS-Patienten sind zu fast 100% durchseucht. Die perinatale Infektion in Ostasien erfolgt wahrscheinlich kurz vor, unter oder nach der Geburt. Perinatal infizierte Kinder haben deshalb bei der Geburt nur in 6% HBsAg im Serum, einen Monat später in 90%. Das Risiko der Übertragung auf das Kind ist bei HBs- und HBeAg-positiven Müttern sehr hoch. Auch HBsAg-positive, aber HBeAg-negative Mütter infizieren ihre Kinder. – Die Infektion trifft dabei auf einen immunologisch unreifen Organismus, so daß wahrscheinlich durch eine „high-dose“ Toleranz eine chronische Infektion entsteht (s. S. 640). – Immer noch stellt die Hepatitis B eine häufige *Nosokomial-Infektion* dar. Besonders gefährdet sind Bedienstete auf Dialyse- und Intensiv-Stationen, ärztliches und zahnärztliches Personal, Laborarbeiter sowie Familienangehörige von HBsAg-positiven Personen. Übertragungen sind u. a. durch die Benutzung gemeinsamer *Zahnbürsten* möglich.

Durch die vorgeschriebene Untersuchung der *Blutkonserven* ist die HBV-Transfusionshepatitis stark zurückgegangen. 90% der jetzt nach Transfusionen auftretenden Hepatitisfälle sind durch NonA/NonB-Viren bedingt. Generell muß jede Blutprobe als kontaminiert angesehen werden, besonders HBs- und HBeAg-positive Blutproben. Eingetrocknete Blutproben haben sich mehr als 1 Woche lang als infektiös erwiesen. Die Übertragung durch blutsaugende Insekten (Mücken und Wanzen) ist eher unwahrscheinlich. Eine Übertragung durch Aerosole ist extrem selten; Spritzer HBsAg-haltigen Blutes in die *Augen* bewirkten Infektionen.

14.3.4 Übertragung

Die Übertragung der Hepatitis B erfolgt vor allem durch Übertragung von ***Blut*** bzw. Blutprodukten. Unter experimentellen Bedingungen kann die Übertragung 1×10^{-8} ml virushaltigen Blutes zu einer Infektion führen. Außerdem sind Samen und Zervix-Sekret sowie Speichel und Tränenflüssigkeit virushaltig, so daß HBV ***oral*** und ***sexuell*** übertragen werden kann. Eine Übertragung kommt auch durch ungenügend sterilisierte Instrumente (Kanülen, Spritzen, Endoskope) oder durch Tätowierungs- und Ohrstichgeräte zustande.

14.3.5 Pathogenese

Nach heutigen Kenntnissen ist die Hepatitis B eine Krankheit, bei der die ***Immunreaktion*** das bestimmende pathogenetische Element darstellt. Der überwiegende Teil der Infektionen verläuft inapparent, wird also immunologisch frühzeitig beherrscht; bei den apparenten Verläufen hingegen zerstört das Immunsystem nach Ablauf der Inkubationsperiode jedoch die eigenen Leberzellen und schädigt somit den Organismus. Es wird vermutet, daß vorwiegend virusspezifisches HBc- und HBeAg in der Zellmembran exprimiert wird und damit das Zielantigen für die immunreaktiven ***T-Lymphozyten*** darstellt. Besonders häufig werden chronische Verläufe bei Kindern nach perinataler Infektion beobachtet, deren Immunapparat das Virus nicht eliminieren kann (s. S. 640). Eine akute oder chronische Hepatitis kann auch bei Patienten mit Agammaglobulinämie entstehen. Es wird daraus gefolgert, daß die Antikörper für die Pathogenese kaum eine Rolle spielen. – Es besteht ein Defekt der Interferonbildung der Blutmonozyten, den man mit der Entstehung der chronischen Hepatitis in Zusammenhang bringt. – Die Leberzellen werden auf dem Blutweg infiziert; das HBV wurde außer in Leberzellen in Pankreas-Zellen sowie in Makrophagen und Lymphozyten nachgewiesen. Welche Bedeutung den extrahepatischen Zellen für den Krankheitsverlauf im Organismus zukommt, ist noch unbekannt.

Im Verlauf der **akuten HB** entstehen Antikörper gegen HBc, HBe und HBs sowie gegen die Polymerase und gegen das x-Protein. Zunächst erscheinen Anti-Prä-S1 und -S2, während Anti-HBs erst viel später auftreten. Anti-HBe und Anti-HBc treten ebenso frühzeitig auf. – Bei Patienten, die eine chronische Hepatitis B entwickeln, bleiben alle drei Antigene im Blut nachweisbar. – Prä-S1- und Prä-S2-Antikörper sind wahrscheinlich neutralisierend und liefern auch vorwiegend die T-Zellepitope der Virushülle. – Die ZTL sind vorwiegend gegen HBe- und HBcAg gerichtet.

Pathogenetische Bedeutung kommt sicherlich den im Serum nachgewiesenen ***HBsAg*/Ak-Komplexen** zu. Sie sind sehr wahrscheinlich für die gelegentlich auftretende Periarteriitis nodosa und die Glomerulonephritis verantwortlich, vielleicht auch für die gelegentlich beobachteten Gelenkbeschwerden sowie für Hautveränderungen. Das HBV verursacht keine Embryopathien.

Pathohistologisch sind die sinusoidalen Zellen aktiviert; man findet reichlich Lymphozyten. Die Zellzerstörungen sind über das gesamte Leberläppchen verteilt. In schweren Fällen findet man zusätzlich eine ausgeprägte Zerstörung der zentrolobulären Areale. Die Lymphozyten findet man oftmals im ganzen Läppchen in enger Nachbarschaft mit den Leberzellen.

14.3.6 Klinik

Die akute Phase der Hepatitis durch HBV entwickelt sich nach einer Inkubationsperiode von 2–6 Monaten. Die Dauer der Inkubationsperiode hängt von der Infektionsdosis ab: Je höher die Dosis an HBV, desto kürzer ist die Inkubationsperiode und umgekehrt. Gegen Ende der Inkubationsperiode, aber noch im präikterischen Zustand, stellt sich Krankheitsgefühl ein, es entwickeln sich Abneigung gegen Speisen, Schwindel, Erbrechen und Abdominalbeschwerden. Bei etwa 10–20% der Patienten kommt es in diesem Stadium zu Erscheinungen, die auf die Krankheit hinweisen: Fieber, Exantheme und rheumatoide Gelenkbeschwerden. Zwei bis 14 Tage später wird der Ikterus bemerkt; die Leber ist dann fest und vergrößert. Die Patienten fühlen sich in diesem Stadium jedoch besser. Bei langdauernder Gelbsucht entwickelt sich eine Cholostase, verbunden mit Pruritus. Die Rekonvaleszenzphase kann Wochen dauern. Je jünger die Personen sind, desto leichter ist der Verlauf.

14.3.7 Differentialdiagnose

Eine ikterische oder anikterische Begleit-Hepatitis kann bei zahlreichen Infektionskrankheiten auftreten. Typisch ist die Leberbeteiligung für den Morbus Weil, für die konnatale Syphilis und für das Gelbfieber; eine Hepatitis kann aber auch bei Infektionen mit Viren der Herpesgruppe, bei Bruzellosen, Rickettsiosen und bei der Malaria vorkommen.

14.3.8 Immunologie

Das zelluläre Immunsystem dürfte die Hauptlast bei der Beherrschung der HBV-Infektion tragen; hierfür spricht, daß nach der Infektion von Neugeborenen häufig chronische Verläufe auftre-

Tabelle 14.3. Labordiagnose von HBV-Infektionen

Krankheitsstadium	HBs Ag	HBe Ag	Polymerase/DNA	Anti-HBs	Anti-HBcIgM	Anti-HBcIgG	Anti-HBe	Infektiosität des Blutes	Besonderheiten
Inkubationsperiode	+	+/−	+/−	−	−	−	−	+++	
Akute Hepatitis	+	+	+	−	−	−	−	+++	
Rekonvaleszenz, früh	+	−	−	−	+	−	+/−	(+)	
Rekonvaleszenz, spät	−	−	−	+	−	+	+	−	
Jahre nach Erkrankung	−	−	−	+/−	−	+	−	−	Anti-HBc sicherster Marker für Durchseuchung
Chronisch aktive Hepatitis	+	+	+	−	+	+	−	++	Hochinfektiös
Chronisch aktive Hepatitis	+	+/−	−	−	+	+	−/+	+	Mäßig infektiös
Persistierende Hepatitis	+	−	−	−	−	+	+/−	+	Gering infektiös
HBsAg-Träger	+	−	−	−	−	+	−	(+)	Wenig infektiös „gesund"
Nach Impfung	−	−	−	+	−	−	−	−	

ten. Man kann deshalb folgern, daß eine partielle „high-dose" Toleranz durch große Mengen an Virusantigen für chronische Verläufe verantwortlich ist (s. a. Pathogenese).

14.3.9 Labordiagnose

Bislang läßt sich das HBV in vitro nur in transfizierten Hepatomzellen züchten. Eine bedeutsame Rolle für die Diagnose (Tabelle 14.3) und Prognose der akuten und chronischen Hepatitis spielen die verschiedenen Antigene, die im Serum auftauchen oder in Biopsie-Material nachgewiesen werden können, desgleichen die entsprechenden Antikörper und schließlich auch die Transaminasen.

Bereits in der zweiten Hälfte der Inkubationsperiode läßt sich HBsAg mit Prä-S1- und -S2-Ag im Serum feststellen. Dies gilt auch für HBeAg, DNA, die virale DNA-Polymerase und für die elektronenmikroskopisch nachweisbaren DANE-Partikel. Das wichtigste Zeichen für den Beginn der Ausheilung ist das Absinken der HBs- und der HBe-Menge im Serum, spätestens 10–14 Tage nach Beginn der Erkrankung.

Wenn nur Anti-HBc positiv ist, sollte auch IgM-Anti-HBc und Anti-HBs bestimmt werden. Wenn HBsAg positiv ist, empfiehlt sich eine Bestimmung von HBeAg und, wenn möglich, der HBV-DNA. Zur Kontrolle des Verlaufes werden diese Parameter mehrmals bestimmt. Chronische Verlaufsformen werden in Abständen von 6 Monaten kontrolliert. Bei gesunden HBsAg-Trägern genügt im Prinzip eine Untersuchung, im Falle einer Immunsuppression muß jedoch mit Reaktivierungen gerechnet werden. Die Durchseuchung mit dem HBV wird anhand der HBc- und HBs-Antikörper festgestellt.

Akute Infektion

Bei einer akuten Infektion tauchen frühzeitig IgM- und dann auch IgG-Ak gegen das HBcAg auf. IgM-Anti-HBc lassen sich bis etwa 6 Monate nach einer akuten Hepatitis B nachweisen. Zwischen dem Verschwinden des HBe-Antigens und dem Auftreten des Anti-HBe klafft öfter eine zeitliche Lücke. Dies gilt in

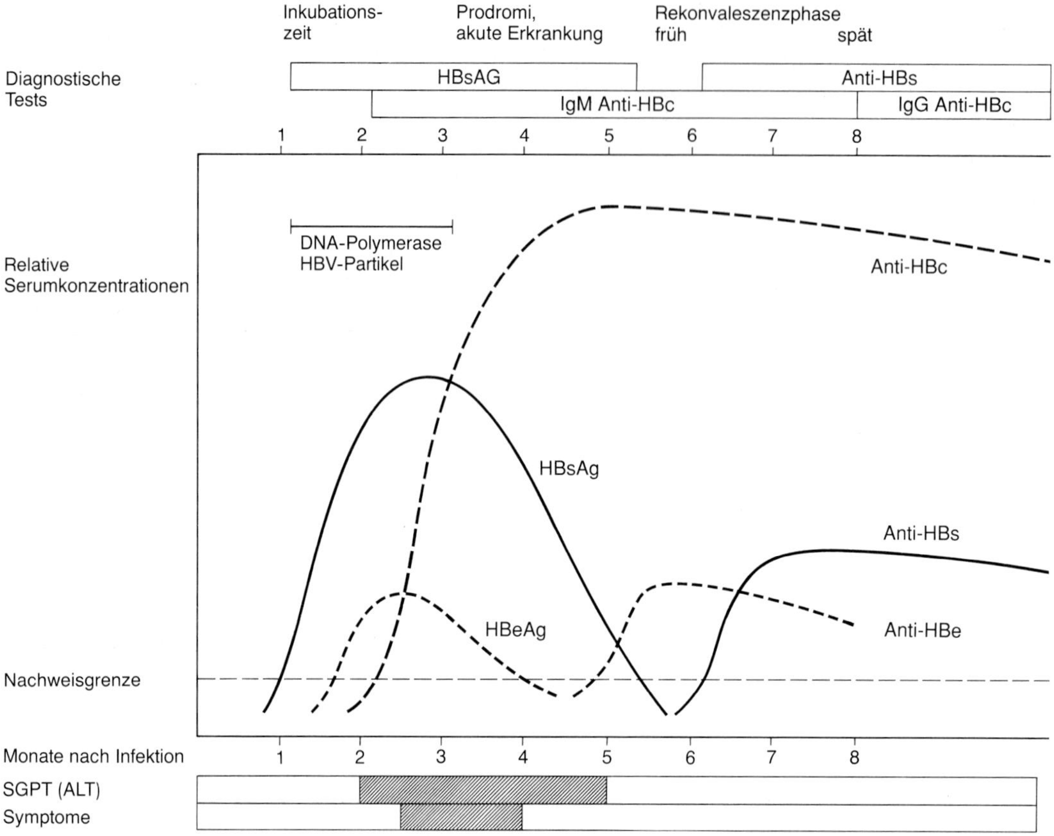

Abb. 14.3. Krankheitsverlauf, Antigen- und Antikörperbildung bei der akuten Hepatitis B

viel stärker ausgeprägter Weise für das HBsAg/Anti-HBs-System. In jüngster Zeit hat man im Serum von Patienten Antikörper gegen das x-Protein (s. Abb. S. 819) und gegen die DNA-Polymerase festgestellt.

Chronische Hepatitis

Bei der chronischen Hepatitis persistiert das HBsAg mehr als 6 Monate. Die Persistenz kann Jahre oder das ganze Leben lang andauern. Etwa 7% der sonst gesunden Patienten mit akuter Hepatitis B werden chronisch. Andererseits fehlen bei ewa 60% der Patienten mit chronischer Hepatitis anamnestische Angaben über eine akute Hepatitis B. Ein direkter Übergang in die chronische Infektion wird oft bei perinatal infizierten Neugeborenen und bei immungeschädigten Personen beobachtet. Man schätzt 6–7 inapparente Infektionen auf einen klinisch erkennbaren Verlaufsfall. Todesfälle werden vorwiegend durch die chronischen Formen hervorgerufen.

Träger

Der gesunde Träger ist durch das Vorhandensein von HBsAg, Anti-HBc sowie durch weitgehend normale histologische Befunde gekennzeichnet. Der Gehalt des Serums an HBsAg ist gering (bis 10–20 µg/ml).

Chronisch-persistierende und chronisch aktive Hepatitis

Wichtig ist die Unterscheidung zwischen der chronisch-persistierenden und der chronisch-aktiven Hepatitis: Beide Formen der Hepatitis lassen sich vom „gesunden“ oder asymptomatischen Trägerstatus durch den histologischen Befund bei der Biopsie und durch die Transaminasenpegel unterscheiden. Während im Serum des gesunden Trägers wenig HBsAg und keine erhöhten Transaminasen vorhanden sind, werden bei anderen Verlaufsformen bis zu 500 µg/ml HBsAg im Serum und hohe Transaminasewerte beobachtet. Die Persistenz von HBeAg, von DNA (bzw. DNA-Polymerase) und von DANE-Partikeln spricht für eine chronisch-aktive Form. HBeAg kann bei dieser Form verschwinden. Dies ist prognostisch ein gutes Zeichen. Histologisch läßt sich vorübergehend oft eine verstärkte entzündliche Aktivität nachweisen; die HBV-DNA geht dabei allmählich im Serum zurück. Ist die Entzündung abgeklungen, so fehlt die DNA. Es gibt jedoch Fälle, bei denen trotz Auftretens von Anti-HBe eine Reaktivierung der HBV DNA-Synthese erfolgt (Tabelle 14.3).

Transaminasen

Die Transaminasenkonzentration im Serum (SGOT, SGPT) ist ein guter Gradmesser für das Ausmaß der jeweiligen *Leberzellzerstörung*. Bei niedrigen Werten findet sich histologisch das Bild eines gesunden HBsAg-Trägers oder eine inaktive Fibrose oder aber eine Zirrhose.

14.3.10 Therapie

Da normale Gammaglobulinpräparate nur einen geringen Gehalt von HBs-Antikörpern aufweisen, müssen für die genannten Zwecke HB-***Immunglobulin*präparate** (HBIg) verwendet werden. Eine Chemotherapie gibt es bisher nicht; man versucht, chronische Verlaufsformen der Hepatitis B und C mit Interferon-α zu behandeln.

14.3.11 Prävention

Überprüfung der Blutspender

Die wichtigste Maßnahme zur Verhinderung der Übertragung ist die Überprüfung aller Blutspender auf HBsAg; auch auf peinlich genaue Sterilisation aller ärztlichen Instrumente ist zu achten. Insbesondere sollte die Übertragung des HBV durch Blutreste an Kanülen etc. durch entsprechende Vorsichtsmaßnahmen verhindert werden.

Schutzimpfung

Seit einigen Jahren ist die aktive Immunisierung mit einem ***Totimpfstoff*** möglich. Das Impfantigen besteht aus gentechnologisch hergestelltem HBs-Antigen. Drei Dosen, meist im Abstand von 0 und 6 Wochen sowie 6 Monaten erzeugen einen fast 100%igen Schutz. Der Impferfolg sollte kontrolliert werden; bei niedrigen Ak-Titern ist nach 3–4 Jahren eine Auffrischung angezeigt. Bei Kontakt mit virushaltigem Blut muß möglichst bald aktiv und passiv immunisiert werden.

Nach der Geburt eines Kindes, dessen Mutter HBsAg-positiv ist, ist innerhalb von 24 Stunden eine passive Immunisierung angezeigt; sie muß nach 1 und 3 Monaten wiederholt werden. Desgleichen ist eine *dreimalige* aktive Immunisierung des Kindes erforderlich. Auf diese Weise läßt sich das Angehen einer Infektion (s. oben) und damit lebenslanges Trägertum verhindern. Die Untersuchung der schwangeren Frau auf HBsAg gehört daher zur *Mutterschaftsvorsorge*; sie sollte auf jeden Fall bei Müttern aus Endemiegebieten und Risikogruppen vorgenommen werden. – Frühere Studien mit dem HB-Impfstoff haben gezeigt, daß die passiv-aktive Impfung auch nach bereits erfolgter Exposition wirksam ist. – Es gibt „non responder“ nach Impfungen; bei einigen ergibt die zusätzliche Verabreichung von IL-2 eine gute Antikörperantwort.

14.3.12 Das HBV und das primäre Leberzellkarzinom

Das primäre Leberzellkarzinom (PLC) macht in Westeuropa und den USA etwa 2–3% aller Karzinome aus. Bei Männern ist das Risiko größer als bei Frauen. In Teilen von Afrika, Südostasien und den Mittelmeerländern stellt dieses Karzinom jedoch 20–40% aller Krebsfälle. Seit langem bereits hat man die posthepatitische Leberzirrhose in Beziehung zum PLC gebracht, das etwa 10–20 Jahre nach der HBV-Infektion auftritt. In Japan bekommen 23% aller Patienten mit posthepatitischen Zirrhosen ein PLC. In Taiwan wurde gezeigt, daß das Risiko, ein PLC zu bekommen, bei HBsAg-positiven Personen 280mal größer ist als bei Normalpersonen. Die geographische Verteilung des PLC deckt sich weitgehend mit der Verteilung der persistierenden HBV-Infektionen. Man schätzt, daß auf der Erde 250 000 Personen pro Jahr ein PLC bekommen. – Ein PLC tritt auch bei Waldmurmeltieren auf, die chronische Träger des speziesеigenen Hepatitis-Virus sind.

Im PLC ist die DNA des HBV in das Zellgenom integriert. Dies ist ein wichtiger Hinweis auf die besondere Beziehung der HBV-Infektion zum Auftreten des

Tabelle 14.4. Wichtige Merkmale der Hepatitiden

	Hepatitis A	Hepatitis B	Hepatitis D	Hepatitis C (parenteral)	Hepatitis E (enteral)
Inkubationsperiode	2–6 Wochen	2–6 Monate		2–10 Wochen	6 Wochen (2–9)
Übertragung	Fäkal-oral (Nahrungsmittel, Wasser, Stuhl, Muscheln)	Parenteral Intimverkehr Perinatal	Parenteral Intimverkehr Perinatal	Parenteral Intimverkehr	Oral Trinkwasser
Infektions-gefährdendes Material	Stuhl	Blut, Plasma, Serum, Blut-produkte, Speichel, Sperma, Exsudate	Blut und Blutprodukte	Blut und Blutprodukte	Stuhl
Verlauf	Kurz Gutartig	Schwer Chronizität Leberzirrhose Leberkarzinom	Schwerer als Hepatitis B „Akute Schübe" einer Hepatitis B	Schwerer als Hepatitis B und länger häufig chronisch	Gutartig Kurz Nicht chronisch
Virusträger	Nein	Ja	Ja	Ja häufiger als Hepatitis B	Nein
Auftreten	Endemisch Epidemisch	Risikogruppen Endemisch Sporadisch Lokal-epidemisch	Risikogruppen Endemisch Sporadisch	Endemisch Sporadisch Risikogruppen	Epidemisch Sporadisch
Prophylaxe	Hepatitis A-Immunglobulin	Hepatitis B-Immunglobulin Impfung	Hepatitis B-Immunglobulin Impfung	?	?
Inapparente Verläufe	Etwa 50%	60% – 80%	?	+	?
Chronizität	–	7%	+	etwa 50%	

PLC. Zumeist ist das Virus-Genom deletiert, invertiert, rearrangiert oder verdoppelt. – In den monoklonalen Zellen der primären Leberzellkarzinome wird fast immer das HBsAg, relativ häufig das HBxAg, aber nur selten das HBcAg exprimiert. – Ein Kandidat für eine transformierende Wirkung des HBV ist das x-Gen. Bisher hat sich lediglich feststellen lassen, daß dieses Gen transaktivierend wirkt. – Die Integration des HBV-Genoms löst mutative Wirkungen am Zellgenom aus und schaltet wahrscheinlich Suppressorgene (s. S. 665) aus.

Die HBV-Infektion ist der wichtigste Risikofaktor für die Entstehung des PLC (Tabelle 14.4). In bezug auf alle Krebserkrankungen folgt die HBV-Infektion sofort auf den Risikofaktor Rauchen. – Die PLC sind monoklonal (s. EBV und Burkitt-Lymphom), sie wachsen in der nu⁻/nu⁻-Maus (s. S. 809) zu einem Tumor aus. – Der affirmative Beweis für die Beteiligung des HBV an der Entstehung des PLC wäre der Rückgang desselben nach Massenimpfungen.

Zusammenfassung: Hepatitis B

Das Virus: DANE-(42 nm Ø), HBsAg-Partikel und fadenförmiges HBsAg. Mitglied der Hepadna-Viren mit ringförmiger Doppelstrang-DNA in Capsid mit Hülle. Im Partikel DNA-Polymerase; HBs-, HBc-, HBe-Antigen. Züchtung bisher nicht möglich; HBs besteht aus Komponenten a, d, w, y, r.

Vorkommen: Weltweit verbreitet nur beim Menschen; bei Tieren verwandte Hepadna-Viren.

Epidemiologie: Durchseuchung in Griechenland, Asien, Taiwan, Afrika sehr hoch. 250 x 10^6 chronische HBV-Patienten, 300fach größeres Risiko für primäres Leberkarzinom bei chronischer Hepatitis B; hohe Durchseuchung bei Drogenabhängigen, Homosexuellen, Prostituierten.

Übertragung: Durch Blut und Blutprodukte, ungenügend sterilisierte ärztliche Geräte (Spritzen, Kanülen etc.), Geschlechtsverkehr. Sperma, Sekrete sind virushaltig, ebenso Speichel und Tränenflüssigkeit; Zeichen für Infektiosität des Blutes ist HBeAg, HBV-DNA und in geringerem Maße HBsAg.

Pathogenese: Infektion der Leber auf dem Blutweg. Die Immunreaktion des Organismus löst das Krankheitsgeschehen aus. Chronische Verläufe vor allem bei perinatal infizierten Kindern oder bei Defekt der Interferonbildung. HBc und HBe sind Zielantigene für ZTL. Immunkomplexbildung (HBsAg/Ak) bewirkt Periarteriitis nodosa u. a.

Klinik: Inkubationsperiode 2–6 Monate, $^2/_3$ inapparenter Verlauf. 7% werden chronisch. – Zunächst unklare Abdominalbeschwerden, dann Fieber, Gelenkbeschwerden. Exantheme und Ikterus. Wochenlanger Verlauf. Übergang in chronische Hepatitis mit aktivem oder persistierendem Verlauf. Bei Verschwinden von HBe und Polymerase sowie HBV-DNA Übergang in persistierende Hepatitis. Außerdem „gesunde" Träger (mit HBsAg im Serum).

Labordiagnose: Nachweis je nach Stadium und Form der Erkrankung: Antigene HBs, HBe, Polymerase u. a. sowie IgM oder IgG gegen HBs, HBe und HBc. Differentialdiagnose: Hepatitis A, C, D und E, Gelbfieber, M. Weil, ZMV, EBV, HSV, Bruzellosen, Rickettsiosen und Malaria. Pathohistologie. – Transaminasen.

Therapie: Symptomatisch. Einzelne chronische Formen: Interferon.

Immunität: Eine durchgemachte Hepatitis B hinterläßt lebenslange Immunität, akute Antikörper gegen HBs, HBe und HBc (Polymerase u. a.). Schützende Antikörper HBs, zur Bestimmung der Durchseuchung – HBc-Antikörper.

Prävention: Impfung, Prüfung der Blutproben etc., Sterilität der ärztlichen Geräte, Hygienemaßnahmen bei Trägern.

14.4 Hepatitis D-Virus (HDV)

Beschreibung des Virus

Rolle als Krankheitserreger. Das Virus der Hepatitis D ist ein *defektes RNA-Virus*. Es benötigt zu seiner Replikation ein *Helfer-Virus* in Gestalt des Hepatitis B-Virus.

Die Hepatitis D kann nur dann auftreten, wenn bereits eine Hepatitis B vorliegt oder wenn die Infektion mit dem Hepatitis B- und dem D-Virus gleichzeitig erfolgt.

Genom. Die Nukleinsäure dieses Virus ist eine besonders kleine RNA, deren Molekulargewicht nur 5×10^5 D (1678 Nukleotide) beträgt. Die Kodierungskapazität der Nukleinsäure ist also gering. Die RNA liegt wahrscheinlich als (–)-Strang in Ringform vor. Ihre Replikation erfolgt nach dem rolling circle Modell. Sie besitzt keinerlei Basenhomologie mit der DNA des HBV. Die Replikation erfolgt durch eine Wirtszellpolymerase.

Morphologie. Die Virionen haben einen Durchmesser von 36 nm; sie reagieren mit einem HBs-spezifischen Antiserum. Das Viruspartikel ist ein pathogenes „Hybrid"-Virus: Sein Capsid und die RNA stammen vom HDV; die Hülle wird jedoch vom HBV geliefert (Phenotypic mixing, s. S. 624).

Über die kodierten Proteine ist noch nicht viel bekannt; immerhin weiß man, daß die verfügbaren Antiseren mit 2 Proteinen (M. G. 24 000 und 27 000 D) reagieren. Das gemeinsame Präkursorprotein besitzt ein M. G. von 68 000 D. Auf dem Genom lassen sich mehrere Ableserahmen feststellen.

Resistenz. Siehe Hepatitis B.

Züchtung. Bisher nicht gelungen.

Vermehrung in vivo. Das HDV repliziert sich im infizierten Organismus außerordentlich stark.

Geschichte

1977 wurde in den Leberzellen von Patienten mit Hepatitis B ein neues Antigen entdeckt, das als δ-Antigen bezeichnet wurde. Das gleiche Antigen wurde später als Bestandteil von „kompletten" Viruspartikeln identifiziert.

Das δ-Antigen wurde stets nur im Serum solcher Patienten festgestellt, die bereits mit dem HBV infiziert waren. Es lag nahe, ein defektes Virus zu postulieren, d. h. ein Virus, welches auf die Zulieferung von Hüllmaterial durch ein Helfer-Virus (HBV) angewiesen ist: Versuche mit Schimpansen haben diese Annahme bestätigt.

Epidemiologie

In Süditalien, in Nordafrika und im vorderen Orient sowie bei Drogenabhängigen ist die Infektion weit häufiger als in Mitteleuropa; die Durchseuchung bei HBsAg-Trägern beträgt in den genannten Gegenden bis zu 90%. Dagegen liegt sie in Norditalien bei 5,5%, in den USA bei 7% und in Deutschland weit unter 1%. Die *Drogenabhängigen* in der Bundesrepublik Deutschland sind allerdings zu 40% durchseucht. Zeichen einer HDV-Infektion findet man bei 0,4% der Dialysepatienten, bei 1,7% der chronisch HBV-Kranken, aber kaum je bei akut HBV-Kranken. Die Simultaninfektion mit HBV und HDV ist offenbar selten. Als Hauptinfektionsquelle müssen in der Bundesrepublik Deutschland die Drogenabhängigen angesehen werden. Die ***Übertragung*** erfolgt ähnlich wie bei der Hepatitis B. Eine Übertragung durch Intimkontakt ist eher selten. Das HDV wird wie das HBV auch perinatal übertragen. HIV-Infizierte und Drogenabhängige sind oft mit dem HDV infiziert. Die Blutproben für Transfusionszwecke müssen nur auf das Vorkommen von HBV geprüft sein, nicht aber auf HDV-Antikörper.

Pathogenese

Über die Pathogenese der HDV-Erkrankung ist noch nicht viel bekannt. Offenbar gibt es asymptomatische Verläufe. In Biopsiematerial läßt sich das HDV-Antigen im Kern von Leberzellen feststellen. Eine Superinfektion mit HDV bei bestehender HBV-Infektion bewirkt sehr schwere Läsionen mit Überwiegen der Viruszytotoxizität gegenüber Lymphozytotoxizität. Die HBV-Replikation ist teilweise bei einer HDV-Superinfektion unterdrückt. Eine primäre Doppelinfektion mit HBV und HDV bewirkt dagegen relativ geringe Läsionen, verglichen mit dem Gewebsbild bei der Superinfektion.

Klinik

Patienten mit einer ***Doppelinfektion*** „HDV plus HBV" weisen eine höhere Rate von chronisch aktiver Hepatitis (CAH) und Zirrhose auf; sie sterben eher als Patienten mit einer alleinigen HBV-Infektion. Bei Doppelinfektionen ist das Krankheitsgeschehen be-

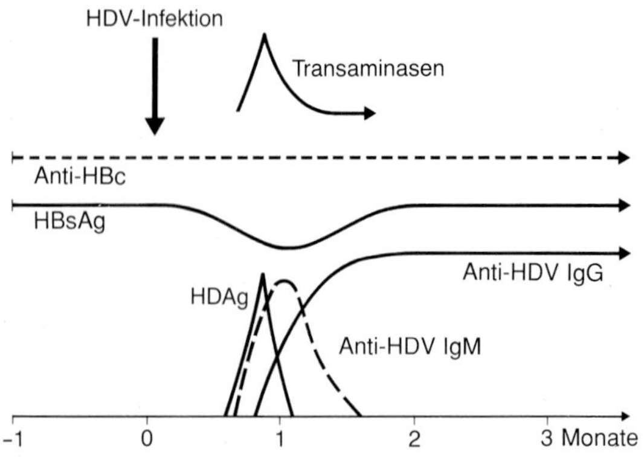

Abb. 14.4. Serologischer Verlauf der Hepatitis D-Virus (HDV)-Infektion als Superinfektion. Etwa 3 Wochen nach der Infektion tritt mit der Symptomatik einer akuten Hepatitis (Transaminasenanstieg) das Antigen im Blut auf, etwas später der IgM-Antikörper, der häufig schnell wieder verschwindet. Anti-HD IgG bleibt länger bestehen. Die Replikation des Hepatitis B-Virus wird während der Anfangsphase der HDV-Infektion unterdrückt (Absinken des HBsAg)

sonders schwer, heilt aber meistens aus, wenn es nicht zur Lebernekrose kommt. Bei besonders schweren Verläufen der Hepatitis B muß an eine unerkannte zusätzliche HDV-Infektion gedacht werden. Hinweise darauf kann die Anamnese liefern (Drogensüchtige, Homosexuelle, Prostituierte). ***Superinfektionen*** von HBsAg-Trägern mit dem HDV verursachen eine Phase mit akuter Hepatitis und bewirken oft chronische Verläufe der HDV-Infektion (bis zu 70–90%); die HBV-DNA-Menge wird reduziert, es erfolgt eine zeitweise Konversion von HBsAg (+) zu HBsAg (–) (Abb. 14.4.).

Immunität

Eine Immunität gegen HBV (durch natürliche Infektion oder durch Totimpfstoff erworben) schützt gegen die Infektion mit HBV, aber auch gegen HDV. Im Verlauf einer akuten, selbstlimitierenden HDV-Infektion treten IgM- und IgG-Antikörper auf; geht hingegen die akute in eine chronische Infektion über, persistieren die HDV-IgG-Antikörper.

Labordiagnose

Mit einem Radio-Immunassay lassen sich IgM-Ak gegen eine frische HDV-Hepatitis noch bis etwa 6–8 Wochen nach Beginn der Erkrankung nachweisen. Zur Abrundung der Diagnose ist aber auch der Nachweis der HBV-Marker zu fordern. Nach einer abgelaufenen D-Hepatitis läßt sich HDV-spezifisches IgG meist nur mehrere Monate lang feststellen; hingegen bleibt bei chronischen HDV-Infektionen das Anti-HDV hoch positiv.

Die Persistenz der HDV-Infektion läßt sich noch besser durch den Nachweis der HDV-RNA im Serum zeigen. Mit dem IFT ist im biopsierten Lebergewebe der HDV-Antigennachweis möglich. Im Serum kann man das HDV-Antigen durch das Immunoblot-Verfahren nachweisen; dies gilt auch für Leberextrakte aus Biopsiematerial.

Die Untersuchung auf IgM-Anti-HBc erlaubt die Entscheidung, ob bei bestehender HBV-Infektion eine Superinfektion mit HDV vorliegt, oder ob es sich um eine von Anfang an bestehende Doppelinfektion mit beiden Viren handelt. Im erstgenannten Fall fehlt das IgM-Anti-HBc, im zweiten Fall ist es stark positiv.

Prophylaxe

Zur Verhütung spielt die Erkennung und Aussonderung von HBV-positiven *Blutspendern* die größte Rolle. Die Prophylaxe erfordert die gleichen Maßnahmen wie bei der Hepatitis B. Eine Therapie existiert noch nicht.

Zusammenfassung: Hepatitis D

Das Virus: Defektes (–)-Strang-RNA-Virus (36 nm Durchmesser), als Helfer wirkt HBV, dessen HBsAg als Hülle. Ähnlichkeit der RNA zu den Viroiden. RNA in Ringform.

Vorkommen: In Süditalien weit verbreitet, Nordafrika, Orient.

Epidemiologie: In den gleichen Regionen und gleiche Risikogruppen wie bei HBV.

Übertragung: Analog wie HBV: Entweder zugleich mit HBV als Primärinfektion oder als Superinfektion; selten durch Intimkontakt.

Pathogenese: HD Ag im Kern von Leberzellen nachweisbar. RNA und Antikörper im Blut.

Klinik: Asymptomatische Verläufe, Superinfektion von chronischer HB verursacht akuten Schub; Doppelinfektion mit HBV und HDV: Schweres Krankheitsbild mit oftmaligem Übergang in chronisch aktive Hepatitis und Zirrhose.

Labordiagnose: Im ELISA Ag- und Antikörper-Nachweis. Hybridisierung.

Therapie: Keine.

Immunität: Die Immunität gegen HBV schützt gegen HDV.

Prävention: s. Hepatitis B.

14.5 NonA/NonB-Hepatitis (HCV und HEV)

Definition

Wenn sich bei einem Hepatitis-Kranken die Hepatitiden A, B und D durch serologische Untersuchungen ausschließen lassen und es auch keinen Anhaltspunkt für ein anderes hepatitis-erzeugendes Virus gibt (EBV, ZMV, HSV), so liegt der Verdacht nahe, daß es sich um eine NonA/NonB-Hepatitis handelt.

Man kennt zwei Virusarten als Erreger: Das HCV und das HEV.

Pathogenese

In den letzten Jahren haben sich ***2 Formen*** der NonA/NonB-Hepatitis herauskristallisiert. Die eine wird überwiegend durch Bluttransfusionen und Verletzungen übertragen; sie macht jetzt, nach Rückgang der Hepatitis B, den größten Teil aller „Transfusions"-Hepatitiden aus.

Die zweite Form kommt epidemisch und endemisch in Indien und Südostasien vor; sie wird fäkal-oral übertragen.

Zwischen beiden Formen der NonA/NonB-Hepatitis gibt es *keine Kreuzimmunität.*

Durch Transfusion übertragbares Agens (HCV). Das durch Transfusion übertragbare Agens ließ sich auf Schimpansen übertragen, die eine mild verlaufende Erkrankung mit persistenten oder fluktuierenden Transaminasespiegeln entwickelten. Die Erkrankung beim Menschen verläuft oft schwer; schwerer als bei den anderen parenteral übertragenen Hepatitiden. In der Leber wurde eine diffus auftretende Zerstörung der Leberzellen bei geringgradigem Periportal-Infiltrat festgestellt. Wegen des geringgradigen Zellinfiltrats kann man vermuten, daß der Zellschaden durch das Virus selbst ausgelöst wird. Auffallendes Kennzeichen der Biopsie ist eine Aktivierung der Sinusoidal-Randzellen. Später ist in 40–50% eine chronische Hepatitis zu beobachten, die in 20% in eine Zirrhose übergeht. Die Entstehung des PLC ist häufig. Die Behandlung mit Interferon-α erscheint aussichtsreich. Das Agens ist offenbar empfindlich gegenüber Formalin, Hitze und Chloroform; es dürfte sich daher um ein Virus mit einer Hülle handeln. Man vermutet ein Flavi-Virus als Erreger und bezeichnet es als Hepatitis C-Virus (HCV). Das Virus läßt sich in primären Leberzellen von Schimpansen züchten.

Als Infektionsquelle kommen vor allem *Blutspender* aus sozial niedrigen Schichten sowie Drogenabhängige in Betracht. Wahrscheinlich wird das Virus auch durch *Intimkontakt* übertragen. Man hat auch Anhaltspunkte für eine *vertikale* Infektion von Embryonen. Haushalts- und Hospitalinfektionen sind sehr selten, weil der Virustiter niedriger ist als bei der HBV-Infektion. In Deutschland kommen 1–2%, in den USA 9% NonA/NonB-Hepatitisfälle auf 1000 Bluttransfusionen. Es ist jetzt ein ELISA für das HCV erhältlich. Nach Möglichkeit sollten Gravide aus Risikogruppen auf das Vorkommen von Antikörpern untersucht werden.

Enteral übertragbares Agens. Das enteral übertragbare Agens (HEV) mit einem Durchmesser von etwa 27–34 nm (sehr labil), wurde in großen Epidemien auf dem indischen Subkontinent, ferner in Mexiko und Afrika beobachtet. Man vermutet eine Übertragung durch verunreinigtes Trinkwasser. Die Inkubationsperiode liegt zwischen 18 und 64 Tagen (Mittelwert 38–40 Tage). Die Erkrankungen treten vorwiegend bei Erwachsenen auf. Neben dem Hauptsymptom (Gelbsucht) wird weniger häufig Anorexie, Hepatomegalie, Fieber, Erbrechen und Schmerzen beobachtet. Infektionen durch HAV, HBV, HCV und durch HDV lassen sich epidemiologisch und serologisch ausschließen. Die Krankheit wurde zum Unterschied von der parenteral übertragbaren Hepatitis C auch auf Familienangehörige übertragen. Auffallend ist, daß diese Krankheit bei graviden Frauen im 3. Trimenon einen sehr schweren Verlauf nimmt; die Letalität betrug hier etwa 20%, während sie sonst etwa 1–2% beträgt. Chronische Fälle gibt es nicht (Tabelle 14.4). Pathologisch-anatomisch wirkt das HEV leberzellzerstörend, die Läsionen ähneln denen bei der Hepatitis A: Portale und periportale Zerstörungen, viele aktivierte Kupffer- und NK-Zellen werden beobachtet, im Gegensatz zur Hepatitis A aber weniger Lymphozyten.

14.6 „Autoimmun-Hepatitis"

Außer den bisher beschriebenen Formen der Virus-Hepatitis im engeren Sinne (A, B, D, C und E) gibt es Hepatitis-Fälle, bei denen ätiologisch kein Virus angenommen werden kann. Wie bei vielen Virusinfektionen gibt es auch bei der Hepatitis im Anschluß an die primäre Virusphase sekundäre, „autoagressiv" bedingte Phasen.

„Autoimmun"-Hepatitisfälle sind gekennzeichnet durch Hypergammaglobulinämie, Präponderanz bei Frauen, oftmaliges Vorkommen von HLA-DR2 und -B8 sowie durch verschiedene Autoantikörper. Zur Charakterisierung dieser Hepatitis untersucht man das Spektrum der ***Autoantikörper***.

Die Unterscheidung zwischen autoimmunen und viralen Formen ist wichtig: Die autoimmune Form ist einer immunsuppressiven Therapie zugänglich, während es bei den viralen Hepatitiden bei ***immunsuppressiver Therapie*** zu einer Verschlechterung kommt.

Zusammenfassung: Hepatitis C

Das Virus: Das HCV ist ein Erreger der NonA/NonB-Hepatitis. Wahrscheinlich Mitglied der Toga-(Flavi-)Viren. RNA-haltig mit Hülle, Chloroform-sensibel.

Vorkommen: Weltweit, bisher bei Bluttransfusionen.

Epidemiologie: Hohe Durchseuchung bei Risikogruppen (Drogenabhängige, Homosexuelle u. a.), sonst unter 1%.

Übertragung: Parenteral durch Blut, Intimverkehr, ungenügend sterilisierte Geräte, geringere Übertragungsgefahr als bei HBV.

Pathogenese: Zellschaden durch das Virus ausgelöst, oftmals Übergang (50%) in Chronizität, schwerer Verlauf.

Klinik: Akute Hepatitis, ist ein Risikofaktor für Leberkrebs.

Labordiagnose: Pathohistologie, ELISA für Antikörpernachweis.

Therapie: Symptomatisch.

Immunität: Wahrscheinlich lebenslang.

Prävention: Screening in Risikogruppen und bei Blutspendern.

Zusammenfassung: Hepatitis E

Das Virus: Das HEV wird enteral übertragen, RNA-haltiges Virus (enterale NonA/NonB-Hepatitis).

Vorkommen: Epidemisch und endemisch in Asien, Südamerika und Afrika.

Übertragung: Übertragung (im Gegensatz zu HCV) auch auf Familienangehörige, Schmutz- und Schmierinfektion, Lebensmittel (?), Trinkwasser.

Pathogenese: Noch nicht bekannt. Bei Infektion von Graviden oft tödlicher Verlauf.

Klinik: Inkubationsperiode zwischen 18–64 Tagen. Keine chronischen Verläufe.

15 Pocken-Viren

D. Falke

INHALTSÜBERSICHT

15.1 Beschreibung der Gruppe der Pocken-Viren . . . 832
15.2 Molluscum contagiosum . . . 832
Zusammenfassung . . . 833
15.3 Tanapocken . . . 833
15.4 Pocken-Virus und Vaccinia-Virus . . . 834
15.4.1 Beschreibung des Virus . . . 834
15.4.2 Geschichte . . . 835
15.4.3 Vorkommen . . . 835
15.4.4 Übertragung . . . 835
15.4.5 Pathogenese . . . 835
15.4.6 Klinik . . . 835
15.4.7 Immunologie . . . 835
15.4.8 Prävention . . . 836
15.4.9 Anhang . . . 837
Zusammenfassung . . . 838

15.1 Beschreibung der Gruppe der Pocken-Viren

Man faßt unter der Bezeichnung „Pocken-Viren" eine Gruppe von ***großen DNA-Viren*** mit komplexer Struktur zusammen. Sie treten als Erreger von Krankheiten bei Mensch und Tier auf. Die einzelnen Mitglieder der Pockengruppen besitzen hinsichtlich ihrer biologischen Eigenschaften zwar große Verschiedenheiten; im Hinblick auf den Aufbau des Virions und dessen Antigenstruktur zeigen sie aber einheitliche Merkmale: Sie haben ***Quader***struktur und besitzen ein ***Hämagglutinin***, sind kaum ätherempfindlich.

Die Pocken-Gruppe gliedert sich nach dem jeweiligen Wirtsspektrum ihrer Glieder in sieben Untergruppen. Hiervon sind nur zwei für die Humanmedizin bedeutsam; die übrigen Erreger kommen bei Tieren vor und werden nur selten auf den Menschen übertragen.

Untergruppe: Orthopox-Viren

- Menschenpocken-Virus (Poxvirus variolae) (ausgerottet)
- Alastrim-Virus
- Vaccinia-Virus (Poxvirus officinale)
- Originäres Kuhpocken-Virus (Poxvirus bovis)
- Mäusepocken-Virus (Poxvirus muris, Ektromelie-Virus)
- Affenpocken-Virus (Monkeypox-Virus) u. a.

Untergruppe: Parapox-Viren

Das Melkerknoten-Virus ist für den Menschen pathogen; es erzeugt die Krankheit, die zur Namensgebung geführt hat.

Weitere Untergruppen

Hierzu gehören zahlreiche für den Menschen apathogene Viren, z.B. die Geflügelpocken-Viren, das Myxom-Virus des Kaninchens, die Schaf- und Ziegenpocken-Viren, die Schweinepocken-Viren und schließlich die umfangreichen Gruppen der pockenähnlichen Viren. Nicht klassifiziert sind die Tana- und Yabapocken-Viren der Affen sowie das Virus des Molluscum contagiosum.

15.2 Molluscum contagiosum

Beschreibung des Erregers

Rolle als Krankheitserreger. Das Molluscum contagiosum (M. c.) (Dellwarze) ist eine Infektionskrankheit des Menschen. Das M. c. führt zu gutartigen, proliferativen Hauttumoren. Das Virus weist alle Eigenschaften der Pocken-Viren auf.

Genom. Die DNA besitzt ein M. G. von etwa 120×10^6 D und kodiert zumindest für 40 Proteine.

Morphologie. Die Morphologie des Virus entspricht dem der Pocken-Viren. Es enthält ein „lösliches" Antigen, das sich mit der KBR nachweisen läßt.

Einteilung. Da die Züchtung des Virus in vitro bisher nicht gelungen ist, basiert die Typeneinteilung auf Merkmalen der DNA. Durch Schneiden der DNA mit Restriktionsenzymen läßt sich das Virus in zwei DNA-Typen einteilen.

Geschichte

Das Virus wurde 1814 zum ersten Mal beschrieben. 1941 wurde der Erreger erstmals experimentell von Mensch zu Mensch übertragen und 1965 die Ultrafiltrierbarkeit gezeigt.

Epidemiologie

Das Molluscum contagiosum tritt bei Kindern zumeist vereinzelt auf, man hat jedoch auch kleine Epidemien in Schulen beobachtet. Da keine serologischen Verfahren vorhanden sind, gibt es über die Verbreitung von Antikörpern und über die Dauer von deren Nachweisbarkeit keine Daten.

Übertragung

Die Infektion wird ***direkt*** von Mensch zu Mensch weitergegeben, soll aber auch indirekt erfolgen; so hat man bei Besuchern von *Schwimmbädern* gehäuft Molluscum contagiosum festgestellt. Das Virus soll wie die Erreger der Warzen auch unter der Geburt übertragen werden können.

Pathogenese

Das Molluscum contagiosum ist auf die Haut beschränkt. Die Knötchen enthalten große Mengen an Virus. Die epithelialen Veränderungen sind „Epitheliosen", keine Adenome oder Epitheliome. Sie entstehen durch Proliferation der basalen Schichten (Akanthom) des Plattenepithels und weisen zentral eine Vertiefung auf, aus der sich zerfallende Epithelmassen entleeren. Die Basalmembran wird nicht durchbrochen, die Basalzellen nehmen aber an den Proliferationsvorgängen teil. Das Virus repliziert sich – wie alle Pocken-Viren – im Zytoplasma, die Einschlüsse entsprechen den Syntheseorten (s. S. 834).

Klinik

Das Molluscum contagiosum tritt nach einer Inkubationszeit von wenigen Wochen im Gesicht, aber auch am Hals, an den Armen, am Rücken und an Genitalien in Form von Knötchen auf. Die Hauttumoren sind fleischfarbig; sie stellen sich als perlenartige, feste und genabelte Knötchen dar. Oftmals sind auch die Augenlider befallen; dabei werden eine Konjunktivitis und eine Keratitis beobachtet. Die Ätiologie (Virus oder Bakterium) der letztgenannten Lokalisationen ist ungewiß. Die Knötchen vergrößern sich nur sehr langsam; sie wachsen im Verlauf von Monaten, verschwinden dann aber meist *spontan* (Immunreaktion?). Vereinzelt wurden Patienten beobachtet, bei denen sich über hundert Knötchen ausgebildet hatten. Bei diesen Kranken vermutet man einen ursächlichen Immun-Mangelzustand.

Therapie

Es gibt keine spezifische Therapie. Zumeist lassen sich die Knötchen mit dem scharfen Löffel entfernen.

Zusammenfassung: Molluscum contagiosum

Das Virus: Wie Pocken-Virus, bisher nicht züchtbar, 2 DNA-Typen.

Vorkommen: Nur beim Menschen, vor allem bei Kindern und Jugendlichen.

Epidemiologie: Meist sporadisch, kleine Epidemien.

Übertragung: Direkt von Mensch zu Mensch, auch indirekt (?).

Pathogenese: Die Knötchen sind virushaltig. Proliferation des Plattenepithels, Einschlußkörperchen.

Klinik: Inkubationsperiode einige Wochen. Genabelte Knötchen der Haut, vorzugsweise im Gesicht. Entleerung von zerfallendem Epithel.

Labordiagnose: RE-Analyse der DNA.

Therapie: Entfernung mit dem scharfen Löffel.

15.3 Tanapocken

Beschreibung des Virus

Das Virus der Tanapocken (simian pox virus) besitzt keine serologischen Beziehungen zu anderen menschlichen Pocken-Viren. Es repliziert sich nicht auf der

Chorioallantois-Membran, aber gut in Zellkulturen. Mit dem Tanapocken-Virus ist das ***Yabapocken-Virus*** serologisch verwandt. Bei Affen kann es Lungen-Tumoren hervorrufen; beim Menschen sind nach lokaler Verimpfung ***gutartige Fibrome*** entstanden, die spontan zurückgingen.

Vorkommen

Tanapocken sind bisher nur im Tana-Tal in Kenia beschrieben worden. Tanapocken sind eine ***Zoonose***, die bei afrikanischen Affen vorkommt; sie wird bei engem Kontakt auf den Menschen übertragen.

Klinik

Tanapocken sind eine leicht verlaufende, fieberhafte Infektionskrankheit des Menschen. Sie sind durch ein bis zwei pockenartige Veränderungen auf der Haut charakterisiert.

15.4 Pocken-Virus und Vaccinia-Virus

15.4.1 Beschreibung des Virus

Rolle als Krankheitserreger. Das ***Pocken-Virus*** ist für den Menschen hochpathogen und als Erreger der Pocken (Blattern, Variola vera, „smallpox") bekannt: Es kommt nur beim Menschen vor. Im Gegensatz dazu ist das ***Vaccinia-Virus*** für den Menschen nur schwach pathogen.

Genom und Proteinanteil. Das Pocken-Virus (Variola-Virus) ist ein Doppelstrang-DNA-Virus mit komplexer Struktur.

Morphologie. Es ist quaderförmig gebaut und mißt etwa 100 × 200 × 300 nm. Die Doppelstrang-DNA des Virions ist in ein fadenförmiges Capsid eingebaut. Das Pocken-Virus besitzt zwei ineinanderliegende Hüllen und dazwischen zwei Polkörperchen in Gestalt von je einer „Polscheibe". – Das Vaccinia-Virus zeigt einen ähnlichen Aufbau und ist elektronenoptisch vom Variola-Virus nicht unterscheidbar. Das Pocken-Virus enthält ebenso wie das Vaccinia-Virus in seiner Außenstruktur ein Hämagglutinin.

Vermehrungszyklus der Pocken-Viren. Der Vermehrungszyklus der Pocken-Viren ist am Beispiel des Vaccinia-Virus besonders gut studiert worden. Die für die allgemeine Virologie grundlegenden Erkenntnisse über Adsorption, Penetration, Enzyminduktion, Uncoating, Bausteinsynthese und Montage sind zum großen Teil am Modell des Vaccinia-Virus gewonnen worden. Die Vermehrung der Pocken-Viren erfolgt nicht im Kern der Wirtszelle, sondern an besonderen Orten (Synthesezentren) im Zytoplasma. Das Vaccinia-Virion enthält eine viruskodierte DNA-abhängige RNA-Polymerase u. a. Enzyme; die Virus-DNA enthält außerdem ein Gen, dessen Produkt als Wachstumsfaktor für Epithelzellen wirkt.

Charakteristisch für die Morphologie der vom Vaccinia- und vom Variola-Virus befallenen Zelle sind die ***Guarnieri'schen Einschlußkörperchen***. Sie färben sich im Zytoplasma als basische Gebilde gut an. Die Einschlußkörperchen sind Aggregate aus reifen und unreifen Viruspartikeln (***Virusaggregate***). Sie werden als das morphologische Korrelat der Synthesezentren des Virus angesehen (zytoplasmatische „Virusfabriken").

Resistenz gegen äußere Einflüsse. Die Pocken-Viren sind außerordentlich ***resistent gegen Austrocknung*** und können sowohl durch Staub als auch durch Tröpfchen über mehrere Meter hinweg übertragen werden.

Züchtung. Für das ***Variola-vera-Virus*** eignen sich folgende Züchtungsverfahren:

- Vermehrung im lebenden Tier. Der Versuch gelingt nur mit Affen und Babymäusen.
- Inokulation der Chorioallantois-Membran von embryonierten Hühnereiern. Es bilden sich in typischer Weise fleckförmige Trübungen in Gestalt von kleinen (!) weißen Herden (Plaques).
- Züchtung in der Zellkultur. Das Pocken-Virus läßt sich in vitro zwar gut züchten, es vermehrt sich jedoch weniger schnell als das Vaccinia-Virus und liefert auch nicht so hohe Ausbeuten.

Das ***Vaccinia-Virus*** hat das breiteste Wirtsspektrum von allen bisher bekannten Viren.

- Im lebenden Organismus kann das Vaccinia-Virus weitgehend unabhängig von der Versuchstierspezies gezüchtet werden. Bevorzugt wird die kutane Verimpfung auf Kälber oder Kaninchen.
- Im bebrüteten Hühnerei vermehrt sich das Vaccinia-Virus auf der Chorioallantois-Membran und bildet Zellwucherungen in Gestalt von großen (!) hämorrhagischen Plaques mit zentraler Nekrose.
- In der Zellkultur vermehrt sich das Vaccinia-Virus schnell und erreicht wesentlich höhere Partikelzahlen als das Variola-Virus.

15.4.2 Geschichte

Die Pocken sind als endemisch auftretende Seuche bis ins 19. Jahrhundert hinein eine der am meisten gefürchteten Krankheiten gewesen. Sie waren bis in die Mitte des 19. Jahrhunderts eine Hauptursache für das Stagnieren der Bevölkerungszahl in Europa trotz hoher Geburtenziffer. Zwischen den beiden Weltkriegen sind die Pocken-Endemieherde aus Europa verschwunden. Die nach dem 2. Weltkrieg registrierten Infektketten waren von eingeschleppten Einzelfällen ausgegangen; hierbei hat der Luftverkehr eine wichtige Rolle gespielt. Seit 1978 sind die Pocken *weltweit ausgerottet*. Dies ist das erste Beispiel für die gezielte Eliminierung einer seuchenhaften Infektionskrankheit.

15.4.3 Vorkommen

Das ***Virusreservoir*** liegt ausschließlich bei ***kranken Menschen***; gesunde Träger sind nicht bekannt.

15.4.4 Übertragung

Die Kontagiosität beginnt mit dem Auftreten des Rachenkatarrhs und hört mit dem Abheilen der verschorften Pusteln auf. Die Übertragung geschieht in der ersten Krankheitsperiode durch ***Tröpfcheninfektion*** vom Rachen aus und durch Einatmen von eingetrocknetem Pustelmaterial, nach Erscheinen der Pusteln und Krusten ist die Haut des Kranken und dessen Bettwäsche hoch kontagiös.

Eintrittspforte für das Pocken-Virus ist in den meisten Fällen der Nasen-Rachenraum.

15.4.5 Pathogenese

Die Pocken waren eine hochkontagiöse, exanthematische Krankheit mit hoher Letalität. Die Empfänglichkeit des ungeimpften Menschen gegenüber der Erstexposition war sehr groß. Bei nicht-immunen Personen verliefen die Pocken in über 95% der Fälle manifest. Nach Infektion vermehrt sich das Virus während 2 Wochen (12–13 Tagen) im lymphatischen Gewebe der Eintrittspforte. Sehr schnell entsteht dann eine erste, transitorische („kleine") Virämie, durch welche das Virus über das ganze retikulo-endotheliale System verbreitet wird. Hier erst vermehrt sich das Virus massiv; es bricht in einer zweiten („großen") Virämie erneut in die Blutbahn ein und lokalisiert sich in den Schleimhäuten und schließlich in der Haut: Es kommt jetzt zu den typischen Effloreszenzen. Die zweite Virämie entsteht kurz vor dem Beginn der klinischen Krankheitserscheinungen.

15.4.6 Klinik

Die Inkubationszeit beträgt ca. 2 Wochen (12–13 Tage). Man beobachtet bei Beginn der klinischen Erscheinungen einen mit schwerem Krankheitsgefühl, hohem Fieber und heftigen Kreuzschmerzen einhergehenden Rachenkatarrh. In diesem Stadium ist der Kranke hoch infektiös. Nach 1–5 Tagen sinkt das Fieber ab und steigt nach einem Intervall von etwa einem Tag wieder an (***biphasischer*** Fiebertyp). Zugleich treten Hauteffloreszenzen auf. Die Lymphknoten sind vergrößert. Bevorzugt sind die Extremitäten und das Gesicht, während der Stamm weniger befallen ist. Das Exanthem besteht anfangs aus roten Flecken, die sich zu Knötchen umbilden: Diese werden in Bläschen umgewandelt, die sich bald eintrüben, sodann eintrocknen und schließlich verschorfen. Nach der Abheilung bleibt eine Narbe zurück. Vom Auftreten der ersten Krankheitserscheinungen bis zum Abfallen der Krusten vergehen 4–6 Wochen. – Die Letalität beträgt 20–30%.

Alastrim (Variola minor)

Als Alastrim (oder Variola minor) bezeichnete man im Gegensatz zu den klassischen Pocken (Variola major) eine den Pocken sehr ähnliche, aber milder verlaufende Infektionskrankheit; ihr Erreger gehört zur gleichen Untergruppe wie das Pocken-Virus, ist aber als selbständige Einheit anzusehen.

15.4.7 Immunologie

Nach einer durchgemachten Pocken-Erkrankung bleibt eine langdauernde Immunität zurück. Sie wurde früher geboostert. Nach einer Impfung ist der Schutzzustand viel kürzer: Eine vollständige Immunität besteht etwa 1–2 Jahre. Der Schutz wird durch zytotoxische Lymphozyten hervorgerufen; „nebenbei" entstehen Antikörper. Auch bei fehlenden hämagglutinationshemmenden Antikörpern besteht noch ein geringer Schutz.

Wird der Inhaber einer pockenspezifischen Teil- oder Restimmunität mit einer genügend großen Dosis Pocken-Virus infiziert, so kommt es zu einer abgeschwächt verlaufenden Form der Pockenerkrankung, die im Gegensatz zu der als Variola vera bezeichneten, voll ausgebildeten Pockenkrankheit ***Variolois*** genannt wird. Die Initialphase verläuft dabei eher charakteristisch mit Fieber, Kreuzschmerzen und schwerem Krankheitsgefühl. Es kann aber abschließend die Eruption des Exanthems ganz ausbleiben oder sehr geschwächt verlaufen. Der *Variolois-Kranke ist hoch kontagiös und beherbergt hochinfektiöses Pocken-Virus.*

Erfolgt eine Pockenschutz-Impfung bei einem Patienten mit einem Defekt der zellulären Immunität, so kommt es zu einer nekrotisierenden Entzündung, die zum Tod führen kann.

15.4.8 Prävention

15.4.8.1 Geschichte der Pockenschutzimpfung

Bereits in der wenig belegten Zeit des alten Indiens und Chinas waren „Impfversuche" mit Pockeneiter durchgeführt worden (***Variolation***), die offenbar zu einem Schutz gegen die natürlichen Pocken führten. Im späten Mittelalter gelangte die Kenntnis dieser Variolation aus dem Orient nach England und wurde von dort ausgehend in ganz Europa praktiziert. Unabhängig davon schien sich aber auch die Kenntnis gehalten zu haben, daß vorausgehende, milde verlaufende Infektionen mit dem ***Kuhpocken-Virus*** vor einer Infektion mit dem echten Pocken-Virus schützen.

Diese Erkenntnisse sind mit Sicherheit dem Engländer Edward ***Jenner*** bekannt gewesen, als er 1796/98 erstmals Schweinepockenmaterial auf seinen fast einjährigen Erstgeborenen und später Kuhpockenmaterial von einer infizierten Melkerin auf ein anderes Kind übertrug. Nachfolgende Variolationen blieben an der Impfstelle ohne Effekt: Der Organismus erwies sich als immun. Damit war erstmals ein geplantes „virologisches Experiment" durchgeführt worden. Es dauerte dann etwa 100 Jahre, bis in Europa die Impfpflicht gegen die Pocken allgemein gesetzlich verankert war. Weitere 100 Jahre sollten vergehen, bis die Pocken durch gezielte Impfmaßnahmen ausgerottet sein würden.

„Vaccinia" bedeutet ursprünglich „von der Kuh (vacca) kommend". Heute wird das Wort „Vaccinia" allgemein als Bezeichnung für das Impfvirus benutzt. Darüber hinaus bedeutet vom heutigen Sprachgebrauch das Wort „Vakzine" ganz allgemein „Impfstoff zur aktiven Immunisierung".

Mit dem gesetzlichen Impfgebot war ein Kollektivschutz der Bevölkerung erzielt worden, der auch bei niedrigem Hygienestandard ausreichte, um bei Einschleppung die Weiterverbreitung der Pocken in Grenzen zu halten. Das Impfverfahren bot jedoch für den einzelnen Impfling ***nur für etwa 1–2 Jahre sicheren Schutz***. Der relative Schutz war mit 10–15 Jahren zu veranschlagen.

Im Jahr 1958 beschlossen die zuständigen Organe der Weltgesundheitsorganisation, die Pocken global zu bekämpfen. Als Ziel wurde die Ausrottung genannt. Als wichtigste Methode wurde die Impfung angewandt. Sie ist in Pockengebieten allgemein und gezielt eingesetzt worden. Im Rahmen der allgemeinen Impfung sind in den Jahren 1958–1968 allein in Indien 350 Mio Menschen geimpft worden, d. h. 75% der Bevölkerung. Die ungezielten Massenimpfungen reduzierten die Gesamtzahl der Erkrankungen kritisch; vor allem verhinderten sie die steppenbrandähnliche Ausbreitung der Krankheit. Die Fälle, die noch auftraten, konnten so geortet werden; sie dienten als Orientierungspunkt für den Einsatz von gezielten Umgebungsimpfungen im Sinne der sogenannten ***Abriegelungsimpfung***: Jeder gemeldete Pockenfall wurde zum Anlaß genommen, alle in der Umgebung des Kranken lebenden Personen innerhalb kurzer Zeit zu impfen, insbesondere aber diejenigen Menschen, von denen man vermuten mußte, daß sie infiziert worden waren. Erfolgte die Schutzimpfung bei diesen Kontaktpersonen frühzeitig genug, so konnte man den Ausbruch der Pocken in der Mehrzahl der Fälle verhindern. Der Impfeffekt überholte in diesen Fällen die Entwicklung des Pocken-Virus im Infizierten.

1967 wurde die Kampagne verstärkt; insbesondere wurde das weltweite Netz des Pockenbeobachtungs- und Meldewesens auf die noch vorhandenen Pockenherde konzentriert und verstärkt. Am 26. Oktober 1977 erkrankte in Somalia, Äthiopien, der 23 Jahre alte Ali Maow Maalin; er überlebte. Seither sind auf der Welt keine neuen Pockenfälle mehr aufgetreten: Die Pocken können als ausgerottet angesehen werden.

Für den Idealerfolg der Pockenkampagne sind mehrere Voraussetzungen maßgebend gewesen. Die wichtigsten davon sind folgende:

- Das Pocken-Virus ist, soweit die natürliche Übertragung in Betracht kommt, exklusiv menschenpathogen. Es kann keine andere Spezies befallen, es kann sich weder im Boden noch im Wasser aufhalten oder vermehren. Die Existenz des Pocken-Virus in der Welt hängt davon ab, daß es unablässig von Mensch zu Mensch übertragen wird und auf diese Weise dauernd übertragen werden muß. Die Übertragung muß geschehen, bevor der als Erregerquelle dienende Mensch stirbt oder bestattet wird, aber auch bevor die Heilung einsetzt: Der Genesene wird ausnahmslos erregerfrei; Dauerausscheider gibt es nicht. Das Pocken-Virus perpetuiert seine Existenz also dadurch, daß es Infektketten von Mensch zu Mensch erzeugt. Der an Pocken erkrankte Mensch ist das einzige Keimreservoir.
- Jeder Infizierte wird dramatisch krank. Subklinische „Streuer" gibt es nicht.
- Der Impfschutz gegen die Pocken ist nahezu 100%ig. Hocheffektive Massenimpfungen sind auf Grund der modernen Impftechnologie und der neueren Impfverfahren möglich. Der Geimpfte fällt für die Perpetuierung des Erregers aus.
- Der allergrößte Teil der Weltbevölkerung kann gesundheitspolizeilich beobachtet und ggf. zur Impfung herangezogen werden. Die Erkennung von Pockenfällen ist leicht möglich, da die Erkrankung so gut wie immer zu dem typischen Bild führt. Unerkennbare, klinisch „stumme" Erkrankungen, die als okkultes Erregerreservoir in Erscheinung treten können, gibt es nur in sehr beschränktem Ausmaß.

Zusammenfassend kann man sagen, daß die Impfkampagne die Perpetuierung des Pocken-Virus in dem dafür allein in Betracht kommenden Reservoir unmöglich gemacht hat. Die Generationsketten des Pocken-Virus sind allesamt abgebrochen. Die Impfung hat also nicht allein Individualschutz vermittelt; sie hat das Erregerreservoir auf Null reduziert.

15.4.8.2 Vakzine

Als Impfstoff diente seit der Mitte des vorigen Jahrhunderts eine Suspension von aktivem Vaccinia-Virus mit einer festgelegten Mindestzahl von infektiösen Viria pro Volumeneinheit. Der Impfstoff wurde in neuerer Zeit zumeist in lyophilisierter Form aufbewahrt.

15.4.8.3 Komplikationen nach der Erstimpfung

- ***Hämatogene Aussaat mit generalisierter Pustelbildung.*** Diese Komplikation kommt bei Kindern vor, deren Abwehrsystem geschädigt ist; sie führt in 30% der Fälle zum Tode.
- ***Das Ekzema vaccinatum.*** Es entsteht durch eine ausgedehnte Pustelbildung außerhalb der Impfstelle nach Übertragung des Virus durch Schmierinfektion von der Impfpustel auf ekzematös veränderte Haut. Die Letalität beträgt 30%.
- ***Enzephalitis postvakzinalis.*** ZNS-vorgeschädigte Kinder sind besonders anfällig. Die Letalität beträgt 30%. Überleben die Kinder, so sind sie von Defektheilungen bedroht. Die Häufigkeit entspricht etwa 1 Fall auf 100000 Impfungen. Die Ursache dieser „postvakzinalen" Enzephalitis ist eine durch das Virus ausgelöste „Autoimmun"-Reaktion. Offenbar besitzt das Virus einen sehr geringen „Neurotropismus", dessen Ursache z. Zt. untersucht wird.

Diese drei Komplikationen sind auch heute noch in Betracht zu ziehen, wenn man sich dazu entschließen sollte, einen „Hybridimpfstoff" – etwa zur Prophylaxe der Hepatitis B – anzuwenden.

15.4.9 Anhang

Gibt es ein natürliches Reservoir für Pocken-Virus?

Die Ausrottung der Pocken (Variola major) beim Menschen wirft die Frage auf, ob es bei Tieren, die in freier Wildbahn leben, Verwandte des Pocken-Virus gibt, die gelegentlich auf den Menschen übertreten und zum Ausgangspunkt einer Epidemie werden könnten. Ein solches Ereignis hätte verheerende Folgen, weil es auf eine immunologisch ungeschützte Weltbevölkerung treffen würde. Es sei nur an das vom Affen stammende Herpes-B-simiae-, das Marburg-Disease-Virus und an den Ursprung des HIV erinnert.

In der Tat existieren bei wildlebenden Affen ***„Monkeypox"***-Viren, die gelegentlich auf den Menschen übertreten. Die Infektion des Menschen durch verschiedenartige Affen-Viren ist also kein ungewöhnliches Ereignis. In Zaire hat man z. B. von 1980–1985 282 Patienten mit Pockenerkrankungen durch das Monkeypox-Virus festgestellt. Weitere Fälle wurden seit 1970 in Liberia, Nigeria, Sierra Leone und an der Elfenbeinküste festgestellt. Im Neutralisationstest und in der KBR erwies es sich als nahe verwandt mit dem Vaccinia-Virus. In Ländern mit dieser Zoonose gibt es seither spezielle Überwachungsdienste.

Das Krankheitsbild des auf den Menschen übertragenen Monkeypox-Virus ist dem der echten Pocken sehr ähnlich; nur eine sehr frühzeitig auftretende ***Lymphadenopathie*** erlaubt die Abgrenzung gegen die echten Pocken und die Windpocken. Lymphknotenschwellungen traten bei ungeimpften Personen in 84% auf, bei vakzinierten Personen in 53%. Bei vakzinierten Personen verlief die Krankheit viel leichter. Die Prognose war abhängig vom Schweregrad der

Komplikationen. Unter den vakzinierten Personen traten keine Todesfälle auf, bei den nicht vakzinierten Erwachsenen betrug die Mortalität 11%, bei Kindern 15%.

In Deutschland sind in den letzten Jahren verschiedentlich ***„Kuhpocken"***-Erkrankungen vorgekommen, vor allem scheinen Katzen die Überträger zu sein. Tatsächlich sind wildlebende kleine Nagetiere der Ursprung dieser ***„kuhpocken-ähnlichen"*** Viren, von denen sie auf Kamele, Rinder, Elefanten, Katzen etc. und selten auf den Menschen im Sinne von Endgliedern der Infektkette übergehen. Hier können sie bei Immunschwachen lebensbedrohliche Krankheiten hervorrufen. Mit dem Absinken des Impfschutzes gegen die echten Pocken – und damit auch gegen diese Tierpocken der Orthopoxgruppe – ist daher mit einem vermehrten Auftreten dieser Infektionen zu rechnen.

Eine sehr wichtige Frage ist es, ob die Möglichkeit besteht, daß sich aus diesem (oder einem anderen) Virus ein für den Menschen hochpathogenes Virus wie das Variola-Virus entwickeln kann. Dafür gibt es bisher keine Anhaltspunkte. Im Gegensatz zu den echten Pocken wird das Virus nur selten an Familienangehörige und andere Personen weitergegeben, wie z. B. beim Marburg-Virus und bei den Erregern der Ornithose-Psittakose: Die Infektketten des Affenpocken-Virus reißen ab. Man hat auch asymptomatische Infektionen beobachtet. Vergleichende Untersuchungen über die DNA dieser Viren haben gezeigt, daß es nicht möglich ist, durch Mutationen aus den Monkeypox-Viren Variola-Viren zu erzeugen.

Zusammenfassung: Pocken-Virus

Das Virus: Doppelstrang-DNA-Virus mit helikalem Capsid und 2 Hüllen. Enzyme im Partikel.

Vorkommen: Früher weltweit.

Epidemiologie: Alle Infizierten erkranken. Durch gezielte Schutzimpfung ausgerottet.

Übertragung: Tröpfcheninfektion, Staubinfektion, Virus ist sehr resistent.

Pathogenese: Replikation im Nasen-Rachenraum, systemische Ausbreitung; hämatogen, „Pocken" auf der Haut.

Klinik: Inkubationsperiode 12–13 Tage: Variola vera. Schwere, fieberhafte Erkrankung mit knötchen-/bläschenförmigem Exanthem. Variolois als abgeschwächter Verlauf bei Teilimmunität (nach V. vera oder Impfung), dabei gefürchtete Ausscheidung des Virus.

Labordiagnose: Partikelnachweis im EM. Züchtung in Zellkultur und auf der Chorioallantois-Membran.

Therapie: Symptomatisch. Chemotherapeutika?

Immunität: Nach Variola vera einige Jahre, dann partiell. Nach Impfung dauert Schutz nur 1 Jahr. Bei zellulärem Immundefekt: Nekrotisierende Entzündung als Impfkomplikation.

Prävention: Schutzimpfung mit Vaccinia-Virus. Kontrolle von Affenpocken-Erkrankungen.

16 Slow Virus Diseases und Krankheiten mit unklarer Ätiologie

D. Falke

INHALTSÜBERSICHT

16.1 Allgemeines . . . 839
16.2 Kuru . . . 839
16.3 Jakob-Creutzfeldt-Krankheit . . . 839
16.4 Guillain-Barré-Syndrom . . . 840
16.5 Das Virus der subakuten Myelo-Optico-Neuropathie (SMON) . . . 840
16.6 Reye-Syndrom . . . 840
16.7 Kawasaki-Syndrom . . . 841
16.8 Multiple Sklerose . . . 841

16.1 Allgemeines

Als „Slow Virus Diseases" (SVD) werden Virusererkrankungen verschiedener Ätiologie zusammengefaßt, die sich durch eine sehr lange Inkubationsperiode und einen überaus langsamen Verlauf des Krankheitsprozesses von anderen Viruskrankheiten unterscheiden. Für einige von ihnen erwägt man als Ursache Viroide (s. S. 619) oder Prionen (s. S. 620).

Zu den SVD zählt man eine Reihe von Erkrankungen bei Tieren: Es gehören hierher die als Visna und Maedi bezeichneten Krankheiten der Schafe, ferner die Enzephalopathie und die Plasmozytose der Nerze und die Scrapie der Schafe.

Beim Menschen sind die SVD vorwiegend chronische Erkrankungen des ZNS. Hierzu zählt man Kuru, die Jakob-Creutzfeldt-Krankheit, die subakute Myelo-Optico-Neuropathie (SMON), die progressive multifokale Leukoenzephalopathie (PML) (s.S.785) und das Reye-Syndrom. Möglicherweise sind weitere Erkrankungen des ZNS mit chronischem Verlauf, z. B. die Multiple Sklerose, ebenfalls den SVD anzurechnen. Auch AIDS kann man in gewissem Sinne zu den SVD zählen.

16.2 Kuru

Kuru wurde bei den Eingeborenen Neu-Guineas ab 1920 beobachtet. Überträgt man Extrakte aus dem ZNS von Verstorbenen auf Schimpansen, so tritt nach 2–3jähriger Inkubationsperiode ein Krankheitsbild auf, das mit Abmagerung beginnt. Das Agens ist ultrafiltrierbar. Es treten dann zerebrale Störungen (Ataxie, Tremor, Verhaltensanomalien) hinzu, an denen die infizierten Tiere zugrunde gehen. Man nimmt an, daß die Übertragung beim Menschen durch ***Kannibalismus*** erfolgt. Die Inkubationsperiode beträgt etwa 10–20 Jahre. Die Unterbindung des Kannibalismus seit 1950 hat die Zahl der Kuru-Fälle reduziert.

Pathologisch-anatomisch findet man Degeneration der Neuronen, Astrozytenproliferation und zytoplasmatische Vakuolisierung. Entmarkungen sind als sekundär zu betrachten. Im Hinblick auf den Verlauf und die Pathohistologie gleicht Kuru der Jakob-Creutzfeldt-Krankheit; Ähnlichkeiten bestehen auch zwischen Kuru und der Scrapie-Krankheit der Schafe.

16.3 Jakob-Creutzfeldt-Krankheit

Beschreibung des Erregers

Die Jakob-Creutzfeldt-Krankheit (JCK) tritt weltweit mit sehr geringer Häufigkeit auf. Man nimmt an, daß der Erreger des Kuru mit dem Agens der Jakob-Creutzfeldt-Krankheit identisch ist. Aus dem Gehirn von Verstorbenen ließ sich auf Schimpansen ein pathogenes Agens übertragen: Nach mehr als einjähriger Inkubationsperiode entwickelte sich in den Empfängertieren ein Krankheitsbild, welches klinisch und pathologisch-anatomisch der menschlichen Erkrankung ähnelte. – Die Scrapie der Schafe kann auf Mäuse und Hamster übertragen werden. Neuerdings ist in England eine spongiforme Enzephalopathie bei Rindern beobachtet worden. Sie ist durch die Verfütterung von scrapie-infiziertem Schafsfleisch an Rinder zustandegekommen. Unter natürlichen Bedingungen sind bisher in der Umgebung von Scrapie-Schafen keine Erkrankungen von Rindern beobachtet worden. Die JCK wurde bisher ebensowenig unter diesen Bedingungen beim Menschen beobachtet. – Das Agens ist außerordentlich resistent gegen Erhitzung und UV-Bestrahlung.

Epidemiologie

Pro Jahr wird ein Fall auf 10^6 Personen beobachtet. Die Erkrankung ist verschiedentlich durch Kornea-Transplantationen übertragen worden.

Pathogenese

Pathologisch-anatomisch werden Zytoplasma-Vakuolisierungen von Gliazellen sowie Entmarkungen beobachtet. Außerdem hypertrophiert die Astroglia. Entzündungszeichen fehlen. Antikörper werden gegen diese Agentien nicht gebildet. Bei beiden Krankheiten und bei Scrapie der Schafe beobachtet man im Gehirn „Amyloid"-Filamente mit einem Durchmesser von 11–25 nm. Das Protein dieser fädigen Strukturen besitzt ein M. G. von 27 000–32 000 D. Die Filamente stellen wahrscheinlich nicht das „Virus" selbst dar.

Klinik

Das klinische Bild verläuft chronisch: Die mittlere Krankheitsdauer beträgt 9–18 Monate. Die Krankheit manifestiert sich durch eine präsenile Demenz mit Symptomen, die auf eine Rückenmarksläsion hindeuten.

16.4 Guillain-Barré-Syndrom

Das Guillain-Barré-Syndrom (akute Poly-Radikulo-Neuropathie), auch Landry'sche Paralyse (1859) genannt, ist eine akut entzündliche Entmarkungskrankheit, die einige Wochen nach Infektion durch EBV, ZMV, Influenza oder (selten) durch HSV auftritt. Betroffen sind Kinder und Erwachsene. Man vermutet als Ursache einen durch die Infektion ausgelösten *Autoimmunprozeß*. Die Krankheit kann sich als Bell'sche Paralyse (Fazialis-Lähmung) oder als Querschnittsmyelitis manifestieren. In diesen Fällen kommt es zu schlaffen Lähmungen, die partiell oder total auftreten. Gefürchtet ist die Tetraplegie. Pathohistologisch sieht man perivaskuläre Ödeme, lymphomonozytäre, z. T. perivaskuläre Infiltrate und Entmarkungen. In den Nervenscheiden des Biopsie-Materials läßt sich IgM nachweisen. Die Isolierung des auslösenden Virus gelingt nicht; durch serologischen Ausschluß der in Betracht kommenden Viren, gelegentlich auch durch IgM-Nachweis, läßt sich gegebenenfalls auf ein Virus als spezifische Ursache schließen.

16.5 Das Virus der subakuten Myelo-Optico-Neuropathie (SMON)

Beschreibung des Virus

Das Virion ist mittelgroß und ätherempfindlich. Seine Replikation wird in vitro durch Phosphoressigsäure gehemmt. Da auch Acycloguanosin wirksam ist, vermutet man eine Ähnlichkeit mit den *Herpesviren*. Man kennt mehr als 40 verschiedene Viren dieser Art; sie lassen sich nach ihrem Antigenaufbau in drei Typen einteilen.

Geschichte

Das Symptombild SMON (s. unten) wurde ursprünglich in Japan beobachtet. Dort und später in den USA wurden aus dem Liquor von Patienten Viren isoliert, die man jetzt als „Inoue-Melnick"-Viren bezeichnet.

Epidemiologie

Die Krankheit kommt auf der ganzen Erde vor und kann zur Erblindung führen.

Pathogenese

Bei der SMON treten entzündlich-degenerative Erscheinungen am Sehnerven auf. Möglicherweise handelt es sich bei den SMON um eine ***Autoimmun***-Krankheit, die durch den Infektionsprozeß ausgelöst wird. Pathohistologisch tritt ein Ödem des ZNS auf, aber keine Entzündung. Die Leber ist verfettet. Das Virus ist auch in Verbindung zur Entstehung von Meningiomen gebracht worden.

16.6 Reye-Syndrom

Die ersten Fälle wurden um 1930 beschrieben. Um 1970 traten in den USA hunderte von Fällen auf. Die Krankheit befällt vorwiegend Kleinkinder und Schulkinder; sie geht mit *hoher Letalität* einher. Das Reye-Syndrom ist die direkte oder indirekte Folge von verschiedenartigen Virusinfektionen (Herpes-Viren, Picorna-Viren, Röteln, Masern u. a.), wird aber vorwiegend im Verlauf von Influenza B-Infektionen beobachtet. Die Symptomatik dieser Krankheit erscheint als Kombination einer ***Enzephalopathie*** mit einer ***Hepatitis***. Die zerebralen Symptome treten längere Zeit nach dem Abklingen der grippalen Krankheitssymptome auf.

16.7 Kawasaki-Syndrom

Das Kawasaki-Syndrom ist eine 1976 erstmals beschriebene Krankheit. Bisher sind mehr als 30 000 Personen, zumeist Kinder, erkrankt. Das durchschnittliche Lebensalter der Patienten ist 12 Monate. Die akute, febrile Phase des Syndroms ist durch multisystemische Entzündungen charakterisiert. Die subakute Phase folgt dann mit Arthritis, Myokarditis und Thrombozytose. Zumeist gesunden die Kinder, jedoch bleiben in 15–20% der Fälle Aneurysmen der Koronararterien zurück. In 2% der Fälle sterben die Kinder plötzlich an einer Koronarthrombose: Die Sektion ergibt eine Vaskulitis der Herzkranzgefäße. Man nimmt an, daß diese Krankheit über eine Virusinfektion zu einer generalisierten Vaskulitis im Rahmen einer ***Autoimmun***-Krankheit führt.

16.8 Multiple Sklerose

Die Ätiologie der Multiplen Sklerose (M. S.) ist noch immer ungeklärt. Man betrachtet sie z. Zt. als eine durch Viren induzierte ***Autoimmun***-Krankheit. Die bisher vorliegenden Erhebungen haben ein epidemiologisches Verhalten ergeben, das an die Verhältnisse wie bei der Polio erinnert. Die Prävalenz steigt mit der geographischen Breite nord- und südwärts und mit dem Lebensstandard. Als Ursache vermutet man ein masern-ähnliches Virus oder ein Retro-Virus. Die RNA von ***Masern***- und von ***Parainfluenza***-Viren hat sich in einigen M. S.-Fällen im ZNS nachweisen lassen. Bei Trägern bestimmter Histokompatibilitäts-Antigene tritt die M. S. gehäuft auf. Im Liquor von M. S.-Patienten stellt man häufig antikörper-bildende Zellen gegen Herpes simplex- und Masern-Virus fest.

17 Tabellenanhang

In diesem Anhang sind die Systematik der Viren (Tabelle 17.1), die meldepflichtigen Viruskrankheiten (Tabelle 17.2), eine Tabelle über Übertragungswege etc. (Tabelle 17.3) sowie Angaben über aktive und passive Schutzimpfungen zusammengestellt (Tabellen 17.4 bis 17.6).

Besonders soll auf die ***differentialdiagnostischen*** Tabellen (Tabellen 17.7 bis 17.14) hingewiesen werden, da nur die Kenntnis der möglichen Erreger einer Krankheit, eines Hauptsymptoms oder eines Syndroms an den jeweiligen Erreger denken läßt. Diese Tabellen dienen auch zur Orientierung für die Auswahl der Laborreaktionen (s. S. 689ff) bei den verschiedenen Krankheiten oder Krankheitsgruppen. Die Differentialdiagnose der „Erkältungskrankheiten" ist auf S. 725 dargestellt. – Das Motto lautet: **„Immer daran denken."**

Tabelle 17.1. Systematik der Viren

Familie	Genus	Spezies
Parvo viridae	Parvo-Virus	B 19
	Dependo-Virus	Adeno-associated-Virus (AAV)
Papova viridae	Papillom-Virus (Gruppe A)	HPVs
		Shope's Kaninchen-Papillom
		Papillom-Viren anderer Spezies
	Polyoma-Virus (Gruppe B)	BK- u. JC-Virus (Mensch)
		Polyoma-Virus (Maus)
		SV 40 (Affen)
Adeno viridae	Mastadeno-Virus (Gruppe A–E)	Adeno-Viren der Menschen
		Adeno-Viren der Tiere
Herpes viridae		
Alpha herpes virinae	HSV	Typ 1 u. 2
		(HHV 1 u. 2[a]; Herpes-B-Virus simiae
		Marek-Disease-Virus
	VZV	(HHV-3)
Beta herpes virinae	ZMV	ZMV des Menschen
		(HHV-5)
	MZMV	ZMV der Maus
	HHV-6	Exanthema subitum
Gamma herpes virinae	EBV	(HHV-4)

[a] Human-Herpes-Virus 1–6.

Fortsetzung Tabelle 17.1.

Familie	Genus	Spezies
Pox viridae	Orthopox-Virus	Variola vera Vaccinia Kuhpocken, Affenpocken, Ektromelie Kaninchen-Pocken
	Parapox-Virus	Melkerknoten
	nicht klassifiziert	Moll. contagiosum-, Tana- u. Yaba-Pocken-Virus
Hepadna viridae	Hepadna-Virus	Hepatitis B-Virus (Mensch) Woodchuck-, Ground-Squirrel-, Enten-Hepatitis
Picorna viridae	Entero-Virus	Polio-Viren (3 Typen) Coxsackie A und B ECHO Entero-Virus 68-71 Entero-Virus 72 (Hepatitis A)
	Cardio-Virus	Enzephalomyokarditis-Viren
	Rhino-Virus	Common Cold, Typen 1–>100
	Aphtho-Virus	Maul- und Klauenseuche-Virus
Calici viridae	Calici-Virus	Calici-Virus des Menschen Norwalk-Agens (?)
Reo viridae	Reo-Virus	3 Typen
	Rota-Virus	Rota-Virus
Toga viridae	Alpha-Virus	Sindbis-, EEE-, WEE-, VEE-Virus
	Flavi-Virus	Gelbfieber-Virus Japan B-Enzephalitis-Virus St. Louis Enzephalitis-Virus FSME-Virus Dengue-Virus; HCV (?)
	Rubi-Virus	Röteln-Virus
Orthomyxo viridae	Influenza-Virus	Typen A, B, C
Paramyxo viridae	Paramyxo-Virus	NDV Parainfluenza-Viren (4 Typen) Mumps
	Morbilli-Virus	Masern Hundestaupe Rinderpest
	Pneumo-Virus	RS-Virus
Rhabdo viridae	Lyssa-Virus	Rabies-Virus Duvenhage-Virus
	Filo-Virus	Marburg-Virus, Ebola-Virus
Arena viridae	Arena-Virus	LCM-Virus Lassa-Fieber
Corona viridae	Corona-Virus	Corona-Virus
Retro viridae Onkovirinae	Typ B Onkovirus	Maus-Mamma-Tumor-Virus
	Typ C Onkovirus	Sarkom-,Leukämie-Viren der Mäuse, Katzen, Rinder, Vögel, Reptilien, Primaten
	Typ D Onkovirus	Affen-Mamma-Tumor-Virus (Mason-Pfizer-Virus), Simian-Retro-Virus-1-2 (SRV-1/2)

Fortsetzung Tabelle 17.1.

Familie	Genus	Spezies
Spumavirinae		Synzytial- oder Foamy-Virus der Menschen, Affen, Rinder, Katzen
Lentivirinae	Lenti-Viren (Gruppe A)	HIV-1/2
		Maedi/Visna-Virus (MVV)
		SIV (Simian I.D.)-Virus
		BIV (Rinder I.D.)-Virus
		FIV (Katzen I.D.)-Virus
		Pferde-Anämie-Virus (EIAV)
		Ziegenarthritis-Enzephalitis (CAEV)
	Lenti-Viren (Gruppe B)	HTLV-1 und -2
		BLV
Bunya viridae	Bunya-Virus	California Enzephalitis-Virus
		La Crosse-Virus
	Phlebo-Virus	Sandly-fever-Virus
	Hantaan-Virus	Korea hämorrh. Fieber
	Nairo-Virus	Krim-Kongo hämorrh. Fieber

Tabelle 17.2. Meldepflichtige Viruskrankheiten

Virus bzw. Krankheit	Verdacht	Erkrankung	Todesfall	Bemerkungen
Polio	x	x	x	
Influenza	–	–	x	
Masern	–	x	x	
Mumps	–	x[a]	–	
Röteln	–	x[a]xx	xx	Bei Embryopathie (xx)
Windpocken	–	x[a]	–	
Tollwut	x	x	x	Sowie bei Verletzung durch krankes oder verdächtiges Tier (Ansteckungsverdacht)
„Enzephalitis“	x	x	x	
Hepatitis A	–	x	x	
Hepatitis B	–	x	x	
Hepatitis C	–	x	x	
Hepatitis D	–	x	x	
HIV/AIDS	(x)	(x)	(x)	
Hämorrh. Fieber	x	x	x	
Zytomegalie	–	x	x	Bei Embryopathie
Gelbfieber	–	–	x	

[a] In größerer Gemeinschaft.
[(x)] Eingeschränkt, anonym.
[x] Verdacht, Erkrankung oder Todesfall meldepflichtig.

Tabelle 17.3. Übertragungsweg und -dauer, Inkubationsperiode und Inapparenzrate

Virus bzw. Krankheit	Übertragungsweg	Dauer der Übertragbarkeit	Inkubations-periode (Tage)	Inapparenzrate
Influenza	Respiratorisch	Einige Tage	1–3	≅ 50%
Schnupfen	Respiratorisch	Einige Tage	1–3	≅ 50%
Bronchiolitis	Respiratorisch	Einige Tage	3–5	≅ 50%
Pseudokrupp	Respiratorisch	Einige Tage	2–5	≅ 50%
Resp. Infekte	Respiratorisch	Einige Tage	2–7	≅ 50%
Herpes simplex	Kontakt	Intermittierend	5–8	99%
ECHO–, Coxsackie-Viren	{ Schmutz, Schmier	Einige Wochen	6–12	50%
Polio-Virus	Aerosol-Infektion	Einige Wochen	5–10	⋝ 99%
Masern	Respiratorisch	10–14 Tage	9–12	Sehr niedrig
Mumps	Respiratorisch	10–14 Tage	16–20	≅ 50%
Röteln	Respiratorisch	10–14 Tage	14–21	Hoch
Inf. Mononukleose	Kontakt	Lebenslang	20–50	Hoch
Hep. A	Schmutz, Schmier	10–14 Tage	2–6 Wochen	Hoch
Hep. B, Hep. D	Inokulation, Intimkontakt	Sehr lange	2–6 Monate	65%
Hep. C (parenteral)	Wie Hep. B	Sehr lange	6–7 Wochen	?
Hep. E (oral)	Schmutz, Schmier	?	2–6 Wochen	?
Tollwut	Biß	10–14 Tage	20–100 bis 1 Jahr	–
Warzen	Kontakt	Lange	50–100	Niedrig
AIDS	Intimkontakt	Sehr lange	1–8 Jahre	?
Windpocken	Respiratorisch[a]	10 Tage	13–17	Niedrig
Zytomegalie	Respiratorisch[a]	Sehr lange	3–5 Wochen	
HHV-6	Respiratorisch[a]	Einige Tage	3–15	?
Parvo B19	Respiratorisch[a]	Einige Tage	6–14	?

[a] Zusätzlich intrauterine Übertragung.

Tabelle 17.4. Passive Zufuhr von Immunglobulinen zur Verhütung einer Erkrankung (nur wirksam bei Verabreichung innerhalb von 1–2 Tagen nach Exposition; sonst Abschwächung („Mitigierung") oder wirkungslos)

- Röteln (bei Gravidität): Zur Verhinderung einer Embryopathie
- Hepatitis B: HBIG und aktive Schutzimpfung: Zur Verhinderung einer perinatalen Infektion; bei Verletzung oder Schleimhautkontakt mit Blut oder Sekreten von Patienten mit akuter oder chronischer Hepatitis B
- Masern: Bei geschwächten Kindern
- Varizellen-Zoster (ZIG): Nicht bei Zoster. Wirkung bei generalisierten Infektionen, vor allem bei Immun-Mangelzuständen; bei seronegativen Graviden kurz vor der Geburt zur Verhinderung der Infektion des Kindes
- Hepatitis A (prophylaktisch): Bei Reisen
- Tollwut-Bißverletzungen (RIG): Lokal (mit aktiver Impfung) und i. m.
- Zytomegalie-Pneumonie: Immunglobulin zusammen mit DHPG, sonst ist die Wirkung unsicher
- Zeckenenzephalitis: Nach Zeckenbiß in Endemie-Gebieten

(Ig-Präparate müssen bestimmten Gehalt an Antikörpern besitzen)

Bei Röteln und Windpocken in der Gravidität: IgG innerhalb von 1–2 Tagen nach Exposition injizieren; kontrollieren, ob später Serokonversion erfolgt.

HBIG: Hepatitis-B-Immunglobulin, *ZIG:* Zoster-Immunglobulin, *RIG:* Rabies-Immunglobin.

Tabelle 17.5. Lebendimpfungen während der Gravidität

Erkrankung	Impfung
• Polio	Keine Kontraindikation
• Masern	Keine Impfindikation (bei Exposition: Immunglobuline)
• Mumps	Impfung kontraindiziert
• Gelbfieber	Bei Reisen in Endemiegebiete nach dem 1. Trimenon
• Pocken	Impfung kontraindiziert
• Röteln	Impfung kontraindiziert (aber keine Schäden beobachtet)

Tabelle 17.6. Virale Ursachen von Lähmungen (schlaffe Paralysen)

(Polio-Virus)
Lyme-disease (Facialis) B. burgdorferi
Entero-Virus 70, 71, bei Guillain-Barré-Syndrom (s.d.)

Tabelle 17.7. Ursachen des Guillain-Barré-Syndroms

EBV
ZMV
Influenza-Virus
VZV (HSV),
u.v.a. Viren, Bakterien

Tabelle 17.8. Virale Ursachen von Myokarditis-Perikarditis

Coxsackie-Virus
EBV
ZMV
Influenza-Virus
(Polio-Virus)

Tabelle 17.9. Differentialdiagnose der Hepatitis

Stets vorhanden bei (Klinisches Hauptsymptom)	Gelbfieber
	Hepatitis A Hepatitis B Hepatitis D Hepatitis NonA/NonB: parenteral, (HCV); oral (HEV) Autoimmun-Hepatitis
Häufig bei	Infektiöser Mononukleose (EBV)
Selten bei	Zytomegalie-Infektion Herpes-simplex-Virus
Sehr selten bei	Kongenitalen Röteln Coxsackie-Virus Mumps

Tabelle 17.10. Virusbedingte Erkrankungen des Auges

Erkrankung	Verantwortliches Virus
Keratitis herpetica	HSV, VZV
Keratokonjunktivitis epidemica	Adeno-Virus Typ 8, 19 u. a.
Akute, hämorrh. Konjunktivitis	Entero-Virus 70, Coxsackie A 24
Pharyngokonjunktivales Fieber	Adeno-Virus, 3,4,7 u. a.
Chorioretinitis	ZMV
Konjunktivitis	VZV, Masern-Virus
Schwimmbad-Konjunktivitis	Chlamydien
Trachom	Chlamydien

Tabelle 17.11. Virusbedingte Veränderungen der Haut

Bläschenartig	Varizellen-Zoster Herpes-Simplex-Virus Vaccinia-Virus Herpangina (Coxsackie-Viren) Hand- foot- and mouth-disease (Coxsackie-Viren)
Knötchenartig	Warzen Molluscum contagiosum Melkerknoten Kuhpocken
Infiltrate	Kaposi-Sarkom
Exantheme (ohne Bläschenbildung	Masern Röteln Erythema infektiosum (Parvo B-19) Exanthema subitum (HHV-6) (Roseola infantum, 5. Krankheit) ECHO-Viren Coxsackie-Viren EBV, HBV
Tumoren	Lymphogranuloma inguinale (PLT) Kondyloma akuminata und plana u. a.

Tabelle 17.12. Ätiologie der Virus-Meningitis

• Häufig:	Mumps-Virus Coxsackie-Viren (Polio-Viren)
• Selten:	Adeno-Viren LCM-Virus Herpes (HSV–2)-Virus FSME

Tabelle 17.13. Ätiologie der Virus-Enzephalitis

- 50% der menschlichen Enzephalitiden werden durch HSV–1 hervorgerufen
- Arbo-Viren (FSME)
- Masern-Virus
- Influenza-Virus
- Varizellen-Zoster-Virus

Tabelle 17.14. Aus den Tropen eingeschleppte Infektionskrankheiten

Poliomyelitis:	Entwicklungsländer
Hämorrhagisches Fieber:	Dengue-Fieber (Ostasien)
Enzephalitis:	Lassa-Fieber (Afrika)
	Japan-B-Enzephalitis
Malaria:	(meist) M. tropica
Pocken:	Affenpocken (Afrika)

X
Mykologie

1 Allgemeine Mykologie: Pilze

H. C. Korting

INHALTSÜBERSICHT

1.1 Definition 851
1.2 Grundsätzliches 851
1.3 Myzeltypen 852
1.4 Fadenpilz-Sproßpilz-Dualität 852
1.5 Fortpflanzung 852
1.6 Klassifikation 853
1.7 Einordnung medizinisch wichtiger Pilze . . 853
1.8 Pilzerkrankungen 854
1.9 Pilzvergiftungen und Pilzallergien 854
1.10 Pilze als Produzenten von Antibiotika und Antimykotika 855
1.11 Geschichte 855
1.12 Erreger-Wirts-Beziehungen 855
1.13 Diagnostik von Mykosen 856
1.14 Therapie der Mykosen 857
1.14.1 Polyene 857
1.14.2 Antimetaboliten 857
1.14.3 Azole 858
1.14.4 Pyridone 858
1.14.5 Griseofulvin 858
1.14.6 Empfindlichkeitsprüfungen 859

1.1 Definition

Pilze sind heterotrophe, eine Zellwand ausbildende Eukaryonten, die auf oder in organischem Material einen ***Thallus*** ausbilden können und sich asexuell oder sexuell fortpflanzen.

1.2 Grundsätzliches

Die Gesamtzahl der Pilz-Arten wird auf 100 000 bis 250 000 geschätzt. Lediglich ca. 180 Arten stehen mit Erkrankungen von Mensch und Tier in Zusammenhang. Im Gegensatz zu Bakterien besitzen Pilze kein Zellkernäquivalent, sondern einen ***echten Zellkern***, was sich in einer eigenen *Membran* um das Erbmaterial ausdrückt; Pilze sind also Eukaryonten. Sie enthalten kein Chlorophyll und sind somit nicht zur Photosynthese befähigt. Daher bedürfen sie einerseits organischen Materials als Nährstoffquelle, andererseits können sie dank dieser Tatsache unter Lichtabschluß leben. Hierin liegt ein wesentlicher Unterschied zu den Pflanzen: Pflanzen sind autotroph, Pilze ***heterotroph***.

Pilze sind als ***Einzeller*** aufzufassen, bei manchen Pilzarten vermögen sich einzelne Zellen aber unterschiedlich zu spezialisieren. Die einfachste strukturelle Ausprägung eines Pilzes bietet der einzellige, zur Knospung befähigte ***Sproßpilz***. [Im angloamerikanischen Sprachgebrauch spricht man hierbei in einem morphologischen Sinne auch von einer Hefe. Unter Hefen im engeren Sinne sind danach Ascomykota zu verstehen, die bei geeignetem Nährstoffangebot und entsprechender Temperatur Sexualsporen bilden (Ascosporen). Einen wichtigen Vertreter stellt die Bierhefe, Saccharomyces cerevisiae, dar. Die im klinischen Sprachgebrauch ebenfalls als Hefen bezeichneten Candida- und Kryptokokken-Arten werden als nichtsporenbildende Hefen abgegrenzt (Rippon)].

Komplexere Strukturen kommen ebenfalls vor. So kann sich eine Pilzzelle verlängern, ohne sich zu teilen. Es resultiert eine fadenartige ***Hyphe***. Hierdurch gekennzeichnete Pilze bezeichnet man auch als ***Fadenpilze***. Verschachteln sich mehrere Hyphen miteinander, entsteht ein ***Myzel***. Bei einem Myzel, dessen Hyphen alle von einer einzigen Zelle abstammen, handelt es sich um einen ***Thallus***; ist ein derartiges Hyphengeflecht lose strukturiert, liegt eine ***Kolonie*** vor.

Die Bildung eines neuen Thallus kann von Konidien oder Sporen ausgehen. ***Konidien*** stellen asexuelle Fortpflanzungselemente dar, die sich durch Knospung oder Differenzierung einer vorbestehenden Hyphe entwickeln. Während Konidien stets unbeweglich sind, sind die anderen Fortpflanzungselemente, die ***Sporen***, teils beweglich, teils unbeweglich. Sporen entstehen entweder asexuell (ungeschlechtlich) oder sexuell (geschlechtlich) unter Vereinigung unterschiedlicher Erbmassen.

An manchen Pilzen finden sich fest aneinandergefügte Hyphen, die zusammen ***Fruchtstände*** von komplexem Bau bilden. Diese Fruchtstände stellen das dar, was in der Umgangssprache unter einem „Pilz" (Speisepilz etc.) verstanden wird. Auch wenn derartige Fruchtstände ein Gewicht von mehreren Kilogramm erreichen können, bleiben die einzelnen Hyphen in der Lage, nach Abtrennung allein wiederum ein entsprechendes Gesamtgebilde aufzubauen.

Bei manchen Pilzarten können innerhalb der Hyphen eines Myzels Querwände entstehen, bei anderen nicht. Unseptierte Hyphen finden sich bei den sogenannten ***Zygomykota***; Askomykota und Basidiomykota weisen demgegenüber stets Septen auf. Innerhalb der Septen gibt es Öffnungen (Poren). Durch sie können bei manchen Pilzen Zellkerne hindurchtreten (***Askomykota***), bei anderen nicht (***Basidiomykota***).

1.3 Myzeltypen

Je nach Funktion lassen sich 3 unterschiedliche Typen von Myzelien unterscheiden. Massen von Hyphen, die sich einem Substrat (komplexe Nährstoffmischung) anlagern oder in es vordringen, bilden ein ***vegetatives Myzel***. Bereits eingedrungene Hyphen, bei denen die Nährstoffaufnahme im Vordergrund steht, bilden ein ***submerses Myzel***. Sein Charakteristikum besteht in zahlreichen Verbindungen zwischen den Hyphen (Anastomosen). Das ***Reproduktionsmyzel*** dehnt sich vom Substrat weg in den freien Raum, die Luft, aus (Luftmyzel); sein Charakteristikum besteht in der Ausprägung von Fortpflanzungseinheiten (Konidien, Sporen). Auf Art und Aufbau dieser Fortpflanzungseinheiten (und der sie bildenden Einrichtungen) gründet sich die Einteilung der Pilze. Eine Vermehrung kann aber auch ohne derartige Fortpflanzungselemente im engeren Sinne stattfinden, indem einzelne Zellen unmodifiziert vom Myzel abgesondert werden (Arthrokonidien).

1.4 Fadenpilz-Sproßpilz-Dualität

Die einzelnen Zellen der – medizinisch bedeutsamen – Sproßpilze können unter Umständen eine längliche Gestalt annehmen, so daß ein ***Pseudomyzel*** resultiert. Gelegentlich werden auch echte Myzelien gebildet. Mikromorphologisch zeichnet sich das Pseudomyzel, anders als das echte Myzel, durch Einschnürung im Septumbereich aus. Gerade bei den Sproßpilzen der Gattung Candida hat man die Bedeutung der Fähigkeit zur Bildung von ***Pseudomyzelien*** für die Pathogenität erkannt. Darüber hinaus vermögen vorwiegend in Fadenform vorliegende Pilze, beispielsweise der medizinisch wichtigen Gattung Sporothrix, sproßpilzartige Zellen zu bilden. Die Eigenschaft eines Pilzes, je nach Umweltbedingungen in Sproßpilz- oder Fadenpilzform vorzuliegen, heißt ***Dimorphismus***. Die größte Bedeutung scheint in diesem Zusammenhang der Temperatur zuzukommen.

1.5 Fortpflanzung

Im Rahmen der geschlechtlichen Fortpflanzung dienen (sexuelle) Sporen als Fortpflanzungselemente, die das Ergebnis der Verschmelzung des genetischen Materials zweier Zellkerne im Rahmen einer ***Meiose*** darstellen. Das kombinierte Erbmaterial kann dabei unterschiedlich, aber auch identisch sein. Unter den sich sexuell vermehrenden Pilzen gibt es ***homothallische*** und ***heterothallische***. Bei ersteren verschmelzen Zellkerne desselben Thallus miteinander, bei letzteren Zellkerne mit nicht identischem Erbmaterial. Genetisch unterschiedliche, zur gemeinsamen Fortpflanzung befähigte Vertreter einer Spezies werden als „Plus"- bzw. „Minus"-Kreuzungstyp („mating type") bezeichnet. Die Unterschiede lassen sich zwar durch Kreuzungsexperimente, nicht aber morphologisch aufdecken.

Asexuelle Sporen und ***Konidien***, die Fortpflanzungseinheiten bei der ungeschlechtlichen Fortpflanzung, erhalten ihr Erbmaterial im Rahmen einer ***Mitose*** des Ausgangszellkernes. Konidien stellen die asexuellen Fortpflanzungseinheiten höher organisierter Pilze dar. Farbe und Größe von Konidien sowie auch Unterschieden in ihrer Bildung und Anordnung kommt große klassifikatorische Bedeutung zu. Die Größe der Konidien unterliegt erheblichen Schwankungen. Unter ***Mikrokonidien*** werden kleine, meist einzellige Elemente verstanden, unter ***Makrokonidien*** größere, meist mehrzellige.

1.6 Klassifikation

Die Klassifikation der Pilze gründet sich prinzipiell auf Charakteristika der *sexuellen Fortpflanzung*. So geht die Bezeichnung ***Zygomykota*** auf die Bildung einer Zygote als Ausdruck der geschlechtlichen Vereinigung zurück. Die ***Askomykota*** ordnen ihre Sexualsporen in einem sackartigen Gebilde (Askus) an, und die ***Basidiomykota*** bilden Sexualsporen am Ende einer kolbenförmigen Zelle (Basidium). Auch die zur sexuellen Fortpflanzung erwiesenermaßen befähigten Pilze neigen häufig zur ungeschlechtlichen Vermehrung. Die Einordnung muß dann anhand von Charakteristiken der *ungeschlechtlichen Fortpflanzung* erfolgen. Bei den Zygomykota kann man dabei beispielsweise auf die (asexuellen) Sporangiosporen zurückgreifen. Pilzarten, die sich wenigstens prinzipiell sexuell vermehren, bezeichnet man als ***Fungi perfecti*** bzw. ***Eumykota,*** die übrigen als ***Fungi imperfecti*** bzw. ***Deuteromykota***. Zu ihnen gehören viele medizinisch besonders wichtige Pilzarten der Klassen Blastomycetes bzw. Hyphomycetes. Bei letzteren kann sich die Einteilung wiederum an Fortpflanzungseinheiten wie den Konidien orientieren, bei ersteren nicht zuletzt an bestimmten Stoffwechselleistungen.

Häufig hat man gerade bei pathogenen Pilzen erst in letzter Zeit die Befähigung zur sexuellen Fortpflanzung erkannt. Dann steht neben der Bezeichnung für die asexuelle Form (Fungus imperfectus) eine für die sexuelle (Fungus perfectus). Die beiden korrespondierenden Speziesnamen heißen allgemein auch ***anamorph*** bzw. ***teleomorph.*** Ajellomyces capsulatus steht beispielsweise als teleomorpher Name dem anamorphen Histoplasma capsulatum gegenüber. Im Klinikalltag wird bislang üblicherweise auf die Bezeichnung der asexuellen Form zurückgegriffen.

Tabelle 1.1. Abteilung Zygomykota

K	Zygomycetes
O	Mucorales
F	Mucoraceae
G	Rhizopus
A	R.oryzae R.rhizopodoformis

1.7 Einordnung medizinisch wichtiger Pilze

Die Einordnung der für den Arzt wichtigsten Pilze wird in der Systematik humanpathogener Pilze (Tabellen 1.1–1.5) wiedergegeben. Hier läßt sich die Zuordnung bestimmter Pilz-Arten (A) zu Gattung (G), Familie (F), Ordnung (O), Klasse (K) und Abteilung entnehmen.

Tabelle 1.2. Abteilung Askomykota

K	Hemiascomycetes			Loculoascomycetes	Plectomycetes			
O	Endomycetales			Myriangiales	Eurotiales	Onygenales		
F	Endomycetaceae	Saccharomycetaceae		Saccardinulaceae	Eurotiaceae	Gymnoasecaceae		
G	Endomyces	Issatchenkia	Kluyveromyces	Piedraia	Sartorya	Ajellomyces	Arthroderma	Nannizzia
A	E.candidus (Geotrichum candidum)	I.orientalis (Candida krusei)	K.fragilis (Candida pseudotropicalis)	P.hortae	S.fumigata (Aspergillus-fumigatus-Gruppe)	A.capsulatus (Histoplasma capsulatum) A.dermatitidis (Blastomyces dermatitidis)	A.benhamiae (Trichophyton mentagrophytes) A.vanbreuseghemii (T.mentagrophytes)	N.incurvata (M.gypseum) N.gypsea (Microsporum gypseum) N.otae (M.canis)

Tabelle 1.3. Abteilung Basidiomykota

K	Teliomycetes
O	Ustilaginales
F	Filobasidiaceae
G	Filobasidiella
A	F.neoformans (Cryptococcus neoformans)

Tabelle 1.4. Abteilung Deuteromykota (1)

K	Blastomycetes		
O			
F		Cryptococcaceae	
G	Candida	Malassezia	Trichosporon
A	C.tropicalis C.albicans	M.furfur	T.cutaneum (beigelii)

Tabelle 1.5. Abteilung Deuteromykota (2)

K	Hyphomycetes										
O											
F											
G	Aspergillus	Coccidioides	Epidermophyton	Exophilia	Madurella	Microsporum	Paracoccidioides	Penicillium	Phialophora	Sporothrix	Trichophyton
A	A.niger A.flavus	C.immitis	E.floccosum	E.werneckii	M.mycetomatis	M.audouinii	P.brasiliensis	P.notatum	P.verrucosa	S.schenckii	T.violaceum T.verrucosum T.tonsurans T.schoenleinii T.rubrum T. concentricum

Ungeachtet der mikrobiologischen Einteilung in Zygomykota, Askomykota, Basidiomykota und Deuteromykota bevorzugt der Kliniker bei den humanpathogenen Pilzen die Einteilung in Faden- und Sproßpilze bzw. Dermatophyten, Hefen und Schimmelpilze (sog. ***D-H-S-System***). Will man niedere und höhere Pilze voneinander abgrenzen, so ist von den medizinisch relevanten Pilzen ersteren die Abteilung Zygomykota zuzurechnen, letzteren Askomykota, Basidiomykota und Deuteromykota.

1.8 Pilzerkrankungen

Pilzerkrankungen oder Mykosen sind Krankheiten von Mensch oder Tier, die Ausdruck einer wesentlichen Schädigung des Makroorganismus durch einen sich von seinen Bestandteilen ernährenden Pilz sind.

Auch wenn Pilze das Leben von Mensch und Tier bedrohen können, so muß doch ihre Anwesenheit nicht stets mit einer wesentlichen Schädigung des Wirts verbunden sein: Pilze können entweder ***parasitär*** – im Rahmen einer Infektion – oder ***saprophytär*** – im Sinne einer Besiedelung – vorkommen.

Die Mykosen lassen sich je nach Eindringtiefe der Erreger in ***oberflächliche, kutane*** und ***subkutane Mykosen*** sowie in ***Systemmykosen*** unterteilen. Unter klinischen Gesichtspunkten wird oft vereinfacht zwischen Dermatomykosen, also Hautpilzerkrankungen, und Systemmykosen, also Erkrankungen anderer Organe bzw. Organsysteme, unterschieden. Je nach Art des Erregers zerfallen die Dermatomykosen wiederum in durch ***Dermatophyten, Hefen*** oder Schimmelpilze bedingte Erkrankungen. Bei den Dermatophyten handelt es sich um Erreger der Gattungen Epidermophyton, Microsporum bzw. Trichophyton. Die von ihnen hervorgerufenen Erkrankungen heißen auch ***Dermatophytosen***.

1.9 Pilzvergiftungen und Pilzallergien

Pilze vermögen dem Menschen auch auf andere als die eben beschriebene Weise Schaden zuzufügen. Verwechselt der Mensch Pilze, die zu seiner Ernährung dienen können [z. B. Feldegerling (Champignon)] mit anderen, die schädliche Inhaltsstoffe aufweisen [z. B. ***Knollenblätterpilz*** (Amanita phalloides)], so droht eine Pilzvergiftung (z. B. schwerste Leberschäden mit Todesfolge). Manche giftbildenden Pilze können auch – ohne daß der Mensch dies unbedingt erkennt – zum Verderb von Nahrungsmitteln führen. So vermag der Schimmelpilz Aspergillus flavus sich auf Getreide zu vermehren. Von ihm gebildete Stoffe, die ***Aflatoxine***, können schwere Leberschäden hervorrufen; ein Zusammenhang zwischen ihnen und dem Auftreten von ***hepatozellulären Karzino-***

men wird diskutiert. Ebenfalls mit der Nahrung (Mehl) wurden früher häufig ***Mutterkornalkaloide*** von Claviceps purpurea – einem Askomyzeten – zugeführt („***Antoniusfeuer***"). Gefahren durch ***Mykotoxine*** drohen nicht nur bei der Nahrungsaufnahme: ***Mykotoxikosen*** können auch aerogen ausgelöst werden.

Des weiteren kann ein Mensch an einer Pilzallergie (***Mykoallergose***) erkranken. Hier liegt eine spezifische Überempfindlichkeit – Allergie – gegenüber bestimmten Pilzprodukten zugrunde. So können Bestandteile von Schimmelpilzen, etwa Aspergillen, ein Asthma bronchiale auslösen.

1.10 Pilze als Produzenten von Antibiotika und Antimykotika

Pilze können dem Menschen aber auch Nutzen bringen. So liefert auch heute noch ein Pilz (Penicillium chrysogenum) das Ausgangsprodukt für die Penicilline (Penicillin wurde erstmals von Fleming in Penicillium- notatum-Kulturen entdeckt); das wichtige-Antimykotikum Griseofulvin stammt ebenfalls von einem Pilz (Penicillium griseofulvum).

1.11 Geschichte

Pilze als Krankheitserreger

Die Erforschung der Mykosen hat von Anfang an die Entwicklung der medizinischen Mikrobiologie entscheidend geprägt. Bereits 1837 untersuchte Robert ***Remak*** mikroskopisch Krusten, die vom Kopf von Kindern mit Favus stammten. Dabei entdeckte er Körperchen, die z. T. als sich verzweigende Fäden imponierten. Remak überließ die Veröffentlichung seinem Freund Hube, der sie in seine Dissertationsschrift aufnahm. Die Pilznatur der von ihm beschriebenen Elemente erkannte Remak noch nicht. Die Kenntnis davon verdanken wir Johann Lucas ***Schönlein***, der 1839 in Müllers „Archiv" Pilze in Läsionen des Favus, den er Porrigo lupinosa nannte, beschrieb. Remak führte 1842 einen erfolgreichen Selbstversuch durch, bei dem Material von Erkrankten bei ihm entsprechende Krankheitserscheinungen auszulösen vermochte. Damit war die Infektiosität der Pilzelemente bewiesen.

Mykosen

Dürfen Remak und Schönlein als Väter der medizinischen Mykologie gelten, so kommt unter nosologischen Gesichtspunkten dem Pathologen Rudolph ***Virchow*** großes Verdienst zu. Er prägte 1856 den Begriff Mykosen, und zwar im Zusammenhang mit der Erörterung von Aspergillus-Mykosen der Lungen. Schon zuvor hatte er auf pilzbedingte Erkrankungen des Nagelorgans hingewiesen und für sie den Begriff Onychomycosis eingeführt.

1.12 Erreger-Wirts-Beziehungen

Virulenzfaktoren der Pilze

Das Wesen der Auseinandersetzung zwischen Erreger und Wirt bei Mykosen ist bislang nur zum Teil aufgeklärt worden. Große Aufmerksamkeit verdient die früheste Phase dieser Auseinandersetzung. Sieht man doch heute etwa bei der immer wiederkehrenden Form der Vaginalkandidose den wichtigsten pathogenetischen Faktor in einer vermehrten Fähigkeit der Epithelzellen, Hefen an ihrer Oberfläche anzulagern (***gesteigerte Adhärenz***). Im weiteren Verlauf der Auseinandersetzung spielen enzymatische Vorgänge eine wesentliche Rolle. So bilden Dermatophyten, etwa Trichophyton rubrum, proteolytische Fermente, die das Keratin der Hornschicht spalten (***Keratinasen***). Das Wirtsgewebe antwortet darauf mit einer Entzündung, bei der unterschiedliche (immunologische) Mechanismen ineinandergreifen.

Immunantwort des Wirts

Seit vielen Jahren ist unstrittig, daß der Mensch bei vielen Mykosen eine ***Allergie*** entwickelt. So werden unter diagnostischen Aspekten Hautuntersuchungen mit Pilzantigen-Zubereitungen durchgeführt. Wird derartiges Material in die Haut von allergischen Individuen verbracht, so entsteht am Ort der Applikation eine Rötung und Schwellung bis hin zur Quaddelbildung (***Soforttyp***-Reaktion, Ablesung nach 15 min) und/oder Rötung und Infiltration (***Spättyp***-Reaktion, Ablesung nach 48 h). Ersterem Reaktionstyp liegen humorale Mechanismen, letzterem zelluläre zugrunde.

Auf vom Menschen gebildete ***Antikörper*** vom IgG- bzw. IgM-Typ stützen sich auch zu diagnostischen Zwecken eingesetzte, überaus verschiedene serologische Tests; ihnen kommt freilich nur bei Systemmykosen, etwa Kandidosen, ein wesentlicher Stellenwert zu. Als Ausdruck einer überschießenden zellulären Abwehr gegenüber Erregern von Dermatomykosen kann es zu zusätzlichen, nicht erregerhaltigen Hauterscheinungen kommen. Je nach dem verantwortlichen Erreger spricht man bei solchen ***Mykiden*** von einem Dermatophytid, Kandidid usf.

1.13 Diagnostik von Mykosen

Auch wenn manche Mykosen ein überaus charakteristisches klinisches Bild aufweisen, so gilt es, die Diagnose doch stets durch mikrobiologische Laboratoriumsuntersuchungen weiter zu untermauern.

Probengewinnung

Als erstem Glied in der diagnostischen Kette kommt der Probenentnahme größte Bedeutung zu. Material ist dort zu entnehmen, wo mit der *größten Erregerdichte* zu rechnen ist. So wird man bei Verdacht auf ***Tinea corporis*** einen möglichst typischen Herd mit ausgeprägtem peripheren Exsudationsmaximum suchen. Um eine möglichst wenig mit Anflugkeimen der Haut kontaminierte Probe zu erlangen, wird das zu untersuchende Areal zunächst mit einem mit 70%igem Ethanol getränkten Mulltupfer desinfiziert und dann Schuppenmaterial aus dem Randbereich der Läsion durch Abkratzen gewonnen. Dazu dient im Regelfall ein Skalpell; bei stärker hyperkeratotischen Herden, etwa an der Fußsohle oder im Nagelbett, bietet sich ein scharfer Löffel an. Bei einem vermuteten Befall des ***Haarorgans*** sind klinisch verändert erscheinende Haaranteile zu entnehmen: meist kann man leicht ein befallenes Haar mit einer Pinzette herausziehen (distale Haarabschnitte eignen sich wenig). Bei einer Pilzinfektion des ***Nagelorgans*** wird man mit dem scharfen Löffel Material von hyperkeratotischen Veränderungen des Nagelbetts gewinnen, ggf. unter vorheriger Abtragung von Anteilen der Nagelplatte (Material vom freien Rand der Nagelplatte eignet sich nicht zur Kultur); die höchste Ausbeute erhält man bei Einsatz einer hochtourigen Fräse. Bei Verdacht auf ***Nagelwallinfektion*** entleert man durch Druck Sekret und nimmt es mit einem Stieltupfer auf. Bei Verdacht auf Kandidose von ***Mundhöhle, Enddarm oder Scheide*** läßt sich Material entweder mit einem angefeuchteten Watteträger oder einer Platinöse entnehmen. Bei Oropharynx-Infektion ist die Gewinnung von Rachenspülwasser anzustreben, hierin können – ebenso wie im Stuhl – Sproßpilze quantifiziert werden. Von den körpereigenen Ausscheidungen kommen neben dem Stuhl noch Urin und Sputum als Untersuchungsmaterialien in Betracht. Bei Verdacht auf eine Fungämie bzw. Pilz-Sepsis bedarf es wiederholter Blutkulturen.

Mikroskopische Untersuchung

Der Probengewinnung schließt sich bei manchen Untersuchungsmaterialien eine mikroskopische Untersuchung an. Diese kann nach einer ***Gram***-Färbung erfolgen, z. B. zum Nachweis von Sproßpilzen im Sputum. Ein ungefärbtes ***Kalilauge***-Direktpräparat eignet sich für die Beurteilung von Hautschuppen, Haaren und Nagelspänen (30%ige Kalilauge löst störendes Hornschichtmaterial auf). Mikroskopiert wird bei 100- bis 400facher Vergrößerung.

Kultur

Angesichts der bescheidenen Ansprüche vieler Pilze an das Nährmedium kann sich ihre Anzüchtung in vitro meist auf recht einfach zusammengesetzte Nährmedien stützen. Pepton (Stickstoffquelle), Glukose (Kohlenstoffquelle) und Kochsalz (Isotonie) stellen charakteristische Bestandteile eines Pilznährbodens dar. Sie befinden sich im Regelfall in Wasser; wünscht man kein Flüssig-, sondern ein Festmedium, so setzt man Agar-Agar hinzu (keine Nährstoffquelle!). Erreger von Dermatomykosen wachsen am besten bei einem pH von etwa 5,6; Erreger von Systemmykosen bevorzugen ein neutrales oder schwach alkalisches Milieu. Der viel verwendete ***Sabouraud-Glukose-Agar*** enthält auf einen Liter Aqua destillata 10 g Pepton, 40 g Glukose und 20g Agar-Agar.

Da das Wachstum von Kontaminationskeimen der zu untersuchenden Probe oder von Luftkeimen aus dem Laboratoriumsbereich, insbesondere von nicht relevanten Schimmelpilzen, die Diagnostik erschweren kann, empfiehlt sich der Zusatz eines geeigneten Hemmstoffes. ***Cycloheximid*** hat die größte Verbreitung gefunden. Cycloheximid hemmt freilich auch einige humanpathogene Pilzspezies wie etwa Aspergillus fumigatus und einige Candida-Arten, etwa Candida tropicalis. Ein cycloheximid-freier und cycloheximid-haltiger Nährboden sollten deshalb nebeneinander Verwendung finden. Insbesondere bei der Untersuchung des stark kontaminierten Nagelmaterials erweist sich darüber hinaus der Zusatz eines ***Breitbandantibiotikums*** (wie Chloramphenicol) zum Nährmedium als hilfreich.

Die für die Inkubation zu wählende *Temperatur* richtet sich nach der Fragestellung, auf Dermatophyten untersucht man etwa bevorzugt bei Raumtemperatur, auf Hefen bei 37 °C. Je nach Wachstum, im Regelfall spätestens nach einigen Wochen, kann man die in Petrischalen oder Glasröhrchen (Schrägagar-Kultur) befindlichen Kulturen *makroskopisch* untersuchen. In vielen Fällen zeigt sich schon hierbei ein typisches Bild. Weiter untermauert wird die Diagnose durch die *mikroskopische* Untersuchung von Thallus-Bestandteilen; insbesondere bei der Identifikation von Dermatophyten eignet sich ein ***Lactophenol-Baumwollblau***-Präparat. Die Übertragung des Untersuchungsmaterials stützt sich dabei auf ein transparentes Klebeband. In manchen Fällen, speziell bei Sproßpilzen, überprüft man biochemische Leistungen, etwa mittels einer ***„bunten Reihe“*** (s. S. 871).

Serologische Testmethoden

An gebräuchlichen Testverfahren sind zu nennen: Passive Hämagglutination, Immundiffusion, Gegenstrom-Immunelektrophorese, Komplementbindungsreaktion, enzymgebundener Immunosorbens-Test (ELISA) und Radio-Immuno-Assay (RIA). Die letztgenannten zwei Testverfahren werden heute in der Candida-Diagnostik auch zum Antigennachweis herangezogen.

1.14 Therapie der Mykosen

In der Therapie der Mykosen gilt es zwischen ***adjuvanten, desinfizierenden*** und ***antimikrobiell-chemotherapeutischen Maßnahmen*** zu unterscheiden. Je nach Art der Mykose werden diese Maßnahmen entweder allein oder in Kombination angewandt. Substanzen, die sich speziell zur antimikrobiellen Chemotherapie bei Mykosen eignen, bezeichnet man als ***Antimykotika***. Je nach Art der Mykose wendet man sie ***systemisch*** oder ***lokal*** an.

1.14.1 Polyene

Zu den ältesten, bis heute aber weithin unverzichtbaren Antimykotika gehört das „amphotere Polyen“ ***Amphotericin B***, das von Streptomyces nodosus gebildet wird und somit ein Antibiotikum darstellt. Die Wirkung beruht auf einer Komplexbildung der Substanz mit Sterolbausteinen der Pilzwand, was eine vermehrte Zellwandpermeabilität und damit u. U. den Zelltod bedingt. Amphotericin B deckt innerhalb der Pilze ein sehr großes Keimspektrum ab, das allerdings Dermatophyten nicht mit einschließt.

Nach peroraler Zufuhr wird Amphothericin B kaum resorbiert, bei Mykosen innerer Organe wird es deshalb infundiert. Bei intravenöser Zufuhr muß die Gefahr schwerer *Nebenwirkungen* beachtet werden: Neben Thrombophlebitis an der Injektionsstelle und Allgemeinerscheinungen wie Schüttelfrost, Fieber und Erbrechen steht die Nephrotoxizität im Mittelpunkt. Ausreichende Kochsalzzufuhr scheint sie zu verringern. Von einer liposomalen Verkapselung ist eine Verbesserung der Wirkungs-Nebenwirkungs-Relation zu erwarten.

Trotz des Nebenwirkungspotentials stellt diese systemische Verabfolung von Amphotericin B die zentrale Säule in der Therapie von Systemmykosen dar. Kaum mit Nebenwirkungen zu rechnen ist bei peroraler Zufuhr *(Darmsanierung)* oder topischer Applikation an der Haut. In der Dermatologie wird Amphotericin B zur Behandlung von Kandidosen der Haut und Übergangsschleimhäute eingesetzt. In diesem Bereich kann man statt seiner auch das verwandte *Nystatin* anwenden (anders als das Heptaen Amphotericin B ein Tetraen).

1.14.2 Antimetaboliten

Einer ganz anderen Substanzklasse, nämlich den fluorierten Pyrimidinen, gehört 5-Fluorocytosin oder kurz ***Flucytosin*** an, das als Antimetabolit des Zytosins wirkt. Peroral oder – vor allem – parenteral verabfolgt, kommt ihm Bedeutung bei der Therapie von Systemmykosen zu. Das *Wirkspektrum* schließt viele Spezies der Gattungen Candida und Aspergillus sowie Cryptococcus neoformans ein. Mit primär resistenten Stämmen ist stets zu rechnen.

Anders als bei anderen Antimykotika ist unter Monotherapie in vielen Fällen die Entwicklung einer *Sekundärresistenz* zu beobachten. Dies läßt sich hintanhalten, wenn man gleichzeitig Amphotericin B verabfolgt, was weithin empfohlen wird. Möglicherweise vermag die gleichzeitige Gabe von Flucytosin die Nephrotoxizität von Amphotericin B zu verringern. Bei empfindlichen Keimen ist mit additiven Effekten zu rechnen.

1.14.3 Azole

Die heute am meisten eingesetzten Antimykotika leiten sich vom Benzimidazol ab und werden deshalb als ***Azole*** bezeichnet. Die erste Substanz dieser Klasse stellt das ***Clotrimazol*** dar. Die Wirkung beruht bei ihm wie bei den neueren Azolen auf einem Eingriff in die Ergosterol-Biosynthese; Ergosterol stellt einen wesentlichen Bestandteil der Zellwand von Pilzen dar. Angesichts des Wirkspektrums kann man bei den Azolen von ***Breitspektrum-Antimykotika*** sprechen. Dermatophyten werden ebenso erfaßt wie Sproßpilze. Da Clotrimazol in der Leber Enzyme induziert, die seinen raschen Abbau bewirken, kommt nur eine lokale Anwendung in Betracht. Ebenfalls lokal eingesetzt wird ***Bifonazol***, bei dem schon in geringen Konzentrationen eine Hemmung der Freisetzung von Keratinasen bei Dermatophyten gezeigt werden konnte.

Miconazol stellt das erste Azol zur systemischen Anwendung dar. Intravenös verabfolgt kommt es für die Behandlung mancher Systemmykosen in Betracht. Breitere Anwendung hat das peroral anwendbare ***Ketoconazol*** gefunden (Ketoconazol wird wie Miconazol auch örtlich eingesetzt). Ketoconazol wird – bei ausreichender Azidität des Magensaftes – rasch aus dem Magen-Darm-Trakt in die Blutbahn aufgenommen; in wichtigen Zielorganen, wie z. B. der Haut, lassen sich ausreichende Konzentrationen nachweisen.

Aufgrund der Gefahr seltener, aber schwerwiegender *Nebenwirkungen* steht man einer längerfristigen Anwendung zurückhaltend gegenüber. Manche Systemmykosen gelten als Indikationen, daneben auch bestimmte Haut- und Schleimhautmykosen, etwa eine sonst nicht zu beseitigende rezidivierende Vaginalkandidose. Häufig setzt man Ketoconazol zur Infektionsprophylaxe bei mit Zytostatika behandelten Tumorpatienten ein. In der *Schwangerschaft* ist die systemische Gabe von Azol-Antimykotika kontraindiziert.

Neuere Azole zur peroralen Applikation stellen ***Itraconazol*** und ***Fluconazol*** dar. Itraconazol scheint bei den meisten Pilzerkrankungen zumindest ebenso wirksam wie Ketoconazol zu sein; eine Überlegenheit zeichnet sich insbesondere bei *Aspergillosen* ab. Der Hauptvorteil besteht in einer besseren *Leberverträglichkeit*. Dies erlaubt die längerfristige Anwendung auch bei nicht lebensbedrohlichen Erkrankungen wie etwa Onychomykose. Fluconazol unterscheidet sich von den bisherigen Oral-Azolen durch seine geringe Eiweißbildung und gute Wasserlöslichkeit, es penetriert gut in den Liquor cerebrospinalis. Möglicherweise erlangt es Bedeutung in der Rezidiv-Prophylaxe bei Kryptokokkosen.

1.14.4 Pyridone

Ciclopiroxolamin, der erste Vertreter der Pyridone, beeinträchtigt die Aufnahme und Anreicherung von Nährstoffen in der Pilzzelle. Da Ciclopiroxolamin dicke Hornschichten anscheinend besonders gut zu penetrieren vermag, eignet sich dieses topische Breitspektrum-Antimykotikum speziell auch bei sonst schwer topisch zu behandelnden Dermatomykosen wie hyperkeratotische Tinea und Tinea unguium. Die verwandte Substanz ***Rilopirox*** könnte Bedeutung bei Vaginalkandidosen erlangen.

1.14.5 Griseofulvin

Nicht zur örtlichen, dafür aber zur peroralen Anwendung geeignet ist das ***Griseofulvin***, ein Benzofuranderivat, das bereits 1939 aus Penicillium-griseofulvum-Kulturen gewonnen wurde. Griseofulvin beeinträchtigt die Synthese von Ribonucleinsäure und hemmt die Synthese von Chitin: bei Dermatophyten entstehen brüchige Hyphen, z.T. kräuseln sich die Hyphen auch (Curling factor). Griseofulvin ist angezeigt bei Tinea-Formen, die der örtlichen Behandlung allein nicht zugänglich sind, insbesondere bei der Tinea unguium. Die Behandlung muß bei einer Onychomykose über Monate hinweg durchgeführt werden; die Heilungsraten sind bei einem Befall der Fingernägel höher als bei einem der Fußnägel. Die insgesamt noch nicht befriedigenden Heilungsraten hängen möglicherweise mit den bisher gewählten Dosierungen zusammen. Selbst bei der am besten im Körper verfügbaren Präparation, dem ***ultramikronisierten*** Griseofulvin, liegen die in der Hautblasenflüssigkeit gemessenen Spiegel nur im Bereich der minimalen Hemmkonzentration der Erreger.

Erkrankungen aus dem Formenkreis der Porphyrien stellen eine *Kontraindikation* für das insgesamt gut verträgliche Medikament dar, ebenso die Schwangerschaft.

1.14.6 Empfindlichkeitsprüfungen

Man kennt heute Dermatophyten, die gegen Griseofulvin zumindest relativ unempfindlich sind; darüber hinaus finden sich regelmäßig Sproßpilze, die gegenüber 5-Fluorocytosin resistent sind, sowie solche mit zumindest eingeschränkter Empfindlichkeit gegenüber Azolen wie Ketoconazol. Die ***Antimykotikatestung*** gewinnt deshalb an Bedeutung. ***Agar-Diffusions-*** und ***Agar-Dilutions-Tests*** werden wie auch in der Bakteriologie eingesetzt.

Die bestmögliche Korrelation zwischen In-vitro-Daten und Therapieerfolg erbringt aber der ***Mikrodilutions-Test***. Dabei werden definierte Keimmengen in den Näpfchen einer Mikrotiterplatte abgestuften Konzentrationen von Antimykotikum, gelöst in geeigneter Bouillon, ausgesetzt.

Speziell bei Sproßpilzen kann man die mit einer Keimvermehrung verbundene Trübung photometrisch erfassen und mit einer Wachstumskontrolle vergleichen.

2 Spezielle Mykologie: Pilzerkrankungen

H. C. Korting

INHALTSÜBERSICHT

2.1 Oberflächliche Mykosen und ihre Erreger 860
2.1.1 Malassezia furfur und Pityriasis versicolor . . . 860
2.1.2 Trichosporon cutaneum und weiße Piedra 861
2.1.3 Exophiala werneckii und Tinea nigra . . . 861
2.2 Kutane Mykosen und ihre Erreger . . . 861
2.2.1 Dermatophyten und Dermatophytosen . . 861
2.2.2 Dermatophyten und Tinea capitis . . . 862
2.2.3 Trichophyton verrucosum und Tinea barbae . . . 864
2.2.4 Microsporum canis sowie Microsporum gypseum und Tinea faciei/corporis . . . 864
2.2.5 Epidermophyton floccosum und Tinea inguinalis . . . 865
2.2.6 Trichophyton mentagrophytes und Tinea pedum . . . 866
2.2.7 Trichophyton rubrum und Tinea unguium 867
2.2.8 Candida albicans und Kandidosen der Haut und der angrenzenden Schleimhäute . . . 868
2.3 Subkutane Mykosen und ihre Erreger . . . 871
2.3.1 Sporothrix schenckii und Sporotrichose. . 871
2.3.2 Phialophora verrucosa und Chromoblastomykose . . . 872
2.3.3 Madurella mycetomi und Myzetom . . . 872
2.4 Systemmykosen und ihre Erreger . . . 872
2.4.1 Fakultativ pathogene Pilze und Systemmykosen . . . 873
2.4.2 Obligat pathogene Pilze und Systemmykosen . . . 875

2.1 Oberflächliche Mykosen und ihre Erreger

2.1.1 Malassezia furfur und Pityriasis versicolor

Definition

Bei der *Pityriasis versicolor* handelt es sich um eine durch *Malassezia furfur* bedingte oberflächliche Erkrankung der Haut, vor allem von Rumpf und oberen Extremitäten.

Erreger

Malassezia furfur ist ein *lipophiler Pilz*, der auf geeigneten Medien in Form am Rande unregelmäßig begrenzter weißlicher bis gelblicher Kolonien wächst. Bezüglich der taxonomischen Position sei hier wie im folgenden auf Tabellen 1.1–1.5 verwiesen. Mikroskopisch lassen sich *runde und ovale Zellen* unterscheiden. Sie werden heute als unterschiedliche morphologische Varianten aufgefaßt, nicht mehr als voneinander abzutrennende Spezies (Pityrosporum orbiculare respektive ovale).

Pathogenese

Malassezia furfur kommt auf *klinisch unveränderter Haut* vor. Wandelt sich die *Hefenform* in eine *myzeliale* um, so können klinisch sichtbare Veränderungen auftreten. Soweit diese entzündlicher Natur sind, könnte dies mit der Aktivierung des alternativen Weges des Komplementsystems in Zusammenhang stehen. Sowohl bei Patienten mit Pityriasis versicolor als auch bei gesunden Erwachsenen lassen sich entsprechende Antikörper im Serum nachweisen.

Angesichts der Ubiquität von Malassezia furfur auf der menschlichen Haut muß prädisponierenden Faktoren bei Pityriasis-versicolor-Patienten große Bedeutung zukommen: Neben einer entsprechenden erblichen Veranlagung stellen *Hyperhidrosis*, systemische Therapie mit Glukokortikosteroiden und *Immunsup-*

pressiva sowie Mangelernährung begünstigende Faktoren dar. Die bei Pityriasis versicolor häufig zu verzeichnende *Hypopigmentierung* läßt sich auf eine *Beeinträchtigung der Melanin-Biosynthese* zurückführen; ursächlich hierfür ist die Hemmung des Enzyms Tyrosinase durch *Azelainsäure*, die von Malassezia furfur abgesondert wird.

Klinik

In gemäßigten Klimazonen bilden sich vor allem am *Rumpf*, insbesondere in Brust- und Rückenmitte, aber auch an *Oberarmen* und *Oberschenkeln*, in tropischen Zonen vor allem am Gesicht und am behaarten Kopf, *gelblich-bräunliche Flecke.*

Bei starker Bräunung der übrigen Haut erscheinen die Herde blaß, ansonsten stärker pigmentiert. Die Unterschiede in der Tingierung haben der Erkrankung das Epitheton ***„versicolor“*** eingetragen, die Hauptbezeichnung ***„Pityriasis“*** verweist auf die gleichzeitig mit den Flecken vorkommende *kleieförmige Schuppung*. Die chronisch verlaufende Erkrankung tritt frühestens zur Zeit der Pubertät auf, wenn sich die Talgdrüsen ausdifferenzieren.

Verbreitung

Am häufigsten findet sich die Pityriasis versicolor in tropischen Gegenden. Hier kann die Prävalenz bei 30000 bis 50000 je 100000 Einwohner liegen, in gemäßigten Klimazonen gelten ein bis vier Prozent der Bevölkerung als betroffen.

Diagnostik

Klinisch läßt sich der Verdacht auf Pityriasis versicolor durch das ***Hobelspanphänomen*** untermauern: fährt man mit dem Holzspatel über betroffene Stellen, tritt die Schuppung deutlicher hervor. Zur Sicherung der klinischen Diagnose eignet sich ein mit *Lactophenol-Baumwollblau* gefärbtes *Nativpräparat*; nebeneinanderliegende längliche und rundliche Pilzelemente vermitteln den Eindruck von „Spaghetti mit Hackfleisch“. Die Anzüchtung von Malassezia furfur ist auf Sabouraud-Glukose-Agar mit einem oberflächlichen Olivenölfilm bei 25 °C möglich, die charakteristischen Kolonien bilden sich in wenigen Tagen.

2.1.2 Trichosporon cutaneum und weiße Piedra

Der Sproßpilz *Trichosporon cutaneum* ruft in subtropischen Regionen die *weiße Piedra* hervor.

In der Kultur kennzeichnen weiß-gelbe, faltige Kolonien mit strahligem Randsaum den Erreger, mikroskopisch zeigen sich in Arthrosporen zerfallene myzeliale Fäden; Blastosporen können sich sowohl seitlich an den einzelnen Arthrosporen finden als auch am Ende des Myzels.

Klinisch erkennt man in zum Teil perlschnurartiger Anordnung *an Haarschäften* steinharte *Knoten* (Piedra = Stein), die sich aus Pilzelementen zusammensetzen. Im Bereich derartiger Knoten können die Haare abbrechen. Die Knoten imponieren weiß. Außer auf das Nativpräparat kann sich die Diagnose weiße Piedra auf die Kultur (auf Sabouraud-Glukose-Agar) gründen.

Dunkel erscheinen die Knoten bei der durch den Dermatophyten *Piedraia hortae* (oder: hortai) hervorgerufenen *schwarzen Piedra.*

2.1.3 Exophiala werneckii und Tinea nigra

Bei einem Aufenthalt in tropischen Regionen können sich an der Haut schwarze Flecken als Ausdruck einer *Tinea nigra* bilden, die unter Umständen lange persistieren. Der Erreger wächst in der Kultur zunächst in der Form weiß-grauer, feuchter Kolonien; später zeigen letztere eine grün-schwärzliche Verfärbung und falten sich radiär. Mikroskopisch finden sich besonders dickwandige Hyphen mit in die Zellwände eingebautem dunklen Pigment.

Der Erreger vermag nur sehr oberflächlich in die Haut einzudringen; bereits das Stratum lucidum unterhalb des befallenen Stratum corneum der Epidermis wirkt als Barriere.

2.2 Kutane Mykosen und ihre Erreger

2.2.1 Dermatophyten und Dermatophytosen

Die ***Dermatophyten*** stellen eine Gruppe von Fadenpilzen dar, die eine besondere *Affinität zu verhornendem Gewebe* besitzen. Aufgrund ihrer Fähigkeit, die Hornschicht aufzulösen, vermögen Dermatophyten in die freie Haut, aber auch in Haare und Nägel einzudringen.

Lange Zeit hielt man die Dermatophyten nicht für befähigt, sich sexuell fortzupflanzen. Den drei die Dermatophyten ausmachenden Genera ***Trichophyton, Microsporum*** bzw. ***Epidermophyton*** ordnete man neun, vier, respektive eine humanmedizinisch bedeutsame Spezies zu. Bei manchen Vertretern hat man in letzter Zeit nun aber die Fähigkeit zur sexuellen Vermehrung nachweisen können. Bei Trichophyton mentagrophytes beispielsweise haben sich sogar zwei perfekte Formen gefunden: Arthroderma benhamiae und Arthroderma vanbreuseghemii. Diese Spezies sind der Abteilung Ascomycota zuzurechnen, Trichophyton mentagrophytes galt zuvor als Hyphomyzet innerhalb der Deuteromykota.

Aus didaktischen Gründen seien die einzelnen Dermatophyten-Spezies mit ihrer in der Klinik heute immer noch bevorzugten herkömmlichen Benennung im folgenden im Zusammenhang mit bestimmten Dermatophytosen diskutiert. Angelsächsischer Übung folgend bezeichnet man diese Erkrankungen heute im Klinikbereich meist als ***Tinea***.

Die in den einzelnen betroffenen Lokalisationen (Prädilektionsstellen) durchaus unterschiedlich ausgeprägten klinischen Bilder werden durch zusätzliche Beifügung des betroffenen Areals näher gekennzeichnet. Je nach Befall des Kopfes, der Bartregion, des übrigen Gesichts, des Stammes, der Hände, der Füße oder des Nagelorgans spricht man von einer Tinea *capitis, barbae, faciei, corporis, inguinalis, manuum, pedum* respektive *unguium*. Davon abweichend werden bestimmte Dermatophytosen aus historischen Gründen immer noch mit andersartigen Termini belegt, etwa der ***Favus***.

Aus der Art der Hautpilzerkrankung läßt sich prinzipiell *nicht* auf die Art des Erregers schließen. Die sich auf diese Vorstellung gründende Unterscheidung Trichophytie, Epidermophytie bzw. Microsporie ist weithin verlassen worden.

Dessen ungeachtet gibt es eine gehäufte Assoziation zwischen bestimmten Dermatophyten-Spezies und bestimmten Tinea-Formen. Die relative zahlenmäßige Bedeutung einer Dermatophyten-Spezies bei einer bestimmten Tinea-Form kann wesentlich höher sein als der relative Anteil am Gesamt aller Dermatophytosen. So ruft *Epidermophyton floccosum* als insgesamt eher seltener Erreger relativ häufig eine ***Tinea inguinalis*** hervor und *Trichophyton rubrum* als heute insgesamt häufigster Dermatophyt relativ selten eine Tinea faciei.

Im folgenden liegt der Hauptakzent auf mikrobiologischen Aspekten, deshalb wird im Zusammenhang mit zahlenmäßig weniger wichtigen Tineaformen auf eine detaillierte Beschreibung des klinischen Bildes verzichtet.

2.2.2 Dermatophyten und Tinea capitis (sensu ampliori)

2.2.2.1 Trichophyton schönleinii und Favus (Tinea favosa)

Erreger

Trichophyton schönleinii bildet in der Kultur einen tief, zum Teil radiär gefurchten *Thallus* von wachsartiger Konsistenz, der von oben wie unten gelb-grau imponiert. Mikroskopisch zeigt sich eine charakteristische Verzweigung der Hyphen, die an Kronleuchter erinnert.

Pathogenese

Bei *Trichophyton schönleinii* handelt es sich um einen *anthropophilen Pilz*, das heißt, der Erreger besitzt im Menschen seinen eigentlichen Wirt. Damit es zu einer manifesten Erkrankung, dem ***Favus***, kommt, scheint eine längere Exposition erforderlich zu sein. In Sonderheit wird der Erreger innerhalb von Familien übertragen, wobei bereits kleine Kinder betroffen werden. Eine Erregerelimination gelingt dem Wirt auch bei längerer Erkrankungsdauer nicht. Die Häufung der Krankheitsfälle in bestimmten Familien hatte lange die – falsche – Vermutung gestützt, beim Favus handele es sich um eine Erbkrankheit.

Klinik

Das Leitsymptom besteht in ***gelben Schuppenkrusten***, die an Schilde erinnern (*Skutula*). Die Abheilung erfolgt unter *Atrophie* der Haut, was Nachwachsen von Haaren ausschließt.

Verbreitung

Trichophyton schönleinii und Favus sind heute in Mitteleuropa sehr selten geworden, sie kommen vor allem im Nahen Osten vor.

2.2.2.2 Microsporum audouinii und Mikrosporie

Erreger

Microsporum audouinii bildet in der Kultur zunächst ein watteähnliches, lockeres Hyphengeflecht, das sich in einen festen, überwiegend ungefärbten Thallus mit unter Umständen radiärer Faltung weiterentwickelt. Mikroskopisch fällt die geringe Zahl der Reproduktionsorgane auf. Mikrokonidien ordnen sich seitlich an den Hyphen an, Makrokonidien treten nicht regelmäßig auf. Aufgrund von Einschnürungen und Krümmungen wirken sie deformiert. Wie bei anderen Microsporum-Arten auch weisen die Hyphen eine Raquette-(Tennisschläger)-Form auf.

Pathogenese

Microsporum audouinii findet seine Eintrittspforte im Bereich der *Haarfollikelmündung*. Binnen weniger Tage dringen die Erreger bis zum Haarbulbus vor und bilden hier einen Sporenmantel aus (***Adamsonsche Quaste***). Das Haar bricht aufgrund des damit verbundenen Elastizitätsverlustes ab.

Betroffen werden insbesondere Kinder vor der Pubertät; meist heilt die Erkrankung im Rahmen der hormonellen Umstellung ab. Die Kontagiosität ist hoch, immer wieder kommt es zu kleineren *Epidemien*, etwa in Kindergärten.

Klinik

Am behaarten Kopf als Prädilektionsstelle finden sich in Vielzahl kleine, kleieförmig *schuppende Läsionen*, die zunehmend zusammentreten. Die knapp oberhalb der Follikelmündung abgebrochenen Haarschäfte vermitteln das Bild einer „abgemähten Wiese".

Diagnostik

Neben dem klinischen Bild kann eine Grünfluoreszenz bei der Wood-Licht-Untersuchung auf das Vorliegen einer *Mikrosporie* hinweisen. Dieses Verfahren bewährt sich insbesondere bei Reihenuntersuchungen. Bei der mikroskopischen Untersuchung von Haarstümpfen sieht man eine Umscheidung des Haarschaftes durch eine Unzahl kleiner Sporen (2 bis 3 µm Durchmesser) („Mikrosporie"). In der Kultur fällt das rasche Wachstum auf: Binnen zehn Tagen bildet sich ein Thallus von 2 bis 3 cm Durchmesser.

2.2.2.3 Trichophyton violaceum sowie Trichophyton tonsurans und Tinea capitis sensu strictiori

Unter Tinea capitis im engeren Sinne versteht man diejenigen Dermatophytosen des behaarten Kopfes, die neben den in typischen Fällen klar geschnittenen klinischen Bildern Favus und Mikrosporie vorkommen.

Erreger

Trichophyton violaceum zeichnet sich in der Kultur vor allem durch seine intensiv violette Farbe aus (T. „violaceum"). Der typische Thallus bildet an seiner Oberfäche ein ausgeprägtes Relief. Nicht pigmentierende Stämme kommen als Trichophyton violaceum ***var. glabrum*** vor; ihre Oberfläche erscheint feucht-ledern. Mikroskopisch fällt eine reiche Septenbildung auf, die einzelnen Hyphen erscheinen gestaucht.

Trichophyton tonsurans ist in der Kultur oben rosarot bis purpur, unten mahagonifarben. Die mittleren Anteile wirken unregelmäßig gefaltet. Der Rand erscheint flach, hier wachsen Hyphen in den Nährboden ein. Das mikroskopische Korrelat besteht in nebeneinander angeordneten doppelwandigen Chlamydosporen bzw. unterschiedlich gestalteten Mikrokonidien.

Pathogenese

Unterschiedliche Dermatophyten greifen den *Haarschaft* an unterschiedlichen Stellen an. Bei Trichophyton violaceum und Trichophyton tonsurans finden sich die Arthrokonidien innerhalb des befallenen Haarschaftes (*„endotriche Infektion"*), bei anderen haarpathogenen Dermatophyten bilden die Arthrokonidien eine Scheide um den Haarschaft herum (*„ektotriche Infektion"*). Dies gilt für die Microsporum-Arten ***M. audouinii*** und ***gypseum*** ebenso wie für die Trichophyton-Arten ***T. mentagrophytes***, var. interdigitale, und ***T. verrucosum***, welche sich aber in der Ausbildung kleiner bzw. großer Konidien unterscheiden.

Klinik

Die u. U. schon im frühesten Lebensalter auftretende Erkrankung zeichnet sich durch scharf begrenzte *scheibenförmige Läsionen* am behaarten Kopf aus, wobei das Spektrum der Erscheinungen von *kleieförmiger Schuppung* bis zu entzündlichen Knoten reicht.

Verbreitung

Trichophyton-violaceum-Infektionen finden sich vor allem im *südlichen Europa*, speziell auf dem Balkan und im *Fernen Osten*, in Amerika sind sie ausgesprochen selten. Tinea capitis durch *Microsporum canis* kommt in Europa und in Südamerika vor.

In Nordamerika sind Microsporum audouinii und Trichophyton tonsurans die hauptsächlichen Erreger der Tinea capitis, in Südamerika ist es Trichophyton tonsurans.

2.2.3 Trichophyton verrucosum und Tinea barbae

Bei der *Tinea barbae* handelt es sich um eine Dermatophytose *bärtiger* Anteile von Kopf und Hals. Wie bei der nahe verwandten Tinea capitis steht der Befall des Haarorgans im Vordergrund. Unterschiedliche Erreger können gefunden werden, einen typischen Erreger stellt *Trichophyton verrucosum* dar.

Erreger

Trichophyton verrucosum als typischer Erreger der ***Tinea barbae*** zeichnet sich in der Kultur durch einen festen, knorpeligen, unregelmäßigen, von Furchen durchzogenen Thallus aus, der an der Unterseite farblos, an der Oberfläche weiß bis gelb, respektive grau imponiert. Mikroskopisch fällt die Neigung der Hyphen zu terminaler Anschwellung auf, es werden dickwandige Chlamydosporen gebildet. Das reich untergliederte Myzel zerfällt in kettenförmig angeordnete Arthrokonidien.

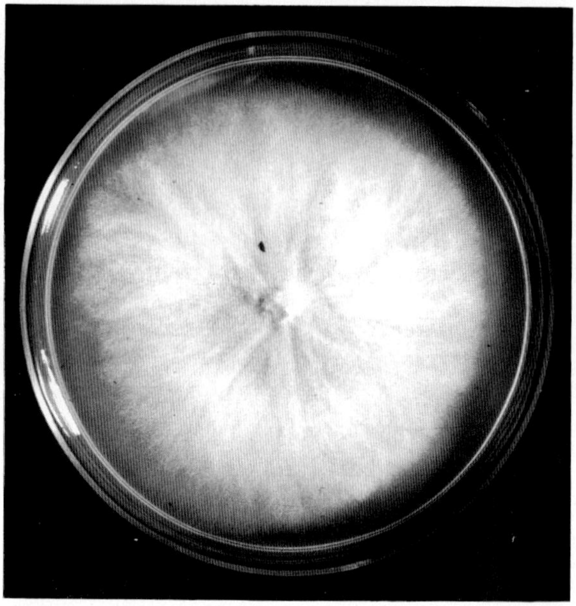

Abb. 2.1. Microsporum canis

Pathogenese

Im Gegensatz zu den bisher genannten Erregern von Pilzerkrankungen des Haarorgans ist der Mensch nicht Hauptwirt von Trichophyton verrucosum. Am häufigsten befällt der Pilz Großvieh, speziell Kälber („*Kälberflechte*"). Von diesen Tieren wird der („zoophile") Pilz gelegentlich auf den Menschen übertragen.

Klinik

Die Bartflechte äußert sich in einer für zoophile, nicht aber anthropophile Dermatophyten typischen, stark *exsudativen Entzündung* (Rötung, Schuppung, Papeln, Pusteln). Narbenbildung mit Haarverlust kann resultieren.

2.2.4 Microsporum canis sowie Microsporum gypseum und Tinea faciei/corporis

Microsporum-Arten sind wichtige Erreger von Dermatophytosen der freien Haut des Gesichts und des Rumpfes sowie der angrenzenden Extremitätenanteile, speziell bei Kindern und Jugendlichen. Weltweit steht bei den Erregern der so häufigen ***Tinea corporis*** *Trichophyton rubrum* im Vordergrund (40%), dahinter folgen *Microsporum canis* (15%), *Trichophyton mentagrophytes* (14%), *Trichophyton verrucosum* (8%) und *Trichophyton tonsurans* (6%). Seltener kommt es auch zu Infektionen durch *Microsporum gypseum*.

Microsporum canis bildet in der Kultur (Abb. 2.1) einen zum Rand hin strahlenförmigen Thallus, der oben nur schwach, unten aber stark gelb gefärbt ist. Mikroskopisch zeigen sich zahlreiche dickwandige, spindelige Makrokonidien. Ihr größter Durchmesser kann bis zu 124 µm erreichen.

Microsporum gypseum zeichnet sich in der Kultur durch einen bis auf an der Inokulationsstelle flachen Thallus aus, dessen Oberfläche (aufgrund starker Makrokonidien-Produktion) gipsig bzw. körnig erscheint. Die Oberseite färbt sich sandfarben bzw. zart rosa, die Unterseite gelb-braun, oder sie bleibt farblos. Mikroskopisch fallen zahlreiche dünnwandige spindelige Makrokonidien auf, die gelegentlich in Bündeln zusammenliegen.

Pathogenese

Bei *Microsporum canis* handelt es sich um einen zoophilen Keim. Die Übertragung erfolgt bei engem Tierkontakt, wie ihn vor allem spielende Kinder haben, die denn auch Hauptbetroffene sind. Hat der Erreger das Hornschichtmaterial an der Eintrittspforte verbraucht, *wandert er zum Rande hin weiter* („Perino-

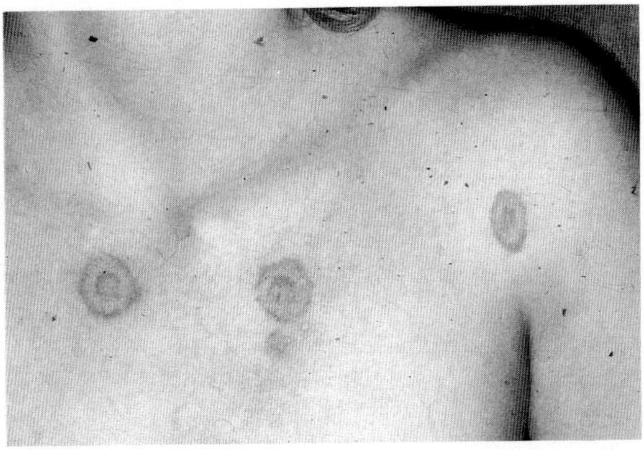

Abb. 2.2. Tinea corporis

modie"). Die initial im Zentrum stark ausgeprägte Entzündungsreaktion nimmt hier dementsprechend langsam ab, zum Rande hin nimmt sie demgegenüber zu.

Microsporum gypseum findet sich normalerweise im Erdreich, wo es aufgrund seiner Keratinasen Hornmaterial abzubauen vermag. Auf den Menschen wird der Erreger bei unmittelbarem Kontakt mit freier Haut übertragen, wie er vor allem bei berufsmäßig Exponierten (Gärtnern etc.) gegeben ist. Anders als bei Microsporum canis dürften Infektionen von Mensch zu Mensch bei dem „geophilen" Keim kaum vorkommen. Microsporum-gypseum-Infektionen können bei Gärtnern ebenso anerkennungsfähige ***Berufskrankheiten*** darstellen wie Trichophyton-verrucosum-Infektionen bei Landwirten.

Klinik

In typischen Fällen läßt sich die Erkrankung an *scheibenförmigen rötlichen Flecken* mit *Bläschen* resp. *Pusteln* und *Schuppen* im Randbereich leicht erkennen (Abb.2.2). Vorbehandlung mit Glukokortikosteroid-Externa verfälscht das Bild („Tinea incognito").

Verbreitung

In vielen Erdteilen stellt Trichophyton rubrum den wichtigsten Erreger der Tinea corporis dar (Europa, Nordamerika). In Südamerika steht Microsporum canis ganz im Vordergrund. In Afrika prävaliert Trichophyton violaceum.

Diagnostik

Die mikroskopische Untersuchung von Hautschuppen zeigt bei Microsporum canis anders als bei der Untersuchung von Haaren keinen charakteristischen Befund. Die Diagnose gründet sich auf die Kultur. Entsprechendes gilt für Microsporum gypseum.

2.2.5 Epidermophyton floccosum und Tinea inguinalis

Bei der ***Tinea inguinalis*** handelt es sich um eine *Dermatophytose des Genitoanalbereichs*, als dessen klassischer Erreger *Epidermophyton floccosum* gilt. Noch 1970 wurde E. floccosum als häufigster Erreger in dieser Lokalisation angesehen, zwischenzeitlich findet sich weltweit *Trichophyton rubrum* häufiger, an dritter Stelle steht zahlenmäßig Trichophyton mentagrophytes.

Erreger

Epidermophyton floccosum zeichnet sich in der Kultur durch ein eigentümlich grün-gelbliches, unregelmäßig gefaltetes, samtartiges Myzel aus, das sich an manchen Stellen weiß verfärbt und dann an Watte erinnert (Abb. 2.3). Mikroskopisch zeigen sich keulenförmige Makrokonidien, entweder seitlich an den septierten Hyphen inseriert oder endständig in Gruppen.

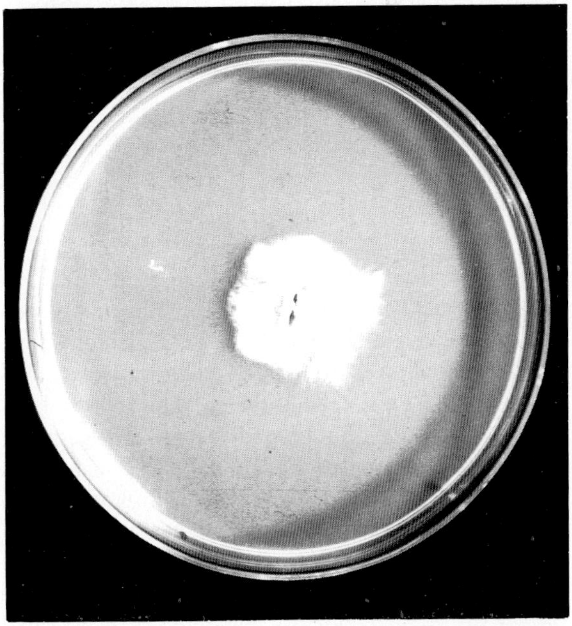

Abb. 2.3. Epidermophyton floccosum

Pathogenese

Epidermophyton floccosum befällt vorzugsweise *Männer*, wofür hormonelle Einflüsse verantwortlich gemacht werden. Außer Keratin der freien Haut vermag Epidermophyton floccosum auch solches der Nägel, nicht aber der Haare (in vivo) anzugreifen. Die Übertragung von Mensch zu Mensch kann über engen Körperkontakt (Sexualpartner) erfolgen. Meist siedelt sich der Keim aber zunächst in den *Zwischenzehenräumen* von (Übertragung durch Hautschüppchen in Feuchträumen), von wo aus er sich unter geeigneten Bedingungen (z. B. enge, luftundurchlässige Kleidung) weiter ausbreitet.

Klinik

Die klinischen Erscheinungen ähneln der der Tinea corporis; häufig *jucken* sie stark.

Diagnostik

Der Erregernachweis gründet sich auf die Kultur; durch ein Nativpräparat kann die klinische Vermutung einer Pilzerkrankung gestützt werden.

2.2.6 Trichophyton mentagrophytes und Tinea pedum

Die ***Tinea pedum*** als häufigste Dermatophytose schlechthin wurde lange Zeit überwiegend durch *Trichophyton mentagrophytes* hervorgerufen. Heute steht *Trichophyton rubrum* an erster Stelle, ihm kommt größte Bedeutung auch bei der Tinea unguium zu (s. unten). Epidermophyton floccosum spielt ebenfalls eine Rolle.

Erreger

Trichophyton mentagrophytes ist in seiner häufigsten Varietät (var. „interdigitale") kulturell durch einen watteähnlichen weißen Thallus mit unter Umständen flachen Anteilen gekennzeichnet (Abb. 2.4). Im Laufe der Entwicklung färbt sich die Oberfläche gelblich, die untere Seite unterschiedlich rot bis braun. Flach wachsende Thallusanteile zeigen mikroskopisch ährenförmige Mikrokonidien, die zum Teil zu Trauben zusammengelagert sind (Botrytis-Form). Daneben gibt es dünnwandige Arthrokonidien, die Größe dieser bis zu achtzelligen Gebilde erreicht maximal 50 µm.

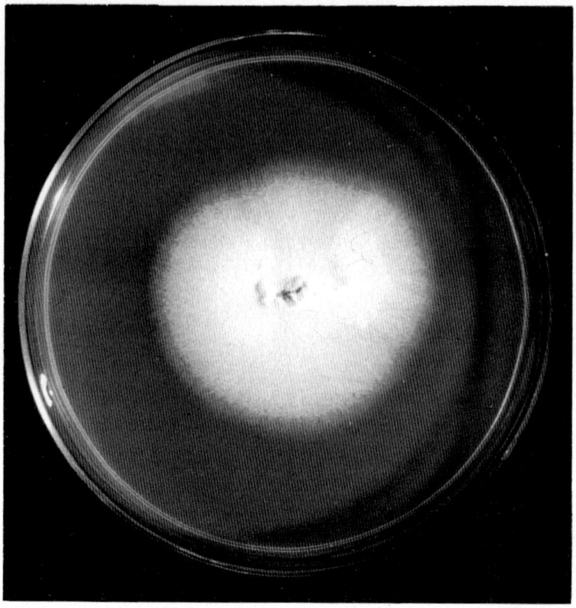

Abb. 2.4. Trichophyton mentagrophytes

Pathogenese

Trichophyton mentagrophytes siedelt sich im Regelfall zunächst in den *Zwischenzehenräumen* an, wobei auf seiten des Wirts Feuchtigkeit und Wärme als begünstigende Faktoren wirken. Unter Umständen läßt sich mit bloßem Auge überhaupt keine Wirtsantwort erkennen; tritt sie auf, so prägt sie sich sehr diskret aus.

Die Infektion neigt zur Chronizität. Die Übertragung des infektiösen Materials erfolgt wohl überwiegend über *Hautschuppen* in von vielen Menschen gemeinsam benutzten *Feuchträumen* (Duschbereiche von Badeanstalten etc.). Manche Varietäten von Trichophyton mentagrophytes werden von Spieltieren übertragen, etwa die Varietät „erinacei" vom Igel.

Bei Trichophyton mentagrophytes wie auch Trichophyton rubrum ist die Auseinandersetzung zwischen Erreger und Wirt bereits näher untersucht worden. Aus Trichophyton mentagrophytes läßt sich eine *Keratinase-Fraktion* isolieren, die an kultivierter menschlicher Haut Akantholyse (Segregation der Keratinozyten) und Trennung von Epidermis und Korium bewirken kann. Zwei unterschiedliche extrazelluläre Proteasen wurden charakterisiert, eine mit einem Molekulargewicht von 80, eine mit einem solchen von 200 kD. Das pH-Optimum des Hauptenzyms liegt für Meerschweinchenhaar bei 7.5. Dermatophyten weisen an ihrer Oberfläche Haupt- wie Nebenantigene auf, teils mit Spezies-, teils mit Genus-Spezifität.

Bei einer *akuten* manifesten Dermatophytose finden sich IgE-Antikörper, bei einer *chronischen* IgG-, IgM-, IgA- und IgE-Antikörper. Die Bildung dieser Antikörper nimmt mit dem Nachlassen der Krankheitserscheinungen ab. Große Bedeutung kommt der zellvermittelten Immunität zu. Lymphozyten von Patienten mit Dermatophyten-Infektionen kürzerer Bestandsdauer zeigen in vitro eine verstärkte Antwort auf Dermatophyten-Bestandteile. Einzig bei lange bestehenden Trichophyton-rubrum-Infektionen läßt sich ein derartiges Phänomen nicht erkennen; hier wird an einen spezifischen Immunmangel gedacht.

Klinik

Es gibt drei Typen der Tinea pedum, zahlenmäßig steht der *intertriginöse Typ* (Abb. 2.5) im Vordergrund. Insbesondere im dritten und vierten Zwischenzehenraum finden sich weißliche Verquellung (*Mazeration*), *Rhagaden* und *Erosionen. Juckreiz* kann hinzukommen. Ungeeignetes Schuhwerk wirkt als begünstigender Faktor (luftundurchlässiges Material, spitzes Zulaufen mit Verengung der Zwischenzehenräume).

Verbreitung

Die Tinea pedum zählt zu den verbreitetsten Hauterkrankungen. Bei männlichen jungen Ewachsenen ist in etwa 20 bis 30% mit einem Pilzbefall der Füße zu rechnen.

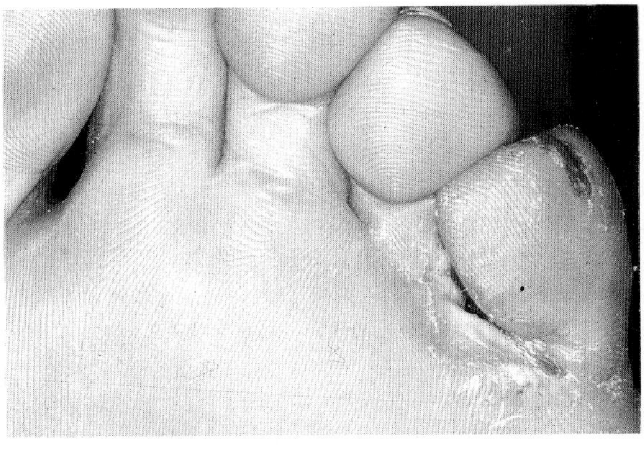

Abb. 2.5. Tinea pedum, intertriginöser Typ

Diagnostik

Im Nativpräparat zeigen sich bei Trichophyton-mentagrophytes-Infektionen in mazeriertem Epithel lange, kaum untergliederte Hyphen. In trockenen Krusten finden sich vor allem Konidiosporen. Selbst Kultur inklusive Mikroskopie vermögen nicht immer Trichophyton mentagrophytes von Trichophyton rubrum abzutrennen. Die erstere Spezies läßt sich dann an *Harnstoffspaltung* in weniger als sieben Tagen, die letztere an rascher *Säurebildung* (Farbumschlag auf Phenolrot-Agar) erkennen.

2.2.7 Trichophyton rubrum und Tinea unguium

Unter einer ***Tinea unguium*** ist eine *Dermatophytose des Nagelorgans* zu verstehen. Die ***Onychomykose*** stellt demgegenüber allgemein eine pilzbedingte Erkrankung des Nagelorgans dar. Wichtige Erreger stellen *Trichophyton rubrum* und *Trichophyton mentagrophytes* dar, daneben kommen Candida albicans, Candida parapsilosis, Trichosporon cutaneum, Geotrichum candidum und Scopulariopsis brevicaulis in Betracht.

Erreger

Trichophyton rubrum bildet in der Kultur einen weißlichen, flaumigen Thallus, der sich radiär faltet und einen flachen breiten Rand ausprägt (Abb. 2.6).

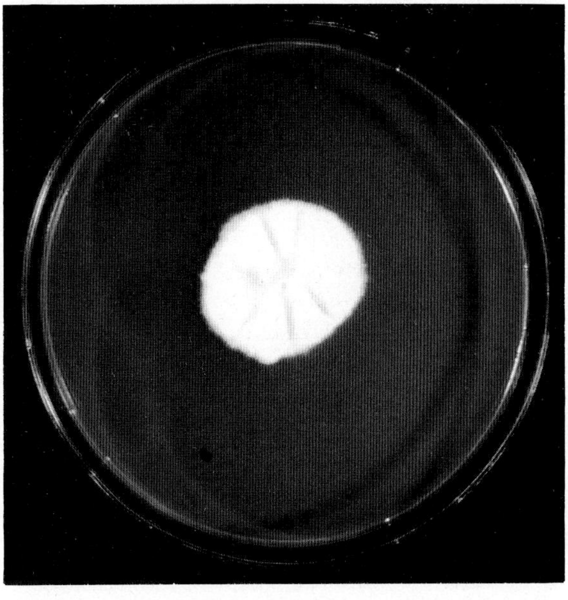

Abb. 2.6. Trichophyton rubrum

Dieser Randbereich weist einen grünlichen Aspekt auf. Im mittleren Thallusbereich färbt sich die Oberfläche gelegentlich rot, die Unterseite erscheint weinrot (Trichophyton „rubrum"). Mikroskopisch sieht man bis zu 5 µm im Durchmesser große längliche, einzellige Mikrokonidien, die sich den Hyphen ährenartig zuordnen. Daneben bilden sich schmale und sehr lange (bis zu 40 µm), reichlich durch Septen unterteilte Makrokonidien.

Pathogenese

Trichophyton rubrum ist in besonderer Weise an den *Menschen* angepaßt. Der Pilz kann freie Haut ebenso befallen wie Hautanhangsgebilde. Unter ihnen wird das Haarorgan nur selten betroffen. Häufig laufen Trichophyton-rubrum-Infektionen ohne stärkere entzündliche Reaktion, dafür aber chronisch ab. Die lange Persistenz von Trichophyton rubrum wird u. a. mit seiner Fähigkeit in Verbindung gebracht, mittels dornartiger Einrichtungen in Wirtszellen einzudringen und dort zu verweilen. Stärker als bei anderen Dermatophyten setzt eine manifeste Erkrankung eine entsprechende Prädisposition voraus. Bei der Tinea unguium zeigt sich dies in besonderem Maße; sie tritt gehäuft bei arteriellen und venösen *Durchblutungsstörungen* auf.

Klinik

Bei der durch Dermatophyten bedingten Onychomykose lassen sich drei klinische Formen unterscheiden: Die *distale subunguale* (Abb. 2.7), die *weiße oberflächliche* und die *proximale subunguale*. Die erstere, häufigste Form zeichnet sich durch gelbbraune Verfärbung (*Dyschromasie*) und Zerbröseln (*Dystrophie*) der Nagelplatte aus.

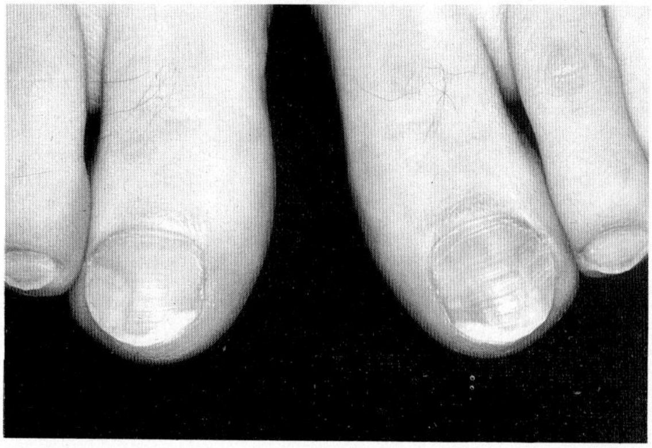

Abb. 2.7. Tinea unguium, distaler subungualer Typ

Verbreitung

Weltweit werden 81% aller Fälle von Tinea unguium durch Trichophyton rubrum bedingt.

Diagnostik

Im Nativpräparat von Nagelmaterial finden sich in dichter Packung Ketten von Arthrokonidien, in Epidermismaterial findet sich ein locker verzweigtes Hyphengeflecht. Die Diagnose gründet sich auf die Kultur mit anschließender Mikroskopie (vgl. oben). Das Temperaturoptimum für die Kultur liegt bei 30 °C.

2.2.8 Candida albicans und Kandidosen der Haut und der angrenzenden Schleimhäute

Durch Vertreter des Genus Candida hervorgerufene Pilzerkrankungen werden heute als *Kandidosen* bezeichnet. Betrifft die Erkrankung die Mundhöhle, die Speiseröhre oder die Scheide, so spricht der Kliniker häufig von Soor. Bei weitem die größte medizinische Bedeutung unter allen Candida-Spezies kommt der *Candida albicans* zu.

2.2.8.1 Geschichte

Bereits Hippokrates hat Veränderungen an der Mundschleimhaut bei Menschen mit reduziertem Allgemeinzustand beschrieben. Den Erregernachweis bei der Schleimhautkandidose führten der Brite ***Bennett*** und der Skandinavier ***Berg***, der die Übertragung der Erreger im übrigen auch mit unhygienischen Lebensverhältnissen in Zusammenhang brachte. Candida als Genusbezeichnung geht auf einen Vorschlag von Berkhout (1923) zurück, 1954 wurde diese Bezeichnung endgültig für verbindlich erklärt.

2.2.8.2 Erreger

Candida albicans bildet in der Kultur weiße, glatte, leicht gewölbte Kolonien von bis zu 5 mm Durchmesser (Abb. 2.8). Nach einiger Zeit wachsen pseudomyzeliale Elemente in den Nährboden ein (submerses Wachstum). Hin und wieder zeichnet sich die Oberfläche einer Candida-albicans-Kolonie durch stärkere Fältelung bzw. Runzelung aus. Das mikroskopische Bild ist durch Sproßzellen („Blastosporen"), Pseudomyzel und Chlamydosporen gekennzeichnet. Bei den Sproßzellen handelt es sich um ein-

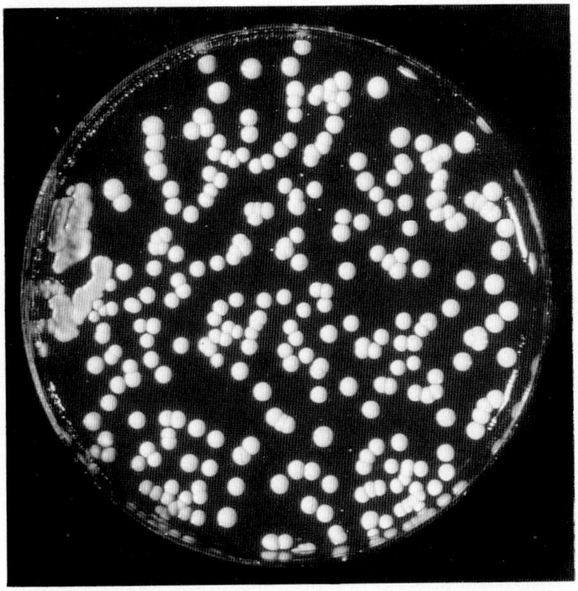

Abb. 2.8. Candida albicans

zellige, dünnwandige Pilzelemente, die sich traubenförmig anordnen. Verlängern sich die Sproßzellen und lagern sie sich in Ketten hintereinander, so entsteht der Eindruck eines Myzels, man spricht von einem ***PseudoMyzel.*** Bei den Chlamydosporen handelt es sich um rundliche Zellelemente mit kompakten Wänden von bis zu 17 µm Durchmesser (Sproßzellen erreichen maximal 10 µm Durchmesser). Lassen sich Chlamydosporen nachweisen, so liegt mit großer Wahrscheinlichkeit Candida albicans vor. Ein entscheidendes Charakteristikum von Candida albicans wie auch anderen Candida-Spezies stellt die Befähigung zur Fermentation bzw. Assimilation unterschiedlicher Substanzen, insbesondere von Zuckern, dar (Prüfung in der „bunten Reihe"). Candida krusei, Candida pseudotropicalis und Candida tropicalis kommt im Zusammenhang mit menschlichen Infektionen ebenfalls Bedeutung zu.

2.2.8.3 Pathogenese

Der Mensch stellt den Hauptwirt von Candida albicans dar. Auf den *Schleimhäuten des Orogastrointestinaltrakts* ist Candida albicans auch bei Gesunden oft in geringer Zahl nachweisbar. In der Umgebung des Menschen vermag sich der Erreger nur in Feucht-Biotopen vorübergehend zu halten. Die *Ubiquität* des Erregers macht deutlich, daß spezielle prädisponierende Faktoren auf Seiten des Wirtes hinzukommen müssen, damit eine manifeste Erkrankung entsteht. Dabei ist zwischen lokalen und allgemeinen Einflußgrößen zu unterscheiden. Örtlich kommt etwa die *mechanische Irritation*, z. B. durch unzureichend angepaßte Zahnprothesen, in Betracht oder *chemische Irritationen* im Windelbereich (Superinfektion bei „Dermatitis ammoniacalis").

Allgemein begünstigende Faktoren sind in hohem Alter sowie malignen *Tumoren* und *Immunmangelsyndromen* zu erblicken; unter letzteren verdient heute vor allem das Erworbene Immundefizienz-Syndrom (*AIDS*) Beachtung. Außer beim *Diabetes mellitus* zeigt sich die Abhängigkeit von endokrinologischen Faktoren vor allem in der Schwangerschaft: Weltweit läßt sich bei etwa 30% der Schwangeren Candida albicans in der Scheide nachweisen.

Bekannt ist der Zusammenhang zwischen dem Auftreten von Candidosen und vorausgehender bzw. gleichzeitiger *Breitspektrumantibiotika*-Therapie, was auf die Veränderung der ökologischen Situation durch Unterdrückung der bakteriellen Flora zurückgeht. Einen Zusammenhang zwischen Kandidosen und Medikamenten-Einnahme gibt es auch bei *Glukokortikosteroiden* und *Zytostatika*; was die Anwendung hormoneller Kontrazeptiva anbetrifft, so erscheint der Zusammenhang nicht so gut etabliert. Schließlich werden Kandidosen mit Eisenmangel in Zusammenhang gebracht.

2.2.8.4 Klinik

Orale Kandidose

Die auch ***Mundsoor*** genannte ***orale Kandidose*** (Abb. 2.9) stellt eine Infektionskrankheit der Mund-

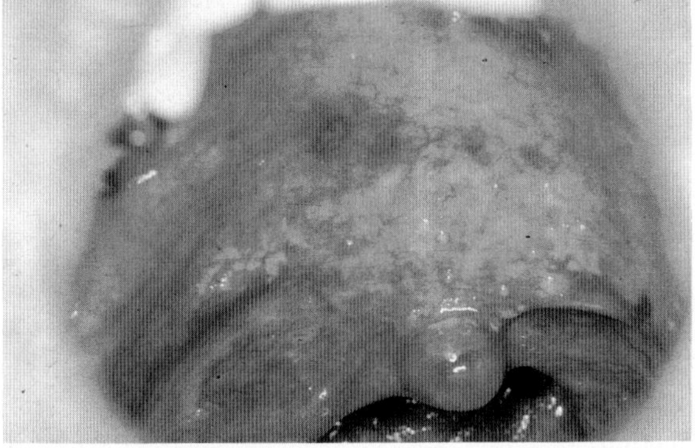

Abb. 2.9. Orale Kandidose

höhle durch Candida-Spezies, speziell Candida albicans, dar. Das klinische Bild der – schon bei Neugeborenen zu beobachtenden – Erkrankung prägen im typischen Fall *herdförmige weißliche Auflagerungen* („Pilz-Rasen") auf *gerötetem Grund* an der Schleimhaut von Zunge, Wange, respektive Gaumen. Mit einem Holzmundspatel lassen sich die Beläge leicht abstreifen. Bei HIV-Infizierten stellt die orale Kandidose die verbreiteteste opportunistische Infektion dar: Über 60% der Patienten sind betroffen. Eine Spezialform der oralen Kandidose stellt die Perlèche dar: Die Mundwinkel wirken rissig, tragen nicht selten Auflagerungen.

Unter Umständen kann der Befall der Mundhöhle mit einem entsprechenden Befall weiter aboral gelegener Anteile des Gastrointestinaltraktes einhergehen. Die *Kandidose* des *Ösophagus* (***Soor-Ösophagitis***) kann sich durch *Schluckbeschwerden* und *retrosternales Brennen* zu erkennen geben. Ein Befall von Dünn- wie Dickdarm kommt vor, diesen Organen zuzuordnende Beschwerden (Blähungen) finden sich dabei aber häufig nicht; Zusammenhänge mit anderen Erkrankungen wie der Nesselsucht (Urtikaria) werden diskutiert.

Vaginal-Kandidose

Das bei jüngeren Frauen nicht seltene Krankheitsbild kennzeichnen ein *weißlicher Ausfluß* von kremiger bis krümeliger Beschaffenheit und Juckreiz bzw. Brennen. An der Vaginalschleimhaut lassen sich bei Spekulumuntersuchungen *abwischbare weiße Beläge* erkennen, ein entsprechender Befund bietet sich nicht selten zugleich an der dann meist geröteten und geschwollenen Vulva (***Candida-Vulvovaginitis***). Nicht selten liegt eine gleichzeitige Candida-Infektion des Darmes vor, dies gilt es nicht zuletzt unter therapeutischen Gesichtspunkten zu berücksichtigen. Beim Manne entspricht der unter Umständen als sexuell übertragene Erkrankung aufzufassenden Vaginal-Kandidose die ***Candida-Balanitis***. Um die Eichel herum, häufig aber auch an der Vorhaut (Balanoposthitis) treten Rötungen und grau-weißliche Beläge auf.

Interdigitale Kandidose

Bei dieser ***„Erosio interdigitalis blastomycetica"*** kommt es im 3. oder 4. *Fingerzwischenraum* respektive *Zehenzwischenraum* zu einer weißlichen Verquellung der Oberhaut, diese wird matschig (*Mazeration*), und es bildet sich eine Erosion. Betroffen werden vor allem Menschen, die sich *viel waschen* (ohne sich hinreichend abzutrocknen).

Candidaparonychie und Candidaonychomykose

Menschen, die sich viel waschen oder viel mit Waschflüssigkeiten Umgang pflegen, wie *Hausfrauen* und Menschen, die mit zuckerhaltigen Lösungen umgehen, wie etwa *Konditoren*, werden bevorzugt betroffen: der *Nagelwall* rötet sich, schwillt an (gespannte Oberfläche), und auf Druck entleert sich seröses bis eitriges *Sekret*. Erhebliche Schmerzen können hinzukommen. Wird die Erkrankung in diesem Stadium nicht gestoppt, so kann sie sich auf weitere Strukturen des Nagelorgans ausbreiten und die *Nagelplatte* einbeziehen (Assoziation einer Candidaonychomykose mit einer vorbestehenden Candidaparonychie).

Candidaintertrigo

Übergewichtige, Diabetiker und in ihrer Abwehr Geschwächte entwickeln in *intertriginösen Arealen* (Bereiche, in denen Hautanteile übereinander zu liegen kommen, wie etwa unterhalb der Brüste) scharf begrenzte, *nässende Erytheme* mit Schuppenkrausen sowie gelegentlich einzelne *Pusteln* in deren Umgebung (Abb. 2.10). Eine entsprechende Vorschädigung wie bei der Candidaintertrigo liegt auch der Kandidose im Windelbereich zugrunde: neben *Rötung, Mazeration, Schuppenkrausen* und größerflächigen Erosionen kennzeichnen auch hierbei randständige Pusteln das Vollbild der Erkrankung.

2.2.8.5 Verbreitung

Angesichts der großen Verbreitung von Candida albicans treten auch durch diesen Sproßpilz verursachte

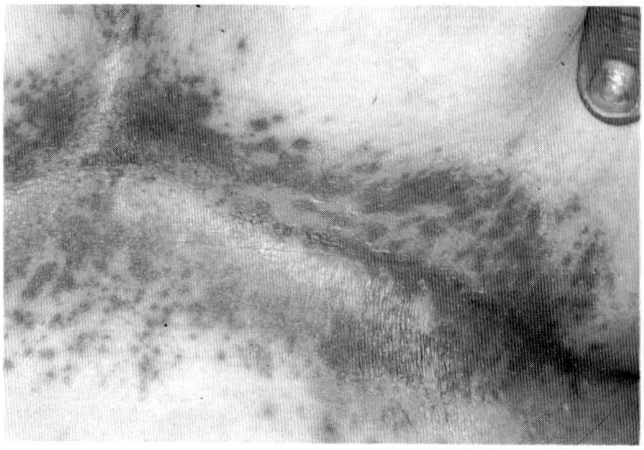

Abb. 2.10. Candida-Intertrigo

Erkrankungen nicht selten auf. So findet sich bei 30% aller Schwangeren eine Candida-Infektion.

2.2.8.6 Diagnostik

Untersucht man beispielsweise weißliche Schleimhautauflagerungen aus der Mundhöhle mikroskopisch, so sieht man im Laktophenol-Baumwollblau-Präparat einerseits Sproßzellen, andererseits Pseudomyzelien. Histologisch sieht man bei Gewebsproben aus entsprechender Lokalisation bei *Perjodsäure-Schiff (PAS)-Färbung* erstere Elemente nur in ganz geringer Zahl, letztere reichlich. Große Bedeutung kommt bei der Diagnostik von Candida albicans der *Kultur* zu. Die typischen Kolonien entwickeln sich bei 37 °C meist schon binnen eines Tages. Die Identifizierung gründet sich auf Assimilations- resp. Fermentationsuntersuchungen (bunte Reihe). Insbesondere unter epidemiologischen Gesichtspunkten kann eine Unterteilung der so verbreiteten Spezies Candida albicans wünschenswert erscheinen. Die *Biotypen nach Odds* unterscheiden sich in Assimilations- und Resistenzverhalten, die *Serotypen* A und B in ihren antigenen Eigenschaften. Um Sproßpilzbefunde im Orogastrointestinaltrakt besser interpretieren zu können, sollten quantitative Untersuchungen durchgeführt werden. So gelten bis zu 10^3 Hefezellen je Gramm Stuhl nach *Müller und Hantschke* als unter klinischen Aspekten unbedeutend, 10^4 bis 10^5 Keime je Gramm als kontrollbedürftig und 10^6 und mehr je Gramm als klinisch relevant.

2.3 Subkutane Mykosen und ihre Erreger

2.3.1 Sporothrix schenckii und Sporotrichose

Unter den subkutanen Mykosen sind Pilzerkrankungen der Unterhaut zu verstehen, wie sie ganz überwiegend in *subtropischen Gegenden* und bei *Verletzungen* auftreten. Angesichts der Seltenheit subkutaner Mykosen in Mitteleuropa sei im folgenden nur auf wenige Krankheitsbilder eingegangen, insbesondere auf die Sporotrichose, mit der in Mitteleuropa noch am häufigsten zu rechnen ist. Bei ihr handelt es sich um eine Infektion mit Sporothrix schenckii.

Erreger

Sporothrix schenckii stellt einen *dimorphen* Pilz dar. In der Kultur wächst Sporothrix schenckii in Form weißlicher feuchter, sich bald faltender Kolonien. Im Zentrum wird die Oberfläche nicht selten lederartig, am Rande samten. Nach einiger Zeit verfärbt sich der Thallus schwarz, gelegentlich kommen pigmentlose Formen vor. Mikroskopisch zeigen sich verzweigte septierte Hyphen von bis zu 2 µm Durchmesser. Daneben können sich runde bis birnenförmige Konidien von bis zu 6 µm Größe finden. Außer in der geschilderten Form läßt sich Sporothrix schenckii unter geeigneten Bedingungen auch in Hefeform züchten.

Pathogenese

Der Erreger gelangt in der Regel im Rahmen kleiner Verletzungen, etwa mit kontaminierten Dornen oder Holzsplittern, in die Unterhaut und löst hier zunächst *örtlich* eine entzündliche Reaktion aus. Konsekutiv entwickelt sich eine Entzündung der regionalen *Lymphbahnen* und *Lymphknoten*. Unter Umständen kann der Erreger in die Blutbahn eindringen. Der Wirt entwickelt schließlich eine gewisse Immunität. Dabei spielen Pilzantigene eine Rolle, die als exklusiv gelten. Positive Ergebnisse einer *Hauttestung* mit einer Antigenzubereitung sind deshalb als hochspezifisch anzusehen.

Klinik

Bei der häufigsten Form der Sporotrichose, der ***lymphokutanen Form***, entsteht im Regelfall etwa drei Wochen nach Verletzung eine rötliche Papel, die in eine Papulopustel, ein Geschwür und schließlich einen ulzerierten kutan-subkutanen Knoten übergeht (***Sporotrichose-Schanker***). Während der Primärherd binnen Monaten unter Narbenbildung abheilt, entstehen entsprechende Knoten entlang der regionalen Lymphbahnen: typischerweise findet sich die erste Läsion im Handbereich, weitere im Unterarmbereich. Das durch *mehrere blau-rote Knoten* gekennzeichnete Bild gilt als pathognomonisch, allerdings rufen atypische Mykobakterien (z. B. M. marinum) klinisch entsprechende Bilder hervor.

Verbreitung

Angesichts der *Ubiquität* von Sporothrix schenckii ist überall auf der Welt mit einschlägigen Erkrankungen zu rechnen. Am häufigsten treten sie in Südamerika und Südafrika auf.

Diagnostik

Im Nativpräparat läßt Sporothrix schenckii sich häufig nicht erkennen, kleine zigarrenähnliche Gebilde als Ausdruck seiner Hefeform finden sich oft nur in sehr geringer Zahl. Gelegentlich lagern sich Elemente des Erregers und Substanzen des Makroorganismus zu sternförmigen Gebilden zusammen, sogenannten ***Asteroidkörpern***. Ihnen kommt ein großer diagnostischer Stellenwert zu. In der Kultur wächst der Pilz relativ rasch.

2.3.2 Phialophora verrucosa und Chromoblastomykose

Unterschiedliche Pilze können die klinisch definierte Erkrankung Chromoblastomykose hervorrufen. Als erster Erreger wurde *Phialophora verrucosa* beschrieben.

Nach einer *Verletzung* meist im Hand- und Fußbereich entstehen Papeln bzw. Pusteln, im Laufe großer Zeiträume bilden sich ausgedehnte verruziforme bzw. *papillomatöse Hautveränderungen* granulomatösen Charakters, die zur Ulzeration neigen. In den Neu-England-Staaten zuerst beschrieben, tritt die Erkrankung ganz überwiegend in den Tropen oder Subtropen auf; in Europa wurden Einzelfälle insbesondere in Skandinavien gesehen.

2.3.3 Madurella mycetomi und Myzetom

Als Erreger des Myzetoms kommt *Madurella mycetomi* in Frage.

Dieser Erreger wächst in der Kultur bei 37 °C zunächst in Form eines weißen, flauschigen Thallus. Später wird dieser körnig samten und färbt sich durchgehend braun, und braunes Pigment wird auch in den Nährboden abgegeben. Mikroskopisch zeigen sich recht breite, unregelmäßig gestaltete Hyphen sowie Chlamydosporen.

Das Myzetom ist eine klinisch, nicht aber mikrobiologisch klar definierte Entität. Befallen werden Haut, Subkutis und eventuell Knochen der distalen, aber auch proximalen Extremitätenanteile. Es äußert sich in *entzündlichen Knoten* und *Platten*, die abszedieren und fisteln, schließlich resultiert eine tumorartige Schwellung. Da nicht selten eine Verletzung beim Barfußlaufen in tropischen bzw. subtropischen Regionen am Anfang steht, spricht man auch vom ***Madura-Fuß***. Im nach außen abgegebenen Sekret lassen sich mit bloßem Auge weißlich-gelbliche oder schwärzliche Körner erkennen (***Drusen***). Diese recht harten Gebilde zeichnen sich mikroskopisch durch eine starke Pigmentierung am Rand und blasige Degeneration im Zentrum aus.

2.4 Systemmykosen und ihre Erreger

Allgemeines

Systemmykosen sind Pilzerkrankungen, die innere Organe betreffen. Man kann deshalb auch von ***Endomykosen*** sprechen.

Die Systemmykosen zerfallen in zwei große Gruppen von Erkrankungen: zum einen gibt es Systemmykosen, die auf *obligat pathogene* Pilze zurückgehen, wie *Blastomykose, Kokzidioidomykose, Histoplasmose* und *Parakokzidioidomykose*. Diese Erkrankungen können bei immunologisch Gesunden auftreten, wobei die *Lunge* als Eintrittspforte fungiert. Es entwickelt sich eine ausgeprägte spezifische Allergie gegen den Erreger, und in fast allen Fällen (99%) steht am Ende die *Spontanheilung*. Das feingewebliche Substrat besteht in *tuberkuloiden Granulomen*. Alle Erreger zeichnen sich durch einen Dimorphismus aus, im Rahmen der Pathogenese wandeln sich die Erreger von ihrer myzelialen in eine hefeartige Form um. Prinzipiell treten die durch obligat pathogene Pilze hervorgerufenen Systemmykosen nur in bestimmten Gebieten der Erde auf.

Überall auf der Welt gibt es dagegen Systemmykosen durch *fakultativ pathogene* Pilze. Die Voraussetzung für die Manifestation der Erkrankung liegt in einer Abwehrschwäche, es handelt sich also um *Opportunisten-Infektionen*. Innerhalb dieser opportunistischen Pilzinfektionen gilt es zwischen *Aspergillose, Kandidose, Kryptokokkose* und *Mucormykose* zu unterscheiden. Die Eintrittspforten der Erreger variieren. Die Prognose hängt entscheidend von der Grunderkrankung ab. Das feingewebliche Bild schwankt zwischen *Nekrose, Abszedierung* und *Granulombildung*. Einen Gestaltwandel erfahren die Erreger im Rahmen der Pathogenese meist nicht, Candida-Spezies lassen sich freilich im Gewebe sowohl in einer kugeligen als auch in einer myzelialen Form erkennen.

2.4.1 Fakultativ pathogene Pilze und Systemmykosen

2.4.1.1 Candida albicans und systemische Kandidose

Candida-Sepsis

Eine wichtige Erscheinungsform der ***disseminierten Kandidose*** stellt die Candida-Sepsis dar. Eintrittspforte der Erreger können der Orogastrointestinaltrakt oder die Lunge sein, aber auch Verweilkatheter. Desgleichen kann die Sepsis von einer Kandidose der Harnwege ihren Ausgang nehmen. Auch bei Gesunden können Sproßpilze in großen Mengen aus dem Magen-Darm-Trakt aufgenommen werden (Persorption), gelangen in die Blutbahn und werden im Urin ausgeschieden. Bei regelrechter körpereigener Abwehr ist mit dieser ***Fungämie*** aber keine Sepsis mit ihren Absiedelungen verbunden. Die voll ausgebildete Candida-Sepsis gibt sich durch *Schüttelfrost* und *Fieber* sowie Einschränkung der *Nierenfunktion* zu erkennen. Ihre *Letalität* wird auch bei geeigneter Behandlung auf über 50% geschätzt. Neben ***Candida albicans*** kommt vor allem *Candida tropicalis* als Erreger Bedeutung zu.

Candida-Meningitis

Das klinische Bild ähnelt dem der bakteriellen Meningitis. Charakteristisch scheint eine mögliche *Dissoziation* zwischen *klinischem Bild* und *Liquorbefund* zu sein, Auffälligkeiten des einen oder des anderen Parameters können ganz im Vordergrund stehen. Im typischen Falle weist der klare Liquor eine geringe Pleozytose (mononukleäre oder polymorphkernige Zellen der weißen Reihe) und einen sehr hohen Protein- bei niedrigem Zuckergehalt auf.

Candida-Endokarditis

Eine Candidainfektion der *Herzklappen* entwickelt sich speziell unter Behandlung bei Menschen mit vorbestehenden Herzklappenerkrankungen, darüber hinaus nach operativem Herzklappenersatz, schließlich bei Drogenabhängigen, die sich Betäubungsmittel intravenös zuführen.

Urogenital-Kandidose

Die Erkrankung entwickelt sich überwiegend bei Frauen. Bei ihnen kann es – allerdings im Vergleich zu bakteriellen Infektionen selten – zu einer *Blasenentzündung* kommen. In solch einem Fall lassen sich dann Sproßpilze reichlich im Urin nachweisen. 10^4 Erreger in einem ml Urin und mehr gelten als bedeutsam. Nicht nur die unteren Teile der harnableitenden Wege sondern auch das Nierenbecken selbst können betroffen sein: ***Candida-Pyelonephritis***. Eine derartige Nierenbeteiligung ist als Ausdruck einer Streuung von einem anderen Infektionsherd anzusehen. Aufgrund einer Invasion des Nierenparenchyms kann die Nierenfunktion zurückgehen.

2.4.1.2 Aspergillus fumigatus und Aspergillose

Durch Aspergillus-Arten hervorgerufene Systemmykosen sind bereits lange bekannt. So publizierte 1856 Virchow Fälle von Aspergillose der Lunge, wobei rückschauend als Erreger Aspergillus fumigatus angenommen werden kann.

Erreger

Aspergillus fumigatus stellt möglicherweise keine einheitliche Spezies dar. Es gibt zumindest unterschiedliche Varianten; man spricht deshalb von der *Aspergillus-fumigatus-Serie*. In der Kultur entwickelt Aspergillus fumigatus einen samtenen, zum Teil auch flockigen Thallus, dessen Färbung von weiß bis grüngrau oder gar mehr oder minder schwarz reichen kann. Mikroskopisch finden sich recht charakteristische, der Fortpflanzung dienende Strukturen, Konidiophoren. Diese bis zu 500 µm langen Gebilde bestehen aus einem birnenförmigen Bläschen, denen längliche Gebilde, sogenannte Sterigmen, aufsitzen, die wiederum in Säulenform angeordnete Konidien tragen.

Pathogenese

Aspergillus fumigatus findet sich überall im Lebensraum des Menschen, speziell auf pflanzlichem Material. Schon Virchow brachte die Erkrankung mit der Umwelt in Zusammenhang, speziell mit dem Halten von *Tauben*. Die Übertragung erfolgt auf dem Luftwege, primäres Zielorgan stellen die *Lungen* dar. Eine wesentliche Voraussetzung für das Manifestwerden einer Aspergillose ist in der Regel eine *Abwehrschwäche*; die Aspergillose ist somit auch als *opportunistische Infektion* aufzufassen. Nicht selten handelt es sich um Patienten mit Leukämie.

Eine Infektion der Lunge mit Aspergillus fumigatus kann sich entweder in Form eines ***Aspergilloms*** ausprägen oder im Sinne einer invasiven (fortschreitenden) ***Aspergillose***. Daneben vermögen Aspergillen nicht selten allergische Lungenerkrankungen zu induzieren, die klinischen Bilder reichen dabei von der *allergischen Alveolitis* bis zum Asthma bronchiale und einer allergischen Bronchitis. Entweder im Rahmen einer chronischen allergischen Aspergillose oder im Zusammenhang mit vorbestehenden Kavernen können sich sogenannte *Pilzbälle* entwickeln.

Im Röntgenbild finden sich eine solide Verschattung und im oberen Bereich durchlüftete Anteile. Das klinische Leitsymptom besteht in einer ***Haemoptyse*** (blutiger Auswurf). Bei der invasiven Lungen-Aspergillose entwickelt sich das Myzel innerhalb des eigentlichen Lungengewebes. Die Krankheit verläuft chronisch oder akut, die Symptome bestehen in Fieber, Husten, Atemnot und Leukozytose. Im Röntgenbild kann sich eine diffuse Verschattung zeigen, aber auch eine einzelne schattengebende Masse, was dann an ein Bronchialkarzinom denken lassen kann.

Verbreitung

Die Aspergillose ist *weltweit* verbreitet. Bei Grunderkrankungen wie Leukämie stellt sie die – nach der Kandidose – *zweithäufigste opportunistische* Mykose dar.

Diagnostik

Das Nativpräparat besitzt nur begrenzten Wert, selbst wenn Fragmente von Hyphen oder Konidien sich darstellen. Am *histologischen Präparat* von Lungengewebe läßt sich demgegenüber die Diagnose Aspergillusmykose stellen, wenn sich in ventilierten Arealen typische Konidiophoren zeigen. Eine kulturelle Eigentümlichkeit von Aspergillus fumigatus besteht in dem Wachstum nicht nur bei 37 °C, sondern auch bei 50 °C.

2.4.1.3 Aspergillus niger und Otomykose

Aspergillus niger, eine weitere Aspergillenart, wächst in der Kultur bei 26 °C rasch und bildet zahlreiche schwarz gefärbte Konidien, die ihm seinen Beinamen „niger" eingebracht haben. Bedeutung besitzt der Erreger insbesondere für Infektionen des *äußeren Ohres* (Otomykose).

2.4.1.4 Cryptococcus neoformans und Kryptokokkose

Die ***Kryptokokkose*** stellt eine durch Cryptococcus neoformans bedingte Infektionskrankheit dar, die bevorzugt die *Lungen* befällt.

Erreger

Cryptococcus neoformans bildet auf Sabouraud-Glukose-Agar konfluierende kleine Kolonien, die schleimig glänzen. Auf dem Spezialmedium nach Staib und Seeliger erscheinen die Kolonien – anders als Candida-Kolonien – braun. Im mikroskopischen Präparat finden sich kreisrunde Zellen, die eine Schleimkapsel umgibt. Cryptococcus-neoformans-Isolate können unterschiedliche antigene Eigenschaften aufweisen, vier *Serovare* (A, B, C, D) lassen sich unterscheiden.

Pathogenese

Crytococcus neoformans ist in der Umgebung des Menschen weit verbreitet, insbesondere wird der Keim häufig in *Taubenexkrementen* gefunden. Die Virulenz von Cryptococcus neoformans ist nicht allzu groß. Erkrankt ein Gesunder überhaupt, so verläuft die Erkrankung milde. Besonders gefährdet sind in ihrer Abwehr geschwächte Individuen. So findet sich die Kryptokokkose häufig bei Patienten mit ***AIDS***, in den USA bei 6% der Betroffenen, unter den opportunistischen Mykosen steht sie damit hier an zweiter Stelle hinter den Kandidosen.

Klinik

Die Kryptokokkose der Lunge kann sich in ihrer milden Form gelegentlich in Husten, Temperaturerhöhung, *pleuralem Schmerz* und Abgeschlagenheit äußern. Entleert sich einmal ein Herd in einen Bronchus, so resultiert massenhaft *schleimiger Auswurf*. Bei einer ausgeprägten Lungen-Kryptokokkose können ein Lappen, eine ganze, aber auch beide Lungen betroffen sein; *Atemnot* und Fieber beeinträchtigen dann den Patienten. Unter Umständen kann rasch der Tod eintreten. Miliare Verlaufsformen kommen vor. Die Untergeschosse der Lungen werden bevorzugt befallen.

Wenn sich eine Kryptokokkose auch insgesamt viel häufiger in der Lunge manifestiert, so wird klinisch aufgrund des eindrücklicheren Bildes häufiger eine Kryptokokkose des *zentralen Nervensystems* diagnostiziert. Ihr häufigster Typ, die ***Kryptokokken-Meningitis***, manifestiert sich als Leptomeningitis. Der Patient bemerkt Kopfschmerzen, oft besteht Fieber. Im Liquor finden sich vermehrt Lymphozyten. Im Rahmen einer Dissemination können Haut- und Schleimhautveränderungen auftreten. Papeln, Pusteln und einschmelzende Abszesse werden beschrieben. Darüber hinaus kann die Erkrankung weitere Organe erfassen, speziell Knochen und Herz.

Verbreitung

Angesichts der an Zahl immer mehr zunehmenden Fälle von abwehrgeschwächten Patienten gewinnt die Kryptokokkose immer größere Bedeutung.

Diagnostik

Bei der mikroskopischen Untersuchung von flüssigem biologischen Material erweist sich ein *Tuschepräparat* als hilfreich, aufgrund der *Kapselbildung* erkennt man um die einzelnen Zellen herum charakteristische Höfe. Im Gewebsschnitt lassen sich die Kapseln gut durch *Muzikarmin* darstellen. Die Kultur setzt oft besondere Maßnahmen voraus, so bei stark mikrobiell kontaminiertem Material wie Sputum den Zusatz von Antibiotika. Das Wachstum erfolgt bei 30 bis 37 °C.

2.4.2 Obligat pathogene Pilze und Systemmykosen

2.4.2.1 Blastomyces dermatitidis und Blastomykose

Die aufgrund ihres Vorkommens auch ***„nordamerikanische Blastomykose"*** genannte Erkrankung stellt primär eine Erkrankung der Lunge durch Blastomyces dermatitidis dar.

Erreger

Blastomyces dermatitidis zeigt in Kultur einen weiß und watteartig oder aber bräunlich und lederartig glatt erscheinenden Thallus. Mikroskopisch finden sich einzellige, birnenförmige Konidien, die über kurze Stiele mit gleichmäßig septierten Hyphen in Verbindung stehen. Unter bestimmten Bedingungen läßt sich auch in der Kultur eine Hefephase anzüchten, die durch feuchtglänzende, rauhe Kolonien gekennzeichnet ist.

Pathogenese

In der Natur parasitiert der Pilz auf Pflanzenmaterial. Von hier aus kann es über die Luft zur Übertragung in die *Lunge* kommen. Dieses Organ kann Ausgangspunkt weiterer Ausbreitung im Makroorganismus werden. Übertragungen von Mensch zu Mensch scheinen nicht vorzukommen.

Klinik

Die Lungenerkrankung zeichnet sich anfänglich durch trockenen Husten, *Pleuraschmerzen* und geringgradige Temperaturerhöhung aus. Bei einem Teil der Patienten heilt die Erkrankung unter Zurücklassung einer Narbe oder gar folgenlos ab. Manchmal schreitet die Lungenerkrankung fort und mündet in eine akute ***Lobärpneumonie*** ein. Die ***Haut-Blastomykose*** stellt die wichtigste extrapulmonale Form dar und führt nicht selten den Patienten erstmals zum Arzt. Papeln, Papulopusteln und kutane bis subkutane, oft *ulzerierende Knoten* – speziell in Hand-, Fuß- und Gesichtsbereich – stehen im Vordergrund.

Verbreitung

Das Vorkommen der Erkrankung beschränkt sich weitgehend auf *Nordamerika*, Einzelfälle wurden aber auch in Südamerika und in Afrika beobachtet.

Diagnostik

Im Nativpräparat stellen sich runde Sproßzellen mit dicker Zellwand dar. Am PAS-gefärbten Gewebsschnitt sieht man rundlich-ovale Pilzelemente von zwischen 5 und 25 μ schwankendem Durchmesser. Anzüchten läßt sich der Erreger am besten auf Hirnherz-Infusions-Agar bei Temperaturen von 22 bis 24 °C (Wachstum binnen weniger Wochen).

2.4.2.2 Histoplasma capsulatum und Histoplasmose

Die ***Histoplasmose*** ist eine sehr verbreitete granulomatöse Erkrankung, die auf die Inhalation von Histoplasma capsulatum zurückgeht.

Erreger

In der Kultur entwickelt ***Histoplasma capsulatum*** zunächst einen weißen, watteähnlichen Thallus, der sich später hellbraun färbt. Im Kulturpräparat finden sich typische Makrokonidien mit stacheligen Ausläufern von bis zu 8 μm Länge, was an einen „Morgenstern" denken läßt.

Pathogenese

In Staubpartikeln gelangt der Erreger aus der Umwelt in die Luftwege. Daraufhin setzt sich der menschliche Organismus sehr intensiv mit dem Erreger auseinander, wobei B- wie T-Zellen eine Rolle spielen. Letzteres ermöglicht einen *Hauttest* mit einer Antigenzubereitung (Histoplasmin). Häufig wird die Erkrankung dem Patienten überhaupt nicht bewußt.

Klinik

Wenn die Infektion – wie in etwa 95% der Fälle – mild oder latent verläuft, deuten oft nur *Verkalkungen* in der Lunge oder ein positiver Hauttest auf eine durchgemachte Infektion hin. Das klinische Bild der progressiven Erkrankung ist sehr variabel. Neben einer mehr oder weniger vordergründigen Lungenbeteiligung kommt es zu einer Hepatosplenomegalie, leichtem Fieber, Gewichtsverlust und allgemeiner Schwäche. Ohne Behandlung tritt nach 6 bis 12 Monaten der Tod ein. Die häufigste disseminierte Histoplasmose des Erwachsenen ist in der milden chronischen zu erblicken. Als Leitsymptom gilt eine *Ulzeration des Oropharynx*; Fieber und Schwäche kommen hinzu. Dringt Histoplasma capsulatum im Rahmen eines Traumas in die Haut Gesunder, so resultiert die primäre *schankriforme Inokulationshistoplasmose*, die durch geschwürigen Gewebszerfall gekennzeichnet ist.

Verbreitung

Der in der Erde saprophytierende Pilz kommt vor allem in den Podsolböden Nordamerikas vor, insbesondere im Bereich des Mississippi-Beckens.

Diagnostik

Im nach Giemsa gefärbten Präparat stellt sich Histoplasma capsulatum als dunkelblaues Gebilde mit hellblauer Zellwand dar. Auf einen sich nicht anfärbenden Zwischenbereich, der als Hof imponieren kann und an das Vorhandensein einer Kapsel denken läßt, geht das Epitheton „capsulatum" zurück. Im PAS-gefärbten Gewebsschnittpräparat läßt sich ein derartiger Hof nicht erkennen. In der Kultur wächst der Erreger bei 20 bis 32 °C in ein bis zwei Wochen. Zur möglichen Umzüchtung in eine Sproßpilzform empfiehlt sich Hirnherz-Infusions-Agar.

2.4.2.3 *Coccidioides immitis und Kokzidioidomykose*

Bei der ***Kokzidioidomykose*** handelt es sich um eine durch Coccidioides immitis bedingte, in der Regel gutartige, nicht selten inapparent verlaufende Infektionskrankheit der *Luftwege*, die rasch abheilt.

Erreger

Coccidioides immitis zeichnet sich in der Kultur durch zunächst flache, feuchte, graue Kolonien aus, die später braun und watteähnlich werden. Zusätzlich bilden sich wachsartige Areale aus. Im mikroskopischen Präparat finden sich typischerweise faßförmige Arthrosporen von bis zu 10 μm Größe.

Pathogenese

Durch Einatmen von erregerhaltigem Staub gelangt der Pilz in die Lunge. Die hier entstehende Erkrankung verläuft in der Mehrzahl der Fälle mehr oder weniger ohne für den Patienten erkennbare Erscheinungen. Der Wirt entwickelt eine Allergie vom Spättyp; prüfen läßt sich dies im Hauttest mit charakteristischen Stoffwechselprodukten (Coccidioidin). Dem aussagekräftigen *Hauttest* zufolge betrifft die Primärerkrankung der Lunge Mann und Frau gleichermaßen. Zur Dissemination kommt es aber vor allem beim Manne.

Klinik

Die Primärerkrankung der Lunge verläuft häufig asymptomatisch oder milde (neben ihr gibt es selten eine primäre Hauterkrankung, bei der die Haut geschwürig zerfällt – nach Verletzungen). Bei Fortschreiten gibt sich die primäre ***Lungenkokzidioidomykose*** durch Fieber, Schmerzen im Brustbereich, gelegentlich auch durch Husten und Atemnot, zudem durch Appetitlosigkeit zu erkennen. Die benigne chronische Lungenkokzidioidomykose läßt in der Lunge *Kavernen* entstehen, eine *Haemoptoe*, gelegentlich auch Husten, Auswurf und Abgeschlagenheit können auf die Erkrankung hinweisen. Bei manchen Patienten bildet sich ein großer Einzelherd in Form eines ***Kokzidioidoms*** aus. Im Rahmen einer progressiven Lungenerkrankung kann sich eine *schleichende Pneumonie* ausbilden mit chronischem Husten, Appetitlosigkeit, Fieber, Haemoptoe und Atemnot sowie Brustschmerzen. Daneben gibt es eine *miliare Form*, die zu einem raschen Lungenversagen führen kann. Im Rahmen der Dissemination kann es zu einer Meningitis kommen, die häufigste *granulomatöse Meningitis* nach der durch Tuberkelbakterien resp. Kryptokokken bedingten.

Verbreitung

Der als am stärksten von allen humanpathogenen Pilzen als virulent angesehene Keim bevorzugt heiße, semi-aride (trockene) Klimate, wie sie sich im Süden der Vereinigten Staaten und im Norden Mexikos finden. Die Krankheitsbezeichnung ***„Desert Rheumatism"*** deutet auf die geographische Verbreitung hin.

Diagnostik

Im Nativpräparat gibt sich Coccidioides immitis durch charakteristische runde Gebilde, *Sphärulen*, zu erkennen. Am Gewebsschnitt stellen sich die Sphärulen schon bei der üblichen Hämatoxylin-Eosin-Färbung dar. In der Kultur wächst der Erreger rasch. Eine Umzüchtung in die Sproßpilzform gelingt nicht routinemäßig.

2.4.2.4 Paracoccidioides brasiliensis und Parakokzidioidomykose

Bei der ***Parakokzidioidomykose*** handelt es sich um eine ***primäre*** Lungenerkrankung durch ***Paracoccidioides brasiliensis***.

Erreger

In der Kultur entwickelt sich zunächst die myzeliale Form des Pilzes. Sie zeigt weder makroskopisch noch mikroskopisch besonders charakteristische Strukturen. Die durch Umzüchtung zu erlangende Sproßpilzform kennzeichnen anfangs kremfarbene, später bräunliche glatte weiche Kolonien von schließlich zerebriformem Aussehen. Mikroskopisch finden sich Sproßzellen, die von multiplen Tochterzellen von 1 bis 10 µm Durchmesser umgeben werden.

Pathogenese

Das natürliche Reservoir des Erregers konnte bislang nicht aufgedeckt werden. Man nimmt aber eine Übertragung auf dem Luftwege an, was wohl im Regelfall – entgegen früheren Vermutungen – zu einer Infektion der *Lunge* führt. Die sich entwickelnde zellvermittelte Immunität läßt sich im *Hauttest* mit geeignetem Antigenmaterial (Paracoccidioidin) nachweisen. Die Aussagekraft dieses Testes wird aber durch Kreuzreaktionen eingeschränkt.

Klinik

Bei der Parakokzidioidomykose gilt es zwischen einer primären *pulmonalen Form*, einer *pulmonalen Reinfektion* mit möglicherweise allergischen Manifestationen, einer *akuten* und chronischen progressiven Lungenerkrankung und einer *disseminierten Form* zu unterscheiden. Die primäre Lungen-Parakokzidioidomykose verläuft subklinisch, so kann die sekundäre Beteiligung der Schleimhaut des Oropharynx als Ausdruck der mukokutanen *lymphangitischen Form* zum Leitsymptom werden. Typisch ist eine Mitbeteiligung der Gingiva. Bei tiefergehenden Infektionen können Destruktionen auftreten. Die regionalen Lymphknoten sind typischerweise verändert. Ausgehend von der Mundhöhle kann das Hautorgan mitbetroffen werden, es entstehen ulzeröse und von Krusten bedeckte granulomatöse Herde.

Verbreitung

Wie das Beiwort „brasiliensis" schon ausdrückt, tritt die Erkrankung in Südamerika auf.

Diagnostik

Im Nativpräparat fallen 2 bis 30 µm im Durchmesser große runde Zellen auf (bei Verwendung 10%iger NaOH-Lösung). Die Anwesenheit unterschiedlicher Sproßformen stellt einen wesentlichen Hinweis auf den Erreger dar. Am Gewebsschnitt mit einer geeigneten Pilzfärbung gilt es, nach *Erregern in „Margaritenform"* zu suchen. Die myzeliale Form des Pilzes bildet sich in der Kultur binnen weniger Wochen bei 20 bis 30 °C. Zur Umzüchtung wird Material auf Hirnherz-Infusions-Agar abgeimpft und bei 20 bis 30 °C bebrütet.

XI
Parasitologie

1 Trypanosomiasen

K. Janitschke

INHALTSÜBERSICHT

1.1 Definition 881
1.2 Klassifizierung 881
1.3 Namensgebung und Geschichte 881
1.4 Morphologie und Aufbau 881
1.5 Entwicklung 881
1.6 Epidemiologie 882
1.7 Pathogenese 882
1.8 Klinik 882
1.9 Immunologie 882
1.10 Labordiagnostik 882
1.11 Therapie 882
1.12 Prävention 882

1.1 Definition

Trypanosomiasen sind fieberhafte Erkrankungen, die durch Protozoen der Gattung Trypanosoma hervorgerufen und durch Insekten übertragen werden. Zu unterscheiden sind die in Afrika auftretende ***Schlafkrankheit*** und die in Süd- und Mittelamerika vorkommende ***Chagas-Krankheit***.

1.2 Klassifizierung

Im System der Protozoa gehören die Trypanosomen zum Unterstamm der ***Mastigophora*** (Flagellaten). Die Erreger der Schlafkrankheit sind Trypanosoma ***brucei gambiense*** sowie T. b. ***rhodesiense*** und der Chagas-Krankheit T. ***cruzi***.

1.3 Namensgebung und Geschichte

Der Name Schlafkrankheit leitet sich vom zentralnervösen Finalstadium der Erkrankung her. Der Erreger wurde 1901 entdeckt, und der Entwicklungszyklus in der Tsetsefliege ist durch ***Kleine*** (Mitarbeiter von Robert Koch) beschrieben worden.

T. cruzi ist 1909 von ***Chagas*** in Raubwanzen und später auch in Kindern festgestellt worden.

1.4 Morphologie und Aufbau

Trypanosomen sind längliche Gebilde von 16 bis 30 μm Länge, die einen mittelständigen Kern und einen endständigen Kinetoplasten aufweisen. Aus diesem entspringt eine Geißel, die zunächst außen der Zelloberfläche anhaftet, wodurch ein Häutchen, die sogenannte ***undulierende Membran***, entsteht, und dann tritt die Geißel frei aus (***trypomastigote*** Form).

Bei T. cruzi gibt es auch eine unbegeißelte rundliche Form im Gewebe, die einen Kern sowie einen Kinetoplasten besitzt und als ***amastigote*** Form bezeichnet wird.

1.5 Entwicklung

Die Erreger der *Schlafkrankheit* werden durch den Speichel der ***Tsetsefliegen*** beim Blutsaugen auf den Menschen übertragen. Die Parasiten zirkulieren extrazellulär im Blut, in dem auch die Vermehrung durch Zweiteilung stattfindet.

Die Erreger der *Chagaskrankheit* werden durch den Kot blutsaugender ***Raubwanzen*** auf den Menschen übertragen. Beim Stich scheiden die Wanzen Kot aus, und die darin enthaltenen Erreger dringen durch den Stichkanal, durch Hautmikroläsionen oder Schleimhäute ein und halten sich zunächst als begeißelte Form (trypomastigote Form) in der Blutbahn auf. Im Gewebe erfolgt dann die Umwandlung in die intrazelluläre unbegeißelte amastigote Form und deren Vermehrung durch Zweiteilung.

1.6 Epidemiologie

T. brucei gambiense kommt in Westafrika vor, und als Hauptreservoir gilt der Mensch. T. b. rhodesiense tritt in Ostafrika auf und Wildtiere fungieren als hauptsächliche Reservoire. Beide Arten werden durch die tagaktiven Tsetsefliegen übertragen.

Reservoire für Chagaserreger sind Menschen und Haustiere, wobei die nachtaktiven Raubwanzen als wechselseitige Überträger fungieren. Die Parasiten aus dem Wanzenkot werden auch durch Fliegen verbreitet.

1.7 Pathogenese

Die Pathogenese der *Schlafkrankheit* ist nur teilweise geklärt. Stoffwechselprodukte der Trypanosomen gemeinsam mit Immunreaktionen führen möglicherweise zu Entzündungen verschiedener Organe (z. B. Lymphknoten, Herzmuskel) und zu degenerativen Veränderungen (ZNS).

Bei der *Chagaskrankheit* scheinen die entzündlichen und degenerativen Veränderungen im Gewebe durch ***Autoimmunreaktionen*** zustande zu kommen. Wirtszellen binden Trypanosomen-Antigen auf ihrer Oberfläche und werden daher durch die Immunabwehr als fremd erkannt und zerstört.

1.8 Klinik

Bei der *Schlafkrankheit* kommt es zunächst an der Stichstelle zu einer *lokalen Anschwellung*. Während der Phase der Generalisation treten Fieber, Erytheme, Ödeme, Splenomegalie und Lymphadenitis auf. Die *meningo-enzephalitische Phase* ist vor allem durch starkes Schlafbedürfnis gekennzeichnet, und es kann der Tod eintreten.

Die *Chagas-Krankheit* beginnt ebenfalls mit einer *lokalen Hautreaktion* und Anschwellung des regionalen Lymphknotens. Während der *Generalisation* kommt es zu Fieber, generalisierten Ödemen, Hepatosplenomegalie, Lymphadenitis und Tachykardie. Die Infektion kann zum Tode führen, zur Spontanheilung, oder sie kann in eine chronische Phase übergehen. Diese ist durch *Megabildungen* des Herzens, Ösophagus, Magens oder Kolons mit entsprechenden Störungen und Folgen gekennzeichnet.

1.9 Immunologie

Bei der Schlafkrankheit kommt es zur Ausbildung einer Immunität, die jedoch durch *Erregervarianten* durchbrochen werden kann. Bei beiden Trypanosomiasen treten spezifische Antikörper im Serum auf.

1.10 Labordiagnostik

Es werden *Blutausstriche* und *Dicke Tropfen* angefertigt und nach Giemsa gefärbt. Die Erreger sind zwischen den Blutzellen zu finden. Bei der *Schlafkrankheit* können die Protozoen auch in Ausstrichen von Liquor und Lymphknotenmaterial nachgewiesen werden. Bei der *Chagaskrankheit* setzt man am Patienten trypanosomenfreie Raubwanzen zum Blutsaugen an oder läßt sie an ungerinnbar gemachtem Blut saugen (*Xenodiagnose*). Der Kot der Wanzen wird später auf Trypanosomen untersucht. Für die Labordiagnose beider Erkrankungen gibt es auch Verfahren zum Antikörpernachweis im Serum.

1.11 Therapie

Die *Schlafkrankheit* wird mit ***Suramin*** oder ***Pentamidin*** behandelt, für die meningoenzephalitische Phase stehen Arsen- oder Nitrofurazonpräparate zur Verfügung.

Das akute Stadium der *Chagaskrankheit* kann mit einer ***Nitrofurfuryliden-Verbindung*** behandelt werden, für die chronische Phase gibt es keine spezifischen Medikamente.

1.12 Prävention

Die Prävention der *Schlafkrankheit* stützt sich auf die Ausrottung der Tsetsefliege sowie die Feststellung und Behandlung infizierter Personen.

Zur Prävention der *Chagaskrankheit* werden die Raubwanzen bekämpft. Da Blutkonserven in den endemischen Gebieten früher oft kontaminiert waren, werden sie routinemäßig serologisch auf spezifische Antikörper untersucht.

2 Leishmaniasen

K. Janitschke

INHALTSÜBERSICHT

2.1 Definition 883
2.2 Klassifizierung 883
2.3 Namensgebung und Geschichte 883
2.4 Morphologie und Aufbau 883
2.5 Entwicklung 883
2.6 Epidemiologie...................... 883
2.7 Pathogenese 884
2.8 Klinik 884
2.9 Immunologie 884
2.10 Labordiagnostik 884
2.11 Therapie 885
2.12 Prävention 885

2.1 Definition

Die Leishmaniasen werden durch Protozoen der Gattung Leishmania hervorgerufen und durch Insekten übertragen. Die Infektion manifestiert sich je nach Art der Erreger entweder als Erkrankung des retikulohistiozytären Systems oder der Haut und Schleimhaut.

2.2 Klassifizierung

Innerhalb des Systems der Protozoen gehören die Erreger zum Unterstamm der *Mastigophora* (Flagellata). Zusammen mit den Trypanosomen bilden sie wegen eines besonderen Organells (Kinetoplast) die Gattung ***Kinetoplastida***. Die Taxonomie der Leishmanien ist bisher nicht eindeutig festgelegt worden, da insbesondere klinisch fließende Übergänge bestehen. Durch die Feststellung der Enzymmuster der Parasiten ist künftig eine fundierte Einteilung zu erwarten. Folgende Gliederung erscheint hier als ausreichend.

In der Alten Welt:	L. donovani, L. infantum L. tropica, L. major
In der Neuen Welt:	L. braziliensis L. mexicana

2.3 Namensgebung und Geschichte

Beschreibungen von Krankheiten, die Leishmaniasen gewesen sein können, sind z.T. Jahrhunderte alt. Erste Hinweise auf die Erreger gibt es seit 1885. Unabhängig voneinander fanden im Jahre 1903 Leishman und Donovan die Organismen in Milzpunktaten.

2.4 Morphologie und Aufbau

Im Menschen gibt es das unbegeißelte Stadium der Leishmanien (***amastigote Form***). Es ist rund-oval und besitzt einen Durchmesser von 2–5 μm. Das Zytoplasma enthält einen Kern und den stäbchenförmigen Kinetoplasten. Im Überträger (*Mücken* der Gattungen *Phlebotomus* und *Lutzomyia*) und in Kulturmedien sind die Protozoen länglich und begeißelt (***promastigote Form***).

2.5 Entwicklung

Durch den Saugakt nehmen die Phlebotomen die Protozyten auf. Diese durchlaufen in begeißelter, promastigoter Form einen Entwicklungszyklus und gelangen in die Mundwerkzeuge der Mücken. Die Leishmanien können dann bei weiteren Stichen wieder auf Menschen übertragen werden und vermehren sich als unbegeißelte, amastigote Stadien intrazellulär durch Zweiteilung.

2.6 Epidemiologie

Das Auftreten der Leishmaniasen ist an das Vorkommen der Phlebotomen (Schmetterlingsmücken) gebunden, die u. a. in primitiv gebauten Häusern und Ställen leben, wo es Vegetation und faulendes organisches Material gibt. Die Leishmania-Arten der „Alten Welt" sind bis nach China verbreitet und kommen auch in Mittel- und Südamerika vor. Das Verbreitungsgebiet in Südeuropa erstreckt sich nordwärts bis in die Westschweiz und in den Elsaß. Die Leishmanien der „Neuen Welt" kommen von Mexiko bis Nordargentinien vor. Neben dem Menschen sind je nach Art der Leishmanien verschiedene Säugetiere Erregerreservoire; so vor allem Hunde für L. infantum und Nagetiere für L. major.

2.7 Pathogenese

Mit dem Stich der Phlebotomen werden die Parasiten auf den Menschen übertragen, wobei im wesentlichen drei Formen der Erkrankung entstehen können.

Viszerale Leishmaniase (Erreger: L. donovani, L. infantum). Zunächst vermehren sich Parasiten im regionalen Lymphknoten. Belastende Faktoren wie z. B. zusätzliche Infektionen und Eiweißmangel scheinen den Ausbruch der Erkrankung zu fördern. Er beginnt mit dem Einbruch der Leishmanien in die Blutbahn. Die weitere Vermehrung erfolgt in den Zellen des RES, die zerstört werden, wodurch es zu *Vergrößerungen von Milz, Leber und Lymphknoten* und als Spätstadium zu einer Generalisation kommt.

Hautleishmaniase (Erreger: L. tropica, L. major). An der Stichstelle entsteht eine lokale granulomatöse Entzündung. Die parasitierten Wirtszellen werden vernichtet, und es kommt zur Bildung trockener oder feuchter *Geschwüre*, die zentral verkrusten und von einem erhabenen rötlichen Rand umgeben sind.

Haut- und Schleimhautleishmaniase (Erreger: L.braziliensis). In Abhängigkeit von der Unterart und Stamm des Parasiten verläuft die Infektion mehr als Hautleishmaniase oder die ulzerierenden Prozesse manifestieren sich mehr in den Schleimhäuten von Mund, Nase und Rachen.

2.8 Klinik

Viszerale Leishmaniase (Kala Azar). Nach Ablauf einer Inkubationszeit von mehreren Wochen bis Monaten tritt zunächst ***remittierendes Fieber*** auf, später sind es unregelmäßige Fieberperioden. Es kommt zu Milz- und Leberschwellung. Leukopenie, Anämie und Kachexie sowie dunkle ***Pigmentierung*** der Haut (***Kala Azar***) sind weitere Zeichen der Erkrankung. Hinzu können eine Reihe von Komplikationen (z.B. Bronchopneumonie) kommen. Unbehandelt tritt der Tod nach $^1/_2$ bis 2 Jahren ein.

Hautleishmaniase (Orientbeule). Einige Wochen bis Monate nach dem Stich entsteht eine Papel, aus der sich ein Ulkus entwickelt. Die Prozesse sind meistens an den nicht bedeckten Körperstellen zu finden. Nach etwa einem Jahr kommt es zur Abheilung unter Narbenbildung.

Haut-Schleimhautleishmaniase. Inkubationszeit und Lokalisation wie bei der Orientbeule. Bei der kutanen Verlaufsform sind die Prozesse mitunter tiefgreifender als bei dieser. Tritt ein Befall der Schleimhäute (Mund, Nase, Rachen) auf, so kann es zu Ulzerationen mit polypösen Schleimhautwucherungen und Verstümmelungen kommen. Lungenkomplikationen und Kachexie können zum Tode führen.

2.9 Immunologie

Die Ausbildung der vielen unterschiedlichen, zum Teil ineinander übergehenden Verlaufsformen der Leishmaniasen sind nicht nur vom Parasiten, sondern auch von den individuellen Immunreaktionen des Wirtes abhängig. Serumantikörper sind im wesentlichen nur bei der viszeralen Leishmaniase nachweisbar. Nach Überstehen der Orientbeule kann eine lebenslange Immunität entstehen.

2.10 Labordiagnostik

Bei der *viszeralen Leishmaniase* werden Punktate von Sternalmark, Lymphknoten oder Leber untersucht. Das Material wird aufgetupft oder ausgestrichen und nach Giemsa gefärbt oder histologisch aufgearbeitet. Die Parasiten sind intrazellulär zu finden, extrazellulär liegen sie bei Ausstrichpräparaten (Wirtszellen beim Ausstreichen geplatzt). Außerdem kann eine Kultur angelegt werden. Es ist nach begeißelten Stadien zu suchen. Neben dem direkten Nachweis von Parasiten ist auch der von Antikörpern im Serum mittels verschiedener spezifischer Teste möglich.

Bei Patienten mit Geschwüren der *Haut* oder *Schleimhaut* wird Material vom Rande der Prozesse abgenommen und, wie oben beschrieben aufgearbeitet. Eine morphologische Differenzierung der Leishmania-Arten ist nicht möglich, der Antikörpernachweis gelingt i. d. R. bei der Hautleishmaniose nicht.

2.11 Therapie

Systemische Anwendung von ***5-wertigen Antimonpräparaten*** oder ***aromatischen Diamidinen***. Isolierte kleine Prozesse in der Haut können auch operativ entfernt werden.

2.12 Prävention

Eine Prävention ist durch den Bau von Häusern möglich, die mückenfrei gehalten werden können, weiterhin durch die Vernichtung der Mücken in Schlafräumen und Verhinderung weiteren Einfluges. Zusätzlich sollten die Brutstätten der Insekten in Wohngebieten beseitigt werden.

3 Trichomoniasis

K. Janitschke

INHALTSÜBERSICHT

3.1 Definition 886
3.2 Klassifizierung 886
3.3 Namensgebung und Geschichte 886
3.4 Morphologie und Aufbau 886
3.5 Entwicklung 886
3.6 Epidemiologie 886
3.7 Pathogenese 886
3.8 Klinik 887
3.9 Immunologie 887
3.10 Labordiagnostik 887
3.11 Therapie 887
3.12 Prävention 887

3.1 Definition

Die Trichomoniasis ist eine Entzündung des Urogenitaltraktes bei Frau und Mann, hervorgerufen durch das begeißelte Protozoon Trichomonas vaginalis.

3.2 Klassifizierung

Innerhalb des Systems der Protozoa gehören die Trichomonaden zum Unterstamm der *Mastigophora* (Flagellata). Beim Menschen kommen auch noch andere als die o. g. Art vor, die jedoch nicht pathogen sind.

3.3 Namensgebung und Geschichte

Trichomonas vaginalis wurde 1837 erstmalig beschrieben, wobei der Gattungsname auf das Vorhandensein von Geißeln (Trichoris) hinweist.

3.4 Morphologie und Aufbau

Bei diesem Protozoon existiert nur die Flagellatenform. Der Parasit ist oval bis rund (mit einem Durchmesser von 7–30 μm). Er besitzt an einem Pol 4 Geißeln, eine fünfte verläuft in einer Membranfalte (*undulierende Membran*), tritt jedoch nicht frei aus. Am anderen Pol ragt der Achsenstab heraus, der den Zelleib durchzieht, welcher einen Kern aufweist.

3.5 Entwicklung

Trichomonaden leben in den Lumina des Urogenitaltraktes und vermehren sich durch Zweiteilung.

3.6 Epidemiologie

Diese weltweit bei Mann und Frau vorkommende Infektion wird durch *Geschlechtsverkehr* und unsachgemäße Untersuchungen der Sexualorgane erworben. Andere Übertragungsmöglichkeiten, wie nicht gechlortes Badewasser, Badekleidung, Schwämme, Handtücher, sind von untergeordneter Bedeutung. Während der Geburt kann es zu einer zeitlich begrenzten Infektion des Neugeborenen kommen. Epidemiologisch wichtig sind die *latenten Infektionen* (z.B. subjektiv gesunde Vorsorgepatientinnen zu 14% infiziert). Sie stellen ein Erregerreservoir dar; durch Aktivierung kann eine Frischinfektion vorgetäuscht werden.

3.7 Pathogenese

Bei Änderungen des normalerweise sauren Scheidenmilieus (optimal für Trichomonaden ist pH 5,5–6,0)

z. B. durch Medikamente oder Scheidenspülungen und das physiologische Vorhandensein von Geschlechtshormonen kann das Angehen einer Trichomonaden-Infektion begünstigt werden. Es kommt, wahrscheinlich durch Toxine, bei der Frau vor allem zur Entzündung der Scheide und Harnröhre und beim Mann ebenfalls zur Entzündung der Harnröhre und der Prostata. Die Infektion kann mitunter bis zum Nierenbecken aufsteigen.

3.8 Klinik

Subakute, akute, chronische und latente Verläufe der Infektion sind möglich. Bei der Frau tritt während des akuten Stadiums heftiger, dünnflüssiger, bierschaumartiger *Fluor* auf. Beim Mann zeigt sich der akute Verlauf durch *Brennen in der Harnröhre*, spontan abgehenden, eitrigen Ausfluß und Vergrößerung der Prostata.

3.9 Immunologie

Nachweis von Serumantikörpern wurden durchgeführt, sind aber diagnostisch nicht relevant.

3.10 Labordiagnostik

Sie erfolgt *nativ* in Schleimhautschabsel oder frischem Sekret der Geschlechtsorgane. Die Erreger sind an der wasserflohartigen Bewegung zu erkennen. Für eine kulturelle Anzüchtung werden kommerzielle Nährböden angeboten. Die Protozoen gehen schnell zugrunde, so daß eine Einsendung an Untersuchungsstellen zwecklos ist.

3.11 Therapie

Alle *Geschlechtspartner* eines Patienten müssen behandelt werden. Für die orale und bei der Frau auch vaginale Therapie werden Imidazolpräparate (***Metronidazol***, Tinidazol, Ornidazol) angewandt. Eine Resistenz der Erreger wird selten beobachtet.

3.12 Prävention

Durch Aufklärung über den direkten Infektionsmodus, ferner durch Untersuchung und ggf. Behandlung aller Frauen, die eine gynäkologische Sprechstunde aufsuchen (*Vorsorgeuntersuchung*), und durch konsequente Partnerbehandlung kann die Übertragung einer Trichomoniasis unterbunden werden.

4 Giardiasis

K. Janitschke

INHALTSÜBERSICHT

4.1 Definition 888
4.2 Klassifizierung 888
4.3 Namensgebung und Geschichte 888
4.4 Morphologie und Aufbau 888
4.5 Entwicklung 888
4.6 Epidemiologie 888
4.7 Pathogenese 888
4.8 Klinik 889
4.9 Immunologie 889
4.10 Labordiagnostik 889
4.11 Therapie 889
4.12 Prävention 889

4.1 Definition

Die Giardiasis ist eine Entzündung vor allem des Dünndarmes, hervorgerufen durch das begeißelte Protozoon Giardia lamblia.

4.2 Klassifizierung

Im System der Protozoa und dem Unterstamm der Mastigophora (Flagellata) gehört der Parasit zur Ordnung der ***Diplomonadida***.

4.3 Namensgebung und Geschichte

Der Erreger wurde wohl erstmalig 1681 durch ***Leeuwenhoek*** im eigenen Stuhl entdeckt und 1859 durch ***Lambl*** erneut beschrieben (alter Name Lamblia intestinalis).

4.4 Morphologie und Aufbau

Das Protozoon tritt in 2 Formen auf. Die ***Trophozoiten*** sind 10–20 µm lang, von birnenförmiger und konvex-konkav gebogener Gestalt, wodurch auf der einen Seite eine saugnapfartige Vertiefung entsteht. Es sind 2 Kerne und 8 Geißeln vorhanden. ***Zysten*** sind 10–14 µm lang, von ovaler Gestalt, besitzen 4 Kerne und Geißelanlagen.

4.5 Entwicklung

Nach der oralen Aufnahme von Zysten wandeln sich diese im Darm in Trophozoiten um, und daraus entstehen wieder Zysten.

4.6 Epidemiologie

Giardia kommt weltweit vor.

Die mit dem Stuhl ausgeschiedenen Zysten sind in feuchter Umgebung 3 Monate lebensfähig. Sie werden durch verunreinigte Nahrung und kontaminiertes Wasser sowie bei engem Kontakt (Kind-Kind) übertragen. Die Bedeutung von Hunden und Katzen als Infektionsreservoir wird diskutiert.

4.7 Pathogenese

Die Trophozoiten heften sich an die Dünndarmwand an. Durch Strukturveränderungen der Darmmukosa kann es zur Enteritis kommen.

4.8 Klinik

Durch die Infektion kann es zu plötzlichem, *wäßrigem Durchfall* kommen, der von leichtem Fieber, Erbrechen und Oberbauchbeschwerden begleitet ist. Auch Erkrankungen der Gallenwege sind möglich. Der Verlauf kann auch chronisch oder symptomlos sein.

4.9 Immunologie

Spezifische Antikörper können im Serum nachgewiesen werden.

4.10 Labordiagnostik

Patienten mit rezidivierenden Durchfällen unklarer Genese sollten auf Giardia untersucht werden. Als Untersuchungsmaterial wird Stuhl (frisch oder fixiert) eingesandt. Mittels der *Merthiolat-Formaldehyd-Konzentrationstechnik* (MF) können Zysten und seltener Trophozoiten nachgewiesen werden, die aufgrund der charakteristischen Strukturen zu erkennen sind. Auch Duodenalsaft kann untersucht werden. Antikörpernachweise im Serum besitzen derzeit keine klinische Relevanz.

4.11 Therapie

Ein positiver Befund erfordert eine Behandlung mit *Imidazolpräparaten* oder *Quinacrin*.

4.12 Prävention

Sie entspricht der bei Amöbiasis.

5 Amöbiasis

K. Janitschke

INHALTSÜBERSICHT

5.1 Definition . . . 890
5.2 Klassifizierung . . . 890
5.3 Namensgebung und Geschichte . . . 890
5.4 Morphologie und Aufbau . . . 890
5.5 Entwicklung . . . 890
5.6 Epidemiologie . . . 891
5.7 Pathogenese . . . 891
5.8 Klinik . . . 891
5.9 Immunologie . . . 891
5.10 Labordiagnostik . . . 891
5.11 Therapie . . . 892
5.12 Prävention . . . 892
5.13 Verwandte Amöbenarten . . . 892

5.1 Definition

Die Amöbiasis ist eine akute oder chronische Erkrankung des Dickdarmes, die durch das Protozoon ***Entamoeba histolytica*** hervorgerufen wird, und bei der es zur Ausbreitung des Erregers in andere Organe kommen kann.

5.2 Klassifizierung

Amöben bilden in ihrer beweglichen Form (*vegetatives Stadium*, ***Trophozoit***) an der Oberfläche Scheinfüßchen (*Pseudopodien*) aus. Diese Einzeller gehören daher zu dem Unterstamm Sarcodina (Rhizopoda).

5.3 Namensgebung und Geschichte

Erstmalig 1875 wurden im Darminhalt einer Ruhrkranken Amöben gefunden. Der Name Entamoeba histolytica stammt von dem Deutschen ***Schaudinn*** (1903) und bezieht sich auf die invasiven Fähigkeiten des Erregers.

5.4 Morphologie und Aufbau

Bei Entamoeba histolytica sind zwei Stadien zu unterscheiden.

Vegetatives Stadium (Trophozoit). Der Trophozoit besitzt keine formgebende äußere Hülle. Bei der fließenden, amöboiden Bewegung wechselt seine Gestalt ständig. An der Oberfläche werden bruchsackartig Scheinfüßchen ausgebildet, die sowohl der Fortbewegung als auch der Nahrungsaufnahme durch Umfließen dienen. Der Zelleib besteht aus dem Zytoplasma mit Nahrungsvakuolen und einem Zellkern. Man unterscheidet große Formen (***Magnaformen***, 20–30 µ), die Gewebe auflösen und Erythrozyten enthalten, sowie kleine Formen (***Minutaformen***, 12–18 µ), die nur als *Kommensalen* im Darmlumen leben.

Zystenstadium. Dieses unbewegliche Dauerstadium ist von einer widerstandsfähigen Hülle umgeben und hat zunächst einen Kern, nach Teilungen im Verlaufe der Reifung 2 und dann 4 Kerne.

5.5 Entwicklung

Nach oraler Aufnahme von reifen Zysten wird im Dünn- oder Dickdarm die Zystenmembran eröffnet. Durch Teilung entwickeln sich einkernige Minutaformen. Diese vermehren sich durch Zweiteilung. Aus ihnen entstehen wieder Zysten; unter noch nicht genau definierten Voraussetzungen können sie sich jedoch auch in Magnaformen umwandeln.

5.6 Epidemiologie

Entamoeba histolytica kommt *weltweit* vor. Erkrankungen treten im wesentlichen nur in tropischen und subtropischen Gebieten, auch bereits südlich der Alpen, auf. In Mitteleuropa können zu etwa 1% (bei Homosexuellen bis 20%) symptomlose Darmlumeninfektionen festgestellt werden.

Hier sind die aus südlichen Ländern mitgebrachten Erkrankungen klinisch von Bedeutung. Symptomlose Amöbenträger scheiden Amöbenzysten mitunter in großer Zahl aus, nicht jedoch die an Amöbiasis erkrankten Personen (dabei keine Infektionsgefahr). Die Zysten gelangen ins *Trinkwasser* sowie auf Nahrungsmittel (Gemüse, Salat) und werden auch durch Fliegen verbreitet. In feuchter, kühler Umgebung sind die Zysten mehrere Monate infektiös, sterben aber durch Eintrockung oder höhere Temperaturen (über 55 °C) schnell ab. Sie überleben in gechlortem Wasser. Voraussetzungen für das Entstehen einer Amöbiasis ist nicht nur das häufige Vorkommen des Erregers, sondern es sind auch die klimatischen Belastungen, Mangel- und Fehlernährung sowie bakterielle Darminfektionen.

Es werden virulente und avirulente Stämme von E. histolytica unterschieden.

5.7 Pathogenese

Invasive intestinale Amöbiasis. Magnaformen dringen zwischen den Epithelzellen der Darmmukosa ein und gelangen in die tieferen Schichten. Sie vermehren sich in herdförmigen Ansammlungen. Durch proteolytische Fermente kommt es zur Auflösung des Gewebes. Zunächst entstehen kleine, rötliche Herde mit zentraler Nekrose, später bilden sich größere, rundliche oder ovale *Geschwüre*. Diese Prozesse dringen in die Tiefe vor, und mitunter kommt es zur *Perforation der Serosa*. Bei einer Abheilung kann es zur Narbenbildung mit Verdickung der Darmwand (***Amöbom***) und Verengung des Darmlumens kommen.

Invasive extraintestinale Amöbiasis. Während der Geschwürbildung können Trophozoite in Blutgefäße einbrechen und über den Pfortaderkreislauf in die *Leber* oder seltener in andere Organe (Lunge, Milz, Gehirn, Haut) gelangen. In der Leber entstehen mitunter sehr große *Abszesse*. Der Eiter ist entweder flüssig oder pastenartig und enthält manchmal Blut oder Gallenpigment, ist jedoch meistens frei von Bakterien und Amöben. Diese werden jedoch an der Abszeßkapsel gefunden.

5.8 Klinik

Bei *Darmlumeninfektionen* treten keine klinischen Symptome auf. Dringen die Parasiten in die *Darmwand* ein oder durch sie hindurch, so kann die Amöbiasis sowohl subklinisch als auch mit schweren Krankheitszeichen und Todesfolge verlaufen.

Invasive intestinale Amöbiasis (Amöbenruhr). Nach einer Inkubationszeit von wenigen Tagen bis zu mehreren Wochen kommt es zu leichten Schleim- und Blutbeimengungen im Stuhl (***himbeergeleeartig***). Diese verstärken sich mehr und mehr. Der Stuhl ist bei der Amöbenruhr jedoch selten wäßrig, und Fieber tritt bei üblichem Verlauf nicht auf. Nach einer Heilung oder Besserung kann eine viele Jahre anhaltende *chronisch-rezidivierende Amöbendysenterie*, unterbrochen durch zeitweise Obstipation, bestehen.

Invasive extraintestinale Amöbiasis. Ein *Amöbenleberabszeß* manifestiert sich erst mehrere Monate oder Jahre nach einer vorangegangenen intestinalen Amöbiasis. Fieber, starkes Krankheitsgefühl und Druckschmerz in der Lebergegend sind typische Anzeichen.

5.9 Immunologie

Immunreaktionen haben eine untergeordnete Bedeutung. Hohe Antikörpertiter können jedoch viele Monate nach der Heilung einer extraintestinalen Amöbiasis bestehen bleiben.

5.10 Labordiagnostik

Eine bohnen- bis haselnußgroße Probe *körperwarmen Stuhls* oder *blutigen Schleims* (auch von Rektumbiopsien) wird mit *Merthiolat-Formaldehyd*-Lösung verrührt. Nur der Nachweis von vegetativen Formen mit phagozytierten Erythrozyten (Magnaformen) ist beweisend für eine invasive intestinale Amöbiasis. Bei Verdacht auf eine extraintestinale Amöbiasis werden 5–10 ml Blut ohne Zusatz für serologische Untersuchungen entnommen. Diese besitzen eine hohe Nachweissicherheit.

5.11 Therapie

Bei einer Amöbenruhr können ***Diloxanid*** und Imidazolpräparate (***Metronidazol***, Ornidazol, Tinidazol) angewandt werden. Letztere und auch Emetin (Dehydroemetin) zusammen mit Chloroquin wirken bei der extraintestinalen Amöbiasis. Die Punktion von Leberabszessen empfiehlt sich nur bei ausgedehnten Prozessen. Personen mit einer Darmlumeninfektion können saniert werden, um die mögliche Ausbildung einer extraintestinalen Amöbiasis zu verhindern.

5.12 Prävention

Durch gute Küchen- und Eßhygiene (vor allem sauberes Wasser, geschältes Obst) kann einer Amöbiasis vorgebeugt werden.

5.13 Verwandte Amöbenarten

Im Darm leben neben Entamoeba histolytica auch andere Amöben, die zumeist apathogen sind, aber bei der Labordiagnose differenziert werden müssen. Freilebende Amöben der Gattungen ***Naegleria*** und ***Acanthamoeba***, die in Wasser und im Boden vorkommen, können u. a. zu *Meningitis* bzw. *Enzephalitis* führen (*Schwimmbadamöbiasis* durch Naegleria).

6 Malaria

K. Janitschke

INHALTSÜBERSICHT

6.1	Definition	893	6.7	Pathogenese	894
6.2	Klassifizierung	893	6.8	Klinik	894
6.3	Namensgebung und Geschichte	893	6.9	Immunologie	894
6.4	Morphologie und Aufbau	893	6.10	Labordiagnostik	894
6.5	Entwicklung	893	6.11	Therapie	894
6.6	Epidemiologie	894	6.12	Prävention	895

6.1 Definition

Die Malaria ist eine fieberhafte Infektion, die durch verschiedene Arten von ***Plasmodien*** ausgelöst wird. Diese entwickeln sich in Erythrozyten bzw. Leberparenchymzellen und werden durch Mücken der Gattung ***Anopheles*** übertragen.

6.2 Klassifizierung

Innerhalb des Systems der Protozoa, des Stammes der Sporozoa, Unterklasse Coccidia, gehören die Plasmodien zur Unterordnung der Haemosporina (Sporozoen in Blutkörperchen). Die vier wichtigsten beim Menschen vorkommenden Arten sind: ***Plasmodium vivax, P. falciparum, P. ovale, P. malariae***.

6.3 Namensgebung und Geschichte

Der Name leitet sich aus dem Italienischen ab und steht im Zusammenhang mit der Vorstellung von krankmachender „schlechter Luft" in Sumpfgebieten = mal aria. Der Erreger wurde 1880 durch ***Laveran*** im menschlichen Blut entdeckt.

6.4 Morphologie und Aufbau

Plasmodien sind je nach Art und Entwicklungsstadium rundliche bis längliche Protozoen, die im strömenden Blut so groß werden können, daß sie einen Erythrozyten ausfüllen. Es gibt ein- bis vielkernige Stadien.

6.5 Entwicklung

Drei Phasen der Entwicklung sind zu unterscheiden:

- ***Schizogonie*** – bei der Blutmahlzeit injiziert die weibliche Mücke mit dem Speichel ***Sporozoiten***. Sie dringen in Leberparenchymzellen ein und vermehren sich durch ungeschlechtliche Vielteilung (Vorgang = Schizogonie, entstandene Stadien = *Schizonten*). Die beim Zerfall der Schizonten entstehenden Stadien heißen ***Merozoiten***, die wiederum Leberzellen befallen (***präerythrozytäre Schizogonie***). Nach mehreren Tagen gelangen Plasmodien in die Blutbahn, dringen in Erythrozyten ein und vermehren sich ebenfalls durch Schizogonie (***erythrozytäre Schizogonie***).
- ***Gamogonie*** – nach etwa 10 bis 12 Tagen differenzieren sich im Blut Merozoiten in männliche und weibliche Geschlechtsstadien (*Gamonten*).
- ***Sporogonie*** – die Gamonten werden bei erneutem Stich aufgenommen. Über eine geschlechtliche und anschließende ungeschlechtliche Vermehrung entstehen wieder Sporozoiten, die in die Speicheldrüsen der Mücke gelangen.

6.6 Epidemiologie

Die Malaria ist in Süd- und Mittelamerika, Afrika, dem Nahen und Fernen Osten teilweise stark verbreitet. In Europa konnte die Malaria nach dem Zweiten Weltkrieg ausgerottet werden. Derzeit scheint ein weiteres Zurückdrängen der Seuche nicht möglich, da die *Resistenz* der Anophelesmücken gegen Insektizide und der Erreger gegen Medikamente stark zunimmt. Ziel der Bekämpfung ist daher die Senkung der Zahl der Schwererkrankten und der Todesfälle.

Der Grad der Verbreitung hängt von vielen Faktoren ab, wie u. a. Art und Lebensgewohnheiten der Mücken, Immunitätslage der Menschen und deren Aufenthalt im Freien während der Dämmerung, Bekämpfungsmaßnahmen.

6.7 Pathogenese

Befallene und auch nicht-infizierte Erythrozyten zerfallen, ballen sich in den Kapillaren zusammen und blockieren diese. Durch die entstehende Anämie kommt es zur *Gewebsanoxie* mit entsprechenden Folgeerscheinungen (z. B. Nekrosen). Zusätzlich werden durch die Parasiten mitogene und immunsuppressive Toxine gebildet. Durch die Abwehrreaktionen des Wirtes werden Immunkomplexe gebildet, die z. B. in der Niere zur *Nephritis* führen.

6.8 Klinik

In Abhängigkeit von der Plasmodienart beträgt die *Inkubationszeit* 8–30 Tage. Erste Anzeichen sind Mattigkeit, Appetitlosigkeit, Kopf- und Gliederschmerzen. Durch den *rhythmischen Zerfall* der infizierten Erythrozyten entsteht der klassische ***Malariaanfall***, bei dem sich Schüttelfrost, Fieber und Schweißausbruch abwechseln, wobei drei Verlaufsformen zu unterscheiden sind, die jedoch nicht immer typisch ausgeprägt sind:

- ***Malaria tertiana*** – Erreger P. vivax und P. ovale, *Fieber jeden 3. Tag*
- ***Malaria quartana*** – Erreger P. malariae, *Fieber jeden 4. Tag*
- ***Malaria tropica*** – Erreger P. falciparum, *Fieber unregelmäßig.*

Anämie und *Splenomegalie* treten auf. Besondere Verläufe sind die *zerebrale* und die *gastrointestinale* (mit Durchfall verbundene) Malaria. Die Malaria tropica ist die gefährlichste Form, die insbesondere durch *Kreislaufkollaps* und *zerebralen Ausfall* nach wenigen Tagen zum Tode führen kann.

Bei der Malaria tertiana können Rezidive nach bis zu drei Jahren und bei der Malaria quartana nach bis zu 40 Jahren auftreten. Verantwortlich für die Rezidive sind in der Leber persistierende Entwicklungsstadien, aus denen sich Merozoiten entwickeln, die erneut in den Blutkreislauf gelangen. Durch persistierende Parasiten im Blut kann es nach bis zu etwa zwei Jahren noch zu Rückfällen bei der Malaria tropica kommen.

6.9 Immunologie

Humorale und zelluläre Faktoren können zu einer erworbenen Immunität führen. Diese verleiht aber keinen völligen Schutz vor der Erkrankung, sondern nur eine erhöhte Widerstandsfähigkeit, und ist nur spezifisch für den Plasmodienstamm eines Gebietes.

6.10 Labordiagnostik

Patienten, die sich in Malariagebieten aufgehalten hatten und Fieber unklarer Genese haben, werden – gleichgültig, ob sie Malariaprophylaxe betrieben hatten oder nicht – auf Plasmodien untersucht. Während einer *Fieberphase* werden *Blutausstriche* und *Dicke Tropfen* angefertigt und nach Giemsa gefärbt. Außerhalb einer Fieberphase gelingt der Erregernachweis i. d. R. nicht.

Die Differenzierung der Arten und Stadien erfordert praktische Erfahrung; es wird zusätzlich auf entsprechende Literatur verwiesen. Bei negativem Untersuchungsergebnis und weiterbestehendem Verdacht ist die Untersuchung zu wiederholen.

Zur Abklärung einer zurückliegenden Malaria kann eine *serologische* Untersuchung auf Antikörper mittels indirekten Fluoreszenztests vorgenommen werden.

6.11 Therapie

Da die klinischen Erscheinungen durch die Schizogonie-Stadien im Blut ausgelöst werden, wendet man insbesondere die gegen diese Stadien gerichteten Medikamente an, vor allem Chloroquin.

Zunehmende Bedeutung hat die Resistenz besonders von P. falciparum gegen ein oder mehrere Therapeutika. In diesen Fällen kann Chinin zusammen mit Tetrazyklin, Mefloquin oder Kombinationspräparate (z. B. Pyrimethamin + Sulfadoxin) eingesetzt werden.

6.12 Prävention

Durch *Mückenbekämpfung* vor allem in den *Schlafräumen* und Vermeidung des Aufenthaltes im Freien während der *Dämmerung* kann Stichen vorgebeugt werden. Zur Chemoprophylaxe wird über einen Zeitraum von *einer Woche vor Ankunft* in einem Malariagebiet bis zu *sechs Wochen nach Verlassen* des Endemiegebiets Chloroquin eingenommen. Treten dort chloroquinresistente P. falciparum-Stämme auf (Auskünfte bei entsprechenden Beratungsstellen), ist zusätzlich Proguanil oder Mefloquin einzunehmen. Vakzinen befinden sich in der Entwicklung.

Meldepflicht: Erkrankung und Tod an Malaria sind nach dem Bundesseuchengesetz meldepflichtig.

7 Pneumozystose

K. Janitschke

INHALTSÜBERSICHT

7.1	Definition	896	7.7	Pathogenese	897
7.2	Klassifizierung	896	7.8	Klinik	897
7.3	Namensgebung und Geschichte	896	7.9	Immunologie	897
7.4	Morphologie und Aufbau	896	7.10	Labordiagnostik	897
7.5	Entwicklung	896	7.11	Therapie	897
7.6	Epidemiologie	896	7.12	Prävention	897

7.1 Definition

Die Pneumozystose wird durch Pneumocystis carinii, einen in der Lunge von Mensch und Tieren vorkommenden Erreger, hervorgerufen. Die Infektion verläuft entweder latent oder, bei Patienten mit Immunschwäche verschiedener Genese, als Pneumonie.

7.2 Klassifizierung

Eine Klassifizierung ist bisher nicht vorgenommen worden. Wegen Besonderheiten im Aufbau des Organismus und seiner Empfindlichkeit gegenüber Antiparasitika wird er den Protozoen, aufgrund seiner RNS-Sequenzen den Pilzen zugerechnet.

7.3 Namensgebung und Geschichte

Chagas entdeckte den Erreger 1909 in Lungen von Meerschweinchen. ***Carini*** fand ihn 1910 in Ratten. Dieser Befund konnte später bestätigt werden, woraufhin das Protozoon als P. carinii bezeichnet wurde. 1952 erkannte man es als Ursache für ***Säuglingspneumonien***.

7.4 Morphologie und Aufbau

Zwei Formen sind zu unterscheiden. Die ***Trophozoiten*** sind länglich bis rundlich, von 2 µm Durchmesser und durch eine Schleimhülle von 7–10 µm Durchmesser umgeben. Bei den ***Zysten*** handelt es sich um 6 µm große, runde Gebilde, die bis zu 8 Kerne (intrazystische Körperchen) enthalten.

7.5 Entwicklung

Die Erreger leben in den ***Lungenalveolen*** und lagern sich an die Epithelzellen (Pneumozyten) an. Während der Zweiteilung der Trophozoiten schnüren sich auch die Schleimhüllen ab. Bei der *Zystenbildung* bleibt der Zellkörper erhalten, und der Kern teilt sich in bis zu 8 intrazystische Körperchen. Verlassen diese die Zyste, so entstehen daraus vermutlich wieder Trophozoiten.

7.6 Epidemiologie

Befunde deuten darauf hin, daß weltweit ein großer Teil der Bevölkerung Träger von Pneumocystis ist. Wie Tierexperimente zeigen, scheint die *Übertragung* **aerogen** vor sich zu gehen. Patienten mit ***Immunschwäche*** (z. B. ***AIDS***), Malignomen, unter immunsuppressiver und zystostatischer Therapie sind besonders gefährdet. Die früher häufigen Ausbrüche auf Früh- und Neugeborenenstationen werden heute selten beobachtet.

7.7 Pathogenese

Durch die starke Vermehrung der Parasiten in den Alveolen kommt es zur Bildung von erregerhaltigen *Schleimmassen* und somit zur *Verhinderung des Gasaustausches*. Nach Schädigung des Alveolarepithels befallen die Erreger das *Interstitium* (interstitielle, plasmazelluläre Pneumonie). Die Erkrankung führt insbesondere bei Patienten mit Immunschwäche ohne Behandlung zum Tode.

7.8 Klinik

Das klinische Bild ist uncharakteristisch. Es ist vor allem geprägt durch ***Dyspnoe***, Fieber, ***Husten***, Zyanose und im Röntgenbild durch bilaterale, diffuse Infiltrate.

7.9 Immunologie

Die Infiltration der Lunge mit Plasmazellen sowie der Nachweis von Immunglobulinen auf den Parasiten sprechen für humorale Immunmechanismen. Eine T-Lymphozyten-Dysfunktion beim Erkrankten zeigt, daß auch zelluläre Mechanismen für die Unterdrückung der Parasiten notwendig sind. Wird die Immunabwehr beeinträchtigt, so kommt es zur starken Vermehrung der Erreger ***(opportunistischer Erreger)***.

7.10 Labordiagnostik

Er geschieht in ***Bronchiallavage*** und Lungenbiopsiematerial mittels Färbemethoden. Mit der ***Grocott-Silberfärbung*** können Zysten und mit der Giemsa-Färbung Trophozoiten und intrazystische Körperchen nachgewiesen werden. Zum Nachweis beider Stadien werden fluoreszierende Antikörper gegen Pneumocystis verwendet.

7.11 Therapie

Gute Heilungserfolge sind mit ***Trimethoprim-Sulfamethoxazol*** zu erreichen. Es kann auch ***Pentamidin***-Isethionat z. B. zur Inhalationsprophylaxe gegeben werden.

7.12 Prävention

Räumliche Konzentrationen von Patienten mit Immunschwäche sind zu vermeiden. Patienten unter spezifischer Therapie sollten in den ersten 5 Behandlungstagen in einem Einzelraum untergebracht werden.

8 Toxoplasmose

K. Janitschke

INHALTSÜBERSICHT

8.1 Definition 898
8.2 Klassifizierung 898
8.3 Namensgebung und Geschichte 898
8.4 Morphologie und Aufbau 898
8.5 Entwicklung 898
8.6 Epidemiologie 899
8.7 Pathogenese 899
8.8 Klinik 899
8.9 Immunologie 899
8.10 Labordiagnostik 899
8.11 Therapie 900
8.12 Prävention 900

8.1 Definition

Die Toxoplasmose ist eine durch das Protozoon ***Toxoplasma gondii*** hervorgerufene Zoonose, die bei vielen Arten warmblütiger Tiere stark verbreitet ist und auf den Menschen übertragen werden kann. Sie verläuft *meistens symptomlos* (= Toxoplasma-Infektion), seltener mit Krankheitserscheinungen (= Toxoplasmose).

8.2 Klassifizierung

Innerhalb der Protozoa gehören diese Parasiten wegen der Bildung von Sporen (Oozysten, Sporozysten) zum Stamm der Sporozoa und der Unterklasse Coccidia.

8.3 Namensgebung und Geschichte

Der Name rührt von der gebogenen Gestalt (Toxon, grch. der Bogen) des Parasiten her. Er wurde 1908 bei einem nordafrikanischen Nagetier, dem Gondi, entdeckt. Die erste Beschreibung einer Erkrankung beim Menschen stammt aus dem Jahre 1923. 1969 erfolgte die vollständige Aufdeckung des Entwicklungszyklus.

8.4 Morphologie und Aufbau

Toxoplasmen treten in drei Entwicklungsstadien auf. Die ***Trophozoiten*** sind sichelförmig gebogene Einzelparasiten in der Länge des Durchmessers eines Erythrozyten. ***Zysten*** sind runde, 200 µm messende Dauerstadien, die innerhalb der Membran viele Tausende von Einzelparasiten (Zystozoiten) enthalten. ***Oozysten*** sind eiförmige, 9 × 14 µm messende Dauerstadien im Kot von Katzen, die einige Tage nach der Ausscheidung sporulieren und dann zwei Sporozysten mit je vier Sporozoiten enthalten.

Die Parasiten besitzen einen Kern und verschiedene Strukturen, die wahrscheinlich für das Eindringen in Wirtszellen von Bedeutung sind.

8.5 Entwicklung

Der Mensch und Säugetiere infizieren sich durch die *orale Aufnahme* entweder von Zysten (im rohen Fleisch) oder Oozysten (aus Katzenkot). Die Parasiten durchdringen die Darmwand und können sich über den Blut- und Lymphweg in allen Organen und Geweben, vorwiegend im retikuloendothelialen System ansiedeln. Dort vermehren sie sich intrazellulär durch ungeschlechtliche Zweiteilung. Durch die Abwehrmaßnahmen des Wirtes kommt es zur Ausbildung von bis zu 200 µ großen ***Zysten***, die vorwiegend in der *Skelett- und Herzmuskulatur* sowie im *Gehirn* und in der Retina zu finden sind und wahrscheinlich viele Jahre im Gewebe überdauern. Eine Infektion direkt auf dem Blutwege ist intrauterin möglich (pränatale Infektion).

Bei Katzen (Feliden) kann es im Darm zusätzlich zu einer geschlechtlichen Vermehrung und zur Ausbildung von Oozysten kommen, die mit dem Kot ausgeschieden werden. Katzen fungieren daher als Endwirte für den Parasiten, während andere Säugetiere und der Mensch Zwischenwirte darstellen.

8.6 Epidemiologie

Die Infektion ist beim Menschen und bei Säugetieren *weltweit* verbreitet. Im allgemeinen nimmt die Durchseuchung beim Menschen mit jedem Lebensjahrzehnt um ca. 10% zu und erreicht in der Altersgruppe der 60–65jährigen bis zu 70%. Warmblütige Tiere können sich durch das Fressen toxoplasmazysten-haltigen Fleisches (z. B. Futterfleisch, Nagetiere), durch die Aufnahme von Toxoplasma-Oozysten aus Katzenkot oder auf pränatalem Wege infizieren. Die Infektionsraten sind teilweise beträchtlich. Im Zusammenhang damit steht die Übertragung auf den Menschen (Zoonose). Sie geschieht vor allem durch den Verzehr rohen oder ungenügend erhitzten Fleisches (Hackfleisch) insbesondere vom Schwein. Bei der Arbeit im Erdboden (Spielsand, Gartenarbeit, Landwirtschaft) kann es zur oralen Aufnahme von Toxoplasma-Oozysten bzw. -Sporozysten aus Katzenkot kommen.

8.7 Pathogenese

Die Parasiten vermehren sich intrazellulär durch Zweiteilung. Dadurch kommt es zum Platzen der Wirtszellen und dann zur Besiedlung weiterer benachbarter Zellen. Es entstehen Nekroseherde. Bilden sie sich in der Plazenta, kann es zu einer pränatalen Infektion und in deren Folge zu Abort oder seltener zur Totgeburt kommen. Eine pathogenetische Bedeutung von Toxinen und Immunkomplexen wird vermutet. Durch Hypersensitivitätsreaktionen kann es nach Auflösung von Zysten zu einer rezidivierenden Retinochorioiditis kommen.

8.8 Klinik

Die Infektion verläuft *meistens symptomlos* (Toxoplasma-Infektion), seltener mit Krankheitserscheinungen (Toxoplasmose).

Klinisch sind zwei Formen zu unterscheiden:

- **Postnatal erworbene Toxoplasmose.** Nach einer Inkubationszeit von ca. 1–3 Wochen kommt es zu leichtem Fieber, Mattigkeit, Stirnkopfschmerzen, Muskel- und Gelenkschmerzen sowie gelegentlich zu Durchfällen. Die häufigste Organmanifestation ist die Lymphknoten-Toxoplasmose.
- **Pränatal erworbene Toxoplasmose (pränatale Toxoplasmose).** Erstinfektion während der Schwangerschaft: Infiziert sich eine Frau während der Schwangerschaft ***erstmalig*** mit Toxoplasmen, so geht in etwa der Hälfte der Fälle der Parasit auf den Föten über. Am Beginn einer Schwangerschaft ist das Risiko geringer und nimmt bis zum Ende dieser zu. Pränatale Infektionen beobachtet man bei etwa einer auf 1000 Lebendgeburten. In Abhängigkeit vom Zeitpunkt und der Intensität der Infektion kann es zum *Abort*, seltener zur Totgeburt oder zu Symptomen wie Hydrozephalus, intrazerebralen Verkalkungen und Chorioretinitis kommen, oder es treten nach Monaten oder Jahren bei klinisch gesund geborenen Kindern *Spätschäden* (Entwicklungsstörungen, geistige Retardierung, Augenveränderungen bis hin zur Erblindung) auf.

8.9 Immunologie

Bei einer Toxoplasma-Infektion werden zelluläre und humorale Immunmechanismen ausgelöst. Zirkulierendes Toxoplasma-Antigen und spezifische Antikörper sind im Serum nachweisbar. Aufgrund der *Immunreaktionen* kommt es im Gewebe zur Ausbildung von *Toxoplasma-Zysten*. Es entsteht die zumeist lebenslange latente Toxoplasma-Infektion (Prämunität). Daher kann es bei Schwangeren nur nach einer Erstinfektion zu einer konnatalen Übertragung kommen.

Wird das Immunsystem, wie z.B. beim Immundefizienzsyndrom (AIDS), geschädigt, können latente Toxoplasma-Infektionen aktiviert werden. Im Gehirn entsteht dann häufig eine Toxoplasma-Enzephalitis. Die Antikörperbefunde sind dabei diagnostisch unauffällig.

8.10 Labordiagnostik

Der direkte Nachweis des Erregers gelingt selten. Daher wird die Laboratoriumsdiagnostik vor allem indirekt durch den Antikörpernachweis im Serum mittels verschiedener Methoden vorgenommen (z. B.: Immunfluoreszenz, Enzymimmunoassay).

Bei der Bewertung der serologischen Befunde ist zu berücksichtigen, daß ein relativ hoher Prozentsatz der Bevölkerung latent infiziert ist, d. h. niedrige bzw. mittlere Antikörpertiter aufweist. Werden Reaktionen plötzlich positiv, steigen signifikant an oder zeigen bereits hohe Werte, so kann eine frische (aktive) Infektion (Erstinfektion) vorliegen. Diese Aussage kann durch den Nachweis spezifischer IgM-Antikörper erhärtet werden. Nur bei entsprechenden serologischen Befunden und typischen klinischen Erscheinungen ist eine Toxoplasmose zu diagnostizieren.

8.11 Therapie

Es wird i. A. nur die *Erkrankung* durch Gabe einer Kombination von Sulfonamiden mit Pyrimethamin behandelt. Bei einer *Erstinfektion während der Schwangerschaft* ist eine Behandlung auch ohne Krankheitserscheinungen angezeigt, jedoch soll Pyrimethamin im ersten Trimenon nicht gegeben werden, dafür kann Spiramycin zur Anwendung kommen.

8.12 Prävention

Verhütungs-Empfehlungen gelten vor allem für *Schwangere*, die nicht mit Toxoplasmen infiziert sind. Es sollte auf den Genuß von rohem oder ungenügend erhitztem Fleisch, insbesondere vom Schwein, verzichtet werden. *Katzen* dürfen ebenfalls nicht damit gefüttert werden, und ihre Kotkästen sind täglich zu reinigen; dann sind eventuell vorhandene Oozysten noch nicht infektiös. Bei und nach *Gartenarbeit* (Oozysten im Erdboden) sind hygienische Grundregeln zu beachten. Katzen sind von Spielsandkisten fernzuhalten. Durch serologische Untersuchungen kann das Risiko einer pränatalen Infektion frühzeitig erkannt und mittels Chemotherapie verhindert werden.

Meldepflicht. Nur die pränatale Toxoplasmose ist nach dem Bundesseuchengesetz anzeigepflichtig.

9 Kryptosporidiose

K. Janitschke

INHALTSÜBERSICHT

9.1 Definition 901
9.2 Klassifizierung 901
9.3 Namensgebung und Geschichte 901
9.4 Morphologie und Aufbau 901
9.5 Entwicklung 901
9.6 Epidemiologie 901
9.7 Pathogenese 901
9.8 Klinik 901
9.9 Immunologie 902
9.10 Labordiagnostik 902
9.11 Therapie 902
9.12 Prävention 902
9.13 Verwandte Arten 902

9.1 Definition

Die Kryptosporidiose wird durch eine Infektion des Darmes mit Protozoen der Gattung Cryptosporidium ausgelöst und verläuft entweder latent oder mit Durchfall, der bei Personen mit Immunschwäche besonders schwer ist.

9.2 Klassifizierung

Innerhalb des Systems der Protozoa und des Stammes der Sporozoa gehören die Erreger zur Unterklasse der ***Coccidia*** und stehen damit den Toxoplasmen nahe.

9.3 Namensgebung und Geschichte

1976 wurde der erste Fall beim Menschen beschrieben.

9.4 Morphologie und Aufbau

Die mit dem Stuhl ausgeschiedenen Oozysten sind rundlich und haben eine Größe von 5 µm.

9.5 Entwicklung

Nach der oralen Aufnahme von ***Oozysten*** werden ***Sporozoiten*** im Darm frei, lagern sich an die Darmepithelzellen an und entwickeln sich über eine geschlechtliche Vermehrung wieder zu Oozysten.

9.6 Epidemiologie

Kryptosporidien sind bei Mensch und Wirbeltieren überwiegend im Rahmen latenter Infektionen weltweit verbreitet. Sie kommen durch die *Aufnahme von Oozysten aus Fäkalien* zustande. Besonders gefährdet sind Personen mit *Immunschwäche*, die Kontakt insbesondere mit an Kryptosporidiose erkrankten Tieren (Kälber) haben.

9.7 Pathogenese

Die Pathogenese ist bisher ungeklärt. Liegt beim Wirt eine Immundefizienz vor, kommt es zur massenhaften Vermehrung des Parasiten und damit anscheinend zur Epithelschädigung und in deren Folge zu Durchfall.

9.8 Klinik

Beim immunkompetenten Menschen verläuft die Infektion entweder latent, oder es kommt zu einem kurzzeitigen, wäßrigen Durchfall. Bei Personen mit Immunschwäche (z. B. ***AIDS***) kann es zu langanhaltendem oder intermittierendem *Durchfall* kommen.

9.9 Immunologie

Erkrankungen bei Personen mit Immundefizienz (z. B. AIDS) oder nach immunsuppressiver Therapie weisen auf die Bedeutung der Immunabwehr hin. Deswegen wird Cryptosporidium als *opportunistischer Erreger* bezeichnet.

9.10 Labordiagnostik

Nativer oder fixierter *Stuhl* wird auf einem Objektträger mit *Karbolfuchsin* verrührt, ausgestrichen und sofort nach Trocknung mit Immersionsöl bedeckt. Die Erreger erscheinen als nicht gefärbte, lichtbrechende, rundliche Gebilde.

9.11 Therapie

Bei positivem Stuhlbefund ist nur bei Durchfall eine symptomatische Therapie einzuleiten. Spezifisch wirksame Medikamente stehen derzeit nicht zur Verfügung, Behandlungsversuche mit Spiramycin, Eflornithin oder mit Somatostatin u. a. Präparaten zeigen keine eindeutigen Ergebnisse.

9.12 Prävention

Patienten mit Immunschwäche sollen Tierkontakte meiden.

9.13 Verwandte Arten

Weitere Kokzidien, die Durchfall erregen können, sind ***Sarcocystis*** (Infektionsquelle: rohes Rind- bzw. Schweinefleisch) und ***Isospora***.

10 Schistosomiasis (Bilharziose)

K. Janitschke

INHALTSÜBERSICHT

10.1	Definition	903
10.2	Klassifizierung	903
10.3	Namensgebung und Geschichte	903
10.4	Morphologie und Aufbau	903
10.5	Entwicklung	903
10.6	Epidemiologie	904
10.7	Pathogenese	904
10.8	Klinik	904
10.9	Immunologie	904
10.10	Labordiagnostik	904
10.11	Therapie	905
10.12	Prävention	905
10.13	Verwandte Schistosomen und andere Egel	905

10.1 Definition

Die Schistosomiasis (Bilharziose) ist je nach Sitz und Art der Parasiten (Schisotosomen, Bilharzien, Pärchenegel) eine Erkrankung insbesondere des Darmes, der Leber und Milz bzw. der harnableitenden Wege.

10.2 Klassifizierung

Die Schistosomen gehören innerhalb des Stammes der Plattwürmer (*Plathelminthes*) zur Klasse der Saugwürmer (*Trematoda*) mit Generationswechsel (Digenea). Die wesentlichsten Arten sich ***Schistosoma mansoni, S. japonicum*** und ***S. haematobium***.

10.3 Namensgebung und Geschichte

Der deutsche Arzt und Zoologe ***Bilharz*** entdeckte 1851 in Kairo Würmer als die Ursache der in Ägypten verbreiteten *Hämaturie*. Später wurden weitere Wurmarten beschrieben und aufgrund der weiten und langen Bauchfalte (Körperfalte) des Männchens als Schistosoma bezeichnet.

10.4 Morphologie und Aufbau

Ausgewachsene Schistosomen sind 6–22 mm lange Würmer. Das Männchen ist blattförmig, wobei die äußeren Ränder (Bauchfalten) zu einem Kanal zusammengelegt werden, in dem sich das runde Weibchen befindet. Die Würmer besitzen je einen Mund- und Bauchsaugnapf, einen Darmkanal, Geschlechtsorgane und einen Genitalporus. Die Bilharzien sind getrennt geschlechtlich.

10.5 Entwicklung

Die geschlechtsreifen Würmer leben je nach Art entweder in den Darm- und *Mesenterialvenen* und in der *Pfortader* oder in den Venengeflechten des kleinen Beckens (Mensch ist Endwirt). Die Eier gelangen durch Proteolyse entzündlichen Gewebes in das Lumen von Darm bzw. Blase und damit ins Freie. Im Wasser schlüpft aus dem Ei eine Wimperlarve (***Mirazidium***), die in spezifische *Wasserschneckenarten* eindringt und sich darin ungeschlechtlich vermehrt (Schnecke ist Zwischenwirt). Aus diesen Zwischenwirten schlüpfen Gabelschwanzlarven (***Zerkarien***), die sich in die menschliche Haut einbohren, z. B. beim Baden. Über die Lunge und das linke Herz gelangen die Larven in den arteriellen Kreislauf und schließlich in die o. g. Organe. Fünf bis acht Wochen nach der Invasion werden die ersten Eier ausgeschieden.

10.6 Epidemiologie

Die Verbreitung hängt nicht nur von Wurmträgern, sondern auch vom Vorkommen der artspezifischen Wasserschnecken ab.

S. mansoni ist in Afrika, im Nahen Osten und Südamerika, ***S. japonicum*** ist in Teilen des Fernen Ostens verbreitet. ***S. haematobium*** kommt vorwiegend in Afrika und in Südwestasien vor.

Durch Bewässerungsmaßnahmen hat sich die Bilharziose erheblich ausgebreitet. Voraussetzung ist, daß eihaltiger Stuhl bzw. Harn ins Süßwasser gelangt. Durch die vielfältigen Kontakte des Menschen mit Wasser kommt es zu Erstinfektionen bei Kindern und Reinfektionen bei Jugendlichen und Erwachsenen. Schistosomen leben im Menschen etwa 2–5 Jahre, mitunter auch mehr als 10 Jahre.

10.7 Pathogenese

Durch das Eindringen der Zerkarien kommt es zu vorübergehenden Hautreaktionen (Papeln, Juckreiz). Drei bis zehn Wochen nach der Infektion entstehen durch zytotoxische bzw. allergisch wirkende Substanzen, die von den geschlechtsreifen Würmern gebildet werden, *perivaskuläre Infiltrate*. Die Bilharziose wird jedoch im wesentlichen durch die *Eier* verursacht, die mit dem Blut in verschiedene Organe gelangen. Die Eier scheiden Toxine aus, und der Wirt reagiert darauf mit *Granulombildung* und granulomatösen Wucherungen. Die Eier leben etwa 3 Wochen, werden aufgelöst oder verkalken. Die betroffenen Gewebe verändern sich fibrös, wodurch es zur portalen Stauung und zu Stauung im kleinen Kreislauf kommen kann. Dieses Endstadium führt zum Tode.

10.8 Klinik

Die Schwere der Bilharziose hängt wesentlich von der Stärke des Befalles mit den Würmern ab. Etwa 4 bis 7 Wochen nach der Infektion treten die ersten klinischen Erscheinungen auf. Fieber, Mattigkeit, Kopf- und Gliederschmerzen, Urtikaria, Bronchitis, Schwellung von Leber und Milz sind Zeichen der allergischen Allgemeinreaktion. Nach mehreren Tagen oder Wochen geht das akute in das chronische Stadium über.

Die wesentlichsten Verlaufsformen sind:

- ***Darm-Bilharziose*** (S. mansoni, S. japonicum, auch S. haematobium)
  Kolitis mit flüssigen Stühlen und Blut- und Schleimbeimengungen. Im Spätstadium fibröse Verdickungen des Darmes und des Mesenteriums.
- ***Leber-Milz-Bilharziose*** (S. mansoni, S. japonicum)
  Leber- und Milzschwellung, portale Stauung, Aszites
- ***Urogenital-Bilharziose*** (S. haematobium)
  Hämaturie, Knötchen in der Harnblasenwand, Strikturen und Fisteln der harnableitenden Wege. Es kann zu bakteriellen Sekundärinfektionen und Blasenkarzinom kommen.

10.9 Immunologie

Der befallene Organismus reagiert auf den Parasiten mit humoralen und zellulären Immunreaktionen (Granulombildung). Bei Superinfektionen kommt es nicht zu einem unbegrenzten Anstieg der Zahl der Parasiten. Die Weiterentwicklung neu eingedrungener Zerkarien wird anscheinend durch die Adulten gehemmt. Diese wiederum besitzen auf ihrer Oberfläche Wirtsantigen (*Maskierung*) und werden somit vom Wirt immunologisch nicht erkannt. Mit *Vakzinen* gelingt im Tierexperiment teilweise eine Immunisierung.

10.10 Labordiagnostik

Personen, die in den Endemiegebieten mit Süßgewässern (ausgenommen Swimmingpools) in Berührung gekommen sind, sollten untersucht werden. Der direkte Parasitennachweis gelingt frühestens 5 bis 12 Wochen nach der Infektion. Im Stuhl können mittels der *Merthiolat-Formaldehyd-Konzentrationstechnik* (MF) Eier von S. mansoni und S. japonicum nachgewiesen werden. Harnsediment oder -filtrat wird nativ oder nach Anfärbung mit Jodtinktur auf

S. haematobium-Eier untersucht. Bei allen Arten kann auch Schleimhautbiopsiematerial mikroskopiert werden. Zum Antikörpernachweis im Serum stehen verschiedene Methoden zur Verfügung.

10.11 Therapie

Patienten mit *positivem Einachweis* und/oder spezifischen *Serumantikörpern* müssen behandelt werden. Das Mittel der Wahl ist eine eintägige orale Gabe von ***Praziquantel***. Es wirkt gegen alle Schistosoma-Arten, während *Oxaminiquin* nur bei S. mansoni und *Metrifonat* nur bei S. haematobium wirksam ist. Durch eine Chemotherapie werden die Würmer beseitigt, nicht jedoch vorhandene fribröse Prozesse.

10.12 Prävention

Durch striktes Vermeiden von Kontakt mit Süßgewässern (ausgenommen Swimmingpools) in den Endemiegebieten kann eine Schistosomiasis vermieden werden.

Mit dem Bau von Toiletten und der Anlage von Wasserleitungen wird entscheidend zur Verringerung der Ausbreitung beigetragen. Endemiegebiete werden durch chemotherapeutische Maßnahmen (Massenbehandlung z. B. mit Praziquantel) und Bekämpfung der Überträgerschnecken saniert.

10.13 Verwandte Schistosomen und andere Egel

In Wasservögeln (auch Mitteleuropas) leben andere als die obengenannten Schistosomen (z. B. ***Trichobilharzia***). Dringen die Zerkarien in die menschliche Haut ein, so kann es zu einer vorübergehenden sog. Badedermatitis kommen.

Zahlreiche andere Egelarten können im Menschen parasitieren. Die wichtigsten sind entsprechend ihrer Lokalisation im Körper nachfolgend zusammengestellt (Tabelle 10.1).

Tabelle 10.1. Vorkommen weiterer Trematoden in verschiedenen Organen

Hauptlokalisation	Gattung	Deutscher Name
Gallengänge	Fasciola	Großer Leberegel
	Dicrocoelium	Kleiner Leberegel
	Opistorchis	Katzenegel (O. felineus)
	Clonorchis	Chinesischer Leberegel
Lunge	Paragonimus	Lungenegel
Darm	Fasciolopsis	Riesendarmegel

11 Bandwurmbefall

K. Janitschke

INHALTSÜBERSICHT

11.1 Definition 906
11.2 Klassifizierung 906
11.3 Namensgebung und Geschichte 906
11.4 Morphologie und Aufbau 906
11.5 Entwicklung 906
11.6 Epidemiologie 907
11.7 Pathogenese 907
11.8 Klinik 907
11.9 Immunologie 907
11.10 Labordiagnostik 907
11.11 Therapie 907
11.12 Prävention 907

11.1 Definition

Im Darm des Menschen kommen mehrere geschlechtsreife Bandwurmarten vor. Er kann in verschiedenen Organen auch Träger von Bandwurmlarven sein. Zu diesen gehören die im nächsten Abschnitt behandelten ***Echinokokken***.

11.2 Klassifizierung

Innerhalb des Stammes der Plattwürmer (***Plathelminthes***) stellen die Bandwürmer eine eigene Klasse (***Cestoda***) dar.

11.3 Namensgebung und Geschichte

Der deutsche Name rührt von der bandartigen Gestalt der Würmer her. Sie sind seit Jahrhunderten bekannt. Der Zusammenhang zwischen den adulten Würmern und Larvenstadien (***Finnen***) wurde in der Mitte des 19. Jahrhunderts festgestellt.

11.4 Morphologie und Aufbau

Die geschlechtsreifen Parasiten werden je nach Art von 4 cm bis zu 12 m lang. Der Kopf (***Skolex***) kann Haftorgane (Hakenkränze, Sauggruben oder Saugnäpfe) besitzen. An ihn schließt sich der Halsteil an, der die nachfolgende Gliederkette mit den einzelnen Gliedern (***Proglottiden***) produziert. Die Bandwürmer besitzen keine Verdauungsorgane (Nahrungsaufnahme durch Osmose), jedoch befinden sich sowohl männliche als auch weibliche Geschlechtsorgane in jedem Glied.

Für einige Bandwurmarten kann der Mensch auch Larventräger sein. Diese Entwicklungsstadien sind entweder länglich (*Zystizerkoid oder Procercoid*) oder besitzen die Form eines kleinen Bläschens (***Zystizerkus, Finne***).

11.5 Entwicklung

Der Mensch kann sich je nach Bandwurmart an Larven oder auch Eiern infizieren. Diese können sich unterschiedlich weit entwickeln. Entsteht daraus ein geschlechtsreifer Bandwurm, so bezeichnet man den Menschen als Endwirt. Ist er nur Träger von Larven, fungiert er als Zwischenwirt. Der Mensch kann auch zugleich End- und Zwischenwirt sein. An Bandwurmeiern, die der Mensch ausscheidet, können sich die als Zwischenwirte fungierenden Tierarten infizieren.

Mensch nur Endwirt

Bei der Aufnahme von Larven (Finnen), die sich im Fleisch von Tieren befinden, werden die die Larven umgebenden Hüllen im Magen aufgelöst, und die Bandwurmlarve heftet sich an der Darmwand an und entwickelt sich zum geschlechtsreifen Parasiten.

Folgende Bandwurmarten kann man sich durch Genuß rohen, infizierten Fleisches zuziehen:
- Taenia saginata (Rinderbandwurm) durch Rindfleisch
- Diphyllobothrium latum (Fischbandwurm) durch Fischfleisch

Mensch nur Zwischenwirt
Echinococcus s. Kapitel 12.

Mensch End- und Zwischenwirt
Nach oraler Aufnahme von Eiern des Zwergbandwurmes (Hymenolepis nana, auch auf dem Wege der Selbstinfektion) entwickelt sich über ein Larvenstadium im Darm der geschlechtsreife Wurm. Seltener kann die Infektion auch ohne Larvenentwicklung im Menschen vor sich gehen, dann nämlich, wenn diese bereits in Insekten (Flöhe, Käfer) abgelaufen ist und diese infizierten Zwischenwirte verschluckt werden.

Verzehrt man Schweinefleisch, das Finnen des Schweinebandwurmes enthält, so entwickelt sich im Darm der geschlechtsreife Wurm (Taenia solium). Der Mensch kann sich aber auch an dessen Eiern infizieren, die entweder oral aufgenommen werden oder aus Proglottiden im Darm frei werden. Die ausgeschlüpften Larven wandern über die Blutbahn in verschiedene Organe.

11.6 Epidemiologie

Der Mensch verseucht seine Umwelt mit Bandwurmeiern. Rinder und Schweine werden durch bandwurmtragendes Stallpersonal oder über mit *Abwässern* besprühte Wiesen und Weiden infiziert (Taenia). Ungeklärte Abwässer, die in natürliche Gewässer gelangen, führen zur Infektion der Fische (Diphyllobothrium). Durch Schmutz- und Schmierinfektion wird der Zwergbandwurm verbreitet.

Die vorstehend beschriebenen Arten sind mehr oder weniger *weltweit* verbreitet. In Mitteleuropa ist nur der Rinderbandwurm von größerer Bedeutung.

11.7 Pathogenese

Die pathogenetische Wirkung adulter Bandwürmer ist gering. Sie stellen *Nahrungskonkurrenten* dar. Durch das Einwandern abgelöster, reifer Proglottiden kann es gelegentlich zu Appendizitis, Cholezystis oder Pankreatitis kommen. Bei Diphyllobothrium-Befall wird eine Anämie durch Vitamin-B-12-Verbrauch beobachtet.

Larven von Taenia solium können mit dem Blut in verschiedene Organe (u. a. Muskulatur, Leber, Auge, Gehirn) gelangen, sich dort festsetzen und später verkalken. Wahrscheinlich entstehen durch das dabei freiwerdende Bandwurmeiweiß entzündliche Reaktionen (***Zystizerkose***).

11.8 Klinik

s. Pathogenese.

11.9 Immunologie

Immunologische Vorgänge sind bisher wenig untersucht worden.

11.10 Labordiagnostik

Zur Untersuchung kommen entweder ganze Bandwürmer oder Glieder sowie Stuhl auf Eier. Die einzelnen Arten können an den Köpfen bzw. Proglottiden (die vom Rinderbandwurm zeigen Eigenbewegung) erkannt werden. *Stuhl* wird mittels *Merthiolat-Formaldehyd-Konzentrationstechnik (MF)* aufgearbeitet und auf Eier untersucht.

Bei Verdacht auf Zystizerkose (Taenia solium) wird *Serum* auf Antikörper und *Operationsmaterial* nativ oder histologisch auf Larven untersucht.

11.11 Therapie

Bei Bandwurmbefall im Darm kann ***Niclosamid*** oder ***Praziquantel*** angewandt werden. Mit letzterem oder durch Operation wird die Zystizerkose behandelt.

11.12 Prävention

Die Bekämpfung des Rinderbandwurmbefalles ist durch die Behandlung der Wurmträger – besonders in landwirtschaftlichen Betrieben –, die *Entseuchung der Abwässer*, den Bau von Toiletten an Fernstraßen und eine sorgfältige *Fleischbeschau* möglich. Einer Infektion kann durch den Verzicht auf den Verzehr rohen Fleisches vorgebeugt werden. *Gefrierfleisch* enthält keine lebenden Larven.

12 Echinokokkose

K. Janitschke

INHALTSÜBERSICHT

12.1 Definition . . . 908
12.2 Klassifizierung . . . 908
12.3 Namensgebung und Geschichte . . . 908
12.4 Morphologie und Aufbau . . . 908
12.5 Entwicklung . . . 908
12.6 Epidemiologie . . . 909
12.7 Pathogenese . . . 909
12.8 Klinik . . . 909
12.9 Immunologie . . . 909
12.10 Labordiagnostik . . . 909
12.11 Therapie . . . 909

12.1 Definition

Die Echinokokkose ist eine Zoonose, die durch *Larvenstadien von zwei Bandwurmarten* verschiedener Fleischfresser hervorgerufen wird. Die Larven verursachen im Menschen ***raumfordernde Prozesse***.

12.2 Klassifizierung

Innerhalb des Stammes der Plattwürmer (Plathelminthen) stellen die Bandwürmer eine eigene Klasse (Cestoda) dar.

12.3 Namensgebung und Geschichte

Die Echinokokkenblase, der sog. *Hülsenwurm*, war bereits den Ärzten des Mittelalters bekannt. Der deutsche Zoologe v. Siebold konnte 1853 durch Übertragungsversuche den Zusammenhang mit Darmwürmern des Hundes feststellen. Vogel bewies 1954, daß es sich beim Menschen um zwei Bandwurmarten (***Echinococcus granulosus*** und ***E. multilocularis***) handelt.

12.4 Morphologie und Aufbau

- Adulte Echinokokken (in Fleischfressern)
  Echinokokken sind 1,4 bis 6 mm lange, 3- bis 5gliedrige Bandwürmer.
- Larvenstadium (Finnen, Metacestoden) – u. a. im Menschen.
  Es handelt sich bei *E. granulosus* um eine *bis kindskopfgroße Blase* (***Finne, Hydatide***), die von einer Bindegewebekapsel umgeben und mit Flüssigkeit gefüllt ist. An der Innenwand (Keimschicht) entstehen durch Knospung zahlreiche Larvenstadien (Kopfanlagen, Protoskolizes). Beim *E. multilocularis* ist die Finne *kleinblasig* und wächst tumorartig, infiltrativ. Einen Hakenkranz besitzen schon die Larven beider Arten.

12.5 Entwicklung

E. granulosus lebt im Darm vorwiegend des *Hundes* (Endwirt). Eier bzw. mit Eiern gefüllte Bandwurmglieder werden mit dem Kot ausgeschieden. Nehmen Zwischenwirte wie u. a. Rind, Schaf und der Mensch die Eier auf, so schlüpfen im Darm die Larven (Onkosphären), durchdringen die Darmwand und gelangen auf dem Blut- oder Lymphwege am häufigsten in die Leber, seltener in die Lunge oder andere Organe. Dort kommt es zur Ausbildung von Blasen. Werden diese vom Hund gefressen, ist der Zyklus geschlossen. Bei E. multilocularis ist vor allem der *Fuchs* Endwirt, selten sind es Hund und Katze. Als Zwischenwirte fungieren verschiedene Mäuse und auch der Mensch.

12.6 Epidemiologie

E. granulosus ist *weltweit* verbreitet. In Mitteleuropa ist er relativ selten. Die meisten hier festgestellten Fälle stammen aus dem Mittelmeerraum. *E. multilocularis* ist dagegen in der *nördlichen Hemisphäre* verbreitet. Er kommt in Deutschland in Teilen von Baden-Württemberg (besonders Schwäbische Alb), Nordrhein-Westfalen, Thüringen sowie in der Schweiz, Österreich und Frankreich mit zunehmender Tendenz zur Ausbreitung vor.

Infektionsquellen für E. granulosus sind Hunde in südlichen Ländern und für E. multilocularis Füchse bzw. mit Fuchslosung verunreinigte Waldfrüchte.

12.7 Pathogenese

Vor allem werden ***Leber*** und ***Lunge***, seltener jedoch ***Gehirn*** und ***Knochen*** befallen. Erst nach Monaten oder Jahren machen sich die heranwachsenden Finnen durch raumfordernde, teils auch destruktive Prozesse klinisch bemerkbar. Nach Platzen von Blasen kann es zu miliarer Aussaat kommen.

12.8 Klinik

Die Schwere der Erkrankung hängt von der Echinokokkenart, deren Sitz und Wachstumsgröße ab, jedoch sind klinische Symptome, falls sie auftreten, uncharakteristisch. Bei der Leberechinokokkose stehen besonders die *Lebervergrößerung*, Oberbauchbeschwerden und *Ikterus* im Vordergrund. Bei der Echinokokkose der Lunge handelt es sich meistens nur um Zufallsbefunde. Allergische Reaktionen können nach Platzen von Blasen entstehen. Die *Letalität* beträgt bei E. granulosus ca. 2–4% und bei E. multilocularis zwischen 52 und 94%.

12.9 Immunologie

Immunologische Vorgänge sind anscheinend von untergeordneter Bedeutung. In einigen Fällen können keine Antikörper, manchmal auch erst postoperativ, festgestellt werden. Durch das lange Persistieren von Antikörpern ist daher kurzfristig keine Aussage über Behandlungserfolge möglich.

12.10 Labordiagnostik

Insbesondere bei Patienten aus den Mittelmeerländern und den anderen obengenannten Gebieten ist bei ausgedehnten (auch verkalkten) raumfordernden Prozessen an Echinokokkose zu denken. Eine mögliche *Eosinophilie* (bis 15%) ist ein zusätzlicher Hinweis. Direkte Parasitennachweise gelingen nach Platzen von Zysten in der Lunge bzw. Bauchhöhle (Häkchen von Larven im Sputum bzw. Aszites). Die Punktion von Blasen ist ein Kunstfehler (Gefahr der Aussaat). In frischem oder fixiertem Operationsmaterial können Kopfanlagen und die Keimschicht der Zystenwand nachgewiesen werden. Indirekte Parasitennachweise sind durch serologische Untersuchungen (Immunfluoreszenztest, Enzymimmunoassay) möglich.

12.11 Therapie

Die Methode der Wahl ist die *Radikaloperation*. Ein Platzen der Blasen muß dabei vermieden werden. Große Blasen können intra-operativ punktiert und gespült werden. Bei inoperablen Fällen bzw. nach miliarer Aussaat kann eine Langzeit-Therapie mit *Mebendazol* oder *Albendazol* versucht werden.

13 Trichuriasis

K. Janitschke

INHALTSÜBERSICHT

13.1 Definition 910
13.2 Klassifizierung 910
13.3 Namensgebung und Geschichte 910
13.4 Morphologie und Aufbau 910
13.5 Entwicklung 910
13.6 Epidemiologie 910
13.7 Pathogenese 910
13.8 Klinik 911
13.9 Labordiagnostik 911
13.10 Therapie 911
13.11 Prävention 911

13.1 Definition

Die Trichuriasis wird durch einen Befall des Dickdarmes mit ***Trichuris trichiura*** (***Peitschenwurm***) hervorgerufen und kann sich durch gastrointestinale Störungen und Anämie manifestieren.

13.2 Klassifizierung

Innerhalb des Unterstammes *Rundwürmer (Nematoda)* stellen die Trichuridae mit den Trichinellidae eine eigene Ordnung dar.

13.3 Namensgebung und Geschichte

Der deutsche Name leitet sich von der peitschenartigen Gestalt des Wurmes her.

13.4 Morphologie und Aufbau

Trichuris ist rund und wird 3–5 cm lang, wobei das lange Vorderteil fadenförmig und der kürzere Hinterabschnitt dicker ist. Sie besitzen wie alle Nematoda einen Verdauungskanal und sind getrennt geschlechtlich.

13.5 Entwicklung

In den mit dem Stuhl ausgeschiedenen Eiern bildet sich eine Larve. Werden diese embryonierten Eier oral aufgenommen, schlüpfen die Larven aus und entwickeln sich im Dickdarm zur Geschlechtsreife, die 2–3 Monate nach der Infektion erreicht wird.

13.6 Epidemiologie

Trichuris kommt *weltweit* vor. Die mehrschichtige Hülle verleiht dem Ei einen hohen Schutz gegen Umwelteinflüsse. In feuchter Erde kann es jahrelang lebensfähig bleiben. Die Infektion kommt durch *kontaminierte Nahrungsmittel* und *Wasser* zustande.

13.7 Pathogenese

Die Würmer dringen mit dem dünnen Vorderteil tief in die Dickdarmschleimhaut ein, die sich dadurch entzündlich verändern kann.

13.8 Klinik

Die Ausbildung klinischer Symptome hängt vom Befallsgrad ab. Es werden verschiedene *gastrointestinale Störungen* sowie *Anämie* beobachtet.

13.9 Labordiagnostik

Einachweis im Stuhl mittels *Merthiolat-Formaldehyd-Konzentrationstechnik* (MF).

13.10 Therapie

Das Mittel der Wahl ist ***Mebendazol***.

13.11 Prävention

Die Prävention umfaßt u. a. Abwasserbeseitigung, Bereitstellung *sauberen Trinkwassers, Nahrungshygiene*.

14 Trichinellose

K. Janitschke

INHALTSÜBERSICHT

14.1 Definition 912
14.2 Klassifizierung 912
14.3 Namensgebung und Geschichte 912
14.4 Morphologie und Aufbau 912
14.5 Entwicklung 912
14.6 Epidemiologie 912
14.7 Pathogenese 912
14.8 Klinik 913
14.9 Immunologie 913
14.10 Labordiagnostik 913
14.11 Therapie 913
14.12 Prävention 913

14.1 Definition

Die Trichinellose wird durch einen Befall zunächst des Dünndarmes, später der Muskulatur mit ***Trichinella spiralis*** hervorgerufen und manifestiert sich durch Fieber, gastro-intestinale Störungen und Ödeme, danach treten Muskelschmerzen auf.

14.2 Klassifizierung

Innerhalb des Unterstammes *Nematoda* stellen die Trichinellidae mit den Trichuridae eine eigene Ordnung dar.

14.3 Namensgebung und Geschichte

Die Trichinen sind anscheinend im frühen 19. Jahrhundert mit Schweinen aus China nach Europa eingeschleppt worden. ***Zenker*** erkannte 1860 die Pathogenität des Parasiten für den Menschen. Auf Anraten ***Virchows*** wurde 1877 in Preußen die ***Trichinenschau*** eingeführt.

14.4 Morphologie und Aufbau

Adulte Trichinen sind rund und 1,4 bis 4 mm lang. Die Larven in der Muskulatur messen etwa 1 mm und befinden sich in einer 0,4 bis 0,7 mm dicken Kapsel.

14.5 Entwicklung

Der Mensch (End- und Zwischenwirt) infiziert sich durch den Verzehr von Fleisch, insbesondere vom *Schwein*, das eingekapselte, lebende ***Trichinenlarven*** enthält. Diese werden durch die Verdauung frei und erreichen im *Dünndarm* die Geschlechtsreife. Die Weibchen, die 4–6 Wochen leben, gebären vivipar Trichinenlarven, die die Darmwand durchdringen und auf dem Blut- und Lymphwege in die *quergestreifte Muskulatur* gelangen, dort eingekapselt werden und viele Jahre lebensfähig sein können.

14.6 Epidemiologie

Trichinen sind *weltweit* verbreitet und kommen beim Menschen und einer Reihe von Säugetierarten vor. In Deutschland werden nur sehr selten Infektionen beobachtet. Die Übertragung auf den Menschen geschieht durch den Verzehr infizierten Fleisches insbesondere vom Schwein. Schweine erlangen die Infektion durch Fressen trichinentragender Ratten und Fuchskerne (= Tierkörper nach dem Abbalgen).

14.7 Pathogenese

Durch das Eindringen der adulten Trichinenweibchen in die Darmmukosa kommt es zu deren Entzündung.

Ödeme und Hämorrhagien entstehen aufgrund einer allergischen Gefäßentzündung. In der Skelettmuskulatur führen die Trichinenlarven zu chemischen und strukturellen Änderungen der Muskelfasern sowie zur Myositis.

14.8 Klinik

Die Ausbildung klinischer Erscheinungen ist von der Anzahl und dem Stamm der aufgenommenen Larven abhängig. Bei stärkerem Befall entsteht eine *schwere Erkrankung mit Todesfolge*. Nach einer Inkubationszeit von 5–50 Tagen zeigt sich die intestinale Phase durch leichtes Fieber, wäßrige Durchfälle, Nausea und Erbrechen. Während der anschließenden extraintestinalen Phase treten Fieber, Ödeme und Muskelschmerzen auf. Es kann Heilung eintreten, oder *rheumaartige Beschwerden* können längere Zeit vorhanden sein.

14.9 Immunologie

Die Immunreaktionen sind spezifisch in bezug auf die einzelnen Parasitenstadien. Das Absterben der relativ kurzlebigen adulten Trichinen wird durch T-Zell-Aktivierung verursacht. Dadurch entsteht auch ein Schutz gegenüber Reinfektionen. Serumantikörper, Komplement und eosinophile Leukozyten können zur Abtötung junger Larven im Blutstrom beitragen.

14.10 Labordiagnostik

In der Phase der *Darmtrichinellose* können die Parasiten nur selten nachgewiesen werden. Eine *Muskeltrichinellose* kann durch den direkten Nachweis der Larven in gequetschter oder histologisch aufgearbeiteter Muskulatur und indirekt mittels Antikörpernachweis im Serum festgestellt werden.

14.11 Therapie

Das Mittel der Wahl ist ***Mebendazol***.

14.12 Prävention

Das Fleisch von Haus- und Wildschwein sowie anderen Tieren, die Träger von Trichinen sein können und dem Genuß der Menschen dient, unterliegt der ***amtlichen Trichinenschau*** und ist danach als trichinenfrei anzusehen. Reisende sind auf das Infektionsrisiko durch den Verzehr rohen, ungenügend erhitzten, getrockneten und gepökelten Schweinefleisches im außereuropäischen Ausland hinzuweisen.

Meldepflicht. Erkrankung und Tod an Trichinose sind nach dem Bundesseuchengesetz meldepflichtig.

15 Strongyloidiasis

K. Janitschke

INHALTSÜBERSICHT

15.1 Definition 914
15.2 Klassifizierung 914
15.3 Namensgebung und Geschichte 914
15.4 Morphologie und Aufbau 914
15.5 Entwicklung 914
15.6 Epidemiologie 914
15.7 Pathogenese und Klinik 914
15.8 Labordiagnostik 915
15.9 Therapie 915
15.10 Prävention 915

15.1 Definition

Die Strongyloidiasis wird durch den Befall des Dünndarmes mit dem Zwergfadenwurm ***Strongyloides stercoralis*** hervorgerufen und manifestiert sich durch *Enteritis*.

15.2 Klassifizierung

Innerhalb des Unterstammes *Nematoda* stellen die Strongyloididae eine eigene Familie dar.

15.3 Namensgebung und Geschichte

Der Wurm wurde 1876 bei einem Patienten mit Durchfall entdeckt. Erst 1933 gelang die vollständige Aufdeckung des Entwicklungszyklus durch ***Faust***.

15.4 Morphologie und Aufbau

Die Zwergfadenwürmer sind rund und 2–3 mm lang.

15.5 Entwicklung

Direkte Entwicklung: Im Darm lebende Weibchen legen im Darmepithel parthenogenetische ***Eier*** ab. Die daraus schlüpfenden ***rhabditiformen Larven*** gelangen mit dem ***Stuhl*** ins Freie und entwickeln sich zu infektionstüchtigen ***filariformen Larven***. Diese dringen ***perkutan*** in den Menschen ein, gelangen mit dem ***venösen*** Blut in die ***Lunge***, durchdringen die Alveolen, werden aufgehustet und abgeschluckt. Im Darm entwickeln sich dann die ***parthenogenetischen Weibchen***.

Die rhabditiformen Larven können sich auch im Darm zu filariformen entwickeln, die in das Darmepithel (Endo-Autoinvasion) oder außen am After in die Haut (Exo-Autoinvasion) eindringen.

Indirekte Entwicklung: Die mit dem Stuhl ausgeschiedenen ***rhabditiformen Larven*** entwickeln sich im Freien zu männlichen und weiblichen ***geschlechtsreifen*** Stadien. Aus den befruchteten ***Eiern*** können sich entweder wieder rhabditiforme Larven oder Geschlechtsstadien bilden.

15.6 Epidemiologie

Zwergfadenwürmer sind in warmen Ländern stark verbreitet. Die Klimabedingungen begünstigen die endogene und exogene Vermehrung und den Austritt der Larven aus dem Kot in die Umgebung.

15.7 Pathogenese und Klinik

Durch das Wandern der Larven können Hautveränderungen und entzündliche *Lungenreaktionen* entstehen. Beim Darmbefall kommt es zu *Enteritiden*, wobei Bauchschmerzen, Erbrechen und Durchfall auftreten. Nach der Autoinfektion treten je nach Organbefall unterschiedliche Symptome auf.

15.8 Labordiagnostik

Nachweis von Larven im Stuhl geschieht mittels des sogenannten *Larvenauswanderverfahrens*, bei dem Stuhl auf ein Sieb aufgebracht wird, das in Wasser eintaucht. Die aus dem Stuhl auswandernden Larven werden dann im Wasser nachgewiesen. Auch ein Antikörpernachweis im Serum ist möglich.

15.9 Therapie

Das Mittel der Wahl ist ***Thiabendazol***.

15.10 Prävention

Die Prävention umfaßt den Bau von Toilettenanlagen, Vermeidung des Barfußgehens in warmen Ländern sowie die Untersuchung möglicher infizierter Personen und deren Behandlung.

16 Ankylostomiasis

K. Janitschke

INHALTSÜBERSICHT

16.1 Definition 916
16.2 Klassifizierung 916
16.3 Namensgebung und Geschichte 916
16.4 Morphologie und Aufbau 916
16.5 Entwicklung 916
16.6 Epidemiologie 916
16.7 Pathogenese und Klinik 916
16.8 Labordiagnostik 917
16.9 Therapie 917
16.10 Prävention 917

16.1 Definition

Die Ankylostomiasis wird durch einen Befall des Dünndarmes mit den ***Hakenwürmern Ancylostoma duodenale*** oder ***Necator americanus*** hervorgerufen und kann sich durch *blutige Durchfälle* und *Anämie* manifestieren.

16.2 Klassifizierung

Innerhalb des Unterstammes *Nematoda* stellen die *Ancylostomatidae* eine eigene Familie dar.

16.3 Namensgebung und Geschichte

Der Name leitet sich von dem hakenförmig gebogenen Vorderende ab. Diese Würmer sind seit dem Altertum bekannt. Beträchtliche Endemien entstanden besonders in der zweiten Hälfte des vorigen Jahrhunderts bei Berg- und Tunnelarbeiten. Loos erkannte 1898 den *perkutanen Einwanderungsweg*.

16.4 Morphologie und Aufbau

Die Hakenwürmer sind rund, mit hakenförmigem Vorderende, und werden 5–13 mm lang.

16.5 Entwicklung

Nach Absetzen der Eier mit dem Stuhl entwickelt sich in diesen innerhalb von 1–2 Tagen eine Larve, die schlüpft und dann infektionsfähig ist. Nach Kontakt dringen die Larven in die Haut ein und erreichen auf dem Blutweg die *Lunge*. Sie durchbohren die Alveolarwand, gelangen in den Rachen, werden abgeschluckt und entwickeln sich im *Darm* zur Geschlechtsreife, die 5–6 Wochen nach der Infektion eintritt.

16.6 Epidemiologie

Hakenwürmer sind in warmen Ländern sehr stark verbreitet (ca. 1 Milliarde infizierter Menschen). Das wird dadurch begünstigt, daß sich infektiöse Larven schnell entwickeln, aus dem Kot in die Umgebung auswandern und perkutan eindringen können.

16.7 Pathogenese und Klinik

Durch das ***perkutane Einwandern*** entstehen Juckreiz und beim Durchwandern durch die Lunge vorübergehende entzündliche Infiltrate. Während des Blutsaugens an der Darmwand kann es bei massivem Befall zu ***blutigen Durchfällen***, *Resorptionsstörungen* und *Anämie* kommen.

16.8 Labordiagnostik

Einachweis im Stuhl mittels *Merthiolat-Formaldehyd-Konzentrationstechnik* (MF) sowie der Larven durch das sogenannte *Larvenauswanderverfahren* (s. S. 915).

16.9 Therapie

Die Mittel der Wahl sind ***Mebendazol*** oder ***Pyrantelpamoat***.

16.10 Prävention

Die Prävention umfaßt den Bau von Toilettenanlagen, Vermeidung des Barfußgehens in Endemiegebieten sowie die Untersuchung epidemiologisch wichtiger Personen (Bergarbeiter) und ggf. deren Behandlung.

17 Enterobiose

K. Janitschke

INHALTSÜBERSICHT

17.1 Definition 918
17.2 Klassifizierung 918
17.3 Namensgebung und Geschichte 918
17.4 Morphologie und Aufbau 918
17.5 Entwicklung 918
17.6 Epidemiologie 918
17.7 Pathogenese und Klinik 918
17.8 Labordiagnostik 918
17.9 Therapie 919
17.10 Prävention 919

17.1 Definition

Bei dieser Infektion handelt es sich um einen Befall des Enddarmes und Afters mit ***Enterobius vermicularis*** (***Oxyuris, Madenwurm***), die sich klinisch durch *Analjucken* manifestiert.

17.2 Klassifizierung

Innerhalb des Unterstammes *Nematoda* stellen die *Oxyurida* eine eigene Ordnung dar.

17.3 Namensgebung und Geschichte

Diese Würmer sind seit dem Altertum bekannt, genauere Beschreibung stammen aus der Mitte des 19. Jahrhunderts.

17.4 Morphologie und Aufbau

Die Madenwürmer sind rund, von weißlicher Farbe und je nach Geschlecht 2–13 mm lang.

17.5 Entwicklung

Nach oraler Aufnahme embryonierter Eier schlüpfen die Larven im Darmkanal und erlangen die Geschlechtsreife. Nach der Kopulation wandern die Weibchen zum Anus und legen auf die *Analhaut* die *Eier* ab und gehen zugrunde.

17.6 Epidemiologie

Der Madenwurm ist weltweit, besonders in warmen Ländern und bei Kindern verbreitet, kommt jedoch in Mitteleuropa seltener vor. Die Verbreitung wird dadurch begünstigt, daß die Eier eine klebrige Hülle besitzen und bereits 4–6 Stunden nach der Ablage infektiöse Larven enthalten. Die Übertragung geschieht von Mensch zu Mensch und als Autoinfektion durch Kontakt, und zwar digital nach Jucken am After. Auch Staub kann Eier enthalten.

17.7 Pathogenese und Klinik

Durch die am Anus auskriechenden Weibchen entstehen *starker Juckreiz* und nach Kratzen entzündliche Hautveränderungen.

17.8 Labordiagnostik

Ein Madenwurmbefall wird durch Feststellung der *Würmer auf dem Stuhl* diagnostiziert. Zum *Einach-*

weis wird ein Klebestreifen auf den After beklebt, abgezogen und mikroskopisch untersucht.

17.9 Therapie

Mittel der Wahl sind ***Mebendazol*** und ***Pyrviniumembonat***.

17.10 Prävention

Mittels der o. g. Therapeutika werden nur die Würmer abgetrieben. Durch die Kontamination der Umgebung mit Eiern kommt es häufig zu *Reinfektionen*. Hygienische Maßnahmen (Händewaschen, Wäsche auskochen) müssen daher ergriffen und Kontaktpersonen untersucht werden.

18 Askaridose

K. Janitschke

INHALTSÜBERSICHT

18.1	Definition	920
18.2	Klassifizierung	920
18.3	Namensgebung und Geschichte	920
18.4	Morphologie und Aufbau	920
18.5	Entwicklung	920
18.6	Epidemiologie	920
18.7	Pathogenese	920
18.8	Klinik	920
18.9	Labordiagnostik	921
18.10	Therapie	921
18.11	Prävention	921
18.12	Verwandte Arten	921

18.1 Definition

Die Askaridose wird durch einen Befall des Dünndarmes u. a. Organe mit ***Ascaris lumbricoides*** (**Spulwurm**) hervorgerufen und kann sich durch *entzündliche Lungeninfiltrate* und *gastrointestinale Störungen* manifestieren.

18.2 Klassifizierung

Innerhalb des Unterstammes *Nematoda* stellen die *Ascaridida* eine eigene Ordnung dar.

18.3 Namensgebung und Geschichte

Der Name Ascaris leitet sich vom orientalischen Wort für Eingeweidewurm „aka“ ab. 1922 wurde der Wanderungsweg durch die menschliche Lunge bestätigt.

18.4 Morphologie und Aufbau

Die Spulwürmer sind rund, können bleistiftdick und 15–40 cm lang werden.

18.5 Entwicklung

In den mit dem Stuhl ausgeschiedenen Eiern bildet sich eine Larve. Werden diese embryonierten Eier oral aufgenommen, schlüpfen die Larven, durchbohren die Dünndarmwand und erreichen auf dem Blutwege die Lunge. Sie durchdringen die Alveolarwand, gelangen in den Rachen, werden abgeschluckt und entwickeln sich im Dünndarm zur Geschlechtsreife, die 6–10 Wochen nach der Infektion eintritt.

18.6 Epidemiologie

Diese *weltweit* verbreitete Infektion kommt durch kontaminierte Nahrungsmittel und Wasser zustande. Die mehrschichtige Hülle verleiht dem Ei einen hohen Schutz gegen Umwelteinflüsse. In feuchter Erde kann es jahrelang lebensfähig bleiben.

18.7 Pathogenese

Durch die Wanderung der Larven können vorübergehende *entzündliche Infiltrate in der Lunge* entstehen. Bei stärkerem Befall werden auf mechanischem Wege und durch Stoffwechselprodukte *gastrointestinale Störungen* sowie durch Toxine *allergische Hautreaktionen* ausgelöst.

18.8 Klinik

Die Ausbildung klinischer Symptome hängt vom Befallsgrad ab. Es können Lungeninfiltrate, verschiedene gastrointestinale Störungen und Hautjucken auftreten.

18.9 Labordiagnostik

Einachweis im Stuhl mittels *Merthiolat-Formaldehyd-Konzentrationstechnik (MF)*. Auch ein *Antikörpernachweis* im Serum ist möglich.

18.10 Therapie

Das Mittel der Wahl ist ***Mebendazol***.

18.11 Prävention

Die Prävention umfaßt u. a. Abwasserbeseitigung, Bereitstellung sauberen Trinkwassers, *Nahrungshygiene*.

18.12 Verwandte Arten

Toxocara canis und *T. mystax* (Endwirte Hund bzw. Katze) – *Toxokariasis* beim Menschen. *Anisakis*-Arten (Zwischenwirt Hering) – *Anisakiasis* beim Menschen.

19 Filariasis

K. Janitschke

INHALTSÜBERSICHT

19.1 Definition 922
19.2 Klassifizierung 922
19.3 Namensgebung und Geschichte 922
19.4 Morphologie und Aufbau 922
19.5 Entwicklung 922
19.6 Epidemiologie 923
19.7 Pathogenese und Klinik 923
19.8 Labordiagnostik 923
19.9 Therapie 923
19.10 Prävention 923
19.11 Verwandte Arten 923

19.1 Definition

Der Sammelbegriff Filariasis umfaßt Erkrankungen, die durch Infektionen mit verschiedenen ***Filarien (Fadenwürmer)*** ausgelöst und durch Insekten übertragen werden und sich je nach Wurmart vorwiegend durch Veränderungen der *Lymphgefäße, Haut* bzw. *Augen* manifestieren.

19.2 Klassifizierung

Innerhalb des Stammes der *Nematoda* gehören die Würmer der Gattungen ***Wuchereria, Brugia, Loa, Onchocerca*** und weitere zur Ordnung der Filariida (Tabelle 19.1).

19.3 Namensgebung und Geschichte

Durch die fadenförmige Gestalt (filum = Faden) erhielten sie ihren Namen.

19.4 Morphologie und Aufbau

Die runden, fadenförmigen geschlechtsreifen Würmer werden je nach Art 40–400 mm lang, die Larven, die als ***Mikrofilarien*** bezeichnet werden, können (ausgenommen Onchocerca) durch eine Scheide, die durch Streckung der Eihülle entsteht, umgeben sein und werden 220 bis 330 μm lang.

19.5 Entwicklung

Filiarien werden durch den *Stich von Insektenarten* übertragen. Sie siedeln sich in bestimmten Organen bzw. Geweben an und erlangen dort die Geschlechtsreife. Die Weibchen gebären Mikrofilarien, die beim

Tabelle 19.1. Übersicht über die verschiedenen Filarien, deren Überträger und Vorkommen

Häufigste Gattungen	Überträger	Vorkommen	
		Adulten	Mikrofilarien
Wuchereria	Stechmücken (Culex, Anopheles, Aedes, Mansonia)	Lymphgefäße und -knoten	Blut
Loa	Fliegen (Chrysops)	Unterhautbindegewebe	Blut
Onchocerca	Kriebelmücken (Simulium)	Unterhautbindegewebe	Haut, Auge

Saugakt durch die Überträger aufgenommen werden (Tabelle 19.1).

19.6 Epidemiologie

Filarien sind in tropischen Ländern teilweise stark verbreitet und stellen dort ein erhebliches gesundheitliches Problem dar. Gewässer bzw. feuchte Stellen sind eine Voraussetzung für die Entwicklung der übertragenden Insekten.

19.7 Pathogenese und Klinik

- ***Wuchereria*** und ***Brugia***: Nach einer Inkubationszeit von mehreren Monaten bis zu einem Jahr kommt es im akuten Stadium durch Stoffwechselprodukte und abgestorbene Würmer zu *Eosinophilie*, Lymphangitis und *-adenitis*, Fieber, Schwellungen verschiedener Haut- und Körperteile. Im chronischen Stadium dominieren durch die Blockade der Lymphgefäße ödematöse Schwellungen (***Elephantiasis***).
- ***Loa***: Ödematöse Hautschwellungen, juckende Knötchen, Tränenfluß, falls der Wurm sich unter der Augenbindehaut befindet.
- ***Onchocerca***: Ein bis zwei Jahre nach der Infektion treten vorwiegend in der Subkutis Knoten auf, in denen die aufgeknäulten Weibchen abgekapselt leben. Durch absterbende Mikrofilarien kommt es zu Hautveränderungen mit Juckreiz. Besonders schwerwiegend sind ***Hornhauttrübungen*** mit *Iridozyklitis*, die zur *Erblindung* führen.

19.8 Labordiagnostik

In *Blutausstrichen*, die nach Giemsa gefärbt werden, sind Mikrofilarien von *Wuchereria* und *Brugia* vorwiegend nachts und von *Loa* tagsüber nachweisbar. Larven von *Onchocerca* können in *Hautproben* festgestellt werden.

19.9 Therapie

Diäthylcarbamazin wirkt überwiegend nur gegen die *Mikrofilarien*, während die Adulten weitgehend nicht angegriffen werden. Durch den Zerfall der Larven können allergische Reaktionen auftreten, die entsprechend behandelt werden müssen. Auch Flubendazol und Ivermectin kommen zur Anwendung. Zusätzlich können bei der Onchozerkose die Knoten operativ entfernt werden, und ***Suramin*** zeigt eine Wirksamkeit gegen die *adulten Stadien*.

19.10 Prävention

Eine individuelle Prophylaxe gegen Wuchereria und Loa ist durch die Gabe von ***Diäthylcarbamazin*** möglich. Im Vordergrund steht aber die weiträumige Bekämpfung der *Stech- und Kriebelmücken* in Gewässern mittels Insektiziden.

19.11 Verwandte Arten

Den Filarien nahestehend ist der ***Medinawurm***, *Dracunculus medinensis*, dessen Weibchen im Unterhautbindegewebe des Menschen leben. Die Übertragung geschieht durch Aufnahme von infizierten Wasserflöhen im Trinkwasser.

Anhang:

Impfempfehlungen der Ständigen Impfkommission des Bundesgesundheitsamtes (STIKO)*

Impfkalender für Kinder und Jugendliche

A: nach dem Lebensalter geordnet

1 Lebensalter	2 Impfung gegen	3 Personenkreis
ab 3. Lebensmonat	Diphtherie-Tetanus 2 × im Abstand von mindestens 6 Wochen oder	alle Säuglinge und Kleinkinder
	Diphtherie-Pertussis-Tetanus 3 × im Abstand von 4 Wochen (die Pertussis-Impfung sollte nicht nach vollendetem 1. Lebenjahr begonnen werden).	Säuglinge in Gemeinschaftseinrichtungen oder ungünstigen sozialen Verhältnissen oder bei denen der Keuchhusten eine besondere Gefährdung bedeutet
	Poliomyelitis 2 × trivalente Schluckimpfung im Abstand von mindestens 6 Wochen, ggf. in Kombination mit der 1. und 2. DT-Impfung oder mit der 1. und 3. DPT-Impfung oder Teilnahme an Impfaktionen der Gesundheitsämter im folgenden Winter (November/Januar)	alle Säuglinge und Kleinkinder Die 2. DT-Polio-oral-Kombination ist auch im Rahmen der U 4/5 möglich. Der Mindestabstand beträgt 6 Wochen Die 3. DT-Polio-oral-Kombination ist im Rahmen der U 6 möglich. Der Mindestabstand zur 2. Impfung beträgt 3 Monate
2. Lebensjahr (ab 15. Lebensmonat)	Masern, Mumps und Röteln Poliomyelitis 3. trivalente Schluckimpfung 3. Diphtherie-Tetanus oder 4. Diphtherie-Pertussis-Tetanus	alle Kleinkinder und Kinder (Abschluß der Grundimmunisierung) s. oben
6.–8. Lebensjahr	Nachhol-Impfungen)bisher versäumte Impfungen außer gegen Pertussis) Tetanus-Diphtherie (Auffrischimpfung/Erstimpfung mit d-Impfstoff für Erwachsene; Td)	alle Kinder
ab 10. Lebensjahr	Poliomyelitis (Wiederimpfung)	alle Kinder
11.–15. Lebensjahr	Röteln	alle Mädchen, auch wenn im Kleinkindesalter bereits (allein oder in Kombination) gegen Röteln geimpft
	Tetanus (Auffrischimpfung) Diphtherie (Auffrischimpfung mit d-Impfstoff für Erwachsene; zweckmäßig als Kombinationsimpfung mit Td-Impfstoff)	alle Kinder

* Stand: Mai 1989 – Bundesgesundhbl. 2/90. Mit freundlicher Genehmigung.

B: nach Impfungen geordnet

1 Impfung gegen	2 Lebensalter	3 Personenkreis, Anwendung
Diphtherie-Tetanus	ab 3. Lebensmonat: 2 × im Abstand von mindestens 6 Wochen 1 × im 2. Lebensjahr (Abschluß der Grundimmunisierung)	alle Säuglinge und Kleinkinder
oder Diphtherie-Pertussis-Tetanus	ab 3. Lebensmonat: 3 × im Abstand von 4 Wochen (Beginn nicht nach vollendetem 1. Lebensjahr) 1 × im 2. Lebensjahr (Abschluß der Grundimmunisierung)	Säuglinge in Gemeinschaftseinrichtungen, unter ungünstigen sozialen Verhältnissen oder bei denen der Keuchhusten eine besondere Gefährdung darstellt
Diphtherie-Tetanus	6.–8. Lebensjahr (1 × Auffrischung, für Diphtherie mit d-Impfstoff für Erwachsene) zweckmäßig als Kombinationsimpfung mit Td-Impfstoff	alle Kinder
Diphtherie-Tetanus	11.–15. Lebensjahr (1 × Auffrischung, für Diphtherie mit d-Impfstoff für Erwachsene) zweckmäßig als Kombinationsimpfung (Td-Impfstoff)	alle Kinder bzw. Jugendliche
Poliomyelitis	ab 3. Lebensmonat: 2 × trivalent im Abstand von mindestens 6 Wochen, ggf. in Kombination mit der 1. und 2. DT-Impfung oder mit der 1. und 3. DPT-Impfung oder	alle Säuglinge und Kleinkinder
	Teilnahme an Impfaktionen der Gesundheitsämter im folgenden Winter (November/Januar)	alle Säuglinge und Kleinkinder
	ab Beginn des 2. Lebensjahres: 3. trivalente Schluckimpfung, falls nicht bereits im Rahmen der U 6 erfolgt 10. Lebensjahr: 1 × trivalente Schluckimpfung (Wiederimpfung)	alle Kleinkinder und Kinder
Masern (ggf. Masern-Mumps-Röteln-Kombination)	mit Lebendimpfstoff ab 15. Lebensmonat	alle Kleinkinder und Kinder
Mumps (ggf. Masern-Mumps-Röteln-Kombination)	ab 15. Lebensmonat	alle Kleinkinder und Kinder
Röteln (ggf. Masern-Mumps-Röteln-Kombination)	ab 15. Lebensmonat	alle Kinder
	11.–15. Lebensjahr	alle Mädchen, auch wenn im Kleinkindesalter bereits (allein oder in Kombination) gegen Röteln geimpft

Indikationsimpfungen und Impfung für Erwachsene

In Weiterführung des Impfplanes für Kinder werden nachfolgend Impfungen aufgeführt, die im Erwachsenenalter von Bedeutung sind. So sollten manche Impfungen des Kindesalters in späteren Lebensjahren aufgefrischt oder bislang versäumte Impfungen, sofern keine natürliche Immunität erworben wurde, nachgeholt werden (Diphtherie, Tetanus, Röteln, Masern). Andere können bei besonderen epidemiologischen Ereignissen oder Risiken bei Kindern und Erwachsenen in Betracht kommen (Indikationsimpfungen). Manche Impfungen sind bei Reisen in bestimmte Gebiete auf Grund der internationalen Gesundheitsvorschriften erforderlich oder zum individuellen Schutz empfehlenswert. Die Entscheidung über Art und Umfang der Impfungen obliegt dem Arzt, in jedem Einzelfall unter Abwägung von Indikation und Kontraindikation, dies gilt auch für die passive Immunisierung gegen Hepatitis A.
Maximalabstände für Totimpfstoff-Impfungen gibt es nicht. Bei erfolgter Grundimmunisierung ist eine erneute Grundimmunisierung nicht erforderlich.

Diese Impfungen sind in ihrer praktischen Bedeutung sehr unterschiedlich, sie werden in folgende Kategorie eingeteilt:

A = Impfungen mit breiter Anwendung und erheblichem Wert für die Volksgesundheit;
I = Indikationsimpfung;
R = Reiseimpfungen, von der WHO veröffentlichte Infektionsgebiete beachten;
RS = Reiseimpfungen in Sonderfällen.

Kategorie	Impfung gegen	Indikation bzw. Reiseziele	Anwendung (Beipackzettel beachten)
R	Cholera	ausschließlich, wenn Impfung vom Einreiseland verlangt wird	1. Injektion: 0,5 ml 2. Injektion: 1,0 ml im Abstand von 1–4 Wochen
I	Diphtherie	bei Ausbrüchen oder regional erhöhter Morbidität	stark reduzierte Dosis (2–5 I. E.)
A, R		bei Tetanusauffrischimpfungen	in Kombination mit Tetanusimpfstoff (Td)
RS, I	FSME (Frühsommermeningoenzephalitis)	Naturherde vor allem in Österreich, Tschechoslowakei, Südeuropa, Süddeutschland und Südschweden	Grundimmunisierung: 2 Injektionen im Abstand von 1–3 Monaten, 3. Injektion im Abstand von 9–12 Monaten; Auffrischimpfungen
R	Gelbfieber	Mittel- und Südamerika; Afrika zwischen 17° nördl. und 17° südl. Breite (BGA-Merkblatt Nr. 27)	nur in hierfür staatlich zugelassenen Impfstellen; Lebendimpfung; Wiederholung im Bedarfsfall in zehnjährigem Abstand
I	Influenza	Personen über 60 Jahre und Personen mit bestimmten Grundleiden, infektionsgefährdetes Personal (BGA-Merkblatt Nr. 11) Medizinisches u. Pflegepersonal mit direktem Kontakt zu Risikopatienten	jährliche Impfung im Spätsommer, Herbst, mit einem Impfstoff mit aktueller Antigenkombination
A		bei Pandemien durch Erregerwechsel größere Personenkreise	abhängig von der epidemischen Situation
RS	Meningokokkeninfektionen	exponierte Personen z.B. Entwicklungshelfer im Meningitisgürtel Afrikas; Brasilien, Südhimalaja	Impfung gegen Serotyp A und C nach Angaben des Herstellers
I	Pneumokokkeninfektionen	Risikofälle, z. B. bei chronischen Lungen- und Herzkrankheiten, Diabetes mellitus, Leberzirrhose, Krankheiten der Nieren, der Milz, der blutbildenden Organe, Splenektomie usw.	1 Injektion bei Kindern über 2 Jahren und Erwachsenen. Vor Vollendung des 2. Lebensjahres ist die Impfung nur in begründeten Ausnahmefällen angezeigt

Kategorie	Impfung gegen	Indikation bzw. Reiseziele	Anwendung (Beipackzettel beachten)
R, I A	Poliomyelitis	nach Grundimmunisierung im Kleinkindesalter und Wiederimpfung im 10. Lebensjahr. Reisende jeden Alters in warme Länder, wenn letzte Impfung länger als 10 Jahre zurückliegt; Riegelungsimpfung bei Ausbrüchen; (Ärzte-Merkblatt des »Deutschen Grünen Kreuzes«)	nach vollständiger Immunisierung grundsätzlich 1 Impfschluck
A	Röteln	nichtschwangere Frauen im gestationsfähigen Alter ohne Rötelantikörper (BGA-Merkblatt Nr. 30, Ärzte-Merkblatt des »Deutschen Grünen Kreuzes«)	nach der Impfung ist eine Konzeptionsverhütung für 2 Zyklen empfohlen; Wochenbettimpfung; Impferfolgskontrolle erforderlich
A, R	Tetanus	alle Personen 10 Jahre nach der letzten Tetanusimpfung	bei früherer Grundimmunisierung jeweils 1 Injektion möglichst mit Td-Impfstoff; bei ausreichender Grundimmunisierung aktive Auffrischung, wenn letzte Tetanusimpfung länger als 10 Jahre zurückliegt
		Exposition (Verletzung)	Bei sauberen, geringfügigen Wunden, bei fehlender oder mangelhafter Grundimmunisierung Beginn und Vervollständigung der Grundimmunisierung durch aktive Immunisierung Bei allen anderen Verletzungen simultan aktive und passive Immunisierung, wenn der Verletzte bisher weniger als zwei Injektionen erhalten hat oder bei bereits zwei durchgeführten Impfungen, wenn die Verletzung länger als 24 Stunden zurückliegt. Bei ausreichender Grundimmunisierung ist eine Auffrischimpfung erforderlich, wenn die letzte Tetanusimpfung länger als 5 Jahre zurückliegt
		Falls keine Verletzung vorliegt, sollte eine Auffrischimpfung nicht häufiger als im Abstand von 10 Jahren erfolgen Die STIKO hält einen Abstand von 10–15 Jahren für ausreichend	
I	Tollwut	präexpositionell bei Laboratoriumspersonal, Tierärzten, Jägern und ähnl. Risikogruppen (BGA-Merkblatt Nr. 3)	Zellkultur-Impfstoff in empfohlenem Dosierungsschema
		postexpositionell	gegebenenfalls gleichzeitige passive Immunisierung
I	Typhus	Indikationsimpfung bei Reisen in Endemiegebiete	anch Angaben d. Herstellers
I	Tuberkulose	ansteckungsgefährdete, tuberkulinnegative Personen einschließlich Neugeborene	BCG-Impfung (streng intracutan!)

Kategorie	Impfung gegen	Indikation bzw. Reiseziele	Anwendung (Beipackzettel beachten)
I	Virushepatitis B	präexpositionell 1. HB-gefährdetes medizinisches und zahnmedizinisches Personal; 2. Dialysepatienten, Patienten mit häufiger Übertragung von Blut oder Blutbestandteilen, vor ausgedehnten chirurgischen Eingriffen (z.B. Operationen unter Verwendung der Herz-Lungen-Maschine); 3. Patienten in psychiatrischen Anstalten oder vergleichbaren Fürsorge-Einrichtungen für Zerebralgeschädigte oder Verhaltensgestörte, einschließlich des Pflegepersonals; 4. Personen mit engem Kontakt mit HBs-Ag-positiven Personen (z. B. Wohngemeinschaft) 5. besondere Risikogruppen wie z.B. Prostituierte, Homosexuelle; Drogenabhängige, länger einsitzende Strafgefangene; 6. Reisende in HB-Endemiegebiete bei engem Kontakt zur einheimischen Bevölkerung.	Hepatitis B-Impfung nach den Vorschriften der Hersteller
		postexpositionell 1. medizinisches Personal, bei Verletzungen mit erregerhaltigen Gegenständen (z.B. Spritzen) 2. Neugeborene HBsAg-positiver Mütter	gleichzeitige passive Immunisierung mit Hepatitis B-Immunglobulin
I	Varizellen	Patienten, für die die Varizellen-Infektion eine besondere Gefährdung darstellt (Pat. mit immunsuppressiver Therapie, mit Immundefekten) Passive Immunprophylaxe: Bei Exposition nichtimmuner, gefährdeter Personen mit Varizella-Zoster-Immunglobulin (z.B. Neugeborene von Müttern, die 7 Tage vor bis 2 Tage nach der Geburt an Varizellen erkrankt sind)	

Zeitabstände zwischen Schutzimpfungen

Die nachfolgende Aufstellung ergänzt die Empfehlungen des Bundesgesundheitsamtes von September 1980 (Bundesgesundhbl. 23 [1980] 315–316). Diese Empfehlungen stimmen mit entsprechenden Gutachten und Merkblättern des Bundesgesundheitsamtes überein und sind in erster Linie für den Erlaß von Dienstvorschriften zur Durchführung von Impfterminen oder von öffentlich empfohlenen Schutzimpfungen seitens der zuständigen Gesundheitsbehördeen gedacht. Sie können aber auch dem Arzt bei individuellen Schutzimpfungen als Richtschnur dienen.

Empfehlungen des Bundesgesundheitsamtes

1. Polimyelitisschluck-, Masern-, Mumps- und Rötelnimpfstoffe können gleichzeitig, sollen aben nicht im Abstand von wenigen Tagen bis zu einem Monat verabfolgt werden. Entsprechend wird zwischen Impfungen sowohl mit diesen als auch mit anderen Impfstoffen aus vermehrungsfähigen abgeschwächten Krankheitserregern (Gelbfieber, BCG) ein Mindestabstand von einem Monat empfohlen, unter der Voraussetzung, daß die Impfreaktion vollständig abgeklungen ist und Komplikationen nicht aufgetreten sind.
2. Bei Schutzimpfungen mit Impfstoffen aus inaktivierten Krankheitserregern (Cholera, Pertussis, Meningokokkeninfektionen, Pneumokokkeninfektionen, Influenza, Poliomyelitis [inaktivierte Vakzine nach SALK], Hepatitis B, FSME, Tollwut [HDC]), mit Toxoiden (Diphtherie, Tetanus) oder mit entsprechenden Kombinationsimpfstoffen sind Zeitabstände zu anderen Impfungen, auch solchen mit vermehrungsfähigen abgeschwächten Krankheitserregern, nicht erforderlich.
3. Ausnahmen
   Nach einer Gelbfieberschutzimpfung kann bereits nach zwei Wochen eine andere Schutzimpfung mit vermehrungsfähigen Krankheitserregern vorgenommen werden.
   Nach einer Tollwutschutzimpfung mit derzeit noch im Ausland gebräuchlichen Impfstoffen aus Hirngewebe oder Entenembryonen sowie aus Hamsternierenzellen (DDR und Osteuropa) sollen mit Ausnahme der Tetanusprophylaxe bis sechs Wochen nach der Injektion keine anderen Schutzimpfungen vorgenommen werden.

Literaturverzeichnis

Literatur zu Kapitel I

Bulloch W (1938, reprint 1960) History of bacteriology. Oxford Univ Press, London

Collard P (1976) The development of microbiology. Cambridge Univ Press, Cambridge

Großgebauer K (1985) Geschichtliches aus der Bakteriologie. Materia Medica Nordmark 37:97–107, 155–165, 206–214

McNeill WH (1976) Seuchen machen Geschichte. Udo Priemer, München

Mochmann H, Köhler W (1984) Meilensteine der Bakteriologie. Gustav Fischer, Jena

Müller R (1950) Medizinische Mikrobiologie. Urban & Schwarzenberg, München, S 1–4

Literatur zu Kapitel II

Balows A et al. (eds) (1991) Manual of clinical microbiology 5th ed. ASM, Washington, DC
– *Das Standardwerk über Labormethoden der Medizinischen Mikrobiologie* –

Davis BD, Dulbecco R, Eisen HN, Ginsberg HS (eds) (1990) Microbiology, 4th ed. J. B. Lippincott, Philadelphia

Hallmann L, Burkhardt F (1974) Klinische Mikrobiologie, 4. Aufl. Georg Thieme, Stuttgart

Schaechter M, Medoff G, Schlessinger D (eds) (1989) Mechanisms of microbial diseases.
Williams & Wilkins, Baltimore
– *Beispielorientierte Einführung in die Medizinische Mikrobiologie* –

Wilson GS, Miles AA, Parker MT (eds) (1983) Topley and Wilson's Principles of bacteriology, virology, and immunity, 7th ed. Williams & Wilkins, Baltimore
– *Standardwerk der theoretischen Mikrobiologie; Neuauflage angekündigt für 1991*–

Literatur zu Kapitel III

Braun V, McGee ZA, Opferkuch W, Paterson PY (eds) (1984) The pathogenesis of bacterial infections. Bayer Symposium VIII, Springer, Berlin, Heidelberg, New York, Tokyo

Mims CA (1990) The pathogenesis of infectious diseases, 3rd ed. Academic Press, London
– *Einführung in die Grundlagen der Medizinischen Mikrobiologie* –

Schaechter M, Medoff G, Schlessinger D (eds) (1989) Mechanisms of microbial diseases. Williams & Wilkins, Baltimore
– *Beispielorientierte Einführung in die Medizinische Mikrobiologie* –

Wilson GS, Miles AA, Parker MT (eds) (1983) Topley and Wilson's Principles of bacteriology, virology, and immunity, 7th ed. Williams & Wilkins, Baltimore
– *Standardwerk der theoretischen Mikrobiologie* –

Literatur zu Kapitel IV

Immunology Today. Elsevier Science, Cambridge, UK (Monatliche Erscheinungsweise)

Annual Review of Immunology. Annual Reviews, Palo Alto, CA (jährliche Erscheinungsweise)

Immunsystem, Abwehr und Selbsterkennung auf molekularem Niveau, 2. Auflage (1988) , Spektrum der Wissenschaft, Heidelberg

Roitt IM (Hrsg) (1989) Leitfaden der Immunologie. Steinkopff, Darmstadt

Paul WE (Hrsg) (1989) Fundamental Immunology 2. Aufl. Raven, New York

Klein J (Hrsg) (1990) Immunology. Blackwell Boston Oxford London Edinburgh Melbourne

Male D, Champion B, Cooke A (Hrsg) (1987) Advanced Immunology. Gower, London New York

Unanue ER, Benacerraf B (Hrsg) (1987) Immunologie 2. Aufl. Walter de Gruyter, Berlin New York

Kaufmann SHE (Hrsg) (1989) T–Cell paradigms in parasitic and bacterial infections. In: Current Topics in Microbiology and Immunology, Springer Berlin Heidelberg New York Tokyo

Mims CA (Hrsg) (1987) The pathogenesis of infectious disease, 3rd ed. Academic Press, London

Roitt IM, Brostoff J, Male D (Hrsg) (1987) Kurzes Lehrbuch der Immunologie. Georg–Thieme Verlag, Stuttgart

Literatur zu Kapitel V

Balows A et al (eds) (1991) Manual of clinical microbiology, 5th ed. ASM, Washington, DC
– *Das Standardwerk über Labormethoden der Medizinischen Mikrobiologie* –

Balows A et al (eds) (1988) Laboratory diagnosis of infectious diseases. Principles and practice. Vol. 1 & 2. Springer, New York

Burkhardt F (1984 ff.) Verfahrensrichtlinien für die mikrobiologische Diagnostik, im Auftrag der Deutschen Gesellschaft für Hygiene und Mikrobiologie. Gustav Fischer, Stuttgart
– *Die deutschen Richtlinien für die mikrobiologische Diagnostik* –
Cowan ST, Steel KJ (1970) Manual for the identification of medical bacteria. Cambridge Univ Press, Cambridge
Cumitech No 1 ff. ASM, Washington, DC
Hallmann L, Burkhardt F (1974) Klinische Mikrobiologie, 4. Aufl. Georg Thieme, Stuttgart
Mandell GL, Douglas RJ Jr, Bennett JE (eds) (1990) Principles and practice of infectious diseases, 3rd ed. Churchill Livingstone, New York
– *Das Standardwerk über klinisch orientierte Medizinische Mikrobiologie; sowohl nach Syndromen als auch nach Erregern gegliedert; ausführliche Literaturangaben* –
Miksits K, Hahn H (1991) Klinisch–mikrobiologisches Management. Springer, Berlin Heidelberg New York Tokyo
– *Nach Syndromen gegliedert mit Betonung auf der Zusammenarbeit zwischen Klinik und Labor, insbesondere Materialgewinnung/-handhabung und kalkulierte Initialtherapie* –

Literatur zu Kapitel VI

Allgemeine Literatur

Krieg NR, et al (eds) (1984–1989) Bergey's manual of systematic bacteriology. Williams & Wilkins, Baltimore
– *Neben dem Int. J. Syst. Bacteriol. das maßgebende Werk für die Benennung und Eingruppierung von Bakterien* –
Mandell GL, Douglas RJ Jr, Bennett JE (eds) (1990) Principles and practice of infectious diseases, 3rd ed. Churchill Livingstone, New York
– *Das Standardwerk über klinisch orientierte Medizinische Mikrobiologie; sowohl nach Syndromen als auch nach Erregern gegliedert; ausführliche Literaturangaben* –
Schaechter M, Medoff G, Schlessinger D (eds) (1989) Mechanisms of microbial diseases. Williams & Wilkins, Baltimore
– *Beispielorientierte Einführung in die Medizinische Mikrobiologie* –

Spezielle Literatur (in der Reihenfolge der Kapitel)

Kapitel 1

Jeljaszewicz J (ed) (1985) Staphylococci. Gustav Fischer, Stuttgart

Kapitel 2

Baker CJ, Edwards MS (1990) Group B streptococcal infections. In: Remington, Klein (eds) Infectious diseases of the fetus and the newborn infant. W. B. Saunders, Philadelphia
Bisno AL, Mufson MA, Edwards MS, Baker CJ, Gallis HA (1990) Streptococci. In: Mandell, Douglas, Bennett (eds) Principles and practice of infectious diseases. Churchill Livingstone, New York, pp 1489–1550, 1554–1573
Murray BE (1990) The life and times of the enterococcus. Clin. Microbiol. Rev. 3:46–65

Kapitel 3

Britigan BE, Cohen MS, Sparling PF (1985) Gonococcal infection: a modell of molecular pathogenesis. N. Engl. J. Med. 312:1683–1694
De Voe IW (1982) The meningococcus and mechanisms of pathogenicity. Microbiol. Rev. 46:146–190
Meyer TF (1989) Pathogene Neisserien – Modell bakterieller Virulenz und genetischer Flexibilität. Immun. Infekt. 17:113–123
Schoolnik GK (eds) (1985) The pathogenic Neisseriae. ASM, Washington, DC

Kapitel 4

Farmer JJ III, Howard BJ, Weissfeld AS (1987) Enterobacteriaceae. In: Howard et al (eds) Clinical and pathogenic microbiology. CV Mosby, St. Louis, pp 289–328
Johnson JR (1991) Virulence factors in E. coli urinary tract infection. Clin. Microbiol. Rev. 4:80–128
Orskov I, Orskov F (1985) E. coli in extraintestinal infections. J. Hyg. 95:551–575

Kapitel 5

Heesemann J (1990) Enteropathogene Yersinien: Pathogenitätsfaktoren und neue diagnostische Methoden. Immun. Infekt. 18:186–191
Hook EW (1990) Salmonella species. In: Mandell, Douglas, Bennett (eds) Principles and practice of infectious diseases. Churchill Livingstone, New York, pp 1700–1716
Hornick RB, Greisman SE, Woodward TE et al (1970) Typhoid fever: pathogenesis and immunologic control. N. Engl. J. Med. 283:686–691
Keusch GT (eds) (1991) Workshop on invasive diarrhea, shigellosis, and dysentery. Rev. Infect. Dis. 13 (Suppl. 4): S219–S365

Kapitel 6

Barua D, Greenough WB III (eds) (1990) Topics in infectious diseases: cholera. Plenum, New York

Kapitel 7

Buck GE (1990) Campylobacter pylori and gastroduodenal disease. Clin. Microbiol. Rev. 3:1–12
Penner JL (1988) Campylobacter: a decade of progress. Clin. Microbiol. Rev. 1:157–172

Kapitel 8

Döring G, Holder IA, Botzenhard K (eds) (1987) Basic research and clinical aspects of Pseudomonas aeruginosa. Antibiot. Chemother. 39:1–311

Kapitel 9

Catlin BW (1990) Branhamella catarrhalis: an organism gaining respect as a pathogen. Clin. Microbiol. Rev. 3:293–320

Kapitel 10

Sell SH, Wright PF (eds) (1982) Haemophilus influenzae, epidemiology, immunology, and prevention of disease. Elsevier, New York.

Kapitel 12

Wardlaw AC, Parton R (eds) (1988) Pathogenesis and immunity in pertussis. John Wiley & Sons, Chichester

Friedman RL (1988) Pertussis: The disease and new diagnostic methods. Clin. Microbiol. Rev. 1:365–376

Kapitel 13

Winn WC Jr (1988) Legionnaires disease: historical perspective. Clin. Microbiol. Rev. 1:60–81

Kapitel 14

Young EJ (1983) Human brucellosis. Rev. Infect. Dis. 5:821–842

Kapitel 15

Butler T (1990) Yersina species (including plague). In: Mandell, Douglas, Bennett (eds) Principles and practice of infectious diseases. Churchill Livingstone, New York, pp 1748–1756

Kapitel 16

Evans ME et al (1985) Tularemia: a 30 year experience with 88 cases. Medicine 64:251–269

Kapitel 17

Weber DJ, Wolfson JS, Swartz MN et al (1984) Pasteurella multocida infections. Report of 34 cases and review of the literature. Medicine 63:133 ff.

Kapitel 18

Coyle MB, Lipsky BA (1990) Coryneform bacteria in infectious diseases: Clinical and laboratory aspects. Clin. Microbiol. Rev. 3:227–246

Kapitel 19

Hof H, Rocourt J, Marget W (eds) (1988) Listeria and listeriosis. Infection 16 (Suppl. 2)

Kapitel 20

Bruce McClain J (1990) Erysipelothrix rhusiopathiae. In: Mandell, Douglas, Bennett (eds) Principles and practice of infectious diseases. Churchill Livingstone, New York, pp 1599–1600

Kapitel 21

Marc LaForce F, Tuazon CU (1990) Bacillus anthracis/Other Bacillus species. In: Mandell, Douglas, Bennett (eds) Principles and practice of infectious diseases. Churchill Livingstone, New York, pp 1593–1599

Kapitel 22

Lerner PI (1990) Nocardia species. In: Mandell, Douglas, Bennett (eds) Principles and practice of infectious diseases. Churchill Livingstone, New York, pp 1926–1932

Kapitel 23–26

Finegold SM (1990) Anaerobic infections in human disease. Academic Press, San Diego

Hatheway CL (1990) Toxigenic Clostridia. Clin. Microbiol. Rev. 3:66–98

Kasper DL, Onderdonk AB (1990) International symposium on anaerobic bacteria and bacterial infections. Rev. Infect. Dis. 12(Suppl. 2):S121–261

Kapitel 27

Hastings RC, Gillis TP, Krahenbuhl et al (1988) Leprosy. Clin. Microbiol. Rev. 1:330–348

Schlossberg D (1983) Tuberculosis. Praeger, New York

Woods GL, Washington JA II (1987) Mycobacteria other than tuberculosis: Review of microbiologic and clinical aspects. Rev. Infect. Dis. 9:275–294

Kapitel 28

Penn CW (1987) Pathogenicity and immunology of Treponema pallidum. J. Med. Microbiol. 24:1–9

Shell RF, Muscher DM (eds) (1983) Pathogenesis and immunology of treponemal infection. Marcel Dekker, New York

Kapitel 29

Barbour AG, Hayes SF (1986) Biology of Borrelia species. Microbiol. Rev. 50:381–400

Steere AC (1990) Borrelia burgdorferi (Lyme disease, Lyme borreliose). In: Mandell, Douglas, Bennett (eds) Principal and practice of infectious diseases. Churchill Livingstone, New York, pp 1819–1827

Kapitel 30

Feigin RD, Anderson DC (1975) Human leptospirosis. CRC Crit. Rev. Clin. Lab. Sci. 5:413 ff.

Kapitel 31

Walker DH (eds) (1988) Biology of ricksettial disease. CRC Boca Raton

Kapitel 32

Barile MF, Razin S, Tully JG et al (eds) (1985) The mycoplasmas v. 4. Academic Press, New York

Kapitel 33

Barron AL (ed) (1989) Microbiology of chlamydia. CRC Press, Boca Raton

Literatur zu Kapitel VII

Allgemeine Literatur

Burkhardt F (1984 ff.) Verfahrensrichtlinien für die mikrobiologische Diagnostik, im Auftrag der Deutschen Gesellschaft für Hygiene und Mikrobiologie. Gustav Fischer, Stuttgart
– *Die deutschen Richtlinien für die mikrobiologische Diagnostik* –
Mandell GL, Douglas RJ Jr, Bennett JE (eds) (1990) Principles and practice of infectious diseases, 3rd ed. Churchill Livingstone, New York
– *Das Standardwerk über klinisch orientierte Medizinische Mikrobiologie; sowohl nach Syndromen als auch nach Erregern gegliedert; ausführliche Literaturangaben* –
Miksits K, Hahn H (1991) Klinisch–mikrobiologisches Management. Springer, Berlin Heidelberg New York Tokyo
– *Nach Syndromen gegliedert mit Betonung auf der Zusammenarbeit zwischen Klinik und Labor, insbesondere Materialgewinnung/–handhabung und kalkulierte Initialtherapie* –
Reese RE, Douglas RG (eds) (1991) A practical approach to infectious diseases, 3rd ed. Little, Brown & Co., Boston Toronto
– *Kurzfassung des Buches von Mandell et al.; klinische Sichtweise* –
Schaechter M, Medoff G, Schlessinger D (eds) (1989) Mechanisms of microbial diseases. Williams & Wilkins, Baltimore
– *Beispielorientierte Einführung in die Medizinische Mikrobiologie* –

Spezielle Literatur (in der Reihenfolge der Kapitel)

Kapitel 1

Young LS (1990) Gram–negative sepsis. In: Mandell, Douglas, Bennett (eds) Principles and practice of infectious diseases. Churchill Livingstone, New York, pp 611–635

Kapitel 2

Scheld WM, Sande MA (1990) Endocarditis und intravascular infections. In: Mandell, Douglas, Bennett (eds) Principles and practice of infectious diseases. Churchill Livingstone, New York, pp 670–705

Kapitel 3

Greenlee et al (1990) Central nervous system infections. In: Mandell, Douglas, Bennett (eds) Principles and practice of infectious diseases. Churchill Livingstone, New York, pp 732–795

Kapitel 4

Pennington JE (ed) (1989) Respiratory infections: diagnosis and management, 2rd ed. Raven, New York
Peterson LR, Shanholtzer CJ (1988) Using the microbiological laboratory in the diagnosis of pneumonia. Semin. Respir. Infect. 3:106–112
Sande MA, Hudson LD, Root RK (eds) (1986) Respiratory infections. Churchill Livingstone, New York

Kapitel 5

Johnson J, Stamm W (1987) Diagnosis and treatment of acute urinary tract infection. Infect. Dis. Clin. North Am. 1:773–791

Kapitel 6

Holmes KK, Mardh PA, Sparling F et al (1989) Sexually transmitted diseases, 2nd ed. McGraw–Hill, New York
Rein MF, Ledger WJ, Krieger JN (1990) Diseases ot the reproductive organs and sexually transmitted diseases. In: Mandell, Douglas, Bennett (eds) Principles and practice of infectious diseases. Churchill Livingstone, New York, pp 931–974

Kapitel 7

Farthing MJG, and Keusch GT (eds) (1989) Enteric infection. Raven, New York

Kapitel 8

Berk JE, Zinbers SS (1985) Acute Cholecystitis: Medical aspects. In: Berk, Haubrich, Kalser et al (eds) Gastroenterology, 4th ed. WB Saunders, Philadelphia 5:3597–3616

Kapitel 9

Miksits K, Rodloff AC, Hahn H (1991) Mikrobiologische Aspekte der Peritonitis. Akt. Chir. 26:92–97

Kapitel 10

Weinberg A, Swartz M (1987) General consideration of bacterial diseases. In: Fitzpatrick et al (eds) Dermatology in General Medicine, 3rd ed. McGraw–Hill, New York, pp 2089–2100

Kapitel 11

Smith JW, Brause BD, Norden CW (1990) Bone and joint infections. In: Mandell, Douglas, Bennett (eds) Principles and practice of infectious diseases. Churchill Livingstone, New York, pp 911–930

Kapitel 12

Wenzel RP et al (1990) Nosocomial infections. In: Mandell, Douglas, Bennett (eds) Principles and practice of infectious diseases. Churchill Livingstone, New York, pp 2176–2245

Kapitel 13

Rubin RH, Young LS (1988) Clinical approach to infection in the compromised host, 2nd ed. Plenum, New York

Kapitel 14

Bundesgesundheitsamt (1990) Die HIV-Infektion (AIDS). Ratschläge für Ärzte. Merkblatt 43, Deutscher Ärzte–Verlag, Köln

Kapitel 15

Simon C, Stille W (1989) Antibiotika–Therapie in Klinik und Praxis, 7. Aufl. Schattauer, Stuttgart
– *Deutsches Standardwerk zur antimikrobiellen Chemotherapie* –

Literatur zu Kapitel VIII und IX

Alberts B, Bray D, Lewis J, Raff M, Roberts K, Watson JD (1989) Molecular biology of the cell, 2nd ed. Garland, New York London
Belshe RB (1984) Human Virology, PSG Publishing, Littleton, USA
Bradshaw RA, Prentis S (1987) Oncogenes and growth factors. Elsevier, Amsterdam
Burck KB, Liu ET, Larrick JW (1988) Oncogenes – an introduction to the concept of cancer genes. Springer, Berlin Heidelberg New York Tokyo
Cooper GM (1990) Oncogenes, Jones and Barlett, Boston
Current Topics in Microbiology and Immunology, Springer, Berlin Heidelberg New York Tokyo
Dalgliesh AG, Weiss RA (1990) AIDS and the new viruses. Academic Press, London New York
Darnell J, Lodish H, Baltimore D (1986) Molecular cell biology, 2nd ed. Scientific American Books
Davis AD, Dulbecco R, Eisen HN, Ginsberg HS (1990) Microbiology, 4rd ed. J. B. Lippincott, Philadelphia
Evans AS (1982) Viral infections of humans, 2nd ed. Plenum, New York London
Fenner F, Bachmann PA, Gibbs EPJ, Murphy FA, Studdert MJ, White DO (1987) Veterinary virology. Academic Press, New York London
Fields BN, Knipe DM (1990) Virology, 2nd ed. Raven, New York
Gallo RC, Wang–Staal F (eds) (1989) Retrovirus biology and human disease. Marcel Dekker, New York
Gottlieb MS, Jeffries DJ, Mildvan D, Pinding AJ, Quinn TC, Weiss RA (1987) Current Topics in AIDS, Vol. I., John Whiley, New York Chichester
Lennette EH, Schmidt NJ (1979) Diagnostic procedures for viral, ricksettsial and chlamydial infections, 5th ed. Am. Publ. Health Ass., Washington
Lopez C (1988) Immunobiology and pathogenesis of persistent virus infections. Am. Soc. Microbiology, Washington
Mims CA (1987) The pathogenesis of infectious diseases, 3rd ed. Academic Press, London New York
Mims CA, White DO (1984) Viral pathogenesis and immunology. Blackwell, Oxford London
Notkins AL, Oldstone MBA (eds) (1989) Concepts in viral pathogenesis I, II, III. Springer, Berlin Heidelberg New York Tokyo
Reddy EP, Skalka AM, Curran T (eds) (1988) The oncogene handbook. Elsevier, Amsterdam
Weinberg RA (1989) Oncogenes and the molecular origins of cancer. Cold Spring Harbor
White DO, Fenner FJ (1986) Medical virology, 3rd ed. Academic Press, New York London

Literatur zu Kapitel X

Chandler FW, Kaplan W, Ajello L (1980) Color atlas and text book of the histopathology of mycotic diseases. Wolfe, London
de Louvois J, Mulhall A, Hurley R (1979) Biochemical identification of clinically important yeasts. J clin Pathol 32:715–718
Evens EGV, Gentles JC (1985) Essentials of medical mycology. Churchill Livingstone, Edinburgh London Melbourne New York
Frey D, Oldfield RJ, Bridger RC (1985) Farbatlas pathogener Pilze. Schlüter, Hannover
Hauck H, Seeliger HPR, Adam W (1984) Orale Mykosen–Therapie. Standort und künftige Bedeutung. Urban & Schwarzenberg, München Wien Baltimore
Heber W, Hauss H (1975) Mykologische Techniken in der ärztlichen Praxis. Schwarzeck, München
Korting HC, Georgii A (1988) Antimykotikatestung dermato–venerologisch bedeutsamer Hefen: Methoden, Ergebnisse und klinische Relevanz. Hautarzt 39:343–347
McGinnis MR (ed) (1985) Current topics in medical mycology. Vol. I. Springer, Berlin Heidelberg New York Tokyo
Meinhof W (1990) Isolierung und Identifizierung von Dermatophyten. ZBL. Bakt. 273:229–245

Müller J, Hantschke D (1978) Diagnostische Wertigkeit der Keimzahl von Candida- und Torpulopsis-Arten in klinischen Untersuchungsmaterialien. Tagungsbericht der „Sektion Antimykotische Chemotherapie" der Paul–Ehrlich–Gesellschaft vom 29.4.1977 in Gauting. Mykosen 21:122–124

Müller J, Kappe R, Jaeger R, Kubitza D (oJ) Die Erregerdiagnostik einheimischer, tieflokalisierter Mykosen. Eigendruck, Freiburg

Nolting S, Fegeler K (1984) Medizinische Mykologie, 2. Aufl. Springer, Berlin Heidelberg New York Tokyo

Novicki A (oJ) Darstellung der Beziehung J.L. Schönlein, R. Remak an der Hand überlieferten Schrifttums (Erste Schritte auf dem Gebiet der medizinischen Mykologie). Eigendruck, Würzburg

Odds FC (1979) Candida and candidosis, Leicester University Press, Leicester

Raab W (1978) Mykosenbehandlung mit Imidazolderivaten. Springer, Berlin Heidelberg New York Tokyo

Rippon JW (1982) Medical Mycology. The pathogenic fungi and the pathogenic actinomycetes, 2nd ed. Saunders, Philadelphia London Toronto

Schäfer–Korting M, Korting HC, Mutschler E (1985) Pharmakokinetik oraler Antimykotika. Schattauer, Stuttgart New York

Seeliger HPR, Heymer T (1981) Diagnostik pathogener Pilze des Menschen und seiner Umwelt. Lehrbuch und Atlas. Thieme, Stuttgart New York

Literatur zu Kapitel XI

Ask LR, Ortikel TC (1984) Atlas of human parasitology, 2nd ed. Amer. Soc. Clin. Path. Press, Chicago

Dietrich M, Kern P (1983) Tropenlabor. Fischer, Stuttgart

Frank W (1976) Parasitologie. Ulmer, Stuttgart

Hiepe T (1981) Lehrbuch der Parasitologie. Fischer, Stuttgart

Manson–Bahr PH (1987) Manson's tropical Diseases. Cassell, London

Mehlhorn H (1988) Parasitology in focus, facts and trends. Springer, Berlin Heidelberg New York Tokyo

Mehlhorn H, Peters W (1983) Diagnose der Parasiten des Menschen. Fischer, Stuttgart

Mumcuoglu Y, Rufli T (1983) Dermatologische Entomologie. In: Metz J (Hrsg) Beiträge zur Dermatologie, Bd. 9. Perimed, Erlangen

Ockert G, Schneider W (1987) Klinische Parasitologie. Fischer, Jena

Piekarski G (1987) Medizinische Parasitologie in Tafeln, 3. Aufl. Springer, Berlin Heidelberg New York Tokyo

Thomas L (1988) Labor und Diagnose, 3. Aufl. Med. Verlagsges., Marburg

Walzer PD, Genta RM (1989) Parasitic infections in the compromised host. Deccer, New York

Wernsdorfer H, McGregor I (1988) Malaria. Principles and practice of malariology. Livingstone, Edinburgh

Sachverzeichnis

A

α s. alpha
AAV 779, s. Adeno-assoziierte Viren
A. anitratus 350, s. Acinetobacter
AB 173, s. Allotypen
Abakteriurie, symptomatische 529
Abdruckverfahren 237
Abelson murine leukemia virus (MLV) 660 (Tab.)
Abklatschverfahren 237, s. Abdruckverfahren
abl s. Gene, Onkogene, Proto-Onkogene
Abnahmeort 231
ABO-System 150, 173
Abort 899
–, fieberhafter 609
–, infizierter 534
abortiver Zyklus 633
Abraham 590
Abrin 117
Absiedlung 105
Absonderung 89
Abstoßungsreaktion 208
Abszeß 254, 255
–, Brodie- 556
–, dentogener 275
–, epiduraler 513, 520
–, Hirn- 420, 513, 520
–, intraabdomineller 609
–, Lungen- 255, 524
–, odontogener 124
–, Organ- 609
–, Ovarial- 535
–, Peritonsillar- 270
–, Prostata- 607
–, Psoas- 554
–, Tuboovarial- 535
Abszeß-Drainage 520
Abwehrgeschwächte 870
Abwehrmechanismen, spezifische 644
Abwehrschwäche 518, 522, 561, 603, 873
–, erworbene 568
–, primäre 565, 568
Abwehrspannung 548
AC 114, 312, 362, 363, 540, s. Adenylatzyclase
A. calcoaceticus 350, s. Acinetobacter
Acanthamoeba 892
Acetylcholin 113
Aciclovir 583
Acinetobacter 350
– anitratus 350
– calcoaceticus 350
– lwoffii 350
Acne vulgaris 123
Acquired Immunodeficiency Syndrome 213, 453, 455, 518, 522, 523, 538, 572, 573, 617, 667, 760, 839, 869, 874, s. AIDS
Acridin-Orange 27
Acrodermatitis chronica atrophicans 474
Actinobacillus actinomycetemcomitans 418
Actinomyces 417, 606
– israelii 39, 44, 418
Actinomycetaceae 411
Actinomycin 685
Acycloguanosin 685, 687, 798, 801
Acylaminopenizilline 425, 599, 601
Acylureidopenizilline 248, 351, 402, 418, 530
Adamantanamin 685, 722
Adamsonsche Quaste 863
ADCC 138, 205, 219, s. antibody dependent cellular cytoxicity, s. Zytotoxizität
Addisonsche Krankheit 206
Adeno-assoziierte Viren (AAV) 779
Adeno-Karzinom, Brust 664 (Tab.)
–, Ovarien 664 (Tab.)
Adeno-Viren 666, 671, 672, 674, 772, 775, 788
–, akute fiebrige Pharyngitis 789
–, akutes respiratorisches Syndrom 789
–, Augenkliniken 788
–, Capsid 788
–, DNA 788
–, E1A 674
–, E1B 674
–, Einteilung 788
–, ELISA-Test 775
–, enterischer Typ 40 775
–, -Typ 41 775
–, Epidemiologie 788
–, generalisierte Infektionen 790
–, hämorrhagische Zystitis 789
–, Hexone 778
–, Immunologie 790
–, Keratokonjunktivitis 789
–, Klinik 775, 789
–, Labordiagnose 790
–, Meningitis 789
–, Mesenterial-Adenitis 789
–, Otitis media 789
–, Pathogenese 789
–, Pharyngokonjunktival-Fieber 789
–, Pneumonie 789
–, Resistenz 788
–, Tonsillen 788
–, Tröpfcheninfektion 788
–, Tumoren 788
–, Vakzination 790
–, Verhütung 790
–, Züchtung 788
Adeno-Virus 12, 614 (Abb.), 618, 665 (Abb.) 674
–, Gruppe A-E, 37 Typen 671 (Tab.)
Adenome, periurethrale (Prostatahypertrophie) 528
Adenosin-Arabinosid 685, 687, 798
Adenosin-Desaminase-Mangel 212
Adenotypen 40 und 41, Zusammenfassung 776
Adenyl-Zyklase (AC), s.u. Adenylat-Zyklase
Adenylat-Zyklase 114, 312, 362, 363, 540
Adhärenz 217
–, Hemmung von 220
Adhäsin-Rezeptor 107
Adhäsine 22, 102, 107, s.a. Virulenzfaktoren
–, mannoseresistente (CFA, EAF) 539
–, mannosesensitive (Typ I) 539
Adjuvanzien 20
Adnexitis, akute 494, 533, s. PID
adoptiver Transfer von T-Zellen 182
Adsorption 626
–, Ligand 626
–, Rezeptor 626
Adulten-T-Zell-Leukämie (ATL) 655 (Abb.), 667, 668, s. Leukämie

Aeromonas hydrophila 337, 542
Affen-Lenti-Viren, Lenti-SAIDS 770
Aflatoxine 111, 854
Agammaglobulinämie, Brutonsche 212
–, gemeine variable 212
–, Schweizer (Severe Combined Immunodeficiency, SCID) 212
Agar, Columbia-421
Agar-Diffusions-Test 859
Agar-Dilutions-Test 859
Agar-Platte 31
Agglutination 168
Agranulozytose 565
AIDS (Acquired Immunodeficiency Syndrome) 213, 453, 455, 518, 522, 523, 538, 572, 573, 617, 667, 760, 839, 869, 874
AIDS-Kachexie-Syndrom 585
AIDS-Marker 582, 583
AIDS-related complex (ARC) 572
Akantholyse 866
Akkommodationsstörungen durch Abduzens- bzw. Okulomotoriuslähmung 431
Akne vulgaris 417, 606
Aktinomyces 417
Aktinomykose 418
Aktinomyzeten 607, 609
aktive Bewegung 22, 28, 31, s. Motilität
Aktivierung, Bypass- 110
Akustikus-Schädigung 604
akute Adnexitis 494, 533, s. PID
akute lymphoblastische Leukämie 664 (Tab.), s. Leukämie
akute Salpingitis 533
akute virale Erkrankungen des Zentralnervensystems 519
Alastrim 835
Albendazol 909
Alkohole 27, 78-79
Alkohole, Desinfektionswirkung 78
Alkoholgenuß 601
Alkoholintoleranz 609
Alkoholunverträglichkeit 601
Allelen-Ausschluß 158
Allergene 204
Allergie 204
–, Arthusreaktion 206
–, Immunkomplex-Typ (= Typ III) 205
–, Sofort- (= Typ I)149, 205
–, vom verzögerten Typ (= Typ IV) 206
–, zytotoxischer Typ (= Typ II) 205
allergische Alveolitis 522, 873
– Hautreaktionen 920
– Nebenwirkungen 593
– Reaktionen vom verzögerten Typ 192
– Sofortreaktion 153, 205
allergische Umstimmung 444, s. Konversion
Allgemeininfektionen, zyklische 230
Allo-Antigene 173
allogen 179
allogene Situation 150
– Transplantation 208
Allotypen 151
–, A 173
–, AB 173
–, B 173
–, O 173
Alpha-Aminobenzyl-Penizillin 598
Alpha-Hämolyse, Vergrünung 263
Alpha-hämolysierende Streptokokken 123, 124
Alpha-Hämolysin 258
Alpha-Toxin 112, 430
Alpha-Viren 737
alpha/beta T-Zellen 185
alterierter Rezeptor 661
Alterungsprozesse 663
Alttuberkulin 444
Aluminiumhydroxid 150
Alveolarmakrophagen 522
Alveolitis, allergische 873
A. lwoffii 350 s. Acinetobacter
Amanita phalloides 854, s. Knollenblätterpilz
Ames-Test 59
Amidinderivat 603
Amikacin 413, 601, 603, 604
Amin 605
Aminofurantoin 608
Aminoglykoside 274, 278, 285, 297, 330, 348, 351, 402, 425, 526, 590, 599, 601, 603, 609
Aminopenizilline 402, 526
Aminosäure-Sequenz 58
Aminothiazolcephalosporine 601
Aminozucker 603
6-Amino-Penizillansäure 596
7-Amino-Cephalosporansäure 600
Ammenphänomen 394, s. Satellitenphänomen
Ammoniak 47
Ammonshorn 750
Amöben, frei lebende 518
Amöbendysenterie, chronisch-rezidivierende 891
Amöbenleberabszeß 891
Amöbenruhr 609
Amöbiasis 890
–, invasive extraintestinale 891
–, invasive intestinale 891
–, Schwimmbad- 892
Amöbom 891
Amoxycillin 530
Amoxycillin-Clavulansäure 413, 602, s. Augmentan
Amphotenside 79
Amphotericin B 518, 579, 857
Ampicillin 274, 284, 285, 293, 297, 317,321, 325, 341, 357, 375, 418, 542, 593, 598
Amplifikation 659 (Abb.), 664 (Tab.)
Amplifikationseffekt 119
AMV-E26 660 (Tab.)
anaerobe Kokken, Optimalnährböden 415
– Wundinfektion, Meldepflicht 430
Anaerobier 124, 125, 519, 523, 603, 606
–, aerotolerante 38
–, fakultative 38, 41
–, obligate 38, 39, 121, 126, 123
Anaerobier-Infektionen 433
Anämie 911, 917
–, hämolytische 205
–, perniziöse 206
Anamneseerhebung 229
–, Familienanamnese 229
–, Individualanamnese 229
anamnestische Reaktion 148, 151, 154, s. Sekundärantwort
anamorph 853
anaphylaktische Reaktion 149, 203, s. Reaktion
anaphylaktischer Reaktionstyp 205
anaphylaktischer Schock 593
Anaphylatoxin (C3a) 164, 204, s.a. Komplementsystem
Anaphylatoxin-Inaktivator 166, s. Komplementsystem
Ancylostoma duodenale (Hakenwurm) 916
Anergie 445
Aneurysma 462
Anfälligkeit 94, s. Disposition
Anflugflora 81, s. transiente Hautflora
Angina 264, 598
– lacunaris 270
– Plaut-Vincenti 124
– specifica 460
Angiogenesefaktoren 661
Anilinfarben, basische 27
–, saure 27
Anisakis 921
Ankylostomiasis 916
Anschoppung 281
Ansteckungsfähigkeit 106, s. Kontagiosität
Anthropozoonose 398, 477
Anti-D-Antiserum 175
Anti-DNase-Test 272
Anti-Lymphozyten Serum (ALS) 212
Anti-Onkogen DCC 666
Anti-Onkogen-Funktion 671
Anti-Onkogene 663, 665 (Abb.), 666, 675
Anti-Streptolysin-O-Test (ASO, AST) 171, 272
Anti-Termination 669 (Abb.)

Anti-Tetanustoxin-Antikörper 431
antibakterielle Chemotherapeutika 588
Antibiotika 19, 588
–, lokale Anwendung von 596
–, Resistenz gegen - 50
Antibiotika-induzierte Enterokolitis 433, 541
Antibody dependent cellular cytoxicity (ADCC) 138, 205, 219
Antibody enhancing effect 740, s. Dengue-Fieber
Antigen- und Antikörpernachweisverfahren 238
Antigen-Antikörper-Komplexe, Bildung 168
Antigen-Antikörper-Reaktion 153
Antigen-präsentierende Zellen 139, 201, s. Zellen
Antigene 20, 21, 131, 132, 141, 144, 149, 668
–, Australia- 811
–, Bindungsstelle 147
–, Capsid- 811
–, distinkt 170
–, großes T(Transformations)-Antigen 673
–, Gruppen- 262
–, H- 21
–, HB_s 818
–, heterogenetische 150, 207
–, heterophile 150
–, Ia 179
–, identische 169
–, immunologische Spezifität 131
–, Klasse-I— 180
–, Klasse-II— 180
–, kleines t-Antigen 673
–, LMP (Latenz-Membran-Protein-Antigen) 807
–, MHC-Klasse-I-Antigene 674
–, Mittel-T 673
–, Nachweis 233, 692
–, Neo- 184
–, nicht-identische 170
–, O- 17, 18
–, Protein- 190
–, prozessierte 201
–, R- 266
–, Restriktion der Erkennung 183
–, Selektion unter den B-Zellen 155
–, Super- 183
–, SV40-T-Antigen 673
–, T-abhängige 191
–, T-Antigen 673
–, T-unabhängige 191
–, teilidentische 169
–, Toleranz gegenüber körpereigenen 192
–, TSTA- 649
–, Überschuß 169, 205
–, Variation 221, 473
–, viruskodierte, Nachweis 692
Antikörper 119, 144, 175
–, Affinität 152
–, Avidität 152
–, Domänen 146
–, flüchtige und persistierende humorale 241
–, fluorescein-gekoppelte 25
–, Gelenk-Region 146
–, Grenzwerte bei der Bestimmung 240
–, humorale 239
–, idiotyp-spezifische 225
–, Ig-Klassen-Wechsel 160
–, IgA, sekretorische 149
–, IgA-ase 290, 354
–, IgA-Klasse 522
–, IgA-Mangel 212
–, IgA-Protease-Produktion 514
–, IgA-spaltende Proteasen 514
–, IgA, 144, 148, 566, 645
–, IgA1-ase 294
–, IgA1-Protease 287
–, IgD 144, 149, 566
–, IgE 144, 149, 191, 205, 566, 645
–, IgG 108, 144, 147, 566, 645
–, IgG1 191, 206
–, IgM 144, 148, 174, 206, 239, 241, 566
–, IgM-Klasse 645
–, IgM-Nachweis, erneuter 241
–, Inaktivierung von 221
–, inkomplette 176
–, Klassen 144, 147
–, Klassenwechsel 160
–, komplette 176
–, kreuzreaktive 152
–, lipidspezifische 463
–, Mangelsyndrom 565
–, membranständige 158
–, monoklonale 151
–, Nachweisverfahren 238
–, oligoklonale 151
–, patienteneigene 233
–, physiologische 173
–, polyklonale 151
–, Primär- 172
–, Sekundär- 172
–, Überschuß 169
Antikörpermangelsyndrom 565
Antikörpernachweisverfahren 239
Antimetaboliten 857
Antimonpräparate 885
Antimykotika 578, 857
Antimykotikatestung 859
Anti-Onkogen 658
Antiphagozytose-Faktoren 107, s.a. M-Substanz, Virulenzfaktoren
antiphagozytäre Außenstrukturen 217
antiphagozytäre Faktoren 108
– –, A-Protein 108
– –, Hämolysine 108
– –, Kapseln 108
– –, Koagulase 108
– –, Leukozidine 108
– –, M-Substanz der A-Streptokokken 108
Antiseptik 8
Antiterminator 668
Antitoxin 394, 431
Antituberkulotika 447
Antoniusfeuer 855
AP (Aktivatorprotein)-1 659 (Tab.)
aplastische Krise 779, s. Parvo-Virus B19
Apoptose 188
Appendix 142
Appendizitis 304, 328
Applikation, parenterale 593
Applikationen, i.m. 592
A-Protein 108
Äquivalenz-Zone 169
Arachidonsäure 204
Arachidonsäure-Produkte 203
Arachidonsäuremetaboliten 504
Arachnia 417
Arbo-Viren s. Bunya-Viren, Toga-Viren
ARC 572, s. AIDS-related complex
Archaebakterien 44, 65
Arena-Viren 617 (Abb.), 754
Arena-Viren, Zusammenfassung 756
Arena-Virus-Gruppe, Lassa-Fieber 754
Arena-Virus-Gruppe, Virus der lymphozytären Choriomeningitis (LCM) 754
Arthralgien 329
Arthritis 255, 329, 557
Arthroderma benhamiae 862
– vanbreuseghemii 862
Arthrokonidien 852, 866
Arthropoden 481
Arthus-Reaktion 206
Ascaris lumbricoides 920, s. Spulwurm
Ascomykota 851
Ascosporen 851, s. Sexualsporen
Aseptik 8
Askaridose 920
Askomykota 852, 853
ASO 171, 272, s. Anti-Streptolysin O
Aspergillen 855
Aspergillom 873
Aspergillose 858, 872, 873, 874
Aspergillus 579, 857
– fumigatus 579, 873
– niger 874
– sp. 520, 523
Aspiration 255
Aspirationspneumonie 523, 524, 526, 609, s. Pneumonie
Asplenie 282
AST 171, 272, s. Anti-Streptolysin-O-Test
Asteroidkörper 872
Asthma bronchiale 855

A-Streptokokken 38, 108, 264, s.a. antiphagozytäre Faktoren und Streptococcus pyogenes
–, nephritogene Stämme 272b
asymptomatische Bakteriurie 529
– HIV-Infektion 571
ataktische Gangstörungen 462
Ataxia telangiectatica 212
Atemwegs-Infektionen 602
ätherempfindlich 717
Äthyl-desoxyuridin 686
ATL 655 (Abb.) 667, 668, s. Leukämie
Atmung 45, s. respiratorische Energiegewinnung
Atmungskette 421
Atmungskettenphosphorylierung 46
Atopie 205
Augenflimmern 431
Augenmuskellähmung 514
Augmentan 413, 602, s. Amoxycillin-Clavulansäure
Auramin-Färbung 438
Ausgleichszeit 73
Auskeimen 24
Auskeimung der Sporen 113, s. Sporen
Auslandsreisen 229
Ausscheider 105
Ausscheidung von Viren 642
ausscheidungsverdächtig 86
Ausschleusung, Viren 626, 633
Außenstrukturen, antiphagozytäre 217
äußere Hülle 24
– Membran 17
Autoantigene, sequestrierte 207
Autoimmun-Hepatitis 830
Autoimmun-Erkrankungen 155, 192
–, organspezifische 206
–, organunspezifische 207
Autoimmunität 204, 206
Autoklaven 24
autokrine Schleife 648, 668
autologe Situation 149
– Transplantation 208
Autolyse 44
automatische Partikelzählung 34
Autoradiographie 693
Autosterilisation 105
autotrophe Bakterien 47
Autotrophie 46
Avian erythroblastosis virus (AEV) 660 (Tab.), 661
– myeloblastosis virus (AMV) 660 (Tab.)
Avidität 152, s. Antikörper
Axialfilamente 24
Azelainsäure 861
Azetaldehyd-Dehydrogenase 601
Azido-Thymidin 688, 767
Azlocillin 348, 599, 601
Azole 858
AZT 688, 767

B

β s. beta
Babes-Ernst-Körperchen 391
Babes-Ernstsche Granula 391
B. abortus 372, s. Brucella
Babynahrung 125
Bacille 448
Bacillus 12, 406, 429
– anthracis 406
– cereus 406, 408, 540, 541
– –, Lebensmittelintoxikationen 406
– –, Lebensmittelkontaminationen 409
– –, Wundinfektionen 406
– stearothermophilus 24
– subtilis 406, 408
–, Endophthalmitis 409
–, Hornhautulcus 409
–, kontaminiertes Heroin, Drogenabhängige 409
–, Wundinfektion 409
Bacitracin 340
Bactec-Verfahren 447
Bacteriocine 122, 268
Bacteroidaceae 420
Bacteroides 125, 126, 422, 520, 606, 608
– fragilis 125, 420, 519, 598, 599, 600, 602, 603
Bacteroides-Arten, gramnegative 39
Bagatellverletzungen 431
Bakteriämie 105, 514
–, intermittierende 505
bakterielle Endokarditis 509
– Interaktionen 122
– Myositis 553, s. Myositis
– Pleuritis 525
bakterieller Antagonismus 119, 268
Bakterien
–, aerobe 121
–, anaerobe 609
–, coryneforme 123
–, gramnegative 15, 17, 18, 19, 38
–, grampositive 15, 19, 20, 596
–, intrazelluläre 604
–, schraubenförmige 11, 12
–, zellhüllenlose 20, 38
–, zellwandlose 20, 38
Bakterien-Chromosom 49
Bakterienflora, normale 120
–, Regulation der physiologischen - 120
Bakterienkapsel 20
Bakterienkolonien 235
Bakterienrasen 33
Bakteriensystematik 67
Bakterienvermehrung 42
Bakterienzelle 11
Bakterienzellwandsynthese 591, 600
Bakteriocholie, signifikante 545
Bakteriolyse 597, s. lytic death
Bakteriophage phix174 618 (Abb.)
Bakteriophagen 49, 51, 242, 615, 619
–, Definition 50, 619
–, Grundformen 619
–, Infektionsmodus 619
–, Züchtung 619
Bakteriostase 590
bakteriostatisch 604, 605, 606
Bakteriurie, asymptomatische 529
–, signifikante 529
bakterizid, primär 590
–, sekundär 590
Bakterizide 78
Bakterizidie 590
Bambusstab 407
Bandwurm 906
–, Fisch- 907, s. Diphyllobothrium latum
–, Fuchs- 908
–, Hunde- 908
–, Rinder- 907, s. Taenia saginata
–, Schweine- 907, s. Taenia solium
–, Zwerg- 907
Bang 372, 646
Bannwarth, A. 747
B. anthracis 406, s. Bacillus
Barr 807
Bartholinitis 535
Bartlett, John G. 427
B. asaccharolyticus 124, s. Bacteroides
Basalmeningitis s. Meningitis
Basedowsche Krankheit 206, 207
Basidiomykota 852, 853
Basis-Cephalosporine 600, s. Cefazolin-Gruppe
Basisabwehr 643
–, Interferone 643
–, Komplement 643
–, Makrophagen 643
–, natürliche Killerzellen 643
–, polymorphkernige Leukozyten 643
–, Tumornekrosefaktor 643
–, unspezifische Abwehrmechanismen 643
basische Anilinfarben 27
– Peptide 204
– Proteine 198
Baustoffwechsel 45
Bazillen 12, 23
B. bronchiseptica 361, 362, s. Bordetella
BCG-Schutzimpfung 224, 448
B. cereus 406, 408, 540, 541, s. Bacillus
bcr 665, s. Gene
bebrütetes Hühnerei 690
– –, Allantoishöhle 690
– –, Amnionhöhle 690
– –, Dottersack 690
Bebrütung 30, s. Inkubation
Bebrütungstemperatur 44
Bebrütungszeiten von beimpften Kulturmedien 237

Bedson, Samuel Phillips 491
Begeißelung 28
–, bipolare (amphitriche) 21
–, lophotriche 21
–, peritriche 21
–, polare 21
Begleitflora, Kontamination mit 231
Begleitkeime 232
Behandlungsdauer 596
Behring, E.A. von 389
Bejel 456, 471
Bence-Jones-Protein 152
Bennett 868
Berg 868
Bergmann, Ernst von 8
Berufskrankheiten 865
Beschleunigungsphase 43
beta-Hämolyse 253, 262
beta-Laktam-Antibiotika 14, 15, 16, 405
beta-Laktamase 16, 425, 596
–, Inhibitoren 425
beta-Laktamase-stabil 600
beta-Laktase 526
beta-Toxin 433
$beta_2$-Mikroglobulin 181
Betriebsstoffwechsel 45
Beulenpest 380, s. Bubonenpest
Beweglichkeit 28, 29
Bewertung der Vakzinen 710
B. fragilis 125, 420, 519, 598, 599, 600, 602, 603, s. Bacteroides
BGA-Liste 449
Bierhefe 851, s. Saccharomyces cerevisiae
Bifidobacterium 125, 417
Bifidobakterien 125
Bifonazol 858
Biguanide 79
–, Desinfektionswirkung 79
Bilharziose 903 s.a. Schistosomiasis
–, Darm- 904
–, Leber- 904
–, Milz- 904
–, Urogenital- 904
Billroth, T. 262
binäre Teilung 42, s. Querteilung
Bindehaut, Körnerkrankheit der - 490, 606, 607, s. Trachom
Bindungsstellen für Regulatorproteine 757
biochemische Leistungsprüfung 237
Bioindikatoren 77
biologische Nebenwirkungen 593
Biotyp 67, s. Biovar
Biotypen nach Odds 870
Biovar 67, s. Biotyp
bipolare Färbung 12, 378
Bittner 646
Bittner-Faktor 760
BK-Virus 671, 672, 781, 786
Blase 125
Blasenkarzinom 661
Blasenpunktion 530
Blasenverweilkatheter 506, 529, 561
Blastomyces dermatitidis 875
Blastomycetes 853
Blastomykose 872, 875
–, europäische 579, 872, 874, s. Kryptokokkose
–, Haut- 875
–, nordamerikanische 875
Blastosporen 868
Blättchen-Diffusionstest 591
Blattern 834
Blutgerinnungsstörungen 601
Blutgerinnungssystem 119
Blutgruppen, seltene 175
Blutgruppenserologie 173
Blutkulturen 505, 509, 524, 544
Blutmonozyten 138, 198
Blutplatte 36
Blutschäden, aplastische 605
B-Lymphozyten 135, 137, 142, 566, 673
B. melitensis 372, s. Brucella
Bordet 335, 361
Bordetella bronchiseptica 361, 362
– parapertussis 361
– pertussis 361, 602, 605
Borkenflechte 254, 270, s. Impetigo contagiosa
Borrelia burgdorferi 472, 473, 605, s. Lyme-Krankheit
Borrelia recurrentis 221, 472
Borrelien 12, 124
Borrelien-Infektion 472
bösartige Tumoren 646
Botrytis-Form 866
Botulinum-Toxin 18, 111, 133, 540
Botulismus 427
–, Meldepflicht 432
Bovines Papillom-virus (BPV) 672
B. parapertussis 361, s. Bordetella
B. pertussis 361, 602, 605, s. Bordetella
BPV 672, s. Bovine Papillom-Virus
Brackwasser, salzhaltiges 333
Bradykinin 203
Branhamella catarrhalis 123, 351, 602, s. Moraxella catarrhalis
brc 665, s. Gene
break-point cluster region (bcr) 665, s. Gene
Breitspektrum-Antibiotika 588, 593
Breitspektrum-Antibiotika-Therapie 869
Breitspektrum-Antimykotika 858
Breitspektrum-Cephalosporine 601, s. Cefotaxim-Gruppe
Breitspektrum-Penizilline 307
Bretonneau 389
Brillsche Erkrankung 482
Bromvinyl-desoxy-Urdin 687
Bronchiallavage 525, 581, 897
Bronchitis 351, 607, 722
– durch H.influenzae 356
–, chronische 605
–, eitrige 602
bronchoalveoläre Lavage 525, 581, 897, s. Bronchiallavage
Bronchopneumonie 282, 412, 523, s. Pneumonie
bronchoskopische Aspirate 525
Brownsche Molekularbewegung 29
Bruce 372
Brucella abortus 372
– melitensis 372
– suis 372
Brucellen 38, 47, 603
–, Meldepflicht 375
Brucellen-Widal 375
Brucellergen 375
Brudzinski-Zeichen 514
Brugia 922
Brutonsche Agammaglobulinämie 212, s.a. Agammaglobulinämie
B. subtilis 406, 408, s. Bacillus
B. suis 372, s. Brucella
Bubo 379
Bubonenpest 380, s. Beulenpest
budding 633, s. Knospungsvorgang
Bujadoux, C. 474
Bundesseuchengesetz 85
Bunnell 807
bunte Reihe 37, 235, 869
Bunya-Viren 736, 742, s.a. Toga-Viren
–, Aufbau 742
–, Einteilung 742
–, Hantaan-Virus 737, 742
–, Pappataci-Fieber 737
–, Virus der California-Enzephalitis 737
–, Virus des hämorrhagischen Fiebers 737
Bunya-Virus, Geschichte 742
–, Klinik 742
–, Labordiagnose 742
–, Prävention 742
–, Übertragung 742
–, Vorkommen 742
Burkitt-Lymphom 647, 649, 664, 670, 673, 807, 809
–, kleinzelliges 664 (Tab.)
Burnet, Frank Macfarlane 154
Bursa Äquivalent 141, s. Bursa Fabrcii
Bursa Fabricii 141, s. Bursa Äquivalent
Bursitis 255
Buruli-Ulcus 436
Bypass-Aktivierung 110
B-Zellen 135, 191, 668
–, Hybridome 152
–, Mitogenwirkung auf 110
–, Rezeptoren 110
–, stimulierende Faktoren 187

C

c-abl 665, s. Proto-Onkogene
C1 163, s. Komplementsystem
C1-Esterase-Mangel 566
C1INH 164, 213, s. Komplementsystem
C2 163, s. Komplementsystem
C3 163, s. Komplementsystem
C4 163, s. Komplementsystem
C5 164, s. Komplementsystem
CA-Virus (croup-associated virus) 724, s. Para-Influenza-Viren
Caesarenhals 392
Café-au-lait-Gesicht 278
Calici-Viren 772
–, Epidemiologie 777
–, Genom 777
–, Klinik 777
California-Enzephalitis 737, s. Bunya-Viren
Calmette, Albert 448
cAMP 540
Campylobacter 339
– cinaedi 341
– coli 340
– fennelliae 341
– fetus 340
– fetus subsp. fetus 340
– hyointestinalis 341
– jejuni 340, 538, 539, 540, 542, 605
– laridis 340
– sputorum ssp.sputorum 341
– subsp. fetus 340
Campylobacter-Enteritis 606
Candida 124, 520, 523, 851, 857
– albicans 578, 867, 868, 873
– intertrigo 870
– parapsilosis 867
– Pyelonephritis 873
Candida-Balanitis 870
Candida-Endokarditis 873
Candida-Intertrigo 870
Candida-Meningitis 873
Candida-Onychomykose 870
Candida-Paronychie 870
Candida-Pyelonephritis 873
Candida-Sepsis 873
Candida-Stomatitis 593
Candida-Vulvovaginitis 870
Candidiasis 572, 578
Capnocytophaga ochracea 425
Capsomere 615
Carbol-Fuchsin 28
Cardiolipinreaktion, quantitative 241
Carle, Antonio 427
C. botulinum 112, 431, 540, s. Clostridium
C. cinaedi 341, s. Campylobacter
C. coli 340, s. Campylobacter
CD_4-Rezeptoren 570, 655, 656 (Abb.)
CD-System 137
C. difficile 433, s. Clostridium
C. diphteriae 389, s. Corynebacterium
Cefaclor 602
Cefadroxil 602
Cefalexin 602
Cefalexin-Gruppen 602, s. Oralcephalosporine
Cefamandol 600
Cefazedon 600
Cefazolin 274, 600
Cefazolin-Gruppe 600, s. Basis-Cephalosporine
Cefazolin-resistente Erreger 601
C. fennelliae 341, s. Campylobacter
C. fetus 340, s. Campylobacter
Cefmenoxim 601
Cefotaxim 274, 601
Cefotaxim-Gruppe 601, s. Breitspektrum-Cephalosporine
Cefotiam 600
Cefoxitin 425
Cefradin 602
Cefsulodin 348
Ceftazidim 348, 601
Ceftizoxim 601
Ceftriaxon 293, 601
Cefuroxim 600
Cefuroxim-Gruppe 600, s. Intermediär-Cephalosporine
Cellobiuronsäure 21
Cephalosporine 285, 297, 307, 330, 357, 388, 415, 425, 474, 467, 530, 590, 600, 609
Cephalosporine, Breitspektrum- 601
Cervix-Karzinom 672
CFA I 312
CFA II 312
C. fetus subsp. fetus 340, s. Campylobacter
cGMP 540
Chagas-Krankheit 851
Chain 590
Chediak-Higachi-Syndrom 565
chemische Desinfektion 78
– Kanzerogene 663
– Sterilisation 74
chemo-organotrophe Bakterien 45
Chemoindikatoren 76
Chemoprophylaxe 517
chemotaktische Faktoren 204
Chemotaxis 565
Chemotherapeutika, antibakterielle 588
–, antivirale 684
–, antivirale, Selektivität 684
Chemotherapie, Antitumor- 127
–, gezielte 506
–, immunsuppressive Wirkung der 127
–, kalkulierte 506
–, selektive 685
Chemotrophie 45
Chimärismus 211
Chinesischer Leberegel 905, s. Clonorchis
Chinolon-Präparate 542
Chinolone 307, 312, 325, 348, 607, s.a. Gyrase-Hemmer
chirurgische Händedesinfektion 81, 83
Chl. s. Chlamydia
Chlamydia pneumoniae (TWAR) 490, 496
– psittaci 490, 495, 523, 607
– trachomatis 221, 490, 523, 529, 533, 605, 606
– –, Serotypen A-C 492
–, Serotypen D-K 492, 494
– –, Serotypen L1-L3 492, 494
Chlamydien 291, 490, 600, 603, 604, 605, 606, 607, 608
–, Einschlußkörperchen 491
–, Elementarkörperchen 491
–, Energieparasiten 491
–, Initialkörperchen 491
Chlamydien-Infektionen 47
Chlamydienpneumonie 523, s. Pneumonie
Chlamydosporen 863, 864, 868, 869, 872
Chlor 79
–, chlorabspaltende Verbindungen 79
–, ClO_2 79
–, Cl_2 79
Chloramphenicol 297, 317, 325, 336, 340, 348, 381, 408, 493, 520, 605
Chlordioxidgas 79
Chlorgas 79
Chlorhexidin 80
–, Desinfektionswirkung 80
Chlorophyll 851
Chloroplasten 65
Chloroquin 892, 894
Chloroquin-resistente Malaria 607
Cholangiolithiasis 546
Cholangitis 304, 545
Cholecystitis 304
Cholera 7, 331
Cholera-Impfstoff 224
Cholera-Notfall-Besteck 336
Choleragen 332, s. Enterotoxine
Cholerainfektionen 541
Choleratoxin 114, 312, 334, 540
Choleravibrionen 38, s.a. Vibrio cholerae
–, Träger von 333
Cholestase, intrahepatische 606
cholestatische Hepatose 607
Cholesterin 486, 489
Cholezystitis 544
–, emphysematöse 544
–, gangränöse 544
Chorea minor 272

Choriomeningitis-Virus, lymphozytäres 222
Chorioretinitis 577, 804, 899
Chromoblastomykose 872
Chromosom 13, 22
–, Bakterien- 13
chromosomale Translokationen 663
– Veränderungen 659 (Abb.)
Chromosomen, Chromosom 13 666
–, Chromosom 22 s. Philadelphia-Chromosom
–, double-minute- 665
–, homogeneously staining regions (HSR) 665
–, Mutation 591
–, Philadelphia- 665
Chromosomenmuster 664
Chromosomenverlust 665, 666
chronisch verlaufende Meningitiden 518
– –, Amöben-Meningitis 518
– –, Kryptokokken-Meningitis 518
– –, Toxoplasmen-Meningitis 518
chronisch-granulomatöse Erkrankungen 565
Chrysoidin 28
C. hyointestinalis 341, s. Campylobacter
Ciclopiroxolamin 858
Cilastatin 603
Ciprofloxacin 317, 321, 330, 336, 530, 607
Cis-Trans-Test 63
Citrobacter 529
C. jejuni 340, 538, 539, 540, 542, 605, s. Campylobacter
Cl. s. Clostridien
C. laridis 340, s. Campylobacter
class switch 160, s. Antikörper-Klassenwechsel
Clauberg-Medium 36
Claviceps purpurea 855
Clavulansäure 425, 602
Clavulansäure-Amoxycillin-Kombination 602, s.a. Augmentan
Clindamycin 283, 340, 341, 405, 415, 425, 541, 593, 606
Clofazimin 452
Clonorchis 905, s. chinesischer Leberegel
Clostridiale Myonekrose 430
Clostridien 12, 125, 126, 427, 604, 605, 607, 608
–, Tetanus- 24
– -Myositis 427, 430
Clostridium 12
– botulinum 112, 431, 540
– difficile 127, 433, 540, 542, 593, 598, 603, 606
– innocuum 125
– perfringens 24, 108, 112, 540, 606
– tetani 427
Clotrimazol 858
Clue-Zellen 360
Clumping factor 250, 257
CML (chronische myeloische Leukämie) 664 (Tab.), 665, s. Leukämie
CMV 583, 669, 671, 673, 802, s. Zytomegalie-Virus
CMV-Retinitis 583, 804
CO_2 47
Coccidioides immitis 876
Coccidioidin 876
Code, genetischer 55
Codon 55
Coffein 608
Coli-Phage 618
Colicin E-1 122
– E-2 122
Colistin 325
Colitis, hämorrhagische 312
College-Krankheit 808, s. Kissing Disease
Collier 390
Colon-Karzinom 666
Colorektalkarzinom 666
Columbia-Agar 421
Concanavalin A (ConA) 150
Condylomata acuminata 672, 784, s. Genitalwarzen
– lata 460
Contagium animatum 7
Coombs-Antikörper 176
Coombs-Test, direkter 176
–, indirekter 176
Cordfaktor 438
core 614, s. Viruskern
Corona-Viren 617, 618 (Abb.), 734
–, Aufbau 734
–, Epidemiologie 734
–, Genom 734
–, Immunität 734
–, Klinik 734
–, Labordiagnose 734
–, Resistenz 734
–, Vorkommen 734
–, Zusammenfassung 734
Cortex 23, s. Sporen-Rinde
Corynebacterium 389
– diphtheriae 389
Cotrimoxazol 307, 321, 325, 413, 576, 577
–, Trimethoprim/Sulfonamid 607
Coulter-Counter 34
Coxiella 479, 481
– burnetii 482
Coxiellen 479
Coxiellen-Pneumonie 523, s. Pneumonie
Coxsackie-Viren 711
–, abakterielle Meningitis 712
–, akuter IDDM 712
–, Cardiomyopathie 712
–, Einteilung 711
–, Exantheme 712
–, hämorrhagische Konjunktivitis 712
–, Herpangina 712
–, Immunität 712
–, insulinabhängiger Diabetes mellitus 712
–, Labordiagnose 713
–, myokarditisches Bild 712
–, Pharyngitis 712
–, Pleurodynie 712
–, Säuglingsmyokarditis 712
–, Schnupfen 712
–, Sommergrippe 712
–, Übertragung 711
–, Untergruppe A 711
–, Untergruppe B 711
C. perfringens 24, 108, 112, 540, 606, s. Clostridium
– – -Stämme vom Typ A 432
– – – vom Typ C 433
C. pneumoniae (TWAR) 490, 496, s. Chlamydia
C. psittaci 490, 495, 523, 607, s. Chlamydia
CR1-Rezeptor 199
CR2-Rezeptor 199
C-reaktives Protein (CRP) 170, 204, 279, s. Protein
Credésche Prophylaxe 292
Crepitation 46, 430
crk 659 (Tab.), 662 (Tab.), s. Onkogen
Crossing-over 53
Croup 392
Croup-associated Virus (Ca-Virus) 724, s. Para-Influenza-Virus
CRP 170, 204, 279, s. Protein, C-reaktives
Cryptococcus s.a. Kryptokokken
– neoformans 518, 520, 579, 857, 874
Cryptococcus-Antigen 579
Cryptococcus-neoformans-Meningitis 579
Cryptosporidium 561, 901
CSF 354, 661, 662 (Tab.), 663 (Abb.), 659 (Tab.), 673, s. Wachstumsfaktoren
C. sputorum ssp.sputorum 341, s. Campylobacter
C-Substanz 279
C. tetani 113, s. Clostridium
C. trachomatis 221, 490, 523, 529, 533, 605, 606, s. Chlamydia
Culdozentese 533
Curling factor 858
Cutler-Vakzine 381
Cycloheximid 685, 856
Cyclosporin A 212
Cytochrome 486
Cytochromsystem 38

Cytomegalo-Virus (CMV) 583, 669, 671, 673, 802
Cytotoxin, tracheales (TCT) 362, 363

D

δ s. delta
Dacryocystitis 255
DADPS 452, s. Diaminodiphenylsulfon, Dapsone
Dampfdrucksterilisation 72
DANE-Partikel 818
Darm, selektive Dekontaminierung des 568
Darm-Bilharziose 904
Darmbrand 432
Darmdekontamination bei Leberzirrhose 128
–, selektive 128
–, totale 128
Darmflora 529
– des Säuglings 125
Darminfektionen durch E. coli 309
Darmmilzbrand 408
Darmtrichinellose 912
Darstellung, elektronenoptische von Viren 701
Darwinismus 61
Dauerausscheider 317
Dauerbakteriämie 505, 509
Dauerform 23
Dauertropfinfusion 593
DCC (deleted in colon carcinoma) s. Anti-Onkogen
Defensine 198
Degranulation 135, 197
Dehydropeptidase-I 603
Deinococcaceae 262
Dekontaminierung, selektive 506
– ,- des Darmes 506
deleted in colon carcinoma s. Anti-Onkogen DCC
Deletion 57, 59, 659 (Abb.), 663, 666
Deletionsmutanten 225
Delta-Agens 620
Demyelinisierung 392
Dengue-Fieber-Virus 739
–, Antibody-enhancing-effect 740
–, Epidemiologie 739
–, hämorrhagischer Dengue-Schock 739
–, Pathogenese 739
–, Schock-Syndrom 739
–, Übertragung 739
Depoteffekt 596
Depot-Granula 24
Dermatitis ammonicalis 869
Dermatophyten 854, 855, 861
Dermatophytose des Genitoanalbereichs 865
– des Nagelorgans 867
Dermatophytosen 854
Desert Rheumatism 877
Desinfektion 71, 78
–, Anwendungsbereiche 81
–, –, Ausscheidungen 82
–, –, Flächen 82
–, –, Hände 81-82
–, –, Haut 82
–, –, Instrumente 82
–, –, Schleimhaut 82
–, –, Textilien 82
–, –, Wäsche 82
–, chemische 78
–, Hände 81, 83
–, –, chirurgische 81, 83
–, –, hygienische 81, 83
–, Hautflora 81
–, physikalische 78
–, Prüfverfahren 83
–, Raum- 82, 83
–, thermische 72
–, Verfahren 78, 82
–, Wirkstoffe 78
Desinfektionsmittel 8, 83
–, Listen 83
Desinfektionsmittelliste der Deutschen Gesellschaft für Hygiene und Mikrobiologie (DGHM-Liste) 449
– des Bundesgesundheitsamtes 449
Desoxyribonukleasen 267, s. Steptodornasen
Determinanten 131, 147, 149, 183, s. Epitop
Deuteromykota 853, s. Fungi imperfecti
Dextran 165, s. Komplementsystem
DGHM-Liste 449, s. Desinfektionsmittelliste
DHBV 671 (Tab.), 673, s. Duck-Hepatitis-Virus B
Di-George-Syndrom 212, 565
Diabetes mellitus 726, 869
Diagnose einer Infektion, klinische 229
diagnostische Sensitivität 244
– Spezifität 244
Diamidine 885
Diaminodiphenylsulfon 452, s. Dapsone (DADPS)
Diaminopyrimidine 607
Diarrhoe vom sekretorischen Typ 334
Diäthylcarbamazin 923
Dickdarm 125
–, fehlbesiedelter 125
dicke, grampositive Stäbchen 430
Dicloxacillin 599
Dicrocoelium 905, s. kleiner Leberegel
Dienes, Louis 486
Differentialdiagnose (Röteln-Virus) 745
differentialdiagnostische Tabellen 842
Differentialfärbungen 234
Differential-Kulturmedien 37, 235
Differentialmedien 36, 37
Differenzierung 663
Differenzierungsantigene 137
Diffusion ins Gewebe 592
Dihydropropoxy-methyl-Guanosin 687
Diloxanid 892
Dimorphismus 852
Diphtherie 598
–, Augen- 392
–, Meldepflicht 395
–, Nabel- 392
–, Rachen- 392
–, Toxin 18, 115, 390, 394
–, Vaginal- 392
–, Wund- 392
Diphtheriebakterien 27, 32, 35, 36, 47, 605, 606, s.a. Corynebacterium diphtheriae
Diphtheroide 389
Diphyllobothrium latum 907
Dipicolinsäure 23
Diplokokken 11, 280
direkter Nachweis 237
Disposition 94
disseminierte Kandidose 873
distinkt 170, s. Antigene
Diversifizierung 155
Diversität, Größe der 157
DNA 13
–, Doppelstrang- 656 (Abb.)
–, Provirus 757
–, semikonservative Replikation 63, s. Replikation
DNA-Ligase 60
DNA-Polymerase 49
DNA-Polymerase-Kettenreaktion 242
DNA-Provirus 655, 656, 657, 670
DNA-Replikation 662 (Tab.), 672
DNA-Sonde 67, 242
DNA-Tumorviren 652, 663, 667, 670, 671, 672
DNA-Viren 621, 670, 672, 673
–, Frühphase 628
–, onkogene 670
DNA/DNA-Hybridisierung 66, 242
DNA/RNA-Hybridisierung 66
DNAase 251
DNS-Topoisomerasen 607, s. Gyrasen
Domagk, Gerhard 437, 588
Doppelbilder 514
Doppelstrang DNA 656 (abb.), s. DNA, Doppelstrang-
Doppeltsehen 431
Dosierungsintervall 596
double-minute 665, s. Chromosomen
Downstream-Promotion 657
Doxycyclin 604
Dracunculus medinensis 923, s. Medinawurm

Drei-Tage-Fieber 813, s. Exanthema subitum, Roseola infantum
Drift, immunologische 222
Drogenabhängige 873
Drosophila 659
Druckkesselverfahren 73
Drusen 418, 872
Duck-Hepatitis-Virus B (DHBV) 671 (Tab.), 673
Ducrey 354
Ductus thoracicus 142, 142
Duffy-Merkmale 173, 175
Dunkelfeld 26
Dunkelfeldbeleuchtung 25, 477
Dunkelfeldverfahren 25
Dünndarm 124
Durchblutungsstörungen 41
Durchfall 901, 917
Durchseuchungsgrad 697
Dysurie 529

E

E1A 674, s. Adeno-Viren
E1A-Protein 666
E1B 674, s. Adeno-Viren
EAF 310, s. EPEC-Adhärenz-Faktor
early-onset-Erkrankung 274
Eaton, Monroe D.E. 486
EB-Nuclear Protein, EBNA 807
EBNA, Epstein-Barr Specific Nuclear Antigen 807
Ebola-Fieber 737
EBV 586, 671 (Tab.), 673, 807, s. Epstein-Barr-Virus
Echinococcus granulosus 908
– multilocularis 908
Echinokokkose 908
–, Leber- 909
–, Lungen- 909
ECHO-Viren 713
Echokardiographie 510
Ecthyma gangraenosum 347, 502
Eczema herpeticum 795-796
Edsall, G. 486
EF s. Elongationsfaktor
E. faecalis 284, s. Enterococcus
E. faecium 284, s. Enterococcus
Effekt, zytopathischer 692
EGF 661, 663 (Abb.), s. epidermaler Wachstumsfaktor
EGF-Rezeptor 659 (Tab.), 661, 663 (Abb.)
EGF-Rezeptor-2 659 (Tab.)
EHEC 312, 542, s. Escherichia-coli
Ehrlich, Paul 262, 335, 458
EIEC 311, 540, 542, s. Escherichia-coli
Eigelb 446
Ein-Dosis-Behandlung 530
Einfachfärbungen 25, 234
Eingriffe, infektionsbegünstigende diagnostische und therapeutische 229
Einsaatgröße 44
Einschlußkörperchen-Enzephalitis 730
Einschlußkörperchen-Konjunktivitis 490
– bei Neugeborenen 494
Einstufen-Transformanten 652
Einstufen-Transformation 651
Einstufen-Vermehrungsversuch 626
Eintrittsmechanismen von Infektionserregern 100, s. Infektionserreger
Eintrittspforten 642
Einwirkungszeit 73
Einzeller 851
Eiter 28
–, blau-grüner 347
Eitererreger 217
Eitergrind 551, s. Impetigo
eitrige Pleuritis 524
Eiweißbindung 592
Eiweißfehler 78
Eklipse 626, 627
–, Sofort-Proteine 627
–, transaktivierendes Protein 627
–, uncoating 627
Elastase 344, 346, 347
Elek, Stephen 169
Elek-Platte 394
Elektiv-Kulturmedien 235
Elektronenakzeptor 45
elektronenoptische Darstellung 701
– –, Immunelektronenmikroskopie 701
– –, Kontrastierung 701
– –, Negativkontrastierung 701
– –, Schrägbedampfung 701
– –, Spreitung von Nukleinsäuren 701
Elephantiasis 923
Elimination durch die Galle 593
– durch die Nieren 593
ELISA-Verfahren 172, 699, 746, 775, 779, 806, 813
Ellermann 646
Elongationsfaktor -2 (EF-2) 116, 392
EMB 581
Embryopathie 743, 745, s. Röteln-Virus
Empfänger von Kochenmark 567
– von Transplantat-Nieren 567
Empfänglichkeit 94
emphysematöse Cholezystitis 544, s. Cholezystitis
Endarteriitis obliterans 459, 461
Endemie 84
Endo-Agar 315
Endo-Platte 36
Endocarditis lenta 276, 277, 598
endogene Infektion 97
endogenes Pyrogen 200
Endokarditis 276, 305, 404, 483
–, bakterielle 509
–, Rechtsherz 509
–, rheumatische 509
–, subakute bakterielle 509
Endokarditis-Kombinations-Behandlung 604
Endokarditiserreger 509-509
Endokarditisprophylaxe 511
Endometritis 401, 490, 609
Endomykosen 872
Endonuklease 188
Endopeptidasen 20
Endophthalmitis 406
Endoplastitis 249, 259, 501
Endosom-Bildung 116
Endosporen 22, 407, 429
Endosymbiose-Stadien 65
Endothelzellen 482
Endotoxin 18, 20, 109, 215, s.a. Komplementsystem
Endozytose 116, 190, 195
Energiegewinnung, fermentative 45
Energiegewinnung, respiratorische 45
Enhancer 663, 665, 757, s. Promotor
enhancing effect 645
Enoxacin 607
Entamoeba histolytica, Magnaformen 890
– –, Minutaformen 890
– –, Zysten 541, 609, 890
Entdifferenzierung 662
Enteritiden, durch E.coli-Stämme, Meldepflicht 313
Enteritis 888, 912-913, 915
– infectiosa, Meldepflicht 258, 318, 330
– necroticans 432
–, nicht-entzündliche 541
–, septische 541
Enteritis-Salmonellen 315
Entero-Viren, Coxsackie-Viren 706
–, ECHO-Viren 706
–, Entero-Virus 68-71 706
–, Entero-Virus 72 (Hepatitis-A-Virus) 706, 816
–, Virus der Poliomyelitis 706
Entero-Virus 68 714
– 69 714
– 70 714
– 71 714
– 72 714
Enterobacter 304, 305, 599, 602, 607, 608
– aerogenes 606
– cloacae 601
Enterobacter sp. 524
Enterobacteriaceen 520
Enterobakterien 125, 126, 127, 299, 519, 529, 561, 599, 603, 607
–, Gentamicin-resistente Stämme von 604

Enterobiose 918
Enterobius vermicularis 918, s. Madenwurm, Oxyuris
Enterococcus 284
– faecalis 284
– faecium 284
Enterokokken 38, 125, 126, 284, 529, 598, 600, 602, 603, 606, 607, 608
Enterokokken-Lücke 285, 601
Enterokolitiden 538
Enterokolitis, Antibiotika-induzierte 593
–, postoperative 127
–, pseudomembranöse 541, 598, 604, 606
enteropathogene E. coli (EPEC) 309, 542
Enterotoxin A 256
– B 256
– C 256
– D 256
– E 256
–, hitzelabiles 115
Enterotoxine 111, 215, 252, 256, 310, 312, 332, 540
Entnahmetechnik 231
Entropium 493
Entseuchung 83
Entwicklung neuer Impfstoffe 223
Entzündungen 18, 203
env s. Gene, Replikationsgene, Strukturproteine
Enzephalitis 495, 513, 519
–, Herpes- 684, 793, 794
–, nekrotisierende 794
–, Toxoplasma- 900
Enzephalomyelitis 519, 474, 730
Enzyme-Linked Immunosorbent-Assay, (Enzym-gekoppelter Immunosorbent-Assay) 172, 699, 746, 775, 779, 806, 813, s. ELISA
Enzyminduktion 43
EPEC 309, 542, s. Escherichia coli
EPEC-Adhärenz-Faktor (EAF) 310
Epidemie 676
–, Explosiv- 676
–, Tardiv- 676
Epidemiologie 676
epidermaler Wachstumsfaktor (EGF) 661, 663
Epidermodysplasia verruciformis 769, 784
Epidermophytie 862
Epidermophyton 854, 861
– floccosum 862, 865, 866
epiduraler Abszeß 513, 520, s. Abszeß
Epiglottitis durch H.influenzae 356
Epitheloidzellen 443, 463
Epitop 131, 147, 149, 183
–, protektives 225
Eppinger, Hans 411
Epstein 807
Epstein-Barr Nuclear Antigen (EBNA) 648
– Nuclear Protein, EBNA 673
– Specific Nuclear Antigen, EBNA 648
Epstein-Barr-Virus 586, 671 (Tab.), 673, 807
–, B-lymphoproliferatives Syndrom bei Kindern 810
–, Burkitt-Lymphom 807, 809
–, Capsidantigene 811
–, chronisch aktive EBV-Infektion 809
–, College-Krankheit, Kissing Disease 808
–, EBNA 807
–, Henle-Test 811
–, immortalisiert 807
–, Immunologie 810
–, Infektionen bei Immunkompromittierten 809
–, infektiöse Mononukleose 807, 808
–, LMP (Latenz-Membran-Protein-Antigen) 807
–, lympho-epithelialer Nasopharynxtumor 807, s. Schmincke- Tumor
–, mononukleäre Zellen 808
–, Nasopharynx-Karzinom 809, s. Schmincke-Tumor
–, Paul-Bunnell-Test 810
–, Pfeiffersches Drüsenfieber 807
–, Resistenz 807
–, Schutzimpfung 811
–, Übertragung 808
–, VCA (Virus Capsid Antigen) 807
–, X-linked lymphoproliferates Syndrom 809
–, Zebra-Gen 807
–, Züchtung 807
erb A 659 (Tab.), 660 (Tab.), 662 (Tab.), s. Onkogen
erb B 659 (Tab.), 660 (Tab.), 661, 662 (Tab.), 663, 664, s. Onkogen
erb B-2 661, 662, 663, s. Onkogen
Erblindung 493, 923
Erdsporen 77
Ergosterol 858
Ergosterol-Biosynthese 858
Erkrankungen, chronisch-granulomatöse 565
erneuter IgM-Nachweis 241
Erosio interdigitalis blastomycetica 870, s. Kandidose
Erreger, attenuierte 224
–, extrazelluläre 216
–, intrazelluläre 217, 608
–, opportunistischer 897
Erregerantigene 238
Erregerisolierung 233
erworbenes Immundefizienz-Syndrom (Acquired Immunodeficiency Syndrome, AIDS) 213, 453, 455, 518, 522, 523, 538, 572, 573, 617, 667, 760, 839, 869, 874
Erysipel 270, 552, 598, s. Wundrose
Erysipeloid 404
Erysipelothrix rhusiopathiae 404
Erythema 329
– chronicum migrans 474
– infectiosum 778, s. Ringelröteln
– marginatum 272
Erythroleukämie 660 (Tab.)
Erythrasma 123, 553, 606
Erythroblastose 660 (Tab.)
Erythroblastosis foetalis 175
Erythromycin 271, 283, 340, 365, 370, 405, 408, 467, 489, 495, 526, 542, 605, 606
Erythromycin-Äthylsuccinat 605
Erythromycin-Base 605
Erythromycin-Estolat 605
Erythromycin-Stearat 605
Escherich, Theodor 302
Escherichia coli 46, 47, 112, 115, 301, 523, 529, 539, 542, 598, 602, 607, 608
–, enterohämorrhagische (EHEC) 312, 542
–, enteroinvasive (EIEC) 311, 540, 542
–, enteropathogene (EPEC) 309, 542
–, enterotoxigene (ETEC) 311, 542
–, obligat pathogene 309
–, Sepsis durch 303
Escherichia-coli-Infektionen 541
essentieller Metabolit 47
essigsaures Methylenblau 27
ET 268, 270, s. Toxine, erythrogene
ETEC 311, s. Escherichia coli
Ethambutol 447
Ethylenoxidgas-Sterilisation 74
ets 660 (Tab.), s. Onkogen
Eubacterium 125
Eubakterien 417, 65
Eukaryonten 11, 64, 65
–, Zellwand ausbildende 851
Eumykota 65, 853, s. Fungi perfecti
Evasion in das Zytoplasma 221
evolutionäre Anpassung 64
Ewing-Tumoren 666
Exanthema subitum 813, s. Drei-Tage-Fieber, Roseola infantum
Exfoliatin A und B 252, 255
exogene Infektion 97
Exon 658 (Abb.), 659, 669
Exophiala werneckii 861
Exoskelett 19, s. Stützelement
Exosporium s. Sporenhülle
Exotoxin 18, 108, 110, 215, 392
– A 344, 346, 347
Exotoxin-Nachweis 243
exponentielle Phase 43, s. logarithmische Phase

exponentielles Wachstum 42
Expressionsprodukte 671
extrazelluläre Erreger 216

F

$F_{(ab')2}$ 145
F_{ab}-Fragment 145
facies antonina 452, s. Mönchsgesicht
– hippocratica 548
– leonina 451, s. Löwengesicht
FACS 173, s. Fluorescence-Activated-Cell-Sorter
factor, Spreading - 109, 252
Fadenwürmer 922, s. Filarien
Faktor , Granulozyten-Kolonien stimulierender (G-CSF) 187
–, Granulozyten/Makrophagen-Kolonien stimulierender Faktor (GM- CSF) 188
–, H 165, s. Komplementsystem
–, I 165, s. Komplementsystem
–, Multikolonien-stimulierender (= IL-3) 181
–, infektionsbegünstigender 229
–, Plättchen-aktivierender (PAF) 204
–, prädisponierender 229
–, Tumornekrose- (TNF) 401, 442
Faktoren B und D 165
–, antiphagozytäre 108
–, chemotaktische 204
–, Invasions- 18, 19, 20, 107, s. Virulenzfaktoren
–, Invasiv- 216
fakultativ intrazellulär 399
– intrazellulärer Parasitismus, Mykobakterien 439
– pathogene Erreger 237, s.a. Opportunisten
falsch-positives Ergebnis 244
Familien-Anamnese 229
Färbung 27
–, bipolare 12, 378
, einfache 25
–, Fuchsin- 25
–, Gram- 25, 27, 234
–, immunspezifische 25
–, komplexe 25
–, Methylenblau- 25
–, Neisser- 27, 234
–, Spezial- 234
–, Ziehl-Neelsen- 25, 28, 234
Färbungen, Differential- 234
–, Einfach- 234
farcin du boeuf 411
Fasciola 905, s. großer Leberegel
Fasciolopsis 905, s. Riesendarmegel
Fäulnis 5, 8
Fäulniskeim 306
Favus 862, s. Tinea favosa
FBJ (Finkel-Biskis-Jinkins)-MSV 660 (Tab.)
Fc-Rezeptoren 199
Fc-Stück 108, 145
FcgammaRI 199
FcgammaRII 199
FcgammaRIII 199
FcRI 199
FcRII 199
Fehlbesiedlung, nach operativen Eingriffen, bakteriologische 127
–, orale 124
Fehlregulation 659
Felines Leukämie-Virus 661
Felsengebirgsfleckfieber 479, 481, 482
fermentative Energiegewinnung 45, s. Gärung
fes 660 (Tab.), s. Onkogene
F-Faktor 22, 51
FGF 659 (Tab.), 661, s. Fibroblastenwachstumsfaktor
fgr 660 (Tab.), s. Onkogene
Fibrinolysin 250, s. Plasmin
Fibroblasten 463
Fibroblastenwachstumsfaktor (FGF), basischer 659 (Tab.), 661
Fibronectin 107
Fieber 18, 200
–, akutes rheumatisches 265, 272
–, Auslösung durch Endotoxine 109
–, deerfly- 383
–, Fleck 47, 479, 481, s. Hungertyphus, Kriegstyphus
–, Gelb- 738
–, hämorrhagisches 89, 737, s. Bunya-Viren
–, Drei-Tage- 813, s. Exanthema subitum, Roseola infantum
–, Ebola-Fieber 737
–, Kindbett- 7
–, Lassa- 737, 754
–, Malta- 372
–, Pappataci- 737
–, Pfeiffersches Drüsen- 571, 807
–, Pharyngokonjunktival- 789
–, Pontiac- 367, 368, 369
–, Q- 483, 523
–, Rattenbiß- 497
–, Rocky-Mountains-spotted Fever 479, 481, 482
–, Rückfall- 472
–, Tsutsugamushi- 482
–, undulierendes 372, 374
–, Wolhynisches 482
Fieberkontinua 482
Fieberreaktion 110
Filariasis 922
Filarien 922, s. Fadenwürmer
filtrierbare Partikel 613
Fimbrien 107, 216, 302, s.a. Pili
Finne 906, 908
Fitz-Hugh-Curtis-Syndrom 291, s. Perihepatitis acuta gonorrhoica
Fixierung 26
FK506 212
Flagellin 21
Flavi-Viren 737
Flavoenzyme 38
Fleckfieber 47, 479, 481, s. Hungertyphus, Kriegstyphus
–, Meldepflicht 482
–, murines 482
Fleckfieberroseolen 482
Flecktypus, endemischer 481
Fleischwasser 31
Fleming, A. 589
Flimmerepithel 522
Flocculation 168
Flöhe 481
Flora, allochthone 124
–, Döderlein 126
–, endogene 127
–, körpereigene 561
–, physiologische 120
Florey, Howard Walter 590
flüchtige humorale Antikörper 241
Flucloxacillin 257, 599
Fluconazol 578, 579, 858
Flucytosin 518, 579, 857, s. 5-Fluorocytosin
Fluktuationstest 61
Fluor 887
– vaginalis 360
Fluorescence-Activated-Cell-Sorter (FACS) 173
Fluoreszein 343, 344
fluoreszein-gekoppelte Antikörper 25
Fluoreszenz-Treponema-Antikörper-Absorptions-(FTA-ABS)-Test 172, 465
fluoreszenzserologische Färbung 692
fms (colony-stimulating factor-1 receptor) 659 (Tab.), 660 (Tab.), 661, 662 (Tab.), s. Onkogene
Foamy-Viren 760, s.a. Spumaviren, Retroviren
Fokussierungseffekt 119
Follikel 493
–, primäre 141, 142
–, sekundäre 141, 142
Folsäuresynthese 606, 607
Forlanini, Carlo 437
Formaldehyd 75, 76, 79, 82
–, Desinfektionswirkung 79, 82
–, Gassterilisation s. Sterilisation
Formaldehydgas-Sterilisation 75, 76, s. Sterilisation
fos 660 (Tab.), 662 (Tab.), s. Onkogene
Foscarnet 584
F-Pilus 51
fps s. Onkogene
Fracastoro, Giovanni 458

fraktioniertes Ausstreichen 32
Framboesie 456, 471
Francisella 383
– novocida 383
– tularensis 383
Fremdkörper, metallene 255
Fremdkörper-Implantationen 600
Freundsches Adjuvanz, inkomplettes 150
– –, komplettes 150
Friedländer 304
Friedländer-Bakterien 304
Friedländer-Pneumonie 523, s. Pneumonie
Fromme, W. 476
Früh-Proteine 632
frühere Infektionen 229
Frühphase 622
Frühsommer-Meningoenzephalitis (FSME) 740
FSME 740, s. Frühsommer-Meningoenzephalitis
FTA-ABS-Test 172, s. Fluoreszenz-Treponema-Antikörper-Absorptions-Test
Fuchsin 27
Fuchsin-Färbung 25
Fujinami sarcoma virus (FuSV) 660 (Tab.)
Fungämie 873
Fungi imperfecti 853, s. Deuteromykota
– perfecti 853, s. Eumykota
Fungizide 81, s. Fungistase
Funktionsverlust, Tumorentstehung durch 665
Furunkel 254, 551
fusiforme (= spindelförmige) Bakterien 422
Fusobacterium fusiforme 126
Fusobacterium-Arten 606
Fusobakterien 124, 422
FuSV 660 (Tab.), s. Fujinami sarcoma virus

G

γ s. gamma
G_0-Phase 662 s.a. Ruhephase
Gabe, orale 592
Gabelschwanzlarven 903, s. Zerkarien
gag 669, 757, s. Gene, Replikationsgene, Strukturproteine
Galle-Empfindlichkeit 281
Gallelöslichkeit 276, 280
Gallensteinträger 544
Gallenwegsinfektionen 599, 601, 607
gamma-Hämolyse 263
gamma-Interferon 401, 444
gamma/delta T-Zellen 185
Gammaglobuline 568
Gammaglobulin-Prophylaxe (Röteln-Virus) 746
Ganciclovir 584, 805
Gangrän 609
gangränöse Cholezystitis 544, s. Cholezystitis
Ganzkörperbestrahlung 212
Gardner-Arnstein FeSV 660 (Tab.)
Gardner-Rasheed FeSV 660 (Tab.)
Gardnerella vaginalis 126, 360, 533, 609
Garin, C. 474
Gärung 5, 45, s.a fermentative Energiegewinnung
Gasbildung 46
– im Gewebe 430
Gasbrand 112, 427, 430, 598
Gasbrandclostridien 39, 46
Gasbrandgruppe 39
Gaschromatographie 424
Gasgangrän 554
Gaspak-Methode 40
Gasphlegmone 553
Gastritis, chronisch-atrophische 341
Gastroenteritiden 538
Gattung 67
G-CSF 187, 200, s. Interleukine
gefärbte Präparate 234
gefiederte Muskulatur 430
Gehörgang, äußerer 123
Geißeln 21, 22
Gelbfieber 738
Gelbfieber-Virus 73
Gelenk-Region 146, s. Antikörper
Gelenkinfektion 603
Gelenkpunktat 33
Gelenkrheumatismus, akuter 265, 272, s. Fieber
Gene, frühe Gene 671, 672
–, frühes Gen rev (r) 669, 760
–, frühes Gen tat (t) 669, 760
–, Gen abl 665
–, Gen bcr 665
–, Gen C 674
–, Gen hst (human stomach cancer) 659 (Tab.)
–, Gen int 659, 661
–, Gen mos 664
–, Gen myb 664
–, Gen myc, onkogen tragendes Virus 664
–, Gen myc, zelluläres 664, 665
–, Gen nef (negativer Faktor) 667, 669 (Abb.), 760
–, Gen P 674
–, Gen S 674
–, Gen src 659, 661, 662
–, Gen tax/tat 674, 768
–, Gen v-onc 757
–, Gen vif (viraler Infektiositätsfaktor) 667, 760
–, Gen vpr 667, 761
–, Gen vpu 667, 761
–, Gen vpx 761
–, Gen X 674
–, Gen-Amplifikation 659, 663, 664
–, Gen-Bank 60
–, Gen-Rearrangement 156
–, Gen-Rekombinationen 155
–, Genbestand 621
–, –, Capsid 621
–, –, Enzyme 621
–, –, Hülle 621
–, –, Strukturproteine 621
–, Genetischer Code 55, s. Code
–, Genexpression 662 (Tab.)
–, Genfunktion rex 667
–, -tax 667, 668, 768
–, Genkarte 53, 55
–, Genprodukt rex/rev 670
–, Genregulator 668
–, Genregulatoren, modifizierte 662
–, Gentechnik 59
–, Gentransfer 667
–, Hitzeschock- 57
–, Retinoblastom-Gen Rb-1 666
–, SOS- 57
–, späte 671
–, spätes Gen env (e) 669, 757
–, spätes Gen gag (g) 669, 757
–, spätes Gen pol (p) 669, 757
–, Zebra-Gen 807
Generalisationsschutz, IgM, IgG 645
generatio spontanea 5
Generationsrate 44
Genitalinfektionen, unspezifische 494
Genitaltrakt, Infektionen des 532
Genitalwarzen 672, 784, s. Condylomata acuminata
Genotyp 60
Gentamicin 340, 375, 385, 601, 603
Gentamicin-resistente Stämme von Enterobakterien 604
— von Staphylococcus aureus 604
Gentianaviolett 27
Geotrichum candidum 867
Gerinnungssystem 110
geschlechtsgebundene Hypogammaglobulinämie 212
Geschlechtsreife, Anaerobier vor der 126
Geschlechtsverkehr 531
Gewebe, Diffusion ins 592
–, kapselfreies lymphatisches 142
Gewebeschädigung 203
Gewebezertrümmerung 40
Gewebsinfektionen 601
Gewinnung von Untersuchungsmaterial 230
Giardia lamblia 541, 609, 888
Giardiasis 888
Giemsa-Färbung 134

Gill 390
Gingivitis 124
Gingivostomatitis herpetica 795
Glenny 389
Glioblastom 664 (Tab.)
Gliome 661
Globulinfraktion 144
Glomerulonephritis 272
–, akute 265
Glukokortikosteroide 860, 869
Glukose 31
Glukose-Hefeextrakt-Cystein-Agar 421
Glukuronsäure 605
Glutaraldehyd 79
–, Desinfektionswirkung 79
Glutathionsystem 197
Glykolyse 46
Glykopeptid 606
Glykoproteine, virale 655, 656 (Abb.)
Glykosaminuronsäure 250
Glykosidasen 20
Glyoxal 79
GM-CSF 187, s. Interleukine
Gomori 576
Gonoblenorrhoe 292
Gonokokken 25, 44, 47, 529, 533, 600, 602, 603, 604, 607
–, Pseudo- 287
Gonokokken-Infektion, disseminierte 292
Gonorrhoe 290
–, Meldepflicht 294
–, Ping-Pong- 294
Graft Versus Host, GVH 211
Gramfärbung 19, 234, 856
gramnegative Bakterien 15, 17, 18, 19, 27, 38, s. Bakterien
gramnegative Stäbchen 599
grampositive Bakterien 15, 19, 20, 27, 596, s. Bakterien
Granula 134
–, azurophile (primäre) 197
–, Babes-Ernstsche 24
–, Depot- 24
–, metachromatische 24
–, primäre 197
–, sekundäre 135
–, Volutin- 24
Granulom 142, 191, 218, 384, 401, 463, 581, s. Listeriom, Typhome
–, Epitheloid- 451
–, Riesenzell- 451
–, Schwimmbad- 454
–, tuberkuloides 872
Granulomatose, chronische 212
Granulomatosis infantiseptica 399, s. Listerieninfektion
Granulombildung 119, 872
–, Primärtuberkulose 441
Granulose 490, 606, 607, s. Trachom
Granulozyten, azurophile (primäre) 135
–, basophile 135, 149
–, – polymorphkernige 135
–, eosinophile polymorphkernige 135
–, neutrophile 21, 135, 566
–, – polymorphkernige 135
–, polymorphkernige 134
–, primäre (azurophile) 135
Granulozytentransfusion 568
Granulozytopenie 127, 561, 565
Graviden, Varizellenerkrankung von 800
Gravidität 229
Gray-Syndrom 605
Gregg, Norman 743
Grenzen der lichtmikroskopischen Darstellung 26
Grenzwerte 239, 241
Grenzzahlen 237
Griffith 280
Grind, feuchter 551, s. Impetigo
grippaler Infekt 778, s. Parvo-Virus B19
Griseofulvin 858
Grocottfärbung 576
Gross 646
große granuläre Lymphozyten 137, 219
Großes T (Transformations)-Antigen 666, 673
Grundleiden, infektionsfördernde 229
Grundtypen der Infektion 104 (Tab.)
Gruppe A-E, 37 Typen
Gruppenantigen 262
G.T. 444, s. Tuberkulin, gereinigtes
GTP 662, s. Guanosintriphosphat
Guanosintriphosphat (GTP) 662
Guanylzyklase 312, 540
Guarnerische Einschlußkörperchen 834
Guérin, Jules-René 448
Guillain-Barré-Syndrom-Virus 840
Gumma 460
Gummen 463
Gummiknoten 463, s. Gummen
Gürtelrose 799, 800, s.
Gußplattenmethode 34
Gut-Associated-Immune-System 124
gutartige Neoplasien 672
G. vaginalis 126, 360, 533, 609, s. Gardnerella vaginalis
GVH 211, s. Graft Versus Host
gynäkologische Infektionen 603
Gyrase-Hemmer 530, 581, 607, s.a. Chinolone
Gyrasen 607, s.a. DNS-Topoisomerasen

H

H-2 179, 210, s. Histokompatibilitäts-Komplex
H-2 s. Antigene
H-2D 185, s. Histokompatibilitäts-Komplex
H-2I 185
H-2K 185, s. Histokompatibilitäs-Komplex
HA 175, 302, 693, 717, s. Hämagglutination
Haar-Leukoplakie 572
Haarorgan 856
Haarzell-Leukämie 655 (Abb.), 667, 770, s. Leukämie
Haeckel, Ernst 64
Haemophilus 124, 599, 603
– ducreyi 353, 357
– influenzae 36, 353, 514, 519, 523, 526, 598, 600, 601, 602, 604, 607
– –, Typ b 513, 355
Haemoptoe 876
haemorrhagische Diathese 515
Haffkin-Vakzine 381
Haftung von Bakterien 102, s.a. Adhäsine
Hakenwurm 916, s. Ancylostoma duodenale, Necator americanus
halbquantitive Aussagen 237
halogenierte Phenole 81
Hämadsorption 692
–, direkte 692
–, indirekte 692
Hämagglutination (HA) 175, 302, 693, 717
–, Hemmungstest 746, 775
– –, Durchführung 699
– –, Hirst-Test 171, 699
– –, Prinzip 699
hämagglutinierende Wirkung des Virions 693
Hämagglutinin, filamentöses 363
Hämatotoxizität, 605
Hämin 421
– als Eisenquelle 378
Hämoglobin, Sichelzell- 58
Hämolyse 36-37
–, alpha- 36, 280
–, beta- 36
–, gamma- 36
hämolysierende Staphylokokken 250
Hämolysine 108, 112, 252, s. a. antiphagozytäre Faktoren
– alpha, beta, gamma, delta 252
Hämopoese 134
Hämorrhagien 913
hämorrhagisch-urämisches Syndrom 312
hämorrhagische Zystitis 789
hämorrhagischer Dengue-Schock 739
hämorrhagisches Fieber 737, s. Bunya-Viren
Hamsterkrankheit 754, s. LCM-Virus
Ha-MSV 660 (Tab.), s. Harvey MSV
Hände des Pflegepersonals 561
Händedesinfektion 81, 83, s. Desinfektion

hängender Tropfen 28
Hansen, Armauer 450
Hantaan-Virus 737, 742
Hapten 132, 149, 170
Harnblasenkatheterisierung, diagnostische 529
Harnröhrenstriktur 290
Harnwegsinfektionen 305, 528, 561
– durch Escherichia coli 303
– durch Klebsiella 304
– durch Proteus 306
– durch Y. enterocolitica 329
Harvey MSV (Ha-MSV) 660 (Tab.)
Hashimoto-Thyreoiditis 205
–, chronische 206
Hata, Sahachiro 458
H. ateles 671 (Tab.), 673, s. Herpes-Viren
Haubenmeningitis 296, 513, s. Meningitis
Haupt-Histokompatibilitäts-Komplex (MHC) 179, 183, 222, 674, s. Histokompatibilitätskomplex
Haut 123
Haut-Blastomykose 875
Hautflora 81
–, residente 81
–, transiente 81
Hautflora-Desinfektion 81, s. Desinfektion
Haut-Infektionen 602, 606
Hautmilzbrand 407
Hautreaktion, verzögerte 206
–, allergische 920
Hautschwellungen 923
Hauttransplantat 208
Hautveränderungen, verstümmelnde 452
HAV 816, s. Hepatitis-A-Virus
HBV 673, 674, 818, s. Hepatitis-B-Virus
HBV-DNA-Sequenzen 674
HCl-Alkohol-Mischung 28
HCV 829, s. NonA/NonB-Hepatitis
HDV 827, s. Hepatitis-D-Virus
Hefen 127, 851, 854
Hefenform 860
Heidelberger-Kurve 168-169, 205
Heidelberger, Michael 169
Heißluftsterilisation 72, s. Sterilisation
Heißluftverfahren 72
Helferviren 624, 657, 655 (Abb.)
Helferzellen s. T-Zellen
Helferzellzahl bei HIV 573
Helicobacter pylori 341
Hellfeld 26
Hellfeldverfahren 25
Hemmkonzentration, minimale (MHK) 590
Henle, Jakob 7
Henle-Koch-Postulate 7, 99
Henle-Test 811
Heparin 204
Hepatisation, graue 281
, rote 281
hepatische Enzephalopathie 128
Hepatitis 495, s.a. Virushepatitis
Hepatitis-A-Virus (HAV) 816
–, Entero-Virus 72 816
–, Gamma-Globulin-Gabe 818
–, Picorna-Viren 816
Hepatitis-B 671 (Tab.)
– -B-Familie 671 (Tab.)
Hepatitis-B-Viren (HBV) 673, 674, 818
–, akute HB 822
–, akute Infektion 823-824
–, Australia-Antigen 811
–, Biopsie 824
–, Blutkonserven (Untersuchung) 821
–, chronisch aktive Hepatitis 824-825
–, -persistierende Hepatitis 824
–, chronische Hepatitis B 822, 824-825
–, -Verläufe bei Kindern 822
–, DANE-Partikel 818
–, Differentialdiagnose 822
–, Epidemiologie 821
–, Genom 818
–, HB-x-Protein 819-820
–, HB_c-Antigen 819
–, HB_e-Antigen 819
–, HB_s-Ag/Ak-Komplex 822
–, HB_s-Antigen 818
–, Immunreaktion als pathogenetisches Element 822
–, Klinik 822
–, Labordiagnose 823
–, Mutterschaftsvorsorge 825
–, Nosokomial-Infektion 821
–, Pathogenese 822
–, perinatale Infektion 821
–, Prägenom 820
–, primäres Leberzellkarzinom 825-826
–, Replikation 820
–, Resistenz 820
–, reverse Transkriptase 820
–, Schutzimpfung 825
–, Therapie 825
–, Träger 824
–, Transaminasen 825
–, Transaminasepegel 824
–, Überprüfung der Blutspender 825
– der Ente (Duck-Hepatitis-Virus B, DHBV) 671 (Tab.), 673
– des Waldmurmeltieres (Woodchuck-Hepatitis-Virus B, WHVB) 673
Hepatitis CMV 803
Hepatitis-C-Virus (HCV) 829, 830
–, durch Transfusion übertragbares Agens 829
–, Zusammenfassung 830
Hepatitis-D-Virus (HDV) 827
–, defektes RNA-Virus 827
–, Doppelinfektion 828
–, Epidemiologie 828
–, Genom 827
–, Helfer-Virus 827
–, Superinfektion 828
Hepatitis-E-Virus (HEV) 831
–, enteral übertragbares Agens 830
Hepatitis Marmota monax 671 (Tab.)
– spermophilus beecheyi 671 (Tab.)
Hepatitis-Viren 670
Hepatose, cholestatische 607
Herdimmunität 677
Herdnephritis, Löhleinsche 510
Herdzeichen, neurologische 519
Herpes labialis 524
– neonatorum 796
– rezidivans 792
– - 792, 796
Herpes simplex 1 671 (Tab.)
— 2 671 (Tab.)
— 583, 669
Herpes-B-Virus (HHV 6) 812
–, chronischer Müdigkeitszustand 813
–, Drei-Tage-Fieber 813, s. Exanthema subitum, Roseola infantum
–, ELISA-Test 813
–, Humanes Herpes-Virus-6 812
Herpes-Enzephalitis 684, 793
Herpes-Keratitis 685
Herpes-simplex-Infektion 582
Herpes-simplex-Virus (HSV) 533, 673, 791
–, Acycloguanosin 798
–, ADCC 795
–, Adenosin-Arabinosid 798
–, Chemoprophylaxe 798
–, Eczema herpeticum 795-796
–, Enzephalitis 793, 794, 796
–, –, Diagnose 797
–, Exazerbation 796
–, Fc-Rezeptoren 792
–, Früh-Proteine 792
–, Gene für die LAT's 794
–, Genitaltyp 792
–, Gingivostomatitis herpetica 795
–, Herpes neonatorum 796
–, -rezidivans 792, 796
–, HSV-Keratitis 796
–, Immunologie 797
–, immunologisches Herpes-Paradoxon 793
–, Infektionen durch HSV-2 794
–, Isolierung des HSV 797
–, Keratokonjunktivitis 795
–, klinische Differentialdiagnose 797
–, latente Infektion 794
–, Liquordiagnose 798
–, Maßnahmen unter der Geburt 798
–, Meningitis 794, 796
–, Meningo-Enzephalitis 796
–, Mikrofusionen 794

–, nekrotisierende Enzephalitis 794
–, Oraltyp 792
–, Pathogenese 793
–, Placebo-Effekte 798
–, Polyneuritis 797
–, Primärerkrankungen 795
–, RE-Analyse 793
–, Reaktivierung 794
–, Rekrudeszenz 794
–, Rekurrenz 794
–, Resistenz 793
–, sensorisches Ganglion 794
–, Sepsis 795
–, serologische Diagnose 797
–, Sofort-Proteine 792
–, Spät-Proteine 792
–, Therapie 798
–, transaktivierendes Protein 792
–, Typ 1 und Typ 2 793
–, Vulvovaginitis herpetica 795
–, Züchtung 793
Herpes-Viren 615 (Abb.), 618, 670, 671 (Tab.), 673, 791
–, Epstein-Barr-Virus 791
–, H. ateles 671 (Tab.), 673
–, H. saimiri 671 (Tab.), 673, 792
–, H. sylvitagus 671 (Tab.)
–, Herpes-simplex-virus (HSV) 533, 673, 791
–, Herpes-Virus-6 792
–, Lucke Virus 671 (Tab.)
–, Luckesches Adeno-Karzinom der Niere 792
–, Mareksche Geflügellähme 792
–, Varizellen-Zoster-Virus 791
–, Virus des Herpes-B simiae der Affen 792
–, Zytomegalie-Virus 791
heterogene Infektkette (Gelbfieber) 738
heterologe Transplantation 208, s. Xeno-Transplantation
heterotrophe Bakterien 47
Heterotrophie 47, 851
HEV 829, s. NonA/NonB-Hepatitis
HHT 746, 775, s. Hämagglutinations-Hemmungstest
high zone tolerance 192
Himbeerzunge 271
H. influenzae 353, 514, 519, 523, 526, 598, 600, 601, 602, 604, 607, s. Haemophilus
Hirnabszeß 420, 513, 520, s. Abszeß
– bei Nocardiose 412
Hirnbiopsie 518
Hirndrucksenkung 519
Hirnnervensyndrom, oberes 393
Hirst-Test 171, 699, s. Hämagglutinations-Test
Histamin 203, s. vasoaktives Amin
Histiozyten 138, 198
Histokompatibilitäts-Komplex, H-2 179, 210
–, H-2D 185
–, H-2K 185
–, Haupt- 179, 222
–, HLA-A 185
–, HLA-B 185
–, HLA-C 185
–, HLA-D 185
–, HLA-DP 185
–, HLA-DQ 185
–, HLA-DR 185
–, HLA-Typ B27 329
–, Klasse-I-Antigene 674
–, Klasse-I-Gene 179
–, Klasse-I-Moleküle des MHC 222
–, Klasse-II-Gene 179
–, Klasse-II-Moleküle des MHC 222
–, MHC, major histocompatibility complex 179, 183, 222, 674
–, MHC-Genkomplex 180
Histoplasma capsulatum 875
Histoplasmose 872, 874
Hit and Run Prozeß 712
— Geschehen 640
— Mechanismus 650
Hitzeschock-Gene 57
HIV 617, 654, 655, 656, 667, 668, 669, 670, 671, 760, s. Humanimmundefizienz-Virus
–, AIDS-Demenz 767
–, Aktivierungstheorie 766
–, Aufbau 761
–, Azido-Thymidin 767
–, Einteilung 762
–, Epidemiologie 763
–, Erreger des erworbenen Immundefektsyndroms (AIDS) 760
–, Genfunktionen 760
–, Genom 760
–, HIV-1 762
–, HIV-2 763
–, immunsuppressorische Wirkung 766
–, Impfstoffe 767
–, Infektiosität für CD4(+)-Zellen und Makrophagen 765
–, Kaposi-Sarkom 762, 766
–, Kontagiosität 763
–, Krankheitsphase 764
–, Labordiagnose 767
–, Latenzphase 764
–, Lymphokinproduktion 766
–, Meldepflicht 768
–, Morphologie 761
–, Pathogenese 764
–, Pneumocystis-carinii-Infektionen 762
–, Prävention 767
–, Prognose 767
–, Replikation von 669 (Abb.)
–, Resistenz 761
–, Therapie 767
–, Tierpathogenität 762
–, Übertragung 763
–, Züchtung 762
–, Zytomegalie-Virus 766-767
HIV, Zytopathogenität 766
HIV-1 570
HIV-2 570
HIV-Enzephalopathie 575, 584
HIV-Frühgen tat 668
HIV-Gen nef 668
– rev 669
HIV-Infektion 570
–, AIDS-related complex (ARC) 572
–, akute 571
–, asymptomatische 571
–, Lymphadenopathie-Syndrom, LAS 571
–, symptomatische 572
HIV-Viren 445
H-Ketten 157, s. Ketten
HLA 210. s. Humane Leukozyten-Antigene
HLA-A 185, s. Histokompatibilitäts-Komplex
HLA-B 185, s. Histokompatibilitäts-Komplex
HLA-C 185, s. Histokompatibilitäts-Komplex
HLA-D (HLA-DR, HLA-DP und HLA-DQ) 185, s. Histokompatibilitäts-Komplex
HLA-Komplex 185, s. Histokompatibilitäts-Komplex
HLA-Typ B27 329, s. Histokompatibilitäts-Komplex
HN-Spikes
Hobelspanphänomen 861
Hochsicherheitslaboratorien 481
Hoffmann, Erich 456, 458
homogene Infektkette (Gelbfieber) 738
homogeneously staining regions (HSR) 665, s. Chromosomen
homozytotrope Antikörper 205
horizontale Infektion 97, s. exogene Infektion
Hornhautinfektionen 351
Hornhauttrübungen 923
Horror autotoxicus 155
Hospital-Infektionen 560, s. nosokomiale Infektionen
Hospitalismuserreger 253, 304
Host Versus Graft (HVG) 211
Host-shut-off 621, 629, 636
Hostienphänomen 305
H-Phasenvariation 314
HPV 670, 672, 781, s. Papillom-Viren
HPV-16 672, s. Papillom-Viren
HPV-18 672, s. Papillom-Viren
H. pylori 341, s. Helicobacter
H-ras 660 (Tab.), s. Onkogene

HSR (homogeneously staining regions) 665, s. Chromosomen
hst-Onkogen, human stomach-Onkogen 659 (Tab.), s. Gene
H-Substanz 173
HSV-Enzephalitis 685
HSV-Infektion 791, s. Herpes-simplex-Virus
HTLV-I 586, 654, 655, 667, 669, 671, 674, 768
–, Bluttransfusionen 769
–, Burkitt-Lymphom 769
–, Epidemiologie 769
–, Epidermodysplasia verruciformis 769
–, Genom 768
–, Krankheitsbild 770
–, Morphologie 769
–, Mycosis fungoides 770
–, Myelopathie 770
–, Pathogenese 769
–, Replikation 670
–, Sezary-Syndrom 770
–, spastische Paraparese 770
–, Züchtung 769
HTLV-II 654, 655, 667, 668, 772
Hübner 476
Hülle, Bakterien- 15
Humane Leukozyten Antigene (HLA) 185, s. Histokompatibilitäts- Komplex
Humanes T-Zell-Leukämie-Virus s. HTLV
Humanimmundefizienz-Virus (HIV) 617, 654, 655, 656, 667, 668, 669, 670, 671, 760
humorale Immunantwort 151
Hungertyphus 47, 479, 481, s. Fleckfieber
Hustenstoß 522
Hutchinsonsche Trias 464
Huygenssches Prinzip 26
Hyaluronidase 109, 251, 267
Hyaluronsäure 109, 266
Hybrid 665
Hybrid-Viren 625 (Abb.)
Hybridisierung, DNS-DNS 242
–, rRNA-DNA 242
Hybridome , s. B-Zellen
Hydatide 908
Hydrolase, lysosomale 197
–, saure 198, 204
Hydrops fetalis 778, s. Parvo-Virus B19
Hydroxytryptamin (5-) 203
Hydrozephalus 899
Hygienekommission 563
Hygieneschwester 563
hygienische Händedesinfektion 81, 83
Hymenolepis nana 907, s. Zwergbandwurm
Hyperhidrosis 860
Hyperimmunglobulin 751, s. Tollwut
hypervariable Bezirke 147
Hyphe 851
Hyphen, unseptierte 852
Hyphomycetes 853
Hypochloritlösungen 80
Hypogammaglobulinämie 565, s. Morbus Bruton
–, geschlechtsgebundene 565
Hypopigmentierung 861
Hypotonie 18

I

Ia-Antigene 179, s. Antigene
Identifizierung von Viren 693
– –, Analyse durch Restriktionsenzyme 694
– –, DNA-Hybridisierung 694
– –, ELISA-Prinzip 693
– –, Hämagglutination 694
– –, Komplementbindungsreaktion (KBR) 693, 694
– –, Neutralisationstest 693
– –, Polymerase-Kettenreaktion (polymerase chain reaction, PCR) 694
Identifizierung von Mikroorganismen 233
– –, Antigennachweisverfahren 238
– –, Antikörpernachweisverfahren 239
– –, biochemische Leistungsprüfung 237
– –, Färbepräparate 234
– –, Interpretation von Anzüchtungsergebnissen 237
– –, Lysotypie 242
– –, mikroskopische Probenuntersuchung 233, 234
– –, molekularbiologische Verfahren 242
– –, Tierversuch 243
– –, Treffsicherheit von diagnostischen Tests 243
identische Antigene 169
idiopathische Leukopenie 206
– thrombozytopenische Purpura 206
Idiotypen 151
IFN- 187, s. Interleukine
Ig-Klassen-Wechsel 160, s. Antikörper
IgA 149, s. Antikörper
IgA-Titer 241
IgD 144, 149, 566, s. Antikörper
IgE 144, 149, 191, 205, 566, 645, s. Antikörper
IgG 108, 144, 147, 566, 645, s. Antikörper
IgM 144, 148, 174, 206, 239, 241, 566, s. Antikörper
Ikosaeder 615
Iktero-Haemorrhagie 478, s. Leptospirose
Ikterus 606
IL 186, s. Interleukine
Ileitis, akute terminale 328
i.m. Applikationen 592
Imidazol 889
Imidazolderivate 416
Imipenem 413, 425, 603
Immortalisierung 647, 648, s. morphologische Transformation
Immunagglutination 171
Immundefizienz-Syndrom, erworbenes (Acquired Immunodeficiency Syndrome, AIDS) 213, 453, 455, 518, 522, 523, 538, 572, 573, 617, 667, 760, 839, 869, 874
Immundiffusion 169
Immunelektronenmikroskopie 701
Immunflocculation 170
Immunfluoreszenz 172, 424, 477,
Immunglobuline 144, 566, s.a. Antikörper
Immunglobulin-Kappa-Kette 668
Immunglobulin-Lambda-Kette 668
Immunglobulinmangel mit erhöhtem IgM 212
Immunhämolyse 171
Immunisierung, aktive 6
Immunität, zelluläre 132, 137, 182
Immunitätsprotein I-1 122
– I-2 122
Immunkomplex-Bildung in vivo 153
Immunkomplex-Krankheiten 645
Immunkomplex-Typ, Typ III s.a. Allergie 205f
Immunkomplexerkrankung, generalisierte 206
immunkompromittierte Patienten 517
Immunkrankheit 639
Immunmangelkrankheiten 212
–, kombinierte 212
Immunmangelsyndrom 869
Immunmodulation 569
Immunoblotting 700
–, Bestätigungstest für HIV-Infektionen 700
immunogene Molekülgruppen 223
Immunogenität 132
immunologische Drift 222
– Nische 653
Immunotoxine 117
Immunpathologische Reaktionen 643
Immunreaktion 131
Immunschwäche, Kryptosporidiose 902
–, Pneumocystis carinii 896
–, erworbene 654
Immunsuppression 192, 222, s.a. Suppression
Immunsuppressiva 860
Impetigo 551
– bullosa 552
– contagiosa 254, 270, s. Borkenflechte

Impfempfehlungen der Ständigen Impfkommission des Bundesgesundheitsamtes (STIKO) 925
Impfkalender für Kinder und Jugendliche, Tabelle 925
Impfstoff, Cholera 224
–, Keuchhusten 224
–, Salk 224
Impfstoffe 223
–, Entwicklung neuer 223
–, Lebend- 224
–, Tot- 223
Impfungen für Erwachsene, Tabelle 927
Implantate, Kunststoff- 259
Implantationen, Fremdkörper 600
Inaktivierung von Antikörpern 221
Indikationsimpfungen für Erwachsene, Tabelle 927
Indikatorkeim 303
Individual-Anamnese 229, s. Anamnese
Induktor 57
Infektabwehr 215
– gegen Viren 189
Infektion, Anaerobier- 606, 609
–, asymptomatische 96
–, Atemweg- 602
–, Begriff 96
–, begünstigende Faktoren 95
–, Borrelien 598
–, Campylobacter jejuni 541
–, Darm- durch Giardia 609
–, diaplazentare 101
–, Dosis zur Auslösung 98
–, E. coli- 301, 309
–, EBV 586, 673, 807
–, endogene 97
–, endotriche 863
–, exogene 97
–, Gallenweg- 599, 601, 607
–, Gelenk- 603
–, Genitaltrakt- 599
–, Gewebs- 601
–, Giardia- 609
–, granulomatöse 454
–, gynäkologische 603
–, Harnweg- 599, 602, 604, 607, 608
–, Haut- 602, 606
–, HBV 671
–, HIV 570
–, horizontale, 97
–, iatrogene 101
–, intraabdominelle 603
–, intraneuraler Weg 513
–, intrauterine 241
–, Knochen- 603
–, kongenitale 101
–, Krankenhaus- 100
–, Kreuz- 100
Infektion, latent-persistierende 638
– ,–, Adeno-Virus 639
– ,–, EBV 638
–, –, HBV 639
–, –, HIV 639
–, –, Papova-Viren 639
–, –, SSPE 639
–, –, Zebra-Gen 638
–, –, Zytomegalie-Virus 639
Infektion, latente 218, 639
–, –, Herpes-simplex-recidivans 639
–, –, LAT-Gen 639
–, Lebensmittel- 101
–, Lokal- 641
–, Mehrfach- 96
–, Meningokokken- 598
–, Misch- 95, 96
–, Mono- 96
–, Nosokomial- 811
–, opportunistische 872, 873
–, Papova-Viren- 781
–, parenterale 100
–, persistierende 530
–, Ping-Pong 531
–, Pneumokokken- 598
–, postoperative Harnwegs- 601
Infektion, pränatale und perinatale 640
–, –, Coxsackie-Viren 640
–, –, HBV 640
–, –, HIV 640
–, –, HSV 640
–, –, Parvo-Viren 640
–, –, Röteln 640
–, –, VZV 640
–, –, ZMV 640
–, primäre 97
–, produktiver Replikationszyklus 638
–, Pseudomonas- 599
–, Re- 241
–, rekurrierende 97
–, Relaps 97
–, Respirationstrakt- 305, 606
–, rezidivierende 97
–, Salmonellen- 540
–, Schmier- 100
–, Schmutz- 100
–, sexuell übertragbare 101
–, sekundäre 97, 593
–, Selbst- 100
–, spezifische 97
–, SSPE 730
–, Staphylokokken- 606
–, Streptokokken- 598
–, Super- 95, 96, 122
–, symptomatische 96
–, Synergismus- 95
–, Tröpfchen- 100, 101
–, unspezifische 97
–, vertikale 100
–, Wund- 600, 601, 607
–, Zebra-Gen- 807
–, zyklische Allgemein- 230
–, Zytomegalie-Virus- 567
Infektionsabwehr gegen Viren 642
infektionsbegünstigende Faktoren 229
– –, diagnostische Eingriffe 229
– –, therapeutische Eingriffe 229
Infektionsdosis 97, 98
Infektionserreger, Eintrittsmechanismen von 100
–, Übertragungswege von 101
infektionsfördernde Grundleiden 229
Infektionsgefährdung 127
Infektionsherd 230
Infektionskrankheit 104
–, zyklische 641
Infektionsmarker 99
Infektionsprophylaxe 7, 83
infektionstüchtige Viruspartikel 701
– –, Endpunktmethode 701
– –, Plaque-Methode 702
Infektionsverlauf 638
–, apparent 638
–, inapparent 638
–, klinisch inapparent 638
–, Lokalinfektion 638
–, stille Feiung 638
–, zyklische Infektionskrankheit 638
Infektionsversuch 691
Infektiosität 96
Infektketten 677
–, heterologe 677
–, homogene 677
Influenza 717
Influenza-Viren 717, s.a. Orthomyxo-Viren
–, menschenpathogene 718
–, tierpathogene 718
Influenza-Virus 614, 718
–, A/Hongkong/1/68 720
–, Adamantanaminpräparate 722
–, Antigendrift 720
–, Antigenshift 719
–, Antigenwandel 719
–, Bronchitis 722
–, Economo 722
–, Epidemiologie 720
–, epidemische Ausbreitung 720
–, Genom 718
–, Hämagglutininpartikel 718
–, Hausschwein 720
–, Hülle 719
–, Immunität 722
–, Klinik 721
–, Kooperation mit Staph. aureus 721
–, Labordiagnose 722
–, M-Protein 719
–, Morphologie 718
–, Myocarditis 722
–, Nukleocapsid 718
–, pandemische Ausbreitung 720
–, Pathogenese 721
–, Punktmutationen 720
–, Reassortment 719
–, S-Antigen 719

–, Sekundärpneumonien 722 s.a. Pneumonie
–, Subtypenvarianten 719
–, Therapie 722
–, Totimpfstoff 722
–, Typ A 719, 720
–, Typ B 719, 720
–, Typ C 719, 720
–, Übersterblichkeit 721
–, V(irus)-Antigen 718
INH 452, s. Isoniazid
Initiator 651
Inkubation 30, s. Bebrütung
Inkubationsstadium 104
Innenohr 124
Inokulation 30
Inokulationshistoplasmose, chankriforme 876
Insertion 57, 59
Insertions-Mutagenese 657, 661, 663, 664, 665 (Abb.)
Insertionssequenzen (IS) 54
in-situ-Hybridisierung 695
Instruktionstheorie 154
int s. Gene, Onkogene, Proto-Onkogene
int (Integrations)-Gen 659, 661, s. Gene
Integration 672
Intensivtherapiestation 560
Interferenz 680
Interferon 119, 218, 635, 680
–, alpha- 681
–, beta- 681
–, gamma- 681
–, therapeutische Anwendung 682
Interleukin I 109, 110
Interleukine 186, 503
–, G-CSF 187, 200
–, GM-CSF 187
–, IFN-alpha 187, 200
–, IFN-gamma 187, 191
–, IL-1 109, 110, 186, 200
–, IL-2 186, 190, 668
–, IL-2-Rezeptor 186
–, IL-3 186
–, IL-4 187
–, IL-5 187
–, IL-6 187, 200
–, IL-7 187
–, IL-8 187
–, M-CSF 187, 200
–, TGF-beta 187, 200
–, TNF 503
–, TNF-alpha 187, 200
–, TNF-beta 187
Intermediär-Cephalosporine 600, s. Cefuroxim-Gruppe
intertriginöse Areale 870
Intervalloperation 545
Itraconazol 858
intrakranielle raumfordernde Prozesse 515
intramuskuläre Injektion 596
Intrathekaler Treponema-pallidum-Antikörper-(ITPA)-Index 467
intratherapeutische Cholestase 606
intrauterine Infektion 241
intravasale Verbrauchskoagulopathie s. Koagulopathie
Intron 669
Invasion 107, 216
Invasionsfaktoren 18, 19, 20, 107, s. Virulenzfaktoren
Invasiv-Faktoren 216
Invasivität 540
in vitro 668
Inzidenz 84
Iridozyklitis 923
IS 54, s. Insertionssequenzen
Iscom 150
Iso-Hämagglutine 175
Isohämagglutinine 645, s. Antikörper, IgM-Klasse
Isolierung 32
isologe Transplantation 208
Isoniazid (INH) 447, 581
Isospora 902
Isotypen 150
Isoxazolylpenizilline 520, 526, 599, s. Penizillin
ITPA-Index 467, s. Intrathekaler Treponema-Pallidum-Antikörper- Index
Ixodes ricinus 474

J

J-Kette 148
Jacob-Creutzfeld-Krankheit, 620, 839
–, Epidemiologie 840
–, Klinik 840
–, Pathogenese 840
Jagdhundhaltung 514
Jarisch-Herxheimer-Reaktion 469
JC-Virus 671, 672, 781, 785
Jod 80
–, Jodophore 80
–, Lösung 80
–, Toxizität 80
jodabspaltende Verbindungen 80
Joddesoxyuridin 686
Jodophore 80
Juckreiz 918
jun 659 (Tab.), 662 (Tab.), s. Onkogene

K

κ s. kappa
Kachektin 200
Kaffeebohnenform 287
Kahmhaut 235, 332
Kala Azar 884, s. viszerale Leishmaniase
Kälberflechte 864
kalibrierte Öse 237
– Pipette 237
Kalilauge-Direktpräparat 856
Kalium-Tellurit 36
Kaliumpermanganat 81
–, Desinfektionswirkung 81
Kälteagglutinine 176
Kälteanreicherung, Listerien 402
–, Yersinia-Arten 327
Kälteantikörper 176, s. Kälteagglutinine
Kälteeinwirkung 41
kältetolerante Mikroorganismen 44
Kammer, feuchte 121
Kanamycin 421
Kanamycin-Derivat 604
Kandidose 868, 872
–, disseminierte 873
–, interdigitale 870
–, orale 869
–, Ösophagus 870, s. Soor-Ösophagitis
–, Urogenital- 873
Kaninchen-Papillom-Virus 781
Kanzerogene, chemische 663
Kanzerogenese 123
Kaposi-Sarkom (KS) 575, 585, 661, 762
kappa-Typ 145
Kapsel 20, 21, 28, 220, 222, 514, s.a. antiphagozytäre Faktoren
kapselfreies lymphatisches Gewebe 142
Kapselquellung 28
Karbunkel 254, 551
Kardiolipin 467
Karditis 272
Karies 123, 124, 276, 277
Karinom 660 (Tab.)
Kariogenese 121
Karotin-Pigment 253
Karzinogene 650
karzinogene Eigenschaften 608
Karzinom, Cervix- 664 (Tab.)
–, Colon- 664 (Tab.)
–, hepatozelluläres 854
–, kleinzelliges Lungen- 664 (Tab.)
–, Mamma- 664 (Tab.)
–, Pankreas- 664 (Tab.)
–, Schilddrüse 664 (Tab.)
–, Squamosa-Zell- 664 (Tab.)
–, Urogenitaltrakt 664 (Tab.)
Kass-Zahl 529
Katalase 197, 421
Katalase-Reaktion 249
Kataster, serologische 697
Katheterurin 530
kationische Proteine 198, s. Proteine
Katzenegel 905, s. Opistorchis

Kauffmann-White-Schema 171, 173, 315
Kaverne 442, 440, 876
Kavernenbildung 442, 580
Kawasaki-Syndrom 841
KBE 33, s. koloniebildende Einheiten
Kehlkopf-Papillom, juveniles 784
Keim, geophiler 865
Keimabtötung, intrazelluläre 196
Keimbahntheorie 158
Keimzahlreduktion 72, 78
Keimzählung 33
Kell-Merkmale 173, 175
Keratinase-Fraktion 866
Keratinasen 855
Keratitis parenchymatosa 464
–, HSV- 795, 796
Keratokonjunktivitis 789, 795
Kernantigen 662
Kernäquivalent 13, 64
Kernig 514
Kernigsches Zeichen 514, s. Brudzinski-Zeichen
Kernmembran 11, 633
Kernonkogene 663
Kernpolysaccharid 17
– der LPS 18
Kernpolysaccharidschicht 18
Ketoconazol 578, 858
Ketten 157, s. H-Ketten
Ketten, leichte 144, 156, s. L-Ketten
–, –, konstante Region der 146
–, –, variable Region der 146
–, schwere 144
–, –, alpha 145
–, –, delta 145
–, –, epsilon 145
–, –, gamma 145
–, my 145
Keuchhusten 361, 606
Keuchhusten-Impfstoff 365
Keuchhustenbakterien 25, 44
keulenförmiges Stäbchen 390
Kidd 173
Killer (K)-Zellen 138
Ki-MSV 660 (Tab.), s. Kirsten MSV
Kindbettfieber 7
Kinder 517
Kinderlähmung 706, s. Poliomyelitis
Kininsystem 110, 505
Kirsten MSV (Ki-MSV) 660 (Tab.)
Kissing Disease 808, s. College Krankheit
Kitasato, Shibasaburo 389, 427
Klappenersatz-Operation 510
Klasse I-Strukturen 185
Klasse II-Strukturen 185
Klebs, Edwin 304, 389
Klebsiella 523, 599, 602, 607, 608
– ozaenae 305
– pneumoniae 523, 601, 602, 607
– rhinoscleromatis 305
–, Sepsis durch 304
Klebsiellen 125, 127, 304, 529
Kleeblattnase 452
kleiner Leberegel 905, s. Dicrocoelium
kleines t-Antigen 673
kleinzelliges Lungen-Karzinom 664 (Tab.), 666
Klimaanlagen 304
klinische Diagnose einer Infektion 229
– Verdachtsdiagnose 229
– Virusserologie 696
– –, ELISA-Tests 696
– –, Hämagglutination-Hemmungstest 696
– –, Immunoblotting 696
– –, Komplementbindungsreaktion 696
– –, Neutralisationstest 696
Klon 31
Klon-Selektion, Theorie der 154
klonale Expansion 155
Klonierung 60
Klonierungsvektoren 60
klonotypisch 184
Knistern 430
Knochen-Infektion 603
Knochenmarkstransplantation 210
Knollenblätterpilz 854, s. Amanita phalloides
Knorpelschäden 608
Knorr, Maximilian 420
Knospungsvorgang 633, s. budding
Knötchen, subkutane 272
Knötchen-Panenzephalitis 732
Koagulaopathie, intravasale Verbrauchs- 296
Koagulase 249, 250
Koagulaseprüfung 257
Koch, Robert 5, 6, 7, 250, 332, 406, 437
Kochblutplatten 36
Köhler, Georges F. 152
Ko-Karzinogenese 651
Kokken 11
–, gynäkologische Infektionen 414
–, Hirnabszesse 414
–, Lungenabszesse 414
–, obligat anaerobe und mikroaerophile (kapnophile) 414
Kokzidioidom 876
Kokzidioidomykose 872, 876
Kolitis, Meldepflicht 341
–, pseudomembranöse 127, 433
Kolonie 33, 851
– als Klon 33
koloniebildende Einheiten (KBE) 33
koloniestimulierender Wachstumsfaktor, CSF-1 659 (Tab.), 663 (Abb.)
Kolonisation 98, 107
–, pathologische 98
–, physiologische 98, 119, 120
Kolonisationsresistenz 118 122, 128,
kolumbische Theorie 458
Kombinationstherapie 447
kombinierte Immunmangelkrankheiten 212
Kompetenz, Zustand der Bakterienmembran 52
Komplement 162ff, 335
Komplementaktivierung s. Komplementsystem
Komplementarität 147
Komplementation 623 (Abb.)
Komplementbindungs-Reaktion 171, 692, 697
Komplementkaskade 162f,
Komplementkomponenten 568
Komplementkomponenten-Mangel 212
Komplementmangelzustände 566
Komplementsystem 110, 119, 522, 566
–, Aktivierung des 20, 153, 162f, 504, 566
–, –, alternativer Weg 165-166
–, –, C3b-Inaktivator (Faktor I) 165
–, –, Dextran 165
–, –, Faktor H 165
–, –, klassischer Weg 163
–, –, Properdin (P) 165
–, –, Zymosan 165
–, Komponenten, Anaphylatoxin-Inaktivator 166
–, –, C1 163
–, –, C1INH 164, 213
–, –, C2 163
–, –, C3 163
–, –, C3a, Anaphylatoxin 164-166, 204
–, –, C3b 164
–, –, C3b-Inaktivator (Faktor I) 165
–, –, C4 163,
–, –, C4a 164, 204
–, –, C5 164
–, –, C5a, Leukotaxin 164, 204
–, –, MAC, Membran-Angriffs-Komplex 164
–, –, PolyC9 165
–, Leistung des 162
–, Störungen des 565
Komponente, sekretorische 149
Konditoren 870
kongen 179
kongenitale Infektion 101, s. intrauterine Infektion
Konidien 852
–, asexuelle 852
Konjugation 51, 592
Konjunktiva 123
Konjunktival-Papillom 784
Konjunktivitis 351, 494
–, eitrige 493
–, Schwimmbad- 494
Konsensus-Sequenzen 622
Konserven 431

Kontagiosität 106
Kontaktdermatitis 206
Kontaktinfektionen 561
Kontaktinhibition 648
Kontamination 98, 231
Konidien 411
Kontraindikationen für eine Lumpalpunktion 515
Konversion 444
Konzentrationsspitzen 592
Kooperationsprinzip 119
Koplikssche Flecken 730
Körnerkrankheit der Bindehaut 490-493, 606, 607, s. Trachom
körpereigene Flora 561
Körperlaus 472, 481
Korynebakterien 27, 389
– der JK-Gruppe (C. jeikeium) 395
Kraniotomie 520
Krankenhaushygiene 562
Krankenhausinfektion 100
K-ras 660, s. Onkogene
Krebs 663, 665, 673
Krebsentstehung 663
Krebsforschung 662
Kreuzinfektion 100
Kreuzprobe 176
Kreuzreaktion 170
Kreuzreaktivierung 623 (Abb.)
Kreuzreaktivität 152, s. Antikörper
Kreuzresistenz 599, 604
Kriegstyphus 47, 479, 481, s. Fleckfieber
Kristallviolett 27
Krustengrind 551, s. Impetigo
Krypten, tiefe 124, 125
Kryptokokken-Arten 851
Kryptokokken-Meningitis 874
Kryptokokkose 579, 872, 874
Kryptosporidien 577
Kryptosporidien-Enteritis 577
Kryptosporidiose 577, 901
KS 575, 585, 661, 762, s. Kaposi-Sarkom
K-Substanz 302
Kugelbakterien 11, s. Kokken
Kuhmilch 125
Kultivierung 30, s. Züchtung
Kultur 28, 30
–, Misch- 33
–, Primär- 235
–, Rein- 235
–, ruhende 44
kulturelle Differenzierung 32
kultureller Nachweis 32
Kulturmedien 236
–, definierte 35
–, Differential- 235
–, Elektiv- 235
–, feste 30, 31
–, flüssige 30
–, halbfeste 30, 31
–, komplexe 35
–, Selektiv- 235
–, Spezial- 235
–, Löfflers Serum- 35
Kumulierung 593
künstliche Systeme 65
Kupfer 81
–, Desinfektionswirkung 81
Kuru 620, 839
Kurzinfusion 593
K-Zellen 138 s. Killer-Zellen

L

λ s. lambda
Lactobacillus acidophilus 126
Lactobacillus-Arten 417
Lactulose 128
Laënnec, René Théophile Hyacinthe 437
lag-Phase 43
Lähmung der Schlundmuskulatur, schlaffe 392
– des weichen Gaumens, schlaffe 392
–, generalisierte schlaffe 113
Laktoferrin 198
Laktophenol-Baumwollblau 861
Laktose 36, 125
Lamarckismus 61
lambda-Typ 145
Lamblia intestinalis 609, s.a. Giardia lamblia
Lancefield, Rebecca 263
Landouzy-Sepsis 442
Landsteiner, Karl 169
Langzeitsulfonamide 452
lanzinierende Schmerzen 462
Larynx 124
LAS 571, s. Lymphadenopathie-Syndrom
Lassa-Fieber 737, 754
Latamoxef 425
late onset 401
late-onset-Erkrankung 274
latente Infektion 97
Latenz 669 (Abb.), 671
Latenz-Membran-Protein-Antigen (LMP) 807
Latenzphase 43, 655 (Abb.), 656 (Abb.), 667
Latex-Test 170
Läuse 481
Läusefaeces, Läusekot 481
Lavage, bronchoalveoläre 525, 581, 897, s.a. Bronchiallavage
LCM-Virus, Antikörpernachweis 756
–, Carrier-Maus 754, 755
–, Hamsterkrankheit 754
–, Immunkomplex-Nephritis 755
–, Immunologie 754
–, Immunreaktion 754
–, Immuntoleranz 755
–, Klinik 755
–, Lassa-Fieber 754, 756
–, Morphologie 754
–, nicht-eitrige Meningitis 755
LD50
Lebendimpfstoffe 224
Lebensweise, intrazelluläre 221
Leber-Bilharziose 904
Leber-Karzinom, primäres 647
Leberechinokokkose 909
Leberegel 905, Fasciola
Leberkrebs 670, 674
Leberschädigung, schwere 604
Lebertumor 666
Leberzellkarzinom, primäres 673, 825
Lecithinase 108, 409
Leeuwenhoek, Antoni van 5
L-Formen 20
Legionärskrankheit 523, s. Legionellen-Pneumonie
Legionella micdadei 523
– pneumophila 220, 367, 523
Legionellen 561, 603, 605
Legionellen-Pneumonie 523, s. Pneumonie
Legionellose 606, 608
Leih-Immunität des Neugeborenen 119, 239
Leishmania brasiliensis 883
– donovani 883
– infantum 883
– major 883
– mexicana 883
– sp. 220
– tropica 883
–, Haut- (Orientbeule) 884
–, Haut- und Schleimhaut- 884
–, viszerale 884, s. Kala Azar
Leishmaniasen 191, 883
Leistungsprüfung, biochemische 237
Lenti-SAIDS 770, s.a. Affen-Lenti-Viren
Lenti-Viren 760 s.a. Retroviren
Lepra 47
–, lepromatöse 450, 451
–, Meldepflicht 452
–, tuberkuloide 450, 451, 452
Leprome 451
Lepromintest 452
Leptospira 476
– interrogans 12, 476
Leptospirazeen 476
Leptospiren 12, 44, 605, 607
Leptospiren-Meningitis 478, 605
Leptospirose 478, 605
–, Meldepflicht 479
Leptotrichia-Arten 126
Leserahmen 622

Letalfaktor, Milzbrandtoxin 407
Letalität 676
Leukämie 654, 655 (Abb.)
–, Adulten-T-Zell- (ATL) 655 (Abb.) 667, 668
–, akute lymphoblastische Leukämie 664 (Tab.)
–, akute myeloische Leukämie 664 (Tab.)
–, chronische myeloische (CML) 664 (Tab.), 665
–, Erwachsenen- 647
–, Haarzell- 655 (Abb.), 667, 770
–, Prä-B-Zell- 660 (Tab.)
–, Promyelocyten- 663
Leukämieviren (LV) 665 (Abb.) 758 s.a. Retroviren
–, akute 658, 665 (Abb.)
–, chronische 657
Leukodizin 252
Leukoenzephalopathie, progressive multifokale (PML) 839
Leukotaxin 164, 204, s. Komplementsystem
Leukotriene 203
Leukovirämie 802
Leukozidine 252, s.a. antiphagozytäre Faktoren
Leukozytensturz 504
Leukozyturie 530
Lewis 173
Lichtmikroskopie 25, 26
Ligase, DNA- 60
Lincomycin 541, 606
Lincosamide 606
Lipasen 251
Lipid A 17, 18, 19, 503
Lipid-Kohlehydrat-Komplex (LPS) 492
lipidspezifische Antikörper 467
Lipoid A 109
Lipopolysaccharide (LPS) 17, 18, 109, 150, 300, 423
– der Bacteroides-Arten 420
liposomale Verkapselung 857
Lipoteichonsäure 19, 107, 266
Liquor 33, 515, 605
Lister, Joseph 8, 397
Listeria monocytogenes 126, 221, 397, 518
Listeria, Kälte-Isolierung 398
Listerien 29, 191, 397, 603
–, beruflich exponierte Personen 399
–, Infektion des Neugeborenen 399
–, Kälte-Anreicherung 402
–, Milch und Käse 399
–, pränatale Infektion 399
Listerien-Meningitis 399
Listeriolysin 398, 399, 400
Listeriom 400, s. Granulom
Listeriose 401
–, lokale 399
–, Meldepflicht 402
–, Schwangeren- 400, 401
–, systemische 400
–, , Meningitis 400
– ,- , Sepsis 400
lithotrophe Bakterien 45
Lithotrophie 45
L-Ketten 144, 156, s. Ketten
L. micdadei 523, s. Legionella
L. monocytogenes 126, 221, 397, 518, s. Listeria
LMP (Latenz-Membran-Protein-Antigen) 807, s. Antigene, Epstein-Barr-Virus
Loa 922
Lobnärpneumonie 282, 523, 875, s. Pneumonie
Löffler 389
Löfflers Serum, Kulturmedium 35
– –, Nährboden 390
log-phase 43
logarithmische Phase 43
Löhleinsche Herdnephritis 510
Lokalantibiotika 588
lokale Anwendung von Antibiotika 596
Lokalinfektion 641
Long Terminal Repeats (LTR) 656, 657, 658 (Abb.), 659 (Abb.), 663, 664, 665, 668, 669
lophotriche Begeißelung 21
low zone tolerance 192
Löwengesicht 451, s. facies leonina
LPF 363, s. lymphocytosis promoting factor
L. pneumophilia 220, 367, 523, s. Legionella
LPS 492, s. Lipid-Kohlehydrat-Komplex
LPS 17, 18, 109, 150, 300, 423, s. Lipopolysaccharide
LT 188, s. Lymphotoxin
LT 311, 312, 540, s. Toxin, hitzelabiles
LTR 656, 657, 658 (Abb.), 659 (Abb.), 663, 664, 665, 668, 669
LTR-Promotor 659
LTR-Sequenz 668, 757
LTR-Sequenzabschnitte 668
Lucke-Herpes-Virus 671 (Tab.)
Lucké-Karzinom 673
Lues 598
– connata 464, s. Syphilis, angeborene
Luftmyzel 411
Lugolsche Lösung 27
Lumbalpunktion 515, 519, 520
Lumbalpunktion, Kontraindikationen für eine 515
Lumen 124
Lungenabszeß 255, 524, s. Abszeß
Lungenechinokokkose 909
Lungenegel 905, s. Paragonismus
Lungeninfiltrate 920
Lungenkarzinom, kleinzelliges 664 (Tab.), 666
–, nicht-kleinzelliges 666
Lungenkokzidioidomykose 876
Lungenmilzbrand 408
Lungenpest, primäre 380
Lungenverschattungen 524
Lupus erythematodes, systematischer 206
LV 665 (Abb.) 758, s.a. Retroviren, Leukämieviren
L. venereum 492, s. Lymphogranuloma inguinale
Lyme-Krankheit 472, 473, 605, s. Borrelia burgdorferi
Lymphadenitis, akute zervikale 270
–, mesenteriale 328
Lymphadenopathie-Syndrom (LAS) 571
Lymphangitis 923
Lymphe 142
Lymphgefäß, afferentes 141, 142
–, efferentes 141, 142
Lymphknoten 141
lymphocytosis promoting factor (LPF) 363
Lymphogranuloma inguinale 492
– –, Meldepflicht 494
– venereum 492, s. Lymphogranuloma inguinale
lymphoide Entwicklung 134
Lymphokin-Sekretion 185
Lymphokine 186, 217
Lymphom 664, 673
–, malignes 575, 586
Lymphomonozytose 571
Lymphopoese 134
Lymphotoxin (LT) 188
lymphotropes Papova-Virus 786
Lymphozytäres Choriomeningitis-Virus 754, s. LCM-Virus
Lymphozyten 135, 463, 669 (Abb.)
–, große granuläre 137, 219
Lymphozyten-Rezirkulation 142-143
Lymphozyten-Scheiden, periarterielle 142
Lyse 669 (Abb.), 671
Lysephase 655 (Abb.)
Lysestadium 281
Lysogenie 111, 50
lysosomale Enzyme 199
– –, Resistenz gegen 220
– Hydrolase 199
Lysosomen 135, 197
Lysostaphin 250, 260
Lysotyp 243
Lysotypie 20, 242, 315, 635
Lysozym 20, 118, 198, 200, 522
lytic death 597, s. Bakteriolyse
lytische Phase 656 (Abb.), 667
lytische Vermehrung 667

M

M-CSF s. Multikolonien-stimulierender Faktor 187, 200
M-Protein 107, 220, 266
M-Substanz 107, s. antiphagozytäre Faktoren, Virulenzfaktoren
M-Zellen 318
M. audouinii 862, 863, s. Microsporum
M. gypseum 863, 864, 865, s. Microsporum
M. leprae 221, 436, 450, s. Mycobacterium
MAC, Membran-Angriffs-Komplex, s. Komplementsystem
Madenwurm 918, s. Enterobius vermicularis, Oxyuris
Madura-Fuß 872
Madurella mycetomi 872
MAF 188, 191, s. Makrophagen-aktivierender Faktor
Magen 124
Magenoperation mit Billroth-II-Anastomose 127
MAI s. Mycobacterium avium intracellulare 453, 454, 581
Major-Reaktion 174
Makrokonidien 852
Makrolide 605
Makrophagen 21, 110, 119, 141, 219, 401, 443, 463, 566
–, aktivierender Faktor (MAF) 188, 191
–, Aktivierung 110, 191, 200, 384
–, –, Primärtuberkulose 441
–, Alveolar- 198
–, Entzündungs- 200
–, Exsudat- 198
–, Gewebs- 138, 198
–, inflammatorische 200
–, Inhibitionsfaktor (MIF) 443
–, lymphokin-aktivierte 218
–, Peritoneal- 198
–, Pleura- 198
–, residente Gewebs- 200
mal perforant 452
Malaria 893
– quartana 894
– tertiana 894
– tropica 894
–, Chloroquin-resistente 607
Malariaplasmodien 607
Malassezia furfur 860
Maltafieber 372
Mamma-Karzinom 664 (Tab.)
Mannosaminuronsäure 250
Marburg-Krankheit 737
Marek's Virus 671 (Tab.)
Marek-Erkrankung 673
Margaritenform 877
Marker 137
Masern 717, 729
Masern-Viren 445
–, Einschlußkörperchen-Enzephalitis 730
–, Enzephalomyelitis 730
–, Koplikscne Flecken 730
–, Pneumonien 730
–, subakute sklerosierende Panenzephalitis (SSPE) 730
Mastitis 255
– puerperalis 536
Mastoiditis 270, 513, 514, 520
Mastzellen 135, 149
Masugi-Nephritis 205
Material-Transport 231
Materialabnahme 230
Maul- und Klauenseuche-Virus 716
MC29 660 (Tab.)
McDonough (SM)-FeSV 660 (Tab.)
MDP 438, s. N-acetyl-muramyl-Dipeptid
Mebendazol 909, 911, 913, 917, 919, 921
Medien, Minimal- 35, 44
–, Optimal- 35, 36, 44
Medinawurm 923, s. Dracunculus medinensis
Medium, Clauberg 36
–, Differential- 36, 37
–, Optimal- 35, 36, 44
–, Selektiv- 36, 417
–, Tb-Eier- 35
Medusenhaupt 407
Meerschweinchenversuch 447
Mefloquin 895
Megabildungen 882
Mehrfachinfektion 96
Mehrstufen-Transformation 652
Mehrstufenprozeß, Krebs 665
Meiose, heterothallische 852
–, homothallische 852
Meldepflicht, HIV 768
–, Röteln-Embryopathien 747
–, Tollwut 752
meldepflichtige Viruskrankheiten, Tabelle der 842
Melioidose 343, 348
Membran, äußere 17
Membran-Angriffs-Komplex 164
Membran-Protein 717
Membranfilter-Methode 34
Mendel-Mantoux-Test 444
Meningismus 514
Meningitis 264, 341, 474, 513, 514, 519, 599, 794, 796 s.a. Adeno-Viren, Arena-Viren, Candida, Choriomeningitis, Coxsackie-Viren, Herpes-simplex-Virus, LCM-Virus, Listeriose, Toxoplasmen
–, akute eitrige 513
–, Amöben- 518
–, Basal- 517
–, chronisch verlaufende 518
–, eitrige 233, 282, 515
–, granulomatöse 876
–, Hauben- 296, 513
–, Kryptokokken- 518
–, Leptospiren- 518
–, Listerien- 518
–, lymphozytäre 518
–, lymphozytäre bakterielle 517
–, nicht-eitrige (LCM-Virus) 755
–, primäre tuberkulöse 442
–, Serratia 305
–, Toxoplasmen- 518
–, tuberculosa 515, 517
–, -Basal- 514
–, Y. enterocolitica 329
Meningo-Enzephalitis 726, 796, 882, s. Mumps-Virus
–, VZV- 800,
Meningokokkämie mit Enanthem 296
– mit Meningitis 296
Meningokokken 25, 607
–, Neisseria meningitidis 294
Meningokokken-Gürtel 295
Meningokokken-Infektion 296
Meningokokken-Meningitis, Chemoprophylaxe gegen 297
–, Meldepflicht 298
Meningokokken-Sepsis 296
Menopause 126
menschenpathogene Influenza-Viren 718
Merkmale, morphologische 235
Mesenterial-Adenitis 789
Mesosomen 14
Metabolit 47
–, essentieller 47
–, nicht essentieller 47
Metabolithemmung 122
Metastasenbildung 649
Methamin-Silberfärbung nach Grocott-Gomori 411
methicillinresistente Staphylokokken s. Staphylokokken
Methylenblau 27, 234
–, alkalisch wäßrige Lösung 27
–, alkalisches 28
–, essigsaures 27
–, Löfflers- 27
–, saure Lösung 27
Methylenblau-Färbung 27
Metrifonat 905
Metronidazol 341, 416, 425, 520, 526, 542, 601, 609, 887, 892
Mezlocillin 418, 425, 599
MHC 179, 183, 222, 674, s. Histokompatibilitäts-Komplex
MHK 590, s. minimale Hemmkonzentration
Miasmen (Miasma) 7

Miconazol 858
Microsporie 862, 863
Microsporum 861
– audouinii 862, 863
– canis 863, 864, 865
– gypseum 863, 864, 865
MIF 188, 191, s. Makrophagen-Inhibitions-Faktor
Migrations-Inhibitions-Faktor (MIF) 188
Mikro-Aerophile 39
mikroaerophile Streptokokken 520
mikrobielle Sukzession 122
mikrobiologische Labordiagnose 233
Mikrodilutions-Test 859
Mikrofilarien 922
Mikroflora luminale 125
Mikrogliazellen 198, s. Zellen
Mikrokokkazeen 249
Mikrokokken 260
Mikrokonidien 852, 862
Mikroorganismen, intrazellulär persistente 191
Mikroskop 5
mikroskopische Probenuntersuchung 233
Mikrosporie 854
Mikrosporum 854
mil/raf 660 (Tab.), 662 (Tab.), s. Onkogene, Onkogenproteine
Milben 481
Mill Hill virus (MH2) und 3611-MSV 660 (Tab.)
Milstein, Cesar 152
Milz 142
Milzbrand 5, 6, 406
–, Meldepflicht 408
Milzbrandbazillen 21
Milzbrandtoxin, protektives Antigen 407
Milzexstirpation 566
Mimikry 207
minimale Hemmkonzentration (MHK) 590
minimale infektionsauslösende Dosis 97
Minimaleinsaat 44
Minimalmedium 35, 44
Minocyclin 604
Minor-Reaktion 174
Minus(-)-Strang-RNA-Viren 630
Mischinfektionen 420, 425
Mischkultur 33
Mitochondrien 65
Mitogene 150
Mitogenwirkung auf B-Zellen 110
Mitose 852
Mittel-T 673
Mittelstrahlurin 529
Mixed Leukocyte Culture, MLC 210
moderate Anaerobes 40
Moleküle, Klasse-I— 180
–, Klasse-II— 181
Molekülgruppen, immunogene 223
–, toxophore 223
Molluscum contagiosum, Dellwarze 832
– –, Einteilung 833
– –, Epidemiologie 833
– –, Geschichte 833
– –, Klinik 833
– –, Pathogenese 833
– –, Therapie 833
– –, Übertragung 833
– –, Zusammenfassung 833
Mönchsgesicht 452, s. facies antonina
Monkey-pox-Viren 837
Monoinfektion 96
Monokine 186, 200
mononukleär-phagozytäres System 138, 198
Mononukleose, infektiöse 807
monovalent 184
Monozyten 110, 119, 443, 566
Montage der Virusbausteine 626
Montezumas Rache 311
Morax-Axenfeldsches Bakterium 351, s. Moraxella lacunata
Moraxella catarrhalis 123, 351, 602, s. Branhamella catarrhalis
Moraxella lacunata 351, s. Morax-Axenfeldsches Bakterium
Moraxellen 351
Morbidität 676
Morbus Bang 372
Morbus Bruton 565, s. Hypogammaglobulinämie
– gallicus 12, 47, s. Syphilis
– Ritter 329, 552, s. Spalthaut-Syndrom
Morganella 602
Morotest 444
morphologische Merkmale 235
Mortalität 676
Morton, Richard 437
mos 660 (Tab.), 662 (Tab.), s. Gene, Onkogene
Motilität, aktive 22, 28, 31
MOTT, atypische Mykobakterien 453
–, langsam wachsende 453
MPO 197, s. Myeloperoxidase-System
MR 302, s. mannoseresistent
mRNA 55
MRSA 257, s. methicillin-resistente S.-aureus-Stämme
MS 302, s. mannosesensitiv
Mucormykose 872
Mukoviszidose 347
Müller, Otto-Frederik 331
Multi-Kolonien-stimulierender Faktor (M-CSF) 186
Multiorganversagen 502
Multiple Sklerose 839, 841
– –, Auto-Immun-Krankheit 841
– –, Masern-Virus 841
– –, Parainfluenza-Viren 841
– –, Retrovirus 841
Multiplizitäts-Reaktivierung 623
multiresistente gramnegative Stäbchen 601
multiresistente Hospitalkeime 560
Multiresistenz 529
Mumps 717, 725
Mumps-Virus 718, 725
–, Diabetes mellitus 726
–, Meningoenzephalitis 726
–, Orchitis 726
–, Pankreatitis 726
–, Parotitis 726
–, Schwangeren-Mumps 726
Mundsoor 127, 578, 869
Muramidase 280
Muramyldipeptid 150
Murein 20
Murein-Grundschicht 17
Mureinschicht 14, 16
Murray 397
Muskeltrichinellose 912
Mutagene 57
Mutagenese, Transposon- 54
Mutation, attenuierter Stamm 622
–, Chromosomen- 591
–, Impfstamm 622
–, somatische 158
–, Virulenz 622
–, Wildform 622
Mutationen 622, 659 (Abb.), 663
–, Folgen der 57
Mutterkornalkaloide 855
Muttermilch 125
Muzinase 334
Myasthenia gravis 205, 206
myb 664, s. Gene, Onkogene, Proto-Onkogene
myc 664, s. Gene, Onkogene, Proteine, Proto-Onkogene
Mycobacterium africanum 435
– avium intracellulare (MAI) 453, 454, 581
– bovis 435
– fortuitum 454
– haemophilum 454
– kansasii 454
– leprae 221, 436, 450
– marinum 454
– microti 435
– scrofulaceum 454
– szulgai 454
– tuberculosis 28, 220, 435, 437, 517, 529, 580
– ulcerans 436
– xenopi 454
Mycoplasma hominis 485
– pneumonia 485, 523
– –, Kälte-Agglutinine 489

Mycoplasmataceae 486
Mycosis fungoides 770
Myelitis 519, 918
Myelo-Optico-Neuropathie (SMON) 839
–, Beschreibung 840
–, Epidemiologie 840
–, Geschichte 840
–, Pathogenese 840
Myeloblastose 660 (Tab.)
Myeloblastose-Virus 662
Myelocytomatose-Virus 662, 664
myeloide Entwicklung 134
Myelom, multiples 152
Myelopathie 770
Myeloperoxidase-System (MPO) 197
Myelopoese 134
Mykiden 856
Mykoallergose 855, s. Pilzallergie
Mykobakterien 19, 28, 191, 435, 607
–, atypische 436
–, photochromogene 453
–, schnell wachsende 453
–, skotochromogene 453
–, typische 435
–, ubiquitär vorkommende (UVM) 581
Mykobakteriose 581
Mykolsäure 390, 411, 438, 450
Mykoplasmen 16, 20, 291, 485, 523, 600, 603, 604, 605, 606, 607, 608
Mykosen, kutane 854
–, oberflächliche 854
–, subkutane 854
–, System- 854, 872
Mykoside 438
Mykotoxikosen 855
Mykotoxine 855
Myokarditis 329, 392, 473, 495, 722
Myoperikarditis 474
Myositis, bakterielle 553
Myxo-Viren 614 (Abb.), 616, 717
–, Einteilung 717
Myzel 851, 852
–, Luft- 852
–, Pseudo- 852
–, Reproduktions- 852
–, submerses 852
–, vegetatives 851
Myzetom 872

N

N-acetyl-muramyl-Dipeptid (MDP) 438
N-Acetylglucosamin 16, 596
N-Acetylmuraminsäure 16, 596
Nachkrankheiten, nichteitrige 272
Nachweis von Fettsäuren 424
– von viruskodierten Antigenen 692
–, direkter 237
–, Exotoxin- 243
–, kultureller 32
–, Pathogenitäts- 99
Nackensteifheit 514
Nad^+ 114
NAD^+-spaltendes Enzym 115
Naegleria 518, 892
NAG-(NC)-Vibrionen 336, s. Vibrionen
Nagler-Tests 430
Nährboden 38
Nährstoffbedürfnisse 45
Nalidixinsäure 607
Naphthacen-Ringsystem 604
Nasenhöhle, vordere 124
Nasopharyngeal-Abstrich 364
Nasopharyngeal-Karzinom 647, 649, 670, 673
Nasopharynxtumor 807, 809, s. Schmincke-Tumor
Nativpräparate 25, 234
Natural-Killer (NK)-Zellen 137
natürliche Resistenz 132, 591
natürliches System 65
Nebenhöhlen 124
Necator americanus 916, s. Ancylostoma duodenale, Hakenwurm
nef (negativer Faktor) 667, 669 (Abb.), 760, s. Gene, HIV-Gene
Negativ-Kontrast 28
Negativ-Kontrastdarstellung 25
negative response element (NRE) 668
Negativkontrast 28
Negativpräparate 234
Negrische Körperchen 750
Neisser, Albert 286
Neisser-Färbung 234
Neisseria gonorrhoeae 221, 286, 533
– meningitidis 286, 513, 514
Neisseriaceae 350
Neisserien 286
–, apathogene 123
nekrotisierende Fasziitis 553
– Herpes 583
Neoantigen 184, s. Antigene
Neoplasien, gutartige 672
Nephritis, akute Glomerulo- 265
–, Goodpasture- 205
–, interstitielle eitrige (Pyelonephritis) 303, 488, 528, 601
–, Löhleinsche Herd- 510
–, Masugi- 205
–, VZV- 800
Nephrotoxizität 604
neu/erb B-2 661, 662, 663, s. Onkogene
Neuber, Gustav 8
Neufeldsche Kapselquellungsreaktion 28
– Quellungsreaktion 280
Neuraminidase 717
Neuroblastom 661, 664 (Tab.), 666
neurologische Herdzeichen 519
Neuropathie, periphere 609
Neurotoxine 431, 540
Neurotoxizität 604
Neurotransmitter 113
Neutralisationstest, Durchführung 697
–, Prinzip 697
–, Virus
neutrophile Granulozyten 21, 135, 566, s. Granulozyten
New-York-City-Medium 293
Newcastle-Disease-Virus, atypische Geflügelpest 727
Newcastle-Virus 718
NF-Kappa-B 668, 669
N. flavescens 298 s. Neisseria
NGU 485, 488, 605, 606, s. Urethritis
Niacintest 439
Nichols-Stamm 465
nicht-Cholera-Vibrionen 333, s. Vibrionen
nicht-Fermenter 350
nicht-lytischer Tod (non-lytic death) 597
nicht-zytozide Reduplikationsvorgänge 635
Niclosamid 907
Nicolaier, Arthur 427
Niokolsky-Phänomen 255
Nitrofurane 608, 609
Nitrofurantoin 608
Nitrofurfuryliden-Verbindung 882
Nitroimidazole 425, 609
Nitrosamine 123
Nitroverbindung 605
NK-Aktivität 219
NK-Zellen s. Natural-Killer-Zellen 643
N. meningitidis 286, 513, 514, s. Neisseria
Nocard, Edmund J. 411, 486
Nocardia asteroides 411, 608
– brasiliensis 411
– caviae 411
– farcinica 411
Nocardien 607
–, säurefest 411
Nocardiose 607
–, Abszeßbildung 412
–, Granulombildung 412
Nocardomykolsäure 411
Noli me tangere 408
Nomenklatur 66,69
non-lytic death 597, s. nicht-lytischer Tod
non-producer Zellen 658
NonA/NonB-Hepatitis (HCV und HEV) 829
–, Pathogenese 829
nordamerikanische Blastomykose 875
Norfloxacin 607
normale Bakterienflora 593
Normalflora 122, 120
Norwalk-Agens 772, 776

nosokomiale Infektionen 560
– Sepsis 561
Notfallkombinationen 506
NRE 668, s. negative response element
N. sicca 298, s. Neisseria
N. subflava 298 s. Neisseria
Nukleinsäure-Hybridisierung 67
Nukleinsäure-Sequenzhomologien 66
Nukleinsäuresonden 66
Nukleinsäuresynthese 609
Nukleocapsid 614, 717
Nukleoid 13, 64, s. Kernäquivalent
Nukleoproteine 655
Null-Zellen 137
Nuttall, G.H.F. 427
Nystatin 421

O

O-Allotypen 173
O-Antigene 17, 18
O-Serotyp 542
Objektträger-Präparat 26
obligat anaerob 12
obligat anaerobe und mikroaerophile nicht-sporenbildende grampositive Stäbchen 417
obligat anaerobe gramnegative Stäbchen 420
obligat anaerobe grampositive Stäbchen 427
obligat intrazellulär 451, 481, 490, 495
obligat pathogene Erreger 237
Ödeme 913
Ödemfaktor, Milzbrandtoxin 407
Ofloxacin 530, 607
Okazaki-Fragment 631
onc 657, 757, s.a. Gene, Onkogene, Proto-Onkogene
Onchocerca 922
Onkogen abl 661, 662
– erb B-2 661, 662, 663, s. Onkogen neu
– HER-2 s. Onkogen neu
– neu (erb B-2, HER-2) 661, 662, 663
– onc 657
– ras 666, 662 (Tab.), 664 (Tab.)
– tat 662 (Tab.)
– tax 672 (Tab.), 674
–, Kern- 663
–, retrovirales, abl 660 (Tab.), 662 (Tab.)
–, –, ets 660 (Tab.)
–, –, fes 660 (Tab.)
–, –, fgr 660 (Tab.)
–, –, fos 660 (Tab.), 662 (Tab.)
–, –, fps 660 (Tab.)
–, –, H-ras 660 (Tab.)
–, –, K-ras 660
–, –, mil/raf 660 (Tab.), 662 (Tab.)
–, –, mos 660 (Tab.), 662 (Tab.)
–, –, myb 660 (Tab.), 662 (Tab.)
–, –, myc 660 (Tab.), 662 (Tab.), 664
–, –, rel 660 (Tab.)
–, –, ros 660 (Tab.)
–, –, sis 660 (Tab.)
–, –, ski 660 (Tab.)
–, –, src 660 (Tab.), 662 (Tab.), 663
–, –, yes 660 (Tab.)
–, transformierendes 673
–, virales, crk 659 (Tab.), 662 (Tab.)
–, –, erb A 659 (Tab.), 660 (Tab.), 662 (Tab.)
–, –, erb B 659 (Tab.), 660 (Tab.), 661, 662 (Tab.), 663, 664
–, –, fms 659 (Tab.), 660 (Tab.), 661, 662 (Tab.)
–, –, hst/int 659 (Tab.), 661
–, –, jun 659 (Tab.), 662 (Tab.)
–, –, neu (Erb B-2, HER-2) 659 (Tab.)
–, –, sis 659 (Tab.), 661, 662 (Tab.)
–, –, v-onc 659 (Tab.)
Onkogene 654, 657, 658, 659, 661, 662, 663, 665, 666, 668, 671, 674
–, Einteilung 662 (Tab.)
Onkogenese 663, 674
Onkogenprotein mil/raf 662, 663
Onkornaviren 654, 657
Onychomykose 858, 867
Opazitätsfaktor 220
Operationen an Gallenblase und Pankreas 127
operative Fächer 560
Operator 57
Operon 55
Ophthalmie, sympathische 205
Opisthotonus 514
Opistorchis 905, s. Katzenegel
Opportunisten 93, 415, 420, s.a. pathogene Erreger
Opportunisteninfektionen bei AIDS 570, 575
OPSI-Syndrom 502
Opsonisierung 21, 153, 196, 220, 645
optimaler Zeitpunkt 230
Optimalmedium 35, 36, 44
Optimalnährböden 417
Optochin-Empfindlichkeit 276, 280
Oralcephalosporine 602, s. Cefalexin-Gruppe
orale Gabe 592
Orchitis 726, s. Mumps-Virus
Organabszesse 609
Organe des Immunsystems 140
–, sekundär-lymphatische 201
Organmanifestation 230, 642
organotrophe Bakterien 45
Organotrophie 45
Organotropismus 635
–, Organspezifität 635
Orientbeule 884, s. Leishmania
Ornidazol 609, 887, 892
Ornithose 490, 491, 495, 605
– Meldepflicht 496
Oropharynx 123
Orthomyxo-Viren 717
Orthopox-Viren 832
Oslersche Knoten (Knötchen) 509, 278, 502
osmotischer Druck 38
Ösophagus, Kandidose des 879
Osteoklasten 198
Osteomyelitis 255, 520, 556
–, akute hämatogene 556
–, postoperative 556
Osteosarkom 660 (Tab.), 666
Otitis 514
– media 270, 513, 602, 789
– - durch H.influenzae 356
–, VZV- 800
Otomykose 874
Ototoxizität 604
Ouchterlony, Örjan 169
Ovarialabszesse 535
Oxaminiquin 905
Oxidantien 80
Oxidase 286, 331
Oxidase-Reaktion 344
– von Moraxellen 351
Oxidation 13
Oxytetracyclin 604
Oxyuris 918, s. Enterobius vermicularis, Madenwurm
Ozaena 305, s. Stinknase
Ozon 80
–, Desinfektionswirkung 80

P

p24-Antigen 761, 767
p53-Protein 675
Pacini 332
PAF 204, s. Plättchen-aktivierender Faktor
Pandemie 676
Pankreas-Karzinom 664 (Tab.)
Pankreatitis 726, s. Mumps-Virus
Pannus 493
PAP 485, 487, s. Pneumonie, primär-atypische
Papageienkrankheit 490, 491, 495, 605, s. Ornithose
Papillom-Viren (HPV) 670, 672, 781
–, bösartige Tumoren 784
–, Condylomata acuminata 784
–, Einteilung 782
–, Epidemiologie 782
–, Epidermodysplasia verruciformis 784
–, Genom 781
–, HPV-16 672
–, HPV-18 672

Papillom-Viren (HPV), juvenile Kehlkopf-Papillome 784
–, Konjunktival-Papillom 784
–, Vorsorgeuntersuchungen 785
–, Warzen 782
–, Zervix-Karzinom 781
Papilloma Virus 671 (Tab.)
Papillome 672
Papova-Viren 618, 671, 781
–, BK-Virus 781
–, JC-Virus 781
–, Kaninchen-Papillom-Virus 781
–, Polyoma-Virus 781
–, Simian-Virus 40 (SV-40) 781
Papova-Virus, lymphotropes 786
Pappataci-Fieber 737
Pappenheimer 390
Paracoccidioides brasiliensis 877
Paracoccidioidin 877
Paragonimus 905, s. Lungenegel
Parainfluenza-Viren 718, 723
–, Croup-associated (CA)-Virus 724
–, F-Spikes 723
–, HN-Spikes 723
Parakokzidioidomykose 872, 877
Paramyxo-Viren 717
– mit Neuraminidase 718
– –, Mumps-Virus 718
– –, Newcastle-Virus 718
– –, Para-Influenza-Viren 718
– ohne Neuraminidasen 718
– –, Erreger der Hundestaupe 718
– –, Erreger der Rinderpest 718
– –, Masern-Virus 718
– –, Respiratory-Syncytial-Virus 718
Parapox-Viren 832
Parasitologie 881
Paratop 132
parenterale Applikation 593
– Infektion 100
Parodi-Irgens FeSV 660 (Tab.)
Parodontitis, chronische 123
Paromomycin 128
Parotitis 726
Partikel, defekte-interferierende 633
Parvo-Viren 618
–, Zusammenfassung 780
Parvo-Virus B19 778
– –, aplastische Krise 779
– –, grippaler Infekt 778
– –, Hydrops fetalis 778
– –, Ringelröteln 778, s. Erythema infectiosum
– –, Tröpfcheninfektion 778
Passagen 33
passive Schutzimpfungen 842 (Tab.)
passiver Transfer 182
Pasteur, Louis 6, 250, 387, 406
Pasteurella multocida 387
–, Tierbiß 387
Pasteurellen 603
Pasteurisierung 398
pathogene Erreger 93
– –, fakultativ pathogene (Opportunisten) 93, 94
– –, obligat pathogene 93, 94
Pathogenese von Infektionen 100, 104
– –, Adhäsine 101, 103
– –, Generalisation
– –, Inkubation 104
– –, Lokalinfektion 103
– –, Organmanifestation
– –, Organotropismus 103
– –, Rezeptoren 102, 103
– –, Sepsis 105
– –, toxische Fernwirkung 103
– –, zyklische Allgemeininfektionen 104
Pathogenität 93
Pathogenitätsnachweis 99
pathologische Kolonisation 98
pathovar 67
patienteneigene Antikörper 233
Patientenisolierung 563
Paul 807
Paul-Bunnell-Test 810
PBP 14, 15, s. penicillinbildende Proteine
PcP 576, s. Pneumonie
PCR 694, s. Polymerasekettenreaktion
PDGF 659 (Tab.), 661, 663 (Abb.), s. Thrombozytenwachstumsfaktor
Peitschenwurm 910, s. Trichuris trichura
pelvic inflammatory disease (PID) 494, s. Adnexitis
Pemphigus syphiliticus 464
Penetration 626
–, direkte 627
–, Fusion der Virushülle 627
–, Injektion der Nukleinsäure 626
–, Pinozytose 626
Peniskarzinom 672
Penizillin 593, 596, 855
– G 271, 274, 278, 283, 293, 297, 340, 351, 388, 408, 415, 418, 467, 470, 474, 478, 496, 497, 518, 520, 526, 596
–, Isoxazolyl- 520, 526, 599
–, penizillinasefestes 257, 598
–, Staphylokokken- 599
– V 598
Penizillinase 252, 253, 354
penizillinbildende Proteine (PBP) 14, 15
Pentacarinat 576, 577
Pentamidin 882, 897
Pentamidin-Isothionat 576
Peptide, basische 204
–, synthetische 225
Peptidoglycan 16, 596
Peptidoglycanschicht 16
–, mehrschichtig angelegte 19
Peptococcus niger 415
Peptokokken 415, 606
Pepton 31
Peptonwasser, alkalisches 332, 335
Peptostreptococcus anaerobius 415
– –, Blutkulturmedien 415
Peptostreptokokken 415, 519, 606
Peressigsäure 80
–, Desinfektionswirkung 80
Perforine 112, 188, 220, s. Zytolysine
Perfusionssyndrom 804
Periarteriitis 459
Perihepatitis acuta gonorrhoica 291, s. Fritz-Hugh-Curtis-Syndrom
Perikarditis 255
Perinomodie 864-865
Periodontitis 124
perioperative Prophylaxe 600
periphere Neuropathie 609
periplasmatischer Raum, oder Spalt 16
peritoneale Lavage 548
Peritonealspülungen 549
Peritonitis 259, 304, 420, 609
–, primäre 547
–, sekundäre 547
Peritonsillar-Abszeß 270, s. Abszeß
periurethrale Adenome (Prostatahypertrophie) 528
Perlèche 870
permanente Signalübertragung 661
Permeabilitätsbarriere 19
permissive Wirtszelle 671
Peroxidasen 198
Peroxide 80
–, Desinfektionswirkung 80
persistierende humorale Antikörper 241
Pertussis, Meldepflicht 365
–, Schutzimpfung 365
Pertussis-Toxin 117, 362, 363
Pest 377
–, Absonderung im Krankenhaus 381
–, Meldepflicht 381
–, Quarantäne 89, 381
–, Weiße Pest 437 s.a. Tuberkulose
Pestpneumonie 379, s. Pneumonie
Peyersche Plaques 142, 318, 540
Pfeiffer 335, 354
Pfeiffersche Mononukleose 393
Pfeiffersches Drüsenfieber 571, 807
Pflegepersonal, Hände des 561
PFU 702, s. plaque-forming unit
Pfützenkeim 345
PGU 290, s. Urethritis, postgonorrhoische
pH-Wert 38, 197
Phagenrezeptoren 20
Phagentyp 243
Phagolysosom 400
Phagolysosomen-Fusion, Hemmung der 220
Phagolysosomenbildung 197

Phagosom 196
Phagovar (Phagotyp) 67
Phagozyten, Abtötung der 220
–, mononukleäre 195
–, professionelle 195
Phagozytin 198
Phagozytose 20, 195
–, Hemmung von 220
Phänotyp 60
Pharmakokinetik 592
Pharyngitis 264
–, akute fieberhafte 789
Pharyngokonjunktival-Fieber 789
Pharynx 124
Phase des Absterbens 44
Phasen-Kontrast-Mikroskopie 26
Phasenvariation, in Salmonellen 53
PHB 24, s. Polyhydroxydbuttersäure
Phenole 81
–, Desinfektionswirkung 81
Phenotypic mixing 624 (Abb.)
Phenylquecksilberborat 81
Phialophora verrucosa 872
Philadelphia-Chromosom (Chromosom 22) 665
Phlebotomen 883
Phlegmone 270
Phospholipase 346, 662
Phospholipide 17
Phosphonoformat 687
photometrisches Verfahren 34
Photosensibilisierung 604
Photosynthese 851
phototrophe Bakterien 45
Phototrophie 45
Phthisis 437
phylogenetische Distanz 64
physiologische Antikörper 173
– Besiedlung 119
Phytohämagglutinine 175
Picorna-Viren 616 (Abb.), 705
–, (+)-Strang RNA 705
–, Entero-Viren 705
–, Evolution 705
–, HAV 816
–, Maul und Klauenseuche-Virus 705
–, Rhino-Viren 705
PID (pelvic inflammatory disease) 494, 533, s. Adnexitis
Piedra, schwarze 861
–, weiße 861
Piedraia hortai 861
Pigment, schwarzes 422
Pili 22, 51, 302, 514 s.a. Fimbrien
Pilin 22
Pilz-Rasen 870
Pilzallergien 854, 855, s. Mykoallergose
Pilzbefall 127
Pilze 561, 851
–, anthropophile 862
–, dimorphe 871
–, lipophile 860
–, zoophile 864
Pilzerkrankungen 854
Pilzinfektion, opportunistische 872
Pilzpneumonien 523, s. Pneumonie
Pilzvergiftungen 854
Pinozytose 20, 195, s. Phagozytose
Pinta 456, 471
Piperacillin 348, 599, 601, s. Acylureidopenicilline
Pityriasis 861
– versicolor 860
Pityrosporum orbiculare 860
– ovale 860
PL (Phospholiphase)-C 659 (Tab.)
Plaque 123, 277
plaque-forming-unit (PFU) 702
Plaquebildung 121
Plaques muqueuses 460
Plasmazellen 137
Plasmid 13, 49, 591
Plasmin 250, s. Fibrinolysin
Plasmodium falciparum 893
– malariae 893
– ovale 893
– vivax 893
Plättchen-aktivierender Faktor (PAF) 204
Plattierung 34
Plazentitis 401
Pleomorphie 422, 454
Plesiomonas shigelloides 337
Pleuraempyem 255, 525
Pleurapunktate 524
Pleurapunktion 524
Pleuritis, bakterielle 525
–, eitrige 524
–, tuberkulöse 440
Pleuro-Pneumonia-Like-Organisms (PPLO) 486
Pleuropneumonie 524, s. Pneumonie
pluripotente Stammzellen 134
Plus(+)-Strang-RNA-Viren 630
PML 672, s. Progressive Multifokale Leukoencephalopathie
P. multocida 387, s. Pasteurella
Pneumocystis 607
– carinii 523, 561, 567, 576, 762, 896
Pneumocystis-carinii-Pneumonie (PcP) 576, s. Pneumonie, Pneumozystose
Pneumocystis-Pneumonie 607, s. Pneumonie
Pneumokokken 21, 25, 26, 38, 40, 47, 124, 264, 279, 519, 523, 603, 604, 606, 607, s.a. Streptococcus pneumoniae
Pneumokokken, Transformation 62
Pneumokokken-Infektion 598
Pneumokokkenpneumonie 526,s. Pneumonie
Pneumolysin 280
Pneumonie 380, 494, 561, 599, 601,
–, Adeno-Virus- 789
–, alveoläre 522, 523
–, Aspirations- 523, 524, 526, 609
–, Broncho- 282, 412, 523
–, Chemotherapie 526
–, Chlamydien- 523
–, Coxiellen- 523
–, Definition 522
–, Einteilung 522
–, Erregerspektrum 523
–, Friedländer 523
–, interstitielle 495, 496, 522, 523, 525, 605, 803
–, Klebsiella 305
–, Klinik 523
–, Legionellen- 367, 369, 523
–, Lobär- 282, 523, 875
–, Masern-Virus 730
–, mikrobiologische Diagnostik 524
–, Mycoplasma- 526
–, nosokomiale 523, 526
–, Pest- 379
–, Pilz- 523
–, Pleuro- 524
–, Pneumocystis- 607
–, Pneumocystis-carinii (PcP) 576
–, Pneumokokken- 526
–, primär-atypische (PAP) 485, 487
–, primäre 522, 600
–, Q-Fieber- 483, 523
–, Säuglings- 896
–, schleichende 876
–, Segment- 523
–, sekundäre 522, 601, 722
–, serologische Diagnostik bei- 525
–, Staphylokokken- 526
–, Varizellen-Virus 800
–, ZMV- 804
Pneumozystose 896
Pocken-Viren 618 (Abb.), 832
Pocken-Virus und Vaccinia-Virus, Alastrim (Variola minor) 835
– – –, Blattern 834
– – –, Genom 834
– – –, Geschichte 835
– – –, Guarnierische Einschlußkörperchen 834
– – –, Immunologie 835
– – –, Klinik 835
– – –, Monkey-pox-Viren 837
– – –, Morphologie 834
– – –, natürliches Reservoir für Pockenvirus? 837
– – –, Pathogenese 835
– – –, Pocken 835
– – –, Prävention 836
– – –, Resistenz 834
– – –, Smallpox 834
– – –, Übertragung 835
– – –, Variola vera 834

Pocken-Virus und Vaccinia-Virus, Variolois 836
– – –, Vermehrungszyklus 834
– – –, Vorkommen 835
– – –, Züchtung 834
Pockenviren-Gruppe, Molluscum contagiosum 832
–, Orthopox-Viren 832
–, Parapox-Viren 832
–, Tana-Pocken-Viren 832
–, weitere Untergruppen 832
–, Yaba-Pocken-Viren 832
Pockenvirus, Zusammenfassung 838
Pokeweed-Mitogen (PWM) 150
pol s. Gene, Replikationsgene, Strukturproteine
Pol-Körper, metachromatischer 391
Pol-Körperchen 391
polare Geißel 21, 332
Polio-Viren, Einteilung 706
–, Virusreservoir 706
Polio-Virus, persistierende Infektionen 708
–, spinale Kinderlähmung (Poliomyelitis) 706
Poliomyelitis 706, s. Kinderlähmung
–, Geschichte 706
–, Zusammenfassung 711
Polkörnchen, Polkörperchen 24, 27
Pollakisurie 529
Poly-Meningo-Radikulitis 474
Polyacrylamidgel-Elektrophorese 774
Polyarthritis 272, 474
–, primär chronische 206-207
PolyC9 165, s. Komplementsystem
Polyene 857
Polyhydroxybuttersäure (PHB) 24
polyklonale Aktivierung 208
Polymerase 629, 671
Polymerase-Kettenreaktion, PCR (polymerase chain reaction) 694, s. Viren, Identifizierung
Polymyxin B 340
Polymyxine 351
Polyneuritis 797
Polyneuropathie 608
Polyoma 671, 673
Polyoma-klein-t-Antigen 673
Polyoma-Viren 670, 671 (Tab.), 672, 673, 781
Polyradikuloneuritis 800
Polysaccharid 262
Polysaccharid-Schleimschicht 258
Polysaccharidkapsel 423, 874
Polyvinylpyrrolidon (PVP) 80
Pontiac-Fieber 367, 368, 369
Poren, transmembranöse 112
Porin-Kanalproteine 19
Porine 18
postgonorrhoische Urethritis (PGU) 290, s. Urethritis
postoperative Eingriffe, Osteomyelitis 556
— Wundinfektionen 561
postpneumonisches Empyem 524
PPLO 486, s. Pleuro-Pneumonia-Like-Organisms
Prä-B-Zell-Leukämie 660 (Tab.)
prädiktive Werte 244
prädisponierender Faktor 229
Prägenom 631, 820
Präparat, gefärbtes 234
–, Nativ- 25, 234
–, Objektträger- 26
–, ungefärbtes 26
Präsentation, Peptidfragmente 201
–, Virusantigene 644
Prävalenz 244
Präzipitation 168
Präzipitationsbande 169
Praziquantel 905, 907
PRCII-avian sarcoma virus (ASV) 660 (Tab.)
Prevotella melaninogenica 422
primär bakterizid 590
Primäraffekt 379, 440
Primärantwort 148, 151, 154
Primärkomplex 379, 440
Primärkultur 32
Primärproduzenten 64
Primärschäden der Zelle 635
Primärtuberkulose, Primäraffekt (PA) 440, 441
–, Primärkomplex (PK) 440, 441
Prionen 620
Probenuntersuchung, mikroskopische 233
Prodigiosin 305
Prodromalstadium 105
progressive multifokale Leukoencephalopathie (PML) 672
– Primärtuberkulose der Lunge 442
Proguanil 895
Prokaryonten 11, 64, 65, 69
Promotor 55, 651
Promotor-Insertion 657, 663, 665, 674
Promotor/Enhancer 663, 665, 757
Promotor/Enhancer-Sequenzen 657, 757
Promyelocyten-Leukämie 663
Properdin (P) 165, s. Komplementsystem
Properdinsystem 110
Prophage 50, 111
Prophage β 390
Prophylaxe, Endokarditis- 511
Propionibacterium acnes 123, 417, 605
Propionibakterien 417, 606, 609
Prostataabszeß 607
Prostatahypertrophie (periurethrale Adenome) 528
Prostatitis 528, 607
–, chronische 488
Protease 188, 657
–, alkalische 344, 346
–, IgA-spaltende 221
–, neutrale 198
Protein A 221, 250, 257
– I 290
– II 290
– III 290
– myc 672
– tat 670
– tev 667
–, C-reaktives (CRP) 170, 204, 279
Protein- und Zuckergehalt des Liquors bei Meningitis 515
Proteinantigene 190, s. Antigene
Proteine, basische 198
–, E1A- 666
–, Früh- 632
–, G- 662
–, kationische 198, s. basische
–, p53 666
–, penicillinbildende 14, 15
–, Rb-1 666
–, rekombinante 225
–, Sofort- 632
–, Spät- 632
Proteingehalt 515
Proteinkinase 665, 672, 674
Proteinsynthese, ribosomale 603
Proteinurie 530
Proteus 127, 305, 607, 608
– mirabilis 598, 602
– rettgeri 602
– vulgaris 601, 602
Proteus-Arten 529, 600, 604
Proteus-Serotypen OX19 und OX2 482
Proteus-Stämme 602
Proteusbakterien 35, 47
Prothrombinzeit 601, 603
Protisten 64
proto-onc s. Proto-Onkogene
Proto-Onkogen c-abl 665
– c-myc 664
– int 664
– myb 665
– myc 665
– src 673
–, Proteine 661
–, transloziertes 665
–, virale 658 (Abb.), 659 (Abb.)
–, zelluläres 659, 656, 667
Proto-Onkogene, proto onc, 647, 658, 661, 663, 664 (Tab.), 668
–, retrovirale 658 (Abb.)
–, zelluläre 658 (Abb.), 659 (Abb.)
Protoplasten 20, s. zellwandfreie Gebilde
Protozoen 607
Provirus 632, 647, 652, 658 (Abb.), 668, 674

Prowazek von, Stanislaus, Edler von Lanov 491
Ps. s. Pseudomonas
Pseudogonokokken 287, s. Gonokokken
Pseudokrupp 724
Pseudomembran 392
pseudomembranöse Kolitis 427
Pseudomonaden 127, 561
Pseudomonas 21, 127, 343, 519, 529, 600, 601, 602, 603, 608
– aeruginosa 38, 343, 523, 598, 599, 600, 603, 604, 607, 608
– cepacia 348
– mallei 343, 348
– pseudomallei 343, 348
–, Meldepflicht 349
Pseudomonas-Arten 44, 602
Pseudomonas-Exotoxin-A 117
Pseudomonas-Infektionen 599
Pseudomonas-Lücke 601
Pseudomyzel 869
Psittakose 490, 491, 495, 605, s. Ornithose
PTH 581
puerperale Endometritis 535
Puerperalinfektionen 274
Puerperalsepsis 264, 270, 273, 609
–, Meldepflicht 272
Pulpa, rote 142
–, weiße 142
Punktmutation 57, 59, 664 (Tab.), 658, 659 (Abb.), 666
Purin-Nukleosid-Phosphorylase-Mangel 212
purzelbaumartig 398
Pustelflechte 551, s. Impetigo
Pustula maligna 407
PVP 80 s. Polyvinylpyrrolidon
PVP-Jod 80
PWM 150, s. Pokeweed-Mitogen
Pyelitis 528
Pyelonephritiden, chronische 531
Pyelonephritis (interstitielle eitrige Nephritis) 303, 488, 528, 529, 601
Pyocyanin 343, 344
Pyodermien 264
Pyrantelpamoat 917
Pyrazinamid 447
Pyrimethamin 518, 607, 895, 900
Pyrogen 109
–, endogenes 110
–, exogenes 110
Pyrviniumembonat 919
PZA 581

Q

Q-Fieber 481, 482, 523, 605 s.a. Pneumonie
quantitative Cardiolipinreaktion 241
Quarantäne 89
Quarantänekrankheiten, Cholera 336
–, hämorrhagisches Fieber 89, 737
–, Pest 89, 381
–, Pocken 89, 835
quaternäre Verbindungen 81
– –, Desinfektionswirkung 81
Quecksilber 81
–, Desinfektionswirkung 81
Quecksilbersalz 81
Quellungsreaktion 280, s. Neufeldsche Quellungsreaktion
Querteilung 42, s. binäre Teilung
Quinacrin 889
Quincke-Ödem 566

R

Rabies-Virus 617 (Abb.), s. Tollwut
Radio-Immuno-Assay (RIA)-Test 172
Rahmenbezirke 147
Ramon 389
ras 666, 662 (Tab.), 664 (Tab.), s. Onkogene
Ratten 477
– SV 660 (Tab.)
Rattenbißfieber 497
Rattenflöhe 379
Rattone, Georgio 427
Rattus norvegicus 477
Raubwanzen 881
Rauh-Formen 18, 280, s. R-Formen
Raumdesinfektion 82, 83, s. Desinfektion
raumfordernder Prozeß 519
Rayer 406
Rb-1 666, s. Retinoblastom-Gen, s.a. Gene
Reagine 205
Reaktion, anaphylaktische 149, 203
–, verzögerte-allergische 206, 218
Reaktionen, immunpathologische 643
–, serologische (Interpretationen) 239
Reaktionstyp, anaphylaktischer 205
–, zytotoxischer 205
reaktive Sauerstoffmetaboliten 204
– Stickstoffmetaboliten 197
Reaktivierungskrankheit s. Tuberkulose
Reassortment 623 (Abb.)
Reaszensionsprophylaxe 609
Rechtsherzenendokarditis 509
Redoxpotential 38, 40, 421, 423
Reduktionsrate 72
Reduplikationsvorgänge 635
Regulationsfaktor rev 655 (Abb.), 656
– tat 655 (Abb.), 656
Regulationsfaktoren 655 (Abb.)
Regulationsgene 668
Regulator der Genexpression 662 (Tab.)
– der x-Region s. Genfunktion rex
Regulatorproteine 163
–, Bindungsstellen für - 757
Reihenverdünnungsversuch 591
Reindarstellung des Penizillin 590
Reinfektion 241, 530, 531
Reinfektionsprophylaxe 531
Reinkultur 7, 31
Reisediarrhoe 311
Reiter, Hans 476
Reiter-Syndrom 558
Reizserum 460
Rekombination 53, 622 (Abb.)
– von Gen-Segmenten 184
–, homologe 53
rekurrierende Infektion 97, s. rezidivierende Infektion
rel 660 (Tab.), s. Onkogene
Relaps 530
relative Bradykardie 319
Remak, Robert 855
Reo-Viren 617, 772 s.a. Rota-Viren
Replikation 662 (Tab.)
– von Retroviren 656 (Abb.), 667, 674
–, semikonservative, von DNA 63
Replikationsgen env 655, 665, 667, 674
– gag 655, 657, 665, 667, 674
– pol 655, 657, 665, 667, 674
– ras 660, 662, 664
Replikationsgene 655, s.a. Onkogene
Replikationszyklus von Viren 626
– –, produktiver 638
replicative intermediate Komplexe 630
Repressor 56
residente Hautflora 81
resistente Mutanten 685
Resistenz 13, 118, 132, 591
–, Mutations- 591
–, natürliche 132, 591
–, sekundäre 591
–, übertragbare 591
Resistenzfaktoren 119
Resistenzstufen 71
Resistenztransfer-Faktoren (RTF) 50
Resorptionsblockade 540
Resorptionsgeschwindigkeit 592
Resorptionsrate 592, 596
Respirationstrakt 124
Respirationstrakt, Infektionen des 305, 606
respiratorische Energiegewinnung (Atmung) 45
respiratorisches Syndrom, akutes 789
respiratory burst 196
Respiratory-Syncytial-(RS)-Virus 717, 727
Restriktionsnukleasen 60
Reticuloendotheliosis virus (REV) 660 (Tab.)
retikuloendotheliales System 198
Retinoblastom-Gen Rb-1 666, s.a. Gene
Retro-Onkogene 668

Retroviren 576, 617 (Abb.), 654, 655, 656, 658 (Abb.), 659 (Abb.), 663, 665, 666, 667, 670, 671, 674, 757
–, A-Partikel 758
–, AIDS 617, 760
–, B-Partikel 758
–, Bindungsstellen für Regulatorproteine 757
–, Bittner-Faktor 760
–, budding 758
–, C-Partikel 758
–, D-Partikel 758, 760
–, Einteilung 758
–, Enhancer 757
–, Foamy-Viren 760, s.a. Spuma-Viren
–, Human Immundeficiency-Virus (HIV) 617
–, Lenti-Viren 758, 760
–, Leukämie-Viren 758
–, LTR-Sequenz 757
–, Morphologie 757
–, Promotor 757
–, Rous-Sarkom-Virus 617, 758
–, Spuma-Viren 760
–, Tumoren 617
–, Übertragung 760
–, Vorkommen 760
Retrovirologie 667
Retrovir[R] 585
rev s. Gene, HIV-Gene, Regulationsfaktoren, Regulatorproteine
Reverse Transkriptase 629, 630, 631, 632, 647, 655, 656, 657, 670, 674, 820
Revertanten 59
rex/rev 670, s. Gene
Reye-Syndrom 640, 839, 840
Rezeptor 655, 659 (Tab.), 663 (Abb.)
rezidivierende Infektion 97
Rezidivprophylaxe des rheumatischen Fiebers 598
R-Formen 18, 280
Rh^+ 174
rh^- 174
Rhabdo-Viren 616, 748, s.a. Rabies-Virus, Tollwut-Virus
Rhabdomyosarkom 666
Rhesus (Rh) 173
Rhesus-System 174
Rheuma 913
Rheumafaktor 207
–, Nachweis des 170
rheumatische Endokarditis 509
Rhino-Viren 714
Rhinosklerom 305
RIA 172, s. Radio-Immuno-Assay
Ribavarin 687, 728
ribosomale 16S RNA 64
– Proteinsynthese 603
– RNA 64
Ribosomen 13
Ricin 117
Ricketts, Howard Taylor 479
Rickettsia prowazekii 481
Rickettsiazeen 479, 481
Rickettsien 479, 604, 605, 607
Rickettsiosen 481, 605
Riesendarmegel 905
Riesenzellbildung 636
Riesenzellen, Langhanssche 443
–, vielkernige 443
Rifampicin 297, 375, 395, 447, 517, 520, 581
Rilopirox 858
Rimantidin 686
Rindfleisch 319
Ringelröteln 778, s. Erythema infectiosum
Risus sardonicus 431
RNA Genom 656 (Abb.)
RNA, Tochter- 633
RNA-Polymerase 55
RNA-Prägenom 670, 674
RNA-Sonden 67
RNA-Tumorviren 653
RNA-Viren 621, 827
–, (+)-Strang 630
–, (-)-Strang 630
–, -, Ambisense-RNA 629
–, -, Minus (-)-Strang-RNA 629
–, -, Plus (+)-Strang-RNA 629
Robbenstellung 431
Rochalimea 479, 481
Rocky-Mountains-spotted Fever 479, 481, 482, s. Felsengebirgsfleckfieber
RODAC-Platten 238
Rolitetracyclin 604
rolling-circle-Modell (rolling-circle-Weg) 620, 630, 632
ros 660 (Tab.), s. Onkogene
Rosenbach, Anton-Julius-Friedrich 427
Rosenow Thioglycolatbouillon 421
Roseola infantum 813, s. Drei-Tage-Fieber, Exanthema subitum
Rota-Viren 538, 539, 540, 617, 772 (Abb.), s.a. Reo-Viren
Rota-Virus-Infektionen, Zusammenfassung 775
Röteln 743
Röteln-Virus 743, s.a. Embryopathie
Rotz 343, 348
Rous, 646
Rous-Sarkom-Virus (RSV) 617, 654, 657, 660 (Tab.), 758, s.a. Retroviren
Roux, Emile 389, 486
RRE, rex/rev response element 670
rRNA 55
rRNA-DNA-Hybridisierung 242
RS-Virus 717, s. Respiratory-Syncytial-Virus
RSV 617, 654, 657, 660 (Tab.), 758, s. Rous-Sarkom-Virus
RTF 50 s. Resistenztransfer-Faktoren
Rubi-Viren 737, s. Röteln-Virus
Rückensteifheit 514
Rückfallfieber 472
–, Meldepflicht 473
Ruheformen 510
ruhende Kultur 44
Ruhephase 662
Ruhr 311

S

Sabin-Feldmann-Test 171
Sabin-Vakzine, Risiken 710
–, Schluckimpfung 224, 709
Sabouraud-Glukose-Agar 856
Saccharomyces cerevisiae 851, s. Bierhefe
Safranin 27
Salk-Impfstoff 707, 709
Salmon, C.D. 314
Salmonella typhi 220, 540
Salmonellen 46, 191, 220, 314, 538, 539, 598
–, Anreicherung auf Selektivnährböden 320
Salmonellen-Enteritiden 541
Salpingitis 490
Sarcocystis 902
Sarkome 654, 655 (Abb.), 660 (Tab.)
Satellitenbubo 460
Satellitenphänomen 354, s. Ammenphänomen
Satellitenstreptokokken 509
Sattelnase 464
sauerstoffabhängige Mechanismen 196
Sauerstoffmetabolite, reaktive 196, 220
– ,- , Resistenz gegen 220
Sauerstoffradikal 421
sauerstoffunabhängige Mechanismen 197
Säuglingsbotulismus 431
Säuglingsdyspepsie 309
Säuglingspneumonien s. Pneumonie 896
saure Anilinfarben 27
Säurebildung 46
säurefest 578
Säurefestigkeit 28
– der Mykobakterien 438
Säuremantel 118
Säuren 80
–, Desinfektionswirkung 80
säurestabil 599, 602
Scalded-Skin-Syndrom 252, 255, s. Schälblase
Schaedler-Agar 421
Schälblase 252, 255, s. Scalded-Skin-Syndrom
Schanker, harter 459, 460, s. Ulcus durum

–, weicher 353, 357, 460, s. Ulcus molle
schankriforme Inokulationshistoplasmose 876
Scharlach 265, 268, 270, 598
–, Meldepflicht 272
Scharlachprophylaxe 598
Schaudinn, Fritz-Richard 456, 458
Schick-Test 394
Schilddrüsen-Karzinom 664 (Tab.)
Schimmelpilz-Asthma 579
Schistosoma haematobium 903
– japonicum 903
– mansoni 903
Schistosomiasis 903 s.a. Bilharziose
Schlafkrankheit 881
Schlagaderkompression 41
Schleimbildung 304
Schleimhautantiseptik 82
Schleimhautimmunität, IgA-Antikörper 645
Schleimkapsel 874
Schmalspektrum-Antibiotika 588
Schmierinfektionen 100
Schmincke-Tumor 807, 809, s. Nasopharynx-Karzinom
Schneidezähne, tonnenförmig gerundete, eingekerbte 464
Schnelldiagnose 25
Schnupfen, chronischer 452
Schock, anaphylaktischer 205
–, septischer 18, 200, 502
Schock-Organ 205
Schock-Syndrom (Dengue-Fieber) 739
Schönlein, Johann Lukas 437
Schottmüller 262
Schraubenbakterien 472
Schuppenkruste, gelbe 862
Schuppung, kleieförmige 861
Schutzimpfung 6, 229, 842 (Tab.)
Schutzimpfung mit BCG 444
Schwächung der körpereigenen Abwehr 523
Schwangeren-Mumps 726
Schwangerschaft 518, 528, 531, 899
Schwangerschaftsabbruch (Röteln-Virus) 746
Schwangerschaftsvorsorge 175
Schwarmbildung 428
Schwärmfähigkeit in halbfestem Agar 34
Schwärmzonen 306
Schwefelkörnchen 418
Schweinehals 392
Schweinerotlauf 404
–, Berufsinfektion bei Landwirten, Veterinären, Fischern bzw. Fischhändlern, Metzgern und Hausfrauen 404
–, Sepsis 404
Schweizer Agammaglobulinämie (Severe Combined Immunodeficiency, SCID) 212
Schwerhörigkeit 606
Schwimmbadamöbiasis 892
SCID 212, s. Severe Combined Immunodeficiency
Scopulariopsis brevicalis 867
Scrapie 620
second messengers 662
Sectio caesarea 535
Sediment des Liquors 515
Segmentpneumonie 523, s. Pneumonie
Seifenfehler 78
Sekretion 199
sekundär bakterizid 590
Sekundärantwort 148, 151, 154
Sekundärfollikel 141, 142, s. Follikel
Sekundärinfektionen 97, 593, s. Infektion
Sekundärschäden der Zelle 635
Selbstinfektion 100
Selektion des Antigens 155, s. Antigene
Selektionstheorie, klonale 152, 154
selektive Dekontaminierung 506
— des Darmes 506
Selektivkulturmedien 235
Selektivmedien 36, 417
–, Anzucht auf 335
Selektivnährböden 320
semikonservative Replikation von DNA 63
Semmelform 287
Semmelweis, Ignaz Philipp 7, 270
Sepsis 255, 259, 275, 501, 581, 603
– durch gramnegative Bakterien 303
– durch Pseudomonas aeruginosa 345, 347
– durch Yersinia 380
–, Erreger 501
–, nosokomiale 502
–, Puerperal- 270
Septikämie 8, 599
septische Enteritis 541
– Generalisierungen 127
septischer Schock 503
Sequenz-Homologie 659
sequestrierte Autoantigene 207
Serin-Threonin-Proteinkinase (Ser/Thr-PK) 662 (Tab.), 663 (Abb.)
Serogruppen 263
serologische Diagnostik bei Pneumonie 525, s. Pneumonie
– Kataster 697
– Methoden 168f,
Seronarbe 239, 467
Serotonin 203
Serovar (Serotyp) 67
Serratia 304, 305, 523, 529, 599, 602, 603
– marcescens 604
–, Sepsis durch 305
Serumbakterizidie 510
Serumkrankheit 206
Serumnarbe 241
Severe Combined Immunodeficiency (SCID) 212
Sex-Pili 22
Sexualpartner, Mitbehandlung des 531
Sexualsporen 851, s. Ascosporen
sexuell übertragbare Krankheiten 531
Sezary-Syndrom 770
S-Formen 18, 28, 279, s. smooth forms
Shepard, Maurice C. 486
Shift, immunologischer 222
Shiga 323
Shiga-Toxin 312, 324, 325
Shigalike-Toxine 312
Shigella boydii 323
– dysenteriae 323
– flexneri 323
– sonnei 323
Shigellen 323, 540, 541, 598
Shigellen-Ruhr, Meldepflicht 326
Shope 646
Sichelzell-Hämoglobin 58
Sicherheitsnadeln 378
Signalüberträger 662
Signalübertragung 663 (Abb.)
signifikante Bakteriocholie 545
– Bakteriurie 529, s.a. Kass-Zahl
– Keimzahlen 529, 545
Silber 81
–, Desinfektionswirkung 81
Silencer-Effekte 624
Simian Sarcoma Virus (SSV) 660 (Tab.), 661
Simian Virus 40 (SV40) 781
Simonsche Spitzenherde 441
Sinus-cavernosus-Thrombose 551
Sinusitis 270
– 513, 602, 607
– durch H.influenzae 356
sis 660 (Tab.), s. Onkogene, Simian Sarcoma Virus
Sjögren-Syndrom 206
SK 109, 268, s. Streptokinase
ski 660 (Tab.), s. Onkogene
Sklerodermie 206
Skutula 862
SLO 112, 267, s. Streptolysin O
Sloan Kettering Virus 660 (Tab.)
slow reacting substance of anaphylaxis (SRS-A) 203
Slow Virus Diseases (SVD) 839
– – – –, AIDS 839
– – – –, Jacob-Creutzfeld-Krankheit 839
– – – –, Multiple Sklerose 839
– – – –, Myelo-Optiko-Neuropathie (SMON) 839

Slow Virus Diseases (SVD)progressive multifokale Leukoenzephalopathie (PML) 672, 839
– – – –, Reye-Syndrom 640, 839
SLS 267, s. Streptolysin S
Smallpox 834
SMON, Virus der Subakuten Myelo-Optico-Neuropathie 840
smooth-forms 18, 28, 279, s. S-Formen
Snyder-Theilen feline sarcoma virus (FeSV) 660 (Tab.)
Sofort-Proteine 632
Sofortallergie 149, s. Allergie bzw. allergische Sofortreaktion
Sofortoperation 545
Sofortphase 622
Soforttyp-Reaktion 855
Soor 127, 578, 869, s. Mundsoor
Soor-Ösophagitis 578, 870, s. Kandidose des Ösophagus
SOS-Gene 57
Spallanzani, Lazaro 6
Spalthaut-Syndrom 329, 552, s. Morbus Ritter
Spaltvakzine 223
spastische Paraparese 770
Spät-Proteine 632
späte Gene 671
Spätphase 622
Spättyp-Reaktion 855
Spectinomycin 293
Spender-Empfänger-Konstellation 208
Spezial- Kulturmedien 235
spezifische Abwehrmechanismen 644
– Infektion 97
– Überempfindlichkeit 203
Spezifität 6, 119, 244
Sphäroplasten 20, s. zellwanddefekte Formen
Sphärulen 877
Spiegel 592
Spiramycin 900
Spirillen 11, 12
Spirillum minus 497
Spirochaetazeen 456
Spirochäten 11, 476, 607
Spirochätenzelle 24
Spleißen 156, 669, 670
Splitterblutungen 278
Spontanmutationsrate 622
Spore als Dauer-(Überlebens-)form 429
Sporen 24, 852
–, asexuelle 852
–, Auskeimung der 113
–, endständige 23
–, mittelständige 23
Sporen-Rinde 23, s. Cortex
Sporenbildner 22
–, aerobe s.a. Bacillus 23
–, obligat anaerobe s.a. Clostridium 23
Sporenbildung 23
–, endständige 24
–, mittelständige 24
Sporenhülle s. Exosporium
Sporizide 78 80
Sporothrix schenckii 871
Sporotrichose 871
Sporotrichose-Schanker 871
Sporulation, endotrophe 23
spreading factor 109, 252
Sproßpilze 126, 851
Spüleffekt, mechanischer 118
Spulwurm 920, s. Ascaris lumbricoides
Spumaviren 654, 760, s.a. Retroviren
Sputum 524
Sputumdiagnostik 524
Sputuminduktion 581
Sputumkultur 525
Squamosa Zell Karzinom Glioblasten 664 (Tab.)
Squamus Karzinom 660 (Tab.)
src s. Gene, Onkogene, Proto-Onkogene
SRS-A 203, s. slow reacting substance of anaphylaxis
SSPE 730, s. Subakute sklerosierende Panenzephalitis
–, Epidemiologie 732
–, Klinik 732
–, Knötchen-Panenzephalitis 732
–, Labordiagnose 732
–, Pathogenese 732
–, persistierend 732
SSV 660 (Tab.), 661, s. Simian Sarcoma Virus
ST 311, 312, s. Toxin, hitzestabiles
STa 540, s. Toxin, hitzestabiles
Stäbchen 11
–, coryneforme 126
–, säurefeste 445
Stadium catarrhale 364
– convulsivum 364
–, Prodromal- 105
Stamm 33
Stämme, rekombinante 225
Standortflora 232, 237
Staphylococcus 249,
– aureus 44, 108, 112, 123, 124, 125, 127, 250, 514, 520, 523, 529, 539, 540, 541, 602, 608
– epidermidis 123, 514, 529, 599, 602, 603
– saprophyticus 529
Staphylokinase 250
Staphylokokken 11, 25, 38, 125, 519, 600, 601, 603, 604, 605, 606, 607, 608
–, Aufbau 250
–, Dicloxacillin-resistente 603
–, Enterotoxin 540
–, hämolysierende 250
–, Hospitalismus 253
–, Kapsel 250
–, koagulasenegative 126, 249, 258
–, methicillinresistente 561
–, penizillinase-bildende 599
–, Peptidoglykanschicht 250
Staphylokokken-Penizilline 599, s. Penizilline
Staphylokokken-Pneumonie 526, s. Pneumonie
Staphylokokken-Toxin-Syndrome 552
Staphylokokkenenterokolitis, postantibiotische 541
Starter-RNA 629
Starterprotein 629
stationäre Phase 43
Staub 481
STb s. Toxin, hitzestabiles
Sterilfiltration 77
Sterilisation 8, 71
–, Auto- 105
–, chemische 74
–, Dampfdruck- 72
–, Ethylenoxidgas- 74
–, Formaldehydgas- 75, 76
–, fraktionierte 77, s. Tyndallisieren
–, Heißluft- 72
–, Prüfverfahren 76
–, Strahlen- 73
–, thermische 72
Sterilisationsgut 76
–, Verpackung 76
Stickstoffmetaboliten, reaktive 197
Stimulation, T-Zell- 109
Stinknase 305, s. Ozaena
Stippchen 269
Stirnhöhlenentzündung 520
Stoffkreislauf 64
Stoffwechsel von Bakterien 45
–, Bau- 45
–, Betriebs- 45
–, chemotropher 64
–, photo-autotropher 64
Stoffwechselmechanismen 64
Störungen des Komplementsystems 565
Strahlenschäden 663
Strahlensterilisation 73
Straßenvirus 748
Streptamin 603
Streptobacillus moniliformis 497
Streptococcus 262
– mutans 123, 124, 277
– pneumoniae 279, 513, 519 s.a. Pneumokokken
– pyogenes 264
– rubidea 305
– sanguis 277
– saprophyticus 259
Streptodornase B 272
Streptokinase (SK) 109, 268
Streptokokken 11, 25, 37, 38, 40, 47, 262, 519, 605, 606, 607
–, A- 38, 264

–, alpha-hämolysierende 279
–, B- 126
–, beta-hämolysierende 513-514, 254, 263
–, beta-hämolysierende der Gruppe B 126
–, beta-hämolysierende der Serogruppen C und G 275
–, hämolysierende 604
–, mikroaerophile 520
–, vergrünende 264, 275
–, Viridans- 38
Streptokokken-Infektion 269
Streptokokken-Nachkrankheiten 271
Streptolysin 220
– O (SLO) 112, 267
– S (SLS) 267
Streptomycin 375, 381, 385, 447, 497, 581, 590
Streptodornasen 267, s. Desoxyribonukleasen
Strongyloides stercoralis 914
Strongyloidiasis 914
Strukturprotein env 670
– gag 670
– pol 670
Stuhl 541
Stützelement 19, s. Exoskelett
subakute bakterielle Endokartitis 276, 277, 598, s. Endocarditis lenta
subakute sklerosierende Panenzephalitis (SSPE) 730
subdurales Empyem 513, 519
subkutane Knötchen 272
Substratkonkurrenz 122
Sulbactam 425
Sulcus gingivalis 124
Sulfadiazin 518
Sulfadoxin 895
Sulfamethoxazol 413, 897
Sulfanilamid 606
Sulfonamide 375, 413, 588, 900
Superantigene 183, s. Antigene
Superinfektion 95, 96, 122, s. Infektion
Superoxid-Dismutase 421
Supplement 176
Suppression einer Immunantwort 192
Suppressivtherapie chronisch-obstruktiver Harnwegsinfektionen 608
Suppressor-Gen 650, 666
Suppressor-T-Zellen 208
Suppressorfaktoren 193
Suppressorgene 665 (Abb.)
Suramin 882
SV_{40}-T-Antigen 666
SV_{40}-Virus (Simian Virus) 666, 671 (Tab.), 672
svc s. Gene s.a. Onkogene
SVD 839, s. Slow Virus Diseases
Sydenham, Thomas 361
Symmetrie, einfache, des Virions 615
–, –, Rotationssymmetrie 615
–, –, Translationssymmetrie 615
–, komplexe, des Virions 615
symptomatische Abakteriurie 529
– HIV-Infektion 572
Syn-Karzinogese 651
synergistische Effekte 122
– Pathogenität 423
syngen 179
syngene Situation 150
Syphilis, 12, 47, s. Morbus gallicus
–, angeborene 464
–, angeborene, Frühstadium 464
–, asymptomatische Neuro- 463
–, Bestätigungsreaktion 465
–, Dunkelfeldmikroskopie 465
–, Früh- 469
–, kardiovaskuläre 461
–, Latenz 461
–, Meldepflicht 470
–, meningovaskuläre Neuro- 462
–, Neuro- 462, 467
–, parenchymatöse Neuro- 462
–, Primäraffekt 459, 460
–, Primärkomplex 459
–, progressive Paralyse 462
–, Sekundärstadium 459, 460
–, sive Morbus Gallicus 456, 458
–, Spät-, oder Tertiär- 461, 469
–, Stadium III, 461, 469, s. Spät- oder Tertiärsyphilis
–, Suchtest 465
–, Therapiekontrolle 467
– -Spirochaeten 25
Syphiliserreger 47
Systeme, künstliche 65
–, natürliche 65
System-Mykosen 854, 872
Systematik 65
– der Viren, Tabelle 842ff.

T

T_3-(Thyroid)-Rezeptor 659 (Tab.)
T_4-Helferzellen [CD 4(+)] 645
T_8-Zellen, CD8(+) 645
T_8-Zellen, CD8(+), Suppressor-Zellen 645
T_8-Zellen, CD8(+), T-Killer-Zellen 645
Tabak-Mosaik-Virus, (TMV) 614 (Abb), 616, 633
Tabellen, differentialdiagnostische 842
–, meldepflichtige Viruskrankheiten 842
–, Schutzimpfungen, aktive und passive 842
–, Systematik der Viren 842
–, Übertragungswege 842
Tabes dorsalis 462
Taenia saginata 907
– solium 907, s. Schweinebandwurm
Tana-Pocken-Viren 832
Tang 491
T-Antigen 266, 648
TAR, tax-Akzeptor Region 668
tat (HIV) 761
tat-Protein 670
Tauben 873
Taubenexkremente (Urin) 874
Taubenkot 518
tax-Gen 674, 768, s. Gene
Taxonomie 65, s. Systematik
T-Bakteriophagen 618, s. T-Phagen
Tb-Eiermedium 35
T. carateum 456, 470, s. Treponema
T-cell growth factor 186
TCGS 335, s. Thiosulfat-Citrat-Galle-Saccharose-Agar
TCT 362, 363, s. Cytotoxin, tracheales
Teicoplanin 285
teilidentisch 169, s. Antigene
Tellur 36, 390
Tellurit 390
tellurithaltiger Nährboden 389
Temperaturoptimum 44
T. endemicum 471, s. Treponema
Tennisschlägerform 24, 428
Terrassenbildung 35
Test, Fluktuations- 61
Tetanie 113
Tetanus 427, 598
– neonatorum 431
–, Meldepflicht 431
Tetanus-Schutzimpfung 215, 223
Tetanus-Toxin 18, 113
Tetanusclostridien 39
Tetraden 11
Tetraplegiesyndrom 392
Tetrathionat-Bouillon 36
Tetrazykline 293, 325, 330, 336, 340, 348, 375, 381, 385, 388, 405, 406, 425, 467, 473, 474, 478, 489, 493, 495, 496, 526, 593, 604, 895
Teufelsgrinsen 431
TGF- beta 187, 200, s. Interleukine
TH1-Zellen 191, s. T-Zellen
TH2-Zellen 191, s. T-Zellen
Thalidomid 452
Thallus 851, 862
Thayer-Martin-Medium 293
T-Helfer-Lymphozyten 570
T-Helferzellen 110
Theophyllin 608
Therapie, antivirale 657
Therapieerfolg 241
thermische Desinfektion 78
– Sterilisation 72
thermophile Bakterien 44
Thermoresistenz 24
Thiabendazol 915

Thienamycin 603
Thioglycolat 40
Thioglycolatbouillon 421
Thioharnstoffe 452
Thiosulfat-Citrat-Galle-Saccharose-Agar (TCGS) 335
Thrombophlebitis 609
thrombotisch-thrombozytypenische Purpura 312
Thromboxan 504
Thrombozyten-Wachstumsfaktor (PDGF) 659 (Tab.), 661, 663 (Abb.)
Thrombozytenaggregation 504
Thyl-Molekül 137
Thymidin-Kinase 629, 671
Thymozyten 140
Thymus 140
Thymushypoplasie 565
Thyreoiditis, chronische (Hashimoto) 205
–, Hashimoto- 205
Tierkontakt 229
tierpathogene Influenza-Viren 718
Tierversuch 243
Tine-Test 444, 581
Tinea barbae 862, 864
– capitis 862, 863
– capitis sensu strictiori 863
– corporis 856, 862, 864
– faciei 862, 864
– favosa 862, s. Favus
– incognito 865
– inguinalis 862, 865
– manuum 862
– nigra 861
– pedum 867
– unguium 858
Tinidazol 609, 887, 892
TIP 681, s. Translation Inhibiting Proteins
Titerbegriff 239
T-Lymphozyten s. T-Zellen
T. mentagrophytes 862, 863, 864, 865, 866, 867, s. Trichophyton
TMV (TMV) 614 (Abb), 616, 633, s. Tabak-Mosaik-Virus
TNF 401, 442, s. Tumornekrosefaktor
TNF-alpha 187, 200, 374, s. Interleukine
TNF-beta 187, 200, 374, s. Interleukine
Tobramycin 599, 603
Tochter-RNA 633
Toga-Viren 616, 617 (Abb.) 736, s.a. Bunya-Viren
–, Alpha-Viren 737
–, Ebola-Fieber 737
–, Epidemiologie 737
–, Flavi-Viren 737-738
–, Lassa-Fieber 737
–, Marburg-Krankheit 737
–, Rolle als Krankheitserreger 736
–, Rubi-Viren 737
–, Übertragung 737
–, Vorkommen 737
Toleranz 597
Tollwut 513, 748
–, Ammonshorn 750
–, axonale Ausbreitung 750
–, Bekämpfung 752
–, Epidemiologie 749
–, Exzitationsstadium 750
–, Haut-Biopsien 751
–, Hyperimmunglobulin 751
–, Immunität 750
–, Inkubationszeit 750
–, Isolierung des Virus 751
–, Klinik 750
–, Kornealtest 751
–, Labordiagnose 751
–, Lebendimpfung 752
–, Meldepflicht 752-753
–, Negri-Körperchen-Nachweis 751
–, Negrische Körperchen 750
–, Paralyse 750
–, Pathogenese 749
–, pathologisch-anatomische Schädigung 750
–, Prävention 751
–, Prodromalstadium 750
–, prophylaktische Immunisierung 752
–, Schutzimpfung 752
–, Übertragung 749
Tollwut-Virus 748
–, Resistenz 748
–, Rhabdo-Virus 748
–, Straßenvirus 748
–, Virus fixe 748
–, Vorkommen 748
–, Züchtung 748
–, Zusammenfassung 753
Tonsillen 142, 788
Tonsillen-Krypten 123
Tonsillitis 269
Totgeburt 899
Totimpfstoffe 709
tox^+-Gen 390
tox-Gen 115
Toxi-Infektionen 432
Toxic-Shock-Syndrom (TSS) 252, 255, 259
Toxic-Shock-Syndrom-Toxin 1 (TSST-1) 252, 256, 259
Toxin A (Entertotoxin) 433
– Kappa (Kollagenase) 430
– Lambda (Proteinase) 430
– Ny (DNAse) 430
– Theta (Hämolysin) 430
–, dermonekrotisches 362, 364
–, hitzelabiles (LT) 311, 312, 540
–, hitzestabiles (ST) 311, 312
–, -(STa) 540
–, -(STb) 540
Toxin B (Cytotoxin) 433
Toxin- und Virusneutralisation 153
Toxinbildner 215
Toxine, 223
–, epidermolytische 252
–, erythrogene 268, 270
–, Funktion von Virulenzfaktoren s. Virulenzfaktoren
–, mikrobielle 109
–, Neutralisation 171
toxische Fernwirkungen 103
toxisches Schock-Syndrom 552
Toxocara canis 921
– mystax 921
Toxoide 111, 215, 223
toxophore Molekülgruppen 223
Toxoplasma gondii 220, 577, 898
Toxoplasma-Enzephalitis 900
Toxoplasmen 607
Toxoplasmen-Meningitis 900
Toxoplasmose 577, 607, 898
–, pränatal erworbene 899
–, postnatal erworbene 899
T. pallidum subsp. endemicum 456, s. Treponema
T. pallidum subsp. pallidum 456, s. Treponema
T. pallidum subsp. perpetenue 456, s. Treponema
T. pertenue 470, s. Treponema
T-Phage auf dem Bakterium 616, 619 (Abb.)
T-Phagen 615
TPHA-Test 171, 465, s. Treponema-pallidum-Hämagglutinations-Test
Trachom 490, 606, 607, s. Granulose
–, Meldepflicht 494
Träger 105
– von Choleravibrionen 333
Transaktivator der x-Region 667, 668, 768, s. Genfunktion tax
Transaktivatorgen 624, 674
– tat 669
– tax 669
Transaminasen 825
Transduktion 658 (Abb.)
–, transduzierende Phagen 52
Transfektanten 625
Transfektion 624 (Abb.), 659
Transfer, adoptiver 182
–, passiver 182
Transfer-Faktor 568
Transferrin 522
Transformation 280, 670, 671, 672, 673, 674
– von Genen 60
– von Pneumokokken 62
– von Zellen 646, 647
–, Einstufen- 651
–, fremde DNA in eigene 52,
–, Mehrstufen- 651

–, morphologische 647, 648, s. Immortalisierung
–, nicht-permissive 652
–, nicht-produktive 652
–, permissive 652
–, produktive 652
transgene Mäuse 667
transiente Hautflora 81
Transkription 55
Transkriptionsfaktoren 659 (Abb.)
Translation Inhibiting Proteins (TIP) 681
Translokation 664 (Tab.), 665, 666
translozierte Proto-Onkogene 659
Transpeptidase 597
Transpeptidierung 16
Transplantat-Nieren, Empfänger von 567
Transplantatabstoßung 189
Transplantation 208
–, allogene 208
–, autologe 208
–, heterologe 208, s. Xeno-Transplanatation
–, isologe 208
–, Knochenmarks- 210
–, Xeno- 208
transplantationsaktive Antigene 648
Transplantierbarkeit 649
Transportmedien 230, 232
Transposon-Mutagenese 54, s. Mutagenese
Trapping 143
Traum 372
Treffsicherheit von diagnostischen Tests 243
Trehalose-6,6-Dimykolat 438
Trendelenburg von 389
Treponema carateum 456, 470
– endemicum 471
– pallidum 12, 457, 607
– – subsp. endemicum 456
– – subsp. pallidum 456
– – subsp. perpetenue 456
– pertenue 470
Treponema-pallidum-Hämagglutinations-Test, (TPHA) 171, 465
Treponemen 12, 456
T. rhodesiense 881, s. Trypanosoma
Trichiasis 493
Trichinella spiralis 912
Trichinellose 912
–, Darm- 912
–, Muskel- 912
Trichomonas vaginalis 529, 609, 886
Trichomoniasis 609, 886
Trichophytie 862
Trichophyton 854, 861
– mentagrophytes 862, 863, 864, 865, 866, 867
– rubrum 855, 862, 864, 865, 866, 867
– schönleinii 862
– tonsurans 863, 864
– verrucosum 863, 864
– violaceum 863
Trichosporon cutaneum 861, 867
Trichuriasis 910
Trichuris trichiura 910, s. Peitschenwurm
Trifluorthymidin 686
Trimethoprim 413, 607, 897
Trimethoprim-Sulfamethoxazol 348, 542
Trimethoprim-Sulfonamid (Cotrimoxazol) 312, 330, 358, 530, 607
Trismus 431
Trivialbezeichnung 66
tRNA 55, 56
Trommelschlegel 24
Tröpfcheninfektion 100, 101
Tropismus, zellulärer 112
Trypanosoma brucei gambiense 881
– brucei rhodesiense 881
– cruzi 221, 881
– gambiense 221
– rhodesiense 221
Trypanosomiasen 881
–, Chagas-Krankheit 881
–, Schlafkrankheit 881
ts-Mutanten 622, 624
Tsetsefliegen 881
TSS 252, 255, 259, s. Toxic-Shock-Syndrom
TSST-1 252, 256, 259, s. Toxic-Shock-Syndrom-Toxin-1
TSTA-Antigene 649
Tubergen-Test 444
Tuberkel 437
Tuberkelbakterien 607
Tuberkulin, gereinigtes (G.T.) 444
Tuberkulinallergie 444
–, Primärtuberkulose 441
Tuberkulinreaktion 206, 444
Tuberkulintest 192, 518
Tuberkulozide 78, 80
Tuberkulose 7, 437, 580
–, Darm 440
–, Exazerbations- 442
–, Gebärmutter 440
–, Harnwegs- 440
–, Haut- 440
–, Kehlkopf- 440
–, Lungen- 440, 580
–, Lymphknoten- 580
–, Meldepflicht 449
–, offene 440
–, Postprimär- 440
–, Primär- 440
–, primäre Miliar- 442
–, Reaktivierungskrankheit
Tuberkulosebakterien 12, 25, 35, 38, 44
Tuberkulosen, Organ 443
Tuberkulostatika 518, 581
Tuberonodöse Syphilide 461
Tuboovarialabszesse 535
Tubulusnekrosen 392
Tularämie 383
–, glanduläre 384
–, Meldepflicht 385
–, oculo-glanduläre 384
–, oropharyngeale 384
–, Primäraffekt 383
–, Primärkomplex 383
–, typhoidale 384
–, ulzeroglanduläre 384
Tumor, Abwehr 189, 192
–, Entstehung 659, 665 (Abb.) 670
–, Gen 673
–, Induktion 674
–, klonaler 668
–, Leber 666
–, Nasopharynx- (Schmincke) 809
–, Niere 666
–, Protein 673
–, Wilms- 666
–, Zelle 663 (Abb.), 665 (Abb.)
Tumoren 664 (Tab.), 674, 788
Tumoren, bösartige 646, 784
Tumornekrosefaktor (TNF) 401, 442
–, -alpha 187, 200, 374
–, -beta 187, 200, 374
–, Freisetzung von 109, 110
Turista 311
Tusche 28
Tuschepräparat 26, 875
T. verrucosum 863, 864, s. Trichophyton
TWAR 490, 496, s. Chlamydia pneumoniae
Tyndall-Prinzip 26
Tyndallisieren 77, s. Sterilisation, fraktionierte
Typ K1 302
Typhome 319, 320
Typhus, Meldepflicht 322
–, Nachweis durch Blutkulturen 320
–, Nachweis durch Knochenmarkpunktate 320
Typhusbakterien 32, 46
–, Dauerausscheider 321
–, in der Gallenblase 321
–, Sanierung von Dauerausscheidern 321
Typhuszellen 319
Typstamm 66
Tyrosin Proteinkinase (Tyr-PK) 662 (Tab.), 663 (Abb.)
Tyrosin-Kinase 661, 665
T-Zell-Rezeptor 184
T-Zell-Stimulation 109
T-Zellen 119, 132, 135, 137, 142, 182ff, 401, 522, 566, 655, 656 (Abb.), 667, 668

–, alpha 185
–, beta 185
–, CD3-Molekül 137, 185
–, CD4(+) 185
–, CD4(+) Helfer/Induktor- 183, 185-186, 217, 222
–, CD8(+) 185, 222
–, delta 185
–, gamma
–, Suppressor- 183, 189
–, TH1-Zellen 191
–, TH2-Zellen 191
–, zytolytische 218
–, zytolytische CD8(+) 183, 188, 219
–, zytolytische T-Zell-Antwort 189-190

U

Überempfindlichkeit, spezifische 203
Überempfindlichkeitsreaktionen 205
– Typ I, anaphylaktischer Reaktionstyp 205
– Typ II, zytotoxischer Reaktionstyp 205
– Typ III, Immunkomplex-Typ 205
– Typ IV, verzögerter Typ 206
Überlebensform 23
Übersterblichkeit 676
Übertragung von Viren 677
–, horizontale 677
–, Übertragungsmodus 677
–, vertikale 677
Übertragungskette 7
Übertragungswege von Infektionserregern 100
–, Tabelle der 842
Uhlenhuth, Paul 476
Ulcus durum 459, 460
– molle 353, 357, 460
– molle, Meldepflicht 358
Unbeweglichkeit 29
ungefärbte Lebendpräparate 26
Universalempfänger 174
Universalspender 174
unspezifische Infektion 97
Unterart 67
Untersuchungsmaterial 220, 232
–, Abnahmeort 231
–, Entnahmetechnik 231
–, Gewinnung von 230
–, Materialtransport 232
–, optimaler Zeitpunkt 230
–, Transportmedien 232
–, Versand 232
Urbanisation 677
Ureaplasma urealyticum 485, 529, 605, 608
Ureaplasmen 485
Urease 306
– von Helicobacter 341
Ureidopenizilline 526
Urethra 125
Urethralsyndrom 529
Urethritis 490, 528, 529
–, gonorrhoische 290
–, nicht-gonorrhoische (NGU) 485, 488, 605, 606
–, postgonorrhoische (PGU) 290
Urethrozystitis 529
Uricult 530
Urin, Katheter- 530
–, Mittelstrahl- 529
Urinsediment 530
Urintauchkulturen 530
Urogenital-Bilharziose 904
Urogenital-Kandidose 873
Urogenitalkrebs 670
Urogenitaltrakt 125, 886
Urosepsis 528
Urzeugungslehre 5
UV-Strahlen 78
UV-Strahlen-Desinfektion 78
UVM 581, s. Mykobakterien

V

Vaccinia-Virus s. Pocken-Virus
Vagina 126
Vaginalkandidose 858
Vaginitis 485, 532, 609
–, unspezifische 360
Vagotomie, trunkuläre 127
Vakzinationen 569
Vakzinen, Bewertung 710
Vancomycin 285, 395, 415, 421, 433, 520, 542, 606
var. glabrum 863
var. interdigitale 863
Varietät 67
Variola minor 836
– vera 834
Variolois 679, 836
Varizellen-Virus (VZV) 583, 799
–, Acycloguanosin 801
–, Chemotherapie 801
–, Epidemiologie 799
–, Gravide 800
–, Gürtelrose (Zoster) 799
–, hämorrhagische Allgemeininfektion 800
–, Immunglobulin-Prophylaxe bei Schwangeren 801
–, Immunität 800
–, Klinik 800
–, Labordiagnose 801
–, Meningoenzephalitis 800
–, Nephritis 800
–, Otitis 800
–, Pathogenese 799
–, Pneumonie 800
–, Polyradikuloneuritis 800
–, Prävention 801
–, Reaktivierung in Glia 800
–, Schutzimpfung 801
–, Übertragung 799
–, Windpocken 799
–, Zoster (Gürtelrose) 799, 800
–, Züchtung 799
Varizellen-Zoster-Virus, Zusammenfassung 801
vasoaktives Amin 203, s. Histamin
VCA 807, s. Virus-Capsid-Antigen, Epstein-Barr-Virus
VDRL-Test 467
Vegetation 277
vegetative Form 22
Veillon, Adrien 420
Veillonellaceae 414, 415
Veillonellen 126
Venenkatheter 259
Venenthrombosen 519
Verändertes Selbst, Modell der Erkennung vom 183
Veränderungen, zytogenetische 629
Verbrauchskoagulopathie 110, s. Koagulopathie
–, intravasale 110
Verdachtsdiagnose, klinische 689
Verdoppelungszeit 44
Verfremdung der Zellmembran 629
Vergärung 46, 421
Vergrünung s. alpha-Hämolyse
Verimpfung 30
Verkalkungen 875
Verkapselung, liposomale 857
Verkäsung 442
Verlangsamungsphase 43
Vermehrung, lytische 667
Vermehrungsfunktion 42
Vermehrungsstadien 43
Verotoxin 312
Verrottung 5
Verstärker-Effekte 624
vertikale Infektion 100
Verweilkatheter 561
–, intravenöser 506, 561
Verwesung 5
verzögerte Hautreaktion 206
– Reaktion, Typ IV 206
verzögerte allergische Reaktion 206
Vestibularis-Schädigung 604
V-Faktor 354
Vi-Antigen 314
Vibrio cholerae 21, 331
– El Tor 331
– parahaemolyticus 331, 336, 540
Vibrionazeen 339
Vibrionen, NAG-(NC) 336
–, nicht-Cholera- 333
vier F 324
vif-Gen 667, 760, s. Gene

Villemin, Jean Antoine 437
virale Meningoenzephalitis 515
viraler Infektiositäts-Faktor, vif 667, 760
Virämie 219
–, primäre 642
–, sekundäre 642
Virchow, Rudolph 6, 855, 873
Viren, Ausschleusung 633
–, DNA-amplifizierend wirkende 650
–, Einteilung, Schema der 616 (Tabelle)
–, Einteilungskriterien 615
–, Einteilungskriterien, DNA— 615
–, –, einsträngige 615
–, –, Enzyme 615
–, –, Hülle 615
–, –, mehrsträngige 615
–, –, Nukleinsäure, Typ der 615
–, –, RNA— 615
–, –, serologische Eigenschaften 615
–, –, Symmetrie 615
–, Elterngenom 636
–, Genbestand 621
–, Helfer- 827
–, Identifizierung 689, 693
–, –, Analyse durch Restriktionsenzyme 694
–, –, DNA-Hybridisierung 694
–, –, ELISA-Prinzip 693
–, –, ELISA-Test 694
–, –, Hämagglutination 694
–, –, Komplementbindungsreaktion (KBR) 693, 694
–, –, Neutralisationstest 693
–, –, Polymerase-Kettenreaktion (PCR) 694
–, Infektabwehr gegen 189
–, Informationsgehalt 621
–, Kern (core) 655, 656 (Abb.)
–, Latenz 668
–, mutagen wirkende 650
–, Nachkommen 671
–, Nachweis 689
–, – von Antigenen 689
–, -von Antikörpern 689
–, Neutralisation 153, 219
–, nicht produktive (latente) 638
–, onkogene 673
–, Partikel, inkomplette 613
–, Parvo- 778
–, Pathogenität 634, 635, 637
–, Persistenz 640
–, –, Carrier-Maus 640
–, –, Epstein-Barr-Virus 640
–, –, HIV 640
–, –, LCM-Virus 640
–, –, Röteln-Virus 640
–, –, Zytomegalie-Virus 640
–, persistierende 638
–, Produktion 669
–, Progressive multifokale Leukenzephalopathie (PML) 839
–, Reinigung von 700
–, –, Cellulose-Chromatographie 700
–, –, Einweiß-Fällungsverfahren 701
–, –, Gel-Filtration 700
–, –, präparative Elektrophorese 700
–, –, Ultrazentrifugation 700
–, Replikation 655 (Abb.) 671, 673
–, Rezeptor 634
–, –, Liganden 634
–, –, Rezeptoren 634
–, Transkription 673
–, Züchtung 689
–, Zusammenbau 633
Viridans-Streptokokken s. Streptokokken
Virion 613, 693
–, Bestandteile des 613
–, –, Capsid 614
–, –, Capsomere 614
–, –, Hülle 614
–, –, Nukleinsäure (DNA oder RNA) 614
–, –, Nukleocapsid 614
–, –, spikes 614
Viroide 619
Virulenz 94, 216, 637
– pathogener Mikroorganismen 107
–, Drosselung 637
–, –, attenuierte Viren 637
–, –, Lebendimpfstoffe 637
–, –, Rückmutanten 638
Virulenzabschwächung 637
Virulenzfaktoren 18, 19, 20, 107
–, Wirkung als Adhäsine 107
–, Wirkung als Antiphagozytose-Faktoren 107
–, Wirkung als Invasionsfaktoren 107
–, Wirkung als Toxine 107
Virulenzmechanismen 514
Virulenzsteigerung 637
Virus der progressiven, multifokalen Leukoenzephalopathie (PML) 785
– der Subakuten Myelo-Optico-Neuropathie (SMON) 840
– fixe 748
Virus-Capsid-Antigen (VCA) 807, s. Epstein-Barr-Virus
Virus-Gastroentritis, Adeno-Viren 772
–, Calici-Viren 772
–, Norwalk-Agens 772
–, Rota-Viren 772
–, Säuglingssterblichkeit 772
Virushepatitis, chronische Hepatitis 816
–, Differentialdiagnose 816
–, Epidemiologie 815-816
–, Hepatitis A 816
–, Hepatitis B 816
–, Hepatitis C 816
–, Hepatitis D 816
–, Hepatitis E 816
–, symptomloses Trägertum 816
–, Übergang in eine Zirrhose 816
Virusinfektionen 218, 678
–, iatrogene 678
–, lebenslang persistierende 641
–, nosokomiale 560, 678
Viruskern 614, s. core
Viruspartikel, komplette 613, s. Virion
Vitalpersistenz, intrazelluläre 220
Vitamin K 421
Vitamin-K-Antagonismus 601
Vogel-Sarkom 662
Volutin-Granula 24
v-onc s. Gene, Onkogene
vorangegangene antibiotische Therapie 433
Vorsorgeuntersuchung 887, s. Trichomoniasis
Vorspore 23
V. parahaemolyticus 331, 336, 540, s. Vibrio
Vulvakarzinom 672
Vulvovaginitis herpetica 795
VZV 583, 799, s. Varizellen-Virus

W

Wachs D 438
Wachshülle 19
Wachstumsfaktor-Rezeptoren 661, 662 (Tab.), 663 (Abb.)
Wachstumsfaktoren (CSF) 354, 661, 662 (Tab.), 663 (Abb.), 659 (Tab.), 673
Wachstumsgeschwindigkeit 44
Wachstumshemmung 597
Wachstumshormone 651
Wachstumskontrolle 665, 666
Wachstumskurve 43
Wachstumsstillstand 43
Waksman, Selman Abraham 437, 447, 590
W-Antigen 379
Waring-Blender-Eperiment 62
Wärmeagglutinine 176, s. Wärmeantikörper
Wärmeantikörper 176, s. Wärmeagglutinine
Warzen 782, s. Papillom-Viren
Wassermannsche Reaktion 172
Wassermann, August von 458
Wasserstoffperoxid 81
–, Desinfektion 81
Wasserstoffperoxidradikale 421
Wasting-Syndrom 585
Waterhouse-Friderichsen-Syndrom 110, 286, 296, 502, 505
Weichselbaum, Anton 286
Weil-Felix-Reaktion 482

Weilsche Krankheit 478, 605, s. Leptospirose
Welch, W.H. 427
Wert, prädiktiver 244
WHVB 673, s. Woodchuck-Hepatitis-Virus B
Widal 321
Widal-Reaktion 171, 321
Wilms-Tumor 666
Windpocken 799
Wirtsspektrum 103, 635
Wirtszelle 671, 674
–, permissive 671
Wiskott-Aldrich-Syndrom 212, 565
Wismutsalze 341
Woodchuck-Hepatitis-Virus B (WHVB) 673
Wood-Licht-Untersuchung 863
Wright-Färbung s. Giemsa-Färbung
Wuchereria 922
Wuchsgeschwindigkeit 44
Wuchsstoffe 47
Wundinfektionen 305
– durch Clostridien 429
–, eitrige 304
–, postoperative 561
Wundrose 270, 552, 598, s. Erysipel

X

X-Faktor 354
Xanthomonas maltophilia 348
Xeno-Transplantation 208, s. heterologe Transplantation
xenogene Situation 150

Y

Y. s. Yersinia
Yaba-Pocken-Viren 832
Yamaguchi 73 sarcoma virus 660 (Tab.)
Yaws 456, 471, s. Frambösie
Yersin, Alexandre John Emile 327, 389
Yersinia enterocolitica 327, 540
– outer Proteins 328, s. YoP-Proteine
– pestis 327, 377
– pseudotuberculosis 327
Yersinien 327, 538, 598
yes 660 (Tab.), s. Onkogene
YoP-Proteine (Yersinia outer Proteins) 328

Z

Zählkammerverfahren 34
Zählung durch Subkultur 33
Zähne, Gelbfärbung der 604
Zahnoberfläche 123
Zahnschmerz 278
Zebra-Gen 807
Zecken 472, 481
Zeckenenzephalitis-(FSME)-Virus 740, s. FSME
Zeitabstände zwischen Schutzimpfungen 930
Zellen, Antigen-präsentierende 139, 201
–, dendritische 138, 141, 142, 198, 201
–, dendritische, der sekundär lymphatischen Organe 201
–, des Immunsystems 134
–, eukaryonte 851
–, immortalisierte 673
–, immortalisierte Linien 660
–, interdigitierende 141
–, Kupffersche 198
–, Langerhans- 138, 198, 201
–, Mikroglia- 198
–, mononukleäre 586, 671 (Tab.), 673, 807, s. Epstein-Barr-Virus
–, non-producer 658
–, permanent transformierte Linien 673
–, permanente Linien 658, 672
–, Primärschäden 635
–, Sekundärschäden 635
–, semipermissive 672
–, Zellatmung 46
–, Zellformen, hypometabolische 22
–, Zellgenom 668
–, Zellhüllantigene 20
–, Zellhülle 17, 19
–, -, Aufbau 15
–, Zellqualität 515
–, Zellteilung 597
–, Zelltrennung 597
–, Zellwand
–, –, gramnegative 15, 17, 18, 19, 38
–, –, grampositive 15, 19, 20, 596
–, Zellwand-Autolysine 591
–, zellwanddefekte Formen (Sphäroplasten) 597
–, zellwandfreie Gebilde (Protoplasten) 597
–, zellwandlose Bakterien 20, 38
–, Zellzahl 515
–, Zellzyklus 659
Zellkultur 690
–, diploide 691
–, Ko-Kultivierung 691
–, Monolayer 691
–, permanente 691
–, primäre 690
–, Zell-Linie 691
–, zytopathischer Effekt 691
Zellmembran 629, 633
zelluläre Proto-Onkogene 659
Zellulitis 552
Zerkarien 903, s. Gabelschwanzlarven
Zersetzer 64
Zervix-Karzinom 647, 781, 783
Zervizitis 485, 533
Zidovudin 576
Ziegelsteinform 428
Ziegenpeter 725
Ziehl-Neelsen-Färbung 19, 234, 438, 445, 578
Zilienschlag 522
Zinn 81
–, Desinfektion 81
Zirrhose 816
ZNS-Toxoplasmose 577
zopfartige Stränge des Mycobacterium tuberculosis 438
Zoster (Gürtelrose) 799, 800
Zoster multiplex 583
Zotten 124, 125
ZPE 629, 636, 692, s. zytopathischer Effekt
Zuber, A. 420
Züchtung 30
– von Viren 690
– –, im bebrüteten Huhn 690
– –, im lebenden Tier 690
– –, in der Zellkultur 690
Zuckergehalt 515
Zwei-Rezeptoren-Modell 183
Zwergbandwurm 907, s. Hymenolepis nana
Zwischenformen 207
Zwischenzehenräume 866
Zygomykota 852, 853
Zyklase, Adenyl- 114, 312, 362, 363, 540
Zyklase, Guanyl- 312, 540
zyklische Allgemeininfektionen 230
zyklische Infektionskrankheit 641
Zyklus, abortiver 633
–, nicht-lytischer 670
–, nicht-produktiver 671, 672
–, produktiver 670
Zyklushälfte, Anaerobier in der ersten - 126
Zymosan 165, s. Komplementsystem
Zystitiden 303
Zystitis 528
–, akute 529
–, Honeymoon- 259
Zystizerkose 907
Zystizerkus 906
Zytochrom-C-Oxidase 287
Zytochromsystem 45
zytogenetische Veränderungen 629
Zytokine s. Interleukine
Zytolyse 111
Zytolysine 112, 188, 220, s. Perforine
Zytomegalie 567
Zytomegalie-Infektionen 567
Zytomegalie-Virus (CMV) 802
–, Ausscheidung 802
–, Chorioretinitis 538, 804
–, CMV-Pneumonie s. Pneumonie

–, DHPG (Ganciclovir) 805
–, Hepatitis, leichte 803
–, Immungeschädigte 804
–, immunologische Abnormitäten 805
–, immunsuppressiv 805
–, interstitielle Virus-Pneumonie 803
–, intrauterine Infektionen 803
–, KBR 806
–, Kontrolle der Virusausscheidung im Urin 805
–, latente Infektion 802
–, Leukovirämie 802
–, Mißbildungen 803
–, mononukleose-ähnliches Syndrom 803
–, Perfusionssyndrom 804
–, perinatale Infektionen 804
–, Persistenz des Virus
–, Pneumonie 805
–, Prävention 806
–, Schutzimpfung 806
–, Schwangerenvorsorge 806
–, Transfusions-Mononukleose 804
–, Virusisolierung 805
–, Viruspersistenz 802
–, Züchtung 802
zytopathischer Effekt (ZPE) 629, 636, 692
–, Chromosomenbrüche 637, 692
–, Einschlußkörperchen 637, 692
–, Riesenzellbildung 636, 692
–, Transformation 637
–, Translokationen 692
–, Zellabkugelung 636, 692
Zytoplasma, Evasion in das 221
Zytoplasma-DNA-Konzentrat 23
Zytoplasmamembran 14, 17, 596
Zytostatika 869
Zytotoxine 540
zytotoxischer Reaktionstyp 205
– –, Typ II 205, s.a. Allergie
Zytotoxizität, antikörperabhängige zellvermittelte, ADCC 153, 205
Zytotoxizitätstest 210
zytozide Reduplikationsvorgänge 635